USA
Osten

ND
MN
SD
NE
IA
WI
MI
**New York,
New Jersey &
Pennsylvania**
S. 54
VT
NH
ME
**Neu-
england**
S. 176
MA
NY
CT
RI
PA
NJ
Die Großen Seen
S. 568
OH
IL
IN
DE
MD
KS
MO
KY
WV
VA
**Washington, D. C.
& Capital Region**
S. 268
OK
AR
TN
NC
SC
Der Süden
S. 356
MS
AL
GA
TX
LA
Florida
S. 502
FL

W0176474

Karla Zimmerman,
Amy C. Balfour, Gregor Clark, Ned Friary, Michael Grosberg,
Paula Hardy, Adam Karlin, Mariella Krause, Caroline Sieg,
Adam Skolnick, Mara Vorhees

JEREMY WOODHOUSE / GETTY IMAGES ©

BLUE RIDGE PARKWAY
S. 348

RAY LASKOWITZ / GETTY IMAGES ©

DIE KÜCHE DES OSTENS UND
DES SÜDENS DER USA S. 298

Inhalt

SONDERSEITEN

Willkommen im Osten der USA

Die Metropolen New York und Chicago, wundervolle Strände, nebelverhangene Gipfel, Alligatorensümpfe und tiefe musikalische Wurzeln – der Osten der USA verspricht eine atemberaubende Reise.

Mächtige Metropolen

„New York, New York" – schon Frank Sinatra besang die Stadt, die es ganz nach oben geschafft hat. Die Megacity mit 8,3 Mio. Einwohnern ist das Mutterschiff des Ostens, mit einem schier unglaublichen Angebot an Kultur, Gastronomie und Unterhaltung. Das himmelstürmende Chicago, das machtvolle Washington, D.C. und die feurige Latino-Hochburg Miami sind New York aber dicht auf den Fersen. Bezaubernde Altstädte gibt es in New Orleans (das noch immer mit den Folgen des Hurrikans Katrina kämpft) und im kantigen Detroit, dessen verlassenes Zentrum dank des Zustroms junger Kreativer eine Transformation durchlebt.

Strände & Nebenstraßen

Die Ostküste ist das Strandparadies Amerikas – mit Dünen und Walbesuchen am Cape Cod, der Promenade von Ocean City und den Korallenriffen der Florida Keys. Das Landesinnere ist ein einziges Naturschauspiel: Floridas sumpfige Everglades, das Wolfsgeheul der Boundary Waters, die nebelverhangenen Appalachen und die Wälder Neuenglands, die im Herbst in beeindruckender Farbenpracht erstrahlen. Ruhige, landschaftlich reizvolle Nebenstraßen führen vorbei an Bürgerkriegs-Schauplätzen und kitschigen Attraktionen.

Schlemmerparadies

Gelegenheiten zum Schlemmen findet man im Osten viele. Und das geben die Speisekarten so her: kolossale Hummer mit zerlassener Butter an Maines Imbissständen, Bagels mit Räucherlachs in den Feinkostläden von Manhattan, Gegrilltes in saftiger Sauce an den Raststätten in Memphis, feurig scharfer Gumbo in den Cafés von New Orleans und – zum Nachtisch – Beerenkuchen in den Supper-Clubs im Mittleren Westen. Zu trinken gibt's z. B. lieblichen Weißwein, Bier aus Kleinbrauereien oder Bourbon-Whiskey.

Die Wiege der Kultur

Die Museen hier sind der Hit: Das Smithsonian hat scheinbar alles, das Metropolitan Museum of Art ähnelt einem Stadtstaat voller Kostbarkeiten und im Art Institute of Chicago findet man große Impressionisten. Auch musikalisch ist viel los: Der Osten hat den Blues, Jazz und Rock'n'Roll hervorgebracht. Auf Spurensuche kann man vielerorts gehen: Im Sun Studio in Memphis, wo Elvis seinen Groove erfand, in der Rock and Roll Hall of Fame (mit Jimi Hendrix' Stratocaster-E-Gitarre) oder in Clarksdales Juke-Joints, wo Blues erstmals mit Slide-Gitarren gespielt wurde. Und in Chicago oder New York setzen die Architekten der Moderne ihre Ideen um.

Warum ich den Osten der USA so liebe

Von Karla Zimmerman, Autorin

Ich liebe das Zusammenspiel von Großstadt und Ländlichkeit im östlichen Teil des Landes. Zum Frühstück noch umgeben von Chicagos Wolkenkratzern, kann man schon zwei Stunden später das Land der Amish in Indiana erkunden. Oder man isst mittags inmitten der Menschen aus den Führungsetagen in Washington, D. C. und wandert nur 90 Minuten später durch die Berge von Virginias verträumtem Shenandoah National Park. In dieser Region gibt's klasse Musik und tolle Biersorten, versteckt gelegene Diner, Rib Joints und Hummer-Restaurants. Und vielerorts lockt Kuchen, dem man nicht widerstehen kann. Mmmm, Kuchen…

Mehr über unsere Autoren, s. S. 754

Times Square (S. 71), Manhattan, NYC

Der Osten der USA

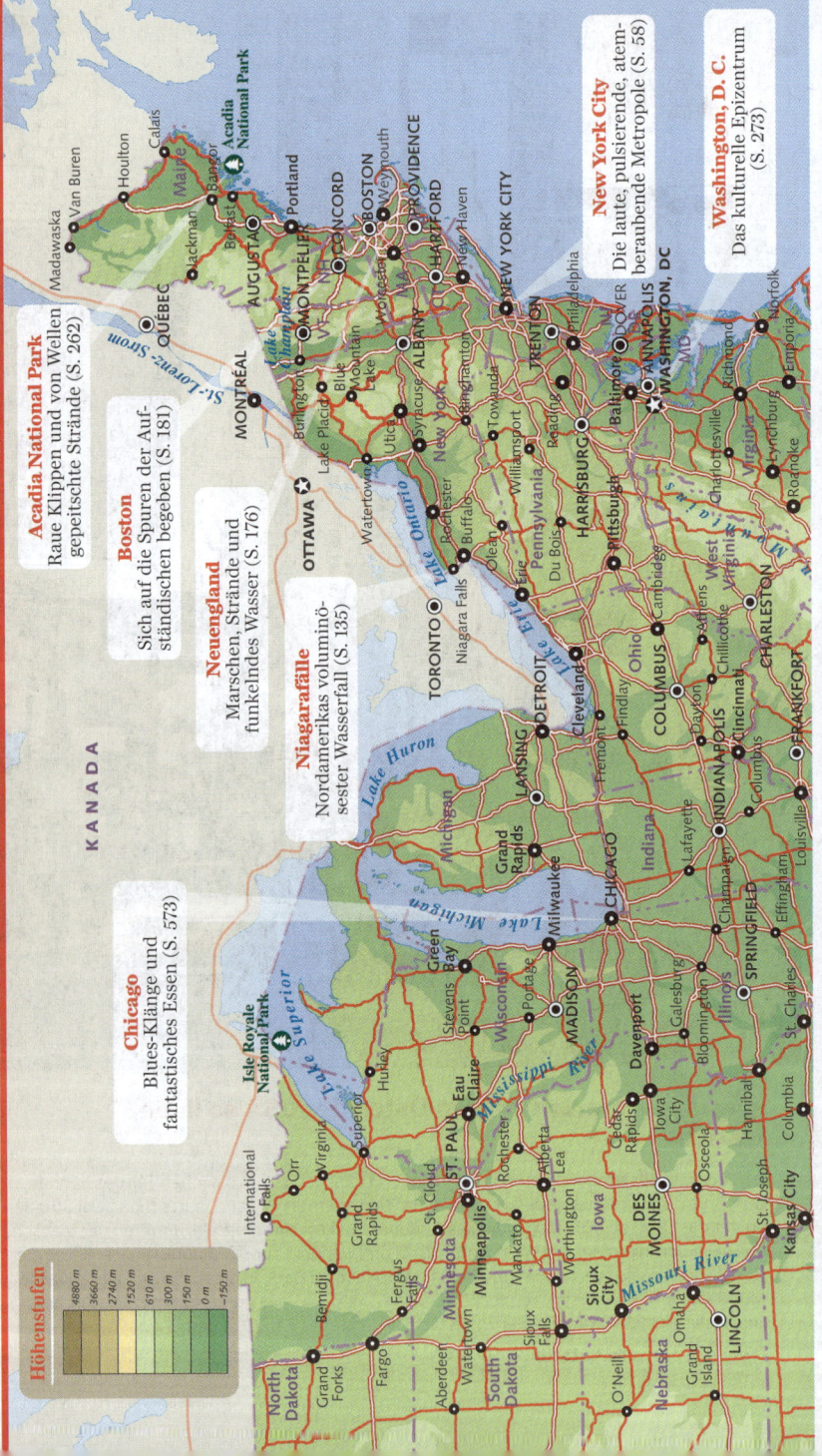

Höhenstufen

4880 m
3660 m
2740 m
1520 m
610 m
300 m
150 m
0 m
-150 m

500 km
300 Meilen
0
0

KANADA

Chicago
Blues-Klänge und fantastisches Essen (S. 573)

Niagarafälle
Nordamerikas voluminösester Wasserfall (S. 135)

Neuengland
Marschen, Strände und funkelndes Wasser (S. 176)

Boston
Sich auf die Spuren der Aufständischen begeben (S. 181)

Acadia National Park
Raue Klippen und von Wellen gepeitschte Strände (S. 262)

New York City
Die laute, pulsierende, atemberaubende Metropole (S. 58)

Washington, D. C.
Das kulturelle Epizentrum (S. 273)

Isle Royale National Park

Lake Superior

Lake Michigan

Lake Huron

Lake Erie

Lake Ontario

St.-Lorenz-Strom

Lake Champlain

Mississippi River

Missouri River

Appalachen

QUÉBEC
MONTRÉAL
OTTAWA
TORONTO

Acadia National Park

Madawaska
Van Buren
Houlton
Calais
Bangor
Maine
Blackman
Jackman
Portland
AUGUSTA
CONCORD
MONTPELIER
BOSTON
Weymouth
PROVIDENCE
Plymouth
HARTFORD
New Haven
NEW YORK CITY
Philadelphia
TRENTON
DOVER
ANNAPOLIS
WASHINGTON, DC
Baltimore
MD
Norfolk
Richmond
Virginia
Empora
Roanoke
Lynchburg
Charlottesville
West Virginia
Athens
Pittsburgh
HARRISBURG
Reading
Williamsport
Du Bois
Pennsylvania
Towanda
Binghamton
Scranton
ALBANY
Utica
Syracuse
Rochester
Buffalo
Olean
Erie
Cleveland
Findlay
Ohio
COLUMBUS
Dayton
Cincinnati
Chillicothe
Columbus
CHARLESTON
FRANKFORT
Louisville
Lafayette
Indiana
INDIANAPOLIS
Effingham
Bloomington
Champaign
SPRINGFIELD
Illinois
Galesburg
Hannibal
St. Charles
Columbia
Kansas City
St. Joseph
LINCOLN
Nebraska
Grand Island
Omaha
O'Neill
Sioux City
DES MOINES
Iowa
Iowa City
Osceola
Cedar Rapids
Davenport
Worthington
Mankato
Sioux Falls
Watertown
Aberdeen
South Dakota
North Dakota
Fargo
Grand Forks
Bemidji
Fergus Falls
Minnesota
Minneapolis
St. Cloud
ST. PAUL
Eau Claire
Rochester
Albert Lea
Cedar Falls
Grand Rapids
International Falls
Orr
Virginia
Superior
Hurley
Stevens Point
Wisconsin
MADISON
Green Bay
Portage
Milwaukee
CHICAGO
LANSING
Grand Rapids
DETROIT
Fremont
Toledo
Niagara Falls
Lake Placid
Blue Mountain Lake
Burlington
Watertown
Lewiston
New York

Appalachian Trail
Von Georgia nach Maine wandern (S. 44)

Blue Ridge Parkway
Eine wundervolle Fahrt durch die Appalachen (S. 365)

Great Smoky Mountains
Ein nebliger, waldiger stark besuchter Park (S. 379)

Walt Disney World
Der großartigste Themenpark der Welt (S. 558)

Miami
Schick, sexy und voller Latinokultur (S. 507)

Florida Keys
Korallenriffe und Wahnsinnspartys (S. 527)

Everglades National Park
Im Sumpf nach Alligatoren Ausschau halten (S. 524)

New Orleans
Ein Cajun-Festmahl mit Sazerac genießen (S. 474)

ATLANTIK

BAHAMAS

NASSAU

Golf von Mexiko

Der Osten der USA
Top 25

1

New York City

1 Die Heimat von Künstlern, Börsenmaklern und Einwanderern aus aller Welt erfindet sich immer wieder neu (S. 58). Und bleibt dabei weiterhin ein Zentrum für Mode, Theater, Essen, Musik, Verlage, Werbung und Finanzen. Auf fünf Stadtteile verteilt sich eine beeindruckende Vielfalt an Museen, Parks und ethnischen Vierteln. Am besten macht man es wie die New Yorker: raus auf die Straße. Jeder Block erzählt vom Charakter und der Geschichte dieses atemberaubenden Kaleidoskops und bei einem kurzen Spaziergang kann man ganze Kontinente durchqueren.

Unten links: Die Skyline von Lower Manhattan mit dem One World Trade Center (S. 61)

National Mall

2 Etwa 3 km lang und von Monumenten und ehrwürdigen Marmorgebäuden geprägt, bildet die National Mall das Herzstück des politischen und kulturellen Lebens in Washington, D.C. (S. 273). Im Sommer werden hier riesige Musikevents und kulinarische Festivals veranstaltet. Die besten Museen des Landes säumen die Rasenflächen und ziehen das ganze Jahr über viele Besucher an. Dieser Ort ist für eine Entdeckungstour durch die Geschichte Amerikas wie geschaffen, angefangen beim Vietnam War Memorial bis hin zu den Stufen zum Lincoln Memorial, wo Martin Luther King Jr. seine berühmte Rede „I Have a Dream" hielt.

Unten: Washington Monument (S. 282)

SYLVAIN SONNET / GETTY IMAGES ©

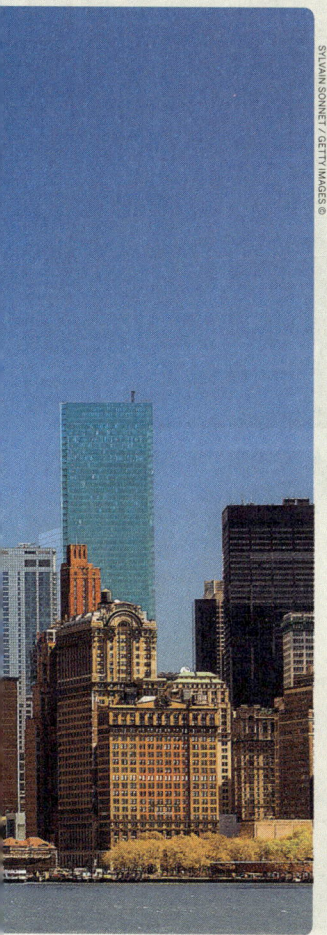

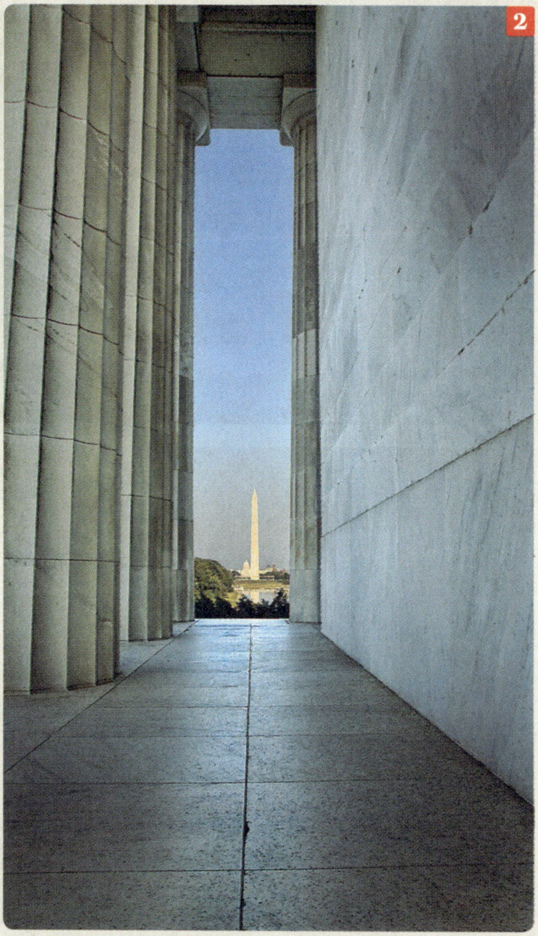

2

ALTRENDO IMAGES / GETTY IMAGES ©

...ago

...Windy City (S. 573) raubt mit ...hrer Architektur, den Stränden am ...eeufer und Weltklasse-Museen jedem den Atem. Die wahre Anziehungskraft liegt aber im Mix aus Kultur und irdischen Freuden. Oder gibt es sonst eine Metropole, die ihre Picasso-Skulptur in die Kleidung ihres Sportclubs packt oder deren Einwohner für Hotdogs, aber auch für das beste Restaurant Nordamerikas Schlange stehen? Der Winter ist lang, doch sobald der Sommer da ist, wird er mit kulinarischen Events am Seeufer gefeiert.

Unten: Crown Fountain von Jaume Plensa, Millennium Park

Farbenrausch in Neuengland

4 In Neuengland (S. 176) den Blättern beim Farbenspiel zuzusehen, hat etwas Poetisches an sich. Möglich ist das überall – man braucht nur einen Baum. Wer viele Bäume auf einmal sehen möchte, ist z. B. in den Lichfield Hills in Connecticut, in den Berkshires in Massachusetts und in Stowe im Norden Vermonts gut aufgehoben. Hier färben sich ganze Hügelketten in Purpur-, Orange- und Gelbtönen. Brücken, weiße Kirchtürme und Ahornbäume machen Vermont und New Hampshire zu einem Herbsttraum.

RICK GERHARTER / GETTY IMAGES ©

MARK NEWMAN / GETTY IMAGES ©

TESTA IMAGES / GETTY IMAGES ©

LAURI PATTERSON / GETTY IMAGES ©

FLASH PARKER / GETTY IMAGES ©

Walt Disney World

5 Wer die Latte richtig hoch legen will, nennt sich einfach mal den „glücklichsten Ort der Welt". Walt Disney World (S. 558) tut genau das und macht alles, um einem das Gefühl zu geben, man sei die wichtigste Figur der ganzen Show. Trotz der wilden Achterbahnen, Shows und Nostalgie besteht aber der allerschönste Zauber darin, sein eigenes Kind dabei zu beobachten, wie es voller Stolz Goofy zum Lachen gebracht hat, von Cinderella hofiert wurde, mit Buzz Lightyear die Galaxie bewacht hat und wie ein echter Jedi-Ritter gegen Darth Maul gekämpft hat.

Florida Keys

6 Die Inselkette liegt so südlich, wie man in den Kontinentalstaaten nur kommen kann. Außer zum Feiern fahren die Leute auf die Keys (S. 527), um zu angeln, zu schnorcheln, zu tauchen, Kajak oder Rad zu fahren, zu wandern oder um mit Delfinen zu schwimmen. Die schönsten Korallenriffe Nordamerikas liegen hier im türkisfarbenen Meer und ermöglichen tolle Expeditionen. Und dann ist da noch Key West, das wilde, abgefahrene Ausrufezeichen am Ende der Inselkette. Hippies, Feuerjongleure, Künstler und andere Freigeister verbreiten hier nach Einbruch der Dunkelheit eine karnevalartige Stimmung. Oben rechts: Key West (S. 532)

Route 66

7 Auch bekannt als Mother Road ist dieser etwas altersschwache Asphaltstreifen aus dem Jahr 1926 der Klassiker unter den Roadtrips. Ihren Anfang nimmt die Route 66 in Chicago und windet sich 460 km durch Illinois (S. 601). Die Zeitreise wird versüßt durch Zwischenstopps in Diners, wo man dicke Kuchenstücke verputzt, und durch Fotopausen am Straßenrand, etwa am Gemini Giant, einem riesigen Fiberglas-Astronauten. Neonschilder, Autokinos und andere Charakteristika bilden die klassische Kulisse. Von dort aus sind es noch mal 3380 km bis zum Ziel der Route in Los Angeles. Oben: Route 66-Schild (S. 580), Chicago

Schauplätze des Bürgerkriegs

8 Überall im Osten der USA, von Pennsylvania bis Louisiana, findet man Orte, die durch die dunkelsten Stunden der USA berühmt wurden – z. B. Antietam, Maryland (wo am blutigsten Tag Amerikas 23 000 Soldaten fielen); Gettysburg , Pennsylvania, wo Lincoln seine berühmte Rede „Gettysburg Adress" hielt; und Vicksburg, Mississippi, mit einer 16 Meilen (über 25 km) langen Tour durch Gebiete, die General Grant 47 Tage lang belagerte. Im Sommer werden vielerorts Schlachten nachgestellt.

Unten links: Gettysburg Monument

Boston

9 Mit Kopfsteinpflaster und ausgeflippten Sportfans ist Boston (S. 181) ziemlich vielfältig. Es ist die wohl geschichtsträchtigste Stadt der USA – Schauplatz der Boston Tea Party, von Paul Reveres berühmtem Kurierritt sowie der ersten Schlacht des Unabhängigkeitskrieges. Mehr erfährt man auf dem 2,5 Meilen (4 km) langen, ziegelsteingepflasterten Freedom Trail. Auf dem Campus von Harvard kann man in den Clubs den Rebellen geben. Stärkung bieten Bostons *oyster houses* sowie Cafés und Trattorien, vorrangig im italienisch geprägten North End. Unten rechts: Rudermannschaft der Harvard University, Cambridge (S. 190)

ALLAN MONTAINE / GETTY IMAGES ©

VISIONSOFAMERICA/JOE SOHM / GETTY IMAGES ©

MIKE LANZETTA / GETTY IMAGES ©

JEREMY WOODHOUSE / GETTY IMAGES ©

Niagarafälle

10 Überfüllt? Kitschig? Das mag schon sein. Die Niagarafälle sind eigentlich auch nicht besonders hoch – sie schaffen es gerade so in die Top 500 der Welt. Und dennoch: Wenn die Wassermassen sich wie flüssiges Glas über den Abgrund ergießen, wenn sie tosend ins Leere donnern, und wenn man sich in einem kleinen Boot der Nebelwand nähert, dann sind die Niagarafälle (S. 135) so was von beeindruckend! Betrachtet man nur das Volumen, so kann in ganz Nordamerika kein Wasserfall mithalten: Pro Sekunde stürzen über 1 Mio. Badewannen über ihren Rand.

Blue Ridge Parkway

11 In den südlichen Appalachen von Virginia und North Carolina kann man grandiose Sonnenuntergänge erleben, Tiere beobachten und den Alltag völlig vergessen, während man in die Wildnis starrt, die diese 755 km lange Strecke (S. 36) umgibt. Dutzende Wanderwege – von einfachen Pfaden bis hin zu herausfordernden Kletterpartien zum Adlerhorst führen direkt in die Natur. Hier kann man campen oder die Nacht in einer Forest Lodge zubringen. Auf keinen Fall die Bluegrass- und Mountain-Music-Szene in Asheville in North Carolina oder Floyd in Virginia verpassen!

RAY LASKOWITZ / GETTY IMAGES ©

LAURI PATTERSON / GETTY IMAGES ©

DANITA DELIMONT / GETTY IMAGES ©

Musikalische Wurzeln

12 An welches musikalische Genre man auch denkt: Seinen Ursprung hat es wahrscheinlich hier. Das Mississippi-Delta ist die Wiege des Blues, und New Orleans war Wegbereiter des Jazz. Der Rock 'n' Roll wurde geboren, als Elvis ins Sun Studio (S. 397) in Memphis spazierte, und die Countrymusik schaffte es von den Appalachen bis nach Nashville (S. 404). Der Mississippi brachte die Musik gen Norden, wo Chicago und Detroit Electric Blues und Motown-Sound beisteuerten. Kein Wunder also, dass es hier so tolle Livemusik gibt! Oben: Trompeter, New Orleans

New Orleans

13 Nach dem verheerenden Wirbelsturm Katrina (2005) hat sich New Orleans (S. 474) wieder aufgerappelt. Die karibisch-koloniale Architektur, die kreolische Küche und eine wilde Party-Atmosphäre machen The Big Easy verführerischer denn je. Wer abends ausgeht, hört überall Dixieland-Jazz, Blues und Rock, und die jährlichen Mardi-Gras- und Jazz-Festivals sind weltberühmt. In „Nola" liebt man das Essen: Besucher schwelgen in Jambalaya, Krebsen und *Louisiana cochon* (Pulled Pork), bevor sie sich in die Bar-Szene der Frenchman Street stürzen. Oben rechts: Jambalaya

Antebellum-Süden

14 Stolz und Geschichte durchdringen den „Antebellum-Süden" (der Begriff bezieht sich auf die Zeit vor dem Bürgerkrieg) – alles hier dreht sich um großartige Häuser, Baumwollplantagen, moosüberwucherte Bäume und Gärten voller Azaleen. In Charleston (S. 382) erlebt man dieses Flair am besten beim Spaziergang oder auf einer Veranda. Zu den Highlights gehören Virginia-Eichen, Alleen, Meeresfrüchte, milde Nächte und die majestätischen Treppenaufgänge der Herrenhäuser in Natchez (S. 465), dem ältesten Ort am Mississippi. Oben: Antebellum Mansion, Selma (S. 457), Alabama

Miami

15 In Miami (S. 507) gibt es scheinbar alles: Neben atemberaubenden Stränden und einem historischen Art-déco-Distrikt beeindruckt vor allem die Kultur. In verqualmten Tanzpalästen tanzen Havanna-Auswanderer zu *Son*- und Boleromusik, während in exklusiven Nachtclubs feurige brasilianische Models ihre Hüften zu lateinamerikanischem Hip-Hop schwingen. Im Park spielen alte Männer Domino, und zur Krönung servieren Straßenverkäufer und Restaurants exotische Gaumenfreuden. Unten: Calle-Ocho-Festival, Carnaval Miami (S. 515)

Das Reich der Promenaden

16 An den Uferpromenaden der Ostküste entlangzuschlendern ist Pflicht. Ob in Ocean City, Maryland, am Rehoboth Beach, Delaware, am Virginia Beach, Virginia, oder in Atlantic City, New Jersey, spielt keine Rolle. Es geht um die sommerlichen Freuden am Wegesrand: Backwerk, Go-Karts, Pizza, Schwarzlicht-Minigolf und Toffees. Eltern schieben Kinderwägen, Knirpse kämpfen mit Eistüten und Teenager checken die Lage. Da könnte man glatt vergessen, den Meerblick zu genießen! Unten: Rehoboth Beach (S. 321)

REISEPLANUNG DER OSTEN DER USA – TOP 25

JEFF GREENBERG / ALAMY ©

ANDRE JENNY / ALAMY ©

17

MARK NEWMAN / GETTY IMAGES ©

18

STEPHEN SAKS / GETTY IMAGES ©

Appalachian Trail

17 Der längste Wanderweg des Landes (S. 44) ist über 3360 km lang, durchquert sechs Nationalparks und führt durch 14 Bundesstaaten zwischen Georgia und Maine. Tiefe Wälder, alpine Gipfel, Farmen und Bären auf Nahrungssuche – all das ist Teil dieser Erfahrung. Jedes Jahr gehen 2 bis 3 Mio. Menschen einen Abschnitt des Trails, genießen die frische Luft und die großartige Landschaft. Weniger als 600 Wanderer schaffen die ganze Strecke, doch wer sechs Monate Zeit und etwas Mut hat, wird reich belohnt. Aber auch kürzere Touren sind toll!

Der Mississippi

18 Wer dem Old Man River von den Northwoods in Minnesota bis zum von Palmettopalmen gesäumten Ende in Louisiana folgt, kommt an Adlerhorsten und Juke Joints, an Pinienwäldern und Plantagen vorbei. Auf über 2000 Meilen (3200 km) fließt er durch Städte wie Minneapolis, Memphis und New Orleans. Es gibt zwar noch Flussschiffe wie zu Mark Twains Zeiten, jetzt allerdings mit Kasinos oder Touristengruppen an Bord. Wer mit dem Auto unterwegs ist, folgt der mythischen Great River Road, die dem Fluss auf der ganzen Länge nicht von der Seite weicht.

Die Küste Neuenglands

19 Der Sommer in Neuengland (S. 176) kann schwül werden, weshalb die Bewohner in dieser Zeit an die kühlere Küste strömen. Tolle Strände umgeben Martha's Vineyard in Massachusetts, die größte Insel der Region. Im nahegelegenen Cape Cod National Seashore zieren Salzsümpfe und wilde Dünen die Landschaft, und Buckelwale blasen majestätisch Wasser in die Luft. Die unberührte Insel Block Island bietet Hügellandschaften, ziemlich leere Strände und ruhige Wander- und Fahrradwege. Oben rechts: Portland Head Light (S. 257)

19

RON AND PATTY THOMAS PHOTOGRAPHY / GETTY IMAGES ©

Everglades National Park

20 Die Everglades (S. 523) sind anders: Sie erreichen keine majestätischen Höhen und bieten nicht die Schönheit eines gletschergeformten Tals. Sie triefen, sind flach und wässrig, ein Fluss aus Gras, der von Sümpfen, Zypressenwäldchen und Mangroven durchzogen ist. Wandern kann man hier schwerlich. Um die Everglades zu erkunden und seine Bewohner (z. B. einen hübschen Alligator) zu sehen, muss man den festen Boden verlassen. Man stößt sein Kanu vom schlammigen Ufer ab und schluckt die Angst hinunter – anders, aber unvergesslich.

DON JOHNSTON / GETTY IMAGES ©

20

Fantastische Kunst

21 Man beginnt mit Schwergewichten: In Museen wie dem Metropolitan Museum of Art in New York (S. 81) oder dem Art Institute of Chicago (S. 579) kann man Tage zubringen. Das Andy Warhol Museum (S. 168) in Pittsburgh ist ein Gruselkabinett mit Pop-Art und Filmen. Das von HOK entworfene Dalí Museum (S. 550) gibt St. Petersburg in Florida einen surrealen Touch. Kunst gibt's auch außerhalb der Städte: Im Lower Hudson Valley (S. 122) im Bundesstaat New York gibt's im Storm King Art Center und im Dia Beacon moderne Kunst zu sehen. *Oben: Dalí Museum*

Great Smoky Mountains

22 Ihren Namen verdanken die Smokies dem Nebel über ihren Gipfeln. Zu ihrem Gebiet gehört auch ein Nationalpark, der mehr Besucher anzieht als jeder andere. Die von Appalachen-Wäldern bedeckte Fläche erstreckt sich über Teile Tennessees und North Carolinas. Die Bergrücken sind Lebensraum von Schwarzbären, Weißwedelhirschen, Elchen, Truthühnern und über 1600 Blumenarten. Pro Jahr kommen fast 10 Mio. Menschen zum Wandern, Campen, Reiten, Raften und Fliegenfischen – doch den Massen entkommt man leicht. *Unten: Mountain Farm Museum (S. 379)*

DON KLUMPP / GETTY IMAGES ©

JOHN ELK / GETTY IMAGES ©

MARK NEWMAN / GETTY IMAGES ©

DAVID SUCSY / GETTY IMAGES ©

Amish Country

23 Wer die Amish im Nordosten von Ohio (S. 613), im Südosten von Pennsylvania (S. 163) oder im Norden Indianas (S. 606) – den größten Amish-Gemeinden der USA – besucht, kann mehrere Gänge zurückschalten. Jungs mit Strohhüten lenken Einspänner, bärtige Männer pflügen die Felder und sittsam gekleidete Frauen gehen zum Markt. Die „Plain People" (einfache Leute) sind eine etwa 100 Jahre alte Sekte, die ohne Elektrizität, Telefon und motorisierte Fahrzeuge lebt. Berlin, Ohio, Lancaster, Pennsylvania und Middlebury, Indiana, sind gute Orte, um in deren Lebensweise einzutauchen.

Acadia National Park

24 Im Acadia Nationalnal Park (S. 262) küssen die Berge das Meer. Kilometerlange Felsküsten sowie Wander- und Fahrradwege machen diesen Park zur beliebtesten Attraktion im wunderbaren Maine – und das aus gutem Grund. Buchstäblicher Höhepunkt ist der Cadillac Mountain, dessen 466 m hoher Gipfel zu Fuß, mit dem Rad oder auch mit dem Auto bezwungen werden kann. Frühaufsteher können von dort aus die ersten Sonnenstrahlen des Landes genießen. Und wenn man sich ordentlich Hunger geholt hat, erwarten einen am Jordan Pond Tee und Gebäck.

Große Seen

25 Die Großen Seen (S. 568) sind fünf Seen: Lake Superior, Michigan-, Huron-, Ontario- und Eriesee. Hier befinden sich etwa 20 % der Trinkwasservorräte weltweit und 95 % von Amerikas Trinkwasserreserven. Es gibt kilometerlange Strände, Dünen und eine Landschaft, die gespickt ist mit Leuchttürmen. Dazu noch die wellengepeitschten Klippen, die Inseln und die Frachtschiffe, die in betriebsame Häfen einlaufen, und man versteht, warum die Region den Spitznamen die „Dritte Küste" verdient hat. Auch Angler, Kajak-Fahrer und Surfer kommen hier nicht zu kurz. *Oben: Leuchtturm von Marblehead, Eriesee*

Gut zu wissen

Weitere Infos gibt's im Abschnitt „Allgemeine Informationen" (S. 716)

Währung
US-Dollar (US$)

Sprache
Englisch

Visa
Besucher aus Deutschland, Österreich und der Schweiz benötigen für Aufenthalte unter 90 Tagen kein Visum. Die vorherige ESTA-Registrierung online ist obligatorisch.

Geld
Geldautomaten gibt es quasi überall. Kreditkarten werden in den meisten Hotels, Restaurants und Läden akzeptiert.

Handys
In den USA funktionieren nur Triband- oder Quadband-Handys. Wer kein solches besitzt, kann sich in den Staaten ein günstiges Prepaid-Handy kaufen.

Zeitzonen
Eastern Standard Time (MEZ –6 Std.): NYC, New England, Florida; Central Standard Time (MEZ –7 Std.): Chicago, New Orleans

Reisezeit

Boston
April–Okt.

New York City
Mai–Sept.

Chicago
Mai–Sept.

Washington, D. C.
März–April &
Sept.–Okt.

New Orleans
Feb.–Mai

Tropisches Klima
Trockenes Klima
Warme bis heiße Sommer, milde Winter
Warme bis heiße Sommer, kalte Winter

Miami
Dez.–April

Hauptsaison
(Juni–Aug.)

➡ Warme, sonnige Tage in der ganzen Region.

➡ Unterkunftspreise am höchsten (30 % über dem Durchschnitt)

➡ Viele große Freiluftkonzerte: Milwaukees Summerfest, Newports Folk Fest, Chicagos Lollapalooza usw.

Zwischensaison
(Okt., April–Mai)

➡ Milde Temperaturen; es kann regnerisch sein.

➡ Wildblumen blühen, vor allem im Mai.

➡ Gebiete mit feurigen Herbstfarben (z. B. Neuengland, Blue Ridge Parkway) sind weiterhin gut besucht.

Nebensaison
(Nov.–März)

➡ Dunkle Wintertage, Schneefall im Norden.

➡ Unterkunftspreise am niedrigsten (außer in Ski- und wärmeren Urlaubsgebieten wie Florida, wo nun Hauptsaison ist).

➡ Sehenswürdigkeiten sind kürzer geöffnet oder geschlossen.

Infos im Internet

Festivals.com (www.festivals. com) Amerikas beste Feste mit Livemusik, Essen, Getränken und Tanz.

Lonely Planet (www.lonely planet.de/reiseziele/usa) Reiseinfos, Hotelbuchungen, Forum und Fotos.

National Park Service (NPS; www.nps.gov) Portal zu den größten Naturschätzen der USA, ihren Nationalparks.

New York Times Travel (http:// travel.nytimes.com) Reiseinfos, praktische Tipps und faszinierende Features.

Roadside America (www.road sideamerica.com) die schrulligen und schrägen Seiten der USA.

Wichtige Telefonnummern

Um herkömmliche Anschlüsse zu erreichen, wählt man die Ortsvorwahl gefolgt von der siebenstelligen Nummer.

Landesvorwahl USA	☑1
Vorwahl für internationale Gespräche aus den USA	☑011
Notfall	☑911
Telefonauskunft	☑411
Internationale Telefonauskunft	☑00

Wechselkurse

Eurozone	1 €	1,37 US$
	1 US$	0,73 €
Schweiz	1 SFr	1,13 US$
	1 US$	0,89 SFr

Aktuelle Wechselkurse sind unter www.xe.com abrufbar.

Tagesbudget

Günstig – weniger als 100 US$

➡ B im Schlafsaal: 20–30 US$; Stellplatz: 15–30 US$; Zi. im Budgetmotel: ab 60 US$

➡ Mittagessen in einem Café oder vom Food Truck: 5–8 US$

➡ Nutzung von öffentlichen Verkehrsmitteln: 2–3 US$

Mittleres Budget – 150–250 US$

➡ DZ in einem Mittelklassehotel: 100–200 US$

➡ Abendessen in einem soliden Restaurant: 50–80 US$ für zwei

➡ Mietwagen: ab 30 US$/Tag

Teuer – mehr als 250 US$

➡ Unterkunft in einem Top-Resort/Hotel: ab 250 US$

➡ Abendessen in Top-Restaurants: 60–100 US$/Pers.

➡ Ausgehen (Stücke, Konzerte): 60–200 US$

Öffnungszeiten

Öffnungszeiten variieren im Verlauf des Jahres. Angegeben sind die Öffnungszeiten in der Hauptsaison; In der Zwischen- und der Nebensaison sind die Öffnungszeiten meist kürzer.

Banken Mo–Fr 8.30–16.30 Uhr

Bars So–Do 17–24, Fr & Sa bis 2 Uhr

Einkaufszentren 9–21 Uhr

Geschäfte Mo–Sa 9–18, So 12–17 Uhr

Nachtclubs Do–Sa 22–3 Uhr

Supermärkte 8–20 Uhr, einige haben rund um die Uhr geöffnet

Ankunft am …

JFK (New York; S. 116) Ab dem JFK geht's mit dem AirTrain zur Jamaica Station und mit der LIRR zur Penn Station, was 12 bis 15 US$ kostet (45 Min.). Für ein Taxi nach Manhattan zahlt man 52 US$ plus Maut und Trinkgeld (45–90 Min.).

Chicago O'Hare (S. 569) Die Züge der Blue Line (5 US$). fahren etwa alle 10 Minuten und sind in 40 Minuten in Downtown. Shuttle-Van von Airport Express: 32 US$ (40–60 Min.); Taxi ca. 50 US$ (25–50 Min.).

Miami International (S. 520) Mit dem SuperShuttle geht's für 21 US$ (50–90 Min.) nach South Beach; eine Taxifahrt nach Miami Beach gibt's für 34 US$ (40–60 Min.); mit der Metrorail fährt man ins Zentrum (Government Center; 2 US$, 15 Min.).

Unterwegs vor Ort

Auto Mit dem Auto kann man die Region am besten erkunden. In Großstädten (New York, Chicago) kann das aber dank Staus und heftiger Parkgebühren (über 40 US$) nervenaufreibend sein. Leihwagen gibt's in jeder Stadt.

Zug Außerhalb des Korridors Boston–Washington, D. C., sind Züge meist zum Sightseeing unterwegs. Amtrak (www. amtrak.com) ist das führende Bahnunternehmen.

Bus Unternehmen, die Kurzstrecken bedienen, z. B. Megabus (www.megabus.com/ us) und Bolt Bus (www.boltbus. com), sind beliebt, um von einer größeren Stadt zur nächsten zu gelangen (z. B. von NYC nach DC) – dies ist normalerweise die preiswerteste Art zu reisen. Tickets muss man im Voraus kaufen.

Mehr zu **Verkehrsmitteln & -wegen** gibt's auf S. 726

Wie wär's mit...

Großstädte

Der Osten wird dominiert durch seine Großstädte und die große kulturelle Vielfalt.

New York City Eine überwältigendere Stadt als NYC gibt's wohl kaum – mit 8,3 Mio. Einwohnern ist sie laut, schnell und voller Energie. Sie gleicht einer Symphonie und entwickelt sich ständig weiter. (S. 58)

Chicago Die Metropole im Mittleren Westen ist ein Mix aus Wolkenkratzern, Kunst, großen Museen, Indie-Clubs und einer schwindelerregenden Anzahl von Restaurants. (S. 573)

Detroit Ein Paradebeispiel für Aufstieg und Fall einer Metropole, und vielleicht – aber nur vielleicht – auch für einen neuerlichen Aufstieg. (S. 629)

Baltimore Die düstere Hafenstadt hat sich zur hippen Schönheit gemausert – mit Museen von Weltrang, trendigen Shops und Boutiquehotels. (S. 306)

Philadelphia Geschichte umgibt die Besucher der ersten Hauptstadt der USA auf Schritt und Tritt. Dennoch präsentiert sich Philly mit einer lebendigen Restaurant-, Musik- und Kunstszene sehr urban (S. 144).

Nationalparks

Great Smoky Mountains Lilafarbener Nebel umgibt die Gipfel, und Schwarzbären, Wapitis und wilde Truthähne bevölkern die meistbesuchte Parklandschaft der USA. (S. 379)

Acadia Maines unberührte Wildnis mit Bergen, Meeresklippen, wellenumtosten Stränden und ruhigen Seen. (S. 262)

Shenandoah Grandiose Blicke auf die Blue Ridge Mountains, großartige Wander- und Campingmöglichkeiten – z. B. entlang des Appalachian Trail. (S. 344)

Everglades Südfloridas Wasserparadies beheimatet hinterhältige Krokodile, herumschleichende Panther, Flamingos und sanfte Seekühe. (S. 502)

Isle Royale Diese Insel schwimmt mitten im Lake Superior – es gibt keine Straßen, keine Autos und keine Menschenmassen, und Wölfe und Elche streifen umher. (S. 646)

Großartiges Essen

Hummer in Maine, Cheesesteaks in Philly, Gegrilltes in Memphis und Cheddar in Wisconsin– man muss den Gürtel lockern, wenn man durch den Osten reist.

New Orleans Scharfes Gumbo, frische Austern und Brotpudding mit Bourbon sind nur einige Highlights der kreolischen Speisekarte in Amerikas kulinarischem Zentrum. (S. 474)

New York City Ob man nun Steak Frites, Linguini con vongole, Sushi, Chicken Tikka Masala oder Gourmet-Hotdogs möchte: Der Big Apple hat's. (S. 58)

Chicago Die „Windy City" zeichnet ein Mix aus gehobener Gastronomie und Comfort Food aus, zusätzlich gibt es unzählige ethnische Lokale. (S. 573)

Durham Dank der vielen Cafés und Lokale mit Produkten direkt vom Erzeuger wurde diese Stadt in North Carolina geschmacklich geadelt und zur „Tastiest Town in the South" gewählt. (S. 371)

Madison, WI Seit 30 Jahren ist es hier in, mit regionalen Produkten zu kochen. Neben Imbissen und Ethno-Lokalen gibt's in Madison auch die größten Bauernmärkte im Land. (S. 652)

WIE WÄR'S MIT... WEIN?

Lust auf ein Glas Wein in Virginias Weinbergen? Der Staat ist inzwischen der fünftgrößte Weinproduzent der USA. Man kann sogar Weine probieren, die auf dem Landsitz von Thomas Jefferson gereift sind. (S. 329)

Architektur

Chicago Im „Geburtsort" der Wolkenkratzer stehen grandiose Bauten von vielen großen Architekten des 20. Jhs. (S. 573)

Fallingwater Dieses Meisterwerk von Frank Lloyd Wright fügt sich nahtlos in die waldige Landschaft mit dem Wasserfall, über dem das Haus gebaut ist, ein. (S. 174)

Miami Miamis Art-déco-Bezirk ist ein Rausch der Farben. (S. 508)

Taliesin Noch mehr für Frank-Lloyd-Wright-Fans: In Taliesin steht Wrights Haus und seine richtungsweisende Schule in Spring Green, Wisconsin. (S. 655)

Columbus Wahrlich: Im kleinen Columbus, Indiana, gibt's große Architektur – dank vorausdenkender Industrieller. (S. 610)

Museen

Smithsonian Institution Die Schatzkammer der Nation setzt sich eigentlich aus 19 Museen zusammen. Und das Beste: Der Besuch ist umsonst. (S. 283)

Metropolitan Museum of Art Diese Topattraktion in NYC ähnelt einem Stadtstaat, der einen Schatz von 2 Mio. Kunstwerken hütet. (S. 81)

Art Institute of Chicago Das zweitgrößte Kunstmuseum Amerikas (nach dem Met) hat unzählige Meisterwerke zu bieten, hauptsächlich aber impressionistische Gemälde. (S. 579)

Andy Warhol Museum Der Pop-Art-Meister mit der großen Brille bescherte Pittsburgh fantastische Arbeiten. (S. 168)

Salvador Dalí Museum Das ausgefallene Haus in St. Petersburg, Florida, beheimatet eine hervorragende Sammlung der Ölgemälde des Surrealisten. (S. 507)

(Oben) Art-déco Historic-Distrikt (S. 507), Miami
(Unten) National Air & Space Museum (S. 280), Washington, D.C.

Themenparks

Walt Disney World Eintauchen in die Märchenhaftigkeit des „Glücklichsten Ortes der Welt" und sich von Nostalgie und nervenaufreibenden Rides mitreißen lassen. (S. 558)

Dollywood Ein Tribut an die Countrysängerin Dolly Parton – mit Fahrgeschäften und Attraktionen zum Thema Appalachen in Tennessee. (S. 420)

Cedar Point Mutige stehen in diesem legendären Park in Ohio Schlange, um mit dem furchterregenden, korkenzieherförmigen GateKeeper zu fahren. (S. 619)

Universal Orlando Resort Die berühmte Heimat der Universal Studios und der Wizarding World of Harry Potter. (S. 555)

Outdoor-Aktivitäten

Appalachian Trail Wenn einem nicht der Sinn danach steht, die ganzen 3380 km zu bewältigen, lohnt sich doch ein Tagesausflug, um in den Genuss der grandiosen Landschaft zu kommen. Man erreicht den Trail über 14 Staaten. (S. 44)

Boundary Waters In der nördlichen Wildnis von Minnesota paddeln, unterm Sternenhimmel campen und vielleicht sogar das Nordlicht erleben! (S. 675)

New River Gorge National River Wildwasser stürzt sich in West Virginia durch die urzeitliche Schlucht. Man fühlt sich wie im Garten Eden. (S. 354)

Long Island Gute Surfbedingungen gibt's im Staat New York von Montauks Ditch Plains bis zum Long Beach in Nassau County – ein neuer Surfspot auf der Liste der Profis. (S. 118)

Stowe Mountain Vermont hat das Snowboarden erfunden. Den besten Steilhang des Bundesstaats sollte man nicht ungenutzt lassen. (S. 240)

Geschichte

Im Norden gibt's viel Interessantes aus der Kolonial- und Revolutionszeit, in der Mitte und im Süden die meisten Schlachtfelder aus dem Bürgerkrieg.

Independence National Historic Park Die Highlights hier sind die Liberty Bell und die Independence Hall, in der die Gründerväter die Verfassung unterzeichneten. (S. 145)

Bostons Freedom Trail Der 4 km lange Spazierweg führt zu Paul Reveres' Wohnstätte, einem Friedhof mit Gräbern aus dem 18. Jh. und zu 14 weiteren Orten der Revolutionszeit. (S. 191)

Henry Ford Museum/Greenfield Village Hier warten echte Highlights: Der Bus, in dem Rosa Parks saß, die Flugzeugwerkstatt der Gebrüder Wright und mehr. (S. 636)

Washington, D.C. Der Ort, an dem Lincoln ermordet wurde, Martin Luther King Jr. seine berühmte Rede gehalten hat und Nixons Präsidentschaft ihr Ende nahm. (S. 281)

Vicksburg Das Gebiet am Mississippi, das General Grant 47 Tage lang belagerte, ist spannend für alle, die sich für den Bürgerkrieg interessieren. (S. 463)

Nachtleben

New Orleans Abseits der Bourbon Street tobt das Nachtleben, man trinkt Sazerac und Jazz, Dixieland und Zydeco dröhnen aus den Clubs. (S. 474)

New York City Wie schon Sinatra sang, schläft diese Stadt niemals, und die Bars und Clubs in der ganzen Stadt sind bis 4 Uhr morgens geöffnet. (S. 106)

Athens, Georgia Die kompakte Collegestadt hat eine mächtige Musikszene zu bieten, der auch die B-52s und REM entstammen. (S. 443)

Minneapolis Hier spielt eigentlich jeder in einer Band, und in den Bars und abgefahrenen Clubs stellen Musiker ihr Können unter Beweis. (S. 666)

Memphis Gefeiert wird in der Beale Street in stets geöffneten Bars, an Bier-to-go-Ständen und mit Bluesmusik. (S. 394)

Skurriles Amerika

Foamhenge Dieses Stonehenge-Remake ist eine großartige Hommage ans Styropor, maßstabgetreu nachgebaut und bei Sonnenuntergang äußerst beschaulich. (S. 347)

NashTrash Tours Die „Jugg Sisters" mit den aufgedonnerten Frisuren führen Besucher in Nashville auf eine köstlich schrille Tour durch schlüpfrige Stadtviertel. (S. 409)

Spam Museum In Austin, Minnesota, der Geburtsstätte des Fleischs in blauen Büchsen, kann man auch selber versuchen, das süße Schweinefleisch in Dosen zu pressen. (S. 671)

WIE WÄR'S MIT … OLD-SCHOOL-DINERS?

Dicke Pancakes im Arcade genießen, einem klassischen Diner in Memphis, das Elvis regelmäßig besucht hat (S. 401).

Snowboarden, Killington (p221), Vermont

Key West Cemetery Hier wandelt man durch ein Labyrinth voller ergreifender Grabinschriften wie „Ich habe euch ja gesagt, dass ich krank bin." (S. 533)

American Visionary Art Museum In dieser Kuriosität in Baltimore kann man Outsider-Kunst bewundern (darunter Werke von Geisteskranken). (S. 309)

Theater

New York City und Chicago sind die Stars, und Städte wie Minneapolis geben jungen Talenten eine Chance.

Broadway Theater District Es gibt nichts Kultigeres als die hellen Lichter und glitzernden Schriften in dieser Straße in Midtown Manhattan. (S. 71)

Steppenwolf Theatre John Malkovich, Gary Sinise und andere inzwischen berühmte Schauspieler haben die Chicagoer Theaterszene vor fast 40 Jahren in Gang gebracht. (S. 596)

Guthrie Theater In Minneapolis gibt es so viele Theater, dass man die Stadt auch „Mini Apple" nennt. Das megacoole Guthrie ist federführend. (S. 667)

American Players Theatre Hier werden Shakespeare und andere Klassiker unter freiem Himmel mitten in den Wäldern von Spring Green, Wisconsin, gegeben. (S. 656)

Grand Ole Opry Das hier ist mehr als Countrymusik und Scheinwerferlicht – es ist ein Varieté, bei dem es einen nicht auf den Sitzen hält. (S. 408)

Strände

South Beach An diesem Strand geht es weniger um Badespaß als darum, am beliebtesten Tummelplatz Miamis Leute zu beobachten. (S. 509)

Cape Cod National Seashore Riesige Sanddünen, malerische Leuchttürme und kühle Wälder laden zu endlosen Erkundungstouren an diesem Kap in Massachusetts ein. (S. 206)

Montauk Das windumtoste Montauk an der östlichen Spitze von Long Island lockt mit einer schönen Küste, Strandcamping und einem noch funktionsfähigen Leuchtturm aus dem 18. Jh. (S. 121)

Michigans Gold Coast Endlose Sandstrände, Dünen, Weingüter, Obstplantagen und Städte mit unzähligen B & Bs säumen das Westufer des Staates. (S. 582)

Outer Banks North Carolinas abgelegene Düneninseln bieten gut besuchte Strände, aber auch welche, die so einsam sind, dass dort wilde Ponys herumspazieren. (S. 361)

Monat für Monat

TOP-EVENTS

Mardi Gras, Februar
oder März

**National Cherry Blossom
Festival**, März

**Bonnaroo Music & Arts
Fest**, Juni

Independence Day, Juli

Leaf Peeping, Oktober

Januar

Das neue Jahr fängt kalt an: Schnee bedeckt große Landesteile. In den Skiorten ist der Bär los, Sonnenanbeter fliehen in wärmere Gefilde (z.B. Florida).

Mummers Parade

Die großartige Parade an Neujahr ist Philadelphias größtes Event (www.mummers.com). Die Clubs in der Stadt basteln monatelang Kostüme und Umzugswagen, um an Neujahr Eindruck zu schinden. Für gute Stimmung bei diesem altgedienten Fest sorgen Musikgruppen und Clowns (www.phillymummers.com).

Chinesisches Neujahr

Ende Januar oder Anfang Februar wird in jeder Stadt, die eine Chinatown hat, das chinesische Neujahr mit farbenfrohen Festen und Schlemmereien begangen. NYC und Chicago läuten das neue Jahr mit einer Parade, reich geschmückten Umzugswagen, Feuerwerk, Bands und einer ganzen Menge Trubel ein.

St. Paul Winter Carnival

Ende Januar ist es kalt in Minnesota – darauf kann man wetten. Die Bewohner verpacken sich in Parkas und Snowboots – denn man rüstet sich für zehn Tage voller Eisbildhauerei, Eislaufen und Eisfischen (www.winter-carnival.com).

Februar

Wenn die Amerikaner nicht gerade im Winterurlaub in den Bergen sind, fürchten sie den Februar mit seinen langen dunklen Nächten und den eisigen Tagen. Für Traveller kann es die günstigste Reisezeit sein: Oft gibt's riesige Rabatte auf Flüge und Hotels.

Mardi Gras

Mardi Gras ("der fette Dienstag") findet Ende Februar oder Anfang März am Tag vor Aschermittwoch als Abschluss des Karnevals statt (www.mardigrasneworleans.com). Legendär sind die Umzüge, Maskenbälle und die Vergnügungssucht in New Orleans.

März

Die ersten Vorboten des Frühlings zeigen sich – zumindest im Süden (im Norden herrscht noch klirrende Kälte). In den Bergen Neuenglands ist die Skisaison noch in vollem Gange, und in Florida fallen bereits die Massen ein – Spring Break ist angesagt.

Baseball Spring Training

Im März findet in Florida das MLB-Frühjahrstraining der „Grapefruit League" statt (www.floridagrapefruitleague.com): 15 Teams der Baseball-Profiliga treten in Vorbereitungs- und Testspielen gegeneinander an und locken ihre Fans nach Orlando, Tampa Bay und in den Südosten.

St. Patrick's Day

Am 17. März wird der Schutzpatron der Iren mit Blaskapellen und Guinness in Strömen gefeiert. Riesige Umzüge gibt es in New York, Boston und Chicago (wo als Höhepunkt sogar der Chicago River grün eingefärbt wird).

⭐ National Cherry Blossom Festival (Kirschblütenfest)

Die wunderschönen Blüten der japanischen Kirschbäume rund um das Tidal Basin in Washington, D.C. werden fünf Wochen lang mit Konzerten, Paraden, Taiko-Getrommel, Drachensteigen und 90 weiteren Events gefeiert (www.nationalcherryblossomfestival.org). Mehr als eine Million Besucher kommen jedes Jahr, also unbedingt ein Zimmer reservieren.

⚒ Maple Syrup Tasting

Am Vermont Maple Open House Weekend Ende März laden Vermonts Ahornsirupproduzenten in ihre „Zuckerhäuser" ein und zeigen, wie der süße Saft hergestellt wird (www.vermontmaple.org). In Maine werden am letzten Sonntag des Monats die Türen fürs Publikum geöffnet.

April

Langsam wird es wärmer, aber der April ist im Norden noch immer unbeständig. Ins kühle Wetter mischen sich betörend warme Tage. Für den Süden ist der April eine gute Reisezeit.

🏃 Boston Marathon

Zehntausende Zuschauer jubeln den Teilnehmern des ältesten Marathons (www.baa.org) des Landes zu, wenn sie am Patriots Day, einem Feiertag in Massachusetts am dritten Montag im April, am Copley Square durch die Ziellinie laufen.

⭐ New Orleans Jazz Fest

Big Easy hat das beste Jazzfestival (www.nojazzfest.com) des Landes: An zehn Tagen Ende April treten tolle Hornisten und Pianisten auf. Fast noch besser ist das Essen: panierter Krebs, Cajun-Küche, Schweinefleisch sowie Brotpudding mit weißer Schokolade.

⭐ Tribeca Film Festival

Robert De Niro ist Mitorganisator dieses Festivals in NYC (www.tribecafilmfestival.com), das Ende April an zwölf Abenden stattfindet. Gezeigt werden Dokus und Features. Seit der Gründung 2002 nimmt das Festival an Bedeutung zu.

Mai

Der Frühling ist endlich da. Im Wonnemonat blühen die Wildblumen, das Wetter ist mild und sonnig – und das ohne Menschenmassen und hohe Preise.

⭐ Kentucky Derby

Am ersten Samstag des Monats werfen sich die oberen Zehntausend in Schale (Nadelstreifenanzüge und extravagante Hüte) und fahren nach Louisville zum Pferderennen – auch bekannt als die „großartigsten zwei Minuten im Sport" (www.kentuckyderby.com).

⭐ Movement Electronic Music Festival

Am Memorial-Day-Wochenende findet auf der Hart Plaza in Detroit das größte Electronic-Music-Festival der Welt statt (www.movement.us). Dem tanzwütigen Publikum werden Newcomer und Namen wie Fatboy Slim, Carl Craig und Felix da Housecat präsentiert.

Juni

Sommer – die Amerikaner sitzen oft im Café oder fahren zur Küste und in Nationalparks. Es sind Ferien: volle Autobahnen und hohe Preise.

⭐ Chicago Blues Festival

Das weltweit größte kostenlose Bluesfestival (www.chicagobluesfestival.us). bietet vier Tage lang die Musik, die Chicago berühmt gemacht hat. Mehr als eine halbe Million Menschen breiten Anfang Juni ihre Decken vor den vielen Bühnen im Grant Park aus.

⭐ Bonnaroo Music & Arts Fest

Das große Musikfest (www.bonnaroo.com) in Tennessee präsentiert Mitte Juni auf einer ca. 3 km² großen Farm mehr als vier Tage lang Vertreter aus Rock, Soul, Country und mehr.

⭐ Mermaid Parade

In Brooklyn, NYC, feiert Coney Island den Sommeranfang mit einem kitschigen Umzug (www.coneyisland.com) mit leicht bekleideten Meerjungfrauen und musizierenden Meermännern.

⭐ CMA Music Festival

Legionen von Countryfans ziehen zu diesem Festival

ihre Cowboystiefel an und treffen sich in Nashville, um ihren Country-Lieblingen zu lauschen. Mehr als 400 Künstler geben im Riverfront Park und auf dem LP Field ihr Bestes (www.cmaworld.com).

☆ Summerfest

Ende Juni/Anfang Juli veranstaltet Milwaukee elf Tage lang ein verdammt gutes Festival (www.summerfest.com). Auf den zehn Bühnen am See treten Hunderte bekannter Rock-, Blues-, Jazz- und alternativen Bands auf. Kulinarisch begleitet wird alles von Bier, Bratwurst und Käse.

Juli

Im Hochsommer schmeißen die Amerikaner ihre Grills hinterm Haus an oder fahren an den Strand. Die Preise sind hoch und überall ist viel los – es ist eben Urlaubszeit.

☆ Independence Day

Das ganze Land feiert am 4. Juli mit einem Riesenfeuerwerk seinen Geburtstag. In Philadelphia, wo die Unabhängigkeitserklärung verabschiedet wurde, läutet die Freiheitsglocke. Auch Chicago, Boston, New York und Washington, D.C. lassen sich einiges einfallen.

☆ National Black Arts Festival

Unzählige Künstler treffen sich auf dem zehntägigen afroamerikanischen Musik-, Theater-, Literatur- und Filmfestival in Atlanta (www.nbaf.org). Maya Angelou, Wynton Marsalis, Spike Lee, Youssou N'Dour

(Oben) Kirschblütensaison, Washington, D.C.
(Unten) Mardi Gras, New Orleans

TETRA IMAGES / GETTY IMAGES ®

FRANZ MARC FREI / GETTY IMAGES ®

und viele andere sind hier aufgetreten.

⭐ Newport Folk Festival

In Newport, RI, der Sommerfrische der Reichen, findet Ende Juli ein energiegeladenes Musikfestival statt (www.newportfolkfest.net). Auf der geschichtsträchtigen Bühne hat auch schon Bob Dylan gestanden, der hier zum ersten Mal zur elektrischen Gitarre griff.

August

Im August sollte man sich auf sengende Hitze einstellen. Je weiter man gen Süden kommt, umso unerträglicher wird sie. Die Strände sind voll, die Preise hoch und die Städte recht ausgestorben – jeder flüchtet ans Wasser.

⭐ Lollapalooza

Beim unglaublichen Riesenrockfestival (www.lollapalooza.com) in Chicagos Grant Park treten am ersten Augustwochenende 130 Bands auf – darunter viele Hochkaräter.

🍴 Maine Lobster Festival

Wer Hummer liebt, sollte sich diesen Genuss Anfang August in Rockland nicht entgehen lassen (www.mainelobsterfestival.com). Neptun wacht über die einwöchigen Feierlichkeiten, auf denen man endlos Schalentiere futtern kann.

September

Gegen Ende des Sommers werden die Tage kühler

und Ausflüge in die Region angenehmer. Die Kinder gehen wieder zur Schule, und Konzerthäuser, Galerien und andere Veranstaltungsorte leiten eine neue Saison ein.

⭐ New York Film Festival

Als eins der vielen Filmfestivals in NYC bietet dieses Event im Lincoln Center (www.filmlinc.com) Weltpremieren und Interviews mit Regisseuren von Indie- und Mainstreamfilmen an.

Oktober

Die Temperaturen sinken, und der Herbst kommt mit feurigen Farben nach Nordamerika. Dort, wo die Blätter am stärksten leuchten (Neuengland), ist Hauptsaison, anderswo fallen die Preise.

🎭 Fantasy Fest

Key Wests Pendant zu Mardi Gras lockt kurz vor Halloween über 100 000 Feiernde in die subtropische Enklave – mit Umzügen, Partys und der Wahl des Königspaars (www.fantasyfest.net).

🎭 Halloween

Alle verkleiden sich und feiern Halloween. In NYC kann man die Halloweenparade auf der Sixth Avenue mitmachen. Chicago zelebriert den Tag der Toten im National Museum of Mexican Art.

November

Egal, wohin man fährt, es ist überall Nachsaison

und der kalte Wind schreckt die Besucher ab. Immerhin fallen die Preise (um Thanksgiving herum steigen die Flugpreise allerdings sprunghaft). In den großen Städten kann man viel Kultur genießen.

🍴 Thanksgiving

Am 4. Donnerstag im November versammeln sich die Amerikaner mit Familie und Freunden und feiern mit Putenbraten, Süßkartoffeln, Preiselbeersauce, Wein, Kürbiskuchen und anderen Gerichten. In New York City findet ein Umzug statt und im Fernsehen läuft Profi-Football.

Dezember

Jetzt ist es Winter, aber die Skibedingungen im Osten sind meist bis Januar nicht ideal. Weihnachtsmärkte beleben die Region während der Feiertage.

🎭 Art Basel

Dieses große Kunstfestival (www.artbaselmiamibeach.com) zeigt vier Tage lang moderne Kunst, Film, Architektur und Design. Mehr als 250 Galerien aus der ganzen Welt stellen Kunstwerke von etwa 2000 Künstlern aus, und die Schickeria trifft sich in Miami Beach.

🎭 Neujahr

Wenn es um Neujahr geht, spaltet sich die Nation. Die einen feiern in der Menschenmenge, die anderen flüchten vor dem Chaos. Doch wofür man sich auch entscheidet, man sollte rechtzeitig im Voraus buchen. Die Preise sind hoch (vor allem in New York).

Reiserouten

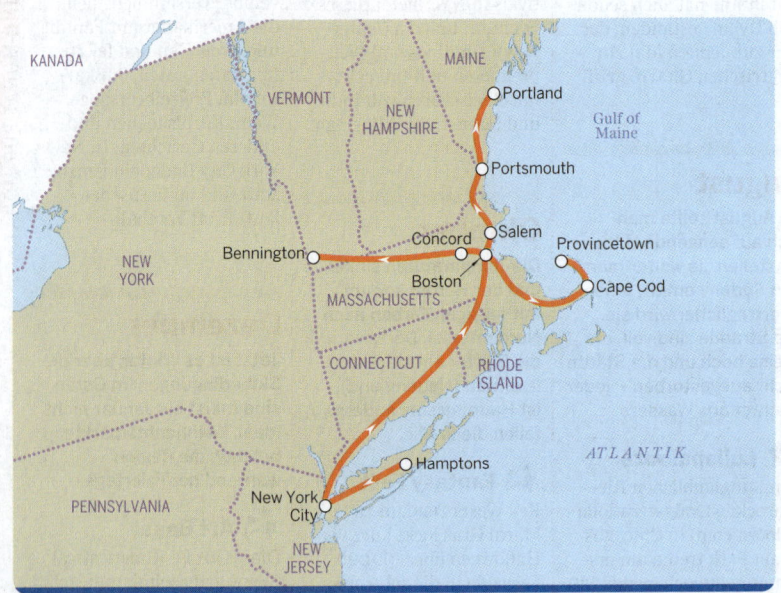

2 WOCHEN

Das Beste des Nordostens

Als großer Motor der Kunst-, Mode- und Kulturszene ist **New York City** *das* städtische Zentrum der USA. Drei Tage gehören dem touristischen Pflichtprogramm– der Aussichtspunkt Top of the Rock, die Museen der Upper East Side, der Central Park – und dem aufregenden Nachtleben und den kulinarischen Abenteuern z.B. im East Village. Nach der Kultur der Großstadt kann man an den Stränden der zauberhaften **Hamptons** auf Long Island verschnaufen. Zurück in NYC nimmt man den Zug nach **Boston** und verbringt zwei Tage mit dem Besuch der vielen historischen Stätten, Essen gehen im North End und einer Pubtour in Cambridge. Es empfiehlt sich, ein Auto zu mieten, um zum **Cape Cod** mit seinen idyllischen Dünen, Wäldern und schönen Küsten zu fahren. Zeit einplanen sollte man für **Provincetown,** die lebendigste Siedlung des Capes. Weiter geht's mit einem dreitägigen Trip auf New Englands Nebenstraßen, durch überdachte Brücken, pittoreske Städte und die wunderschöne Landschaft, mit Übernachtungen in altehrwürdigen B & Bs, die an der Strecke liegen. Highlights sind **Salem** und **Concord** in Massachusetts, **Bennington** in Vermont, und **Portsmouth** in New Hampshire. Wenn man noch Zeit hat, sollte man wegen der Hummerfestivals an der wunderschön zerklüfteten Küstenlinie nach Maine weiter fahren – **Portland** ist ein guter Startpunkt.

Große Rundreise durch den Osten

Ein Road Trip wie er im Buche steht: Er führt durch die großen und kleinen Städte des Ostens und beginnt in **New York City** (das Auto besser im günstigeren New Jersey mieten). In der ersten Woche geht gen Westen nach **Lancaster**, um die idyllischen Nebenstraßen des Pennsylvania Dutch Country zu erkunden. Nächste Station ist **Pittsburgh**, eine überraschende Stadt mit malerischen Brücken und modernen Museen. Auf der Interstate fährt man nach Ohio, taucht aber im **Amish Country** mit seinen Pferdewagen und kleinen Straßen gleich darauf in die Vergangenheit ein. Wolkenkratzer am Horizont kündigen **Chicago** an, wo man ein paar Tage mit Spaziergängen am Seeufer, berühmten Kunstwerken und kulinarischen Entdeckungen in der tollen Restaurantszene verbringt.

In der zweiten Woche geht's auf der alten Route 66 weiter, zumindest für ein paar nostalgische Meilen. Nun heißt das Ziel **Memphis**, Mekka der Elvis-Fans, Barbecue-Genießer und Bluesfreunde. Die Great River Road führt gen Süden nach **Clarksdale** mit den Juke Joints und zu den Antebellum-Herrenhäusern in **Natchez**. Jetzt ist es nicht mehr weit nach **New Orleans**, wo man auch nach Hurrikan Katrina Livejazz hören, Sazerac-Cocktails trinken, Voodoo-Priesterinnen konsultieren und auf dem Mississippi fahren kann.

In der dritten Woche beginnt die Rückreise. Sie führt an der Golfküste entlang zu den azaleengesäumten Boulevards von **Mobile**. Dann geht es landeinwärts nach **Montgomery**, wo in den Museen Bürgerrechtspioniere wie Rosa Parks geehrt werden, die sich in einem Stadtbus weigerte, für einen weißen Mann ihren Sitzplatz freizugeben. **Savannah** verzaubert Besucher mit riesigen Eichen, **Charleston** mit pastellfarbenen Häusern und verführerischem Essen. Dann hat man die Qual der Wahl zwischen **Durham** und **Chapel Hill**, zwei Universitätsstädten mit hippem Nachtleben.

Die vierte Woche ermöglicht eine Auffrischung der Geschichtskenntnisse in Virginia, z.B. in **Jamestown**, wo Pocahontas den ersten englischen Siedlern beim Überleben half. In **Williamsburg** folgt ein Spaziergang durchs 18. Jh. Zwei Großstädte folgen noch: **Washington, D.C.**, ein einziges kostenloses Museum, und **Philadelphia** mit der Liberty Bell, Ben Franklin und den gewaltigen Cheesesteaks. Danach geht's zurück nach NYC.

DRNADIG / GETTY IMAGES ©

Oben: Shenandoah National Park (S. 344)

Links: Skyline, Boston (S. 181)

3 WOCHEN

Lichter der Großstadt

An großen Städten herrscht im Osten kein Mangel. Die erste auf dieser Tour ist das geschichtsträchtige **Boston**. Ein Spaziergang auf dem Freedom Trail führt u. a. zum Haus von Paul Revere. Danach nimmt man sich Zeit für Harvards Cafés und Buchläden und genehmigt sich in einer Trattoria oder einem *oyster house* in North End etwas Leckeres. Mit dem Zug geht's weiter nach **New York City**. Vier Tage sind Manhattan und dem Rest der Stadt vorbehalten. Ein Spaziergang durch den Central Park und die Wall St, ein Abstecher ins unkonventionelle Greenwich Village und die Freiheitsstatue gehören zum Pflichtprogramm. Einen Einblick in das Leben der New Yorker bekommt man auf der High Line, in den stylishen Geschäften in NoLita und in den coolen Cafés von Brooklyn.

Mit dem Zug geht es nach **Philadelphia**. Die Stadt ist der Geburtsort der amerikanischen Unabhängigkeit – davon zeugen die Liberty Bell und andere Relikte der Unabhängigkeitserklärung. Ein paar Tage vergehen schnell beim Besuch der historischen Stätten und der Gourmet-Stadtviertel wie Manayunk. Eine Tour durch den Nordosten ist ohne den Besuch von **Washington, D. C.** undenkbar. Neben den kostenlosen Museen und Monumenten, darunter das Air and Space Museum und das Lincoln Memorial, bietet die Hauptstadt in Georgetown, Adams Morgan und Dupont Circle auch viele Restaurants und Bars. Und wer weiß, welcher Politiker am Nachbartisch seinen Scotch trinkt?

Miami liegt ein ganzes Stück weg (am besten erreicht man es per Flugzeug), man sollte vier Tage einplanen, um die exotischen Museen und Galerien, den Art-déco-Bezirk, Little Havana und den heißen South Beach zu erkunden. Bei einer Tagestour zu den **Everglades** und seinen Krokodilen geht es gemächlicher zu. Südstaatenatmosphäre herrscht auch in **New Orleans**, der Stadt des Jazz, mit ansteckend lebhaften, funkigen Brassbands, dem leckeren kreolischen Essen und der Cajun-Küche. Drei Tage Völlerei in Riverbend, Uptown, Faubourg Marigny und Bywater dürften fürs Erste reichen.

Schließlich taucht **Chicago** am Horizont auf – der Zug *City of New Orleans* fährt auf reizvoller Strecke in die Stadt. Man kann am Ufer Rad fahren, Kunst im Millennium Park sehen, in Al Capones Kneipe Martini trinken und Blues hören – in Chicago tobt das Leben!

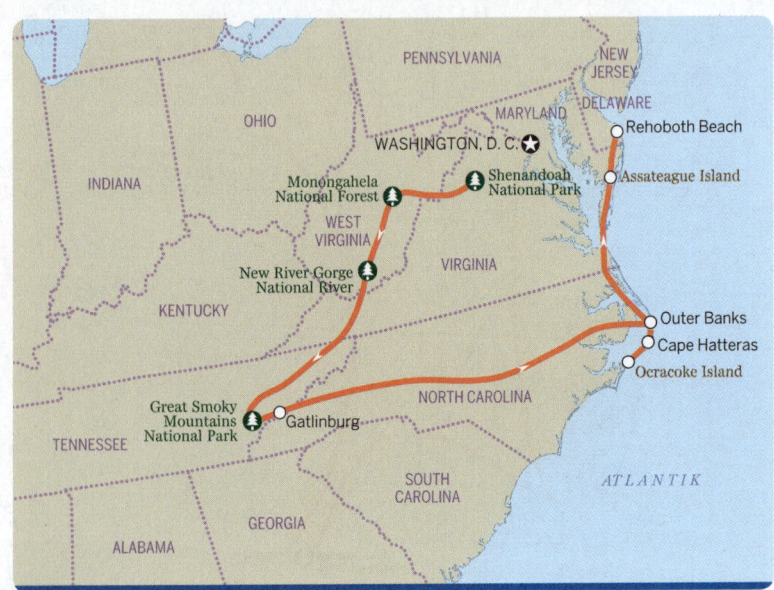

2 WOCHEN Abenteuer Natur

Dieser Trip ist das Richtige für alle, die wilde Natur lieben. Der **Shenandoah National Park** hat seinen Besuchern viel zu bieten. Er zieht sich am Kamm der Blue Ridge Mountains entlang, die so heißen, weil sie aus der Ferne bläulich schimmern. Hier ist neben den Scenic Drives vor allem Wandern angesagt: 500 km Wanderwege gibt es, darunter sind 100 Meilen (161 km) des Fernwanderwegs Appalachian Trail. Die Strecken führen vorbei an Wildblumen, Wasserfällen oder farbenprächtigem Herbstlaub. Der **Monongahela National Forest**, einige Stunden weiter westlich, lockt mit Aktivitäten wie Wanderungen auf dem Snowshoe Mountain, Klettern in den Seneca Rocks oder einer Fahrradtour auf dem Greenbrier River Trail. Wasserliebende Abenteuersportler kommen am **New River Gorge National River** auf ihre Kosten. Ausrüster stellen alles bereit, was für eine Raftingtour durch die berüchtigten Stromschnellen der Klasse V benötigt wird.

Nun steht der **Great Smoky Mountains National Park** auf dem Programm. Er ist zwar der meistbesuchte Nationalpark der USA, doch wer wandert oder rudert, wird nicht viele der 10 Mio. Besucher jährlich zu Gesicht bekommen – 95 % der Touristen entfernen sich nie mehr als 90 m von ihrem Auto! Nach einem Tag in der Wildnis, umgeben von Gipfeln in sanften Farben, ist die Ankunft in **Gatlinburg**, dem kitschigen Basisort des Parks, ein ziemliches Kontrastprogramm – mit Minigolfanlagen samt Country-Motiven, Kuriositätenkabinetten und „illegalen" Schnapsbrennereien.

Jetzt wird aufgetankt für die kurvenreiche Fahrt durch die Berge und hinüber zur Küste zu den lohnenswerten **Outer Banks**. Die windumtosten Düneninseln sind mit entspannten Strandorten voller Eisläden und familienbetriebenen Motels gespickt. **Cape Hatteras** lockt mit unberührten Dünen, Sümpfen und Wäldern, und die Fähre bringt Besucher zur entlegenen **Ocracoke Island**, wo die wilden Ponys umherstreifen. Wilde Pferde leben auch auf der **Assateague Island**, die nördlich zwischen Virginia und Maryland liegt. Auch hier gibt's herrliche abgeschiedene Strände und eine Landschaft, die zur Vogelbeobachtung, zum Kajak fahren, Krabbensuchen und Angeln einlädt. Lust auf noch mehr Wellen und Sand? Im familien- und schwulenfreundlichen **Rehoboth Beach** gibt's Holzhäuser, vergnügliches Programm für Kinder und eine breite Promenade am Meer.

Road Trips & Panoramastraßen

Die zweifellos beste Art, diese Region zu erkunden, ist mit dem Auto. Am Lincoln Highway laden Diner zur Rast ein, am Natchez Trace stehen herrliche Herrenhäuser, der Blue Ridge Parkway klettert über die Appalachen und die Strände am Highway 1 sind einen Besuch wert – oder man besucht eine Blueskneipe an der Great River Road.

Blue Ridge Parkway

Der Parkway windet sich durch die Appalachen von Virginia und North Carolina (S. 360) und belohnt Roadtripper mit faszinierenden Hochgebirgslandschaften mit genügend Haltemöglichkeiten, um zu staunen, zu wandern und die südliche Gastfreundschaft zu genießen.

Auf zum Blue Ridge Parkway!

Der Blue Ridge Parkway führt zwar an Dutzenden Kleinstädten und ein paar Großstadtgebieten vorbei, trotzdem scheint er Welten vom modernen Amerika entfernt zu sein. In den Hügeln liegen rustikale Holzhütten mit Schaukelstühlen auf der Veranda, und die Reklameschilder von Läden für Volkskunst und Bluegrass-Kneipen locken Traveller in verwinkelte Seitenstraßen. In den Blockhaus-Dinern kommen Berge von Buchweizenpfannkuchen mit Brombeerkompott und Landschinken auf den Tisch.

Es ist kein Problem, die überzähligen Pfunde, die einem die gute Küche des Südens beschert hat, wieder loszuwerden. Der Blue Ridge Parkway bietet Zugang zu über 100 Wanderwegen, von gemütlichen Spaziergängen in der Natur bis zu herausfordernden Wanderungen auf dem legendären Appalachian Trail. Die Flüsse laden zum Kanu- und Kajakfahren sowie zum

Highlights

Strände
Die überwältigende Küstenlandschaft an Floridas Highway 1 bestaunen.

Skurrile Sehenswürdigkeiten
An der Route 66 und am Lincoln Highway abgefahrene Attraktionen entdecken.

Landschaft
Atemberaubende Sonnenuntergänge über den Appalachen am Blue Ridge Parkway erleben.

Musik
In Memphis an der Great River Road Blues genießen, oder in einer Halle in den Bergen von Galax am Blue Ridge Parkway irrem Fiddeln lauschen.

Essen
Unbedingt in Nashville Hühnchen und am Natchez Trace Gebäck probieren – und natürlich New Orleans' berühmte kreolische Küche.

Geschichte
Gettysburg am Lincoln Highway oder St. Augustine am Florida Highway 1 sind einen Besuch wert.

Popkultur
Entlang des Natchez Trace Parkway in Tupelo das Haus besichtigen, in dem Elvis Presley aufwuchs.

Road Trips & Panoramastraßen

1	Blue Ridge Parkway
2	Great River Road
3	Lincoln Highway
4	Natchez Trace Parkway
5	Highway 1

Tubing ein, und auf kleinen Seen kann man vom Ruderboot aus angeln.

Die Route

Die idyllische Straße führt vom Shenandoah National Park in Virginia zum Great Smoky Mountains National Park und verläuft in etwa parallel zur Grenze zwischen North Carolina und Tennessee. Auf dem Weg liegen die Städte Boone und Asheville in North Carolina sowie Galax und Roanoke in Virginia; auch Charlottesville, VA, ist nur eine kurze Fahrt entfernt. Größere Städte in der Nähe der Route sind Washington, D. C. (140 Meilen/225 km), und Richmond, VA (95 Meilen/153 km).

Viele verbinden den Blue Ridge Parkway mit dem **Skyline Drive** (S. 344). Der 105 Meilen (169 km) lange, kurvenreiche Skyline Dr führt vom nördlichen Ende des Parkway durch den Shenandoah National Park und würzt die landschaftlich reizvolle Fahrt noch mit tollen Bergblicken. Vorsicht: für die Straße muss man eine Gebühr von 15 US$ bezahlen – das ist keine Maut, sondern der Eintrittspreis für den Park.

Reisezeit

April bis Oktober, wenn alle Touristeneinrichtungen geöffnet sind (viele schließen über den Winter), ist die beste Reisezeit. Der Mai ist der beste Monat für Wildblumen. Im Oktober kommen viele wegen der Laubfärbung. Im Sommer und im Frühherbst sollte man mit großen Menschenmengen rechnen.

Informationsquellen

Blue Ridge Parkway (www.blueridgeparkway.org) Karten, Aktivitäten und Unterkünfte. Kostenloser *Blue Ridge Parkway Travel Planner* zum Runterladen.

Hiking the Blue Ridge Parkway (Randy Johnson; 2003) Ausführliche Wegbeschreibungen, topographische Karten und andere wichtige Infos für kurze und lange Wanderungen.

Skyline Drive (www.visitskylinedrive.org) Unterkunft, Wanderungen und Wildtiere entlang der pitoresken Zufahrt zum Parkway.

Dauer & Strecke

➡ Dauer: Man braucht zumindest zwei Tage, sollte aber fünf einplanen. Auf den steilen, kurvigen Straßen geht es langsam voran, und es soll ja Zeit zum Wandern, Essen und Sightseeing bleiben.

➡ Strecke: 469 Meilen (755 km)

➡ Start/Ziel: Front Royal, VA/Cherokee, NC

Great River Road

Die monumentale Great River Road (S. 630) führt vom Quellgebiet des Mississippi in den Kiefernwäldern von Nord-Minnesota den ganzen Weg Richtung Süden bis zu ihrem Zielpunkt in New Orleans. Das ist die richtige Tour für diejenigen, die Amerika über die kulturellen Grenzen hinaus erleben wollen – Norden/Süden, Stadt/Land, Baptisten/Alternative.

Auf zur Great River Rd!

Die eindrucksvollen Landschaften, durch die der längste Fluss Amerikas mäandert, sind geradezu ehrfurchtgebietend – von den hügeligen Ebenen im Norden bis zu den in der glühenden Sonne liegenden Baumwollfeldern des Mississippideltas. Vom Wind geformte Felsen, dichte Wälder, Wiesen voller Blumen und dunstige Sümpfe säumen den Weg, aber auch Schornsteine, Schiffskasinos und städtische Zersiedelung – das sind die beiden Gesichter des Mississippis.

Die Kleinstädte bieten Einblicke in verschiedene Facetten amerikanischer Kultur: Da ist Brainerd, MN, das aus dem Film *Fargo* der Coen-Brüder bekannt ist; da ist La Crosse, WI, mit dem größten Sixpack der Welt, und da ist Nauvoo, IL, eine Pilgerstätte für Mormonen mit dem weißen Tempel.

Der südliche Teil der Strecke folgt den Spuren der amerikanischen Musikgeschichte, vom Rock'n'Roll in Memphis über den Blues im Mississippidelta bis zum Jazz in New Orleans. Und hungern wird hier angesichts der Retro-Diner im Mittleren Westen, der Barbecue-Restaurants im Süden und der Cajun-Lokale und Tanzhallen in Louisiana garantiert niemand.

Die Route

Trotz ihres Namens ist die Great River Road kein einzelner Highway, sondern setzt sich aus mehreren, miteinander verbundenen Bundes-, Staats- und Landstraßen zusammen, die dem Verlauf des Mississippi durch zehn Bundesstaaten folgen. Die einzige Konstante, die den ganzen Weg markiert, ist das grüne Schild, auf dem ein Schaufelraddampfer zu sehen ist. Größere städtische Regionen, die guten Zugang zur Straße bieten sind u.a. New Orleans, Memphis, St. Louis und Minneapolis.

Reisezeit

Mai bis Oktober sind die besten Monate für die Tour, damit man in den nördlichen Staaten von Schnee verschont bleibt.

Informationsquellen

Mississippi River Travel (www.experiencemississippiriver.com) Tolle Infoquelle zu Geschichte, Erholungsmöglichkeiten in der Natur und Livemusik in allen 10 River Road-Staaten.

National Scenic Byways (www.fhwa.dot.gov/byways/byways/2279) Detaillierte Wegbeschreibungen.

Dauer & Strecke

➡ Dauer: Sechs Tage dauert die Fahrt von Norden nach Süden mindestens, zehn Tage sind realistischer und befriedigender.

➡ Strecke: Etwa 2000 Meilen (3219 km)

➡ Start/Ziel: Itasca State Park, MN/New Orleans, LA.

Lincoln Highway

Amerikas erste transkontinentale Straße führt von New York City nach San Francisco. Mit ihrem Bau wurde 1913 begonnen, 1925 war sie fertig asphaltiert. Der 1000 Meilen (ca. 1600 km) lange Abschnitt im Osten verläuft auf einer unverwechselbaren Route durch das Herz Amerikas

DOWNLOADS: BLUEGRASS

➡ *Blue Moon of Kentucky* – Bill Monroe and the Blue Grass Boys

➡ *Foggy Mountain Breakdown* – Earl Scruggs

➡ *Orange Blossom Special* – Rouse Brothers

➡ *Rocky Top* – Osborne Brothers

➡ *Windy Mountain*– Lonesome Pine Fiddlers

➡ *Flame of Love* – Jim and Jesse

➡ *I'm a Man of Constant Sorrow* – Stanley Brothers

➡ *Every Time You Say Goodbye* – Alison Krauss and Union Station

➡ *Like a Hurricane* – The Dillards

BEVOR ES LOSGEHT

➡ Einem Automobilclub (S. 728) beitreten, der 24-Stunden-Pannenhilfe und Ermäßigungen für Unterkünfte und Sehenswürdigkeiten bietet. Einige internationale Automobilclubs arbeiten mit amerikanischen Clubs zusammen, also vorher checken und die Mitgliedskarte von zu Hause mitbringen.

➡ Es ist wichtig, sich vorher mit den Verkehrsregeln der USA (S. 729) und den häufigsten Gefahren im Straßenverkehr (S. 729) vertraut zu machen.

➡ Unbedingt sicherstellen, dass der Wagen mit Ersatzreifen, Werkzeug (z.B. Wagenheber, Starthilfekabel, Eiskratzer, Reifendruckmesser) ausgestattet ist und die Notfallbeleuchtung (z.B. Warnblinkanlage) funktioniert.

➡ Man sollte gute Landkarten mitnehmen, besonders auf Touren durchs Gelände oder abseits der Highways. Nicht allein auf das GPS verlassen – es könnte versagen oder an abgelegenen Orten schlicht und ergreifend gar nicht funktionieren.

➡ Immer den Führerschein (S. 729) und den Versicherungsnachweis (S. 727) mit sich führen.

und bietet unterwegs gigantische Kaffee-kannen-Statuen, Fried-Chicken-Diners, Wandbilder aus Jelly Beans und anderes „typisch" Amerikanisches.

Auf zum Lincoln Highway!

Der Lincoln Highway ist ein authentischer Road Trip – ohne den Hype und die Kommerzialisierung anderer berühmter Byways. Die Strecke verläuft zwar durch einige der bekanntesten Städte des Ostens, u.a. NYC und Philadelphia, führt aber auch auf Nebenstraßen in Gegenden abseits der Touristenrouten. Sie durchquert sieben Bundesstaaten: New York, New Jersey, Pennsylvania, West Virginia, Ohio, Indiana und Illinois.

Die Route

Die Strecke führt zwischen New York City und Fulton, IL, durch die Mittelatlantikregion und den Mittleren Westen. Wichtig: Auf Karten ist der Lincoln Highway nicht eingezeichnet, da er mittlerweile keine offizielle Straße mehr ist, sondern sich aus vielen Bundes- und Staatsstraßen zusammensetzt.

Die Reise beginnt am Times Sq, wo die hellen Lichter des Broadway blinken. Von hier aus geht es nach New Jersey und ins schicke Princeton mit seiner Ivy-League-Universität. Dann kommt Pennsylvania; dort können in Philadelphia die Liberty Bell und die Independence Hall bewundert werden. Die nächste Station sind die Gemeinden der Amish nahe Lancaster, komplett mit Quilts und klappernden Pferdehufen. Weiter geht's zur weltbekannten Bürgerkriegsstätte Gettysburg und ins am Fluss gelegene Pittsburgh voller Pop-Art. In Ohio säumen Maisfelder und legendäre Gefängnisse den Weg. Lohnende Stopps in Indiana sind weitere Amish-Orte und die Stadt South Bend, in der sich ein erlesenes Studebaker-Automuseum und die fußballverrückte University of Notre Dame befinden. In Illinois führt die Route durch die Vororte von Chicago und weiter durch kleine, ländliche Orte, die sich flach am Horizont erstrecken. Danach geht der Lincoln Highway über den Mississippi weiter gen Westen bis nach San Francisco.

Leichten Zugang zum Lincoln Highway bieten u.a. New York City, Philadelphia, Pittsburgh und Chicago.

Reisezeit

Die beste Zeit ist von April bis Oktober. Im Winter schmälern verschneite Straßen das Vergnügen und kleinere Sehenswürdigkeiten haben reduzierte Öffnungszeiten oder schließen zwischen November und März gleich ganz.

Informationsquellen

Lincoln Highway Association (www.lincolnhigh wayassoc.org) Auf der Website gibt's jede Menge kostenloser Infos. Außerdem werden detaillierte Karten verkauft, die hervorragende Wegweiser für die Tour sind.

The Lincoln Highway (2007) Hochglanzbuch von Michael Wallis mit herrlichen Fotos und Details zu interessanten Orten an der Strecke.

STEPHEN MORRIS / GETTY IMAGES ©

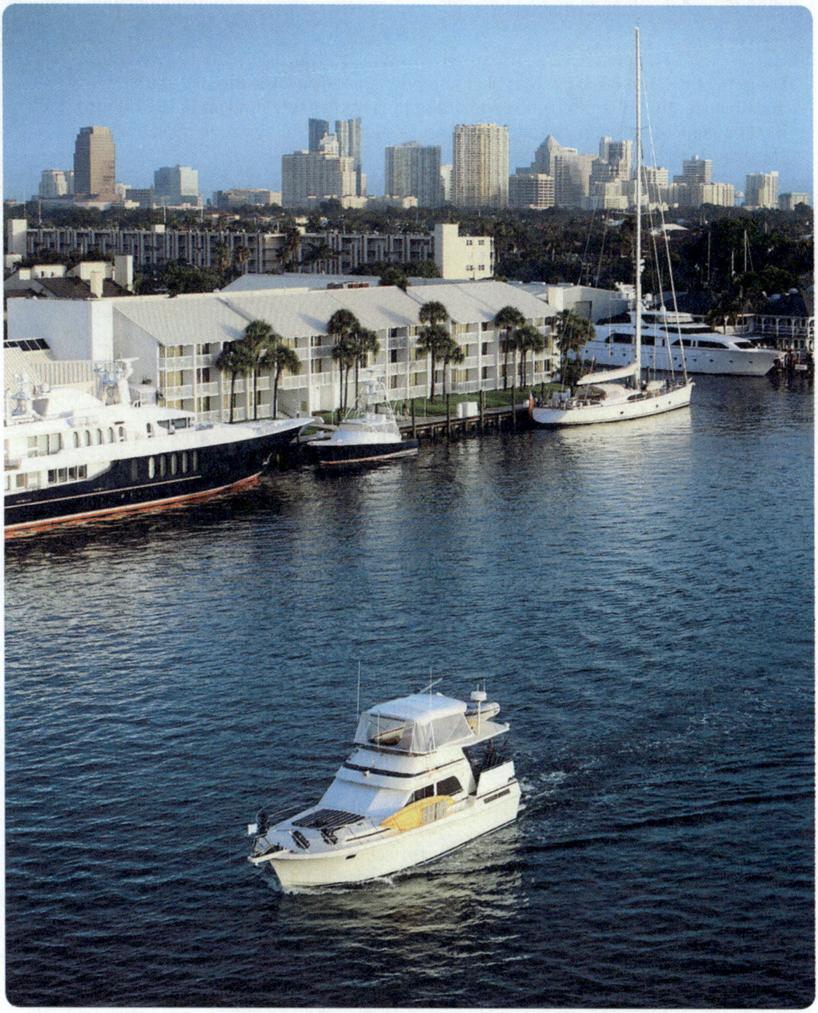

Oben: Fort Lauderdale (S. 520), Florida

Rechts: Notre Dame Stadium (S. 613), South Bend, Indiana

BILL GROVE / GETTY IMAGES ©

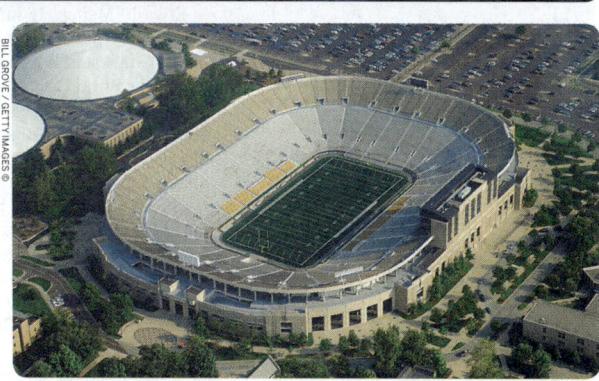

ROUTE 66

Die gute alte Route 66 ist *der* Klassiker unter den Road Trips. Die Strecke, die sich aus Kleinstadthauptstraßen und Landstraßen zusammensetzt und ab 1926 Chicago mit Los Angeles verband, bekam vom Schriftsteller John Steinbeck den Spitznamen „Mother Road" verpasst – Mutter aller Straßen.

Der größte Teil der Route 66 führt durch den Westen des Landes, doch der 300 Meilen (483 km) lange Abschnitt in Illinois gibt eine klassische, nostalgische Tour ab. In neonhellen Diners kann man ordentliche Stücke Pastete verputzen, unterwegs an Sehenswürdigkeiten wie dem Gemini Giant, einem in den Himmel ragenden Astronauten aus Fiberglas, Schnappschüsse machen, und an Filmtheatern, familiengeführten Motels und anderem typisch Amerikanischen vorüberfahren.

Wer ein paar Wochen Zeit hat, kann die Fahrt hinter Illinois fortsetzen. Die restlichen 2100 Meilen (3380 km) führen vorbei an einzigartigen Attraktionen wie den Ständen mit Frozen Custard in Missouri, dem Totem Pole Park in Oklahoma, einem Stacheldrahtmuseum in Texas, dem Grand Canyon in Arizona und dem wilden, verrückten Santa Monica Pier in Kalifornien. Weitere Infos siehe **Historic Route 66** (www.historic66.com).

Dauer & Strecke

➡ Dauer: Ohne große Pausen zweieinhalb Tage, doch um den eigentlichen Reiz des Highways zu erleben, braucht man vier oder fünf Tage.

➡ Strecke: Etwa 1000 Meilen (ca. 1600 km) für den östlichen Teil

➡ Start/Ziel: NYC/Fulton, IL (für den östlichen Teil)

Natchez Trace Parkway

Mit seinen grünen Hügeln, den jadefarbenen Sümpfen, opulenten Herrenhäusern, Saloons am Flussufer und den vielen Schichten amerikanischer Geschichte ist der Natchez Trace Parkway (S. 415) die lohnendste Autotour im Süden.

Auf zum Natchez Trace Parkway!

Bei der Fahrt sollte man ruhig mal an die historischen Persönlichkeiten denken, die diesen Weg vor einem zurückgelegt haben, darunter Andrew Jackson (der 7. Präsident der USA, der auf der 20-Dollar-Note abgebildet ist), Jefferson Davis (der Präsident der Konföderation), James Audubon (Naturforscher und Maler), Meriwether Lewis (ein berühmter Entdecker, der 1809 auf dem Trace starb), Ulysses S. Grant (der 18. Präsident der USA) und, man höre und staune, der junge Elvis Presley. Die Tour führt an verschiedenen kulturellen und historischen Stätten vorbei, in denen Besucher vieles über all diese Menschen lernen können.

Die Route

Am einfachsten kommt man von Nashville zum Parkway, und für Freunde von Countrymusik und angehende Songwriter ist ein Trip nach Nashville die ultimative Pilgerreise. Hier lassen sich *honky-tonks*, in denen es heiß hergeht, die Country Music Hall of Fame und ein hübsches historisches Viertel erkunden. In den lokalen Cafeterias kann man auch wunderbar schlemmen – sie bieten die beste Gelegenheit, sich den Bauch mit allem Möglichen von Grillhähnchen über Schweinsfüße bis zu Rübenblättern und Bratäpfeln vollzuschlagen.

Etwa 10 Meilen (16 km) hinter Nashville führt die Straße bei Franklin an einem der am stärksten blutgetränkten Schlachtfelder des Bürgerkriegs vorbei: 20000 Soldaten der Konföderierten und 17000 Mann der Unionstruppen kämpften hier am 30. November 1864 gegeneinander. Später tauchen Grabstätten der Konföderierten für unbekannte Soldaten auf. Auch jahrhundertealte Grabhügel erheben sich am Straßenrand. Emerald Mound in der Nähe von Natchez ist eines der größten der USA, und die riesige grasbewachsene Pyramide verströmt noch heute die Energie der Ahnen.

Andere Höhepunkte entlang der Strecke sind die Stadt Tupelo, wo Besucher das bescheidene Haus besichtigen können, in dem Elvis aufwuchs und Gitarre spielen lernte, und der milchig-grüne Cypress Swamp, in dem Alligatoren leben.

Reisezeit

Das beste Wetter ist von April bis Juni und von September bis November. Im Sommer kann es unerträglich heiß werden.

Informationsquellen

Natchez Trace Parkway (www.nps.gov/natr) Der National Park Service unterhält die Route und informiert auf seiner Website auch über Baustellen und Straßensperrungen sowie über Aktivitäten und historische Stätten entlang der Strecke.

Natchez Trace Compact (www.scenictrace. com) Die Touristeninformationen der Staaten Tennessee, Alabama und Mississippi haben sich zusammengeschlossen, um gute Beschreibungen der Route, Landkarten und Infos zu Events anzubieten.

Dauer & Strecke

➡ Dauer: Drei Tage sollte man einplanen, auch wenn die Tour in zwei Tagen zu schaffen wäre. Auf der zweispurigen Straße geht es meist eher gemütlich voran.

➡ Strecke: 444 Meilen (715 km)
➡ Start/Ziel: Nashville, TN/Natchez, MS.

Florida Highway 1

Die Straße direkt an der Küste bietet kilometerlange Strände und faszinierende historische Sehenswürdigkeiten, von der ältesten Stadt der USA über ernüchternde Exponate zur Sklaverei bis hin zu NASA-Raketen. Miami bildet das große Finale.

Auf zum Florida Highway 1

Der Highway 1, der entlang der atlantische Küstenlinie entlang führt, ist der perfekte Weg, wenn man die wichtigsten Sehenswürdigkeiten und Erlebnisse, die Florida zu bieten hat, nicht verpassen will: Die Herrenhäuser am Palm Beach, die Jachten in Fort Lauderdale, Miamis kubanische Enklave von Little Havana, in der die Dominosteine klappern, all das liegt auf dem Weg. Makellose, windumtoste Strände, die gefährdeten Vogelarten und Seekühen Unterschlupf gewähren? Hier sind sie (im Schutzgebiet Canaveral National Seashore). Strände, berüchtigt für wilde Partys bis tief in die Nacht und NASCAR-Rennen? Auch hier (in Daytona). Und Imbissbuden mit leckeren Meeresfrüchten sowie pastellfarbene Hotels am Wasser sind überall zu finden.

REISEPLANUNG ROAD TRIPS & PANORAMASTRASSEN

WEITERE TOLLE ROAD TRIPS

STRECKE	STAAT	START/ZIEL	SEHENSWERTES & AKTIVITÄTEN	BESTE REISEZEIT
Route 28	NY	Stony Hollow/ Arkville	Catskills, Seen, Flüsse; Wandern, Laubfärbung, Tubing	Mai–Sept.
Old Kings Highway	MA	Sagamore/Provincetown	Historische Viertel & Häuser, Küstenlandschaft	April–Okt.
Highway 13	WI	Bayfield/Superior	Seeufer, Wälder, landwirtschaftliche Gebiete; Spaziergänge	Mai–Sept.
Highway 61	MN	Duluth/Canadian Border	State Parks, Wasserfälle, idyllische Städte; Wandern	Mai–Sept.
VT 100	VT	Stamford/Newport	Hügeliges Weideland, grüne Berge; Wandern, Skifahren	Juni–Sept.
Kancamagus Highway	VT	Conway/Lincoln	Felsige Berge, Wasserläufe, Wasserfälle; Camping, Wandern, Schwimmen	Mai–Sept.
Highway 12	NC	Corolla/Sealevel	Strände, Leuchttürme, Fährfahrten, Startort der Wright Brothers	April–Okt.
Overseas Highway	FL	Key Largo/Key West	Strände, geschützte Korallenriffs, Conch Fritters, Limetten-Pie	Dez.–April

Die Route

Die Tour beginnt am nordöstlichen Zipfel Floridas auf Amelia Island, seit den 1890er-Jahren ein vornehmer Ort zum Baden. Von dort aus führt die Straße nach Süden, vorbei an Parks und Plantagen, wo man sehen kann, wie die Sklaven gelebt haben. Unbedingt im altehrwürdigen, 1565 gegründeten St. Augustine stoppen, um Ponce de Leons *Fountain of Youth* und das Piratenmuseum zu besuchen. Leuchttürme, unberührte Sandstrände und Hotspots zum Surfen liegen auf dem Weg. Fährt man weiter, kommt man zum Kennedy Space Center, von wo aus früher Raumfähren ins Weltall geschickt wurden. Danach taucht inmitten einer Reihe von wohlhabenden Städten das mit Kunst gesegnete West Palm Beach auf. Und das Beste hebt sich der Highway 1 für zuletzt auf: Miami. Die sexy Stadt bietet Augenweiden im Überfluss, von Vierteln mit vollgesprühten Wänden über den größten Art-déco-Distrikt der Welt bis zu den jungen und glamourösen Einheimischen, die sich am South Beach räkeln.

Aber es sollten zuerst ein paar Basics erwähnt werden. Die Straße heißt eigentlich Highway A1A (nicht zu verwechseln mit der US 1, die größere, schnellere Version, die parallel verläuft). Die A1A ist keine durchgängige Straße – in ein paar Städten muss man auf andere Straßen ausweichen, bevor man sich wieder auf die A1A begibt. Wer nach Miami noch nicht genug vom Roadtrip hat, wechselt auf die US 1, die bei Key Largo zum malerischen Overseas Highway wird und Richtung Süden nach Key West abzweigt – so kann man die Party noch ein bisschen verlängern.

Reisezeit

November bis April ist die beste Zeit, dann ist es warm, aber nicht zu heiß.

Informationsquellen

Florida Scenic Highways (www.floridascenic highways.com) Infos über besonders gekennzeichnete Teile des Highways bei St. Augustine und Fort Lauderdale.

Highway A1A: Florida at the Edge (Herbert L. Hiller; 2007) Teils Reiseführer, teils Chronik über die Städte und Orte am Weg.

Dauer & Strecke

➡ Dauer: Sechs Tage, um die Sehenswürdigkeiten mitzunehmen.

➡ Strecke: 475 Meilen (764 km)

➡ Start/Ziel: Amelia Island/Miami

Reiseplanung

Outdoor-Aktivitäten

Dunstige Berge, von Wellen gepeitschte Strände, tiefe Schluchten: Der Osten der USA geizt nicht mit spektakulären Kulissen für ein Abenteuer. Wonach einem der Sinn auch stehen mag, hier findet sich immer ein passender Ort für großartige Outdoor-Aktivitäten.

Wandern & Trekken

Fast überall gibt's tolle Wander- und Backpackingmöglichkeiten in unmittelbarer Nähe. Die Nationalparks sind ideal für kurze und für lange Wandertouren. Es gibt keine Grenzen hinsichtlich des Geländes, das man durchwandern kann, vom Wild Azalea Trail in Louisiana, der von Hornsträuchern überwuchert ist, bis zum durch mehrere Bundesstaaten führenden **North Country National Scenic Trail** (www.nps.gov/noco), der sich durch eine zerklüftete Landschaft von New York bis nach Minnesota schlängelt.

Informationsquellen

Survive Outdoors (www.surviveoutdoors.com) Gibt Sicherheits- und Erste-Hilfe-Tipps sowie nützliche Fotos von gefährlichen Tieren.

Wilderness Survival (Gregory Davenport; 2006) Sicherlich das beste Buch darüber, wie man fast jede Notlage übersteht.

American Hiking Society (www.americanhiking.org) Links zu „ehrenamtlichen Ferien", bei denen man Wanderwege anlegen darf.

Backpacker (www.backpacker.com) Führende einheimische Zeitschrift für Backpacker, für Anfänger bis Fortgeschrittene.

Rails-to-Trails Conservancy (www.railstotrails.org) Verwandelt stillgelegte Bahnlinien in Wander- und Radwege; veröffentlicht kostenlos Bewertungen von Trails auf www.traillink.com.

Beste Outdoor-Abenteuer

Wandern

Appalachian Trail, Shenandoah National Park, VA; Great Smoky Mountains National Park, NC & TN; Adirondacks, NY

Radfahren

Cherohala Skyway, NC & TN (Straße); Chequamegon National Forest, WI (Gelände); Minneapolis, MN (Stadt)

Paddeln

Boundary Waters, MN (Kanufahren); New River Gorge National River (Wildwasser-Rafting); Apostle Islands, WI (Kajakfahren); Pictured Rocks, MI (Kajakfahren)

Surfen

Cocoa Beach, FL; Long Island, NY; Coast Guard Beach, MA

Tauchen

Florida Keys (Korallengarten); Cape Hatteras, NC (Schiffswracks aus dem Bürgerkrieg); Dry Tortugas, FL (Meeresschildkröten); Crystal River, FL (Seekühe)

Tiere beobachten

Baxter State Park, ME (Elche); Provincetown, MA (Wale); Florida Everglades (Alligatoren, Seekühe, Meeresschildkröten); Wabasha, MN (Adler)

DER APPALACHIAN TRAIL

Dieser Wanderweg wurde 1937 fertiggestellt und ist mit seinen 3500 km der längste Trail des Landes. Er durchquert sechs National Parks, kreuzt acht National Forests und führt durch 14 Staaten, von Georgia bis Maine. Neblige Berge, dichte Wälder, Blumenwiesen und Bärensichtungen sind die Belohnung für all jene, die auf dem Trail unterwegs sind. Jedes Jahr versuchen etwa 2500 Hartgesottene den ganzen Weg zu bewältigen – aber nur einer von vieren schafft die komplette Strecke. Aber davon sollte man sich nicht entmutigen lassen. Schätzungen besagen, dass jedes Jahr zwei bis drei Mio. Wanderer einen Teil des Appalachian Trail abwandern – da man an vielen Stellen zu Tageswanderungen in den Weg einsteigen kann.

Praktisch & Konkret

➡ Die meisten Komplett-Wanderer starten am Springer Mountain in Nord-Georgia und gehen bis zum Mt. Katahdin in Maines Baxter State Park. Sie beginnen die Tour im März oder April und sind sechs Monate später am Ziel. Baxter schließt am 15. Oktober für den Winter, deshalb müssen Wanderer vorher dort ankommen.

➡ Man kann die Route auch andersherum laufen (also von Maine nach Georgia), aber wegen dem kalten Wetter im Norden muss man später losmarschieren (im Juni), wenn die Kriebelmücken ausgehungert sind und die Wege nass und matschig. Egal in welche Richtung man läuft, man wird jedes Wetterspektrum miterleben, von Schnee bis zu feuchtheißen Temperaturen.

➡ Übernachten kann man auf Campingplätzen, in Schuppen und in Hütten. Die meisten Wanderer geben etwa 1000 US$ pro Monat für Essen und eine gelegentliche Nacht in einem Motel oder einer Hütte aus, hinzu kommen Vorräte und Ersatzausrüstung.

Kurze Wanderungen & Informationsquellen

➡ Wer weniger Zeit hat, kann zumindest einen Teil des Weges erleben, z. B. in den wunderschönen und gut zugänglichen Gebieten des **Shenandoah Nationalparks** (www.nps.gov/shen) in Virginia und in Harpers Ferry in West Virginia, wo sich auch das Hauptquartier des Trails befindet (von Washington, D.C., aus ist es nur eine kurze Amtrak-Zugfahrt dorthin).

➡ Die **Appalachian Trail Conservancy** (www.appalachiantrail.org) hat alle Infos über den AT: offizielle Karten und Führer, eine Online-Datenbank für staatlich organisierte Tageswanderungen, Gebietsbeschreibungen nach Bundesstaaten, Aktualisierungen zum Trail, Wandererprofile usw. Eine erstklassige Informationsquelle.

➡ *Picknick mit Bären* (1998) von Humorist Bill Bryson ist ein spannendes Buch zur Vorbereitung auf den Trail.

Radfahren

Urlaub im Fahrradsattel wird immer beliebter, weshalb die Städte (darunter auch New York und Chicago) immer mehr Radwege anlegen und eine wachsende Zahl an Radrouten die Landschaft durchkreuzen. In jeder Stadt findet man eingefleischte Radler und Ausrüster bieten geführte Touren für alle Niveaus und Streckenlängen. Der Cherohala Skyway – 51 herrliche Meilen (82 km) über eine sanft gewellte Straße mit Ausblicken auf die Great Smoky Mountains, die zwischen Tennessee und North Carolina verläuft – wird oft als ein Muss für Radfahrer in dieser Region genannt.

Mountainbiker sollten sich den Chequamegon National Forest in Wisconsin nicht entgehen lassen, beliebt wegen seiner knallharten Trails und dem mörderischen **Fat Tire Festival** (www.cheqfattire.com) im September.

Informationsquellen

Bicycling Magazine (www.bicycling.com) Informationen über Stadttouren, Geländetrails und alle Tourenarten, die es sonst noch so gibt.

Kajak- & Kanufahren

Paddler werden vom Osten der USA begeistert sein. Die notwendige Ausrüstung und Kurse sind leicht zu finden. Hotspots für Kajakfahrer sind die Apostle Islands National Lakeshore in Wisconsin, wo man durch steinerne Bögen und Meeresgrotten am Lake Superior gleitet, die Michigans Pictured Rocks National Lakeshore, um auf dem Lake Superior an wild gefärbten Klippen vorbei zu paddeln, und die Maines Penobscot Bay, wo man im Salzwasser um schön ausgefranste Inselchen schippert.

Kanufahren ist hier schlicht legendär, man denke nur an die 12 000 Meilen (19 312 km) an nassen und wilden Touren in den Gewässern von Minnesotas Boundary Waters oder Alabamas Bartram Canoe Trail in einem 1214 km² großen, sumpfigen Flussdelta mit Seen und Flüssen.

Informationsquellen

American Canoe Association (www.american canoe.org) Hat eine Datenbank der Wasserwege für Kanu-und Kajakfahrten sowie Informationen über örtliche Paddelclubs und -kurse.

Rafting

Östlich des Mississippi wartet West Virginia mit ein paar bekannten wilden Flüssen auf. Da gibt es z. B. den New River Gorge National River, der trotz seines Namens einer der ältesten Flüsse der Welt ist. Er fließt von North Carolina nach West Virginia und schneidet eine tiefe Schlucht mit schäumenden Stromschnellen ein, auch bekannt als der Grand Canyon des Ostens.

Außerdem gibt es da noch den Gauley, der zu den besten Wildwasserflüssen der Welt gehört. Mit seinen beliebten ultra-steilen und turbulenten Stromschnellen ist der altehrwürdige Fluss der Appalachen eine Wasser-Achterbahn, mit einem Gefälle von mehr als 200 m und über 100 Stromschnellen auf nur 45 km. Sechs weitere Flüsse, alle in derselben Gegend, dienen als Übungsgebiet für weniger erfahrene Wasserratten.

Informationsquellen

American Whitewater (www.americanwhite water.org) Setzt sich für den Schutz von Amerikas wilden Flüssen ein; bietet Links zu örtlichen Raftingclubs.

Surfen

Die Bundesstaaten am Atlantik verfügen über einige wunderbare und unvermutete Surfspots – vor allem für die, die eher den moderaten Wellengang suchen. Das wärmste Wasser findet man vor Floridas Golfküste. Hier ein paar Topspots:

→ **Cocoa Beach und Melbourne Beach, FL** Wenig Leute und sanfte Wellen machen diese Strände zum Paradies für Anfänger und Longboarder. Der Meeresarm gleich südlich davon ist bekannt für beständige Surfbedingungen und entsprechende Menschenmengen.

TIPPS FÜR DEN BESUCH VON NATIONALPARKS

Der Eintritt in die Parks kann bis zu 25 US$ pro Fahrzeug kosten oder auch ganz umsonst sein. Der Jahrespass „America the Beautiful" (80 US$; http://store.usgs.gov/pass), mit dem vier Erwachsene und alle Kinder unter 16 Jahren für zwölf Kalendermonate Eintritt in alle staatlichen Erholungsgebiete erhalten, wird an den Parkeingängen und in Besucherzentren verkauft. Es gibt auch lebenslang gültige Seniorenpässe für 10 US$.

Hütten und Campingplätze weit im Voraus buchen; für die Sommerferien sollte man sechs bis zwölf Monate vorher reservieren. Manche Parks vermieten ihre Campingplätze nach dem Motto: „Wer zuerst kommt, mahlt zuerst." Wer sich darauf verlassen will, sollte zwischen 10 und 12 Uhr anreisen, in der Hoffnung, dass andere Camper gerade auschecken. Für eine Backpacking-Tour mit Übernachtung und für einige Tagesausflüge braucht man ein „Wilderness Permit". Die Erteilung dieser Genehmigung hängt häufig von der Zahl der Anfragen ab, darum sollte man auch hier weit voraus planen (bis zu 6 Monate vor der Reise, abhängig von den Parkverordnungen).

➡ **Long Island, NY** Dieses Gebiet hat mehr als ein Dutzend Surfplätze zu bieten, von Montauks häufig überfülltem Ditch Plains Beach bis zum Nassau Countys Long Beach mit einem 4,5 km langem Strand an dem sich die Wellen kräuseln.

➡ **Coast Guard Beach, Eastham, MA** Der familienfreundliche Strand gehört zur Cape Cod National Seashore und ist bekannt für die den ganzen Sommer über beständige Shortboard/Longboard-Brandung.

Informationsquellen

Surfer (www.surfermag.com) Reiseberichte über die Ostküste und Infos zu einfach jeder Brandung in den USA.

Tauchen

Florida bietet den Löwenanteil an tollen Tauchrevieren, mit einer Küstenlinie von mehr als 1600 km, aufgeteilt in 20 einzigartige Unterwassergebiete. Es gibt Hunderte Tauchplätze und unzählige Tauchshops, die Ausrüstung und geführte Exkursionen anbieten. Südlich des West Palm Beach erstrecken sich klare Gewässer und fantastische ganzjährige Tauchplätze mit großen Riffen. Im Panhandle kann man in den ruhigen und sanften Gewässern des Golfs von Mexiko tauchen, bei Pensacola und Destin fantastische Tauchgänge zu Wracks erleben und im Crystal River mit Seekühen schnorcheln.

Die Florida Keys sind das Kronjuwel. Hier erwartet einen ein brillanter Mix mariner Lebensräume, Nordamerikas einziger lebender Korallengarten und vereinzelte Schiffswracks. In Key Largo befindet sich der John Pennekamp Coral Reef State Park

und mehr als 320 km Unterwasseridylle. Die ausgedehnten Riffe im Dry Tortugas National Park wimmeln von Barrakudas, Meeresschildkröten und einigen Hundert gesunkenen Schiffen.

Andere beliebte Plätze, um in den Gewässern im Osten abzutauchen, sind North Carolinas Cape Hatteras National Seashore, wo man Wracks aus dem Bürgerkrieg erforschen und Sandhaien begegnen kann, und der Lake Ouachita, Arkansas' größter See, bekannt für sein unberührtes Quellwasser und seinen 25 km langen Wassertrail.

Informationsquellen

Scuba Diving (www.scubadiving.com) Hier findet man die neuesten Tauchplätze in und außerhalb der USA.

Skifahren & Wintersport

Vermonts erstklassiger Stowe Mountain bietet coole Hänge – im Lift friert man sich zwar den Hintern ab, aber das Auftauen mit örtlichen Heißgetränken beim launigen Après-Ski in hölzernen Bars macht umso mehr Spaß. In Lake Placid, NY, kann man auf ehemaligen Olympiapisten rodeln oder Bob fahren. Motorschlitten hört man in Nord-Wisconsin, Michigan und Minnesota aufheulen. In Minnesota kann man auf den gefrorenen Wasserstraßen des Voyageurs National Parks die verschiedensten winterlichen Aktivitäten ausüben.

Informationsquellen

Ski Resorts Guide (www.skiresortsguide.com) Infos zu Unterkünften, Karten und mehr.

Reiseplanung
Mit Kindern reisen

Vom Norden bis zum Süden finden sich tolle Attraktionen für Kinder jedes Alters: Buddelspaß am Strand, Vergnügungsparks, Zoos, Aquarien, Naturausstellungen, interaktive Museen, Campingabenteuer, historische Schlachtfelder, vergnügliche Radtouren durch ländliche Gegenden und vieles mehr, das die Kleinen begeistert.

Der Osten der USA mit Kindern

Außer Haus essen

Familienorientierter Service scheint das Fundament der örtlichen Restaurants zu sein: Kinder werden nicht nur akzeptiert, ihr Besuch wird durch Kindermenüs und niedrigere Preise regelrecht gefördert. In einigen Lokalen essen Kinder bis zu einem gewissen Alter sogar gratis. In den meistens Restaurants gibt es Hochstühle und Sitzauflagen, einige halten Malzeug und Puzzles bereit und bieten gelegentliche Auftritte von Cartoonfiguren.

Auch in Restaurants ohne Kindermenüs können Kinder willkommen sein, allerdings nicht in allen Spitzenrestaurants. Aber selbst in besseren Lokalen können Familien mit Kindern abends meist stressfrei essen, wenn sie rechtzeitig da sind (gleich nach Öffnung oft 17 oder 18 Uhr) – oft essen dann auch andere Gourmets mit ihren Kids. Auf Anfrage bereitet die Küche möglicherweise eine kleinere Portion eines Gerichts zu oder teilt ein Essen auf zwei Teller auf. Wählerischer Nachwuchs dürfte in chinesischen, mexikanischen und italienischen Lokalen gut aufgehoben sein.

Farmers Markets werden immer beliebter und in jeder nennenswerten Stadt findet zumindest einmal wöchentlich einer

Top-Regionen für Kinder

New York, New Jersey & Pennsylvania
NYC wartet mit Aktivitäten wie Rudern im Central Park und kinderfreundlichen Museen auf. An der Küste von Jersey gibt's coole Strandpromenaden und im Amish Country in Pennsylvania locken Kutschfahrten.

Neuengland
Bostons Küste bietet mit einem Aquarium, einem Kriegsschiff aus dem 18. Jh. und Walbeobachtungstouren Abenteuer für Kids. Auch die Plimoth Plantation ist ein schönes Ziel.

Washington, D.C. & Capital Region
Washington ist mit seinen kostenlosen Museen, den Pandas im Zoo und den vielen Grünflächen eine familienfreundliche Stadt. Von hier aus ist es nicht weit nach Williamsburg, VA, wo kostümierte Darsteller einen Einblick ins 18. Jh. geben.

Florida
Walt Disney World in Orlando kann gut im Zentrum des Urlaubs stehen. Danach sind die Strände Floridas an der Reihe.

KINDERLITERATUR AUS DEM OSTEN DER USA

➡ *Little Women* (1868, dt. u.a. als *Junge Menschen* veröffentlicht) von Louisa May Alcott ist ein wunderbares Buch über Mädchen, die im 19. Jh. in Concord, MA, aufwachsen.

➡ Der Klassiker *Paul Revere's Ride* (1861) von Henry Wadsworth Longfellow verbindet Geschichte, Poesie und Spannung.

➡ Die sechsjährige *Eloise* (Kay Thompson, 1955) lebt im Plaza Hotel, NYC. Perfekt, um Unfug anzustellen.

➡ In *The Wright 3* (Blue Balliett, 2006) entdecken Kinder Geheimnisse um Geister, Schätze und Frank Lloyd Wrights Robie House (Chicago).

statt. Hier können sich Familien ein erstklassiges Picknick zusammenstellen, lokale Spezialitäten probieren und nebenbei unabhängige Farmer unterstützen. Nachdem man etwas gekauft hat, sollte man zum nächsten Park oder ans Wasser gehen.

Babysitter

Manche Hotels bieten einen Babysitter-Service an, wenn nicht, hilft man an der Rezeption bei der Suche. Immer darauf achten, dass die Babysitter lizenziert und versichert sind und danach fragen, wie hoch der Stundensatz pro Kind ist, ob ein Mindestpreis gilt und ob für Transport oder Mahlzeiten Zusatzkosten anfallen! Die meisten Visitor Centers haben Infos zu Kinderbetreuungs- und Freizeiteinrichtungen, medizinischer Versorgung etc.

Fahren & Fliegen

Jede Autovermietung sollte geeignete Kindersitze anbieten können, denn die sind in jedem Staat Pflicht. Aber sie müssen beim Buchen bestellt werden und kosten etwa 13 US$ pro Tag extra.

Inlandsfluggesellschaften nehmen Kinder unter zwei Jahren kostenlos mit. Ältere Kids müssen einen eigenen Sitzplatz haben und bekommen meist keine Ermäßigung. Ganz selten bieten einige Urlaubsanlagen (wie Disneyland) eine *Kids fly free*-Werbeaktion. Ähnliche Angebote haben auch Amtrak und andere Bahnunternehmen

gelegentlich auf einigen Routen (Gratisfahrten für Kinder bis 15).

Ermäßigungen für Kinder

Bei geführten Touren, Eintrittspreisen und Verkehrsmitteln erhalten Kinder oft Rabatt, manchmal bis zu 50% des Preises. Die Definition von Kind variiert allerdings von „unter zwölf Jahren" bis „unter 16 Jahren". Anders als in Europa gibt es nur bei sehr wenigen Sehenswürdigkeiten ermäßigte Familientickets, mit denen man ein paar Dollar sparen kann. Kinder unter zwei Jahren haben bei den meisten Sehenswürdigkeiten freien Eintritt.

Unterkunft

Motels und Hotels haben meist Zimmer mit zwei Betten – perfekt für Familien. Manche haben auch Kinderbetten, die gegen Gebühr ins Zimmer gestellt werden. Das sind aber oft Reisebetten, in denen nicht alle Kinder gut schlafen. Einige Hotels haben *Kids stay free*-Angebote, dank denen Kinder bis 12 Jahre (oder 18 Jahre) kostenlos übernachten. Viele B & Bs nehmen keine Kinder auf; man sollte vor der Reservierung nachfragen.

Highlights für Kinder

Outdoor-Abenteuer

➡ Kajak- und Kanufahren oder geführte Wanderungen in den **Florida Everglades** (S. 523).

➡ Wildwasser-Rafting in der **New River Gorge** (S. 354) im Nationalpark in West Virginia.

➡ Bei einer **Walbeobachtungstour** (S. 208) bei Provincetown, MA, Buckelwale sehen.

➡ Eine unterirdische Tour durch den **Mammoth Cave National Park** (S. 429) in Zentral-Kentucky unternehmen.

➡ Themenparks & Zoos

➡ Abtauchen in das größte Highlight von allen: **Walt Disney World** (S. 558) in Florida, wo sich vier Parks auf mehr als 8000 ha verteilen.

➡ In Manhattan aus der U-Bahn springen und einen der besten Zoos der USA, den **Bronx Wildlife Conservation Park** (S. 88), NYC, besuchen.

➡ In West Palm Beach, FL, zwischen 900 Wildtieren auf dem Gelände der **Lion Country Safari** (S. 523) umherfahren.

➡ In den über 20 Wasserparks und bei atemberaubenden Wasserskishows bei **Wisconsin Dells** (S. 654) planschen und staunen.

➡ **Northern Ohio's Cedar Point** (S. 619) bietet einige der verrücktesten Achterbahnen des Planeten, außerdem einen kilometerlangen Strand und einen Wasserpark.

➡ **Six Flags** (www.sixflags.com) ist einer von Amerikas beliebtesten Vergnügungsparks, mit neun Standorten im Osten der USA.

Zeitreisen

➡ Trachten des 18. Jhs. anziehen und sich in den geschichtsträchtigen Kulissen von **Plymouth** (S. 201), **Williamsburg** (S. 334), **Yorktown** (S. 337) oder **Jamestown** (S. 336) unter die Darsteller in historischen Kostümen mischen.

➡ Sich die Ohren zuhalten, wenn Soldaten in historischen Uniformen aus dem 19. Jh. im **Fort Mackinac** (S. 643), MI, Kanonen abfeuern.

➡ Mit Ben Franklin (oder zumindest seinem Doppelgänger aus dem 21. Jh.) den Bostoner **Freedom Trail** (S. 191) erkunden.

➡ Im **Lincoln Presidential Museum** (S. 604) in Springfield, IL, eine Blockhütte erkunden, in der Abraham Lincoln aufgewachsen sein könnte.

Aktivitäten für Regentage

➡ Angehende Piloten im **National Air & Space Museum** (S. 280) in Washington, D. C., mit Raketen, Raumschiffen, altmodischen Doppeldeckern und Flugsimulatoren inspirieren.

➡ Das Planetarium, Dinosaurierskelette und 30 Mio. andere Artefakte im New Yorker **American Museum of Natural History** (S. 80) entdecken.

➡ Im **Port Discovery Museum** (S. 310) in Baltimore durch drei Etagen voller Abenteuer und Wissenswertem streifen.

➡ Sich weiterbilden im **Museum of Science & Industry** (S. 585) in Chicago, dem größten Wissenschaftszentrum der westlichen Hemisphäre, mit Attraktionen wie einem Märchenschloss, Küken und imitierten Tornados.

Essen

➡ Sich beim Essen der knusprigen Blaukrabben in einem der Open-Air-Restaurants an der **Chesapeake Bay** in Maryland bekleckern (S. 313).

➡ In der **Ben & Jerry's Ice Cream Factory** (S. 239) in Nord-Vermont Eis probieren.

➡ Im **Gino's East** (S. 591) in Chicago ein Stück Pfannenpizza stemmen.

Planung

Familienfreundliche Attraktionen und Aktivitäten, Lokale und Unterhaltungsangebote sind mit dem Symbol 👪 gekennzeichnet.

Reisezeit

➡ Hauptsaison ist von Juni bis August, wenn Schulferien sind und es am wärmsten ist. Die Preise sind dann hoch und es ist sehr voll: Das bedeutet langes Anstehen in Vergnügungsparks, ausgebuchte Resorts und volle Straßen. Bei beliebten Reisezielen besser im Voraus buchen.

➡ In den Winterferienorten (in den Catskills und den White Mountains) geht die Hauptsaison von Januar bis März.

Gut zu wissen

➡ In vielen öffentlichen Toiletten gibt es Wickeltische (manchmal auch in den Herrentoiletten) und auf den Flughäfen oft geschlechtsneutrale *family*-Toiletten.

➡ Die medizinische Versorgung in den USA ist von hoher Qualität.

➡ Dinge wie Babynahrung oder Wegwerfwindeln gibt es im ganzen Land problemlos.

➡ Einzelne Elternteile oder Reisende, die mit einem Kind unter 18 Jahren ohne dessen Eltern unterwegs sind, sollten einen Nachweis über das Sorgerecht oder einen notariell beglaubigten Brief des/der nicht mitreisenden Eltern(-teils) mitführen, in dem die Reise autorisiert wird. Das wird zwar nicht verlangt, hilft aber bei der Einreise.

Informationsquellen

Weitere Informationen und Tipps gibt's im Lonely Planet Band *Travel with Children*. Ratschläge für Urlaub mit Kindern in der Natur bieten *Kids in the Wild: a Family Guide to Outdoor Recreation* von Cindy Ross und Todd Gladfelter sowie *Parents' Guide to Hiking & Camping von* Alice Cary.

Baby's Away (www.babysaway.com) Vermietet an Standorten überall im Land Kinderbetten, Hochstühle, Autositze, Kinderwagen und Spielzeug.

Family Travel Files (www.thefamilytravelfiles.com) Urlaubsideen, Reiseziele und -tipps.

Kids.gov (www.kids.gov) Riesige, vielseitige nationale Seite; Download-Möglichkeiten, viele Links.

Travel Babees (www.travelbabees.com) Seriöser Verleih für Babyausrüstung.

Der Osten im Überblick

New York City ist der Dreh- und Angelpunkt des Ostens. Über 8 Mio. Einwohner leben in der Megastadt, einem globalen Zentrum der Mode, des Essens, der Kunst und des Finanzwesens. In den Nachbarstaaten New Jersey und Pennsylvania wird es schon leerer, hier gibt's Strände, Berge und geradezu vorsintflutliche Dörfchen. Neuengland erstreckt sich Richtung Norden zu felsigen Küsten, Fischerdörfern mit Schindelhäuschen und Ivy-League-Universitäten.

In der Capital Region beginnt der Weg nach Süden durch üppige Täler und vorbei an etlichen historischen Stätten. Im Süden scheinen die Uhren langsamer zu gehen, Pekannusskuchen duften, und aus den Juke Joints klingt Bluesmusik. Im surrealen Florida warten Nixen, Seekühe, Mickey Mouse und Miami, während das rationalere Gebiet um die Großen Seen Burger, Bier und seine natürlichen Sehenswürdigkeiten bevorzugt.

New York, New Jersey & Pennsylvania

Kunst
Geschichte
Outdoor

Kulturstätte

Heimat der MET, des MOMA und des Broadway – und all das nur in NYC! Buffalo, Philadelphia und Pittsburgh haben ebenfalls weltberühmte Kultureinrichtungen sowie unkonventionelle Enklaven mit Livemusikszenen.

Lebendige Vergangenheit

Von Herrenhäusern im Hudson Valley über den Independence National Historic Park Philadelphias bis zu Stätten, die der Gründung der Nation gewidmet sind, hat die Region ein gutes Bildungsangebot.

Wilde Natur

Hinter den Stadtgrenzen lauert die Natur und lockt mit Wanderungen in den Adirondacks und den Catskills, Rafting auf dem Delaware River und dem Atlantik und ausgelassenen Küstentagen an der Jersey Shore und in den Hamptons.

S. 54

Neuengland

Seafood
Geschichte
Strände

Land der Hummer

Neuengland ist zu Recht für seine Meeresfrüchte bekannt. An der Küste wimmelt es von Lokalen, wo man sich Austern, erstklassige Hummerscheren und Muschelsuppe schmecken lassen kann, während man beobachtet, wie die Fischerboote von ihren Tagesfahrten zurückkommen.

Kolonialgeschichte

Neuengland hat die amerikanische Geschichte geprägt – von der Landung der Pilgerväter in Plymouth und der Hexenhysterie in Salem bis zu Paul Reveres revolutionärem Ritt.

Strandvergnügen

Cape Cod, Martha's Vineyard und Block Island – Neuengland ist im Sommer ein Paradies für alle, die Sonne, Sand und Meer mögen. Die vielen Strände der Region reichen von kinderfreundlichem Watt bis zur wilden Brandung am Meer.

S. 176

Washington, D.C. & Capital Region

Kunst & Kultur
Geschichte
Essen & Trinken

Museen & Musik

Washington, D.C., bietet tolle Museen und Galerien. Zudem gibt's bodenständige Musik aus den Bergen in Virginias Crooked Road, berühmte Regionaltheater und progressive Kunst in Baltimore.

Vergangene Zeiten

Jamestown, Williamsburg und Yorktown bieten Einblicke in die Kolonialgeschichte Amerikas, und die ländlichen Gebiete Virginias sind mit Schlachtfeldern aus dem Bürgerkrieg gespickt. Zudem gibt's hier Präsidentenanwesen wie Mount Vernon und Monticello und geschichtsträchtige Städtchen wie Annapolis.

Kulinarische Highlights

Dekadente Festmahle warten: in Maryland Krabben, Austern und Meeresflüchte, in der Hauptstadt internationale Restaurants, und in Baltimore, Charlottesville, Staunton und Rehoboth kommt das Essen frisch von der Farm auf den Tisch.

S. 268

Der Süden

Essen & Trinken
Musik
Südlicher Charme

Kuchen & Barbecue

Barbecues, Brathähnchen und Wels, buttrige Kuchen, Maisbrot, Maisgrütze und pikante kreolische Cajun-Gerichte sorgen dafür, dass das Essen im Süden ein herrliches Vergnügen ist.

Country, Jazz & Blues

Der Süden hat die Musik so stark beeinflusst wie keine andere Gegend der Welt. Die Mekkas der Musik bieten ein authentisches Erlebnis: Country in Nashville, Blues in Memphis und Big-Band-Jazz in New Orleans.

Southern Belles

Bilderbuchstädte wie Charleston und Savannah verzaubern seit Langem Besucher mit ihren von Bäumen gesäumten Straßen, der Antebellum-Architektur und ihrer bodenständigen Freundlichkeit. Andere Kleinstädte sind Chapel Hill, Oxford, Chattanooga und Natchez.

S. 356

Florida

Kunst & Kultur
Natur
Strände

Kulturelle Vielfalt

Florida hat eine komplizierte Seele. Hier befinden sich Miami mit seinem farbenfrohen Art-déco-Bezirk und Little Havana, historische Sehenswürdigkeiten in St. Augustine, die Themenparks von Orlando und die Museen und historischen Stätten in Key West.

Naturbeobachtung

Man kann beim Schnorcheln oder einem Tauchgang in die Unterwasserwelt eintauchen. Wer große Tiere sehen will, kann eine Walbeobachtungstour machen oder in den Everglades versuchen, Krokodile, Reiher, Adler, Seekühe und andere Tiere zu erspähen.

Strände für jeden Geschmack

Viele Strände locken: vom lebhaften South Beach in Miami bis zum noblen Palm Beach, den reizvollen Inseln Sanibel und Captiva und dem lärmigen Pensacola im Panhandle.

S. 502

Die Großen Seen

Essen & Trinken
Musik
Tolles an der Straße

Schlemmerparadies

Von preisgekrönten Restaurants (James Beard Award) in Chicago und Minneapolis bis zu Milchshakes frisch aus der Molkerei – die Farmen, Obstgärten und Brauereien im Mittleren Westen sorgen für Gaumenfreuden.

Rock 'n' Roll

Die Region ist die Heimat der Rock and Roll Hall of Fame, von tollen Festivals wie Lollapalooza und Trash-Clubs in allen Großstädten – im Mittleren Westen kennt man sich eben mit Musik aus.

Skurriles

Ein riesiges Garnknäuel, ein Senfmuseum, ein Wettbewerb im Kuhfladen-Werfen: Von den Höfen und Nebenstraßen des Mittleren Westens stammen die schrägsten Ideen – von Leuten mit Leidenschaft, Fantasie und vielleicht etwas zu viel Zeit.

S. 568

Reiseziele USA Osten

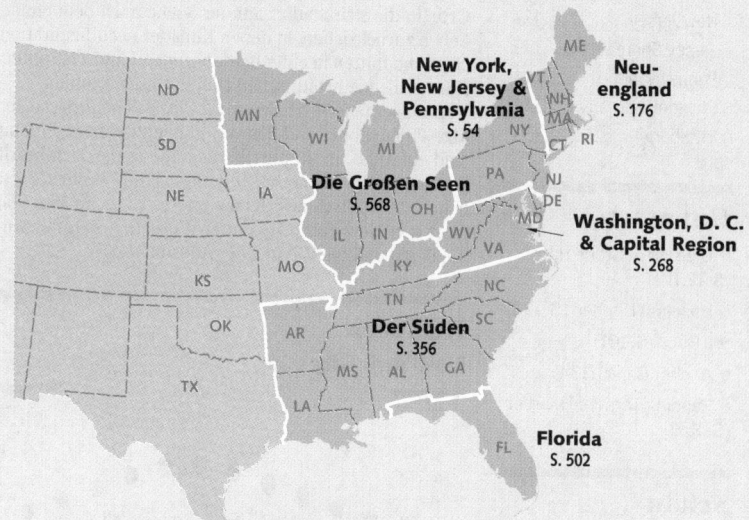

New York, New Jersey & Pennsylvania

Inhalt ➡

Gut essen

➡ Blue Hill at Stone Barns (S. 123)

➡ Hazelnut Kitchen (S. 128)

➡ Il Buco (S. 101)

➡ Anchor Bar (S. 134)

➡ Reading Terminal Market (S. 157)

Schön übernachten

➡ Roxbury Motel (S. 127)

➡ Yotel (S. 95)

➡ Giacomo (S. 136)

➡ White Pine Camp (S. 131)

➡ Congress Hall (S. 144)

Auf nach New York, New Jersey & Pennsylvania!

Wo sonst könnte man in ein paar Tagen eine Amish-Farm besuchen, auf einem Berg zelten, die Unabhängigkeitserklärung lesen und vom 86. Stock eines Art-déco-Wahrzeichens aus New York bestaunen? Die Region ist zwar der am dichtesten bevölkerte Teil der USA, aber es gibt hier unzählige Orte, in die sich Städter auf der Suche nach dem einfachen Leben zurückziehen, in denen Künstler nach Inspiration suchen und mitten in einer bezaubernden Landschaft hübsche Häuser die kleinstädtischen Hauptstraßen säumen.

Das abenteuerliche New York City, das historische, lebendige Philadelphia und das von Flüssen geprägte Pittsburgh sind ein Muss. In unmittelbarer Nähe finden sich herrliche Strände – vom glamourösen Long Island bis zur teils stattlichen, teils kitschigen Jersey Shore. Und nur eine Tagesfahrt von New York City entfernt erheben sich im Norden die Berge und die Wildnis der Adirondacks.

Reisezeit

New York City

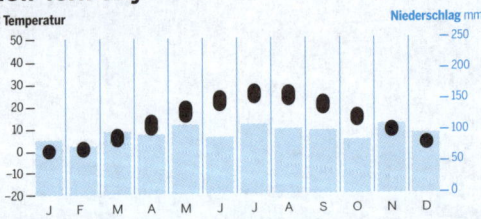

Okt.–Nov. Der Herbst bringt NYC kühle Temperaturen, Festivals und den Marathon.

Feb. Wintersportler zieht es in die Berge der Adirondacks, Catskills und Poconos.

31. Mai–5. Sept. Von Memorial Day bis Labor Day sind die Strände von Montauk bis Cape May angesagt.

Unterwegs vor Ort

Alle großen Städte haben Flughäfen, aber der New Yorker Flughafen John F. Kennedy ist das Drehkreuz der Region. Zu den Alternativen gehören der Newark Liberty International Airport und LaGuardia in Queens (vor allem Inlandsflüge). Philadelphia und Pittsburgh haben ebenfalls internationale Flughäfen.

Greyhound-Busse fahren in alle größeren Städte. Peter Pan Bus Lines und Adirondack Trailways sind zwei regionale Buslinien. Amtrak verbindet New York mit vielen Städten in New Jersey sowie mit Philadelphia und Pittsburgh. Die meisten der beliebten Tagesausflüge kann man zumindest von New York City aus leicht mit einer der drei Vorortbahnen erreichen. Für all diejenigen, die einen fahrbaren Untersatz zur Verfügung haben, ist die I-95 die wichtigste Nord-Süd-Verbindung.

NATIONALPARKS & STATE PARKS

In der Region gibt's jede Menge Parks und Erholungsgebiete. Viele Besucher, die diese Bundesstaaten nur mit großen Städten verbinden, sind verblüfft, dass es hier auch eine so reiche Tier- und Pflanzenwelt gibt. Schwarzbären, Rotluchse und sogar Wapitis tummeln sich in den hiesigen Wäldern; noch häufiger sind die verschiedenen Rotwildarten. Falken, Adler, Habichte und Zugvögel machen hier Halt, manche nur einige Kilometer vor den Toren von New York City.

Allein in New York gibt es Hunderte von State Parks mit Wasserfällen wie bei Ithaca oder mit völliger Wildnis wie in den Adirondacks. In New Jersey kann man sich den Delaware River hinabtreiben lassen, am Strand von Cape May Sonne tanken und im Norden durch das Kittatinny Valley wandern. In Pennsylvania liegen viele Wälder, hügelige Parklandschaften und ein großer Abschnitt des Appalachian National Scenic Trail, der sich über 3500 km von Maine bis nach Georgia schlängelt.

Top 5: Panoramastraßen

➤ **Catskills, New York – von der Platte Clove Rd über die 214 zur 28** Die Fahrt führt vorbei an bewaldeten Hügeln, rauschenden Flüssen und spektakulären Wasserfällen.

➤ **North Central, Pennsylvania – Rte 6** Auf der Fahrt durch die zerklüftete Berg- und Waldlandschaft passiert man reißende Bäche, Tiere in freier Wildbahn und Wälder.

➤ **Lake Cayuga, New York – Rte 80** Von Ithaca geht's oberhalb des Sees gen Norden vorbei an vielen Weingütern.

➤ **Delaware Water Gap, New Jersey – Old Mine Rd** Eine der ältesten Straßen in den USA mit wunderschönem Blick auf den Delaware River und die ländliche Idylle.

➤ **PA Dutch Country – S Ronks Rd** Diese Strecke führt durch die malerische Landschaft zwischen Strasburg und Bird-in-the-Hand.

DAS WILD CENTER

Das Wild Center (S. 132) in Tupper Lake, NY, ist ein tolles Museum über Ökologie in den Adirondacks. Zu den interaktiven Exponaten gehört auch eine digitalisierte Erde mit Tausenden von wissenschaftlichen Themen.

NEW YORK, NEW JERSEY & PENNSYLVANIA

Kurzinfos

➤ **Größte Städte** New York City (8245000 Ew.), Philadelphia (1536000 Ew.)

➤ **Zeitzone** Eastern Standard Time (MEZ −6 Std.)

➤ **New York City Subway** 24 Std. täglich

➤ **Erstes Ölbohrloch** 1859, Titusville, PA

Schon gewusst?

Seehunde ziehen zwischen November und April in die Gewässer an der Jersey Shore, im Long Island Sound und sogar vor NYC, von Staten Island bis zu den Stränden in der Bronx.

Infos im Internet

➤ **New York State Tourism** (www.iloveny.com) Infos, Karten und telefonische Auskünfte.

➤ **New Jersey Travel & Tourism** (www.visitnj.org) Touristische Tipps für ganz New Jersey.

➤ **Pennsylvania Travel and Tourism** (www.visitpa.com) Karten, Videos und Vorschläge zu Reiserouten.

➤ **Gas Buddy** (www.gasbuddy.com) Aktuelle Angaben über die preiswertesten Tankstellen.

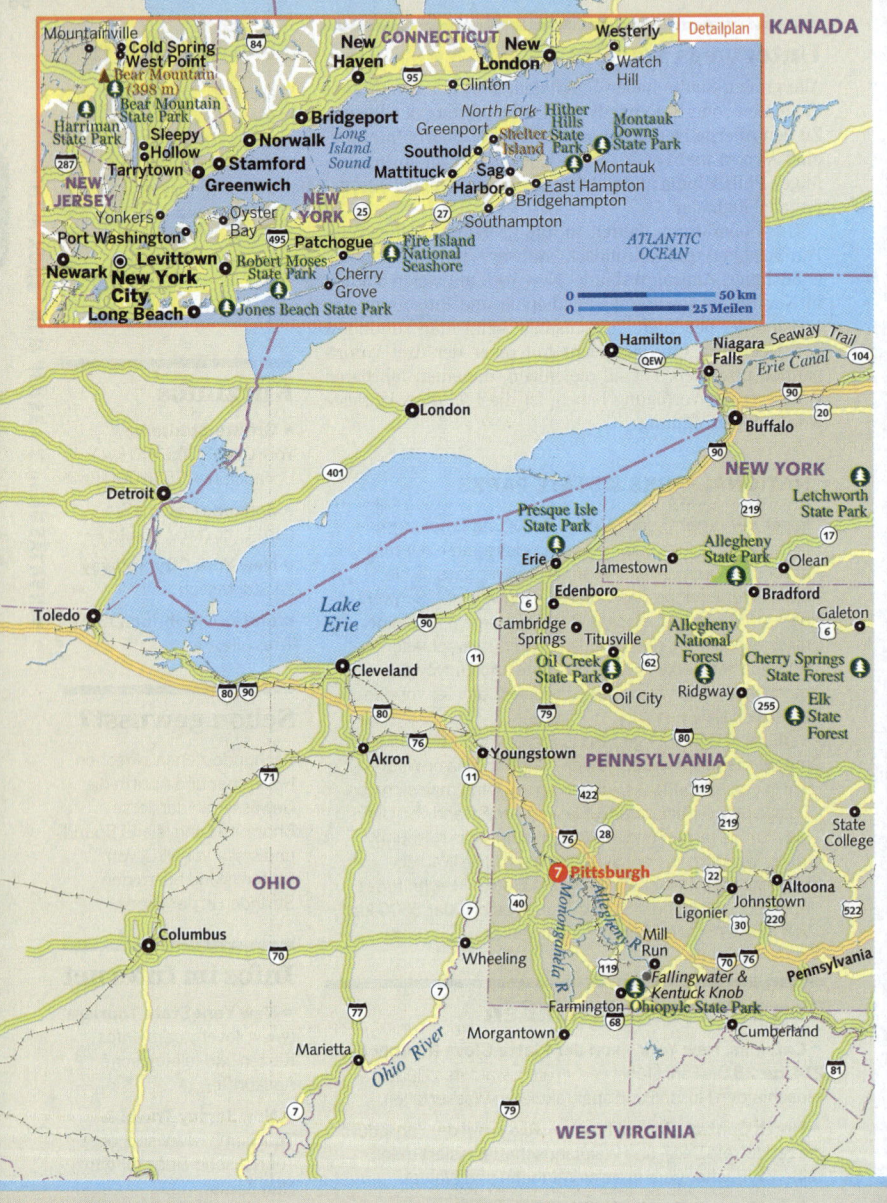

Highlights

1 Rund um die Welt reisen und fremde Kulturen kennenlernen, ohne **New York City** (S. 58) zu verlassen

2 Die Ruhe der **Jersey Shore** (S. 137) genießen

3 In Philadelphias **Independence National Historic Park** (S. 145) die Geschichte der Geburt einer Nation verfolgen

4 Durch die dichten grünen Wälder der noch immer unbe-

rührten **Catskills** (S. 124) wandern

5 Die beindruckende, wilde Schönheit der **Adirondacks** (S. 129) entdecken

s. Detailplan

6 Auf den **Thousand Islands** (S. 130) an den Ufern des St.-Lorenz-Stroms zelten

7 In **Pittsburgh** (S. 166) in einem der Stadien am Fluss ein Sportereignis besuchen

8 In Long Islands **North Fork** (S. 122) Weine probieren

9 Über abgelegene Landstraßen durch das **Pennsylvania Dutch Country** (S. 144) radeln

10 Auf einem Boot durch die ländliche Idylle des **Delaware Water Gap** (S. 138) schippern

NEW YORK CITY

Die Stadt ist laut und schnell und voller Energie, New York City ist sinfonisch, anstrengend und ständigen Veränderungen unterworfen. Vielleicht kann nur ein Gedicht von Walt Whitman über typische Stadtszenen – angefangen bei den armseligen Behausungen bis hin zu den prächtigsten Gebäuden – der Stadt gerecht werden. Sie ist und bleibt das Mode-, Theater-, Restaurant-, Musik-, Verlags- und Finanzzentrum der Welt. Und wie sagte Groucho Marx so schön? „Wenn es in New York 9.30 Uhr ist, ist es in Los Angeles 1937." Wer zum ersten Mal in diese Stadt kommt, hat das Gefühl in einen Film einzutauchen, den man wahrscheinlich unbewusst schon mal gesehen hat. Extreme gibt es überall, angefangen beim Times Square bis hin zur dunkelsten Ecke der Bronx. Und zwischen Brooklyns russischer Enklave in Brighton Beach und dem Mini-Lateinamerika in Queens gibt's noch sehr viel mehr. Buchstäblich jedes Land der Welt hat in dieser Stadt seine lebendige Gemeinde. Wer ohne feste Route und mit offenen Augen und Ohren durch die Stadt bummelt, lernt von allem etwas kennen.

Geschichte

Als Henry Hudson 1609 dieses Land für seinen Auftraggeber, die Dutch East India Company, in Besitz nahm, beschrieb er es als „ein Land, so wunderschön, wie man es sich zu betreten erhofft hat". Kurz danach wurde dieses Fleckchen Erde „Manhattan" getauft, was in der Sprache der hier ansässigen Munsee-Indianer „Insel der Hügel" bedeutet.

1625 wurde eine Kolonie errichtet, die bald den Namen Nieuw Amsterdam erhielt. Später kaufte Peter Minuit die Insel den Munsee-Indianern ab. George Washington wurde hier 1789 als erster Präsident der Republik vereidigt. Als 1861 der Bürgerkrieg ausbrach, stellte New York City einen Großteil der Freiwilligen zur Verteidigung der Union und wurde zu einem Organisationszentrum der Sklavenbefreiungsbewegung.

Im ganzen 19. Jh. nahm die Bevölkerung ständig zu, da die Einwanderungswellen dicht aufeinander folgten. Iren, Deutsche, Engländer, Skandinavier, Slawen, Italiener, Griechen und Juden aus Zentraleuropa kamen zuhauf und schufen Industrie- und Finanzimperien. Wolkenkratzer läuteten ein goldenes Zeitalter ein.

Nach dem Zweiten Weltkrieg entwickelte sich New York dann zur führenden Weltstadt, aber sie litt an einem neuen Phänomen: Die weiße Mittelklasse floh in die Vorstädte. In den 1970er-Jahren war die graffitibeschmierte Subway zu einem Symbol für den zivilen und wirtschaftlichen Verfall New Yorks geworden. In den 1980er-Jahren erlangte NYC unter der Führung des schillernden Bürgermeisters Ed Koch (3 Amtszeiten) einen Großteil seines ehemaligen Stolzes zurück. 1989 wählte die Stadt ihren ersten afroamerikanischen Bürgermeister David Dinkins. Er wurde aber nach nur einer Amtszeit vom Republikaner Rudolph Giuliani abgelöst. In dessen Amtszeit ereigneten sich die Terroranschläge vom 11. September 2001, als die 110-stöckigen Zwillingstürme des World Trade Centers von entführten Passagierflugzeugen getroffen wurden, sich in Feuerbälle verwandelten, einstürzten und 3000 Menschen unter sich begruben. Einen derartigen Terrorangriff hatte die Welt zuvor noch nie erlebt.

Michael Bloomberg, der milliardenschwere Republikaner, wurde in Zeiten des Umbruchs und Chaos zum ersten Mal zum Bürgermeister gewählt und geriet nur allzu schnell wegen seiner harten Steuerpolitik und der drakonischen Maßnahmen als Chef des angeschlagenen öffentlichen Schulsystems in die Schlagzeilen. Bloomberg wurde für eine zweite und eine sehr umstrittene dritte Amtszeit wiedergewählt. Er gilt als unabhängiger politischer Pragmatiker, der sowohl Lobeshymnen als auch Kritik über sich ergehen lassen musste, denn er setzt sich für die Umwelt genauso ein wie für Entwicklungsprojekte, und das in schwierigen Zeiten. Man denke nur an die „globale Finanzkrise" und Hurrikan Sandy. Es bleibt abzuwarten, wer nach Bloomberg an die Macht kommen wird.

◉ Sehenswertes

◉ Lower Manhattan

Brooklyn Bridge   BRÜCKE
(Karte S. 62) Die erste Hängebrücke der Welt inspirierte schon vor ihrer Fertigstellung die verschiedensten Dichter, angefangen bei Walt Whitman bis hin zu Jack Kerouac. Marianne Moores Aussage, die Brücke sei ein „klimatisches Ornament, ein doppelter Regenbogen", ist aber vielleicht die zutreffendste Beschreibung. Der Gang über die gewaltige Brooklyn Bridge ist für

New York City

BRONXVILLE

NEW JERSEY

ENGLEWOOD

Cross County Pkwy

Hudson River

Broadway

Boston Rd

Long Island Sound

HACKENSACK

Overpeck County Park

George Washington Bridge

Woodlawn Cemetery

Pelham Bay Park

Hart Island

Cloisters
Harris Park

INWOOD

New York Botanical Garden

BRONXDALE

Pelham Bay Park

City Island

MetLife Stadium

FAIRVIEW

Belmont

BELMONT

Bronx Wildlife Conservation Park

KEARNY

HARLEM

Bronx Park

New Jersey Turnpike

Yankee Stadium

THROGS NECK

GREAT NECK

s. Karte Central Park & Uptown (S. 82)

MANHATTAN

Central Park

HUNTS POINT

Powells Cove

BEECHHURST

LaGuardia Airport

Little Neck Bay

s. Karte Times Square, Midtown Manhattan & Chelsea (S. 72)

ASTORIA

Socrates Sculpture Park

COLLEGE POINT

BAYSIDE

CORONA

Citi Field

Kissena Park

HOBOKEN

s. Karte East & West Villages (S. 66)

Queens Blvd

PS1 Contemporary Art Center

FLUSHING

Queens College

s. Karte Chinatown & Lower Manhattan (S. 62)

NEW YORK

QUEENS

HOLLISWOOD

Freiheits-statue

GLENDALE

BUSHWICK

JAMAICA

Brooklyn Academy of Music (BAM)

Atlantic Ave

EAST NEW YORK

Upper New York Bay

Prospect Park

HOWARD BEACH

Brookville Park

Linden Blvd

Spring Creek Park

Elders Point Marsh

John F Kennedy International Airport

BAY RIDGE

BROOKLYN

East High Meadow

Richmond County Bank Ballpark

Staten Island

Fort Hamilton

Lower New York Bay

Ave P

Benson-hurst Park

Brooklyn Marine Park

Gateway National Recreation Area

Jo Co Marsh

RICHMOND

Fahrenbach Staten Island

Key Span Park

Big Channel

CONEY ISLAND

Brighton Beach

Rockaway Inlet

Jacob Riis Park

Rockaway Beach

Richmond County

Kings County
Queens County

ATLANTIK

NEW YORK
NEW JERSEY

New Yorker und Besucher gleichermaßen so etwas wie ein Initiationsritus. Angesichts der Menschenmassen kann es gefährlich sein, wenn mehr als zwei Personen nebeneinander gehen, weil Jogger oder Radfahrer einen anrempeln könnten. Mit einer Spannweite von 486 m ist die wundervoll graziöse Brückenkonstruktion auch heute noch ein beeindruckendes Symbol amerikanischer Errungenschaft. Allerdings wurde der Bau der Brücke von Budgetüberschreitungen und dem Tod von 20 Arbeitern überschattet. Zu den Opfern gehörte auch der Konstrukteur John Roebling. Er wurde 1869 bei Vermessungsarbeiten für den westlichen Brückenpfeiler durch einen Unfall vom Pier geschleudert und starb daraufhin an einer Tetanusinfektion. Die Brücke und der gleich östlich der City Hall beginnende Fußgänger- und Fahrradweg bieten trotz der andauernden Reparaturarbeiten einen großartigen Blick auf Lower Manhattan und Brooklyn. An den Aussichtspunkten unterhalb der beiden steinernen Stützpfeiler findet man Illustrationen, die Panoramaansichten des Ufers zu verschiedenen Zeitpunkten in der Geschichte New Yorks zeigen. Auf der anderen Seite der Brücke, in Brooklyn, ist der ständig wachsende **Brooklyn Bridge Park** ein tolles Ziel, um den Spaziergang fortzusetzen.

Freiheitsstatue   DENKMAL
(☑877-523-9849; www.nps.gov/stli; Liberty Island;☺9.30–17Uhr) In einer Stadt voller amerikanischer Ikonen ist die Freiheitsstatue vielleicht die berühmteste. Bereits 1865 wurde sie von dem französischen Intellektuellen Edouard Laboulaye als Monument für die republikanischen Ideale, die sich Frankreich und die USA teilten, konzipiert. Noch heute ist die Lady für viele das Symbol für Chancen und für Freiheit. Der französische Bildhauer Frédéric-Auguste Bartholdi reiste 1871 nach New York, um den Standort für die Statue auszuwählen. Dann verbrachte er mehr als zehn Jahre in Paris und entwarf und erschuf die 46 m hohe Figur *Liberty Enlightening the World*. Sie wurde anschließend nach New York verschifft, auf der kleinen Insel im Hafen aufgebaut und 1886 enthüllt. Ihre Struktur besteht aus einem eisernen Skelett

NEW YORK, NEW JERSEY & PENNSYLVANIA IN...

...einer Woche

Am besten beginnt man entspannt in **Philadelphia**, dem Geburtsort der amerikanischen Unabhängigkeit. Nach der Erkundung der historischen Stätten kann man sich abends ins quirlige Nachtleben der Stadt stürzen. Weiter geht's nach New Jersey, wo man im ländlichen **Cape May** eine wunderbar ruhige Nacht verbringt. Am nächsten Tag stehen noch weitere Küstenstädte wie **Wildwood** oder **Atlantic City** weiter nördlich an der **Jersey Shore** auf dem Programm, bis man schließlich in **New York City** landet. Dort verbringt man die restlichen Tage mit einer Mischung aus den wichtigsten touristischen Standards wie dem **Top of the Rock** und dem **Central Park** und einem bunten Nachtleben und vielfältigen Restauranterfahrungen, vielleicht im lebendigen **East Village**.

...zwei Wochen

Die ersten Tage verbringt man in **New York City**. Nach ein oder zwei Übernachtungen irgendwo im **Hudson Valley** geht's in die **Catskills**. Nach einer Tour durch die idyllische Landschaft erreicht man weiter nördlich den **Lake George** und mit ihm das Tor zu der bewaldeten Wildnis der **Adirondack Mountains**, wo sich Outdoor-Freaks bestimmt gern etwas länger aufhalten. Nun macht man einen Schlenker zurück nach Süden durch die Finger-Lakes-Region, stattet einigen Weingütern einen Besuch ab, bewundert unterwegs ein paar Wasserfälle in den Parks und übernachtet schließlich im College-Städtchen **Ithaca**. Von hier kann man nach **Buffalo** und zu den **Niagarafällen** oder nach Süden zur **Delaware Water Gap** fahren und den netten, am Flussufer gelegenen Orten in Pennsylvania und New York einen Besuch abstatten. Der südliche Teil von Pennsylvania bietet jede Menge historische Stätten. Gleiches gilt für **Lancaster County**, wo man auf einer bewirtschafteten Amish-Farm übernachten kann. Von hier ist es nur ein Katzensprung nach **Philadelphia**. In dieser Stadt sollte man ein paar Tage verweilen. Es folgen eine Übernachtung in einem hübschen B & B in **Cape May**, ein Tag voller Vergnügungen an der Uferpromenade in **Wildwood** und Kasino-Spaß in **Atlantic City**.

(entworfen von Gustave Eiffel); darauf wurde mithilfe von Metall-Leisten eine kupferne Außenhaut montiert.

Hurrikan Sandy verursachte erhebliche Schäden auf der Insel. Sie wurde erst am 4. Juli 2013 wieder für die Öffentlichkeit zugänglich gemacht. Die Krone darf besucht werden, die Besucherzahl ist aber beschränkt, sodass man so früh wie möglich im Voraus buchen sollte (Eintritt 3 US$ extra). Man darf auch nicht vergessen, dass es keinen Fahrstuhl gibt. Der Aufstieg in die Krone ist mit einem 22-stöckigen Hochhaus gleichzusetzen. Wer keine Reservierung hat, kann über die Insel schlendern, das kleine Museum besuchen und den Blick vom Aussichtsdeck im 15. Stock des Sockels genießen. Der Fährtrip zur Liberty Island ist normalerweise mit einem Besuch der nahe gelegenen Ellis Island verbunden. Die **Fähren** (Karte S. 62; ☑ 201-604-2800, 877-523-9849; www.statuecruises.com; Erw./Kind 17/9 US$; ⌚ 9–17 Uhr alle 30 Min., im Sommer länger) legen am Battery Park ab. Im Ticketpreis ist der Eintritt für beide Inseln enthalten. Reservierungen möglich.

Ellis Island
AREAL, MUSEUM

(☑ 212-363-3200; www.nps.gov/elis; Ⓢ 1 bis South Ferry, 4/5 bis Bowling Green) Ellis Island ist derzeit für Besucher nur eingeschränkt zugänglich. Schuld daran ist Hurrikan Sandy, der erhebliche Schäden hinterlassen hat. Zum Zeitpunkt der Recherche waren noch immer Reparaturarbeiten im Gange. Die Insel gehört zu New Yorks bedeutendsten Wahrzeichen. Ellis Island war von 1892 bis 1954 für mehr als 12 Mio. Immigranten Durchgangsstation auf ihrem Weg in ein neues Leben in den USA und erinnert an die demütigenden, manchmal armseligen ersten Erfahrungen in Amerika – aber auch an die Erfüllung ihrer Träume. Mehr als 3000 Menschen starben im Krankenhaus auf der Insel, und mehr als 2 % aller Neuankömmlinge wurde die Einreise verweigert. Bevor Hurrikan Sandy auf der Insel wütete, wurde das stattliche Hauptgebäude restauriert und beherbergte das **Immigration Museum**. Es präsentiert faszinierende Exponate und zeigt einen Film über die Erfahrungen der Einwanderer, über ihre Abfertigung und ihren Einfluss in den USA.

National September 11 Memorial
MAHNMAL

(Karte S. 62; ☑ 212-266-5211; www.911memorial. org; ⌚ tgl.; Ⓢ R bis Cortlandt St) GRATIS Mehr als

zehn lange Jahre war die Neubebauung des Geländes, auf dem das am 11. September 2001 zerstörte World Trade Center stand, von Kostenexplosionen, Verzögerungen und politischem Hickhack geprägt. Diese Zeit ist nun vorbei. Die Hälfte des 6,5 ha großen Geländes ist dem Gedenken an die Opfer und der Erinnerung an die historischen Ereignisse gewidmet. Auf der restlichen Fläche befinden sich Bürotürme, ein von Santiago Calatrava entworfener Umsteigebahnhof, ein Museum und ein Zentrum für darstellende Kunst – die letzten drei warten noch auf ihre Eröffnung. Mittelpunkt des bewegenden Mahnmals, das am 12. September 2011 der Öffentlichkeit übergeben wurde, sind zwei große Becken mit Wasserfällen in den „Fußabdrücken" des Nord- und Südturms. Rund um die Becken sind die Namen der Opfer auf Bronzetafeln verewigt. Hunderte von Sumpfeichen spenden der Anlage Schatten. Besucherausweise können gegen eine Service-Gebühr von 2 US$ über die Website des Mahnmals beantragt werden. Das 3,2 Mrd. US$ teure One World Trade Center, das früher auch Freedom Tower genannt wurde, hat jetzt 105 Stockwerke und auch die 124 m hohe Stahlspitze ist installiert. Somit ist dieses Gebäude mit seinen 541 m das höchste der USA. Den Fortschritt der Bauarbeiten kann man sich vor Ort oder unter www.wtcprogress.com anschauen. Besucherausweise, Exponate und Infos über den Wiederaufbau gibt's bei der **9/11 Memorial Preview Site** (Karte S. 62; www.911memorial.org; 20 Vesey St; ⌚ Mo–Fr 9–19, Sa & So 8–19 Uhr) GRATIS.

Das in der Nähe gelegene **Tribute WTC Visitor Center** (Karte S. 62; ☑ 866-737-1184; www.tributewtc.org; 120 Liberty St; Erw./Kind 17/5 US$; ⌚ Mo–Sa 10–18, So 10–17 Uhr; Ⓢ E bis World Trade Center, R/W bis Cortland St) bietet Ausstellungen, Augenzeugenberichte und **Führungen** über das Gelände (Erw./Kind 22/7 US$ inkl. Eintritt in die Galerie, So–Fr mehrmals 11–15 Uhr, Sa bis 16 Uhr).

Governor's Island National Monument
PARK

(www.govisland.com; ⌚ 25. Mai–29. Sept. Sa & So 10–19 Uhr) GRATIS Die meisten New Yorker haben diesen mysteriösen grünen Landstreifen im Hafen, der weniger als 1 km vom Südzipfel Manhattans entfernt ist, jahrelang angestarrt, ohne auch nur eine Ahnung zu haben, wozu er gut ist. Früher hatten nur die Bediensteten der Armee oder der Küstenwache Zutritt zur Insel, die heute jeder be-

Chinatown & Lower Manhattan

s. Karte East & West Villages (S. 66)

SOHO

LITTLE ITALY

New York City & Company

CHINATOWN

Canal St
Howard St
Canal St
Walker St
White St
Cortlandt Alley
Centre St

Vestry St
Laight St
Hubert St
Beach St
Hudson Square
N Moore St
Franklin St
Franklin St
Franklin St
Leonard St
Worth St
Thomas St
Duane St
Reade St
Chambers St
Chambers St

Sixth Ave (Avenue of the Americas)
Church St
Broadway

Hudson River Park
West Side Hwy
Greenwich St
Hudson St
Harrison St
Duane St

Washington Market Community Park
TRIBECA

Federal Plaza

Thomas Paine Park
Pearl St
Foley Square
Park Row
Police Plaza
Pearl St

Columbus Park
Bayard St
Hogan Pl
Mosco St
Baxter St
Elk St

Municipal Building
Chambers St/
Brooklyn Bridge-
City Hall

Frankfort St

Rockefeller Park
River Tce
Murray St
Park Pl W
Warren St
Murray St
Barclay St

LOWER MANHATTAN

New Jersey PATH Station

Vesey St
World Financial Center
World Trade Center
Vesey St
Fulton St
Ann St
Fulton St
Beekman St
Gold St
John St
Cliff St
Guilbert Park

Chambers St
City Hall
City Hall Park
City Hall
Park Place
New York City & Company
W Broadway
Park Pl
Broadway-Nassau St

North Cove

BATTERY PARK CITY

Memorial Plaza
Fulton St
Cortlandt St
Cortlandt St
Liberty St
Zuccotti Park
Cedar St
Thames St
Albany St
Carlisle St

Museum of American Finance

New York Stock Exchange
Wall St
Wall St
Pine St
William St
Maiden La
Fletcher St
South St
FDR Dr

Hudson River
West Side Hwy
Washington St
Rector St
Broad St

W Thames St
Battery Park City Esplanade
Battery Pl
2nd Pl

FINANCIAL DISTRICT

Bowling Green
Bowling Green
New St
Whitehall St
Beaver St
Old Slip
Pier 6

National Museum of the American Indian

Robert F Wagner Jr Park

Vietnam Veterans Plaza

Battery Park
Pier A

South St Viaduct
South Ferry
Staten Island Ferry

Whitehall St
Pearl St
State St
Broad St
Water St

Peter Minuit Plaza

Fähre nach Hoboken (NJ)
Fähre nach Jersey City & Liberty State Park (NJ)
Fähre nach Ellis Island
Fähre zur Freiheitsstatue
Brooklyn-Battery Tunnel
Fähre nach Governor's Island
Fähre nach Staten Island

Upper New York Bay

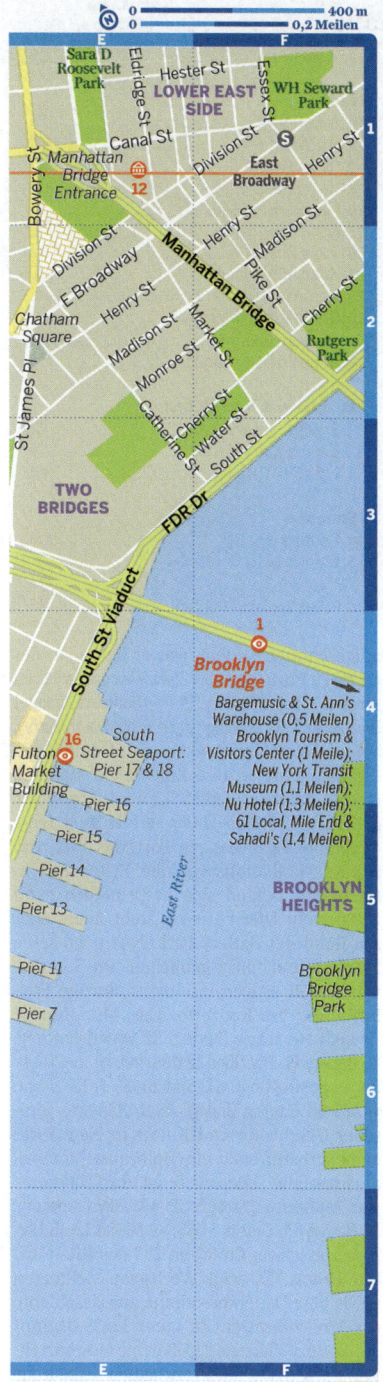

suchen kann. Das fast 9 ha große Governor's Island National Monument erreicht man mit der **Fähre** (Karte S. 62; ⏱10, 11 Uhr, danach alle 30 Min.) vom Battery Marine Terminal neben dem Staten Island Ferry Whitehall Terminal in Lower Manhattan. Die Parkverwaltung bietet anderthalbstündige **Führungen** an. Tickets gibt's (solange der Vorrat reicht) eine Stunde im Voraus am Battery Marine Terminal. Zu den Highlights gehören die beiden Befestigungsanlagen aus dem 19. Jh. – Fort Jay und das dreistufige Castle Williams aus Sandstein – sowie die Rasenflächen, die riesigen, Schatten spendenden Bäume und der grandiose Blick auf die Stadt.

South Street Seaport

STADTVIERTEL

(Karte S. 62; ☎212-732-7678; www.southstreetseaport.com; ⏱Mo–Sa 10–21, So 11–20 Uhr; S2/3, 4/5, J/M/Z bis Fulton St) Die elf Blocks einnehmende Enklave mit Geschäften, Anlegestellen und Sehenswertem vereint das Beste und Schlechteste in puncto Denkmalpflege. Für die meisten New Yorker ist der Besuch hier nicht unbedingt erstrebenswert, aber Besucher kommen gern wegen der frischen Seeluft, dem nautischen Feeling, den zahlreichen Straßenkünstlern und Restaurants hierher. Pier 17, eine eher nüchterne Mall am Wasser mit Geschäften und Restaurants über mehrere Etagen, ist seit September 2013 geschlossen. Das Einkaufszentrum wird abgerissen und durch einen moderneren, lichtdurchfluteten Shopping- und Unterhaltungskomplex ersetzt. Die Wiedereröffnung ist für 2015 geplant.

Die Fußgängerstraßen, die historischen Windjammer und der Bereich direkt am Wasser bieten eine schöne Kulisse, wenn man am TKTS-Stand Schlange nach ermäßigten Broadway-Tickets steht.

Bowling Green Park

PARK

(Karte S. 62; Ecke State St & Whitehall St; S4/5 bis Bowling Green) Im späten 17. Jh. relaxten die britischen Bewohner im Bowling Green Park beim friedlichen Spiel. Der riesige **Bronzebulle** (Karte S. 62) ist für Touristen ein beliebtes Fotomotiv. Das **National Museum of the American Indian** (Karte S. 62; www.nmai.si.edu; 1 Bowling Green; ⏱Fr–Mi 10–17, Do 10–20 Uhr; S4/5 bis Bowling Green) GRATIS ist in dem großartigen, historischen Alexander Hamilton US Customs House untergebracht und beherbergt eine recht umfangreiche Sammlung von indianischer Kunst und Kunsthandwerk sowie eine Bibliothek und einen tollen Andenkenladen.

Chinatown & Lower Manhattan

Wall Street & Financial District

Nach der weltweiten Wirtschaftskrise Ende 2007/Anfang 2008 und der darauffolgenden Occupy-Wall-Street-Proteste haben sich das Viertel und die Finanzwirtschaft jetzt wieder erholt. Der sprachgeschichtliche Ursprung der **Wall Street** – sowohl die Straße als auch metaphorisch gesehen die Heimat des US-Kommerzes – basiert auf einer Holzbarriere, die holländische Siedler 1653 hier errichteten, um Nieuw Amsterdam vor den Indianern und Briten zu schützen. Einen Überblick über die Finanzwirtschaft der USA mit ihren Fehlern, Nachteilen und Mängeln bietet die faszinierende, topaktuelle Ausstellung im **Museum of American Finance** (Karte S. 62; www.moaf.org; 48 Wall St zw. Pearl St & William St; Erw./Kind 8 US$/frei; ⏰Di–Sa 10–16 Uhr; [S]2/3, 4/5 bis Wall St), das im altehrwürdigen Gebäude der Bank of New York untergebracht ist. Wer einen tieferen Einblick in die Welt des Geldes erhalten will, kann sich für eine ca. einstündige Führung durch das **Federal Reserve** (Karte S. 62; ☎212-825-6990; www.nps.gov/feha; 26 Wall St; ⏰9–17 Uhr) [GRATIS] anmelden.

Battery Park & Umgebung STADTVIERTEL

Der südwestlichste Zipfel von Manhattan Island wurde über die Jahre immer weiter aufgeschüttet zu dem, was er heute ist: der **Battery Park** (Karte S. 62; www.nycgovparks.org; Broadway beim Battery Pl; ⏰Sonnenaufgang–1 Uhr; [S]4/5 bis Bowling Green, 1 bis South Ferry). Seinen Namen verdankt er den Geschützen, die hier einst an den Bollwerken standen. **Castle Clinton** (Karte S. 62; www.nps.gov/cacl; Battery Park; ⏰8.30–17 Uhr; [S]1 bis South Ferry; 4/5 bis Bowling Green), ein Fort, das 1811 zum Schutz Manhattans vor den Briten errichtet wurde, befand sich ursprünglich rund 270 m vom Ufer entfernt, steht heute aber am Rand des Battery Park. Nur noch seine Mauern sind übrig geblieben. Im Sommer verwandelt es sich in eine großartige Freiluftbühne für Konzerte. Das **Museum of Jewish Heritage** (Karte S. 62; www.mjhnyc.org; 36 Battery Pl; Erw./Kind 12 US$/frei, Mi 16–20 Uhr frei; ⏰So–Di &Do 10–17.45, Mi 10–20, Fr 10–17 Uhr; [S]4/5 bis Bowling Green) zeigt Aspekte jüdischer Geschichte und Kultur in New York; es beherbergt auch ein Holocaust Memorial. Ebenfalls sehenswert ist das **Skyscraper Museum** (Karte S. 62; www.skyscraper.org; 39 Battery Pl; Eintritt 5 US$; ⏰Mi–So 12–18 Uhr; [S]4/5 bis Bowling Green) im UG des Ritz-Carlton Hotels. Es zeigt Wechselausstellungen sowie eine Dauerausstellung zur Geschichte der Wolkenkratzer. Zu guter Letzt beginnt am Battery Place der großartige **Hudson River Park** (Karte S. 62; www.hudsonriverpark.org;

Westseite Manhattans vom Battery Park bis zur 59th St; S 1 bis Franklin St, 1 bis Canal St). Hier gibt's renovierte Piers, Rasenflächen, Gärten, Basketballplätze, eine Trapezschule, Imbissstände und, was am allerbesten ist, einen Weg für Biker, Skater und Jogger. Er erstreckt sich über 8 km bis zur 59th St.

◉ Tribeca & SoHo

Das „TRIangle BElow CAnal St", das im Osten grob vom Broadway und im Süden von der Chambers St begrenzt wird, ist der südlichere dieser beiden Stadtteile. Er beeindruckt durch alte Lagerhäuser, extrem teure Lofts und schnieke Restaurants.

SoHo hat mit seinem Londoner Namensvetter nichts zu tun. Sein Name geht – wie der von Tribeca – auf die geografische Lage zurück: SOuth of HOuston St. In SoHo reiht sich ein Block aus gusseisernen Industriegebäuden an den nächsten. Diese Häuser stammen aus der Zeit kurz nach dem Bürgerkrieg, als hier der führende Handelsbezirk der Stadt war. Bohemiens und Künstler verhalfen diesem Viertel zu einer wahren Blütezeit bis in die 1980er-Jahre. Die dann folgende Super-Gentrifizierung verwandelte die Gegend in einen Shopping-Schwerpunkt New Yorks. Boutiquen und viele Ketten haben hier Niederlassungen, in denen sich hauptsächlich am Wochenende die Kaufwütigen scharenweise tummeln.

Die wirklich Hippen von SoHo bevölkern die Gegend nördlich der Houston St und östlich der Lafayette St, **NoHo** („North of Houston") und **NoLita** („North of Little Italy") stehen für ausgezeichnete Geschäfte – viele kleine, unabhängige, stylishe Boutiquen für Damenklamotten – und Restaurants. Bei einem Bummel durch SoHo und Tribeca dürfen diese beiden Viertel nicht fehlen: Schaufenster anschauen, hier und da einen Kaffee trinken, und der Nachmittag ist perfekt.

◉ Chinatown & Little Italy

Mehr als 150 000 Chinesisch sprechende Menschen leben beengt in ihren überfüllten Wohnungen in **Chinatown**, der größten chinesischen Gemeinde außerhalb Asiens (und es gibt noch zwei große Chinatowns in der Stadt: Sunset Park in Brooklyn und Flushing in Queens). Seit den 1990er-Jahren kommen immer mehr vietnamesische Einwanderer nach Chinatown, die hier ihre eigenen Läden und ein paar unglaublich günstige Restaurants eröffnet haben. In einigen Straßen ist sogar mehr Vietnamesisch als Chinesisch zu hören.

Ein Besuch in Chinatown entpuppt sich als ein wahres Fest der Sinne. Wo sonst kann man in NYC ganze gebratene Schweine zu Gesicht bekommen, die in den Schaufenstern der Schlachter hängen, den Geruch von frischem Fisch genießen und die näselnde Aussprache von Kantonesen und Vietnamesen mit den Lockrufen der Straßenhändler vergleichen, die in der Canal St ihre gefakten Pradataschen anpreisen.

Im Gegensatz dazu schrumpft **Little Italy** – früher eine echte italienische Enklave mit italienischer Kultur und italienischen Restaurants – immer stärker (Chinatown dringt mehr und mehr ein). Aber dennoch fallen loyale Italoamerikaner aus den Vororten weiterhin hier ein und treffen sich in einem der wenigen Familienrestaurants an den mit rot-weiß-karierten Tischdecken geschmückten Tischen. Ein Spaziergang entlang der Mulberry Street führt zur **Old St. Patrick's Cathedral** (263 Mulberry St), die 1809 zur ersten römisch-katholischen Kathedrale der Stadt wurde und bis 1878 die einzige blieb – da war ihre berühmtere Nachfolgerin im oberen Teil der Stadt fertig. Der ehemalige Ravenite Social Club, heute ein cooler Schuhladen, erinnert an Tage vor nicht allzu langer Zeit, als Gangster das Viertel kontrollierten. Das Ravenite hieß ursprünglich Alto Knights Social Club; hier verbrachten große Fische wie Lucky Luciano ihre Zeit. Auch John Gotti hing hier bevorzugt herum (zusammen mit dem FBI), bevor er 1992 verhaftet und zu lebenslanger Haft verurteilt wurde.

Museum of Chinese in America MUSEUM
(Karte S. 134; ☏ 212-619-4785; www.mocanyc. org; 211-215 Centre St an der Grand St; Erw./Kind 10 US$/frei; ☺ Di, Mi & Fr–So 11–18, Do 11–21 Uhr; S N/Q/R/W, J/M/Z, 6 bis Canal St) Die auffällig gestalteten, hochaktuellen interaktiven Ausstellungen widmen sich der Geschichte und dem kulturellen Einfluss der chinesischen Gemeinden in den USA. Es gibt auch Vorträge, Filmreihen und Führungen.

◉ Lower East Side

Erst kamen die Juden, dann die Latinos, danach die hippen Leute und mit ihnen Wichtigtuer, rüpelige Studenten und Provinzler. In dieser Gegend, die früher das am dichtesten bevölkerte Viertel der Welt war,

East & West Villages

zählt nur eins: cool sein und stimmungsvolle Lounges, Livemusikclubs und In-Bistros besuchen. Luxuriöse Hochhäuser mit Eigentumswohnungen und Boutiquehotels stehen Seite an Seite mit Sozialwohnungen. (Unbedingt den Roman *Cash* von Richard Price lesen. Er gibt einen unterhaltsamen Einblick in diesen Klassenkonflikt). Ungeachtet dessen sind 40 % der Einwohner noch immer Einwanderer und zwei Drittel sprechen zu Hause nicht Englisch.

⭐ **Lower East Side Tenement Museum**   MUSEUM

(Karte S. 66; 📞 212-982-8420; www.tenement.org; 103 Orchard St; Führungen ab 22 US$; ⊙ Besucherzentrum 10–17.30 Uhr, Führungen 10.15–17 Uhr) Es gibt wohl kein Museum in New York, das die farbenfrohe Vergangenheit der Stadt so rührend darstellt. Das herzergreifende, anregende Erbe des Viertels kann in mehreren rekonstruierten Wohnungen aus der Zeit der Wende zum 20. Jh. bewundert werden. Das

Museum, das sich ständig weiterentwickelt und immer größer wird, bietet viele Führungen und Vorträge an. Die Besichtigung der Wohnungen ist zweifelsohne das Interessanteste, aber auch ein Gespräch mit einem der Führer ist lohnenswert. Ein weiteres Muss ist das 2011 eröffnete Besucherzentrum, es ist einfach einzigartig. Durch den Ausbau konnten eine Galerie, ein größerer Museumsladen, ein Vorführraum, in dem ein historischer Film gezeigt wird, und mehrere Seminarräume eingerichtet werden.

Museum at Eldridge Street Synagogue   MUSEUM

(Karte S. 62; 📞 212-219-0302; www.eldridgestreet.org; 12 Eldridge St zw. Canal St & Division St; Erw./Kind 10/6 US$; ⊙ So–Do 10–17, Fr 10–15 Uhr; S F bis East Broadway) Die 1887 mit maurischen und romanischen Zierelementen erbaute Synagoge zog zu den jüdischen Feiertagen um 1900 bis zu 1000 Gläubige an. Aber mit der Verschärfung der Einwande-

rungsgesetze verringerte sich in den 1920er-Jahren die Zahl der Gemeindemitglieder, und in den 1950er-Jahren wurde das Gotteshaus ganz geschlossen. 2007 waren die Restaurierungsarbeiten nach 20 Jahren endlich abgeschlossen. Jetzt finden wieder Gottesdienste (Fr abends & Sa morgens), Trauungen und **Führungen** (zur halben Std.) statt. Unbedingt einen Blick auf das große, runde **Buntglasfenster** über dem Thoraschrein werfen.

New Museum of Contemporary Art
MUSEUM

(Karte S. 66; 📞 212-219-1222; www.newmuseum. org; 235 Bowery zw. Stanton St & Rivington St; Erw./ Kind 14 US$/frei, Do 19–21 Uhr frei; ⏱ Mi & Fr–So 11–18, Do 11–21 Uhr; Ⓢ N/R bis Prince St, F bis 2nd Ave, J/Z bis Bowery, 6 bis Spring St) Das einzige Museum der Stadt, das sich ausschließlich der zeitgenössischen Kunst widmet, ist in einem architektonisch recht gewagten Gebäude in der ehemals düsteren Bowery un-

tergebracht. Ein weiteres Highlight ist die Aussichtsplattform mit einzigartigem Blick auf das sich ständig wandelnde Stadtviertel.

👁 East Village

Das East Village ist ein Heiliger Gral für alle, die von diesen urtypischen New Yorker Momenten träumen – Graffity an roten Backsteinwänden, Punks und Omis in friedvollem Nebeneinander, nette Cafés mit wackeligen Tischen auf dem Gehsteig. Interessante Ecken gibt's vor allem rund um den Tompkins Square Park und die östlich davon gelegenen A-B-C-Straßen (auch als Alphabet City bekannt). Zum Relaxen eignen sich auch die tollen, kleinen Gemeinschaftsgärten, wo manchmal sogar Liveaufführungen geboten werden.

Tompkins Square Park
PARK

(Karte S. 66; www.nycgovparks.org; E 7th St & 10th St zw. Ave A & Ave B; ⏱ 6–24 Uhr; Ⓢ 6 bis Astor Pl)

East & West Villages

GRATIS Dieser ca. 4 ha große Park ist wie ein netter Dorfplatz für die Anwohner, die sich hier an Betontischen zum Schach spielen, an warmen Tagen auf dem Rasen zum Picknick und auf den grasbedeckten Hügelchen zu spontanen Gitarren- oder Trommelsessions treffen. Außerdem gibt's Basketballplätze, einen Hundeauslauf (ein eingezäunter Bereich, wo Frauchen und Herrchen ihre Lieblinge frei herumlaufen lassen können), Sommerkonzerte und einen viel geliebten Kinderspielplatz. Das alljährlich im September stattfindende Howl! Festival of East Village Arts bringt von Allen Ginsberg inspirierte Theaterstücke, Musikgigs, Filme, Tanzvorführungen und Wortprogramme in den Park und an verschiedene Orte im ganzen Viertel.

Astor Place & Umgebung STADTVIERTEL

Dieser **Platz** (Karte S. 66; 8th St zw. Third Ave & Fourth Ave; [S] R/W bis 8th St-NYU, 6 bis Astor Pl) verdankt seinen Namen der Astor-Familie, die mit Biberpelzen ein Vermögen machte und in der Colonnade Row direkt südlich des Platzes lebte. Die große Cooper Union aus rotbraunem Sandstein, ein öffentliches College, das 1859 von dem Klebstoff-Millionär Peter Cooper gegründet wurde, beherrscht den Platz heute mehr denn je, denn die Schule hat nach über 50 Jahren ihr erstes neues Unterrichtsgebäude bekommen – eine markante, geschwungene, neunstöckige „Skulptur" aus satiniertem Glas mit perforiertem Edelstahl rundherum (natürlich mit LEED-Zertifikat) von dem Architekten Thom Mayne von Morphosis Architecture.

Russian & Turkish Baths SPA

(Karte S. 66; ☎ 212-674-9250; www.russianturkishbaths.com; 268 E 10th St zw. First Ave & Ave A; Eintritt 35 US$; ⏲ Mo, Di &Do–Fr 12–22, Mi 10–22, Sa 9–22, So 8–22 Uhr; [S] L bis 1st Ave; 6 bis Astor Pl) In dem historischen Bad kann man in einem der vier Dampfräume ganz wunderbar seinen Stress abbauen oder sich mit traditionellen Massagen verwöhnen lassen. Es ist ein authentisches und abgefahrenes Abenteuer zugleich: Gut möglich, dass man sich die Sauna mit einem hippen Pärchen bei einem Date, mit einem bekannten Schauspieler auf der Suche nach einer Auszeit oder mit einem echten Russen teilt.

West Village & Greenwich Village

Das geschichtsträchtige, beliebte Viertel war früher Symbol für alles Künstlerische, Ausgefallene und Unkonventionelle. Hier wurde die Schwulenbewegung geboren und all die Beat-Poeten und bedeutenden Künstler hatten hier ihr Domizil. In diesem Viertel hat man den Eindruck, Welten vom wuseligen Broadway entfernt und vielleicht sogar in Europa zu sein. Die meisten Besucher kennen es als „Greenwich Village", obwohl die Einheimischen diese Bezeichnung nicht verwenden (Greenwich Village ist ein Teil von West Village und eigentlich nur das Gebiet direkt um den Washington Square Park). Die von gepflegten, teuren Gebäuden gesäumten Straßen mit den vielen Cafés und Restaurants sind für einen Spaziergang prädestiniert.

Washington Square Park & Umgebung PARK

Früher war dieser Park (Karte S. 66; Fifth Ave am Washington Sq N; [S] A/C/E, B/D/F/V bis W 4th St-Washington Sq, N/R/W zur 8th St-NYU) ein Armenfriedhof und blieb deshalb lange unbebaut. Heute ist die komplett neu gestaltete Anlage ein erstaunlich stark genutzter Park. Vor allem am Wochenende ist hier viel los: Kinder tummeln sich auf dem Spielplatz, Studenten der NYU tanken Sonne, und Freunde treffen sich *under the arch*, dem restaurierten Wahrzeichen am Nordrand des Parks. Der Bogen wurde 1889 von dem Stararchitekten Stanford White entworfen. Die Gegend rund um den Park ist architektonisch und demografisch von der New York University geprägt, die eine der größten Universitäten des Landes ist und ein großes Gelände mitten im Village einnimmt.

Christopher Street Piers/Hudson River Park PIER, PARK

(Karte S. 66; Christopher St & West Side Hwy; [S] 1 bis Christopher St-Sheridan Sq) Wie viele andere Orte im Village war auch der äußerste Westen früher ein heruntergekommener Schandfleck für schnellen, anonymen Sex. Jetzt ist der Hudson River Park Teil eines schönen Uferabschnitts mit Rad- und Joggingwegen. Anmache gibt's noch immer, es ist aber bei Weitem nicht mehr so gefährlich hier.

Sheridan Square & Umgebung STADTVIERTEL

Am Westende des Village liegt der Sheridan Square (Karte S. 66; Christopher St & Seventh Ave; [S] 1 bis Christopher St-Sheridan Sq). In dem kleinen dreieckigen Park ehren lebensgroße, von George Segal geschaffene weiße Statuen die Schwulengemeinde und die Gay-Pride-Bewegung, die im nahen, kürzlich renovierten **Stonewall Inn** gegenüber auf der anderen Straßenseite ihren Anfang nahm. Ein Block weiter östlich heißt eine abknickende Straße offiziell Gay St. Obwohl sich die Szene heute in Richtung Chelsea verlagert hat, ist die **Christopher Street** noch immer das Zentrum des schwulen Lebens im Village.

⊙ Meatpacking District

Zwischen dem äußersten Teil von West Village und der Südgrenze von Chelsea liegt der jetzt mondän gewordene Meatpacking District, dessen Name so ganz und gar nicht mehr zu dem Viertel passt. Früher gab es hier aber 250 Schlachthäuser. Berühmt-berüchtigt war der Distrikt für seine transsexuellen Prostituierten, seine gewagten S & M-Sexclubs und natürlich auch für sein Rindfleisch. Der weithin beliebte High Line Park hat den Zuwachs von trendigen Weinbars, Lokalen, Nachtclubs, topaktuellen Designerläden, schicken Hotels und teuren Eigentumswohnungen noch weiter vorangetrieben.

★ High Line   PARK

(Karte S. 66; ☎212-500-6035; www.thehighline.org; Gansevoort St; ⊙7–19 Uhr; ⊟M11 bis Washington St; M11, M14 bis 9th Ave; M23, M34 bis 10th Ave, ⓢL oder A/C/E bis 14th St-8th Ave, C/E bis 23rd St-8th Ave) GRATIS Mit der Fertigstellung der High Line, einer 9 m hohen stillgelegten Hochbahntrasse, die in eine langgestreckte Parklandschaft umgewandelt wurde und von der Gansevoort St bis zur W 34th St reicht, ist endlich etwas Grün in den Asphalt-Dschungel eingezogen. Drei Etagen über der Straße bietet der Park mit seinem gut durchdachten und sorgfältig gestalteten Mix aus zeitgenössischen, industriellen und natürlichen Elementen einen Ort der Erholung und Abwechslung vom Üblichen. Direkt über der 10th Ave befindet sich ein **Amphitheater** mit einer Glasfassade und tribünenartigen Sitzbänken – etwas zu essen mitbringen und sich unter die Büroangestellten mischen, die hier ihre Mittagspause verbringen. Zugänge gibt's in der Gansevoort, 14th, 16th, 18th, 20th und 30th St (alle außer an der 18th St mit Aufzug). Der dritte und letzte Abschnitt des Parks wird an der 34th St einen Schlenker in Richtung Hudson machen. Bis wohin die High Line letztendlich gehen wird, hängt von der enormen Umgestaltung der angrenzenden Hudson Rail Yards ab. Das **Whitney Museum of American Art** (das lange in der Upper East Side seinen Sitz hatte) wird im Jahr 2015 in sein neues von Renzo Piano entworfenes Domizil zwischen der High Line und dem Hudson River umziehen.

⊙ Chelsea

Chelsea hat zwei Hauptattraktionen: erstens tolle schwule Männer, die zärtlich „Chelsea Boys" genannt werden und durch die Eighth Ave zwischen Fitnesscentern und trendigen Happy-Hour-Bars hin- und herschlendern. Und zweitens trifft sich hier die Kunstszene in den Kunstgalerien. Zurzeit gibt's in dieser Gegend fast 200 Locations, die moderne Kunst ausstellen und sich vor allem westlich der Tenth Ave konzentrieren. Wer eine bestimmte Galerie sucht, sollte unter www.westchelseaarts.com nachschauen.

Rubin Museum of Art   MUSEUM

(Karte S. 72; ☎212-620-5000; www.rmanyc.org; 150 W 17th St an der Seventh Ave; Erw./Kind 10 US$/frei, Fr 18–22 Uhr frei; ⊙Mo & Do 11–17, Mi bis 19, Fr bis 22, Sa & So bis 18 Uhr; ⓢ1 zur 18th St) Das Museum widmet sich der Kunst im Himalaja und den umliegenden Regionen. Die eindrucksvolle Sammlung zeigt Exponate vom 2. bis 19. Jh., u. a. Brokatstoffe aus China, Metallskulpturen aus Tibet, kunstvolle Malereien aus Bhutan sowie Ritualobjekte und Tanzmasken aus verschiedenen Regionen Tibets.

Chelsea Piers Complex   SPORT

(Karte S. 72; ☎212-336-6666; www.chelseapiers.com; Hudson River am Ende der W 23rd St; ⓢC/E zur 23rd St) In dem am Ufer gelegenen Sportzentrum kann sich jeder sportlich betätigen. Es gibt z. B. eine vierstöckige Driving Range, eine Eislaufhalle, großartige Bowlingbahnen, die Hoop City für Basketballer, eine Segelschule für Kids, Baseball-Übungskäfige, ein riesiges Fitnessstudio und eine Halle mit Kletterwänden.

⊙ Flatiron District

Das berühmte (und absolut großartige) **Flatiron Building** (Karte S. 72; Broadway Ecke Fifth Ave & 23rd St; ⓢN/R, 6 bis 23rd St) von 1902 verdankt seine markante dreieckige Form dem Zuschnitt des Grundstücks. Es war New Yorks erstes Hochhaus mit Stahlskelett und bis 1909 das höchste Gebäude der Welt. Rundum liegt ein schickes Viertel mit Boutiquen, Lofts und einer boomenden Hightech-Industrie: New Yorks Antwort auf Silicon Valley. Der ruhige **Madison Square Park** zwischen der 23rd und 26th St sowie der Fifth und Madison Ave bietet einen Hundeauslaufplatz, Wechselausstellungen von Skulpturen, schattige Parkbänke und einen beliebten Burger-Imbiss. Ein paar Blocks östlich befindet sich das **Museum of Sex** (Karte S. 72; www.museumofsex.com; 233 Fifth Ave an der 27th St; Erw. 17,50 US$; ⊙So–Do 10–20, Fr

& Sa 10–21 Uhr; [S] N/R bis 23rd St), so etwas wie eine intellektualisierte Hommage an den Geschlechtsverkehr. Wer hier rein will, muss mindestens 18 Jahre alt sein.

Union Square

Ähnlich der Arche Noah scheint New Yorks **Union Square** (Karte S. 72; www.unionsquarenyc.org; 17th St zw. Broadway & Park Ave S; [S] L, N/Q/R/W, 4/5/6 bis 14th St-Union Sq) mindestens jeweils zwei einer bestimmten Art aus dem wogenden Betonmeer zu retten. Es fällt in der Tat schwer, einen vielfältigeren Querschnitt von Einheimischen an einem anderen öffentlichen Platz der Stadt zu finden. Zwischen den vielen Steinstufen und eingezäunten Grünpflanzen trifft man auf Einheimische jeder Couleur: Geschäftsleute im Anzug, die hier in der Mittagspause frische Luft schnappen, Weltenbummler mit Dreadlocks, die auf ihren Tablas rumtrommeln, Skater, die an den Stufen im Südosten ihre Tricks zeigen, rüpelhafte College-Kids, die preiswerte Snacks futtern, Demonstrantenscharen, die inbrünstig im Chor auf alles Mögliche aufmerksam machen wollen.

Gramercy Park direkt nordöstlich wurde nach einem von New Yorks schönsten Parks benannt – aber da dürfen nur die Anwohner rein, denn man braucht einen Schlüssel!

★ Greenmarket Farmers Market — MARKT

(Karte S. 72; ☎ 212-788-7476; www.grownyc.org; 17th St, zw. Broadway & Park Ave S; ⏲ Mo, Mi, Fr & Sa 8–18 Uhr) 🍃 An den meisten Tagen findet am Nordende des Union Square der beliebteste von annähernd 50 Obst- und Gemüsemärkten in den fünf Stadtbezirken New Yorks statt. Sogar Starköche kommen hierher, um frisch gepflückte Raritäten wie essbare Farne, alte Tomaten-Kultursorten und frische Curryblätter einzukaufen.

Midtown

So stellt man sich NYC vor – glitzernde Wolkenkratzer, Unmengen von geschäftig wirkenden Angestellten, Schaufenster in der Fifth Ave, unzählige Taxis und einige der berühmtesten Sehenswürdigkeiten der Stadt. Vor langer Zeit, als hier noch das gedruckte Wort zählte und Zeitungen und Illustrierte die kulturelle Währung des Tages darstellten, war Midtown auch der Literaturdistrikt New Yorks. Die wichtigsten Macher trafen sich im Algonquin Hotel. Und auch heute noch sind große Medienunternehmen wie die *New York Times* hier ansässig.

★ Museum of Modern Art — MUSEUM

(MoMA; Karte S. 72; www.moma.org; 11 W 53rd St zw. Fifth Ave & Sixth Ave, Midtown West; Erw./Kind 25 US$/frei, Fr 16–20 Uhr; ⏲ Sa–Do 10.30–17.30, Fr 10.30–20 Uhr; [S] E/M bis 5th Ave-53rd St) Die Schätze des Superstars der modernen Kunstszene lassen alle anderen Sammlungen – gelinde gesagt – niedlich erscheinen. Im MoMA trifft man auf mehr Publikumslieblinge als auf der Party nach einer Oscar-Verleihung: Van Gogh, Matisse, Picasso, Warhol, Lichtenstein, Rothko, Pollock und Bourgeois. Seit der Gründung im Jahr 1929 hat das Museum über 150 000 Kunstwerke angesammelt, die die neuen und immer kreativer werdenden Ideen und Bewegungen ab dem 19. Jh. bis in unsere Zeit dokumentieren. Für Kunstfreaks ist das MoMA der absolute Traum. Für die nicht so Kunstbeflissenen ist es ein spannender Crash-Kurs über alles Schöne und Süchtigmachende, das Kunst zu bieten hat.

Times Square & Theater District — STADTVIERTEL

Es gibt nur wenig auf der Welt, das mit der glitzernden Kugel mithalten kann, die sich in der Silvesternacht über dem Times Square (Karte S. 72; www.timessquare.com; Broadway an der Seventh Ave; [S] N/Q/R, S, 1/2/3, 7 bis Times Sq-42nd St) heruntersenkt. Vor 100 Jahren fand das Schauspiel zum ersten Mal statt. Das Gebiet mitten in Midtown Manhattan rund um die Kreuzung von Broadway und Seventh Ave mit den knallbunten Reklamewänden, glitzernden Anzeigetafeln und riesigen Videoleinwänden ist in den Köpfen von Nicht-New-Yorkern so sehr mit New York City verflochten, dass es völlig egal ist, wie stark dieser Platz „disneyfiziert" wurde – er ist und bleibt der Inbegriff New Yorks. Die „Crossroads of the World", an der nichts mehr an die Zwielichtigkeit der Striptease-Lokale, die Prostituierten und Taschendiebe der 1970er-Jahre erinnert, ziehen jährlich 35 Mio. Besucher an. Große Filialen von Ketten und Erlebnisläden locken Kundschaft an. Auch Multiplexkinos mit riesigen Leinwänden und in ansteigenden Reihen angeordneten Sitzplätzen finden enormen Anklang. Um die Gegend fußgängerfreundlicher zu gestalten und die ewigen Verkehrsstaus zu mildern, wurde der Broadway zwischen der 47th und der 42nd St zur autofreien Zone erklärt.

Times Square, Midtown Manhattan & Chelsea

0   500 m
0   0,25 Meilen

57th St
E 57th St
81
s. Karte Central Park & Uptown (S. 82)
62
E 55th St
Lexington Ave-53rd St
E 53rd St
Museum of Modern Art
2
Fifth Ave-53rd St
E 51st St
13
51st St
38
53
15
St. Patrick's Cathedral
E 49th St
19 16
26
25
3 59
80
E 47th St
47th-50th Sts-Rockefeller Center
Rockefeller Plaza
THE DIAMOND DISTRICT
41
51
E 45th St
21
58
6
42nd St-Bryant Park
5th Ave
E 42nd St
9
42nd St-Grand Central
Bryant Park
12
30
E 40th St
E 38th St
67
E 36th St
14
St Vartan Park
HERALD SQUARE
34th St-Herald Sq
E 34th St
8
4
33rd St
E 33rd St
KOREATOWN
New York University Medical Center
48
E 30th St
29
28th St
E 28th St
LITTLE INDIA
28th St
Bellevue Hospital Center
11 33
E 26th St
37
FLATIRON DISTRICT
Madison Square Park
49
24th St Park
27
47
23rd St
E 23rd St
23rd St
23rd St
5
Peter Cooper Rd
Gramercy Park
E 21st St
STUYVESANT TOWN
E 19th St
39
34
E 17th St
Stuyvesant Square
Greenmarket Farmers Market
1
Union Square
72
UNION SQUARE
20
6th Ave-14th St
14th St-Union Sq
E 14th St
3rd Ave
1st Ave
s. Karte East & West Villages (S. 66)

East River

Roosevelt Island

FDR Dr

Queens-Midtown Tunnel

20thSt Loop
FirstAve Loop
14thSt Loop
Ave C

Sixth Ave (Avenue of the Americas)
Fifth Ave
Madison Ave
Park Ave
Lexington Ave
Third Ave
Second Ave
First Ave
Vanderbilt Ave
Broadway
Park Ave S
Irving Pl
Tunnel Entrance St
Tunnel Exit St
Tudor City Pl

Times Square, Midtown Manhattan & Chelsea

Der Times Square ist ebenso berühmt wie New Yorks offizieller **Theater District** mit Dutzenden von Broadway- und Off-Broadway-Theatern, die sich alle auf ein Gebiet konzentrieren, das sich von der 41st bis zur 54st St zwischen der Sixth und Ninth Ave erstreckt. Und mittendrin in der berühmten Kreuzung befindet sich der Times-Square-Ableger der New York City & Company (S. 116). Früher erstreckte sich der Broadway bis zum State Capitol in Albany.

Rockefeller Center GEBÄUDE
(Karte S. 72; www.rockefellercenter.com; Fifth Ave bis Sixth Ave & 48th St bis 51st St; ☺24 Std., un-

terschiedliche Öffnungszeiten der einzelnen Firmen; Ⓢ B/D/F/M bis 47th-50th Sts-Rockefeller Center) Auf dem Höhepunkt der Weltwirtschaftskrise in den 1930er-Jahren hielt der Bau des 89 000 m² großen Rockefeller Center mit seinem Wahrzeichen, dem Art-déco-Wolkenkratzer, 70 000 Arbeiter neun Jahre lang in Lohn und Brot. Es war das erste Bauprojekt, das Einzelhandel, Unterhaltung und Büros unter einem Dach – der sogenannten „Stadt in der Stadt" – vereinen sollte. Der Panoramablick von der dreistöckigen Aussichtsplattform **Top of the Rock** (Karte S. 72; www. topoftherocknyc.com; 30 Rockefeller Plaza an der 49th St, Eingang W 50th St zw. Fifth Ave & Sixth Ave; Erw./Kind 27/17 US$, Sonnenaufgang & Sonnenuntergang 40/22 US$; 8.00–24 Uhr, letzter Aufzug 23 Uhr; Ⓢ B/D/F/M bis 47th-50th Sts-Rockefeller Center) ist einfach umwerfend und ein absolutes Muss. An klaren Tagen reicht der Blick über den Fluss bis nach New Jersey. Im Winter ist die Eisbahn draußen rappelvoll, und der Weihnachtsbaum zieht Unmengen von Schaulustigen an. In dem Gebäudekomplex befindet sich auch die 1932 errichtete **Radio City Music Hall** (Karte S. 72; www.radiocity. com; 1260 Sixth Ave an der 51st St; Führung Erw./ Kind 22,50/16 US$; Führungen 11–15 Uhr; Ⓢ B/ D/F/M bis 47th-50th Sts-Rockefeller Center) mit 6000 Sitzplätzen. Wer einen Blick in den unter Denkmalschutz stehenden ehemaligen Filmpalast werfen will, der in all seiner Art-déco-Pracht wundervoll restauriert wurde, kann an einer der Führungen teilnehmen, die jede halbe Stunde in der Lobby beginnen. Fans der NBC-Fernsehserie *30 Rock* werden das 70-stöckige GE Building als Network-Zentrale wiedererkennen. Führungen durch die **NBC Studios** (Karte S. 72; Reservierung 212-664-6298; www.nbcstudiotour.com; 30 Rockefeller Plaza an der 49th St; Führung Erw./ Kind 24/20 US$, Kinder unter 6 Jahren nicht erlaubt; Führungen alle 15 Min. Mo–Do 8.30–17.30, Fr & Sa 8.30–18.30, So 8.30–16.30 Uhr; Ⓢ B/D/F/M bis 47th-50th Sts-Rockefeller Center) starten alle 15 Minuten in der Lobby des GE Building. Achtung: Kinder unter sechs Jahren dürfen an den Führungen nicht teilnehmen. In dem gläsernen Studio im Erdgeschoss in der Nähe des Springbrunnens geht jeden Tag zwischen 7 und 11 Uhr *The Today Show* live auf Sendung.

New York Public Library   KULTURELLES GEBÄUDE
(Stephen A. Schwarzman Building; Karte S. 72; 212-340-0833; www.nypl.org; Fifth Ave an der 42nd St; Mo & Do–Sa 10–18, Di & Mi bis 20, So 13–17 Uhr, geführte Touren Mo–Sa 11 & 14, So 14 Uhr; Ⓢ B/D/F/M bis 42nd St-Bryant Park, 7 bis 5th Ave) Die tolle Treppe, die zur New York Public Library führt, wird von zwei riesigen Marmorlöwen flankiert. Der ehemalige Bürgermeister Fiorello LaGuardia gab ihnen die Spitznamen „Patience" (Ausdauer) und „Fortitude" (Stärke). Das stattliche Gebäude im Beaux-Arts-Stil steht nicht nur für die Wichtigkeit von Lernen und Kultur in der Stadt, sondern auch für den Reichtum der Wohltäter, die die Errichtung des Gebäudes ermöglichten. Der traumhafte Lesesaal im 2. Stock mit viel Sonnenlicht hat eine großartige Decke. Er ist vollgestellt mit langen Holztischen, an denen Studenten, Schriftsteller und andere an ihren Laptops arbeiten. Hier kann man in Galerien Manuskripte und faszinierende zeitgenössische Exponate bewundern. Ein neues Design für das Gebäude ist geplant – es wird allerdings kontrovers diskutiert. Direkt hinter der Bibliothek befindet sich der wunderschön gepflegte **Bryant Park**, eine hübsche Grünfläche mit Tischen und Stühlen. Im Sommer gibt's hier sogar eine Leihbücherei, Schachbretter und Tischtennisplatten, im Winter kann man Schlittschuhlaufen.

Empire State Building

GEBÄUDE, AUSSICHTSPUNKT
(Karte S. 72; www.esbnyc.com; 350 Fifth Ave, an der 34th St; Aussichtsplattform im 86. Stock Erw./ Kind 25/19 US$, inkl. Aussichtsplattform im 102. Stock 42/36 US$; 8–2 Uhr, letzte Aufzugfahrt nach oben 1.15 Uhr; Ⓢ B/D/F/M, N/Q/R zur 34th St-Herald Sq) Als einer der berühmtesten Vertreter der New Yorker Skyline katapultierte sich das Empire State Building auch in Hollywood zum Star – etwa als Treffpunkt für Cary Grant und Deborah Kerr in *Die große Liebe meines Lebens* oder als vertikales Verhängnis für King Kong. Der Klassiker aus Kalkstein wurde in nur 410 Tagen bzw. 7 Mio. Arbeitsstunden auf dem Höhepunkt der Weltwirtschaftskrise für 41 Mio. US$ aus dem Boden gestampft. Nachdem am ehemaligen Standort des Waldorf-Astoria 10 Mio. Ziegelsteine vermauert, 6400 Fenster eingebaut und rund 30 500 m² Marmor verlegt waren, konnte 1931 das 102-stöckige, bis zur Antennenspitze 448 m hohe Empire State Building eröffnet werden. Mit dem Fahrstuhl kann man zu den Aussichtsplattformen im 86. und 102. Stock fahren. Es herrscht aber großer Andrang, weshalb man am besten sehr früh oder sehr spät herkommt, um die Aussicht optimal genießen zu können. Tickets im Voraus oder online

kaufen oder sich den „Express Pass" für 50 US$ besorgen.

Grand Central Station GEBÄUDE
(Karte S. 72; www.grandcentralterminal.com; 42nd St, an der Park Ave) Die 1913 von der New York Central & Hudson River Railroad als prestigeträchtiger Bahnhof erbaute Grand Central Station ist schon lange nicht mehr der romantische Ausgangspunkt für eine Reise kreuz und quer durchs Land. Heute enden und starten hier nur noch die Metro-North-Pendlerzüge zu den Vororten im Norden und nach Connecticut. Aber auch wenn man nicht in einen Zug steigen will, lohnt sich ein Blick in die großartige gewölbte Haupthalle. Die restaurierte Decke zeigt den Sternenhimmel seitenverkehrt, also aus der Sicht Gottes. Es gibt hier einen ausgezeichneten Lebensmittelmarkt, und das Untergeschoss beherbergt ein paar hervorragende Lokale. Auf der Empore befindet sich die gemütliche, an die 1920er-Jahre erinnernde Bar **Campbell Apartment**.

Fifth Avenue & Umgebung STADTVIERTEL
(725 Fifth Ave, an der 56th St) Die Fifth Ave, die in zahlreichen Filmen und Songs verewigt ist, entwickelte ihr exklusives Image bereits Anfang des 20. Jhs. Damals war sie wegen ihrer „Landluft" und den Freiflächen begehrt. Die ehemalige **Millionaire's Row** mit einer Reihe von Herrenhäusern erstreckte sich bis zur 130th St. Die meisten Erben der Millionärsvillen in der Fifth Ave oberhalb der 59th St haben ihre Häuser inzwischen verkauft. Wenn sie nicht abgerissen wurden, sind sie in Kultureinrichtungen umgewandelt worden und bilden die heutige Museumsmeile.

Im Midtown-Abschnitt der Fifth Ave reihen sich Nobelgeschäfte und Luxushotels aneinander, u.a. auch der Trump Tower und das Plaza (Ecke Fifth Ave und Central Park South). Viele exklusive Geschäfte sind inzwischen in die Madison Ave umgezogen – zurückgeblieben sind Filialen von Gap und H&M. Aber es herrschen auch noch einige Superstars der Branche über die Fifth Ave oberhalb der 50th St, z.B. Tiffany & Co.

Pierpont Morgan Library MUSEUM
(Karte S. 72; www.morganlibrary.org; 29 E 36th St an der Madison Ave; Erw./Kind 18/12 US$; 🕒 Di–Do 10.30–17, Fr bis 21, Sa 10–18, So 11–18 Uhr; [S] 6 zur 33rd St) Die wunderschön renovierte Bibliothek ist Teil des mit 45 Zimmern bestückten Herrenhauses, das einst dem Stahlmagnaten J.P. Morgan gehörte. Seine Sammlung umfasst eine phänomenale Vielfalt an Manuskripten, Wandteppichen und Büchern, ein Herrenzimmer mit Kunstwerken der italienischen Renaissance, eine Marmorrotunde und die dreistöckige Hauptbibliothek im East Room.

United Nations GEBÄUDE
(Karte S. 72; ☎212-963-7539; www.un.org/tours; Besuchereingang First Ave an der 47th St; Führung Erw./Kind 16/9 US$, Kinder unter 5 Jahren nicht erlaubt; 🕒9.15–16.15 Uhr; [S]S, 4/5/6, 7 bis Grand Central-42nd St) Das UN-Gebäude mit Blick auf den East River befindet sich genau genommen auf internationalem Territorium. Bei der 45-minütigen Führung durch das Gebäude (englischsprachige Führungen, aber auch anderen Sprachen möglich; Deutsch evtl. auf Nachfrage) bekommt man die General Assembly, wo im Herbst die alljährliche Vollversammlung der Mitgliedsstaaten stattfindet, die Security Council Chamber (je nach Sitzungsplan) und die Economic & Social Council Chamber zu sehen. Im Park südlich des Gebäudekomplexes stehen mehrere Skulpturen zum Thema Frieden. Der Besuchereingang wurde für die Dauer der Renovierungsarbeiten des UN-Hauptquartiers bis 2015 verlegt. Führungen sind weiterhin vorgesehen, man sollte sich aber auf die Verlegung des Startpunkts und Änderungen in der Zahl der Führungen einstellen.

Paley Center for Media KULTURELLES GEBÄUDE
(Karte S. 72; www.paleycenter.org; 25 W 52nd St zw. Fifth Ave & Sixth Ave; Erw./Kind 10/5 US$; 🕒 Mi & Fr–So 12–18, Do bis 20 Uhr; [S] E/M zur 5th Ave-53rd St) Fernsehsüchtige, die ihre Kindheit vor der Glotze verbracht haben und mit Nachdruck eine Wiederholung der TV-Serie *Happy Days* mit Fonzi fordern, sind hier an der richtigen Adresse, denn dieses „Museum" ist genau das, was sie suchen. Hier kann man an einem der Bibliothekscomputer den Katalog mit mehr als 100 000 amerikanischen TV- und Radiosendungen sowie Werbespots durchforsten und per Mausklick das Gewünschte abrufen. In dem gemütlichen Kino laufen einige tolle Specials über die Geschichte des Rundfunks, und es gibt häufig Events und Sondervorführungen.

Intrepid Sea, Air & Space Museum MUSEUM
(Karte S. 72; www.intrepidmuseum.org; Pier 86, Twelfth Ave an der 46th St; Erw./Kind 24/12 US$; 🕒10–17 Uhr; 👪; 🚌 Bus M42 nach Westen, [S] A/C/E zur 42nd St-Port Authority Bus Terminal) Die USS *Intrepid* ist ein riesiger Flugzeugträger,

der im Zweiten Weltkrieg eine Bombe und Kamikaze-Angriffe überstanden hat und in ein Militärmuseum mit Hightech-Ausstellungen sowie Kampfflugzeugen und Hubschraubern auf dem Flugdeck umgewandelt wurde. Am Pier findet man auch das Raketen-U-Boot *Growler*, eine ausgesonderte Concorde und seit 2012 das Space Shuttle *Enterprise*.

International Center of Photography GALERIE

(ICP; Karte S. 72; www.icp.org; 1133 Sixth Ave an der 43rd St; Erw./Kind 14 US$/frei, Fr 17–20 Uhr Eintritt gegen Spende; ⌚ Di–Do & Sa, So 10–18, Fr 10–20 Uhr; [S] B/D/F/M bis 42nd St-Bryant Park) Diese Galerie ist New Yorks wichtigster Ausstellungort für bekannte Fotografen, vor allem Fotojournalisten. In der Vergangenheit gab es Ausstellungen mit Werken von Henri Cartier-Bresson, Matthew Brady und Robert Capa.

Herald Square PLATZ

(Karte S. 72; Ecke Broadway, Sixth Ave & 34th St; [S] B/D/F/M, N/Q/R zur 34th St-Herald Sq) Hier, wo sich der Broadway, die Sixth Ave und die 34th St zu einem belebten Platz vereinen, ist die Heimat von **Macy's**. Die einzelnen Etagen, in denen es von Einrichtungsgegenständen bis hin zu Dessous fast alles gibt, sind über einige Original-Holzrolltreppen zu erreichen. Seinen Namen verdankt der geschäftige Platz der schon lange nicht mehr existierenden Zeitung *Herald*. In dem kleinen Park mit viel Grün, der erst kürzlich aufpoliert wurde, herrscht tagsüber ein wahres Menschengewusel. Um den ewigen Verkehrsstaus in dieser Gegend entgegenzuwirken, wurde der Broadway von der 33rd bis zur 35th St zur Fußgängerzone erklärt.

Westlich vom Herald Sq haben sich im **Garment District** die meisten New Yorker Modedesigner angesiedelt. Viel Kleidung wird hier aber nicht mehr hergestellt, es ist vielmehr ein Ort für all diejenigen, die gern in einer traumhaften Auswahl von Stoffen, Knöpfen, Pailletten, Spitzen und Reißverschlüssen wühlen.

Von der 31st St bis zur 36th St zwischen Broadway und Fifth Ave liegt **Koreatown**, ein sehr interessantes und lebendiges Viertel, in dem sich gute Restaurants und authentische Karaoke-Läden ansiedeln.

Hell's Kitchen STADTVIERTEL

(Clinton; Karte S. 72) Lange war der äußerste Westen von Midtown – ein Arbeiterbezirk mit Miets- und Lagerhäusern – unter dem Namen Hell's Kitchen bekannt. Vermutlich hat ein Polizist diese Worte während der Aufstände im Viertel im Jahre 1881 vor sich hingemurmelt. Der wirtschaftliche Aufschwung in den 1990er-Jahren veränderte den Charakter dieser Gegend stark. Investoren wollten den sauberen Namen Clinton durchsetzen, ein Spitzname aus den 1950er-Jahren. Die Bewohner verwenden heute beide Bezeichnungen. Auf der Ninth und Tenth Ave zwischen der 37th und 55th St sind neue, vorwiegend preisgünstige Ethno-Restaurants wie Pilze aus dem Boden geschossen. Antiquitätenfans sollten den **Hell's Kitchen Flea Market** (Karte S. 72; ☎ 212-243-5343; 39th St zw. Ninth Ave & Tenth Ave; ⌚ Sa & So 7–16 Uhr; [S] A/C/E bis 42nd St) besuchen. 170 Händler bieten erlesene Kleidungsstücke, alten Schmuck, Stilmöbel und vieles mehr an.

Museum of Arts & Design MUSEUM

(MAD; Karte S. 82; www.madmuseum.org; 2 Columbus Circle zw. Eighth Ave & Broadway; Erw./Kind 16 US$/frei; ⌚ Di, Mi, Sa & So 10–18, Do & Fr 10–21 Uhr; [S] A/C, B/D, 1 bis 59th St-Columbus Circle) Das Museum an der Südseite des Kreisels zeigt eine facettenreiche internationale Sammlung mit modernen, volkstümlichen, kunsthandwerklichen und kunstgewerblichen Werken. Das schicke, witzig designte Restaurant **Robert** im 8. Stock bietet einen fantastischen Blick auf den Central Park.

Upper West Side

Die Upper West Side stand immer für das liberale, fortschrittliche und intellektuelle New York – man denke nur an die Filme von Woody Allen (obgleich er an der Upper East Side lebt) und an *Seinfeld*. Das Viertel, das Manhattans Westseite vom Central Park bis zum Hudson River und vom Columbus Circle bis zur 110th St umfasst, ist heute aber nicht mehr so bunt und farbenfroh wie früher. Der Upper Broadway ist inzwischen fest in der Hand von Banken, Apotheken und Filialen landesweiter Kettenläden, und viele der alten Tante-Emma-Läden und Buchhandlungen sind längst verschwunden. Man findet hier aber noch große, reich verzierte Apartments, eine Mischung aus sozialen Aufsteigern (darunter auch viele Schauspieler und Musiker) und ein paar hübsche Grünanlagen. Der **Riverside Park** erstreckt sich zwischen der W 72nd St und der W 158th St auf einer Länge von 6,4 km entlang des Hudson River und eignet sich prima

Central Park

DIE GRÜNE LUNGE VON NEW YORK

Das grüne Rechteck im Zentrum Manhattans legte man Mitte des 19. Jhs. an. Die ursprüngliche Sumpflandschaft wurde dabei in einen idyllischen Park verwandelt, der seit seiner Eröffnung die New Yorker – und seien sie noch so verschieden – auf interessante und unerwartete Art und Weise zusammenbrachte. Der Central Park diente als Ort der Reichen, die ihre Nobelkutschen zur Schau stellten (1860er-Jahre), der Armen, die die kostenlosen Sonn-tagskonzerte genossen (1880er-Jahre) und der Aktivisten, die hier ihre „Be-ins" gegen den Vietnamkrieg abhielten (1960er-Jahre).

Seitdem besuchen ganze Heerscharen von Einheimischen – und natürlich auch Besucher aus aller Herren Länder – den Park, in dem man wunderbar spazieren gehen, picknicken, sonnenbaden, Ball spielen und kostenlosen Konzerten und Shakespeare-Aufführungen lauschen kann.

Loeb Boathouse
Das historische Loeb Boathouse am Seeufer bietet eine traumhafte Kulisse für ein romantisches Essen. Hier kann man Ruderboote und Fahrräder mieten oder sich in einer venezianischen Gondel über den See schippern lassen.

Duke Ellington Circle

Harlem Meer

The Blockhouse

North Woods

97th St Transverse

Fifth Ave

86th St Transverse

The Great Lawn

Central Park West

Conservatory Garden
Der einzige echte Garten im Central Park ist vielleicht der ruhigste Ort im Park. Am Nordrand blühen Ende Oktober Chrysanthemen. Im Süden steht ein riesiger Holzapfelbaum gleich neben der Burnett Fountain.

Jacqueline Kennedy Onassis Reservoir
Das fast 43 ha große Wasserbecken nimmt grob ein Achtel der gesamten Parkfläche ein. Ursprünglich sollte es die Stadt mit sauberem Wasser versorgen. Heute kann man hier ganz wunderbar Wasservögel beobachten.

Belvedere Castle
Das gotisch-romanische Schloss, eine „viktorianische Verrücktheit", dient ausschließlich als grandioser Aussichtspunkt. Es wurde 1869 von Calvert Vaux, einem der beiden Landschaftsplaner des Central Parks, entworfen.

Der Park ist unglaublich vielfältig. Im Norden gibt es ruhige bewaldete Hügelchen, im Süden ein besonders bei Joggern beliebter See. Es gibt Gärten im europäischen Stil, einen Zoo und viele Teiche. Wer die ganze Pracht genießen will, sollte an einem sonnigen Tag zur Sheep Meadow gehen, wo sich ganz New York in der Sonne aalt.

Der Central Park ist nicht nur eine Grünanlage – er ist New York Citys Hinterhof.

FAKTEN & ZAHLEN

» **Landschaftsarchitekten** Frederick Law Olmsted und Calvert Vaux
» **Beginn der Bauarbeiten** 1858
» **Fläche** 3,4 km²
» **Der Park im Film** Hunderte Filme wurden hier gedreht, angefangen bei Blockbustern aus der Zeit der Weltwirtschaftskrise wie *Gold Diggers* (1933) bis hin zum Monster-Streifen *Cloverfield* (2008)

Conservatory Water

Dieser Teich ist in der warmen Jahreszeit sehr beliebt bei Kindern, die hier ihre Modellsegelboote übers Wasser gleiten lassen. Conservatory Water ist den Pariser Modellboot-Teichen aus dem 19. Jh. nachempfunden und spielte eine bedeutende Rolle in E. B. Whites Klassiker *Klein Stuart*.

DENNIS JOHNSON / GETTY IMAGES ©

CHRISTOPHER GROENHOUT / GETTY IMAGES ©

Bethesda Fountain

Der neoklassizistische Brunnen ist einer der größten Brunnen New Yorks. Er wird überragt von dem *Engel über den Gewässern*, der von vier Cherubinen getragen wird. Der Brunnen wurde 1868 von der Künstlerin und Frauenrechtlerin Emma Stebbins errichtet.

Metropolitan Museum of Art

Alice in Wonderland Statue

79th St Transverse

The Ramble

Delacorte Theater

The Lake

Fifth Ave

Central Park Zoo

65th St Transverse

Sheep Meadow

Columbus Center

Strawberry Fields

Ein einfaches Mosaik erinnert an den Musiker John Lennon, der auf der anderen Straßenseite vor dem Dakota Building erschossen wurde. Der Name des von Yoko Ono gestalteten Denkmals basiert auf dem Beatles-Song *Strawberry Fields Forever*.

The Mall/ Literary Walk

Am südlichen Abschnitt der Promenade im Pariser Stil – es ist der einzige gerade Weg im Park – stehen Statuen von Literaten wie Robert Burns und Shakespeare. Die ganze Strecke ist von seltenen Nordamerikanischen Ulmen gesäumt.

VERKAUFT!

Auch wenn man sich an Kunstwerken gerade einmal eine Van-Gogh-Postkarte leisten kann, sollte man den Besuch einer Kunstauktion in Betracht ziehen, die adrenalingeladene Spannung mit bestem Museumserlebnis und Luxus-shopping verbindet. Sowohl **Christie's** (Karte S. 72; 🖉 212-636-2000; www.christies.com; 20 Rockefeller Plaza; ⓢ B/D/F/M zur 47-50th Sts-Rockefeller Ctr) als auch **Sotheby's** (Karte S. 82; 🖉 212-606-7000; www.sothebys.com; 1334 York Ave, an der 72nd St; ⓢ 6 zur 68th St-Hunter College), zwei der New Yorker Auktionshäuser mit Weltruhm, sind für die Öffentlichkeit zugänglich. Ob eine Sammlung mit Warhol-Werken oder alte europäische Kunst – die Preise sind meist astronomisch. Deshalb behält man seine Hände lieber im Zaum; ansonsten könnte eine entspannte Handbewegung als ein Mitbieten gewertet werden, und man hätte im Nu Millionen von Dollar Schulden.

zum Schlendern, Joggen und Radfahren. Man kann aber auch einfach nur den Sonnenuntergang über dem Hudson genießen.

⭐ **Central Park**   PARK
(Karte S. 82; www.centralparknyc.org; 59th St & 110th St zw. Central Park West & Fifth Ave; ⏱ 6–1 Uhr; 🖐) Man kann sich nur schwer vorstellen, wie es in dieser Stadt zugehen würde, wenn man der Platzangst, den übervollen Bürgersteigen und verstopften Straßen hier nicht entfliehen könnte. Dieses riesige Juwel von einem Park befindet sich genau in der Mitte Manhattans und versorgt die New Yorker sowohl im übertragenen als auch im wortwörtlichen Sinn mit Sauerstoff. Der 3,4 km² große Park wurde 1856 am sumpfigen Nordrand der Stadt angelegt. Die Landschaftsarchitektur (so etwas hatte es bis dato in keinem öffentlichen Park gegeben) von Frederick Law Olmsted und Calvert Vaux war mit ihrem naturverbundenen Stil äußerst innovativ: bewaldete Haine, gewundene Pfade und Teiche hier und dort. Zu den Highlights gehören die **Sheep Meadow** (Parkmitte zwischen 66th und 69th St), wo an warmen Wochenenden Zehntausende relaxen und spielen, der **Central Park Zoo** (Karte S. 82; 🖉 212-861-6030; www.centralparkzoo.com; Central Park, 64th St an der Fifth Ave; Erw./Kind 12/7 US$; ⏱ April–Nov. 10–17.30 Uhr, Nov.–Ap-

ril 10–16.30 Uhr; 🖐; ⓢ N/Q/R bis 5th Ave-59th St) und der **Ramble**, ein Rastplatz für fast 250 Zugvogelarten, den man am besten frühmorgens besucht. Touristen lieben Fahrten in einer **Pferdekutsche** (Karte S. 82; an der 59th St, Central Park South; 30 Min. 50 US$ zzgl. großzügiges Trinkgeld) oder einem Fahrradtaxi (1 Std. 45 US$), die am Central Park West und an der 72nd St starten. Weitere Infos gibt's beim **Dairy Building Visitor Center** (Karte S. 82; 🖉 212-794-6564; www.centralpark.org) im südlichen Parkabschnitt.

⭐ **Lincoln Center**   KULTURZENTRUM
(Karte S. 82; 🖉 212-875-5456; www.lincolncenter.org; Columbus Ave zw. 62nd St & 66th St; öffentliche Plazas frei, Führung Erw./Kind 15/8 US$; 🖐; ⓢ 1 bis 66th St-Lincoln Center) Zu dem mehr als 1 Mrd. US$ teuren Umbau des weltweit größten Zentrums für darstellende Künste gehören die grundlegend neu gestaltete Alice Tully Hall und andere atemberaubende Veranstaltungsorte rund um einen gewaltigen Springbrunnen. Auch öffentliche Plätze wie u. a. der Dachgarten an der North Plaza (darunter befindet sich ein teures Restaurant) wurden aufgemöbelt. Das üppig gestaltete **Metropolitan Opera House** (MET) ist mit 3900 Sitzplätzen das größte Opernhaus der Welt. Die faszinierenden einstündigen **Führungen** (tgl. 10.30–16.30 Uhr) durch den Komplex beginnen in der Lobby der Avery Fisher Hall und konzentrieren sich auf verschiedene Themen von Architektur bis Backstage. Auf dem ganzen Gelände gibt's kostenloses WLAN. Dies gilt auch für das **David Rubenstein Atrium** (Karte S. 82; Broadway zw. 62nd St & 63rd St; ⓢ 1 bis 66th St-Lincoln Center), ein moderner öffentlicher Platz mit Loungebereich, Informationsschalter und Ticket Center, wo man ermäßigte Karten für Veranstaltungen im Lincoln Center am selben Tag bekommt.

⭐ **American Museum of Natural History**   MUSEUM
(Karte S. 82; 🖉 212-769-5100; www.amnh.org; Central Park West an der 79th St; Erw./Kind 19/10,50 US$; ⏱ 10–17.45 Uhr, Rose Center Fr 10–20.45 Uhr, Butterfly Conservancy Okl.–Mai; 🖐; ⓢ B, C bis 81st St-Museum of Natural History, 1 bis 79th St) Das 1869 gegründete Museum beherbergt mehr als 30 Mio. Artefakte, interaktive Ausstellungsstücke und Unmengen von ausgestopften Tieren. Die Highlights des Museums sind die drei großen Dinosaurierhallen, ein gigantischer (aber nicht echter) Blauwal, der von der Decke der Hall of

Ocean Life herabhängt, und das ausgezeichnete **Rose Center for Earth & Space**. Allein der Anblick der Fassade – ein wuchtiger Glaskasten mit einer Silberkugel, in deren Inneren sich Sternenkinos und ein Planetarium befinden – wirkt vor allem nachts hypnotisierend, wenn all die „außerirdischen" Elemente zum Leuchten gebracht werden.

New-York Historical Society   MUSEUM
(Karte S. 82; www.nyhistory.org; 2 W 77th St am Central Park West; Erw./Kind 15/5 US$, 18–20 Uhr Eintritt gegen Spende, Bibliothek frei; ⊙ Di–Do & Sa 10–18, Fr 10–20, So 11–17 Uhr; Ⓢ B, C bis 81st St-Museum of Natural History) Das 1804 gegründete Museum, das als das älteste der Stadt gilt, wurde 2011 gründlich renoviert. Die skurrile, umfangreiche Sammlung, zu der auch eine Beinschiene von Präsident Franklin D. Roosevelt und eine mechanische Spardose aus dem 19. Jh. mit der Figur eines Politikers gehören, der die Geldstücke in seine eigene Tasche steckt, ist jetzt in einem aufgefrischten, modernen Ausstellungsbereich zu bewundern. Außerdem gibt es ein Auditorium, eine Bibliothek und ein Restaurant.

◉ Upper East Side

Die Upper East Side (UES) kann mit der höchsten Konzentration kultureller Einrichtungen New Yorks aufwarten, darunter das Metropolitan Museum of Art. Viele bezeichnen die Fifth Ave oberhalb der 57th St daher auch als Museumsmeile. Die Immobilienpreise an der Fifth, Madison und Park Ave gehören zu den höchsten der Welt. Hier wohnen Ladys, die mittags gediegen essen gehen, und noble Jungs, die gern einen trinken. Je weiter man nach Osten kommt, desto weniger mondän wird das Viertel.

★**Metropolitan Museum of Art**   MUSEUM
(Karte S. 82; ☑ 212-535-7710; www.metmuseum.org; 1000 Fifth Ave an der 82nd St; empfohlene Spende Erw./Kind 25 US$/frei; ⊙ So–Do 10–17.30, Fr & Sa 10–21 Uhr; 🚇; Ⓢ 4/5/6 bis 86th St) Mit mehr als 5 Mio. Besuchern jedes Jahr ist das Met New Yorks beliebteste Einzelattraktion. Es beherbergt eine der wertvollsten Sammlungen der gesamten Kunstwelt. Das Met ist eine Art autarker Kulturstadtstaat mit 2 Mio. Einzelobjekten und einem Jahresetat von über 120 Mio. US$. In den renovierten American Galleries kann man so ziemlich alles bewundern – von Porträtmalerei aus der Kolonialzeit bis hin zu Meisterwerken der Hudson River School. Zu den weiteren High-

lights gehören alte ägyptische Kunst, Waffen und Rüstungen, moderne Kunst, griechische und römische Kunst, europäische Gemälde und die traumhafte Dachterrasse mit Bar und wahrhaft spektakulärem Blick (nur im Sommer geöffnet). Mit der empfohlenen Spende (die in der Tat eine *Empfehlung* ist) hat man am selben Tag auch Zutritt zu den Cloisters.

★**Frick Collection**   MUSEUM
(Karte S. 82; ☑ 212-288-0700; www.frick.org; 1 E 70th St an der Fifth Ave; Eintritt 18 US$, So 11–13 Uhr gegen Spende, Kinder unter 10 Jahren kein Zutritt; ⊙ Di–Sa 10–18, So 11–17 Uhr; Ⓢ 6 zur 68th St-Hunter College) Die spektakuläre Kunstsammlung befindet sich in dem Herrenhaus, das 1914 von Henry Clay Frick erbaut wurde. Leider ist der 2. Stock des Anwesens nicht für Besucher zugänglich. Die zwölf reich möblierten Zimmer im Erdgeschoss schmücken Gemälde von Titian, Vermeer, El Greco, Goya und anderen Meistern. Das vielleicht Beste an dem Museum ist aber, dass es nicht so überlaufen ist – eine willkommene Abwechslung zu den Menschenmassen in den größeren Museen, besonders am Wochenende.

Guggenheim Museum   MUSEUM
(Karte S. 82; ☑ 212-423-3500; www.guggenheim.org; 1071 Fifth Ave an der 89th St; Erw./Kind 22 US$/frei, Sa 17.45–19.45 Uhr gegen Spende; ⊙ So–Mi & Fr 10–17.45, Sa 10–19.45 Uhr; 🚇; Ⓢ 4/5/6 bis 86th St) Das von dem Architekten Frank Lloyd Wright entworfene Gebäude ist an sich schon ein Kunstwerk und stellt die darin gezeigte Sammlung aus dem 20. Jh. fast in den Schatten. Der 1959 fertiggestellte, auf dem Kopf stehende Zikkurat-Bau wurde von einigen Kritikern verspottet, von anderen wiederum als architektonische Glanzleistung bejubelt. Bei einem Bummel über die beeindruckende spiralförmige Rampe kommt man vorbei an Meisterwerken aus dem 20. Jh., u. a. von Picasso, Pollock, Chagall und Kandinsky.

Neue Galerie   MUSEUM
(Karte S. 82; ☑ 212-628-6200; www.neuegalerie.org; 1048 Fifth Ave, Ecke E 86th St; Eintritt 20 US$, 1. Fr jedes Monats 18–20 Uhr frei, Kinder bis 12 Jahren haben keinen Zutritt; ⊙ Do–Mo 11–18 Uhr; Ⓢ 4/5/6 zur 86th St) Die in einem stattlichen, eleganten Herrenhaus in der Fifth Ave untergebrachte Galerie zeigt deutsche und österreichische Künstler, z. B. eindrucksvolle Werke von Gustav Klimt und Egon Schiele. Schon das **Café Sabarsky** ist mit seinem Ambien-

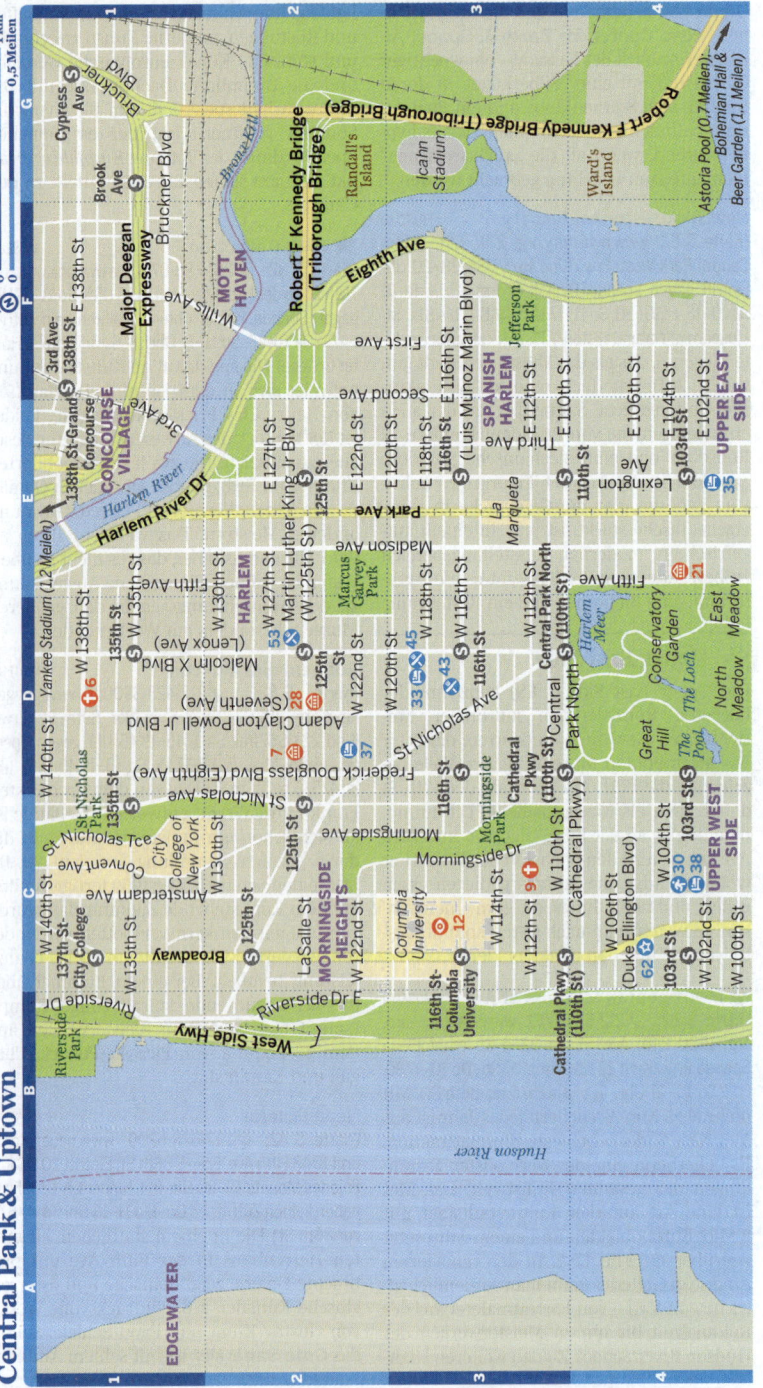

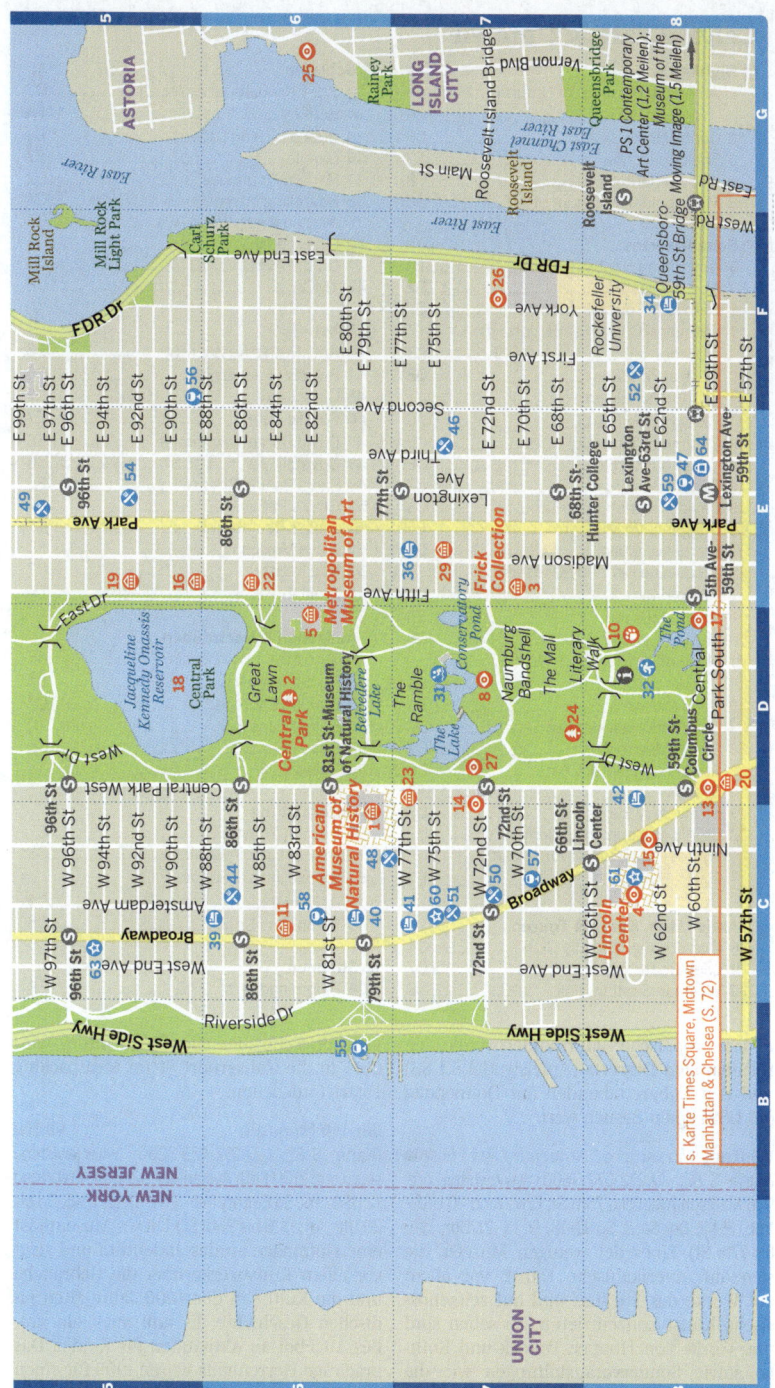

ASTORIA

Mill Rock Island

Mill Rock Light Park

Rainey Park

LONG ISLAND CITY

Vernon Blvd

Roosevelt Island Bridge

Main St

East River

Roosevelt Island

East River

East Channel East River

Queensbridge Park

PS 1 Contemporary Art Center (1,2 Meilen) · Museum of the Moving Image (1,5 Meilen)

Roosevelt Island

Queensboro-59th St Bridge

East Rd

West Rd

West Rd

East Rd

Carl Schurz Park

East End Ave

FDR Dr

FDR Dr

E 99th St
E 97th St
E 96th St
E 94th St
E 92nd St
E 90th St
E 88th St
E 86th St
E 84th St
E 82nd St
E 80th St
E 79th St
E 77th St
E 75th St

York Ave

Second Ave

96th St

86th St

Park Ave

Third Ave

77th St

Lexington Ave

First Ave

72nd St

70th St

68th St-Hunter College

65th St

62nd St

59th St

Rockefeller University

Lexington Ave

Park Ave

Madison Ave

Fifth Ave

Frick Collection

Metropolitan Museum of Art

Consevatory Pond

Naumburg Bandshell

The Mall

Literary Walk

The Pond

The Pond

Central Park South

5th Ave-59th St

Jacqueline Onassis Reservoir

Central Park

Great Lawn

81st St-Museum of Natural History

Belvedere

The Ramble

The Lake

West Dr

East Dr

West Dr

59th St-Columbus Circle

Columbus Circle

Central Park

American Museum of Natural History

W 96th St
W 94th St
W 92nd St
W 90th St
W 88th St
W 86th St
W 85th St
W 83rd St
W 81st St
W 79th St
W 77th St
W 75th St
W 72nd St
W 70th St

Central Park West

Amsterdam Ave

Broadway

West End Ave

W 66th St-Lincoln Center

Lincoln Center

Ninth Ave

66th St-Lincoln Center

W 60th St

W 62nd St

W 57th St

Broadway

W 96th St
W 97th St

96th St

West End Ave

Broadway

86th St

79th St

W 81st St

Riverside Dr

West Side Hwy

West Side Hwy

West End Ave

Riverside Dr

s. Karte Times Square, Midtown Manhattan & Chelsea (S. 72)

UNION CITY

NEW JERSEY
NEW YORK

Central Park & Uptown

Highlights
1 American Museum of Natural History C6
2 Central Park D6
3 Frick Collection E7
4 Lincoln Center C8
5 Metropolitan Museum of Art D6

Sehenswertes
6 Abyssinian Baptist Church D1
7 Apollo Theater D2
8 Bethesda Fountain D7
9 Cathedral Church of St. John the Divine C3
10 Central Park Zoo D8
11 Children's Museum of Manhattan C6
12 Columbia University C3
13 Columbus Circle D8
14 Dakota Building C7
15 David Rubenstein Atrium C8
16 Guggenheim Museum E5
17 Pferdekutschen D8
18 Jacqueline Kennedy Onassis Reservoir D5
19 Jewish Museum E5
20 Museum of Arts & Design D8
21 Museum of the City of New York E4
22 Neue Galerie E6
23 New-York Historical Society D7
24 Sheep Meadow D7
25 Socrates Sculpture Park G6
26 Sotheby's F7
27 Strawberry Fields D7
28 Studio Museum in Harlem D2
29 Whitney Museum of American Art E7

Aktivitäten, Kurse & Touren
30 Five Borough Bicycle Club C4
31 Loeb Boathouse D7
32 Wollman Skating Rink D8

Schlafen
33 102 Brownstone D3
34 Bentley F8
35 Bubba & Bean Lodges E4
36 Carlyle E7
37 Harlem Flophouse D2
38 Hostelling International New York C4
39 Jazz on Amsterdam Ave C6
40 Lucerne C6
41 On the Ave C7
42 YMCA D8

Essen
43 Amy Ruth's Restaurant D3
44 Barney Greengrass C6
45 Caffe Latte D3
46 Candle Cafe E7
47 David Burke Townhouse E8
48 Dovetail C6
49 Earl's Beer & Cheese E5
50 Gray's Papaya C7
51 Josie's Restaurant C7
52 Maya Mexican F8
53 Red Rooster D2
54 Sfoglia E5

Ausgehen & Nachtleben
55 79th Street Boat Basin B6
56 Auction House F5
57 Barcibo Enoteca C7
Bemelmans Bar ..... (siehe 36)
58 Dead Poet C6
59 Subway Inn E8

Unterhaltung
60 Beacon Theatre C7
61 Jazz at Lincoln Center C8
62 Smoke Jazz & Supper Club-Lounge C4
63 Symphony Space C5

Shoppen
64 Bloomingdale's E8

te der europäischen Jahrhundertwende, den reichhaltigen Desserts (Apfelstrudel 8 US$) und den Kabarettabenden am Donnerstag (45 US$) einen Besuch wert.

Whitney Museum of American Art MUSEUM
(Karte S. 82; ☎212-570-3600; www.whitney.org; 945 Madison Ave, Ecke 75th St; Erw./Kind 20 US$/frei; 🕒Mi, Do, Sa & So 11–18, Fr 13–21 Uhr; [S]6 bis 77th St) Eines der wenigen Museen, die sich auf amerikanische Kunst, vor allem auf Werke des 20. Jhs., und auf zeitgenössische Kunst konzentrieren. Zu sehen sind u.a. Werke von Hopper, Pollock und Rothko sowie Sonderveranstaltungen wie die vielgepriesene Biennale. Das Whitney wird 2015 in die Gansevoort St im Meatpacking District umziehen.

Jewish Museum MUSEUM
(Karte S. 82; ☎212-423-3200; www.jewishmuseum.org; 1109 Fifth Ave an der 92nd St; Erw./Kind 12 US$/frei, Sa Eintritt frei; 🕒Fr–Di 11–17.45, Do bis 20 Uhr; 👪; [S]6 bis 96th St) Dieses Museum ist eine Hommage an das Judentum und zeigt vor allem Kunstwerke über die Gebräuche und die Kultur in der 4000 Jahre alten jüdischen Geschichte. Es gibt auch ein großes Angebot an Aktivitäten für Kinder. Das prächtige Herrenhaus wurde 1908 für einen

Bankier erbaut und beherbergt nun mehr als 30 000 Judaika, Skulpturen, Gemälde, dekorative Kunstwerke und Fotografien.

Museum of the City of New York MUSEUM
(Karte S. 82; ☎ 212-534-1672; www.mcny.org; 1220 Fifth Ave, zw. 103rd St & 104th St; empfohlener Eintritt Erw./Kind 10 US$/frei; 🕐 Di–So 10–18 Uhr; [S] 6 bis 103rd St) Das Museum zeigt mit verschiedenen Ausstellungen die Geschichte der Stadt vom Handel mit Biberfellen bis zum Handel der Zukunft. Es gibt auch einen ausgezeichneten Buchladen für die ganzen NYC-Fans.

Morningside Heights

Der nördliche Nachbar der Upper West Side umfasst den Broadway und die Gegend westlich davon bis zur 125th St. Das Bild des Viertels wird von der **Columbia University** (Karte S. 82; www.columbia.edu; Broadway an der 116th St, Morningside Heights; [S] 1 bis 116th St-Columbia University) [GRATIS] beherrscht. Sie ist eine der hoch angesehenen Unis der Ivy League und hat im Zentrum einen großen viereckigen Platz mit viel Grün.

Cathedral Church of St. John the Divine KIRCHE
(Karte S. 82; ☎ Führungen 212-932-7347; www.stjohndivine.org; 1047 Amsterdam Ave an der W 112th St, Morningside Heights; Eintritt gegen Spende, Führung 6 US$, Führung mit Dachbesteigung 15 US$; 🕐 7.30–18 Uhr; 👪; [S] B, C, 1 bis 110th St-Cathedral Pkwy) Die berühmte Episkopalkirche ist das größte Gotteshaus der USA. Besondere Aufmerksamkeit erregen die kunstvoll verzierte Fassade im byzantinischen Stil, die dröhnende alte Orgel und das ungewöhnlich unterteilte Kirchenschiff, das doppelt so breit ist wie das der Westminster Abbey in London. Bei der Sonntagsmesse um 11 Uhr werden die Predigten oft von bekannten Intellektuellen gehalten.

Harlem

Das Herz der afroamerikanischen Kultur schlägt in Harlem, das in den 1920er-Jahren als Enklave der Schwarzen entstand. Das Viertel nördlich des Central Park hat ganz außergewöhnliche Leistungen in Kunst, Musik, Tanz, Bildung und Literatur hervorgebracht, u.a. stehen dafür Frederick Douglass, Paul Robeson, Thurgood Marshall, James Baldwin, Alvin Ailey, Billie Holiday, Jessie Jackson und viele andere afroamerikanische Koryphäen. Nach dem steten Niedergang von den 1960er- bis in die 1990er-Jahre hinein erlebt Harlem eine Art zweite Renaissance. Davon zeugen die zum Verkauf stehenden, 1 Mio. Dollar teuren Brownstone-Häuser und Eigentumswohnungen, die direkt neben den vernachlässigten Mietshäusern stehen, und die Filialen großer landesweiter Ketten an der 125th St.

Einen Eindruck vom traditionellen Harlem erhält man am Sonntagmorgen, wenn die Leute im Sonntagsstaat in die Kirchen ihrer Nachbarschaft strömen. Man sollte sich aber der Tatsache bewusst sein, dass die Menschen tatsächlich zum Gottesdienst gehen (und sich nicht etwa Besuchern zur Schau stellen). Solange man nicht von einem Mitglied einer kleineren Kirchengemeinde eingeladen wird, sollte man sich lieber an die großen Kirchen halten.

Apollo Theater HISTORISCHES GEBÄUDE
(Karte S. 82; ☎ 212-531-5305, Führungen 212-531-5337; www.apollotheater.org; 253 W 125th St am Frederick Douglass Blvd, Harlem; [S] A/C, B/D bis 125th St) Nicht nur mythische Legende, sondern lebendiges Theater. Hier finden erstklassige Konzerte und jeden Mittwochabend die berühmte „Nacht der Amateure" statt – „Where stars are born and legends are made".

Abyssinian Baptist Church KIRCHE
(Karte S. 82; www.abyssinian.org; 132 W 138th St zw. Adam Clayton Powell Jr Blvd & Malcolm X Blvd; 👪; [S] 2/3 bis 135th St) Die Kirche hat einen ausgezeichneten Chor, und der charismatische Pastor Calvin O. Butts heißt Touristen willkommen und betet für sie. Sonntagsgottesdienste finden um 9 und 11 Uhr statt – der Letztere ist sehr gut besucht.

Studio Museum in Harlem MUSEUM
(Karte S. 82; ☎ 212-864-4500; www.studiomuseum.org; 144 W 125th St an der Adam Clayton Powell Jr Blvd, Harlem; empfohlene Spende 7 US$; 🕐 Do & Fr 12–21, Sa 10–18, So 12–18 Uhr; 👪; [S] 2/3 bis 125th St) Eines der wichtigsten Museen für afroamerikanische Künstler mit Wechselausstellungen von Malern, Bildhauern, Illustratoren und Installationskünstlern.

Washington Heights

Washington Heights in der Nähe der nördlichen Spitze von Manhattan (oberhalb der 155th St) ist nach dem ersten amerikanischen Präsidenten benannt, der hier während des Unabhängigkeitskriegs ein Fort für seine Armee errichten ließ. Bis Ende des 19. Jhs. war dies eine eher ländliche

Gegend. Mittlerweile haben die New Yorker Wind von den erschwinglichen Mieten bekommen. Dennoch hat sich der Bezirk sein lateinamerikanisches (überwiegend dominikanisches) Flair bewahrt, und eine interessante Mischung aus zugezogenen Downtownern und alteingesessenen Bewohnern hat sich zu einer festen Gemeinde zusammengeschlossen.

★ **Cloisters** MUSEUM
(☎ 212-923-3700; www.metmuseum.org/cloisters; Fort Tryon Park, an der 190th St; empfohlener Eintritt Erw./Kind 25 US$/frei; ⏲ So–Do 10–17.30 Uhr, Fr & Sa bis 21 Uhr; Ⓢ A bis 190th St) Das Gebäude wurde in den 1930er-Jahren aus Steinen und Fragmenten mehrerer französischer und spanischer Klöster aus dem Mittelalter erbaut. Die burgähnliche Anlage beherbergt mittelalterliche Fresken, Wandteppiche, Höfe, Gärten und Gemälde und bietet eine umwerfende Aussicht auf den Hudson River. Zudem hat man auch auf dem Weg von der Subway zum Museum durch den Fort Tryon Park einen tollen **Blick** auf den Hudson; im Park üben auch Kletterer.

◉ Brooklyn

Brooklyn ist eine Welt für sich. Die Brooklyner fahren manchmal tage- oder sogar wochenlang nicht nach Manhattan. Hier leben 2,5 Mio. Menschen, und es werden immer mehr. Junge Eltern sind auf der Suche nach stattlichen Brownstone-Häusern in Carroll Gardens, Bands haben ihren nächsten Gig in Williamsburg, und die Bandmitglieder hätten dort auch gern eine billige Bleibe. Dieser Stadtteil hat schon lange Manhattan übertroffen, denn hier ist es cool, und hier lässt es sich gut leben. Brooklyns Sandstrände, luftige Uferpromenaden, gute Restaurants, zahlreiche ethnische Enklaven, weltklasse Entertainment, hochherrschaftliche Häuser und endlose Einkaufsstraßen stehen in starker Konkurrenz zu Manhattan. Die Entdeckungstour sollte am recht informativen **Brooklyn Tourism & Visitors Center** (☎ 718-802-3846; www.visitbrooklyn.org; 209 Joralemon St zw. Court St & Brooklyn Bridge Blvd; ⏲ Mo–Fr 10–18 Uhr; Ⓢ 2/3, 4/5 nach Borough Hall) ⚑ in Brooklyn Heights beginnen.

★ **Coney Island & Brighton Beach** STADTVIERTEL
Diese beiden beliebten Stadtteile am Strand, die in nur ca. 50 Minuten von Midtown mit der Subway zu erreichen sind, eignen sich perfekt für einen Tagesausflug. Der breite Sandstrand von **Coney Island** hat sich seinen nostalgischen, kitschigen und leicht anrüchigen Charme und die Uferpromade aus Holzplanken (die durch den Hurrikan Sandy teilweise zerstört, aber wieder aufgebaut wurde) erhalten. Und obwohl der Vergnügungspark renoviert wurde und ein paar Fahrgeschäfte für Adrenalinjunkies hinzugekommen sind, so gibt es doch auch noch immer die berühmte Achterbahn Cyclone aus dem Jahr 1927. Aber all dies wird vielleicht bald der Vergangenheit angehören, denn es ist geplant, dieses Gebiet in ein schickes Wohnviertel mit Hochhaushotels umzuwandeln. Das **New York Aquarium** (www.nyaquarium.com; Surf Ave & W 8th St; Erw./Kind 15/11 US$, mit 4-D Show 19/15 US$; ⏲ Mai–Sept. Mo–Fr 10–18, Sa & So 10–19 Uhr; ♿; Ⓢ F, Q bis W 8th St-NY Aquarium) ist bei Kindern der Renner – genauso wie der **Key Span Park**. In diesem am Ufer gelegenen Baseballstadion kann man sich am frühen Abend ein Spiel der Zweitligisten **Brooklyn Cyclones** (www.brooklyncyclones.com) anschauen.

Schlendert man auf der Uferpromenade nach Norden, vorbei an Handballplätzen, wo sich einige der besten Spieler der Welt messen, erreicht man nach fünf Minuten **Brighton Beach** („Little Odessa"). Hier spielen ältere Herrschaften Schach, und Einheimische genießen in einem der vielen Lokale an der Uferpromenade Piroggen (gekochte, mit Fleisch oder Gemüse gefüllte Teigtaschen) und Wodka-Shots. Weiter geht's in das Zentrum dieses Viertels, in die geschäftige Brighton Beach Ave mit den vielen russischen Läden, Bäckereien und Restaurants.

Williamsburg, Greenpoint & Bushwick STADTVIERTEL
Es gibt ihn, den Williamsburg-Look: hautenge Jeans, viele Tattoos, ein dezentes Body Piercing, zottelhaarige Männer und Frauen mit Retrofrisur. Die Bewohner des schäbigen, rauen und jenseits des East River an der Zugstrecke L gelegenen Viertels scheinen genug Zeit und Geld zu haben, um tagsüber in Cafés und nachts in Bars rumhängen zu können. Aber es ziehen immer mehr Ältere – Anfang 30-Jährige – aus Manhattan und Europa hierher. Die Hauptstraße ist die **Bedford Ave** zwischen der N 10th St und der Metropolitan Ave. Dort gibt's viele Boutiquen, Cafés, Bars und billige Lokale. Cool geht's mittlerweile auch an der N 6th St und der Berry St zu, und vielleicht ist es ein Zeichen der Zeit, dass die Trendsetter

Williamsburg für out halten und deswegen ins benachbarte, traditionell polnische Viertel **Greenpoint** oder in die früheren Lagerhäuser in **Bushwick** weiterziehen. Die **Brooklyn Brewery** (☎718-486-7422; www.brooklynbrewery.com; 79 N 11th St zwischen Berry Sr & Wythe Ave; ⏲Kostenlose Führungen Sa & So 13–16 Uhr; [S]L bis Bedford Ave) bietet Führungen am Wochenende, spezielle Events und Kneipenabende.

Park Slope & Prospect Heights STADTVIERTEL

Das Viertel Park Slope ist bekannt für seine klassischen Brownstone-Häuser, unzähligen tollen Restaurants und Boutiquen sowie für weltoffene, Kinderwagen schiebende Pärchen, die denen aus der Upper West Side ähneln (aber einen Hinterhof hinter ihrer Wohnung haben). Der 1866 angelegte 237 ha große **Prospect Park** gilt als Meisterleistung der Landschaftsarchitekten Olmsted und Vaux, die auch den Central Park entworfen haben. Direkt nebenan ist der wunderbare, 21 ha große **Brooklyn Botanic Garden** (www.bbg.org; 1000 Washington Ave an der Crown St; Erw./Kind 10 US$/frei, Di ganztägig & Sa 10–12 Uhr frei; ⏲Mitte März–Okt. Di–Fr 8–18, Sa & So 10–18 Uhr, Nov.–März Di–Fr 8–16.30, Sa & So 10–16.30 Uhr; 👪; [S]2/3 bis Eastern Pkwy-Brooklyn Museum), in dem man im Frühling die wahrhaft beeindruckende Kirschbaumblüte bewundern kann. Neben dem Garten befindet sich das **Brooklyn Museum** (☎718-638-5000; www.brooklynmuseum.org; 200 Eastern Pkwy; empfohlener Eintritt 10 US$; ⏲Mi, Sa & So 11–18, Do & Fr 11–22 Uhr; [S]2/3 bis Eastern Pkwy-Brooklyn Museum) mit umfangreichen Sammlungen afrikanischer, islamischer und asiatischer Kunst. Hier ist auch das Elizabeth A. Sackler Center for Feminist Art untergebracht.

Brooklyn Heights & Downtown Brooklyn STADTVIERTEL

Als Robert Fultons Dampffähren Anfang des 19. Jhs. ihren regelmäßigen Betrieb auf dem East River aufnahmen, begannen wohlhabende Manhattaner in Brooklyn Heights mit dem Bau traumhafter Häuser – im neugotischen, romanischen, neugriechischen, italienischen oder einem anderen Baustil. Bei einem Nachmittagsbummel durch die von Bäumen gesäumten Straßen kann man die vielen schönen Häuser bewundern.

Folgt man der **Montague St**, der Hauptgeschäftsstraße von Heights, bis hinunter zum Ufer, trifft man auf die **Brooklyn Heights Promenade** über dem Brooklyn–Queens Expwy, von wo aus sich ein einmaliger Blick auf Lower Manhattan bietet. Unterhalb des Expressway befindet sich der **Brooklyn Bridge Park**. Die 34 ha große, landschaftlich schön gestaltete Grünanlage mit vielen Wegen wurde auf Piers angelegt und erstreckt sich von der Brooklyn Bridge Richtung Süden bis zur Atlantic Ave.

Das kleine, aber faszinierende **New York Transit Museum** (☎718-694-1600; www.mta.info/mta/museum; Schermerhorn St am Boerum

NEW YORK MIT KINDERN

Man glaubt es kaum, aber New York kann richtig kinderfreundlich sein. Überall – vom Union Square bis zum Battery Park – sind topmoderne Spielplätze aus dem Boden geschossen, und natürlich gibt's auch jede Menge davon in den großen Stadtparks wie dem Central Park (u. a. die Spielplätze Heckscher, Adventure und Ancient Playground). Es gibt mindestens genauso viele Attraktionen für Kinder und Jugendliche wie für Erwachsene. Da wären z. B. die beiden Kindermuseen, das **Children's Museum of Manhattan** (Karte S. 82; www.cmom.org; 212 W 83rd St zw. Amsterdam Ave & Broadway; Eintritt 11 US$; ⏲So–Fr 10–17, Sa 10–19 Uhr; 👪; [S]B, C bis 81st St-Museum of Natural History; 1 bis 86th St) und das **Brooklyn Children's Museum** (www.brooklynkids.org; 145 Brooklyn Ave an der St. Marks Ave, Crown Heights; Eintritt 9 US$; ⏲10–17 Uhr, Mo geschl.; 👪; [S]C bis Kingston-Throop Aves, 3 bis Kingston Ave), die Zoos im Central Park und in der Bronx und nicht zuletzt das Coney Island Aquarium. Man kann auch mit dem Boot zur Lady Liberty oder mit der Circle Line durch den New Yorker Hafen schippern. Auch das am Fluss gelegene Intrepid, Sea, Air & Space Museum bietet Kinderfreundliches. Alte Karusselle gibt's im Bryant Park, Central Park und Brooklyn Bridge Park. Für Kids geeignet sind auch die thematisch gestalteten Megastores am Times Square und die benachbarten kinderfreundlichen Restaurants. Und natürlich gibt's überall Delis und Diners, wo man ein schnelles Sandwich genauso wie eine ausgedehnte Mahlzeit bekommt. Tipps zu Aufführungen und Events für die Kleinen stehen in der Wochenendrubrik Arts der *New York Times*.

Pl; Erw./Kind 7/5 US$; ☉ Di–Fr 10–16, Sa & So 11–17 Uhr; ⓶; Ⓢ 2/3, 4/5 bis Borough Hall, R bis Court St) beherbergt eine verblüffende Sammlung von Original-Subway-Wagen und Erinnerungsstücken aus mehr als 100 Jahren. Das **Barclay's Center**, die Heimat der in der NBA spielenden New Jersey Nets, wurde zu Beginn der Saison 2012 eingeweiht. Es liegt gegenüber der Atlantic Center Shopping Mall in Downtown Brooklyn.

Boerum Hill, Cobble Hill, Carroll Gardens & Red Hook   STADTVIERTEL

In diesen Stadtvierteln wohnen hauptsächlich italienischstämmige Familien, die hier seit Generationen leben, und ehemalige Manhattaner, die auf der Suche nach einem besseren Leben sind. Die Straßen mit den schön restaurierten Brownstone-Häusern sind von Bäumen gesäumt. Die **Smith St** und die **Court St** sind die beiden Hauptstraßen, die bis zu Carroll Gardens führen, dem südlichsten Zipfel der drei Viertel. Die Smith Street ist als Restaurantmeile bekannt. In der Court Street gibt's noch immer alteingesessene Lebensmittelläden, Bäcker und italienische Lokale. Weiter westlich ist **Red Hook**, eine Gegend direkt am Wasser mit Kopfsteinpflasterstraßen und gewaltigen Industriegebäuden. Man muss zwar von der Subway aus ein gutes Stück zu Fuß gehen, dafür gibt's jetzt aber in dieser einst schmuddeligen Gegend einige Bars und Restaurants. Direkt am Wasser steht ein riesiger **Fairway** (☎ 718-694-6868; 480-500 Van Brunt St, Red Hook; ☉ 8–22 Uhr; ✐; ◻ B61 bis Ecke Coffey St & Van Brunt St, Ⓢ F, G bis Carroll St), ein beliebter Gourmet-Laden mit atemberaubendem **Blick** auf den New Yorker Hafen.

Dumbo   STADTVIERTEL

Dumbos Spitzname ist die Abkürzung seiner Lage: „Down Under the Manhattan–Brooklyn Bridge Overpass". Dieser Uferstreifen im Norden Brooklyns war früher reines Industriegebiet. Heute gibt's hier erstklassige Eigentumswohnungen, Möbelläden und Kunstgalerien. In den kopfsteingepflasterten Straßen findet man mehrere hoch angesehene Theater. Der **Empire-Fulton Ferry State Park** am Ufer bietet einen postkartenperfekten Blick auf Manhattan.

☉ The Bronx

Der Ruhm dieses 108 km² großen Stadtviertels nördlich von Manhattan hat mehrere Gründe: Die Yankees, die liebevoll auch Bronx Bombers genannt werden, kann man im Frühjahr und im Sommer in all ihrer Nadelstreifenpracht im neuen **Yankee Stadium** (☎ 718-508-3917, 718-293-6000; www.yankees.com; E 161st St an der River Ave; Führung 20 US$; ☉ Öffnungszeiten telefonisch erfragen; Ⓢ B/D, 4 bis 161st St-Yankee Stadium) anfeuern; das „echte" Little Italy bzw. **Belmont** (www.arthuravenuebronx.com), ein geschäftiges Gebiet zwischen der Arthur und der Belmont Ave voller italienischer Feinkostläden und Lokale; und ein riesiges Ego, das dank Hollywood-Streifen wie *Der Pate* oder *Rumble in the Bronx* zum Mythos wurde. Die Bronx kann aber noch mehr Trümpfe aus dem Ärmel schütteln: Ein Viertel der Bronx besteht aus Grünanlagen, darunter der Stadtstrand Pelham Bay Park. Ebenfalls in dieser Gegend befindet sich die zauberhafte **City Island**, ein kleines Stückchen New England in der Bronx.

New York Botanical Garden   GARTEN

(www.nybg.org; Bronx River Pkwy & Fordham Rd; Erw./Kind/Senior & Student 20/8/18 US$, Mi ganztägig & Sa 10–12 frei; ☉ Di–So 10–18 Uhr; ⓶; ▣ Metro-North bis Botanical Garden) Der 101 ha große Garten ist die Heimat von uralten Bäumen, einem Sumpf-Wanderweg, fast 3000 Rosen und Zehntausenden neu gepflanzten Azaleen.

Bronx Wildlife Conservation Park   ZOO

(☎ 718-220-5100; www.bronxzoo.com; Bronx River Pkwy, an der Fordham Rd; Erw./Kind 15/11 US$; ☉ April–Okt. 10–17 Uhr; Ⓢ 2 bis Pelham Pkwy) Dieser Zoo ist einer der größten, besten und fortschrittlichsten Zoos überhaupt.

Woodlawn Cemetery   FRIEDHOF

(☎ 718-920-0500; www.thewoodlawncemetery.org; Webster Ave an der E 233rd St; ☉ 8.30–17 Uhr; Ⓢ 4 bis Woodlawn) Der berühmte, historische und faszinierende 162 ha große Friedhof ist die letzte Ruhestätte vieler namhafter Amerikaner, u. a. Irving Berlin und Herman Melville.

☉ Queens

Den typischen Queens-Slang à la Archie und Edith Bunker in *All in the Family* gibt's nicht mehr. Im größten (730 km²) und ethnisch buntesten Bezirk des ganzen Landes wird man wahrscheinlich Bengali und Spanisch – und 170 weitere Sprachen – hören. Die in Brooklyn so zahlreichen baumgesäumten Straßen mit Brownstone-Häusern sieht man hier kaum. Die meisten der Viertel entsprechen zumindest aus architektonischer Sicht so gar nicht dem großen Namen der Gegend. Da aber fast die Hälfte der 2,3 Mio. Bewohner von Queens nicht in den USA geboren sind, gestalten sich einige Teile des Bezirks ständig neu und bilden so eine lebhafte, aufregende Gegenwelt zu Manhattan. Außerdem gibt's hier zwei große Flughäfen, die Mets, eine hippe moderne Kunstszene sowie kilometerlange, wunderschöne Strände in **Rockaways** und Wanderwege in der **Gateway National Recreation Area** (www.nps.gov/gate), einem Tierreservat in der Jamaica Bay, nur ein paar Minuten vom Flughafen JFK entfernt. Die **Queens Historical Society** (☎ 718-939-0647; www.queenshistoricalsociety.org) organisiert Touren durch die verschiedenen Gegenden dieses riesigen Stadtteils.

Long Island City STADTVIERTEL

(Eintritt 15 US$; geöffnet 14–19 Uhr; Ⓢ G zur 21st St) Im benachbarten Long Island City säumen mehrere Apartment-Hochhäuser mit großartigem Blick auf Manhattan das Flussufer. Das Gebiet hat sich zu einem Zentrum für Kunstmuseen entwickelt. Das **PS 1 Contemporary Art Center** (☎ 718-784-2084; www.ps1.org; 22–25 Jackson Ave, an der 46th Ave; empfohlene Spende 10 US$; ◷ Do–Mo 12–18 Uhr) widmet sich ausschließlich neuen, topaktuellen Arbeiten. Von Anfang Juli bis September verwandelt sich samstags (15 US$, 14–21 Uhr) der Innenhof in einen Kunstraum mit Installationen, wo sich dann so viele Hipster drängen wie nirgendwo sonst diesseits des Mississippi. Bei gutem Wetter sollte man am Ufer einen Bummel im **Socrates Sculpture Park** (Karte S. 82; www.socratessculpturepark.org; Broadway am Vernon Blvd; Eintritt frei; ◷ 10 Uhr–Sonnenuntergang; Ⓢ N/Q bis Broadway) GRATIS machen. Dort stehen riesige erklimmbare Skulpturen von Größen wie Mark di Suvero, der diesen Park begründete.

Astoria STADTVIERTEL

Astoria ist die größte griechische Gemeinde außerhalb Griechenlands. Kein Wunder also, dass es hier herrliche griechische Bäckereien, Restaurants und Feinkostläden gibt – die meisten davon am **Broadway**. Der Zuzug von osteuropäischen, nahöstlichen (die Steinway Ave, die auch „Little Egypt" genannt wird, ist die Adresse für Falafel, Kebabs und Wasserpfeifen) und lateinamerikanischen Einwanderern haben eine bunte Multi-Kulti-Mischung hervorgebracht. Auch junge, künstlerisch angehauchte Typen haben sich hier niedergelassen und so in

Queens ein zweites Williamsburg geschaffen. Das renovierte **American Museum of the Moving Image** (www.movingimage.us; 35th Ave an der 36th St, Astoria; Erw./Kind 12/6 US$, Eintritt Fr 16–20 Uhr frei; ◷ Di–Do 10.30–17, Fr 10.30–20, Sa & So 10.30–19 Uhr; Ⓢ M/R bis Steinway St) erinnert daran, dass die ersten Filme in den 1920er-Jahren in Astoria gedreht wurden. Mit tollen Exponaten und Vorführungen werden in dem schmucken Filmtheater ein paar der Geheimnisse der Kunst des Filmemachens gelüftet. Im Sommer kann man sich im **Astoria Pool** (www.nycgovparks.org/parks/astoriapark; Astoria Park, Ecke 19th St & 23rd Dr, Astoria; ◷ Ende Juni–Anfang Sept. 11–19 Uhr; Ⓢ N/Q bis Astoria Blvd), dem größten und ältesten Schwimmbad der Stadt, Abkühlung verschaffen. An warmen Nachmittagen und lauen Abenden treffen sich Anwohner und neugierige Manhattaner im **Bohemian Hall & Beer Garden** (www.bohemianhall.com; 29-19 24th Ave zw. 29th St & 31st St, Astoria; Ⓢ N/Q bis Astoria Blvd).

Flushing & Corona STADTVIERTEL

Die Kreuzung der Main St und der Roosevelt Ave in Downtown Flushing fühlt sich an wie die Times Square einer Stadt, die Welten von NYC entfernt ist. Einwanderer aus ganz Asien, vor allem Chinesen und Koreaner, lassen dieses Viertel mit Märkten und Restaurants voller leckerer, preiswerter Delikatessen fast aus den Nähten platzen. Im **Flushing Meadows Corona Park** befinden sich das **Citi Field**, das **USTA National Tennis Center** (in dem im August die US Open stattfinden) und viele Seen, Sportplätze, Radwege und Rasenflächen. 1939 und 1964 fand hier die Weltausstellung statt, wovon eine ganze Reihe verblasster Überbleibsel zeugen. In der interaktiven Ausstellung in der **New York Hall of Science** (☎ 718-699-0005; www.nyhallsci.org; 47-01 111th St; Erw./Kind 11/8 US$, Sept.–Juni Fr 14–17 Uhr frei; ◷ April–Aug. tgl., Sept–März Mo geschl.; Ⓢ 7 bis 111th St) erfahren Kids spielend alles über Wissenschaft und Technik. Auf dem Gelände gibt's auch einen Minigolfplatz. In diesem riesigen Park befindet sich außerdem noch das **Queens Museum of Art** (QMA; www.queensmuseum.org; Flushing Meadows Corona Park, Queens; empfohlene Spende Erw./Kind 5 US$/frei; ◷ Mi–So 12–18 Uhr, Juli & Aug. Fr 12–20 Uhr; Ⓢ 7 bis 111th St).

Jackson Heights Historic District STADTVIERTEL

(Zwischen Roosevelt & 34th Aves, von der 70th bis zur 90th St; Ⓢ E, F/V, R zur Jackson Heights Roosevelt Ave) Dieses Viertel ist eine faszinierende Mischung aus indischer und südamerikanischer (Roosevelt Ave) Kultur. Hier ist der richtige Ort, um Saris und 22-karätiges Gold zu kaufen, südindische *masala dosas* – riesige hauchdünne Reispfannkuchen, die mit einer würzigen Mixtur aus Masala-Kartoffeln, Erbsen, Koriander und anderen pikanten Leckereien gefüllt sind –, kolumbianische *arepas* (Maispfannkuchen) und argentinische Empanadas zu essen oder in einer der vielen Latino-Schwulen- und Lesbenbars einen Cocktail zu genießen. Die meisten Bars haben sich am mittleren Teil des Broadways angesiedelt.

◉ Staten Island

Obwohl viele New Yorker der Meinung sind, dass Staten Island wegen seiner vorstädtisch geprägten Haus- und Autokultur mehr mit seinem Nachbar New Jersey gemeinsam hat, gibt es doch zweifelsohne gute Gründe, dieses Viertel zu besuchen. Zunächst einmal ist da die **Staten Island Ferry** (Karte S. 62; www.siferry.com; Whitehall Terminal an der Whitehall St & South St; ⏱ 24 Std.; Ⓢ 1 bis South Ferry) **GRATIS**, die gelangweilte Pendler zur Arbeit und zurück befördert. Die Überfahrt bietet Gelegenheit für einen atemberaubenden Blick auf die Freiheitsstatue und die Skyline von Manhattan (das größte Riesenrad der Welt soll mitten in dem großen Shopping- und Einzelhandelskomplex in der Nähe des Fährterminals errichtet werden). Unweit des Fähranlegers auf Staten Island befindet sich der **Richmond County Bank Ballpark** (75 Richmond Terrace, Staten Island), das Heimatstadion der Zweitligisten Staten Island Yankees, und das absolute In-Viertel St. George.

🏃 Aktivitäten

Radfahren

Hunderte von Kilometern ausgewiesener Radwege wurden dank des pro Fahrrad gesinnten Bürgermeisters Bloomberg in der Stadt angelegt. Noch bedeutsamer ist wahrscheinlich das ebenfalls unter Bloomberg im Sommer 2013 ins Leben gerufene **Citi Bike** (www.citibikenyc.com; 24 Std./7 Tage 11/27 US$) – ein sowohl heiß ersehntes als auch umstrittenes Fahrrad-Sharing-Programm. Es ist das größte seiner Art in den USA. An Hunderten von Kiosken in Manhattan und in Teilen Brooklyns stehen die begehrten hellblauen, sehr robusten Fahrräder für kurze Fahrten bis zu 30 Minuten bereit. Aber für unerfah-

rene Radfahrer kann das Radeln durch die Straßen New Yorks ziemlich riskant sein, weil Lastwagen, Taxis und in zweiter Spur geparkte Autos oft die Radwege blockieren. Mehr als 45 km überwiegend am Flussufer verlaufende Strecken wurden in den **Manhattan Waterfront Greenway** integriert, ein Flickwerk aus Parkwegen, Überführungen und ein paar Stadtstraßen, das die gesamte Insel Manhattan umrundet. Der überwiegend durchgehende 16 km lange Abschnitt von der G.W. Bridge zum Battery Park, der auch durch den **Hudson River Park** führt, ist der wohl spektakulärste Teil. Aber natürlich gibt es auch im **Central Park** und in Brooklyns **Prospect Park** schöne Radwege.

Tipps zum Radfahren bekommt man beim **Five Borough Bicycle Club** (Karte S. 82; www.5bbc.org; 891 Amsterdam Ave an der 103rd St; Ⓢ 1 bis 103rd St), der auch Wochenendausflüge organisiert. **Transportation Alternatives** (www.transalt.org), eine gemeinnützige Fahrrad-Interessensgruppe, ist ebenfalls eine gute Infoquelle. Schwule Radfreaks sollten die Website von **Fast & Fabulous** (www.fastnfab.org) anklicken, denn der schwule Fahrradclub organisiert lange Wochenendradtouren. Leihräder bekommt man (außer bei Citi Bike) auch im Central Park am **Loeb Boathouse**, oder man sucht sich einen Fahrradverleih auf der informativen Website **Bike New York** (www.bikenewyork.org).

Wassersport

Dies ist eine Insel. Kein Wunder also, dass es hier jede Menge Möglichkeiten zum Boot- und Kajakfahren gibt. Das **Downtown Boathouse** (Karte S. 66; www.downtownboathouse.org; Pier 40, nahe Houston St; Touren frei; ⏱ Juni–Sept. Sa & So 10–18, Do 17–19 Uhr; Ⓢ 1 bis Houston St) bietet kostenlose 20-minütige Kajaktouren (inkl. Ausrüstung) in der geschützten Bucht des Hudson River an. Weitere Standorte sind u.a. Pier 96 und 72nd St.

Das **Loeb Boathouse** (Karte S. 82; ☎ 212-517-2233; www.thecentralparkboathouse.com; Central Park zw. 74th St & 75th St; Boot 12 US$/Std., Fahrrad 9–15 US$/Std.; ⏱ April–Nov. 10 Uhr–Sonnenuntergang; 🚲 Ⓢ B, C bis 72nd St, 6 bis 77th St) im Central Park verleiht Ruderboote für romantische Dates und im Sommer sogar venezianische Gondeln (30 US$/30 Min.). Wer Lust auf ein Segelabenteuer hat, kann an den **Chelsea Piers** an Bord des *Schooner Adirondack* gehen.

Surfer werden überrascht sein, dass es in Queens am **Rockaway Beach** an der 90th

Stadtspaziergang
Das rebellische Village

START CHRISTOPHER ST
ZIEL FIFTH AVE
LÄNGE/DAUER 800 M; 30 MIN.

Seit eh und je ist Greenwich Village der Ort für Aufsteiger, Radikale, Bohemiens, Dichter, Folk-Sänger, Feministinnen und Schwule und Lesben. Zunächst fährt man mit der Subway zur Christopher St und besucht den **1** **Christopher Park** mit den beiden Statuen gleichgeschlechtlicher Paare (Gay Liberation, 1992). An der Nordseite ist das legendäre **2** **Stonewall Inn**, in dem sich 1969 Drag-Queens für ihre Bürgerrechte einsetzten und so die Schwulenbewegung starteten. Dann überquert man die Seventh Ave South und läuft westwärts entlang der Christopher St. Nun geht's links in die Bedford St, wo man im **3** **Chumley's** vorbeischauen kann, einer Flüsterkneipe, die von einem Sozialisten während der Prohibition illegal betrieben wurde (seit 2007 vorläufig geschl.). Die Bedford St weitergehen, links in die Downing St einbiegen und die Sixth Ave überqueren. Weiter geht's in

der Minetta St gen Osten, wo sich Panchito's Mexican Restaurant befindet, das das Schild des **4** **Fat Black Pussycat** übermalen ließ. 1962 als der junge Bob Dylan hier *Blowin' in the Wind* schrieb und erstmals mit diesem Song auftrat, hieß der Laden noch The Commons. Nun geht's nach rechts in die Minetta Lane und nochmal rechts in die MacDougal St mit der **5** **Minetta Tavern**, die 1922 als Flüsterkneipe eröffnet wurde. Hier früher auch das **6** **Folklore Center**, mit dem Izzy Young einen Treff für Folk-Künstler etablierte. Zu ihnen gehörte auch Dylan, der erstmals im **7** **Cafe Wha?** vor Publikum auftrat. Jetzt geht's wieder zurück über die MacDougal zum Research Fellows & Scholars Office der NYU School of Law. Hier war früher der **8** **Liberal Club** von 1913, ein Treffpunkt für Freidenker wie Jack London und Upton Sinclair. Geht man noch etwas weiter, kommt man zum Südwesteingang des **9** **Washington Square Park** (S. 69). Zum Ende der Tour kann man den Park durch den Triumphbogen Richtung Fifth Ave verlassen.

St eine kleine Gruppe von Wellenreitern gibt. Aus Midtown braucht der A-Train nur 45 Minuten hierher, und schon kann man sich aufs Brett schwingen.

👉 Geführte Touren

Die im Folgenden genannten Touren sind nur eine kleine Auswahl:

Big Onion Walking Tours   STADTSPAZIERGANG
(☎ 888-606-9255; www.bigonion.com; Tour 20 US$) Beliebte, leicht abgedrehte Stadtspaziergänge, die sich auf bestimmte ethnische Gruppen und Stadtviertel beziehen.

Circle Line   BOOTSFAHRT
(Karte S. 72; ☎ 212-563-3200; www.circleline 42.com; Pier 83, W 42nd St; Tickets ab 29 US$; ⓈA/C/E bis 42nd St-Port Authority Bus Terminal) Bootsfahrten mit Kommentar um die halbe oder ganze Insel sowie Speedboat-Trips (Erw./Kind 27/21 US$).

Gray Line Sightseeing   BUSTOUR
(Karte S. 72; www.newyorksightseeing.com; 777 8th Ave; Erw./Kind ab 42/32 US$) Mehrsprachige Hop-on-Hop-off-Stadtrundfahrt in Doppeldeckerbussen durch alle Bezirke (außer Staten Island).

Municipal Art Society   STADTSPAZIERGANG
(Karte S. 72; ☎ 212-935-3960; www.mas.org; 111 W 57th St; Tour 20 US$; ⓈF bis 57th St) Diverse Spaziergänge mit Schwerpunkt auf Architektur und Geschichte, u. a. gibt's täglich um 12.30 Uhr eine Führung durch den Grand Central Terminal.

New York City Audubon   STADTSPAZIERGANG
(Karte S. 72; ☎ 212-691-7483; www.nycaudubon. org; 71 W 23rd St, Ste 1523; Tour 8–100 US$; ⓈF/M bis 23rd St) Touren mit Experten und sachkundigen Führern. Angeboten werden u. a. Vogelbeobachtungen im Central Park und in der Bronx sowie umweltorientierte Rundfahrten im Jamaica Bay Wildlife Refuge.

NYC Gangster Tours   STADTSPAZIERGANG
(www.nycgangstertours.com; Tour 25 US$) Zugegeben, es ist eigentlich eine beliebte Masche. Aber die etwas schrillen, sachkundigen Führer machen aus diesem Spaziergang mit Schwerpunkt auf die italienische, chinesische und jüdische Mafia in NYC eine interessante und witzige Sache.

On Location Tours   GEFÜHRTE TOUREN
(☎ 212-209-3370; www.screentours.com; Tour 15–45 US$) Die *Gossip Girl-* und *How I Met Your Mother-Tour* sind neu auf der Liste der angebotenen Touren, auf denen man seine Carrie Bradshaw- oder Tony Soprano-Fantasien ausleben kann.

🎉 Feste & Events

Von Kulturstraßenmärkten bis zu Gourmet-Events gibt es so ziemlich alles. Man ist geradezu gezwungen, etwas Aufregendes zu erleben – und das unabhängig von der Jahreszeit. In den Sommermonaten finden so viele Open-Air-Events statt, dass man gar nicht weiß, womit man anfangen soll.

Restaurant Week   ESSEN
(☎ 212-484-1222; www.nycgo.com; ⊙ Feb. & Juli) Spitzenrestaurants bieten Mahlzeiten für 20 und 30 US$.

Armory Show   KULTUR
(☎ 212-645-6440; www.thearmoryshow.com; Pier 92 & 94, West Side Hwy an der 52nd & 54th St; ⊙ März) New Yorks größte Kunstmesse berauscht die Stadt im März und präsentiert neue Werke von Tausenden Künstlern aus der ganzen Welt.

Tribeca Film Festival   FILM
(☎ 212-941-2400; www.tribecafilm.com; ⊙ Ende April & Anfang Mai) Robert De Niro ist an der Organisation dieses schnell an Prestige gewinnenden Filmfestivals in Downtown beteiligt.

Fleet Week   MARINE
(☎ 212-245-0072; www.fleetweeknewyork.com; ⊙ Mai) Seeleute in weißen Uniformen, Marineschiffe und Luftrettungsteams überschwemmen die Stadt.

Lesbian, Gay, Bisexual & Transgender Pride   KULTUR
(☎ 212-807-7433; www.nycpride.org; ⊙ Juni) Im Pride-Monat Juni ist der Veranstaltungskalender voller Partys und Special Events. Der Höhepunkt ist eine große Parade auf der Fifth Ave am letzten Sonntag im Juni.

Mermaid Parade   KULTUR
(www.coneyisland.com; ⊙ Ende Juni) Dieses witzige, irre, künstlerisch angehauchte Event verwandelt die Surf Ave auf Coney Island in Brooklyn in eine Art Mardi-Gras-Spektakel.

New York Film Festival   FILM
(www.filmlinc.com; ⊙ Ende Sept.) Im Lincoln Center werden Weltpremieren großer Regisseure gezeigt.

🛏 Schlafen

Die Preise ändern sich je nach Kurs des Euro, Yen und der anderen Währungen.

Auch die allgemeine Wirtschaftslage, der Wochentag und, nicht zu vergessen, die Jahreszeit beeinflussen den Preis, wobei Frühjahr und Herbst am teuersten sind. Hinzu kommt noch ein Steuerzuschlag von 13,25 % pro Übernachtung. Eine ganze Reihe von landesweit vertretenen Hotelketten wie Sheraton, Ramada und Holiday Inn bieten zu erschwinglichen Preisen Zimmer in Hotels, die nur ein paar Blocks voneinander entfernt rund um die 39th Ave in Long Island City, Queens, zu finden sind. Mit Zügen der Linien N, Q oder R kommt man schnell über den Fluss ins Zentrum von Manhattan.

Lower Manhattan & Tribeca

Cosmopolitan Hotel HOTEL **$$$**

(Karte S. 62; ☎ 212-566-1900; www.cosmohotel.com; 95 W Broadway an der Chambers St; DZ ab 200 US$; ❄📶; [S] 1/2/3 bis Chambers St) Das Hotel mit 130 Zimmern hat nicht viel, womit es sich rühmen könnte. Aber die Zimmer sind sauber und mit Teppichboden ausgelegt, sie haben ein Bad, ein oder zwei Doppelbetten und Möbel, die an IKEA erinnern. Saubere und gemütliche Unterkunft mit allen wichtigen Subway-Linien direkt vor der Haustür.

Duane Street Hotel BOUTIQUEHOTEL **$$$**

(Karte S. 62; ☎ 212-964-4600; www.duanestreethotel.com; 130 Duane St an der Church St; Zi. 215–429 US$; ❄[@]📶🐾; [S] A/C, 1/2/3 bis Chambers St) Lust auf ein eigenes minimalistisches Loft in Manhattan? Dann sollte man in einem der spärlich geschmückten Zimmer mit hellen Wänden, bequemen Betten und schickem Mobiliar einchecken. Wer einen leichten Schlaf hat, den stört nachts möglicherweise der Straßenlärm, aber abgesehen davon ist das Duane Street Hotel wirklich empfehlenswert.

Wall Street Inn LUXUSHOTEL **$$$**

(Karte S. 62; ☎ 212-747-1500; www.thewallstreetinn.com; 9 S William St; Zi. mit Frühstück ab 275 US$; ❄[@]📶; [S] 2/3 zur Wall St) Früher war in diesem klassischen Kalksteingebäude die Pleite gegangene Bank Lehman Brothers untergebracht. In dem Hotel ist die Atmosphäre der sehr frühen amerikanischen Banker noch spürbar, aber man geht längst kein Risiko mehr ein, wenn man sein Geld hier investiert. Die altmodischen, eher warmen und nicht spießigen Zimmer mit luxuriösem Marmorbad sind für ihre Größe leicht vollgestopft.

SoHo

Mondrian SoHo HOTEL **$$$**

(Karte S. 66; ☎ 212-389-1000; www.mondriansoho.com; 9 Crosby St zw. Howard St & Grand St; Zi. ab 249 US$; ❄[@]📶🐾; [S] 4/6, N/Q/R, J/Z bis Canal St) Die Verspieltheit der Mondrian-Hotels hat jetzt auch in diesem schönen Haus in Downtown Einzug gehalten. Die märchenhafte Farbgebung in den mehr als 250 Zimmern und die vielen *objets d'art* mit ihren sonderbaren Reliefs verwirren die Sinne.

Soho Grand Hotel BOUTIQUEHOTEL **$$$**

(Karte S. 66; ☎ 212-965-3000; www.sohogrand.com; 310 W Broadway; DZ 195–450 US$; ❄[@]🐾; [S] 6, N/Q/R, J zur Canal St) *Das* Boutiquehotel des Viertels gibt mit seiner umwerfenden Treppe aus Glas und Gusseisen in der Lobby hier noch immer den Ton an. Die 367 Zimmer sind mit coolen sauberen Bettlaken und Luxusbettwäsche der Marke Frette, Plasma-Flachbild-TVs und Pflegeprodukten von Kiehl's ausgestattet. In der Grand Lounge in der Lobby ist immer viel los.

Solita SoHo HOTEL **$$$**

(Karte S. 66; ☎ 212-925-3600; www.solitasohohotel.com; 159 Grand St, an der Lafayette St; Zi. ab 220 US$; ❄📶; [S] 6, N/Q/R, J bis Canal St) Das Solita gehört zur Clarion-Hotelkette und ist eine saubere, funktionale Alternative mit erlesenen Möbeln ganz in der Nähe von Little Italy, Chinatown, Soho und Lower East Side. Im Winter niedrigere Zimmerpreise.

Lower East Side, East Village & NoLita

Nolitan Hotel HOTEL **$$**

(Karte S. 66; ☎ 212-925-2555; www.nolitanhotel.com; 30 Kenmare St zw. Elizabeth St & Mott St; Zi. ab 143 US$; ❄📶🐾; [S] J bis Bowery, 4/6 bis Spring St, B/D bis Grand St) Das Nolitan hinter seiner denkwürdigen Fassade aus scheinbar schwebenden positiv-negativ angeordneten Tetris-Steinen, ist eine tolle Entdeckung. In der einladenden Lobby-Lounge kann man wunderbar in Büchern schmökern, und die stylish eingerichteten Zimmer warten nur darauf, fotografiert und im nächsten CB2-Katalog veröffentlicht zu werden.

East Village Bed & Coffee B&B **$$**

(Karte S. 66; ☎ 212-533-4175; www.bedandcoffee.com; 110 Ave C zw. 7th St & 8th St; EZ/DZ mit Gemeinschaftsbad ab 125/130 US$; ❄📶; [S] F/V bis Lower East Side-2nd Ave) Dieses familiäre Haus wurde in ein witzig designtes, ausgefallenes B&B mit farbenfrohen, thematisch unterschiedlich gestalteten Zimmern umgebaut (ein Gemeinschaftsbad und -küche pro Stockwerk). Den Gästen stehen sogar Fahrräder kostenlos zur Verfügung. Im Erdgeschoss kann man über Hunde stolpern, in den Obergeschossen gibt's keine Haustiere. Die Betreiber können tolle Insider-Tipps über das Viertel geben.

Blue Moon Hotel
BOUTIQUEHOTEL **$$$**

(Karte S. 66; ☎ 212-533-9080; www.bluemoon -nyc.com; 100 Orchard St zw. Broome St & Delancey St; Zi. ab 250 US$; ✳☎; Ⓢ F/V bis Lower East Side-2nd Ave) Man kann sich kaum vorstellen, dass diese originelle, einladende, farbenfrohe Pension in einem Backsteinhaus früher (d. h. 1879) eine heruntergekommene Mietskaserne war. Abgesehen von einigen Schnörkeln, wie z. B. schmiedeeiserne Bettgestelle und feine Formarbeiten, sind die klaren, sauberen Zimmer im Blue Moon modern und gemütlich eingerichtet.

Bowery Hotel
BOUTIQUEHOTEL **$$$**

(Karte S. 66; ☎ 212-505-9100; www.thebowery hotel.com; 335 Bowery, zw. 2nd St & 3rd St; Zi. ab 325 US$; ✳☎; Ⓢ F/V zur Lower East Side-2nd Ave; 6 zur Bleecker St) Die Zeiten des Bowery als billige Absteige sind lange vorbei. Jetzt herrscht in dem atemberaubend stilvollen Hotel die Eleganz des 19. Jhs. vor. Die hellen Zimmer sind mit schicken Möbeln und Antiquitäten ausgestattet. Die Bar im Barockstil in der Lobby lockt junge, schicke Leute an, und im dazugehörigen Restaurant Gemma wird feinste italienische Küche geboten.

🛏 Chelsea, Meatpacking District & West (Greenwich) Village

Chelsea Hostel
HOSTEL **$**

(Karte S. 72; ☎ 212-647-0010; www.chelseahos tel.com; 251 W 20th St zw. Seventh Ave & Eighth Ave; B 38–68 US$, EZ 70–95 US$, DZ ab 95 US$; ✳@☎; Ⓢ A/C/E, 1/2 bis 23 St; 1/2 bis 18 St) Das Chelsea Hostel setzt die gute Lage – das Village und Midtown sind zu Fuß zu erreichen – mit recht gepfefferten Preisen in bare Münze um. Aber die Zimmer sind sauber (manchmal fast schon etwas steril) und es gibt Gemeinschaftsräume und -küchen, in denen man auf Gleichgesinnte trifft.

Jane Hotel
HOTEL **$**

(Karte S. 66; ☎ 212-924-6700; www.thejanenyc. com; 113 Jane St zw. Washington St & West Side Hwy; Zi. mit Gemeinschaftsbad ab 99 US$; Ⓟ✳☎; Ⓢ L bis 8th Ave, A/C/E bis 14th St; 1/2 bis Chris-

topher St-Sheridan Sq) Ursprünglich wurde das Hotel für Seeleute gebaut (was man an den kajütenkleinen Zimmern unschwer erkennen kann), dann war es ein Notquartier für Überlebende der *Titanic,* später eine YMCA-Unterkunft und eine Rock'n'Roll-Spielstätte. Die Einzelzimmer haben Flachbild-TVs, und die Gemeinschaftsduschen sind recht gut.

Chelsea Lodge
HOTEL **$$**

(Karte S. 72; ☎ 212-243-4499; www.chelsealodge. com; 318 W 20th St zw. Eighth Ave & Ninth Ave; EZ/ DZ ab 118/128 US$; ✳; Ⓢ A/C/E bis 14th St; 1 bis 18th St) Die europäisch gestaltete Chelsea Lodge mit ihren 20 Zimmern in einem unverkennbaren Brownstone-Haus in Chelsea ist ein Superdeal. In den kleinen Zimmern steht kaum mehr als ein Bett und ein Holzschränkchen mit TV drauf. Duschen und Waschbecken sind in den Zimmern, die Toiletten aber am Ende des Flurs. Es gibt auch sechs Suiten mit Bad, zwei davon mit eigenem Gartenzugang.

Inn on 23rd St
B&B **$$**

(Karte S. 72; ☎ 212-463-0330; www.innon23rd. com; 131 W 23rd St zw. Sixth Ave & Seventh Ave; Zi. inkl. Frühstück ab 179 US$; ✳☎; Ⓢ F/V, 1 bis 23rd St) Dieses B&B in einem kleinen, vierstöckigen Stadthaus in der belebten 23rd St in Chelsea ist ein wahres Schmuckstück. In den großen, einladenden Zimmern stehen große Messing- oder Himmelbetten, im Aufenthaltsraum wartet ein altes Klavier darauf, dass jemand auf ihm Boogie-Woogie spielt, und die viktorianisch eingerichtete Bibliothek im 1. OG fungiert morgens als Frühstücksraum.

Larchmont Hotel
HOTEL **$$**

(Karte S. 66; ☎ 212-989-9333; www.larchmontho tel.com; 27 W 11th St, zw. Fifth Ave & Sixth Ave; EZ/DZ mit Gemeinschaftsbad & Frühstück ab 90/119 US$; ✳; Ⓢ 4/5/6, N/Q/R bis 14th St Union Sq) Das Larchmont punktet mit seiner Lage. Es ist in einem Gebäude aus der Vorkriegszeit untergebracht, das hervorragend zu den anderen schönen Brownstone-Häusern in dem Straßenblock passt. Die schlichten Zimmer mit Teppichböden könnten mal wieder aufgefrischt werden. Gleiches gilt für die Gemeinschaftsbäder. Aber das Preis-Leistungs-Verhältnis stimmt.

Ace Hotel New York City
BOUTIQUEHOTEL **$$$**

(Karte S. 72; ☎ 212-679-2222; www.acehotel.com/ newyork; 20 W 29th St zwischen Broadway & Fifth Ave; Zi. 249–549 US$; ✳@☎; Ⓢ N/R zur 28th

St) Der Ableger einer hippen Hotelkette aus dem pazifischen Nordwesten befindet sich am Nordrand von Chelsea. Nette Details wie alte Plattenspieler und handgeschriebene Willkommensgrüße machen aus dem Ace etwas Besonderes. Trotzdem sind die gefängnisartigen Etagenbetten in einem der Zimmer ein Fehlgriff. Morgens gibt's Saft, Kaffee und Croissants.

Hotel Gansevoort   LUXUSHOTEL $$$
(Karte S. 66; 212-206-6700; www.hotelganse voort.com; 18 Ninth Ave an der 13th St; Zi. ab 325 US$; ▣🐾🛜🌀🛜; ⓢA/C/E, 1/2/3 bis 14th St; L bis 8th Ave) Das Luxushotel mit 187 Zimmern im trendigen Meatpacking District punktet mit besonders fein gewebter Bettwäsche, hypoallergenen Daunendecken und -kissen, Plasma-TVs, einem schicken Spa im Untergeschoss und einer Dachterrassenbar mit tollem Blick. Für Bodenständige ist es hier sicher etwas zu trendig.

🛏 Union Square, Flatiron District & Gramercy Park

Hotel 17   BUDGETUNTERKUNFT $$
(Karte S. 72; 212-475-2845; www.hotel17ny. com; 225 E 17th St zw. Second Ave & Third Ave; Zi. 89–150 US$; ▣🛜; ⓢN/Q/R/W, 4/5/6 bis 14th St-Union Sq; L bis 3rd Ave) Die relativ erschwingliche Unterkunft in einem Wohnblock direkt am Stuyvesant Sq befindet sich in einem schlichten siebenstöckigen Stadthaus. Die kleinen Zimmer sind altmodisch und mit einfachen Möbeln eingerichtet (grauer Teppichboden, auffällig bunte Tagesdecken, burgunderrote Jalousien). Sie könnten etwas mehr Tageslicht vertragen.

Gershwin Hotel   HOTEL $$$
(Karte S. 72; 212-545-8000; www.gershwin hotel.com; 7 E 27th St an der Fifth Ave; Zi. ab 215 US$; ▣🐾🛜; ⓢN/R, 6 bis 28th St) Die beliebte, abgefahrene Unterkunft ist halb Jugendherberge, halb Hotel. Das Haus ist voller originaler Pop-Art-Werke, tourender Bands und junger, kunstbeflissener Europäer.

W New York Union Square   HOTEL $$$
(Karte S. 72; 888-625-5144, 212-253-9119; www.whotels.com; 201 Park Ave S an der 17th St; Zi. 389 US$, Suite ab 625 US$; ▣🐾🛜🌀🛜; ⓢL, N/Q/R/W, 4/5/6 bis 14th St-Union Sq) Wer in diesem ultra-hippen W übernachten will, muss Schwarz gekleidet und im Besitz einer Kreditkarte sein. Die Standardzimmer sind nicht groß, haben aber hohe Decken – das Hotel ist in einem ehemaligen Versiche-

rungsgebäude von 1911 untergebracht – und bietet jeglichen nur erdenklichen modernen Schnickschnack. Die Suiten sind spektakulär.

Marcel   BOUTIQUEHOTEL $$$
(Karte S. 72; 212-696-3800; www.nychotels. com; 201 E 24th St an der Third Ave; DZ ab 210 US$; ▣🐾🛜; ⓢ6 bis 23rd St) Schickes, minimalistisches Boutique-Hotel für weniger Betuchte mit 97 in Erdfarben gehaltenen Zimmern. Die modernistischen Zimmer zur Straße hin haben eine tolle Aussicht, und die schöne Lounge ist perfekt, um sich von einem langen Sightseeing-Tag zu erholen.

🛏 Midtown

★ Yotel   HOTEL $$
(Karte S. 72; 646-449-7700; www.yotel.com; 570 Tenth Ave an der 41st St; Zi. ab 150 US$; ▣🛜; ⓢA/C/E bis 42nd St-Port Authority Bus Terminal; 1/2/3, N/Q/R, S, 7 bis Times Sq-42nd St) In dem super coolen Hotel trifft Weltraumbahnhof auf Austin Powers. Die 669 Zimmer mit Flugzeug-Charme sind klein, aber fein. In den Zimmern der Premium Class stehen automatisch verstellbare Betten. Alle Zimmer haben Fenster vom Fußboden bis zur Decke und bieten einen grandiosen Blick, schicke Bäder und iPod-Docking-Stationen.

Pod Hotel   HOTEL $$
(Karte S. 72; 866-414-4617; www.thepodhotel. com; 230 E 51st St zw. Second Ave & Third Ave; Zi. ab 145 US$; ▣🛜; ⓢ6 bis 51st St; E, V bis Lexington Ave-53rd St) Ein Traum wird wahr für alle, die in und mit ihrem iPod leben – oder zumindest mit ihm einschlafen wollen. Der erschwingliche Hotspot hat eine Reihe verschiedener Zimmer, die meistens kaum groß genug für ein Bett sind. Das Bettzeug im „Pods" ist strahlend weiß, die Zimmer haben kleine Schreibtische, Flachbild-TVs, iPod-Docking-Stationen und Regenduschen.

Andaz Fifth Avenue   BOUTIQUEHOTEL $$$
(Karte S. 72; 212-601-1234; http://andaz.hyatt. com; 485 Fifth Ave an der 41st St; DZ 355–595 US$; ▣🛜; ⓢS, 4/5/6 bis Grand Central-42nd St, 7 bis 5th Ave) Das super schicke Andaz hat die spießige Rezeption verbannt. Die Gäste werden von jungen, lockeren, hippen Hotelangestellten in der mit viel Kunst geschmückten Lobby per Tablet eingecheckt. Die 184 Zimmer sind modern und schick mit New-York-typischen Details eingerichtet – fahrbare Kleiderständer à la „Fashion District" und an die Subway erinnernde Lampen.

London NYC
LUXUSHOTEL $$$

(Karte S. 72; ☎ 212-307-5000, 866-690-2029; www.thelondonnyc.com; 151 W 54th St zw. Sixth Ave & Seventh Ave; Suite ab 389 US$; ✳ 🕾; Ⓢ B/D, E bis 7th Ave) Dieses Luxushotel grüßt die britische Hauptstadt auf elegante Art und Weise, u. a. in dem mit einem Michelin-Stern ausgezeichneten Restaurant von Gordon Ramsay. Das Highlight sind aber die riesigen, exklusiven Zimmer oder besser gesagt Suiten mit getrenntem Schlafzimmer und Wohnbereich. Im Winter fallen die Preise auf unter 300 US$.

414 Hotel
HOTEL $$$

(Karte S. 72; ☎ 212-399-0006; www.414hotel.com; 414 W 46th St zw. Ninth Ave & Tenth Ave; Zi. inkl. Frühstück ab 200 US$; ✳ 🕾; Ⓢ C/E bis 50th St) Diese erschwingliche, freundliche Unterkunft mit 22 ordentlichen, geschmackvoll eingerichteten Zimmern ähnelt eher einer Pension als einem Hotel und liegt nur ein paar Blocks westlich vom Times Square. Die Zimmer zum grünen Innenhof, in dem man ganz wunderbar frühstücken kann, sind die ruhigsten.

🛏 Upper West Side

Hostelling International New York
HOSTEL $

(HI; Karte S. 82; ☎ 212-932-2300; www.hinew york.org; 891 Amsterdam Ave an der 103rd St; B 32–40 US$, DZ ab 135 US$; ✳ 🕾; Ⓢ 1 bis 103rd St) Saubere, sichere und klimatisierte Schlafsäle in einem prachtvollen Gebäude mit großer, schattiger Terrasse und superfreundlicher Atmosphäre.

Jazz on Amsterdam Ave
HOSTEL $

(Karte S. 82; ☎ 646-490-7348; www.jazzhostels. com; 201 W 87th St an der Amsterdam Ave; B 44 US$, Zi. 100 US$; ✳ 🕾; Ⓢ 1 bis 86th St) Nur einen kurzen Spaziergang vom Central Park entfernt befindet sich der Upper-West-Side-Ableger dieser Hostelkette mit sauberen Zimmern und Schlafsälen mit zwei bis sechs Betten. In der Lobby gibt's kostenloses WLAN. Weitere Ableger befinden sich in Harlem und Chelsea.

YMCA
HOSTEL $$

(Karte S. 82; ☎ 212-912-2600; www.ymca.com; 5 W 63rd St am Central Park West; Zi. ab 100 US$; ✳ @; Ⓢ A/B/C/D bis 59th St-Columbus Circle) Nur ein paar wenige Schritte vom Central Park entfernt bietet dieses großartige Art-déco-Gebäude einfache, aber saubere Zimmer auf mehreren Etagen (8.–13. Stock). Gäste kön-

nen den großen, wenn auch altmodischen Fitnessraum, die Racquetball-Plätze, den Pool und die Sauna nutzen. Im Erdgeschoss gibt's WLAN. Weitere Ableger befinden sich in der Upper East Side und in Harlem.

Lucerne
HOTEL $$$

(Karte S. 82; ☎ 212-875-1000; www.thelucerne hotel.com; 201 W 79th St Ecke Amsterdam Ave; DZ 200–425 US$, Suite 400–625 US$; ✳ 🕾 🛗; Ⓢ B, C bis 81st St) Mit der reich verzierten terrakottafarbenen Fassade bietet dieses ungewöhnliche Gebäude von 1903 mit der Beaux-Arts-Architektur zu Gunsten des Barock. Das stattliche Hotel mit 197 Zimmern verfügt über neun verschiedene Zimmertypen im modernen, viktorianischen Look: geblümte Tagesdecken, verschnörkelte Kopfenden an den Betten und Plüschkissen mit Fransen.

On the Ave
BOUTIQUEHOTEL $$$

(Karte S. 82; ☎ 212-362-1100; www.ontheave. com; 2178 Broadway an der 77th St; Zi. ab 225 US$; ✳ 🕾; Ⓢ 1 bis 77th St) Im Vergleich zu einem durchschnittlich schicken Boutiquehotel hat dieses ein freundlicheres Ambiente und größere Zimmer. In Anbetracht des tollen Designs, der mit Edelstahl und Marmor ausgestatteten Bäder, der Federbetten, der Flachbild-TVs und der echten Kunst ist auch das Preis-Leistungs-Verhältnis sehr gut.

🛏 Upper East Side

Bubba & Bean Lodges
B&B $$

(Karte S. 82; ☎ 917-345-7914; www.bblodges.com; 1598 Lexington Ave zw. 101st St & 102nd St; Zi. ab 180 US$; ✳ 🕾; Ⓢ 6 bis 103rd St) Parkettböden, blendend weiße Wände und hübsche blaue Tagesdecken lassen die Zimmer dieses tollen B&Bs geräumig, modern und jugendlich erscheinen. Die Zimmer sind eigentlich eher komplett ausgestattete Apartments (manche für bis zu 6 Pers.). Gute Winterangebote.

Bentley
BOUTIQUEHOTEL $$$

(Karte S. 82; ☎ 888-664-6835; www.nychotels. com; 500 E 62nd St an der York Ave; Zi. ab 200 US$; ✳ 🕾; Ⓢ N/Q/R bis Lexington Ave/59th St) Das Bentley bietet einen traumhaften Blick über den East River und die FDR Dr soweit das Auge reicht. Das ehemalige Bürogebäude hat sich in ein schickes Boutiquehotel mit eleganter Lobby und hübschen Zimmern verwandelt.

Carlyle
LUXUSHOTEL $$$

(Karte S. 82; ☎ 212-744-1600; www.thecarlyle. com; 35 E 76th St, zw. Madison Ave & Park Ave; Zi.

ab 450 US$; ✱ @ ; Ⓢ 6 bis 77th St) Der legendäre New Yorker Klassiker ist der Inbegriff von altmodischem Luxus, den ausländische Würdenträger und Promis gleichermaßen genießen. Von der gedämpften Lobby mit ihrem glänzenden Marmorboden bis zu den englischen Landschaftsgemälden oder den Audubon-Drucken in den Zimmern herrscht hier überall Opulenz. Manche Zimmer bieten eine Terrasse oder sogar kleine Konzertflügel.

🛏 Harlem

102 Brownstone   HOTEL $$
(Karte S. 82; ☎ 212-662-4223; www.102brownstone.com; 102 W 118th St, zw. Malcolm X Blvd & Adam Clayton Powell Jr Blvd; Zi. ab 120 US$; ✱ @ ; Ⓢ A/B/C, 2/3 zur 116th St) Prächtig restauriertes Reihenhaus im neoklassizistischen Stil in einer hübschen Wohnstraße. Die Zimmer mit gemütlichen Betten sind stilistisch unterschiedlich eingerichtet – von buddhistisch bis zum klassischen Boudoir-Stil.

710 Guest Suites   APARTMENT $$
(☎ 212-491-5622; www.710guestsuites.com; 710 St Nicholas Ave an der 146th St; Suite ab 174 US$; ✱ 🛜; Ⓢ A/B/C/D bis 145th St) Drei fabelhafte, schicke Suiten mit hohen Decken, modernen Möbeln und Holzfußböden in einem Brownstone-Haus. Mindestaufenthalt drei Nächte. Die niedrigeren Preise von Januar bis März sorgen für ein außergewöhnlich gutes Preis-Leistungs-Verhältnis. Die Unterkunft liegt nördlich des Central Park.

Harlem Flophouse   PENSION $$
(Karte S. 82; ☎ 347-632-1960; www.harlemflophouse.com; 242 W 123rd St zw. Adam Clayton Powell Jr & Frederick Douglass Blvd, Harlem; Zi. mit Gemeinschaftsbad ab 125 US$; ✱ 🛜; Ⓢ A/C, B/D, 2/3 bis 124th St) Die vier hübschen Zimmer sind mit alten Lampen, lackierten Holzböden, großen Betten, klassischen Zinndecken und Fensterläden aus Holz ausgestattet. Im Haus lebt eine Katze.

🛏 Brooklyn

★ New York Loft Hostel   HOSTEL $
(☎ 718-366-1351; www.nylofthostel.com; 249 Varet St zw. Bogart St & White St, Bushwick; B 50 US$, Zi. mit/ohne Bad 70/65 US$; ✱ @ 🛜; Ⓢ L bis Morgan Ave) In dem renovierten Loft-Hostel lebt man wie ein hipper Williamsburger oder genauer gesagt wie ein hipper Bushwicker. Unverputzte Wände, hohe Decken, eine schöne Küche und ein Whirlpool auf dem Dach lassen die Hostels in Manhattan vor Neid erblassen.

3B   B&B $
(☎ 347-762-2632; www.3bbrooklyn.com; 136 Lawrence St; B/Zi. inkl. Frühstück 60/150 US$; ✱ 🛜; Ⓢ A/C/F/N/R bis Jay St-Metro Tech) Das zweite Stockwerk des im Zentrum von Brooklyn gelegenen Brownstone-Hauses wurde in ein helles, modernes B&B mit vier Zimmern umgebaut.

Nu Hotel   HOTEL $$$
(☎ 718-852-8585; www.nuhotelbrooklyn.com; 85 Smith St, Downtown Brooklyn; DZ inkl. Frühstück ab 300 US$; ✱ @ 🛜; Ⓢ F, G bis Bergen St) Die Lage nur wenige Blocks von Brooklyn Heights entfernt mitten in einem hübschen Brownstone-Viertel ist absolut ideal – wäre nicht das Gefängnis von Brooklyn genau gegenüber. Das schicke Hotel mit minimalistischem Ambiente hat saubere, weiße, komfortable Zimmer.

✗ Essen

Wo anfangen in einer Stadt mit fast 19 000 Restaurants, in der jeden Tag neue dazukommen? Von Little Albania bis Little Uzbekistan – worauf immer man gerade Appetit hat, das passende Lokal ist nur eine kurze U-Bahnfahrt entfernt. New York Citys Restaurantszene ist eine Brutstätte kulinarischer Innovationen und Trends, die sich wie die Stadt selbst täglich neu erfindet und die zu erkunden sich wirklich lohnt – angefangen bei erfindungsreichen Donuts und Sandwiches mit frischem Bio-Schweinefleisch bis hin zu Haute-Cuisine-Variationen von Brathähnchen, Pizza und den guten alten Burgern mit Pommes. Der neueste süchtig machende Trend sind die Unmengen von umherfahrenden, hupenden Food Trucks – das zeitgemäße Äquivalent der klassischen Schiebekarren. Sie verkaufen alles von köstlichen Cupcakes bis hin zu Klößen und jamaikanischen Ziegen-Curry.

✗ Lower Manhattan & Tribeca

Ruben's
Empanadas   ARGENTINISCH, FAST FOOD $
(Karte S. 62; 64 Fulton St; Empanadas 4 US$; ⊘ 9–19 Uhr) In dem argentinischen Kettenlokal kann man mit sättigenden, fettfreien Empanadas in unzähligen Variationen von Hähnchen bis Apfel oder würzigem Tofu seinen Hunger stillen. In dem Viertel gibt's noch zwei weitere Filialen.

ⓘ A, B, C

Die Buchstaben, die man in den Fenstern aller Restaurants in NYC sieht, sind nicht etwa die Zeugnisnoten der Kinder der Restaurantbesitzer. Vielmehr stehen sie für bestimmte Hygienenormen und werden nach einer Kontrolle vom New Yorker Gesundheitsamt ausgestellt. A ist die beste Note und C die schlechteste – alles, was darunter liegt, sollte man erst gar nicht probieren.

Financier Patisserie   BÄCKEREI, SANDWICHES $
(Karte S. 62; ☏ 212-334-5600; 62 Stone St an der Mill Lane; Hauptgerichte 8 US$; ⊙ Mo–Fr 7–20, Sa 8.30–18.30 Uhr; 👍; Ⓢ 2/3, 4/5 bis Wall St, J/Z bis Broad St) Da niemand genug bekommen konnte von den lockeren Buttercroissants, den Mandel-, Aprikosen- und Birnentartes, den hausgemachten Suppen und saftigen Quiches, gibt es jetzt in Lower Manhattan drei weitere Ableger dieser Patisserie.

Fraunces Tavern   AMERIKANISCH $$
(Karte S. 62; ☏ 212-968-1776; www.frauncestavern.com; 54 Pearl St; Hauptgerichte 15–24 US$; ⊙ 12–17 Uhr; Ⓢ N/R bis Whitehall) Wer lässt sich schon die Chance entgehen, dort zur essen, wo auch George Washington 1762 schon zu Abend speiste? Aus der Küche kommen riesige Portionen Tavern-Eintopf, Muschelsuppe und Beef Wellington. Als Nachtisch gibt's Brotpudding, eingelegte Feigen und Apfeltarte oder Erdbeerkuchen.

Blaue Gans   DEUTSCH-ÖSTERREICHISCH $$$
(Karte S. 62; ☏ 212-571-8880; www.kg-ny.com; 139 Duane St; Hauptgerichte 15–30 US$; ⊙ 11–24 Uhr; 👍; Ⓢ A/C, 1/2/3 bis Chambers St) Dieses Restaurant, eine Hommage an die minimalistische österreichische Küche, serviert köstlichen *Kavalierspitz* (gekochtes Rindfleisch mit Meerrettich), verschiedene Wurstsorten und leckere Schnitzel. Es gibt eine Kinderkarte und wer keinen Appetit auf Österreichisches hat, für den gibt's schmackhafte Fischgerichte, scharf gewürzte Suppen und Pasta.

Kutsher's Tribeca   JÜDISCH $$$
(Karte S. 62; ☏ 212-431-0606; www.kutshers tribeca.com; 186 Franklin St zw. Greenwich St & Hudson St; Hauptgerichte 19–29 US$; ⊙ Mo–Mi 11.45–22, Do–Sa 11.45–23, So 10–15 Uhr; Ⓢ A/C/E bis Canal St, 1 bis Franklin St) Jüdische Hausmannskost in neuem Gewand, ganz ohne Speisestärke und Pampe. Stattdessen gibt's knackige Artischocken mit Zitrone, Knoblauch und Parmesan, Rote-Bete-Salat mit mariniertem Ziegenkäse und Kartoffelpuffer mit Apfelkompott.

✕ Chinatown, Little Italy & NoLita

Lovely Day   PAN-ASIATISCH $
(Karte S. 66; ☏ 212-925-3310; 196 Elizabeth St, zw. Prince St & Spring St; Hauptgerichte 9 US$; ⊙ 11–23 Uhr; Ⓢ J/M/Z bis Bowery St, 6 bis Spring St) In diesem erschwinglichen, abgefahrenen Lokal ist alles einfach köstlich. Serviert werden kreativ zubereitete Thai-Gerichte wie Curries mit Kokosnuss, Nudelgerichte, Papaya-Salat und würzige Tofu-Ecken. Das alles in faszinierender Harmonie und mit einem Dekor, das einem Getränkeladen nachempfunden ist.

Pinche Taqueria   MEXIKANISCH $
(Karte S. 66; ☏ 212-625-0090; www.pinchetaque ria.us; 227 Mott St, zw. Prince St & Spring St; Hauptgerichte 4–9 US$; ⊙ So–Do 10.30–23, Fr & Sa 10.30–1 Uhr; 👍; Ⓢ 6 bis Spring St) Hier gibt's authentische mexikanische Tacos, Tostadas, Burritos, Quesadillas, frische Yucca-Fritten (Maniok), Guacamole und dazu eine *horchata* (ein mit Zucker gesüßtes Getränk aus Reis mit Limetten- und Zimtgeschmack). Das immer gut besuchte Pinche mit der lockeren Atmosphäre ist genau das Richtige, wenn man an einem heißen Nachmittag Hunger verspürt.

BarBossa   SÜDAMERIKANISCH $$
(Karte S. 66; ☏ 212-625-2340; 232 Elizabeth St; Hauptgerichte 14 US$; ⊙ 11–24 Uhr; Ⓢ 6 bis Spring St) Die luftige, große Fensterfront und die gedämpfte Bossa-Nova-Musik im Hintergrund verleihen diesem Café ein sinnlichjazziges Ambiente. Aus der Küche kommen leichte, tropische Speisen, Salate, leckere Suppen und ein paar deftige Hauptgerichte.

Café Gitane   MAROKKANISCH $$
(Karte S. 66; ☏ 212-334-9552; www.cafegitane nyc.com; 242 Mott St; Hauptgerichte 12–18 US$; ⊙ So–Do 9–24, Fr & Sa 9–0.30 Uhr; Ⓢ N/R/W bis Prince St) Wer denkt, er sei in Paris, sollte sich den Gauloise-Qualm aus den Augen wischen und zwei Mal blinkern. Die schick gekleideten Gäste lieben dieses authentische Bistro, den starken, aromatischen Kaffee und Speisen wie Gelbflossenthunfisch-Ceviche und würzige Hackfleischbällchen in Tomaten-Kurkuma-Sauce.

Lombardi's PIZZA $$
(Karte S. 66; ☎212-941-7994; 32 Spring St zw. Mulberry St & Mott St; Pizza (6 Stücke) 16,50 US$; 🕒Mo–Do & So 11.30–22, Fr & Sa 11.30–24 Uhr; [S]6 bis Spring St) Die allererste Pizzeria in Amerika öffnete hier 1905 ihre Pforten und ist verständlicherweise stolz auf ihre Pizza à la New York: dünner, knuspriger Boden und eine noch dünnere Schicht mit Sauce. Die Stücke sind dreieckig, es sei denn, dass es sich um eine sizilianische Pizza handelt, dann sind sie viereckig.

Da Nico ITALIENISCH $$$
(Karte S. 66; ☎212-343-1212; www.danicoristorante.com; 164 Mulberry St; Hauptgerichte 18–40 US$; 🕒So–Do 12–23, Fr & Sa 12–24 Uhr; [S]J/M/Z N/Q/R/W, 6 bis Canal St) Der Klassiker Da Nico ist genau das Richtige für all jene, die Heißhunger auf ein Little-Italy-Dinner verspüren. Auf der Speisekarte des traditionellen, hochpreisigen Familienrestaurants stehen nord- und süditalienische Speisen mit der unvermeidbaren, aber durchaus köstlichen roten Sauce.

★**Torrisi Italian Specialties** ITALIENISCH $$$
(Karte S. 66; ☎212-965-0955; www.torrisinyc.com; 250 Mulberry St zw. Spring St & Prince St; Festpreismenü 65 US$; 🕒Mo–Do 17.30–23, Fr–Sa 12–23 Uhr; [S]N/R bis Prince St; B/D/F, M bis Broadway-Lafayette St; 4/6 bis Spring St) Die Speisekarte des Torrisi liest sich wie eine Ode an Italien. Sie wechselt jede Woche je nach Marktangebot und Gusto der Inhaber (die auch das beliebte Parm nebenan betreiben). Die eher unüblichen Produkte (wie Kaninchen- und Ziegenfleisch) kommen in großzügigen Portionen daher.

ESSEN IN NYC: CHINATOWN

Chinatown mit seinen Hunderten von Restaurants – von winzigen Lokalen bis zu riesigen Speisesälen – ist genau der richtige Ort, um den knurrenden Magen für wenig Geld zu füllen.

Amazing 66 (Karte S. 62; 66 Mott St an der Canal St; Hauptgerichte 7 US$; 🕒11–23 Uhr; [S]6, J, N/Q bis Canal St) Fantastische Kanton-Gerichte.

Prosperity Dumpling (Karte S. 66; ☎212-343-0683; 46 Eldridge St zw. Hester St & Canal St; Klöße 1–5 US$; 🕒Mo–So 7.30–22 Uhr; [S]B/D bis Grand St; F bis East Broadway; J bis Bowery) Hier gibt's die besten Klöße weit und breit.

Vanessa's Dumpling House (Karte S. 66; ☎212-625-8008; 118 Eldridge St zw. Grand St & Broome St; Klöße 1–5 US$; 🕒7.30–22.30 Uhr; [S]B/D bis Grand St, J bis Bowery, F bis Delancey St) Super leckere Klöße.

Big Wong King (Karte S. 62; 67 Mott St an der Canal St; Hauptgerichte 5–20 US$; 🕒7–21.30 Uhr; [S]6, J, N/Q bis Canal St) Kleine Fleischstücke auf Reis und gute *congee* (süße oder herzhafte Reissuppe).

Bo Ky Restaurant (Karte S. 62; ☎212-406-2292; 80 Bayard St zw. Mott St & Mulberry St; 🕒morgens, mittags & abends; 🖉; [S]J, M, N, Q, R, W, Z, 6 bis Canal St) Suppen mit Fleischstückchen, flache Nudeln mit Fisch und Curry-Reis-Gerichte.

Banh Mi Saigon Bakery (Karte S. 66; ☎212-941-1514; 198 Grand St zw. Mulberry St & Mott St; Hauptgerichte 4–6 US$; 🕒Di–So 10–19 Uhr; [S]J/M/Z, N/Q/R/W, 6 bis Canal St) Hier gibt's mit die besten vietnamesischen Sandwiches der Stadt.

Joe's Shanghai (Karte S. 62; ☎212-233-8888; www.joeshanghairestaurants.com; 9 Pell St zw. Bowery St & Doyers St; Hauptgerichte 5–16 US$; 🕒Mo–So 11–23 Uhr; [S]J/Z, N/Q, 4/6 bis Canal St, B/D bis Grand St) Immer voll und touristenfreundlich. Gute Nudelgerichte und Suppen.

Nom Wah Tea Parlor (Karte S. 62; 13 Doyers St; Hauptgerichte 4–9 US$; 🕒10.30–21 Uhr; [S]6, J, N/Q bis Canal St) Sieht aus wie ein urtypischer amerikanischer Diner, ist aber das älteste Dim-Sum-Lokal New Yorks.

Original Chinatown Ice Cream Factory (Karte S. 62; ☎212-608-4170; www.chinatownicecreamfactory.com; 65 Bayard St; Kugel 4 US$; 🕒11–22 Uhr; 👪; [S]J/M, N/Q/R/W, 6 bis Canal St) Stellt den Häagen-Dazs in der Nähe in den Schatten. Leckere Tee-, Ingwer-, Passionsfrucht- und Lychee-Sorbets.

✗ Lower East Side

★ Katz's Delicatessen　FEINKOST $

(Karte S. 66; ☎212-254-2246; www.katzsdelica
tessen.com; 205 E Houston St an der Ludlow St;
Pastrami auf Roggenbrot 15 US$, Knackwurst
6 US$; ⊘Mo–Mi & So 8–22.45, Do–Sa 8–2.45 Uhr;
ⓈF/V bis Lower East Side-2nd Ave) Das Katz's
ist einer der letzten jüdischen Delikates-
senläden New Yorks. Hier drängeln sich
Einheimische, Touristen und Promis, deren
Fotos auch die Wände schmücken. Sie alle
verputzen riesige Sandwiches mit Pastrami, Corned Beef, Rinderbrust und Zunge.
Gewöhnungsbedürftig ist allerdings das
Bezahlungssystem: Man muss unbedingt
den Zettel aufbewahren, den man beim
Reingehen bekommt, und man muss bar
bezahlen.

Yonah Schimmel Knishery　KNISHES $

(Karte S. 66; ☎212-477-2858; 137 E Houston St zw.
Eldridge St & Forsyth St; ⊘9.30–19 Uhr; ✗; ⓈF/V
bis Lower East Side-2nd Ave) Das Familienunter-
nehmen verkaufte ursprünglich die Knishes
von einem Handwagen aus, das war ungefähr im Jahr 1890 auf Coney Island. Heute
bekommt man die Kartoffel-, Käse-, Kraut-
und Kascha-Knishes in einem winzigen Laden in der Lower East Side.

Meatball Shop　ITALIENISCH $

(Karte S. 66; ☎212-982-8895; www.themeatball
shop.com; 84 Stanton St zw. Allen St & Orchard St;
Gerichte ab 9 US$; ⊘Mo–Mi & So 12–2, Do–Sa
12–4 Uhr; ⓈF bis 2nd Ave; F bis Delancey St; J/M/Z
bis Essex St) Urplötzlich sind meisterhaft
zubereitete Sandwiches mit Hackfleisch-
bällchen zum Renner geworden, und der
Meatball Shop reitet als Inkarnation des traditionellen Helden auf dieser Erfolgswelle
mit. Es gibt noch drei weitere über die Stadt
verteilte Filialen.

Georgia's East Side BBQ　BARBECUE $

(Karte S. 66; ☎212-253-6280; www.georgias
eastsidebbq.com; 192 Orchard St zw. Houston St &
Stanton St; ⊘12–23 Uhr; ⓈF/V, M bis Lower East
Side-2nd Ave) Wer dieses kleine Lokal besucht, sollte großen Hunger mitbringen. Die
Rippchen werden langsam in Bier gegart
und anschließend auf dem Grill gebraten,
das Brathähnchen ist knusprig und saftig,
und das süße Maisbrot sowie der dekadente
Mac'n'Cheese sind einfach nicht zu schaffen.
Hier ist Barzahlung angesagt. Die Toilette
befindet sich in der Bar auf der anderen
Straßenseite.

Alias　MODERN-AMERIKANISCH $$

(Karte S. 66; ☎212-505-5011; 76 Clinton St; ⊘Di–
Fr 18–23, Sa 11–23.30, So 10.30–22.30 Uhr; ⓈF
bis Delancey St) Das Alias serviert köstliche,
frische Speisen aus saisonalen Zutaten,
beispielsweise wilder Schwarzzackenbarsch
aus Alaska, in Ahornsirup getränkte Birnen
mit Ricotta und in Tomaten geschmorte
Rinderbrust.

'Inoteca　ITALIENISCH $$

(Karte S. 66; ☎212-614-0473; 98 Rivington St an der
Ludlow St; Gerichte 7–17 US$; ⊘12–1 Uhr; ⓈF/V
bis Lower East Side-2nd Ave) Es lohnt sich, zusammen mit vielen anderen an dem kleinen
Tresen in dieser luftigen Eckoase mit dunklen Holzpaneelen auf *tramezzini* (kleine
Sandwiches aus Weiß- oder Vollkornbrot),
panini oder *bruschetta* zu warten. Die
Auswahl ist groß, alles ist ausgesprochen
lecker und die Preise sind erschwinglich.
Auf der Weinkarte stehen 200 verschiedene
Weine, 25 davon werden glasweise ausgeschenkt.

✗ SoHo & NoHo

Mooncake Foods　ASIATISCH, SANDWICHES $

(Karte S. 66; 28 Watts St zw. Sullivan St & Thompson
St; Hauptgerichte 8 US$; ⊘Mo–Fr 10–23, Sa & So
9–23 Uhr; Ⓢ1 bis Canal St) Das einfache, familienbetriebene Restaurant serviert einige der
besten Sandwiches im Viertel. Unbedingt
das Sandwich mit geräuchertem Weißfisch-
Salat oder mit vietnamesischen Schweine-
fleischbällchen probieren. Weitere Filialen
gibt's in Chelsea und Uptown in Hell's Kitchen.

Aroma Espresso Bar　CAFÉ $

(Karte S. 66; ☎212-533-1094; 145 Greene St an der
Houston St; Sandwiches 8,50 US$; ⊘7–23 Uhr;
ⓈB/D/F/V bis Broadway-Lafayette St) Dieses aus
Israel importierte Kettencafé bietet seinen
Besuchern bequeme, schicke Sitzgelegen-
heiten und eine Speisekarte voller frischer,
schmackhafter und dabei auch noch er-
schwinglicher Speisen.

Boqueria Soho　SPANISCHE TAPAS $$

(Karte S. 66; ☎212-343-4255; 171 Spring St zw.
West Broadway & Thompson St; Hauptgerichte
13,50 US$; ⊘tgl. mittags & abends, Sa & So Brunch;
ⓈC/E bis Spring St) Das große, einladende
Tapas-Lokal hat Klassisches und Neues. Bei
einem Gläschen von der einzigartigen Bier-
Birnen-Sangria kann man in die offene Küche schauen und beobachten, wie die Tapas
zubereitet werden.

Dutch
AMERIKANISCH **$$$**

(Karte S. 66; ☎ 212-677-6200; www.thedutchnyc. com; 131 Sullivan St zw. Prince St & Houston St; Hauptgerichte 16–48 US$; ⏱ Mo–Fr 11.30–15, Mo–Do & So 17.30–24, Fr & Sa 17.30–1, Sa & So 10–15 Uhr; Ⓢ A/C/E bis Spring St, N/R bis Prince St, 1/2 bis Houston St) Austern auf Eis und frisch gebackene Kuchen bilden den Rahmen, und alles was dazwischen serviert wird, kommt frisch vom Bauernhof und perfekt zubereitet in Auflaufformen auf den Tisch.

★ Il Buco
ITALIENISCH **$$$**

(Karte S. 66; ☎ 212-533-1932; www.ilbuco.com; 47 Bond St zw. Bowery & Lafayette St; Hauptgerichte 21–32 US$; ⏱ Mo–Do 12–23, Fr & Sa 12–24, So 17–22.30 Uhr; Ⓢ B/D/F/V bis Broadway-Lafayette St; 6 bis Bleecker St) Dieses kleine, charmante Lokal mit Kupfertöpfen an den Wänden, Petroleumlampen und alten Möbeln bietet eine umwerfende Speise- und Weinkarte. Hier kommen ständig andere saisonale Highlights aus der Küche – z. B. weiße Polenta mit geschmortem Wildbroccoli und Sardellen.

✕ East Village

Im East Village wird jede kulinarische Richtung angeboten, und die besten Restaurants sind hier eher locker als überkorrekt. Der St. Marks Place und die Gegend um die Third und die Second Ave sind zu Klein-Tokio geworden mit Unmengen japanischen Sushi- und Grillrestaurants. Indische Durchschnittsrestaurants reihen sich in der Sixth St zwischen First und Second Ave aneinander.

★ Xi'an Famous Foods
CHINESISCH **$**

(Karte S. 66; 81 St. Mark's Pl an der First Ave; Hauptgerichte 6 US$; ⏱ 24 Std.; Ⓢ 6 bis Astor Pl) Die Filiale des ursprünglich aus Flushing, Queens, stammenden Restaurants hat eine interessante Speisekarte, auf der vor allem würzige Nudelgerichte und Suppen stehen. In Chinatown gibt's zwei weitere Ableger.

Veselka
UKRAINISCH **$**

(Karte S. 66; ☎ 212-228-9682; www.veselka. com; 144 Second Ave an der 9th St; Hauptgerichte 6–14 US$; ⏱ 24 Std.; Ⓢ L bis 3rd Ave, 6 bis Astor Pl) Ganze Generationen von East Villagern strömen in diese geschäftige Institution, um sich mit Plinsen und Frühstück – egal zu welcher Tageszeit – den Bauch vollzuschlagen.

Caracas Arepa Bar
SÜDAMERIKANISCH **$**

(Karte S. 66; ☎ 212-529-2314; www.caracasare pabar.com; 93 1/2 E 7th St zw. First Ave & Ave A; Ge-

richte 6–16 US$; ⏱ 12–23 Uhr; ✐ Ⓢ 6 bis Astor Pl) Man sollte sich in das winzige Lokal hineinzwängen und sich einen der 17 verschiedenen knusprigen, warmen *arepas* (mit Gemüse und Fleisch gefüllte Maisfladen) aussuchen. Auf der Karte stehen außerdem Empanadas und Tages-Specials wie Ochsenschwanzsuppe.

Luzzo's
PIZZERIA **$$**

(Karte S. 66; ☎ 212-473-7447; 211-213 First Ave zw. 12th St & 13th St; Pizzas 14–17 US$; ⏱ Di–So 12–23, Mo 17–23 Uhr; Ⓢ L bis 1st Ave) Das kleine Luzzo's ist ein Publikumsrenner und jeden Abend proppenvoll. Hier treffen sich anspruchsvolle Gäste, die die im Holzkohlenofen gegarten Pies mit dünner Kruste und reifen Tomaten genießen.

Banjara
INDISCH **$$**

(Karte S. 66; ☎ 212-477-5956; 97 First Ave an der 6th St; Hauptgerichte 12–18 US$; ⏱ 12–24 Uhr; Ⓢ L bis 1st Ave) Das Banjara ist etwas edler als die anderen Restaurants auf der indischen Restaurantmeile. Aus der Küche kommen köstliche, gut zubereitete indische Speisen – und das alles ganz ohne Kopfschmerzen verursachende Lichterketten, die viele andere Inder schmücken.

Angelica Kitchen
VEGAN, CAFÉ **$$**

(Karte S. 66; ☎ 212-228-2909; www.angelicakit chen.com; 300 E 12th St zw. First Ave & Second Ave; Gerichte 14–20 US$; ⏱ 11.30–22.30 Uhr; ✐; Ⓢ L bis 1st Ave) In dem beständigen Klassiker für vegane Kost herrscht eine beruhigende Atmosphäre mit viel Kreativem, um den Kopf frei zu bekommen. Einige der Gerichte, die im Angelica serviert werden, haben absolut niedliche Namen, sie enthalten alle Tofu, Seitan (Weizengluten), Gewürze und Sojaprodukte sowie manchmal auch eine Reihe von rohen Zutaten.

★ Momofuku Noodle Bar
NUDELN **$$**

(Karte S. 66; ☎ 212-777-7773; www.momofuku. com/noodle-bar/; 171 First Ave zw. 10th St & 11th St; Hauptgerichte 16–25 US$; ⏱ Mo–Do & So 12–23, Fr & Sa 12–2 Uhr; Ⓢ L bis 1st Ave, 6 bis Astor Pl) Ramen und Dampfklöße sind der Renner in diesem sagenhaft kreativen japanischen Lokal, das zum ständig größer werdenden Imperium von David Chang gehört. Man sitzt hier auf Hockern an der langen Bar oder an großen Tischen. Sehr zu empfehlen ist die Spezialität des Hauses: gedünstetes Hähnchen und Schweineklöße (2 Stück für 9 US$).

Chelsea, Meatpacking District & West (Greenwich) Village

⭐ Chelsea Market   MARKT $

(Karte S. 72; www.chelseamarket.com; 75 9th Ave; ⊗ Mo–Sa 7–21, So 8–20 Uhr; Ⓢ A/C/E bis 14th St) Die ehemalige Keksfabrik direkt zu Füßen der High Line wurde in eine 245 m lange Einkaufspassage für Feinschmecker umgewandelt. Es gibt hier schicke Bäckereien, Eisdielen, Ethno-Lokale und einen Food Court für Gourmets.

Joe's Pizza   PIZZA $

(Karte S. 66; ☎ 212-366-1182; www.joespizzanyc.com; 7 Carmine St zw. Sixth Ave & Bleecker St; Stücke ab 2,75 US$; ⊗ Mo–So 10–4.30 Uhr; Ⓢ A/C/E, B/D/F, M bis W 4th St, 1/2 bis Christopher St-Sheridan Sq, 1/2 bis Houston St) Joe's, die Meryl Streep der Pizzaläden, hat in den letzten dreißig Jahren Dutzende Preise und Auszeichnungen bekommen. Die preiswerten Pies sind bei Studenten, Touristen und Promis gleichermaßen beliebt.

Bonsignour   SANDWICHES $

(Karte S. 66; ☎ 212-229-9700; 35 Jane St an der Eighth Ave; Hauptgerichte 7–12 US$; ⊗ 7.30–22, So bis 20 Uhr; Ⓢ L bis 8th Ave; A/C/E, 1/2/3 bis 14th St) Der Sandwich-Laden versteckt sich in einer ruhigen Straße im Village und hat Dutzende köstlicher Sandwiches sowie Salate, Frittatas und ein herrliches Rindfleisch-Chili im Angebot. Wer Lust hat, kann sich sein Sandwich oder seinen Hühnchen-Curry-Salat auch einpacken lassen und dann unter freiem Himmel am Abingdon Sq verputzen.

Ditch Plains   SEAFOOD $$

(Karte S. 66; ☎ 212-633-0202; www.ditch-plains.com; 29 Bedford St; ⊗ 11–2 Uhr; 🚸; Ⓢ A/C/E, B/D/F bis W 4th St, 1 bis Houston St) Der schicke Raum im Metallic-Look mit Holznischen ist ein einladender Ort, um die von dem berühmten Küchenchef Marc Murphy kreativ zubereiteten Fischgerichte zu probieren: Austern, Miesmuscheln, Fisch-Tacos, gebratene Venusmuscheln, belegte Baguettes und vieles mehr werden tagtäglich bis 2 Uhr serviert.

Fatty Crab   ASIATISCH $$

(Karte S. 66; ☎ 212-352-3590; www.fattycrab.com; 643 Hudson St zw. Gansevoort St & Horatio St; Hauptgerichte 16–28 US$; ⊗ Mo–Mi 12–24, Do & Fr 12–2, Sa 11–2, So 11–24 Uhr; Ⓢ L bis 8th Ave; A/C/E, 1/2/3 bis 14th St) Den Fatty-Leuten ist es mit ihrem kleinen malaysischen Lokal mal wieder gelungen. Der Laden ist super hip und immer rappelvoll. Hier treffen sich die Einheimischen in Scharen und genießen Fisch-Currys, Schweinebauch und hervorragende Cocktails.

Tartine   FRANZÖSISCH $$

(Karte S. 66; ☎ 212-229-2611; www.tartinecafenyc.com; 253 W 11th St zw. 4th St & Waverly Pl; Hauptgerichte 10–24 US$; ⊗ Mo–Sa 9–22.30, So 9–22 Uhr; Ⓢ 1/2/3 bis 14th St, 1/2 bis Christopher St-Sheridan Sq, L bis 8th Ave) In diesem Eckbistro werden Frankreich-Träume wahr: wacklige Stühle und Tische, rosa Steaks und Weinbergschnecken sowie nette und weniger nette Kellnerinnen, die in dem klitzekleinen Raum wahllos mit Tellern und Gästen jonglieren. Alkoholische Getränke kann man selbst mitbringen.

Kin Shop   THAI $$

(Karte S. 66; ☎ 212-675-4295; www.kinshopnyc.com; 469 Sixth Ave; Hauptgerichte 9–28 US$; ⊗ Mo–So 11.30–15, Mo–So 17.30–23, Fr & Sa 17.30–23.30, So 17–22 Uhr; Ⓢ L bis 6th Ave; 1/2/3, F/M bis 14th St) Der zweite Gewinner des Top-Chef-Kochwettbewerbs Harold Dieterle (Sieger war der Koch des Perilla – ebenfalls in der Nähe) steht in diesem thailändischen Restaurant in der Küche. Selbst die Currypasten werden vor Ort gemischt – ein Beweis dafür, dass alles auf der farbenfrohen Speisekarte von vorn bis hinten selbst hergestellt wird.

Soccarat Paella Bar   SPANISCH $$

(Karte S. 72; ☎ 212-462-1000; www.soccaratpaellabar.com; 259 W 19th St nahe Eighth Ave; Hauptgerichte 22 US$; ⊗ 12–23, So bis 16 Uhr; 🚸; Ⓢ 1 bis 18th St) Das Soccarat mit seinem gemütlichen, schmalen Raum mit großen Glastischen ist berühmt für seine himmlischen, nach Safran duftenden Paellas mit Gemüse, Meeresfrüchten und/oder Fleisch. Tapas gibt's natürlich auch. Das Reisgericht ist aber unschlagbar.

Babbo   ITALIENISCH $$$

(Karte S. 66; ☎ 212-777-0303; www.babbonyc.com; 110 Waverly Pl; Hauptgerichte 19–29 US$; ⊗ 11.30–23.15, Sa 17–23.15 Uhr; Ⓢ C/E, B/D/F bis W 4th St; 1 bis Christopher St-Sheridan Sq) Das in dem zweistöckigen Stadthaus untergebrachte Restaurant ist vielleicht das Beste des Imperiums von Starkoch Mario Batali. Egal ob man Mint Love Letters (Teigtaschen mit Minze), *francobolli* (kleine mit Lammhirn gefüllte Ravioli) oder Schweinshaxe à la *milanese* bestellt, immer spielt Batali in puncto

Innovation in der ersten Liga. Reservierung erforderlich.

🍴 Union Square & Flatiron District & Gramercy Park

Shake Shack BURGER $

(Karte S. 72; ☎ 212-989-6600; www.shakeshack.com; Ecke 23rd St & Madison Ave; Burger ab 4,50 US$; ⏲ 11–23 Uhr; [S] R/W bis 23rd St) Vor dem Imbiss am Madison Square Park stehen die Touristen traubenweise Schlange nach Hamburgern und Shakes.

★ **Eataly** ITALIENISCH $$

(Karte S. 72; www.eatalyny.com; 200 Fifth Ave an der 23rd St; ⏲ wechselnde Öffnungszeiten; [S] F, N/R, 6 bis 23rd St) Eataly ist das Macy's aller Food-Courts, in dem der Starkoch Mario Batali mit seinem Imperium in NYC Spuren hinterlassen hat. Dank einer Handvoll Spezialitäten-Lokale mit verschiedenen Schwerpunkten (Pizza, Fisch, Gemüse, Fleisch, Pasta) und dem *pièce de résistance,* einem Biergarten auf dem Dach, ganz zu schweigen von dem Café, der Eisdiele und dem Lebensmittelladen, gibt's hier eine riesige Auswahl selbst für den pingeligsten Feinschmecker.

Breslin MODERN-AMERIKANISCH $$

(Karte S. 72; 16 West 29th St; Hauptgerichte 18 US$; ⏲ 7–24 Uhr; [S] N/R bis 28th St) Hier kann man manchmal kaum sein eigenes Wort verstehen, und der Andrang der Hipster aus dem dazugehörigen super-trendigen Ace Hotel kann auch auf die Nerven gehen. Was letztlich aber wirklich zählt, ist die fleischlastige von Kneipengerichten inspirierte Küche der hochgefeierten Chefköchin April Bloomfield. Reservierungen sind nicht möglich; man muss also mit langen Wartezeiten rechnen.

🍴 Midtown

99 Cent Pizza PIZZERIA $

(Karte S. 72; 473 Lexington Ave; Pizzastück 1 US$; ⏲ 9.30–4.30 Uhr; [S] S, 4/5/6, 7 bis Grand Central-42nd St) Hier gibt es keine Gourmet-Pizza – was auch gar nicht beabsichtigt ist. Aber in dieser einfachen Pizzeria wird man nicht enttäuscht, wenn man Heißhunger auf ein Stück Pizza mit würziger Tomatensauce und sahnigem Käse hat.

★ **Burger Joint** BURGER $

(Karte S. 72; www.parkermeridien.com/eat4.php; Le Parker Meridien, 119 W 56th St; Burger 7 US$; ⏲ 11–23.30 Uhr; [S] F bis 57th St) Dieses preiswerte Burger-Lokal versteckt sich hinter dem Vorhang in der Lobby des Hotels Le Parker Meridien und macht nur mit einem kleinen Neon-Burger auf sich aufmerksam. Die Wände sind übersät mit Graffiti, die Essnischen sind im Retro-Stil gestaltet und aus der Küche kommen hervorragende Burger.

Totto Ramen JAPANISCH $

(Karte S. 72; www.tottoramen.com; 366 W 52nd St; Ramen 9,50–12,50 US$; ⏲ Mo–Sa 12–24 Uhr, So 16–23 Uhr; [S] C/E bis 50th St) Erst hängt man seinen Namen und die Anzahl der Gäste an das schwarze Brett am Eingang, dann wartet man auf seine göttlichen Ramen (nur Barzahlung). Das Hähnchen sollte man auslassen und sich gleich auf das Schweinefleisch in Gerichten wie Miso Ramen (aus gegärter Sojabohnenpaste, Eiern, Frühlingszwiebeln, Sojasprossen, Zwiebeln und hausgemachter Chili-Paste) konzentrieren.

Café Edison DINER $

(Karte S. 72; ☎ 212-840-5000; 228 W 47th St, zw. Broadway & Eighth Ave; Hauptgerichte ab 6 US$; ⏲ Mo–Sa 6–21.30, So bis 19.30 Uhr; [S] N/Q/R zur 49th St,) Wo sonst bekommt man ein Mortadella-Sandwich? Den legendären New Yorker Laden gibt's schon seit den 1930er-Jahren. Serviert werden amerikanische Diner-Klassiker wie Grillkäse, warmes Corned Beef, Truthahn-Sandwiches und Käse-Plinsen. Nur Barzahlung.

Hangawi KOREANISCH $$

(Karte S. 72; ☎ 212-213-0077; www.hangawirestaurant.com; 12 E 32nd St zw. Fifth Ave & Madison Ave; Hauptgerichte 17–25 US$; ⏲ Mo–Sa 12–22.15, So 17–21.30 Uhr; [S] B/D/F/M, N/Q/R bis 34th St-Herald Sq) Großartige, vegetarische koreanische Speisen sind der Renner im Hangawi. Bevor man den beruhigend wirkenden, zen-artigen Raum, in dem meditative Musik spielt, betritt, muss man die Schuhe am Eingang ausziehen. Die raffiniert gewürzten Speisen nimmt man auf dem Fußboden auf Kissen hockend und an niedrigen Tischen ein.

Virgil's Real Barbecue AMERIKANISCH $$

(Karte S. 72; ☎ 212-921-9494; 152 W 44th St zw. Broadway & Eighth Ave; Hauptgerichte 14–25 US$; ⏲ 11.30–24 Uhr; [S] N/R, S, W, 1/2/3, 7 bis Times Sq-42nd St) Die Speisekarte kommt als Barbecue-Landkarte daher – Oklahoma State Fair Corn-Dogs, Schweine-Geschnetzeltes nach Carolina-Art, Sandwiches mit geräuchertem Schinken aus Maryland, texanische

Rinderbrustscheiben und gebratene Hähnchensteaks aus Georgia.

Danji KOREANISCH $$
(Karte S. 72; www.danjinyc.com; 346 W 52nd St; Platten 7–20 US$; 🕒 Mo–Do 12–22.30, Fr 12–23.30, Sa 17.30–23.30 Uhr; [S] C/E bis 50th St) Der mit einem Michelin-Stern ausgezeichnete Newcomer-Koch Hooni Kim verwöhnt die Geschmacksnerven seiner Gäste in seinem schicken, modernen Restaurant mit koreanischen Tapas. Das Highlight auf der Speisekarte, die in „traditionell" und „modern" unterteilt ist, sind die *sliders*, Duos aus *bulgogi-Rind* und gewürztem Schweinebauch in getoastetem Butterbrötchen.

The Smith AMERIKANISCH $$
(Karte S. 72; www.thesmithnyc.com; 956 Second Ave an der 51st St; Hauptgerichte 17–29 US$; 🕒 Mo–Mi 7.30–24, Do & Fr 7.30–1, Sa 10–1, So 10–24 Uhr; [S] 6 bis 51st St) The Smith hat mit seinem Industriedesign, der beliebten Bar und dem guten Brasserie-Essen die Restaurantwelt im äußersten Osten von Midtown aufgepeppt. Der Schwerpunkt liegt auf regionalen Produkten, herkömmlichen amerikanischen und italienischen Aromen und routiniertem, freundlichem Service.

Sparks STEAKHOUSE $$$
(Karte S. 72; www.sparkssteakhouse.com; 210 E 46th St zw. Second Ave & Third Ave, Midtown East; Hauptgerichte 40 US$; 🕒 Mo–Fr 12–24, Sa 17–23.30 Uhr; [S] S, 4/5/6, 7 bis Grand Central-42nd St) In diesem klassischen Lokal erfährt man, was ein wirklich echtes New Yorker Steakhouse ist. Seit 50 Jahren ist es eine viel besuchte Stammkneipe und brummt auch heute noch wegen der guten, saftigen Fleischgerichte.

Taboon MEDITERRAN $$$
(Karte S. 72; ☎ 212-713-0271; 773 Tenth Ave; Hauptgerichte 25–32 US$; 🕒 Mo–Sa 17–23, So 11–22 Uhr; [S] C/E bis 50th St) Wenn man dieses luftige Lokal mit Steinfußboden und unverputzten Wänden betritt, fällt einem als erstes der weiße, kuppelförmige Ofen ins Auge. Auf der Speisekarte stehen Leckereien von beiden Seiten des Mittelmeers: Shrimps in kleinen Pasteten, Haloumi-Salat, Lammkebab und verschiedene Fischsorten vom Grill.

Upper West Side

★ **Gray's Papaya** HOTDOGS $
(Karte S. 82; ☎ 212-799-0243; 2090 Broadway an der 72nd St; Hotdogs 2 US$; 🕒 24 Std.; [S] A/B/C, 1/2/3 bis 72nd St) Es gibt nichts Typischeres für New York als sich nach einem Biergelage den Bauch in diesem klassischen Stehlokal vollzuschlagen. Helle Beleuchtung, Farben wie in den 1970er-Jahren und einfach gute Hotdogs.

Barney Greengrass FEINKOST $$
(Karte S. 82; www.barneygreengrass.com; 541 Amsterdam Ave, an der 86th St; Hauptgerichte 9–18 US$; Bagel mit Frischkäse 5 US$; 🕒 Di–Fr 8.30–16, Sa & So bis 17 Uhr; 👪 [S] 1 zur 86th St) Stammgäste aus der Upper Westside und aus anderen Vierteln strömen am Wochenende zu diesem hundert Jahre alten „König der Störe". Hier gibt's eine lange Liste traditioneller, wenn auch teurer jüdischer Delikatessen von Bagels und Räucherlachs bis hin zu Stör mit Rührei und Zwiebeln.

Josie's Restaurant GESUND $$
(Karte S. 82; ☎ 212-769-1212; 300 Amsterdam Ave; Hauptgerichte 14–22 US$; 🕒 Mo–Fr 11.30–22, Sa & So 16–22.30 Uhr; 🌿; [S] 1/2/3 bis 72nd St) Bioprodukte (mit Herkunftsangabe auf der Speisekarte), die die Herzen sowohl von Veganern, Vegetariern als auch Fleischessern höher schlagen lassen, haben dafür gesorgt, dass es Josie's jetzt schon mehr als zehn Jahre gibt.

Dovetail MODERN-AMERIKANISCH $$$
(Karte S. 82; ☎ 212-362-3800; www.dovetailnyc.com; 103 W 77th St Ecke Columbus Ave; Probiermenüs 85 US$, Hauptgerichte 36–58 US$; 🕒 Mo–Sa 17.30–22, So 11.30–22 Uhr; 🌿; [S] A/C, B bis 81st St-Museum of Natural History, 1 bis 79th St) In diesem mit einem Michelin-Stern ausgezeichneten Restaurant ist alles einfach, angefangen bei der Einrichtung (unverputzte Wände, schlichte Tische) bis hin zu den unkomplizierten saisonalen Speisen, die aus superfrischem Obst und Gemüse und hochwertigem Fleisch zubereitet werden (Wie wär's mit Ente mit Pistazienkruste, Topinambur, Datteln und Spinat?).

Upper East Side

★ **Earl's Beer & Cheese** AMERIKANISCH $
(Karte S. 82; www.earlsny.com; 1259 Park Ave zw. 97th St & 98th St; Käsetoast 6–8 US$, Hauptgerichte 8–17 US$; 🕒 Di–Fr 16–24, Sa & So 11–24 Uhr; [S] 6 bis 96th St) Küchenchef Corey Covas Hausmannskost zieht eine junge, hippe Kundschaft an. Die einfachen Käsetoasts sind der Renner. Sie werden mit Schweinebauch, Spiegelei und Kimchi serviert. Außerdem gibt's Cheeseburger und Waffeln

(mit Foie gras) – von alledem hat man bisher nur geträumt.

Maya Mexican MEXIKANISCH $$
(Karte S. 82; www.modernmexican.com; 1191 First Ave; Hauptgerichte 13–28 US$; ⌚ Mo–Fr 11.30–22, Sa & So 10:30–22 Uhr; [S] 4/5/6 bis 59th St) Das renovierte Maya ähnelt einer mexikanischen Hacienda aus dem 18. Jh. Auch die Einrichtung passt ganz wunderbar zu den sättigenden, molelastigen Speisen, den Tortillas aus Masateig mit Käse aus *Oaxaca* und *chile poblano rajas* sowie dem Heilbutt-Ceviche.

Candle Cafe VEGAN $$
(Karte S. 82; ☎ 212-472-0970; www.candlecafe.com; 1307 Third Ave zw. 74th St & 75th St; Hauptgerichte 15–20 US$; ⌚ Mo–Sa 11.30–22.30, So 11.30–21.30 Uhr; 🌿; [S] 6 bis 77th St) Wohlhabende Yoga-Freaks bevölkern dieses nette vegane Café und erfreuen sich an Sandwiches, Salaten, Hausmannskost und saisonalen Specials. Die Spezialität ist hausgemachter Seitan.

★ **Sfoglia** ITALIENISCH $$$
(Karte S. 82; ☎ 212-831-1402; 1402 Lexington Ave an der E 92nd St; Hauptgerichte 26 US$; ⌚ Mo–Sa 12–22, So 12–17.30 Uhr; [S] 6 bis 96th St) Kritikerliebling Sfoglia brachte frische Meeresfrüchte gemischt mit italienischer Hausmannskost von Nantucket nach New York. Aus der Küche kommen innovative Kombinationen wie Miesmuscheln mit Tomaten, Knoblauch, Salami und Fenchelpollen.

David Burke Townhouse MODERN-AMERIKANISCH $$$
(Karte S. 82; ☎ 212-813-2121; www.davidburketownhouse.com; 133 E 61St; Hauptgerichte 20–55 US$; ⌚ Mo–Sa 11.45–22.30, So 10.30–21 Uhr; [S] F bis Lexington Ave-63rd St; N/R, W bis Lexington Ave-59th St) Die Gastronomin Donatella Arpaia und ihr Partner David Burke haben in einem Stadthaus in der Upper East Side ein modernes, stylishes Restaurant eröffnet. Es stehen Gerichte wie Lachs mit warmen Kartoffel-Knishes, mit Brezelkrumen überbackene Krabbenküchlein und Gelbflossenthunfisch im Salzmantel auf der Speisekarte.

🍴 Harlem

Caffe Latte CAFÉ $
(Karte S. 82; ☎ 212-222-2241; www.ilcaffelatte.com; 189 Malcolm X Blvd, nahe 119th St; ⌚ Mo–Fr 8–22 Uhr; 🌿 👪; [S] 2/3 bis 116th St) Hier treffen sich Studenten, Ruheständler, Neu-Harlemer und Alt-Harlemer. Das Caffe Latte ist schnell zum In-Treff des Viertels geworden. Zum Frühstück gibt's schwarzen, starken Kaffee, Omeletts, Müsli, Pfannkuchen und vieles mehr.

Amy Ruth's Restaurant SÜDSTAATEN $$
(Karte S. 82; www.amyruthsharlem.com; 113 W 116th St nahe Malcolm X Blvd, Harlem; Hühnchen & Waffeln 10 US$, Hauptgerichte 12–20 US$; ⌚ Mo 11.30–23, Di–Do 8.30–23, Fr & Sa 8.30–17.30, So 7.30–23 Uhr; [S] B, C, 2/3 bis 116th St) Waffeln sind die Spezialität des Hauses und ziehen die Touristen magisch an. Es gibt sie süß (mit Schokolade, Erdbeeren, Blaubeeren, sautierten Äpfeln) oder herzhaft (mit Brathähnchen, Rindersteak, Wels). Favoriten sind auch geräucherter Schinken, Hühnchen und Klöße.

★ **Red Rooster** MODERN-AMERIKANISCH $$$
(Karte S. 82; www.redroosterharlem.com; 310 Malcolm X Blvd zw. 125th St & 126th St, Harlem; Hauptgerichte abends 16–35 US$; ⌚ Mo–Fr 11.30–22.30, Sa & So 10–23 Uhr; [S] 2/3 bis 125th St) Chefkoch Marcus Samuelsons raffiniertes Lokal in Uptown hat die Atmosphäre eines Bistros in Downtown. Er leistet wahre Pionierarbeit mit seiner Mischung aus südstaatlicher, afroamerikanischer und neuamerikanischer Küche mit Gerichten wie Wels nach Cajun-Art und kreativen Sandwiches. Im vorderen Bar- und Frühstücksbereich gibt's Gebäck, Kekse und Kaffee.

🍴 Brooklyn

Es ist natürlich unmöglich, Brooklyns Restaurantszene wirklich gerecht werden zu können. Genauso wie in Manhattan fühlt sich auch hier jedes Schleckermaul wie im siebten Himmel. Buchstäblich jede ethnische Küche ist irgendwo in Brooklyn vertreten. In Williamsburg wimmelt es nur so von Lokalen, auch in der Fifth und Seventh Ave in Park Slope reihen sich die Restaurants aneinander. Die Smith St ist die Restaurantmeile von Carroll Gardens und Cobble Hill. In der Atlantic Ave in der Nähe der Court St gibt's etliche ausgezeichnete arabische Restaurants.

Tom's Restaurant DINER $
(☎ 718-636-9738; 782 Washington Ave an der Sterling Pl, Prospect Heights; ⌚ 6–16 Uhr; [S] 2/3 bis Eastern Pkwy-Brooklyn Museum) Dieser altmodische Diner inspirierte Suzanne Vega zu ihrem (fast) gleichnamigen Song *Tom's Diner*. Spezialität des Hauses sind die vielen

verschiedenen Pfannkuchen (z. B. Mango-Walnuss). An den Wochenenden stehen die Leute vormittags vor Tom's Restaurant Schlange nach Kaffee und Gebäck.

Sahadi's   SELBSTVERSORGER $

(www.sahadis.com; 187 Atlantic Ave zw. Court St & Clinton St, Boerum Hill; ⊙ Mo–Sa 9–19 Uhr; ⊅; Ⓢ 2/3, 4/5 bis Borough Hall) Wenn man den heißgeliebten Feinkostladen mit nahöstlichen Leckereien betritt, weht einem der Duft von frisch geröstetem Kaffee und Gewürzen um die Nase. Die Oliven-Bar wartet mit zwei Dutzend verschiedenen Sorten auf. Mit dem Angebot an Brot, Käse, Nüssen und Hummus könnte man ein ganzes Bataillon versorgen.

Mile End   FEINKOST $

(www.mileendbrooklyn.com; 97A Hoyt St, Boerum Hill; Sandwiches 8–12 US$; ⊙ Mo & Di 8–16, Mi–Sa 8–23, So 10–22 Uhr; Ⓢ A/C/G bis Hoyt-Schermerhorn Sts) Das Mile End ist so klein wie die angebotenen Portionen, aber die haben es in sich. Unbedingt die geräucherte Rinderbrust auf Roggenbrot mit Senf (12 US$) probieren – das Brot ist super weich und das Fleisch schmilzt nur so auf der Zunge. Eines nervt allerdings: eine Essiggurke kostet 1,50 US$.

Café Glechik   RUSSISCH $$

(⌨ 718-616-0766; 3159 Coney Island Ave, Brighton Beach; Krautwickel 11 US$, Kebabs 11–15 US$, Klöße 7–9 US$; ⊙ 11–23 Uhr; Ⓢ B, Q bis Brighton Beach) Hier sollte man Klöße essen: *pelmeni* und *vareniki* mit unterschiedlichster Füllung. *Vareniki* mit Sauerkirschen sind der Hit! Im Angebot sind aber auch Klassiker wie Borschtsch, Kebabs und extrem süße Kompott-Drinks. Nur Barzahlung.

Al Di Là Trattoria   ITALIENISCH $$

(www.aldilatrattoria.com; 248 5th Ave Ecke Carroll St, Park Slope; ⊙ Mo–Fr 12–22.30, Sa & So 17.30–23 Uhr; Ⓢ R bis Union St) Die nette, von einem aus Norditalien stammenden Ehepaar geführte Trattoria in Park Slope serviert hausgemachte Pasta und feurige Klassiker (z. B. geschmortes Kaninchenfleisch mit butterlastiger Polenta). Es gibt außerdem einen ausgezeichneten Brunch (mit Entenconfit vom Feinsten!) und eine lange Karte mit italienischen Weinen.

Roberta's   PIZZA $$

(www.robertaspizza.com; 261 Moore St nahe Bogart St, Bushwick; Pizzas 9–17 US$, Hauptgerichte 13–28 US$; ⊙ 11–24 Uhr; ⊅; Ⓢ L bis Morgan Ave) Das Restaurant, das in einer ehemaligen Lagerhalle in Bushwick untergebracht ist, serviert die wahrscheinlich beste Pizza New Yorks. Der Service lässt zwar manchmal etwas zu wünschen übrig und die Warteschlangen sind lang, aber alles, was aus dem Backsteinofen kommt, hat genau die richtige Mischung aus zart und frisch.

Prime Meats   DEUTSCH $$

(www.frankspm.com; 465 Court St Ecke Luquer St, Carroll Gardens; Hauptgerichte 17–32 US$; ⊙ Mo–Mi 10–24, Do & Fr 10–1, Sa 8–1, So bis 24 Uhr; Ⓢ F, G bis Carroll St) Das auf alt gemachte Lokal in Carroll Gardens erinnert an die gute alte Zeit des endenden 19. Jhs. Aus der Küche kommt Deutsches wie langsam geschmorter Sauerbraten mit Rotkohl.

Ausgehen & Nachtleben

Diese Stadt bietet unzählige verschiedenartigste Ausgehmöglichkeiten: schicke Lounges, laute Clubs, gemütliche Kneipen und verruchte Kaschemmen. Dank der New Yorker Gesetze ist Rauchen überall verboten. Die meisten Lokale sind bis 4 Uhr geöffnet, wobei die Öffnungszeiten aber doch recht unterschiedlich sein können. Die meisten Nachtclubs öffnen erst um 22 Uhr. Nachstehend eine kleine Auswahl.

🍺 Downtown

⭐ Birreria   BIERGARTEN

(Karte S. 72; www.eatalyny.com; 200 Fifth Ave an der 23rd St; ⊙ So–Mi 11.30–24, Do–Sa 11.30–1 Uhr; Ⓢ F, N/R, 6 bis 23rd St) Dieser Biergarten auf der Dachterrasse ist das Kronjuwel des italienischen Gourmet-Markts Eataly. Er versteckt sich zwischen den Flatiron-Bürotürmen. Auf der Bierkarte mit dem Umfang einer Enzyklopädie stehen einige der besten Biere der Welt, und die Schweineschulter gehört zum kühlen Blonden einfach dazu.

Brandy Library   BAR

(Karte S. 62; www.brandylibrary.com; 25 N Moore St an der Varick St; ⊙ So–Mi 17–1, Do 16–2, Fr & Sa 16–4 Uhr; Ⓢ 1 bis Franklin St) Wer einen Drink als ernste Angelegenheit betrachtet, fühlt sich sicherlich wohl in dieser Luxusbibliothek mit gedämpften Leselampen und Clubsesseln vor indirekt beleuchteten, bis zur Decke reichenden Regalen voller Flaschen. Im Angebot sind u. a. erstklassige Cognacs, Malt Whiskeys und 90 Jahre alte Brandys (Preise von 9–340 US$).

Pravda

COCKTAILBAR

(Karte S. 66; ☎ 212-226-4944; 281 Lafayette St zw. Prince St & Houston St; Ⓢ B/D/F/V bis Broadway-Lafayette St) Diese Bar im Untergeschoss mit den roten Lederbänken und einladenden Sesseln trieft nur so vor Sowjet-Nostalgie. Hier bekommt man Blinis und gut zubereitete Cocktails. Wer möchte, kann auch einen Lauschangriff auf die anwesenden Apparatschicks aus der Mode- und Bankwelt starten.

DBA

BAR

(Karte S. 66; ☎ 212-475-5097; www.drinkgoodstuff.com; 41 First Ave zw. 2nd St & 3rd St; ◷ 13–4 Uhr; Ⓢ F/V bis Lower East Side-2nd Ave) Hier gibt's mehr als 200 Biersorten, 130 Single Malts und ein paar Dutzend Tequilas. Hinten ist ein winziger Hof mit Plastikstühlen, die meiste Action findet aber in der Nähe der Zapfhähne statt.

SOBs

CLUB

(Karte S. 66; ☎ 212-243-4940; www.sobs.com; 204 Varick St zw. King St & Houston St; Grundpreis 10–20 US$; ◷ 18.30–3 Uhr; Ⓢ 1 bis Houston St) Brasilianischer Bossa Nova, Samba und andere lateinamerikanische Rhythmen locken alle möglichen Leute an, die sich gern sinnlich bewegen oder einfach nur zuschauen wollen.

Whiskey Tavern

COCKTAILBAR

(Karte S. 62; ☎ 212-374-9119; 79 Baxter St zw. Bayard St & Walker St; Ⓢ J/M/Z, N/Q/R/W, 6 bis Canal St) Die Whiskey Tavern ist zwar ein etwas schräger Eindringling in Chinatown, aber dennoch hat diese Bar viele Fans. Und das liegt an den super freundlichen Barkeepern, der lockeren, spannungsfreien Atmosphäre, den erschwinglichen Preisen und in lauen Nächten an der Outdoor-Terrasse hinterm Haus.

Louis 649

BAR

(Karte S. 66; ☎ 212-673-1190; www.louis649.com; 649 E 9th St, nahe Ave C; ◷ 18–4 Uhr; Ⓢ L bis 1st Ave) Die Stammgäste lieben diese Bar, denn die Preise sind erschwinglich und die Einrichtung ist gemütlich und ohne jeden Schnickschnack. Dienstags ist kostenloser Verkostungsabend, dann lädt der Betreiber Spirituosenkenner ein, die viel zu erzählen wissen, und verteilt großzügig Gratis-Schlückchen.

Jimmy's No 43

BAR

(Karte S. 66; ☎ 212-982-3006; www.jimmysno43. com; 43 E 7th St zw. Third Ave & Second Ave; ◷ Mo-Do & So 12–2, Fr & Sa 12–4 Uhr; Ⓢ N/R bis 8th St-NYU, F bis 2nd Ave, 4/6 bis Astor Pl) Fässer und Hirschgeweihe reihen sich an den Wänden dieser Bierkneipe im Untergeschoss aneinander. Es gibt mehr als 50 Importbiere und leckere Knabbereien.

124 Old Rabbit Club

BAR

(Karte S. 66; ☎ 212-254-0575; 124 MacDougal St; Ⓢ A/C/E, B/D/F, M bis W 4th St, 1/2 bis Christopher St-Sheridan Sq, 1/2 bis Houston St) Man wird sich selbst auf die Schulter klopfen, wenn man diese an eine Flüsterkneipe erinnernde Bar endlich gefunden hat. Ein Tipp: nach „124" Ausschau halten und auf den Türsummer drücken. Zur Belohnung gönnt man sich dann ein Stout oder eines der unzähligen Importbiere.

Half King

KNEIPE

(Karte S. 72; ☎ 212-462-4300; www.thehalfking. com; 505 W 23rd St an der Tenth Ave; ◷ Mo–Fr 11–4, Sa & So 9–4 Uhr; Ⓢ C/E bis 23rd St) Dieses schummerige Lokal mit viel Holzverkleidung ist eine einzigartige Mischung aus gemütlicher Kneipe und anspruchsvollem Literaturcafé. In der warmen Jahreszeit stehen Tische auf dem Bürgersteig und im Hinterhof.

Bar Next Door

BAR

(Karte S. 66; ☎ 212-529-5945; 129 MacDougal St zw. W 3rd St & W 4th St; ◷ So–Do 18–2, Fr & Sa 18–3 Uhr; Ⓢ A/C/E, B/D/F/V bis W 4th St) Das Untergeschoss dieses restaurierten Stadthauses hat niedrige Decken, unverputzte Wände und eine romantische Beleuchtung. Allabendlich kann man gedämpften Livejazz und in La Lanterna di Vittorio, dem Restaurant nebenan, leckere italienische Gerichte genießen.

Pyramid Club

CLUB

(Karte S. 66; ☎ 212-228-4888; www.thepyramidclub.com; 101 Ave A; Grundpreis 5–10 US$; ◷ Mo 23–4, Di & So 20.30–1, Do & Sa 21–4, Fr 22–4 Uhr; Ⓢ F/V bis Lower East Side-2nd Ave) Bunt zusammengewürfelte Hocker, ein klebriger Holzfußboden und preiswerte Drinks zeichnen diesen Club aus. Wer wild und unbefangen nach Musik aus den 1980er-Jahren tanzen will, kommt donnerstags hierher. Freitags ist Gay-Night.

Sway Lounge

CLUB

(Karte S. 66; ☎ 212-620-5220; www.swaylounge. com; 305 Spring St; ◷ Do–So 22–4 Uhr; Ⓢ C/E bis Spring St) Kleine, verführerische, schicke Location mit elegantem marokkanischem

Dekor. Es ist schwer, am Türsteher vorbeizukommen, wenn man aber drin ist, kann man donnerstags ganz wunderbar nach Musik aus den 1980er-Jahren tanzen, freitags sind Rock und Hip-Hop angesagt, und an den restlichen Abenden stehen DJs wie Mark Ronson und DJ Herschel am Plattenteller.

Mehanata
CLUB

(Karte S. 66; 📞 212-625-0981; www.mehanata.com; 113 Ludlow St; Ⓢ F, J/M/Z bis Delancey St-Essex St) Die „Bulgarische Bar" ist noch immer der Zigeunerhimmel für die osteuropäische Schickeria und Indie-Popfans. An manchen Abenden legen osteuropäische DJs auf, auch Bauchtänzerinnen und „Gypsy-Bands" bevölkern die kleine Bühne.

Sapphire
CLUB

(Karte S.66; 📞 212-777-5153; www.sapphirenyc.com; 249 Eldridge St an der E Houston St; Eintritt 5 US$; 🕐 19–4 Uhr; Ⓢ F/V bis Lower East Side-2nd Ave) Die winzige Tanzlocation hat den Boom der Ludlow St Mitte der 1990er-Jahre überlebt, und dank der niedrigen Eintritts von nur 5 US$ hält sich auch die hochnäsige Angeberei in Grenzen. Gespielt wird ein Mix aus R&B, Rap, Disco und Funk. Die Tanzfläche ist immer proppenvoll.

Santos Party House
CLUB

(Karte S.62; 📞 212-584-5492; www.santospartyhouse.com; 96 Lafayette St; Grundpreis 5–15 US$; 🕐 22–4 Uhr) Der struppige Rocker Andrew W.K. ist der Gründer des 743 m² großen, höhlenartigen, kargen Tanzclubs auf zwei Ebenen. Hier sind gute Stimmung und viel Spaß angesagt, aber vorher muss man am Türsteher vorbei. Gespielt wird alles von Funk bis Electronica, und an manchen Abenden betätigt sich W.K. persönlich als DJ.

Cielo
CLUB

(Karte S.66; 📞 212-645-5700; www.cieloclub.com; 18 Little W 12th St; Grundpreis 15–25 US$; 🕐 Mo–Sa 22.30–5 Uhr; Ⓢ A/C/E, L bis 8th Ave-14th St) Der außerirdisch anmutende Club im Meatpacking District ist für seine anheimelnden Räumlichkeiten und seine phantastische Musikanlage bekannt. Abends lockt er mit einem Mix aus Tribal, gutem alten House und Soul-Klängen ein modernes Multikulti-Publikum an.

🍸 Midtown

★ Russian Vodka Room
BAR

(Karte S.72; 📞 212-307-5835; 265 W 52nd St, zw. Eight Ave & Broadway; Ⓢ C/E zur 50th St) Russen

sind gar keine Seltenheit in der eleganten, einladenden Bar. In schummriger Beleuchtung kann man in intimen Ecknischen mit einem Dutzend aromatisierter Wodkas herumexperimentieren – die Varianten reichen von Preiselbeere bis zu Meerrettich.

Rudy's Bar & Grill
BAR

(Karte S.72; 627 Ninth Ave; 🕐 8–4 Uhr; Ⓢ A/C/E zum 42nd St-Port Authority Bus Terminal) In dieser Kneipe amüsieren sich neu Zugezogene und Berufstätige Seite an Seite mit Hardcore-Trinkern. Wen es nicht kümmert, dass man hier nicht mal sein eigenes Wort versteht, der kann billiges Bier und fetttriefende Hotdogs schlucken. Im Sommer kann man im Hinterhof auf Kunstrasen an improvisierten Tischen sitzen.

Lantern's Keep
COCKTAILBAR

(Karte S.72; 📞 212-453-4287; www.thelanternskeep.com; Iroquois Hotel, 49 W 44th St; 🕐 Di–Sa 17–24 Uhr; Ⓢ B/D/F/M bis 42nd St-Bryant Park) Die dunkle, heimelige Cocktailbar befindet sich hinter der Lobby des Iroquois Hotels. Spezialität des Hauses sind Drinks aus der Zeit vor der Prohibition, die von leidenschaftlichen, sympathischen Barkeepern geschüttelt und gerührt werden. Reservierung empfohlen.

Top of the Strand
COCKTAILBAR

(Karte S.72; www.topofthestrand.com; Strand Hotel, 33 W 37th St zw. Fifth Ave & Sixth Ave; 📷; Ⓢ B/D/F/M bis 34th St) Wer endlich mal dieses Gefühl „Oh my God, I'm in New York" haben will, sollte in die Dachterrassenbar des Strand Hotel gehen, einen Martini (Extra Dirty) ordern und (diskret) auf Wolke sieben schweben. Nette Nischen, ein aufschiebbares Glasdach und ein unvergesslicher Blick auf das Empire State Building.

Pacha
CLUB

(Karte S.72; 📞 212-209-7500; www.pachanyc.com; 618 W 46th St zw. Eleventh Ave & West Side Hwy; Eintritt 20–40 US$; Ⓢ A/C/E bis 42nd St-Port Authority) Riesiger, spektakulärer Club mit 2790 m² auf vier Ebenen voller Glitzer und Glanz. Gemütliche Sitznischen reihen sich rund um die Haupttanzfläche. Hier stehen immer bekannte DJs am Plattenteller.

Morrell Wine Bar & Café
BAR, CAFÉ

(Karte S.72; 📞 212-262-7700; 1 Rockefeller Plaza, W 48th St zw. Fifth Ave & Sixth Ave; 🕐 Mo–Sa 11.30–23, So 12–18 Uhr; Ⓢ B/D/F/M bis 47th-50th Sts-Rockefeller Center) Die Weinkarte in dieser bahnbrechenden Weinbar ist ellenlang.

150 Sorten werden glasweise ausgeschenkt. Auch der luftige Raum auf zwei Ebenen direkt gegenüber von der berühmten Eisbahn hat etwas Berauschendes an sich.

Jimmy's Corner BAR
(Karte S. 72; 140 W 44th St zw. Sixth Ave & Seventh Ave, Midtown West; ⏲10–4 Uhr; [S] N/Q/R, 1/2/3, 7 bis 42nd St-Times Sq; B/D/F/M bis 42nd St-Bryant Park) Die kleine, einladende, total schlichte Kneipe in der Nähe vom Times Square wird von einem ehemaligen Boxtrainer betrieben – wer hätte das angesichts der vielen gerahmten Fotos von berühmten Boxern gedacht? Aus der Jukebox kommt Musik von Stax bis Miles Davis.

PJ Clarke's BAR
(Karte S. 72; www.pjclarkes.com; 915 Third Ave an der 55th St, Midtown East; [S] E/M bis Lexington Ave-53rd St) Dieses Bollwerk des alten New York mit seinem wunderbar verschlissenen Holz-Saloon gab's schon 1884. Einfach einen Song aus der Jukebox auswählen, eine Runde Krabbenküchlein bestellen und sich unter die Menge mischen.

Réunion Surf BAR
(Karte S. 72; 357 W 44th St an der Ninth Ave; ⏲17.30–2, Do–Sa bis 4 Uhr) Die elegante Tiki-Bar mit Restaurant serviert köstliche Gerichte der französisch-südpazifischen Küche so z. B. in Bananenblättern gedünstete Makrele.

On the Rocks COCKTAILBAR
(Karte S. 72; 696 Tenth Ave zw. 48th St & 49th St; ⏲17–4 Uhr) Whiskey-Fans werden die winzige Bar lieben.

Therapy SCHWULENBAR
(Karte S. 72; www.therapy-nyc.com; 348 W 52nd St zw. Eighth Ave & Ninth Ave; [S] C/E, 1 bis 50th St) Das mehrstöckige, luftige, schicke Therapy ist schon lange eine In-Location für Schwule in Hell's Kitchen. Es werden unzählige Themenabende veranstaltet – von Stand-up-Comedy bis zu Musical-Shows.

Uptown

79th Street Boat Basin BAR
(Karte S. 82; W 79th St, in Riverside Park; ⏲12–23 Uhr) Überdachte offene Party-Location unter den uralten Bögen einer ehemaligen Parküberführung in Upper West Side, die mit Beginn des Frühlings zum Leben erwacht. Einfach Bier und Snacks bestellen und den Sonnenuntergang über dem Hudson River genießen.

Bemelmans Bar LOUNGE
(Karte S. 82; www.thecarlyle.com/dining/bemelmans_bar; Carlyle Hotel, 35 E 76th St an der Madison Ave; ⏲Mo–Sa 12–2, So 12–00.30 Uhr; [S] 6 bis 77th St) Die Kellner tragen weiße Jacketts, im Hintergrund spielt jemand auf einem kleinen Konzertflügel, und die Wände schmücken Wandbilder von Ludwig Bemelmans *Madeline*. Dies ist eine klassische Bar für einen guten Cocktail.

Barcibo Enoteca WEINBAR
(Karte S. 82; www.barciboenoteca.com; 2020 Broadway Ecke 69th St; ⏲16.30–2 Uhr; [S] 1/2/3 bis 72nd St) Die zwanglose, schicke Bar mit Marmortischen befindet sich direkt nördlich vom Lincoln Center und ist ein idealer Ort für ein gutes Schlückchen. Auf der langen Karte stehen Weine aus ganz Italien, von denen 40 auch glasweise ausgeschenkt werden.

Auction House BAR
(Karte S. 82; ☎212-427-4458; 300 E 89th St; ⏲19.30–4 Uhr; [S] 4/5/6 bis 86th St) Diese sexy Bar betritt man durch schwere, dunkelbraune Holztüren. Die im Kerzenlicht erstrahlende Location eignet sich perfekt für einen Drink in aller Ruhe. Sofas im viktorianischen Stil und dick gepolsterte Sessel stehen verstreut in den Räumen mit Holzfußboden rum.

Subway Inn BAR
(Karte S. 82; 143 E 60th St zw. Lexington Ave & Third Ave; [S] 4/5/6 bis 59th St; N/Q/R bis Lexington Ave-59th St) Klassische „Opa-Kneipe" mit preiswerten Getränken und jeder Menge Authentizität. Angefangen vom uralten Neonschild draußen bis zu den durchgesessenen roten Sitznischen scheint alles ein Relikt aus längst vergangenen Zeiten zu sein.

Dead Poet BAR
(Karte S. 82; www.thedeadpoet.com; 450 Amsterdam Ave zw. 81st St & 82nd St; ⏲Mo–Sa 9–4, So 12–4 Uhr; [S] 1 bis 79th St) Diese Kneipe mit viel Mahagonifurnier an den Wänden ist seit über zehn Jahren der Liebling des Viertels. Hier treffen sich Anwohner und Studenten auf ein Guinness oder einen der Cocktails, die nach verstorbenen Dichtern benannt sind.

Brooklyn

★ **Commodore** BAR
(366 Metropolitan Ave Ecke Havenmeyer St, Williamsburg; ⏲So–Do 16–24, Fr & Sa 16–1 Uhr;

S L bis Lorimer St) Diese Eckbar ist ein den 1970er-Jahren nachempfundener holzgetäfelter Aufenthaltsraum mit einigen Nischen, in denen man es sich gemütlich machen kann. Mit einem Mint Julep oder einem Sloe Gin Fizz in der Hand kann man ganz ohne Geld sein Glück an alten Spielautomaten herausfordern.

61 Local
BIERGARTEN

(www.61local.com; 61 Bergen St zw. Smith St & Boerum Pl, Cobble Hill; Snacks 1–7 US$, Sandwiches 4–8 US$; ⊙ So–Do 11–24, Fr & Sa 11–1 Uhr; S F, G bis Bergen) Der großen Halle mit viel Holz und Backsteinen in Cobble Hill ist es gelungen, schick und gleichzeitig gemütlich zu sein. An den großen Tischen herrscht eine angenehme Stimmung. Es gibt eine gute Auswahl an Bieren aus Kleinbrauereien und eine einfache Speisekarte mit Wurstwaren und Snacks.

Maison Premiere
COCKTAILBAR

(www.maisonpremiere.com; 298 Bedford Ave zw. 1st St & Grand St, Williamsburg; ⊙ Mo–Fr 16–4, Sa & So 12–4 Uhr; S L bis Bedford Ave) Die altmodische Bar im Stil eines Chemielabors ist vollgestellt mit Sirupen und Essenzen, die von Hosenträger tragenden Barkeepern zu Cocktails gemixt werden. Auf der abenteuerlich langen Cocktailkarte stehen mehr als 20 Absinth-Drinks. Außerdem werden viele Seafood-Snacks angeboten.

Zabloski's
BAR

(☎ 718-384-1903; 107 N 6th St zw. Berry St & Wythe Ave, Williamsburg; ⊙ 14–4 Uhr; S L bis Bedford Ave) In der einladenden Location in Williamsburg gibt's preiswertes Bier, coole Barkeeper, einen Flipper, eine Dartscheibe und einen Billardtisch. Man sollte sich zur Happy Hour einen Platz vorn an der Rolltür schnappen und das abendliche Treiben auf der Straße beobachten.

Union Hall
BAR

(☎ 718-638-4400; 702 Union St zw. Fifth Ave & Sixth Ave; ⊙ Mo–Fr 16–4, Sa & So 12–4 Uhr; S M, R bis Union St; 2/3 bis Bergen St; F bis 7th Ave) Wenn man in Park Slope ist, sollte man dieser eigenartig kreativen Bar einen Besuch abstatten. Ledersthle wie in einem protzigen Londoner Herrenclub, Wände voller Bücherregale, zwei Boccia-Bahnen, Livemusik im Untergeschoß und draußen ein Hof.

Weather Up
COCKTAILBAR

(589 Vanderbilt Ave zw. Bergen St & Dean St; ⊙ Di–So; S 2/3 bis Bergen St; B, Q bis 7th Ave) Die dunkle, geheimnisvolle, nicht ausgeschilderte Bar in Prospect Heights wirkt wie eine illegale Flüsterkneipe. Hier treffen sich die Leute aus der Nachbarschaft auf einen Cocktail.

Radegast Hall & Biergarten
BIERGARTEN

(www.radegasthall.com; 113 N 3rd St an der Berry St, Williamsburg; ⊙ Mo–Fr 16–4, Sa & So 12–4 Uhr; S L bis Bedford Ave) Ein rauer Biergarten in Williamsburg, der mit exzellenten Kalbsschnitzeln aufwartet.

☆ Unterhaltung

Wer großen Appetit und viel Energie hat, kann in dieser Stadt zwischen fast endlos vielen Unterhaltungsmöglichkeiten wählen – von Broadway-Shows bis hin zu Aktionskunst in irgendeinem Wohnzimmer in Brooklyn. Die Zeitschrift *New York* und die Wochenendausgabe der *New York Times* sind tolle Ratgeber in Bezug auf alles, was gerade hier los ist.

Livemusik

★ Joe's Pub
LIVEMUSIK

(Karte S. 66; ☎ 212-539-8778; www.joespub.com; Public Theater, 425 Lafayette St zw. Astor Pl & 4th St; S R/W bis 8th St-NYU; 6 bis Astor Pl) Der kleine, nette Club ist teils Kabarett, teils Rock- und New-Indie-Schuppen und bietet einen wundervollen Mix aus verschiedenen Stilrichtungen, Stimmen und Talenten.

Rockwood Music Hall
LIVEMUSIK

(Karte S. 66; ☎ 212-477-4155; www.rockwoodmusichall.com; 196 Allen St zw. Houston St & Stanton St; S F/V bis Lower East Side-2nd Ave) In den beiden, brotkastengroßen Räumen treten Bands und Singer-Songwriter im Stundentakt auf. Der Eintritt ist frei, und jede Band darf maximal eine Stunde spielen.

55 Bar
LIVEMUSIK

(Karte S. 66; ☎ 212-929-9883; www.55bar.com; 55 Christopher St an der Seventh Ave; Grundpreis 3–15 US$, mind. 2 Drinks; ⊙ 13–4 Uhr; S 1 bis Christopher St-Sheridan Sq) In der netten Location im Untergeschoss kann man sich gute Shows anschauen, ohne einen hohen Grundpreis berappen zu müssen. Allabendlich gibt es zwei Gigs von ausgezeichneten, hier ansässigen Künstlern und gelegentlich auch von Blues-Bands.

Bowery Ballroom
LIVEMUSIK

(Karte S. 66; ☎ 212-533-2111; www.boweryballroom.com; 6 Delancey St an der Bowery St; ⊙ Vorstellungen zu wechselnden Zeiten; S J/M/Z bis

Bowery St) Fantastischer, mittelgroßer Veranstaltungsort mit perfekter Akustik für größere Indie-Rock-Konzerte (The Shins, Stephen Malkmus, Patti Smith).

Le Poisson Rouge   LIVEMUSIK

(Karte S. 66; ☑212-505-3474; www.lepoisson rouge.com; 158 Bleecker St; Ⓢ A/C/E, B/D/F/V bis W 4th St-Washington Sq) Der Kellerclub in der Bleecker St gehört zu den wichtigsten Locations für experimentelle, moderne Musik von Klassik bis zu Indie-Rock und Electro-Acoustic.

Mercury Lounge   LIVEMUSIK

(Karte S. 66; ☑212-260-4700; www.mercury loungenyc.com; 217 E Houston St zw. Essex St & Ludlow St; Grundpreis 8–15 US$; ⏱16–4 Uhr; Ⓢ F/V bis Lower East Side-2nd Ave) Im Mercury treten immer coole neue oder coole ältere Bands auf, die in Downtown so ziemlich jeder sehen will.

Music Hall of Williamsburg   LIVEMUSIK

(www.musichallofwilliamsburg.com; 66 N 6th St zw. Wythe Ave & Kent Ave, Williamsburg; Ⓢ L bis Bedford Ave) Die beliebte Musik-Location in Williamsburg ist *der* Ort für Indie-Bands in Brooklyn (viele Gruppen, die auf ihrer Tour auch durch New York kommen, treten ausschließlich hier auf).

BB King Blues Club & Grill   BLUES, JAZZ

(Karte S. 72; ☑212-997-4144; www.bbkingblues. com; 237 W 42nd St zw. Seventh Ave & Eighth Ave; Ⓢ N/R/W, 1/2/3, 7 bis 42nd St-Times Sq) Direkt am Times Square gibt's guten alten Blues sowie Rock, Folk und Reggae.

Bargemusic   KLASSISCHE MUSIK

(www.bargemusic.org; Fulton Ferry Landing, Brooklyn Heights; Tickets 35 US$; ♿; Ⓢ A/C bis High St) Außerordentlich talentierte Musiker, die sich der klassischen Musik verschrieben haben, treten in dieser intimen Location auf – einer stillgelegten Barkasse unter der Brooklyn Bridge.

Highline Ballroom   LIVEMUSIK

(Karte S. 72; ☑212-414-5994; 431 W 16th St, zw. Ninth Ave & Tenth Ave) Typische Chelsea-Location mit buntem Veranstaltungsprogramm von Mandy Moore bis Moby.

Beacon Theatre   LIVEMUSIK

(Karte S. 82; www.beacontheatre.com; 2124 Broadway zw. 74th St & 75th St; Ⓢ 1/2/3 bis 72nd St) Das Beacon in der Upper West Side zeigt

---

JAZZ

Gleich nach New Orleans folgt in puncto Jazz Harlem, die frühe Heimat und das schlagende Herz einer blühenden Jazzszene. In diesem Viertel hatten Größen wie Duke Ellington, Charlie Parker, John Coltrane und Thelonius Monk ihre ersten Erfolge. In den klassischen Art-déco-Clubs und intimen Jazz-Schuppen von Harlem und in anderen bedeutenden Veranstaltungsstätten überall in der Stadt, vor allem im Village, wird noch immer von Bebop bis Free Jazz so ziemlich alles geboten – und dabei treten neben altbekannten Oldtimern auch viele talentierte Newcomer auf. Wer im Radio Jazz hören will, braucht einfach nur den Sender **WKCR** (89,9 FM) einzuschalten. Dort glänzt Phil Schaap seit 30 Jahren montags bis freitags von 8.20 bis 9.30 Uhr mit seinem Programm und verblüfft die Zuhörer mit seinem enzyklopädischen Wissen und seiner Begeisterung für diese Kunstform.

Das **Smalls** (Karte S. 66; ☑212-252-5091; www.smallsjazzclub.com; 183 W 4th St; Grundpreis 20 US$) ist ein Jazz-Keller, der mit dem weltbekannten **Village Vanguard** (Karte S. 66; ☑212-255-4037; www.villagevanguard.com; 178 Seventh Ave an der 11th St; Ⓢ 1/2/3 bis 14th St) im Wettstreit um die großen Talente steht. Natürlich stand in den letzten 50 Jahren jeder große Star irgendwann einmal auf der Bühne des Village Vanguard. Allerdings besteht hier Getränkezwang (mind. 2 Drinks) und striktes Redeverbot während der Gigs.

In der Uptown ist **Dizzy's Club Coca-Cola: Jazz at the Lincoln Center** (Karte S. 82; ☑☎212-258-9595; www.jazzatlincolncenter.org; 5. OG, Time Warner Center, Broadway, an der 60th St; Ⓢ A/C, B/D, 1 bis 59th St-Columbus Circle) einer der drei Jazzclubs im Lincoln Center. Er bietet einen tollen Blick auf den Central Park und allabendliche Shows mit Top-Besetzung. Weiter im Norden in der Upper West Side lohnt sich ein Besuch in der **Smoke Jazz & Supper Club-Lounge** (Karte S. 82; ☑212-864-6662; www.smokejazz. com; 2751 Broadway, zw. W 105th St & 106th St), die an den Wochenenden immer ein großes Publikum anlockt.

große Acts für Leute, die Shows lieber im intimeren Rahmen als auf großen Konzertbühnen sehen wollen.

Radio City Music Hall KONZERTHALLE
(Karte S. 72; ☎ 212-247-4777; www.radiocity.com; Sixth Ave an der W 50th St) In der architektonisch prächtigen Konzerthalle in Midtown treten Größen wie Barry Manilow und der Cirque de Soleil auf. Und natürlich findet hier auch das berühmte Christmas Spectacular statt.

Delancey LIVEMUSIK
(Karte S. 66; ☎ 212-254-9920; www.thedelancey.com; 168 Delancey St an der Clinton St; [S] F, J/M/Z bis Delancey-Essex Sts) Hier treten tolle Indie-Bands auf.

Irving Plaza LIVEMUSIK
(Karte S. 72; www.irvingplaza.com; 17 Irving Pl an der 15th St; [S] L, N/Q/R/W, 4/5/6 bis 14th St-Union Sq) Tolle, mittelgroße Location für spleenige Mainstream-Acts. Rund um die Bühne gibt's einen kleinen Dancefloor und von der Empore hat man einen tollen Blick.

Webster Hall CLUB
(Karte S. 66; ☎ 212-353-1600; www.websterhall.com; 125 E 11th St, nahe Third Ave; 🕘 Do–Sa 22–4 Uhr; [S] L, N/Q/R/W, 4/5/6 bis 14th St-Union Sq) In dem Urgestein der Dancehalls gibt's preiswerte Drinks, junge tanzwütige Gäste und genügend Platz, um ordentlich ins Schwitzen zu kommen.

Theater

Im Allgemeinen finden „Broadway"-Produktionen in den verschwenderisch ausgestatteten Theatern aus dem frühen 20. Jh. rund um den Times Square statt. Ein Theater wählt man nach der Produktion aus, beispielsweise *The Book of Mormon* oder *The Lion King*. Die Abendshows beginnen um 20 Uhr.

Die Bezeichnung „Off Broadway" bezieht sich auf Shows, die in kleineren Theatern mit 500 oder weniger Plätzen stattfinden. Viele von ihnen findet man gleich um die Ecke vom Broadway, aber auch anderswo in der Stadt. Zu den sogenannten „Off-Off Broadway"-Veranstaltungen gehören Lesungen, experimentelle und innovative Aufführungen sowie Improvisationen in Häusern mit weniger als 100 Plätzen. Sie befinden sich meist in Downtown. In diesen kleinen Theatern sind oft einige der besten Stücke der Welt zu sehen, bevor sie auf den Broadway umziehen.

Hinweise auf aktuelle Veranstaltungen findet man in den Printmedien oder auf Websites wie **Theater Mania** (☎ 212-352-3101; www.theatermania.com). Eintrittskarten zum regulären Preis bekommt man bei **Telecharge** (☎ 212-239-6200; www.telecharge.com) und **Ticketmaster** (☎ 800-448-7849, 800-745-3000; www.ticketmaster.com). Die **TKTS-Ticketschalter** (www.tdf.org/tkts; Ecke Front St & John St; 🕘 Mo–Sa 11–18, So 11–16 Uhr; [S] A/C bis Broadway-Nassau; 2/3, 4/5, J/Z bis Fulton St) verkaufen Karten für Broadway- und Off-Broadway-Musicals am selben Tag bis zu 50 % unter Normalpreis.

★ **Public Theater** THEATER
(Karte S. 66; ☎ 212-539-8500; www.publictheater.org; 425 Lafayette St, zw. Astor Pl & E 4th St; [S] R/N bis 8th Street, 6 bis Astor Place)

St. Ann's Warehouse THEATER
(☎ 718-254-8779; www.stannswarehouse.org; 29 Jay St, Dumbo; [S] A/C bis High St)

PS 122 THEATER
(Karte S. 66; ☎ 212-477-5288; www.ps122.org; 150 First Ave an der E 9th St)

Playwrights Horizons THEATER
(Karte S. 72; ☎ Tickets 212-279-4200; www.playwrightshorizons.org; 416 W 42nd St zw. Ninth Ave & Tenth Ave; [S] A/C/E bis 42nd St-Port Authority Bus Terminal)

New York Theater Workshop THEATER
(Karte S. 66; ☎ 212-460-5475; www.nytw.org; 79 E 4th St zw. Second Ave & Third Ave; [S] F/V bis Lower East Side-2nd Ave)

Comedy

Von anspruchslosen Komödien bis hin zu experimentellen, humorvollen Stücken – in dieser Stadt gibt's alles, für jeden Geschmack und jeden Geldbeutel. In etablierten Häusern wird mit verordnetem Mindestkonsum der Alkoholverkauf angekurbelt.

★ **Upright Citizens Brigade Theatre** COMEDY
(Karte S. 72; ☎ 212-366-9176; www.ucbtheatre.com; 307 W 26th St zw. Eighth Ave & Ninth Ave; Grundpreis 5–8 US$; [S] C/E bis 23rd St) In dem kleinen Kellertheater gibt's allabendlich Improvisations-Shows mit bekannten, aufstrebenden und weniger erfolgversprechenden Comedians.

Village Lantern COMEDY
(Karte S. 66; ☎ 212-260-7993; www.villagelantern.com; 167 Bleecker St; [S] A/B/C/D/F/M bis W 4th

St) Im Village Lantern unterhalb der Bar gleichen Namens kann man jeden Abend alternative Comedy genießen.

Caroline's on Broadway COMEDY
(Karte S. 72; ☎ 212-757-4100; www.carolines.com; 1626 Broadway an der 50th St; Ⓢ N/Q/R bis 49th St, 1 bis 50th St) Eine der bekanntesten Locations in der Stadt mit großen Namen auf der Bühne.

Kinos
Abends und am Wochenende gibt's an den Kinokassen immer lange Schlangen. Daher sollte man sich Kinokarten lieber im Vorverkauf besorgen (außer für Vorstellungen mitten in der Woche, mittags oder für einen Film, der schon seit Monaten läuft). Der Vorverkauf für die meisten Kinos läuft über **Movie Fone** (☎ 212-777-3456; www.moviefone.com) und **Fandango** (www.fandango.com). Die Vorverkaufsgebühr beträgt 1,50 US$ pro Kinokarte, aber die Investition lohnt sich. Überall in der Stadt findet man große Kinoketten mit steil aufsteigenden Sitzreihen, z. B. mehrere in der Gegend von Times Square und Union Square. Im Sommer werden viele Dachterrassen und Parks zu kostenlosen Freiluftkinos.

Film Forum KINO
(Karte S. 66; ☎ 212-727-8110; www.filmforum.com; 209 W Houston St zw. Varick St & Sixth Ave; ☺ tgl.; ♿; Ⓢ 1 bis Houston St) Die langen, schmalen Kinos können die Liebe von Cineasten für diese Institution nicht schmälern. Gezeigt werden Neuverfilmungen, Klassiker und Dokus.

IFC Center KINO
(Karte S. 66; ☎ 212-924-7771; www.ifccenter.com; 323 Sixth Ave an der 3rd St; Ⓢ A/C/E, B/D/F/V bis W 4th St-Washington Sq) Das ehemalige Waverly mit drei Kinosälen ist ein Programmkino, in dem neue Indie-Filme, Kultklassiker und ausländische Streifen laufen. Und das Allerbeste: hier gibt's Bio-Popcorn.

Landmark Sunshine Cinema KINO
(Karte S. 66; ☎ 212-358-7709; www.landmarktheatres.com; 143 E Houston St an der Forsyth St; Ⓢ F/V bis Lower East Side-2nd Ave) Dieses Kino ist in einem ehemaligen jiddischen Filmtheater untergebracht und zeigt Indie-Uraufführungen.

Anthology Film Archives KINO
(Karte S. 66; ☎ 212-505-5181; www.anthologyfilmarchives.org; 32 Second Ave an der 2nd St; Ⓢ F/V bis Lower East Side-2nd Ave) Die Independent- und

Avantgarde-Filme, die in diesem Kino mit dem Aussehen eines Schulgebäudes gezeigt werden, begeistern Filmstudenten.

Darstellende Künste
Großartige Veranstaltungsorte und Künstler von Weltklasse machen die Stadt das ganze Jahr über zu einem Mekka für Kunstliebhaber.

Jedes wichtige Genre hat eine Bühne im riesigen Lincoln Center (S. 80). In der Avery Fisher Hall treten die New York Philharmonics auf, in der Alice Tully Hall die Chamber Music Society of Lincoln Center; das New York State Theater beherbergt das New York City Ballet. Im Mitzi E. Newhouse und im Vivian Beaumont werden erstklassige Theaterstücke gezeigt. In der Juilliard School finden zahlreiche Konzerte statt. Die größte Attraktion ist aber das Metropolitan Opera House. Hier sind die Metropolitan Opera und das American Ballet Theater zu Hause.

★ Carnegie Hall LIVEMUSIK
(Karte S. 82; ☎ 212-247-7800; www.carnegiehall.org; W 57th St & Seventh Ave; Ⓢ N/Q/R zur 57th St–7th Ave) Seit ihrer Eröffnung im Jahr 1891 sind in der historischen Carnegie Hall schon Größen wie Tchaikowsky, Mahler und Prokofiev, andererseits aber auch Stevie Wonder, Sting und Tony Bennett aufgetreten. Heute spielen in den drei Sälen (Juli & Aug. meist geschl.) Philharmoniker aus aller Welt, das New York Pops Orchestra und die unterschiedlichsten Musiker von Weltklasse. Vor bzw. nach einer Aufführung kann man im **Rose Museum** der Geschichte dieser Institution nachspüren.

★ Brooklyn Academy of Music DARSTELLENDE KUNST
(BAM; www.bam.org; 30 Lafayette Ave am Ashland Pl, Fort Greene; Ⓢ D, N/R bis Pacific St, B, Q, 2/3, 4/5 bis Atlantic Ave) Die Brooklyner Version des Lincoln Center – zumindest was die All-inclusive-Politik angeht, denn die Atmosphäre ist hier viel aufregender. Die spektakuläre Akademie bietet alles von modernem Tanz, Oper, innovativem Theater bis hin zu Konzerten.

Symphony Space LIVEMUSIK
(Karte S. 82; ☎ 212-864-5400; www.symphonyspace.org; 2537 Broadway zw. 94th St & 95th St; ♿; Ⓢ 1/2/3 bis 96th St) Ein echtes Juwel der Upper West Side, in dem die ganze Woche über auf verschiedenen Bühnen Aufführungen unterschiedlicher Genres gezeigt werden –

Theater, Kabarett, Comedy, Tanz und Weltmusikkonzerte.

Sport

Die extrem erfolgreichen **New York Yankees** (☑718-293-6000, Tickets 877-469-9849; www.yankees.com; Tickets 20–300 US$) spielen im **Yankee Stadium** (☑718-293-6000, Tickets 877-469-9849; www.yankees.com; E 161st St an der River Ave; Führungen 20 US$; 🚻; Ⓢ B, D, 4 bis 161st St-Yankee Stadium) und die angesehenen **New York Mets** (www.mets.com; Tickets 12–102 US$) im **Citi Field** (126th St, an der Roosevelt Ave, Flushing, Queens; Ⓢ 7 bis Mets-Willets Pt).

Wem eine weniger großartige Kulisse in netter Umgebung reicht, sollte einen Besuch der Zweitligisten in Betracht ziehen: die **Staten Island Yankees** (☑718-720-9265; www.siyanks.com; Tickets 12 US$; ☺Ticketschalter Mo–Fr 9–17, Sa 10–15 Uhr) im **Richmond County Bank Ballpark** (75 Richmond Terrace, Staten Island; 🚢 Staten Island Ferry) oder die **Brooklyn Cyclones** (☑718-449-8497; www.brooklyncyclones.com; Tickets 8–16 US$) im **MCU Park** (1904 Surf Ave & W 17th St, Coney Island; Ⓢ D/F, N/Q bis Coney Island-Stillwell Ave).

Beim Basketball lässt sich die NBA hautnah mit den **New York Knicks** (Karte S. 72; ☑212-465-6073, Tickets 866-858-0008; www.nyknicks.com; Tickets 13–330 US$) im **Madison Square Garden** (Karte S. 72; www.thegarden.com; Seventh Ave zw. 31st St & 33rd St; Ⓢ 1/2/3 bis 34th St-Penn Station), dem „Basketball-Mekka", erleben. Man kann sich auch die neuen **Brooklyn Nets** (www.nba.com/nets; Tickets ab 15 US$), ehemals die New Jersey Nets, anschauen, die ihre erste Saison 2012 im **Barclays Center** (www.barclayscenter.com; Ecke Flatbush Ave & Atlantic Ave, Prospect Heights; Ⓢ B/D, N/Q/R, 2/3, 4/5 bis Atlantic Ave) in Downtown Brooklyn spielten. Im Madison Square Garden ist auch die WNBA-Frauenliga **New York Liberty** (Karte S. 72; ☑212-564-9622, Tickets 212-465-6073; www.nyliberty.com; Tickets 10–85 US$) zu Hause, bei der alles etwas lockerer zugeht.

New York Citys NFL-Teams (Profi-Football), die **Giants** (www.giants.com) und die **Jets** (www.newyorkjets.com), teilen sich das **MetLife Stadium** in East Rutherford, New Jersey.

Shoppen

Ehemals besondere Blocks werden zu austauschbaren Einkaufszentren, weil immer mehr Filialen von Ketten eröffnet werden. Aber trotzdem gibt es in den ganzen USA doch keine bessere Stadt zum Shoppen als NYC. Und das Beste daran ist, dass die meisten Geschäfte, vor allem in Downtown, bis 22 oder 23 Uhr geöffnet haben.

Downtown

In Lower Manhattan findet man alle möglichen Schnäppchen. Hier sind auch die meisten kleinen, stylishen Boutiquen angesiedelt. Die coolsten Angebote gibt's in NoLita (direkt östlich von SoHo), im East Village und in der Lower East Side. In SoHo sind die Modeläden zwar teurer, aber ebenso gut. Auf dem Broadway reihen sich zwischen Union Sq und Canal St die großen Einzelhandelsgeschäfte wie H&M und Urban Outfitters aneinander. Hier gibt's auch Dutzende von Jeans- und Schuhläden. In den Straßen von Chinatown bekommt man Designerhandtaschen, Schmuck, Parfum und Uhren – natürlich alles gefälscht. Begehrte Designerlabels findet man beim Bummel durch den Meatpacking District rund um die 14th St und die Ninth Ave.

★ Strand Book Store   BÜCHER

(Karte S. 66; ☑212-473-1452; www.strandbooks.com; 828 Broadway an der 12th St; ☺Mo–Sa 9.30–22.30, So 11–22.30 Uhr; Ⓢ L, N/Q/R/W, 4/5/6 bis 14th St-Union Sq) Der beste Buchladen der Stadt verkauft neben neuen auch gebrauchte Bücher.

★ Century 21   MODE

(Karte S. 62; www.c21stores.com; 22 Cortlandt St zw. Church St & Broadway; ☺Mo–Mi 7.45–21, Do & Fr 7.45–21.30, Sa 10–21, So 11–20 Uhr; Ⓢ A/C, J/Z, 2/3, 4/5 bis Fulton St) Das vierstöckige Kaufhaus ist bei allen New Yorkern ungeachtet ihres Einkommens beliebt, weil man hier auch immer wieder Designer-Schnäppchen findet.

J&R Music & Computer World   MUSIK

(Karte S. 62; www.jr.com; 15-23 Park Row; Ⓢ A/C, J/Z, M, 2/3, 4/5 bis Fulton St-Broadway-Nassau St) Hier kann jeder seinen Bedarf an Elektronikprodukten stillen, insbesondere im Bereich Computer und Kameras.

A-1 Records   MUSIK

(Karte S. 66; ☑212-473-2870; 439 E 6th St zw. First Ave & Ave A; ☺13–21 Uhr; Ⓢ F/V bis Lower East Side-2nd Ave) New Yorks Vinyl-Himmel ist hier im East Village beheimatet.

Economy Candy   SÜSSIGKEITEN

(Karte S. 66; ☑212-254-1531; www.economycandy.com; 108 Rivington St an der Essex St; ☺So–Fr

9–18, Sa 10–17 Uhr; [S]F, J/M/Z bis Delancey St-Essex St) Dieser Bonbon-Laden versüßt das Leben der Menschen in diesem Viertel schon seit 1937. Der Laden ist bis unter die Decke vollgestopft mit losen und abgepackten Süßigkeiten.

Trash & Vaudeville   BEKLEIDUNG
(Karte S. 66; 4 St Marks Pl; [S]6 bis Astor Pl) Das Trash & Vaudeville, der Liebling aller Punks und Rocker, war ein echter Klamottengeheimtipp für singende Promis als es im East Village noch sehr viel heftiger zur Sache ging.

Philip Williams Posters   VINTAGE
(Karte S. 62; www.postermuseum.com; 122 Chambers St zw. Church St & W Broadway; ⊙Di–Sa 11–19 Uhr; [S]A/C, 1/2/3 bis Chambers St) In dieser großen Schatzkiste gibt's über eine halbe Million Poster – von riesigen französischen Werbeplakaten für Parfüm und Cognac bis hin zu sowjetischen Filmpostern.

Apple Store   COMPUTER, ELEKTRONIK
(Karte S. 72; ☑212-444-3400; www.apple.com; 401 W 14th St an der Ninth Ave; ⊙Mo–Fr 11–20, Sa & So 12–19 Uhr; [S]A/C/E bis 14th St, L bis 8th Ave) Apple-Fans bekommen hier die allerneuesten Gadgets.

Midtown & Uptown

In der Fifth Ave in Midtown und der Madison Ave in Upper East Side bekommt man berühmte internationale Designermode. Am Times Square befinden sich die Megastores vieler Ketten. In Chelsea gibt's dagegen etwas ausgefallenere Boutiquen, obwohl sich jetzt auch hier wie in Upper West Side immer mehr Banken, Drogeriemärkte und riesige Einzelhandelsgeschäfte niedergelassen haben.

Tiffany & Co   SCHMUCK, HAUSHALTSWAREN
(Karte S. 72; www.tiffany.com; 727 Fifth Ave; [S]F bis 57th St) Bei dem berühmten Juwelier mit dem eine Uhr tragenden Atlas über dem Eingang bekommt man wunderschöne Diamantringe, Uhren und Colliers sowie Kristall- und Glaswaren.

Saks Fifth Ave   KAUFHAUS
(Karte S. 72; www.saksfifthavenue.com; 611 Fifth Ave an der 50th St; [S]B/D/F/M bis 47th-50th Sts-Rockefeller Center, E/M bis 5th Ave-53rd St) Zehnstöckiger Flagship-Store mit wunderschönem, altem Aufzug und dem Glamour längst vergangener Zeiten. Perfekter Service und alle Must-Have-Labels.

Macy's   KAUFHAUS
(Karte S. 72; www.macys.com; 151 W 34th St am Broadway; [S]B/D/F/M, N/Q/R bis 34th St-Herald Sq) Die Grande Dame der Kaufhäuser in Midtown verkauft alles von Jeans bis Küchenzubehör.

Bloomingdale's   KAUFHAUS
(Karte S. 82; www.bloomingdales.com; 1000 Third Ave an der E 59th St; ⊙Mo–Fr 10–20.30, Sa 10–19, So 11–19 Uhr; ☎; [S]4/5/6 bis 59th St, N/Q/R bis Lexington Ave-59th St) Das riesige, überwältigende Bloomingdale's in Uptown ist für Shopper so etwas wie das Metropolitan Museum of Art für Kunstliebhaber.

Barneys Co-op   MODE, ACCESSOIRES
(Karte S. 72; ☑212-593-7800; 236 W 18th St; ⊙Mo–Fr 11–20, Sa 11–19, So 12–18 Uhr; [S]1 bis 18th St) Hier gibt's tolle, preislich erschwingliche Versionen von Designermode.

❶ Praktische Informationen
INTERNETZUGANG
Die meisten Unterkünfte in New York City bieten ihren Gäste einen Internetanschluss – oft wird dafür allerdings eine Log-in-Gebühr verlangt.

New York Public Library (☑212-930-0800; www.nypl.org/branch/local; E 42nd St an der Fifth Ave; [S]B, D, F oder M bis 42nd St-Bryant Park) Laptop-Freaks kommen hier kostenlos ins Internet, alle anderen können an öffentlichen Terminals in fast allen Bibliotheken der Stadt eine halbe Stunde lang kostenlos surfen.

Kostenlose WLAN-Hotspots gibt's u. a. im Bryant Park, Battery Park, Tompkins Square Park und Union Square Park sowie im Lincoln Center, an der Columbia University, im South Street Seaport und in Dumbo in Brooklyn. Und natürlich haben auch die fast 200 Starbucks-Filialen kostenloses WLAN.

Internetzugang bieten auch die Filialen von **Staples** (www.staples.com) und **FedEx Kinko** (www.fedexkinkos.com) in der ganzen Stadt.

MEDIEN
Daily News (www.nydailynews.com) Täglich erscheinendes Boulevardblatt mit einem Faible für Sensationsnachrichten. Erzrivale der *New York Post*.

New York (www.newyorkmagazine.com) Wochenblatt mit Reportagen über das ganze Land sowie auf NYC bezogene Nachrichten und Infos über Kunst und Kultur.

New York Post (www.nypost.com) Bekannt für seine gepfefferten Schlagzeilen, die mit Promi-Skandalen vollgestopfte „Page Six" und die guten Sportberichte.

New York Times (www.nytimes.com) Die graue Eminenz ist die maßgebende Zeitung und wird in den ganzen USA gelesen.

NY1 (Time Warner Cable, Channel 1; www.ny1.com) Nachrichten rund um die Uhr auf dem Kabelkanal Channel 1 von Time Warner.

Village Voice (www.villagevoice.com) Das wöchentlich erscheinende Boulevardblatt ist noch immer eine gute Infoquelle zu Events, Clubs und Musikveranstaltungen.

WFUV-90,7FM Den besten Radiosender für alternative Musik betreibt die Fordham University in der Bronx.

WNYC 820am oder 93,9FM Lokale Tochter vom National Public Radio.

MEDIZINISCHE VERSORGUNG

Große Apotheken gibt's überall (in einigen sind auch Ärzte anwesend) und viele sind bis spät in die Nacht geöffnet.

New York County Medical Society (✆212-684-4670; www.nycms.org) Empfiehlt Ärzte am Telefon, je nach Krankheit und Sprache.

New York University Langone Medical Center (✆212-263-7300; 550 First Ave; ⊗24 Std.)

Travel MD (✆212-737-1212; www.travelmd.com) Für Reisende und New Yorker rund um die Uhr abrufbarer Dienst für ärztliche Hausbesuche.

TELEFON

In den Straßen New Yorks stehen Tausende von Telefonzellen, aber die meisten funktionieren nicht. Manhattans Ortsvorwahlen lauten ✆212, ✆646 und ✆917, die der vier anderen Viertel ✆718, ✆347 und ✆929. Vor der Ortsvorwahl muss man immer zusätzlich die ✆1 wählen, auch wenn man eine Nummer in dem Stadtviertel wählt, in dem man sich gerade befindet.

Über die Service-Hotline ✆311 erhält man überall in der Stadt Infos oder Hilfe. Man kann sich mit städtischen Behörden verbinden lassen – vom Parkplatz-Ticketbüro bis zur Abteilung für Beschwerden wegen Ruhestörung.

TOURISTENINFORMATION

New York City & Company (Karte S. 72; ✆212-484-1222; www.nycgo.com; 810 Seventh Ave an der 53rd St; ⊗Mo–Fr 8.30–18, Sa & So 9–17 Uhr; Ⓢ B/D/E bis 7th Ave) Offizieller Infodienst des Convention & Visitors Bureau mit hilfsbereiten, mehrsprachigen Angestellten. Weitere Zweigstellen gibt's u. a. in Chinatown (Karte S. 62; Ecke Canal St, Walker St & Baxter St; ⊗Mo–Fr 10–18, Sa 10–19 Uhr; Ⓢ 6/J/N/Q bis Canal St); in Lower Manhattan (Karte S. 62; City Hall Park am Broadway; ⊗Mo–Fr 9–18, Sa & So 10–17 Uhr; Ⓢ 4/5/A/C bis Fulton St); am Times Square (Karte S. 72; 1560 Broadway zw. 46th St & 47th St, Times Square; ⊗Mo–So 8–20 Uhr; Ⓢ N/Q/R bis 49th St).

❶ An- & Weiterreise

AUTO & MOTORRAD

Das Mieten eines Autos in der Stadt ist eine teure Angelegenheit. Ein Mittelklassewagen kostet pro Tag mindestens 75 US$. Hinzu kommen Extrakosten wie 13,25 % Steuern und verschiedene Versicherungen.

BUS

Der riesige und verwirrende **Port Authority Bus Terminal** (Karte S. 72; ✆212-564-8484; www.panynj.gov; 41st St an der Eighth Ave; Ⓢ A, C, E, N, Q, R, 1, 2, 3, & 7) ist Manhattans Hauptbusbahnhof. **Short Line** (S. 125) fährt mit zahlreichen Bussen in Städte im nördlichen New Jersey und im oberen Teil des New York State. Die Busse von **New Jersey Transit** (www.njtransit.state.nj.us) bedienen ganz New Jersey.

Mehrere verlässliche Busunternehmen mit Sitz in Midtown, darunter **BoltBus** (✆877-265-8287; www.boltbus.com) und **Megabus** (✆877-462-6342; us.megabus.com), betreiben komfortable, sichere Busse von NYC nach Philadelphia (10 US$, 2 Std.), Boston (25 US$, 4¼ Std.) und Washington, D.C. (25 US$, 4½ Std.). In den Bussen gibt's kostenloses WLAN.

FÄHRE

Seastreak (www.seastreak.com) fährt nach Sandy Hook (hin & zurück 45 US$) in New Jersey und Martha's Vineyard (nur im Sommer; hin & zurück 220 US$) in Massachusetts. Los geht's an Pier 11 am East River nahe Wall St und E 35th St. Die Fähren von New York Waterway (S. 137) legen an Pier 11 und am World Financial Center am Hudson ab und fahren nach Hoboken (einfache Fahrt 7 US$), Jersey City und in andere Orte.

FLUGZEUG

New York City hat drei Hauptflughäfen. Der größte ist der **John F. Kennedy International Airport** (JFK; ✆718-244-4444; www.panynj.gov) in Queens, wo sich auch der **LaGuardia Airport** (LGA; www.panynj.gov/aviation/lgaframe) befindet. Der **Newark Liberty International Airport** (EWR; ✆973-961-6000; www.panynj.gov) ist jenseits des Hudson River in Newark, NJ, und keine schlechte Alternative. Wer online buchen will, sollte lieber allgemein unter „NYC" suchen als unter einem bestimmten Flughafen, denn dann erfassen die meisten Suchmaschinen alle drei Flughäfen gleichzeitig. Der **Long Island Mac Arthur Airport** (ISP; ✆631-467-3210; www.macarthurairport.com) in Islip ist eine (wenn auch zeitaufwändige) Möglichkeit, Geld zu sparen, vor allem, wenn man die Hamptons oder andere Teile von Long Island sowieso besuchen will.

ZUG

Die **Penn Station** (33rd St, zw. Seventh Ave & Eighth Ave; Ⓢ 1/2/3/A/C/E bis 34th St-Penn

Station), die nicht mit der Penn Station in Newark, NJ, verwechselt werden darf, ist der Abfahrtsbahnhof für alle Züge von **Amtrak** (☎ 800-872-7245; www.amtrak.com), u. a. starten hier der schnelle Acela Express nach Boston (3¾ Std.) und Washington, D. C. (2 Std. 52 Min.). Die Preise und die Fahrtdauer sind vom Wochentag und der Abfahrtszeit abhängig. Neben Haltestellen in Brooklyn und Queens fährt die **Long Island Rail Road** (LIRR; www. mta.nyc.ny.us/lirr) ebenfalls die Penn Station (NYC) an und befördert jeden Tag mehrere Hunderttausend Pendler. Auch **New Jersey Transit** (S. 137) betreibt Züge ab der Penn Station (NYC), die in die Vorstädte und zur Jersey Shore fahren. Eine weitere Möglichkeit für die Reise nach New Jersey, allerdings in nördlicher Richtung, beispielsweise nach Hoboken und Newark, ist der **New Jersey PATH** (☎ 800-234-7284; www.panynj.gov/path). Für diese Züge gilt ein separates Preissystem (2,25 US$). Sie fahren auf der ganzen Länge der Sixth Ave und halten an der 34th, 23rd, 14th, 9th und Christopher St sowie an der Station World Trade Center.

Die einzige Bahnlinie, die von der Grand Central Station, Park Ave an der 42nd St, abfährt, ist die **Metro-North Railroad** (☎ 212-532-4900; www.mta.info/mnr). Sie bedient die nördlichen Vorstädte, Connecticut und Orte im Hudson Valley.

❶ Unterwegs vor Ort

AUTO & MOTORRAD

In dieser Stadt werden selbst die ausgeglichensten Fahrer von der aggressiven Fahrweise angesteckt. Verkehr und Parkplatzsuche sind immer problematisch und angstbesetzt.

Das Schlimmste an einer Fahrt durch die Stadt ist das Hinein- und Herauskommen – man wird zwangsläufig zu einem Teil der Massen, die versuchen, sich durch die Tunnel und über die Brücken zu zwängen, die die verschiedenen Wasserwege über- bzw. unterqueren, die Manhattan umgeben. Auch müssen die hiesigen Gesetze beachtet werden. So darf man beispielsweise nicht bei Rot rechts abbiegen (was im restlichen Bundesstaat erlaubt ist). Man darf auch nicht vergessen, dass jede zweite Straße eine Einbahnstraße ist.

FÄHRE

Die **East River Ferry** (www.eastriverferry.com) (einfache Fahrt 4 US$, alle 20 Min.) verbindet Orte in Brooklyn (Greenpoint, North und South Williamsburg sowie Dumbo) und Queens (Long Island City) mit Manhattan (Pier 11 an der Wall St und E 35th St). **New York Water Taxi** (☎ 212-742-1969; www.nywatertaxi.com; Hop-on-Hop-off 26 US$/Tag) bedient mit einer Flotte von schnellen, gelben Booten mehrere Strecken, u. a. gibt's an den Wochenenden einen Hop-on-Hop-off-Service rund um Manhattan und Brooklyn.

FAHRRAD

In NYC gibt's das Fahrrad-Sharing-Programm „Citi Bike" (S. 90).

VOM/ZUM FLUGHAFEN

An den drei großen Flughäfen kann man Autos mieten. Die Autofahrt nach NYC ist aber eine Strapaze, daher nehmen viele Leute mit dem Taxi in die Stadt. Das kostet vom JFK und von Newark 52 US$ (Festpreis) plus Maut und Trinkgeld. Von LaGuardia nach Midtown kostet die Fahrt ca. 25 US$ (mit Taxameter).

Eine preiswertere, angenehme Alternative, um vom JFK in die Stadt zu kommen, ist der **AirTrain** (einfache Strecke 5 US$). Er hat Anschluss an die Subway-Linien in die Innenstadt (2,50 US$; stadtauswärts mit dem A-Train in Richtung Far Rockaway) oder an die LIRR (einfache Strecke 9,50 US$) an der Jamaica Station in Queens (dies ist wahrscheinlich die schnellste Art, um in die Stadt zur Penn Station zu kommen).

Newark hat seinen eigenen **AirTrain**, der alle Terminals mit einem New-Jersey-Transit-Bahnhof verbindet, von dem aus man dann zur Penn Station in NYC kommt (Kombi-Ticket NJ Transit/AirTrain einfache Fahrt 12,50 US$).

Eine verlässliche, aber zeitraubende Möglichkeit, um von LaGuardia nach Manhattan zu kommen, ist Bus M60 (2,50 US$). Er fährt über die 125th St in Harlem und hält unterwegs mehrere Male am Broadway in der Upper West Side.

Alle drei Flughäfen werden auch von Expressbussen (16 US$) und kleinen Shuttlebussen (23 US$) angefahren. Der **New York Airport Service Express Bus** (☎ 718-560-3915; www.nyairportservice.com; ☺ ca. alle 20 Min.) fährt etwa alle 20 Minuten zur Port Authority, Penn Station (NYC) und zur Grand Central Station. Der **Super Shuttle Manhattan** (www.super shuttle.com) holt seine Fahrgäste nach Vorbestellung an jedem x-beliebigen Ort ab.

ÖFFENTLICHE VERKEHRSMITTEL

Die **Metropolitan Transport Authority** (MTA; ☎ 718-330-1234 www.mta.info) ist sowohl für die Subway als auch die Busse zuständig. Je nach Subway-Linie und nach Tageszeit und je nachdem, ob einem die Bahn vor der Nase wegfährt oder nicht, ist die 100 Jahre alte New Yorker Subway (2,50 US$/Fahrt) der beste Freund oder ärgste Feind ihrer Benutzer. Das Tollste an ihr ist, dass sie rund um die Uhr fährt. Auf den ersten Blick kann das 1055 km lange Netz einem Angst einjagen, ist aber trotz aller Unzulänglichkeiten eine echte Errungenschaft. Die Züge fahren buchstäblich in alle Viertel. Netzpläne gibt's an jeder Haltestelle. Um mitfahren zu können, muss man sich eine MetroCard kaufen, die es an Kartenschaltern und Automaten gibt. Diese akzeptieren Münzen, Scheine und Kreditkarten. Wer gleich mehrere Tickets kauft, kommt billiger weg, empfehlenswert ist eventuell auch der Kauf einer MetroCard-Wochenkarte.

Wenn man es nicht sonderlich eilig hat, kann man auch eine Busfahrt in Betracht ziehen (2,50 US$/Fahrt). So bleibt man über der Erdoberfläche und sieht die Welt draußen vorbeiziehen – und zwar rund um die Uhr. Und auch die Orientierung macht hier keine Probleme – die Busse fahren quer durch die Stadt in beide Fahrtrichtungen (z. B. auf der 14th, 23rd, 34th, 42nd, 72nd St und allen anderen zweispurigen Straßen) und nach Uptown und Downtown, abhängig von der Avenue, auf der sie fahren. Man kann mit einer MetroCard oder dem exakten Betrag in Münzen, aber nicht mit Dollarscheinen bezahlen. Mit einem Ticket kann man von einer Linie in die nächste umsteigen, ebenso von der und in die Subway.

TAXI

Das klassische, gelbe NYC-Taxi ist kein kastenförmiges, spritfressendes Monster mehr. Sondern eher ein stromlinienförmiges Hybridauto, das sogar Mini-TVs und Kreditkartenautomaten an Bord hat. Egal, welche Automarke das Taxi ist oder wie viele Jahre es auf dem Buckel hat, man muss sich auf eine ruckelige, manchmal außer Kontrolle geratene Fahrt gefasst machen. Aktuelle Preise: 2,50 US$ Startgebühr (für die ersten 300 m), dann jeweils 0,40 US$ alle 300 m bzw. 60 Sekunden, die man im Stau steht, 1 US$ Zuschlag in Spitzenzeiten (werktags 16–20 Uhr) und 0,50 US$ Nachtzuschlag (tgl. 20–6 Uhr). Die Fahrer erwarten ein Trinkgeld von 10 bis 15 %. In Großraumtaxis passen fünf bis sechs Personen. Wenn man ein Taxi anhalten kann, leuchtet das Licht auf seinem Dach. Zudem sollte man bedenken, dass man im Regen, zur Rushhour und gegen 16 Uhr nur sehr schwer ein Taxi bekommt. Zu dieser Zeit ist häufig Schichtwechsel.

NEW YORK STATE

Es gibt Upstate New York und Downstate New York, aber sie konnten zueinander nicht kommen. Die beiden haben so viel gemeinsam wie die Upper East Side in NYC und die Bronx. Und dennoch teilen sie sich einen Gouverneur, und ihre schlecht funktionierenden Gesetze werden in der Hauptstadt Albany gemacht. Eine verfahrene Situation und ein Drama – auch auf Seiten des Gesetzgebers. Vor allem, wenn man alles gleichzeitig will: Ruhe und ländliche Idylle genauso wie die Bars in der Lower East Side und die Subway. New York State mit seinen Wasserwegen – dem Hudson River, dem 843 km langen Eriekanal, der Albany mit Buffalo verbindet, und dem St.-Lorenz-Strom – reicht bis an die kanadische Grenze mit den weltberühmten Niagarafällen und den Thousand Islands. Buffalo ist ein preiswertes Paradies für Leckermäuler. Weinliebhaber können sich hier mit ihrem Lieblingswein aus dem ganzen Bundesstaat, insbesondere aber aus dem Gebiet der Finger Lakes unweit der Collegestadt Ithaca eindecken. Wanderungen durch die Wildnis, Campen, kleinstädtisches Amerika, kilometerlange Sandstrände, großartige historische Anwesen und Künstlerkolonien im Hudson Valley, die Catskills und die abgelegene Adirondacks-Bergkette – all dies ist Grund genug für viele Leute, der Stadt auf Nimmerwiedersehen den Rücken zuzukehren.

❶ Praktische Informationen

New York State Office of Parks, Recreation and Historic Preservation (☎ 800-456-2267; 518-474-0456; www.nysparks.com) Informationen über Camping und Unterkünfte sowie allgemeine Auskünfte über alle State Parks. Reservieren kann man bis zu neun Monate im Voraus.

511 New York: Traffic, Travel & Transit Info (www.511ny.org) Wetterbericht, Infos zur Verkehrslage u. a.

Uncork New York (☎ 585-394-3620; www.newyorkwines.org) Infos über Weine aus dem ganzen Bundesstaat.

Long Island

Kinder in der Kleidung von Privatschulen, albtraumhafte Pendlerfahrten, Malls mit Geschäften einheimischer Ketten, 08/15-Vorstädte, teure Resorts, vom Wind durchpeitschte Dünen und traumhafte Strände. All das hat Long Island, das an die Stadtbezirke Brooklyn und Queens grenzt. Und so erklärt sich auch der etwas komplizierte Ruf Long Islands. Die ersten europäischen Siedlungen, die 1640 errichtet wurden, waren Walfänger- und Fischerhäfen, wie das nur 25 Meilen (40 km) östlich von Manhattan liegende Levittown im Nassau County. Hier wurden die ersten Häuser in perfekter Massenproduktion errichtet. Aber abgesehen davon gibt's in Long Island breite Strände, bedeutende historische Stätten, renommierte Weinkeller, ländliche Gegenden und natür-

KURZINFOS NEW YORK STATE

Spitznamen Empire State, Excelsior State, Knickerbocker State

Bevölkerung 19,5 Mio.

Fläche 122 237 km²

Hauptstadt Albany (98 000 Ew.)

Weitere Städte New York City (8 245 000 Ew.)

Verkaufssteuer 4 % zzgl. der Steuern des Countys und des Bundesstaats (insgesamt etwa 8 %)

Geburtsort von Dichter Walt Whitman (1819–1892), Präsident Theodore Roosevelt (1858–1919), Präsident Franklin D. Roosevelt (1882–1945), First Lady Eleanor Roosevelt (1884–1962), Maler Edward Hopper (1882–1967), Filmstar Humphrey Bogart (1899–1957), Komikerin Lucille Ball (1911–1989), Filmemacher Woody Allen (geb. 1935), Schauspieler Tom Cruise (geb. 1962), Profisportler Michael Jordan (geb. 1963), Popstar Jennifer Lopez (geb. 1969)

Heimat der Six Nations of the Iroquois Confederacy, der ersten US-amerikanischen Rinderranch (1747, in Montauk, Long Island), der US-amerikanischen Suffragetten-Bewegung (1872), des Eriekanals (1825)

Politische Ausrichtung Gouverneur ist der populäre Demokrat Mario Cuomo, NYC ist größtenteils demokratisch, der nördliche Teil des Staats konservativer

Berühmt für die (eine Hälfte der) Niagarafälle, die Hamptons, Kellereien, den Hudson River

Ungewöhnlicher Fluss Der Genesee River ist einer der wenigen Flüsse der Welt, die von Süden nach Norden fließen – von South Central New York in den Lake Ontario bei Rochester

Entfernungen NYC–Albany 160 Meilen (257 km), NYC–Buffalo 375 Meilen (603 km)

lich die Hamptons in all ihrer wunderschönen, sonnenbeschienenen Pracht.

❶ Anreise & Unterwegs vor Ort

Die direkteste Strecke ist die I-495, die auch LIE (Long Island Expwy) genannt wird. Autofahrer sollten diese Route aber während der Rush Hour besser meiden, denn dann sind die ganzen Pendler unterwegs. Sobald man die Hamptons erreicht hat, führt eine Hauptstraße, der Montauk Hwy, bis zum Ende. Die **Long Island Rail Road** (LIRR; ☎ 718-217-5477; www.mta.nyc.ny.us/lirr; einfache Strecke Nebensaison/Hauptsaison 19,75/27 US$) bedient alle Regionen von Long Island und damit auch die Hamptons (einfache Strecke 25 US$, 2 Std. 45 Min.) von der Penn Station (NYC), von Brooklyn und von Queens aus. Die Busgesellschaften **Hampton Jitney** (☎ 212-362-8400; www.hamptonjitney.com; einfache Strecke 25 US$) und **Hampton Luxury Liner** (☎ 631-537-5800; www.hamptonluxuryliner.com; einfache Strecke 40 US$) betreiben Busse von Manhattan Midtown und Upper East Side zu verschiedenen Orten in den Hamptons. Hampton Jitney bietet auch Busse von/nach Brooklyn an (verschiedene Haltestellen).

North Shore

Long Island und seine Gold Coast der Goldenen Zwanziger mit den Vanderbilts, Chryslers und Guggenheims und natürlich den Gatsbys beginnt vor den Toren der Vorstadt Port Washington. Das Castle Gould, diese riesigen Stallungen mit Türmen am Eingang zur **Sands Point Preserve** (☎ 516-571-7900; www.sandspointpreserve.org; 127 Middleneck Rd; Eintritt Auto/zu Fuß 5/2 US$; ☺ 9–16.30 Uhr), beherbergt heute das Visitor Center. Früher war es im Besitz von Howard Gould, der ein Eisenbahnvermögen geerbt hatte. Das Naturschutzgebiet mit Waldwegen und schönem Sandstrand lädt zu einem Spaziergang ein. Das 1923 erbaute, vollständig eingerichtete Herrenhaus **Falaise** (www.sandspointpreserve.org; Eintritt 10 US$; ☺ Führungen Juni–Okt. Do–So stündl. 12–15 Uhr) kann im Rahmen von Führungen besichtigt werden. Weiter östlich befindet sich der idyllische Ort Oyster Bay mit dem **Sagamore Hill** (☎ 516-922-4788; www.nps.gov/sahi; Erw./Kind 5 US$/frei; ☺ Mi–So 9–17 Uhr). In diesem Haus im viktorianischen Stil mit 23 Zimmern zogen Theodore Roosevelt und seine Frau ihre sechs Kinder groß. Während seiner Präsidentschaft verbrachten sie hier ihren Urlaub. Im Frühjahr und Sommer sind die Warteschlangen für eine Führung lang. Hinter dem ausgezeichneten **Museum** (Eintritt frei) beginnt ein hübscher Naturpfad bis zum malerischen Strand. Achtung: Bis zum Abschluss der Renovierungs- und Sanierungsarbeiten werden keine Führungen durch das Haus angeboten; aktuelle Informationen hierzu findet man auf der Website.

South Shore

Long Beach, über den ab und an Düsenjets jagen, ist der Strand, der am dichtesten an der Stadt liegt und mit der Bahn leicht zu erreichen ist. Die Hauptstraße ist übersät mit Eisdielen, Bars und Restaurants. Am Strand tummeln sich Surfer, trendige Städter und sonnengebräunte Anwohner.

An Sommerwochenenden wird der fast 10 km lange **Jones Beach** zu einem bunten, großstädtischen Mikrokosmos: Surfer, feierwütige Städter, Teenager, Nudisten, biedere Familien, Schwule, Lesben und viele Senioren. Hier trifft sich einfach alles. Auf der Long Island Rail Road (LIRR; ☑ 718-217-5477; www.mta.info/lirr) nach Wantagh besteht eine Busverbindung zum Jones Beach.

Weiter östlich, nicht weit entfernt vom südlichen Ufer, liegt die Barriereinsel **Fire Island** mit der **Fire Island National Seashore** (☑ 631-289-4810; www.nps.gov/fiis) und mehreren Sommerdörfern, die mit dem Schiff von Long Island aus zu erreichen sind. Die Gemeinden Fire Island Pines und Cherry Grove (beide autofrei) feiern ein historisches Schwulenfest, das die New Yorker Schwulen- und Lesbenszene in Scharen anlockt. Die Orte am westlichen Zipfel sind eher auf Hetero-Singles und Familien ausgerichtet. Die Zahl der Unterkünfte ist begrenzt. Rechtzeitiges Buchen wird dringend empfohlen (unter www.fireisland.com kann man sich über Unterkünfte informieren). Das erste und einzige Boutiquehotel, **Madison Fire Island** (☑ 631-597-6061; www.themadisonfi.com; The Pines; Zi. 200–775 US$; ❄🛜🏊), kann es in puncto Annehmlichkeiten mit allen New Yorker Unterkünften aufnehmen. Als i-Tüpfelchen werden darüber hinaus ein grandioser Blick von der Dachterrasse und ein toller Pool geboten. Am Ostende der Insel befindet sich das 526 ha große Naturschutzgebiet **Otis Pike Fire Island High Dune Wilderness**, eine Sanddünenoase,

und **Watch Hill** (☑ 631-567-6664; www.watchhillfi.com; Stellplatz 25 US$; ⊙ Anfang Mai–Ende Okt.), wo das Campen am Strand erlaubt ist. Die Moskitos können hier eine ziemliche Plage sein. Reservieren ist ein Muss. (Achtung: Hurrikan Sandy hat eine Zufahrt zerstört, sodass man sich vorab über die Zufahrtstraßen informieren sollte.) Der **Robert Moses State Park** am westlichen Ende von Fire Island ist der einzige mit dem Auto erreichbare Ort. Die **Fire Island Ferries** (☑ 631-665-3600; Bay Shore) fahren zu den Stränden der Fire Island und zur National Seashore. Die Terminals liegen in der Nähe der LIRR-Stationen von Bayshore, Sayville und Patchogue (hin & zurück Erw./Kind 17/7,50 US$, Mai–Nov.).

Die Hamptons

Die Meinungen über die Hamptons sind so verschieden wie die vielen Maseratis und Land Rover, die durch die landschaftlich perfekt gestalteten Straßen kurven. Nichts kann aber die Schönheit der Strände und der noch erhaltenen malerischen Farmen und Wälder schmälern. Wer den Neid begraben kann, wird einen vergnüglichen Tag erleben, denn es gibt hier Einiges zu sehen. Eine Fahrt vorbei an den extravaganten, einerseits topaktuell-modernistischen, andererseits schlossartig-monströsen Domizilen der Reichen lohnt sich allemal. Allerdings gibt's auch viele Sommergäste, die ihre Wochenendpartys in bescheideneren Ferienwohnungen und an den Drehtüren der Clubs verbringen. Die einzelnen Hamptons liegen zwar nicht weit auseinander, aber der Verkehr kann zum Albtraum ausarten.

SOUTHAMPTON

Tagsüber erscheint der Ort Southampton makellos, als ob all seine Falten mit Botox geglättet wären, aber nachts zeigt er sich von einer ganz anderen Seite, wenn lärmende Clubber durch die Straßen ziehen. Die riesigen Strände sind grandios; Parkplätze für Nicht-Anwohner gibt's vom 31. Mai bis 15. September aber nur am Coopers Beach (40 US$/Tag) und an der Road D (frei). Das **Parrish Art Museum** (☑ 631-283-2118; www.parrishart.org; 279 Montauk Hwy, Water Mill; Erw./Kind 10 US$/frei; ⊙ Mi–Mo 11–18, Fr 11–20 Uhr) ist eine eindrucksvolle Institution in der Region. Das Halsey House, das älteste Wohnhaus in den Hamptons, und das nahegelegene **Southampton Historical Museum** (☑ 631-283-2494; www.southamptonhistoricalmu

seum.org; 17 Meeting House Ln; Erw./Kind 4 US$/ frei; ⊙ Di–Sa 11–16 Uhr) sind Zeugen für die kolonialzeitlichen Wurzeln des Orts als Walfänger- und Seefahrergemeinde. Wer mehr über die noch frühere Geschichte von Long Island erfahren möchte, sollte dem **Shinnecock Nation Cultural Center & Museum** (☎ 631-287-4923; www.shinnecock.com; 100 Montauk Hwy, Southampton; Erw./Kind unter 5 Jahren 10 US$/frei; ⊙ Do–So 11–17 Uhr) am Ortsrand einen Besuch abstatten. Die Shinnecock-Indianer leben auf der 323 ha großen, in die Bucht ragenden Halbinsel und betreiben dieses Zentrum, das erst vor Kurzem eröffnet wurde. Hier können Shinnecocks und Besucher in einem nachgebauten Wikun (Dorf), das den Zustand von ca. 1640–1750 repräsentiert, erfahren, wie man damals lebte. Es gibt Führungen, Gesangs- und Tanzaufführungen sowie Vorführungen traditioneller Fertigkeiten. Ein schnelles, gutes Essen bekommt man bei **Golden Pear** (☎ 631-283-8900; www.goldenpear.com; 99 Main St; Snacks & Gerichte 6–18 US$; ⊙ 7.30–17 Uhr), wo köstliche Suppen, Salate und Wraps serviert werden.

BRIDGEHAMPTON & SAG HARBOR

Weiter im Osten liegt Bridgehampton mit einer bescheideneren Hauptstraße, aber dennoch vielen trendigen Boutiquen und guten Restaurants. Der einfache **Enclave Inn** (☎ 631-537-2900; www.enclaveinn.com; 2668 Montauk Hwy, Bridgehampton; Zi. ab 199 US$; ✳🛜), der nur ein paar Blocks vom Zentrum des Ortes entfernt ist, gehört zu den preiswerteren Unterkünften. Anderswo in den Hamptons gibt's vier weitere Ableger. Der altmodische Diner **Candy Kitchen** (☎ 646-537-9885; 2391 Montauk, Hwy, Bridgehampton; Hauptgerichte 5–12 US$; ⊙ 7–21.30 Uhr; 🐾) wartet mit einer Imbisstheke auf, an der es ein sättigendes Frühstück, Burger und Sandwiches gibt.

An der Peconic Bay, 7 Meilen (11 km) nördlich, liegt der hübsche alte Walfängerort Sag Harbor; die Fähren nach Shelter Island fahren ein paar Kilometer weiter nördlich ab. Im Ort kann man sich das **Whaling & Historical Museum** (☎ 631-725-0770; www.sagharborwhalingmuseum.org; 200 Main St; Erw./Kind 6/2 US$; ⊙ Mo–Sa 10–17 Uhr, 15. Mai–1. Okt. So 13–17 Uhr) anschauen oder einfach nur durch die engen Straßen bummeln, die an Cape Cod erinnern. Feinschmecker kommen im **Provisions** (☎ 631-725-3636; Ecke Bay St & Division St; Sandwiches 9 US$; ⊙ 8–18 Uhr) auf ihre Kosten, einem Bio-Markt mit lecke-

ren Wraps, Burritos und Sandwiches zum Mitnehmen.

EAST HAMPTON

Von der ach so leger wirkenden Sommerkleidung, den Pastelltönen und den lässig um den Hals gebundenen Sweatshirts sollte man sich auf gar keinen Fall täuschen lassen. Die Sonnenbrillen allein kosten bestimmt schon ein normales Monatsgehalt. Hier haben einige Prominenten ihre Häuser. Lesungen, Theateraufführungen und Kunstausstellungen finden in der **Guild Hall** (☎ 631-324-0806; www.guildhall.org; 158 Main St) statt. Westlich vom Ort, auf dem Weg nach Bridgehampton, liegt das **Townline BBQ** (www.townlinebbq.com; 3593 Montauk Hwy; Hauptgerichte 9 US$; ⊙ So, Mo & Do 11.30–21, Fr & Sa bis 22 Uhr), ein bodenständiges Grillrestaurant, in dem rauchige Rippchen und Grill-Sandwiches serviert werden. Gleich westlich davon, Richtung Amagansett, bekommt man im **La Fondita** (74 Montauk Hwy; Amagansett; Hauptgerichte 9 US$; ⊙ Do & So 11.30–22 Uhr, Fr & Sa bis 21 Uhr) preisgünstiges mexikanisches Essen. Die Nachtclubs kommen und gehen hier wie die Jahreszeiten.

MONTAUK & UMGEBUNG

Montauk, die einst verschlafene, bescheidene Stiefschwester der Hamptons am östlichsten Zipfel von Long Island, lockt jetzt moderne, junge und auch einige hippe Leute an die wunderschönen Strände. Alteingesessene, Fischer und Reisende bilden eine buntere, volkstümlichere Restaurant- und Barszene als in den anderen Hampton-Orten. An der äußersten, windumtosten Ostspitze von South Fork befindet sich der **Montauk Point State Park** mit seinem eindrucksvollen, 1796 erbauten **Montauk Point Lighthouse** (☎ 631-668-2544; www.montauklighthouse.com; Erw./Kind 9/4 US$; ⊙ 10.30–17.30 Uhr, wechselnde Öffnungszeiten), dem viertältesten Leuchtturm Amerikas, der noch in Betrieb ist. Einige Meilen westlich vom Ort kann man im von Dünen durchzogenen **Hither Hills State Park** (☎ 631-668-2554; www.nysparks.com; 164 Old Montauk Hwy) direkt am Strand campen. Im Sommer muss man aber frühzeitig reservieren. Ein paar Meilen nördlich liegt der Hafen von Montauk mit Restaurants direkt am Pier und Hunderten von Booten in den Yachthäfen.

In der Nähe vom Eingang zum Stadtstrand gibt es einen Abschnitt mit einfachen Motels wie dem **Ocean Resort Inn** (☎ 631-668-2300; www.oceanresortinn.com; 96 S Emer-

son Ave; Zi. ab 135 US$, Suite ab 185 US$; ❀ ☎).
Ein paar Meilen weiter westlich gegenüber
vom Strand steht das **Sunrise Guesthouse**
(☏ 631-668-7286; www.sunrisebnb.com; 681 Old
Montauk Hwy; Zi. 125–185 US$; ❀ ☎), ein einfa-
ches, aber gemütliches B & B.

Es gibt zwei tolle Restaurants, in denen
man von Mai bis Oktober an einem entspannten Tag ein paar Drinks und herzhaftes, frisches Seafood genießen kann: die
Clam Bar (☏ 631-267-6348; 2025 Montauk Hwy;
Hauptgerichte 7–14 US$; ⏱ 12–20 Uhr, je nach
Wetterlage) oder das schon seit 50 Jahren
bestehende **Lobster Roll** (☏ 631-267-3740;
1980 Montauk Hwy; Hauptgerichte 10–12 US$;
⏱ Sommer 11.30–22 Uhr), das auch schlicht
als „Lunch" bekannt ist. Beide Lokale liegen
am Highway zwischen Amagansett und
Montauk.

NORTH FORK & SHELTER ISLAND

North Fork ist vor allem für sein unberührtes Ackerland und seine Weingüter bekannt.
Es gibt hier fast 30 Weingüter, die hauptsächlich rund um die Orte Jamesport, Cut-
chogue und Southold zu finden sind. Der
Long Island Wine Council (☏ 631-722-2220;
www.liwines.com) informiert ausführlich über
die Weinstraße entlang der Rte 25 nördlich
von Peconic Bay. Einen der schönsten Au-
ßenbereiche für Weinverkostungen bietet
die **Peconic Bay Winery** (☏ 631-734-7361;
www.peconicbaywinery.com; 31320 Main Rd, Cut-
chogue). Das bedeutet aber auch, dass hier
scharenweise Reisebusse und Partygruppen
herkommen. Zuvor bietet sich aber ein Zwischenstopp in der beliebten **Love Lane Kitchen** (240 Love Lane; Hauptgerichte 9–28 US$;
⏱ Do–Mo 7–21.30, Di–Mi bis 16 Uhr) in Matituck
an, um einen Happen zu essen oder am Wochenende zu brunchen.

North Forks Hauptort und Startpunkt
der Fähren nach Shelter Island ist das charmante, entspannte **Greenport**. Hier gibt's
auch viele Restaurants und Cafés, darunter
die familienbetriebene **Claudio's Clam Bar**
(111 Main St; Hauptgerichte 15 US$; ⏱ 11.30–21
Uhr) mit ihrer Rundumterrasse, die über
der Marina thront. Oder man nimmt Sandwiches mit für ein Picknick im **Harbor
Front Park**, wo man dann auch noch eine
Runde auf dem historischen Karussell drehen kann.

Zwischen North und South Fork liegt
Shelter Island, erreichbar nur mit der
Fähre von North Haven im Süden und von
Greenport im Norden (Fahrzeug & Fahrer
10 US$, 10 Min., alle 15–20 Min.). Die Insel

ist ein Mikrokosmos mit wunderschönen
Anwesen und einer maritimen Atmosphäre, die an New England erinnert. Im Süden
liegt das 8 km² große **Mashomack Nature
Preserve** (☏ 631-749-1001; www.nature.org; Rte
114; ⏱ März–Sept. 9–17 Uhr, Okt.–Feb. bis 16 Uhr),
das zum Wandern und Kajakfahren einlädt
(Radfahren ist allerdings verboten).

In bester Lage auf Shelter Island, vom
Crescent Beach gleich die Straße hinunter,
liegt, von Bäumen umgeben, in einer Bucht
das **Pridwin Beach Hotel & Cottages**
(☏ 631-749-0476; www.pridwin.com; 81 Shore Rd;
Shelter Island; Zi. & Cottage ab 165–315 US$; ❀ ☎)
mit Standardzimmern im Hotel sowie privaten Cottages, die aufs Wasser hinaus blicken und teilweise ein erstklassiges Design
aufweisen.

Hudson Valley

Direkt nördlich von New York City wird
Grün zur vorherrschenden Farbe, und die
Blicke auf den Hudson River und die Berge pumpen neues Leben in die ermatteten
Großstädter. Im 19. Jh. war hier die Hudson River School of Painting beheimatet.
Die Geschichte der Region ist in den vielen
großartigen Anwesen und den malerischen
Dörfern allgegenwärtig. Das Lower Valley
und das Middle Valley haben eine höhere
Bevölkerungsdichte und vermitteln daher
eher Vorstadtcharakter. Das Upper Valley
mit seinen Hügeln, die in die Bergregion der
Catskills übergehen, verbreitet hingegen ein
ländliches Feeling. Weitere Infos über dieses
Gebiet hat das **Hudson Valley Network**
(www.hvnet.com).

Lower Hudson Valley

In der Nähe von Tarrytown und Sleepy Hollow am Ostufer des Hudson stehen etliche
traumhafte Häuser mit wunderschönen
Gärten. **Kykuit**, eines der Anwesen der Familie Rockefeller, zeigt eine beeindruckende
Sammlung asiatischer und europäischer
Kunstwerke. Von dem wunderschön angelegten Garten genießt man einen atemberaubenden Blick. **Lyndhurst** gehört dem
Eisenbahnriesen Jay Gould, und **Sunnyside**
ist die Heimat des Schriftstellers Washington Irving. Auf der Website des **Historic
Hudson Valley** (www.hudsonvalley.org) gibt's
mehr Informationen, auch über andere historische Sehenswürdigkeiten in dieser Gegend. Nicht weit entfernt befindet sich das

elegante Landgasthaus **Blue Hill at Stone Barns** (☑914-366-9600; www.bluehillfarm.com; 630 Bedford Rd, Pocantico Hills; 5-Gänge-Menü 108 US$, 8-Gänge-Menü 148 US$; ⊙Mi & Do 17–22, Fr & Sa 17–23, So 13–22 Uhr) ✐, eine Säule der Locavoren-Bewegung „Vom Feld auf den Tisch" und der Traum eines jeden Feinschmeckers.

Kaum 40 Meilen (65 km) nördlich von New York City an der Westseite des Hudson liegt der **Harriman State Park** (☑845-786-5003; http://nysparks.state.ny.us/parks) mit unberührten Wäldern und kilometerlangen Wanderwegen. Der Park hat eine Fläche von 186 km² und bietet tolle Gelegenheiten zum Schwimmen, Wandern und Campen. Vom fast 400 m hohen Gipfel im benachbarten **Bear Mountain State Park** (☑845-786-2701; http://nysparks.state.ny.us/parks; ⊙8 Uhr–Sonnenuntergang) hat man einen fantastischen Blick auf die Skyline Manhattans jenseits des Flusses und die grüne Landschaft der Umgebung. In dem Gasthof am Hessian Lake kann man recht gut essen und übernachten. In beiden Parks gibt's mehrere Panoramastraßen, die sich an abgelegenen Seen entlangschlängeln. Von den verschiedenen Aussichtspunkten bieten sich traumhafte Blicke auf die Umgebung.

In einer atemberaubenden Biegung des Hudson etwas weiter nördlich in Highland Falls befindet sich die **West Point US Military Academy**, die man im Rahmen einer **Führung** (☑845-446-4724; www.westpointtours.com; Erw./Kind 12/9 US$) besichtigen kann. Neben dem Visitor Center befindet sich ein faszinierendes **Museum** (10.30–16.15 Uhr; Eintritt frei), in dem die Rolle von Krieg und Militär in der Menschheitsgeschichte aufgezeigt wird. Ganz in der Nähe und westlich der Rte 9W liegt das **Storm King Art Center** (☑845-534-3115; www.stormking.org; Old Pleasant Hill Rd; Eintritt 10 US$; ⊙April–Nov.), ein 200 ha großer Skulpturenpark im Freien mit sanft geschwungenen Hügeln, in dem es verblüffende Avantgardeskulpturen berühmter Künstler zu sehen gibt. Mit einer kostenlosen Bahn kann man das Gelände erkunden.

In Beacon, einem eher uninteressanten Städtchen etwas weiter nördlich, trifft sich die internationale Kunstszene regelmäßig bei **Dia Beacon** (Beacon; ☑845-440-0100; www.diaart.org; Erw. 10 US$; ⊙Mitte April–Mitte Okt. Do–Mo 11–18 Uhr, Mitte Okt.–Mitte April Fr–Mo 11–16 Uhr), einer Galerie mit einer Sammlung berühmter Werke von 1960 bis heute.

Sehenswert sind insbesondere die Riesenskulpturen und Installationen. Auch die Boutique-Galerie **Hudson Beach Glass** (www.hudsonbeachglass.com; 162 Main St, Beacon), die kunstvolle, handgefertigte Stücke zum Kauf anbietet, sollte man einen Besuch abstatten. Wer will, kann sich hier zu einem Kurs anmelden und lernen, wie man die schönen Stücke selbst herstellt.

Middle & Upper Hudson Valley

Westlich des Hudson liegt **New Paltz** mit einem Campus der State University of New York, zahlreichen Bioläden und einer liberalen, umweltbewussten Haltung. In der Ferne hinter dem Ort erhebt sich der Bergrücken des Shawangunk (Shon-gum oder auch nur die „Gunks") über 610 m in die Höhe. Kilometerlange Wanderwege und ein paar der besten Klettermöglichkeiten in den östlichen USA findet man im **Mohonk Mountain Preserve** (☑845-255-0919; www.mohonk preserve.org; Tageskarte für Wanderer/Kletterer & Radfahrer 12/17 US$). Das **Minnewaska State Park Preserve** in der Nähe ist eine 48 km² große wilde Landschaft, deren Herzstück ein fast immer eiskalter Bergsee ist. Bei **Alpine Endeavors** (☑877-486-5769; www.alpine endeavors.com) erhält man Kletterunterricht und Ausrüstung.

Wie aus einem Märchenbuch wirkt das **Mohonk Mountain House** (☑845-255-1000; www.mohonk.com; 1000 Mountain Rest Rd; Zi. 320–2500 US$; ✳♥☎♿), ein rustikales Schloss, das über einem dunklen See thront. Die Gäste dieses All-inclusive-Resorts können sich den Bauch mit üppigen Fünf-Gänge-Menüs vollschlagen, durch die Gärten schlendern, kilometerlange Wanderungen unternehmen, Kanufahren, Schwimmen und noch vieles mehr. Im luxuriösen Spa kann man sich rundum verwöhnen lassen. Auch wenn man nicht hier übernachtet, kann man das Anwesen besuchen (Erw./Kind 25/20 US$ pro Tag, werktags weniger) – der Eintritt lohnt sich.

Die größte Ortschaft am Ostufer des Hudson ist Poughkeepsie (puh-kip-sie). Berühmt ist das hiesige geisteswissenschaftliche Privatcollege Vassar, das bis 1969 ausschließlich Frauen aufnahm. Wegen des atemberaubenden Blicks lohnt sich der Bummel über den **Walkway Over the Hudson** (www.walkway.org; ⊙7 Uhr–Sonnenuntergang). Die ehemalige Highland-Poughkeepsie-Eisenbahnbrücke ist seit 2009 die weltweit längste Fußgängerbrücke und der neueste Park des Bundesstaates.

Direkt nördlich davon befindet sich der Hyde Park, der lange Zeit mit den Roosevelts, einer seit dem 19. Jh. prominenten Familie, in Verbindung gebracht wurde. Das 615 ha große Anwesen war früher eine Farm. Heute beherbergt es das neu renovierte und erweiterte **Franklin D. Roosevelt Library & Museum** (☏ 845-229-8114; www.fdrlibrary.marist.edu; 511 Albany Post Rd/Rte 9, Hyde Park; Eintritt Museum 7 US$, Museum & Haus 14 US$; ◷ 9–17 Uhr). Hier werden wichtige Leistungen der Präsidentschaft Roosevelts beleuchtet. Normalerweise gibt's auch eine Führung durch das Haus, in dem Roosevelt bis zu seinem Tod lebte und seine Kamingespräche führte. Die First Lady Eleanor Roosevelt flüchtete manchmal vor Hyde Park, ihrer Schwiegermutter und auch vor F.D.R. selbst in ihr friedliches Cottage **Val-Kill** (☏ 845-229-9115; www.nps.gov/elro; Albany Post Rd, Hyde Park; Eintritt 8 US$; ◷ Mai–Okt. tgl. 9–17 Uhr, Nov.–April Do–Mo 9–17 Uhr). Direkt nördlich von hier steht das 54 Zimmer große **Vanderbilt Mansion** (☏ 877-444-6777; www.nps.gov/vama; Rte 9, Hyde Park; Erw./Kind 8 US$/frei; ◷ 9–17 Uhr), ein spektakuläres Herrenhaus aus der Zeit des Gilded Age mit aufwändigen Beaux-Arts-Elementen. Fast alle Originalmöbel, die aus europäischen Schlössern und Villen importiert wurden, stehen heute noch in dem Landhaus – dem kleinsten Anwesen der Vanderbilts!

In dem berühmten **Culinary Institute of America** (☏ 845-471-6608; www.ciarestaurants.com; Hyde Park; ◷ die meisten Restaurants 11.30–13 & 18–20 Uhr) im Hyde Park werden zukünftige Chefköche ausgebildet und alle erdenklichen gastronomischen Gelüste befriedigt. Das **Apple Pie Café** (Hauptgerichte 10 US$; ◷ 7.30–17 Uhr) ist eines der fünf von Studenten betriebenen Lokale. Es blickt auf einen ruhigen Hof und serviert Gourmet-Sandwiches und Kuchenspezialitäten. Wer eine schöne, ruhige Nacht inmitten all der großartigen Anwesen im Hyde Park verbringen möchte, geht ins **Journey Inn** (☏ 845-229-8972; www.journeyinn.com; One Sherwood Pl, Poughkeepsie; Zi. 130–190 US$), ein B&B mit sechs Zimmern, darunter natürlich ein Roosevelt Room.

Weiter nördlich liegt **Rhinebeck** mit einer entzückenden Hauptstraße, Gasthäusern, Bauernhöfen und Weingütern. Etwa 3 Meilen (5 km) nördlich ist das **Aerodrome Museum** (☏ 845-752-3200; www.oldrhinebeck.org; 9 Norton Rd; Erw./Kind Sa & So 20/5 US$, Mo–Fr 10/3 US$; ◷ Mitte Juni–Mitte Okt. 10–17 Uhr) mit einer Sammlung von Flugzeugen und Autos aus der Zeit vor den 1930er-Jahren. Im Sommer werden an den Wochenenden Flugshows präsentiert. Die **Bread Alone Bakery** (45 E Market St; Hauptgerichte 9 US$; ◷ Theke 7–17 Uhr, Speisesaal Mo–Fr 8–15, Sa & So 7–16 Uhr) serviert Mittagsspezialitäten wie Rinderbrust-Panini und Quiche mit Spinat und Feta.

Wenn man weiter auf der 9G N fährt, erreicht man **Hudson** – einen schönen Ort mit einer hippen, schwulenfreundlichen Gemeinde aus Künstlern, Schriftstellern und Theaterleuten, die der Stadt den Rücken zugekehrt haben. Die Warren St ist die Hauptstraße durch den Ort; sie ist gesäumt von Antiquitätenläden, Luxusmöbelgeschäften, Galerien und Cafés. Ein paar Kilometer südlich der Stadt steht **Olana** (☏ 518-828-0135; www.olana.org; Rte 9G, Hudson; Führung Erw./Kind 12 US$/frei; ◷ Gelände tgl. 8 Uhr–Sonnenuntergang, Führungen Di–So 10–17 Uhr), ein nicht ganz in die Gegend passendes Haus im maurischen Stil von Frederic Church, einem der bedeutendsten Künstler der Hudson River School of Painting. Bei der Führung durch das Haus kann man Churchs ästhetische Visionen und Gemälde aus seiner Sammlung bewundern. Das weiß getünchte **Front St Guesthouse** (☏ 518-828-1635; www.frontstreetguesthouse.com; 20 S Front St, Hudson; Zi. ab 140 US$; ✸ ☏) in Flussnähe hat gemütliche, erschwingliche Zimmer mit glänzenden Holzfußböden, guten Betten und einem zuvorkommendem Inhaber, der den Gästen jeden Wunsch von den Augen abliest. Das **Helsinki** (☏ 518-828-4800; www.helsinkihudson.com; 405 Columbia St, Hudson; Hauptgerichte 13–25 US$) in einer restaurierten Remise beherbergt ein Restaurant mit regionaler Küche und einen beliebten Club, in dem Rock-, Jazz- und Indie-Gruppen auftreten.

Catskills

Amerikanische Maler haben diese Bergregion westlich des Hudson Valley schon Mitte des 19. Jhs. entdeckt. Für sie waren die versteckten moosbewachsenen Schluchten und die Wasserfälle Teil einer großartigen Wildnis, die es mit den Alpen in Europa aufnehmen konnte. Auch wenn die Höhe und die Umrisse der abgerundeten Gipfel in einem übertrieben romantischen Licht gesehen wurden, so kann man doch auf der Fahrt durch die Catskills eine Landschaft bewundern, die die Künstler von damals in Entzücken versetzte und die von heute inspiriert.

Obwohl Gourmet-Restaurants und schicke Boutiquen die charmanten kleinen Orte bereits überschwemmen, so ist die ländliche Idylle für viele noch immer ein Synonym für Ferien im sogenannten Borschtsch-Gürtel sowie für witzige jüdische Comedians und Tanzlehrer à la Patrick Swayze in *Dirty Dancing*, der ganze Generationen unterhalten hat. Aber das ist lange vorbei und die Catskills sind jetzt eine bei mondänen Städtern beliebte Region, die sich hier ihren Zweitwohnsitz eingerichtet haben.

In dieser Gegend ist ein eigenes Auto praktisch unerlässlich. **Adirondack Trailways** (☑ 800-776-7548; www.trailwaysny.com) fährt täglich mit Bussen von NYC nach Kingston (einfache Fahrt 25,50 US$, 2 Std.), dem Tor zu den Catskills, in die Catskills und nach Woodstock (einfache Fahrt 28 US$, 2½ Std.). **Shortline** (☑ 201-529-3666, 800-631-8405; www.coachusa.com) verkehrt regelmäßig zwischen NYC und Monticello (einfache Fahrt 30 US$, 2 Std.), dem Tor zu den südlichen Catskills. Abfahrt ist in NYC an der Port Authority. Der Pendlerzug **Metro-North** (☑ 212-532-4900, 800-638-7646; http://mta.info; einfache Fahrt in verkehrsschwachen Zeiten 9–16 US$) hält in mehreren Orten im Lower und im Middle Hudson Valley.

Woodstock & Umgebung

Das weltberühmte **Woodstock** stand in den 1960er-Jahren für freie Liebe, Meinungsfreiheit und politischen Aufruhr und ist auch heute noch durch zahlreiche Heilzentren, Kunstgalerien, Cafés und den Mix aus Althippies und jungen Phish-Fans alternativ angehaucht. Das berühmte Woodstock-Musikfestival von 1969 fand jedoch genau genommen in Bethel statt, knapp 65 km südwestlich von hier. Genau vor der Bushaltestelle steht das **Village Green B&B** (☑ 845-679-0313; www.villagegreebbb.com; 12 Tinker St; Zi. mit Frühstück 165–180 US$; ✿ ☎), ein dreistöckiges viktorianisches Haus mit komfortablen Zimmern und Blick auf Woodstocks Hauptplatz. Etwa 800 m südöstlich bereitet das in einem elegant restaurierten Farmhaus untergebrachte **Cucina** (☑ 845-679-9800; 109 Mill Hill Rd; Hauptgerichte 18 US$; ☉ 5 Uhr–open end, Sa & So ab 11 Uhr) raffinierte italienische Gerichte mit saisonalen Produkten auf Pizzas mit dünner Kruste zu.

Saugerties liegt 7 Meilen (11 km) östlich von Woodstock und ist nicht annähernd so ruhig, sondern eher großstädtisch. Richtig romantisch kann man aber im einzigartigen **Saugerties Lighthouse** (☑ 845-247-0656; www.saugertieslighthouse.com; Zi. 165–185 US$) nächtigen. Der malerische Leuchtturm von 1869 ist ein Wahrzeichen auf einer kleinen Insel im Esopus Creek und nur mit dem Boot oder zu Fuß vom Parkplatz über einen 800 m langen Weg zu erreichen. Die Zimmer sind immer schon weit im Voraus ausgebucht, aber auch ohne Übernachtung lohnt sich der Spaziergang bis zu dem Leuchtturm.

Die Region Finger Lakes

Aus der Vogelperspektive sehen die elf langen, schmalen Seen zwischen den sanft geschwungenen Hügeln wie Finger aus – daher der Name der Region. Das Paradies für Outdoor-Aktivitäten erstreckt sich von Albany bis weit in den Westen New Yorks. Man kann hier natürlich prima Bootfahren, Angeln, Radfahren, Wandern und Skilanglaufen. Aber dies ist auch das wichtigste Weinbaugebiet des Bundesstaats: Es gibt hier mehr als 65 Weingüter – das sollte selbst den anspruchsvollsten Weinliebhabern ausreichend Auswahl bieten.

Ithaca & Umgebung

Das idyllische College-Städtchen ist voller Studenten und Althippies, die den traditionellen Uni-Lebensstil mit relaxter Atmosphäre, Lesungen in Cafés, Programmkinos, Grünflächen und gutem Essen schätzen. Das an sich schon sehenswerte Ithaca am Cayuga Lake liegt bequemerweise auf halber Strecke zwischen NYC und den Niagarafällen. Informationen für Reisende erhält man im **Visit Ithaca Information Center** (☑ 607-272-1313; www.visitithaca.com; 904 E Shore Dr).

Die 1865 gegründete **Cornell University** thront auf einem Hügel mit malerischem Blick auf die Stadt darunter. Auf dem schönen Campus findet man eine Mischung aus traditionellen und modernen Gebäuden. Das moderne **Johnson Museum of Art** (☑ 607-255-6464; www.museum.cornell.edu; University Ave; ☉ Di–So 10–17 Uhr) GRATIS wurde von I.M. Pei entworfen. Das Museum zeigt vor allem asiatische Kunst, hat aber auch präkolumbische, amerikanische und europäische Werke zu bieten. Gleich östlich des Campuszentrums liegen die **Cornell Plantations** (☑ 607-255-2400; www.cornellplantations.org; Plantations Rd; ☉ 10–17 Uhr; Mo. geschl.) ⚑ GRATIS, ein fachmännisch angelegter Kräu-

SCENIC DRIVE: ROUTE 28 & UMGEBUNG

Dass man in den Catskills ist, erkennt man daran, dass der schier endlose Asphalt einer dichten grünen Landschaft Platz macht, sobald man die I-87 verlassen hat und auf der Rte 28 ist. Bei der Fahrt über die gewundene Straße im Herzen der Region eröffnet sich ein unglaublicher Blick auf die Berge (etwa 35 davon sind über 1067 m hoch), die je nach Saison und Tageszeit in verschiedene Farben getaucht sind. Der Esopus Creek schlängelt sich durch das Gebiet, und das **Ashokan Reservoir** ist ein hübscher Ort für einen Spaziergang oder eine Spazierfahrt. Im Bereich des südlichen Abschnitts der Rte 28 winden sich verschiedene Straßen zu den hohen Gipfeln des Catskill Park empor.

Das **Emerson Spa Resort** (☑877-688-2828; www.emersonresort.com; 5340 Rte 28, Mt. Tremper; Zi. Lodge/Inn ab 159/199 US$; ❄@🕾🐾🐾) 🐾 bietet Catskills-Abenteurern zu jeder Jahreszeit eine gute Bleibe mit allem Drum und Dran. Von luxuriösen, im asiatischen Stil eingerichteten Suiten bis hin zu den rustikal-schicken Zimmern in den Blockhütten will das Emerson seinen Gästen gefallen. Die Angestellten helfen gern bei der Organisation von Ausflügen vom Ski- bis zum Kajakfahren. Das Restaurant Phoenix (Hauptgerichte 15–30 US$) ist das wohl beste in der Region. Das bei Einheimischen beliebte Catamount bietet eher Kneipenkost (Hauptgerichte 10 US$) wie Burger und gegrillte Rippchen; dazu gibt's Livemusik und montags Tanzabende. Auf dem Gelände findet man auch das weltweit größte Kaleidoskop und ein Kaleidoskop-Geschäft, das hochwertige Stücke anbietet, sowie ein Café, das auch Sandwiches verkauft.

Einige Meilen weiter westlich liegt das winzige **Phoenicia** mit nur einer Straße. Hier kann man gut etwas essen und mit **Town Tinker Tube Rental** (☑845-688-5553; www.towntinker.com; 10 Bridge St; Gummireifen 15 US$/Tag; 🐾) ein paar Mal in einem Gummireifen die Stromschnellen des Esopus hinunterrasen. Am **Belleayre Beach** (☑845-254-5600; www.belleayre.com; 🐾) ist das erfrischende Wasser des Pine Hill Lake genau das Richtige für heiße Sommertage; im Winter kann man hier gut Skifahren. Im nahen Arkville lohnt sich eine Fahrt mit der historischen Panoramabahn **Delaware & Ulster Rail Line** (☑845-586-3877; www.durr.org; Hwy 28; Erw./Kind 12/7 US$; ☉Juni–Nov. Sa & So 11 & 14 Uhr, zusätzliche Fahrten Juli–Sept. Do & Fr; 🐾). Etwas weniger als 1 Meile (1,6 km) westlich von Phoenicia befindet sich die **Phoenecia Lodge** (☑845-688-7772; www.phoenicialodge.com; Rte 28; Zi. ab 80 US$, Suite ab 130 US$; ❄🕾🐾), ein klassisches, erschwingliches Motel.

ter- und ein Blumengarten. Kinder können im interaktiven **Sciencenter** (☑607-272-0600; www.sciencenter.org; 601 First St; Erw./Kind 8/6 US$; ☉Di–Sa 10–17, So ab 12 Uhr; 🐾) selbst Hand anlegen.

Die Gegend rund um Ithaca ist für ihre Wasserfälle, Schluchten und prächtigen Parks bekannt. Mitten in der Stadt befindet sich die **Cascadilla Gorge**. Die Schlucht beginnt einige Blocks von den Ithaca Commons entfernt und endet nach einem atemberaubenden, fast senkrechten Anstieg am Performing Arts Center of Cornell. Der **Buttermilk Falls Park** (☑607-273-5761; Rte 13) hat für jeden etwas zu bieten: einen Strand, Hütten, Angelstellen, Wanderwege, Freizeitanlagen und Campingplätze. Die Hauptattraktion sind aber die über zehn Wasserfälle, von denen einige 150 m in die Tiefe stürzen und schöne Schwimmstellen mit glasklarem Wasser bieten.

Der **Robert Treman Park** (☑607-273-3440; 105 Enfield Falls Rd), der sich ein paar Meilen außerhalb der Stadt befindet, bietet einen Wanderweg in der Schlucht, der auf einer knapp 5 km langen Strecke an zwölf umwerfend schönen Wasserfällen vorbei führt. Die beiden größten und sehenswertesten sind Devil's Kitchen und Lucifer Falls. Fährt man auf der Rte 89 8 Meilen (ca. 13 km) in Richtung Norden, kommt man zu den spektakulären **Taughannock Falls**, an denen das Wasser aus 65 m Höhe in die darunterliegende tiefe Schlucht stürzt. Der **Taughannock Falls State Park** (☑607-387-6739; www.nysparks.com; 2221 Taughannock Rd, Trumansburg) hat zwei Hauptwanderwege, schroffe Schluchten, Campingplätze und Hütten.

Etwas weiter an der Rte 89 befindet sich in der Nähe des Dorfs Interlaken das Restaurant **Creamery** (☉11–20 Uhr), das neben den üblichen Eisbechern auch köstliche Weinsorbets serviert. Gleich dahinter befindet sich **Lucas Vineyards** (☑607-532-4825; www.lucasvineyards.com; 3862 Cty Rd 150, Interla-

Von hier geht's weiter auf der Rte 30 Richtung Norden nach Roxbury und zum Roxbury Motel (☎607-326-7200; www.theroxburymotel.com; 2258 County Hwy 41; Zi. inkl. Frühstück Juni–Okt. Mo–Fr 100–300 US$, Sa–So 135–390 US$; ❄ 🛜) mit seinen kreativ gestalteten luxuriösen Zimmern mit Namen, die sich an TV-Shows oder Filmen (vor allem aus den 1960er- und 1970er-Jahren) orientieren – wie wär's mit einem Zimmer das von *Familie Feuerstein* oder *Verliebt in eine Hexe* inspiriert wurde? Im Winter (niedrigere Zimmerpreise) macht man es sich am Kamin gemütlich, im Sommer aalt man sich in der Sonne oder lässt in dem kleinen Pavillon oder an dem Bächlein, der durch die Anlage fließt, die Seele baumeln. In dem Spa mit Komplettservice kann man es sich zu jeder Jahreszeit gut gehen lassen.

Im Winter sollten Skifahrer weiter nach Norden fahren. Die Rte 23 und 23A führen nämlich zur Hunter Mountain Ski Bowl (☎518-263-4223; www.huntermtn.com), einem ganzjährig geöffneten Resort mit anspruchsvollen Pisten und einem Höhenunterschied von fast 500 m. Ganz in der Nähe sind die Kaaterskill Falls, der höchste Wasserfall in New York. Er wurde einst in Gemälden von Thomas Cole und Asher Durand populär gemacht und idealisiert. Der beliebteste Wanderweg beginnt unweit der Haarnadelkurve an der Rte 23A. Das Auto kann man an der Ausweichstelle etwas weiter oben abstellen. Von dort geht man dann auf der anderen Straßenseite hinter dem Schutzgeländer wieder zurück. Von hier sieht man nur die Bastion Falls. Der Marsch von etwas mehr als 1 km hinauf zu den unteren Wasserfällen ist nicht sehr anstrengend. Das Hotel Mountain Brook (☎518-589-6740; www.hotelmountainbrook.com; 57 Hill St; Zi. inkl. Frühstück Mo–Fr 150 US$, Sa & So 200 US$, ❄ 🛜 ♨) in Tannersville steht auf einem Hügel und erinnert an eines der „Great Camps" in den Adirondacks. Das Last Chance Cheese (6009 Main St, Tannersville; Hauptgerichte 9–20 US$; ⊙ Fr–So 11–24 Uhr) in Tannersville ist eine Institution für sich. Im ganzen Laden türmen sich Gourmet-Käse, Schokolade, Bonbons und 300 verschiedene Biere.

Die landschaftlich vielleicht schönste Fahrt in dieser Gegend führt über den 7 Meilen (11 km) langen Abschnitt der Platte Clove Rd/Rte 16 (auch als „Plattecove Mtn Rd" ausgeschildert) zwischen Tannersville und Woodstock. Es ist eine aufregende Fahrt durch ein enges, steiles Tal mit Höhenunterschieden von bis zu 365 m, und das manchmal ohne Leitplanke. (Für Lastwagen und Busse ist die Strecke immer gesperrt, für alle anderen nur von November bis April).

ken; ⊙ März–Okt. Mo–Sa 10.30–17.30 Uhr; Memorial Day–Labor Day Mo–So 10.30–18 Uhr), einer der Pioniere der Cayuga-Weingüter. Etwas weiter im Norden am See ist Sheldrake Point (☎607-532-9401; www.sheldrakepoint.com; 7448 County Rd; ⊙ Jan.–März Fr–Mo 11–17 Uhr, April–Dez. tgl. 10–17.30 Uhr) mit tollem Blick über den See und hitverdächtigen Weißweinen.

Der kleine, verschlafene Ort Seneca Falls ist die Geburtsstätte der organisierten Frauenrechtsbewegung in den USA. Nachdem Elizabeth Cady Stanton und ihre Freundinnen von einem Antisklaverei-Treffen ausgeschlossen wurden, verfassten sie 1848 eine Erklärung, die postulierte: „Alle Männer und Frauen sind gleich geschaffen". Im inspirierenden Women's Rights National Historical Park (☎315-568-2991; www.nps.gov/wori; 136 Fall St; ⊙ 9–17 Uhr) GRATIS gibt es ein kleines, beeindruckendes Museum, in dem ein informativer Film gezeigt wird, und ein Visitor Center, das Führungen durch Cady Stantons Haus organisiert.

Seneca Lake & Keuka Lake

Am Nordzipfel des Seneca Lake liegt Geneva mit seiner historischen Architektur. Dank der hier ansässigen Colleges Hobart und William Smith herrscht in diesem Ort eine lockere Atmosphäre. Die South Main St ist gesäumt von zahlreichen gut erhaltenen Häusern, die um die Jahrhundertwende errichtet wurden. Das restaurierte Smith Opera House (☎315-781-5483; www.thesmith.org; 82 Seneca St, Geneva) aus dem Jahr 1894 ist ein Muss für alle Fans der darstellenden Künste. Im Microclimate (38 Linden St, Geneva; ⊙ Mo 18–24, Do–So 16.30–1 Uhr), einer coolen kleinen Weinbar, kann man die in der Region hergestellten Weine mit denen der internationalen Konkurrenz vergleichen.

Da der y-förmige Keuka Lake von zwei kleinen State Parks umgeben ist, ist er relativ unberührt. Einer der ehemaligen Kanäle wurde in einen Radweg umgewandelt, und der See selbst ist bei Forellenanglern sehr beliebt. Gleich südlich von **Penn Yan**, dem größten Ort am See, sind die **Keuka Spring Vineyards** (315-536-3147; www.keukaspring winery.com; 54 E Lake Rd, Penn Yan; Mo–Sa 10–17 Uhr, im Sommer So 11–17 Uhr, in den anderen Monaten nur an den Wochenenden) und die **Rooster Hill Vineyards** (315-536-4773; www.rooster hill.com; 489 Rte 54, Penn Yan; Mo–Sa 10–17, So 11–17 Uhr) – zwei beliebte Weingüter, die Verkostungen und Führungen in ländlicher Umgebung anbieten.

Schlafen

⭐ William Henry Miller Inn   B&B $$
(607-256-4553; www.millerinn.com; 303 N Aurora St, Ithaca; Zi. inkl. Frühstück 115–215 US$; ❄️ 📶 🛁) Das prächtige, wunderschöne B&B ist nur ein paar Schritte von den Commons entfernt. Das historische Haus wurde komplett restauriert und bietet luxuriös eingerichtete Zimmer – drei davon mit Whirlpool – und ein Frühstück vom Feinsten.

Inn on Columbia   INN $$
(607-272-0204; www.columbiabb.com; 228 Columbia St, Ithaca; Zi. inkl. Frühstück 175–225 US$; ❄️ 📶 🛁) Das moderne, ebenfalls empfehlenswerte Haus liegt in einer ruhigen Wohnstraße.

Gone with the Wind B&B   B&B $$
(607-868-4603; www.gonewiththewindonkeuka lake.com; 14905 West Lake Rd, Branchport; Zi. inkl. Frühstück 110–200 US$; ❄️) In diesem B&B am See hat man die Qual der Wahl: entweder man übernachtet im Original, dem Stone House, oder in der Log Lodge. Alle Zimmer sind gemütlich eingerichtet.

Hotel Clarence   BOUTIQUEHOTEL $$
(315-712-4000; www.hotelclarence.com; 108 Fall St, Seneca Falls; Zi. 140 US$; ❄️ 📶 🛁) Das ursprünglich aus den 1920er-Jahren stammende Hotel im Stadtzentrum wurde schick renoviert und erinnert hier und da noch an die Vergangenheit. Die Standardzimmer sind klein. Das vornehme Restaurant „Kitchen" ist das beste in Seneca Falls.

Buttonwood Grove Winery   HÜTTE $$
(607-869-9760; www.buttonwoodgrove.com; 5986 Rte 89; Zi. 135 US$; ❄️) Bietet vier vollständig möblierte Blockhütten mitten in den Hügeln oberhalb des Lake Cayuga (April–Dez.). Weinverkostungen sind gratis.

Belhurst Castle   INN $$$
(315-781-0201; www.belhurst.com; 4069 Rte 14 S, Geneva; Zi. ab 160–415 US$; ❄️ 📶) Auch wer nicht vorhat zu heiraten, könnte in diesem Märchenschloss mit Blick über den Seneca Lake in Versuchung geraten. Es gibt drei getrennte Häuser mit einer Vielzahl unterschiedlicher Zimmer und zwei Restaurants – das zwanglose Stone Cutters mit Livemusik an den Wochenenden und das formellere Edgar's.

Essen

Ein halbes Dutzend Restaurants, u.a. mit japanischer, nahöstlicher, mexikanischer oder spanischer Küche und Sitzbereichen im Freien, säumen die North Aurora St zwischen der East State St und der East Seneca St am Ostende von Ithacas Commons. Zu den besseren gehört das teure **Mercato** (www.mercatobarandkitchen.com; 108 N Aurora St, Ithaca; Hauptgerichte 25 US$; Mo–Sa 17.30–22 Uhr). **Ithaca's Farmers Market** (www. ithacamarket.com; Third St; April–Dez.) gilt als einer der besten Märkte in der Region mit Schwerpunkt auf regionalen Weinen und Käse. Genaue Termine stehen auf der Website.

Glenwood Pines   BURGER $
(1213 Taughannock Blvd; Burger 6 US$; 11–22 Uhr) Nach Meinung der Einheimischen bietet dieses bescheidene Restaurant an der Rte 89, 4 Meilen (6,5 km) nördlich von Ithaca nicht nur einen schönen Blick auf den Lake Cayuga, sondern auch die besten Burger.

Yerba Maté Factor Café & Juice Bar   SANDWICHES $
(143 The Commons, Ithaca; Hauptgerichte 8 US$; Mo–Do 9–21, Fr 9–15, So ab 12 Uhr) Das große Restaurant wird von einer recht obskuren Sekte betrieben und befindet sich in einem umgebauten historischen Gebäude auf den Ithaca Commons. Gut sind die belgischen Waffeln, die Sandwiches und der Kaffee.

⭐ Hazelnut Kitchen   MODERN-AMERIKANISCH $$
(607-387-4433; 53 East Main St, Trumansburg; Hauptgerichte 14–23 US$; Do–Mo 17–21 Uhr) Die neuen Betreiber, ein junges Paar aus Chicago, das sehr an einer Zusammenarbeit mit den örtlichen Landwirten interessiert ist, konnte den Ruf des Hazelnut als wohl bestes Restaurant in der Gegend wahren. Die Speisekarte richtet sich nach der Jahreszeit und die Zutaten kommen aus der Region. Wen wundert es also, dass hier Fleischgerichte wie im Tuch gegarter Schweinskopf serviert werden.

CORNING

Etwa 70 km südwestlich liegt der nette Ort Corning mit den Corning Glass Works und dem bekannten **Corning Museum of Glass** (☑ 800-732-6845; www.cmog.org; One Museum Way; Erw./Kind 15 US$/frei; ⊙ 9–17 Uhr, Memorial Day–Labor Day 9–10 Uhr; ♿). In dem gewaltigen Gebäudekomplex finden faszinierende Ausstellungen über die Kunst der Glasherstellung mit Vorführungen und interaktiven Exponaten für Kinder statt. Nach dem Besuch des Museums lohnt sich ein Zwischenstopp im **Vitrix Hot Glass Studio** (www.vitrixhotglass.com; 77 W Market St; ⊙ Mo–Fr 9–20, Sa 10–20, So 12–17 Uhr) in der hübschen Market Street, wo man einen kurzen Blick auf die qualitativ hochwertigen Glaswaren werfen kann.

Das **Rockwell Museum of Western Art** (☑ 607-937-5386; www.rockwellmuseum.org; 111 Cedar St; Erw./Kind 8 US$/frei; ⊙ 9–17 Uhr, im Sommer 9–20 Uhr; ♿) in der ehemaligen City Hall beherbergt eine große Sammlung mit Werken über den amerikanischen Westen, u. a. von Bierstadt, Russell und Remington.

Moosewood Restaurant　VEGETARISCH $$
(www.moosewoodcooks.com; 215 N Cayuga St, Ithaca; Hauptgerichte 8–18 US$; ⊙ 11.30–20.30, So 17.30–21 Uhr; ✏) Bekannt für seine kreative, ständig wechselnde vegetarische Speisekarte und die Kochbücher der Gründerin Mollie Katzen.

❶ An- & Weiterreise

Shortline Bus (www.coachusa.com) hat häufig Verbindungen nach New York City (53 US$, 4 Std.). Delta Airlines bietet vom **Ithaca Tompkins Regional Airport** (ITH; www.flyithaca.com) Direktflüge nach Detroit, Newark und Philadelphia.

Die Adirondacks

Majestätisch und wild präsentieren sich die Adirondacks mit ihren Bergkette mit 42 über 1200 m hohen Gipfeln. Mit ihrer wahrhaft ehrfurchtgebietenden Schönheit stehen die Adirondacks anderen unberührten Gebieten Amerikas in nichts nach. Die 24 281 km² große Park- und Waldfläche, die sich von der Mitte des Bundesstaats New York bis zur kanadischen Grenze erstreckt, umfasst Städte, Berge, Seen, Flüsse und mehr als 3200 km Wanderwege. Hier kann man ganz prima Forellen, Lachse und Hechte angeln. Außerdem gibt's ausgezeichnete Campingplätze. 40 % des Parks gehören zum Adirondack Forest Preserve. So wird die wilde Natur geschützt. Zur Kolonialzeit holten sich die Siedler Biberpelze, Holz und die Rinde der Hemlocktanne aus den Wäldern. Im 19. Jh. wurde es immer beliebter, in der Wildnis Urlaub zu machen, und es wurden Blockhütten, Hotels und große Anwesen errichtet.

Lake George

Vielleicht ist es gut so, dass **Lake George**, das wichtigste Tor zu den Adirondacks, ein kitschiger Touristenort mit all den Zuckerwattebuden, Spielhallen und billigen Souvenirläden ist. Hat man den Ort erst einmal hinter sich gelassen, ist der Kontrast zur Landschaft umso verblüffender. Denn eigentlich kommt man nur wegen des 51 km langen Sees mit seinem kristallklaren Wasser und dem bewaldeten Ufer hierher. Beliebte Freizeitaktivitäten sind Schaufelraddampfer-, Parasailing-, Kajak- und Angeltouren.

Der Bundesstaat unterhält auf den Inseln im Lake George traumhaft abgelegene **Campingplätze** (☑ 800-456-2267; www.dec.ny.gov/outdoor; Stellplatz 25 US$). Kleine Motels säumen die Hauptstraße von Lake George am nördlichen Ortsrand, Dutzende weiterer Unterkünfte gibt's an der Strecke (Rte 9) nach **Bolton Landing**. Zwei empfehlenswerte Unterkünfte mit Seeblick sind das **Georgian Lakeside Resort** (☑ 518-668-5401; www.georgianresort.com; Zi. inkl. Frühstück ab 99 US$; ❊🐾🌊) und das kürzlich renovierte **Surfside on the Lake** (☑ 800-342-9795; www.surfsideonthelake.com; 400 Canada St; Zi. ab 60 US$; ❊🐾🌊).

Lake Placid & Saranac Lake

Es ist kaum vorstellbar, dass der kleine Höhenkurort **Lake Placid** zweimal im Zentrum der Weltöffentlichkeit stand. 1932 und 1980 fanden hier die Olympischen Winterspiele statt. Die Einrichtungen und Infrastruktur sind noch erhalten, und so trainieren hier noch immer Spitzensportler. Hockey-Fans

DIE REGION THOUSAND ISLANDS

Downstate New Yorker kennen diese Gegend mit ihren mehr als 1800 Inseln so gut wie gar nicht. Und das liegt teilweise auch daran, dass sie nur ziemlich schwer zugänglich ist. Hier und da ragen winzig kleine Felsen aus dem Wasser, die kaum die Größe eines Badetuchs erreichen. Aber es gibt auch größere Inseln mit Straßen und Ortschaften. Diese Traumlandschaft trennt die USA von Kanada. Der breite, schnell fließende St.-Lorenz-Strom verbindet die Großen Seen mit dem Atlantik. An diesem östlichen Abschnitt machten früher die Superreichen Urlaub, die sich hier große, beachtliche Sommerresidenzen bauten. Auch heute noch ist die Gegend sehr beliebt, denn sie eignet sich ganz ausgezeichnet zum Bootfahren, Campen und sogar zum Tauchen zu alten Schiffswracks.

In Sackets Harbor fanden im Krieg von 1812 die bedeutendsten Schlachten statt. Sackets Harbor liegt am Lake Ontario, gehört aber eigentlich nicht zur Region Thousand Islands. Trotzdem ist es ein günstiger Ausgangspunkt für eine Erkundungstour dieser Region. Mehrere einladende Restaurants befinden sich an der Straße, die hinunter zum Hafen führt. Dort kann man gemütlich am Wasser sitzen.

Das ziemlich relaxte Dorf Cape Vincent mit seinen französischen Wurzeln liegt am Westende des St.-Lorenz-Stroms an der Stelle, an der er in den Lake Ontario mündet. Vom Tibbetts Point Lighthouse aus hat man eine fantastische Sicht auf den See. Auf dem gleichen Grundstück befindet sich zudem noch ein nettes Hostel (☎ 315-654-3450; www.hihostels.com; 33439 Co Rte 6; B 25 US$). Im nahe gelegenen Burnham Point State Park (☎ 315-654-2522; Rte 12E; Stellplatz 25 US$) gibt's Campingplätze inmitten von Bäumen am See.

In Clayton, 15 Meilen (24 km) in Richtung Osten auf dem Seaway Trail (Rte 12), gibt's mehr als ein Dutzend Jachthäfen und ein paar gute Restaurants. Das Antique Boat Museum (☎ 315-686-4104; www.abm.org; 750 Mary St; Clayton; Erw./Kind 13 US$/frei; ⊘ Mitte Mai–Mitte Okt. 9–17 Uhr; ♿) bietet nicht nur die Möglichkeit, viel über alte Ruder- bzw. Segelschiffe zu lernen, sondern auch, sie selbst einmal zu steuern. TI Adventures (☎ 315-686-2500; www.tiadventures.com; 1011 State St; Kajak halber Tag 30 US$) verleiht Kajaks und organisiert Wildwassertrips auf dem Black River. Ähnliche Aktivitäten bieten auch zahlreiche andere Unternehmen in Watertown an. Diese recht große Stadt liegt eine halbe Autostunde in Richtung Süden.

erkennen sicherlich das Olympic Center (☎ 518-302-5326; www.whiteface.com; 2634 Main St; Erw./Kind 7/5 US$; ⊘ 10–17 Uhr; ♿) in der Main St als den Ort wieder, an dem das 1980 das „Miracle on Ice" stattfand und die US-amerikanische Eishockeymannschaft über die als unschlagbar geltende sowjetische Mannschaft siegte. Der Olympic Jumping Complex (☎ 518-523-2202; www.whiteface.com; 5486 Cascade Rd; Erw./Kind 11/8 US$; ⊘ jahreszeitlich wechselnde Öffnungszeiten) befindet sich in der Nähe der Stadt an der Rte 73. Wer hier mit dem Aufzug in den 20. Stock fährt, kommt in den Genuss eines umwerfenden Blicks. 7 Meilen (11 km) südlich ist der Mt. Van Hoevenberg (☎ 518-523-4436; 8 John Brown Rd, Rte 73, Lake Placid; Erw./Kind 10/8 US$, Bobschlittenfahrt 30 US; ⊘ jahreszeitlich wechselnde Öffnungszeiten; ♿), die Heimat des olympischen „Rodelsports". Hier kann man zu bestimmten Zeiten des Jahres eine Fahrt auf einem Bobschlitten, einem Skeleton oder einem Rodelschlitten wagen und sich so

richtig schön durchschütteln lassen. Genau das Richtige für Adrenalinjunkies. Skifahrer finden am nahe gelegenen Whiteface Mountain (www.whiteface.com) 80 Pisten mit einem Höhenunterschied von sage und schreibe 1036 m. Hotels, Restaurants, Buchläden und Geschäfte säumen die grenzstädtisch wirkende Hauptstraße des Orts am Mirror Lake. Das Golden Arrow Lakeside Resort (☎ 800-582-5540; www.golden-arrow.com; 2559 Main St, Lake Placid; Zi. ab 130 US$; ⊞ ⊠ ❄ 🛜 🐾 ♿) ✿ ist die einzige Unterkunft direkt am See und hat mehrere verschiedene Zimmertypen für Familien und Paare im Angebot.

Südlich von Lake Placid unterhält der Adirondack Mountain Club (ADK) die Adirondack Loj (☎ 518-523-3441; www.adk.org; B/Zi. inkl. Frühstück 50/155 US$), ein rustikales Refugium am Ufer des friedvollen Bergsees Heart Lake. Hier gibt's auch Stellplätze für Zelte und Wohnwagen sowie Hütten und kleine Häuschen.

In dem für Clayton überraschend modernen **Lyric Coffee House** (☎315-686-4700; 246 James St, Clayton; Hauptgerichte 7–24 US$; ⊘8–20, So 9–16 Uhr;📶) gibt's Kaffeespezialitäten, Eis, Kuchen, Backwaren sowie Fleisch, Fisch und Pastagerichte.

Weiter östlich liegt **Alexandria Bay** (Alex Bay), ein Ferienort aus den frühen 1920er-Jahren. Auch heute noch zieht dieser Ort auf der amerikanischen Seite viele Besucher an – die Schwesterstadt in Kanada heißt übrigens Gananoque. Der Ort selbst ist zwar etwas heruntergekommen, aber in der Umgebung gibt es genug zu tun: Gokartbahn, Minigolfplatz und ein **Autokino** (www.baydrivein.com; Erw./Kind 5/2 US$; 📶). Außerdem starten hier die Fähren nach Heart Island mit dem **Boldt Castle** (☎315-482-9724; www.boldtcastle.com; Erw./Kind 8/5,50 US$; ⊘ Mitte Mai–Mitte Okt. 10–18.30 Uhr). Dieses Schloss steht für die Liebesgeschichte eines New Yorker Hoteliers, der es vom Tellerwäscher zum Millionär gebracht hat. Er baute das Schloss für seine geliebte Frau, die aber vor der Fertigstellung verstarb. Der gleiche Hotelier bat seinen Chefkoch, ein neues Salatdressing zu kreieren, das dann unter dem Namen „Thousand Islands" bekannt wurde. Es besteht aus einer unglücklich gewählten Mischung aus Ketchup, Mayonnaise und Würze. **Uncle Sam's Boat Tours** (☎315-482-2611; www.usboattours.com, 45 James St; 2-Länder-Tour Erw./Kind 18,50/9,25 US$; 📶) organisiert mehrmals täglich die empfehlenswerte Zwei-Länder-Tour zur kanadischen und zur amerikanischen Seite des Flusses, die auch zum Boldt Castle führt. Von dort fährt man kostenlos auf einer der halbstündlich verkehrenden Fähren zurück.

Campen ist selbst für die größten Campinghasser die beste Lösung – besonders im **Wellesley Island State Park** (☎518-482-2722; www.nysparks.com; Stellplatz ab 15 US$). Viele Campingplätze befinden sich fast direkt am Wasser, einige haben sogar einen Privatstrand. Die Insel ist nur über die Thousand Islands Bridge zu erreichen (Maut 2,50 US$).

In der Umgebung von Alex Bay gibt es einige teure Unterkünfte, die aber ihr Geld nicht wert sind. Die beste Mittelklasseunterkunft ist wahrscheinlich das **Capt. Thomson's Resort** (☎315-482-9961; www.captthomsons.com; 45 James St; Zi. 130–200 US$; 📶) direkt am Wasser neben dem Büro von Uncle Sam's Boat Tours.

Jet Blue fliegt täglich zum Hancock International Airport (SYR) in Syracuse – anderthalb Autostunden weiter südlich. Am Flughafen sind einige der großen Autovermieter mit Büros vertreten. Radfahrer werden den flachen Scenic Byway Trail lieben.

Weiter im Norden liegt die Region Saranac Lake mit noch mehr Einsamkeit, kleinen Seen und Teichen, alten Wäldern und Feuchtgebieten. Der Ort **Saranac Lake** war früher einmal ein Kurort für Tuberkulosekranke. Heute hat er etwas von seinem alten Charme verloren. 14 Meilen (ca. 22 km) weiter nördlich befindet sich das **White Pine Camp** (☎518-327-3030; www.whitepinecamp.com; 432 White Pine Rd, Paul Smiths; 2-Pers.-Cottage Ende Okt.–Ende Juni ab 105 US$; Mitte Mai–Ende Okt. ab 1085 US$/Woche). Es ist eines der wenigen noch bestehenden Adirondack „Great Camps", in dem man übernachten kann. White Pine ist aber weder pompös noch prachtvoll, sondern vielmehr eine Ansammlung von rustikalen, gemütlich eingerichteten Hütten am idyllischen Osgood Pond.

Rund um den Lake Champlain

Seit die „Green Mountain Boys" 1775 den Briten das **Fort Ticonderoga** (☎518-585-2821; www.fortticonderoga.org; 100 Fort Ti Rd; Erw./Kind 17,50/8 US$; ⊘17. Mai–20. Okt 9.30–17 Uhr) abgenommen haben, ist es ein Synonym für den Amerikanischen Unabhängigkeitskrieg. Heutzutage genießt man von den schiefen Steinmauern einen grandiosen Blick auf den Lake Champlain. Jeden Sommer öffnet das gut erhaltene Fort sein Museum, dann kann die ganze Anlage im Rahmen von Führungen und historischen Nachstellungen erkundet werden.

Weiter nördlich liegt die **Crown Point State Historic Site** (☎518-597-4666; www.nysparks.com; 21 Grandview Dr, Crown Point; ⊘Gelände 9–18 Uhr). Die Reste der beiden bedeutendsten Forts aus dem 18. Jh. stehen auf der strategisch bedeutenden Landzunge, an der der Lake Champlain zwischen New York and Vermont eine Engstelle bildet.

Ausable Chasm (☎518-834-9990; www.ausablechasm.com; 2144 Rte 9; Erw./Kind 17/10 US$; ⊘Sommer 9–17 Uhr, sonst 9–16 Uhr;

) ist eine beeindruckend schöne, rund 3,2 km lange Schlucht, die ein reißender Fluss über Jahrtausende in den Sandstein hinein geschnitten hat. Hier gibt es Wanderwege und Trampelpfade und im Sommer kann man auch raften. Der **Essex Inn** (☏ 518-963-4400; www.essexinnessex.com; 2297 Main St, Essex; Zi. ab 225 US$; ❄ 🛜) im Ort Essex hat schön renovierte Zimmer in einem 200 Jahre alten, unter Denkmalschutz stehenden Gebäude.

ℹ Anreise & Unterwegs vor Ort

Greyhound (www.greyhound.com) und **Adirondack Trailways** (www.trailwaysny.com) fahren verschiedene Orte in der Region an. Wer die Gegend erkunden will, benötigt unbedingt ein eigenes Fahrzeug.

Westliches New York

In den letzten Jahrzehnten hatte die Gegend unter der Abwanderung großer Industrien und dem Wegzug vieler Menschen zu leiden. Die meisten Städte in dieser Region fristen jetzt ein Leben im Schatten der Niagarafälle. Dieses Wunder der Natur zieht jährlich um die 12 Mio. Besucher aus der ganzen Welt an. Buffalo war früher eine boomende Industriestadt am Ende des Eriekanals, der als Verkehrsader zwischen den Großen Seen und dem Atlantik diente. Heute ist die Stadt mit den vielen Künstlervierteln überfüllt mit Restaurants, die kulinarische Highlights servieren.

Buffalo

Die oft verschmähte Arbeiterstadt ist von langen, kalten Wintern und vielen verlassenen Industriegebäuden geprägt. Aber in Buffalo gibt es auch viele College-Studenten und Mittdreißiger, die in preiswerten Wohnungen leben. Sie verleihen der Stadt eine pulsierende Atmosphäre und genießen die erschwingliche, äußerst wohlschmeckende Küche. Die Stadt wurde 1758 von den Franzosen angelegt – ihr Name soll sich von *beau fleuve* (schöner Fluss) ableiten. Buffalos glorreiche Vergangenheit, zunächst als Handelsposten und später als boomendes Produktionszentrum und Umschlagplatz am Ende des Eriekanals, hat Spuren hinterlassen. Es herrscht eine gewisse Nostalgie vor sowie die Hoffnung auf eine Wiederbelebung der Stadt, für die es ambitionierte Pläne gibt. (So wird beispielsweise der massive Ausbau der medizinischen Fakultät der University of Buffalo und der Umzug nach Downtown angestrebt). Buffalo liegt ungefähr acht Autostunden von New York City entfernt und nur etwa eine halbe Stunde südlich der Niagarafälle.

Das sehr hilfreiche **Buffalo Niagara Convention & Visitors Bureau** (☏ 800-283-3256; www.visitbuffaloniagara.org; 617 Main St; ⏰ Mo–Fr 10–16, Sa 10–14 Uhr) befindet sich in einem lichtdurchfluteten Einkaufszentrum im Beaux-Arts-Stil (1892) und hat gute Broschüren für Wandertouren. Außerdem gibt es hier einen kleinen Andenkenladen.

NICHT VERSÄUMEN

TUPPER LAKE & BLUE MOUNTAIN LAKE

Nur ein paar Meilen weiter östlich von Tupper Lake, einem ansonsten eher nichtssagenden Städtchen, befindet sich das **Wild Center** (☏ 518-359-7800; www.wildcenter.org; 45 Museum Dr, Tupper Lake; Erw./Kind 17/10 US$, unter 3 Jahren frei; ⏰ Ende Mai–Anfang Sept. tgl. 10–18 Uhr, Sept.–März Fr–So 10–17 Uhr, April geschl.; 🛜) 🎗, ein traumhaftes Museum, das sich der Ökologie und dem Schutz der Adirondacks verschrieben hat. Interaktive Ausstellungsstücke machen das Museum auch für Kinder interessant, und Wanderwege führen zu einem Aussichtspunkt über dem Bogen des Flusses und zum Raquette River. Man sollte auf keinen Fall die „Back-of-the-House-Tour" verpassen, auf der man alles über den Betrieb beispielsweise von Tiefkühltruhen erfährt, in denen tote Mäuse aufbewahrt werden, mit denen Schlangen, Eulen, Stinktiere und andere im Zentrum lebende Tiere gefüttert werden.

Nach dem Wild Center kann man das **Adirondack Museum** (☏ 518-352-7311; www.adkmuseum.org; 9097 Rte 30; Erw./Kind 18/6 US$; ⏰ 24. Mai–14. Okt. 10–17 Uhr; 🛜), ein 12 ha großes Gelände mit Blick über den Blue Mountain Lake besuchen. Anhand von zahlreichen interaktiven Exponaten lernt man vieles über die Berge und das Leben ihrer Bewohner, von der Geschichte der Bergbauindustrie, der Holzgewinnung und des Bootsbaus bis hin zur Bedeutung des Tourismus in dieser Region.

◉ Sehenswertes & Aktivitäten

Architekturfans werden es lieben, durch Downtown mit der City Hall und durch den „Theaterdistrikt" zu schlendern, wo man mehrere Gebäude vom Ende des 19. Jhs. mit Barock-, italienischen und Jugendstilfassaden bewundern kann (Infos unter www. walkbuffalo.com).

Die einst heruntergekommene Gegend am Wasser wurde saniert, heißt jetzt **Canalside** (www.canalsidebuffalo.com) und hat u. a. einen schönen Park zu bieten. Von hier aus kann man in einem Ausflugsdampfer durch die Gegend schippern, wer will, kann auch ein Kajak mieten. Lohnenswert ist ein Besuch des **Naval & Military Park** (www.buffalonavalpark.org; 1 Naval Park Cove; Erw./Kind 10/6 US$; ☺April–Okt. 10–17 Uhr, Nov. Sa & So, Dez.–März geschl.). In diesem kleinen Museum kann man maritime, mit dem Krieg in Zusammenhang stehende Ausstellungsstücke bewundern. Noch beeindruckender sind aber die beiden riesigen Schiffe aus dem Zweiten Weltkrieg und das U-Boot (im Eintrittspreis fürs Museum ist die Besichtigung der Schiffe enthalten). Nördlich des Stadtzentrums liegt der weitläufige **Delaware Park**, der von Frederick Law Olmsted entworfen wurde. Im Viertel **Elmwood** gibt's jede Menge hippe Cafés, Restaurants, Boutiquen und Buchläden.

Buffalo ist sportbesessen. Die Einheimischen leben und sterben mit ihrer Football-Mannschaft **NFL Buffalo Bills** (www.buffalo bills.com), die im Vorort Orchard Park im Ralph Wilson Stadium spielt, und ihrem NHL-Eishockeyteam **Buffalo Sabres** (www. sabres.com). 2014 werden die Sabres vom First Niagara Center in das neue **HARBOR-center** nebenan umziehen. Eine ebenfalls empfehlenswerte Möglichkeit, sich unter Sportfans zu mischen, ist der Besuch eines Spiels der **Buffalo Bisons** (www.bisons.com), dem AAA-Baseballteam des Erstligisten New York Mets. Gespielt wird im trendig-traditionellen Baseballstadion im Zentrum.

★ Albright-Knox Art Gallery   MUSEUM
(☎716-882-8700; www.albrightknox.org; 1285 Elmwood Ave; Erw./Kind 12/5 US$; ☺10–17 Uhr, Mo geschl.; Bus 198 West bis Elmwood Ave S/Art Gallery) Das ziemlich große Museum mit der neoklassizistischen Fassade beherbergt einige der besten Werke französischer Impressionisten und amerikanischer Meister.

Darwin Martin House   ARCHITEKTURFÜHRUNG
(☎716-856-3858; www.darwinmartinhouse.org; 125 Jewett Pkwy; kleine Führung 15 US$; große

Führung inkl. Barton House 30 US$; ☺Führung nur mit Reservierung, Di geschl.) Eines der aufwendigsten oder vollständigsten im Prairie-Stil errichteten Häuser von Frank Lloyd Wright mit besonders bemerkenswerten Glasarbeiten. Es kann nach Terminabsprache besichtigt werden. Das moderne Visitor Center nebenan hat Infos über Wright und sein Anwesen.

Theodore Roosevelt Inaugural National Historic Site   MUSEUM
(☎716-884-0095; www.nps.gov/thri; 641 Delaware Ave; Erw./Kind 10/5 US$; ☺Führungen stündl. Mo–Fr 9.30–15.30, Sa & So 9.30–12.30 Uhr) Bei der Führung durch das Ansley-Wilcox-Haus erfährt man alles über Teddys Notvereidigung nach der Ermordung von William McKinley im Jahr 1901 auf der Pan American Exposition in Buffalo.

Burchfield Penney Art Center   MUSEUM
(☎716-878-6011; www.burchfieldpenney.org; 1300 Elmwood Ave; Erw./Kind 10 US$/frei; ☺Di, Mi, Fr & Sa 10–17, Do 10–21,So 13–17 Uhr) Das moderne Museum beherbergt vorwiegend Werke von amerikanischen Künstlern vom späten 19. Jh. bis zur Gegenwart.

🛏 Schlafen

An den Highways rund um die Stadt stehen die üblichen Kettenhotels. In der Innenstadt gibt's einige Hotels der größeren Ketten wie das Hyatt Regency und das erschwingliche empfehlenswerte Hampton Inn & Suites Buffalo Downtown (Zi. ab 159 US$). In diesen Hotels übernachten hauptsächlich Geschäftsreisende.

Hostelling International – Buffalo Niagara   HOSTEL $
(☎716-852-5222; www.hostelbuffalo.com; 667 Main St; B/Zi. 25/65 US$; ✳@☎) Budgettraveller werden sich in diesem gut gelegenen Hostel in Buffalos „Theaterdistrikt" wohlfühlen. Das Hostel befindet sich in der Straße, durch die die Stadtbahn fährt. Obwohl die Einrichtung mal etwas aufgemöbelt werden könnte – die Aufenthaltsräume im Untergeschoss und im 1. OG erinnern an Freizeitheime der 1970er-Jahre –, ist dieses Hostel dennoch ein gemütlicher, sicherer Ort, um sein müdes Haupt zu betten. Hier gibt's kostenlosen Kaffee, Tee und Müsli, sogar Fahrräder stehen den Gästen zur Verfügung.

★ Hotel@the Lafayette   BOUTIQUEHOTEL $$
(☎716-853-1505; www.thehotellafayette.com; 391 Washington St; Zi. 169 US$, Suite ab 200 US$;

P❋🛜) Das großartige, sechsstöckige Gebäude im französischen Renaissance-Stil vom Anfang des 20. Jhs. wurde renoviert und 2012 als Hotel eröffnet. Die coole, schicke Einrichtung der Zimmer und Suiten kann allerdings nicht gegen die Art-Déco-Lobby und die Marmorgänge antreten. Zum Hotel gehören mehrere empfehlenswerte Restaurants und eine Bar.

★ Mansion on Delaware Avenue

HOTEL **$$$**

(☎716-886-3300; www.mansionondelaware.com; 414 Delaware Ave; Zi./Suite inkl. Frühstück ab 190/ 390 US$; P❋@🛜) Das prächtige, majestätische Haus von 1862 bietet wahrhaft spezielle, klassische Unterkünfte und einen makellosen Service. Zimmer 200 hat einen Kamin und Fenster vom Fußboden bis zur Decke. Bemerkenswert sind auch die kostenlosen Nebenleistungen: zweimal täglich warten in der lichtdurchfluteten Lounge Drinks auf Abnehmer. Wer will, kann auch den Fahrdienst in Anspruch nehmen und sich im Umkreis von 3 km herumchauffieren lassen.

✖ Essen

In Buffalo gibt's jede Menge Lokale mit einzigartigem, leckerem und preiswertem Essen. Schicke, gute Restaurants befinden sich in Downtown, Allentown, Elmwood und in den Vororten. Der Küchenchef und Gastronom Mike Andrzejewski hat ein florierendes Mini-Imperium aufgebaut, dazu gehören u. a. die Restaurants Seabar (japanisch), Tappo (italienisch), Mike A's (Steakhouse) und Cantina Loco (mexikanisch). Sie alle haben gutes Essen und eine tolle Atmosphäre.

★ Anchor Bar

AMERIKANISCH **$**

(☎716-886-8920; 1047 Main St; 10/20 Chicken Wings 13/20 US$; ⊗Mo–Do 10–23, Fr & Sa 10–1 Uhr) Appetit auf die berühmten frittierten Chicken Wings in würziger Sauce? Dann ist diese Kult-Bar genau das Richtige, denn hier soll diese Delikatesse erfunden worden sein. (Auf der Speisekarte stehen aber auch Pizzas, Pasta, Sandwiches, Burger usw.). Die Wände sind mit Autonummernschildern und ähnlichen Erinnerungsstücken gepflastert, und überhaupt herrscht in dem ganzen Lokal Kneipenatmosphäre.

Cantina Loco

MEXIKANISCH **$**

(www.cantinaloco.com; 191 Allen St; Hauptgerichte 7 US$; ⊗Mo–Do 16–22, Fr & Sa 16–23, So 16–20 Uhr) Hippe In-Location mit Innenhof, der im Sommer selbst montagabends rappelvoll ist.

In diesem Restaurant in Allentown kommen Tacos, Burritos und Quesadillas aus der Küche. Aber es gibt auch Überraschendes wie Koreatown (Kalbsrippchen, Kimchee und Sojasauce). Die Desserts sind ausgezeichnet, und die flinken Barkeeper kennen ihre Mescal-Sorten.

Ted's

FAST FOOD **$**

(www.tedsonline.com; 7018 Transit Rd; Hotdogs 2 US$; ⊗Mo–So 10.30–23 Uhr) Ted's Spezialität sind ellenlange Hotdogs mit allem, was das Herz begehrt.

Ulrich's Tavern

DEUTSCH **$$**

(☎716-855-8409; 674 Ellicott St; Hauptgerichte 15 US$; ⊗Mo–Mi 11–15, Do & Fr 11–22, Sa 15–21 Uhr) Eine der ältesten Tavernen in Buffalo mit verzogenen Dielen und dunklen Holzwänden. Probieren sollte man deutsche Spezialitäten wie Leberwurst und rote Zwiebeln auf Roggenbrot oder Bratfisch mit Rotkohl, Sauerkraut, Kartoffeln und Gemüse.

Betty's

MODERN-AMERIKANISCH **$$**

(☎716-362-0633; 370 Virginia St; Hauptgerichte 9–22 US$; ⊗Di 8–21, Mi–Fr 8–22, Sa 9–22, So 9–15 Uhr) Das etwas freakige, unkonventionelle Betty's an einer ruhigen Ecke in Allentown serviert gesunde, schmackhafte Abwandlungen amerikanischer Hausmannskost wie Hackbraten. Der Brunch ist verdientermaßen beliebt.

🍷 Ausgehen & Unterhaltung

Die Bars in der Chippewa St (auch Chip Strip genannt) sind bis 4 Uhr geöffnet und besonders bei Studenten beliebt. Auch Viertel wie Elmwood, Linwood und Allentown haben einiges an Nachtleben zu bieten. In der Allen St gibt's ein paar Kneipen mit Livemusik, darunter Nietzches und die Duke's Bohemian Grove Bar. Am Südende von Elmwood haben sich einige Schwulenbars niedergelassen. Von Ende Juni bis August lockt eine Reihe von Sommerkonzerten (☎716-856-3150; www.buffaloplace.com) eine bunte Mischung aus Newcomern und etablierten Künstlern auf die Straßen im Stadtzentrum.

Pan American Grill & Brewery

BRAUEREI

(☎716-856-0062; 391 Washington St, Hotel Lafayette; Hauptgerichte 9–18 US$; ⊗Mo–Do 11–22, Fr & Sa 11–24, So 12–22 Uhr) Mehrere Räume, zwei davon mit mächtigen alten Mahagoni-Tresen, eine Lounge im Stil von Teddy Roosevelts Jagdhütte und ein Raum mit Wandmalereien und Gewölbedecke nehmen einen guten Teil des Erdgeschosses vom Hotel

Lafayette ein. Das hauseigene Bier wird im Kellergeschoss gebraut. Aus der Küche kommen ausgezeichnete Standards wie Burger (13 US$) und Koteletts (14 US$), aber auch Fladenbrot mit Entenconfit und Ziegenkäse (8 US$).

Founding Fathers BAR

(75 Edward St; ☺Mo–Do 11.30–1, Fr 11.30–2, Sa 11.30–4, So 17–23 Uhr) Thema dieser kleinen, coolen Kiezbar nördlich des Zentrums sind die US-Präsidenten und – man glaubt es kaum – das zieht einen Klüngel hiesiger Politiker an. Auf der kleinen Speisekarte stehen gute Sandwiches (9 US$); Popcorn und Nachos gibt's umsonst.

Allen Street Hardware Cafe BAR

(☐716-882-8843; 245 Allen St) In einem Block mit unzähligen Kneipen ist dieses schicke Restaurant (Hauptgerichte 14–25 US$) mit Bar schon etwas Besonderes. Hier sorgen die besten Musiker aus der Gegend regelmäßig für ein volles Haus.

❶ Anreise & Unterwegs vor Ort

Der **Buffalo Niagara International Airport** (BUF; ☐716-630-6000; www.buffaloairport. com) liegt etwa 16 km östlich des Zentrums und ist ein regionaler Verkehrsknotenpunkt. Jet Blue Airways bietet ab New York City erschwingliche Hin- und Rückflüge. Abfahrt und Ankunft von Bussen ist der **Greyhound-Busbahnhof** (181 Ellicott St) (alias Buffalo Transportation Center). Der Nahverkehrsbus 40 und der Expressbus 60 von **NFTA** (www.nfta.com) fahren zum Transit Center an der amerikanischen Seite der Niagarafälle (2 US$, 1 Std.). Vom **Amtrak-Bahnhof** (☐716-856-2075; 75 Exchange St) in der Innenstadt fahren Züge in alle größeren Städte (nach NYC 88 US$, 8 Std.; nach Albany 48 US$, 6 Std.). Der Bahnhof an der Exchange Street ist vor allem nachts etwas zwielichtig; die Einheimischen empfehlen den 10 km östlich gelegenen **Bahnhof Buffalo-Depew** (55 Dick Rd).

Niagarafälle & Umgebung

Es ist die Geschichte von zwei Städten und zwei Wasserfällen. Von beiden Seiten der Landesgrenze kann man sich das wahrhaft dramatische Naturspektakel anschauen. Wem es gelingt, all die Flitterwöchner, die herzförmigen Whirlpools, die Spielhallen, die Billigläden und die kitschigen Uferpromenaden zu ignorieren, wird wahrhaft Majestätisches zu Gesicht bekommen. Je dichter man an die Niagarafälle herankommt, umso beeindruckender sehen sie aus und umso feuchter wird die Angelegenheit. Aus gutem Grund besuchen fast alle Leute die kanadische Seite des Wasserfalls, aber man kann auch ganz einfach zwischen beiden Seiten hin und zurück laufen (den Pass mitnehmen!). Die New Yorker Seite wird vom lilafarbenen, gänzlich mit Glas bedeckten Seneca Niagara Casino & Hotel dominiert, das über den umliegenden heruntergekommenen Blocks thront.

❂ Sehenswertes & Aktivitäten

Die Wasserfälle liegen in zwei verschiedenen Städten: Niagara Falls, New York (USA), und Niagara Falls, Ontario (Kanada). Die Städte liegen sich am Niagara River gegenüber, über den die für Fußgänger und Autos passierbare Rainbow Bridge führt. Der berühmte Landschaftsarchitekt Frederick Law Olmstead half bei der Rettung und Erhaltung der New Yorker Seite der Niagarafälle, die bis in die 1870er-Jahre hinein nur von Industrie und kitschig-bunten Werbetafeln geprägt war.

GRENZÜBERGANG: KANADISCHE NIAGARAFÄLLE

Wer sagt, er habe die Niagarafälle besucht, meint in der Regel die kanadische Seite, denn das Panorama dort ist einfach unschlagbar. Die kanadischen **Horseshoe Falls** sind breiter und vom Queen Victoria Park aus besonders fotogen. Bei Dunkelheit werden sie außerdem noch bunt beleuchtet. Die **Journey Behind the Falls** (☐905-354-1551; 6650 Niagara Pkwy; Erw./Kind April–Dez. 15,95/10,95 US$, Dez.–April 11,25/6,95 US$; ☺9–18 Uhr, im Sommer wird spatter geöffnet) ermöglicht den Zugang zu einem gischtumtosten Aussichtspunkt unter den Fällen. **Niagara on the Lake**, 15 km weiter nördlich, ist eine Kleinstadt voller eleganter B & Bs. Hier findet im Sommer ein berühmtes Theaterfestival statt.

Fast alle großen Hotelketten sind auf der kanadischen Seite gleich mit mehreren Häusern vertreten. In und um Clifton Hill gibt's unter den Restaurants Touristenfallen wie Sand am Meer. Amerikanisches Essen und Restaurantketten dominieren die kulinarische Landschaft. In der Gegend um die Lundy's Lane findet man haufenweise Billiglokale.

Vom **Prospect Point Observation Tower** (☎716-278-1796; Eintritt 1 US$, ab 17 Uhr frei, ☺9.30–19 Uhr) kann man einen Blick auf die **American Falls** und ihren westlichen Teil, die **Bridal Veil Falls**, werfen, die 55 m in die Tiefe stürzen. Überquert man die kleine Brücke nach **Goat Island**, gibt es noch weitere Aussichtspunkte: Terrapin Point bietet einen wunderbaren Blick auf die Horseshoe Falls. Fußgängerbrücken führen zu den Three Sisters Islands in den oberen Stromschnellen. Am Nordende von Goat Island fährt ein Aufzug hinunter zur **Cave of the Winds** (☎716-278-1730; Erw. 11/8 US$), wo Fußwege fast 8 m weit nah an den Fällen entlang führen (Regenjacken werden bereitgestellt). Seit 1846 ist die Bootstour **Maid of the Mist** (☎716-284-8897; www.maidofthemist.com; 151 Buffalo Ave; Erw./Kind 15,50/9 US$; ☺Sommer 9–19 Uhr, die Öffnungszeiten können variieren, mehr dazu auf der Website) am Fuße der Wasserfälle die äußerst empfehlenswerte Hauptattraktion. Die Boote legen auf der US-amerikanischen Seite am Fuß des Prospect Park Observation Tower und auf der kanadischen Seite am Fuß des Clifton Hill ab.

Adrenalinjunkies können auch eine Tour mit **Whirlpool Jet Boat Tours** (☎888-438-4444; www.whirlpooljet.com; 1 Std. Erw./Kind 50/42 US$) machen, die in **Lewiston** beginnt. Der charmante Ort liegt 8 Meilen (13 km) nördlich von Niagara Falls und hat auch einige gute Lokale. Einige Kilometer westlich kann man in den **Fashion Outlets of Niagara Falls** Schnäppchen bei Designerklamotten machen.

Nordöstlich von Niagara Falls liegt **Lockport** am westlichen Ende des Eriekanals. Hier gibt es außer einem ausgezeichneten Visitor Center auch noch ein **Museum**. Im Sommer werden hier **Bootstouren** angeboten.

🛏 Schlafen & Essen

Die meisten der landesweiten Hotelketten sind hier vertreten, z. B. Ramada Inn, Howard Johnson, Holiday Inn. Im Vergleich zu der kanadischen Seite ist das Angebot aber verhältnismäßig gering. In der Nähe der Brücke gibt es ein paar Restaurants, darunter auch einige indische Imbisse.

⭐ **Giacomo** BOUTIQUEHOTEL **$$**
(☎716-299-0200; www.thegiacomo.com; 220 First St; Zi. ab 150 US$; ▣※☎) Das Giacomo befindet sich in einem renovierten Art-déco-Büroturm von 1929 und kann sich in Stil und Komfort problemlos mit den Unterkünften

auf der kanadischen Seite messen. Auf den meisten Etagen sind zwar topmoderne Eigentumswohnungen untergebracht, es gibt aber noch drei Dutzend geräumige, luxuriös eingerichtete Zimmer und die Lounge im 19. Stock, die alle einen spektakulären Blick auf die tosenden Wasserfälle bieten.

Buzzy's PIZZA **$**
(☎716-283-5333; 7617 Niagara Falls Blvd; Hauptgerichte 6–15 US$; ☺So–Do 11–23, Fr & Sa 11–24 Uhr) Hier gibt's Pizzas wie in New York, würzige Chicken Wings, Calzones, Riesen- und Jumbosandwiches für Hungrige, die gern Bier trinken und Sportsendungen mögen.

ℹ️ Praktische Informationen

Bei der **Niagara Tourism & Convention Corporation** (☎716-282-8992; www.niagara-usa.com; 10 Rainbow Blvd; ☺Juni–15. Sept. 9–19 Uhr, 16. Sept.–31. Mai 9–17 Uhr) auf der amerikanischen Seite gibt's alle möglichen Führer. Ihr kanadisches Pendant befindet sich in der Nähe vom Fuß des **Skylon Tower** (☎905-356-6061; www.niagarafallstourism.com; 5400 Robinson St, Skylon Tower; ☺9–17 Uhr).

ℹ️ Anreise & Unterwegs vor Ort

Bus 40 und Expressbus 60 von **NFTA** (Niagara Frontier Transportation Authority; www.nfta.com) fahren zwischen dem Zentrum von Buffalo und Niagara Falls (2 US$, 1 Std.). Die Haltestelle in Niagara Falls ist an der Ecke First St und Rainbow Blvd (man muss nicht bis zur Endhaltestelle an der Main St und Pine St fahren). Ein Taxi kostet um die 75 US$. Der **Amtrak-Bahnhof** (27th St, an der Lockport Rd) liegt etwa 3 km nordöstlich vom Zentrum. Von Niagara Falls fahren täglich Züge nach Buffalo (35 Min.), Toronto (3 Std.) und New York City (9 Std.). Die Preise variieren je nach Zeit und Tag. Die Busse von **Greyhound** (www.greyhound.com; 303 Rainbow Blvd) starten am Daredevil Museum.

Parken kostet auf beiden Seiten der Niagarafälle zwischen 8 und 10 US$ pro Tag. Die meisten Mittelklassehotels bieten ihren Gästen kostenlose Parkplätze an, während die teureren Hotels (auf der kanadischen Seite) meistens 15 bis 20 US$ für diesen Service berechnen.

Das Passieren der Rainbow Bridge hinüber nach Kanada kostet hin und zurück pro Auto/Fußgänger 3,25/1 US$. Auf beiden Seiten gibt's Zoll- und Einwanderungsstellen – amerikanische Staatsangehörige und Besucher aus Übersee benötigen einen Reisepass oder eine Enhanced Driver's Licence (erweiterter Führerschein mit Identitätsnachweis). Mit einem Mietwagen die Grenze zu überqueren, dürfte kein Problem sein. Man sollte sich aber dennoch vorher beim Autovermieter vergewissern.

NEW JERSEY

In New Jersey gibt es riesige, gediegene Wohnhäuser wie in der Reality-Fernsehserie *The Real Housewives of New Jersey*, Leute, die wie Figuren in einem Fernsehkrimi den breiten, für Jersey typischen Dialekt sprechen, und Machos, die den ganzen Tag im Fitnesscenter, Solarium und Waschsalon an der Jersey Shore verbringen. Der Bundesstaat ist aber mindestens genauso von Hightech-Firmen und Banken-Zentralen geprägt, ganz zu schweigen von reizenden Städtchen, in denen intellektuelle, fortschrittliche Leute leben. Wer die Highways und die Einkaufszentren hinter sich lässt, wird ein anderes, wunderschönes New Jersey kennenlernen, denn der Bundesstaat besteht zu einem Viertel aus Ackerland und bietet 204 km an bezaubernden Stränden und charmanten, amüsanten Küstenorten. Und nicht zu vergessen: Hier sind zwei der bedeutendsten Wahrzeichen von New York City angesiedelt – die Freiheitsstatue und Ellis Island.

ℹ Praktische Informationen

NJ.com (www.nj.com) Hier gibt's Nachrichten von allen wichtigen Tageszeitungen aus dem Bundesstaat, darunter der Newark Star-Leger und das Jersey Journal aus dem Hudson County.

New Jersey Monthly (www.njmonthly.com) Monatliches Hochglanzmagazin mit Features zu Sehenswürdigkeiten und Geschichten, die für Besucher von Interesse sein könnten.

New Jersey Department of Environmental Protection (www.state.nj.us/dep/parksandforests) Umfangreiche Informationen zu allen State Parks, Campingmöglichkeiten und historischen Stätten.

ℹ An- & Weiterreise

Die Leute in New Jersey fahren zwar am liebsten Auto, aber es gibt durchaus auch öffentliche Verkehrsmittel:

New Jersey PATH Train (www.panynj.gov/path) Zugverbindung von Lower Manhattan nach Hoboken, Jersey City und Newark.

New Jersey Transit (www.njtransit.com) Betreibt Busse ab der Port Authority in NYC und Züge ab der Penn Station in NYC.

New York Waterway (☎ 800-533-3779; www.nywaterway.com) Die Fähren fahren durch das Hudson River Valley und von Midtown zum Yankee Stadium in der Bronx. Eine beliebte Pendlerstrecke führt vom Bahnhof New Jersey Transit in Hoboken zum World Financial Center in Lower Manhattan.

Nördliches New Jersey

Im Osten erlebt man Jerseys Stadtdschungel, im Westen das genaue Gegenteil: die friedliche, erfrischende Landschaft des Delaware Water Gap und die sanft geschwungenen Kittatinny Mountains.

Hoboken & Jersey City

Mit seinem Stadtbild wie aus einer Fernsehserie ist Hoboken ein niedliches kleines Städtchen am Hudson River direkt gegenüber von NYC – und aufgrund seiner billigeren Mieten, die seit mehr als fünfzehn Jahren die Leute anlocken, eine Art sechster Stadtteil von New York. Am Wochenende le-

---

KURZINFOS NEW JERSEY

Spitzname Garden State

Bevölkerung 8,8 Mio.

Fläche 22 581 km²

Hauptstadt Trenton (85 000 Ew.)

Andere Städte Newark (277 000 Ew.)

Verkaufssteuer 7 %

Geburtsort von Musiker Count Basie (1904–1984), Sänger Frank Sinatra (1915–1998), Schauspielerin Meryl Streep (geb. 1949), Musiker Bruce Springsteen (geb. 1949), Schauspieler John Travolta (geb. 1954), Musiker Jon Bon Jovi (geb. 1962), Rapperin Queen Latifah (geb. 1970), Popband Jonas Brothers: Kevin (geb. 1987), Joseph (geb. 1989), Nicolas (geb. 1992)

Heimat des ersten Films (1889), des ersten Baseball-Profispiels (1896), des ersten Autokinos (1933), der Freiheitsstatue

Politische Ausrichtung Gouverneur Chris Christie ist Republikaner, aber traditionell starke demokratische Parlamentsmehrheit

Berühmt für *Jersey Shore* (den Strand selbst und die MTV-Reality-Serie), als Schauplatz der Fernsehserie *Die Sopranos*, die musikalischen Anfänge von Bruce Springsteen

Anzahl der Weingüter 36

Entfernungen Priceton–NYC 55 Meilen (88 km), Atlantic City–NYC 135 Meilen (216 km)

ben die Bars und Livemusik-Locations auf. Das Städtchen bietet aber auch jede Menge Restaurants an der Hauptgeschäftsstraße Washington St, einige hübsche Wohnstraßen und eine begrünte, sanierte Uferpromenade, die nichts mehr mit dem zu tun hat, was in dem düsteren Film *Die Faust im Nacken* zu sehen ist, der hier gedreht wurde.

Hochhäuser mit Eigentumswohnungen und Büros von Finanzfirmen, die auf der Suche nach niedrigeren Mieten waren, haben aus dem einstigen Arbeiter- und Einwandererviertel das heutige **Jersey City**, eine für soziale Aufsteiger „restaurierte" Gegend mit allen damit verbundenen Vor- und Nachteilen gemacht. Die größte Attraktion hier ist der 486 ha große **Liberty State Park** (☎201-915-3440; www.libertystatepark.org; ⏰6–22 Uhr), in dem vor der Skyline Manhattans Open-Air-Konzerte stattfinden. Außerdem gibt's noch einen tollen Radweg und **Fähren** (☎201-604-2800; 877-523-9849; www.statuecruises.com; Erw./Kind 17/9 US$; ⏰9–17 Uhr alle 30 Min., im Sommer auch länger) nach Ellis Island und zur Freiheitsstatue. In dem Park ist auch das umfangreiche, moderne **Liberty Science Center** (☎201-200-1000; www.lsc.org; Erw./Kind 19,75/14,75 US$, IMAX & Sonderausstellungen kosten extra; ⏰Mo–Fr 9–16, Sa & So bis 17.30 Uhr; ♿) untergebracht, das bei Kindern sehr beliebt ist, zumal fast alle Exponate interaktiv sind.

Delaware Water Gap

Der Delaware River windet sich in einer scharfen S-Kurve durch die Kittatinny Mountains von New Jersey. Die traumhaft schöne Gegend hat sich seit Anfang des 19. Jhs. zu einem Erholungsgebiet entwickelt. Die **Delaware Water Gap National Recreation Area** (☎570-426-2452; www.nps.gov) liegt sowohl in New Jersey als auch in Pennsylvania und wurde 1965 unter Naturschutz gestellt. In dieser bis heute unberührten Gegend kann man ganz wunderbar schwimmen, Boot fahren, angeln, campen, wandern und Tiere beobachten – und das alles nur 115 km östlich von New York City. Auf dem fast 30 Meilen (ca. 50 km) langen Abschnitt der gut befestigten Straße in Pennsylvania gibt's einige lohnenswerte Zwischenstopps, u.a. die **Raymondskill Falls** und das **Pocono Environmental Education Center** (☎570-828-2319; www.peec.org; 538 Emery Rd, Dingman's Ferry; ♿) 🅿, die touristisch gut erschlossenen, umwerfenden **Bushkill Falls** (☎570-588-6682; Rte 209, Bushkill; Erw./Kind 12,50/7 US$; ⏰ab 9

Uhr, wechselnde Öffnungszeiten, Dez.–März geschl.) liegen ein paar Kilometer weiter nördlich. Auf der New-Jersey-Seite erreicht man über die Old Mine Rd, eine der ältesten ständig befahrenen Handelsstraßen der USA, die Startpunkte von mehreren Wanderwegen. Eine schöne Tagestour führt hinauf auf den 480 m hohen Mt. Tammany im **Worthington State Forest** (☎908-841-9575; www.njparksandforests.org).

Wer etwas Spaß auf dem Wasser haben will, kann sich an **Adventure Sports** (☎570-223-0505, 800-487-2628; www.adventuresport.com; Rte 209; Kanu/Kajak 40/44 US$ pro Tag; ⏰Mai–Okt. Mo–Fr 9–18, Sa & So 8–18 Uhr) in Marshalls Creek, Pennsylvania, wenden. Dort gibt's verschiedene Start- und Endpunkte und folglich unterschiedliche Strecken. Camping ist an vielen Stellen entlang der Strecke erlaubt. Eine wirklich tolle Art, die Schönheit der Gegend zu erkunden.

Nordöstlich von hier liegt der **High Point State Park** (☎973-875-4800; www.njparksandforests.org; 1480 Rte 23, Sussex; ⏰April–Okt. 8–20 Uhr, sonst 8–16.30 Uhr), in dem man ebenfalls wunderbar campen und wandern kann. Auf 550 m Höhe steht ein Denkmal, von dem aus man einen wundervollen Blick auf die umliegenden Seen, Hügel und Ländereien hat.

Die nahe gelegene Ortschaft **Milford** auf der anderen Seite in Pennsylvania ist ein reizender Ort mit mehreren guten Restaurants und den **Grey Towers** (☎570-296-9630; www.greytowers.org; Old Owego Turnpike; Führungen Erw./Kind 8 US$/frei; ⏰Gelände Sonnenaufgang–Sonnenuntergang). Das prachtvolle Haus im Stil französischer Schlösser gehörte Gifford Pinchot, dem ersten Direktor des US Forest Service und zweimaligen Gouverneur von Pennsylvania.

Princeton & Umgebung

Das kleine Städtchen Princeton, das von einem englischen Quäkermissionar gegründet wurde, hat eine wunderschöne Architektur und einiges an Sehenswertem zu bieten. Die Hauptattraktion ist die **Princeton University** (www.princeton.edu), die Mitglied der Ivy League ist. Das Gebäude wurde Mitte des 18. Jhs. erbaut und war bald eines der größten in den frühen Kolonien. Der 1936 errichtete **Palmer Square** ist ideal zum Shoppen und Flanieren. Die **Historical Society of Princeton** (☎609-921-6748; www.princetonhistory.org; 158 Nassau St; Führungen

Erw./Kind 7/4 US$) organisiert sonntags um 14 Uhr historische Spaziergänge durch die Stadt, und das **Orange Key Guide Service & Campus Information Office** (☑609-258-3060; www.princeton.edu/orangekey) bietet kostenlose Führungen durch die Uni an. Das **Princeton University Art Museum** (☑609-258-3788; www.princetonartmuseum.org; McCormack Hall, Princeton University Campus; ☉10–17, Do 10–22 Uhr) GRATIS ist die Miniaturausgabe des Metropolitan Museum of Art mit einer Vielzahl hochqualitativer Werke – von antiken griechischen Keramiken bis zu Arbeiten von Andy Warhol.

Wenn im Mai und Juni die Abschlussprüfungen stattfinden, sind Unterkünfte teuer und rar. Aber zu allen anderen Zeiten sollte es nicht allzu schwierig sein, ein Zimmer in einem der vielen stimmungsvollen Gästehäuser zu bekommen, z.B. im traditionell eingerichteten **Nassau Inn** (☑609-921-7500; www.nassauinn.com; 10 Palmer Sq; Zi. inkl. Frühstück ab 169 US$; ✻ ☎ ☎). Wer preiswert und gesund mediterran mit griechischem Touch essen will, besorgt sich mittags im **Olives** (22 Witherspoon St, Princeton; Sandwiches 7 US$; ☉7–20 Uhr) etwas Leckeres.

Trenton ist vielleicht nicht gerade die schönste Stadt, dafür aber die Hauptstadt von New Jersey. Hier gibt's verschiedene historische Stätten, ein Museum und einen Farmers Market zu besichtigen. Ein Zwischenstopp auf dem Weg nach Philly oder Atlantic City lohnt sich also allemal.

Jersey Shore

Der wohl berühmteste und am meisten geschätzte Teil New Jerseys ist seine fulminante Küste (www.visitthejerseyshore.com), die von Sandy Hook bis Cape May reicht. Von geschmacklos bis klassisch reiht sich hier ein Ferienort an den anderen. Man sieht hier genauso viele Mütter mit Kinderwagen wie Touristen, die stolz ihre Souvenir-Biergläser umklammern. An den Wochenenden im Sommer wimmelt es hier nur so von Leuten, wer aber Anfang Herbst kommt, wird die Strände fast für sich allein haben. Der Zugang zum Strand ist in den Gemeinden verschieden geregelt; die meisten erheben aber vernünftige Gebühren pro Tag. Im Sommer ist es fast unmöglich, eine preiswerte Unterkunft zu finden. Aber als preisgünstige Alternative kann man sein Zelt in einem State Park oder auf einem privaten Campingplatz aufstellen.

Sandy Hook & Umgebung

An der äußersten Nordspitze der Jersey Shore befindet sich die **Sandy Hook Gateway National Recreation Area** (☑718-354-4606), ein 11 km langer sandiger Strandwall am Eingang zum New York Harbor. Bei klarer Sicht kann man von seinem Strandtuch aus die Skyline der Stadt erkennen, was das Gefühl der Abgelegenheit noch angenehmer macht. Auf der Meerseite der Halbinsel gibt's breite Sandstrände (darunter auch den einzigen legalen FKK-Strand in NJ am Gunnison Beach) und ein weit verzweigtes Radwegenetz. An der Seite zur Bucht kann man prima angeln oder im Watt wandern. In den Backsteingebäuden der ehemaligen Küstenwache **Fort Hancock** (☉Sa & So 13–17 Uhr) GRATIS ist ein kleines Museum untergebracht. Der **Sandy Hook Lighthouse**, der im Rahmen von Führungen besichtigt werden kann, ist der älteste Leuchtturm des Landes. Man sollte Insektenspray dabeihaben, denn nach Einbruch der Dunkelheit können einem die Mücken ziemlich auf die Nerven gehen.

Die Schnellfähre **Seastreak** (☑800-262-8743; www.seastreak.com; 2 First Ave, Atlantic Highlands; hin & zurück 45 US$) fährt von Sandy Hook (und den Highlands) zum Pier 11 in Downtown Manhattan oder zur East 35th St.

HURRIKAN SANDY

Ende Oktober 2012 verwüstete der Hurrikan Sandy einen Großteil der Küste von New York und New Jersey. Häuser wurden zerstört, Barriereinseln durchbrochen, Uferpromenaden weggerissen und ganze Gemeinden fortgeschwemmt. Im Staat New York wurden Staten Island, die Rockaways und Red Hook am schwersten getroffen; in New Jersey bekam der Küstenabschnitt von Sandy Hook bis Atlantic City am meisten ab. Größe und Gestalt vieler Strände schrumpften und es bleibt abzuwarten, ob bei den Wiederaufbaubemühungen Dünen und sonstige Sturmflutschutzmaßnahmen an Stellen errichtet werden, an denen es bisher keine gab. Zum Zeitpunkt der Recherche, mehr als sechs Monate nach Sandy, erinnerte noch vieles an das Drama: Trümmerberge, Häuser mit beschädigten Außenwänden und Häuser, die vom Einsturz bedroht sind.

Long Branch, Asbury Park & Ocean Grove

Das sanierte und im Vergleich zu den anderen Küstenorten ziemlich gesichtslose **Long Branch** ist der erste große Strandort südlich der Highlands. Etwas weiter landeinwärts befindet sich der berühmte **Monmouth Park Race Track** (☎ 732-222-5100; www.monmouthpark.com; Haupttribüne/Clubhaus 3/5 US$; ☻ Mai–Aug. 11.30–18 Uhr), eine prächtige historische Pferderennbahn für Vollblüter.

Gleich südlich von Long Branch liegt **Deal** mit seinen gewaltigen Häusern, die fast wie Museen wirken und auf jeden Fall sehenswert sind. Sobald man aber den Deal Lake überquert hat und in **Asbury Park** ist, weicht der Luxus verlassenen Reihenhäusern und Straßen voller Schlaglöcher. In den 1970er-Jahren erlangte das Städtchen vorübergehend Berühmtheit, als Bruce Springsteen im Nachtclub **Stone Pony** (☎ 732-502-0600; 913 Ocean Ave) „auftauchte". Danach ging es mit der Stadt jedoch bergab, bis sie in letzter Zeit ein Comeback erfuhr. Wohlhabende schwule New Yorker haben sich der in Vergessenheit geratenen viktorianischen Wohnblocks und Ladenfronten angenommen und renoviert. Heute ist das Stadtzentrum, einschließlich mehrerer Blocks an der Cookman Ave und der Bangs Ave, das lebendigste an der Jersey Shore. Hier gibt's unzählige nette Läden, Restaurants, Bars und ein Programmkino. Das weitläufige **Antique Emporium of Asbury Park** (☎ 732-774-8230; 646 Cookman Ave; ☻ Mo–Sa 11–17, So 12–17 Uhr) bietet auf zwei Etagen interessante Antiquitäten.

Ocean Grove, die Stadt unmittelbar im Süden, ist ein faszinierender Ort zum Herumschlendern. Er wurde im 19. Jh. von Methodisten gegründet und beherbergt die Überreste des Lagers **Tent City** aus der Zeit nach dem Bürgerkrieg – eine historische Stätte mit 114 Zelthütten, die heute als Sommerunterkünfte benutzt werden. Ocean Grove hat eine umwerfende viktorianische Architektur, die bis heute gut erhalten ist. Außerdem gibt es ein aus Holz errichtetes Auditorium mit 6500 Sitzplätzen und viele schöne **viktorianische Inns** mit großen Veranden, in denen man wunderbar übernachten kann. Details stehen unter www.oceangrovenj.com. Ein paar Kilometer landeinwärts am Garden State Pkwy befindet sich das sehr zweckmäßig anmutende Einkaufszentrum **Premium Outlet**.

Von Bradley Beach nach Spring Lake

In **Bradley Beach** gibt es reihenweise hübsche Sommerhütten und einen wunderschönen Küstenstreifen. **Belmar Beach** ist gleichermaßen einladend. Hier befindet sich eine Uferpromenade mit einigen Imbissbuden und eine Handvoll Restaurants sowie belebte Bars an der Uferstraße. Mitte Juli findet hier der **New Jersey Sandcastle Contest** (www.njsandcastle.com) statt.

Südlich von hier liegt **Spring Lake**, eine wohlhabende Gemeinde, die früher auch „Irische Riviera" genannt wurde, mit gepflegten Rasenflächen, prächtigen viktorianischen Häusern direkt am Meer, einem herrlichen Strand und eleganten Unterkünften. Dieser ruhige Ort hat nichts aber auch gar nichts von dem Trubel der typischen Küstenorte in dieser Gegend. Als Unterkunft bietet sich das helle, luftige **Grand Victorian at Spring Lake** (☎ 732-449-5237; www.grandvictorianspringlake.com; 1505 Ocean Ave; Zi. ohne/mit Bad mit Frühstück ab 100/150 US$; ❄ 🛜) an.

Von Spring Lake nur 5 Meilen (8 km) landeinwärts liegt das eigenartige **Historic Village at Allaire** (☎ 732-919-3500; www.allairevillage.org; Erw./Kind 3/2 US$; ☻ Ende Mai–Anfang Sept. Mi–So 12–16 Uhr, Nov.–Mai Sa u. So 12–16 Uhr), die Reste des im 19. Jh. florierenden Dorfs Howell Works. In den diversen „Werkstätten" arbeiten Darsteller in historischen Kostümen.

Strände im Ocean County

Gleich südlich des Manasquan River liegt **Point Pleasant**. Am Nordende der Uferpromenade findet man, nur ein paar Schritte von den Horden am Strand entfernt, kleine eigenartige Ferienwohnungen. Der südliche Abschnitt der Promenade ist der **Jenkinson's Boardwalk** mit den üblichen Toffee-Läden, Restaurants und Fahrgeschäften. Für Kids gibt's außerdem ein Aquarium und für Erwachsene eine riesige Bar und ein Restaurant direkt am Strand. Am Jachthafen und am Meeresarm befinden sich ein paar Seafood-Restaurants mit Terrassen über dem Wasser – empfehlenswert ist die **Shrimp Box** (75 Inlet Dr; Sandwiches 10 US$; Hauptgerichte 17 US$; ☻ 12–22.30 Uhr). Am **Inlet Beach** gleich nördlich in Manasquan gibt's das ganze Jahr über die besten Surfwellen der Shore.

Genau unterhalb von Point Pleasant erstreckt sich die schmale Barriereinsel **Barnegat Peninsula** 35 km weit nach Süden. In der Mitte der Halbinsel liegen die **Seaside Heights**, die durch die MTV-Reality-Show *Jersey Shore* bekannt geworden sind und im Sommer mit ihren beiden Vergnügungspiers und den unglaublich vielen Bars an der Uferpromenade vor allem lärmende Mittzwanziger anlocken. Einer der Piers fiel Hurrikan Sandy zum Opfer; die Achterbahn *Star Jet* lag bis Juni 2013 im Meer. Weil der Strand relativ schmal ist, kann man hier nicht auf Privatsphäre oder Ruhe hoffen. Besser ist eine Fahrt mit dem **Sessellift** vom Casino Pier bis zum Nordende der Uferpromenade. Wer keine Lust auf Meer hat, kann im **Breakwater Beach Waterpark** (www.casinopiernj.com/breakwaterbeach; Eintritt 25 US$; ☉ Mai–Aug. 10–19 Uhr; ♿) an dem trägen Fluss der Hitze entgehen. Hinsichtlich der Unterkünfte in den vernachlässigten ausgedörrten Straßen hinter der Uferpromenade gibt's nicht viel zu empfehlen. Das Campen auf dem **Surf & Stream Campground** (☏ 732-349-8919; www.surfnstream.com; 1801 Ridgeway Rd/Rte 571, Toms River; Stellplatz 45 US$) in Tom's River, ca. 10 km westlich, ist eine gute Alternative. In der K-Mart-Shopping-Plaza dieses Ort versteckt sich ein Lokal mit dem albernen, sarkastischen Namen **Shut Up and Eat!** (☏ 732-349-4544; 213 Rte 37 East; Hauptgerichte 9 US$). Die Kellnerinnen, die hier im Pyjama Arme Ritter, Pfannkuchen und mehr servieren, sind wahrhafte Meisterinnen, wenn es um schnippische, schlagfertige Antworten geht. Direkt nördlich der Seaside Heights in Lavallette befindet sich **The Music Man** (☏ 732-854-2779; www.njmusicman.com; 2305 Grand Central Ave/Rte 35, Lavallette; Eiscreme 3–8 US$; ☉ Take-away 6–24 Uhr, Shows 18–24 Uhr; ♿), ein Eisladen, in dem die Bedienungen beim Servieren Songs aus Broadway-Musicals schmettern.

Im südlichen Drittel der Barnegat Peninsula liegt der **Island Beach State Park** (☏ 732-793-0506; www.islandbeachnj.org; wochentags/Wochenende 6/10 US$ pro Auto), eine 16 km lange Barriereinsel mit reinen, unberührten Dünen und Feuchtgebieten. Der südlichste Zipfel des Parks ist nur einen Steinwurf von **Long Beach Island** entfernt – sie sind nur durch einen schmalen Meeresarm voneinander getrennt, der zur Bucht im Süden führt. Aber um die langgestreckte Insel mit ihren wunderschönen Stränden und eindrucksvollen Sommerhäusern zu erreichen, muss man den ganzen Weg zurück

PINE BARRENS

Die Einheimischen nennen dieses Gebiet „die Pinelands" und erzählen gern die Sage von dem mythischen Ungeheuer „Jersey Devil", das im den 4000 km² großen Kiefernwald sein Unwesen treiben soll. In dieser Gegend gibt es mehrere State Parks und Wälder – ein wahres Paradies für Vogelbeobachter, Wanderer, Camper, Kanuten und Naturfreunde. Landeinwärts befindet sich der **Wharton State Forest** (☏ 609-561-0024), in dem man gut Kanu fahren, aber auch wandern und picknicken kann. Um mehr über die Geschichte dieser Region zu erfahren, sollte man dem gut erhaltenen Ort **Batsto** einen Besuch abstatten. Er wurde 1766 gegründet, um während des Amerikanischen Unabhängigkeitskriegs „Raseneisenerz" zu gewinnen. Der bekannteste Wanderweg ist der 80 km lange, abenteuerliche **Batona Trail**, der durch mehrere State Parks und Wälder führt. Er passiert auch den **Apple Pie Hill Fire Tower**, von dem aus man einen großartigen Rundumblick über mehrere Tausend Hektar Wald hat. Ein guter Ausstatter ist **Micks Pine Barrens Canoe and Kayak Rental** (☏ 609-726-1515; www.pinebarrenscanoe.com; 3107 Rte 563; Kajak/Kanu 37/48 US$ pro Tag), bei dem man auch Karten und Infos über Bootstouren in der Gegend bekommt. Weiter im Süden an der Küste liegt das 160 km² große **Edwin B. Forsythe National Wildlife Refuge** (☏ 609-652-1665) mit Buchten, Feldern, Wäldern, Marschland, Sümpfen und Strandwällen – ein Paradies für Vogelfreunde. Ein empfehlenswerter Campingplatz am See ist der **Atsion Family Campground** (☏ 609-268-0444; www.state.nj.us; 31 Batsto Rd; Stellplatz Zelt 20 US$; ☉ 31. April–1. Okt.) im Wharton State Forest. Ganz in der Nähe zwischen Atsion und dem Ort Hammonton ist **Penza's** (☏ 609-567-3412; 51 Myrtle St, Hammonton; Hauptgerichte 5–10 US$; ☉ 8–17 Uhr), ein altmodisches Café in einer roten Scheune. Hier bekommt man ausgezeichnete Omeletts und selbstgebackenen Obstkuchen.

nach Seaside Heights und dann über die Rte 9 oder den Garden State Pkwy fahren. Der Leuchtturm im **Barnegat Lighthouse State Park** (☏ 609-494-2016; www.njparksand forests.org; am Long Beach Blvd; ☺ 8–16 Uhr) am nördlichsten Zipfel der Insel ist ein Wahrzeichen und bietet von oben einen schönen Rundumblick. Hier kann man auch den Fischern zusehen, die von dem 610 m in den Atlantischen Ozean ragenden Anlegesteg in See stechen. In einer Wohnstraße in North Beach Haven versteckt sich das **Hudson House** (13th St, Beach Haven; ☺ 17–1 Uhr). In dieser Kneipe, in der sich fast nur Einheimische treffen, fühlt man sich so wohl wie in alten, abgelatschten Flip-Flops. Einige Kilometer südlich der Rte 72, die mitten durch Long Beach Island führt, befindet sich das **Daddy O** (☏ 609-361-5100; www.daddyohotel. com; 4401 Long Beach Blvd; Zi. 195–375 US$), ein schickes Boutiquehotel mit Restaurant in Strandnähe.

Atlantic City

Atlantic City ist zwar nicht Las Vegas, aber viele verbinden mit dieser Stadt Ausschweifungen wie im Film *Hangover*. In den Kasinos, in die nie ein Sonnenstrahl hineindringt, vergisst man schnell, dass es draußen einen Sandstrand und auf der anderen Seite nur einige Blocks entfernt zugenagelte Geschäfte gibt. „AC" war schon Ende des 19. und Anfang des 20. Jhs. für seine großartige Uferpromenade und seine Amüsiermeile am Meer bekannt. Aber das in der HBO-Fernsehserie *Boardwalk Empire* dargestellte korrupte AC aus der Zeit der Prohibition in den 1920er-Jahren wurde inzwischen komplett umgekrempelt. Grauhaarige Ruheständler und Urlauberfamilien sind hier mindestens genauso stark vertreten wie Junggesellen und Junggesellinnen.

Es ist nichts mehr wert, dass ACs berühmte Uferpromenade die erste weltweit war. Sie ist fast 13 km lang und noch immer die Lebensader der Stadt. Einheimische Geschäftsleute, die keinen Sand mehr in ihren Hotellobbys haben wollten, ließen sie 1870 errichten. Da Alexander Boardman als erster die Idee einer Uferpromade hatte, bekam sie seinen Namen – Boardman's Walk, woraus später dann „Boardwalk" wurde.

Die Steel Pier direkt vor dem Taj-Mahal-Kasino war der Ort, an dem die berühmten tauchenden Pferde vor unzähligen Zuschauern von einer Rampe aus in den Atlantik gesprungen sind. Heute gibt's hier Fahrge-

schäfte, Glücksspiel, Bonbonbuden und eine Go-Kart-Bahn.

Das kleine **Atlantic City Historical Museum** (☏ 609-347-5839; www.acmuseum.org; Garden Pier; ☺ 10–17 Uhr) GRATIS bietet einen Einblick in die eigenartige Vergangenheit von AC. Zum Zeitpunkt der Recherchen war das Museum allerdings aufgrund der von Hurrikan Sandy angerichteten Schäden geschlossen, es soll aber wieder eröffnet werden. Aktuelle Informationen dazu gibt's auf der Website.

🛏 Schlafen & Essen

Ein paar Motels und Billigunterkünfte säumen die Pacific Ave, einen Block landeinwärts von der Uferpromenade. Die meisten großen Kasino-Hotels bieten wochentags außerhalb der Saison (Sept.–Mai) extrem günstige Preise. Das beste Kasino-Restaurant befindet sich im Borgata. Gut (und vor allem preiswerter) kann man aber im „realen" Teil des Zentrums und im nahe gelegenen Ventnor und Margate essen.

Chelsea BOUTIQUEHOTEL $
(☏ 800-548-3030; www.thechelsea-ac.com; 111 S Chelsea Ave; Zi. ab 80 US$; P✳@🛜🏊) Das trendige Hotel mit Art-déco-Möblierung ist kein Kasino. Die Zimmer im Anbau sind nicht ganz so teuer. Hier gibt's auch ein Retro-Diner, ein Steakhaus und einen Cabana Club.

Revel AC RESORT $$
(☏ 609-572-6488; www.revelresorts.com; 500 Boardwalk; Zi. ab 160 US$; P✳@🛜🏊) Der 46-stöckige, 2,4 Mrd. US$ teure Newcomer steht direkt am Meer relativ abgeschieden am Nordzipfel der Uferpromenade von AC. Alle Zimmer haben Meerblick. Das Revel verfügt über den ganzen Schnickschnack, den man hier erwartet, außerdem über einen Konzertsaal und zwölf Restaurants, darunter auch ein mexikanischer Food Truck.

Kelsey & Kim's Café GRILL $
(201 Melrose Ave; Hauptgerichte 9 US$; ☺ 7–22 Uhr) Ausgezeichnete Südstaaten-Hausmannskost wie gebratener Wittling, Sandwiches mit gegrillter Rinderbrust und Brathähnchen.

Angelo's Fairmount Tavern ITALIENISCH $
(2300 Fairmount Ave; Hauptgerichte 7 US$; ☺ 11.30–15 & 17–22 Uhr) Angelo's Fairmount Tavern ist ein beliebtes italienisches Restaurant in Familienbesitz. Die Terrasse ist ein netter Ort, an dem man bei einem Bier und

einem Burger ganz wunderbar den Sonnen-untergang genießen kann.

❶ Praktische Informationen

Das **Atlantic City Convention & Visitors Bureau** (☑ 609-348-7100; www.atlanticcitynj.com; 2314 Pacific Ave; ⊙ 9–17 Uhr) hat eine Filiale mitten am Atlantic City Expwy und eine andere direkt an der Uferpromenade an der Mississippi Ave. Nützliche Infos zu Veranstaltungen, Clubs und Restaurants findet man im **Atlantic City Weekly** (www.acweekly.com).

❶ An- & Weiterreise

Air Tran und Spirit Airlines fliegen den kleinen **Atlantic City International Airport** (ACY; ☑ 609-645-7895; www.acairport.com) an, der etwa 20 Autominuten vom Zentrum entfernt ist. Von diesem Flughafen aus kann man alle Ziele in South Jersey und Philadelphia bequem erreichen.

Zahlreiche Busse fahren nach AC, u. a. NJ Transit (einfache Fahrt 36 US$, 2½ Std.) und Greyhound (einfache Fahrt 25 US$, 2½ Std.). Beide fahren in New York City an der Port Authority (S. 116) ab. Kasinos erstatten oft einen Großteil des Fahrpreises (in Form von Chips, Münzen oder Coupons), wenn man mit dem Bus direkt bis vor ihre Tür fährt. Achtung: Busse, die AC verlassen, halten zunächst an den verschiedenen Kasinos, am Busbahnhof halten sie nur, wenn sie nicht voll sind.

Züge von **New Jersey Transit** (☑ 800-772-2287; www.njtransit.com) fahren nur von Philadelphia nach Atlantic City (einfache Fahrt 10 US$, 1½ Std.).

Ocean City & Die Wildwoods

Ocean City, direkt südlich von Atlantic City, ist ein altmodischer Familien-Urlaubsort mit dünenübersäten Stränden, vielen Spielgalerien für Kinder, einem kleinen Wasserpark, Minigolfplätzen und Themenparks entlang der lebendigen Uferpromenade. Es gibt hier viele relativ preiswerte, altmodische Motels und Imbissbuden mit Meeresfrüchten.

Weiter im Süden auf dem Weg nach Cape May liegen die drei Orte **North Wildwood**, **Wildwood** und **Wildwood Crest**. Sie sind archäologische Kleinode – weiß getünchte Motels mit blinkenden Neonlichtern, türkisfarbenen Vorhängen und rosafarbenen Türen. Vor allem Wildwood Crest wirkt wie ein kitschiges Stück Amerika der 1950er-Jahre. Man beachte beispielsweise die auffälligen Motel-Werbeschilder wie das des **Lollipop** an der Ecke 23rd Ave/Atlantic Ave. In der Partystadt Wildwood ist definitiv am meisten los. Hier treffen sich Teens, Twens und all die jungen Leute, die hier in den Restaurants und Läden arbeiten. Der hiesige Strand ist stellenweise 300 m breit und damit der breiteste in NJ, was bedeutet, dass man immer jede Menge Platz hat. Es gibt mehrere gewaltige Piers, auf denen sich **Wasserparks** und **Vergnügungsparks** breit machen. Die Achterbahnen am 3 km langen „Großvater" aller Jersey-Shore-Uferpromenaden würden sich fast schon für das Training angehender Astronauten eignen und können locker mit dem Six Flags Great Adventure Park mithalten. Die im Dunkeln leuchtende 3D-Minigolfanlage ist ein gutes Beispiel für die sich immer an Superlativen orientierende Uferpromenade von Wildwood. Aber die wohl schönste Fahrt – bei der einem auch nicht schlecht wird – ist die mit der **Tram** (einfache Fahrt 2,50 US$; ⊙ 9–1 Uhr), die die ganze Uferpromenade von Wildwood Crest nach North Wildwood abklappert. Vor der für die Jersey Shore typischen Pizzeria **Mack & Manco's** an der Uferpromenade stehen immer lange Schlangen (es gibt noch weitere Filialen an anderen Uferpromenaden).

Ungefähr 250 kleine Motels – Kettenhotels gibt's hier nicht – bieten Zimmer für 50 bis 250 US$ an. Man sollte sich bei der Zimmersuche aber lieber auf die Gegend rund um Wildwood Crest beschränken. Das in meergrün und weiß gehaltene **Starlux** (☑ 609-522-7412; www.thestarlux.com; Rio Grande Ave & Atlantic Ave, Wildwood; Zi. 130–310 US$; ⛵) hat eine auffällige Form, Lavalampen, Tagesdecken mit Bumerangmuster und sogar zwei glänzende Airstream-Wohnwagen. Wer wegen all der Wasserrutschen und Achterbahnen hier ist, sollte sich im **Heart of Wildwood** (☑ 609-522-4090; www.heartofwildwood.com; Ocean Ave & Spencer Ave, Wildwood; Zi. 125–245 US$; ⛵) gegenüber von den Vergnügungspiers einquartieren. Diese Unterkunft ist zwar nichts Besonderes, aber extrem sauber.

Cape May

Das 1620 gegründete Cape May – der einzige Ort in diesem Bundesstaat, an dem die Sonne sowohl über dem Meer auf- als auch untergeht – liegt an der Südspitze von New Jersey und ist der älteste Küstenferienort des Landes. Im Sommer füllen sich die breiten Strände, die großartige viktorianische Architektur ist das ganze Jahr über eine Augenweide.

Neben 600 Häusern im Lebkuchenstil prunkt das Städtchen mit Antiquitätenläden und guten Möglichkeiten zum Beobachten von Delfinen, Walen (Mai–Dez.) und Vögeln. Cape May liegt direkt am **Cape May Point State Park** und seinem 48 m hohen **Cape May Lighthouse** (Erw./Kind 7/3 US$). Es gibt ein ausgezeichnetes Visitor Center und ein Museum mit Ausstellungen über die Flora und Fauna der Gegend. Im nahen **Cape May Bird Observatory** (☎ 609-861-0700, 609-898-2473; www.birdcapemay.org; 701 East Lake Dr; ☺ 9–16.30 Uhr) kann man einen 1,6 km langen, schönen Rundgang durch das unter Naturschutz stehende Sumpfgebiet machen. Die breiten **Sandstrände** am Park (frei) und im Ort sind in den Sommermonaten die Hauptattraktion. **Aqua Trails** (☎ 609-884-5600; www.aquatrails.com; Einer-/Zweierkajak ab 40/70 US$) organisiert Kajaktouren durch die Küstenfeuchtgebiete.

B & Bs gibt's in Cape May wie Sand am Meer. Die meisten sind überladen und kitschig. Eine aktuelle Liste findet man unter www.capemaytimes.com. Die klassische, große **Congress Hall** (☎ 888-944-1816; www.caperesorts.com; 251 Beach Ave; Zi. 100–465 US$) bietet eine Reihe schöner Quartiere mit Blick aufs Meer sowie ein cooles Restaurant mit Bar. Die dazugehörigen Herbergen **Beach Shack** (☎ 877-7422-507; www.caperesorts.com; 205 Beach Ave; Zi. ab 120 US$; ☎) und **Star Inn** (☎ 800-297-3779; www.caperesorts.com; 29 Perry St; Zi. ab 150 US$; ☎) haben Zimmer für jeden Geldbeutel (außerhalb der Hochsaison gibt's enorme Preisnachlässe).

Uncle Bill's Pancake House (Beach Ave an der Perry St; Hauptgerichte 7 US$; ☺ 6.30–14 Uhr) lockt mit seiner Größe, der Einrichtung wie in einer High-School-Cafeteria aus den 1950er-Jahren und seinen leckeren Pfannkuchen schon seit 50 Jahren die Leute an. Absolut frische Meeresfrüchte – man fährt täglich mit dem eigenen Boot raus – erhält man im **Lobster House** (906 Schellengers Landing Rd, Fisherman's Wharf; Hauptgerichte 12–27 US$; ☺ April–Dez. 11:30–15 & 16.30–22 Uhr, sonst bis 21 Uhr). Hier kann man nicht reservieren, sodass man auf lange Wartezeiten gefasst sein muss. Wenn das der Fall ist, schnappt man sich einfach einen Stuhl in der Seafood-Bar am Hafen. Man kann auch zur Washington Street Mall gehen, einer kopfsteingepflasterten Straße mit Läden und mehr als einem halben Dutzend Restaurants.

Wer weiter in Richtung Süden will und dazu nicht erst zurück nach Norden und dann landeinwärts fahren möchte, nimmt die **Cape May-Lewes Ferry** (www.cmlf.com; Auto/Fußgänger 44/8 US$; ☺ im Sommer stündl. 6–21.30 Uhr; Nebensaison s. Website) über die Bucht nach Lewes in Delaware beim Rehoboth Beach. Die Fahrt dauert 1½ Stunden.

PENNSYLVANIA

In einem so großen Bundesstaat ist es nicht überraschend, dass die Identität auch von der geografischen Lage bestimmt wird. Je weiter nach Westen man kommt, desto mehr nähert man sich dem restlichen Amerika. Philadelphia, das einstige Zentrum des britischen Kolonialreichs und intellektueller und spiritueller Motor seines Untergangs, ist fester kultureller Bestandteil der Ostküste. Die Bewohner von Pittsburgh und West-Pennsylvania (PA) sind stolz, sich selbst als Teil der Stadt oder der unmittelbaren Umgebung zu sehen, und legen Wert darauf, sich von den Ostküstlern und ihrem Arbeiterimage abzuheben. Wenn man von Ost nach West fährt, stellt man fest, dass die Landschaft immer schroffer wird, und schon nach kurzer Zeit verliebt man sich in die unendliche Größe und Vielfalt dieses Bundesstaates. Phillys Independence Park und der historische Bezirk bieten die grandiose Möglichkeit, mehr über die Nation und ihren Ursprung zu erfahren. Auch die nahe gelegenen Schlachtfelder von Gettysburg und Valley Forge erlauben eine Reise in die Vergangenheit. Aber sowohl die Stadt als auch der Bundesstaat haben einiges mehr zu bieten als nur die Klischees, die man auf einem Schulausflug erfährt. Umwerfende Wälder und Berge wie die Poconos und der Allegheny National Forest ermöglichen unzählige Outdooraktivitäten. Philly und Pittsburgh sind lebendige Uni-Städte mit einer tollen Musik-, Theater- und Kunstszene. Pennsylvania ist außerdem die Heimat von Frank Lloyd Wrights architektonischem Meisterwerk, der Villa Fallingwater. Hier befinden sich auch das Amish Country und – wie könnte man sie vergessen – die vielen kleinen, künstlerisch angehauchten Orte, die für ein perfektes Wochenende wie geschaffen sind.

Philadelphia

Philadelphia ist nur knapp 150 km von NYC entfernt – aber auch wenn es als dessen kleines Brüderchen angesehen werden könnte, fühlt man sich hier doch eher wie in einer typischen Ostküstenstadt. Nach Meinung vieler bietet Philly alle Vorteile des städtischen Lebens: gute Restaurants, eine blühende Musik- und Kunstszene, Stadtviertel mit ausgeprägten Eigenheiten, weitläufige Parklandschaften und – was genauso wichtig ist – relativ erschwingliche Wohnungen. Die erhaltenen älteren Gebäude im historischen Philadelphia vermitteln einen Eindruck davon, wie amerikanische Kolonialstädte mit breiten Straßen und öffentlichen Plätzen einst ausgesehen haben.

Bevor Philadelphia ein Zentrum des Widerstands gegen die britische Kolonialpolitik wurde, war es die zweitgrößte Stadt des britischen Empire (nach London). Zu Beginn des Unabhängigkeitskriegs und auch einige Jahre danach war Philadelphia die Hauptstadt der jungen Nation, bis die Machtzentrale schließlich im Jahr 1790 nach Washington, D.C. umzog. Im 19. Jh. hat NYC dann Philadelphia als Kultur-, Wirtschafts- und Industriezentrum des Landes den Rang abgelaufen. Und obwohl die Stadt seit Jahrzehnten saniert wird, gibt es in den ehemaligen Arbeiterbezirken noch immer Ecken, die heruntergekommen sind und nichts mit den Gärten im historischen Distrikt rund um die Freiheitsglocke und die Independence Hall zu tun haben.

◉ Sehenswertes & Aktivitäten

In Philadelphia findet man sich ziemlich leicht zurecht. Die meisten Highlights und Hotels sind zu Fuß oder mit einer kurzen Busfahrt zu erreichen. Straßen von Ost nach West tragen Namen, von Nord nach Süd sind sie nummeriert – Ausnahmen sind lediglich die Broad St und die Front St.

Zum historischen Philadelphia gehören der Independence National Historic Park und die Old City, die sich Richtung Osten bis ans Wasser erstreckt. Westlich des historischen Stadtkerns liegt die Center City mit dem Penn Sq und der City Hall. Die Flüsse Delaware und Schuylkill (*skuu*-kill) grenzen an South Philadelphia, wo es einen farbenfrohen italienischen Markt, Restaurants und Bars gibt. Westlich von Schuylkill nennen die University City zwei wichtige Campus und ein großes Museum ihr Eigen. Zum nordwestlichen Philadelphia gehören die eleganten Vorstädte Chestnut Hill und Germantown sowie Manayunk. Hier gibt's viele gut besuchte Kneipen und hippe Restaurants. Rund um die South St zwischen S 2nd St,

NEW YORK, NEW JERSEY & PENNSYLVANIA PHILADELPHIA

KURZINFOS PENNSYLVANIA

Spitznamen Keystone State, Quaker State

Bevölkerung 12,7 Mio.

Fläche 119 244 km²

Hauptstadt Harrisburg (53 000 Ew.)

Weitere Städte Philadelphia (1,45 Mio. Ew.), Pittsburgh (313 000 Ew.), Erie (102 000 Ew.)

Verkaufssteuer 6 %

Geburtsort von Schriftstellerin Louisa May Alcott (1832–1888), Tänzerin Martha Graham (1878–1948), Künstler Andy Warhol (1928–1987), Filmstar Grace Kelly (1929–1982), Komiker Bill Cosby (geb. 1937)

Heimat der US-Verfassung, der Freiheitsglocke, der ersten Tageszeitung (1784), der ersten Autowerkstatt (1913), des ersten Computers (1946)

Politische Ausrichtung ein „Swing State" mit republikanischem Gouverneur. Philly ist progressiv, anderswo herrschen bodenständige Demokraten

Berühmt für weiche Brezeln, die Amish, das Philadelphia Cheesesteak, die Pittsburgher Stahlwerke

Natur Hier lebt die größte wilde Wapiti-Herde östlich des Mississippi

Entfernungen Philadelphia–NYC 100 Meilen (160 km), Philadelphia–Pittsburgh 306 Meilen (492 km)

10th St, Pine St und Fitzwater St stolpert man schließlich über Bars, Restaurants und Musikclubs. Northern Liberties und Fishtown sind zwei florierende Viertel mit ungewöhnlichen Bars, Cafés und Restaurants – eine Art Williamsburg gepaart mit Greenpoint, wer Brooklyn kennt, weiß, was gemeint ist.

◉ Independence National Historic Park

Zusammen mit der Old City gilt dieser L-förmige Park als „Amerikas geschichtsträchtigste Meile". Das einstige Zentrum der US-Regierung ist heute das Rückgrat des städtischen Tourismus. Bei einem Spaziergang schlendert man an mehrstöckigen Gebäuden vorbei, in denen der Unabhängigkeitskrieg geplant und später die erste US-Regierung eingesetzt wurde. Außerdem gibt's hier wunderschöne schattige Rasenflächen mit unzähligen Bänken und kostümierte Schauspieler. Ausschau halten nach den zehn Schildern mit der Aufschrift „Once Upon a Nation", dort werden kostenlos Geschichten über die dramatische Geschichte erzählt (11–16 Uhr). Nur im National Constitution Center muss man Eintritt bezahlen.

Philadelphia

Alle anderen Sehenswürdigkeiten haben freien Eintritt, man muss aber vorher einen Besichtigungstermin vereinbaren.

Liberty Bell Center HISTORISCHE STÄTTE

(Karte S. 150; ☎ 215-597-8974; www.nps.gove/inde; 6th & Market St; ⊘ 9–17 Uhr) Philadel-

phias bekanntestes Touristenhighlight, die Liberty Bell, erinnert an das 50. Jubiläum der Charter of Privileges, Pennsylvanias Verfassung, die William Penn 1701 in Kraft setzte. Die Whitechapel Bell Foundry ließ die 943,5 kg schwere Bronzeglocke 1751 im Londoner East End gießen. Die Inschrift auf

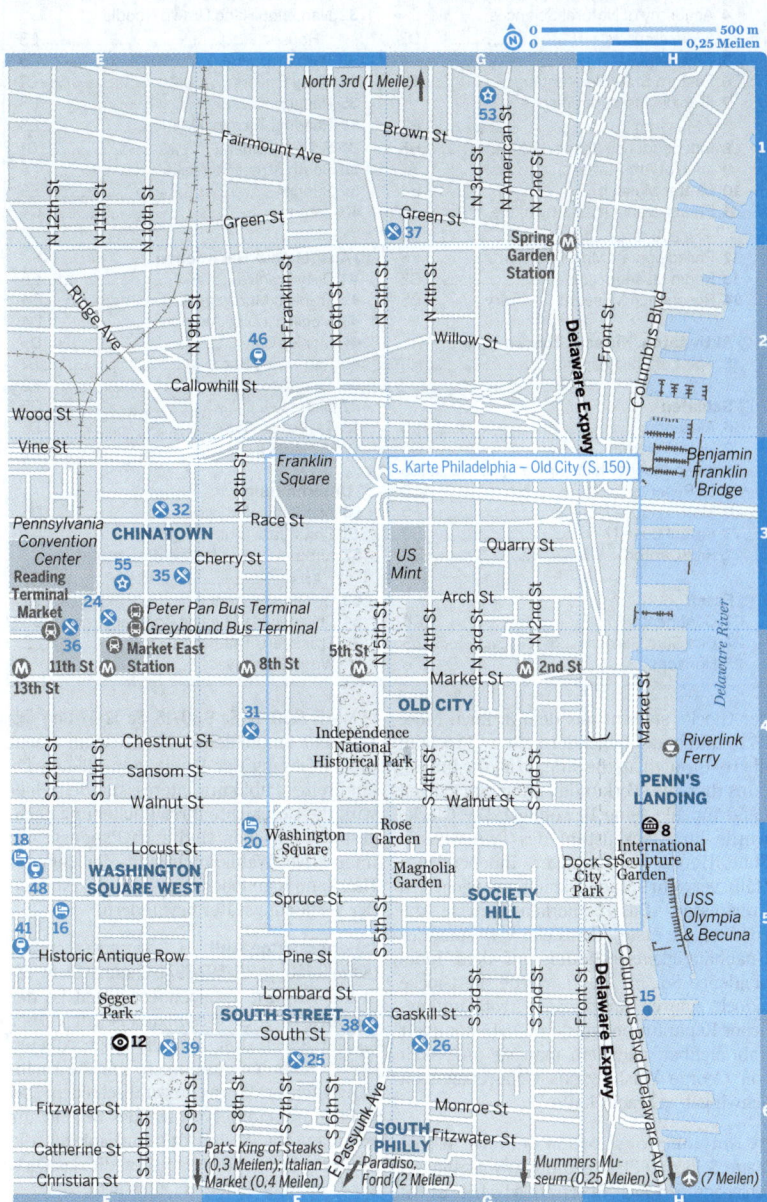

Philadelphia

der Glocke stammt aus dem 3. Buch Mose 25,10 und lautet folgendermaßen: „Proclaim liberty through all the land, to all the inhabitants thereof" (Verkünde Freiheit im ganzen Land für alle seine Bewohner). Die Glocke wurde im Glockenstuhl des Pennsylvania State House, der heutigen Independence Hall, verwahrt und erklang zu wichtigen Ereignissen. Das bemerkenswerteste davon war die erste öffentliche Verlesung der Unabhängigkeitserklärung auf dem Independence Sq. Im 19. Jh. wurde die Glocke jedoch schwer ramponiert. Trotz anfänglicher Reparaturen wurde sie 1846 komplett unbrauchbar, nachdem man sie anlässlich von George Washingtons Geburtstag zum Schwingen gebracht hatte.

★ **National Constitution Center** MUSEUM (Karte S.150; ☎215-409-6700; www.constitution center.org; 525 Arch St; Erw./Kind 14,50/8 US$;

⊙Mo–Fr 9.30–17, Sa 9.30–18, So 12–17 Uhr; 🚇) Das sehr empfehlenswerte Museum macht die Verfassung der Vereinigten Staaten für ein breites Publikum interessant, denn hier wird die Geschichte ihrer Entstehung nachgespielt. Zu sehen sind auch Exponate wie interaktive Wahlkabinen. In der Signer's Hall kann man lebensgroßen Bronzestatuen der Verfassungsväter bewundern.

Independence Hall HISTORISCHES GEBÄUDE (Karte S.150; ☎215-597-8974; Chestnut St, zw. 5th St & 6th St) Die Independence Hall ist der „Geburtsort" der Vereinigten Staaten. Hier kamen am 4. Juli 1776 die Abgeordneten der 13 Kolonien zusammen, um die Unabhängigkeitserklärung zu verabschieden. Das Gebäude ist ein hervorragendes Beispiel für georgianische Architektur und spiegelt die schlichte Linienführung wider, die das Quäker-Erbe in Philadelphia ausmacht.

Weitere Sehenswürdig-keiten

HISTORISCHE GEBÄUDE

Teil dieser historischen Anlage ist außerdem die **Carpenters' Hall**, die der Carpenter Company, Amerikas ältester Handwerkszunft (1724), gehört. Hier trat der Continental Congress im Jahr 1774 erstmals zusammen. In der **Library Hall** (Karte S. 150) kann man eine Kopie der Unabhängigkeitserklärung bewundern, die von Thomas Jefferson handschriftlich in einem Brief festgehalten wurde, sowie erste Ausgaben von Darwins *Die Entstehung der Arten* sowie die Expeditionstagebücher von Lewis und Clark.

In der **Congress Hall** (Karte S. 150; S 6th & Chestnut St) versammelte sich der US-Kongress, als Philadelphia die Hauptstadt Amerikas war. In der 1791 fertiggestellten **Old City Hall** (Karte S. 146) befand sich bis 1800 der US Supreme Court. Der Gebäudekomplex **Franklin Court** (Karte S. 146) besteht aus mehreren restaurierten Wohnhäusern. Das interessante unterirdische Museum wurde zu Ehren von Benjamin Franklin errichtet und zeigt seine Erfindungen wie auch viele Details über seine Beiträge (als Staatsmann, Autor und Journalist) zur Gesellschaft. In die 1744 fertiggestellte **Christ Church** (Karte S. 150; ☑ 215-627-2750; N 2nd St) zogen sich George Washington und Franklin zum Gebet zurück.

Die **Philosophical Hall** (Karte S. 150; ☑ 215-440-3400; 104 S 5th St; Eintritt 1 US$; ☉ März-Labor Day Do-So, Labor Day-Feb. Fr & Sa 10-16 Uhr) südlich der Old City Hall ist die Hauptniederlassung der 1743 von Benjamin Franklin gegründeten American Philosophical Society. Mitglieder dieser Gesellschaft waren u.a. Thomas Jefferson, Marie Curie, Thomas Edison, Charles Darwin und auch Albert Einstein.

Die dem griechischen Parthenon nachempfundene **Second Bank of the US** (Karte S. 150; Chestnut St zw. 4th St & 5th St) ist ein neoklassizistisches Meisterwerk von 1824. Das Gebäude mit der Marmorfassade beherbergte die mächtigste Finanzinstitution der Welt, bis Präsident Andrew Jackson 1836 den Vertrag auflöste. Danach diente es bis 1935 als Philadelphia Customs House. Heute ist hier die **National Portrait Gallery** (Karte S. 150; Chestnut St; ☉ Mi-So 11-16 Uhr) untergebracht, in der viele Gemälde von Charles Willson Peale, Amerikas bestem Portraitmaler aus der Zeit des Unabhängigkeitskriegs, zu bewundern sind.

Old City

Die Old City wird von der Walnut St, der Vine St, der Front St und der 6th St eingegrenzt und beginnt praktisch dort, wo der Independence National Historical Park aufhört. Society Hill und Old City bilden zusammen das frühe Philadelphia. In den 1970er-Jahren wurde hier kräftig saniert, und viele Lagerhäuser verwandelten sich in Wohnungen, Galerien und Geschäftsräume. Ein Spaziergang durch die idyllische Old City ist ein faszinierendes Erlebnis. Auf jeden Fall sollte man auch die 2,7 m hohe **Ben-Franklin-Statue** an der Fourth St und der Arch St in Augenschein nehmen.

Elfreth's Alley

HISTORISCHE STÄTTE

(Karte S. 150; www.elfrethsalley.org; an der 2nd St, zw. Arch St & Race St; ☉ Museum Mi-Sa 10-17, So 12-17 Uhr) Die winzige, kopfsteingepflasterte Gasse – ein Stückchen koloniales Amerika in Miniaturausgabe – gilt als älteste ununterbrochen bewohnte Straße der USA. Eines der Häuser ist jetzt ein Museum (Führungen 5 US$, 12 & 15 Uhr). In den 32 gut erhaltenen Backsteinreihenhäusern wohnen noch immer echte Philadelphier – daran sollte man denken, wenn man sich hier umschaut.

National Museum of American Jewish History

MUSEUM

(Karte S. 150; ☑ 215-923-3811; www.nmajh.org; 101 South Independence Mall E; Erw./Kind 12 US$/frei; ☉ Di-Fr 10-17, Sa & So 10-17.30 Uhr) Hinter der das Gebäude unverwechselbar machenden, durchsichtigen Fassade des Museums befinden sich moderne Exponate zur historischen Rolle der Juden in den USA.

Betsy Ross House

HISTORISCHE STÄTTE

(Karte S. 150; ☑ 215-686-1252; www.betsyrosshouse.org; 239 Arch St; empfohlene Spende Erw./Kind 3/2 US$; ☉ April-Sept. tgl. 10-17 Uhr, Okt.-März Mo geschl.) In diesem Haus soll die Sattlerin und Näherin Betsy Griscom Ross (1752-1836) die erste US-Flagge genäht haben.

United States Mint

FÜHRUNG

(Karte S. 150; ☑ 215-408-0110; www.usmint.gov; 151 N Independence Mall E; ☉ Führungen Mo-Fr 9-16.30 Uhr, im Sommer auch Sa) `GRATIS` Die Audio-Führung durch das Münzamt dauert ca. 45 Minuten. Keine Voranmeldung nötig.

◉ Society Hill

Das reizende Wohnviertel Society Hill wird von Osten nach Westen von der Front St und

Philadelphia – Old City

NEW YORK, NEW JERSEY & PENNSYLVANIA PENNSYLVANIA

der 8th St und von Norden nach Süden von der Walnut St und der Lombard St begrenzt und ist von der Architektur des 18. und 19. Jhs. geprägt. An den kopfsteingepflasterten Straßen stehen hauptsächlich Backsteinreihenhäuser aus dem 18. und 19. Jh. Hier und da ragen mittendrin aber auch moderne Hochhäuser wie die von I.M. Pei entworfenen **Society Hill Towers** in den Himmel. Der **Washington Square** war bereits Teil von William Penns ursprünglichem Stadtentwurf. Der Platz bietet eine wunderbare Möglichkeit, sich vom Sightseeing-Stress zu erholen. Das **Physick House** und das **Powel House**, zwei Brownstone-

Häuser aus dem 18. Jh., können im Rahmen von Führungen der **Philadelphia Society for the Preservation of Landmarks** (☎ 215-925-2251; www.philalandmarks.org; 321 S 4th St; Erw./Kind 5 US$/frei; ⊙ Do–Sa 12–16, So 13–16 Uhr, im Jan. nach Vereinbarung) besichtigt werden.

◉ Center City, Rittenhouse Square & Umgebung

Diese Gegend ist Philadelphias Zentrum für Kreativität, Handel, Kultur und vieles mehr. Sie ist der Motor der Stadt. Hier gibt's die höchsten Häuser, den Finanzdistrikt, große

Philadelphia – Old City

Hotels, Konzerthallen, Geschäfte und Restaurants.

Der grüne **Rittenhouse Square** mit dem Wasserbecken und den schönen Statuen ist der bekannteste der von William Penn angelegten Plätze der Stadt. Mit den feinen Cafés, Restaurants, schicken Häusern mit Eigentumswohnungen und Hotels rundum hat der Platz etwas von europäischer Eleganz.

City Hall   GEBÄUDE
(Karte S. 146; ☎ 215-686-2840; www.phila.gov; Ecke Broad St & Market St; ◷ Di–Fr 9.30–16.30 Uhr) GRATIS Das 1901 fertiggestellte Rathaus thront mit einer Höhe von 167 m majestätisch über dem Penn Sq. Es ist das weltweit höchste gemauerte Bauwerk (auch höher als das US Capitol) ohne Stahlträger und wird von einer 27 t schweren Statue von William Penn gekrönt. Das Gentleman's Agreement darüber, dass die City Hall das höchste Gebäude der Stadt bleiben sollte, wurde erst 1987 gebrochen. Von der Aussichtsplattform hat man einen schönen Blick. Wer will, kann auch an einer Führung teilnehmen.

Rosenbach Museum & Library   MUSEUM
(Karte S. 146; ☎ 215-732-1600; www.rosenbach.org; 2008 Delancey Pl; Erw./Kind 10/5 US$; ◷ Di & Fr 12–17, Mi & Do 12–20, Sa & So 12–18 Uhr) Dieses Museum ist ein Paradies für Leseratten. Hier lagern seltene Bücher und Manuskripte, u. a. James Joyces *Ulysses* und Inkunabeln, die im Freizug ersten zwischen 1450 und 1500 gedruckten Bücher. Auf den von Dozenten geleiteten Führungen durch das elegante Haus kann man im Stil der damaligen Zeit eingerichtete Räume, Porträts von Thomas

Sully und das komplett ausgestattete Wohnzimmer des Greenwich-Village-Apartments der Dichterin der Moderne, Marianne Moore, bewundern.

Mutter Museum   MUSEUM
(Karte S. 146; ☎ 215-563-3737; www.collphyphil. org; 19 S 22nd St; Erw./Kind 14/10 US$; ◷ 10–17 Uhr) Warum die medizinische Fakultät besuchen, wo man doch hier alles Wichtige über die Geschichte der Medizin in den USA erfährt?

◉ Fairmount

Der Benjamin Franklin Parkway ist den Champs Elysées in Paris nachempfunden. Hier konzentrieren sich Museen und Wahrzeichen.

★**Philadelphia Museum of Art**   MUSEUM
(Karte S. 146; ☎ 215-763-8100; www.philamuse um.org; 2600 Benjamin Franklin Pkwy; Erw./Kind 20 US$/frei; ◷ Di, Do, Sa & So 10–17, Mi & Fr 10–20.45 Uhr) Dieses Museum ist eines der größten und bedeutendsten der USA mit ausgezeichneten Sammlungen. Es beherbergt asiatische Kunst, Meisterwerke der Renaissance, post-impressionistische Gemälde und moderne Werke von Picasso, Duchamp und Matisse. Die prächtige Freitreppe ist spätestens seit 1976, als Sylvester Stallone im Film *Rocky* die Stufen rauffrannte, weltbekannt. Freitagabends gibt's Musik, Essen und Wein.

★**Barnes Foundation**   MUSEUM
(Karte S. 146; ☎ 866-849-7056; www.barnesfoun dation.org; 2025 Benjamin Franklin Pkwy; Erw./Kind

18/10 US$; ☉ Mi–Mo 9.30–18, Fr 9.30–22 Uhr) Die Barnes Foundation ist im Mai 2012 von ihrem ursprünglichen Sitz in Merion, PA, wo sich noch immer die Baumschule und das Archiv befinden, in dieses auffallend moderne Gebäude umgezogen. Zu sehen ist eine außergewöhnlich schöne Sammlung von Werken von Impressionisten, Post-Impressionisten und Franzosen wie Cézanne, Degas, Matisse, Monet, Picasso, Renoir und Van Gogh. Die Gemälde sind aber weiterhin genauso eigenwillig und unkonventionell angeordnet wie früher. Da Albert C. Barnes mit seiner ganz eigenen „objektiven Methode" zur Kunsterziehung und besseren Wertschätzung beitragen wollte, sind auch hier die Wände im „Galerie-Stil" mit Gemälden überladen.

Rodin Museum   MUSEUM
(Karte S. 146; ☏ 215-763-8100; www.rodinmuseum.org; 2154 Benjamin Franklin Pkwy; empfohlene Spende 8 US$; ☉ Mi–Mo 10–17 Uhr) In dem kürzlich renovierten Museum kann man Rodins große Werke *Den Denker* und die *Bürger von Calais* bewundern.

Pennsylvania Academy of the Fine Arts   MUSEUM
(Karte S. 146; ☏ 215-972-7600; www.pafa.org; 118 N Broad St; Erw./Kind 15 US$/frei; ☉ Di–Sa 10–17, So ab 11 Uhr) Prestigeträchtige Akademie, die in ihrem Museum Arbeiten amerikanischer Maler wie Charles Willson Peale und Thomas Eakins zeigt.

Franklin Institute Science Museum   MUSEUM
(Karte S. 146; ☏ 215-448-1200; www.fi.edu; 222 N 20th St; Erw./Kind 16,50/12,50 US$; ☉ 9.30–17 Uhr; ♿) Das Museum gehört zu den ersten, die wissenschaftliche Ausstellungsstücke zum Anfassen präsentierten. Ein Highlight ist die Ben-Franklin-Ausstellung.

Academy of Natural Sciences Museum   MUSEUM
(Karte S. 146; ☏ 215-299-1000; www.ansp.org; 1900 Benjamin Franklin Pkwy; Erw./Kind 15/13 US$; ☉ Mo–Fr 10–16.30, Sa & So 10–17 Uhr) Das Museum beherbergt eine großartige Dinosaurier-Ausstellung, in der man am Wochenende selbst nach Fossilien buddeln kann.

Eastern State Penitentiary   MUSEUM
(Karte S. 146; www.easternstate.org; 2027 Fairmount Ave; Erw./Kind 14/10 US$; ☉ 10–17 Uhr) Das stillgelegte, an eine mittelalterliche Festung erinnernde Gefängnis, in dem einst

Al Capone saß, kann man allein (mit Kopfhörer) oder im Rahmen einer Führung besichtigen.

⊙ Fairmount Park

Der Schuylkill River schlängelt sich durch den 3723 ha großen Park. Er ist größer als der New Yorker Central Park und der größte Stadtpark der USA. Im ganzen Park verstreut stehen bemerkenswerte Denkmäler, u. a. eines für **Jeanne d'Arc** am östlichen Ende des Parks (Karte S. 146). Mit den ersten Sonnenstrahlen im Frühling wimmelt es hier in jeder Ecke von Menschen, die Ball spielen, joggen, picknicken oder anderen Aktivitäten nachgehen. Jogger lieben die von Bäumen gesäumten 3–16 km langen Wege am Flussufer. Die Wege im Park eignen sich auch hervorragend zum Radeln. **Fairmount Bicycles** (☏ 267-507-9370; www.fairmountbicycles.com; 2015 Fairmount Ave; ganzer/halber Tag 18/30 US$) vermietet Fahrräder und hat viele Infos.

Boathouse Row   GEBÄUDE
(www.boathouserow.org; 1 Boathouse Row; frühe amerikanische Häuser Erw./Kind 5/2 US$) Am Ostufer in der Boathouse Row stehen viktorianische Bootshäuser, die der Gegend ein angenehm altmodisches Flair verleihen. Gegenüber vom Park stehen ein paar **frühe amerikanische Häuser**, die für die Öffentlichkeit zugänglich sind.

Shofuso Japanese House and Garden   GARTEN
(☏ 215-878-5097; www.shofuso.com; Landsdowne & Horticultural Dr; Erw./Kind 6/4 US$; ☉ 11–17 Uhr, s. Website) Das malerische Gebäude und das Teehaus wurden im traditionellen Stil des 16. Jhs. erbaut.

Philadelphia Zoo   ZOO
(☏ 215-243-1100; www.philadelphiazoo.org; 3400 W Girard Ave; Erw./Kind 20/18 US$; ☉ März–Okt. 9.30–17 Uhr, Nov.–Feb. 9.30–16 Uhr; ♿) Der älteste Zoo des Landes hält Tiger, Pumas, Eisbären und unzählige andere Tiere in Gehegen, die ihren natürlichen Lebensräumen nachempfunden sind.

⊙ South Street

Die leicht schmuddelige **South Street** ist so etwas wie eine Art East Village oder Williamsburg in Philly. Hier findet man jede Menge Tätowierstudios, Geschäfte für Künstlerbedarf, winzige Billiglokale und

Bars, die von Studenten und Goth-Teen-agern bevölkert werden.

Philadelphia's Magic Garden   GARTEN

(Karte S. 146; ☎ 215-733-0390; www.phillymagic gardens.org; 1020 South St; Erw./Kind 7/3 US$; ☺ April–Okt. So–Do 11–18, Fr & Sa 11–20Uhr, Nov.–März 11–17 Uhr; ♿) Dieses versteckte Juwel ist wirklich sehenswert. Es ist ein geheimnisvolles Fleckchen voller Kunst des passionierten Mosaikfassadenkünstlers Isaiah Zager.

◉ South Philadelphia

★ Italian Market   MARKT

(S 9th St, zw. Wharton St & Fitzwater St; ☺Di–Sa 9–17, So 9–14 Uhr) Heutzutage müsste der älteste Markt im Freien eher mexikanischer als italienischer Markt heißen, denn man findet hier wahrscheinlich mehr *taquiles* als *prosciutto*. Sei's drum, er ist noch immer ein Highlight von South Philadelphia. Hier verkaufen Metzger neben Kunsthandwerkern ihre Produkte, es gibt Käse und einige authentische italienische Läden, in denen man hausgemachte Pasta, Kuchen, frischen Fisch und Fleisch kaufen kann. In dem kleinen Café **Anthony's** (915 S 9th St; Eiscreme 3,50 US$; ☺7–19 Uhr) kann man sich wunderbar bei einem Espresso oder Gelato ausruhen.

Mummers Museum   MUSEUM

(☎ 215-336-3050; www.mummersmuseum.com; 1100 S 2nd St; Erw./Kind 3,50/2,50 US$; ☺ Mi–Sa 9.30–16.30 Uhr) Inmitten der Feinschmeckerszene befindet sich das Mummers Museum, das die Tradition der Verkleidung und der Maskerade feiert. Es spielt eine zentrale Rolle bei der berühmten Mummers Parade, die alljährlich am 1. Januar stattfindet.

◉ Chinatown & Umgebung

Die viertgrößte Chinatown in den USA existiert seit den 1860er-Jahren. Damals schufteten chinesische Einwanderer für Amerikas transkontinentale Eisenbahn und arbeiteten sich von Westen bis nach Philadelphia vor. Neben Menschen, die aus allen Provinzen Chinas stammen, wohnen hier auch viele Malaysier, Thailänder und Vietnamesen. Das bunte vierstöckige **Chinese Friendship Gate** ist das auffälligste Wahrzeichen Chinatowns.

African American Museum in Philadelphia   MUSEUM

(Karte S. 150; ☎ 215-574-0380; www.aampmuseum.org; 701 Arch St; Erw./Kind 14/10 US$; ☺ Do–

Sa 10–17, So 12–17 Uhr) Das Museum ist zwar in einem abstoßenden Betongebäude untergebracht, zeigt aber ausgezeichnete Sammlungen zur afroamerikanischen Geschichte und Kultur.

◉ Penn's Landing

Zu seinen besten Zeiten war Penn's Landing – die Uferpromenade am Delaware River zwischen Market St und Lombard St – ein äußerst geschäftiges Hafengebiet. Doch allmählich verlagerte sich der Betrieb weiter nach Süden. Heute starten hier Boote wie die **Spirit of Philadelphia** (Karte S. 146; ☎ 866-455-3866; www.spiritofphiladelphia.com; Tour ab 40 US$) zu geselligen Flussfahrten. Penn's Landing ist aber auch ein nettes Plätzchen für Spaziergänge am Wasser. Die 2,89 km lange **Benjamin Franklin Bridge** war zum Zeitpunkt ihrer Fertigstellung im Jahr 1926 die längste Hängebrücke der Welt. Sie überspannt den Delaware River und ist noch immer ein äußerst interessanter Blickfang.

Independence Seaport Museum   MUSEUM

(Karte S. 146; ☎ 215-413-8655; www.phillyseaport. org; 211 S Columbus Blvd; Erw./Kind 13,50/10 US$; ☺ 10–17 Uhr, Sommer Do–Sa 10–19 Uhr; ♿) Das interaktive Museum am Fluss ist Philadelphias maritimer Vergangenheit gewidmet (die Schiffswerft wurde 1995 nach 200 Jahren geschlossen). Man kann zwei Schiffe besichtigen: ein Segelschiff aus dem Jahr 1892 und ein U-Boot aus dem Zweiten Weltkrieg.

◉ University City

Das Viertel, das durch den Schuylkill River von Phillys Zentrum getrennt wird, wirkt wie eine große Universitätsstadt. Und das ist ja auch kein Wunder, denn hier sind die Drexel University und die zur Ivy League gehörende, 1740 gegründete **University of Pennsylvania** (meist nur „U Penn" genannt) zu Hause. Der begrünte, quirlige Campus ist perfekt für einen Nachmittagsbummel. Dabei sollte man unbedingt auch den zwei Museen hier einen Besuch abstatten.

University Museum of Archaeology & Anthropology   MUSEUM

(☎ 215-898-4000; www.penn.museum; 3260 South St; Erw./Kind 15/10 US$; ☺ Di & Do–So 10–17, Mi 10–20 Uhr; ☒ Nr. 21, 30, 40) Das University Museum of Archaeology & Anthropology beherbergt archäologische Schätze aus dem alten Ägypten, Mesopotamien, Mesoamerika, Griechenland, Rom und Nordamerika.

Institute of Contemporary Art
GALERIE

(☎ 215-898-7108; www.icaphila.org; 118 S 36th St; ☉ Mi 11–20, Do & Fr bis 18, Sa & So bis 17 Uhr) GRATIS Genau der richtige Ort, um sich die allerneuesten Werke von Furore machenden Künstlern anzuschauen.

30th Street Station
HISTORISCHES GEBÄUDE

(Karte S. 146; ☎ 215-349-2153; 30th St, an der Market St) Auch wenn man keinen Zug erwischen muss, sollte man dem romantischen, neoklassizistischen Bahnhof einen Besuch abstatten, wenn man schon mal hier ist.

👉 Geführte Touren

Ed Mauger's Philadelphia on Foot
GEFÜHRTE TOUREN

(☎ 215-627-8680; www.ushistory.org/more/mauger; Touren 20 US$/Pers.) Ed Mauger, Historiker und Autor, organisiert thematische Spaziergänge, z. B. zu den Konservativen (Exercise Your Rights), zu den Liberalen (Exercise Your Lefts) und zu bedeutenden Frauen (Women in the Colony).

Mural Tours
GEFÜHRTE TOUREN

(☎ 215-389-8687; www.muralarts.org/tours; Tour kostenlos–30 US$) Rundfahrten zu den vielen bunten Wandmalereien, von denen es hier mehr gibt als irgendwo sonst im Land.

Philadelphia Trolley Works & 76 Carriage Company
GEFÜHRTE TOUREN

(☎ 215-389-8687; www.phillytour.com; Erw./Kind ab 25/10 US$) Rundfahrten im Bus oder in der Pferdekutsche durch bestimmte Stadtteile oder auch zu jeder erdenklichen Ecke der Stadt.

Taste of Philly Food Tour
GEFÜHRTE TOUREN

(☎ 215-545-8007; www.tasteofphillyfoodtour.com; Erw./Kind 16/9 US$; ☉ Mi Sa 10 Uhr) Mit allwissenden Lebensmittelexperten den Reading Terminal Market entdecken.

✳ Feste & Events

Mummers' Parade
PARADE

(www.mummers.com; ☉ 1. Jan.) Ein für Philly typischer Umzug mit aufwändigen Kostümen, der immer am Neujahrstag stattfindet.

Manayunk Arts Festival
KULTUR

(www.manayunk.com; ☉ Juni) Größte Kunst- und Kunsthandwerkshow im Delaware Valley, bei der mehr als 250 Künstler aus dem ganzen Land zusammenkommen.

Philadelphia Live Arts Festival & Philly Fringe
THEATER

(www.livearts-fringe.org; ☉ Sept.) Hier sind die allerneuesten Aufführungen zu sehen.

🛏 Schlafen

Die meisten Unterkünfte gibt's in und in der Nähe der Center City. Aber auch in allen anderen Vierteln findet man Alternativen. Ein Mangel an Unterkünften besteht wahrlich nicht, aber es sind vorwiegend die üblichen Kettenhotels. Empfehlenswert sind Lowes, Sofitel und Westin. Die meisten Hotels bieten auch irgendeine Art von Parkplatz, in der Regel für 20 bis 45 US$ pro Tag, oder haben eine Preisvereinbarung mit Parkhäusern in der Nähe getroffen.

Apple Hostels
HOSTEL $

(Karte S. 150; ☎ 215-922-0222; www.applehostels.com; 32 S Bank St; B 38 US$; Zi. ab 84 US$; ❋ @ 🛜) Das makellos saubere Schmuckstück eines Hotels versteckt sich in einer Gasse und ist nur ein paar Schritte von den wichtigsten Sehenswürdigkeiten entfernt. Von den Etagenbetten bis hin zum Geschirr in der geräumigen Küche sieht alles aus wie in einem Ikea-Katalog – was nicht unbedingt schlecht sein muss. Hier weiß man, was die Gäste wünschen und brauchen: Ohrstöpsel, Breath-Rite-Nasenpflaster für Schnarcher, Steckdosen in den Schränken, USB-Port an jedem Bett, Nintendo Wii, kostenloser Kaffee und natürlich all die herkömmlichen Annehmlichkeiten wie Waschmaschinen, Kicker, Darts und sogar eine Gitarre. Außerdem ist das Personal sehr freundlich und hilfsbereit, und es gibt jeden Abend „Events" wie Stadtspaziergänge, Pasta-Abende (mittwochs) und kostenlose Whiskey- und Bartouren (donnerstags).

Chamounix Mansion Hostel
HOSTEL $

(☎ 215-878-3676; www.philahostel.org; 3250 Chamounix Dr, West Fairmount Park; B 23 US$; ☉ 8–11, 16.30–24 Uhr, 15. Dez.–15. Jan. geschl.; P @) Das Chamounix wirkt eher wie ein B & B als wie ein Hostel. Es ist aber nur für Leute mit eigenem Auto geeignet, denn es liegt wunderschön im grünen Fairmount Park nördlich der Stadt an der Straße nach Manayunk. Es gibt einen Salon im Stil des 19. Jhs. und ein großes Gemeinschaftszimmer. Die Schlafsäle selbst sind schlicht, aber sauber.

Morris House Hotel
BOUTIQUEHOTEL $$

(Karte S. 146; ☎ 215-922-2446; www.morrishousehotel.com; 225 S 8th St; Zi. mit Frühstück ab

179 US$; ✳ 🛜) Wäre Benjamin Franklin Hotelier gewesen, hätte er bestimmt ein Gebäude wie das Morris House Hotel entworfen. Das vornehm im Kolonialstil eingerichtete Boutiquehotel in einem Gebäude aus der Federal-Ära bietet freundlichen Charme, die Intimität eines eleganten B & B und die Professionalität und den guten Geschmack einer Designer-Herberge des 21. Jhs.

Penn's View Hotel
BOUTIQUEHOTEL $$
(Karte S. 150; ☎ 215-922-7600; www.pennsview hotel.com; Ecke Front St & Market St; Zi. ab 149–329 US$; ✳ 🛜) Das Penn's View umfasst drei Gebäude aus dem frühen 19. Jh., bietet einen tollen Blick auf das Ufer des Delaware und ist eine gute Ausgangsbasis für Entdeckungstouren durch die Old City. Die Zimmer in diesem reizenden, charaktervollen aber nicht übermäßig nostalgischen oder geschichtsträchtigen Hotel haben Marmorbäder und alle modernen Annehmlichkeiten. Auch eine echte italienische Trattoria und eine stimmungsvolle Weinbar gehören zum Hotel.

Hotel Palomar
BOUTIQUEHOTEL $$
(Karte S. 146; ☎ 888-725-1778; www.hotelpalo mar-philadelphia.com; 117 S 17th St; Zi. ab 149 US$; Ⓟ ✳ 🛜 ✽) Das Palomar gehört zur Kimpton-Kette und befindet sich in einem ehemaligen Bürogebäude, ein paar Blocks vom Rittenhouse Sq entfernt. Marmor und dunkles Holz sorgen in den schick eingerichteten, hippen Zimmern für warme Akzente. Es gibt auch Wein und Snacks, im Winter heiße Schokolade, einen Fitnessraum und ein Restaurant. Parkplatzservice kostet 42 US$ pro Nacht.

Independent Philadelphia
BOUTIQUEHOTEL $$
(Karte S. 146; ☎ 215-772-1440; www.theindependenthotel.com; 1234 Locust St; Zi. mit Frühstück ab 150 US$; ✳ 🛜) Das Independent ist eine gute Option in Center City. Es ist in einem schönen Backsteingebäude im neo-georgianischen Stil mit einem vierstöckigen Atrium untergebracht. Die gemütlichen, hellen Zimmer sind mit Holzböden ausgestattet. Hotelgästen wird der Aufenthalt noch mit kostenlosem Zugang zum Fitnessraum und mit allabendlichem Wein und Käse versüßt.

Alexander Inn
BOUTIQUEHOTEL $$
(Karte S. 146; ☎ 215-923-3535; www.alexanderinn.com; 12th St & Spruce St; EZ/DZ inkl. Frühstück ab 120/130 US$; ✳ @ 🛜 ✽; 🚇 12, 23) Obwohl das Äußere wie eine sonderbare Mischung aus Backsteinmauern mit Erkerfenstern aus Kunststoff anmutet, sind die kleinen Zimmer in dieser Unterkunft recht gut. In der Lobby gibt's viel dunkles Holz, einen Kamin und ein paar Buntglasfenster. Wegen des hilfsbereiten, netten Personals und der fantastischen Lage unweit des Schwulenviertels von Philly übernachten in diesem Hotel viele gleichgeschlechtliche Paare.

ABSTECHER

PHILLYS RANDBEZIRKE

Manayunk

Manayunk ist ein kleiner Wohnbezirk nordwestlich der Stadt mit steilen Hügeln und viktorianischen Reihenhäusern. Der Name des Viertels leitet sich von einem Begriff der amerikanischen Ureinwohner ab und bedeutet „Wo wir zum Trinken hingehen". Hier kann man gut einen Nachmittag oder Abend verbringen. Aber Achtung: Tausende haben an den Wochenenden die gleiche Idee, dann hat man in dieser ansonsten ruhigen Gegend oberhalb des Schuylkill River den Eindruck, auf einer wilden Studentenfete gelandet zu sein. Man ist hier aber nicht dazu verpflichtet nur etwas zu trinken, es ist auch erlaubt, einen Happen zu essen oder zu shoppen (Dalessandro's und Chubby's sollte man aufsuchen, wenn man Lust auf Sandwiches und Cheesesteak hat). Parkplätze sind an Wochenenden extrem rar, sodass das Fahrrad eine gute Alternative ist – schließlich gibt's hier sogar einen Treidelpfad.

Germantown & Chestnut Hill

Der historische Bezirk Germantown – eine sonderbare Mischung aus verblichener und dennoch sichtbarer Größe – liegt von Phillys Zentrum etwa 20 Autominuten entfernt auf der Septa 23 in Richtung Norden. Hier gibt's eine Handvoll kleiner Museen und ein paar sehenswerte Häuser.

La Reserve

B&B $$

(Karte S.146; 215-735 1137; www.lareserve bandb.com; 1804 Pine St; Zi. ohne/mit Bad inkl. Frühstück ab 80/125 US$; ❄ 🛜 🐾) Das schöne Reihenhaus aus den 1850er-Jahren steht an einem ruhigen Abschnitt der Pine Street einige Blocks südlich des Rittenhouse Sq. Die sieben Zimmer in diesem B&B präsentieren sich mit einem leicht verwelkten Charme – verblasste Orientteppiche, plüschige Vorhänge, hohe Decken, stillgelegte Kamine und (so scheint es) zerbrechliche Möbel eines unbedeutenden französischen Aristokraten aus dem 19. Jh.

Ritz-Carlton

HOTEL $$$

(Karte S.146; 215-523-8000; www.ritzcarlton. com/hotels/philadelphia; 10 Ave of the Arts; Zi. ab 300 US$; 🅿 ❄ @ 🛜 🐾) Dieses Ritz, das dem Pantheon nachempfunden ist, präsentiert seinen Gästen eine der nobelsten Lobbys Nordamerikas. Nachmittags ist Teatime in der Rotunda. Die 331 Zimmer befinden sich in einem benachbarten Hochhaus aus der Zeit vor dem Zweiten Weltkrieg. Die geräumigen Marmorbäder sind so sauber wie ein OP-Saal.

Rittenhouse 1715

HOTEL $$$

(Karte S.146; 215-546-6500; www.rittenhouse 1715.com; 1715 Rittenhouse Square St; Zi. 249–305 US$, Suite 309–699 US$; ❄ 🛜) Das elegante Hotel, nur ein paar Schritte vom Rittenhouse Sq entfernt, ist eine erstklassige Wahl. Es befindet sich in einem Herrenhaus von 1911, das die wunderbare Atmosphäre der alten Welt versprüht und doch mit allen modernen Annehmlichkeiten ausgestattet ist – iPod-Anschlüsse, Plasma-TVs und Regenduschen. Nicht zu verachten ist auch das freundliche, aufmerksame Personal.

✘ Essen

Philly ist zu Recht für seine Cheesesteaks bekannt. Die Einheimischen debattieren über die jeweiligen Vorzüge der einzelnen Restaurants als seien sie Bibelgelehrte, die die Bedeutung des Fünften Buch Mose analysieren. Die Restaurantszene in Philly hat sich enorm entwickelt – nicht zuletzt dank der Starr- und Garces-Gruppe, die der Stadt ein paar erstklassige internationale Restaurants beschert hat. Vor allem Starr hat sein Augenmerk auf anscheinend jede Küche und jedes Thema, das der Menschheit bekannt ist, gerichtet.

Der neue amerikanische Locavore-Trend – „Vom Bauernhof im Umland direkt auf den Tisch" – wird immer erfolgreicher (allein in dem Block 20th St und Rittenhouse Sq gibt's drei solcher Restaurants) genau wie Gastropubs, die ebenso besessen sind, allerdings von der Herkunft ihrer Biere und Burger (im Viertel Fairmount gibt's eine ganze Handvoll Gastropubs). Zu den vielversprechenden kulinarischen Hotspots gehören Northern Liberties (Modomio für norditalienisches Essen und Fette Sau für Barbecues), Fishtown (Pickled Heron für kreative französische Bistrogerichte) und East Passyunk in South Philadelphia (Le Virtu für Italienisches direkt vom Bauernhof). In der Gegend um die City Hall gibt's Food-Trucks mit einem sagenhaft unterschiedlichen Angebot, von Gourmet bis Ethno ist so ziemlich alles vertreten. Wegen der eigenartigen Alkoholgesetze in Pennsylvania gestatten viele Restaurants, dass man sich seine Getränke selbst mitbringt (BYOB).

✘ Old City

★ Franklin Fountain

EISCREME $

(Karte S.150; 215-627-1899; 116 Market St; Eisbecher 10 US$; ⊙ So–Do 12–23, Fr & Sa 12–24 Uhr; 🛝) In dem altmodischen Eiscafé trifft man sich abends – vor allem an den Wochenenden – zu einem romantischen Date. Leckere Eisbecher mit Obst aus der Region.

Amada

SPANISCH $$

(Karte S.150; 215-625-2450; 217 Chestnut St; Tapas 6–20 US$; ⊙ Mo–Do 11.30–22, Fr 11.30–24, Sa 17–24, So 16–22 Uhr) Das Amada wird von dem renommierten Gastronom Jose Garces betrieben. Die langen großen Tische sorgen für eine nette, lustige, laute Stimmung, und die Kombination aus kräftig und traditionell gewürzten Gerichten ist phänomenal (unbedingt die mit Krebsfleisch gefüllten Paprika probieren).

Cuba Libre

KARIBISCH $$

(Karte S.150; 215-627-0666; www.cubalibreres taurant.com; 10 S 2nd St; Abendessen 15–24 US$; ⊙ Mo–Fr 11.30–23, Sa & So 10.30–23 Uhr) Das koloniale Amerika könnte nicht ferner sein als in diesem geselligen, mehrstöckigen kubanischen Restaurant mit einer Rumbar. Auf der kreativen, ansprechenden Speisekarte stehen kubanische Sandwiches, mit Guave gewürztes Fleisch vom Grill, herzhafte schwarze Bohnen und Salate mit Räucherfisch.

La Locanda del Ghiottone

ITALIENISCH $$

(Karte S.150; 215-829-1465; 130 N 3rd St; Hauptgerichte 16 US$; ⊙ Di–So 17–23 Uhr) Der Name bedeutet „Gasthaus zum Vielfraß" und Küchenchef Giussepe und sein Oberkellner Joe, tun alles, damit die Gäste sich vollfuttern. Anders als all die trendigen Lokale in der Nähe ist der Italiener klein und schlicht. Umso besser sind die Gnocchi, die Crêpes mit Pilzen und die Muscheln. BYOB.

Silk City Diner
DINER $$
(Karte S. 146; 435 Spring Garden St; Hauptgerichte 13 US$; ⊙ 16–1, Sa & So ab 10 Uhr) In dem klassisch aussehenden Diner am Rand von Old City und Northern Liberties haben die Cocktails die Milchshakes ersetzt. Ein Besuch im Silk City lohnt sich, weil man hier spätabends noch tanzen kann. Samstags kommen sogar Leute aus Jersey zu den DJ-Abenden. Im Sommer gibt's draußen einen Biergarten.

Zahav
NAHÖSTLICH $$
(Karte S. 150; ☎ 215-625-8800; 237 St James Pl, an der Dock St; Hauptgerichte 11 US$; ⊙ So–Do 17–22, Fr & Sa 17–23 Uhr) Das Restaurant auf dem Gelände der Society Hill Towers serviert raffinierte Gerichte der modernen israelischen und nordafrikanischen Küche.

✗ Center City & Umgebung

★ Reading Terminal Market
MARKT $
(Karte S. 146; ☎ 215-922-2317; www.readingterminalmarket.org; 51 N 12th St; ⊙ Mo–Sa 8–17.30, So 9–16 Uhr) Ein traumhafter Ort für jeden Geschmack. In den Gängen werden die berühmten Cheesesteaks, Amish-Produkte, Hummerbrötchen, Sushi, Gegrilltes und alle Köstlichkeiten dieser Welt angeboten.

Mama Palmas
PIZZERIA $
(Karte S. 146; ☎ 215-735-7357; 2229 Spruce St; Pizza 10 US$; ⊙ Mo–Do 16–22, Fr & Sa 11–23, So 14–22 Uhr) Dieses kleine BYOB-Lokal serviert mit die beste im Ziegelofen gebackene, hauchdünne Pizza der Stadt. Es heißt, dass Knirpse hier nicht gern gesehen sind, wenn sie sich nicht zu benehmen wissen.

Philly Flavors
EISCREME $
(Karte S. 146; ☎ 215-232-7748; 2004 Fairmount Ave, an der 20th St; ⊙ So–Do 11–23, Fr & Sa 11–24 Uhr) Hier gibt's das beste italienische Eis der Stadt. Für die meisten Leute reichen selbst die „kleinen" Kinderportionen.

Lemon Hill Food & Drink
MODERN-AMERIKANISCH $$
(Karte S. 146; www.lemonphilly.com; 747 N 25th St; Hauptgerichte 14 US$; ⊙ 17–22, Sa & So 10.30–22

Uhr) Wer es eilig hat, sollte hier nicht danach fragen, wie das Enten-Confit *poutine* zubereitet wird oder welcher Rum im Cocktail ist. Für diesen Gastropub in Fairmount steht die Herkunft der Zutaten an erster Stelle. Mit einem Wort: Essen und Getränke lohnen die Warterei. Die Bar ist bis 1 Uhr geöffnet.

La Viola
ITALIENISCH $$
(Karte S. 146; ☎ 215-735-8630; 253 S 16th St, an der Spruce St; Hauptgerichte 13 US$; ⊙ Mo–Do 11–22, Fr & Sa bis 23 Uhr, So 16–22 Uhr) Die beiden La Viola liegen sich direkt gegenüber. Das alte La Viola ist ein kleines, einfaches Lokal, das neue größer und moderner. Beide bieten gute, erschwingliche Speisen aus frischen Zutaten. BYOB.

Continental
DINER $$
(Karte S. 146; www.continentalmidtown.com; 1801 Chestnut St; Hauptgerichte 10–20 US$) In diesem modernen In-Diner trifft sich ein hippes Völkchen, um Fusion-Tapas zu futtern und Cocktailspezialitäten zu trinken. Die Speisen sind mal so mal so und reichen von ordentlichem Quinoa-Salat bis zu mittelmäßigen asiatischen Bento-Boxen zur Mittagszeit. Eine weitere Filiale befindet sich in der Market St.

Luke's Lobster
SEAFOOD $$
(Karte S. 146; 130 S 17th St; Sandwiches 10–17 US$; ⊙ So–Do 11–21, Fr & Sa 11–22 Uhr) Wer auf der Suche nach einem echten Maine-Hummer, Krebsfleisch- oder Shrimps-Sandwich ist, sollte dieser unkonventionellen „Bude" beim Rittenhouse Sq einen Besuch abstatten.

★ Morimoto
JAPANISCH $$$
(Karte S. 146; ☎ 215-413-9070; 723 Chestnut St; Hauptgerichte 25 US$; ⊙ Mo–Do 11.30–22, Fr & Sa 11.30–24 Uhr) Vom Speiseraum, der wie ein futuristisches Aquarium aussieht, bis hin zur Speisekarte, die Einflüsse aus aller Welt und gewagte Kombinationen aufweist, ist hier alles ambitioniert und äußerst stilvoll. Ein Essen in dem Restaurant des Gewinners der TV-Kochshow *Iron Chef* ist ein Theatererlebnis.

Parc Brasserie
FRANZÖSISCH $$$
(Karte S. 146; ☎ 215-545-2262; 227 S 18th St; Hauptgerichte ab 23 US$; ⊙ 7.30–23, Fr & Sa 7.30–24 Uhr) Das riesige, auf Hochglanz polierte Bistro am Rittenhouse Sq eignet sich wunderbar zum Leute beobachten. Gut und preiswert sind der Brunch und die Mittagsmenüs.

Zama
JAPANISCH $$$

(Karte S.146; www.zamaphilly.com; 128 S 19th St; Hauptgerichte 20 US$; ⊙ Mo–Do 11.30–22, Fr 11.30–23, Sa 17–23, So 17–21 Uhr) Das vornehme Restaurant ganz in der Nähe des Rittenhouse Sq ist genau das Richtige für alle Sushi- und Sake-Liebhaber. Der „Sake-Sommelier" hat eine interessante Auswahl im Angebot.

✕ South Street

Jim's Steaks
STEAKS $

(Karte S.146; ☎ 877-313-5467; 400 South St, an der 4th St; Steaksandwiches 6–8 US$; ⊙ Mo–Do 10–1, Fr & Sa 10–3, So 12–22 Uhr) Wer die langen Schlangen – rund um das halbe Haus – vor dieser Institution in Philly tapfer überstanden hat, wird mit saftigen Cheesesteaks und Riesensandwiches (sowie Suppen, Salaten und Frühstück) belohnt.

South Street Souvlaki
GRIECHISCH $$

(Karte S.146; ☎ 215-925-3026; 507 South St; Hauptgerichte 13–18 US$; ⊙ Di–Do 12–21.30, Fr & Sa 12–22, So 12–21 Uhr) Das alteingesessene, einfache Lokal gehört noch immer zu den besten Griechen der Stadt. Empfehlenswert ist der sehr große Tom's Special Salad (Tom ist der Betreiber).

Horizons
VEGAN $$

(Karte S.146; ☎ 215-923-6117; www.horizons philadelphia.com; 611 S 7th St; Hauptgerichte 15–20 US$; ⊙ Di–Do 18–22, Fr & Sa 18–23 Uhr; ✍) Serviert werden ordentliche, gesunde, kalorienarme Speisen aus Soja und Gemüse für den veganen Feinschmecker.

Supper
MODERN-AMERIKANISCH $$$

(Karte S.146; ☎ 215-592-8180; 926 South St; Hauptgerichte 24 US$; ⊙ 18–23.30 Uhr) Das Supper bezieht seine superfrischen saisonalen Zutaten von der eigenen Farm und verkörpert damit den derzeitigen kulinarischen Trend der Verbindung von Stadt und Land. Es gibt verlockende Vorspeisen und köstliche Kreationen wie knuspriges Enten-Confit mit Pekannuss-Waffeln.

✕ Chinatown

Nan Zhou Hand Drawn Noodle House
CHINESISCH $

(Karte S.146; ☎ 215-923-1550; 1022 Race St; Hauptgerichte 6–10 US$; ⊙ 11–22 Uhr) Das Nan Zhou Hand Drawn Noodle House ist einen Block weiter in relativ schicke, größere Räumlichkeiten umgezogen, serviert aber noch immer köstliche und preiswerte Nudelsuppen mit Fleischeinlage.

Rangoon
BIRMANISCH $

(Karte S.146; ☎ 215-829-8939; 112 N 9th St; Hauptgerichte 6–15 US$; ⊙ So–Do 11.30–21, Fr & Sa 11.30–22 Uhr) Das birmanische Restaurant bietet eine große Auswahl an verlockenden Spezialitäten von scharf gewürzten roten Bohnen mit Shrimps und Curry-Hühnchen mit Eiernudeln bis hin zu Kokos-Tofu.

Dim Sum Garden
CHINESISCH $

(Karte S.146; 59 N 11th St; Hauptgerichte 6 US$; ⊙ 10.30–22.30 Uhr) Insgesamt wirkt das winzige Lokal nahe dem Busbahnhof nicht besonders sauber, bietet aber mit die leckersten Dampfklöße der Stadt.

★ Han Dynasty
CHINESISCH $$

(Karte S.150; 108 Chestnut St; Hauptgerichte 15 US$; ⊙ 11.30–23.30 Uhr) Innovative, scharf gewürzte Suppen und Nudelgerichte in einem eher vornehmen Speiseraum.

✕ South Philadelphia

In der Gegend Ecke Washington St und 11th St gibt's unzählige gute vietnamesische Familienrestaurants und natürlich den Italian Market (S.153).

Pat's King of Steaks
FAST FOOD $

(☎ 215-468-1546; www.patskingofsteaks.com; Ecke S 9th St & Passyunk Ave; Sandwiches 7 US$; ⊙ 24 Std.) Pat's ist typisch für Philly. Diese Institution lockt Touristen, Angetrunkene, die höchstwahrscheinlich keinen Schimmer davon haben, wie viel Fett sie gerade verzehren, und eingefleischte Stammkunden gleichermaßen an. Geno's, die Konkurrenz, befindet sich schräg gegenüber auf der anderen Straßenseite.

Tony Luke's
SANDWICHES $

(☎ 215-551-5725; www.tonylukes.com; 39 E Oregon Ave; Sandwiches 7 US$; ⊙ Mo–Do 6–24, Fr & Sa 6–2 Uhr) Tony Luke's ist für seine Schweine- und Rinderbraten-Sandwiches mit scharfem Pfeffer bekannt. Es befindet sich am Sportstadium und hat Picknicktische. Bestellt wird draußen durchs Fenster.

Paradiso
ITALIENISCH $$

(☎ 215-271-2066; www.paradisophilly.com; 1627 E Passyunk Ave; Hauptgerichte 10–28 US$; ⊙ Mo–Do 11.30–15 & 17–22, Fr & Sa bis 23, So 16–21 Uhr) Das elegante, luftige Paradiso bietet eine gehobene italienische Küche. Serviert werden z.B. Lammkoteletts mit Pistazienkruste, hausgemachte Gnocchi und mit Sardellenbutter glasierte New York Strip Steaks.

Fond
AMERIKANISCH $$$

(☑ 212-551-5000; 1617 E Passyunk Ave; Hauptgerichte 25 US$; ⊙ 17.30–22 Uhr) Wer von den Sandwich-Läden im Viertel die Nase voll hat, sollte dieses gehobene Restaurant aufsuchen. Die jungen Köche bereiten kreativ konzeptionierte Fisch-, Fleisch- und Hühnchengerichte mit französischem Einschlag und saisonalen Zutaten zu.

✕ University City

Abyssinia Ethiopian Restaurant
ÄTHIOPISCH $

(229 S 45th St; Hauptgerichte 9 US$; ⊙ 10–24 Uhr) Exzellentes *foul medammes* (über Feuer gekochte Saubohnen) und ein guter Brunch. Empfehlenswert ist die Bar im Obergeschoss.

Lee's Hoagie House
SANDWICHES $

(☑ 215-387-0905; 4034 Walnut St; Sandwiches 7 US$; ⊙ Mo-Sa 10–22, So 11–21 Uhr) In Sachen Fleisch- und Hühnchen-Sandwiches definitiv die beste Adresse in der Gegend.

Koreana
KOREANISCH $

(☑ 215-222-2240; 3801 Chestnut St; Hauptgerichte 7 US$; ⊙ 12–22 Uhr) Verköstigt Studenten und andere Menschen, die gern gut und preiswert koreanisch essen wollen. Der Eingang befindet sich am Parkplatz hinter der Shopping Plaza.

Distrito
MEXIKANISCH $$

(☑ 215-222-1657; 3945 Chestnut St; Hauptgerichte 9–30 US$; ⊙ Mo–Fr 11.30–23, Sa 17–23, So bis 22 Uhr) Die Einrichtung in kräftigem Pink und Limettengrün schmälert nicht das leckere modern-mexikanische Essen.

White Dog Café
BIO-CAFÉ $$

(☑ 215-386-9224; 3420 Sansom St; Hauptgerichte abends 12–29 US$; ⊙ Mo-Sa 11.30–14.30, Mo–Do 17–22, Fr & Sa bis 23, So 10.30–14.30 & 17–22 Uhr) Die Institution in diesem Viertel ist die Art von funkig-gehobenem Restaurant, in das College-Studenten ihre Eltern für ein besonderes Abendessen oder zum Brunch einladen. Auf der Speisekarte stehen kreative Interpretationen von Fleisch- und Fischgerichten, überwiegend aus Bio-Produkten aus der Region.

Pod
ASIATISCH $$$

(☑ 215-387-1803; 3636 Sansom St; Hauptgerichte abends 14–29 US$; ⊙ Mo–Do 11.30–23, Fr bis 24, Sa 17–24, So bis 22 Uhr) Das spacig wirkende Themenrestaurant gehört zum Imperium des Gastronomen Stephen Starr. Serviert werden hie panasiatische Köstlichkeiten wie Klöße, ein paar der besten Sushis in Philly, eine Vielzahl gewitzter Cocktails und klassische Desserts.

Ausgehen & Unterhaltung

Phillys Barszene nach der übertrieben anzüglichen Fernseh-Serie *It's Always Sunny in Philadelphia* zu beurteilen, ist natürlich ein Fehler. Klar, herkömmliche Eckkneipen gibt's reichlich, aber es gibt auch genauso viele schicke Cocktail-Lounges, Weinbars und Gastropubs, die in der Region gebraute Biere ausschenken.

Abgesehen von New Orleans gibt's in der Old City die meisten Alkohollizenzen in den USA. Wer was Passendes sucht, wird bestimmt in der S 2nd St und der S 3rd St fündig. Es gibt eine ganze Menge Orte, an denen seit Kurzem legal Alkohol getrunken werden darf, u.a. im Lucy's Hat Shop, in der Drinker's Tavern und im Buffalo Billiard's. In der South St tummeln sich an den Wochenenden abends alternative Studenten. Hotels wie Le Meridien und das Bellevue in Center City warten in ihren klassischen Lounges und Bars mit der allseits beliebten Happy Hour auf Gäste. Die Gegend zwischen der Broad St und der 12th St sowie der Walnut St und der Pine St heißt Midtown Village, wird inoffiziell auch „gay-borhood" genannt, und die Straßenschilder sind permanent mit Regenbogenflaggen geschmückt. Näheres unter www.phillygaycalendar.com, denn Zeiten und Veranstaltungsorte ändern sich häufig. Und schließlich gibt's im Fairmount rund um das Eastern State Penitentiary eine Handvoll empfehlenswerter Gastropubs.

Bars & Nachtleben

★ Paris Wine Bar
WEINBAR

(Karte S. 146; 2301 Fairmount Ave; ⊙ Do–Sa 17–24 Uhr) Die beiden Besitzer, die auch den London Grill (ein ebenfalls empfehlenswerter Gastropub nebenan – einer der ersten in der Stadt) betreiben, hatten eine neue Idee, um die anspruchsvollen Philadelphier zufriedenzustellen: Weine vom Fass! In den Fässern hinter der Bar sind zwei weiße, drei rote und ein Roséwein. Auf der Speisekarte stehen ausgezeichnete französische Bistro-Gerichte.

North 3rd
GASTROPUB

(www.norththird.com; 801 N 3rd St; ⊙ 16–2 Uhr) Ein Northern-Liberties-Juwel, das sowohl wegen der Drinks, z. B. die riesigen Mojito-Martinis, als auch wegen des sagenhaften Essens, wie gedämpfte Muscheln und Schweine-Chorizo in Tomaten-Koriander-Brühe, empfehlenswert ist. Einige der Bedienungen sind stark tätowiert und Gespräche wegen des Geräuschpegels etwas anstrengend. Abends bekommt man zwischen 17 und 24 Uhr etwas Essbares, am Wochenende gibt's Brunch und dienstagsabends werden Filme gezeigt.

Mcgillin's Olde Ale House
BAR
(Karte S.146; ☑ 215-735-5562; www.mcgillins.com; 1310 Drury St; ⊙ Mo–Sa 11–2, So 11–24 Uhr) Das Mcgillin's ist Philadelphias älteste durchgängig betriebene Taverne (seit 1860) und war in den Jahren der Prohibition eine Flüsterkneipe. Hier gibt's leckere Buffalo Wings (Di ist Wing Night) und mittwochs und freitags Karaoke.

Dirty Frank's
BAR
(Karte S.146; 347 S 13th St; ⊙ 11–2 Uhr) Die klassische Kiezbar gibt's seit den 1970er-Jahren. Vor einiger Zeit wurde sie dann von Hipstern entdeckt. Auf dem Fußboden liegen Sägespäne, es gibt preiswerte Shots und Bier.

Shampoo
CLUB
(Karte S.146; ☑ 215-922-7500; www.shampoooonline.com; Willow St zw. N 7th St. & 8th St; Grundpreis 7–12 US$; ⊙ 21–2 Uhr) Schaumpartys, Whirlpools und mit Samt bezogene Sitze. Auf dem Wochenprogramm dieses gigantischen Nachtclubs stehen u. a. die extrem beliebten Schwulenabende am Freitag, die Goth-Abende am Mittwoch und die üblichen Partys für jedermann am Samstag.

Monk's Cafe
BAR
(Karte S.146; www.monkscafe.com; 264 S 16th St; ⊙ 11.30–2 Uhr) Belgische Bierbar mit großer Auswahl an Flaschenbieren und belgischen Bieren vom Fass. Auf der Speisekarte mit Bistro-Essen stehen u. a. empfehlenswerte Muscheln mit Pommes.

Brasil's
CLUB
(Karte S.150; www.brasilsnightclub-philly.com; 112 Chestnut St; Grundpreis 10 US$) Der Ort zum Abtanzen. Hier legt DJ John Rockwell lateinamerikanische, brasilianische und karibische Rhythmen auf.

Village Whiskey
BAR
(Karte S.146; 118 S 20th St; ⊙ 11.30–24, Fr & Sa bis 1 Uhr) Coole Atmosphäre, lange Whiskey-Karte und kreative Küche.

Franklin Mortgage & Investment Co
COCKTAILBAR
(Karte S.146; 112 S 18th St; ⊙ 17–2 Uhr) Hier gibt's fachgerecht gemixte Drinks aus Roggen-Whiskey, Whiskey und Gin in erstklassigem Ambiente.

Tavern on Camac
BAR, CLUB
(Karte S.146; ☑ 215-545-0900; www.tavernoncamac.com; 243 S Camac St; ⊙ 18–3 Uhr) Eine der älteren Schwulenbars in Philly. Der Dancefloor im Obergeschoss ist meistens proppenvoll.

Sisters
LESBENBAR
(Karte S.146; ☑ 215-735-0735; www.sistersnightclub.com; 1320 Chancellor St; ⊙ 17–2 Uhr, Mo geschl.) Riesiger Nachtclub mit Restaurant für die Ladys.

Dock Street Brewery & Restaurant
BRAUEREI
(701 S 50th St; ⊙ 15–23, Fr & Sa 15–1 Uhr) Spezialbier und Pizza aus dem Ziegelofen. In West Philly.

Livemusik

Chris' Jazz Club
BLUES, JAZZ
(Karte S.150; ☑ 215-568-3131; www.chrisjazzcafe.com; 1421 Sansom St; Grundpreis 10–20 US$) In dem anheimelnden Club stehen einheimische Talente und landesweit bekannte Größen auf der Bühne. Dienstags bis freitags ist um 16 Uhr Happy Hour mit Klaviermusik, Montag- bis Samstagabend spielen gute Bands.

Ortlieb's Jazzhaus
JAZZ
(Karte S.146; ☑ 267-324-3348; www.ortliebsphilly.com; 847 N 3rd St; Grundpreis Di–Do 3–10 US$, Fr 10 US$, Sa 15 US$, So 3 US$) Respektabler Schuppen mit hauseigener Band, die jeden Dienstag spielt. Auf der Speisekarte stehen Cajun-Gerichte (Hauptgerichte 20 US$).

World Cafe Live
LIVEMUSIK
(Karte S.146; ☑ 215-222-1400; www.worldcafelive.com; 3025 Walnut St; Grundpreis 10–40 US$) Das World Cafe Live am östlichen Rand von University City hat auf mehreren Etagen Veranstaltungsräume mit einem Restaurant und einer Bar und viele Liveacts. Hier ist auch der Radiosender WXPN zu Hause.

Theater & Kultur

Kimmel Center for the Performing Arts
DARSTELLENDE KUNST
(Karte S.146; ☑ 215-790-5800; www.kimmelcenter.org; Ecke Broad St & Spruce St) Das Kimmel Center ist Philadelphias aktivstes Zentrum

für klassische Musik. Es organisiert zahlreiche Veranstaltungen, u.a. für die **Philadelphia Dance Company** und das **Philadelphia Orchestra**. Führungen werden dienstags bis samstags um 13 Uhr angeboten.

Philadelphia Theatre Company
THEATER
(Karte S.146; ☑ 215-985-0420; www.philadelphia theatrecompany.org; 480 S Broad St an der Lombard St, Suzanne Roberts Theatre; Tickets 35–70 US$) Dieses Ensemble mit Schauspielern aus der Region zeigt erstklassige moderne Stücke und ist in einem großartigen Theater mitten im Arts District beheimatet.

Pennsylvania Ballet
TANZ
(☑ 215-551-7000; www.paballet.org; Tickets 25–130 US$) Das exzellente Tanzensemble tritt in der wunderschönen **Academy of Music** (Karte S.146; 240 S Broad St) und im benachbarten Merriam Theater auf, das zum Kimmel Center gehört.

Trocadero Theater
DARSTELLENDE KUNST
(Karte S.146; ☑ 215-922-6888; www.thetroc.com; 1003 Arch St; Grundpreis 10–40 US$) Das viktorianische Filmtheater aus dem 19. Jh. in Chinatown ist eine Musik-Location mit einem bunten Mix aus Musikern, Wortkünstlern und Comedians; montagabends ist Kino angesagt.

Sport
Football ist der Job der **Philadelphia Eagles** (www.philadelphiaeagles.com), die von August bis Januar normalerweise an zwei Sonntagen im Monat im hochmodernen **Lincoln Financial Field** spielen. Das Baseballteam sind die **Philadelphia Phillies** (www.phillies. mlb.com). Von April bis Oktober spielt das National-League-Team 81 Heimspiele im **Citizen's Bank Park**. Und die **Philadelphia 76ers** (www.nba.com/sixers) spielen Basketball im **Wells Fargo Center**.

❶ Praktische Informationen
MEDIEN
Philadelphia Daily News (www.phillydaily news.com) Tageszeitung auf Boulevardblattniveau.

Philadelphia Magazine (www.phillymag.com) Monatliches Hochglanzmagazin.

Philadelphia Weekly (www.philadelphiaweekly. com) Kostenlos überall an Straßenständen erhältliches Alternativblatt.

Philly.com (www.philly.com) Aktuelles, Veranstaltungsinfos und mehr gibt's in der Beilage des Philadelphia Inquirer.

WHYY 91-FM (www.whyy.org) Örtliche Filiale des National Public Radio.

MEDIZINISCHE VERSORGUNG
Pennsylvania Hospital (☑ 800-789-7366; www.pennmedicine.org; 800 Spruce St; ⊙ 24 Std.)

TOURISTENINFORMATION
Greater Philadelphia Tourism Marketing Corp (Karte S. 150; www.gophila.com; 6th St an der Market St) Die hochmoderne gemeinnützige Touristeninformation bietet umfangreiche Infos. Das Begrüßungszentrum befindet sich im selben Gebäude wie das Independence Visitor Center.

Independence Visitor Center (Karte S. 150; ☑ 215-965-7676; www.independencevisitor center.com; 6th St zw. Market St & Arch St; ⊙ 8.30–17 Uhr) In dem vom National Park Service betriebenen Visitor Center sind Stadtpläne und Broschüren über alle Sehenswürdigkeiten in der Stadt und der Umgebung erhältlich.

❶ An- & Weiterreise
AUTO
Von Nord nach Süd folgt die I-95 (Delaware Expwy) dem östlichen Stadtrand entlang des Delaware River und mit mehrere Ausfahrten Richtung Center City. Die I-276 (Pennsylvania Turnpike) verläuft in östlicher Richtung durch den Nordteil der Stadt, überquert den Fluss und bietet Anschluss an den New Jersey Turnpike.

BUS
Greyhound (Karte S. 146; ☑ 215-931-4075; www.greyhound.com; 1001 Filbert St) und **Peter Pan Bus Lines** (Karte S. 146; www. peterpanbus.com; 1001 Filbert St) sind die beiden größten Busunternehmen. **Bolt Bus** (www. boltbus.com) und **Megabus** (Karte S. 146; www.us.megabus.com) bieten beliebte und komfortable Alternativen. Greyhound verbindet Philadelphia mit Hunderten von Städten im ganzen Land; Peter Pan und die anderen Busunternehmen konzentrieren sich vor allem auf den Nordosten. Bei Onlinebuchungen kann die Hin- und Rückfahrt nach NYC gerade mal 18 US$ (einfache Strecke 2½ Std.), nach Atlantic City 20 US$ (1½ Std.) und nach Washington, D. C. 28 US$ (4½ Std.) kosten. **NJ Transit** sitzt am Greyhound Terminal und bringt einen von Philly zu verschiedenen Zielen in New Jersey.

FLUGZEUG
Der **Philadelphia International Airport** (PHL; ☑ 215-937-6937; www.phl.org; 8000 Essington Ave) liegt 7 Meilen (11,3 km) südlich von Center City und wird von internationalen Fluglinien bedient. Außerdem gibt es Inlandsflüge zu mehr als 100 verschiedenen Zielen in den USA.

ZUG

Einer der größten Bahnhöfe des Landes ist die wunderschöne 30th St Station (☎215-349-2152; www.30thstreetstation.com; 30th St, an der Market St). **Amtrak** (www.amtrak.com) bietet von hier aus Zugverbindungen nach Boston (Regionalzug und Acela-Express einfache Strecke 87–206 US$, 5–5¾ Std.) und Pittsburgh (Regionalzug ab 55 US$, 7–8 Std.). Eine preiswertere, aber langwierige und komplizierte Option für die Fahrt nach NYC ist der Vorstadtzug Septa R7 nach Trenton in New Jersey. Von dort kann man mit **NJ Transit** (www.njtransit.state.nj.us) zur Penn Station in Newark und dann weiter mit NJ Transit zur Penn Station in New York City fahren.

ⓘ Unterwegs vor Ort

Die Entfernungen in der Innenstadt sind kurz, man kann die meisten Sehenswürdigkeiten zu Fuß erreichen. Mit dem Zug, Bus oder Taxi kommt man relativ einfach auch zu etwas entfernteren Zielen.

Die **Septa** (www.septa.org) betreibt Philadelphias Stadtbusse, zwei U-Bahnlinien und eine Straßenbahn. Trotz seines Umfangs und seiner Zuverlässigkeit ist das Buslinennetz (120 Linien verkehren auf einer Fläche von 412 km²) nur schwer zu durchschauen. Die einfache Fahrt kostet auf den meisten Strecken 2,25 US$. Man benötigt genau abgezähltes Kleingeld oder eine Wertmarke. In den Verkaufsstellen an vielen Bahnhöfen und Umsteigebahnhöfen bekommt man zwei Wertmarken zum ermäßigten Preis von 3,60 US$.

Die Fahrt im Taxi vom Flughafen nach Center City kostet pauschal 28,50 US$. Die Flughafenlinie von Septa (6,50 US$) fährt nach University City und hält auch an verschiedenen Stellen in Center City.

Vor allem in der Innenstadt bekommt man problemlos ein Taxi. Der Grundpreis beträgt 2,70 US$, danach kostet jede angefangene Meile 2,30 US$. Alle zugelassenen Taxis sind mit Navi ausgestattet, die meisten akzeptieren auch Kreditkarten.

Der Shuttlebus **Phlash** (www.ridephillyphlash.com; ⊙ im Sommer tgl. 10–18 Uhr, Mai, Sept. & Okt. Fr–So 10–18 Uhr) sieht aus wie eine alte Straßenbahn und pendelt ca. alle 15 Minuten zwischen Penn's Landing und dem Philadelphia Museum of Art (einfache Fahrt/Tageskarte 2/12 US$) hin und her.

Rund um Philadelphia

Valley Forge

Nach ihrer Niederlage in der Schlacht von Brandywine und der Besetzung Philadelphias durch die Briten zogen sich General Washington und die 12 000 Soldaten seiner Kontinentalarmee 1777 nach Valley Forge zurück, das heute als Symbol für Washingtons Zähigkeit und Führungsqualitäten gilt. Der **Valley Forge National Historic Park** (☎610-783-1099; www.nps.gov/vafo; Ecke N Gulph Rd & Rte 23, park grounds; ⊙Park 6–22 Uhr, Welcome Center & Washington's Headquarters 9–17 Uhr) GRATIS besteht aus gut 14 km² malerischer Landschaft und Freiflächen. Der Park liegt 20 Meilen (32 km) nordwestlich von Philadelphias Zentrum – ein Andenken an jene 2000 von George Washingtons 12 000 Mann, die an den bitterkalten Temperaturen, Hunger und Krankheiten zugrundegingen, während viele andere desertierten. Ein 35 km langer Radweg am Schuylkill River entlang verbindet Valley Forge mit Philadelphia.

New Hope & Lambertville

New Hope, ca. 65 km nördlich von Philadelphia, und dessen Zwillingsstadt Lambertville auf der anderen Seite des Delaware River in NJ, sind gleichweit von Philadelphia und New York City entfernt. Es sind zwei malerische Städtchen mit künstlerischem Flair. Auf beiden Seiten des Flusses gibt's lange, friedvolle Uferwege, die ideal zum Joggen, Radfahren und Spazierengehen sind. Über den Fluss führt eine Brücke mit einem Weg für Fußgänger, sodass man zwischen beiden Orten problemlos hin- und herpendeln kann. Die Orte werden gern von Schwulen besucht. Die Regenbogenfahnen vor den Geschäften sind ein Beweis für die Schwulenfreundlichkeit der beiden Städte.

Auf dem **Golden Nugget Antique Market** (☎609-397-0811; www.gnmarket.com; 1850 River Rd; ⊙6–16 Uhr), etwa 1 Meile (1,6 km) südlich von Lambertville, verkaufen viele Händler so ziemlich alles – von Möbeln bis Kleidung. Eine andere Möglichkeit, ein paar nette Stunden zu verbringen, ist eine Fahrt den Fluss hinunter im Kanu, Kajak, Schlauchboot oder Gummireifen. Die entsprechende Ausrüstung bekommt man bei **Bucks County River Country** (☎215-297-5000; www.rivercountry.net; 2 Walters Lane; Reifen 18–22 US$, Kanu 62 US$; ⊙Verleih 9–14.30 Uhr, Rückgabe bis 17 Uhr) etwa 8 Meilen (13 km) nördlich von New Hope an der Rte 32.

In beiden Städten gibt es viele nette B & Bs – warum also nicht über Nacht bleiben? Das **Porches on the Towpath** (☎215-862-3277; www.porchesnewhope.com; 20 Fisher's

Alley; Zi. Mo–Fr ab 115 US\$, Sa & So ab 155 US\$) ist ein schönes viktorianisches Haus mit Veranda und Blick auf den Kanal.

Wie wär's mit einem Essen in einer himmlisch renovierten Kirche? Dann ist die **Marsha Brown Creole Kitchen and Lounge** (✆ 215-862-7044; 15 S Main St; Hauptgerichte 15–30 US\$; ⏰ Mo–Do 11.30–22, Fr & Sa 11.30–23, So 11.30–21 Uhr) in New Hope das Richtige. Hier gibt's Wels, Steaks und Hummer. Im **DeAnna's** (✆ 609-397-8957; 54 N Franklin St; Hauptgerichte 18–25 US\$; ⏰ Di–Do 17–21.30, Fr & Sa 17–22 Uhr) in Lambertville bereitet der Betreiber/Küchenchef hausgemachte Pasta und köstliche Fleisch- und Fischgerichte für seine Gäste.

Pennsylvania Dutch Country

Das Herz des ca. 32 mal 24 km großen Pennsylvania Dutch Country liegt im Südosten Pennsylvanias östlich von Lancaster. Die Religionsgemeinschaften der Amish (*ahmisch*), der Mennoniten und der Brethren sind zusammen unter dem Namen „Plain People" bekannt. Da sie in ihrem Heimatland, der Schweiz, verfolgt wurden, siedelten sich die Täufersekten im frühen 17. Jh. im weltoffenen Pennsylvania an. Weil sie deutsche Dialekte sprachen, nannte man sie fälschlicherweise „Dutch" (abgeleitet von „Deutsch").

Die meisten Dutch-Leute in Pennsylvania leben auf Farmen, ihr Glaube variiert von Gemeinschaft zu Gemeinschaft. Viele verzichten auf elektrischen Strom, die meisten fahren in Pferdewagen durch die Gegend. Das sorgt für einen hübschen Anblick und eine nette Geräuschkulisse. Die Old Order Amish sind die Gläubigsten. Sie tragen dunkle, schlichte Kleidung und leben ein einfaches Leben, das sich an der Bibel orientiert. Ironischerweise sind genau sie zur Hauptattraktion für Touristen geworden. Schaulustige werden in ganzen Busladungen angekarrt, es gibt die unvermeidlichen Einkaufsstraßen, Niederlassungen von Restaurantketten und Hotels – wenn das alles nicht ein Widerspruch in sich ist! Natürlich geht so viel Kommerzialisierung nicht spurlos an den Familienfarmen, in denen mehrere Generationen unter einem Dach leben, vorbei. Es braucht also etwas Mühe, damit man die einzigartige Art der Gegend erleben kann. Am besten hält man sich an die vielen Nebenstraßen, die sich durch die Landschaft zwischen Intercourse und Strasburg schlängeln.

⊙ Sehenswertes & Aktivitäten

Im äußersten Westen des Amish Country liegt die Stadt **Lancaster** – eine Mischung aus Kunstgalerien, gut erhaltenen Backsteinreihenhäusern und teilweise verfallenen Blocks. Lancaster wurde im September 1777 für kurze Zeit Hauptstadt der USA, als der Kongress hier eine Nacht verbrachte. Der monatliche **First Friday** (www.lancaster arts.com) lockt die freundlichen Einheimischen auf die Straßen, besonders in die künstlerisch angehauchte Prince St mit ihren vielen Galerien.

Intercourse (einschließlich Kitchen Kettle Village) erhielt seinen Namen wahrscheinlich wegen seiner Lage an einer Kreuzung. Die von Touristen besuchten Geschäfte verkaufen Bekleidung, Quilts, Kerzen, Möbel, Bonbons und natürlich auch Souvenirs mit Anspielungen auf den doppeldeutigen Namen (denn *intercourse* bedeutet auch Geschlechtsverkehr). Die **Tanger Outlet Stores** an der Rte 30 locken mit superaktuellen Designerklamotten viele Touristen an.

★ **Strasburg Railroad**   ZUG
(✆ 717-687-7522; www.strasburgrailroad.com; Rte 741, Strasburg; Standardwaggon Erw./Kind 14/8 US\$; ⏰ mehrere Fahrten tgl., wechselnde Zeiten je nach Saison; ♿) Seit 1832 fährt die Strasburg Railroad mit dampfbetriebenen Zügen auf der Strecke nach Paradise und zurück (immer mit der gleichen Geschwindigkeit). Die Holzwaggons sind fantastisch restauriert, sie haben Buntglasfenster, glänzende Messinglampen und plüschige, burgunderrote Sitze. Das **Railroad Museum of Pennsylvania** (✆ 717-687-8628; www.rrmuse-umpa.org; Rte 741, Strasburg; Erw./Kind 10/8 US\$; ⏰ Mo–Sa 9–17, So 12–17 Uhr, Nov.–März So geschl.; ♿) auf der gegenüberliegenden Straßenseite zeigt 100 gigantische mechanische Wunderwerke – einfach einsteigen und ins Schwärmen geraten.

Landis Valley Museum   MUSEUM
(✆ 717-569-0401; www.landisvalleymuseum.org; 2451 Kissel Hill Rd, Lancaster; Erw./Kind 12/8 US\$; ⏰ 9–17, So 12–17 Uhr) Im 18. Jh. strömten deutsche Einwanderer in den Südosten von Pennsylvania, nur wenige gehörten den Amish an. Die meisten lebten wie die kostümierten Vortragenden in diesem Museum – einer Nachstellung des Dorflebens

mit Schmieden, Webern, Ställen und vielem mehr.

Ephrata Cloister · MUSEUM
(☎ 717-733-6600; www.ephratacloister.org; 632 W Main St, Ephrata; Erw./Kind 10/6 US$; ☺ Mo–Sa 9–17, So 12–17 Uhr) 1732 wurde hier von Conrad Beissel, einem deutschen Emigranten, eine der ersten religiösen Gemeinden des Landes gegründet. Beissel, dem die weltlichen Bräuche und Versuchungen missfielen, war vor der Verfolgung in seinem Heimatland geflüchtet. Im Visitor Center befindet sich ein kleines Museum, man kann die Gebäude im mittelalterlichen Stil bewundern und an einer Führung teilnehmen.

Sturgis Pretzel House · FABRIKBESICHTIGUNG
(☎ 717-626-4354; www.juliusssturgis.com; 219 E Main St, Lititz; Eintritt 3 US$; ☺ Mo–Sa 9–17 Uhr; ♿) In der ersten Brezelfabrik der USA kann man sich im Brezelformen versuchen.

Aaron & Jessica's Buggy Rides · GEFÜHRTE TOUR
(☎ 717-768-8828; 3121 Old Philadelphia Pike, Bird-in-Hand; Erw./Kind 10/6 US$; ☺ Mo–Sa 9–17 Uhr; ♿) Eine lustige, 2 Meilen (3,2 km) lange Tour mit Kommentaren eines Amish-Fahrers.

🛏 Schlafen

Im Amish Country gibt's jede Menge Gästehäuser und B & Bs. An dem Abschnitt mit den vielen Malls an der Rte 30/Lincoln Hwy direkt östlich von Lancaster ist so gut wie jede Hotelkette vertreten.

★ General Sutter Inn · INN $
(☎ 717-626-2115; www.generalsutterinn.com; 14 East Main St, Lititz; Zi. ab 70 US$; ✴🛜) Die Ursprünge dieses stimmungsvollen und bezaubernden Gasthauses am Ende der Hauptstraße von Lititz gehen auf das Jahr 1764 zurück. Die zehn schönen Zimmer mit Holzfußboden sind geschmackvoll mit Antiquitäten eingerichtet. Das Obergeschoss wurde aufgestockt und beherbergt jetzt das Rock Lititz Penthouse mit sechs ausgesprochen modernen Suiten mit dem Thema Rock'n'Roll. Zur Unterkunft gehört auch der extrem beliebte Bull's Head Pub, in dem vorwiegend Craft-Biere ausgeschenkt werden.

A Farm Stay · ZIMMERVERMITTLUNG $
(www.afarmstay.com; Zi. ab 60–180 US$; ♿) Wer seinen Urlaub auf einem bewirtschafteten Bauernhof verbringen will, wird auf dieser Website mit mehreren Dutzend Angeboten von typischen B & Bs bis zu Amish-Farmen bestimmt fündig. Im Preis sind meistens das Frühstück, ein eigenes Bad und einige Aktivitäten wie Kühe melken, Eier einsammeln oder einfach nur Ziegen streicheln enthalten.

Fulton Steamboat Inn · HOTEL $$
(☎ 717-299-9999; 1 Hartman Bridge Rd, Lancaster; Zi. ab 100 US$; ✴🛜🏊) Das thematisch am Meer orientierte Hotel mitten auf dem Land im Amish Country scheint ein Scherz zu sein, auch wenn der Erfinder des Dampfboots in der Nähe geboren wurde. Aber das leicht kitschige Konzept – glänzende altmodische Messinglampen, gemalt wirkende Tapeten – funktioniert. Die Hoteleinrichtung ist eher elegant und die Zimmer sind geräumig und gemütlich.

Red Caboose Motel & Restaurant · MOTEL $$
(☎ 888-687-5005; www.redcaboosemotel.com; 312 Paradise Lane, Ronks; Zi. ab 120 US$; ✴🛜♿) Bei einer Übernachtung in einer dieser großen Güterwagen, die mit TVs und Minikühlschränken ausgestattet sind, fühlt man sich wahrlich nicht wie ein Hobo. Die schlichte Einrichtung ist freilich nicht der Renner. Aber auch wenn man nur wenig Platz hat – die Zimmer sind natürlich nur so breit wie ein Zugwaggon – spricht das Besondere dieser Unterkunft sowohl Erwachsene als auch Kinder an. Das Motel liegt an einer schönen ruhigen Straße mitten in idyllischer Landschaft.

Cork Factory · BOUTIQUEHOTEL $$
(☎ 717-735-2075; www.corkfactoryhotel.com; 480 New Holland Ave; Lancaster; Zi. mit Frühstück ab 125 US$; ✴🛜) In dem früher leerstehenden Backsteinkoloss, nur einige Kilometer nordöstlich von Lancasters Zentrum, ist heute ein hochgestyltes, topmodernes Hotel untergebracht. Beim Sonntagsbrunch im Hotelrestaurant gibt's eine Mischung aus saisonaler neu-amerikanischer Küche und bodenständiger Hausmannskost.

🍴 Essen

Wer einmal eines der herzhaften Gerichte des Amish Country in einem der berühmten Familienrestaurants probieren will, muss sich darauf gefasst machen, auf enge Tuchfühlung zu vielen Touristen gehen zu müssen.

★ Bird-in-Hand Farmers Market · MARKT
(☎ 717-393-9674; 2710 Old Philadelphia Pike, Bird-in-Hand; ☺ Juli–Okt. Mi–Sa 8.30–17.30 Uhr, andere

Zeiten tel. erfragen) Das Highlight im Dutch Country. Es gibt Buttertoffee, Quilts und Kunsthandwerk. Am besten ist aber das große Angebot an leckeren, selbstgemachten Marmeladen, Käsesorten, Brezeln, Trockenfleisch und Spezialitäten wie *scrapple* (mit Mais- und Weizenmehl gemischte Reste vom Schwein werden zu einem Laib geformt und gebraten). Zwei Imbisstheken servieren Mittagsgerichte.

Central Market
MARKT $
(www.centralmarketlancaster.com; 23 N Market St, Lancaster; ☺ Di & Fr 6–16, Sa 6–14 Uhr) Auf dem geschäftigen Markt gibt's Obst und Gemüse, Käse, Fleisch, Backwaren und Kunsthandwerk der Amish sowie all die regionalen Leckereien wie frischen Meerrettich, Whoopie Pies, weiche Brezeln, in Öl triefende Riesensandwiches mit Sülze. Ethno-Lokale fehlen natürlich auch nicht.

Tomato Pie Cafe
SANDWICHES $
(23 N Broad St, Lititz; Hauptgerichte 6 US$; ☺ Mo-Sa 7–21 Uhr; 🕾) Das in einem reizenden gelbgrünen Haus in einer von der Hauptstraße abzweigenden Nebenstraße untergebrachte Café ist vor allem an den Wochenenden mittags rappelvoll. Außer der namensgebenden Tomatenpastete stehen Sandwiches mit Erdnussbutter, Nutella oder Bananen auf der Speisekarte. Ausgezeichnetes Frühstück und Baristas, die ihren Job verstehen.

Dutch Haven
DESSERTS $
(2857 Lincoln Hwy/Rte 30, Ronks; Kuchen 15 cm 7 US$) Hier sollte man einen Zwischenstop einlegen und sich einen klebrig-süßen Shoofly Pie gönnen.

Good'N Plenty Restaurant
AMERIKANISCH $$
(Rte 896, Smoketown; Hauptgerichte 11 US$; ☺ Mo–Sa 11.30–20 Uhr, Jan. geschl.; 🕾) Zugegeben, hier isst man inmitten ganzer Busladungen von Touristen, und auch der Kardiologe dürfte Einiges einzuwenden haben, aber es macht einfach Spaß, sich an einem der Picknicktische zu einem familiären Mahl (21 US$) niederzulassen. Neben dem Hauptspeisesaal von der Größe eines Footballfelds gibt's noch eine Reihe kleinerer Bereiche, in denen man Essen von der Karte bestellt.

NICHT VERSÄUMEN

GETTYSBURG

Das ruhige, kleine, geschichtsträchtige Städtchen, 145 Meilen (233 km) westlich von Philadelphia, hat eine der blutigsten Entscheidungsschlachten des Bürgerkriegs erlebt. Hier hielt Lincoln seine berühmte Gettysburg Address. Einen Großteil des Geländes, auf dem sich Robert E. Lees Army of Northern Virginia und Maj. Gen. Joseph Hookers Union Army of the Potomac bekämpften, kann man im eigenen Fahrzeug mit Karte und Führer, auf einer Audio-Tour mit CD, einer Bustour oder einer zweistündigen von Rangern geführten Tour (65 US$/Auto) erkunden, wobei Letzteres am empfehlenswertesten ist. Wer aber nicht allzu viel Zeit hat, sollte einfach die schmalen Wege durch die Felder fahren – Dutzende von Denkmälern markieren bedeutende Stätten und Ereignisse. Die Hauptsehenswürdigkeit (wo auch Führungen gebucht werden können) ist das neue riesige **Gettysburg National Military Park Museum & Visitor Center** (☎717-334-1124; www.gettysburgfoundation.org; 1195 Baltimore Pike; Erw./Kind 12,50/8,50 US$; ☺Nov.–März 8–17 Uhr, April–Okt 8–18 Uhr) einige Kilometer südlich der Stadt. Das unglaubliche Museum beherbergt Artefakte und Exponate, die jede Kleinigkeit der Schlacht beleuchten. Zu sehen sind außerdem ein Film, der die Zusammenhänge erklärt, und Paul Philippoteauxs 115 m großes Cyklorama „Pickett's Charge", mit dessen Hilfe den Besuchern ein wichtiger Teil der Schlacht erklärt wird.

Bei den alljährlich am ersten Juliwochenende stattfindenden **Civil War Heritage Days** stellen Geschichtsfans von nah und fern die Schlacht nach und simulieren das historische Lagerleben.

Als Unterkunft bietet sich das stattliche, dreistöckige viktorianische **Brickhouse Inn** (☎717-338-9337; www.brickhouseinn.com; 452 Baltimore St; Zi. mit Frühstück 119–189 US$; P🕸🕾) an, das um 1898 errichtet wurde. Das wundervolle B & B hat reizende Zimmer und eine Außenterrasse. Gettysburgs ältestes Wohnhaus wurde 1776 errichtet und beherbergt heute die **Dobbin House Tavern** (☎717-334-2100; 89 Steinwehr Ave; Hauptgerichte 8–30 US$; ☺11.30–21 Uhr). Das Restaurant serviert mächtige Sandwiches und sättigende Fleisch-und Fischgerichte in kitschig gestalteten Speisesälen.

Bube's Brewery EUROPÄISCH, BRAUEREI **$$**
(www.bubesbrewery.com; 102 North Market St, Mt. Joy) Die gut erhaltene deutsche Brauerei aus dem 19. Jh. mit Restaurantkomplex hat mehrere stimmungsvolle Bars, vier Speisesäle (einer davon im Untergeschoß), „Kostümfeste" und natürlich selbstgebrautes Bier zu bieten.

Lancaster Brewing Co AMERIKANISCH, BRAUEREI **$$**
(302 N Plum St, Lancaster; Hauptgerichte 9–22 US$; ☉ 11.30–22 Uhr) Vom Cork Factory Hotel in Lancaster die Straße hinunter findet sich diese Bar, die junge Stammgäste aus der Nachbarschaft anlockt. Das Essen ist deutlich besser als die übliche Kneipenkost – z.B. Wildschweinkarree und Cranberry-Würstchen –, aber wirklich unschlagbar sind Sonderangebote wie die Chicken Wings (0,35 US$) bei der Wing Night.

❶ Praktische Informationen

Eine Straßenkarte mitnehmen, sich über Nebenstraßen bewegen und die Hauptstraßen – die Rte 30 und 340 – meiden oder im Winter kommen, wenn sich kaum Touristen blicken lassen. Eine noch bessere Alternative: Sich im **Rails to Trail Bicycle Shop** (☎ 717-367-7000; www.railstotrail.com; 1010 Hershey Rd, Fahrradverleih 25 US$/Tag; ☉ 10–18 Uhr) zwischen Hershey und Lancaster ein Fahrrad mieten, etwas Proviant einpacken und auf Tour gehen. Ausführliche Infos gibt's im **Dutch Country Visitors Center** (☎ 800-723-8824; www.padutchcountry.com; 501 Greenfield Rd; ☉ Mo–Sa 9–17, So 10–16 Uhr) abseits der Rte 30 in Lancaster.

❶ Anreise & Unterwegs vor Ort

Die Regionalbusse von **RRTA** (www.redrosetransit.com) verbinden alle größeren Ortschaften miteinander, aber fürs Sightseeing ist ein eigenes Auto wesentlich bequemer. Vom **Amtrak-Bahnhof** (53 McGovern Ave) fahren Züge nach Philadelphia (16 US$, 70 Min.) und Pittsburgh (51 US$, 6 Std.).

Pennsylvania Wilds

In dieser ländlichen Gegend stehen überall verstreut majestätische Gebäude und großartige Herrenhäuser aus einer Zeit, als Holz, Kohle und Öl für großen Wohlstand in dieser Ecke Pennsylvanias und für die Aufmerksamkeit der ganzen Welt sorgten. Mehrere Museen (je ein Ölmuseum in Titusville und Bradford, ein Holzmuseum in Galeton) schildern den industriellen Boom und den Niedergang. Aber natürliche Ressourcen einer ganz anderen Art gibt es noch immer: die sogenannten „Wilds". Hier schlängeln sich Straßen (vor allem die idyllische Rte 6) und mehrere 100 km Wege durch National Forests und State Parks.

Die Kinzua-Eisenbahnbrücke, früher die höchste und eine der längsten Eisenbahnhängebrücken der Welt, wurde 2011 durch einen Tornado teilweise zerstört. Daraufhin hat man sie zum Kizua Bridge Skywalk (www.visitanf.com) umgestaltet, der nach 180 m mit einem Aussichtspunkt über das Tal endet. Ein Teil des Aussichtspunkts ist mit einem Glasboden versehen, sodass man direkt auf den Talboden in 68 m Tiefe blicken kann. Die Lodge at Glendorn (☎ 800-843-8568; www.glendorn.com; 1000 Glendorn Dr, Bradford; Zi. ab 450 US$) im nördlich gelegenen Bradford ist eine Luxusherberge, die unzählige Outdooraktivitäten anbietet.

Über die Grenzenlosigkeit des Universums kann man im Cherry Springs State Park (www.dcnr.state.pa.us/state parks/parks/cherrysprings) nachdenken. Es ist einer der besten Orte zum Sternegucken östlich des Mississippi. Mehrere hundert Menschen versammeln sich hier an klaren Nächten im Juli und August, wenn man die Milchstraße fast direkt über sich sehen kann. Hier und in der Umgebung gibt's auch Campingmöglichkeiten.

Die oft als „Pennsylvanias Grand Canyon" bezeichnete Pine Creek Gorge im Tioga State Forest hat zwei Zugangspunkte und auf jeder Seite einen Park. Der am meisten besuchte und erschlossenere ist der Leonard Harrison State Park (☎ 570-724-3061; www.visitpaparks.com) an der Ostseite. Der ruhigere Colton Point State Park befindet sich an der Westseite. In beiden gibt's Wanderwege zu Wasserfällen und hinunter in den Canyon.

Pittsburgh

Im 19. Jh. war Pittsburgh ein wichtiger Industriestandort, und vielen Amerikanern kommen auch heute noch die rauchenden Schlote von Stahlfabriken und Kohlekraftwerken in den Sinn, wenn sie an Pittsburgh denken. Heute genießt die Stadt den wohlverdienten Ruf, zu den lebenswerteren Großstädten im Land zu gehören. Sie liegt an der Stelle, an der die Monongahela (oft auch „The Mon" genannt) und der Allegheny River in den Ohio münden, und breitet sich längs der Wasserwege aus. Malerische Brücken, die alle auch von Fußgängern benutzt werden können und von denen die Stadt mehr besitzt als jede andere in den USA, verbinden die hügligen Viertel miteinander. Wegen der vielen Universitäten wimmelt es von Studierenden, sodass sich Pittsburgh als eine überraschend hippe, kultivierte Stadt mit erstklassigen Museen, vielen Grünflächen und mehreren munteren Stadtvierteln mit lohnenden Restaurants und Bars präsentiert.

Der schottische Einwanderer Andrew Carnegie kam hier durch die Modernisierung der Stahlproduktion zu gewaltigem Reichtum; sein Vermächtnis ist immer noch fest mit der Stadt und ihren vielen Kultur- und Bildungseinrichtungen verbunden. Die Stahlproduktion brach während der Weltwirtschaftskrise ein, erholte sich dann aber, als in den 1930er-Jahren die Massenfertigung von Autos einsetzte. Als in den 1970er-Jahren die Wirtschaft und die örtliche Stahlproduktion erneut Rückschläge zu verkraften hatten, hielt Pittsburghs NFL-Footballteam den Lokalstolz aufrecht: Die Steelers legten eine bemerkenswerte Serie von vier Super-Bowl-Titeln hin – für manche Pittsburgher auch heute noch ein identitätsstiftendes Ereignis. Nach dem Niedergang der Stahlindustrie hat sich Pittsburghs Wirtschaft auf die Bereiche Gesundheitswesen, Technologie und Bildung umgestellt; mehrere Unternehmen, die zu den 500 umsatzstärksten gehören, darunter Alcoa und Heinz, haben in der Stadt ihren Sitz.

◉ Sehenswertes & Aktivitäten

Die Sehenswürdigkeiten liegen über ganz Pittsburgh verstreut. Angesichts der großen Ausdehnung der Stadt lassen sie sich kaum alle zu Fuß erkunden. Die Great Allegheny Passage, ein fast 230 km langer Wander- und Radweg zwischen Cumberland, MD, und Pittsburgh, wurde im Sommer 2013 fertiggestellt. Von Cumberland führt der C&O Canal Towpath ganz bis nach Washington, D.C.

Pittsburgh Parks Conservancy PARKS
(☎ 412-682-7275; www.pittsburghparks.org) Beste Möglichkeiten für Outdoor-Aktivitäten fast jeder Art bieten die insgesamt 688 ha umfassenden Grünflächen, die von der Pittsburgh Parks Conservancy verwaltet werden. Sie bestehen aus dem **Schenley Park** (mit einem öffentlichen Schwimmbad und einem Golfplatz), dem **Highland Park** (mit Schwimmbad, Tennisplätzen und Radweg),

dem **Riverview Park** (mit Sportplätzen und Reitwegen) sowie dem **Frick Park** (mit Wanderwegen, Sandplätzen für Tennis und einer Rasenfläche für Bowling). In allen Parks gibt's wunderschöne Wege für Jogger, Radler und Inlineskater.

◉ Downtown

Im geheimnisvoll klingenden **Golden Triangle** (dieser Ausdruck wird eigentlich nur in Tourismusbroschüren verwendet) am Zusammenfluss des Monongahela River und des Allegheny River liegt Pittsburghs aufgemöbelte Downtown mit dem Finanz- und Geschäftsviertel sowie dem „Cultural District", ca. 14 Blocks mit Theatern, Spielstätten und Kunstgalerien. Von Mai bis November findet am **Market Square** jeden Donnerstag ein Bauernmarkt statt. Dieser öffentliche Platz ist gesäumt von Restaurants – darunter auch einige Fast-Food-Ketten – und Bürotürmen (zum Zeitpunkt der Recherchen wurde gerade ein großer Komplex mit Hotel, Büros und Parkhaus errichtet). Im **CONSOL Energy Center** (www.consolenergycenter.com; 1001 Fifth Ave) direkt östlich des Zentrums spielen die NHL Pittsburgh Penguins den Puck an die Bande. Hier finden aber auch große Konzerte statt. Gleich nordöstlich liegt der **Strip** mit Lagerhäusern, Ethno-Food-Läden, Cafés und Nachtclubs.

Point State Park PARK
Direkt an der Spitze des Dreiecks, das der Monongahela River und die Allegheny River hier bilden, befindet sich dieser Park mit dem **Fort Pitt Museum** (☎ 412-281-9284; www.heinzhistorycenter.org; 601 Commonwealth Pl; Erw./Kind 6/3 US$; ◷10–17 Uhr), das an das historische Erbe des Siebenjährigen Kriegs in Nordamerika erinnert. Das runderneuerte und aufgehübschte Flussufer ist im Sommer bei Spaziergängern, Radfahrern, Erholungssuchenden und Joggern sehr beliebt. Wem das nicht reicht, kann die 17,7 km lange Schotterpiste **Montour Trail** (www.montourtrail.org) in Angriff nehmen, den man über die 6th St Bridge und dann den asphaltierten Weg am Carnegie Science Center erreicht.

Senator John Heinz Pittsburgh Regional History Center MUSEUM
(☎ 412-454-6000; www.heinzhistorycenter.org; 1212 Smallman St; Erw./Kind mit Sportmuseum 15/6 US$; ◷10–17 Uhr) Das umgebaute Lagerhaus aus Backstein vermittelt mit seinen

Ausstellungsstücken zum Siebenjährigen Krieg, zu den frühen Siedlern, den Einwanderern und zur Stahl- und Glasindustrie einen guten Einblick in die Vergangenheit der Region. Das Gebäude beherbergt auch das **Western Pennsylvania Sports Museum**, das Pittsburghs Sporthelden ehrt. Die interaktiven Exponate sind ein Spaß für Kinder und für jene Erwachsene, die nicht einsehen wollen, keine Chance mehr im Profisport zu haben.

August Wilson Center for African American Culture KUNSTZENTRUM
(☑ 412-258-2700; www.augustwilsoncenter.org; 980 Liberty Ave; Sonderausstellungen Erw./Kind 8/3 US$; ◷ 11–18 Uhr) Das auffallend moderne und nach dem preisgekrönten, aus Pittsburgh stammenden Dramatiker August Wilson benannte Gebäude beherbergt ein Museum, Schulungsräume sowie Spielstätten.

◉ North Side

In diesem Teil der Stadt auf der anderen Seite des Allegheny River ist besonders viel los, wenn die Steelers auf dem **Heinz Field** (☑ 412-323-1200; www.steelers.com; 100 Art Rooney Ave) oder die Pirates im **PNC Park** (☑ 412-323-5000; www.pirateball.com; 115 Federal St) spielen. Dann sind sogar die Brücken, die vom Stadtzentrum herüberführen, für den Autoverkehr gesperrt. Die einstündige Führung über das Heinz Field (eine entscheidende Szene des letzten Batman-Films *The Dark Knight Rises* wurde hier gedreht) wird von April bis Ende Oktober jeden Freitag angeboten (Erw./Kind 7/3 US$). Ganz in der Nähe, im Nordwesten, liegt das Stadtviertel **Mexican War Streets**. Hier sind die Straßen nach Schlachten und Soldaten aus dem Mexikanisch-Amerikanischen Krieg von 1846 benannt. Die ruhigen, von sorgfältig restaurierten Reihenhäusern mit neoklassizistischen Portalen und gotischen Türmchen gesäumten Straßen laden zu einem friedlichen Spaziergang nach dem Museumsbesuch ein. Achtung: In dieser Gegend gibt's fast nur Fast-Food-Restaurants.

★ Andy Warhol Museum MUSEUM
(☑ 412-237-8300; www.warhol.org; 117 Sandusky St; Erw./Kind 20/10 US$; ◷ Di–Sa, So 10–17, Fr 10–22 Uhr) In dem sechsstöckigen Museum wird Pittsburghs coolster Sohn gefeiert, der durch seine Pop-Art-Kunst, avantgardistischen Filme, Promi-Freundschaften und Velvet-Underground-Spektakel berühmt wurde. Gezeigt werden hier u.a. Portraits von Berühmtheiten. Im Theater des Museums sind häufig Filme und schräge Performances zu sehen. Bei Pittsburghs schwuler Gemeinde sind die Cocktailabende freitags im Museum sehr beliebt.

Carnegie Science Center MUSEUM
(☑ 412-237-3400; www.carnegiesciencecenter.org; 1 Allegheny Ave; Erw./Kind 18/12 US$, IMAX & Sonderausstellungen kosten extra; ◷ So–Fr 10–17, Sa bis 19 Uhr; ♿) Ein tolles Technikmuseum für Kinder, das mit seinen innovativen Ausstellungen zu Themen, die vom Weltraum bis zu Süßigkeiten reichen, etwas mehr bietet als die meisten anderen interaktiven Museen.

Children's Museum of Pittsburgh MUSEUM
(☑ 412-322-5058; www.pittsburghkids.org; 10 Children's Way; Allegheny Sq; Erw./Kind 13/12 US$; ◷ 10–17 Uhr; ♿) Das Museum bietet unzählige interaktive Möglichkeiten. So können Kinder unter die Motorhaube eines echten Autos klettern und sich einige kindgerechte Arbeiten von Andy Warhol anschauen.

National Aviary NATURSCHUTZGEBIET
(☑ 412-323-7235; www.aviary.org; 700 Arch St; Erw./Kind 13/11 US$; ◷ 10–17 Uhr; ♿) Hier leben mehr als 600 exotische und gefährdete Vogelarten.

Mattress Factory KUNSTZENTRUM
(☑ 412-231-3169; www.mattress.org; 500 Sampsonia Way; Erw. 15 US$; ◷ Di–Sa 10–17, So 13–17 Uhr) In diesem Zentrum gibt's zeitgenössische Avantgarde-Installationen und Performances zu sehen.

◉ South Side & Mt. Washington

Auf der anderen Seite des Monongahela River liegt die South Side, die sich Richtung Mt. Washington hinzieht. In der auch Flats genannten Gegend befindet sich die junge, funkige E Carson St mit unzähligen Clubs und Restaurants. In den zehn Blocks zwischen der 10th St Bridge und der Birmingham Bridge gibt es Dutzende von Bars, darunter eine Reihe winziger Kneipen. Aus dem Talgewusel von South Side erhebt sich das **South Side Slopes** genannte Viertel – eine faszinierende Ansammlung von Häusern, die gefährlich nah am Abhang zu stehen scheinen und die über steile, kurvenreiche

Straßen und Hunderte von Stufen zu erreichen sind.

★ Monongahela & Duquesne Incline
STANDSEILBAHN

(Einfache Fahrt Erw./Kind 2,50/1,25 US$; ☺ Mo–Sa 5.30–12:45, So ab 7 Uhr) Die historische Standseilbahn (um ca. 1877), die die steilen Hänge des **Mt. Washington** hinauf- und hinunterfährt, bietet besonders nachts einen großartigen Blick auf die Stadt. An der Talstation der Monongahela Incline, gleich hinter der Smithfield St Bridge, ist der **Station Square** (☏ 800-859-8959; www.stationsquare.com; Station Square Dr) mit mehreren schön renovierten Bahngebäuden, in denen jetzt Restaurants, Nachtclubs und Bars untergebracht sind. Etwa auf halber Strecke zwischen den beiden Hängen am Monongahela River befindet sich das **Highmark Stadium**, ein neues Fußballstadion mit 3500 Sitzplätzen. Die Grandview Ave oben am Duquesne Incline hat mehrere hervorragende Restaurants mit romantischem Blick zu bieten, u.a. das mit fünf Sternen ausgezeichnete Le Mont.

☺ Oakland & Umgebung

Hier sind die University of Pittsburgh und die Carnegie Mellon University zu Hause. In den umliegenden Straßen gibt's unzählige preiswerte Lokale, Cafés, Läden und Studentenwohnheime.

Carnegie Museums
MUSEUM

(☏ 412-622-3131; www.carnegiemuseums.org; 4400 Forbes Ave; Erw./Kind 18/12 US$; ☺ Di–Sa 10–17, So 12–17 Uhr; ♿) Das **Carnegie Museum of Art** zeigt hervorragende Ausstellungen zum Thema Architektur und Gemälde von Impressionisten, Postimpressionisten und modernen amerikanischen Künstlern. Das **Carnegie Museum of Natural History** prunkt mit dem vollständigen Skelett eines Tyrannosaurus und Ausstellungen über die Geologie Pennsylvanias sowie über die Vor- und Frühgeschichte der Inuit.

Frick Art & Historical Center
MUSEUM

(☏ 412-371-0600; www.thefrickpittsburgh.org; 7227 Reynolds St; Museum & Gelände frei, Clayton-Führung 12 US$; ☺ Di–So 10–17 Uhr) GRATIS Dieses Museum östlich von Oakland in Point Breeze beherbergt flämische, französische und italienische Gemälde aus der Henry-Clay-Frick-Sammlung. Im Car & Carriage Museum werden ausgesuchte „Frick-Mobile" präsentiert, z.B. ein Rolls Royce von 1914. Weitere Highlights sind die etwa 2 ha

großen Parkanlagen und Clayton, Fricks restauriertes Herrenhaus, das aus dem Jahr 1872 stammt. Hin kommt man aus der Innenstadt mit Bus 71 C.

Phipps Conservatory
GARTEN

(☏ 412-622-6914; www.phipps.conservatory.org; One Schenley Park; Erw./Kind 15/11 US$; ☺ 9.30–17, Fr bis 22 Uhr; ♿) ⚑ Die Anlage umfasst ein eindrucksvolles Gewächshaus aus Stahl und Glas und wunderschön angelegte, gepflegte Gärten.

Cathedral of Learning
TURM

(☏ 412-624-6000; 4200 Fifth Ave; Führung 3 US$; ☺ Mo–Sa 9–15, So 11–15 Uhr) GRATIS Mitten auf dem Campus der University of Pittsburgh ragt der prächtige, 42 Stockwerke hohe, gotische Turm in den Himmel. Mit 163 m ist er das zweithöchste Universitätsgebäude der Welt. In ihm befinden sich die eleganten **Nationality Classrooms**, die jeweils im Stil einer bestimmten Epoche eingerichtet sind. Die meisten dieser Seminarräume sind nur im Rahmen einer Führung zu besichtigen.

Squirrel Hill & Shadyside

Markenzeichen der beiden Nobelviertel sind breite Straßen, ausgezeichnete Restaurants, Filialen großer Ketten, unabhängige Boutiquen und Bäckereien (unbedingt die Torte mit gebrannten Mandeln probieren, ein klassischer Pittsburgher Nachtisch). In Squirrel Hill lebt Pittsburghs große jüdische Gemeinde. Daher gibt's hier die besten koscheren Restaurants, Metzger und jüdischen Läden der Stadt. Apartmentblocks, Doppelhäuser und bescheidenere Gebäude stehen hier Seite an Seite mit Herrenhäusern, für die dieses Viertel eigentlich bekannt ist.

Im Viertel Shadyside ist in der Walnut St am meisten los. Der mit viel Grün angelegte Campus der **Chatham University** befindet sich zwischen den beiden Stadtvierteln und eignet sich ganz wunderbar für einen Spaziergang.

Großraum Pittsburgh

Das ehemals düstere **Lawrenceville** ist jetzt Pittsburghs **Interior Design District**. In der Butler St zwischen der 16th und 62nd St und in der Umgebung gibt's unzählige Geschäfte, Galerien, Studios, Bars und Restaurants, die hauptsächlich von einem hippen Publikum besucht werden. Auch im Nachbarviertel **Garfield**, das Schritt um Schritt luxussaniert wird, kann man in zahlreichen

Ethno-Restaurants gut und preiswert essen. **Bloomfield**, ein wirklich kleines Little Italy, ist vollgestopft mit italienischen Lebensmittelgeschäften und Restaurants. Eine Art Institution ist aber das polnische Restaurant Bloomfield Bridge Tavern. Der Zoo und das Aquarium von Pittsburgh sowie ein Wasserpark sind in der Nähe.

Kennywood Amusement Park
VERGNÜGUNGSPARK

(☎ 412-461-0500; www.kennywood.com; 4800 Kennywood Blvd, West Mifflin; Erw./Kind 40/27 US$; ☺ Juni–Aug. 10.30–22 Uhr; ♿) Der Vergnügungspark 12 Meilen (19 km) südöstlich des Zentrums ist ein National Historic Landmark mit vier alten Holz-Achterbahnen.

☞ Geführte Touren

Rivers of Steel
GEFÜHRTE TOUR

(☎412-464-4020; www.riversofsteel.com) Diese Organisation widmet sich der Wahrung des materiellen Erbes sowie der Erinnerungen und Geschichten aus der industriellen Vergangenheit der Region. Die Besichtigung der Carrie Furnaces (April–Ende Okt. Fr & Sa), Langem still gelegten U.S.-Steel-Hochöfen, die heute wie ein verfallenes Memento mori nach der Apokalypse in der Gegend herumstehen, ist wirklich lohnenswert. In ihrer Blütezeit in den 1950er- und 1960er-Jahren produzierten sie täglich mehr als 1000 t flüssiges Eisen. Hier wurden schon mehrere Filme und Musikvideos gedreht.

Tour-Ed Mine
GEFÜHRTE TOUR

(☎ 724-224-4720; www.tour-edmine.com; 748 Bull Creek Rd, Tarentum; Erw./Kind 7,50/6,50 US$; ☺ Juni–Sept. 10–16 Uhr, Di geschl.; ♿) Wer einmal erfahren will, was Klaustrophobie wirklich ist und zudem die Arbeitswelt der Kohlekumpels zumindest ein wenig kennenlernen möchte, sollte an der Führung durch die Zeche teilnehmen, die einen fast 49 m in die Tiefe der Erde führt.

Alan Irvine Storyteller Tours
STADTSPAZIERGANG

(☎ 412-508-2077; www.alanirvine.com/walking_tour; Tour 15 US$) Bei der Führung durch mehrere Stadtviertel erweckt der Historiker die Vergangenheit der Stadt zum Leben.

Burgh Bits & Bites Food Tour
STADTSPAZIERGANG

(☎ 412-901-7150; www.burghfoodtour.com; Tour 37 US$) Eine ganz wunderbare Art, die einzigartigen Ethno-Restaurants der Stadt kennenzulernen.

Pittsburgh History & Landmarks Foundation
STADTSPAZIERGANG

(☎ 412-471-5808; www.phlf.org; Station Sq; einige Touren kostenlos, andere ab 5 US$) Stadtspaziergänge und Bustouren mit speziellen historischen, architektonischen oder kulturellen Themen.

🛏 Schlafen

Die meisten Unterkünfte vor Ort sind normale Kettenhotels, die sich vor allem rund um Oakland ballen.

Inn on Negley
INN $$

(☎ 412-661-0631; www.innonnegley.com; 703 Negley Ave; Zi. 180–280 US$; P ❋ 🖰) Die beiden viktorianischen Gästehäuser in Shadyside wurden inzwischen eingerichtet und zu einem Schmuckstück mit geradliniger Ästhetik und trotzdem viel Romantik zusammengelegt. Die Zimmer bieten Himmelbetten, schöne Möbel, Kamine und große Fenster. Einige verfügen auch über Whirlpools.

Priory
INN $$

(☎ 412-231-3338; www.thepriory.com; 614 Pressley St; EZ/DZ/Suite inkl. Frühstück ab 99/150/180 US$; P ❋ 🖰) Das in einem ehemaligen katholischen Kloster in North Side gleich hinter der Veterans Bridge untergebrachte Priory mischt altmodische Möblierung mit modernen Design-Elementen. Es gibt einen Salon mit Kamin und einen Innenhof, in dem man an warmen Tagen gut einen Drink nehmen kann. 2011 kam ein neuer Flügel mit 17 Zimmern dazu. Zum Hotel gehört auch die prächtige Grand Hall, eine alte Kirche, die heute für Hochzeiten und Events genutzt wird.

Inn on the Mexican War Streets
BOUTIQUEHOTEL $$

(☎ 412-231-6544; www.innonthemexicanwarstreets.com; 604 W North Ave; Zi. mit Frühstück 139–199 US$; P ❋ 🖰) Das historische, von schwulen Besitzern geführte Herrenhaus liegt in North Side nahe den Museen und direkt an der Buslinie in Richtung Downtown. Die charmanten Gastgeber servieren ein herzhaftes, hausgemachtes Frühstück. Neben wunderschönen alten Möbeln und einer eleganten Veranda gibt es auch noch eine Martini-Lounge und das Vier-Sterne-Restaurant Acanthus.

Morning Glory Inn
B&B $$

(☎ 412-431-1707; www.gloryinn.com; 2119 Sarah St; Zi. inkl. Frühstück 155–195 US$, Suite 190–450 US$; P ❋ 🖰) Das italienisch angehauchte, aus

Backstein errichtete viktorianische Stadthaus mitten im geschäftigen Viertel South Side ist sehr beliebt für Hochzeitsfeiern. Das Ganze wirkt etwas plüschig – Blumenmuster, Korbmöbel, Himmelbetten –, aber dafür kann man hinten auf der schönen Veranda ganz wunderbar relaxen. Ein weiteres Plus ist das köstliche Frühstück.

Parador Inn
B&B **$$**
(☎ 412-231-4800; www.theparadorinn.com; 939 Western Ave; Zi. mit Frühstück 150 US$; 🅿 ❄ 🛜) Das liebevoll restaurierte Herrenhaus befindet sich in North Side unweit von National Aviary und Heinz Field. Stilistisch präsentiert sich dieses B & B als eine charmante Mischung diverser ästhetischer Einflüsse von viktorianisch bis karibisch. Der Betreiber ist vor Ort und beantwortet gern alle Fragen. Zum Entspannen gibt es öffentliche Räume und einen Garten.

Sunnyledge
HOTEL **$$**
(☎ 412-683-5014; www.sunnyledge.com; 5124 Fifth Ave; Zi./Suite 189/275 US$; 🅿 ❄ 🛜) Das Sunnyledge bezeichnet sich selbst als „Boutiquehotel", fällt aber eher in die Kategorie „historisch". In dem 1886 errichteten Herrenhaus in Shadyside herrscht eine Atmosphäre traditioneller Eleganz, die manchmal aber etwas überzogen wirkt. Das Hotelrestaurant wird unterschiedlich beurteilt.

★ Omni William Penn Hotel
HOTEL **$$$**
(☎ 412-281-7100; www.omnihotels.com; 530 William Penn Place; Zi. ab 200 US$; 🅿 ❄ 🛜) Der ursprünglich vor fast 100 Jahren von Henry Clay Frick erbaute, elegante, stattliche Koloss in Downtown konnte sich viel von seinem europäischen Charme bewahren. Der High Tea wird in der großen Lobby serviert, die (überraschenderweise) auch ein beliebter Treffpunkt für Nichthotelgäste ist. Der überdurchschnittlich gute Service, die modern eingerichteten Zimmer, ein Spa, mehrere Restaurants und eine erst kürzlich eröffnete Bar im Untergeschoß runden den Aufenthalt in diesem Hotel ab.

 **Essen**

🍴 Downtown & Strip

Wer Speisen aus der Ethno-Küche probieren möchte, ist im Strip District direkt östlich von Downtown von der 14th St bis zur 30th St zwischen dem Allegheny River und der Liberty Ave genau richtig. In der Penn Ave zwischen 17th und 23rd St befinden sich unvergleichliche Läden wie **Stamoolis Brothers**, **Pennsylvania Macaroni** und **Wholey**, in denen die Küchenchefs für ihre Restaurants einkaufen. Die beste Zeit für einen Besuch ist zwischen 10 und 15 Uhr. In der Weihnachtszeit (einen Parkplatz zu finden ist dann so gut wie unmöglich) herrscht hier Feierstimmung, denn der selbst hergestellte Wein wird normalerweise gratis ausgeschenkt.

★ Original Oyster House
SEAFOOD **$**
(20 Market Sq; Sandwiches 6 US$; ⊙ Mo–Sa 10–22 Uhr) Dieses Lokal gibt's in der einen oder anderen Form schon seit 1870 und noch immer strömen die Liebhaber von Sandwiches mit frittiertem Fisch in Massen hierher. Mittags stehen Einheimische jeder Couleur Schlange vor dem völlig anspruchslosen Laden, in dem mit Plastikbesteck von Papptellern gegessen wird.

Primanti Bros
FAST FOOD **$**
(☎ 412-263-2142; www.primantibros.com; 18th St an der Smallman St; Sandwiches 6 US$; ⊙ 24 Std.) Die immer volle Pittsburgher Institution im Strip hat sich auf fettige, aber köstliche heiße Sandwiches spezialisiert – von Knackwurst und Käse bis hin zum „Pitts-Burger Cheesesteak". Weitere Filialen gibt's in Oakland, am Market Sq in Downtown und in South Side.

Pamela's
DINER **$**
(www.pamelasdiner.com; 60 21st St; Hauptgerichte 7 US$; ⊙ Mo–Sa 7–15, So 8–15 Uhr) Selbst Präsident Obama mochte das Frühstück und die Sandwiches in diesem Lokal im Strip District. Es gibt mehrere Pamela's über die ganze Stadt verteilt. Sie alle haben den klassischen Diner-Look und sind berühmt für ihre rundum knusprigen, crêpesartigen Pfannkuchen.

★ Enrico Biscotti Company
ITALIENISCH **$$**
(www.enricobiscotti.com; 2022 Penn Ave; Hauptgerichte 10 US$; ⊙ Mo–Fr 11–15, Sa ab 8 Uhr) Enrico, der Inhaber, ist eine charmante Plaudertasche und ein Experte, wenn es darum geht, seine Gäste mit netten Geschichten aus der Nachbarschaft und köstlichem selbstgebackenem Brot und Pizzas aus dem Holzkohlenofen zu erfreuen. Die ehemalige Autowerkstatt am Strip mit hohen Decken, unverputzte Wände und ist mit alten Möbeln eingerichtet. Wer wissen will, wie Enricos Leben in etwa aussieht, sollte sich die ro-

mantische Komödie *The Bread, My Sweet* anschauen. Sonntagvormittags werden Brotback-, Wein- und Käsekurse angeboten.

✕ Southside

Cafe du Jour
MEDITERRAN $$

(☎ 412-488-9695; 1107 E Carson St; Hauptgerichte 15–35 US$; ⊙ Mo–Sa 11.30–22 Uhr) Auf der oft wechselnden Speisekarte steht Mediterranes. Besonders gut sind mittags die Suppen und Salate. Man sollte versuchen, einen Platz in dem kleinen Hof zu ergattern. BYOB.

Dish Osteria Bar
MEDITERRAN $$

(☎ 412-390-2012; www.dishosteria.com; 128 S 17th St; Hauptgerichte 14–25 US$; ⊙ Mo–Sa 17–2 Uhr) Das versteckt gelegene, anheimelnde Lokal ist bei Einheimischen sehr beliebt. Die einfachen Holztische und -böden lassen kaum vermuten, dass extravagante mediterrane Kreationen wie frische Sardinen mit karamellisierten Zwiebeln oder Fettuccine mit Lammragout auf den Tisch kommen.

Gypsy Café
MEDITERRAN $$

(☎ 412-381-4977; www.gypsycafe.net; 1330 Bingham St; Hauptgerichte 14–19 US$; ⊙ 11.30–24 Uhr) Die purpurfarbenen Böden und Wände und die farbenfrohen Teppiche stimmen die Stammgäste hier genauso heiter wie die frischen, saisonalen Gerichte. Auf der Speisekarte stehen u.a. eine Platte mit geräucherter Forelle und ein Eintopf aus Shrimps, Jakobsmuscheln und Feta. Die Öffnungszeiten können sich ändern, daher sollte man vorher anrufen.

Café Zenith
VEGETARISCH $$

(86 S 26th St; Hauptgerichte 10 US$; ⊙ Do–Sa 11–21, So 11–15 Uhr; ⊘) In diesem Lokal isst man wie in einem Antiquitätenladen und alles, von den Resopaltischen bis hin zu dem, was drauf steht, wird zum Verkauf angeboten. Der Sonntagsbrunch (10 US$) und die ausführliche Teekarte sind allerdings topaktuell.

✕ Weitere Stadtviertel

Original Hot Dog Shop
FAST FOOD $

(☎ 412-621-7388; 3901 Forbes Ave; Sandwiches 3–7 US$; ⊙ 10–3.30 Uhr) Das von Einheimischen liebevoll „dirty Os" oder „the O" genannte Lokal in Oakland serviert preiswerte Hotdogs, Riesensandwiches, Pizzas, Chicken Wings, Milchshakes und bergeweise knusprige Pommes. Es ist vor allem nach einem ausgedehnten Barbesuch äußerst beliebt. Ein Schwips ist für den Genuss nicht unbedingt erforderlich, aber recht üblich.

Emil's Lounge
AMERIKANISCH $

(414 Hawkins Ave, Braddock; Hauptgerichte 6 US$; ⊙ Di–Do 10–19, Fr 10–20, Sa 10–16 Uhr) Die 8,5 Meilen (ca. 13 km) lange Fahrt von Downtown Richtung Osten nach Braddock lohnt sich, denn hier gibt's ein Familienrestaurant, das schon zu Zeiten der Stahlwerke existierte. Das sehr altmodische Emil's serviert seit 60 Jahren enorme Portionen Hühnchen, Wels, Burger und Sandwiches. In dem Lokal mit Holzpaneelen und Teppichboden wird man von der Tochter der früheren Betreiber aufs Herzlichste begrüßt.

Ritter's Diner
DINER $

(5221 Baum Blvd; Hauptgerichte 7 US$; ⊙ 24 Std.) Ein klassisches Billiglokal in Bloomfield, in dem die Leute nach einer langen Nacht Piroggen futtern. Jeder Tisch hat seine eigene Jukebox.

Quiet Storm Coffeehouse & Restaurant
CAFÉ $

(☎ 412-661-9355; www.qspgh.com; 5430 Penn Ave; Hauptgerichte 6–11 US$; ⊙ Mo–Do 8–17, Fr 8–22, Sa & So 9–16 Uhr; ⊘) Das vielseitige, von hippen Leuten besuchte Café in Garfield ist auf vegetarische und vegane Küche spezialisiert. Häufig sorgen Lesungen und Musikveranstaltungen für Unterhaltung.

Dinette
PIZZERIA $$

(☎ 412-362-0202; www.dinette-pgh.com; 5996 Penn Circle South; Pizzas 15 US$; ⊙ Di–Do 17–22, Fr & Sa 17–23 Uhr) Die zweimalige James-Beard-Award-Halbfinalistin Sonja Finn hat das zwanglose Lokal in Shadyside zu einer angesagten Adresse für Gourmets gemacht. Die dünne, knusprige Pizza ist mit Fleisch und Gemüse aus der Region belegt. Die Weinkarte ist ebenfalls ausgezeichnet.

Industry Public House
MODERN-AMERIKANISCH $$

(www.industrypgh.com; 4305 Butler St; Hauptgerichte 10 US$; ⊙ 11–2 Uhr) Der typische Gastropub in Lawrenceville serviert Hausmannskost mit Pfiff, z.B. Mac'n'Cheese mit Hummer, Wildschwein-Bacon-Burger, kunstvoll zubereitete Cocktails und Bier aus der Gegend.

★ Isabela on Grandview
MODERN-AMERIKANISCH $$$

(☎ 412-431-5882; www.isabelaongrandview.com; 1318 Grandview Ave; Gerichte 70 US$; ⊙ Mo–Sa

17–22 Uhr) Das kleine, romantische Restaurant auf dem Mt. Washington bietet vor allem abends einen grandiosen Blick über die Stadt. Es ist genau das Richtige für eine Geburtstagsfeier oder einen Heiratsantrag. Das Festpreismenü mit sieben Gängen besteht u. a. aus Hummer und Ente und natürlich stets frischen saisonalen Zutaten.

☕ Ausgehen & Unterhaltung

Bars & Nachtclubs

Das Nachtleben spielt sich vor allem in South Side und im Strip ab. Die Carson St ist *das* Pflaster für einen Kneipenbummel. Mehrere große, wilde Dance Clubs, die sogenannten „Meatmarkets", ballen sich am Rand des Strip. Die meisten Schwulenbars liegen an einem Abschnitt der Liberty Ave in Downtown.

Wigle Whiskey BRENNEREI
(www.wiglewhiskey.com; 2401 Smallman St; ☺Di–So 10–18 Uhr) Pittsburghs einzige Brennerei befindet sich im Familienbesitz (fast jedes Familienmitglied hat den Beruf gewechselt) und verwendet für die Herstellung ihres Roggen- und Weizenwhiskeys nur Biozutaten aus der Region. In der Brennerei in dem renovierten Backsteinlagerhaus kann man an Führungen (20 US$) teilnehmen und ein paar Schlückchen (5 US$) probieren.

Bar Marco COCKTAILBAR
(2216 Penn Ave; ☺Mo 17–23, Di–Fr 17–2, Sa 10–2, So 10–15 Uhr) In der eleganten Bar in einer renovierten Feuerwache im Strip gibt's erstklassige Weine und von Profis gemixte Cocktails. Auch der Brunch an den Wochenenden ist exzellent.

Bloomfield Bridge Tavern KNEIPE, LIVEMUSIK
(☎412-682-8611; 4412 Liberty Ave; ☺Mo–Sa 17–2 Uhr) Das „einzige polnische Restaurant in Lil' Italy" ist eine schmuddelige Kneipe, in der es Bier und ausgezeichnete Piroggen gibt. An den Wochenenden spielen Indie-Rockbands.

Church Brew Works BRAUEREI
(☎412-688-8200; 3525 Liberty Ave) In einem großen ehemaligen Kirchenraum werden vor Ort gebraute Biere ausgeschenkt. Eine Institution in Lawrenceville.

Hofbräuhaus BIERKNEIPE
(☎412-235-7065; 2705 S Water St) Eine Nachahmung des Münchner Hofbräuhauses; einen Block neben der Carson St.

Gooski BAR
(3117 Brereton St; ☺15–2 Uhr) Eine Hipster-Bar und Kneipe im Viertel Polish Hill mit preiswerten Drinks und einer Jukebox.

Brillo Box Bar BAR, LIVEMUSIK
(www.brillobox.net; 4104 Penn Ave; ☺Di–So 17–2 Uhr) Beliebte Location in Lawrenceville mit Livemusik, ausgezeichnetem Essen und gutem Sonntagsbrunch.

Dee's Cafe BAR
(☎412-431-1314; www.deescafe.com; 1314 E Carson St; ☺11–2 Uhr) Eine angesagte Punk-Bar mit Pabst vom Fass und spottbilligem Flaschenbier.

Livemusik

AVA Bar & Lounge CLUB
(www.avapgh.net; 126 S Highland Ave; ☺Mo–Sa 19–2, So 19–24 Uhr) Einer der coolsten und innovativsten Clubs der Stadt befindet sich ironischerweise in einer nichtssagenden Straße im Viertel East Liberty (in der Nähe von Shadyside). Das AVA wird von den gleichen Leuten wie die kürzlich geschlossene Shadow Lounge betrieben und es herrscht eine ähnliche Atmosphäre. Im Angebot sind DJs, Live-Hip-Hop, Livejazz und andere Musikrichtungen.

Rex Theater LIVEMUSIK
(☎412-381-6811; www.rextheatre.com; 1602 E Carson St) Das umgebaute Kino in South Side ist ein beliebter Veranstaltungsort für tourende Jazz-, Rock- und Indie-Bands sowie für das Moth StorySLAM.

MCG Jazz LIVEMUSIK
(☎412-323-4000; www.mcgjazz.org; 1815 Metropolitan St) Hier im Norden der Stadt finden Livekonzerte und Plattenaufnahmen von Jazzmusikern der Spitzenklasse statt.

Club Café LIVEMUSIK
(☎412-431-4950; www.clubcafelive.com; 56-58 S 12th St) Allabendlich wird Livemusik geboten, meistens vom Typ Singer-Songwriter.

Theater & Kultur

Pittsburgh Cultural Trust DARSTELLENDE KUNST
(☎412-471-6070; www.pgharts.org; 803 Liberty Ave) Gefördert werden alle Kunstformen, vom Pittsburgh Dance Council und dem PNC Broadway in Pittsburgh bis hin zu visueller Kunst und Oper. Auf der Website stehen Infos über Tickets für: Benedum Center, Byham Theater, Theater Square, Heinz Hall und weitere Veranstaltungsorte.

DIE LAUREL HIGHLANDS

Fallingwater (☑724-329-8501; www.fallingwater.org; 1491 Mill Run Rd; Erw./Kind 23/17 US$; ☻wechselnde Öffnungszeiten, Jan. & Feb. geschl.) ist ein Meisterwerk von Frank Lloyd Wright. Es liegt südlich von Pittsburgh an der Rte 381. Das Wochenenddomizil der Familie Kaufmann (Eigentümer des Pittsburgher Kaufhauses) wurde 1939 fertiggestellt. Das Gebäude passt sich nahtlos seiner natürlichen Umgebung an. Das Innere kann nur im Rahmen einer der stündlich stattfindenden Führungen besichtigt werden – Reservierung empfohlen. Es wird auch eine umfangreichere zweistündige Tour angeboten, bei der Fotografieren erlaubt ist (55 US$; je nach Tag und Monat unterschiedliche Termine, Reservierung erforderlich). Das recht hübsche, bewaldete Grundstück öffnet seine Pforten um 8.30 Uhr.

Weitaus weniger Besucher kommen zum **Kentuck Knob** (☑724-329-1901; www.ken tuckknob.com; 723 Kentuck Rd; Erw./Kind 20/14 US$; ☻wechselnde Öffnungszeiten, 2. Jan.–2. März geschl.), einer weiteren Schöpfung von Frank Lloyd Wright (1953 entworfen). Das Haus wurde in die Flanke eines Hügels hineingebaut. Es besticht durch natürliche Baumaterialien, ein sechseckiges Design und wabenförmige Oberlichter. Die Führung durch das Gebäude dauert ungefähr eine Stunde und führt auch durch den Skulpturengarten mit Werken von Andy Goldsworthy, Ray Smith und anderen Künstlern.

Von Ende Mai bis Anfang September wird der winzige Ort Ohiopyle von Besuchern überrannt. Sie alle wollen die Stromschnellen des Youghiogheny River (die Einheimischen nennen ihn einfach „Yough" sprich „johk") hinunterrasen und den **Ohiopyle State Park** erkunden. Der sehr empfehlenswerte Veranstalter **Laurel Highlands River Tours** (☑800-472-3846; www.laurelhighlands.com) bietet auch Felsklettern und Kajaktouren an, wenn der Fluss für Rafting-Touren zu lahm sein sollte. Das **Laurel Guesthouse** (☑724-329-8531; www.laurelhighlands.com/lodging; Grant St, Ohiopyle; EZ/DZ 80/90 US$; ✲) hat drei Zimmer, die wie ein gemütliches Vorstadthaus eingerichtet sind.

Die geschichtsbegeisterten Vortragenden im **Fort Ligonier** (☑724-238-9701; www. fortligonier.org; 200 South Market St, Ligonier; Erw./Kind 10/6 US$; ☻Mo–Sa 10–16.30 Uhr, Mitte April–Mitte Nov. So 12–16.30 Uhr), Museum und rekonstruiertes Fort in einem, sind wahre Meister, wenn es darum geht, die Bedeutung dieser Gegend im Siebenjährigen Krieg in Nordamerika zu beleuchten. Gleiches gilt für das Visitor Center beim **Fort Necessity** (www.nps.gov/fone; 1 Washington Pkwy/Rte 40, Farmington; ☻9–17 Uhr).

Wer will, kann auch in dem von Frank Lloyd Wright entworfenen **Duncan House** (☑877-833-7829; www.polymathpark.com; 187 Evergreen Ln, Acme; bis zu 3 Pers. 400 US$, jede weitere Pers. 50 US$, höchstens 6 Pers.; ✲☎) übernachten. Es ist Teil des Polymath Park, einem bewaldeten Gelände mit drei weiteren Häusern, die von Wright-Schülern entworfen wurden. Aber man darf hier nicht die Brillanz von Wright erwarten, es handelt sich um schlichte Häuser im Eusonia-Stil, weder die Möbel noch das Interieur tragen Wrights Handschrift. Es sind eher moderne Standardzimmer aus der Zeit um 1950. Eine Alternative ist das mondäne **Nemacolin Woodlands Resort & Spa** (☑724-329-8555; www. nemacolin.com; 1001 Lafayette Dr, Farmington; Zi. ab 200 US$; ✲@☎☛✲) in Farmington mit Spa, Golfplatz und mehreren Restaurants.

Gist Street Readings DARSTELLENDE KUNST (www.giststreet.org; 305 Gist St, 2. OG; Lesungen 10 US$) Veranstaltet jeden Monat Lesungen mit einheimischen und landesweit bekannten Schriftstellern. Am besten kommt man gleich um 19.15 Uhr, denn der Andrang ist meist groß. Erfrischungen selber mitbringen.

ⓘ Praktische Informationen

INFOS IM INTERNET

Citysearch (pittsburgh.citysearch.com) Infos zum Nachtleben, zu Restaurants und Shoppinggelegenheiten.

Pittsburgh.net (www.pittsburgh.net) Übersichten, Infos zu Stadtvierteln und Events.

Pop City (www.popcitymedia.com) Wöchentliches Online-Magazin zu Kunst- und Kulturveranstaltungen.

MEDIEN

Pittsburgh City Paper (www.pghcitypaper. com) Kostenloses alternatives Wochenblatt mit Veranstaltungskalender in Sachen Kunst.

Pittsburgh Post-Gazette (www.post-gazette. com) Große Tageszeitung.

Pittsburgh Tribune-Review (www.triblive.com) Noch eine große Tageszeitung.

Pittsburgh's Out (www.outonline.com) Kostenloses Monatsblatt für Schwule.

MEDIZINISCHE VERSORGUNG

Allegheny County Health Department
(☑ 412-687-2243; 3333 Forbes Ave) Hat eine Ambulanz.

University of Pittsburgh Medical Center
(☑ 412-647-8762; 200 Lothrop St; ☉ 24 Std.) Notaufnahme, beste medizinische Versorgung.

TOURISTENINFORMATION

Greater Pittsburgh Convention & Visitors Bureau (Hauptfiliale; ☑ 412-281-7711; www.visitpittsburgh.com; Suite 2800, 120 Fifth Ave; ☉ Mo–Fr 10–18, Sa bis 16, So bis 15 Uhr) Gibt den *Official Visitors Guide* heraus und versorgt Traveller mit Stadtplänen und Tipps.

❶ An- & Weiterreise

AUTO

Pittsburgh ist über die großen Highways leicht zu erreichen: von Norden oder Süden über die I-76 bzw. die I-79, von Westen über die Rte 22 und von Osten über die I-70. Die Fahrt mit dem Auto von NYC dauert ca. acht Stunden, von Buffalo etwa drei Stunden.

FLUGZEUG

Am **Pittsburgh International Airport** (☑ 412-472-3525; www.pitairport.com), 18 Meilen (ca. 29 km) westlich von Downtown, bieten mehrere Fluglinien Direktflüge nach Europa, Kanada und in US-amerikanische Großstädte an.

BUS

Vom **Greyhound-Busbahnhof** (☑ 412-392-6500; www.greyhound.com; 55 11th St) nahe dem Strip District fahren häufig Busse nach Philadelphia (ab 30 US$, 6–7 Std.) sowie nach New York (56 US$, 8½–14 Std.) und Chicago, IL (68 US$, 10–14 Std.).

ZUG

Vom **Amtrak-Bahnhof** (☑ 800-872-7245; www.amtrak.com; 1100 Liberty Ave) hinter dem prächtigen ursprünglichen Bahnhof fahren Züge u. a. nach Philadelphia (ab 55 US$, 7–8 Std.) und NYC (ab 73 US$, 9–11 Std.).

❶ Unterwegs vor Ort

Der gute öffentliche Bus **28X Airport Flyer** (www.portauthority.org; einfache Strecke 3,75 US$) fährt alle 20 Minuten vom Flughafen nach Oakland und Downtown. Taxis stehen überall bereit; sie kosten ins Zentrum etwa 40 US$ (plus Trinkgeld). Außerdem gibt's noch Shuttlebusse in dieselbe Richtung (einfache Strecke 15–20 US$/Pers).

Selbst in Pittsburgh herumzufahren, kann frustrierend sein – Straßen enden unvermittelt, Einbahnstraßen sorgen für nervige Fahrten im Kreis, und man muss sich mit den verschiedenen Brücken rumschlagen.

Neben einem umfangreichen Busnetz betreibt die **Port Authority Transit** (www.portauthority.org) auch noch ein kleines Straßenbahnsystem namens „T", das ganz praktisch ist für Fahrten zwischen Downtown und South Side. Abhängig von der Entfernung und der Zahl der Zonen bezahlt man für Bus und Bahn bis zu 2,50 US$ (Fahrten zwischen den vier T-Haltestellen Downtowns sind kostenlos).

Taxis kann man telefonisch bei **Yellow Cab Co of Pittsburgh** (☑ 412-321-8100) bestellen, abgerechnet wird nach Zonen.

Neuengland

Inhalt ➡

Gut essen

➡ Giacomo's Ristorante (S. 195)

➡ Chatham Fish Pier Market (S. 206)

➡ Nudel (S. 218)

➡ Haven Brothers Diner (S. 222)

➡ Hen of the Wood (S. 241)

Schön übernachten

➡ Harborside Inn (S. 193)

➡ Carpe Diem (S. 210)

➡ Hopkins Inn (S. 231)

➡ Sea Breeze Inn (S. 225)

➡ Inn at Shelburne Farms (S. 242)

Auf nach Neuengland!

Natürlich könnte man Neuengland an einem Tag von einem Ende bis zum anderen durchqueren. Aber warum sollte man? Besser ist es, wenn man sich auf die vielen Verlockungen der Region einlässt. Die Städte bieten eine lebendige Mischung aus historischen Stätten, Sterne-Restaurants und Ivy-League-Universitäten. An der Küste findet man jahrhundertealte Fischerdörfer und Sandstrände, die zum Baden einladen. Im Landesinneren geben sich die nördlichen Bundesstaaten so ländlich und rau wie die Bergketten, die sie durchziehen.

Darum bloß keine Hast! Besser knackt man einen Hummer und lässt sich den leckeren Saft über die Finger rinnen. Oder man macht eine Wanderung auf ruhigen Pfaden oder verirrt sich auf malerischen Nebenstraßen und zählt die überdachten Brücken. Wer das Glück hat, im Herbst hierher zu kommen, wird das wohl bunteste Laub bewundern können, das er je gesehen hat.

Reisezeit

Boston

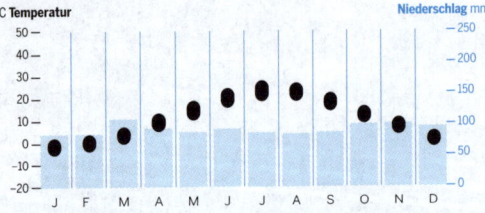

Mai–Juni Wenige Wanderer, keine Menschenmassen; Beginn der Walbeobachtungszeit.

Juli–Aug. Hauptsaison mit Sommerfestivals, warmem Meerwasser und Strandpartys.

Sept.–Okt. Höhepunkt von Neuenglands Herbstlaubpracht (Mitte Sept.–Mitte Okt.).

Anreise & Unterwegs vor Ort

Neuengland ist leicht zugänglich, intensive Erkundungen vor Ort erfordern aber ein Auto. Als Haupt-Highways in Nord-Süd-Richtung durchqueren die I-95 (Küste) und die I-91 (Binnenland) die Region zwischen Connecticut und Kanada. Anders als der ländliche Raum sind die größeren Städte gut an öffentliche Verkehrsmittel angebunden. **Greyhound** (www.greyhound.com) hat das größte Busnetz.

Der Northeast Corridor von **Amtrak** (☎800-872-7245; www.amtrak.com) verbindet Boston, Providence, Hartford und New Haven mit N.Y.C. Sonst fahren Züge auf Nebenstrecken.

Größter Regionalflughafen ist der **Logan International Airport** (BOS) in Boston. Der **TF Green Airport** (PVD) in Providence (RI) und der **Manchester Airport** (MHT) in New Hampshire liegen je etwa eine Stunde von Boston entfernt. Diese kleineren und weniger überfüllten Luftkreuze gewinnen wegen günstigerer Preise immer mehr an Bedeutung.

PARKS IN NEUENGLAND

Der **Acadia National Park** (S. 262) an Maines zerklüfteter Nordostküste ist der einzige Nationalpark hier. Weite Teile der Wälder, Berge und Küsten Neuenglands sind aber als Naturschutz- oder Erholungsgebiete ausgewiesen.

Der riesige **White Mountain National Forest** (S. 247) reicht nach New Hampshire und Maine hinein. Dieses 3237 km² große Wunderland wartet mit Panoramastrecken, Wanderpfaden, Campingplätzen und Skipisten auf. Die 1619 km² großen Wälder des **Green Mountain National Forest** (S. 236) in Vermont werden vom Appalachian Trail durchquert. Ein weiteres Juwel unter den Naturschutzgebieten ist der 180 km² große Streifen der **Cape Cod National Seashore** (S. 206) mit Dünen und tollen Stränden – ideal zum Schwimmen, Radfahren oder Strandwandern.

Bei New Englands vielen State Parks reicht das Spektrum von grünen Großstadtnischen bis hin zur entlegenen, ungezähmten Wildnis des **Baxter State Park** (S. 267) im nördlichen Maine.

Seafood-Spezialitäten

➜ **Clam Chowder** Für die sämige Muschelsuppe (*tschau-dah*, wie die Bostoner sagen) werden Kartoffeln, Muschelstückchen und -saft in Milch gekocht.

➜ **Austern** Entweder roh in der halben Schale oder gebraten für weniger Wagemutige; am besten sind die Wellfleet-Austern aus Cape Cod.

➜ **Sandklaffmuscheln** Die gedünsteten, weichschaligen *steamers* bekommt man in einer Schale salziger Brühe.

➜ **Clambake** Gedünsteter Hummer, Muscheln und Maiskolben – also eine Art Seafood-Barbecue.

NICHT VERSÄUMEN!

Auf keinen Fall sollte man Neuengland verlassen, ohne an einer der Meeresfrüchtebuden am Strand wie dem Lobster Dock (S. 261) in Boothbay Harbor einen gekochten Hummer geknackt zu haben.

NEUENGLAND

Kurzinfos

➜ **Größte Städte** Boston (636000 Ew.), Providence (178000 Ew.)

➜ **Zeitzone** Eastern Standard Time (MEZ −6 Std.)

➜ **Höchster Punkt** Mt. Washington (1917 m)

➜ **Küstelänge** 7989 km

Faux Pas

Keinesfalls versuchen, auf irgendeine Art den Dialekt der Neuengländer nachzuahmen. Sie wissen, dass sie anders reden als die anderen Amerikaner, aber es stört sie nicht.

Infos im Internet

➜ **Yankee Magazine** (www.yankeemagazine.com) Tolle Infoquelle mit Zielbeschreibungen, Rezepten und Veranstaltungskalender.

➜ **Mountain Summits** (www.mountainsummits.com) Bietet alles, was man braucht, um eine Wanderung in den Hügeln Neuenglands zu planen.

➜ **Maine Lobster Council** (www.lobsterfrommaine.com) Beschreibt, wie man Hummer fängt, bestellt, kauft, zubereitet und isst.

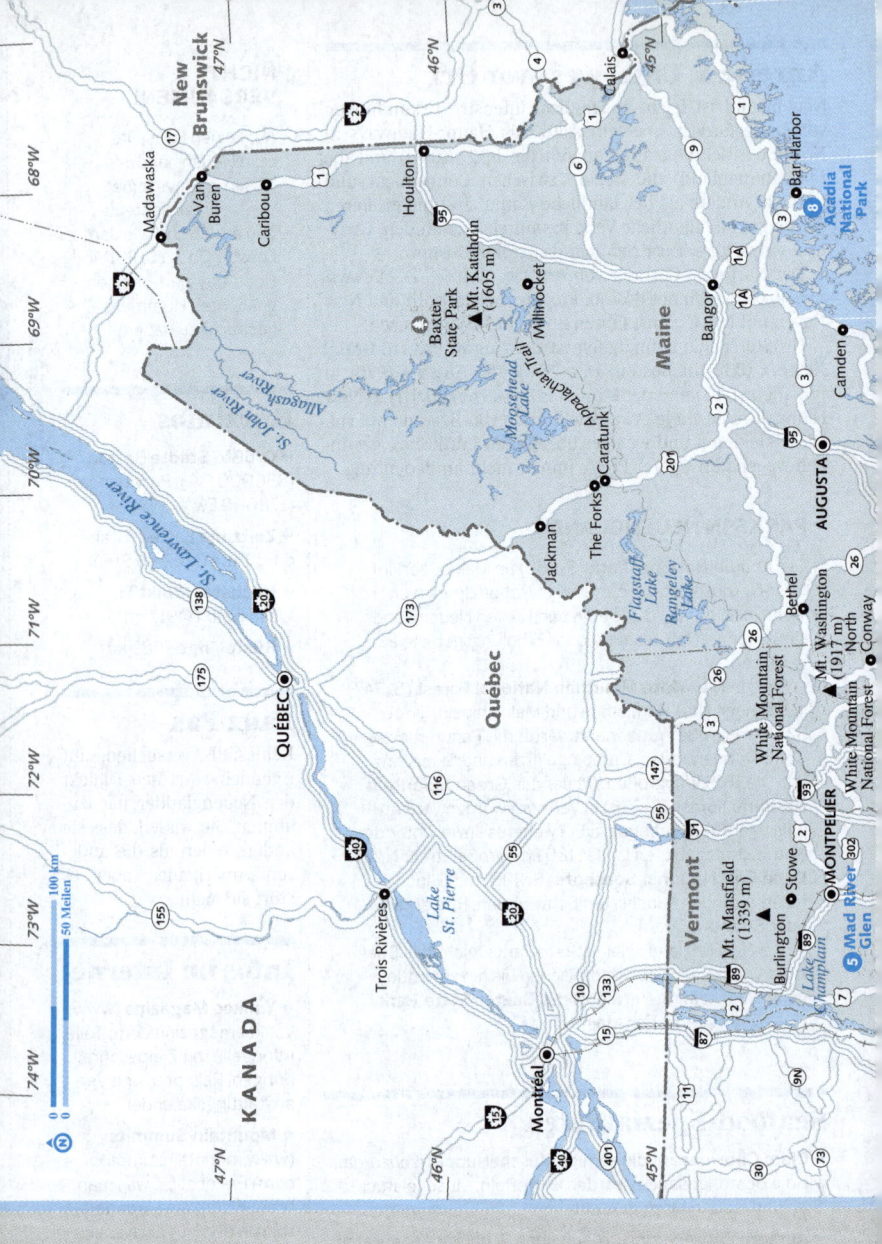

Highlights

1 Auf Bostons **Freedom Trail** (S. 191) in die Fußstapfen rebellischer Kolonisten treten

2 In den Dünen der **Cape Cod National Seashore** (S. 206) umherstreifen

3 In **Newport** (S. 223) die Villen bewundern und bei den Folk- und Jazzfestivals die Musik genießen

4 In **Nantucket** (S. 211) durch die kopfsteingepflasterten Straßen aus der Moby-Dick-Zeit schlendern

5 Im Skigebiet **Mad River Glen** (S. 239) in dem letzten noch erhaltenen Einer-Sessellift Amerikas schon an den nächsten Abfahrtslauf auf einer Black-Diamond-Piste denken

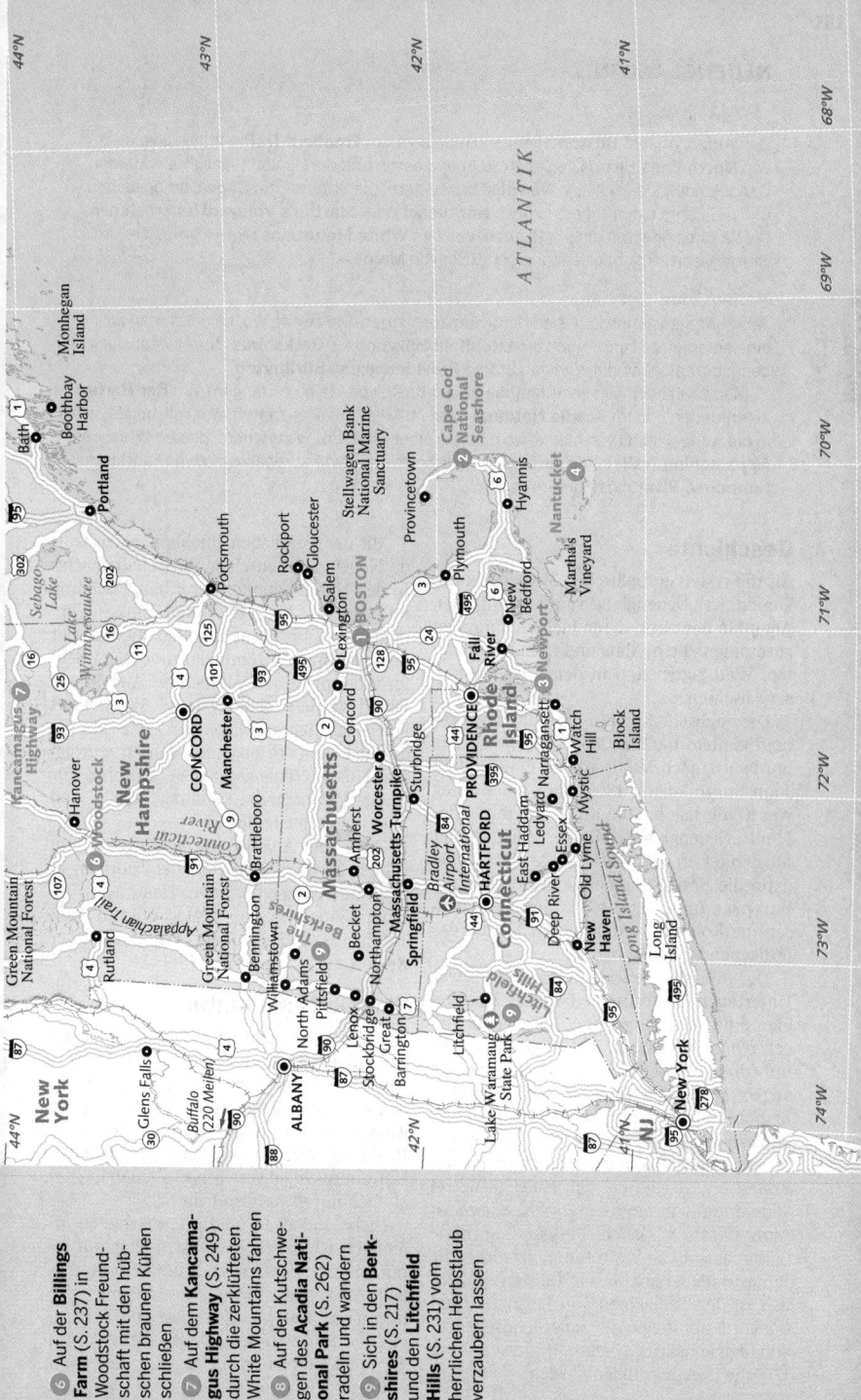

6 Auf der **Billings Farm** (S. 237) in Woodstock Freundschaft mit den hübschen braunen Kühen schließen

7 Auf dem **Kancamagus Highway** (S. 249) durch die zerklüfteten White Mountains fahren

8 Auf den Kutschwegen des **Acadia National Park** (S. 262) radeln und wandern

9 Sich in den **Berkshires** (S. 217) und den **Litchfield Hills** (S. 231) vom herrlichen Herbstlaub verzaubern lassen

ATLANTIK

Cape Cod National Seashore **2**

Stellwagen Bank National Marine Sanctuary

Provincetown

Nantucket **4**

Hyannis

6 6

New Bedford

Plymouth

3 3

Martha's Vineyard

Fall River

Newport **3**

Watch Hill

Block Island

1 BOSTON

128 128 **90** 90 **95** 95

Lexington Concord Worcester Sturbridge

495 495 **93** 93 **2** 2 **495** 495 **24** 24

CONCORD Manchester

101 101 **4** 4 **3** 3

Portsmouth Salem Rockport Gloucester

16 16 **11** 11 **125** 125 **95** 95

Lake Winnipesaukee

25 25

Hanover

Kancamagus Highway 7

93 93

Woodstock **6** **4**

107 107

Green Mountain National Forest

Appalachian Trail

Rutland

4 4

Glens Falls

Buffalo (220 Meilen)

90 90

New York

87 **8**

30 30 **88** 88

ALBANY

87 87

North Adams Williamstown Bennington

The Berkshires 9

Pittsfield **9**

Lenox Stockbridge Great Barrington

7 7

Lake Waramaug State Park

Litchfield **9**

Litchfield Hills

84 84

New Haven

95 95

495 495

NJ

41°N

95 95 **278** 278

New York

Long Island

Long Island Sound

Mystic New London Essex Deep River East Haddam Ledyard Old Lyme

91 91 **44** 44

HARTFORD

Bradley International Airport

84 84

Connecticut

44 44

Springfield

Massachusetts

Northampton Amherst Becket

202 202 **90** 90

Massachusetts Turnpike

Green Mountain National Forest

9 9

Brattleboro

Connecticut River

4 4

New Hampshire

3 3

PROVIDENCE

Rhode Island

195 195 **95** 95 **295** 295

Narragansett

16 16 **302** 302

Sebago Lake

202 202

Portland

95 95

Bath **1**

Boothbay Harbor

Monhegan Island

44°N **43°N** **42°N** **41°N**

68°W **69°W** **70°W** **71°W** **72°W** **73°W** **74°W**

NEUENGLAND IN ...

... einer Woche

Den Anfang macht **Boston**: Hier kann man auf dem **Freedom Trail** wandeln, in einem von **North Ends** Bistros gediegen zu Abend essen und die lokalen Highlights erkunden. Danach heißt's die Villen in **Newport** bewundern, die Strände von **Cape Cod** besuchen und per Fähre einen Tagestrip nach **Nantucket** oder **Martha's Vineyard** unternehmen. Die Woche endet mit einem Abstecher zu den **White Mountains** (New Hampshire) im Norden; zurück geht es entlang der Küste von **Maine**.

... zwei Wochen

Jetzt hat man genug Zeit, sich richtig umzuschauen. Die zweite Woche nutzt man für eine entspannte Fahrt durch die **Litchfield Hills** und die **Berkshires**. Zur Abwechslung besucht man noch die quirligen Städte **Providence** und **Burlington**.

Man kann auch seinen Aufenthalt an der Küste von Maine verlängern, um **Bar Harbor** zu erkunden und im **Acadia National Park** im Meer Kajak zu fahren. Wer will, begibt sich in die weite Wildnis von Maine, wo man bei einer Wanderung zum nördlichsten Gipfel des **Appalachian Trail** richtig ins Schwitzen kommt oder eine adrenalingeladene Fahrt den **Kennebec River** hinab unternimmt.

Geschichte

Als die ersten europäischen Siedler hier ankamen, war Neuengland von den indigenen Algonkin bewohnt, die in kleinen Stämmen zusammenlebten, Mais und Bohnen anbauten, Wild jagten und in den Küstengewässern fischten.

Der englische Kapitän Bartholomew Gosnold landete 1602 in Cape Cod und segelte nordwärts nach Maine weiter. Erst Kapitän John Smith kartografierte 1614 im Auftrag von König Jakob I. die Küste und taufte das Land „Neuengland". Mit der Ankunft der Pilgerväter in Plymouth im Jahr 1620 begann die Besiedlung des Gebiets durch die Europäer. Im folgenden Jahrhundert wuchsen die Kolonien – vielfach auf Kosten der indigenen Bevölkerung.

Die Bürger Neuenglands waren zwar Untertanen der britischen Krone, besaßen aber eine Selbstverwaltung mit eigener Gesetzgebung und sahen ihre Interessen nicht unbedingt als identisch mit denen Englands an. Um 1770 erließ König Georg III. eine Reihe hoher Steuern, um Englands Beteiligung an kostspieligen Kriegen zu finanzieren. Die im englischen Parlament nicht vertretenen Kolonisten reagierten mit einer Steuerrevolte unter dem Motto *no taxation without representation* (keine Besteuerung ohne parlamentarische Vertretung). Versuche, die Proteste niederzuschlagen, führten schließlich zu den Schlachten von Lexington und Concord, mit denen der Amerikanische Unabhängigkeitskrieg begann, in dessen Folge 1776 die USA gegründet wurden.

Mit der staatlichen Unabhängigkeit wurde Neuengland zu einer Wirtschaftsmacht: In den Häfen boomten Schiffbau, Fischfang und Handel. Die berühmten Yankee Clippers fuhren bis China und Südamerika. Der Walfang brachte Nantucket und New Bedford beispiellosen Wohlstand. Auf Rhode Island wurde 1793 die erste mit Wasserkraft betriebene Baumwollspinnerei der USA gegründet. In den folgenden Jahren wurden die Flüsse Neuenglands zu Motoren für riesige Fabriken, die Kleidung, Schuhe und Maschinen herstellten.

Doch kein Aufschwung hält ewig an. Im frühen 20. Jh. waren viele der Fabriken in den Süden verlegt worden. Heute sind Bildung, Finanzwesen, Biotechnologie und Tourismus die Stützen der Wirtschaft in der Region.

Einheimische Kultur

Neuengländer sind von Natur aus eher zurückhaltend, und ihre schroffen Yankee-Umgangsformen unterscheiden sich deutlich von der lässigen Aufgeschlossenheit der Amerikaner in einigen anderen Regionen. Ihre wortkarge Art darf man aber nicht mit Unfreundlichkeit verwechseln – man ist hier einfach nur etwas förmlicher.

Insbesondere in ländlichen Gebieten offenbart sich der Stolz der Menschen auf ihren Einfallsreichtum und ihre Selbständigkeit. An Letzterer halten die Neuengländer hartnäckig fest, von den hiesigen Fischern, die den Stürmen des Atlantiks trotzen, bis zu den Kleinbauern in Vermont, die mühsam versuchen, ihre Unabhängigkeit gegen die alles verschlingende US-amerikanische Agrarindustrie zu behaupten.

Zum Glück für diese Bauern und Fischer ist überall in Neuengland das Interesse an regional und biologisch hergestellten Produkten sprunghaft gestiegen. Öko liegt voll im Trend – in Bostons Bistros, in den Restaurants in den Kleinstädten hoch im Norden und überall dazwischen.

Ein Ort, an dem von der charakteristischen Reserviertheit nichts zu spüren ist, ist die Sportarena. Die Neuengländer sind absolute Sportfanatiker. Bei einem Spiel der Red Sox geht es zu wie einst bei den Gladiatorenkämpfen im Kolosseum – da wird mächtig gejubelt und wüst gepfiffen.

Politisch gesehen gilt Neuengland als liberale Exklave, die sich in wichtigen Fragen progressiv und avantgardistisch gibt. Das zeigt sich etwa bei den Rechten von Homosexuellen oder bei der Reform der Gesundheitsversorgung. Für Präsident Obamas nationalen Plan einer allgemeinen Krankenversicherung in den USA gilt die in Massachusetts geltende Regelung als Modell.

MASSACHUSETTS

Von den bewaldeten Hügeln der Berkshires bis zu den Sandstränden von Cape Cod – Massachusetts bietet viele Möglichkeiten zur Erkundung der Natur. Der Commonwealth of Massachusetts hat Geschichte gemacht, vom Plymouth Rock bis zum Amerikanischen Unabhängigkeitskrieg. Und auch kulturell hat Massachusetts viel Erstklassiges zu bieten – von den Universitäten und Museen in Boston bis hin zu den Sommertheatern in den Berkshires und Tanglewood. Man hat nur die Qual der Wahl, welches Massachusetts man entdecken will.

ⓘ Praktische Informationen

Massachusetts Department of Conservation and Recreation (☑ 617-626-1250; www.mass.gov/eea) Bietet Campingplätze in 29 State Parks.

Massachusetts Office of Travel & Tourism (☑ 617-973-8500; www.massvacation.com) Infos zum gesamten Bundesstaat.

Boston

Die gewundenen Straßen und stattlichen Gebäude spiegeln die von Revolution und Erneuerung geprägte Geschichte der Stadt wider. Und auch heute noch ist Boston eine der fortschrittlichsten und bahnbrechendsten Städte des Landes.

Boston ist in jeder Hinsicht die älteste Stadt der USA. Man kann kaum einen Schritt auf den kopfsteingepflasterten Straßen tun, ohne auf irgendeine historische Stätte zu stoßen. Aber Boston ist keineswegs auf seine Vergangenheit fixiert: Die nach wie vor bezaubernde Kunst- und Musikszene der Stadt ist eine echte Herausforderung fürs moderne Publikum, topmoderne Stadtplanungsprojekte verleihen der Stadt ein neues Gesicht, und die vielen Universitäten sorgen dafür, dass jeden September mit den neuen Studenten frischer Wind in die Stadt kommt.

Geschichte

Als England 1630 die Massachusetts Bay Colony gründete, wurde Boston zu ihrer

---

KURZINFOS MASSACHUSETTS

Spitzname Bay State

Bevölkerung 6,5 Mio.

Fläche 20 305 km²

Hauptstadt Boston (625 100 Ew.)

Weitere Städte Worcester (181 600 Ew.), Springfield (153 200 Ew.)

Verkaufssteuer 6,25 %

Geburtsort von Erfinder Benjamin Franklin (1706–1790), fünf US-Präsidenten (u. a. J. F. Kennedy, 1917–1963), Schriftsteller Jack Kerouac (1922–1969) und Henry David Thoreau (1817–1862)

Heimat der Harvard University, des Boston Marathon und des Plymouth Rock

Politische Ausrichtung Neuenglands liberalster Bundesstaat

Berühmt für die Boston Tea Party und die erste Anerkennung gleichgeschlechtlicher Ehen in den USA

Beliebteste Süßspeise Boston Cream Pie, Dunkin' Donuts, Fig Newtons

Entfernungen Boston–Provincetown 145 Meilen (232 km), Boston–Northampton 98 Meilen (157 km), Boston–Acadia National Park 310 Meilen (499 km)

Boston

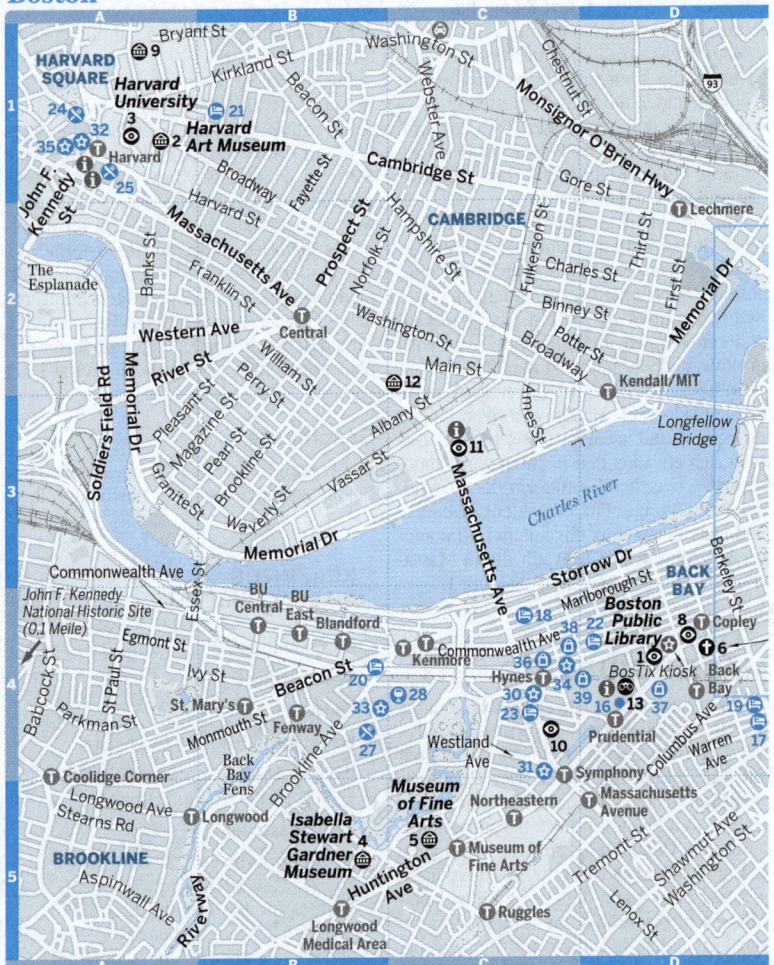

Hauptstadt erklärt. Boston ist in vielerlei Hinsicht Vorreiter gewesen: 1635 wurde die Boston Latin School, die erste öffentliche Schule in Amerika, gegründet, ein Jahr später die erste Universität des Landes, Harvard. In Boston erschien 1704 die erste Zeitung der Kolonien, 1795 konstituierte sich hier die erste Gewerkschaft der USA, und auch die erste U-Bahn des Staates rollte 1897 in Boston über die Gleise.

Nicht nur die ersten Schlachten des Amerikanischen Unabhängigkeitskriegs wurden hier ausgefochten, auch das erste afroamerikanische Regiment im Amerikanischen Bürgerkrieg stammte aus Boston. Scharenweise

kamen europäische Einwanderer hierher, vor allem Iren in der Mitte des 18. Jhs. und Italiener Anfang des 20. Jhs. Sie brachten europäische Einflüsse in die Stadt.

Heute steht Boston in Sachen Hochschulbildung an der Spitze; aus seinen Universitäten sind weltbekannte Unternehmer in den Bereichen Biotechnologie, Medizin und Finanzwesen hervorgegangen.

◉ Sehenswertes & Aktivitäten

Boston ist recht kompakt und daher besser zu Fuß als mit dem Auto zu erkunden. Die meisten großen Sehenswürdigkeiten finden sich rund ums Stadtzentrum. Bester Start-

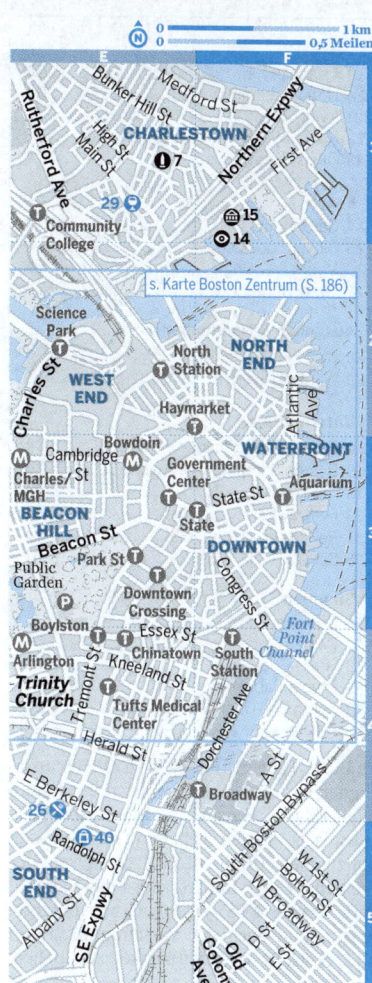

s. Karte Boston Zentrum (S. 186)

punkt ist der Boston Common, wo auch die Touristeninformation untergebracht ist und der Freedom Trail beginnt.

◉ Boston Common & Public Garden

★Boston Common   PARK

(Karte S. 186; zw. Tremont, Charles, Beacon & Park St; ☺6–24 Uhr; ♿; Ⓣ Park St) Der Boston Common hat im Lauf der Jahre viele Zwecke erfüllt: Er war u. a. im Amerikanischen Unabhängigkeitskrieg Lagerplatz der britischen Truppen und bis 1830 eine Viehweide. Heute herrscht hier zwar auch Ordnung,

aber der Park dient den Menschen vor allem zum Picknicken, Sonnenbaden und Leutegucken.

★Public Garden   GARTEN

(Karte S. 186; www.friendsofthepublicgarden.org; zw. Charles, Beacon, Boylston & Arlington St; ☺6–24 Uhr; ♿; Ⓣ Arlington) Der fast 10 ha große Public Garden neben dem Boston Common ist eine einladende Oase voller prächtiger Blumen und Schatten spendender Bäume. Mittendrin liegt ein ruhiger See mit altmodischen Tretbooten in Schwanenform: Die Swan Boats (Karte S. 186; www.swanboats.com; Erw./Kind/Senior 2,75/1,50/2 US$; ☺10–16 Uhr, Mitte Juni–Aug. bis 17 Uhr) erfreuen Kinder seit Generationen.

◉ Beacon Hill & Downtown

Oberhalb des Boston Common thront Beacon Hill, eines der geschichtsträchtigsten und reichsten Viertel der Stadt. Östlich davon liegt Downtown Boston mit einem kuriosen Mix aus kolonialzeitlichen Sehenswürdigkeiten und modernen Bürogebäuden.

★Massachusetts State House   GEBÄUDE

(Karte S. 186; www.sec.state.ma.us; Ecke Beacon & Bowdoin St; ☺9–17 Uhr, Führung Mo–Fr 10–16 Uhr; Ⓣ Park St) GRATIS Oben auf dem Beacon Hill setzen auf dem Beacon Hill Massachusetts' Regierung und Parlamentarier im State House ihre Ideen in konkrete Politik und Gesetze um. Charles Bulfinch entwarf das monumentale State Capitol, das Oliver Wendell Holmes „das Zentrum (engl. *hub*) des Sonnensystems" nannte – daher erhielt Boston den Spitznamen „The Hub". Sachkundige Ehrenamtliche geben im Rahmen kostenloser Führungen Einblick in Geschichte, Kunst, Architektur und Politik in dem Gebäude.

Granary Burying Ground   FRIEDHOF

(Karte S. 186; Tremont St; ☺9–17 Uhr; Ⓣ Park St) Der stimmungsvolle Friedhof von 1660 ist voller historischer Grabsteine, viele mit berührenden (und unheimlichen) Inschriften. Hier ruhen viele Helden aus dem Unabhängigkeitskrieg, z.B. Paul Revere, Samuel Adams, John Hancock und James Otis. Benjamin Franklin wurde in Philadelphia begraben, aber seine Eltern liegen im hiesigen Familiengrab.

Old South Meeting House   HISTORISCHES GEBÄUDE

(Karte S. 186; www.osmh.org; 310 Washington St; Erw./Kind/Senior & Student 6/1/5 US$; ☺Ap-

Boston

ril–Okt. 9.30–17 Uhr, Nov.–März 10–16 Uhr; 🔧; T Downtown Crossing) „Keine Teesteuer!", lautete die Parole am 16. Dezember 1773, als 5000 wütende Kolonisten sich hier versammelten, um gegen die britischen Steuern zu protestieren, und damit die Boston Tea Party einleiteten. Man kann sich die Ausstellung zur Geschichte des Gebäudes anschauen und ein Hörspiel über die Versammlung vor der Tea Party anhören.

Old State House HISTORISCHES GEBÄUDE
(Karte S.186; www.bostonhistory.org; 206 Washington St; Erw./Kind 8,50 US$/frei; ⊙ 9–17 Uhr; 🔧; T State) Das Old State House von 1713 ist das älteste erhaltene öffentliche Gebäude in Boston. Vor der Revolution tagte hier die Massachusetts Assembly. Das Gebäude kennt man vor allem wegen seines Balkons, auf dem 1776 erstmalig die Unabhängigkeitserklärung verlesen wurde.

Faneuil Hall HISTORISCHES GEBÄUDE
(Karte S.186; www.faneuilhall.com; Congress St; ⊙ 9–17 Uhr; T Haymarket, Aquarium) GRATIS „Wer die freie Rede nicht ertragen kann, sollte besser nach Hause gehen", sagte Wendell

Phillips. „Faneuil Hall ist kein Ort für Sklavenherzen." Tatsächlich wurden an diesem öffentlichen Versammlungsort so viele stürmische Reden gehalten, dass er den Spitznamen „Cradle of Liberty" (Wiege der Freiheit) erhielt. Im 1. Stock ist das National Park Service (NPS) Visitors Center untergebracht, und auch der Versammlungsraum im 2. Stock ist der Öffentlichkeit zugänglich.

★ **New England Aquarium** AQUARIUM
(Karte S.186; www.neaq.org; Central Wharf; Erw./Kind/Senior 23/16/21 US$; ⊙ Mo–Fr 9–17, Sa & So bis 18 Uhr, Juli & Aug. 1 Std. später; P 🔧; T Aquarium) 🦮 Die Hauptattraktion des New England Aquariums ist der neu sanierte dreistöckige, zylindrische Meerwassertank mit mehr als 600 großen und kleinen Meerestieren wie Schildkröten, Haien und Aalen. In dem Pinguinbecken am Fuß des Tanks vergnügen sich drei Arten lustiger Pinguine. Außerdem gibt es eine Ausstellung zu Meeressäugern und ein Streichelbecken mit Haien und Stachelrochen. Das Personal des Aquariums organisiert auch **Walbeobachtungstouren** (Karte S.186; www. neaq.org; Central Wharf; Erw./Kind/Kind bis 3 Jahre

40/32/15 US$; ⊙ April–Okt. 10 Uhr, Mai–Sept. zusätzl. Fahrten; 🚻; Ⓣ Aquarium).

◉ North End & Charlestown

Mit seinem Gewirr aus schmalen Gassen erinnert das italienische Viertel North End an die Alte Welt. Hier wartet ein unwiderstehlicher Mix aus farbenfrohen Gebäuden und tollen Restaurants. Die kolonialzeitlichen Attraktionen verteilen sich über den Fluss bis nach Charlestown, wo das älteste US-Kriegsschiff vor Anker liegt.

Paul Revere House   HISTORISCHES HAUS

(Karte S. 186; 📞 617-523-2338; www.paulrevere house.org; 19 North Sq; Erw./Kind/Senior & Student 3,50/1/3 US$; ⊙ 9.30–17.15 Uhr, Nov.–April kürzere Öffnungszeiten; 🚻; Ⓣ Haymarket) Als der Silberschmied Paul Revere seinen berühmten Ritt unternahm, um die Patrioten vor dem Vormarsch der britischen Truppen auf Lexington und Concord zu warnen, machte er sich von diesem Haus am North Sq auf den Weg. Das kleine Schindelhaus wurde 1680 erbaut und ist damit das älteste Wohnhaus in Boston. Bei einem Rundgang durch das Gebäude und den Hof erhält man einen kleinen Einblick in den Alltag der Familie Revere (mit 16 Kindern!).

Old North Church   KIRCHE

(Karte S. 186; www.oldnorth.com; 193 Salem St; Spende 1 US$, Führung Erw./Kind 5/4 US$; ⊙ März–Okt. 9–17 Uhr, Nov.–Feb. Di–So 10–16 Uhr; Ⓣ Haymarket od. North Station) Jeder Amerikaner kennt die Zeile aus Longfellows Gedicht *Paul Revere's Ride* (Der Ritt des Paul Revere): *One if by land, Two if by sea…* (Eine, wenn sie über Land kommen, zwei, wenn sie übers Meer kommen). In jener Schicksalsnacht des 18. April 1775 hängte der Küster zwei Laternen in den Kirchturm – das vereinbarte Zeichen, dass die Briten sich Lexington und Concord auf dem Seeweg näherten. Das auch Christ Church genannte Gotteshaus von 1723 ist die älteste Kirche in Boston.

USS Constitution   HISTORISCHE STÄTTE

(Karte S. 182; www.oldironsides.com; Charlestown Navy Yard; ⊙ April–Okt. Di–So 10–18 Uhr, Nov.–März Do–So bis 16 Uhr; 🚻; 🚌 93 ab Haymarket, ⛴ F4 ab Long Wharf) GRATIS „Ihre Flanken sind aus Eisen!", rief einer der Männer an Bord, als er beobachtete, wie im Britisch-Amerikanischen Krieg von 1812 eine Kanonenkugel einfach vom dicken Panzer der USS *Constitution* abprallte. Daher hat das legendäre Schiff den Spitznamen „Old Ironsides" (alte Eisenhaut). Es ist das älteste Schiff der US-Marine. Bei der kostenlosen 30-minütigen Führung besichtigt man das Oberdeck, das Kanonendeck und die beengten Kajüten. Das **Museum** (Karte S. 182; www.ussconstitu tionmuseum.org; First Ave, Charlestown Navy Yard; Erw./Senior/Kind 5/3/2 US$; ⊙ April–Okt. 9–18 Uhr, Nov.–März 10–17 Uhr; 🚻; 🚌 93 ab Haymarket, ⛴ F4 ab Long Wharf) gewährt einen Einblick in die Geschichte und Aktivitäten für Kids.

Bunker Hill Monument   DENKMAL

(Karte S. 182; www.nps.gov/bost; Monument Sq; ⊙ Sept.–Juni 9–17 Uhr, Juli & Aug. bis 18 Uhr; 🚌 93

BOSTON IN…

…zwei Tagen

Auf dem **Freedom Trail** folgt man einen Tag lang den Spuren der Revolutionsgeschichte. Dazu gehören ein Bummel durch den **Boston Common**, ein Blick ins **Old State House** und eine kleine Geschichtsstunde im **Union Oyster House**. Danach läuft man rüber nach **North End** und isst italienisch zu Abend.

Am Tag zwei mietet man sich ein Fahrrad und macht eine Radtour am Ufer des Charles River. Wer es bis zum **Harvard Square** schafft, kann noch ein wenig auf dem Campus herumkurven und die Buchläden durchstöbern.

…vier Tagen

Am dritten Tag steht die eindrucksvolle Sammlung amerikanischer Kunst im **Museum of Fine Arts** auf dem Programm. Am Abend gönnt man sich eine Aufführung des weltberühmten **Boston Symphony Orchestra** oder geht zu einem Spiel der Red Sox im **Fenway Park**.

Am letzten Tag erkundet man Back Bay. Zum Galerien- und Schaufensterbummel geht's zur **Newbury St** und dann zur **Boston Public Library** ganz oben im **Prudential Center**.

Boston Zentrum

0 500 m

0 0,25 Meilen

EAST CAMBRIDGE

North Point Blvd

Monsignor O'Brien Hwy

Memorial Dr

Charles River Bridge

Science Park

10

16

Charles River

Charles River Bike Path

The Esplanade

Longfellow Bridge

Zakim Bridge

Paul Revere Park

Lovejoy Wharf

Lovejoy Pl

Beverly St

Charlestown Bridge

North Station

38

Canal St

Friend St

Valenti Way

Portland St

Causeway St

Nashua St

Martha Rd

Staniford St

Merrimac St

New Chardon St

Blossom St

Parkman St

Fruit St

Blossom St

Wm Cardinal O'Connell Way

Charles St

Science Park

WEST END

Charles/MGH

Phillips St

Revere St

BEACON HILL

Anderson St

Garden St

Irving St

S Russell St

Myrtle St

Hancock St

Ridgeway La

Temple St

Cambridge St

Derne St

Somerset St

Government Center

Bowdoin

Bowdoin St

Haymarket

N Washington St

New Sudbury St

City Hall Plaza

Cornhill St

Congress St

North End Park

Cross St

Creek Sq

North St

31

7 18

36

30

25 41

Endicott St

N Margin St

Cooper St

Salem St

Sheafe St

Snowhill St

Hull St

Charter St

Commercial St

11

NORTH END

Tileston St

N Bennet St

Prince St

Salem St

Parmenter St

Richmond St

14

15

26 32

Hanover St

Clark St

Battery St

Fleet St

North St

Commercial St

Fulton St

Atlantic Ave

US Coast Guard Piers

Constitution Wharf

Battery Wharf

Fire Boat Dock

Union Wharf

Sargents Wharf

Lewis Wharf

Commercial Wharf

Long Wharf

Fähre zu den Boston Harbor Islands

WATERFRONT

Aquarium

40

20

Boston Inner Harbor

Boston Zentrum

ab Haymarket, T Community College) GRATIS Der 67 m hohe Granitobelisk erinnert an die Bunker-Hill-Schlacht vom 17. Juni 1775. Er ist vom Hafen im North End, von der gesamten Zakim Bridge und von fast überall in Charlestown zu sehen. Wer sich die 294 Stufen hinaufquält, wird mit einem tollen Panoramablick belohnt.

⊙ Seaport District

Der sehr angenehme Spaziergang auf dem HarborWalk führt über die Northern Ave Bridge in den aufstrebenden Seaport District.

Institute of Contemporary Art   MUSEUM
(ICA; www.icaboston.org; 100 Northern Ave; Erw./Kind/Student/Senior 15 US$/frei/10/13 US$; ⊙ Di, Mi, Sa & So 10–17, Do & Fr bis 21 Uhr; P ✈; ⊒ SL1 od. SL2, T South Station) Das spektakuläre Gebäude ist schon an sich ein Kunstwerk: ein Glasbau, der über einer Plaza am Wasser schwebt. Das lichtdurchflutete Innere ist perfekt für einzigartige Ausstellungen und Kulturveranstaltungen wie Multimedia-Präsentationen und darstellende Kunst. Und das Wichtigste: Es bietet Platz für den Ausbau der Dauerausstellung des ICA, die

sich auf die Werke von Künstlern früherer Ausstellungen konzentriert.

★ Boston Tea Party Ships & Museum   MUSEUM
(Karte S.186; www.bostonteapartyship.com; Congress St Bridge; ✈; T South Station) Nach Jahren der Planung und Restaurierung liegen nun die Tea-Party-Schiffe in der wiederaufgebauten Griffin's Wharf vor Anker. Außerdem gibt's ein funkelnagelneues Museum, das sich dem für die Revolution ausschlaggebendsten Ereignis widmet. Bei den interaktiven Ausstellungen treffen die Besucher auf Darsteller in Kostümen aus jener Zeit, erkunden die Schiffe, erfahren in Multimedia-Präsentationen, wie die Tea Party heute gesehen wird, und können sogar an den Protesten teilnehmen.

⊙ Chinatown, Theater District & South End

Das kompakte Chinatown hat unzählige verführerische asiatische Lokale. Im angrenzenden Theater District reihen sich die Spielstätten aneinander. Das weitläufige South End im Westen punktet mit der größten Ansammlung viktorianischer Reihenhäuser, einer aufkeimenden Kunstszene und umwerfenden Restaurants.

◉ Back Bay

Das gepflegte Viertel westlich des Boston Common protzt mit Prachtbauten, würdevollen Wohnhäusern aus rotbraunem Sandstein und einer schicken Einkaufsmeile (Newbury St).

Copley Square   PLATZ
(Karte S.182; ⊤ Copley) Hier findet man eine Ansammlung schöner historischer Gebäude, darunter das Meisterwerk des Architekten H.H. Richardson: die prächtige neoromanische **Trinity Church** (Karte S.182; www.trinity churchboston.org; 206 Clarendon St; Erw./Kind/Senior & Student 7 US$/frei/5 US$; ⊙ Mo–Fr 10–15.30, Sa 9–16, So 13–17 Uhr). Gegenüber steht die im Stil der Neorenaissance erbaute **Bos-**

ton Public Library (Karte S.182; www.bpl.org; 700 Boylston St; ⊙ ganzjährig Mo–Do 9–21, Fr & Sa 9–17 Uhr, Okt.–Mai So 13–17 Uhr) GRATIS, Amerikas älteste Stadtbibliothek, der die Stadt ihren Ruf als „das Athen Amerikas" verdankt. Mit einer Broschüre kann man einen Rundgang durchs Gebäude machen und die kostbaren Wandmalereien von John Singer Sargent und die Skulptur von Augustus Saint-Gaudens bewundern.

Prudential Center Skywalk Observatory   AUSSICHTSPUNKT
(Karte S.182; www.prudentialcenter.com; 800 Boylston St; Erw./Kind/Senior & Student 15/10/13 US$; ⊙ März–Okt. 10–22 Uhr, Nov.–Feb. bis 20 Uhr; P ♿; ⊤ Prudential) Das nicht zu übersehende Gebäude ist nur ein schickes Einkaufszentrum und heißt eigentlich „Shops at Prudential Center". Aber vom Skywalk im 50. Stock hat man hinter Glas einen spektakulären Panoramablick auf Boston und Cambridge.

BOSTON MIT KINDERN

Boston ist ein einziges riesiges Geschichtsmuseum – ein gutes Revier für viele Bildungsausflüge und lebendige Studien. Die kopfsteingepflasterten Straßen und die Touren mit kostümierten Führern lassen Ereignisse aus der amerikanischen Geschichte wieder gegenwärtig werden. Experimente zum Mitmachen und interaktive Ausstellungen sorgen für Unterhaltung mit Bildungsfaktor.

Es gibt viele öffentliche Toiletten mit Wickelräumen. Zahlreiche Restaurants bieten Kindermenüs und Hochstühle an. Kinderwagen lassen sich problemlos in der „T" mitnehmen.

Das relativ kleine Stadtgebiet ist günstig für Erkundungen mit der gesamten Familie. Ein guter Startpunkt ist der Public Garden (S.182), wo schwanenförmige Tretboote auf dem See herumfahren und kleine Kinder auf die Bronze-**Figuren** (Karte S.186) klettern, für die der Bostoner Kinderbuchklassiker *Make Way for Ducklings* (*Familie Schnack* bzw. *Straße frei, die Enten kommen*) von Robert McCloskey Vorbild war. Gegenüber im Boston Common (S.182) können die Kleinen ihre Füße im Froschteich kühlen, Karussell fahren und auf dem Spielplatz herumtollen. Im New England Aquarium (S.184) erfreuen sich Kids jedes Alters an den Meerestieren, die sie aus nächster Nähe erleben können.

NOCH MEHR TOLLE MUSEEN FÜR KIDS:
Boston Children's Museum (Karte S.186; www.bostonchildrensmuseum.org; 300 Congress St; Eintritt 14 US$, Fr abends 1 US$; ⊙ Sa–Do 10–17, Fr 10–21 Uhr; ♿; ⊤ South Station) ✆ Hält jede Menge Spaß für kleine Kinder bereit.

Museum of Science (Karte S.186; www.mos.org; Charles River Dam; Erw./Kind/Senior 22/19/20 US$, Kino & Planetarium 10/8/9 US$; ⊙ Sept.–Juni Sa–Do 9–17 Uhr, Juli & Aug. bis 19 Uhr, ganzjährig Fr bis 21 Uhr; P ♿; ⊤ Science Park) ✆ Bietet Kindern jedes Alters stundenlangen Beschäftigung mit Bildungsfaktor.

TOLLE TOUREN FÜR KIDS:
Boston for Little Feet (S.192) Die einzige Tour auf dem Freedom Trail, die speziell auf Kinder von sechs bis zwölf Jahren zugeschnitten ist.

Urban AdvenTours (S.192) Verleiht Kinderfahrräder und Helme sowie Fahrradanhänger für Kleinkinder.

Boston Duck Tours (S.190) Die schrägen, geselligen Touren sind immer ein Hit.

Auf Wunsch gibt's auch eine unterhaltsame Audiotour (und eine speziell auf Kinder zugeschnittene Version).

Mary Baker Eddy Library & Mapparium
BIBLIOTHEK

(Karte S. 182; www.marybakereddylibrary.org; 200 Massachusetts Ave; Erw./Kind/Senior & Student 6 US$/frei/4 US$; ☺ Di–So 10–16 Uhr; 🚻; T Symphony) Schon mal Lust auf einen Spaziergang über den ganzen Planeten gehabt? In der Mary Baker Eddy Library gibt es einen Globus aus Buntglas von der Größe eines ganzen Zimmers – das Mapparium. Beim Gang über die Glasbrücke fühlt man sich wie im Zentrum der Welt.

⊙ Fenway & Kenmore Square

Der Kenmore Sq eignet sich am besten zum Baseballspielen und Biertrinken, während im südlichen Teil des Fenway hohe Kultur angesagt ist.

★ Museum of Fine Arts
MUSEUM

(MFA; Karte S. 182; www.mfa.org; 465 Huntington Ave; Erw./Kind/Senior & Student 22/10/20 US$; ☺ Sa–Di 10–17, Mi–Fr bis 22 Uhr; 🚻; T Museum of Fine Arts od. Ruggles) Die enzyklopädische Sammlung umfasst Kunstwerke aus allen Epochen vom Altertum bis heute und aus allen Gegenden der Welt. Mit den neuen Flügeln, die sich der Kunst des amerikanischen Doppelkontinents und zeitgenössischer Kunst widmen, wurden die Ausstellungsfläche und das Themenspektrum signifikant erweitert, wie es Bostons Rolle als Kunstzentrum des 21. Jhs. gebührt.

★ Isabella Stewart Gardner Museum
MUSEUM

(Karte S. 182; www.gardnermuseum.org; 280 The Fenway; Erw./Kind/Student/Senior 15 US$/frei/5/12 US$; ☺ Mi–Mo 11–17, Do bis 21 Uhr; 🚻; T Museum of Fine Arts) Das Gardner beherbergt fast 2000 unschätzbare, überwiegend europäische Objekte, darunter hervorragende Wandteppiche und exquisite Gemälde aus der Zeit der italienischen Renaissance und dem Goldenen Zeitalter der holländischen Malerei. Das vierstöckige Gewächshaus im Hof ist eine ruhige Oase, die schon allein den Eintritt lohnt.

⊙ Cambridge

Das politisch progressive Cambridge am Nordufer des Charles River beheimatet mit der Harvard University und dem Massa-

MASSACHUSETTS INSTITUTE OF TECHNOLOGY

Das Massachusetts Institute of Technology (MIT; Karte S. 182; www.mit.edu; 77 Massachusetts Ave; T Kendall/MIT) zeigt die akademische Welt Cambridges von einer ganz anderen Seite: Man findet hier selbstbewusste Nerds, es geht aber nicht so steif zu wie in Harvard. Auf dem Campus gibt's eine eindrucksvolle Sammlung öffentlicher Kunst, und die Neubauten sind die architektonisch interessantesten im Großraum. Das MIT Museum (Karte S. 182; museum.mit.edu; 265 Massachusetts Ave; Erw./Kind 8,50/4 US$; ☺ 10–17 Uhr; P 🚻; T Central) auf dem Campus ist das wohl ausgefallenste Museum der Stadt.

chusetts Institute of Technology (MIT) zwei akademische Schwergewichte. Tausende Studenten sorgen für eine muntere, lebhafte Atmosphäre. Am zentral gelegenen Harvard Square drängen sich Cafés, Buchläden und Straßenkünstler.

★ Harvard University
UNIVERSITÄT

(Karte S. 182; www.harvard.edu; Massachusetts Ave; Führung gratis; ☺ Führung Mo–Fr 10, 12 & 14, Sa 14 Uhr; T Harvard) Das 1636 ursprünglich zur Ausbildung von Geistlichen gegründete Harvard ist Amerikas älteste Hochschule (die nächste folgte erst 1693). Zu den Absolventen der Ivy-League-Universität zählen acht US-Präsidenten und Dutzende Nobel- und Pulitzerpreisträger. Der Harvard Yard mit seinen uralten Eichen und roten Ziegelgebäuden ist das historische Zentrum der Universität.

Auf dem Campus gibt es auch mehrere exzellente Museen, darunter das Harvard Art Museum (Karte S. 182; www.harvardart museum.org; 32 Quincy St), das nach der mehrjährigen Renovierung 2014 vergrößert wiedereröffnet werden soll, und das seit Langem bestehende Harvard Museum of Natural History (Karte S. 182; www.hmnh.harvard.edu; 26 Oxford St; Erw./Kind/Senior & Student 12/8/10 US$; ☺ 9–17 Uhr; 🚻). Im Sommer finden häufiger Führungen statt.

☞ Geführte Touren

Boston Duck Tours
BOOTSFAHRT

(Karte S. 182; ☎ 617-267-3825; www.bostonduck tours.com; Erw./Kind/Senior 34/23/28 US$; 🚻;

🏃 Stadtspaziergang
Freedom Trail

START BOSTON COMMON
ZIEL BUNKER HILL MONUMENT
LÄNGE/DAUER 4 KM; 3 STD.

Auf dem Freedom Trail vorbei an den wichtigsten Revolutionsstätten Bostons lässt sich die Entstehung der USA nachvollziehen. Die Route ist durch eine Doppelreihe roter Steine im Pflaster markiert und beginnt am ❶ **Boston Common** (S. 183), dem ältesten Park der USA. Gen Norden, gelangt man zum ❷ **State House** (S. 183) mit seiner goldenen Kuppel. Es wurde von Charles Bulfinch entworfen, dem ersten US-amerikanischen Architekten. Beim Abbiegen von der Park St in die Tremont St passiert man die kolonialzeitliche ❸ **Park Street Church**, den ❹ **Granary Burying Ground** (S. 183), auf dem die Opfer des Massakers von Boston begraben liegen, und die ❺ **King's Chapel** mit einer der Glocken von Paul Revere. Man folgt der School St, vorbei an der ❻ **ersten öffentlichen Schule Bostons** und dem ❼ **Old Corner Bookstore**, in dem die Literaten des 19. Jhs. verkehrten.

In der Nähe erläutert das ❽ **Old South Meeting House** (S. 183) die Geschichte der Boston Tea Party. Weitere Ausstellungen zur Revolutionszeit finden sich im ❾ **Old State House** (S. 184). Der Kopfsteinring an der Kreuzung markiert die ❿ **Stelle des Massakers von Boston**, bei dem die ersten Amerikaner für die Unabhängigkeit starben. Es folgt die ⓫ **Faneuil Hall** (S. 184), schon seit der Kolonialzeit eine Markthalle.

Von der Greenway St geht man zur Hanover St, der Hauptstraße des italienischen Viertels. Hier gönnt man sich ein Mittagessen, bevor es zum North Sq geht, wo man einen Rundgang durchs ⓬ **Paul Revere House** (S. 185) macht, das Wohnhaus des Helden. Dann geht's zur ⓭ **Old North Church** (S. 185), in deren Turm ein Wachposten das Anrücken der Briten signalisierte.

Folgt man der Hull St Richtung Nordwesten, findet man auf dem ⓮ **Copp's Hill Burying Ground** weitere Gräber aus der Kolonialzeit. Jenseits der Charlestown Bridge liegt die ⓯ **USS Constitution** (S. 185), das dienstälteste Kriegsschiff der Welt. Nördlich davon markiert das ⓰ **Bunker Hill Monument** (S. 185) den Schauplatz der ersten Schlacht im Amerikanischen Unabhängigkeitskrieg.

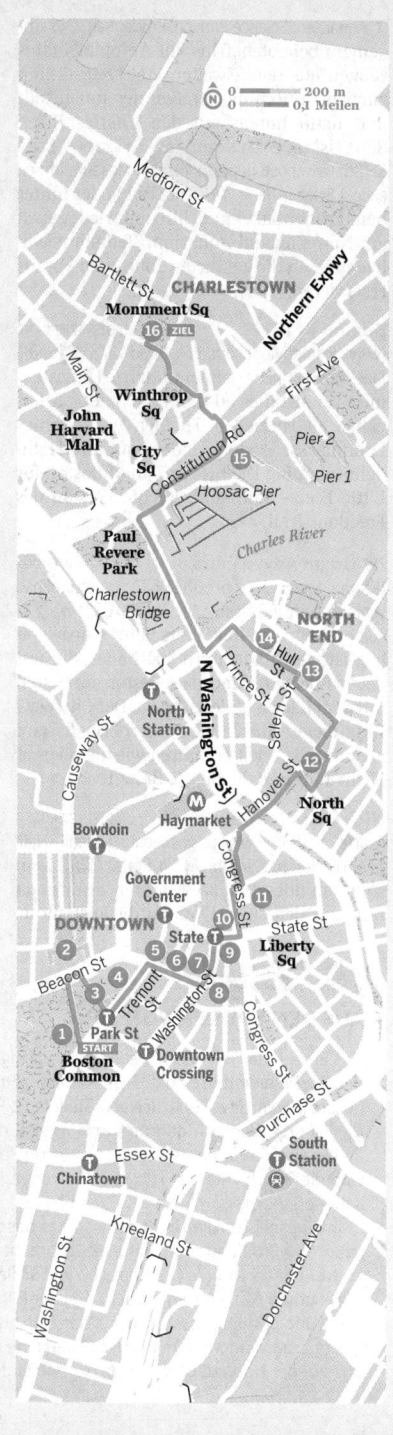

T Aquarium, Science Park od. Prudential) Die ungemein beliebten Trips mit Amphibienfahrzeugen aus dem Zweiten Weltkrieg führen zunächst durch die Straßen der Innenstadt und dann hinaus auf den Charles River. Start ist am **Museum of Science** (Karte S. 186; www.bostonducktours.com; Museum of Science, 1 Science Park; T Science Park) oder hinter dem Prudential Center, hin und wieder auch am New England Aquarium. Teilnahmewillige müssen die geführten Touren im Voraus reservieren.

Boston by Foot STADTSPAZIERGANG
(www.bostonbyfoot.com; Erw./Kind 12/8 US$; 🚶) Das fantastische gemeinnützige Unternehmen veranstaltet 90-minütige Stadtspaziergänge zu speziellen Themen wie Literary Landmarks, Boston Underfoot (mit Highlights vom Big Dig bis zur T) und Boston for Little Feet – eine kindgerechte Version des Freedom Trail.

Urban AdvenTours RADTOUR
(Karte S. 186; 📞617-670-0637; www.urbanadventours.com; 103 Atlantic Ave; Tour 50 US$; 🚶; T Aquarium) 🚴 Der Tourveranstalter wurde von begeisterten Radfahrern gegründet, die fest davon überzeugt sind, dass Boston am besten mit dem Rad zu besichtigen ist. Der City View Ride bietet einen tollen Überblick. Es gibt aber auch speziellere Touren wie die Bikes at Night Tour und die Bike & Brew Tour.

NPS Freedom Trail Tour STADTSPAZIERGANG
(Karte S. 186; www.nps.gov/bost; Faneuil Hall; ⏰April–Nov. 10 & 14 Uhr; 🚶; T State) GRATIS Man sollte mindestens 30 Minuten früher da sein, um sich einen Platz für die kostenlose, von Rangern geführte Freedom-Trail-Tour zu sichern, die der National Park Service anbietet. Die 90-minütigen Spaziergänge beginnen am Visitor Center in Faneuil Hall und führen über einen Abschnitt des Freedom Trail (ohne Charlestown). Alle Touren sind auf jeweils 30 Teilnehmer beschränkt.

★ Feste & Events

★ Boston Marathon SPORTEREIGNIS
(www.baa.org; ⏰3. Mo im April) Der Bostoner Marathon am Patriots Day, einem Feiertag in Massachusetts, ist einer der prestigeträchtigsten des Landes. Der 42,16 km lange Lauf endet am Copley Sq.

Fourth of July NATIONALFEIERTAG
(www.july4th.org) Am Unabhängigkeitstag steigt in Boston eine der größten Partys der USA. Die Boston Pops geben auf der Esplanade ein Gratiskonzert, und das Feuerwerk wird landesweit im Fernsehen übertragen.

🛏 Schlafen

Obwohl Boston für hohe Hotelpreise berüchtigt ist, sind Online-Rabatte selbst bei Spitzenklasseoptionen drin. Die besten Schnäppchen kann man normalerweise am Wochenende machen. In Downtown und Back Bay gibt's die meisten Hotels; beide Viertel liegen in praktischer Nähe zu Sehenswürdigkeiten und öffentlichen Verkehrsmitteln.

Die **Bed & Breakfast Associates Bay Colony** (📞781--0522, www.bnbboston.com; Zi. ab 100 US$) vermittelt B&Bs, Gästezimmer und Apartments, die sich nicht direkt buchen lassen.

ABSTECHER

AUF DEN SPUREN VON J.F.K.

Das Erbe John F. Kennedys ist allgegenwärtig in Boston, doch das offizielle Denkmal für den 35. Präsidenten ist das **John F. Kennedy Library & Museum** (www.jfklibrary.org; Columbia Point; Erw./Kind/Senior & Student 12/9/10 US$; ⏰9–17 Uhr; P; T JFK/UMass). Das eindrucksvolle, moderne Marmorgebäude wurde von I. M. Pei entworfen und ist eine angemessene Hommage an das Leben und das Erbe von J. F. K. Dank der vielen Videos wird die Geschichte auch für jene Besucher lebendig, die sich nicht an die frühen 1960er-Jahre erinnern.

Im Viertel Brookline befindet sich das bescheidene dreistöckige Haus, in dem J. F. K. geboren wurde und seine Kindheit verbrachte. Heute ist hier die **John F. Kennedy National Historic Site** (www.nps.gov/jofi; 83 Beals St; ⏰Mai–Okt. Mi–So 9.30–17 Uhr; T Coolidge Corner) GRATIS untergebracht. Bei der Führung durch das Haus sieht man Möbel, Fotos und Erinnerungsstücke aus der Zeit, als die Kennedys noch hier lebten. Hierher gelangt man, indem man mit der Green Line (Streckenteil C) bis Coolidge Corner fährt und auf der Harvard St Richtung Norden läuft.

HI Boston HOSTEL $
(Karte S. 186; ☎ 617-536-9455; www.bostonhostel.org; 19 Stuart St; B 50–60 US$, DZ 179 US$; ✳@🛜; ⊤ Chinatown od. Boylston) 🏊 Hostelling International (HI) Boston hat eine brandneue Unterkunft. Das historische Dill Building wurde komplett umgebaut und bietet nun mehr Platz und Gemeinschaftsbereiche, einen rollstuhlgerechten Zugang sowie – was am eindrucksvollsten ist – topaktuelle umweltfreundliche Einrichtungen mit sparsamem Energieverbrauch. Es gibt auch einiges, das gleich geblieben ist: die zweckmäßigen, komfortablen Zimmer und die ausgezeichneten kulturellen Aktivitäten, die das HI Boston schon in den letzten drei Jahrzehnten auszeichneten.

Friend Street Hostel HOSTEL $
(Karte S. 186; ☎ 617-934-2413; www.friendstreethostel.com; 234 Friend St; B 48–54 US$; @🛜; ⊤ North Station) Wir glauben den Betreibern gern, dass dies das freundlichste Hostel in Boston ist. Aber es gibt noch andere Gründe, warum man die nette Herberge einfach lieben muss: Da wären z. B. die blitzblanke Küche und der gemütliche Gemeinschaftsbereich mit einem riesigen Flachbildfernseher. Die Schlafsäle für je sechs bis zehn Personen sind mit verputzten Ziegelwänden, breiten Dielen und stabilen Etagenbetten aus Kiefernholz ausgestattet. Außerdem gibt's Frühstück, Fahrräder und viele kostenlose Aktivitäten. Der einzige Nachteil ist der Lärm von der Straße.

★ Oasis Guest House PENSION $$
(Karte S. 182; ☎ 617-230-0105, 617-267-2262; www.oasisgh.com; 22 Edgerly Rd; Zi. 136–228 US$, ohne Bad 114–148 US$; P✳🛜; ⊤ Hynes od. Symphony) Gemäß ihrem Namen ist die heimelige Pension eine friedvolle, schöne Oase mitten in den chaotischen Straßen Bostons. Die mehr als 30 Gästezimmer verteilen sich auf vier hübsche Ziegelhäuser mit Erkerfassaden an der von Bäumen gesäumten Straße. Die einfachen, lichterfüllten Zimmer sind geschmackvoll und traditionell mit großen Betten, Bettdecken mit Blumenmuster und nichtssagenden Drucken eingerichtet.

★ Harborside Inn BOUTIQUEHOTEL $$
(Karte S. 186; ☎ 617-723-7500; www.harborsideinnboston.com; 185 State St; Zi. ab 169 US$; P✳@🛜; ⊤ Aquarium) Das in einem vorsichtig renovierten Lagerhaus aus dem 19. Jh. untergebrachte Hostel am Wasser schafft die Balance zwischen historischem Ambiente und modernen Annehmlichkeiten. Offenbar haben die Architekten bei der Renovierung darauf geachtet, die historischen Details zu erhalten, denn die Gästezimmer verfügen über die originalen freiliegenden Ziegel- und Granitwände und Hartholzparkett. Für die perfekte Abrundung sorgen orientalische Teppiche, altmodische, massive Betten und Reproduktionen von Mobiliar im Federal Style. Für zusätzliche 20 US$ bekommt man ein Zimmer mit Blick auf die Stadt.

Irving House PENSION $$
(Karte S. 182; ☎ 617-547-4600; www.irvinghouse.com; 24 Irving St; Zi. 165–270 US$, EZ ohne Bad 135–160 US$, DZ ohne Bad 165–205 US$; P✳@🛜; ⊤ Harvard) 🏊 Die große Pension – oder besser: das heimelige Hotel – ist das Richtige für weit gereiste Traveller. Die 44 verschieden großen Zimmer haben Betten mit Steppdecken und große Fenster, durch die viel Licht dringt. Das kontinentale Frühstück ist kostenlos.

Chandler Inn HOTEL $$
(Karte S. 182; ☎ 617-482-3450, 800-842-3450; www.chandlerinn.com; 26 Chandler St; Zi. ab 170 US$; ✳🛜; ⊤ Back Bay) Das Chandler Inn sieht nach der Komplettrenovierung gut aus. Die kleinen, aber schicken Zimmer profitieren von Designerelementen, die ihnen ein raffiniertes, urbanes Flair verleihen. Moderne Traveller schätzen die Plasmafernseher und iPod-Anschlüsse, und all das zu erstaunlich erschwinglichen Preisen. Obendrein sorgen die überaus freundlichen Angestellten für einen super Service. Auf dem Gelände befindet sich auch die beliebteste Bar von South End: das Fritz.

Hotel Buckminster HOTEL $$
(Karte S. 182; ☎ 617-727-2825; www.bostonhotelbuckminster.com; 645 Beacon St; Zi. 149–209 US$, Suite ab 219 US$; P✳🛜✳; ⊤ Kenmore) Das vom Architekten der Boston Public Library entworfene Buckminster bietet den Charme des alten Boston und erschwingliche Eleganz. In dem Hotel gibt es fast 100 Zimmer von unterschiedlicher Form und Größe: Die billigeren Zimmer sind klein und langweilig mit etwas abgenutzten Möbeln (aber zu Schnäppchenpreisen). Im Gegensatz dazu sind die Suiten im europäischen Stil recht geräumig und mit allen gemütlichen und komfortablen Extras ausgestattet.

463 Beacon Street Guest House PENSION $$
(Karte S. 182; ☎ 617-536-1302; www.463beacon.com; 463 Beacon St; DZ mit/ohne Bad ab

149/99 US$; P ❄ 🛜; T Hynes) Was passt besser nach Boston als ein hübsches, historisches Sandsteinhaus in Back Bay? In dieser Pension kann man all seine blaublütigen Fantasien ausleben und spart dabei noch Geld, das man dann in den Boutiquen und Bars auf der Newbury St verprassen kann. Die Zimmer unterscheiden sich in Größe und Einrichtung, bieten aber alles Wichtige (außer tägliche Zimmerreinigung). Die Bäder sind ziemlich klein, aber da muss man ja vielleicht auch nicht so viel Zeit verbringen.

40 Berkeley HOSTEL $$
(Karte S.182; 📞 617-375-2524; www.40berkeley.com; 40 Berkeley St; EZ/DZ/3BZ/4BZ ab 108/130/144/169 US$; 🛜; T Back Bay) Die sichere, freundliche Herberge zwischen South End und Back Bay hat mehr als 200 kleine Zimmer (manche mit Blick auf den Garten), die auch für längere Zeiträume vermietet werden. Die sanitären Anlagen teilt man sich, genauso wie andere Einrichtungen wie Telefon, Bibliothek, Fernsehraum und Waschküche. Im Preis inbegriffen ist das großzügige, köstliche Frühstück.

★**Newbury Guest House** PENSION $$$
(Karte S.182; 📞 617-437-7666, 617-437-7668; www.newburyguesthouse.com; 261 Newbury St; Zi. 219–249 US$; P ❄ 🛜; T Hynes od. Copley) Die drei miteinander verbundenen Ziegel- und Sandsteinhäuser von 1882 sind zentral an der Newbury St gelegen. Bei der kürzlich erfolgten Renovierung wurden charmante Details wie Deckenrosetten und Kamine in den Zimmern erhalten, aber die Quartiere verfügen jetzt über klare Linien, luxuriöse Bettwäsche und moderne Annehmlichkei-

---

BOMBEN IN BOSTON

Am Patriot's Day 2013 waren alle Augen im Land (und auf der Welt) auf Boston gerichtet, als beim Boston Marathon nahe der Ziellinie zwei Sprengsätze explodierten, drei Menschen töteten und Hunderte verletzten. Einige Tage danach wurde ein Polizist am MIT niedergeschossen. Daraufhin wurde ganz Boston als Schlachtfeld im Krieg gegen den Terror abgeriegelt. Die Tragödie war verheerend, aber Boston konnte sich unzähliger Helden rühmen, vor allem der vielen Opfer, die andere mit ihrem Mut und ihrer Tapferkeit während der Rettungsarbeiten inspirierten.

---

ten. Das kontinentale Frühstück wird jeden Morgen im Salon neben dem Marmorkamin aufgetragen.

 Essen

Die Küche Neuenglands ist bekannt für Clambakes (Meeresfrüchtegerichte) im Sommer und Truthahn zu Thanksgiving. Aber die Bostoner Restaurantszene ist abwechslungsreicher und zeigt internationale Einflüsse sowie moderne Abwandlungen. Erschwingliches asiatisches Essen gibt's in Chinatown, italienisches Essen im North End, und South End hat die trendigsten Restaurants.

✖ Beacon Hill & Downtown

Quincy Market FOOD-COURT $
(Karte S.186; Congress St; 🕙 Mo-Sa 10–21, So 12–18 Uhr; 🍴 👶; T Haymarket) Die Markthalle nordöstlich der Kreuzung Congress St und State St beherbergt eine Reihe verschiedener Lokale: Es gibt hier rund 20 Restaurants und 40 Imbissbuden. Man holt sich einfach Fischsuppe, Bagels, indische oder griechische Speisen, Backwaren oder Eis und nimmt an einem der Tische in der zentralen Rotunde Platz.

★**Paramount** CAFETERIA $$
(Karte S.186; www.paramountboston.com; 44 Charles St; Frühstück & Mittagessen 8–12 US$, Abendessen 15–30 US$; 🕙 Mo-Do 7–22, Sa-So ab 8, Fr-Sa bis 23 Uhr; 🍴 👶; T Charles/MGH) Die altmodische Cafeteria ist in dem Viertel sehr beliebt. Es gibt einfache Speisen wie Pfannkuchen, Steak mit Eiern, Burger, Sandwiches und große herzhafte Salate. Abends geht's mit Bedienung und Kerzenschein etwas gehobener zu, ohne dass der bodenständige Charme verloren ginge. Auf der Karte stehen hausgemachte Pasta, eine Auswahl Fleisch- und Fischspeisen und jede Menge Tagesgerichte.

Durgin Park AMERIKANISCH $$
(Karte S.186; www.durgin-park.com; North Market, Faneuil Hall; Hauptgerichte mittags 9–15 US$, abends 15–30 US$; 🕙 11.30–21 Uhr; 👶; T Haymarket) Seit seiner Eröffnung im Jahr 1827 hat sich das für seinen schlichten Service und den mit Sägemehl bedeckten Boden bekannte Durgin Park kaum verändert. Selbiges gilt auch für die Speisekarte, auf der typisch neuenglische Gerichte wie Prime Rib, Fisch-Chowder, Chicken Pot Pie und Boston Baked Beans sowie Desserts wie Erdbeer-

Shortcake und Indian Pudding stehen. Mit den Nachbarn am Tisch kann man schnell Bekanntschaft schließen.

Union Oyster House
SEAFOOD $$
(Karte S. 186; www.unionoysterhouse.com; 41 Union St; Hauptgerichte 15–25 US$; ⊗ 11–21.30 Uhr; ⓣ Haymarket) Das älteste Restaurant in Boston, das gute alte Union Oyster House, serviert schon seit 1826 in diesem historischen roten Ziegelhaus Meeresfrüchte. Zahlreiche Größen der Geschichte wie Daniel Webster und John F. Kennedy haben hier schon an der Bar gesessen. Kennedy soll vor allem die Hummercremesuppe gemocht haben, aber der echte Renner hier ist die Austernbar. Am besten bestellt man ein Dutzend frisch geknackter Austern und lässt sich verzaubern.

North End

Volle Nolle
SANDWICHES $
(Karte S. 186; 351 Hanover St; Sandwich 8–12 US$; ⊗ 11–23 Uhr; ⓣ Haymarket) *Volle nolle* soll für das lateinische *nolens volens* stehen, aber in dem sehr beliebten Sandwich-Laden im North End ist nichts willkürlich. Schwarze Schiefertische und Wände mit unechtem Stuck zieren den schlichten, kleinen Raum. An der Tafel stehen die Angebote des Tages: frische Salate, köstliche belegte Fladenbrote und dunkler, starker Kaffee. Perfekter Mittagsstopp auf dem Freedom Trail!

⭐ Giacomo's Ristorante
ITALIENISCH $$
(Karte S. 186; www.giacomosblog-boston.blogspot.com; 355 Hanover St; Hauptgerichte 14–19 US$; ⊗ Mo–Sa 16.30–22, So 16–21.30 Uhr; ⓣ Haymarket) Vor dem sehr beliebten Restaurant im North End stehen die Kunden schon vor Öffnung Schlange, um bei der ersten Runde dabei zu sein. Dank der eifrigen, unterhaltsamen Kellner und dem engen Ambiente lernt man sicher auch seine Nachbarn kennen. Die Küche bietet schlichte süditalienische Kost, die in unglaublichen Portionen serviert wird. Nur Barzahlung.

Seaport District

Barking Crab
SEAFOOD $$
(Karte S. 186; www.barkingcrab.com; 88 Sleeper St; Hauptgerichte 12–30 US$; ⊗ So–Mi 11.30–22, Do–Sa bis 23 Uhr; ⓢ SL1 od. SL2, ⓣ South Station) Bergeweise dampfende Krabben (Taschenkrebse, Blaukrabben, Schneekrabben, Königskrabben usw.) in Zitronensaft und Butter auf Papptellern – das Essen hier ist reichlich und billig, und man isst gemein-

GRÜNES BOSTON

Da, wo noch bis vor wenigen Jahren eine große Autobahn das Stadtzentrum durchschnitt, erstreckt sich heute ein Grünstreifen, der die Viertel vom North End bis Chinatown wieder miteinander verbindet. Der nach J. F. K.s Mutter benannte **Rose Kennedy Greenway** (Karte S. 186; www.rosekennedygreenway.org; ⓣ Aquarium od. Haymarket) befindet sich auf dem einstigen hoch gelegenen Abschnitt der I-93 und besteht aus mehreren schattigen, miteinander verbundenen Parks, die Erholung vom urbanen Trubel bieten. Hierfür sorgen auch viele Springbrunnen, Blumenbeete und seit 2013 ein thematisch auf Boston ausgerichtetes Karussell. Wer sich fragt, was aus der Autobahn geworden ist – die verläuft jetzt dank des „Big Dig", des teuersten Autobahnbaus in der US-amerikanischen Geschichte, durch Tunnel unterhalb der Stadt.

sam an Picknicktischen mit Blick aufs Wasser. Zudem fließt das Bier in Strömen. Die Bedienung lässt zwar zu wünschen übrig, aber die Stimmung ist gesellig. Bei gutem Wetter muss man oft warten, bis ein Tisch frei wird.

Chinatown, Theater District & South End

⭐ Gourmet Dumpling House
CHINESISCH, TAIWANESISCH $
(Karte S. 186; www.gourmetdumpling.com; 52 Beach St; Hauptgerichte mittags 8 US$, abends 10–15 US$; ⊗ 11–1 Uhr; ⓣ Chinatown) *Xiao long bao*. Mehr Chinesisch braucht man nicht, um die Spezialität des Gourmet Dumpling House (oder GDH, wie es auch genannt wird) zu bestellen. Es handelt sich dabei natürlich um Shanghaier Suppenklößchen, und die sind frisch, teigig und köstlich. Auf der Karte stehen noch viele andere Optionen, z. B. leckere, knusprige Schalotten-Pfannkuchen. Wer nicht frühzeitig da ist, muss mit Wartezeiten rechnen.

Myers & Chang
ASIATISCH $$$
(Karte S. 182; ☎ 617-542-5200; www.myersandchang.com; 1145 Washington St; kleine Gerichte 10–18 US$; ⊗ Fr & Sa 11.30–23, So–Do bis 22 Uhr; ⓢ SL4 od. SL5, ⓣ Tufts Medical Center) Das superhippe Asia-Restaurant bietet thai-

ländische, chinesische und vietnamesische Gerichte, also leckere Klößchen, würziges Bratgemüse und jede Menge Nudelgerichte. In der Küche werden mit dem Wok herrliche Dinge gezaubert, und dank der kleinen Portionen kann man sich viele verschiedene Gerichte bestellen. Die Atmosphäre ist gemütlich, aber auch cool, international und unabhängig.

✖ Back Bay & Fenway

Tasty Burger BURGER $
(Karte S. 182; www.tastyburger.com; 1301 Boylston St; Burger 4–6 US$; ⏰ 11–2 Uhr; 🚻; Ⓣ Fenway) Die einstige Tankstelle ist heute ein Retro-Burger-Lokal mit Picknicktischen im Freien und einem Billardtisch drinnen. Der Name ist eine Hommage an *Pulp Fiction*, wie auch das Poster von Samuel L. Jackson an der Wand. Man hat zwar kein halbes Pfund Fleisch auf dem Brötchen, aber trotzdem ist es lecker!

Abgesehen von Burgern bekommt man hier billiges Bier und kann sich Sport im Fernsehen anschauen.

Parish Café SANDWICHES $$
(Karte S. 186; www.parishcafe.com; 361 Boylston St; Sandwich 12–15 US$; ⏰ 12–2 Uhr; 🖉; Ⓣ Arlington) Hier kann man Kreationen der berühmtesten Bostoner Chefköche probieren, ohne dass das Budget gesprengt würde. Auf der Karte des Parish stehen viele Salate und Sandwiches diverser lokaler Promiköche wie Lydia Shire, Ken Oringer und Barbara Lynch.

✖ Cambridge

★ Clover Food Lab VEGETARISCH $
(Karte S. 182; www.cloverfoodlab.com; 7 Holyoke St; Hauptgerichte 6–7 US$; ⏰ 7–24 Uhr; 🖉 🚻; Ⓣ Harvard) 🍃 Das Clover ist auf dem neuesten Stand. Es ist komplett mit Hightech ausgerüstet: Die Speisekarte wird live upgedatet, und auch die Bestellung erfolgt elektronisch. Aber eigentlich geht's ja ums Essen: Es gibt vegetarische Kost aus lokalem, saisonalem Anbau – preisgünstig, lecker und schnell. Wie lange genau es dauert, bis die Bestellung kommt, erfährt man auf der Speisekarte. Interessant ist, dass das Clover als Food Truck begann (ein paar Trucks drehen noch immer ihre Runden).

Cambridge, 1 PIZZERIA $$
(Karte S. 182; www.cambridge1.us; 27 Church St; Pizza 17–22 US$; ⏰ 11.30–24 Uhr; 🖉; Ⓣ Harvard) Die Pizzeria in der alten Feuerwache hat ihren Namen von dem in Stein gemeißelten Zeichen vor dem Gebäude. Die Inneneinrichtung ist schick und sparsam-industriell mit großen Fenstern zum Old Burying Ground hinten. Die Karte ist ebenso schlicht: Pizza, Suppe, Salat, Dessert. Die merkwürdig geformten Pizzas sind lecker, knusprig und einfallsreich belegt.

🍷 Ausgehen & Nachtleben

★ Bleacher Bar SPORTBAR
(Karte S. 182; www.bleacherbarboston.com; 82a Lansdowne St; Ⓣ Kenmore) Von der tollen Bar unter den Tribünen des Fenway Park blickt

---

BOSTON FÜR SCHWULE & LESBEN

Schwule sieht man überall in Boston und Cambridge, vor allem im South End. Der **Calamus Bookstore** (Karte S. 185; www.calamusbooks.com; 92 South St; ⏰ Mo–Sa 9–19, So 12–18 Uhr; Ⓣ South Station) ist eine exzellente Quelle für Infos zu Events und Organisationen. Hier bekommt man auch das kostenlose Wochenblatt *Bay Windows* (www.baywindows.com).

Es gibt keinen Mangel an Unterhaltungsoptionen für GLBT-Traveller. Von Drag-Shows bis hin zu Lesbenabenden hat die sexuell vielfältige Gemeinde für jeden etwas zu bieten.

Club Cafe (Karte S. 186; www.clubcafe.com; 209 Columbus Ave; ⏰ 11–2 Uhr; Ⓣ Back Bay) Tagsüber ein cooles Café, nachts ein verrückter Club – und immer proppenvoll. Die Zielgruppe sind Männer, aber willkommen sind hier alle.

Diesel Cafe (www.diesel-cafe.com; 257 Elm St; ⏰ Mo–Sa 6–23, So 7–11 Uhr; Ⓣ Davis Sq) In dem industriellen, bei Studenten und Schwulen beliebten Café kann man Brezeln knabbern, Kaffee trinken und Bier süffeln.

Fritz (Karte S. 186; www.fritzboston.com; 26 Chandler St; ⏰ 12–2 Uhr; Ⓣ Back Bay) Hier kann man die Sportler im TV beobachten – oder die Männer, die sich im TV die Sportler ansehen.

man genau aufs Mittelfeld (los, Jacoby!). Der Laden ist nicht der beste Ort, um sich ein Spiel anzuschauen, weil es hier recht voll wird, aber man bekommt einen Eindruck von der Atmosphäre in Amerikas ältestem Baseballstadion, selbst wenn die Sox gerade nicht spielen.

Wer einen Platz am Fenster will, muss eine bis zwei Stunden vor Spielbeginn seinen Namen auf die Warteliste setzen lassen. Sitzt man dann endlich, hat man 45 Minuten Zeit zum Essen.

★ Drink
COCKTAILBAR

(Karte S. 186; www.drinkfortpoint.com; 348 Congress St S; ☺ 16–1 Uhr; 🚇 SL1 od. SL2, Ⓣ South Station) Eine Cocktailkarte gibt's hier nicht. Stattdessen unterhält man sich mit dem Barkeeper und bekommt den eigenen Wünschen gemäß einen Drink gemixt. Die Bar nimmt die Kunst des Getränkemixens sehr ernst – und das merkt man nach dem Genuss einiger Kreationen sehr schnell. Das unterirdische Gewölbe schafft eine düstere, anregende Atmosphäre – die perfekte Adresse für ein Date.

Warren Tavern
HISTORISCHER PUB

(Karte S. 182; www.warrentavern.com; 2 Pleasant St; ☺ 11–1 Uhr; Ⓣ Community College) Das Warren Tavern ist eine der ältesten Kneipen in Boston und hat auch schon für George Washington und Paul Revere Bier gezapft. Es ist nach General Joseph Warren benannt, der in der Schlacht von Bunker Hill (also kurz vor Eröffnung der Kneipe im Jahr 1780) gefallen ist.

☆ Unterhaltung

Boston hat Unterhaltungsangebote für jeden Geschmack.

Livemusik

★ Club Passim
FOLKMUSIK

(Karte S. 182; ☎ 617-492-7679; www.clubpassim. org; 47 Palmer St; Ticket 15–30 US$; Ⓣ Harvard) Es scheint, als würde die Folkmusik in Boston außerhalb der irischen Bars einfach aussterben, aber dieser legendäre Club macht einen tollen Job und füllt mit den erstklassigen Bands, die hier auftreten, praktisch ganz allein das Vakuum. Der bunte, trauliche Club versteckt sich in einer Seitenstraße des Harvard Sq. Wer sich hier eine Show ansieht, kann sich davor gleich noch im **Veggie Planet**, einem unglaublich guten Restaurant vor Ort, ein üppiges Abendessen bestellen.

★ Red Room@Café 939
LIVEMUSIK

(Karte S. 182; www.cafe939.com; 939 Boylston St; Ⓣ Hynes) Das von Berklee-Studenten betriebene Red Room ist einer der besten Musikclubs in Boston. Es gibt hier eine ausgezeichnete Musikanlage und einen Stutzflügel. Das Wichtigste aber ist die bunte Mischung aus interessanten aufstrebenden Musikern, die hier auftreten. Hier kann man Bands erleben, die auf dem Weg nach ganz oben sind. Karten bekommt man im Voraus im **Berklee Performance Center** (Karte S. 182; www. berkleebpc.com; 136 Massachusetts Ave; Ⓣ Hynes).

Sinclair
LIVEMUSIK

(Karte S. 182; www.sinclaircambridge.com; 52 Church St; Ticket 15–18 US$; ☺ Di–So 11–1, Mo 17–1 Uhr; Ⓣ Harvard) Großartiger neuer kleiner Club für Livemusik: Die Akustik ist exzellent, und wem die Massen unten zu viel sind, der kann sich ins Zwischengeschoss flüchten. In dem Club treten lokale und regionale Bands und DJs auf. Hinzu kommt noch, dass die angeschlossene Küche unter der Leitung von Michael Schlow köstliches, absolut erstklassiges Essen liefert (die Bedienung ist leider nicht so auf Zack).

Klassische Musik & Theater

Die großen Bühnen im Theater District wurden alle aufwendig restauriert und erstrahlen wieder in der Pracht des frühen 20. Jhs.

★ Boston Symphony Orchestra
KLASSIK

(BSO; Karte S. 182; ☎ 617-266-1200; www.bso. org; Symphony Hall, 301 Massachusetts Ave; Ticket 30–115 US$; Ⓣ Symphony) Die fast perfekte Akustik passt zum ehrgeizigen Spielplan des weltbekannten Boston Symphony Orchestra. Von September bis April spielt das BSO für ein schick gekleidetes Publikum in der schönen Symphony Hall, die eine hohe, ornamental verzierte Decke hat. Das Gebäude wurde 1861 mit Hilfe eines Physikers aus Harvard entworfen, der versprach, einen akustisch perfekten Konzertsaal zu bauen (und sein Versprechen auch hielt).

Boston Ballet TANZ

(☎ 617-695-6950; www.bostonballet.org; Ticket 15–100 US$) Bostons erfahrenes Ballett-Ensemble präsentiert im **Opera House** (Karte S. 186; www.bostonoperahouse.com; 539 Washington St; ⓉDowntown Crossing) moderne und klassische Stücke. Sehr populär ist die *Nussknacker*-Aufführung in der Weihnachtszeit. Zwei Stunden vor der Vorstellung beginnt für Studenten und Kinder der Kartenverkauf zum Preis von 20 US$.

Sport

Boston liebt seine Sportmannschaften. Warum auch nicht? Immerhin gewannen die Profiteams in den letzten Jahren die vier größten Meisterschaften und holten damit den „Grand Slam of American Sports".

★ **Fenway Park** SPORT

(Karte S. 182; www.redsox.com; 4 Yawkey Way; Ticket 25–125 US$; ⓉKenmore) Von April bis September kann man die Red Sox im Fenway Park spielen sehen, dem ältesten und geschichtsträchtigsten Baseballstadion des Landes. Leider ist es auch das teuerste. Das hält Fenway-Fans aber nicht davon ab, sich auf die Karten zu stürzen. Manchmal werden zwei Stunden vor Anpfiff ermäßigte Tickets verkauft.

TD Garden BASKETBALL, EISHOCKEY

(Karte S. 186; ☎Infos 617-523-3030, Tickets 617-931-2000; www.tdgarden.com; 150 Causeway St; ⓉNorth Station) Die Reinkarnation des Boston Garden: Hier spielen die Bruins zwischen September und Juni Eishockey und die Celtics zwischen Oktober und April Basketball.

🔒 Shoppen

Die Newbury St in Back Bay und die Charles St auf dem Beacon Hill sind die besten Einkaufsmeilen Bostons mit der größten Auswahl traditioneller und trendiger Läden. Der Harvard Sq ist berühmt für seine Buchläden, und South End ist das aufstrebende Kunstviertel der Stadt. Große Einkaufszentren sind **Copley Place** (Karte S. 182; www. simon.com; 100 Huntington Ave; ⓉMo–Sa 10–20, So 12–18 Uhr; ⓉBack Bay) und das **Prudential Center** (Karte S. 182; www.prudentialcenter.com; 800 Boylston St; Ⓣ10–21 Uhr; ☎; ⓉPrudential) in Back Bay.

Lucy's League BEKLEIDUNG

(Karte S. 186; www.thecolorstores.com; North Bldg, Faneuil Hall; ⓉGovernment Center) Zugegeben, die rosa Red-Sox-Mützen sind gewöhnungsbedürftig, aber manchmal wollen Frauen eben auch schick aussehen, während sie ihr Team anfeuern! Im Lucy's League finden modebewusste Sportfans Shirts, Jacken und andere Sachen mit Logos der örtlichen Teams und kessen, figurbetonenden Schnitten.

Life is Good BEKLEIDUNG, GESCHENKE

(Karte S. 182; www.lifeisgood.com; 285 Newbury St; ⓉHynes) Für diese lokale Designermarke mit T-Shirts, Rucksäcken und anderen Sachen ist das Leben tatsächlich gut. Unverkennbar ist der Aufdruck, der die verrückte Figur Jake zeigt – beim Gitarrespielen, Gassigehen, Kaffeetrinken, Klettern und bei anderen Aktivitäten, die Spaß machen. Immer mit von der Partie ist der Slogan „Life is good".

Converse SCHUHE, BEKLEIDUNG

(Karte S. 182; www.converse.com; 348 Newbury St; ⓉHynes) Gleich die Straße rauf, in Malden, MA, begann Converse 1908 Schuhe herzustellen. In den 1920er Jahren stieß Chuck Taylor zu dem Team, und der Rest ist Geschichte. Dieses Outlet ist eines von dreien im Land und hat eine unglaubliche Auswahl von Sneakers, Jeans und anderen Klamotten im Angebot. Die kultigen Schuhe gibt's in allen Farben und Mustern, und wer will, kann sie sich in der Customization Area auch nach eigenen Vorstellungen gestalten.

NICHT VERSÄUMEN

MÄRKTE

Auf Wochenmärkten, teils Flohmarkt, teils Kunsthandwerksmarkt, kann man prima schlendern, shoppen und Leute beobachten. Unter den Zeltdächern preisen mehr als 100 Verkäufer ihre Waren an. Der Markt ist jede Woche anders, aber es gibt immer Kunst und Kunsthandwerk, Modernes, alte Klamotten, Schmuck, Obst und Gemüse aus der Region und hausgemachte Süßwaren. Wer im Sommer da ist, sollte samstags dem Markt am **Rose Kennedy Greenway** (Karte S. 186; www.greenwayopenmarket.com; Surface Ave; ⓉJuni–Okt. Sa 11–17 Uhr; ⓉAquarium) und sonntags im **South End** (Karte S. 182; www.sowaopenmarket.com; 540 Harrison Ave; ⓉMai–Okt. So 10–16 Uhr; 🚌SL4 oder SL5, ⓉTufts Medical Center) einen Besuch abstatten.

ⓘ KEINE VERKAUFSSTEUER

Auf Bekleidung im Wert von bis zu 175 US$ wird in Massachusetts keine Verkaufsteuer erhoben, weil sie lebensnotwendig ist. Nun müsste man nur noch jemanden davon überzeugen, dass diese supereure Designerjeans *auch* lebensnotwendig ist …

ⓘ Praktische Informationen

INFOS IM INTERNET

Boston Central (www.bostoncentral.com) Gute Website für Familien mit Infos zu Aktivitäten mit Kindern.

City of Boston (www.cityofboston.gov) Offizielle Website der Bostoner Stadtverwaltung mit Links zu für Traveller relevanten Websites.

INTERNETZUGANG

Internetzugang gibt's in Hotels, Cafés, in Bussen und sogar an öffentlichen Plätzen wie dem Faneuil Hall und am Greenway. Viele Cafés nehmen eine Gebühr, manchmal ist aber auch die erste Stunde gratis.

Boston Public Library (www.bpl.org; 700 Boylston St; ⊙ ganzjährig Mo–Do 9–21, Fr & Sa bis 17 Uhr, Okt.–Mai So 13–17 Uhr; ☎; Ⓣ Copley) Wenn die 15 Gratis-Internetminuten nicht ausreichen, kann man sich bei der Buchausleihe einen Besucherausweis holen und sich für eine Stunde Gratisinternet eintragen. Frühmorgens kommen, um längere Wartezeiten zu vermeiden!

Wired Puppy (www.wiredpuppy.com; 250 Newbury St; ⊙ 6.30–19.30 Uhr; ☎; Ⓣ Hynes) Bietet kostenlosen Internetzugang und Computer, falls man keinen eigenen dabeihat. Man kann hier aber auch nur gemütlich einen Kaffee trinken.

MEDIEN

Boston Globe (www.boston.com) Der *Globe* ist eine der zwei großen Tageszeitungen. Infos zu Veranstaltungen findet man donnerstags in der umfangreichen Beilage *Calendar* und täglich unter der Rubrik *Sidekick*.

Improper Bostonian (www.improper.com) Freches Gratisblatt, das alle zwei Wochen in Ausgabekästen auf dem Bürgersteig bereitliegt.

MEDIZINISCHE VERSORGUNG

CVS Pharmacy (www.cvs.com) Cambridge (www.cvs.com; 1426 Massachusetts Ave, Cambridge; ⊙ 24 Std.; Ⓣ Harvard); Back Bay (☑ 617-437-8414; 587 Boylston St; ⊙ 24 Std.; Ⓣ Copley)

Massachusetts General Hospital (☑ 617-726-2000; www.massgeneral.org; 55 Fruit St; ⊙ 24 Std.; Ⓣ Charles/MGH) Das größte und beste Krankenhaus der Stadt. Oft wird man an kleinere Kliniken und Krisen-Hotlines weiterverwiesen.

POST

Hauptpost (www.usps.com; 25 Dorchester Ave; ⊙ 6–24 Uhr; Ⓣ South Station) Einen Block südöstlich der South Station.

TOURISTENINFORMATION

Cambridge Visitor Information Kiosk (Karte S. 182; www.cambridge-usa.org; Harvard Sq; ⊙ Mo–Fr 9–17, Sa & So 13–17 Uhr; Ⓣ Harvard) Detaillierte Infos zu aktuellen Veranstaltungen in Cambridge und zu Rundgängen auf dem Campus.

Greater Boston Convention & Visitors Bureau (GBCVB; www.bostonusa.com) Boston Common (Karte S. 186; ☑ 617-426-3115; 148 Tremont St, Boston Common; ⊙ Mo–Fr 8.30–17, Sa & So 9–17 Uhr; Ⓣ Park St); Prudential Center (Karte S. 182; www.bostonusa.com; 800 Boylston St, Prudential Center; ⊙ 9–18 Uhr; Ⓣ Prudential)

ⓘ An- & Weiterreise

An- und Abreise gestalten sich in Boston sehr einfach. Der Bahnhof und der Busbahnhof liegen praktischerweise nebeneinander, und der Flughafen ist mit der U-Bahn schnell und problemlos zu erreichen.

BUS

Die **South Station** (Karte S. 186.; 700 Atlantic Ave) ist der Startpunkt für zahlreiche verschiedene Langstreckenbuslinien von **Greyhound** (www.greyhound.com) und diverse regionale Buslinien.

FLUGZEUG

Der **Logan International Airport** (☑ 800-235-6426; www.massport.com/logan), der vom Stadtzentrum aus gesehen direkt auf der anderen Seite des Boston Harbor gelegen ist, wird von großen in- und ausländischen Fluglinien genutzt. Es gibt hier sämtliche Service-Einrichtungen.

ⓘ FAHRT NACH NEW YORK CITY

Die billigste Art, von Boston nach N. Y. C. zu kommen, ist per Bus. **Yo! Bus** (www.yobus.com; einfache Strecke 12–28 US$; ☎; Ⓣ South Station) betreibt täglich sechs Busse ab der South Station; **Go Buses** (www.gobuses.com; einfache Strecke ab 15 US$; ☎; Ⓣ Alewife) fährt ab Cambridge.

FAHRRAD-SHARING

Bostons brandneues Fahrrad-Sharing-Programm (gesponsert von New Balance – und daran wird man dauernd erinnert) nennt sich **Hubway** (www.thehubway.com; 30 Min. gratis, 60/90/120 Min. 2/6/14 US$; ⊙ 24 Std.). In der ganzen Stadt verteilt gibt es inzwischen 60 Hubway-Stationen mit insgesamt 600 Fahrrädern, die man kurzzeitig ausleihen kann. Man besorgt sich an einem der Fahrradkioske eine zeitweilige Mitgliedschaft und zahlt dann die Nutzung des Rads jeweils pro halbe Stunde (bis 30 Min. gratis). Zurückgeben kann man den Drahtesel dann an irgendeiner beliebigen Station.

Die Preise von Hubway sind auf kürzere Strecken abgestimmt, für die man sonst ein Taxi nehmen würde. Für Freizeit- und längere Radtouren empfiehlt sich der Fahrradverleih Urban Adven-Tours (S. 192).

ZUG

Die Züge der **MBTA Commuter Rail** (☑ 800-392-6100, 617-222-3200; www.mbta.com) verkehren von der North Station in Boston nach Concord und Salem und von der Bostoner South Station nach Plymouth sowie nach Providence und zurück.

Der **Amtrak**-Bahnhof (☑ 800-872-7245; www.amtrak.com; South Station) ist South Station. Eine Zugfahrt nach New York kostet 73 bis 126 US$ und dauert etwa zweieinhalb Stunden; für den schnelleren *Acela Express* (3½ Std.) zahlt man 147 US$.

ℹ Unterwegs vor Ort

AUTO

Das Autofahren in Boston ist nichts für schwache Nerven. Am besten hält man sich in der Stadt an öffentliche Verkehrsmittel. Wer mit einem Mietwagen weiterreist, sollte diesen erst am Ende seines Bostonbesuchs abholen.

VOM/ZUM FLUGHAFEN

Der Logan International Airport ist nur einige Kilometer von Downtown Boston entfernt und mit der blauen U-Bahn-Linie oder dem Bus der silbernen Linie zu erreichen.

TAXI

Innerhalb des Stadtgebiets kosten Fahrten mit einem der vielen Taxis 15 bis 25 US$. Taxis lassen sich einfach heranwinken und sind auch vor großen Hotels zu finden. Bei **Metro Cab** (☑ 617-242-8000) oder **Independent** (Karte S.182; ☑ 617-426-8700) können sie telefonisch bestellt werden.

U-BAHN

Die **MBTA** (☑ 800-392-6100, 617-222-3200; www.mbta.com; 2–2,50 US$/Fahrt; ⊙ 5.30–12.30 Uhr) betreibt mit der „T" von 1897 die älteste U-Bahn der USA. Die fünf verschiedenfarbigen Linien (rot, blau grün, orange und silber) erstrecken sich strahlenförmig ab den innerstädtischen U-Bahnhöfen Park St, Downtown Crossing und Government Center. „Inbound"-Bahnen fahren jeweils zu einem dieser Bahnhöfe, „Outbound"-Bahnen in die Gegenrichtung. Achtung: Die silberne Linie ist eigentlich ein Schnellbus, mit dem man gut zum Logan Airport und zu einigen anderen Zielen kommt!

Rund um Boston

Rund um Boston gibt es jede Menge Ziele mit viel Geschichte, lebendiger Kultur und einmaligen Events zu entdecken. Die meisten sind per Auto oder Zug leicht erreichbar und eignen sich ideal für Tagesausflüge.

Lexington & Concord

In dem 15 Meilen (24 km) nordwestlich von Boston gelegenen Lexington befindet sich der historische **Battle Green** (Massachusetts Ave), wo 1775 ein Gefecht zwischen Patrioten und britischen Truppen den Auftakt zum Amerikanischen Unabhängigkeitskrieg bildete. Nach der Schlacht marschierten die britischen Rotröcke westwärts nach Concord. Diese Strecke nennt sich heute **Battle Road**. Die Rotröcke trafen an der **Old North Bridge** wieder auf die Minutemen und mussten dort ihre erste Niederlage einstecken. Einblicke in das folgenschwere Ereignis erhält man im **Minute Man National Historic Park** (www.nps.gov/mima; 250 North Great Rd, Lincoln; ⊙ April–Okt. 9–17 Uhr, Nov. 9–16 Uhr; ♿) GRATIS und im Visitor Center am Ostende der Battle Rd nahe der Brücke.

Abgesehen von seiner Revolutionsgeschichte war Concord im 19. Jh. auch die Heimat einer lebhaften Literatengemeinde. Neben der **Old North Bridge** befindet sich das **Old Manse** (www.thetrustees.org; 269 Monument St; Erw./Kind/Senior & Student 8/5/7 US$; ⊙ Mai–Okt. Di–So 12–17 Uhr, März–April & Nov–Dez. nur Sa & So), das frühere Wohnhaus des Schriftstellers Nathaniel Hawthorne. Im Umkreis von 1 Meile (1,6 km) vom Stadtzentrum finden sich das **Ralph Waldo Emerson House** (www.rwe.org; 28 Cambridge Turnpike; Erw./Kind/Senior & Student 7 US$/frei/5 US$; ☺ Mitte April–Okt. Do–Sa 10–16.30, So 13–16.30 Uhr) und Louisa May Alcotts **Orchard House** (www.louisamayalcott.org; 399 Lexington Rd; Erw./Kind/Senior & Student 10/5/8 US$; ☺ April–Okt. Mo–Sa 10–16.30, So 13–16.30 Uhr, Nov.–März Mo–Fr 11–15, Sa 10–16.30, So 13–16.30 Uhr).

Henry David Thoreau lebte und verfasste sein berühmtestes Werk am **Walden Pond** (www.mass.gov/dcr/parks/walden; 915 Walden St; ☺ Sonnenaufgang–Sonnenuntergang) GRATIS, 3 Meilen (4,8 km) südlich vom Zentrum. Man kann das Anwesen mit der Hütte besichtigen und einen inspirierenden Spaziergang rund um den See machen. All diese Autoren liegen auf dem **Sleepy Hollow Cemetery** (www.friendsofsleepyhollow.org; Bedford St; ☺ Sonnenaufgang–Sonnenuntergang) im Ortszentrum begraben. Die **Concord Chamber of Commerce** (www.concordchamberofcommerce.org; 58 Main St; ☺ April–Okt. 9.30–16.30 Uhr) hat detaillierte Infos zu den Stätten und den jahreszeitlich wechselnden Öffnungszeiten.

Salem

Salem ist vor allem wegen der hysterischen Hexenjagd von 1692 bekannt, bei der unschuldige Menschen sterben mussten, weil sie angeblich Hexerei betrieben. Heute gefällt sich Salem mit Hexenmuseen, Geistertouren und verrückten Halloween-Feiern in seiner Rolle als „Hexenstadt".

Diese Vorfälle verdecken allerdings den wahren Grund für den Ruhm der Stadt, die ihre besten Zeiten als Zentrum eines regen Seehandels mit dem Fernen Osten erlebte.

Die **Salem Maritime National Historic Site** (www.nps.gov/sama; 193 Derby St; ☺ 9–17 Uhr) GRATIS umfasst das Zollhaus, die Anlegeplätze und andere Gebäude an der Derby St, die von der regen Schifffahrt als einstiger Hauptschlagader Salems zeugen. Man kann einen Bummel bis zum Ende der **Derby Wharf** machen und einen Blick in den **Leuchtturm** von 1871 werfen oder an Bord des Großseglers **Friendship** gehen. Alle Infos erhält man im **NPS Regional Visitor Center** (www.nps.gov/sama; 2 New Liberty St; ☺ 9–17 Uhr).

Das außergewöhnliche **Peabody Essex Museum** (www.pem.org; 161 Essex St; Erw./Kind 15 US$/frei; ☺ Di–So 10–17 Uhr; 👖) ist eine perfekte Einführung in die Seefahrervergangenheit Salems. Das Museum wurde gegründet für die Kunstwerke, Artefakte und Kuriositäten, die die Salemer Händler bei ihren frühen Expeditionen aus dem Fernen Osten mitbrachten. Wie die Exponate zeigen, hatten sie einen guten Geschmack und die Taschen voller Geld. Neben erstklassigen Werken aus China und der Südsee besitzt das Museum auch eine ausgezeichnete Sammlung von Kunstwerken amerikanischer Ureinwohner.

Plymouth

Plymouth zelebriert sich als „America's Hometown", denn hier gingen im Winter 1620 die Pilgerväter auf ihrer Suche nach einem Ort, an dem sie ihre Religion ohne Behinderung durch die Regierung frei ausüben konnten, an Land. Ein nichtssagender, verwitterter Granitfelsen – der berühmte **Plymouth Rock** – markiert die Stelle, an der sie

STADT DER HEXEN

Salem vermarktet die Hexenjagd in seiner Vergangenheit mit viel Humor. Aber die Geschichte lehrt, was passieren kann, wenn Angst und Wahnsinn den gesunden Menschenverstand und das Mitgefühl verdrängen.

Bis zum Ende der hysterischen Hexenjagd 1692 wurden insgesamt 156 Menschen angeklagt; 55 bekannten sich schuldig und bezichtigten andere der Hexerei, um ihr eigenes Leben zu retten, und 14 Frauen und fünf Männer wurden gehenkt. Das schlichte, aber bewegende **Witch Trials Memorial** (Charter St) ist ein Denkmal zu Ehren der unschuldigen Opfer.

Das authentischste aller Salemer Hexenmuseen ist das **Witch House** (Jonathan Corwin House; www.salemweb.com/witchhouse; 310 Essex St; Erw./Kind/Senior 8,25/4,25/6,25 US$, Führung zusätzl. 2 US$; ☺ Mai–Nov. 10–17 Uhr). Hier lebte einst Jonathan Corwin, ein Richter in den hiesigen Hexenprozessen.

Einen informativen, exakten Überblick über diesen hässlichen Abschnitt der Geschichte Salems erhält man bei **Hocus Pocus Tours** (www.hocuspocustours.com; Erw./Kind 16/8 US$), deren Touren weder kitschig noch verlogen sind.

angeblich zum ersten Mal das fremde Land betraten. Die **Mayflower II** (www.plimoth.org; State Pier, Water St; Erw./Kind 10/7 US$; ☉ April–Nov. 9–17 Uhr; 🖐) in der Nähe ist eine Nachbildung des kleinen Schiffs, mit dem die Pilgerväter ihre schicksalsträchtige Fahrt über den Ozean in die neue Welt machten.

Die **Plimoth Plantation** (www.plimoth.org; MA 3A; Erw./Kind 26/15 US$; ☉ April–Nov. 9–17 Uhr; 🖐), 3 Meilen (4,8 km) südlich des Zentrums von Plymouth, ist ein authentischer Nachbau eines Pilgerdorfs von 1627. Alles in dem Dorf – die Kostüme der Darsteller, ihre Sprechweise, die Gerätschaften, das Kunsthandwerk, die zubereiteten Speisen und die Feldfrüchte – wurde nach sorgfältigen Recherchen den damaligen Verhältnissen nachempfunden. Ebenso interessant sind die nachgebildeten Wohnstätten der Wampanoag-Indianer, die zur selben Zeit in der Gegend lebten.

Cape Cod

Die Dünen der National Seashore erklimmen, auf dem Cape Cod Rail Trail radeln, Austern in Wellfleet Harbor essen – diese sandige Halbinsel strotzt nur so vor Lokalkolorit. Das „Cape", wie die Einheimischen sagen, gehört mit seinen 643 schimmernden Kilometern Küste zu Neuenglands schönsten Zielen für Strandliebhaber. Die Strände sind aber längst nicht alles: Wer genug von Sonne und Sand hat, kann Künstlerenklaven erkunden, Bootsfahrten unternehmen oder tief in die freigeistige Atmosphäre von Provincetowns Straßen eintauchen.

Die **Cape Cod Chamber of Commerce** (☎ 508-362-3225; www.capecodchamber.org; MA 132 am US 6, Hyannis; ☉ Mo–Sa 9–17 Uhr, So 10–14 Uhr) liefert Infos zur Region.

Sandwich

Der historische Kern des ältesten Dorfes auf Cape Cod umgibt einen malerischen Schwanenteich, mehrere kleine Museen und eine ca. 1654 erbaute Getreidemühle mit Wasserrad.

◉ Sehenswertes

Wer Lust auf Salzwasser hat, fährt hinaus zum **Sandy Neck Beach** (Sandy Neck Rd; West Barnstable) hinter der MA 6A. Dieser fast 10 km lange Sandstreifen (Parken 15–20 US$) ist super zum Strandgutsammeln und für ein erfrischendes Bad.

Sandwich Glass Museum MUSEUM
(☎ 508-888-0251; www.sandwichglassmuseum.org; 129 Main St; Erw./Kind 6/1,25 US$; ☉ 9.30–17 Uhr) Sandwichs Glasbläsererbe aus dem 19. Jh. wird hier kunstvoll präsentiert. Vorführungen finden tagsüber immer stündlich statt.

Heritage Museums & Gardens MUSEUM
(☎ 508-888-3300; www.heritagemuseumsandgardens.org; 67 Grove St; Erw./Kind 15/7 US$; ☉ 10–17 Uhr; 🖐) Dieses Museum ist für Kinder und Erwachsene gleichermaßen interessant. Auf einem Gelände von rund 31 ha zeigt es eine herrliche Oldtimer-Sammlung in einer Rundhütte im Shaker-Stil (Shaker gehören einer christlichen Freikirche an), ein noch immer funktionstüchtiges Karussell von 1912, Exponate zur Volkskunst und einen der schönsten Rhododendrengärten der USA.

Cape Cod Canal KANAL
(www.capecodcanal.us; 🖐🚲) GRATIS Cape Cod ist nicht mit dem Festland verbunden, aber auch keine richtige Insel – oder war es zumindest bis 1914 nicht, als der Cape Cod Canal gebaut wurde, um den Schiffen die 217 km lange Umrundung der tückischen Spitze des Kaps zu ersparen. Ein fast 10 km langer Weg – ideal zum Wandern, Radfahren und Inlineskaten – führt vom Sandwich Harbor an der Südseite des Kanals entlang.

🛏 Schlafen & Essen

Shawme-Crowell State Forest CAMPING $
(☎ 508-888-0351; www.reserveamerica.com; MA 130; Stellplatz 14 US$) 285 schattige Stellplätze auf einem 308 ha großen Waldgelände nahe der MA 6A.

Belfry Inne & Bistro B&B $$$
(☎ 508-888-8550; www.belfryinn.com; 8 Jarves St; Zi. inkl. Frühstück 149–299 US$; ❄ 🛜) Schon mal in einer Kirche eingeschlafen? Dann könnte das zu einem gehobenen B&B kreativ umgebaute ehemalige Gotteshaus genau das Richtige sein! In manchen Zimmern fällt das Licht sogar noch durch die originalen Buntglasfenster. Wem die Figur des Erzengels Gabriel über dem Bett dann doch etwas zu viel ist, der findet in den zwei anderen Quartieren des Belfry auch konventionellere Zimmer.

Seafood Sam's SEAFOOD $$
(www.seafoodsams.com; 6 Coast Guard Rd; Hauptgerichte 8–20 US$; ☉ 11–21 Uhr; 🖐) Für Fa-

Cape Cod, Martha's Vineyard & Nantucket

N 0 — 10 km
0 — 5 Meilen

ATLANTIK

Hingham
Cohasset
Fähre nach Boston (saisonal)
Boston (25 Meilen)
Stellwagen Bank National Marine Sanctuary

Hanover
Pembroke 14 53 3 Marshfield 3A
Race Point Beach
Herring Cove Beach
Provincetown
North Truro
Truro
Cape Cod National Seashore

Plymouth Bay
106 Plymouth
Plympton
44 58 Manomet
3 3A
Cape Cod Bay
Wellfleet
Wellfleet Harbor
Wellfleet Beaches

South Middleboro
Myles Standish State Forest
495 Cape Cod Canal
Cedarville
Shawme-Crowell State Forest
Sagamore
25 6 Sandwich
Rochester
Buzzards Bay
Bourne 6A
28 West Barnstable
130 Mid-Cape Hwy
Dennis
Yarmouth 6A
East Dennis Brewster
Eastham
Rock Harbor
Orleans
Nickerson State Park 137
Pleasant Bay
6 134
Chatham 28
Harwich Port
Lighthouse Beach

North Falmouth
Marstons Mills
28 Hyannis
Hyannisport
South Yarmouth
Old Silver Beach
Buzzards Bay
Mashpee
East Falmouth
Falmouth
Falmouth Heights
Woods Hole
Elizabeth Islands
Vineyard Sound
Vineyard Haven
Oak Bluffs
Nantucket Sound
Monomoy National Wildlife Refuge
MONOMOY ISLAND

Tisbury
Menemsha West Tisbury
Chilmark
Aquinnah
MARTHA'S VINEYARD
Katama Beach
Edgartown
Chappaquiddick Island
Muskeget Island

Great Point Light
Coskata
Wauwinet

ATLANTIK
Madaket
Cisco
Nantucket
Surfside
NANTUCKET
Siasconset

milien ist das Sam's, in dem Fish & Chips, gebratenen Muscheln und Hummersandwiches aus der Küche kommen, eine wirklich gute Wahl. Man isst an Picknicktischen im Freien mit Blick auf den Cape Cod Canal und schaut den vorbeifahrenden Fischerbooten zu.

Falmouth

Die zweitgrößte Ortschaft auf Cape Cod kann vor allem mit ihren fantastischen Sandstränden und einem malerischen Radweg am Meer, von dem aus man sich die Landschaft anschauen kann, punkten.

◉ Sehenswertes & Aktivitäten

Old Silver Beach   STRAND
(abseits der MA 28A; 🚲) An Falmouths 70
Meilen (113 km) langer, tief eingekerbter
Küste gibt es keinen schöneren Strand als
diesen langen Sandstreifen. Ein Felsensteg,
Sandbänke und Gezeitenbecken sorgen bei
Kindern für Abwechslung und jede Menge
Spaß. Parken kostet 20 US$.

★ Shining Sea Bikeway   RADFAHREN
(🚲) Auf Cape Cod gibt es einige tolle Radwege, aber dieser stellt sie alle in den Schatten. Mit einer Länge von 10,7 Meilen (17 km)
führt er an der gesamten Westküste von
Falmouth entlang und bietet einen sagenhaften Blick auf die unberührte Landschaft
mit Salzseen, Marschen und dem Meer. Einen Fahrradverleih gibt's am Nordende des
Radwegs.

🛏 Schlafen & Essen

Falmouth Heights Motor Lodge   MOTEL $$
(📞 508-548-3623;   www.falmouthheightsresort.
com; 146 Falmouth Heights Rd; Zi. inkl. Frühstück
129–259 US$; ❄🐾🛜🏊) Der Name täuscht:
Das saubere, familiengeführte Haus kann
man nicht direkt anfahren – es steht nicht
einmal am Highway. Alle 28 Zimmer sind
überdurchschnittlich gut. Strand und Vine-
yard-Fähranleger liegen nur wenige Minuten entfernt.

Clam Shack   SEAFOOD $
(📞 508-540-7758; 227 Clinton Ave; leichte Gerichte
6–15 US$; ⊙ 11.30–19.30 Uhr) Dieser winzige
Seafood-Klassiker steht direkt am Falmouth
Harbor. Auf den Picknicktischen der Terrasse hinten landen massenhaft gebratene
Meeresfrüchte. Am besten beginnt man mit
den großen, saftigen Muscheln mit perfekter
Knusperkruste.

NICHT VERSÄUMEN

HUMMEREIS GEFÄLLIG?

Ben & Bill's Chocolate Emporium
(209 Main St, Falmouth; Eiswaffel 5 US$;
⊙ 9–23 Uhr) hebt den Hummerwahn-
sinn auf eine neue Stufe: Hier sind die
Schalentiere schon auf die Eiskarte ge-
krochen und lassen einen das gute,
alte Vanilleeis vergessen: Statt der 31
anderen, normalen Sorten kann man an
der Theke also eine Kugel Hummereis
bestellen.

Maison Villatte   CAFÉ $
(📞 774-255-1855; 267 Main St; Snacks 3–10 US$;
⊙ Mi–Sa 7–19, So bis 17 Uhr) In der Bäckerei mit
Café stehen französische Bäcker am Ofen
und kreieren kunstvolle knusprige Brote,
fluffige Croissants und sündhaftes Gebäck.
Dank der herzhaften Sandwiches und dem
starken Kaffee kann man hier auch prima
zu Mittag essen.

Hyannis

Cape Cods kommerzielles Zentrum ist den
meisten Besuchern als Sommerdomizil des
Kennedy-Clans bekannt. Fähren verbinden
Hyannis mit Nantucket und Martha's Vineyard.

◉ Sehenswertes

Die 1,6 km lange Main St eignet sich prima
zum Bummeln, Essen, Ausgehen und Shoppen. Der **Kalmus Beach** (Ocean St, Hyannis)
ist ein beliebter Windsurfspot, während Studenten am **Craigville Beach** (Craigville Beach
Rd, Centerville) abhängen. An beiden Stränden
kostet das Parken 15 bis 20 US$.

John F. Kennedy Hyannis Museum   MUSEUM
(📞 508-790-3077;   http://jfkhyannismuseum.org;
397 Main St, Hyannis; Erw./Kind 8/3 US$; ⊙ Mo–Sa
9–17, So 12–17 Uhr) Ehrt den 35. US-Präsidenten mit Fotos, Videos und Exponaten. Hier
befindet sich auch die **Cape Cod Baseball
League Hall of Fame**.

🛏 Schlafen

HI-Hyannis   HOSTEL $
(📞 508-775-7990;   http://capecod.hiusa.org;   111
Ocean St, Hyannis; B inkl. Frühstück 32 US$; @🛜)
📍 Wer einen unbezahlbaren Ausblick für
wenig Geld haben will, sollte in diesem Hostel mit Blick auf den Hafen in Gehweite zur
Main St, den Stränden und der Fähre absteigen. Es gibt hier nur 37 Betten – also frühzeitig buchen!

SeaCoast Inn   MOTEL $$
(📞 508-775-3828; www.seacoastcapecod.com; 33
Ocean St, Hyannis; Zi. inkl. Frühstück 128–168 US$;
❄@🛜) Von dem familienbetriebenen Mo-
tel braucht man nur zwei Gehminuten in
der einen Richtung zum Hafen und in der
anderen zu den Restaurants an der Main
St. Es gibt hier keinen besonderen Ausblick
und auch keinen Pool, aber die Zimmer sind
schön gemütlich, die meisten haben auch
Kochnischen, und der Preis ist unschlagbar
für Hyannis.

WOODS HOLE

Das Nest Woods Hole ist der Standort des größten Meeresforschungsinstituts der USA. Vom Erkunden des Titanic-Wracks bis hin zu Klimawandelstudien hat sich die Woods Hole Oceanographic Institution (WHOI, ausgesprochen: *huh-ei*) schon allen möglichen Bereichen gewidmet.

Genaue Einblicke bekommt man im Rahmen von Gratisführungen, die am **WHOI Information Office** (93 Water St) beginnen. Auch das **WHOI Ocean Science Exhibit Center** (15 School St; ⊙ Mo–Sa 10–16.30 Uhr) lässt einen in die Arbeit der Wissenschaftler hineinschnuppern.

Das **Woods Hole Science Aquarium** (http://aquarium.nefsc.noaa.gov; 166 Water St; ⊙ Di–Sa 11–16 Uhr; 🚹) ist nicht sonderlich auffällig oder effektvoll. Es zeigt aber ungewöhnliche Meeresbewohner, einheimische Fische und den *Homarus americanus* alias Hummer. Kinder freuen sich über die Tiere im Streichelbecken. Am besten kommt man zur Seehundfütterung (11 & 16 Uhr) hierher.

Das **Fishmonger Café** (www.fishmongercafe.com; 56 Water St; Hauptgerichte 10–25 US$; ⊙ 7–21.30 Uhr) jenseits der Zugbrücke setzt die Meeresthematik fort: Bei Rundumblick aufs Wasser bekommt man diverse Gerichte mit Schwerpunkt auf frischem Seafood vorgesetzt.

Um von Falmouths Zentrum aus nach Woods Hole zu kommen, ab der MA28 die Woods Hole Rd gen Süden nehmen!

✖ Essen

★ Bistrot de Soleil   MEDITERRAN $$

(www.bistrotdesoleil.com; 350 Stevens St, an der Main St, Hyannis; Hauptgerichte 10–25 US$; ⊙ 11.30–21 Uhr) Mediterrane Einflüsse treffen auf frische Zutaten aus der Region, und es gibt alles von köstlicher Holzofenpizza bis Filet Mignon. Die schicke Lage, Bio-Weine und Tagesgerichte zum Festpreis von 20 US$ runden das Angebot ab.

Raw Bar   SEAFOOD $$

(www.therawbar.com; 230 Ocean St, Hyannis; Hummersandwich 26 US$; ⊙ 11–19 Uhr) Hier gibt's die „Mutter aller Hummersandwiches": Man kriegt hier quasi ein ganzes Schalentier im Brötchen. Genauso toll ist die Aussicht auf den Hyannis Harbor.

Brewster

Das waldreiche Brewster auf Cape Cods Buchtseite ist ein guter Ausgangspunkt für Outdoor-Aktivitäten. Der Cape Cod Rail Trail führt genau durch den Ort hindurch. Außerdem gibt es hervorragende Möglichkeiten zum Campen, Wandern und für Wassersport.

◉ Sehenswertes & Aktivitäten

Nickerson State Park   PARK

(☎ 508-896-3491; 3488 MA 6A; 5 US$/Auto; ⊙ Sonnenaufgang–Sonnenuntergang; 🚹) Kilometerlange Wander- und Radwege sowie acht Teiche mit Sandstränden machen diese 8 km² große Oase aus.

Jack's Boat Rental   BOOTFAHREN

(☎ 508-349-9808; www.jacksboatrental.com; Bootsverleih 25–45 US$/Std.; ⊙ 10–18 Uhr) Der Anbieter im Nickerson State Park verleiht Kanus, Kajaks und Segelboote.

Barb's Bike Rental   RADFAHREN

(☎ 508-896-7231; www.barbsbikeshop.com; Fahrradverleih halber/ganzer Tag 18/24 US$; ⊙ 9–18 Uhr) Dies ist ein Fahrradverleih am Parkeingang.

🛏 Schlafen

★ Nickerson State Park   CAMPING $

(☎ 877-422-6762; www.reserveamerica.com; Stellplatz 17 US$; Jurte 30–40 US$) Cape Cods bester Campingplatz mit 418 Stellplätzen mitten im Wald ist oft voll belegt – daher rechtzeitig reservieren!

★ Old Sea Pines Inn   B&B $$

(☎ 508-896-6114; www.oldseapinesinn.com; 2553 MA 6A; Zi. inkl. Frühstück 85–195 US$; @ 📶) Die Herberge in einem ehemaligen Mädcheninternat von 1840 hat sich einen gewissen altmodischen Charme bewahrt. Man fühlt sich hier ein wenig wie bei Oma, denn man wohnt zwischen alten Möbeln, sepiagetönten Fotos und Badewannen mit Klauenfüßen. Statt eines Fernsehers gibt es eine Veranda mit Schaukelstühlen.

NICHT VERSÄUMEN

RADELN AUF DEM RAIL TRAIL

Als eine der schönsten Radrouten Neuenglands ist der **Cape Cod Rail Trail** ein Musterbeispiel für das Konzept, alte Bahntrassen in Radwege umzuwandeln. Auf herrlichen 35,4 km entlang eines früheren Schienenstrangs passiert man Moosbeerensümpfe und Teiche mit perfekten Sand- bzw. Badestränden. Unterwegs kann man sehr viele Eindrücke vom alten Cape Cod sammeln und zum Mittagessen oder Sightseeing Abstecher in ruhige Dörfer machen. Von Dennis an der MA 134 führt der Trail bis nach South Wellfleet. Wer nur Zeit für ein Teilstück hat, fährt vom Nickerson State Park (Brewster) zur Cape Cod National Seashore (Eastham). Leihfahrräder gibt's am Wegbeginn in Dennis, im Nickerson State Park und gegenüber vom Salt Pond Visitor Center (S. 207) der National Seashore.

 **Essen**

⭐ **Brewster Fish House**   SEAFOOD $$
(www.brewsterfish.com; 2208 MA 6A; Hauptgerichte 14–32 US$; ⏱11.30–15 & 17–21.30 Uhr) Sehr beliebt bei Meeresfrüchtefans: Als Vorspeise sollte man die Hummercremesuppe wählen, der frische Hummerstücke eine süßliche Note verleihen. Danach kann man sein Netz bedenkenlos in alle Richtungen auswerfen. Da es nur elf Tische gibt und man nicht reservieren kann, empfiehlt sich ein Mittag- oder frühes Abendessen, um Wartezeiten zu vermeiden.

Cobie's   SEAFOOD $$
(www.cobies.com; 3256 MA 6A; Hauptgerichte 9–23 US$; ⏱11–21 Uhr) Der Muschelimbiss an der Straße in praktischer Nähe zum Nickerson State Park bringt frittierte Meeresfrüchte auf die Picknicktische im Freien.

Chatham

Gehobene Gästehäuser und schicke Läden sind die Markenzeichen des elegantesten Ortes auf Cape Cod. Ein paar von Chathams Hauptattraktionen sind jedoch gratis. Bester Ausgangspunkt für Erkundungen ist die Main St mit coolen Galerien und alten Kapitänshäusern.

Am **Chatham Fish Pier** (Shore Rd) laden Fischer ihren Fang ab, während sich See-hunde auf den nahen Sandbänken in der Sonne aalen. Etwa 1 Meile (1,6 km) südlich der Shore Rd erstreckt sich am **Lighthouse Beach** eine endlose Weite aus Meer und Sandbänken – perfekt für herrliche Strandspaziergänge. Die ca. 31 km² große **Monomoy National Wildlife Refuge** (www.fws.gov/northeast/monomoy) 🍃 schützt zwei unbewohnte Inseln voller Strandvögel. Bei den Bootstouren von **Monomoy Island Excursions** (☑508-430-7772; www.monomoyseal cruise.com; 702 MA 28, Harwich Port; 1½-stündige Tour Erw./Kind 35/30 US$) erlebt man das Schutzgebiet aus der Nähe.

🛏 Schlafen & Essen

Bow Roof House   B&B $$
(☑508-945-1346; 59 Queen Anne Rd; Zi. inkl. Frühstück 115 US$) Das heimelige, 1780 erbaute Haus mit sechs Zimmern ist in Sachen Preise und Angebot angenehm altmodisch. Ortszentrum und Strand erreicht man gut zu Fuß.

Chatham Cookware Café   CAFÉ $
(☑508-945-1250; 524 Main St; Sandwiches 8 US$; ⏱6.30–16 Uhr) Nein, dies ist kein Laden für Töpfe und Pfannen, sondern das angesagteste Café im Zentrum, in dem man tollen Kaffee, hausgemachte Muffins und Sandwiches bekommt.

⭐ **Chatham Fish Pier Market**   SEAFOOD $$
(www.chathamfishpiermarket.com; 45 Barcliff Ave; Hauptgerichte 12–25 US$; ⏱Mo–Do 10–19, Fr–So bis 20 Uhr) Wer frische Produkte aus der Region mag, ist an dieser verwitterten Fischbude mit eigenem Sushi-Koch und täglichen ausfahrenden Fischerbooten genau richtig. Die Fischsuppe ist unglaublich und der Fisch so frisch, weil er noch ein paar Stunden zuvor munter im Wasser schwamm. Alle Speisen sind zum Mitnehmen, aber es gibt in der Nähe ein paar Picknicktische mit Blick auf den Hafen.

Cape Cod National Seashore

Die **Cape Cod National Seashore** (www.nps.gov/caco) erstreckt sich auf rund 40 Meilen (65 km) rund um das Outer Cape und nimmt den größten Teil der Küste zwischen Eastham und Provincetown ein. Dank des aus Cape Cod stammenden Präsidenten John F. Kennedy wurde das große, aus unberührten Stränden, Dünen, Salzmarschen und Wäldern bestehende Gebiet in den

1960er-Jahren unter Naturschutz gestellt – gerade noch rechtzeitig, bevor der Bau-Boom auf der Halbinsel einsetzte. Das **Salt Pond Visitor Center** (☎508-255-3421; 50 Doane Rd, Ecke US 6 & Nauset Rd, Eastham; ⊙9–17 Uhr) `GRATIS` ist der beste Ausgangspunkt: Von hier hat man eine großartige Aussicht, außerdem gibt es Exponate und Filme zur Ökologie des Gebiets sowie umfassende Informationen zu den zahlreichen Rad- und Wanderwegen im Park, die zum Teil direkt am Center beginnen.

Ist das Brett im Gepäck? Der wunderschöne **Coast Guard Beach**, vom Visitor Center gleich die Straße hinunter, lockt Spaziergänger und Surfer gleichermaßen an. Von den Dünen oberhalb des Strandes hat man einen wunderbaren Blick auf die unberührte Nauset Marsh. Der gleich nördlich an den Coast Guard Beach anschließende **Nauset Light Beach** verdankt seinen Namen einem hoch aufragenden Leuchtturm. In seiner Nähe stehen drei weitere klassische Leuchttürme. Parken am Strand kostet 15 US$ pro Tag (Saisonkarte 45 US$); die Parkberechtigungsausweise gelten für alle Strände an der Cape Cod National Seashore, einschließlich dessen in Provincetown.

Wellfleet

Kunstgalerien, Spitzenstrände und die berühmten Wellfleet-Austern locken Besucher in den kleinen Küstenort.

⊙ Sehenswertes

Wellfleets Strände   STRÄNDE
Hinter den sanft gewellten Dünen am **Marconi Beach** steht ein Denkmal, das Guglielmo Marconi ehrt, dem von hier aus die erste transatlantische Funkübertragung gelang. Nebenan bieten **White Crest** und **Cahoon Hollow Beach** erstklassige Surfbedingungen. Der **SickDay Surf Shop** (☎508-214-4158; www.sickdaysurf.com; 361 Main St; Leihbrett pro Tag 25–30 US$; ⊙Mo–Sa 9–21 Uhr) vermietet Boards.

Wellfleet Bay Wildlife Sanctuary   NATURRESERVAT
(☎508-349-2615; www.massaudubon.org; West Rd abseits des US 6; Erw./Kind 5/3 US$; ⊙8.30 Uhr–Sonnenuntergang; 🐾) Vogelbeobachter strömen zu dem 4,45 km² großen Schutzgebiet der Massachusetts Audubon Society. Die hiesigen Wanderwege führen an Prielen, Salzmarschen und Stränden vorbei.

🎊 Feste & Events

Wellfleet OysterFest   ESSEN
(www.wellfleetoysterfest.org; ⊙Mitte Okt.) Ein Wochenende lang wird in der ganzen Stadt dieses beliebte Fest mit Biergarten, einem Austernwettknacken und natürlich Unmengen der Weichtiere gefeiert.

🛏 Schlafen & Essen

Even'Tide Motel   MOTEL **$$**
(☎508-349-3410; www.eventidemotel.com; 650 US 6; Zi. ab 135 US$, Cottage 1100–2800 US$/Woche; ❄ ⚊) Das Motel abseits vom Highway in einem Kiefernhain bietet 31 Zimmer und neun Cottages. Pluspunkte sind der große überdachte Pool, Picknickplätze und ein Spielplatz.

PB Boulangerie & Bistro   BÄCKEREI **$**
(www.pbboulangeriebistro.com; 15 Lecount Hollow Rd; Gebäck ab 3 US$; ⊙Di–So 7–19 Uhr) Unglaubliches Gebäck, kunstvolle Brote und leckere Sandwiches.

Mac's Seafood Market   SEAFOOD **$$**
(www.macsseafood.com; 265 Commercial St, Wellfleet Town Pier; Hauptgerichte 7–20 US$; ⊙Mo–Fr 11–15, Sa & So bis 20 Uhr; 🍴) Hier gibt's marktfrische Meeresfrüchte zu Schnäppchenpreisen. Neben Bratfisch bekommt man frische Austern, die in der Nähe geerntet wurden. Am Schalter bestellen und es sich dann an den Picknicktischen mit Blick auf den Wellfleet Harbor gemütlich machen!

☆ Unterhaltung

★Beachcomber   LIVEMUSIK
(☎508-349-6055; www.thebeachcomber.com; 1120 Cahoon Hollow Rd; ⊙17–1 Uhr) Das „Da Coma" in einer früheren Rettungsschwimmerwache direkt am Cahoon Hollow Beach ist der richtige Ort, um die Nacht durchzurocken.

INSIDERWISSEN

SCENIC DRIVE: CAPE COD BAY

Wenn man Cape Cod erkundet, empfiehlt es sich, statt des Mid-Cape Hwy (US 6) den kurvigen Old King's Hwy (MA 6A) entlang der Cape Cod Bay zu nehmen. Letzterer ist die längste Straße in den USA, die am Stück durch einen historischen Bezirk führt. An dessen Rand laden Antiquitätengeschäfte und Kunstgalerien zwischen eleganten, alten Wohnhäusern zum Stöbern ein.

Es ist Bar, Restaurant und Tanzclub in einem – kurz: der coolste Sommertreff auf ganz Cape Cod. Bis Sonnenuntergang schaut man sich den Surfbetrieb an, und danach übernehmen ein paar richtig heiße Bands die Bühne.

Wellfleet Harbor Actors Theater THEATER
(WHAT; ☎ 508-349-9428; www.what.org; 2357 US 6) Gefeiertes Theater mit gewagten modernen Stücken.

Wellfleet Drive-In KINO
(☎ 508-349-7176; www.wellfleetcinemas.com; US 6; Erw./Kind 9/6 US$; 🚗) Altmodisches Autokino für nostalgische Abende.

Truro

Eingequetscht zwischen der Cape Cod Bay an der Westküste und dem offenen Atlantik im Osten punktet das schmale Truro mit Meer und Stränden, so weit das Auge reicht.

◉ Sehenswertes

Cape Cod Highland Light LEUCHTTURM
(www.capecodlight.org; Light House Rd; Eintritt 4 US$; ◷ 10–17.30 Uhr) Der Leuchtturm auf dem (mit gerade mal 36,6 m) höchsten Punkt von Cape Cod lässt die Küste Neuenglands hell erstrahlen und bietet eine sagenhafte Aussicht.

🛏 Schlafen

Hostelling International Truro HOSTEL $
(☎ 508-349-3889; http://capecod.hiusa.org; N Pamet Rd; B inkl. Frühstück 39 US$; @) Budgettraveller finden keine stimmungsvollere Unterkunft als diese ehemalige Küstenwache inmitten hügeliger Dünen. Frühzeitig buchen!

Provincetown

Dies ist die Spitze: Auf Cape Cod kann man sich nicht weiter hinauswagen (nicht nur in geografischer Hinsicht). Provincetown ist unwiderstehlich. Vor 100 Jahren erkoren es die ersten unkonventionellen Autoren und Künstler zu ihrem Sommerdomizil. Heute ist der sandige Außenposten das angesagteste schwul-lesbische Reiseziel im ganzen Nordosten. Schriller Trubel auf den Straßen, großartige Kunstgalerien und ausschweifendes Nachtleben prägen das Ortszentrum. Das ist aber noch nicht alles: Die ungezähmte Küste mit den breiten Stränden lädt ebenfalls zur Erkundung ein. Besucher können auch an Walbeobachtungen per Boot teilnehmen, sich bis zum frühen Morgen vergnügen oder durch die Dünen streifen. Was auch immer geplant ist – diese einzigartige Ecke Neuenglands sollte man keinesfalls verpassen!

◉ Sehenswertes & Aktivitäten

Province Lands Visitor Center STRAND
(☎ 508-487-1256; www.nps.gov/caco; Race Point Rd; ◷ 9–17 Uhr; 🅿) 🎫 GRATIS Das Cape Cod National Seashore Visitor Center am Race Point Beach zeigt Ausstellungen zur Dünenökologie. Die Dachterrasse punktet mit herrlichem Rundumblick bis zu den äußersten Ausläufern von Cape Cod.

Race Point Beach STRAND
(Race Point Rd) Race Point an der rauen Spitze von Cape Cod ist ein atemberaubender Sandstrand mit tosender Brandung und hügeligen Dünen, so weit das Auge reicht.

Herring Cove Beach STRAND
(Province Lands Rd) Der beliebte Badestrand liegt im Westen, sodass man hier spektakuläre Sonnenuntergänge beobachten kann.

★ Pilgrim Monument & Provincetown Museum MUSEUM
(www.pilgrim-monument.org; High Pole Rd; Erw./Kind 12/4 US$; ◷ Juli & Aug. 9–19 Uhr, Sept.–Juni bis 17 Uhr) Wer zur Spitze des höchsten Vollgranitbaus (77 m) der USA hinaufsteigt, wird mit einem wunderbaren Blick auf die Stadt und die Küste belohnt. Das bewegende Museum am Fuß des Turms von 1910 beleuchtet die Landung der Pilgerväter mit der *Mayflower* und andere Aspekte aus der Geschichte Provincetowns.

★ Provincetown Art Association & Museum MUSEUM
(PAAM; www.paam.org; 460 Commercial St; Erw./Kind 7 US$/frei; ◷ Mo–Do 11–20, Fr bis 22, Sa & So bis 17 Uhr) Das 1914 zu Ehren der blühenden örtlichen Künstlergemeinde gegründete Museum zeigt Werke von Künstlern, die in

GALERIEBUMMEL

Provincetown verfügt über zahllose Kunstgalerien. Der beste Bummel beginnt am PAAM und folgt der Commercial St in Richtung Südwesten. Innerhalb der nächsten paar Blocks birgt jede zweite Ladenfront eine Galerie, die einen Besuch wert ist.

Provincetown Inspiration fanden, allen voran Edward Hopper, der in den Truro-Dünen ein Haus und eine Galerie besaß.

Whydah Pirate Museum
MUSEUM

(www.whydah.org; MacMillan Wharf; Erw./Kind 10/8 US$; ⏰10–17 Uhr) Zeigt geborgene Gegenstände aus einem Piratenschiff, das 1717 vor Cape Cod sank.

★Dolphin Fleet Whale Watch
WALBEOBACHTUNG

(☎508-240-3636; www.whalewatch.com; MacMillan Wharf; Erw./Kind 44/29 US$; ⏰April–Okt.; 🐾) 🚢 Provincetown ist der perfekte Ausgangspunkt für Walbeobachtungen, da es der dem Stellwagen Bank National Marine Sanctuary am nächsten gelegene Hafen ist, wo sich Buckelwale im Sommer den Bauch vollschlagen. Dolphin veranstaltet mindestens zwölf Touren pro Tag. Für viel spritzigen Spaß ist gesorgt, da die Buckelwale mit Hang zur Wasserakrobatik erstaunlich nahe an die Boote herankommen – das gibt fabelhafte Fotos.

Cape Cod National Seashore Bike Trails
RADFAHREN

(www.nps.gov/caco) Durch den Wald und über die hügeligen Dünen der Cape Cod National Seashore führen idyllische, insgesamt 8 Meilen (knapp 13 km) lange gepflasterte Radwege bis zu den Stränden von Herring Cove und Race Point. Im Ort verteilt gibt's mehrere Fahrradverleihs.

✦ Feste & Events

Provincedtown Carnival
KARNEVAL

(www.ptown.org/carnival.asp; 3. Woche im Aug.) Mardi Gras, Transvestiten und Blumenwagen prägen die ultimative Schwulenparty in dieser schwulenfreundlichen Partystadt. Zehntausende feiern mit.

🛏 Schlafen

Provincetown besitzt fast 100 Pensionen, aber kein einziges Kettenhotel verschandelt die Aussicht. Vor allem für Wochenenden sollte man im Sommer rechtzeitig reservieren. Wer einfach so kommt, kann sich an die Handelskammer wenden – sie hat ein aktuelles Verzeichnis der freien Zimmer.

Dunes' Edge Campground
CAMPING $

(☎508-487-9815; www.dunesedge.com; 386 US 6; Stellplatz f. Zelt/Wohnmobil 42/54 US$) Familienfreundlicher Campingplatz mitten in den Dünen.

EIN HAFEN MITTEN IN DER STADT?

In einer Stadt voller schräger Attraktionen vermutet man einen versteckten Schatz wohl zu allerletzt in der **Provincetown Public Library** (www.provincetownlibrary.org; 356 Commercial St; ⏰Mo & Fr 10–17, Di–Do bis 20, Sa & So 13–17 Uhr). Der Bau wurde 1860 als Kirche errichtet und 100 Jahre später in ein Museum umgewandelt. Dort war z.B. eine Replik des siegreichen einheimischen Rennschoners *Rose Dorothea* ausgestellt. Nach der Museumspleite machte die Stadt das Gebäude zu einer Bibliothek. Das Boot war aber zu groß, um aus dem oberen Stockwerk entfernt zu werden. So kann es dort immer noch inmitten von Bücherregalen bewundert werden.

Moffett House
PENSION $$

(☎508-487-6615; www.moffetthouse.com; 296a Commercial St; Zi. ohne Bad 90–159 US$; ❄🐾📶) Die etwas abseits in einer ruhigen Gasse gelegene Pension bietet einen großen Vorteil: Gratis-Fahrräder. Die Zimmer sind schlicht, und man fühlt sich eher wie bei Freunden zu Hause als wie in einem B&B. Weiteres Plus: Man kann die Küche nutzen und trifft auf viele andere Traveller.

Race Point Lighthouse
INN $$

(☎508-487-9930; www.racepointlighthouse.net; Race Point; Zi. 155–185 US$) 🚢 Wer mal richtig abtauchen will und Gefallen an unberührten Sanddünen und einem Leuchtturm aus dem 19. Jh. findet, sollte eines der drei Zimmer in dem alten Leuchtturmwärterhaus buchen, einer echt coolen Herberge mit Solar- und Windradstrom am äußersten Zipfel von Cape Cod, kilometerweit vom nächsten Nachbarn entfernt.

Ampersand Guesthouse
B&B $$

(☎508-487-0959; www.ampersandguesthouse.com; 6 Cottage St; Zi. inkl. Frühstück 130–200 US$; ❄📶) Das Ampersand mag nicht die schickste Unterkunft in der Stadt sein, ist aber freundlich, gemütlich und hat im Sommer Schnäppchenpreise.

Revere Guesthouse
B&B $$

(☎508-487-2292; www.reverehouse.com; 14 Court St; Zi. inkl. Frühstück 155–345 US$; ❄📶) Geschmackvolle Zimmer und friedvolle Lage nur ein paar Minuten von all der Action entfernt.

★ Carpe Diem
BOUTIQUEHOTEL **$$$**

(☑508-487-4242; www.carpediemguesthouse.com; 12 Johnson St; Zi. inkl. Frühstück 229–419 US$; ❄ @ ☎) Lächelnde Buddhas, Orchideen und ein Spa nach europäischer Art machen das elegante, entspannende Ambiente aus. Jedes Zimmer ist nach einem bestimmten homosexuellen Schriftsteller eingerichtet. So punktet das nach dem Dichter Raj Rao benannte Quartier mit aufwendig bestickten Stoffen und handgefertigten indischen Möbeln.

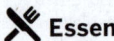 Essen

Die Commercial St ist der beste Startpunkt: Jedes dritte Gebäude beherbergt ein Lokal.

Cafe Heaven
CAFÉ **$**

(☑508-487-9639; 199 Commercial St; Hauptgerichte 7–12 US$; ⊙8–15 Uhr) Das mit Kunst bestückte Café ist hell und luftig, aber klein und immer voll. Hier kann man günstig frühstücken oder zu Mittag essen. Auf der Karte steht alles von sündhaften Armen Rittern aus Croissants bis hin zu gesunden Salaten. Von Wartezeiten nicht abschrecken lassen – die Tische werden schnell frei!

Spiritus Pizza
PIZZERIA **$**

(www.spirituspizza.com; 190 Commercial St; Stück/ Pizza 3/20 US$; ⊙11.30–2 Uhr) Beliebt für einen späten Imbiss und als Endstation nach Schließung der Clubs.

Purple Feather Cafe & Treatery
CAFÉ **$**

(www.thepurplefeather.com; 334 Commercial St; Snacks 3–10 US$; ⊙11–24 Uhr; ☎ 🖶) In dem schicken Café gibt's fabelhafte Panini, Unmengen Eis und dekadente, selbst gemachte Desserts. Lemon Cupcakes sahen nie verführerischer aus.

Fanizzi's by the Sea
SEAFOOD **$$**

(☑508-487-1964; www.fanizzisrestaurant.com; 539 Commercial St; Hauptgerichte 10–25 US$; ⊙11.30–21.30 Uhr; 🖶) Der herrliche Blick aufs Wasser und die vernünftigen Preise machen das Fanizzi's zu einem lokalen Favoriten. Von frischen Meeresfrüchten und Salaten bis hin zu einfacher Hausmannskost und Kindergerichten gibt's hier für jeden etwas.

★ Mews Restaurant & Café
MODERN AMERIKANISCH **$$**

(☑508-487-1500; www.mews.com; 429 Commercial St; Hauptgerichte 14–35 US$; ⊙17.30–22 Uhr)

Lust auf erschwingliche Gourmetküche? Dann ignoriert man das tolle, aber teure Restaurant am besten und begibt sich stattdessen in die Bar im Obergeschoss. Dort warten eine tolle Aussicht, super Martinis und leckere Bistrokost.

Lobster Pot
SEAFOOD **$$$**

(☑508-487-0842; www.ptownlobsterpot.com; 321 Commercial St; Hauptgerichte 22–37 US$; ⊙11.30–21 Uhr) Getreu seinem Namen ist das brummende Seafood-Lokal mit laaaaahmen Service *die* Adresse für Hummer. Der wenigste Betrieb herrscht um die Nachmittagsmitte.

🍷 Ausgehen & Nachtleben

In Provincetown gibt's jede Menge Schwulenclubs, Drag Shows und Kabarett. Auch Heteros sind willkommen.

Patio
CAFÉ

(www.ptownpatio.com; 328 Commercial St; ⊙11–23 Uhr) Am besten schnappt man sich in diesem pulsierenden Herzen der Commercial St einen Tisch unter den Sonnenschirmen und bestellt einen Inwer-Mojito.

Ross' Grill
BAR

(www.rossgrille.com; 237 Commercial St; ⊙11.30–22 Uhr) Wer einen romantischen Ort für einen Drink mit Blick aufs Wasser sucht, ist an der Bar dieses smarten Bistros richtig.

Pied Bar
SCHWULE & LESBEN

(www.piedbar.com; 193 Commercial St) Bei Lesben und Schwulen gleichermaßen beliebte Lounge am Wasser. Besonders hoch her geht's hier bei Sonnenuntergang.

A-House
CLUB

(Atlantic House; www.ahouse.com; 4 Masonic Pl) Heißer Tanzclub für Schwule.

☆ Unterhaltung

In Provincetown gibt's zahlreiche Schwulenclubs, Travestieshows und Varietés. Auch Heteros müssen nicht schüchtern sein und sind überall willkommen.

Provincetown Theater
THEATER

(☑508-487-7487; www.provincetowntheater.org; 238 Bradford St) Hier läuft fast immer etwas Interessantes – alles von spritzigen Broadway-Musicals bis hin zu Stücken mit ausgefallenen Lokalthemen.

Crown & Anchor
SCHWULE & LESBEN

(www.onlyatthecrown.com; 247 Commercial St) Der mehrstöckige Komplex mit Nachtclub, einer Lederbar und erotischem Kabarett ist das Highlight der Schwulenszene.

Shoppen

Das riesige Ladenspektrum an der Commercial St bietet etwas für jeden: Man kriegt hier Kitsch, T-Shirts für Touristen und hochwertiges Kunsthandwerk genauso wie gewagte Mode.

Shop Therapy SEXSHOP
(www.shoptherapy.com; 346 Commercial St; ⊙10–22 Uhr) Unten werden Patchouli-Öl und Batikklamotten verkauft. Der wahre Besuchermagnet aber ist das Sexspielzeug im Obergeschoss – es ist heiß genug, um Prostituierte aus Amsterdam erröten zu lassen. Eltern sollten bedenken: Teenager *werden* reinwollen.

Womencrafts KUNSTHANDWERK
(www.womencrafts.com; 376 Commercial St; ⊙11–18 Uhr) Der Name ist Programm: Womencrafts verkauft Schmuck, Töpferwaren, Bücher und Tonträger von weiblichen Künstlern aus den ganzen USA.

ⓘ Praktische Informationen

Post (www.usps.com; 219 Commercial St)
Provincetown Business Guild (www.ptown. org) Speziell für die schwul-lesbische Gemeinde.
Provincetown Chamber of Commerce (www. ptownchamber.com; 307 Commercial St; ⊙9–18 Uhr) Hilfreiche städtische Touristeninformation an der MacMillan Wharf, wo auch die Fähre anlegt.
Provincetown on the Web (www.provincetown. com) Online-Führer mit aktuellem Veranstaltungskalender.
Seamen's Bank (221 Commercial St; ⊙Geldautomat 24 Std.)
Wired Puppy (www.wiredpuppy.com; 379 Commercial St; ⊙6.30–22 Uhr; 🖘) Wer hier einen Espresso bestellt, darf gratis im Netz surfen, während er ihn schürft.

ⓘ An- & Weiterreise

Busse von **Plymouth & Brockton** (www.p-b. com) verkehren regelmäßig zwischen Boston und Provincetown (35 US$, 3½ Std.). Von Mitte Mai bis Mitte Oktober betreibt die **Bay State Cruise Company** (☑877-783-3779; www. boston-ptown.com; 200 Seaport Blvd, Boston; hin & zurück Erw./Kind Schnellfähre 85/62 US$, normale Fähre 46 US$/frei; ⊙Mitte Mai–Mitte Okt.) eine Fähre zwischen dem Bostoner World Trade Center Pier und der MacMillan Wharf in Provincetown.

Nantucket

Nantucket war einst die Basis der weltgrößten Walfangflotte. Von seiner facettenreichen Geschichte zeugen die vielen historischen Häuser und die Straßen mit Kopfsteinpflaster. Der Niedergang des Walfangs zur Mitte des 19. Jhs. ließ die Insel jedoch schnell verarmen; die Bevölkerungszahlen gingen zurück. Die prächtigen alten Häuser standen leer, bis reiche Großstädter Nantucket als sommerliches Urlaubsziel zu schätzen lernten. Seitdem ist gehobener Tourismus der wichtigste örtliche Wirtschaftsfaktor.

◉ Sehenswertes & Aktivitäten

Wer hier an Land geht, betritt den einzigen Ort der USA, der als National Historic Landmark im Ganzen unter Denkmalschutz steht. Beim Umherschlendern wähnt man sich in einem Museum. Bester Startpunkt für Erkundungen ist die Main St: Dort stehen die prächtigsten Villen aus der Walfangzeit nebeneinander.

Nantucket Whaling Museum MUSEUM
(13 Broad St; Erw./Kind 20/5 US$; ⊙Mitte Mai–Okt. 10–17 Uhr, Nov.–Mitte Mai 11–16 Uhr) Diese bewegende Hauptattraktion befindet sich in einer früheren Fabrik für Kerzen aus Walrat (Spermaceti).

Nantuckets Strände STRÄNDE
Ruhiges Wasser und ein Spielplatz machen den **Children's Beach** mitten im Ort Nantucket ideal für Familien. Am **Surfside Beach** 2 Meilen (3,2 km) weiter südlich treffen sich Studenten zum Feiern und Bodysurfen. Den schönsten Sonnenuntergang genießt man 5,5 Meilen (ca. 9 km) westlich der Stadt am sich **Madaket Beach**.

Radfahren RADFAHREN
Kein Besuchsziel auf der Insel liegt weiter als 8 Meilen (13 km) vom Ort Nantucket entfernt. Dank ausgewiesener Radwege auf relativ flachem Terrain lässt sich das Eiland leicht per Drahtesel erkunden. Eine schöne Tour führt zum malerischen Dorf **Siasconset** (alias Sconset), das für Häuser mit üppigem Rosenbewuchs bekannt ist. Ein paar Unternehmen verleihen Fahrräder (30 US$/Tag) direkt am Fähranleger.

🛏 Schlafen

HI Nantucket HOSTEL $
(☑508-228-0433; http://capecod.hiusa.org; 31 Western Ave; B inkl. Frühstück 35 US$; ⊙Mitte

Mai–Mitte Sept.; @) Das allgemein „Star of the Sea" genannte stimmungsvolle Hostel in einer Rettungsschwimmerwache von 1873 hat eine unbezahlbar tolle Lage nahe dem Surfside Beach. Es ist die einzige Budgetunterkunft in Nantucket – daher weit im Voraus reservieren!

★ Centerboard Inn
B&B $$$

(☑ 508-228-2811; www.centerboardinn.com; 8 Chestnut St; Zi. inkl. Frühstück 249–419 US$; ✷ @ ☎) Der herzliche Gastgeber, der seine Gäste mit vielen Extras und geliehenen iPads verwöhnt, verschafft dem schicken B&B einen Vorteil gegenüber der Konkurrenz. Die Zimmer sind gehoben mit Inselflair eingerichtet, zum Frühstück gibt's herzhafte Leckerbissen, und die Lage ist perfekt zum Sightseeing. Nachdem man den Ort erkundet hat, kann man es sich hier zum Nachmittagstee bei Käse und Wein richtig gemütlich machen.

Barnacle Inn
B&B $$$

(☑ 508-228-0332; www.thebarnacleinn.com; 11 Fair St; Zi. mit/ohne Bad inkl. Frühstück ab 200/140 US$) Gesellige Inhaber und schlichte, idyllische Unterkünfte machen die Herberge aus dem späten 19. Jh. aus.

✗ Essen

Centre Street Bistro
CAFÉ $$

(www.nantucketbistro.com; 29 Centre St; Hauptgerichte 8–30 US$; ☻ Mi-Sa 11.30–21.30 Uhr; ☎ ☑) Von dem relaxten Café mit Sonnenschirmen und Tischen im Freien aus kann man den langsam vorbeiziehenden Verkehr beobachten. Die Eigentümer und Küchenchefs bereiten hier alles selbst zu, beispielsweise auch die köstlichen, warmen Ziegenkäse-Törtchen.

Club Car
KNEIPE $$

(www.theclubcar.com; 1 Main St; Hauptgerichte 12–30 US$; ☻ 11.30–1 Uhr) In dem umgebauten Eisenbahnwaggon, einem Überbleibsel der Eisenbahnlinie, die im Sand von Nantucket versunken ist, wird durchweg gutes Essen aufgetischt, darunter auch die besten Hummerbrötchen im Ort.

Black-Eyed Susan's
CAFÉ $$

(www.black-eyedsusans.com; 10 India St; Hauptgerichte 9–30 US$; ☻ tgl. 7–13 & Mo-Sa 18–22 Uhr) Einfach im Hinterhof Platz nehmen und die mit Sauerteig zubereiteten Armen Ritter mit karamellisierten Pekannüssen und Jack-Daniel's-Butter probieren! Abends erntet der fangfrische Fisch mit Schwarzaugen-

bohnen begeisterte Kritiken. Alkoholische Getränke selbst mitbringen!

ℹ Praktische Informationen

Visitor Services & Information Bureau
(☑ 508-228-0925; www.nantucket-ma.gov; 25 Federal St; ☻ 9–17 Uhr) Betreibt im Sommer an der Fähranlegestelle einen Kiosk.

ℹ Anreise & Unterwegs vor Ort

BUS

Vor Ort kommt man problemlos voran: Die Busse von **NRTA Shuttle** (www.shuttlenantucket.com; Einzelfahrt 1–2 US$, Tageskarte 7 US$; ☻ Ende Mai–Sept.) bedienen neben dem ganzen Ort auch Sconset, Madaket und die Strände. Übrigens: Es gibt Radständer – so können Passagiere eine Strecke per Bus absolvieren und später zurückradeln.

FLUGZEUG

Cape Air (www.flycapeair.com) fliegt von Boston, Hyannis und Martha's Vineyard zum Nantucket Memorial Airport (ACK).

SCHIFF/FÄHRE

Die **Steamship Authority** (☑ 508-477-8600; www.steamshipauthority.com) betreibt den ganzen Tag über Fähren zwischen Hyannis und Nantucket. Die Schnellfähre (hin & zurück Erw./Kind 69/35 US$) braucht eine Stunde, die normale (hin & zurück Erw./Kind 35/18 US$) zweieinviertel Stunden.

Martha's Vineyard

Die größte Insel Neuenglands ist eine Welt für sich. Hier leben nur 15 500 Menschen dauerhaft, aber im Sommer steigt die Zahl der Bewohner auf 100 000 an. Die Ortschaften sind bezaubernd, die Strände schön und die von Kochkünstlern geführten Restaurants ausgezeichnet. Für jede Stimmungslage ist gesorgt: Mal diniert man elegant im vornehmen Edgartown, dann vergnügt man sich mit Zuckerwatte und Karussellfahren in Oak Bluffs.

Infos für Besucher gibt's in der **Martha's Vineyard Chamber of Commerce** (☑ 508-693-0085; www.mvy.com; 24 Beach Rd, Vineyard Haven; ☻ Mo–Fr 9–17). Im Sommer sind zusätzlich Informationskioske an den Fähranlegern geöffnet.

Oak Bluffs

Die Ortschaft mit Fährhafen bekommen fast alle Besucher als erstes zu Gesicht: Hier legen die meisten Boote an. Im Spaßzentrum der Insel kann man mit einem Eis in der Hand herumschlendern, jahrmarktartige Sehenswürdigkeiten abklappern und später ins Nachtleben eintauchen.

Sehenswertes & Aktivitäten

Campgrounds & Tabernacle
GINGERBREAD-HÄUSER

Ab der Mitte des 19. Jhs. war Oak Bluffs das Sommerdomizil einer Erweckungskirche, deren Mitglieder einen Tag am Strand genauso genossen wie den Gottesdienst. So errichteten sie um die 300 Cottages und verzierten sie mit wunderlichen Mustern im Queen-Anne-Stil, die an die von Lebkuchen *(gingerbred)* erinnern. Die bunt bemalten Häuschen – heute als Campgrounds bekannt – umgeben den **Trinity Park** mit dem **Tabernacle**, wo man Festivals und Konzerte genießen kann.

Flying Horses Carousel
HISTORISCHE STÄTTE

(www.mvpreservation.org; 15 Lake & Ave, bei der Circuit Ave; 2,50 US$/Fahrt; ☉10–22 Uhr; 🚻) Das älteste Pferdekarussell der USA fesselt seit 1876 Kinder jedes Alters. Die altertümlichen Pferde haben Mähnen aus echtem Rosshaar. Wer ihnen bei der nostalgischen Fahrt in die Glasaugen blickt, entdeckt darin tolle kleine Tiere aus Silber.

Radweg
RADFAHREN

Ein malerischer Küstenradweg verbindet Oak Bluffs, Vineyard Haven und Edgar-

town miteinander. Die Route ist größtenteils flach und daher familienfreundlich. Drahtesel verleiht **Anderson's Bike Rental** (📞 508-693-9346; www.andersonbikerrentals.com; 1 Circuit Ave Extension; Fahrrad pro Tag Erw./Kind 18/10 US$; ☉9–18 Uhr) nahe dem Fähranleger.

Schlafen

Nashua House
INN **$$**

(📞 508-693-0043; www.nashuahouse.com; 30 Kennebec Ave; Zi. Ohne Bad 99–219 US$; ❄🛜) Das alte Vineyard – hier gibt's kein TV, kein Telefon, kein eigenes Bad im Zimmer. Dafür sind die schlichten Quartiere des kleinen Hotels im unmittelbaren Ortszentrum zweckmäßig und blitzsauber.

Narragansett House
B&B **$$**

(📞 508-693-3627; www.narragansetthouse.com; 46 Narragansett Ave; Zi. inkl. Frühstück 150–300 US$; ❄🛜) Dieses B&B an einer ruhigen Anwohnerstraße besteht aus zwei benachbarten viktorianischen Häusern im Gingerbread-Stil, nur einen kurzen Spaziergang vom Stadtzentrum entfernt. Das Ganze wirkt altmodisch, aber nicht kitschig. Alle Zimmer haben eigene Bäder – in dieser Preiskategorie ist das keine Selbstverständlichkeit.

Essen

Linda Jean's
DINER **$**

(www.lindajeansrestaurant.com; 25 Circuit Ave; Hauptgerichte 5–15 US$; ☉6–22.30 Uhr) Das

NEUENGLAND MARTHA'S VINEYARD

WER NOCH EIN PAAR TAGE ZEIT HAT

Die ländliche Westhälfte von Martha's Vineyard ist als **Up-Island** bekannt. Das dortige Hügelland prägen kleine Bauernhöfe und weite Felder, auf denen sich wildlebende Truthähne und Hirsche tummeln. Ein Fest für Auge und Gaumen ist das malerische Fischerdorf **Menemsha**, wo die Fischer ihre Beute fangfrisch an den Hintertüren der Seafood-Lokale abliefern. Direkt vor den Augen der Kunden werden Austern geknackt und Hummer gekocht. Anschließend kann man im Freien auf einer Bank am Hafen speisen.

Die **Aquinnah Cliffs** alias Gay Head Cliffs sind so besonders, dass sie als nationales Naturdenkmal unter Schutz stehen. Diese 46 m hohen Küstenklippen schillern in allen Farben, die im Licht des späten Nachmittags besonders schön wirken. Gleich unterhalb der bunten Felsen lädt der **Aquinnah Public Beach** (Parkgebühr 5$) zum Relaxen ein. Alternativ führt ein 1,6 km langer Küstenspaziergang nordwärts zu einem FKK-Strand.

Im **Cedar Tree Neck Sanctuary** (www.sheriffsmeadow.org; Indian Hill Rd, ☉8.30–17.30 Uhr) abseits der State Rd verläuft ein reizvoller Wanderweg (4 km) durch naturbelassene Sümpfe und Wälder zu einem Steilufer mit Aussicht auf Cape Cod. Das **Felix Neck Wildlife Sanctuary** (www.massaudubon.org; Edgartown–Vineyard Haven Rd; Erw./Kind 4/3 US$; ☉Sonnenaufgang–Sonnenuntergang; 🚻) der Massachusetts Audubon Society ist ein Paradies für Vogelbeobachter. Insgesamt 6,4 km an Wegen passieren hier u.a. Teiche und Marschland.

beste Allround-Billiglokal lockt die Einheimischen mit unschlagbaren Blaubeerpfannkuchen, saftigen Burgern und einfachen, sättigenden Gerichten an.

MV Bakery
BÄCKEREI $

(www.mvbakery.com; 5 Post Office Sq; Backwaren 1–3 US$; ⊘7–17 Uhr) Den ganzen Tag über bekommt man hier günstigen Kaffee, Cannoli und die berühmten Apfel-Beignets. Wer vorbeischauen will, tut das trotzdem am besten zwischen 21 und 24 Uhr: Dann stehen die Leute vor der Hintertür an, um warme Donuts direkt vom Blech zu kaufen.

Slice of Life
CAFÉ $$

(www.sliceoflifemv.com; 50 Circuit Ave; Hauptgerichte 8–24 US$; ⊘8–21 Uhr; ☑) Das Ambiente ist zwanglos, das Essen vom Allerfeinsten. Zum Frühstück gibt's Muntermacher-Kaffee, Champignonomeletts und fabelhafte Kartoffelpuffer. Abends zählt der gebratene Kabeljau mit sonnengetrockneten Tomaten zu den herzhaften Favoriten. Und die Desserts – dekadente Crème Brûlée und köstlicher Zitronenkuchen – sind so gut wie nirgendwo sonst.

🍷 Ausgehen & Nachtleben

Offshore Ale Co
BRAUEREI

(www.offshoreale.com; 30 Kennebec Ave) Die beliebte Kleinbrauerei ist die richtige Adresse für ein Vineyard Ale.

Lampost
CLUB

(www.lampostmv.com; 6 Circuit Ave) Das Lampost ist Bar und Nachtclub in einem und bietet die heißeste Tanzszene der Insel. Wer hier, auch wenn es unwahrscheinlich ist, nicht das Gesuchte findet, sollte der Circuit Ave weiter folgen, bis er über die zwei anrüchigen, aber netten Kneipen **Dive Bar** und **Ritz** stolpert.

Vineyard Haven

Die reizende Kleinstadt lockt Besucher durch ihren Hafen voller klassischer Holzsegler und die sehenswerten Restaurants und Läden in den Straßen an.

🛏 Schlafen & Essen

HI Martha's Vineyard
HOSTEL $

(☎508-693-2665; http://capecod.hiusa.org; 525 Edgartown–West Tisbury Rd; B 35 US$; ⊘Mitte Mai–Mitte Okt.; @☎) In dem zweckmäßigen Hostel im Zentrum der Insel muss man sein Bett frühzeitig reservieren. Das Haus bietet

alles, was man von einem erstklassigen Hostel erwartet: solide Küche, Fahrradverleih und keinen Zapfenstreich. Der Nahverkehrsbus hält gleich vor der Tür, und der Radweg liegt direkt neben dem Haus.

★ Art Cliff Diner
CAFÉ $$

(☎508-693-1224; 39 Beach Rd; Hauptgerichte 10–16 US$; ⊘Do–Di 7–14 Uhr) 🍴 *Die* Adresse für morgens und mittags: Inhaberin und Küchenchefin Gina Stanley verleiht allen Gerichten von Armen Rittern mit Mandelkruste bis zu den frischen Fisch-Tacos das gewisse Etwas. Die Speisekarte bietet eine bunte Auswahl farmfrischer Inselprodukte. Da lohnt sich das Warten in der Schlange.

Edgartown

Am Rand eines schönen Naturhafens empfängt Edgartown seine Besucher mit Patrizier-Flair und viel Seefahrtsgeschichte. Zur Blütezeit des Walfangs lebten hier über 100 Kapitäne, die die prächtigen alten Häuser an den heutigen Straßen bauen ließen.

An der Main St stehen mehrere historische Gebäude, von denen manche im Sommer öffentlich zugänglich sind.

👁 Sehenswertes

Katama Beach
STRAND

(Katama Rd) Als bester Inselstrand erstreckt sich 4 Meilen (6,4 km) südlich vom Zentrum Edgartowns der Katama bzw. South Beach über herrliche knapp 5 km. Die raue Brandung an der Ozeanseite erfreut Surfer, während Schwimmer eher die geschützten Salzwasserteiche auf der Inlandsseite bevorzugen.

🛏 Schlafen & Essen

Edgartown Inn
PENSION $$

(☎508-627-4794; www.edgartowninn.com; 56 N Water St; Zi. mit/ohne Bad ab 175/125 US$; ❄) Die besten Schnäppchen im Ort sind die 20 schnörkellosen Zimmer, die sich auf drei nebeneinander gelegene Häuser verteilen. Das älteste Haus stammt von 1798 und beherbergte in seinen früheren Zeiten sogar Gäste wie Nathaniel Hawthorne und Daniel Webster. Ruhig nach Last-Minute-Angeboten fragen; wenn gerade wenig los ist, bekommt man vielleicht Rabatt!

Among the Flowers Café
CAFÉ $$

(☎508-627-3233; 17 Mayhew Lane; Hauptgerichte 8–20 US$; ⊘8–15.30 Uhr; ☑) Auf der Gartenterrasse kann man zusammen mit den vielen Einheimischen hausgemachte Suppen, Waffeln, Sandwiches, Crêpes und sogar Hummerbrötchen vertilgen. Obwohl der Laden alles auf Papp- bzw. Plastiktellern serviert, wirkt er etwas affektiert. Im Juli und August gibt's auch Abendessen.

☆ Unterhaltung

★ Flatbread Company   LIVEMUSIK
(www.flatbreadcompany.com; 17 Airport Rd; ⊙ 15 Uhr–open end) Früher das legendäre Hot Tin Roof, wo einst Carly Simon sang, setzt das Flatbread die Tradition fort, die besten Bands auf die Bühne zu holen. Außerdem gibt's hier verdammt gute Bio-Pizzas. Neben dem Martha's Vineyard Airport.

❶ Anreise & Unterwegs vor Ort

BUS

Die **Martha's Vineyard Regional Transit Authority** (www.vineyardtransit.com; 1-/3-Tageskarte 7/15 US$) gewährleistet regelmäßige Busverbindungen zwischen den Inselorten. Auf diese Weise kommt man bequem voran und erreicht sogar so abgelegene Ziele wie die Aquinnah Cliffs recht problemlos.

SCHIFF/FÄHRE

Fähren der **Steamship Authority** (☑ 508-477-8600; www.steamshipauthority.com) verbinden Woods Hole regelmäßig mit Vineyard Haven und Oak Bluffs (45 Min.). Passagiere mit eigenem Auto sollten Tickets so früh wie möglich buchen.

Ab Falmouth Harbor schippert eine reine Passagierfähre namens **Island Queen** (☑ 508-548-4800; www.islandqueen.com; 75 Falmouth Heights Rd) im Sommer mehrmals täglich nach Oak Bluffs.

Von Hyannis aus schickt **Hy-Line Cruises** (☑ 508-778-2600; www.hylinecruises.com; Ocean St Dock; hin & zurück Erw./Kind normale Fähre 45 US$/frei, Schnellfähre 71/48 US$) jeden Tag eine normale Fähre (1½ Std.) und fünf Schnellfähren (55 Min.) nach Oak Bluffs.

Zentrales Massachusetts

Wer das zentrale Massachusetts zwischen der Großstadt Boston und den schicken Berkshires erkundet, erhält einen Einblick in die weniger touristischen Teile des Bundesstaats. Die Gegend wirkt aber keinesfalls verschlafen – das verdankt sie vor allem den vielen Colleges, die ihr einen jugendlichen Touch verleihen.

Regionalinfos bekommen Besucher beim **Central Massachusetts Convention & Visitors Bureau** (☑ 508-755-7400; www.cen

NICHT VERSÄUMEN

DINER IN WORCESTER

Mit dem Diner hat Worcester ein tolles Kultsymbol der USA hervorgebracht. In dieser Rustbelt-Stadt verstecken sich solche Lokale dutzendweise hinter Lagerhallen, unter alten Eisenbahnbrücken oder in nächster Nähe zu zwielichtigen Bars. Der **Miss Worcester Diner** (☑ 508-753-5600; 300 Southbridge St; Gerichte 5–9 US$; ⊙ 6–14 Uhr) von 1948 ist ein echter Klassiker: Es war ursprünglich der Vorführ-Diner der Worcester Lunch Car Company, die in ihrer direkt gegenüber gelegenen Fabrik insgesamt 650 Imbissbuden produzierte. Harleys auf dem Bürgersteig und Red-Sox-Krimskrams an den Wänden sorgen hier fürs passende Ambiente. Auf der Karte treten Köstlichkeiten wie Arme Ritter mit Bananenaroma gegen die üblichen Kalorienbomben (Chili-Hotdogs, Brötchen mit Sauce) an. Ein schmackhaftes Stück echtes Amerika!

tralmass.org; 91 Prescott St; Worcester; ⊙ Mo–Fr 9–17 Uhr) und beim **Greater Springfield Convention & Visitors Bureau** (☑ 413-787-1548; www.valleyvisitor.com; 1441 Main St, Springfield; ⊙ Mo–Fr 8.30–17 Uhr).

Worcester

Die zweitgrößte Stadt des Bundesstaats erlebte ihre Blütezeit im 19. Jh. Die Industriebetriebe, die die Stadt einst reich gemacht haben, sind längst Geschichte, aber das Erbe der alten Barone kann man im erstklassigen **Worcester Art Museum** (☑ 508-799-4406; www.worcesterart.org; 55 Salisbury St; Erw./Kind 14 US$/frei; ⊙ Mi–Fr & So 11–17, Sa 10–17 Uhr; ☂) bestaunen, das Werke bedeutender französischer Impressionisten und amerikanischer Meister wie Whistler zeigt.

Springfield

Das prosaische Springfield ist vor allem als Geburtsort des US-Nationalsports Basketball bekannt. Die **Naismith Memorial Basketball Hall of Fame** (www.hoophall.com; 1000 W Columbus Ave; Erw./Kind 19/14 US$; ⊙ 10–17 Uhr; ☂) südlich der I-91 feiert die Sportart mit Ausstellungen und Memorabilien zu allen großen Stars.

Springfield ist zudem die Heimatstadt des Kinderbuchautors Theodor Seuss Geisel alias Dr. Seuss. Im **Dr. Seuss National Memorial Sculpture Garden** (www.catinthehat.org; Ecke State & Chestnut St) stehen lebensgroße Bronzeskulpturen von schrägen Seuss-Charakteren, beispielsweise von dem Kater mit Hut.

Northampton

Das superhippe Northampton hat die besten Restaurants, das heißeste Nachtleben und die spannendste Szene der Region. Darüber hinaus ist der Ort für seine liberale Einstellung und die offene lesbische Gemeinde bekannt. Das bunte Stadtzentrum ist leicht zu Fuß zu erkunden und bietet jede Menge Cafés, schrille Läden und Galerien. Alle Infos zum Ort liefert die **Greater Northampton Chamber of Commerce** (413-584-1900; www.explorenorthampton.com; 99 Pleasant St; Mo–Fr 9–17 Uhr, Sa & So 10–14 Uhr).

Sehenswertes

Smith College   COLLEGECAMPUS
(www.smith.edu; Elm St; P) Der 51 ha große Campus mit hübschen Gartenanlagen lohnt einen Spaziergang.

Smith College Museum of Art   MUSEUM
(413-585-2760; www.smith.edu/artmuseum; Elm St, an der Bedford Tce; Erw./Kind 5/2 US$; Di–Sa 10–16, So 12–16 Uhr; P) Unbedingt sehenswert ist dieses Museum mit einer beeindruckenden Sammlung von Gemälden europäischer und nordamerikanischer Künstler des 19. und 20. Jhs., darunter John Singleton Copley, Picasso und Monet.

Schlafen

Autumn Inn   MOTEL $$
(413-584-7660; www.hampshirehospitality.com; 259 Elm St/MA 9; Zi. inkl. Frühstück 115–169 US$; P@) Trotz des motelartigen Aussehens bietet die zweistöckige Herberge nahe dem Smith College ein recht angenehmes, stilvolles Ambiente und große, komfortable Zimmer.

Hotel Northampton   HISTORISCHES HOTEL $$$
(413-584-3100; www.hotelnorthampton.com; 36 King St; Zi. 185–275 US$; P) Das zentral gelegene Hotel mit 100 gut ausgestatteten Zimmern ist bereits seit 1927 Northamptons nobelste Unterkunft. Das Dekor entspricht jener Zeit.

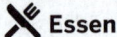 Essen

Woodstar Cafe   CAFÉ $
(www.woodstarcafe.com; 60 Masonic St; Hauptgerichte 5–8 US$; 8–20 Uhr;) Studenten lieben dieses familienbetriebene Bäckerei-Café, nur einen Steinwurf vom Smith-Campus entfernt. Es gibt leckere Sandwiches und Backwaren zu Schnäppchenpreisen. Wie wär's mit Räucherlachs und Ziegenkäse auf Bio-Baguette?

Green Bean   CAFÉ $
(www.greenbeannorthampton.com; 241 Main St; Hauptgerichte 6–9 US$; 7–15 Uhr;) Farmer aus dem Pioneer Valley versorgen die Küche des hübschen Lokals. Und das bedeutet: Man bekommt hier Bio-Eier zum Frühstück und saftige Burger aus hormonfreiem Rindfleisch zu Mittag.

Haymarket Café   CAFÉ $
(www.haymarketcafe.com; 185 Main St; Stück 4–10 US$; 7–22 Uhr;) Northamptons coolster Treff für Bohemiens und Kaffeesüchtige schenkt starken Espresso sowie frisch gepresste Säfte aus und hat eine umfangreiche vegetarische Karte.

Ausgehen & Unterhaltung

Northampton Brewery   BRAUEREI
(www.northamptonbrewery.com; 11 Brewster Ct; Mo–Sa 11.30–2, So 12–1 Uhr) Die älteste Brauereikneipe Neuenglands hat im Sommer dank ihrer großen Terrasse viele Stammkunden.

Calvin Theatre   KONZERTSTÄTTE
(413-584-0610; www.iheg.com; 19 King St) In dem prachtvoll restaurierten Theater stehen von heißen Rock- und Indie-Bands bis hin zu Comedyshows berühmte Stars auf der Bühne.

Diva's   LESBEN
(www.divasofnoho.com; 492 Pleasant St; Mi–Sa) Die bekannteste Lesbendisko der Stadt bringt ihr Publikum mit beständig hämmernder House-Musik ins Schwitzen.

Iron Horse Music Hall   KONZERTSTÄTTE
(413-584-0610; www.iheg.com; 20 Center St) Landesweit gefeierte Folk- und Jazzkünstler spielen hier in traulichem Ambiente.

Amherst

Das Zentrum dieser mit dem Auto von Northampton aus schnell erreichbaren Stadt bilden die große **University of Mas-**

sachusetts (www.umass.edu) und zwei kleine Colleges, das liberale **Hampshire College** (www.hampshire.edu) und das angesehene **Amherst College** (www.amherst.edu). Über Campusführungen und Veranstaltungen informieren die Einrichtungen selbst; irgendwas ist immer los. Die für eine Collegestadt üblichen Lokale finden sich im Umkreis der Main St im Stadtzentrum.

Das Haus, in dem die Dichterin Emily Dickinson (1830–1886), die „Belle of Amherst", ihr Leben lang wohnte, ist der Öffentlichkeit als **Emily Dickinson Museum** (☑413-542-8161; www.emilydickinsonmuseum.org; 280 Main St; Erw./Kind 10/5 US$; ☉Mi–Mo 10–17 Uhr) bekannt und zugänglich. Im Eintrittspreis ist eine 40-minütige Führung inbegriffen.

Berkshires

In diesen kühlen, grünen Hügeln verbergen sich ruhige Kleinstädte und viele kulturelle Attraktionen. Seit über 100 Jahren sind die Berkshires ein bevorzugtes Refugium wohlhabender Bostoner und New Yorker. Das gilt nicht nur für die Rockefellers – auch das gesamte Boston Symphony Orchestra verbringt hier die Sommermonate. Das **Berkshire Visitors Bureau** (☑413-743-4500; www.berkshires.org; 3 Hoosac St; ☉10–17 Uhr) liefert Informationen über die ganze Region.

Great Barrington

Hier gibt's zweifellos die besten Restaurants der Berkshires. Also nichts wie hin zur Kreuzung der Main St (US 7) und der Railroad St im Ortszentrum, wo man einen kunstlastigen Mix aus Galerien und Lokalen vorfindet, die von Backwaren bis zu internationalen Gerichten köstliches Essen servieren.

Günstige Gerichte aus lokalen Zutaten bekommt man im **Berkshire Co-op Market Cafe** (www.berkshire.coop; 42 Bridge St; Gerichte 6–10 US$; ☉Mo–Sa 8–20, So 10–20 Uhr; ☑) ✦ im Gebäude der lokalen Kooperative. Wer fein essen gehen will, wählt im **Castle Street Cafe** (☑413-528-5244; www.castlestreetcafe.com; 10 Castle St; Hauptgerichte 21–29 US$; ☉Mi–Mo 17–21 Uhr; ☑) ✦ von der innovativen Speisekarte, die sich wie das *who is who* der lokalen Farmen liest: Bio-Rindfleisch von der Ioka Valley Farm, Ziegenkäse von Rawson Brook usw. Wer auch beim Bier Wert auf Umweltbewusstsein legt, hält sich an die **Barrington Brewery** (www.barringtonbrewery.net; 420 Stockbridge Rd; Hauptgerichte

8–20 US$; ☉11.30–21.30 Uhr; ☎) ✦, die das Hopfengebräu mit Solarstrom herstellt.

Stockbridge

In der typisch neuenglischen Kleinstadt scheint die Zeit stehengeblieben zu sein: Hier gibt's keine einzige Ampel. Besucher fühlen sich an die Werke Norman Rockwells (1894–1978) erinnert – kein Wunder: Der populärste Illustrator der US-Geschichte wohnte einst an der Main St und nutzte die Stadt bzw. deren Einwohner als Inspirationsquelle. Im faszinierenden **Norman Rockwell Museum** (☑413-298-4100; www.nrm.org; 9 Glendale Rd/MA 183; Erw./Kind 16/5 US$; ☉10–17 Uhr) ist es, als erwachten seine gemalten Americana-Alltagsszenen bei genauem Hinsehen zum Leben.

Lenox

Als kulturelles Zentrum der Berkshires ist das elegante Lenox der Veranstaltungsort einer der bedeutendsten Konzertreihen der USA. Unter freiem Himmel treten beim **Tanglewood Music Festival** (☑888-266-1200; www.tanglewood.org; 297 West St/MA 183, Lenox; ☉Ende Juni–Anfang Sept.) das Boston Symphony Orchestra und Gastkünstler wie James Taylor oder Yo-Yo Ma auf. Um dieses typische Berkshires-Erlebnis richtig genießen zu können, holt man sich ein Ticket für die Konzertwiese, breitet dort eine Decke aus und entkorkt eine Flasche Wein.

Shakespeare & Company (☑413-637-1199; www.shakespeare.org; 70 Kemble St; ☉Di–So) inszenieren den ganzen Sommer über auf stimmungsvollen Bühnen Stücke des englischen Dichters. Das renommierte **Jacob's Pillow Dance Festival** (☑413-243-0745; www.jacobspillow.org; 358 George Carter Rd, Becket; ☉Mitte Juni–Aug.) findet 10 Meilen (16 km) östlich von Lenox in Becket statt und widmet sich dem modernen Tanztheater.

Mount (www.edithwharton.org; 2 Plunkett St; Erw./Kind 18 US$/frei; ☉Mai–Okt. 10–17 Uhr) heißt das frühere Anwesen der Schriftstellerin Edith Wharton (1862–1937). Bei einer Führung kann man die Villa und den inspirierenden Garten besichtigen.

🛏 Schlafen & Essen

Birchwood Inn   INN **$$$**
(☑413-637-2600; www.birchwood-inn.com; 7 Hubbard St; Zi. inkl. Frühstück 200–375 US$; ❉🛜🐾) Charmante Unterkünfte aus frü-

herer Zeit gibt's in Lenox jede Menge. Am ältesten ist das Birchwood Inn, das seit 1767 Zimmer vermietet und bis heute mit großer Gastfreundschaft glänzt.

Cornell in Lenox B&B $$$
(☑ 413-637-4800; www.cornellbb.com; 203 Main St; Zi. inkl. Frühstück 145–265 US$; @ 🕾) Das auf drei historische Häuser verteilte B&B bietet ein gutes Preis-Leistungs-Verhältnis in einer teuren Stadt.

★**Nudel** AMERIKANISCH $$$
(☑ 413-551-7183; www.nudelrestaurant.com; 37 Church St; Hauptgerichte 22–25 US$; ⊙ Di–Sa 17.30–21.30 Uhr) Hier kann man die köstliche Umsetzung der Bewegung zum nachhaltigen Lebensmittelanbau in der Region kennenlernen. Auf der saisonalen Karte zeichnet sich ein Trend zurück zu den Ursprüngen ab, mit Gerichten wie Schweinekoteletts samt traditionell hergestelltem Brot und Spätzle mit Kaninchen.

Bistro Zinc FRANZÖSISCH $$$
(☑ 413-637-8800; www.bistrozinc.com; 56 Church St; Hauptgerichte 15–30 US$; ⊙ 11.30–15 & 17.30–22 Uhr) Schicke Bistros säumen die Church St im Ortszentrum. Dazu zählt beispielsweise das Bistro Zinc mit seiner heißen postmodernen Einrichtung und französisch inspirierten Gerichten der modernen amerikanischen Küche.

🍷 Ausgehen & Nachtleben

Olde Heritage Tavern KNEIPE
(www.theheritagetavern.com; 12 Housatonic St; Hauptgerichte 7–15 US$; ⊙ Mo–Fr 11.30–0.30, Sa & So 8–0.30 Uhr; 🖟) In der peppigen Kneipe gibt's von Waffeln bis Steaks Familiengerichte zu soliden Preisen.

Pittsfield

Gleich westlich der Ortschaft Pittsfield liegt mit dem **Hancock Shaker Village** (☑ 413-443-0188; www.hancockshakervillage.org; US 20; Erw./Kind 18/frei US$; ⊙ Mitte April–Okt. 10–17 Uhr; 🖟) ein faszinierendes Museum, das die Lebensart der sogenannten Shaker beleuchtet. Diese religiöse Sekte gründete das Dorf 1783. Sie praktizierte Gütergemeinschaft, Werkheiligkeit und das Zölibat. Letzteres ließ die Gruppe letztendlich aussterben. Die würdevoll schlichte Handwerkskunst der Shaker hat u. a. Holzmöbel und 20 Bauwerke hervorgebracht. Berühmtestes Beispiel ist die steinerne Rundscheune.

Williamstown & North Adams

Inmitten der sanft gewellten Berkshires-Hügel liegt Williamstown, eine neuenglische Collegestadt wie aus dem Bilderbuch. Deren Zentrum bildet der grüne Campus des Williams College. Hier und im benachbarten North Adams warten insgesamt drei hervorragende Kunstmuseen, die jeweils einen separaten Besuch wert sind.

👁 Sehenswertes & Aktivitäten

★**Clark Art Institute** MUSEUM
(☑ 413-458-2303; www.clarkart.edu; 225 South St, Williamstown; Erw./Kind Juni–Okt. 15 US$/frei, Nov.–Mai Eintritt frei; ⊙ 10–17 Uhr, Sept.–Juni Mo geschl.) Das Sterling & Francine Clark Art Institute ist ein Schatz unter den Kunstmuseen der USA. Selbst wer nicht kunstbeflissen ist, sollte sich das Museum nicht entgehen lassen. Der Schwerpunkt der Sammlung liegt auf impressionistischer Malerei mit bedeutenden Werken von Monet, Pissarro und Renoir. Mary Cassatt, Winslow Homer und John Singer Sargent repräsentieren die moderne amerikanische Malerei.

Williams College Museum of Art MUSEUM
(☑ 413-597-2429; www.wcma.org; 15 Lawrence Hall Dr, Williamstown; ⊙ Di–Sa 10–17, So 13–17 Uhr) GRATIS Das Schwestermuseum des Clark Art Institute ist die Zierde des Stadtzentrums. Die Sammlung ist unglaublich: Etwa die Hälfte der 13 000 Werke bildet die American Collection mit wichtigen Werken bedeutender Künstler wie Edward Hopper (*Morning in a City*), Winslow Homer und Grant Wood, um nur einige zu nennen.

MASS MoCA MUSEUM
(☑ 413-662-2111; www.massmoca.org; 1040 Mass Moca Way, North Adams; Erw./Kind 15/5 US$; ⊙ Juli & Aug. 10–18 Uhr, Sept.–Juni Mi–Mo 11–17 Uhr; 🖟) Das größte Museum für moderne Kunst erstreckt sich über unglaubliche 20 624 m² und umfasst Bereiche für Installationen, Performance-Zentren und 19 Galerien. Eine Galerie hat die Größe eines Fußballfelds, was den Künstlern erlaubt, hier riesige Installationen aufzubauen. Laufschuhe mitbringen!

Mt. Greylock State Reservation PARK
(☑ 413-499-4262; www.mass.gov/dcr/parks/mt Greylock; ⊙ Visitor Center 9–17 Uhr) GRATIS In dem Park gleich südlich von North Adams gibt es eine Straße und mehrere Pfade hinauf zum höchsten Gipfel Massachusetts'

(1064 m). Von dort bietet sich ein toller Panoramablick auf mehrere Gebirgsketten und an klaren Tagen zudem über fünf verschiedene US-Bundesstaaten. Unter den insgesamt über 70 km von Wanderwegen ist auch ein Abschnitt des Appalachian Trail. Außerdem befindet sich auf dem Gipfel eine rustikale Lodge.

⭐ Feste & Events

Williamstown Theatre Festival THEATER
(☑ 413-597-3400; www.wtfestival.org; 1000 Main St, Williamstown; ☺ Ende Juni–Ende Aug.) Die Stars der Theaterwelt kommen jedes Jahr nach Williamstown. Bei dem Festival kommt eine Mischung aus klassischen Dramen und modernen Stücken von aufstrebenden Bühnenautoren zur Aufführung. Bradley Cooper und Gwyneth Paltrow sind nur zwei der berühmten Schauspieler, die hier auf den Brettern standen.

🛏 Schlafen & Essen

River Bend Farm B&B B&B $$
(☑ 413-458-3121; www.riverbendfarmbb.com; 643 Simonds Rd/US 7, Williamstown; Zi. ohne Bad inkl. Frühstück 120 US$; ✲ 🛜) Mit echten Antiquitäten und fünf offenen Kaminen versetzt das georgianisch-kolonialzeitliche B&B an der US 7 in Williamstown seine Gäste zurück ins 18. Jh. Die Gäste der vier Doppelzimmer teilen sich zwei Bäder. Trotz des Namens handelt es sich nicht um eine Farm.

Maple Terrace Motel MOTEL $$
(☑ 413-458-9677; www.mapleterrace.com; 555 Main St, Williamstown; Zi. inkl. Frühstück 121–157 US$; 🛜 ☀) Am östlichen Ende von Williamstown bieten die schwedischen Inhaber 15 schlichte, gemütliche Zimmer an.

Porches BOUTIQUEHOTEL $$$
(☑ 413-664-0400; www.porches.com; 231 River St, North Adams; Zi. inkl. Frühstück 189–285 US$; ✲ 🛜 ☀ 🐾) Gegenüber vom MASS MoCA in North Adams verfügt dieses Boutiquehotel über kunstvoll gestaltete Zimmer mit durchdachten Farbschemata, bodenlangen Fenstern und viel Licht – sehr angenehm.

Moonlight Diner & Grille DINER $
(☑ 413-458-3305; 408 Main St, Williamstown; Hauptgerichte 6–10 US$; ☺ Mo–Do 7–20.30, Fr & Sa bis 21.30 Uhr) Der altmodische Diner im Osten von Williamstown tischt die üblichen Klassiker zu ehrlichen Preisen auf. Gäste erwarten Retro-Dekor der 1950er-Jahre, riesige Burger und Käse-Omeletts.

ABSTECHER

FAHRT IN DEN HERBST

Wer in Massachusetts im Rahmen einer schönen Autofahrt den Herbst in all seinen bunten Farben erleben will, sollte auf der MA 2 Richtung Westen von Greenfield nach Williamstown fahren. Die 63 Meilen (rund 100 km) lange Strecke nennt sich **Mohawk Trail**. Neben der Straße verläuft der unruhige Deerfield River mit tosenden Wildwasserabschnitten, die das beschauliche Beobachten der Natur zum adrenalingeladenen Abenteuersport für Kajakfahrer machen.

Public Eat & Drink KNEIPE $$
(www.publiceatanddrink.com; 34 Holden St, North Adams; Hauptgerichte 10–22 US$; ☺ 17–21 Uhr; ✏) In dem gemütlichen Pub in North Adams werden eine exzellente Auswahl Kleinbrauereibiere, gehobene Kneipenkost wie Brie-Burger, Fladenpizza und Bistro-Steak sowie ein paar vegetarische Gerichte serviert.

⭐ **Mezze Bistro & Bar** FUSION $$$
(☑ 413-458-0123; www.mezzerestaurant.com; 777 Cold Spring Rd/US 7, Williamstown; Hauptgerichte 20–30 US$; ☺ 17–21 Uhr) Ost trifft auf West: In dem schicken Restaurant genießt man eine Mischung aus modern-amerikanischer Küche mit Klassischem aus Frankreich und Japan. Für die Zutaten der saisonalen Gerichte gilt die Devise: von der Farm direkt auf den Tisch – ob aus dem restauranteigenen Garten oder vom Bio-Bauernhof. Auch alles andere, von Kleinbrauereibieren bis Bio-Fleisch, kommt aus der Region.

RHODE ISLAND

Der kleinste Bundesstaat der USA bietet noch mehr auf kleinem Raum, als die nur 400 Meilen (640 km) lange zerklüftete Küste mit ihren tief eingeschnittenen Buchten und den hübschen Stränden vermuten lässt. Providence, die nette Hauptstadt, ist klein und freundlich, aber doch groß genug, um erstklassige Restaurants und Sehenswürdigkeiten zu bieten. Newport, ein Sommerdomizil der wohlhabenderen Schicht, prunkt mit prächtigen Herrenhäusern, hübschen Jachten und Musikfestivals der Weltklasse. Wer sich noch ein bisschen weiter hinaus wagt,

KURZINFOS RHODE ISLAND

Spitznamen Ocean State, Little Rhody

Bevölkerung 1 050 300 Ew.

Fläche 2706 km2

Hauptstadt Providence (178 400 Ew.)

Weitere Städte Newport (24 000 Ew.)

Verkaufssteuer 7 %

Geburtsort von Broadway-Komponist George M. Cohan (1878–1942) und Spielzeugheld Mr. Potato Head (erfunden 1952)

Heimat der ersten US-Tennismeisterschaften

Politische Ausrichtung mehrheitlich Wähler der Demokraten

Berühmt als kleinster US-Bundesstaat

Offizieller Wappenvogel ein Huhn – warum auch nicht? Der Rhode Island Red revolutionierte die Geflügelzucht.

Entfernungen Providence–Newport 37 Meilen (59 km), Providence–Boston 50 Meilen (80 km)

erlebt bei der Fahrt mit der Fähre nach Block Island einen perfekten Tag.

Geschichte

Seit seiner Gründung im Jahr 1636 durch Roger Williams, einen aus Boston vertriebenen religiösen Abweichler, ist Providence, die Hauptstadt von Rhode Island, vom Hang zur Unabhängigkeit geprägt. Für Williams galt das oberste Prinzip, dass jeder Einzelne das Recht auf Glaubensfreiheit hat, was zu seiner Verbannung aus Massachusetts führte. Seine liberalen Überzeugungen setzte Williams bei der Gründung von Providence in die Praxis um. Er kaufte von den lokalen Narragansett-Indianern Land und unterhielt auch danach noch mit ihnen als großes Experiment der Toleranz und friedlichen Koexistenz gute Beziehungen.

Williams' Prinzipien blieben nicht lange bestehen. Als Providence und Newport wuchsen und zu einer großen Kolonie verschmolzen, kam es zu Konflikten, die mehrere Kriege mit den Stämmen in der Region auslösten, was schließlich zur Dezimierung der Wampanoag, Pequot, Narragansett und Nipmuck führte. Rhode Island war darüber hinaus für den Sklavenhandel berüchtigt,

und in den Jahren nach dem Unabhängigkeitskrieg kontrollierten die hiesigen Händler den Großteil des Sklavenmarkts.

Mit der von Wasserkraft betriebenen Slater Mill begann 1790 in Pawtucket die Industrialisierung der USA. Die Industrie prägte den Charakter von Providence und seiner Umgebung, insbesondere am Blackstone River. Wie viele andere Städte an der Ostküste erlebten diese urbanen Gebiete in den 1940er- und 1950er-Jahren einen jähen Niedergang, als die Fertigungsindustrie (Textilien und Modeschmuck) einbrach. Denkmalschutzmaßnahmen sorgen in den 1960ern dafür, dass das historische architektonische Gesicht von Providence und Newport erhalten blieb. Providence ist heute eine lebendige Stadt mit einer dynamischen Wirtschaft und das ebenso lebendige Newport eine Museumsstadt.

ℹ Praktische Informationen

Providence Journal (www.providencejournal. com) Größte Tageszeitung des Bundesstaats.

Rhode Island Parks (www.riparks.com) Ermöglicht Camping in fünf State Parks.

Rhode Island Tourism Division (☏ 800-250-7384; www.visitrhodeisland.com) Besucherinfos zu ganz Rhode Island.

Providence

Die Hauptstadt von Rhode Island präsentiert ihren Gästen eines der schönsten städtischen Spaziergebiete diesseits des Connecticut River. Im Herbst, wenn es frisch ist und die Bäume ihre bunten Blätter verlieren, bietet sich ein Spaziergang über den grünen Campus der Brown University auf dem College Hill aus dem 18. Jh. über den Riverwalk bis in die Innenstadt von Providence an. Unterwegs kann man eine Pause in dem Café eines Programmkinos einlegen, eine Stärkung in einem Sterne-Restaurant zu sich nehmen oder sich in einer coolen Bar einige Biere genehmigen. Abends sollte man es nicht versäumen, sich ein Stück im Trinity Repertory anzuschauen, sich mit in einen Club zu quetschen oder um 3 Uhr morgens an Bord des mobilen Haven Brothers Diner ein paar Burger zu verdrücken.

◉ Sehenswertes

Über den Exit 22 von der I-95 kommt man zur Innenstadt von Providence. Das Unigelände liegt einen kurzen Spaziergang weiter östlich. Das bunte italienische Viertel Federal Hill findet man rund um die Atwells Ave, 1 Meile (1,6 km) westlich vom Stadtzentrum.

College Hill

VIERTEL

Auf dem Gelände der **Brown University** (www.brown.edu) auf dem östlich des Providence River gelegenen College Hill befinden sich über 100 Gebäude aus dem 18. Jh. im Colonial, Federal und Revival Style. Die schönsten von ihnen kann man bei einem Bummel über die „Mile of History" an der **Benefit Street** bewundern. Darunter ist auch das 1838 von William Strickland in klaren Linien erbaute **Providence Athenaeum** (☑ 401-421-6970; www.providenceathenaeum.org; 251 Benefit St; ⊙ Mo–Do 9–17, Fr & Sa 9–17, So 13–17 Uhr) GRATIS mit Büsten von griechischen Göttern und Philosophen, die die Sammlung von 1753 bewachen.

Die kostenlosen Campusführungen beginnen am **Brown University Admissions Office** (☑ 401-863-2378; Corliss Brackett House, 45 Prospect St). Termine telefonisch erfragen oder einfach vorbeischauen!

Museum of Art

MUSEUM

(☑ 401-454-6500; www.risdmuseum.org; 224 Benefit St; Erw./Kind 12/3 US$; ⊙ Di–So 10–17 Uhr, Do bis 21 Uhr; 🖼) Das Kunstmuseum der Rhode Island School of Design ist wunderbar facettenreich: Seine Sammlung reicht von antiker griechischer Kunst und amerikanischer Malerei des 20. Jhs. bis hin zu Kunsthandwerk.

State House

HISTORISCHES GEBÄUDE

(☑ 401-222-3983; 82 Smith St; ⊙ Mo–Fr 8.30–16.30, Gratisführungen 9, 10 & 11 Uhr) Das Wahrzeichen der Stadt wird von einer der weltgrößten freitragenden Marmorkuppeln bekrönt. Das ausgestellte George-Washington-Porträt von Gilbert Stuart animiert dazu, es mit der Abbildung auf dem 1-US$-Schein zu vergleichen.

Roger Williams Park

PARK

(1000 Elmwood Ave) GRATIS 1871 schenkte Betsey Williams, die Ur-Ur-Ur-Enkelin des Begründers von Providence, ihre Farm der Stadt. Der 174 ha große öffentliche Park ist nur eine kurze Autofahrt südlich von Providence gelegen. Besucher finden hier viel Grün, Seen und Teiche, Wäldchen, große Wiesen, Picknickplätze sowie ein **Planetarium and Museum of Natural History** (☑ 401-785-9457; Museum 2 US$, Planetarium 4 US$; ⊙ 10–16 Uhr, Planetarium-Vorführung Sa & So 14 Uhr; 🖼) vor.

🛏 Schlafen

Christopher Dodge House

B&B $$

(☑ 401-351-6111; www.providence-hotel.com; 11 W Park St; Zi. inkl. Frühstück 120–180 US$; P) Das 1858 erbaute Haus im Federal Style ist mit amerikanischen Stilmöbeln und Marmorkaminen eingerichtet. Das von außen schlichte Haus punktet mit eleganten Proportionen, großen Fenstern, Fensterläden und Holzböden.

Providence Biltmore

HISTORISCHES HOTEL $$$

(☑ 401-421-0700; www.providencebiltmore.com; 11 Dorrance St; Zi./Suite 146/279 US$; P 🛜) Das älteste Hotel von Providence stammt aus den 1920er-Jahren. Die gemütliche, zugleich aber auch majestätische Lobby mit dunklem Holz, Wendeltreppen und Kronleuchtern ist hübsch anzusehen. Die 292 gut ausgestatteten Zimmer türmen sich viele Stockwerke hoch oberhalb der Altstadt auf. Am besten nimmt man eines der Quartiere möglichst weit oben.

🍴 Essen

Sowohl an der Rhode Island School of Design als auch an der Johnson & Wales University gibt es erstklassige kulinarische Kurse, die jedes Jahr neue kreative Chefköche hervorbringen. Dank der vielen Studenten an der East Side gibt es rund um College Hill und Fox Point jede Menge gute Lokale. Wer das alte Providence erleben will, sollte sich an der Atwells Ave in Federal Hill umschauen.

NICHT VERSÄUMEN

LAGERFEUER IN DER NACHT

Wer redet denn noch von Christo? Providence hat die Welt der öffentlichen Kunstinstallationen inzwischen mit dem **WaterFire** (www.waterfire.org) erhellt. Schauplatz ist der Fluss, der sich durch das Stadtzentrum schlängelt: Aus dem Wasser ragen fast 100 Kohlebecken empor, deren Inhalt nach Einbruch der Dunkelheit angezündet wird. Dann züngeln Flammen über dem Fluss, während Musik spielt, schwarz gekleidete Gondolieri vorbeistaken und am Ufer eine große Party steigt. Diesen fesselnden Mix aus Kunst und Unterhaltung gibt's von Mai bis September etwa ein Dutzend Mal (meist Sa Sonnenuntergang–1 Uhr).

NEUENGLAND PROVIDENCE

NEUENGLAND RHODE ISLAND

East Side Pockets
MEDITERRAN $

(www.eastsidepocket.com; 278 Thayer St; Hauptgerichte 4–7 US$; ⊘ Mo–Sa 10–1, So 10–22 Uhr; ☑) Fabelhafte Falafel und Baklava zu studentenfreundlichen Preisen.

★ Haven Brothers Diner
DINER $

(Washington St; Gerichte 5–10 US$; ⊘ 17–3 Uhr) Angeblich begann Haven Brothers 1893 als ein von Pferden gezogener Imbisswagen. Man steigt die klapprige Treppe hinauf und genießt das einfache Essen. Das Publikum besteht aus allen möglichen Leuten von prominenten Politikern und College-Kids, die die Nacht durchmachen, bis hin zu Betrunkenen.

Flan y Ajo
SPANISCH $

(☑ 401-432-6656; 225a Westminster St; Tapas 3–7 US$; ⊘ 18–23 Uhr) Die Tapas-Bar serviert köstliche *pintxos* (Häppchen) wie Garnelen auf Muschelschalen mit *salsa verde*, Muscheln in Weißwein und saftiges *lomito* (Schweinefilet). Weil es hier keine alkoholischen Getränke gibt, besorgt man sich die Flasche Wein am besten gleich nebenan bei Eno Fine Wines.

Abyssinia
ÄTHIOPISCH $$

(☑ 401-454-1412; www.abyssinia-restaurant.com; 333 Wickenden St; Gerichte 20 US$; ⊘ 11–22 Uhr; ☑) Von den pflaumenfarbenen Bänken bis zum brüllenden (oder lächelnden?) Löwen von Juda an der Wand erlebt man hier die äthiopische Küche mit all ihren starken Aromen. Vegetarische Linsen und Schälerbsencurrys bereiten die Geschmacksnerven schon mal auf die darauffolgende Geschmacksexplosion durch den würzigen *doro wat* (Hühnereintopf) und Rindfleisch-*key-wot* vor.

★ birch
MODERN-AMERIKANISCH $$$

(☑ 401-272-3105; www.birchrestaurant.com; 200 Washington St; Gerichte 25–35 US$; ⊘ Do–Di 17–24 Uhr) Nachdem sie im Dorrance at the Biltmore fabelhafte Arbeit geleistet haben, sind Koch Benjamin Sukle und seine Frau Heidi nun ihre eigenen Chefs. Das birch ist klein und stilvoll. Der Sinn fürs Detail zeigt sich im Dekor wie im Essen, das in kleinen Portionen mit frischen saisonalen Produkten zubereitet wird.

♥ Ausgehen & Unterhaltung

Trinity Brewhouse
BRAUEREI

(☑ 401-453-2337; www.trinitybrewhouse.com; 186 Fountain St; ⊘ So–Do 11.30–1, Fr & Sa 12–2 Uhr) Die Kleinbrauerei im Unterhaltungsviertel macht tolle Biere nach britischer Art. Unbedingt die Stouts probieren!

The Salon
BAR, CLUB

(www.thesalonpvd.com; 57 Eddy St; ⊘ Mo–Fr 17–1, Sa 19–2 Uhr) Tischtennistische und Flipperautomaten bilden im Obergeschoss die Kulisse für 1980er-Jahre-Pop und Picklebacks (Whiskey mit einem Schuss Essiggurkenwasser), während unten Liveshows, Open-Mike-Abende, DJs und Tanzpartys angesagt sind.

Providence Performing Arts Center
DARSTELLENDE KUNST

(☑ 401-421-2787; www.ppacri.org; 220 Weybosset St) Die beliebte Bühne für tourende Broadway-Musicals und andere große Aufführungen befindet sich im ehemaligen Loew's Theater von 1928 mit prächtiger Art-déco-Innenausstattung.

AS220
CLUB

(☑ 401-831-9327; www.as220.org; 115 Empire St; ⊘ 17–1 Uhr) Seit Langem bestehende Bühne für alle möglichen Formen von Rhode-Island-Kunst: Das AS220 (sprich: A-S-two-twenty) bucht experimentelle Bands (Lightning Bolt, Tuba- und Banjo-Duos), veranstaltet Lesungen und ist zugleich Ausstellungsraum für die sehr aktive Gemeinde. Die hier angegebenen Öffnungszeiten beziehen sich auf die Bar; die Galerie öffnet mittwochs bis samstags gegen Mittag, und das Café schließt um 22 Uhr.

🔒 Shoppen

Das **Providence Place** (www.providenceplace.com; 1 Providence Place) im Stadtzentrum ist das größte Einkaufszentrum auf Rhode Island. Individuellere, witzigere Läden findet man an der Westminster St, der Thayer St und der Wickenden St.

❶ Praktische Informationen

Providence Visitor Information Center (☑ 401-751-1177; www.goprovidence.com; Rhode Island Convention Center, 1 Sabin St; ⊘ Mo–Sa 9–17 Uhr)

❶ An- & Weiterreise

Autovermieter sind am **TF Green Airport** (PVD; www.pvdairport.com; I-95, Exit 13, Warwick) vertreten. Rund 20 Minuten südlich der Innenstadt landen dort die Flieger großer US-Fluggesellschaften.

Peter Pan Bus Lines (www.peterpanbus.com) verbindet Providence mit Boston (8 US$,

1¼ Std.) und New York (35 US$, 33/4 Std.). Auch Züge der **Amtrak** (www.amtrak.com; 100 Gaspee St) pendeln zwischen Providence und anderen Städten im Nordosten.

Von ihrer Drehscheibe an der Kennedy Plaza schickt die **Rhode Island Public Transit Authority** (RIPTA; www.ripta.com; Fahrt/Tageskarte 2/6 US$) altmodische Busse im Trolley-Stil durch ganz Providence. Weitere RIPTA-Busse verbinden die Stadt mit Newport.

Newport

Der „neue Hafen" wurde von moderat-religiösen Abweichlern, die vor den Puritanern aus Massachusetts geflüchtet waren, gegründet und entwickelte sich schnell zur viertreichsten Stadt in der neuen, unabhängigen Kolonie. Auch heute noch ist Newport einer der aktivsten und wichtigsten Jachthäfen des Landes. Die Innenstadt mit ihrer kolonialzeitlichen Architektur ist wunderbar erhalten, kann aber kaum mit den opulenten Sommervillen konkurrieren, die später von Industriellen aus der Schifffahrt, dem Eisenbahnbau und dem Bergbau erbaut wurden. Diese italienischen Paläste, französischen Chateaus und elisabethanischen Herrenhäuser sind nach wie vor die größte Attraktion der Stadt, gefolgt von den sommerlichen Musikfestivals, die zu den bedeutendsten in den USA zählen.

◉ Sehenswertes & Aktivitäten

★Preservation Society of
Newport County   HISTORISCHE GEBÄUDE

(☎401-847-1000; www.newportmansions.org; 424 Bellevue Ave; 5 Gebäude Erw./Kind 49/19 US$) Die Gesellschaft verwaltet fünf der prächtigsten Anwesen Newports, die sich in jeweils 90 Minuten besichtigen lassen.

➡ Breakers

(44 Ochre Point Ave; Erw./Kind 19,50/5,50 US$; ⊙April–Mitte Okt. 9–17 Uhr, Mitte Okt.–März wechselnde Öffnungszeiten; ℗) Wer nur für eine der Villen Zeit hat, sollte sich diesen extravaganten Megapalast mit 70 Zimmern im Stil der italienischen Renaissance ansehen. Er wurde 1895 für Cornelius Vanderbilt II. erbaut, das Oberhaupt der damals reichsten Familie Amerikas.

➡ Rosecliff

(548 Bellevue Ave; Erw./Kind 14,50/5,50 US$; ⊙April–Mitte Okt. 10–17 Uhr, Mitte Okt.–März wechselnde Öffnungszeiten; ℗) Das 1902 vom Architekten Stanford White erbaute Meisterwerk ähnelt dem Grand Trianon in Versailles. Der riesige Ballsaal spielt eine große Rolle in *Der Große Gatsby* mit Robert Redford.

➡ Elms

(www.newportmansions.org; 367 Bellevue Ave; Erw./Kind 14,50/5,50 US$, Führung Angestelltenräume Erw./Kind 15/5 US$; ⊙April–Mitte Okt. 10–17 Uhr, Mitte Okt.–März wechselnde Öffnungszeiten; ℗⬇) Das 1901 erbaute Elms ist eine Replik des Château d'Asnières, das 1750 in der Nähe von Paris entstand. Bei der Führung hinter die Kulissen geht es durch die Quartiere der Angestellten und hinauf aufs Dach.

★Rough Point   HISTORISCHES GEBÄUDE

(www.newportrestoration.com; 680 Bellevue Ave; Erw./Kind 25 US$/frei; ⊙Mitte April–Mitte Mai Do–Sa 10–14 Uhr, Mitte Mai–Mitte Nov. Di–Sa 10–15.45 Uhr; ℗) Doris Duke (1912–93), einst „das reichste kleine Mädchen der Welt", war gerade mal 13 Jahre alt, als sie dieses englische Anwesen von ihrem Vater erbte. Sie hegte eine Leidenschaft fürs Reisen und Kunstsammeln. Die Villa beherbergt viele ihrer Besitztümer von Ming-Porzellan bis zu Gemälden von Renoir.

International Tennis Hall of Fame   MUSEUM

(☎401-849-3990; www.tennisfame.com; 194 Bellevue Ave; Erw./Kind 12 US$/frei; ⊙9.30–17 Uhr) In dem Museum kann man sehen, wie amerikanische Aristokraten im 19. Jh. ihre Freizeit verbracht haben. Es befindet sich im Gebäude des historischen Newport Casino (1880), das den Reichsten der Reichen von Newport als Sommerclub diente. Für 110 US$ kann man selbst in einen weißen Dress schlüpfen und auf dem klassischen Grasplatz ein paar Bälle schlagen.

Touro Synagogue National
Historic Site   SYNAGOGE

(☎401-847-4794; www.tourosynagogue.org; 85 Touro St; Erw./Kind 12 US$/frei; ⊙Juli–Sept. So–Fr 10–16 Uhr, Sept.–Okt. So–Fr 10–14 Uhr, Mai–Juni So–Fr 12–13.30 Uhr, Nov.–April So 12–13.30 Uhr) Mit der ältesten Synagoge (1763) in den USA besichtigt man ein architektonisches Juwel, das perfekt die Balance zwischen Schlichtheit und Prunk wahrt.

Cliff Walk   WANDERWEG

(www.cliffwalk.com) Auf dem 5,6 km langen Cliff Walk, der an der Küste hinter den Villen verläuft, kann man herrliche Spaziergänge unternehmen. Es bietet sich nicht nur ein fantastischer Blick auf den Ozean, sondern auch auf die Herrenhäuser am Wegesrand. Der Cliff Walk erstreckt sich vom Memorial Blvd zum Bailey's Beach; ein guter Startpunkt ist die malerische Ruggles Ave nahe dem Breakers.

★ Fort Adams State Park PARK
(www.fortadams.org; Harrison Ave; Fort mit Führung/ohne Führung Erw. 12/6 US$, Kind 6/3 US$; ☺ Sonnenaufgang–Sonnenuntergang) Fort Adams ist die größte Küstenfestung der USA und befindet sich mitten in diesem prächtigen State Park, der in die Narragansett Bay hineinragt. Hier finden das Newport Jazz Festival und das Folk Festival statt. Am Fort Adams kann man auch baden, aber der **Easton's Beach** (First Beach; Memorial Blvd) und der **Sachuest (Second) Beach** (Purgatory Rd) sind besser.

★ Sail Newport SEGELN
(☎ 401-846-1983; www.sailnewport.org; 60 Fort AdamsBlock Island Chamber of Commerce Dr; Segeltour 1/2 Wochen 365/475 US$, Segelbootverleih 73–138 US$/3 Std.; ☺ 9–19 Uhr; ♿) Wie zu erwarten sind im windigen Newport, der Heimat des prestigeträchtigen America's Cup, die Segeloptionen einfach phänomenal.

Adirondack II BOOTSFAHRT
(☎ 401-847-0000; www.sail-newport.com; Bowen's Wharf; Bootsfahrt 1½ Std. 30–39 US$; ☺ 11–19 Uhr) Der Schoner legt fünfmal täglich von der Bowen's Wharf ab.

★☆ Feste & Events

Einen vollständigen Veranstaltungskalender gibt's unter www.gonewport.com.

Newport Folk Festival MUSIK
(www.newportfolkfest.net; Fort Adams State Park; 1-/3-Tagespass 49/120 US$, Parken 12 US$; ☺ Ende Juli) Im Fort Adams State Park treten große Stars und aufstrebende Gruppen auf. Sonnenschutz mitbringen!

Newport Jazz Festival MUSIK
(www.newportjazzfest.net; Fort Adams State Park; Tickets 47,50–100 US$; ☺ Anfang Aug.) Mit Namen wie Dave Brubeck und Wynton Marsalis liest sich die Liste wie das *who is Who* des Jazz.

Newport Music Festival MUSIK
(www.newportmusic.org; Tickets 20–42 US$; ☺ Mitte Juli) Bei dem international angesehenen Festival finden klassische Konzerte in vielen der prächtigen Herrenhäuser statt.

🛏 Schlafen

★ Newport International Hostel HOSTEL $
(William Gyles Guesthouse; ☎ 401-369-0243; www.newporthostel.com; 16 Howard St; B ohne Bad inkl. Frühstück 35–119 US$; ☺ April–Dez.; ☎) Willkommen in dem einzigen Hostel auf Rhode Island! Es wird von einem lässigen und sachkundigen Gastgeber geführt. Man sollte so früh wie möglich buchen. Die winzige Herberge bietet Vorrichtungen für ein einfaches Frühstück, eine Waschmaschine und saubere Einzelbetten in einem Schlafsaal. Es gibt auch private Zimmer, die man aber per E-Mail reservieren muss.

Stella Maris Inn INN $$
(☎ 401-849-2862; www.stellamarisinn.com; 91 Washington St; Zi. inkl. Frühstück 125–225 US$; ℗) Das ruhige Stein- und Holzrahmenhaus verfügt über zahlreiche Kamine, viele Möbel aus Schwarznussholz, viktorianischen Schnickschnack und ein paar geblümte Polstermöbel. Die Zimmer mit Blick auf den Garten sind billiger als die mit Blick aufs Wasser. Der Inhaber ist zwar etwas ruppig, aber die Preise sind (für Newport) o. k. Keine Kreditkartenzahlung möglich.

★ The Attwater BOUTIQUEHOTEL $$$
(☎ 401-846-7444; www.theattwater.com; 22 Liberty St; Zi. 180–309 US$; ℗ ❋ ☎) Newports neuestes Hotel wirkt mit seinen türkisfarbenen, limettengrünen und blumigen Drucken, den farbig gemusterten Kopfbrettern der Betten und den flott geometrisch gemusterten Teppichen irgendwie sommerlich und strandpartymäßig. Durch die Panoramafenster und die Veranden dringt viel Sommersonne herein, und die Zimmer sind mit durchdachten Luxusextras wie iPads, Apple-Fernsehern und Strandtaschen ausgestattet.

🍴 Essen

★ Rosemary & Thyme Cafe BÄCKEREI, CAFÉ $
(☎ 401-619-3338; www.rosemaryandthymecafe.com; 382 Spring St; Backwaren 2–5 US$, Sandwiches & Pizza 5,95–7,95 US$; ☺ Di–Sa 7.30–15, So bis 11.30 Uhr; ♿) Wenn ein deutscher Bäcker in der Küche steht, erstaunt es kaum, dass sich in der Theke die Buttercroissants, Apfel- und Kirschkuchen und saftigen Muffins stapeln. Zur Mittagszeit gibt's Gourmet-Sandwiches mit Kräuterziegenkäse, getrockneten Tomaten aus der Toskana und Elsässer Käse.

Franklin Spa DINER $
(☎ 401-847-3540; 229 Spring St; Gerichte 3–10 US$; ☺ 6–14 Uhr; ♿) Dieser Diner alter Schule verkauft Hackfleischprodukte, Eier und Speck zu Spottpreisen. Er ist bei den Einheimischen sehr beliebt und öffnet

WER NOCH EIN PAAR TAGE ZEIT HAT

Block Island liegt 19 km vor dem Rest Rhode Islands im offenen Meer. Die unberührte Insel steht für schlichte Freuden: sanft geschwungenes Farmland, menschenleere Strände und kilometerlange, ruhige Wander- bzw. Radwege.

Fähren machen in der Hauptsiedlung Old Harbor fest, die sich seit dem Bau ihrer viktorianischen Gingerbread-Häuser im späten 19. Jh. kaum verändert hat. Die Strände beginnen direkt am nördlichen Ortsrand. Rund 2 Meilen (3,2 km) weiter nördlich verläuft der **Clay Head Nature Trail**, der den hohen Lehmklippen oberhalb des Strandes folgt und gute Möglichkeiten zur Vogelbeobachtung bietet. Das 40,5 ha große Naturschutzgebiet **Rodman Hollow** am südlichen Inselende wird ebenfalls von interessanten Pfaden durchzogen.

Die gerade mal 11 km lange Block Island schreit danach, mit dem Rad erkundet zu werden. An der Fähranlegestelle gibt's mehrere Fahrradverleihs (25 US$/Tag). Die **Block Island Chamber of Commerce** (☑ 800-383-2474; www.blockislandchamber.com) an der Anlegestelle hilft bei der Suche nach Unterkunft. Allerdings sind die vier Dutzend Herbergen im Sommer in der Regel ausgebucht, und bei vielen gilt ein Mindestaufenthalt. Die schönsten Betten in Strandhütten oberhalb einer wilden Wiese hat das **Sea Breeze Inn** (☑ 401-466-2275; www.seabreezeblockisland.com; Spring St, Old Harbor; Zi. 230–310 US$, mit Gemeinschaftsbad 150–180 US$; P).

schon ganz früh. Einfach an einen der Resopaltische auf dem abgewetzten, weiß-rot gefliesten Boden setzen und frisch gepressten Orangensaft, hausgemachte Truthahn-Nudelsuppe oder Coffee Cabinet (Milchshake mit Eis) genießen!

Mamma Luisa   ITALIENISCH $$
(☑ 401-848-5257; www.mammaluisa.com; 673 Thames St; Hauptgerichte 14–25 US$; ⊙ Do–Di 17–22 Uhr) Das gemütliche Restaurant serviert echte italienische Gerichte. Die begeisterten Gäste empfehlen das entspannte Pasta-Haus als Zuflucht vor Newports Menschenmassen. Es gibt klassische Pastagerichte (Käse-Ravioli mit Saubohnen, Spaghetti *alle vongole*) sowie Fleisch- und Fisch-Vorspeisen.

Mooring   SEAFOOD $$
(☑ 401-846-2260; www.mooringrestaurant.com; Sayer's Wharf; Gerichte 15–40 US$; ⊙ 11.30–22 Uhr) Die unschlagbare Kombination aus Hafenlage und frischen Meeresfrüchten auf der Karte macht das Mooring zur Top-Adresse für ein Abendessen am Meer. Falls das Lokal voll sein sollte, einfach den Seiteneingang zur Bar nehmen, sich einen Hocker schnappen und herzhafte Muschelsuppe sowie *a bag of doughnuts* (pikante frittierte Hummerstücke) bestellen!

🍷 **Ausgehen & Unterhaltung**

Fastnet   BAR
(www.thefastnetpub.com; 1 Broadway; ⊙ 11–1 Uhr) Der nach dem Leuchtturm vor der Küste

von Cork benannte Pub serviert Klassiker wie Würstchen mit Kartoffelbrei und Fish & Chips neben stetig fließendem Guinness. Samstagabends gibt's live irische Musik.

Newport Blues Café   CLUB
(☑ 401-841-5510; www.newportblues.com; 286 Thames St) Die beliebte R&B-Bar mit Restaurant in einem alten Sandsteinhaus, das früher mal eine Bank war, lockt mit Top-Acts. In dem traulichen Raum genießen viele Stammkunden an den Tischen neben der kleinen Bühne Muscheln, selbst geräucherte Rippchen oder Schweinelenden. Abendessen gibt's zwischen 18 und 22 Uhr, die Musik beginnt um 21.30 Uhr.

ℹ **Praktische Informationen**

Newport Visitor Center (☑ 401-845-9123; www.gonewport.com; 23 America's Cup Ave; ⊙ 9–17 Uhr) Hat Stadtpläne, Broschüren, Infos zum Busfahrplan, einen Kartenverkauf für große Attraktionen, öffentliche Toiletten und einen Geldautomaten. Auf dem Parkplatz neben der Touristeninformation kann man 30 Minuten kostenlos parken.

ℹ **An- & Weiterreise**

Peter Pan Bus Lines (www.peterpanbus.com) Betreibt mehrere Busse pro Tag nach Boston (27 US$, 1¾ Std.).

RIPTA (www.ripta.com) Die bundesstaatliche RIPTA betreibt häufig verkehrende Busse (einfache Strecke 2 US$, Tageskarte 6 US$) vom Visitor Center zu den Villen, Stränden und nach Providence.

Scooter World (☎ 401-619-1349; www.scooter worldri.com; 11 Christie's Landing; Fahrradverleih 30 US$/Tag; ⊗ 9–19 Uhr) Fahrradverleih.

Strände von Rhode Island

Wer einen Tag am Strand verbringen will, ist in den Strandorten an der südwestlichen Küste von Rhode Island genau richtig. Schließlich ist dies der Ocean State!

Der 1,6 km lange **Narragansett Town Beach** in Narragansett ist perfekt für Surfer. Der nahe gelegene **Scarborough State Beach** zählt mit seinem breiten Sandstreifen, dem klassischen Pavillon und einladenden Plankenwegen zu den schönsten Stränden von Rhode Island. **Watch Hill** an der Südwestspitze des Bundesstaats ist mit seinem Kettenkarussell und den viktorianischen Villen ein wunderbarer Ort, um die Uhren zurückzudrehen. Detaillierte Infos über die gesamte Gegend gibt's beim **South County Tourism Council** (☎ 800-548-4662; www.southcountyri.com).

CONNECTICUT

Wegen seiner Lage zwischen dem verführerischen New York City und den urigeren Teilen Neuenglands weiter im Norden streifen die meisten Traveller Connecticut nur. Zugegeben: Der breite Küstenkorridor der I-95 führt weitgehend durch Industriegebiete, aber bei genauerem Hinschauen hält der Bundesstaat doch ein paar nette Überraschungen bereit: Mystic etwa, der Ort am Meer, lockt mit Schifffahrtsattraktionen, die altehrwürdigen Städtchen am Connecticut River bilden eine ganz eigene Welt, und die Litchfield Hills im Nordwesten Connecticuts sind so zauberhaft ländlich wie der Rest Neuenglands.

Geschichte

Als die ersten europäischen Entdecker, allen voran die Holländer, im frühen 17. Jh. hier ankamen, lebten verschiedene Stämme amerikanischer Ureinwohner (vor allem die Pequot und die Mohegan, deren Bezeichnung für den Fluss später den Namen des Bundesstaats bildete) in dem Gebiet. Die erste englische Siedlung entstand 1635 mit Old Saybrook, gefolgt von der ein Jahr später von den Puritanern aus Massachusetts unter der Führung von Thomas Hooker gegründeten Connecticut Colony. Eine dritte Kolonie

KURZINFOS CONNECTICUT

Spitznamen Constitution State, Nutmeg State

Bevölkerung 3,6 Mio.

Fläche 12 548 km²

Hauptstadt Hartford (124 890 Ew.)

Weitere Städte New Haven (129 585 Ew)

Verkaufssteuer 6,35%

Geburtsort von Sklavereigegner John Brown (1800–1859), Zirkusdirektor P. T. Barnum (1810–1891), Schauspielerin Katharine Hepburn (1909–2003)

Heimat der ersten schriftlichen US-Verfassung, des ersten Dauerlutschers, des Frisbee und des Hubschraubers

Politische Ausrichtung Hang zu den Demokraten

Berühmt als Entstehungsort der US-Versicherungswirtschaft und für den Bau des weltweit ersten Atom-U-Boots

Skurrilste Hymne ist der *Yankee Doodle*, der Patriotismus mit Strichmännchen, Federn und Maccaroni in Verbindung bringt

Entfernungen Hartford–New Haven 40 Meilen (64 km), Hartford–Providence 75 Meilen (120 km)

entstand 1638 in New Haven. Nach dem Pequot-Krieg (1637) waren die amerikanischen Ureinwohner keine Hürde mehr für die koloniale Expansion in Neuengland, sodass die Einwohnerzahl der Engländer in Connecticut wuchs. 1686 wurde Connecticut in das Dominion of New England aufgenommen.

Die Amerikanische Revolution fegte durch Connecticut und hinterließ nach großen Schlachten bei Stonington (1775), Danbury (1777), New Haven (1779) und Groton (1781) viele Narben. Connecticut wurde 1788 zum fünften Bundesstaat der USA. Es folgte eine Periode des Wohlstands, befeuert durch den Walfang, den Schiffbau, die Landwirtschaft und die Fertigungsindustrie (von Feuerwaffen bis hin zu Fahrrädern und Haushaltsgegenständen), die bis ins 19. Jh. hinein anhielt.

Das 20. Jh. brachte die Weltkriege und die Weltwirtschaftskrise, aber Connecticut konnte sich gut behaupten, vor allem dank der Rüstungsindustrie, denn hier wurde alles von Flugzeugen bis zu U-Booten gebaut. Und als die Bedeutung der Verteidigungsindustrie in den 1990er Jahren in dem Bundesstaat schwand, füllten andere Wirtschaftszweige (z. B. die Versicherungsbranche) die entstehende Lücke.

❶ Praktische Informationen

Touristeninformationen findet man am Flughafen Hartford und bei der Einfahrt in den Bundesstaat an I-95 oder I-84.

Connecticut Tourism Division (www.ctvisit. com) Besucherinformationen zum ganzen Bundesstaat.

Hartford Courant (www.courant.com) Connecticuts größte Tageszeitung.

Connecticuts Küste

Connecticuts Küste ist vielgestaltig. Das westliche Ende mit Pendlerzuganschluss nach New York City wird vor allem als Schlafstätte genutzt. Bei New Haven wird verstärkt die künstlerische Seite Connecticuts sichtbar. Mystic am Ostende des Bundesstaats hat die größte Attraktion Connecticuts zu bieten: Mystic Seaport, die 6,9 ha große Nachbildung eines Walfängerstädtchens aus dem 19. Jh.

New Haven

Yale ist New Havens Besucherhighlight. Darum nichts wie hin zum New Haven Green, wo sich neben alten Kirchen aus der Kolonialzeit die ehrwürdigen, mit Efeu bewachsenen Universitätsmauern erheben! Das 1638 gegründete New Haven ist Amerikas älteste Planstadt. Dank des regelmäßigen Straßenrasters ab dem Green findet man sich sehr leicht zurecht. Die nützliche städtische Touristeninformation heißt **INFO New Haven** (☏203-773-9494; www.infonewhaven.com; 1000 Chapel St; ⊗Mo–Sa 10–21, So 12–17 Uhr).

❍ Sehenswertes

★**Yale University**　　　　　　UNIVERSITÄT
(www.yale.edu) Jedes Jahr pilgern Tausende High-School-Studenten nach Yale und träumen davon, an der drittältesten Universität des Landes angenommen zu werden, die solch prominente Absolventen wie Noah Webster, Eli Whitney, Samuel Morse und die ehemaligen Präsidenten William H. Taft, George H. W. Bush, Bill Clinton und George W. Bush hervorgebracht hat.

Man braucht die Ambitionen der Studenten aber natürlich nicht zu teilen, um einen Bummel über den Campus zu unternehmen. Einen Campusplan erhält man im **Visitors Center** (www.yale.edu/visitor; Ecke Elm & Temple St; ⊗Mo–Fr 9–16.30, Sa & So 11–16 Uhr). Es gibt auch kostenlose einstündige Führungen.

Yale University Art Gallery　　MUSEUM
(☏203-432-0600; artgallery.yale.edu; 1111 Chapel St; ⊗Di–Fr 10–17, Sa & So 11–17 Uhr) Amerikas ältestes universitäres Kunstmuseum prunkt mit Meisterwerken von amerikanischen Malern wie Edward Hopper oder Jackson Pollock. Hinzu kommt dann noch eine wunderbare Sammlung europäischer Gemälde, die auch Vincent van Goghs bekanntes *Nachtcafé* umfasst.

Peabody Museum of Natural History　　　　　MUSEUM
(☏203-432-5050; www.yale.edu/peabody; 170 Whitney Ave; Erw./Kind 9/5 US$; ⊗Mo–Sa 10–17, So 12–17 Uhr; ℙ🚸) Hier finden Hobbypaläontologen faszinierende Dinosaurierausstellungen vor.

Yale Center for British Art　　MUSEUM
(☏203-432-2800; ycba.yale.edu; 1080 Chapel St; ⊗Di–Sa 10–17, So 12–17 Uhr) Das Yale Center for British Art verfügt über die umfangreichste britische Kunstsammlung außerhalb des Vereinigten Königreichs.

🛏 Schlafen

Hotel Duncan　　HISTORISCHES HOTEL $
(☏203-787-1273; www.hotelduncan.net; 1151 Chapel St; EZ/DZ 60/80 US$; ❄) Der Glanz des Juwels von New Haven ist zwar inzwischen verblichen, aber trotzdem lohnt sich ein Aufenthalt hier durchaus wegen der noch erhaltenen Dinge wie der schicken Lobby und des von Hand betriebenen Aufzugs. An der Wand im Büro des Managers hängen Fotos mit den Autogrammen prominenter Gäste wie Jodie Foster und Christopher Walken.

Study at Yale　　HOTEL $$$
(☏203-503-3900; www.studyhotels.com; 1157 Chapel St; Zi. 219–359 US$; ℙ🛜) Das Hotel beschwört den Chic von *Mad Men* herauf, ohne zu übertreiben. Zu den topmodernen Extras zählen iPod-Anschlüsse in den Zimmern und Trainingsgeräte mit eingebautem Fernsehern. Auf dem Gelände gibt es auch ein Restaurant mit Café, wo man morgens Snacks bekommt.

✖ Essen

★ Frank Pepe   PIZZERIA $$
(☎ 203-865-5762; www.pepespizzeria.com; 157
Wooster St; Pizza 7–20 US$; ⏱ 11.30–22 Uhr) Seit
1925 serviert das Pepe einwandfreie Pizzas
aus dem Kohleofen in einem blendend weißen Lokal. Der Preis richtet sich nach Größe
und Belag der Pizza; die große Mozzarella-
pizza kostet 12 US$. Zu empfehlen ist die
Variante mit weißen Muscheln. Keine Kre-
ditkartenzahlung.

Caseus Fromagerie Bistro   KÄSELADEN $$$
(☎ 203-624-3373; www.caseusnewhaven.com; 93
Whitney Ave; Gerichte 10–30 US$; ⏱ Mo–Di 11.30–
14.30, Mi–Sa 11.30–14.30 & 17.30–21 Uhr) Mit einer Feinschmeckerkäsetheke voller Käsesorten aus der Region und einer durchdachten
Speisekarte rund um *le grand fromage* trifft
das Caseus voll ins Schwarze. An den perfekt zubereiteten Käsemakkaroni oder der
gefährlich leckeren Poutine (Pommes mit
Käsebruch und Bratensauce) ist rein gar
nichts auszusetzen. Es gibt auch einen Sitzbereich draußen.

Soul de Cuba   KUBANISCH $$$
(☎ 203-498-2822; www.souldecuba.com; 283
Crown St; Gerichte 15–25 US$; ⏱ 11.30–22 Uhr)
Mit seinen pfirsichfarbenen Wänden, der
afrokaribischen Hintergrundmusik und
den belebenden Cocktails ist das Soul de
Cuba warm und einladend. Neben den riesigen kubanischen Sandwiches mit tollem
Preis-Leistungs-Verhältnis stehen typische
Sommerurlaubsgerichte von Brathähnchen
mit spanischen Oliven bis hin zu Ochsen-
schwanzsuppe mit Rotwein auf der Speisekarte.

☆ Unterhaltung

New Haven hat erstklassige Theater. Der
aktuelle Veranstaltungskalender ist in dem
kostenlosen Wochenblatt *New Haven Advocate* (www.newhavenadvocate.com) enthalten.

Toad's Place   MUSIK
(☎ 203-624-8623; www.toadsplace.com; 300 York
St) Die zweifellos wichtigste Musikstät-
te Neuenglands hat sich ihre Sporen mit
Konzerten von den Rolling Stones, U2, Bob
Dylan und dergleichen verdient.

Shubert Theater   THEATER
(☎ 203-562-5666; www.shubert.com; 247 College
St) Das 1914 eröffnete Shubert wird auch
„Geburtsstätte der größten Hits der Nation"

genannt, weil hier die Probeläufe von Bal-
lettaufführungen und Broadway-Musicals
stattfinden, bevor sie ihre Premiere in New
York City haben.

Yale Repertory Theatre   THEATER
(☎ 203-432-1234; www.yale.edu/yalerep; 1120
Chapel St) In einer zum Theater umgebauten
Kirche werden klassische und neue Stücke
aufgeführt.

❶ An- & Weiterreise

Wer per Zug aus New York City anreist, nimmt
statt der Amtrak besser die **Metro North** (www.
mta.info; einfache Strecke 14–19 US$). Die
verkehrt fast stündlich und ist am günstigsten.
Greyhound Bus Lines (www.greyhound.com)
verbindet New Haven mit vielen Großstädten
wie Hartford (12,75 US$, 1 Std.) oder Boston
(33 US$, 4 Std.).

Mystic

Mystic kann mit einem spitzenmäßigen
Seefahrtsmuseum, einem tollen Aquarium
und attraktiven historischen Unterkünften
für Traveller aufwarten. Zweifellos wird die
jahrhundertealte Hafenstadt von Sommer-
touristen überrannt. Allerdings gibt's gute
Gründe, warum hier jedermann (beispielsweise Fans des Films *Pizza Pizza – Ein
Stück vom Himmel*; 1988) einen Zwischenstopp einlegt. Also nichts wie runter vom
Highway und das Geheimnis erkundet! Die
Greater Mystic Chamber of Commerce
(☎ 860-572-1102; www.mysticchamber.org; 2 Roosevelt Ave; ⏱ 9–16.30 Uhr) im alten Bahnhof
liefert Informationen für Besucher.

◉ Sehenswertes

Mystic Seaport   MUSEUM
(☎ 860-572-5315; www.mysticseaport.org; 75
Greenmanville Ave/CT 27; Erw./Kind 24/15 US$;
⏱ Mitte Feb.–Okt. 9–17 Uhr, Nov.–Dez bis 16 Uhr;
Ⓟ) Hier wird Amerikas maritime Geschichte zum Leben erweckt: Im weitläufigen
Nachbau eines Hafendorfs aus dem 19. Jh.
spielen kostümierte Darsteller den einstigen Handelsalltag nach. Besucher können
beispielsweise an Bord mehrerer historischer Segler gehen. Zu diesen zählt mit der
Charles W. Morgan von 1841 das weltweit
letzte erhaltene Walfangschiff, das aus Holz
gefertigt wurde. Wer selbst Lust auf eine
kleine Seereise hat, kann mit dem Dampfer
Sabino von 1908 einmal pro Stunde den
Mystic River hinaufschippern (Erw./Kind
5,50/4,50 US$).

★ Mystic Aquarium & Institute for Exploration
AQUARIUM

(☎ 860-572-5955; www.mysticaquarium.org; 55 Coogan Blvd; Erw./Kind 3–17 Jahre 29,95/21,95 US$; ⌚ April–Okt. 9–17 Uhr, Nov. & März bis 16 Uhr, Dez.–Feb. 10–16 Uhr; 🚹) Das topmoderne Aquarium punktet mit über 6000 Meerestierarten (es gibt u. a. auch drei Weißwale), einem Freiluftbereich zur Beobachtung von Robben und Seelöwen unter Wasser, einem Pinguinpavillon und dem mit 1400 Sitzplätzen ausgestatteten Marine Theater für Delfinvorführungen.

🛏 Schlafen

★ Mermaid Inn
B&B $$

(☎ 860-536-6223; www.mermaidinnofmystic.com; 2 Broadway Ave; DZ inkl. Frühstück 175–225 US$; 🅿) Das urige B&B nach italienischer Art befindet sich in einer ruhigen Straße in Gehweite zum Ortszentrum. Die drei Zimmer weisen jeweils eine besondere Note auf, z. B. mit frischen Blumen und italienischer Schokolade. Wenn es warm ist, genießen die Gäste ihr Frühstück auf der Veranda.

★ Steamboat Inn
INN $$$

(☎ 860-536-8300; www.steamboatinnmystic.com; 73 Steamboat Wharf; DZ inkl. Frühstück 160–295 US$; 🅿 ❄ 🛜) Die historische Herberge direkt im Zentrum von Mystic hat elf Zimmer mit Rundumblick aufs Wasser und luxuriöser Ausstattung, darunter Whirlpools für zwei Personen. Antiquitäten verleihen dem Haus eine romantische Atmosphäre. Auch der Service mit Backwaren zum Frühstück, Gratis-Fahrrädern, Bootsanlegestellen und Fitnessraum ist erstklassig.

🍴 Essen

Mystic Drawbridge Ice Cream
EIS $

(www.mysticdrawbridgeicecream.com; 2 W Main St; Eiswaffel 4 US$, Panini 7,50 US$; ⌚ 9–23 Uhr; 🚹) Ein Bummel durch den Ort ist mit einem Eis in der Hand am angenehmsten. Einige ausgefallene Sorten wie Pumpkin Pie und Southern Peach sind nur saisonal zu haben, aber es gibt immer innovative Kreationen zum Probieren.

★ Captain Daniel Packer Inne
AMERIKANISCH $$

(☎ 860-536-3555; www.danielpacker.com; 32 Water St; Gerichte 14–24 US$; ⌚ 11–22 Uhr) Das historische Haus von 1754 hat niedrige Balkendecken, knarrende Dielen und eine entspannte (und laute) Kneipe unten. Der Speiseraum oben bietet einen Blick auf den Fluss und eine einfallsreiche amerikanische Küche.

Oyster Club
SEAFOOD $$$

(☎ 860-415-9266; www.oysterclubct.com; 13 Water St; Noank-Austern 2 US$, Gerichte 12–35 US$; ⌚ Mo–Do 16–21, Fr–So 11–14 & 16–21 Uhr; 🅿) Das etwas abseits der Hauptstraße gelegene Lokal lockt die Einheimischen mit Austern an, die Erstere dann gegrillt oder roh auf der hinteren Terrasse genießen. Klassiker wie Muschelsuppe und kleine Venusmuscheln stellen die Traditionalisten zufrieden, während gedünstete Muscheln in Zitronengras und Kokosmilch wagemutigere Gourmets erfreuen.

Lower Connecticut River Valley

Am Ufer des Connecticut River geben mehrere kolonialzeitliche Kleinstädte gemächlich ihren ländlichen Charme preis. Informationen zur Region gibt's beim **River Valley Tourism District** (☎ 860-787-9640; www.visitctriver.com).

Old Lyme

Old Lyme nahe der Mündung des Connecticut River war im 19. Jh. die Heimat von rund 60 Schiffskapitänen. Heute ist der Ort wegen seiner Künstlergemeinde bekannt. Im frühen 20. Jh. öffnete die Kunstmäzenin Florence Griswold ihr Anwesen für Besuche von Künstlern; viele von ihnen überließen ihr Bilder für die Miete. Ihre georgianische Villa, das heutige **Florence Griswold Museum** (☎ 860-434-5542; www.flogris.org; 96 Lyme St; Erw./Kind 10 US$/frei; ⌚ Di–Sa 10–17, So 13–17 Uhr; 🅿), beherbergt eine schöne Sammlung von impressionistischen Gemälden und Landschaftsbildern.

Das nahe gelegene, erstklassige **Bee & Thistle Inn & Spa** (☎ 860-434-1667; www.beeandthistleinn.com; 100 Lyme St; Zi. 180–280 US$; 🅿 🛜) ist ein koloniales holländisches Farmhaus von 1756 mit Zimmern voller Antiquitäten und einem romantischen Speiseraum, in dem Gerichte der modernen amerikanischen Küche (Gerichte 30–60 US$) serviert werden.

Essex

Das 1635 gegründete, von Bäumen gesäumte Essex ist die größte Stadt in der Region und verfügt über gut erhaltene Häuser im Federal Style – ein Erbe aus dem 19. Jh., als hier mit Rum und Tabak ein Vermögen gemacht wurde.

Das **Connecticut River Museum** (☑ 860-767-8269; www.ctrivermuseum.org; 67 Main St; Erw./Kind 8/5 US$; ☺ Di–So 10–17 Uhr; ℗) neben dem **Steamboat Dock** erläutert die Geschichte der Region. Hier steht beispielsweise eine Replik des ersten richtigen U-Boots der Welt, das der Yale-Student David Bushnell 1776 anfertigte. Das Museum veranstaltet im Sommer **Bootsfahrten** (Erw./Kind 26/16 US$; ☺ Juni–Okt.) auf dem Fluss und von Februar bis Mitte März freitags bis sonntags **Adlerbeobachtungstouren** (40 US$/Pers.).

Man kann auch eine Fahrt mit dem **Essex Steam Train & Riverboat** (☑ 860-767-0103; www.essexsteamtrain.com; 1 Railroad Ave; Erw./Kind 17/9 US$, inkl. Bootsfahrt 26/17 US$; ♿) machen: Eine alte Dampflok schnauft knapp 10 km durch malerisches Gelände bis zum Deep River, wo man mit einem Schaufelraddampfer den Fluss hinauf nach East Haddam fährt und dann mit dem Zug zurückkehrt.

Das **Griswold Inn** (☑ 860-767-1776; www.griswoldinn.com; 36 Main St; Zi. inkl. Frühstück 110–190 US$, Suite 190–305 US$; ℗ 🕾) ist seit 1776 das gesellige Zentrum von Essex und damit ein echtes Wahrzeichen.

East Haddam

Zwei faszinierende Sehenswürdigkeiten machen diese Kleinstadt am Ostufer des Connecticut River aus. Das wie eine mittelalterliche Burg wirkende **Gillette Castle** (☑ 860-526-2336; www.ct.gov/dep/gillettecastle; 67 River Rd; Erw./Kind 6/2 US$; ☺ Ende Mai–Mitte Okt. 10–16.30 Uhr; ℗) ist ein ziemlich exzentrisches Herrenhaus mit Steintürmchen, das sich der Schauspieler William Gillette 1919 bauen ließ, der mit der Rolle als Sherlock Holmes reich wurde.

Durch Einwohner wie Gillette und den Bankier William Goodspeed wurde East Haddam zu einem obligatorischen Zwischenstopp auf der Sommerreiserunde der New Yorker, die mit Goodspeeds Dampfschiff hierher kamen und das **Goodspeed Opera House** (☑ 860-873-8668; www.goodspeed.org; 6 Main St; Ticket 45–70 US$; ☺ Aufführungen April–Dez. Mi–So) besuchten, eine elegante viktorianische Veranstaltungsstätte von 1876, die „Geburtsstätte des amerikanischen Musicals".

Hartford

Trotz ihres deprimierenden Rufs, der „Aktenschrank Amerikas" zu sein, ist Connecticuts Hauptstadt voller Überraschungen. Das im 17. Jh. von holländischen Händlern und später von Puritanern, die vor der Verfolgung in Massachusetts flohen, besiedelte Hartford ist eine der ältesten Städte Neuenglands und verfügt über eindrucksvolle Sehenswürdigkeiten und Museen. Touristeninformationen erhält man im **Greater Hartford Welcome Center** (☑ 860-244-0253; www.letsgoarts.org/welcomecenter; 100 Pearl St; ☺ Mo–Fr 9–17 Uhr).

⊙ Sehenswertes

⭐ **Mark Twain House & Museum** MUSEUM
(☑ 860-247-0998; www.marktwainhouse.org; 351 Farmington Ave; Erw./Kind 16/10 US$; ☺ Mo–Sa 9.30–17.30, So 12–17.30 Uhr) In diesem seinem Wohnhaus schrieb Samuel Langhorne Clemens, besser bekannt als Mark Twain, viele seiner größten Werke, darunter auch *Die Abenteuer von Huckleberry Finn* und *Tom Sawyer*. Das Haus selbst – ein viktorianisch-neugotischer Bau mit fantasievollen Giebeln und Türmchen – spiegelt den schrägen Charakter des legendären Schriftstellers wider.

Harriet Beecher Stowe House MUSEUM
(☑ 860-522-9258; www.harrietbeecherstowe.org; 77 Forest St; Erw./Kind 9/6 US$; ☺ Di–Sa 9.30–16.30, So 12–16.30 Uhr) Neben dem Twain-Haus steht das Haus der Frau, die mit *Onkel Toms Hütte* den bedeutendsten Roman gegen die Sklaverei verfasste. Das Buch brachte die Amerikaner dermaßen gegen die Sklaverei auf, dass Abraham Lincoln später sagte, mit Stowe habe der Amerikanische Bürgerkrieg begonnen.

⭐ **Wadsworth Atheneum** MUSEUM
(☑ 860-278-2670; www.thewadsworth.org; 600 Main St; Erw./Kind 10 US$/frei; ☺ Mi–Fr 11–17, Sa & So 10–17 Uhr) Das älteste öffentliche Kunstmuseum des Landes umfasst an die 50 000 Werke. Zu sehen sind Gemälde von Landschaftsmalern der Hudson River School, europäische alte Meister, impressionistische Werke aus dem 19. Jh., Skulpturen des aus Connecticut stammenden Alexander Calder und eine kleine, aber herausragende Auswahl surrealistischer Werke.

Old State House HISTORISCHES GEBÄUDE
(☑ 860-522-6766; www.ctoldstatehouse.org; 800 Main St; Erw./Kind 6/3 US$; ☺ 4. Juli–Columbus

Day Di–Sa 10–17 Uhr, Columbus Day–4. Juli Mo–Fr; 🚇) Das ursprüngliche Kapitol (1797–1873) von Connecticut wurde von Charles Bulfinch entworfen, von dem auch das Massachusetts State House in Boston stammt. Hier fanden die Prozesse gegen die aufständischen Sklaven von der *La Amistad* statt. Im Senatssaal hängt Gilbert Stuarts berühmtes Porträt von George Washington (1801).

🛏 Schlafen & Essen

Hartford Marriott
Downtown BUSINESSHOTEL **$$**
(☎ 866-373-9806, 860-249-8000; www.marriott. com; 200 Columbus Blvd; DZ/Suite 159/299 US$; 🅿 @ 🛜 🏊 ⚒) Das kolossale Marriott Hotel befindet sich im Adriaen's Landing District mit Blick auf den Connecticut River. Es gibt 401 schicke Zimmer verteilt auf 22 Etagen, einen überdachten Pool auf dem Dach und ein Fitnesscenter. Angeschlossen sind auch ein Spa und ein gehobenes mediterranes Restaurant.

Bin 228 ITALIENISCH **$$**
(☎ 860-244-9463; www.bin228winebar.com; 228 Pearl St; Panini & kleine Gerichte 8–12 US$; ⊙ Mo–Do 11.30–22, Fr bis 24, Sa 16–24 Uhr) In dieser Weinbar wird italienische Kost wie Panini, Käseteller und Salate serviert. Sie hat auch eine umfangreiche Karte italienischer Weine. Wer spätabends die lärmigeren Lokale meiden will, findet hier am Wochenende eine gute Alternative. Dann ist die Küche bis Mitternacht geöffnet (Getränke bekommt man auch noch später).

🍷 Ausgehen & Nachtleben

Vaughan's Public House KNEIPE
(☎ 860-882-1560; www.irishpublichouse.com; 59 Pratt St; Kneipengerichte 9–16 US$; ⊙ 11.30–1 Uhr) In dem beliebten irischen Pub kommt ein vollständiges Kneipenmenü auf die Tische – u. a. Kabeljau in Bierteig mit Pommes, Lammragout mit Guinness und herzhafte Pies – und auf die lange Holztheke. Es gibt auch zwei Fässer mit Guinness, eine tolle Happy Hour (15–19 Uhr, 470 ml 3 US$) und ein amüsantes Wandgemälde mit berühmten Iren.

ℹ An- & Weiterreise

Von der in Hartfords Zentrum gelegenen **Union Station** (☎ 860-247-5329; www.amtrak.com; 1 Union Pl) aus fahren Züge in den ganzen Nordosten, darunter nach New Haven (13 US$, 1 Std.) und New York City (40–57 US$, 3 Std.).

Litchfield Hills

Die sanft geschwungenen Hügel in der nordwestlichen Ecke Connecticuts sind gesprenkelt mit Seen und Wäldern. Das historische Litchfield ist das Zentrum der Region, aber auch die weniger bekannten Dörfer wie Bethlehem, Washington, Preston, Warren und Kent haben eine ebenso glorreiche Vergangenheit und sind genauso idyllisch. Infos zur Region erhält man im **Western Connecticut Convention & Visitors Bureau** (☎ 800-663-1273; www.litchfieldhills.com).

Litchfield

Das 1719 gegründete Litchfield wurde im Lauf der Zeit zu einer wohlhabenden Handelsstation an der Postkutschenstrecke zwischen Hartford und Albany. Viele hübsche Gebäude zeugen noch von jener Zeit. Bei einem Bummel an der North St und der South St sieht man die schönsten Häuser. Dazu zählt auch das **Tapping Reeve House & Law School** (☎ 860-567-4501; www.litchfieldhis toricalsociety.org; 82 South St; Erw./Kind 5 US$/ frei; ⊙ Mitte April–Nov. Di–Sa 11–17, So 13–17 Uhr) von 1773, die erste Juristenakademie des Landes, zu deren Schülern u. a. 129 Kongressmitglieder gehörten.

Connecticuts größtes Naturschutzgebiet, das **White Memorial Conservation Center** (☎ 860-567-0857; www.whitememorialcc.org; US 202; Park kostenlos, Museum Erw./Kind 6/3 US$; ⊙ Park Sonnenaufgang–Sonnenuntergang, Museum Mo–Sa 9–17, So 12–17 Uhr) mit einem insgesamt 56 km umfassenden Wanderwegenetz und guten Möglichkeiten zum Beobachten von Vögeln, befindet sich 2,5 Meilen (4 km) westlich der Stadt.

Lake Waramaug

Der Lake Waramaug ist der schönste unter den Dutzenden Seen und Teichen in den Litchfield Hills. Wer der North Shore Rd folgt, kann am **Hopkins Vineyard** (☎ 860-868-7954; www.hopkinsvineyard.com; 25 Hopkins Rd; ⊙ Mai–Dez. Mo–Sa 10–17, So 11–17 Uhr) einen kleinen Zwischenstopp komplett mit Weinprobe einlegen. Das benachbarte **Hopkins Inn** (☎ 860-868-7295; www.thehopkinsinn.com; 22 Hopkins Rd, Warren; Zi. 120–135 US$, Apt. 150 US$; 🅿 ❄ 🏊) aus dem 19. Jh. vermietet Gästezimmer mit Seeblick und hat ein renommiertes Restaurant, in dem österreichisch angehauchte Hausmannskost serviert wird. Die Uferstellplätze des **Lake Waramaug State**

Park (☎ 860-868-0220; www.ct.gov/deep; 30 Lake Waramaug Rd; Zeltplatz 17–27 US$) sollten rechtzeitig reserviert werden.

VERMONT

Hausgemachter Käse, eimerweise Ahornsirup, Eiscreme von Ben & Jerry's – hier kommt kaum jemand weg, ohne mindestens 5 kg zugenommen zu haben. Zum Glück gibt's in dem Bundesstaat aber auch viele Möglichkeiten, die Kalorien zu verbrennen – beim Wandern in den Green Mountains, beim Paddeln in einem Kajak auf dem Lake Champlain oder im Winter beim Skifahren auf den schneebedeckten Hängen Vermonts.

Vermont ist ländlich im wahrsten Sinne des Wortes: Seine Hauptstadt würde in anderen Staaten kaum als Kleinstadt durchgehen, und selbst in seiner größten Stadt, Burlington, leben gerade einmal bescheidene 42 500 Einwohner. Das Land ist grün und sanft gewellt; 80 % bedecken Wälder, der größte Teil des übrigen Landes wird von Farmen eingenommen, die zu den schönsten überhaupt zählen. Es lohnt sich, sich etwas Zeit für die ruhigen Seitenstraßen und die malerischen Dörfer zu nehmen und einfach das Leben zu genießen!

KURZINFOS VERMONT

Spitzname Green Mountain State

Bevölkerung 626 000 Ew.

Fläche 23 940 km²

Hauptstadt Montpelier (7860 Ew.)

Weitere Städte Burlington (42 500 Ew.)

Verkaufssteuer 6 %

Geburtsort von Mormonenführer Brigham Young (1801–1877), US-Präsident Calvin Coolidge (1872–1933)

Heimat von mehr als 100 überdachten Brücken

Politische Ausrichtung eigenständig mit Hang zu den Demokraten

Berühmt für das Eis von Ben & Jerry's

„Schaumigster" Staat mit den landesweit meisten Kleinbrauereien pro Kopf

Entfernungen Burlington–Brattleboro 151 Meilen, Burlington–Boston 216 Meilen (310 km)

Geschichte

Der Franzose Samuel de Champlain erkundete 1609 Vermont und war somit der erste Europäer, der diese seit Langem von den einheimischen Abenaki bewohnte Gegend besuchte.

Vermont spielte 1775 eine Schlüsselrolle im Amerikanischen Unabhängigkeitskrieg, als Ethan Allen mit seiner örtlichen Miliz, den Green Mountain Boys, nach Fort Ticonderoga zog und es von den Briten eroberte. 1777 erklärte sich Vermont zur unabhängigen Republik und verabschiedete die erste Verfassung in der neuen Welt, in der die Abschaffung der Sklaverei und der Aufbau eines öffentlichen Schulsystems festgeschrieben waren. 1791 trat Vermont als 14. Bundesstaat den USA bei.

Der Unabhängigkeitssinn des Bundesstaats ist so ausgeprägt wie die Marmoradern, die das Land durchziehen. Historisch gesehen ist Vermont das Land der Milchbauern und noch immer weitgehend landwirtschaftlich geprägt. Darüber hinaus hat es die niedrigste Bevölkerungszahl aller Bundesstaaten Neuenglands.

❶ Praktische Informationen

Vermont Dept of Tourism (www.vermontvacation.com) Die Online-Infos sind nach Region, Saison und anderen benutzerfreundlichen Kategorien sortiert.

Vermont Public Radio (VPR; www.vpr.net) Exzellenter öffentlicher Radiosender für ganz Vermont. Die Frequenz ändert sich abhängig davon, wo man sich gerade aufhält, z. B.: Burlington (nordwestliches Vermont) 107,9, Brattleboro (südöstliches Vermont) 94,5, Manchester (südwestliches Vermont) 92,5 und St. Johnsbury (nordöstliches Vermont) 88,5.

Vermont State Parks (☎ 888-409-7579; www.vtstateparks.com) Alle Infos zum Campen und zu den Parks.

Südliches Vermont

Im südlichen Abschnitt von Vermont befinden sich die ältesten Ortschaften des Bundesstaats und viele malerische Nebenstrecken.

Brattleboro

Schon mal überlegt, wo die Alternativkultur der 1960er-Jahre abgeblieben ist? Hier in dieser Hochburg am Fluss ist sie noch quicklebendig, denn hier wimmelt es nur vor

Vermont & New Hampshire

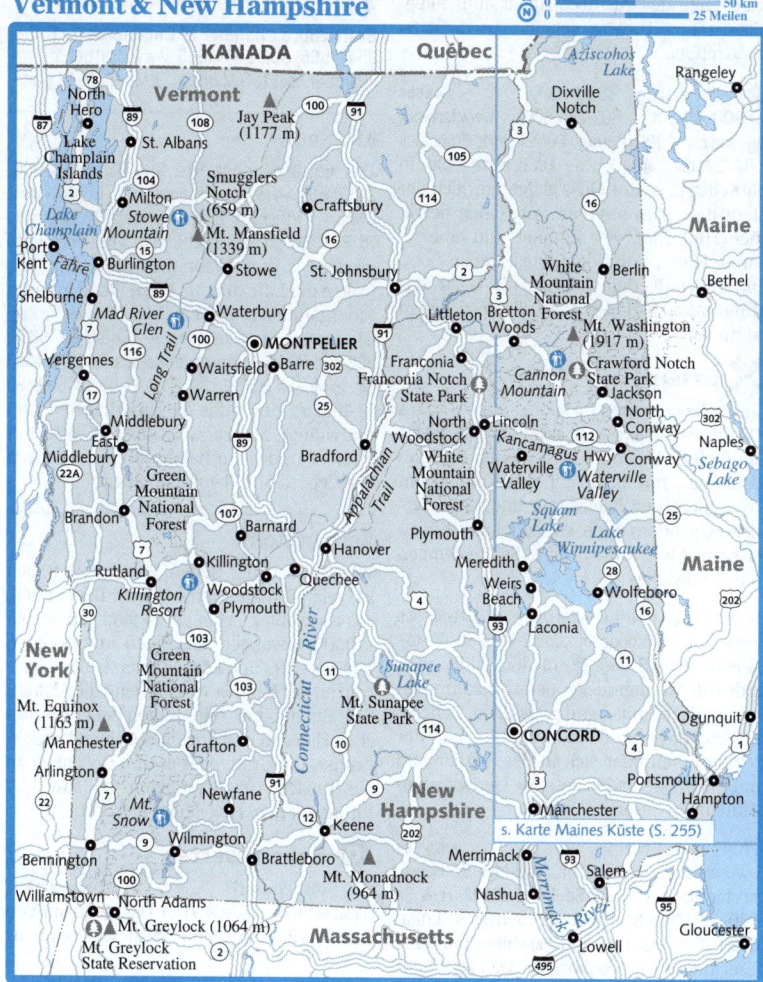

Künstlertypen, und es gibt mehr Batikklamotten pro Kopf als sonstwo in Neuengland.

◉ Sehenswertes

Die parallel zum Connecticut River verlaufende Main St säumen historische Gebäude, darunter das hübsche **Latchis Building** im Art-déco-Stil. In der Umgebung gibt es mehrere **überdachte Brücken**; eine Straßenkarte erhält man in der Chamber of Commerce (S. 234).

Brattleboro Museum & Art Center MUSEUM (www.brattleboromuseum.org; 10 Vernon St; Erw./ Kind 8/4 US$; ⏱ So–Mo & Mi–Do 11–17, Fr 11–19,

Sa 10–17 Uhr) Das Museum in einem alten Bahnhof von 1915 zeigt Wechselausstellungen moderner Kunst. Darunter sind auch oft Multimedia-Installationen von einheimischen Künstlern.

🛏 Schlafen

Wer eine günstige Bleibe sucht, findet an der Putney Rd nördlich der Stadt viele Motels; Exit 3 von der I-91 nehmen!

Latchis Hotel HOTEL $$
(📞800-798-6301, 802-254-6300; http://hotel. latchis.com; 50 Main St; 2BZ 80–100 US$, DZ 105–180 US$, Suite 160–210 US$; 📞) Die zen-

trale Lage des Art-déco-Hotels mit einem historischen Theater nebenan ist nicht zu übertreffen.

★ **Forty Putney Road B&B** B&B $$$
(☎800-941-2413, 802-254-6268; www.fortyput neyroad.com; 192 Putney Rd; Zi. inkl. Frühstück 159–329 US$; @🖥🛰) Das B&B von 1930 in hübscher Lage am Fluss gleich nördlich der Stadt hat einen schönen Pub, einen herrlichen Hinterhof, vier Zimmer und eine separate Hütte. Dank dem hauseigenen Boot- und Fahrradverleih können die Gäste das Mündungsgebiet des West River nebenan erkunden.

 **Essen**

Amy's Bakery Arts Cafe BÄCKEREI, CAFÉ $
(113 Main St; Sandwichs & Salate 7–12 US$; ☺Mo–Sa 8–18, So 9–17 Uhr) In der beliebten Bäckerei kann man mit Blick auf den Connecticut River nicht nur Backwaren und Kaffee genießen, sondern auch Werke lokaler Künstler betrachten. Mittags gibt's Salate, Suppen und Sandwiches.

Brattleboro Food Co-op FEINKOST $
(www.brattleborofoodcoop.com; 2 Main St; ☺Mo–Sa 7–21, So 9–21 Uhr) 🍃 In dem blühenden Laden der Gemeindekooperative kann man seinen Korb mit naturbelassenen Lebensmitteln, Bio-Produkten und Käse aus der Region füllen oder sich in der Saftbar und im Delikatessenladen gesunde Gerichte zum Mitnehmen besorgen.

Whetstone Station KNEIPE $$
(www.whetstonestation.com; 36 Bridge St; Hauptgerichte 10–20 US$; ☺So–Do 11.30–22, Fr & Sa 11.30–23 Uhr) Brattleboros neuestes Lokal bietet über ein Dutzend Fassbiere und ausgezeichnete Kneipenkost an. Das Highlight ist aber die umwerfende Dachterrasse mit Blick auf den Connecticut River. Ein idealer Ort für ein Bier und einen Happen am Ende des Tages!

TJ Buckley's AMERIKANISCH $$$
(☎802-257-4922; www.tjbuckleys.com; 132 Elliot St; Hauptgerichte 40 US$; ☺Do–So 17.30–21 Uhr) 🍃 Der Inhaber und Chefkoch Michael Fuller gründete vor mehr als 30 Jahren dieses außergewöhnliche gehobene Restaurant mit nur 18 Sitzplätzen und brachte es in einem echten Diner von 1927 unter. Das Vier-Gänge-Menü ändert sich jeden Abend. Die Produkte kommen überwiegend von Bio-Bauernhöfen aus der Region. Im Voraus reservieren!

ℹ **Praktische Informationen**

Brattleboro Chamber of Commerce (☎877-254-4565, 802-254-4565; www.brattleboro chamber.org; 180 Main St; ☺Mo–Fr 9–17 Uhr)

Mt. Snow

Das familienorientierte **Mt. Snow** (☎800-245-7669; www.mountsnow.com; VT 100, West Dover; Liftticket Erw. werktags/Wochenende 75/85 US$) ist der südlichste von Vermonts großen Skiorten. Wenn der Schnee schmilzt, locken die Lifte und die Wege Wanderer und Mountainbiker an. Die **Mt. Snow Valley Chamber of Commerce** (☎877-887-6884, 802-464-8092; www.visitvermont.com; 21 W Main St; ☺Mo–Mi 8.30–16.30, Do & Fr bis 18, Sa & So 10–16 Uhr) gibt Infos zu Unterkünften und Aktivitäten. Mt. Snow ist über Wilmington erreichbar, das auf halber Strecke zwischen Brattleboro und Bennington liegt.

Bennington

Wie ländlich der Süden Vermonts wirklich ist, zeigt sich am schnuckeligen Bennington, das als größter Ort in der Region gerade mal 15 000 Einwohner hat. Einen interessanten Mix aus Cafés und Läden findet man im Zentrum an der Main St vor, während die Altstadt Old Bennington mit uralten kolonialzeitlichen Häusern und drei überdachten Brücken prunkt. Ein Granitobelisk zum Gedenken an die Schlacht von Bennington im Jahre 1777 thront auf dem Hügel über dem Ort.

◉ **Sehenswertes**

Old First Church HISTORISCHE STÄTTE
(Ecke Monument Ave & VT 9) Das Zentrum von Old Bennington schmückt diese Kirche aus

---

DAS VERMONT FRESH NETWORK

In Vermont Lebensmittel aus der Region zu finden, ist ein Kinderspiel. Das **Vermont Fresh Network** (www.vermontfresh.net) 🍃 ist eine Kooperation von Bauern und Chefköchen und ermittelt Restaurants mit Schwerpunkt auf regionalen, nachhaltig produzierten Lebensmitteln. Einfach auf den grün-weißen Aufkleber mit dem Teller-und-Besteck-Symbol achten, der stolz an Farmen und Restaurants überall im Bundesstaat zur Schau gestellt wird.

dem frühen 19. Jh. Sie ist vor allem für ihren Friedhof berühmt, auf dem fünf Gouverneure Vermonts, zahlreiche Soldaten aus dem Amerikanischen Unabhängigkeitskrieg und der beliebte, aus Vermont stammende Dichter Robert Frost (1874–1963) begraben liegen.

Bennington Battle Monument
HISTORISCHE STÄTTE

(www.benningtonbattlemonument.com; 15 Monument Circle; Erw./Kind 3/1 US$; ⊘ Mitte April–Okt. 9–17 Uhr) Von Vermonts höchstem Bauwerk bietet sich ein unschlagbarer Panoramablick auf die umliegende Landschaft. Ein Aufzug bringt die Besucher kurz und schmerzlos bis ganz nach oben.

Bennington Museum
MUSEUM

(☑ 802-447-1571; www.benningtonmuseum.org; 75 Main St; Erw./Kind 10 US$/frei; ⊘ tgl. 10–17 Uhr, Jan. geschl., Nov.–Juni Mi geschl.) Das Museum zwischen dem Zentrum und Old Bennington zeigt eine hervorragende Sammlung von frühem amerikanischem Kunsthandwerk, darunter Möbel, Glaswaren, Bennington-Tonwaren, die weltweit älteste noch vorhandene Flagge der Amerikanischen Revolution und Werke der amerikanischen Volkskünstlerin „Grandma Moses".

🍽 Schlafen & Essen

Greenwood Lodge & Campsites
HOSTEL, CAMPING $

(☑ 802-442-2547; www.campvermont.com/greenwood; VT 9, Prospect Mountain; Stellplatz f. 2-Pers.-Zelt/Wohnmobil 27/35 US$, B/DZ ab 29/70 US$; ⊘ Mitte Mai–Ende Okt.) Die 48,6 ha große Anlage mit drei Teichen befindet sich 8 Meilen (knapp 13 km) östlich der Stadt in den Green Mountains und umfasst einen der am besten gelegenen Campingplätze Vermonts mit Hostel.

Henry House
B&B $$

(☑ 802-442-7045; www.thehenryhouseinn.com; 1338 Murphy Rd, North Bennington; Zi. inkl. Frühstück 100–155 US$; 🛜) In diesem kolonialzeitlichen Haus auf einem 10 ha großen Anwesen, das sich der US-Revolutionsheld William Henry 1769 erbauen ließ, kann man gemütlich in einem Schaukelstuhl sitzen und beobachten, wie der Verkehr über eine überdachte Brücke tuckert.

Blue Benn Diner
DINER $

(☑ 802-442-5140; 314 North St; Hauptgerichte 5–12 US$; ⊘ Mo–Fr 6–16.45, Sa & So 7–15.45 Uhr) In dem klassischen Diner aus den 1950er-

---

ABSTECHER

SCENIC DRIVE: ÜBERDACHTE BRÜCKEN

Ein 30-minütiger Abstecher mit dem Auto führt Besucher über – oder besser: durch – drei malerische überdachte Brücken, die den Wallomsac River am ländlichen Norden von Bennington überspannen. Um zum Anfang der Strecke zu gelangen, fährt man gleich nördlich der Touristeninformation von Bennington westwärts auf die VT 67A, folgt ihr 3,5 Meilen (5,6 km) und hält sich an der 35,7 m langen **Burt Henry Covered Bridge** (1840) links auf der Murphy Rd. Nun ausatmen und runterschalten, denn man ist zurück im Zeitalter der Pferdekutschen. Nach einer Linkskurve windet sich die Murphy Rd als nächstes durch die **Paper Mill Bridge**, die ihren Namen von der Papiermühle von 1790 hat, die noch immer am Fluss unter der Brücke zu sehen ist. Danach geht's rechts auf die VT 67A und nach einer halben Meile (800 m) fährt man rechts auf die Silk Rd, wo man schließlich die **Silk Road Bridge** (1840) überquert. Nach weiteren 2 Meilen (3,2 km) Richtung Südosten hält man sich an den beiden T-Kreuzungen jeweils links und erreicht so das Bennington Battle Monument (S. 235).

Jahren bekommt man den ganzen Tag über Frühstück und eine gesunde Mischung aus amerikanischen und internationalen Gerichten. Das Retro-Ambiente wird noch verstärkt durch die kleinen Jukeboxen auf den Tischen, mit denen man so oft Willie Nelsons *Moonlight in Vermont* spielen lassen kann, bis die Leute an den Nachbartischen um Gnade flehen.

⭐ Pangaea
INTERNATIONAL $$$

(☑ 802-442-7171; www.vermontfinedining.com; 1 Prospect St, North Bennington; Hauptgerichte Lounge 11–23 US$, Restaurant 30–39 US$; ⊘ Lounge tgl. 17–21 Uhr, Restaurant Di–Sa 17–21 Uhr) Das Spitzenklasserestaurant in North Bennington und die zwanglosere, trauliche Lounge liegen direkt nebeneinander, sodass hier alle etwas für ihren Geldbeutel finden. Man kann sich einen Gourmet-Burger auf der Hinterterrasse am Fluss bestellen oder nebenan in dem geschmackvoll dekorierten Speisesaal internationale Spezialitäten wie

Delmonico-Steak mit Kräutern aus der Provence und Gorgonzola genießen.

ℹ️ Praktische Informationen

Bennington Area Chamber of Commerce (☎ 800-229-0252, 802-447-3311; www.bennington.com; 100 Veterans Memorial Dr; ⊙ 9–17 Uhr) Liegt 1 Meile (1,6 km) nördlich der Innenstadt.

Manchester

Manchester im Schatten des Mt. Equinox ist seit dem 19. Jh. ein angesagtes Sommerrefugium. Die Berglandschaft, das angenehme Klima und der Batten Kill River (Vermonts bester Forellenfluss) ziehen bis heute Urlauber an.

In Manchester Center am Nordende des Städtchens gibt es Cafés und Luxus-Outlets. Weiter südlich liegt das ehrwürdige Manchester Village mit Marmor-Bürgersteigen, stattlichen Häusern und dem vornehmen Hotel Equinox.

◎ Sehenswertes & Aktivitäten

Der **Appalachian Trail**, der sich im südlichen Vermont mit dem Long Trail (S. 240) überschneidet, verläuft gleich östlich von Manchester. Wanderkarten und Details zu kürzeren Tagesmärschen erhält man beim **Green Mountain National Forest Office** (☎ 802-362-2307; 2538 Depot St, Manchester Center; ⊙ Mo–Fr 8–16.30 Uhr).

★**Hildene**   HISTORISCHE STÄTTE (☎ 800-578-1788, 802-362-1788; www.hildene.org; 1005 Hildene Rd/VT 7A; Erw./Kind 16/5 US$; Führung 5/2 US$; ⊙ 9.30–16.30 Uhr) Das stattliche, mit 24 Zimmern ausgestattete neogeorgianische Herrenhaus von 1905 war der Landsitz von Robert Todd Lincoln, dem Sohn von Abraham Lincoln, und wurde 1975 in ein Museum umgewandelt. Zur Sammlung der Familienerbstücke gehört auch der Hut, den der US-Präsident Lincoln während seiner berühmten Rede in Gettysburg angeblich trug. Auf dem prächtigen Anwesen gibt es fast 13 km an Wanderwegen und Langlaufloipen.

American Museum of Fly Fishing & Orvis   MUSEUM (www.amff.com; 4070 Main St; Erw./Kind 5/3 US$; ⊙ Juni–Okt. Di–So 10–16 Uhr, Nov.–Mai Di–Sa) Dieses Museum zeigt die wohl weltweit beste Ausstellung zum Fliegenfischen und u. a. auch Köder und Angelruten von Ernest Hemingway, Bing Crosby und dem US-Präsidenten Herbert Hoover.

BattenKill Canoe   BOOTFAHREN (☎ 802-362-2800; www.battenkill.com; 6328 VT 7A, Arlington; ⊙ Mai–Okt. tgl. 9–17.30 Uhr, Nov.–April Mi–Fr) Der Anbieter, 6 Meilen (9,6 km) südlich von Manchester, vermietet die Ausrüstung für Paddeltrips und organisiert Ausflüge auf dem hübschen Battenkill River.

Skyline Drive   SCENIC DRIVE (☎ 802-362-1114; Auto & Fahrer 15 US$, Mitfahrer 5 US$; ⊙ Mai–Okt. 9 Uhr–Sonnenuntergang) Wer ein spektakuläres Panorama erleben will, sollte über den Skyline Drive, eine von der VT 7A abzweigende, 5 Meilen (8 km) lange mautpflichtige Privatstraße, bis auf den Gipfel des **Mt. Equinox** (1163 m) fahren.

🛏️ Schlafen & Essen

Aspen Motel   MOTEL $ (☎ 802-362-2450; www.theaspenatmanchester.com; 5669 Main St/VT 7A; Zi. 85–150 US$; ❄️ 🐕 📶 ♨️) Das familienbetriebene Motel in ruhiger Lage abseits der Straße, aber in bequemer Gehweite zum Manchester Center verfügt über 25 komfortable Zimmer.

Inn at Manchester   INN $$ (☎ 800-273-1793, 802-362-1793; www.innatmanchester.com; 3967 Main St/VT 7A; Zi./Suite inkl. Frühstück ab 155/205 US$; ❄️ @ 📶 ♨️) Mitten im Zentrum der Stadt wohnt man in der reizenden Herberge mit Remise in gemütlichen Zimmern mit Quilttagesdecken und ländlicher Einrichtung sowie einer Veranda vorn, Nachmittagstees, einem großen Hinterhof und einem kleinen Pub.

Spiral Press Café   CAFÉ $ (Ecke VT 11 & VT 7A; Hauptgerichte 6–10 US$; ⊙ 7.30–19 Uhr; 📶) Das beliebteste Café im Viertel Manchester Center befindet sich in dem fabelhaften Northshire Bookstore und zieht mit gutem Kaffee, feinblättrigen Croissants und köstlichen Panini Einheimische und Touristen gleichermaßen an.

Ye Olde Tavern   AMERIKANISCH $$$ (☎ 802-362-0611; www.yeoldetavern.net; 5183 Main St; Hauptgerichte 17–34 US$; ⊙ 17–21 Uhr) In dem freundlichen Gasthaus aus den 1790er-Jahren kann man bei Kerzenschein an Tischen am offenen Kamin die umfangreiche Speisekarte mit „Yankee-Favoriten" studieren, z. B. traditionellem Schmorbraten (im hauseigenen Bier gekocht) und Wild aus der Region (regelmäßige Freitagsspezialität).

ℹ Praktische Informationen

Manchester and the Mountains Regional Chamber of Commerce (☑ 802-362-6313, 800-362-4144; www.visitmanchestervt.com; 39 Bonnet St, Manchester Center; ⊙ Mo–Fr 9–17, Sa 10–16, So 11–15 Uhr; 📶) Schickes neues Büro mit kostenlosem WLAN.

Zentrales Vermont

Das zentrale Vermont mitten in den Green Mountains ist mit seinen Kleinstädten und der weiten Landschaft typisch für Neuengland. Die malerischen Dörfer und ehrwürdigen Skiorte locken schon seit Generationen Traveller an.

Woodstock & Quechee

Woodstock ist eine Vermonter Kleinstadt wie aus dem Bilderbuch: Wundervolle Häuser im Federal- und georgianischen Stil säumen die Straßen, und der Ottauquechee River schlängelt sich unter einer überdachten Brücke direkt durchs Ortszentrum. Das 7 Meilen (11,3 km) nordöstlich gelegene Quechee (*kwie*-tschie) ist berühmt für seine dramatische Schlucht, die auch „Vermonts kleiner Grand Canyon" genannt wird.

◉ Sehenswertes

★ Quechee Gorge   SCHLUCHT
Die eindrucksvolle, fast 52 m tiefe und 914 m lange Schlucht, die der Ottauquechee River in den Fels gegraben hat, lässt sich entweder von oben bewundern oder aber von den Wanderwegen aus, die ihren Rand säumen.

Marsh-Billings-Rockefeller National Historical Park   PARK
(☑ 802-457-3368; www.nps.gov/mabi; Woodstock; Führung Erw./Kind 8 US$/frei, Wanderwege kostenlos; ⊙ Ende Mai–Okt. 10–17 Uhr) In Vermonts einzigem Nationalpark steht auch das historische Anwesen des frühen amerikanischen Umweltschützers George Perkins Marsh. Eine Führung durch das Haus findet alle 30 Minuten statt. Außerdem gibt es insgesamt 32 km an Wander- und Kutschenwegen, die Wanderer, Skilangläufer und Schneeschuhläufer erfreuen.

Billings Farm & Museum   FARM
(☑ 802-457-2355; www.billingsfarm.org; 69 Old River Rd, Woodstock; Erw./Kind 12/6 US$; ⊙ Mai–Okt. tgl. 10–17 Uhr, Nov.–Feb. Sa & So bis 15.30 Uhr; 📶) 🚶 Die historische Farm, 1 Meile (1,6 km) nördlich vom Dorfanger, sorgt mit ihren niedlichen Jersey-Kühen und interaktiven Demonstrationen des traditionellen Farmlebens bei Kindern für viel Spaß. Zu den saisonalen Veranstaltungen für Familien zählen Kutschen- und Schlittenfahrten, Kürbisund Apfelfeste sowie altmodische Feiern zu Halloween, Thanksgiving und Weihnachten.

VINS Nature Center   TIERSCHUTZZENTRUM
(☑ 802-359-5000; www.vinsweb.org; US 4; Erw./Kind 13/11 US$; ⊙ 10–17.30 Uhr; 📶) 🚶 Etwa 1 Meile (1,6 km) westlich der Quechee Gorge kümmert sich dieses Tierschutzzentrum um prächtige Weißkopfseeadler und andere Raubvögel. Man kann die Tiere aus nächster Nähe bewundern.

🛏 Schlafen

Quechee State Park   CAMPING $
(☑ 802-295-2990; www.vtstateparks.com/htm/quechee.htm; 5800 US 4, Quechee; Stellplatz Zelt & Wohnmobil/Unterstand 20/27 US$; ⊙ Mitte Mai–Mitte Okt.) Die 247 ha große Anlage am Rand der Quechee Gorge bietet 45 Stellplätze im Schatten von Kiefern und sieben Unterstände.

Ardmore Inn   B&B $$
(☑ 802-457-3887; www.ardmoreinn.com; 23 Pleasant St, Woodstock; Zi. inkl. Frühstück 155–230 US$; 📶) Nette Inhaber und ein üppiges Frühstück machen den Reiz der stattlichen, zentral gelegenen Herberge von 1867 im viktorianisch-neoklassizistischen Stil mit fünf Zimmern voller Antiquitäten aus.

Shire Riverview Motel   MOTEL $$
(☑ 802-457-2211; www.shiremotel.com; 46 Pleasant St/US 4, Woodstock; Zi. 128–228 US$; ❄ 📶) Das Motel mit 42 Zimmern in Gehweite zum Ortszentrum hat eine umlaufende Veranda mit Blick auf den Ottauquechee River. Ein paar Zimmer haben Kamine und die meisten einen Flussblick.

🍴 Essen

★ Skunk Hollow Tavern   AMERIKANISCH $$
(☑ 802-436-2139; www.skunkhollowtavern.com; 12 Brownsville Rd, Hartland Four Corners; Hauptgerichte 13–25 US$; ⊙ Mi–So 17 Uhr–open end) Die 200 Jahre alte Taverne an der Kreuzung, 8 Meilen (13 km) südlich von Woodstock, verströmt rustikal-historischen Charme und serviert unten in der Bar als auch in dem traulicheren Bereich oben Burger, Fish & Chips sowie Lammkarree. Freitagabends gibt's Livemusik.

Osteria Pane e Salute ITALIENISCH $$
(☏ 802-457-4882; www.osteriapaneesalute.com; 61
Central St, Woodstock; Hauptgerichte 16–23 US$;
⏰ Do–So 18–22 Uhr, April & Nov. geschl.) Das be-
liebte Downtown-Bistro hat sich auf nordita-
lienische Klassiker spezialisiert. Im Winter
gibt's auch toskanische Pizza mit dünnem
Boden sowie eine umfangreiche Weinkarte
mit italienischen Tropfen von kleinen Bou-
tique-Weingütern. Vorab reservieren.

★ **Simon Pearce
Restaurant** NEU-AMERIKANISCH $$$
(☏ 802-295-1470; www.simonpearce.com; 1760
Main St, Quechee; Hauptgerichte mittags 13–18 US$,
abends 23–35 US$; ⏰ 11.30–14.45 & 17.30–21 Uhr)
In der umgebauten Ziegelfabrik, deren Personal mit farmfrischen Produkten aus der
Region einfallsreiche Gerichte kreiert, muss
man vorab einen Tisch am Fenster über dem
Fluss reservieren. Die wunderschönen Stiel-
gläser im Restaurant werden direkt in den
Ateliers von Simon Pearce Glass nebenan
per Hand geblasen.

ℹ Praktische Informationen

**Woodstock Area Chamber of Commerce
Welcome Center** (☏ 802-432-1100; www.
woodstockvt.com; Mechanic St, Woodstock;
⏰ Mo–Fr 10–16, Sa & So 9–17 Uhr) Die Han-
delskammer befindet sich zwei Blocks vom
Dorfanger entfernt in einer Seitenstraße am
Fluss.

Killington

Eine halbstündige Fahrt westlich von Woodstock liegt das **Killington Resort** (☏ 802-
422-6200; www.killington.com; Erw./Senior/Ju-
gendl. Liftticket Wochenende 88/75/68 US$, werk-
tags 80/68/62 US$). Mit 200 Pisten auf sieben
Bergen, einem Gefälle von 960 m und mehr
als 30 Liften ist dieser Skiort Neuenglands
Antwort auf Vail. Dank des weltweit um-
fangreichsten Kunstschneesystems ist die
Skisaison in Killington eine der längsten im
Osten. Im Sommer erobern Mountainbiker
und Wanderer die Gipfel.

Killington bietet jede Menge Unterkünfte
von gemütlichen Skihütten bis hin zu Kettenhotels. Die meisten sind an der 6 Meilen (knapp 10 km) langen Killington Rd zu
finden, die von der US 4 auf den Berg hi-
naufführt. Alle nötigen Infos gibt's in der
Killington Chamber of Commerce (☏ 800-
337-1928, 802-773-4181; www.killingtonchamber.
com; 2046 US 4, Killington; ⏰ Mo–Fr 10–16.30, Sa
9–13 Uhr).

ABSTECHER

SCENIC DRIVE: DIE GREEN MOUNTAINS IN VERMONT

Die **VT 100** folgt dem Rückgrat der
Green Mountains in Vermont und
schlängelt sich dabei durch das ländliche Herz des Bundesstaats, vorbei an
hügeligen Weiden mit grasenden Kühen,
winzigen Dörfern mit ländlichen Läden
und weißen Kirchtürmen und grünen
Bergen voller Wanderwege und Skipisten – der perfekte Abstecher für alle,
die abschalten und das beschauliche
Vermonter Landleben genießen wollen.
Die Straße führt von Massachusetts
im Süden bis nach Kanada im Norden.
Selbst wenn man nicht viel Zeit hat, sollte man sich den 45 Meilen (72 km) langen Abschnitt zwischen Waterbury und
Stockbridge nicht entgehen lassen – ein
einfacher Abstecher von der I-89.

Middlebury

In dem früheren Fabrikstädtchen am hübschen Wasserfall Otter Creek dreht sich
heute alles ums Middlebury College, dessen Breadloaf School of English und die
Sommersprachkurse Schriftsteller und Lin-
guisten aus der ganzen Welt anziehen. Die
Addison County Chamber of Commerce
(☏ 802-388-7951; www.addisoncounty.com; 93
Court St; ⏰ Mo–Fr 9–17 Uhr) hat alle Infos über
die Region.

Ausgezeichnete Campingmöglichkeiten
gibt es nur 10 Meilen (16 km) südlich vom
Ort im **Branbury State Park** (☏ 802-247-
5925; www.vtstateparks.com/htm/branbury.htm;
VT 53; Stellplatz/Unterstand 20/27 US$; ⏰ Ende
Mai–Mitte Okt.). In Middlebury selbst verfügt
das hübsche **Inn on the Green** (☏ 888-244-
7512, 802-388-7512; www.innonthegreen.com; 71
S Pleasant St; Zi. inkl. Frühstück 159–299 US$;
✱ @ ☂) von 1803 im Federal Style über elf
attraktive Zimmer mit Blick auf den Orts-
anger.

Im **A&W Drive-In** (middaw.com; 1557 US
7; Hauptgerichte 3–10 US$; ⏰ 11.30–20.30 Uhr)
ist Retro angesagt: Hier bringen einem die
Kellnerinnen die Root-Beer-Shakes, Cheese-
burger und Zwiebelringe direkt ans Auto.
Wer mit Blick auf den Fluss dinieren will,
sollte die von Studenten betriebene, mit
hohen Decken ausgestattete Restaurant-Bar
51 Main (☏ 802-388-8209; www.go51main.com;
51 Main St; Hauptgerichte 9–24 US$; ⏰ Di–Sa 17

Uhr–open end; ☎) oder die Freiluftterrasse im **Storm Cafe** (☑ 802-388-1063; www.thestormcafe.com; 3 Mill St; Hauptgerichte 6–25 US$; ☺ Di & Mi 11.30–14.30 & 17–22, Do–Sa 7.30–14.30 & 17–22, So 7.30–14.30 Uhr) gleich unterhalb des Wasserfalls testen.

Mad River Valley

Das Mad River Valley mit den Ortschaften Warren und Waitsfield im Zentrum punktet mit zwei bedeutenden Skigebieten: **Sugarbush** (☑ 800-537-8427, 802-583-6300; www.sugarbush.com; 1840 Sugarbush Access Rd, Warren; Erw. Liftticket Wochenende/werktags 89/84 US$; bei Onlinekauf 10 % Rabatt) und **Mad River Glen** (☑ 802-496-3551; www.madriverglen.com; VT 17; Erw. Liftticket Wochenende/werktags 71/55 US$) in den Bergen westlich der VT 100. Hier bieten sich jede Menge Möglichkeiten zum Rad-, Kanu- und Kajakfahren, Reiten, Gleitschirmfliegen usw. Infos zur Gegend gibt's in der **Mad River Valley Chamber of Commerce** (☑ 800-828-4748, 802-496-3409; www.madrivervalley.com; 4061 Main St, Waitsfield; ☺ Mo–Fr 8–17 Uhr).

Nördliches Vermont

Das nördliche Vermont beheimatet ein paar der üppigsten und schönsten Landstriche ganz Neuenglands sowie die reizende Bundeshauptstadt Montpelier, das Skifahrermekka Stowe, die lebhafte Collegestadt Burlington und die höchsten Berge des Bundesstaats.

Montpelier

Montpelier, die kleinste Bundeshauptstadt der USA, ist ein durch und durch liebenswertes Städtchen voller alter Gebäude vor der Kulisse grüner Hügel. Die Krönung bildet das **State House** (www.vtstatehouse.org; 115 State St; ☺ Führung Juli–Okt. Mo–Fr 10–15.30, Sa 11–14.30 Uhr) GRATIS aus dem 19. Jh. mit seiner vergoldeten Kuppel. Führungen gibt's jeweils zur halben Stunde. Direkt gegenüber im **Capitol Region Visitors Center** (☑ 802-828-5981; cri.center@state.vt.us; 134 State St; ☺ Mo–Fr 6–17, Sa & So 9–17 Uhr) erhalten Traveller Infos.

Buchläden, Boutiquen und Restaurants findet man an den beiden Hauptstraßen State St und Main St. Junkfood gibt's hier allerdings nicht: Montpelier rühmt sich, die einzige Bundeshauptstadt der USA ohne einen McDonald's zu sein! Das von Studenten des New England Culinary Institute in Montpelier betriebene Bäckereicafé **La Brioche** (www.neci.edu/labrioche; 89 Main St; Gebäck & Sandwiches 2–8 US$; ☺ Mo–Fr 7–17, Sa bis 15 Uhr) verdient für seine innovativen Sandwiches und das knusprige französische Gebäck eine glatte Eins. Prima sind auch die **Hunger Mountain Co-op** (☑ 802-223-8000; hungermountain.coop; 623 Stone Cutters Way; Delikatessen 5–10 US$; ☺ 8–20 Uhr), ein toller Bio-Laden und Deli mit Cafétischen oberhalb des Flusses, und das **Threepenny Taproom** (www.threepennytaproom.com; 108 Main St; Hauptgerichte 9–18 US$; ☺ Mo–Fr 11 Uhr–open end, Sa 12 Uhr–open end, So 12–17 Uhr), das 25 Fassbiere sowie Bistrogerichte mit lokalen Zutaten auf die Tische bringt.

Stowe & Umgebung

Stowe mit dem Mt. Mansfield im Hintergrund, dem mit 1339 m höchsten Gipfel von Vermont, zählt zu den besten Skiorten im ganzen Bundesstaat. Hier gibt's alles, was sich Skifahrer wünschen: Langlaufloipen, Abfahrtspisten, einfache Pisten für Anfänger und schwierige Gefälle für Profis. Im Sommer sind hier Radler, Wanderer und Kajakfahrer unterwegs. Unterkünfte und Restaurants gibt's in rauen Mengen an der VT 108/Mountain Rd, die von Stowes Zentrum Richtung Nordwesten zu den Skiresorts führt.

◉ Sehenswertes & Aktivitäten

Bei warmer Witterung sollte man unbedingt eine Fahrt auf der VT 108 (bei starkem Schneefall im Winter gesperrt) durch das spektakuläre **Smugglers Notch** nordwestlich von Stowe machen. Auf beiden Seiten dieses engen Passes ragen 305 m hohe Berghänge auf. Zudem laden am Rand der Strecke viele Wege zu Spaziergängen ins umliegende Hochland ein.

★ **Ben & Jerry's Ice Cream Factory** FABRIK (☑ 802-882-1240; www.benjerrys.com; 1281 VT 100, Waterbury; Erw./Kind 4 US$/frei; ☺ Juli–Mitte Aug. 9–21 Uhr, Mitte Aug.–Okt. 9–19 Uhr, Nov.–Juni 10–18 Uhr; ♿) Nicht weit von der stillgelegten Tankstelle in Burlington entfernt haben die Eiscreme-Pioniere Ben Cohen und Jerry Greenfield 1978 ihren ersten Laden eröffnet. Diese legendäre Fabrik, gleich nördlich der I-89 in Waterbury, lockt noch immer viele Leute an. Die Führung beinhaltet einen affektierten Videofilm und eine Verkostung der neuesten Geschmacksrichtungen. Hinter der Fabrik gibt es einen „Friedhof" für alle Geschmacksrichtungen, die bereits vom Markt genommen wurden, mit Grabsteinen für jede „beerdigte" Sorte, beispielsweise Holy Cannoli.

Long Trail
WANDERN

Vermonts 300 Meilen (483 m) langer Long Trail, der westlich von Stowe verläuft, folgt dem Kamm der Green Mountains und führt der Länge nach durch Vermont. Am gesamten Weg gibt es rustikale Hütten, Unterstände und Campingplätze, für die der **Green Mountain Club** (802-244-7037; www.greenmountainclub.org; 4711 Waterbury-Stowe Rd/VT 100) verantwortlich zeichnet, der auch alle nötigen Informationen über den Long Trail und kürzere Tageswanderungen rund um Stowe hat.

★ Stowe Recreation Path
OUTDOOR

(www.stowe-village.com/BikePath;) Der flache bis leicht hügelige 8,8 km lange Weg bietet zu jeder Jahreszeit Freizeitsportlern jedes Alters fabelhafte Möglichkeiten. Er verläuft durch Wälder, über Wiesen und vorbei an einem Skulpturengarten unter freiem Himmel am West Branch des Little River und bietet einen atemberaubenden Blick auf den Mt. Mansfield in der Ferne. Man kann Rad fahren, wandern, skaten, Ski fahren oder aber in einem der Badelöcher entlang des Weges schwimmen.

Stowe Mountain Resort
SKIFAHREN

(888-253-4849, 802-253-3000; www.stowe.com; 5781 Mountain Rd) Das altehrwürdige Zentrum des Wintersports erstreckt sich über zwei große Berge: den Mt. Mansfield (mit einem Gefälle von 719 m) und den Spruce Peak (472 m). Es gibt hier 48 schöne Pisten – 16 % davon sind für Anfänger geeignet, 59 % mittelschwere Pisten und 25 % ideal für hartgesottene Freerider.

Umiak Outdoor Outfitters
OUTDOOR-AUSRÜSTUNG

(802-253-2317; www.umiak.com; 849 S Main St; 9–18 Uhr) Vermietet Kajaks, Schneeschuhe und Telemark-Ski, gibt Kurse im Bootfahren und veranstaltet Bootsausflüge sowie romantische Schneeschuhtouren bei Mondschein.

AJ's Ski & Sports
AUSRÜSTUNGSVERLEIH

(800-226-6257, 802-253-4593; www.stowesports.com; 350 Mountain Rd; 10–18 Uhr) Vermietet Fahrräder, Kajaks, Ski- und Snowboardausrüstung. Im Ortszentrum.

🛏 Schlafen

Smugglers Notch State Park
CAMPING $

(802-253-4014; www.vtstateparks.com/htm/smugglers.htm; 6443 Mountain Rd; Stellplatz f. Zelt & Wohnmobil 20 US$, Unterstand 27 US$; Mitte Mai–Mitte Okt.) Der 14 ha große Park an einem Berghang, 8 Meilen (knapp 13 km) nordwestlich von Stowe, bietet 20 Stellplätze für Zelte und Wohnmobile sowie 14 Unterstände.

Fiddler's Green Inn
INN $

(800-882-5346, 802-253-8124; www.fiddlersgreeninn.com; 4859 Mountain Rd; Zi. inkl. Frühstück werktags/Wochenende 90/125 US$; ❄) Wie auf einer Reise in schlichtere Zeiten fühlt man sich in diesem schnörkellosen Bauernhaus aus den 1820er-Jahren, 1 Meile (1,6 km) unterhalb der Skilifte. Es weist rustikale Kiefernwände, einen offenen Feldsteinkamin und sieben schlichte Gästezimmer auf, von denen die besten Blick nach hinten auf den Fluss gewähren.

Stowe Motel & Snowdrift
MOTEL, APARTMENT $$

(800-829-7629, 802-253-7629; www.stowemotel.com; 2043 Mountain Rd; Zi. 85–200 US$, Suite 182–240 US$, Apt. 162–250 US$; @ 🛜 🏊) In dem Motel auf einem 6,5 ha großen Gelände stehen Wohneinheiten von schlicht bis luxuriös, ein Tennisplatz, Whirlpools, Rasenspiele sowie kostenlose Fahrräder und Schneeschuhe für den Stowe Recreation Path nebenan für Gäste bereit.

Trapp Family Lodge
LODGE $$$

(800-826-7000, 802-253-8511; www.trappfamily.com; 700 Trapp Hill Rd; Zi. ab 275 US$; @ 🛜 🏊) Die von weiten offenen Feldern und Bergen umgebene Berghütte im österreichischen Stil mit der besten Lage in Stowe wurde von Maria von Trapp erbaut, auf deren Erinnerungen der Film *Meine Lieder – meine Träume* basiert. Ergänzend zu den Zimmern in der traditionellen Holzhütte stehen Gästen auf dem 11 km² großen Anwesen verteilte Gästehäuser zur Verfügung. Ein Wegenetz sorgt dafür, dass Erholungsbedürftige ausgiebig wandern, Schneeschuh und skilanglaufen können.

🍴 Essen

Harvest Market
MARKT $

(www.harvestatstowe.com; 1031 Mountain Rd; 7–19 Uhr) Vor einem Ausflug in die Berge kann man sich hier mit Kaffee, Gebäck, Vermonter Käse, Sandwiches, Delikatessen, Wein und Bier aus der Region eindecken.

Pie-casso
PIZZERIA $$

(☑802-253-4411; www.piecasso.com; 1899 Mountain Rd; Hauptgerichte 9–22 US$; ⏰11–21 Uhr) Bio-Rukolasalat mit Hühnchen und Champignon-Panini ergänzen die ausgezeichneten handgemachten Pizzas. Es gibt auch eine Bar und Livemusik.

Gracie's Restaurant
BURGER $$

(☑802-253-8741; www.gracies.com; 18 Edson Hill Rd; Hauptgerichte 11–35 US$; ⏰17–21.30 Uhr) Das lebhafte Lokal, in dem sich alles rund ums Thema Hunde dreht, liegt auf halbem Weg zwischen dem Dorf und dem Berg und serviert große Burger, handgeschnittene Steaks, Waldorfsalat sowie Scampi mit viel Knoblauch.

★ Hen of the Wood
AMERIKANISCH $$$

(☑802-244-7300; www.henofthewood.com; 92 Stowe St, Waterbury; Hauptgerichte 18–32 US$; ⏰Mo–Sa 17–22 Uhr) 🍴 Das wohl feinste Restaurant im nördlichen Vermont ist das vom Chefkoch betriebene Hen of the Wood in Waterbury, das für seine innovative Küche mit der Devise „von der Farm direkt auf den Tisch" begeisterten Zuspruch erhält. Das Setting in einer historischen Getreidemühle ergänzt das außergewöhnliche Speisenangebot mit sehr würzigen Gerichten wie geräucherter Entenbrust und Schafsmilch-Gnocchi.

❶ Praktische Informationen

Stowe Area Association (☑802-253-7321; www.gostowe.com; 51 Main St; ⏰Mo–Sa 9–17 Uhr, Juni–Okt. & Jan.–März bis 20 Uhr) Im Zentrum des Dorfes.

Burlington

Die hippe Universitätsstadt am Ufer des malerischen Lake Champlain zählt zu den Orten, an denen wohl jeder gerne leben würde. Ihre Café- und Clubszene kann mit der viel größerer Städte mithalten, während drumherum gemächliches, freundliches Kleinstadtleben herrscht. Und wo sonst kann man zum Ende der Hauptstraße laufen und dann mit dem Kajak lospaddeln?

◉ Sehenswertes

Burlingtons Geschäfte, Cafés und Kneipen konzentrieren sich rund um den Church St Marketplace, eine von Backstein gesäumte geschäftige Fußgängerzone auf halbem Weg zwischen der University of Vermont und dem Lake Champlain.

★ Shelburne Museum
MUSEUM

(☑802-985-3346; www.shelburnemuseum.org; US 7, Shelburne; Erw./Kind 22/11 US$, nach 15 Uhr 15/7 US$; ⏰Mitte Mai–Okt. 10–17 Uhr; 👶) Das außergewöhnliche Museum auf einem 18 ha großen Gelände, 9 Meilen (14,5 km) südlich von Burlington, zeigt mit insgesamt 150 000 Objekten eine Sammlung amerikanischer Artefakte, die des Smithsonian würdig wäre. Die Kollektion aus Volkskunst, dekorativer Kunst und anderen Werken verteilt sich auf 39 historische Gebäude, von denen die meisten zum Zweck ihrer Erhaltung aus anderen Teilen Neuenglands hierher gebracht wurden.

Shelburne Farms
FARM

(☑802-985-8686; www.shelburnefarms.org; 1611 Harbor Rd, Shelburne; Erw./Kind 8/5 US$; ⏰Mitte Mai–Mitte Okt. 9–17.30 Uhr, Mitte Okt.–Mitte Mai 10–17 Uhr; 👶) 🍴 Das von dem Landschaftsarchitekten Frederick Law Olmsted (von dem auch der New Yorker Central Park stammt) entworfene, 567 ha große Anwesen mit dem ehemaligen Landhaus der Aristokratenfamilie Webb ist eine richtige Farm mit atemberaubendem Blick auf den See. Man kann den herrlichen Cheddar der Farm probieren, sich die prächtigen Scheunen anschauen, die Wanderwege erforschen und in dem preisgekrönten Inn (S. 242) einen Nachmittagstee oder ein feines Abendessen genießen.

Echo Lake Aquarium & Science Center
WISSENSCHAFTSZENTRUM

(☑802-864-1848; www.echovermont.org; 1 College St; Erw./Kind 13,50/10,50 US$; ⏰10–17 Uhr; 👶) Das am See gelegene Museum widmet sich der vielgestaltigen Vergangenheit, Gegenwart und Zukunft des Lake Champlain. Es beherbergt diverse kleine Aquarien und wechselnde Wissenschaftsausstellungen mit vielen interaktiven Exponaten und Aktivitätsangeboten, die Kindern Spaß bereiten dürften.

Magic Hat Brewery
BRAUEREI

(☑802-658-2739; www.magichat.net; 5 Bartlett Bay Rd, South Burlington; ⏰Mo–Sa 10–18, So 12–17 Uhr) Bei dem lustigen, kostenlosen Rundgang taucht man tief in die Geschichte dieser Kleinbrauerei ein, die zu den dynamischsten in Vermont zählt. Danach können interessierte Bierfreunde in der hiesigen Growler Bar aus den vier Dutzend Fässern einige Tropfen des experimentellen Gebräus.

DER GEHEIME GARTEN VON BURLINGTON

Weniger als 2 Meilen (3,2 km) von Burlingtons Zentrum entfernt versteckt sich eine der idyllischsten Grünanlagen Vermonts. Das in den trägen Kurven des Winooski River gelegene **Intervale Center** (www.intervale.org; 180 Intervale Rd) umfasst ein Dutzend Bio-Farmen und ein herrliches Wegenetz, das 365 Tage im Jahr für Wanderer, Radler, Skifahrer, Beerenpflücker usw. zugänglich ist. Detaillierte Infos finden sich auf der Website.

🏃 Aktivitäten

Bereit für Outdoor-Abenteuer? Dann auf zum Ufer des **Lake Champlain**: Dort kann man z. B. Bootstrips unternehmen oder dem 7,5 Meilen (12 km) langen **Burlington Bike Path** per pedes, Fahrrad oder Inlineskates folgen. Nahe dem Uferende der Main St finden sich Startpunkte und Ausrüster für all diese Aktivitäten innerhalb eines Blocks.

Local Motion FAHRRADVERLEIH
(☎ 802-652-2453; www.localmotion.org; 1 Steele St; Fahrradverleih 30 US$/Tag; ⏰ 10–18 Uhr; ♿) 🚲 Vermietet gute Fahrräder.

Whistling Man Schooner Company SEGELN
(☎ 802-598-6504; www.whistlingman.com; Boathouse, College St, am Lake Champlain; Rundfahrt 2 Std. Erw./Kind 40/25 US$; ⏰ tgl. 3 Trips, Ende Mai–Anfang Okt.) An Bord der *Friend Ship*, eines 13 m langen Segelboots für 17 Passagiere, kann man den Lake Champlain erkunden.

🛏 Schlafen

Burlingtons Budget- und Mittelklassemotels befinden sich an den Ortsrändern: an der Shelburne Rd (US 7) in South Burlington, der Williston Rd (US 2) östlich des Exit 14 von der I-89 und an der US 7 nördlich von Burlington in Colchester (Exit 16 von der I-89).

North Beach Campground CAMPING $
(☎ 802-862-0942; www.enjoyburlington.com; 60 Institute Rd; Stellplatz f. Zelt/Wohnmobil 26/36 US$; ⏰ Mai–Mitte Okt.; 🐾) Die wundervolle Anlage am Lake Champlain, 2 Meilen (3,2 km) nördlich vom Zentrum, bietet auf einem 18 ha großen bewaldeten Gebiet 69 Zeltstellplätze mit Picknicktischen, Feuer-

stellen, Warmwasserduschen, Spielplatz, Strand und Radweg.

Burlington Hostel HOSTEL $
(☎ 802-540-3043; www.theburlingtonhostel.com; 53 Main St; B inkl. Frühstück werktags/Wochenende 35/40 US$; ❄ @ 🐾) Nur ein paar Minuten von der Church St und vom Lake Champlain entfernt gewährt Burlingtons Hostel 48 Gästen Unterkunft in Schlafsälen (gemischt & nur für Frauen).

Lang House B&B $$
(☎ 802-652-2500; www.langhouse.com; 360 Main St; Zi. inkl. Frühstück 145–245 US$; ❄ 🐾) Burlingtons elegantestes B&B befindet sich in einem zentral gelegenen, geschmackvoll restaurierten viktorianischen Haus mit Remise aus dem 19. Jh. Wer eines der Zimmer im 3. Stock mit Seeblick bewohnen möchte, muss vorab reservieren!

Willard Street Inn INN $$
(☎ 802-651-8710; www.willardstreetinn.com; 349 S Willard St; Zi. inkl. Frühstück 150–265 US$; 🐾) Auf einem Hügel in Gehweite zur University of Vermont und zum Church St Marketplace zeichnet sich dieses Herrenhaus aus dem späten 19. Jh. durch Elemente des Queen-Anne-Stils und des neogeorgianischen Stils aus. Feine Holzarbeiten und viel Kristall sorgen für Eleganz. Von mehreren Gästezimmern aus blickt man auf den Lake Champlain.

⭐ **Inn at Shelburne Farms** INN $$$
(☎ 802-985-8498; www.shelburnefarms.org/stay dine; 1611 Harbor Rd, Shelburne; Zi. mit eigenem/ohne Bad ab 289/169 US$, Cottage 289–430 US$, Gästehaus 436–926 US$; 🐾) Auf dem historischen, 567 ha großen Anwesen am Seeufer (S. 241), 7 Meilen (11 km) südlich von Burlington, wohnen Gäste entweder im vornehmen Gutshaus selbst oder in einem der vier separaten, jeweils mit Küche ausgestatteten Cottages oder Gästehäusern, die verteilt auf dem Anwesen liegen. Das angeschlossene Restaurant mit aus farmfrischen Produkten zubereiteten Gerichten ist super.

🍴 Essen

Besucher sollten unbedingt den lebhaften Bauernmarkt im City Hall Park am Samstagmorgen besichtigen.

⭐ **Penny Cluse Cafe** CAFÉ $
(www.pennycluse.com; 169 Cherry St; Hauptgerichte 7–11 US$; ⏰ Mo–Fr 6.45–15, Sa & So 8–15 Uhr) 🚲 Eines der beliebtesten Lokale im

Zentrum Burlingtons. Es gibt Pfannkuchen, Biskuits mit Bratensauce, Omeletts und Tofu-Rührreier, Sandwiches, Fisch-Tacos, Salate und das beste *chile relleno* östlich des Mississippi. Am Wochenende muss man mit langen Warteschlangen rechnen.

City Market
MARKT $

(www.citymarket.coop; 82 S Winooski Ave; ☺ 7–23 Uhr) ✐ Wenn es einen Naturkosthimmel gibt, dass muss er wohl so aussehen: voller lokaler Erzeugnisse und Produkte (mehr als 1600 Vermonter Hersteller sind hier vertreten) und mit einem riesigen Deli, der Gerichte zum Mitnehmen anbietet.

Stone Soup
VEGETARISCH $

(www.stonesoupvt.com; 211 College St; Buffet 9,75 US$/Pfund, kleine Gerichte 5–10 US$; ☺ Mo–Fr 7–21, Sa 9–21 Uhr; ☎ ✐) Der alteingesessene Favorit der Einheimischen ist vor allem für sein exzellentes vegetarier- und veganerfreundliches Buffet bekannt. Es gibt auch selbst gemachte Suppen, Sandwiches aus selbst gebackenem Brot, eine Salatbar und Gebäck.

★ American Flatbread
PIZZERIA $$

(www.americanflatbread.com/restaurants/burlington-vt; 115 St. Paul St; Fladenbrot 14–23 US$; ☺ Restaurant 11.30–14.30 & 17–22 Uhr, Schankstube 11.30 Uhr–open end) ✐ Die zentrale Lage, tolle Fassbiere von Kleinbrauereien, die Freilufterrasse an der hinteren Gasse und die leckeren Holzofen-Fladenbrote mit einem Belag aus lokalen Bio-Produkten machen dieses alteingesessene Lokal so beliebt.

Daily Planet
INTERNATIONAL $$

(☎ 802-862-9647; www.dailyplanet15.com; 15 Center St; Hauptgerichte 11–20 US$; ☺ Mo–Sa 16–23, So 10–14 & 16–23 Uhr; ☎ ✐) Das schicke Restaurant im Zentrum serviert alles von Burger mit exotischem Belag bis hin zu gegrilltem Enten-Confit, Muscheln von der Prince Edward Island und Regenbogenforelle mit Pekannusskruste. Die Bar ist bis spät in die Nacht geöffnet, und sonntags gibt's einen guten Brunch.

Leunig's Bistro
FRANZÖSISCH $$$

(☎ 802-863-3759; www.leunigsbistro.com; 115 Church St; Hauptgerichte mittags 10–17 US$, abends 21–32 US$; ☺ Mo–Fr 11–22, Sa & So 9–22 Uhr) Das gesellige Bistro im Pariser Stil mit Sitzbereich im Freien und einem eleganten Speisesaal mit verzierter Metalldecke ist ein schon seit Langem beliebter Favorit in Burlington. Die Wein- und die Speisekarte sind

ausgezeichnet, und man kann hier prima Leute beobachten (die Fenster gewähren Ausblick auf den turbulenten Church St Marketplace).

Ausgehen & Unterhaltung

Das kostenlose Wochenblatt *Seven Days* (www.7dvt.com) hat einen aktuellen Veranstaltungskalender.

Radio Bean
BAR, CAFÉ

(www.radiobean.com; 8 N Winooski Ave; ☺ 8–2 Uhr; ☎) Die skurrile Café-Bar besitzt ihren eigenen Radiosender, hat ein angeschlossenes trendiges Lokal, in dem man internationale Snacks bekommt, und veranstaltet jeden Abend etwas, u.a. Jazz- und Akustikkonzerte und Dichterlesungen.

Vermont Pub & Brewery
KLEINBRAUEREI

(www.vermontbrewery.com; 144 College St; ☺ So–Mi 11.30–1, Do–Sa bis 2 Uhr) Spezial- und saisonale Biere, die in kleinen Mengen pro Woche hier vor Ort hergestellt werden, und für einen britischen Pub typische Kneipenkost (Hauptgerichte 6–16 US$).

Splash at the Boathouse
BAR

(☎ 802-658-2244; www.splashattheboathouse.com; 0 College St; ☺ 11.30–2 Uhr) Die Restaurant-Bar oben in dem schwimmenden Bootshaus bietet einen herrlichen Blick auf den Lake Champlain – ideal für einen entspannenden Abendcocktail oder ein Bier bei Sonnenuntergang.

Nectar's
LIVEMUSIK

(www.liveatnectars.com; 188 Main St; ☺ So–Di 19–2, Mi–Sa 17–2 Uhr) Die Indie-Band Phish kam hier ganz groß raus, und noch immer rockt die Location mit einem Mix aus Themenabenden und Liveacts.

Red Square
LIVEMUSIK

(www.redsquarevt.com; 136 Church St; ☺ So–Do 16 Uhr–open end, Fr & Sa 14 Uhr–open end) Diese Institution an der Church St mit einem schicken, dem Soho würdigen Ambiente ist im Sommer am tollsten, wenn Bands live auf der Freiluftbühne spielen.

🔒 Shoppen

Boutiquen und coole Kunsthandwerksläden säumen den Church St Marketplace. Man sollte unbedingt das **Frog Hollow Craft Center** (www.froghollow.org; 85 Church St) besuchen: Die Mitglieder dieser Kollektive verkaufen einige von Burlingtons besten Handwerksprodukten!

NEUENGLAND NÖRDLICHES VERMONT

🛈 Praktische Informationen

Fletcher Allen Health Care (☏ 802-847-0000; www.fletcherallen.org; 111 Colchester Ave; ☉ 24 Std.) Vermonts größtes Krankenhaus.

Lake Champlain Regional Chamber of Commerce (☏ 877-686-5253, 802-863-3489; www.vermont.org; 60 Main St; ☉ Mo–Fr 8–17, Sa & So 9–17 Uhr) Touristeninformation im Zentrum.

🛈 An- & Weiterreise

Greyhound (☏ 800-231-2222; www.greyhound.com; 219 S Winooski St) bietet Busverbindungen nach Boston und Montreal. Der **Vermonter Train** von **Amtrak** (☏ 800-872-7245; www.amtrak.com/vermonter-train) fährt südwärts nach Brattleboro, New York City und Washington DC. **Lake Champlain Ferries** (☏ 802-864-9804; www.ferries.com; King St Dock; Erw./Kind/Auto 8/3,10/30 US$) betreibt nur im Sommer Fähren über den See nach Port Kent, NY (1 Std.).

NEW HAMPSHIRE

Der „Granite State" ist einfach zum Liebhaben: Die Städte sind klein und sympathisch, die Berge majestätisch und schroff. Das Herz von New Hampshire sind zweifellos die Granitgipfel des White Mountain National Forest. Outdoor-Freaks von überall kommen hierher, um in den höchsten Höhen von Neuengland (am höchsten liegt der Mt. Washington mit 1917 m) im Winter Ski zu fahren, im Sommer zu wandern und im Herbst die fantastische Laubpracht zu genießen. Dem Bundesstaat wird nachgesagt, politisch konservativ zu sein – aber das ist nicht alles. Seine Devise *Live Free or Die* („Frei leben oder sterben") ist tatsächlich auf jedem Autonummernschild zu lesen, aber die Leute sind stolz auf ihre unabhängige Gesinnung, nicht auf Rechtsaußen-Politik.

Geschichte

New Hampshire erhielt seinen Namen 1629 nach der englischen Grafschaft Hampshire und war eine der ersten amerikanischen Kolonien, die 1776 ihre Unabhängigkeit von England erklärten. Während des Industrialisierungs-Booms im 19. Jh. stand Manchester an der Spitze und entwickelte eine solche Wirtschaftskraft, dass seine Textilfabriken die größten auf der ganzen Welt wurden.

Eine wichtige Rolle in der Weltpolitik spielte New Hampshire im Jahr 1944, als

KURZINFOS NEW HAMPSHIRE

Spitznamen Granite State, White Mountain State

Bevölkerung 1,3 Mio. Ew.

Fläche 23 227 km²

Hauptstadt Concord (42 800 Ew.)

Weitere Städte Manchester (109 800 Ew.), Portsmouth (1,3 Mio Ew.)

Verkaufssteuer keine

Geburtsort von Amerikas erstem Astronauten Alan Shepard (1923–1998), *Sakrileg*-Autor Dan Brown (geb. 1964)

Heimat der höchsten Berge im US-Nordosten

Politische Ausrichtung Neuenglands republikanischster Bundesstaat

Berühmt für das Vorrecht, bei den Vorwahlen für die US-Präsidentschaft als erster Bundesstaat abzustimmen; dies verschafft New Hampshire für seine Größe einen gewaltigen politischen Einfluss

Extremstes Staatsmotto *Live Free or Die* („Frei leben oder sterben")

Entfernungen Boston–Portsmouth 60 Meilen (96 km), Portsmouth–Hanover 118 Meilen (190 km)

Präsident Franklin D. Roosevelt die Regierungen aus 44 verbündeten Staaten zu einer Konferenz in das abgelegene Bretton Woods einlud, um ein stabiles Währungssystem zu begründen. Im Rahmen der Bretton-Woods-Konferenz wurden die Weltbank und der Internationale Währungsfonds (IWF) ins Leben gerufen.

Im Jahr 1963 fand New Hampshire, lange berüchtigt für seine steuerfeindliche Haltung, ein neues Mittel, um Einkünfte zu erzielen: Es war der erste Bundesstaat der USA, in dem eine legale Lotterie aus der Taufe gehoben wurde.

🛈 Praktische Informationen

Welcome Centers gibt's an den wichtigsten Grenzübergängen. Das am Südende der I-93 ist rund um die Uhr geöffnet.

New Hampshire Division of Parks & Recreation (☏ 603-271-3556; www.nhstateparks.org) Bietet Infos zum Radwegenetz im ganzen Bundesstaat und einen sehr umfangreichen Campingführer.

New Hampshire Division of Travel & Tourism Development (☑603-271-2665; www.visitnh. gov) Infos zur Schnee- und Herbstlaublage.

Union Leader (www.unionleader.com) Größte Tageszeitung des Bundesstaats.

Portsmouth

Amerikas drittälteste Stadt, Portsmouth (gegr. 1623), trägt ihre Geschichte offen zur Schau. New Hampshires einzige Küstenstadt hat ihre Wurzeln im Schiffsbau; heute gibt sie sich hip, jugendlich und voller Energie: Die alten Frachthallen am Hafen beherbergen inzwischen Boutiquen und Cafés, während die eleganten historischen Wohnhäuser der Werftbarone teilweise zu B&Bs umgebaut wurden.

⊙ Sehenswertes & Aktivitäten

Strawbery Banke Museum   MUSEUM
(☑603-433-1100; www.strawberybanke.org; Ecke Hancock & Marcy St; Erw./Kind 17,50/10 US$; ⊙Mai–Okt. 10–17 Uhr) Auf einem Gelände von 4 ha Fläche zeigt das Strawbery Banke Museum eine bunte Mischung alter Häuser, die bis in die 1690er-Jahre zurückdatieren. Kostümierte Führer schildern die Geschichten, die sich um diese 40 Häuser (zehn davon möbliert) ranken. Dazu zählen die **Pitt Tavern** (1766), eine Brutstätte des revolutionären Gedankens, die **Goodwin Mansion** (ein prächtiges Herrenhaus aus dem 19. Jh. aus der Blütezeit von Portsmouth) und der **Abbott's Little Corner Store** (1943). Die Eintrittskarte gilt für zwei aufeinander folgende Tage.

USS Albacore   MUSEUM
(☑603-436-3680; http://ussalbacore.org; 600 Market St; Erw./Kind 6/3 US$; ⊙Juni–Mitte Okt. 9.30–17, Mitte Okt.–Mai Do–Mo bis 16 Uhr) Mitten auf einer musealen Rasenfläche wirkt die 62,5 m lange USS *Albacore* wie ein Fisch auf dem Trockenen. Das Schiff war 1953 im Portsmouth Naval Shipyard vom Stapel gelaufen und einst das schnellste U-Boot der Welt.

Isles of Shoals Steamship Co.   BOOTSFAHRT
(☑603-431-5500; www.islesofshoals.com; 315 Market St; Erw./Kind 28/18 US$; ⛴) Von Mitte Juni bis Oktober veranstaltet das Unternehmen mit dem Nachbau einer Fähre aus den 1900er-Jahren eine ausgezeichnete Tour rund um den Hafen und die historischen Isles of Shoals. Es gibt auch ganztägige Walbeobachtungstouren und kürzere Rundfahr-

ten bei Sonnenuntergang, mit Hip-Hop und Abendessen.

🛏 Schlafen

Ale House Inn   INN $$
(☑603-431-7760; www.alehouseinn.com; 121 Bow St; Zi. 150–280 US$; Ⓟ🛜) Das backsteinerne Lagerhaus der Portsmouth Brewing Company ist heute Portsmouths schickste Boutiquenunterkunft, die geschickt modernes Design mit Komfort verbindet. Die modernen Zimmer mit klaren, weißen Linien sind mit Flachbildfernsehern ausgestattet, die Suiten haben edle hellbraune Sofas und die Luxuszimmer sogar iPads. Im Preis inbegriffen ist die Nutzung der Gästefahrräder.

Inn at Strawbery Banke   B&B $$
(☑603-436-7242; www.innatstrawberybanke.com; 314 Court St; Zi. inkl. Frühstück 170–190 US$; Ⓟ🛜) Das charmante koloniale B&B mitten unter den historischen Gebäuden der Strawbery Banke bietet sieben kleine, aber feine Zimmer, die jeweils individuell mit Quilts und Messing- oder Himmelbetten ausgestattet sind.

✗ Essen & Ausgehen

An der Kreuzung der Market St und der Congress St wimmelt es von Restaurants und Cafés.

Friendly Toast   DINER $
(113 Congress St; Hauptgerichte 7–12 US$; ⊙So–Do 7–22, Fr & Sa bis 2 Uhr; 🛜🖊) Die lustige, skurrile Einrichtung bildet in diesem Retro-Diner die Kulisse für sättigende Sandwiches, Omeletts, Tex-Mex-Kost und vegetarische Gerichte. Das Frühstücksmenü ist riesig und wird den ganzen Tag über serviert – eine gute Sache, zumal man an den Wochenenden morgens lange warten muss.

★Black Trumpet Bistro   INTERNATIONAL $$$
(☑603-431-0887; www.blacktrumpetbistro.com; 29 Ceres St; Hauptgerichte 17–38 US$; ⊙17.30–21 Uhr) In dem Bistro mit Ziegelwänden und raffiniertem Ambiente serviert das Personal einzigartige Kombinationen (alles von hausgemachten Würstchen mit Kakaobohnen bis hin zu getrocknetem Schellfisch mit Yuzu und Miso). Alle Angebote gibt's auch oben in der Weinbar, die ebenso einfallsreiche Cocktails auf der Karte hat.

Jumpin' Jays Fish Cafe   SEAFOOD $$$
(☑603-766-3474; www.jumpinjays.com; 150 Congress St; Hauptgerichte 20–28 US$; ⊙17.30–22

Uhr) Das außergewöhnliche Meeresfrüchtelokal bietet den frischen Fang des Tages einfach gegrillt oder gebraten, verfeinert mit Saucen (wie „Tamarinde & Guave" oder „Zitrone & Dijon-Senf") sowie unkonventionelle Mischungen: Bouillabaisse mit Zitronengras und Kokos oder Schellfisch-Piccata. Nimmt man noch die Austernbar, das riesige Angebot warmer und kalter Vorspeisen und das geschäftige, sehr moderne Ambiente hinzu, überzeugt das Jumpin' Jays in jeder Hinsicht.

Portsmouth Brewery　　　KLEINBRAUEREI
(www.portsmouthbrewery.com; 56 Market St; ⏱ 11.30–0.30 Uhr; 🐾) Die Kleinbrauerei serviert in ihrem luftigen Pub mit verzierten Metalldecken und freiliegenden Ziegelwänden erstklassiges selbst gebrautes Pils, Porter und Ale. Das Essen ist leider nicht so gut wie das Bier.

Thirsty Moose Taphouse　　　KNEIPE
(www.thirstymoosetaphouse.com; 21 Congress St; Bar-Snacks 3–11 US$, Brunch 10–17 US$; ⏱ Mo–Sa 11.30–1, So 10.30–13 Uhr) Diese gesellige Location mit mehr als 100 Bieren vom Fass, die überwiegend aus Neuengland stammen, und sehr fachkundigen Barkeepern ist eher eine Bar als ein Restaurant. Hier kann man sich perfekt zurücklehnen und entspannen. Für den kleinen Hunger zwischendurch gibt's Poutine (eine Montrealer Spezialität: Pommes mit Käse und Bratensauce), Corn Dogs (frittierte Würstchen in Maisteighülle) und eine Handvoll Salate.

ℹ Praktische Informationen

Greater Portsmouth Chamber of Commerce
(📞 603-436-3988; www.portsmouthchamber. org; 500 Market St; ⏱ Mo–Fr 8.30–17 Uhr) Betreibt auch einen Info-Kiosk im Stadtzentrum am Market Sq.

Monadnock State Park

Der 965 m hohe **Mt. Monadnock** (www.nh stateparks.org; NH 124; Erw./Kind 4/2 US$) im Südwesten New Hampshires wird von allen Gipfeln Neuenglands am häufigsten erklommen. Der „alleinstehende Berg" (das bedeutet der Name in der Sprache der Algonkin nämlich wörtlich übersetzt) ragt relativ weit entfernt von seinesgleichen empor. Wer sich die Mühe macht, zum Gipfel hinaufzuwandern (hin & zurück 8 km), wird daher mit unversperrter Aussicht auf drei US-Bundesstaaten belohnt.

Lake Winnipesaukee

New Hampshires größter See ist ein beliebtes Sommerziel stadtmüder Familien. Er ist 45 km lang und mit 274 Inseln gesprenkelt. Traveller finden hier gute Möglichkeiten zum Schwimmen, Bootfahren oder auch Angeln vor.

Weirs Beach

Berühmte Spielhallen, Minigolfplätze und Gokart-Pisten machen Weirs Beach zu einer Art kitschig-kuriosem amerikanischem Vergnügungspark. Infos über das Gebiet gibt's bei der **Lakes Region Chamber of Commerce** (📞 603-524-5531; www.lakesregion chamber.org; 383 S Main St, Laconia; ⏱ Mo–Fr 8.30–16.30 Uhr).

Mount Washington Cruises (📞 603-366-5531; www.cruisenh.com; Kreuzfahrt 27–43 US$) veranstaltet von Weirs Beach aus mit der altmodischen MS *Mount Washington* malerische Fahrten auf dem See (bei den teureren Versionen ist ein Champagner-Brunch dabei).

Winnipesaukee Scenic Railroad (📞 603-279-5253; www.hoborr.com; Erw./Kind 3–11 Jahre 15/11 US$) bietet Zugfahrten entlang der Küste des Lake Winnipesaukee.

Wolfeboro

Auf der anderen Seite des Lake Winnipesaukee, weit weg vom schnöden Kommerzkitsch am Weirs Beach, liegt das vornehme Wolfeboro. Es bezeichnet sich selbst als „Amerikas ältester Sommerferienort" und strotzt nur so vor schmucken, alten Gebäuden, die teilweise öffentlich zugänglich sind. Die **Wolfeboro Chamber of Commerce** (📞 603-569-2200; www.wolfeborochamber.com; 32 Central Ave; ⏱ Mo–Fr 10–15, Sa bis 12 Uhr) im alten Bahnhof informiert über alles Erdenkliche, beispielsweise über Mietboote und Strände.

Beim **Great Waters Music Festival** (📞 603-569-7710; www.greatwaters.org; ⏱ Juli & Aug.) beschallen Folk-, Jazz- und Blues-Musiker diverse Clubs in ganz Wolfeboro.

Rund 4 Meilen (6,4 km) nördlich der Stadt liegt der bewaldete **Wolfeboro Campground** (📞 603-569-9881; www.wolfeborocamp ground.com; 61 Haines Hill Rd; Stellplatz f. Zelt & Wohnmobil 32 US$; ⏱ Mitte Mai–Mitte Okt.) mit 50 Uferstellplätzen abseits der NH 28.

Der **Wolfeboro Inn** (📞 603-569-3016; www. wolfeboroinn.com; 90 N Main St; Zi. inkl. Frühstück

179–259 US$) ist ein Klassiker und seit 1812 die beste Unterkunft vor Ort. Seine Zimmer haben teilweise Balkone mit Seeblick. Zum Inn gehört mit der **Wolfe's Tavern** (Hauptgerichte 10–26 US$; ◷ 8–22 Uhr) eine gemütliche Kneipe, auf deren vielfältiger Karte von Pizza bis Seafood alles Mögliche steht. Der altmodische **Wolfeboro Diner** (5 N Main St; Hauptgerichte 5–12 US$; ◷ 7–14 Uhr) trifft mit saftigen Cheeseburgern und schlichtem Frühstück zu fairen Preisen genau ins Schwarze.

White Mountains

Was die Rocky Mountains für Colorado, das sind die White Mountains für New Hampshire. Neuenglands höchster Gebirgszug ist ein Magnet für Abenteurer und bietet unendliche Möglichkeiten für Fans von Sportarten wie Wandern, Kajakfahren oder Skifahren. Doch auch wer die Landschaft lieber bequem mit dem Auto erleben will, wird nicht enttäuscht: Malerische Straßen winden sich durch die zerklüfteten Berge, die überall Wasserfälle, schroffe Felshänge und tief eingeschnittene Schluchten aufweisen.

Infos über die White Mountains erhält man in den Ranger-Stationen, die über den **White Mountain National Forest** (www.fs.fed.us/r9/white) verteilt sind, sowie bei den Chambers of Commerce (Handelskammern) in den Ortschaften am Weg.

Waterville Valley

Waterville Valley im Schatten des Mt. Tecumseh wurde in der zweiten Hälfte des vorigen Jahrhunderts als Ferienort mit Hotels, Eigentumswohnungen, Golfplätzen und Skipisten konzipiert. Man sieht dem Ort an, dass er auf dem Reißbrett entstanden ist, und vielleicht wirkt er etwas zu glatt, aber dafür gibt's zahllose Freizeitangebote für die ganze Familie, u.a. Tennisplätze, eine Eislaufhalle und Radwege. Ausführliche Informationen bekommt man bei der **Waterville Valley Region Chamber of Commerce** (☎ 603-726-3804; www.watervillevalleyregion.com; 12 Vintinner Rd, Campton; ◷ 9–17 Uhr), an der I-93, Exit 28.

Wie viele andere Skigebiete Neuenglands ist auch das **Skigebiet Waterville Valley** (www.waterville.com; Lift Erw./Schüler 63/53 US$) im Sommer für Wanderer und Mountainbiker geöffnet.

Mt. Washington Valley

Das Mt. Washington Valley mit den Orten Conway, North Conway, Intervale, Glen, Jackson und Bartlett erstreckt sich ab dem östlichen Ende des Kancamagus Hwy (S. 249) gen Norden. Hier sind diverse Outdoor-Aktivitäten möglich. Als Verkehrsknotenpunkt und größter Ort der Gegend ist North Conway auch ein Outlet-Zentrum, in dem z.B. rustikale Marken wie LL Bean zu haben sind.

🏃 Aktivitäten

★ Conway Scenic Railroad ZUG
(☎ 603-356-5251; www.conwayscenic.com; NH 16, North Conway; Notch Train Erw./Kind ab 27/16 US$, Valley Train ab 14/10 US$; ◷ Mai–Okt. tgl., April & Nov. Sa & So; ♿) Mit dem 1874 gebauten und 1974 restaurierten **Notch Train** kann man die malerischste Bahnfahrt in Neuengland machen. Die spektakuläre Fahrt (5–5½ Std.) führt durch die Crawford Notch. Anhand der Begleitkommentare erfährt man etwas über die Geschichte – und Geschichten zur Bahn. Reservierung erforderlich.

Dasselbe Unternehmen betreibt auch die historische Dampfbahn **Valley Train**, die eine kürzere Fahrt südwärts durchs Mt. Washington Valley mit Halt in Conway und Bartlett macht. Im Angebot sind auch Sonderfahrten bei Sonnenuntergang, mit Abendessen und mehr.

Echo Lake State Park PARK
(www.nhstateparks.org; River Rd; Erw./Kind 4/2 US$) Rund 2 Meilen (3,2 km) westlich von North Conway über die River Rd liegt dieser ruhige See am Fuß des **White Horse Ledge**, einer steilen Felswand. Rund um den See führt ein malerischer Weg. Es gibt auch eine 1 Meile (1,6 km) lange Autostrecke und einen Wanderweg hinauf zum 213 m hohen **Cathedral Ledge** mit tollem Panoramablick auf die White Mountains. Sowohl der Cathedral Ledge als auch der White Horse Ledge eignen sich prima zum Klettern. Es gibt auch eine gute Stelle zum Baden und Picknicken.

Saco Bound KANU- & KAJAKFAHREN
(☎ 603-447-2177; www.sacobound.com; 2561 E Main/US 302, Conway; Kanuverleih 28 US$/Tag) Saco Bound vermietet Kanus und Kajaks und organisiert Kanutrips, darunter den Einsteigertrip zur Weston's Bridge (22 US$) und Campingausflüge komplett mit Übernachtung.

WEIN & KÄSE IN NEW HAMPSHIRE

Vermont, aufgepasst! In New Hampshire gibt es immer mehr kleine Käsereien, und links und rechts schießen kleine Weingüter aus dem Boden. Die Touristeninformation hat die ausgezeichnete Broschüre *New Hampshire Wine & Cheese Trails* zusammengestellt, in der drei Touren zu 21 Farmen und Weingütern, darunter einige Cidre-Hersteller, aufgeführt sind. Die Broschüre ist in allen Touristeninformationen und online unter http://agriculture.nh.gov/publica tions/documents/winecheesepdf.pdf erhältlich.

Attittash

SKIFAHREN

(☎ 603-374-2368; www.attitash.com; US 302, Bartlett; Liftticket Wochenende & Feiertage Erw./Kind 13–18/Kind 6–12 & Senior 70/55/50 US$, werktags 63/48/39 US$) In Attitash westlich von Glen kann man wohnen und Ski fahren. Das Skigebiet umfasst zwei Berge, Attitash und Bear Peak, die zwölf Lifte und 70 Skipisten mit einem Gefälle von 533 m vorzuweisen haben. Die Hälfte der Pisten ist mittelschwer, die andere Hälfte teilt sich ziemlich genau in anspruchsvolle und Anfängerpisten. Von Mitte Juni bis Mitte Oktober bietet das Resort eine Menge, u. a. sommerrodeln, reiten, mountainbiken, Bungee-trampolinspringen, einen Sessellift, eine Wasserrutsche, eine Kletterwand und den Mountain Coaster (eine Achterbahn am Berghang).

Black Mountain Ski Area

SKIFAHREN

(☎ 603-383-4490; www.blackmt.com; NH 16B; Liftticket Wochenende & Feiertage Erw./Kind 49/32 US$, werktags 35/25 US$; ⚐) Das kleinere Skigebiet mit einem Gefälle von 335 m umfasst 40 Skipisten, die sich gleichmäßig in leicht, mittelschwer und sehr schwer unterteilen und von vier Liften bedient werden. Ein guter Ort für Anfänger und Familien mit kleinen Kindern!

🛌 Schlafen

Besonders in North Conway gibt's viele Unterkünfte von Resorthotels bis zu gemütlichen Gasthäusern.

White Mountains Hostel

HOSTEL $

(☎ 603-447-1001; www.whitemountainshostel. com; 36 Washington St, Conway; B/Zi. 24/60 US$;

☎) ⚐ Die einzige Jugendherberge in New Hampshire befindet sich in einem Farmhaus aus dem frühen 20. Jh. abseits der Main St (NH 16) in Conway. Das muntere, umweltfreundlich betriebene Hostel hat fünf Schlafzimmer mit Etagenbetten, vier große Zimmer für Familien und eine Gemeinschafts-Lounge und -küche. Direkt vor der Tür findet man ausgezeichnete Möglichkeiten zum Wandern und Radfahren vor, und Kanufahrer kommen leicht zu den beiden Flüssen in der Nähe. Der einzige Nachteil ist die Lage 5 Meilen (8 km) südlich der Action in North Conway. Achtung: Dies ist eine rauch- und alkoholfreie Zone!

Saco River Camping Area

CAMPING $

(☎ 603-356-3360; www.sacorivercampingarea. com; 1550 NH 16; Stellplatz f. Zelt/Wohnmobil 33/ 39 US$; ◷ Mai–Mitte Okt.; ☎🏊) Der Campingplatz am Fluss, abseits vom Highway, verfügt über 140 bewaldete und offene Stellplätze sowie rustikale Hütten (eigentlich nur vier Wände und ein Dach ohne Strom und Küche). Es gibt auch einen Kanu- und Kajakverleih.

Cranmore Inn

B&B $$

(☎ 603-356-5502; www.cranmoreinn.com; 80 Kearsarge St; Zi. inkl. Frühstück 99–169 US$; ☎🏊) Das Cranmore ist schon seit 1863 ein Landgasthof und bei den meisten auch für sein solides Preis-Leistungs-Verhältnis bekannt. In der Einrichtung überwiegt der traditionelle Landhausstil, was bedeutet, dass überall viele Blumenmuster und Rüschen zu finden sind. Neben den Standardzimmern gibt es eine Zweiraumsuite und ein Apartment mit Küche. Der Whirlpool auf dem Gelände ist prima zur Muskelentspannung nach einer anstrengenden Wanderung.

🍴 Essen

Peach's

CAFÉ $

(www.peachesnorthconway.com; 2506 White Mountain Hwy; Hauptgerichte 6–11 US$; ◷ 7–14.30 Uhr) Das abseits vom städtischen Trubel gelegene, sehr beliebte, kleine Café ist eine exzellente Option für Suppen, Sandwiches und Frühstück. Wer kann schon Waffeln und Pfannkuchen mit Früchten und einem frisch gebrauten Kaffee in gemütlichem Wohnzimmerambiente widerstehen?

⭐ Moat Mountain Smoke House & Brewing Co.

KNEIPE $$

(☎ 603-356-6381; www.moatmountain.com; 3378 White Mountain Hwy; Hauptgerichte 10–24 US$;

⊘ 11.30–23 Uhr) Hier bekommt man amerikanisches Essen mit einem Touch Südstaaten-Feeling: gegrillte Reuben-Sandwichs (mit Corned Beef, Käse, Sauerkraut und Dressing), Rindfleisch-Chili, saftige Burger, köstliche Salate, Holzofenpizza und Wels in Maismehlkruste. Zum Runterspülen gibt's acht hausgemachte Biersorten. Die freundliche Bar ist auch ein beliebter Treffpunkt der Einheimischen.

ℹ Praktische Informationen

Mt. Washington Valley Chamber of Commerce (☑ 603-356-5701; www.mtwashington valley.org; 2617 White Mountain Hwy; ⊘ 9–17 Uhr) Die Touristeninformation gleich südlich vom Zentrum hat wechselnde Öffnungszeiten.

North Woodstock & Lincoln

Auf dem Weg vom Kancamagus Hwy (S. 249) zum Franconia Notch State Park kommt man direkt durch die Zwillingsstädtchen Lincoln und North Woodstock, wo man praktischerweise eine Pause zum Essen oder Übernachten einlegen kann. Die Ortschaften liegen zu beiden Seiten des Pemigewasset River an der Kreuzung NH 112

und US 3. Unternehmungslustige können am **Loon Mountain** (☑ 603-745-8111; www. loonmtn.com; Kancamagus Hwy, Lincoln; Reifenrodeln ohne/mit Lift 10/16 US$, Gondel Erw./Kind 17/11 US$, Liftticket Erw./Kind 13–18/Kind 6–12 & Senior 79/69/59 US$; ⊘ Reifenrodeln Mi–So 18–21.40 Uhr, Gondel Ende Juni–Mitte Okt. 9.30–17.30 Uhr) im Winter Ski und Snowboard fahren und im Sommer mountainbiken, klettern oder die längste Gondelfahrt in New Hampshire machen. Für noch mehr Adrenalin sorgt die Fahrt mit der Seilrutsche von **Alpine Adventure** (☑ 603-745-9911; www. alpinezipline.com; 41 Main St, Lincoln; Seilrutsche 92 US$; ⊘ 9–16 Uhr), bei der man an einem Seil über den Bäumen hängt und 610 m den Berghang hinunterrast.

🛏 Schlafen & Essen

Woodstock Inn INN $$
(☑ 603-745-3951; www.woodstockinnnh.com; US 3; Zi. inkl. Frühstück mit/ohne Bad ab 120/78 US$; ☎) Das viktorianische Landhaus liegt im Herzen von North Woodstock. Es bietet 33 individuell eingerichtete Zimmer in fünf separaten Gebäuden (drei stehen nebeneinander, zwei auf der anderen Straßenseite). Alle sind mit modernen Annehmlichkeiten im

---

NICHT VERSÄUMEN

SCENIC DRIVE: WHITE MOUNTAIN NATIONAL FOREST

Als eine der schönsten Straßen Neuenglands durchquert der herrliche **Kancamagus Highway** (NH 112; 35 Meilen bzw. 56,3 km) den White Mountain National Forest (S. 247) zwischen Conway und Lincoln. Die tollen Wanderwege, malerischen Aussichtspunkte und Bäche (es darf gebadet werden!) der Gegend garantieren Natur pur. Der Highway erreicht seinen höchsten Punkt am **Kancamagus Pass** (874 m) und wird nirgendwo von Einrichtungen oder Siedlungen gesäumt.

Broschüren und Wanderkarten gibt's beim **Saco Ranger District Office** (☑ 603-447-5448; 33 Kancamagus Hwy; ⊘ 8–16.30 Uhr) am östlichen Straßenende nahe Conway.

Aus Richtung Conway kommend, erblickt man 6,5 Meilen (10,5 km) westlich der Saco-Rangerstation die **Lower Falls**, die nördlich der Straße zum Baden und Genießen der Aussicht einladen. Kein Kancamangus-Trip wäre komplett ohne die Wanderung zu den atemberaubenden **Sabbaday Falls** (20 Min.). Der Weg dorthin beginnt bei Meilenstein 15 auf der südlichen Straßenseite. Der beste Ort für Elchbeobachtungen ist das Ufer des **Lily Pond**, den man von einem Aussichtspunkt bei Meilenstein 18 direkt im Blick hat. An der Ranger-Station Lincoln Woods nahe Meilenstein 29 beginnt jenseits der Fußgänger-Hängebrücke über den Fluss die Wanderung zu den **Franconia Falls** (4,8 km), der besten Badestelle im National Forest mit einer natürlichen Felsrutsche. Entlang des Highways kostet das Parken überall 3 US$ pro Tag bzw. 5 US$ pro Woche. Den anfallenden Betrag einfach an einem der Parkplätze in einen Umschlag stecken – kontrolliert wird nicht!

Der White Mountain National Forest ist ideal für Camper. Der Kancamagus Hwy bietet Zugang zu mehreren Campingplätzen, die von der Forstverwaltung betrieben werden, für die aber meist nicht reserviert werden kann. Ein Verzeichnis gibt's bei der Saco-Ranger-Station.

altmodischen Stil ausgestattet. Zum Abendessen hat man die Wahl zwischen dem gehobenen Restaurant und der Kleinbrauerei (Woodstock Station & Microbrewery) mit Sitzbereich im Freien in einem hübschen Hof voller Blumen (beide Einrichtungen befinden sich auf dem Gelände).

Woodstock Inn Station & Brewery KNEIPE $$
(☑ 603-745-3951; US 3; Hauptgerichte 12–28 US$; ⏱ 11.30–22 Uhr) Das Personal dieses Lokals in einem ehemaligen Bahnhof versucht, alle Wünsche zu befriedigen, und bei mehr als 150 Angeboten gelingt das auch so ziemlich. Allerdings sind Pasta, Sandwiches und Burger dann doch das Interessanteste auf der Karte. Die hintere Bierkneipe ist eine der turbulentesten Locations hier.

ℹ Praktische Informationen

Lincoln/Woodstock Chamber of Commerce
(☑ 603-745-6621; www.lincolnwoodstock.com; Main St/NH 112, Lincoln; ⏱ Mo–Fr 9–17 Uhr) Hat Informationen über die Gegend.

Franconia Notch State Park

Der Franconia Notch ist Neuenglands berühmtester Gebirgspass. Ein reißender Fluss hat die schmale Schlucht über Jahrmillionen in den schroffen Granit geschnitten. Direkt durch den Park führt die I-93, die mancherorts eher einer Landstraße als einem Highway ähnelt. Rund 4 Meilen (6,4 km) nördlich von North Woodstock informiert das **Franconia Notch State Park Visitor Center** (☑ 603-745-8391; www.franconianotchstatepark.com; I-93, Exit 34A) detailliert über örtliche Wandermöglichkeiten, die von kurzen Naturspaziergängen bis hin zu Tageswanderungen reichen.

◉ Sehenswertes & Aktivitäten

★ Frost Place HISTORISCHE STÄTTE
(☑ 603-823-5510; www.frostplace.org; 158 Ridge Rd, Franconia; Erw./Kind 5/3 US$; ⏱ Ende Mai–Juni Sa & So 13–17 Uhr, Juli–Mitte Okt. Mi–Mo 13–17 Uhr) In der Mitte des 20. Jhs. war Robert Frost (1874–1963) der bekannteste und beliebteste Dichter der USA. Er lebte mehrere Jahre mit seiner Frau und seinen Kindern auf dieser Farm nahe Franconia. Viele seiner besten und berühmtesten Gedichte beschreiben das Leben auf dieser Farm und die Landschaft in der Umgebung, darunter *The Road Not Taken* („Der nicht gegangene Weg") und *Stopping by Woods on a Snowy Evening* („Abendrast im Winterwald"). Das Bauernhaus wurde so originalgetreu wie möglich erhalten und zeigt zahlreiche Erinnerungsstücke an Frost.

Cannon Mountain Aerial Tramway SEILBAHN
(☑ 603-823-8800; www.cannonmt.com; I-93, Exit 34B; hin & zurück Erw./Kind 15/12 US$; ⏱ Ende Mai–Mitte Okt. 9–17 Uhr; ♿) Bei der rasanten Fahrt auf den Cannon Mountain hinauf bietet sich von der Seilbahngondel aus ein atemberaubender Blick auf den Franconia Notch State Park. Die erste Personenseilbahn Nordamerikas wurde 1938 an diesem Hang erbaut. Sie wurde 1980 durch die heutige, längere Seilbahn ersetzt, die in fünf Minuten 80 Fahrgäste auf den Gipfel des Cannon Mountain bringt – ein 1,6 km langer Aufstieg mit einer Höhendifferenz von 616 m. Besucher können auch zu Fuß den Berg besteigen und mit der Bahn wieder hinunterfahren.

Flume Gorge WANDERN
(www.flumegorge.com; Erw./Kind 14/11 US$; ⏱ Mai–Okt. 9–17 Uhr) Ein Wunder der Natur ist diese 3,6 bis 6,1 m breite Felsspalte im Granit, durch die ein 244 m langer begehbarer Plankenweg führt. Zu beiden Seiten ragen die Granitwände 21 bis 27 m in die Höhe, und aus den nicht ungefährlichen Nischen und Spalten wachsen Pflanzen und Moos. Schilder am Weg erläutern, wie die Natur dieses Phänomen erschaffen hat. Die überdachte Brücke in der Nähe gilt als eine der ältesten im ganzen Bundesstaat; sie wurde eventuell schon in den 1820er-Jahren errichtet.

Echo Lake STRAND
(☑ 603-823-8800; I-93, Exit 34C; Erw./Kind 4/2 US$; ⏱ 10–17.30 Uhr) Trotz seiner Nähe zum Highway ist dieser kleine See am Fuß des Cannon Mountain ein hübscher Ort, wo man den Nachmittag beim Schwimmen, Kajak- oder Kanufahren (Verleih ab 11 US$/Std.) in dem kristallklaren Wasser verbringen kann. Und viele Leute tun das auch. Der kleine Strand ist besonders am Wochenende brechend voll.

🛏 Schlafen

Lafayette Place Campground CAMPING $
(☑ 603-271-3628; www.reserveamerica.com; Stellplatz 21 US$; ⏱ Mitte Mai–Anfang Okt.) Der beliebte Campingplatz verfügt über 97 bewaldete Zeltstellplätze, die im Sommer heiß begehrt sind. Für 88 Plätze werden Reservierungen entgegengenommen; bei den

restlichen gilt: früh ankommen und das Beste hoffen! Viele der Wanderwege im Park beginnen hier.

Bretton Woods & Crawford Notch

Vor 1944 kannte man Bretton Woods eher als ruhiges Refugium wohlhabender Gäste, die im majestätischen Mt. Washington Hotel abstiegen. Als aber Präsident F. D. Roosevelt das Hotel als Tagungsort für jene historische Konferenz auswählte, die nach dem Zweiten Weltkrieg eine neue Wirtschaftsordnung begründen sollte, erlangte der Name der Stadt weltweite Aufmerksamkeit. Die Landschaft mit dem gewaltigen Mt. Washington ist heute noch so beeindruckend wie damals. Mehr Infos über das Gebiet gibt's bei der **Twin Mountain-Bretton Woods Chamber of Commerce** (☑ 800-245-8946; www.twinmountain.org; Ecke US 302 & US 3, Twin Mountain).

Das größte Skigebiet in der Region ist die **Bretton Woods Ski Station** (☑ 603-278-3320; www.brettonwoods.com; US 302; Wochenende & Feiertage Liftticket Erw./Kind 13–17/Kind 6–12/Senior 79/64/49 US$, werktags 54/43/33 US$) mit Angeboten sowohl zum Abfahrts- als auch Langlauf sowie einer Seilbahn.

Der US 302 verläuft in südlicher Richtung von Bretton Woods zum Crawford Notch (540 m) durch eine eindrucksvolle Berglandschaft mit turmhohen Wasserfällen. Der **Crawford Notch State Park** (☑ 603-374-2272; www.nhstateparks.org; Erw./Kind 4/2 US$) ist überzogen von einem Netz aus Wanderwegen, darunter sind auch kürzere Pfade rund um einen Teich oder zu einem Wasserfall und ein längerer Weg zum Mt. Washington.

🛏 Schlafen

Dry River Campground CAMPING $
(☑ 603-271-3628; www.reserveamerica.org; US 302; Stellplatz 25 US$; ⊙ Ende Mai–Anfang Okt.) Der ruhige, bundesstaatlich betriebene Campingplatz nahe dem Südende des Crawford Notch State Park stellt Travellern 36 Zeltstellplätze samt gepflegtem Badehaus, Duschen und Waschküche zur Verfügung. 30 der Plätze kann man im Voraus reservieren.

★ Omni Mt. Washington Hotel & Resort HOTEL $$$
(☑ 603-278-1000; www.brettonwoods.com; 310 Mt. Washington Hotel Rd, Bretton Woods; Zi. 299–480 US$, Suite 560 US$; ❄ @ 🛜 🏊) Die Grande Dame gibt es schon seit 1902, und sie hat

Sinn für Humor, wie an dem Elchkopf in der Lobby und den eingerahmten Wildblumen aus der Gegend in vielen der Zimmer deutlich wird. Es gibt hier auch einen Golfplatz mit 27 Löchern, einen Tennisplatz mit Lehmboden, ein Reitzentrum und ein Spa. Es wird eine Resortgebühr von 25 US$ pro Tag erhoben.

Mt. Washington

Von Pinkham Notch (620 m), das am NH 16 ungefähr 11 Meilen (17,6 km) nördlich von North Conway liegt, führen Wanderwege zu den Naturschönheiten der Presidential Range, z. B. zum hoch aufragenden **Mt. Washington** (1917 m), dem höchsten Berg östlich des Mississippi und nördlich der Smoky Mountains. Das Wetter am Mt. Washington ist äußerst launisch und kann von einem Augenblick zum nächsten umschlagen. Wer hier wandern will, muss sich warm anziehen: Auf dem Berg herrschen die kältesten Temperaturen Neuenglands (auf der Bergspitze werden im Sommer durchschnittlich 7°C gemessen!), und wegen der starken Winde kommt es einem noch kälter vor, als es ohnehin ist. Tatsächlich hält der Mt. Washington den Rekord: Hier wurde Amerikas stärkster Windstoß gemessen – 372 km/h!

Das **Pinkham Notch Visitor Center** (☑ 603-466-2727; www.outdoors.org; NH 16; ⊙ 6.30–22 Uhr) des Appalachian Mountain Club (AMC) versorgt Abenteuerlustige mit Infos über das Gebiet. Hier findet man außerdem alles Nötige für eine Wanderung, beispielsweise topografische Wanderkarten und den praktischen *AMC White Mountain Guide*.

Einer der beliebtesten Wege auf den Mt. Washington beginnt am Pinkham Notch Visitor Center des AMV und führt über 6,7 anstrengende Kilometer zum Gipfel; für den Aufstieg braucht man vier bis fünf Stunden, zurück geht's etwas schneller. Wer keine Lust hat, seine Beinmuskulatur zu beanspruchen, kommt per Auto über die **Mt. Washington Auto Road** (☑ 603-466-3988; www.mountwashingtonautoroad.com; Auto & Fahrer 25 US$, jede weitere Pers. Erw./Kind 8/6 US$; ⊙ Mitte Mai–Mitte Okt.) leicht auf den Gipfel (wenn das Wetter mitspielt).

Puristen laufen also, Bewegungsmuffel fahren mit dem Auto, aber Nostalgiker und Schaulustige nutzen die **Mt. Washington Cog Railway** (☑ 603-278-5404; www.thecog.com; Erw./Kind 4–12 Jahre 62/39 US$, ⊙ Mai–

Okt.), um den Gipfel zu bezwingen. Seit 1869 zuckelt die Zahnradbahn mit Dampfloks die 5,6 km lange, steile Strecke bergauf. Auf der Fahrt genießt man einen atemberaubenden Ausblick.

Auf dem **Dolly Copp Campground** (☑ 603-466-2713; www.campsnh.com; NH 16; Stellplatz f. Zelt/Wohnmobil 22/26 US$; ☉ Mitte Mai–Mitte Okt.), einem USFS-Campingplatz 6 Meilen (9,6 km) nördlich der AMC-Einrichtungen von Pinkham Notch, stehen Travellern 176 einfache Stellplätze zur Verfügung.

Hanover

Der zentrale Anger des typisch neuenglischen Universitätsstädtchens ist an allen vier Seiten von den hübschen Backsteinbauten des Dartmouth College umgeben. Quasi ganz Hanover steht im Zeichen dieser 1769 gegründeten Elitehochschule, die das neuntälteste College der USA ist.

Am Anger beginnt die abschüssige Main St, deren flotte Kneipen, Läden und Cafés auf Studenten abzielen.

⊙ Sehenswertes

Dartmouth College　　　　　　COLLEGE
(www.dartmouth.edu) In Hanover dreht sich alles um das Dartmouth College – also nichts wie hin! Besucher können an kostenlosen **Campusführungen** (☑ 603-646-2875) unter studentischer Leitung teilnehmen oder mit einer Übersichtskarte des Studiensekretariats auf eigene Faust losziehen. Auf keinen Fall die **Baker-Berry Library** mit dem ausdrucksstarken Wandbildzyklus *Geschichte der amerikanischen Zivilisation* verpassen! Letzterer stammt von dem realitätsliebenden mexikanischen Wandmaler José Clemente Orozco (1883–1949), der während der 1930er-Jahre am Dartmouth College lehrte.

Hood Museum of Art　　　　　MUSEUM
(☑ 603-646-2808; E Wheelock St; ☉ Di–Sa 10–17, Mi bis 21, So 12–17 Uhr) `GRATIS` Kurz nach der Gründung der Universität 1769 begann das Dartmouth College, Artefakte von künstlerischem und historischem Interesse zu sammeln. Seitdem ist die Sammlung auf fast 70 000 Werke angewachsen, die im Hood Museum of Art zu sehen sind. Sie umfasst überwiegend amerikanische Werke, darunter auch Kunst amerikanischer Ureinwohner. Eines der Highlights sind die assyrischen Reliefs aus dem Palast von

Assurnasirpal aus dem 9. Jh. v. Chr. Oft gibt es Sonderausstellungen zu zeitgenössischen Künstlern.

🛏 Schlafen & Essen

Storrs Pond Recreation Area　　CAMPING $
(☑ 603-643-2134; www.storrspond.com; NH 10; Stellplatz f. Zelt/Wohnmobil 28/36 US$; ☉ Ende Mai–Anfang Sept.; ☎) Der private Campingplatz verfügt über 37 bewaldete Stellplätze neben einem 6 ha großen See, einen Tennisplatz und zwei Sandstrände, an denen man auch baden kann. Von der I-89 nimmt man den Exit 13, fährt die NH 10 Richtung Norden und folgt der Ausschilderung.

Hanover Inn　　　　　　　　INN $$$
(☑ 800-443-7024, 603-643-4300; www.hanoverinn.com; Ecke W. Wheelock & S Main St; Zi. ab 280 US$; ☎) Hanovers schönstes Gästehaus gehört dem Dartmouth College und hat hübsch eingerichtete Zimmer mit eleganten Holzmöbeln. Es gibt auf dem Gelände auch eine Weinbar und ein preisgekröntes Restaurant.

Lou's　　　　　　　　　　　DINER $
(www.lousrestaurant.net; 30 S Main St; Hauptgerichte 6–12 US$; ☉ Mo–Fr 6–15, Sa & So 7–15 Uhr) Seit 1947 ist das Lou's eine Institution des Dartmouth College – und damit das älteste Lokal in Hanover. Es ist immer voller Studenten, die sich auf einen Kaffee treffen oder ihre Bücher wälzen. An den Retrotischen oder direkt an der Resopaltheke bestellt man typisches Diner-Essen wie Eier, Sandwiches und Burger. Auch die Backwaren sind sehr zu empfehlen.

Canoe Club Bistro　　　　　CAFÉ $$
(☑ 603-643-9660; www.canoeclub.us; 27 S Main St; Hauptgerichte 10–23 US$; ☉ 11.30–23.30 Uhr) Das coole Café kredenzt Feines vom Grill – nicht nur Burger und Steaks, sondern auch Köstlichkeiten wie Entenbrust mit Feigen-Portwein-Glasur. Zudem gibt's jeden Abend Livemusik von Akustik-Sound bis Jazz.

♟ Ausgehen & Unterhaltung

Murphy's on the Green　　　　KNEIPE
(☑ 603-643-4075; 11 S Main St; Hauptgerichte 8–18 US$; ☉ 11–0.30 Uhr) In der klassischen College-Kneipe treffen sich Studenten und Dozenten auf ein Bier. Man bekommt mehr als zehn Sorten Bier vom Fass, darunter auch solche von lokalen Kleinbrauereien wie das Long Trail Ale, sowie sättigende Kneipenkost (Hauptgerichte 8–18 US$).

Buntglasfenster und Sitzbänke wie in einer Kirche sorgen für eine gemütliche Atmosphäre.

Hopkins Center
for the Arts DARSTELLENDE KUNST
(☏ 603-646-2422; www.hop.dartmouth.edu; 2 E Wheelock St) Es ist ein langer Weg von den Großstadtlichtern New Yorks und Bostons bis hierher. In diesem hervorragenden Kulturzentrum sorgt das Dartmouth College selbst für Unterhaltung und zeigt während der Spielzeit alles von Filmen bis zu Liveauftritten internationaler Ensembles.

❶ Praktische Informationen

Hanover Area Chamber of Commerce
(☏ 603-643-3115; www.hanoverchamber.org; 53 S Main St, Suite 216; ⏱ Mo–Fr 9–16 Uhr) Die Touristeninformation befindet sich im Nugget Building. Zwischen Juli und Mitte September wird auch ein Info-Kiosk am Dorfanger betrieben.

MAINE

Maine ist Neuenglands Grenzland und so groß, dass die anderen fünf Bundesstaaten der Region daneben winzig wirken. Hinter der scheinbar endlosen Reihe von Sandstränden, schroffen Klippen und ruhigen Häfen an der Küste breitet sich das Meer aus. Altehrwürdige Fischerdörfer und Hummerrestaurants am Ozean sind Maines ganzer Stolz. Doch auch im rauen Binnenland schreien viele Attraktionen – wie reißende Flüsse, dichte Wälder und hohe Berge – danach, erkundet zu werden.

Maines touristisches Angebot ist so spektakulär vielfältig wie die Landschaft: Hier kann man z. B. auf einem eleganten Schoner gemütlich die Küste entlangschippern, bei Raftingtrips durch wilde Stromschnellen flitzen, B&B-Übernachtungen in alten, umgebauten Kapitänshäusern genießen oder in der Gesellschaft von Elchen an einsamen Waldseen zelten.

Geschichte

Man schätzt, dass vor der Ankunft der Europäer rund 20 000 amerikanische Ureinwohner in Maine gelebt haben. Sie gehörten Stämmen an, die in der Abenaki- („Menschen des Sonnenaufgangs"-)Konföderation verbunden waren. Im 17. Jh. versuchten Franzosen und die Briten, eigene Siedlungen in Maine zu etablieren, hatten aber wegen

der harten und kalten Winter keinen Erfolg damit.

1652 wurde Maine von Massachusetts annektiert, um während des Krieges mit den Franzosen und den Indianern eine Verteidigungslinie gegen potenzielle Angriffe zu bilden. Tatsächlich wurde Maine mehrmals zum Schauplatz von Kämpfen zwischen britischen Kolonisten in Neuengland und französischen Truppen in Kanada. Um das dünn besiedelte Maine zu erschließen, wurden im frühen 19. Jh. jenen Siedlern kostenlos 40,5 ha große Parzellen überlassen, die bereit waren, das Land zu bewirtschaften. 1820 sagte sich Maine von Massachusetts los und wurde als eigenständiger Bundesstaat in die USA aufgenommen.

1851 verbot Maine als erster US-amerikanischer Bundesstaat den Verkauf von alkoholischen Getränken – das war der Beginn der Abstinenzbewegung, die sich schließlich in den gesamten USA durchsetzte. Erst 1934 wurde die Prohibition landesweit abgeschafft.

❶ Praktische Informationen

Wer auf der I-95 Richtung Norden in den Bundesstaat hineinfährt, sollte bei der gut ausgestatteten Touristeninformation am Highway einen Zwischenstopp einlegen.

KURZINFOS MAINE

Spitzname Pine Tree State

Bevölkerung 1,3 Mio. Ew.

Fläche 91 651 km²

Hauptstadt Augusta (18 700 Ew.)

Weitere Städte Portland (66 400 Ew.)

Verkaufssteuer 5 %

Geburtsort des Dichters Henry Wadsworth Longfellow (1807–1882)

Heimat des Horrorautors Stephen King

Politische Ausrichtung halb demokratisch, halb republikanisch

Berühmt für Hummer, Elche, Heidelbeeren, LL Bean

Staatsgetränk 1884 hat Maine der Welt Moxie geschenkt, den ersten und herbsten Softdrink der USA

Entfernungen Portland–Acadia National Park 160 Meilen (257,5 km), Portland–Boston 150 Meilen (241,4 km)

Maine Bureau of Parks and Land (☎ 800-332-1501; www.campwithme.com) Ermöglicht das Campen in zwölf State Parks.

Maine Office of Tourism (☎ 888-624-6345; www.visitmaine.com; 59 State House Station, Augusta) Betreibt Informationszentren an den Hauptzufahrten in den Bundesstaat: Calais, Fryeburg, Hampden, Houlton, Kittery und Yarmouth. Alle sind 9 bis 17 Uhr geöffnet, im Sommer länger.

Südküste Maines

Maines Touristenregion Nummer eins, die südliche Küste, lockt mit Sandstränden, Ferienorten und Outlet-Geschäften. Letztere finden sich vor allem in Kittery, der südlichsten Ortschaft.

Ogunquit

Ein passender Name: In der Sprache der indigenen Abenaki bedeutet Ogunquit „schöner Ort am Meer". Der 4,8 km lange Strand des Ortes zieht schon seit Langem Sommerfrischler an. Der sandige Ogunquit Beach ist ein Barrierestrand zwischen dem Ogunquit River und dem Atlantik. Praktisch – so können Besucher entweder in der kalten Meeresbrandung oder in der wärmeren, ruhigeren Bucht schwimmen!

Unter Neuenglands Badeorten mit den meisten schwulen Urlaubern steht Ogunquit nur Provincetown nach. Der Großteil des Städtchens erstreckt sich entlang der Main St (US 1), die von Restaurants, Läden und Motels gesäumt wird. Für Bootsfahrten und Dinners am Wasser empfiehlt sich die Perkins Cove am südlichen Ortsrand.

◉ Sehenswertes & Aktivitäten

Ein Highlight sind Wanderungen entlang des malerischen **Marginal Way** (2,4 km). Dieser landschaftlich schöne Küstenpfad am „Rand" des Meeres erstreckt sich von der zentrumsnahen Shore Rd bis zur Perkins Cove. Der herrlich familienfreundliche **Ogunquit Beach** (Main Beach im Lokaljargon) beginnt mitten im Ort am Ende der Beach St.

Finestkind Scenic Cruises　　BOOTSFAHRT
(☎ 207-646-5227; www.finestkindcruises.com; Perkins Cove; Erw./Kind ab 17/9 US$) Bietet viele beliebte Bootsfahrten, darunter eine 50-minütige Hummerfangfahrt, eine Cocktailtour bei Sonnenuntergang und eine zweistündige Fahrt an Bord des Doppelseglers *Cricket*.

🛏 Schlafen

Pinederosa Camping　　CAMPING $
(☎ 207-646-2492; www.pinederosa.com; 128 North Village Rd; Wells; Stellplatz 30 US$; ☒) Auf dem mustergültig geführten, bewaldeten Campingplatz stehen Gästen 162 gepflegte Stellplätze zur Verfügung, manche mit Blick auf den Ogunquit River. Außerdem gibt es einen hübschen, in den Boden eingelassenen Pool, einen Laden und im Sommer ein Shuttle zum rund 3 Meilen (4,8 km) entfernten Ogunquit Beach.

Gazebo Inn　　B&B $$
(☎ 207-646-3733; www.gazeboinnogt.com; 572 Main St; Zi. inkl. Frühstück 109–245 US$; 🛜☒) Das stattliche Farmhaus von 1847 hat 14 Zimmer, die man eher in einem privaten Boutiquehotel vermuten würde. Für rustikalen Schick sorgen der beheizte Holzboden, steinerne Kamine im Bad und ein TV-Zimmer mit einer Balkendecke und einem wandgroßen Fernseher.

Ogunquit Beach Inn　　B&B $$
(☎ 207-646-1112; www.ogunquitbeachinn.com; 67 School St; Zi. inkl. Frühstück 139–179 US$; @🛜) Das schwulen- und lesbenfreundliche B&B in einem ordentlichen Bungalow im Arts-&-Crafts-Stil verfügt über farbenfrohe, heimelige Zimmer und hat gesellige Besitzer, die alles über die besten neuen Bistros und Bars des Ortes wissen. Dank der zentralen Lage findet sich in gemächlicher Gehweite sicher auch ein Abendessen.

Bread & Roses　　BÄCKEREI $
(www.breadandrosesbakery.com; 246 Main St; Snacks 3–9 US$; ⊙ 7–19 Uhr; ☒) 🌿 Den morgendlichen Kaffee mit Blaubeerhörnchen holt man sich am besten in dieser kleinen Bäckerei mitten im Zentrum von Ogunquit. Hier kann man sich auch schnell was zu Mittag besorgen, z. B. vegetarische Burritos oder mit Bio-Eiern belegte Sandwiches. Keine Sitzplätze vorhanden.

Lobster Shack　　SEAFOOD $$
(110 Perkins Cove Rd; Hauptgerichte 10–25 US$; ⊙ 11–20 Uhr) Das gleichbleibend gute Lokal ist etwas für Seafood-Fans, die nicht unbedingt Aussicht brauchen. Auf den Tisch kommt Hummer in allen erdenklichen Variationen (z. B. im Brötchen oder in der Schale).

Barnacle Billy's　　SEAFOOD $$$
(☎ 207-646-5575; www.barnbilly.com; 183 Shore Rd; Hauptgerichte 12–35 US$; ⊙ 11–21 Uhr) Der

Maines Küste

50 km
25 Meilen

KANADA

Bay of Fundy

St. George
Eastport
Lubec
Quoddy Head State Park
Grand Manan Island

Nova Scotia

KANADA

Grenz-übergang
Calais
Moosehorn National Wildlife Refuge

Machias
Jonesport
Beals
Great Wass Island

ATLANTIK

Schoodic Peninsula
Bar Harbor
Trenton
Ellsworth
Cadillac Mountain (466 m)
Acadia National Park

Blue Hill
Mt. Desert Island
Deer Isle
Stonington
Isle au Haut
Acadia National Park

Bangor
Bucksport
Penobscot Bay
Camden
Rockland
Port Clyde
New Harbor
Monhegan Island
Fähre

Belfast
Lincolnville
Camden Hills State Park
Waldoboro
Damariscotta
Pemaquid Peninsula
Bath
Boothbay Harbor
Fähre

Baxter State Park (50 Meilen)

Caratunk (7 Meilen)
The Forks (9 Meilen)

Kennebec R.

Waterville
Skowhegan

Longfellow Mountains

Sugarloaf Mtn. (1291 m)
Rangeley

AUGUSTA

Sabbathday Lake
Brunswick
Freeport
Portland
Cape Elizabeth
Casco Bay

New Hampshire

Aziscohos Lake
Colebrook
Errol
Grafton Notch State Park
Bethel
Sunday River Ski Resort
White Mountain National Forest
Appalachian Trail

s. Karte Vermont & New Hampshire (S. 233)

Naples
Sebago Lake
Sebago Lake

Kennebunkport
Ogunquit
Kittery
Portsmouth

Maine Turnpike

Lake Winnipesaukee
Laconia

CONCORD

Rochester

ATLANTIK

große, laute Schuppen mit Blick auf die Perkins Cove ist seit Langem ein Lieblingslokal der Einheimischen, wenn es um Meeresfrüchte geht: gekochte Muscheln, Krabbenbrötchen, Muschelsuppe und natürlich auch ganze Hummer.

⭐ Unterhaltung

Ogunquit Playhouse THEATER
(📞 207-646-5511; www.ogunquitplayhouse.org; 10 Main St; 🅿️) Das 1933 eröffnete Theater präsentiert jeden Sommer Broadway-Musicals und Kindertheater.

❶ Praktische Informationen

Ogunquit Chamber of Commerce (📞 20 7-646-2939; www.ogunquit.org; 36 Main St; 🕙 Mo–Fr 9–17, Sa & So 10–15 Uhr) Befindet sich am US 1, nahe dem Ogunquit Playhouse und gleich südlich vom Ortszentrum.

Kennebunkport

Kennebunkport am Kennebunk River füllt sich im Sommer mit Travellern, die durch die Straßen schlendern, die alten Villen bewundern und den Blick aufs Meer genießen möchten. Eine Fahrt auf der Ocean Ave ist Pflicht: Sie führt am Ostufer des Kennebunk River entlang und folgt dann einer malerischen Strecke an der Atlantikküste; unterwegs passiert man einige der schönsten Anwesen Kennebunkports, u.a. das Sommerhaus des früheren Präsidenten George H.W. Bush.

Am Westufer des Kennebunk River gibt's drei öffentliche Strände, die unter dem Namen Kennebunk Beach zusammengefasst werden. Das Stadtzentrum bildet das Gebiet um den Dock Sq, der an der ME 9 (Western Ave) östlich der Brücke über den Kennebunk River liegt. Infos für Traveller gibt's bei der **Kennebunk/Kennebunkport Chamber of Commerce** (📞 207-967-0857; www.visittheken nebunks.com; 17 Western Ave; 🕙 ganzjährig Mo–Fr 10–17 Uhr, Juni–Sept. Sa–So bis 15 Uhr).

🛏️ Schlafen

Franciscan Guest House PENSION **$$**
(📞 207-967-4865; www.franciscanguesthouse.com; 26 Beach Ave; Zi. inkl. Frühstück 89–159 US$; 🅿️🛜) In der zu einer Pension umgebauten Schule auf dem friedlichen Anwesen des St. Anthony Monastery kann man fast die Tafelkreide riechen. Die früheren Klassenzimmer sind heute einfache, schmucklose Gästezimmer mit Schallschutz, unechter Holzverkleidung

und Motelbetten. Wem es nichts ausmacht, sich die Bettwäsche selbst aus dem Schrank zu holen (keine tägliche Zimmerreinigung), der findet hier eine preisgünstige, einzigartige Bleibe.

Colony Hotel HOTEL **$$**
(📞 207-967-3331; www.thecolonyhotel.com; 140 Ocean Ave; Zi. inkl. Frühstück 129–299 US$; 🛜🏊) Die Grande Dame unter den Sommerresorts wurde 1914 erbaut und beschwört die Pracht vergangener Zeiten wieder herauf. Die 124 altmodischen Zimmer sind mit historischen Rosentapeten tapeziert und mit authentisch knarrenden Dielen ausgelegt. Draußen liegen die Damen auf Adirondack-Gartensesseln auf dem getrimmten Rasen, während in der Nähe junge Männer in Poloshirts Federball spielen und Kinder an dem Privatstrand auf der anderen Straßenseite herumtollen.

Green Heron Inn INN **$$$**
(📞 207-967-3315; www.greenheroninn.com; 126 Ocean Ave; Zi. inkl. Frühstück 190–225 US$; 🏊 @🛜) Der bezaubernde Inn, in dem ein mehrgängiges Frühstück zu haben ist, steht in einem Nobelviertel. Seine zehn gemütlichen Zimmer am Rand einer malerischen Bucht liegen in fußläufiger Entfernung zum Strand und zu mehreren Restaurants.

🍴 Essen

Clam Shack SEAFOOD **$$**
(2 Western Ave; Hauptgerichte 7–22 US$; 🕙 11–21.30 Uhr) Vor der kleinen, grauen Hütte, die auf Stelzen über dem Fluss schwebt, Schlange zu stehen, ist eine altbewährte Sommertradition in Kennebunkport. Einfach eine Schachtel mit fetten, saftig frittierten ganzen Muscheln oder ein Brötchen mit 450 g Hummer – wahlweise mit Mayo oder geschmolzener Butter – bestellen! Man kann hier nur draußen sitzen.

Bandaloop BISTRO **$$$**
(📞 207-967-4994; www.bandaloop.biz; 2 Dock Sq; Hauptgerichte 17–27 US$; 🕙 17–21.30 Uhr; 🍴)  Vom Ribeye-Grillsteak bis zu gebratenem Tofu in Hanfsamenkruste bietet die kreative Speisekarte das volle Programm. Gekocht wird mit Bio-Zutaten aus heimischem Anbau bzw. lokaler Produktion. Perfekte Vorspeise: die gebratenen Casco-Bay-Miesmuscheln plus Bio-Bier von Peak's.

Hurricane AMERIKANISCH **$$$**
(📞 207-967-9111; www.hurricanerestaurant.com; 29 Dock Sq; Hauptgerichte 12–45 US$; 🕙 11.30–21.30 Uhr) Das beliebte Bistro direkt am Dock

Sq hat sich auf Klassiker spezialisiert: mit Krabben gefüllter, gebackener Hummer, Lammkarree in Rotweinreduktion, Brotpudding. Die kleinen Gerichte sind modern und kreativ: Brötchen mit in Tempura frittiertem, würzigem Thunfisch oder Entenleber-Mousse mit Feigenmarmelade. Das Publikum ist zumeist mittleren Alters, gut betucht und trinkt gern und viel Wein.

Portland

Im 18. Jh. nannte der Dichter Henry Wadsworth Longfellow die Stadt seiner Kindheit ein „Juwel am Meer". Dank umfassender Sanierungsmaßnahmen erstrahlt das übersichtliche Portland heute wieder in alter Pracht. Der belebte Küstenbereich und die aufstrebende Galerieszene laden ebenfalls zu tollen Erkundungen ein. Auch Feinschmecker kommen nicht zu kurz: Topmoderne Cafés und Restaurants unter der Leitung von Spitzenköchen machen Portland nunmehr zum heißesten Gastro-Pflaster nördlich von Boston.

Die Stadt liegt auf einer hügeligen Halbinsel, die an drei Seiten von Wasser umgeben ist: von Back Cove, Casco Bay und Fore River. Vor Ort findet man sich leicht zurecht. Die Commercial St (US 1A) führt entlang des Ufers durch den Alten Hafen (Old Port). Parallel dazu verläuft die Congress St als Hauptverkehrsachse durch das Zentrum.

⦿ Sehenswertes

Old Port VIERTEL
Schmucke Ziegelhäuser aus dem 19. Jh. säumen die Straßen am alten Hafen. Portlands verlockendste Läden, Kneipen und Restaurants liegen in diesem fünf mal fünf Blocks umfassenden Viertel. Nachts sorgen flackernde Gaslaternen für noch mehr Atmosphäre. Hier kann man superfrische Meeresfrüchte verdrücken, Kleinbrauereibiere probieren, von aufstrebenden Designern Seefahrer-T-Shirts kaufen und die vielen kleinen Kunstgalerien durchstöbern. Unbedingt sollte man auch einen Bummel an den authentisch stinkenden Kais machen und bei den Fischverkäufern ein paar Hummer kaufen.

Portland Museum of Art MUSEUM
(☑ 207-775-6148; www.portlandmuseum.org; 7 Congress Sq; Erw./Kind 12/6 US$, Fr 17–21 Uhr frei; ⦿ Sa–Do 10–17, Fr bis 21 Uhr, Mitte Okt.–Mai Mo geschl.) Das 1882 gegründete angesehene

Museum zeigt eine hervorragende Sammlung amerikanischer Kunst. Vor allem aus Maine stammende Künstler sind stark vertreten, z.B. Winslow Homer, Edward Hopper, Louise Nevelson und Andrew Wyeth. Man findet auch ein paar Werke europäischer Meister, u.a. von Degas, Picasso und Renoir. Die Sammlungen verteilen sich auf drei separate Gebäude. Der Großteil der Arbeiten befindet sich im postmodernen Charles-Shipman-Payson-Gebäude, das der berühmte Architekt I.M. Pei gestaltet hat. In der von 1911 stammenden LDM Sweat Memorial Gallery im Beaux-Arts-Stil und in dem McLellan House von 1801 im Federal Style befindet sich die Sammlung amerikanischer Kunst des 19. Jhs.

Fort Williams Park LEUCHTTURM
(⦿ Sonnenaufgang–Sonnenuntergang) 🏷 GRATIS
Der 36 ha große Fort Williams Park, 4 Meilen (6,4 km) südöstlich von Portland am Cape Elizabeth, lohnt schon wegen des tollen Panoramas und der Picknickmöglichkeiten einen Besuch. Beim Bummel zwischen den Ruinen des Fort, einem Artilleriestützpunkt aus dem späten 19. Jh., sieht man auch die aus dem Zweiten Weltkrieg stammenden Bunker und Geschützstellungen auf dem hügeligen Rasen (1942 wurde in der Casco Bay ein deutsches U-Boot gesichtet). Interessanterweise diente das Fort noch bis 1964 zur Bewachung der Einfahrt zur Casco Bay.

Neben dem Fort steht der **Portland Head Light**, der älteste unter den 52 noch intakten Leuchttürmen Maines. Er wurde 1791 von George Washington in Auftrag gegeben und war bis 1989 bemannt – bis Maschinen den Beleuchterjob übernahmen. Das Haus des Leuchtturmwärters fungiert heute als **Museum at Portland Head Light** (☑ 20 7-799-2661; www.portlandheadlight.com; 1000 Shore Rd; Erw./Kind 2/1 US$; ⦿ Juni–Okt. 10–16 Uhr), das sich der Seefahrts- und Militärgeschichte der Region widmet.

Portland Observatory Museum HISTORISCHE STÄTTE
(☑ 207-774-5561; www.portlandlandmarks.org; 138 Congress St; Erw./Kind 8/5 US$; ⦿ Ende Mai–Anfang Okt. 10–17 Uhr) Dieses Museum auf einem Hügel ist interessant für Geschichtsfans. Es wurde 1807 als maritime Signalstation errichtet, um die Schiffe in den geschäftigen Hafen zu dirigieren. Das Observatorium funktionierte somit ähnlich wie die Kontroll-Towers heutiger Flughäfen und ist mittlerweile das

letzte seiner Art in den USA. Von ganz oben hat man einen atemberaubenden Panoramablick auf die Casco Bay.

Longfellow House
HISTORISCHES GEBÄUDE

(☎ 207-879-0427; www.mainehistory.org; 489 Congress St; Erw./Kind 12/3 US$; ☺ Mai–Okt. Mo–Sa 10–17, So 12–17 Uhr) Der angesehene amerikanische Dichter Henry Wadsworth Longfellow wuchs in diesem Haus im Federal Style auf, das sein Großvater, ein Held des Amerikanischen Unabhängigkeitskriegs, 1788 erbaute. Das Haus wurde originalgetreu restauriert und sieht mit den Originalmöbeln und Artefakten genauso aus wie im 19. Jh.

Children's Museum of Maine
MUSEUM

(☎ 207-828-1234; www.childrensmuseumofme. org; 142 Free St; Eintritt 9 US$; ☺ Mo–Sa 10–17, So 12–17 Uhr, Sept.–Mai Mo geschl.; ♿) Kinder bis zehn Jahre kreischen und quieken vor Freude, wenn sie auf einem nachgebauten Hummerboot Fallen einholen, auf einer Modellfarm eine unechte Kuh melken oder in einer Halle wie Affen an einer Kletterwand herumklettern können. Das Highlight des ultra-interaktiven Museums ist vielleicht die Camera obscura im 3. Stock, bei der man beim Blick durchs Guckloch die gesamte Downtown von Portland vor sich sieht.

🏃 Aktivitäten

Einen ganz anderen Blick auf Portland und die Casco Bay ermöglichen kommentierte Panoramafahrten per Boot, die am Portland Harbor beginnen.

Casco Bay Lines
BOOTSFAHRT

(☎ 207-774-7871; www.cascobaylines.com; 56 Commercial St; Erw. 13–24 US$, Kind 7–11 US$) Der Veranstalter bietet Bootsfahrten zu den Inseln in der Casco Bay an und befördert Postsendungen, Fracht und Besucher. Es gibt auch Fahrten zur Bailey Island (Erw./Kind 25/12 US$).

Maine Island Kayak Company
KAJAKFAHREN

(☎ 207-766-2373; www.maineislandkayak.com; 70 Luther St, Peaks Island; Tour 70 US$; ☺ Mai–Nov.) Wer sich von Casco Bay Lines nach 15 Minuten Fahrt ab Downtown auf Peak Island absetzen lässt, kann mit diesem auf der Insel ansässigen Veranstalter einen lustigen Tagesausflug oder eine Nachttour zur Erkundung der Inseln in der Casco Bay unternehmen.

Portland Schooner Company
BOOTSFAHRT

(☎ 207-776-2500; www.portlandschooner.com; 56 Commercial St; Erw./Kind 35/10 US$; ☺ Mai–Okt.) Veranstaltet Touren an Bord dieses eleganten Schoners aus dem frühen 20. Jh. Neben den zweistündigen Segeltouren stehen auch Trips mit Übernachtung (240 US$/Pers. inkl. Abendessen & Frühstück) auf dem Programm.

Maine Narrow Gauge Railroad Co & Museum
SCHMALSPURBAHN

(☎ 207-828-0814; www.mngrr.org; 58 Fore St; Erw./Kind 10/6 US$; ☺ Mitte Mai–Okt. 10–16 Uhr, NS kürzere Betriebszeiten; ♿) Mit der alten Dampfbahn kann man die Casco Bay entlangfahren. Abfahrt ist jeweils zur vollen Stunde.

🛏 Schlafen

In Portland gibt's eine große Auswahl von Mittelklasse- und Spitzenklasse-B&Bs, aber kaum Unterkünfte der Budgetklasse. Am idyllischsten wohnt man in den alten Stadthäusern und in den prächtigen viktorianischen Villen im West End.

Inn at St. John
INN $

(☎ 207-773-6481; www.innatstjohn.com; 939 Congress St; Zi. inkl. Frühstück 79–169 US$; P ☎) Von den altmodischen, wie ein Taubenschlag wirkenden Postkästen hinter der Rezeption bis hin zu den engen, süßlich-blumig eingerichteten Zimmern wirkt das Hotel aus der Zeit der Jahrhundertwende wie eine Reise in die Vergangenheit. Nach einem Zimmer abseits der lauten Congress St fragen!

Morrill Mansion
B&B $$

(☎ 207-774-6900; www.morrillmansion.com; 249 Vaughan St; Zi. inkl. Frühstück 149–239 US$; ☎) Charles Morrill, der ursprüngliche Besitzer dieses Stadthauses aus dem 19. Jh. im West End, machte sein Glück mit der Gründung von B&M Baked Beans; die Dosen füllen auch heute noch die Vorratskammern in Maine. Sein Haus wurde mittlerweile in ein hübsches B&B umgewandelt. Die sieben Gästezimmer sind schick und klassisch in geschmackvollen Khaki- und Taupe-Farben und mit Hartholzböden ausgestattet. Einige Zimmer etwas eng; wer viel Platz braucht, sollte die Morrill Suite mit zwei Zimmern buchen.

La Quinta Inn
HOTEL $$

(☎ 207-871-0611; www.laquinta.com; 340 Park St; Zi. inkl. Frühstück 75–149 US$; ❄@☎≈) Von Portlands Kettenhotels hat das günstig gelegene La Quinta mit gepflegten Zimmern das beste Preis-Leistungs-Verhältnis. Gegenüber ist das Baseballstadion der Portland Sea Dogs, die zu den Boston Red Sox gehören.

Portland Harbor Hotel HOTEL $$$
(☎ 207-775-9090; www.portlandharborhotel.com; 468 Fore St; Zi. ab 269 US$; 🅿🛜) Das unabhängige Hotel hat eine klassisch eingerichtete Lobby, in der es sich die Gäste auf den gepolsterten Ledersesseln rund um den glühenden Kamin gemütlich machen. Die Zimmer sind klassizistisch mit sonnig wirkenden Goldtapeten und leuchtend blauen Toile-de-Jouy-Bettdecken gestaltet. Die Fenster sind zur Casco Bay, zum Garten im Innenhof oder zur Straße hin ausgerichtet; in den Gartenzimmern wohnt es sich ruhiger. Parken kostet 16 US$.

✖ Essen

Two Fat Cats Bakery BÄCKEREI $
(☎ 207-347-5144; www.twofatcatsbakery.com; 47 India St; Stück 3–7 US$; ⊙ Mo–Fr 8–18, Sa bis 17, So 10–16 Uhr) Die winzige Bäckerei hat Gebäck, Pasteten, auf der Zunge zergehende Cookies mit Schokostückchen und fabelhafte Whoopie Pies im Angebot.

★ Green Elephant VEGETARISCH $$
(☎ 207-347-3111; www.greenelephantmaine.com; 608 Congress St; Hauptgerichte 9–13 US$; ⊙ Di–Sa 11.30–14.30, Di–So auch 17–21.30 Uhr; 🍴) Selbst überzeugte Fleischfans sollten unbedingt die sensationelle Vegi-Küche dieses thailändisch angehauchten Cafés im schicken Zen-Stil probieren. Losgehen könnte es beispielsweise mit knusprigen Wan-Tan-Spinattaschen. Dann folgt eine der exotischen Soja-Kreationen wie „Ente" mit Ingwer und Shiitakepilzen. Im Magen sollte auf jeden Fall noch Platz für den unglaublich leckeren Kuchen mit Schoko-Orange-Mousse lassen!

Susan's Fish & Chips SEAFOOD $$
(www.susansfishnchips.com; 1135 Forest Ave/US 302; Hauptgerichte 7–19 US$; ⊙11–20 Uhr) Guten Fish & Chips mit Tartarensauce aus dem Einweckglas gibt's in diesem schlichten Lokal in einer früheren Garage an der US 302.

J's Oyster SEAFOOD $$
(www.jsoyster.com; 5 Portland Pier; Hauptgerichte 6–24 US$; ⊙ Mo–Sa 11.30–23.30, So 12–22.30 Uhr) In dem beliebten Schuppen gibt's die billigsten rohen Austern der Stadt, die man genüsslich auf der Terrasse mit Blick auf den Pier schlürfen kann. Wer keine Austern mag, kann zwischen diversen Sandwiches und Meeresfrüchtegerichten wählen.

★ Fore Street MODERN-AMERIKANISCH $$$
(☎ 207-775-2717; www.forestreet.biz; 288 Fore St; Hauptgerichte 20–31 US$; ⊙17.30–23 Uhr) Der

WHOOPIE!

Die weichen Schoko-Doppelkekse mit Marshmallowcreme-Füllung sehen aus wie mit Steroiden aufgepumpte Oreo-Kekse. Es gibt sie überall im Bundesstaat in Bäckereien und als Desserts, sogar bei Meeresfrüchteimbissen. Die sowohl in Maine als auch bei den Amischen in Pennsylvania beliebten Whoopie Pies heißen angeblich so, weil die Amischen-Farmer laut *Whoopie!* gerufen haben sollen, wenn sie einen solchen Keks in ihrem Lunchpaket fanden. Auf keinen Fall sollte man den Bundesstaat verlassen, ohne einmal einen Whoopie Pie probiert zu haben. Unserer Meinung nach gibt's die besten in der Two Fat Cats Bakery (s. linke Spalte) in Portland.

Chefkoch und Inhaber Sam Hayward hat im Fore Street, einem der berühmtesten Restaurants in Maine, das Grillen zur hohen Kunst erhoben. In der offenen Küche drehen sich die Hähnchen am Spieß, während der Koch Eisenkessel voller Muscheln in den Holzofen schiebt. Man legt hier größten Wert auf lokale, saisonale Produkte, und die Karte wechselt täglich, damit das Angebot immer frisch ist. Bei unserem Abendessen gab's Salat mit frischen Erbsen, Strandschnecken in Kräutercreme und gebratenen Blaufisch mit Pancetta. Der große, lärmige Speiseraum erinnert mit seinen freiliegenden Ziegelwänden und der Kiefernholztäfelung an seine Vergangenheit als Lagerhaus. Das Restaurant arbeitet umweltfreundlich.

Hugo's FUSION $$$
(☎207-774-8538; www.hugos.net; 88 Middle St; Hauptgerichte 24–30 US$; ⊙Di–Sa 17.30–21 Uhr) In diesem Tempel der Molekularküche regiert der mit dem James Beard Award prämierte Koch Rob Evans. Auf der regelmäßig wechselnden Karte finden sich Herausforderungen wie Ochsenschwanz- und Seeteufelklöße, knusprige Schweinsohren und Schinken-Crème-brûlée. Das „blinde" Verkostungsmenü, bei dem die Gäste nicht wissen, was sie vorgesetzt bekommen, ist das kulinarische Äquivalent zur Avantgarde-Oper.

🍷 Ausgehen & Unterhaltung

Gritty McDuff's Brew Pub BRAUEREIKNEIPE
(www.grittys.com; 396 Fore St; ⊙11–1 Uhr) *Gritty* bedeutet draufgängerisch, und das ist eine passende Beschreibung für den partyverses-

senen Pub am Alten Hafen. Man findet hier ein lautes Publikum und exzellentes Bier, denn das Gritty braut unten seine eigenen preisgekrönten Ales.

Big Easy Blues Club CLUB

(www.bigeasyportland.com; 55 Market St; ☺Di–Sa 21–1, So 16–21, Mo 18–22 Uhr) In dem kleinen Musikclub stehen fast jeden Abend einheimische Rock-, Jazz- und Blues-Bands auf der Bühne. Es gibt auch Open-Mike-Hip-Hop-Abende.

Shoppen

An der Exchange St und der Fore St finden sich jede Menge Läden.

Portland Farmers Market BAUERNMARKT

(http://portlandmainefarmersmarket.org; ☺Sa 7–12, Mo & Mi bis 14 Uhr) Samstags preisen die Händler im Deering Oak Park alles von Blaubeeren aus Maine bis zu selbst gemachten Gewürzgurken an. Montags und mittwochs wird der Markt am Monument Sq abgehalten.

Harbor Fish Market ESSEN

(www.harborfish.com; 9 Custom House Wharf; ☺Mo–Sa 7–12 Uhr) Der kultige Fischladen an der Custom House Wharf verschifft seinen Hummer überall in die USA.

Maine Potters Market TONWAREN

(www.mainepottersmarket.com; 376 Fore St; ☺Mo–Fr 10–20, Sa & So bis 18 Uhr) In der Galerie einer Kooperative findet man etwa ein Dutzend Arbeiten verschiedener Töpferkünstler.

ℹ Praktische Informationen

Greater Portland Convention & Visitors Bureau (www.visitportland.com; Ocean Gateway Bldg, 239 Park Ave; ☺Mo–Fr 8–17, Sa 10–17 Uhr)

ℹ Anreise & Unterwegs vor Ort

Portland International Jetport (IATA-Code PWM; ☎207-874-8877; www.portlandjetport. org) Nonstop-Flüge zu Großstädten im Osten der USA.

Busse von **Greyhound** (www.greyhound.com) und Züge der **Amtrak** (☎800-872-7245; www. amtrak.com) verbinden Portland regelmäßig mit Boston (jeweils einfache Strecke 20–24 US$, ca. 2½ Std.).

Ab der zentralen Haltestelle am Monument Sq (Ecke Elm und Congress St) bedienen die Stadtbusse der **Metro** (www.gpmetrobus.com; Fahrt 1,50 US$) ganz Portland.

Mittlerer Küstenabschnitt

Im mittleren Abschnitt von Maines Küste treffen Berge und Meer aufeinander. Hier reichen schroffe Halbinseln weit in den Atlantik hinein. Hinzu kommen bezaubernde Küstendörfer und zahllose Möglichkeiten, zu wandern, zu segeln oder das Kajak aufs Wasser zu setzen.

Freeport

Freeport, 16 Meilen (25,6 km) nordöstlich von Portland, kam vor etwa 100 Jahren zu Ruhm und Reichtum, als Leon Leonwood Bean hier einen Laden eröffnete. Er verkaufte Ausrüstung als die Jäger und Fischer, die Richtung Norden in die Wälder von Maine zogen. Die Qualität seiner Waren brachte Bean treue Kunden ein. Im Lauf der Jahre erweiterte der **LL Bean Store** (www.llbean. com; Main St; ☺24 Std.) sein Angebot um Sportbekleidung. Auch wenn inzwischen mehr als 100 weitere Geschäfte hinzugekommen sind, bildet der enorm populäre Ausrüster noch immer den Mittelpunkt der Stadt.

Der viktorianische **White Cedar Inn** (☎207-865-9099; www.whitecedarinn.com; 178 Main St; Zi. inkl. Frühstück 150–185 US$; ☎) liegt in praktischer Laufentfernung zu den Läden. Das frühere Wohnhaus des Arktisforschers Donald MacMillan hat sieben stimmungsvolle Zimmer mit Messingbetten und funktionierenden Kaminen.

Die beste Atmosphäre weist das zwanglose **Harraseeket Lunch & Lobster Co** (☎207-865-4888; www.harraseeketlunchandlobs ter.com; 36 Main St, South Freeport; Hauptgerichte 10–26 US$; ☺Sept.–Juni 11–19.45 Uhr, Juli & Aug. 11–20.45 Uhr; ♿) am Hafen auf. Rund 3 Meilen (4,8 km) südlich von Freeports Zentrum serviert man hier beliebte Hummergerichte und gebratenes oder gekochtes Seafood. Gespeist wird an Picknicktischen in unmittelbarer Nähe der Bucht.

Bath

Bath ist seit der Kolonialzeit für Schiffsbau bekannt, und dieser ist auch heute noch der wichtigste Industriezweig vor Ort. Die **Bath Iron Works**, eine der größten Schiffswerften in den USA, fertigt Stahlfregatten und andere Schiffe für die US Navy an. Sehr interessant ist das **Maine Maritime Museum** (☎20 7-443-1316; www.mainemaritimemuseum.org; 243 Washington St; Erw./Kind 15/10 US$; ☺9.30–17

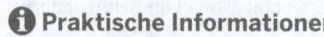

Uhr) südlich der Werft am Kennebec River. Hier erhält man einen Einblick in die jahrhundertealte Schifffahrtsgeschichte des Ortes; dokumentiert ist beispielsweise der Bau des Sechsmastschoners *Wyoming*, des größten Holzschiffs, das jemals in den USA vom Stapel lief.

Boothbay Harbor

An einem fjordähnlichen Hafen liegt dieses unglaublich pittoreske Fischerdorf mit engen, gewundenen Straßen, in denen sich im Sommer die Touristen drängen. Neben dem Hummeressen ist hier das Bootfahren die Hauptbeschäftigung. **Balmy Days Cruises** (207-633-2284; www.balmydayscruises.com; Pier 8; Hafenrundfahrt Erw./Kind 15/8 US$, Tagesausflug zur Monhegan Erw./Kind 32/18 US$, Segeltour 24/18 US$) veranstaltet einstündige Hafenrundfahrten, Tagesausflüge zur Monhegan Island und eineinhalbstündige Segeltouren rund um die malerischen Inseln bei Boothbay. Infos erhält man bei der **Boothbay Harbor Region Chamber of Commerce** (207-633-2353; www.boothbayharbor. com; 192 Townsend Ave; Mo–Fr 8–17 Uhr).

Schlafen & Essen

Topside Inn B&B **$$**
(207-633-5404; www.topsideinn.com; 60 McKown St; Zi. inkl. Frühstück 165–275 US$;) Von der prächtigen grauen Villa oben auf dem McKown Hill aus hat man den besten Hafenblick in ganz Boothbay. Die Zimmer sind elegant und mit spritzigen Seefahrtsdrucken und Strandfarben wie Graugrün, Braungrün und Khaki gestaltet. Die Quartiere im Haupthaus verströmen historischen Charme, aber auch die Zimmer in den beiden modernen Gästehäusern nebenan sind sonnig und hübsch. Und während man auf dem getrimmten, abschüssigen Rasen in einem Adirondack-Gartensessel sitzt, kann man gemütlich den Sonnenuntergang beobachten.

Lobster Dock SEAFOOD **$$**
(www.thelobsterdock.com; 49 Atlantic Ave; Hauptgerichte 10–26 US$; 11.30–20.30 Uhr) Unter all den vielen Hummerimbissbuden in Boothbay Harbor ist diese weitläufige Holzhütte am Wasser die beste und billigste Option. Man bekommt hier traditionell frittierte Meeresfrüchte, Sandwiches und gekochte Muscheln, doch das Highlight ist natürlich zweifellos der ganze, vor Butter nur so triefende Hummer.

Monhegan Island

Diese kleine Insel liegt 14,5 km vor der Küste Maines. Im Sommer kommen Tagesausflügler, Künstler und Naturliebhaber hierher, um sich von der tollen Aussicht und der angenehmen Abgeschiedenheit inspirieren zu lassen. Aufbrausend sind hier die Brandungswellen, die auf die hohen Klippen treffen, ansonsten ist die Insel ruhig, überschaubar und gerade mal 2,5 km lang und weniger als 1 km breit. Infos zur Insel und Links zu Unterkünften findet man auf der Website **Monhegan Island Vistor's Guide** (www.monheganwelcome.com). Normalerweise sind die Unterkünfte im Sommer voll ausgebucht – deshalb sollte man im Voraus planen, wenn man mehr als einen Tag hier verbringen will!

Neben den insgesamt 27,5 km langen Wanderwegen gibt es hier auch einen 1824 errichteten **Leuchtturm** mit einem kleinen **Museum**. Letzteres ist in dem früheren Haus des Leuchtturmwärters untergebracht. Außerdem haben hier einige Künst-

---

ABSEITS DER ÜBLICHEN PFADE

PEMAQUID PENINSULA

Am südlichsten Zipfel der Pemaquid Peninsula liegt mit dem **Pemaquid Point** eine von Maines am wenigsten berührten Naturschönheiten: Tückische Brecher donnern hier gegen zerklüftete vulkanische Felsformationen. Im 2,8 ha großen **Lighthouse Park** (207-677-2494; www.bristolparks.org; Pemaquid Point; Erw./Kind 2 US$/frei; Sonnenaufgang–Sonnenuntergang) oben auf den Klippen brennt im Pemaquid Light von 1827 eine Lampe mit der Kraft von 11 000 Kerzen, und der Star unter Maines 61 verbliebenen Leuchttürmen tragen viele sogar unbewusst bei sich: Sein Abbild ziert die Rückseite von Maines Vierteldollarmünze. Der Aufstieg zur Spitze wird mit einem tollen Blick auf die Küste belohnt. Das **Fishermen's Museum** (Mitte Mai–Mitte Okt. 9–17.15 Uhr) im früheren Turmwärterhaus zeigt zeitgenössische Fotos, alte Fischerausrüstung und Leuchtturmkram. Der Besuch ist im Parkeintritt enthalten. Die Pemaquid Peninsula liegt 15 Meilen (24 km) südlich vom US 1 und ist über die ME 130 erreichbar.

ler ihre Ateliers, in die man auch einen Blick hineinwerfen kann.

Von Ende Mai bis Mitte Oktober fahren täglich drei Schiffe der **Monhegan Boat Line** (☎ 207-372-8848; www.monheganboat.com; Rundfahrt Erw./Kind 32/18 US$) von Port Clyde zur Insel Monhegan; im übrigen Jahr einmal täglich. Die **MV Hardy III** (☎ 800-278-3346; www.hardyboat.com; Rundfahrt Erw./Kind 32/18 US$; ☺ Mitte Juni–Sept.) legt zweimal täglich im New Harbor auf der Ostseite der Pemaquid Peninsula ab und fährt nach Monhegan. Die Schiffe brauchen ungefähr eine Stunde; sie legen früh am Morgen ab und kehren am späten Nachmittag zurück – also genau richtig für einen Tagesausflug!

Camden & Umgebung

Mit einem Hafen voller Segelboote und sanften Hügeln im Hintergrund präsentiert sich Camden als echtes Juwel. In dem Heimathafen der zu Recht berühmten Windjammerflotte Maines kommen Schiffsfans garantiert voll auf ihre Kosten. Ein fabelhafter Blick auf das malerische Camden und die Umgebung bietet sich im Rahmen des 45-minütigen Aufstiegs auf den Mt. Battie im **Camden Hills State Park** (☎ 207-236-3109; 280 Belfast Rd/US 1; Erw./Kind 4,50/1 US$; ☺ 7 Uhr–Sonnenuntergang) im Norden Camdens.

Wer Hummer mag (und wer mag die nicht?), sollte keinesfalls das **Maine Lobster Festival** (www.mainelobsterfestival.com; ☺ Anfang Aug.) nahe Rockland versäumen, Neuenglands ultimative Hommage an das knackige Schalentier.

Infos über die Region erhält man bei der **Camden-Rockport-Lincolnville Chamber of Commerce** (☎ 207-236-4404; www.camden me.org; 2 Public Landing; ☺ 9–17 Uhr) nahe dem Hafen.

Das verschlafene Hafenstädtchen Rockport, 2 Meilen (3,2 km) südlich von Camden, ist viel kleiner und friedlicher und vor allem wegen seiner weltberühmten **Maine Media Workshops** (www.mainemedia.edu; 70 Camden St, Rockport) bekannt.

🛏 Schlafen & Essen

Whitehall Inn   INN $$
(☎ 207-236-3391; www.whitehall-inn.com; 52 High St, Camden; Zi. inkl. Frühstück 119–230 US$; ☺ Mai–Okt.; 🕿) Die in Camden aufgewachsene Lyrikerin Edna St. Vincent Millay begann hier ihre Karriere, indem sie Gästen des altmodischen Sommerhotels Gedichte vortrug. Im Salon des Millay Room, in dem auch der Steinway-Flügel steht, auf dem sie einst spielte, kann man nachlesen, wie wild und oft auch tragisch ihr Leben verlief. Die 45 Quartiere mit altmodischem Pensionscharakter verfügen teilweise über viktorianische Streifentapeten, Waschbecken im Zimmer und Klauenfußbadewannen. Schaukelstühle auf der breiten Vorderveranda ermöglichen ein gemütliches abendliches Beisammensein.

★ Shepherd's Pie   AMERIKANISCH $$
(www.shepherdspierockport.com; 18 Central St, Rockport; Hauptgerichte 12–22 US$; ☺ 17 Uhr–open end) Brian Hill, der erfolgreich das Restaurant Francine im benachbarten Camden betreibt, gehört auch dieser zwanglosere kulinarische Tempel mit dunklem Holz und einer verzierten Metalldecke. Auf der Karte gibt es vier große Abschnitte – *Bar Snacks*, *From the Grill*, *Plates* und *Sides* –, sodass man auf einen kleinen Happen reinschauen kann oder gleich eine volle Mahlzeit nimmt. Zur Auswahl stehen die üblichen Verdächtigen mit gewissem Pfiff: eingelegtes saisonales Gemüse, geräucherter Hering, gegrilltes Schweinekotelett mit Apfelsauce und gesalzenem Karamell oder mit Buttermilch-Kartoffeln.

Cappy's   SEAFOOD $$
(www.cappyschowder.com; 1 Main St, Camden; Hauptgerichte 8–17 US$; ☺ 11–23 Uhr; 🕿) Das freundliche, stets beliebte Lokal ist eher für seine Bar und die gesellige Atmosphäre als für sein Essen bekannt, obwohl die Fischsuppe und die anderen einfachen Neuengland-Gerichte ganz ordentlich sind.

Acadia National Park

Der **Acadia National Park** (www.nps.gov/acad), der einzige Nationalpark Neuenglands, schützt eine unberührte Wildnis aus Bergen, steilen Meeresklippen, Stränden mit peitschender Brandung und ruhigen Gewässern. Sowohl Freizeitwanderer als auch Adrenalin-Junkies finden in der spektakulären Landschaft Gelegenheit zu einer Vielzahl von Aktivitäten.

Gegründet wurde der Park 1919 auf Land, das John D. Rockefeller dem National Park Service stiftete, um es vor den Interessen der Holzwirtschaft zu schützen. Heute nutzen Wanderer und Radfahrer dieselben Wege, auf denen Rockefeller einst mit seinem Pferd oder seiner Kutsche unterwegs war. Der über 160 km² große Park umfasst den

DIE SEGEL GESETZT!

An Bord eleganter Windjammer (mehrmastiger Segelschiffe) spürt man den Wind im Haar und erlebt Geschichte hautnah. In den Häfen von Camden und dem benachbarten Rockland warten historische und nachgebaute Windjammer darauf, Passagiere einen Tag oder länger mit auf hohe See zu nehmen.

Zweistündige Fahrten auf der Penobscot Bay (ca. 35 US$, Juni–Okt.) können in der Regel am selben Tag gebucht werden. An Camdens Kai sollte man nach dem 26,2 m langen Holzgroßsegler **Appledore** (☎207-236-8353; www.appledore2.com) und dem Zweimastschoner **Olad** (☎207-236-2323; www.maineschooners.com) Ausschau halten.

Andere Schoner unternehmen zwei- bis sechstägige Trips mit Tierbeobachtungen (Robben, Wale, Papageientaucher), an die sich Teilnehmer noch lange erinnern werden. Standard-Stationen sind der Acadia National Park, kleine Küstenorte und – zwecks Hummerpicknick – Inseln im offenen Meer.

Die **Maine Windjammer Association** (☎800-807-9463; www.sailmainecoast.com) informiert detailliert gleich über mehrere tolle Optionen. Sie repräsentiert 13 historische Windjammer, die teilweise unter Denkmalschutz stehen. Dazu gehört mit der *Lewis R. French* (gebaut 1871) als Amerikas ältestem Windjammer auch der Großvater aller Handelsschoner. Die Törns (2–6 Tage 400–1000 US$) sind sehr günstig, wenn man bedenkt, dass die Preise Kost und Logis beinhalten. Bei mehrtägigen Fahrten ist Reservierung erforderlich. Im Hochsommer sind die Tarife am höchsten. Im Juni sind die langen Tage, die relativ leeren Häfen und niedrigere Preise die Vorteile, eventuell hat man aber kühles Wetter. Wenn das Laub Ende September seine Herbstfarben annimmt, wirkt die Landschaft am allerschönsten.

Großteil der gebirgigen Mt. Desert Island sowie Teile der Schoodic Peninsula und der Isle au Haut. Zu den vielen hiesigen Tierarten zählen Elche, Papageitaucher und Weißkopfseeadler.

👁 Sehenswertes & Aktivitäten

👁 Park Loop Road

Auf der Park Loop Rd, der für Besucher wichtigsten Straße durch den Park, gelangt man zu mehreren Highlights des Acadia National Park. Wer Lust auf ein erfrischendes Bad oder einen Spaziergang am längsten Strand des Nationalparks hat, macht am **Sand Beach** Halt. Etwa 1 Meile (1,6 km) hinter dem Sand Beach erwartet einen das **Thunder Hole**, wo die wilden Wellen des Atlantik mit einer solchen Wucht gegen eine tiefe, enge Felsspalte schlagen, dass sich ein regelrechter Donner ergibt – ganz besonders laut wird's, wenn das Wasser bei Flut zurückkehrt. Blickt man nach Süden, erkennt man die **Otter Cliffs**, eine von Kletterern heiß geliebte Felswand, die senkrecht aus dem Meer emporsteigt. Am **Jordan Pond** stehen ein 1,6 km langer Naturpfad um die Südseite des Sees und ein 5,6 km langer Rundweg um das gesamte Gewässer zur Auswahl. Wenn man beim Wandern Appetit bekommen hat, kann man sich beim entspannten Nachmittagstee auf dem Rasen des Jordan Pond House (S. 264) wieder stärken. Nahe dem Ende der Park Loop Rd führt eine Seitenstraße hinauf zum Cadillac Mountain.

👁 Cadillac Mountain

Den majestätischen Mittelpunkt des Acadia National Park bildet der Cadillac Mountain (466 m), der höchste Küstengipfel in den östlichen USA, zu erreichen über eine 3,5 Meilen (5,6 km) lange Schotterpiste, die von der Park Loop Rd abgeht. Wer das Wandern dem Autofahren vorzieht, kann aus vier **Wanderwegen** aus vier verschiedenen Richtungen wählen. Der Rundblick über den Ozean, die Inseln und die Berge ist zu jeder Tageszeit wunderbar, aber richtig traumhaft wird es hier in der Morgendämmerung, wenn Wagemutige auf die Bergspitze strömen, um den Sonnenaufgang über der Frenchman Bay zu erleben.

👁 Noch mehr Aktivitäten

Kreuz und quer durch den Acadia National Park führen **Wanderwege** von insgesamt fast 200 km Länge. Darunter sind einfache, weniger als 1 km lange Naturwege ohne Anstieg, aber auch Bergstrecken, die über steiles und felsiges Gelände führen. Hervorragend ist der 4,8 km lange Rundweg **Ocean Trail**, der den Sand Beach mit den Otter Cliffs verbindet und einen zu den interessantesten Küstenpunkten im Park bringt. Einen Führer, in dem alle Wanderwege beschrieben sind, erhält man im Vistor Center.

Die insgesamt fast 72 km langen befahrbaren Straßen im Park werden gerne zum **Radfahren** genutzt. Hochwertige Mountainbikes, die zu Beginn jeder Saison ausgetauscht werden, kann man bei **Acadia Bike** (207-288-9605; www.acadiabike.com; 48 Cottage St; 22 US$/Tag; 8–20 Uhr) mieten.

Ein atemberaubendes Erlebnis ist es, auf den Meeresklippen und den Bergen des Parks zu **klettern**. Die Ausrüstung dafür erhält man bei **Acadia Mountain Guides** (207-288-8186; www.acadiamountainguides. com; 228 Main St, Bar Harbor; Halbtagesausflug 75–140 US$; Mai–Okt.); die Preise beinhalten Führung und Ausrüstung.

Im Park gibt's auch unzählige, **von Rangern geleitete Programme**, z.B. Wanderungen durch die Natur, Vogelbeobachtungstouren und Exkursionen speziell für Kinder. Den täglichen Veranstaltungsplan erhält man im Vistor Center (s. rechte Spalte). Informationen zum Kajakfahren und zu weiteren Aktivitäten findet man im Abschnitt zu Bar Harbor (S. 265).

🛏 Schlafen & Essen

Die beiden Waldcampingplätze des Parks verfügen jeweils über fließendes Wasser, Duschen und Grillstellen.

Nur 1 Meile (1,6 km) vom Park entfernt liegt Bar Harbor mit vielen Restaurants, Inns und Hotels.

Acadia National Park Campgrounds CAMPING **$**
(877-444-6777; www.nps.gov/acad; Zeltstellplatz 14–24 US$) Einige Stellplätze auf dem 4 Meilen (6,4 km) südlich von Southwest Harbor gelegenen Campingplatz **Seawall** kann man reservieren, andere nicht. Der ganzjährig bestehende Campingplatz **Blackwoods** liegt 5 Meilen (8 km) südlich von Bar Harbor an der ME 3 und erfordert im Sommer grundsätzlich eine Reservierung. Beide Campingplätze verfügen über sanitäre Anlagen und Bezahlduschen und liegen in dichtem Waldgebiet, aber nur einige Gehminuten vom Meer entfernt.

Jordan Pond House AMERIKANISCH **$$**
(207-276-3316; www.thejordanpondhouse.com; Nachmittagstee 9,50 US$, Hauptgerichte 10–

28 US$; Mitte Mai–Okt. 11.30–21 Uhr) Seit dem späten 19. Jh. ist der Nachmittagstee in diesem hüttenartigen Teehaus eine Tradition. Zu den dampfenden Kannen mit Earl Grey gibt's warme Popover (hohle Brötchen aus Pfannkuchenteig) und Erdbeermarmelade. Man isst draußen auf dem großen Rasen mit Blick auf den See. Als einziges Restaurant im Park bietet das Jordan Pond auch ausgefallene, aber oft mittelmäßige Mittags- und Abendgerichte.

❶ Praktische Informationen

Granitfelsen und ein atemberaubender Blick auf die Küste begrüßen den beim Betreten des Acadia National Park. Der Park ist ganzjährig zugänglich, allerdings sind die Park Loop Rd und die meisten Einrichtungen im Winter gesperrt bzw. geschlossen. Zwischen 1. Mai und 31. Oktober wird Eintritt erhoben, der für sieben aufeinanderfolgende Tage gilt und zwischen Mitte Juni und Anfang Oktober pro Fahrzeug 22 US$ (ansonsten 10 US$) und für Radfahrer bzw. Wanderer 12 US$ beträgt.

Beginnen sollte man seine Erkundungstour am **Hulls Cove Visitor Center** (207-288-3338; ME 3; Parkeintritt f. 7 Tage 22 US$/Fahrzeug, Wanderer & Radfahrer 12 US$; Mitte April–Mitte Juni & Okt. 8–16.30 Uhr, Mitte Juni–Aug. bis 18 Uhr, Sept. bis 17 Uhr), von wo aus die 20 Meilen (32 km) lange Park Loop Rd den östlichen Abschnitt des Parks umrundet.

❶ Anreise & Unterwegs vor Ort

Acht praktische Shuttle-Bus-Linien von **Island Explorer** (www.exploreacadia.com; Ende Juni–Anfang Okt.) bedienen den ganzen Acadia National Park und das benachbarte Bar Harbor. Dabei verbinden sie Weganfänge, Campingplätze und Unterkünfte miteinander.

Bar Harbor

Der reizvolle Küstenort in nächster Nähe zum Acadia National Park konkurrierte einst mit Newport (Rhode Island) um die Rolle des bevorzugten Sommerferienorts der reichen Amerikaner. Viele der alten Villen sind mittlerweile zu einladenden Inns umgebaut worden, während das Städtchen zum Mekka für Outdoor-Fans geworden ist. Direkt vor der Verbindungsbrücke nach Mt. Desert Island betreibt die **Bar Harbor Chamber of Commerce** (207-288-5103; www.barharbormaine.com; 1201 Bar Harbor Rd/ME 3, Trenton; Ende Mai–Mitte Okt. 8–18 Uhr, Mitte Okt.–Ende Mai Mo–Fr bis 17 Uhr) ein nützliches Welcome Center.

🏃 Aktivitäten

Bar Harbor Whale Watch Co.   BOOTSFAHRT
(☎207-288-2386; www.barharborwhales.com; 1
West St; Erw. 34–64 US$, Kind 22–34 US$; ⊘Mitte
Mai–Okt.) Bietet u. a. vierstündige Touren zur
Beobachtung von Walen und Papageitau-
chern an.

Downeast Windjammer Cruises   BOOTSFAHRT
(☎207-288-4585; www.downeastwindjammer.com;
27 Main St; Erw./Kind 40/30 US$) Veranstaltet
zweistündige Rundfahrten an Bord des majestätischen 46 m langen Viermaster-Scho-
ners *Margaret Todd.*

Acadian Nature Cruises   BOOTSFAHRT
(☎207-288-2386; www.acadiannaturecruises.com;
1 West St; Erw./Kind 28/17 US$; ⊘Mitte Mai–Okt.)
Bei den zweistündigen kommentierten
Rundfahrten sieht man Wale, Schweinswale,
Weißkopfseeadler, Robben und vieles mehr.

🛌 Schlafen

In Bar Harbor gibt es keinen Mangel an Unterkünften – von altmodischen B&Bs bis hin
zu den üblichen Kettenhotels.

Bar Harbor Youth Hostel   HOSTEL $
(☎207-288-5587; www.barharborhostel.com; 321
Main St; B/Zi. 27/82 US$; ☎) Das hübsche,
freundliche, sehr saubere Hostel in einem
umgebauten Wohnhaus ein paar Blocks südlich vom Dorfanger bietet einfache, nach Ge-
schlechtern getrennte Schlafsäle für je zehn
Personen und ein Privatzimmer für vier.

Holland Inn   B&B $$
(☎207-288-4804; www.hollandinn.com; 35 Holland
Ave; Zi. inkl. Frühstück 95–185 US$; ☎) In einem
ruhigen Wohnviertel und in Gehweite zum
Zentrum. Das B&B hat neun heimelige,
schlichte Zimmer in einem restaurierten
Haus von 1895 und in dem Cottage neben-
an. Die Stimmung ist so zwanglos, dass man
sich wie im Haus eines guten Freundes fühlt.

Aysgarth Station Inn   B&B $$
(☎207-288-9655; www.aysgarth.com; 20 Roberts
Ave; Zi. inkl. Frühstück 115–165 US$; ❋) Das B&B
von 1895 in einer Seitenstraße hat sechs nette Zimmer mit heimeligem Flair. Das *Tan
Hill*-Zimmer im 3. Stock punktet mit einem
tollen Blick auf den Cadillac Mountain.

🍴 Essen

Cafe This Way   AMERIKANISCH $$
(☎207-288-4483; www.cafethisway.com; 14½
Mount Desert St; Hauptgerichte morgens 6–9 US$,

abends 15–25 US$; ⊘Mo–Sa 7–11.30, So 8–13,
tgl. 17.30–21 Uhr; ✍) Das witzige Lokal in
einem großen weißen Cottage ist perfekt
fürs Frühstück: Es gibt dicke Pancakes mit
Blaubeeren aus Maine und Eggs Benedict
mit Räucherlachs. Abends kommen diverse
raffinierte Gerichte wie gebratene Ente mit
Blaubeeren, Kürbis auf marokkanische Art
und Thunfisch-Tempura auf den Tisch. Man
sitzt im Garten.

2 Cats   CAFÉ $$
(☎207-288-2808; www.2catsbarharbor.com; 130
Cottage St; Hauptgerichte 8–19 US$; ⊘7–13 Uhr;
✍) Am Wochenende stehen die Leute in
dem sonnigen, künstlerisch angehauchten
kleinen Café wegen der Omeletts mit Räu-
cherforelle und hausgemachten Muffins
Schlange. Mittags geht's mit Burritos, Meeresfrüchten und dergleichen etwas deftiger
zu. Im Souvenirladen gibt's Andenken mit
dem Katzen-Logo.

Mâche Bistro   FRANZÖSISCH $$$
(☎207-288-0447; www.machebistro.com; 135
Cottage St; Hauptgerichte 18–28 US$; ⊘Mo–Sa
17–22.30 Uhr) Das wohl beste Restaurant in
Bar Harbor serviert moderne, französisch
angehauchte Gerichte in einem schick re-
novierten Cottage. Die ständig wechselnde
Karte setzt auf den Reichtum der Region:
Muscheln mit Kürbiskernen, Fladenbrot mit
Hummer und Brie sowie Trifle mit wilden
Blaubeeren. Spezialcocktails sorgen für zu-
sätzlichen Anreiz. Reservierung absolut un-
erlässlich!

Downeast Maine

Der mehr als 900 Meilen (1450 km) lange
Küstenstreifen, der nordöstlich von Bar Har-
bor verläuft, ist kaum bewohnt. Hier geht es
gemächlicher zu, und es ist nebliger als im
Süden und Westen von Maine. Zu den High-
lights gehören die **Schoodic Peninsula**,
deren Spitze Teil des Acadia National Parks
ist, die Hummerfischerdörfer **Jonesport**
und **Beals** sowie **Great Wass Island**, ein
Naturreservat mit Wanderwegen und guten
Vogelbeobachtungsmöglichkeiten – hier hat
man sogar die Chance, Papageientaucher zu
sichten.

   Machias ist das wirtschaftliche Zentrum
dieser Küstengegend. Hier hat auch die Uni-
versity of Maine eine Abteilung. **Lubec** liegt
beinahe am östlichsten Punkt der USA. Eine
beliebte Beschäftigung von Travellern ist
es, den Sonnenaufgang im nahe gelegenen

Quoddy Head State Park zu beobachten, damit sie hinterher sagen können, sie waren die ersten im Land, die die Sonne gesehen haben.

Das Landesinnere Maines

Der nur spärlich besiedelte Norden und Westen von Maine ist ein raues Gebiet. Raftingmöglichkeiten, Wanderwege hinauf zum höchsten Berg von Maine und der Skiort Bethel machen diese Region bei Abenteurern aber sehr beliebt.

Sabbathday Lake

Die einzige aktive amerikanische Shaker-Gemeinde lebt 25 Meilen (40,2 km) nördlich von Portland am Sabbathday Lake. Sie wurde als eine Glaubensgemeinschaft im frühen 18. Jh. gegründet, und eine Handvoll Anhänger bewahrt die Shaker-Tradition eines einfachen Lebens, der harten Arbeit und der Herstellung feinen Kunsthandwerks noch immer. Besucher des **Shaker Museum** (☏207-926-4597; www.shaker.lib.me.us; Erw./Kind 6,50/2 US$; ☉Ende Mai–Mitte Okt. Mo–Sa 10–16.30 Uhr) können ein paar ihrer Gebäude besichtigen. Um hierher zu kommen, die Maine Turnpike an Exit 63 verlassen und der ME 26 über 8 Meilen (12,8 km) nordwärts folgen!

Bethel

Die ländliche Gemeinde Bethel an der ME 26 versteckt sich 12 Meilen (19,3 km) östlich von New Hampshire in Maines bewaldeten Hügeln. Hier wartet ein reizvoller Mix aus Berglandschaft, Outdoor-Abenteuern und Unterkünften mit gutem Preis-Leistungs-Verhältnis. Die **Bethel Area Chamber of Commerce** (☏207-824-2282; www.bethelmaine.com; 8 Station Pl; ☉Mo–Fr 9–17 Uhr) liefert Besucherinfos.

🏃 Aktivitäten

Bethel Outdoor Adventure   KAJAKFAHREN
(☏207-824-4224; www.betheloutdooradventure.com; 121 Mayville Rd/US 2; Kajak/Kanu pro Tag 46/67 US$; ☉8–18 Uhr) Der Anbieter im Zentrum vermietet Kanus, Kajaks und Fahrräder und vermittelt Kurse, geführte Touren und Shuttles zum und vom Androscoggin River.

Grafton Notch State Park   WANDERN & TREKKEN
(☏207-824-2912; ME 26) Der Park nördlich von Bethel empfängt Wanderlustige mit ei-ner hübschen Berglandschaft, mit Wasserfällen und mit einer Vielzahl verschieden langer Pfade.

Sunday River Ski Resort   SKIFAHREN
(☏800-543-2754; www.sundayriver.com; ME 26; Liftticket ganzer Tag Erw./Kind 13–18/Kind bis 12 & Senior 87/69/56 US$, halber Tag 63/55/45 US$; 🅿) Das 6 Meilen (9,6 km) nördlich von Bethel an der ME 5/26 gelegene Skigebiet umfasst acht Berge und 132 Pisten mit 16 Skiliften. Es gilt als eines der besten Skizentren für Familien in der ganzen Region. Auch im Sommer sind hier viele Aktivitäten möglich: beispielsweise Sessellift fahren, Kanu fahren oder Geländewagentouren. Einen Mountainbike-Park gibt es ebenfalls. Die zwei riesigen Berghütten bieten mehr als 400 Zimmer.

🛌 Schlafen

⭐**Chapman Inn**   B&B $
(☏207-824-2657; www.chapmaninn.com; 2 Church St; B inkl. Frühstück 35 US$, Zi. 89–129 US$; 🛜) Das von einem freundlichen Globetrotter-Rentner betriebene geräumige Gästehaus im Zentrum hat jede Menge Charakter. Die neun privaten Zimmer sind mit Blumenbildern und Antiquitäten ausgestattet, und die schon leicht durchgetretenen Dielen zeugen vom hohen Alter des Hauses. Im gemütlichen Gemeinschaftsbereich sorgen *Monopoly* und andere Spiele für Unterhaltung an Regentagen. Im Winter quartieren sich Skifahrer in dem gemütlichen Schlafsaal ein, zu dem auch ein mit Holz verkleidetes Spielezimmer mit einem Elchkopf als Deko gehört. Das Frühstück, bestehend aus vielen hausgemachten Backwaren und nach Gästewunsch zubereiteten Omeletts, gibt einem viel Kraft für den Tag auf den Skipisten. Ach, und sollte man einen kalten Luftzug verspüren, so ist das wahrscheinlich nur der herumspukende Geist der kleinen Abigail Chapman, der Tochter der Besitzer des Hauses im 19. Jh.

Sudbury Inn & Suds Pub   INN $$
(☏207-824-2174; www.sudburyinn.com; 151 Main St; Zi. inkl. Frühstück 99–159 US$; ❄) Das historische Gästehaus mit 17 Zimmern ist die beste Unterkunft in Bethels Zentrum. Seine Hauskneipe kann mit Pizza, 29 Fassbiersorten und Liveunterhaltung am Wochenende aufwarten. Ein super Abendrestaurant (Hauptgerichte 18–26 US$) mit Schwerpunkt auf Regionalspezialitäten ist ebenfalls vorhanden.

Caratunk & The Forks

Wildwasserrafting vom Feinsten bietet der **Kennebec River** unterhalb des Harris Dam, wo das Wasser durch eine spektakuläre, über 19 km lange Schlucht schießt. Stromschnellen mit Namen wie Whitewasher und Magic Falls versprechen adrenalinegeschwängerte abenteuerliche Flussfahrten – und das halten sie auch!

Die benachbarten Dörfer Caratunk und The Forks, südlich von Jackman am US 201 gelegen, sind die Raftingzentren am Kennebec River. Rafter finden hier tosende Stromschnellen und nervenaufreibende Wasserfälle vor, aber auch ruhigere Gewässer, in die sich schon Kinder (ab 7 Jahren) trauen dürfen. Für eine ganztägige Raftingtour bezahlt man zwischen 75 und 130 US$ pro Person. Möglich sind auch mehrtägige Pauschaltouren mit Übernachtung im Zelt oder in einer Hütte.

Zuverlässige Veranstalter sind: **Crab Apple Whitewater** (☎ 800-553-7238; www.crabapplewhitewater.com) und **Three Rivers Whitewater** (☎ 877-846-7238; www.threeriverswhitewater.com).

Baxter State Park

In einem abgelegenen Waldgebiet im Norden von Maine liegt der **Baxter State Park** (☎ 207-723-5140; www.baxterstateparkauthority.com; 14 US$/Auto), der den gesamten Mt. Katahdin (1608 m) einschließt – Maines höchsten Berg und den nördlichen Endpunkt des 2160 Meilen (rund 3480 km) langen **Appalachian Trail** (www.nps.gov/appa). In dem riesigen Park mit einer Größe von fast 85 ha herrscht noch pure Wildnis: keine Elektrizität, kein fließendes Wasser (eigenes Wasser oder einen Filter zum Reinigen des Flusswassers mitbringen!). Die Chancen stehen nicht schlecht, Elche, Rehe und Schwarzbären zu sehen. Im Baxter Park gibt's Wanderwege, auch auf den Mt. Katahdin. Frühaufsteher mit guter Kondition schaffen Hin- und Rückweg an einem Tag.

In Millinocket südlich des Baxter State Park gibt's Motels, Stellplätze, Lokale und Outfitter für Rafting und Kajakfahrten auf dem Penobscot River. Näheres gibt's bei der **Katahdin Area Chamber of Commerce** (☎ 207-723-4443; www.katahdinmaine.com; 1029 Central St, Millinocket).

Washington, D.C. & Capital Region

Gut essen

➡ Woodberry Kitchen
(S. 311)

➡ Central Michel Richard
(S. 296)

➡ Rasika (S. 296)

➡ Inn at Little Washington
(S. 346)

➡ Julep's (S. 333)

Schön übernachten

➡ Hay-Adams Hotel (S. 292)

➡ Jefferson Hotel (S. 332)

➡ Colonial Williamsburg
Historic Lodging (S. 335)

➡ Cottages at Indian River
Marina (S. 321)

➡ Inn at 2920 (S. 310)

Auf nach Washington, D.C.!

Egal, wie man politisch stehen mag, es fällt schwer, nicht dem Charme der US-Hauptstadt zu verfallen. Symbolträchtige Denkmäler, riesige Museen und tolle Restaurants sind nur der Anfang des großartigen Erlebnisses D.C. Es gibt viel zu entdecken: schattige Viertel mit Kopfsteinpflaster, quirlige Märkte und Parks – und die Alleen der Macht, wo sich politische Visionäre und Demagogen tummeln.

Jenseits des Beltway, der Ringstraße rund um die Stadt, bietet die vielfältige Landschaft von Maryland, Virginia, West Virginia und Delaware einen starken Anreiz, die Hauptstadt zu verlassen. Schroffe Bergzüge, tosende Flüsse, Naturschutzgebiete, lebhafte Strände, historische Dörfer und die herrliche Chesapeake Bay bilden den Rahmen für unvergessliche Abenteuer: segeln, wandern, raften, campen oder einfach nur am Ufer sitzen und träumen. Es ist eine Region tief verwurzelter Traditionen, von der Geburtsstätte einer Nation bis zu Virginias immer noch blühender Bluegrass-Szene.

Reisezeit
Washington D.C.

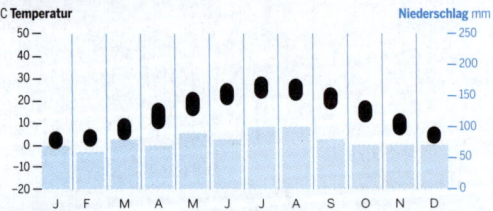

März–April Während D.C.s beliebtestem Festival locken die Kirschblüten Besuchermassen an.

Juni–Aug. Hochsaison an den Stränden – hohe Hotelpreise und kaum freie Unterkünfte.

Sept.–Okt. Weniger Menschen, niedrigere Preise, angenehmeres Klima und herbstliche Farben.

Unterwegs vor Ort

Die Region hat drei große Flughäfen: Washington Dulles International Airport (IAD), Ronald Reagan Washington National Airport (DCA) und Baltimore/Washington International Thurgood Marshall Airport (BWI). Der Norfolk International Airport (ORF) und der Richmond International Airport (RIC) sind kleinere, lokale Verkehrsknotenpunkte.

Zugreisen sind auch in einige Gegenden möglich. Die Linien betreibt **Amtrak** (www.amtrak.com). Von D.C. aus sind u. a. zu erreichen: Baltimore, MD; Wilmington, DE; Harpers Ferry, WV; sowie Manassas, Fredericksburg, Richmond, Williamsburg, Newport News und Charlottesville in Virginia.

GUT ZU WISSEN

Im D.C. gibt es eine Menge toller Museen und es ist fast nicht möglich, sie alle zu besichtigen – selbst wenn man zwei Wochen in der Hauptstadt verbringt. Bei einigen Sehenswürdigkeiten wie dem Washington Monument, dem US Holocaust Memorial Museum und dem Ford's Theatre ist die Besucherzahl begrenzt; wer diese nicht verpassen will, sollte das Motto „Der frühe Vogel fängt den Wurm" beherzigen.

Neben dem herrlichen Restaurant des Museum of the American Indian gibt es entlang der Mall kaum Möglichkeiten, um einen Happen zu essen. Tipp: zuerst auf dem Eastern Market vorbeischauen und sich für ein Picknick später am Tag (an der Mall oder rund um das Tidal Basin) versorgen!

Auf ein Auto kann man getrost verzichten … und sollte dies auch tun: Die Metro ist ausgezeichnet und Autofahren in der Stadt ein teurer Spaß. Wer sein Auto über Nacht abstellen muss, wird mindestens 25 US$ los.

Top Five: Nationalparks

➡ Der New River Gorge National River ist ein wahres Paradies und zudem die Heimat der Weißwedelhirsche und Schwarzbären. Toll für Rafting-Abenteuer.

➡ Der spektakuläre Shenandoah National Park in den Blue Ridge Mountains eignet sich herrlich zum Wandern und Campen, z. B. am Appalachian Trail.

➡ Assateague Island National Seashore und Chincoteague Island bezaubern mit ihrer wunderschönen Küstenlandschaft, in der großartige Blaureiher, Fischadler, Blaukrabben und Wildpferde zu Hause sind.

➡ Der George Washington und der Jefferson National Forest schützen mehr als 3385 km² Wälder und Gebirge, die an das Shenandoah Valley grenzen.

➡ Die berühmten Schlachtfelder von Virginia sind ebenfalls Teil des Parknetzes. Antietam und Manassas eignen sich am besten, um sich mit den schwärzesten Stunden Amerikas vertraut zu machen.

NICHT VERSÄUMEN!

Liebhaber von Meeresfrüchten finden hier ihr Schlaraffenland. Der Maine Avenue Fish Market (S. 294) in D.C. ist legendär. Auch in Baltimore, Annapolis und an Marylands Ostküste gibt's 1A-Seafood.

WASHINGTON, D.C. & CAPITAL REGION

Kurzinfos

➡ **Größte Städte** Washington, D.C. (632 000 Ew.), Baltimore (620 000 Ew.), Virginia Beach (442 700 Ew.)

➡ **Entfernungen von D.C.** Baltimore 40 Meilen (64 km), Williamsburg 152 Meilen (245 km), Abingdon 362 Meilen (583 km)

➡ **Zeitzone** Eastern Standard Time (= MEZ –6 Std.)

Schon gewusst?

➡ Thomas Jefferson war einer von vielen, die in Virginia Wein herstellten. Heute heimsen die mehr als 192 Weingüter Virginias bei den internationalen Preisverleihungen Bestnoten ein.

Infos im Internet

➡ **Washington** (www. washington.org) Übersicht kommender Events und Detailinfos zu D.C.

➡ **The Crooked Road** (www. thecrookedroad.org) Das Tor zur Route durch Virginias musikalisches Erbe.

➡ **Virginia Wine** (www.virginiawine.org) Unentbehrlich für die Planung einer Reise durch die Weinbaugebiete.

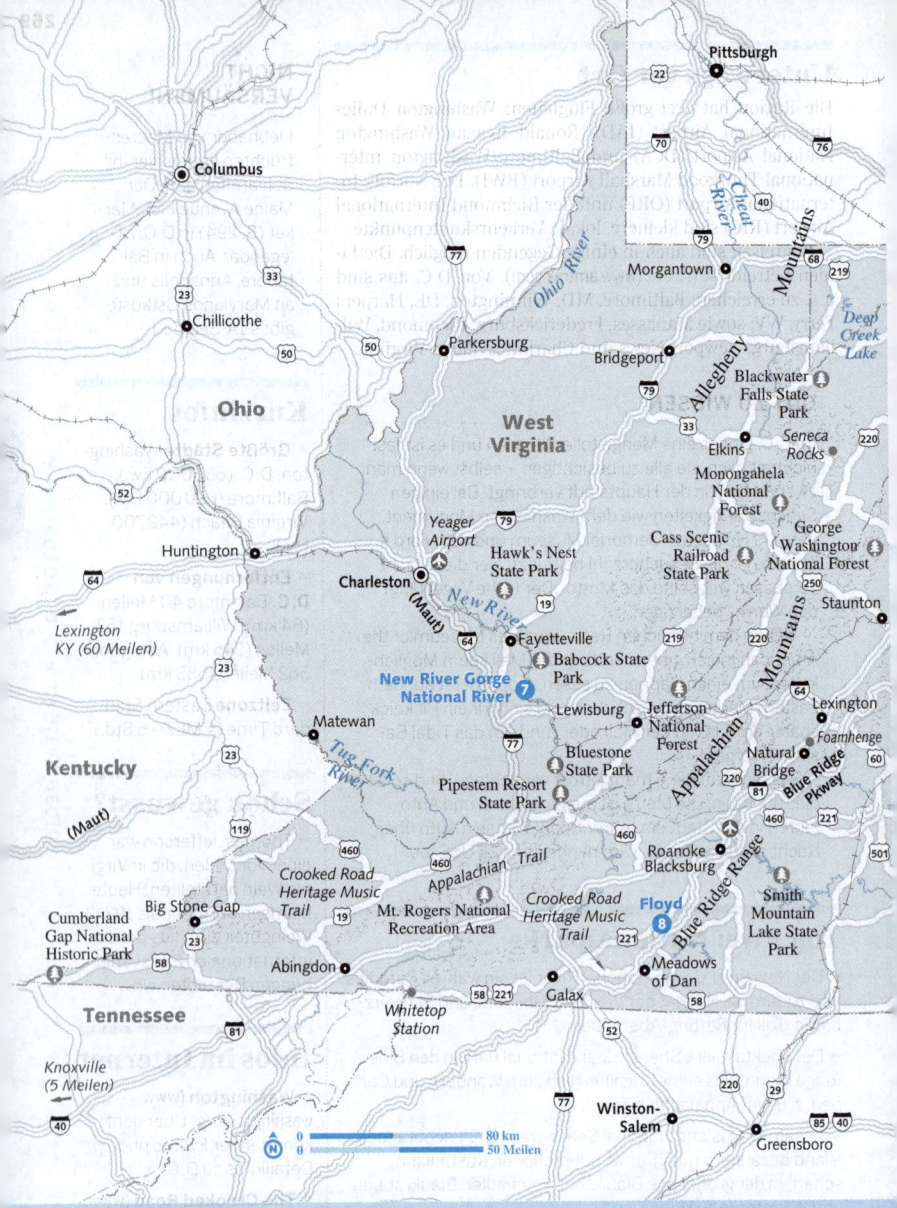

Highlights

1 Washingtons Museen der **Smithsonian Institution** besuchen (S. 283), danach den Sonnenuntergang über dem **Lincoln Memorial** (S. 281) genießen

2 Amerikas Wurzeln im Freilichtmuseum **Colonial Williamsburg** aufspüren (S. 334)

3 Die maritime Vergangenheit der Region in einer Kneipe im Hafenviertel von **Fell's Point** (S. 309), Baltimore, entdecken

4 Eine Spritztour auf dem **Skyline Drive** (S. 344) machen, dann wandern und im

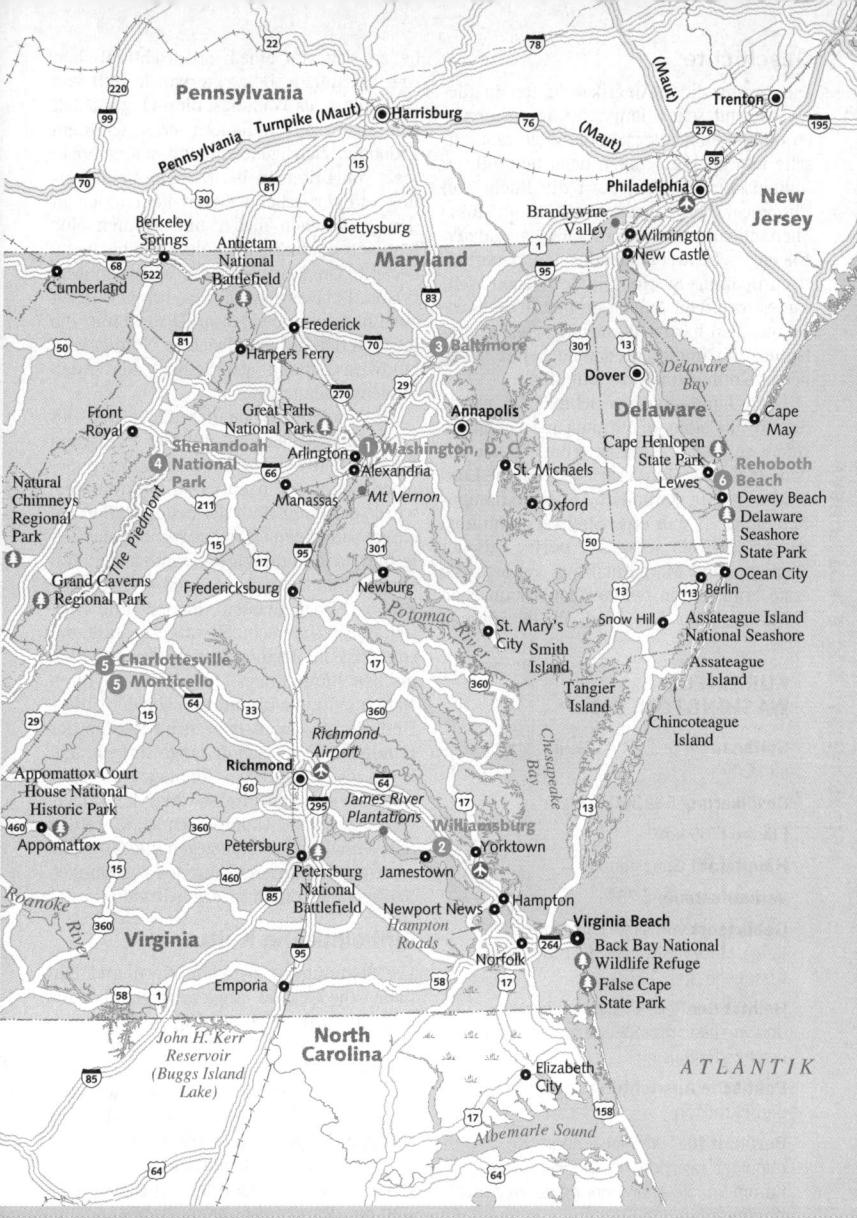

Shenandoah National Park (S. 344) unter dem Sternenhimmel übernachten

5 Die Meisterwerke von Thomas Jefferson in **Monticello** (S. 342) und in der **University of Virginia** (S. 3417) in Charlottesville bewundern

6 Die Strandpromenade des familien- und schwulenfreundlichen **Rehoboth Beach** (S. 321) entlang schlendern

7 Auf dem **New River Gorge National River** (S. 354) in Fayetteville raften

8 Den Rhythmus der Holzschuhtänzer auf einer Feier in **Floyd, VA** (S. 350) spüren

Geschichte

Die Ureinwohner Amerikas lebten in dieser Gegend schon lange, bevor die ersten europäischen Siedler kamen. Viele geografische Landmarken tragen noch heute ihren indianischen Namen, etwa die Bucht von Chesapeake, die Appalachen oder die Flüsse Shenandoah und Potomac. 1607 gründeten 108 englische Kolonisten die erste dauerhafte europäische Siedlung in der Neuen Welt: Jamestown. Von Anfang an hatten die Siedler mit dem harten Winter, Hunger, Krankheiten und immer wieder auch mit feindlichen Ureinwohnern zu kämpfen.

Doch Jamestown überlebte. 1624 wurde die Royal Colony of Virginia ins Leben gerufen, zehn Jahre später gründete der vor dem englischen Bürgerkrieg geflohene Lord Baltimore eine katholische Kolonie namens Maryland. Es gab eine Stadtversammlung, zu der auch ein schwarzer portugiesischer Seemann und Margaret Brent gehörte, die erste Frau, die in der nordamerikanischen Politik gewählt hat. Und alle zusammen ließen sich von einem spanisch-jüdischen Arzt behandeln. Delaware wurde 1631 von Holländern als Walfangstation eingerichtet, von ansässigen Indianern praktisch dem Erdboden gleichgemacht und später nochmals von Briten in Besitz genommen. Aus England vertriebene Kelten ließen sich in den Appalachen nieder und schufen eine komplett unabhängige Kultur, die bis heute besteht. Grenzstreitigkeiten zwischen Maryland, Delaware und Pennsylvania führten zur Entstehung der Mason-Dixon-Linie, die letztlich den industrialisierten Norden vom landwirtschaftlich geprägten, sklavenhaltenden Süden trennte.

1781 endete der handgreifliche Teil des Unabhängigkeitskriegs mit der britischen Kapitulation bei Yorktown. Um die regionalen Spannungen etwas zu entkrampfen, wurde die Hauptstadt der neuen Nation auf einem sumpfigen Gebiet gegründet, das Teile Marylands und Virginias umfasste: Washington im District of Columbia (D.C.) war geboren. Doch Klassen-, Rassen- und wirtschaftliche Unterschiede waren zu stark und so zerriss die Region während des Amerikanischen Bürgerkriegs (1861–1865) an ihren Nähten. Virginia trennte sich von der Union. Und die verarmten Bauern im Westen des Bundesstaates – schon lange aufgebracht gegen die affektierten Plantagenbesitzer – trennten sich von Virginia. Maryland dagegen blieb in der Union, doch seine weißen Sklavenhalter polterten gegen die Nordstaatentruppen, während Tausende von Dunkelhäutigen der Unionsarmee beitraten.

KURZINFOS WASHINGTON, D.C.

Spitznamen D.C., The District, Chocolate City

Bevölkerung 632 300 Ew.

Fläche 1769 km²

Hauptstadt Ganz genau!

Verkaufssteuer 5,75 %

Geburtsort von Duke Ellington (1899–1974), Marvin Gaye (1939–1984), Dave Chappelle (geb. 1973)

Heimat der Redskins, Kirschblüten und von allen drei Säulen der amerikanischen Regierung

Politische Ausrichtung überwiegend demokratisch

Berühmt für Nationalsymbole, Kriminalität, feiernde Praktikanten, den Kampf um die Anerkennung durch den Kongress

Inoffizielles Motto und Nummernschildspruch *Taxation without Representation* (Besteuerung ohne Repräsentation)

Entfernungen Washington D.C.–Baltimore 40 Meilen (64,5 km), Washington D.C.–Virginia Beach 210 Meilen (338 km)

Einheimische Kultur

Die Spannungen zwischen Nord und Süd haben die Gegend lange geprägt. Aber die Region wurde auch ständig zerrissen zwischen dem aristokratischen Anspruch der Oberklasse Virginias, Bergleuten, Seeleuten, Immigrantengemeinden und den stets wechselnden Herrschern von Washington. Seit dem Bürgerkrieg hat sich die regionale Wirtschaft weg von Landwirtschaft und Produktion hin zu Hightech, Dienstleistungen und Bundesverwaltung verschoben.

Viele Afroamerikaner sind als Sklaven oder Flüchtlinge auf der Suche nach Freiheit in die Capital Region gekommen. Heute bilden Afroamerikaner immer noch die präsente Unterschicht der großen Städte, in der Klasse der Benachteiligten konkurrieren sie aber mit lateinamerikanischen Einwanderern, meistens aus Mittelamerika.

DIE CAPITAL REGION IN ...

... einer Woche

Zunächst folgt man am besten der zweitägigen Route durch Washington, D.C. (S. 281), und verbringt dann einen Tag im unterschätzten **Baltimore**, um sich daraufhin zur traumhaften **Ostküste** Marylands und den **Stränden von Delaware** aufzumachen. Anschließend geht's nach Süden, wo man durch den Bridge-Tunnel der Chesapeake Bay fährt und eine Zeitreise durch die Geschichte Virginias unternimmt: ein Besuch im Geburtsort der Nation in **Jamestown** und eine Wanderung durch **Williamsburg** aus dem 18. Jh., gefolgt vom **Appomattox Court House**, Ort der Kapitulation der Armee Nord-Virginias im Bürgerkrieg und heutige Gedenkstätte. Danach führt ein Schlenker nach Norden durch **Richmond**, wo Studenten, Dixie-Aristokraten und Stadtviertel der Afroamerikaner ein faszinierendes Ganzes bilden, bevor es schließlich wieder zurück nach Washington geht.

... zwei Wochen

In **Charlottesville** lernt man die aristokratische Seele Virginias kennen (und eine gute Restaurant- und B&B-Szene). Danach fährt man durch dessen gebirgiges Rückgrat durch **Staunton**, **Lexington** und **Roanoke**. Um eine Kostprobe der besten Bluegrass-Musik des Landes zu bekommt, folgt man an einem Wochenende der **Crooked Road**. Die Route führt weiter durch West Virginia. Hier sollte man im **Monongahela National Forest** einen Stopp einlegen, um zu wandern, zu mountainbiken oder Ski zu fahren. Anschließend kann man noch in der **New River Gorge** raften, bevor es über die heiligen Schlachtfelder von **Antietam** zurück nach Washington geht.

Am anderen Ende des Spektrums ziehen die Elfenbeintürme der Weltklasseunis und Forschungseinrichtungen – etwa das National Institute of Health – die Intelligenzia der ganzen Welt an. Die Highschools sind oft voll mit Kindern von Wissenschaftlern und Beratern, die bei einigen der angesehensten Denkfabriken des Globus arbeiten.

All das hat sich zu einer Kultur verwoben, die unglaublich vielschichtig ist: anspruchsvoll wie ein Journalistenbuchclub, erdverbunden wie die Bluegrass-Festivals in Virginia und verschmolzen mit dem Herzschlag des urbanen Amerika wie Tupac Shakur, Go-Go, Baltimore Club Housemusic und DC Hardcore Punk. Und dann ist da natürlich immer noch die Politik, eine Sache, die hier beständig unter der Oberfläche brodelt.

WASHINGTON, D.C.

Dies ist eine unheimlich tolle Stadt! Egal, was man glaubt, dass Washington, D.C. wäre, es ist mehr als das. Eine Hauptstadt der Workaholics? Eindeutig! Es genügt zu beobachten, wie die Praktikanten über den Capitol Hill wuseln, die Mitglieder der Denkfabriken nach einer beruflichen Position suchen und die Lobbyisten an ihren Handys hängen. Ein Paradebeispiel monumentaler Würde? Zweifelsohne, wenn man die breiten Boulevards, die symbolträchtigen Denkmäler, die zahllosen Museen und die romantischen Ausblicke über den Potomac betrachtet.

Außerdem ist D.C. weit mehr als nur ein Museumsstück oder der marmorne Hintergrund für die Abendnachrichten. Es besitzt von Bäumen bestandene Wohnviertel, ein pulsierendes Theaterleben, eine internationale Küche, eine große Zahl von Einwanderern und eine Dynamik, die nicht an der Oberfläche bleibt. In der Stadt wächst die Zahl der Märkte, der kopfsteingepflasterten historischen Straßen und es gibt hier mehr Leistungsträger und talentierte Typen als in jeder anderen Stadt dieser Größe.

D.C. hat aber auch eine Unterschicht, deren Angehörige in Armut leben, und eine hohe Kriminalitätsrate (obwohl sich die diesbezüglichen Zahlen gebessert haben) sowie ein hohes Preisgefälle. D.C. erlebt seit den späten 1990er-Jahren eine umfassende Gentrifizierung. Mit Ausnahme einiger Einzeljahre sank die Kriminalitätsrate, während die Lebenshaltungskosten stiegen, obwohl dieser Prozess mit einem Wegzug vieler Afroamerikaner in die Vororte von Maryland und Virginia einherging. Die Lebenshaltungskosten in D.C. gehören zu

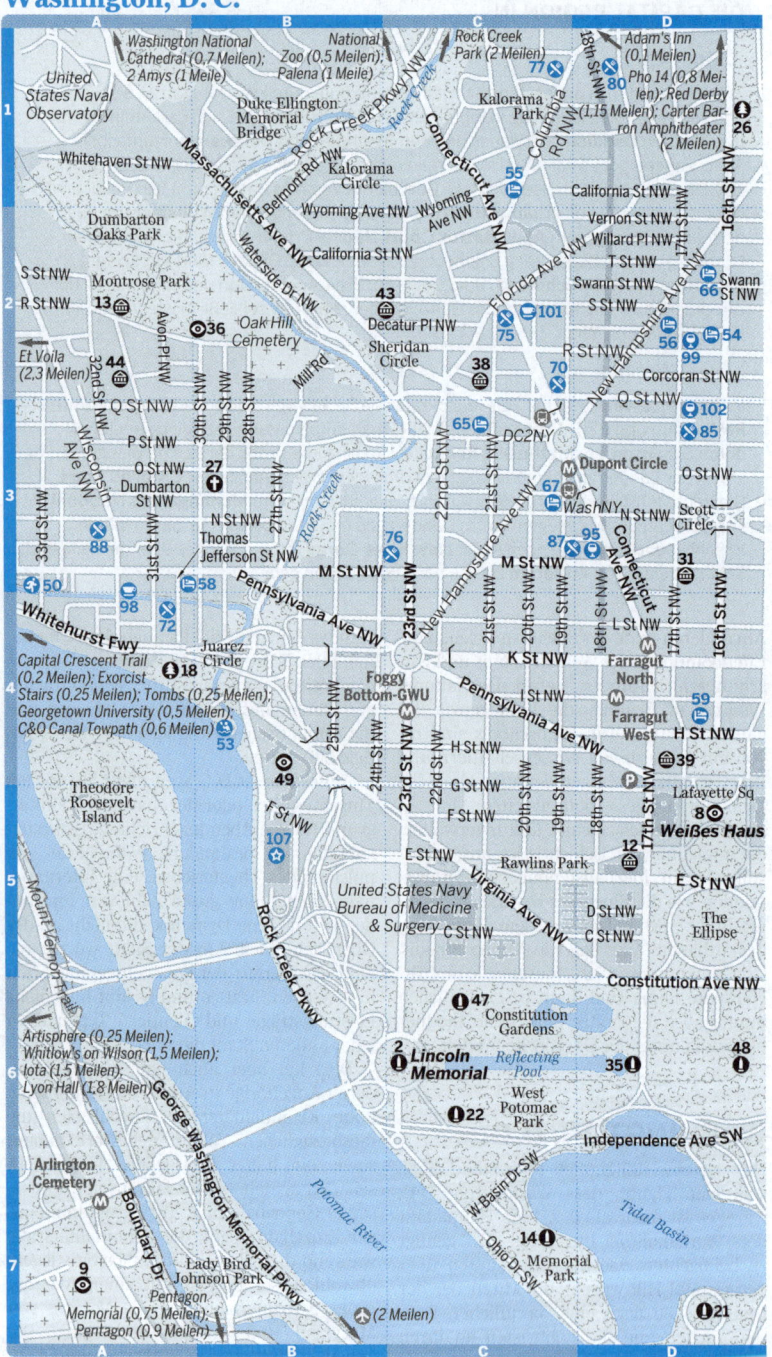

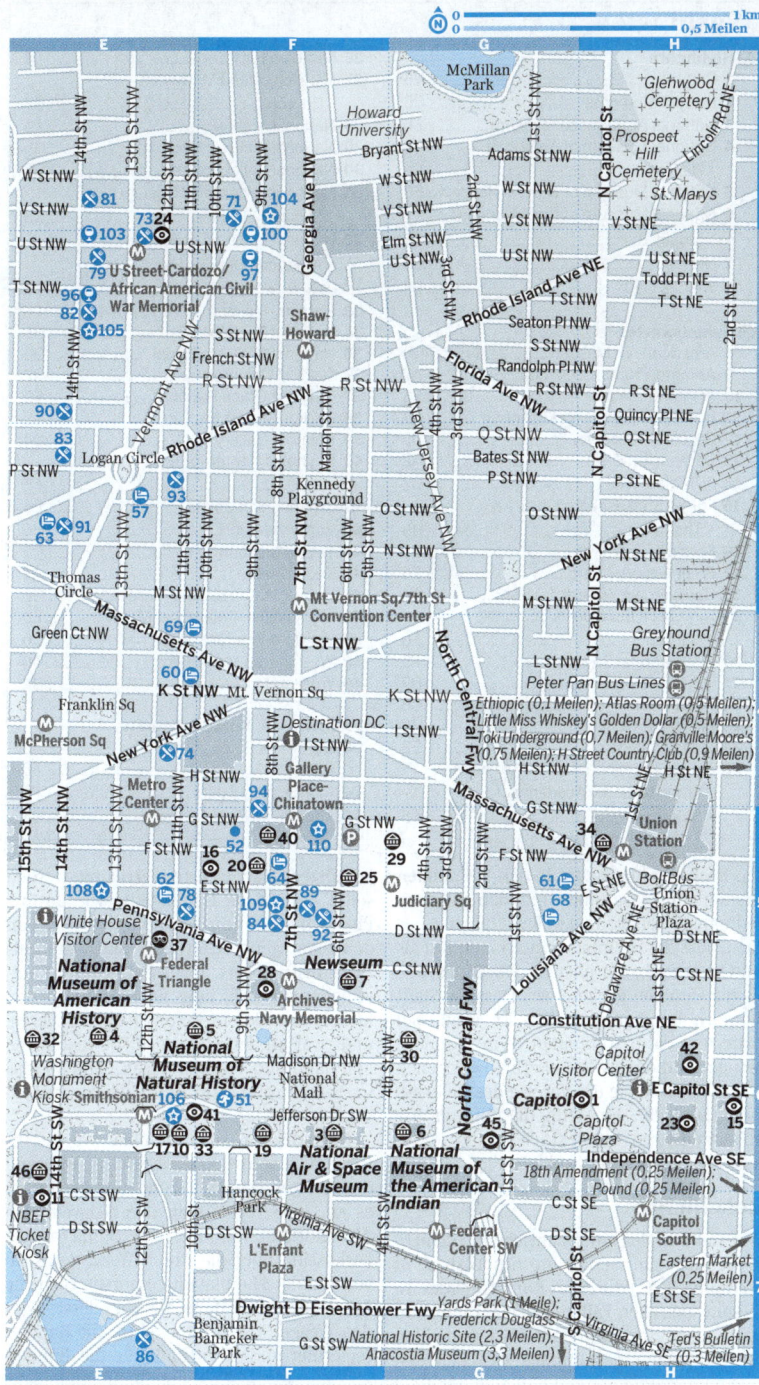

0   1 km
0   0,5 Meilen

McMillan Park

Glenwood Cemetery

Howard University

Prospect Hill Cemetery

St. Marys

Bryant St NW

W St NW

V St NW

U St NW

T St NW

U Street-Cardozo/ African American Civil War Memorial

Shaw-Howard

French St NW

R St NW

Logan Circle

Rhode Island Ave NW

Kennedy Playground

Thomas Circle

Massachusetts Ave NW

Green Ct NW

Mt Vernon Sq/7th St Convention Center

L St NW

Franklin Sq

K St NW

Mt Vernon Sq

New York Ave NW

McPherson Sq

H St NW

Metro Center

Gallery Place-Chinatown

White House Visitor Center

Pennsylvania Ave NW

Federal Triangle

Newseum

Archives-Navy Memorial

National Museum of American History

Washington Monument Kiosk

National Museum of Natural History

Smithsonian

National Mall

Madison Dr NW

Jefferson Dr SW

NBEP Ticket Kiosk

National Air & Space Museum

National Museum of the American Indian

Hancock Park

L'Enfant Plaza

Benjamin Banneker Park

Dwight D Eisenhower Fwy

Union Station

Greyhound Bus Station

Peter Pan Bus Lines

Ethiopic (0,1 Meilen); Atlas Room (0,5 Meilen); Little Miss Whiskey's Golden Dollar (0,5 Meilen); Toki Underground (0,7 Meilen); Granville Moore's (0,75 Meilen); H Street Country Club (0,9 Meilen)

BoltBus Union Station Plaza

Judiciary Sq

Constitution Ave NE

Capitol Visitor Center

Capitol

Capitol Plaza

E Capitol St SE

Independence Ave SE

18th Amendment (0,25 Meilen); Pound (0,25 Meilen)

Capitol South

Eastern Market (0,25 Meilen)

Federal Center SW

Yards Park (1 Meile); Frederick Douglass National Historic Site (2,3 Meilen); Anacostia Museum (3,3 Meilen)

Ted's Bulletin (0,3 Meilen)

Washington, D. C.

den höchsten überhaupt in den Vereinigten Staaten und zusammen mit den politisch bedingten Versetzungswellen führten sie dazu, dass die Hauptstadt sich einen Ruf als ein Ort erwarb, der eher für Durchreisende als für Familien geeignet sei. Dass die Stadt dennoch familienfreundlich ist, zeigt sich spätestens dann, wenn man sie mit Kindern besucht und die etwas außerhalb gelegenen Wohnviertel sowie die Vororte des Beltways bieten all jenen ein Heim, die inmitten der unbestreitbaren intellektuellen und kulturellen Dynamik leben wollen.

Geschichte

Wie vieles in der amerikanischen Geschichte ist auch die Geschichte des District of Columbia (D.C.) die eines Kompromisses. In diesem speziellen Fall ging es um die Balance zwischen Nord und Süd, um derentwillen die Hauptstadt des Bundes zwischen den

jeweiligen Machtzentren errichtet werden sollte. Potenzielle Hauptstädte wie Boston, Philadelphia und Baltimore wurden von den Plantagenbesitzern der Südstaaten als zu industrialisiert abgelehnt. Und so entschied man sich, eine neue Stadt in den Mittelpunkt der 13 Kolonien zu platzieren, und zwar an den Ufern des Potomac River. Maryland und Virginia traten Land ab (das im Falle Virginias im 19. Jh. wieder zurückgegeben wurde).

Der District of Columbia wurde ursprünglich vom Kongress geführt. Während des Krieges von 1812 zündeten die Briten es an, 1846 verlor man den Sklavenhafen Alexandria am Südufer an Virginia (als die Diskussion über die Abschaffung der Sklaverei in der Hauptstadt rumorte). Über die Jahre folgte D.C. dann auseinanderstrebenden Wegen: Marmortempel für die Bundesregierung und Wohnstadt für die Bundes-

WASHINGTON, D.C. & CAPITAL REGION SEHENSWERTES

angestellten einerseits, urbanes Ghetto für nach Norden ziehende Afroamerikaner und Immigranten aus Übersee andererseits.

1973 bekam die Stadt endlich einen eigenen Bürgermeister: Walter Washington, einer der ersten afroamerikanischen Bürgermeister einer amerikanischen Großstadt überhaupt. D.C. war immer unterfinanziert und heute werden D.C.s Einwohner besteuert wie alle anderen Bürger der USA, haben allerdings keinen Sitz im Kongress. Die gebildete Oberschicht ist meilenweit von den vernachlässigten Notleidenden entfernt: Beinahe die Hälfte der Einwohner hat ein Uni-Diplom, aber auch ein Drittel besteht faktisch aus Analphabeten.

Mit der Wahl von Barack Obama zum Präsidenten der USA im Jahr 2008 erhielt D.C. ein cooleres Image. Jetzt strömten die New Yorker hierher und nicht mehr umgekehrt. Leider brachten sie auch die New Yorker Lebenshaltungskosten nach D.C. Die Hauptstadt bleibt gespalten zwischen den zunehmend mobilen, hier nur vorübergehend Wohnenden und den Langzeit-Einwohnern. Erstere leben in Wohlstand, während Letztere lokalpolitischen Einfluss haben. An manchen Orten leben diese zwei Extreme nebeneinander, in anderen Wohnvierteln aber gibt's spürbare Spannungen.

⊙ Sehenswertes

Washington wurde von zwei Stadtplanern mit dem Ziel entworfen, die Orientierung in der Hauptstadt denkbar einfach zu gestalten. Leider haben sich die städtischen Visionen der Herren völlig vermischt. Pierre L'Enfants diagonale, nach Bundesstaaten benannten Straßen teilen sich den Raum mit Andrew Ellicotts Raster (zur Erinnerung: Buchstaben verlaufen von Ost nach West, Zahlen von Nord nach Süd.). Als ob das nicht reichen würde, ist die Stadt in vier Quadranten unterteilt: mit fast identischen Adressen in den verschiedenen Vierteln – F und 14th NW ist

National Mall

Viele nennen die Mall „Amerikas Vorgarten" und der Vergleich hat etwas für sich. Es ist in der Tat eine Wiese, die sich vom Capitol nach Westen bis zum Lincoln Memorial erstreckt. Es ist auch Amerikas großer öffentlicher Platz, zu dem die Bürger kommen, um gegen die Regierung zu protestieren, an Läufen teilzunehmen, und sich mit den von der ganzen Nation verehrten Idealen zu identifizieren, die in Stein gehauen sind oder sich als Monumente und Gedenkstätten präsentieren.

Man kann recht viel an einem einzigen, wenn auch anstrengenden Tag mit einem etwa 6 km langen Fußmarsch erleben. Man startet am besten am **Vietnam Veterans Memorial** **1** und klappert dann **das Lincoln Memorial** **2**, das **Martin Luther King Jr Memorial** **3** und das **Washington Monument** **4** ab. Auch Abstecher zum Korean War Veterans Memorial und dem National WWII Memorial lohnen sich – um nur einige der Gedenkstätten im westlichen Teil der Mall zu nennen.

MARK WILLIAMSON / GETTY IMAGES ©

PETER GRIDLEY / GETTY IMAGES ©

Martin Luther King Jr. Memorial

Man kann rund um die mächtige, von Lei Yixin gestaltete Statue von Dr. King schlendern und die Zitate lesen. Seine Statue ist über 3 m größer als die von Lincoln und Washington.

Tidal Basin

Smithsonian Castle

Das Grabmal von James Smithson besuchen, dem Engländer, dessen Spende 1826 die Gründung der Smithsonian Institution ermöglichte. Die Krypta ist in einem Raum neben dem Eingang an der Mall.

Department of Agriculture

RICHARD I'ANSON / GETTY IMAGES ©

5

6

West Building

East Building

7

National Air & Space Museum

Eintreten, den Blick nach oben richten und schon ist man zutiefst beeindruckt. Von der Decke hängen u. a. Lindberghs Spirit of St. Louis und Chuck Yeagers Bell X-1 herab, mit dem dieser erstmals die Schallmauer durchbrach.

National Museum of the American Indian

Capitol

Danach geht's weiter zu den Museen, die allesamt hervorragend und noch dazu kostenlos sind. Beginnen sollte man mit dem **Smithsonian Castle** **5** – und jenem Menschen dankbar sein, der all dies Großartige ermöglicht hat – und dann den Rundgang mit dem **National Air & Space Museum** **6**, der **National Gallery of Art & National Sculpture Garden** **7** und dem **National Museum of Natural History** **8** fortsetzen.

TOP-TIPPS

Im Sommer möglichst früh starten, um den Menschenmassen und vor allem der brütenden Hitze zu entkommen. Die Tour der Gedenkstätten am besten gegen 10.30 Uhr beenden, um sich dann in die klimatisierten Räume der Museen flüchten zu können. Nicht vergessen, auch Snacks mitzunehmen, da es Snacks nur bei einigen mobilen Verkaufswägen und in den Cafés der Museen gibt.

Lincoln Memorial

Zuerst betrachtet man den sitzenden Lincoln, dann geht man die Treppen hinunter zu der Stelle, an der Martin Luther King Jr. über seinen „Traum" sprach. Der Blick auf den Reflecting Pool und das Washington Monument ist ein Highlights eines D.C.-Besuchs.

Vietnam Veterans Memorial

Neben den Namen sind Symbole zu sehen. Eine Raute bedeutet „Getötet, Leiche gefunden", ein Plus-Zeichen steht für „Verschollen und ungeklärt". Von Letzteren gibt es rund 1200.

STEVEN GREAVES /GETTY IMAGES ©

Korean War Veterans Memorial

National WWII Memorial

National Museum of American History

National Sculpture Garden

Washington Monument

Sobald man sich dem Obelisken nähert, sollte man sich dessen unteres Drittel ansehen: Ja, er ist tatsächlich an der Basis etwas heller als weiter oben. Die Erbauer mussten verschiedene Arten von Marmor verwenden, nachdem die erste Art nicht ausreichte.

National Museum of Natural History

Dem Elefanten Henry, der die Rotunde dominiert, zuwinken und dann nichts wie in den 2. Stock zum Hope-Diamanten. Der 45,52-karätige Edelstein soll der Überlieferung zufolge seinen Besitzern nur Unglück gebracht haben.

National Gallery of Art & National Sculpture Garden

Schnurstracks zur Gallery 6 (im West Building) gehen und das einzige Gemälde von Leonardo da Vinci auf dem amerikanischen Kontinent bestaunen. Draußen, im Garten, zwischen ungewöhnlichen Skulpturen von Miró, Calder und Lichtenstein schlendern. Lohnend ist auch ein Blick auf das von I. M. Pei gestaltete East Building.

EDDIE BRADY / GETTY IMAGES ©

in der Nähe des Weißen Hauses, während F und 14th NE am Rosedale Playground liegt.

Der Großteil der Sehenswürdigkeiten liegt im Nordwestquadranten (NW), während sich die schäbigen Bezirke eher in der Südostecke (SE) befinden. Man sollte immer seine großstädtischen Sinne beisammen haben und besonders zu Anlässen wie dem Cherry Blossom Festival (Kirschblütenfest) auf riesige Menschenmassen vorbereitet sein. Der Potomac River liegt im Süden und Westen, Maryland im Norden und Osten, und der Beltway, die Ringstraße um die Hauptstadt, umkreist das Ganze.

◉ National Mall

Wenn man an D.C. denkt, denkt man sehr wahrscheinlich an diese 3 km lange Wiese. An einem Ende vom Lincoln Memorial und am anderen Ende vom Capitol Hill begrenzt, wird sie vom Reflecting Pool und dem Mahnmal für den Zweiten Weltkrieg unterbrochen, während sich im Zentrum das Washington Monument erhebt. Dies ist das Herz der Stadt und in mancher Hinsicht das amerikanische Experiment.

Vielleicht verkörpert die National Mall wie kein anderes Symbol das nationale Ideal von der Stimme des Volkes, die einen radikalen Wandel bewirkt – von Martin Luther Kings „I have a dream"-Rede 1963 bis zu den Protestmärschen für die Homo-Ehe in den 2000er-Jahren. Hier finden jährlich Hunderte von Kundgebungen statt und die von Denkmälern und Museen umrahmte Mall, die überfüllt ist mit Touristen, Hundebesitzern, die mit ihren Vierbeinern Gassi gehen, und Idealisten, dient als Lautsprecher für alle möglichen Anliegen.

★ National Air & Space Museum MUSEUM
(http://airandspace.si.edu/; Ecke 6th St & Independence Ave SW; ⊙ tägl. 10–17.30 Uhr, Juni–Aug. bis 19.30 Uhr; M Smithsonian, L'Enfant Plaza, Federal Center) GRATIS Das Air & Space Museum ist das beliebteste der Smithsonian Museen. Jeder drängt sich um den Flieger der Gebrüder Wright, Chuck Yeagers Bell X-1, Charles Lindberghs Spirit of St. Louis und das Kommandomodul der Apollo 11. Außerdem gibt's ein IMAX-Kino, ein Planetarium und einen Simulator (pro Erw./Kind 9/7,50 US$).

★ National Museum of Natural History MUSEUM
(www.mnh.si.edu; Ecke 10th St & Constitution Ave NW; ⊙ 10–17.30 Uhr, Juni–Aug. bis 19.30 Uhr; 🚻 M Smithsonian, Federal Triangle) GRATIS Besonders beliebt ist bei den Kindern das Museum of Natural History mit seinen Dinosaurierskeletten, einer archäologischen/anthropologischen Sammlung, Meereswundern und außergewöhnlichen Edelsteinen, darunter dem 45-karätigen Hope-Diamanten.

★ National Museum of American History MUSEUM
(www.americanhistory.si.edu; Ecke 14th St & Constitution Ave NW; ⊙ 10–17.30 Uhr, Juni–Aug. bis 19.30 Uhr; 🚻 M Smithsonian, Federal Triangle) GRATIS Das Museum of American History zeigt vor allem (durchaus interessanten) Alltags-Krimskrams aus Amerikas Vergangenheit – Gebetschals aus Synagogen, Banner von Protestkundgebungen und Baumwollentkörnungsmaschinen sowie einen riesigen originalen Sternenbanner und Kultobjekte wie Dorothys Schuhe aus Der Zauberer von Oz und Kermit, den Frosch.

★ National Museum of the American Indian MUSEUM
(www.americanindian.si.edu; Ecke 4th St & Independence Ave SW; ⊙ 10–17.30 Uhr; 🚻 M L'Enfant Plaza) GRATIS Das in honiggelbem Sandstein eingepackte Museum of the American Indian vermittelt anhand originaler Kleidungsstücke, von Video- und Audiobeiträgen sowie kulturellen Artefakten einen lebendigen Eindruck von der Welt der indigenen Völker Amerikas. Die Exponate sind einzelnen Stämmen gewidmet und geben einen äußerst intimen, wenn auch mitunter etwas zusammenhanglosen Einblick. Das absolute Highlight sind die regionalen, von den Gerichten der Ureinwohner inspirierten Speisen im Mitsitam Native Foods Cafe (www.mitsitamcafe.com; Ecke 4th St & Independence Ave SW, National Museum of the American Indian; Hauptgerichte 8–18 US$; ⊙ 11–17 Uhr; M L'Enfant Plaza) im Erdgeschoss.

Hirshhorn Museum & Sculpture Garden MUSEUM
(www.hirshhorn.si.edu; Ecke 7th St & Independence Ave SW; ⊙ 10–17.30 Uhr, Skulpturengarten 7.30–Sonnenuntergang; 🚻 M Smithsonian) GRATIS Im ringförmigen Hirshhorn Museum & Sculpture Garden gibt's eine riesige Sammlung moderner Kunst, deren Stücke in regelmäßigen Wechselausstellungen gezeigt werden. Zu sehen sind u.a. Werke von Auguste Rodin, Henry Moore und Ron Mueck sowie Gemälde von O'Keeffe, Andy Warhol, Man Ray und de Kooning.

WASHINGTON, D.C. IN…

…zwei Tagen

Das D. C.-Abenteuer beginnt man am besten beim beliebten National **Air & Space Museum** und dem **National Museum of Natural History** an der Mall. Gegen Mittag besucht man das **National Museum of the American Indian** und kann dort die Überlieferungen der Ureinwohner studieren und gleich noch ein hervorragendes Mittagessen genießen. Anschließend wandert man die **Mall** entlang zum **Lincoln Memorial** und dem **Vietnam Veterans Memorial**. Bevor einen die Kräfte verlassen, geht's zum Abendessen und ein paar Drinks in die **U Street**.

Am nächsten Tag macht man sich zum **US Holocaust Memorial Museum**, der **Arthur M. Sackler Gallery** und der **Freer Gallery of Art** auf. Das beleuchtete **Weiße Haus** und das neue **Martin Luther King Jr Memorial** sieht man sich bei Nacht an. Zum Abendessen geht's dann in das mit Restaurants gesäumte **Penn Quarter**.

…vier Tagen

Der dritte Tag führt auf einen Morgenspaziergang am Potomac River nach **Georgetown**, gefolgt von einer Schaufenstertour und Mittagessen im **Martin's Tavern**. Danach besucht man die herrlichen **Dumbarton Oaks** und macht eine Wanderung durch den **Rock Creek Park**. Abends macht man sich zum Abendessen nach **Columbia Heights** auf und beschließt mit ein paar Drinks in der Meridian Pint den Tag.

Am vierten Tag wird das **Newseum**, das **Capitol** und die **Library of Congress** besucht. Dann läuft man für eine Mahlzeit zum **Eastern Market**. Am Abend sollte man sich eine Show im Kennedy Center anschauen.

WASHINGTON, D.C. & CAPITAL REGION SEHENSWERTES

National Museum of African Art   MUSEUM
(www.nmafa.si.edu; 950 Independence Ave SW; ◷10–17.30 Uhr; ; Ⓜ Smithsonian) GRATIS Das National Museum of African Art zeigt Masken, Stoffe und Keramiken aus den Regionen südlich der Sahara sowie alte und zeitgenössische Kunst des gesamten Kontinents.

Arthur M. Sackler Gallery   GALERIE
(www.asia.si.edu/; 1050 Independence Ave SW; ◷10–17.30 Uhr; Ⓜ L'Enfant Plaza) GRATIS In dieser ruhigen Galerie oder der angrenzenden **Freer Gallery of Art** (http://www.asia.si.edu/; Ecke 12 St & Jefferson Dr SW) kann man ganz friedlich einen Nachmittag damit verbringen, über antiken Schriftrollen und japanischen Seidenwandschirmen zu grübeln. Die beiden Galerien bilden zusammen das National Museum of Asian Art. Im Freer findet man außerdem – dem Thema nicht ganz entsprechend – über 1300 Werke des amerikanischen Malers James Whistler.

National Gallery of Art   MUSEUM
(www.nga.gov; Constitution Ave NE, zw. 3rd St & 4th St NW; ◷Mo–Sa 10–17, So 11–18 Uhr) GRATIS Die National Gallery of Art ist in zwei stattlichen Gebäuden untergebracht und beherbergt eine überwältigende Kunstsammlung (von über 100 000 Exponaten), die vom Mittelalter bis in die Gegenwart reicht. Im neoklas-

sizistischen **West Building** wird europäische Kunst bis zum 19 Jh. gezeigt, darunter etliche herausragende Meisterwerke der italienischen Renaissance (u. a. das einzige Gemälde von Leonardo da Vinci auf amerikanischem Kontinent); im **East Building**, entworfen von I. M. Pei, gibt's Kunst der Moderne mit Werken u. a. von Picasso, Matisse, Pollock und in der Eingangshalle ein massives, von der Decke herabhängendes Mobile von Calder. Ein unterirdischer Tunnel mit einem großartigen Indoor-Wasserfall („Cascade") und einem Café verbindet die beiden Gebäude.

Smithsonian Castle   VISITOR CENTER
(☏202-633-1000; www.si.edu; 1000 Jefferson Dr SW; ◷8.30–17.30 Uhr; Ⓜ Smithsonian) Das rotbetürmte Smithsonian Castle ist das Visitor Center für alle Museen, aber selbst nicht sonderlich interessant.

◉ Weitere Museen & Monumente

Lincoln Memorial   DENKMAL
(2 Lincoln Memorial Cir NW) GRATIS Das westliche Ende der Mall wird von dem Schrein für Abraham Lincoln begrenzt. Friedlich blickt er von seinem neoklassizistischen Domizil mit den dorischen Säulen über den Reflecting

Pool. Links von Lincoln kann man die Worte der Gettysburg Address lesen, in der Halle darunter weitere Stücke zum großen Lincoln bestaunen. Auf den Stufen hat Martin Luther King Jr seine berühmte Rede „I Have a Dream" gehalten.

★ Newseum
MUSEUM

(www.newseum.org; 555 Pennsylvania Ave NW; Erw./Kind 22/13 US$; 9–17 Uhr; 🚻; Ⓜ Archives-Navy Memorial, Judiciary Sq) Auch wenn man hier tief in die Tasche greifen muss, ist das umfassende, durch und durch interaktive Nachrichten-Museum seinen Eintrittspreis mehr als wert. Man kann in die wichtigsten Ereignisse der letzten Jahre eintauchen (Fall der Berliner Mauer, 11. September, Hurrikan Katrina) und Stunden damit zubringen, Filme und mit dem Pulitzer-Preis ausgezeichnete Fotos anzuschauen und die Arbeiten von Journalisten zu lesen, die bei der Ausübung ihres Jobs getötet wurden.

US Holocaust Memorial Museum
MUSEUM

(www.ushmm.org; 100 Raoul Wallenberg Pl; 10–17.20 Uhr) GRATIS Für ein umfassendes Verständnis des Holocaust – seiner Opfer, Täter und Zuschauer – ist dieses erschütternde Museum ein Muss. In der Hauptausstellung (nicht für Kinder unter 11 Jahren zu empfehlen, die eine ebenfalls im Gebäude befindliche und kostenlose Extra-Ausstellung besuchen können) bekommen die Besucher eine Identitätskarte eines Holocaust-Opfers. Nicht nur diese wird zum Nachdenken anregen, während man einer gewundenen Route in eine höllische Vergangenheit mitten durch Rekonstruktionen von Ghettos, Eisenbahnwagen und Todeslagern folgt und vieles über das Schicksal der ermordeten Juden erfährt. Es wird pro Tag nur eine begrenzte Anzahl von Besuchern eingelassen – man sollte also früh da sein.

Washington Monument
DENKMAL

(☎ 202-426-6841; 2 15th St NW; Juni–Aug. 9–22 Uhr, Sept.–Mai 9–17 Uhr) GRATIS Das Washington Monument ist mit seinen 169,3 m das höchste Gebäude in diesem Stadtteil. Wie man an den Farbtönen der Steine erkennen kann, wurde es in zwei Abschnitten gebaut. Die Tickets kosten nichts, müssen aber am **Kiosk** (15th St, zw. Madison Dr NW & Jefferson Dr SW; 8.30–16.30 Uhr) reserviert werden. Man kann sie aber auch im Voraus bestellen: hierzu beim **National Park Service** (☎ 877-444-6777; www.recreation.gov; Tickets 1,50 US$) anrufen! Achtung: Das Washington Monu-

ment war zum Zeitpunkt der Recherche für Reparaturarbeiten aufgrund von Schäden durch ein Erdbeben geschlossen. Ein Datum für die Wiedereröffnung stand noch nicht fest. Infos unter www.nps.gov/wamo.

Bureau of Engraving & Printing
AREAL

(www.moneyfactory.gov; Ecke 14th St & C St SW; Mo–Fr 9–15 Uhr, im Sommer bis 19.30 Uhr; 🚻; Ⓜ Smithsonian) GRATIS Das Bureau of Engraving & Printing, auch als weltweit berühmteste Druckerei bekannt, ist der Ort, an dem sämtliche US-Banknoten entworfen werden. Dabei verlassen rund 32 Mio. Banknoten täglich die Druckmaschinen. Am besten stellt man sich frühmorgens am **Ticketkiosk** (Raoul Wallenberg Pl, auch bekannt als 15th St) auf der Raoul Wallenberg Pl an.

Vietnam Veterans Memorial
DENKMAL

(Constitution Gardens) GRATIS Das schwarze, etwas in den Boden eingelassene „V" ist das genaue Gegenstück zum üblichen weißen und glänzenden Marmor Washingtons. Es ist ein Ausdruck der Narbe, die der Vietnamkrieg in der nationalen Seele der USA hinterlassen hat. Das Monument führt noch tiefer in die Erde. Hier sind die Namen der 58 267 gefallenen Soldaten in die dunkle Wand gemeißelt, und zwar in der Reihenfolge, in der sie gestorben sind. Es ist ein feinsinniges und tiefgründiges Monument, was umso mehr überrascht, als es 1981 von der 21 Jahre alten Maya Lin entworfen wurde, die damals noch nicht einmal ihr Grundstudium absolviert hatte.

Korean War Veterans Memorial
DENKMAL

(www.nps.gov/kwvm; 10 Daniel French Drive SW; Ⓜ Foggy Bottom-GWU) GRATIS Die aufwendig gestaltete Erinnerungsstätte zeigt eine Patrouille von 19 geisterhaften Stahlsoldaten, die an einer Wand mit eingeätzten Gesichtern aus diesem Konflikt vorbeimarschieren. Aus der Entfernung gesehen, verbinden sich die Bilder auf der Wand zu einer Darstellung der koreanischen Berge.

National WWII Memorial
DENKMAL

(www.wwiimemorial.com; 17th St; Ⓜ Smithsonian) GRATIS Das National WWII Memorial nimmt ein Ende des Reflecting Pool ein und steht – was zu kontroversen Diskussionen geführt hat – im Zentrum der Mall, womit es das einzige Kriegsmahnmal ist, dem diese Auszeichnung zuteil wird. Es gedenkt der 400 000 US-Amerikaner, die im Zweiten Weltkrieg ihr Leben verloren, sowie der 16 Mio. GIs, die in dem Krieg kämpften. Be-

SMITHSONIAN INSTITUTION MUSEUMS

Größe und Anspruch der 19 **Smithsonian Museums** (☑202-633-1000; www.si.edu; ⊙10–17.30 Uhr) mit ihren Galerien und dem Zoo sind enorm. Sie umfassen den größten Museums- und Forschungskomplex der Welt – und noch dazu ist der Eintritt frei! Man kann Wochen damit verbringen, die endlosen Gänge entlangzuwandern und die sagenhaften Schätze, Artefakte, Kunstwerke und Grafiken aus Amerika und aller Welt auf sich wirken zu lassen. Selbst riesige Dinosaurierskelette und Mondfähren gehören zum vielfältigen Inventar des Smithsonian. Der Dank geht an den neugierigen Engländer James Smithson, der zwar die USA nie besucht hat, aber der flügge werdenden Nation 1826 per Testament 500 000 US$ vermachte, um eine „Einrichtung" zu gründen, die „das Wissen vergrößern und verbreiten" sollte.

Das neueste Projekt des Smithsonian befindet sich derzeit noch in Arbeit: das 500 Mio. US$ teuere **National Museum of African American History and Culture** (www.nmaahc.si.edu; Ecke Constitution Ave & 14th St NW), das 2015 eröffnet werden soll. Bis dahin kann man die vorläufige Ausstellung im zweiten Stock des National Museum of American History (S. 280) unter die Lupe nehmen.

Die meisten Museen sind täglich geöffnet (25. Dez. geschl.); einige haben im Sommer länger offen. Man muss sich auf Warteschlangen und Taschenkontrollen einstellen.

wegende Zitate sind über das gesamte Monument verteilt.

Corcoran Gallery
MUSEUM
(☑202-639-1704; www.corcoran.org; Ecke 17th St & New York Ave NW; Erw./Kind 10 US$/frei; ⊙Mi–So 10–17, Do bis 21 Uhr; ⓜFarragut West) Das älteste Kunstmuseum Washingtons, die Corcoran Gallery, hatte seine liebe Mühe, sich gegen die kostenlose staatliche Konkurrenz gleich um die Ecke zu behaupten. Das hat es aber nicht davon abgehalten, eine der vielfältigsten Sammlungen des Landes zusammenzutragen.

◎ Capitol Hill

Das Kapitol steht selbstverständlich auf dem Capitol Hill (den Pierre L'Enfant als „Sockel, der auf ein Monument wartet", bezeichnete; unserer Ansicht nach ist es zwar eher ein Stumpf – aber was für einer!). Auf der gegenüberliegenden Seite des Platzes erheben sich die ehrwürdigen Gebäude des Supreme Court und der Library of Congress. Bürogebäude des Kongresses säumen den Platz. Zwischen der E Capitol St und dem Lincoln Park erstreckt sich ein hübsches Wohnviertel mit Häusern aus braunem Sandstein. Hier befinden sich die Metro-Stationen Union Station, Capitol South und Eastern Market.

★ Capitol
WAHRZEICHEN
(East Capitol St NE & First St) Dies ist der Ort, an dem seit 1800 der Gesetzgeber, d.h. der Kongress, zusammenkommt, um die Gesetze des Landes zu verabschieden. Die Abgeordneten des Repräsentatenhauses (House of Representatives, 435 Mitglieder) und die des Senats (Senate, 100 Mitglieder) versammeln sich im südlichen bzw. im nördlichen Gebäudeflügel.

Ein unterirdisch angelegtes **Visitor Center** (www.visitthecapitol.gov; 1st St NE & E Capitol St; ⊙Mo–Sa 8.30–16.30 Uhr) informiert umfassend über die Vergangenheit eines Gebäudes, das vor Geschichte geradezu strotzt. Wer im Voraus bucht (http://tours.visittheca pitol.gov), kann kostenlos das Innere des Capitols besichtigen, das ebenso beeindruckend ist wie das Äußere und mit Büsten, Statuen, persönlichen Andenken an Generationen von Abgeordneten übersät ist und über eine museumswürdige Kunstsammlung verfügt. Es ist auch möglich, sich am Besuchstag an einer Schlange neben dem Informationsschalter für Tickets anzustellen. Wer einen Besucherpass möchte, sollte aber früh kommen.

Um den Kongress in Aktion zu erleben, können US-Bürger ihre Repräsentanten oder Senatoren um einen Besucherpass bitten (☑202-224-3121); ausländische Besucher müssen ihren Reisepass vor Betreten der Besuchergalerie vorzeigen. Die Anhörungen der Kongress-Aussschüsse sind eigentlich spannender (und substanzieller) für all jene, die sich für das gerade zur Debatte stehende Thema interessieren. Informationen über Sitzungstermine, Räume und darüber, ob die Öffentlichkeit zugelassen ist, erfährt man unter www.house.gov und www.senate.gov.

Library of Congress WAHRZEICHEN

(www.loc.gov; 1st St SE; ◷ 8.30-16.30 Uhr Mo-Sa) GRATIS Um den Europäern zu beweisen, dass auch Amerika Kultur hat, setzte John Adams die größte Bibliothek der Welt auf den Capitol Hill. Das Ziel der LOC ist einfach: Universalität, also die Idee, dass alles Wissen brauchbar ist. Überwältigend in Größe und Design setzen sich barockes Interieur und neoklassizistische Schnörkel vom Hauptlesesaal ab, der eher aussieht wie eine Ameisenkolonie, in der ständig 29 Mio. Bücher gepflegt werden. Das informative Visitor Center (S. 283) und der Ausgangspunkt für Führungen durch die Lesesäle befinden sich im **Jefferson Building** direkt hinter dem Kapitol.

Supreme Court WAHRZEICHEN

(☎ 202-479-3030; www.supremecourt.gov; 1 1st St NE; ◷ Mo-Fr 9-16.30 Uhr) Ⓜ Capitol South) GRATIS Selbst Nicht-Jurastudenten sind vom Höchsten Gericht der USA beeindruckt. Frühaufsteher können Beweisführungen lauschen (periodisch Okt.-April Mo-Do). Die Dauerausstellungen und die Wendeltreppe mit sieben Schleifen kann man das ganze Jahr über besichtigen.

Folger Shakespeare Library & Theatre BIBLIOTHEK

(www.folger.edu; 201 E Capitol St SE; ◷ Mo-Sa 10-17, So 12-17 Uhr; Ⓜ Capitol South) GRATIS Die Bibliothek beherbergt die weltweit größte Sammlung an Werken von und über Shakespeare und ist sowohl für allgemeine Besuche geöffnet als auch für Aufführungen und Vorträge mit Eintrittskarten.

National Postal Museum MUSEUM

(www.postalmuseum.si.edu; 2 Massachusetts Ave NE; ◷ 10-17.30 Uhr; ♿; Ⓜ Union Station) GRATIS Das Museum besitzt die weltweit größte Briefmarkensammlung und zeigt außerdem ein uraltes Postflugzeug sowie ergreifende Feldpost. Über dem Museum befindet sich eine nette Mini-Brauerei.

United States Botanic Garden GÄRTEN

(www.usbg.gov; 100 Maryland Ave SW; ◷ 10-17 Uhr; ♿; Ⓜ Federal Center SW) GRATIS Diese nicht zum Capitol Hill passende Ergänzung ist heiß, stickig und grün und zeigt mehr als 4000 verschiedene Pflanzenarten.

◉ Tidal Basin

Es ist wunderschön, um die künstlich angelegte Bucht zu schlendern und sich die beleuchteten Monumente anzuschauen, deren Lichter über dem Potomac River blinken. Besonders herrlich sind die Blüten hier während des Cherry Blossom Festivals, dem Kirschblütenfest im Frühling, wenn rund um das Becken eine rosa-weiße Farbenpracht erstrahlt. Die ersten Bäume waren ein Geschenk der Stadt Tokio und wurden 1912 gepflanzt.

Jefferson Memorial DENKMAL

(900 Ohio Dr SW) GRATIS Das überkuppelte Monument ist reich mit Zitaten aus den berühmtesten Schriften des Gründervaters ausgeschmückt, auch wenn Historiker einige textliche Abweichungen bemängeln (die angeblich auf Platzmangel zurückzuführen sind). Nichtsdestotrotz genießt man vom Monument aus einen herrlichen Blick über das Wasser hin zur Mall.

Franklin Delano Roosevelt (FDR) Memorial DENKMAL

(Memorial Park) GRATIS Diese 3 ha große Gedenkstätte ist dem US-Präsidenten mit der längsten Amtszeit und seiner Epoche gewidmet. Entlang eines sorgfältig angelegten Weges werden die Besucher durch die Weltwirtschaftskrise der 1930er-Jahre, die danach folgende Ära des New Deal und den Zweiten Weltkrieg geführt. Am besten besucht man die Gedenkstätte im Dunkeln, wenn das Zusammenspiel der Felsen, Brunnen und Lichter der Mall einen unvergesslichen Eindruck hinterlässt.

Martin Luther King Jr. Memorial MONUMENT

(www.mlkmemorial.org) GRATIS Das Martin Luther King Jr. Memorial, das sich über den Ufern des Tidal Basin erhebt, ist die erste Gedenkstätte, die einem Nichtpräsidenten und zugleich einem Afroamerikaner gewidmet ist. Anhand der Auszüge aus rund einem Dutzend Reden von Martin Luther King Jr wird einer der bedeutendsten Friedenskämpfer der Welt auf bewegende Weise geehrt.

◉ Downtown

Downtown Washington nahm seinen Anfang in einer Gegend, die man heute als Federal Triangle kennt, und hat sich seither nach Norden und Osten ausgebreitet. Das Viertel umfasst jetzt den Bereich östlich vom Weißen Haus bis zum Judiciary Sq an der 4th St und von der Mall nördlich bis ungefähr zur M St.

Reynolds Center for American Art
MUSEUM

(Ecke F St & 8th St NW; 11.30–19 Uhr) GRATIS Auf keinen Fall das Reynolds Center for American Art auslassen, das die **National Portrait Gallery** (www.npg.si.edu) mit dem **American Art Museum** (http://americanart.si.edu) verbindet, wodurch die wohl eindrücklichste und umfassendste Sammlung amerikanischer Kunst überhaupt entstanden ist. Von ergreifenden Darstellungen von Stadtzentren und dem dörflichen Landesinnern bis zu den Visionen umherziehender Vagabunden hat sich das Center mit Erfolg der Aufgabe gewidmet, den Optimismus und die kritische Selbsteinschätzung der amerikanischen Kunst widerzuspiegeln. Der Innenhof mit seinem geneigten Glasdach, das das Tageslicht bricht, ist ein beliebter Ort zum Entspannen; der eindrucksvolle 3. Stock, hingegen, in dem sich einst die Modelle des nationalen Patentamts befanden, dient heute als barocker Festsaal.

National Archives
WAHRZEICHEN

(www.archives.gov; 700 Constitution Ave NW; Mitte März–Anfang Sept. 10–19 Uhr, Anfang Sept.–Mitte März 10–17.30 Uhr) GRATIS Es ist kaum möglich, nicht zumindest ein bisschen Ehrfurcht zu empfinden, wenn man vor den berühmten Dokumenten in den National Archives steht: der Unabhängigkeitserklärung, der Verfassung und dem Bill of Rights (die ersten 10 Verfassungszusätze) sowie einer von vier Kopien der Magna Carta. Sie verdeutlichen in ihrer Gesamtheit dem Besucher, wie radikal dieses „Experiment USA" in der damaligen Zeit war. Die Public Vaults sind lediglich ein Kratzen an der Oberfläche des gesamten archivierten Materials und sind eine grelle Erwiderung auf die Hauptausstellung.

International Spy Museum
MUSEUM

(202-393-7798; www.spymuseum.org; 800 F St NW; Erw./Kind 20/15 US$; 9–19 Uhr; Gallery Place-Chinatown) Wer in den Bond-Filmen die Szenen mit Q mag, wird auch das extrem beliebte International Spy Museum lieben. All die Kniffe und Tricks des Geheimdiensts machen das Museum zu einem Paradies für Fans der Spionagegeschichte. Man sollte frühzeitig dran sein.

National Building Museum
MUSEUM

(www.nbm.org; 401 F St NW; Erw./Kind 8/5 US$; Mo-Sa 10–17, So ab 11 Uhr, Führungen tgl. 11.30, 12.30 & 13.30 Uhr; Judiciary Sq) Das der Architektur und Stadtplanung gewidmete und unterschätzte Museum befindet sich standesgemäß in einem herrlichen Gebäude aus dem 19. Jh. Es wurde nach dem Vorbild des Palazzo Farnese in Rom aus der Renaissancezeit gestaltet. Die über vier Stockwerke reichenden, mit Ornamenten verzierten Säulengänge flankieren das herrschaftliche, 96 m breite Atrium, dessen goldene korinthische Säulen 23 m hoch sind. Wechselnde Ausstellungen zu verschiedenen Aspekten des Bauens sind in den an das Atrium grenzenden Räumen untergebracht

Renwick Gallery
MUSEUM

(www.americanart.si.edu/renwick; 1661 Pennsylvania Ave NW; 10–17.30 Uhr; ; Farragut West) GRATIS Die Renwick Gallery befindet sich in der Nähe des Weißen Hauses in einem 1859 erbauten Herrenhaus und enthält eine erlesene Sammlung an amerikanischem Kunsthandwerk. Zu den Highlights gehören einige ausgefallene Werke wie das kitschige *Game Fish* von Larry Fuente und Beth Lipmans entrücktes *Bancketje (Banquet)*.

Old Post Office Pavilion
AUSSICHTSPUNKT

(www.oldpostofficedc.com; 1100 Pennsylvania Ave NW; Mo-Sa 10–20, So bis 19 Uhr; Federal Triangle) GRATIS Wer den Menschenmassen am Washington Monument entgehen möchte, sollte dieses wenig besuchte Revival des romanischen Stils aus dem Jahr 1889 aufsuchen. Von seinem fast 100 m hohen Aussichtsturm genießt man einen großartigen Panoramablick auf die Innenstadt. Ganz unten befinden sich eine in Flutlicht getauchte Halle und ein internationaler Food Court.

Ford's Theatre
HISTORISCHE STÄTTE

(202-426-6924; www.fords.org; 511 10th St NW; Geführte Tour 2,50 US$; 9–16.30 Uhr; Metro Center, Gallery Place-Chinatown) GRATIS Am 14. April 1865 verübte John Wilkes Booth das tödliche Attentat auf Abraham Lincoln, der sich hier in einer Loge aufhielt. Das Theater ist auch heute noch geöffnet; man kann an einer geführten Tour teilnehmen und sich über die Ereignisse informieren, die an jenem schicksalhaften Aprilabend stattfanden. Zur Tour gehört auch der Besuch des wiederhergestellten **Lincoln Museum**, das der Amtszeit des Präsidenten gewidmet ist. Da die tägliche Besucherzahl begrenzt ist, sollte man schon früh am Morgen kommen, um eine Eintrittskarte zu ergattern. Das Ticket ist auch für das gegenüberliegende **Petersen House** (516 10th St) gültig, in dem Lincoln starb.

Marian Koshland Science Museum of the National Academy of Sciences MUSEUM
(www.koshland-science-museum.org; Ecke 6th St & E St NW; Erw./Kind 7/4 US$; ⊙ Mi–Mo 10–18 Uhr; 🚹; Ⓜ Judiciary Sq, Gallery Place-Chinatown) Ein riesiges, kinderfreundliches Gebäude voll von verspielten, lehrreichen Exponaten, die Spaß machen und – gar nicht überraschend – wissenschaftlich ausgerichtet sind.

⊙ Das Weiße Haus & Foggy Bottom

An die Mall grenzt ein großer Park, The Ellipse, an. Am östlichen Ende folgt an der Pennsylvania Ave der Block der Mächtigen. Foggy Bottom wurde nach den Nebeln benannt, die aus einem früher hier ansässigen Gaswerk strömten. Heute residieren in dem gehobenen, wenn auch nicht besonders lebhaften Viertel das State Department (Außenministerium) und die George Washington University, weshalb es hier auch von Studenten und Professoren wimmelt.

★ Weißes Haus WAHRZEICHEN
(🖉 Führungen 202-456-7041; www.whitehouse. gov; ⊙ Führungen Di–Sa 7.30–11; Ⓜ Farragut West, Farragut North, McPherson Sq, Metro Center) Das Weiße Haus hat schon so einiges überstanden: ein Feuer – die Briten haben es 1814 in Brand gesetzt und nur ein Gewitter bewahrte es vor seiner völligen Zerstörung – oder auch Schmähungen wie etwa die von Jefferson, der meckerte, es sei groß genug für zwei Kaiser, einen Papst und den Dalai Lama. Obwohl sich die Fassade seit 1924 kaum verändert hat, wurde das Innere oft umgebaut. Franklin Roosevelt ließ einen Pool anlegen, Truman räumte alles aus und warf kurzerhand einen Teil der historischen Ausstattung weg (die heutigen Räume sind Nachbauten), Jacqueline Kennedy brachte wieder alte Möbel und historische Details zurück, Nixon gab eine Bowling-Bahn in Auftrag, Carter ließ Solarzellen anbringen, die Reagan wieder entfernte, Clinton legte einen Joggingpfad an und George W. Bush sorgte für ein T-Ball-Feld. Autos dürfen nicht mehr auf der Pennsylvania Ave am Weißen Haus vorbeifahren. Darum ist jetzt viel Platz für posierende Schulklassen und rund um die Uhr demonstrierende Friedensaktivisten.

➜ Touren
Eine selbstgeführte Tour führt einen ins Erdgeschoss und in den 1. Stock; die 2. und 3. Etage sind nicht zugänglich. Ausländische Besucher müssen sich hierfür entweder über das US-Konsulat ihres Landes oder über ihr Konsulat in D.C. anmelden. Wem das alles zu viel ist, kann das **White House Visitor Center** (www.nps.gov/whho; Ecke 15th St & E St NW; ⊙ 7.30–16 Uhr) besuchen; das ist auch nicht gerade das Wahre, aber – hey – hier liegt auch genug offizieller Krempel herum. Allerdings war dieses Visitor Center zum Zeitpunkt der Recherche gerade wegen Renovierung geschlossen. Ein einfaches temporäres Visitor Center befindet sich nahe dem Ellipse Visitor Pavilion. Aktuelle Infos über den Stand der Wiedereröffnung s. Homepage.

➜ Watergate
Im am Ufer gelegenen **Watergate Complex** (www.watergatehotel.com; 2650 Virginia Ave NW; Ⓜ Foggy Bottom-GWU) gibt's Apartments, Läden und die Bürotürme, die Watergate zum Synonym für politische Skandale gemacht haben. Hier brachen Präsident Nixons „Installateure" 1972 in das Hauptquartier des Landesvorstandes der Demokratischen Partei ein und verwanzten die Büros.

⊙ U Street, Logan Circle & Shaw

Wer einen Beweis dafür möchte, dass D.C. ein lebendige, quirlige, sich wandelnde Stadt ist und nicht eine verkorkste Hauptstadt, dem reicht ein Blick auf die U Street. Im Lauf des 20. Jhs. verwandelte sich diese Straße von einem Zentrum des afroamerikanischen Handels zur verkommenen Drogenszene und schließlich zur wohl am stärksten gentrifizierten Straße der Stadt. Heute ist die Gegend der U St (insbesondere die 14th St NW) eine angesagte Adresse für Restaurants, Nachtleben und Shopping. Ein Zeugnis der afroamerikanischer Vergangenheit ist an der Metro-Station U Street das **African American Civil War Memorial**, auf dem die Namen der im Bürgerkrieg gefallenen Afroamerikaner eingraviert sind. Die nahe gelegenen Viertel Shaw und Logan Circle gehören heute zu den angenehmsten Wohnvierteln der Hauptstadt.

Meridian Hill Park PARK
(www.nps.gov/mehi; zw. 15th St, 16th St, Euclid St & W St NW; ⊙ Sonnenaufgang–Sonnenuntergang; Ⓜ U Street-Cardozo) Dies ist eine unglaubliche Grünfläche, die ohne Weiteres die großen amerikanischen Stadtparks in den Schatten stellt. Das Besondere an diesem Park ist die Art und Weise, wie er die landschaftliche Beschaffenheit hervorhebt. An der Falllinie

zwischen der Hochfläche des Piedmont Plateau und der flachen Atlantischen Küstenebene gelegen, erstreckt sich der Park terrassenförmig in der Art eines hängenden Gartens und ist reich mit Wasserfällen, Sandsteinterrassen und Dekorationselementen ausgestattet, die an toskanische Gärten erinnern. Viele Einheimische nennen ihn immer noch Malcolm X Park.

Lincoln Theatre WAHRZEICHEN
(☎ 202-328-6000; www.thelincolntheatre.org; 1215 U St NW) Als das historische Lincoln Theatre 1922 gegründet wurde, war es ein früher Eckpfeiler für die afroamerikanische Renaissance. Stars wie der in Washington geborene Duke Ellington, Louis Armstrong, Ella Fitzgerald, Billie Holiday, Sarah Vaughan u. v. a. haben hier die Bühne erstrahlen lassen.

STEVEN F. UDVAR-HAZY CENTER

Das zum Smithsonian National Air & Space Museum gehörende **Steven F. Udvar-Hazy Center** (www.nasm.si.edu/udvarhazy; 14390 Air & Space Museum Parkway; ⊗ 10–17.30 Uhr, Ende Mai–Anfang Sept. bis 18.30 Uhr; ♿) GRATIS in Chantilly unweit vom Flughafen Dulles ist ein riesiger Hangar voller Flug- und Raumfahrzeuge, für die es im Museum in D. C. keinen Platz gibt. Zu den Highlights gehören das Space Shuttle *Enterprise*, der B-29-Bomber *Enola Gay*, das Aufklärungsflugzeug SR-71 *Blackbird* und eine Concorde-Überschallmaschine. Der Eintritt ist frei, dafür aber kostet der Parkplatz 15 US$.

◉ Dupont Circle

Eine gut betuchte Synthese von schwuler Community und Diplomatenszene – das ist Stadtleben at its best. Tolle Restaurants, Bars und Cafés, fesselnde Architektur und die spürbare Energie einer lebendigen Nachbarschaft machen Dupont zu einem lohnenden Ziel. Die historischen Herrenhäuser sind größtenteils in Botschaften umgewandelt worden, während die Embassy Row (auf der Massachusetts Ave) mitten durch D. C.s schwules Herz verläuft.

Phillips Collection MUSEUM
(www.phillipscollection.org; 1600 21st St NW; Mo–Fr Eintritt frei, Sa–So 10 US$, Eintritt Sonderausstellungen 12 US$, Kammermusikabende 20 US$/Ticket; ⊗ Di & Mi, Fr & Sa 10–17, Do bis 20.30, So 11–18 Uhr, Kammermusikabende Okt.–Mai, So, 16 Uhr; Ⓜ Dupont Circle) Das landesweit erste Museum für moderne Kunst wurde 1921 eröffnet und enthält eine kleine, aber exquisite Sammlung europäischer und amerikanischer Werke, darunter Arbeiten von Gauguin, van Gogh, Matisse, Picasso, O'Keeffe, Hopper und vielen anderen. Es ist teilweise in einem schön restaurierten Herrenhaus im Stil der Villen aus Georgia untergebracht.

Textile Museum MUSEUM
(www.textilemuseum.org; 2320 S St NW; empfohlene Spende 8 US$; ⊗ Di–Sa 10–17, So ab 13 Uhr; Ⓜ Dupont Circle) Das oft übersehene Textile Museum befindet sich in zwei historischen Villen im Viertel Kalorama und zeigt wunderschön gearbeitete Kreationen aus aller Welt, etwa präkolumbische Webarbeiten, amerikanische Quilts und osmanische Stickereien.

National Geographic Society Museum GALERIE
(☎ 202-857-7700; 1145 17 St NW; Erw./Kind 11/7 US$; ⊗ 10–16 Uhr; Ⓜ Farragut North) Hier werden Wechselausstellungen und Vorträge über die weltweiten Expeditionen der Gesellschaft abgehalten. Infos über das Programm erteilt die telefonische Auskunft.

◉ Georgetown

Tausende Clevere und Schöne, von Studenten bis Elfenbeinturm-Akademiker und Diplomaten, nennen dieses grüne, aristokratische Viertel ihr Zuhause. Nachts staut sich der Verkehr auf der mit Läden vollgestopften M St, die dann zu einem seltsamen Mix aus Highschool-Schaufahren und Hauptstraßenschickeria mutiert.

Am besten entdeckt man das Stadtviertel während eines Spaziergangs am **C&O Canal Towpath** (☎ 202-653-5190; 1057 Thomas Jefferson St NW; ⊗ Mi–So 9–16.30 Uhr), der entlang eines schattigen Weges neben einem Kanal verläuft, auf dem einst Güter nach West Virginia befördert wurden. Es lohnt sich, nach den **Exorcist Stairs** (3600 Prospect St NW) Ausschau zu halten, auf denen Pater Karras 1973 im Horrorfilm *Der Exorzist* in den Tod stürzte.

Dumbarton Oaks MUSEUM, GÄRTEN
(www.doaks.org; 1703 32nd St NW; Museum frei, Garten Erw./Kind 8/5 US$; ⊗ Museum Di–So,

14–17 Uhr, Garten Di–So 14–18 Uhr) Das Museum in diesem historischen Herrenhaus zeigt erlesene byzantinische und präkolumbische Kunst. Noch beeindruckender ist der 4 ha große, schön gestaltete formale Garten, der besonders während der Frühlingsblüte sehenswert ist. Wer ihn wochentags besucht, vermeidet die Menschenmassen am Wochenende.

Mt. Zion United Methodist Church KIRCHE

(www.mtzionumcdc.org; 1334 29th St NW) Die Kirche erhebt sich an einem der Orte, die an die Geschichte der freien schwarzen Gemeinde von Georgetown im 19. Jh. erinnern, die in einem als Herring Hill bekannten Stadtviertel lebte. Sie wurde 1816 gegründet und gilt als älteste schwarze Kirchengemeinde von D.C. An ihrem ursprünglichen Standort an der 27th St NW war früher eine Station der Underground Railroad, des Netzwerks, das Sklaven half, aus den Südstaaten zu fliehen.

Georgetown University UNIVERSITÄT

(www.georgetown.edu; Ecke 37th St & O St NW) Bill Clinton war hier an der Universität. Das gibt einem einen Hinweis auf die Studentenschaft: smartes, hart arbeitendes Partyvolk.

Georgetown Waterfront Park PARK

(www.georgetownwaterfrontpark.org; K St NW & Potomac River; 🚻) Der Waterfront Park ist besonders beliebt bei jungen Paaren, bei Singles auf Partnersuche, bei Familien, die einen Abendbummel unternehmen, und bei Yuppies, die mit ihren großen Jachten protzen wollen. Der Park beginnt am **Washington Harbour** (man findet ihn östlich der 31st St NW), einer modernen Gruppe von Hochhäusern, die sich um einen kreisrunden, terrassenförmigen Platz mit Springbrunnen scharen, die nachts wie Regenbogen leuchten. Bäume spenden Schatten entlang der Fußgängerwege, auf denen Bänke zum Sitzen oder zum Beobachten der Ruderteams auf dem Wasser einladen, während die Kids in den Springbrunnen an der Wisconsin Ave planschen. Auf der 33rd St gibt's im Gras ein Labyrinth und wer will, kann die Kreise abschreiten und sehen, ob er sich dem Universum enger verbunden fühlt.

Oak Hill Cemetery FRIEDHOF

(www.oakhillcemeterydc.org; Ecke 30th St & R St NW; ⊙ Mo–Fr 9–16.30, So 13–16 Uhr) Der fast 10 ha große und von kleinen Obelisken übersäte Friedhof hat viele gewundene Pfade und aus dem 19. Jh. stammende Grabsteine, die an den Hängen des Rock Creek

aufgestellt sind. Er ist ein schöner Ort für ruhige Spaziergänge, vor allem im Frühling, wenn alle Wildblumen zu blühen scheinen. James Renwick entwarf das nette Pförtnerhaus und die reizende Kapelle aus Gneis.

Tudor Place MUSEUM

(www.tudorplace.org; 1644 31st St NW; 1-stündige Tour Erw./Kind 10/3 US$, selbstgeführte Gartentour 3 US$; ⊙ Di–Sa 10–15, So ab Mittag) Dieses 1816 erbaute neoklassizistische Herrenhaus befand sich im Besitz von Thomas Peter und Martha Custis Peter, der Enkelin von Martha Washington. Heute ist darin ein kleines Museum untergebracht, in dem Mobiliar und kunstgewerbliche Gegenstände aus Mount Vernon ausgestellt sind, die einen lebendigen Einblick ins amerikanische Kunsthandwerk ermöglichen. Das 2 ha große Grundstück ist als schöner Landschaftspark angelegt.

◉ Upper Northwest D.C.

Die Randgebiete im Nordwesten von D.C. bestehen vor allem aus Wohngebieten mit reichem Baumbestand.

National Zoo ZOO

(www.nationalzoo.si.edu; 3001 Connecticut Ave NW; ⊙ April–Okt. 10–18 Uhr, Nov–März bis 16.30 Uhr; Ⓜ Cleveland Park, Woodley Park-Zoo/Adams Morgan) `GRATIS` Der 66 ha große Zoo, in dem über 2000 Tiere (400 verschiedene Arten) in natürlicher Umgebung leben, ist bekannt für seine Riesenpandas Mei Xiang und Tian Tian. Zu den weiteren Highlights zählen stolze afrikanische Löwen, der Asian Trail mit roten Pandas und einem japanischen Riesensalamander sowie Orang-Utans, die in 15 m Höhe auf Stahlseilen und miteinander verbundenen Türmen herumturnen (die „O-Line").

Washington National Cathedral KIRCHE

(☎ 202-537-6200; www.nationalcathedral.org; 3101 Wisconsin Ave NW; empfohlene Spende 5 US$; ⊙ Mo–Fr 10–17.30, Sa bis 16.30, So 8–17 Uhr; 🚌 32, 37) Die neugotische Kathedrale ist ebenso überwältigend wie ihre europäischen Gegenstücke. Ihre architektonischen Schätze verbinden das Geistliche mit dem Weltlichen. Die bunten Glasfenster sind atemberaubend (toll ist das „Space Window" mit einem eingebetteten Mondstein) und um den Darth-Vader-Wasserspeier an der Außenfassade zu entdecken, benötigt man ein Fernglas. Spezielle Führungen tauchen tiefer ins Esoterische ein; vorher anrufen oder online ins Programm schauen.

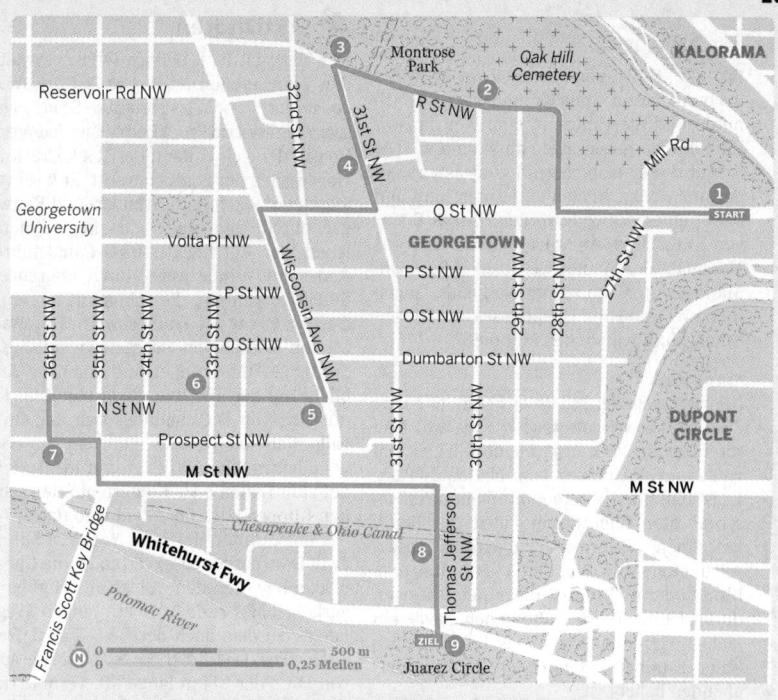

Stadtspaziergang
Das elegante Georgetown

START MT. ZION CEMETERY
ZIEL GEORGETOWN WATERFRONT PARK
LÄNGE/DAUER 4,8 KM; 3 STD

Wenn sich ein Wohnviertel zum Schlendern eignet, dann ist es Georgetown mit seinem vielen Bäumen und Herrenhäusern.

Der afroamerikanische **1 Mt. Zion Cemetery** stammt aus dem frühen 19. Jh. Die nahe Mt. Zion Church war eine Station der Underground Railroad und entflohene Sklaven versteckten sich in einer Gruft auf dem Friedhof. Der Eingang zum **2 Oak Hill Cemetery** (S. 288) liegt wenige Blocks weiter an der 30th St und der R St NW. Lohnend ist ein Spaziergang über das von obeliskartigen Grabsteinen übersäte Gelände. Weiter die Straße entlang überrascht **3 Dumbarton Oaks** (S. 287) innen mit erlesener byzantinischer Kunst und außen mit Springbrunnen.

George Washingtons Stief-Enkelin Martha Custis Peter gehörte **4 Tudor Place** (S. 288), ein neoklassizistisches Herrenhaus an der 1644 31st St.

Danach in die Wisconsin Ave NW einbiegen und an der **5 Martin's Tavern** (S. 301) stoppen, wo John F. Kennedy Jackie einen Heiratsantrag machte. Weiter geht's auf die N St, vorbei an mehreren Stadthäusern im Federal-Stil im 3300 Block. JFK und Jackie wohnten von 1958 bis 1961 in der **6 3307 N St.**

An der Ecke von 36th St und Prospect Ave liegen die **7 Exorcist Stairs** (S. 287). Hier schickte die von Dämonen besessene Regan in *Der Exorzist* ihre Opfer in den Tod. Jogger nutzen die Treppen tagsüber; bei Nacht sind sie wirklich unheimlich.

Nun geht's auf die M St NW und man kann, abhängig davon, was der Geldbeutel hergibt, in eine der Boutiquen hineinschauen. An der Jefferson St rechts abbiegen und der Nase nach bis zu **8 Baked & Wired** (S. 295) gehen, wo man sich mit einer Monsterportion Napfkuchen und einem Cappuccino stärken kann. Von hier geht's runter zum **9 Georgetown Waterfront Park** (S. 288), wo man die Boote auf dem Potomac River bestaunen kann.

⊙ Anacostia

Für die Fahrt von Georgetown ostwärts nach Anacostia braucht man etwa 30 Minuten und die Fähigkeit, eine Welt krasser Einkommensgegensätze auszuhalten. Die Armut dieser Wohngegend kontrastiert mit der nur wenige Meilen entfernten Mall und bildet eines der widersprüchlichsten Bilder von D.C. (und Amerikas). Rund um das Nationals, das Stadion der lokalen Baseball-Mannschaft Washington Nationals, ragen mehrere exklusive Hochhäuser mit Eigentumswohnungen in den Himmel.

Yards Park   PARK
(www.yardspark.org; 355 Water St SE; ⊙ 7 Uhr–2 Std. nach Sonnenuntergang; Ⓜ Navy Yard) Dieser reizende Park liegt im nördlichen Teil von Anacostia unweit vom Nationals Park. Er ist einer der neueren, mit Skulpturen geschmückten öffentlichen Plätze der Stadt, hat einen hölzernen Plankenweg, ausgezeichneten Blick auf den Fluss, eine tolle ultramoderne Brücke, die einem riesigen durchsichtigen Strohhalm ähnelt, sowie ein kleines Gezeitenbecken, das bei einheimischen Familien besonders an den Sommerabenden beliebt ist.

Frederick Douglass National Historic Site   HISTORISCHE STÄTTE
(☏ 877-444-6777; www.nps.gov/frdo; 1411 W St SE; ⊙ April–Okt. 9–17 Uhr, Nov.–März bis 16.30 Uhr; 🚇 B2, B4 von der Anacostia Metro) GRATIS Der Freiheitskämpfer, Schriftsteller und Staatsmann Frederick Douglass bewohnte dieses reizend auf einer Anhöhe gelegene Haus von 1878 bis zu seinem Tod im Jahr 1895. Die Originaleinrichtung sowie die Bücher, Fotos und anderen persönlichen Gegenstände, die hier zu sehen sind, vermitteln ein lebendiges Bild vom privaten und öffentlichen Leben dieses bedeutenden Mannes. Das Haus kann man nur im Rahmen geführter Touren besichtigen.

Anacostia Museum   MUSEUM
(☏ 202-633-4820; www.anacostia.si.edu; 1901 Fort PI SE; ⊙ 10–17 Uhr; 🚇 W2, W3 von der Anacostia Metro) GRATIS Das zum Smithsonian gehörende Museum ist umgeben von der Gemeinde, die es aus pädagogischer Sicht erreichen will, und ist Schauplatz guter Wechselausstellungen über die Geschichte der Afroamerikaner in den USA. Vorher anrufen, denn das Museum schließt zwischen den Ausstellungen jeweils für etwa einen Monat.

☆ Aktivitäten

Der National Park Service (NPS) verwaltet den 7 km² großen **Rock Creek Park** (www.nps.gov/rocr; ⊙ Sonnenaufgang–Sonnenuntergang; Ⓜ Cleveland Park, Woodley Park-Zoo/Adams Morga), der sich entlang des Rock Creek im Nordwesten der Stadt erstreckt. Er wird von kilometerlangen Rad-, Wander- und Reitwegen durchzogen und sogar einige Kojoten leben hier. Entlang des C&O Canal führen Rad- und Wanderwege durch angrenzende Parks, während die schöne, 17 km lange **Capital Crescent Trail** (www.cctrail.org; Water St) den Norden von Georgetown mit Silver Spring (MD) verbindet und herrliche Ausblicke auf den Potomac River bietet. 25 km nördlich von D.C. befindet sich der Great Falls National Park (S. 326), ein außergewöhnliches Stück Wildnis und ideal geeignet zum Raften oder Klettern auf den schönen Klippen hoch über dem Potomac.

Der **Potomac Heritage National Scenic Trail** (www.nps.gov/pohe) verbindet die Chesapeake Bay mit den Allegheny Highlands entlang eines rund 1350 km langen Wegenetzes, zu dem auch der **C&O Canal Towpath** (Erw./Kind 8/5 US$; ⊙ April–Mitte Aug.) von D.C., der 27 km lange Mt. Vernon Trail (VA) und der 121 km lange Laurel Highlands Trail (PA) gehören.

Einen **Paddelbootverleih** (☏ 202-479-2426; www.tidalbasinpaddleboats.com/; 1501 Maine Ave SW; 2-Pers.-Boot 12 US$/Std.) gibt's beim Bootshaus des Tidal Basin. **Thompson Boat Center** (www.thompsonboatcenter.com; 2900 Virginia Ave NW; pro Std./Tag Wasserfahrzeuge ab 10/24 US$, Fahrräder ab 7/28 US$; ⊙ März–Okt. 8–17 Uhr) am Potomac River am Ende des Rock Creek Park verleiht Kanus, Kajaks und Fahrräder.

Big Wheel Bikes (www.bigwheelbikes.com; 1034 33rd St NW; pro 3 Std./Tag 21/35 US$; ⊙ Di–Fr 11–19, Sa & So 10–18 Uhr) ist ein guter Fahrradverleih. Probieren kann man es auch bei **Capital Bikeshare** (☏ 877-430-2453; www.capitalbikeshare.com; Mitgliedschaft für 24 Std./3 Tage 7/15 US$), das nach dem europäischen System des Bikesharing arbeitet. Das Unternehmen verfügt über einen Bestand von über 1000 Fahrrädern, die an über 100 Verleihstationen in ganz D.C. verstreut sind. Um ein Fahrrad auszuwählen, muss man sich zunächst für die gewünschte Mitgliedschaft entscheiden, dann steckt man seine Kreditkarte ein und schon geht's los. Die ersten 30 Minuten sind frei, danach steigt die Leihgebühr exponentiell (1,50/3/6 US$ pro

30/60/90 Min.). Weitere Infos erhält man telefonisch oder online.

Geführte Touren

DC Metro Food Tours STADTSPAZIERGANG
(☎ 800-979-3370; www.dcmetrofoodtours.com; 30–65 US$/Pers.) Die Spaziergänge führen zu den kulinarischen Highlights von D.C., erforschen mehrere Stadtviertel und stoppen auf dem Weg immer wieder für einen Bissen. Im Angebot sind der Eastern Market, die U St, Little Ethiopia, Georgetown und Alexandria, VA.

DC by Foot STADTSPAZIERGANG
(www.dcbyfoot.com) Bei dem kostenlosen Spaziergang erfährt man auf verschiedenen Routen spannende Geschichten und historische Details, u.a. über die National Mall, den Arlington Cemetery und die Ermordung Lincolns. Trinkgeld nicht vergessen!

Bike & Roll RADTOUR
(www.bikethesites.com; Erw./Kind ab 40/30 US$; ⊙ Mitte März–Nov.) Bietet bei Tag und bei Nacht eine Handvoll von Radtouren durch die Stadt an (außerdem: Kombitouren mit Boot und Fahrrad zum Mt. Vernon).

City Segway Tours GEFÜHRTE TOUR
(☎ 202-626-0017; http://citysegwaytours.com/washington-dc; 70 US$) Eine extrem beliebte und entspannende Möglichkeit, um die wichtigsten Sehenswürdigkeiten an der Mall und im Penn Quarter zu besichtigen.

Feste & Events

National Cherry Blossom Festival KULTUR
(www.nationalcherryblossomfestival.org; ⊙ Ende März–Anfang April) Während des Kirschblütenfests zeigt sich D.C. von seiner schönsten Seite.

Smithsonian Folklife Festival KULTUR
(www.festival.si.edu; ⊙ Juni & Juli) Bei diesem lustigen Familienfest, das an zwei Wochenenden im Juni und Juli stattfindet, gibt es jede Menge für diese Region Typisches – Volkskunst, Kunsthandwerk, Essen und Musik.

WASHINGTON, D.C., MIT KINDERN

Die Top-Adresse für Familien ist zweifellos der (kostenlose!) National Zoo. Die Museen der Stadt bieten Lehrreiches und Unterhaltsames für Kinder jeden Alters. Falls man selbst – oder die Kinder – keine Lust mehr auf Sightseeing drinnen hat, bieten sich zahlreiche verlockende grüne Oasen an, z.B. der großartige Yards Park.

Auf der Website Our Kids (www.our-kids.com) gibt's einen Kalender mit kinderfreundlichen Events im D.C., familienfreundliche Restaurants und Unmengen an weiteren Ideen, um aktiv zu sein.

Viele Hotels bieten Babysitting an. Man kann aber auch bei der angesehenen Organisation Mothers' Aides (☎ 703-250-0700; www.mystaffingsolutions.com/) buchen.

Die weiten, offenen Flächen der Mall sind perfekt für den Familienspaß im Freien, sei es um ein Frisbee zu werfen, zu picknicken, eine Fahrt mit dem ältesten Karussel (Tickets 2,50 US$) der Welt zu machen oder durch die Museen zu schlendern.

Kids lieben Dinge, die quietschen und/oder andere Dinge zum Quietschen bringen. Beides gibt's bei den Dinosauriern und Insekten im National Museum of Natural History (S. 280). Das Kennedy Center (S. 304) führt unterhaltsame Shows für Knirpse auf, das National Air & Space Museum (S. 280) bietet Mondsteine, IMAX-Filme und einen wilden Flug im Simulator.

Das National Theatre (S. 304) bietet samstagvormittags kostenlose Vorstellungen, vom Puppenspiel bis zum Stepptanz (Reservierung erforderlich); das Discovery Theater (www.discoverytheater.org; 1100 Jefferson Dr SW; 🚻; Ⓜ Smithsonian) hat Unterhaltungsshows für junges Publikum und das Imagination Stage (☎ 301-961-6060; www.imaginationstage.org; 4908 Auburn Ave, Bethesda, MD; ⊙ 301-961-6060; Ⓜ Bethedsda) ist ein herrliches Kindertheater in Bethesda, einem Vorort nördlich von D.C., zu dem eine Metroverbindung besteht.

Der 15 Meilen (24 km) östlich von der Innenstadt in Largo, Maryland, gelegene Themenpark Six Flags America (☎ 301-249-1500; www.sixflags.com/america; 13710 Central Avenue Upper Marlboro, MD; Erw./Kind 60/38 US$; ⊙ Mai–Okt., Öffnungszeiten unterschiedlich) bietet eine Vielfalt an Aktivitäten, von der Achterbahn bis zu Reiten für Kinder. Man nimmt die Metro (blaue Linie), und steigt dann um in den Bus C22, der bis zum Park fährt.

Independence Day
KULTUR

(⊙4. Juli) Der Independence Day ist hier, was nicht überrascht, ein Mega-Ereignis und wird mit einer Parade, einem Open-Air-Konzert und einem Feuerwerk über der Mall gefeiert.

🛏 Schlafen

Für B&Bs und Privatwohnungen in der Stadt kontaktiert man **Bed & Breakfast Accommodations** (📞877-893-3233; www.bedandbreakfastdc.com).

Wer mit dem Auto nach D.C. kommt, muss in den Hotels mit hohen Parkgebühren rechnen (oder aber in Arlington oder Alexandria wohnen, wo einige Hotels keine Parkgebühren erheben). Nicht vergessen, dass in D.C. auf die Übernachtungspreise eine Hotelgebühr von 14,5 % aufgeschlagen wird.

🛏 Capitol Hill

Liaison
HOTEL $$

(📞202-638-1616; www.affinia.com; 415 New Jersey Ave NW; Zi. ab 200 US$; 🅿@🛜🏊 ; Ⓜ Union Station) Das Liason hat die Übernachtungsmöglichkeiten in Capitol Hill aufgemischt. Modernistische Zimmer in dezenten Schiefer- und Erdtönen schaffen eine Atmosphäre von Businesswelt und verspielter Freizeit zugleich. Auf der Dachterrasse geht es vor allem um Letzteres; es gibt einen Dachpool, der dauerhaft von attraktiven Leuten besetzt zu sein scheint. Das Hotel ist einen Katzensprung vom Kapitol entfernt.

Hotel George
BOUTIQUEHOTEL $$$

(📞202-347-4200; www.hotelgeorge.com; 15 E St NW; Zi. ab 290 US$; 🅿🏊@🛜; Ⓜ Union Station) Dies war das erste Hotel in D.C., das die Bezeichnung „Boutiquehotel" auf das höchste Level hob. Die stylische Inneneinrichtung ist geprägt durch klare Linien, Mobiliar mit Glas- und Chromelementen und moderne Kunst. Die Zimmer sind in hellen, cremeweißen Tönen gehalten. Die Pop-Art-Elemente (Gemälde mit Darstellungen der US-Währung, kunstvoll neu angeordnet) wirken etwas übertrieben, das ist aber das kleinste Übel in einer Unterkunft, die zu den hippsten Adressen auf dem Capitol Hill zählt.

🛏 Downtown & Rund ums Weiße Haus

Hostelling International – Washington DC
HOSTEL $

(📞202-737-2333; www.hiwashingtondc.org; 1009 11th St NW; B inkl. Frühstück 30–55 US$, Zi. 120– 150 US$; ✳@🛜; Ⓜ Metro Center) Das große, freundliche Hostel ist die erste Adresse unter den Budgetunterkünften. Es zieht lässige internationale Gäste an und bietet viele Annehmlichkeiten: Clubräume, ein Billardtisch, kostenlose Touren und Filmnächte, eine Küche und Wäscherei.

Hotel Monaco
HOTEL $$

(📞202-628-7177; www.monaco-dc.com; 700 F St NW; Zi. ab 410 US$, Suite ab 670 US$; 🅿➡✳@🛜; Ⓜ Gallery Place-Chinatown) Die neoklassizistische Fassade dieses Marmortempels ist schon gealtert und sieht jetzt würdevoll glamourös aus. Auf Anfrage gibt's (ohne Aufpreis) einen Goldfisch. Das geometrisch gestaltete Innere macht die „Cool-Daddy-Atmosphäre" der 1930er-Jahre wett. Das alles findet statt im historischen Tariff Building von 1839 mit seinen mächtigen korinthischen Säulen. Das Hotel passt gut zu Familien: Es liegt gegenüber dem Spy Museum, dem Smithsonian American Art Museum sowie der Metro – und nur vier Blocks von der Mall.

Hotel Harrington
HOTEL $$

(📞800-424-8532, 202-628-8140; www.hotel-harrington.com; 436 11th St NW; Zi. 130–200 US$; 🅿✳🛜; Ⓜ Federal Triangle) Dieses gealterte, inhabergeführte Hotel ist eine der erschwinglichsten Adressen in der Nähe der Mall. Es bietet kleine, einfache Zimmer, die sauber sind, aber eindeutig eine Renovierung nötig haben. Der zuvorkommende Service und die hervorragende Lage des Harrington werden von jenen Reisenden geschätzt, denen das Fehlen kleiner Annehmlichkeiten nichts ausmacht.

⭐ Hay-Adams Hotel
LUXUSHOTEL $$$

(📞202-638-6600; www.hayadams.com; 800 16th St NW; Zi. ab 450 US$; 🅿✳@🛜🏊; Ⓜ McPherson Sq) Eines der großartigen Heritage-Hotels der Stadt. Das Hay ist ein schönes, altes Gebäude. Vor allem hat man einen traumhaften Blick auf das Weiße Haus. Es wurde nach den beiden Villen benannt, die hier einst standen (die dem Minister John Hay und dem Historiker Henry Adams gehörten). Sie bildeten den Schnittpunkt der politischen und intellektuellen Elite von Washington. Heute hat das Hotel eine Lobby im Palazzo-Stil und vermutlich die besten Zimmer der Luxus-Klasse der alten Schule in der Stadt. Die bauschigen Matratzen sind wie Wolken und werden von Himmelbetten mit goldenen Quasten gekrönt.

Morrison-Clark Inn — HISTORISCHES HOTEL $$

(☎202-898-1200; www.morrisonclark.com; 1015 L St NW; Zi. 200–350 US$; P ❀ @ ☎; M Mt. Vernon Sq/7th St Convention Center) Das elegante Gästehaus steht auf der Liste der Historic Places. Es umfasst zwei Häuser aus dem Jahr 1864 und ist mit schönen Antiquitäten, Kronleuchtern, Vorhängen in leuchtenden Farben und anderen Stücken ausgestattet, die die Südstaaten aus der Zeit vor dem Bürgerkrieg zum Leben erwecken. Einige Zimmer haben einen eigenen Balkon oder einen dekorativen Marmorkamin.

U Street, Shaw & Logan Circle

Chester Arthur House — B&B $$

(☎877-893-3233; www.chesterarthurhouse.com; 13th St & P St NW; Zi. inkl. Frühstück 175-275 US$; ❀ ☎; M U Street-Cardozo) Geführt wird das Chester von einem reizenden Paar mit unglaublichem Reise-Know-how. Es ist eine gute Wahl für diejenigen, die etwas tiefer in Washington eintauchen wollen. Untergebracht wird man in einem von drei Zimmern in einem schönen Reihenhaus am Logan Circle, das mit Antiquitäten und Andenken von den Weltreisen der Gastgeber gefüllt ist.

Hotel Helix — BOUTIQUEHOTEL $$$

(☎866-508-0658, 202-462-9001; www.hotelhelix.com; 1430 Rhode Island Ave NW; Zi. ab 220 US$; P ❀ @ ☎; M Dupont Circle, U Street-Cardozo) Modisch, hell erleuchtet und verspielt hip – das Helix ist das perfekte Hotel für das umtriebige internationale Publikum, das sich in umliegenden Viertel vergnügt. Kleinigkeiten (PEZ-Spender in der Minibar) sorgen für jugendlichen Schwung, die poppig-punke Einrichtung vermittelt weltgewandte Coolness – liebenswert überzogen. Zu den Besonderheiten einiger Zimmer gehören Etagenbetten – ja, wirklich: Etagenbetten! – sowie Küchenzeilen. Sämtliche Zimmer haben bequeme, glatte Bettlaken und Flachbild-TVs.

Adams Morgan

American Guest House — B&B $$

(☎202-588-1180; www.americanguesthouse.com; 2005 Columbia Rd NW; Zi. inkl. Frühstück 160–220 US$; ❀ @ ☎ M Dupont Circle) Dieses 12-Zimmer-B&B-Hotel erhält dank des zuvorkommenden, freundlichen Service, des guten Frühstücks und der elegant eingerichteten Zimmer Bestnoten. Die Bandbreite der Inneneinrichtung reicht vom viktoriani-schen Stil (Zimmer 203) bis zur Atmosphäre eines typischen Cottage aus Neuengland (Zimmer 304) und dem Liebesnest in kolonialem Stil (Zimmer 303). Einige Unterkünfte sind eher klein.

Adam's Inn — B&B $$

(☎202-745-3600; www.adamsinn.com; 1746 Lanier Pl NW; Zi. inkl. Frühstück mit Bad 129–199 US$, ohne Bad 99–159 US$; P ❀ ☎; M Woodley Park-Zoo/Adams Morgan) Dieses Stadthaus in einer von Bäumen gesäumten Straße unweit von Adams Morgan bietet kleine, aber hübsch eingerichtete Zimmer. Die dünnen Wände sorgen für Hellhörigkeit.

Dupont Circle

Hotel Palomar — HOTEL $$

(☎877-866-3070, 202-448-1800; www.hotelpalomar-dc.com; 2121 P St NW; Zi. 260–380 US$; P ❀ @ ☎ ⛵ ☎; M Dupont Circle) Das Palomar bedient stylische Geschäftskunden und etliche Möchtegern-Businessleute. Die Zimmereinrichtung ist hell, bunt und enthält Pop-Art-Akzente. Der Außenpool und die Terrasse haben Übergröße. Im Hotel herrscht eine haustierfreundliche Atmosphäre und dafür wird auch viel getan. Die Vierbeiner der Gäste werden allabendlich nicht nur mit Hundeleckerli verwöhnt, sie können auf Wunsch auch eine Massage erhalten. Man kann den Hund auch bei Dish, der Hundelounge des Hotels, abgeben.

Dupont Collection — B&B $$

(☎202-467-6777; http://thedupontcollection.com; Zi. 120–260 US$; P ❀ ☎) Wer auf der Suche nach einem gemütlichen B&B mitten in der Hauptstadt ist, sollte in diesen drei ausgezeichneten historischen Häusern nachfragen. Am zentralsten gelegen sind die beiden Gästehäuser **Inn at Dupont North** (☎202-467-6777; www.thedupontcollection.com; 1620 T St NW; Zi. inkl. Frühstück 115–270 US$; ❀ ☎; M Dupont Circle) und **Inn at Dupont South** (☎202-467-6777; www.thedupontcollection.com; 1312 19th St NW; Zi. inkl. Frühstück 115–230 US$; ❀ ☎; M Dupont Circle); Ersteres wirkt wie das moderne Haus eines wohlhabenden Freundes, während das Letztere eher an den Charme von Chintz- und Spitzenromantik erinnert. Das **Brookland** (http://thedupontcollection.com; 3742 12th St NE, Brookland Inn) liegt im äußersten Nordosten (hat aber Metro-Anschluss).

Akwaaba — B&B $$$

(☎866-466-3855; www.akwaaba.com; 1708 16th St NW; Zi. 200–265 US$; P ❀ ☎; M Dupont Circle)

Als Teil einer kleinen B&B-Kette mit dem Schwerpunkt auf dem afroamerikanischen Erbe bietet diese Dupont-Filiale in guter Lage individuell eingerichtete Zimmer im Stil eines Herrenhauses des späten 19. Jhs. Den Gast erwarten ein freundlicher Empfang und ein hervorragend zubereitetes Frühstück.

Carlyle Suites
APARTMENT $$$

(📞 202-234-3200; www.carlylesuites.com; 1731 New Hampshire Ave NW; Apt. 180–320 US$; 🅿️❄️@🛜; Ⓜ️Dupont Circle) In diesem Apartmenthotel, einem Juwel im Art-déco-Stil, findet man recht große, ansprechend eingerichtete Zimmer mit weißen, gestärkten Leinenbezügen, luxuriösen Matratzen, Flachbild-TVs mit 94-cm-Bildschirmdiagonale und komplett ausgestatteten Küchen. Das freundliche Personal ist erstklassig und zu den angebotenen Extras zählen die freie Nutzung von Laptops und Freikarten für den Washington Sports Club. Außerdem spendiert man den Gästen an der Bar einen mittleren Martini. Es gibt nur 20 Parkplätze (für rund 170 Zimmer), die jeweils an die zuerst Ankommenden vergeben werden.

🛏️ Georgetown

Graham Georgetown
HOTEL $$$

(📞 202-337-0900; http://thegrahamgeorgetown.com/; 1075 Thomas Jefferson St NW; Zi. ab 330 US$; 🅿️❄️@🛜; Ⓜ️Foggy Bottom-GWU nach DC Circulator) Das Graham liegt mitten in Georgetown und bietet einen Mix aus vornehmer Tradition und modernistischem Chic. Die Zimmer haben geschmackvolle Tapeten mit floralen Motiven und zweifarbige Möbel mit geometrischen Akzenten. Selbst die einfachsten Zimmer bieten Bettwäsche von Liddell Ireland und Badekosmetik der Reihe Bvlgari White Tea, was bedeutet, dass der Gast ebenso sauber, duftend und frisch sein wird wie Georgetowns Schönen und Prominenten.

🍴 Essen

Erwartungsgemäß hat D.C. als eine der internationalsten Metropolen der Welt ein vielfältiges kulinarisches Angebot mit einer ungewöhnlichen Bandbreite an Restaurants, die äthiopische, indische, südostasiatische, französische, italienische sowie gute altmodische Südstaaten-Gerichte servieren. Leider ist D.C. eine teure Stadt, wenn man essen gehen will; es gibt kaum preiswerte Alternativen und selbst mittelpreisige Loka-

le können die Erwartungen enttäuschen – außer man orientiert sich an den folgenden Empfehlungen.

Capitol Hill

An der H St NE, die sich am Wochenende in eine Wundermeile des Nachtlebens verwandelt, reihen sich Restaurants und Bars aneinander. Zur H St kommt man entweder zu Fuß von der Union Station aus (die sich am anderen Ende der Straße, knapp 2 km entfernt befindet) oder man nimmt einen kostenlosen H-St-Shuttle-Bus von den Haltestellen Gallery Place-Chinatown und Minnesota Ave Metro. Der Shuttle verkehrt ab 17 Uhr, bis die Metro den Betrieb einstellt (wochentags um Mitternacht, am Wochenende um 3 Uhr morgens). Auch auf der 8th St SE neben dem Eastern Market – bekannt auch als Barracks Row – gibt's jede Menge Restaurants und Bars.

Eastern Market
MARKT $

(225 7th St SE; 🕐Di–Fr 7–19, Sa bis 18, So 9–17 Uhr) Eines der Symbole von Capitol Hill. Die überdachten Arkaden sind voller köstlicher Produkte, wochentags kann man außerdem gut essen und trinken. Die Krabbenpasteten am Market-Lunch-Stand sind göttlich.

Toki Underground
ASIATISCH $

(📞 202-388-3086; www.tokiunderground.com; 1234 H St NE; Hauptgerichte 10 US$; 🕐Mo–Mi 17–22, Do bis 23 Uhr, Fr & Sa bis Mitternacht, So geschl.; 🚌H Street Shuttle) Gewürzte, den Magen wärmende Ramen-Nudeln und Knödel bilden das Menü im winzigen Toki. Dampfende Töpfe und Pfannen verbergen die beschäftigten Chefs, während die Gäste zufrieden schlürfen und seufzen. Vorabreservierungen gibt es nicht, sodass lange Wartezeiten die Regel sind. Man sollte daher die Gelegenheit nutzen, und in die benachbarten Bars hineinschauen. Toki schickt eine SMS, sobald der Tisch frei wird. Anders als es der Name vermuten lässt, befindet sich das Toki Underground im Obergeschoss. Es gibt kein Hinweisschild – man muss nach dem Schild der Bar „The Pug" suchen – das Restaurant befindet sich darüber.

Maine Avenue Fish Market
SEAFOOD $

(1100 Maine Ave SW; Menüs ab 7 US$; 🕐8–21 Uhr; Ⓜ️L'Enfant Plaza) Wer es noch nicht gewusst hat: Washington D.C. liegt vor allem in Maryland und in Maryland gibt's die besten Meeresfrüchte in den USA. Man bekommt sie superfrisch – praktisch lebendig – und die Einheimischen übernehmen die Zuberei-

DIE SCHÖNSTEN CAFÉS

★ **Baked & Wired** (☎ 202-333-2500; www.bakedandwired.com; 1052 Thomas Jefferson St NW; Snacks 3–6 US$; ⏱ Mo–Do 7–20, Fr bis 21, Sa 8–21, So 9–20 Uhr; 📶) Das Baked & Wired ist ein fröhliches, kleines Georgetown-Café, das traumhaften Kaffee und köstliche Desserts zubereitet; es ist ein herrlicher Platz, um sowohl real als auch virtuell mit Studenten zu schwatzen (WLAN ist natürlich kostenlos).

Ching Ching Cha (1063 Wisconsin Ave NW; Tee 6–12 US$; ⏱ 11–21 Uhr) Das luftige Teehaus im Zen-Stil scheint meilenweit vom Shopping-Wahnsinn an der M St in Georgetown entfernt zu sein. Hier stoppt man für eine Tasse außergewöhnlichen Tee (mehr als 70 verschiedene Sorten). Im CCC werden außerdem dampfende Klöße, Süßigkeiten und mittags einfache, aber geschmackvolle Drei-Gänge-Menüs (30 US$) serviert.

Pound (www.poundcoffee.com; 621 Pennsylvania Ave SE; Hauptgerichte 5–8 US$; ⏱ Mo–Sa 7–21.30, So 8–20 Uhr; 📶; Ⓜ Eastern Market) Das Pound liegt in Capitol Hill und serviert Kaffee von höchster Qualität in einem eleganten, rustikalen Innenraum (unverputzte Ziegelwände und Holzbalken, originaler Deckenputz, Holzböden und nett beleuchtete Kunstwerke). Die Quesadillas und Panini zum Frühstück, die Specials zum Mittagessen und die Nutella-Latte sind top.

Filter (www.filtercoffeehouse.com; 1726 20th St NW; ⏱ Mo–Fr 7–19, Sa & So 8–19 Uhr; 📶; Ⓜ Dupont Circle) Das Filter befindet sich an einer ruhigen Straße in Dupont und ist ein Café in Schmuckkästchengröße mit einer winzigen Terrasse davor, einem hippen, laptopsüchtigen Publikum und vor allem tollem Kaffee. Alle die, die auf der Suche nach der perfekten Kaffeekreation sind, bekommen hier einen ordentlichen Flat-White.

tung: Sie schälen, zerlegen, nehmen sie aus, frittieren und grillen die Fische, Krabben, Muscheln usw. vor den Augen der Gäste.

Atlas Room — AMERIKANISCH $$

(☎ 202-388-4020; 1015 H St NE; Hauptgerichte 11–25 US$; ⏱ Mo 17.30–21.30, Di–Do bis 22, Fr & Sa bis 22.30, So 17–21.30 Uhr; 🚌 H Street Shuttle) Das Atlas Room ist von der klassischen französischen und der italienischen Küche inspiriert, vermischt diese Traditionen aber auf eine einzigartige amerikanische Weise und greift dabei nur auf saisonale Zutaten zurück. Im Sommer kann man frittierte Krabben genießen, während im Winter ein Rinderschmorbraten auf der Zunge zergeht.

Granville Moore's — BELGISCH $$

(☎ 202-399-2546; www.granvillemoores.com; 1238 H St NE; Hauptgerichte 11–16 US$; ⏱ So–Do 17– 24, Fr & Sa bis 3 Uhr; 🚌 H Street Shuttle) Das Granville Moore's, eine der Bastionen des Künstlerviertels Atlas District (das sich entlang der H St NE erstreckt), wirbt für sich als Kneipe mit belgischem Flair. Und in der Tat findet man hier mehr als 70 belgische Biere, anständige Preise und abends meist jede Menge Stimmung.

Ethiopic — ÄTHIOPISCH $$

(☎ 202-675-2066; 401 H St NE; Hauptgerichte 12–17 US$; ⏱ Di–Do 17–22 Uhr, Fr & Sa ab 12 Uhr; 🚌 H Street Shuttle) In einer Stadt, in der es an äthiopischen Lokalen nicht mangelt, belegt das Ethiopic den Spitzenplatz. Besonders empfohlen seien *wat* (scharfe Sauce) und *tibs* (sautiertes Fleisch und Gemüse) von zartem, in Gemüse und recht scharfem, eingelegten Lammfleisch. Man isst sie mit frischem Fladenbrot *injera* und gekochtem *gomen* (Grünkohl). Für Vegetarier und Veganer gibt's ebenfalls eine reiche Auswahl an Speisen.

Ted's Bulletin — AMERIKANISCH $$

(☎ 202-544-8337; www.tedsbulletin.com; 505 8th St SE; Hauptgerichte 10–18 US$; ⏱ 7–22.30, Fr & Sa bis 23.30 Uhr; 🚌; Ⓜ Eastern Market) Hier kann man in eine Bude mit Art-déco-Stimmung einfallen und sogleich den Gürtel lockern. Bierkekse und Wurst mit schwerer Sauce zum Frühstück, Hackbraten, überzogen mit Ketchup zum Abendessen und andere hippe Leckereien zieren den Tisch. Man muss einen Ort bewundern, an dem man statt der Maistörtchen Toast verwenden darf. Frühstück wird den ganzen Tag über serviert.

✕ Downtown & Rund ums Weiße Haus

Merzi — INDISCH $

(☎ 202-656-3794; 415 7th St NW; Menüs unter 10 US$; ⏱ Mo–Sa 11–22, So bis 21 Uhr; 🚌; Ⓜ Gal-

lery Place-Chinatown, Archives-Navy Memorial) 🖊
Wer im Zentrum von D.C. günstig indisch
– und ganz besonders vegetarisch indisch –
essen will, ist hier genau richtig. Merzis Rezept ist einfach: eine „Basis" wählen (Roti-
Fladenbrot, Reis, Salat usw.), dann Proteine
(Hähnchen, Lamm usw.), dann Vegetari-
sches, Saucen, Chutney o.Ä. dazugeben. Und
der Geldbeutel ist hier nach dem Essen auch
kaum leichter.

⭐ Rasika INDISCH $$

(☑ 202-637-1222; www.rasikarestaurant.com;
633 D St NW; Hauptgerichte 16–26 US$; ⊙ Mo-Fr
11.30–14.30, Mo-Do 17.30–22.30, Fr. bis 23, So 17–
23 Uhr; 🖊; Ⓜ Archives-Navy Memorial) Das Rasika ist ein echter Hammer in Sachen indische
Küche, sowohl, was die Speisekarte als auch
die Präsentation anbelangt. Zur Letzteren:
Man meint, man sei in einem Palast in
Jaipur, den eine Schar modernistischer
Kunstgaleristen dekoriert hat. Zur Erste-
ren: Na ja, sie ist *gut*. Die Narangi-Ente ist
saftig, fast fettig und dank der Zugabe von
Cashewkernen angenehm nussig. Das ent-
täuschend einfache *dal* (Linsen) erinnert
stark an Bockshornklee. Veganer und Ve-
getarier werden sich hier so richtig wohl
fühlen.

Hill Country Barbecue BARBECUE $$

(☑ 202-556-2050; 410 7th St NW; Hauptgerichte
13–22 US$; ⊙ 11.30–14 Uhr; Ⓜ Archives-Navy
Memorial, Gallery Place-Chinatown) Das Penn
Quarter ist im Grunde überschwemmt von
überteuerten, überbewerteten Lokalen. Das
Hill Country gehört allerdings nicht dazu.
In D.C. ist es aber die absolute Ausnahme –
ein Restaurant mit dem Schwerpunkt Texas,
geschmückt mit Cowboyhüten und Stiefeln,
das dennoch nicht kitschig wirkt, ein Ort
zum Grillen, der vorzügliches Rauchfleisch
anbietet, und der der Schauplatz von Live-
musik-Darbietungen wie in einer echten
Texas-Spelunke ist.

Zaytinya MEDITERRAN $$

(☑ 202-638-0800; 701 9th St NW; Meze 7–13 US$;
⊙ 1Di–Sa 11.30–23.30, So & Mo bis 22 Uhr) Das
schon lange beliebte Zaytinya ist eine der
kulinarischen Kronjuwelen von Koch José
Andrés. Hier werden in einem langen,
schmalen Speisesaal mit hohen Decken und
gläsernen Wänden hervorragende griechische, türkische und libanesische *meze* (kleine Speisen) serviert. Die Happy Hour Spe-
cials für 4 US$ (16.30–18.30 Uhr) sind ein
gutes Argument vorbeizuschauen.

⭐ Central Michel Richard FUSION $$$

(☑ 202-626-0015; 1001 Pennsylvania Ave NW;
Hauptgerichte 19–34 US$; ⊙ Mo–Fr 11.30–14.30,
Mo–Do 17–22.30, Fr & Sa bis 23 Uhr; 🖊; Ⓜ Federal Triangle, Archives-Navy Memorial) Michel Richard ist im District bekannt für gehobene
gastronomische Tempel, aber das Central ist
die absolute Spitze. Es erhebt den Anspruch,
eher Hausmannskost zu bieten, man speist
in einem Vier-Sterne-Bistro, wo traditionelle
Lieblingsgerichte neu interpretiert werden:
Hummer-Burger, ein sündhaft komplizierter Hackbraten und gebratene Hähnchen,
die einen neu erleben lassen, was Hähnchen
eigentlich sein können. Der Besuch im Central ist eine einmalige Erfahrung und die
Ausgabe allemal wert.

Bibiana ITALIENISCH $$$

(☑ 202-216-9550; 1100 New York Ave NW; Hauptgerichte 18–34 US$; ⊙ Mo–Fr 11.30–14.30, Mo–Mi
17.30–22.30, Do–Sa bis 23 Uhr; 🖊) Das Bibiana
wird von Ashok Bajaj geleitet, dem Besitzer
des Rasika, der hier die italienische Küche
genauso promotet wie im Rasika die indische Gastronomie. Kronleuchter à la Chihu-
ly und Lichtinstallationen hängen von der
Decke eines supermodernen Speisesaals, in
dem die Gäste Tortellini mit Perlhuhn und
Foie gras oder pochierten Heilbutt auf Polenta mit grünen Tomaten genießen. Das
fleischfreie Menü ist ein Höhepunkt auf der
vegetarischen Speisekarte von D.C.

🍴 U Street, Shaw & Logan Circle

American Ice Company BARBECUE $

(☑ 202-758-3562; 917 V St NW; Hauptgerichte unter
10 US$; ⊙ Mo–Do 17–2, Fr bis 3, Sa 13–3, So 13–2
Uhr; Ⓜ U Street-Cardozo) Die normale U St/
Columbia Heights-Mischung aus Hipstern
und Möchtegern-Politikern, die zwar keine
Politiker sind, aber für politische Organisa-
tionen als Forscher, Lobbyisten, Referenten
arbeiten, bevölkern hier das unansehliche
Innere sowie die viel nettere Außenterrasse.
Der Schwerpunkt liegt auf Barbecue und
Dosenbier, und zwar in dieser Reihenfol-
ge. Unbedingt das klebrige Sandwich mit
Schweinefleisch und Käse oder die köst-
lichen Schweinefleisch-Nachos probieren.

Desperados BURGER $

(☑ 202-299-0433; 1342 U St NW; Hauptgerichte un-
ter 10 US$; ⊙ Mo–Do &So 11–1.30, Fr & Sa bis 2.30
Uhr; Ⓜ U-St/Cardozo) Dieses kleine Lokal mit
Cowboy-Thematik an der U St leistet Erste

DIE SCHÖNHEIT VON BENS CHILI-BOWLE

Ben's Chili Bowl (www.benschilibowl.com; 1213 U St; Hauptgerichte 5–9 US$; ⊙ Mo–Do 11–2, Fr & Sa bis 4, So bis 24 Uhr; Ⓜ U Street-Cardozo) ist für die Gastronomie von D. C. das, was das Weiße Haus und das Capitol für eine Sightseeingtour sind: ein Muss. Und – führt man den Vergleich weiter – wie das Weiße Haus und das Capitol die sichtbarsten wichtigsten Symbole von D. C. für eine Hauptstadt sind, so hat Ben's Chili Bowl denselben Rang in D. C. für einen Ort, wo Menschen leben. Gegründet und betrieben von Ben und Virginia Ali und ihren Familien (Ali starb 2009; die angrenzende Straße wurde nach ihm benannt), besteht das Restaurant seit 1958. Es ist eines der wenigen Lokale, das die Unruhen von 1968 in der U St und die durch den Bau der Metro-Station U St bedingten Veränderungen überdauert hat. Hauptumsatzbringer ist der Half-smoked, D.C.s geräuchertere Version des Hot Dog, der meist in Senf und Chili nach Bens Rezept versinkt. Bis vor Kurzem war Bill Cosby die einzige Person, die hier kostenlos aß, aber Michelle Obama und ihre Töchter Sasha und Malia werden auch erwähnt – offensichtlich aber nicht ihr Präsidenten-Daddy. Das sind jedoch nur einige Namen, denn unzählige Promis haben sich hier schon blicken lassen, von Bono über beide Bushs. Nur Barzahlung.

Hilfe, wenn man schlecht bei Kasse ist und einen preiswerten, magenfüllenden Burger braucht. Die Rindfleischfrikadellen dafür sind keine Kinderportion; sie sind tellergroß und kommen einher in etlichen Variationen, darunter auch als angenehm gewürzte Cajun-Variation. Die Bar produziert am laufenden Band Cocktails, die einen schnell umhauen.

El Centro
MEXIKANISCH $$

(☎ 202-328-3131; 1819 14th St NW; Hauptgerichte 9–20 US$; ⊙ tägl. 11–23 Uhr, Brunch Sa & So 10.30–15 Uhr; ☒; Ⓜ U Street-Cardozo) El Centro ist unser Favorit unter den vielen Ablegern der Restaurants von Richard Sandoval in D.C. Mit seinen eleganten Möbeln, den schicken Kunden und einer sexy Dachterrasse hat es sich einen Namen eher als Treffpunkt fürs Nachtleben gemacht denn als Restaurant (die Bar ist bis 2 Uhr morgens geöffnet). Der Guacamole ist der beste von D.C., die Enten-Tacos köstlich und die leicht gegrillten *carnitas* (Schweinefleisch) zergehen auf der Zunge.

Estadio
SPANISCH $$

(☎ 202-319-1404; 1520 14th St NW; Tapas 5–15 US$; ⊙ Mo–Do 17–22, Fr & Sa bis 21, So bis 21, Fr– So 11.30–2 Uhr; ☒; Ⓜ U Street-Cardozo) Das Estadio ist eine Top-Adresse unter den Anbietern spanischer Küche in der Hauptstadt. Die Auswahl an Tapas – sie bilden den Schwerpunkt – ist gnadenlos groß. Es gibt drei Arten von *iberico*-Schinken, köstliche Foie gras, Rühreier und Sandwiches mit Trüffeln. Runterspülen kann man alles mit einem traditionellen *calimocho* (Rotwein mit Coke).

Veranda on P
MEDITERRAN $$

(☎ 202-234-6870; 1100 P St NW; Hauptgerichte 12–25 US$; ⊙ Mo–Do 17–0.30 Uhr, Sa & So später; ☒; Ⓜ U Street-Cardozo) Das Innere dieses gemütlichen kleinen Lokals weckt Erinnerungen an eine griechische Insel, aber vorzuziehen ist die gleichnamige Außenterrasse zwischen den roten Backsteinhäusern von Logan Circle. Serviert wird Mittelmeerküche zu einem guten Preis-Leistungs-Verhältnis. Die vorzügliche Vorspeise und macht Lust auf eine köstliche Moussaka als Hauptgang.

Pig
AMERIKANISCH $$

(☎ 202-290-2821; 1320 14th St NW; Hauptgerichte 12–21 US$; ⊙ Mo & Di 12–22.30, Mi & Do bis 23, Fr bis 23.30, Sa 11–23.30, So bis 22 Uhr; Ⓜ U Street-Cardozo) Das Pig rechtfertigt seinen Namen, denn es bietet eine Fülle von Gerichten aus Schweinefleisch – von knuspriger Haxe bis zum sündhaft kalorienreichen Sandwich mit Schnitzel und Gruyère-Käse, das einen sprachlos macht. Es gibt aber auch Köstlichkeiten, die nicht vom Schwein sind, wie etwa herrliche, mit Maismehl bestäubte Austern und ein überraschend vegetarierfreundliches Kichererbsen-Haschee (auch wenn dies nicht der ideale Ort für Fleischverächter ist).

Eatonville
SÜDSTAATEN $$

(☎ 202-332-9672; www.eatonvillerestaurant.com; 2121 U St NW; Hauptgerichte 9–21 US$; ⊙ Mo–Do 11–23, Fr & Sa 24.00, Sa 15–24, So 15-23 Uhr; Ⓜ U Street-Cardozo) Alles dreht sich hier um die Schriftstellerin Zora Neal Hurston. Die Atmosphäre ist großartig, eine Art Bayou dank impressionistischer Wandmalereien mit Südstaatenmotiven, das dann als modernis-

Die Küche im Osten und Süden der USA

Wem läuft bei diesen Fotos nicht das Wasser im Munde zusammen? Essen ist in dieser Region eine ernste Sache und die streng geheim gehaltenen Rezepte für Barbecue-Sauce, Brathähnchen, Apple Pie usw. muss man selbst entdecken – und man wird ihnen erliegen!

1. New Yorker Hot-Dog
Das knoblauchhaltige Grillwürstchen aus Rindfleisch mit knackiger Kruste wird mit Senf, Sauerkraut und Zwiebeln serviert.

2. Chicagos Pfannenpizza
Die dicke Kruste ragt 7 cm über den Teller hinaus und trieft vor geschmolzenem Käse und dicker Tomatensauce.

3. Gumbo
Die würzige Suppe/Eintopf strotzt vor Austern, Krabben und Garnelen (oder geräuchertem Fleisch, wenn man im Inland ist).

4. Pie
Der Süden bevorzugt ihn mit Pecannüssen, Florida mag ihn mit Limetten, der Mittlere Westen backt ihn mit Sugar Cream und der Nordosten liebt Obst zwischen den Krusten.

5. Barbecue auf Südstaatenart
Die Variationen sind überwältigend, aber man sollte vor allem mit langsam gegartem, über Holz geräuchertem Schweinefleisch mit süßen oder essighaltigen Saucen rechnen.

6. Käse aus Wisconsin
Die Auswahl reicht weit über Cheddar hinaus, es gibt höhlengereiften Gouda, mit Kakao bestäubten Ziegenmilchkäse und stinkigen Limburger.

7. Meeresfrüchte
In dieser Region wird eine verdammt gute Chowder (sämige, sahnige Fischsuppe) gezaubert – mit Austern, Muscheln und mächtigen Hummern aus Maine.

8. Bourbon aus Kentucky
Der sanfte Whiskey erhält seinen einzigartigen Geschmack vom Mais und der Fassreifung. Man trinkt ihn pur oder mit Wasser.

9. Bier aus kleinen Brauereien
Für Bierliebhaber herrschen hier traumhafte Zustände: In der ganzen Region findet man Brauereien, die kleine Mengen produzieren und köstlichen Gerstensaft ausschenken.

10. Maisbrot
Maismehl mit Buttermilch mischen, in einer gusseisernen Pfanne backen und dann das Brot des Südens – am besten dick mit Butter bestrichen – genießen.

11. Brathähnchen aus dem Süden
Jeder Chefkoch hat sein eigenes Rezept für den Teigmantel, aber immer ist der Vogel außen knusprig und innen saftig.

12. Cajun-Gerichte
Die rustikalen Speisen des Bayou-Staats verbinden einheimische Gewürze wie Sassafras und Chilischoten mit der französischen Landküche. Unbedingt Jambalaya probieren!

tischer, riesiger Speisesaal wiedererweckt wird, der genau wie eine Kathedrale der schwarzen Intelligenzia aussieht. Der Wels wird in Maismehlmantel auf Käse serviert, und die Andouille-Wurst mit Süßkartoffelbrei…einfach himmlisch. Alles runterspülen mit Lavendellimonade, die speziell an heißen Sommertagen schlicht super ist.

Pearl Dive Oyster Palace SEAFOOD $$

(www.pearldivedc.com; 1612 14th St NW; Hauptgerichte 19–25 US$; ⊘ Fr & Sa 12–15, So 11–15, tgl. 17–22 Uhr; Ⓜ U Street-Cardozo) ✒ Das protzige Pearl Dive serviert ausgezeichnete, nachhaltig gezüchtete Austern von beiden Küsten sowie Schmorente mit Austerngumbo, Krabbenfrikadellen und Schokopastete mit schrecklich viel Erdnussbutter. Durch die Vorderfenster zieht frische Luft in die offene ehemalige Industriehalle, die in maritimem Stil mit verwittertem Holz eingerichtet wurde. Keine Vorabreservierung; man muss nur eine Nummer ziehen.

✖ Adams Morgan

Adams Morgan, vor allem das Gebiet um die 18th St und die Columbia Rd NW, ist voller Lokale mit internationaler Küche und tollen Restaurants.

Diner AMERIKANISCH $$

(www.dinerdc.com; 2453 18th St NW; Hauptgerichte 8–16 US$; ⊘ 24 Std.; 👶; Ⓜ Woodley Park-Zoo/ Adams Morgan) Das ist der ideale Spot für ein Frühstück zu vorgerückter Stunde, für (überfüllte) Bloody-Mary-Brunches am Wochenende, für gut zubereitete amerikanische Hausmannskost (Omeletts, gefüllte Pfannkuchen, Mac and cheese, gegrillte Portobello-Sandwiches, Burger usw.). Das Restaurant eignet sich gut für Besuche mit Kindern (das Personal hängt sogar deren während des Essens gemalte Kunstwerke an die Wand).

Cashion's Eat Place AMERIKANISCH $$$

(☎ 202-797-1819; www.cashionseatplace.com; 1819 Columbia Rd NW; Hauptgerichte 17–34 US$; ⊘ Di–So 17.30–23 Uhr; Ⓜ Woodley Park-Zoo/Adams Morgan) Dank seiner originellen Speisekarte und der einladenden Inneinrichtung gilt dieses kleine Bistro als eine der besten Adressen der Stadt. Das unpassende Mobiliar und die Blumentöpfe schaffen ein lockeres Ambiente, um die üppigen Speisen genießen zu können, wie etwa Krabben mit Lauchcreme und Bisonrippe mit *sauce bordelaise* mit Wildpilzen. Die Bar serviert am Freitag und Samstag bis 2 Uhr morgens ausgefallene Häppchen

für den späten Hunger, wie etwa Schweinebäckchen und Quesadillas mit Ziegenkäse.

✖ Dupont Circle

★ Afterwords Cafe AMERIKANISCH $$

(☎ 202-387-3825; www.kramers.com; 1517 Connecticut Ave; Hauptgerichte 15–24 US$; ⊘ So–Do 7.30–13.30 Uhr, Fr & Sa 24 Std.; Ⓜ Dupont Circle) Das ist kein 08/15-Buchladencafé, dieser quirlige Ort verbreitet an seinen vollen Kaffeetischen und auf der Außenterrasse gute Stimmung. Auf der Speisekarte stehen schmackhafte Bistrogerichte und eine reiche Auswahl an Bieren, sodass dieses Café ein beliebter Treffpunkt für die Happy Hour oder zum Brunchen ist. Am Wochenende lohnt der Besuch zu jeder Uhrzeit.

Bistrot du Coin FRANZÖSISCH $$

(☎ 202-234-6969; www.bistrotducoin.com; 1738 Connecticut Ave; Hauptgerichte 14–24 US$; ⊘ 11.30–23, Do–Sa bis 1 Uhr; Ⓜ Dupont Circle) Für eine schnelle Reise über den Großen Teich liefert das lebhafte und beliebte Bistro du Coin den Proviant. Man bekommt eine deftige Zwiebelsuppe, klassische *steak-frites* (gegrilltes Steak mit Pommes), *cassoulet*, Sandwiches sowie neun verschiedene Arten der berühmten *moules* (Miesmuscheln).

Blue Duck Tavern AMERIKANISCH $$

(☎ 202-419-6755; www.blueducktavern.com; 1201 24th St NW; Hauptgerichte 16–34 US$; ⊘ So–Do 6.30–14.30 & 17.30–22.30, Fr–Sa bis 23.30 Uhr; 🅿; Ⓜ Dupont Circle) Das Blue Duck versucht eine Landhausatmosphäre inmitten einer der hyperurbanen Betonlandschaften der M St zu schaffen. Die Speisen sind von den Farmen des ganzen Landes inspiriert, wobei diverse Menüs kombiniert werden wie etwa Schweineterrine und Kroketten von Schweinen aus Virginia sowie Krabbenkuchen nach Louisiana-Art.

Malaysia Kopitiam MALAYSISCH $$

(☎ 202-833-6232; www.malaysiakopitiam.com; 1827 M St NW; Hauptgerichte 9–15 US$; ⊘ Mo–Do 11.30–22, Fr & Sa bis 23, So 12–22 Uhr; Ⓜ Dupont Circle) Dieses versteckte Restaurant ist bestens geeignet, um sich mit der malaysischen Küche vertraut zu machen. Zu den Standards gehören *laksas* (Curry-Nudelsuppen), *roti canai* (Fladenbrot mit Hähnchencurry) und knackiger Tintenfischsalat.

★ Little Serrow THAILÄNDISCH $$$

(1511 17th St NW; Festes Menü/Pers. 45 US$; ⊘ Di–Do 5.30–22, Fr & Sa bis 22.30 Uhr) Im Little Serrow gibt's jede Menge ärgerlicher Regeln. So gibt's beispielsweise kein Telefon und keine Vorabreservierung. Zugang haben nur Gruppen von höchstens vier Personen und man muss sich draußen auf der Straße anstellen. Und wozu das Ganze? Um feinste nordthailändische Küche kennenzulernen. Das einzige Menü wechselt jede Woche; auf dem Speiseplan stehen möglicherweise Hähnchenleber mit Langem Pfeffer oder Shrimps-Pasta, Aubergine und Chili und Schweineohren, garniert mit Minze. Jedes Gericht wird mit einem Berg von frischen Kräutern serviert.

Komi
FUSION $$$

(202-332-9200; www.komirestaurant.com; 1509 17th St NW; Menü 135 US$; Di-Sa 17–23 Uhr; Dupont Circle) Die wechselnden Menüs im Komi sind von erstaunlicher Einfachheit. Sie gehen auf die griechische Küche zurück und stehen unter allen möglichen Einflüssen, vor allem aber genialen Einfällen. Spanferkel für zwei Personen, Kammmuscheln und Trüffeln, gebratenes Zicklein… Komis Märchen von einem Essbereich erlaubt nur Gruppen von höchstens vier Personen und man muss sich – am Besten gleich jetzt – im Voraus anmelden.

Georgetown

Et Voila
BELGISCH $$

(202-237-2300; 5120 MacArthur Blvd NW; Hauptgerichte 16–29 US$; Di-Fr & Sa 11.30–14.30 & 17.30–22, Sa & So 11.30–14.30, Mo 17–21.30 Uhr) Das Restaurant ist ein echtes lokales Juwel an einer netten Ecke in den Palisades, norwestlich von Georgetown. Der Name klingt zwar nach Frankreich, aber das Restaurant widmet sich dem nördlicheren Belgien. Gerichte wie Entrecôte mit Pommes, Hummerrisotto und gebratenes Hähnchen kombinieren eine herzhafte, rustikale Note mit einer sorgfältigen Zubereitung. Die Atmosphäre im Et Voila ist äußerst gemütlich.

Martin's Tavern
AMERIKANISCH $$

(202-333-7370; www.martins-tavern.com; 1264 Wisconsin Ave NW; Hauptgerichte 12–25 US$; Mo-Do 11–1.30, Fr bis 2.30, Sa 9–2.30, So 8–1.30 Uhr) Martin's Tavern ist bei Studenten in Georgetown genauso beliebt wie bei US-Präsidenten, die alle den altmodischen Speisesaal und die nicht verkünstelten klassischen Gerichte wie dicke Burger, Krabbenkuchen und Entrecôte schätzen.

Upper Northwest DC

2 Amys
PIZZA $$

(202-885-5700; www.2amyspizza.com; 3715 Macomb St NW; Hauptgerichte 9–14 US$; Di-Do 11–22, Fr & Sa bis 23, So 12– 22, Mo 17–22 Uhr; ; Tenleytown-AU dann nach Süden 31, 32, 36, 37) Etwas abseits (aber nur einen Steinwurf von der Washington National Cathedral entfernt) gelegen, bietet 2 Amys einige der besten Pizzen mit dünnem Boden in D.C. Die Böden sind mit marktfrischen Zutaten bestreut und werden in einem Holzofen perfekt gebacken. Die Wochenenden mit den Menschenmassen sollte man besser meiden.

Palena
AMERIKANISCH $$$

(202-537-9250; www.palenarestaurant.com; 3529 Connecticut Ave NW; 3-/5-Gänge-Menü 80/100 US$; Di-Sa 17.30–22.30 Uhr; Cleveland Park) Das Palena liegt versteckt im Cleveland Park, nordwestlich der Red Line und ist in D.C. eine feste kulinarische Größe. Red Snapper mit wildem Lauch und Austernpilzen, Artischockenrisotto und Selleriesuppe mit Shrimps und Mandeln gehören zu den neuesten Favoriten. Frühzeitig reservieren oder im zwanglosen Café (Hauptgerichte 17 US$–30 US$) essen.

Columbia Heights & Umgebung

Pho 14
VIETNAMESISCH $

(202-986-2326; www.dcpho14.com; 1436 Park Rd NW; Hauptgerichte 8–13 US$; So–Mi 11.30–21, Do–Sa bis 22 Uhr; Columbia Heights) Das schicke, solide Pho 14 bietet dampfende Schüsseln mit der gleichnamigen Nudelsuppe ebenso wie Pfannengerichte und *banh mi*-*Sandwiches* (Baguettes gefüllt mit Fleisch und/oder gewürztem Gemüse) zum Lunch oder für die Massen zum Abend.

Kangaroo Boxing Club
AMERIKANISCH $

(KBC; 202-505-4522; 3410 11th St NW; Hauptgerichte 10–17 US$; Mo–Do 17–2, Fr bis 3, Sa 10–3, So bis 2 Uhr) Das Gastropub-Konzept – aber ein hipper, lässiger Gastropub à la Brooklyn – ist jetzt der letzte Schrei unter D.C.s hippen, jungen Leuten. Nach dem Betreten des KBC merkt man: Das Lokal hat ein eigenartiges Thema (Vintage-Boxen), köstliche Gerichte (Burger, Barbecue, süßer Auflauf, Mac and cheese) und eine reiche Bierauswahl.

El Chucho
MEXIKANISCH $

(202-290-3313; 3313 11th St NW; Tacos 6–12 US$; 16-2, Fr & Sa bis 3 Uhr) Die Inneneinrichtung erinnert an den Horrorfilm *Day of the Dead,* es gibt Margeritas vom Fass, ausgezeichnete *elote (*Maiskolben*),* begraben unter weißem Käse und Gewürzen, sowie frischen Guacamole. Die winzigen Tacos wecken die Sehnsucht nach mehr. Viel Personal mit coolen Tattoos und Kunden, die sie mögen.

Ausgehen & Nachtleben

Umfassende Infos über Veranstaltungen gibt's im Wochenmagazin *Washington City Paper* (S. 305) oder der Wochenendbeilage der *Washington Post* (S. 305). Für Konzerte und Shows desselben Tages sind Karten zum halben Preis erhältlich (keine telefonischer Verkauf).

Capitol Hill & Downtown

Little Miss Whiskey's Golden Dollar BAR
(www.littlemisswhiskeys.com; 1104 H St NE; ⊘ab 17 Uhr; 🚌H Street Shuttle) Wäre Alice aus dem Wunderland infolge einer Fastenthauptung so traumatisiert zurückgekehrt, dass sie was Hochprozentiges gebraucht hätte, wäre sie sicher im Little Miss Whiskey's eingekehrt. Sie hätte die Inneneinrichtung geliebt: ein Mix aus Schrulligem und den dunklen Alpträumen eines verlorenen Süchtigen. Und sie hätte wohl ihre Freude gehabt an der Seite der Club-Kids, die an Wochenenden auf der Tanzfläche im Obergeschoss feiern.

H Street Country Club BAR
(www.thehstreetcountryclub.com; 1335 H St NE; ⊘Mo–Do ab 17, Fr–So ab 16 Uhr; 🚌H Street Shuttle) Der zweistöckige Country Club ist toll. Das Erdgeschoss ist vollgestopft mit Billiardtischen, Skeeball und Shuffleboard, während es oben eine Minigolf-Anlage gibt (7 US$ Gebühr, um mitzuspielen), die im Kleinen eine Tour durch die Stadt zeigt.

U Street, Shaw & Logan Circle

Marvin BAR
(www.marvindc.com; 2007 14th St NW; 🚇U Street-Cardozo) Das Marvin ist stilvoll und hat eine Lounge mit gedämpftem Licht und gewölbter Decke. Hier legen DJs für ein gemischtes Publikum Soul und ungewöhnliche Grooves auf. Die Dachterrasse ist in Sommernächten eine beliebte Anlaufstelle, aber auch im Winter, wenn sich die Leute unter bollernden Heizlampen versammeln und Cocktails und belgisches Bier nippen. Außerdem gibt's gute Bistrogerichte.

Patty Boom Boom CLUB
(☎202-629-1712; 1359 U St NW; ⊘20–24, Sa & So bis 3 Uhr) Eine Mischung aus Möchtegernpolitikern und Studenten der Howard University bevölkert diesen Ort. Sie relaxen bei sanfter Reggae-Musik oder laufen sich warm, während der DJ im Tanzsaal die Stimmung anheizt. In beiden Fällen geht es karibisch zu, wie es auch die Namen der Rindfleischgerichte und der vegetarischen Pasteten verdeutlichen, die man bei einem Rumpunsch zu sich nimmt.

Brixton BAR
(☎202-560-5045; 901 U St NW; ⊘17–2, Sa bis 3, So ab 11 Uhr) Schon der Name macht klar, dass es hier um ein Stück England in D.C. geht, wenn auch nicht das sentimentale Old England. Es sind eher die hippen jungen Leute in engen Jeans und mit Halstüchern aus verschiedenen Ländern, die hochprozentige Drinks konsumieren, den Londoner Slang draufhaben und sich für die East End-Pop-Art an den Wänden begeistern. Für alle die so was mögen, gibt's im Brixton ein deftiges Kneipenmenü sowie eine offene Dachterrasse mit großartigem Blick auf die U St.

Bar Pilar BAR
(www.barpilar.com; 1833 14th St NW; 🚇U Street-Cardozo) Die freundliche und beliebte Bar Pilar bietet Tapas aus saisonalen Bioprodukten und ausgezeichnete Cocktails in einem kleinen, hübsch eingerichteten Raum. Die senffarbenen Wände und das seltsame Sammelsurium (Hüte, Hemingway-Devotionalien) geben ihr einen altmodischen Touch.

Dickson Wine Bar WEINBAR
(www.dicksonwinebar.com; 903 U St NW; ⊘Mo–Sa ab 18 Uhr; 🚇U Street-Cardozo) Gemütlichkeit, Kerzenlicht und Weinflaschen an den Wänden verleihen dem Dickson, das in einem Reihenhaus untergebracht ist, einen Hauch von Romantik für frisch Verliebte über alle drei Stockwerke hinweg. Am Eingang ist es nicht durch ein Schild gekennzeichnet; über der Tür steht lediglich „Dickson Building 903". Das Dickson ist ein toller Ort für einen kurzen Drink vor einer Show im 9:30 Club.

Dupont Circle

18th Street Lounge LOUNGE
(www.eighteenthstreetlounge.com; 1212 18th St NW; ⊘Di–Fr ab 17.30, Sa & So ab 21.30 Uhr; 🚇Dupont Circle) Kronleuchter, Samtsofas, alte Tapeten und hübsche, tanzfreudige Menschen, die dieses mehrstöckige Gebäude lieben. Die

---

SCHWULEN- & LESBENSZENE IN WASHINGTON, D.C.

Eine von Washingtons Schwulenszenen mit einschlägigen Bars befindet sich rund um den Dupont Circle.

Cobalt (www.cobaltdc.com; 1639 R St NW; ⊙ 17–2 Uhr; Ⓜ Dupont Circle) Das Cobalt ist bevorzugter Treffpunkt der Gäste mit muskulösem Körper, stark gegelten Haaren und falscher Sonnenbräune, die meist Ende 20 bis 30 und besser gekleidet sind und unter der Woche herkommen, um bei guter (wenn auch zu lauter) Musik abzutanzen.

Nellie's (www.nelliessportsbar.com; 900 U St NW; Ⓜ U Street-Cardozo) Die Atmosphäre ist hier gedämpft und das Nellie's ist der passende Ort, um Wurzeln zu schlagen und schmackhafte Häppchen, Abendveranstaltungen (z.B. Di Drag Bingo) oder frühe spezielle Drinks zu genießen.

JR's (www.jrsbardc.com; 1519 17th St NW; ⊙ Mo–Fr ab 16, Sa & So ab 13 Uhr; Ⓜ Dupont Circle) Diese beliebte Schwulenkneipe ist eine gute Adresse für entspannte Stunden und meist rappelvoll. Peinliche Karaoke-Shows sorgen immer am Montagabend für Stimmung.

DJs hier – sie legen Funk, Soul und brasilianische Rhythmen auf – sind phänomenal, was nicht weiter wundert, denn Eric Hilton (von der Thievery Corporation) ist Mitbesitzer der 18th Street Lounge.

 ## Georgetown

Tombs   BAR
(www.tombs.com; 1226 36th St NW; ⊙ Mo–Sa ab 11.30, So ab 9.30 Uhr) Wem die Bar vertraut vorkommt, muss nur an die 1980er-Jahre zurückdenken; sie war der Drehort für den Film *St Elmo's Fire – Die Leidenschaft brennt tief*. In der gemütlichen, fensterlosen Bar genießen heute die Studenten von Georgetown und ihre Profs einen Drink zwischen den Erinnerungsstücken der Crew.

 ## Columbia Heights & Umgebung

Red Derby   BAR
(www.redderby.com; 3718 14th St NW; Ⓜ Columbia Heights) Kein Namensschild ziert das Red Derby, das seine Gäste auf einer überdachten offenen Terrasse (mit Heizstrahlern) versammelt. An den Wänden hängen Filmplakate und meist ist die Bar rappelvoll. Mit einem Getränkemix auf Basis von Schlitz-Bier um 5 US$ startet man richtig in den Abend.

Wonderland   BAR
(www.thewonderlandballroom.com; 1101 Kenyon St NW; Ⓜ Columbia Heights) Das Wonderland ist freundlich, aber etwas heruntergekommen und hat vorne eine geräumige Terrasse mit Holzbänken, die an lauen Abenden zum Sitzen einladen. Der Tanzsaal im ersten Stock, in dem verschiedene DJs auflegen

und Bands spielen, ist am Wochenende zum Bersten voll.

Looking Glass Lounge   BAR
(www.thelookingglasslounge.com; 3634 Georgia Ave NW; Ⓜ Georgia Ave-Petworth) Der angesagteste Spot im Wohnviertel Petworth ist eine kunstvoll gestaltete Location mit einer tollen Jukebox, DJs an Wochenenden und einer großartigen Terrasse im Freien.

Meridian Pint   BAR
(www.meridianpint.com; 3400 11th St NW; Ⓜ Columbia Heights) Die Bar ist Treffpunkt der Einheimischen aus dieser Gegend und die bekannteste Eckkneipe der Columbia Heights. Im TV laufen Sportprogramme und die Gäste spielen Billard und Shuffleboard, während aus den Zapfhähnen Bier in rauen Mengen fließt.

DC Reynolds   BAR
(☎ 202-506-7178; 3628 Georgia Ave NW; ⊙ 11–2, Fr & Sa bis 3 Uhr; Ⓜ Georgia Ave-Petworth) In Petworth, das sich an der Grenze zu den gentrifizierten Stadtteilen von D.C. befindet, wurden mehrere interessante Bars eröffnet. Unter diesen gehört das DC Reynolds zu den Favoriten – allerdings sollte man es außerhalb der Wintermonate besuchen. Hauptattraktion ist nämlich die riesige Terrasse, auf der man ein kühles Bier und ein Pickle Back (Whiskey mit Gewürzgurkenwasser) genießen kann.

 ## ☆ Unterhaltung

Livemusik

Black Cat   LIVEMUSIK
(www.blackcatdc.com; 1811 14th St NW U St; Eintritt 5–15 US$; Ⓜ U Street-Cardozo) Das verschlisse-

ne Black Cat ist seit den 1990er-Jahren ein Grundpfeiler der Musikszene in D.C. Hier sind alle Größen der vergangenen Jahre aufgetreten (u.a. White Stripes, die Strokes und Arcade Fire). Wer für die Bands auf der Hauptbühne im oberen Stock (oder die kleinere Backstage unten) keine 20 US$ bezahlen möchte, wählt lieber den Red Room mit seiner Jukebox, Pool-Billard und starken Cocktails.

9:30 Club
LIVEMUSIK

(www.930.com; 815 V St NW, U St; Eintritt ab 10 US$; M U Street-Cardozo) Der 9:30 Club, der bis zu 1200 Menschen an einem überraschend gemütlichen Ort fasst, ist der Vorreiter der Livemusikszene von D.C. Alle, die Rang und Namen haben und in dieser Stadt auftreten, landen schließlich auf dieser Bühne. Und ein Konzert hier ist für viele Teenager von D.C. die erste bleibende Erinnerung. Die Stars treten hier meist zwischen 22.30 und 23.30 Uhr auf.

Verizon Center
KONZERTVERANSTALTUNG

(202-628-3200; www.verizoncenter.com; 601 F St NW, Gallery Place-Chinatown) Im riesigen Sportstadion von D.C. treten auch die Superstars der Musikszene auf.

Darstellende Künste

Kennedy Center
DARSTELLENDE KÜNSTE

(202-467-4600; www.kennedy-center.org; 2700 F St NW, Georgetown; M Foggy Bottom-GWU) Das sagenhafte Kennedy Center liegt auf einem 7 ha großen Gelände am Potomac River und beherbergt ein unglaubliches Spektrum von Aufführungen – auf seinen zahlreichen Bühnen mehr als 2000 pro Jahr. Zu den Bühnen gehören die Concert Hall (die Heimat des „National Symphony"-Orchesters), das Opera House und das Eisenhower Theater. Auf der Millenium Stage gibt's täglich um 18 Uhr kostenlose Aufführungen.

Wolf Trap Farm Park for the Performing Arts
DARSTELLENDE KÜNSTE

(703-255-1900; www.wolftrap.org; 1645 Trap Rd, Northern Virginia) Der Open-Air-Park liegt etwa 40 Minuten vom Zentrum und beherbergt im Sommer Auftritte des National Symphony und anderer hochkarätiger Musical- und Theatergruppen.

National Theatre
THEATER

(202-628-6161; www.nationaltheatre.org; 1321 Pennsylvania Ave NW; Kasse Mo–Sa 10–21, So 12–20 Uhr; M Federal Triangle) Washingtons ältestes durchgehend betriebenes Theater

zeigt Broadway-Musicals und andere namhafte Produktionen.

Shakespeare Theatre
THEATER

(202-547-1122; www.shakespearetheatre.org; 450 7th St NW; Karten ab 30 US$; Kasse Mo–Sa 10–18, So 12–18 Uhr; M Archives-Navy Memorial) Das landesweit führende Theater präsentiert meisterhafte Inszenierungen von Shakespeare-Stücken sowie Werke von George Bernard Shaw, Oscar Wilde, Henrik Ibsen, Eugene O'Neill und anderen berühmten Autoren.

Carter Barron Amphitheater
THEATER

(202-895-6000; www.nps.gov/rocr; 4850 Colorado Ave NW, Nähe 16th St NW, Rock Creek Park; Kasse an Tagen mit Vorstellungen 12–20 Uhr; M McPherson Sq, dann S2, S4) In einer netten, bewaldeten Umgebung inmitten des Rock Creek Park kann man einen Mix von Theater-, Tanz- und Musikdarbietungen (Jazz, Salsa, Klassik und Reggae) verfolgen. Einige Aufführungen sind kostenlos.

Sport

Washington Redskins
FOOTBALL

(301-276-6800; www.redskins.com; 1600 Fedex Way, Landover, MD; Tickets ab 65 US$) Das lokale Football-Team spielt im FedEx-Field-Stadion, östlich von D.C. in Maryland. Die Saison dauert von September bis Februar.

Washington Nationals
BASEBALL

(www.nationals.com; 1500 S Capitol St SE; M Navy Yard) Das Baseball-Team von D.C. spielt im Nationals Park, unmittelbar am Anacostia River im Südosten von D.C. Die Saison dauert von April bis Oktober.

DC United
FUSSBALL

(www.dcunited.com; 2400 East Capitol St; M Stadium-Armory) Die Mannschaft des DC United kickt im Robert F. Kennedy (RFK) Memorial Stadium. Die Saison dauert von März bis Oktober.

Washington Capitals
HOCKEY

(202-397-7328; http://capitals.nhl.com; 601 F St NW; M Gallery Place-Chinatown) Die Spiele des wilden Eishockey-Teams der Washington Capitals finden zwischen Oktober und April im Verizon Center statt.

Washington Wizards
BASKETBALL

(www.nba.com/wizards; 601 F St NW; Kasse Mo–Sa 10–17.30 Uhr; M Gallery Place-Chinatown) Die NBA-Saison dauert von Oktober bis April, wobei die Heimspiele im Verizon Center stattfinden. Das WNBA-Team von D.C., die **Washington Mystics** (www.wnba.com/mystics), spielt von Mai bis September ebenfalls hier.

❶ Praktische Informationen

Destination DC (☎ 202-789-7000; www.washington.org; 901 7th St NW, 4. Stock) verteilt eine Fülle an Informationen online, telefonisch sowie persönlich an leicht erreichbaren Standorten im Zentrum.

George Washington University Hospital (☎ 202-715-4000; 900 23rd St NW; Ⓜ Foggy Bottom-GWU)

International Visitors Information Desk (⊙ Mo–Fr 9–17 Uhr) Das Informationsbüro, dessen Mitarbeiter alle mehrere Sprachen sprechen, wird vom Meridian International Center betrieben. Es befindet sich in der Ankunftshalle des Washington Dulles Airport.

Kramerbooks (1517 Connecticut Ave NW; ⊙ So–Do 7.30–1, Fr & Sa 24 Std.) In der Bar gibt's einen Computer mit kostenlosem Zugang.

Online Visitor Information (www.washington.org)

Washington City Paper (www.washingtoncitypaper.com) Kostenloses Wochenmagazin mit einer Liste der Veranstaltungen und Restaurants.

Washington Post (www.washingtonpost.com) Angesehene (überregionale) Tageszeitung. Die tägliche Boulevard-Ausgabe *Express* ist kostenlos. Online gibt's Infos zu den Veranstaltungen.

❶ An- & Weiterreise

BUS

Neben Greyhound-Bussen gibt es noch zahlreiche weitere preisgünstige Busverbindungen nach New York, Philadelphia und Richmond. Meistens kostet die einfache Fahrt nach New York etwa 20 US$ (und dauert 4–5 Std.). Zusteigmöglichkeiten gibt es überall in der Stadt, sie befinden sich aber immer in der Nähe der Metrostationen. Fahrkarten werden üblicherweise online verkauft, man kann sie aber auch erst im Bus lösen, gibt's noch Plätze frei sind.

BoltBus (☎ 877-265-8287; www.boltbus.com; ☎) BoltBus, die beste der preiswerten Alternativen, fährt von der oberen Ebene der Union Station ab.

DC2NY (☎ 202-332-2691; www.dc2ny.com; 20th St & Massachusetts Ave NW; ☎) Abfahrt in der Nähe des Dupont Circle.

Greyhound (☎ 202-589-5141; www.greyhound.com; 1005 1st St NE) Verbindet alle Ecken des Landes. Das Abfahrtsterminal ist einige Blocks von der Union Station entfernt; nach Einbruch der Dunkelheit ein Taxi nehmen.

Megabus (☎ 877-462-6342; us.megabus.com; ☎) Abfahrt von der Union Station.

Peter Pan Bus Lines (☎ 800-343-9999; www.peterpanbus.com) bedient den Nordosten der USA; das Terminal befindet sich gegenüber dem von Greyhound.

WashNY (☎ 866-287-6932; www.washny.com; 1320 19th St NW, Union Station; ☎)

FLUGZEUG

Der **Washington Dulles International Airport** (IAD; www.metwashairports.com), 26 Meilen (42 km) westlich der Innenstadt gelegen, und der **Ronald Reagan Washington National Airport** (DCA; ☎ 703-417-8000), 4,5 Meilen (7 km) südlich der Stadt, sind die wichtigsten Flughäfen von D.C. Allerdings ist auch der **Baltimore/Washington International Thurgood Marshall Airport** (BWI; ☎ 410-859-7111; www.bwiairport.com), 30 Meilen (48 km) nordöstlich gelegen, eine Alternative. Alle drei Flughäfen, vor allem aber die Flughäfen Dulles und National, sind wichtige Drehkreuze für Flüge in alle Welt.

ZUG

Amtrak (☎ 800-872-7245; www.amtrak.com) Abfahrt von der wunderschönen Union Station. Die Züge steuern Ziele in allen Landesteilen an, einschließlich New York City (3½ Std.), Chicago (18 Std.), Miami (24 Std.) und Richmond, VA (3 Std.).

MARC (Maryland Rail Commuter; mta.maryland.gov) Die Regionalbahn bedient vor allem den Großraum Washington, D.C., und Baltimore und fährt mehrmals täglich nach Baltimore (7 US$, 71 Min.) und in andere Städte in Maryland (4–12 US$) sowie zu Harpers Ferry, WV (15 US$, 80 Min.).

❶ Unterwegs vor Ort

ZUM/VOM FLUGHAFEN

Wer den Baltimore/Washington International Airport benutzt, kann zwischen der Union Station und dem BWI-Terminal sowohl mit **MARC** (7 US$, 40 Min.) als auch mit **Amtrak** (16 US$, 40 Min.) fahren. Eine Alternative ist der **B30 bus**, der zur Greenbelt Metro (6,30 US$, 40 Min.) fährt.

Metrobus 5A (www.wmata.com) Verkehrt von Dulles zur Rosslyn Metrostation (35 Min.) und ins Zentrum von D.C. (L'Enfant Plaza, 48 Min.); Abfahrt alle 30–40 Min. Die Kombikarte Bus/Metro kostet etwa 8 US$.

Metrorail (www.wmata.com) Der National Airport hat eine eigene Metrostation, die Metro in die Innenstadt ist schnell und preisgünstig.

Supershuttle (☎ 800-258-3826; www.supershuttle.com; ⊙ 5.30–12.30) Der Direkt-Shuttleservice verbindet Downtown D.C. mit den Flughäfen Dulles (29 US$), National (14 US$) und BWI (37 US$).

Washington Flyer (www.washfly.com) Fährt alle 30 Min. von Dulles zur West Falls Church Metro (10 US$).

ÖFFENTLICHE VERKEHRSMITTEL

Circulator (www.dccirculator.com) Die Busse fahren entlang praktischer Strecken, z. B. Union Station nach/von Georgetown. Die einfache Fahrt kostet 1 US$.

Metrobus (www.wmata.com) Die Busse verkehren in der ganzen Innenstadt und in den Vororten; passendes Geld bereithalten (1,80 US$).

Metrorail (☏ 202-637-7000; www.wmata.com) unterhält eines der besten Beförderungssysteme des Landes und steuert die meisten Sehenswürdigkeiten, Hotels und Geschäftsviertel an sowie die Vororte in Maryland und Virginia. Die Züge verkehren von Montag bis Freitag ab 5 Uhr (am Wochenende ab 7 Uhr); der letzte Zug fährt etwa um Mitternacht (So–Do) ab bzw. um 3 Uhr (Fr & Sa). Fahrkarten kauft man an den Automaten in den Bahnhöfen. Die Fahrpreise beginnen bei 1,60 US$ (Kinder unter 5 Jahre fahren kostenlos). Es gibt auch unbegrenzt gültige Karten (1/7 Tage ab 14 bzw. 57,50 US$).

TAXI

Wer ein Taxi braucht, ruft **Capitol Cab** (☏ 20 2-636-1600), **Diamond** (☏ 202-387-6200) oder **Yellow Cab** (☏ 202-544-1212) an.

MARYLAND

Maryland wird oft auch als „Miniatur-Amerika" beschrieben. Und das mit guten Grund. Der kleine Staat besitzt die schönsten Flecken des Landes, von den Appalachen im Westen bis zu den weißen Sandstränden im Osten. Eine Mischung aus Nordstaaten-Cleverness und Südstaaten-Bodenständigkeit verleiht dem Staat zwischen den alten Fronten eine ausgewachsene Identitätskrise, wobei Marotten und Traditionen von hüben wie drüben adaptiert werden. Baltimore, die wichtigste Metropole des Bundesstaates, ist eine pfiffige, fordernde Hafenstadt, während die Ostküste künstlerisch angehauchte Stadtemigranten und hart arbeitende Fischer unter einen Hut packt. Die Vororte des D.C. werden dagegen von Regierungsangestellten und anderen Büromenschen bewohnt, die sich nach der Natur sehnen, aber auch von ärmeren Schichten, die auf der Suche nach niedrigen Mieten sind. Trotzdem funktioniert das alles. Köstliche Blaukrabben, Natty-Boh-Bier und die herrliche Landschaft von Chesapeake sind der Klebstoff, der alles miteinander verbindet. Es ist auch ein sehr vielfältiger und fortschrittlicher Staat. Er war einer der ersten Staaten des Landes, der die gleichgeschlechtliche Ehe legalisierte.

Geschichte

George Calvert gründete Maryland 1634 als Zuflucht für verfolgte englische Katholiken. Dafür kaufte er den einheimischen Piscataway St. Mary's City ab, mit denen er friedlich koexistieren wollte. Puritanische Flüchtlinge entrissen den Piscataway und den Katholiken die Kontrolle und verlagerten das Zentrum nach Annapolis. Die Schikanierung der Katholiken führte zum Tolerance Act, einem lückenhaften, aber wegweisenden Gesetz, das in Maryland jede Form des (christlichen) Gottesdienstes zuließ – zum ersten Mal in Nordamerika.

Diese Verpflichtung zur Diversität hat den Staat schon immer gekennzeichnet, trotz gemischter Einstellungen gegenüber der Sklaverei. Obwohl Maryland während des Bürgerkriegs gespalten war, wurde 1862 bei Antietam eine Invasion der Konföderation gestoppt. Nach dem Krieg nutzte das Land seine schwarze, weiße und zugewanderte Arbeiterschaft, um die Wirtschaftskraft zwischen Baltimores Industrien und Werften aufzuteilen; später kamen noch Dienstleistungen für Washington hinzu. All das macht heute den Marylander aus: Der Bundesstaat vermischt Reiche, Arme, Fremde, urbane Weltenbummler und ländliche Dörfchen wie wenige andere Staaten.

Baltimore

Einst eine der wichtigsten Hafenstädte Amerikas, ist Baltimore – oder „Bawlmer", wie die Einheimischen es nennen – eine Stadt der Gegensätze. Einerseits haftet ihr etwas von einem hässlichen Entlein an – eine trotzige, aber mutige Arbeiterstadt, die sich ihrer Vergangenheit als Hafenstadt noch immer verbunden fühlt. Andererseits begann sich Baltimore in den letzten Jahren in einen Schwan zu verwandeln oder, besser gesagt, es verstand es nun geschickter, der Welt zu zeigen, dass es schon immer ein Schwan gewesen ist. Das belegen herausragende Museen, trendige Läden, Restaurants mit Gerichten aus aller Welt, Boutiquehotels, Kultur und Sport. „B'more" (ein weiterer Beiname) schafft das alles mit einem Augenzwinkern und kann darüber nur witzeln. Diese eigenartige Stadt brachte Billie Holiday und John Waters hervor. Und immer noch pflegt sie ihre innige Beziehung zum Wasser, ob mit dem an Disneyland erinnernden Inner Harbor und den kopfsteingepflasterten Straßen des Hafenviertels Fells Point oder dem Fort

McHenry, dem Geburtsort von *The Star-Spangled Banner*, der amerikanischen Nationalhymne. Es herrscht eine intensive, aufrichtige Freundlichkeit in dieser Stadt, was auch erklärt, weshalb Baltimore seinem letzten und treffendsten Beinamen „Charm City" (Bezaubernde Stadt) voll gerecht wird.

◉ Sehenswertes & Aktivitäten

◉ Harborplace & Inner Harbor

Hier starten viele Touristen ihren Rundgang – und beenden ihn leider auch gleich wieder. Das Gebiet um den Inner Harbor wurde umfassend und glanzvoll erneuert. So schimmern hier Glasfassaden, locken klimatisierte Einkaufspassagen und glitzernde Bars, die es irgendwie schaffen, in einer familienfreundlichen Verpackung das maritime Herz der Stadt einzufangen. Aber das ist nur die Spitze des Eisbergs von Baltimore.

⭐**National Aquarium** AQUARIUM
(☑ 410-576-3800; www.aqua.org; 501 E Pratt St, Piers 3 & 4; Erw./Kind 35/22 US$; ⊙ Mo–Do 9–17, Fr bis 20, Sa 8.30–20, So bis 18 Uhr) ✐ Das Aquarium mit seinen sieben Stockwerken und der Glaspyramide auf der Spitze gilt vielen als das beste Amerikas. Es beherbergt 16 500 Tiere bzw. 660 Spezies, einen Regenwald auf dem Dach, ein Rochenbecken und ein mehrstöckiges Haifischbecken. Außerdem gibt's eine Rekonstruktion der Umbrawarra Gorge im Northern Territory von Australien, komplett mit 10 m hohem Wasserfall, Felsklippen und frei umherflatternden Vögeln und herumstreunenden Echsen. Kids lieben die Delfin-Show und das 4D Immersions Theater (zusammen 5 US$ extra). Unter der Woche herrscht weniger Andrang.

Baltimore Maritime Museum MUSEUM
(☑ 410-396-3453; www.historicships.org; 301 E Pratt St, Piers 3 & 5; 1/2/4 Schiffe Erw. 11/14/18 US$, Kind 5/6/7 US$; ⊙ 10–16.30 Uhr) Schiffsliebhaber können eine Tour durch vier historische Schiffe machen: einen Kutter der Küstenwache, ein Feuerschiff, ein U-Boot und die USS Constellation, eines der letzten Segelschiffe, das als Kriegsschiff von der US Navy (1797) gebaut wurde. Der Eintritt zum Seven Foot Knoll Lighthouse an Pier 5 von 1856 ist frei.

Downtown & Little Italy

Man kann leicht von Downtown nach Little Italy zu Fuß gehen, sollte dabei aber dem

---

KURZINFOS MARYLAND

Spitzname Old Line State, Free State

Bevölkerung 5,8 Mio. Ew.

Fläche 32 134 km²

Hauptstadt Annapolis (39 000 Ew.)

Weitere Städte Baltimore (621 000 Ew.), Frederick (66 000 Ew.), Hagerstown (40 000 Ew.), Salisbury (30 500 Ew.)

Verkaufssteuer 6 %

Geburtsort vom Sklavereigegner Frederick Douglass (1818–1895), von Baseballgröße Babe Ruth (1895–1948), Schauspieler David Hasselhoff (geb. 1952), Schriftsteller Tom Clancy (geb. 1947), Schwimmer Michael Phelps (geb. 1985)

Heimat von *The Star-Spangled Banner*, Baltimore Orioles, TV-Crimeshows *The Wire* und *Homicide*

Politische Ausrichtung stramme Demokraten

Berühmt für Blaukrabben, Lacrosse, Chesapeake Bay

Lieblingssport Tjost (Lanzenstechen; Jousting)

Entfernungen Baltimore–Annapolis 29 Meilen (47 km), Baltimore–Ocean City 147 Meilen (237 km)

---

ausgeschilderten Weg genau folgen, da es an einem ungemütlichen Block vorbeigeht.

National Great Blacks in Wax Museum MUSEUM
(☑ 410-563-3404; www.greatblacksinwax.org; 1601 E North Ave; Erw./Kind 13/11 US$; ⊙ Di–Sa 9–18, So 12–18 Uhr, Okt.–Jan. bis 17 Uhr) Dieses erstklassige Museum über die afroamerikanische Geschichte widmet sich u. a. Frederick Douglass, Jackie Robinson, Martin Luther King Jr. und Barack Obama sowie anderen weniger bekannten Persönlichkeiten wie dem Entdecker Matthew Henson. Das Museum informiert auch über die Sklaverei, die Jum-Crow-Ära und afrikanische Anführer – alle dargestellt in surrealistischer Manie mit Wachsfiguren à la Madame Tussaud.

Star-Spangled Banner Flag House & 1812 Museum MUSEUM
(☑ 410-837-1793; www.flaghouse.org; 844 E Pratt St; Erw./Kind 8/6 US$; ⊙ Di–Sa 10–16 Uhr; ♿) In

WASHINGTON, D.C. & CAPITAL REGION MARYLAND

SCENIC DRIVE: MARITIMES MARYLAND

Maryland und die Chesapeake Bay waren schon immer untrennbar miteinander verbunden, aber es gibt noch einige Orte, an denen sich die althergebrachte Lebensweise an der Bay im Lauf der vergangenen Jahrhunderte kaum verändert zu haben scheint.

Etwa 150 Meilen (241 km) südlich von Baltimore, am Rand des Eastern Shore, liegt **Crisfield**, die größte Stadt Marylands, die noch vom Wasser lebt. Nähere Infos über Sehenswertes gibt's im **J Millard Tawes Historical Museum** (☑ 410-968-2501; www.crisfieldheritagefoundation.org/museum; 3 Ninth St; Erw./Kind 3/1 US$; ☺ Mo–Sa 10–16 Uhr), das gleichzeitig als Touristeninformation dient. Alle Gerichte mit Meeresfrüchten, die man hier serviert, sind vorzüglich, aber wer eine richtige Küstenerfahrung sucht, ist im legendären **Watermen's Inn** (☑ 410-968-2119; 901 W Main St; Hauptgerichte 12–25 US$; ☺ Do & So 11–20, Fr & Sa bis 21 Uhr, Mo–Mi geschl.) genau richtig. In einem einfachen, anspruchslosen Ambiente kann man den lokalen Fang bei einem sich ständig ändernden Menü genießen. Den einheimischen Fischern begegnet man in ihrem Stammlokal, wenn sie um 4 Uhr morgens einen Kaffee im **Gordon's Confectionery** (831 W Main St) trinken, bevor sie hinaus aufs Meer fahren und die Netze auswerfen.

Hier kann man sein Auto abstellen und mit dem Boot nach **Smith Island** (www.visit smithisland.com) fahren, der einzigen Siedlung von Maryland außerhalb des Festlandes. Vor etwa 400 Jahren ließen sich Fischer aus den westlichen Regionen Englands hier nieder. Seither spricht die winzige Inselgemeinde immer noch das, was Sprachwissenschaftler als am nächsten dem walisischen Akzent des 17. Jhs. verwandt bezeichnen.

Um ehrlich zu sein: Das ist eher ein dahinsterbendes Fischerdorf als eine reizvolle Sehenswürdigkeit, obwohl es B & Bs und Restaurants gibt (Details gibt's auf der Website). Zugleich ist es die letzte Verbindung zur Vergangenheit des Bundesstaates, und wenn man sich Smith Island auf diese Weise annähert, versteht man, warum hier nur begrenzte Annehmlichkeiten geboten werden. Dazu gehört u. a. das Paddeln durch Meilen von unberührtem Sumpfland am östlichen Meeresufer. Die Fähre bringt einen am selben Tag um 15.45 Uhr zurück aufs Festland.

diesem historischen Haus aus dem Jahr 1793 hat Mary Pickersgill die gigantische Flagge genäht, die zur Inspiration von Amerikas Nationalhymne wurde. Kostümierte Führer und Exponate aus dem 19. Jh. begleiten die Besucher zurück in eine dunkle Zeit während des Krieges von 1812; für Kinder gibt's auch eine Entdeckungsausstellung zum Anfassen.

Jewish Museum of Maryland MUSEUM (☑ 410-732-6400; www.jewishmuseummd.org; 15 Lloyd St; Erw./Student/Kind 8/4/3 US$; ☺ Di–Do & So 10–17 Uhr) Maryland ist traditionell die Heimat einer der größten und aktivsten jüdischen Gemeinden des Landes. Und das Museum ist ein toller Ort, um die jüdische Seite Amerikas kennenzulernen. Es beherbergt außerdem zwei der am wunderbarsten erhaltenen historischen Synagogen.

Babe Ruth Birthplace & Museum MUSEUM (☑ 410-727-1539; www.baberuthmuseum.com; 216 Emory St; Erw./Kind 6/3 US$; ☺ 10–17 Uhr) Das Museum feiert den berühmten Sohn Baltimores, der zufällig auch der beste Baseball-Spieler aller Zeiten war. Vier Blocks

weiter östlich werden im **Sports Legends at Camden Yards** (Ecke Camden St & Sharp St, Camden Station; Erw./Kind 8/4 US$) weitere Sportler aus Maryland geehrt. Die Museen haben die gleichen Öffnungszeiten; Kombitickets kosten 12/5 US$.

Edgar Allan Poe House & Museum MUSEUM (☑ 410-396-7932; 203 N Amity St; Erw./Kind 4 US$/frei; ☺ April–Nov. Mi–Sa 12–15.30 Uhr) Von 1832 bis 1835 lebte in diesem Haus der berühmteste Ziehsohn Baltimores, Edgar Allan Poe, der genial-makabre Dichter und Schriftsteller, der nach dem Gewinn von 50 US$ in einem Kurzgeschichten-Wettbewerb ersten Ruhm erlangte. Nachdem er ein paar Jahre unterwegs gewesen war, kehrte Poe 1849 nach Baltimore zurück, wo er unter mysteriösen Umständen verstarb. Sein Grab befindet sich im nahe gelegenen Westminster Cemetery

◉ Mt. Vernon

Wer den besten Blick auf Baltimore genießen will, muss die 228 Stufen auf Baltimores

Washington Monument (699 Washington Pl; empfohlene Spende 5 US$; ☺ Mi–So 10–17 Uhr) hinaufsteigen, eine 54 m hohe dorische Säule, die nur etwas weniger phallusförmig ist als ihr Pendant in Washington, D.C.

★ **Walters Art Museum**   MUSEUM
(☑ 410-547-9000; www.thewalters.org; 600 N Charles St; ☺ Mi–So 10–17, Do bis 21 Uhr) GRATIS Auf keinen Fall sollte man diese vorzügliche, bunt gemischte Galerie verpassen, in der Kunstwerke aus mehr als 55 Jahrhunderten von der Antike bis zur Gegenwart ausgestellt werden. Gezeigt werden außergewöhnliche Schätze aus Asien, seltene und reich verzierte Handschriften und Bücher sowie eine umfassende Sammlung französischer Gemälde.

Maryland Historical Society   MUSEUM
(www.mdhs.org; 201 W Monument St; Erw./Kind 9/6 US$; ☺ Mi–Sa 10–17, So 12–17 Uhr) Mit ihren über 5,4 Mio. Gegenständen ist dies eine der weltweit größten Sammlungen zur amerikanischen Geschichte überhaupt. Hier wird u. a. das Originalmanuskript von Francis Scott Keys *Star-Spangled Banner* aufbewahrt. Oft werden ausgezeichnete Wechselausstellungen organisiert, während sich eine faszinierende Dauerausstellung der maritimen Geschichte von Maryland widmet.

Federal Hill & Umgebung

Auf einem Steilhang oberhalb des Hafens gibt der **Federal Hill Park** seinen guten Namen an das angenehme Viertel weiter, das sich rund um den Cross St. Market erstreckt und nach Sonnenuntergang zum Leben erwacht.

★ **American Visionary Art Museum**   MUSEUM
(☑ 410-244-1900; www.avam.org; 800 Key Hwy; Erw./Kind 16/10 US$; ☺ Di–So 10–18 Uhr) Das AVAM ist ein Schaukasten autodidaktischer (oder „Außenseiter"-)Kunst und zugleich eine Inszenierung unbändiger Kreativität, die sich frei von allem Ehrgeiz der konventionellen Künstlerszene entfaltet. Einige Arbeiten entstanden in geschlossenen Anstalten, andere sind das Werk von selbsternannten Visionären, aber alle sind faszinierend und einen langen Nachmittagsbesuch wert.

Fort McHenry National Monument & Historic Shrine   HISTORISCHE STÄTTE
(☑ 410-962-4290; 2400 E Fort Ave; Erw./Kind 7 US$/frei; ☺ 8–17 Uhr) Während der Schlacht von Baltimore hat das sternenförmige Fort am 13. und 14. September 1814 erfolgreich einen Angriff der britischen Marine abgewehrt. Nach einer scheinbar endlosen Nacht mit unzähligen Kanonenschlägen sah der Gefangene Francis Scott Key „by dawn's early light" (im ersten Licht des Tages) die immer noch wehende, zerrissene Flagge. Das inspirierte ihn zu *The Star-Spangeld Banner*, das er zur Melodie eines beliebten Trinkliedes verfasste.

◉ Fell's Point & Canton

Fell's Point, das einstige Zentrum der berühmten Schiffsbauindustrie von Baltimore ist heute ein historisches Stadtviertel mit kopfsteingepflasterten Straßen und einer hübschen Mischung aus Wohnhäusern des 18. Jhs., Restaurants, Bars und Geschäften. In dem recht bürgerlichen Ambiente wurden verschiedene Kinofilme und Fernsehserien gedreht, allen voran natürlich die Krimiepisoden von *Homicide*. Weiter östlich breiten sich die Straßen des etwas feineren Canton rund um den mit Gras bewachsenen zentralen Platz aus, der von tollen Restaurants und Bars umgeben ist.

◉ North Baltimore

Der Ausruf „Hon" als Ausdruck der Zuneigung ist eine oft nachgeahmte, aber nie erreichte Besonderheit des in Baltimore gesprochenen Dialekts „Bawlmerese" und stammt aus **Hampden**, einem Stadtteil zwischen einem von Arbeitern bzw. von hyperkreativen Hipstern bewohnten Viertel. Man kann einen gemütlichen Nachmittag damit verbringen, in den Läden an der **Avenue** (auch als W 36th St bekannt) nach Kitsch, Antiquitäten und Vintage-Klamotten zu stöbern. Nach Hampden gelangt man auf der I-83 N, die (in nördlicher Richtung fahrend) zur Falls Rd wird, und biegt rechts in die Avenue ein. In der Nähe befindet sich die renommierte **Johns Hopkins University** (3400 N Charles St).

☞ Geführte Touren

Baltimore Ghost Tours   STADTSPAZIERGANG
(☑ 410-357-1186; www.baltimoreghosttours.com; Erw./Kind 13/10 US$; ☺ März–Nov. Fr & Sa 19 Uhr) Bietet mehrere Spaziergänge, bei denen man die gespenstische und bizarre Seite von Baltimore kennenlernt. Der beliebte Fells Point Ghost Walk startet beim Max's Taphouse am Broadway, 731 S Broadway.

WASHINGTON, D.C. & CAPITAL REGION BALTIMORE

✿ Feste & Events

Preakness SPORT

(www.preakness.com; ⊙ Mai) Das Preakness, jeden dritten Sonntag im Mai, ist der zweite Teil des Triple-Crown-Pferderennens.

Honfest KULTUR

(www.honfest.net; ⊙ Juni) Hier sollte man seinen besten „Bawlmerese"-Akzent einstudieren und sich nach Hampden aufmachen. Hier gibt's Feiern mit Kitsch, Beehive-Frisuren, Strassbrillen und anderen Exzentrizitäten aus Baltimore.

Artscape KULTUR

(www.artscape.org; ⊙ Mitte Juli) Amerikas größtes Festival für die freien Künste. Auf dem Programm stehen Kunstausstellungen, Livemusik, Theater- und Tanzaufführungen.

🛏 Schlafen

Die meisten stilvollen und erschwinglichen B&Bs findet man in den Vierteln Downtown, Canton, Fell's Point und Federal Hill.

Mount Vernon Hotel HOTEL $

(☎ 410-727-2000; www.mountvernonbaltimore.com; 24 W Franklin St, Mt. Vernon; DZ ab 90 US$, Suite ab 120 US$; ⓟ✱☎) Das historische Mount Vernon Hotel von 1907 ist dank der bequemen Old-School-Zimmer und der netten Lage nahe der Gastroszene an der Charles St eine gute Option. Ein herzhaftes Frühstück versüßt das Ganze noch.

HI-Baltimore Hostel HOSTEL $

(☎ 410-576-8880; www.hiusa.org/baltimore; 17 W Mulberry St, Mt. Vernon; B/DZ inkl. Frühstück 25/65 US$; ✱@☎) Das HI-Baltimore Hostel liegt in einem wundervoll restaurierten Herrenhaus von 1857 und verfügt über Vierbettzimmer, Schlafräume mit acht bzw. zwölf Betten sowie ein privates Doppelzimmer. Das hilfsbereite Personal, das reizende Haus und die klassisch-elegante Einrichtung machen es zu einem der besten Hostels dieser Gegend.

★ **Inn at 2920** B&B $$

(☎ 410-342-4450; www.theinnat2920.com; 2920 Elliott St, Canton; Zi. einschl. Frühstück 175–235 US$; ✱@☎) ✍ Das Boutique-B&B befindet sich in einem ehemaligen Bordell und bietet fünf individuell eingerichtete Zimmer; sie bestechen durch die feine Bettwäsche, die elegante avantgardistische Einrichtung und das Partyviertel Canton direkt vor der Tür. Die Whirlpools und das Umweltbewusstsein der Inhaber sind ein nettes Extra.

Inn at Henderson's Wharf HOTEL $$

(☎ 800-584-7065, 410-522-7777; www.hendersonswharf.com; 1000 Fell St; Zi. ab 175 US$; ⓟ✱☎) Eine kostenlose Flasche Wein bei der Ankunft lässt in diesem sagenhaft gelegenen Hotel in Fell's Point vermuten, was man hier erwarten darf. Untergebracht in einem ehemaligen Tabak-Warenlager aus dem 18. Jh., gehört es unstrittig zu den besten Unterkünften der Stadt.

Blue Door on Baltimore B&B $$

(☎ 410-732-0191; www.bluedoorbaltimore.com; 2023 E Baltimore St, Fell's Point; Zi. 140–180 US$;

BALTIMORE FÜR KINDER

Die meisten Attraktionen findet man rund um den Inner Harbor, darunter auch das National Aquarium (S. 307), das perfekt für die Kleinen geeignet ist. Kids tollen auch gern auf den Befestigungsanlagen des historischen Fort McHenry National Monument & Historic Shrine herum.

Das **Maryland Science Center** (☎ 410-685-5225; www.mdsci.org; 601 Light St; Erw./Kind 17/14 US$; ⊙ Mo–Fr 10–17, Sa bis 18, So 11–17 Uhr, im Sommer längere Öffnungszeiten) ist ein überwältigendes Zentrum mit einem drei Stockwerke hohen Innenhof, zahllosen interaktiven Ausstellungen über Dinosaurier, den Weltraum und den menschlichen Körper sowie einem unvermeidlichen IMAX-Kino (4 US$ extra).

Zwei Blocks weiter nördlich erstreckt sich **Port Discovery** (☎ 410-727-8120; www.portdiscovery.org; 35 Market Pl; Eintritt 14 US$; ⊙ Mo–Sa 10–17, So 12–17 Uhr, im Winter verkürzte Öffnungszeiten), ein ehemaliger Fischmarkt, mit einem Spielhaus, einem Labor, einem TV-Studio und sogar einem Pharaonengrab. Hier können sich die Kids richtig austoben.

Im **Maryland Zoo in Baltimore** (www.marylandzoo.org; Druid Hill Park; Erw./Kind 16/11 US$; ⊙ 10–16 Uhr), können die Kleinen den ganzen Tag lang über Seerosenblätter hüpfen, mit der Moorschildkröte Billy spielen und Tiere streicheln. Die Preise sind an Werktagen leicht ermäßigt.

(P @ 🛜) Das blitzsaubere B&B liegt in einem Reihenhaus aus dem frühen 19. Jh. Es hat drei elegant eingerichtete Zimmer – jedes mit Kingsize-Bett, Badewannen mit Klauenfüßen und separater Dusche – und nette Extras wie einen Brunnen und frische Blumen. Es liegt gleich nördlich von Fell's Point.

Peabody Court   HOTEL $$
(☑ 410-727-7101; www.peabodycourthotel.com; 612 Cathedral St, Mt. Vernon; Zi. ab 120 US$; P ❄ 🛜) Das gehobene Hotel mit 104 Zimmern liegt mitten in Mt. Vernon und hat große, elegant eingerichtete Gästezimmer mit Bädern aus Marmor und einen hervorragenden Service. Online gibt's oft Schnäppchen.

✗ Essen

Baltimore ist eine ethnisch sehr vielfältige Stadt. Sie liegt in einer Region, die reich an großartigten Meeresfrüchten ist und sich sowohl vom bodenständigen Süden als auch von den Innovationen des Nordostens kulinarisch inspirieren lässt.

Lexington Market   FAST FOOD $
(www.lexingtonmarket.com; 400 W Lexington St, Mt. Vernon; ⊙ Mo-Sa 9–17 Uhr) Mt. Vernons Lexington Market besteht seit etwa 1782 und ist einer der traditionsreichsten Lebensmittelmärkte. Von außen wirkt er etwas heruntergekommen, aber die Lebensmittel sind erstklassig. Sehr empfehlenswert sind die *crab cakes* (Krabbenfrikadellen) in **Faidley's** (☑ 410-727-4898; www.faidleyscrabcakes. com; Hauptgerichte 8–14 US$; ⊙ Mo-Sa 9–17 Uhr) Seafood-Bude, denn sie schmecken verdammt gut.

Vaccaro's Pastry   ITALIENISCH $
(www.vaccarospastry.com; 222 Albemarle St, Little Italy; Desserts 7 US$; ⊙ So-Do 9–22, Fr & Sa bis 24 Uhr) Bei Vaccaro's Pastry gibt's einige der köstlichsten Desserts und einen der besten Kaffees der Stadt. Die Cannoli sind schlicht göttlich.

LP Steamers   SEAFOOD $
(☑ 410-576-9294; 1100 E Fort Ave, South Baltimore; Hauptgerichte 8–28 US$; ⊙ 11.30–22 Uhr) Das LP ist die beste Adresse Baltimores in Sachen Seafood: Arbeiter, Frotzeleien und die frischesten Krabben an der ganzen Südseite.

PaperMoon Diner   DINER $$
(227 W 29th St; Hauptgerichte 7–16 US$; ⊙ So-Do 7–24, Fr & Sa bis 2 Uhr) Das bunt leuchtende, echt typisch Baltimorer Restaurant ist mit jeder Menge altem Spielzeug, gruseligen Schaufensterpuppen und allem möglichen Schnickschnack dekoriert. Top ist hier das jederzeit servierte Frühstück – fluffiger French Toast, krosser Speck und Bagels mit Lachs.

City Cafe   CAFÉ $$
(☑ 410-539-4252; www.citycafebaltimore.com; 1001 Cathedral St, Mt. Vernon; Hauptgerichte mittags 10–14 US$, Abendessen 15–29 US$; ⊙ Mo-Fr 7.30–22, Sa 10–22,30, So bis 20 Uhr; 🛜) Helles, einladendes Café in Mt. Vernon mit raumhohen Fenstern, das Desserts und Gourmet-Sandwiches bietet. Im Speisesaal im Hintergrund werden gehobene Bistro-Speisen serviert.

Dukem   ÄTHIOPISCH $$
(☑ 410-385-0318; 1100 Maryland Ave, Mt. Vernon; Hauptgerichte 13–22 US$; ⊙ 11–22.30 Uhr) Baltimore hat eine der weltweit größten äthiopischen Kolonien und deren Angehörige brachten aus ihrer Heimat auch ihre Küche in die „bezaubernde Stadt". Das Dukem in Mt. Vernon ist erstklassig. Köstliche Menüs, darunter die scharfen Hühnchen-, Lamm- und vegetarischen Gerichte, die alle mit weichem Fladenbrot serviert werden.

★ Woodberry Kitchen   AMERIKANISCH $$$
(☑ 410-464-8000; www.woodberrykitchen.com; 2010 Clipper Park Rd, Woodberry; Hauptgerichte 24–45 US$; ⊙ Mo-Do 17–22, Fr & Sa bis 23, So bis 21 Uhr) Das Woodberry verarbeitet alles, was die Region Chesapeake zu bieten hat, schafft alles in eine Industriehalle und vollbringt kulinarische Wunder. Die Speisekarte liest sich wie ein verspieltes Kombinieren der besten lokalen Produkte, Meeresfrüchte und Fleischsorten; sie reicht von der Zubereitung von *rockfish* (eine Wolfsbarsch-Art, der Staatsfisch von Maryland) bis zu lokaler Putenwurst mit Kartoffeln in Schweinefett und im Holzofen gebackenen Tomaten mit Knoblauch von den umliegenden Farmen. Das Essen ist umwerfend, der Service ist freundlich und die Erfahrung erstklassig.

Charleston   SÜDSTAATEN $$$
(☑ 410-332-7373; www.charlestonrestaurant. com; 1000 Lancaster St, Harbor East; 3-/6-Gänge-Menü 79/114 US$; ⊙ Mo-Sa 17.30–22 Uhr) Das Charleston, eines der berühmtesten Restaurants von Baltimore, bietet in plüschigem Ambiente ansprechend zubereitete und von der Südstaaten-Küche inspirierte Speisen. Dazu gibt's eine große Weinliste und herrliche Desserts (immer im Preis enthalten).

Salt
AMERIKANISCH $$$

(📱 410-276-5480; www.salttavern.com; 2127 E Pratt St, Fells Point; Hauptgerichte 18–27 US$; ⏱ Di-Sa 17–24, So ab 16.30 Uhr; 🖋) Das Salt steht bei den Gourmets von Baltimore hoch in Kurs. Die Küche ist der Ausrichtung nouveau American verpflichtet, sie weist aber zugleich einen starken internationalen Touch auf. Starten kann man das Essen mit Seeigeln mit Eiercreme und geht dann zu Entenbrust auf Dattelpüree mit marokkanischen Gewürzen über.

 ## Ausgehen & Nachtleben

Am Wochenende verwandeln sich Fell's Point und Canton in Stätten ungehemmter Zechgelage, die selbst einen römischen Kaiser vor Neid hätten erblassen lassen. Mt. Vernon und North Baltimore sind etwas gesitteter, aber in jedem Stadtteil von Baltimore gibt's gemütliche Kneipen. Sperrstunde ist meistens 2 Uhr früh.

Brewer's Art
KNEIPE

(📱 410-547-6925; 1106 N Charles St, Mt. Vernon; ⏱ Mo-Sa 16-2, So 17-2 Uhr) Diese unterirdische Höhle betäubt die Sinne mit ihrer überwältigenden Auswahl an Biersorten. Die überirdische Abteilung bietet ordentliches Essen (Sandwiches 9–12 US$, Hauptgerichte 19–26 US$) in einem tollen Speisesaal.

Club Charles
BAR

(📱 410-727-8815; 1724 N Charles St, Mt. Vernon; ⏱ Ab 18 Uhr) Hipster in ihrer üblichen Uni-

---

BALTIMORE BEEF

Es ist weithin bekannt, dass es in Baltimore Krabbenfrikadellen gibt, aber kaum jemand außer den Stadtbewohnern kennt Pit Beef – hauchdünne Scheiben von auf Holzkohle gegrillter Rindskeule –, das Baltimores Beitrag zum Barbecue darstellt. Die Topadresse dafür ist das **Chaps** (📱 410-483-2379; 5801 Pulaski Hwy; Hauptgerichte unter 10 US$; ⏱ So–Do 10.30–22 Uhr) auf dem Pulaski Hwy, etwa 4 Meilen (6 km) östlich der Innenstadt von Baltimore. Man parkt (neben einem Stripteaseclub) und geht, immer der Nase nach, bis ans Ziel. Dort erhält man das Fleisch wie die Einheimischen: die Fleischscheiben auf einem Brötchen, mit einer Scheibe roher Zwiebel darüber und gewürzt mit Tiger-Sauce (einem sämigen Mix aus Meerrettich und Mayo).

---

form aus hautengen Jeans und auf alt gemachten T-Shirts, aber auch Typen, die andere Lebensformen pflegen, strömen in diese Cocktailbar im Art-déco-Stil der 1940er-Jahre, um gute Musik zu hören und preiswerte Drinks zu genießen.

Idle Hour
BAR

(📱 410-276-5480; 201 E Fort Ave, Federal Hill; ⏱ 17-2 Uhr) Man huscht durch eine mit Aufklebern und Bierdeckeln verklebte Tür in eine schummrige Bar, die von roten Weihnachtskerzen und dem breiten Lächeln eines Barkeepers erhellt wird – vielleicht aber auch von seiner mürrischen (wenn auch gutherzigen) Miene. Ein Aquarell mit Elvis' Antlitz blickt auf die Gäste herab und segnet ihre billigen Biere.

Ale Mary's
BAR

(📱 410-276-2044; 1939 Fleet St, Fell's Point; ⏱ Mo-Do ab 16, Fr–So ab 11.30 Uhr) Der Name und die Inneneinrichtung mit überall verstreuten Kreuzen und Rosenkränzen erinnern an Marylands katholische Wurzeln.

One-Eyed Mike's
KNEIPE

(📱 410-327-0445; 708 S Bond St, Fell's Point; ⏱ 11-2 Uhr) Mit Handschlag und einem herzlichen Willkommen werden in dieser beliebten Piratenkneipe die Gäste begrüßt, die sich hier sogleich wohl fühlen. Mit seiner Wellblechdecke und Erinnerungsstücken aus der Alten Welt zählt es zu den ältesten Kneipen von Baltimore.

Little Havana
BAR

(📱 410-837-9903; 1325 Key Hwy, Federal Hill; ⏱ ab 23.30 Uhr) Dieses ehemalige Ziegellager ist der richtige Treffpunkt, um auf der Terrasse direkt am Wasser den Feierabend zu genießen und an den *mojitos* zu nippen. Es wird gern (vor allem an den Wochenenden zur Brunch-Zeit) auch an warmen, sonnigen Tagen angesteuert.

Hippo
SCHWULE

(www.clubhippo.com; 1 W Eager St; ⏱ ab 16 Uhr) Das Hippo gibt's seit einer Ewigkeit und es ist immer noch der größte Schwulenclub der Stadt (obwohl an manchen Abenden das Tanzparkett leer bleibt), in dem auch Themennächte veranstaltet werden (Schwulen-Bingo, Karaoke und Hip-Hop).

Grand Central
SCHWULE & LESBEN

(www.centralstationpub.com; 1001 N Charles St, Mt. Vernon; ⏱ Mi-So 21-2 Uhr) Dies ist eigentlich mehr ein ganzer Komplex als nur ein Club und so fantasievoll, dass es allen

MARYLANDS BLAUKRABBEN

In einer Krabbenbude essen, in der sich die Kleiderordnung auf Shorts und Flip-Flops beschränkt – das ist das eigentliche Erlebnis in der Chesapeake Bay. Den Menschen in dieser Gegend sind ihre Krabben eine ernste Angelegenheit und sie können stundenlang darüber fachsimpeln, wie man Krabben am besten schält, sie richtig zubereitet und wo man die besten Krabben findet. In einem sind sich die Marylander aber einig: Es müssen *blue crabs* sein (wissenschaftlicher Name *Callinectes sapidus,* auch Blaue Schwimm-krabbe genannt). Allerdings hatten auch die Blaukrabben unter der Wasserverschmut-zung der Chesapeake Bay zu leiden – und leider kommen bereits viele Blaukrabben, die man hier isst, von woanders her. Gedämpfte Krabben werden einfach nur mit Bier und der Gewürzmischung Old Bay zubereitet. Eine der besten Krabbenbuden in Maryland ist **Jimmy Cantler's Riverside Inn** (458 Forest Beach Rd; ⊗ So–Do 11–23, Fr & Sa bis 24 Uhr). Hier wurde das Essen von gedämpften Krabben zu einer wahren Kunst erhoben – ein handfestes, schmieriges Unterfangen, zu dem meist ein gekochter Maiskolben und eiskaltes Bier serviert werden. Eine weitere tolle Krabbenbude ist Crab Claw (S. 316) auf der anderen Seite der Bucht.

Stimmungen entgegen kommt – Tanz-flächen, Pub und das Sappho's (freier Ein-tritt für Ladys). Das Grand Central hat vermutlich die besten Tanzflächen von Bal-timore zu bieten.

☆ Unterhaltung

Die Einwohner von Baltimore *lieben* Sport. Die Stadt treibt leidenschaftlich Sport und noch viel leidenschaftlicher wird gefeiert – bei „Tailgate-Partys" auf Parkplätzen, bei de-nen man sich aus der Ladefläche von Kom-bis bedient, oder bei Liveübertragungen in zahlreichen Kneipen.

Baltimore Orioles BASEBALL
(☑888-848-2473; www.orioles.com) Die Orioles spielen im **Oriole Park at Camden Yards** (333 W Camden St, Downtown), dem wohl besten Baseball-Stadion Amerikas. Während der normalen Spielsaison (April–Okt.) gibt's täg-lich Führungen (Erw./Kind 9/6 US$) durch das Stadion.

Baltimore Ravens FOOTBALL
(☑410-261-7283; www.baltimoreravens.com) Die Ravens spielen im **M&T Bank Stadium** (1101 Russell St, Downtown) von September bis Januar.

Homewood Field STADION
(☑410-516-8000; www.hopkinssports.com; Home-wood Field on University Pkwy) Maryland ist eine Hochburg des Ballspiels Lacrosse und vermutlich nirgendwo sonst gibt es so fa-natische Fans dieser Ballsportart. Die bes-ten „Lax"-Spiele werden im Stadion Johns Hopkins University's Homewood Field aus-getragen.

Pimlico PFERDERENNEN
(☑410-542-9400; www.pimlico.com; 5201 Park Heights Ave) Die Hauptsaison der Pferderen-nen dauert von April bis Ende Mai; beliebt sind vor allem die Rennen von Pimlico, wo auch das Preakness-Rennen (S. 310) ausge-tragen wird. Die Rennbahn liegt etwa 11 km nördlich der Innenstadt.

❶ Praktische Informationen

Baltimore Area Visitor Center (☑877-225-8466; www.baltimore.org; 401 Light St; ⊗Mo–Fr 9–16 Uhr) Liegt am Inner Harbor. Hier wird der Harbor Pass verkauft (Erw./Kind 50/40 US$), der zum Eintritt zu fünf Haupt-sehenswürdigkeiten berechtigt.

Baltimore Sun (www.baltimoresun.com) Lokale Tageszeitung.

City Paper (www.citypaper.com) Kostenloses alternatives Wochenmagazin.

Enoch Pratt Free Library (400 Cathedral St; ⊗Mo–Mi 10–18, Do–Sa bis 17, So 13–17 Uhr; 🖱) hat kostenloses WLAN und einige (ebenfalls kostenlose) öffentliche PCs.

University of Maryland Medical Center (☑410-328-8667; 22 S Greene St) Hat eine 24-Stunden-Notaufnahme.

❶ An- & Weiterreise

Der Baltimore/Washington International Thur-good Marshall Airport (S. 305) liegt 10 Meilen (16 km) südlich der Innenstadt und ist über die I-295 zu erreichen.

Zahlreiche Busse von **Greyhound** (www.grey hound.com) und von **Peter Pan Bus Lines** (☑410-752-7682; 2110 Haines St) verbinden Baltimore mit Washington, D. C. (ca. alle 45 Min., 1 Std.), und New York (12- bis 15-mal tgl., 4½ Std.). Der **BoltBus** (☑877-265-8287; www.

boltbus.com; 1610 St Paul St; ☎) hat sieben Busse pro Tag ab/nach NYC.

Die **Penn Station** (1500 N Charles St) liegt im Norden von Baltimore. MARC bietet wochentags Vorortzüge ab/nach Washington, D. C. (7 US$, 71 Min.). Die Züge von **Amtrak** (☑ 800-872-7245; www.amtrak.com) bedienen die Ostküste und weiter entfernte Ziele.

ℹ Unterwegs vor Ort

Die **Light Rail** (☑ 866-743-3682; mta.maryland. gov/light-rail; Fahrkarten 1,60 US$; ⏰ 6–23 Uhr) fährt vom BWI Airport zum Lexington Market und zur Penn Station. Die Züge verkehren alle fünf bis zehn Minuten. MARC-Züge fährt für 5 US$ an Wochentagen stündlich zwischen der Penn Station und dem BWI Airport. **SuperShuttle** (S. 305) fährt mit Vans für 14 US$ vom BWI Airport zum Inner Harbor. **Maryland Transit Administration** (MTA; www.mtamaryland.com) listet alle ÖPNV-Fahrpläne und Preise in der Region auf.

Baltimore Water Taxi (☑ 410-563-3900; www.baltimorewatertaxi.com; Inner Harbor; Tagesticket Erw./Kind 12/6 US$; ⏰ 10–23, So bis 21 Uhr) Wassertaxis legen an allen am Wasser gelegenen Attraktionen und Stadtvierteln an.

Annapolis

Annapolis ist so bezaubernd wie die Hauptstadt eines Bundesstaates nur sein kann. Die Gebäude aus der Kolonialzeit, das Kopfsteinpflaster, die flackernden Straßenlaternen und die Reihenhäuser aus Backstein scheinen einem Roman von Charles Dickens zu entstammen – aber das Ganze ist wirklich echt. Diese Stadt hat ihr historisches Erbe nicht neu geschaffen, sondern tatsächlich bewahrt.

In der traditionsreichen Hafenstadt an der Chesapeake Bay dreht sich immer noch alles um die Schifffahrt. An der US Naval Academy werden künftige Marineoffiziere ausgebildet, die in ihren weißen Paradeuniformen durch die Stadt schlendern. Segeln ist hier nicht nur eine Freizeitbeschäftigung, sondern ein Lebensstil. Der Hafen ist voller Schiffe jeder Art und Größe.

◉ Sehenswertes & Aktivitäten

In Annapolis stehen mehr Gebäude aus dem 18. Jh. als in jeder anderen Stadt der USA. Dazu gehören auch die Wohnhäuser der vier Marylander, die die Unabhängigkeitserklärung unterzeichnet haben.

Das State House bildet eine Art Knotenpunkt, von dem aus man die meisten Sehenswürdigkeiten erreichen kann, darunter das City Dock und das historische Hafenviertel.

US Naval Academy   UNIVERSITÄT

(www.usnabsd.com/for-visitors) Das Undergraduate College der US Navy ist eines der exklusivsten in den USA. Im **Armel-Leftwich Visitor Center** (☑ 410-293-8687; tourinfo@ usna.edu; Gate 1, City Dock-Eingang; Touren Erw./ Kind 9,50/7,50 US$; ⏰ 9–17 Uhr) kann man Touren buchen und in alles eintauchen, was mit der Akademie zu tun hat. An den Wochentagen kann man exakt um 12.05 Uhr beim Exerzieren zusehen. Dann zeigen 4000 Kadettinnen und Kadetten im Hof eine 20-minütige Parade. Einlass erhält man nur mit einem Lichtbildausweis. Wer etwas über die Geschichte der US Navy erfahren will, sollte das **Naval Academy Museum** (☑ 410-293-2108; www.usna.edu/museum; 118 Maryland Ave; ⏰ Mo–Sa 9–17, So 11–17 Uhr) GRATIS ansteuern.

Maryland State House   HISTORISCHE GEBÄUDE

(☑ 410-974-3400; 91 State Circle; ⏰ Mo–Fr 9–17, Sa & So 10–16 Uhr, Führungen 11 & 15 Uhr) GRATIS Das älteste Kapitol eines US-Staats, das ununterbrochen für die Legislative genutzt wurde, steht in Annapolis. Das stattliche (haha) State House von 1772 diente 1783/84 auch als Sitz der US-Regierung. Von Januar bis April tagt hier der Senat von Maryland. Die umgedrehte riesige Eichel auf der Spitze der Kuppel symbolisiert übrigens Weisheit. Ins Innere gelangt man nur mit einem Lichtbildausweis.

Hammond Harwood House   MUSEUM

(☑ 410-263-4683; www.hammondharwoodhouse. org; 19 Maryland Ave; Erw./Kind 7/6 US$; ⏰ April–Okt. Di–So 12–17, Nov.–Dez. bis 16 Uhr) Unter den vielen historischen Wohnhäusern in der Stadt ist das HHH von 1774 das sehenswerteste. Es bietet eine sagenhafte Sammlung kunstvoller Dekorationsgegenstände, Möbel, Gemälde u.v.m. aus dem 18. Jh. und gehört zweifelsohne zu den schönsten noch erhaltenen britischen Kolonialhäuser in den USA.

Kunta Kinte–Alex Haley Memorial   DENKMAL

Am City Dock markiert das Kunta Kinte-Alex Haley Memorial den Punkt, an dem Kunta Kinte – ein Vorfahr von Alex Haley, dem Autor des Bestsellers *Roots* – in Ketten aus Afrika kommend landete.

👣 Geführte Touren

Four Centuries Walking Tour
STADTSPAZIERGANG

(http://annapolistours.com; Erw./Kind US$16/10) Ein kostümierter Führer zeigt auf dieser hervorragenden Einführungstour alles Sehenswerte in Annapolis. Die Tour um 10.30 Uhr startet am Visitor Center, um 13.30 Uhr geht's am Informationskiosk am City Dock los. Bei den Besichtigungspunkten der Touren gibt es winzige Unterschiede, beide führen jedoch an zahlreichen Gebäuden aus dem 18. Jh. vorbei und erzählen von einflussreichen Afroamerikanern und dem Geist der Kolonialzeit, der einfach nicht verschwinden will. Die sich anschließende einstündige **Pirates of the Chesapeake Cruise** (410-263-0002; www.chesapeakepirates. com; Erw./Kind 20/12 US$; ☉ Ende Mai–Anfang Sept.; 🚐) bietet jede Menge „Yo Ho"-Spaß, vor allem für Kids.

Woodwind
BOOTSFAHRT

(☑410-263-7837; www.schoonerwoodwind.com; 80 Compromise St; Bootsfahrt in der Abenddämmerung Erw./Kind 42/27 US$; ☉Mai–Okt.) Der traumhafte 23 m lange Schoner bietet zweistündige Rundfahrten tagsüber und in der Abenddämmerung an. Oder man bucht das „Boat & Breakfast"-Angebot (Kabine inkl. Frühstück 300 US$), eine der einmaligsten Unterkünfte der Stadt.

🛏 Schlafen

ScotLaur Inn
PENSION $

(☑410-268-5665; www.scotlaurinn.com; 165 Main St; Zi. 95–140 US$; P❋🛜) Die Betreiber des Chick & Ruth's Delly bieten über ihrem Deli B&B (was in diesem Fall „Bett & Bagel" bedeutet) in zehn einfachen, rosa und blauen Zimmern mit eigenem Bad an.

Historic Inns of Annapolis
HOTEL $$

(☑410-263-2641; www.historicinnsofannapolis. com; 58 State Circle; Zi. 130–205 US$; ❋🛜) Das Historic Inns umfasst gleich drei Boutiquegästehäuser, die sich alle in einem Baudenkmal im Herzen des alten Annapolis befinden: das Maryland Inn, das Governor Calvert House und das Robert Johnson House. Die Gemeinschaftsräume sind mit zeitgenössischen Stücken vollgestellt. In den schönsten Zimmern erwarten die Gäste Antiquitäten, Kamine und eine großartige Aussicht, während die günstigsten ziemlich klein geraten sind und eine Renovierung vertragen könnten.

🍴 Essen & Ausgehen

Mit der Chesapeake Bay vor der Haustür kann Annapolis mit sagenhaften Meeresfrüchten aufwarten.

Chick & Ruth's Delly
DINER $

(☑410-269-6737; www.chickandruths.com; 165 Main St; Hauptgerichte 6–12 US$; ☉So–Do 6.30–22, Fr & Sa bis 23.30 Uhr; 🚐) Dieser Diner ist eine der tragenden Säulen von Annapolis – er strotzt vor liebenswerter Schrulligkeit und hat eine riesige Speisekarte. Wert wird vor allem auf Sandwiches und Frühstück gelegt. US-Patrioten können hier ihre Grundschulzeiten nacherleben und wochentags um 8.30 Uhr (am Wochenende um 9.30 Uhr) den Fahneneid schwören.

⭐ Vin 909
AMERIKANISCH $$

(☑410-990-1846; 909 Bay Ridge Ave; Hauptgerichte 12–18 US$; ☉Di 5.30–22.30, Mi–Fr 17–23, So bis 21 Uhr) Das Vin 909 liegt auf einer kleinen bewaldeten Anhöhe und verströmt eine gemütlich-vertrauliche Atmosphäre. Es ist die beste Adresse in Annapolis in Sachen Gastronomie. Die Produkte stammen aus den umliegenden Farmen und werden als leckere Sliders, also kleine Burger, und selbst gemachte Pizzas (wie etwa die Rock Star Pizza mit Foie gras, Trüffeln und Pfirsichen) serviert. Außerdem gibt's einen Weinkeller, tief wie ein Graben.

Galway Bay
KNEIPE $$

(☑410-263-8333; 63 Maryland Ave; Hauptgerichte 8–15 US$; ☉Mo–Sa 11–24, So ab 10.30 Uhr) Die Kneipe, deren Inhaber und Geschäftsführung Iren sind, ist der Inbegriff einer Stammkneipe und eine Art dunkles Versteck, wo politische Deals bei irischem Jameson-Whiskey, Stout-Bier und leckeren Meeresfrüchten eingefädelt werden.

Rams Head Tavern
KNEIPE $$$

(☑410-268-4545; www.ramsheadtavern.com; 33 West St; Hauptgerichte 10–30 US$; ☉Ab 11 Uhr) In einem hübschen, eichenholzgetäfelten Ambiente werden Kneipengerichte und Bier aus kleinen regionalen Brauereien serviert. Außerdem gibt's Livemusik (Karten 15–55 US$).

ℹ Praktische Informationen

Es gibt ein **Visitor Center** (www.visitannapolis. org; 26 West St; ☉9–17 Uhr) und einen nur in der Hauptsaison besetzten Informationskiosk am City Dock. Das **Maryland Welcome Center** (☑410-974-3400; 350 Rowe Blvd; ☉9–17 Uhr) befindet sich im State House und bietet kostenlose Führungen durch das Gebäude.

ℹ️ Anreise & Unterwegs vor Ort

Greyhound (www.greyhound.com) schickt Busse nach Washington, D. C. (1-mal tgl.). **Dillon's Bus** (www.dilonbus.com; 5 US$) bietet nur an Wochentagen 26 Pendlerbusse zwischen Annapolis und Washington an, die dort Anschluss zu mehreren Metrolinien haben.

Kostengünstige **Leihfahrräder** (5 US$/Tag; ⏱9–20 Uhr) bekommt man beim Büro des Hafenmeisters am City Dock.

Eastern Shore

Gleich jenseits der Chesapeake Bay Bridge, nur eine kurze Autofahrt von den ausufernden Ballungsräumen Baltimore–Washington entfernt, verändert sich die Landschaft von Maryland dramatisch. Bedeutungslose Vororte weichen kilometerlangen Sumpfgebieten voller Wasservögel, friedlichen Wasserlandschaften, endlosen Maisfeldern, feinen Sandstränden und freundlichen, kleinen Dörfern. Die Ostküste hat sich ihre Reize trotz der steigenden Zuwanderung von Yuppies aus der Stadt und der Tagesausflügler erhalten. In dieser Gegend dreht sich alles ums Wasser: Die Einwohner der kleinen Küstensiedlungen leben immer noch von der Chesapeake Bay und ihren Zuflüssen und Bootfahren, Angeln, Krabbenfischen und Jagen sind hier Teil des Alltags.

St. Michaels & Tilghman Island

St. Michaels, das hübscheste kleine Dorf an der Ostküste, wird seinem Namen als „Herz und Seele der Chesapeake Bay" mehr als gerecht. Es ist ein Mix aus alten viktorianischen Häusern, idyllischen B & Bs, Boutiquen und Fischerdocks, die noch immer in Betrieb sind. Die Stadtflüchtlinge aus Washington mischen sich unter die erfahrenen Fischer. Im Krieg von 1812 hängten die Bewohner Laternen in den benachbarten Wald und verdunkelten die Stadt. Die Kanonen der britischen Schiffe beschossen die Bäume, während St. Michaels der Vernichtung entkam. Das heute als **Cannonball House** (Mulberry St) bekannte Gebäude wurde als einziges getroffen. Am Leuchtturm widmet sich das **Chesapeake Bay Maritime Museum** (☎410-745-2916; www.cbmm.org; 213 N Talbot St; Erw./Kind 13/6 US$; ⏱ Sommer 9–18 Uhr; ♿) intensiv dem wechselseitigen Verhältnis zwischen dem größten Meeresarm der USA und den Menschen an seinem Ufer.

Das viktorianische **Parsonage Inn** (☎410-745-8383; www.parsonage-inn.com; 210 N Talbot St; Zi. inkl. Frühstück 150–210 US$; P ❄) aus rotem Backstein bietet blumige Dekadenz (Vorhänge, Bettwäsche), Messingbetten und ein herzliches Willkommen.

Neben dem Maritime Museum kann man im **Crab Claw** (☎410-745-2900; 304 Burns St; Hauptgerichte 15–30 US$; ⏱11–22 Uhr) herrlich direkt am Wasser sitzen. Beim Verzehren der köstlichen gedünsteten Krabben (das Dutzend 36–60 US$) an Picknicktischen bekleckert man sich wunderbar.

Auf dem Hwy 33 gelangt man über eine Zugbrücke auf die winzige **Tilghman Island**, auf der Fischer immer noch aktiv sind und die hiesigen Kapitäne Besucher schon mal auf ihren anmutigen Austernseglern mit auf den Ozean nehmen. Die historische **Rebecca T. Ruark** (☎410-829-3976; www.skipjack.org; 2 stündige Bootsfahrten Erw./Kind 30/15 US$) wurde 1886 gebaut und ist das älteste registrierte Schiff seiner Art.

Berlin & Snow Hill

Man stelle sich die typische amerikanische Kleinstadt rund um die charakteristische Hauptstraße vor, das Ganze nur ein bisschen hübscher – dann hat man ein recht gutes Bild von diesem Eastern-Shore-Dörfchen. Die meisten Häuser sind noch gut erhalten oder toll renoviert worden. Wer Antiquitätenläden mag, sollte extra Zeit einplanen, um in den Unmengen an Läden in der Gegend zu stöbern.

Das liebevoll restaurierte **Globe Theater** (☎410-641-0784; www.globetheater.com; 12 Broad St; Hauptgerichte Mittagessen 6–12 US$, Abendessen 11–25 US$; ⏱11–22 Uhr; 🕿) in Berlin ist heute Restaurant, Bar, Kunstgalerie und Bühne für Musikveranstaltungen in einem. Die Küche serviert abwechslungsreiche amerikanische Gerichte mit Einflüssen aus aller Welt (Seafood-Burritos, Jerk Chicken Wraps).

B & Bs gibt's hier in Hülle und Fülle. Wir bevorzugen das **Atlantic Hotel** (☎410-641-3589; www.atlantichotel.com; 2 N Main St; Zi. 115–245 US$; P ❄). Die stattliche Unterkunft aus dem „Gilded Age" (ca. 1876–1914) gibt den Gästen das Gefühl einer Zeitreise, ohne all die modernen Annehmlichkeiten außer Acht zu lassen.

Das ein paar Meilen von Berlin entfernte Snow Hill bietet eine super Lage am idyllischen Pocomoke River. Mit **Pocomoke Ri-**

ver Canoe Company (☎ 410-632-3971; www.
pocomokerivercanoe.com; 312 N Washington St;
Kanu pro Std./Tag 15/40 US$) kann man aufs
Wasser gehen. Sie bringen die Gäste sogar
den Fluss hinauf, sodass man gemütlich
stromabwärts paddeln kann. Das nahe
gelegene **Furnace Town** (☎ 410-632-2032;
www.furnacetown.com; Old Furnace Rd; Erw./Kind
6/3 US$; ⊙ April–Okt. Mo–Sa 10–17, So ab 12 Uhr;
P 🚻) an der Rte 12 wirkt wie ein Museum;
im 19. Jh. befand sich hier eine Stadt, in
der Eisenerz verhüttet wurde. In Snow Hill
selbst kann man im **Julia A. Purnell Museum** (☎ 410-632-0515; 208 W Market St; Erw./
Kind 2/0,50 US$; ⊙ April–Okt. Di–Sa 10–16, So
ab 13 Uhr) eine ulkige, lohnende halbe Stunde verbringen. Das winzige Gebäude ist so
etwas wie die Dachkammer der gesamten
Eastern Shore.

Wer in Snow Hill übernachten will, sollte es beim **River House Inn** (☎ 410-632-
2722; www.riverhouseinn.com; 201 E Market St; Zi.
160–190 US$, Cottage 250–300 US$; **P** ❄ 🛜 🏊)
probieren. Es hat einen grünen Hinterhof
mit Blick über die malerische Flussbiegung.
Das **Palette** (☎ 410-632-0055; 104 W Market St;
Hauptgerichte 14–22 US$; ⊙ Di–Mi 11–15, Do–Sa
bis 21, So 10–14 Uhr; 🚲) 🅿 serviert wechselnde
amerikanische Gerichte, die aus regionalen
Biozutaten zubereitet werden.

Ocean City

In „O.C." lernt man die Art und Weise, ur-
amerikanisch in einem Strandresort Ferien
zu machen, von der scheußlichsten Seite
kennen. Hier kann man Rides fahren, die
wahlweise das Adrenalin in die Höhe jagen
oder Übelkeit hervorrufen, ein T-Shirt mit
anzüglichen Sprüchen kaufen und in billi-
gen Themenbars bis zum Umfallen zechen.
Das Zentrum der Action ist die 4 km lange
Uferpromenade, die von der Flussmündung
bis zur 27th St reicht. Der Strand ist zwar
recht hübsch, wird aber oft von lüsternen
Teenagern und lärmenden Massen in Be-
schlag genommen. Die Strände nördlich der
Promenade sind viel ruhiger.

Im Sommer schwillt die Einwohnerzahl
von 7100 auf mehr als 150000 Menschen
an, der Verkehr ist grauenvoll und die Parkplatzsuche ein fast hoffnungsloses Unterfangen.

🛏 Schlafen

Das **Visitor Center** (☎ 800-626-2326; www.
ococean.com; Coastal Hwy an der 40th St; ⊙ 9–17

Uhr) befindet sich im Tagungszentrum an
der Kreuzung Coastal Hwy. Es hilft bei der
Unterkunftsuche.

King Charles Hotel PENSION $$
(☎ 410-289-6141; www.kingcharleshotel.com; Ecke
N Baltimore Ave & 12th St; Zi. 115–190 US$; **P** ❄ 🛜)
Dies könnte ein idyllisches Sommer-Cottage
sein, doch liegt es nur einen kurzen Fuß-
weg von der Action der Strandpromenade
entfernt. Die Zimmer sind schon etwas be-
tagter, aber sauber, es gibt kleine Terrassen
und es ist ruhig (die Besitzer mögen keine
jungen Partylöwen).

Inn on the Ocean B&B $$$
(☎ 410-289-8894; www.innontheocean.com; 1001
Atlantic Ave, am Boardwalk; Zi. inkl. Frühstück
275–395 US$) Dieses B&B mit seinen sechs
Zimmern ist eine elegante Alternative zu
den Betonburgen, die sonst in Ocean City
üblich sind.

🍴 Essen & Ausgehen

„Surf'n'turf" (Fisch-Fleisch-Kombis) und
„All you can eat"-Angebote gibt's hier rund
um die Uhr an jeder Ecke. Tanzclubs drängeln sich am Südende der Promenade.

Liquid Assets MODERN-AMERIKANISCH $$
(☎ 410-524-7037; Ecke 94th St & Coastal Hwy;
Hauptgerichte 10–28 US$; ⊙ So–Do 11.30–23, Fr–
& Sa bis 24 Uhr) Wie ein Rohdiamant liegt die-
ses Bistro und Weingeschäft verborgen in ei-
ner Einkaufsstraße im Norden von O.C. Die
Speisekarte ist eine erfrischende Mischung
von innovativen Spezialitäten aus Meeres-
früchten, gegrilltem Fleisch und regionalen
Klassikern (wie Carolina-Schweinefleisch-
BBQ und 'ahi-Thunfisch-Burger).

Fager's Island MODERN-AMERIKANISCH $$$
(☎ 410-524-5500; www.fagers.com; 60th St;
Hauptgerichte 19–36 US$; ⊙ ab 11 Uhr) Das Es-
sen ist mal so, mal so, man kann aber sehr
gut über die Isle of Wight Bay blicken und
an einem Drink nippen. An den Wochenenden sorgen Livebands und DJs dafür, dass
die Junggesellinnen in Fahrt kommen.

Seacrets BAR
(www.seacrets.com; Ecke W 49th St & the Bay;
⊙ 8–2 Uhr) Die mit Rum getränkte, direkt
am Wasser stehende Bar im Jamaika-Look
scheint direkt aus MTVs *Spring Break* zu
stammen. Man kann sich in einem Reifen herumtreiben lassen, dabei an einem
Drink nippen und auf O.C.s berühmtestem
Fleischmarkt die Leute beobachten.

ASSATEAGUE ISLAND

Nur 8 Meilen (13 km) südlich von Ocean City und doch eine Weltreise entfernt, erstreckt sich die Küste von Assateague Island, eine karge Landschaft aus Sanddünen und wunderschönen, abgeschiedenen Stränden. Auf der unerschlossenen Düneninsel lebt die einzige Wildpferdeherde an der Ostküste. Die Tiere wurden durch das Buch *Misty of Chincoteague* von Marguerite Henry berühmt.

Die Insel ist in drei Abschnitte aufgeteilt. In Maryland befinden sich der **Assateague State Park** (☎ 410-641-2918; Rte 611; Eintritt/Stellplatz 4/31 US$; ☺ Campingplatz Ende April–Okt.) und die **Assateague Island National Seashore** (☎ 410-641-1441; www.nps.gov/asis; Rte 611; Eintritt/Fahrzeuge/Stellplätze 3/15/20 US$/Woche; ☺ Visitor Center 9–17 Uhr). Das **Chincoteague National Wildlife Refuge** (www.fws.gov/northeast/chinco, 8231 Beach Road, Chincoteague Island; Tages-/Wochenpass 8/15 US$; Mai–Sept. Mo–Sa 5–22 Uhr, Nov.–Feb. 6–18 Uhr, März, April & Okt. bis 20 Uhr; P ♿) ✐ liegt in Virginia.

Schwimmen, Sonnenbaden, Vögel beobachten, Kajak- und Kanutouren machen, Krabbenfischen und Angeln bestimmen das Freizeitprogramm auf der Insel. Auf der Marylander Seite der Insel gibt's keine Versorgungsmöglichkeiten. Essen und Trinken muss selbst mitgebracht werden. Auf keinen Fall sollte man Insektenschutzmittel vergessen – die Moskitos und Bremsen sind bösartige Biester!

ℹ Anreise & Unterwegs vor Ort

Die Busse von **Greyhound** (☎ 410-289-9307; www.greyhound.com; 12848 Ocean Gateway) fahren täglich nach/ab Washington, D.C. (4 Std.) und Baltimore (3½ Std.).

Der **Ocean City Coastal Highway Bus** (Tageskarte 3 US$) fährt von 6 bis 3 Uhr am Strand entlang. Es gibt auch eine Straßenbahn (Tageskarte 3 oder 6 US$), die vom Memorial Day bis Ende September von 11 bis 24 Uhr verkehrt.

Western Maryland

Marylands Rückgrat im Westen besteht aus Bergen. Die Spitzen der Appalachen erreichen Höhen von über 900 m über dem Meeresspiegel, zerklüftete Landschaften und Schlachtfelder des Bürgerkriegs prägen die Täler in der Umgebung. Die Region ist der Outdoor-Spielplatz Marylands, wo man wandern, Ski fahren, klettern und raften kann – und das alles nur eine kurze Autofahrt von Baltimore entfernt.

Frederick

Auf halber Strecke zwischen den Schlachtfeldern von Gettysburg, PA, und Antietam gelegen, erfüllt Frederick mit seiner historischen Altstadt von gut 50 Häuserblocks das fast perfekte Klischee einer mittelgroßen Stadt.

Das **National Museum of Civil War Medicine** (www.civilwarmed.org; 48 E Patrick St; Erw./Kind 6,50/4,50 US$; ☺ Mo–Sa 10–17, So ab 11 Uhr) bietet einen faszinierenden, wenn auch mitunter grausamen Einblick in die medizinischen Bedingungen, mit denen Soldaten und Ärzte im Bürgerkrieg konfrontiert waren, zeigt aber auch die bedeutenden Fortschritte in der Medizin, die durch den Krieg erreicht wurden.

Das **Hollerstown Hill B&B** (☎ 301-228-3630; www.hollerstownhill.com; 4 Clarke Pl; Zi. 135–145 US$; P ❄ ☎) hat vier stark gemusterte Zimmer, ein elegantes Billiardzimmer und freundliche, kenntnisreiche Gastgeber.

Das lebhafte **Brewer's Alley** (☎ 301-631-0089; 124 N Market St; Burger 9–13 US$, Hauptgerichte 18–29 US$; ☺ Mo & Di 11.30–23.30, Mi & Do bis 24, Fr & Sa bis 0.30, So 12–23.30 Uhr; ☎) ist aus mehreren Gründen eines der beliebtesten Lokale in der Stadt. Zunächst wegen des Biers (selbst gebraut, köstlich und in vielen Sorten vorhanden), zweitens wegen der Burger (riesige, ein halbes Pfund schwere Brocken), drittens wegen des übrigen Menüs (vorzügliche Meeresfrüchte aus der Chesapeake Bay und Produkte aus den Farmen von Frederick). Und schließlich: wegen des Biers. Nochmals!

Frederick ist erreichbar mit den Bussen von **Greyhound** (☎ 301-663-3311; www.greyhound.com) und den Zügen von **MARC** (☎ 301-682-9716), die beide gegenüber dem Visitor Center in der 100 S East St abfahren.

Antietam National Battlefield

Der Ort des blutigsten Tages in der Geschichte Amerikas ist heute äußerst friedvoll, ruhig und eindringlich, ja schlicht, sieht man einmal von den Plaketten und Statuen ab. Am 17. September 1862 kam General Robert E. Lees erster Versuch einer Invasion der Nordstaaten hier zum Stehen. Bei diesem militärischen Patt wurden mehr als 23 000 Soldaten getötet, verwundet oder als vermisst gemeldet – mehr Opfer als in allen vorangegangenen Kriegen zusammen. Viele der Gräber sind mit deutschen und irischen Namen versehen – sie stehen für Männer, die für ihre neue Heimat starben.

Das **Visitor Center** (☎ 301-432-5124; State Rd 65; 3-Tagespass pro Pers./Familie 4/6 US$; ☸ 8.30–18 Uhr, NS bis 17 Uhr) bietet eine Reihe von Büchern und anderen Materialien, um mit dem Auto und zu Fuß das Schlachtfeld selbst zu erkunden.

Cumberland

Am Potomac River liegt der Grenzposten Fort Cumberland (nicht zu verwechseln mit der Cumberland Gap zwischen Virginia und Kentucky). Er war für die Pioniere das Tor über die Allegheny Mountains bis nach Pittsburgh und zum Ohio River. Heute ist der Ort ein Spezialist für Erholung in der freien Natur mit ihren Flüssen, Wäldern und Bergen. Die hier aufgeführten Sehenswürdigkeiten sind nur einen kurzen Fußweg von den fußgängerfreundlichen Straßen der Innenstadt von Cumberland entfernt.

◉ Sehenswertes & Aktivitäten

C&O Canal National Historic Park WANDERN, RADFAHREN
Das Meisterwerk der Ingenieurskunst wurde entworfen, um parallel zum Potomac River die Chesapeake Bay mit dem Ohio River zu verbinden. Der Bau des Kanals begann 1828, wurde aber 1850 an den Appalachen gestoppt. In dem durch den Park geschützten, ca. 298 km langen Korridor gibt's einen 4 m breiten Treidelpfad zum Wandern und Radeln, der zu einem Weg von hier bis nach Georgetown in D.C. führt. Das **C&O Canal Museum** (☎ 301-722-8226; http://nps.gov/choh; 13 Canal Pl; ☸ 9–17 Uhr Mo–Fr; P) 🅿 zeigt chronologisch die Bedeutung des Flusshandels für die Geschichte der Ostküste.

Western Maryland Scenic Railroad GEFÜHRTE TOUR
(☎ 800-872-4650; www.wmsr.com; 13 Canal St; Erw./Kind 33/16 US$; ☸ Mai–Okt. Fr–So, Nov.–Dez. Sa & So 11.30 Uhr) Vor dem Allegheny County Visitor Center, in der Nähe des Startpunkts des C&O Canal, kann mit einem von einer

Dampflok gezogenen Zug auf Tour gehen. Er fährt durch Wälder und tiefe Schluchten nach Frostburg. Hin und zurück dauert das dreieinhalb Stunden.

Cumberland Trail Connection RADFAHREN
(☎ 301-777-8724; www.ctcbikes.com; 14 Howard St, Canal Pl; halber Tag/Tag/Woche ab 15/25/120 US$; ☸ 10–18 Uhr) Praktisch neben dem Startpunkt des C&O Canal gelegen, verleiht dieser Ausrüster Fahrräder (Cruiser, Tourenräder und Mountainbikes) und organisiert auch einen Shuttleservice von überall in Pittsburgh und Washington, D.C. Ein Kanuverleih ist in Vorbereitung.

Allegany Expeditions ABENTEUERTOUR
(☎ 301-777-9313; www.alleganyexpeditions.com; 10310 Columbus Ave/Rte 2) Veranstaltet Abenteuertouren, z.B. mit Klettern, Kanufahrten, Langlaufen oder Fliegenfischen.

✖ Essen

Queen City Creamery & Deli DINER $
(☎ 301-777-0011; 108 Harrison St; Hauptgerichte 6–8 US$; ☸ 7–21 Uhr) In dem Laden meint man, 70 Jahre zurückgereist zu sein. Auf den Tisch kommen Shakes und hausgemachtes Vanilleeis, dicke Sandwiches und ein supersättigendes Frühstück.

Deep Creek Lake

Im äußersten Westen liegt der größte Süßwassersee von Maryland. Hier ist zu jeder Jahreszeit etwas los. Während des jährlichen **Autumn Glory Festival** (www.autumngloryfestival.com; ☸ Okt.) zieht die tiefrote, kupferne Farbenpracht der Alleghenies, die durchaus mit dem Indian Summer in Neuengland konkurrieren kann, Tausende von Besuchern an.

DELAWARE

Das winzige Delaware, der zweitkleinste Bundesstaat der USA (155 km lang und weniger als 56 km breit), steht im Schatten seiner Nachbarn und wird von den Besuchern der Capital Region oft übersehen. Und das ist schade, denn Delaware hat weitaus mehr zu bieten als steuerfreies Einkaufen und Hühnerfarmen.

Lange, weiße Sandstrände, hübsche Dörfer im Kolonialstil, liebliche Landschaften und der Kleinstadtcharme prägen das Antlitz des „kleinen Wunders". Die Mautgebühren einfach ignorieren: Ein ganzer Staat wartet darauf, entdeckt zu werden, und (diesen weiteren Witz über die Größe von Delaware bitte nicht übelnehmen) es dauert nicht lange, bis man ihn umrundet hat.

Geschichte

In der Kolonialzeit war das Land von Delaware Gegenstand eines erbitterten Streits zwischen holländischen, schwedischen und britischen Siedlern. Während Holländer und Schweden eine Gesellschaft aufbauten, in der nach dem Vorbild nordeuropäischer Länder das Bürgertum das Sagen haben sollte, errichteten die Briten eine Aristokratie der Plantagenbesitzer. Dies erklärt zum Teil, warum Delaware bis heute eine für die Mittelatlantikstaaten typische Hybrid-Kultur aufweist.

Den vielleicht größten Moment seiner Geschichte erlebte der kleine Staat am 7. Dezember 1787, als Delaware als Erster die amerikanische Verfassung unterzeichnete und damit der erste Staat der Union wurde. Der Union blieb Delaware während des gesamten Bürgerkriegs treu, obwohl der Staat die Sklaverei befürwortete. Die Wirtschaftskraft Delawares beruhte in dieser Zeit – wie nahezu im gesamten Verlauf seiner Geschichte – auf der chemischen Industrie. 1802 gründete der französische Einwanderer Eleuthère Irénée du Pont eine Fabrik zur Herstellung von Sprengstoff. Heute ist DuPont der zweitgrößte Chemiekonzern der Welt. Im 20. Jh. lockten die niedrigen Steuersätze weitere Firmen an, besonders Kreditkartenunternehmen, und ließen den Staat wachsen und gedeihen.

Strände in Delaware

Delawares 45 km lange Sandstrände am Atlantik sind der beste Grund, hier zu verweilen. Die meisten Läden und Dienstleister sind ganzjährig geöffnet. In der Nebensaison (außer Juni–Aug.) gibt es jede Menge günstige Angebote.

Lewes

1631 gaben die Holländer dieser Walfängersiedlung den hübschen Namen Zwaanendael (Schwanental), wurden aber kurz darauf von den einheimischen Nanticokes niedergemetzelt. Der Name wurde in Lewes (gesprochen Lu-iss) geändert, als William Penn die Kontrolle über dieses Gebiet übernahm. Heute ist die Stadt ein attraktiver Küstenort mit einer Mischung aus englischer und holländischer Architektur.

Das **Visitor Center** (www.leweschamber. com; 120 Kings Hwy; ⊙ Mo–Fr 9–17 Uhr) verweist auf Sehenswürdigkeiten wie das **Zwaanendael Museum** (102 Kings Hwy; ⊙ Di–Sa 10–16.30, So 13.30–16.30 Uhr) GRATIS in dem das freundliche Personal über die holländischen Wurzeln dieser ersten Siedlung in Delaware aufklärt.

Für Freunde des Wassersports bietet **Quest Fitness Kayak** (☎ 302-644-7020; www. questfitnesskayak.com; Savannah Rd; Kajak für 2/8 Std. 25/50 US$) einen Kajakverleih neben dem Beacon Motel. Es organisiert auch Panoramatouren mit dem Kajak um das Cape (Erw./Kind 65/35 US$).

Zu den Restaurants und Hotels im kleinen historischen Zentrum gehört auch das **Hotel Rodney** (☎ 302-645-6466; www.hotelrodneydelaware.com; 142 2nd St; Zi. 160–260 US$; P ❋ 🛜 ❄), ein reizendes Boutiquehotel mit vorzüglichen Betten und alten Möbeln. Am anderen Ufer des Kanals befindet sich das **Beacon Motel** (☎ 302-645-4888; www.beaconmotel. com; 514 Savannah Rd; Zi. 95–190 US$; P ❋ 🛜 ❄) mit großen, ruhigen (vielleicht etwas langweiligen) Zimmern. Von hier bis zum Strand braucht man kaum zehn Minuten zu Fuß.

KURZINFOS DELAWARE

Spitzname First State

Bevölkerung 917 000

Fläche 6451,6 km²

Hauptstadt Dover (36 000 Ew.)

Verkaufssteuer keine

Geburtsort von Rockmusiker George Thorogood (geb. 1952), Schauspielerin Valerie Bertinelli (geb. 1960), Schauspieler Ryan Phillippe (geb. 1974)

Heimat des Vize-Präsidenten Joe Biden, der Du Pont Familie, von DuPont Chemicals, Kreditkarten-Firmen und jeder Menge Hühnern

Politische Ausrichtung demokratisch

Berühmt für steuerfreies Shoppen, schöne Strände

Staatsvogel Blue Hen

Entfernungen Wilmington–Dover 52 Meilen (84 km), Dover–Rehoboth Beach 43 Meilen (69 km)

Entlang der 2nd St reihen sich bezaubernde Restaurants und Cafés aneinander. Neben der Zugbrücke über dem Kanal steht das schindelgedeckte **Striper Bites Bistro** (☑302-645-4657; 107 Savannah Rd; Hauptgerichte mittags 10–12 US\$, abends 16–24 US\$; ⊘Mo–Sa 11.30 Uhr–open end), das sich auf innovative Gerichte mit Meeresfrüchten wie Lewes-*rockfish* und Fisch-Tacos spezialisiert hat. Das jenseits der Zugbrücke gelegene **The Wharf Restaurant** (☑302-645-7846; 7 Anglers Rd; Hauptgerichte 15–29 US\$; ⊘7–1 Uhr; P⊛) bietet eine reizvolle Aussicht auf die Wasserfläche des Kanals und hat eine reiche Auswahl an Seafood-und Kneipengerichten. Unter der Woche gibt es durchgehend Livemusik.

Die **Cape May–Lewes Ferry** (☑800-643-3779; www.capemaylewesferry.com; 43 Cape Henlopen Dr; pro Motorrad/Auto 36/44 US\$, pro Erw./Kind 10/5 US\$) verkehrt täglich in 90 Minuten über die Delaware Bay nach New Jersey von der Anlegestelle, die 1 Meile (1,6 km) von Stadtzentrum von Lewes entfernt ist. Für Fußgänger verkehrt während der Saison ein Shuttle-Bus (4 US\$) von der Anlegestelle nach Lewes und zum Rehoboth Beach. Von Sonntag bis Donnerstag und während des Winters sind die Preise etwas niedriger. Vorausbuchung empfohlen.

Cape Henlopen State Park

1 Meile (1,6 km) östlich von Lewes findet man in einem über 16 km² großen herrlichen **Naturpark**(☑302-645-8983;http://www.destate parks.com/park/cape-henlopen/; 15099 Cape Henlopen Dr; Eintritt 4 US\$; ⊘8 Uhr–Sonnenuntergang) hoch aufragende Dünen, Pinienwälder und Sumpfgebiete unter staatlichem Schutz, die bei Vogelbeobachtern und Strandläufern (6 US\$ für nicht in Delaware zugelassene Autos) sehr beliebt sind. Vom Beobachtungsturm reicht der Blick bis zum Cape May. Der Strand von **North Shores** zieht besonders homosexuelle und lesbische Pärchen an. Auf dem **Campingplatz** (☑877-987-2757; Stellplatz 33 US\$; ⊘März–Nov.) gibt's Stellplätze am Strand oder am Wald.

Rehoboth Beach & Dewey Beach

Obwohl knapp 200 km entfernt, ist der Rehoboth Beach der Washington, D.C. am nächsten gelegene Strand – und wird deshalb auch als „Sommerhauptstadt der Nation" bezeichnet. Die Stadt wurde 1873 als christliches Ferienlager gegründet, ist heute

aber ein Musterbeispiel an Toleranz – familien- und schwulenfreundlich. Vor allem die lesbische Gemeinde ist sehr groß. Es gibt sogar den als Poodle Beach (Pudelstrand) bekannten Schwulenstrand, der sich – wie passend – am Ende der Queen St befindet.

Die Innenstadt von Rehoboth ist eine Mischung aus großartigen viktorianischen Villen und zauberhaften Hexenhäuschen. Bäume säumen die Straßen, in denen sich stilvolle B&Bs und Boutiquen, noble Restaurants und Vergnügungsstätten für die Kleinen aneinanderreihen. Ein gut 1,5 km langer Plankenweg führt am breiten Strand entlang. In der Hauptstraße Rehoboth Ave, die sich von der Strandpromenade bis zum **Visitor Center** (☑302-227-2233; www.beach -fun.com; 501 Rehoboth Ave; ⊘Mo–Fr 9–17, Sa & So bis 13 Uhr) am Kreisverkehr erstreckt, drängeln sich noch mehr Restaurants und die üblichen schrägen Souvenirläden. Außerhalb der Stadt liegen am vielbefahrenen Highway der Rte 1 zahlreiche Kettenrestaurants, Hotels und die Einkaufsparadiese für Schnäppchenjäger in der Steueroase Delaware.

Weniger als 2 Meilen (ca. 3 km) südlich des Hwy 1 befindet sich das winzige Dörfchen **Dewey Beach**. Der wegen seiner ausschweifenden Single-Szene und des zügellosen Nachtlebens auch unrühmlicherweise „Do Me"-Strand genannte Ort ist einer der großen Partystrände. Weitere 3 Meilen (ca. 5 km) hinter Dewey erstreckt sich der **Delaware Seashore State Park** (☑302-227-2800; http://www.destateparks.com/park/dela ware-seashore/; 39415 Inlet Rd; Eintritt 4 US\$; ⊘8 Uhr–Sonnenuntergang), eine von der salzhaltigen Meeresbrise gepeitschte geschützte Dünenlandschaft von ungezähmter, einsamer Schönheit.

🛏 Schlafen

Wie überall an der Küste explodieren die Preise in der Hochsaison (Juni–Aug.). Günstige Übernachtungsmöglichkeiten findet man an der Rte 1.

★**Cottages at Indian River Marina**

COTTAGES **\$\$\$**

(☑302-227-3071; http://www.destateparks.com/ camping/cottages/rates.asp; Inlet 838, Rehoboth Beach; pro Woche Hauptsaison/Zwischensaison/ Nebensaison 1800/1350/835 US\$, 2 Tage Nebensaison 280 US\$; P⊛) Die Cottages stehen im Delaware Seashore State Park, 8 km südlich der Stadt, und gehören zu den besonders empfehlenswerten Mietanlagen. Und zwar nicht sosehr wegen ihrer Einrichtung, sondern vor allem wegen ihren Terrassen und des ungehinderten Fernblicks über den naturbelassenen Strand zum Ozean hin. Jedes Cottage verfügt über zwei Schlafzimmer und ein Loft. In der Hauptsaison kann man die Cottages nur wochenweise mieten, in der Nebensaison sind auch 2-Tage-Arrangements möglich.

Bellmoor Inn & Spa BOUTIQUEHOTEL $$$
(☎866-899-2779, 302-227-5800; www.thebellmoor.com; 6 Christian St; Zi. 190–260 US$; P ❄ @ ☺) Wenn Geld keine Rolle spielt, sollte man im luxuriösesten Hotel von Rehoboth absteigen. Die Inneneinrichtung im Stil englischer Landhäuser mit Kamin, idyllischem Garten und die abgeschiedene Lage machen das Bellmoor zu einer ganz und gar ungewöhnlichen Ferienanlage am Meer. Das i-Tüpfelchen ist jedoch das Wellnesscenter mit seinem kompletten Programmangebot.

Hotel Rehoboth BOUTIQUEHOTEL $$$
(☎302-227-4300; www.hotelrehoboth.com; 247 Rehoboth Ave; Zi. 230–320 US$; P ❄ @ ☺ ≋) Dieses Boutiquehotel genießt dank seines vorzüglichen Services und der luxuriösen Annehmlichkeiten einen guten Ruf. Es bietet einen kostenlosen Shuttle-Service zum Strand an.

NICHT VERSÄUMEN

RADFAHREN AUF DEM JUNCTION & BREAKWATER TRAIL

Eine fantastische Radtour kann man zwischen Rehoboth und Lewes machen, die der knapp 10 km lange Junction and Breakwater Trail miteinander verbindet. Benannt wurde der Weg nach der ehemaligen Zuglinie, die hier im 19. Jh. verlief. Der ebene, leicht ansteigende Weg im Grünen führt durch bewaldetes und offenes Terrain, durch Sümpfe an der Küste und an Feldern vorbei. Im Visitor Center oder bei **Atlantic Cycles** (☎302-226-2543; www.atlanticcycles.net; 18 Wilmington Ave; halber Tag/Tag ab 16/24 US$) in Rehoboth, wo auch günstig Räder geliehen werden können, gibt's eine Karte. In Lewes kann man sich an **Ocean Cycles** (☎302-537-1522; www.oceancylces.com; 526 E Savannah Rd) beim Beacon Motel wenden.

Crosswinds Motel MOTEL $$$
(☎302-227-7997; www.crosswindsmotel.com; 312 Rehoboth Ave; Zi. 130–275 US$; P ❄ ☺) Das direkt an der Rehoboth Ave gelegene einfache Motel bietet ein vorzügliches Preis-Leistungs-Verhältnis dank seiner Annehmlichkeiten (Mini-Kühlschrank, Kaffeemaschine, Flachbild-TV). Bis zum Strand sind es nur zwölf Gehminuten.

Essen & Ausgehen

Preiswerte Imbissstände findet man an der Promenade, darunter Favoriten wie die Pommes bei Thrasher, die Pizza bei Grotto und die Saltwater Taffies (Toffeebonbons) bei Dolle. Etwas gediegener kann man in den einladenden Restaurants an der Wilmington Ave essen.

Ed's Chicken & Crabs AMERIKANISCH $
(☎302-227-9484; 2200 Coastal Highway, Dewey Beach; Hauptgerichte 7–18 US$; ⌚11–22 Uhr) Es ist gebraten! Was ist gebraten? Fast alles in diesem Freiluft-Lokal: die Shrimps, die Jalapenos, die Krabben. Aber nicht der Maiskolben – der ist gekocht und süß und köstlich. Das Ed's serviert keine gehobene Küche, aber die Speisen sind schmackhaft, Hausmannskost eben, ungesund und – auf ihre Art – perfekt.

★ **Planet X** FUSION $$$
(☎302-226-1928; 35 Wilmington Ave; Hauptgerichte 16–33 US$; ⌚ab 17 Uhr; ✎) In dem stilvollen Restaurant erkennt man den asiatischen Einfluss auf der Speisekarte und an der Einrichtung – rote Papierlaternen und Buddhas schmücken die Wände, während die Gäste sich an rotem Thai-Curry mit Riesengarnelen und Krabbenpasteten mit würzigen asiatischen Sesamnudeln erfreuen. Auf der zur einen Seite hin offenen Veranda vorne kann man im Freien zu Abend essen.

Henlopen City Oyster House SEAFOOD $$$
(50 Wilmington Ave; Hauptgerichte 21–26 US$; ⌚ab 15 Uhr) Austern- und Meeresfrüchtefans werden das elegante Lokal nicht verpassen wollen. Eine verlockende, rustikale Bar und wunderschön angerichtete Speisen (z.B. Krabben mit weicher Schale, Bouillabaisse und Hummer-Mac-and-cheese) ziehen die Massen an. Frühzeitig dran sein, es werden keine Reservierungen angenommen! Tolle Biere aus Kleinbrauereien, Cocktails und ausgewählte Weine komplettieren das Ganze. Fazit: ein guter Ort, um am frühen Abend

einen Happen und einen Drink zu sich zu nehmen.

Cultured Pearl   JAPANISCH **$$$**
(☑ 302-227-8493; 301 Rehoboth Ave; Hauptgerichte 16–33 US$; ☺16.30 Uhr–open end) Das asiatische Restaurant ist bei den Einheimischen schon lange beliebt. Der Koi-Teich am Eingang und die schöne Dachterrasse verströmen Zen-Feeling. Das Sushi und die Appetizer sind erstklassig. An den meisten Abenden gibt's Livemusik.

Dogfish Head   KLEINBRAUEREI
(www.dogfish.com; 320 Rehoboth Ave; Hauptgerichte 9–25 US$; ☺12 Uhr–open end) Mit die besten Livegigs an der Eastern Shore und selbst gebrautes Bier – diese Kombination passt einfach!

❶ Anreise & Unterwegs vor Ort

Der **Jolly Trolley** (einfache Strecke/hin- und zurück 3/5 US$; ☺ Sommer 8–2 Uhr) verbindet Rehoboth mit Dewey und hält mehrmals auf der Strecke. Leider fahren keine Fernbusse mehr nach Rehoboth.

Bethany Beach & Fenwick Island

Einfach mal abschalten? Die Küstenorte Bethany und Fenwick, auf halbem Weg zwischen Rehoboth und Ocean City gelegen, sind als „Quiet Resorts" (ruhige Seebäder) bekannt. Beide sind tatsächlich ultraruhig, fast schon langweilig und sehr familienfreundlich.

Hier gibt es nur einige wenige Restaurants und noch weniger Hotels. Die meisten Besucher mieten sich in Ferienwohnungen und Strandhütten ein. Eine gute Alternative zum üblichen Meeresgetier sind die butterzarten Rippchen vom Grill und leckeren Sandwiches mit *pulled pork* (einer Art geräuchertem Schweinegeschnetzeltem) bei **Bethany Blues BBQ** (☑ 302-537-1500; www.bethanyblues.com; 6 N Pennsylvania Ave; Hauptgerichte 14–24 US$; ☺16.30 Uhr–21, Fr & Sa bis 22 Uhr).

Nord- & Zentral-Delaware

Wilmington verdankt seinen Charme vor allem der Hügellandschaft und den Palästen des Brandywine Valley, vor allem dem hoch aufragenden Anwesen von Winterthur. Dover ist niedlich, sympathisch und gegen später recht lebhaft.

Wilmington

Ein einzigartiges kulturelles Milieu (eine Mischung aus afroamerikanischen, jüdischen und karibischen Einflüssen) und eine lebendige Kunstszene machen diese Stadt besuchenswert.

Das **Delaware Art Museum** (☑ 302-571-9590; www.delart.org; 800 S Madison St; Erw./Kind 12/6 US$, So frei; ☺Mi-Sa 10–16, So ab 12 Uhr) zeigt Arbeiten der Künstler der örtlichen Brandywine-Schule, darunter Werke von Edward Hopper, John Sloan und drei Generationen der Wyeth-Familie.

Die **Wilmington Riverfront** (www.riverfront wilm.com) besteht aus mehreren, am Wasser gelegenen Blocks von sanierten Läden, Restaurants und Cafés; das auffallendste Bauwerk ist das **Delaware Center for the Contemporary Arts** (☑ 302-656-6466; www.thedcca.org; 200 S Madison St; ☺Di & Do–Sa 10–17, Mi & So ab 12 Uhr) GRATIS, das vor allem zeitgenössische Kunst zeigt. Im Woolworth-Gebäude in Art-déco-Stil ist das **Delaware History Museum** (☑ 302-656-0637; www.hsd.org/dhm; 200 S Madison St; Erw./Kind 6/4 US$; ☺Mi–Fr 11–16, Sa 10–16 Uhr) untergebracht. In diesem Museum wird den Besuchern gezeigt, dass der Erste Staat in der Vergangenheit weit mehr geleistet hat, als nur als Erster seine Unterschrift unter den Text der Verfassung zu setzen.

Das erste Hotel des Staates, das **Hotel du Pont** (☑ 302-594-3100; www.hoteldupont.com; Ecke Market St & 11th St; Zi. 230–480 US$; **P ❄ ☎**) ist hinreichend luxuriös, um seiner Namensgeberin (einer der erfolgreichsten Unternehmerfamilien Amerikas) gerecht zu werden. Die am Fluss gelegene **Iron Hill Brewery** (☑ 302-472-2739; 710 South Madison St; Hauptgerichte 10–24 US$; ☺11–23 Uhr) ist ein weitläufiger, luftiger mehrstöckiger Raum in einem ehemaligen Warenlager. Passable Minibrauereien (empfehlenswert ist das saisonale belgische Ale) passen zu den herzhaften Kneipengerichten.

Das **Visitor Center** (☑ 800-489-6664; www.visitwilmingtonde.com; 100 W 10th St; ☺Mo–Do 9–17, Fr 8.30–16.30 Uhr) befindet sich in der Innenstadt. Wilmington kann man gut mit den Bussen von Greyhound oder den Peter Pan Bus Lines erreichen, die die wichtigsten Städte der Ostküste miteinander verbinden. Beide Untrnehmen fahren das **Wilmington Transportation Center** (101 N French St) an. Die Züge von **Amtrak** (www.amtrak.com; 100 S French St) verbinden Wilmington mit Washington, D.C. (1½ Std.), Baltimore (45 Min.) und New York (1¾ Std.).

Brandywine Valley

Nachdem sie vermögend wurde, verwandelte die aus Frankreich stammende Familie Du Pont das Brandywine Valley in eine Art amerikanisches Loire-Tal, in dem sich bis heute die Wohlhabenden und Prunksüchtigen gerne niederlassen.

10 km nordwestlich von Wilmington liegt **Winterthur** (☑ 302-888-4600; www.winterthur.org; 5105 Kennett Pike (Rte 52); Erw./Kind 18/5 US$; ◷ Di–So 10–17 Uhr), der 175 Zimmer große Landsitz des Industriellen Henry Francis du Pont mit seiner Sammlung von Antiquitäten und amerikanischer Kunst, die zu den größten der Welt zählt.

Der **Brandywine Creek State Park** (☑ 302-577-3534; http://www.destateparks.com/park/brandywine-creek/; 41 Adams Dam Road, Wilmington; Eintritt 3 US$; ◷ 8 Uhr–Sonnenuntergang) ist ein Kleinod dieser Region. Diese weite Grünfläche würde überall beeindrucken, aber hier ist sie doppelt verblüffend, wenn man bedenkt, wie nahe sie bei den urbanen Siedlungen liegt. Naturlehrpfade und seichte Wasserläufe winden sich durch den Park; Infos über Paddeln oder Tubing auf dem tiefgrünen Brandywine Creek bekommt man bei **Wilderness Canoe Trips** (☑ 302-654-2227; www.wildernesscanoetrips.com; 2111 Concord Pike; Kajak-/Kanufahrten ab 46/56 US$, 18 US$/Reifen).

New Castle

Superniedlich, so präsentiert sich das am Fluss gelegene New Castle mit seinem Gewirr aus kopfsteingepflasterten Straßen und gut erhaltenen Häusern aus dem 18. Jh. (wobei das Umland gewissermaßen einer urbanen Ödnis ähnelt). Zu den Sehenswürdigkeiten gehören das **Old Court House** (☑ 302-323-4453; 211 Delaware St, New Castle; ◷ Mi–Sa 10–15.30, So 13.30–16.30 Uhr) GRATIS, das Arsenal on the Green, Kirchen und Friedhöfe, die bis ins 17. Jh. zurückreichen, sowie historische Häuser.

Das **Terry House B&B** (☑ 302-322-2505; www.terryhouse.com; 130 Delaware St; Zi. 90–110 US$; P 🖵) hat nur fünf Zimmer und liegt idyllisch im historischen Viertel. Während die Gäste das üppige Frühstück genießen, spielt der Inhaber auf dem Klavier.

Wenige Türen weiter werden in **Jessop's Tavern** (☑ 302-322-6111; 114 Delaware St;

Hauptgerichte 12–24 US$; ◷ So–Do 11.30–22, Fr & Sa bis 24 Uhr) in einem kolonialen Ambiente holländisches Schmorfleisch, *pilgrim's feast* (im Ofen gebratener Truthahn mit allem, was dazu gehört), sowie Fisch und Chips und andere Kneipengerichte serviert. Das gelangweilte jugendliche Personal in seiner kratzenden Kolonialkostümierung zu beobachten ist dabei der halbe Spaß.

Zu empfehlen ist das außerhalb der Stadt gelegene **Dog House** (☑ 302-328-5380; 1200 Dupont Hwy, New Castle; Hauptgerichte unter 10 US$; ◷ 10.30–24 Uhr), von dessen Namen man sich nicht in die Irre führen lassen darf. Zum anspruchslosen Diner gibt es tatsächlich Hot Dogs, sie sind aber ordentlich gemacht (die Chili Dogs sind ein Traum); geboten werden auch tolle riesige Sandwiches und Cheesesteaks, die auch in Philadelphia durchgehen würden.

Dover

Dovers Zentrum ist recht hübsch; in den von Reihenhäusern gesäumten Straßen gibt es eine Vielzahl von Restaurants und Läden, während in den schöneren Straßen Bäume mit ihren auslandenden Ästen Schatten spenden.

Über den ersten Bundesstaat der USA informiert der **First State Heritage Park** (☑ 302-744-5055; 121 Martin Luther King Blvd North, Dover; ◷ Mo–Fr 8–16.30, Sa ab 9, So 13.30–16.30 Uhr) GRATIS Auf dem Gelände der örtlichen Archive gelegen dient der Park als Welcome Center für die Stadt Dover, den Bundesstaat Delaware und das angrenzende State House. Der Zugang zu Letzterem erfolgt über das im Georgia-Stil errichtete **Old State House** (☑ 302-744-5055; http://history.delaware.gov/museums/; 25 The Green; ◷ Mo–Sa 9–16.30, So ab 13.30) GRATIS, erbaut 1791 und seither restauriert, in dem Kunstgalerien und Sonderausstellungen zur Geschichte des ersten Bundesstaates der USA untergebracht sind.

Der **State Street Inn** (☑ 302-734-2294; www.statestreetinn.com; 228 N State St; Zi. 125–135 US$) liegt in günstiger Lage unweit vom State House und verfügt über vier helle Zimmer mit Holzdielen und Möbeln im Stil der Zeit.

Nicht weit entfernt vom State House befindet sich das **Golden Fleece** (☑ 302-674-1776; 132 W Lockerman St; Hauptgerichte unter 10 US$; ◷ 16–24 Uhr, Sa &So open end, So ab 12 Uhr), eine beliebte Bar in Dover. Hier gibt's ordentliches Essen und eine Atmosphäre wie in einem alten englischen Pub, was gut mit dem umliegenden, aus Backsteinziegeln erbauten historischen Zentrum harmoniert.

Bombay Hook National Wildlife Refuge

Menschliche Besucher sind nicht die einzigen, die eine Tour zum **Bombay Hook National Wildlife Refuge** (☎302-653-9345; http://www.fws.gov/refuge/Bombay_Hook; 2591 Whitehall Neck Rd, Smyrna; ☉Sonnenaufgang–Sonnenuntergang) unternehmen. Hunderttausende Wasserzugvögel nutzen dieses geschützte Marschland für einen Zwischenstopp auf ihren Flugrouten.

Das Highlight in diesem Schutzgebiet ist ein 19 km langer Naturschutzweg durch ein 66 km² großes, süßlich riechendes Salzwassersumpfgebiet mit Schlickgräsern und Prielen, der durch ein perfekt erhaltenes Ökosystem führt und all die stille Schönheit der DelMarVa-Halbinsel einzufangen vermag.

Außerdem gibt's fünf Wanderwege, davon sind zwei auch für Personen mit Behinderungen geeignet, sowie Beobachtungstürme, von denen aus man das ganze Gebiet überblicken kann. Jenseits des Wassers kann man die Lichter und Fabriken von New Jersey sehen – ein industrieller Schwerpunkt als Gegenpart zur wilden Ursprünglichkeit der Natur dieser Region.

VIRGINIA

Virginia ist schön und außerordentlich geschichtsträchtig. Hier wurde Amerika geboren, hier gründeten englische Siedler 1607 die erste dauerhafte Kolonie der Neuen Welt. Bis heute hat der *Commonwealth of Virginia* eine tragende Rolle in fast jedem großen Drama der amerikanischen Geschichte gespielt, sei es während des Unabhängigkeitskriegs, des Bürgerkriegs, in der Bürgerrechtsbewegung oder am 11. September 2001.

So verschiedenartig und vielfältig wie die Geschichte und Bevölkerung Virginias ist auch dessen Landschaft: die Chesapeake Bay und die breiten Sandstrände des Atlantiks im Osten, Pinienwälder, Sumpfgebiete und sanfte grüne Hügel der lieblichen Region Piedmont in der Mitte, der raue Gebirgszug der Appalachen und das traumhaft schöne Shenandoah Valley im Westen.

KURZINFOS VIRGINIA

Spitzname Old Dominion (Altes Herrschaftsgebiet)

Bevölkerung 8,2 Mio.

Fläche 110 785 km²

Hauptstadt Richmond (205 000 Ew.)

Weitere Städte Virginia Beach (447 000 Ew.), Norfolk (245 800 Ew.), Chesapeake (228 400 Ew.), Richmond (210 300 Ew.), Newport News (180 700 Ew.)

Verkaufssteuer 5,3 %

Geburtsort von acht US-Präsidenten, inklusive George Washington (1732–1799), Konföderierten-General Robert E. Lee (1807–1870), Tennis-As Arthur Ashe (1943–1993), Schriftsteller Tom Wolfe (geb. 1931), Schauspielerin Sandra Bullock (geb. 1964)

Heimat des Pentagon, der CIA und mehr Arbeitern in der Technologie-Branche als in jedem anderen Staat

Politische Ausrichtung republikanisch

Berühmt für Geschichte Amerikas, Tabak, Äpfel und den Shenandoah National Park

Staatsgetränk Milch

Entfernungen Arlington–Shenandoah 113 Meilen (182 km), Richmond–Virginia Beach 108 Meilen (174 km)

Hier, irgendwo bei Richmond, verläuft die unsichtbare Grenze zwischen Nord und Süd. Man hat sie überschritten, wenn man die gedehnt-schleppende Sprechweise hört, mit dem Teller voller Speck und der typische Schinken aus Virginia offeriert werden. Virginia bietet für jeden etwas, getreu dem Motto „Virginia is for Lovers" (Virginia ist für Liebhaber).

Geschichte

Seit mindestens 5000 Jahren leben Menschen im Gebiet des heutigen Bundesstaats Virginia. Es waren einige Tausend Ureinwohner, die im Mai 1607 mit ansehen mussten, wie Kapitän James Smith mit seiner Mannschaft die Chesapeake Bay hinaufsegelte und Jamestown gründete, die erste dauerhafte englische Kolonie in der Neuen Welt. Die nach der *Virgin Queen*, der jungfräulichen Königin Elisabeth I., benannte

Kolonie erstreckte sich ursprünglich über fast die gesamte Ostküste Amerikas. Nachdem 1610 die meisten Siedler auf der Suche nach Gold verhungert waren, entdeckte John Rolfe, der Ehemann von Pocahontas, den wahren Reichtum Virginias: den Tabak.

Aus dem Tabakanbau entstand eine feudale Aristokratie, und viele Sprösslinge des niederen Adels wurden zu Gründungsvätern, nicht zuletzt der hier geborene George Washington. Im 19. Jh. wucherte das auf Sklaverei basierende Plantagensystem unaufhaltsam – und geriet in einen immer schärfer werdenden Widerspruch zur industrialisierten Wirtschaft des Nordens. 1861 spaltete sich Virginia schließlich von der Union ab und wurde zum Zentrum des Bürgerkriegs. Nach seiner Niederlage vollführte der Bundesstaat einen kulturellen Drahtseilakt. Es musste sich eine vielschichtige Identität zulegen, zu der ältere Aristokraten, eine ländliche und städtische Arbeiterklasse, Einwanderer und schließlich auch die Bewohner der florierenden technologielastigen Vorstädte Washingtons, D.C., ihren Beitrag leisteten. Der Staat zehrt von seiner Geschichte, will aber dennoch beim amerikanischen Experiment in der ersten Reihe mitmischen. Während Virginia in den 1960er-Jahren nur widerstrebend die Rassenschranken aufhob, beherbergt es heute eine der ethnisch vielfältigsten Bevölkerungen im ganzen New South.

Nord-Virginia

Hinter der sperrigen Vorstadtfassade verbirgt sich die für Nord-Virginia (NOVA) typische Mischung aus Kleinstadtcharme und Großstadtflair: Dörfer aus der Kolonialzeit und Schlachtfelder des Bürgerkriegs wechseln sich ab mit Wolkenkratzern, Einkaufszentren und erstklassigen Kunstveranstaltungen.

Die grüne Oase des **Great Falls National Park** (☎703-285-2965; www.nps.gov/grfa; ☺7 Uhr–Sonnenuntergang) 🌿 konnte ihre wilde Ursprünglichkeit bewahren. Der Nationalpark ist ein großartiges, sorgfältig gepflegtes Waldgebiet, durch der den Potomac River über wildschäumende Stromschnellen rauscht.

Arlington

Von Washington aus gleich auf der anderen Seite des Potomac River liegt Arlington County. Es gehörte zwischenzeitlich zu Washington, D.C., wurde aber 1847 an Virginia zurückgegeben. In den vergangenen Jahren haben sich die Stadtviertel von Arlington gemausert und einige verlockende Angebote in puncto Essen und Ausgehen entwickelt.

◉ Sehenswertes

Arlington National Cemetery
HISTORISCHE STÄTTE

(☎877-907-8585; www.arlingtoncemetery.mil; Bustour Erw./Kind 8,75/4,50 US$; ☺April–Sept. 8–19 Uhr, Okt.–März bis 17 Uhr) GRATIS Dieser unheimlich ergreifende Ort ist die letzte Ruhestätte für mehr als 300 000 Soldaten und ihre Angehörigen sowie Veteranen aller US-amerikanischen Kriege vom Unabhängigkeits- bis zum Irakkrieg. Der Friedhof erstreckt sich über eine hügelige Fläche von fast 2,5 km². Es empfiehlt sich daher, mit dem **Tour Bus** durch den Friedhof zu fahren; er fährt regelmäßig zwischen 8.30 und 16.30 Uhr vom Visitor Center ab.

➡ **The Grounds**

Der Friedhof wurde größtenteils auf dem Grundstück des **Arlington House** angelegt, in dem einst General Robert E. Lee und seine Frau Mary Anna Custis Lee, eine Nachfahrin von Martha Washington, lebten. Während Lee die Armee von Virginia in den Bürgerkrieg führte, konfiszierten die Truppen der Union das Anwesen, um ihre Toten zu begraben. Im **Tomb of the Unknowns** (Grabmal der Namenlosen) ruhen die sterblichen Überreste von nicht identifizierten amerikanischen Soldaten aus den beiden Weltkriegen und dem Korea-Krieg. Soldaten halten an dem Grabmal rund um die Uhr eine Ehrenwache. Die Wachablösung (März–Sept. alle 30 Min., Okt.–Feb. stündl.) ist die ergreifendste Sehenswürdigkeit von Arlington. Eine ewige Flamme brennt auf dem **Grab von John F. Kennedy**. Direkt daneben befinden sich die Gräber seiner Frau Jacqueline Kennedy Onassis und zwei ihrer früh verstorbenen Kinder.

➡ **Marine Corps War Memorial**

Nördlich des Friedhofs stellt das **Marine Corps War Memorial** (N Meade St & 14th St) sechs Soldaten dar, die während des Zweiten Weltkriegs auf der japanischen Insel Iwojima die US-amerikanische Flagge hissten. Felix de Weldon gestaltete das Denkmal nach dem weltberühmten Foto des Pressefotografen Joe Rosenthal.

Artisphere
KUNSTZENTRUM

(☎ 703-875-1100; www.artisphere.com; 1101 Wilson Blvd; 🚻; Ⓜ Rosslyn) Wer etwas völlig anderes sucht als Gedenkstätten und Museen, findet in diesem modernen, eleganten, mehrstöckigen Kunstgebäude vorzügliche Ausstellungen. In seinen Theatern finden Live-Veranstaltungen statt (viele davon kostenlos), beispielsweise Musik aus aller Welt, Film und experimentelles Theater. Der angrenzende **Freedom Park**, eine begrünte Hochallee, die auf einer ehemaligen Überführung entlang der Artisphere angelegt wurde, ist ein angenehmer Ort zum Entspannen und Genießen.

Pentagon
GEBÄUDE

Südlich des Arlington Cemetery befindet sich das Pentagon, das größte Bürogebäude der Welt. Für die Öffentlichkeit ist es nicht zugänglich, außerhalb davon kann man jedoch das **Pentagon Memorial** (www.whs.mil/memorial; 1N Rotary Rd, Arlington; ⏰ 24 Std.) GRATIS besichtigen. Die 184 beleuchteten Bänke gedenken der Menschen, die am 11. September 2001 hier ihr Leben ließen. In der Nähe verkörpern die drei hoch aufragenden Säulen des **Air Force Memorial** (☎ 703-247-5805; www.airforcememorial.org; 1 Air Force Memorial Dr, Arlington) die Kondensstreifen von Flugzeugjets.

🛏 Schlafen & Essen

Neben Hotels gibt es Dutzende von schicken Restaurants und Bars entlang des Clarendon Blvd und des Wilson Blvd, besonders dicht sind sie aber neben den Metrostationen Rosslyn und Clarendon.

⭐ Myanmar
BURMESISCH $

(☎ 703-289-0013; 7810 Lee Hwy, Falls Church; Hauptgerichte unter 10 US$; ⏰ 11–22 Uhr) Das Dekor des Myanmar ist überaus ärmlich, der Service träge, die Portionen sind klein aber die Gerichte köstlich. Das ist echt burmesisch: Currys zubereitet mit jeder Menge Knoblauch, Kurkuma und Öl, dazu Chilifisch, Mangosalat und Hähnchen, das in Bratensauce schwimmt.

Lyon Hall
FRANZÖSISCH $$

(☎ 703-741-7636; http://lyonhallarlington.com; 3100 N Washington Blvd; Hauptgerichte 14–25 US$; ⏰ Mo–Fr 11.30–15, Sa & So ab 10, So–Do 17–22.30, Fr & Sa bis 23.30 Uhr; Ⓜ Clarendon) Dieses elsässische Bistro empfängt seine Gäste mit einem Schild in Deko-Stil. Das Cassoulet ist herrlich gehaltvoll dank der Beigabe von En-

tenfett. Und eine Forelle auf weißen Bohnen wird durch Vanillebutter belebt. Zum Runterspülen sei ein lokaler Cocktail der beliebten Bar empfohlen.

Eden Center
VIETNAMESISCH $$

(www.edencenter.com; 6571 Wilson Blvd, Falls Church; Hauptgerichte 9–15 US$; ⏰ 9-23 Uhr; 🅿) Eine der faszinierendsten ethnischen Enklaven Washingtons liegt eigentlich gar nicht mehr auf dem Gebiet von Washington, D.C., sondern westlich von Arlington in Falls Church, VA. Das Eden Center ist im Grunde ein Stück Saigon, das in Amerika hängen geblieben ist. Dabei ist tatsächlich Saigon gemeint, denn die Einkaufsmeile befindet sich zur Gänze in der Hand von südvietnamesischen Flüchtlingen und deren Nachkommen. Man kann vietnamesische CDs erwerben, in Läden exotische Früchte und ausgefallene Heilmittel einkaufen und natürlich – überall – essen.

Whitlow's on Wilson
AMERIKANISCH $$

(☎ 703-276-9693; 2854 Clarendon Blvd; Hauptgerichte 8–21 US$; ⏰ Mo-Fr 11–14, Sa & So ab 9 Uhr) Hier gibt's am Sonntag den besten Brunch in ganz Arlington sowie wochentags Happy Hour Specials und Livemusik an Wochenenden.

☆ Unterhaltung

⭐ Iota
LIVEMUSIK

(www.iotaclubandcafe.com; 2832 Wilson Blvd; Karten ab 10 US$; ⏰ ab 8 Uhr; ☎; Ⓜ Clarendon) Das Iota ist in dieser Gegend die beste Bühne für Livemusik. Die hier auftretenden Bands spielen Folk, Reggae sowie traditionellen irischen und Südstaatenrock. Karten sind nur am Eingang erhältlich (kein Vorverkauf). Mittwochs ist immer „Open-Mic Wednesday" – Anlass für jede Menge Spaß oder Wichtigtuerei, die fast weh tut, was bei solchen Veranstaltungen oft der Fall ist.

Alexandria

Das bezaubernde Kolonialstädtchen Alexandria ist nur 8 km und 250 Jahre von Washington entfernt. Alexandria, einst eine raue Hafenstadt – von den Einheimischen „Old Town" genannt – ist heute eine Ansammlung schmucker Backsteinhäuser im Kolonialstil, von kopfsteingepflasterten Straßen, flackernden Gaslaternen und einer Uferpromenade. Die King St wird gesäumt von Boutiquen, Straßencafés, gemütlichen Bars und Restaurants.

⊙ Sehenswertes

George Washington Masonic National Memorial
DENKMAL, AUSSICHTSPUNKT

(www.gwmemorial.org; Ecke 101 Callahan Dr & King St; Erw./Kind 8 US$/frei; ⊙ Mo–Sa 9–16, So 12–16 Uhr; Ⓜ King St) Alexandrias auffallendstes Kennzeichen bietet einen tollen Ausblick von dem 101,5 m (exakt 333 Fuß) hohen Turm, von dem aus man das Capitol, den Mount Vernon und den Potomac River sehen kann. Es ist dem Leuchtturm der ägyptischen Stadt Alexandria nachempfunden und wurde zu Ehren des ersten Präsidenten der USA George Washington erbaut (der 1752 in Fredericksburg der Freimaurerloge beitrat und später zum Großmeister der Alexandria-Loge Nr. 22 wurde). Den Turm kann man nur im Rahmen einer geführten Tour besteigen; sie beginn um 10, 11.30, 13.30 und 15 Uhr (sonntags startet die erste Führung erst um 12.30 Uhr).

Gadsby's Tavern Museum
MUSEUM

(www.gadsbystavern.org; 134 N Royal St; Erw./Kind 5/2 US$; ⊙ Di–Sa 10–17, So & Mo 13–17 Uhr; Ⓜ King St dann Trolley) Die einstige Kneipe (von John Gadsby zwischen 1796 und 1808 betrieben) beherbergt heute ein Museum, das die wichtige Rolle dieser Kneipe in Alexandria im 18. Jh. veranschaulicht. Sie galt als Mittelpunkt des politischen, geschäftlichen und sozialen Lebens und wurde von allen damals wichtigen Persönlichkeiten besucht, darunter George Washington, Thomas Jefferson und dem Marquis de Lafayette. Die Zimmer wurden im Stil des 18. Jhs. restauriert und auch heute noch finden in der Kneipe gelegentlich teure Bälle statt. Geführte Touren finden immer 15 Minuten vor und nach der vollen Stunde statt.

Torpedo Factory Art Center
KUNSTZENTRUM

(www.torpedofactory.org; 105 N Union St; ⊙ 10–18, Do bis 19 Uhr; Ⓜ King St dann Trolley) GRATIS Was kann man mit einer ehemaligen Munitions- und Waffenfabrik anfangen? Wie wäre es, daraus eine der führenden Kunststätten der Region zu machen? Drei Stockwerke mit Ateliers und freier künstlerischer Kreativität gibt's in der Old Town Alexandria, aber auch die Möglichkeit, Gemälde, Skulpturen, Glasarbeiten, Textilien und Schmuck direkt von den Künstlern zu erwerben. Die Torpedo Factory ergänzt das neu gestaltete Hafengebiet Alexandrias mit seinem Jachthafen, den Parks, Alleen, Wohnvierteln und Restaurants.

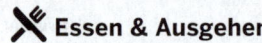

✕ Essen & Ausgehen

Misha's Coffee Roaster
CAFÉ $

(www.mishascoffee.com; 102 S Patrick St; Gebäck 3–4 US$; ⊙ 6–20 Uhr; 🖒) An einem köstlichen Latte neben Gefäßen voller kräftig riechender Kaffeebohnen aus Indonesien und Äthiopien nippen, seine Zeit mit dem kostenlosen WLAN verplempern, mit den netten Nerds am Nachbartisch plaudern und in diesem sehr trendigen indischen Café das koffeinhaltige Nirvana erreichen. Croissants und Cookies erhöhen das Koffeinhoch.

Hank's Oyster Bar
SEAFOOD $$

(1026 King St; Hauptgerichte 6–28 US$; ⊙ Di–Do 5.30–21.30, Fr & Sa 11.30–24, So 11–21.30 Uhr) Es gibt eine ganze Reihe von Austerbars in Washington (das Schlürfen roher Austern scheint der politischen Großtuerei förderlich zu sein) und das Hank's ist eine der ersten Adressen. Es hat die richtige Mischung von Testosteron, Altherrenriege und Strippenzieher, was nicht heißen soll, dass sich Frauen hier nicht wohl fühlen; aber Männer tun es mit Sicherheit. Überflüssig zu sagen, dass das Austernmenü reichhaltig und ausgezeichnet ist; es gibt immer mindestens vier Variationen. Der Platz ist etwas eng und man muss oft auf einen Tisch warten, aber eine Saki-Austern-Bombe macht das alles wieder wett.

Restaurant Eve
AMERIKANISCH $$$

(🕽 703-706-0450; www.restauranteve.com; 110 S Pitt St; 5-/7-Gänge-Verkostungsmenü 120/135 US$; ⊙ Mo–Mi mittags, Mo–Sa abends; ✎) Der Begriff „Fusion" mag schon abgedroschen klingen, wenn es um die Beschreibung der Küche eines Restaurants geht, aber bei den Top-Adressen gab's schon immer „Fusion", nämlich eine Mischung aus Innovation und Tradition, regionalen und internationalen Einflüssen, Komfort und Niveau. Das Eve bietet all das bisher Gesagte und noch dazu eine Mischung bester amerikanischer Zutaten, präzise französische Zubereitungstechnik und einen der exklusivsten Services, dem man in dieser Region begegnet. Man sollte sich hier ein Verkostungsmenü gönnen, denn es ist ein ganz neues kulinarisches Erlebnis. Das Eve ist eines der wenigen veganerfreundlichen Spitzenrestaurants im Großraum D.C. Um auf Nummer sicher zu gehen, empfiehlt es sich, einen Tag im voraus telefonisch zu reservieren, und das Team um Inhaber Cathal Armstrong wird einen gern empfangen.

VIRGINIAS WEINGÜTER

Als mittlerweile fünftgrößter Weinproduzent der USA gibt es in Virginia inzwischen 192 Weingüter. Viele davon befinden sich in den schönen Hügeln rund um Charlottesville. Besonders angesehen ist Virginia Viognier. Mehr Infos über den Wein aus Virginia stehen auf www.virginiawine.org.

Jefferson Vineyards (☑ 434-977-3042; www.jeffersonvineyards.com; 1353 Thomas Jefferson Pkwy) Bekannt für durchgängig hochwertige Jahrgänge. Das Weingut liegt in den 1774 angelegten Originalweinbergen des Namensgebers.

Keswick Vineyards (☑ 434-244-3341; www.keswickvineyards.com; 1575 Keswick Winery Dr) Keswick hat für seinen ersten Jahrgang eine Vielzahl von Preisen gewonnen und bietet seither eine große Auswahl an Weinen an. Das Weingut liegt an der Rte 231.

Kluge Estate (☑ 434-977-3895; www.klugeestateonline.com; 100 Grand Cru Dr) Weinkenner küren den Kluge-Wein regelmäßig zum besten im Bundesstaat.

☆ Unterhaltung

Birchmere LIVEMUSIK
(www.birchmere.com; 3701 Mount Vernon Ave; Karten 15–35 US$; ⊙ Kasse 17–21 Uhr, Shows 19.30; Ⓜ Pentagon City danach ☐ 10A) Bekannt als „Amerikas legendäre Konzerthalle" ist das Birchmere die erste Adresse im D.C. für Folk-, Country-, keltische Musik und Bluegrass. Die Talente, die hier auftreten, sind Grund genug, herzukommen, aber auch die Konzerthalle selbst hat es in sich: Sie sieht aus wie ein Warenlager, das mit einer Armada von Wandmalern auf LSD-Trip kollidiert ist. Die Konzerthalle befindet sich nördlich von Old Town Alexandria unweit der Glebe Rd.

Tiffany Tavern LIVEMUSIK
(www.tiffanytavern.com; 1116 King St; Ⓜ King St) GRATIS Die Speisen sind irgendwie lahm und die Bierauswahl ist dürftig, aber der Live-Bluegrass (Fr & Sa ab 20.30 Uhr) in der betagten Tiffany Tavern ist großartig. Es geht etwas laut und rau zu an den besten Abenden, wenn Yuengling-Bier vom Fass ausgeschenkt wird und Mandoline und Geige musikalische Magie verströmen.

ⓘ Praktische Informationen

Das **Visitor Center** (☑ 703-838-5005; www.visitalexandriava.com; 221 King St; ⊙ 9–17 Uhr) stellt Parkausweise sowie ermäßigte Eintrittskarten für die historischen Stätten aus.

ⓘ An- & Weiterreise

Um aus der Innenstadt von Washington, D.C., nach Alexandria zu gelangen, steigt man an der Metrostation King St aus. Ein kostenloser Trolley fährt von der Metrostation die 1,6 km zum Flussufer (11.30–22 Uhr, alle 20 Min.).

Mount Vernon

Eine der am häufigsten besuchten historischen Stätten der USA ist **Mount Vernon** (☑ 703-780-2000, 800-429-1520; www.mountvernon.org; 3200 Mount Vernon Memorial Hwy, Mt. Vernon; Erw./Kind 17/8 US$; ⊙ April–Aug. 8–17 Uhr, Nov–Feb. 9–16, Sept. & Okt. bis 17 Uhr), der Landsitz von George und Martha Washington, die hier seit ihrer Heirat im Jahr 1759 bis zu Washingtons Tod 1799 lebten. Er befindet sich heute im Besitz der Mount Vernon Ladies Association und bietet einen Einblick in das Leben auf dem Land im 18. Jh. und in das des ersten Präsidenten als Plantagenbesitzer. Mount Vernon verschweigt nicht, dass der Gründervater auch Sklaven hielt; Besucher können ihre Unterkünfte und den Friedhof besichtigen. Zu den weiteren Sehenswürdigkeiten gehören Washingtons **Distillery and Grist Mill** (www.tourmobile.com; Erw./Kind 4/2 US$, inkl. Mount Vernon Erw./Kind 30/15 US$), die sich etwa 3 Meilen (4,5 km) südlich des Anwesens befinden.

Mount Vernon liegt 16 Meilen (26 km) südlich von Washington, D.C., abseits des Mount Vernon Memorial Hwy. Wer die öffentlichen Verkehrsmittel benutzt, nimmt die Metro bis Huntington und steigt dort in den Fairfax-Connector-Bus 101 um. **Grayline** (☑ 202-289-1995; www.grayline.com; Erw./Kind inkl. Eintritt Mt. Vernon ab 55/20 US$) bietet das ganze Jahr über täglich Touren an, die in D.C. bei der Union Station starten.

Einige Unternehmen organisieren auch saisonale Bootsfahrten von D.C. nach Alexandria. Der günstigste Anbieter ist die **Potomac Riverboat Company** (☑ 703-684-0580; www.potomacriverboatco.com; Erw./Kind inkl. Eintritt Mt. Vernon 40/20 US$). Eine gesunde Alternative ist die herrliche Radfahrt von Washington, D.C., entlang des Potomac River (29 km von Roosevelt Island).

Manassas

Am 21. Juli 1861 trafen die Soldaten der Union und der Konföderierten in der ersten großen Landschlacht des Bürgerkriegs aufeinander. In Erwartung des sicheren Sieges strömten die Einwohner von Washington, D.C., in Scharen herbei, um beim Picknick die „Erste Schlacht am Bull Run" (in den Südstaaten bezeichnet als „Erste Schlacht von Manassas") zu beobachten. Der völlig überraschende Sieg der Konföderierten zerstörte alle Hoffnungen auf ein schnelles Ende des Krieges. Ein gutes Jahr später, im August 1862, trafen die beiden Kriegsparteien am gleichen Ort in der größeren „Zweiten Schlacht von Manassas" wieder aufeinander. Und wieder gewannen die Südstaatler. Heute ist der **Manassas National Battlefield Park** eine sanft geschwungene, grüne Hügellandschaft, die durch Lattenzäune in struppige Wiesenstücke mit hohem Gras und Wildblumen unterteilt ist. Die Besichtigungstour beginnt man am besten im **Henry Hill Visitor Center** (☎703-361-1339; www.nps. gov/mana; Erw./Kind 3/frei US$; ☉8.30–17 Uhr), in dem ein Film zur Orientierung gezeigt und Kartenmaterial zum Park verteilt wird.

Täglich fahren Züge von **Amtrak** (www. amtrak.com; einfache Strecke 16–28 US$) und **Virginia Railway Express** (VRE; www.vre.org; einfache Strecke 9,10 US$; ☉Mo–Fr) die 50 Minuten von Washingtons Union Station zur historischen Old Town Manassas Railroad Station an der 9451 West St; von hier sind es zum Park knapp 6 Meilen (ca. 10 km) mit dem Taxi. Rund um den Bahnhof von Manassas gibt's zahlreiche Restaurants und Bars, der Rest der Stadt ist allerdings ein Durcheinander von Einkaufszentren und verzweigten Vororten.

Fredericksburg

Fredericksburg ist eine hübsche Stadt mit einem historischen Viertel, das schon fast klischeeartig die typische amerikanische Kleinstadt verkörpert. In den Straßen und der Umgebung des Ortes, in dem George Washington aufgewachsen ist, brach einst der Bürgerkrieg aus. Heute bietet die Hauptstraße eine schöne Mischung aus Buchläden, Gaststätten und Cafés.

◉ **Sehenswertes**

Das **Visitor Center** (☎540-373-1776; www.visit fred.com; 706 Caroline St; ☉9–17, So ab 11 Uhr) bietet den zeitlich unbegrenzten Fredericksburg Pass (32 US$) an, der zum Eintritt bei neun lokalen Sehenswürdigkeiten berechtigt.

Fredericksburg & Spotsylvania National Military Park HISTORISCHE STÄTTE (Erw./Kind 32/10 US$) Über 13 000 Amerikaner kamen im Bürgerkrieg in den vier Schlachten ums Leben, die in einem Umkreis von 27 km um diesen vom National Park Service verwalteten Park ausgetragen wurden. Einen Besuch lohnt auch das Grab mit dem amputierten Arm von Stonewall Jackson neben dem **Fredericksburg Battlefield Visitor Center** (☎540-654-5535; www.nps.gov/frsp; 1013 Lafayette Blvd; Film 2 US$; ☉9–17 Uhr) GRATIS.

James Monroe Museum & Memorial Library HISTORISCHE STÄTTE (☎540-654-1043; http://jamesmonroemuseum. umw.edu; 908 Charles St; Erw./Kind 5/1 US$; ☉Mo–Sa 10–17, So ab 13 Uhr) Der Namensgeber dieses Museums war der fünfte Präsident der USA.

Mary Washington House HISTORISCHE STÄTTE (☎540-373-1569; www.apva.org; 1200 Charles St; Erw./Kind 5/2 US$; ☉Mo–sa 11–17, So 12–16 Uhr) Das aus dem 18. Jh. stammende Haus von George Washingtons Mutter.

🛏 **Schlafen & Essen**

An den historischen Straßen Caroline St und Williams St findet man Dutzende von Restaurants und Cafés.

Richard Johnston Inn B&B $$ (☎540-899-7606; www.therichardjohnstoninn. com; 711 Caroline St; Zi. 125–200 US$; P✳🛜) Das gemütliche B&B liegt in einer Backsteinvilla aus dem 18. Jh. und punktet mit seiner Lage, dem Komfort und der Freundlichkeit (vor allem der zwei hier lebenden Scottie-Hunde). Gäste erhalten am Wochenende ein großes Frühstück.

Sammy T's AMERIKANISCH $ (☎540-371-2008; 801 Caroline St; Hauptgerichte 6–14 US$; ☉11.30am–21.30 Uhr; 🛜🌱) Das Sammy T's ist in einem um 1805 erbauten Gebäude inmitten des historischen Zentrums untergebracht. Es bietet Suppen, Sandwiches und Kneipenessen mit einem tollen Mix von vegetarischen Gerichten, darunter eine lokale Variation von Lasagne, und Quesadillas mit schwarzen Bohnen.

Foode
AMERIKANISCH **$$**

(☎ 540-479-1370; 1006 C Caroline St; Hauptgerichte 13–24 US$; ⏰ Di–Do 11–15 & 16.30–20, Fr bis 21, Sa 10–14.30 & 16.30–21, So 10–14 Uhr; 🖊) ☞ Foode nimmt alle Wohlfühltrends der späten Kinder- und frühen Teenagerjahre auf – frisch, mit lokalen Zutaten aus Freilandhaltung, ökologisch und alles alltags-rustikal schick geschmückt – und kommt mit all diesem zu einem wirklich bezaubernden Ergebnis.

❶ An- & Weiterreise

Züge von **VRE** (11,10 US$, 1½ Std.) und **Amtrak** (25–43 US$, 1¼ Std.) starten am **Bahnhof von Fredericksburg** (200 Lafayette Blvd) auch Richtung D. C. **Greyhound** hat Busse ab/nach D. C. (5-mal tgl., 1½ Std.) und Richmond (3-mal tgl., 1 Std.). Die **Greyhound Station** (☎ 540-373-2103; 1400 Jefferson Davis Hwy) liegt ca. 1,5 Meilen (2,4 km) westlich des historischen Viertels.

Richmond

Richmond ist schon seit 1780 die Hauptstadt des Bundesstaates Virginia. Das ist der unveränderliche Teil ihrer Identität. Die Stadt ist jedoch unablässig bestrebt, ihre kulturelle Identität zu definieren: eine einladende, freundliche Stadt des Südens und zugleich Teil des internationalen Flairs der nordöstlichen Staaten. Besser wäre es vielleicht, diese Gegensätzlichkeit außer Acht zu lassen und zu sagen, dass Richmond die nördlichste Stadt des New South ist: verwurzelt in der Tradition und dennoch international und gebildet einerseits, aber geprägt vom Einkommensgefälle und sozialen Spannungen andererseits.

Es ist eine ansehnliche Stadt mit vielen Reihenhäusern aus rotem Backstein oder Sandstein, die einen gemütlicheren Eindruck vermitteln als ihre mitunter seriösgesetzter wirkenden Gegenparts im Nordosten. Geschichte ist allgegenwärtig – und mitunter unbequem. Hies ist der Ort, an dem der Patriot Patrick Henry die berühmten Worte „Give me Liberty, or give me Death!" (Gebt mir Freiheit oder gebt mir den Tod!) sprach, und wo die Sklavenhalterstaaten des konföderierten Südens ihre Hauptstadt ausriefen. Heute lassen Studenten und Yuppies die „River City" fröhlicher erscheinen, als man es erwarten würde.

⊙ Sehenswertes

Der James River teilt Richmond in zwei Hälften, die meisten Sehenswürdigkeiten liegen in der nördlichen. Um den Stadtkern herum gruppieren sich die Wohnviertel, etwa die Fan District südlich der Monument Ave und Carytown im Westen. Im Zentrum befinden sich beim Court End das Kapitol und einige Museen. An der E Cary St zwischen der 12th St und der 15th St liegen im Shockoe Slip umgebaute Warenhäuser mit Geschäften und Restaurants. Unter der wie aufgebockt wirkenden Autobahnüberführung geht's nach Shockoe Bottom. Nördlich des Court End liegt das historische afroamerikanische Stadtviertel Jackson Ward. Man sollte bedenken, dass die Cary St mehr als 8 km lang ist: Der Teil E Cary St gehört zur Innenstadt, W Cary St zu Carytown.

An der **Monument Avenue**, einem von Bäumen gesäumten Boulevard im Nordosten von Richmond, stehen **Statuen** von so verehrten Südstaatenhelden wie J. E. B. Stuart, Robert E. Lee, Matthew Fontaine Maury, Jefferson Davis, Stonewall Jackson und um die Vielfalt zu zeigen die des afroamerikanischen Tennischampions Arthur Ashe.

Das afroamerikanisches Viertel **Jackson Ward** war im 19. Jh. als Little Africa bekannt. Heute wirkt die Gegend, die ein National Historic Landmark District ist, ziemlich rau (und das ist sie auch), doch sie besitzt auch ein tief verwurzeltes kulturelles Erbe.

Der 2 km lange **Canal Walk** am Ufer, zwischen dem James River, dem Kanawha (ka-naw) und dem Haxall Canal, eignet sich wunderbar, viele der Highlights des historischen Richmond zu sehen.

American Civil War Center at Historic Tredegar
MUSEUM

(www.tredegar.org; 500 Tredegar St; Erw./Kind 8/2 US$; ⏰ 9–17 Uhr) Die in einer Waffenfabrik von 1861 untergebrachte, faszinierende Stätte erforscht die Gründe und den Verlauf des Bürgerkriegs aus der Sicht der Union, der Konföderation und der Afroamerikaner. Das Center gehört zu 13 geschützten Stätten, die zusammen den **Richmond National Battlefield Park** (www.nps.gov/rich) bilden.

Museum & White House of the Confederacy
HISTORISCHE STÄTTE

(www.moc.org; Ecke 12th St & Clay St; Erw./Kind 12/7 US$; ⏰ Mo–Sa 10–17, So ab 12 Uhr) Während dies früher eine Pilgerstätte des Südens und seiner „verlorenen Sache" war, wandelte sich das Museum der Konföderation inzwischen zu einer Bildungsstätte und besitzt die landesweit vermutlich größte Sammlung von Zeugnissen über die Konföderierten. Die freiwillige Führung durch das Confederate White House ist für die tiefen Einblicke empfehlenswert, da sie nebenbei auch einige ziemlich unerwartete Informationen bietet (so etwa ist es kaum bekannt, dass der zweitmächtigste Mann der Konföderation ein homosexueller Jude war).

Virginia State Capitol — GEBÄUDE
(www.virginiacapitol.gov; Ecke 9th St & Grace St, Capitol Sq; ⊙ Mo–Sa 9–17, So 13–16 Uhr) GRATIS Das State Capitol wurde von Thomas Jefferson entworfen und 1788 fertiggestellt. Es beherbergt die älteste gesetzgebende Körperschaft der westlichen Hemisphäre, die Virginia General Assembly, die 1619 eingerichtet wurde. Kostenlose Führungen.

Virginia Historical Society — MUSEUM
(www.vahistorical.org; 428 N Blvd; Erw./Student 6/4 US$; ⊙ Mo–Sa 10–17, So ab 13 Uhr) Wechselnde und ständige Ausstellungen erforschen die Geschichte des Commonwealth von prähistorischen Zeiten bis zur Gegenwart.

St. John's Episcopal Church — KIRCHE
(www.historicstjohnschurch.org; 2401 E Broad St; Touren Erw./Kind 7/5 US$; ⊙ Mo–Sa 10–16, So ab 13 Uhr) An dieser Stelle hat der Hitzkopf Patrick Henry seinen berühmten Schlachtruf („Gebt mir Freiheit oder gebt mir den Tod!“) während der rebellischen Second Virginia Convention im Jahr 1775 von sich gegeben. Seine Rede wird im Sommer sonntags um 14 Uhr nachgestellt.

Virginia Museum of Fine Arts — MUSEUM
(VMFA; ☎ 804-340-1400; www.vmfa.state.va.us; 2800 Grove Ave; ⊙ Sa–Mi 10–17, Do & Fr bis 21 Uhr) GRATIS Das Museum besitzt eine bemerkenswerte Sammlung europäischer Kunst, religiöser Kunst der Länder des Himalaja und eine der größten Sammlungen von Fabergé-Eiern außerhalb Russlands. Es werden auch hervorragende Wechselausstellungen organisiert (Eintritt frei–20 US$).

Poe Museum — MUSEUM
(☎ 804-648-5523; www.poemuseum.org; 1914-16 E Main St; Erw./Student 6/5 US$; ⊙ Di–Sa 10–17 Uhr, So ab 11 Uhr) Das Museum beinhaltet eine der weltweit größten Sammlungen mit Manuskripten von und Erinnerungsstücken an den Dichter Edgar Allan Poe, der in Richmond gelebt und gearbeitet hat.

Hollywood Cemetery — FRIEDHOF
(hollywoodcemetery.org; Eingang Ecke Albemarle St & Cherry St; ⊙ 8–17, Sommer bis 18 Uhr) GRATIS Der ruhige Friedhof liegt oberhalb der Stromschnellen des James River und beherbergt die Gräber von zwei US-Präsidenten (James Monroe & John Tyler), den einzigen Präsidenten der Konföderierten (Jefferson Davis), und 18 000 konföderierter Soldaten. Montags bis samstags gibt's um 10 Uhr kostenlose Führungen zu Fuß.

🛏 Schlafen

Massad House Hotel — MOTEL $
(☎ 804-648-2893; www.massadhousehotel.com; 11 N 4th St; Zi. 75–110 US$) Es bietet die preiswerteste Unterkunft und hat auch eine unübertroffen zentrale Lage. Entsprechend ist auch das, was man bekommt: Die Zimmer sind winzig, aber sauber, eine Sanierung des Hotels ist jedoch dringend vonnöten.

Linden Row Inn — BOUTIQUEHOTEL $$
(☎ 804-783-7000; www.lindenrowinn.com; 100 E Franklin St; Zi. inkl. Frühstück 120–170 US$, Suite 250 US$; P✳@🛜) Die Perle aus der Antebellum-Ära (bis 1861) hat 70 hübsche Zimmer mit Möbeln aus der viktorianischen Zeit. Das Haus ist von Gebäuden im amerikanischen Greek-Revival-Stil umgeben und steht in einer ausgezeichneten Lage in der Innenstadt. Die herzliche Südstaaten-Gastfreundlichkeit und aufmerksame Extras (kostenlose YMCA-Pässe und ein kostenloser Shuttleservice in der Stadt) komplettieren das gute Angebot.

Museum District B & B — B&B $$
(☎ 804-359-2332; www.museumdistrictbb.com; 2811 Grove Ave; Zi. 100–195 US$; P✳🛜) Das vornehme, in einem Backsteinhaus untergebrachte B&B aus den 1920er-Jahren hat eine praktische Lage unweit der Restaurants und Kneipen von Carytown. Gäste loben die herzliche Atmosphäre. Die Zimmer sind gut gelegen, man kann die große Veranda vorne, den gemütlichen Salon mit Kamin und das ausgezeichnet zubereitete Frühstück genießen – und dazu gibt's abends Wein und Käse.

⭐ Jefferson Hotel — LUXUSHOTEL $$$
(☎ 804-788-8000; www.jeffersonhotel.com; 101 W Franklin St; Zi. ab 250 US$; P✳🛜≋) Das Jefferson ist Richmonds prächtigstes Hotel und vielleicht eines der schönsten in den USA. Es war die Vision des Tabak-Tycoons und Konföderiertenmajors Lewis Ginter und wurde

als Beaux-Arts-Hotel 1895 vollendet. Heute bietet es luxuriöse Zimmer, einen hervorragenden Service und eines der besten Restaurants von Richmond. Einem Gerücht zufolge hat die sagenhafte, große Treppe in der Lobby als Vorbild für die berühmte Treppe in *Vom Winde verweht* gedient.

✖ Essen

In den kopfsteingepflasterten Straßen von Shockoe Slip und Shockoe Bottom findet man Dutzende von Restaurants. Weiter westlich in Carytown (W Cary St, zwischen dem S Blvd und der N Thompson St) gibt's sogar noch mehr Lokale.

17th Street Farmers MarketFarm   MARKT **$**
(Ecke 17th & E Main Sts; ☺ ✳ ⛟ Sa & So 8.30–16 Uhr) Wer preisgünstige Lebensmittel und frische Produkte sucht, ist auf diesem belebten Markt gerade richtig, der von Anfang Mai bis Ende Oktober abgehalten wird. Sonntags werden hier Antiquitäten verkauft.

Burger Bach   GASTHAUS **$**
(☑ 804-359-1305; 10 S Thompson St; Hauptgerichte 7–12 US$; ☺ So–Mo 11–22, Fr & Sa bis 23 Uhr; ✳ ✎ 🐾) 🦮 Man kann der eigenen Aussage von Burger Bach glauben, wonach dies das einzige neuseeländisch inspirierte Burger-Lokal in dieser Gegend ist. Und in der Tat: Die Lammburger, die hier serviert werden, sind ausgezeichnet, obwohl auch das Rindfleisch aus regionaler Züchtung und andere (vegetarische) Gerichte nicht minder toll schmecken. Und angesichts der 14 verschiedenen Saucen für die dick geschnittenen Pommes frites kann man mühlos aus dem Häuschen geraten.

Ipanema Café   AMERIKANISCH **$$**
(☑ 804-213-0190; 917 W Grace St; Hauptgerichte 8–13 US$; ☺ Mo–Fr 11–23, Sa & So ab 17.30 Uhr; ✎) Dieser unterirdische Bau ist besonders bei Bohemiens und Studenten beliebt. Es bietet eine verführerische Vielfalt an veganen und vegetarischen Gerichten (Tempeh-„Schinken"-Sandwich, Gemüse mit Currys, wechselnde Tagesgerichte), außerdem *moules-frites, tuna melts* (Tunfischbrot aus der Pfanne) und einige nicht vegetarische Gerichte. Die veganischen Desserts sind großartig.

⭐ Julep's   MODERN-AMERIKANISCH **$$$**
(☑ 804-377-3968; 1719 E Franklin St; Hauptgerichte 18–32 US$; ☺ Mo–Sa 17.30–22 Uhr; ℗ ✳) Eines der besten Restaurants von Richmond. Es serviert in einem klassischen, altmodischen Speisesaal, der sich kinoreif in einem restaurierten Gebäude von 1817 befindet, dekadente moderne Südstaatengerichte. Man beginnt mit einem Minz-Julep, gebratenen grünen Tomaten oder einer Riesenportion Krabbensuppe, und macht mit sagenhaften Julep-Shrimps und Maisgrütze mit Andouillette-Würstchen weiter.

Edo's Squid   ITALIENISCH **$$$**
(☑ 804-864-5488; 411 N Harrison St; Hauptgerichte 12–30 US$) Das Edo's ist eindeutig das beste italienische Restaurant in Richmond. Es serviert köstliche, authentisch italienische Gerichte wie etwa Auberginen mit Parmesan, *diavolo*-Pasta mit würzigen Shrimps, Tagesgerichte und natürlich Tintenfisch. Mitunter ist es hier überfüllt und es kann sehr laut werden.

Millie's Diner   MODERN-AMERIKANISCH **$$$**
(☑ 804-643-5512; 2603 E Main St; Frühstück & Mittagessen 7–12 US$, Abendessen 20–32 US$; ☺ Di–Fr 11–14.30 & 17.30–22.30, Sa & So 10–15 & 17.30–22.30 Uhr) Frühstück, Mittag- oder Abendessen? Kein Problem, das Millie's hat alles und das auch noch gut. Aber das Beste in dieser Institution von Richmond ist der Sonntags-Brunch: Das Devil's Mess – ein aufgeklapptes Omelett mit scharfen Würstchen, Curry, Gemüse, Käse und Avocado – ist legendär.

🍷 Ausgehen & Unterhaltung

Lift   CAFÉ
(218 W Broad St; ☺ Mo–Fr 7–19, Sa 8–20 Uhr, So 9–19 Uhr; 🕿) Teils Kaffeehaus, teils Kunstgalerie serviert das Lift Lattes mit tollem Milchschaum, köstliche Sandwiches und Salate. Hat auch Tische am Straßenrand.

Capital Ale House   BAR
(623 E Main St; ☺ 11–1.30 Uhr) Bei den politischen Strebern des nahen State Capitol beliebt. Die zentrumsnahe Kneipe hat eine tolle Bierauswahl (mehr als 50 Fass- und 250 Flaschenbiere) und ordentliche Kneipengerichte. Der Kühltrog an der Bar hält die Getränke herrlich kalt.

Cary Street Cafe   LIVEMUSIK
(☑ 804-353-7445; www.carystreetcafe.com; 2631 W Cary St; ☺ 11–2 Uhr) Aus dieser ausgezeichneten Bar dringt fast jeden Abend Livemusik (zumindest aber Karaoke) hinaus auf die Straße. Die Location ist Hippie-freundlich, gespielt wird nicht nur Hippie-Musik, die Band-Auftritte reichen von Reggae bis zu alternativer Country-Musik.

Byrd Theater KINO
(☎ 804-353-9911; www.byrdtheatre.com; 2908 W
Cary St; Tickets 5 US$) Der Preis in dem klas-
sischen Kino von 1928 ist nicht zu schlagen.
Es zeigt allerdings nicht mehr ganz aktuelle
Filme. Vor den Samstagabend-Vorführun-
gen gibt's Wurlitzer-Konzerte.

❶ Praktische Informationen

Johnston-Willis Hospital (☎ 804-330-2000;
1401 Johnston-Willis Dr)
Post (700 E Main St; ☺ Mo–Fr 7.30–17 Uhr)
Richmond-Times Dispatch (www2.timesdis
patch.com) Tageszeitung.
Richmond Visitor Center (☎ 804-783-7450;
www.visitrichmondva.com; 405 N 3rd St;
☺ 9–17 Uhr)

❶ Anreise & Unterwegs vor Ort

Eine Taxifahrt vom **Richmond International Airport** (RIC; ☎ 804-226-3000), 10 Meilen (16 km)
östlich der Stadt, kostet etwa 30 US$.
Amtrak (☎ 800-872-7245; www.amtrak.com)
Die Züge halten in der **Main Station** (7519 Staples Mill Rd), 7 Meilen (11 km) nördlich der Stadt
(mit der Stadt durch den Bus Nr. 27 verbunden).
Der Bahnhof **Main St Station** (1500 E Main St)
liegt zwar zentraler, aber hier halten nicht so
viele Züge.
Greater Richmond Transit Company (GRTC;
☎ 804-358-4782; www.ridegrtc.com) betreibt den örtlichen Nahverkehr (Grundpreis
1,50 US$; kein Wechselgeld).
Greyhound/Trailways Bus Station (☎ 804-
254-5910; www.greyhound.com; 2910 N Blvd)

Petersburg

Das kleine Städtchen Petersburg, 25 Meilen (40 km) südlich von Richmond, spielte
im Bürgerkrieg eine bedeutsame Rolle. Der
wichtige Eisenbahnknotenpunkt versorgte
die Konföderierten mit Soldaten und Nachschub. 1864/65 belagerten die Streitkräfte der
Union zehn Monate lang die Stadt. Die Not
der Bewohner während dieser Belagerung,
der längsten auf amerikanischem Boden,
wird im **Siege Museum** (☎ 804-733-2404; 15
W Bank St; Erw./Kind 5/4 US$, inkl. Old Blandford
Church 11/9 US$; ☺ 10–17 Uhr) anschaulich dar-
gestellt. Auf dem Gelände des **Petersburg
National Battlefield** (US 36; pro Fahrzeug/
Fußgänger 5/3 US$; ☺ 9–17 Uhr), einige Kilome-
ter östlich der Stadt, sprengten die Truppen
der Union einen Krater in die Schützengrä-
ben der Konföderierten und lösten damit den
Battle of the Crater aus. Diese Schlacht spielt

auch eine Rolle in dem Kriegs- und Liebes-
film *Unterwegs nach Cold Mountain*. Das
ausgezeichnete **National Museum of the
Civil War Soldier** (☎ 804-861-2408; Erw./Kind
6–12 Jahre 10/5 US$; ☺ 9–17 Uhr) im Pamplin
Historical Park westlich des Zentrums erläutert sehr eindringlich das Elend und Leiden
der Soldaten auf beiden Seiten.

Historic Triangle

Willkommen im „Historischen Dreieck", der
Geburtsstätte der Vereinigten Staaten von
Amerika. Nirgendwo sonst hat ein so kleines Gebiet eine so entscheidende Rolle für
den Verlauf der amerikanischen Geschichte
gespielt. In Jamestown, der ersten dauerhaf-
ten englischen Siedlung in der Neuen Welt,
wurde der Grundstein der Nation gelegt.
Das Feuer des Amerikanischen Unabhängigkeitskriegs wurde in Williamsburg entfacht,
damals Hauptstadt der britischen Kolonie
Virginia. Und in Yorktown schließlich er-
rang Amerika die uneingeschränkte Unabhängigkeit von Großbritannien.
Um der Bedeutung des historischen Dreiecks annähernd gerecht zu werden, sollte
man für den Besuch mindestens zwei Tage
einplanen. Ein kostenloser Shuttleservice
verkehrt täglich zwischen dem Visitor Center von Williamsburg und den Städten Yorktown und Jamestown.

Williamsburg

Wer in Virginia nur einen historischen Ort
besuchen will oder kann, sollte sich für
Williamsburg entscheiden. In „Colonial Williamsburg", einem der größten und umfang-
reichsten Museumsdörfer der Welt, wird
Geschichte wirklich gelebt. Es gibt kaum
einen besseren Ort, um Kindern Geschichte
zu vermitteln. Aber natürlich werden auch
die Erwachsenen ihren Spaß haben.
Die heutige Stadt Williamsburg, die von
1699 bis 1780 die Hauptstadt von Virginia
war, präsentiert sich recht herrschaftlich.
Den Studenten des renommierten College of
William & Mary ist es jedoch zu verdanken,
dass es auch so etwas wie eine Jugendkul-
tur gibt: lässige Cafés, günstige Kneipen und
Modeboutiquen.

❂ Sehenswertes & Aktivitäten

Colonial Williamsburg HISTORISCHE STÄTTE
(www.colonialwilliamsburg.org; Erw./Kind 42/
21 US$; ☺ 9–17 Uhr) Die restaurierte Haupt-

stadt der größten Kolonie Englands in der Neuen Welt ist ein absolutes Muss für Besucher jeden Alters. Das Museumsdorf ist kein kitschiger, hermetisch abgeriegelter Themenpark. Hier wird gelebt, geatmet, gearbeitet – genau wie in der Zeit um 1700.

➡ **Die Stätte**

Auf dem ca. 120 ha großen historische Gelände stehen 88 Originalhäuser aus dem 18. Jh. sowie einige Hundert originalgetreue Nachbauten. Einwohner und Darsteller in historischen Kostümen jener Zeit gehen ihren Berufen als Schmied, Apotheker, Drucker, Barkeeper, Soldaten und Patrioten nach und unterbrechen ihre Tätigkeit nur für das obligate Erinnerungsfoto mit den Besuchern.

In Kostümen jener Zeit gekleidete Patrioten wie Patrick Henry und Thomas Jefferson halten immer noch glühende Freiheitsreden, aber, das muss man der Stadt lassen, Williamsburg ist seither ein wenig gewachsen. Während es früher vor allem darum ging, mit einer gepuderten Perücke auf dem Kopf eine pathetische Hurra-Version des amerikanischen Patriotismus auszustrahlen, debattieren die Darsteller von heute Fragen zur Sklaverei, dem Frauenwahlrecht, den Rechten der indianischen Ureinwohner und der moralischen Rechte der Revolution.

➡ **Eingang**

Der Rundgang durch das Musemsdorf und der Besuch der Geschäfte und Tavernen ist kostenlos. Für Führungen durch die Gebäude und die meisten Ausstellungen benötigt man eine Eintrittskarte. Vor allem im Sommer ist der Andrang groß, die Warteschlangen sind lang und die Kinder quengelig.

Zum Parken und Kauf von Tickets folgt man den Schildern zum **Visitor Center** (☎ 757-220-7645; 101 Visitor Center Drive; ☺ 8.45–17 Uhr), nördlich des historischen Viertels zwischen dem Hwy 132 und dem Colonial Pkwy. Hier können sich Kids zeitgenössische Kostüme für 25 US$ pro Tag leihen. Man beginnt mit einem 30-minütigen Film über Williamsburg und sieht sich eine Ausgabe der *Williamsburg This Week* an. Dort stehen das Programm des Tages und die Events.

Parken ist kostenlos; Shuttlebusse fahren regelmäßig zum historischen Viertel und zurück. Alternativ kann man den von Bäumen gesäumten Fußweg entlanglaufen. Tickets gibt's auch an der **Merchants Square Information Booth** (westliches Ende der Duke of Gloucester St; ☺ 9–17 Uhr).

College of William & Mary HISTORISCHES GEBÄUDE

(www.wm.edu; 200 Stadium Dr) Das 1693 gegründete **College of William & Mary** ist das zweitälteste College der USA. Zu ihm gehört auch das Sir Christopher Wren Building, das älteste akademische Gebäude der USA, das ununterbrochen als solches genutzt wurde. Zu den Absolventen dieses Colleges gehörten Thomas Jefferson, James Monroe und der Komiker Jon Stewart.

🛏 Schlafen

Die **Williamsburg Hotel & Motel Association** (☎ 800-446 -9244; www.gowilliamsburg. com) beim Visitor Center hilft kostenlos dabei, Unterkünfte zu finden und zu buchen. Wer in Colonial Williamsburg wohnt, bekommt von den Pensionen vergünstigte Eintrittskarten (Erw./Kind 30/15 US$).

Governor's Inn HOTEL $

(☎ 757-253-2277; www.colonialwilliamsburgresorts. com; 506 N Henry St; Zi. 70–120 US$; P@☀) Williamsburgs offizielle „Budgetunterkunft" ist – da darf man sich nicht vom Namen täuschen lassen – nur eine große Schachtel. Aber die Zimmer sind sauber und die Gäste können den Pool und die Einrichtungen des Woodlands Hotel mitbenutzen. Toll gelegen, drei Blocks vom historischen Viertel entfernt.

Williamsburg White House B&B $$

(☎ 757-229-8580; www.awilliamsburgwhitehouse. com; 718 Jamestown Rd; Zi. 160–200 US$, Suite 375 US$; P☎) Dieses romantische, reizend eingerichtete B&B mit rot-weiß-blauen Fähnchen steht direkt gegenüber dem Campus des College of William & Mary, nur wenige Häuserblocks von Colonial Williamsburg entfernt. Hier kehren bevorzugt Politiker und andere Promis ein, aber die Stimmung und das freundliche Management vermitteln eher Würde als Steifheit. In der Zweizimmer-Suite F.D. Roosevelt können bis zu vier Gäste übernachten.

Colonial Williamsburg Historic Lodging PENSION $$$

(☎ 757-253-2277; www.history.org; Zi. 150–270 US$) Wer wirklich ins 18. Jh. eintauchen will, kann in einem der 26 Originalhäuser der Kolonialzeit auf dem Gelände des Colonial Williamsburg übernachten. Sie unterscheiden sich zwar in Stil und Inneneinrichtung, alle haben aber vorzügliches historisches Mobiliar, Himmelbetten und Kamine, die tatsächlich mit Holz befeuert werden.

Williamsburg Inn INN $$$

(☑ 757-253-2277; www.colonialwilliamsburg.com; 136 E Francis St; Zi. ab 320 US$; P ✱ 🛜 🛁) Königin Elisabeth II. hat schon zweimal hier übernachtet, was beweist, dass dieser Ort eines Palastes würdig ist. Williamsburgs erstes Haus am Platz hat zwar keine Preise wie zu Kolonialzeiten, dafür aber werden die Gäste an diesem anspruchsvollen Ort rund um die Uhr bestens versorgt.

✗ Essen

Am Merchants Sq, direkt neben Colonial Williamsburg, findet man viele Restaurants, Cafés und Kneipen.

Cheese Shop DELI $

(410 Duke of Gloucester St, Merchants Sq; Hauptgerichte 6–7 US$; ⊙ Mo–Sa 10–20, So 11–18 Uhr) Gleich neben dem Fat Canary. Das Feinschmecker-Deli serviert einige schmackhafte Sandwiches und Antipasti, Baguettes, Gebäck, Wein, Bier und köstlichen Käse.

King's Arms Tavern MODERN-AMERIKANISCH $$

(☑ 757-229-2141; 416 E Duke of Gloucester St; Hauptgerichte Mittagessen 13–15 US$, Abendessen 31–37 US$; ⊙ 11.30–14.30 & 17–21 Uhr) Von den vier Restaurants in Colonial Williamsburg ist dieses hier das eleganteste. Es werden klassische amerikanische Gerichte serviert, z.B. Wildpastete (Wild, Kaninchen und Ente, geschmort in Portweinsauce).

Fat Canary AMERIKANISCH $$$

(☑ 757-229-3333; 410 Duke of Gloucester St, Merchants Sq; Hauptgerichte 28–39 US$; ⊙ 17–22 Uhr) Wer sich richtig was gönnen will, findet im „historischen Dreieck" keinen besseren Platz als dieses Restaurant. Allerbester Service, erlesene Weine und himmlische Desserts werden nur leicht übertroffen von der ausgezeichneten saisonalen Küche (neueste Favoriten: angebratene Jakobsmuscheln mit Austern und Schweinebauch; mit Wildreis gefüllte Wachtel und angebratenes Foie gras mit Haselnusstoast).

❶ Anreise & Unterwegs vor Ort

Williamsburg Transportation Center (☑ 757-229-8750; Ecke Boundary St & Lafayette St) Züge mit **Amtrak** (www.amtrak.com) starten hier zweimal am Tag nach Washington (43 US$, 4 Std.), Richmond (33 US$, 50 Min.) und New York (84–152 US$, 8 Std.). Greyhound Busse fahren fünfmal am Tag nach Richmond (18 US$, 1 Std.). Zu anderen Zielen muss man in Richmond in einen anderen Bus umsteigen.

Themenparks im Triangle

Knapp 5 km östlich von Williamsburg, befindet sich am Hwy 60 **Busch Gardens** (☑ 800-343-7946; www.buschgardens.com; Erw./Kind 70/60 US$; ⊙ April–Okt.; ♿), ein Freizeitpark mit Europa-Thema und ein paar der besten Achterbahnen an der Ostküste. Nur ein Stück die Straße hinunter liegt am Hwy 199 und östlich von Williamsburg das **Water Country USA** (☑ 800-343-7946; www.watercountryusa.com; Erw./Kind 49/42 US$; ⊙ Mai–Sept.; ♿), ein Paradies für Kinder, die auf den Rutschen, in den Stromschnellen und im Wellenbad Riesenspaß haben werden. Ein Kombiticket für beide Parks und drei Tage kostet 75 US$. An beiden Parks zahlt man 13 US$ fürs Parken.

Jamestown

Am 14. Mai 1607 ließen sich 104 englische Männer und Jungs auf dieser sumpfigen Insel nieder, ausgestattet mit einem Freibrief der Virginia Company of London, nach Gold und anderen Reichtümern suchen zu dürfen. Stattdessen aber fanden sie Hunger und Krankheiten. Im Januar 1608 lebten nur noch etwa 40 Kolonisten und um zu überleben kam es zu Kannibalismus. Die Kolonie überlebte diese Hungerzeit dank der Führung von Captain James Smith und der Hilfe des einheimischen Königs der Powhatan. 1619 trat das gewählte House of Burgesses zusammen, das damit zur ersten demokratischen Regierung auf dem amerikanischen Kontinent wurde.

Die vom NPS geleitete **Historic Jamestowne** (☑ 757-856-1200; www.historicjamestowne.org; 1368 Colonial Pkwy; Erw./Kind 14 US$/frei; ⊙ 8.30–1.30 Uhr) befindet sich dort, wo das originale Jamestown lag. Den Besuch beginnt man am besten mit dem hiesigen Museum und den Statuen von John Smith und Pocahontas. Die Ruinen des echten Jamestown wurden 1994 wiederentdeckt; Besucher können den Archäologen bei der Arbeit zuschauen.

Kinderfreundlicher ist das vom US-Staat Virginia betriebene **Jamestown Settlement** (☑ 757-253-4838; www.historyisfun.org; 2110 Jamestown Rd; Erw./Kind 16/7,50 US$, inkl. Yorktown Victory Center 20,50/10,25 US$; ⊙ 9–17 Uhr; P ♿) mit Rekonstruktionen des James Fort von 1607 und eines Indianerdorfs sowie maßstabsgetreuen Nachbauten der ersten Schiffe, mit denen die Siedler nach Jamestown gelangten. Ferner gibt's hier Multimedia-Ausstellungen und einige kostümierte Darsteller/Führer, die das Leben im 17. Jh. schildern.

Yorktown

Am 19. Oktober 1781 kapitulierte hier der britische General Charles Cornwallis vor George Washington, womit auch der amerikanische Unabhängigkeitskrieg endete. An Land waren die Briten der amerikanischen Artillerie unterlegen, auf See durch die Franzosen vom Nachschub abgeschnitten – die Lage war also hoffnungslos. Obwohl Washington mit einer viel längeren Belagerung gerechnet hatte, überwältigte das vernichtende Trommelfeuer Cornwallis, der innerhalb von Tagen aufgab.

Das **Yorktown Battlefield** (☑757-898-3400; 1000 Colonial Pkwy; inkl. Historic Jamestowne Erw./Kind 10 US$/frei; ☉9–17 Uhr; P 🚻) S wird von NPS geführt. Hier fand die letzte große Schlacht des amerikanischen Unabhängigkeitskrieges statt. Die Tour beginnt man am besten am Visitor Center, wo man sich den Film zur Orientierung und das ausgestellte originale Zelt von Washington anschaut. Die 7 Meilen (ca. 11,3 km) lange Battlefield Rd Tour führt einen an den wichtigsten Sehenswürdigkeiten des Geländes vorbei. Man sollte auf keinen Fall die letzten Abwehrstellungen der Briten an den Schanzen 9 und 10 auslassen.

Das vom US-Staat Virginia geführte **Yorktown Victory Center** (☑757-8871776; www.historyisfun.org; 200 Water St; Erw./Kind 9,75/5,50 US$; ☉9–17 Uhr; P 🚻) 🚭 ist ein interaktives Living-History-Museum. Es widmet sich originalgetreuen Nachbauten, dem Nacherleben des Unabhängigkeitskriegs und dessen Einfluss auf die Menschen der damaligen Zeit. In dem wiederaufgebauten Zeltlager feuern als Soldaten historisch kostümierte Schauspieler Kanonen ab und erläutern, wie man damals Essen zubereitete und wie die medizinische Versorgung im Feld aussah.

Die heutige Stadt Yorktown ist ein hübsches Dorf am Wasser mit Blick über den York River und einer netten Reihe an Läden, Restaurants und Kneipen. In einem stimmungsvollen Haus von 1720 befindet sich das **Carrot Tree** (☑757-988-1999; 411 Main St; Hauptgerichte 10–16 US$; ☉tgl. 11–15.30, Do–Sa 17–20.30 Uhr). Der gute und preiswerte Laden serviert hochtrabend benannte Gerichte wie das Lord Nelsons BBQ und das Battlefield Beef Stroganoff.

Plantagen am James River

Die prunkvollen Häuser der Aristokratie Virginias, die ihren Reichtum mithilfe der Sklaverei erwirtschaftete, verkörpern die Klassengesellschaft der damaligen Zeit. Eine ganze Reihe der herrschaftlichen Anwesen, von denen nur wenige öffentlich zugänglich sind, säumen den malerischen Hwy 5 entlang des Nordufers des Flusses.

Sherwood Forest (☑804-829-5377; sherwoodforest.org; 14501 John Tyler Memorial Hwy) Im längsten Holzhaus der USA wohnte John Tyler, der zehnte US-Präsident. Die Besichtigung ist nur nach Voranmeldung möglich und kostet 35 US$ pro Person. Der Park um das Haus und ein rührender Tierfriedhof sind im Rahmen **selbst geführter Touren** (Erw./Kind 10/frei US$; ☉9–17 Uhr) zugänglich.

Berkeley (☑804-829-6018; www.berkeleyplantation.com; 12602 Harrison Landing Rd; Erw./Kind 11/7,50 US$; ☉9.30–16.30 Uhr) Das Haus, in dem 1619 das erste offizielle Thanksgiving-Fest gefeiert wurde, war Geburts- und Wohnort von Benjamin Harrison V., einem Unterzeichner der Unabhängigkeitserklärung, und seinem Sohn William Henry Harrison, dem neunten Präsidenten der USA.

Shirley (☑800-232-1613; www.shirleyplantation.com; 501 Shirley Plantation Rd; Erw./Kind 11/7,50 US$; ☉9–17 Uhr) Das malerische Anwesen am Fluss ist die älteste Plantage (1613) in Virginia und vielleicht das beste Beispiel, wie ein solches Anwesen nach britischem Vorbild tatsächlich ausgesehen hatte. Vorbei an fein säuberlich in Reih und Glied aufgestellten Backsteinhäusern, die als Gesinde- und Wirtschaftsgebäude wie Werkzeugschuppen, Eishaus und Wäscherei dienten, führt der Weg zum großen Haupthaus.

Hampton Roads

Die Region Hampton Roads ist nicht nach Straßen, sondern dem James River, Nansemond River und Elizabeth River benannt, die hier allesamt in die Chesapeake Bay münden. Sie war schon immer eine erstklassige Wohngegend. Die Powhatan-Indianer angelten in den Gewässern ihre Fische und jagten das Wild entlang der wild zerklüfteten Küste von Virginia Tausende von Jahren, bevor John Smith 1607 hier landete. Heute ist Hampton Roads wegen seiner verstopften Straßen und dem kulturellen Mischmasch aus Geschichte, Militaria und Kunst berühmt.

338

Norfolk

Norfolk ist die Heimat des weltgrößten Flottenstützpunkts – und so überrascht es nicht, dass Norfolg bislang den Ruf einer rauen Hafenstadt voller betrunkener Seeleute hatte. In den vergangenen Jahren hat die Stadt aber hart daran gearbeitet, dieses Image mithilfe von Bauprogrammen, Gentrifizierungsmaßnahmen und der Konzentration auf eine aufstrebende Kunstszene aufzupolieren.

Sehenswertes

Naval Station Norfolk
MARINEBASIS
(☎757-444-7955; www.cnic.navy.mil/norfolksta; 9079 Hampton Blvd; Erw./Kind 10/5 US$) Die weltgrößte Marinebasis und einer der betriebsamsten Flugplätze des Landes ist ein Muss für Besucher der Region. Die 45 Minuten langen Bustouren werden von Marineangehörigen durchgeführt und müssen im Voraus gebucht werden (wechselnde Anfangszeiten). Erwachsene benötigen einen Lichtbildausweis.

Nauticus
MUSEUM
(☎757-664-1000; www.nauticus.org; 1 Waterside Dr; Erw./Kind 16/11,50 US$; ⊙Di–So. 10–17 Uhr) Das riesige interaktive maritime Museum hat Ausstellungen zur Unterwasserforschung, dem Leben in der Chesapeake Bay und Geschichten über die US Navy. Das Highlight des Museums ist die Möglichkeit, auf den Decks und im Innern der **USS Wisconsin** herumzuklettern. Das 1943 gebaute und 270 m lange Schlachtschiff war eines der größten und letzten Schiffe dieser Art, die die US Navy vom Stapel laufen ließ.

Chrysler Museum of Art
MUSEUM
(☎757-664-6200; www.chrysler.org; 245 W Olney Rd; ⊙Mi 10–19, Do–Sa bis 17, So 12–17 Uhr) GRATIS Ein hervorragender Standort für eine erlesene eklektische Kunstsammlung, die Objekte aus dem alten Ägypten bis zur Gegenwart vereint, darunter Werke von Monet, Matisse, Renoir, Warhol sowie eine erstklassige Sammlung von mundgeblasenem Tiffany-Glas. Nach Umbauarbeiten im Inneren und einer Neugestaltung der Fassade ist die Wiedereröffnung für 2014 geplant.

Schlafen

„Kojen" am Meer gibt's en masse – viele Budget- und Mittelklasseunterkünfte finden sich an der Ocean View Ave (die tatsächlich an die Bucht grenzt).

Residence Inn
HOTEL $$
(☎757-842-6216; www.marriott.com; 227 W Brambleton Ave; Zi. 140 US$, Suite 210 US$; P☀🐾) Nur wenige Gehminuten von der mit Restaurants gesäumten Granby St entfernt, präsentiert sich das zu einer Kette gehörende Residence Inn als ein Boutiquehotel mit stylischen, geräumigen Zimmern, die über kleine Küchenzeilen und beste Annehmlichkeiten verfügen.

Page House Inn
B&B $$$
(☎757-625-5033; www.pagehouseinn.com; 323 Fairfax Ave; Zi. 155–230 US$; P☀🐾) Gegenüber des Chrysler Museum of Art. Das luxuriöse B&B ist ein Grundpfeiler der Eleganz von Norfolk.

Essen

Wer Hunger hat, wird sicher in der Granby St und an der Ghent's Colley Ave fündig.

Doumar's
DINER $
(1919 Monticello Ave, an der E 20th St; Hauptgerichte 2–4 US$; ⊙Mo–Sa 8–23 Uhr) Schon seit 1904 gibt es in dem typisch amerikanischen Diner die legendären Eiswaffeln, die noch heute auf der Originalmaschine gerollt werden. Tolles BBQ.

Luna Maya
LATEINAMERIKANISCH $
(☎757-622-6986; 2010 Colley Ave, Ghent; Hauptgerichte 13–19 US$; ⊙Di–Sa 16.30–22 Uhr; 🐾) Das Luna Maya liegt an der mit Restaurants gesäumten Colley Ave in Ghent. In einem stilvollen, rustikalen Raum serviert es leckere lateinamerikanische Pfannengerichte und nicht versiegen wollende Mojitos. Es wird von zwei bolivianischen Schwestern geführt. Zu den Highlights gehört das *pastel de choclo con chorizo*, ein bolivianischer Maisauflauf mit würzigen Schweinswürstchen.

Press 626 Cafe & Wine Bar
MODERN-AMERIKANISCH $$$
(☎757-282-6234; 150 W Main St; Hauptgerichte 19–35 US$; ⊙Mo–Fr 11–23, Sa ab 17, So 10.30–14.30 Uhr; 🐾) Als Vertreter der Slow-Food-Bewegung hat das Press 626 eine kleine, spitzenmäßige Speisekarte (z. B. gebratener Schwertfisch an Polenta mit sonnengetrockneten Tomaten) und dazu köstlichen Käse und Platten für mehrere Personen.

Ausgehen & Unterhaltung

Elliot's Fair Grounds
CAFÉ
(806 Baldwin Ave; ⊙Mo–Sa 7–22 Uhr, So ab 8 Uhr; 🐾) Das winzige, flippige Café zieht ein buntes Publikum an, von Studenten bis hin zu

Matrosen. Auf der Speisekarte stehen auch vegane und koschere Speisen, z. B. Boca-Burger.

Taphouse Grill at Ghent KNEIPE
(931 W 21st St) Die warme, kleine Kneipe schenkt leckeres Bier von Kleinbrauereien aus; es spielen gute Bands aus der Gegend.

ⓘ Anreise & Unterwegs vor Ort

Die Region wird vom **Norfolk International Airport** (NIA; ☑ 757-857-3351), 7 Meilen (11,3 km) nordöstlich des Zentrums von Norfolk, bedient. **Greyhound** (☑ 757-625-7500; www.greyhound. com; 701 Monticello Ave) hat Busse nach Virginia Beach (16 US$, 35 Min.), Richmond (32 US$, 2¾ Std.) und Washington (50 US$, 6½ Std.).

Hampton Roads Transit (☑ 757-222-6100; www.hrtransit.org) deckt die gesamte Region Hampton Roads ab. Die Busse (1,50 US$) fahren vom Zentrum durch die ganze Stadt und nach Newport News und Virginia Beach. **Norfolk Electronic Transit** (NET; ⊙ Mo–Fr 6.30–23, Sa 12–24, So bis 20 Uhr) ist ein kostenloser Busservice, der Norfolks wichtigste Sehenswürdigkeiten in der Innenstadt verbindet, u. a. das Nauticus und das Chrysler Museum.

Newport News

Die Stadt Newport News ist ein gigantisches Beispiel für das Ausufern der Vorstädte. Nichtsdestotrotz gibt's hier mehrere Attraktionen, vor allem das erstaunliche **Mariners' Museum** (☑ 757-596-2222; www. marinersmuseum.org; 100 Museum Dr; Erw./Kind 12/7 US$; ⊙ Mi–Sa 9–17, So ab 11 Uhr). Es ist eines der größten und umfassendsten Schifffahrtsmuseen der Welt. Das dortige **USS Monitor Center** stellt den ausgeschlachteten Rumpf der aus der Zeit des Bürgerkriegs stammenden *Monitor* aus, eines der ersten gepanzerten Kriegsschiffe der Welt. Zudem gibt's eine originalgetreue Nachbildung des Schiffes zu sehen.

Die lebensnahen Habitate des **Virginia Living Museum** (☑ 757-595-1900; thevlm. org; 524 J Clyde Morris Blvd; Erw./Kind 17/13 US$; ⊙ 9–17, So ab 12 Uhr; Ⓟ 🖥) 🖉 bieten eine gute Einführung in Virginias Flora und Fauna an Land und im Wasser. Zum Komplex gehören Tiergehege im Freien, ein Vogelhaus, Gärten und ein Planetarium.

Virginia Beach

Mit 56 km feinstem Sandstrand, einer fast 5 km langen Strandpromenade aus Beton und dazu einem reichen Angebot an Outdoor-Aktivitäten überrascht es nicht, dass Virginia Beach ein bedeutendes Touristenziel ist. Die Stadt hat hart daran gearbeitet, ihren Ruf als Redneck Riviera für Touristen abzuschütteln. Und so ist der Strand jetzt breiter und sauberer und es gibt auch viel weniger Rüpel. Dennoch bietet das Stadtbild keine Highlights: Einfallslose vielstöckige Hotelburgen ragen in den Himmel, während der überfüllte Strand und die vom Verkehr verstopften Straßen noch viel zu wünschen übrig lassen.

Surfen darf man am Südende des Strandes und neben dem Rudee Inlet sowie entlang des 14 th St Piers.

⊙ Sehenswertes

Virginia Aquarium & Marine Science Center AQUARIUM
(☑ 757-385-3474; www.virginiaaquarium.com; 717 General Booth Blvd; Erw./Kind 22/15 US$; ⊙ 9–17 Uhr) Wer ein gut konzipiertes Aquarium sehen möchte, ist hier genau richtig. In einem Gezeiten-Wasserbecken kann man verspielten Robben nahe kommen (175 US$) oder die Fütterung einheimischer Schildkröten beobachten (20 US$).

Mt. Trashmore PARK
(310 Edwin Dr; ⊙ 7.30–Sonnenuntergang) GRATIS
An der I-64, Exit 17B, befindet sich die einzige Erhebung von Virginia Beach. Sie war eine einfallsreiche Lösung für ein Müllproblem. Heute ist der 67 ha große Park eine erstklassige Location, um zu picknicken oder Drachen steigen zu lassen. Zum Areal gehören zwei Seen, Spielplätze, ein Skatepark und Plätze zum Ausspannen.

First Landing State Park NATURSCHUTZGEBIET
(☑ 800-933-7275; 2500 Shore Dr; 4–5 US$/Auto) Virginias meistbesuchtes Naturschutzgebiet umfasst ein 1169 ha großes bewaldetes Gelände mit insgesamt rund 32 km langen Wanderwegen sowie Möglichkeiten zum Campen, Radfahren, Angeln, Kajakfahren und Schwimmen.

Contemporary Arts Center of Virginia MUSEUM
(www.virginiamoca.org; 2200 Parks Ave; Erw./Kind 7,70/5,50 US$; ⊙ Di 10–21, Mi–Fr bis 17, Sa & So bis 16 Uhr) In dem neuen, ultramodernen Gebäude werden tolle Sonderausstellungen gezeigt. Liebevoll wird im Tageslicht eine herausragende Sammlung einheimischer und internationaler Kunstwerke gezeigt.

Back Bay National Wildlife Refuge
NATURSCHUTZGEBIET

(www.fws.gov/backbay; pro Fahrzeug/Fußgänger April–Okt. 5/2 US$, Nov.–März frei; ⊙ Sonnenaufgang–Sonnenuntergang) Das 37,4 km² große Sumpflandreservat für Wildtiere und Zugvögel ist vor allem während der Zugsaison im Dezember atemberaubend.

Great Dismal Swamp National Wildlife Refuge
NATURSCHUTZGEBIET

(☎ 757-986-3705; www.fws.gov/refuge/great_dismal_swamp; 3100 Desert Rd, Suffolk, GPS 36.631509,-76.559715; ⊙ Sonnenaufgang–Sonnenuntergang; 🅿) 🄿 GRATIS Rund 30 Meilen (50 km) südwestlich von Virginia Beach befindet sich dieses 453 km² große Naturschutzgebiet, das sich beiderseits der Grenze zu North Carolina erstreckt. Es besitzt eine artenreiche Pflanzen- und Tierwelt, darunter Schwarzbären, Rotluchse und über 200 Vogelarten.

🛏 Schlafen

Angie's Guest Cottage & Hostel
PENSION $

(☎ 757-491-1830; www.angiescottage.com; 302 24th St; B 23–31 US$, EZ/DZ 55/70 US$; 🅿✳) Nur eine Straße vom Strand entfernt gelegen, bietet das dem HI-USA angeschlossene Angie's Schlafsäle, 2 private Zimmer und eine Gemeinschaftsküche. Das Preis-Leistungs-Verhältnis ist für diese Gegend in Ordnung; hinzu kommt, dass es ein Gemeinschaftsgefühl vermittelt, das dazu ermuntert, hier zusammen mit anderen Rucksacktouristen zu entspannen.

First Landing State Park
CAMPING $

(☎ 800-933-7275; http://dcr.virginia.gov; Cape Henry; Stellplatz 24–30 US$, Hütten ab 75 US$; 🅿) 🄿 Es gibt keinen malerischeren Campingplatz als diesen im Naturschutzgebiet entlang der Bucht, auch wenn die Hütten keinen Ausblick aufs Wasser bieten.

Cutty Sark Motel
MOTEL $$

(☎ 757-428-2116; www.cuttysarkvb.com; 3614 Atlantic Ave; Zi. 140–160 US$, Apt./Woche ab 1000 US$; 🅿✳) Im Cutty Sark haben alle Zimmer einen eigenen Balkon und eine Küchenzeile. Man muss darauf achten, dass der zugesagte Ausblick nicht auf einen Parkplatz hinausgeht. Außerhalb der Hauptsaison gibt's starke Preisnachlässe.

Hilton Virginia Beach Oceanfront
HOTEL $$$

(☎ 757-213-3000; www.hiltonvb.com; 3001 Atlantic Ave; Zi. 180–250 US$, Suite ab 290 US$; 🅿🛜🏊) Dieses superluxuriöse Hotel mit 21 Stockwerken ist die Top-Adresse für eine Unterkunft am Strand. Die Zimmer mit Blick aufs Meer sind großzügig, gemütlich und bieten zahlreiche Annehmlichkeiten, darunter einen riesigen Flachbild-TV, traumhafte Betten und einen großen Balkon, der auf den Strand und den angrenzenden Neptune Park hinausgeht.

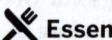 Essen

Entlang der Strandpromenade und der Atlantic Ave gibt's jede Menge Restaurants, die vor allem Meeresfrüchte aus der Region servieren. Eine Reihe beliebig austauschbarer Clubs und Bars findet man zwischen der 17th St und der 23rd St rund um die Pacific Ave und die Atlantic Ave.

Jewish Mother
DELI $

(☎ 757-428-1515; 600 Nevan Rd; Hauptgerichte 5–14 US$; ⊙ Mo–Do 10–19, Fr & Sa 8–2, So bis 21 Uhr) Gegen den kleinen Hunger gibt's hier köstliche bepackte Sandwiches, eine „Penicillin-Suppe" (Hühnchensuppe mit Matzen-Bällchen) und riesige Pasteten. Außerdem ist jeden Abend tolle Livemusik zu hören.

Mary's Restaurant
DINER $

(☎ 757-428-1355; 616 Virginia Beach Blvd; Hauptgerichte 4–9 US$; ⊙ 6–15 Uhr) Das Mary's ist seit mehr als 40 Jahren eine Institution. Es ist ein herrlicher Ort, um den Tag mit einem leckeren, füllenden und günstigen Frühstück zu beginnen. Die lockeren, klebrigen Chocolate-Chip-Waffeln haben viele Fans gewonnen.

Catch 31
SEAFOOD $$$

(☎ 757-213-3474; 3001 Atlantic Ave; Hauptgerichte 18–35 US$; ⊙ 7–23 Uhr) Eines der besten Seafood-Restaurants an der Promenade hat eine schicke Einrichtung und eine beliebte Terrasse. Man kann herrlich Leute beobachten und die Brise vom Ozean genießen. Es ist im Hilton untergebracht.

ℹ Praktische Informationen

Der I-264 führt direkt zum **Visitor Center** (☎ 800-822-3224; www.visitvirginiabeach.com; 2100 Parks Ave; ⊙ 9–17 Uhr) und zum Strand.

ℹ Anreise & Unterwegs vor Ort

Greyhound (☎ 757-422-2998; www.greyhound.com; 971 Virginia Beach Blvd) hat täglich mehrere Busse nach Richmond (3½ Std.). Sie halten auch in Norfolk und Newport News; nach Washington, Wilmington, NYC und weiter steigt man in Richmond um. Die Busse starten am Circle D Food Mart, 1 Meile (1,6 km) westlich der Promenade. **Hampton Roads Transit** unterhält den Virginia Beach Wave Trolley (Fahrkarten 1 US$), der im Sommer die Atlantic Ave entlangfährt.

Das Piedmont

Die sanft gewellten Hügel und Hochebenen im Herzen Virginias trennen die flache Küstenebene von der Gebirgkette der Apalachen. Im fruchtbaren Tal findet man Dutzende Weingüter, ländliche Dörfer und prächtige Anwesen aus der Kolonialzeit.

Charlottesville

Charlottesville liegt im Schatten der Blue Ridge Mountains und landet bei Umfragen regelmäßig unter den Orten mit der höchsten Lebensqualität in den USA. Die 45 000 Einwohner zählende Stadt hat eine vielfältige Kultur und ist Heimat der University of Virginia (UVA), die die alte Südstaaten-Aristokraten genauso wie künstlerisch angehauchte Linksgerichtete anzieht. Der UVA-Campus und die Fußgängerzone in der Innenstadt sind fest in der Hand von Studenten, Pärchen, Professoren und der einen oder anderen Berühmtheit, während am makellos blauen Himmel die Sonne lacht – kurz: „C-Ville" ist eigentlich perfekt.

Das nützliche **Charlottesville Visitor Center** (☑877-386-1103; www.visitcharlottesville. org; 610 E Main St; ⊙9–17 Uhr) liegt im Herzen von Downtown.

◉ Sehenswertes

Blenheim Vineyards   WEINGUT
(☑434-293-5366;   http://blenheimvineyards. com; 31 Blenheim Farm, Charlottesville; Weinprobe 5 US$; ⊙11–17.30 Uhr) Blenheim gehört Dave Matthews, der in gewisser Weise das platonische Ideal des UVA-Studenten verkörpert: Seine Kleidung ist eine Mischung aus rustikal und adrett, und er strahlt Unbeschwertheit und Fröhlichkeit aus. Hinzu kommt, dass er ein Weingut besitzt. Die Weine sind großartig und die Lage des Weinguts ist Idylle pur.

University of Virginia   UNIVERSITÄT
(☑434-924-0311; www.virginia.edu; 400 Ray C Hunt Dr, Charlottesville) Thomas Jefferson gründete die University of Virginia; ihre nach klassischem Vorbild entworfenen Gebäude und Einrichtungen verkörpern den Geist des ge-

meinschaftlichen Lebens und Lernens, von dem Jefferson träumte. Den Mittelpunkt des Campus bildet die von Jefferson entworfene **Rotunda** (☑434-924-7969; 1826 University Ave; ⊙geführte Touren tgl. 10, 11, 14, 15 & 16 Uhr), ein maßstabsgetreuer Nachbau des Pantheons von Rom. Der Treffpunkt für die kostenlosen, von Studenten geleiteten Führungen befindet sich im Haupteingang. Das **Fralin Art Museum** (☑434-924-3592; 155 Rugby Rd; ⊙Di–So 12–17 Uhr) GRATIS der University of Virginia besitzt eine interessante eklektische Sammlung amerikanischer, europäischer und asiatischer Kunst.

🛏 Schlafen

Eine gute Auswahl an Budget- und Mittelklasse-Kettenmotels säumt die Emmet St/US 20 nördlich der Stadt. Wer einen Reservierungsservice sucht, kann **Guesthouses** (☑434-979-7264; www.va-guesthouses.com; Zi. ab 150 US$) ausprobieren. Die Agentur vermittelt Zimmer in Cottages und B&Bs in Privatunterkünften. An den Wochenenden muss man normalerweise mindestens zwei Nächte bleiben.

White Pig   B&B $$
(☑434-831-1416; www.thewhitepig.com; 5120 Irish Rd; Zi. 180–190 US$; P ✸) 🅿 Es lohnt sich, zum etwa 22 Meilen (35 km) südwestlich von Monticello gelegenen White Pig zu pilgern. Die Zimmer bieten eine schöne Aussicht auf Wiesen und Gärten und für die Gäste gibt's auch einen Badezuber mit Warmwasser. Dieses B&B mit angegliedertem Tierschutzgebiet, das sich auf dem Gelände der 69 ha großen Briar Creek Farm befindet, trumpft mit einer der innovativsten veganen Küchen in Virginia auf.

English Inn   HOTEL $$
(☑434-971-9900; www.englishinncharlottesville. com; 2000 Morton Dr; Zi. inkl. Frühstück 100–160 US$; P 🛜 ✸) Britische Gastfreundschaft und Einrichtung sowie eine Tudor-Fassade verleihen dem Hotel einzigartige Akzente. Es liegt 2,5 km nördlich der UVA. Unter der Woche ist es günstiger.

South Street Inn   B&B $$$
(☑434-979-0200; www.southstreetinn.com; 200 South St; Zi. inkl. Frühstück 150–255 US$; P ✸) Das elegante, 1856 erbaute Gebäude im Herzen von Charlottesville hat eine wechselvolle Geschichte hinter sich: Zunächst war es ein Mädchenpensionat, dann eine Pension und schließlich ein Bordell. Heute sind die ins-

MONTICELLO & UMGEBUNG

Monticello (☎ 434-984-9800; www.monticello.org; 931 Thomas Jefferson Pkwy; Erw./Kind 24/16 US$; ⊙ März–Okt. 9–16 Uhr, Nov.–Feb. 9–17 Uhr) ist ein architektonisches Meisterwerk, das Thomas Jefferson, Gründervater und dritter Präsident der USA, selbst entworfen und bewohnt hat. „Nirgendwo anders und in keiner anderen Gesellschaft bin ich so glücklich wie hier. Alle meine Wünsche enden da, wo hoffentlich auch mein Leben endet, in Monticello", schrieb Jefferson, der 40 Jahre lang an seinem Traumhaus baute, bevor es 1809 endlich fertiggestellt war. Heute ist es das einzige Wohngebäude in Amerika, das die UNESCO in die Liste des Weltkulturerbes aufnahm. Das im römisch-neoklassizistischen Stil erbaute Herrenhaus war der Mittelpunkt einer 20 km² großen Plantage, auf der 150 Sklaven arbeiteten. Die heutige Verwaltung von Monticello beschönigt weder die Tatsache, dass Jefferson Sklaven hielt, noch den sehr wahrscheinlichen Umstand, dass er der Vater einiger Kinder der Sklavin Sally Hemings war. Die Sklavenhaltung ist ein Teil der schwierigen Vergangenheit eines Mannes, der in der Unabhängigkeitserklärung feststellte, dass „alle Menschen gleich erschaffen wurden". Jefferson und seine Familie liegen in einem kleinen Waldstück in der Nähe des Hauses begraben.

Das Haus kann nur im Rahmen einer Führung besichtigt werden; auf eigene Faust kann man das Gelände der Plantage, die Gärten und den Friedhof durchstreifen. Ein Hightech-Ausstellungsgebäude taucht tiefer in die Welt von Jefferson ein. Es gibt Vitrinen zur Architektur, der Aufklärung durch Bildung und der komplizierten Idee der Freiheit. Vom Visitor Center fahren regelmäßig Shuttles zum Haus auf dem Hügel. Alternativ kann man den Fußweg durch den Wald nehmen.

Auch in der nahe gelegenen **Michie Tavern** (☎ 434-977-1234; www.michietavern.com; 683 Thomas Jefferson Pkwy; Erw./Kind 5/2 US$; ⊙ 9–16.20 Uhr) von 1784 werden Führungen angeboten, ebenso im Anwesen von James Monroe, dem **Ash Lawn-Highland** (☎ 434-293-8000; www.ashlawnhighland.org; Erw./Kind 14/8 US$; ⊙ April–Okt. 9–18 Uhr, Nov.–März 11–17 Uhr), das 2,5 Meilen (4 km) östlich von Monticello liegt. Für alle drei Attraktionen gibt's ein Kombiticket für 36 US$. Die Michie Tavern sollte man während der Mittagszeit besuchen. Dann wird im Speiseraum, dem **Ordinary** (Büfett 17 US$; ⊙ 11.15–15.30 Uhr), ein Mittagsbuffet mit Köstlichkeiten aus den Südstaaten serviert, z. B. Fried Chicken mit Biscuits.

Monticello liegt etwa 4,5 Meilen (7 km) nordwestlich des Zentrums von Charlottesville.

gesamt zwei Dutzend Zimmer im Stil des 19. Jhs. eingerichtet, was diesem Ort eine persönlichere Note und größere Vielfalt verleiht als ein gewöhnliches B & B bietet.

✕ Essen

Die Downtown Mall, eine mit Dutzenden von Läden und Restaurant gesäumte Fußgängerzone, ist toll zum Leute beobachten und an warmen Tagen für ein Abendessen im Freien. Abends ziehen die Bars an der University Ave Studenten und Ü-20 an.

Whiskey Jar　　　　　　SÜDSTAATEN $
(☎ 434-202-1549; 227 West Main St; Hauptgerichte 9–16 US$; ⊙) Das Whiskey Jar bietet neue Südstaaten-Küche in einer auffällig rustikalen Umgebung aus Holzmöbeln; dabei tragen die Kellner Buntkariertes und die Getränke werden in Einweckgläsern serviert. Man ist geneigt zu sagen, das alles sei etwas zu gekünstelt, aber, um ehrlich

zu sein, im Whiskey Jar passt alles zusammen – die einfachen, frischen Gerichte, wie etwa geschmortes Kaninchen in Senfsauce, sind köstlich und haben ein prima Preis-Leistungs-Verhältnis.

Local　　　　　MODERN-AMERIKANISCH $$
(☎ 434-984-9749; 824 Hinton Ave; Hauptgerichte 11–25 US$; ⊙ So–Do 17.30–22, Fr & Sa bis 23 Uhr) Das Restaurant hat eine große Fangemeinde dank seiner Menüs, die dem Locavore-Trend des regionalen Essens (z.B. Mac and cheese mit schwarzen Trüffeln oder gebratene Ente mit Blutorangenessig) folgen, und des gepflegten, in warmes Licht getauchten Interieurs (die unverputzten Ziegelwände sind mit bunten Ölgemälden geschmückt). Für die wärmeren Monate gibt's eine überdachte Terrasse und großartige Cocktails.

Blue Moon Diner　　　　AMERIKANISCH $$
(512 W Main St; Hauptgerichte 10–20 US$; ⊙ Mo–Fr 8–22, Sa ab 9, So 9–15 Uhr) Das festliche Di-

ner im Retrostil ist eine der besten Adressen Charlottesvilles für ein Frühstück oder einen Wochenendbrunch. Es werden köstliche Gerichte mit Zutaten aus der Region serviert. Man bekommt auch Fassbier aus Virginia, hört Classic Rock im Radio und sieht manchmal eine Liveband.

Continental Divide MEXIKANISCH **$$**
(☑ 434-984-0143; 811 W Main St; Hauptgerichte 10–15 US$; ☺ 17–22.15, Fr & Sa bis 22.45, So bis 21.45 Uhr) Dieses fröhliche, lockere Lokal hat kein Firmenschild (auf den Neon-Schriftzug „Get in Here" im Fenster achten), aber es lohnt sich allemal, hier wegen der mexikanischen Fusion-Küche einzukehren; es gibt u. a. Tacos mit langsam gekochtem Schweinefleisch, Thunfisch-Tostadas, Nachos mit Bison-Chili – und die besten Margaritas in Charlotteville. Es ist gleichermaßen beliebt bei Studenten, die knapp bei Kasse sind, und bei Professoren, die mal preiswert ausgehen wollen.

South Street Brewery SÜDSTAATEN **$$**
(106 W South St; Hauptgerichte 9–18 US$; ☺ Mo–Sa ab 17 Uhr) In diesem restaurierten Backstein-Lagerhaus aus dem 19. Jh. bekommt man köstliches Bier aus Kleinbrauereien, gute Südstaaten-Bistrogerichte (Barbecue Schweinefleisch und mit Languste und Pilzen gefüllte Forelle) und hört ab und zu Livebands (derzeit Mi ab 22 Uhr). Von der Downtown Mall ist es einen kurzen Fußweg entfernt.

Zocalo FUSION **$$$**
(☑ 434-977-4944; 201 E Main St; Hauptgerichte 19–26 US$; ☺ Di–So 17.30–2 Uhr) Das schicke und stilvolle Restaurant mit Bar serviert nette, ausgefallene, lateinamerikanisch inspirierte Gerichte (scharfes Thunfisch-Tartar, mit Chili bestäubte Jakobsmuscheln und mit Achiotte eingeriebenes, gegrilltes Schweinefleisch). Für warme Abende gibt's eine Terrasse im Freien und einen knisternden Kamin für den Winter.

❶ Anreise & Unterwegs vor Ort

Amtrak (www.amtrak.com; 810 W Main St) Zweimal täglich fährt ein Zug nach Washington (33 US$, 3 Std.).
Charlottesville Albemarle Airport (CHO; ☑ 434-973-8342; www.gocho.com) Zehn Meilen (16 km) nördlich der Innenstadt; hier starten nur Regionalflüge.
Greyhound/Trailways Terminal (☑ 434-295-5131; 310 W Main St) Drei Busse täglich jeweils nach Richmond (20 US$, 1¼ Std.) und Washington, D. C. (26 US$, 3 Std.).

Trolley (☺ Mo–Sa 6.40–23.30, So 8–17 Uhr) Ein kostenloser Trolley verbindet die W Main St mit der UVA.

Appomattox Court House & Umgebung

Im Haus des Farmers McLean in der Stadt Appomattox Court House besiegelte General Robert E. Lee die Kapitulation seiner Nord-Virginia-Armee vor dem Nordstaaten-General Ulysses S. Grant. Damit war der Bürgerkrieg offiziell beendet. Statt auf direktem Weg anzureisen, kann man auch der Route des **Rückzugs von General Lee** (☑ 800-673-8732; www.varetreat.com) folgen. Sie beginnt in Petersburg an der Southside Railroad Station (Ecke River St und Cockade Alley) und endet in Appomattox. Unterwegs windet sie sich durch eine der bezauberndsten Landschaften Virginias, vorbei an 25 Stationen. Da der Weg mitunter schlecht ausgeschildert ist, empfiehlt sich eine ausführliche Straßenkarte. Die Fahrt endet im 688 ha großen **Appomattox Court House National Historic Park** (☑ 434-352-8987; www.nps.gov/apco; Juni–Aug. 4 US$, Sept.–Mai 3 US$; ☺ 8.30–17 Uhr), dessen 27 restaurierte Gebäude fast alle zu besichtigen sind.

Wer auf der Suche nach einer Bleibe ist, sollte im **Longacre** (☑ 800-758-7730; www.longacreva.com; 1670 Church St; Zi. ab 105 US$, Suite 275 US$; ℗ ❀) absteigen. Es sieht aus, als sei es irgendwo im ländlichen England verloren gegangen und in Virginia wieder aufgetaucht. Aber ganz im Ernst: Irgendwo in den sechs elegant eingerichteten Zimmern könnten Kinder, wie in den *Narnia*-Büchern, durch einen Schrank in Märchenwelten verschwinden.

Shenandoah Valley

Der einheimischen Überlieferung zufolge soll Shenandoah das indianische Wort für „Tochter der Sterne" sein. Ob das nun stimmt oder nicht – das ist wirklich Gottes eigenes Land, einer der schönsten Flecken in den USA. Das 320 km lange Tal und die Blue Ridge Mountains sind übersät mit idyllischen Kleinstädten, malerischen Weingütern, gepflegten Schlachtfeldern und Höhlen. Hier verlief früher die Westgrenze des kolonialen Amerikas, wo sich schottisch-irische Pioniere niedergelassen hatten, die durch die Einführung der Schafzucht im schottischen Hochland vertrieben worden

NICHT VERSÄUMEN

SCENIC DRIVE: SKYLINE DRIVE

Der 169 km lange **Skyline Drive**, der im Shenandoah National Park entlang des Höhenzugs der Blue Ridge Mountains verläuft, definiert den Begriff „Panoramastraße" neu. Immer wieder bieten sich überwältigende Ausblicke, doch darf man nicht vergessen, dass die Straße sehr kurvenreich ist, man nur langsam fahren darf (max. 35 mph bzw. 56 km/h) und sie (in der Hauptsaison) verstopft ist. Am besten startet man die Tour gleich südlich von Front Royal, VA; von hier aus windet sich die Strecke durch Virginias Weinbaugebiet und Hügelland. Nummerierte Meilensteine dienen als Wegmarkierung und es gibt auch viele Parkbuchten. Empfehlenswert ist die nahe Meile 51,2, an der man zu einer mittelschweren Wanderung auf einem fast 6 km langen Wanderweg zu den Lewis Spring Falls starten kann.

waren. Outdoor-Aktivitäten – wandern, campen, angeln, reiten und Kanu fahren – gibt es hier in Hülle und Fülle. .

Shenandoah National Park

Der **Shenandoah National Park** (☎540-999-3500; www.nps.gov/shen; Wochenpässe März–Nov. 15 US$/Auto), vielleicht einer der spektakulärsten Nationalparks des ganzen Landes, gleicht zu jeder Jahreszeit einem anderen spontanen Lächeln der Natur: Im Frühjahr und Sommer explodieren die Wildblumen, im Herbst leuchten die Blätter hellrot und orange und im Winter setzt ein kalter, gnadenlos schöner Winterschlaf ein. Während Weißwedelhirsche recht oft zu sehen sind, braucht es etwas Glück, einen Schwarzbären, einen Luchs oder einen wild lebenden Truthahn zu sichten. Der Park liegt nur 75 Meilen (120 km) westlich von Washington, D.C.

🏃 Aktivitäten

Im Park gibt's zwei Visitor Centers, **Dickey Ridge** (☎540-635-3566; Skyline Dr, bei Meile 4,6; ☺April–Nov. 9–17 Uhr) im Norden und **Harry F. Byrd** (bei Meile 51; ☺31. März–27. Okt. 8.30–17 Uhr) im Süden. Dort bekommt man Karten, *backcountry permits* und Infos zum Reiten, Drachenfliegen, Radfahren (nur auf öffentli-

chen Wegen erlaubt) und anderen sportiven Aktivitäten. Im Shenandoah National Park gibt's ein mehr als 800 km langes Wanderwegnetz, zu dem u.a. der 163 km lange Appalachian Trail gehört. Die hier beschriebenen Pfade sind von Norden nach Süden aufgelistet.

Old Rag Mountain
WANDERN

Ein anstrengender, 13 km langer Rundkurs, der in einer Kletterei über Felsen gipfelt. Man sollte also körperlich durchaus fit sein, um die Tour bewältigen zu können. Der Weg ist dabei Ziel und Belohnung zugleich: Entlang der Strecke zum Old Rag Mountain hinauf gibt's einige der schönsten Ausblicke Virginias zu bestaunen.

Big Meadows
WANDERN

Durch die sehr beliebte Region führen vier einfache bis mittelschwere Wanderwege. Die Wege Lewis Falls und Rose River verlaufen an den spektakulärsten Wasserfällen des Parks vorbei; der erstgenannte hat zudem Anschluss zum Appalachian Trail.

Bearfence Mountain
WANDERN

Der kurze Weg führt zu einem Aussichtspunkt mit sagenhaften 360-Grad-Rundblick. Der Rundweg ist nur 2 km lang, beinhaltet aber eine anstrengende Kletterei über Felsen.

Riprap
WANDERN

Drei Wege mit unterschiedlichem Schwierigkeitsgrad. Der Blackrock Trail ist eine einfache, 1,6 km lange Schleife, die fantastische Ausblicke bietet. Alternativ kann man entweder den gemäßigten 5,5 km langen Riprap Trail zum Chimney Rock wandern oder einen Abstecher über den recht anstrengenden 15,8 km langen Rundkurs machen, der Anschluss an den Appalachian Trail hat.

🛏 Schlafen & Essen

Übernachten kann man auf vier **Campingplätzen** (☎877-444-6777; www.recreation.gov; 15–25 US$): **Mathews Arm** (bei Meile 22,1; Stellplatz 15 US$), **Big Meadows** (bei Meile 51,3; Stellplatz 20 US$), **Lewis Mountain** (bei Meile 57,5; Stellplatz 15 US$, keine Reservierung möglich) und **Loft Mountain** (bei Meile 79,5; Stellplatz 15 US$). Die meisten Campingplätze sind von Mitte Mai bis Oktober geöffnet. Wer wild zelten will, braucht ein kostenloses *backcountry permit*, das bei jedem Visitor Center erhältlich ist.

Wer es bequemer mag, übernachtet im **Skyland Resort** (☎877-247-9261; www.goshe

nandoah.com/Skyland-Resort.aspx; Skyline Dr, bei Meile 41,7; Zi. ab 140 US$, inkl. Frühstück 150 US$; ☺ April–Okt.; P), in der **Big Meadows Lodge** (☏ 540-999-2255; www.goshenandoah.com/Big-Meadows-Lodge.aspx; Skyline Dr, bei Meile 51,2; Zi. 130–210 US$; ☺ Ende Mai–Okt.; ☎) oder den **Lewis Mountain Cabins** (☏ 877-247-9261; www.goshenandoah.com/Lewis-Mountain-Cabins.aspx; Skyline Dr, bei Meile 57,6; Hütte 90–100 US$, Stellplatz 16 US$; ☺ April–Okt.; ☎ P).

Skyland und Big Meadows haben Restaurants und Kneipen, in denen gelegentlich Livemusik geboten wird. Big Meadows bietet die meisten Annehmlichkeiten, darunter eine Tankstelle, einen Waschsalon und einen Laden für Campingausrüstung. Wer campen und/oder längere Wanderungen unternehmen möchte, sollte auf alle Fälle Proviant mitnehmen.

❶ Anreise & Unterwegs vor Ort

Die Züge von **Amtrak** (www.amtrak.com) fahren nach Staunton im Shenandoah Valley einmal täglich von Washington, D. C. (65 US$, 4 Std.). Um jedoch den Park in seiner ganzen Breite und Länge zu entdecken, benötigt man ein eigenes Fahrzeug. Damit erreicht man ihn mühelos über mehrere Ausfahrten der I-81.

Front Royal & Umgebung

Die nördlichste Spitze des Skyline Dr sieht aus wie ein trister Streifen Land mit Tankstellen, aber es gibt eine recht freundliche Hauptstraße und einige coole Höhlen in der Nähe. Am besten beim **Visitor Center** (☏ 800-338-2576; 414 E Main St; ☺ 9–17 Uhr) und der **Shenandoah Valley Travel Association** (☏ 800-847-4878; www.visitshenandoah.org; US 211 W, I-81 Exit 264; ☺ 9–17 Uhr) halten, bevor man das Tal „hinauf" fährt.

Front Royal verdankt seinen Ruf den **Skyline Caverns** (☏ 800-296-4545; www.skylinecaverns.com; Eintritt Erw./Kind 16/8 US$; ☺ 9–17 Uhr), in denen seltene, weiß-stachelige Gipsblumen vorkommen, filigrane Mineralienstrukturen, die Seeigeln ähneln. Kinder dürften ihren Spaß bei Fahrten mit einer Mini-Eisenbahn (3 US$) und im Spiegellabyrinth (5 US$) haben.

Woodward House on Manor Grade (☏ 800-635-7011, 540-635-7010; www.acountryhome.com; 413 S Royal Ave/US 320; Zi. 110–155 US$; Hütte 225 US$; P ☎) hat sieben freundliche Zimmer und zwei separate Hütten (mit Kamin mit Holzfeuer). Auf der Terrasse kann man seinen Kaffee schlürfen und lässt sich beim Blick auf die Blue Ridge Mountains nicht von der geschäftigen Straße ablenken lassen.

Element (☏ 540-636-9293; jsgourmet.com; 206 S Royal Ave; Hauptgerichte 12–22 US$; ☺ Di-Sa 11–15 & 17–22 Uhr; ☎) ✆ wird unter Genießern wegen der Qualität der Bistro-Gerichte geschätzt. Die knappe Speisekarte bietet für den Abend oft Tagesgerichte wie etwa Red Snapper mit Meerrettichkruste; zu Mittag gibt's Gourmet-Sandwiches, Suppen und Salate. Ein Stock höher werden im **Apartment 2G** (☏ 540-636-9293; jsgourmet.com; 206 S Royal Ave; 5 Gänge 50 US$, Tapas 6–14 US$; ☺ Sa & 3. Do ab 18.30) ✆ abends dekadente 5-Gänge-Menüs in einem gemütlichen Ambiente (wie bei einem Freund daheim) serviert. Unbedingt reservieren. Über weitere kulinarische Aktionen informiert die Website des Restaurants. **Jalisco's** (☏ 540-635-7348; 1303 N Royal Ave; Hauptgerichte 8–15 US$; ☺ Mo–Do 11–22, Fr & Sa bis 23, So bis 21.30 Uhr) bietet erstaunlich gutes mexikanisches Essen. Die Chili *rellenos* (gefüllte Chilischoten) sind der Renner.

Etwa 25 Meilen (ca. 40 km) nördlich, in der Stadt Winchester, befindet sich das **Museum of the Shenandoah Valley** (☏ 540-662-1473, 888-556-5799; www.shenandoahmuseum.org; 901 Amherst St; Erw./Student 10/8 US$; ☺ Di–So 10–16 Uhr), das eine komplette Hauseinrichtung im Stil des 18. Jhs., einen fast 2,5 ha großen Garten sowie ein Multimedia-Museum umfasst. Letzteres bietet einen Einblick in die Geschichte des Shenandoah Valley. Hier gibt's auch ein Café.

Wenn man nur für die Höhlen Zeit hat, sollte man sich für die überwältigenden **Luray Caverns** (☏ 540-743-6551; www.luraycaverns.com; Rte 211; Erw./Kind 21/10 US$; ☺ Juni-Aug. 9–19 Uhr, Sept.–Nov., April & Mai bis 18 Uhr, Dez.–März Mo–Fr. bis 16 Uhr) 25 Meilen (40 km) südlich von Front Royal entscheiden und darin die „Stalaktitenpfeifen"-Orgel bewundern, für die man auch als weltgrößtes Musikinstrument wirbt.

Staunton & Umgebung

Wer seine Reise hier beendet, möchte vielleicht einen Blick auf einige der Immobilien in dieser Region werfen. Es gibt einige Städte in den USA, in denen einfach alles zusammenpasst, und Staunton ist eine dieser Städte.

◉ Sehenswertes

Im fußgängerfreundlichen, hübschen Zentrum gibt es über 200 Gebäude, die vom bekannten viktorianischen Architekten T.

SCENIC DRIVE: PFERDELAND VIRGINIA

Etwa 40 Meilen (64 km) westlich von Washington, D.C., weichen die ausufernden Vororte endlosen grünen Farmen, Weinbergen, verschlafenen Dörfern, schlossartigen Landsitzen und den Mustangs. Hier ist „Pferdeland", wohin die wohlhabenden Washingtoner kommen, um ihrer Leidenschaft nachzugehen.

Die folgende Route ist die landschaftlich reizvollste Straße, die in den Shenandoah National Park führt. Von Washington, D.C., geht's auf der Rte 50 West nach **Middleburg**, eine unbeschreiblich niedliche Stadt voller B&Bs, Gästehäuser, Weinläden und Boutiquen. Die **National Sporting Library** (☏540-687-6542; www.nsl.org; 102 The Plains Rd; ⊙ Mi–Sa 10–16, So ab 12 Uhr) GRATIS ist ein Museum und eine Forschungseinrichtung, die sich dem Thema Pferd und damit verwandten Sportarten wie Fuchsjagd, Dressur, Steeplechase und Polo widmet.

Griffin Tavern (☏540-675-3227; 659 Zachary Taylor Hwy; Hauptgerichte 9–18 US$; ⊙ Mo–Fr 11.30–21, Sa bis 22, So 10.30–21 Uhr) ist eine typisch englische Kneipe mit englischen und irischen Gerichten und Biersorten. Weiter geht's nach Südwesten auf der Rte 522 und der Rte 211 nach Flint Hill.

Nach 6 Meilen (ca. 10 km) auf der Rte 211 erreicht man **Little Washington**, ein weiteres niedliches Städtchen, in dem es eines der exquisitesten B&Bs Amerikas gibt, das **Inn at Little Washington** (☏540-675-3800; www.theinnatlittlewashington.com; Ecke Middle St & Main St, Washington, VA; Abendessen Festpreis 148–165 US$; ⊙ 17.30–23 Uhr). Das Inn at Little Washington hat sich der Zubereitung der Gerichte mit regionalen Produkten verschrieben, schon lange bevor dies ein allgemeiner kulinarischer Trend wurde. Das Ergebnis ist eine neue amerikanische Küche, die auf das Beste aus dem Piedmont und Chesapeake zurückgreift und in einem Ambiente serviert wird, das an ein romantisches französisches Landgasthaus erinnert. Früh buchen und gut essen. Im weiteren Verlauf der Straße, an den Ausläufern der Blue Ridge Mountains, erreicht man **Sperryville**, dessen zahlreiche Galerien und Läden ein Muss für alle Liebhaber von Antiquitäten sind. Nach weiteren 9 Meilen (14 km) in westlicher Richtung gelangt man den Thornton Gap, dem Startpunkt des Skyline Dr im Shenandoah National Park.

J. Collins entworfen wurden. In der Stadt herrscht eine lockere, unkonventionelle Atmosphäre dank des kleinen, nur Studentinnen vorbehaltenen Mary Baldwin College, und des Kleinods der Shenandoah Mountains: dem **Blackfriars Playhouse** (☏540-851-1733; www.americanshakespearecenter.com; 10 S Market St; Tickets 20–42 US$). Dies ist der weltweit einzige Nachbau des originalen überdachten Shakespeare-Theaters. In diesem Gebäude spielt das berühmte Ensemble das American Shakespeare Center, das während des ganzen Jahres Aufführungen veranstaltet. Ein Besuch lohnt sich allemal – und tut jedem Besucher gut.

Geschichte-Fans sollten sich die **Woodrow Wilson Presidential Library** (www.woodrowwilson.org; 18-24 N Coalter St; Erw./Student/Kind 14/7/5 US$; ⊙ Mo–Sa 9–17, So ab 12 Uhr) nicht entgehen lassen. Das im Greek-Revival-Stil erbaute Geburtshaus des 28. US-Präsidenen erhebt sich auf einem Hügel und wurde sorgfältig originalgetreu restauriert.

Das vorzügliche **Frontier Culture Museum** (☏540-332-7850; oberhalb der I-81, Exit 222; Erw./Student/Kind 10/9/6US$; ⊙ Mitte März–Nov. 9–17 Uhr, Dez.–Mitte März 10–16 Uhr) besitzt authentische historische Gebäude aus Deutschland, Irland und England sowie nachgebaute westafrikanische Wohnungen und eine Farm aus dem amerikanischen Grenzland des 18. Jhs., die alle auf dem 40 ha großen Museumsgelände stehen. Darsteller in historischen Kostümen (unterstützt von blökenden Ziegen) leisten einen tollen Job, indem sie plastisch vorführen, wie das Leben in Virginia einst aussah.

🛏 Schlafen

Frederick House
B&B $$

(☏540-885-4220; www.frederickhouse.com; 28 N New St; Zi. inkl. Frühstück 130–240 US$; P ❄ 🖥) Im Herzen der Innenstadt gelegen, besteht das leuchtend violette und überaus gastfreundliche Frederick House aus fünf historischen Häusern mit insgesamt 25 verschiedenen Zimmern und Suiten, die alle über ein eigenes Bad verfügen; einige Zimmer sind mit Antiquitäten eingerichtet und haben Terrassen.

Anne Hathaway's Cottage
B&B **$$**

(☑540-885-8885; www.anne-hathaways-cottage.com; 950 West Beverley St; Zi. 150–170 US$; 🅿✳🐾) Man verlässt die Stadt, um zum Anne Hathaway's Cottage zu gelangen, das nach der Ehefrau von Shakespeare benannt wurde. Sie hätte sicherlich die Nacht in einem der drei Zimmer dieser idyllischen, im englischen Tudor-Stil erbauten und mit Stroh gedeckten Hütte genossen.

✗ Essen

In der West Beverley St gibt's jede Menge Restaurants und Cafés.

Pompeii Lounge
ITALIENISCH **$**

(☑540-885-5553; 23 East Beverley St; Snacks 4–9 US$; ⊙Di–Do 17–1, Fr & Sa bis 2 Uhr; 🍴) Das Pompeii ist ein dreistöckiges italienisches Restaurant, das sich in Staunton als Top-Adresse für einen entspannten Drink etabliert hat. Das i-Tüpfelchen ist die Dachterrasse, von der aus man einen herrlichen Weitblick über die Skyline der Stadt hat und auf der man Livemusik, kleine Teller mit Antipasti und tolle lokale Cocktails genießen kann.

Mugshots
CAFÉ **$**

(☑540-887-0005; 32 S New St, Staunton; Gebäck unter 5 US$; ⊙Mo–Fr 7–17.30, Sa 8–17, So 8–16 Uhr; 🐾) Dieses einfache Caé eignet sich bestens dafür, um sich kurz zu erholen, seine E-Mails zu checken, einen Kaffee zu schlürfen und einen Bagel oder Muffin zu genießen.

AVA Restaurant & Wine Bar
AMERIKANISCH **$$**

(☑540-886-2851; 103 W Beverley St, Staunton; Hauptgerichte 10–30 US$; ⊙Mi–Do 16–21.30, Fr & Sa 12–22, So 10.30–14.30 Uhr; 🍴) ✈ Das AVA bietet gepflegte Küche mit Wels nach kreolischer Art und gebratene Entenbrust sowie die besten vegetarischen Gerichte in Staunton – für das Beef Wellington wird Mangold statt Rindfleisch verwendet.

Lexington & Umgebung

Hier sieht man, was die Oberschicht des Südens leistet, wenn die Kadetten des Virginia Military Institute an den angesehenen Akademikern der Washington & Lee University vorbeijoggen. Im **Visitor Center** (☑540-463-3777; 106 E Washington St; ⊙9–17 Uhr) kann man kostenlos parken.

◉ Sehenswertes & Aktivitäten

Die 1749 gegründete und mit Kolonnaden versehene Washington & Lee University ist eine der besten kleinen Hochschulen Amerikas. Im **Lee Chapel & Museum** (☑540-458-8768; ⊙9–16, So 13 Uhr) wurde Robert E. Lee beigesetzt, während sein Pferd Traveller draußen begraben ist. Einer der vier konföderierten Banner rund um Lees Grab weht an einem originellen Flaggenmast: einem Ast, den ein Soldat zu einer provisorischer Standarte umgewandelt hatte.

Virginia Military Institute
UNIVERSITÄT

(VMI; Letcher Ave; ⊙9–17 während der Öffnungszeiten von Campus & Museen) Man kann nur beeindruckt oder abgestoßen sein von der extremen Disziplin der Kadetten des Virginia Military Institute, der einzigen Universität, die eine gesamte Abschlussklasse in den Krieg geschickt hat (die Gedenktafeln für die gefallenen Studenten sind ergreifend und allgegenwärtig). Paraden mit den Kadetten in voller Paradeuniform finden während des Schuljahres an den meisten Freitagen um 16.30 Uhr statt. Das **George C. Marshall Museum** (☑540-463-7103; http://www.marshallfoundation.org/museum/; Erw./Student 5/2 US$; ⊙Di–Sa 9–17, So ab 13 Uhr) der Schule ehrt George Marshall, auf dessen Initiative der Plan für den Wiederaufbau Europas nach dem Zweiten Weltkrieg beschlossen wurde. Im **VMI Cadet Museum** (☑540-464-7334; ⊙9–17 Uhr) GRATIS werden der ausgestopfte Körper von Stonewall Jacksons Pferd und eine amerikanische Flagge aufbewahrt, die ein ehemaliger Student während seiner Kriegsgefangenschaft in Vietnam angefertigt hat. Auch wird der Studenten des VMI gedacht, die im Krieg gegen den Terror gefallen sind. Kostenlose geführte Touren durch den Campus werden nach vorheriger Anmeldung beim Museum mittags angeboten.

Natural Bridge & Foamhenge
AREAL

Ja, sie ist kitschig. Und ja, die lautstarken Kreationisten, die darauf bestehen, dass die Hand des Allmächtigen sie erschuf, sind in der Überzahl. Doch die 66 m hohe **Natural Bridge** (www.naturalbridgeva.com; Brücke Erw./Kind 21/12 US$, Brücke & Höhlen 29/17 US$; ⊙9 Uhr–Sonnenuntergang), 15 Meilen (24 km) von Lexington entfernt, ist schon ziemlich cool. Auch der 16-jährige George Washington war damals schon da und hat sich angeblich mit seinen in den Fels geritzten Initialen verewigt. Einst gehörte die Natural Bridge bzw. das Areal Thomas Jefferson. Man kann auch eine Führung durch die außerordentlich tiefen Höhlen hier machen.

Ein Stück die Straße hinauf gelangt man zu **Foamhenge** (Hwy 11) `GRATIS`, ein unglaublicher, originalgetreuer Nachbau von Stonehenge aus Styropor. Man hat eine schöne Aussicht – und es gibt sogar einen Zauberer vor Ort. Es liegt 1 Meile (1,6 km) nördlich der Natural Bridge.

🛏 Schlafen

Historic Country Inns
INN $$

(☏ 877-283-9680; 11 N Main St; Zi. 110–145 US$, Suite 170–190 US$; P ❄) betreiben zwei Pensionen im Zentrum von Lexington und eine außerhalb der Stadt. Alle Gebäude haben eine gewisse historische Bedeutung für Lexington und die meisten Zimmer sind individuell eingerichtet mit Möbeln, die aus der jeweiligen Zeit stammen.

Applewood Inn & Llama Trekking
INN $$

(☏ 800-463-1902; www.applewoodbb.com; 242 Tarn Beck Lane; Zi. 155–165 US$; P ❄) Nur zehn Minuten mit dem Auto von der Innenstadt von Lexington entfernt bietet das reizende, umweltbewusste Applewood Inn & Llama Trekking in einem wirklich idyllischen Tal Übernachtungsmöglichkeiten sowie jede Menge an Outdoor-Aktivitäten, darunter – ja, richtig! – Lama-Trekking.

🍴 Essen

Red Hen
SÜDSTAATEN $$

(☏ 540-464-4401; 11 E Washington St; Hauptgerichte 17–26 US$; ⏰ Di-Sa 17.30–21 Uhr; 🍴) 🌱 Man muss genügend lange im Voraus reservieren, um ein denkwürdiges Essen im Red Hen genießen zu können, wo kreative Menüs mit regionalen Produkten zubereitet werden. Empfehlenswert ist die geschmorte Schweinelende mit schmackhaftem Bierbrotpudding und Austernpilzen.

Bistro On Main
BISTRO $$

(8 N Main St; Hauptgerichte 9–24 US$; ⏰ Di-Sa 11.30–14.30 & 17–21 Uhr) Ein helles, einladendes Bistro mit großen Fenstern, die auf Lexingtons Hauptstraße blicken. Es gibt schmackhafte Bistro-Gerichte und eine Bar.

⭐ Unterhaltung

Hull's Drive-in
KINO

(☏ 540-463-2621; http://hullsdrivein.com; 2367 N Lee Hwy/US 11; 6 US$/Pers.; ⏰ Mai–Okt., Di–So 19 Uhr) Fast 9 km nördlich von Lexington befindet sich dieses Autokino für alle Fans dieser etwas aus der Mode gekommenen Form von Freizeitspaß.

Blue Ridge Highlands & Südwest-Virginia

Die Südwestspitze Virginias ist der raueste Teil des US-Staats. Fährt man auf dem Blue Ridge Pkwy oder eine andere Seitenstraße, versinkt man sofort in dunklen Streifen aus Hartriegel und Tannen, durchbrochen von wilden Strömen und weißen Wasserfällen. In den Kleinstädten wehen Konföderiertenflaggen, hinter dem stolzen Banner der Unabhängigkeit gibt es aber auch eine stolze Gastfreundschaft.

Blue Ridge Parkway

Wo der Skyline Dr endet, beginnt der **Blue Ridge Pkwy** (www.blueridgeparkway.org). Die Straße ist sehr hübsch und reicht vom südlichen Rücken der Appalachen im Shenandoah National Park bei Meile 0 bis zu North Carolinas Great Smoky Mountains National Park bei Meile 469. Wildblumen blühen im Frühling, die Herbstfarben sind ebenfalls spektakulär – Achtung an nebligen Tagen: Die fehlenden Straßenbegrenzungen machen das Fahren etwas haarig! Es gibt ein paar Dutzend Visitor Centers am Pkwy; jedes davon ist ein guter Startpunkt für die Reise.

👁 Sehenswertes & Aktivitäten

Die Palette der Sehenswürdigkeiten am Parkway ist breit gefächert.

Mabry Mill
HISTORISCHE STÄTTE

(Meile 176) Eines der am meisten fotografierten Bauwerke des Staates. Die Mühle kuschelt sich in ein so schönes, grünes Tal, dass man meint, man wäre in den ersten Teil von *Der Herr der Ringe* geraten.

Humpback Rocks
WANDERN

(Meile 5,8) Man macht eine Tour durch die Farmgebäude aus dem 19. Jh. oder nimmt den steilen Pfad zu den Humpback Rocks, von denen sich ein spektakulärer 360-Grad-Rundumblick bietet.

Sherando Lake Recreation Area
SCHWIMMEN

(☏ 540-291-2188; bei Meile 16) Im George Washington National Forest findet man zwei hübsche Seen (einen zum Baden und einen zum Angeln) mit Wanderwegen und Campingplätzen. Die Rte 664 W führt hierher.

Peaks of Otter
WANDERN

(Meile 86) Es gibt Pfade zu den Gipfeln der Umgebung: Sharp Top, Flat Top und Harkening Hill. Zum Sharp Top fahren auch Shuttles hinauf; die recht anspruchsvolle Wanderung ist hin und zurück 5,6 km lang.

🛏 Schlafen

In der Region gibt's neun **Campingplätze** (☑ 877-444-6777; www.recreation.gov; Stellplatz 19 US$; ☺ Mai–Okt.), vier davon in Virginia. Die gestaffelten Öffnungszeiten der Einrichtungen wechseln jedes Jahr, normalerweise sind sie jedoch von April bis November zugänglich. Zwei vom NPS empfohlene Quartiere, bei denen man ein festes Dach überm Kopf hat, befinden sich am Parkway in Virginia.

Rocky Knob Cabins   HÜTTE **$**
(☑ 540-593-3503; www.rockyknobcabins.com; 266 Mabry Mill Rd; Hütte ohne Bad 75 US$; ☺ Mai–Okt.; 🐾 P) Rustikale Hütten in einem abgeschiedenen Waldstreifen. Proviant mitnehmen, da es entlang des Pkwy nur wenige Verpflegungsmöglichkeiten gibt.

Peaks of Otter   LODGE **$$**
(☑ 540-586-1081; www.peaksofotter.com; Meile 86, 85554 Blue Ridge Pkwy; Zi. ab 130 US$; 🌐) Eine hübsche, von einem Holzzaun umgebene Lodge, die sich zwischen die zwei Berge schmiegt, die ihr den Namen gegeben haben. Es gibt ein Restaurant, aber kein öffentliches Telefon oder Handyempfang.

Roanoke & Umgebung

Roanoke, das von einem riesigen Stern auf dem Gipfel des Mill Mountain beleuchtet wird, ist die größte Stadt im Tal und die selbst ernannte „Hauptstadt des Blue Ridge“.

Das auffallende **Taubman Museum of Art** (www.taubmanmuseum.org; 110 Salem Ave SE; ☺ Di–Sa 10–17, Do & 1. Freitag des Monats bis 21 Uhr; P) GRATIS wurde 2008 eröffnet und ist in einem skulpturenähnlichen futuristischen Glas- und Stahlbau untergebracht, der an das Guggenheim Museum von Bilbao erinnert (nicht zufällig war der Architekt Randall Stout ein ehemaliger Mitarbeiter von Frank Gehry). Im Inneren ist eine herrliche Kunstsammlung ausgestellt, die 3500 Jahre überspannt (wobei besonders gut amerikanische Werke des 19. und 20. Jhs. vertreten sind).

Etwa 48 km östlich von Roanoke liegt die winzige Stadt Bedford, die im Zweiten Weltkrieg, gemessen an der Einwohnerzahl, die schwersten Verluste erlitten hatte und daher als Standort für das bewegende **National D-**Day Memorial (☑ 540-586-3329; US 460 & Hwy 122; Erw./Kind 7/5 US$; ☺ 10–17 Uhr) ausgewählt wurde. Unter einem hoch aufragenden Bogen inmitten eines Blumengartens sind mehrere Bronzefiguren von Soldaten aufgestellt, die den Strand stürmen, unbeeindruckt von den Wasserstrahlen, die für den Kugelhagel stehen, dem sie damals ausgesetzt waren. Geführte Spaziergänge (2 US$) finden stündlich zwischen 10.30 und 15.30 Uhr statt.

Rose Hill (☑ 540-400-7785; www.bandbrose hill.com; 521 Washington Ave; Zi. 100–125 US$) ist ein reizendes, freundliches B&B mit 3 Zimmern im historischen Stadtviertel von Roanoke.

Essen kann man im **Wildflour** (☑ 540-343-4543; 1212 4th St SW; Sandwiches unter 10 US$, Hauptgerichte mittags 15–24 US$; ☺ Mo–Sa 11–21 Uhr; P) 🍴. Hier gibt's herrliche, selbst gemachte Sandwiches und rustikale Fusion-Gerichte, die auf neuamerikanische Küche treffen. Als Vorspeisen gehören dazu u. a. Lachs mit Soja- und Ahornsirupglasur, und ein herzhafter Hackbraten.

Mt. Rogers National Recreation Area

Diese Gegend von erhabener Schönheit ist für Outdoor-Freaks unbedingt besuchenswert. Unter uralten Laubbäumen und mit Blick auf den höchsten Gipfel Virginias kann man wandern, angeln oder Skilanglauf betreiben. Bei der **Parkverwaltung** (☑ 800-628-7202, 276-783-5196; www.fs.usda. gov/gwj; 3714 Hwy 16, Marion) sind Karten und Verzeichnisse der Freizeitangebote erhältlich. Der NPS betreibt in dieser Gegend fünf Campingplätze; Zusatzinfos gibt's ebenfalls bei der Parkverwaltung.

Abingdon

Abington ist eine der fotogensten Städte von Virginia. In seinem historischen Viertel haben sich schöne Beispiele der Federal-Style- und der viktorianischen Architektur erhalten. Außerdem beherbergt sie in der ersten Augusthälfte das Bluegrass **Virginia Highlands Festival**. Das **Visitor Center** (☑ 800-435-3440; 335 Cummings St; ☺ 9–17 Uhr) hat Ausstellungen zur Geschichte der Gegend.

Das **Fields-Penn 1860 House Museum** (208 W Main St; Erw./Kind 3/2 US$; ☺ Mi 11–16, Do–Sa ab 13 Uhr) widmet sich dem Leben in Virginia im 19. Jh. Das während der Weltwirtschaftskrise gegründete **Barter**

Theatre (☎ 276-628-3991; www.bartertheatre.
com; 133 W Main St; Aufführungen ab 20 US$)
verdankt seinen Namen der Tatsache, dass
die Zuschauer die Aufführungen einst mit
Lebensmitteln bezahlten (*barter* bedeutet
Tauschgeschäft). Schauspieler wie Gregory
Peck und Ernest Borgnine (und wow, Wayne Knight alias *Seinfelds* „Newman") haben
hier laufen gelernt.

Der **Virginia Creeper Trail** (www.vacreeper
trail.org) wurde nach der Bahnlinie benannt,
die früher auf dieser Strecke fuhr. Er verläuft über 53 km zwischen Whitetop Station
in der Nähe der Grenze nach North Carolina
und der Innenstadt von Abingdon. Zahlreiche Ausrüster verleihen Räder, organisieren
Ausflüge und betreiben Shuttles, so z. B. der
Virginia Creeper Trail Bike Shop (☎ 276-
676-2552; www.vacreepertrailbikeshop.com; 201
Pecan St; Leihrad 2 Std./Tag 10/20 US$; ☺ So-Fr
9–18, Sa ab 8 Uhr) in der Nähe des Ausgangs-
punkts des Wanderwegs.

Das **Martha Washington Inn** (☎ 276-628-
3161; www.marthawashingtoninn.com; 150 W Main
St; Zi. ab 173 US$; P ✳ @ 🛜 🏊) liegt gegenüber
vom Barter und ist das beste historische
Hotel der Gegend. Es vermietet eine Reihe
eleganter Zimmer mit ausgezeichneten Annehmlichkeiten (holzgetäfelte Bibliothek,
Whirlpool im Freien, Salzwasserpool und
Tennisplätze).

Im **Pop Ellis Soda Shoppe** (217 W Main St;
Hauptgerichte 8–11 US$; ☺ Mo 11–16, Di–Sa bis 21
Uhr) reist man in der Zeit zurück. Das herrlich restaurierte Innere ist eine Reminiszenz
an die Getränkeautomaten der 1920er-Jah-
re. Riesige Burger, Wraps und Nachos sind
eine schöne Beigabe für selbst gemachte So-
das und Milchshakes.

Das **Zazzy'z** (380 E Main St; Hauptgerichte
ca. 5 US$; ☺ Mo–Sa 8–18, So 9–15 Uhr), Café und
Buchladen in einem, serviert preisgünstige
Quiches, Lasagne und Paninis und guten
Kaffee.

The Crooked Road

Als schottisch-irische Fideln und der Reel
(Volkstanz) auf afroamerikanische Banjo-
und Percussionmusik trafen, wurde die
amerikanische Musik der Berge geboren,
die sogenannte Old-Time-Music, darunter
Country und Bluegrass. Letzteres dominiert
immer noch die Blue Ridge und Virgina's Heritage Music Trail, die 250 Meilen (400 km)
lange **Crooked Road** (www.thecrookedroad.
org). Sie führt an neun Stätten vorbei, die
mit dieser Geschichte verbunden sind, obendrein gibt's noch ein tolles Bergpanorama,
so weit das Auge reicht. Es lohnt sich auf alle
Fälle, diesen Umweg zu machen und sich zu
den musikliebenden Fans aller Altersklassen
zu gesellen, die bei den festlichen Jamborees
mit ihren Schuhen stampfen (viele kommen
mit Stepschuhen hierher). Während einer
Liveshow kann man die Lebensfreude rüsti-
ger Senioren sehen, die eine Verbindung zu
ihren kulturellen Wurzeln suchen, und erlebt zugleich die Generation von Musikern,
die das Erbe am Leben erhalten.

FLOYD

Das winzige, postkartenreife Floyd ist nicht
mehr als eine Kreuzung zwischen dem Hwy
8 und dem Hwy 221. Doch freitagabends erwacht der **Floyd Country Store** (☎ 540-745-
4563; www.floydcountrystore.com; 206 S Locust
St; ☺ Di–Do 11–17, Fr bis 23, Sa bis 17, So 12–17 Uhr)
zum Leben. Start ist jeden Freitag um 18.30
Uhr. Für 5 US$ bekommt man vier Blue-
grass-Bands in vier Stunden und die Chance
geboten, den überglücklichen Zuschauern
dabei zuzusehen, wie sie ihr nationales Erbe

ABSTECHER

CARTER FAMILY FOLD

In einem winzigen Dörfchen im Südwesten Virginias, früher als Maces Spring bekannt
(heute ein Teil von Hiltons), findet man einen der geheiligten Geburtsorte der Old-Time-
Music. Das **Carter Family Fold** (☎ 276-386-6054; www.carterfamilyfold.org; AP Carter Hwy,
Hiltons; Erw./Kind 8/1 US$; ☺ Sa 19.30 Uhr) führt das musikalische Erbe fort, das mit der
talentierten Carter-Familie 1927 begonnen hat. Jeden Samstagabend beherbergt eine
Arena für 900 Personen erstklassige Bluegrass- und Gospelbands. Es gibt außerdem
ein Museum mit Erinnerungsstücken der Familie und der originalen Blockhütte aus dem
19. Jh., in der A. P. Carter geboren wurde. Da man in der Nähe nicht übernachten kann,
ist es das Beste, in Abington (30 Meilen, bzw. 48 km östlich), Kingsport (12 Meilen, bzw.
19 km südwestlich) in Tennessee oder Bristol (25 Meilen, bzw. 40 km südöstlich) zu
wohnen.

pflegen. Keine Zigaretten, kein Alkohol, aber viel Tanz (im Jig-and-Tap-Stil) und gute Stimmung. An den Wochenenden gibt's in der Umgebung jede Menge Livemusik.

Das **Hotel Floyd** (☑540-745-6080; www.hotelfloyd.com; 120 Wilson St; Zi. 85–145 US$; P✲🖥🐾) ◢ wurde 2007 mit nachhaltig gewonnenen und hergestellten Materialien und Möbeln errichtet. Es ist eines der grünsten Hotels in Virginia und ein Vorbild in puncto umweltbewusstes Bauen. Jedes der 14 einmaligen Zimmer wurde von Künstlern der Region gestaltet. 8 Meilen (13 km) westlich von Floyd bietet das **Miracle Farm B&B** (☑540-789-2214; www.miraclefarmbnb.com; 179 Ida Rose Lane; Zi. 125–155 US$; P✲🖥) herrliche Öko-Hütten in grüner Umgebung.

Wenn nichts mehr geht, macht man sich ins **Oddfella's** (☑540-745-3463; 110 N Locust St; Hauptgerichte mittags 7–14 US$, abends 8–21 US$; ⊙Mi-Sa 11–14.30, Do-So 17–21, So 10–15 Uhr; P🐾) ◢ auf. Auf der Speisekarte steht vor allem Tex-Mex, aber auch Bio-Food aus dem Wald – und ein ordentliches, vor Ort gebrautes Bier aus der kleinen Shooting Creek Brewery.

Das **Natasha's Market Cafe** (☑540-745-2450; 227 N Locust St; Hauptgerichte Mittagessen/Abendessen ab 8/16 US$; ⊙Di-Sa 11–15, Do-Sa 17.30–21 Uhr) liegt über dem Bioladen Harvest Moon. Es ist ein heller und fröhlicher Laden, wo Bio-Produkte aus der Region dem Teller landen.

GALAX

Galax erhebt für sich den Anspruch, die Hauptstadt der Old-Time-Music zu sein. Außerhalb des unmittelbaren Zentrums, das zum National Register of Historic Places gehört, wirkt es aber wie ein ganz normales Dorf. Die Hauptattraktion ist das **Rex Theater** (☑276-236-0329; www.rextheatergalax.com; 113 E Grayson St), eine muffige Schönheit in rotem Samt. Regelmäßig stehen Bluegrass-Bands auf der Bühne, am leichtesten aber kommt man in die kostenlose Liveshow von WBRF 98.1, die freitagabends Massen aus den Bergen lockt.

Tom Barr vom **Barr's Fiddle Shop** (☑276-236-2411; http://barrsfiddleshop.com/; 105 S Main St; ⊙Mo-Sa 9–17 Uhr) ist der Stradivari der Berge, ein Meisterhandwerker, der von Fiedel- und Mandolinenanhängern aus der ganzen Welt aufgesucht wird. Die **Old Fiddler's Convention** (www.oldfiddlersconvention.com) findet jedes Jahr in Galax statt und ist eines der besten Old-Time-Music-Festivals der Welt.

Das **Doctor's Inn** (☑276-238-9998; thedoctorsinnvirginia.com; 406 W Stuart Dr; Zi. 150 US$; P✲🖥) ist ein gastfreundliches Gästehaus mit Kammern voller Antiquitäten und ausgezeichnetem Frühstück.

Das **Galax Smokehouse** (☑276-236-1000; 101 N Main St; Hauptgerichte 7–18 US$; ⊙Mo-Sa 11–21, So bis 15 Uhr) serviert BBQ-Teller mit süßer Sauce im Memphis-Stil.

WEST VIRGINIA

Das wilde, wunderbare West Virginia wird von amerikanischen und ausländischen Reisenden gleichermaßen oft übersehen. Das liegt wohl daran, dass der Staat anscheinend nicht in der Lage ist, all die negativen Klischees, die mit ihm verbunden sind, zu widerlegen. Das ist jammerschade, muss sich doch West Virginia sicher nicht verstecken. Die ursprünglichen, grün bewaldeten Berge mit rauschenden Wildwasserläufen und schneebedeckten Wintersportorten sind ein wahres Paradies für Outdoor-Aktivisten.

Die Menschen hier halten sich immer noch für die ärmlichen Söhne der einstigen Minenarbeiter – und diese Einstellung ist gar nicht so weit von der Realität entfernt. Aber der Mountain State wird gerade luxussaniert. In diesem Fall ist das eine gute Sache. Im Tal blüht die Kunst und einige Städte bieten eine willkommene Abwechslung von den stetig zunehmenden Unternehmungen in der freien Natur.

Geschichte

Virginia war früher der größte Bundesstaat der USA und erstreckte sich von den Plantagen der Küstenregion bis zu den Bergen, die jetzt West Virginia bilden. Diese waren besiedelt von beinharten Farmern, die ihre unabhängigen Besitzrechte über die Appalachen ausdehnten. Ihren östlichen Verwandten gegenüber waren sie immer ein wenig skeptisch eingestellt – vor allem zu deren Ausbeutung von billiger (d.h. Sklaven-)Arbeitskraft. Und so erklärte das Bergvolk von West Virginia seine Unabhängigkeit, als Virginia versuchte, sich während des Bürgerkriegs von den USA abzuspalten.

Allerdings wurde die konfrontationslustige „Unabhängig um jeden Preis"-Einstellung im späten 19. und frühen 20. Jh. auf die Probe gestellt, als die Minenarbeiter Gewerkschaften gründeten und ihre Arbeitgeber in einer der blutigsten Auseinandersetzungen

KURZINFOS WEST VIRGINIA

Spitzname Mountain State

Bevölkerung 1,85 Mio.

Fläche 62 791 km^2

Hauptstadt Charleston (52 000 Ew.)

Weitere Städte Huntington (49 000 Ew.), Parkersburg (31 500 Ew.), 4 Morgantown (29 500 Ew.), Wheeling (28 500 Ew.)

Verkaufssteuer 6 %

Geburtsort von der olympischen Turnerin Mary Lou Retton (geb. 1968), Schriftsteller Pearl S. Buck (1892–1973), Flugpionier Chuck Yeager (geb. 1923), Schauspieler Don Knotts (1924–2006)

Heimat von The National Radio Astronomy Observatory, großen Teilen der amerikanischen Kohle-Industrie

Politische Ausrichtung republikanisch

Berühmt für Berge, John Denver's „Take Me Home, Country Roads", die Hatfield–McCoy-Fehde

Staatsslogan *Wild and Wonderful* (Wild und wunderbar)

Entfernungen Harpers Ferry–Fayetteville 280 Meilen (451 km), Fayetteville–Morgantown 148 Meilen (238 km)

der amerikanischen Arbeiterbewegung bekämpften. Der seltsame Mix aus einer Allergie gegen alle Autoritäten und besorgtem nachbarschaftlichen Gemeinschaftssinn prägt auch noch das heutige West Virginia.

❶ Praktische Informationen

West Virginia Division of Tourism (☎ 800-225-5982; www.wvtourism.com) unterhält an den Staatsgrenzen und in **Harpers Ferry** (☎ 304-535-2482) Touristenbüros. Auf www.adventuresinwv.com findet man Infos zu den unzähligen Outdoor-Aktivitäten im Bundesstaat.

Viele Hotels und Motels verlangen eine Safe-Gebühr von 1 US$, die beim Auschecken auf Anfrage zurückerstattet wird. Wer also seinen Safe nicht benutzt hat, sollte sich seinen Dollar zurückholen.

Eastern Panhandle

Der zugänglichste Teil des Bundesstaates war immer und wird immer der bergige Rückzugsort für die Leute aus D.C. sein.

Harpers Ferry

In dieser hübschen Stadt mit steilen kopfsteingepflasterten Straßen, die von den Shenandoah Mountains und dem Zusammenfluss der rauschenden Flüsse Potomac und Shenandoah eingerahmt wird, wird Geschichte lebendig. Der untere Teil der Stadt ist ein Freiluftmuseum mit über einem Dutzend Gebäuden, die man durchwandern kann, um eine Vorstellung vom Leben in einer Kleinstadt des 19. Jhs. zu bekommen. In Ausstellungen wird die Rolle der Stadt als Vorposten zur Expansion gen Westen, in der amerikanischen Industrialisierung und, am berühmtesten, in der Geschichte der Antisklavereibewegung erzählt. 1859 versuchte der alte John Brown, hier einen Sklavenaufstand anzuzetteln und wurde für seine Bemühungen gehängt. Der Vorfall vertiefte die Spannungen zwischen Norden und Süden bis hin zu den Schlachten des Bürgerkriegs.

Im **Harpers Ferry National Historic Park Visitor Center** (☎ 304-535-6029; www.nps.gov/hafe; 171 Shoreline Dr; pro Pers./Fahrzeug 5/10 US$; ⏰ 8–17 Uhr; 🚻) 🅿 am Hwy 340 bekommt man einen Pass, mit dem man die historischen Gebäude besuchen kann. Hier kann man auch parken und einen kostenlosen Shuttlebus nehmen. Direkt in Harpers Ferry gestaltet sich die Parkplatzsuche extrem schwierig.

◉ Sehenswertes & Aktivitäten

In der Region gibt es tolle Wanderrouten, z. B. den Maryland Heights Trail mit dreistündigen Klettertouren und malerischen Ausblicken, den Loudoun Heights Trail vorbei an Befestigungen aus dem Bürgerkrieg oder den Appalachian Trail. Man kann auch den Treidelpfad am C&O Canal entlangwandern oder -radeln.

Master Armorer's House   HISTORISCHE STÄTTE
(☎ 304-535-6029; www.nps.gov/hafe; 171 Shoreline Dr, Harpers Ferry) GRATIS Zu den Sehenswürdigkeiten im historischen Viertel mit freiem Eintritt gehört auch dieses 1858 erbaute Haus, in dem anschaulich gezeigt wird, wie die Entwicklung des Gewehrbaus die Waffenindustrie revolutionierte.

Storer College Building   MUSEUM
(☎ 304-535-6029; www.nps.gov/hafe; 171 Shoreline Dr, Harpers Ferry) GRATIS Das Gebäude, einst ein Lehrer-College für befreite Sklaven, widmet sich heute der afroamerikanischen Geschichte dieser Stadt.

John Brown Wax Museum MUSEUM

(☏ 304-535-6342; www.johnbrownwaxmuseum. com; 168 High St, Harpers Ferry; Erw./Kind 7/5 US$; ☺ Winter 9–16.30, Sommer 10–17.30 Uhr) Wer etwas für Kitsch übrig hat, darf sich diese ultimative – und überteuerte – Attraktion, das John Brown Wax Museum, nicht entgehen lassen. Brown, ein gewissermaßen unausgeglichener, wenn auch unerschrockener Fanatiker, war der Anführer einer hier gegen die Sklaverei losgetretenen, aber schlecht geplanten Revolte, die mit zum Ausbruch des Bürgerkriegs beitrug. Das seinem Leben und seinen Taten gewidmete Museum ist lächerlich altbacken und lohnt genau deshalb einen Besuch; es fehlt jede Spur von historischer Genauigkeit, enthält alberne Animationen und eine Licht-und-Ton-Show der allerübelsten Sorte.

Appalachian Trail Conservancy WANDERN

(☏ 304-535-6331; www.appalachiantrail.org; 799 Washington Trail, Ecke Washington St & Jackson St; ☺ April–Okt. MO–Fr 9–17 Uhr) Der 3476 km lange Appalachian Trail hat hier sein Hauptbüro, das eine hervorragende Infoquelle für Wanderer ist.

River Riders ABENTEUERSPORT

(☏ 800-326-7238; www.riverriders.com; 408 Alstadts Hill Rd) Die ideale Adresse für Rafting, Kanufahren, Tubing, Kajakfahren und mehrtägige Radtouren – einen Fahrradverleih gibt es hier ebenfalls.

🛏 Schlafen & Essen

HI-Harpers Ferry Hostel HOSTEL $

(☏ 301-834-7652; www.hiusa.org; 19123 Sandy Hook Rd, Knoxville, MD; B 20 US$; ☺ Mitte April–Mitte Okt.; P ✳ @ ☎) Das sympathische Hostel liegt 2 Meilen (3,2 km) von der Innenstadt entfernt auf der Maryland-Seite des Potomac River und hat jede Menge Annehmlichkeiten zu bieten, etwa eine Küche, eine Wäscherei und einen Aufenthaltsbereich mit Spielen und Büchern.

Jackson Rose B & B $$

(☏ 304-535-1528; www.thejacksonrose.com; 1167 W Washington St; Zi. Wochentag/Wochenende 135/150 US$; ✳ ☎) Elegante Gärten umgeben die herrliche Backstein-Residenz aus dem 18. Jh. In einem der drei hübschen Gästezimmer hat Stonewall Jackson während des Bürgerkriegs für kurze Zeit gewohnt. Alte Möbel und ebensolche Kuriositäten sind über das Haus verteilt. Das Frühstück ist ausgezeichnet. Zum historischen Viertel

sind es 600 m den Berg hinunter. Kinder unter zwölf Jahren sind nicht erwünscht.

Town's Inn B & B $$

(☏ 877-489-2447, 304-702-1872; www.thetownsinn. com; 175 & 179 High St; Zi. 70–140 US$; ✳) Das Town's erstreckt sich zwischen zwei benachbarten Residenzen aus der Zeit vor dem Bürgerkrieg und hat verschiedene Zimmer, von klein und minimalistisch bis zu zauberhaft und im historischen Stil eingerichtet. Es liegt mitten im historischen Viertel und hat ein Restaurant mit Tischen drinnen und draußen.

Canal House AMERIKANISCH $$

(1226 Washington St; Hauptgerichte 7–14 US$; ☺ Mi–Sa 11–15, Do–Sa 17.30–20.30, So 12–18 Uhr; 🚶) Vom historischen Viertel etwa 1,5 km westlich und den Berg hinauf gelegen. Das Canal House, ein von Blumen eingerahmtes Steinhaus, ist dank seiner köstlichen Sandwiches und des freundlichen Services ein Dauerbrenner. Man kann auch draußen sitzen.

Anvil AMERIKANISCH $$

(☏ 304-535-2582; 1270 Washington St; Hauptgerichte mittags 8–12 US$, Hauptgerichte abends 15–24 US$; ☺ Mi–So 11–21 Uhr) Forellen aus der Region werden mit Honig-Pekannuss-Butter veredelt und in einem eleganten Speisesaal im Federal Style serviert: Das ist Stil im Anvil. Es befindet sich im benachbarten Bolivar.

Beans in the Belfry AMERIKANISCH $$

(☏ 301-834-7178; 122 W Potomac St, Brunswick, MD; Hauptgerichte unter 10 US$; ☺ Mo–Sa 9–21, So bis 19 Uhr; ☎ 🚶) Über den Fluss in Brunswick, MD, etwa 10 Meilen (16 km) östlich, findet

---

ABSTECHER

MYSTERIEN AM STRASSENRAND

Im **Mystery Hole** (☏ 304-658-9101; www.mysteryhole.com/; 16724 Midland Trail, Ansted; Erw./Kind 6/5 US$; ☺ 10.30–18 Uhr), einer der großen Straßenrand-Attraktionen der USA, kann man Zeuge davon werden, wie den Gravitationsgesetzen und den Grenzen des guten Geschmacks ein Schnippchen geschlagen wird. Alles in diesem Irrenhaus ist irgendwie schräg! Es liegt 1 Meile (1,6 km) westlich vom Hawks Nest State Park. Um zu erfahren, an welchen Tagen geöffnet ist, sollte man vorher anrufen.

man diese umgebaute Kirche aus rotem Backstein. Die Innenräume bestehen aus bunt zusammengewürfelten Sofas und mit Kitsch überladenen Wänden. Auf den Tisch kommen leichte Speisen (Chili, Sandwiches, Quiche), während auf einer winzigen Bühne an den meisten Abenden Folk-, Blues- und Bluegrassbands spielen. Der sonntägliche Jazzbrunch (18 US$) ist ein Hit.

❶ Anreise & Unterwegs vor Ort

Amtrak (www.amtrak.com) Züge fahren zur Union Station in Washington (14 US$, 1-mal tgl., 71 Min.). **MARC Train** (mta.maryland.gov) startet dreimal täglich von Montag bis Freitag.

Berkeley Springs

Amerikas ältester Kurort – schon George Washington erholte sich hier – ist ein seltsamer Mix aus Spiritualismus, künstlerischer Freiheit und übersteigertem Wohlfühlbewusstsein. In den Straßen von Bath (wie das Städtchen offiziell immer noch heißt) begegnen sich Farmer in Pickups, an denen die Flagge der Konföderierten flattert, und Akupunkteure in Batik-Arbeitskitteln, ohne Verständnis füreinander zu zeigen.

Die **Roman Baths** (☎304-258-2711; www.berkeleyspringssp.com/spa.html; 2 S Washington St; Bad 22 US$; ⊙10–18 Uhr) im Berkeley Springs State Park präsentieren sich wenig einladend als in schummriges Licht getauchte, gefliese Umkleidekabinen, sie sind aber das preiswerteste Bad in der Stadt. Man kann sich die Wasserflasche mit dem Wasser füllen, das aus dem Brunnen vor dem Eingang sprudelt. Wer eine Erfahrung sucht, die mehr Wohlbefinden verspricht, kann auf der anderen Seite der Grünfläche, im **Bath House** (☎800-431-4698; www.bathhouse.com; 21 Fairfax St; 1-stündige Massage 75 US$; ⊙10–17 Uhr), Behandlungen (Massage, Gesichtskosmetik, Aromatherapie) buchen.

Der **Cacapon State Park** (☎304-258-1022; 818 Cacapon Lodge Dr; Lodge/Hütte ab 85/91 US$) liegt gut 14 km südlich von Berkley Springs (an der US 522) und bietet in einer waldreichen Umgebung einfache Lodge-Unterkünfte sowie moderne und rustikale Hütten (mit Kamin). Man kann auch wandern, im See schwimmen und an Golfkursen teilnehmen.

Das **Tari's** (☎304-258-1196; 33 N Washington St; Mittagessen 8–12 US$, Abendessen 19–27 US$; ⊙11–21 Uhr; ✏) ✿ ist ein für Berkeley Springs typischer Treffpunkt und bietet frische, aus regionalen Produkten zubereitete

Menüs sowie gute vegetarische Gerichte. Sie werden in einer lässigen Umgebung serviert, in der alle Anzeichen eines guten Karmas vorhanden sind.

Monongahela National Forest

Fast die gesamte östliche Hälfte von West Virginia erscheint auf der Landkarte als grüne Parklandschaft und dieser ganze Reichtum wird vom überwältigenden Monongahela National Forest geschützt. Innerhalb seiner über 3600 km² gibt es reißende Flüsse, Höhlen und den höchsten Gipfel des Staates Virginia (Spruce Knob). Zu dem rund 1370 km langen Netz an Wanderwegen gehören auch der 200 km lange, bei Wanderern beliebte **Allegheny Trail** sowie der besonders von Radfahrern geschätzte 121 km lange **Greenbrier River Trail**.

Elkins, an der westlichen Grenze des Parks gelegen, ist ein guter Ausgangspunkt. Die **National Forest Service Headquarters** (☎304-636-1800; 200 Sycamore St; Stellplatz Zelt 5–30 US$, einfacher Stellplatz kostenlos) verteilen Freizeitführer zum Wandern, Radfahren und Campen. Die Vorräte an Studentenfutter, Müsliriegeln usw. kann man bei **Good Energy Foods** (214 3rd St; ⊙Mo–Sa 9–17.30 Uhr) aufstocken.

Am südlichen Ende des Waldes findet man im **Cranberry Mountain Nature Center** (☎304-653-4826; Ecke Hwy 150 & Hwy 39/55; ⊙Mai–Okt. Do–Mo 9–16.30 Uhr) wissenschaftlich fundierte Informationen über den Wald und das umliegende, 3 km² große Ökosystem, das größte seiner Art in Virginia.

Die surreal wirkende Landschaft der **Seneca Rocks** erstreckt sich 35 Meilen (56 km) südlich von Elkins und zieht Kletterer an, die die 274 hohen Sandsteinwände besteigen. Der **Seneca Shadows Campground** (☎877-444-6777; Stellplatz Zelt 11–30 US$; ⊙April–Okt.) liegt 1 Meile (1,6 km) weiter östlich.

Südliches West Virginia

Dieser Teil von West Virginia hat sich zum nicht zu unterschätzenden Abenteuerspielplatz an der Ostküste gemausert.

New River Gorge National River

Der New River ist genau genommen einer der ältesten Flüsse der Welt. Die urzeitliche, bewaldete Schlucht, durch die er fließt, gehört zu den atemberaubendsten in den Appalachen. Der NPS schützt einen Abschnitt des New River, der auf einer Strecke von 80 km 228 Höhenmeter hinunterrauscht; am nördlichen Ende gibt's dicht aneinandergedrängte Stromschnellen bis Klasse V.

Das **Canyon Rim Visitor Center** (☎304-574-2115; www.nps.gov/neri; 162 Visitor Center Road Lansing, WV, GPS 38.07003 N, 81.07583 W; ☺9–17 Uhr; 🚻) 🍃, gleich nördlich der eindrucksvollen Brücke über die Schlucht, ist eines von fünf NPS-Centern am Fluss. Hier gibt's Infos zu malerischen Strecken, Ausrüstern für Unternehmungen am Fluss, Klettertouren in den Schluchten, Wanderungen und Mountainbiken sowie Raftings auf dem Gauley River im Norden. Pfade am Rand oder in der Tiefe der Schlucht bieten grandiose Ausblicke. Es gibt mehrere einfache und kostenlose Campingplätze.

Von der **Lodge** (☎304-658-5212; www.hawksnestsp.com; Zi. 86–128 US$; ❄🛜) am Rand der Schlucht im nahe gelegenen **Hawks Nest State Park** ist der Ausblick nicht weniger faszinierend; von Juni bis Oktober fährt eine Seilbahn hinunter zum Fluss (Mi. geschl.), wo man eine Bootsrundfahrt unternehmen kann.

Im **Babcock State Park** (☎304-438-3004; www.babcocksp.com; Hütte 77–88 US$, Stellplatz 20–23 US$) kann man wandern, Kanu fahren und reiten, zelten und in Hütten übernachten. Das Highlight des Parks ist die fotogene Glade Creek Grist Mill.

Fayetteville & Umgebung

Das winzige Fayetteville dient als Sprungbrett für alle, die den Adrenalinkick auf dem New River suchen, und gilt außerdem als cooles Bergstädtchen. Am dritten Samstag im Oktober stürzen sich beim **Bridge Day**

Festival Hunderte Fallschirmspringer von der 267 m hohen New River Gorge Bridge in die Tiefe.

Unter den vielen staatlich zertifizierten Rafting-Veranstaltern dieser Gegend ist besonders **Cantrell Ultimate Rafting** (☎304-574-2500, 304-663-2762; www.cantrellultimaterafting.com/; 49 Cantrell Dr; Package ab 60 US$) mit seinen Wildwassertouren zu nennen. **Hard Rock** (☎304-574-0735; www.hardrockclimbing.com; 131 South Court St; halb-/ganztags ab 75/140 US$) bietet Touren und Trainingskurse für Felskletterer an.

Das Bergwerksmuseum **Beckley Exhibition Coal Mine** (☎304-256-1747; www.beckley mine.org; Erw./Kind 20/12 US$; ☺April–Okt.10–18 Uhr) im benachbarten Beckley illustriert die Geschichte des Kohlebergbaus in dieser Region. Besucher können bis zu 500 m tief in eine ehemalige Kohlengrube einfahren. Eine Jacke mitnehmen, denn da unten ist es recht kalt!

Das **River Rock Retreat Hostel** (☎304-574-0394; www.riverrockretreatandhostel.com; Lansing-Edmond Rd; B 23 US$; 🅿❄), weniger als 1 Meile (1,6 km) nördlich der New River Gorge Bridge gelegen, hat einfache, saubere Zimmer und großzügige Gemeinschaftsräume. Besitzerin Joy Marr ist eine unerschöpfliche Quelle für Informationen zur Region. 2 Meilen (3,2 km) südlich der Brücke liegt der **Rifrafters Campground** (☎304-574-1065; www.rifrafters.com; Laurel Creek Rd; Stellplatz Zelt 12 US$, Hütte DZ/4BZ 40/80 US$). Er hat einfache Stellplätze, gemütliche Hütten, warme Duschen und Waschgelegenheiten.

Im **Cathedral Café & Bookstore** (☎304-574-0202; 134 S Court St; Hauptgerichte 5–8 US$; ☺7:30–16 Uhr; 🛜🍴) 🍃 kann man den Tag mit einem Frühstück und Kaffee unter Buntglasfenstern beginnen.

Der Süden

Gut essen

➡ Proof (S. 424)

➡ Prince's Hot Chicken (S. 411)

➡ Boucherie (S. 489)

➡ Octopus Bar (S. 438)

➡ Restaurant August (S. 489)

Schön übernachten

➡ 21c Museum Hotel (S. 422)

➡ Nashville Downtown Hostel (S. 409)

➡ Lodge on Little St. Simons (S. 450)

➡ Shack Up Inn (S. 461)

➡ Mansion on Forsyth Park (S. 448)

Auf in den Süden!

Mehr als andere Landesteile besitzt der Süden eine eigene Identität, die sich im Dialekt, einer komplizierten politischen Vergangenheit und dem Stolz auf die Kultur manifestiert. Der Süden mit seinem politischen und kulturellen Erbe ist geprägt von alten Wurzeln, aber auch Entbehrungen. Idole wie Martin Luther King Jr., Rosa Parks, Bill Clinton, William Faulkner, Eudora Welty und Flannery O'Connor stammen – wie Barbecue, Bourbon und Coca-Cola – aus dem Süden. Auch der Blues entstand hier, der wiederum neue Stile wie den Rock'n'Roll, Soul und Pop hervorbrachte. Die Städte des Südens gehören zu den faszinierendsten des Landes, darunter historische Schönheiten wie New Orleans und Savannah sowie Wirtschaftsmetropolen wie Atlanta und Nashville.

Das Highlight der Region ist jedoch die legendäre Gastfreundschaft. Die Menschen hier lieben es, ein Schwätzchen zu halten, und wer lange genug bleibt, wird sicher mal von einem Einheimischen zum Abendessen eingeladen.

Reisezeit
New Orleans

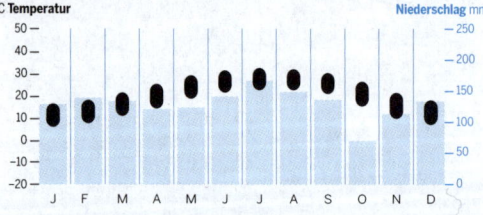

Nov.–Feb. Der Winter ist im Allgemeinen mild, und Weihnachten wird mit viel Inbrunst gefeiert.

April–Juni Im grünen, warmen Frühling blühen duftender Jasmin, Gardenien und Tuberosen.

Juli–Sept. Im Sommer ist es oft sehr schwül, und die Einheimischen stürmen die Strände.

Die Kultur des Südens verstehen

Die Südstaatler sind die Zielscheibe für Witze ihrer Landsleute: Sie gelten als langsam und als Trinker, sie reden komisch, schrauben stets an ihren Pick-ups herum und heiraten ihre Cousins und Cousinen. In Wahrheit sind die Menschen hier meist freundlich und entspannt, der Bauerntölpel ist die Ausnahme. Der Südstaatler von heute kann vieles sein: ein in Mumbai geborener Motelinhaber in Arkansas, ein plappernder Investmentbanker in Atlanta oder ein flippiger, schwuler Mittzwanziger in der trendigen Midtown von Memphis.

Die Menschen des Südens lieben Sport, aber auch die Künste gedeihen in historischen Städten wie Charleston und Savannah. Collegestädte wie Chapel Hill, Knoxville und Athens sind berühmt für ihre Indie-Musikszene. Und nicht zuletzt spielt Religion eine große Rolle. Der Bible Belt verläuft direkt durch den Süden: Rund 50% der Menschen hier bezeichnen sich als evangelikale Christen.

DER SÜDEN FÜR MUSIKLIEBHABER

Die US-amerikanische Musikgeschichte ist die Geschichte der Südstaaten-Musik. Blues, Bluegrass, Jazz, Gospel, Country und Rock'n'Roll haben hier ihre Ursprünge. Zu den musikalischen Hotspots gehören Nashville, die Heimat der Countrymusik mit den wohl stimmungsvollsten Kneipen der Welt, Memphis mit seinen Clubs, in denen Blues-Musiker grooven, und New Orleans, wo es erstklassigen Jazz, Blues und Zydeco auf die Ohren gibt. Asheville in North Carolina gilt als aufstrebendes Zentrum der Appalachen-Musik, Kentucky als Wiege des Bluegrass.

Typische Gerichte

➜ **Barbecue** (in der ganzen Region, besonders in North Carolina und Tennessee)

➜ **Brathähnchen** bzw. **Fried Chicken** (in der ganzen Region)

➜ **Maisbrot** (in der ganzen Region)

➜ **Shrimps auf Maisgrütze** (South Carolina und Georgia)

➜ **Boudin** (Schweinefleisch-Reis-Bällchen; Süd-Louisiana)

➜ **Gumbo/Jambalaya/Étouffée** (Eintopf aus Reis sowie Seafood und/oder Fleisch; Süd-Louisiana)

➜ **Po'boy** (Sandwich, traditionell mit gebratenen Meeresfrüchten oder Fleisch; Süd-Louisiana)

➜ **Heiße Tamales** (mit würzigem Rind oder Schwein gefüllter Maisteig; Mississippi-Delta)

➜ **Collards** (meist mit Schinken gekochter Markstammkohl; in der ganzen Region)

➜ **Pekannusspastete, Kokoskuchen, Red Velvet Cake, Süßkartoffelpastete** (in der ganzen Region)

➜ **Bourbon** (Kentucky)

SCHON GEWUSST?

Der Süden ist mit einem Anteil von 14,3% an der Gesamtbevölkerung die am schnellsten wachsende US-Region.

Kurzinfos

➜ **Spitzname** Dixie

➜ **Größte Städte** Atlanta, Charlotte, Memphis

➜ **Zeitzonen** Eastern & Central Standard Time

Scenic Drives

➜ **Blue Ridge Parkway** North Carolina–Virginia (www.blueridgeparkway.org)

➜ **Natchez Trace** Tennessee–Mississippi (www.nps.gov/natr)

➜ **Hwy 12** Outer Banks (NC)

➜ **Kentucky Bourbon Trail** (S. 428) Den Lieblingslikör der Einheimischen kosten

➜ **Blues Highway** (S. 463) Der legendäre Hwy 61 von Memphis bis Crossroads

DER SÜDEN

Infos im Internet

➜ **Visit South** (www.visitsouth.com) Sehenswertes und Aktivitäten

➜ **South Carolina** (www.discoversouthcarolina.com) Offizielle Tourismusseite des Bundesstaates; eine der besseren ihrer Art.

➜ **North Carolina** (www.visitnc.com) Roadtrips, Asheville und die Küste

➜ **Tennessee** (www.tnvacation.com) Events, Aktivitäten und Sehenswertes

➜ **Louisiana** (www.louisianatravel.com) Cajun-Infos

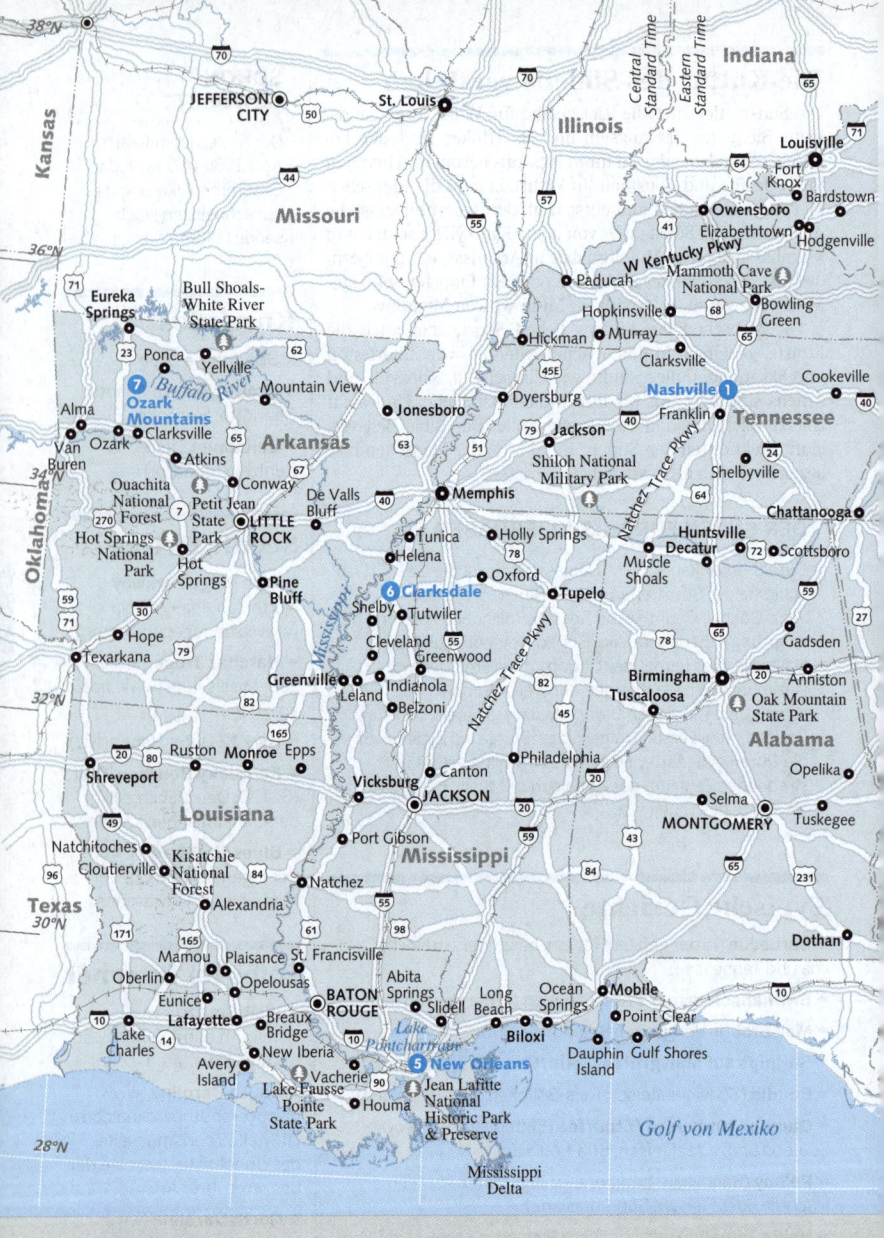

Highlights

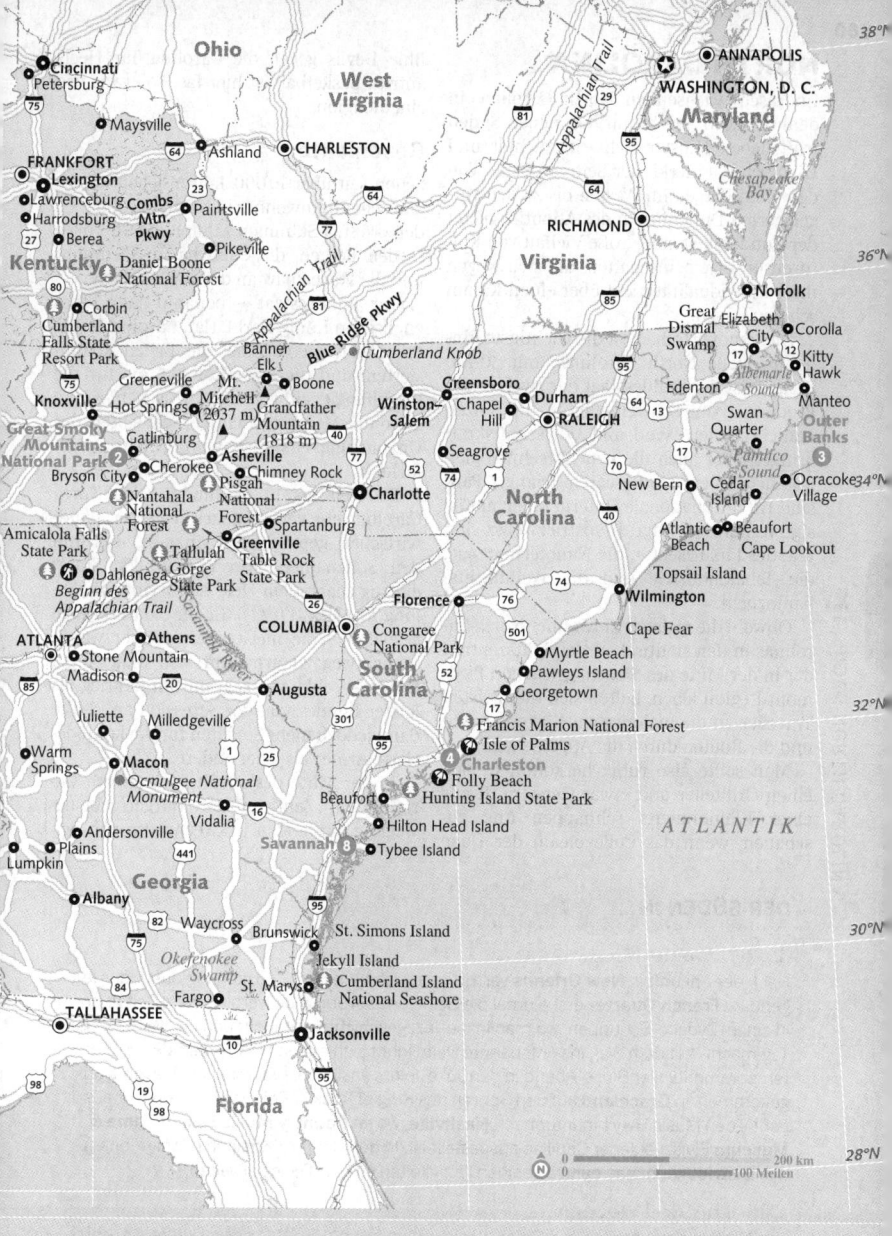

Hauptstädte Amerikas, den Bauch mit Cajun-Gerichten vollschlagen

6 In Clarksdale, Mississippi, der Seele, dem Rhythmus, der Geschichte und dem Erbe

des **Delta Blues Museum** (S. 461) nachspüren

7 In Arkansas die Höhlen, Berge, Flüsse und Wälder der **Ozark Mountains** (S. 471), der Heimat des Folk, erkunden

8 Sich im historischen **Savannah** (S. 445) von Spuk- und Mördergeschichten und der für den Süden typischen Gastfreundlichkeit in den Bann ziehen lassen

NORTH CAROLINA

Im rasch wachsenden North Carolina, in dem der „Old South" auf den neuen Süden trifft, leben Hipster, Schweinezüchter und Hightech-Wunderkinder Seite an Seite. Von den alten Bergen im Westen bis zu den vorgelagerten Düneninseln des Atlantiks bietet der Bundesstaat eine große Vielfalt von Kulturen und Gemeinschaften, die sich wegen ihrer Individualität nicht über einen Kamm scheren lassen.

Die Landwirtschaft ist die wichtigste Einnahmequelle North Carolinas; mit 50 400 Farmen ist der Bundesstaat der zweitgrößte Produzent von Schweinefleisch im ganzen Land. Frischen Wind und Wirtschaftskraft bringen aber auch die neuen Technologien mit sich. Allein im Research Triangle Park sind 170 internationale Unternehmen ansässig. Weitere wichtige Industriezweige sind u. a. der Finanzsektor, die Nanotechnologie, die Tabakindustrie und die Weihnachtsbaumzucht.

Obwohl die meisten Einwohner North Carolinas in den städtischen Geschäftszentren der in der Mitte des Staates gelegenen Piedmont-Region leben, halten sich die meisten Traveller an die malerischen Küstenstraßen und die Routen durch die Appalachen.

Man sollte also ruhig herkommen, sich einen Grillteller und etwas Gerstensaft aus einer Kleinbrauerei schnappen und zuschauen, wenn das Collegeteam der Duke Blue Devils gegen die Carolina Tar Heels antritt. Basketball ist hier fast so etwas wie eine Religion.

Geschichte

Schon seit über 10 000 Jahren leben amerikanische Ureinwohner in North Carolina. Zu den größten Stämmen zählten die Cherokee in den Bergen, die Catawba im Piedmont und die Waccamaw an der Küstenebene.

Der Bundesstaat – benannt nach dem englischen König Karl I. (lat. Carolus) – war das zweite Gebiet, das die Briten kolonisierten, und die erste Kolonie, die für die Unabhängigkeit von der britischen Krone stimmte. Mehrere wichtige Schlachten des Unabhängigkeitskriegs wurden hier ausgefochten.

Bis weit ins 19. Jh. hinein blieb North Carolina ein verschlafenes, von der Landwirtschaft geprägtes Provinznest, was ihm den Spitznamen „Rip Van Winkle State" eintrug (nach dem Held aus Irvings Erzählung *Rip Van Winkle*). In der Sklavereifrage gespalten – die meisten Einwohner waren schlichtweg zu arm, um sich Sklaven zu halten –, schloss es sich im Bürgerkrieg als letzter Bundesstaat der Sezession an, stellte dann jedoch mehr Soldaten für die konföderierte Armee als jeder andere.

In der Mitte des 20. Jhs. war North Carolina ein Zentrum der Bürgerrechtsbewegung. So fanden in Greensboro von den

DER SÜDEN IN …

… einer Woche

Nach der Ankunft in **New Orleans** vertritt man sich bei einem Spaziergang durch das legendäre **French Quarter** erst einmal die Beine und verbringt die verbleibende Zeit dann in einem Zydeco-Schuppen, wo man in die Jazzgeschichte eintaucht und die Nacht zum Tag macht. Auf dem Weg ins entspannte Delta lohnt sich ein Halt in **Clarksdale**, wo ein temperamentvoller Blues-Abend in den Juke Joints ansteht, bevor man, in **Memphis** angekommen, in **Graceland** auf den Spuren des King of Rock 'n' Roll wandelt. Von hier aus geht's den Music Hwy hinunter nach **Nashville**, wo im **Country Music Hall of Fame & Museum** Elvis' goldener Cadillac ausgestellt ist. In den Country-Kneipen (Honky Tonks) des **District** kann man dann an seinen Fähigkeiten im Line Dance arbeiten.

… zwei bis drei Wochen

Von Nashville aus geht es gen Osten zu einer Wanderung inmitten der zerklüfteten Gipfel und Wasserfälle des **Great Smoky Mountains National Park**, bevor man eine erholsame Nacht im künstlerisch angehauchten Gebirgsstädtchen **Asheville** verbringt und das unverschämt protzige **Biltmore Estate**, das größte Privathaus der USA, besichtigt. Danach führt die Reise weiter an die Küste, wo die sandigen Düneninseln der abgelegenen **Outer Banks** zum Entspannen einladen. Etwas weiter die Küste hinunter liegt **Charleston**, das mit kulinarischen Köstlichkeiten und traumhaft schöner Architektur einen gelungenen Abschluss bildet.

Medien stark beachtete Sit-Ins statt, und in Raleigh wurde das einflussreiche Student Nonviolent Coordinating Committee (SNCC) gegründet. In der zweiten Hälfte des 20. Jhs. siedelten sich in Charlotte die Finanzindustrie und in der Region Raleigh-Durham Technologie- und Pharmaunternehmen an. Das führte zu einem hohen Bevölkerungszuwachs und zu deutlich mehr kultureller Vielfalt.

❶ Praktische Informationen

North Carolina Division of Tourism (☎ 919-733-8372; www.visitnc.com; 301 N Wilmington St, Raleigh; ☺ Mo–Fr 8–17 Uhr) Hat gute Karten und Infomaterial, darunter auch der jährlich erscheinende *Official Travel Guide*.

North Carolina State Parks (www.ncparks.gov) Hier bekommen Traveller Informationen zu den 38 State Parks und Erholungsgebieten in North Carolina, in denen teilweise auch Zeltplätze vorhanden sind (kostenlos–20 US$/Nacht).

Küste North Carolinas

Die Küste von North Carolina ist noch immer erstaunlich wenig erschlossen. O.k., südlich von Corolla hat man mitunter das Gefühl, die Cottage-Fluten würden niemals abebben, der Großteil der Küste des Bundesstaats ist bisher jedoch von grellen, kommerzialisierten Urlaubsorten verschont geblieben. Stattdessen dominieren hier schroffe, windgepeitschte Düneninseln, koloniale Dörfer, die einst von Piraten heimgesucht wurden, sowie entspannte Strandorte, in denen die Eisdielen noch den Einheimischen gehören und die Motels noch Familienbetriebe sind. Selbst die touristischsten Strände versprühen ein sympathisches Kleinstadtflair.

Wer auf echte Abgeschiedenheit aus ist, fährt zu den abgelegenen Outer Banks (OBX), wo die Fischer noch immer vom Garnelenfang leben und die älteren Leute einen archaischen, britisch gefärbten Dialekt sprechen. Die Straße, die parallel zum Hwy 158 von Kitty Hawk nach Nags Head verläuft, ist im Sommer meist hoffnungslos überlastet, die Strände selbst erscheinen aber trotzdem noch nicht überfüllt. Das weiter im Süden gelegene Wilmington ist ein Zentrum für Film- und Fernsehproduktionen, und an den umliegenden Stränden tummeln sich Touristen sowie – während des Spring Break – massenweise Studenten.

Outer Banks

Die filigrane Kette aus Düneninseln erstreckt sich auf einer Länge von 160 km vor der Küste und ist vom Festland durch verschiedene Meerengen und Wasserstraßen abgetrennt. Die Düneninseln – von Norden nach Süden: Bodie (sprich „Body"), Roanoke, Hatteras und Ocracoke – sind eigentlich lange Sandbänke, die durch Brücken und Fähren miteinander verbunden sind. Rund um die weit im Norden gelegenen ruhigen, schicken Gemeinden **Corolla** (sprich „kar-*oll*-ah", nicht wie das Auto), **Duck** und **Southern Shores** gingen früher die Reichen aus den Staaten im Nordosten der USA auf Entenjagd. Die beinahe zusammenhängenden Ortschaften **Kitty Hawk**, **Kill Devil Hills** und **Nags Head** auf Bodie Island sind sehr stark erschlossen und viel touristischer:

Man findet hier Imbissbuden, die Bratfisch verkaufen, Bars unter freiem Himmel, Motels und Dutzende Läden für Badelatschen, Sonnencreme und dergleichen. **Roanoke Island**, westlich von Bodie Island, hat eine reiche koloniale Geschichte und das idyllische Uferörtchen **Manteo** zu bieten. Weiter südlich liegt **Hatteras Island**, ein nationales Küstenschutzgebiet von wilder, windumtoster Schönheit mit ein paar winzigen Dörfern. Am schwanzförmigen Ende der Banks (OBX) streifen auf der nur per Fähre erreichbaren **Ocracoke Island** Ponys frei umher, während wettergegerbte alte Fischer Austern knacken und Hängematten weben.

Die Fahrt über den kurvenreichen Hwy 12, der den größten Teil der Outer Banks miteinander verbindet, ist einer der großartigsten Trips, die man auf amerikanischen Straßen erleben kann – egal ob im unglaublich trostlosen Winter oder im sonnigen Sommer.

⊙ Sehenswertes

Corolla, die nördlichste Stadt am US 158, ist für Wildpferde bekannt. Nachkommen der von den Kolonialisten eingeführten spanischen Pferde streifen auch heute noch durch die Dünen im Norden, und zahlreiche Tourenanbieter haben Ausflüge im Programm, im Rahmen derer die wild lebenden Tiere aufgespürt werden. Der gemeinnützige **Corolla Wild Horse Fund** (www.corollawildhorses. com; 1129 Corolla Village Rd; ⊙ Juni–Aug. Mo–Fr 9.30–17, Sa 10–16 Uhr, Sept.–Mai Mo–Fr 10–16 Uhr) GRATIS betreibt ein kleines Museum und bietet Touren an.

Die folgenden Ziele sind von Norden nach Süden geordnet.

Currituck Heritage Park   HISTORISCHE GEBÄUDE
(Corolla; ⊙ Sonnenaufgang–Sonnenuntergang) Der sonnenblumengelbe, im Jugendstil errichtete **Whalehead Club** (www.whaleheadclub.com; geführte Tour 10 US$; ⊙ Mitte März–Dez. geführte Touren Mo–Sa 10–17 Uhr, Dez.–Mitte März 11–16 Uhr) wurde in den 1920er-Jahren als „Jagdhütte" für einen Industriellen aus Philadelphia erbaut und ist das Glanzstück dieses gepflegten Parks in Corolla. Man kann außerdem auf das **Currituck Beach Lighthouse** (www.currituckbeachlight.com; Erw./Kind 7 US$/frei; ⊙ 23. März–23. Nov. 9–17 Uhr) steigen oder sich das moderne **Outer Banks Center for Wildlife Education** (www.ncwildlife.org/ obx; 1160 Village Ln; ⊙ Mo–Sa 9–16.30 Uhr) GRATIS ansehen, in dem ein interessanter Film zur Geschichte der Gegend gezeigt wird, man

Infos zu Wanderwegen in der Umgebung erhält und in dem ein maßstabgetreues Diorama eines Sumpfgebiets zu sehen ist.

Wright Brothers National Memorial   PARK, MUSEUM
(www.nps.gov/wrbr; Meile 7,5, US 158 Bypass; Erw./ Kind 4 US$/frei; ⊙ 9–17 Uhr, Sommer bis 18 Uhr) Am 17. Dezember 1903 absolvierten die Laieningenieure Wilbur und Orville Wright den weltweit ersten erfolgreichen Flug mit einem Flugzeug (er dauerte zwölf Sekunden). Ein Felsbrocken markiert die Stelle, an der die Maschine abhob. Ganz in der Nähe kann man einen Hügel erklimmen, auf dem die Brüder im Vorfeld Gleitflugexperimente durchgeführt hatten und von dem aus man einen fantastischen Blick aufs Meer und auf die Meerenge hat. Das **Wright Brothers Visitor Center** vor Ort zeigt einen Nachbau der Flugkonstruktion von 1903 sowie einige Exponate.

Der 30-minütige Flight Room Talk, ein Vortrag über die Begeisterung und den Einfallsreichtum der Brüder, ist ausgezeichnet. Hinter dem Hügel steht ein aus Bronze und Stahl gefertigter Nachbau des Flugzeugs, an dem sich prima alle Details der Konstruktion erkennen lassen. Sogar hineinklettern ist erlaubt.

Fort Raleigh National Historic Site   HISTORISCHE GEBÄUDE
Ende der 1580er-Jahre, 30 Jahre vor der Landung der Pilgerväter am Plymouth Rock, verschwand eine Gruppe von 116 britischen Kolonisten spurlos aus ihrer Siedlung auf Roanoke Island. Fielen sie einer Dürre zum Opfer? Hatten sie sich einem Stamm amerikanischer Ureinwohner angeschlossen? Waren sie beim Versuch, wieder nach Hause zu segeln, gekentert? Das Schicksal der „verlorenen Kolonie" ist bis heute eines der größten ungelösten Rätsel des Landes, und das beliebte Musical **Lost Colony Outdoor Drama** (www.thelostcolony.org; 1409 National Park Dr; Erw./Kind 26,50/9,50 US$; ⊙ Juni–Ende Aug. Mo–Sa 20 Uhr) ist der Besuchermagnet der historischen Stätte.

Das Stück des aus North Carolina stammenden Pulitzer-Preisträgers und Bühnenautors Paul Green feierte 2012 sein 75. Bühnenjubiläum und handelt vom Schicksal der Siedler. Es ist den ganzen Sommer über im Waterside Theater zu sehen.

Im **Visitor Center** (www.nps.gov/fora; 1401 National Park Dr, Manteo; ⊙ Anlage Sonnenaufgang–Sonnenuntergang, Visitor Center 9–17 Uhr)

GRATIS sind weitere Attraktionen, etwa verschiedene Exponate, Artefakte, Landkarten und ein kostenloser Film, zu sehen, die die Fantasie der Besucher beflügeln. Die im Stil des 16. Jhs. angelegten **Elizabethan Gardens** (www.elizabethangardens.org; 1411 National Park Dr; Erw./Kind 9/6 US$; ☉ Juni–Aug. 9–19 Uhr, Sept.–Mai verkürzte Öffnungszeiten) umfassen u.a. einen Shakespeare'schen Kräutergarten und hübsch angelegte Blumenbeete.

Cape Hatteras
National Seashore INSELN

(www.nps.gov/caha) Über rund 110 km erstreckt sich südlich von Nags Head bis zum Südende der Ocracoke Island eine fragile Inselkette, die glücklicherweise von übermäßiger Bebauung verschont geblieben ist. Hier lockt die Natur mit Wasservögeln (sowohl Stand- als auch Zugvögel), Sümpfen, Wäldern, Dünen und meilenlangen leeren Stränden.

Bodie Island Lighthouse LEUCHTTURM

(☎ 252-441-5711, Kartenreservierung 255-475-9417; Bodie Island Lighthouse Rd, Bodie Island; Museum frei, geführte Tour Erw./Kind 8/4 US$; ☉ Museum Juni–Aug. 9–18 Uhr, Sept.–Mai bis 17 Uhr, geführte Touren Ende April–Anfang Okt. 9–17.45 Uhr; ♿) Dieser fotogene Leuchtturm ist seit 2013 für Besucher zugänglich. In dem fast 50 m hohen Bauwerk ist noch immer die original Fresnellinse eingebaut, was eine echte Seltenheit ist. Eintritt nur im Rahmen einer Führung. Karten können vorab telefonisch reserviert werden (☎ 255-475-9417), nicht jedoch am Tag des Besuchs selbst. Es gibt auch einige Tickets an der Tageskasse.

Pea Island National
Wildlife Refuge RESERVAT

(☎ 252-987-2394; www.fws.gov/peaisland; Hwy 12; ☉ Visitor Center 9–16 Uhr, Wanderungen Sonnenaufgang–Sonnenuntergang) Am Nordende von Hatteras Island liegt dieses 23,6 km² große Reservat, das mit zwei Naturpfaden (einer davon rollstuhlgerecht) und insgesamt 21 km unberührter Strände ein Paradies für Vogelbeobachter ist.

Chicamacomico Lifesaving Station MUSEUM

(www.chicamacomico.net; Erw./Kind 6/4 US$; ☉ April–Nov. Mo–Fr 10–17 Uhr) Die 1874 errichtete Rettungsstation war die erste ihrer Art

---

ABSTECHER

OCRACOKE ISLAND

In der unkonventionellen kleinen Gemeinde **Ocracoke Village** (www.ocracokevillage.com), die im Sommer überfüllt und im Winter wie ausgestorben ist, ticken die Uhren anders. Das Dorf am Südende der 23 km langen Ocracoke Island ist ab Hatteras mit einer kostenlosen Fähre zu erreichen (S. 366), die am Nordostende der Insel anlegt. Das gesamte Land – das Dorf ausgenommen – ist im Besitz des National Park Service.

Die älteren Bewohner sprechen noch den aus dem 17. Jh. stammenden britischen Dialekt, der Hoi Toide (hiesige Aussprache von *hight tide*) genannt wird, und bezeichnen Fremde als *dingbatters*. Edward Teach alias Blackbeard, der Pirat, versteckte sich gern in der Gegend, bis er schließlich 1718 hier getötet wurde. Man kann am Strand campen und Wildponys beobachten, ein Fisch-Sandwich in einem hiesigen Pub verdrücken, mit dem Rad die engen Straßen des Dorfes erkunden oder das 1823 errichtete **Ocracoke Lighthouse** besichtigen, den ältesten noch funktionstüchtigen Leuchtturm in North Carolina.

Die Insel ist ein traumhaftes Ziel für einen Tagesausflug ab Hatteras Island, man kann aber auch hier übernachten. Es gibt eine Handvoll B&Bs, einen vom NPS betriebenen Campingplatz sowie einige Ferienhäuschen.

Eine gute Adresse für leckeres Essen ist das **Dajio** (dajiorestaurant.com; 305 Irvin Garrish Hwy), in dessen Hof von 15 bis 17 Uhr ein Shrimp-Basket-Special serviert wird. Zum Nachtisch sollte man sich die sündhaft köstliche Zitronen-Beeren-Marscapone gönnen. Wer durstig ist, probiert im **Ocracoke Coffee** (www.ocracokecoffee.com; 226 Back Rd) einen Grasshopper-Latte mit Pfefferminzschokolade und Sahnekaramell oder trinkt ein Bier im großen, historischen, aus Holz errichteten **Howard's Pub** (Hauptgerichte 8–23 US$; ☉ Anfang März–Ende Nov. 11–22 Uhr, Fr & Sa z. T. verlängerte Öffnungszeiten), das seit den 1850er-Jahren eine beliebte Adresse für Bier und gebratene Meeresfrüchte ist.

Wer Lust auf einen Ausflug auf dem Wasser hat, bucht bei **Ride the Wind** (☎ 252-928-6311; www.surfocracoke.com; 2–2½-stündige Tour Erw./Kind 35/15 US$) eine Kajaktour. Die Sunset-Touren sind nicht anstrengend, und die Guides machen optisch auch einiges her.

im Bundesstaat. Heute ist hier ein Museum untergebracht, in dem Exponate aus der Zeit vor der Entstehung der Küstenwache zu sehen sind.

Cape Hatteras Lighthouse LEUCHTTURM
(www.nps.gov/caha; Führung mit Turmbesteigung Erw./Kind 8/4 US$; ☺ Visitor Center Sept.–Mai 9–17 Uhr, Juni–Aug. bis 18 Uhr, Leuchtturm Ende April–Anfang Okt.) Der beeindruckende schwarzweiß gestreifte Bau ist mit einer Höhe von 63,4 m der höchste aus Backsteinen errichtete Leuchtturm der USA und eines der bedeutendsten Wahrzeichen North Carolinas. Das Visitor Center ist ganz interessant, und der Turm kann auch bestiegen werden (248 Stufen).

Graveyard of the Atlantic Museum MUSEUM
(☎ 252-986-2995; www.graveyardoftheatlantic.com; 59200 Museum Dr; Spenden erbeten; ☺ April–Okt. Mo.–Sa. 10–16 Uhr, Nov.–März Mo–Fr 10–16 Uhr) GRATIS Highlights des Schifffahrtsmuseums am Ende der Straße sind Ausstellungen über Schiffswracks, Piraterie und geborgene Schiffsfracht. So erfährt man z.B., dass 2006 in der Nähe von Frisco ein Container mit Tausenden Tüten Doritos angespült wurde und seinen Inhalt über den Strand ergoss.

🏃 Aktivitäten

Der gleiche starke Wind, der den Start des Doppeldeckers der Gebrüder Wright ermöglichte, dient heute Windsurfern, Seglern und Drachenfliegern als Antriebskraft. Weitere beliebte Aktivitäten sind Kajak fahren, angeln, Rad fahren, reiten, stehpaddeln und tauchen. Zwischen August und Oktober werden die Küstengewässer etwas rauer und bieten somit die perfekten Voraussetzungen zum Bodysurfen.

Kitty Hawk Kites ABENTEUERSPORT
(☎ 877-359-2447, 252-441-2426; www.kittyhawk.com; 3933 S Croatan Hwy; Drachenflug 99 US$, Fahrradverleih 25 US$/Tag, Kajaks 39–49 US$, Stehpaddelbretter 59 US$) Hat überall auf den Outer Banks Standorte und bietet Kiteboard-Kurse für Anfänger (2 Std. 300 US$) sowie Unterricht im Drachenfliegen im Jockey's Ridge State Park (ab 99 US$) an. Es können auch Kajaks, Segelboote, Stehpaddelbretter, Räder sowie Inlineskates ausgeliehen und verschiedene Touren und Kurse gebucht werden.

Corolla Outback Adventures AUTOTOUREN
(☎ 252-453-4484; www.corollaoutback.com; 1150 Ocean Trail, Corolla; 2-stündige Tour Erw./Kind 50/25 US$) Der Besitzer Jay Bender, dessen Familie die ersten geführten Touren in Corolla anbot, weiß bestens über die Geschichte und die Pferde der Umgebung Bescheid. Im Geländewagen geht's hinunter zum Strand und durch die Dünen, um die wilden Mustangs zu beobachten, die über die nördlichen Outer Banks streifen.

Outer Banks Dive Center TAUCHEN
(☎ 252-449-8349; www.obxdive.com; 3917 S Croatan Hwy; Wracktauchen 120 US$) Die NAUI-zertifizierten Tauchlehrer bieten alles Mögliche an, von Anfängerkursen bis hin zu geführten Tauchgängen zu den Schiffswracks des Graveyard of the Atlantic.

🛌 Schlafen

Im Sommer werden die Outer Banks von Besuchern buchstäblich überrannt, weshalb unbedingt vorab reserviert werden sollte. In der Gegend sind die großen Hotelketten mit einigen riesigen Hotelbunkern vertreten, es gibt aber auch unzählige kleine Motels, Ferienhäuser und B&Bs. Infos dazu gibt's in den Visitor Centers sowie unter www.outer-banks.com. Wer ein Ferienhäuschen mieten möchte, schaut auf www.sunrealtync.com oder www.southernshores.com vorbei.

Campingplätze CAMPING $
(☎ 252-473-2111; www.nps.gov/caha; Stellplatz 20–23 US$; ☺ spätes Frühjahr–Frühherbst) Der National Park Service betreibt auf den Inseln vier Campingplätze mit Kaltwasserduschen und Spültoiletten. Sie liegen am Oregon Inlet (nahe dem Bodie Island Lighthouse), am Cape Point, in Frisco (nahe dem Cape Hatteras Lighthouse) und in Ocracoke (☎ 800-365-2267; www.recreation.gov). Die Stellplätze in Ocracoke können reserviert werden, ansonsten gilt: Wer zuerst kommt, mahlt zuerst.

Breakwater Inn MOTEL $$
(☎ 252-986-2565; www.breakwaterhatteras.com; 57896 Hwy 12; Zi./Inn-Suite 159/189 US$, Motel 104/134 US$; P ✳ 🛜 🛝) Dieser hübsche, dreistöckige Inn liegt am Ende einer Straße und bietet Zimmer mit Küchennischen und privaten Sonnenterrassen, von denen aus man Ausblick auf die Meerenge hat. Wer etwas mehr Budget zur Verfügung hat, sollte sich in einem der älteren „Fisherman's Quarters" einmieten, bei denen eine Mikrowelle und ein Kühlschrank zur Ausstattung gehören. Der Inn liegt nahe der Anlegestelle der Hatteras-Ocracoke-Fähre.

NICHT VERSÄUMEN

SCENIC DRIVE: BLUE RIDGE PARKWAY

Der während der Weltwirtschaftskrise von Präsident Franklin D. Roosevelt als öffentliches Bauprojekt zur Schaffung von Arbeitsplätzen in Auftrag gegebene Blue Ridge Parkway führt vom Shenandoah National Park in Virginia (Meile 0) durch die südlichen Appalachen bis zum Great Smoky Mountains National Park (Meile 469 bzw. Km 751).

Auf einer Strecke von 262 Meilen (420 km) windet sich die Straße durch die atemberaubende Berglandschaft North Carolinas. Der **National Park Service** (NPS; www.nps.gov/blri; ⊗Mai–Okt.) betreibt Campingplätze und Visitor Centers. Toiletten und Tankstellen sind auf der Strecke dünn gesät. Infos zum in Virginia gelegenen Abschnitt des Parkway gibt's auf S. 348.

Hier einige Highlights sowie Campingplätze ab der Grenze zu Virginia in südlicher Richtung:

Cumberland Knob (Meile 217,5) NPS Visitor Center; zum Knob führt ein einfacher Spazierweg.

Doughton Park (Meile 241,1) Wanderwege und Campingmöglichkeiten.

Blowing Rock (Meile 291,8) Kleine Ortschaft, die nach einer zerklüfteten, kommerziell genutzten Klippe benannt ist, die einen tollen Ausblick und gelegentliche Aufwinde bietet sowie Schauplatz einer indianischen Liebesgeschichte ist.

Moses H Cone Memorial Park (Meile 294,1) Hübsches altes Anwesen mit breiten Wegen und einem Kunsthandwerksladen.

Julian Price Memorial Park (Meile 296,9) Campingplatz.

Grandfather Mountain (Meile 305,1) Sehr beliebt wegen seiner Fußgängerhängebrücke in schwindelerregender Höhe. Es gibt auch ein Nature Center und ein Schutzgehege für Kleintiere.

Linville Falls (Meile 316,4) Kurze Wanderwege zum Wasserfall; Stellplätze.

Little Switzerland (Meile 334) Traditioneller Höhenkurort.

Mt. Mitchell State Park (Meile 355,5) Höchster Gipfel östlich des Mississippi (2037 m); Wander- und Campingmöglichkeiten.

Craggy Gardens (Meile 364) Entlang der Wanderwege blühen im Sommer prächtige Rhododendren.

Folk Art Center (Meile 382) Verkauf von hochwertigem Kunsthandwerk der Appalachenregion.

Blue Ridge Parkway Visitor Center (Meile 384) Hervorragender Film, interaktive Karte und Infos zu Wanderwegen.

Mt. Pisgah (Meile 408,8) Wander- und Campingmöglichkeiten, Restaurant, Inn.

Graveyard Fields (Meile 418) Kurze Wanderwege zu einem Wasserfall.

DER SÜDEN KÜSTE NORTH CAROLINAS

Shutters on the Banks　　　HOTEL **$$**
(☑800-848-3728; www.shuttersonthebanks.com; 405 S Virginia Dare Trail; Zi. 149–289 US$; P ❋ ☎ ⊠) Das ehemalige Colony IV by the Sea ist ein freundliches, in einem frechen, farbenfrohen Stil gehaltenes Hotel direkt am Strand. Die einladenden Zimmer sind mit innen angebrachten Fensterläden *(shutters)* und bunten Tagesdecken sowie Flachbild-TVs, Kühlschrank und Mikrowelle versehen.

Sanderling Resort & Spa　　　RESORT **$$$**
(☑252-261-4111; www.sanderling-resort.com; 1461 Duck Rd; Zi./Suite ab 299/539 US$; P ❋ ☎ ⊠)

Diese edle Unterkunft verfügt über makellose, geschmackvolle Zimmer in neutralen Farbtönen mit Terrassen und Flachbild-TVs, mehrere Restaurants und Bars sowie ein Spa, das Luxusmassagen und Meerblick bietet.

✖ Essen

Die meisten Restaurants und das aktivste Nachtleben finden sich auf der Touristenmeile auf Bodie Island, allerdings ist vieles nur vom Memorial Day (letzter Montag im Mai) bis zum Frühherbst geöffnet.

John's Drive-In
SEAFOOD, EIS $

(www.johnsdrivein.com; 3716 N Virginia Dare Trail; Hauptgerichte 2–13 US$; ☉ Mo, Di & Do 11–17 Uhr, Mai–Sept. Fr–So bis 18 Uhr) Die Institution in Kitty Hawk serviert perfekt gebratene Goldmakrelen (sogenannter Dolphinfish) und Streifenbarsch an Picknicktischen im Freien. Außerdem kann man unter Hunderten Milchshake-Variationen wählen. Manche Gäste haben es auch ausschließlich auf das Eis abgesehen.

★ Kill Devil Grill
SEAFOOD, AMERIKANISCH $$

(☎ 252-449-8181; www.thekilldevilgrill.com; Beach Rd, Meile 9¾; Mittagessen 7–11 US$, Abendessen 9–20 US$; ☉ Di–Sa 11.30–22 Uhr) Hammermäßig gute Adresse! Und zudem noch historisch angehaucht: Die Eingangstür stammt noch von einem Diner aus dem Jahr 1939 und ist im National Registry of Historic Places aufgeführt. Das typische Kneipenessen und die Meeresfrüchte werden in großzügigen Portionen und in einer tollen Atmosphäre serviert. Vor allem bei den Specials macht die Küche eine gute Figur.

Tortugas' Lie
SEAFOOD $$

(www.tortugaslie.com; 3014 S Virginia Dare Trail/Meile 11; Mittagessen 9–18 US$, Abendessen 12–24 US$; ☉ So–Do 11.30–21.30, Fr & Sa bis 22 Uhr) Wegen der Surfbretter und Nummernschilder kann die Inneneinrichtung dieses etwas spelunkenhaften Lokals zwar nicht gerade mit einem Nobelrestaurant mithalten, aber wen interessiert das schon? Die verlässlich guten Meeresfrüchte, Burritos und Burger sind die perfekten Begleiter zu einem Bier. Guy Fieri legte hier 2012 einen Boxenstopp ein und kritzelte sein Autogramm an die Wand. Gegen 18.30 Uhr wird's richtig voll. Kinder willkommen.

Mama Quan's OBX Grill & Tiki Bar
KALIFORNISCH, SEAFOOD $$

(www.mamakwans.com; 1701 S Virginia Dare Trail; Mittagessen 9–15 US$, Abendessen 10–25 US$; ☉ Mo–Sa 11.30–2, Sa bis 24 Uhr) Der Ausdruck *Mama's World Famous Fish Tacos* ist schon zur festen Phrase geworden, und beim ersten Biss in die besagten weltberühmten, mit Goldmakrele gefüllten Fisch-Tacos fühlt man sich wie im siebten Seafood-Himmel.

❶ Orientierung

Der Hwy 12, auch Virginia Dare Trail oder einfach Coast Road (Küstenstraße) genannt, verläuft über die gesamte Länge der Outer Banks, nur einen Steinwurf vom Atlantik entfernt. Der US

158, auch als Bypass bezeichnet, beginnt nördlich von Kitty Hawk und geht bei Roanoke Island in den US 64 über. Ortsangaben werden meist in Form von Mileposts (Mile, MP; Meile) gemacht. Meile 0 befindet sich an der Basis der Wright Memorial Bridge in Kitty Hawk.

❶ Praktische Informationen

Die besten Anlaufstellen für Infos aller Art sind die größeren Visitor Centers. Viele kleinere Touristeninformationen haben nur saisonal geöffnet. Nützlich ist auch die Website www.outerbanks.org. In Manteo gibt's entlang der gesamten Küste kostenloses WLAN.

Aycock Brown Visitor Center (☎ 252-261-4644; www.outerbanks.org; Meile 1, US 158, Kitty Hawk; ☉ 9–17 Uhr)

Corolla Public Library (1123 Ocean Trail/Hwy 12; 🛜) Öffentliche Bibliothek; kostenloses WLAN und Internetzugang.

Hatteras Island Visitor Center (☎ 252-441-5711; www.nps.gov/caha; ☉ Juni–Aug. 9–18 Uhr, Sept.–Mai bis 17 Uhr) Neben dem Cape Hatteras Lighthouse.

Ocracoke Island Visitor Center (☎ 252-928-4531; www.nps.gov/caha; ☉ 9–17 Uhr)

Outer Banks Welcome Center on Roanoke Island (☎ 877-629-4386, 252-473-2138; www.outerbanks.org; 1 Visitors Center Cir, Manteo; ☉ 9–17 Uhr)

❶ An- & Weiterreise

Öffentliche Verkehrsmittel zu oder auf den Outer Banks sind leider Fehlanzeige. Das **North Carolina Ferry System** (☎ 800-293-3779; www.ncdot.gov/ferry) bietet jedoch mehrere Verbindungen an, darunter auch die 40-minütige Autofährfahrt zwischen Hatteras und Ocracoke, die in der Hauptsaison zwischen 5.15 und 23.45 Uhr mindestens einmal pro Stunde auf Hatteras beginnt. Reservierungen sind nicht möglich. Auch North Carolina Ferries verkehren etwa alle zwei Stunden zwischen Ocracoke und Cedar Island (einfache Strecke 15 US$, 2¼ Std.) bzw. Ocracoke und Swan Quarter auf dem Festland (15 US$, 2½ Std.). Im Sommer ist eine Reservierung auf diesen beiden Strecken empfehlenswert.

Crystal Coast

Der südliche Teil der Outer Banks wird unter dem Namen Crystal Coast zusammengefasst – zumindest für die Werbezwecke der Touristeninformationen. Die Kristallküste ist weniger zerklüftet als die Strände im Norden und hat mehrere historische Küstenorte, eine Reihe dünn besiedelter Inseln und einige urlaubstaugliche Strände zu bieten.

Ein ziemliche trostloses Stück des US 70 führt an Industrieanlagen und Geschäftsgebäuden vorbei durch **Morehead City**, wo sich viele Kettenhotels und -restaurants finden. Ein Stopp im legendären Fischlokal **El's Drive-In** (3706 Arendell St; Hauptgerichte 2–13 US$; ⊙ So–Do 10.30–22, Fr & Sa bis 22.30 Uhr) lohnt sich allemal. Die traumhaften Shrimps-Burger und andere Leckereien werden einem hier direkt ans Auto gebracht.

Etwas weiter die Straße runter liegt das Postkartenidyll **Beaufort** („*bou*-fort"). Im drittältesten Ort im Bundesstaat gibt's eine charmante Fußgängerpromenade und haufenweise B&Bs. Im stilvollen **Front Street Grill at Stillwater** (www.frontstreetgrillatstill water.com; 300 Front St; Brunch & Mittagessen 11–17 US$, Abendessen 19–24 US$; ⊙ Di–Do 11.30–21, Sa & So bis 22.30 Uhr) kann man sich direkt neben dem Taylor's Creek leckere Chili-Limetten-Shrimps schmecken lassen. Eine gute Unterkunft ist der heimelige **Beaufort Inn** (☑ 252-728-2600; www.beaufort-inn.com; 101 Ann St; Zi./Suite inkl. Frühstück ab 139/189 US$). Der Pirat Blackbeard war Anfang des 18. Jhs. oft in dieser Gegend unterwegs – 1996 wurde das Wrack seines Flaggschiffs, die *Queen Anne's Revenge*, auf dem Grund des Beaufort Inlet entdeckt. Artefakte von Bord des Schiffes sind im **North Carolina Maritime Museum** (www.ncmaritimemuseum.org; 315 Front St; ⊙ Mo–Fr 9–17, Sa 10–17, So 13–17 Uhr) GRATIS ausgestellt. Blackbeard selbst soll im **Hammock House** in einer Seitenstraße der Front St gewohnt haben. Man kommt nicht ins Haus rein (nachts sollen hier aber die Schreie der ermordeten Frau des Piraten zu hören sein).

Momentan legen regelmäßig kleine, kommerziell betriebene Fähren an der Uferpromenade von Beaufort ab und steuern die abgelegenen Inseln der **Cape Lookout National Seashore** (www.nps.gov/calo; Fähre 10–16 US$) an. Zu den Highlights gehören die **Shackleford Banks**, eine unbewohnte Sandbank mit beeindruckenden Muscheln und Herden wilder Ponys, und das **Cape Lookout Lighthouse** (Erw./Kind 8/4 US$; ⊙ Mitte Mai–Mitte Sept.) mit seinem Rautenmuster. In manchen Gegenden ist einfaches Campen erlaubt. Die coolste Option ist **Portsmouth Island**, wo man durch eine verlassene Siedlung aus dem 18. Jh. streifen und am Strand übernachten kann. Reichlich Mückenspray mitbringen – die Stechmücken sind berühmt-berüchtigt! Es stehen auch rustikale **Hütten** (☑ 877-444-6777;

www.nps.gov/calo; www.reserve.com; Juni–Aug. ab 76 US$, Herbst & Frühjahr ab 101 US$) mit mehreren Zimmern zur Verfügung, die bei Anglern sehr beliebt sind. Zum Zeitpunkt der Drucklegung gab es seitens des NPS Pläne, mit einem Fährbetreiber zusammenzuarbeiten. Aktuelle Infos dazu sind auf der Website des Parks zu finden.

Die **Bogue Banks** liegen gegenüber von Morehead City auf der anderen Seite der Meerenge und sind über den Atlantic Beach Causeway zu erreichen. Dort gibt's mehrere viel besuchte Strandorte. Wer sich nicht am Duft von Sonnenöl mit Kokosaroma und Donuts stört, kann Atlantic Beach ruhig eine Chance geben. Im **North Carolina Aquarium** (www.ncaquariums.com; 1 Roosevelt Blvd; Erw./Kind 8/6 US$; ⊙ 9–17 Uhr; 🚻) in Pine Knoll Shores gibt es neben blitzschnellen Fischottern auch eine ultracoole Ausstellung mit dem nachgebauten Schiffswrack eines deutschen U-352-Unterseeboots zu sehen. Der **Fort Macon State Park** (www.ncparks. gov; ⊙ Juni–Aug. 8–21 Uhr, Sept.–Mai verkürzte Öffnungszeiten) GRATIS in Atlantic Beach zieht mit seiner nachgebauten Bürgerkriegsfestung unzählige Besucher an.

Wilmington

Auf der Fahrt entlang der Küste lohnt es sich, ein oder zwei Tage für Wilmington einzuplanen. Die charmante Stadt an der Küste mag vielleicht nicht so bekannt sein wie Charleston oder Savannah, als größte Stadt im östlichen North Carolina punktet sie aber mit historischen Vierteln, Gärten voller Azaleen und vielen netten Cafés. Hinzu kommen vernünftige Hotelpreise und ein entspanntes Stadtbild ohne Menschenmassen. Abends wird die historische Kulisse des am Ufer gelegenen Stadtzentrums zur Spielwiese von Collegestudenten, Touristen und dem einen oder anderen Hollywood-Star. Wegen der vielen Filmstudios sprechen viele auch von „Wilmywood".

⊙ Sehenswertes

Wilmington liegt an der Mündung des Cape Fear River, rund 8 Meilen (13 km) vom Strand entfernt. Das historische **Flussufer** mit seinen zahlreichen Boutiquen und Promenaden ist wohl die wichtigste Attraktion der Stadt.

Eine **kostenlos nutzbare Straßenbahn** (www.wavetransit.com) tuckert den ganzen Tag über gemächlich durch die historische Altstadt.

HOLLYWOOD EAST

North Carolina gehört zu den Staaten mit den meisten Film- und Fernsehproduktionen. Millionen Menschen kennen seine Landschaft zumindest vom Sehen.

Wilmington *Dawson's Creek* und *One Tree Hill* wurden beide an den Filmsets der EUE/Screen Gem Studios gedreht. Im Jahr 2012 wurden einige Stunts für *Iron Man III* über dem Cape Fear River aufgenommen. Auf www.visitnc.com erfährt man, welche Orte in *Iron Man III* zu sehen sind. Alternativ meldet man sich bei **Hollywood Location Walk** (www.hollywoodnc.com; Erw./Kind 13/11 US$) für die wundervoll kitschige Movie-Tour an.

Asheville Hier kann Katniss Everdeen gehuldigt werden. Im Visitor Center (S. 378) gibt's eine Liste mit den Orten in der Umgebung, an denen *Die Tribute von Panem* gedreht wurde. Das Henry River Mill Village, etwa eine Stunde östlich von Asheville gelegen, musste als District 12 herhalten.

Blue Ridge Mountains & Umgebung Die letzten 17 Minuten von *Der letzte Mohikaner* wurde im Chimney Rock State Park gedreht, und der Grandfather Mountain diente in *Forrest Gump* als Kulisse. Der Cheoah Dam nahe dem Nantahala Outdoor Center (S. 380) ist in *Auf der Flucht* zu sehen.

⭐ **Cape Fear Serpentarium** SCHLANGENZOO
(☎ 910-762-1669; www.capefearserpentarium.com; 20 Orange St; Eintritt 8 US$; ⏱ Mo–Fr 11–17, Sa & So bis 18 Uhr) Das Museum des Herpetologen (Lurch- und Kriechtierforschers) Dean Ripa ist nicht nur sehr informativ, sondern macht auch noch Spaß – solange man bei dem Gedanken an ein Gebäude voller Giftschlangen, ellenlanger Würgeschlangen und Krokodile mit Riesenzähnen nicht gleich Reißaus nimmt. Natürlich gibt es eine Glaswand, die Besucher und Bewohner trennt. Bleibt nur zu hoffen, dass es kein Erdbeben gibt… Auf einem Schild ist nachzulesen, was passiert, wenn man von einer Schlange der Gattung Buschmeister gebissen wird: „Am besten legt man sich einfach unter einen Baum und ruht sich aus, da man sowieso bald sterben wird." Na dann viel Spaß!

In der Nebensaison ist das Serpentarium teilweise montags und dienstags geschlossen. An Samstagen und Sonntagen kann man um 15 Uhr bei der Fütterung der Tiere zusehen. Termine vorab telefonisch bestätigen lassen!

Battleship North Carolina HISTORISCHES SCHIFF
(www.battleshipnc.com; 1 Battleship Rd; Erw./Kind 12/6 US$; ⏱ 8–17 Uhr, Juni–Aug. bis 20 Uhr) Zu dem Schiff gelangt man mit einem Flusstaxi (hin & zurück 5 US$) oder über die Cape Fear Bridge. Das 45 000 t schwere Schiff verdiente sich bei den Pazifikschlachten im Zweiten Weltkrieg 15 Battle Stars, bevor es 1947 außer Dienst gestellt wurde. Heute kann man es besichtigen und dabei auf den Decks umherlaufen.

Airlie Gardens GARTEN
(www.airliegardens.org; 300 Airlie Rd; Erw./Kind 8/3 US$; ⏱ 9–17 Uhr, Winter Mo geschl.) Der 27 ha große Garten lädt mit seinen Glyzinien, den Zierblumenbeeten, Kiefern, Seen und zahlreichen Wegen zu einem gemütlichen Spaziergang ein. Die Eiche „Airlie Oak" steht schon seit 1545 hier.

🛏 Schlafen & Essen

An der Market St, gleich nördlich der Innenstadt, gibt es zahlreiche Budgethotels. Viele der Restaurants am Wasser sind oft überfüllt und recht mittelmäßig; ein oder zwei Blocks weiter in die Stadt hinein sind die Lokale und Nachtclubs besser.

CW Worth House B&B $$
(☎ 910-762-8562; www.worthhouse.com; 412 S 3rd St; Zi. 154–194 US$; ❄ @ 🛜) Nur wenige Häuserblocks von der Downtown entfernt steht dieses mit Türmen versehene Wohnhaus von 1893, das vor Antiquitäten und viktorianischen Details nur so strotzt. Trotzdem versprüht es eine gemütliche und entspannende Atmosphäre. Das Frühstück ist klasse.

Blockade Runner Beach Resort HOTEL $$$
(☎ 910-256-2251; www.blockade-runner.com; 275 Waynick Blvd, Wrightsville Beach; Zi. ab 204 US$) Hier geht es nicht ganz so edel zu wie in anderen Boutiquehotels (hier und da merkt man die Abnutzung), aber die Zimmer sind nüchtern-stilvoll und elegant eingerichtet und der Strand ist nur einen Steinwurf entfernt. Von der der Meerenge zugewandten Seite aus kann man hervorragend den Sonnenuntergang beobachten.

Flaming Amy's Burrito Barn MEXIKANISCH $
(☑ 910-799-2919; www.flamingamys.com; 4002 Oleander Dr; Hauptgerichte 5–9 US$; ◷ 11–22 Uhr) Das Flaming Amy's ist in einem chaotischen Schuppen voller kitschiger Deko mit Themen von Elvis bis Route 66 untergebracht. Die Burritos, z.B. der Philly Phatboy, der Thai Mee Up oder der vor Peperoni und Paprikaschoten strotzende Flaming Amy, sind üppig und lecker. Wer nicht eh schon da ist, ist gerade auf dem Weg hierher.

Manna MODERN-AMERIKANISCH $$$
(☑ 910-763-5252; www.mannaavenue.com; 123 Princess St; ◷ Di–Do 17–22, Fr & Sa bis 23, So bis 21 Uhr) Die Speisekarte dieses schicken Restaurants in der Downtown wechselt täglich. Auf den Tisch kommen Gerichte aus frischen Zutaten direkt vom Bauernhof. Im Angebot sind interessante, leckere Speisen wie in Vanille gebratener Thunfisch oder in Sherry eingelegte Entenbrust. Ein weiteres Highlight sind die mit viel Sorgfalt zusammengestellten Cocktails.

Ausgehen & Nachtleben

Front Street Brewery BRAUEREIKNEIPE $
(www.frontstreetbrewery.com; 9 N Front St; Hauptgerichte 7–15 US$; ◷ 11 Uhr bis Mitternacht) Die zweistöckige Kneipe in der Innenstadt erfreut sich mit ihrer einfachen Kost (saftige Burger, Krabbenpuffer) und dem selbst gebrauten Bier großer Beliebtheit. Jeden Tag zwischen 15 und 17 Uhr gibt es kostenlose Bierverkostungen und Führungen durch die Brauerei.

❶ Praktische Informationen

Visitor Center (☑ 877-406-2356, 910-341-4030; www.wilmingtonandbeaches.com; 505 Nutt St; ◷ Mo–Fr 8.30–17, Sa 9–16, So 13–16 Uhr) Das Visitor Center ist in einem Lagerhaus aus dem 19. Jh. untergebracht. Hier sind Stadtpläne für Stadtspaziergänge erhältlich.

Triangle

In Piedmont, der im Zentrum von North Carolina gelegenen Region, bilden die Städte Raleigh, Durham und Chapel Hill in etwa ein gleichseitiges Dreieck. In diesem Gebiet liegen drei führende Forschungsuniversitäten – die Duke, die University of North Carolina und die North Carolina State – sowie ein über 28 km² großer Campus mit Bürokomplexen der Computer- und Biotechnologieindustrie, der unter dem Namen Research Triangle Park bekannt ist. Hochintelligente Programmierfreaks und bärtige Friedensaktivisten trifft man hier ebenso an wie hippe, junge Familien, und obwohl die Städte nur wenige Kilometer voneinander entfernt liegen, hat jede ihren ureigenen Charme. Wenn im März College-Basketball angesagt ist, spielen hier alle – wirklich alle – völlig verrückt.

❶ Anreise & Unterwegs vor Ort

Der **Raleigh-Durham International Airport** (RDU; ☑ 919-840-2123; www.rdu.com) ist ein wichtiges Drehkreuz und liegt eine 25-minütige Autofahrt (15 Meilen bzw. 24 km) nordwestlich des Stadtzentrums von Raleigh. **Greyhound** (☑ 919-834-8275; 314 W Jones St) bedient Raleigh und Durham. Die **Triangle Transit Authority** (☑ 919-549-9999; www.triangletransit.org; Erw. 2 US$) unterhält Busse, die Raleigh, Durham und Chapel Hill miteinander verbinden sowie den Flughafen anfahren. Die Rte 100 verläuft von Raleighs Stadtzentrum zum Flughafen

DER SÜDEN TRIANGLE

STRÄNDE RUND UM WILMINGTON

Die Uferstadt Wilmington hat zwar keinen eigenen Strand, viele Sandstrände liegen aber in der unmittelbaren Umgebung und können in wenigen Minuten erreicht werden. Von Norden nach Süden sind das die folgenden:

Topsail Beach Sauberer, weißer Sandstrand mit einer Station für Meeresschildkröten.

Wrightsville Beach Der Wilmington am nächsten gelegene Strand mit zahlreichen Bratfischbuden, Sonnenbrillengeschäften und jeder Menge Besucher im Sommer.

Carolina Beach Warmes Wasser, Stege und Sonnenschirme, so weit das Auge reicht.

Kure Beach Ein bei Anglern beliebter Strand und Standort des North Carolina Aquarium bei Fort Fisher.

Southport Nicht zum Baden geeignet, aber dennoch ein idyllischer Ort mit jeder Menge Antiquitätenläden und der berühmten Fischbude **Provision Company** (www.provision company.com).

und zum Regional Transit Center (Busbahnhof) in Durham.

Raleigh

Raleigh wurde 1792 einzig zu dem Zweck gegründet, Hauptstadt des Bundesstaates zu werden. Heute ist sie eine biedere Verwaltungsstadt, die dazu neigt, immer weiter zu wuchern. Dennoch findet man in der hübschen Innenstadt ein paar nette (und kostenlose) Museen und Galerien. Auch die Restaurant- und Musikszene ist auf dem Vormarsch.

⊙ Sehenswertes

Das hübsche, 1840 fertiggestellte **State Capitol** an der Edenton St ist eines der besten Beispiele des Greek-Revival-Stils und kann besichtigt werden.

North Carolina Museum of Art   MUSEUM
(www.ncartmuseum.org; 2110 Blue Ridge Rd; ⊙ Di-Do, Sa & So 10–17, Fr 10–21 Uhr) Das lichtdurchflutete Gebäude aus Glas und eloxiertem Stahl ein paar Meilen westlich des Zentrums wurde bei seiner Eröffnung 2010 von Architekturexperten aus dem ganzen Land gelobt. Bemerkenswert sind aber auch die umfassende Sammlung, die von antiken römischen Skulpturen über Werke Raffaels bis hin zu Graffiti-Kunst reicht, und der gewundene Skulpturenweg im Freien.

North Carolina Museum of Natural Sciences   MUSEUM
(www.naturalsciences.org; 11 W Jones St; ⊙ Mo–Mi, Fr & Sa 9–17, Do & 1. Fr im Monat bis 21, So 12–17 Uhr) GRATIS 2012 war dieses Museum die am häufigsten besuchte Attraktion in North Carolina und damit sogar noch beliebter als Biltmore. Grund für die Attraktivität ist der neu erbaute Flügel – das **Nature Research Center** – mit seinem drei Stockwerke hohen Globus direkt vor der Tür. Das Forschungszentrum rückt verschiedene Wissenschaftler und ihre Projekte ins Rampenlicht und gibt Besuchern die Möglichkeit, den Forschern bei ihrer Arbeit zuzusehen. Ein verglaster Übergang führt ins Hauptgebäude des Museums, in dem Habitat-Dioramen, präparierte Tiere und das weltweit einzige Dinosaurierherz (versteinert natürlich!) ausgestellt sind.

Es gibt auch eine ganz schön gruselige Ausstellung über den Acrocanthosaurus, einen 3 t schweren Fleischfresser, der als der Schreck des Südens bekannt ist. Sein Schä-

del mit den riesigen Zähnen ist der Stoff, aus dem Albträume gemacht sind.

North Carolina Museum of History   MUSEUM
(www.ncmuseumofhistory.org; 5 E Edenton St; ⊙ Mo–Sa 9–17, So 12–17 Uhr) GRATIS In diesem fesselnden Museum gibt's wenig technischen Schnickschnack, dafür aber jede Menge gut verständliche Informationen. Unter den Ausstellungsstücken sind ein 3000 Jahre altes Kanu, Fotografien aus dem Bürgerkrieg und eine Theke aus der Zeit der Sitzblockaden in den 1960er-Jahren. Es gibt auch eine Sonderausstellung über Stockcar-Rennen.

Raleigh State Capitol   HISTORISCHES GEBÄUDE
(Edenton St) Das hübsche State Capitol von 1840 ist eines der besten Beispiele des Greek-Revival-Stils und ist zudem für Besucher geöffnet.

🛏 Schlafen & Essen

In der Innenstadt ist es abends und am Wochenende ziemlich ruhig, eine Ausnahme bildet die Gegend um den City Market an der E Martin und der S Person St. Gleich im Nordwesten im Viertel Glenwood South findet man Cafés, Bars und Clubs, rund um den Exit 10 der I-440 und abseits der I-40 unweit des Flughafens gibt es jede Menge Kettenhotels mit moderaten Preisen.

Umstead Hotel & Spa   HOTEL $$$
(☎ 919-447-4000; www.theumstead.com; 100 Woodland Pond, Dr; Zi./Suite ab 279/369 US$; P ❄ 🛜 🏊) Computerchips in den silbernen Abfalleimern ermöglichen es den Pagen, den Müll schnellstmöglich zu beseitigen. Auch darin zeigt sich die Liebe zum Detail, die in diesem schicken Hotel vorherrscht. In einem vorstädtischen, bewaldeten Gewerbepark werden die Gäste in schlichten, geräumigen Zimmern untergebracht, und das nach den Zen-Lehren gestaltete Spa wird vor allem von den Chefetagen der Biotech-Unternehmen genutzt.

Raleigh Times   KNEIPE $
(14 E Hargett St; Hauptgerichte 10–12 US$; ⊙ 11.30–2 Uhr) Die beliebte Kneipe in der Innenstadt serviert gegrillte Nachos und Bier aus North Carolina.

Poole's Downtown Diner   MODERN-AMERIKANISCH $$
(www.ac-restaurants.com; 426 S McDowell St; Hauptgerichte 18–22 US$; ⊙ 17.30–24 Uhr) Diese Kreuzung aus Südstaaten-Diner und Pariser

Bistro ist der Star der hiesigen Gourmet-szene. Hier sautiert die Chefköchin Ashley Christensen Burger in Entenfett und zaubert die köstlichsten Käsemakkaroni der Welt. Sehr empfehlenswert sind die Edelvarianten klassischer amerikanischer Pasteten, z. B. die mit Bananencreme. Keine Reservierung möglich.

❶ Praktische Informationen

Raleigh Visitor Information Center (☑ 919-834-5900; www.visitraleigh.com; 500 Fayetteville St; ☺ Mo–Sa 9–17 Uhr) Hat Karten und sonstige Infos.

Durham & Chapel Hill

Die Rivalität ihrer Basketballteams und eine linksgerichtete Kultur haben die 10 Meilen (16 km) voneinander entfernt liegenden Universitätsstädte gemein. Doch hier enden die Ähnlichkeiten auch schon. Chapel Hill ist eine Collegestadt, deren kulturelles Leben von den fast 30 000 Studenten der renommierten University of North Carolina geprägt ist, die 1789 als erste State University der USA gegründet wurde. Die flippige, fortschrittliche Stadt ist bekannt für ihre Indie-Rock-Szene und stolze Hippie-Kultur. Durham, die Straße hinunter, war einst eine düstere, von der Tabak- und Eisenbahnindustrie beeinflusste Stadt, die in den 1960er-Jahren in eine wirtschaftliche Krise schlitterte, von der sie sich erst vor Kurzem wieder erholt hat. Im Grunde ist sie noch immer eine typische Südstaaten-Arbeiterstadt, allerdings lockt die renommierte Duke University kreative Geister an, die Durham in ein Zentrum für Feinschmecker, Künstler, Schwule und Lesben verwandelt haben.

Westlich vom Zentrums Chapel Hills liegt die hippe frühere Fabrikstadt **Carrboro**. Die große Wiese vor der Lebensmittelkooperative **Weaver Street Market** (www.weaverstreetmarket.com) ist eine Art inoffizielles Zentrum mit Livemusik und kostenlosem WLAN.

In Durham gibt's die meiste Action in der hübschen Innenstadt rund um die renovierten Tabaklager aus Backstein. Am Brightleaf Sq und auf dem American Tobacco Campus kann man shoppen und unter freiem Himmel speisen.

❍ Sehenswertes

Duke Lemur Center   ZOO
(☑ 919-489-3364; www.lemur.duke.edu; 3705 Erwin Rd, Durham; Erw./Kind 10/7 US$; 🚻) Die

vielleicht coolste und doch am wenigsten bekannte Attraktion in Durham ist das Lemur Center, das den größten Bestand an gefährdeten Feuchtnasenaffen außerhalb deren Heimat Madagaskar beherbergt. Beim Anblick der süßen Wuschelköpfe mit den großen Augen schmilzt wohl jeder dahin. Wer an einer Führung teilnehmen möchte (Mo–Sa, nur nach Vereinbarung), muss sich lange im Voraus telefonisch anmelden.

Duke University   UNIVERSITÄT, GALERIE
(www.duke.edu; Campus Dr, Durham) Die mit dem Tabakvermögen der Familie Duke finanzierte Universität hat einen Ostcampus im georgianischen Stil und einen neugotischen Westcampus mit einer eindrucksvollen, hoch aufragenden Kapelle aus den 1930er-Jahren. Auch das **Nasher Museum of Art** (2001 Campus Dr; Eintritt 5 US$; ☺ Di, Mi, Fr & Sa 10–17, Do bis 21, So 12–17 Uhr) und die traumhaften, 22 ha großen **Sarah P. Duke Gardens** (420 Anderson St; ☺ 8 Uhr–Sonnenuntergang) ᴳᴿᴬᵀᴵˢ sind einen Besuch wert. Parken kostet an beiden Orten 2 US$ pro Stunde.

University of North Carolina   UNIVERSITÄT
(www.unc.edu; Chapel Hill) Die älteste staatliche Universität hat einen klassischen, von blühenden Birnbäumen und prächtigen historischen Gebäuden gesäumten Campus. Der alte Brunnen soll Studenten, die aus ihm trinken, Glück bringen. Einen Lageplan bekommt man im **Visitor Center** (☑ 919-962-1630; 250 E Franklin St; ☺ Mo–Fr 9–17 Uhr) im Innern des Morehead Planetarium und des Science Center.

Durham Bulls Athletic Park   ZUSCHAUERSPORT
(www.dbulls.com; 409 Blackwell St; Durham; Tickets 7–9 US$; 🚻) Hier kann man einen typisch amerikanischen Nachmittag mit Bier und Baseball erleben. Das Minor-League-Team der Durham Bulls, das durch den Film *Annies Männer* (1988) mit Kevin Costner und Susan Sarandon berühmt wurde, spielt von April bis September.

🛏 Schlafen

Im nördlichen Durham abseits der I-85 gibt es viele günstige Kettenhotels.

Duke Tower   HOTEL **$**
(☑ 866-385-3869, 919-687-4444; www.duketower.com; 807 W Trinity Ave, Durham; Suite 88–98 US$; 🅿❄🛜🏊) In Durhams Tabakviertel in der historischen Altstadt gelegen. Für die Apartments mit Parkettboden, voll ausgestatteter Küche und Tempur-Schaummatratzen be-

zahlt man weniger als für die meisten Hotelzimmer vor Ort. Die Premium-Suiten haben Flachbild-TVs.

Inn at Celebrity Dairy
B & B $$

(☎919-742-5176; www.celebritydairy.com; 144 Celebrity Dairy Way, Siler City; Zi. inkl. Frühstück 100–165 US$, Suite 165 US$; P✳🛜) Im ländlichen Chatham County, 30 Meilen (48 km) westlich der Stadt, bietet diese Ziegenmilchfarm B & B-Unterkünfte in einem Farmhaus im Greek-Revival-Stil. Nach dem Frühstück mit Ziegenkäse-Omeletts können Gäste im Stall die meckernden Tiere streicheln, die für die Milch sorgen.

Carolina Inn
HOTEL $$

(☎919-933-2001; www.carolinainn.com; 211 Pittsboro St, Chapel Hill; Zi. ab 179 US$; P✳🛜) Selbst wenn man kein *tar heel* (Zugehöriger der Universtity of North Carolina) ist, wird einen dieser liebenswerte Inn mitten auf dem Campus mit seiner Gastfreundschaft und dem historischen Touch sofort begeistern. Schon die helle Lobby ist zauberhaft, aber auch die Korridore, an deren Wänden Fotografien der Alumni und der Meisterteams hängen, haben ihren Charme. Zum Zeitpunkt der Recherche waren gerade die Renovierungsarbeiten an einigen Gästezimmern abgeschlossen, bei denen auch auf Umweltfreundlichkeit Wert gelegt wurde.

 ## Essen

Durham wurde 2013 von der Zeitschrift *Southern Living* zur „Köstlichsten Stadt des Südens" gekürt. Aus gutem Grund: In der Gegend gibt es jede Menge Top-Restaurants. In der Innenstadt Durhams finden sich zahlreiche tolle Lokale, Cafés und Bars. Der Großteil der besseren Restaurants von Chapel Hill findet sich entlang der Franklin St.

Neal's Deli
FRÜHSTÜCK, FEINKOST $

(www.nealsdeli.com; 100 E Main St, Carrboro; Frühstück 3–6 US$, Mittagessen 5–9 US$; ⊙Di–Fr 7.30–19, Sa & So 8–16 Uhr) Für den perfekten Start in den Tag holt man sich in diesem winzigen Feinkostladen in der Downtown von Carrboro zum Frühstück einen leckeren Buttermilchkeks. Die Variante mit Ei, Käse und Bacon ist himmlisch. Mittags gibt's Sandwiches und kleine Gerichte von Geflügelsalat über Pastrami bis zu mit Käse gefüllter Paprika mit einem Spritzer Bourbon.

Toast
SANDWICHES $

(www.toast-fivepoints.com; 345 W Main St, Durham; Sandwiches 7 US$; ⊙Mo–Fr 11–20, Sa bis 15 Uhr)

Familien, Paare, Singles und zur Mittagszeit auch die Angestellten aus der Downtown strömen zu diesem winzigen italienischen Sandwichladen. Er ist einer von mehreren Lokalen, die zur Wiederbelebung der Innenstadt Durhams beigetragen haben. Panini auswählen, an der Theke bestellen und sich dann einen Platz am Fenster sichern, um die Leute draußen auf der Straße zu beobachten!

Guglhupf Bakery & Cafe
BÄCKEREI, CAFÉ $$

(www.guglhupf.com; 2706 Durham-Chapel Hill Blvd, Durham; Mittagessen 8–11 US$, Abendessen 15–24 US$; ⊙Bäckerei Di–Sa 7–17, So 8.30–14 Uhr, Café Di–Sa 8–16.30, So 9–15 Uhr) Eine Frühstücksoption in dieser erstklassigen Bäckerei mit angeschlossenem Café nach deutschem Vorbild sind Kirschplunder und Cappuccino. Nachmittags kann man sich auf der sonnigen Terrasse z.B. belegte Brötchen mit westfälischem Schinken und dazu ein Pils genehmigen.

★Lantern
ASIATISCH $$$

(☎919-969-8846; www.lanternrestaurant.com; 423 W Franklin St, Chapel Hill; Hauptgerichte 23–32 US$; ⊙Mo–Sa 17.30–22 Uhr) Wenn beim Besuch aller drei Städte des Dreiecks nur Zeit für ein Abendessen bleibt, so sollte man das hier einnehmen. In Tee geräuchertes Hühnchen und Bentoboxen zum Selbstzusammenstellen brachten dem modernen asiatischen Lokal zahlreiche James Beard Awards ein. Für besondere Anlässe sind die stilvollen Räume im vorderen Teil genau richtig. Lockerer und geselliger geht's in der Bar-Lounge im hinteren Teil des Restaurants zu. Und die Salt-&-Pepper-Shrimps, bei denen die Schale gleich mitgegessen wird? Herausragend!

Watts Grocery
MODERNE SÜDSTAATENKÜCHE $$$

(☎919-416-5040; www.wattsgrocery.com; 1116 Broad St, Durham; Mittagessen 8–13 US$, Abendessen 18–23 US$, Brunch 7–13 US$; ⊙Mi–So 11–14.30, Di–So 17.30–22 Uhr) In Durhams flippigstem Lebensmittelgeschäft stammen die Zutaten für die Speisen direkt von Bauernhöfen aus der Region. Sie werden zu hochwertiger Feinkost verarbeitet und in dem luftigen, renovierten Laden serviert. Die Maisgrütze mit Würstchen und Avocado ist der wohl beste Wochenend-Brunch, den man in der Stadt kriegen kann.

🍷 Ausgehen & Unterhaltung

Chapel Hill hat eine exzellente Musikszene, weshalb es fast jeden Abend Konzerte gibt.

Über das Unterhaltungsangebot informiert das kostenlose Wochenblatt *Independent* (www.indyweek.com).

★ Cocoa Cinnamon   CAFÉ
(www.cocoacinnamon.com; 420 W Geer St, Durham; Mo–Do 7.30–22, Fr & Sa 7.30–24, So 9–21 Uhr) Der Tipp, bei Cocoa Cinnamon eine heiße Schokolade zu bestellen, ist zwar mehr als berechtigt, aber leider etwas ungenau: Dieses neue Café ist in aller Munde und hat ganz schön viel Kakao im Angebot – unvorbereiteten Besuchern verschlägt es bei dieser Unmenge schokoladiger Leckereien schon mal die Sprache. Neben Kakao gibt's aber auch Tee, Kaffeebohnen aus einem einzigen Anbaugebiet und eine energiegeladene Atmosphäre.

Fullsteam Brewery   BRAUEREIKNEIPE
(www.fullsteam.ag; 726 Rigsbee Ave, Durham; Mo–Do 16 Uhr bis O, Fr bis 2, Sa 12–2, So bis O Uhr) Die Brauerei steht für eine neue Bierkultur der Südstaaten und macht sich mit ihren außergewöhnlichen Erzeugnissen wie Lagerbier aus Süßkartoffeln und Kaki-Ale landesweit einen Namen. Gemischte Klientel.

Top of the Hill   KNEIPE
(www.thetopofthehill.com; 100 E Franklin St, Chapel Hill; 11–2 Uhr) Die Terrasse im 3. Stock des Restaurants mit angeschlossener Kleinbrauerei in der Innenstadt ist nach Footballspielen ein beliebter Treffpunkt der reichen und schönen Collegestudenten von Chapel Hill.

Cat's Cradle   MUSIK
(919-967-9053; www.catscradle.com; 300 E Main St, Carrboro) Seit rund 30 Jahren geht hier die Crème de la Crème der Indie-Musik ein und aus, von Nirvana bis zu Arcade Fire. Für die meisten Veranstaltungen gibt es keine Altersbeschränkung.

❶ Praktische Informationen
Chapel Hill Visitor Center (919-968-2060; www.visitchapelhill.org; 501 W Franklin St, Chapel Hill; Mo–Fr 8.30–17, Sa 10–14 Uhr) **Durham Visitor Center** (800-446-8604, 919-687-0288; www.durham-nc.com; 101 E Morgan St, Durham; Mo–Fr 8.30–17, Sa 10–14 Uhr) Infos und Karten.

Charlotte
Charlotte ist die größte Stadt in North Carolina und nach New York das größte Bankenzentrum der USA. Die Stadt wirkt wie viele

suburbanen Megalopolen des New South zersiedelt und stellenweise gesichtslos. Doch obwohl die „Queen City" in erster Linie ein Geschäftszentrum ist, hat sie ein paar gute Museen, einige schöne alte Viertel und viele gute Restaurants zu bieten.

Die geschäftige Tryon St durchquert, gesäumt von Banken, Hotels, Museen und Restaurants, die mit Wolkenkratzern gespickte „Uptown" Charlottes. Die renovierten Textilfabriken im Viertel NoDa (eine Abkürzung für die N Davidson St) und der urige Mix aus Boutiquen und Restaurants in der Gegend um die Plaza Midwood, gleich nordöstlich der Uptown, verströmen eine trendigere Atmosphäre.

◉ Sehenswertes & Aktivitäten
Billy Graham Library   RELIGION
(www.billygrahamlibrary.org; 4330 Westmont Dr; Mo–Sa 9.30–17 Uhr) Diese Multimedia-Bibliothek fasziniert (oder schockiert) und widmet sich dem Leben des evangelikalen Superstars und „Pastors der Präsidenten" Billy Graham, der aus Charlotte stammt. Die 90-minütige Tour beginnt mit einer sprechenden Kuh, die das Evangelium verkündet, und endet mit einem Fragebogen, der danach fragt, ob man nun vom richtigen Weg überzeugt sei.

Levine Museum of the New South   MUSEUM
(www.museumofthenewsouth.org; 200 E 7th St; Erw./Kind 8/5 US$; Mo–Sa 10–17, So 12–17 Uhr) Das raffinierte Museum beherbergt eine informative Dauerausstellung zu Kultur und Geschichte der Südstaaten nach dem Bür-

gerkrieg und beschäftigt sich mit Themen wie Pachtfarmen oder Sitzblockaden.

★US National Whitewater Center
ABENTEUERSPORT

(www.usnwc.org; 5000 Whitewater Center Pkwy; Tageskomplettpass Erw./Kind 54/44 US$, einzelne Aktivitäten 20–25 US$, 3-stündige Baumwipfeltour 89 US$; ☉ Sonnenaufgang–Sonnenuntergang) Die 160 ha große Mischung aus Natur- und Wasserpark ist der absolute Hammer und wartet mit der größten künstlichen Wildwasseranlage der Welt auf. In den Stromschnellen trainieren Kanuten und Kajakfahrer für die Olympischen Spiele. Besucher können auf der Anlage im Rahmen einer geführten Raftingtour paddeln oder eine andere abenteuerliche Aktivität des Centers ausprobieren: Es gibt eine Seilrutsche, eine Kletterwand im Freien, einen Hochseilparcours, Stehpaddelbretter, Baumwipfeltouren durch den umliegenden Wald und kilometerweise Wander- und Mountainbikewege. Parken kostet 5 US$.

Charlotte Motor Speedway
RENNSTRECKE

(www.charlottemotorspeedway.com; Führungen 12 US$; ☉ Führungen Mo–Sa 9.30–15.30, So 13.30–15.30 Uhr) Auf der 12 Meilen (19 km) nordöstlich der Stadt gelegenen Strecke, die sogar vom Weltall aus zu erkennen ist, finden Nascar-Rennen statt, die in der Region verwurzelte Leidenschaft der Südstaatler. Für den ultimativen Kick bzw. eine Nahtoderfahrung sorgen bei bis zu 265 km/h die Fahrten in einem echten Stockcar, durchgeführt von **Richard Petty Driving Experience** (☎800-237-3889; www.drivepetty.com; Fahrt ab 59 US$).

🛏 Schlafen & Essen

Viele Hotels in der Uptown sind auf Geschäftsreisende ausgerichtet, sodass die Preise am Wochenende oft sinken. Entlang der I-85 und der I-77 finden sich die günstigeren Hotelketten. Die Restaurants und Bars der Uptown werden vorwiegend von adrett gekleideten Bankern besucht, während man in den Pubs und Bistros in NoDa eine entspanntere Klientel (und mehr Tattooträger) antrifft.

Duke Mansion
B&B $$

(☎704-714-4400; www.dukemansion.com; 400 Hermitage Rd; Zi. 99–219 US$, Suite 279 US$; P❋@🛜) Der stattliche Inn mit weißen Säulen liegt in einer Wohngegend voller Eichen, war im 19. Jh. der Wohnsitz des Tabakmillionärs James B. Duke und hat

sich das ruhige, trauliche Flair eines edlen Privathauses bewahrt. Die meisten Zimmer haben hohe Decken und eine eigene Schlafveranda.

Hyatt House
HOTEL $$

(☎704-373-9700; www.charlottecentercity.house.hyatt.com; 435 E Trade St; Zi. ab 239 US$; P❋@🛜) Das ehemalige Hotel Sierra ist eine schicke, in futuristischen Dunkelgrau- und Hellgrüntönen gehaltene Unterkunft mit einer schicken Lobby. Die Parkgebühr beträgt pro Nacht 22 US$.

★Price's Chicken Coop
SÜDSTAATENKÜCHE $

(www.priceschickencoop.com; 1614 Camden Rd; Hauptgerichte 2–11 US$; ☉ Di–Sa 10–18 Uhr) Das leicht gammelige Price's ist eine Institution in Charlotte, und seine Brathähnchen schaffen es regelmäßig auf die Liste der „Best Fried Chicken in America". Einfach anstellen, bei einem der zahllosen Köche in weißen Kitteln einen Dark Quarter oder eine White Half bestellen und das Ganze dann draußen (keine Sitzmöglichkeiten) verspeisen! Nur Barzahlung möglich.

Mac's Speed Shop
SÜDSTAATENKÜCHE $$

(☎704-522-6227; www.macsspeedshop.com; 2511 South Blvd; Hauptgerichte 8–16 US$; ☉ So–Di 11–24, Mi–Sa 11–2 Uhr) Im Mac's Speed Shop, einem BBQ-Laden in einer ehemaligen Tankstelle, gibt's neben Gegrilltem lokal gebrautes Bier und Livemusik. Man kann drinnen oder draußen auf der Terrasse sitzen und dabei meist ein beeindruckendes Motorradaufgebot bestaunen.

Soul Gastrolounge Tapas
SUSHI $$

(☎704-348-1848; www.souldgastrolounge.com; 1500 Central Ave; Hauptgerichte 5–18 US$; ☉ Mo–Sa 17–2, So 11–15 & 17–2 Uhr) An der Plaza Midtown wird in dieser einfachen, aber temperamentvollen Kneipe eine global inspirierte Auswahl kleiner Gerichte serviert: griechisches Spanakopita, koreanisches BBQ, kubanische Panini, Sushi ...

ℹ Praktische Informationen

Das alternative Wochenblatt *Creative Loafing* (charlotte.creativeloafing.com) informiert über das Unterhaltungsangebot der Stadt.

Bibliothek (College St) Hier gibt's 90 PCs mit kostenlosem Internetzugang.

Visitor Center (☎800-231-4636, 704-331-2700; www.charlottesgotalot.com; 330 S Tryon St; ☉ Mo–Fr 8.30–17, Sa 9–15 Uhr) Das Visitor Center in der Downtown gibt eigene Stadtpläne und einen eigenen Stadtführer heraus.

❶ Anreise & Unterwegs vor Ort

Der **Charlotte Douglas International Airport** (CLT; ☎ 704-359-4027; www.charmeck.org/ departments/airport; 5501 Josh Birmingham Pkwy) ist ein Drehkreuz von US Airways mit Direktflügen ab Europa. Sowohl der **Greyhound-Busbahnhof** (601 W Trade St) als auch der Bahnhof von **Amtrak** (1914 N Tryon St) liegen in bequemer Nähe zur Uptown. **Charlotte Area Transit** (www.charmeck.org; 310 E Trade St) betreibt die Stadtbusse und Straßenbahnen.

North Carolina Mountains

Schon seit Jahrhunderten werden Menschen, die sich auf einer Suche gleich welcher Art befinden, von diesen alten Bergen magisch angezogen: Die Cherokee kamen wegen der Jagdgründe, schottisch-irische Einwanderer hofften im 18. Jh. auf ein besseres Leben, vornehme Orte wie Blowing Rock lockten Kranke mit ihrer frischen Höhenluft an. Heute zieht es Abenteurer und Naturliebhaber wegen der schönen Panoramastraßen, Waldwanderwege und tosenden Flüsse hierher.

Zu den Appalachen im westlichen Teil des Bundesstaats gehören die Gebirgsketten der Great Smoky, Blue Ridge, Pisgah und Black Mountains. Die kühlen Hügel erscheinen durch den Bewuchs mit Hemlocktannen, Kiefern und Eichen blaugrün, in den Wäldern leben Pumas, Hirsche, Schwarzbären, wilde Truthähne und Virginia-Uhus. Möglichkeiten zum Wandern, Campen, Klettern und Raften gibt es in Hülle und Fülle, und nach jeder Kurve zeigt sich ein neues, atemberaubendes Fotomotiv.

High Country

Der nordwestliche Teil des Bundesstaats nennt sich „High Country". Die größten Orte hier sind Boone, Blowing Rock und Banner Elk, die alle eine kurze Fahrt vom Blue Ridge Pkwy entfernt liegen. In dem lebendigen Collegestädtchen **Boone** sitzt die Appalachian State University (ASU). **Blowing Rock** und **Banner Elk** sind idyllische Touristenzentren in der Nähe der Winterskigebiete.

◉ Sehenswertes & Aktivitäten

Der Hwy 321 von Blowing Rock nach Boone ist gespickt mit **Edelsteinfeldern** und anderen Touristenfallen. In Boone kann man einen Blick in die Geschäfte auf der King St sowie auf die **Bronzestatue** der hiesigen

Bluegrass-Legende Doc Watson werfen. Er zupft die Saiten seiner Gitarre an der Ecke King St und Depot St.

Tweetsie Railroad VERGNÜGUNGSPARK
(☎ 877-893-3874; www.tweetsie.com; 300 Tweetsie Railroad Ln; Erw./Kind 37/23 US\$; ⊙ Juni–Aug. tgl. 9–18 Uhr, Mitte April–Mai, Sept. & Okt. Fr–So; 🚼) Sehr beliebter, thematisch am Wilden Westen orientierter Vergnügungspark. Highlight ist ein mit Kohle befeuerter Dampfzug von 1917, der an plündernden Indianern und heldenhaften Cowboys vorbeituckert.

Grandfather Mountain WANDERN
(☎ 828-733-4337; www.grandfather.com; Blue Ridge Pkwy Mile 305; Erw./Kind 4–12 Jahre 18/8 US\$; ⊙ Juni–Aug. 8–19 Uhr) Nach der obligatorischen Überquerung der in schwindelerregender Höhe verlaufenden Hängebrücke kann man den Touristenmassen am besten auf einem der elf Wanderwege entkommen. Auf dem schwierigsten von ihnen kraxelt man auch schon mal auf Händen und Knien steile Anhöhen hinauf. Die Familie, welcher der Berg gehört, verkaufte das Hinterland 2008 an die State-Park-Behörden, die im Jahr darauf den **Grandfather Mountain State Park** (www.ncparks.gov) eröffneten.

River and Earth Adventures OUTDOOR-AKTIVITÄTEN
(☎ 828-963-5491; www.raftcavehike.com; 1655 Hwy 105; Rafting halber/ganzer Tag ab 60/100 US\$; 🚼) Hier wird alles Mögliche geboten, von familienfreundlichen Höhlenwanderungen bis hin zu Raftingtouren mit Stromschnellen der Kategorie V in der Watauga Gorge. Die umweltbewussten Guides versorgen die Teilnehmer sogar mit Bio-Lunch-Paketen. Es können auch Kanus und Kajaks geliehen werden.

🛏 Schlafen & Essen

In Boone gibt's Kettenhotels en masse. Private Campingplätze und B&Bs liegen in den Hügeln verstreut.

Mast Farm Inn B&B \$\$
(☎ 828-963-5857; www.themastfarminn.com; 2543 Broadstone Rd, Vale Crucis; Zi./Cottage inkl. Frühstück ab 209/349 US\$; 🅿❄🛜) Das restaurierte Farmhaus in dem wunderschönen Dörfchen Valle Crucis steht mit seinen alten Holzdielen, Badewannen mit Klauenfüßen und selbst gemachten Sahnebonbons auf dem Nachttisch für rustikalen Komfort. Das angeschlossene Restaurant Simplicity lohnt

wegen seiner gehobenen Bergküche allein schon einen Besuch.

Six Pence Pub
PUB $$

(www.sixpencepub.com; 1121 Main St, Blowing Rock; Hauptgerichte 9–18 US$; ⊘ Restaurant So–Do 11.30–22.30, Fr & Sa bis 24 Uhr, Bar bis 2 Uhr) Die Barkeeper dieses lebhaften britischen Pubs haben auf alles ein wachsames, aber freundliches Auge. Die Shepherd's Pie ist hier kein matschiges Etwas, sondern hübsch und adrett auf dem Teller drapiert.

Hob Nob Farm Cafe
CAFÉ $$

(www.hobnobfarmcafe.com; 506 West King St, Boone; Frühstück & Mittagessen 3–12 US$, Abendessen 8–15 US$; ⊘ Mi–So 10–22 Uhr; ⏴) In dem bunt bemalten Cottage nahe der ASU verschlingt die hungrige Klientel warme Avocado-Tempeh-Sandwiches, Thai-Currys und saftige Burger mit Rindfleisch aus der Region. Brunch bis 17 Uhr.

ⓘ Praktische Informationen

Visitor Center (☑ 800-438-7500, 828-264-1299; www.highcountryhost.com; 1700 Blowing Rock Rd; ⊘ Mo–Sa 9–17, So bis 15 Uhr) Im High Country Visitor Center gibt's Infos zu Unterkünften und Outdoor-Veranstaltern.

Asheville

Mit seinen Kleinbrauereien, dekadenten Schokoladenläden und stilvollen Restaurants mit moderner Südstaaten-Cuisine ist Asheville eine der angesagtesten Kleinstädte im Osten. Hochglanzmagazine geraten regelrecht ins Schwärmen. Man darf sich aber nicht von den Hipstern und dem ganzen Pomp blenden lassen. Im Herzen ist Ashville noch immer ein kleines Bergdorf, das einfach über seine einstigen Grenzen hinausgewachsen ist, und hält an seinen Wurzeln fest. Das sieht man auf den ersten Blick: Auf der Biltmore Ave fidelt ein Straßenmusikant einsam ein Liedchen, und überall in den Restaurants langen Wanderer nach der Besteigung des Mt. Pisgah kräftig zu. Vom Blue Ridge Parkway, der am Stadtrand verläuft, fahren immer wieder Traveller ab, um die Stadt zu besichtigen. Auch eine große Künstlergemeinde sowie eine Menge Hardcore-Hippies, die kaum zu übersehen sind, sorgen dafür, dass Asheville authentisch bleibt.

◉ Sehenswertes

Die kompakte Innenstadt lässt sich problemlos zu Fuß erkunden. Die Art-déco-Gebäude haben sich seit den 1930er-Jahren kaum verändert. Es gibt auch großartige Shoppingmöglichkeiten, von Läden mit total überkandidelten Hippie-Kerzen über Vintage-Shops bis hin zu hochwertiger Kunst aus der Gegend. Der noch immer düstere, aber coole Westen der Stadt ist gerade schwer angesagt.

★ Biltmore Estate
HAUS, GARTENANLAGE

(☑ 800-543-2961; www.biltmore.com; 1 Approach Rd; Erw./Kind unter 16 Jahre ab 59/30 US$; ⊘ Haus 9–16.30 Uhr) Das 1895 für den Schifffahrts- und Eisenbahnmagnaten George Washington Vanderbilt II erbaute Biltmore ist das größte Privatwohnhaus der USA und Ashevilles wichtigste Touristenattraktion. Vanderbilt gestaltete das Haus nach dem Vorbild der großen Schlösser, die er auf seinen Reisen nach Europa gesehen hatte. Die Besichtigung des Anwesens und des über 100 ha großen, wunderschön gepflegten Grundstückes dauert mehrere Stunden.

Das Haus kann auf eigene Faust besichtigt werden, wer aber etwas mehr erfahren möchte, holt sich für weitere 10 US$ einen Audioguide. Man kann auch Führungen hinter die Kulissen buchen (17 US$), bei denen man mehr über die Architektur, die Familie oder die Bediensteten erfährt.

Es gibt hier zahlreiche Cafés, einen Souvenirladen von der Größe eines kleinen Supermarkts, ein piekfeines Hotel und eine preisgekrönte Winzerei mit kostenlosen Weinproben. In Antler Village vermittelt die neue Ausstellung über Biltmores Vermächtnis mit dem Titel *The Vanderbilts at Home and Abroad* einen persönlicheren Einblick in das Familienleben.

Chimney Rock Park
PARK

(www.chimneyrockpark.com; Hwy 64/74A; Erw./Kind 15/7 US$; ⊘ Ende März–Okt. 8.30–17.30 Uhr, Nov.–Feb. wechselnde Öffnungszeiten) In diesem Park 20 Meilen (32 km) südöstlich von Asheville flattert die amerikanische Nationalflagge auf der Spitze des 96 m hohen Granitmonolithen im Wind, der dem beliebten Ausflugsziel seinen Namen gegeben hat. Ein Aufzug bringt die Besucher hinauf zum „Kamin" (*chimney*). Das eigentliche Highlight ist jedoch die wunderbare Wanderung entlang der Klippen bis zu einem 123 m hohen Wasserfall. Der Park befand sich einst in Privatbesitz und gehört heute zum State-Park-Netzwerk; der Zugang zum Monolithen wird jedoch auch weiterhin kommerziell verwaltet.

Thomas Wolfe Memorial HAUS

(www.wolfememorial.com; 52 N Market St; Museum frei, Führung durchs Haus 5 US$; ⊙ Di–Sa 9–17 Uhr)

GRATIS Diese in der Innenstadt gelegene Gedenkstätte ist Thomas Wolfe, dem Autor von *Schau heimwärts, Engel* gewidmet. Der Autor wuchs in Asheville auf, das ihm als Inspiration für den Schauplatz des Romans diente. Neben dem kleinen Museum wird auch eine Führung durch das Haus angeboten.

🧭 Geführte Touren

Brews Cruise KLEINBRAUEREIN

(☑ 828-545-5181; www.ashevillebrewscruise.com; 50–55 US$/Pers.) Bei der Brews Cruise werden verschiedene Kleinbrauereien in Asheville besichtigt.

Lazoom Comedy Tour COMEDY

(☑ 828-225-6932; www.lazoomtours.com; 21–24 US$/Pers.) Eine Fahrt mit diesem lilafarbenen Bus verspricht, eine hysterisch-historische Stadttour zu werden. Alkohol darf selbst mitgebracht werden.

🛏 Schlafen

Die **Asheville Bed & Breakfast Association** (☑ 877-262-6867; www.ashevillebba.com) vermittelt zahlreiche B&Bs in der Gegend, von Lebkuchenhäusern bis hin zu Almhütten.

Sweet Peas HOSTEL $

(☑ 828-285-8488; www.sweetpeashostel.com; 23 Rankin Ave; B/Pod/Zi. 28/35/60 US$; P ✳ @ ☎) Dieses picobello saubere Hostel könnte mit seinen qualitativ hochwertigen Stockbetten aus Stahl und den Schlaf-„Pods" aus hellem Holz glatt einem Ikea-Katalog entsprungen sein. Die loftähnliche Unterkunft ist offen gestaltet, und so kann es auch mitunter recht laut werden (der Pub im Erdgeschoss tut sein Übriges dazu). Fehlende Privatsphäre und Ruhe werden jedoch durch Stil, Sauberkeit, Gesellichkeit und die unschlagbare Lage im Zentrum wieder wettgemacht.

Campfire Lodgings CAMPING $$

(☑ 828-658-8012; www.campfirelodgings.com; 116 Appalachian Village Rd; Stellplatz f. Zelt/Wohnmobil 38/45 US$, Jurte ab 115 US$, Hütte 160 US$; P ✳ ☎) Wenn doch nur alle Jurten dieser Welt mit einem Flachbild-TV ausgestattet wären... In diesen voll möblierten Zelten mit mehreren „Zimmern" an einem Hang nächtigen die wohl stilvollsten mongolischen Nomaden der Welt. Es gibt auch Hütten und Stellplätze für Zelte. Die Wohnwa-

genstellplätze haben WLAN-Zugang sowie einen wunderschönen Ausblick auf das Tal.

Grove Park Inn Resort & Spa RESORT $$$

(☑ 828-252-2711; www.groveparkinn.com; 290 Macon Ave; Zi. ab 269 US$; P ✳ @ ☎ ☤ ☝) Dieser gigantische, im Stil der Arts-&-Craft-Bewegung errichtete Steinbau feierte 2013 sein 100-jähriges Jubiläum, und sein rüstiges, stattliches Äußeres lässt in so manchem Betrachter die Lust auf Abenteuer aufkeimen. Wer nun Angst hat, man müsse hier auf moderne Annehmlichkeiten verzichten, der sei beruhigt: In den gut ausgestatteten Zimmern gibt es alles, was der moderne Reisende des 21. Jhs. so braucht. Zudem gibt es eine unterirdische Wellnessgrotte mit Steinbecken und einen künstlichen Wasserfall. Das Nantahala Outdoor Center (S. 380) hat kürzlich erst sein „Basislager" hier eröffnet, das mit dem LEED-Preis für energie- und umweltbewusstes Design ausgezeichnet wurde.

Aloft Asheville HOTEL $$$

(☑ 828-232-2838; www.aloftasheville.com; 51 Biltmore Ave; Zi. ab 242 US$; P ✳ @ ☎ ☤ ☝) Im ersten Moment kommt man sich in diesem neuen Hotel in der Downtown wie in einer Hipster-Community vor: Es gibt eine riesige Wandtafel in der Lobby, coole, junge Angestellte und eine in Neontönen gehaltene Lounge mit knalligen Retro-Stühlen. Fehlt nur noch der bärtige Typ mit Wollmütze und einem Bier aus einer Kleinbrauerei in der Hand – ach halt, da drüben ist er ja! O.k., kleiner Scherz. Wenn man sich erst einmal auf das Aloft einlässt, merkt man, dass die Angestellten sehr gut informiert und die Zimmer groß sind und dass das Flair gesellig ist. Von hier bis zu allen wichtigen Highlights im Zentrum, u.a. zum Orange Peel (S. 378), ist es nur ein Katzensprung.

🍴 Essen

Asheville ist ein tolles Ziel für Feinschmecker. Viele Besucher kommen tatsächlich nur wegen des Essens hierher.

⭐12 Bones BARBECUE $

(www.12bones.com; 5 Riverside Dr; Gerichte 4–20 US$; ⊙ Mo–Fr 11–16 Uhr) Mannomann, ist das lecker! Himmlisch zarte Fleischstücke werden hier schonend in perfekter Manier zubereitet, und die Beilagen, von Maisgrütze mit Jalapeños und Käse bis hin zu in Butter gewendeten grünen Bohnen, sind so köstlich, dass man die ganze Welt umarmen möchte. An der Theke bestellen, sich einen Picknicktisch krallen und mit sich und der Welt zufrieden sein!

Sunny Point Cafe
CAFÉ $

(www.sunnypointcafe.com; 626 Haywood Rd; Frühstück & Mittagessen 8–12 US$, Abendessen 8–17 US$; ⊙ So & Mo 8.30–14.30, Di–Sa bis 21 Uhr) Ein freundliches Café in West Asheville, das wegen seiner herzhaften Hausmannskost beliebt ist. Die *huevos rancheros* (Tortilla mit Spiegelei) mit Feta und Chorizo sind aus gutem Grund unter den Favoriten. Hier wird sehr viel Wert auf frische Bio-Zutaten gelegt, und das Café hat sogar seinen eigenen Garten. Die Kekse sind ein Traum.

French Broad Chocolate Lounge
BÄCKEREI, DESSERTS $

(www.frenchbroadchocolates.com; 10 S Lexington; Snacks 2–6 US$; ⊙ So–Do 11–23, Fr & Sa bis 24 Uhr) Wir sagen nur: sorgfältig hergestellte Bio-Schokolade, „flüssiger Trüffel" zum Trinken, Starkbier aus der Region und dazu Vanilleeis. Schon unterwegs dorthin?

★ Admiral
MODERN-AMERIKANISCH $$

(☎ 828-252-2541; www.theadmiralnc.com; 400 Haywood Rd; kleine Portion 10–14 US$, große Portion 22–30 US$; ⊙ 17–22 Uhr) Von außen sieht dieser Betonbunker neben einem Autofriedhof zunächst aus wie eine kleine Spelunke. Betritt man jedoch das Innerer des Restaurants, vollzieht sich eine geheimnisvolle Metamorphose. Das bewusst unauffällige Admiral in West Asheville gehört zu den besten Adressen für moderne amerikanische Küche im Bundesstaat und serviert gewagt-kreative, aber himmlisch leckere Gerichte wie Flat-Iron Steak mit Sojasauce, Kartoffelbrei und vietnamesischem Krautsalat. Wer nicht reserviert hat, kann auch am Tresen Platz nehmen.

Tupelo Honey
MODERNE SÜDSTAATENKÜCHE $$

(☎ 828-255-4863; www.tupelohoneycafe.com; 12 College St; Frühstück 7–15 US$, Mittagessen & Abendessen 10–28 US$; ⊙ 9–22 Uhr) Das beliebte, alteingesessene Bistro serviert moderne Südstaatenküche wie Shrimps mit Maisgrütze und Ziegenkäse. Das Frühstück ist hervorragend, aber egal zu welcher Tageszeit: Einen der leckeren Kekse (mit einem Klecks Honig) sollte man sich immer genehmigen.

⚑ Ausgehen & Unterhaltung

Im Zentrum von Asheville gibt es jede Menge Bars und Cafés, von studentischen Bruderschaftskneipen bis hin zu winzigen alternativen Hippieläden mit Wasserpfeifen im Angebot. West Asheville verströmt eine entspanntere Kleinstadtatmosphäre. Nähere Infos zu den über 20 Kleinbrauereien und Bierstuben in der Region gibt's unter www.ashevillealetrail.com.

Wicked Weed
KLEINBRAUEREI

(www.wickedweedbrewing.com; 91 Biltmore Ave) Heinrich VIII. bezeichnete Hopfen als „sündhaftes und gefährliches Unkraut" *(wicked weed)*, das den Geschmack des Biers verderbe. Seine Untergebenen tranken es trotzdem – ebenso wie die zahllosen durstigen Gäste dieser neuen Kleinbrauerei, die vor lauter Gerstensaft zu bersten droht. Sie ist in einer ehemaligen Tankstelle untergebracht und hat vor dem Haus eine ausladende, luftige Terrasse, auf der man prima relaxen kann.

Thirsty Monk
BRAUEREIPUB

(www.monkpub.com; 95 Patton Ave; ⊙ Mo–Do 16–24, Fr & Sa 12–2, So 12–22 Uhr) In der etwas schmuddeligen, aber liebenswerten Bar gibt's einige handwerklich gebraute Biere aus North Carolina sowie belgisches Ale.

Jack of the Wood
PUB

(www.jackofthewood.com; 95 Patton Ave) In dem keltischen Pub kommt man bei einer Flasche Bio-Bier wunderbar mit der Stammkundschaft ins Gespräch, die etwa zwischen 20 und 30 Jahre alt ist.

Asheville Pizza & Brewing Company
BRAUEREI, KINO

(www.ashevillebrewing.com; 675 Merrimon Ave; Kino 3 US$; ⊙ Kino 13, 16, 19 & 22 Uhr) In dem kleinen Theater der einzigartigen Brauerei können sich Gäste Filme ansehen.

Orange Peel
LIVEMUSIK

(www.theorangepeel.net; 101 Biltmore Ave; Tickets 15–33 US$) In der lagerhausähnlichen Location treten namhafte Indie- und Punk-Bands auf.

Grey Eagle
LIVEMUSIK

(www.thegreyeagle.com; 185 Clingman Ave; Tickets 5–20 US$) Bluegrass und Jazz.

ℹ Praktische Informationen

Bibliothek (67 Haywood Ave) Die öffentliche Bibliothek hat PCs mit kostenlosem Internetzugang.

Visitor Center (☎ 828-258-6129; www.explore asheville.com; 36 Montford Ave; ⊙ Mo–Fr 9–17.30, Sa & So 9–17 Uhr) Das hübsche neue Visitor Center liegt am Exit 4C der I-240.

ⓘ Anreise & Unterwegs vor Ort

Asheville Transit (www.ashevilletransit.com; Tickets 1 US$) betreibt 16 städtische Buslinien, die größtenteils von Montag bis Samstag zwischen 6.30 und etwa 20 Uhr in Betrieb sind. Auf dem **Asheville Regional Airport** (AVL; ☎ 828-684-2226; www.flyavl.com), etwa 20 Minuten südlich der Stadt, starten und landen eine Handvoll Direktflüge, u. a. ab/nach Atlanta, Charlotte, Chicago und New York. **Greyhound** (2 Tunnel Rd) befindet sich nordöstlich vom Stadtzentrum.

Great Smoky Mountains National Park

Der 211 ha große Great Smoky Mountains National Park ist ein stimmungsvoller, märchenhafter Ort. Er zählt zu den artenreichsten Gebieten der Erde, und die Landschaftsformen reichen von tiefen, dunklen Fichtenwäldern über sonnengeflutete, mit Gänseblümchen und wilden Möhren gesprenkelte Weiden bis hin zu breiten, braun schimmernden Flüssen. Es gibt unzählige Möglichkeiten zum Wandern und Campen, Reiten, Radfahren (mit Verleih) und Fliegenfischen. Wegen der über 9,6 Mio. Besucher pro Jahr – also der höchsten Besucherzahl aller Nationalparks in den USA – wird es hier aber leider oft unangenehm voll. Allerdings ist der in North Carolina gelegene Teil des Parks weniger frequentiert als der Tennessee-Teil, sodass man selbst in den touristischen Hochzeiten im Sommer noch viel Platz für sich hat (S. 419).

Die Newfound Gap Rd (Hwy 441) ist die einzige Hauptverkehrsstraße durch den Great Smoky Mountains National Park. Sie windet sich durch die Berge von Gatlinburg in Tennessee bis nach Cherokee und zum geschäftigen **Oconaluftee Visitor Center** (☎ allgemeine Informationen 865-436-1200, Visitor Center 865-436-1200; www.nps.gov/grsm; Hwy 441; ⊙ Juni–Aug. 8–19 Uhr, Sept.–Mai wechselnde Öffnungszeiten) GRATIS im Südosten, das Campinggenehmigungen für das Hinterland erteilt. Der **Oconaluftee River Trail** ist einer von nur zwei Wanderwegen im Nationalpark, an dem Hunde an der Leine mitgenommen werden dürfen. Er beginnt am Visitor Center und verläuft 2,4 km am Fluss entlang.

Auf dem Gelände befindet sich auch das **Mountain Farm Museum** (☎ 423-436-1200; www.nps.gov/grsm; ⊙ Sonnenaufgang–Sonnenuntergang), ein restaurierter Bauernhof aus dem 19. Jh. mit Scheune, Schmiede und Räucherkammer (in der echte Schweine-

TAGESWANDERUNGEN IN DEN SMOKYS

Im Folgenden eine Auswahl kurzer Wanderstrecken im North-Carolina-Teil des Great Smoky Mountains National Park:

Big Creek Trail Eine angenehme, 3,2 km lange Strecke zu den Mouse Creek Falls; man kann noch 4,8 km weiter bis zu einem Campingplatz im Hinterland wandern. Der Ausgangspunkt des Weges liegt nahe der I-40 am nordöstlichen Rand des Parks.

Boogerman Trail Der mittelschwere, 11 km lange Rundkurs, der an alten Bauernhöfen vorbeiführt, ist über die Cove Creek Rd zu erreichen.

Chasteen Creek Falls Dieser 6,4 km lange Rundweg beginnt am Smokemont Campground und führt an einem kleinen Wasserfall vorbei.

Shuckstack Tower Der Weg beginnt an dem gewaltigen Fontana Dam. Nach einem 5,6 km langen Aufstieg gelangt man zu einem alten Feuerwachturm mit traumhafter Aussicht.

köpfe hängen). Alles wurde von Originalgebäuden aus verschiedenen Teilen des Parks zusammengetragen. Gleich nördlich liegt die **Mingus Mill** (Besichtigung auf eigene Faust gratis; ⊙ Mitte März–Mitte Nov. tgl. 9–17 Uhr, zusätzl. am Thanksgiving-Wochenende 9–17 Uhr). In der von Turbinen angetriebenen Mühle von 1886 werden noch immer Weizen und Mais gemahlen. Ein paar Kilometer weiter liegt der einzige ganzjährig geöffnete Campingplatz in North Carolina, der **Smokemont Campground** (www.nps.gov/grsm; Zelt/Stellplatz 20 US$).

Im Osten erwartet das abgeschiedene **Cataloochee Valley** Besucher mit mehreren historischen Bauten, zwischen denen sie umherstreifen können. Es ist ein prima Ort, wenn man nach Wapiti-Hirschen und Schwarzbären Ausschau halten will.

Rund um den Great Smoky Mountains National Park

Die westlichste Ecke des Bundesstaats ist von Parklandschaft bedeckt, in der winzige Bergdörfer verstreut liegen. Das geschichtsträchtige Gebiet blickt auf eine traurige Vergangenheit zurück: In den 1830er-Jahren wurden viele der damals hier lebenden Cherokee auf dem „Pfad der Tränen" in Richtung Oklahoma vertrieben. Die Nachfahren derer, die flüchten konnten, werden heute als die „Eastern Band of the Cherokee" bezeichnet. Von ihnen leben noch etwa 12 000 in dem 227 km² großen Reservat Qualla Boundary am Rande des Great Smoky Mountains National Park.

Am Rand des Qualla Boundary liegt das Örtchen **Cherokee** voller nachgemachter Indianersouvenirs, Fast-Food-Läden und mit dem **Harrah's Cherokee Casino** (www. harrahscherokee.com; 777 Casino Dr). Hier gibt es eine beeindruckende Wasser- und Videoshow, die Rotunda, mitten in der Lobby. Die beste Attraktion ist das moderne und fesselnde **Museum of the Cherokee Indian** (☎828-497-3481; www.cherokeemuseum.org; 589 Tsali Blvd/Hwy 441, an der Drama Rd; Erw./Kind 6–12 Jahre 10/6 US$; ⊙tgl. 9–17 Uhr, Juni–Aug. Mo–Sa bis 19 Uhr), das eine interessante Ausstellung zum Pfad der Tränen (Trail of Tears) zeigt.

Südlich von Cherokee liegen der Pisgah und der Nantahala National Forest. Dort gibt es Millionen Hektar dichten Laubwalds, windgepeitschte, kahle Berggipfel und einige der besten Wildwasserstrecken des Landes. Durch beide Gebiete führen Teile des Appalachian Trail. Zu den Highlights des **Pisgah National Forest** gehören die blubbernden Becken im Örtchen **Hot Springs** (www.hot springsnc.org), die natürliche Wasserrutsche am **Sliding Rock** sowie der 48 km lange Rundwanderweg hinauf zum Gipfel des 1744 m hohen **Mt. Pisgah**, von dem aus man auf den aus Buch und Film bekannten Cold Mountain blickt. Im **Nantahala National Forest** finden sich mehrere beschauliche Seen und Dutzende tosender Wasserfälle.

Unmittelbar nördlich von Nantahala liegt das urige **Bryson City**, ein idealer Ausgangspunkt für verschiedene Outdoor-Abenteuer. Hier befindet sich auch das sehr empfehlenswerte **Nantahala Outdoor Center** (NOC; ☎828-488-2176, 888-905-7238; www.noc. com; 13077 Hwy 19/74; Kajak-/Kanuverleih pro Tag 30/50 US$, geführte Tour 30–189 US$), das sich auf nasse, wilde Raftingtrips auf den Flüssen Nantahala, French Broad, Pigeon und Ocoee spezialisiert hat. Es existieren auch eine Seilrutsche und ein Hochseilturm sowie eine angeschlossene Lodge und ein Restaurant. Auch der Appalachian Trail verläuft über das Gelände. **Great Smoky Mountains Railroad** (☎800-872-4681; www.gsmr.com; 226 Everett St, Bryson City; Fahrt durch die Nantahala Gorge Erw./ Kind 2–12 Jahre ab 55/31 US$; ⊙März–Dez.) bietet vom Bahnhof in Bryson City aus idyllische Panoramafahrten durch das beeindruckende Flusstal an. Wer auf der Suche nach einer Unterkunft oder einem Restaurant ist, wird im vornehmen **Fryemont Inn** (☎828-488-2159; www.fryemontinn.com; 245 Fryemont St; Lodge/ Suite/Hütte ab 110/180/245 US$; Nicht-Gäste Frühstück 6–9 US$, Abendessen 20–29 US$; ⊙Restaurant So–Di 8–10 & 18–20 Uhr, Mitte April–Ende Nov. Fr & Sa 18–21 Uhr; P🐾) fündig, einer Lodge mit Restaurant in Familienbesitz. Von der Frontveranda des mit Baumrinde verkleideten Inn blickt man direkt auf die Smokies sowie das Zentrum von Bryson City.

SOUTH CAROLINA

In South Carolina, dort, wo der „Deep South", der tiefe Süden, beginnt, ist die Luft heißer, der Dialekt ausgeprägter, und Traditionen nehmen einen höheren Stellenwert

---

KULTUR DER GULLAH

Afrikanische Sklaven wurden aus der als Reisküste bekannten Region (Sierra Leone, Senegal, Gambia und Angola) in eine Welt abgelegener Inseln verschleppt, die mit ihren sumpfigen Küstengebieten, der tropischen Vegetation und den heißen, schwülen Sommermonaten ihrer Heimat überraschend stark ähnelte.

Diese neuen Afroamerikaner konnten selbst nach der Abschaffung der Sklaverei und bis weit ins 20. Jh. hinein an vielen ihrer alten Traditionen festhalten. Die sich daraus entwickelnde Gullah-Kultur (auch Geechee-Kultur) besitzt eine eigene Sprache – eine auf dem Englischen basierende Kreolsprache mit zahlreichen afrikanischen Wörtern und eigenem Satzbau – und hat sich viele Traditionen wie das Erzählen von Geschichten, die Kunst, Musik und das Kunsthandwerk bewahrt. Die Gullah-Kultur wird jedes Jahr mit dem lebendigen **Gullah Festival** (www.gullahfestival.org; ⊙Ende Mai) in Beaufort gefeiert. Typische Gullah-Gerichte bekommt man beim Mittagsbuffet im **Gullah Cuisine** (www. gullahcuisine.net; 1717 Hwy 17 N; Buffet Erw./Kind 8,25/4,50 US$) in Mt. Pleasant.

ein. Von den Patrioten aus der Zeit des Amerikanischen Unabhängigkeitskriegs über die Abtrünnigenregierung der 1860er bis hin zur aktuellen streitsüchtigen Führungsriege des Staates hat der Palmetto State niemals eine Konfrontation gescheut.

Der Bundesstaat erstreckt sich vom silbrigen Sand der Atlantikküste westwärts über die Küstenebene und durch Piedmont bis hinauf zu den Blue Ridge Mountains. Die meisten Traveller beschränken sich auf die Küste mit ihren hübschen Städten aus der Antebellum-Ära und die palmengesäumten Strände. Doch das Hinterland wartet mit einer Vielzahl verschlafener alter Städtchen, wilder, nicht erschlossener State Parks und gespenstisch düsterer Sümpfe auf, und auf den Inseln im Ozean kann man die sanften Gesänge der Gullah hören. Die Sprache und die Kultur wurden von ehemaligen Sklaven begründet, die über die Jahrhunderte hinweg an vielen ihrer westafrikanischen Traditionen festhielten.

Ob man nun das vornehme, nach Geranien duftende Charleston oder das grelle, kitschige Myrtle Beach besucht: South Carolina ist immer ein einnehmendes Reiseziel.

Geschichte

Im Gebiet des heutigen South Carolina lebten mehr als 28 verschiedene Indianerstämme. Viele gehörten dem Volk der Cherokee an, das in den 1830er-Jahren über den „Pfad der Tränen" gewaltsam umgesiedelt wurde.

Die Engländer gründeten die Kolonie Carolina im Jahr 1670. Die ersten Siedler kamen vom britischen Vorposten Barbados, sodass die damals „Charles Towne" genannte Hafenstadt einen karibischen Touch erhielt.

Um die Küstensümpfe in Reisfelder zu verwandeln, wurden westafrikanische Sklaven ins Land verschleppt. Mitte des 18. Jhs. war das Land tief gespalten: Im „Lowcountry" herrschte eine Schicht Sklaven haltender Aristokraten, im ländlichen „Backcountry" siedelten arme Bauern aus Schottland, Irland und Deutschland.

South Carolina war der erste Staat, der sich von der Union abspaltete; die erste Schlacht des Amerikanischen Bürgerkriegs wurde bei Fort Sumter im Hafen von Charleston geschlagen. Am Ende des Krieges war ein großer Teil des Bundesstaates verwüstet.

Im 20. Jh. lebte die Bevölkerung des Bundesstaats vorrangig vom Baumwoll- und

KURZINFOS SOUTH CAROLINA

Spitzname Palmetto State

Bevölkerung 4,7 Mio.

Fläche 77 982 km^2

Hauptstadt Columbia (130 500 Ew.)

Weitere Stadt Charleston (122 700 Ew.)

Verkaufssteuer 6 %, plus Übernachtungssteuer von bis zu 10 %

Geburtsort von Jazzmusiker Dizzy Gillespie (1917–1993), Bürgerrechtler Jesse Jackson (geb. 1941), Boxer Joe Frazier (geb. 1944), *Wheel-of-Fortune*-Moderatorin Vanna White (geb. 1957)

Heimat der ersten öffentlichen Bibliothek (1698), des ersten Museums (1773) und der ersten Dampfeisenbahn (1833) in den USA

Politische Ausrichtung republikanische Tendenzen

Berühmt für das Abfeuern der ersten Schüsse im Amerikanischen Bürgerkrieg vom Fort Sumter in Charleston

Tanz des Bundesstaats Shag

Entfernungen Columbia–Charleston 115 Meilen (184 km), Charleston–Myrtle Beach 97 Meilen (155 km)

Textilhandel. Auch heute noch ist South Carolina ein relativ armer Agrarstaat, auch wenn die Tourismusindustrie an der Küste Zuwachs verzeichnet.

In den vergangenen Jahren waren der Palmetto State und seine Politiker immer wieder in den Schlagzeilen, von Nikki Haley, der ersten weiblichen Gouverneurin und der ersten Gouverneurin mit indianischen Wurzeln in diesem Amt, bis hin zum in Ungnade gefallenen ehemaligen Gouverneur und heutigen Kongressabgeordneten Mark Sanford, der in seiner Zeit als Gouverneur angeblich den Appalachian Trail beschritt, während er in Wirklichkeit seine argentinische Geliebte besuchte.

❶ Praktische Informationen

South Carolina Department of Parks, Recreation & Tourism (☏ 803-734-1700; www.discoversouthcarolina.com; 1205 Pendleton St, Zi. 505; ☎) Gibt den offiziellen Ferienführer für South Carolina heraus. In allen neun Highway Welcome Centers gibt es WLAN. Das Passwort holt man sich drinnen.

South Carolina State Parks (Camping-Reservierung 866-345-7275, 803-734-0156; www.southcarolinaparks.com) Eine hilfreiche Website mit Aktivitäten, Wanderwegen und der Möglichkeit, Campingplätze online zu reservieren (die Preise variieren).

Charleston

Diese liebenswürdige Stadt empfängt Besucher mit der Wärme und Gastfreundschaft eines alten, geliebten Freundes – der leider Anfang des 18. Jhs. verstarb. Na ja, das mag vielleicht etwas übertrieben sein, aber die Kanonen, Friedhöfe und Kutschfahrten erinnern wirklich an eine vergangene Ära. Und diese historische Romantik, das kulinarische Angebot und die Liebenswürdigkeit des Südens machen Charleston zu einer der weltweit angesehensten Städte und zu einem der beliebtesten Reiseziele im Süden. Leser der Zeitschrift *Condé Nast Traveler* wählten Charleston 2012 sogar zur „Best City to Visit in the World".

Charlestons Charme kann man am besten auf sich wirken lassen, indem man ihn einfach genießt: an den historischen Gebäuden vorbeischlendern, ihre Architektur aus der Antebellum-Ära bewundern, innehalten, um den Duft des blühenden Jasmins in sich aufzusaugen, und zum Abschluss des Tages ausgiebig auf der Veranda zu Abend essen. Auch die Romantik hat hier ihren Platz, und so erblickt man überall Bräute mit vor Aufregung geröteten Wangen, die glücklich und erwartungsvoll auf den Stufen bezaubernder Kirchen stehen.

In der Hauptsaison vermischt sich der Duft von Gardenien und Heckenkirschen mit dem Geruch der Pferde vor den bereits erwähnten Kutschen, die über das Kopfsteinpflaster rumpeln. Im Winter, wenn das Wetter milder ist und die Besuchermassen sich lichten, ist Charleston ein tolles Reiseziel für die Nachsaison.

Geschichte

Schon lange vor dem Unabhängigkeitskrieg war Charles Towne (nach Karl II., engl. Charles II., benannt) einer der geschäftigsten Häfen an der Ostküste und das Zentrum der Reis anbauenden und exportierenden Kolonie. Beeinflusst von Westindien und Afrika, Frankreich und anderen europäischen Ländern entstand hier eine kosmopolitische Stadt, die nicht selten mit New Orleans verglichen wurde.

Die ersten Schüsse des Bürgerkriegs fielen bei Fort Sumter im Hafen von Charleston. Als nach dem Krieg mit der Abschaffung der Sklaverei die arbeitsintensiven Reisplantagen unrentabel wurden, verlor die Stadt an Bedeutung. Doch ein großer Teil der historischen Stadtbauten blieb zur Freude der alljährlich mehr als 4 Mio. Touristen erhalten.

Sehenswertes & Aktivitäten

Historisches Viertel

Im Viertel südlich der Beaufain St und der Hasell St befinden sich die meisten Herrenhäuser aus der Antebellum-Ära sowie Geschäfte, Bars und Cafés. An der äußersten Südspitze der Halbinsel stehen die Vorkriegsgebäude von Battery.

Gateway Walk   KIRCHEN
Wegen seiner vielen Gotteshäuser wird das traditionell multikulturelle Charleston auch „Holy City" genannt. Hier fanden verfolgte Hugenotten, Baptisten und Juden Zuflucht. Der Gateway Walk, ein kaum bekannter Parkweg zwischen der Archdale St und der Philadelphia Alley, verbindet vier der schönsten historischen Kirchen der Stadt miteinander: die **St. John's Lutheran Church** (5 Clifford St) mit ihren weißen Säulen, die neugotische **Unitarian Church** (4 Archdale St), die ursprünglich 1681 geweihte, eindrucksvolle romanische **Circular Congregational Church** (150 Meeting St) und die **St. Philip's Church** (146 Church St) mit ihrem malerischen Turm und einem Friedhof aus dem 17. Jh., von dem einst ein Teil für „Fremde und durchreisende Weiße" reserviert war.

Gibbes Museum of Art   GALERIE
(www.gibbesmuseum.org; 135 Meeting St; Erw./Kind 9/7 US$; Di–Sa 10–17, So 13–17 Uhr) Hier ist eine ganz gute Sammlung von Kunstwerken aus den Südstaaten und den ganzen USA untergebracht. In der Ausstellung zeitgenössischer Kunst sind Werke von hiesigen Künstlern zu sehen; Höhepunkt sind die Arbeiten zum Leben im Lowcountry.

Old Slave Mart Museum   MUSEUM
(www.nps.gov/nr/travel/charleston/osm.htm; 6 Chalmers St; Erw./Kind 7/5 US$; Mo–Sa 9–17 Uhr) Hier, wo einst afrikanische Männer, Frauen und Kinder bei Auktionen versteigert wurden, erinnert heute ein Museum an South Carolinas schändliche Vergangenheit. Die

DER SÜDEN SOUTH CAROLINA

textlastige Ausstellung beleuchtet die Schicksale der Sklaven. Die wenigen Artefakte, etwa Fußfesseln, sind besonders schaurig. Die auf Tonband aufgezeichneten Erinnerungen des ehemaligen Sklaven Elijah Green liefern Geschichten aus erster Hand.

Old Exchange & Provost Dungeon

HISTORISCHES GEBÄUDE

(www.oldexchange.org; 122 E Bay St; Erw./Kind 8/4 US$; ☉9–17 Uhr; 📶) Kinder lieben dieses Verlies, das einst als Piratenkerker und während des Unabhängigkeitskriegs als Gefängnis für von den Briten gefangen gehaltene amerikanische Patrioten diente. Das kleine Gebäude liegt direkt neben einem stattlichen georgianisch-palladianischen Zollhaus von 1771. Die Führungen werden von kostümierten Guides geleitet.

Kahal Kadosh Beth Elohim

SYNAGOGE

(www.kkbe.org; 90 Hasell St; ☉Führung Mo–Do 10–12 & 13.30–15.30, Fr 10–12 & 13–15, So 13–16 Uhr) In der ältesten ohne Unterbrechung genutzten Synagoge der USA gibt's kostenlose sachkundige Führungen.

Battery & White Point Gardens

GARTEN

Battery wird die südlichste, von einer Ufermauer geschützte Spitze der Charleston-Halbinsel genannt. In den Gärten sind Kanonen und Statuen von Kriegshelden zu sehen; von der Promenade aus erkennt man Fort Sumter.

Rainbow Row

STADTVIERTEL

Von den White Point Gardens aus um die Ecke liegt dieser Abschnitt der unteren E Bay St. Wegen seiner bonbonfarbenen Häuser ist er ein sehr beliebtes Fotomotiv.

Historische Wohnhäuser

Etwa ein halbes Dutzend majestätischer historischer Wohnhäuser können besichtigt werden. Ermäßigte Kombitickets verleiten vielleicht zu einer ausgiebigen Tour, den meisten Besuchern reichen ein oder zwei der Häuser jedoch ausreichen. Halbstündlich werden Führungen angeboten.

Aiken-Rhett House

HISTORISCHES GEBÄUDE

(www.historiccharleston.org; 48 Elizabeth St; Eintritt 10 US$; ☉Mo–Sa 10–17, So 14–17 Uhr) Die einzige erhaltene städtische Plantage vermittelt anhand des zugehörigen Wohnhauses faszinierende Einblicke in das Leben in der Antebellum-Ära und das Schicksal der Sklaven. Hinter dem Haupthaus kann man einen Blick in ihre Quartiere werfen, die an Schlafsäle erinnern. Die Historic Charleston

Foundation verwaltet, erhält und bewahrt das Haus, restauriert es aber nicht. Das bedeutet, dass sich das Gebäude größtenteils im Originalzustand befindet.

Joseph Manigault House

HISTORISCHES GEBÄUDE

(www.charlestonmuseum.org; 350 Meeting St; Eintritt 10 US$; ☉Mo–Sa 10–17, So 13–17 Uhr) Das dreistöckige, im Federal Style erbaute Haus war einst der ganze Stolz eines französischen Hugenotten und Reisplantagenbesitzers. Besonders sehenswert ist der winzige neoklassizistische Tempel im Garten.

Nathaniel Russell House

HISTORISCHES GEBÄUDE

(www.historiccharleston.org; 51 Meeting St; Erw./Kind 10/5 US$; ☉Mo–Sa 10–17, So 14–17 Uhr, letzte Führung 16.15 Uhr) Dieses Haus im Federal Style wurde 1808 von einem Mann aus Rhode Island erbaut, der im Ort als der „König der Yankees" bekannt war. Bemerkenswert sind vor allem die fantastische freitragende Wendeltreppe und der üppig grüne englische Garten.

◉ Marion Square

Der 4 ha große Park beherbergte einst das Waffenarsenal des Bundesstaates und ist heute mit seinen verschiedenen Monumenten und einem exzellenten Bauernmarkt an Samstagen quasi die Wohnstube von Charleston.

Charleston Museum

MUSEUM

(www.charlestonmuseum.org; 360 Meeting St; Erw./Kind 10/5 US$; ☉Mo–Sa 9–17, So 13–17 Uhr) Das 1773 gegründete Museum ist angeblich das älteste des Landes, und wer sich nach einem Spaziergang durch den Historic District noch mehr historisches Hintergrundwissen aneignen möchte, der wird hier fündig. Es sind Exponate aus verschiedenen Epochen der langen und ereignisreichen Stadtgeschichte zu sehen, von prähistorischen Walskeletten über Sklavenmarken bis hin zu Waffen aus dem Bürgerkrieg.

◉ Aquarium Wharf

Die Aquarium Wharf umgibt den hübschen Liberty Sq. Hier kann man prima umherschlendern und dabei zusehen, wie Schlepper Schiffe in den viertgrößten Containerhafen der USA ziehen. Der Kai ist zudem einer von zwei Landeplätzen, an denen die Bootstouren nach Fort Sumter beginnen. Der andere ist Patriot's Point (S. 388).

Fort Sumter
HISTORISCHE STÄTTE

Die ersten Schüsse im Amerikanischen Bürgerkrieg wurden vom Fort Sumter aus abgegeben, einer fünfeckigen Insel im Hafen. Die Festung der Konföderierten wurde zwischen 1863 und 1865 von den Unionstruppen bis auf ihre Grundmauern niedergeschossen. Ein paar wenige originale Geschütze und Befestigungsanlagen lassen die ereignisreiche Geschichte lebendig werden. Die Insel kann nur im Rahmen einer **Bootstour** (☏ Bootstour 843-722-2628, Park 843-883-3123; www.nps.gov/fosu; Erw./Kind 18/11 US$) besichtigt werden. Die Touren beginnen im Sommer um 9.30, 12 und 14.30 Uhr (im Winter seltener) an der 340 Concord St sowie von Mitte März bis Ende August um 10.45, 13.30 und 16 Uhr (im Winter seltener) am Patriot's Point in Mt. Pleasant auf der gegenüberliegenden Flussseite.

South Carolina Aquarium
AQUARIUM

(www.scaquarium.org; 100 Aquarium Wharf; Erw./Kind 25/15 US$; ⊙ März–Aug. 9–17 Uhr, Sept.–Feb. bis 16 Uhr; 🎒) Die Eintrittspreise für dieses Aquarium direkt am Fluss sind ganz schön happig, weshalb man sich den Besuch am besten für einen Regentag aufspart. Gezeigt wird die vielfältige Fauna der Gewässer des Bundesstaates. Highlight ist der 13 m hohe Great Ocean Tank, in dem es vor Haien und fremdartigen Kugelfischen nur so wimmelt.

Arthur Ravenel Jr. Bridge
BRÜCKE

Die knapp 5 km lange Brücke überspannt den Cooper River und ist ein Triumph zeitgenössischer Ingenieurskunst. Es gibt eine autofreie Spur, auf der aktive Charlestoner am Wochenende oft joggen oder Rad fahren. An beiden Enden der Brücke gibt's Parkplätze. Ein Fahrrad kann man sich bei **Affordabike** (☏ 843-789-3281; www.affordabike.com; 534 King St; Fahrrad ab 20 US$/Tag) ausleihen.

☞ Geführte Touren

Eine Auflistung aller in Charleston angebotenen Stadtspaziergänge, Kutschfahrten, Bus- und Bootstouren würde einen ganzen Reiseführer füllen. Umfangreiche Infos dazu gibt's beim Visitor Center.

Culinary Tours of Charleston
KULINARISCHE TOUR

(☏ 843-722-8687; www.culinarytoursofcharleston.com; 2½-stündige Tour 42 US$) Bei diesem Spaziergang durch die Restaurants und Märkte der Stadt werden Maisgrütze, Pralinen, Grillfleisch und mehr verkostet.

Adventure Harbor Tours
BOOTSFAHRT

(☏ 843-442-9455; www.adventureharbortours.com; Erw./Kind 55/30 US$) Unterhaltsame Bootstouren hinüber zur unbewohnten Morris Island, auf der man wunderbar Muscheln sammeln kann.

Charleston Footprints
STADTSPAZIERGANG

(☏ 843-478-4718; www.charlestonfootprints.com; 2-stündige Tour 20 US$) Hoch gelobte Stadtführung, bei der die historischen Sehenswürdigkeiten Charlestons zu Fuß erkundet werden.

Olde Towne Carriage Company
KUTSCHFAHRT

(☏ 843-722-1315; www.oldetownecarriage.com; 20 Anson St; 1-stündige Tour Erw./Kind 22/12 US$) Die Guides dieser beliebten Pferdekutschentouren unterhalten die Passagiere während der Stadtrundfahrt mit anschaulichen Erklärungen.

🎉 Feste & Events

Lowcountry Oyster Festival
AUSTERN

(www.charlestonrestaurantassociation.com/lowcountry-oyster-festival; ⊙ Jan.) Im Januar laben sich in Mt. Pleasant Austernliebhaber an 30 000 kg der salzigen Meereslebewesen.

Spoleto USA
DARSTELLENDE KÜNSTE

(www.spoletousa.org; ⊙ Mai) Das 17-tägige Festival der darstellenden Künste ist Charlestons größte Veranstaltung. In der ganzen Stadt werden Opern, Theaterstücke und Musicals aufgeführt, und an Ständen entlang der Straßen werden Kunsthandwerk und Essen verkauft.

MOJA Arts Festival
KUNST

(www.mojafestival.com; ⊙ Sept.) Bei diesem Festival zu Ehren der afroamerikanischen und karibischen Kultur stehen zwei Wochen lang Poetry Slams und Gospelkonzerte im Mittelpunkt des Geschehens.

🛏 Schlafen

Eine Übernachtung im historischen Zentrum ist natürlich am reizvollsten, dafür aber auch am teuersten, vor allem wenn man am Wochenende und in der Hauptsaison hierher kommt. Die hier angegebenen Preise beziehen sich auf die Hauptsaison (Frühjahr & Frühsommer). In den Kettenhotels an den Highways in der Nähe des Flughafens kann man wesentlich günstiger übernachten. Ein Hotelparkplatz in der Innenstadt kostet in der Regel zwischen 12 und 20 US$ pro Nacht; Unterkünfte am Stadtrand bieten oft kostenlose Parkplätze.

In der Stadt gibt es jede Menge bezaubernde B&Bs, die mit Südstaatenfrühstück und der für die Region typischen Gastfreundlichkeit aufwarten, jedoch schnell belegt sind. Am besten wendet man sich an eine Agentur wie **Historic Charleston B&B** (☎843-722-6606; www.historiccharlestonbedand breakfast.com; 57 Broad St).

NotSo Hostel HOSTEL $
(☎843-722-8383; www.notsohostel.com; 156 Spring St; B/Zi. 26/62 US$; P✳@⑨) Am nördlichen Rand der Innenstadt wurden in drei klapprigen alten Häusern Schlafsäle und Privatzimmer eingerichtet. Morgens gibt's ein gemeinsames Frühstück, und die freundlichen Angestellten geben gern Auskunft über die Gegend. Die neue Erweiterung ganz in der Nähe in der 33 Cannon St bietet Privatzimmer mit Doppelbetten (70 US$) und eine ruhigere Atmosphäre. Gute Option für Paare!

James Island County Park CAMPING $
(☎843-795-4386; www.ccprc.com; 871 Riverland Dr; Stellplatz f. Zelt ab 25 US$, Cottage f. 8 Pers. 169 US$) Südwestlich der Stadt weist dieser 260 ha große Campingplatz Wiesen, ein Sumpfgebiet sowie eine Hundewiese auf. Es können Fahrräder und Kajaks geliehen und die Discgolfanlage genutzt werden. Der Campingplatz bietet einen Shuttle-Service in die Innenstadt an (10 US$). Vorab reservieren! Zwischen Juni und August beträgt die Mindestaufenthaltsdauer in den Cottages eine Woche.

Indigo Inn BOUTIQUE-UNTERKUNFT $$
(☎843-577-5900; www.indigoinn.com; 1 Maiden Ln; Zi. 171 US$) Das Beste an dieser Unterkunft ist das leckere Schinkengebäck zum Frühstück. Es gibt aber noch weitere Vorzüge, etwa die Top-Lage mitten in der historischen Altstadt oder der paradiesische private Hof, in dem die Gäste neben dem Springbrunnen mit kostenlosem Wein und Käse versorgt werden. Die Deko erinnert leicht ans 18. Jh. Die Betten sind sehr bequem. Gutes Preis-Leistungs-Verhältnis.

1837 Bed & Breakfast B&B $$
(☎877-723-1837, 843-723-7166; www.1837bb.com; 126 Wentworth St; Zi. inkl. Frühstück 129–169 US$; P✳⑨) Dieses B&B nahe dem College of Charleston könnte auch die Wohnung einer exzentrischen, nach Antiquitäten verrückten Tante sein. Das 1837 erbaute Gebäude wartet mit neun charmanten, überaus üppig dekorierten Zimmern auf, von denen sich

drei im alten backsteinernen Kutschenhaus befinden.

Anchorage Inn INN $$
(☎843-723-8300; www.anchoragecharleston.com; 26 Vendue Range; Zi. ab 159 US$; ✳⑨) Unter Charlestons heimeligen Inns im historischen Viertel dürfte dieses hier eines der besten Preis-Leistungs-Verhältnisse haben. Die kleinen, dunklen Zimmer erinnern an Schiffskojen, sind dabei jedoch sehr vornehm.

★**Ansonborough Inn** HOTEL $$$
(☎800-522-2073; www.ansonboroughinn.com; 21 Hasell St; Zi. inkl. Frühstück 209–259 US$; P✳@⑨) Das in der Mitte gelegene Atrium mit poliertem Kieferholz, frei liegenden Balken und Ölgemälden mit maritimen Motiven verleiht dem heimeligen Hotel im Historic District das Flair eines alten Segelschiffs. Witzige neoviktorianische Details wie gläserne Aufzüge mit persischen Teppichen, ein winziger britischer Pub und formelle Porträts von Hunden offenbaren einen gewissen Sinn für Humor. Die riesigen Gästezimmer mit ihren abgewetzten Ledersofas, hohen Decken und Flachbild-TVs prägt ein Mix aus Alt und Neu. Zwischen 17 und 18 Uhr gibt's kostenlos Wein und Käse, was das gesellige Zusammensein fördert.

Vendue Inn INN $$$
(☎843-577-7970; www.vendueinn.com; 19 Vendue Range; Zi. inkl. Frühstück 205–425 US$, Suite 395–465 US$; P✳⑨) Dieses Boutiquehotel im French Quarter in der Innenstadt ist mit einer trendigen Mischung aus frei liegenden Backsteinwänden und exzentrischen Antiquitäten gestaltet. Die Zimmer sind mit coolen Extras wie tiefen Badewannen und Gaskaminen ausgestattet. Noch besser ist allerdings die Dachterrassenbar. Parken kostet 14 US$ pro Nacht.

✕ Essen

Charleston gehört zu den Gourmetzentren des Landes – es gibt hier genügend gute Restaurants für eine dreimal so große Stadt. Die klassischen Lokale sind auf raffinierte Meeresfrüchtegerichte mit französischem Touch spezialisiert, während viele aufstrebende, moderne Restaurants innovative Südstaatenküche mit Fokus auf der kulinarischen Vielfalt der Region servieren, von Austern über Reis bis hin zu traditionellen Schweinefleischgerichten. Samstags findet ein großartiger **Bauernmarkt** (Marion Sq; ⊙April–Okt. Sa 8–13 Uhr) statt.

Sugar Bakeshop
BÄCKEREI $

(www.sugarbake.com; 59 Cannon St; Gebäck 1–4 US$; ⊙ Mo–Fr 10–18, Sa 11–17 Uhr) Im Sugar, einer klitzekleinen Bäckerei nördlich vom Stadtzentrum, sind nicht nur die Cupcakes, sondern auch die Angestellten toll. Donnerstags werden die Lady-Baltimore-Cupcakes zubereitet, eine traditionelle Spezialität der Südstaaten mit getrockneten Früchten und weißer Glasur.

The Ordinary
SEAFOOD $$

(☎ 843-414-7060; www.eattheordinary.com; 544 King St; kleine Portion 5–25 US$, große Portion 24–28 US$; ⊙ Di–So ab 15 Uhr) Wenn man dieses höhlenartige Bankgebäude aus dem Jahr 1927 betritt, fühlt es sich an, als sei man auf der besten Party der Stadt gelandet. Die Speisekarte dieser geschäftigen Meeresfrüchte- und Austernbar ist nicht sehr lang, die köstlichen Gerichte sind aber mit viel Pfiff zubereitet, von den Austern-Häppchen über die Hummersandwiches bis hin zu den abendlichen Fischgerichten. In der effizienten und dennoch freundlichen Bar bleibt man auch als Alleinreisender nicht lange einsam.

Dies ist die neueste Location des Chefkochs Mike Lata, Gewinner des James Beard Awards und Inhaber des beliebten FIG.

Poe's Tavern
PUB $$

(www.poestavern.com; 2210 Middle St, Sullivan's Island; Gerichte 9–13 US$; ⊙ 11–22 Uhr, Bar bis 24 Uhr) An einem sonnigen Tag ist die Veranda vor dem Poe's auf Sullivan's Island die Adresse schlechthin. Edgar Allen Poe, der Meister des Makaberen und Namensgeber der Taverne, war einst im nahe gelegenen Fort Moultrie stationiert. Die Burger sind ein Traum, und zum Amontillado gibt's leckere Guacamole, Jalapeño Jack, Pico de Gallo und Chipotle Sour Cream dazu. Sprach der Rabe: „Immer mehr!"

Gaulart & Maliclet
FRANZÖSISCH $$

(www.fastandfrenchcharleston.com; 98 Broad St; Hauptgerichte 5–16 US$; ⊙ Mo–Sa 8–23 Uhr) Einheimische drängen sich um die Gemeinschaftstische in dem winzigen Bistro, das auch als „Fast & French" bekannt ist, und lassen sich französischen Käse, Würstchen und die Abendmenüs (16 US$) mit Brot, Suppe, einem Hauptgericht und Wein schmecken.

Monza
PIZZA $$

(www.monzapizza.com; 451 King St; Hauptgerichte 12–14 US$; ⊙ So–Do 11–22, Fr & Sa bis 23 Uhr) Genug von Shrimps mit Maisgrütze? Ja, das passiert. In solch einem Fall schaut man nach dem Einkaufsbummel auf der King St in diesem Laden mit den frei liegenden Backsteinwänden vorbei. Beim Namen Monza überrascht es nicht, dass die Namen der Holzofenpizzas von Rennfahrerlegenden inspiriert sind. Die Volpini etwa ist mit Schinken und Rucola belegt. Auch Salate und Pasta sind im Angebot.

Hominy Grill
MODERNE SÜDSTAATENKÜCHE $$

(www.hominygrill.com; 207 Rutledge Ave; Hauptgerichte 8–18 US$; ⊙ Mo–Fr 7.30–21, Sa 9–21, So bis 15 Uhr; ☎) Das gemütliche Café versteckt sich in einem alten Barbierladen und bringt moderne, vegetarierfreundliche Lowcountry-Küche auf den Tisch. Der schattige Patio lädt zum Brunch ein.

Husk
MODERNE SÜDSTAATENKÜCHE $$$

(☎ 843-577-2500; www.huskrestaurant.com; 76 Queen St; Brunch & Mittagessen 10–16 US$, Abendessen 27–30 US$; ⊙ Mo–Sa 11.30–14.30, So 10–14.30, So–Do 17.30–22, Fr & Sa 17.30–23 Uhr) Dieses Restaurant ist in aller Munde und ausnahmslos *alles*, was auf der Speisekarte steht, wurde in den Südstaaten angebaut oder gezüchtet, von der Georgia-Maissuppe mit Jalapeño-Marmeladen-Haube über Cooper-River-Austern, die mit Yuzu verfeinert wurden, bis hin zu lokal erzeugtem Schweineschmalz, das in der „Schweinebutter" verarbeitet ist, die mit den süchtig machenden Sesamröllchen zusammen serviert wird.

Die Kulisse, eine zweistöckige Villa, besticht durch schlichte Eleganz, und die angeschlossene feuchtfröhliche Bar ist einfach grandios. Lediglich das Kneipenessenangebot ist noch ausbaufähig.

FIG
MODERNE SÜDSTAATENKÜCHE $$$

(☎ 843-805-5900; www.eatatfig.com; 232 Meeting St; Hauptgerichte 28–31 US$; ⊙ Mo–Do 17.30–22.30, Fr & Sa bis 23 Uhr) Im rustikal-schicken Speisesaal des FIG lassen sich Feinschmecker kreative, moderne Südstaatenküche, beispielsweise knusprige Pig's Trotters (Schweinehaxen – natürlich aus der Region und nicht hormonversecht!) mit Selleriewurzel-Remoulade, kredenzen. FIG steht für *food is good*. Und jeder Gourmet wird dem beipflichten.

S.N.O.B.
MODERNE SÜDSTAATENKÜCHE $$$

(☎ 843-723-3424; www.mavericksouthernkitchens.com; 192 E Bay St; Mittagessen 10–14 US$, Abendessen 18–34 US$; ⊙ Mo–Fr 11.30–15, tgl. 17.30 Uhr–open end) Der neckische Name – die Abkürzung steht für *slightly north of Broad* (d. h. etwas nördlich der Broad St) – spiegelt die relaxte Haltung des erstklassig-lässigen Restaurants wieder, das wegen seiner facettenreichen Speisekarte viel gelobt wird. Dort finden sich Köstlichkeiten wie gegrillter Thunfisch mit gebratenen Austern und sautierte Taubenbrust auf Reis aus South Carolina.

Ausgehen & Nachtleben

Die lauen Abende in Charleston sind wie geschaffen dafür, einen erfrischenden Cocktail zu trinken oder zu Live-Blues das Tanzbein zu schwingen. Veranstaltungstipps gibt's im wöchentlich erscheinenden *Charleston City Paper* und in der „Preview"-Beilage der Freitagsausgabe des *Post & Courier*.

Husk Bar
BAR
(www.huskrestaurant.com; 76 Queen St; ⊘ab 16 Uhr) Diese Bar aus Backsteinen und abgewetztem Holz verströmt ein persönliches, ungezwungenes Flair. Sie ist an das Restaurant Husk angeschlossen. Gemixt werden historische Cocktails wie der Monkey Gland (Gin, Orangensaft, Himbeersirup).

Rooftop at Vendue Inn
BAR
(www.vendueinn.com; 23 Vendue Range; ⊘11.30–24 Uhr) Diese Dachbar bietet den besten Blick aufs Stadtzentrum, und das spiegelt sich auch in ihrer Beliebtheit wider. Nachmittags einfach Nachos genießen oder spätabends den Blues-Bands lauschen!

Blind Tiger
PUB
(www.blindtigercharleston.com; 36-38 Broad St; ⊘Mo–Sa 11.30–2, So 11–2 Uhr) Eine gemütliche und stimmungsvolle Kneipe, deren Decke mit gestanztem Zinn verkleidet ist. Die Bar ist aus verschlissenem Holz gezimmert und das Kneipenessen sehr lecker.

Closed for Business
PUB
(www.closed4business.com; 535 King St; ⊘Mo–Sa 11–2, So 10–2 Uhr) Hier finden Traveller Charlestons beste Bierauswahl sowie ein lärmig-geselliges Kneipenambiente vor.

Shoppen

Das historische Viertel ist überladen mit überteuerten Souvenirläden und Ramschmärkten. Die King St ist daher die bessere Wahl. Auf dem unteren Abschnitt finden sich Antiquitäten, in der Mitte angesagte Boutiquen und im oberen Teil gibt's trendige Designer- und Geschenkläden. Der zentrale Abschnitt der Broad St wird aufgrund seiner zahlreichen Kunstgalerien auch „Gallery Row" genannt.

Shops of Historic Charleston Foundation
GESCHENKE
(www.historiccharleston.org; 108 Meeting St; ⊘Mo–Sa 9–18, So 12–17 Uhr) Hier können Schmuckstücke, Einrichtungsgegenstände und Möbel erstanden werden, die alle von den historischen Bauten der Stadt inspiriert wurden. So gibt es etwa Ohrringe, die dem gusseisernen Geländer des Aiken-Rhett House nachempfunden sind. Oder man nimmt sich eine Charleston-Kerze mit, die nach Hyazinthe, Jasmin und Tuberose duftet.

Charleston Crafts Cooperative
KUNSTHANDWERK
(www.charlestoncrafts.org; 161 Church St; ⊘10–18 Uhr) Eine hochpreisige, aber gute Auswahl zeitgenössischen Kunsthandwerks aus South Carolina, wie etwa Korbwaren aus Mariengras, handgefärbte Seidenwaren und Holzschnitzereien.

Blue Bicycle Books
BÜCHER
(www.bluebicyclebooks.com; 420 King St; ⊘Mo–Sa 10–19.30, So 13–18 Uhr) Hervorragender Buchladen für alte und neue Bücher mit einer tollen Auswahl von Literatur zur Geschichte und Kultur der Südstaaten.

Praktische Informationen

In der gesamten Innenstadt von Charleston gibt es einen kostenlosen, öffentlichen Internetzugang (WLAN).

Charleston City Paper (www.charlestoncity paper.com) Das mittwochs erscheinende alternative Wochenblatt hat gute Veranstaltungs- und Restauranttipps.

Hauptpolizei (☑ Nicht-Notfälle 843-577-7434; 180 Lockwood Blvd)

Post & Courier (www.postandcourier.com) Tageszeitung von Charleston

Post (www.usps.com; 83 Broad St; ⊘11.30–15.30 Uhr)

Öffentliche Bibliothek (68 Calhoun St; ⊘Mo–Do 9–20, Fr & Sa bis 18, So 14–17 Uhr) kostenloser Internetzugang.

Universitätsklinik (Medical University of South Carolina; ☑ 843-792-1414; 171 Ashley Ave; ⊘24 Std.) Krankenhaus mit Notaufnahme.

Visitor Center (☑ 843-853-8000; www. charlestoncvb.com; 375 Meeting St; ⊘8.30–17 Uhr) Hier, in einem geräumigen renovierten Lagerhaus, bekommt man Hilfe bei der Suche nach Unterkünften und geführten Touren. Außerdem wird ein Video (30 Min.) über die Geschichte Charlestons gezeigt.

EIN SOMBRERO LÄSST GRÜSSEN

Ja, das da an der Grenze zwischen North und South Carolina ist in der Tat ein riesiger Sombrero, der sich über die I-95 erhebt. *Bienvenidos* am **South of the Border** (www.thesouthoftheborder. com; 3346 Hwy 301 N Hamer), einem Monument des amerikanischen Kitschs mit mexikanischem Flair. Was in den 1950er-Jahren als Verkaufsstand für Feuerwerk begann (Pyrotechnik ist in North Carolina verboten), hat sich zu einer Mischung aus Raststätte, Souvenirladen, Motel und Vergnügungspark (heute größtenteils außer Betrieb) entwickelt, die auf Hunderten von Reklametafeln von einer schrecklich klischeebehafteten mexikanischen Cartoonfigur mit dem Namen Pedro angepriesen wird. In letzter Zeit ist hier immer weniger los, ein kurzer Zwischenstopp für ein schnelles Foto und etwas Süßes lohnt sich aber allemal.

ℹ️ Anreise & Unterwegs vor Ort

Der **Charleston International Airport** (CHS; ☎843-767-7000; www.chs-airport.com; 5500 International Blvd) liegt 12 Meilen (19 km) außerhalb der Stadt in North Charleston. Von hier starten täglich 124 Flüge zu 17 Zielen.

Der **Greyhound-Busbahnhof** (3610 Dorchester Rd) und der **Amtrak-Bahnhof** (4565 Gaynor Ave) befinden sich ebenfalls in North Charleston.

CARTA (www.ridecarta.com; Ticket 1,75 US$) betreibt die Stadtbusse in ganz Charleston. Die kostenlosen DASH-Straßenbahnen fahren ab dem Visitor Center drei Rundstrecken.

Mt. Pleasant

Jenseits des Cooper River liegen das Wohn- und Ausflugsviertel Mt. Pleasant, ursprünglich ein Sommerrefugium der Einwohner Charlestons, und die schmalen Barriereinseln **Isle of Palms** und **Sullivan's Island**. Trotz des zunehmenden Verkehrs und der wachsenden Zahl von Einkaufszentren hat die Stadt immer noch einen gewissen Charme, insbesondere im historischen Zentrum, dem **Old Village**. Einige gute Seafood-Restaurants finden sich am Ufer des **Shem Creek**. Hier kann man bei Sonnenuntergang prima sitzen, dinieren und zuschauen, wie die eingelaufenen Fischerboote ihren

Fang ausladen. Außerdem lassen sich Kajaks leihen, um die Flussmündung zu erkunden.

👁️ Sehenswertes

Patriot's Point Naval & Maritime Museum   MUSEUM
(www.patriotspoint.org; 40 Patriots Point Rd; Erw./ Kind 18/11 US$; ⏰9–18.30 Uhr) Zum Patriot's Point Naval & Maritime Museum gehört die USS *Yorktown*, ein gigantischer Flugzeugträger, der im Zweiten Weltkrieg wertvolle Dienste leistete. Man kann das Flugzeugdeck des Schiffs, die Brücke und die Bereitschaftsräume besichtigen und erfährt, wie die Besatzung früher an Bord lebte. Außerdem gibt's hier ein kleines Museum, ein U-Boot, einen Zerstörer, einen Kutter der Küstenwache und ein nachgebautes Basislager aus dem Vietnamkrieg zu sehen. Man kann von hier aus eine Bootstour nach Fort Sumter machen.

Boone Hall Plantation   HISTORISCHES GEBÄUDE
(☎843-884-4371; www.boonehallplantation.com; 1235 Long Point Rd; Erw./Kind 20/10 US$; ⏰Anfang März–Aug. Mo–Sa 8.30–18.30, So 12–17 Uhr, Sept.– Feb. verkürzte Öffnungszeiten, Jan. geschl.) Nur 11 Meilen (18 km) von der Innenstadt Charlestons entfernt liegt am Hwy 17N die Boone Hall Plantation. Sie ist für ihre zauberhafte Avenue of Oaks berühmt, die 1743 von Thomas Boone angelegt wurde. Auf Boone Hall werden noch immer Ernten eingefahren, allerdings haben Erdbeeren, Tomaten und Weihnachtsbäume die Baumwolle als wichtigstes Produkt längst abgelöst. Das Haupthaus wurde 1936 errichtet und ist das vierte Haus auf dem Gelände. Am beeindruckendsten sind die Hütten auf der Slave Street, die zwischen 1790 und 1810 gebaut wurden und in denen heute Ausstellungen zu sehen sind.

Ashley River Plantations

Diese drei spektakulären Plantagen liegen 20 Autominuten nordwestlich von Charleston. Wer sie alle an einem Tag besichtigen möchte, hat sich viel vorgenommen, zwei sind aber gut zu schaffen, wobei man jeweils zwei Stunden einplanen sollte. Die Ashley River Rd (oder SC 61) ist von der Innenstadt Charlestons über den Hwy 17 zu erreichen.

👁️ Sehenswertes

⭐ Middleton Place   HISTORISCHES GEBÄUDE, GÄRTEN
(☎843-556-6020; www.middletonplace.org; 4300 Ashley River Rd; Gärten Erw./Kind 28/10 US$; Füh-

rung Gebäude Erw. & Kind zzgl. 15 US$; ⊘9–17 Uhr) Der 1741 angelegte weitläufige Park der Plantage ist der älteste in den USA. 100 Sklaven waren hier zehn Jahre lang damit beschäftigt, für ihren wohlhabenden Besitzer, den Politiker Henry Middleton aus South Carolina, das Land zu terrassieren und geometrisch präzise Kanäle auszuheben. Die prachtvolle Anlage besticht durch eine Mischung aus klassisch-formalen französischen Gärten und romantischen Wäldchen, die von gefluteten Reisfeldern und Weiden mit seltenen Nutztieren gesäumt werden. Die Unionstruppen brannten das Haupthaus 1865 nieder; ein Gästeflügel von 1755 ist aber noch intakt. Er beherbergt heute das **Hausmuseum**.

Auf dem Gelände gibt es auch einen **Inn**, der eine Reihe umweltfreundlicher, modernistischer Glasboxen mit Blick auf den Ashley River vermietet. Im hochgelobten **Café** kann man sich einen traditionellen Lowcountry-Plantagen-Lunch mit Garnelencremesuppe und Stangenbohnen genehmigen.

Magnolia Plantation HAUS, GÄRTEN
(www.magnoliaplantation.com; 3550 Ashley River Rd; Erw./Kind 15/10 US$, Führung 8 US$; ⊘8–17.30 Uhr) Die Magnolia Plantation befindet sich auf einem 202 ha großen Anwesen, das seit 1676 im Besitz der Familie Drayton ist. Es ist ein richtiggehender Plantagen-Themenpark inklusive Rundfahrt mit einer Bummelbahn, Spazierweg durch einen Sumpf, Streichelzoo und geführtem Ausritt. Die „Slavery to Freedom"-Tour beleuchtet das Leben auf der Plantage aus Sicht der Sklaven. Sie wird rund um die rekonstruierten Sklavenunterkünfte angeboten.

Drayton Hall PLANTAGE
(☑843-769-2600; www.draytonhall.org; 3380 Ashley River Rd; Erw./Kind 18/8 US$; ⊘Mo–Sa 9–17, So 11–17 Uhr, letzte Führung 15.30 Uhr) Das palladianische Landhaus wurde 1738 aus Backsteinen errichtet und überstand als einziges Plantagenhaus am Ashley River den Unabhängigkeitskrieg, den Bürgerkrieg und das große Erdbeben von 1886. Das leere Haus kann im Rahmen einer Führung besichtigt werden. Es ist gut erhalten, wurde aber nicht restauriert. Spazierwege führen am Fluss entlang und durch ein Sumpfgebiet.

Lowcountry

Gleich nördlich von Charleston beginnt der südliche Abschnitt von South Carolinas Küs-

te. Geprägt wird sie von einem Wirrwarr aus Inseln, die durch Meeresarme und Gezeitensümpfe vom Festland abgeschnitten sind. Hier leben die Gullah, Nachfahren westafrikanischer Sklaven, in kleinen Gemeinden. Quasi vor ihrer Haustür entstehen immer mehr Resorts und Golfplätze. Die Landschaft reicht von gepflegten Stränden mit austerngrau schimmerndem Sand bis zu wilden, moosbedeckten Küstenwäldern.

Charleston County Sea Islands

Die folgenden Inseln liegen alle maximal ein einstündige Autostunde von Charleston entfernt.

Etwa 8 Meilen (13 km) südlich von Charleston breitet sich der **Folly Beach** aus, der sich wunderbar für einen sonnigen Strandtag eignet. Im **Folly Beach County Park** (☑843-588-2426; www.ccprc.com; 1100 W Ashley Ave, Folly Beach; Eintritt 8 US$/Fahrzeug, zu Fuß/mit dem Rad Eintritt frei; ⊘10–18 Uhr) an der Westseite gibt's öffentliche Umkleidebereiche und einen Strandkorbverleih. Die andere Seite der Insel ist bei Surfern beliebt.

Auf **Kiawah Island**, unmittelbar südöstlich von Charleston, gibt's hochwertige Ferienhäuser und Golfplätze en masse, während die nahe gelegene, schlichte **Edisto Island** (sprich „*ed*-is-tau") ein Urlaubsziel für Familien ist und keine einzige Ampel aufweist. Ganz unten im Süden liegt der **Edisto Beach State Park** (☑843-869-2156; www.southcarolinaparks.com; Erw./Kind 5/3 US$, Stellplatz Zelt ab 21 US$, möblierte Hütte ab 80 US$), der mit einem traumhaften einsamen Strand sowie Wanderwegen im Schatten alter Eichen und Zeltplätzen aufwartet.

Beaufort & Hilton Head Island

Der südlichste Küstenabschnitt von South Carolina ist bei gut betuchten Golfern und B&B-Liebhabern beliebt, sein schrulliger Charme zieht aber auch andere Besucher an.

Das reizende Kolonialstädtchen **Beaufort** (sprich „bju-fart") auf Port Royal Island dient oft als Drehort für Hollywoodfilme, die in den Südstaaten spielen. Antebellum-Häuser und von Louisianamoos überzogene Magnolien säumen die Straßen im historischen Viertel. In der Innenstadt am Flussufer gibt's jede Menge gemütliche Cafés und Galerien. Das romantischste von einer Handvoll B&Bs in der Stadt ist **Cuthbert House** (☑843-521-1315; www.cuthberthouseinn.com; 1203 Bay St; Zi. inkl. Frühstück 179–245 US$;

P ✳ 📶), ein prächtiges weißes Herrenhaus mit weißen Säulen, das an *Vom Winde verweht* erinnert. Auf der Bay St gibt es einige niedliche Bistros, wer jedoch authentische lokale Küche sucht, ist beim **Sgt White's** (1908 Boundary St; Hauptgerichte 7–12 US$; ☉ Mo–Fr 11–15 Uhr) Richtung Landesinnere richtig, wo ein pensionierter Marineoffizier saftige gegrillte Rippchen, Kohl und Maisbrot serviert.

Südlich von Beaufort absolvieren um die 20 000 junge Männer und Frauen jedes Jahr ihr Bootcamp im **Marine Corps Recruit Depot** auf Parris Island, das durch Kubricks Film *Full Metal Jacket* zu zweifelhaftem Ruhm gelangte. Das beeindruckende **Parris Island Museum** (☎ 843-228-2951; www.mcrdpi. usmc.mil; 111 Panama St; ☉ 10–16.40 Uhr) GRATIS stellt alte Uniformen und Waffen aus und informiert über die Geschichte der US Marine Corps. Freitags kann man Absolventen des Trainingslagers zusehen, wie sie stolz für Familie und Freunde zur Parade aufziehen. Wer auf das Gelände fährt, muss manchmal einen Ausweis sowie die Fahrzeugpapiere vorzeigen.

Östlich von Beaufort verbindet der Sea Island Pkwy (Hwy 21) eine Reihe sumpfiger, ländlicher Inseln miteinander, darunter auch **St. Helena Island**, die als das Herz des Gullah-Landes gilt. Das **Penn Center** (☎ 843-838-2432; www.discoversouthcarolina.com; 16 Penn Center Circle W; Erw./Kind 5/3 US$; ☉ Mo–Sa 11–16 Uhr) war eine der ersten Schulen des Landes für befreite Sklaven und beherbergt heute ein kleines Museum über die Kultur der Gullah und die Geschichte der Schule. Folgt man der Straße etwas weiter, ist der

Hunting Island State Park (☎ 843-838-2011; www.southcarolinaparks.com; 2555 Sea Island Pkwy; Erw./Kind 5/3 US$, Stellplatz Zelt 17–38 US$, Hütte 210 US$; ☉ Visitor Center Mo–Fr 9–17, Sa & So 11–17 Uhr) erreicht, mit nebelverhangenen Küstenwäldern, Gezeitenlagunen und einem menschenleeren, schneeweißen Strand. Hier im Marschland – es ist ein Traum für jeden Naturliebhaber – wurden die Vietnamkriegsszenen aus *Forrest Gump* gedreht. Im Sommer sind die Zeltplätze schnell belegt.

Das schicke **Hilton Head Island** gegenüber dem Port Royal Sound ist die größte Düneninsel South Carolinas und gleichzeitig eine der besten Golf-Destinationen in ganz Amerika. Es gibt hier Dutzende Golfplätze, viele davon in nicht zugänglichen, schicken Privatsiedlungen, den so genannten Plantations. Im Sommer sieht man vor lauter Verkehr und Ampeln auf dem Hwy 278 zwar kaum den Wald (oder auch nur einen Baum), es gibt aber üppig grüne Naturschutzgebiete und breite, weiße Sandstrände, an denen man sogar Rad fahren kann. Infos und Broschüren bekommt man im **Visitor Center** (☎ 800-523-3373; www.hiltonheadisland.org; 1 Chamber of Commerce Dr; ☉ 8.30–17 Uhr) auf der Insel.

Nordküste

Die Küstenlinie zwischen der Grenze zu North Carolina und der Stadt Georgetown ist als Grand Strand bekannt. Auf 60 Meilen (ca. 100 km) reihen sich Fast-Food-Läden, Strandresorts und Souvenirshops aneinander. Was einst ein relaxtes Sommerziel für die Arbeiterklasse war, ist heute einer der

---

LOWCOUNTRY-KÜCHE

Die traditionelle Lowcountry-Küche ist typisch für die Küsten von South Carolina und Georgia. Die meeresfrüchtelastigen Südstaatengerichte sind von westafrikanischen Einflüssen geprägt. Leckere Beispiele sind:

Benne Wafers Sesamkekse

Country Captain Hähncheneintopf mit Curry; ein Gericht, das von britischen Kapitänen von Indien aus in die Stadt gebracht wurde

Hoppin' John Gericht mit Bohnen und Reis, mitunter auch scharf

Lowcountry Boil/Frogmore Stew Eintopf aus Krebsen, Garnelen, Austern und anderen Meeresfrüchten aus der Region sowie Mais und Kartoffeln; beliebtes Picknickessen

Perlau Gericht mit Fleisch und Reis, ähnlich dem Pilaw

She-Crab Soup Cremige, mit Sherry verfeinerte Krebsfleischsuppe

Shrimp and Grits Traditionelles Frühstück der Fischer von Charleston, zubereitet aus Garnelen und Maisgrütze; heute überall auch als Hauptspeise zu finden

BOWEN'S ISLAND RESTAURANT

Eine lange, unbefestigte Straße durch das Marschland des Lowcountry nahe dem Folly Beach führt zu einer unbemalten **Holzhütte** (1870 Bowen's Isald Rd; ☺ Di–Sa 17–22 Uhr), die eines der besten Seafood-Lokale des Südens beherbergt – also ran ans Austernmesser und losschlürfen! Kaltes Bier und freundliche Einheimische sorgen für gute Stimmung. Das Restaurant befindet sich in der 1870 Bowen's Island Rd und ist dienstags bis samstags von 17 bis 22 Uhr geöffnet.

am stärksten erschlossenen Landstriche im gesamten Land. Ob man nun in einem Monsterresort unterkommt oder im Zelt in einem staatlichen Park übernachtet – um den Aufenthalt zu genießen, braucht man nur ein Paar Badelatschen, eine Margarita und ein paar Münzen für den Flipper.

Myrtle Beach

Die einen mögen es, die anderen hassen es: Myrtle Beach bedeutet Sommerurlaub auf amerikanische Art.

Radfahrer nutzen das Fehlen einer Helmpflicht aus, um den ergrauenden Pferdeschwanz im Wind flattern zu lassen, Teenager im Bikini spielen Pac-Man und essen Hotdogs in verrauchten Ladenpassagen, und ganze Familien rösten auf dem weißen Sand wie Hähnchen auf dem Grill.

North Myrtle Beach ist praktisch eine eigene Ortschaft. Hier geht es etwas entspannter zu; außerdem hat der Ort eine eigene Kultur, die auf dem „Shag" beruht – nein, das ist hier kein vulgärer Ausdruck für Sex, sondern schlicht ein bestimmter Tanz, der an den Jitterbug erinnert und hier in den 1940er-Jahren erfunden wurde.

Für Naturliebhaber ist das alles nichts, aber dank der riesigen Shopping Malls, zahllosen Minigolfplätzen, Wasserparks, Daiquiri-Bars und T-Shirt-Shops kann man schon gut einen draufmachen.

◉ Sehenswertes & Aktivitäten

Der Strand selbst ist ganz hübsch – breit, warm und voller Sonnenschirme. Am Ocean Blvd am Strand gibt's jede Menge Burger-Imbisse und zweitklassige Souvenirläden.

Am Hwy 17 wiederum findet man zahlreiche **Minigolfanlagen**, die u.a. mit animierten Dinosaurierfiguren und künstlichen Vulkanen verziert sind, die leuchtend pinkfarbenes Wasser spucken.

Die verschiedenen Vergnügungsparks mit integrierten Shoppingmalls sind rund um die Uhr gut besucht.

Brookgreen Gardens GÄRTEN
(www.brookgreen.org; Erw./Kind 14/7 US$; ☺ 9.30–17 Uhr) Die zauberhaften Gärten liegen 16 Meilen (26 km) südlich der Stadt am Hwy 17S. Auf der 36 km² großen Reisplantage, die in ein subtropisches Gartenparadies verwandelt wurde, findet sich die größte Sammlung amerikanischer Skulpturen des Landes.

Wonderworks MUSEUM
(www.wonderworksonline.com; 1313 Celebrity Circle; Erw./Kind ab 23/15 US$; ☺ So–Do 9–21, Fr & Sa bis 22 Uhr, wechselnde Öffnungszeiten; ♿) Beim Gang durch den „Inversion Tunnel" werden die Besucher und alles andere auch erst einmal auf den Kopf gestellt – ganz schön abgefahren! Und damit fängt der Spaß in diesem interaktiven Museum und Vergnügungspark erst an: Es gibt außerdem einen Seilparcours, Laser Tag, piepende und blinkende „wissenschaftliche" Exponate und mehr. Wer wagt sich auf das Nagelbett?

Broadway at the Beach EINKAUFSZENTRUM, AREAL
(www.broadwayatthebeach.com; 1325 Celebrity Circle) Das Herz von Myrtle Beach bietet Geschäfte, Restaurants, Nachtclubs, Fahrgeschäfte und ein IMAX-Kino.

Family Kingdom VERGNÜGUNGSPARK
(www.family-kingdom.com; Tageskarte 36 US$; ♿) Ein altmodischer Vergnügungs- und Wasserpark mit Meerblick. Die Öffnungszeiten variieren je nach Jahreszeit; im Winter ist die Anlage geschlossen.

🛏 Schlafen

Die Preise der Hunderten Hotels vor Ort, die von familienbetriebenen Retro-Pensionen bis zu großen Resorts reichen, variieren je nach Saison erheblich: Ein und dasselbe Zimmer kann im Januar 30 US$ und im Juli über 150 US$ kosten. Die folgenden Preise gelten in der Hauptsaison.

Myrtle Beach State Park CAMPING $
(☎843-238-5325; www.southcarolinaparks.com; 4401 S Kings Hwy; Stellplatz f. Zelt & Wohnmobil

21–52 US$, Hütte & Apt. 65–210 US$; 🅿🛜❄) Nur wenige Schritte vom Ufer entfernt kann man sich hier eine Hütte mieten oder im Schatten von Kiefern nächtigen. Der Park liegt 3 Meilen (5 km) südlich des Zentrums von Myrtle Beach. In der Rangerstation gibt's WLAN.

Serendipity Inn   INN $$
(📞 800-762-3229; www.serendipityinn.com; 407 71st Ave N; Zi. inkl. Frühstück 99 US$, Suite 109–149 US$; 🅿❄🛜❄) Der persönliche, spanisch angehauchte Inn entgeht in einer ruhigen Seitenstraße dem Trubel der Innenstadt. Die Zimmer sind mit Blumenmustern und Nippes ausgestattet und nicht gerade schick, dafür aber gemütlich.

Compass Cove   RESORT $$
(📞 855-330-6258; www.compasscove.com; 2311 S Ocean Blvd; Zi. ab 172 US$; 🅿❄@🛜❄) Wer mit Kindern reist, ist in diesem Resort mit den drei Türmen und 23 Wasserattraktionen – u. a. acht Becken und zwei Rutschen – richtig.

✖ Essen

Die zahllosen Restaurants im Ort sind meist auf Massen ausgerichtet und nur mittelmäßig gut. Es gibt Buffets von der Länge einer Bowlingbahn und rund um die Uhr geöffnete Donut-Läden. Gute Meeresfrüchte sind hier absurderweise nur schwer zu bekommen; die Einheimischen fahren dafür ins nahe gelegene Fischerdorf **Murrells Inlet**.

Prosser's BBQ   SÜDSTAATENKÜCHE $$
(3750 Business Hwy 17, Murrells Inlet; Buffet Frühstück/Mittagessen 6/8,30 US$, Abendessen 9,30–13 US$; ☺Mo–Sa 6–14, Mi–Sa zusätzl. 16–20 Uhr; 🖼) Das üppige Mittagsbuffet ist bodenständig und sehr lecker. Dazu gehören gebratener Fisch und Hähnchen, Süßkartoffeln, Käsemakkaroni, grüne Bohnen und in Essig marinertes Pulled Pork (Schweinefleisch). Die Öffnungszeiten variieren je nach Saison. Die beste Option unter all den Restaurants auf dem Murrells Inlet und die Anfahrt wert!

Duffy Street Seafood Shack   SEAFOOD $$
(www.duffyst.com; 202 Main St; Hauptgerichte 10–23 US$; ☺12–22 Uhr) Hier herrscht typisches Kneipenflair, die Erdnussschalen landen einfach auf dem Boden, und zur Happy Hour gibt's Shrimps für 0,35 US$.

☆ Unterhaltung

★ Fat Harold's Beach Club   TANZ
(www.fatharolds.com; 212 Main St; ☺Mo & Di ab 16, Mi–So ab 11 Uhr) In dieser Institution in North Myrtle, die sich selbst „Home of the Shag" nennt, wird zu Doo-Wop und gutem altem Rock'n'Roll das Tanzbein geschwungen. Jeden Dienstag um 19 Uhr gibt's kostenlosen Shag-Unterricht (im Englischen mag das Wort doppeldeutig sein – hier ist aber ganz sicher der Tanzstil gemeint).

ℹ Praktische Informationen

Chapin Memorial Library (www.chapinlibrary.org; 400 14th Ave N; 🛜) Bibliothek mit Internetzugang.

Visitor Center (📞 800-356-3016, 843-626-7444; www.myrtlebeachinfo.com; 1200 N Oak St; ☺Mo–Fr 8.30–17, Sa 10–14 Uhr) Jede Menge Karten und Broschüren.

ℹ Anreise & Unterwegs vor Ort

Der starke Verkehr auf dem Hwy 17 Business/Kings Hwy kann nervig sein. Um diesem aus dem Weg zu gehen, bleibt man am besten auf der Umgehungsstraße des Hwy 17 oder nimmt den Hwy 31/Carolina Bays Pkwy, der parallel zum Hwy 17 zwischen dem Hwy 501 und dem Hwy 9 verläuft.

Der **Myrtle Beach International Airport** (MYR; 📞 843-448-1589; www.flymyrtlebeach.com; 1100 Jetport Rd) liegt innerhalb der Stadtgrenzen, ebenso der **Greyhound-Bahnhof** (📞 843-448-2471; 511 7th Ave N).

Rund um Myrtle Beach

Fährt man 15 Minuten die I-17 hinunter, gelangt man zur **Pawleys Island**. Der schmale Streifen mit seinen pastellfarbenen Küstencottages scheint Welten entfernt von dem im Neonlicht erstrahlenden Myrtle Beach. Hier kann man nicht viel mehr unternehmen als Kajak fahren und angeln. Nach weiteren 15 Minuten kommt man zum lieblichen **Georgetown**, der drittältesten Stadt in South Carolina. Dort kann man an der Front St zu Mittag essen und die fotogene Ladenzeile aus dem 19. Jh. mit Blick aufs Wasser bewundern … oder auch gleich geruhsam weiterfahren zum Francis Marion National Forest.

Greenville & Upcountry

Einst streiften hier die Cherokee-Indianer durch das Vorgebirge, das sie The Great Blue Hills of God (Die großartigen blauen Hügel Gottes) nannten. Heute ist diese Region als das Upcountry bekannt. Aus Sicht eines Geografen betrachtet fallen an dieser Stelle die Blue Ridge Mountains auf spektakuläre

UNTERWEGS IN DEN SÜMPFEN SOUTH CAROLINAS

Tannin (Gerbstoff, der aus vermoderndem pflanzlichem Material austritt) färbt Gewässer tintenschwarz, bleiche Zypressenstümpfe ähneln den Oberschenkelknochen vorweltlicher Riesen und trockenes Louisianamoos dem grauen Haar von Hexen – nichts ist mit den Eindrücken vergleichbar, die man bei einer Wanderung oder Kanufahrt durch die gespenstischen Sümpfe South Carolinas sammelt. Fast wähnt man sich in einem Gruselroman.

In der Nähe von Columbia liegt der 89 km² große **Congaree National Park** (5803-776-4396; www.nps.gov/cong; 100 National Park Rd, Hopkins; ☉ 8.30–17 Uhr), Amerikas größter zusammenhängender alter Überschwemmungswald. Hier findet man Campingmöglichkeiten vor und kann an kostenlosen, von Rangern geführten Kanutrips teilnehmen (vorab reservieren; ☑ 803-776-4396). Tagesausflügler können auch einfach auf dem 3,9 km langen Plankenweg entlangspazieren. Man sollte einen Blick auf die coole Blue Sky Mauer im Visitor Center werfen: Die Szenerie scheint sich zu verändern, wenn man sich bewegt.

Der zwischen Charleston und Myrtle Beach gelegene **Francis Marion National Forest** (5843-928-3368; www.fs.usda.gov/scnfs;5821 Hwy 17 N, Awendaw; ☉ Visitor Center Di–Sa 9–17 Uhr) umfasst ein 1048 km² großes Gebiet mit tanninschwarzen Bächen, Campingplätzen und Wanderwegen, darunter der 67 km lange Palmetto Trail, der alten Holzfällerrouten folgt. **Nature Adventures Outfitters** (☑ 843-568-3222; www.kayak charleston.com; halber Tag Erw./Kind 55/39 US$) mit Sitz in Charleston veranstaltet Kajak- und Kanutrips.

Art und Weise ab und treffen auf das Gebiet Piedmont.

Am Rand der Region liegt Greenville, das sich einer der schönsten Innenstädte der gesamten Südstaaten rühmen kann. Der Reedy River schlängelt sich durch das Zentrum, und der beeindruckende Wasserfall stürzt gleich unterhalb der Main St in **Falls Park** (www.fallspark.com) in die Tiefe. Die Main St ist gesäumt von einer lebhaften Mischung aus unabhängigen Läden, guten Restaurants und Pubs, in denen Bier aus Kleinbrauereien ausgeschenkt wird. Am Straßenrand finden sich skurrile Zitate, die Thoughts on a Walk. Kinder werden die Schnitzeljagd **Mice on Main**, die von dem Kinderbuch *Goodnight Moon* inspiriert ist und bei der sie Mäuse aus Bronze finden müssen, lieben. Im hoch gelobten **Lazy Goat** (☑ 864-679-5299; www.thelazygoat.com; 170 River Pl; Mittagessen 5–15 US$, Abendessen kleine Portion 5–10 US$, Hauptgerichte abends 12–25 US$; ☉ Mo–Mi 11.30–21, Do–Sa bis 22 Uhr), einem stilvollen Lokal, das für seine mediterranen Probierteller bekannt ist, kann man direkt am Flussufer genüsslich Porchetta knabbern und dazu einen Wein schlürfen. Wer auf der Suche nach einem freundlichen B&B in der Nähe des Zentrums ist, sollte sich mal das **Pettigru Place** (☑ 864-242-4529; www.petti gruplace.com; 302 Pettrigru St; Zi. inkl. Frühstück 145–225 US$; P ❋ ☎) anschauen.

Die beliebteste Outdoor-Attraktion der Region ist der Table Rock Mountain, ein 952 m hoher Berg mit einer auffälligen Granitwand. Der 11,5 km lange Rundweg zum Gipfel im **Table Rock State Park** (☑ 864-878-9813; www.southcarolinaparks.com; 158 Ellison Ln, Pickens; Erw./Kind 2 US$/frei; ☉ So–Do 7–19, Fr & Sa bis 21 Uhr, Mitte März–Anfang Nov. verlängerte Öffnungszeiten) ist unter Einheimischen ein beliebter Gegenstand von Wetten. Wer über Nacht bleibt, kann entweder campen (Zeltplatz 16–21 US$) oder eine der Hütten mieten (52–181 US$), die während des New Deal als Arbeitsbeschaffungsmaßnahme vom Civilian Conservation Corps erbaut wurden.

TENNESSEE

Die meisten Bundesstaaten haben eine offizielle Hymne – Tennessee hat sieben. Und das ist kein Zufall: Tief in der Seele Tennessees lebt die Musik. Hier traf die Folk der schottisch-irischen Bergbewohner im Osten auf die Blues-Rhythmen der Afroamerikaner im Mississippi-Delta des Westens, und heraus kam die moderne Countrymusik, die Nashville so berühmt machte.

Die drei geografischen Regionen – auf der Fahne von Tennessee von drei Sternen symbolisiert – sind von einer jeweils ganz eigenen Schönheit: Die von lilafarbenem Hei-

KURZINFOS TENNESSEE

Spitzname Volunteer State

Bevölkerung 6,35 Mio.

Fläche 106 752 km^2

Hauptstadt Nashville (641 000 Ew.)

Weitere Städte Memphis (634 000 Ew.)

Verkaufssteuer 7 %, plus Gemeindesteuern von bis zu 15 %

Geburtsort von Trapper Davy Crockett (1786–1836), Soul-Diva Aretha Franklin (geb. 1942), Sängerin Dolly Parton (geb. 1946)

Heimat von Graceland, Grand Ole Opry, der Jack Daniel's Distillery

Politische Ausrichtung erzkonservativ, mit liberalen Enklaven in urbanen Gegenden

Berühmt für den „Tennessee Waltz", Countrymusik, die Tennessee Walking Horses

Merkwürdigstes Gesetz In Tennessee ist es verboten, aus fahrenden Fahrzeugen auf Wildtiere zu schießen – die Ausnahme sind Wale

Entfernungen Memphis–Nashville 213 Meilen (341 km), Nashville–Great Smoky Mountains National Park 223 Meilen (357 km)

dekraut bedeckten Gipfel der Great Smoky Mountains weichen den üppig grünen Tälern des Zentralplateaus um Nashville und schließlich den heißen, schwülen Niederungen bei Memphis.

In Tennessee kann man morgens auf schattigen Gebirgspfaden wandern und abends in einer Kneipe in Nashville ein Tänzchen wagen oder aber mit dem Geist Elvis' durch die Straßen von Memphis ziehen.

Die Leute in Tennessee sind…nun ja… ziemlich leidenschaftliche, vielfältige Gesellen: In Kirchen auf dem Land sprechen die Schlangenbeschwörer immer noch in Zungen, während in den modernen Städten die Plattenbosse ihre Sonnenbrille auch bei Nacht nicht absetzen.

ⓘ Praktische Informationen

Department of Environment & Conservation (☏ 888-867-2757; www.state.tn.us/environ

ment/parks) Die übersichtliche Website informiert übers Campen (0–27 US$ od. mehr pro Nacht), Wandern und Angeln in den über 50 State Parks in Tennessee.

Department of Tourist Development (☏ 800-462-8366, 615-741-2159; www.tnvacation.com; 312 8th Ave N, Nashville) Unterhält Welcome Centers an den Staatsgrenzen.

Memphis

Memphis ist nicht nur ein Touristenmagnet, es ist auch das Ziel vieler Pilgerreisen. Musikfans kommen hierher, um andächtig dem Klang der Blues-Gitarren an der Beale St zu lauschen. Barbecue-Liebhaber schlagen sich den Bauch bis zum Platzen mit rauchigem Schweinefleisch und Rippchen voll, und Elvis-Anhänger fliegen aus aller Herren Länder hierher, um ihrem King vor seinem Altar in Graceland zu huldigen. Man könnte Tage damit verbringen, die Museen und historischen Stätten abzuklappern und zwischendurch nur an dem einen oder anderen Grillrestaurant Halt machen – und trotzdem wäre es ein erfüllter Aufenthalt.

Lässt man aber die Lichter und Touristenbusse hinter sich, taucht man ein in ein völlig anderes Memphis. Die Stadt, benannt nach der Hauptstadt des Alten Ägypten, präsentiert sich in einem grotesken barocken Verfall, was zugleich schmerzt und anziehend wirkt. Die Armut greift überall um sich: Viktorianische Villen stehen neben verfallenen Shotgun-Hütten (sehr schmale, besonders im Süden beliebte Wohnhäuser), College-Gebäude liegen im Schatten unheimlicher, verlassener Fabriken und ganze Viertel scheinen von Kopubohnen- und Heckenkirschsträuchern nahezu gänzlich überwuchert zu sein. Der wilde Charme, der die Stadt am Fluss umgibt, wird aufgeschlossene Besucher jedoch mühelos verzaubern und egal wo man hinkommt wird man die Offenheit und Freundlichkeit der Menschen hier spüren.

◉ Sehenswertes

◎ Downtown

Der autofreie Abschnitt der Beale St ist rund um die Uhr eine Partyzone, in der frittierte Funnel Cakes, Bier *to go* und Musik, Musik und nochmals Musik das Ambiente prägen. Obwohl man hier kaum Einheimische zu Gesicht bekommt, scheinen Besucher diesen Hokuspokus zu mögen.

★**National Civil Rights Museum** MUSEUM
(Karte S. 396; www.civilrightsmuseum.org; 450
Mulberry St; Erw./Student & Senior/Kind 10/9/
8 US$; ☉Mo & Mi–Sa 9–17 Uhr, Sept.–Mai So
13–17 Uhr, Juni–Aug. bis 18 Uhr) Dem Lorraine
Motel gegenüber, in dem Martin Luther
King am 4. April 1968 einem Attentat zum
Opfer fiel, ist das ergreifende National Civil Rights Museum untergebracht. Es liegt
fünf Häuserblocks südlich der Beale St
und dokumentiert durch umfangreiche Exponate und eine detaillierte Chronik den
Kampf der Afroamerikaner für Freiheit und
Gleichheit. Sowohl die kulturellen Errungenschaften als auch die Ermordung des
Bürgerrechtlers dienen als Ansatzpunkte
für einen Einblick in die Bürgerrechtsbewegung, ihre Vorläufer und ihren unauslösch-
lichen Einfluss auf das Leben in den USA.
Die türkisfarbene Fassade des Motels aus
den 1950er-Jahren sowie zwei Innenräume
sind größtenteils genau so erhalten, wie sie
zum Zeitpunkt der Ermordung Martin Luther Kings aussahen und sind somit schon
eine Pilgerstätte für sich.

Memphis Rock 'n' Soul Museum MUSEUM
(Karte S. 396; ☎901-205-2533; www.memphis
rocknsoul.org; Ecke Lt George W Lee Ave & S 3rd
St; Erw./Kind 11/8 US$; ☉10–19 Uhr) Im Muse-
um der Smithsonian Institution neben dem
FedEx Forum wird untersucht, wie sich im
Mississippi-Delta afroamerikanische und
weiße Musikstile vermischten und daraus
dann der moderne Rock und die Soulmusik
entstanden. Bei der Audiotour gibt's über
100 Songs auf die Ohren.

**Gibson Beale Street
Showcase** FABRIKFÜHRUNG
(Karte S. 396; www.gibson.com; 145 Lt George W Lee
Ave; Eintritt 10 US$, kein Einlass für Kinder unter 5
Jahren; ☉Führung Mo–Sa 11–16, So 12–16 Uhr) Bei
der faszinierenden 45-minütigen Führung
durch diese riesige Fabrik kann man zuse-
hen, wie Meister ihres Fachs aus massiven
Holzblöcken die legendären Stratocaster-

Großraum Memphis

Memphis

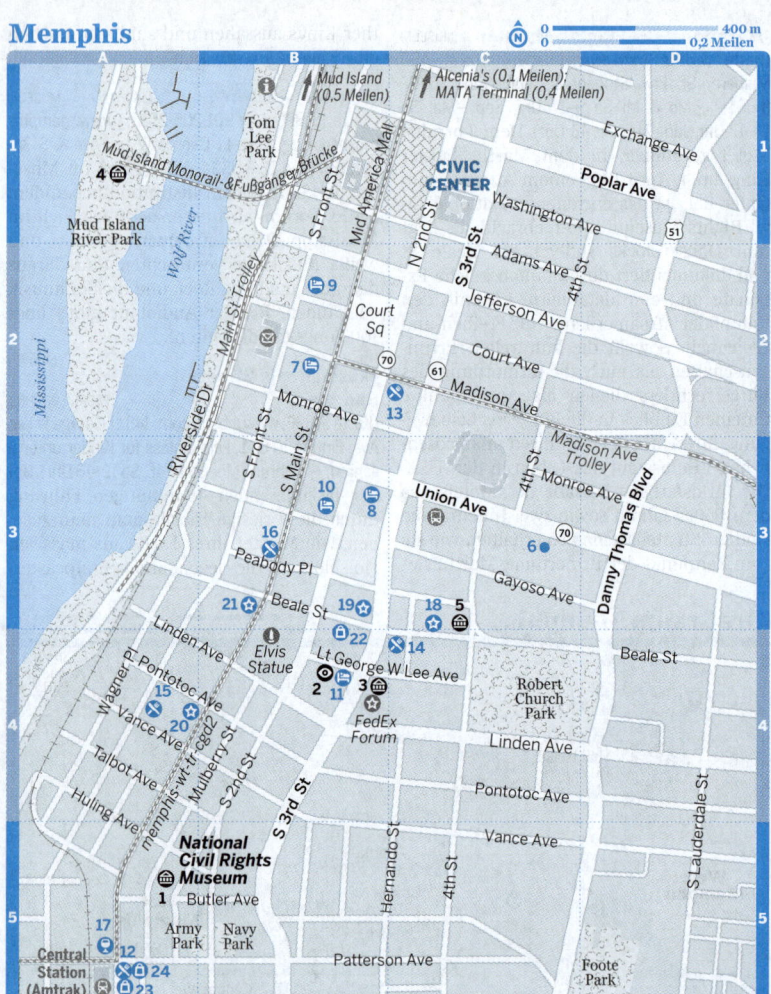

Gitarren erschaffen. Beginn der Führungen ist jeweils zur vollen Stunde.

W.C. Handy House Museum
MUSEUM

(Karte S. 396; ☎901-522-1556; www.wchandy memphis.org; 352 Beale St; Erw./Kind 6/4 US$; ⏰Winter Di–Sa 11–16 Uhr, Sommer Di–Sa 10–17 Uhr) An der Ecke 4th St steht dieses Gebäude, das einst dem Komponisten W.C. Handy gehörte, der als erster den 12er-Takt transponierte. Er wird auch der „Vater des Blues" genannt schrieb 1916 das Stück *Beale Street Blues*.

Peabody Ducks
ENTENPARADE

(Karte S. 396; www.peabodymemphis.com; 149 Union Ave; ⏰11 &17 Uhr; ♿) GRATIS Jeden Tag um

Punkt 11 Uhr watscheln fünf Enten vom vergoldeten Fahrstuhl des Peabody Hotel über einen roten Teppich zum Springbrunnen in der Marmorlobby, wo sie den Tag über herumplanschen dürfen. Um 17 Uhr geht's dann, in Begleitung ihrer rot gewandeten menschlichen „Duckmaster" wieder zurück in ihr Penthouse zur verdienten Nachtruhe. Die sogenannte Entenparade geht auf die 1930er-Jahre zurück und zieht immer aufs Neue begeisterte Zuschauermassen an. Wer sich das Ganze anschauen möchte, sichert sich am besten schon frühzeitig einen Platz (vom Zwischengeschoss aus ist die Sicht am besten).

Memphis

◎ Nördlich von Downtown

Mud Island   PARK
(www.mudisland.com; 125 N Front St; ⊙ April–Okt.
Di–So 10–17 Uhr, Juni–Aug. verlängerte Öffnungszeiten; ⓑ) GRATIS Diese kleine, in den Mississippi
hineinragende Halbinsel ist die beliebteste
Grünanlage in der Innenstadt von Memphis.
Entweder man setzt sich in die Monorail
(4 US$ bzw. im Eintritt ins Mississippi Ri-
ver Museum inkl.), oder man überquert die
Brücke, die in den Park führt, zu Fuß und
geht dort eine Runde Joggen bzw. leiht sich
ein Fahrrad.

Mississippi River Museum   MUSEUM
(Karte S. 396; www.mudisland.com/c-3-mississip
pi-river-museum.aspx; 350 East 3rd St; Erw./Kind
15/10 US$; ⊙ April–Okt. 10–17 Uhr) Dieses Mu-
seum auf Mud Island ist teils ein Aquarium, teils eine geologische und historische
Ausstellung rund um den größten Fluss der
USA. Hier gibt's ein nachgebautes Paketboot
in Originalgröße zu sehen sowie ein maß-
stabsgetreues Modell des unteren Mississippi komplett mit einem Aquarium über den
Golf von Mexiko, der vor Haien und Rochen
nur so wimmelt und auf dem die Besucher
Tretboot fahren.

Slave Haven Underground Railroad
Museum/Burkle Estate   MUSEUM
(Karte S. 395; ☎ 901-527-3427; www.slavehaven
undergroundrailroadmuseum.org; 826 N 2nd St;
Erw./Kind 10/8 US$; ⊙ Mo–Sa 10–13 Uhr) Es wird
davon ausgegangen, dass dieses unauffällige, mit Schindeln verkleidete Haus eine vom
Netzwerk Underground Railroad bereitge-
stellte Zwischenstation für entflohene Sklaven war. Zu sehen sind unter anderem noch
die Falltüren und Tunnel.

◎ Östlich von Downtown

★ Sun Studio   STUDIOFÜHRUNG
(Karte S. 395; ☎ 800-441-6249; www.sunstudio.
com; 706 Union Ave; Erw./Kind 12 US$/frei;
⊙ 10.30–17.30 Uhr) Von außen wirkt das ange-
staubte Musikstudio eher unscheinbar, doch
hier begann der Siegeszug des amerikanischen Rock'n'Roll. Anfang der 1950er-Jahre
begann Sam Phillips vom Sun Studio damit,
Platten von Blues-Künstlern wie Howlin'
Wolf, B.B. King und Ike Turner aufzunehmen. Danach folgte die Rockabilly-Dynastie
mit Jerry Lee Lewis, Johnny Cash, Roy Orbi-
son und, natürlich, dem King of Rock'n'Roll
höchstpersönlich, dessen Karriere 1953 hier
ihren Anfang nahm.
  Bei der sehr informativen 40-minütigen
Führung durch das winzige Studio werden
Originalbänder von legendären Aufnahme-
Sessions vorgespielt, die Guides spicken ihre
Ausführungen mit Anekdoten, und man
kann ein Foto von sich genau an der Stelle
schießen lassen, an der Elvis einst stand (die
Stelle ist mit einem „X" markiert). Es gibt
auch CDs des Albums *Million Dollar Quar-
tet* zu kaufen, einer Jam-Session mit Elvis,
Johnny Cash, Carl Perkins und Jerry Lee Le-
wis, die Sun 1956 spontan aufnahm. Der kos-

tenlose Shuttle-Bus des Studios fährt ab 11.15 Uhr stündlich einen Rundkurs zwischen dem Sun Studio, der Beale St und Graceland.

Children's Museum of Memphis   MUSEUM

(Karte S. 395; www.cmom.com; 2525 Central Ave; Eintritt 12 US$; ☺9–17 Uhr; 🖝) Hier können die Kleinen sich mal so richtig austoben und in, auf oder mit den Ausstellungsstücken, etwa einem Flugzeugcockpit, einem Webstuhl oder einem Wasserrad, spielen. Der Eintritt in den Splash Park kostet weitere 5 US$, verspricht aber jede Menge Fun. Dabei rennen die Kids über einen Platz mit 40 Spritz- und Sprührohren, haben dabei großen Spaß und kühlen sich noch dazu gleich ein bisschen ab.

☉ Overton Park

Abseits der Poplar Ave in Midtown liegt, von stattlichen Häusern umgeben, diese 845 ha große Oase inmitten der vielerorts tristen Stadt. Wenn die Beale St das Herz von Memphis ist, so ist der Overton Park seine Lunge.

Memphis Zoo   ZOO

(Karte S. 395; www.memphiszoo.org; 2000 Prentiss Pl; Erw./Kind 15/10 US$; ☺März–Okt. 9–17 Uhr, Nov.–Feb. bis 16 Uhr; 🖝) In der nordwestlichsten Ecke des Parks liegt dieser tolle Zoo mit zwei Riesenpandas, die in einem 16 Mio. US$ teuren Gehege leben, das dem chinesischen Lebensraum nachempfunden ist. Weitere Bewohner des Zoos sind u. a. zahlreiche Affen, Eisbären, Pinguine, Adler und Seelöwen.

Brooks Museum of Art   GALERIE

(Karte S. 395; www.brooksmuseum.org; 1934 Poplar Ave; Erw./Kind 7/3 US$; ☺Mi & Fr 10–16, Do bis 20, Sa bis 17, So ab 11 Uhr) Das renommierte Kunstmuseum am westlichen Rand des Parks zeigt eine hervorragende Dauerausstellung, die von Skulpturen aus der Renaissance über impressionistische Werke bis hin zu den Erzeugnissen der abstrakten Expressionisten reicht.

Levitt Shell   ARCHITEKTUR

(Karte S. 395; www.levittshell.org) Auf der historischen Bühne hat Elvis 1954 seinen ersten Auftritt. Heute finden in der modern wirkenden weißen Muschel im Sommer kostenlose Konzerte statt.

☉ Südlich von Downtown

★Graceland   HISTORISCHES GEBÄUDE

(Karte S. 395; ☎901-332-3322; www.elvis.com; Elvis Presley Blvd/US 51; Führung Haus Erw./Kind 33/30 US$, komplette Führung 37/33 US$; ☺Mo–Sa 9–17, So bis 16 Uhr, Winter verkürzte Öffnungszeiten & Di geschl.; 🅿) Wenn man in Memphis nur Zeit für *eine* Sehenswürdigkeit hat, dann sollte es diese hier sein: das grandios kitschig-bizarre Zuhause des King of Rock'n'Roll. Obwohl Elvis Presley in Mississippi geboren wurde, war er doch ein Sohn der Stadt Memphis. Er wuchs in einer Sozialwohnung im Viertel Lauderdale Courts auf, wurde in den Clubs der Beale St vom Blues inspiriert und im Sun Studio auf der Union Ave entdeckt. Im Frühjahr 1957 kaufte der 22-jährige, bereits zu Ruhm gelangte Sänger für 100 000 US$ eine Kolonialvilla, die von ihrem vorherigen Besitzer den Namen Graceland erhalten hatte.

Der King selbst ließ die Villa 1974, nun ja, umdekorieren. Mit seiner 4,6 m langen Couch, einem künstlichen Wasserfall, gelben Vinylwänden und grünen, flauschigen Teppichen an der Decke könnte es glatt einem pompösen Einrichtungskatalog aus den 1970ern entsprungen sein. Die Führung beginnt auf der Visitor Plaza, jenseits des Elvis Presley Blvd. Um lange Wartezeiten zu umgehen, sollte man in der Hauptsaison unbedingt vorab buchen. Wer das Anwesen auf eigene Faust erkunden möchte, bekommt zu seinem Ticket noch einen sehr guten Audioguide mit Kopfhörern. Für zusätzlich gerade einmal 4 US$ bekommt man auch das Automuseum und zwei speziell angefertigte Flugzeuge zu sehen (im Convair-880-Jet *Lisa Marie* gibt's eine in Blau und Gold gehaltene, durchaus sehenswerte Toilette).

Priscilla Presley, die 1973 von Elvis geschieden wurde, öffnete Graceland 1982 für Besichtigungstouren. Heute kommen Millionen Menschen hierher, um ihrem King zu huldigen. Er starb 1977 im Badezimmer im Obergeschoss an Herzversagen. Zahllose Fans trauern auch heute noch an seinem Grab, das hinter dem Haus gleich neben dem Swimmingpool liegt. Graceland liegt 9 Meilen (14,5 km) südlich der Innenstadt am US 51, der auch „Elvis Presley Blvd" genannt wird. Auch der kostenlose Shuttlebus des Sun Studio fährt hierher. Parken kostet 10 US$.

Stax Museum of American Soul Music   MUSEUM

(www.staxmuseum.com; 926 E McLemore Ave; Erw./Kind 12/9 US$; ☺März–Okt. Mo–Sa 10–17, So 13–17 Uhr, Nov.–März Mo geschl.) Lust auf Funk? Dann auf zur „Soulsville USA", wo auf dem Gelände des alten Aufnahmestudios

Stax heute ein 1580 m² große Museum untergebracht ist. Das ehrwürdige Studio war in den 1960er-Jahren das Epizentrum des Soul, als Otis Redding, Booker T. und die MGs oder auch Wilson Pickett ihre Platten aufnahmen. Besucher können tief in die Geschichte des Souls eintauchen und Fotos, Exponate aus den 1960ern, bunte Kostüme aus den 1970ern und den Superfly Cadillac von Isaac Hayes, Baujahr 1972, mit Florteppichen und einer 24-karätigen Goldauflage an der Außenseite besichtigen.

Full Gospel Tabernacle Church   KIRCHE
(www.algreenmusic.com; 787 Hale Rd; ⊙Messe So 11.30 & 16 Uhr) Wer an einem Sonntag in der Stadt ist, sollte seine besten Hosen anziehen und die Sonntagsmesse in der Kirche in South Memphis besuchen, wo Prediger und Soullegende Al Green einem gewaltigen Chor vorsteht. Besucher sind willkommen und belegen in der Regel etwa die Hälfte der Kirchenbänke. Einfach in die „Hallelujahs" einstimmen, aber nicht vergessen, eine kleine Spende zu hinterlassen (ein paar Dollar sind o.k.)! Green ist zwar nicht jedes Wochenende vor Ort, der Gottesdienst ist jedoch immer ein faszinierendes Erlebnis.

⚑ Geführte Touren

★ American Dream Safari   KULTUR
(☎901-527-8870; www.americandreamsafari. com; Stadtspaziergang 15 US$/Pers., Autotour 200 US$/Fahrzeug) Tad Pierson, der regelrecht süchtig nach Südstaatenkultur ist, zeigt Tourteilnehmern wahlweise zu Fuß oder in seinem pinken Cadillac eine unkonventionelle, persönliche Seite von Memphis in Form von Juke Joints, Gospelkirchen und zerfallenen Gebäuden. Zum Angebot gehören auch Tagesausflüge ins Delta und Fotoführungen.

Blues City Tours   BUSTOUR
(Karte S.396; ☎901-522-9229; www.bluescity tours.com; Erw./Kind ab 24/19 US$) Anbieter von verschiedenen Stadtrundfahrten mit unterschiedlichen Themenschwerpunkten, darunter auch eine Elvis-Tour und eine Musik-Tour.

✸ Feste & Events

Trolley Night   KUNSTSPAZIERGANG
(www.southmainmemphis.net; S Main St; 10 US$/Pers.; ⊙letzter Fr des Monats 18–21 Uhr) Während der Trolley Night bleiben die Galerien entlang der South Main abends länger geöffnet, und es wird Wein für die Besucher ausgeschenkt.

★ Beale Street Music Festival   MUSIK
(www.memphisinmay.org; Tom Lee Park; 3-Tages-Pass 85 US$; ⊙1. Wochenende im Mai) Von Coachella, dem New Orleans Jazz Fest oder Bonnaroo hat wohl jeder schon mal gehört. Das Beale Street Music Festival in Memphis ist weniger bekannt, obwohl sich hier einige der landesweit besten Blues-Master der alten Schule, Nachwuchsrocker und alternde Pop- und Hip-Hop-Künstler die Ehre geben.

Das Festival dauert drei Tage lang und zieht 100 000 Besucher an.

International Blues Challenge   MUSIK
(www.blues.org; ⊙Jan./Feb.) Gefördert von der Blues Foundation treten hier vor einer Fachjury mehrere Blues-Künstler gegeneinander an.

Memphis in May   KULTUR
(www.memphisinmay.org; ⊙Mai) Im Mai wird jeden Freitag, Samstag und Sonntag irgendetwas geboten, beispielsweise das Beale Street Music Festival (S. 399), der BBQ-Wettbewerb oder, als großes Finale, die Sonnenuntergangssymphonie.

🛏 Schlafen

Am Exit 279 von der I-40 stehen auf der anderen Flussseite in West Memphis, Arkansas, mehrere Kettenhotels. Während des Memphis in May Festivals schießen die Preise in die Höhe.

🛏 Downtown

★ Talbot Heirs   PENSION $$
(Karte S.396; ☎901-527-9772, 800-955-3956; www.talbothouse.com; 99 S 2nd St; Suite ab 130 US$; ❄🐾) Ganz unscheinbar befindet sich diese freundliche, einzigartige Pension im 2. Stock eines Gebäudes in einer geschäftigen Straße der Downtown und gehört zu Memphis' bestgehüteten Geheimnissen. Die geräumigen Suiten erinnern eher an angesagte Ein-Zimmer-Appartments als an Hotelzimmer. Sie sind mit asiatischen Teppichen und flippiger lokaler Kunst ausgestattet. In den Küchen stehen bereits einige Snacks bereit.

Wenn die ganz Großen wie Harvey Keitel, Kathy Bates oder Eric Clapton in Memphis weilen, übernachten sie hier. Das Parken kostet 10 US$.

DIE JACK DANIEL'S DISTILLERY

Es ist schon eine Ironie, dass die **Jack Daniel's Distillery** (www.jackdaniels.com; Rte 1; ⏲ 9–16.30 Uhr) GRATIS ausgerechnet in einem „trockenen" County steht: Gemäß den hiesigen Gesetzen ist der Verkauf harter alkoholischer Getränke innerhalb der Grenzen des Landkreises nicht gestattet. Bei den kostenlosen einstündigen Führungen durch die Brennerei werden aber immerhin kleine Kostproben ausgeschenkt. Die zweistündige Führung kostet 10 US$ (im Voraus buchen!), aber auf dieser sind die Probierportionen großzügiger bemessen. Jack Daniel's ist die älteste registrierte Brennerei in den USA: Schon seit 1866 wird hier Whiskey tropfenweise durch eine 3 m dicke Schicht Holzkohle gefiltert und reift anschließend in Eichenfässern. Die Brennerei befindet sich abseits des Hwy 55 im kleinen Städtchen Lynchburg.

Sleep Inn at Court Square HOTEL $$
(Karte S. 396; ☎ 901-522-9700; www.sleepinn. com; 400 S Front St; Zi. ab 114 US$; P ✱ 🛜) Der kompakte Stuckbau in einer Gegend mit zahlreichen Hotels für Geschäftsreisende ist unter den günstigeren Unterkünften in Downtown eine der besten Optionen (wenn nicht sogar *die* beste). Es gibt angenehme, luftige Zimmer mit Flachbild-TVs. Fürs Parken blecht man 12 US$.

Madison Hotel BOUTIQUEHOTEL $$$
(Karte S. 396; ☎ 901-333-1200; www.madisonho telmemphis.com; 79 Madison Ave; Zi. ab 264 US$; P ✱ @ 🛜 ☒) Wer sich mal was Schickes leisten will, der checkt in dieser eleganten Boutiqueunterkunft ein. Vom Garten auf dem Dach kann man wunderbar den Sonnenuntergang beobachten, und die Zimmer sind mit netten Details wie hohen Decken, italienischer Bettwäsche und Badewannen mit Whirlpoolsystem ausgestattet.

Peabody Hotel HOTEL $$$
(Karte S. 396; ☎ 901-529-4000; www.peabody memphis.com; 149 Union Ave; Zi. ab 229 US$; ✱ 🛜 ☒) Im legendärsten Hotel der Stadt nächtigt seit den 1860er-Jahren das Who's Who des Südstaatenadels. Der heutige 13-stöckige Bau im italienischen Neorenaissancestil stammt aus den 1920er-Jahren. Das Peabody ist auch weiterhin ein gesellschaftlicher Treffpunkt mit Wellnessbereich, Geschäften, verschiedenen Restaurants sowie einer stimmungsvollen Lobby-Bar aus Marmor und Gold. Die tägliche Parade der im Brunnen der Lobby residierenden Enten (S. 396) ist eine Tradition in Memphis.

Westin Memphis Beale Street Hotel HOTEL $$$
(Karte S. 396; ☎ 901-334-5900; www.westin memphisbealestreet.com; 170 Lt George W Lee Ave; Zi. ab 189 US$) Gleich gegenüber dem FedEx Forum und am Beginn der Beale St steht das neueste und schillerndste Hotel der Stadt. Die großzügigen Zimmer sind mit den Annehmlichkeiten einer Vier-Sterne-Unterkunft ausgestattet, und der Service ist hervorragend.

🛏 Östlich von Downtown

Pilgrim House Hostel HOSTEL $
(☎ 901-273-8341; www.pilgrimhouse.org; 1000 S Cooper St; B 20 US$, Zi. 30–50 US$; P ✱ @ 🛜) Ja, es ist eine Kirche, aber nein, niemand wird anfangen zu predigen. Die Schlafsäle und privaten Zimmer sind sauber und schlicht eingerichtet. Die internationale Gästeschar sitzt im sonnigen, offenen Gemeinschaftsbereich, der irgendwie an einen Ikea-Katalog erinnert, und spielen Karten oder unterhalten sich einfach (kein Alkohol!). Jeder muss eine kleine Arbeit erledigen, z. B. einmal am Tag kurz den Müll rausbringen.

🛏 Südlich von Downtown

Memphis Graceland RV Park & Campground CAMPING $
(☎ 901-396-7125; www.elvis.com; 3691 Elvis Presley Blvd; Stellplatz f. Zelt/Hütte ab 27/51 US$; P 🛜 ☒) Wer hier zeltet oder in einer der schlichten Blockhütten (mit Gemeinschaftsbad) direkt neben Graceland übernachtet, sorgt dafür, dass Lisa Marie weiter über die Runden kommt…

Heartbreak Hotel HOTEL $$
(☎ 877-777-0606, 901-332-1000; www.elvis.com/ epheartbreakhotel/; 3677 Elvis Presley Blvd; DZ ab 120 US$; ✱ @ 🛜 ☒) In der schlichten Unterkunft am Ende der Lonely St (sic!) gegenüber von Graceland dreht sich alles um Elvis. Wer in dem ohnehin schon hoffnungslos kitschigen Hotel noch einen obendrauf

setzen will, mietet eine Themensuite, etwa die mit rotem Samt ausgeschlagene Burnin'-Love-Suite.

Days Inn Graceland
MOTEL **$$**

(☎ 901-346-5500; www.daysinn.com; 3839 Elvis Presley Blvd; Zi. ab 104 US$; P❄🐾🏊) Mit seinem gitarrenförmigen Pool, den goldenen Schallplatten, dem Elvis-Schnickschnack in der Lobby und den neonfarbenen Cadillacs auf dem Dach schafft es das Days Inn, das benachbarte Heartbreak Hotel in puncto Elvis-Kult sogar noch zu übertreffen. Die Zimmer sind sauber, aber unspektakulär. Um in die Stadt zu kommen, braucht man sein eigenes Fahrzeug, sonst ist man vom Shuttle-Bus abhängig.

✖ Essen

Die Einheimischen streiten sich darüber, welche Schweinehacksandwiches oder marinierten Rippchen denn nun die besten in Memphis sind. Grillrestaurants sind überall in der Stadt zu finden, wobei die mit der hässlichsten Fassade nicht selten das leckerste Essen servieren. Die jungen, coolen Einheimischen zieht es in den South Main Arts District oder ins Viertel Cooper-Young in der Midtown. Dort gibt es zahlreiche neue, angesagte und gute Restaurants.

✖ Downtown

Gus's World Famous Fried Chicken
HÄHNCHEN **$**

(Karte S. 396; ☎ 901-527-4877; 310 S Front St; Hauptgerichte 6–9 US$; ⏱ So–Do 11–21, Fr & Sa bis 22 Uhr) Brathähnchenfans aus aller Welt wälzen sich nachts im Bett herum und träumen von den zarten, goldbraun gebratenen Hähnchen, die in diesem Betonbau in Downtwon serviert werden. Im Innern steht im Neonlicht eine alte Jukebox. Wenn viel los ist, wartet man schon mal über eine Stunde.

Alcenia's
SÜDSTAATENKÜCHE **$**

(www.alcenias.com; 317 N Main St; Hauptgerichte 6–9 US$; ⏱ Di–Fr 11–17, Sa 9–15 Uhr) Gibt es noch etwas, das süßer ist als Alcenia's bekannter „Ghetto Juice", ein Fruchtgetränk, das den Blutzuckerspiegel in die Höhe schnellen lässt? Ja, und zwar die Besitzerin Betty Joyce „B.J." Chester-Tamayo, die Gästen gerne mal einen Kuss auf die Stirn drückt. Das witzige, kleine, rot-goldene Café serviert ein täglich wechselndes Mittagsmenü, beispielsweise knusprig gebratenes Hähnchen und See-wolf, superzarten würzigen Kohl und exquisite Sahnetorte.

Arcade
DINER **$**

(Karte S. 396; www.arcaderestaurant.com; 540 S Main St; Hauptgerichte 8–10 US$; ⏱ 7–15 Uhr, Fr auch abends) Schon Elvis hat in diesem Retro-Diner – dem ältesten der Stadt – gegessen, und auch heute noch sind die Süßkartoffelpuffer himmlisch und genauso locker, butterhaltig und verführerisch wie sie angepriesen werden. Der Rest auf der Speisekarte sind die üblichen Schnellrestaurant-Klassiker.

Dyer's
FAST FOOD **$**

(Karte S. 396; www.dyersonbeale.com; 205 Beale St; Burger 4–7 US$; ⏱ So–Do 11–24 Uhr, Fr & Sa open end) Die Burger hier sollen angeblich zu den besten der USA zählen (laut *Esquire* und *Playboy*). Das Fleisch wird zunächst mit einem Pfannenwender von mindestens 10 cm Breite platt gedrückt und anschließend in blubberndes Fett getaucht, das nie gewechselt, immer nur frisch gefiltert wird, da es das lebensspendende Elixier des Ganzen ist – in Wirklichkeit ist wohl eher das Gegenteil der Fall.

Charlie Vergos' Rendezvous
BARBECUE **$$**

(Karte S. 396; ☎ 901-523-2746; www.hogsfly.com; 52 S 2nd St; Hauptgerichte 10–20 US$; ⏱ Di–Do 16.30–22.30, Fr 11–23, Sa ab 11.30 Uhr) In einer kleinen Gasse abseits der Union Ave werden in diesem alteingesessenen Kellerlokal jede Woche unglaubliche 5 t der ausgezeichneten marinierten Rippchen an den Mann oder die Frau gebracht. Zu den Rippchen gibt's keine Sauce, zur Schweineschulter schon. Deshalb beides probieren, dann reicht die Sauce locker! Auch die Rinderbrust ist der Wahnsinn. Der Top-Service und die mit historischem Allerlei verzierten Wände machen ein Essen hier zum Erlebnis. Wartezeit einplanen!

Majestic Grille
EUROPÄISCH **$$$**

(Karte S. 396; ☎ 901-522-8555; www.majestic grille.com; 145 S Main St; Hauptgerichte 17–36 US$; ⏱ Mo–Do 11–22, Fr & Sa bis 23, So bis 21 Uhr) Im hübschen, mit dunklem Holz verkleideten Speisesaal des in einem alten Stummfilmtheater untergebrachten Restaurants zucken in alter Stummfilmmanier schwarze und weiße Lichter, während man sich europäische Klassiker, beispielsweise halbe Grillhähnchen, gebratenen Thunfisch, gegrillte Schweinemedaillons oder eine der vier Varianten des Filet Mignon, schmecken lässt.

Nur einen Katzensprung von der Beale St entfernt.

Östlich von Downtown

Bar DKDC
GASTHAUS $

(www.facebook.com/BARDKDC; 964 S Cooper St; Gerichte 3–8 US$; ⊙Mi–So 17–3 Uhr) Hier dreht sich alles um Tapas – und das Essen ist günstig und gut. Hält man sich an die Empfehlung von der Speisekarte, dann sind die Zuckerrohr-Shrimps der erste Gang, danach geht's mit einem Clubsandwich mit geräuchertem Fisch weiter und schließlich folgt geräuchertes Hähnchen oder Lammkoteletts oder ein mit Guave glasiertes Schweinekotelett. Das Lokal ist abgefahren dekoriert, die Weinliste ist auf einer Kreidetafel angeschrieben, und die Barkeeper sind sehr freundlich.

Payne's Bar-B-Q
BARBECUE $

(1762 Lamar Ave; Sandwiches 4–7 US$, Gerichte 7–9 US$; ⊙Di–Sa 11–18.30 Uhr) In dieser umgebauten Tankstelle gibt's das womöglich beste Schweinehacksandwich der Stadt. Wer diese Behauptung zu gewagt findet, probiert am besten einfach selbst und entscheidet dann.

Neely's Interstate Bar-B-Q
BARBECUE $

(☑901-775-1045; www.interstatebarbecue.com; 2265 S 3rd St; Hauptgerichte 8–20 US$; ⊙So–Do 11–23, Fr & Sa bis 24 Uhr; 🚗) Gegrillte Spaghetti. Das hört sich nicht nur seltsam an, es ist auch seltsam – gleichzeitig aber auch nur halb so schlimm wie befürchtet. Jim Neely's Rippchen und Sandwiches mit gehackter Schweineschulter sind, ebenso wie der geräucherte Truthahn, klasse. Die Atmosphäre ist heimelig und familienfreundlich.

★ Cozy Corner
BARBECUE $$

(www.cozycornerbbq.com; 745 N Pkwy; Hauptgerichte 7–12 US$; ⊙Di–Sa 11–21 Uhr) In dem wunderbar hässlichen Kultlokal fläzt man sich in eine der abgewetzten Sitznischen aus Vinyl und verschlingt die Spezialität des Hauses: ein ganzes Brathähnchen. Auch die Rippchen und Chicken Wings sind grandios, ganz zu schweigen vom himmlisch fluffigen Süßkartoffelkuchen, einem klassischen Südstaatendessert.

Alchemy
SÜDSTAATENKÜCHE, TAPAS $$

(☑901-726-4444; www.alchemymemphis.com; 940 S Cooper St; Tapas 10–13 US$, Hauptgerichte 23–28 US$; ⊙Mo–Sa 16–1, So bis 22 Uhr) Dieser schicke Laden im Viertel Cooper-Young serviert leckere Südstaaten-Tapas, etwa Jakobsmuscheln mit Trüffel-Blumenkohl-Püree, gebratenen Spargel mit Benton-Bacon oder kurz angebratenen Tintenfisch mit einem Hauch von Maismehl überzogen. Warme Küche bis 1 Uhr.

Soul Fish Cafe
SEAFOOD $$

(☑901-755-6988; www.soulfishcafe.com; 862 S Cooper St; Hauptgerichte 10–13 US$; ⊙Mo–Sa 11–22, So bis 21 Uhr) Ein schnuckeliges, aus Betonziegeln errichtetes Café im Viertel Cooper-Young, das für seine köstlichen Po'boy-Sandwiches, seine Backfischplatten und feinsten Kuchen bekannt ist.

Restaurant Iris
MODERNE SÜDSTAATENKÜCHE $$$

(☑901-590-2828; www.restaurantiris.com; 2146 Monroe Ave; Hauptgerichte 25–37 US$; ⊙Mo–Sa 17–22 Uhr) Der Chefkoch Kelly English zaubert in diesem Restaurant modernste Südstaaten-Fusion-Gerichte und wurde dafür auch schon für den James Beard Award nominiert. Zur Auswahl der ganz besonderen Art zählen sein mit Austern gefülltes Steak, ein himmlisches Shrimp'n'Grits sowie amerikanisches Kobe-Rind mit *alu gobhi* und einem Pfefferminz-Chutney. Am jeweils dritten Sonntag im Monat wird auch ein Brunch serviert.

Sweet Grass
SÜDSTAATENKÜCHE $$$

(☑901-278-0278; www.sweetgrassmemphis.com; 937 S Cooper St; Hauptgerichte 21–27 US$; ⊙Di–So 17.30–open end, So 11–14 Uhr) Das schicke neue Bistro in der Midtown bringt moderne Lowcountry-Küche (typisch für South Carolina und Georgia und sehr meeresfrüchtelastig) auf den Tisch und erntet dafür begeistertes Lob. Das Shrimp'n'Grits, traditionell ein Fischer-Frühstück, ist bei den Gästen besonders beliebt. Die Atmosphäre kann mitunter allerdings etwas spießig sein.

🍷 Ausgehen & Nachtleben

Die letzte Runde wird um 3 Uhr ausgegeben, an ruhigen Abenden schließen Bars aber auch schon früher.

★ Earnestine & Hazel's
BAR

(Karte S. 396; 531 S Main St) Eine spelunkenhafte Bar und eine der besten ihrer Art in ganz Memphis. Der 2. Stock steht voller rostiger Bettgestelle und Badewannen mit Klauenfüßen, die noch aus dessen Vergangenheit als Bordell stammen. Das Soul Burger, das einzige Gericht, das hier angeboten wird, ist legendär. Nach Mitternacht steigt die Stimmung.

Cove BAR

(www.thecovememphis.com; 2559 Broad Ave) Die neue Hipster-Bar mit maritimem Ambiente serviert Retro-Cocktails und hochwertige Barsnacks (Austern in der Schale, Pommes mit frittierten Sardellen). Beliebt bei den Einheimischen.

☆ Unterhaltung

Die Beale St ist natürlich die erste Adresse, wenn man Blues, Rock oder Jazz live erleben will. Der Eintritt in die meisten Clubs ist frei oder kostet nur ein paar Dollar. Bars haben für gewöhnlich den ganzen Tag geöffnet, während in den kleineren Clubs in den unterschiedlichen Vierteln oft erst ab 22 Uhr was los ist. Was gerade ansteht, erfährt man im Online-Veranstaltungskalender des *Memphis Flyer* (S. 404).

★ FedEx Forum SPORTARENA

(Karte S. 396; ☑ Tageskasse 901-205-2640; www.fedexforum.com; 191 Beale St, Beale Street Entertainment District) In dieser Sportarena in der Downtown tragen die Memphis Grizzlies, die einzige größere Profimannschaft der Stadt, ihre Heimspiele aus. Memphis liebt seine Basketballjungs, und wenn sie spielen ist hier richtig was los. Auch Konzerte bekannter Künstler werden im FedEx Forum veranstaltet.

Wild Bill's BLUES

(1580 Vollentine Ave; ☉ Fr & Sa 22 Uhr–open end) Vor Mitternacht herrscht in der winzigen, düsteren Spelunke tote Hose. Dann jedoch macht es sich die einheimische Klientel – die Fremde auch gerne mal anstarrt – mit einem Bier und einer Portion Chicken Wings gemütlich und genießt einen der besten Blues-Acts in Memphis. Lohnt sich wegen der mitreißenden, sehr authentischen Jams!

Hi-Tone Cafe LIVEMUSIK

(www.hitonememphis.com; 1913 Poplar Ave) Unauffällige kleine Bar nahe dem Overton Park und eine der besten Adressen für Konzerte lokaler Bands und Indie-Acts.

Young Avenue Deli LIVEMUSIK

(www.youngavenuedeli.com; 2119 Young Ave; ☉ Mo-Sa 11–15 Uhr, So ab 11.30 Uhr) Die beliebte Adresse in der Midtown bietet Essen, Billard, gelegentliche Livemusik und eine hippe, entspannte, junge Klientel.

New Daisy Theater LIVEMUSIK

(Karte S. 396; ☑ 901-525-8971, Veranstaltungs-Hotline 901-525-8979; www.newdaisy.com; 330 Beale St; ☉ wechselnde Öffnungszeiten) Beliebte Independent-Musiker und -Bands wie Minus the Bear, Gorilla und Napalm Death (für den Namen ist einzig und allein die Band selbst verantwortlich) treten in dieser Location auf der Beale St auf.

Rum Boogie BLUES

(Karte S. 396; ☑ 912-528-0150; www.rumboogie.com; 182 Beale St) Riesig, beliebt und laut. In diesem Club mit Cajun-Dekor auf der Beale St sorgt jeden Abend die hauseigene Blues-Band für Stimmung.

Rumba Room TANZ

(Karte S. 396; www.memphisrumbaroom.com; 303 S Main St; ☉ Mo 19.30–23.30, Do 18–2, Fr 18.30–3, Sa 20–3, So bis 1 Uhr) Heute mal keine Lust auf Blues? In diesem Tanzsaal legen DJs auf, und es werden Swing- und Salsaabende veranstaltet. Nach ein paar Drinks wirbeln selbst blutige Anfänger wie Profis durch die Gegend.

The Orpheum LIVEMUSIK

(Karte S. 396; ☑ 901-525-7800; www.orpheum-memphis.com; 203 S Main St; ☉ wechselnde Öffnungszeiten) Im Orpheum finden Broadway-Shows und Konzerte bekannter Künstler statt. Vor dem historischen Gebäude von 1928 kann man den Walk of Fame bewundern. In den Pausen soll das unheimliche Kichern Marys, des Geistes eines kleinen Mädchens mit dem Pferdeschwanz, zu hören sein.

🛍 Shoppen

In der Beale St gibt es zahllose kitschige Souvenirläden, während sich in Cooper-Young Boutiquen und Bücherläden finden. Die Straßen rund um South Main sind zum Künstlerviertel deklariert worden. Dort kann man mittlerweile sehr gut shoppen gehen, und hier findet auch einmal im Monat die Trolley Night (S. 399) statt.

★ Hoot & Louise VINTAGE

(Karte S. 396; www.facebook.com/hootandlouise; 109 GE Patterson Ave; ☉ Mo–Sa 10.30–18.30, So 12–17 Uhr) In diesem nagelneuen Laden bekommt man neues, auf alt getrimmtes Design sowie sonderbaren Schmuck. Auf seine eigene Weise ist das Hoot & Louise etwas ganz Besonderes.

A Schwab's GESCHENKE

(Karte S. 396; ☑ 901-523-9782; www.a-schwab.com; 163 Beale St; ☉ Mo–Mi 12–19, Do bis 21, Fr & Sa bis 22 Uhr) Hier gibt's alles, vom Jeanshemd über Flachmänner, Quietsche-Enten und schicke Hüte bis hin zu Overalls. Echtes Highlight sind aber die Antiquitäten im Obergeschoss. Dort finden sich etwa alte Waagen und Bügeleisen, Hutspanner und die gusseiserne Verankerung einer Registrierkasse.

D'Edge   GALERIE

(Karte S. 396; www.dedgeart.com; 550 S Main St; ⊙11–17 Uhr) Eine farbenfrohe Kunstgalerie mit einer skurrilen Leidenschaft für Musik, in der klassische, vom Mississippi-Delta inspirierte afroamerikanische Kunst mit kreativer Landschaftsmalerei zusammengebracht wurde. Hier sieht man unterhaltsame, aufregende Kunstwerke, die von Menschen für Menschen geschaffen worden sind.

Lanksy Brothers   BEKLEIDUNG

(Karte S. 396; ☑901-529-9070; www.lansky bros.com; 149 Union Ave; ⊙So–Mi 9–18, Do–Sa bis 21 Uhr) Der „Herrenausstatter des King" versorgte einst Elvis mit seinen typischen zweifarbigen Hemden. Das Geschäft gibt es schon seit Mitte des 20. Jhs., und heute findet man hier neben Herrenbekleidung im Retro-Stil auch Geschenke und Frauenmode. Im Peabody Hotel untergebracht.

❶ Praktische Informationen

Nahezu alle Hotels und viele Restaurants bieten kostenloses WLAN.

Commercial Appeal (www.commercialappeal. com) Tageszeitung mit Infos über das städtische Unterhaltungsangebot.

Hauptpost (Karte S. 396; 555 S 3rd St)

Memphis Flyer (www.memphisflyer.com) Kostenloses Wochenblatt, das donnerstags erscheint und Infos über das städtische Unterhaltungsangebot enthält.

Öffentliche Bibliothek (www.memphislibrary. org; 33 S Front St; ⊙Mo–Fr 10–17 Uhr) Computer mit kostenlosem Internetzugang.

Polizei (☑901-545-2677; 545 S Main St)

Regional Medical Center at Memphis (☑901-545-7100; www.the-med.org; 877 Jefferson Ave) Das einzige Unfallzentrum für schwerere Fälle in der Region.

Tennessee State Visitor Center (Karte S. 396; ☑888-633-9099, 901-543-5333; www.memphistravel.com; 119 N Riverside Dr; ⊙Nov.–März 9–17 Uhr, April–Okt. bis 18 Uhr) Broschüren über den ganzen Bundesstaat.

❶ Anreise & Unterwegs vor Ort

Der **Memphis International Airport** (MEM; ☑901-922-8000; www.memphisairport.org;

2491 Winchester Rd) liegt 12 Meilen (19 km) südöstlich der Innenstadt und ist über die I-55 zu erreichen. Ein Taxi ins Zentrum kostet um die 30 US$. **Memphis Area Transit Authority** (MATA; www.matatransit.com; 444 N Main St; Fahrt 1,75 US$) betreibt die Stadtbusse; die Linien 2 und 32 steuern den Flughafen an.

MATA betreibt auch historische **Trolleys** (1 US$, alle 12 Min.), die entlang der Main St und der Front St im Zentrum verkehren. **Greyhound** (Karte S. 396; www.greyhound.com; 203 Union Ave) sowie die **Central Station** (www.amtrak. com; 545 S Main St), der Bahnhof der Amtrak, befinden sich mitten im Zentrum.

Shiloh National Military Park

„Kein Soldat, der an der zweitägigen Schlacht von Shiloh beteiligt war, wollte später jemals wieder kämpfen", erklärte einst ein Veteran, der den blutigen Kampf 1862, der hier in den wunderschönen Feldern und Wäldern tobte, miterlebt hatte. Ulysses S. Grant, seinerzeit Generalmajor, führte damals die Army of Tennessee an. Nach einem brutalen Angriff der Konföderiertentruppen am ersten Tag, der Grant völlig überrumpelte, konnte er am zweiten Tag durch ein kreatives Manöver Pittsburgh Landing halten und somit die Konföderierten zurückdrängen. Während der Kämpfe fielen über 3500 Soldaten und fast 24000 wurden verwundet. Der zu Beginn des Kriegs noch relativ unbekannte Grant führte die Unionstruppen ab diesem Tag zum Sieg und wurde später der 18. Präsident der Vereinigten Staaten.

Der weitläufige **Shiloh National Military Park** (www.nps.gov/shil; 1055 Pittsburg Landing Rd; ⊙Park Sonnenaufgang–Sonnenuntergang, Visitor Center 8–17 Uhr) GRATIS liegt unmittelbar nördlich der Grenze zu Mississippi in der Nähe der Ortschaft Crump, Tennessee, und lässt sich nur mit dem Auto erkunden. Zu sehen gibt es den Shiloh National Cemetery sowie den Ausblick auf den Cumberland River, wo die Verstärkung der Unionstruppen an Land ging. Im Visitor Center gibt es Kartenmaterial, es wird ein Film über die Schlacht gezeigt, und man kann einen Audioguide für die Autotour erstehen.

Nashville

Mal angenommen, man ist ein hoffnungsfroher Country-Sänger und erreicht nach tagelangem Trampen mit nichts als einer Gitarre auf dem Rücken das Zentrum von Nashville. Man sieht die Neonlichter des Lower Broadway, atmet tief die rauch- und biergeschwängerte Luft ein und spürt das Rumpeln der vielen Stiefel, die in den überfüllten Kneipen den Boden malträtieren. Dann wird man sich sagen: „Ich hab's geschafft!"

Für Country-Fans und Möchtegern-Liedermacher aus aller Welt ist eine Reise nach Nashville die ultimative Pilgerfahrt. Schon seit den 1920er-Jahren zieht die Stadt Musiker an, die das Country-Genre vom Hillbilly des frühen 20. Jhs. über den glatten Nashville-Sound der 1960er-Jahre bis zum punkigen Alternative Country der 1990er weiterentwickelt haben.

Die musikalischen Attraktionen Nashvilles reichen von der Country Music Hall of Fame über die ehrwürdige Grand Ole Opry bis zu Jack Whites Plattenlabel für Nischenmusik. Daneben gibt es eine lebhafte Studentengemeinde, ausgezeichnete Hausmannskost sowie einige herrlich kitschige Souvenirs.

⊙ Sehenswertes

☉ Downtown

Das historische Geschäftsviertel rund um die 2nd Ave N war in den 1870er- und 1880er-Jahren das Zentrum des Baumwollhandels. Zu jener Zeit wurden auch die meisten der viktorianischen Warenhäuser mit den Fassaden aus Gusseisen und Ziegelstein erbaut. Heute ist es mit seinen Geschäften, Lokalen, Kellerkneipen und Nachtclubs das Herz des **District** und mutet wie eine Mischung aus French Quarter und Hollywood Boulevard an – komplett mit Bourbon-Whiskey und dem typischen Country-Slang. Zwei Blocks westlich befindet sich die **Printers Alley**, eine schmale Gasse mit Kopfsteinpflaster, die schon seit den 1940ern für ihr Nachtleben bekannt ist. Der **Riverfront Park** am Ufer des Cumberland River ist eine malerische Promenade, an der auch das Fort Nashborough liegt, eine Replik der ursprünglichen Wehranlage aus den 1930er-Jahren. Das nagelneue **Music City Center** (www.nashvillemusiccitycenter.com; Broadway St zw. 5th Ave & 8th Ave) ist ein rundum modernes Kongress- und Veranstaltungszentrum.

★ Country Music Hall of Fame & Museum
MUSEUM
(www.countrymusichalloffame.com; 222 5th Ave S; Erw./Kind 22/14 US$, Audiotour zzgl. 2 US$, Stu-

dio B 1-stündige Tour Erw./Kind 13/11 US$; ☉9–17 Uhr) *Honor Thy Music* (Ehre deine Musik) ist das Motto in dem monumentalen Museum, in dem die fast religiöse Bedeutung der Countrymusik für Nashville zum Ausdruck kommt. Zu sehen sind etwa das Cocktailkleid von Patsy Cline, die Gitarre von Hank Williams, der goldene Cadillac von Elvis sowie das Jahrbuchfoto von Conway Twitty (als dieser noch Harold Jenkins hieß).

Schriftstücke dokumentieren den Ursprung des Country, über Touchscreens hat man Zugang zu Musikaufnahmen und Fotos aus den riesigen Archiven, und es gibt eine Audioführung, deren Texte von zeitgenössischen Stars gesprochen und mit Musik hinterlegt sind und bei der man jede Menge Fakten erfährt. Am Museum beginnt auch die Studio B Tour, bei der es mit einem Shuttle zu dem berühmten Aufnahmestudio Music Row der Radio Corporation of America (RCA's) geht. Dort hat Elvis den Song *Are You Lonesome Tonight?* und Dolly Parton *I Will Always Love You* eingespielt.

Ryman Auditorium   HISTORISCHES GEBÄUDE
(www.ryman.com; 116 5th Ave N; Audioguide Erw./ Kind 13/6,50 US$, inkl. Backstage 17/10,50 US$; ☉9–6 Uhr) Das ist die sogenannte Mother Church of Country Music. Hier sind schon alle großen Unterhaltungskünstler des 20. Jhs. aufgetreten – von Martha Graham bis Elvis, von Katherine Hepburn bis Bob Dylan. Das hoch aufragende Backstein-Tabernakel wurde 1890 von dem wohlhabenden Flusskapitän Thomas Ryman als Haus für religiöse Veranstaltungen erbaut. Von einem der 2000 Sitze aus einer Show zu folgen, hat auch heute noch etwas von einer

DER SÜDEN NASHVILLE

INSIDERWISSEN

FIVE POINTS

Five Points in East Nashville ist das Epizentrum einer neuen Hipster-Szene und überraschenderweise auch die eigentliche Altstadt Nashvilles. Nashville breitete sich zunächst östlich des Cumberland River aus, nach einem großen Brand wurde das Zentrum allerdings auf die andere Seite des Flusses verlegt, dorthin, wo sich mittlerweile die Downtown befindet. Heute ist Five Points übersät mit Cafés und Restaurants. Am meisten los ist auf der Woodlawn Ave zwischen 10th und 11th.

Nashville

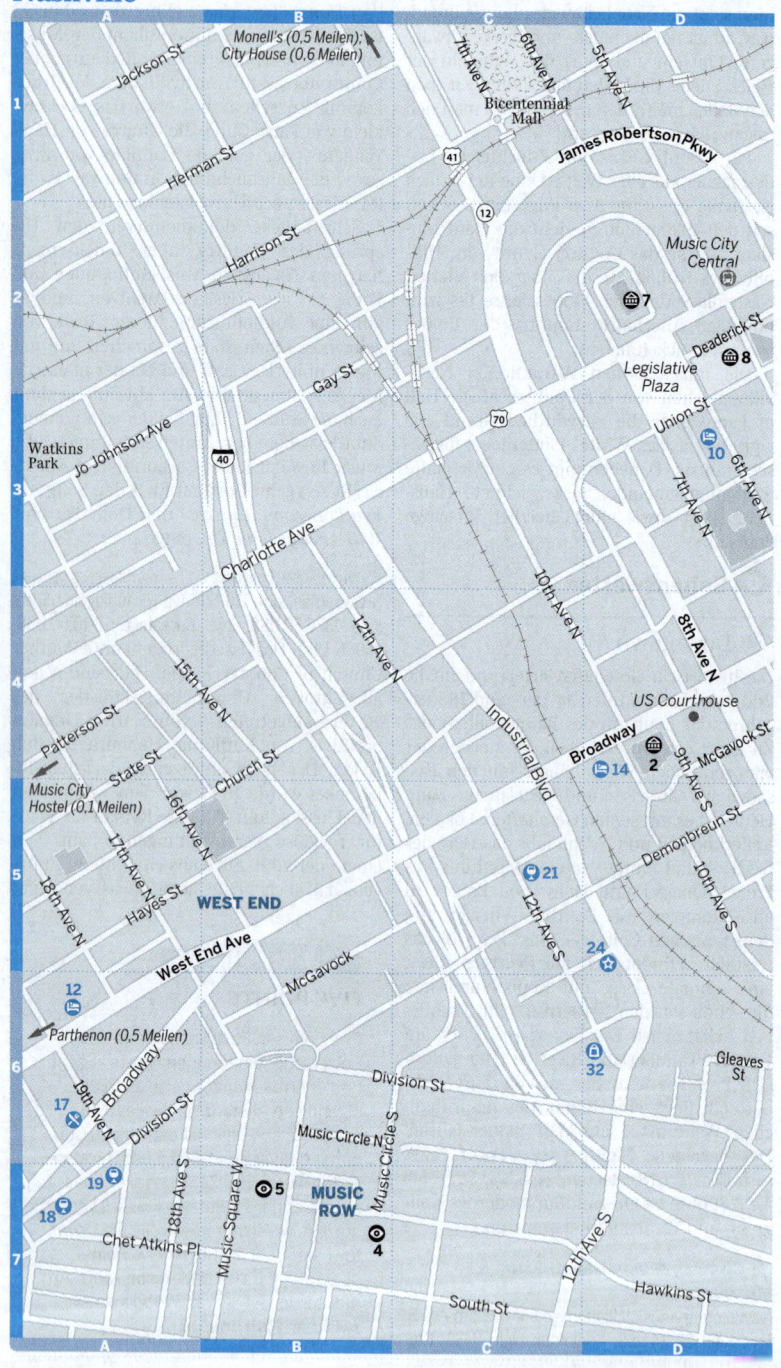

Monell's (0,5 Meilen);
City House (0,6 Meilen)

Jackson St

Herman St

Harrison St

Gay St

Watkins
Park

Jo Johnson Ave

Charlotte Ave

Patterson St

15th Ave N

12th Ave N

State St

16th Ave N

Church St

Music City
Hostel (0,1 Meilen)

17th Ave N

18th Ave N

Hayes St

WEST END

West End Ave

12th Ave S

McGavock

Parthenon (0,5 Meilen)

12

Broadway

19th Ave N

17

Division St

18th Ave S

19

18

Chet Atkins Pl

Music Square W

5

MUSIC
ROW

4

Music Circle N

Music Circle S

Division St

South St

12th Ave S

Hawkins St

Gleaves
St

32

24

21

Demonbreun St

10th Ave S

9th Ave S

McGavock

US Courthouse

Broadway

2

14

8th Ave N

Industrial Blvd

10th Ave N

70

40

41

12

James Robertson Pkwy

7th Ave N

6th Ave N

5th Ave N

Bicentennial
Mall

Music City
Central

7

Deaderick St

8

Legislative
Plaza

Union St

6th Ave N

7th Ave N

10

DER SÜDEN TENNESSEE

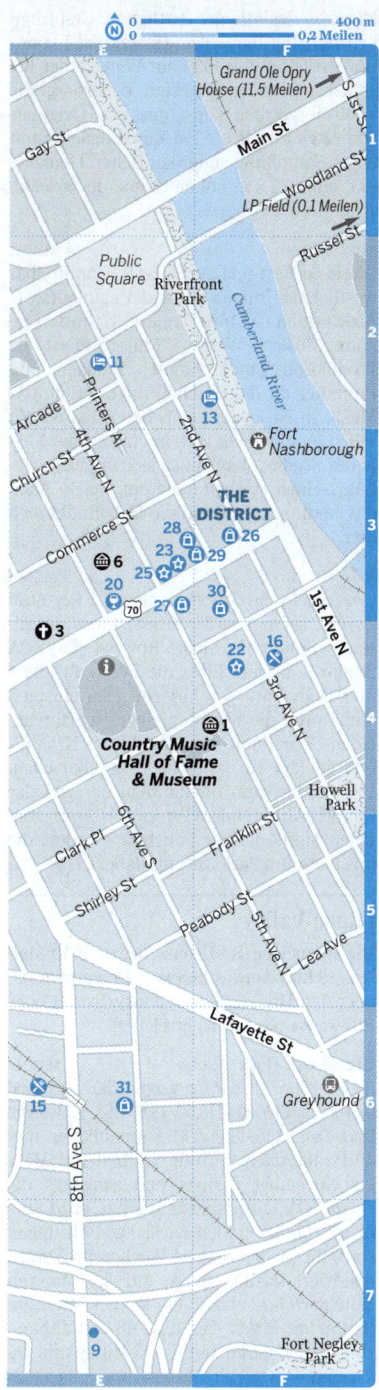

spirituellen Erfahrung. Hier hatte auch das *Grand Ole Opry* 31 Jahre lang sein Zuhause, bis es 1974 in den Opryland-Komplex etwas außerhalb umzog. Inzwischen findet das *Opry* aber im Winter wieder im Ryman statt.

Tennessee State Capitol HISTORISCHES GEBÄUDE (www.tnmuseum.org; Charlotte Ave; ⊙ Führung Mo–Fr 9–16 Uhr) Am nordöstlichen Rand der Downtown erhebt sich das im Jahr 1845 im Greek-Revival-Stil errichtete Gebäude aus Kalkstein und Marmor. Gebaut wurde es von Sklaven, Strafgefangenen und europäischen Handwerkern. An der Rückseite führen steile Stufen hinab zur **Tennessee Bicentennial Mall**, deren Außenmauern historische Fakten zur Geschichte Tennessees schmücken, und zum großartigen, täglich stattfindenden **Bauernmarkt**.

Tennessee State Museum MUSEUM

(www.tnmuseum.org; 5th Ave, zw. Union St & Deaderick St; ⊙ Di–Sa 10–17, So 13–17 Uhr) GRATIS Das mitreißende, aber nicht überladene Museum im Erdgeschoss eines riesigen Bürogebäudes ist genau das Richtige für alle Geschichts-Fans. Indianisches Kunsthandwerk, eine Blockhütte in Originalgröße und skurrile historische Artefakte wie der Hut, den Andrew Jackson bei seiner Einführung ins Präsidentenamt trug, verleihen einen guten Einblick in die Geschichte des Bundesstaates. Es werden auch Wanderausstellungen abgehalten.

Frist Center for the Visual Arts GALERIE

(www.fristcenter.org; 919 Broadway; Erw./Senior/Kind 10/7 US$/frei; ⊙ Mo–Mi & Sa 10–17.30, Do & Fr bis 21, So 13–17 Uhr) In diesem erstklassigen Kunstmuseum, das in einem renovierten Postamt untergebracht ist, sind auch Wanderausstellungen zu sehen, die thematisch von amerikanischer Volkskunst bis hin zu Picasso reichen. Zum Zeitpunkt der Recherche fand hier gerade eine Rembrandt-Ausstellung statt.

Fort Nashborough FESTUNG

(1st Ave) Am Ufer des Cumberland River liegt dieser Nachbau einer hölzernen Wehranlage aus dem späten 18. Jh. Sie war der erste Flaggenposten einer Pioniersiedlung, die später zu Nashville heranwachsen sollte.

West End

Entlang der West End Ave thront – beginnend an der 21st Ave – die angesehene **Vanderbilt University**, die 1883 von dem Eisenbahnmagnaten Cornelius Vanderbilt gegründet wurde. Auf dem 134 ha großen Campus tummeln sich rund 12 000 Studenten, die die Kultur der Midtown entscheidend mitprägen.

Parthenon PARK, GALERIE

(www.parthenon.org; 2600 West End Ave; Erw./Kind 6/4 US$; ⊙ Di–Sa 9–16.30 Uhr & Sommer So) Ja, im **Centennial Park** steht tatsächlich ein Nachbau des Athener Parthenon. Ursprünglich 1897 für Tennessees Centennial Exposition errichtet und 1930 auf Wunsch der Bevölkerung wieder aufgebaut, beherbergt die maßstabsgetreue Gipskopie des Originals von 438 v. Chr. heute ein Kunstmuseum mit einer Sammlung amerikanischer Gemälde und einer 12,8 m hohen Statue der griechischen Göttin Athene.

Music Row VIERTEL

(Music Sq West & Music Sq East) Unmittelbar westlich der Innenstadt findet man auf zwei Abschnitten der 16th Ave und 17th Ave (genannt Music Sq West und Music Sq East) die Produktionsfirmen, Agenten, Manager und Promoter, die das Geschäft mit der Country-Musik in Nashville am Leben erhalten. Zu sehen gibt es nicht viel, in einigen der kleineren Studios kann man jedoch gegen Gebühr seinen eigenen Song einspielen. Auch das berühmte RCA Studio B befindet sich hier.

RCA Studio B WAHRZEICHEN

(www.countrymusichalloffame.org; 1611 Roy Acuff Pl; Führung Erw./Kind 35/26 US$) Eines der ältesten Studios in Music Row ist das RCA Studio B, in dem Elvis, die Everly Brothers und Dolly Parton zahlreiche Hits einspielten. Durch die Skulptur einer Heartbreak-Hotel-Gitarre mit dem Abbild des King direkt vor der Tür ist es nicht zu übersehen. Das Studio kann im Rahmen der von der Country Music Hall of Fame (S. 405) angebotenen Studio B Tour besichtigt werden, die im „Platinum Package" mit dabei ist.

Music Valley

Die suburbane Touristenzone, rund 10 Meilen (16 km) nordöstlich von Downtown, ist über den Hwy 155/Briley Pkwy, Exit 11 oder 12B, sowie per Bus zu erreichen.

Grand Ole Opry House MUSEUM

(☑ 615-871-6799; www.opry.com; 2802 Opryland Dr; Führung Erw./Kind 18,50/13,50 US$; ⊙ Museum März–Dez. 10.30–18 Uhr) Das unauffällige moderne Backsteingebäude, in dem von März bis November freitags und samstags die *Grand Ole Opry* stattfindet, hat 4400 Sitzplätze. Täglich finden Backstage-Führungen statt, für die bis zu zwei Wochen im Voraus reserviert werden muss. Auf der anderen Seite der Plaza erzählt ein kleines **Museum** (Eintritt frei; ⊙ März–Dez. 10.30–18 Uhr) anhand von Wachsfiguren, bunten Kostüme und Dioramen die Geschichte des Opry.

PLANTAGEN RUND UM NASHVILLE

Das frühere Wohnhaus des 7. Präsidenten Andrew Jackson, **Hermitage** (☑615-889-2941; www.thehermitage.com; 4580 Rachel's Lane; Erw./Kind 19/14 US$; ⊙April–Okt. 8.30–17 Uhr, Okt.–März 9–16.30 Uhr), liegt 15 Meilen (24 km) östlich der Innenstadt. Die 405 ha große Plantage gewährt einen Einblick in das Leben eines Gutsbesitzers im mittleren Süden im 19. Jh. Bei der Besichtigung des aus Backstein errichteten Herrenhauses im Federal Style, das heute ein möbliertes Hausmuseum mit kostümierten Darstellern ist, sieht man auch Jacksons originale Blockhütte aus dem Jahr 1804 sowie die alten Sklavenquartiere. Jackson war sein Leben lang ein Unterstützer der Sklaverei und besaß zeitweise selbst bis zu 150 Sklaven. In einer Sonderausstellung wird auch ihre Geschichte erzählt.

Anfang des 19. Jhs. begann die Harding-Jackson Familie auf der **Belle Meade Plantation** (☑615-356-0501; www.bellemeadeplantation.com; 5025 Harding Pike; Erw./Student 13–18 Jahre/Kind unter 13 Jahre 16/10/8 US$; ⊙Mo–Sa 9–17, So 11–17 Uhr) 6 Meilen (10 km) westlich von Nashville mit der Zucht von Vollblütern. Nahezu jedes Pferd, das in den letzten sechs Jahren am Kentucky Derby teilnahm, stammt von Belle Meades kräftigem Hengst Bonnie Scotland ab (ja, Bonnie kann auch ein Jungenname sein), der in den 1880er-Jahren starb. Das Herrenhaus von 1853 sowie einige interessante Nebengebäude, darunter eine nachgebaute Sklavenhütte, sind für Besucher zugänglich.

☞ Geführte Touren

⭐**NashTrash**   BUSTOUR
(☑615-226-7300; www.nashtrash.com; 900 8th Ave N; 1½-stündige Tour 35 US$) Die „Jugg Sisters" mit ihren toupierten Frisuren veranstalten eine trashige Vergnügungstour, bei der man die schlüpfrigen Seiten der Geschichte Nashvilles kennenlernt. Wer seinen eigenen Alkohol mitbringen möchte, kann das tun und ihn im großen pinkfarbenen Bus genießen. Die Touren müssen im Voraus reserviert werden und sind manchmal schon Monate vorher ausgebucht.

Tommy's Tours   BUSTOUR
(☑615-335-2863; www.tommystours.com; Tour ab 35 US$) Der witzige Einheimische Tommy Garmon führt eine unterhaltsame, dreistündige Touren, bei denen Sehenswürdigkeiten der Country-Szene abgeklappert werden.

General Jackson Showboat   BOOTSTOUR
(☑615-458-3900; www.generaljackson.com; Tour ab 45 US$) Sightseeing-Fahrten unterschiedlicher Dauer mit dem Paddelboot auf dem Cumberland River, teilweise mit Musik und Essen.

✸ Feste & Events

CMA Music Festival   MUSIK
(www.cmafest.com; ⊙Juni) Lockt Zehntausende Country-Fans in die Stadt.

Tennessee State Fair   VOLKSFEST
(www.tennesseestatefair.org; ⊙Sept.) Neun unterhaltsame Tage mit Schweinerennen, Maultiertreiben und Kuchenbackwettbewerben.

🛌 Schlafen

Billige Kettenmotels stehen überall in der Downtown, an der I-40 und an der I-65. Im Music Valley finden Traveller verschiedene familienfreundliche Mittelklasseunterkünfte vor.

🛏 Downtown

⭐**Nashville Downtown Hostel**   HOSTEL $
(☑615-497-1208; www.nashvillehostel.com; 177 1st Ave N; B/Zi. 28/85 US$; 🅿) Eine stylishe, sehr zweckmäßige Unterkunft in guter Lage mit einem rund um die Uhr zugänglichen und geselligen Gemeinschaftsbereich im Untergeschoss, dessen unverputzte Steinwände und Balkendecken einen ganz schön pompösen Eindruck machen. Die Schlafsäle liegen im 4. Stock und sind mit hübschen Holzböden, freiliegenden Holzpfeilern, Deckenbalken und vier nagelneuen Stockbetten pro Quartier ausgestattet. Alle teilen sich ein Gemeinschaftsbad. Parken kostet 12 US$.

Union Station Hotel   HOTEL $$$
(☑615-726-1001; www.unionstationhotelnashville.com; 1001 Broadway; Zi. ab 359 US$; 🅿❈🛜) Die hoch aufragende, neoromanische Steinburg war zu den Glanzzeiten des Eisenbahnverkehrs ein Bahnhof, heute beherbergt sie jedoch das prächtigste Hotel der Innenstadt. Die überwölbte Lobby ist

VIVA NASHVEGAS!

Das grelle, glitzernde Nashville ist stolz auf seinen Spitznamen NashVegas. Also rein in die strassbesetzten Cowboystiefel und auf geht's zu einer Erkundung der bizarren, wilden Seite der Stadt.

Willie Nelson, der Star der Outlaw-Bewegung, verkaufte Anfang der 1990er-Jahre all seine Besitztümer, um seine Steuerschulden in Höhe von 16,7 Mio. US$ zu begleichen. Zu sehen sind diese Gegenstände im **Willie Nelson Museum** (www.willienelsongeneral store.com; 2613 McGavock Pike; Eintritt 8 US$; ⊙ 8.30–21 Uhr).

Die Show **Doyle and Debbie** im **Zanies Comedy Club** (www.nashville.zanies.com; 2025 8th Ave S) ist eine wirklich kultverdächtige Parodie auf ein abgehalftertes Countrymusik-Duo.

Der **Johnny Cash Museum Store** (www.facebook.com/johnnycashmuseum; 119 3rd Ave; ⊙ 11–19 Uhr) ist eher ein Souvenirshop als ein Museum. Hier können sich Fans des „Man in Black" mit allem Möglichen eindecken, mit Lederwaren genauso wie mit Büchern und CDs oder sogar alten Schallplatten.

Im schrulligen Viertel rund um die 12th Ave S stattet im **Katy K's Ranch Dressing** (www.katyk.com; 2407 12th Ave S) eine ehemalige Stylistin der Drag Queen Szene New Yorks ihre Kunden mit üppigen Perücken, klassischen Cowboystiefeln und handgefertigten Cowboykrawatten aus.

in Pfirsich- und Goldtönen gehalten und hat einen Marmorboden mit Intarsien und eine Buntglasdecke. Die geschmackvollen, modernen Zimmer verfügen über Flachbildfernseher und tiefe Badewannen. Wer sein Fahrzeug hier abstellen möchte, muss 20 US$ berappen.

Hermitage Hotel — HOTEL $$$
(☎ 888-888-9414, 615-244-3121; www.thehermitagehotel.com; 231 6th Ave N; Zi. ab 399 US$; P✳🖻) Nashvilles erstes millionenschweres Hotel war bei seiner Eröffnung 1910 der Hit in Promikreisen. Die Lobby, die locker mit einem Zarenpalast mithalten könnte, schmücken dicke Wandbehänge und ornamentale Verzierungen. Die luxuriösen Zimmer sind mit Himmelbetten, Mahagonimöbeln und Bädern aus Marmor mit Badewannen ausgestattet. Parken kostet 20 US$. Auch der Service liegt hier über dem Durchschnitt.

Hotel Indigo — BOUTIQUEHOTEL $$$
(☎ 615-891-6000; www.ihg.com; 301 Union St; Zi. ab 299 US$; P) Das Indigo ist Teil einer kleinen internationalen Hotelkette und im witzigen Pop-Art-Look gehalten. Gästen stehen 130 Zimmer zur Verfügung, von denen 24 kürzlich erst renoviert wurden. Diese King Rooms sind geräumig und haben brandneue Holzfußböden, hohe Decken, Flachbild-TVs, Kopfteile aus Leder und Bürostühle. Die Lage in Capitol Hill ist perfekt. Von dort sind die Kneipen nur einen Katzensprung entfernt. Parken kostet 20 US$.

🛏 West End

Music City Hostel — HOSTEL $
(☎ 615-692-1277; www.musiccityhostel.com; 1809 Patterson St; B/Zi. 28/85 US$; P✳@🖻) Diese niedrigen Backsteinbungalows machen äußerlich vielleicht nicht viel her, das Hostel im West End ist aber lebhaft und freundlich und hat einen Fahrradverleih und eine Gemeinschaftsküche. Die Gäste sind jung, international und lustig drauf, und viele Bars sind leicht zu Fuß zu erreichen. Die privaten Zimmer haben Gemeinschaftsduschen, aber eine eigene Toilette.

★ Hutton Hotel — HOTEL $$$
(☎ 615-340-9333; www.huttonhotel.com; 1808 West End Ave; Zi. ab 289 US$; P✳@🖻) 🖋 Das beste Boutiquehotel in Nashville zeigt sich ganz im modernen Stil der Mitte des 20. Jhs., mit bambusgetäfelten Wänden und großen Sitzsäcken in der Lobby. Die in Rost- und Schokoladentönen gehaltenen Zimmer sind geräumig und gut in Schuss gehalten; sie weisen Regenduschen aus Marmor, gläserne Waschbecken, übergroße Betten, große Schreibtische, fette Flachbild-TVs, hochwertige Teppiche, Qualitätsbettwäsche sowie einen erstklassigen Service auf.

🛏 Music Valley

Gaylord Opryland Hotel — RESORT $$$
(☎ 866-972-6779, 615-889-1000; www.gaylordhotels.com; 2800 Opryland Dr; Zi. ab 149 US$; P✳@🖻🏊) Das gewaltige Hotel hat 2881

Zimmer – eine Welt für sich! Warum einen Fuß nach draußen setzen, wenn man im Hotel und seinen drei großen Glasatrien auf einem künstlichen Fluss Tretboot fahren, unter einem künstlichen Wasserfall im Wintergarten Sushi essen, in einer nachgebauten Ortschaft aus dem 19. Jh. Cowboykrawatten kaufen oder in einer Antebellum-Villa einen Scotch nippen kann?

 Essen

Das klassische Nashville-Gericht heißt *meat-and-three* und besteht aus einer deftigen Portion Fleisch mit drei Beilagen nach Hausmacherart. Im gehobenen Germantown gibt's eine Handvoll Cafés und Restaurants, von denen zwei besonders hervorzuheben sind. Five Points – wo es die besten Brathähnchen der Welt gibt – lohnt auch einen Abstecher.

✕ Five Points

★ **Prince's Hot Chicken**   BRATHÄHNCHEN **$**
(123 Ewing Dr; viertel/halbes/ganzes Hähnchen 5/9/18 US$; ⊙ Di–Do 12–22, Fr bis 4, Sa 14–4 Uhr; P) Nashvilles einzigartiger Beitrag zur Welt der Kulinarik: mit Cayenne-Pfeffer eingeriebenes „scharfes Hähnchen", perfekt saftig gebraten und auf einer Scheibe Weißbrot mit sauren Gurken serviert.

Das winzige, etwas verblichene Prince's befindet sich in Familienbesitz und liegt in einer rauen Einkaufsstraße im Norden. Es ist eine lokale Legende, die von Medien wie der *New York Times* oder *Bon Appétit* mit Komplimenten überhäuft wird und eine gemischte Klientel anzieht, von Hipstern über Burschenschaftler und ganze Immigrantenfamilien bis hin zu Einheimischen und Hinterwäldlern. Das Hähnchen gibt's *mild* (eine absolute Lüge), *medium* (soll das ein Witz sein?), *hot* (an Wahnsinn grenzend) und *extra hot* (für Extremmasochisten). Es wird einem zuerst den Rachen verbrennen und anschließend das Herz öffnen. Wartezeiten von bis zu einer Stunde sind keine Seltenheit, aber man wird für jede Sekunde reich belohnt. Nur Barzahlung möglich.

Pied Piper Creamery   EIS **$**
(www.thepiedpipercreamery.com; 114 S 11th St; Kugel Eis unter 3 US$; ⊙ So–Do 12–21, Fr & Sa bis 22 Uhr) Die Eisdiele mit dem mächtigsten, cremigsten und köstlichsten Eis der ganzen Stadt. Besonders lecker ist die Sorte Toffee Lovers Coffee, es gibt aber zwei Dutzend verschiedene Geschmacksrichtungen, so-

dass Eisliebhaber einige Zeit mit Probieren beschäftigt sind.

I Dream of Weenie   HOTDOGS **$**
(www.facebook.com/IDreamofWeenie; 113 S 11th St; Hotdogs 3–5 US$; ⊙ Mo–Do 11–16, Fr bis 18, Sa 10.30–19, So bis 16 Uhr) Wer einen schnellen, einfachen Snack sucht, ist an diesem zum Hotdog-Stand umfunktionierten VW-Bus goldrichtig. Der Hotdog (Rind, Truthahn oder Tofu) ist kreativ belegt. Zum Picnic In A Bun gehörten z.B. Baked Beans, Bacon, Krautsalat und BBQ-Sauce. Eine simple, aber nicht weniger leckere Variante ist der Kraut Weenie (mit Sauerkraut und scharfem Senf).

King Market Cafe   LAOTISCH, THAI **$**
(300 Church St, Antioch Pike; Gerichte 6–10 US$; ⊙ 8.30–19 Uhr) Ein authentisches südostasiatisches Café, das in einem asiatischen Lebensmittelgeschäft im Vorort Antioch Pike untergebracht ist. In diesem Viertel erscheint Nashville schon nicht mehr ganz so homogen wie in Downtown. Aufgetischt werden Nudel- und Currygerichte, Suppen, Gemüsepfannen, eine thailändische Fleischwurst, frittierte Makrelen und abenteuerliche Gerichte wie gebratene Schweininnereien. Das Essen wird schnell und in großen Portionen serviert.

Marché Artisan Foods   BISTRO **$$**
(www.marcheartisanfoods.com; 1000 Main St; Hauptgerichte 9–16 US$; ⊙ Di–Sa 8–21, So bis 16 Uhr) Das freundliche, rundum verglaste Café, in dem alle Zutaten für die Gerichte frisch vom Bauernhof kommen, ist ebenfalls im zunehmend nobler werdenden Five Points zu finden. Auf der Speisekarte stehen ein Ruben-Sandwich aus Roggenmischbrot mit Corned Beef, ein beliebter Burger mit Lammfleisch sowie ein köstlicher warmer Brokkolisalat zum Mittagessen. Es werden auch spezielle Bier- und Weindinner veranstaltet.

✕ Downtown

Arnold's   SÜDSTAATENKÜCHE **$**
(www.facebook.com/Arnoldsmeatand3; 605 8th Ave S; Hauptgerichte 5–8 US$; ⊙ Mo–Fr 10.30–14.30 Uhr) Das Arnold's ist der King des *meat-and-three*. Am besten schnappt man sich ein Tablett und mischt sich unter die Collegestudenten, Müllmänner und Country-Stars. Spezialität des Hauses sind saftige Roastbeef-Scheiben, gebratene grüne Tomaten, Maisbrot und leckerer Schokola-

denceremekuchen, der in großen Stücken serviert wird.

Monell's
SÜDSTAATENKÜCHE $$
(615-248-4747; www.monellstn.com; 1235 6th Ave N; All you can eat 13–19 US$; Mo 10.30–14, Di–Fr 10.30–14 & 17–20.30, Sa 8.30–15 & 17–20.30, So 8.30–16 Uhr) In einem alten Backsteinhaus gleich nördlich des District liegt das für seine bodenständige Südstaaten-Küche bekannte Monell's. Man bedient sich aus großen Schüsseln und von Platten direkt am Tisch – ein richtiges Abenteuer also, besonders beim Frühstück, wenn plattenweise Würstchen, Bacon, Beinschinken, in der Pfanne gebratenes Hähnchen, Maismehl, Maispudding, Bratäpfel und Bratkartoffeln aufgetragen werden. Dazu gibt's Körbe voller Kekse und süßer Zimtschnecken.

City House
MODERNE SÜDSTAATENKÜCHE $$$
(615-736-5838; www.cityhousenashville.com; 1222 4th Ave N; Hauptgerichte 15–24 US$; Mo & Mi–Sa 17–22, So bis 21 Uhr) Das nicht beschilderte Backsteingebäude in Nashvilles immer nobler werdendem Germantown erinnert im Innern an ein Lagerhaus und beherbergt eines der besten Restaurants der Stadt. Das Essen wird in einer offenen Küche zubereitet und ist eine gelungene Mischung aus italienischer und moderner Südstaaten-Küche.

Auf die Tische kommen würzige Grünkohlsalate, ein leckeres Tintenfischgericht mit Kichererbsen und Fenchel, Zwiebeln, Zitrone und Knoblauch sowie verschiedene kreative Pastagerichte, etwa Kaninchen-Rigatoni oder Gnocchi mit Blumenkohlragout. Zudem werden hier Würstchen und Salami selbst hergestellt, und die Cocktail- und Weinkarte kann sich auch sehen lassen. Unbedingt Platz im Magen für den Nachtisch lassen! Sonntagabends ist die Speiseauswahl etwas eingeschränkt.

Southern
BAR & GRILL $$$
(www.thesouthernnashville.com; 150 3rd Ave; Hauptgerichte mittags 11–15 US$, Hauptgerichte abends 14–48 US$; Mo–Do 7.30–22, Fr bis 24, Sa 10–24, So 10–22 Uhr) Ein neues Lokal im Herzen von Nashvilles Downtown mit einer guten Auswahl von Austern, die vom Cape Cod, aus dem Nordwesten der USA und von der Golfküste stammen. An der Bar aus Marmor wird handwerklich gebrautes Bier vom Fass ausgeschenkt, und in der offenen Küche werden leckere Gerichte zubereitet, vom Gourmet-Burger über Fisch-Tacos bis hin zum zweifach geräucherten Schwein-

kotelett und einer Vielzahl verschiedener Steaks.

Der Laden gehört zum neuen Viertel mit dem etwas eigenwilligen Namen SoBro. Echt abgefahren, Bro…!

West End

Fido
CAFÉ $
(www.fidocafe.com; 1812 21st S; Hauptgerichte 6–12 US$; 7–23 Uhr;) Eine Institution in Hillsboro, die für ihren exzellenten Kaffee und ihr tolles Frühstück, die günstigen Salate und Sandwiches, kreative Vorspeisen wie Käsemakkaroni mit grünem Chili, eine knusprige Tofu-Gemüsepfanne sowie den Blattsalat mit Kohl bekannt ist. Das große Café ist für gewöhnlich bis zum Bersten mit netten Menschen gefüllt.

Pancake Pantry
FRÜHSTÜCK $
(www.pancakepantry.com; 1796 21st Ave S; Hauptgerichte 7–11 US$; 6–15 Uhr) Seit über 50 Jahren stehen Gäste in dem beliebten Frühstückslokal für hoch aufgestapelte, in allen Varianten zubereitete Pfannkuchen Schlange. Besonders lecker ist die Süßkartoffel-Version.

Provence
BÄCKEREI, CAFÉ $
(www.provencebreads.com; 1705 21st Ave S; Hauptgerichte 7–11 US$; Mo–Fr 7–20, Sa bis 20, So bis 18 Uhr) Das Provence ist ein beliebtes Café in Hillsboro, in dem Brotliebhaber unbedingt vorbeischauen sollten, um sich ein frisch zubereitetes Sandwich mit Truthahn, Geflügelsalat oder Thunfisch als Belag zu genehmigen. Außerdem bekommt man hier italienische Omeletts, Salate, leckeres Gebäck und Arme Ritter mit Pfirsichkompott. Zum Essen schnappt man sich einen Tisch im hellen Speisebereich. Vor allem zur Mittagszeit sehr beliebt!

Tin Angel
MODERN-AMERIKANISCH $$
(615-298-3444; www.tinangel.net; 3201 West End Ave; Hauptgerichte 14–22 US$; Mo–Fr 11–22, Sa 17–22, So 11–15 Uhr) Ein unprätentiöses Bistro in West End, das besonders bei Angestellten in der Mittagspause beliebt ist und gute neu-amerikanische Gerichte serviert. Im dezent beleuchteten, in dunklem Holz gehaltenen Speiseraum werden Gerichte wie geräuchertes Schweinerückensteak, vegetarische Moussaka, Entenbrust in Bourbon mit Ahorngeschmack sowie köstliche Vorspeisensalate serviert. Da ist für wirklich jeden etwas dabei. Das einzige, woran man sich stören könnte, ist die entspannte Jazz-

FRANKLIN

Etwa 20 Meilen (32 km) südlich von Nashville liegt abseits der I-65 das historische Städtchen **Franklin** (www.historicfranklin.com) mit seinem reizenden Zentrum und einigen hübschen B&Bs. Hier fand außerdem eine der blutigsten Schlachten des Bürgerkriegs statt. Am 30. November 1864 kämpften 37 000 Männer (20 000 Soldaten der Konföderiertentruppen und 17 000 Soldaten der Unionstruppen) um ein 1,5 km langes Stück Land vor den Toren Franklins. Durch die Ausdehnung Nashvilles wurde der Großteil des Schlachtfeldes von den städtischen Vororten geschluckt, mit dem **Carter House** (☑ 615-791-1861; www.carter-house.org; 1140 Columbia Ave, Franklin; Erw./Senior/Kind 8/7/4 US$; ☺ Mo–Sa 9–17, So 13–17 Uhr; 🚹 👶) ist jedoch ein 3,2 ha großes Areal aus der Schlacht von Franklin erhalten geblieben. Am Haus sind immer noch um die 1000 Einschusslöcher zu sehen. Bevor man Franklin wieder verlässt, lohnt sich ein Stopp in **Puckett's Grocery** (www.puckettsgrocery.com; 120 4th Ave S, Franklin; Hauptgerichte 10–20 US$; ☺ Mo 7–15, Di–Sa bis 21, So bis 19 Uhr), wo es leckere Sandwiches mit gebratenem Wels und Bluegrass-Musik gibt.

Musik im Hintergrund. Dies ist schließlich Nashville!

Tavern
GASTHAUS $$

(www.mstreetnashville.com; 1904 Broadway; Hauptgerichte 9–22 US$; ☺ Mo–Do 11–1, Fr bis 3, Sa 10–3, So bis 1 Uhr) In diesem Gasthaus in der Music Row bekommt man so ziemlich alles und das auch noch zu erschwinglichen Preisen: thailändischen Cobb Salad, Artischocken vom Holzkohlegrill, Fleischpasteten nach australischem Vorbild, Steak und Meeresfrüchte. Es gibt auch eine gute Whiskey-Karte. Das nette, minimalistische Interieur ist mit kleinen Nischen, Ziegelsteinwänden und eingebauten Bücherregalen gestaltet.

 Ausgehen & Nachtleben

Nashvilles Nachtleben würde auch einer dreimal so großen Stadt zur Ehre gereichen. Es dürfte schwer sein, eine Location zu finden, in der es keine Livemusik auf die Ohren gibt. Ob Collegestudenten, Partygänger, dänische Backpacker oder Tagungsteilnehmer – sie alle machen das Stadtzentrum unsicher, wo der unter Neonlichtern funkelnde Broadway wie Las Vegas im Country-Stil wirkt. In den Bars und Veranstaltungsorten westlich und südlich von Downtown tummeln sich eher Einheimische. Viele Bars findet man im Umkreis der Vanderbilt University. Sperrstunde ist um 3 Uhr.

3 Crow Bar
BAR

(www.3crowbar.com; 1024 Woodland St; ☺ 11–3 Uhr; 🐾) Eine spelunkenhafte, höhlenartige Bar in einem aus Betonziegeln errichteten Gebäude in Five Points, dessen Fenster irgendwie an die einer Autowerkstatt erin-

nern. Drinnen gibt's mehrere Tische und viel Platz an der Bar. Die 3 Crow Bar ist einer dieser Läden, in denen man sich zurücklehnen und einige Minuten – wenn nicht sogar Stunden – vollkommen entspannen kann. Zu den Gästen zählen vor allem junge Einheimischen. Es gibt auch einen tollen Hinterhof.

Whiskey Kitchen
PUB

(www.whiskeykitchen.com; 118 12th Ave S) In Gulch, einem aufstrebenden Stadtteil mit renovierten Lagerhäusern nahe Downtown, serviert das Personal dieses Gasthauses moderne Südstaatenküche. Wer mag, kann auch etwas von der endlos langen Whiskey-Karte wählen. Klar, dass es hier eher eine gehobenere Klientel herzieht.

Bongo Java
KAFFEEHAUS

(www.bongojava.com; 107 S 11th St; ☺ Mo–Fr 6.30–18, Sa & So ab 7.30 Uhr) Ein unprätentiöser Treffpunkt für Hipster, melancholische Gothic-Girls mit Netzstrümpfen und seriöse Denker/Schriftsteller/Surfer, die auf der schattigen Terrasse oder im höhlenartigen Innern über ihren Laptops sitzen. Der Kaffee wird hier frisch geröstet und auch eingetütet. Robert Plant, der Leadsänger von Led Zeppelin, holte sich im Bongo Java früher immer seine Portion Koffein, wenn er in der Stadt war.

Rebar
BAR

(www.rebarnashville.com; 1919 Division St; ☺ Mo–Fr 14–3, Sa & So ab 11 Uhr) Ein altes Backsteingebäude beherbergt diesen Laden mit seiner hübschen, gefliesten Bar, der niedrigen Decke und einer großen, betonierten Terrasse. Über die Flachbild-TVs flimmern ununterbrochen Ballspiele jeglicher Art. Die Bar ist besonders bei den Einwohnern der Midtown beliebt, die sich tagsüber schon ein Gläschen genehmigen wollen. Das mag auch an der täglichen Happy Hour von 14 bis 19 Uhr liegen, während der man zwei Drinks für den Preis von einem bekommt.

Soulshine
PUB

(www.soulshinepizza.com; 1907 Division St; ⊙ So–Do 11–1, Fr & Sa bis 2 Uhr) In einem zweistöckigen Backsteinbau mit Betonfußböden ist diese Mischung aus Pub und Pizzeria in der Midtown untergebracht. Am Wochenende rocken abends Bands die Dachterrasse.

☆ Unterhaltung

In Nashville gibt es beispiellos viele Möglichkeiten, Livemusik zu hören. Da wären einerseits natürlich die großen Veranstaltungsorte, aber viele talentierte Country-, Folk-, Bluegrass-, Südstaatenrock- und Blues-Musiker spielen für ein Trinkgeld auch gerne in verrauchten Kneipen, Collegebars, Kaffeehäusern und Biocafés. Zwischen Montag und Freitag bezahlt man oft keinen Eintritt.

★ Station Inn
BLUEGRASS

(☎615-255-3307; www.stationinn.com; 402 12th Ave S; ⊙ Open Mic 19 Uhr, Live Bands 21 Uhr) Hier steht auf dem abgewetzten Holzfußboden und erleuchtet von Scheinwerfern und Neonschildern eine Reihe kleiner Tische dicht an dicht. Bei einem Glas Bier (es gibt keinen anderen Alkohol) kann man die blitzschnellen Finger von Bluegrass-Musikern bewundern. Dabei kommen Kontrabass, Banjo, Mandoline, Fiedel und sogar noch etwas Jodelkunst zum Einsatz.

Bluebird Cafe
CLUB

(☎615-383-1461; www.bluebirdcafe.com; 4104 Hillsboro Rd; Eintritt frei–15 US$; ⊙ Shows 18.30 & 21.30 Uhr) Auch wenn der Club in einer Einkaufsstraße im Vorort South Nashville liegt, sind auf seiner winzigen Bühne schon einige der besten traditionellen Liedermacher des Landes aufgetreten, darunter Steve Earle, Emmylou Harris und die Cowboy Junkies. Das Bluebird diente zudem als Kulisse für die beliebte Fernsehserie *Nashville*. Montags kann jeder, der will, bei den Open-Mike-Abenden sein eigenes Talent unter Beweis stellen.

Es können keine Tische reserviert werden, deshalb sollte man mindestens eine Stunde vor dem Beginn der Show auftau-chen. Wer sich während der Shows unterhält, wird rausgeschmissen.

Tootsie's Orchid Lounge
KNEIPE

(☎615-726-7937; www.tootsies.net; 422 Broadway; ⊙ 10 Uhr–open end) GRATIS In der allseits hoch geschätzten Kneipe in Downtown herrscht immer eine feuchtfröhlich-ausgelassene Tanzstimmung. In den 1960er-Jahren kurbelte Clubbesitzerin und Kneipenmutter „Tootsie" Bess die beginnende Karriere von Willie Nelson, Kris Kristofferson und Waylon Jennings an.

Auch heute spielen noch bislang unbekannte Musiker auf den beiden winzigen Bühnen, nicht selten kommen aber auch große Stars auf spontane Jam-Sessions vorbei.

Grand Ole Opry
MUSICALS

(☎615-871-6779; www.opry.com; 2802 Opryland Dr; Erw. 28–88 US$, Kind 18–53 US$) Die ganze Woche über kann man hier eine Reihe von Country-Musik-Events erleben. Eine Pflichtveranstaltung ist aber das *Grand Ole Opry*, eine aufwendige Show, die immer dienstag-, freitag- und samstagabends dem klassischen Nashville-Country Tribut zollt. Von November bis Februar finden die Shows im Ryman statt.

Robert's Western World
KNEIPE

(www.robertswesternworld.com; 416 Broadway; ⊙ 11–2 Uhr) GRATIS Das schon lange existierende Robert's ist in der Gegend sehr beliebt und versorgt seine Gäste mit Stiefeln, Bier und Burgern. Musik wird von etwa 11 Uhr bis tief in die Nacht hinein gespielt. Am Wochenende heizt die hauseigene Band Brazilbilly ab 22 Uhr kräftig ein. Vor 22 Uhr haben hier Groß und Klein Zutritt, danach wird streng darauf geachtet, dass die Gäste mindestens 21 Jahre alt sind.

Ryman Auditorium
KONZERTHALLE

(☎ Info 615-889-3060, Tickets 615-458-8700; www.ryman.com; 116 5th Ave) Eine ausgezeichnete Akustik, der historische Charme und die vielen Sitzplätze sichern dem Ryman nach wie vor den Status einer der wichtigsten Veranstaltungsstätten der Stadt. Nicht selten treten hier bekannte Künstler auf. Im Winter kehrt für einige Monate die *Opry* zurück.

Belcourt
KINO

(www.belcourt.org; 2012 Belcourt Ave; Kind/Erw. 7,25/9,25 US$; ⊙ wechselnde Öffnungszeiten) Ein süßes Programmkino mit den neuesten Independent-Filmen und jeder Menge alter

SCENIC DRIVE: NATCHEZ TRACE PARKWAY

Ungefähr 25 Meilen (40 km) südwestlich von Nashville stößt man abseits des Hwy 100 auf den **Natchez Trace Pkwy**, der über 444 Meilen (714 km) in südwestlicher Richtung nach Natchez in Mississippi führt. Der hiesige nördliche Abschnitt ist einer der schönsten der gesamten Strecke – nicht zuletzt wegen der Bäume, die ein Blätterdach über die gewundene Straße spannen. An der Strecke gibt's drei einfache Campingplätze, auf denen man kostenlos übernachten kann, sofern etwas frei ist (Reservierung nicht möglich). Ein Halt am **Loveless Cafe** (☑ 615-646-9700; www.lovelesscafe.com; 8400 Hwy 100, Nashville, TN 37221) nahe dem Anfang des Parkway, einem Rasthaus aus den 1950er-Jahren, lohnt sich: Das Wahrzeichen ist berühmt für seine Kekse mit hausgemachter Marmelade, Landschinken und gewaltige Portionen Brathähnchen nach Südstaatenart.

Klassiker. In dem historischen Kinosaal werden manchmal auch Livekonzerte gespielt.

Nashville Symphony SINFONIE

(☑ 615-687-6500; www.nasvillesymphony.org; 1 Symphony Pl) Hier treten große Maestros, das Sinfonieorchester der Stadt sowie bekannte Popstars von Randy Travis bis Smokey Robinson auf. Das Gebäude, die Schermerhorn Symphony Hall, ist zwar brandneu, versprüht aber einen herrlich antiquierten Charme.

LP Field FOOTBALL

(☑ 615-565-4200; www.titansonline.com; 1 Titans Way; Ticketpreise variieren; ☺ Spiele Sept.–Dez.) Die Tennessee Titans spielen in der National Football League und tragen hier ihre Heimspiele aus. Aus Downtown kommt man über eine Fußgängerbrücke über den Cumberland River dorthin.

🛍 Shoppen

Auf dem Broadway gibt es jede Menge Plattenläden, Geschäfte für Cowboystiefel und Souvenirstände. Das Viertel 12th Ave South ist die richtige Adresse für trendige Boutiquen und Vintage-Läden.

⭐ Hatch Show Print KUNST, SOUVENIRS

(www.hatchshowprint.com; 316 Broadway; ☺ Mo–Fr 9–17, Sa ab 10 Uhr) Das Hatch ist eine der ältesten Druckereien des Landes. Seit den frühen Vaudeville-Veranstaltungen verwendet es für seine berühmten farbenfrohen Plakate altmodische, von Hand gefertigte Druckstöcke. Es hat schon für fast jeden Country-Star Werbedrucke und Plakate hergestellt und ist immer noch im Geschäft.

Wer keinen persönlichen Druckauftrag mitbringt, kann auch Nachdrucke von originalen Werbeplakaten für Louis Armstrong, Patsy Cline, Hank Williams und Bill Monroe kaufen.

Third Man Records MUSIK

(www.thirdmanrecords.com; 623 7th Ave S; ☺ Mo–Sa 10–18, So 13–16 Uhr) In einem letzten verbliebenen Industriegebiet in der Altstadt findet sich Jack Whites Boutique-Plattenlabel samt Laden und sogar eigener Vinylpresse. Verkauft werden hier ausschließlich Third-Man-Aufnahmen auf Vinyl oder auf CD, T-Shirts für Sammler, Aufkleber und Kopfhörer sowie die eigenen Spinerette-Plattenspieler. Auch alte Aufnahmen der White Stripes und neuere Aufnahmen von den Raconteurs sind hier zu finden.

Einmal im Monat gibt's im **Blue Room** des Studios Liveshows. Sie sind meist öffentlich und kosten um die 10 US$ Eintritt, werden aber erst zwei Wochen im Voraus angekündigt. Die Shows werden nicht selten als Limited Edition auf Vinyl herausgebracht und im Laden verkauft wie der Auftritt von Jerry Lee Lewis.

Boot Country STIEFEL

(www.facebook.com/bootcountrynashville; 304 Broadway; ☺ Mo–Do 10–22.30, Fr & Sa bis 23, So 11–19.30 Uhr) Wer auf Leder steht, bekommt hier sicher die passenden Stiefel: ob sexy oder seriös, ob extravagant oder schlicht, ob abgetragen und abgewetzt oder poliert und glänzend. Zu jedem Paar gibt's – unglaublich aber wahr – zwei weitere Paare kostenlos dazu.

Two Old Hippies BEKLEIDUNG, MUSIK

(www.twooldhippies.com; 401 12th Ave S) Das gibt es nur in Nashville: Dieser Laden, der gehobene Retro-Bekleidung anbietet, verfügt nebenher auch noch über eine Bühne, auf der regelmäßig hochwertige Liveshows dargebracht werden. Wie der Name schon vermuten lässt, wird hier vorwiegend „countryfizierter" Hippie-Rock gespielt. Im Laden selbst werden besonderer Schmuck, Tops, hervorragende Gürtel und eine unglückselige Sammlung von Männerhandtaschen verkauft.

Ach ja, und Lederjacken für schlappe 2000 US$ (darunter eine Kopie der mit Perlen bestickten Jacke, die Jimmie Hendrix in Woodstock trug) und hochwertige Gitarren gibt's auch. Der Laden befindet sich in Gulchs Einkaufszentrum.

A Thousand Faces   GESCHENKE
(www.athousandfaces.com; 1720 21st Ave S; ⊘ Mo–Do 10–18, Fr & Sa bis 19, So bis 17 Uhr) Eine nette Geschenkboutique, die auf handgemachte Keramiken, exquisiten Silberschmuck und interessante Kunstwerke spezialisiert ist. Die faszinierende Gitarre muss man einfach gesehen haben.

Ernest Tubb   PLATTEN
(www.etrecordshop.com; 417 Broadway) Der Laden mit der riesigen Neongitarre ist die beste Adresse für Country- und Bluegrass-Platten und hat lange Öffnungszeiten.

Parnassus Books   BÜCHER
(www.parnassusbooks.net; 3900 Hillsboro Pike; ⊘ Mo–Sa 10–20, So 12–17 Uhr) Anne Patchetts Parnassus Books ist wohl eine der berühmtesten unabhängigen Buchhandlungen in ganz Amerika. In den hellen Geschäftsräumen werden zudem Sonderveranstaltungen sowie Lesungen und Autogrammstunden abgehalten. Außerdem werden hiesige Schriftsteller unterstützt und sogar E-Books verkauft.

Gruhn Guitars   MUSIK
(www.gruhn.com; 400 Broadway; ⊘ Mo–Fr 9.30–17.30, Sa bis 14.30 Uhr) Renommiertes Geschäft für Musikinstrumente mit fachkundigem Personal. Jeden Moment kann hier ein unauffälliger Virtuose hereinspazieren, sich eine Gitarre, eine Mandoline oder ein Banjo schnappen und drauflosklampfen.

Pangaea   GESCHENKE
(www.pangaeanashville.com; 1721 21st Ave S; ⊘ Mo–Do 10–18, Fr & Sa bis 21, So 12–17 Uhr) Der coolste Shop Nashvilles, in dem man perlenbesetzte Gürtel und verrückte Schals, abgefahrene Hüte und Sommerkleider bekommt, ganz zu schweigen von der dreifach gemahlenen Seife, den Streichholzständern mit Bildern von Frida Kahlo, den beeindruckenden Spiegeln und den Leuchten, die allesamt antiquierten Charme versprühen – ebenso wie dem Holzfußboden. Hier kann man sich seine Dröhnung wohlriechender, gutgelaunter Boheme abholen.

ⓘ Praktische Informationen

In der Downtown und im Centennial Park gibt es kostenloses WLAN, ebenso in fast allen Hotels sowie vielen Restaurants und Cafés.

InsideOut (www.insideoutnashville.com) Das Wochenblatt informiert über die hiesige Schwulen- und Lesbenszene.

Nashville Scene (www.nashvillescene.com) Kostenloses alternatives Wochenblatt mit Infos zum Unterhaltungsangebot.

Nashville Visitors Information Center (☐ 800-657-6910, 615-259-4747; www.visit-mu siccity.com; 501 Broadway, Sommet Center; ⊘ 8.30–17.30 Uhr) Im Glasturm; bietet kostenlose Stadtpläne und gute Online-Infos.

Öffentliche Bibliothek (www.library.nashville. org; 615 Church St) Kostenloser Internetzugang.

Polizei (☐ 615-862-8600; 310 1st Ave S)

Post (1718 Church St)

Tennessean (www.tennessean.com) Lokale Tageszeitung.

Vanderbilt University Medical Center (☐ 615-322-5000; 1211 22nd Ave S)

ⓘ Anreise & Unterwegs vor Ort

Der **Nashville International Airport** (BNS; ☐ 615-275-1675; www.nashintl.com), 8 Meilen (13 km) östlich der Stadt, ist kein wichtiger Verkehrsknotenpunkt. Bus 18 von der **Metropolitan Transit Authority** (MTA; www.nashvillemta. org; Ticket 1,70–2,25 US$) verbindet den Flughafen mit der Downtown; der **Gray Line Airport Express** (www.graylinenashville.com; einfache Strecke/hin & zurück 12/20 US$; ⊘ 5–23 Uhr) fährt alle großen Hotels im Zentrum und in West End an. Taxis bringen einen gegen einen Fixpreis von 25 US$ nach Downtown oder auch nach Opryland.

Greyhound (www.greyhound.com; 709 5th Ave S) befindet sich in Downtown. Die **MTA** betreibt Stadtbusse ab **Music City Central** (400 Charlotte Ave). Zum Music Valley fahren Express-Busse.

Östliches Tennessee

Dolly Parton, die berühmteste Persönlichkeit aus dem Osten Tennessees, liebt ihre Heimatregion so sehr, dass sie einst Lieder über junge Frauen schrieb, die für den falschen Glanz der Großstadt die nach Heckenkirschen duftenden Smoky Mountains verlassen haben und das am Ende immer bereuen. Das Glück war ihr hold – sie machte damit Karriere.

Das östliche Drittel des Bundesstaats ist eine überwiegend ländliche Region mit kleinen Ortschaften, sanften Hügeln und Fluss-tälern. Hier fühlt man sich dank der freundlichen Leute, des herzhaften Essens und des ländlichen Charmes wie zu Hause.

In den üppigen, mit Heidekraut bewachsenen Great Smoky Mountains lässt es sich prima wandern, campen und raften. Die beiden wichtigsten städtischen Regionen, Knoxville und Chattanooga, sind entspannte Ortschaften am Fluss mit vielen munteren Studenten und einer spannenden Musikszene.

Chattanooga

In den 1960er-Jahren genoss Chattanooga den zweifelhaften Ruf, die „schmutzigste Stadt Amerikas" zu sein. Heute gilt die Stadt als eine der grünsten des Landes, denn sie verfügt über kilometerlange, viel genutzte Uferwege, Busse mit Elektroantrieb und Fußgängerbrücken über den Tennessee River. Darüber hinaus bietet sie erstklassige Möglichkeiten zum Klettern, Wandern, Radfahren und für Wassersport, was sie zu einem der besten Destinationen für Outdoor-Fans in den Südstaaten macht.

Im 19. und 20. Jh. war die Stadt ein wichtiger Knotenpunkt des Schienenverkehrs, daher der Begriff „Chattanooga Choo-Choo", der ursprünglich den Personenzug der Cincinnati Southern Railroad von Cincinnati nach Chattanooga bezeichnete und später als Titel eines weltberühmten Songs von Glen Miller herhalten musste. Die Innenstadt ist problemlos zu Fuß zu erkunden und ist ein zunehmend nobler werdendes Labyrinth aus historischen Stein- und Backsteingebäuden mit einigen hervorragenden Gourmetrestaurants. Chattanooga hat durchaus seine liebenswerten Seiten.

◎ Sehenswertes & Aktivitäten

Der **Coolidge Park** ist ein guter Ausgangspunkt für einen Spaziergang am Fluss. Es gibt ein Karussell, viel genutzte Sportplätze und eine 15 m hohe Kletterwand, die an einem Pfeiler der **Walnut Street Bridge** angebracht ist. Unmittelbar neben dem Park hat die Stadt Gabione (mit Steinen gefüllte Drahtkörbe) errichtet, um die Regeneration des Feuchtgebiets zu fördern und mehr Vögel anzuziehen. Beim Spaziergang zum Rande der coolen, etwas erhöht stehenden Stege, die ins Sumpfland hineinragen, kann man vielleicht einige von Letzteren zu Gesicht bekommen. Der viel größere **Tennessee River Park** ist ein fast 13 km langer, auf verschiedenste Weise genutzter Grünzug, der von der Downtown durch die Amincola Marsh und entlang dem South Chickamauga Creek verläuft. Es ist geplant, ihn auf sage und schreibe 35 km auszubauen.

Tennessee Aquarium   AQUARIUM
(www.tnaqua.org; 1 Broad St; Erw./Kind 25/15 US$; ◎ 10–20 Uhr, letzter Einlass 18 Uhr; 🚻) Die Glaspyramide, die auf den Klippen am Ufer thront, beherbergt das weltweit größte Süßwasseraquarium. Mit dem Hochgeschwindigkeitskatamaran des Aquariums kann man eine zweistündige Fahrt durch die Tennessee River Gorge unternehmen (Erw./Kind 29/22 US$).

Hunter Museum of American Art   GALERIE
(www.huntermuseum.org; 10 Bluff View; Erw./Kind 10/5 US$, 1. So im Monat frei; ◎ Mo, Di, Fr & Sa 10–17, Do bis 20, Mi & So 12–17 Uhr) Östlich des Aquariums liegt ebenfalls auf den Klippen das nicht weniger eindrucksvolle Gebäude aus Glas und Stahl, das die vielleicht bemerkenswerteste architektonische Errungenschaft Tennessees ist. Die Kunstsammlung mit Werken aus dem 19. und 20. Jh. ist übrigens auch fantastisch.

Lookout Mountain   OUTDOOR-AKTIVITÄTEN
(www.lookoutmountain.com; 827 East Brow Rd; Erw./Kind 48/25 US$; ◎ wechselnde Öffnungszeiten; 🚻) Einige der ältesten und beliebtesten Attraktionen Chattanoogas befinden sich 6 Meilen (9,6 km) außerhalb der Stadt. Im Eintrittspreis enthalten sind die Fahrt mit der **Incline Railway**, die einen Steilhang hinauf zur Spitze des Berges tuckert, der weltweit höchste unterirdische Wasserfall, die **Ruby Falls**, sowie **Rock City**, ein Garten mit einer Felsklippe, von der aus man einen atemberaubenden Ausblick hat.

Der Berg ist außerdem bei Gleitschirmfliegern sehr beliebt. Mutige, aufgepasst: Tandemflüge werden im **Lookout Mountain Flight Park** (☑ 800-688-5637; www.hanglide.com; 7201 Scenic Hwy; Schnupper-Tandemflug 149 US$) angeboten.

Outdoor Chattanooga   OUTDOOR-AKTIVITÄTEN
(☑ 423-643-6888; www.outdoorchattanooga.com; 200 River St) Diese städtische Agentur für Freizeitaktivitäten hat eine gute Website mit Informationen zu Outdoor-Aktivitäten sowie Wandertipps. Wer einfach so im Büro vorbeischaut, wird allerdings enttäuscht werden: Spontane Tipps gibt's hier eher nicht. Manchmal werden geführte Touren angeboten.

BONNAROO

Auch nach zwölf Jahren rockt dieses Musikfestival noch gewaltig. Das **Bonnaroo** (www.bonnaroo.com; Manchester, TN; ☺ Mitte Juni) gehört zu den besten Musikfestivals Amerikas und wird auf einem 283 ha großen Bauernhof veranstaltet, der 40 Meilen (64 km) nordwestlich von Chattanooga und 60 Meilen (96 km) südöstlich von Nashville liegt. Die Mischung aus Musik, Camping und Kunst fördert das Gemeinschaftsgefühl, eindeutiges Highlight ist aber natürlich die Musik. Im Jahr 2013 gab es an vier herrlich energiegeladenen Tagen 150 Vorführungen auf zehn verschiedenen Bühnen, mit Stars wie Paul McCartney, David Byrne, Jack Johnson, dem Wu-Tang Clan, The National, Edward Sharpe & The Magnetic Zeroes, Tom Petty und Björk.

🛏 Schlafen & Essen

Rund um die I-24 und die I-75 finden sich zahlreiche Budgetmotels.

★ Stone Fort Inn   BOUTIQUEHOTEL $$

(☎ 423-267-7866; www.stonefortinn.com; 120 E 10th St; Zi. ab 135–155 US$; P ✳ 🛜) Die Zimmer in diesem historischen Hotel, das zum Zeitpunkt der Recherche gerade renoviert wurde, sind mit Flachbild-TVs, Whirlpool und neuen sanitären Einrichtungen ausgestattet. Sie haben außerdem hohe Decken und eine auf alt getrimmte Ausstattung. Der Service ist sensationell. Im Restaurant im Appalachenstil werden nur frische Zutaten von Höfen aus der Region verwendet; es ist aktuell die angesagteste Adresse im Ort. Einige der Matratzen sind schon etwas durchgelegen.

Sheraton Read House   HOTEL $$

(☎ 423-266-4121; www.sheratonreadhouse.com; 827 Broad St; Zi. ab 149 US$; P ✳ 🛜) Dies ist das ansprechendste Kettenhotel der Stadt und gleichzeitig das einzige, das sich mitten im Stadtzentrum befindet (die meisten stehen am nördlichen Stadtrand nahe dem Fluss). Die Zimmer in diesem historischen Gebäude von 1926 sind sauber und nicht zu klein, haben hohe Decken, hübsche Deckenleisten, Schreibtische aus Holz und Flachbild-TVs. Das Haus liegt in fußläufiger Entfernung zu den besten Restaurants und zum Ufer. Parken kostet 15 US$.

Chattanooga Choo-Choo   HOTEL $$

(☎ 423-308-2440; www.choochoo.com; 1400 Market St; Zi./Eisenbahnwaggon ab 133 US$; P ✳ @ 🛜 🏊) Der 100 Jahre alte, großartige Bahnhof der Stadt wurde in ein geschäftiges Hotel verwandelt, das sogar 48 authentische viktorianische Eisenbahnwaggons als Zimmer anbietet. Außerdem gibt es eine Retro-Bar im Stil des Gilded Age (der Zeit des wirtschaftlichen Aufschwungs in den USA nach der Reconstruction) sowie einen beeindruckenden Säulengang in der Lobby. Die Standardzimmer und Suiten im separaten Gebäude sind nichts Besonderes.

★ Public House   MODERN-AMERIKANISCH $$

(☎ 423-266-3366; www.publichousechattanooga.com; 1110 Market St; Hauptgerichte 9–22 US$; ☺ Mo–Do 17–21, Fr & Sa bis 22 Uhr) Eine recht schicke Mischung aus Pub und Restaurant in einem Viertel mit renovierten Lagerhäusern. Die hauseigene Bar **Social** ist in einem dunklen, freundlichen Backsteinhaus untergebracht, der helle und gemütliche Speisesaal ist mit Gardinen verkleidet, und in beiden Locations werden köstliche, hochwertige Gerichte serviert.

Auf der Speisekarte finden sich Entenconfit mit Rotkohl, gegrillte Schweinelende mit Apfel-Chutney oder sautierte Forelle mit Blumenkohl und eingelegten Tomaten.

St. John's Meeting Place   MODERN-AMERIKANISCH $$$

(☎ 423-266-4400; www.stjohnsrestaurant.com; 1278 Market St; Hauptgerichte 28–36 US$; ☺ Mo–Do 17–21.30, Fr & Sa bis 22 Uhr) Am südlichen Ende der Innenstadt beschreitet ein weiteres Restaurant neue kreative Wege. Es gilt als die beste Adresse in Chattanooga. Der Boden mit schwarzen Granitplatten, Kronleuchtern aus schwarzem Glas und Wandbehänge verleihen dem Lokal ein modernes, elegantes Ambiente. Die Zutaten für die Gerichte stammen sämtlich von Bauernhöfen aus der Umgebung. Auf der Speisekarte finden sich Hauptgerichte mit Schweinefleisch, Antilope, Lamm, Rinderrippchen sowie Ente.

ℹ Anreise & Unterwegs vor Ort

Chattanoogas kleiner **Flughafen** (CHA; ☎ 423-855-2202; www.chattairport.com; 1001 Airport Rd) liegt unmittelbar östlich der Stadt. Der **Greyhound-Bahnhof** (960 Airport Rd) liegt auch nicht weit entfernt an derselben Straße. Mit den kostenlosen **Elektrobussen** in der Innenstadt erreicht man die meisten interessanten Ziele. Im **Visitor Center** (☎ 800-322-3344, 423-756-8687; www.chattanoogafun.com; 215 Broad St; ☺ 8.30–17.30 Uhr) gibt's einen Streckenplan. Wer gerne auch mal in die Pedale tritt, registriert sich online und kann dann **Bike Chattanooga** (www.bikechattanooga.com) nutzen, ein von der Stadt gefördertes Fahrradverleihsystem. Die Räder stehen an 31 Stationen in der ganzen Stadt verteilt. Wenn man den Drahtesel nicht länger als 60 Minuten braucht, ist der Verleih kostenlos.

Knoxville

Wegen seiner vielen Textilfabriken war Knoxville einst als „Welthauptstadt der Unterwäsche" bekannt. Heute ist es der Standort der University of Tennessee. Den **Market Square** in der Innenstadt säumen kunstvoll verzierte, leicht baufällige Gebäude aus dem 19. Jh. sowie hübsche Straßencafés mit Schatten spendenden Birnbäumen. Das beste Nachtleben steigt in **Old Town**, einem künstlerisch angehauchten Stadtviertel mit renovierten Lagerhäusern rund um die Gay St.

Der Blickpunkt der Stadt ist die **Sunsphere** (☎ 865-251-6860; World's Fair Park, 810 Clinch Ave; ☺ April–Okt. 9–22 Uhr, Nov.–März 11–18 Uhr). Die auf einem Turm thronende goldene Kugel ist das wichtigste Überbleibsel der Weltausstellung von 1982. Ein Aufzug fährt hinauf zur (meist menschenleeren) Aussichtsplattform mit Panoramablick auf Knoxville und einer altmodischen Ausstellung zu den Bürgertugenden der Stadtbewohner. Unübersehbar ist auch der massive, orangefarbene Basketball, der die **Women's Basketball Hall of Fame** (www.wbhof.com; 700 Hall of Fame Dr; Erw./Kind 8/6 US$; ☺ Sommer Mo–Sa 10–17 Uhr, Winter Di–Sa 11–17 Uhr) kennzeichnet. Dort bekommt man einen Einblick in die Geschichte des Sports, angefangen bei der Zeit, als Frauen noch in langen Kleidern spielen mussten.

Ein leckeres Abendessen bekommt man im **Tupelo Honey Cafe** (www.tupelohoneycafe. com; 1 Market Sq; Hauptgerichte 9–19 US$; ☺ Mo–Do 9–22, Fr bis 23, Sa 8–23, So bis 21 Uhr), einem belebten, vielseitigen Lokal auf dem Market Sq. Hier stehen mit Chorizo ummantelte Jakobsmuscheln, Pulled Pork mit Jalapeño-BBQ-Sauce sowie Shrimps mit Maisgrütze und Ziegenkäse auf der Speisekarte. Auch eine Reihe vegetarischer Gerichte ist im Angebot. Die stilvollste Unterkunft in Knoxville ist wahrscheinlich das **Oliver Hotel** (☎ 865-521-0050; www.theoliverhotel.com; 407 Union Ave; Zi. ab 145 US$).

Great Smoky Mountains National Park

Die Cherokee nannten dieses Gebiet Shaconage (ausgesprochen „sha-*kaun*-a-dschei"), was soviel bedeutet wie „Land des blauen Rauches". Der Name rührt von dem lilafarbenen Nebel her, der über den uralten Gipfeln liegt. Die südlichen Appalachen gehören zu den ältesten Gebirgszügen der Welt. Kühler, feuchter Laubwald erstreckt sich über viele Quadratkilometer.

Der 2110 km^2 große **Park** (www.nps.gov/grsm) GRATIS ist der meistbesuchte Park des Landes. Zwar können die wichtigsten Verkehrswege und Attraktionen überlaufen sein, doch laut Statistik entfernen sich 95 % aller Besucher kaum mehr als 100 m von ihren Autos. Man kann den Menschenmassen also problemlos entkommen. Tennessee und North Carolina teilen sich den Park.

Anders als für viele andere Nationalparks muss man für den Great Smoky keinen Eintritt zahlen. In den Visitor Centers bekommt man eine Karte des Parks sowie den kostenlosen *Smokies Guide*. Die beliebteste Sehenswürdigkeit des Parks sind die Überreste einer Siedlung aus dem 19. Jh. in **Cades Cove** – was durch das nervenaufreibende Verkehrsaufkommen auf der Rundstraße im Sommer bestätigt wird.

Am **Mt. LeConte** gibt's grandiose Wanderwege. Dort steht auch die **LeConte Lodge** (☎ 865-429-5704; www.lecontelodge.com; Hütte pro Pers. Erw./Kind 4–12 Jahre 126/85 US$), die einzige Unterkunft des Parks (abgesehen von den Campingmöglichkeiten). Die rustikalen Hütten ohne Stromanschluss erreicht man allerdings nur nach einem 13 km langen Marsch bergauf. Zudem sind sie so begehrt, dass man bis zu einem Jahr im Voraus reservieren muss. Mit dem Auto direkt zu erreichen ist hingegen der schwindelerregende **Clingmans Dome**, der dritthöchste Berg östlich von Mississippi, auf dem ein futuristischer Aussichtsturm steht.

Bei zehn erschlossenen Campingplätzen mit rund 1000 Stellplätzen würde man vermuten, dass sich immer ein Plätzchen für ein Zelt finden ließe. Nicht so in der betriebsamen Sommersaison, weshalb sich das Vorausplanen lohnt. Für manche Campingplätze werden **Reservierungen** (☎ 800-365-2267; www.nps.gov/grsm; Stellplatz Zelt 14–23 US$/Nacht) entgegengenommen; bei anderen gilt: Wer zuerst kommt, mahlt zuerst. Die Campingplätze Cades Cove und

Smokemont sind das ganze Jahr über geöffnet, die anderen hingegen nur von März bis Oktober.

Eine tolle Option ist das **Wildcampen** (☑ Reservierungen 865-436-1231; www.nps.gov/grsm/planyourvisit/backcountry-camping.htm; 4 US$/Nacht), für das man jedoch eine Genehmigung braucht. Für Reservierungen und Genehmigungen wendet man sich an die Rangerstationen und Visitor Centers.

ⓘ Praktische Informationen

Im Park gibt's drei Visitor Centers: das **Sugarlands Visitor Center** (☑ 865-436-1291; www.nps.gov/grsm; ☉ Juni–Aug. 8–19 Uhr, Sept.–Mai wechselnde Öffnungszeiten) am Nordeingang des Parks nahe Gatlinburg, das **Cades Cove Visitor Center** (☑ 877-444-6777; ☉ April–Aug. 9–19 Uhr, Sept.–März früher) nach der Abzweigung vom Hwy 441 auf halber Strecke der Cades Cove Loop Rd in der Nähe des Eingangs in Gatlinburg sowie das Oconaluftee Visitor Center (S. 379) am südlichen Eingang des Parks nahe Cherokee in North Carolina.

Gatlinburg

Das furchtbar kitschige Gatlinburg liegt am Eingang zum Great Smoky Mountains National Park und betört Wanderer mit dem Duft von Buttertoffee und Zuckerwatte. Und es gibt auch jede Menge zu tun: Ripley's hat gleich mehrere Attraktionen zu bieten (ein *Believe it or Not!*-Kuriositätenmuseum, ein Spiegelkabinett, ein Geisterhaus und ein riesiges Aquarium), oder man nimmt die malerische, 3 km lange **Schwebebahn** (www.obergatlinburg.com; 1001 Parkway; Erw./Kind 11/8,50 US$; ☉ So 7.30–18.20, Mo, Fr & Sa bis 22.40, Di–Do 9.30–21.49 Uhr) ins **Ober Gatlinburg Ski Resort** (www.obergatlinburg.com; Liftticket Erw. 35–54 US$, Kind 25–44 US$, Verleih von Ausrüstung Ski/Snowboard 25/30 US$) nach bayerischem Vorbild. Danach locken ein paar kostenlose hochprozentige Kostproben in der **Ole Smoky Moonshine Distillery** (☑ 865-436-6995; www.olesmokymoonshine.com; 903 Parkway; ☉ 10–22 Uhr), der ersten legalen Produktionsstätte für illegal gebrannten Schnaps (irgendwie widersprüchlich, aber wahr). Wer in Gatlinburg übernachten möchte, tut dies am besten in der gemütlichen und freundlichen **Bearskin Lodge** (☑ 877-795-7546; www.thebearskinlodge.com; 840 River Rd; Zi. ab 110 US$) direkt am Fluss. Ein Abendessen im **Wild Boar Saloon & Howard's Steakhouse** (☑ 865-436-3600; www.wildboarsaloon.com; 976 Parkway; Hauptgerichte

DOLLYWOOD

Dollywood (☑ 865-428-9488; www.dollywood.com; 2700 Dollywood Parks Blvd; Erw./Kind 57/45 US$; ☉ April–Dez.) ist eine Hommage an die Schutzheilige von East Tennessee, die langhaarige, großbusige Countrysängerin Dolly Parton. Der Park hat Fahrgeschäfte und thematisch an den Appalachen orientierte Attraktionen zu bieten, etwa die Achterbahn Mystery Mine oder die kleine Pseudo-Kapelle, benannt nach dem Arzt, der Dolly auf die Welt brachte. Sie thront über dem Outlet-Shoppingcenter **Pigeon Forge** (www.mypigeonforge.com), 9 Meilen (15 km) nördlich von Gatlinburg.

9–30 US$; ☉ So–Do 10–22, Fr & Sa bis 1.30 Uhr) bildet dann den krönenden Abschluss eines ereignisreichen Tages.

KENTUCKY

Angesichts einer Wirtschaft, die auf Bourbon-Whiskey, Pferderennen und Tabak basiert, könnte man meinen, Kentucky mache Las Vegas den Ruf als Hort der Sünde streitig. Die Antwort lautet: ja und nein. Auf jede whiskeylastige Bar in Louisville kommt ein „trockener" County, wo man nichts Stärkeres bekommt als Ginger Ale. Und auf jede Pferderennbahn kommt eine Kirche. Kentucky steckt voller merkwürdiger Gegensätze. Der Bundesstaat, am geografischen wie kulturellen Scheideweg gelegen, vereint in sich die Freundlichkeit des Südens, seine Geschichte als Grenze zum Wilden Westen, die Industrie des Nordens und den aristokratischen Charme des Ostens. Jede Ecke des Bundesstaats ist eine Augenweide, es gibt aber nur wenig, das so herzzerreißend schön ist wie die sanften Sandsteinhügel des „Pferdelands", in dem die Vollblutzucht ein viele Millionen Dollar schweres Geschäft ist. Im Frühling blühen auf den Weiden winzige himmelblaue Blumen, denen der Staat auch seinen Beinamen „Bluegrass State" verdankt.

ⓘ Praktische Informationen

Die Grenze zwischen den Zeitzonen Eastern Standard Time und Central Standard Time verläuft mitten durch Kentucky.

Kentucky State Parks (☑ 800-255-7275; www.parks.ky.gov) Hat Infos zum Wandern, Höhlenwandern, Angeln, Campen etc. in Kentuckys 52 State Parks. Die sogenannten Resort Parks haben Lodges, während es in den Recreation Parks weniger komfortabel zugeht.
Kentucky Travel (☑ 800-225-8747, 502-564-4930; www.kentuckytourism.com) Gibt eine detaillierte Broschüre über die Attraktionen des Bundesstaats aus.

Louisville

Das hübsche Louisville (oder „Louahvul", wie die Einheimischen sagen) wird oft ein bisschen unterschätzt und ist vor allem für das Kentucky Derby bekannt. Die größte Stadt Kentuckys, die während der Erschließung des Westens ein wichtiges Schifffahrtszentrum am Ohio River war, ist heute ein aufstrebendes Zentrum mit angesagten Bars, exzellenten Restaurants (die Frisches aus der Region verarbeiten) und

KURZINFOS KENTUCKY

Spitzname Bluegrass State

Bevölkerung 4,4 Mio.

Fläche 102 896 km²

Hauptstadt Frankfort (28 000 Ew.)

Weitere Städte Louisville (600 000 Ew.), Lexington (300 000 Ew.)

Verkaufssteuer 6 %

Geburtsort von dem 16. US-Präsident Abraham Lincoln (1809–1865), „Gonzo"-Journalist Hunter S. Thompson (1937–2005), Boxer Muhammad Ali (geb. 1942), den Schauspielerinnen Ashley Judd (geb. 1968) und Jennifer Lawrence (geb. 1990)

Heimat des Kentucky Derby, der Louisville Slugger, des Bourbon

Politische Ausrichtung vorwiegend konservativ, in ländlichen Gegenden erzkonservativ

Berühmt für Pferde, Bluegrass-Musik, Basketball, Bourbon, Höhlen

Dauerhafter interner Konflikt Loyalität zum Norden oder Süden während des Bürgerkriegs

Entfernungen Louisville–Lexington 77 Meilen (123 km), Lexington–Mammoth Cave National Park 135 Meilen (216 km)

einer gewinnenden, jungen und immer fortschrittlicher denkenden Bevölkerung. Hier kann man gut einen oder zwei Tage damit verbringen, sich die Museen anzuschauen, durch die alten Viertel zu schlendern und Bourbon zu trinken.

◉ Sehenswertes & Aktivitäten

Das aus viktorianischer Zeit stammende Viertel **Old Louisville** gleich südlich des Stadtzentrums ist eine Spazierfahrt oder einen Bummel wert. Bemerkenswert ist der **St. James Court** jenseits der Magnolia Ave mit seinem herrlich charmanten, mit Gaslampen beleuchteten Park. Zudem gibt es mehrere wunderbare **historische Häuser** (www.historichomes.org), die man im Rahmen von Führungen besichtigen kann, u.a. das alte Shotgun House von Thomas Edison.

★ Churchill Downs   RENNBAHN
(www.churchilldowns.com; 700 Central Ave) Am ersten Samstag im Mai wirft sich Amerikas Oberschicht in Nadelstreifenanzüge und setzt superschräge Hüte auf, um derart gewappnet die „zwei großartigsten Minuten des Sports" zu erleben: das Kentucky Derby. Nach dem Rennen singen die Menschmassen *My Old Kentucky Home* und schauen zu, wie das siegreiche Ross mit Rosen überschüttet wird. Danach ist Party angesagt.

Und diese Party dauert eigentlich schon zwei Wochen an, denn eben jene zwei Wochen vor dem Rennen beginnt das **Kentucky Derby Festival** (www.kdf.org), zu dem Ballonwettbewerbe, ein Marathon und das größte Feuerwerk Nordamerikas gehören. Die meisten Sitzplätze für das Derby werden auf Einladung vergeben oder sind schon Jahre vorab reserviert. Am Tag des Derbys selbst kommt man für 50 US$ immerhin noch ins Innenfeld (keine Sitzplätze). Dieses ist aber eine einzige ausschweifende Partyzone und so überlaufen, dass man kaum etwas vom Rennen sehen wird – was dann aber zweitrangig ist. Wer sich für reinrassige Pferde interessiert, kann zwischen April und November für nur 3 US$ einen Sitzplatz in den Downs ergattern, wenn in Vorbereitung auf das Kentucky Derby viele aufregende Testrennen stattfinden.

Kentucky Derby Museum   MUSEUM
(www.derbymuseum.org; Gate 1, Central Ave; Erw./Kind 14/6 US$; ☉ Mo–Sa 8–17, So 11–17 Uhr) Auf dem Gelände der Pferderennbahn zeigt dieses Museum Ausstellungsstücke zur Geschichte des Derbys. Dabei erhält man einen

Einblick in das Leben eines Jockeys, und es gibt eine Liste der berühmtesten Pferde. Eine 360°-Panoramashow zum Rennen und eine 30-minütige Führung (im Eintrittspreis enthalten), die zu Fuß durch den Bereich führt, in dem die Pferde untergebracht sind, sowie über die Rennstrecke selbst, werden ebenfalls veranstaltet. Sehr interessant!

Die 90-minütige Inside the Gates Tour (11 US$) führt durch die Quartiere der Jockeys und in den todschicken VIP-Bereich, der auch Millionaire's Row (Millionärs-Reihe) genannt wird.

Muhammad Ali Center   MUSEUM
(www.alicenter.org; 144 N 6th St; Erw./Senior & Student/Kind 4–12 Jahre 9/8/5 US$; ⊙ Di–Sa 9.30–17, So 12–17 Uhr) Das Zentrum ist ein Geschenk an die Stadt von ihrem berühmtesten Sohn und ein absolutes Muss. Los geht's am besten im 5. Stock, wo ein Film einen tollen ersten Überblick verschafft. Im Videoarchiv im 4. Stock findet man eine Aufzeichnung jedes einzelnen Kampfes des Boxidols.

Die hervorragende Ausstellung „Confidence" vermittelt, dass Alis vermeintlich überhebliche Prahlerei eher Ausdruck seiner Selbstliebe und seines Selbstvertrauens war. Für einen Schwarzen aus dem Süden war es zu seiner Zeit revolutionär und etwas Besonderes, sich über seine eigene Großartigkeit und Schönheit zu freuen.

Louisville Slugger Museum   MUSEUM
(www.sluggermuseum.org; 800 W Main St; Erw./Senior/Kind 11/10/6 US$; ⊙ Mo–Sa 9–17, So 11–17 Uhr; ⊙) Der 36 m große Baseballschläger, der am Gebäude dieses Museums lehnt, ist nicht zu übersehen. Hillerich & Bradsby Co. stellen hier seit 1884 den berühmten Louisville Slugger her. Im Eintrittspreis sind eine Führung durch die Fabrik, eine Ausstellung mit Erinnerungsstücken aus der Geschichte des Baseballs (wie etwa der Schläger von Babe Ruth), ein Batting Cage, in dem man selbst den Schläger schwingen kann, und ein kostenloser Minischläger inbegriffen.

Frazier International History Museum   MUSEUM
(www.fraziermuseum.org; 829 W Main St; Erw./Schüler/Kind 10,50/7,50/6 US$; ⊙ Mo–Sa 9–17, So 12–17 Uhr) Das für die mittelgroße Stadt erstaunlich ambitionierte, hochmoderne Museum dokumentiert 1000 Jahre Regionalgeschichte mittels Dioramen von grausamen Schlachten und kostümierten Darstellern, die Schwertkämpfe und hitzige Debatten nachstellen.

State Science Center of Kentucky   MUSEUM
(☎ 502-561-6100; www.kysciencecenter.org; 727 W Main St; Erw./Kind 13/11 US$; ⊙ So–Do 9.30–17.30, Fr & Sa bis 21 Uhr; ⊙) In einem historischen Gebäude an der Main St ist hier auf drei Ebenen eine familientaugliche und bei Kindern sehr beliebte Ausstellung zu sehen, die Themen aus der Biologie, Physiologie, Physik, Computerwissenschaft und mehr beleuchtet. Für weitere 7 US$ kann man sich auch noch einen Film im IMAX-Kino anschauen.

Big Four Bridge   STADTSPAZIERGANG, RADFAHREN
(East River Rd) Die neueste Attraktion der Stadt ist eine generalüberholte alte Brücke. Die zwischen 1888 und 1895 erbaute Big Four Bridge führt über den Ohio River hinüber nach Indiana. Seit 1969 war sie für den Fahrzeugverkehr gesperrt und wurde 2013 für Fußgänger und Radfahrer wieder geöffnet. Von überall auf der Brücke bietet sich ein hübscher Blick auf Stadt und Fluss.

Hunde sind erlaubt, Inliner und Skateboards hingegen nicht. Es gibt genügend Parkmöglichkeiten.

🛏 Schlafen

In der Nähe des Flughafens an der I-264 finden sich zahlreiche Kettenhotels.

Rocking Horse B&B   B&B $$
(☎ 888-467-7322, 502-583-0408; www.rockinghorse-bb.com; 1022 S 3rd St; Zi. inkl. Frühstück 125–215 US$) An einem Abschnitt der 3rd St, die einst als Millionaire's Row bekannt war, liegt dieses romanische Herrenhaus mit sechs Gästezimmern, die alle mit Antiquitäten im viktorianischen Stil und tollen Buntglasdetails dekoriert sind. Das Zwei-Gänge-Frühstück kann im englischen, üppig begrünten Garten eingenommen werden, den kostenlosen Portwein genießt man dann eher im Salon.

⭐ 21c Museum Hotel   HOTEL $$$
(☎ 502-217-6300; www.21chotel.com; 700 W Main St; Zi. ab 269 US$; ☐ ❄ 🛜) Das Hotel, das zugleich ein Museum für zeitgenössische Kunst ist, würde überall aus dem Rahmen fallen, im entspannten Louisville hingegen wirkt es fast wie aus einer anderen Welt. Während die Gäste auf den Aufzug warten, werden ihre verzerrten Abbilder und Stimmen auf eine Videoleinwand geworfen und über Lautsprecher übertragen. In den Fluren baumeln aus Scheren gefertigte Kronleuchter von den Decken. Die urbanen,

DIE GEISTERKLINIK

Das verlassene **Waverly Hills Sanatorium** thront wie die Burg eines verrückten Königs über Louisville. Einst beherbergte es die Opfer einer Tuberkulose-Epidemie Anfang des 20. Jhs. Die Leichname der verstorbenen Patienten wurden über eine Rutsche in den Keller befördert – kein Wunder, dass es in dem Gebäude spuken soll! Wer auf Geisterjagd gehen möchte, kann sich einer nächtlichen **Führung** (☏502-933-2142; www.therealwaverly-hills.com 400 Paralee Ln; 2-stündige Führung/2-stündige Geisterjagd/Übernachtung 22/50/100 US$; ☺März–Aug.) anschließen. Wahrhaft Furchtlose können hier sogar die Nacht verbringen. Viele Besucher sprechen hinterher über die Klinik als den unheimlichsten Ort, an dem sie je gewesen sind.

loftähnlichen Zimmer haben iPod-Stationen und einen Minikühlschrank, der mit allen nötigen Zutaten für einen Mint Julep ausgestattet ist.

Das hoteleigene Restaurant Proof (S. 424) gehört zu den angesagtesten Bistros mit moderner Südstaatenküche der Stadt, und der Service lässt nicht zu wünschen übrig. Parken kostet 18 US$.

Brown Hotel　　　　　　HOTEL $$$
(☏ 502-583-1234; www.brownhotel.com; 335 West Broadway; Zi. ab 250 US$; P☺✳☏) Opernstars, Königinnen und Ministerpräsidenten sind schon über die Marmorböden dieses legendären Hotels in der Downtown geschritten. Dank einer Renovierung erstrahlt es mit seinen 293 komfortablen Zimmern und der schicken Bar wieder im alten Glanz der 1920er-Jahre. Parken kostet 18 US$.

✖ Essen

Die Zahl von guten Restaurants wächst jedes Jahr exponentiell an, besonders im entzückenden Stadtviertel **NuLu**, in dem es auch zahllose Galerien und Boutiquen gibt. Das Viertel **Highlands** rund um die Bardstown Rd und die Baxter Rd ist nicht nur wegen seiner Restaurants, sondern auch aufgrund des guten Nachtlebens beliebt.

★ **Hillbilly Tea**　APPALACHEN-KÜCHE $$
(☏502-587-7350; 120 S First St; Gerichte 10–17 US$; ☺Di–Sa 10–21, So bis 16 Uhr) Ein Café mit einem hervorragenden Preis-Leistungs-

Verhältnis abseits der Main St, dessen Spezialität die Küche der Appalachen mit einem modernen Touch ist. Lecker sind u. a. der geräucherte Wels an Kartoffelbrei und der geräucherte Indische Kämpfer (eine Hühnerrasse) mit Rosenkohl und Pastinaken, aber auch das gegrillte Schweinerückensteak sieht hervorragend aus.

Garage Bar　　　　　GASTHAUS $$
(www.garageonmarket.com; 700 E Market St; Gerichte 7–16 US$) An einem heißen Nachmittag gibt es nichts Besseres, als sich in dieser absolut angesagten, umgebauten Tankstelle in NuLu (mit seinen beiden sich „küssenden" Chevrolets nicht zu übersehen) einen Basilikum-Gimlet und eine Schinkenplatte zu bestellen: eine Kostprobe von vier Schinkensorten aus der Region mit frischem Brot und Kompott.

Zu den angebotenen Gerichten zählen die besten Ziegelofen-Pizzas der Stadt, Schweinefleischbällchen, Truthahnflügel und himmlisch leckere Rolled Oysters (panierte und frittierte Austern).

Wiltshire on Market　MODERN-AMERIKANISCH $$
(☏502-589-5224; www.wiltshirepantry.com; 636 Market St; Hauptgerichte 14–23 US$; ☺Do & So 17–22, Fr & Sa bis 23 Uhr) Die Livemusik an Sonntagabenden und der in der Stadt sehr engagierte Küchenchef sind nette Besuchsanreize, der wahre Grund für eine Stippvisite hier sind aber zweifellos die zu vernünftigen Preisen angebotenen Gourmetgerichte. Auf der Speisekarte stehen u. a. ein halbes Dutzend Austerngerichte mit einer wöchentlich wechselnden Aufschnittplatte, ein mit Würstchen belegtes Fladenbrot, Lammbolognese sowie wirklich vorzügliche Gemüse-Burger.

Eiderdown　　　　　GASTHAUS $$
(☏502-290-2390; www.eiderdowngermantown.com; 983 Goss Ave; Gerichte 4–17 US$; ☺Di–Do 16–22, Fr & Sa 11.30–23, So 12–22 Uhr) Der aus Kentucky stammende und in Frankreich ausgebildete Chefkoch arbeitete früher im hiesigen Outback-Restaurant, was seine kulinarische Schaffensfreiheit jedoch zu sehr einengte. Danach träumte der Mittdreißiger davon, einen Pub mit unverputzten Backsteinwänden und einer Einrichtung aus dunklem Holz zu eröffnen. Es sollte vom Aroma von mit Entenfett zubereitetem Popcorn, Kohl, Bacon und *spaetzle* – ein vor Salbeibutter nur so triefender Mix aus Wurzelgemüse und Würstchen – erfüllt sein. Et voilà…

Zu finden ist das Eiderdown im bislang noch nicht so richtig in die Puschen gekommenen Louisviller Wohnviertel Germantown.

Ghyslain
MARKTCAFÉ **$$**

(☎ 502-690-8645; www.Ghyslain.com; 721 E Market St; Gerichte 10–13 US$; ☺ 7–21 Uhr) Ein einladendes Marktcafé mit Tischen aus Marmor, auf dessen Speisekarte köstliche Baguettes mit Schweinebraten und Broccoli sowie Pesto-Hackfleischbällchen stehen. Lecker sind auch das Hähnchencurry in Naan, das Gumo (ein auf Mehlschwitze basierender Eintopf) sowie das Chili. Einen tollen Abschluss bilden die Pralinen oder eine Portion Eis.

★ Proof
MODERNE SÜDSTAATENKÜCHE **$$$**

(☎ 502-217-6360; www.proofonmain.com; 702 W Main St; Hauptgerichte 17–36 US$; ☺ Mo–Do 7–10, 11–14 & 17.30–22, Fr bis 23, Sa 7–15 & 17.30–23, So bis 22 Uhr) Das vielleicht beste, mit Sicherheit aber das am höchsten gelobte Restaurant in Louisville. Die Cocktails sind unglaublich, die Weinkarte und Bourbonauswahl sind nicht nur umfangreich, sondern auch noch außerordentlich gut (das Proof ist bekannt für seine exklusiven und seltenen Whiskeys Woodford Reserve und Van Winkle aus Eichenfässern). Die Speisekarte reicht von Schweinekoteletts mit Knochen über den köstlichen Bison-Burger bis hin zu einigen hochwertigen Gerichten mit Hähnchenfleisch und Klößen.

Ein Teil der Zutaten stammt vom eigenen Bauernhof. Die Kunstwerke sind grell und inspirierend, die Angestellten hip und seriös und die Gäste der Bar prima gekleidet und gut gelaunt.

🍷 Ausgehen & Unterhaltung

Im kostenlosen Wochenblatt *Weekly Leo* (www.leoweekly.com) werden anstehende Konzerte angekündigt. Die meisten Kneipen finden sich in Highlands. Beim **First Friday Trolley Hop** (www.ldmd.org/First-Friday-Trolley-Hop.html; Main St & Market St; ☺ 1. Fr des Monats 17–23 Uhr) GRATIS kann man die zahlreichen Galerien, Restaurants und Cafés in NuLu und Downtown mit der Straßenbahn erkunden.

Holy Grale
KNEIPE

(www.holygralelouisville.com; 1034 Bardstown Rd; ☺ 16 Uhr–open end) Eine von Bardstowns besten Bars ist in einer alten Kirche untergebracht. Neben gehobener Kneipenkost

(Wachteleier in Scotch, Kimchee-Hotdogs) werden auch ein Dutzend deutsche, belgische und japanische Biere vom Fass ausgeschenkt, die in diesen Gefilden selten zu finden sind. Die stärkeren Biere (bis 13 % Alkohol) gibt's auf der Chorempore.

Please & Thank You
CAFÉ

(www.pleaseandthankyoulouisville.com/welcome; 800 E Market St; Drinks 2–5 US$; ☺ Mo–Fr 7–18, Sa & So 10–14 Uhr) Jedes Viertel sollte ein solches unabhängiges Café haben. Hier bekommt man guten Kaffee und selbst gemachten Brotpudding, kreatives Teegebäck und Kuchen, Zucchini-Brot und gehaltvolle Schokoladenkekse. Auch Schallplatten werden hier verkauft – ein weiterer Pluspunkt, mit dem sich der Laden vom üblichen Starbucks-Einheitsbrei abhebt.

Rudyard Kipling
BAR, MUSIK

(www.therudyardkipling.com; 422 W Oak St) Die einheimische Boheme-Szene liebt diese Kneipe in Old Louisville wegen ihrer Indie-Bluegrass-Shows in persönlicher Atmosphäre, der Theaterstücke mit Dinner und der Kneipenkost nach Kentucky-Art (lecker ist der Snappy Cheese).

KFC Yum! Center
BASKETBALL

(☎ 502-690-9000; www.gocards.com; 1 Arena Plaza) An Spieltagen ergießt sich eine purpurrote Flut in diese Arena in der Innenstadt. Die Spiele der University of Louisville Cardinals, die zum Zeitpunkt der Recherche unter Coach Rick Pitino amtierender Basketballmeister der National Collegiate Athletic Association waren, sind fast immer ausverkauft. Wer Basketball mag, sollte sich unbedingt ein Spiel hier ansehen. Manchmal werden in dem Stadium auch Popkonzerte veranstaltet.

🛍 Shoppen

★ Joe Ley Antiques
ANTIQUITÄTEN

(www.joeley.com; 615 E Market St; ☺ Di–Sa 10–17 Uhr) In diesem riesigen alten Kaufhaus aus Ziegelstein und Glas werden auf vier Etagen Sammlerstücke aus acht Jahrzehnten verkauft, darunter unansehnliche Puppen, abgefahrene Möbel und klobiger Schmuck.

Butchertown Market
BOUTIQUEN

(www.thebutchertownmarket.com; 1201 Story Ave; ☺ Mo–Fr 10–18, Sa bis 17 Uhr) Neu, ambitioniert und unbedingt sehenswert! Dieses ehemalige Schlachthaus wurde in eine Wunderwelt voller schrulliger, süßer und künstlerisch angehauchter Boutiquen verwandelt. Ob flippiger Schmuck, verrückte Geschenke, edle Pralinen, künstlerisch gestaltete Einrichtungsgegenstände aus Metall, Körper- und Hautpflegeprodukte oder Babyklamotten – es findet sich mit Sicherheit ein Laden, der es verkauft.

Cellar Door Chocolates · SCHOKOLADE
(www.thebutchertownmarket.com; 1201 Story Ave, Butchertown Market; ⊙ Mo–Fr 10–18, Sa bis 17 Uhr) Die Pralinen hier sind nicht nur kreativ, sondern auch noch köstlich, was auch durch verschiedenste Auszeichnungen bestätigt wird. Grünes Chili, Kokosschokolade, Wasabi-Trüffel, weiße Schokolade, Karamell mit Meersalz? Alles kein Problem. Auch einen Espresso bekommt man hier.

Flea Off Market · FLOHMARKT
(www.facebook.com/thefleaoffmarket; 1007 E Jefferson St; ⊙ 2. Wochenende des Monats) Jeden Monat werden hier ein Wochenende lang Adidas-Schuhe aus den 1990ern, Rockabilly-Schallplatten, kunstvolle Terrarien, alte Werke lokaler Künstler und verrückter Schmuck verkauft, ganz zu schweigen von den vielen Retro-Klamotten. Für die Verpflegung der Schnäppchenjäger sorgen mehrere Imbissstände.

Taste · WEIN
(☎ 502-409-4646; www.tastefinewinesandbourbons. com; 634 E Market Street; Verkostung 4–8 US$; ⊙ Di–Mi 11–20, Do & Fr 12 Uhr–open end, Sa 10.30 Uhr–open end) Eine gehobene Weinhandlung, in der in kleinen Mengen produzierte Weine und Bourbons verkauft werden. Bei der Auswahl hilft eine Verkostung – wenn man dadurch nicht noch entscheidungsunfreudiger wird… Es gilt das Prinzip: vorbeischauen, probieren, kaufen.

❶ Praktische Informationen

Bibliothek (301 York St) Kostenloser Internetzugang in der Innenstadt.
Visitor Center (☎ 888-568-4784, 502-582-3732; www.gotolouisville.com; 301 S 4th St; ⊙ Mo–Sa 10–18, So 12–17 Uhr)

❶ Anreise & Unterwegs vor Ort

Der **Louisville's International Airport** (SDF; ☎ 502-367-4636; www.flylouisville.com) liegt 5 Meilen (8 km) südlich der Stadt an der I-65. Dorthin gelangt man mit dem Taxi (zum Festpreis von 20 US$) oder mit dem Stadtbus 2. Der **Greyhound-Busbahnhof** (www.greyhound.com; 720 W Muhammad Ali Blvd) liegt unmittelbar westlich von Downtown. Die Stadtbusse der **TARC** (www.ridetarc.org; 1000 W Broadway)

INTERNATIONAL BLUEGRASS MUSIC MUSEUM

Der aus Kentucky stammende Bill Monroe gilt als Gründervater des Bluegrass. Seine Band, die Blue Grass Boys, gab der Musikrichtung ihren Namen. Die Wurzeln des Bluegrass liegen in der traditionellen Musik der Bergbewohner, in die das schnelle Tempo afrikanischer Lieder und die Synkopen des Jazz hineingemischt wurden. Banjozupfer und Fiedel-Fans werden sich für die historischen Exponate im **International Bluegrass Music Museum** (www. bluegrassmuseum.org; 107 Daviess St; Erw./Student 5/2 US$; ⊙ Di–Sa 10–17, So 13–16 Uhr) in Owensboro interessieren, wo am ersten Donnerstag im Monat auch Jam-Sessions abgehalten werden. In dem hübschen Städtchen am Ohio River, das ungefähr 100 Meilen (160 km) westlich von Louisville liegt, findet auch das **ROMP Bluegrass Festival** (www. rompfest.com; ⊙ Ende Juni) statt.

fahren ab dem Betriebshof Union Station. Eine Fahrt kostet 1,75 US$.

Bluegrass Country

Wer an einem sonnigen Tag durch das Bluegrass Country im Nordosten Kentuckys fährt, wird nicht nur über die schimmernden, grünen Hügeln staunen, die mit kleinen Teichen, Pappeln und hübschen Landhäusern übersät sind, sondern auch zahllose Pferde beim Grasen beobachten können. Die einst wilden Wald- und Wiesengebiete sind seit fast 250 Jahren ein Zentrum der Pferdezucht, und die Weiden der Region sollen aufgrund der natürlichen Kalksteinvorkommen in der Gegend – auf die majestätisch aufragenden Kalksteinfelsen achten! – besonders nährstoffreich sein. Die wichtigste Stadt in der Region ist Lexington, das auch die „Welthauptstadt der Pferde" genannt wird.

Lexington

In Lexington gibt's Häuser, die Millionen Dollar kosten, ja sogar Pferde, für die ebenfalls Sümmchen mit etlichen Nullen fällig werden, und selbst das Gefängnis sieht aus wie ein Country-Club. Die einst wohlhabendste und kultivierteste Stadt westlich der Allegheny Mountains, die auch „Athen des Westens" genannt wurde, ist heute Sitz der University of Kentucky und das Zentrum der Vollblutzucht. In der kleinen Innenstadt finden sich ein paar hübsche viktorianische Viertel.

👁 Sehenswertes

Kentucky Horse Park
MUSEUM, PARK

(www.kyhorsepark.com; 4089 Iron Works Pkwy; Erw./Kind 16/8, Reitausflüge 25 US$; ☉Mitte März–Okt. tgl. 9–17 Uhr, Nov.–Mitte März Mi–So; 👪) Gleich nördlich von Lexington liegt dieses 4,9 km² große Pferdesportzentrum mit lehrreichem Themenpark. Pferde aus 50 verschiedenen Zuchtlinien leben hier und wirken bei besonderen Liveshows mit. Zur Anlage gehört außerdem das internationale **Museum of the Horse** mit hübschen Dioramen rund ums Thema Pferd – man begegnet dem winzigen prähistorischen Eohippus genauso wie den Postexpress-Ponys. Gelegentlich finden 35-minütige Ausritte statt.

Thoroughbred Center
FARM

(www.thethoroughbredcenter.com; 3380 Paris Pike; Erw./Kind 15/8 US$; ☉Führungen April–Okt. Mo–Sa 9 Uhr, Nov.–März Mo–Fr) Die meisten Farmen sind nicht für Besucher zugänglich; auf dieser hier kann man jedoch ein Rahmen einer Führung durch die Ställe sowie über die Trainingsbahnen und Koppeln Rennpferde hautnah erleben.

Ashland
WAHRZEICHEN

(www.henryclay.org; 120 Sycamore Rd; Erw./Kind 10/5 US$; ☉Di–Sa 10–16, So 13–16 Uhr) Gerade einmal 1,5 Meilen (2,4 km) östlich des Stadtzentrums liegt Ashland, teils historisches Wohnhaus des beliebtesten Sohns Kentuckys, teils öffentlicher Park. Das italienisch angehauchte Anwesen befand sich einst im Besitz des Staatsmanns Henry Clay (1777–1852), der eine wichtige Funktion in Abraham Lincolns Kabinett innehatte.

Wer das Wohnhaus dieses traumhaften Anwesens mitten in einem schicken Wohnviertel besichtigen möchte, muss Eintritt bezahlen; der Park kann kostenlos erkundet werden. Dabei lohnt sich ein Blick in die Remise, wo Clays Kutsche steht. Auch das Außenklo ist zu sehen.

Mary Todd-Lincoln House
HISTORISCHES GEBÄUDE

(www.mtlhouse.org; 578 W Main St; Erw./Kind 10/5 US$; ☉Mo–Sa 10–16 Uhr) Gleich hinter der Rupp Arena steht dieses (im Vergleich zu Ashland) eher einfache Wohnhaus von 1806, in dem Gegenstände aus der Kindheit der späteren First Lady und aus ihren Jahren als Gattin Abraham Lincolns zu sehen sind.

🛏 Schlafen

Kentucky Horse Park
CAMPING $

(☎800-370-6416, 859-259-4257; www.kyhorsepark.com; 4089 Iron Works Pkwy; Stellplatz 20 US$, mit Strom 28–35 US$; ☉ganzjährig; 🐾) Hier gibt's 260 befestigte Stellplätze sowie Duschen, eine Waschküche, einen Lebensmittelladen, Spielplätze und vieles mehr. Auch einfache Zeltplätze sind vorhanden.

Gratz Park Inn
HOTEL $$

(☎800-752-4166; www.gratzparkinn.com; 120 W 2nd St; Zi. ab 179 US$; 🅿❄🛜) In einer ruhigen Straße im Zentrum befindet sich dieses Hotel mit 41 Zimmern, das mit seinen Mahagonimöbeln, den europäischen Ölgemälden in wuchtigen Bilderrahmen und dem Stutzflügel in der Lobby wie ein vornehmer Jagdclub wirkt. Es ist das einzige Boutiquehotel in der Stadt.

🍴 Essen

Im Zentrum rund um die Main St und die Limestone St gibt's mehrere Cafés und Bars mit Sitzgelegenheiten im Freien.

Magee's
BÄCKEREI $

(www.mageesbakery.com; 726 E Main St; Donuts & Gebäck 1–3 US$, Hauptgerichte 6–8 US$; ☉Mo & Sa 6.30–14, Di–Fr bis 16, So 8–14 Uhr; 🅿) Das sündhafteste Vergnügen der Stadt ist diese in einem alten Backsteinhaus mit hohen Deckenbogen untergebrachte liebenswerte Bäckerei, deren Zimt- und Pekannussschnecken, mächtige Donuts und glasierte Cupcakes jede Menge Glückshormone freisetzen. Vor allem sonntagmorgens ist hier sehr viel Betrieb.

Village Idiot
GASTHAUS $$

(☎859-252-0099; www.lexingtonvillageidiot.com; 307 West Short St; Gerichte 7–17 US$; ☉So–Mi 12–24, Do–Sa bis 1 Uhr) Hippe, junge Feinschmecker lieben die vertrauten, traditionellen Gerichte im Village Idiot, die jedoch alle einen besonderen Touch aufweisen. Darunter sind z. B. Entenconfit mit Waffeln oder Jakobsmuscheln und Foie gras mit Sauce Hollandaise. Der in Blätterteig gebackene und mit Feigenessig beträufelte Brie ist göttlich. Auch die Bourbon-Auswahl kann sich sehen lassen.

⭐ **Table Three Ten** MODERN-AMERIKANISCH **$$$**
(☑ 859-309-3901; www.table-three-ten.com; 310
West Short St; Gerichte 8–32 US$; ⏱ Mo–Fr 16.30–
23, Sa 11–15, So 11–21 Uhr) Jeden Tag liefern
hier Bauern in ihren Pick-ups körbeweise
Kaninchen, Hühner, Schweineschultern und
Gemüse an, aus denen die besten Köche der
Stadt geschmack- und fantasievolle Gerichte
zaubern. Es gibt sogar Hummer-Käsemak-
karoni. Die Gerichte, die jeweils im Angebot
sind, stehen an einer Tafel angeschrieben.
Auch die Cocktails sind lecker.

A la Lucie BISTRO **$$$**
(☑ 859-252-5277; www.alalucie.com; 159 N Lime-
stone St; Hauptgerichte 19–30 US$; ⏱ Di–Fr 11–14,
Mo–Do 17–22, Fr & Sa bis 23 Uhr) Ein wunderlich
dekoriertes Bistro mit einer persönlichen
Atmosphäre, in dem Klassiker wie Lamm-
hüfte oder Steak mit Pommes frites auf die
Tische kommen. Aber auch das in Weißwein
und Kräutern geschmorte Kaninchen ist exzellent. Hier verbringen verheiratete Paare
gerne ihre kinderfreien Abende.

☆ **Unterhaltung**

Keeneland Association RENNBAHN
(☑ 859-254-3412; www.keeneland.com; 4201 Versailles Rd; einfacher Eintritt 5 US$; ⏱ Rennen Aug.
& Okt.) Was die Qualität anbelangt, so kommt
Keeneland gleich an zweiter Stelle nach den
Churchill Downs. Die Rennen finden im
April und Oktober statt; dann kann man
frühmorgens von Sonnenaufgang bis 10 Uhr
auch beim Training der Champions zusehen. Die regelmäßigen Pferdeauktionen locken Scheichs, Sultane, Hedgefonds-Fürsten
sowie deren Stellvertreter an.

Red Mile RENNBAHN
(www.theredmile.com; 1200 Red Mile Rd; ⏱ Rennen Aug.–Okt.) Auf dieser Rennbahn werden
Trabrennen ausgetragen, bei denen die Fahrer in speziellen zweirädrigen Wagen sitzen.
Die Rennen finden im Herbst statt, Übertra-
gungen von Rennen aus aller Welt und die
Möglichkeit, auf diese zu wetten, gibt's aber
das ganze Jahr über.

Rupp Arena ARENA
(www.rupparena.com; 430 W Vine St) Hier werden die Heimspiele des Basketballteams
der University of Kentucky, ständiger An-
wärter auf den Meisterschaftstitel der USA,
ausgetragen. Die Arena liegt mitten in der
Innenstadt und dient auch als Location für
Kongresse, Konzerte und andere Veranstaltungen.

ℹ **Praktische Informationen**

Karten und Infos über die Gegend gibt's im
Visitor Center (☑ 800-845-3959, 859-233-
7299; www.visitlex.com; 301 E Vine St; ⏱ Mo–Fr
8.30–17, Sa 10–16 Uhr). Die **Bibliothek** (140 E
Main St; ⏱ Di–Fr 10–17, Sa & So 12–17 Uhr; 🕿)
bietet kostenlosen Internetzugang sowie kostenloses WLAN für Laptopbesitzer.

ℹ **Anreise & Unterwegs vor Ort**

Der **Blue Grass Airport** (LEX; ☑ 859-425-3114;
www.bluegrassairport.com; 4000 Terminal Dr),
von dem aus um die 13 Nonstop-Inlandsflüge
starten, liegt westlich der Stadt. **Greyhound**
(www.greyhound.com; 477 W New Circle Rd) ist
2 Meilen (3,2 km) außerhalb der Innenstadt zu
finden. **Lex-Tran** (www.lextran.com) betreibt
die Stadtbusse (Bus 6 fährt zum Greyhound-
Busbahnhof).

Zentrales Kentucky

Der Bluegrass Pkwy führt von der I-65 im
Westen bis zur Rte 60 im Osten und verläuft
dabei durch einige der üppigsten Weide-
landschaften Kentuckys.

Etwa 40 Meilen (64 km) südlich von
Louisville liegt **Bardstown**, die „Welthauptstadt des Bourbon". Der historische Stadtkern erwacht beim **Kentucky Bourbon
Festival** (www.kybourbonfestival.com; Bardstown;
⏱ Sept.) zum Leben. Gutes Essen, Bourbon
und Zimmer bekommt man in der düsteren,
aus Sandstein erbauten **Old Talbott Tavern**
(☑ 502-348-3494; www.talbotts.com; 107 W Stephen Foster Ave; Zi. ab 69–109 US$, Hauptgerichte
8–11 US$; 🅿 ❄), die seit Ende des 18. Jhs.
auch Gäste wie Abraham Lincoln und Daniel Boone willkommen geheißen hat.

Der Hwy 31 führt in südwestlicher Richtung zunächst nach **Hodgenville** und dann
weiter zum **Abraham Lincoln Birthplace**
(Geburtsstätte Abraham Lincolns; www.nps.gov/
abli; 2995 Lincoln Farm Road, Hodgenville; ⏱ 8–
16.45 Uhr, im Sommer bis 18.45 Uhr) GRATIS, der
Replik eines griechischen Tempels rund um
eine alte Holzhütte. Nach weiteren zehn
Minuten Fahrt ist Knob Creek erreicht, wo
Abraham Lincoln seine Kindheit verbrachte.
Dort gibt's auch Wanderwege.

Ungefähr 25 Meilen (40 km bzw. 30 Min.)
südwestlich von Lexington liegt das **Shaker
Village at Pleasant Hill** (www.shakervillageky.
org; 3501 Lexington Rd; Erw./Kind 15/5 US$, Boots-
fahrt auf dem Fluss 10/5 US$; ⏱ 10–17 Uhr), in
dem bis Anfang des 20. Jhs. Anhänger der
religiösen Shaker-Sekte lebten. Man kann

DER BOURBON TRAIL

Der weiche, karamellfarbene Bourbon wurde vermutlich erstmals um 1789 im Bourbon County nördlich von Lexington destilliert. Dank des reinen, durch Kalkstein gefilterten Wassers werden heute 90 % aller Bourbons aus den USA hier im Bundesstaat Kentucky produziert. Ein guter Bourbon muss mindestens 51 % Mais enthalten und zwei Jahre oder länger in innen verkokelten Eichenfässern lagern. Während ihn die meisten Kenner pur oder mit etwas Wasser trinken, wird er in den Südstaaten gerne als Mint Julep (Bourbon, Zuckersirup und zerstoßene Minze) getrunken.

Das **Oscar Getz Museum of Whiskey History** (www.whiskeymuseum.com; 114 N 5th St; Spenden erwünscht; ⊙ Di–Sa 10–16, So 12–16 Uhr) in Bardstown erzählt anhand alter Brennkessel, die früher in Schwarzbrennereien verwendet wurden, und anderer Artefakte die Geschichte des Bourbons.

Die meisten Brennereien in Kentucky liegen nahe Bardstown und Frankfort und veranstalten kostenlose Führungen. Infos gibt's auf Kentuckys offizieller **Bourbon Trail Website** (www.kybourbontrail.com). Dort sind allerdings nicht alle Brennereien aufgeführt.

Brennereien rund um Bardstown:

Heaven Hill (www.bourbonheritagecenter.com; 1311 Gilkey Run Rd; Führung 3–5 US$) Brennereiführungen; man kann sich auch das interaktive Bourbon Heritage Center anschauen.

Jim Beam (www.jimbean.com; 149 Happy Hollow Rd; Führung 8 US$/Pers.; ⊙ Mo–Sa 9–17.30, So 12–16.30 Uhr) Dies ist die größte Destillerie der USA. Es gibt einen Film über die Familie Beam zu sehen, und es werden Kostproben von in kleinen Mengen produzierten Bourbons ausgeschenkt. Aus der Brennerei stammen Knob Creek (gut), Knob Creek Single Barrel (besser), Basil Hayden's (samtweich) und Booker's (hochprozentige Erleuchtung).

Maker's Mark (www.makersmark.com; 3350 Burks Spring Rd; Führung 7 US$; ⊙ Mo–Sa 10–16.30, So 13–16.30 Uhr) Die restaurierte viktorianische Brennerei ist praktisch ein Bourbon-Themenpark. Es gibt eine alte Getreidemühle und einen Souvenirshop, in dem man seine persönliche Whiskeyflasche mit rotem Wachs versiegeln kann.

Willet (☎ 502-348-0899; www.kentuckybourbonwhiskey.com; Loretto Rd, Bardstown; Führung 7 US$) Brennerei in Familienbesitz, in der in kunsthandwerklicher, patentierter Arbeit Bourbon in kleinen Mengen produziert wird. Das 49 ha große Anwesen ist wunderschön und gehört zu den besten Optionen für eine Brennereibesichtigung. Führungen werden den ganzen Tag angeboten.

Brennereien rund um Frankfort/Lawrenceburg:

Buffalo Trace (www.buffalotrace.com; 1001 Wilkinson Blvd) Die älteste kontinuierlich betriebene Brennerei der USA bietet gute Führungen und kostenlose Verkostungen an.

Four Roses (☎ 502-839-2655; www.fourrosesbourbon.com; 1224 Bonds Mills Rd; ⊙ Mo–Sa 9–16, So 12–16 Uhr, im Sommer geschlossen) GRATIS Das Gebäude am Fluss, in dem die unglaublich malerisch gelegene Brennerei untergebracht ist, erinnert an eine spanische Mission. Kostenlose Verkostungen.

Woodford Reserve (www.woodfordreserve.com; 7855 McCracken Pike; Führung 7 US$/Pers.; ⊙ 10–17 Uhr) Die an einem Bach gelegene historische Stätte wurde restauriert und erstrahlt nun wieder im Glanz des 19. Jhs. Hier kommen noch immer altmodische Kupferkessel zum Einsatz. Aus landschaftlicher Sicht die reizvollste der aufgeführten Optionen.

die tadellos restaurierten Gebäude besichtigen, die von Wiesen voller Butterblumen und gewundenen, steinigen Wegen umgeben sind. Es gibt auch einen bezaubernden Inn (☎ 859-734-5611; www.shakervillageky.org; 3501 Lexington Rd; Zi. ab 100 US$; P 🛜), ein Restaurant, Paddelbootsfahrten auf dem Kentucky River im Schatten eines Kalksteinkliffs sowie einen Souvenirladen.

Daniel Boone National Forest

Das über 2800 km² große Waldgebiet mit seinen zerklüfteten Schluchten und den der

Erdanziehung trotzenden Sandsteinbogen umfasst den größten Teil der Gebirgsausläufer der Appalachen im östlichen Kentucky. Die größte **Ranger-Station** (☑ 859-745-3100; www.fs.fed.us/r8/boone; 1700 Bypass Rd) befindet sich in Winchester.

Eine Stunde südöstlich von Lexington liegt die **Red River Gorge**, deren Klippen und natürliche Bogenformationen zu den besten Klettermöglichkeiten im Land gehören. **Red River Outdoors** (☑ 859-230-3567; www.redriveroutdoors.com; 415 Natural Bridge Rd; ganztägige geführte Klettertour ab 115 US$) bietet geführte Klettertouren an. Auf der Website von **Red River Climbing** (www.redriverclimbing.com) finden sich ausführliche Routeninfos. Im Dörfchen Slade können (ausschließlich) Kletterer hinter **Miguel's Pizza** (www.miguelspizza.com; 1890 Natural Bridge Rd; Hauptgerichte 10–14 US$; ☉ Mo–Do 7–22, Fr & Sa bis 23 Uhr) für 2 US$ ihr Zelt aufschlagen. Der an die Red River Gorge angrenzende **Natural Bridge State Resort Park** (☑ 606-663-2214; www.parks.ky.gov; 2135 Natural Bridge Rd; Zi. 70–150 US$, Cottage 100–170 US$) ist für seinen Sandsteinbogen bekannt. Neben Campingmöglichkeiten bietet der familienfreundliche Park auch einige kurze Wanderwege.

Mammoth Cave National Park

Im **Mammoth Cave National Park** (www.nps.gov/maca; 1 Mammoth Cave Pkwy, Ausfahrt 53 der I-65;Führungen Erw. 5–48 US$, Kind 3,50–18 US $; ☉ Frühling–Herbst 8.45–17.15 Uhr, Sommer 8.15–18.30 Uhr) befindet sich das größte Höhlensystem der Erde mit mehr als 400 Meilen kartierter Gänge. Die Mammoth Cave ist mindestens dreimal so groß wie jede andere bekannte Höhle und birgt gewaltige Felskathedralen, scheinbar bodenlose Abgründe und seltsame, wellenförmige Felsformationen. Die Höhlen wurden in prähistorischer Zeit als Mineralsammelstellen genutzt, später lieferten sie Salpeter für Schießpulver und dienten auch einmal als Hospital für Schwindsüchtige. Erste Touristen kamen um 1810, und seit den 1830er-Jahren werden Höhlenführungen angeboten. Das Gebiet wurde 1926 zum Nationalpark erklärt, der heute fast 2 Mio. Besucher jährlich anzieht.

Die einzige Möglichkeit, die Höhlen zu besichtigen, sind die ausgezeichneten, von Rangern **geführten Touren** (☑ 800-967-2283; Erw. 5–48 US$, Kind 3–18 US $); man sollte diese im Voraus buchen, vor allem im Sommer. Das Tourangebot reicht von einfachen Spaziergängen bis zu anstrengenden, einen ganzen Tag lang dauernden Höhlenwanderungen (nur für Erwachsene). Besonders interessant ist die Geschichtstour.

Neben den Höhlen gibt's im Park Wege in einer Gesamtlänge von 113 km, die sich hervorragend zum Wandern, Reiten und Moutainbiken eignen. Drei **Campingplätze** haben sanitäre Anlagen, aber weder Stromnoch Wasseranschlüsse (12–30 US$), auf dreizehn Campingplätzen im Hinterland kampiert man kostenlos. Die Erlaubnis zum Zelten erhält man im Visitor Center bei den Höhlen.

GEORGIA

Georgia, der größte Staat östlich des Mississippis, ist ein Potpourri geographischer und kultureller Extreme: Rechtsgerichtete Politiker der Republikaner sehen sich einem liberalen Idealismus gegenüber, konservative Kleinstädte werden von sich ausdehnenden, fortschrittlichen und finanzstarken Großstädten verschluckt, in den himmelhohen Bergen im Norden entspringen reißende Ströme und in den Küstenmarschen mit dem wogenden Riedgras wimmelt es nur so von Winkerkrabben. Die Strände und Inseln im Süden des Bundesstaates sind – ebenso wie ihre Küche – wunderbar.

❶ Praktische Informationen

Informationen über den gesamten Staat bekommen Besucher bei **Discover Georgia** (☑ 800-847-4842; www.exploregeorgia.org). Infos zu Campingmöglichkeiten und Aktivitäten in den State Parks hält das **Georgia Department of Natural Resources** (☑ 800-864-7275; www.gastateparks.org) bereit. Das bequemste Fortbewegungsmittel in Georgia ist das Auto. Die I-75 verläuft von Norden nach Süden und unterteilt den Bundesstaat so in zwei Teile. Die I-20 verläuft von Osten nach Westen.

Atlanta

Die sogenannte „Hauptstadt des Südens" hat einschließlich ihrer Vororte 5 Mio. Einwohner und wächst dank in den Süden ziehender Yankees und Zuwanderern aus dem Ausland in atemberaubendem Tempo weiter. Auch für Touristen wird die Stadt immer interessanter. Neben den bekannten Attraktionen der Downtown finden sich hier auch erstklassige Restaurants, und die Stadt blickt auf eine bedeutende afroamerikani-

KURZINFOS GEORGIA

Spitzname Peach State

Bevölkerung 9,9 Mio.

Fläche 153 952 km²

Hauptstadt Atlanta (5,2 Mio. Ew.)

Weitere Städte Savannah (136 286 Ew.)

Verkaufssteuer 7 %

Geburtsort von Baseballlegende Ty Cobb (1886–1961), US-Präsident Jimmy Carter (geb. 1924), Bürgerrechtler Martin Luther King (1929–1968), Sänger Ray Charles (1930–2004)

Heimat von Coca-Cola, dem verkehrsreichsten Flughafen der Welt, dem größten Aquarium der Welt

Politische Ausrichtung generell konservativ; Atlanta wählt mal so, mal so

Berühmt für Pfirsiche

Schrägstes Gesetz Esel dürfen nicht in Badewannen gehalten werden

Entfernungen Atlanta–St. Marys 343 Meilen (549 km), Atlanta–Dahlonega 75 Meilen (120 km)

sche Geschichte zurück. Da sich Atlanta zudem zu einer Art Filmproduktionszentrum entwickelt hat, ist auch ein großer Einfluss aus Hollywood spürbar.

Ohne natürliche Grenzen, die die Ausbreitung eindämmen könnten, wächst Atlanta zwar unaufhörlich weiter, ist aber dennoch eine hübsche Stadt mit vielen Bäumen und eleganten Wohnhäusern. Die unterschiedlichen Stadtviertel wirken wie freundliche Kleinstädte. Die Wirtschaft ist stabil, die Bevölkerung jung und kreativ, und es gibt so gut wie keine ethnischen Spannungen in der Stadt, die „zu beschäftigt ist, um zu hassen."

👁 Sehenswertes & Aktivitäten

◉ Downtown

Seit ein paar Jahren versuchen Stadtplaner und Politiker, den Stadtkern lebendiger und lebenswerter zu gestalten, was u.a. durch neue große Attraktionen geglückt ist.

World of Coca-Cola   MUSEUM

(www.woccatlanta.com; 121 Baker St; Erw./Senior/Kind 16/14/12 US$; ⊙ Mo–Fr 9–19.30, Sa bis 20.30, So 10–19 Uhr) Direkt neben dem Georgia Aquarium liegt dieses Museum, das sich selbst feiert und für Fans koffeinhaltiger Limo und gnadenloser Kommerzialisierung ganz unterhaltsam sein könnte. Höhepunkt des Besuchs ist die Verkostung verschiedener Coke-Produkte aus der ganzen Welt – ein echtes Abenteuer für den Gaumen. Außerdem gibt's Werke von Andy Warhol und einen 4-D-Film zu sehen, dazu Einblicke in die Unternehmensgeschichte und unendlich viel Werbematerial.

CNN Center   FERNSEHSTUDIO

(☎ 404-827-2300; www.cnn.com/tour/atlanta; 1 CNN Center; Führung Erw./Senior/Kind 15/14/12 US$; ⊙ 9–17 Uhr) Die 55-minütige Führung durch die internationale Zentrale des 24-Stunden-Nachrichtensenders mag durch das Versprechen, einen Blick hinter die Kulissen zu gewähren, vielleicht verlockend klingen. Wer sie jedoch nicht mitmacht, hat nicht viel verpasst, da Besucher hier doch sehr auf Abstand gehalten werden.

Georgia State Capitol   WAHRZEICHEN

(☎ 404-463-4536; www.libs.uga.edu/capitolmuseum; 214 State Capitol; ⊙ Mo–Fr 8–17 Uhr, Führung 10, 10.30, 11 & 11.30 Uhr) GRATIS Das Kapitol mit seiner goldenen Kuppel ist Atlantas politisches Machtzentrum. Zur kostenlosen Führung (mit Guide oder auf eigene Faust per Audioguide) gehören ein Film über die Arbeit der Legislative sowie ein Blick in die Kommunikationszentrale der Regierung von Georgia.

◉ Midtown

Mit ihren zahlreichen tollen Bars, Restaurants und Kulturstätten ist die Midtown die hippere Downtown.

★ High Museum of Art   GALERIE

(www.high.org; 1280 Peachtree St NE; Erw./Kind 19,50/12 US$; ⊙ Mo–Sa 10–17, So 12–17 Uhr) Atlantas modernes High Museum war das erste Museum der Welt, das Leihgaben aus dem Pariser Louvre ausstellte, und ist sowohl wegen seiner Architektur als auch wegen seiner erstklassigen Exponate einen Besuch wert. Das eindrucksvolle, weiß getünchte Gebäude beherbergt auf mehreren Etagen eine Dauerausstellung mit faszinierenden Möbelstücken aus dem späten 19. Jh., frühe Malereien der American-Modern-Ära von Künstlern wie George Morris und Albert Gallatin sowie Nachkriegswerke von Mark Rothko.

Atlanta Botanical Garden
GÄRTEN

(☑ 404-876-5859; www.atlantabotanicalgarden.
org; 1345 Piedmont Ave NE; Erw./Kind 18,95/
12,95 US$; ☺ Di–So 9–17 Uhr, April–Okt. bis 19 Uhr)
In der nordwestlichen Ecke des Piedmont
Park liegt der eindrucksvolle, 12 ha große
botanische Garten mit einer japanischen
Anlage, verschlungenen Wegen und dem
faszinierenden Fuqua Orchid Center.

Margaret Mitchell House & Museum
HISTORISCHES GEBÄUDE

(☑ 404-249-7015; www.margaretmitchellhouse.
com; 990 Peachtree St, bei der 10th St; Erw./Stu-
dent/Kind 13/10/8,50 US$; ☺ Mo–Sa 10–17.30, So
12–17.30 Uhr) Das Haus ist eine Gedenkstätte
für die Autorin von *Vom Winde verweht*.
Mitchell schrieb ihr Epos in der kleinen Kel-
lerwohnung dieses historischen Gebäudes,
allerdings sind keinerlei persönliche Gegenstände von ihr zu sehen.

Piedmont Park
PARK

(www.piedmontpark.org) Weit erstreckt sich
dieser herrliche weitläufige Stadtpark, der
Schauplatz vieler Kultur- und Musikfestivals
ist. Zudem gibt es wunderbare Radwege und
einen samstäglichen Bio-Markt.

Skate Escape
RADFAHREN

(☑ 404-892-1292; www.skateescape.com; 1086
Piedmont Ave NE) Verleiht Fahrräder (ab
6 US$/Std.), Inlineskates (6 US$/Std.), Tan-
dems (12 US$/Std.) und Mountainbikes
(25 US$/3 Std.).

◉ Sweet Auburn

In der Auburn Ave schlug zu Beginn des
20. Jhs. das wirtschaftliche und kulturelle
Herz der afroamerikanischen Gemeinschaft.
Heute sind hier allerlei Sehenswürdigkeiten
Martin Luther King gewidmet, dem berühmtesten Sohn Auburns, der hier predigte
und seine letzte Ruhestätte fand.

Alle Attraktionen zu Martin Luther King
sind nur ein paar Blocks zu Fuß von der
Station King Memorial der MARTA (S. 442)
entfernt.

★ Martin Luther King Jr. National Historic Site
HISTORISCHE STÄTTE

(☑ 404-331-5190, 404-331-6922; www.nps.gov/
malu/index.htm; 450 Auburn Ave; ☺ 9–17 Uhr)
GRATIS Die historische Stätte erinnert an das
Leben, die Arbeit und das Vermächtnis des
Bürgerrechtlers, der gleichzeitig einer der
größten Amerikaner überhaupt war. Das
Zentrum nimmt mehrere Häuserblocks ein.

Es lohnt sich, kurz im hervorragenden und
betriebsamen **Visitor Center** (☺ 9–17 Uhr,
im Sommer bis 18 Uhr) vorbeizuschauen, das
einen Lageplan sowie Broschüren über die
Stätten auf Lager hat und bei der Orientierung helfen kann. Durch verschiedene Ausstellungen werden verschiedene Themen,
etwa die Segregation (Rassentrennung),
die systematische Unterdrückung und die
rassistisch motivierte Gewalt erläutert, die
Martin Luther Kings Arbeit inspirierten und
ihn antrieben. Ein 2,4 km langer, hübsch
begrünter Pfad führt von hier zum Carter
Center (S. 434).

Martin Luther King Jr. Birthplace
GEBÄUDE

(www.nps.gov/malu; 501 Auburn Ave; ☺ Führung
10, 11, 14, 15, 16 & 16.30 Uhr) GRATIS Die kostenlosen geführten Touren durch das Haus, in
dem Martin Luther King Jr. seine Kindheit
verbrachte, dauern 30 Minuten und müssen
im Voraus gebucht werden. Die Buchungen
kann man im National Historic Site Visitor
Center vornehmen.

King Center For Non-Violent Social Change
MUSEUM

(www.thekingcenter.org; 449 Auburn Ave NE; ☺ 9–
17 Uhr, im Sommer bis 18 Uhr) Gegenüber dem
National Historic Site Visitor Center hält
dieses Zentrum weitere Infos zu Martin
Luther Kings Leben und Arbeit parat und
zeigt einige Dinge aus seinem persönlichen
Besitz, darunter auch seine Friedensnobel-
preismedaille. Seine **Grabstätte** ist von
einem langen Wasserbecken umgeben, in
dem sich die Umgebung spiegelt, und kann
jederzeit besucht werden.

First Ebenezer Baptist Church
KIRCHE

(www.historicebenezer.org; 407 Auburn Ave NE;
☺ Führung Mo–Sa 9–18, So 13.30–18 Uhr) GRATIS
In dieser Kirche waren Martin Luther King
Jr., sein Vater und Großvater Pastoren, und
Kings Mutter war die Chorleiterin. Tragi-
scherweise wurde sie hier 1974 auch von einem geistig behinderten Mann erschossen,
während sie Orgel spielte. Die mehrere Millionen Dollar teuren Renovierungsarbei-
ten, die 2011 abgeschlossen wurden, lassen
die Kirche nun wieder so erstrahlen wie in
den Jahren 1960 bis 1968, als King Jr. hier
als Hilfspastor seines Vaters tätig war.

Wenn man dasitzt und Kings gewaltige
Stimme den Ort erfüllt, kommt man sich
wie in einer Zeitkapsel vor. Die Gottesdienste werden sonntags nun in der neuen Ebe-
nezer-Kirche auf der gegenüberliegenden
Straßenseite gefeiert.

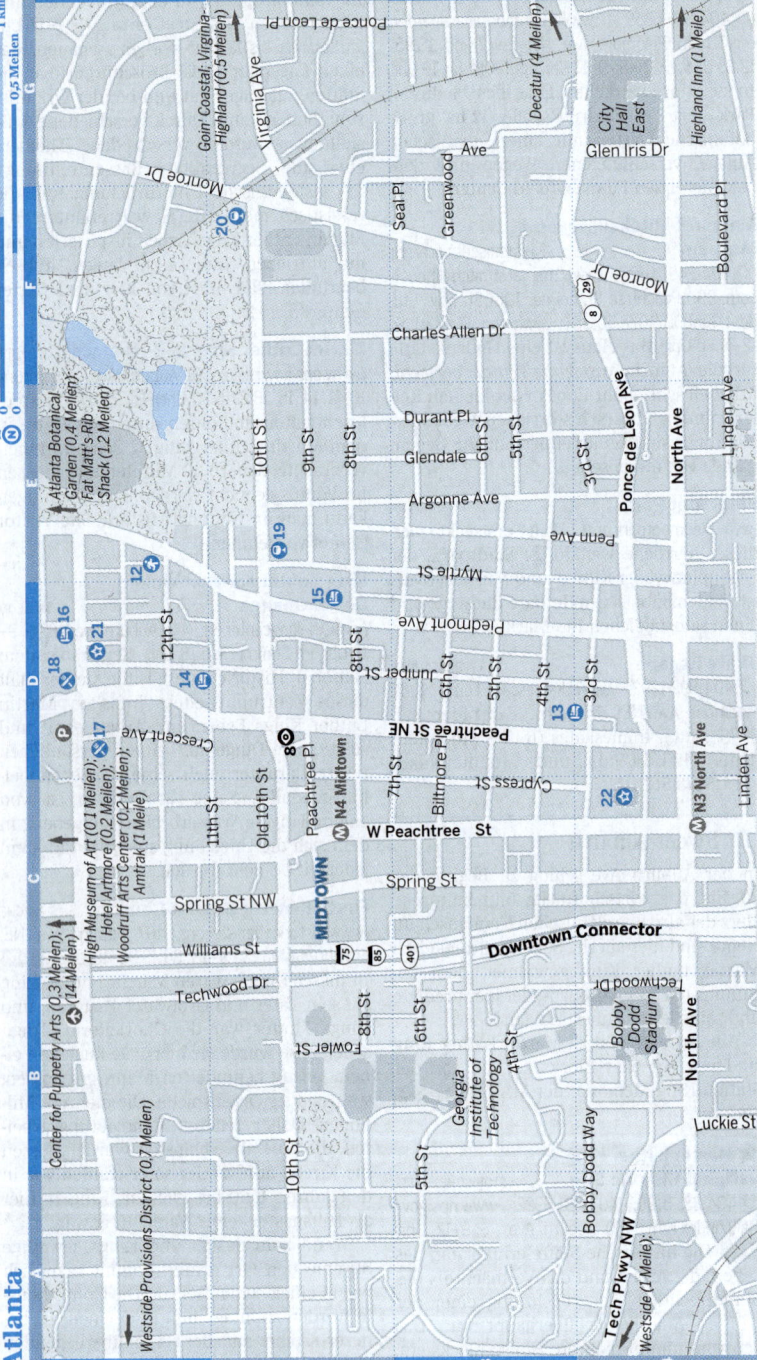

1 km

0,5 Meilen

Ponce de Leon Pl

Virginia Ave

Goin' Coastal; Virginia-
Highland (0,5 Meilen)

Monroe Dr

20

Atlanta Botanical
Garden (0,4 Meilen);
Fat Matt's Rib
Shack (1,2 Meilen)

Decatur (4 Meilen)

City
Hall
East

Glen Iris Dr

Highland Inn (1 Meile)

Ave

Greenwood

Seal Pl

Boulevard Pl

Charles Allen Dr

Monroe Dr

29

8

Durant Pl

Ponce de Leon Ave

North Ave

Linden Ave

10th St

9th St

8th St

Glendale

6th St

5th St

3rd St

Argonne Ave

Penn Ave

19

Myrtle St

12

12th St

16

21

15

Piedmont Ave

8th St

Juniper St

6th St

5th St

4th St

3rd St

18

14

13

High Museum of Art (0,1 Meilen);
Hotel Artmore (0,2 Meilen);
Woodruff Arts Center (0,2 Meilen);
Amtrak (1 Meile)

17

Crescent Ave

11th St

Old 10th St

Peachtree Pl

8

Peachtree St NE

7th St

Biltmore Pl

Cypress St

22

N4 Midtown

W Peachtree St

N3 North Ave

Linden Ave

MIDTOWN

Spring St

Spring St NW

Williams St

75

85

401

Downtown Connector

Techwood Dr

Center for Puppetry Arts (0,3 Meilen);
(14 Meilen)

8th St

6th St

Fowler St

4th St

Techwood Dr

Bobby
Dodd
Stadium

North Ave

Luckie St

10th St

5th St

Georgia
Institute of
Technology

Bobby Dodd Way

Westside Provisions District (0,7 Meilen)

Tech Pkwy NW

Westside (1 Meile);

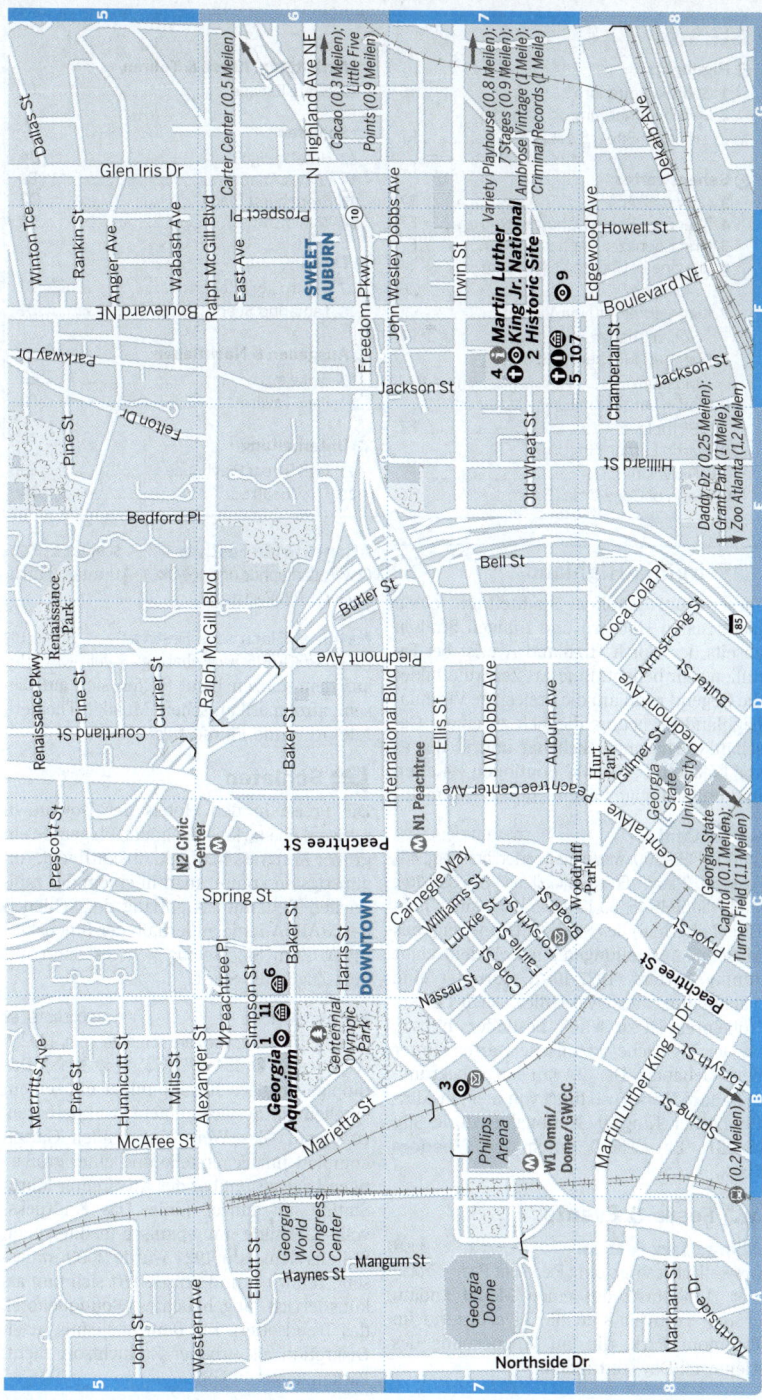

Dallas St

Glen Iris Dr

Winton Tce

Rankin St

Angier Ave

Wabash Ave

Ralph McGill Blvd

East Ave

Prospect Pl

N Highland Ave NE

Cacao (0.3 Meilen);
Little Five
Points (0.9 Meilen)

Carter Center (0.5 Meilen)

Variety Playhouse (0.8 Meilen);
7 Stages (0.9 Meilen);
Ambrose Vintage (1 Meile);
Criminal Records (1 Meile)

**SWEET
AUBURN**

John Wesley Dobbs Ave

Boulevard NE

Freedom Pkwy

Irwin St

**Martin Luther
King Jr. National
Historic Site**

4
2
5 107
9

Edgewood Ave

Howell St

Boulevard NE

Chamberlain St

Jackson St

Jackson St

Parkway Dr

Felton Dr

Pine St

Bedford Pl

Renaissance
Park

Old Wheat St

Hilliard St

Daddy-Dz (0.25 Meilen);
Grant Park (1 Meile);
Zoo Atlanta (1.2 Meilen)

Bell St

Butler St

Piedmont Ave

Renaissance Pkwy

Pine St

Courtland St

Ralph McGill Blvd

Currier St

Baker St

International Blvd

Ellis St

J W Dobbs Ave

Auburn Ave

Coca Cola Pl

Coca Cola Pl

Armstrong St

Piedmont Ave

Butler St

Hurt
Park

Gilmer St

Georgia
State
University

Prescott St

N2 Civic
Center

Peachtree Center Ave

Spring St

Peachtree St

Baker St

N1 Peachtree

Carnegie Way

Williams St

Luckie St

Cone St

Forsyth St

Broad St

Woodruff
Park

Central Ave

Georgia-State
Capitol (0.1 Meilen);
Turner Field (1.1 Meilen)

Pryor St

Peachtree St

Merritts Ave

Pine St

Hunnicutt St

Mills St

Alexander St

W Peachtree Pl

Simpson St

W Peachtree St

6

Harris St

DOWNTOWN

Nassau St

Carnegie Way

Fairlie St

Ellis St

3

McAfee St

**Georgia
Aquarium**

1 11

Centennial
Olympic
Park

Marietta St

Philips
Arena

W1 Omni/
Dome/GWCC

Martin Luther King Jr Dr

Forsyth St

Spring St

(0.2 Meilen)

Georgia
World
Congress
Center

Elliott St

Haynes St

Mangum St

Georgia
Dome

Markham St

Northside Dr

John St

Western Ave

Northside Dr

Northside Dr

Northside Dr

Atlanta

DER SÜDEN GEORGIA

◉ Virginia-Highland

Dieser grüne, ländliche Stadtteil mit seinen historischen Häusern und ruhigen Straßen abseits der North Highland Ave ist bei Familien sehr beliebt. Eine Art Zentrum bildet die Gegend rund um die dreieckige Virginia-Highland-Kreuzung, die sich zu einem Geschäftsviertel entwickelt hat und in der es vor Lokalen, Cafés und Boutiquen – Ketten und unabhängige Läden – nur so wimmelt.

Carter Center   BIBLIOTHEK, MUSEUM
(☎ 404-865-7100; www.jimmycarterlibrary.org; 441 Freedom Pkwy; Erw./Senior/Kind 8/6 US$/frei; ☺Mo–Sa 9–16.45, So 12–16.45 Uhr) Auf einem Hügel oberhalb des Stadtzentrums zeigt das Museum Ausstellungen zur Präsidentschaft Jimmy Carters (1977–1981), darunter eine Nachbildung des Oval Office. Auch Carters Nobelpreis ist zu sehen. Besonders hübsch ist der idyllische japanische Garten hinter dem Gebäude. Der 2,4 km lange begrünte **Freedom Park Trail** führt von hier zur Martin Luther King Jr. National Historic Site (S. 431). Er verläuft durch den **Freedom Park**.

✪ Feste & Events

Atlanta Jazz Festival   MUSIK
(www.atlantafestivals.com; Piedmont Park; ☺Mai) Der Höhepunkt des einen Monat andauernden Festivals sind die Livekonzerte im Piedmont Park, die am Wochenende des Memorial-Day stattfinden.

Atlanta Pride Festival   SCHWULE & LESBEN
(www.atlantapride.org; ☺Okt.) Atlantas jährliches GLBT-Festival.

National Black Arts Festival   KULTUR
(☎ 404-730-7315; www.nbaf.org; ☺Juli) Künstler aus dem ganzen Land treffen sich auf diesem afroamerikanischen Musik-, Theater-, Literatur- und Filmfestival.

🛏 Schlafen

Die Preise in den Hotels der Downtown schwanken stark, je nachdem, ob gerade ein großer Kongress in der Stadt stattfindet. Am günstigsten kommt man in einem der zahlreichen Kettenhotels entlang der Schienen der MARTA-Linie außerhalb der Innenstadt unter. Zum Sightseeing geht es dann mit dem Zug in die Stadt.

Hotel Artmore   BOUTIQUEHOTEL $$
(☎ 404-876-6100; www.artmorehotel.com; 1302 W Peachtree St; Zi. 134–279 US$; P❄@☎) Das flippige Art-déco-Juwel punktet mit seinem exzellenten Service, einem wunderbaren, zu einem Glas Wein einladenden Garten komplett mit Feuerstelle und einer großartigen Lage gegenüber der Arts Center Marta Station auf ganzer Linie. Das eindrucksvolle Gebäude im spanisch-mediterranen Stil aus dem Jahr 1924 wurde 2009 umfassend renoviert und präsentiert sich nun als künstlerisch angehauchtes Boutiquehotel, das Trendsettern mit dem Bedürfnis nach Diskretion als urbaner Zufluchtsort dient. Parken kostet 18 US$.

Hotel Indigo   BOUTIQUEHOTEL **$$**
(☑ 404-874-9200; www.hotelindigo.com; 683 Peachtree St; Zi. 129–179 US$; P) Das Hotel im Boutiquestil, das eigentlich einer Kette angehört, begeistert durch fröhliches Blau und seinen sonnigen Charakter. Am meisten überzeugt aber die Top-Lage in der Midtown in der Nähe der Restaurants und Unterhaltungsangebote und in fußläufiger Entfernung zur MARTA-Linie. Parken 18 US$.

Highland Inn   INN **$$**
(☑ 404-874-5756; www.thehighlandinn.com; 644 N Highland Ave; Zi. ab 81 US$; P ✳ 🛜) Die Pension im europäischen Stil aus dem Jahr 1927 hat im Lauf ihrer Geschichte schon viele tourende Musiker angezogen. Die Zimmer sind nicht besonders groß, und der Teppich ist etwas abgewetzt, für diesen Preis findet man in Atlanta aber nichts, was mit dem Komfort und der Lage in der Virginia-Highland-Gegend mithalten könnte. Gegen einen Aufpreis von 10 US$ bekommt man ein größeres Zimmer und ein größeres Bett.

W Midtown   HOTEL **$$**
(☑ 404-892-6000; www.watlantamidtown.com; 188 14th St NE; Zi. ab 190 US$; P ✳ @ 🛜 🛏) Nur wenige Schritte vom Piedmont Park entfernt liegt diese im üblichen modernen Stil aller W-Hotels gehaltene Unterkunft. Die Zimmer sind nicht riesig, bieten aber ausreichend Platz und haben Flachbild-TVs, Zweiersofas und punkten in den oberen Etagen mit einem tollen Ausblick. Im hauseigenen Club **Whiskey Park** treffen sich an den Wochenenden die Szenegänger.

Das W Midtown richtet sich vorwiegend an Geschäftsreisende, wodurch die Preise werktags in die Höhe schnellen, am Wochenende jedoch gute Angebote zu erwarten sind.

⭐ **Stonehurst Place**   B&B **$$$**
(☑ 404-881-0722; www.stonehurstplace.com; 923 Piedmont Ave NE; Zi. 159–399 US$; P ✳ @ 🛜) Das elegante, 1896 von der Hinman Family erbaute B&B bietet alle modernen Annehmlichkeiten, die man sich nur vorstellen kann, und ist in puncto Wasserversorgung und Heizsystem rundum umweltfreundlich ausgestattet. An den Wänden hängen die Originale von Warhol-Illustrationen. Für Traveller mit dem nötigen Kleingeld ist dies eine außergewöhnliche Wahl in toller Lage.

ATLANTA MIT KINDERN

Atlanta hat jede Menge Aktivitäten zu bieten, die den Nachwuchs unterhalten, begeistern und ihm etwas beibringen.

Georgia Aquarium (www.georgiaaquarium.com; 225 Baker St; Erw./Kind 35/29 US$; ⊘ So–Fr 10–17, Sa 9–18 Uhr; P ♿) Das weltweit größte Aquarium ist Atlantas Besuchermagnet. Zu sehen gibt's Walhaie (Taucher mit Tauchschein können mit ihnen schwimmen), Belugawale und eine Delfinshow (damit kann man einverstanden sein oder auch nicht), bei der Schauspieler bzw. Tiertrainer gemeinsam mit majestätischen Großen Tümmlern ein Spektakel à la Las-Vegas-meets-Broadway inszenieren. Dabei geht es allerdings mehr wie in *Fluch der Karibik* zu als wie im (Unterwasser-)Cirque du Soleil.

Imagine It! Children's Museum of Atlanta (☑ 404-659-5437; www.childrensmuseumatlanta.org; 275 Centennial Olympic Park Dr NW; Eintritt 12,75 US$; ⊘ Mo–Fr 10–16, Sa & So bis 17 Uhr; ♿) Das interaktive Museum richtet sich an Kinder bis acht Jahre. Erwachsene kommen hier nur in Begleitung eines Kindes rein.

Center for Puppetry Arts (☑ Tickets 404-873-3391; www.puppet.org; 1404 Spring St NW; Museum 8,25 US$, Vorführung 16,50–25 US$; ⊘ Di–Fr 9–15, Sa 10–17, So 12–17 Uhr; ♿) Ein Wunderland für Besucher aller Altersgruppen und zweifellos eine der einzigartigen Attraktionen Atlantas. Das Museum beherbergt einen Schatz an Puppen, von denen manche auch von den Besuchern angefasst und bedient werden dürfen. Für die Vorstellungen des Puppentheaters, die bei den Kindern sehr beliebt sind, muss eine zusätzliche Eintrittskarte gekauft werden. Sie sind nicht selten ausverkauft.

Grant Park (www.grantpark.org) Der Park am südöstlichen Rand des Stadtzentrums ist eine grüne Oase und beherbergt den **Zoo Atlanta** (www.zooatlanta.org; Grant Park; Erw./Kind 22/17 US$; ⊘ Mo–Fr 9.30–17.30, Sa & So bis 18.30 Uhr; ♿), in dem Flamingos, Elefanten, Kängurus und ein Tiger leben. Der ganze Stolz des Zoos sind aber die Pandas, deren niedlicher Nachwuchs einen förmlich dahinschmelzen lässt.

LITTLE FIVE POINTS & EAST ATLANTA

Während viele Stadtteile Atlantas die Hipster-Kultur erst nach und nach für sich entdecken, war Little Five Points (L5P) schon immer das Pflaster der Boheme-Szene der Stadt. Allerdings wird es auch dort mit jedem Jahr nobler und touristischer. Das Epizentrum der Gegend ist die Kreuzung dreier Straßen, in deren Mitte sich ein kleiner Platz befindet. Dort treffen sich Herumtreiber und Hippies, um auf kaputten Gitarren herumzuzupfen und Zigaretten zu schnorren. Aufgrund der Tatsache, dass sich in L5P immer mehr junge Karrieretypen ansiedeln, hat sich mittlerweile East Atlanta zu einem neuen Hotspot entwickelt, an dem sich die Hippen, Homosexuellen und Alternativen treffen, um zu diskutieren und zu feiern.

Beide Stadtteile werden von einer Hauptverkehrsstraße dominiert – der **Euclid Ave** in L5P und der **Flat Shoals Ave** in East Atlanta –, an deren Ende sich populäre Konzert-Locations, nämlich das Variety Playhouse (S. 441) bzw. das EARL (S. 441) befinden.

DER SÜDEN GEORGIA

Loews Atlanta
HOTEL $$$

(☎ 404-745-5000; www.loewshotels.com; 1065 Peachtree St; Zi. ab 269 US$; ❄ @ 🛜) Das wohl edelste Luxushotel Atlantas gehört zur Loews-Kette. Es ist elegant und modern und bietet im Herzen der Midtown allerhand Super-Komfort. Das dazugehörige **Exhale Spa** bringt den Blutdruck nach der Vorstandssitzung wieder auf Normalniveau, und die Kunstsammlung verleiht dem Ganzen noch das nötige Flair.

✕ Essen

Nach New Orleans bietet Atlanta die beste Restaurantszene des Südens und die Gastrokultur ist hier schon fast eine Art Obsession.

✕ Downtown & Midtown

Fat Matt's Rib Shack
BARBECUE $$

(www.fatmattsribshack.com; 1811 Piedmont Ave NE; Hauptgerichte 6–21 US$; ⏱ Mo–Fr 11.30–23.30, Sa bis 0.30, So 13–23.30 Uhr) Hier wird zwei großen Südstaaten-Traditionen die Ehre erwiesen: dem Barbecue und dem Blues. Besonders empfehlenswert ist der Brunswick Stew, eine leckere Beilage, die wohl am besten als Suppe mit Grillfleisch beschrieben werden kann.

Daddy Dz
BARBECUE $$

(☎ 404-222-0206; www.daddydz.com; 264 Memorial Dr; Sandwiches 6–12 US$, Gerichte 13–20 US$; Ⓟ) Ein spelunkenhafter BBQ-Laden, der ständig zu einem der besten Grillrestaurants der Stadt gewählt wird und jede Menge Charakter hat – von den Graffitigemälden an den rot-weiß-blauen Außenwänden über die rauchgeschwängerte Luft im Innern bis hin zu den hübsch hergerichteten Sitzecken auf der überdachten Terrasse. Besonders

empfehlenswert sind die saftigen Rippchen oder eine Portion Pulled Pork, die jedem ein Lächeln ins Gesicht zaubern.

Tamarind Seed
THAI $$

(www.tamarindseed.com; 1197 Peachtree St NE; Hauptgerichte 14–28 US$; ⏱ Mo–Do 11–22, Fr bis 23, Sa 16–23, So 12–22 Uhr; Ⓟ) Ein gut besuchtes, schickes Thai-Restaurant zwischen den Hochhäusern der Midtown, das besonders bei aufstrebenden jungen Berufstätigen beliebt ist. Im Angebot sind die üblichen thailändischen Klassiker und einige interessante Abwandlungen, z. B. scharfes Lammfleisch mit Basilikum oder gebackene Jakobsmuscheln mit Penang-Curry. Parktickets werden abgestempelt.

South City Kitchen
SÜDSTAATENKÜCHE $$$

(☎ 404-873-7358; www.southcitykitchen.com; 1144 Crescent Ave; Hauptgerichte 17–36 US$; ⏱ 11–15.30, So–Do 17–22, Fr & Sa bis 22.30 Uhr) Ein Restaurant mit gehobener Südstaatenküche, das köstliche Gerichte mit dem gewissen Etwas serviert, darunter etwa in Buttermilch ausgebackenes Hähnchen mit sautiertem Kohl und Kartoffelbrei oder eine aus regionalen Gewässern stammende, in der Pfanne gebratene Forelle mit Zitronenmascarpone. Eine gute Vorspeise sind die in Maismehl gewendeten, kurz angebratenen Austern, die mit gedünsteten Schalentieren, gegrillter Andouille und gebratenen Kapern serviert werden.

✕ Westside

Der **Westside Provisions District** (www.westsidepd.com; 100-1210 Howell Mill Rd; Ⓟ) ist ein ansprechender neuer Komplex mit gehobenen Geschäften und Lofts in Atlantas Westside, in dem auch einige angesagte Restaurants zu finden sind, die die Zutaten für ihre Gerichte frisch von Bauernhöfen aus der Region beziehen.

★ West Egg Cafe
DINER $

(www.westeggcafe.com; 1100 Howell Mill Rd; Hauptgerichte 6–12 US$; ⊙ Mo & Di 9–21, Mi–Fr bis 22, Sa 8–22, So bis 21 Uhr; P ﬞ) Entweder nimmt man an der marmornen Frühstückstheke oder an einem der Tische Platz und lässt sich dann eine Lachstorte mit Sauce Hollandaise, Eiern und Maisgrütze, Arme Ritter mit Bananenbrot, ein Sandwich mit Bacon, Salat und gebratenen grünen Tomaten, süße Bacon-Pfannkuchen oder Short-Rib-Hackfleisch schmecken. Alle diese Gerichte sind althergebrachte Klassiker, die mit einem besonderen Touch versehen wurden. Der Speisesaal ist stilvoll und spartanisch eingerichtet.

Nette zusätzliche Pluspunkte sind der leckere Irish Coffee und die süßen Bedienungen.

Star Provisions
SELBSTVERSORGER $

(☏ 404-365-0410; www.starprovisions.com; 1198 Howell Mill Rd; ⊙ Mo–Sa 10–24 Uhr) Wer sich seine Gourmetgerichte gerne selbst zubereitet, wird sich hier mit der riesigen Auswahl von Käse, Fleischereierzeugnissen, Backwaren und Küchengeräten sicherlich wohl fühlen. Die Fleischabteilung bietet ein atemberaubendes Sortiment von vor Ort geräucherten Produkten, darunter Peperoni, Bresaola, Lachsschinken und Prosciutto. Gut fürs nächste Picknick!

Yeah! Burger
BURGER $

(www.yeahburger.com; 1168 Howell Mill Rd; Burger 6–11 US$; ⊙ So–Do 11.30–22, Fr & Sa bis 23 Uhr; P ﬞ ﬞ) Ein kreativer, preiswerter und guter Burger-Laden, in dem man sich seine Zutaten selbst aussuchen kann. Soll das Hackfleisch vom Rind aus Weidenhaltung, vom Bison, Truthahn oder Huhn stammen? Oder lieber doch vegetarisch? Dazu wählt man ein Brötchen (auf Wunsch glutenfrei), sucht sich eine der neun Käsesorten und einen der 22 Beläge aus (auch seltene Optionen wie Jalapeños, nitratfreier Bacon oder Feigenmarmelade sind darunter) und rundet das Ganze mit einer der 18 Saucen ab.

Das Yeah! kommt bei Kindern sehr gut an. Es gibt außerdem eine Bar, die auch hochprozentigen Alkohol ausschenkt; die Plastikbecher sind biologisch abbaubar.

JCT Kitchen & Bar
MODERN-AMERIKANISCH $$

(☏ 404-355-2252; www.jctkitchen.com; 1198 Howell Mill Rd; Hauptgerichte 9–24 US$; ⊙ Mo–Sa

---

MARTIN LUTHER KING JR.: GALIONSFIGUR DER BÜRGERRECHTE

Martin Luther King Jr., die bedeutendste Figur der amerikanischen Bürgerrechtsbewegung und die wohl größte Führungspersönlichkeit Amerikas, wurde 1929 als Sohn eines Predigers und einer Chorleiterin in Atlanta geboren. Dieser Hintergrund war nicht nur insofern von Bedeutung, als dass er seinem Vater als Pfarrer der Ebenezer Baptist Church folgte, sondern auch, weil seine späteren politischen Reden von einer nicht unbedeutenden Kanzelrhetorik geprägt waren.

Der „Busboykott" von Montgomery, Alabama, wurde 1955 von King angeführt, woraufhin der Oberste Gerichtshof der USA die Gesetze aufhob, die eine Rassentrennung in Bussen vorschrieben. Von diesem Moment an war King die inspirierende Stimme mit moralischem Gewicht.

Seine Ablehnung von Gewalt bei der Durchsetzung der Rassengleichheit und des Rassenfriedens, bei der er dem Vorbild Gandhis folgte und die er als mächtige Waffe gegen Hass, Segregation und rassistisch motivierte Gewalt einsetzte – in den Südstaaten jener Zeit alles alltägliche Untaten –, lässt seinen Tod nur noch tragischer erscheinen. Er wurde 1968, vier Jahre, nachdem er den Friedensnobelpreis erhalten hatte und fünf Jahre nach seiner legendären Washingtoner I Have a Dream-Rede, auf dem Balkon eines Hotels in Memphis erschossen.

King bleibt eine der am meisten anerkannten und respektierten Persönlichkeiten des 20. Jhs. Zehn Jahre führte er eine Bewegung an, um ein System der rechtlichen Diskriminierung zu beenden, das seit der Entstehung des Landes gegolten hatte. Die Martin Luther King Jr. National Historic Site (S. 431) und das King Center for Non-Violent Social Change (S. 431) in Atlanta huldigen dem Erbe seiner moralischen Vision, seiner Fähigkeit, Menschen zu inspirieren, und seiner andauernden Wirkung auf das Grundgefüge der US-amerikanischen Gesellschaft.

11–14.30, Mo–Do 17–22, Fr & Sa bis 23, So 17–21 Uhr) In dieser Location mit stilvollen Holzfußböden, Glaswänden, dezentem Licht und einer Bar aus knorrigem Holz werden leckere Gerichte von Hühnerlebermousse auf Toast über Shrimps mit Maisgrütze bis hin zu schonend gegartem Kaninchen und köstlichen Krebsfleischrollen serviert. Auch das Hanger Steak ist verdammt lecker.

Abattoir
STEAK $$$

(☎ 404-892-3335; www.starprovisions.com/abattoir; 1170 Howell Mill Rd; Hauptgerichte 15–35 US$; ⊙ Di–Sa 18–23 Uhr; P) Dieses gehobene Restaurant für Fleischliebhaber macht seinem Namen (*abattoir* ist das französische Wort für Schlachthaus) alle Ehre und hat zudem eine tolle Bar. Die Burger sind erste Sahne! Zu den gebratenen Wachteln gibt's als Beilage geschmortes Gemüse und eine Maismehlwaffel, die Shrimps mit Maisgrütze haben eine Currynote, und das Hanger Steak ist ein althergebrachter Favorit. Ein echtes Steakhaus ohne viel Schnickschnack, dafür aber mit eleganter Gelassenheit!

Bacchanalia
FEINSCHMECKER $$$

(☎ 404-365-0410; www.starprovisions.com/bacchanalia; 1198 Howell Mill Rd; Festpreis 85 US$/Pers.; ⊙ ab 18 Uhr) Zum Zeitpunkt der Recherche galt das Bacchanalia als bestes Restaurant der Stadt. Die Speisekarte ändert sich täglich, und für jeden der fünf Gänge stehen sechs Gerichte zur Auswahl. Wie wär's zu Anfang mit einem hawaiischen Gelbschwanz an einer Sojasauce mit eingelegten Zitronen und Radieschen oder einem Foie-gras-Confit? Als zweiter Gang empfehlen sich der Gulf Crab Fritter, ein Süßkartoffel-Angelotti oder der pochierte Heilbutt.

Der nächste Gang könnte aus einem Club Steak vom Lamm, Wachteln oder einem Steak von einem hiesigen Berkshire-Schwein mit Grünkohl bestehen. Zu guter Letzt folgen eine dekadente Käserunde und das Dessert. Die Atmosphäre ist fast schon frostig. Reservierung empfohlen.

✖ Virginia-Highland & Umgebung

In Little Five herrscht am Wochenende eine ausgelassene Stimmung, während Inman Park eher ein bodenständiges Viertel gleich östlich der Downtown ist. Und mitten drin im vielseitigen East Atlanta gibt's ein Hummer-Sandwich, das einem vor Glück die Tränen in die Augen treibt.

Sevananda
SELBSTVERSORGER $

(www.sevananda.coop; 467 Moreland Ave NE, Little Five Points; ⊙ 8–22 Uhr) Diese genossenschaftliche Vereinigung wurde zu Atlantas bestem Naturkostladen gewählt und ist eine Fundgrube für Selbstversorger. Es gibt eine gute Feinschmeckerabteilung, heiße Suppen, Bio-Produkte, Naturheilmittel und jede Menge weitere Anzeichen für eine linksgerichtete Einstellung zur Nahrungsmittelversorgung.

Cacao
SCHOKOLADE $

(www.cacaoatlanta.com; 312 N Highland Ave NE; Süßigkeiten 4–6 US$; ⊙ Mo–Do 11–21, Fr & Sa 10–22, So 11–18 Uhr) Schokoladenliebhaber stürzen sich in dieser schicken Boutique auf sündhafte Trüffel, Eis (das aus dunkler Schokolade ist unbeschreiblich gut), vierschichtigen Schokokuchen, der schon beim bloßen Anblick die Kilos auf die Hüften zaubert, und den leckeren Mokka, der Geist und Seele wärmt.

★ Fox Brothers
BARBECUE $$

(☎ 404-577-4030; www.foxbrosbbq.com; 1238 Dekalb Ave NE; Gerichte 8–25 US$; ⊙ So–Do 11–22, Fr & Sa bis 23 Uhr) Noch ein alteingesessener Klassiker in Atlantas Restaurantszene: Das Fox Brothers in Inman Park serviert geschmorte und geräucherte Rippchen mit einer hauchdünnen schwarzen Kruste außen und perfekter Zartheit innen. Es ist außerdem für die außergewöhnliche Rinderbrust im Texas-Stil bekannt und verkauft seine eigene, selbst abgefüllte Sauce.

Octopus Bar
ASIATISCH, FUSION $$

(www.octopusbaratl.com; 560 Gresham Ave SE, East Atlanta; Gerichte 3–14 US$; ⊙ Mo–Sa 22.30–2.30 Uhr) Sind die Öffnungszeiten seltsam? Ist es schwer, einen Sitzplatz zu ergattern? Dauert es so lange, bis man sein Fusion-Gericht bekommt, weil die Köche sich am Hinterausgang gerade erst mal, äh, irgendwie ... berauschen? Und kann es denn sein, dass der Barkeeper der hübscheste Mann in ganz Georgia ist? Die Antwort auf all diese Fragen lautet ganz klar: ja. Deshalb heißt es Vorbehalte und Erwartungen an der Garderobe abgeben und sich dann in diesem Laden mit Sitzgelegenheiten drinnen und draußen, bunten Wänden und sphärischen Elektroklängen auf das konzentrieren, was wirklich zählt, nämlich das hervorragende Essen. Auf der Speisekarte steht das beste Gericht der Stadt: das Hummer-Sandwich der Erleuchtung. Keine Reservierung möglich, also früh kommen!

★ Goin' Coastal · · · · · · · · · · · · · · · SEAFOOD $$$

(www.goincoastalseafood.com; 1021 Virginia Ave NE; Hauptgerichte 18–26 US$; ⊘ So–Do 17–22, Fr & Sa bis 23 Uhr) 🍴 In diesem entspannten Nachbarschaftslokal im Herzen von Highlands wird der Fang des Tages an einer Tafel angeschrieben – die Meeresfrüchte sind hervorragend. Zudem gibt's weitere tolle Gerichte wie Hummer-Tacos (18 US$), Küstenforelle (24 US$) und eine Menge leckerer Beilagen (cremige Maisgrütze, Jalapeño-Maisbrot-Pudding). Montagabends bezahlt man für einen ganzen Maine-Hummer gerade einmal 20 US$.

✕ Decatur

Das unabhängige Städtchen Decatur liegt 6 Meilen (9,6 km) östlich der Downtown und hat sich im Lauf der Zeit zu einer Gegenkultur-Enklave und zu einer echten Gourmetadresse entwickelt. Wie in den meisten traditionellen Südstaatenorten ist der **Courthouse Square** mit seinem Holzpavillon der Mittelpunkt allen Geschehens und ist von einigen Restaurants, Cafés und Geschäften umgeben.

Victory · · · · · · · · · · · · · · · · · · SANDWICHES $

(www.vicsandwich.com; 340 Church St, Decatur; Sandwiches 4 US$; ⊘ 11–2 Uhr) Die in einem freistehenden umgebauten Backsteinhaus in Decatur untergebrachte Victory-Filiale verkauft wunderbare und dazu noch günstige Gourmetsandwiches. Die Baguettes werden großzügig mit weißen Sardellen und Zitronenmayonnaise, mit Prosciutto, Rucola und Äpfeln oder mit zahlreichen weiteren interessanten Variationen belegt. Es gibt noch eine weitere Filiale in Inman Park.

★ Leon's Full Service · · · · · · · · · · · FUSION $$

(☎ 404-687-0500; www.leonsfullservice.com; 131 E Ponce de Leon Ave; Hauptgerichte 11–24 US$; ⊘ Mo 17–1, Di–Do & So 11.30–1, Fr & Sa bis 2 Uhr) In dieser fantastischen Betonbar mit ihrer offenen Raumaufteilung ist Sein wichtiger als der Schein. Vor der ehemaligen Tankstelle gibt es eine tolle beheizte und von Balken überspannte Veranda. Alles hier ist mit Sorgfalt und Liebe zum Detail zusammengestellt, ob nun die Bier-, Wein- und Cocktailkarte (der hochprozentige Alkohol stammt ausnahmslos aus kleinen Betrieben mit geringen Produktionsmengen) oder die Speisenauswahl mit Gerichten wie in der Pfanne gebratener Forelle mit geröstetem Blumenkohl, einer Apfel-Curry-Suppe und hausgemachter Ge-

flügelwurst in grünem Curry mit Senfkohl. Kein Wunder, dass es hier immer brechend voll ist! Keine Reservierung möglich.

No. 246 · · · · · · · · · · · · · · · · · · ITALIENISCH $$

(☎ 678-399-8246; www.no246.com; 129 E Ponce de Leon Ave; Hauptgerichte 12–25 US$; ⊘ Mo–Sa 11–15 & 17–22, So bis 21 Uhr) Ein gehobenes Restaurant, in dem Holzofenpizza und hausgemachte Pasta auf die Tische kommen und das einen unverkennbaren Feinschmecker-Touch aufweist. Zur Vorspeise werden Aufschnitt- und Käseplatten serviert, als Hauptgang sind die Agnolotti mit Ziegenkäsefüllung, gebratener Rote Bete, Radieschen und Estragon einfach traumhaft. Auch empfehlenswert: Gnocchi mit Fenchel-Fleischbällchen oder Pizza. Der Service ist erste Sahne.

Cake's & Ale · · · · · · · · · · MODERN-AMERIKANISCH $$$

(☎ 404-377-7994; www.cakesandalerestaurant.com; 155 Sycamore St; Hauptgerichte 24–36 US$; ⊘ Di–Do 18–23, Fr & Sa 17.30–24 Uhr) Der Besitzer dieser neuen, angesagten Location ist eine Koryphäe auf dem Gebiet der Backkunst und trat kürzlich erst beim US-amerikanischen TV-Kochduell *Top Chef* auf. Die Bäckerei nebenan serviert eine heiße Schokolade und köstliches Gebäck, die die Herzen der Kunden höher schlagen lassen. Leider schließt sie schon recht früh. Aber keine Angst: Man kann auch an der Bar aus Betonformteilen Platz nehmen und sich einen Portwein mit Ricotta-Cheesecake und Blutorangensorbet bestellen! Oder doch lieber die gebratene Ananas in Plunderteig mit Rumeiscreme?

Das wöchentlich rotierende Dinnerangebot ist recht beschränkt, meistens sind aber Austern, ein Rib-Eye-Steak und interessante Gerichte wie Schweinebauch und Shrimps an Fenchelpüree dabei. Auch die knusprige Kaninchenkeule sieht vorzüglich aus.

🍸 Ausgehen & Nachtleben

Brick Store Pub · BAR

(www.brickstorepub.com; 125 E Court Sq) Bierfans werden vom besten Biersortiment in Atlanta – 17 ausgewählte Sorten – begeistert sein. Im oberen Stockwerk gibt es eine separate, etwas kleinere Bar, in der belgisches Bier die Hauptrolle spielt. Insgesamt werden fast 200 Biersorten in der Flasche angeboten, und wohl auch deshalb trifft man hier jeden Abend eine junge, gut gelaunte Klientel an.

Ormsby's · BAR

(www.ormsbysatlanta.com; 1170 Howell Mill Rd, Westside; ⊘ Mo–Fr 11–3, Sa ab 12, So 12–24 Uhr)

Unter dem Westside Provisions District (S. 436) versteckt sich diese großräumige, geschäftige Kellerkneipe, in der es nicht nur über ein Dutzend Biere aus Kleinbrauereien und Dutzende weiterer Biersorten aus Deutschland, Belgien, Sri Lanka und anderen exotischen Ländern, sondern auch noch Spiele gibt. Die Gäste können sich bis spät in die Nacht die Zeit mit Boccia, Shuffleboard, Billard, Skee-ball und Brettspielen vertreiben.

Gerüchten zufolge soll das Ormsby's zu Zeiten der Prohibition ein Burlesque-Theater mit SM-Touch gewesen sein.

Graveyard Tavern BAR

(www.graveyardtavern.com; 1245 Glenwood Ave SE; ◷ Mo–Sa 17–2, So 19–24 Uhr) Die freiliegenden Dachsparren verraten das hohe Alter dieser Spelunke in East Atlanta. Dies ist jedoch kein gelungener Designer-Coup, sondern einfach ein liebenswertes Anzeichen von Altersschwäche. An der achteckigen hölzernen Bar und in den Sitzecken aus Vinyl trifft man sie alle: Hipster, Homosexuelle, Hip-Hopper, Gangster und auch ein paar Ruheständler.

Park Tavern BAR

(www.parktavern.com; 500 10th Street NE; ◷ Mo–Fr 16.30–24, Sa & So ab 11.30 Uhr) Ein Restaurant mit Kleinbrauerei, das vielleicht nicht gerade ultimativ hip ist, dessen Terrasse am Rand des Piedmont Park aber zu den schönsten Plätzchen in Atlanta gehört, um sich zurückzulehnen und einfach einen gemütlichen Nachmittag zu genießen. An Regentagen gibt's für 1 US$ Kostproben des hauseigenen Gerstensafts.

Blake's SCHWULE & LESBEN

(www.blakesontheparkatlanta.com; 227 10th St NE) Das Blake's am Piedmont Park feiert sich selbst als „Atlantas beliebteste Schwulenbar seit 1987".

☆ Unterhaltung

Mit viel Livemusik und zahlreichen Kulturevents kann sich Atlantas Nachtleben durchaus mit dem anderer Großstädte messen. Einen Veranstaltungskalender gibt's bei der **Atlanta Coalition of Performing Arts** (www.atlantaperforms.com). Infos zu Livemusik, ein Verzeichnis der Veranstaltungsorte der Stadt sowie Links zum Onlineticketverkauf findet man bei **Atlanta Music Guide** (www.atlantamusicguide.com). Smartphone immer dabei? Dann sollte man sich vielleicht die App **Bandsintown** herunterladen. Vor allem in den Großstädten des Landes kann sie sehr hilfreich sein.

Theater

Woodruff Arts Center KUNSTZENTRUM

(www.woodruffcenter.org; 1280 Peachtree St NE, Höhe 15th St) Auf dem Kunst-Campus sind neben dem High Museum auch das Atlanta Symphony Orchestra und das Alliance Theatre zu Hause.

Fox Theatre THEATER

(☏ 855-285-8499; www.foxtheatre.org; 660 Peachtree St NE; ◷ Kartenvorverkauf Mo–Fr 10–18, Sa bis 15 Uhr) In dem spektakulären Filmpalast von 1929 mit verspielter, maurisch-ägyptischer Deko finden Broadway-Shows und Konzerte statt. Der Zuschauerraum fasst über 4500 Personen.

14th Street Playhouse THEATER

(☏ 404-733-5000; www.14thstplayhouse.org; 173 14th St NE; Eintritt ab 25 US$) Wer Lust auf einen schönen Theaterabend hat, kann hier professionelle Inszenierungen der klassischen Stücke und Musicals sehen. Auch einige Avantgarde-Produktionen sind dabei.

7 Stages THEATER

(☏ 404-523-7647; www.7stages.org; 1105 Euclid Ave) Ein unabhängiges, gemeinnütziges Theater

---

SCHWULEN- & LESBENSZENE IN ATLANTA

Atlanta – von manchen auch „Hotlanta" genannt – ist einer der wenigen Orte in Georgia mit einer offen sichtbaren, aktiven Homosexuellen-Community. Midtown ist das Zentrum der Schwulenszene mit dem Piedmont Park und der Kreuzung von 10th St und Piedmont Ave als Epizentrum. Dort findet sich das Blake's (s. oben), eine recht gute Bar. Im Stadtteil Decatur östlich der Downtown von Atlanta hat sich eine recht große lesbische Community angesiedelt. News und Infos gibt's in *David Atlanta* (www.davidatlanta.com) und auf www.gayatlanta.com.

Das Atlanta Pride Festival (S. 434) ist ein jährlich stattfindendes riesiges Fest der Schwulen- und Lesbenszene der Stadt. Es findet im Oktober in und um den Piedmont Park statt.

aterhaus, das sich auf Produktionen hiesiger Bühnenautoren spezialisiert hat.

Livemusik & Nachtclubs

Die Eintrittspreise für folgende Läden ändern sich von Abend zu Abend. Veranstaltungskalender und Infos zu Ticketpreisen finden sich auf den jeweiligen Websites.

EARL   LIVEMUSIK
(www.badearl.com; 488 Flat Shoals Ave, East Atlanta) Fans des Indie-Rock lieben diesen Pub, der sehr häufig mit Livemusik und mit überraschend gutem Essen aufwartet.

Eddie's Attic   LIVEMUSIK
(☑ 404-377-4976; www.eddiesattic.com; 515b N McDonough St) Eine der besten Adressen der Stadt für Live-Folk und akustische Musik. Sieben Tage die Woche sorgen aufstrebende lokale Künstler in der rauchfreien Bar in East Atlanta für Stimmung.

Variety Playhouse   LIVEMUSIK
(www.variety-playhouse.com; 1099 Euclid Ave NE) Eine gut geführte Konzert-Location mit vielen tollen Events. Hier treten tourende Musiker jeder Couleur auf. Ein wichtiger Veranstaltungsort, der Little Five Points seinen festen Platz in der Musikszene sichert.

Sport

Karten für Sportveranstaltungen gibt's bei **Ticketmaster** (☑ 404-249-6400;www.ticketmaster.com).

Atlanta Braves   BASEBALL
(☑ 404-522-7630; www.atlantabraves.com; 755 Hank Aaron Dr SE; Tickets 8–90 US$) Das Baseball-Team spielt auf dem Turner Field. Die MARTA-/Braves-Shuttles, die zum Stadion verkehren, fahren 90 Minuten vor Spielbeginn am **Underground Atlanta** (www.underground-atlanta.com; Ecke Peachtree St & Alabama St; ⊙ Mo–Sa 10–21, So 11–18 Uhr) bei der Steve Polk Plaza ab.

Shoppen

Ambrose Vintage   VINTAGE
(www.facebook.com/AmbroseVintage; 1160 Euclid Ave; ⊙ 11–19 Uhr) Bei Weitem die beste der Vintage-Boutiquen in Little Five mit einer guten Auswahl von Blazern und Lederwaren für Männer sowie Tweedjacken und Hosen, Krawatten und Jeansjacken, Röcken, Pullovern, Blusen und Hüten für Damen – und das alles in sämtlichen Stilen der letzten vier Jahrzehnte. Aus den Lautsprechern ertönt geschmackvolle Rockmusik.

Criminal Records   MUSIK
(www.criminalatl.com; 1154 Euclid Ave; ⊙ Mo–Sa 11–21, So 12–19 Uhr) Ein Plattenladen, der einen in Erinnerungen schwelgen lässt, mit neuen und gebrauchten Pop-, Soul-, Jazz- und Metalalben auf CD oder Vinyl, in die man auch hineinhören kann. Es gibt auch einen interessanten Bereich mit Büchern über Musik sowie einige ganz gute Comicbücher.

ⓘ Praktische Informationen

INFOS IM INTERNET

Scout Mob (www.scoutmob.com) Tipps zu allem, was in Atlanta neu und hip ist.

Dixie Caviar (www.dixiecaviar.com) Rezepte und Restaurantempfehlungen von einer jungen, geistreichen und gut informierten Feinschmeckerin aus Atlanta.

Atlanta Travel Guide (www.atlanta.net) Offizielle Website des Atlanta Convention & Visitors Bureau mit ausgezeichneten Links zu Läden, Restaurants, Hotels und anstehenden Events. Auf der Website kann man außerdem den CityPass kaufen, ein tolles Sparangebot, das den Eintritt zu fünf Attraktionen der Stadt zum reduzierten Preis ermöglicht (mehr Infos unter www.citypass.com/atlanta).

INTERNETZUGANG

Central Library (www.afpls.org; 1 Margaret Mitchell Sq; ⊙ Mo–Sa 9–21, So 14–18 Uhr) Viele Filialen der Bibliothek bieten wie die Zentrale 15-minütige kostenlose Internetnutzung.

MEDIEN

Atlanta (www.atlantamagazine.com) Monatsmagazin für lokale Themen, Kunst und Essen.

Atlanta Daily World (www.atlantadailyworld.com) Älteste kontinuierlich herausgegebene afroamerikanische Tageszeitung (seit 1928).

Atlanta Journal-Constitution (www.ajc.com) Atlantas wichtigste Tageszeitung mit gutem Reiseteil am Sonntag.

Creative Loafing (www.clatl.com) Das kostenlose alternative Wochenblatt, das immer mittwochs erscheint, liefert heiße Tipps zu Musik, Kunst und Theater.

NOTFALL & MEDIZINISCHE VERSORGUNG

Atlanta Medical Center (www.atlantamedcenter.com; 303 Pkwy Dr NE) Ein seit 1901 bestehendes Krankenhaus mit 460 Betten für stationäre Behandlungen.

Atlanta Police Department (☑ 404-614-6544; www.atlantapd.org)

Emory University Hospital (www.emoryhealthcare.org; 1364 Clifton Rd NE)

Piedmont Hospital (www.piedmonthospital.org; 1968 Peachtree Rd NW)

POST

Allgemeine postalische Infos gibt's unter der Telefonnummer 800-275-8777. Postfilialen finden sich im **CNN Center** (190 Marietta St NW, CNN Center), **Little Five Points** (455 Moreland Ave NE), **North Highland** (1190 N Highland Ave NE) und in der **Phoenix Station** (41 Marietta St NW).

❶ An- & Weiterreise

Atlantas riesiger Flughafen, der **Hartsfield-Jackson International Airport** (ATL; Atlanta; www.atlanta-airport.com), liegt 12 Meilen (19 km) nördlich der Downtown. Der Verkehrsknotenpunkt bedient alle internationalen Hauptstrecken.

Die **Greyhound-Haltestelle** (232 Forsyth St) befindet sich neben der MARTA-Station Garnett. Zu den Zielen gehören Nashville, TN (5 Std.), New Orleans, LA (10½ Std.), New York (20 Std.), Miami, FL (16 Std.), und Savannah, GA (4¾ Std.).

Der **Amtrak-Bahnhof** (1688 Peachtree St NW, an der Deering Rd) ist direkt nördlich der Innenstadt zu finden.

❶ Unterwegs vor Ort

Die Züge der **Metropolitan Atlanta Rapid Transit Authority** (MARTA; ☏ 404-848-5000; www.itsmarta.com; Fahrt 2,50 US$) fahren vom Flughafen in die Innenstadt und zurück. Es gibt auch ein paar für Traveller weniger hilfreiche Linien, die hauptsächlich von Pendlern genutzt werden. Jeder Kunde muss eine Breeze Card (1 US$) erwerben, die je nach Bedarf aufgeladen werden kann.

Die Shuttle-Anbieter und Autovermietungen haben Büros im Flughafen; sie befinden sich auf der Etage der Gepäckausgabe.

Wer mit dem Auto in Atlanta unterwegs ist, braucht starke Nerven. Ständig hängt man im Stau fest und ebenso leicht verfährt man sich. Google Maps ist deshalb eine unbezahlbare Hilfe. Auch einige mutige Radfahrer wagen sich auf die Straßen der Stadt.

Nördliches Georgia

Die südlichen Ausläufer der Appalachen ragen knapp 65 km weit in den äußeren Norden Georgias hinein und schaffen eine prächtige Gebirgslandschaft, sorgen für wahnsinnig gute Weine und nähren reißende Flüsse. Der Herbst mit seiner Farbenpracht zieht hier erst sehr spät ein und zeigt sich im Oktober von seiner schönsten Seite. Man sollte ein paar Tage einplanen, um die lokalen Sehenswürdigkeiten zu erkunden, darunter die 366 m tiefe **Tallulah Gorge** (www.gastateparks.org/tallulahgorge) und

die Berglandschaft und die Wanderwege des **Vogel State Park** (www.gastateparks.org/vogel) sowie des **Unicoi State Park** (www.gastateparks.org/unicoi).

Dahlonega

Dahlonega war 1828 Schauplatz des ersten Goldrauschs in den USA. Heute boomt hier nur noch der Tourismus, da der Ort von Atlanta aus leicht an einem Tag zu erreichen ist und er zudem ein fantastisches Ziel für einen Ausflug in die Berge abgibt. Das **Visitor Center** (☏ 706-864-3513; www.dahlonega.org; 13 S Park St; ⊙ Mo–Fr 9–17.30, Sa 10–17 Uhr) am Courthouse Sq liefert viele Infos zu Sehenswürdigkeiten und Aktivitäten in der Umgebung, z.B. zum Wandern, Kanu- und Kajakfahren, Raften und Mountainbiken. Im **Amicalola Falls State Park** (☏ 706-265-4703; www.amicalolafalls.com; Eintritt 5 US$/Fahrzeug), 18 Meilen (29 km) westlich von Dahlonega am Hwy 52, findet sich der höchste Wasserfall Georgias, die 222 m hohen **Amicalola Falls**.

Rund um die Stadt gibt es etwa ein Dutzend Weingüter, die ein paar wirklich gute Tropfen herstellen. Die können im Degustationsraum von **Naturally Georgia** (www.naturallygeorgia.com; 90 Public Sq N; ⊙ Mo–Do 12–17, Fr–So bis 20 Uhr) gekostet werden. Es lohnt sich aber auch ein Besuch des wunderschönen Weinguts **Frogtown Cellars** (☏ 706-878-5000; www.frogtownwine.com; 700 Ridge Point Dr; Weinprobe 15 US$; ⊙ Mo–Fr 12–17, Sa bis 18, So 12.30–17 Uhr) mit seiner großartigen Terrasse, auf der man genüsslich an den Probiergläschen nippen kann. Gleich dahinter liegt **Three Sisters** (☏ 706-865-9463; www.threesistersvineyards.com; Weinprobe 15 US$; ⊙ Do–So 13–17 Uhr), das zum guten Wein auch noch Bluegrass und Erdnussflips serviert.

Das **Crimson Moon Café** (www.thecrimsonmoon.com; 24 N Park St; Hauptgerichte 8–15 US$; ⊙ Mo 11–15, Mi bis 21, Do–So bis 21.30 Uhr) ist ein auf Bio-Produkte spezialisiertes Café mit einfacher, für die Südstaaten typischer Hausmannskost und einer Livebühne mit traulicher Atmosphäre. Die **Back Porch Oyster Bar** (☏ 706-864-8623; www.facebook.com/backporchoysterbar; 19 North Chestatee St; Hauptgerichte 9–30 US$; ⊙ 11.30–20 Uhr) wird jeden Tag mit frischen Meeresfrüchten beliefert.

Das ★**Hiker Hostel** (☏ 770-312-7342; www.hikerhostel.com; 7693 Hwy 19N; B/Zi. 18/42 US$; ⊞ ❉ @ 🛜) am Hwy 19N nahe dem Three Gap Loop wird von passionierten

Outdoor-Liebhabern betreiben und ist für Wanderer auf dem Appalachian Trail gedacht, der nicht weit von hier beginnt. Jeder Schlafsaal verfügt über zwei Bäder, und alles ist wunderbar sauber und ordentlich.

Zentrales Georgia

Im zentralen Georgia findet man das, was es in der Metropole Atlanta, im gebirgigen Norden und dem von Sümpfen durchzogenen Savannah nicht gibt: ländliches, rustikales und authentisches Südstaaten-Flair.

Athens

Athens ist ein geselliges, künstlerisch angehauchtes und lässiges Collegestädtchen etwa 70 Meilen (113 km) östlich von Atlanta. Es ist bekannt für sein extrem beliebtes Footballteam (die University of Georgia Bulldogs), eine weltweit renommierte Musikszene, aus der Künstler wie die B-52s, R.E.M. oder Widespread Panic hervorgegangen sind, und eine aufkeimende Restaurantkultur. Die Universität hält Athens kulturmäßig auf dem Laufenden und sorgt für einen nie versiegenden Nachschub an jungen Barbesuchern und Konzertgängern, von denen viele auch nach ihrem Abschluss hier bleiben und sich niederlassen. Die hübsche Downtown kann zu Fuß besichtigt werden und bietet jede Menge hippe Restaurants, Bars und Geschäfte.

◉ Sehenswertes

★ Georgia Museum of Art   MUSEUM
(www.georgiamuseum.org; 90 Carlton St; empfohlene Spende 3 US$; ⊙ Di–Mi, Fr & Sa 10–17, Do bis 21, So 13–17 Uhr) Eine schicke, moderne, für Besucher zugängliche Galerie, in deren Lobby geistreiche, kunstinteressierte Gestalten Selbststudium betreiben und wo Kunstkenner den modernen Skulpturengarten im Hof sowie die beeindruckende Sammlung von Werken amerikanischer Realisten der 1930er-Jahre beäugen. Die Wechselausstellungen sind inspirierend.

State Botanical Garden of Georgia   GÄRTEN
(☎ 706-369-5884; www.uga.edu/~botgarden; 2450 S Milledge Ave; ⊙ 8–20 Uhr) Mit gewundenen Pfaden unter freiem Himmel und der soziohistorischen Ausrichtung macht dieser wunderbare botanische Garten dem in Atlanta Konkurrenz. Schilder informieren Besucher über die eindrucksvolle Pflanzensammlung,

die jede Menge seltene und bedrohte Arten umfasst, zudem gibt's insgesamt knapp 8 km lange erstklassige Waldwanderwege.

🛏 Schlafen & Essen

Athens bietet keine große Unterkunftsauswahl. Unmittelbar außerhalb der Stadt an der W Broad St finden sich Ableger der üblichen Kettenhotels.

★ Hotel Indigo   BOUTIQUEHOTEL $$
(☎ 706-546-0430; www.indigoathens.com; 500 College Ave; Zi. Wochenende/werktags ab 159/139 US$; P ❄ @ 🛜 🏊) ✈ Das Boutiquehotel mit jeder Menge Öko-Schick gehört zur Indigo-Kette, hat geräumige Zimmer, die an ein cooles Loft erinnern und wurde mit dem goldenen LEED-Zertifikat für energie- und umweltbewusstes Design ausgezeichnet. Es gibt Aufzüge, die mit erneuerbarer Energie betrieben werden, bei der Parkplatzvergabe haben Hybridfahrzeuge Vorrang, und beim Bau des Gebäudes wurden 30 % recycelte Materialen verwendet.

Foundry Park Inn & Spa   INN $$
(☎ 706-549-7020; www.foundryparkinn.com; 295 E Dougherty St; Zi. ab 110 US$; P ❄ @ 🛜 🏊) Eine reizende unabhängige Unterkunft auf einem schönen Gelände, zu dem auch die restaurierte Confederate-Eisengießerei gehört. Neben dem hauseigenen Spa gibt's auch ein Restaurant und eine gemütliche Location für Musikevents.

Ike & Jane   CAFÉ $
(www.ikeandjane.com; 1307 Prince Ave; Hauptgerichte 3,50–7 US$; ⊙ Mo–Fr 6.30–17 Uhr) Donuts und Kaffee sind das perfekte ausgewogene Frühstück? Dann ist man entweder Polizist, 85 Jahre alt oder einfach nur Fan dieses fröhlichen, kleinen Cafés in Norman Town. Die einfallsreichen Donut-Kreationen sind z.B. in den Varianten Red Velvet, Karamell, Erdnussbutter, Banane und Bacon erhältlich.

Der Kaffee ist vom Feinsten, und es gibt auch Quiche, Bagels und Gourmetsuppen, -salate und -sandwiches.

Heirloom Cafe   CAFÉ $$
(☎ 706-354-7901; www.heirloomathens.com; 815 N Chase St; Hauptgerichte 10–15 US$; ⊙ Mo–Do 11–15 & 17.30–21, Fr bis 22, Sa 9.30–14.30 & 17.30–22, So 9.30–14.30 Uhr; P) Eine neue Location, die auf die Verwendung von Zutaten aus der Region spezialisiert ist, welche hier zu leckeren Gerichten wie Shrimps mit Maisgrütze, Prosciutto-Käse-Baguettes mit Apfel und ge-

nialen Pulled-Pork-Sandwiches verarbeitet werden. Highlight des Wochenend-Brunchs ist das Omelett mit Feigen und Gruyère.

⭐ **Five & Ten**   AMERIKANISCH **$$$**
(☎706-546-7300; www.fiveandten.com; 1653 S Lumpkin St; Hauptgerichte 18–29 US$; ⊘So 10.30–14.30, So–Do 17.30–22, Fr & Sa bis 23 Uhr) 🍃 Im Five & Ten wird Wert auf nachhaltig erzeugte Zutaten gelegt. Es gehört zu den besten Restaurants der Südstaaten. Auf der bodenständigen Speisekarte findet man auch recht gewagte Kreationen: Kalbsbries, hausgemachte Pasta und Frogmore Stew (Kartoffel-Mais-Eintopf mit Würstchen). Reservierung ist Pflicht.

National   MODERNE SÜDSTAATENKÜCHE **$$$**
(☎706-549-3450; www.thenationalrestaurant.com; 232 W Hancock Ave; Hauptgerichte 20–28 US$; ⊘Mo–Do 11.30–22, Fr & Sa bis open end, So 17–22 Uhr) Das unangestrengt-coole Café am Rand der Innenstadt ist vor allem wegen seines Grünkohl-Caesar-Salats, der cremigen Flusskrebssuppe, der leckeren, in der Pfanne gebratenen Forelle sowie den in einer Orangen-Safran-Chili-Vinaigrette gedünsteten Muscheln beliebt. Die Bar lädt zum Verweilen und Versumpfen ein.

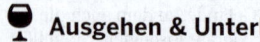

🍷 **Ausgehen & Unterhaltung**

In Athens übersichtlicher Innenstadt gibt es fast 100 Bars und Restaurants, sodass immer irgendwo irgendetwas geboten ist. Das kostenlose Wochenblatt *Flagpole* (www.flagpole.com) informiert über den aktuellen Veranstaltungskalender.

Normal Bar   BAR
(www.facebook.com/normal.bar.7; 1365 Prince Ave; ⊘Mo–Do 16–2, Fr & Sa ab 15 Uhr) Diese Bar zwischen den Läden Normal Towns liegt zwar etwas ab vom Schuss, ist dafür aber umso liebenswürdiger. Sie ist überhaupt keine typische Studentenbar und dennoch ein authentisches Stück Athens. Das Biersortiment reicht von billigem PBR bis zu in lokaler Handwerkskunst gebrauten, hochwertigen IPA-Bieren. Die Weinkarte ist sensationell, und die Gäste sind jung, hübsch und tiefenentspannt.

Man kann es sich in von Kerzen erhellten Nischen bequem machen, an der Bar andocken oder auf der Terrasse hinter dem Haus abhängen.

Flicker   BAR
(www.flickertheatreandbar.com; 263 W Washington St; ⊘Mo–Fr 16–2, Sa ab 13 Uhr) Im Flicker tre-

ten nicht nur Livebands auf, hier trifft sich auch die angesagte Hipsterszene. Im kleinen Raucherhof drängt sich eine intellektuelle Meute mit verrückten Frisuren, und ab und zu mischt sich auch ein sexy Feuerschlucker darunter. Hier ist immer die Hölle los, selbst montagabends.

Cutter's   SPORTBAR
(www.facebook.com/cutterspub; 120 E Clayton St; ⊘Mo–Fr 14.30–2, Sa ab 12 Uhr) Eine beliebte Sportbar mit gigantischen Flachbildschirmen. Wenn die UGA Bulldogs einen Sieg einfahren, verwandelt sich das Cutter's in einen glückstrunkenen, sittenlosen Tanzschuppen – im positiven Sinn.

Walker's Coffee & Pub   PUB
(www.walkerscoffee.com; 128 College Ave; ⊘7–2 Uhr) Hochschulabsolventen und ein paar kultivierte Bachelor-Studenten machen es sich hier in den Sitznischen auf Holzbänken bequem. Die Spezialität des Hauses sind einige mit Likören verfeinerte Kaffeekompositionen, man bekommt aber auch einfach nur einen vernünftigen Kaffee.

40 Watt Club   LIVEMUSIK
(☎706-549-7871; www.40watt.com; 285 W Washington St; Eintritt 5–30 US$) In diesem legendären Laden gibt's Lounges, eine Tiki-Bar, PBR-Bier für 2 US$ und eine Bühne, auf der schon seit den Zeiten von R. E. M., den B-52s und Widespread Panic Indie-Rock gespielt wird. Auch heute treten hier noch die ganz Großen auf, wenn sie mal in der Stadt sind.

Georgia Theatre   VERANSTALTUNGSORT
(☎706-850-7670; www.georgiatheatre.com; 215 N Lumpkin St; ⊘Mo–Sa 11.30–24 Uhr) Nachdem dieses historische Theater bei einem Feuer niedergebrannt war, wurde es als eine hippe Location für Musik-Events wieder aufgebaut. Vom ursprünglichen Gebäude sind nur noch das Vordach und die Fassade übrig, und auf dem Dach gibt es eine nagelneue Bar mit tollem Ausblick auf die Lichter der Downtown.

Sanford Stadium   STADION
(☎706-542-9036; www.georgiadogs.com; 100 Sanford Dr) Hier trägt das allseits beliebte Footballteam der Stadt, die University of Georgia Bulldogs, seine Heimspiele aus.

ℹ️ **Praktische Informationen**

Das **Athens Welcome Center** (☎706-353-1820; www.athenswelcomecenter.com; 280 E Dougherty St; ⊘Mo–Sa 10–17, So 12–17 Uhr) residiert in einem historischen Haus aus der Zeit vor dem Bürgerkrieg an der Ecke der Thomas St. Hier gibt's Karten und Infos zu Touren in der Umgebung – u. a. zu einer Bürgerkriegstour und einem Stadtspaziergang zur Musikgeschichte von Athens.

Savannah

Diese großartige historische Stadt ist wie eine seriöse Südstaatenschönheit, die eine grellblau gefärbte Strähne im Haar trägt: Auf der einen Seite ist da die prächtige Architektur aus der Antebellum-Ära, auf der anderen Seite gibt es da die ausgelassenen Partys der Studenten des hiesigen Savannah College of Art & Design (SCAD). Die Stadt liegt am Ufer des Savannah River, etwa 18 Meilen (29 km) von der Küste entfernt, inmitten der Sümpfe des Lowcountry und zwischen riesigen, von Louisianamoos bedeckten Lebenseichen. Mit seinen kolonialzeitlichen Herrenhäusern und wunderschönen Plätzen trägt Savannah seine Vergangenheit mit Stolz und Anmut zur Schau. Im Gegensatz zu seiner Schwesterstadt Charleston in South Carolina, die sich ihr Ansehen als würdevolles und elegantes Kulturzentrum bewahrt hat, wirkt Savannah ein wenig grobschlächtig, abgewohnt – und einfach authentisch.

◉ Sehenswertes & Aktivitäten

Der Central Park Savannahs ist eine weitläufige, rechteckige Grünfläche namens **Forsyth Park**. Der wunderschöne Springbrunnen der Anlage ist ein beliebtes Fotomotiv. Am **Flussufer** finden sich vorwiegend reizlose Geschäfte und Cafés, ein kurzer Spaziergang kann trotzdem ganz schön sein. Gleiches gilt für die **Jones Street**, die dank den mit Moos bewachsenen Eichen und deren ineinander verschlungenen Ästen zu den schönsten Straßen Savannahs zählt.

Ein für 20 US$ erhältliches Kombiticket gewährt kostenfreien Eintritt in das Jepson Center for the Arts, die Telfair Academy sowie das Owen-Thomas House.

★ Wormsloe Plantation Historic Site PLANTAGE

(www.gastateparks.org; 7601 Skidaway Rd; Erw./Senior/Jugendl. 6–17 Jahre/Kind 1–5 Jahre 10/9/4,50/1 US$; ⊙ Di–So 9–17 Uhr) Nur eine kurze Autofahrt vom Stadtzentrum entfernt befindet sich auf der wunderschönen **Isle of Hope** eines der beliebtesten Fotomotive der Stadt. Highlight ist die Zufahrtsstraße, die durch einen 1,5 Meilen (2,4 km) langen Korridor aus moosbewachsenen, uralten Eichen führt und als **Avenue of the Oaks** bekannt ist – es ist, als träumte man.

Weitere Besuchermagnete sind das Herrenhaus aus der Antebellum-Ära, in dem noch heute die Nachkommen des ursprünglichen Besitzers Noble Jones leben, einige Ruinen kolonialzeitlicher Bauten sowie ein touristisches Dorf, in dem demonstriert wird, wie in längst vergangenen Zeiten Hammerschmiede und andere Handwerker arbeiteten. Es gibt außerdem zwei flache Bohlenwanderwege. Der eine (1,6 km) führt zu den wichtigsten Attraktionen, der andere (4,8 km) zum Rand der Plantage.

Owens-Thomas House HISTORISCHES GEBÄUDE

(www.telfair.org; 124 Abercorn St; Erw./Kind 15/5 US$; ⊙ Mo 12–17, Di–Sa 10–17, So 13–17 Uhr) Die 1819 von dem britischen Architekten William Jay fertiggestellte Villa ist wunderschönes Beispiel der für ihre Symmetrie bekannten Regency-Architektur. Die Führung ist ein bisschen chaotisch, vermittelt aber interessante Fakten über die Sklavenquartiere, die mit „gespensterblauer" Farbe – hergestellt aus zerstoßenem Indigo, Buttermilch und zerriebenen Austernschalen – gestrichen wurden. Und wer hätte es gedacht: Dieses Haus hatte fast 20 Jahre vor dem Weißen Haus fließendes Wasser!

Jepson Center for the Arts GALERIE

(JCA; www.telfair.org; 207 W York St; Erw./Kind 12/5 US$; ⊙ Mo, Mi, Fr & Sa 10–17, Do bis 20, So 12–17 Uhr; 🔊) Das alte Zentrum wirkt für Savannahs Verhältnisse ziemlich futuristisch und legt seinen Schwerpunkt auf die Kunst des 20. und 21. Jhs. Die Werke sind kleinformatig, aber spannend, zudem gibt es einen netten interaktiven Bereich für Kinder.

Mercer-Williams House HISTORISCHES GEBÄUDE

(www.mercerhouse.com; 429 Bull St; Erw./Kind 12,50/8 US$) Obwohl Jim Williams, der Kunsthändler aus Savannah, den Kevin Spacey im Film *Mitternacht im Garten der Lüste* spielte, bereits 1990 gestorben war, wurde sein berüchtigtes Wohnhaus erst 2004 zum Museum. Das Obergeschoss, in dem Williams' Familie noch lebt, ist nicht zugänglich, das Erdgeschoss hingegen ist der Traum eines jeden Innenarchitekten.

Telfair Academy of Arts & Sciences MUSEUM

(www.telfair.org; 121 Barnard St; Erw./Kind 12/5 US$; ⊙ Mo 12–17, Di–Sa 10–17, So 13–17 Uhr)

Savannah

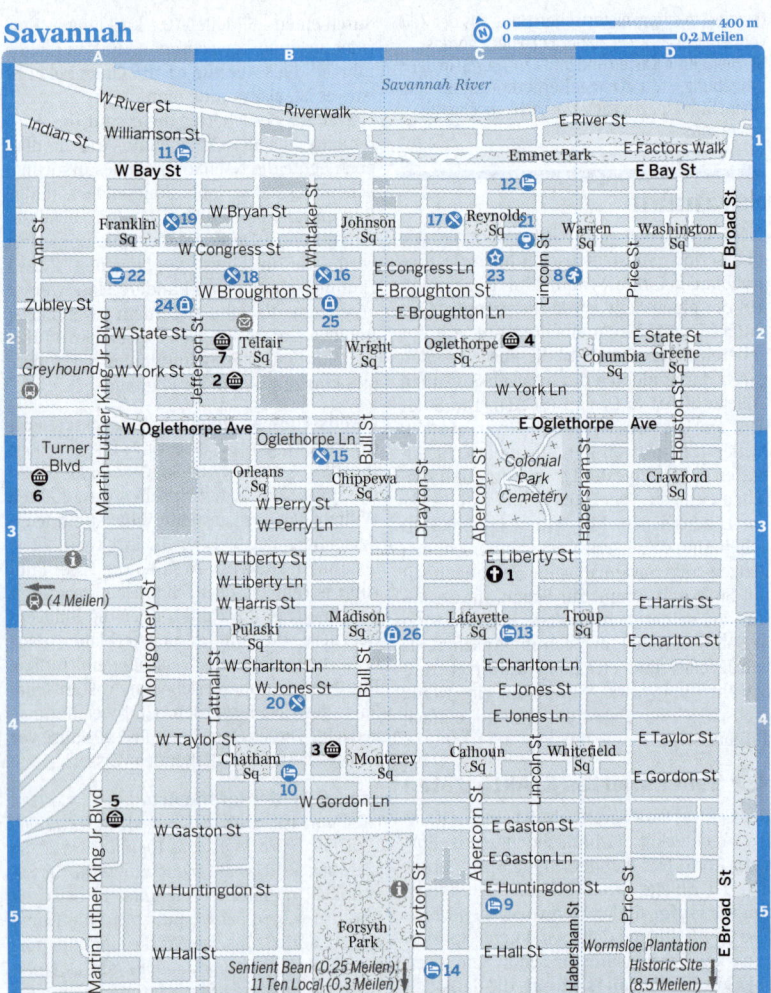

Im historischen Herrenhaus der Familie Telfair ist dieses Kunstmuseum untergebracht, das als bestes seiner Art in ganz Savannah gilt. Es ist bis obenhin vollgestopft mit amerikanischer Kunst und Silber aus dem 19. Jh. sowie einigen wenigen Werken aus Europa.

SCAD Museum of Art   KUNSTMUSEUM

(www.scadmoa.org; 601 Turner Blvd; Erw./Kind unter 14 Jahre 10 US$/frei; ⊙ Di, Mi & Fr 10–17, Do bis 20, Sa & So 12–17 Uhr) Das nagelneue, aus Ziegelstein, Beton und Glas erbaute Langhaus, das dieses moderne Museum birgt, ist ein echtes architektonisches Kunstwerk.

Es gibt tolle kreative Sitzbereiche drinnen und draußen, und die Wechselausstellungen sind richtig gut.

Cathedral of St. John the Baptist   KIRCHE

(222 E Harris St) Wer alte Kirchen mag, wird diese beeindruckende Kathedrale lieben. Sie wurde 1896 fertiggestellt, zwei Jahre später jedoch durch ein Feuer zerstört und anschließend 1912 wieder eröffnet. Die eindrucksvollen Buntglasfenster im Querschiff stammen aus Österreich und stellen Christi Himmelfahrt dar. Auch kunstvoll verzierte Holzschnitzarbeiten aus Bayern, die den Leidensweg Christi zeigen, schmücken das

Savannah

Gotteshaus. Die Pfeifenorgel ist nicht weniger spektakulär.

Ralph Mark Gilbert Civil Rights Museum
MUSEUM

(460 Martin Luther King Jr Blvd; Erw./Senior/Kind 8/6/4 US$; ⊙ Di–Sa 9–17 Uhr) Das private Museum widmet sich vorrangig der lokalen Geschichte der Rassentrennung in Schulen, Hotels, Krankenhäusern, im Berufsleben und sogar an den Imbisstheken. Das Gebäude, in dem die Ausstellung untergebracht ist, war einst die landesweit erfolgreichste Bank in der Hand eines Afroamerikaners. Wer die Knöpfe an Levy's Lunch Counter betätigt, bekommt eine sehr beeindruckende und zugleich schockierende Inszenierung geboten.

Savannah Bike Tours
RADFAHREN

(912-704-4043; www.savannahbiketours.com; 41 Habersham St) Das Personal des Fahrradladens hinter einer hübschen Fassade in der Habersham St bietet zweistündige Radtouren auf den ladeneigenen Cruisern (mit Korb, versteht sich) an.

🛏 Schlafen

Sehr zur Freude der Traveller ist es in den Hotels und B&Bs in Savannah zur Mode geworden, den Gästen abends Hors d'oeuvres und Wein zu spendieren. Günstige Unterkünfte sind allerdings Mangelware. Es sollte – für jede Preisklasse – immer im Voraus gebucht werden.

Azalea Inn
INN $$

(912-236-2707; www.azaleainn.com; 217 E Huntingdon St; Zi. ab 199 US$; P ❄ 🐾 🛜) In einer ruhigen Straße nahe dem Forsyth Park ist in einem quietschgelben Gebäude dieser einfache, aber wundervolle historische Inn untergebracht. Die zehn Zimmer sind zwar nicht gerade riesig, dafür wurde aber bei der Einrichtung ganze Arbeit geleistet: Es gibt Fußböden aus dunkel lackiertem Holz, Deckenleisten und Himmelbetten. Hinter dem Haus befindet sich sogar ein kleiner Pool.

Bed & Breakfast Inn
B&B $$

(912-238-0518; www.savannahbnb.com; 117 W Gordon St; Zi. 179–229 US$; P ❄ 🛜) In einer super Lage, nur einen Steinwurf vom Monterey Square, Savannahs architektonischem Sammelsurium, entfernt, befindet sich diese unscheinbare, beliebte, etwas in die Jahre gekommene Unterkunft in einer Straße voller identischer Häuser aus den 1850er-Jahren.

Bohemian Hotel
BOUTIQUEHOTEL $$$

(912-721-3800; www.bohemianhotelsavannah.com; 102 West Bay St; Zi. ab 299 US$; P ❄ @ 🛜) Unmittelbar am Fluss liegt das Bohemian mit eleganten, dunklen, gotisch angehauchten Korridoren und netten Details wie Kronleuchtern aus Treibholz und Austern. Die Zimmer sind umwerfend, wenn auch teilweise etwas zu schummrig. Der individuelle Service lässt einen vergessen, dass es noch 74 weitere Zimmer gibt. Parken kostet 25 US$.

Mansion on Forsyth Park
HOTEL **$$$**

(☎ 912-238-5158; www.mansiononforsythpark.com; 700 Drayton St; Zi. Wochenende/werktags 249/199 US$; P🅿✳@🛜🏊) Das 1672 m² große, schicke Hotel in erstklassiger Lage bietet Luxus pur – allein die grandiosen Bäder sind den Preis schon fast wert. Das Beste an diesem Hotel-Spa sind die umwerfenden über 400 Kunstwerke von lokalen und internationalen Künstlern an den Wänden und in den Fluren. Parken kostet 20 US$.

East Bay Inn
INN **$$$**

(☎ 912-238-1225; www.eastbayinn.com; 225 E Bay St; Zi. ab 235 US$) Zwischen zwei Kettenhotels steht dieser aus Backsteinen erbaute Koloss mit gerade einmal 28 riesigen Zimmern, die alle originale Holzfußböden, unverputzte Wände, hohe Decken, filigrane Stützpfeiler und fette Flachbild-TVs haben. Hinzu kommt eine kräftige Portion Charme und Gastfreundlichkeit.

Hamilton Turner Inn
INN **$$$**

(☎ 912-233-1833; www.hamilton-turnerinn.com; 330 Abercorn St; DZ ab 189 US$; ✳🛜) Am malerischen Lafayette Sq steht dieser im klassischen französischen Stil erbaute Inn von 1873. Die 17 Zimmer sind mit elegantem Antikdekor ausgestattet, bei den einem fast der Mund offen stehen bleibt. Guter Service zählt leider nicht gerade zu den Stärken der Angestellten.

 **Essen**

Angel's BBQ
BARBECUE **$**

(www.angels-bbq.com; 21 West Oglethorpe Lane; Sandwiches/Gerichte 6/8 US$; ⏰ Di 11.30–15, Mi–Sa bis 18 Uhr) Das ganz und gar rustikale Angel's versteckt sich in einer unspektakulären Seitenstraße und serviert Pulled-Pork-Sandwiches und Pommes frites mit Meersalz, die keine Wünsche offen lassen. Zudem gibt's eine eindrucksvolle Auswahl hausgemachter Saucen.

Vinnie Van GoGo's
PIZZERIA **$**

(www.vinnievangogo.com; 317 W Bryan St; Stück Pizza ab 2,50 US$; ⏰ Mo–Do 16–23, Fr & Sa 12–24, So 12–23.30 Uhr) Der Besitzer dieser Pizzeria kommt aus Savannah und zieht mit seinen neapolitanischen Pasteten aus dem Backsteinofen hordenweise Einheimische an.

Wilkes' House
SÜDSTAATENKÜCHE **$$**

(www.mrswilkes.com; 107 W Jones St; Mittagessen 16 US$; ⏰ Mo–Fr 11–14 Uhr) Manche stehen schon morgens um 8 Uhr an dieser Institution der Südstaatenküche Schlange (keine Reservierung möglich!). Zur Mittagszeit wird dann den Gästen, die wie eine große Familie an Tischen zusammensitzen, ein Festessen kredenzt: Brathähnchen, Rindereintopf, Fleischbällchen, Käsekartoffeln, Blattkohl, Schwarzaugenbohnen, Mac'n'Cheese, Steckrüben, kandierte Süßkartoffeln, Kürbis-Kasserolle, Maisgrütze, Gebäck und süßer Tee. Das Ganze wirkt wie eine Verschmelzung von Thanksgiving und Letztem Abendmahl!

Papillote
CAFÉ **$$**

(www.papillote-savannah.com; 218 W Broughton St; Hauptgerichte 9–14 US$; ⏰ Mi–Fr 10.30–19, Sa & So 9.30–17 Uhr) Ein vorbehaltlos empfehlenswertes, neues Café mit kreativen und doch einfachen Leckereien, etwa einer Chicken-Curry-Potpie oder einem mit geschmortem Schweinefleisch, gerösteter Peperoni und Schweizer Schmelzkäse belegten Baguette. Zum Brunch sind die Omeletts und die Armen Ritter aus Plunderteig ausgesprochen beliebt.

Circa 1875
BISTRO **$$**

(☎ 912-443-1875; www.circa1875.com; 48 Whitaker St; Hauptgerichte 12–28 US$; ⏰ Bar 17–2 Uhr, Abendessen 18–23 Uhr) Dieses herrliche kleine Bistro in der Downtown mit seinen hohen Zinndecken und dem Fliesenboden aus der Zeit der Jahrhundertwende serviert einen Wahnsinns-Burger mit Pfeffersauce und Trüffelpommes. Ebenfalls im Angebot sind Froschschenkel, Schnecken, Pâté, Tartarbeefsteak und das obligatorische Steak mit Pommes.

★ 11 Ten Local
MODERN-AMERIKANISCH **$$$**

(☎ 912-790-9000; www.local11ten.com; 1110 Bull St; Hauptgerichte 24–32 US$; ⏰ Mo–Sa 18–22 Uhr) Gehoben, nachhaltig, regional und frisch – das ist das Geheimrezept dieses eleganten, gut geführten Restaurants, das zweifellos die beste Adresse in Savannah ist. Los geht's mit einem Frühlingsrollensalat (eine ausgebreitete Frühlingsrolle mit Ingwerdressing). Dann bestellt man sich den fabelhaften Großaugen-Thun, der meisterhaft gebraten ist und mit Kimchi und Erbsenpüree serviert wird.

Oder wie wär's einfach mit ein paar Proteinen vom Grill? Zu Filet, frischem Fisch, Jakobsmuscheln oder Hähnchenbrust kann man eine (oder mehrere) der superleckeren Saucen wählen und das Ganze mit Beilagen wie Rosenkohl mit Walnüssen und Würstchen vervollständigen. Immer gut: eine Portion unvergessliche Käsemakkaroni.

Olde Pink House MODERNE SÜDSTAATENKÜCHE $$$
(☎912-232-4286; www.plantersinnsavannah.com/
savannah-dining.htm; 23 Abercorn St; Hauptgerich-
te 25–31 US$; ⏲11–22.30 Uhr) Hier werden aus
klassischen Südstaatengerichten exklusive
Gourmetkreationen. Die leckerste Vorspei-
se ist das Südstaaten-Sushi – Shrimps mit
Maisgrütze in einer mit Kokosnuss umman-
telten Nori-Rolle. Gespeist wird im elegan-
ten Bereich im Obergeschoss oder in der
tollen Taverne unten. Die Räumlichkeiten
dort sind gemütlich und unkonventionell,
und der Klavierspieler tut sein Übriges dazu,
um die Sache abzurunden. Untergebracht
ist das Restaurant in einem Wahrzeichen
von 1771.

 Ausgehen & Nachtleben

Rocks on the Roof BAR
(www.bohemianhotelsavannah.com/dining/lounge;
102 West Bay St; ⏲ab 11 Uhr; ☎) Die weitläufige
Dachterrassenbar des Bohemian Hotel ist
eine luftige Location und bei gutem Wetter
und lodernder Feuerstelle am tollsten. Die
Aussicht ist der Hammer.

Lulu's Chocolate Bar CAFÉ
(www.luluschocolatebar.net; 42 Martin Luther King
Jr Blvd) In der bezaubernden, schicken Bar
schnellt der Blutzuckerspiegel in die Höhe:
Serviert werden Martinis und Desserts. Spe-
zialität des Hauses sind die himmlischen
Lulutini, eine Sünde aus reiner Schokolade.

Sentient Bean CAFÉ
(www.sentientbean.com; 13 E Park Ave; ⏲7–22 Uhr;
☎) 🖉 Das Sentient Bean ist genau so, wie
man sich ein unabhängiges Café wünscht:
Es gibt grandiosen Kaffee, Gourmetgebäck,
ein weitläufiges, unkonventionelles Interi-
eur und hippe Gäste und Angestellte. Das
beliebteste Café Savannahs liegt gleich ge-
genüber dem Forsyth Park.

Abe's on Lincoln BAR
(17 Lincoln St) In diese dunkle, dumpfe, kom-
plett in Holz gehaltene Bar verirrt sich kaum
ein Tourist, dafür kommen aber jede Menge
trinkfreudige Einheimische hierher. Es fin-
den regelmäßig Open-Mike-Abende statt,
und gelegentlich wird Livemusik gespielt.

 **Unterhaltung**

Lucas Theatre for the Arts THEATER
(☎912-525-5040; www.lucastheatre.com; 32 Aber-
corn St) In dem historischen Gebäude von
1921 werden Konzerte (des Gitarristen Jonny
Lang) gespielt, Theatervorstellungen (Guys

and Dolls) veranstaltet und Filme (Der Tag,
an dem die Erde stillstand) gezeigt.

 Shoppen

In Savannahs hervorragendem Shopping-
bezirk rund um die West Broughton St sind
sowohl Handelsketten als auch unabhängi-
ge Geschäfte zu finden. Ein gewisses Univer-
sitätsflair ist dabei allgegenwärtig.

★**Satchel** HANDTASCHEN
(☎912-233-1008; www.shopsatchel.com; 311 W
Broughton St) Nach ihrem Abschluss an der
SCAD hatte die 29-jährige Designerin und
Besitzerin dieses Ladens, Elizabeth Seeger,
keine Lust auf einen richtigen Job (oder
darauf, Savannah zu verlassen) und so er-
öffnete sie einfach ein Geschäft. Sie stellt
ihre Lederprodukte selbst vor Ort her – eine
atemberaubende Sammlung hochwerti-
ger, nach Kundenwünschen angefertigter
Handtaschen, die eigentlich auf eine Pariser
Modeschau gehören. Auch die Herrenporte-
monnaies sind grandios.

Savannah Bee Company ESSEN
(www.savannahbee.com; 104 W Broughton St;
⏲Mo–Sa 10–20, So 11–17 Uhr) Ein Abstecher
zu diesem über die Landesgrenzen hinaus
bekannten Honigparadies sollte bei einem
Besuch in Savannah nicht fehlen. Hier be-
kommt man unzählige verschiedene Sorten
handgeschleuderten Honigs, die alle pro-
biert werden können.

ShopSCAD KUNST & KUNSTHANDWERK
(www.shopscadonline.com; 340 Bull St; ⏲Mo–Mi
9–17.30, Do & Fr bis 20, Sa 10–20, So 12–17 Uhr)
Alles in dieser witzigen, kitschigen Boutique
stammt von Studenten und Absolventen des
renommierten Kunstcollege von Savannah.

ℹ️ **Praktische Informationen**

Candler Hospital (www.sjchs.org; 5353
Reynolds St)
CVS Pharmacy (Ecke Bull St & W Broughton
St)
Live Oak Public Library (www.liveoakpl.org;
2002 Bull St; ⏲Mo–Di 9–20, Mi–Fr bis 18, So
14–18 Uhr; ☎) Gratis-Internet, auch via WLAN.
Post Historic District (118 Barnard St; ⏲Mo–Fr
8–17 Uhr); Hauptpost (1 E Bay St; ⏲Mo–Fr
8–17.30, Sa 9–13 Uhr)
Savannah Chatham Metropolitan Police
(☎912 651-6675; www.scmpd.org; Ecke E
Oglethorpe Ave & Habersham St)
Visitor Center (☎912-944-0455; www.
savannahvisit.com; 301 Martin Luther King

Jr Blvd; ☺ Mo–Fr 8.30–17, Sa & So 9–17 Uhr) Das in einem restaurierten Bahnhof aus den 1860er-Jahren untergebrachte Zentrum hat ausgezeichnete Infos. Viele privat organisierte Stadtführungen beginnen hier. Im neuen Visitor Center beim Forsyth Park gibt es zudem einen kleinen Infostand für Touristen.

ℹ️ Anreise & Unterwegs vor Ort

Der **Savannah/Hilton Head International Airport** (SAV; www.savannahairport.com) liegt ungefähr 5 Meilen (8 km) westlich der Downtown abseits der I-16. Taxifahrten zwischen dem Flughafen und den Hotels im historischen Viertel kosten 28 US$.

Greyhound (www.greyhound.com; 610 W Oglethorpe Ave) fährt nach Atlanta (ca. 5 Std.), Charleston, SC (ca. 2 Std.) und Jacksonville, FL (2½ Std.). Der **Amtrak-Bahnhof** (www.amtrak. com; 2611 Seaboard Coastline Dr) liegt ein paar Kilometer westlich des historischen Viertels.

Ein Auto ist nicht vonnöten. Wer eines hat, stellt es am besten irgendwo ab und geht zu Fuß. **Chatham Area Transit** (CAT; www.catchacat. org) betreibt Stadtbusse mit Hybridmotoren, die mit altem Bratfett laufen; dazu gehört ein kostenloses Shuttle, das durch das historische Viertel fährt und in der Nähe von fast allen größeren Attraktionen hält.

Brunswick & Golden Isles

Georgia hat eine Küste? Oh ja, und zwar eine schöne! Der Bundesstaat ist mit einer malerischen Inselkette entlang der Küste gesegnet, wobei jedes Eiland seinen eigenen Charme hat, von rustikal über kitschig bis luxuriös. Das 1733 gegründete **Brunswick** ist eine Stadt mit einer großen Shrimps-fangflotte und einem historischen Zentrum im Schatten üppiger Lebenseichen. Wenn man auf der I-95 oder auf dem Golden Isle Pkwy (US Hwy 17) entlangrauscht, könnte man den charmanten Ort glatt verpassen. Während des Zweiten Weltkriegs bauten die Werften von Brunswick 99 Liberty-Transportschiffe für die Marine. Heute erinnert ein etwa 7 m großes Modell im **Mary Ross Waterfront Park** (Bay St) an die Schiffe und ihre Erbauer. Am ersten Freitag im Monat kann man die schrullige Seite Brunswicks kennenlernen, wenn die tollen Antiquitätenläden und Kunstgalerien ihre Türen öffnen und allen Besuchern Wein ausschenken.

St. Simons Island

Die für ihre Golfplätze, Resorts und majestätischen Lebenseichen berühmte St. Simons Island ist die größte und am besten erschlossene Insel der Golden Isles. Sie liegt 75 Meilen (120 km) südlich von Savannah und nur 5 Meilen (8 km) von Brunswick entfernt. Die südliche Hälfte der Insel ist eine dicht besiedelte Wohn- und Erholungsgegend, die Nordhälfte und die angrenzende Insel **Sea Island** (www.explorestsimonsisland.com) bestehen aus wildem Küstengebiet inmitten eines von den Gezeiten geprägten Meeresarms. **East Beach**, der beste Strand der Insel, ist vom **Massengale Park** (1350 Ocean Blvd) aus zugänglich. Leckere Meeresfrüchte bekommt man im **Crab Trap** (☎ 912-638-3552; www.thecrabtrapssi.com; 1209 Ocean Blvd; Gerichte 11–25 US$). Eine gute Übernachtungsmöglichkeit ist **St. Simons Inn by the Lighthouse** (☎ 912-638-1101; www.saintsimonsinn. com; 609 Beachview Dr; Zi. ab 179 US$; 🅿 ❄ 🐾 📶 ☎) in der Nähe der Hauptstraße, die über die Insel führt.

Little St. Simons ist ein naturbelassenes Juwel, das ausschließlich mit dem Boot erreichbar ist. Man muss entweder in der exklusiven **Lodge on Little St. Simons** (☎ 912-638-7472; www.littlessi.com; 1000 Hampton Pt, Little St. Simons Island; DZ all inclusive ab 475 US$; ☺ Mai–Sept.) übernachten oder diese im Rahmen eines **Tagesausflugs** (☎ 912-638-7472; www.littlestsimonsisland.com; Hampton Point Dr; ☺ Ausflug 10.30 Uhr) besuchen.

Jekyll Island

Jekyll ist eine 4000 Jahre alte Düneninsel mit insgesamt 16 km Strand. Im späten 19. und frühen 20. Jh. war sie ein exklusives Refugium für Millionäre, heute ist sie ein ungewöhnlicher Mix aus Wildnis, denkmalgeschützten historischen Gebäuden, modernen Hotels und einem riesigen Campingplatz. Die Fortbewegung auf der Insel ist nicht schwierig, egal ob mit dem Auto, mit dem Rad oder hoch zu Ross. Pro Tag werden fürs Parken allerdings 5 US$ fällig.

Eine nette Attraktion ist das **Georgia Sea Turtle Center** (☎ 912-635-4444; www. georgiaseaturtlecenter.org; 214 Stable Rd; Erw./Kind 7/5 US$; ☺ So–Di 9–17, Mo 10–14 Uhr, Führung ab 1. Juni 20.30 & 21.30 Uhr; ♿), ein Naturschutzzentrum und Schildkrötenhospital, in dem die Patienten unter ständiger Beobachtung – auch der Besucher – stehen. Beste Location für den Sonnenaufgang ist der **Driftwood Beach**.

Nach einem leckeren Meeresfrüchte-Dinner im unmittelbar am Kai gelegenen **Latitude 31 Restaurant & Rah Bar** (www.

latitude31andrahbar.com; Hauptgerichte 14–23 US$; ⊙ Di–So ab 11.30 Uhr) ist das schicke, wenn auch etwas antiquierte **Jekyll Island Club Hotel** (☑ 800-535-9547; www.jekyllclub.com; 371 Riverview Dr; DZ/Suite ab 179/279 US$; P✻@❋≋) eine prima Adresse für einen gemütlichen Drink. Wer lieber in der Nähe der besten Strände wohnen möchte, mietet sich im **Villas By The Sea** (☑ 912-635-2521, 800-841-6262; www.villasbythesearesort.com; 1175 N Beachview Dr; Ferienwohnung ab 149 US$) ein.

Cumberland Island & St. Marys

Ein unberührtes Paradies, ein Backpacker-traum, ein Ziel für Tagesausflüge oder längere Aufenthalte – kein Wunder, dass sich die Familie des Industriellen und Philanthropen Andrew Carnegie, der im 19. Jh. lebte, schon vor langer Zeit für Cumberland als Landsitz entschied. Der größte Teil dieser südlichsten Düneninsel gehört heute zur **Cumberland Island National Seashore** (www.nps.gov/cuis; Eintritt 4 US$). Fast die Hälfte des 147,4 km² großen Gebiets besteht aus Marschen, Sumpfebenen und Prielen. Auf der dem Ozean zugewandten Seite gibt's einen 26 km langen weißen Sandstrand, den man nicht selten für sich alleine hat, und das Inselinnere ist geprägt von einem maritimen Wald. Die Ruinen des Carnegie-Anwesens **Dungeness** sind beeindruckend, ebenso wie die wilden Truthähne, winzigen Winkerkrabben und wunderschönen Schmetterlinge. Auch Wildpferde leben auf der Insel und lassen sich häufig blicken.

Einzige Möglichkeit, als Besucher auf die Insel zu gelangen, ist das Übersetzen vom bzw. zum urigen und gemächlichen Örtchen **St. Marys** (www.stmaryswelcome.com). Komfortable und günstige **Fähren** (☑ 912-882-4335; www.nps.gov/cuis; hin & zurück Erw./Senior/Kind 20/18/14 US$) legen um 9 und 11.45 Uhr am dortigen Kai ab und fahren um 10.15 und 16.45 Uhr wieder zurück. Man sollte unbedingt weit im Voraus reservieren, und Besucher müssen spätestens 30 Minuten vor der Abfahrt beim **Visitor Center** (☑ 912-882-4336; www.nps.gov/cuis; ⊙ 8–16.30 Uhr) direkt am Kai einchecken. Von Dezember bis Februar fahren dienstags und mittwochs keine Fähren.

St. Marys ist auf Touristen eingestellt, die Cumberland Island besuchen. In dem winzigen, grünen Dörfchen gibt es eine Reihe komfortabler B&Bs, darunter das reizende **Spencer House Inn** (☑ 912-882-1872; www.spencerhouseinn.com; 200 Osborne St; Zi. 135–245 US$) von 1872. In dem Haus mit dem pinkfarbenen Anstrich sind auf drei Etagen 14 geräumige Zimmer untergebracht. Das Personal reserviert auf Wunsch Fährverbindungen, stellt Lunch-Pakete für Tagesausflüge zusammen und bereitet jeden Morgen ein reichhaltiges, leckeres Gourmetfrühstück vor. Das **Riverside Cafe** (www.riversidecafe saintmarys.com; 106 St Marys Rd; Hauptgerichte 8–18 US$; ⊙ Mo–Fr 11–21, Sa & So ab 8.30 Uhr) ist ein wunderbarer, griechischer Diner und serviert zum Essen sogar noch Meerblick.

Die einzige private Unterkunft auf Cumberland Island ist das **Greyfield Inn** (☑ 904-261-6408; www.greyfieldinn.com; Zi. inkl. VP 425–635 US$), ein Herrenhaus aus dem Jahr 1900. Mindestaufenthalt sind zwei Nächte. Wer sein Zelt hier aufschlagen möchte, kann das am **Sea Camp Beach** (☑ 912-882-4335; www.nps.gov/cuis; Zeltplatz 4 US$/Pers.) unter einem Blätterdach aus wunderschönen grünen Eichen tun.

Auf der Insel gibt es weder Geschäfte noch Mülleimer. Am besten isst man vorher oder bringt sich sein Mittagessen selbst mit – und nimmt seinen Abfall dann selbstverständlich wieder mit zurück.

ALABAMA

Es gibt zwei Dinge, über die die Südstaatler unaufhörlich diskutieren, nämlich Football und Geschichte, und Alabama vereint beide Leidenschaften auf perfekte Weise. Einer der legendärsten Footballtrainer der Gridirons, Paul „Bear" Bryant, sowie Jefferson Davis, der 1861 zum ersten Präsidenten der Konföderation gewählt wurde (in dem Jahr, als der Bürgerkrieg ausbrach), stammten beide von hier.

Von größerer Bedeutung sind die Ereignisse der 1950er- und 1960er-Jahre, als Alabama zum Schauplatz von Auseinandersetzungen zwischen radikalen Befürwortern der Rassentrennung und friedlichen Aktivisten wurde. Die Folgen spiegelten sich in der Gesetzgebung wider, welche schließlich Auswirkungen auf das ganze Land hatte. Eine Erkundungstour durch den Bundesstaat vermittelt einen tiefen Einblick in die einzigartigen ethnischen Dynamiken im Land sowie die wechselvolle Geschichte der USA allgemein.

Was seine Landschaft anbelangt, so hat Alabama eine überraschende Vielfalt zu bieten, von grünen Gebirgsausläufern im

DER SÜDEN

KURZINFOS ALABAMA

Spitzname The Heart of Dixie

Bevölkerung 4,8 Mio.

Fläche 135 776 km^2

Hauptstadt Montgomery (205 600 Ew.)

Weitere Städte Birmingham (212 038 Ew.)

Verkaufssteuer 4 %, plus bis zu 11 % Gemeindesteuern

Geburtsort von Schriftstellerin Helen Keller (1880–1968), Bürgerrechtsaktivistin Rosa Parks (1913–2005), Musiker Hank Williams (1923–1953)

Heimat des US Space & Rocket Center

Politische Ausrichtung Republikaner-Hochburg – Alabama hat seit 1976 nicht mehr demokratisch gewählt

Berühmt für Rosa Parks und die Bürgerrechtsbewegung

Härteste Rivalität Süden versus Norden (ja, immer noch!), University of Alabama versus Auburn University

Entfernungen Montgomery–Birmingham 91 Meilen (146 km), Mobile–Dauphin Island 38 Meilen (61 km)

Norden bis hin zur subtropischen Golfküste unten im Süden. Und dann ist da noch das liebenswerte Birmingham, das in einem Staat, der sich bis heute gegen die Dämonen seiner eigenen Vergangenheit wehren muss, eine Lichtgestalt des Fortschritts ist.

ⓘ Praktische Informationen

Alabama Bureau of Tourism & Travel (www.alabama.travel) Hat Broschüren mit Infos für Urlauber und informiert auf seiner Website umfassend über touristische Angebote.

Alabama State Parks (☏ 800-252-7575; www.alapark.com) In Alabama gibt es 23 Parks mit verschiedenen Campingoptionen von einfach (12 US$) bis hin zu Wohnwagenstellplätzen mit Stromanschluss (26 US$). Am Wochenende und an Feiertagen sollte man rechtzeitig im Voraus reservieren.

Birmingham

Birminghams bewegte Vergangenheit – das gewalttätige Vorgehen gegen die Bürgerrechtsbewegung trug ihm den Beinamen „Bombingham" ein – ist ein Teil der Stadt-

geschichte, der nicht ignoriert werden kann. Inzwischen hat sich Birmingham aber zu einer mittelgroßen Arbeiterstadt entwickelt, die Besucher freundlich aufnimmt, ein überraschendes Kulturangebot bietet und das Ringen um die Bürgerrechte kurzerhand zu einem Teil der touristischen Erfahrung gemacht hat. Dies und die boomende Wirtschaft – Mercedes Benz hat hier eine Produktionsstätte – geben Birmingham eine Zukunftsperspektive und ebnen den Weg, eine moderne, offene und erneuerte Stadt zu werden.

◉ Sehenswertes & Aktivitäten

In den im Art-déco-Stil erbauten Gebäuden im angesagten **Five Points South** sind Geschäfte, Restaurants und Nachtlokale untergebracht. Ebenso bemerkenswert ist das neuere und gehobenere **Homewood**, ein malerisches Geschäftsviertel an der 18th St S nahe der beleuchteten Vulcan-Statue, die zu jeder Tages- und Nachtzeit von nahezu jedem Punkt in der Stadt zu sehen ist.

★ Birmingham Civil Rights Institute   MUSEUM

(www.bcri.org; 520 16th St N; Erw./Senior/Kind 12/5/3 US$, So frei; ⊙ Di–Sa 10–17, So 13–17 Uhr) Eine Vielzahl bewegender Ton-, Video- und Fotodokumente erzählt die Geschichte der Rassentrennung in den USA sowie der Bürgerrechtsbewegung und hebt dabei besonders die Geschehnisse in Birmingham hervor. Eine umfassende Ausstellung beleuchtet die Bombenangriffe in der 16th Street Baptist Church im Jahr 1963. Außerdem befindet sich hier der Ausgangspunkt des neuen Civil Rights Memorial Trail der Stadt.

16th Street Baptist Church   KIRCHE

(www.16thstreetbaptist.org; Ecke 16th St & 6th Ave N; Spende 5 US$; ⊙ Führung Di–Fr 10–16, Sa bis 13 Uhr) In den 1950er- und 1960er-Jahren entwickelte sich diese Kirche zu einem Versammlungsort, an dem die Protestaktionen organisiert wurden. Im Rahmen einer massiven Kampagne zur Aufhebung der Rassentrennung, die sich an die Händler in der Innenstadt richtete, verübten Mitglieder des Ku Klux Klans 1963 während eines Kindergottesdienstes einen Bombenanschlag auf die Kirche, bei dem vier kleine Mädchen getötet wurden. Heute dient die wiederaufgebaute Kirche nicht nur als Gotteshaus (Gottesdienst So 10.45 Uhr), sondern auch als Gedenkstätte.

Vulcan Park
PARK

(www.visitvulcan.com; 1701 Valley View Dr; Aussichtsturm Erw./Kind 6/4 US$; ⊙7–22 Uhr, Aussichtsturm Mo–Sa 10–18, So ab 13 Uhr) Die weltweit größte gusseiserne Statue sorgt dafür, dass der Park von überall in der Stadt sichtbar ist. Die Anlage ist wunderschön (für lau!), und einen **Aussichtsturm** gibt's auch.

Birmingham Museum of Art
GALERIE

(www.artsbma.org; 2000 Rev Abraham Woods Jr. Blvd; ⊙ Di–Sa 10–17, So 12–17 Uhr) GRATIS Das Museum zeigt Werke aus Asien, Afrika, Europa und Amerika. Besonders bemerkenswert sind die Arbeiten von Rodin, Botero und Dalí im Skulpturengarten.

Birmingham Civil Rights Memorial Trail
STADTSPAZIERGANG

(www.bcri.org; 520 16th St N; 🚹) Der sieben Häuserblocks lange, ergreifende Spaziergang eignet sich hervorragend für die ganze Familie. Der Weg wurde erst 2013 anlässlich des 50. Jahrestages der Bürgerrechtskampagne eingeweiht, stellt in seinem Verlauf mittels Statuen und Fotografien 22 bewegende Szenen nach und beleuchtet so eine Kampagne, die viel Leid und Blutvergießen gebracht hat und ein ganzes Land verändern sollte.

Man erfährt beispielsweise vom Plan Martin Luther Kings, die Kapazitäten der Gefängnisse zu sprengen. Um den Familien jedoch nicht den Ernährer zu nehmen, wurden an den High Schools Schüler rekrutiert, die als „Fußsoldaten" der Bewegung bekannt wurden.

🛏 Schlafen

⭐ Aloft
HOTEL **$$**

(☎205-874-8055; www.aloftbirminghamsohosquare.com; 1903 29th Ave S; Zi. ab 129 US$; P✴🌐) Zwar handelt es sich bei dem Haus in Homewood um eine Kette, doch dieser kleine Bruder des W Hotels bietet eine neue, moderne Einrichtung mit großen Doppelbetten, hoher Decke, den allerneuesten elektronischen Geräten sowie ein helles Ambiente und luxuriöse Bäder und Bettwäsche – und das alles zu einem unschlagbaren Preis. Die tolle Bar ist mit einem Billardtisch ausgestattet, und in der coolen Lobby gibt's einen News-Ticker.

Redmont Hotel
HISTORISCHES HOTEL **$$**

(☎205-324-2101; 2101 5th Ave N; Zi./Suite ab 89/129 US$; ✴🌐) Das Klavier und der Kronleuchter in der Lobby verleihen dem

1925 erbauten Hotel ein historisches, europäisches Flair, wohingegen die kürzlich renovierten Deluxe-Zimmer mit einem moderneren Touch versehen wurden. Die große Dachterrassenbar ist ein nettes Plus, und die Sehenswürdigkeiten zum Thema Bürgerrechtsbewegung sind alle zu Fuß zu erreichen.

Hotel Highland
HOTEL **$$**

(☎205-271-5800; www.thehotelhighland.com; 1023 20th St S; Zi. ab 129 US$; P✴🌐) Das farbenfrohe, moderne, leicht schräge Hotel direkt neben dem lebendigen Viertel Five Points kombiniert Komfort mit einem guten Preis-Leistungs-Verhältnis. Die Zimmer sind glücklicherweise etwas weniger grell und flippig als die Lobby.

🍴 Essen & Ausgehen

Für eine so kleine Südstaaten-Stadt hat das studentisch geprägte Birmingham eine große Auswahl von Cafés und Restaurants und am Wochenende viele Locations, an denen man kostenlos Livemusik hören kann.

Garage Café
CAFÉ **$**

(www.garagecafe.us; 2304 10th Tce S; Sandwiches 7 US$; ⊙ So–Mo 15–24, Di–Sa 11–2 Uhr) Tagsüber werden hier Suppen und Sandwiches serviert, die man selbst zusammenstellen kann, abends amüsiert sich die bunt zusammengewürfelte Kundschaft bei einem Bier (große Auswahl!) und lauscht der Livemusik. Das Ganze findet in einem Garten voller Schrott, Antiquitäten, Tonstatuen und mit einem Spülbecken statt.

⭐ Hot & Hot Fish Club
SEAFOOD **$$$**

(☎205-933-5474; www.hotandhotfishclub.com; 2180 11th Court South; Hauptgerichte 29–36 US$; ⊙ Di–Sa 17.30–22.30 Uhr) Dieses grandiose Restaurant in Birmingham ist eines der besten im gesamten Südwesten. Es begeistert nicht nur seine Gäste, die fast auf Knien Lobeshymnen anstimmen. Küchenchef Chris Hastings war auch drei Jahre hintereinander Finalist im Wettbewerb „James Beard Best Chef in the South". Seine täglich wechselnde Speisekarte saisonaler Gerichte (und Cocktails) ist unübertrefflich.

Bottega
ITALIENISCH **$$$**

(☎205-939-1000; www.bottegarestaurant.com; 2240 Highland Ave S; Hauptgerichte mittags 13–19 US$, Abendessen 25–42 US$; P) In diesem feinen italienischen Bistro in Highlands trifft sich die Birminghamer Schickeria. Es überzeugt mit kreativen Pizzas, etwa der mit gebratenen Austern und Pancetta, oder den Piadine mit Brunnenkresse, Pfefferminze, Dill, Walnüssen und Radieschen. Auch die Pasta mit Schweinehackbällchen und das in der Pfanne gebratene Wild sind köstlich. Das Nierenzapfen-Steak kommt auch gut an.

Bottletree Cafe
BAR

(205-533-6288; www.thebottletree.com; 3719 3rd Ave S; Mo 17–2, Di-Sa 11–2, So 11–15 Uhr) Etwas ab vom Schuss steht in einem Gewerbegebiet nördlich der Downtown dieser abgefahrene Laden mit Delta-Blues-Kunstwerken an den Wänden sowie einer alt getrimmten Deko. Eine tolle Adresse für ein spätabendliches geselliges Beisammensein bei Musik von Indie-Bands! Auch das Essen bekommt gute Bewertungen.

Pale Eddie's
PUB

(205-297-0052; www.paleeddiespourhouse.com; 2308 2nd Ave N; Mo-Do ab 16, Fr ab 14, Sa ab 18 Uhr) Am hübschen nördlichen Rand der Innenstadt, in einer Straße mit tollen Backsteinhäusern, überzeugt dieser Pub mit seiner großen Auswahl handwerklich gebrauter Biere. Es wird sogar ein glutenfreier Cider angeboten. Jedes Wochenende gibt's kostenlos Livemusik auf die Ohren.

❶ Anreise & Unterwegs vor Ort

Der **Birmingham International Airport** (BHM; www.flybirmingham.com) liegt ungefähr 5 Meilen (8 km) nordöstlich der Downtown.
Greyhound (205-253-7190; www.greyhound. com; 618 19th St N), nördlich der Innenstadt, steuert verschiedene Städte an, u. a. Huntsville, Montgomery, Atlanta, GA, Jackson, MS, und New

Orleans, LA (10 Std.). Vom **Amtrak-Bahnhof** (205-324-3033; www.amtrak.com; 1819 Morris Ave) im Stadtzentrum verkehren täglich Züge nach New York und New Orleans.

Die **Birmingham Transit Authority** (www.bjc ta.org; Erw. 1,25 US$) betreibt die Stadtbusse.

Rund um Birmingham

Das nördlich von Birmingham gelegene Huntsville, Sitz des Raketenentwicklungszentrums der USA, wurde praktisch über Nacht zum Mittelpunkt der Raumfahrtindustrie mit zahlreichen internationalen Unternehmen aus der Branche. Das **US Space & Rocket Center** (www.spacecamp. com/museum; 1 Tranquility Base, I-565, Exit 15; Museum Erw./Kind 25/20 US$; 9–17 Uhr;) ist eine Mischung aus Wissenschaftsmuseum und Themenpark und damit ein prima Ort für Kinder oder jung gebliebene Erwachsene. Im Eintrittspreis sind auch ein Film im IMAX-Kino, Ausstellungen, Fahrgeschäfte und Videovorführungen enthalten.

Östlich von Huntsville findet man in Scottsboro das berüchtigte **Unclaimed Baggage Center** (256-259-1525; www.unclaimed baggage.com; 509 W Willow St; Mo-Do 9–18, Fr bis 19, Sa bis 8–19 Uhr). Die Habseligkeiten, die bedauernswerte Flugreisende auf immer und ewig an die dunklen Schächte der Gepäckausgabebänder verloren haben, werden hier zu günstigen Preisen an Schnäppchenjäger aus Nah und Fern verkauft – des einen Freud ist des anderen Leid.

Wer ein Fan des Films *Ricky Bobby – König der Rennfahrer* ist oder einfach nur

---

ROLL TIDE!

Roll Tide! Diesen Ausruf wird man in Tuscaloosa, 60 Meilen (97 km) südwestlich von Birmingham, sehr oft – an Samstagnachmittagen im Herbst wohl ununterbrochen – zu hören bekommen. Während der Football-Saison treffen sich Studenten und Ehemalige schon Stunden vor dem Beginn des Spiels im Hof der **University of Alabama** (www. ua.edu) und feiern eine Vorglühparty, die sich gewaschen hat. Der weitläufige Rasenbereich ist dann mit weißen Zelten und Satelliten-TVs überfüllt. Es wird Grillfleisch gebrutzelt und Cornhole (Bohnensäckchenwerfen in Volltrunkenheit) gespielt. Wenn das Footballspiel beginnt, pilgert die ganze Meute in das **Bryant-Denny Stadium** (20 5-348-3600; www.rolltide.com; 920 Paul W Bryant Dr), ein Footballstadion mit Platz für 102 000 Zuschauer am Rand sanfter Hügel, das immer bis zum Bersten mit fanatischen Fans gefüllt ist. Und das aus gutem Grund. Die Alabama Crimson Tide haben 19 nationale Meisterschaften gewonnen, davon allein drei in den letzten vier Jahren. Ganz tief in die Geschichte des Crimson Tide Football eintauchen kann man im **Paul W. Bryant Museum** (205-348-4668; www.bryantmuseum.com; 300 Paul W Bryant Dr; Erw./Senior & Kind 2/1 US$; 9–16 Uhr), das nach dem großartigsten Coach aller Zeiten – so will es jedenfalls die Legende – benannt ist.

Nascar-Autorennen mag, der sollte auf dem **Talladega Superspeedway** (☎877-462-3342; ww.talladegasuperspeedway.com; 3366 Speedway Blvd; Ticket 45–200 US$), 48 Meilen (77 km) östlich von Birmingham an der I-20 gelegen, vorbeischauen. Dies ist die größte und am schnellsten befahrbare Rennstrecke, die im Rennkalender zu finden ist, hat nervenaufreibende Neigungswinkel und ist während eines Rennens ein Garant für Adrenalinkicks.

Montgomery

Hier nahm 1955 die Bürgerrechtsbewegung ihren Anfang, als die afroamerikanische Näherin Rosa Parks sich in einem städtischen Bus weigerte, ihren Sitzplatz einem Weißen zu überlassen. Der anschließende Busboykott ließ die Bewegung im ganzen Land aktiv werden. Zur Erinnerung an diese Ereignisse betreibt die Stadt ein Museum, das neben ein paar anderen Sehenswürdigkeiten im Zusammenhang mit der Bürgerrechtsbewegung der Hauptgrund für einen Besuch hier ist. Davon abgesehen ist die Hauptstadt Alabamas zwar ganz nett, aber doch eher verschlafen.

◉ Sehenswertes

Aus der Innenstadt führt ein Tunnel zu Montgomerys schönem **Riverwalk**. Der große Platz an einer Biegung des Flusses verfügt über ein natürliches Amphitheater und eine Anlegestelle für Flussschiffe.

★ Rosa Parks Museum   MUSEUM
(www.trojan.troy.edu/community/rosa-parks-museum; 251 Montgomery St; Erw./Kind 4–12 Jahre 7,50/5,50 US$; ⊙Mo–Fr 9–17, Sa 9–15 Uhr; 🅿) Das Museum, eine Hommage an Mrs. Parks, die im Oktober 2005 verstorben ist, entführt seine Besucher mithilfe einer raffinierten Videopräsentation noch einmal zurück zu jenem denkwürdigen Tag im Jahr 1955, der den Boykott auslöste. Es befindet sich direkt gegenüber der Bushaltestelle, an der Parks so klar Stellung bezog. Zwar stimmt es, dass sie Schneiderin war. Der Rest der Geschichte, dass Parks nichts weiter als eine gewöhnliche Frau war, die etwas übers Ziel hinausgeschossen ist, ist jedoch nichts als ein Mythos.

Sie war eine Aktivistin mit einem scharfen, strategischen Intellekt, die sich freiwillig in der Ortsgruppe der National Association for the Advancement of Colored People (Nationale Organisation für die Förderunge farbiger Menschen) engagierte und vor ihrem großen Auftritt in die Grundlagen des gewaltlosen zivilen Ungehorsams eingewiesen wurde.

Civil Rights Memorial Center   GEDENKSTÄTTE
(www.civilrightsmemorialcenter.org; 400 Washington Ave; Erw./Kind 2 US$/frei; ⊙Mo–Fr 9–16.30, Sa 10–16 Uhr) Das runde, von Maya Lin entworfene und sehr bewegende Mahnmal erinnert an 40 Märtyrer der Bürgerrechtsbewegung, die alle sinnlos ermordet wurden. Einige Fälle wurden bis heute nicht aufgeklärt. Das bekannteste Opfer ist Martin Luther King Jr., es gab jedoch auch viele namenlose Opfer, sowohl Weiße als auch Afroamerikaner.

Die Gedenkstätte ist Teil des Southern Poverty Law Center (Rechtszentrum für Armut in den Südstaaten), einer Stiftung, die sich für Rassengleichheit sowie die Gleichheit vor dem Gesetz stark macht. Sie wurde 1987 durch ihren bahnbrechenden Erfolg gegen den Ku Klux Klan bekannt, der für den Tod eines jungen Schwarzen, Michael Donald, im Jahr 1981 für schuldig befunden wurde. Das Urteil sorgte für den landesweiten Ruin des Klans.

Dexter Avenue King Memorial Church   KIRCHE
(☎334-263-3970; www.dexterkingmemorial.org; 454 Dexter Ave; Erw./Kind 3–12 Jahre 10/6 US$; ⊙Di–Fr 10–16, Sa bis 14 Uhr) In dieser ehemals unter dem Namen Dexter Avenue Baptist Church bekannten Kirche begann für einen 26-jährigen Geistlichen aus Atlanta sein langer Weg zur Freiheit. Martin Luther King war zwischen 1954 und 1960 Pastor in diesem 1885 erbauten Gotteshaus und plante in seinem Büro den Busboykott von Montgomery. Das nahe gelegene **Dexter Parsonage Museum** ist das bescheidene Wohnhaus, in dem King mit seiner Familie lebte; 1956 wurde hier ein Bombenanschlag verübt.

Es werden einstündige Führungen angeboten, die im Voraus gebucht werden müssen.

Scott & Zelda Fitzgerald Museum   MUSEUM
(www.fitzgeraldmuseum.net; 919 Felder Ave; Spende Erw./Kind 5/2 US$; ⊙Mi–Fr 10–14, Sa & So 13–17 Uhr) Das Gebäude, in dem das Schriftstellerehepaar von 1931 bis 1932 lebte, beherbergt heute Erstausgaben, Übersetzungen und Originalkunstwerke der beiden, u.a. ein geheimnisvolles Selbstporträt von Zelda. Ein Highlight sind die handgeschriebenen Brie-

DIE WORTE EINES KINGS

Nach dem langen Marsch von Selma nach Montgomery hielt Dr. Martin Luther King Jr. am 25. März 1965 seine Rede *Our God is Marching On* (Unser Gott marschiert voran) auf den Stufen des State Capitol. Hier einige Highlights daraus:

In der Geschichte Amerikas gab es nie einen ehrenwerteren oder inspirierenderen Moment als diesen Pilgermarsch von Geistlichen und Laien jeder Rasse und jedes Glaubens, die nach Selma strömten, um der Gefahr an der Seite Amerikas bedrängter Neger ins Auge zu blicken.

...Es darf nie unser Ziel sein, den weißen Mann zu besiegen oder zu demütigen, wir wollen seine Freundschaft und sein Verständnis gewinnen. Wir müssen erkennen, dass der Ausgang, den wir erstreben, eine Gesellschaft ist, die in Frieden zusammenlebt, eine Gesellschaft, die mit ihrem Gewissen leben kann. Jener Tag wird weder der Tag des weißen noch des schwarzen Mannes sein. Jener Tag wird der Tag des Menschen als solchem sein. Ich weiß, ihr fragt euch heute: „Wie lange wird das dauern?" Ich bin heute Nachmittag gekommen, um euch zu sagen, dass es, egal wie schwierig dieser Moment, egal wie frustrierend diese Stunde sein mag, nicht mehr lange dauern wird, denn die zu Boden gedrückte Wahrheit wird sich wieder aufrichten.

Wie lange? Nicht lange, denn keine Lüge kann für immer bestehen.

Wie lange? Nicht lange, denn man erntet noch immer, was man sät.

Wie lange? Nicht lange. Denn der Arm des moralischen Universums ist lang, er beugt sich aber hin zur Gerechtigkeit.

fe von Zelde an ihren Ehemann und die mit der Schreibmaschine getippten Briefe Scotts an seinen großen Kontrahenten und Freund Ernest Hemingway.

Hank Williams Museum   MUSEUM
(www.thehankwilliamsmuseum.com; 118 Commerce St; Eintritt 10 US$; ⊘ Mo–Fr 9–16.30, Sa 10–16, So 13–16 Uhr) Das Museum ist eine Hommage an den als Alabama stammenden Giganten des Country, der der Hillbilly-Musik einfach mal ganz lässig eine Prise afroamerikanischen Blues beimischte.

🛏 Schlafen & Essen

Montgomery ist zwar nicht gerade für seine Lokale und Hotels berühmt, und grundsätzlich kann die Stadt auch in einem Tagesausflug erkundet werden, doch ein paar gute Adressen gibt es. Der Gastro- und Unterhaltungsdistrikt **The Alley** hat dem verschlafenen Zentrum etwas Leben eingehaucht.

Renaissance Hotel   HOTEL $
(☎ 334-481-5000; www.marriott.com; 201 Tallapoosa St; Zi. ab 189 US$; P ❄ @ 🛜 🏊) Ein riesiges Kettenhotel und doch die schönste Unterkunft der Stadt; zudem noch gut gelegen.

Dreamland BBQ   BARBECUE $
(www.dreamlandbbq.com; 101 Tallapoosa St; Hauptgerichte 8–11 US$; ⊘ So–Do 11–21, Sa 22 Uhr) Der

Laden gehört zu einer in Alabama ansässigen Kette. Die Rippchen, die Schweinehack-Sandwiches und der traditionelle Bananenpudding sind aber allesamt solide. Das Lokal ist die kulinarische Wiege von Alley, dem Herzstück der neu gestalteten Innenstadt.

⭐ **Central**   STEAK $$$
(www.central129coosa.com; 129 Coosa St; Hauptgerichte 18–33 US$; ⊘ Mo–Fr 11–14, Mo–Sa 17.30 Uhr–open end) Dieses überwältigende Lokal mit seinem kreativen Interieur, der Bar aus recyceltem Holz und den luxuriös gestalteten Sitzbereichen steht bei Gourmets ganz hoch im Kurs. Das Central hat sich auf über Holzfeuer gebratene Fisch- und Hähnchengerichte, Steaks und Koteletts spezialisiert.

ℹ Praktische Informationen

Montgomery Area Visitor Center (☎ 334-262-0013; www.visitingmontgomery.com; 300 Water St; ⊘ Mo–Sa 8.30–17 Uhr) Touristeninformation und nützliche Website.

ℹ Anreise & Unterwegs vor Ort

Der **Montgomery Regional Airport** (MGM; www.montgomeryairport.org; 4445 Selma Hwy) liegt rund 15 Meilen (24 km) vom Zentrum entfernt und wird täglich ab Atlanta, Charlotte und Dallas angeflogen. Auch **Greyhound** (☎ 334-286-0658; www.greyhound.com; 950 W South

Blvd) fährt die Stadt an. Für den berühmten städtischen Busverkehr ist das **Montgomery Area Transit System** (www.montgomerytransit.com; Tickets 1 US$) zuständig.

Selma

Am 7. März 1965, dem „blutigen Sonntag" (Bloody Sunday) berichteten die Medien darüber, wie die Polizei von Alabama mit ihren Hilfskräften in der Nähe der **Edmund Pettus Bridge** (Broad St & Walter Ave) Afroamerikaner und weiße Sympathisanten zusammenschlug und mit Tränengas besprühte. Die Menge war auf dem Weg nach Montgomery, in die Hauptstadt des Bundesstaats, um gegen die Ermordung eines einheimischen schwarzen Aktivisten zu demonstrieren, der von der Polizei während einer Kundgebung für das Wahlrecht umgebracht worden war. Die Bilder wurden an jenem Abend von jedem Fernsehsender im Land ausgestrahlt, und es war das erste Mal, dass Amerikaner, die nicht in den Südstaaten lebten, Zeugen der entsetzlichen Ausmaße dieses Kampfes wurden. Überall regte sich Bestürzung und Empörung, und die Unterstützung für die Bürgerrechtsbewegung wuchs. Martin Luther King machte sich eilig auf den Weg nach Selma, und nachdem ein zweiter Versuch aufgrund anhaltender Gewaltandrohungen zunächst abgebrochen wurde, führte er gemeinsam mit anderen den viertägigen, 87 km langen Marsch nach Montgomery an. Die ganze Aktion, der sich 8000 Menschen anschlossen, endete mit einer seiner typischen Reden auf den Stufen des Kapitols. Wenig später unterzeichnete Präsident Johnson den Voting Rights Act von 1965 über das Wahrecht von Minderheiten.

Die Geschichte Selmas wird im **National Voting Rights Museum** (☎ 334-327-8218; www.nvrm.org; 1012 Water Ave; Erw./Senior & Student 6/4 US$; ⏱ Mo–Do 10–16 Uhr) nahe der Edmund Pettus Bridge erzählt. Detailliertere Infos vermittelt das **Lowndes County Interpretive Center** (www.nps.gov/semo; 7002 US Hwy 80; ⏱ 9–16.30 Uhr) auf halbem Weg zwischen Selma und Montgomery. Sonderbarerweise hatte der Oberste Gerichtshof der Vereinigten Staaten zum Zeitpunkt unserer Recherche gerade entschieden, dass der Voting Rights Act verfassungswidrig sei – eine kontroverse Entscheidung, die über die Parteigrenzen zu Diskussionen geführt hat. Die Verabschiedung des Bundesgesetzes war

zum Zeitpunkt der Bürgerrechtsbewegung der Schlüssel zum Sieg gewesen. Welche Auswirkungen diese aktuelle Entscheidung nun haben wird, ist noch unklar, einige Beobachter befürchten jedoch, dass dies den Zugang zu den Urnen schwieriger gestalten könnte. Staaten wie Florida etwa werden beim Thema Wahlrecht immer wieder der Rassendiskriminierung beschuldigt.

Mobile

Mobile (ausgesprochen „mou-*biel*") ist die einzige wirkliche Küstenstadt Alabamas. Sie liegt eingekeilt zwischen Mississippi und Florida und ist eine geschäftige Hafenstadt mit Grünflächen, schattigen Boulevards und vier historischen Vierteln. Zum Frühlingsanfang leuchten hier überall die Azaleen, und den ganzen Februar hindurch feiert die Stadt den **Mardi Gras** (www.mobilemardigras.com) – und das schon seit bald 200 Jahren. Im historischen Viertel rund um die Dauphin St sind die meisten Bars und Restaurants angesiedelt. Dort liegt auch der ausgelassene Schwerpunkt der Mardi-Gras-Veranstaltungen.

Die **USS Alabama** (www.ussalabama.com; 2703 Battleship Pkwy; Erw./Kind 15/6 US$; ⏱ April–Sept. 8–18 Uhr, Okt.–März bis 17 Uhr) ist ein 210 m langer Koloss, der bekannt dafür ist, im Zweiten Weltkrieg neun Seeschlachten unbeschadet überstanden zu haben. Eine Besichtigung lohnt sich allemal und erfolgt auf eigene Faust. Parken kostet 2 US$.

Die beste Übernachtungsoption in Mobiles Innenstadt ist das **Battle House** (☎ 251-338-2000; www.marriott.com; 26 N Royal St; Zi. ab 159 US$; 🅿 ❋ @ 🛜 🐾). Man sollte versuchen, im ursprünglichen historischen Flügel mit seiner reich verzierten, mit einer Kuppel versehenen Marmor-Lobby unterzukommen. Der neue, beeindruckende Turm steht dafür jedoch direkt am Wasser. Das baufällige **Callaghan's Irish Social Club** (www.callaghansirishsocialclub.com; 916 Charleston St; Burger 7–9 US$; ⏱ Mo 11–21, Di & Mi 11–22, Do–Sa 11–23 Uhr) serviert die besten Burger der Stadt und wird immer wieder unter die besten Bars des Landes gewählt. Das Gebäude aus den 1920er-Jahren im Viertel Oakleigh beherbergte einst einen Fleischmarkt und ist nicht zu verfehlen. Das 1938 eröffnete **Wintzell's** (☎ 251-432-4605; www.wintzellsoysterhouse.com; 605 Dauphin St; Hauptgerichte 11–23 US$; ⏱ So–Do 11–22, Fr & Sa bis 23 Uhr) liegt näher an der Innenstadt und bietet in einer Brauhausatmosphäre Austern in jeglicher Ausführung an: roh, gebraten oder auf Holzkohle gegrillt.

MISSISSIPPI

Mississippi ist einer der am häufigsten missverstandenen (und am stärksten mythologisierten) US-Staaten. Prächtige Straßen, schäbige Juke Joints, knusprig gebratene Welse, hoch geschätzte Schriftsteller und hektargroße Baumwollfelder haben das Gebiet geprägt. Die meisten Menschen geben sich damit zufrieden, über Mississippi die Nase zu rümpfen, ohne jemals dort gewesen zu sein. Lange wurde der Staat wegen seiner beschämenden Bürgerrechtsgeschichte, der miesen Wirtschaftslage und schlechter Bildungschancen verachtet. Ein Aufenthalt hier vermittelt aber eine Ahnung vom wahren Süden.

❶ An- & Weiterreise

Auf der Reise durch Mississippi bieten sich drei beliebte Routen an. Die I-55 und der US-61 ver-

KURZINFOS MISSISSIPPI

Spitzname Magnolia State

Bevölkerung 3 Mio.

Fläche 121 487 km²

Hauptstadt Jackson (175 437 Ew)

Verkaufssteuer 7 %

Geburtsort von Schriftstellerin Eudora Welty (1909–2001), den Musikern Robert Johnson (1911–1938), Muddy Waters (1913–1983), B.B. King (geb. 1925) und Elvis Presley (1935–1977), dem Aktivisten James Meredith (geb. 1933) und von Puppenspieler Jim Henson (1936–1990)

Heimat des Blues

Politische Ausrichtung traditionell konservativ, gab allerdings seit dem Zweiten Weltkrieg Kandidaten von Drittparteien mehr Stimmen als jeder andere Bundesstaat

Berühmt für Baumwollfelder

Kitschigstes Souvenir Elvis-Presley-Lunchbox aus Tupelo

Entfernungen Jackson–Clarksdale 187 Meilen (299 km), Jackson–Ocean Springs 176 Meilen (282 km)

laufen beide von Nord nach Süd von den Grenzen des Bundesstaats im Norden bis zu seinen Grenzen im Süden. Der US-61 führt durch das Delta, die I-55 verläuft durch Jackson. Der fabelhafte Natchez Trace Parkway durchquert den Staat von Tupelo nach Natchez.

❶ Praktische Informationen

Mississippi Division of Tourism Development (☑ 601-359-3297; www.visitmississippi.org) Hat eine Liste der Touristeninformationen sowie eine Auswahl thematischer Reiserouten, von denen die meisten gut durchdacht sind und tiefere Einblicke gewähren.

Mississippi Wildlife, Fisheries, & Parks (☑ 1-800-467-2757; www.mississippistateparks.reserveamerica.com) Je nach Ausstattung kostet das Campen 12 bis 28 US$. In manchen Parks können auch Hütten gemietet werden.

Tupelo

Wer nicht gerade in aller Ruhe den Natchez Trace Pkwy erkunden möchte, wird wohl nicht allzu lange in Tupelo bleiben. Elvis-Fans werden aber durchaus einen amüsanten Nachmittag hier verbringen.

Die **Geburtsstätte Elvis Presleys** (☑ 662-841-1245; www.elvispresleybirthplace.com; 306 Elvis Presley Blvd; Erw./Senior/Kind 15/12/6 US$; ⊙ Mo–Sa 9–17.30, So 13–17 Uhr) liegt östlich der Downtown abseits des Hwy 78. Auf der 6 ha großen Anlage befinden sich die Hütte mit zwei Zimmern, in der Elvis als Kind lebte, ein Museum, in dem persönliche Gegenstände ausgestellt sind, und ein riesiger Souvenirladen. In der bescheidenen Kapelle, die der kleine Elvis oft mit seiner Mutter besucht hat, wurde er vom Musikfieber gepackt und tanzte auch schon mal durch den Mittelgang.

Oxford

Oxford ist einer jener Orte, die einen, hat man sich erst einmal von ihm gefangen nehmen lassen, nicht mehr loslassen. Das gesellschaftliche Leben Oxfords findet rund um den altertümlich hübschen und doch hippen **Square** statt, der von einladenden Bars, tollen Restaurants und guten Shoppingmöglichkeiten gesäumt ist. Dort befindet sich auch die **University of Mississippi** (www.olemiss.edu), hier einfach nur Ole Miss genannt. Rund um den Campus und sogar mitten darauf finden sich ruhige Straßen mit Wohnhäusern aus der Antebellum-Ära im Schatten majestätischer Eichen, darun-

DER SÜDEN MISSISSIPPI

ter auch William Faulkners einstiges Wohnhaus. Oxford hat gerade einmal 10 000 Einwohner, die 18 000 Studenten verleihen dem Ort aber ein jugendliches, lebendiges Flair.

Oxford ist am besten über den Hwy 6 zu erreichen, der zwischen Clarksdale und Tupelo im nördlichen Mississippi verläuft.

⊙ Sehenswertes & Aktivitäten

Der fabelhafte, 1 km lange und nicht sehr anspruchsvolle **Bailee's Woods Trail** verbindet zwei der beliebtesten Sehenswürdigkeiten des Ortes miteinander, nämlich Rowan Oak und das University of Mississippi Museum.

Rowan Oak HISTORISCHES GEBÄUDE
(www.rowanoak.com; Old Taylor Rd; Erw./Kind 5 US$/frei; ⊙ Di–Sa 10–16, So 13–16 Uhr) Literaturfans eilen schnurstracks zum wunderschönen, aus den 1840er-Jahren stammenden Wohnsitz von William Faulkner. Er war der Autor sehr vieler brillanter und tiefgründiger Romane, deren Schauplatz Mississippi ist; sein Werk wird alljährlich im Juli mit einer Tagung in Oxford gewürdigt. Besucher können Rowan Oak, wo Faulkner von 1930 bis zu seinem Tod 1962 lebte, auf eigene Faust erkunden. Die Angestellten können einem den Weg zu **Faulkners Grabstelle** auf dem St. Peter's Cemetery nordöstlich des Square weisen.

University of Mississippi Museum MUSEUM
(www.museum.olemiss.edu; University Ave an der 5th St; Eintritt 5 US$; ⊙ Di–Sa 10–18 Uhr) Das Museum zeigt Kunstwerke, Volkskunst, eine Konföderiertenuniform sowie eine Vielzahl kleiner naturwissenschaftlicher Wunder, etwa ein Mikroskop oder einen Elektromagneten aus dem 19. Jh.

🛏 Schlafen & Essen

Die günstigsten Übernachtungsoptionen finden sich am Stadtrand in Form von Kettenhotels. Rund um den Square gibt es einige prima Restaurants.

★ (5) Twelve B&B $$
(☎ 662-234-8043; www.the5twelve.com; 512 Van Buren Ave; Zi. ab 115 US$; P ❄ 🐶) Das Gebäude, in dem dieses B&B mit seinen sechs Zimmern untergebracht ist, wurde im Stil der Antebellum-Ära erbaut, versprüht innen durch die mit Tempur-Matratzen ausgestatteten Betten und die Flachbild-TVs allerdings ein modernes Flair. Im Zimmerpreis inbegriffen ist ein großzügiges Südstaaten-Frühstück, das vorab bestellt werden muss. Das Haus liegt nur einen kurzen Fußmarsch von den Geschäften und Restaurants der Stadt entfernt, und die Besitzer sorgen dafür, dass man sich wie daheim fühlt.

Inn at Ole Miss HOTEL $$
(☎ 662-234-2331; www.theinnatolemiss.com; 120 Alumni Dr; Zi. ab 129 US$; P ❄ @ 🐶 🐕) Wenn am Wochenende nicht gerade ein Footballspiel ansteht (dann ist nämlich eine Reservierung weit im Voraus empfehlenswert), wird man in diesem Hotel mit Konferenzzentrum direkt am Ole Miss Grove sicher auch noch kurzfristig eines der 180 hübschen Zimmer ergattern können. Es geht hier zwar weniger persönlich zu als in den kleinen Inns der Stadt, dafür ist es komfortabel, gut gelegen und von der Downtown auch zu Fuß nicht weit entfernt.

Bottletree Bakery BÄCKEREI $
(www.bottletreebakery.net; 923 Van Buren; Gebäck 3–4 US$, Hauptgerichte 6–9 US$; ⊙ Di–Fr 7–16, Sa 9–16, So bis 14 Uhr; 🐶) Hier werden exzellente Backwaren, tellergroße Zimtschnecken, täglich andere Brioches, Streuselgebäck, gigantische Schokoladencroissants und eine gute Auswahl von Sandwiches und Salaten verkauft.

★ Snackbar MODERN-AMERIKANISCH $$
(☎ 662-236-6363; www.citygroceryonline.com; 721 N Lamar Blvd; kleine Gerichte 6–12 US$, Hauptgerichte 11–26 US$; ⊙ Mo–Sa 16–24 Uhr) Ein fabelhaftes Juwel in einer sonst nichtssagenden Mini-Mall. Die Spezialität des Lokals sind handgemixte Cocktails, aber auch die exquisite Theke voller Meeresfrüchte (Austern, Blaukrabben, Shrimps) und die kleinen Gerichte, die von Austern über Maisgrütze bis zu Grünkohl-Caesar-Salat reichen, sind sehr beliebt. Der Burger ist legendär. Serviert wird das Ganze in einem etwas düsteren Ambiente mit einer coolen Einrichtung aus Hartholz.

Taylor Grocery SEAFOOD $$
(www.taylorgrocery.com; 4 County Rd 338 A; Gerichte 9–15 US$; ⊙ Do–Sa 17–22, So bis 21 Uhr) Bei diesem grandiosen rustikalen Restaurant, das sich auf Welse spezialisiert hat, muss man mit Wartezeiten rechnen – sogar auf dem Parkplatz. Den Wels gibt's gebraten oder gegrillt, und wer einen Stift dabei hat, kann sich an der Wand verewigen. Das Lokal liegt an der Old Taylor Rd, etwa 7 Meilen (11 km) in südlicher Richtung von der Innenstadt entfernt.

DER FUSSMARSCH DES JAMES MEREDITH

The Grove, das schattige Herzstück der Ole Miss (University of Mississippi), ist normalerweise ein friedlicher Ort – wenn nicht gerade Football-Samstag ist und dem Spiel hier mit Blasmusik entgegengefiebert wird.

Am 1. Oktober 1962 war es jedoch der Schauplatz einer der erschütterndsten Szenen der Bürgerrechtsbewegung, als der junge Student James Meredith in Begleitung seines Studienberaters und Vorsitzenden der National Association for the Advancement of Colored People in Mississippi, Medgar Evers, durch einen gewaltbereiten Mob von Befürwortern der Rassentrennung schritt, um sich als erster afroamerikanischer Student an der Ole Miss einzuschreiben. Eigentlich hätte er dies schon zehn Tage zuvor tun sollen, was aber zu Ausschreitungen geführt hatte, woraufhin die Kennedy-Regierung 500 Bundespolizisten und die Nationalgarde einsetzen musste, um seine Sicherheit zu gewährleisten.

Evers wurde später ermordet, und Meredith ging zu Fuß durch den Bundesstaat, um die Öffentlichkeit für die Rassengewalt in Mississippi zu sensibilisieren. Einige Briefe Merediths sind in der Universitätsbibliothek im **Center for Southern Culture** (☑ 662-915-5855; 1 Library Loop, University of Mississippi; ⊘ Mo–Do 8–21, Fr bis 16, Sa bis 17, So 13–17 Uhr; 🖥) GRATIS ausgestellt.

☆ Unterhaltung

Am letzten Dienstag im Monat findet der immer beliebter werdende **Art Crawl** statt, bei dem die kostenlos nutzbare Busse zwischen Galerien in der ganzen Stadt verkehren und beschwipste Kunstliebhaber von A nach B kutschieren. Für Knabbereien und Wein ist nicht zu knapp gesorgt.

Proud Larry's   LIVEMUSIK
(☑ 662-236-0050; www.proudlarrys.com; 211 S Lamar Blvd; ⊘ Auftritte 21.30 Uhr) In dieser kultigen Musikstätte am Square treten immer sehr gute Bands auf. Außerdem ist das Kneipenessen, das hier mittags und abends vor Beginn der Shows serviert wird, echt lecker.

Rooster's Blues House   BLUES
(www.roostersblueshouse.com; 114 Courthouse Sq) Beseelte Blues-Musik am Wochenende.

The Lyric   VERANSTALTUNGSORT
(☑ 662-234-5333; www.thelyricoxford.com; 1006 Van Buren Ave) In diesem alten Backsteinhaus ist ein kleines, süßes Theater mit Betonfußböden, freiliegenden Dachsparren und Balkon untergebracht, in dem auch Indie-Bands wie Beach House und Band of Horses auftreten.

🔒 Shoppen

Square Books   BUCHLADEN
(☑ 662-236-2262; www.squarebooks.com; 160 Courthouse Sq; ⊘ Mo–Do 9–21, Fr & Sa bis 22, So bis 18 Uhr) Square Books ist einer der großartigsten unabhängigen Buchläden in den USA und gleichzeitig das Epizentrum der lebhaften Literaturszene Oxfords. Nicht selten sind hier Schriftsteller von außerhalb zu Gast. Im 1. Stock gibt's ein Café und einen Balkon, sowie eine ganze Sektion, die William Faulkner gewidmet ist. Im nahe gelegenen **Square Books Jr.** werden Kinderbücher und Jugendliteratur verkauft. **Off Square** hat gebrauchte Bücher im Sortiment.

Southside Gallery   KUNST
(www.southsideartgallery.com; 150 Courthouse Sq; ⊘ Di–Sa 10–18 Uhr) Die beste Kunstgalerie in der Innenstadt von Oxford konzentriert sich auf lokale, aufstrebende Künstler. Die modernen Kunstwerke reichen von abstrakt bis realistisch und von großformatig bis (etwas übertrieben) klein.

Mississippi-Delta

Die amerikanische Musik nahm in dieser landwirtschaftlich genutzten Flussniederung entlang dem Hwy 61 ihren Anfang. Sie wurde von Afrika aus in den Herzen der Sklaven in die neue Welt transportiert, entwickelte sich zu Liedern, die bei der Arbeit auf den Feldern gesungen wurden, und brannte sich in das Gedächtnis eines Troubadours ein, der gerade seine Naturalpacht entrichtet hatte und auf seinen Zug zurück nach Hause wartete. In Tutweiler hörte W.C. Handy mit und schrieb diesen Rhythmus nieder. In Clarksdale verkaufte Robert Johnson, wie es heißt, seine Seele an einer Kreuzung an den Teufel und wurde zum ersten Gitarrenhelden Amerikas. Das Delta ist zwar auch die Heimat des Soul Food und blickt auf eine blutige, bedeutsame Vergangenheit zurück, der größte Exportschlager und sein großes Erbe ist und bleibt jedoch der Blues. Ohne die Musik des Mississippi-Deltas, das sich von Memphis bis nach Vicksburg erstreckt, hätte es die Beatles, die Stones, Hendrix und Led Zeppelin nicht gegeben, und auch der Hip-Hop wäre nicht das, was er heute ist.

Clarksdale

Clarksdale ist der beste Ausgangspunkt für die Erkundung des Mississippi-Deltas. Hier gibt es mehr komfortable Hotelzimmer und moderne, gute Restaurants als im ganzen Rest des Deltas zusammen. Außerdem liegt es von keiner Sehenswürdigkeit rund um die Blues-Musik weiter als eine zweistündige Autofahrt entfernt, und am Wochenende geben sich die großen Namen des Blues in den Veranstaltungsstätten der Stadt die Ehre.

◉ Sehenswertes

Die **Kreuzung** des Hwy 61 und Hwy 49 ist der Ort, an dem Robert Johnson seinen sagenhaften Pakt mit dem Teufel geschlossen haben soll. Die Kreuzung wurde durch seinen Song *Cross Road Blues* unsterblich.

Delta Blues Museum   MUSEUM
(www.deltabluesmuseum.org; 1 Blues Alley; Erw./Senior & Student 7/5 US$; ⊙ Mo–Sa 9–17 Uhr) Hier wird eine kleine, aber gut sortierte Sammlung von Erinnerungsstücken ausge-

stellt. Zum Schrein für die Delta-Legende Muddy Waters gehört auch die originale Hütte, in der er aufwuchs. Zudem gibt's lokale Kunstwerke und einen Souvenirshop.

Rock 'N' Roll & Blues Heritage Museum   MUSEUM
(☎ 901-605-8662; www.blues2rock.com; 113 E Second St; Eintritt 5 US$; ⊙ Di–Sa 11–17 Uhr) Ein niederländischer Auswanderer und Blues-Fanatiker stellt in diesem Museum seine beeindruckende Privatsammlung von Platten, Erinnerungsstücken und anderen Gegenständen aus, die vom Rock'n'Roll und vom Blues der 1970er-Jahre erzählen.

⭐ Feste & Events

In Clarksdale finden zwei große Blues-Festivals statt.

Juke Joint Festival   MUSIK
(www.jukejointfestival.com; Tickets 15 US$; ⊙ April) Bei diesem dreitägigen Festival steigen über 120 Events (etwa 100 tagsüber und um die 20 abends) an Veranstaltungsorten in und um Clarksdale.

Sunflower River Blues & Gospel Festival   MUSIK
(www.sunflowerfest.org; ⊙ Aug.) Mit berühmteren Stars als das Juke Joint Festival.

🛏 Schlafen & Essen

Shack Up Inn   INN **$$**
(☎ 662-624-8329; www.shackupinn.com; Hwy 49; Zi. 75–165 US$; P ❋ 🛜) Das selbst ernannte

---

EIN STREIFZUG DURCH DIE JUKE POINTS

Der Begriff *juke* wird zurückgeführt auf das westafrikanische Wort aus der Gullah-Sprache (einer Kreolsprache auf Grundlage des Englischen, die von isoliert lebenden Afroamerikanern in den USA gesprochen wird). Es bedeutet so viel wie „übel" oder „liederlich" und passt demnach perfekt auf die Straßenkneipen im Mississippi-Delta, in denen gottlose Musik, gewagte Tänze, Trinkgelage und – in einigen Fällen – Prostitution an der Tagesordnung waren. Der Begriff Jukebox kam in Mode, als Schallplatten in automatischen Plattenwechslern aufgelegt wurden, die die Livemusiker in diesen Läden (und auch in Cafés und Bars) nach und nach verdrängten.

Die meisten Juke Joints sind Clubs in afroamerikanischen Vierteln; Ausländer sieht man eher selten, und meistens hängen in den Spelunken nur Männer ab. Es gibt kaum Läden, in die einheimische Frauen, allein oder in der Gruppe, ohne Begleitung gehen würden – hartnäckiges „Interesse" ist an der Tagesordnung.

Einen Einblick in die Juke-Joint-Szene bekommt man im Red's, einem großen, freundlichen, etwas kitschigen Saal mit jeder Menge Graffiti und einer von Tischen umgebenen Tanzfläche. Im Gegensatz dazu wirkt das **Red's** (☎ 662-627-3166; 395 Sunflower Ave, Clarksdale), das üblicherweise am Freitag- und Samstagabend geöffnet ist, auf Außenstehende zunächst ein wenig einschüchternd; dennoch ist es eines der besten Jukes in Clarksdale. Wenn die Feuerstelle qualmt, bestellen, was auch immer da brutzelt!

„Beer & Breakfast" auf der Hopson Plantation liegt 2 Meilen (3,2 km) südlich an der Westseite des Hwy 49 und versprüht jede Menge Blues-Flair. Gäste kommen in umgebauten Pächterhütten oder in einer kreativ renovierten ehemaligen Baumwollverarbeitungshalle unter. Die Hütten haben überdachte Veranden und sind mit alten Möbeln und Musikinstrumenten ausgestattet. Die alte Verpflegungsstation, die mit Kirchenbänken bestückte Juke Joint Chapel, ist eine stimmungsvolle Location für Livemusikveranstaltungen. Die ganze Anlage strotzt nur so vor authentischer Blues-Atmosphäre und Südstaaten-Charme – vielleicht eine der coolsten Unterkünfte überhaupt.

Lofts at the Five & Dime LOFTS $$
(☎ 888-510-9604; www.fiveanddimelofts.com; 211 Yazoo St; Loft 150–175 US$) In einem Gebäude von 1954 sind diese sechs feudalen, loftähnlichen Apartments untergebracht. Die vollwertigen Küchen sind mit Theken aus Betonformteilen ausgestattet, sowohl in den Wohnzimmern als auch in den Schlafzimmern stehen riesige Flachbild-TVs, die Bäder sind mit Terrazzo-Duschen versehen, und während des Aufenthalts werden die Gäste kostenlos mit Limonade und Mineralwasser versorgt. Hier haben bis zu vier Personen bequem Platz.

Abe's BARBECUE $
(☎ 662-624-9947; 616 State St; Sandwiches 4–6 US$, Tellergerichte 6–14 US$; ⊙ Mo–Do 10–21, Fr & Sa bis 22, So 11–14 Uhr; ⊞) Schon seit 1924 werden im Abe's an der Crossroads leckere Schweinefleisch-Sandwiches, würziger Krautsalat und feurig-scharfe Tamales serviert.

★ Yazoo Pass CAFÉ $$
(www.yazoopass.com; 207 Yazoo Ave; Hauptgerichte mittags 6–10 US$, abends 13–26 US$; ⊙ Mo–Sa 7–21 Uhr; 🖥) Ein modernes Lokal, in dem morgens frisches Teegebäck und Croissants, mittags Salate vom Buffet, Sandwiches und Suppe und zum Abendessen in der Pfanne gebratener Gelbflossen-Thun, Filet Mignon, Burger und Pasta serviert werden.

Rust SÜDSTAATENKÜCHE $$
(www.rustclarksdale.com; 218 Delta Ave; Hauptgerichte 12–36 US$; ⊙ Di–Do 18–21, Fr & Sa bis 22 Uhr) Hier wird in einer netten Atmosphäre zwischen schrottmäßig-schicker Dekor gepimpte südstaatentypische Hausmannskost aufgetischt (Rib-Eye-Steak vom Grill mit Chili-Senf oder Frikadellen aus Langustenfleisch mit gegrilltem Spargel). Toller Ort für einen Happen zwischen die Beißerchen, bevor man in den Abend startet!

☆ Unterhaltung

Red's BLUES
(☎ 662-627-3166; 395 Sunflower Ave; Eintritt 10 US$; ⊙ Livemusik Fr & Sa 21 Uhr) Clarksdales bester Juke Joint wird von neonrotem Stimmungslicht erhellt, die Decken sind mit Plastikplanen abgehängt, und überhaupt ist er irgendwie vom Zerfall gekennzeichnet – auf beseelte Weise, versteht sich. Dies ist der beste Ort der Stadt, um Blues-Musikern beim „Trübsinnblasen" (das bedeutet *blues* eigentlich) zuzuhören. Vielleicht hat Red, der Betreiber der Bar, ja unterm Tresen noch einen Schwarzgebrannten herumstehen.

Ground Zero BLUES
(www.groundzerobluesclub.com; 0 Blues Alley; ⊙ Mo–Di 11–14, Mi & Do bis 23, Fr & Sa bis 1 Uhr) Wer Blues in einer etwas feineren Umgebung erleben möchte, der schaut am besten in Morgan Freemans Club Ground Zero vorbei. In der großen, freundlichen Halle gibt es eine Tanzfläche mit Tischen ringsherum. Mittwochs bis samstags treten hier Bands auf.

🛍 Shoppen

Cat Head Delta Blues & Folk Art KUNST & KUNSTHANDWERK
(www.cathead.biz; 252 Delta Ave; ⊙ Mo–Sa 10–17 Uhr) Der freundliche, sehr geschäftstüchtige Roger Stolle aus St. Louis ist nicht nur Schriftsteller, sondern betreibt auch noch dieses bunte, universelle und gut sortierte Blues-Kaufhaus. In den Regalen stapeln sich Bücher, Krüge mit Gesichtern, hiesige Kunstwerke und Blues-Platten. Stolle scheint alle und jeden im Delta zu kennen und weiß immer, welche Band wann und wo spielen wird.

Rund um Clarksdale

Für eine so ärmliche, flache Gegend besitzt das Delta eine überraschend große Anzahl unkonventioneller, kleiner Örtchen, deren Erkundung sich allemal lohnt.

In dem am Hwy 49 gelegenen Ort **Tutwiler** begann die Verwandlung des Blues von einer mündlich überlieferten Tradition hin zu einer populären Kunstform. Während W. C. Handy, der als der Vater des Blues gilt, hier 1903 auf einen Zug wartete, hörte er erstmals einen Sharecropper (Pächter, der Naturalpacht zu entrichten hatte), wie dieser im 12er-Takt betend lamentierte. Neun Jahre später transkribierte er diese Melodie; als Blues-Pionier wurde er aber erst anerkannt, als sein Stück *Beale Street Blues* 1916 zum Erfolg wurde. Dieses Aufeinandertreffen ist in Form einer Wandmalerei an den **Tutwiler Tracks** (abseits Hwy 49, Tutwiler; 🚻) verewigt.

Östlich von Greenville führt der Hwy 82 aus dem Delta hinaus. Am Ausgangspunkt der Straße, die auch als der **Blues Highway** bekannt ist, befindet sich das **Highway 61 Blues Museum** (www.highway61blues.com; 307 N Broad St; ⊙Nov.–Feb. Di–Sa 10–16 Uhr, März–Okt. Mo–Sa 10–17 Uhr), das in sechs kleinen, vor Informationen nur so strotzenden Ausstellungsräumen den Blues-Musikern des Deltas huldigt. In **Leland** (www.lelandms.org) wird im Juni das **Highway 61 Blues Festival** gefeiert.

Es lohnt sich, im winzigen Deltastädtchen **Indianola** einen Halt einzulegen, um das faszinierende und moderne **BB King Museum and Delta Interpretive Center** (www.bbkingmuseum.org; 400 Second St; Erw./Student/Kind 10/5 US$/frei; ⊙Di–Sa 10–17, So–Mo 12–17 Uhr, Nov.–März Mo geschl.) zu besuchen. Es ist das beste Blues-Museum im Delta und randvoll mit interaktiven Exponaten, Videopräsentationen und einer unglaublichen Zahl von Artefakten zu B. B. King. Sie beleuchten hervorragend die Geschichte und das Erbe des Blues und machen damit die Seele des Deltas spürbar.

Im ersten ärmlichen Kleinstädtchen **Greenwood** liegt dank einer Investition der Viking Range Corporation, die ihre Zentrale hier hat, ein Hauch von Opulenz in der Luft. Besucher sind in der Regel wohlhabende Stammgäste oder gut betuchte Urlauber, die sich im vornehmsten Hotel im Delta, dem von Viking betriebenen **Alluvian** (☎662-453-2114; www.thealluvian.com; 318 Howard St; Zi. 200–215 US$; 🅿✳@🐕), verwöhnen lassen wollen. Das nahe gelegene **Delta Bistro** (☎662-455-9575; www.deltabistro.com; 117 Main St, Greenwood; Hauptgerichte 9–24 US$; ⊙Mo–Sa 11–21 Uhr) ist das beste Restaurant in der Region.

Vicksburg

Vicksburg war aufgrund seiner Lage auf einem hohen Felsvorsprung über dem Mississippi im Bürgerkrieg von besonderer strategischer Bedeutung. General Ulysses S. Grant belagerte die Stadt 47 Tage lang, bis sie sich am 4. Juli 1863 ergab und die Union fortan die Kontrolle über Nordamerikas größten Fluss übernahm. Der Krieg war damit so gut wie entschieden, aber noch lange nicht beendet.

⊙ Sehenswertes & Aktivitäten

Die wichtigsten Sehenswürdigkeiten sind leicht vom Exit 4B (Clay St) der I-20 aus zu erreichen.

Der **National Military Park** (www.nps.gov/vick; Clay St; pro Auto/Pers. 8/4 US$; ⊙Okt.–März 8–17 Uhr, April–Sept. bis 19 Uhr) liegt nördlich der I-20 und ist Vicksburgs Hauptattraktion. Eine 16 Meilen (26 km) lange Fahrt führt an Infotafeln vorbei, auf denen die historischen Ereignisse während der Schlacht sowie Schlüsselszenen erklärt werden. Im Souvenirladen des Visitor Center kann man eine Audiotour zum Anhören im Auto kaufen. Alternativ kann die Tour auch mithilfe der vor Ort erhältlichen kostenlosen Straßenkarte komplett auf eigene Faust durchgeführt werden. Zwei Stunden einplanen! Eine weitere tolle Möglichkeit: mit dem eigenen Fahrrad losradeln. Auf dem Friedhof liegen etwa 17 000 Soldaten der Unionstruppen begraben. Im Mai und Juli werden **Szenen aus der Bürgerkriegsschlacht** nachgespielt.

Die historische Altstadt umfasst mehrere Blocks an der Washington St. Unten am Wasser befinden sich ein Block mit Wandmalereien zur Geschichte der Region und ein **Park mit Wasserspielen für Kinder**. Das überraschend interessante **Lower Mississippi River Museum** (☎601-638-9900; www.lmrm.org; 910 Washington St; ⊙ganzjährig Di–Sa 9–17 Uhr, April–Okt. So 13–17 Uhr) `GRATIS` widmet sich Themen wie dem berühmten Hochwasser von 1927. Kinder können sich derweil im Aquarium vergnügen und auf dem Forschungsschiff im Trockendock, der **M/V Mississippi IV**, herumtollen. Auf jeden Fall sollte man die **Attic Gallery** (☎601-638-9221; www.atticgallery.net; 1101 Washington St; ⊙Mo–Sa 10–17 Uhr) besuchen, eine kleine Schatztruhe mit Kunstwerken und Volkskunst aus dem gesamten Delta.

🛏 Schlafen & Essen

Corners Mansion   B&B $$
(☎601-636-7421; www.thecorners.com; 601 Klein St; Zi. inkl. Frühstück ab 125 US$; 🅿✳🐕) Das Beste an diesem B&B von 1873 sind die Hollywoodschaukeln auf der Veranda, von denen aus man über den Yazoo River und den Mississippi blickt. Der Garten und das Südstaatenfrühstück sind auch ganz nett.

Rusty's Riverfront Grill SÜDSTAATENKÜCHE $$
(www.rustysriverfront.com; 901 Washington St; Hauptgerichte 17–29 US$; ⊙ Di–Fr 11–14 & 17–21.30, Sa 11–21.30 Uhr) Das bodenständige Grillrestaurant am nördlichen Ende der Innenstadt ist für sein sensationelles Rib-Eye-Steak bekannt, hat aber auch eine gute Auswahl von Meeresfrüchten nach Südstaaten-Art, etwa Crab Cake (Frikadellen aus Krabbenfleisch), gegrillten Rotbarsch oder einen leckeren Gumbo im New-Orleans-Stil, auf der Speisekarte stehen.

Jackson

Mississippis Hauptstadt ist zugleich seine größte Stadt. Auch Jackson musste schmerzlich erfahren, dass Menschen – sofern sie ein Auto besitzen – bevorzugt außerhalb der Stadt in den schicken Vororten leben. Das Ergebnis: Die Innenstadt, wenn auch prächtig und sehr gepflegt, wirkt wie ausgestorben. Man findet in Jackson so interessante Gegenden wie den flippigen Fondren District sowie einige gut gestaltete Museen und historische Stätten, die einen Einblick in die Kultur des Bundesstaats gewähren. Alles in allem lohnt sich ein Zwischenstopp in Jackson also.

Sehenswertes

Mississippi Museum of Art GALERIE
(www.msmuseumart.org; 380 South Lamar St; Dauerausstellungen frei, Sonderausstellungen 5–12 US$; ⊙ Di–Sa 10–17, So 12–17 Uhr) GRATIS Dies ist Jacksons Attraktion schlechthin. Die Sammlung von Kunstwerken aus Mississippi – eine Dauerausstellung mit dem Namen *The Mississippi Story* – ist schlicht top.

Old Capitol Museum MUSEUM
(www.mdah.state.ms.us/museum; 100 State St; ⊙ Di–Sa 9–17, So 13–17 Uhr) GRATIS Das Gebäude im Greek-Revival-Stil diente von 1839 bis 1903 als Kapitol von Mississippi und beherbergt heute ein Museum zur Geschichte des Bundesstaates mit zahlreichen Filmen und Ausstellungen. So erfährt man etwa, dass die Sezession alles andere als eine einstimmige Sache war und dass nach der Reconstruction einige der strengsten Black Codes (Gesetze zur Einschränkung der Rechte Schwarzer) eingesetzt wurden, die es in den Südstaaten vor der Zeit der Rassentrennung gab.

Eudora Welty House WAHRZEICHEN
(☎ 601-353-7762; www.mdah.state.ms.us/welty; 1119 Pinehurst St; ⊙ Führung Di–Fr 9, 11, 13 & 15 Uhr)

Wer sich für Literatur interessiert, sollte sich zu einer Führung durch das Welty House anmelden. Die mit dem Pulitzer-Preis ausgezeichnete Autorin lebte über 75 Jahre in dem im Tudor-Revival-Stil erbauten Haus, das heute dank Restaurierungsarbeiten ein detailgetreues historisches Prunkstück ist.

Smith Robertson Museum MUSEUM
(www.jacksonms.gov/visitors/museums/smith robertson; 528 Bloom St; Erw./Kind 4,50/1,50 US$; ⊙ Mo–Fr 9–17, Sa 10–14, So 14–17 Uhr) Das Museum befindet sich in der ersten öffentlichen Schule Mississippis für afroamerikanische Kinder, die auch der Schriftsteller Richard Wright besuchte. Es bietet Einblicke in die schmerzvolle und konfliktreiche afroamerikanische Geschichte in Mississippi.

Schlafen & Essen

Der Fondren District entwickelt sich zu einem künstlerisch angehauchten, unkonventionellen Stadtviertel mit tollen Restaurants, Kunstgalerien und Cafés, die die geschäftige Hauptstraße säumen.

Old Capitol Inn BOUTIQUEHOTEL $$
(☎ 601-359-9000; www.oldcapitolinn.com; 226 N State St; Zi. inkl. Frühstück ab 135 US$; P ✳ @ ☎ ☏) Dieses Boutiquehotel in der Nähe einiger Museen und Restaurants ist mit seinen 24 komfortablen und individuell eingerichteten Suite-Zimmern und dem Whirlpool im Dachterrassengarten eine wirklich tolle Option. Im Preis inbegriffen sind ein üppiges Südstaatenfrühstück und ein Snack mit Wein und Käse am frühen Abend.

Fairview Inn INN $$
(☎ 601-948-3429; www.fairviewinn.com; 734 Fairview St; Zi. inkl. Frühstück 129–329 US$; P ✳ @ ☎) Wer das Flair eines kolonialen Anwesens erleben möchte, ist in den 18 Zimmern des Fairview Inn genau richtig, das in einem umgebauten historischen Herrenhaus untergebracht ist. Die Einrichtung im alten Stil ist umwerfend, und es gibt sogar einen voll ausgestatteten Wellnessbereich.

High Noon Cafe VEGETARISCH $
(www.rainbowcoop.org; 2807 Old Canton Rd; Hauptgerichte 7–10 US$; ⊙ Mo–Fr 11.30–14 Uhr; P ☎ ☏) ✿ Keine Lust mehr auf Pulled Pork und Wels? Dieses vegetarische Bio-Grillrestaurant im Lebensmittelladen Rainbow Co-op im Fondren District serviert Rote-Bete-Burger, Portabello-Reuben-Sandwiches und andere gesunde Leckereien. Hier bekommt man auch Bio-Lebensmittel.

★ **Walker's Drive-In** SÜDSTAATENKÜCHE **$$$**
(☑ 601-982-2633; www.walkersdrivein.com; 3016 N
State St; Hauptgerichte mittags 10–17 US$, abends
25–35 US$; ⊘ Mo–Fr 11–14 & Di–Sa ab 17.30 Uhr)
Das Retro-Diner wurde mit viel Liebe res-
tauriert und mit modernem Südstaaten-
Feinschmecker-Touch aufgepeppt. Zu Mittag
gibt's hochwertige Diner-Kost wie gegrillte
Rotbarsch-Sandwiches, weiche Burger und
gegrillte Austern-Po'boys oder den außerge-
wöhnlichen Salat mit schonend gegartem,
mit Chili ummanteltem Thunfisch, zu dem
feurige Tintenfischringe und Seetang ser-
viert werden.

Abends wird in Sachen Gourmetkost
noch eins draufgesetzt. Dann gibt's Porter-
house-Steak vom Lamm, Tintenfisch vom
Holzkohlegrill und in Miso marinierten See-
barsch. Die Weinkarte ist hervorragend und
der Service tadellos.

Mayflower SEAFOOD **$$$**
(☑ 601-355-4122; 123 W Capitol St; Hauptgerichte
21–29 US$; ⊘ Mo–Fr 11–14.30 & 16.30–21.15, Sa
16.30–21.30 Uhr) Das Mayflower wirkt wie
eine x-beliebige Spelunke in der Innenstadt,
ist aber ein immens gutes Fischrestau-
rant. Die Einheimischen schwören auf den
gegrillten Rotbarsch und den griechischen
Salat, den man mit den sensationellen, in
der Pfanne gebratenen Jakobsmuscheln als
Extra auch als Hauptgericht essen kann.
Alle Zutaten sind frischer als frisch.

☆ Unterhaltung

★ **F. Jones Corner** BLUES
(www.fjonescorner.com; 303 N Farish St; ⊘ Di–Fr
11–14, Do–Sa 10 Uhr–open end) Wenn die anderen Bars in Jackson dicht machen, trifft
sich alles in diesem bodenständigen Club in
der Farish St. Es treten authentische Delta-
Musiker auf, die schon mal bis zum Morgen-
grauen spielen. Vor 1 Uhr ist hier nichts los.

119 Underground BLUES
(www.underground119.com; 119 S President St; ⊘ Di
17–23, Mi–Do 16–24, Fr & Sa 16–2, So 18–2 Uhr) Der
schräge, extrem coole Nachtclub serviert zu
Blues, Jazz und Bluegrass exzellente Gerichte. Die Südstaaten-Fusion-Gerichte sind
von den weiten Reisen, aber auch von den
Erzeugnissen aus dem eigenen Garten des
Küchenchefs geprägt.

ⓘ Praktische Informationen

Convention & Visitors Bureau (☑ 601-960-
1891; www.visitjackson.com; 111 E Capitol St,
Suite 102; ⊘ Mo–Fr 8–17 Uhr) Kostenlose Infos.

ⓘ An- & Weiterreise

Jackson liegt an der Kreuzung der I-20 mit der
I-55 und ist deshalb leicht zu erreichen. Der
internationale **Flughafen** (JAN; www.jmaa.com)
liegt 10 Meilen (16 km) östlich der Downtown.
Busse von **Greyhound** (☑ 601-353-6342; www.
greyhound.cpm; 300 W Capitol St) fahren nach
Birmingham (Alabama), Memphis (Tennessee)
und New Orleans (Louisiana). Der Amtrak-Zug
City of New Orleans hält am hiesigen Bahnhof.

Natchez

Das liebenswerte Natchez ist eine winzige
kosmopolitische Enklave in Mississippi, in
der die unterschiedlichsten Leute aufeinandertreffen – von schwulen Republikanern über intellektuelle Linke bis hin zum
einfachen, bodenständigen Volk, das schon
immer hier lebt. Das auf einem Felsvorsprung oberhalb des Mississippi gelegene
Natchez lockt Touristen an, die sich für die
Geschichte und Architektur aus der Zeit vor
dem Bürgerkrieg interessieren: In der ältesten Siedlung am Mississippi (zwei Jahre
älter als New Orleans) stehen 668 Häuser
aus der Antebellum-Ära, und hier endet
(bzw. beginnt) auch der malerische, 444
Meilen (714 km) lange Natchez Trace Pkwy,
das Highlight des Staates für Radfahrer und
Erholungsbedürftige.

Das große und gut organisierte **Visitor
and Welcome Center** (☑ 601-446-6345; www.
visitnatchez.org; 640 S Canal St; Führung Erw./Kind
12/8 US$; ⊘ Mo–Sa 8.30–17, So 9–16 Uhr) hält

**PADDELN AUF DEM
MISSISSIPPI**
....
Glaubt man Keith Benoist, Fotograf,
Landschaftsarchitekt und Mitbegrün-
der des Kajak-Marathons **Phatwater
Challenge** (www.kayakmississippi.
com), so ist kein anderer Fluss in den
Union-Staaten auf solch einer langen
Strecke befahrbar wie der Mississippi.
Der aus Natchez stammende Benoist
trainiert für das 42 km lange Rennen,
indem er regelmäßig 10 Meilen (16 km)
auf dem Old River paddelt, einem verlassenen Arm des Mississippi, der von
Zypressen gesäumt ist und in dem es
vor Alligatoren nur so wimmelt. Wer ihn
zufällig im Under the Hill Saloon trifft,
wird vielleicht sogar zu einer Paddeltour
mitgenommen.

Infos für Traveller bereit. Die Führungen durch die historische Innenstadt und zu den Herrenhäusern aus der Antebellum-Ära beginnen hier. Während der Hauptsaison im Frühjahr und Herbst sind die Herrenhäuser der Stadt für Besucher geöffnet.

Wer schon immer mal in einem historischen Wohnhaus übernachten wollte, kann dies im **Historic Oak Hill Inn** (☑ 601-446-2500; www.historicoakhill.com; 409 S Rankin St; Zi. inkl. Frühstück ab 125 US$; P ❈ 🕾) tun, wo die Gäste in einem Originalbett von 1835 schlafen und unter Waterford-Gaskandelabern aus dem Jahr 1850 von Porzellan aus der Antebellum-Zeit speisen. In dem schon lange bestehenden B&B dreht sich alles um das puristische, aristokratische Leben zu jener Zeit. Das unmittelbar am Ufer gelegene **Mark Twain Guesthouse** (☑ 601-446-8023; www.underthehillsaloon.com; 33 Silver St; Zi. ohne Bad 65–85 US$; ❈ 🕾) ist der ideale Ort, um seine Fähigkeiten im Steinewerfen zu testen. Zwei der drei Zimmer bieten Ausblick auf den Mississippi. Unterhalb der Pension befindet sich der alteingesessene **Under the Hill Saloon** (☑ 601-446-8023; 25 Silver St; ⊙ 9 Uhr–open end). Übernachtungsgäste checken in der Kneipe ein.

Der Heißhunger auf Südstaaten-Fusion-Küche kann im **Magnolia Grill** (☑ 601-446-7670; www.magnoliagrill.com; 49 Silver St; Hauptgerichte 13–20 US$; ⊙ 11–21, Fr & Sa bis 22 Uhr; 🚹) gestillt werden. Das **Cotton Alley** (www.cottonalleycafe.com; 208 Main St; Hauptgerichte 10–15 US$; ⊙ Mo–Sa 11–22 Uhr) ist eine gute Adresse für leichtere Gerichte.

Golfküste

Die Golfküste Mississippis ist quasi der Hinterhof von New Orleans. Traditionell war die hiesige Wirtschaft vom Fischfang geprägt, bis sie in den 1990er-Jahren einen Boom erlebte, als sich große Kasinos im Las-Vegas-Stil neben den verschlafenen Fischerdörfern ansiedelten. Dann setzten aber gleich zwei Schicksalsschläge der Region böse zu: Gerade als die Kasinos in Biloxi nach dem Hurrikan Katrina 2005 wieder aufgebaut waren, suchte 2010 infolge des Blowout auf der Ölbohrplattform Deepwater Horizon eine Ölpest die Golfküste heim. Dank der Düneninseln vor Mississippi trieb jedoch ein großer Teil des Öls in Richtung New Orleans und Alabama ab.

Trotz allem ist **Ocean Springs** auch weiterhin ein bezaubernder Ort mit einem Hafen voller romantischer Fischerboote und Segeljachten, einem historischen Altstadtkern und einem weißen, weichen Sandstrand am Golf von Mexiko. Das **Walter Anderson Museum** (www.walterandersonmuseum.org; 510 Washington St; Erw./Kind 10/5 US$; ⊙ Mo–Sa 9.30–16.30, So 12.30–16.30 Uhr) ist das Highlight der Stadt. Anderson, ein Künstler mit Leib und Seele, der die Golfküste liebte, litt an einer Geisteskrankheit, die ein Sexualleben praktisch unmöglich machte und sein Lebenswerk inspirierte. Nach seinem Tod fand man in seiner Strandhütte auf **Horn Island** atemberaubende Wandgemälde, die jetzt im Museum zu sehen sind.

Auf dem Weg in die Downtown ist der Highway von Hotels gesäumt. Einen netten Campingplatz (und ein Visitor Center) gibt's im **Gulf Islands National Seashore Park** (www.nps.gov/guis; Zelt 16–20 US$) gleich außerhalb des Ortes.

ARKANSAS

Zwischen dem Mittleren Westen und den Südstaaten versteckt sich Arkansas („*ar*-ken-soh"), ein verkanntes Juwel der USA. Mit den verwitterten Berghängen der Ozarks und Ouachita („uosh-*ie*-tah") Mountains, den klaren, reißenden Flüssen und den von zinnenartigen Felsvorsprüngen aus Granit und Kalkstein überspannten Seen ist es ein Paradies für Naturliebhaber. Im gesamten Bundesstaat gibt es außerordentlich schön gestaltete State Parks und schmale, einsame Straßen, die durch dichte Wälder führen und plötzlich atemberaubende Ausblicke auf liebliche Wiesen mit weidenden Pferden eröffnen. Die ländlichen Ortschaften Mountain View und Eureka Springs versprühen zudem einen urigen Charme. Man sollte sich also nicht von den Klischees über Wal-Mart und das Hinterwäldlertum abschrecken lassen. So sagte ein Einheimischer: „Man kann über Arkansas sagen, was man will, doch in jedem Fall ist es ein Naturparadies."

🛈 Praktische Informationen

Arkansas State Parks (☑ 888-287-2757; www.arkansasstateparks.com) Die 52 State Parks von Arkansas werden tadellos verwaltet, 30 von ihnen bieten Campingmöglichkeiten (Stellplatz f. Zelt & Wohnmobil 12–55 US$, je nach Ausstattung). Einige der Parks haben sogar Lodges und Hütten. Sie sind sehr beliebt, und deshalb muss man am Wochenende und in den Ferien reservieren und mehrere Nächte bleiben.

KURZINFOS ARKANSAS

Spitzname Natural State

Bevölkerung 2,9 Mio.

Fläche 134 856 km²

Hauptstadt Little Rock (193 537 Ew.)

Weitere Städte Fayetteville (76 899 Ew.), Bentonville (38 294 Ew.)

Verkaufssteuer 6 %, plus 2 % Besucherabgabe und Gemeindesteuer

Geburtsort von General Douglas MacArthur (1880–1964), Musiker Johnny Cash (1932–2003), Ex-Präsident Bill Clinton (geb. 1946), Schriftsteller John Grisham (geb. 1955), Schauspieler Billy Bob Thornton (geb. 1955)

Heimat von Wal-Mart

Politische Ausrichtung Wie die meisten Staaten im Süden verwandelte sich der Staat in Opposition zur Bürgerrechtsbewegung in den 1960er-Jahren zu einer Republikaner-Hochburg

Berühmt für Football-Fans mit dem Kampfschrei *Calling the Hogs – Wooooooooooo, Pig ! Sooie!*

Offizielles Musikinstrument des Staates Fiedel

Entfernungen Little Rock–Eureka Springs 182 Meilen (291 km), Eureka Springs–Mountain View 123 Meilen (197 km)

Little Rock

Wer der attraktiven, begrünten, am Arkansas River gelegenen Hauptstadt des Bundesstaates nur einen kurzen Besuch abstattet, der mag dem Irrglauben erliegen, es handele sich um eine ruhige, etwas glanzlose, biedere Stadt. Weit gefehlt: Little Rock ist eine junge, aufstrebende, schwulen- und einwandererfreundliche, ja allgemein sehr freundliche Stadt. Die Downtown wurde durch den aufblühenden River Market District aufgewertet, und das Viertel Hillcrest ist eine kleine Enklave mit Cafés und coolen Geschäften. Wer weiß, wo er suchen muss, wird seine Zeit in der Stadt genießen.

⊙ Sehenswertes

Die beste Gegend für einen Stadtbummel ist der **River Market District** (www.rivermarket.info; W Markham St & President Clinton Ave) mit Läden, Galerien, Restaurants und Pubs, die das Ufer säumen.

★ Little Rock Central High School
HISTORISCHE STÄTTE
(www.nps.gov/chsc; 2125 Daisy Bates Dr; ⊙ 9.30–16.30 Uhr, Führung Mitte Aug.–Anfang Juni Mo–Fr 9 & 13.15 Uhr) Little Rocks fesselndste Attraktion ist der Ort, an dem 1957 eine Krise ausgelöst wurde, die die Aufhebung der Rassentrennung betraf und das Land für immer verändern sollte. Obwohl der Oberste Gerichtshof 1954 die Eingliederung Schwarzer an öffentlichen Schulen durch einen Richterspruch festgelegt hatte, wurde einer Gruppe afroamerikanischer Schüler, Little Rock Nine genannt, der Zugang zur damals nur von Weißen besuchten Highschool verwehrt.

Auf den Befehl Präsident Eisenhowers hin griff eine 1200 Mann starke Einheit der 101st Airborne Battle Group ein, hielt die Massen in Schach und eskortierte die Studenten in das Schulgebäude. Dies war ein Schlüsselmoment in der Geschichte der amerikanischen Bürgerrechtsbewegung. Heute ist die Schule sowohl National Historic Site als auch funktionierende Highschool. Das schicke neue Visitor Center arbeitet all die unschönen Ereignisse auf und setzt sie in Bezug zu der gesamten Bürgerrechtsbewegung.

William J. Clinton Presidential Center
BIBLIOTHEK
(☎ 501-748-0419; www.clintonlibrary.gov; 1200 President Clinton Ave; Erw./Student & Senior/Kind 7/5/3 US$, inkl. Audioguide 10/8/6 US$; ⊙ Mo–Sa 9–17, So 13–17 Uhr) ✎ Die Bibliothek beherbergt mit 80 Mio. Dokumentenseiten und 2 Mio. Fotos die größte Archivsammlung der amerikanischen Präsidentschaftsgeschichte. Zu sehen gibt's auch einen maßstabsgetreuen Nachbau des Oval Office, Exponate zu allen wichtigen Lebensstationen Clintons sowie Geschenke von berühmten Würdenträgern. Der gesamte Komplex wurde gemäß umweltverträglicher Standards errichtet.

Old State House Museum
MUSEUM
(www.oldstatehouse.com; 300 W Markham St; ⊙ Mo–Sa 9–17, So 13–17 Uhr) GRATIS Das Gebäude war von 1836 bis 1911 das Kapitol des Bundesstaates und birgt eindrucksvoll restaurierte Plenarsäle sowie Ausstellungen zur Geschichte und Kultur von Arkansas.

ARKANSAS-DELTA

Rund 120 Meilen (193 km) östlich von Little Rock und gerade einmal 20 Meilen (32 km) von Clarksdale entfernt überquert der Hwy 49 den Mississippi hinein ins Arkansas-Delta. Der einst aufgrund seiner Sägewerke wohlhabende Ort **Helena** macht heute eine Krise durch. Es gibt hier eine lebendige Blues-Tradition (Sonny Boy Williamson hat sich hier einen Namen gemacht), die mit dem jährlich stattfindenden **Arkansas Blues & Heritage Festival** (www.kingbiscuitfestival.com; Tickets 45 US$; ⊘ Anfang Okt.) gefeiert wird. Dann stürmen Blues-Musiker und ihre Fans für drei Tage die Innenstadt. Das ganze Jahr über lohnt sich für Blues- und Geschichtsfans der Besuch des **Delta Cultural Center** (☎ 870-338-4350; www.deltaculturalcenter.com; 141 Cherry St; ⊘ Di–Sa 9–17 Uhr) GRATIS. In dem Museum sind jede Menge Erinnerungsstücke zu sehen, beispielsweise die Gitarren von Albert King und Rosetta Tharpe oder ein handsigniertes Taschentuch von John Lee Hooker.

Von hier wird auch die am längsten bestehende Blues-Radiosendung der Welt, die *King Biscuit Time*, ausgestrahlt (Mo–Fr 12.15 Uhr), und bei *Delta Sounds* (Mo–Fr 13 Uhr) treten oft Musiker live auf. Beide sind auf KFFA AM-1360 zu hören. Vor dem Verlassen der Stadt sollte man es Robert Plant gleichtun und einen Stopp im wunderbar überfüllten **Bubba's Blues Corner** (☎ 870-995-1326; 105 Cherry St, Helena; ⊘ Di–Sa 9–17 Uhr; ♿) GRATIS einlegen, um eine Blues-Platte zu erstehen. Bubba organisiert auch das **Arkansas Delta Rockabilly Festival** (www.deltarockabillyfest.com; Tickets 30 US$; ⊘ Mai).

Riverfront Park
PARK

Gleich nordwestlich der Downtown erstreckt sich entlang dem Arkansas River der Riverfront Park, ein wunderschöner Stadtpark, der von unzähligen Fußgängern und Radfahrern genutzt wird. Die unübersehbare **Big Dam Bridge** (www.bigdambridge.com; ♿) ist das Verbindungsstück eines 27 km langen Fußgänger- und Radwegenetzes, das dank der Renovierung der kürzlich umbenannten **Clinton Presidential Park Bridge** nun durchgängig genutzt werden kann.

Um den Riverfront Park in vollen Zügen zu genießen, kann man bei **Fike's Bike** (☎ 501-374-5505; www.fikesbikes.com; 200 S Olive St; 4 Std./Tag ab 12/20 US$; ⊘ Di–Fr 15–20, Sa & So 7–11 & 15–20 Uhr) ein Fahrrad (oder Tandem) ausleihen; außerhalb der Öffnungszeiten können telefonisch Reservierungen vorgenommen werden. Im River Market District bekommt man Leihräder bei **Bobby's Bike Hike** (☎ 501-613-7001; www.bobbys bikehike.com/littlerock; 400 President Clinton Ave; 4 Std. 17–30 US$; ganzer Tag 28–55 US$).

🛏 Schlafen & Essen

Da Regierungsvertreter und Tagungsteilnehmer die Hauptzielgruppe der Hotels hier sind, mangelt es in der Innenstadt an günstigeren Unterkünften, zudem schwanken die Preise gewaltig. An der Interstate finden sich einige Budgetoptionen. Im River Market District ist abends in den Pubs jede Menge Stimmung angesagt. In der Ot-

tenheimer **Market Hall** (zw. S Commerce St & S Rock St; ⊘ Mo–Sa 7–18 Uhr) findet sich eine große Auswahl günstiger Imbissstände.

Capital Hotel
BOUTIQUEHOTEL **$$**

(☎ 888-293-4121, 501-374-7474; www.capitalhotel.com; 111 W Markham St; Zi. ab 160 US$; P ❀ @ ☎) Das 1872 errichtete, vierstöckige ehemalige Bankgebäude mit gusseiserner Fassade – ein fast verschwundenes architektonisches Merkmal – beherbergt heute das beste Hotel von Little Rock. Es gibt einen wunderbaren Mezzanin im Freien, in dem man Cocktails trinken (und leider auch rauchen) kann.

Die Zimmer sind vornehm, und der Küchenchef des **Ashley's**, eines von zwei Restaurants im Hotel, gewann 2011 den Preis als bester neuer Küchenchef im Mittleren Westen der Zeitschrift *Food & Wine*. Das hier ist zwar nicht der Mittlere Westen, das tut dem Geschmack jedoch keinen Abbruch.

Rosemont
HISTORISCHES B&B **$$**

(☎ 501-374-7456; www.rosemontoflittlerock.com; 515 W 15th St; Zi. inkl. Frühstück ab 99 US$; P ❀ ☎) Das restaurierte Bauernhaus aus den 1880er-Jahren unweit des Gouverneurshauses versprüht gemütlichen Südstaatencharme. Die Besitzer vermieten seit Kurzem außerdem einen Block entfernt ein paar historische Cottages (ab 125 US$).

River City
CAFÉ **$**

(www.rivercityteacoffeeandcream.com; 2715 Kavanaugh Blvd; ⊘ Mo–Fr 6–21, Sa & So ab 7 Uhr; ☎)

Ein unfassbar gutes Tee- und Kaffeehaus in Hillcrest mit einer gemütlichen, heimeligen Atmosphäre und bequemen Sofas sowie einer hervorragenden Auswahl loser Blatt-Tees. Es gibt auch leckeres Eis.

House PUB $
(www.facebook.com/thehouseinhillcrest; 722 N Palm St; Hauptgerichte 8–11 US$; ⊙ Mo–Sa 11–14, 17 Uhr–open end; 🐾) In Arkansas' erstem Gastropub dreht sich wirklich alles um die hervorragenden Burger. Der Jerk Burger wird mit warmem Mango-Chutney und rauchigen Gewürzen verfeinert, als Beilage zum Käsemakkaroni-Burger werden, nun ja, Käsemakkaroni serviert, und der Black-Apple-Bourbon-Burger ist mit einer Bourbon-Sauce besprenkelt und hat je eine knackige Scheibe Arkansas Black Apple (Apfelsorte) und Speck als Belag.

Im Notfall gibt's das Ganze auch mit Truthahn oder vegetarisch.

Acadia SÜDSTAATENKÜCHE $$$
(www.acadiahillcrest.com; 3000 Kavanaugh Blvd; Hauptgerichte abends 18–23 US$; ⊙ Mo–Sa 17.30–22 Uhr; 🐾) Noch eine tolle Adresse in Hillcrest. Die mehrstöckige Terrasse mit den blinkenden Lichtern ist ein toller Ort, um sich in schicker Atmosphäre köstliche Südstaatengerichte schmecken zu lassen. Wie wär's mit dem mit Guinness-Honigsenf glasierten Entenbraten? Dazu mit weißen Trüffeln verfeinerte Maisgrütze mit Portobello-Champignons und Monterey-Jack-Käse?

ℹ️ Anreise & Unterwegs vor Ort

Der **Bill & Hillary Clinton National Airport** (LIT; ☎ 501-372-3439; www.lrn-airport. com) liegt gleich östlich der Downtown. Der **Greyhound-Busbahnhof** (☎ 501-372-3007; www.greyhound.com; 118 E Washington St), in North Little Rock bietet Verbindungen nach Hot Springs (1–2 Std.), Memphis, TN (2½ Std.) und New Orleans (18 Std.) an. Amtrak ist in der **Union Station** (☎ 501-372-6841; 1400 W Markham St) zu finden. **Central Arkansas Transit** (CAT; ☎ 501-375-6717; www.cat.org) betreibt das örtliche Busnetz. Der **River Rail Streetcar**, eine Straßenbahn, fährt auf einem Rundkurs über die W Markham und die President Clinton Ave (Erw./Kind 1 US$/0,50 US$).

Hot Springs

In dem kleinen Städtchen Hot Springs machte einst die Elite des organisierten Verbrechens Urlaub. Vor allem während ihrer Blütezeit in den 1930er-Jahren war die Stadt ein Treffpunkt für Glücksspieler, Schwarzbrenner, Prostituierte, Stinkreiche und gefährliche Typen. Gleichzeitig herrschte hier aber auch Waffenstillstand zwischen konkurrierenden Gangs, sodass man die Gangster in Ruhe ihr Geld ausgeben und das verschwenderische Leben genießen ließ. Als dem Glücksspiel schließlich ein Riegel vorgeschoben wurde, ging es auch mit der Wirtschaft der Stadt bergab.

Hot Springs hat sich zwar noch immer nicht ganz von diesem Schlag erholt, die Heilquellen ziehen jedoch seit eh und je Menschen an; einst waren es die Ureinwohner, heute sind es die Touristen. Aufwendig restaurierte Badehäuser, in denen noch traditionelle Anwendungen vorgenommen werden, säumen die Bathhouse Row voller schattenspendender Magnolien an der Ostseite der Central Ave.

🔘 Sehenswertes & Aktivitäten

Hinter der Bathhouse Row führt eine Promenade rund um einen Hügel durch den Park, wo einige Quellen noch immer erhalten sind. Die Berge rund um Hot Springs sind von einem Netzwerk aus Wegen durchzogen. Nur zwei der historischen Badehäuser sind noch in Betrieb.

Gangster Museum of America MUSEUM
(www.tgmoa.com; 510 Central Ave; Erw./Kind 12 US$/frei; ⊙ So–Do 10–17, Fr & Sa bis 18 Uhr) Das Museum gewährt einen Einblick in die sündig-glorreichen Tage der Prohibition, als sich diese kleine Stadt im Nirgendwo dank Alkoholschmugglern wie Capone aus Chicago und seinen „Kollegen" aus New York zu einem Zentrum des überschwänglichen Luxus entwickelte. Zu den Highlights gehören die Original-Spielautomaten jener Zeit und eine Maschinenpistole.

Hot Springs Museum of Contemporary Art KUNST
(☎ 501-608-9966; www.museumofcontemporary art.org; 425 Central Ave; Erw./Kind 5 US$/frei; ⊙ Di–Sa 9–16, So 12–15 Uhr) Das historische Ozark Bathhouse beherbergt heute auf einer Fläche von 1020 m^2 Galerieräume mit Wechselausstellungen. In Anbetracht des guten Rufes von Hot Springs in Kunstkreisen lohnt sich ein Besuch allemal.

NPS Visitor Center MUSEUM
(☎ 501-620-6715; www.nps.gov/hosp; 369 Central Ave; ⊙ 9–17 Uhr) Im NPS Visitor Center in der

Bathhouse Row ist auch ein Museum untergebracht, das im traditionellen Stil des Fordyce Bathhouse von 1915 gehalten ist. Hier werden Exponate zur Geschichte des Parks gezeigt, der zuerst eine Freihandelszone der Ureinwohner und zur Jahrhundertwende ein Kurbad nach europäischem Vorbild war. Zum Zeitpunkt der Recherche wurde das Fordyce gerade renoviert, und es gab ein Ausweichbesucherzentrum im Lamar Bathhouse in derselben Straße.

Hot Springs Mountain Tower
OUTDOOR-AKTIVITÄTEN
(401 Hot Springs Mountain Rd; Erw./Kind 7/4 US$; ⊙ Nov.–Feb. 9–17 Uhr, März–15. Mai & Labor Day–Okt. bis 18 Uhr, 16. Mai–Labor Day bis 21 Uhr) Auf der Spitze des Hot Springs Mountain bietet sich von dem 65 m hohen Turm eine spektakuläre Aussicht auf die umliegenden Berge, die mit Hornsträuchern, Hickory-Bäumen, Eichen und Kiefern bewachsen sind, welche im Frühjahr und Herbst ihre volle Pracht entfalten.

★ Buckstaff Bathhouse
SPA
(☑ 501-623-2308; www.buckstaffbaths.com; 509 Central Ave; Thermalbad 30 US$, mit 20-minütiger Massage 60 US$; ⊙ Mo–Sa 7–11.45 & 13.30–15 Uhr) Die Kurbad-Erfahrung in Hot Springs war schon immer eine eher bodenständige Erfahrung. Die Angestellten des Buckstaff verstehen ihr Handwerk und scheuchen einen durch die Bäder, Behandlungen und Massagen – genau wie in den 1930er-Jahren. Und das ist wunderbar.

Quapaw Baths
SPA
(www.quapawbaths.com; 413 Central Ave; Thermalbad 18 US$, Massage 50–80 US$; ⊙ Mo & Mi–Sa 10–18, So 10–15 Uhr) 🖉 Wer nicht so der Typ des traditionellen „ruckzuck, danke und Nächster, bitte!" ist, der wird sich im kürzlich umgebauten Quapaw mit seinen hübsch renovierten Thermalbädern, der modernen Atmosphäre und den sanften Behandlungen wohler fühlen.

🛏 Schlafen & Essen

Entlang der touristischen Central Ave gibt's jede Menge Restaurants, die die üblichen Speisen anbieten.

★ Alpine Inn
INN $
(☑ 501-624-9164; www.alpine-inn-hot-springs.com; 741 Park Ave/Hwy 7 N; Zi. 55–90 US$; P ✽ 🛜 🛋) Die freundlichen schottischen Betreiber des Inns, das weniger als eine Meile (1,6 km) von der Bathhouse Row entfernt liegt, haben das alte Motel mehrere Jahre lang einer Renovierung unterzogen – mit beeindruckendem Ergebnis. Die Zimmer sind tadellos, komfortabel und haben Flachbild-TVs sowie gemütliche Betten.

Arlington Resort Hotel & Spa
HISTORISCHES HOTEL $
(☑ 501-623-7771; www.arlingtonhotel.com; 239 Central Ave; EZ/DZ ab 88/98 US$, inkl. Mineralbad 145 US$; P ✽ 🛜 🛋) Das imposante historische Hotel thront über der Bathhouse Row und ist noch immer so hübsch wie zu seiner Glanzzeit. Abends, wenn in der prächtigen Lobby manchmal Livebands auftreten, ist hier ganz schön was los. Es gibt einen hoteleigenen Wellnessbereich, eine kleine Starbucks-Filiale, und die Zimmer sind gut gepflegt, wenn auch so langsam etwas abgewohnt. Die Eckzimmer mit Ausblick sind ein gutes Schnäppchen.

Colonial Pancake House
DINER $
(111 Central Ave; Hauptgerichte 6–10 US$; ⊙ 7–15 Uhr) Dieser Klassiker in Hot Springs hat türkisfarbene Sitznischen sowie Quilts und Zierdeckchen an den Wänden, die dem Diner einen heimeligen Touch verleihen und einen zurück in Omas Küche versetzen. Neben Pfannkuchen werden auch Arme Ritter (mit Texas-Toast) sowie Malz- und Buchweizenwaffeln (lecker, mit Pekannüssen!) serviert, die noch besser schmecken als die von Großmutter. Mittags gibt's auch Burger und andere typische Diner-Gerichte.

McClard's
BARBECUE $$
(www.mcclards.com; 505 Albert Pike; Hauptgerichte 4–15 US$; ⊙ Di–Sa 11–20 Uhr) Am südwestlichen Rand der Downtown liegt das Lieblingsgrillrestaurant des kleinen Bill Clinton. Es ist auch heute noch wegen seiner Rippchen, der schonend gegarten Bohnen, der Chilis und Tamales beliebt.

Central Park Fusion
ASIATISCHE FUSION-KÜCHE $$$
(☑ 501-623-0202; www.centralparkfusion.com; 200 Park Ave; Hauptgerichte 19–33 US$) Zum Zeitpunkt unserer Recherche war dies das beliebteste Restaurant der Stadt. Es vereint auf raffinierte Art die östliche und westliche Küche. Das Personal serviert beispielsweise Grillsteaks Hawaii, in Thai-Curry gedünstete Muscheln, einen asiatischen Salat mit Ente sowie mit Thai-Chili glasierten Lachs. Der modern gehaltene Essbereich ist mit Kunstwerken von hiesigen Künstlern geschmückt.

☆ Unterhaltung

Maxine's   BAR
(☎ 501-321-0909; www.maxineslive.com; 700 Central Ave) Hier wurde ein einst berüchtigtes Bordell in eine Bar mit (lauter) Livemusik verwandelt. Es treten regelmäßig Bands aus Austin auf, die den vorwiegend jungen Gästen ordentlich einheizen.

❶ An- & Weiterreise

Greyhound (☎ 501-623-5574; www.greyhound. com; 1001 Central Ave) bietet Busverbindungen nach Little Rock (1½ Std., 3-mal tgl.) an.

Rund um Hot Springs

Der wilde, schöne **Ouachita National Forest** (☎ 501-321-5202; www.fs.usda.gov/ouachita; Welcome Center 100 Reserve St, Hot Springs; ⊙ 8–16.30 Uhr) lockt mit seinen vielen Seen Jäger, Angler, Mountainbiker und Freizeitkapitäne an. Die schmalen Straßen durch die Berge führen zu lauschigen Plätzchen und grandiosen Aussichtspunkten. Durch das Gebiet verlaufen gleich zwei ausgewiesene National Forest Scenic Byways: der Arkansas Scenic Hwy 7 und der Talimena Scenic Byway, der sich über die Gebirgszüge von Arkansas bis nach Oklahoma erstreckt.

Clinton-Fans können in **Hope** stoppen, wo der Ex-Präsident seine ersten sieben Lebensjahre verbrachte. Außer dem schicken **Hope Visitor Center & Museum** (www.hope arkansas.net; 100 E Division St; ⊙ Mo–Fr 8.30–17, Sa ab 9, So 13–16 Uhr) im alten Bahnhof und dem **President Bill Clinton First Home Museum** (www.clintonchildhoodhomemuseum. com; 117 S Hervey St; ⊙ 8.30–16.30 Uhr), das nun vom National Park Service betrieben wird, gibt's aber nicht viel zu sehen.

Arkansas River Valley

Der Arkansas River schlägt eine Schneise von Oklahoma nach Mississippi. Er und seine Nebenflüsse laden zum Angeln und Kanufahren ein, am Ufer kann man außerdem zelten.

Die sehr gepflegten Wege im **Petit Jean State Park** (☎ 501-727-5441; www.petitjean statepark.com; 🚻) westlich von Morrilton führen an einem 29 m hohen Wasserfall inmitten üppigen Grüns vorbei, an romantischen Grotten, fantastischen Aussichtspunkten und dichten Wäldern. Übernachten kann man in einer rustikalen Stein-Lodge, ordent-

lichen **Hütten** (105–180 US$/Nacht) und auf Campingplätzen. Ein weiterer wunderbarer Park ist der **Mount Magazine** (☎ 479-963-8502; www.mountmagazinestatepark.com; 16878 Hwy 309 S, Paris) mit einem insgesamt 22,5 km langen Wegenetz rund um den höchsten Gipfel im Bundesstaat. Outdoor-Fans finden hier erstklassige Möglichkeiten zum Gleitschirmfliegen, Klettern und Wandern.

Der spektakuläre, von Sonnenhut und Lilien gesäumte **Highway 23/Pig Trail Byway** führt durch den **Ozark National Forest** in die Berge hinauf – eine ausgezeichnete Route nach Eureka Springs in den Ozark Mountains.

Ozark Mountains

Vom nordwestlichen und zentralen Arkansas bis hinein nach Missouri erstrecken sich die **Ozark Mountains** (☎ 870-404-2741; www. ozarkmountainregion.com). Die alte Gebirgskette war einst von Meer umgeben und ist nun ziemlich verwittert. Hier gibt's grüne Berge, nebelverhangene Felder und malerische Nebenstraßen; dramatische Karstformationen umgeben funkelnde Seen und erstrecken sich entlang gewundener Flüsse. Einige Ortschaften setzen allzu sehr auf kitschige Hillbilly-Kultur, kratzt man aber an dieser Oberfläche, kommen einzigartige Traditionen ans Licht: akustische Folk und Gerichte wie hausgemachte Hushpuppies und gebratener Catfish.

Mountain View

Ein Abstecher nach Osten auf dem US 65 oder dem Hwy 5 bringt einen in dieses schräge Städtchen, das für seine Tradition zwanglosen Musizierens auf dem **Courtsquare** bekannt ist. Die schleichende Kommerzialisierung fordert auch hier ihren Tribut, was man daran erkennen kann, dass das **Visitor Information Center** (☎ 870-269-8068; www. yourplaceinthemountains.com; 107 N Peabody Ave; ⊙ Mo–Sa 9–16.30 Uhr) den Ort als „Welthauptstadt des Folk" vermarktet. Die hübsche Sandsteinarchitektur in der Innenstadt sowie spontane *hootenannies* (Jam-Sessions) mit Folk-, Gospel- und Bluegrass-Musik am Stone County Courthouse (vor allem samstagabends) sowie auf den Veranden in der ganzen Stadt (jederzeit) sorgen für einen harmonischen Aufenthalt.

Der **Ozark Folk Center State Park** (☎ 800-264-3655; www.ozarkfolkcenter.com; 1032

Park Ave; Auditorium Erw./Kind 12/7 US$; ☺ April–Nov. Di–Sa 10–17 Uhr) gleich nördlich des Ortes bietet Handwerksvorführungen, einen traditionellen Kräutergarten und ab 19 Uhr häufig auch Livemusik für ein begeistertes, älteres Publikum. Die Seilrutschen, Slacklines, der Free-Fall und die Kletterwand im **LocoRopes** (☎870-269-6566; www.locoropes. com; 1025 Park Ave; Seilrutsche 7,50 US$/Fahrt; ☺1. März 1–30. Nov. 10–17 Uhr) richten sich hingegen an die Jungen und Junggebliebenen.

Die spektakulären **Blanchard Springs Caverns** (☎870-757-2211; www.blanchardsprings. org; NF 54, Forest Rd, abseits des Hwy 14; Erw./ Kind Tropfstein-Tour 10,50/5,50 US$, Wild-Cave-Tour 75 US$; ☺10.30–16.30 Uhr; ♿), 15 Meilen (24 km) nordwestlich von Mountain View, wurden von einem unterirdischen Strom ausgewaschen und können es mit den Höhlen im Carlsbad Caverns National Park aufnehmen. Es gibt drei geführte Touren des Forest Service; die leichteste ist rollstuhlgerecht, die anspruchsvollste eine drei- bis vierstündige Höhlenwanderung für Abenteuerlustige. Das einladende historische **Wildflower B&B** (☎870-269-4383; www.wildflowerbb.com; 100 Washington; Zi. inkl. Frühstück ab 89 US$; ⓟ✳🛜) von 1918 steht direkt am Courtsquare und hat eine Veranda mit Schaukelstühlen, die um das ganze Gebäude herum verläuft, und eine gemütliche, heimelige Einrichtung. **Tommy's Famous Pizza and BBQ** (Ecke Carpenter St & W Main St; Pizza 7–26 US$, Hauptgerichte 7–13 US$; ☺ab 15 Uhr) wird von den freundlichen Hinterwäldler-Hippies überhaupt geführt. Die Grillpizza mit Pulled Pork ist eine Spezialität des Hauses.

Eureka Springs

Unweit der nordwestlichen Ecke des Bundesstaates liegt in einem tiefen Tal das künstlerisch angehauchte, eigenwillige, aber umwerfend schöne Eureka Springs, einer der coolsten Orte der Südstaaten. Die verwinkelten Gassen sind von viktorianischen Gebäuden gesäumt, und die erdverbundenen Einheimischen heißen jeden willkommen. So gilt die Stadt als eine der schwulenfreundlichsten Ortschaften in den Ozarks und ist die einzige demokratische Enklave in einer tief republikanischen Region. Auf den ersten Blick buhlen hier lediglich Kunstgalerien und kitschige Shops, kommerzialisierte Country-Musik und die 21 m hohe Statue des **Christ of the Ozarks** um die Gunst der Besucher. Von den Einheimischen kann man allerdings erfahren, wer gerade in der nächsten Kneipe spielt oder wo man am besten schwimmen gehen kann – dann sieht man den eigentümlichen Ort plötzlich in einem ganz neuen Licht. Zudem finden sich unzählige Möglichkeiten zum Wandern, Radfahren und Reiten. Da es keine roten Ampeln oder rechtwinklig schneidende Querstraßen gibt, ist eine Erkundungstour durch den historischen Ort ein echter Genuss. Nun ja, abgesehen von den steilen Hügeln natürlich.

Das **Visitor Center** (☎479-253-8737; www. eurekaspringschamber.com; 516 Village Circle, Hwy 62 E; ☺9–17 Uhr) hält Informationen über Unterkünfte, Aktivitäten, geführte Touren und örtliche Attraktionen bereit, darunter das muntere **Blues Festival** (www.eurekasprings blues.com; ☺Juni). Der alte **ES & NA Railway** (☎479-253-9623; www.esnarailway.com; 299 N Main St; Erw./Kind 14/7 US$; ☺April–Okt. Di–Sa) tuckert dreimal täglich (Sa 4-mal) auf einer einstündigen Rundfahrt durch die Hügel der Ozarks.

Die **Thorncrown Chapel** (☎479-253-7401; www.thorncrown.com; 12968 Hwy 62 W; empfohlene Spende; ☺April–Nov. 9–17 Uhr, März & Dez. 11–16 Uhr) ist ein prächtiges, mit viel Glas erbautes Gotteshaus. Sage und schreibe 425 Fenster sitzen in der 14,6 m hohen Holzkonstruktion. Da betet es sich so schön wie in freier Natur. Die Kapelle steht unmittelbar außerhalb des Dorfes im Wald.

Eine gute Unterkunft ist das historische **New Orleans Hotel and Suchness Spa** (☎479-253-8630; www.neworleanshotelandspa. com; 63 Spring St; Zi. ab 89 US$; ⓟ✳🛜), in dem man sich fast in die gute alte Zeit zurückversetzt fühlen könnte, wäre da nicht in der Lobby der Wellnessbereich im New-Age-Look mit Chakra-Balancing im Angebot. Die **Treehouse Cottages** (☎479-253-8667; www.treehousecottages.com; 165 W Van Buren St; Cottage 149–169 US$; ⓟ✳🛜) stehen am Rand einer Schlucht im Wald. Die traumhaften Baumhäuser sind von Sonnenlicht durchflutet, haben Whirlpools und sind eigentlich schon fast Cottages auf Stelzen.

Die Kaffeespezialitäten und Frühstücksangebote des **Mud Street Café** (www.mud streetcafe.com; 22G S Main St; Hauptgerichte 9–13 US$; ☺Do–Di 8–15 Uhr) in der Downtown werden hoch gelobt. Abends gibt's in der **Chelsea's Pizzeria** (☎479-253-8231; www. chelseascornercafe.com; 10 Mountain St; Hauptgerichte 10–20 US$; ☺So–Do 12–22, Fr & Sa bis 24 Uhr) leckere Pasteten und mediterrane

NICHT VERSÄUMEN

EIN SCHÖNER RUNDWEG

Die Innenstadt von Eureka Springs ist für sich genommen schon wunderschön, das eigentliche Highlight der Stadt wird jedoch leicht übersehen: Der faszinierende **Historic Loop**, ein 5 km langer Weg, führt durch das historische Zentrum und benachbarte Stadtteile, vorbei an über 300 vor 1910 errichteten Häusern im viktorianischen Stil, von denen jedes einzelne ein wahres Schmuckstück ist. Das Viertel kann mit jedem anderen restaurierten historischen Stadtkern in den USA mithalten.

Die Broschüre *Six Scenic Walking Tours* gibt's beim Visitor Center in Eureka Springs; ein Fahrrad kann man sich bei **Adventure Mountain Outfitters** (☎479-253-0900; www.adventuremountainoutfitters.com; 151 Spring St; 50 US$; ⏲Mi–Sa 9–17 Uhr) leihen. Auch die Red Line des **Eureka Trolley** (www.eurekatrolley.org; ⏲Jan.–April & Nov.–Dez. 9–17 Uhr) verkehrt hier.

Gerichte sowie exzellente Livemusik in der höhlenartigen Bar im Untergeschoss.

Buffalo National River

Der 217 km lange Fluss, ein weiteres wenig beachtetes Juwel in Arkansas und vielleicht das tollste von allen, fließt an spektakulären Klippen vorbei durch den unberührten Wald der Ozarks. Der obere Abschnitt weist die meisten Stromschnellen auf, im unteren Teil fließt der Fluss gemütlicher und ist ideal für eine Kanu- oder Kajakfahrt. Der **Buffalo National River** (☎870-741-5443; www.nps.gov/buff) hat zehn Campingplätze und drei ausgewiesene Schutzgebiete. Am einfachsten erreicht man diese über das **Tyler Bend Visitor Center** (☎870-439-2502; ⏲8.30–16.30 Uhr), 11 Meilen (18 km) nördlich von Marshall am Hwy 65 gelegen. Dort gibt es außerdem eine Liste der zugelassenen Anbieter für Rafting- und Kanutouren in Eigenregie – die beste Art, den Park zu erkunden und die gigantischen Kalksteinklippen zu bestaunen. Alternativ wendet man sich an das **Buffalo Outdoor Center** (BOC; ☎800-221-5514; www.buffaloriver.com; Ecke Hwy 43 & Hwy 74; Kayak/Kanu pro Tag 58/60 US$, Shuttle ab 18 US$, Tour Seilrutsche 89 US$; ⏲8–17 Uhr; 👪🐾) in Ponca. Die Mitarbeiter können eine Wegbeschreibung geben und vermieten außerdem attraktive Hütten im Wald. Dank der 1972 erfolgten Ausweisung des Buffalo River als nationales Schutzgebiet ist der Fluss einer der wenigen unverschmutzten und frei fließenden Ströme im Land.

LOUISIANA

Die Bewohner der Südstaaten erzählen gerne, dass sie anders sind als andere Amerikaner. Dies ist ihrer Meinung nach auf die tief verwurzelten lokalen Traditionen und die Verbundenheit zum Land zurückzuführen. Sie werden dies selbst dann sagen, wenn sie gerade auf der Durchschnittsveranda ihres Durchschnittshauses in einem Durchschnittswohnviertel sitzen, das sich überall in Amerika befinden könnte. In Louisiana nimmt dieser Regionalstolz fast schon regionalistische Züge an, und es macht sich das Gefühl breit, dass hier tatsächlich irgendetwas anders ist.

Die einstige französische Kolonie wurde zuerst zu einem spanischen Protektorat und ging dann durch einen Kaufvertrag in den Besitz der USA über. Das gekaufte Land bestand im Süden, am Golf von Mexiko, aus Sumpfgebieten mit Bayous und Alligatoren, im Norden aus einem Flickenteppich aus Prärie und Farmland, und überall lebten Menschen, die durch eine tiefe, unerschütterliche Wertschätzung für die schönen Dinge im Leben untereinander verbunden waren – nämlich das Essen und die Musik.

Die größte und wichtigste Stadt Louisianas ist New Orleans, das natürlich auch von Essen und Musik geprägt ist. Seine Restaurants und Music Halls sind unübertroffen, die Lebensfreude hat es jedoch mit allen Orten des Bundesstaats gemein. Französisch spielte in Louisiana übrigens eine recht große Rolle. Für das nördliche Louisiana trifft das weniger zu, dafür ist die französische Sprache südlich der I-10 ein wichtiger Bestandteil der Kultur und wurde bis vor etwa 30 Jahren von vielen Familien gesprochen. Auch heute ist das noch nicht ganz verschwunden.

Geschichte

Das Gebiet des unteren Mississippi war von der Moundbuilder-Kultur („Hügelbauer")

KURZINFOS LOUISIANA

Spitznamen Bayou State, Pelican State, Sportsman's Paradise

Bevölkerung 4,5 Mio.

Fläche 110 236 km^2

Hauptstadt Baton Rouge (229 553 Ew.)

Weitere Städte New Orleans (360 740 Ew.)

Verkaufssteuer 4 %, plus Stadt- und Gemeindesteuern

Geburtsort von Jazz, Naturforscher John James Audubon (1785–1851), Trompeter Louis „Satchmo" Armstrong (1901–1971), Schriftsteller Truman Capote (1924–1984), Musiker Antoine „Fats" Domino (geb. 1928), Popstar Britney Spears (geb. 1981)

Heimat der Tabascosauce des Kochs Emeril Lagasse

Politische Ausrichtung eine Republikaner-Hochburg mit einer großen liberalen Stadt (New Orleans)

Berühmt für Drive-Thru-Margaritas

Offizielles Staatsreptil Alligator

Entfernungen New Orleans–Lafayette 137 Meilen (219 km), New Orleans–St. Francisville 112 Meilen (180 km)

geprägt, bis um 1592 die Europäer auf der Bildfläche erschienen und die Ureinwohner mit der üblichen Kombination aus Krankheiten, Knebelverträgen und offener Feindseligkeit dezimierten.

Das Land wurde in der Folgezeit zwischen Frankreich, Spanien und England hin- und hergereicht. Unter dem französischen „Code Noir" waren Sklaven zwar nicht frei, hatten aber doch etwas mehr Freiheiten und konnten somit ihre Kultur besser pflegen als ihre Leidensgenossen in Britisch-Nordamerika.

Nach der Amerikanischen Revolution ging das gesamte Gebiet 1803 durch den berühmten Louisiana Purchase in den Besitz der USA über, und Louisiana wurde 1812 zum amerikanischen Bundesstat. Die daraus resultierende Mischung aus amerikanischen und französisch-spanischen Traditionen gepaart mit dem Einfluss afrokaribischer Gemeinden verlieh Louisiana eine einzigartige Kultur, die es sich bis heute bewahrt hat.

Schaufelraddampfer erschlossen ein pulsierendes Handelsnetzwerk, das sich über den gesamten Kontinent erstreckte. New Orleans wurde dabei zu einem wichtigen Hafen, und durch die auf Sklavenarbeit basierende Plantagenwirtschaft Louisianas entwickelte sich ein reges Exportgeschäft mit Reis, Tabak, Indigo, Zuckerrohr und besonders Baumwolle. Nach dem Bürgerkrieg wurde Louisiana 1868 wieder in die Union aufgenommen. In den 30 darauffolgenden Jahren sah der Bundesstaat politisches Gerangel, eine stagnierende Wirtschaft und die erneute Diskriminierung der afroamerikanischen Bevölkerung.

In den 1920er-Jahren blühten Industrie und Tourismus auf, es entwickelte sich aber auch eine Tradition unorthodoxer und zuweilen rücksichtsloser Politik. Im Jahr 1991 trat das ehemalige führende Mitglied des Ku Klux Klans, David Duke, bei den Gouverneurswahlen gegen Edwin Edwards an. Letzterer ist als schillernde Persönlichkeit und korrupter Politiker bekannt. Am Ende gewann Edwards das Rennen und wurde später aufgrund mehrerer dunkler Machenschaften verurteilt.

Der Hurrikan Katrina (2005) und die von BP verursachte Ölpest im Golf von Mexiko (2010) haben sowohl der Wirtschaft als auch der Infrastruktur vor Ort schwer zugesetzt. Louisiana rangiert auch weiterhin auf den hinteren Plätzen, was das Pro-Kopf-Einkommen und das Bildungsniveau anbelangt. Gleichzeitig ist es aber in den nationalen Zufriedenheitsumfragen ganz vorne mit dabei.

ℹ Praktische Informationen

An den Hauptstraßen des Bundesstaats liegen insgesamt 16 Welcome Centers; aber auch das **Louisiana Office of Tourism** (☎ 800-993-7515, 225-342-8100; www.louisianatravel.com) kann Auskünfte geben.

Louisiana State Parks (☎ 877-226-7652; www.crt.state.la.us/parks; einfacher/Premium-Stellplatz 1/18 US$) In Louisiana gibt es 22 State Parks, in denen man campen kann. Manche Parks haben auch Lodges oder Hütten. Reservierungen (☎ 877-226-7652; http://reservations2.usedirect.com/LAStateParksHome/) können online oder telefonisch vorgenommen werden. Alternativ kommt man einfach vorbei und schaut, ob noch was frei ist.

New Orleans

New Orleans ist einerseits eine typische amerikanische Stadt, andererseits aber doch das komplette Gegenteil. „Nola" ist anders. „Nola" ist woanders. Es wurde von den Franzosen gegründet und von den Spaniern verwaltet (und dann noch einmal von den Franzosen). Mit seinen Straßencafés und schmiedeeisernen Balkonen ist es zwar die „europäischste" Stadt der USA; gleichzeitig ist es jedoch wegen der Voodoo-Tradition, der wöchentlichen Second-Line-Paraden (Paraden in den Stadtteilen), der Mardi-Gras-Indianer, der Jazz- und Blechblasmusik sowie des Gumbo auch die afrikanischste bzw. karibischste Stadt im Land. New Orleans liebt es zu feiern. Während der Rest des Landes immer eine Deadline im Nacken hat, geht man hier nach einem ausgedehnten Mittagessen erst einmal einen Cocktail trinken. Wer allerdings miterlebt hat, wie die Menschen hier ihre Häuser nach der Flut und nach dem Sturm wiederaufgebaut haben, dem wird es niemals in den Sinn kommen, die Einheimischen als faul zu bezeichnen.

Tolerant sein und von Fremdem lernen, das ist das Wesen dieser Stadt. Das Resultat dieser großartigen kreolischen Maxime, alle Einflüsse aufzunehmen und daraus etwas Besseres zu kreieren, wird bewahrt. Dem ist so einiges zu verdanken: der Jazz, die Nouveau Louisiana Cuisine, Geschichtenerzähler – von den afrikanischen *griots* (Barden aus Westafrika) über die Rapper aus Seventh Ward bis zu Tennessee Williams –, französische Stadthäuser, die nur wenige Blocks entfernt von den von Myrten und Bougainvillea eingerahmten Villen in Foghorn Leghorn liegen, und schließlich die Mardi-Gras-Feiern, die heidnische Mystik und den Prunk des Katholizismus miteinander verquicken. Nicht vergessen: mitmachen und genießen! Das Ganze funktioniert nur, wenn man sich der „Kreolisierung" mit allen Sinnen hingibt.

New Orleans mag es leicht nehmen, aber es nimmt alles an und geht dann aufs Ganze. Und wenn es zu diesem Ganzen noch einen guten Cocktail dazugibt ... umso besser.

Geschichte

Nouvelle Orléans wurde 1718 von Jean-Baptiste Le Moyne de Bienville als französischer Vorposten gegründet. Die ersten Siedler stammten aus Frankreich, Kanada und Deutschland, die Franzosen verschleppten zudem Tausende afrikanischer Sklaven ins Land. Die Stadt wurde zu einem zentralen Hafen des Sklavenhandels; aufgrund örtlicher Gesetze konnten sich einige Sklaven je-

doch ihre Freiheit verdienen und als *les gens de couleur libres* (freie farbige Menschen) eine anerkannte Stellung in der kreolischen Gesellschaft erlangen.

Für die Gebäude des French Quarter, wie man sie heute sieht, sind hauptsächlich die Spanier verantwortlich, hatten doch die Brände der Jahre 1788 und 1794 einen großen Teil der früheren französischen Architektur vernichtet. Der Zustrom von Angloamerikanern nach dem Louisiana Purchase führte dazu, dass die Stadt um den Central Business District (CBD), den Garden District und Uptown erweitert wurde.

New Orleans überstand den Amerikanischen Bürgerkrieg unbeschadet, da die Stadt sich früh und kampflos den Unionstruppen ergeben hatte. Da nun aber die Plantagen nicht mehr mit Sklavenkraft betrieben werden konnten, siechte die Wirtschaft dahin. In den frühen Jahren des 20. Jhs. schlug in New Orleans die Geburtsstunde des Jazz. Viele der Flüsterkneipen und Wohnhäuser der Begründer des Jazz sind zwar verwahrlost oder zerstört, doch 1994 wurde der NPS der historisch-kulturellen Verpflichtung schließlich gerecht, indem er den New Orleans Jazz National Historical Park einrichtete. Dieser widmet sich den Ursprüngen und der Entwicklung der bekanntesten originär amerikanischen Musikrichtung. In den 1950er-Jahren fasste dann auch die Öl- und die petrochemische Industrie Fuß, neben der der Tourismus das zweite lebenswichtige Standbein der hiesigen Wirtschaft wurde.

Als der Hurrikan Katrina 2005 aufs Festland traf, hatte er sich eigentlich schon auf Kategorie 3 abgeschwächt. Dennoch brachen die Deiche von New Orleans an über 50 Stellen. Etwa 80 % der Stadt wurde überflutet, mehr als 1800 Menschen starben, die ganze Stadt musste evakuiert werden. Heute leben wieder viele Menschen in der Stadt (80 % der Vor-Katrina-Bevölkerung sind wieder erreicht), und günstige Häuser und die lebendige Kultur haben eine neue Generation von Unternehmen angezogen.

⊙ Sehenswertes

French Quarter

Das French Quarter prägen eine elegante, karibisch-koloniale Architektur, üppige Gärten und Schmiedeeisenkunst. Es ist das touristische Zentrum von New Orleans. Leider geht sein Flair durch die zwielichtige Bourbon St fast etwas unter, am besten sieht man

NEW ORLEANS IN...

...zwei Tagen

Am ersten Tag steht ein Streifzug über den Jackson Sq und durch die Museen im French Quarter an. Das **Cabildo** und der **Presbytere** liegen direkt nebeneinander und geben, ebenso wie die nahe gelegene **Historic New Orleans Collection**, einen guten ersten Überblick über die Kultur Louisianas. Danach folgt ein Spaziergang am Ufer des gewaltigen Mississippi.

Abendessen gibt's im **Bayona**, wo die legendäre Küchenchefin Susan Spicer ausschließlich mit Zutaten aus der Region kocht. Danach schaut man auf einen Drink im **Tonique** vorbei, bevor es in die **Preservation Hall** geht, wo Livemusik gespielt wird.

Der zweite Tag beginnt mit einem Bummel auf der Magazine St, dem Shopping-Paradies der Stadt. Im Anschluss geht's nach Norden, wo man einen Abstecher zum **Lafayette Cemetery No. 1** macht, bevor man sich – am besten in etwas feinerer Aufmachung – einen Drink im **Commander's Palace** genehmigt. Danach bringt einen die St. Charles Avenue Streetcar in die **Boucherie**, wo ein nobles Südstaaten-Dinner wartet.

...vier Tagen

Am dritten Tag lockt eine morgendliche Fahrradtour durch die kreolischen Viertel der Stadt, die von **Confederacy of Cruisers** organisiert wird. Die Tour ist wirklich einfach zu meistern und deckt alle wichtigen Aspekte der unkonventionellen Viertel Marigny und Bywater ab. Wer dennoch keine Lust auf den Drahtesel hat, geht einfach am Washington Sq Park entlang und lässt das Flair Marignys auf sich wirken.

Zum Abendessen geht's ins **Bacchanal**, wo es nicht nur großartigen Wein und Käse, sondern auch noch einen tollen Garten mit Livemusik gibt.

Kribbelt es in den Beinen? Auf der St. Claude Avenue gibt's jegliche Art von tanzbarer Musik, von Punk über Hip-Hip und Bounce bis hin zu Mod-Musik aus den 1960ern. Traditionellerer Nola-Jazz und -Blues werden auf der Frenchmen St gespielt.

Am nächsten Tag geht es mit dem Auto (oder vielleicht doch mit dem Leihfahrrad?) auf Erkundungsfahrt durch Tremé. Dort unbedingt im **Backstreet Cultural Museum** vorbeischauen und ein Brathähnchen bei **Willie Mae's** verdrücken!

Auf der Fahrt über die Esplanade Ave kann man all die großartigen kreolischen Herrenhäuser bestaunen, die im Schatten großer Lebenseichen stehen. Auf der Esplanade geht's in den **City Park** und auf einen Besuch ins **New Orleans Museum of Art**.

einfach über sie hinweg. Das „Vieux Carré" (Altes Viertel, 1722 geplant) ist das kulturelle Epizentrum, die ruhigeren Nebenstraßen und Gassen erinnern an die Vergangenheit und vermitteln jede Menge Lebensfreude.

Jackson Square PLATZ
(☏ 504-568-6968; www.jackson-square.com; Decatur St & St Peter St) Der Jackson Sq ist das Herz des Viertels. Mit seinen Müßiggängern, Kartenlegern, Skizzenzeichnern und Schaustellern, Kathedralen, Büros und Geschäften gehört der Platz zu den großartigsten Grünflächen der USA und sieht dazu noch aus wie aus einem Märchen.

St. Louis Cathedral KATHEDRALE
(☏ 504 525-9585; Jackson Sq; Spenden erbeten; ⏲ Mo-Sa 9–17, So 13–17 Uhr) Prunkstück des Jackson Sq ist die St. Louis Cathedral. Sie wurde von Gilberto Guillemard entworfen und ist eines der schönsten Beispiele französischer ökumenische Kirchenarchitektur in den USA.

Louisiana State Museum MUSEUM
(http://lsm.crt.state.la.us; Erw./Kind pro Gebäude 6 US$/frei; ⏲ Di-So 10–16.30 Uhr) Das berühmte Museum ist an mehreren Standorten im ganzen Bundesstaat vertreten. Zu den Highlights gehört das **Cabildo** (701 Chartres St) von 1911 links der Kathedrale, ein Museum im alten Rathaus, das sich Louisiana widmet; in dem Gebäude fand auch die Gerichtsverhandlung im Fall Plessy gegen Ferguson statt, bei der die Rassentrennung für gesetzlich zulässig erklärt wurde. Die Besichtigung der vielen Exponate nimmt locker einen halben Tag in Anspruch (unbedingt ansehen sollte man sich das Upright Piano von 1875 im 3. Stock!). Die restliche Zeit kann man im Schwestergebäude verbringen, dem rechts von der Kathedrale stehenden **Presbytère** (751 Chartres St; ♿) von

1813. Dort zu sehen sind ein ausgezeichnetes **Mardi-Gras-Museum**, das Kostüme, Umzugswagen und Flitterschmuck zeigt, und die neue, bewegende Ausstellung **Katrina & Beyond**, die die Zeit vor und nach dem verheerenden Sturm zeigt und die Auswirkungen der Katastrophe auf die Stadt eindrucksvoll vermittelt.

Historic New Orleans Collection   MUSEUM
(www.hnoc.org; 533 Royal St; Führung 5 US$; ☺Di–Sa 9.30–16.30, So 10.30–16.30 Uhr) Verteilt auf mehrere kunstvoll restaurierte Gebäude zeigt das Museum sorgfältig zusammengestellte Exponate. Der Schwerpunkt liegt auf Material aus den Archiven, u.a. werden die Originalurkunden des Louisiana Purchase ausgestellt. Drei separate Führungen – durch das Haus, zur Architektur und durch den Innenhof sowie zur Geschichte – finden um 10, 11, 14 und 15 Uhr statt.

Old Ursuline Convent   HISTORISCHES GEBÄUDE
(1112 Chartres St; Erw./Kind 5/3 US$; ☺Führung Mo–Sa 10–16 Uhr) 1727 kamen zwölf Ursulinerinnen nach New Orleans, um sich in dem „miserablen kleinen Hospital" der französischen Garnison um die Kranken zu kümmern und die jungen Mädchen in der Kolonie zu unterrichten. Zwischen 1745 und 1752 baute die französische Kolonialarmee dann dieses Kloster, das heute das älteste Gebäude im ganzen Mississippital und das einzig erhaltene französische Bauwerk im Quarter ist.

☺ The Tremé

Das älteste afroamerikanische Viertel der Stadt blickt natürlich auf eine bewegte Geschichte zurück. Die begrünte **Esplanade Avenue**, eine der hübschesten Straßen der Stadt, verläuft am Rand des Viertels entlang und ist von alten kreolischen Herrenhäusern gesäumt.

Louis Armstrong Park   PARK
(701 N Rampart St; ☺9–22 Uhr) Zum Louis Armstrong Park gehört auch der **Congo Square**, ein kulturelles Wahrzeichen Amerikas. Die heute mit Backsteinen gepflasterte, offene Fläche war der einzige Ort, an dem es Sklaven erlaubt war, sich zu versammeln und die Musik ihrer Heimat zu spielen – eine Praxis, die in den meisten der anderen Sklavenhaltergesellschaften verboten war. Die Erhaltung dieses musikalischen Erbes bildete die Grundlage für die Entstehung des Jazz.

Backstreet Cultural Museum   MUSEUM
(www.backstreetmuseum.org; 1116 St Claude Ave; Eintritt 8 US$; ☺Di–Sa 10–17 Uhr) Das Museum zeigt die afroamerikanische Facette der charakteristischen Bräuche von New Orleans und wie sich diese im Alltag manifestieren. Der Begriff „Backstreet" bezieht sich auf „Back o' Town", also die „Rückseite" von New Orleans, auf der die armen Viertel der Schwarzen liegen. Wer sich für Mardi-Gras-Indianer (Afroamerikaner, die sich als Indianer kostümieren), Second-Line-Paradetänzer und Aktivitäten von Hilfs- und Freizeitvereinen (Bürgervereinigungen der hiesigen schwarzen Gemeinde) interessiert, sollte hier vorbeischauen.

Le Musée de FPC   MUSEUM
(Free People of Color Museum; www.lemuseedefpc.com; 2336 Esplanade Ave; Erw./Kind 10/5 US$; ☺Mi–Sa 11–16 Uhr) In einem hübschen, im Greek-Revival-Stil erbauten Herrenhaus von 1859 in Upper Tremé ist dieses Museum untergebracht, das eine 30 Jahre alte Sammlung von Artefakten, Dokumenten, Möbeln und Kunstwerken zeigt, die die Geschichte einer vergessenen Subkultur erzählen, nämlich der Free People of Color, die vor dem Bürgerkrieg aktiv war. Öffnet auch nach Terminvereinbarung.

St. Louis Cemetery No. 1   FRIEDHOF
(Basin St; ☺Mo–Sa 9–15, So bis 12 Uhr; 🚻) Auf diesem Friedhof liegen die meisten der frühen kreolischen Einwohner begraben. Der hohe Grundwasserspiegel hat überirdische Begräbnisse erforderlich gemacht. Die Leichen wurden in Familiengräbern beigesetzt, die heute noch zu sehen sind. Hier befindet sich auch das vermeintliche Grab der Voodoo-Königin Marie Laveau. Die zahlreichen „XXX" stammen von faszinierten Anhängern. Auf Wunsch der Familie, der das Grab gehört, sollte man aber nicht zu den Schmierereien beitragen. Bei Dunkelheit ist es besser, den Friedhof zu meiden, da die Gegend nicht ganz ungefährlich ist.

New Orleans African American Museum   MUSEUM
(www.thenoaam.org; 1418 Governor Nicholls St; Erw./Student/Kind 7/5/3 US$; ☺Mi–Sa 11–16 Uhr) Das kleine Museum zeigt in einer Reihe gepflegter kreolischer Häuser Wechselausstellungen von Werken einheimischer Künstler sowie semipermanente Installationen zur Sklaverei und zur afroamerikanischen Geschichte.

New Orleans

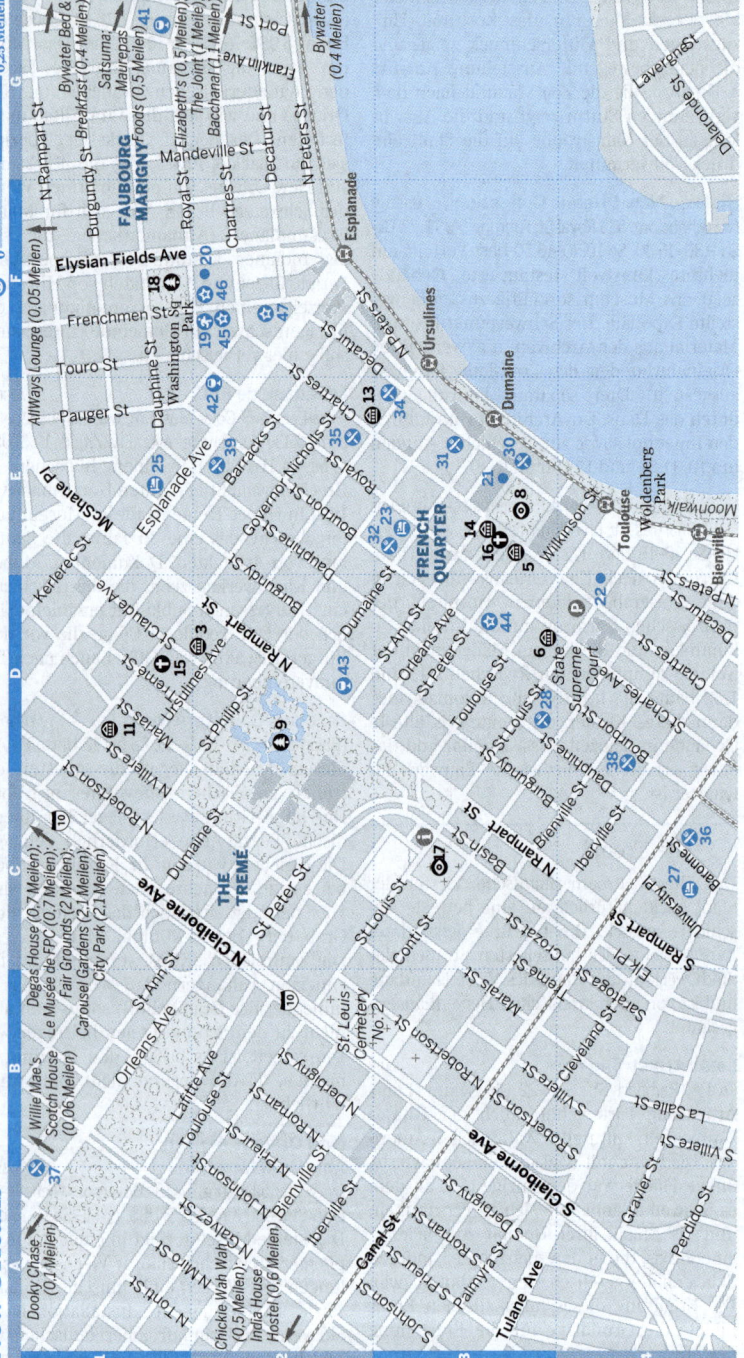

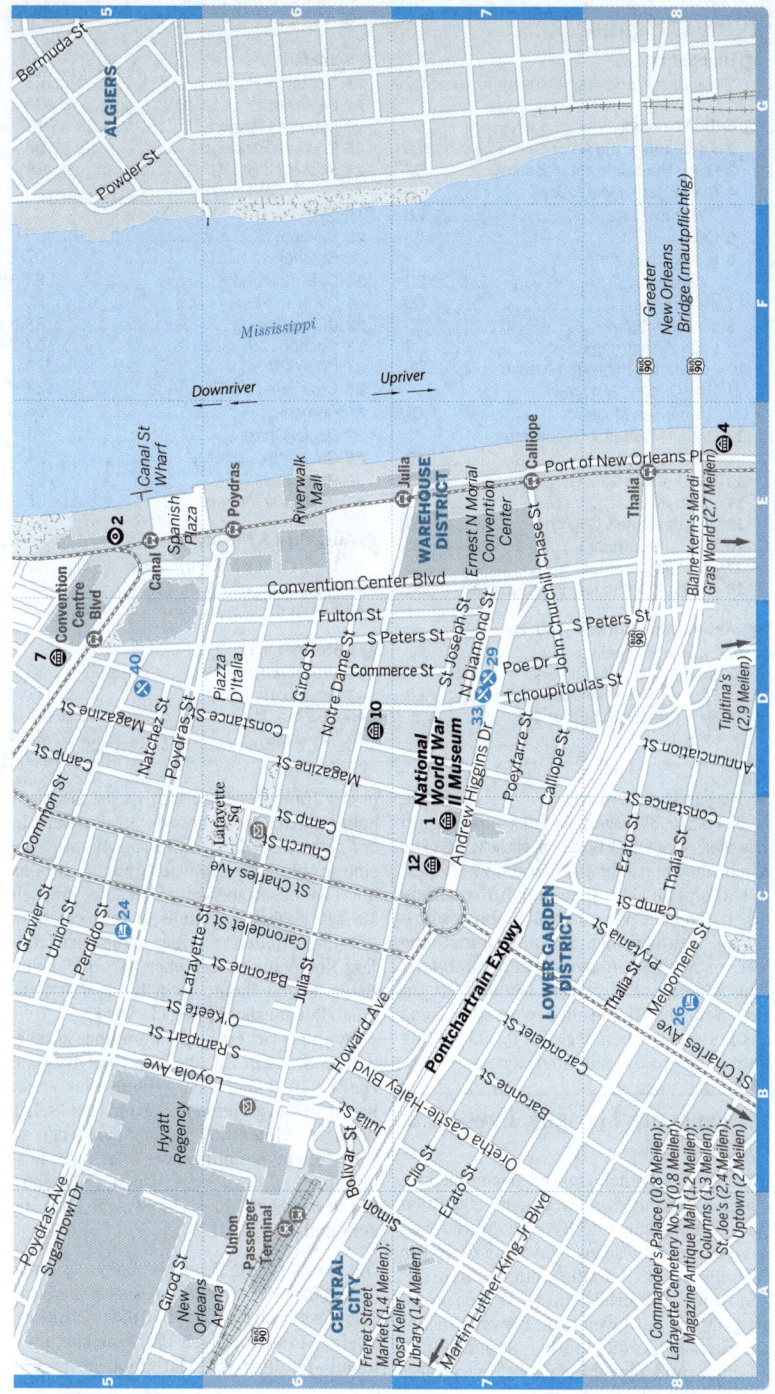

ALGIERS

Bermuda St

Powder St

Mississippi

Downriver ← | → Upriver

Greater New Orleans Bridge (mautpflichtig)

Canal St Wharf

Poydras

Riverwalk Mall

Julia

WAREHOUSE DISTRICT

Spanish Plaza

Ernest N Morial Convention Center

Port of New Orleans Pl

Calliope

Thalia

Blaine Kern's Mardi Gras World (2.7 Meilen)

◉ 2

Canal

Convention Centre Blvd

Convention Center Blvd

N Diamond St

John Churchill Chase St

7 ☖

⊗ 40

Piazza D'Italia

Fulton St

S Peters St

St Joseph St

Poe Dr

S Peters St

Magazine St

Poydras St

Natchez St

Girod St

Notre Dame St

Commerce St

Tchoupitoulas St

Constance St

Camp St

Magazine St

☖ 10

⊗ 29

33

Poeyfarre St

Camp St

National World War II Museum

1

Andrew Higgins Dr

Calliope St

Tipitina's (2.9 Meilen)

Common St

Lafayette St

Church St

12 ☖

St Charles Ave

Constance St

Annunciation St

Gravier St

Union St

Perdido St

24 ⊟

Carondelet St

Baronne St

Lafayette St

Julia St

O'Keefe St

Pontchartrain Expwy

Erato St

Thalia St

Camp St

Prytania St

LOWER GARDEN DISTRICT

Carondelet St

Baronne St

S Charles Ave

Thalia St

Melpomene St

26 ⊟

S Rampart St

Loyola Ave

Howard Ave

Julia St

Oretha Castle Haley Blvd

Clio St

Erato St

Martin Luther King Jr Blvd

Hyatt Regency

Bolivar St

Simon

Union Passenger Terminal

Poydras Ave

Sugarbowl Dr

Girod St

New Orleans Arena

CENTRAL CITY

Freret Street Market (0.8 Meilen);
Lafayette Cemetery No. 1 (0.8 Meilen);
Magazine Antique Mall (1.2 Meilen);
Rosa Keller Library (1.4 Meilen);
Columns (1.3 Meilen);
St Joe's (2.4 Meilen);
Uptown (2 Meilen)

Commander's Palace (0.8 Meilen);

New Orleans

St. Augustine's Church KIRCHE
(☑504-525-5934; www.staugustinecatholicchurch
-neworleans.org; 1210 Governor Nicholls St) Die
Kirche aus dem Jahr 1824 ist das zweitälteste katholische Gotteshaus für Afroamerikaner in den USA. Viele Jazz-Begräbnisprozes-
sionen beginnen hier. Sonntags findet eine
Messe statt, Führungen müssen vorab telefonisch vereinbart werden. Draußen ist auf
einer Seite der Kirche ein bewegendes Kreuz
aus Ketten zu sehen, welches das **Grab des
unbekannten Sklaven** markiert.

⦿ Faubourg Marigny, Bywater & Ninth Ward

Nördlich des French Quarter liegen die kreolischen Vororte (*faubourgs* heißt eigentlich
„Viertel") Marigny und Bywater. Marigny ist
das Herz der hiesigen Schwulenszene. Die
Frenchmen Street, die mitten durch das
Zentrum des Viertels führt, ist eine großartige Meile mit Livemusik. Bis vor Kurzem
galt sie noch als die Bourbon St der Einheimischen, und obwohl sie mittlerweile fest

in der Hand der Touristen ist, ist sie nicht
halb so kitschig wie besagte Straße. Ganz in
der Nähe liegt die **St. Claude Avenue**, die
eine ansehnliche Auswahl guter Locations
mit Livemusik zu bieten hat, die von den
Massen noch größtenteils unentdeckt sind.
Allerdings finden sich hier keine Dixieland-
Jazz-Kneipen, sondern eher Bars, bei denen
zu Punk und Bounce (ein hiesiger freneti-
scher Tanzmusikstil) gerockt wird.

Bywater ist eine Ansammlung kunter-
bunter Shotgun-Häuser (für Nola typische
Häuser, in denen sich – ohne Flur – ein
Raum an den anderen reiht) und kreolischer
Cottages. Nirgendwo in der Stadt leben so
viele Neuankömmlinge wie hier, und Restaurants und Bars – teils genial, teils schon
fast übertrieben hip – schießen wie Pilze aus
dem Boden.

Old New Orleans Rum Distillery FABRIK
(☑504-945-9400; www.oldneworleansrum.com;
2815 Frenchmen St; Eintritt 10 US$; ☉Führung
Mo−Fr 12, 14 & 16, Sa 14 & 16 Uhr) Eine kurze Autofahrt nördlich von Marigny liegt die Old

New Orleans Rum Distillery. Die Brennerei wurde von hiesigen Künstler James Michalopoulos und seinen Musiker- und Künstlerfreunden gegründet und stellt tolle Spirituosen her, die in den meisten Bars der Stadt ausgeschenkt werden. Im Rahmen einer 45-minütigen Führung kann man sie alle kosten, sogar den seltenen Vintage-Rum, den es nur hier in der Fabrik gibt. Letztere liegt in einem Gewerbegebiet, 2 Meilen (3,2 km) nördlich von Faubourg Marigny.

Washington Square Park　　PARK
(Ecke Frenchmen St & Royal St) Der Park, auch als „Marigny Green" bekannt, ist bei den Einheimischen sehr beliebt. Sie kommen hierher, um mit ihren Hunden zu spielen, Frisbees zu werfen und (so lässt jedenfalls der verräterische Geruch vermuten) Zigaretten zu rauchen, in denen nicht nur Tabak drin ist. An der Nordseite des Parks steht ein bewegendes HIV/AIDS-Denkmal.

⊙ CBD & Warehouse District

★**National World War II Museum**　MUSEUM
(☑504-528-1944; www.ddaymuseum.org; 945 Magazine St; Erw./Kind 22/13 US$, mit 1/2 Filmen zusätzl. 5/10 US$; ⊙9–17 Uhr) Das große, bewegende Museum ist für jeden, der sich auch nur ansatzweise für den Zweiten Weltkrieg

interessiert, ein interessanter Abstecher. Es bietet seinen Besuchern eine beeindruckend differenzierte und gründliche Analyse des größten Kriegs des 20. Jhs. Besonders bemerkenswert ist die **D-Day-Ausstellung**, die wohl ausführlichste ihrer Art im Land. *Beyond All Boundaries* (gesprochen von Tom Hanks) wird auf einer 36 m breiten, gekrümmten Leinwand im neuen **Solomon Victory Theater** gezeigt und ist ein lautes, stolzes und grandioses Spektakel. *Final Mission* entführt 27 Zuschauer auf das Unterseeboot USS *Tang*. Während dessen letzter Mission wird man selbst zum aktiven Besatzungsmitglied und erfährt vom Schicksal der Männer an Bord.

Ogden Museum of Southern Art　MUSEUM
(www.ogdenmuseum.org; 925 Camp St; Erw./Student/Kind 10/8/5 US$; ⊙Mi–Mo 10–17, Do 18–20 Uhr) Der aus New Orleans stammende Unternehmer Roger Houston Ogden hat eine der schönsten Sammlungen von Südstaatenkunst überhaupt zusammengetragen, die viel zu groß ist, um sie für sich allein zu behalten. In den riesigen Sälen sind impressionistische Landschaftsbilder, ausgefallene Volkskunst und moderne Installationen zu sehen. Donnerstags von 18 bis 20 Uhr gibt's Livemusik – die Gebühr dafür ist bereits im Eintrittspreis enthalten.

──────────────────────────────

INSIDERWISSEN

KUNST FÜR JEDES WOCHENENDE

Lindsay Glatz vom Arts Council of New Orleans verrät, wo man in New Orleans am Wochenende lokale Kunst sehen und einheimische Künstler treffen kann.

New Orleans Arts District Art Walk (www.neworleansartsdistrict.com; Julia St; ⊙1. Sa des Monats 18–21 Uhr) Am ersten Samstag im Monat feiern die Galerien im New Orleans Art District die Eröffnung ihrer einmonatigen Ausstellungen, die immer einen bestimmten Künstler zum Thema haben. Das Ganze findet im Warehouse District/CBD statt.

Freret Street Market (www.freretmarket.org; Ecke Freret St & Napoleon Ave; ⊙Sept.–Juni 1. Sa des Monats 12–17 Uhr) Der Mix aus Bauern-, Kunst- und Flohmarkt in der Uptown gewährt großartige Einblicke in die hiesige Kultur.

Saint Claude Arts District Gallery Openings (www.scadnola.com; ⊙2. Sa des Monats) New Orleans' neuestes Kunstviertel beherbergt immer mehr Galerien und erstreckt sich von Faubourg Marigny bis nach Bywater. Hier leben einige der vielseitigsten Künstler von New Orleans. Fragt man Einheimische nach Empfehlungen fürs Wochenende, landet man vielleicht bei einer Feuerschluckerdarbietung oder einer improvisierten Kunstinstallation einer Künstlergruppe an einem geheim gehaltenen Ort.

Art Market of New Orleans (www.artscouncilofneworleans.org; Palmer Park, Ecke Carrolton Ave & Claiborne Ave; ⊙letzter Sa des Monats) Am letzten Samstag jedes Monats stellen Hunderte der kreativsten Künstler der Region ihre Werke aus, die von einer Jury ausgewählt wurden. Außerdem gibt's typische Spezialitäten der regionalen Küche, Musik und ein Kinderprogramm. An warmen Tagen ein echtes Vergnügen!

DER SÜDEN LOUISIANA

Blaine Kern's Mardi Gras World   MUSEUM
(☎ 504-655-9586; www.mardigrasworld.com; 1380 Port of New Orleans Pl; Erw./Kind 19,95/12,95 US$; ⏱ geführte Touren 9.30–16.30 Uhr; ♿) Diese grellbunte, aber witzige Institution beherbergt (und konstruiert) viele der großen Wagen, die bei Mardi-Gras-Paraden zum Einsatz kommen. Im Rahmen der Führung geht man durch die gigantischen Werkstätten, in denen Künstler die reich verzierten Fahrzeuge für die *krewes* (Paradeclubs), für die Universal Studios und für Disney World bauen.

Aquarium of the Americas   AQUARIUM
(☎ 504-581-4629; www.auduboninstitute.org; 1 Canal St; Erw./Kind 22,50/16 US$, mit IMAX 29/23 US$, mit Audubon Zoo 36/25 US$; ⏱ 10–17 Uhr; ♿) Hier wird eine facettenreiche Auswahl maritimer Lebensräume nachgestellt. Den weißen Alligator nicht verpassen! Mit einem Kombiticket kann man auch das IMAX-Kino nebenan, das nahe gelegene Insektarium, den Audubon Zoo in der Uptown oder alle vier Sehenswürdigkeiten zusammen besuchen (Erw./Kind 44,50/27,50 US$).

Insektarium   MUSEUM, GARTEN
(☎ 504-581-4629; www.auduboninstitute.org; 423 Canal St; Erw./Kind 16,50/12 US$; ⏱ 10–17 Uhr; ♿) Das überaus kinderfreundliche Lehrzentrum ist eine wahre Freude für zukünftige Entomologen. Besonders schön ist der japanische Garten mit den lautlosen Schmetterlingen. Es gibt auch eine nette Ausstellung über die berüchtigten Kakerlaken von New Orleans.

☉ Garden District & Uptown

Die wichtigste architektonische Trennlinie in New Orleans verläuft zwischen den eleganten Stadthäusern der Kreolen und Franzosen im Nordosten und den prachtvollen Herrenhäusern der Amerikaner, die sich nach dem Louisiana Purchase hier angesiedelt haben. Die riesigen Gebäude, die fast wie Plantagen anmuten, findet man vor allem im Garden District und in der Uptown. Prächtige Eichen thronen über der St. Charles Ave, die mitten durch das Viertel läuft und auf der eine charmante **Straßenbahn** (Fahrt 1,25 US$; ♿) fährt. Die **Magazine Street** mit ihren Boutiquen und Galerien ist die beste Shoppingmeile der Stadt.

Lafayette Cemetery No. 1   FRIEDHOF
(Washington Ave Ecke Prytania St; ⏱ 9–14.30 Uhr) Diese Nekropole gleich gegenüber dem

Commander's Palace wurde 1833 von der früheren City of Lafayette eingerichtet und liegt im Schatten großartiger, üppig grüner Bäume. Ihr haftet ein gewisses subtropisches Südstaaten-Gothic-Flair an. Einige der Gräber der reicheren Familien sind aus Marmor erbaut, und ihre aufwendigen Verzierungen können mit der feinen Architektur des Viertels locker mithalten. Auf den überirdischen Gräbern sind viele deutsche und irische Namen zu lesen, was darauf hinweist, dass die Gelbfieberepidemien im 19. Jh. auch zahlreiche Einwanderer das Leben gekostet haben. Bus 11 und 12 fahren hierher.

Audubon Zoological Gardens   ZOO
(www.auduboninstitute.org; 6500 Magazine St; Erw./Kind 17,50/12 US$; ⏱ Mo–Fr 10–17, Sa & So bis 18 Uhr; ♿) Dieser wundervolle Zoo ist eine tolle Sache für Jung und Alt. Die ultracoole Ausstellung **Louisiana Swamp** strotzt nur so vor Alligatoren, Rotluchsen, Füchsen, Bären und Schnappschildkröten.

City Park & Mid-City

City Park   PARK
(www.neworleanscitypark.com; City Park Ave) Die **Canal-Straßenbahn** (S. 493) fährt vom CBD zum City Park. Der 4,8 km lange und 1,6 km breite, üppig mit Trauerweiden und Louisianamoos bewachsene City Park wartet mit Museen, Gärten, Wasserläufen, Brücken, Vögeln und dem ein oder anderen Alligator auf. Er ist der fünftgrößte Stadtpark der USA (größer als der Central Park in New York) und New Orleans' schönste grüne Lunge.

New Orleans Museum of Art   MUSEUM
(www.noma.org; 1 Collins Diboll Circle; Erw./Kind 10/6 US$; ⏱ Di–Do 10–18, Fr bis 21, Sa & So 11–17 Uhr) Im City Park befindet sich dieses elegante, 1911 gegründete Museum, das aufgrund seiner Sonderausstellungen und Galerien für afrikanische, indianische, ozeanische und asiatische Kunst im Obergeschoss einen Besuch wert ist. Unbedingt auch einen Blick auf die hervorragende Sammlung von Schnupftabakflaschen aus der Qing-Dynastie werfen! Der **Skulpturengarten** (⏱ Sa–Do 10–16.30, Fr bis 20.45 Uhr) GRATIS präsentiert auf einem üppig bewachsenen, sorgsam gepflegten Gelände den letzten Schrei in Sachen moderner Kunst.

Messegelände   PARK
(1751 Gentilly Blvd, zw. Gentilly Blvd & Fortin St; ⏱ Ende April–Anfang Mai) Neben regelmäßigen

SUMPFTOUREN

Sumpftouren können von New Orleans aus arrangiert werden; alternativ wendet man sich direkt an einen Veranstalter vor Ort.

Louisiana Lost Land Tours (☑504-400-5920; http://lostlandstours.org) Wundervolle Touren, bei denen es z. B. mit dem Kajak in die Wetlands hineingeht. Auch Touren mit dem Motorboot in die Barataria Bay werden angeboten. Die Ausflüge drehen sich thematisch um den Landverlust und die Bedrohungen für Tiere und werden von Guides betreut, die dieses Land aufrichtig lieben. Diese haben auch einen Blog zu umweltrelevanten Themen im Süden von Louisiana (http://lostlandstours.org/category/blog), der vom Journalisten und Pulitzer-Preis-Gewinner Bob Marshall betreut wird.

Annie Miller's Son's Swamp & Marsh Tours (☑985-868-4758; www.annie-miller.com; 3718 Southdown Mandalay Rd, Houma; Erw./Kind 15/10 US$; ⛵) Der Sohn der legendären Sumpfführerin Annie Miller ist in die Fußstapfen seiner Mutter getreten. Die Touren finden 50 Meilen (80 km) außerhalb von New Orleans statt. Wer kein Auto hat, kann anrufen und sich abholen lassen.

Cajun Encounters (☑504-834-1770; www.cajunencounters.com; ohne/mit Abholung 25/50 US$, Nachttouren 40/70 US$) Ein beliebter, gut geführter Anbieter mit einem großen Tourenangebot, u. a. auch Nachttouren.

Pferderennen (während der Saison) findet auf dem Messegelände im Frühjahr auch das große New Orleans Jazz & Heritage Festival statt.

🎓 Kurse

New Orleans School of Cooking KOCHEN (☑800-237-4841; www.neworleansschoolofcooking.com; 524 St. Louis St; Kurse 24–29 US$) Die meisten Veranstaltungen sind eigentlich Kochvorführungen, also keine Kurse zum Mitmachen. Die Menüs wechseln täglich. Am Ende kann man Kreationen wie Gumbo, Jambalaya und Pralinen kosten, während die charismatischen Köche Anekdoten aus der Stadtgeschichte erzählen. Es wird auch ein klassischer Kochkurs zur kreolischen Küche angeboten. (125 US$).

👉 Geführte Touren

Das Visitor Center im Jean Lafitte National Historic Park and Preserve (S. 492) bietet um 9.30 Uhr kostenlose Stadtspaziergänge durch das French Quarter an (Tickets um 9 Uhr holen!).

Confederacy of Cruisers RADFAHREN (☑504-400-5468; www.confederacyofcruisers.com; Radtour ab 49 US$) Rauf aufs Rad und raus aus dem French Quarter! Die sehr informativen und entspannten Radtouren führen durch die 100 %ig kitschfreien Stadtviertel von New Orleans – Faubourg Marigny, Esplanade Ridge, Tremé – und schließen auch einen Stopp in einer Bar mit ein. Unterwegs trifft man gelegentlich die eine oder andere mit Jazz untermalte Beerdigungsprozession. Es werden auch Cocktail- (85 US$) und kulinarische Touren (89 US$) angeboten.

Friends of the Cabildo STADTSPAZIERGANG (☑504-523-3939; 1850 House Museum Store, 523 St Ann St; Erw./Student 15/10 US$; ⊗geführte Tour Di–So 10 & 13.30 Uhr) Ehrenamtliche Mitarbeiter veranstalten die besten Stadtspaziergänge durch das French Quarter.

City Segway Tours SEGWAY (☑504-619-4162; neworleans.citysegwaytours.com; 3-/2-/1-stündige Tour 75/65/45 US$) Hier geht's auf dem Segway geschmeidig durch das French Quarter, durch Tremé und am Fluss entlang.

🎉 Feste & Events

In New Orleans findet sich immer ein Grund zum Feiern. Im Folgenden ist nur eine kleine Auswahl aufgelistet; einen guten Veranstaltungskalender gibt es unter www.neworleansonline.com.

Mardi Gras KULTUR (www.mardigrasneworleans.com; ⊗Feb. od. Anfang März) Am Faschingsdienstag (dem „Mardi Gras") wird mit einem fulminanten Finale der Abschluss der Karnevalssaison begangen.

St. Patrick's Day KULTUR (www.stpatricksdayneworleans.com; ⊗März) Am 17. März und dem diesem Datum am nächsten gelegenen Wochenende veranstaltet ein in grün gekleidetes Partyvolk Paraden und hantiert mit Salatköpfen.

St. Joseph's Day – Super Sunday KULTUR
(⊙ März) Am 19. März und dem diesem Datum am nächsten gelegenen Sonntag ziehen Gruppen von Mardi-Gras-Indianern mit Federschmuck und Trommelwirbeln durch die Straßen. Der Umzug am Super Sunday beginnt normalerweise gegen 12 Uhr am Bayou St. John an der Orleans Ave. Eine festgelegte Route gibt es nicht.

Tennessee Williams Literary Festival LITERATUR
(www.tennesseewilliams.net; ⊙ März) Hier wird an fünf Tagen mit Lesungen, Aufführungen und Festen der Werke des Schriftstellers gedacht.

French Quarter Festival MUSIK
(www.fqfi.org; ⊙ 2. Wochenende im April) Kostenlose Konzerte auf mehreren Bühnen.

Jazz Fest MUSIK
(www.nojazzfest.com; ⊙ April–Mai) Am letzten Wochenende im April und dem ersten im Mai findet dieses weltberühmte Feuerwerk der Musik, des Essens, des Kunsthandwerks und des guten Lebens statt.

🛏 Schlafen

Die Preise sind während des Mardi Gras und des Jazz Fest am höchsten und sinken im heißen Sommer. Es empfiehlt sich, frühzeitig zu buchen und sich online oder telefonisch über Angebote zu informieren. Parken im French Quarter kostet 15 bis 30 US$ pro Tag.

Bywater Bed & Breakfast B&B $
(☎ 504-944-8438; www.bywaterbnb.com; 1026 Clouet St, Bywater; Zi. ohne Bad 100 US$) Ein künstlerisch angehauchtes B&B, das vor allem in der LGBT-Szene (besonders bei Lesben) beliebt ist. Die heimelige und entspannte Unterkunft ist in einem restaurierten, sehr farbenfrohen Shotgun-Doppelhaus untergebracht und bietet eine den Gästen zugängliche Küche sowie Aufenthaltsbereiche, die zum Abhängen einladen. Die Wände dienen als Ausstellungsfläche für eine Sammlung lebendiger Outsider- und Volkskunst. Die vier Gästezimmer sind einfach und komfortabel und warten mit noch mehr fröhlicher Farbe und Kunst auf.

Prytania Park Hotel HOTEL $
(☎ 504-524-0427; www.prytaniaparkhotel.com; 1525 Prytania St, Garden District; Zi. ab 75 US$, Suite ab 100 US$; P ❋ 🛜) Die Anlage aus drei separaten, freundlichen Hotels in guter Lage im Garden District bietet ein tolles Preis-Leistungs-Verhältnis. Im Prytania Park mit seinen gut geschnittenen, wenn auch etwas kleinen Zimmern mit Flachbild-TVs steigen vorwiegend budgetbewusste Traveller ab. Das Prytania Oaks (Zimmer ab 110 US$) ist schicker, und beim Queen Anne (Zimmer ab 120 US$) handelt es sich um ein exquisites, hübsch renoviertes Boutiquehotel voller Antiquitäten. Der Komplex liegt zwischen dem French Quarter, dem Garden District und der Uptown und eignet sich für jeden Geldbeutel. Parken ist kostenlos, ebenso wie der Eintritt in den St. Charles Ave Athletic Club.

India House Hostel HOSTEL $
(☎ 504-821-1904; www.indiahousehostel.com; 124 S Lopez St, Mid-City; B/DZ 20/55 US$; @ 🛜 ▣) In dem Hostel in der Mid-City liegt eine freigeistige Partystimmung in der Luft. Ein großes Aufstellschwimmbecken und der wunderbare Innenhof mit Urlaubsflair verleihen den drei abgewohnten, alten Häusern mit ihren einfachen, aber netten Schlafsälen Atmosphäre. Die Doppelzimmer sind so lala.

Columns HISTORISCHES HOTEL $$
(☎ 504-899-9308; www.thecolumns.com; 3811 St Charles Ave, Garden District; Zi. inkl. Frühstück Wochenende/werktags ab 170/134 US$; ❋ 🛜) Die imposante, im italienischen Stil erbaute Villa von 1883 im Garden District ist in der Nebensaison ein echtes Schnäppchen (ab 99 US$), kann jedoch auch in der Hauptsaison mit einem guten Preis-Leistungs-Verhältnis überzeugen. Das elegant-legere Hotel wartet mit allerlei außergewöhnlichen Details auf, z. B. einem Treppenaufgang mit Buntglasfenstern, hübschen Marmorkaminen und kunstvollen Holzschnitzereien. Das wunderbare Gesamtpaket komplettieren eine einladende Bar und eine hübsche Veranda im 2. Stock mit Blick auf die von Eichen gesäumte St. Charles Ave. New Orleans in seiner schönsten Form!

Melrose Mansion B&B $$$
(☎ 504-944-2255, 800-650-3323; www.melrosemansion.com; 937 Esplanade Ave, French Quarter; Suite werktags/Wochenende ab 150/330 US$; 🛜 ▣) Als Millionär auf der Suche nach einer Zweitwohnung in New Orleans könnte man dieses B&B durchaus in Erwägung ziehen. Es ist schlicht, elegant und mit handverlesenen Antiquitäten und dem letzten Schrei in Sachen moderner Kunst ausgestattet. Wäh-

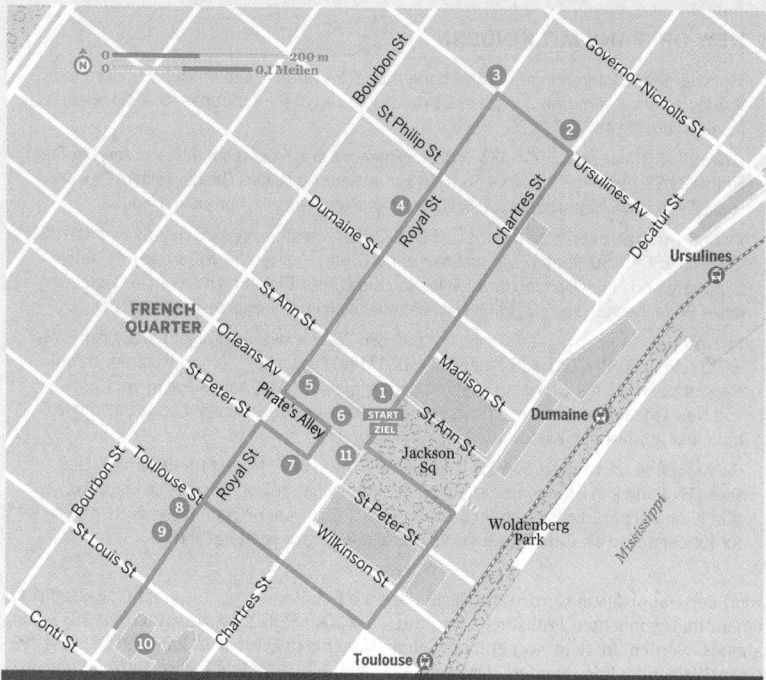

Stadtspaziergang French Quarter

START JACKSON SQ
ZIEL JACKSON SQ
LÄNGE/DAUER 1,7 KM; 1,5 STD.

Der Rundgang beginnt am ❶ **Presbytère** (S. 476) am Jackson Sq. Von dort geht es die Chartres St hinunter bis zur Ecke der Ursulines Ave. Direkt gegenüber, in der Chartres St Nr. 1113, verbindet das 1826 errichtete ❷ **Beauregard-Keyes House** kreolische und amerikanische Stilelemente. Weiter geht es auf der Ursulines Ave zur Royal St. Der Sodabrunnen in der ❸ **Royal Pharmacy** ist ein Relikt aus jenen Tagen, als es noch Soda Shops gab, die Softdrinks und Snacks verkauften.

In puncto Postkartenmotive hat die Royal St die Nase ganz vorne. Gusseiserne Balkone zieren die Gebäude, und eine Fülle hübscher Blumen schmückt die Fassaden.

In Nr. 915 der Royal St steht das ❹ **Cornstalk Hotel** (S. 486) hinter einem der meistfotografierten Zäune. An der Orleans Ave blühen im ❺ **St. Anthony's Garden** hinter der ❻ **St. Louis Cathedral** (S. 476) stattliche Magnolien und üppige tropische Pflanzen.

Am Garten entlang führt die hübsche Pirate's Alley, von der man nach rechts in die Cabildo Alley und nochmals nach rechts in die St. Peter St gen Royal St abbiegt. Tennessee Williams lebte von 1946 bis 1947, während er *Endstation Sehnsucht* schrieb, im ❼ **Avart-Peretti House** in der St. Peter St Nr. 632.

Weiter geht's nach links in die Royal St. An der Ecke Royal St/Toulouse St stehen zwei von Jean François Merieult in den 1790ern erbaute Häuser. Der Bau in der 541 Royal St, der als ❽ **Court of Two Lions** bekannt ist, öffnet sich zur Toulouse St; nebenan ist die ❾ **Historic New Orleans Collection** (S. 477).

Im nächsten Block trifft man auf das gewaltige ❿ **State Supreme Court Building** von 1909, in denen Szenen für Oliver Stones Film *JFK – Tatort Dallas* gedreht wurden.

Einmal umkehren und nach rechts in die Toulouse St gehen; an der Decatur St nach links abbiegen. Nachdem man die Straße überquert hat, geht's am Fluss entlang. Wenn der Jackson Sq wieder in Sicht kommt, geht's auf die andere Straßenseite zum ⓫ **Cabildo** (S. 476), dem „Zwilling" des Presbytère.

NEW ORLEANS MIT KINDERN

Viele der tagsüber geöffneten Attraktionen von New Orleans eignen sich wunderbar für Kinder, z. B. der Audubon Zoo (S. 482), das Aquarium of the Americas (S. 482) oder das Insektarium (S. 482).

Carousel Gardens (☑504-483-9402; www.neworleanscitypark.com; 7 Victory Ave, City Park; Eintritt 3 US$; ⊙Di–Fr 10–15, Sa & So 11–18 Uhr, im Sommer längere Öffnungszeiten) Das Karussell von 1906 ist ein echtes Juwel unter den alten Fahrgeschäften im Park.

Louisiana Children's Museum (☑504-523-1357; www.lcm.org; 420 Julia St; Eintritt 8 US$; ⊙Di–Sa 9.30–16.30, So ab 12 Uhr, im Sommer bis 17 Uhr) Hier gibt's großartige interaktive Exponate und einen Bereich für Kleinkinder. Kids unter 16 Jahren müssen in Begleitung eines Erwachsenen sein. Das Museum befindet sich im Warehouse District/CBD.

Milton Latter Memorial Library (☑504-596-2625; www.nutrias.org; 5120 St Charles Ave; ⊙Mo & Mi 9–20, Di & Do bis 18, Sa 10–17, So 12–17 Uhr) Die Latter Memorial Library thront elegant oberhalb der Schatten spendenden Palmen der St. Charles Ave in der Uptown von New Orleans. In dem einst privaten Herrenhaus ist heute eine hübsche Bibliothek mit einer großartigen Kinderabteilung untergebracht.

Rosa Keller Library (☑504-596-2660; 4300 S Broad St; ⊙Mo–Do 10–19, Sa bis 17 Uhr) Diese Bibliothek in Broadmoor ist ein architektonisches Juwel mit riesigen Fenstern, durch die viel natürliches Licht in das Gebäude dringen kann. Es gibt eine nette Abteilung für Kinder sowie ein Café, das auch als Gemeindezentrum genutzt wird.

rend der Hauptsaison werden die Gäste mit einem hausgemachten Frühstück verwöhnt, abends werden in dem vornehmen Salon dann Wein und Käse serviert. Das schicke Studio ist noch etwas edler und moderner.

Roosevelt Hotel HOTEL **$$$**
(☑504-648-1200; www.therooseveltneworleans. com; 123 Baronne St, Warehouse District/CBD; Zi. ab 200 US$, Suite ab 290 US$; ℗@☎) Als das Roosevelt 1893 eröffnet wurde, war es mit seiner majestätischen Lobby, die sich über den gesamten Block erstreckte, das elitärste Etablissement der Stadt. In den 1930er-Jahren war Gouverneur Huey Long ein oft gesehener Gast. Nach einer akribischen, 145 Mio. US$ teuren Renovierung wurde das Hotel im Juni 2009 als Teil der Waldorf-Astoria-Kette wiedereröffnet. Die todschicken Zimmer sind mit klassischen Details ausgestattet, die besten Argumente für eine Übernachtung hier sind allerdings der Spa-Bereich, ein John-Besh-Restaurant sowie die geschichtsträchtige Sazerac Bar.

Cornstalk Hotel B&B **$$$**
(☑504-523-1515; www.cornstalkhotel.com; 915 Royal St; French Quarter; Zi. 125–250 US$; ❀☎) Hinter der berühmten gusseisernen Umzäunung steht ein elegantes, altmodisches B&B, das den Trubel der Straße vergessen lässt. Die luxuriösen, sauberen Zimmer sind Schmuckstücke, die Teppiche werden einmal im Monat gereinigt. Begrenzte Parkplätze.

Le Pavillon HISTORISCHES HOTEL **$$$**
(☑504-581-3111; www.lepavillon.com; 833 Poydras Ave, French Quarter; Zi. 160–299 US$, Suite 199–499 US$; ℗❀☎≋) Das 1907 im europäischen Stil errichtete, elegante Hotel hat eine großzügige Marmorlobby, schicke, moderne Zimmer und einen tollen Pool auf dem Dach. Die dekadenten Suiten könnten dazu verleiten, für immer hierzubleiben. Wer ein „Queen"-Zimmer bucht, sollte um eines mit Erker bitten. Parken kostet 25 US$.

Degas House HISTORISCHES HOTEL **$$$**
(☑504-821-5009; www.degashouse.com; 2306 Esplanade Ave; Zi. inkl. Frühstück ab 199 US$; ℗❀☎) Als der berühmte französische Impressionist Edgar Degas Anfang der 1870er-Jahre die Familie seiner Mutter besuchte, wohnte er in diesem 1852 im italienischen Stil erbauten Haus. Die kunstvoll gestalteten Zimmer erinnern mit Reproduktionen seiner Arbeiten und Möbeln aus jener Zeit an den Aufenthalt des Malers. Die Suiten haben Balkons und Kamine. Die günstigeren, kleinen Mansardenzimmer im Dachgeschoss dienten einst den hier wohnenden Künstlern als dringend benötigte Rückzugsorte.

✖ Essen

Louisiana hat die wohl bedeutendste einheimische kulinarische Tradition in den USA. Das liegt nicht so sehr an der (sehr hohen!) Qualität des Essens, sondern an der

Geschichte der Gerichte, die teilweise älter sind als die meisten amerikanischen Bundesstaaten. Die Einwohner von New Orleans essen nicht, um zu leben, sondern leben, um zu essen!

French Quarter

Croissant D'Or Patisserie   CAFÉ $
(617 Ursulines Ave; Backwaren 1,50–5,75 US$; ⊙ Mo & Mi–So 6.30–15 Uhr) In dieser wundervollen Patisserie beginnen viele Einwohner des Quarter ihren Tag. Einfach eine Zeitung mitbringen, Kaffee und ein Croissant bestellen und genießen! Am Eingang fällt das Emailleschild über der Tür ins Auge, auf dem „Ladies Entrance" steht, ein Überbleibsel aus voremanzipatorischen Zeiten, das heute natürlich keine Bedeutung mehr hat.

Clover Grill   DINER $
(900 Bourbon St; Hauptgerichte 3–8 US$; ⊙ 24 Std.) Ein Schwulen-Imbiss? Jawohl! Das ist schon ziemlich schräg, schließlich sieht der Laden ansonsten haargenau wie ein Diner aus den 1950er-Jahren aus. Aber es ist ein echt amerikanisches Erlebnis, wenn sich zu plärrender Diskomusik eine abgetakelte Drag-Queen und ein betrunkener Clubgänger wie Primadonnen anfauchen.

Café du Monde   CAFÉ $
(800 Decatur St; Beignets 2,14 US$; ⊙ 24 Std.; ▣) Das Café du Monde wird überschätzt, aber für alle, die dennoch hin wollen, hier die nötigen Angaben: Der Kaffee ist ordentlich, die viereckigen, mit Zucker bestreuten Beignets sind nicht immer gleich gut, und die Atmosphäre ist, nun ja, abstoßend: Gäste werden wie Nummern behandelt, man versucht, Bob und Fran zu überschreien, die gerade lautstark Jambalaya bestellen, und ein Straßenmusikant gibt eine grausige Version von John Lennons *Imagine* zum Besten. Immerhin ist der Laden durchgehend geöffnet.

Coop's   CAJUN, KREOLISCH $$
(1109 Decatur St; Hauptgerichte 8–17,50 US$; ⊙ 11–3 Uhr) Das als Kneipe verkleidete ländliche Cajun-Lokal eignet sich bestens für eine günstige, sättigende Mahlzeit. Empfehlenswerte Cajun-Köstlichkeiten sind z.B. Jambalaya mit Kaninchen und Würstchen oder rote Bohnen mit Reis. Für unter 15 US$ kann man sich hier den Magen vollschlagen.

Port of Call   BAR $$
(▣ 504 523-0120; 838 Esplanade Ave; Hauptgerichte 7–21 US$; ⊙ 11 Uhr–open end) Der Port-of-Call-Burger ist mit absoluter Sicherheit einer der allerbesten Burger, die im Rahmen einer Recherche jemals verdrückt wurden. Das Fleisch ist naturrein, saftig, und die Portionen sind gigantisch groß – ein 250-g-Burger hat hier locker den Durchmesser eines Gesichts. Nein, das ist keine Übertreibung. Auf der Speisekarte stehen zwar noch andere Gerichte, die Burger sind aber einfach der Oberhammer, und so stehen auch die Einheimischen vor dem Lokal Schlange, um einen Tisch zu ergattern (keine Reservierung).

Central Grocery   ITALIENISCH $$
(923 Decatur St; halbes/ganzes Muffuletta 7,50/ 14,50 US$; ⊙ Mo–Sa 9–17 Uhr, plus Mo–Do 6–22 Uhr) Ein sizilianischer Einwanderer erfand hier 1906 das weltberühmte *muffuletta*-Sandwich, einen runden, ausgehöhlten Brotlaib, groß wie ein Gullydeckel, gefüllt mit Schinken, Salami, Provolone und mariniertem Salat mit Oliven. Noch heute wird es hier am besten zubereitet.

Bayona   MODERN-AMERIKANISCH $$$
(▣ 504-525-4455; www.bayona.com; 430 Dauphine St; Hauptgerichte 27–32 US$; ⊙ Mo–Fr 11.30–14 & Mo–Do 18–22, Fr & Sa 18–23 Uhr) Wer sein Geld im Quarter gut investieren möchte, ist im Bayona richtig. Die Küche ist facettenreich, aber nicht chaotisch, stilvoll, aber nicht zu steif, innovativ, aber nicht abgehoben. Auf der täglich wechselnden Speisekarte finden sich Fisch, Geflügel und Wild sowie Klassiker und Tagesmenüs (jeweils etwa vier), die als verfeinerte Hausmannskost zunächst überraschen, doch dann voll und ganz überzeugen.

Galatoire's   KREOLISCH $$$
(▣ 504 525 2021; 209 Bourbon St; Hauptgerichte 17–38 US$; ⊙ Di–Sa 11.30–22, So 12–22 Uhr) Das etwas über 100 Jahre alte, geschichtsträchtige Restaurant ist eine echte Institution, in der noch bis vor Kurzem nur mit Bargeld bezahlt werden konnte. Die Vergangenheit ist hier förmlich greifbar, was nicht zuletzt an den Wänden liegt, die heute noch genau so aussehen wie damals. Die Kellner im Smoking geben gerne Auskunft darüber, was gerade besonders frisch ist. Zu den althergebrachten Köstlichkeiten und grundlegenden Klassikern zählen *Pompano Meunière*, Leber mit Bacon und Zwiebeln oder das Aushängeschild des Restaurants, Hähnchen *Clemenceau*. Als Mann sollte man sich in Schale (sprich: in ein Jackett) werfen. Das Mittagessen am Freitag (das den ganzen Tag dauert) ist eine feucht-fröhliche Angelegen-

heit, bei der sich auch die hiesige Aristokratie blicken lässt.

The Tremé

Willie Mae's Scotch House
SÜDSTAATENKÜCHE **$$**

(2401 St. Ann St; Brathähnchen 10 US$; ☺ Mo–Sa 11–19 Uhr) Das Brathähnchen im Willie Mae's ist gut. Sehr gut. Für manche ist es sogar das beste Brathähnchen der Welt. Eines ist auf jeden Fall sicher: Ein heißer Titelanwärter ist es allemal.

Dooky Chase
SÜDSTAATENKÜCHE **$$**

(☎504-821-0600;2301 Orleans Ave; Buffet 17,95 US$; ☺Di–Fr 11–15 Uhr, Fr 17–21 Uhr) Ray Charles schrieb *Early in the Morning* über das Dooky, hiesige Anführer der Bürgerrechtsbewegung nutzten den Laden in den 1960er-Jahren als inoffizielles Hauptquartier, und selbst Bush und Obama haben die gehobene, ziemlich teure Südstaatenküche bereits probiert!

Bywater

The Joint
BARBEQUE **$**

(☎504-949-3232; 701 Mazant St; Hauptgerichte 7–17 US$; ☺Mo–Sa 11.30–22 Uhr) Der Duft des geräucherten Schweinefleischs hat dieselbe Wirkung wie der Gesang der Sirenen: Der Seemann (aka Traveller) wird magisch angezogen, kommt von seinem Kurs nach Ithaka ab und steuert auf die unheilvollen Felsen eines köstlichen, fleischlastigen Todes zu (o. k., genug von griechischen Heldensagen). Zurück in der Realität angekommen, schnappt man sich Rippchen, Pulled Pork oder ein Bruststück, setzt sich mit einem Eistee hinaus in den Garten hinterm Haus und ist dankbar, dass man noch einmal mit dem Leben davongekommen ist.

Satsuma
GESUND **$**

(☎504-304-5962; 3218 Dauphine St; Frühstück & Mittagessen unter 10 US$, Hauptgerichte abends 8–16 US$; ☺7–19 Uhr) Das Satsuma ist wie die Reinkarnation des süßen Hipster-Girls mit Kleid, Ponyfrisur und Hornbrille, in das man früher heimlich verliebt war. Das Speiseangebot, das auf einer Tafel angeschrieben ist, umfasst Bio-Suppen und -Sandwiches, mediterrane Salate, Pasta, Meeresfrüchte und Lamm. Zudem gibt's Ingwer-Limeade (ein Traum an einem heißen Tag), Grafiken und Pop-Art an den Wänden – und jede Menge MacBooks. Die Tatsache, dass die Klientel hier vorwiegend aus Frauen besteht, beweist es einmal mehr: Bywater ist das neue Brooklyn.

Bacchanal
CAFÉ **$$**

(www.bacchanalwine.com; 600 Poland Ave; Käse ab 5 US$, Hauptgerichte 8–16 US$; ☺11–24 Uhr) Einfach eine Flasche Wein und dazu eine Portion Käse bestellen, den die Angestellten hinter der Theke in ein wahres Käse-Kunstwerk verwandeln, und es sich dann in dem zugewachsenen Hinterhof auf rostigen Garten- oder wackligen Faltstühlen gemütlich machen! Oft werden auch Livekonzerte gegeben. Umfassende, kreative Speisekarte. Nur Barzahlung möglich.

Maurepas Foods
AMERIKANISCH **$$**

(☎504-267-0072; 3200 Burgundy St; Hauptgerichte 7–16 US$; ☺11–24 Uhr, Mi geschl.; ☒) Das Maurepas ist nicht gerade das typische Bywater-Lokal. Hier treffen hohe Decken, ein minimalistisches Dekor, polierte Fußböden und Einrichtungsdetails aus Metall aufeinander. Das Essen? Der absolute Wahnsinn! Lecker sind vor allem das Bio-Hähnchen, das Marktgemüse und die Maisgrütze mit pochiertem Ei. Vegetarier sollten die Soba-Nudeln testen, und eigentlich jeder sollte sich mit den handgemixten Cocktails betrinken.

Elizabeth's
CAJUN, KREOLISCH **$$$**

(www.elizabethsrestaurantnola.com; 601 Gallier St; Hauptgerichte 16–26 US$; ☺Di–Sa 8–14.30 & 18–22, So 8–14.30 Uhr) Das Elizabeth's sieht auf den ersten Blick aus wie eine Spelunke. Hier mischt sich typisches Eckkneipen-Flair mit Musik, Volkskunst und verdammt gutem Essen. Dieses mag vielleicht den Eindruck erwecken, herkömmliche Standardkost zu sein, es ist jedoch genauso lecker wie die Kreationen der Haute-Cuisine-Köche der Stadt. Zu jeder Tags- und Nachtzeit sollte man unbedingt den Praline Bacon bestellen, der in braunem Zucker und – so darf zu Recht vermutet werden – magischem oder göttlichem Speiseöl angebraten wurde. Wer Steak mag, wird das geräucherte Rib-Eye-Steak lieben.

CBD & Warehouse District

Domenica
ITALIENISCH **$$**

(☎504-648-6020; 123 Baronne St; Hauptgerichte 13–30 US$; ☺11–23 Uhr; ☒) Die rustikalen Pasteten im Domenica's sind mit allerhand nichttraditionellen, aber leckeren Zutaten gefüllt, darunter feurige Lammfleischbällchen und gebratene Schweineschulter. Sie sind so üppig, dass sie alleine fast nicht zu schaffen sind. Wegen der hölzernen Refektoriumstische, der weißen Lampen und der hohen Decke fühlt man sich hier wie in einer aufgehübschten Dorftrattoria.

Butcher
CAJUN, SÜDSTAATENKÜCHE **$$**

(www.cochonbutcher.com; 930 Tchoupitoulas St; Sandwiches 9–12 US$; ⊙ Mo–Do 10–22, Fr & Sa bis 23, So bis 16 Uhr) Beim Cochon um die Ecke gibt's in dem ebenfalls von Küchenchef Donald Link betriebenen Delikatessenladen mit Bar hausgemachtes Rauchfleisch zu fairen Preisen. Zu den köstlichen Sandwich-Varianten gehören Pork-Cuban, Pulled Pork im Carolina-Stil, Cochon-Muffaletta und Buckboard-Bacon-Melt, zudem werden Pancetta-Käsemakkaroni und Speck-Pralines serviert. Hier versteht jemand sein Handwerk!

Cochon
MODERNE CAJUN-KÜCHE **$$$**

(☎504-588-2123; www.cochonrestaurant.com; 930 Tchoupitoulas St; Hauptgerichte 19–25 US$; ⊙Mo–Fr 11–22, Sa 17.30–22 Uhr) Die großartige Brasserie des mit dem James Beard Award ausgezeichneten Donald Link serviert wunderbar kreative, gehobene Südstaatenküche. Das hausgemachte Louisiana-*cochon* (innen wunderbar saftiges, außen perfekt knuspriges Pulled Pork) ist das vielleicht am besten zubereitete Schweinefleisch, das man jemals probieren wird – es sei denn, man isst hier zweimal. Man muss reservieren.

Restaurant August
KREOLISCH **$$$**

(☎504 299-9777; 301 Tchoupitoulas St; Hauptgerichte 24–45 US$; ⊙Di–Do & Sa 17–21, Fr 11–14 & 17–21 Uhr; 🖊) Das in einem umgebauten Tabaklagerhaus aus dem 19. Jh. untergebrachte August erhält den ersten Preis für den vornehmsten Speisesaal von New Orleans. Das flackernde Kerzenlicht taucht das Essen, das einen höchstwahrscheinlich von den Socken hauen wird, in ein sanftes Licht. Wer wirklich in die Vollen gehen und wie ein Kaiser speisen möchte, der gönnt sich ein privates Verkostungsdinner.

🍴 Garden District & Uptown

Dat Dog
HOTDOGS **$**

(☎504-899-6883; 5031 Freret St, Uptown; Hauptgerichte unter 8 US$; ⊙ Mo–Sa 11–22, So bis 21 Uhr; 🖊) Vom gedünsteten Würstchen über das getoastete Sauerteigbrötchen bis hin zum würzigen Belag wird in diesem kleinen Häuschen alles mit herrlicher Überschwänglichkeit zubereitet. Die Auswahl von Würstchen und Belägen ist atemberaubend. Von

Olivensalat bis zu gedünstetem Krebsfleisch ist alles zu haben. Wer seinen Hotdog gerne feurig mag, der sollte die Louisiana Hot Sausage vom nahe gelegenen Hanrahan probieren.

⭐ Boucherie
MODERNE SÜDSTAATENKÜCHE **$$**

(☎504-862-5514; www.boucherie-nola.com; 8115 Jeannette St, Uptown; große Portion 13–18 US$; ⊙Di–Sa 11–15 & 17.30–21 Uhr) Gibt es etwas Besseres als einen Krispy-Kreme-Donut? Ja, nämlich den Brotpudding der Boucherie. Der schwere Pudding wird wunderbar locker, wenn man ihn mit Honig glasiert und in Sirup taucht – eine unvergessliche Leckerei. Abends empfehlen sich die süßen, lecker gegrillten Shrimps-Maisküchlein, die wunderbar stinkigen und klebrigen Knoblauch-Parmesan-Pommes oder die geräucherte Wagyu-Rinderbrust, die einem buchstäblich auf der Zunge zergeht. Unglaublich!

Domilise's Po-Boys
KREOLISCH **$$**

(5240 Annunciation St, Uptown; Po'boys 9–15 US$; ⊙Mo–Mi & Fr 10–19, Sa 10.30–19 Uhr) In der baufälligen weißen Hütte am Fluss servieren Angestellte, die hier schon seit Jahr und Tag arbeiten, Dixie-Bier aus Wisconsin sowie einen der legendärsten Po'boys (traditionelles Louisiana-Sandwich) der Stadt. Zeit für ein gemütliches Essen ist hier nicht, und am Wochenende muss man oft mit Wartezeiten rechnen. Nur Barzahlung möglich.

Mat and Naddie's
MODERN-KREOLISCH **$$$**

(☎504-861-9600; 937 Leonidas St, Uptown; Hauptgerichte 22–29 US$; ⊙Do–Sa, Mo & Di 17.30–21.30 Uhr) In einem wundervollen Shotgun-Haus am Ufer, dessen hintere Terrasse mit Lichterketten geschmückt ist (der Weihnachtsmann lässt grüßen), bietet das M&N's eine umfangreiche, innovative, teilweise sogar exotische Speisekarte. Zu den traumhaft leckeren Kreationen zählen z. B. der Käsekuchen mit Artischocken, sonnengetrockneten Tomaten und geröstetem Knoblauch (mmh!), in Sherry marinierte, gegrillte Wachtel mit Waffeln oder die Süßkartoffel-Pie mit Pekannuss. Hier ist höchste Qualität mit einem Schuss Schrulligkeit abgeschmeckt.

Commander's Palace
MODERN- KREOLISCH **$$$**

(☎504-899-8221; 1403 Washington Ave, Garden District; Hauptgerichte abends 28–45 US$; ⊙Mo–Fr 11.30–14 & 18.30–22, Sa 11.30–13 & 18.30–22, So 10.30–13.30 Uhr) Es ist kein Zufall, dass einige der bekanntesten Köche der Stadt und sogar des ganzen Landes (Paul Prudhomme, Eme-

VOM MEKONG ZUM MISSISSIPPI

Nach Ende des Vietnamkriegs flohen Tausende Südvietnamesen in die USA und ließen sich in Südkalifornien, Boston, rund um Washington, D.C., und in New Orleans nieder. Letzteres mag zunächst vielleicht überraschen, man muss aber bedenken, dass die Mehrzahl dieser Flüchtlinge Katholiken waren und die katholische Gemeinde von New Orleans – eine der größten im ganzen Land – aktiv an der Organisation der Eingliederung der Flüchtlinge mithalf. Zudem fühlten sich die Neuankömmlinge sicher auch aufgrund des subtropischen Klimas, der Reisfelder und der flachen Feuchtgebiete hier zumindest in geographischer Hinsicht wohl. Für einen Südostasiaten mag das Mississippi-Delta wenigstens eine Ähnlichkeit mit dem Mekong-Delta gehabt haben.

Restaurants

Die beste Möglichkeit, sich mit der hiesigen vietnamesischen Kultur vertraut zu machen, ist es, sich ihren köstlichen, kulinarischen Errungenschaften hinzugeben. Folgende Optionen finden sich alle in den Vororten Gretna oder New Orleans East.

Pho Tau Bay (☑ 504 368 9846; 113 Westbank Expwy, Gretna; Hauptgerichte unter 10 US$; ⏲ Mo–Mi, Fr & Sa 9–20.30 Uhr) Fantastische Varianten vietnamesischer Hauptgerichte und eine der besten *pho* (Reisnudelsuppen) im Großraum New Orleans.

Dong Phuong Oriental Bakery (☑ 504 254 0214; 14207 Chef Menteur Hwy, New Orleans East; Hauptgerichte unter 10 US$) Hier gibt's das leckerste *banh mi* (vietnamesisches Sandwich mit Schweinefleischstückchen, Gurke, Koriander und anderen Köstlichkeiten, in Nola auch „vietnamesischer Po'boy" genannt) der Gegend sowie einen köstlichen Duriankuchen.

Tan Dinh (☑ 504 361 8008; 2005 Belle Chasse Hwy, Gretna; Hauptgerichte 8–15 US$; ⏲ Mo & Mi–Fr 9.30–21, Sa 9–21, So 8–21 Uhr) Es kann mit Fug und Recht behauptet werden, dass das Tan Dinh eines der besten Restaurants im Großraum New Orleans ist. Die Chicken Wings mit Kräuterbutter werden so bestimmt auch im Himmel serviert, und die koreanischen Short Ribs lassen einem das Wasser im Mund zusammenlaufen. Die erstklassigen *pho* können problemlos mit denen des PhoTau Bay mithalten.

Märkte

Auf keinen Fall sollte man sich die hiesigen Märkte entgehen lassen.

Hong Kong Food Market (☑ 394-7075; 925 Behrman Highway, Gretna; ⏲ 8–21 Uhr) Der Hong Kong Food Market ist ein asiatischer Lebensmittelmarkt, der auch von zahlreichen Chinesen und Filipinos genutzt wird; der wichtigste Kundenstamm besteht jedoch aus Vietnamesen.

Vietnamese Farmers' Market (☑ 394-7075; 14401 Alcee Fortier Blvd, New Orleans East; ⏲ 6–9 Uhr) Dieser Bauernmark kommt dem geschäftigen Treiben in Ho-Chi-Minh-Stadt an einem Samstagmorgen noch am nächsten (da sie Flüchtlinge aus dem Süden des Landes sind, nennen viele der hier lebenden Vietnamesen die Stadt übrigens immer noch Saigon). Wegen der Frauen mit den *non la* (kegelförmige Strohhüte), die bei ihren frischen, traumhaft duftenden Waren hocken, wird der Markt auch „Squat Market" (von *squat*, engl. für „hocken") genannt.

ril Lagasse) ihre Karriere in der Küche dieser herausragenden Grande Dame von New Orleans mitten im wunderschönen Garden District begonnen haben. Dieser ausgezeichnete Pfeiler kreolischer Küche profitiert nicht zuletzt von dem sachkundigen, freundlichen Service. Mittags gibt's Martini (0,25 US$) sowie die Spezialität des Hauses: Schildkrötensuppe. Für den Restaurantbesuch sind keine kurzen Hosen erlaubt.

 Ausgehen

New Orleans ist große Klasse in Sachen Ausgehen, von der Bourbon St sollte man sich allerdings fernhalten und stattdessen die verschiedenen Viertel aufsuchen, wo einige der besten Bars der USA zu finden sind.

Die meisten Bars haben jeden Tag geöffnet, viele bereits gegen Mittag. Richtig los geht's um etwa 22 Uhr; geschlossen wird oft erst in den frühen Morgenstunden. Wenn nicht gerade Livemusik gespielt wird, ist der Eintritt frei. Es ist verboten, alkoholische Getränke in offenen Glasbehältern auf der Straße mitzuführen, weshalb in den Bars Plastikbecher ausgegeben werden, wenn man mit seinem Getränk weiterziehen will.

Tonique   BAR
(www.bartonique.com; 820 N Rampart St, French Quater) Wer sich einen Drink im Quarter (zumindest an dessen Peripherie) genehmigen möchte, ist in dieser professionellen Cocktail-Bar an der richtigen Adresse. Coole Nachtschwärmer genießen hier den wohl besten Sazerac der Stadt.

Mimi's in the Marigny   BAR
(2601 Royal St, Faubourg Marigny; ☺ bis 5 Uhr) In der wunderbaren zweistöckigen Bar (Billard unten, Musik oben) werden exzellente spanische Tapas (5–8 US$) serviert. Der Laden versprüht die lässige Atmosphäre einer Nachbarschaftskneipe.

St. Joe's   BAR
(5535 Magazine St, Uptown) Einladende, religiös angehauchte Bar in der Uptown mit leckeren Heidelbeer-Mojitos (Gott sei gepriesen!), coolem Hinterhof und freundlichem Ambiente.

R Bar   BAR
(1431 Royal St, Marigny) Eine Mischung aus Kneipe und Nachbarschaftstreff; ein Bier mit Schnaps kostet 5 US$.

☆ Unterhaltung

Was wäre New Orleans ohne die ortstypische Livemusik? Am Wochenende ist fast immer für jeden Geschmack etwas dabei – Jazz, Blues, Brassbands, Country, Dixieland, Zydeco (Cajun-Tanzmusik), Rock oder Cajun. Tagsüber kann man oft kostenlos den Auftritten lauschen. Veranstaltungshinweise findet man im *Gambit* (www.bestofnewloreans.com), *Offbeat* (www.offbeat.com) oder auf www.nolafunguide.com.

Spotted Cat   LIVEMUSIK
(www.spottedcatmusicclub.com; 623 Frenchmen St, Faubourg Marigny) Retro-Coolness durchdringt die tolle Bar in der Frenchman St, die aus der Fernsehserie *Tremé* bekannt ist. Jeden Abend gibt's Hipster-Jazz, Eintritt wird nur für spezielle Veranstaltungen verlangt.

Three Muses   JAZZ
(www.thethreemuses.com; 536 Frenchmen St, Marigny; ☺ Mi, Do, So & Mo 16–22, Fr & Sa bis 2 Uhr)

Dem Three Muses ist die Kombination von exzellentem Soundtrack und Gourmetküche gelungen. Zudem ist die Atmosphäre hier persönlicher als in den anderen Locations in der Frenchmen St. Zwischen den Auftritten und den verschiedenen Gängen gibt's tolle Kunst von Künstlern aus der Umgebung zu bestaunen. Guter Ort, um in den Abend zu starten!

AllWays Lounge   THEATER
(☎ 504-218-5778; 2240 St Claude Ave, Marigny) In einer Stadt voller flippiger Musik-Locations hebt sich dieses Theater dadurch hervor, dass es das flippigste von allen ist. An jedem einzelnen Abend der Woche gibt es hier experimentelles Gitarrenspiel, örtliche Schauspielkunst, Thrash-Rock oder eine groovige 1960er-Danceparty. Auch nicht ganz unwichtig: Die Getränke sind superbillig.

Chickie Wah Wah   LIVEMUSIK
(☎ 504-304-4714; www.chickiewahwah.com; 2828 Canal St, Mid-City; ☺ Show gegen 20 Uhr) Obwohl das Chickie Wah Wah an einem der unscheinbarsten Abschnitte der Canal St liegt, ist es doch ein großartiger Jazzclub. Hier treten in gemütlicher Atmosphäre einige bekanntere Namen wie John Mooney, Jolly House und Papa Mali auf. Da scheint das French Quarter Welten entfernt zu sein.

Tipitina's   LIVEMUSIK
(www.tipitinas.com; 501 Napoleon Ave, Uptown) In dem legendären Club in der Uptown trifft sich stets ein munteres Publikum. Das Musikmekka hatte neben örtlichen Größen des Jazz, Blues, Soul und Funk auch internationale tourende Bands zu Gast.

Rock & Bowl   LIVEMUSIK
(☎ 504-861-1700; www.rockandbowl.com; 3000 S Carrollton Ave, Mid-City; ☺ 17 Uhr–open end, Mi–Sa Livemusik; ♿) Ein Abend im Rock & Bowl gehört zum authentischen New-Orleans-Erlebnis auf jeden Fall dazu. Der Club ist eine seltsame, aber wunderbare Mischung aus Bowlingbahn, Delikatessengeschäft und einer riesigen Livemusik- und Tanz-Location. Die Gäste kommen sowohl wegen des Bowlings als auch aufgrund der authentischen New-Orleans-Roots-Musik hierher. Die Zydeco-Vorführungen am Donnerstagabend sind der Hammer.

Snug Harbor   JAZZ
(www.snugjazz.com; 626 Frenchmen St, Marigny) Im Marigny. Der beste Veranstaltungsort für zeitgenössischen Jazz hat immer erst-

klassige Musik und viele interessante Shows im Programm. Wer sich den Eintritt für die Auftritte (15–25 US$) sparen möchte, kann das Ganze unten in der Bar auf sich wirken lassen.

Preservation Hall
JAZZ

(www.preservationhall.com; 726 St Peter St; French Quarter; Eintritt 15 US$; ⊙ 20–23 Uhr) Als gutes Museum für traditionellen Jazz und Dixieland ist die Preservation Hall eine echte Pilgerstätte. Aber wie bei vielen Andachtsstätten müssen die Gläubigen auch hier Opfer bringen: Es gibt keine Klimaanlage, die Zahl der Plätze ist begrenzt, und Erfrischungen gibt's auch nicht – man darf Wasser mitbringen, das war's aber auch schon.

 Shoppen

Magazine Antique Mall
ANTIQUITÄTEN

(☎ 504 896 9994; 3017 Magazine St, Uptown; ⊙ Mo–Sa 10.30–17.30, So ab 12 Uhr) Wer viel und gerne herumstöbert, der wird in den etwa zwölf Läden hier sicher fündig werden, in denen unabhängige Händler eine beeindruckende Vielfalt antiken Allerleis anbieten.

Maple Street Book Shop
BUCHLADEN

(www.maplestreetbookshop.com; 7523 Maple St; ⊙ Mo–Sa 9–19, So 11–17 Uhr) Wichtiger unabhängiger Buchladen in der Uptown mit angeschlossenem Geschäft für Secondhand-Bücher direkt daneben.

ⓘ Praktische Informationen

GEFAHREN & ÄRGERNISSE

In New Orleans geschehen viele Gewaltverbrechen, und die sicheren Viertel liegen dicht an dicht mit den Ghettos. Zu Fuß sollte man nicht zu weit nördlich von Faubourg Marigny und Bywater unterwegs sein (am besten nur bis zur St. Claude Ave vorwagen!); auch südlich der Magazine St (vor allem hinter der Laurel St) und zu weit nördlich der Rampart St (Lakeside) vom French Quarter in Richtung Tremé ist es nicht gerade sicher. Am besten hält man sich an Orten auf, wo viele Menschen sind, vor allem nachts, und nimmt nach Einbruch der Dunkelheit ein Taxi. Im Quarter werden Touristen oft von Strichern angesprochen – einfach ignorieren und weitergehen! Dennoch besteht kein Grund, paranoid zu werden. Wie auch anderswo ereignen sich Gewaltverbrechen meistens unter Leuten, die sich kennen.

INFOS IM INTERNET & MEDIEN

Gambit Weekly (www.bestofneworleans.com) Kostenloses Wochenblatt zu Musik, Kultur und Politik mit Kleinanzeigen.

Offbeat Magazine (www.offbeat.com) Gratis-Monatsblatt, das auf Musik spezialisiert ist. **WWOZ 90.7 FM** (www.wwoz.org) Spielt u. a. Musik aus Louisiana.

INTERNETZUGANG

Eine recht gute WLAN-Abdeckung gibt's im CBD, im French Quarter, im Garden und im Lower Garden District und in der Uptown. Auch fast jedes Café in der Stadt hat WLAN. Mit Ausweis kann man in den Bibliotheken kostenlos ins Netz.

MEDIZINISCHE VERSORGUNG

Tulane University Medical Center (☎ 504-988-5800; http://tulanehealthcare.com; 1415 Tulane Ave; ⊙ 24 Std.) Liegt im CBD und hat eine Notaufnahme.

POST

Post Lafayette Sq (610 S Maestri Pl Lafayette Sq; ⊙ Mo–Fr 8.30–16.30 Uhr); Hauptpost (701 Loyola Ave; ⊙ Mo–Fr 7–19, Sa 8–16 Uhr) Briefe mit der Adresse „General Delivery, New Orleans, LA 70112" landen bei der Hauptpost in der 701 Loyola Ave. Seit Katrina werden Briefkästen in abgelegenen Gegenden nicht immer zuverlässig geleert.

TOURISTENINFORMATION

Die offizielle städtische Website für Besucher lautet www.neworleansonline.com.

Jean Lafitte National Historic Park and Preserve Visitor Center (☎ 504-589-2636; www.nps.gov/jela; 419 Decatur St, French Quarter; ⊙ 9–17 Uhr) Wird vom NPS betrieben und bietet Ausstellungen zur Lokalgeschichte, Stadtführungen und täglich Livemusik.

Basin St. Visitor's Center (☎ 504-293-2600; www.neworleanscvb.com; 501 Basin St, French Quarter; ⊙ 9–17 Uhr) Die interaktive Touristeninformation ist im ehemaligen Frachtzentrum der Southern Railway untergebracht und hält jede Menge nützliche Infos und Karten sowie einen Film bereit, der einen historischen Überblick zeigt; zudem zeigt es eine kleine Eisenbahnausstellung.

ⓘ An- & Weiterreise

Der **Louis Armstrong New Orleans International Airport** (MSY; www.flymsy.com; 900 Airline Hwy) 11 Meilen (18 km) westlich der Stadt wickelt hauptsächlich Inlandsflüge ab.

Im **Union Passenger Terminal** (☎ 504-299-1880; 1001 Loyola Ave) ist der Sitz von **Greyhound** (☎ 504-525-6075; ⊙ 5.15–13 & 14.30–18 Uhr); regelmäßig fahren Busse nach Baton Rouge (2 Std.), Memphis, TN (11 Std.) und Atlanta, GA (84–106 US$, 12 Std.). **Amtrak** (☎ 504-528-1610; ⊙ Ticketverkauf 5.45–22 Uhr) nutzt ebenfalls das Union Passenger Terminal; die Züge fahren nach Jackson, MS, Memphis, TN,

Chicago, IL, Birmingham, AL, Atlanta, GA, Washington, D.C., New York City, Los Angeles, CA, und Miami, FL.

❶ Unterwegs vor Ort

AUTO & MOTORRAD

Um die Viertel jenseits des Quarter zu erkunden, bietet sich ein Auto an; allerdings gestaltet sich die Parkplatzsuche schwierig. In Parkhäusern zahlt man rund 13 US$ für die ersten drei Stunden und 30 bis 35 US$ für 24 Stunden.

VOM/ZUM FLUGHAFEN

Es gibt Infoschalter an den Terminals A und B auf dem Flughafen. Der **Airport Shuttle** (☑ 866-596-2699; www.airportshuttleneworleans.com; einfache Strecke 20 US$) fährt zu den Hotels in der Innenstadt. **Jefferson Transit** (☑ 504-364-3450; www.jeffersontransit.org; Erw. 2 US$) betreibt die Airport Route E2. Der Bus nimmt Passagiere vor Eingang 7 im Obergeschoss des Flughafens auf, hält am Airline Hwy (Hwy 61) auf dem Weg in die Stadt und endet an der Ecke Tulane Ave/Loyola Ave. Nach 19 Uhr fährt der Bus nur bis zur Kreuzung Tulane Ave/Carrollton Ave in Mid-City; von dort muss man 8 km durch eine heruntergekommene Gegend marschieren, bis man ins CBD kommt, wo man in einen Bus der Regional Transit Authority (RTA) umsteigen kann – bestenfalls eine sehr umständliche Angelegenheit, vor allem wenn man Gepäck mit sich herumschleppt.

Taxifahrten in die Innenstadt kosten 34 US$ für eine oder zwei Personen, für jeden zusätzlichen Mitfahrer werden noch 14 US$ extra berechnet.

ÖFFENTLICHE VERKEHRSMITTEL

Die **Regional Transit Authority** (RTA; www.norta.com) betreibt das lokale Busnetz. Die Preise für Busse und Straßenbahnen (Streetcars) liegen bei 1,25 US$, zu denen beim Umsteigen noch 0,25 US$ kommen; Expressbusfahrten kosten 1,50 US$. Man muss den Fahrpreis passend zahlen. Für RTA Visitor Passes werden für einen bzw. drei Tage 5 bzw. 12 US$ fällig.

Die RTA hat auch drei Straßenbahnlinien (einfache Strecke 1,25 US$, Tagespass 3 US$; genaues Wechselgeld parat haben!). Die historische St.-Charles-Straßenbahn fährt aufgrund der durch den Hurrikan verursachten Schäden am Gleisbett in Uptown nur eine kurze Schleife im CBD. Die Canal-Straßenbahn bedient die Strecke die Canal St hinauf zum City Park und hat eine Nebenstrecke in der Carrollton Ave. Die Riverfront-Route führt 3,2 km den Fluss entlang, von der Old US Mint über die Canal St bis zum flussaufwärts gelegenen Convention Center und wieder zurück.

Taxis werden von **United Cabs** (☑ 504-522-9771; www.unitedcabs.com) betrieben.

Fahrräder verleiht **Bicycle Michael's** (☑ 504-945-9505; www.bicyclemichaels.com; 622 Frenchmen St, Faubourg Marigny; 35 US$/Tag; ☉ Mo, Di & Do–Sa 10–19, So bis 17 Uhr).

Rund um New Orleans

Wer das wilde, bunte New Orleans verlässt, findet sich urplötzlich in einer Welt aus Sümpfen, Bayous, Plantagenherrenhäusern aus der Antebellum-Ära, entspannten Dörfern, endlos großen Schlafstädten und Einkaufsstraßen wieder.

Barataria Preserve

Dieser Abschnitt des **Jean Lafitte National Historical Park & Preserve** südlich von New Orleans liegt unweit der Ortschaft Marrero und bildet den einfachsten Zugang zu dem dichten Sumpfland, das Louisianas Hauptstadt umgibt. Die 13 km an Bohlenwegen sind eine tolle Möglichkeit, die üppigen, fruchtbaren Sümpfe zu erforschen und dabei Alligatoren und andere faszinierende Tiere und Pflanzen zu beobachten. In dem Schutzgebiet leben z.B. Alligatoren, Biberratten (riesige eingeschleppte Ratten), Baumfrösche und Hunderte Vogelarten. Es lohnt sich auf jeden Fall, an einem von Rangern geführten Spaziergang teilzunehmen, bei dem man etwas über die vielen Ökosysteme erfährt, die gemeinhin als „Feuchtgebiete" zusammengefasst werden.

Am **NPS Visitors Center** (☑ 504-589-2330; www.nps.gov/jela; Hwy 3134; ☉ 9–17 Uhr; ♿) GRATIS 1 Meile (1,6 km) westlich des Hwy 45 nahe dem Barataria Blvd Exit, kann man eine Karte mitnehmen oder sich einer geführten Wanderung oder Kanufahrt anschließen (meistens samstagvormittags und jeden Monat zur Vollmondnacht; vorab telefonisch reservieren!). Kanus oder Kajaks für die Teilnahme an einer Tour oder zum Paddeln auf eigene Faust verleiht das etwa 3 Meilen (4,8 km) vom Parkeingang entfernte **Bayou Barn** (☑ 504-689-2663; http://bayoubarn.com; 7145 Barataria Blvd; Kanu 20 US$/Pers., Einerkajak 25 US$/Tag; ☉ Do–So 10–18 Uhr).

Nordufer

Das Nordufer des **Lake Pontchartrain** ist von Trabantenstädten gesäumt, nördlich von Mandeville liegt aber das idyllische Örtchen **Abita Springs**, das im späten 19. Jh. wegen seiner Heilquellen beliebt war. Das Wasser sprudelt zwar auch heute noch aus dem Brunnen in der Ortsmitte, die wichtigste Attraktion in Verbindung mit Flüssigkeiten ist mittlerweile aber das **Abita Brew Pub** (☎ 985-892-5837; www.abitabrewpub. com; 7201 Holly St; ⊗ Di–Do 11–21, Fr & Sa bis 22 Uhr, Mo geschl.). Hier können die zahlreichen Abita-Biersorten probiert werden, die 1 Meile (1,6 km) westlich des Ortes in der **Abita Brewery** (www.abita.com; 166 Barbee Rd; Führung frei; ⊗ Führung Mi–Fr 14, Sa 11, 12, 13 & 14 Uhr) produziert werden.

Der 50 km lange **Tammany Trace Trail** (www.tammanytrace.org) verbindet die Orte am Nordufer miteinander und beginnt in Covington. Er verläuft weiter durch Abita Springs und den **Fontainebleau State Park**, der in der Nähe von Mandeville direkt am See liegt; Endpunkt ist Slidell. Die umfunktionierte alte Bahntrasse bietet sich für eine nette Radtour an, bei der man die Zentren aller Ortschaften passiert. In Lacombe, etwa 9 Meilen (14,5 km) östlich von Mandeville, können bei **Bayou Adventures** (☎ 985-882-9208; www.bayouadventure.com; 27725 Main St, Lacombe; Fahrrad pro Std./Tag 8/25 US$, 1er-/2er-Kajak pro Tag 35/50 US$; ⊗ 5–18 Uhr) Fahrräder und Kajaks geliehen werden.

River Road

Prächtige Plantagenherrenhäuser sprenkeln das Ost- und Westufer des Mississippi zwischen New Orleans und Baton Rouge. Mithilfe der Plantagen wurde großer Reichtum erwirtschaftet, zunächst mit Indigo, dann mit Baumwolle und Zuckerrohr; viele sind für die Öffentlichkeit zugänglich. Die meisten Führungen behandeln das Leben der Plantagenbesitzer, die restaurierten Gebäude und die kunstvollen Gärten des Antebellum-Louisiana.

⊙ Sehenswertes

Laura Plantation   PLANTAGE
(www.lauraplantation.com; 2247 Hwy 18, Vacherie; Erw./Kind 20/6 US$; ⊗ 10–16 Uhr) Die Laura Plantation am Westufer des Sees in Vacherie bietet unter all den River-Road-Plantagen die anschaulichste und informativste Führung an. Die beliebte Tour wird ständig weiterentwickelt und arbeitet die Unterschiede im Leben der Kreolen, Angloamerikaner sowie der freien und unfreien Afroamerikaner in der Antebellum-Ära heraus. Dies geschieht durch gründliche Nachforschungen und anhand schriftlicher Zeugnisse von kreolischen Frauen, welche die Plantage über Generationen hinweg führten. Auch Laura selbst ist faszinierend. Das kreolische Herrenhaus wurde nicht von Angloamerikanern, sondern von einer aus Europa stammenden Elite gegründet und unterhalten. Die kulturellen und architektonischen Unterschiede zwischen dieser Plantage und den anderen sind offensichtlich und beeindruckend.

Oak Alley Plantation   PLANTAGE
(www.oakalleyplantation.com; 3645 Hwy 18, Vacherie; Erw./Kind 20/7,50 US$; ⊗ 9–16.40 Uhr) Der bemerkenswerteste Aspekt der Oak Alley Plantation ist ihr Blätterdach, das 28 majestätische Lebenseichen bilden, die die Auffahrt zu dem prächtigen Greek-Revival-Herrenhaus säumen. Der Anblick lässt sich noch besser mit einem frischen Minz-Julep genießen. Die Führung ist recht steif, es gibt aber Gäste-Cottages (145–200 US$) sowie ein Restaurant.

River Road African American Museum   MUSEUM
(www.africanamericanmuseum.org; 406 Charles St, Donaldsonville; Eintritt 5 US$; ⊗ Mi–Sa 10–17, So 13–17 Uhr) Egal welche Plantagentour man mitmacht, abrunden sollte man sie unbedingt mit einem Besuch im River Road African American Museum 25 Meilen (40 km) von Vacherie entfernt in Donaldsonville. Das tolle Museum erinnert an die bedeutende Geschichte der Afroamerikaner in den ländlichen Gemeinden entlang des Mississippi und geht auf die Free People of Color (die „freien Farbigen") ein, eine einzigartige gesellschaftspolitische Bevölkerungsgruppe in Louisiana, die für die kulturelle Entwicklung des Bundesstaates von großer Bedeutung war. Führungen nur nach Vereinbarung.

Baton Rouge

Als französische Entdeckungsreisende 1699 auf einen rot gefärbten Pfosten aus Zypressenholz stießen, den die Bayagoulas- und Houma-Indianer in den Boden gerammt hatten, um ihre Jagdgründe abzugrenzen, nannten sie die Gegend kurzerhand Baton Rouge („roter Stab"). Dieser eine Pfosten ist im Lauf der Zeit ganz schön gewuchert: Baton Rouge ist heute ein weitläufiges Chaos, das sich in alle Richtungen ausbreitet. Besucher der Hauptstadt Louisianas kommen hauptsächlich wegen der Louisiana State University (LSU) und der Southern University hierher; Letztere war einst die größte rein afroamerikanische Universität des Landes.

◉ Sehenswertes & Aktivitäten

Louisiana State Capitol HISTORISCHES GEBÄUDE
(⊙Di–Sa 9–16 Uhr) GRATIS Der über der Stadt thronende Art-déco-Wolkenkratzer wurde auf dem Höhepunkt der Weltwirtschaftskrise (1929) für 5 Mio. US$ erbaut und ist die auffälligste Hinterlassenschaft des populistischen Gouverneurs „Kingfish" Huey Long. Die **Aussichtsplattform** im 27. Stock bietet einen atemberaubenden Ausblick, und die prunkvolle Eingangshalle ist nicht weniger beeindruckend. Jede Stunde finden kostenlose Führungen statt.

Louisiana Arts & Science Museum MUSEUM
(www.lasm.org; 100 S River Rd; Erw./Kind 7,25/6,25 US$, mit Planetarium-Show 9/8 US$; ⊙Di–Fr 10–15, Sa bis 17, So 13–16 Uhr; 🖮) Das Museum zeigt interessante Installationen zu Kunst und Naturgeschichte sowie Planetarium-Shows. Wer ein bisschen Bewegung braucht, kann sich auf dem hübschen **Fuß- bzw. Fahrradweg** am Mississippi die Beine vertreten. Er führt über 4 km von der Uferpromenade der Innenstadt bis zur LSU.

Old State Capitol HISTORISCHES GEBÄUDE
(☑225-342-0500; www.louisianaoldstatecapitol. org; 100 North Blvd; ⊙Di–Sa 9–16 Uhr) GRATIS Das neugotische Bauwerk erinnert nicht nur an ein Märchenschloss, es ist zu allem Überfluss auch noch rosarot – ein klares Anzeichen dafür, wie exzentrisch die Regierung des Bundesstaates mitunter sein kann. Heute ist hier eine Ausstellung über die bewegte politische Vergangenheit Louisianas untergebracht.

LSU Museum of Art MUSEUM
(LSUMOA; www.lsumoa.com; 100 Lafayette St; Erw./Kind 5 US$/frei; ⊙Di–Sa 10–17, Do bis 20, So 13–17 Uhr) Das LSUMOA ist im Shaw Center untergebracht, einem Gebäude mit klaren geometrischen Formen, das ebenso beeindruckend ist wie das Museum selbst. In den Galerien wird eine Dauerausstellung mit über 5000 Werken gezeigt, und in temporären kuratierten Ausstellungen werden das künstlerische Erbe der Region und zeitgenössische Strömungen ergründet.

Rural Life Museum MUSEUM
(☑225-765-2437; 4560 Essen Ln; Erw./Kind 7/6 US$; ⊙8–17 Uhr; 🅿🖮) Ein Besuch in diesem Freiluftmuseum ist ein Ausflug in die Architektur, das Arbeitsleben und die Traditionen des ländlichen Louisiana. Auf dem Gelände liegen zahlreiche einfache Gebäude verstreut, und die Ausstellungen malen das harte Leben auf dem Land, das den Bundesstaat aufgebaut hat, nicht schön, sondern sind erfrischend ehrlich und informativ.

Dixie Landin & Blue Bayou VERGNÜGUNGSPARK
(☑225-753-3333; www.bluebayou.com; 18142 Perkins Rd; Erw./Kind 37/30 US$; 🖮) Gleich östlich der Stadt an der I-10 und der Highland Rd liegen der bei Kindern beliebte Vergnügungs- und der Wasserpark; die Öffnungszeiten stehen auf der Website.

🛏 Schlafen & Essen

Stockade Bed & Breakfast B&B $$$
(☑88-900-5430, 225-769-7358; www.thestockade. com; 8860 Highland Rd; Zi. inkl. Frühstück 135–215 US$; 🅿❄🖮) Kettenhotels säumen die I-10, doch das wunderbare B&B mit fünf geräumigen, gemütlichen und eleganten Zimmern verspricht einen sehr viel netteren Aufenthalt. Es liegt 3,5 Meilen (5 km) südöstlich der LSU, nur einen Katzensprung von mehreren großartigen Restaurants der Gegend entfernt. Am Wochenende, besonders in der Footballsaison, sollte man reserviert haben.

Schlittz & Giggles BAR, PIZZERIA $$
(www.schlittz.com; 301 3rd St; Pizza 10–22 US$; ⊙Mo–Do 11–24, Fr–So bis 3 Uhr; 🖮) Das Essen lässt den seltsamen Namen der Pizzeria und Bar in der Innenstadt vergessen. Studenten lassen sich die knusprig dünnen Pizzastücke (3–3,50 US$) und fabelhaften Paninis schmecken, während sich in der Bar ältere Einheimische treffen.

Buzz Café CAFÉ $
(www.thebuzzcafe.org; 340 Florida St; Gerichte 7–9 US$; ⊙Mo–Fr 7.30–14 Uhr; 🖮) Das flippige Café ist in einem historischen Gebäude untergebracht und serviert wunderbaren Kaffee, originelle Wraps und Sandwiches.

☆ Unterhaltung

Varsity Theatre LIVEMUSIK
(☑22-383-7018; www.varsitytheatre.com; 3353 Highland Rd; ⊙20–2 Uhr) Im Varsity vor den Toren der LSU wird auch oft werktags abends Livemusik gespielt. Im zugehörigen Restaurant lässt sich ein lautes studentisches Publikum die große Bierauswahl schmecken.

Boudreaux and Thiboudeaux LIVEMUSIK
(☑225-636-2442; www.bandtlive.com; 214 3rd St) In diesem Laden in der Downtown, der seinen Namen einem *Dumm und Dümmer*-Duo der klassischen Cajun-Comedy ver-

dankt, wird donnerstags bis samstags Live-musik geboten. Im Obergeschoss gibt's eine tolle Terrassenbar.

❶ Praktische Informationen

Visitor Center (☑ 225-383-1825, 800-527-6843; www.visitbatonrouge.com; 359 3rd St; ⊙ 8–17 Uhr) Die Zweigstelle in der Innenstadt gibt Stadtpläne, Broschüren zu lokalen Attraktionen und Veranstaltungskalender aus.

Capital Park Welcome Center (☑ 225-219-1200; www.louisianatravel.com; 702 River Rd N; ⊙ 8–16.30 Uhr) Dieses Besucherzentrum nahe dem Visitor Center hat ein noch größeres Angebot.

❶ Anreise & Unterwegs vor Ort

Baton Rouge liegt 80 Meilen (128 km) westlich von New Orleans an der I-10. Der **Baton Rouge Metropolitan Airport** (BTR; www.flybtr.com) befindet sich nördlich der Stadt abseits der I-110. Da New Orleans nur etwa eineinhalb Stunden entfernt liegt, kann man, sofern man sowieso ein Auto mieten wollte, auch hierher fliegen. Busse von **Greyhound** (☑ 225-383-3811; 1253 Florida Blvd, an der N 12th St) fahren regelmäßig nach New Orleans, Lafayette und Atlanta, Georgia. Für die Stadtbusse ist das **Capitol Area Transit System** (CATS; ☑ 225-389-8282; www.brcats. com) zuständig.

St. Francisville

Das üppig grüne St. Francisville ist mit seinen historischen Häusern, künstlerisch angehauchten Läden und den Outdoor-Optionen in den nahe gelegenen Tunica Hills (ja genau: Hügel in Louisiana!) eine vollkommene, kleine, unkonventionelle Südstaatenstadt. In den zehn Jahren vor dem Bürgerkrieg lebten hier reiche Plantagenbesitzer, und viele ihrer Herrenhäuser sind bis heute erhalten.

◉ Sehenswertes & Aktivitäten

Bei einem Spaziergang entlang der historischen **Royal St** lassen sich die in Wohnhäuser umgebauten Gebäude und Villen aus der Antebellum-Ära bewundern. Im Visitor Center gibt es Broschüren zu Touren in Eigenregie.

Myrtles Plantation HISTORISCHES GEBÄUDE
(☑ 225-635-6277, 800-809-0565; www.myrtles plantation.com; 7747 US Hwy 61 N; ⊙ 9–16.30 Uhr, Führungen Fr & Sa 18, 19 & 20 Uhr) Das B&B ist besonders bemerkenswert, denn hier soll es spuken – aus zweiter Hand wurde uns bestätigt, dass da was dran sein soll. An den

Wochenenden werden denn auch abends Mystery Tours (nach Reservierung) angeboten. Es könnte also ganz lustig sein, in einem der Zimmer (ab 115 US$) Kontakt mit dem Jenseits aufzunehmen.

Oakley Plantation & Audubon State Historic Site HISTORISCHE STÄTTE
(☑ 225 342 8111; www.crt.state.la.us; 11788 Hwy 965; Eintritt 2 US$; ⊙ 9–17 Uhr) Außerhalb von St. Francisville liegt die Oakley Plantation & Audubon State Historic Site. John James Audubon kam 1821 als Privatlehrer für die Tochter des Besitzers hierher. Die Stelle hatte er nur vier Monate inne (und sein Zimmer war ganz schön spartanisch ausgestattet). Er und sein Assistent fertigten 32 Gemälde von Vögeln an, die sie in den Wäldern rund um die Plantage fanden. Zur Ausstattung des kleinen, im Stil der karibischen Inseln erbauten Hauses von 1806 zählen auch einige originale Audubon-Drucke.

Mary Ann Brown Preserve NATURSCHUTZGEBIET
(☑ 225-338-1040; 13515 Hwyy 965; ⊙ Sonnenaufgang–Sonnenuntergang) Das von der Nature Conservancy betriebene Mary Ann Brown Preserve umfasst Buchenwälder, dunkle Feuchtgebiete und einen Teil des niedrigen, von Lehmböden geprägten Hügellands der Tunica Hills. Ein 3,2 km langes Netzwerk aus Spazier- und Bohlenwegen durchzieht den Wald, durch den schon John James Audubon streifte, als er mit der Arbeit zu *Birds of America* begann.

🛏 Schlafen & Essen

Shadetree Inn Bed and Breakfast B&B **$$**
(☑ 225-635-6116; www.shadetreeinn.com; Ecke Royal St & Ferdinand St; Zi. ab 165 US$; P ✳ 🛜) Am Rand des historischen Viertels und eines Vogelschutzgebiets. Das wunderbar gemütliche B&B wartet mit einem prachtvollen, mit Blumen übersäten Garten voller Hängematten und mit geräumigen Zimmern in rustikalem Schick auf. Das kontinentale Deluxe-Frühstück, das man sich im Zimmer servieren lassen kann, ist – ebenso wie eine Flasche Wein oder Champagner – im Preis inbegriffen.

3-V Tourist Court HISTORISCHER INN **$$**
(☑ 225-721-7003; 5689 Commerce St; 1-/2-Bett-Hütte 80/130 US$; P ✳ 🛜) Der Inn, der in den 1930er-Jahren seine Pforten öffnete, gehört zu den landesweit ältesten Motels und wurde in das National Register of Historic Places aufgenommen. Die fünf einfachen

Wohneinheiten verfügen über Zimmer mit historischer Deko und Einrichtung, denen kürzlich mit modernen Betten, neuem Parkettboden und Flachbildfernsehern ein moderneres Antlitz verliehen wurde.

Birdman Coffee and Books — CAFÉ $

(Commerce St; Hauptgerichte 5–6,50 US$; ☺Di–Fr 7–17, Sa 8–17 Uhr, So bis 16 Uhr; 🛜) Direkt vor dem Magnolia Café bietet das Birdman typisches Südstaatenfrühstück (gelbe Maisgrütze, Süßkartoffelpfannkuchen usw.) und Kunst aus der Gegend.

Magnolia Café — CAFÉ $$

(📞225-635-2528; www.themagnoliacafe.com; 5687 Commerce St; Hauptgerichte 7–12 US$; ☺So–Mi 10–16, Do & Sa bis 21 Uhr, Fr bis 22 Uhr) Der gesellige Treffpunkt war einst ein Naturkostladen samt Werkstatt für VW-Busse. Heute wird hier gegessen, geplaudert und freitagabends zu Livemusik getanzt. Zu empfehlen ist der Garnelen-Po'boy.

ⓘ Praktische Informationen

Touristeninformation (📞225-635-4224; www.stfrancisville.us; 11757 Ferdinand St) Hält nützliche Infos über die zahlreichen Plantagen in der Gegend bereit, die besichtigt werden können. Auf vielen gibt's auch B&Bs.

Cajun Country

Mit Louisiana verbinden viele Menschen – außer New Orleans – kilometerlange Bayous, Hütten mit Sägespänen, eine Abwandlung des Französischen sowie jede Menge gutes Essen. Willkommen also in Cajun Country! Aufgrund der Tatsache, dass die Briten 1755 die französischen Siedler aus L'Acadie (heute Nova Scotia, Kanada) vertrieben hatten, wurde die Gegend früher Akadien genannt.

Die Cajuns sind die größte französischsprachige Minderheit in den USA. Man hört die Sprache im Radio, bei Gottesdiensten und kann, wenn die Bewohner der Gegend Englisch sprechen, einen französischem Akzent und Tonfall ausmachen. Lafayette ist zwar der Knotenpunkt von Cajun Country, aber erst die Erkundung der Wasserwege, Dörfer und baufälligen Tavernen am Straßenrand lassen einen die Lebensweise der Cajuns verstehen. Während die Region weitestgehend sozialkonservativ ausgerichtet ist, sagt man den Cajuns einen gewissen Hedonismus nach. Und das stimmt: Jambalaya (Reis mit Tomate, Wurst und Shrimps) und Krebs-Étouffée (ein dicker Eintopf und eine Spe-

zialität der Cajun-Küche) werden hier voller Stolz und mit viel Ruhe (und Cayennepfeffer!) zubereitet. Wer nicht fischt, der tanzt wahrscheinlich gerade. Da bleibt niemand lange Zaungast. *Alors on danse…*

Lafayette

Der Begriff „unentdecktes Juwel" wird in der Reiseliteratur oft inflationär benutzt, Lafayette ist aber nun mal genau das. Die schlechte Nachricht zuerst: Sonntags herrscht hier absolut tote Hose. Die gute Nachricht: Es gibt eine unglaubliche Anzahl guter Restaurants und viele Musik-Locations. Zudem findet hier eines der besten kostenlosen Musikfestivals der USA statt. Lafayette ist eine Universitätsstadt, und so tritt hier so gut wie jeden Abend irgendwo eine Liveband auf. Und selbst die tot geglaubten Sonntage haben ihren Höhepunkt: einige bekannte Optionen für einen leckeren Brunch.

◉ Sehenswertes

Vermilionville — KULTURELLER KOMPLEX

(📞337-233-4077; www.vermilionville.org; 300 Fisher Rd; Erw./Student 8/6 US$; ☺Di–So 10–16 Uhr; 🛜) Entlang eines Bayous in der Nähe des Flughafens erstreckt sich dieses idyllische, teils restaurierte, teils nachgebaute Cajun-Dorf aus dem 19. Jh. Freundliche, begeisterte kostümierte Guides erläutern die Geschichte der Cajuns, der Kreolen und der amerikanischen Ureinwohner. Sonntags spielen lokale Bands. Es werden außerdem geführte **Bootstouren** (📞337-233-4077; Erw./Student 12/8 US$; ☺März–Mai & Sept.–Nov. Di–Sa 10.30 Uhr) auf dem Bayou Vermilion angeboten.

Acadiana Center for the Arts — GALERIE

(📞337-233-7060; www.acadianacenterforthearts. org; 101 W Vermilion St; Erw./Student/Kind 5/3/ 2 US$; ☺Di–Fr 9–17, Sa bis 18 Uhr) Im Herzen der Innenstadt betreibt dieses Kunstzentrum drei schicke Galerien und veranstaltet dynamische Theatervorführungen, Vorträge und Sonderveranstaltungen.

Acadian Cultural Center — MUSEUM

(www.nps.gov/jela; 501 Fisher Rd; ☺8–17 Uhr) Das vom National Parks Service betriebene Museum liegt direkt neben dem Vermilionville und zeigt eine Ausstellung zur Cajun-Kultur.

🎉 Feste & Events

Festival International de Louisiane — MUSIK

(www.festivalinternational.com; ☺letztes Wochenende im April) Beim fabelhaften Festival In-

CAJUNS, KREOLEN UND ... KREOLEN

Viele Besucher Louisianas verwenden die Begriffe „Cajun" und „Kreolen" synonym, die beiden Kulturen sind aber ganz und gar nicht gleich. „Kreolisch" bezieht sich auf die Nachkommen der frühen europäischen Siedler in Louisiana, eine bunte Mischung mit vorwiegend französischen und spanischen Vorfahren. Die Kreolen haben meist eine Verbindung in die Stadt, genauer nach New Orleans, und sehen ihre eigene Kultur als hoch entwickelt und kultiviert an. Viele (wenn auch nicht alle) sind die Nachkommen von Aristokraten, Händlern und Fachhandwerkern.

Die Cajuns können ihre Abstammung bis zu den Akadiern zurückverfolgen, den Kolonisten aus dem ländlichen Frankreich, die sich in Nova Scotia niedergelassen hatten. Nach der Eroberung Kanadas durch die Briten weigerten sich die stolzen Akadier, vor der neuen Krone niederzuknien, und wurden Mitte des 18. Jhs. verbannt, was unter dem Begriff des Grand Dérangement bekannt ist. Viele der Vertriebenen ließen sich im Süden von Louisiana nieder, da sie wussten, dass dieses Gebiet französisch war. Allerdings wurden die Akadier („Cajun" ist eine englische Verfälschung des französischen Wortes „Acadians") von den Kreolen oft wie Bauerntrampel behandelt. Die Akadier/Cajuns ließen sich in den Bayous und den Prärien nieder und sehen sich bis zum heutigen Tage als eine ländlichere Kultur von Grenzgängern.

Um die Verwirrung perfekt zu machen, werden in vielen Gesellschaften des französischen Postkolonialismus alle Menschen gemischter Rasse als „Kreolen" bezeichnet. So natürlich auch in Louisiana, hier gibt es aber einen kulturelle Unterschied zwischen Kreolen mit französisch-spanischen Wurzeln und Kreolen mit anderen gemischten Wurzeln, selbst wenn diese beiden Gruppen sehr wahrscheinlich eine Blutsverwandtschaft verbindet.

ternational de Louisiane sorgen Hunderte lokaler und internationaler Künstler fünf Tage lang für Stimmung – dies ist das größte kostenlose Musikfestival dieses Kalibers in den USA. Obwohl das Festival erklärtermaßen die frankophone Musik und Kultur feiert, sind hier mittlerweile auch andere Musikstile und Sprachen vertreten.

🛏 Schlafen & Essen

An der I-10 finden sich rund um die Exits 101 und 103 zahlreiche Kettenhotels (DZ ab 65 US$). In der Jefferson St im Zentrum gibt es eine gute Auswahl von Bars und Restaurants, die von Sushi bis hin zu mexikanischer Küche ein ordentlich breites Spektrum bieten.

Blue Moon Guest House PENSION $
(☎ 337-234-2422, 877-766-2583; www.bluemoon guesthouse.com; 215 E Convent St; B 18 US$, Zi. 73–94 US$; P✳🛜@) Ein echtes kleines Juwel Louisianas: Das gepflegte alte Haus beherbergt eine gehobene Unterkunft im Hostelstil, einen kurzen Fußmarsch vom Zentrum entfernt. Wer hier übernachtet, landet automatisch auf der Gästeliste für den beliebtesten Treffpunkt in Lafayette, wenn es um bodenständige Livemusik geht: Die Party steigt im Hinterhof. Die freundlichen Besitzer, eine voll ausgestattete Küche

und Geselligkeit fügen sich zu einem einzigartigen musikalischen Urlaubsflair zusammen, das auch Backpacker mit schmalem Geldbeutel anlockt. Während des Festivals ziehen die Preise stark an. Und es geht dann nicht mehr so ruhig zu.

Buchanan Lofts BOUTIQUE-APARTMENTS $$
(☎ 337-534-4922; www.buchananlofts.com; 403 S Buchanan; Zi. pro Nacht/Woche ab 110/600 US$; P✳🛜@) Wenn sie nicht so groß wären, würden die hippen Lofts wunderbar nach New York City passen. Die sehr geräumigen Apartments sind mit Küchenzeilen sowie moderner Kunst und schickem Dekor ausgestattet, das der freundliche Besitzer von seinen vielen Reisen mitgebracht hat. Die Optik bestimmen unverputzte Backsteinwände und Parkettböden.

Johnson's Boucanière CAJUN $
(1111 St John St; Hauptgerichte unter 10 US$; ⊙ Di-Do 10–18, Fr bis 21 Uhr, Sa 7–21 Uhr) Das wiedereröffnete, 70 Jahre alte ländliche Familienrestaurant für geräucherte Spezialitäten lohnt die Anfahrt mit seinem *boudin* (Würstchen aus Schweinefleisch und Reis nach Cajun-Art) oder dem wunderbaren Sandwich mit geräucherter Brust vom Schwein und Räucherwürstchen. Das schicke, mit Aluminium verkleidete Häuschen mit Veranda und

unverkennbarem Räucherduft ist nicht zu verfehlen.

Artmosphere
AMERIKANISCH $

(☎337-233-3331; 902 Johnston St; Hauptgerichte unter 10 US$; ⊙ Mo–Sa 11–2, So bis 24 Uhr; ✐) Hier ist jeder richtig, den es nach veganer bzw. vegetarischer Küche oder auch nur einer Wasserpfeife gelüstet. Auch die Bier-auswahl ist ganz gut. Jeden Abend wird vor einem Publikum aus vorwiegend Studenten und der Künstlergemeinde Livemusik ge-spielt.

★ French Press
FRÜHSTÜCK $$$

(www.thefrenchpresslafayette.com; 214 E Vermilli-on; Frühstück 6–10,50 US$, Hauptgerichte abends 29–38 US$; ⊙ Di–Do 7–14, Fr 7–14 & 17.30–21, Sa 9–14 & 17.30–21, So 9–14 Uhr; 🔊) Dieser Laden, die beste kulinarische Adresse in Lafay-ette, vermischt französische und Cajun-Elemente. Zum sensationellen Frühstücks-angebot gehören z.B. das sündige Cajun Benedict (anstatt mit Schinken mit *boudin* serviert), Maisgrütze mit Cheddar (zum Dahinschmelzen lecker) und Bio-Müsli (ein guter Ausgleich zur Maisgrütze). Auch das Abendessen ist ein Traum, und das Stück Lammfleisch mit Trüffelgratin ist ein ganz besonderer gastronomischer Höhepunkt.

☆ Unterhaltung

Über das Unterhaltungsprogramm vor Ort informieren das kostenlose Wochenblatt *Times* (www.theadvertiser.com unter „Times of Acadiana") und der *Independent* (www.theind.com).

Neben den unten aufgeführten Adressen bieten auch Cajun-Restaurants wie das **Randol's** (☎337-981-7080; www.randols.com; 2320 Kaliste Saloom Rd; ⊙So–Do 17–22, Fr & Sa 23 Uhr) und das **Prejean's** (☎337-896-3247; www.prejeans.com; 3480 NE Evangeline Thruway/I-49) am Wochenende abends Livemusik.

Blue Moon Saloon
LIVEMUSIK

(www.bluemoonpresents.com; 215 E Convent St; Eintritt 5–8 US$) Der Veranstaltungsort auf der hinteren Veranda der zugehörigen Pen-sion steht für die Quintessenz Louisianas: gute Musik, nette Leute, leckeres Bier.

Artmosphere
LIVEMUSIK

(902 Johnston St; ⊙Mo–Sa 11–2, So bis 24 Uhr) Graffiti, Wasserpfeifen, Hipster und ein ei-genwilliges Line-Up: Das Artmosphere er-innert mehr an einen Musikclub als an ein Cajun-Tanzlokal. Trotzdem ist es toll, und das mexikanische Essen ist auch gut.

ⓘ Praktische Informationen

Visitor Center (☎800-346-1958, 337-232-3737; www.lafayettetravel.com; 1400 NW Evangeline Thruway; ⊙Mo–Fr 8.30–17, Sa & So 9–17 Uhr)

ⓘ An- & Weiterreise

Vom Exit 103A der I-10 führt der Evangeline Thruway (Hwy 167) ins Stadtzentrum. Busse von **Greyhound** (☎337-235-1541; 315 Lee Ave) fahren von einer Haltestelle neben dem CBD mehrmals täglich nach New Orleans (3½ Std.) und Baton Rouge (1 Std.). Der Zug *Sunset Limited* von **Amtrak** (100 Lee Ave) fährt dreimal pro Woche nach New Orleans.

Cajun Wetlands

Das Grand Dérangement von 1755, also die große Vertreibung der ländlichen französi-schen Siedler aus Akadien (heute Nova Sco-tia in Kanada) durch die Briten, schuf eine heimatlose Bevölkerung von Akadiern, die jahrzehntelang nach einem Ort suchten, an dem sie sich niederlassen konnten. Im Jahr

DER SÜDEN CAJUN COUNTRY

ABSTECHER

FRED'S GEHEIMNIS

Mitten im Herzen des Cajun Country liegt Mamou, eine typische Kleinstadt in Süd-Louisiana, die an sechs Tagen die Woche maximal einen kurzen Stopp auf dem Weg nach Eunice wert ist. Sams-tagmorgens jedoch verwandelt sich der Dorftreff, die kleine **Fred's Lounge** (420 6th St; ⊙Sa 8–14 Uhr), in den Inbe-griff einer Cajun-Tanzhalle.

O.k., um ehrlich zu sein, das ist Fred's eher eine Tanzhütte als eine Tanzhalle. Die kleine Bar ist samstags zwischen etwa 8.30 und 14 Uhr buchstäblich zum Bersten voll, wenn die Besitzerin Tante Sue und ihre Angestellten einen auf französischsprachige Musik kon-zentrierten Musikvormittag mit Bands, Bier, Zigaretten und Tanz organisieren (und dann wird es auch wirklich ganz schön rauchig hier drin). Sue stellt sich nicht selten selbst auf die Bühne, um kluge Weisheiten oder Lieder auf Cajun-Französisch zum Besten zu geben. Dabei nimmt sie regelmäßig einen tiefen Schluck aus einer Flasche mit braunem Likör, die sie in ihrem Pistolenhalfter aufbewahrt.

1785 kamen sieben Flüchtlingsschiffe in New Orleans an, und bis ins frühe 19. Jh. hatten sich 3000 bis 4000 Akadier in den Sümpfen südwestlich von New Orleans angesiedelt. Ureinwohner wie die Attakapas lehrten sie, vom Fischfang und von Fallenstellerei zu leben. Noch heute spielen Wasserwege in ihrem Leben eine große Rolle.

Östlich und südlich von Lafayette bildet das **Atchafalaya Basin** das faszinierende Herz der Cajun Wetlands. Im **Atchafalaya Welcome Center** (☎ 337-228-1094; www.loui sianatravel.com/atchafalaya-welcome-center; I-10, Exit 121; ⊙ 8.30–17 Uhr) erfährt man, wie man in den dichten Urwald vordringen kann, der die Sümpfe, Seen und Bayous vor unvorbereiteten Besuchern schützt. (Ganz nebenbei wird hier auch noch einer der großartigsten Kitsch-Naturfilme aller Zeiten gezeigt.) Das Besucherzentrum gibt auch Tipps zum Campen im **Indian Bayou** und zur Erkundung der **Sherburne Wildlife Management Area** sowie des traumhaft gelegenen **Lake Fausse Pointe State Park**.

Im kompakten, krebsfleischverrückten Örtchen **Breaux Bridge**, 11 Meilen (18 km) östlich von Lafayette, ist das **Café des Amis** (www.cafedesamis.com; 140 E Bridge St; Hauptgerichte 17–26 US\$; ⊙ Di 11–14, Mi & Do bis 21, Fr & Sa 7.30–21.30, So 8–14 Uhr) eine völlig unerwartete, aber tolle Überraschung. Dort kann man entspannen, die schrillen Werke örtlicher Künstler bewundern und am Wochenende ein üppiges Frühstück verdrücken, manchmal sogar mit Untermalung von Zydeco-Musik. Nur 3,5 Meilen (5,6 km) südlich von Breaux Bridge vermittelt der **Lake Martin** (Lake Martin Rd) einen wunderbaren ersten Eindruck von der Landschaft der Bayous. In dem Vogelschutzgebiet lebend Tausende Silber-, Blau- und Kuhreiher und auch ganz schön viele Alligatoren.

Das freundliche **Tourist Center** (☎ 337-332-8500; www.breauxbridgelive.com; 318 E Bridge St; ⊙ Mo–Fr 8–16, Sa bis 12 Uhr) hilft bei der Vermittlung der vielen B&Bs vor Ort. Die wunderbaren **Bayou Cabins** (☎ 337-332-6158; www.bayoucabins.com; 100 W Mills Ave; Hütte 60–125 US\$) bestehen aus 14 individuell gestalteten Hütten, die sich am Bayou Teche befinden und teilweise mit einer Retro-Ausstattung aus den 1950er-Jahren versehen sind; andere sind mit Volkskunst aus der Region geschmückt. Das Frühstück ist im Preis enthalten und schmeckt sehr lecker, das Rauchfleisch könnte einen aber einige Jahre seines Lebens kosten. Wer die Gegend

in der ersten Maiwoche besucht, sollte sich unbedingt ins bunte Trieben stürzen und beim **Crawfish Festival** (www.bbcrawfest.com; ⊙ Mai) Musik, Tanz und die Cajun-Küche in vollen Zügen genießen.

Cajun Prairie

Tanzende Cowboys, wo gibt's denn so was? Hier! Die Cajuns und afroamerikanischen Siedler in dem höher gelegenen, trockeneren Gelände nördlich von Lafayette entwickelten eine auf Viehhaltung und Farmwirtschaft basierende Kultur, und noch immer bestimmt der Cowboyhut das Bild der Gegend. Diese ist zudem ein Zentrum der Cajun- und Zydeco-Musik (und damit des Akkordeonspiels) sowie der Krebszucht.

In der historischen Innenstadt des verschlafenen Örtchens **Opelousas** am Hwy 49 ist das esoterische **Museum & Interpretive Center** (☎ 337-948-2589; 315 N Main St; ⊙ Mo–Fr 8–16.30, Sa 10–15 Uhr) GRATIS untergebracht. Die Puppensammlung anschauen!

Die besten Zydeco-Treffs in Akadien sind das **Slim's Y-Ki-Ki** (www.slimsykiki.com; Ecke Main St & Park St, Opelousas), ein paar Meilen nördlich an der Main St und gegenüber dem Piggly Wiggly gelegen, sowie die **Zydeco Hall of Fame** (11154 Hwy 190), 4 Meilen (6,5 km) westlich in Lawtell. Dort finden an den meisten Wochenenden Veranstaltungen statt. Besucher sollten Tanzschuhe mitbringen und sich auf einen heißen Abend gefasst machen.

Nordwestlich von Opelousas liegt **Plaisance**, das im Sommer Schauplatz des bodenständigen, auch für Familien wunderbar geeigneten **Southwest Louisiana Zydeco Festival** (www.zydeco.org; ⊙ Ende Aug.) ist.

In **Eunice** (www.eunice-la.com) findet am Samstagabend (18–19.30 Uhr) im **Liberty Theater** (☎ 337-457-7389; 200 Park Ave; Eintritt 5 US\$) das „Rendez-Vous des Cajuns" statt, das im örtlichen Radio übertragen wird. Das **KBON** (101.1 FM; www.kbon.com; 109 S 2nd St) ist den ganzen Tag über für Besucher geöffnet, die sich die große Wall of Fame anschauen können, auf der die Musiker, die hier aufgetreten sind, ihre Unterschriften hinterlassen haben. Zwei Blocks weiter lockt das **Cajun Music Hall of Fame & Museum** (☎ 337-457-6534; www.cajunfrenchmusic.org; 230 S CC Duson Dr; ⊙ Di–Sa 9–17 Uhr) GRATIS, eine verstaubte Sammlung von Instrumenten und Grafiken, die vor allem die hartgesottenen Musikfans interessieren wird. Das vom NPS geführte **Prairie Acadian Cultural Center** (☎ 337-

457-8499; www.nps.gov/jela; 250 West Park Ave; ⊙ Di–Fr 8–17, Sa bis 18 Uhr) `GRATIS` präsentiert interessante Ausstellungen zum Leben auf dem Land und zur Cajun-Kultur und zeigt eine große Auswahl Dokumentationen mit Erläuterungen zur Geschichte der Region.

Wer nun erst mal ausruhen möchte, kann das im zentral gelegenen **Potier's Cajun Inn** (☑ 337-457-0440; 110 W Park Ave, Eunice; Zi. ab 55 US$; P ✱) tun. Die geräumigen, bodenständigen und gemütlichen Apartments im Cajun-Stil haben alle eine Küchenzeile. Das **Ruby's Café** (☑ 337-550-7665; 123 S 2nd St, Eunice; Gerichte unter 10 US$; ⊙ Mo–Fr 6–14, Mi & Do 17–21, Fr & Sa bis 22 Uhr) mit dem 1950er-Jahre-Flair serviert beliebte Mittagsgerichte; im schicken **Café Mosaic** (202 S 2nd St, Eunice; Gerichte 3–4,50 US$; ⊙ Mo–Fr 6–22, Sa ab 7, So 7–19 Uhr; ☎) gibt's Waffeln und Grill-Sandwiches.

Nördliches Louisiana

Die ländlichen, von der Ölförderung geprägten Ortschaften am baptistischen „Bibelgürtel" im Norden von Louisiana und das musikalische New Orleans könnten unterschiedlicher kaum sein. Es gibt zwar einige positive Entwicklungen in Sachen Fremdenverkehr, allerdings muss auch ehrlich gesagt werden, dass die meisten Besucher des nördlichen Louisiana aus Texas oder Arkansas kommen und lediglich am Glücksspiel interessiert sind.

Captain Henry Shreve säuberte eine 265 km lange Passage des Red River von alten Holzstämmen und Gehölz und gründete 1839 die Flusshafenstadt **Shreveport**. Nach Ölfunden erlebte diese im frühen 20. Jh. einen Boom, dem nach dem Zweiten Weltkrieg ein jäher Absturz folgte. Für etwas Wiederbelebung sorgten dann riesige, an Las Vegas erinnernde Kasinos und ein Unterhaltungskomplex am Ufer. Das **Visitor Center** (☑ 888-458-4748; www.shreveport -bossier.org; 629 Spring St; ⊙ Mo–Fr 8–17, Sa 10–14 Uhr) liegt in der Innenstadt. Rosenliebhaber sollten sich unbedingt das **Gardens of the American Rose Center** (☑ 318-938-5402, 800-637-6534; www.ars.org; 8877 Jefferson Paige Rd; Eintritt gegen Spende, Führung 10 US$; ⊙ Mo–Sa 9–17, So 13–17 Uhr) anschauen, das aus mehr als 65 Einzelgärten besteht, nach deren Vorbild man dann zu Hause sein Glück als Rosenzüchter versuchen kann. Erreichbar sind die Gärten über den Exit 5 der I-20. Seinen Hunger kann man im **Strawn's Eat Shop** (☑ 318-868-0634; 125 E Kings Hwy; Hauptgerichte unter 10 US$; ⊙ Mo–Sa 6–20, So bis 15 Uhr) stillen. Der einfache Diner serviert gute, herzhafte amerikanische Kost, verfeinert mit dem Charme der Südstaaten – z. B. eine Art paniertes Hähnchenschnitzel mit braunem Senf –, am beliebtesten sind jedoch seine leckeren Pasteten.

Etwa 50 Meilen (80 km) nordöstlich von Monroe liegt am Hwy 557 in der Nähe des Örtchens Epps die **Poverty Point State Historic Site** (☑ 888-926-5492, 318-926-5492; www.crt.state.la.us; 6859 Highway 577, Pioneer; Erw./Kind 4 US$ /frei; ⊙ 9–17 Uhr) mit bemerkenswerten Erdwällen und Aufschüttungen am früheren Lauf des Mississippi. Vom zweistöckigen Aussichtsturm aus kann man die sechs konzentrischen Ringe der Anlage deutlich erkennen, und ein 4,2 km langer Wanderweg schlängelt sich durch die grasbewachsene Landschaft. Um 1000 v. Chr. lag hier das Zentrum einer Kultur, die aus Hunderten Gemeinschaften bestand und Handelsbeziehungen bis zu den Großen Seen im Norden unterhielt.

DER SÜDEN NÖRDLICHES LOUISIANA

Florida

Inhalt ➡

Gut essen

➡ Blue Heaven (S. 536)
➡ Floridian (S. 543)
➡ Michy's (S. 518)
➡ Broken Egg (S. 552)
➡ Ella's Folk Art Cafe (S. 548)

Schön übernachten

➡ Pelican Hotel (S. 515)
➡ Biltmore Hotel (S. 516)
➡ Dickens House (S. 550)
➡ Pillars (S. 521)
➡ Everglades International Hostel (S. 526)

Auf nach Florida!

Juan Ponce de León suchte hier nach dem Jungbrunnen, Henry Flagler baute eine Eisenbahn für sonnenhungrige Urlauber aus dem Norden, und Walt Disney machte Florida für viele zum Pflichtziel, indem er es zum Standort seines legendären Themenparks erkor.

Seit Jahrhunderten suchen Menschen in Florida nach etwas Magie – und werden nur selten enttäuscht. Der Sunshine State lebt vom Tourismus und *besteht* darauf, allen ordentlich Spaß zu bereiten. So ist die schmale Halbinsel denn auch mit vielen Attraktionen gesprenkelt.

Dazu zählen Themenparks, Kitsch am Straßenrand, weiße Sandstrände und relaxte Inseln, außerdem Top-Kunstmuseen und faszinierende historische Stätten wie die älteste Stadt der USA. Langeweile ist hier praktisch ausgeschlossen und sie wird leicht zu vertreiben, wenn sie doch aufkommt: einfach eine Runde Achterbahn fahren, per Kajak an Alligatoren vorbeipaddeln oder mit Seekühen schwimmen!

Reisezeit

Miami

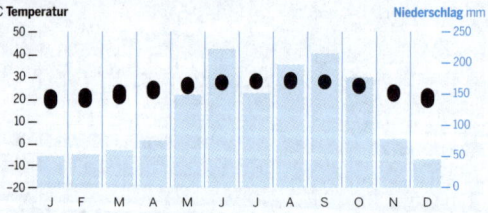

Feb.–April Nach dem Winter beginnt die Hauptsaison mit dem Springbreak.

Juni–Aug. In den feuchtwarmen Monaten sind Nord-Floridas Strände und Themenparks angesagt.

Sept.–Okt. Ideale Zwischensaison mit kühlerem Wetter, warmem Wasser und weniger Menschen.

Frühjahrstraining

Sommerzeit? Pah! Viel Einwohner Floridas bemessen die Jahreszeiten nach dem Beginn bzw. Ende des Baseball-Trainings im Frühjahr: Im März zieht es 15 Major-League-Mannschaften zu diesem Zweck nach Zentral- und Süd-Florida. Dort sitzt man in Stadien in nächster (Autogramm-)Nähe zu Liga-Stars und zukünftigen Hall-of-Fame-Helden. Also ist dieses Event ein Wallfahrtsgrund für Fans der Boston Red Sox, der New York Yankees oder der Philadelphia Phillies. Natürlich nehmen auch einige Teams aus Florida an den rund 240 Freundschaftsspielen innerhalb von 30 Tagen teil. Manche Fans campieren sogar, um die besten Plätze zu ergattern. Details gibt's unter www.floridagrapefruitleague.com.

AMERIKAS BESTE STATE PARKS

Zu den Highlights eines Besuchs in Florida gehören die bizarren, schönen Landschaften und der Vielfalt exotischer Kriechtiere, Wandermeeresvögel und Wildtiere. Glücklicherweise macht es Florida Besuchern mit einem der besten State-Park-Netze der USA leicht, Letzteren zu begegnen. Es ist der erste und einzige Bundesstaat, der zweimal die Auszeichnung „National Gold Medal Award for Excellence" (1999 & 2005) bekommen hat.

Die 160 State Parks des Bundesstaates erstrecken sich über mannigfaltige Landschaften, die mächtige Korallenriffe (John Pennekamp), Tausende Alligatoren (Myakka River), Kalkstein-Karstgebiete (Paynes Prairie) und kristallklare Quellen (Wakulla Springs) bergen. Natürlich ist Florida aber auch dank der hohen Qualität seiner Strände legendär, zu denen erstklassige Strandparks wie Grayton Beach, Fort DeSoto, Honeymoon Island und die St. Joseph Peninsula zählen.

Eine komplette Liste gibt's bei **Florida State Parks** (www.floridastateparks.org). Wer nach Tipps zu Wildtierebobachtungen (was, wann, wie) sucht, findet sie zusammen mit Infos zu Bootstouren, Jagd und Angeln bei **Florida Fish & Wildlife Commission** (www.myfwc.com).

Grünes Florida

Bis vor Kurzem war Florida nicht unbedingt für Umweltschutz und Ökotourismus bekannt, aber das ändert sich gerade.

➜ **Department of Environmental Protection** (www.dep.state.fl.us) Staatliche Agentur für Umwelt und Nachhaltigkeit.

➜ **Green Lodging Program** (www.dep.state.fl.us/greenlodging) Programm des DEP, das Unterkünfte anerkennt, die sich Umweltschutz und Nachhaltigkeit verschrieben haben.

➜ **Florida Sierra Club** (http://florida.sierraclub.org) Ehrenwerte Outdoor-Freiwilligen- und -Interessengruppe.

➜ **Florida Surfrider** (http://florida.surfrider.org) Alteingesessene Outdoor-Organisation und Interessengruppe.

➜ **Greenopia** (www.greenopia.com) Bewertet umweltfreundliche Unternehmen in mehr als Dutzend Städten in Florida.

CARL HIAASEN

Die schwarzhumorige Florida-Vision des Schriftstellers Carl Hiaasen beschreibt eine komische Mischung aus Außenseitern und mörderischen Machern. Einen guten Einstieg bieten *Der Reinfall* (für Erwachsene), *Eulen* (für Kinder) und *Paradise Screwed* (ausgewählte Kolumnen).

Kurzinfos

➜ **Bevölkerung** Miami (413 892 Ew.), Miami-Dade County 2,5 Mio.

➜ **Entfernungen** Miami–Key West 160 Meilen (257 km), Miami–Orlando: 235 Meilen (378 km)

➜ **Zeitzonen** Eastern Standard Time (Ostflorida), Central Standard Time (westlicher Panhandle)

FLORIDA

Beste Strände

Im Sunshine State herrscht kein Mangel an Stränden. Ein paar unserer Favoriten:

➜ Siesta Key (S. 551)
➜ South Beach (S. 509)
➜ Bahia Honda (S. 532)
➜ Apollo Beach (S. 538)
➜ St. George Island (S. 564)

Infos im Internet

➜ **Visit Florida** (www.visitflorida.com) Floridas offizielle Tourismus-Website.

➜ **My Florida** (www.myflorida.com) Offizielles Portal der Staatsregierung.

➜ **Florida Smart** (www.floridasmart.com/news) Zahllose Links zur Region.

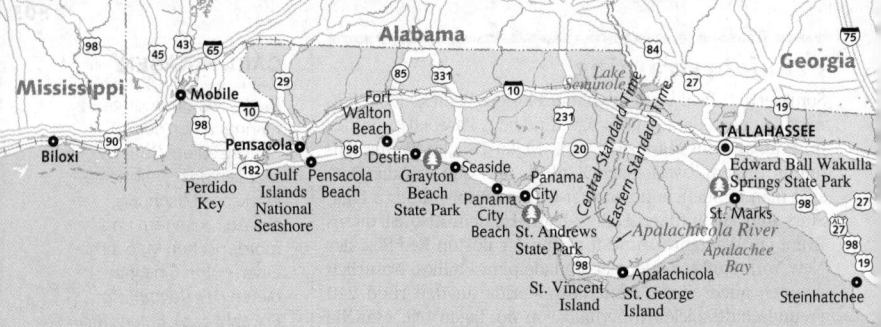

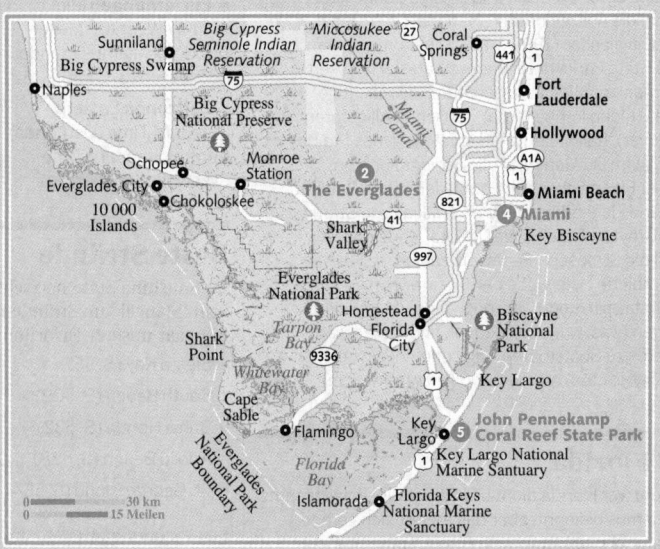

Highlights

① Am **Bechern bei Sonnen-untergang** (S. 532) auf dem Mallory Square von Key West teilnehmen

② In den **Everglades** (S. 523) zwischen Alligatoren

und Schneidebinsen hindurch-paddeln

③ Sich in **Walt Disney World** (S. 558) von Nostalgie und spannenden Rides fesseln lassen

④ Die vielen **Wandgemälde** (S. 512) des Miami-Viertels Wynwood bewundern

⑤ Im **John Pennekamp Coral Reef State Park** (S. 528) am Korallenriff schnorcheln

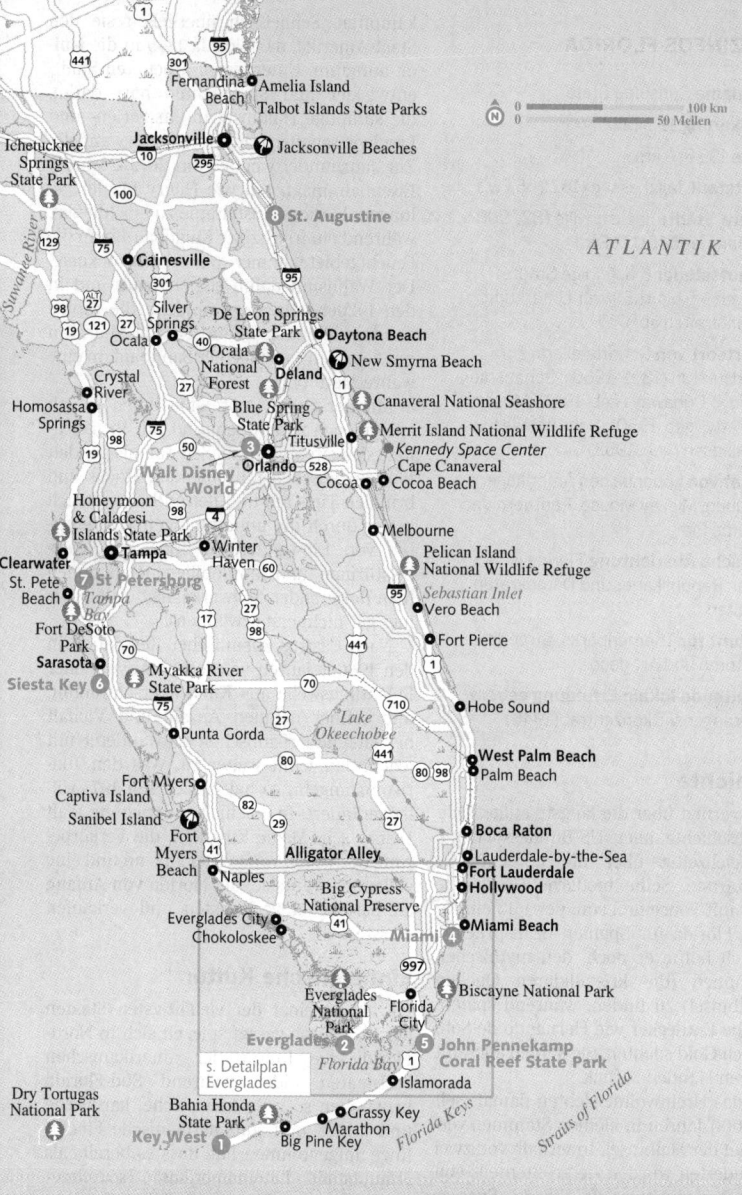

1 Fernandina Beach
301
95
441
1
Amelia Island
Talbot Islands State Parks

Jacksonville
10
295
Jacksonville Beaches

Ichetucknee Springs State Park
100

8 St. Augustine

ATLANTIK

0   100 km
0   50 Meilen
N

Gainesville
75
301
95

129
Suwanee River

ALT 27
19 121 27
98
Silver Springs
De Leon Springs State Park
Daytona Beach

Ocala
40
27
Ocala National Forest
Deland
New Smyrna Beach
1

Crystal River
27
Blue Spring State Park
Canaveral National Seashore

Homosassa Springs
75
50
98
Titusville
Merrit Island National Wildlife Refuge

19
98
3 Orlando
528
Kennedy Space Center
Cape Canaveral

Walt Disney World
Cocoa
Cocoa Beach

Honeymoon & Caladesi Islands State Park
98
4

Winter Haven
60
Melbourne

Clearwater
Tampa
Pelican Island National Wildlife Refuge

St. Pete Beach
7 St Petersburg
Tampa Bay
17
27
95
Sebastian Inlet
Vero Beach

Fort DeSoto Park
70
98
441

Sarasota
6 Siesta Key
Myakka River State Park
75
70
710
Fort Pierce
1

Punta Gorda
27
Lake Okeechobee
441
Hobe Sound

Fort Myers
80
441
80 98
West Palm Beach
Palm Beach

Captiva Island
Sanibel Island
82
29
27
Boca Raton

Fort Myers Beach
41
Alligator Alley
Lauderdale-by-the-Sea
Fort Lauderdale
Hollywood

Naples
Big Cypress National Preserve
41

Everglades City
Chokoloskee
Miami
4 Miami Beach

997
Biscayne National Park

Everglades National Park
Florida City

Everglades
2
5 John Pennekamp Coral Reef State Park

s. Detailplan Everglades
Florida Bay
1
Islamorada

Dry Tortugas National Park
Bahia Honda State Park
Grassy Key
Marathon
Florida Keys

Key West
1
Big Pine Key
Straits of Florida

6 An den Puderzucker-Sandstränden von **Siesta Key** (Sarasota; S. 551) relaxen

7 Im **Dalí Museum** (S. 550) in St. Petersburg über den Symbolismus im

Werk *Halluzinogener Torero* nachdenken

8 Zwischen den historischen spanischen Bauten von **St. Augustine** (S. 541) wie ein Pirat grollen

KURZINFOS FLORIDA

Spitzname Sunshine State

Bevölkerung 19,3 Mio.

Fläche 139 670 km²

Hauptstadt Tallahassee (182 965 Ew.)

Weitere Städte Jacksonville (827 908 Ew.), Tampa (346 037 Ew.)

Verkaufssteuer 6 % (einige Städte schlagen 9,5 bis 11,5 % für Unterkunft und Mahlzeiten auf)

Geburtsort von Schriftstellerin Zora Neale Hurston (1891–1960), Schauspielerin Faye Dunaway (geb. 1941), Musiker Tom Petty (geb. 1950), Schriftsteller Carl Hiaasen (geb. 1953)

Heimat von kubanischen Amerikanern, Seekühen, Mickey Mouse, Rentnern und Key Lime Pie

Politische Ausrichtung Florida ist stark in Republikaner und Demokraten gespalten

Berühmt für Themenparks, Strände, Alligatoren und Art déco

Bedeutende lokale Erfindung gefrorenes Orangensaftkonzentrat (1946)

Geschichte

Florida verfügt über die längste aufgezeichnete Geschichte aller US-Bundesstaaten - und gleichzeitig über die berüchtigtste und bizarrste. Seine moderne Geschichte beginnt mit Ponce de León, der 1513 eintraf und La Florida für Spanien beanspruchte. Angeblich hoffte er noch, den mythischen Jungbrunnen (die kristallklaren Quellen der Halbinsel) zu finden, während spätere spanische Entdecker wie Hernando de Soto eher nach Gold suchten. Sie kamen allesamt mit leeren Händen zurück.

Floridas Ureinwohner lebten damals seit über 11 000 Jahren in kleinen Stämmen verstreut auf der Halbinsel. Innerhalb von zwei Jahrhunderten wurden sie größtenteils von Krankheiten dahingerafft, die die Spanier mitgebracht hatten. Die heutigen Seminolen sind Nachkommen jener Ureinwohnerstämme, die auf dem Gebiet siedelten und sich ab dem 18. Jh. miteinander vermischten.

Im Laufe des 18. Jhs. warfen sich Spanien und England Florida immer wieder wie eine heiße Kartoffel gegenseitig zu, während sie um die Vorherrschaft in der Neuen Welt

kämpften. Schließlich überließen sie den Staat Amerika, das Florida 1845 in die Union aufnahm. Unterdessen arbeiteten Stadtentwickler und Spekulanten hart daran, die sumpfige Halbinsel in ein Ferien- und Landwirtschaftsparadies zu verwandeln. Zur Jahrhundertwende zum 20. Jh. war es Eisenbahnmagnaten wie Henry Flagler gelungen, Floridas Küstenlinie zu erschließen, während ein irrwitziger Kanalbau-Boom die Feuchtgebiete immer weiter austrocknete. Der Wahnsinn nahm seinen Lauf, und in den 1920er-Jahren verwandelte die rapide Landerschließung in Süd-Florida Miami in nur zehn Jahren von einer Sandbank in eine wahre Metropole.

Mit der Great Depression brach jedoch alles in sich zusammen, und mit ihr zeichnete sich ein Muster ab: Seit damals pendelt Florida zwischen mitreißenden Hochs und brutalen Tiefs hin und her und kämpft sich tapfer durch die unbeständigen Widrigkeiten von Einwanderung, Tourismus, Wirbelstürmen und Immobilienspekulationen (den florierenden Schwarzmarkt wollen wir hier gar nicht erst erwähnen).

Nach Castros kubanischer Revolution in den 1960er-Jahren wurde Miami von einer Flüchtlingswelle aus Kuba überschwemmt, und seither nehmen Anzahl und Vielfalt der lateinamerikanischen Einwanderer mit jedem Jahrzehnt weiter zu. Was den Tourismus angeht, so hat er sich seit 1971 völlig verändert: In jenem Jahr errichtete Walt Disney sein Magic Kingdom, die Verkörperung der Vision von ewiger Jugend und eine vollendete Fantasie, die Florida von Anfang an perfekt zu vermarkten und verkaufen wusste.

Einheimische Kultur

Florida ist einer der vielfältigsten Staaten der USA. Grob gesagt spiegelt sich in Nord-Florida die Kultur der amerikanischen Südstaaten wider, während Süd-Florida inzwischen so viele kubanische, karibische und mittel- und südamerikanische Flüchtlinge aufgenommen hat, dass es bereits als „Hauptstadt Lateinamerikas" bezeichnet wird. Den „typischen Floridianer" gibt's also nicht, und so ziemlich das Einzige, was den Staat überhaupt vereint, ist, dass die meisten Menschen hier eigentlich von ganz woanders stammen. Auch wenn diese Tatsache bereits zu einer Reihe von Konflikten geführt hat, ist doch Toleranz die Regel. Die Mehrheit der Einwohner Floridas kann sich nach Lust und Laune in ihren selbst gewählten Gemeinden einrichten, ganz gleich, ob sie nun Schwule, Rentner, Kubaner, Haitianer, Biker, Evangelikale, nascarverrückte große Jungs oder kosmopolitische Intellektuelle aus der Kunstwelt sind.

🛈 Anreise & Unterwegs vor Ort

Der **Miami International Airport** (S. 520) ist neben Orlando, Tampa und Fort Lauderdale eines der internationalen Tore Floridas. Die Flughäfen von Fort Lauderdale und Miami liegen etwa 30 Minuten voneinander entfernt; es ist fast immer billiger, nach Fort Lauderdale zu fliegen. Miami verfügt außerdem über den geschäftigsten Kreuzfahrthafen der Welt.

Greyhound (☑ 800-231-2222; www.greyhound.com) bietet weitreichende Verbindungen im gesamten Bundesstaat an. Die Züge *Silver Meteor* und *Silver Star* von **Amtrak** (www.amtrak.com) verkehren täglich zwischen New York und Miami.

Die Mietwagenpreise in Florida schwanken oft sehr stark, aber man sollte mit mindestens 300 US$ pro Woche für einen normalen Mittelklassewagen rechnen.

SÜD-FLORIDA

In Süd-Florida zeigt sich die ganze Vielfalt des Staates in einem lebendigen Potpourri all dessen, was Florida so wild und anziehend macht, allem voran der multikulturelle Umschlagplatz Miami und die niveauvollen, reichen Strandgemeinden, die sich von Fort Lauderdale bis Palm Beach Richtung Norden erstrecken. In starkem Kontrast dazu stehen die Strände an sich, die von der subtropischen Wildnis der Everglades begrenzt werden, während die Spitze des Staates in einer Ellipse lebensfroher Inseln ausläuft, die ihre deutlichste Ausprägung in Key West und seiner „Alles ist möglich"-Einstellung finden.

Miami

Miami bewegt sich in einem völlig anderen Rhythmus als der gesamte Rest der USA. Pastellfarbene subtropische Schönheit und lateinamerikanische Sinnlichkeit sind hier allgegenwärtig: von den zigarrenrauchgeschwängerten Tanzläden, in denen Auswanderer aus Havanna zu Son und Bolero tanzen, bis zu den exklusiven Nachtclubs, in denen brasilianische Models in Stilettos ihre Hüften zu lateinamerikanischem

Hip-Hop schütteln. Egal, ob man auf das hippe Volk der Avantgarde-Galerien trifft oder an den gestählten, perfekten Körpern vorbeiflaniert, die am South Beach schauliegen – irgendwie wirken hier alle wahnsinnig kunstvoll gestellt. Nebenbei sorgen Straßenverkäufer und Restaurants für die Düfte und Gewürze aus der Karibik, Kuba, Argentinien oder Haiti. Auf Touristen kann die Stadt ebenso berauschend wirken wie ein eiskalter Mojito.

Miami ist eine eigene Welt, eine internationale Stadt, deren Tempo, Interessen und Inspirationen oft von weit entfernten Ufern angespült werden. Über die Hälfte der Bevölkerung stammt aus Lateinamerika, und mehr als 60 % sprechen hauptsächlich Spanisch. Tatsächlich betrachten viele Einwohner Nord-Floridas das einwandererreiche Miami gar nicht als einen Teil des Staates, und viele Menschen in Miami, besonders die Kubaner, sehen das genauso.

◉ Sehenswertes

Der Großraum Miami ist eine weitläufige Metropole. Miami selbst liegt auf dem Fest-

FLORIDA MIAMI

FLORIDA IN ...

...einer Woche

Die Reise beginnt in **Miami** mit drei vollen Tagen, um die Museen und Galerien, das Art-déco-Viertel, Little Havana und die South-Beach-Szene zu erkunden. Ein Tagesausflug mit Kajaktour durch die **Everglades** ist Pflicht, und auch **Coral Castle** sollte man nicht verpassen. Anschließend geht es für drei Tage in die Keys: schnorcheln im **John Pennekamp Coral Reef State Park**, Tarpune angeln in **Islamorada** und auf **Key West** mal richtig ausspannen!

... zwei Wochen

Ein oder zwei Tage in den Themenparks in **Orlando** stehen an, danach genießt man in **Tampa** die feine Küche und das Nachtleben von Ybor City. Im Salvador Dalí Museum in **St. Petersburg** wartet eine surreale Erfahrung, bevor man ein paar **Strände der Tampa Bay Area** besucht. Die Reise endet schließlich mit je einem Tag in **Sarasota** und seinem atemberaubenden Ringling Museum Complex und an den Traumstränden von **Siesta Key**.

Großraum Miami

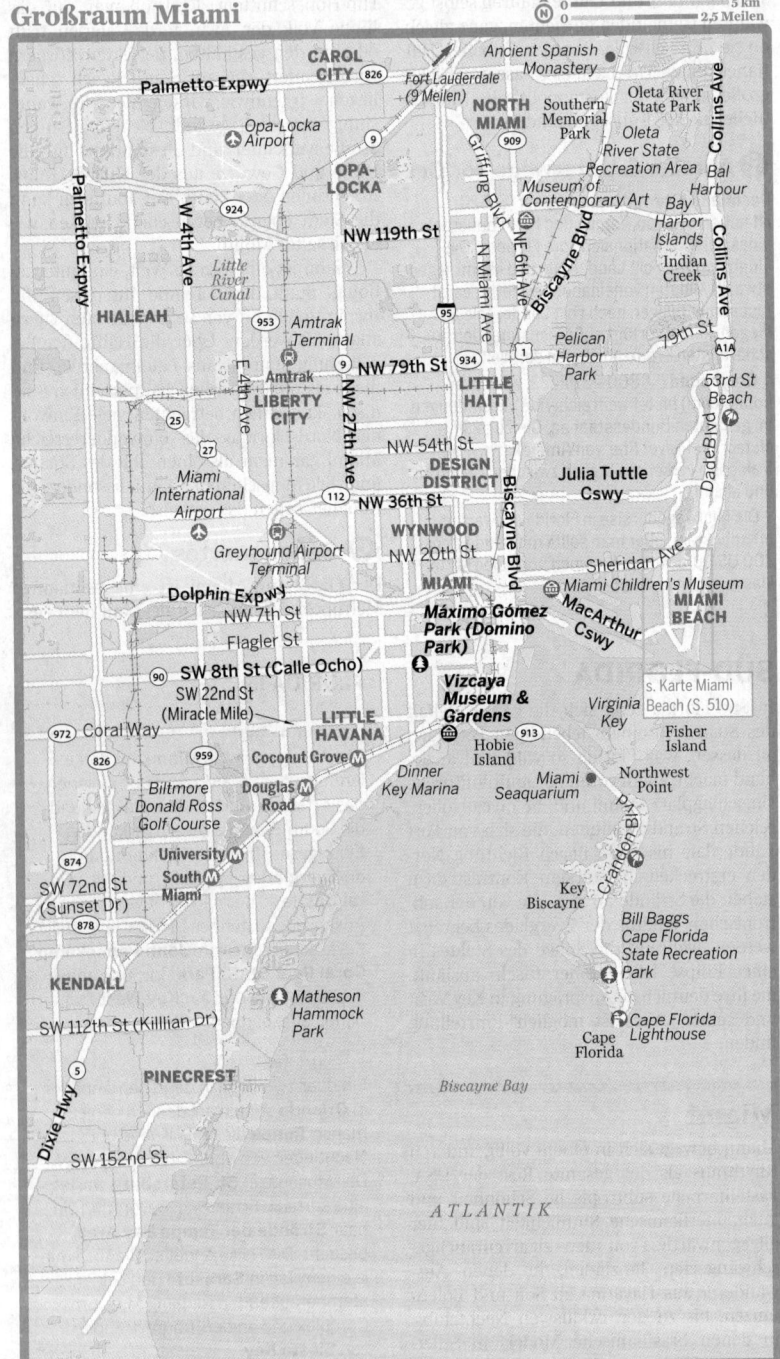

0 5 km
0 2,5 Meilen

CAROL CITY 826
Palmetto Expwy
Fort Lauderdale (9 Meilen)
Ancient Spanish Monastery
Oleta River State Park
Collins Ave
Opa-Locka Airport 9
NORTH MIAMI 909
Southern Memorial Park
Oleta River State Recreation Area
OPA-LOCKA
Museum of Contemporary Art
Bal Harbour
Palmetto Expwy
W 4th Ave
924
NW 119th St
Griffing Blvd
N Miami Ave
NE 6th Ave
Biscayne Blvd
Bay Harbor Islands
Collins Ave
Little River Canal
Indian Creek
HIALEAH
953 Amtrak Terminal
95
79th St
A1A
E 4th Ave
Amtrak 9
NW 79th St 934
Pelican Harbor Park
53rd St Beach
25
LIBERTY CITY
NW 27th Ave
LITTLE HAITI
27
NW 54th St
DESIGN DISTRICT
Julia Tuttle Cswy
Dade Blvd
Miami International Airport
112
NW 36th St
Biscayne Blvd
WYNWOOD
NW 20th St
Greyhound Airport Terminal
Sheridan Ave
Dolphin Expwy
MIAMI
Miami Children's Museum
MacArthur Cswy
MIAMI BEACH
NW 7th St
Máximo Gómez Park (Domino Park)
Flagler St
s. Karte Miami Beach (S. 510)
90
SW 8th St (Calle Ocho)
Vizcaya Museum & Gardens
Virginia Key
Fisher Island
SW 22nd St (Miracle Mile)
LITTLE HAVANA
913
972 Coral Way
959 Coconut Grove
Hobie Island
Miami Seaquarium
Northwest Point
826
Dinner Key Marina
Biltmore Donald Ross Golf Course
Douglas Road
Crandon Blvd
874
University South Miami
Key Biscayne
SW 72nd St (Sunset Dr)
878
Bill Baggs Cape Florida State Recreation Park
KENDALL
SW 112th St (Killlian Dr)
Matheson Hammock Park
Cape Florida Lighthouse
5
PINECREST
Cape Florida
Dixie Hwy
Biscayne Bay
SW 152nd St

ATLANTIK

land, Miami Beach vier Meilen östlich auf der anderen Seite der Biscayne Bay. **South Beach** gehört eigentlich zum südlichen Teil von Miami Beach und reicht von der 5th St Richtung Norden bis zur 21st St; die Washington Ave ist seine kommerzielle Arterie. Nördlich von Downtown (entlang der NE 2nd Ave, von der 17th St bis zur 41st St) sind Wynwood und der Design District die wichtigsten Zentren in Sachen Kunst, Kulinarisches und Nachtleben. Gleich nördlich liegt auch Little Haiti.

Wer Little Havana besuchen möchte, wendet sich auf der SW 8th St, auch Calle Ocho genannt, nach Westen; sie durchstößt das Herz dieses Viertels (und wird später zum Tamiami Trail/Hwy 41). Gleich südlich von Little Havana warten Coconut Grove und Coral Gables.

Näheres zu Süd-Florida gibt's im Lonely Planet *Miami & the Keys*.

◉ Miami Beach

Miami Beach hat ein paar der besten Strände des ganzen Landes zu bieten und lockt mit weißem Sand und warmem, türkisblauem Wasser. Was den Miami-Film angeht, den jeder im Kopf hat – Art-déco-Hotels, Models auf Inlineskates, junge Prachtkerle mit strammer Brust und schicken Autos –: Der läuft am **Ocean Drive** (von der 1st bis zur 11th St), dem der Strand nur als Kulisse

für vorbeistolzierende Pfauen dient. Diese geballte Mischung aus Wellen, Sonnenschein und exhibitionistischer Schönheit hat South Beach (oder „SoBe") weltberühmt gemacht.

Nur ein paar Blocks nördlich wird die **Lincoln Road** (zwischen Alton Rd und Washington Ave) zur Fußgängerzone bzw. zum Freiluft-Laufsteg, damit auch wirklich jeder die fabelhaft attraktiven Kreaturen von SoBe gebührend bewundern kann.

⭐ **Art Deco Historic District**   STADTVIERTEL
(Karte S. 510) Der gut erhaltene pastellfarbene Art Deco Historic District schreit förmlich „Miami". Nirgendwo sonst auf der Welt findet man so viele Art-déco-Gebäude auf einem Haufen: die Straßen rund um den Ocean Dr und die Collins Ave werden von geschätzten 1200 Exemplaren gesäumt. Bei einem Abstecher ins **Art Deco Welcome Center** (Karte S. 510; ☏ 305-531-3484; 1001 Ocean Dr, South Beach; geführte Touren Erw./Kind/Senior 20/frei/15 US$; ◷ Touren Fr–Mi 10.30 Uhr, Do 18.30 Uhr) erfährt man alles zu Touren und erhält nähere Informationen.

⭐ **Wolfsonian-FIU**   MUSEUM
(Karte S. 510; www.wolfsonian.org; 1001 Washington Ave; Erw./Kind 6–12 Jahre 7/5 US$; ◷ Do–Di 12–18, Fr bis 21 Uhr) Eine faszinierende Sammlung, die von Transport, Urbanisierung, Industriedesign und Werbung bis zur Politpropagan-

FLORIDA MIAMI

MIAMI IN...

...zwei Tagen

Am ersten Tag liegt der Fokus auf South Beach, ein Nachmittag zum Sonnenbaden und Schwimmen verbindet sich wunderbar mit einem Bummel durch den **Art Deco Historic District** und einem Besuch des **Wolfsonian-FIU**, in dem alles erklärt wird. Am Abend wird im **Tap Tap** die haitianische Küche probiert, und danach klingt der Tag mit edlen Cocktails in der **Skybar** aus oder man genießt im **Room** ein entspanntes Bierchen. Wer abends noch mal ein bisschen aufdrehen möchte, kann einen Abstecher ins **World Erotic Art Museum** machen, das am Wochenende bis Mitternacht geöffnet ist. Am nächsten Morgen wartet in der Calle Ocho in **Little Havana** kubanische Musik, anschließend wird im **Versailles** bei klassischer kubanischer Küche die Atmosphäre vertieft. Danach schlendert man durch die **Vizcaya Museum & Gardens** und kühlt sich beim Planschen im **Venetian Pool** wieder ab. Der Tag wird beschlossen mit einem Abendessen und Cocktails im **Senora Martine**.

... vier Tagen

Nach dem Zwei-Tages-Plan geht es am dritten Tag in die **Everglades**, wo eine Kajaktour ansteht. Am letzten Tag stehen dann in **Wynwood** und im **Design District** Kunst und Design auf dem Programm, und noch mehr davon gibt's im **Miami Art Museum** oder dem **Museum of Contemporary Art**. Am Abend wird mit den Hipstern im **Electric Pickle** gefeiert oder ein bisschen Livemusik genossen: Rock im **Tobacco Road** oder lateinamerikanische Rhythmen im **Hoy Como Ayer**.

Miami Beach

FLORIDA SÜD-FLORIDA

0 500 m
0 0,25 Meilen

20th St
20th St
19th St
Miami Beach Chamber of Commerce
Bass Museum of Art (0 2 Meilen); Circa 39 (1 1 Meilen)
19th St 26
18th St
18th St
19th St
19th St
17th St
Purdy Ave
Bay Rd
West Ave
Alton Rd
Collins Canal
Jefferson Ave
18th St
24 22
7
Collins Ave
Island View Park
Sheridan Ave
17th St
17th Ave
Lincoln La N
Lincoln Rd Mall
27
Lincoln Rd
South Beach
Belle Isle
Bay Rd
Lincoln Rd
Alton Ct
Lenox Ave
16th St
Michigan Ave
Euclid Ave
Pennsylvania Ave
Meridian Ave
Drexel Ave
5
21
16th St
●1 Art Deco Historic District
15 14 15th St
15th Tce
15th St
Lincoln La S
15th St
14th La
8
Biscayne Bay
Flamingo Way
Española Way
14th Tce
14th St
14th Pl
14th St
13th Tce
13th St
Drexel Ave
23
13th St
Lummus Park
Flamingo Park
12th St
12th St
3 12th St
4
11th St
11th St
11 10
13
Wolfsonian-FIU 2
10th St
10th St
MIAMI BEACH
Alton Ct
Michigan Ave
Jefferson Ave
9th St
9th St
16
8th St
8th St
The Promenade
12
West Ave
Lenox Ave
7th St
17
7th St
6th St
Euclid Ave
Collins Ct
6 6th St
18
5th St
Downtown Miami (2,2 Meilen); Miami International (8 Meilen)
← Miami Beach Dr (5th St) 41
19
4th St
4th St 9
Ocean Ct
Ocean Dr
Causeway Island
3rd St
Meridian Ave
Washington Ave
2nd St
Alton Rd
2nd St
20
Ocean Beach Park
Terminal Island
Miami Beach Marina
1st St
Pier M
Commerce St
Biscayne St
Pier Park
25
ATLANTIK
Lummus Island
Harley St
Boardwalk Pier
South Pointe Park
Government Cut
Fisher Island
Biscayne Bay

Miami Beach

da vom späten 19. bis zur Mitte des 20. Jhs. reicht.

Bass Museum of Art — MUSEUM
(www.bassmuseum.org; 2121 Park Ave; Erw./Kind 8/6 US$; ⊙Mi–So 12–17 Uhr) Das beste Kunstmuseum in Miami Beach verfügt über eine verspielt-futuristische Fassade, und die Sammlung ist auch nicht von schlechten Eltern: Sie reicht von religiöser europäischer Kunst aus dem 16. Jh. bis zu Gemälden der Renaissance.

World Erotic Art Museum — MUSEUM
(Karte S. 510; www.weam.com; 1205 Washington Ave; Erw. ab 18 Jahre 15 US$; ⊙Mo–Do 11–22, Fr–So bis 24 Uhr) Unbeeindruckt von SoBes nacktem Fleisch? Nun, irgendetwas wird in dieser erstaunlich umfangreichen Sammlung ungezogener und erotischer Kunst sicher Aufmerksamkeit erregen – hier stellen sogar die Möbel diverse Körperteile und Positionen dar.

◉ Downtown Miami

Die Innenstadt mag zwar nicht gerade ein Touristenmagnet sein, ist aber der Standort einiger lohnender Museen. Nach seinem Umzug in den **Bicentennial Park** heißt das frühere Miami Art Museum nun **Pérez Art Museum Miami** (MAM; www.miamiartmuseum.org).

History Miami — MUSEUM
(www.historymiami.org; 101 W Flagler St; Erw./Kind 8/5 US$; ⊙Di–Fr 10–17, Sa & So 12–17 Uhr) Ob Seminolenkrieger, Schmuggler, Pirat, Landräuber, Touristen oder lateinamerikanische Einwanderer: An einem Platz abseits der W Flagler St wird Süd-Floridas komplexe, turbulente Geschichte auf lebendige Weise erzählt.

◉ Little Havana

Sobald die SW 8th St sich von Downtown entfernt, wird sie zur **Calle Ocho** (*kah*-je *oh*-tscho; spanisch für „achte Straße"). Dann weiß man, dass man sich in Little Havana befindet, der auffälligsten Gemeinde kubanischer Amerikaner in den gesamten USA. Trotz der kulturellen Denkmäler ist dies aber kein kubanischer Themenpark: Das Viertel ist und bleibt eine sehr lebendige Einwandererenklave, auch wenn seine Einwohner inzwischen zugegebenermaßen eher aus Mittelamerika stammen. Mit die beste Zeit für einen Besuch ist der letzte Freitag im Monat zum **Viernes Culturales** (www.viernesculturales.org) oder „Kulturellen Freitag", wenn bei einem Straßenfest lateinamerikanische Künstler und Musiker auftreten.

★Máximo Gómez Park — PARK
(SW 8th St bei SW 15th Ave; ⊙9–18 Uhr) Hier kann man das alte Kuba genießen. Der Park

FLORIDA MIAMI

ist auch als „Domino Park" bekannt, und wenn man die Alten beim Spielen beobachtet, weiß man auch, warum.

El Crédito Cigars ZIGARREN
([☎] 305-858-4162; 1106 SW 8th St) Einer der beliebtesten Zigarrenläden in ganz Miami; hier kann man zusehen, wie die *tabaqueros* sie von Hand rollen.

⊙ Design District, Wynwood & Little Haiti

Diese beiden trendigen Gegenden nördlich von Downtown sind der lebende Beweis dafür, dass SoBe ganz und gar nicht das Monopol auf „Hipness" hält. Noch vor 25 Jahren waren die Viertel so gut wie ausgestorben, haben sich inzwischen aber zu wahren Bastionen für Kunst und Design entwickelt. Der Design District ist ein Mekka für Innenarchitekten; hier gibt es Dutzende Galerien, zeitgenössische Möbel, Ausstellungsräume und Designerateliers zu sehen. Gleich südlich des Design Districts liegt **Wynwood**, ein bemerkenswerter Kunstbezirk mit unzähligen Galerien und Kunststudios, die in verlassenen Fabriken und Lagerhäusern untergebracht sind.

Little Haiti, die Heimat der haitianischen Flüchtlinge Miamis, wird von bunt gestrichenen Häusern, Märkten und *botanicas* (Voodoo-Läden) dominiert.

Wynwood Walls ÖFFENTLICHE KUNST
(www.thewynwoodwalls.com; NW 2nd Ave zw. 25th & 26th St; ⊙ Mi–Sa 12–20 Uhr) Die Wynwood Walls sind eigentlich keine Galerie. Hierbei

---

NICHT VERSÄUMEN

GALERIEN IN WYNWOOD

In Wynwood, Miamis hippem Testgelände für Avantgarde-Kunst, füllen „Wypster" (Wynwood-Hipster) Dutzende Galerien mit ihren „Guerilla"-Installationen, neuen Wandgemälden, Graffitis und anderen undurchschaubaren Werken. Das Viertel ist ungefähr durch die NW 20th und NW 37th St im Süden und Norden bzw. durch die N Miami Ave und die NW 3rd Ave im Osten und Westen begrenzt. Am besten lernt man die Szene auf einem der **Wynwood and Design District Arts Walks** (www.artcircuits. com; ⊙ 2. Sa des Monats 19–22 Uhr) GRATIS mit Musik, Essen und Wein kennen.

---

handelt es sich vielmehr um eine Sammlung von Wandbildern bzw. Graffitis, die einen offenen Innenhof im Viertel Wynwood ziert. Was es jeweils aktuell zu bewundern gibt, richtet sich meist nach dem Zyklus großer Kunst-Events wie der Art Basel (einer der größten Kunstmessen des Jahres in Nordamerika). Highlight zum Recherchezeitpunkt war ein fantastisches riesiges Werk von Shepard Fairey.

⊙ Coral Gables & Coconut Grove

Wer eher nach gemächlicherem Tempo und europäischem Flair sucht, wird Richtung Landesinneres fündig. Coral Gables wurde in den frühen 1920er-Jahren von George Merrick als „Modellvorort" entworfen und gleicht einem Dorf im mediterranen Stil, das die **Miracle Mile** umgibt, einen vier Blocks langen Abschnitt des Coral Way zwischen der Douglas und LeJeune Rd mit vielen Läden und Restaurants.

★ Vizcaya Museum & Gardens HISTORISCHES GEBÄUDE
(www.vizcayamuseum.org; 3251 S Miami Ave; Erw./Kind 6–12 Jahre 15/6 US$; ⊙ Mi–Mo 9.30–16.30 Uhr) Diese Villa im italienischen Renaissance-Stil ist die bauliche Entsprechung eines Fabergé-Eis und Miamis märchenhafteste Residenz. Die 70 Zimmer sind mit jahrhundertealten Möbeln und Kunst bestückt, und zu dem rund 12 ha großen Anwesen gehören wunderschöne architektonische Gärten und florentinische Pavillons.

Biltmore Hotel HISTORISCHES GEBÄUDE
([☎] 855-311-6903; www.biltmorehotel.com; 1200 Anastasia Ave) Architektonisches Kronjuwel von Coral Gables ist dieser herrliche Bau, der einst eine illegale Kneipe Al Capones beherbergte. Auch Nicht-Gäste sollten sich einen Drink an der Bar genehmigen und einen Blick auf den Pool werfen. Alternativ finden am Sonntagnachmittag Gratisführungen statt.

Venetian Pool SCHWIMMEN
(www.coralgablesvenetianpool.com; 2701 De Soto Blvd; Erw./Kind 11/7,35 US$; ⊙ wechselnde Öffnungszeiten; [♿]) Die Beschreibung „Schwimmbad" reicht nicht mal ansatzweise: Der quellgespeiste Venetian Pool nimmt den Kalksteinbruch ein, aus dem einst Kalkstein für den Bau von Coral Gables geholt wurde. Mit seinen italienisch angehauchten Wasserfällen und Grotten wirkt er wie ein Urlaubsrefugium für reiche Meerjungfrauen.

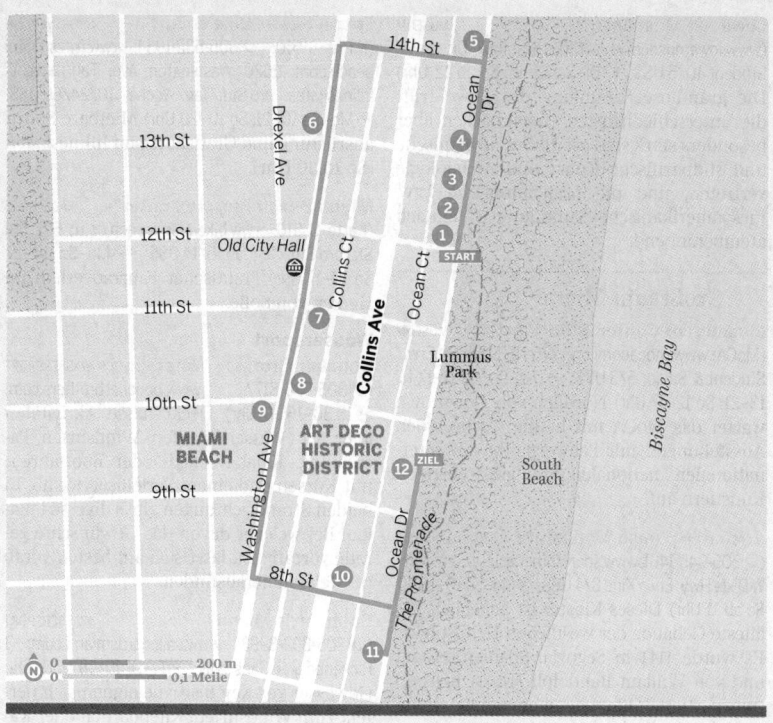

🏃 Stadtspaziergang Art-déco-Magie

START ART DECO WELCOME CENTER
ZIEL EDISON HOTEL
LÄNGE/DAUER 1,6–3,2 KM; 30 MIN.

Im Art Deco Historic District sind tolle Stadt-spaziergänge mit und ohne Guide möglich. Wer einfach nur die Highlights sehen will, folgt dieser übersichtlichen Kurzroute.

Zu Anfang vermittelt das Innere des ❶ **Art Deco Welcome Center** (S. 509; Ecke Ocean Dr & 12th St) einen ersten Eindruck von diesem speziellen Stil. Dann dem Ocean Dr nordwärts folgen. Zwischen 12th und 14th St stehen drei klassische Beispiele für Art-déco-Hotels: Das typisch kastenförmige ❷ **Leslie** mit klassischen „Augenbrauen", das ❸ **Carlyle** (war im Film *The Birdcage – Ein Paradies für schrille Vögel* zu sehen) und das ❹ **Cardozo Hotel** mit glatten, abgerundeten Ecken. Nächste Station sind die herrlichen Terrazzo-Böden im ❺ **Winter Haven** an der 14th St.

Jetzt nach links laufen, der 14th St bis zur Washington Ave folgen und links abbiegen,

um das ❻ **US Post Office** an der 13th St zu erreichen. Drinnen warten Frankiertische aus Marmor und eine Kuppeldecke, die zu einem geflüsterten Echo-Test verlockt. Zwei Blocks weiter links gibt's nun Mittagessen im ❼ **11th Street Diner** (S. 517), einem schimmern-den Art-déco-Salonwagen aus Aluminium. An der 10th St steht dann mit dem ❽ **Wolfso-nian-FIU** (S. 509) ein Top-Museum voller Art-déco-Schätze. Gegenüber erhebt sich das wunderschön restaurierte ❾ **Hotel Astor.**

Anschließend nach links in die 8th St ein-biegen und diese ostwärts bis zur Collins Ave entlanglaufen: ❿ **The Hotel** an der Ecke hieß ursprünglich Tiffany Hotel und wird bis heute von einer Art-déco-Neonspitze mit diesem Namen gekrönt. Wer nun zum Ocean Dr wei-terschlendert und rechts abbiegt, schaut auf das ⓫ **Colony Hotel** mit dem berühmten Neonschild. Zum Schluss heißt's kehrtma-chen und einen halben Block über die 9th St hinauslaufen, bis mit dem ⓬ **Edison Hotel** von 1935 eine weitere Kreation der Art-déco-Legende Henry Hohauser in Sicht kommt.

Lowe Art Museum
MUSEUM

(www.lowemuseum.org, 1301 Stanford Dr; Erw./
Student 10/5 US$; ⊙ Di–Sa 10–16, So ab 12 Uhr)
Die grandiose Sammlung des Lowe trifft
die unterschiedlichsten Geschmäcker, aber
besonders stark sind asiatische, afrikanische
und südpazifische Kunst und Archäologie
vertreten, und die präkolumbische bzw.
mesoamerikanische Sammlung ist einfach
atemberaubend.

⊙ Großraum Miami

Museum of Contemporary Art
MUSEUM

(MoCA; www.mocanomi.org; 770 NE 125th St; Erw./
Student & Senior 5/3 US$; ⊙ Di & Do–Sa 11–17, Mi
13–21, So 12–17 Uhr) Nördlich von Downtown
wartet das MoCA mit häufig wechselnden
Ausstellungen mit Schwerpunkt auf internationalen, nationalen und aufstrebenden
Künstlern auf.

Ancient Spanish Monastery
KIRCHE

(☎305-945-1461; www.spanishmonastery.com; 16711
W Dixie Hwy; Erw./Kind 8/4 US$; ⊙ Mo–Sa 10–16.30,
So ab 11 Uhr) Dieses Kloster ist angeblich das
älteste Gebäude der westlichen Hemisphäre.
Es wurde 1141 in Segovia, Spanien, erbaut
und von William Randolph Hearst hierher-
transportiert. Öffnungszeiten vorab telefonisch bestätigen lassen!

⊙ Key Biscayne

Bill Baggs Cape Florida State Park
PARK

(www.floridastateparks.org/capeflorida; 1200 S
Crandon Blvd; Auto/Fußgänger 8/2 US$; ⊙ 8 Uhr–
Sonnenuntergang) Wer es nicht auf die Florida
Keys schafft, bekommt in dem 200 ha großen Park einen Eindruck von den einzigartigen Ökosystemen, de sich auf den Inseln
finden. Sandige Pfade und Holzstege führen
durch das Gewirr der dunklen Mangroven-
haine voller tropischer Tiere. Drum herum
erstreckt sich kilometerweit das blasse Meer.
An einer Bude werden Kajaks, Fahrräder, Inlineskates, Strandkörbe und Sonnenschirme
vermietet. An der äußersten Südspitze steht
das 1825 erbaute **Cape Florida Lighthouse**
aus Backstein (Gratisführungen Do–Mo 10
& 13 Uhr).

✗ Aktivitäten

Radfahren & Inlineskaten

Inlineskaten oder Radeln entlang der Promenade am Ocean Dr (South Beach) ist Miami pur. Alternativ empfiehlt sich der Rickenbacker Causeway Richtung Key Biscayne.

Fritz's Skate, Bike & Surf
SPORTVERLEIH

(Karte S. 510; ☎305-532-1954; www.fritzsmiami
beach.com; 1620 Washington Ave; Fahrräder &
Inlineskates pro Std./Tag/Woche 10/24/69 US$;
⊙ Mo–Sa 10–21, So 10–20 Uhr) Mietbare Sport-
ausrüstung und Gratiskurse im Inlineskaten
(So 10.30 Uhr).

Miami Beach Bicycle Center
RADFAHREN

(Karte S. 510; www.bikemiamibeach.com; 601 5th
St; pro Std./Tag ab 5/14 US$; ⊙ Mo–Sa 10–19,
So 10–17 Uhr) Praktischer Fahrradverleih im
Herzen von SoBe.

Wassersport

Boucher Brothers Watersports
WASSERSPORT

(☎305-535-8177; www.boucherbrothers.com;
⊙ 10.30–16.30 Uhr) Deckt nasse Aktivitäten
aller Art (Wasserskilaufen, Windsurfen, Pa-
rasailing, Kajak-, Jetski- oder Bootfahren)
mit Kursen und einem Verleihservice ab. In
beiden Strandrichtungen gibt's diverse Filialen. Bei welcher davon das Gewünschte gerade vorrätig ist, lässt sich am besten vorab
per Telefon herausfinden.

Sailboards Miami
WASSERSPORT

(☎305-892-8992; www.sailboardsmiami.com; 1
Rickenbacker Causeway; ⊙ Fr–Di 10–18 Uhr) Die
Gewässer vor Key Biscayne eignen sich per-
fekt zum Windsurfen, Kiteboarden oder Ka-
jakfahren. Hier gibt's Leihausrüstung und
Kurse.

☞ Geführte Touren

Miami Design
Preservation League
STADTSPAZIERGANG

(Karte S. 510; ☎305-531-3484; geführte Touren
Erw./Kind 20 US$/gratis, Audiotouren 15 US$;
⊙ Fr–Mi 10.30, Do 18.30 Uhr) Die 90-minütigen
Stadtspaziergänge ab dem Art Deco Wel-
come Center (1200 Ocean Dr, Miami Beach)
beleuchten den Art-déco-Stil und dessen
Ikonen.

History Miami
Tours
STADTSPAZIERGANG, RADFAHREN

(☎305-375-1621; www.historymiami.org/tours;
geführte Touren 20–54 US$) Der Ausnahme-
Historiker Dr. Paul George leitet faszinieren-
de Touren zu Fuß, per Fahrrad, Boot oder
Bus (beispielsweise mit Schwerpunkt auf
Stiltsville). Das Gesamtangebot steht auf der
Website.

South Beach Bike Tours
RADFAHREN

(☎305-673-2002; www.southbeachbiketours.com;
Halbtagstour 59 US$/Pers.) Dreistündige Tou-
ren auf zwei Rädern durch South Beach.

MIAMIS STRÄNDE

Mit ihrem klaren, sauberen Wasser zählen Miamis Strände zu den besten der USA. Dank inoffizieller Einteilung in bestimmte Besucherbereiche können sie ganz nach eigenem Gusto genossen werden.

Für spärlich Bekleidete Zwischen 5th und 21st St (South Beach) sind sittsame Outfits Mangelware.

Familienstrände Nördlich der 21st St geht's familienfreundlicher zu. An der 53rd St gibt's einen Spielplatz und öffentliche Toiletten.

FKK-Strände Im Haulover Beach Park (Sunny Isles) ist Hüllenlosigkeit legal. Nördlich vom Rettungsschwimmerturm tummeln sich vor allem Schwule, südlich davon hauptsächlich Heteros.

Schwulenstrände Ganz South Beach ist schwulenfreundlich – vor allem aber die Umgebung der 12th St.

Windsurfer-Strände Der Hobie Beach am Rickenbacker Causeway gen Key Biscayne wird häufig „Windsurfing Beach" genannt.

Feste & Events

Calle Ocho Festival KULTUR

(www.carnavalmiami.com) Das riesige Straßenfest im März ist der Höhepunkt des Carnaval Miami, bei dem zehn Tage lang die lateinamerikanische Kultur gefeiert wird.

Winter Music Conference MUSIK

(www.wmcon.com) Dieses Dance- und Elektro-Festival findet jeden März statt.

Art Basel Miami Beach KUNST

(www.artbaselmiamibeach.com; ⌚Dez.) International bekannte Kunstmesse.

Schlafen

Inzwischen hat sich ein richtiger Hype um Miami Beach als das Mekka für stilvolle Boutiquehotels in renovierten Art-déco-Gebäuden entwickelt. Wer diese und andere schicke Optionen sucht, kann sich auf www.miamiboutiquehotels.com umschauen. Die Preisen schwanken saisonal sehr stark, und während des Spring Breaks schießen sie förmlich durch die Decke und steigen oft um das Fünffache; am ruhigsten geht es im Sommer zu. Für einen Hotelparkplatz muss man mit 20 bis 35 US$ pro Nacht rechnen.

South Beach

Clay Hotel HOTEL $$

(Karte S. 510; ☎305-534-2988, 800-379-2529; www.clayhotel.com; 1438 Washington Ave; Zi. 88–190 US$; ❄@📶) In der 100 Jahre alten Villa im spanischen Stil soll einst Al Capone übernachtet haben. Die sauberen, komfortablen Zimmer liegen direkt am Espanola Way.

★**Hotel St. Augustine** BOUTIQUEHOTEL $$

(Karte S. 510; ☎305-532-0570; www.hotelstaugustine.com; 347 Washington Ave; Zi. 126–289 US$; ❄@📶) Das Holz ist heller als Barbies Haar und vereint sich mit der strahlend sauberen Inneneinrichtung zu einer der elegantesten und dabei atemberaubend modernen Unterkünfte in South Beach. Eine ebenso hippe wie gemütliche Ausnahmeerscheinung!

Lords Hotel BOUTIQUEHOTEL $$

(Karte S. 510; ☎877-448-4754; www.lordssouthbeach.com; 1120 Collins Ave; Zi. 120–240 US$, Suite 330–540 US$; P❄📶🏊) Dieses „entsprechend orientierte Hotel" ist das Epizentrum von South Beachs Schwulenszene. In den Zimmern bildet Pop-Art einen Gegenpol zum Zitronengelb der Einrichtung. Hip, aber nicht affektiert.

Kent Hotel BOUTIQUEHOTEL $$

(Karte S. 510; ☎305-604-5068; www.thekenthotel.com; 1131 Collins Ave; Zi. 69–199 US$; ❄@📶) Die Lobby ist der Hit: Hier finden sich rosa- und leuchtend orangefarbene geometrische Möbel und grelle Plexiglas-Bauklötze. In den Zimmern geht's genauso verspielt weiter. Mit das beste Preis-Leistungsverhältnis in South Beach!

★**Pelican Hotel** BOUTIQUEHOTEL $$$

(Karte S. 510; ☎305-673-3373; www.pelicanhotel.com; 826 Ocean Dr; Zi. 165–425 US$, Suite 295–555 US$; ❄📶) Der Name und die Art-déco-Fassade lassen nichts Außergewöhnliches vermuten. Innen haben sich die Dekorateure jedoch mit tollen Themen wie *Best Whorehouse* (Bestes Bordell), *Executive Zebra* (Geschäftsführendes Zebra) oder *Me*

MIAMI MIT KINDERN

Die kinderfreundlichsten Strände liegen nördlich der 21st St in Miami Beach. Gut sind der an der 53rd St (mit Spielplatz und Toiletten) und der 73rd St (viele Dünen). Prima ist auch der im Süden gelegene Matheson Hammock Park mit ruhigen künstlichen Lagunen.

Miami Seaquarium (www.miamiseaquarium.com; 4400 Rickenbacker Causeway; Erw./Kind 40/30 US$; ⏱ 9.30–18 Uhr, letzter Einlass 16.30 Uhr) Der 15 ha große Meerespark in Richtung Key Biscayne ist größer als ein normales Aquarium und veranstaltet u. a. tolle Tiershows. Zudem pflegt er verletzte Seekühe, Meeresschildkröten und Delfine gesund. Mit Letzteren kann man auch schwimmen.

Miami Children's Museum (www.miamichildrensmuseum.org; 980 MacArthur Causeway; Eintritt 16 US$; ⏱ 10–18 Uhr) Dieses Mitmach-Museum steht auf Watson Island zwischen Innenstadt und Miami Beach. Hier gibt's z. B. Musikstudios und Kunstateliers. Allerdings lassen von Firmen gesponserte *work experiences* das Ganze sehr kommerziell wirken.

Jungle Island (www.jungleisland.com; 1111 Parrot Jungle Trail abseits des MacArthur Causeway; Erw./Kind 35/27 US$; ⏱ 10–17 Uhr) Beheimatet viele Tropenvögel, Alligatoren, Orang-Utans, Schimpansen und – Fans von *Napoleon Dynamite* aufgepasst! – einen Liger (Kreuzung zwischen Löwe und Tiger).

Zoo Miami (Metrozoo; www.miamimetrozoo.com; 12400 SW 152nd St; Erw./Kind 16/12 US$; ⏱ 9.30–17.30 Uhr, letzter Einlass 16 Uhr) Im hiesigen Tropenwetter fühlen sich Spaziergänge durch den Zoo Miami fast wie Wildnistrips an. Für einen schnellen Überblick über das gigantische Gelände empfiehlt sich eine Fahrt mit der Safari Monorail (alle 20 Min.). Zudem finden alle möglichen Führungen statt. Kinder füttern gern die Samburu-Giraffen (2 US$).

Monkey Jungle (www.monkeyjungle.com; 14805 SW 216th St; Erw./Kind 30/24 US$; ⏱ 9.30–17 Uhr, letzter Einlass 16 Uhr) Der Slogan *Where humans are caged and monkeys run wild* („Wo Menschen eingesperrt sind und Affen frei umherlaufen") sagt bereits genug – nur nicht, dass dies im äußersten Süden von Miami der Fall ist.

Tarzan, You Vain (Ich Tarzan, Du nichts) ausgetobt.

Cadet Hotel   BOUTIQUEHOTEL $$$
(Karte S. 510; ☎ 305-672-6688; www.cadethotel.com; 1701 James Ave; Zi. 189–280 US$; ✳🛜❄) Das unscheinbare kleine Boutiquehotel mit perfekter Art-déco-Ästhetik ist von kreativem Zierrat geprägt. Die schattige Veranda ist eine Oase der Ruhe.

🛏 Nördliches Miami Beach

⭐ **Circa 39**   BOUTIQUEHOTEL $$
(☎ 305-538-4900; www.circa39.com; 3900 Collins Ave; Zi. 85–144 US$; ✳@🅿❄) Wer den Stil von South Beach liebt, dessen Attitüde aber hasst, trifft im Circa auf Gleichgesinnte. Es vereint die vielleicht abgefahrenste Lobby in ganz Miami mit hippen Zimmern in Eisblau und Weiß und einer einladenden Atmosphäre. Die Online-Preise sind phänomenal.

🛏 Coral Gables

Hotel St. Michel   HOTEL $$
(☎ 305-444-1666; www.hotelstmichel.com; 162 Alçazar Ave; Zi. 85–225 US$; 🅿✳🛜) Dieses Hotel in Coral Gables würde auch gut nach Europa passen. Hierfür sorgen Gewölbedecken, Bodenmosaike, altertümlicher Charme und gerade mal 28 Zimmer.

⭐ **Biltmore Hotel**   HISTORISCHES HOTEL $$$
(☎ 855-311-6903; www.biltmorehotel.com; 1200 Anastasia Ave; Zi. ab 209 US$; 🅿✳🛜❄) Das denkmalgeschützte Biltmore von 1926 ist eine Ikone des Luxus. Die Standardzimmer sind z. T. klein, die Gemeinschaftsbereiche hingegen palastartig. Der herrliche Hotelpool ist landesweit der größte seiner Art.

🍴 Essen

Floridas multikulturellste Stadt besitzt eine Restaurantszene auf internationalem Niveau.

🍴 South Beach

Entlang der Ocean Ave findet man auf den Terrassen und Bürgersteigen vor fast allen Strandhotels anständige Restaurants vor. Hier sind günstige Mittagsgerichte und Happy-Hour-Sonderangebote zu haben. Die starke Konkurrenz sorgt dabei für niedrige

Preise. Einfach zwischen 5th St und 14th Pl nach etwas Passendem suchen!

Puerto Sagua
KUBANISCH $

(Karte S. 510; ☑305-673-1115; 700 Collins Ave; meiste Hauptgerichte 6–20 US$; ⊘7.30–2 Uhr) Ran an die Theke in diesem beliebten kubanischen Diner und spontan ebenso authentische wie köstliche und erschwingliche Gerichte bestellt, z. B. *ropa vieja* (Rindergeschnetzeltes), schwarze Bohnen und *arroz con pollo* (Reis mit Hühnchen)! Und dazu gibt's den vielleicht besten kubanischen Kaffee der Stadt.

11th Street Diner
DINER $

(Karte S. 510; www.eleventhstreetdiner.com; 1065 Washington Ave; Hauptgerichte 9–18 US$; ⊘Do-Di 24 Std., Mi 24–7 Uhr) Dieses Art-déco-Diner befindet sich in einem schimmernden Eisenbahnwaggon (Pullman-Salonwagen). Hier geht's rund um die Uhr geschäftig zu. Besonders beliebt bei heimwärts schwankenden Nachtschwärmern.

Pizza Rustica
PIZZERIA $

(Karte S. 510; www.pizza-rustica.com; 863 Washington Ave; Pizzastücke 5 US$, andere Hauptgerichte 8–10 US$; ⊘11–18 Uhr) Perfekt für hungrige Stadtspaziergänger: Die großen viereckigen Pizzastücke sind vollwertige Mahlzeiten. Filiale an der 667 Lincoln Rd.

★Tap Tap
HAITIANISCH $$

(Karte S. 510; ☑305-672-2898; www.taptaprestaurant.com; 819 5th St; Hauptgerichte 9–20 US$; ⊘12–23.30 Uhr) In diesem psychedelischen haitianischen Restaurant speist man unter Wandmalereien von Papa Legba und genießt die genauso bunte, fröhliche Fusion-Küche aus Westafrika, Frankreich und der Karibik: Die scharfe Kürbissuppe, die Ziege mit Curry und das *mayi moulen*, die charakteristische Beilage aus Maismehl, sollte man probieren!

Jerry's Famous Deli
FEINKOST $$

(Karte S. 510; ☑305-532-8030; www.jerrysfamousdeli.com; 1450 Collins Ave; meiste Hauptgerichte 9–18 US$; ⊘24 Std.) Von Pastrami-Grillsandwiches oder chinesischem Hühnchensalat bis hin zu Fettuccine Alfredo gibt's hier alles Mögliche – und das rund um die Uhr. Die gewaltigen Portionen werden in einem großen, offenen Art-déco-Raum serviert und bei Bedarf auch nach Hause geliefert.

★Osteria del Teatro
ITALIENISCH $$$

(Karte S. 510; ☑305-538-7850; http://osteriadelteatromiami.com; 1443 Washington Ave; Hauptgerichte 17–38 US$; ⊘Mo–Do 18–23, Fr–So bis 1 Uhr) In einem der ältesten italienischen Restaurants hält man sich am besten an die Spezialgerichte, dann kann man nichts falsch machen. Oder noch besser, man lässt die freundlichen italienischen Kellner bestellen und sich rundum verwöhnen – die liegen garantiert nie falsch.

✗ Downtown Miami

Azul
FUSION-KÜCHE $$$

(☑305-913-8288; 500 Brickell Key Dr; Hauptgerichte 35–65 US$; ⊘Di-Sa 19–23 Uhr) Auf Brickell Key kann man sich in diesem grandiosen Restaurant mit phänomenaler asiatischer Fusion-Küche richtig verwöhnen lassen. Neben der umfangreichen Weinkarte und dem

EIN HAUCH LATEINAMERIKA IN MIAMI

Dank seiner langen Einwanderungsgeschichte ist Miami inzwischen zur Legende geworden, wenn es um authentische kubanische, haitianische, brasilianische und lateinamerikanische Küche geht. Kubanisches Essen ist eine Mischung aus karibischen, afrikanischen und lateinamerikanischen Einflüssen, und durch die gegenseitige äußerst fruchtbare „Fremdbestäubung" dieser Traditionen haben sich unzählige kreative, köstliche Gourmet-Fusionen entwickelt, die manchmal als *nuevo Latino*, *nouvelle Floridian* oder „floribische" Küche bezeichnet werden.

Für eine erste Kostprobe kubanischen Essens stellt man sich am besten an einer kubanischen *loncheria* (Imbissbude) an und bestellt ein *pan cubano*: ein gegrilltes Baguette mit Butter, Schinken, Schweinebraten, Käse, Senf und Essiggurken. Zum Abendessen gibt's dann das klassische *ropa vieja*: geschnetzeltes Bauchsteak mit Tomaten und Paprika, und dazu gebratene Kochbananen, schwarze Bohnen und gelben Reis.

Weitere Leckereien, die man unbedingt probieren sollte, sind haitianische *griots* (mariniertes, gebratenes Schweinefleisch), jamaikanisches „Jerk Chicken", brasilianisches Barbecue, *gallo pinto* (rote Bohnen mit Reis) aus Mittelamerika und *batidos* (milchige, sehr erfrischende Frucht-Smoothies aus Lateinamerika).

Blick übers Wasser auf Downtown bietet das Azul auch den besten Service in ganz Miami.

Little Havana

Versailles
KUBANISCH $$
(☎ 305-444-0240; www.versaillesrestaurant.com; 3555 SW 8th St; Hauptgerichte 5–26 US$; ⊗ 8–1 Uhr) *Das* kubanische Lokal der Stadt sollte man keinesfalls verpassen. Die großen Speiseräume im Cafeteria-Stil bieten Platz für jedermann.

Design District & Wynwood

Michy's
FUSION $$$
(☎ 305-759-2001; http://michysmiami.com; 6927 Biscayne Blvd; Gerichte 29–38 US$; ⊗ Di–Do 18–22.30, Fr & Sa 18–23, So 18–22 Uhr; ☑) Das Restaurant von Michelle „Michy" Bernstein zählt zu den hellsten Sternen an Miamis Gastro-Himmel. Hierfür sorgen einheimische Bio-Zutaten und stilvolles, märchenhaftes Dekor.

Ausgehen & Unterhaltung

Nachts erwacht Miami erst richtig zum Leben. Irgendwo ist immer was geboten, meist bis zum frühen Morgen: Viele Bars haben bis 3 Uhr oder sogar 5 Uhr geöffnet. Veranstaltungskalender und Galerie-, Bar- und Clubbewertungen gibt's unter www.cooljunkie.com und www.beached-miami.com.

Bars

Zahllose Bars säumen den Ocean Dr. Wer während der Happy Hour hier bummeln geht, trinkt zum halben Preis.

★ Room
BAR
(Karte S.510; www.theotheroom.com; 100 Collins Ave; ⊗ 19–5 Uhr) Die dunkle, stimmungsvolle Boutique-Bierbar in SoBe ist ein echtes Juwel: hip und super sexy, aber dennoch nicht affektiert. Wie der Name vermuten lässt: Der Laden ist klein – und darum oft überfüllt.

★ Abraxas
BAR
(Karte S.510; 407 Meridian Ave; ⊗ So–Mo 19–3, Di–Sa 17–5 Uhr) Das Abraxas in einem klassischen Art-déco-Bau könnte nicht sympathischer sein: Versteckt in einem Wohngebiet von South Beach schenkt es super Bier aus aller Welt an nicht allzu viele Gäste aus.

Electric Pickle
BAR
(www.electricpicklemiami.com; 2826 N Miami Ave; ⊗ Mi–Sa 22–5 Uhr) Der angesagte zweistöcki-

ge Jazzschuppen in Wynwood ist gleichermaßen sexy, attraktiv und kultiviert. Hippe Künstlertypen werden hier zu glamourösen Clubber-Kids.

Nachtclubs

Wer bei großen Nachtclubs seine Chancen aufs Hineinkommen steigern will, sollte sich vorab per Telefon auf die jeweilige Gästeliste setzen lassen. Attraktive, gut gekleidete Damen als Begleitung können auch nicht schaden (sofern man nicht gerade eine Schwulenbar besuchen möchte). South Beachs Clubs und Livemusik-Läden verlangen Grundpreise von 20 bis 25 US$. In der übrigen Stadt bezahlt man die Hälfte.

Skybar
NACHTCLUB
(Karte S.510; ☎ 305-695-3100; Shore Club, 1901 Collins Ave; Mo–Mi 16–2, Do–Sa 16–3 Uhr) Auf der Freilustterrasse können Gäste schicke Cocktails schlürfen (Runterkippen wird zu teuer!). Wer „jemand" bzw. ein Promi ist, bekommt auch Zugang zum Red Room im Inneren. Beide Bereiche bieten die Möglichkeit, schöne Menschen im marokkanisch angehauchten Luxusambiente zu beobachten.

Twist
NACHTCLUB
(Karte S.510; ☎ 305-538-9478; www.twistsobe.com; 1057 Washington Ave; ⊗ 13–5 Uhr) Dieser Schwulentreff mit Klassiker-Potential hält etwas von allem parat (z.B. Tanzfläche, Travestieshows, Go-Go-Tänzer).

Nikki Beach Club
NACHTCLUB
(Karte S.510; ☎ 305-538-1111; www.nikkibeach.com; 1 Ocean Dr; Grundpreis ab 25 US$; ⊗ Mo & Di 11–18, Mi–Sa 11–23, So 11–17 Uhr) Die Betten und Privatzelte des schicken Freiluftclubs direkt auf dem Strandsand laden zum Relaxen ein.

Mansion
NACHTCLUB
(Karte S.510; ☎ 305-532-1525; www.mansionmiami.com; 1235 Washington Ave; Grundpreis ab 20 US$; ⊗ Mi–Sa 23–5 Uhr) Bei dem großartigen, exklusiven Megaclub ist der Name Programm. Wer hinein will, sollte schick angezogen sein und mit langem Anstehen vor dem Samtseil rechnen.

Livemusik

Hoy Como Ayer
LIVEMUSIK
(☎ 305-541-2631; www.hoycomoayer.us; 2212 SW 8th St; ⊗ Do–Sa ab 21 Uhr) Authentische kubanische Musik.

Tobacco Road
LIVEMUSIK
(☎ 305-374-1198; www.tobacco-road.com; 626 S Miami Ave; ⊗ 11.30–5 Uhr) Altmodische Kneipe

(eröffnet 1912) mit Blues, Jazz und gelegentlichen spontanen Rockstar-Jams.

Jazid LOUNGE
(Karte S. 510; ☑ 305-673-9372; www.jazid.net; 1342 Washington Ave; ⊙11–5 Uhr) Hier in der Kerzenlicht-Lounge gibt's u. a. Jazz auf die Ohren; im Stockwerk darüber legen DJs Soul und Hip-Hop auf.

Theater & Kultur

Adrienne Arsht Center for the Performing Arts THEATER
(www.arshtcenter.org; 1300 Biscayne Blvd) Präsentiert u. a. Theater, Tanz, Comedy und Musik wie Jazz aus aller Welt.

New World Center KLASSISCHE MUSIK
(Karte S. 510; www.newworldcenter.com; 500 17th St) Die neue Heimstatt der New World Symphony zählt zu Miamis schönsten Gebäuden.

Colony Theater THEATER
(Karte S. 510; www.mbculture.com; 1040 Lincoln Rd) Von unbekannteren Musicals und Ballettvorstellungen bis hin zu Filmen zeigt dieses renovierte Art-déco-Prunkstück (erb. 1934) alles Mögliche.

Fillmore Miami Beach THEATER
(Karte S. 510; www.fillmoremb.com; 1700 Washington Ave) Miami Beachs Hauptbühne für Broadway-Shows und große Konzerte.

Sport

Miamis Profiliga-Teams sind in allen vier großen Mannschaftssportarten vertreten.

Miami Dolphins FOOTBALL
(☑ 305-943-8000; www.miamidolphins.com; Sun Life Stadium, 2269 Dan Marino Blvd; Tickets ab 35 US$; ⊙Aug.–Dez.) NFL-Football.

Florida Marlins BASEBALL
(http://miami.marlins.mlb.com; Marlins Park, 501 Marlins Way; Tickets ab 15 US$; ⊙Mai–Sept.) MLB-Baseball.

Miami Heat BASKETBALL
(☑ 786-777-1000; www.nba.com/heat; American Airlines Arena, 601 Biscayne Blvd; Tickets ab 20 US$; ⊙Nov.–April) NBA-Basketball.

Florida Panthers EISHOCKEY
(☑ 954-835-7825; http://panthers.nhl.com; BB&T Center, 1 Panther Pkwy, Sunrise; Tickets ab 15 US$; ⊙Mitte Okt.–Mitte April) NHL-Eishockey.

Shoppen

Für Einzel- und Designerstücke empfehlen sich Boutiquen im Bereich der Collins Ave (South Beach; zw. 6th & 9th St) oder entlang der Lincoln Rd Mall. Einzigartiges gibt's in Little Havana und im Design District.

Bal Harbour Shops EINKAUFSZENTRUM
(www.balharbourshops.com; 9700 Collins Ave) Miamis eleganteste Mall.

Bayside Marketplace EINKAUFSZENTRUM
(www.baysidemarketplace.com; 401 Biscayne Blvd) Belebtes, wenn auch touristisches Einkaufs- und Unterhaltungszentrum in der Nähe des Jachthafens.

Books & Books BÜCHER
(Karte S. 510; ☑ 305-532-3222; www.booksandbooks.com; 927 Lincoln Rd) Süd-Floridas bester Indie-Buchladen ist in Coral Gables (265 Aragon Ave; Hauptgeschäft) und in den Bal Harbour Shops vertreten.

ⓘ Praktische Informationen

GEFAHREN & ÄRGERNISSE

Ein paar Gegenden gelten in Miami nachts als gefährlich: Little Haiti, einige Abschnitte des Flussufers und des Biscayne Blvd und das Gebiet unterhalb der 5th St in South Beach. In Downtown sollte man rund um den Greyhound-Busbahnhof und die Barackensiedlungen in der Nähe von Dämmen, Brücken und Überführungen Vorsicht walten lassen.

GELD

Die Bank of America hat überall in Miami und Miami Beach Filialen.

INFOS IM INTERNET

Art Circuits (www.artcircuits.com) Insidertipps zu Kunstevents; Karten mit Galerien zu einzelnen Stadtvierteln.

Mango & Lime (www.mangoandlime.net) Der beste örtliche Blog rund ums Thema Essen.

Miami Beach 411 (www.miamibeach411.com) Toller allgemeiner Guide für Besucher von Miami Beach.

INTERNETZUGANG

Die meisten Hotels bieten (genau wie Starbucks) WLAN-Zugang an, und in Bibliotheken gibt's kostenlose Internetterminals.

MEDIEN

Miami Herald (www.miamiherald.com) Die wichtigste englischsprachige Tageszeitung der Stadt.

El Nuevo Herald (www.elnuevoherald.com) Tageszeitung auf Spanisch, vom Miami Herald herausgegeben.

Miami New Times (www.miaminewtimes.com) Bissige alternative Wochenzeitung.

MEDIZINISCHE VERSORGUNG

Mount Sinai Medical Center (☑ 305-674-2121, 24 Std. medizinische Hotline für Besucher 305-674-2222; 4300 Alton Rd) Die beste Notaufnahme der Gegend.

NOTFALL

Beach Patrol (☑ 305-673-7714)

TOURISTENINFORMATION

Greater Miami & the Beaches Convention & Visitors Bureau (☑ 305-539-3000; www.miamiandbeaches.com; 701 Brickell Ave, 27. Stock; ☺ Mo–Fr 8.30–17 Uhr) In einem seltsam einschüchternden Hochhaus.

Miami Beach Chamber of Commerce (Karte S. 510; ☑ 305-674-1300; www.miamibeach chamber.com; 1920 Meridian Ave; ☺ Mo–Fr 9–17 Uhr) Verkauft u. a. die Meter Card (Parkkarte zu 10, 20 od. 25 US$; Parken 1 US$/Std.).

ℹ An- & Weiterreise

Der **Miami International Airport** (MIA; www.miami-airport.com) liegt ca. 6 Meilen (9,7 km) westlich von Downtown. **SuperShuttle** (☑ 305-871-8210; www.supershuttle.com) fährt zum Flughafen und von dort aus für ca. 21 US$ nach South Beach.

An Miamis vier **Greyhound-Terminals** (☑ 800-231-2222; www.greyhound.com) besteht Anschluss zu allen Großstädten Floridas. Die jeweils praktischste Abfahrtsstelle lässt sich über die Website ermitteln.

Die **Amtrak** (☑ 800-872-7245, 305-835-1222; www.amtrak.com; 8303 NW 37th Ave) unterhält in Miami einen großen Bahnhof. Pendlerzüge der **Tri-Rail** (☑ 800-874-7245; www.tri-rail.com) bedienen Miami (inkl. MIA), Fort Lauderdale (inkl. Flughafen) und West Palm Beach (inkl. Flughafen; hin & zurück 11,55 US$). Unterwegs kann einmal gratis in Miamis übriges Nahverkehrsnetz umgestiegen werden.

ℹ Unterwegs vor Ort

Die **Metro-Dade Transit** (☑ 305-891-3131; www.miamidade.gov/transit/routes.asp; Fahrt 2 US$) betreibt neben den lokalen Metrobus- und Metrorail-Netzen auch den kostenlosen Metromover (fahrerlose Einschienenbahn) im Stadtzentrum.

Fort Lauderdale

Fort Lauderdale war einst als Spring-Break-Partyhochburg bekannt, aber genau wie die betrunkenen Teenager, die früher am Strand abhingen, ist die Stadt inzwischen erwachsen geworden und hat sich weiterentwickelt. Heute ist sie ein stilsicherer, niveauvoller Ort, der eher für seine Museen, die Wasserstraßen im venezianischen Stil, Jachten und Freiluft-Cafés bekannt ist als für Wet-T-Shirt-Contests und Biermeter. Außerdem ist die Stadt ein beliebtes Ziel für Schwule und Lesben, genau wie der Großteil des restlichen Süd-Floridas. Und der Strand ist noch genauso schön wie eh und je.

Alles Wichtige rund um die Gegend erfährt man bei der **Touristeninformation** (☑ 800-227-8669, 954-765-4466; www.sunny.org; 100 E Broward Blvd, Suite 200; ☺ Mo–Fr 8.30–17 Uhr).

◉ Sehenswertes & Aktivitäten

Fort Lauderdale Beach & Promenade   STRAND

Fort Lauderdales Promenade – ein breiter, von Palmen gesäumter Weg aus Ziegelsteinen, der sich an den Strand und die A1A schmiegt – ist ein wahrer Magnet für Jogger, Inlineskater, Spaziergänger und Radfahrer. Der weiße Sandstrand ist einer der saubersten und besten des ganzen Landes; er erstreckt sich über 11,3 km bis nach Lauderdale-by-the-Sea.

Museum of Art   MUSEUM

(www.moafl.org; 1 E Las Olas Blvd; Erw./Kind 6–17 Jahre 10/5 US$; ☺ Mo–Sa 10–17, Sa 12–17 Uhr) Der kurvige Bau ist in Florida eine echte Ausnahme. Fans von William Glackens schätzen ihn für die entsprechende Sammlung, alle anderen Besucher für die fesselnden Ausstellungen.

Museum of Discovery & Science   MUSEUM

(www.mods.org; 401 SW 2nd St; Erw./Kind 2–12 Jahre 14/12 US$; ☺ Mo–Sa 10–17, So 12–18 Uhr; ☒) Hier wird man von einer knapp 16 m hohen kinetischen Skulptur begrüßt, und zu den witzigen Ausstellungen gehören „Gizmo City" und „Runways to Rockets" – perfekt für kleine Raketenforscher. Außerdem gibt's eine Ausstellung zu den Everglades und ein IMAX-Kino.

Bonnet House   HISTORISCHES WOHNHAUS

www.bonnethouse.org; 900 N Birch Rd; Erw./Kind 20/16 US$, nur Anlage 10 US$; ☺ Di–Sa 9–16, So ab 11 Uhr) Während man durch die herrlich grünen subtropischen Gärten dieses 14 ha großen Anwesens schlendert, sieht man vielleicht sogar eines der hier wohnhaften Totenkopfäffchen.

★ Carrie B   BOOTSFAHRT

(☑ 954-642-1601, 888-238-9805; www.carrieb cruises.com; Erw./Kind 23/13 US$) Mit diesem

SCHWULEN- & LESBENSZENE IN FORT LAUDERDALE

Sicher, South Beach in Miami ist ein Mekka für Schwule und Lesben, aber Fort Lauderdale ist seinem Nachbarn im Süden schon seit einiger Zeit dicht auf den Fersen. Näheres zur örtlichen Schwulenszene gibt's unter www.gayftlauderdale.com. Auch das wöchentlich erscheinende Hochglanzmagazin **Hot Spots** (www.hotspotsmagazine.com) und die unglaublich umfangreichen Quellen www.jumponmarkslist.com und www.sunny.org/glbt widmen sich dem schwul-lesbischen Leben in Süd-Florida.

Nachbau eines Raddampfers aus dem 19. Jh. geht's z. B. an den riesigen Villen entlang des Intracoastal Waterway und des New River vorbei (90 Min.). Der Bordkommentar beleuchtet dabei die *lifestyles of the rich and famous* (Lebensstile der Reichen und Berühmten).

Water Taxi BOOTSFAHRT
(www.watertaxi.com; Tagespass Erw./Kind 20/13 US$) Das coole gelbe **Wassertaxi** ist auf den Kanälen bzw. Wasserwegen zwischen 17th St (Süden), Atlantic Blvd/Pompano Beach (Norden), Riverfront (Westen) und dem Atlantik (Osten) unterwegs. Der Tagespass erlaubt unbegrenzt viele Fahrten.

🛏 Schlafen

Das größte Unterkunftsangebot in allen Preiskategorien gibt's zwischen Rio Mar St (Süden), Vistamar St (Norden), Hwy A1A (Osten) und Bayshore Dr (Westen). Tipp: Das CVB führt ein Verzeichnis der **luxuriösen kleinen Unterkünfte** (Superior Small Lodgings; www.sunny.org/ssl).

Shell Motel MOTEL $
(☎954-463-1723; www.sableresorts.com; 3030 Bayshore Dr; Zi./Suite ab 90/150 US$; ❄🛜🐾) Eines von sechs bescheidenen Motels desselben Unternehmens: Dieses Haus im netten Old-Florida-Stil bietet helle, saubere Zimmer rund um einen kleinen Pool, aber man kann sich natürlich auch eine der großzügigen Suiten gönnen.

Riverside Hotel HOTEL $$
(☎954-467-0671; www.riversidehotel.com; 620 E Las Olas Blvd; Zi. 129–224 US$; ❄@🛜🐾🐾) Dieses Wahrzeichen von Fort Lauderdale in fabelhafter Lage auf dem Las Olas bietet drei Arten von Zimmern: modernere Quartiere im neueren Turm, renovierte Zimmer im ursprünglichen Gebäude und die altmodischeren, „klassischen" Varianten.

★**Pillars** B&B $$$
(☎954-467-9639; www.pillarshotel.com; 111 N Birch Rd; Zi. 179–520 US$; ❄@🛜🐾) Von der Harfe in der Sitzecke bis zu den Balkonen und den Candle-Light-Dinners für zwei – in diesem winzigen Boutique-B&B stecken Stil und guter Geschmack selbst im Detail. Nur einen Block vom Strand entfernt und mit Blick auf den Sonnenuntergang.

🍴 Essen

★**Gran Forno** ITALIENISCH $
(www.gran-forno.com; 1235 E Las Olas Blvd; Hauptgerichte 6–12 US$; ⊗Di–So 7–18 Uhr) Das beste Plätzchen zum Mittagessen in Downtown Fort Lauderdale: Die herrliche altmodische Bäckerei mit Café im mailändischen Stil serviert knuspriges Gebäck, Blasen werfende Pizzas und dicke, goldbraune Ciabatta-Scheiben belegt mit Schinken, gegrillter Paprika, Pesto und anderen Köstlichkeiten.

11th Street Annex AMERIKANISCH $
(http://twouglysisters.com; 14 SW 11th St; Mittagessen 9 US$; ⊗Mo–Fr 11.30–14 Uhr) Dieses nette, kleine Cottage liegt ein bisschen ab vom Schuss und tischt auf, was immer den Besitzern gerade einfällt: Makkaroni und Käse mit Brie, Hühner-Confit oder Schokoladenkuchen mit saurer Sahne. Das meiste Gemüse stammt aus dem hauseigenen Garten.

★**Le Tub** BURGER, AMERIKANISCH $$
(www.theletub.com; 1100 N Ocean Dr, Hollywood; Hauptgerichte 9–20 US$; ⊗Mo–Fr 11–1, Sa & So 12–2 Uhr; 🖶) Diese schräge Institution am Intracoastal Waterway ist ausschließlich mit Treibgut dekoriert, das im Lauf von vier Jahren beim Joggen am Hollywood Beach gefunden wurde. Zwischen den Freilufttischen auf mehreren Etagen sprießen üppige Pflanzen in Badewannen und Toilettenschüsseln. Unbedingt den Sirloin-Burger bestellen: Der ist größer als der eigene Kopf (kein Witz!) und wird vom Männermagazin GQ immer zum „besten Amerikas" gekürt. Auf freie Plätze und das Essen muss oft eine Runde gewartet werden – doch das lohnt sich.

Casablanca Cafe MEDITERRAN $$$
(☎954-764-3500; www.casablancacafeonline.com; 3049 Alhambra St; Hauptgerichte 10–38 US$;

⊙ 11.30–2 Uhr) Gäste des marokkanisch gestalteten Wohnhauses versuchen am besten, einen Platz auf dem oberen Balkon zu ergattern: Dort wird mediterran angehauchte Küche zu Meerblick à la Florida serviert. Von Mittwoch bis Sonntag gibt's Livemusik.

Rustic Inn SEAFOOD **$$$**
(☎ 954-584-1637; www.rusticinn.com; 4331 Anglers Ave; Hauptgerichte 14–30 US$; ⊙ Mo–Sa 11.30–22.30, So 12–21.30 Uhr) In dem chaotischen, lärmigen Seafood-Lokal greifen hungrige Einheimische zum Holzhammer, um auf den mit Zeitungspapier belegten Tischen stark knoblauchlastige Blaukrabben, Pazifische Taschenkrebse und Goldene Königskrabben zu knacken.

 Ausgehen & Unterhaltung

Bars haben am Wochenende in der Regel bis 4 Uhr, werktags bis 2 Uhr geöffnet. Man kann auf dem **Riverwalk** (www.goriverwalk.com) am New River entlang zum Freiluft-Einkaufszentrum **Las Olas Riverfront** (SW 1st Ave at Las Olas Blvd) schlendern, wo man Läden, Restaurants, ein Kino und jede Menge Unterhaltung vorfindet.

Elbo Room BAR
(www.elboroom.com; 241 S Fort Lauderdale Beach Blvd; 10–2 Uhr) Das Elbo Room ist auch im Film *Where the Boys Are* zu sehen und baut noch immer auf seinen etwas zweifelhaften Ruf als eine der ältesten und verruchtesten Bars der Gegend.

Lulu's Bait Shack BAR
(www.lulusbaitshack.com; 17 S Atlantic Blvd; ⊙ 11–1 Uhr) Direkt am Meer locken hier eimerweise Bier, Schüsseln voller Muscheln und Drinks in Goldfischgläsern.

❶ Anreise & Unterwegs vor Ort

Der **Fort Lauderdale-Hollywood International Airport** (☎ 866-435-9355, 954-359-6100; www.broward.org/airport; 320 Terminal Dr) wird von über 35 Fluglinien bedient (z. T. direkt ab Europa). Ein Taxi vom Flughafen nach Downtown kostet ca. 20 US$.

Der **Greyhound-Busbahnhof** (www.greyhound.com; 515 NE 3rd St) mit vielen Verbindungen täglich liegt vier Blocks vom Broward Central Terminal entfernt. Züge der **Amtrak** (☎ 800-872-7245; www.amtrak.com; 200 SW 21st Tce) halten am **Bahnhof** (200 SW 21st Tce). Die **Tri-Rail** (www.tri-rail.com; 6151 N Andrews Ave) fährt nach Miami und Palm Beach.

Die Stadtbusse von **Sun Trolley** (www.suntrolley.com; Fahrt 0,50 US$) empfehlen sich für

Fahrten zwischen Downtown, Strand, Las Olas und Riverfront.

Palm Beach & Umgebung

In Palm Beach dreht sich nicht alles nur um Jachten und prächtige Villen – aber fast. In dieser Gegend erbaute auch der Eisenbahnbaron Henry Flagler seinen Winterwohnsitz, und sie ist das Zuhause von Donald Trumps **Mar-a-Lago** (1100 S Ocean Blvd). Mit anderen Worten: Wer nach Mittelklassetourismus und Florida-Kitsch sucht, sollte weiterfahren. Nähere Informationen und Karten der Gegend gibt's beim **Convention & Visitor Bureau** (☎ 800-554-7256; www.palmbeachfl.com; 1555 Palm Beach Lakes Blvd) des Palm Beach County in West Palm Beach.

Boca Raton

Dieser malerische Küstenlandstrich liegt auf halber Strecke zwischen Fort Lauderdale und Palm Beach und ist größtenteils eine Wohngegend, die von umfangreicher Bebauung verschont geblieben ist. Einen wunderbaren Einstieg gewährt eine Wanderung über den erhöhten Holzsteg im **Gumbo Limbo Nature Center** (☎ 561-544-8605; www.gumbolimbo.org; 1801 N Ocean Blvd; Eintritt gegen Spende; ⊙ Mo–Sa 9–16, So 12–16 Uhr; ♿), einem schönen geschützten Feuchtgebiet; die Aufzuchtstation für Meeresschildkröten ist ebenfalls einen Besuch wert. Ein weiterer guter Grund für einen Zwischenstopp ist das grandiose **Boca Raton Museum of Art** (☎ 561-392-2500; www.bocamuseum.org; 501 Plaza Real; Erw./Student 8/5 US$; ⊙ Di–Fr 10–17, Sa & So 12–17 Uhr) mit seiner Dauerausstellung zeitgenössischer Werke von Picasso, Matisse, Warhol und vielen anderen. Das Museum befindet sich im **Mizner Park** (www.miznerpark.org), einem schicken Freiluft-Einkaufszentrum mit Läden, Restaurants und regelmäßig stattfindenden kostenlosen Konzerten.

Palm Beach

Rund 30 Meilen (48 km) nördlich von Boca Raton liegen Palm Beach und West Palm Beach. Die beiden Städte stellen die traditionelle Küstenhierarchie auf den Kopf: Palm Beach am Strand ist luxuriöser, West Palm Beach auf dem Festland jünger und lebhafter.

Palm Beach ist eine Enklave der Superreichen (vor allem während seiner „Gesellschaftssaison" im Winter). So sind Traveller hier vor allem damit beschäftigt, die Villen am Meer und die Schaufenster der Boutiquen an der passend benannten **Worth Avenue** (www.worth-avenue.com) zu bewundern. Alternativ kann man eines der faszinierendsten Museen der USA besuchen: das prachtvolle **Flagler Museum** (www.flagler museum.us; 1 Whitehall Way; Erw./Kind 18/10 US$; ⏱Di–Sa 10–17, So 12–17 Uhr) in Whitehall Mansion, der 1902 erbauten Winterresidenz des Eisenbahnmagnaten. Der kunstvolle Palast mit 55 Räumen lässt einen tief in die historische Opulenz des Gilded Age (Blütezeit der US-Wirtschaft von ca. 1870–1898) eintauchen.

Flaglers mondänes Küstenhotel **Breakers** (☎888-273-2537, 561-655-6611; www.thebrea kers.com; 1 S County Rd; Zi. 270–1250 US$, Suite 510–5500 US$; ✻@🛜🏊) von 1896 ist der Villa Medici in Rom nachempfunden und eine superluxuriöse Welt für sich. Zum Gelände gehören zwei Golfplätze, zehn Tennisplätze, zahlreiche Restaurants und ein mediterraner Strandclub mit drei Pools.

Für deutlich günstigere Genüsse empfiehlt sich die Mittagstheke von **Green's Pharmacy** (151 N County Rd; Hauptgerichte 4–11 US$; ⏱Mo–Fr 8–18, Sa 8–16 Uhr), wo kalorienarme Speisen und Egg Cream (Mixgetränk aus Milch, Mineralwasser und Schokoladensirup) auf Resopaltischen landen.

West Palm Beach

Henry Flagler entwickelte West Palm Beach ursprünglich als Arbeitergemeinde zur Unterstützung von Palm Beach. Heute wird in West Palm härter gearbeitet, dafür geht es aber auch ein bisschen ruppiger und einfach cooler und entspannter zu. Kurz und gut: Diese Stadt macht einfach Spaß.

Floridas größtes Museum, das **Norton Museum of Art** (☎561-832-5196; www.norton. org; 1451 S Olive Ave; Erw./Kind 12/5 US$; ⏱Di–Sa 10–17, Do bis 21, So 11–17 Uhr), birgt eine umfangreiche Sammlung amerikanischer und europäischer moderner Meister und Impressionisten sowie einen Buddha-Kopf, der über eine beeindruckende Ausstellung asiatischer Kunst wacht. Wer das mag, wird den **Ann Norton Sculpture Garden** (www.ansg. org; 253 Barcelona Rd; Eintritt Erw./Kinder unter 5 Jahre 7/frei US$; ⏱Mi–So 10–16 Uhr) lieben. Die feine Skulpturensammlung steht verstreut in herrlich grünen Gärten und ist ein echtes West-Palm-Schmuckstück.

Wer mit Kindern reist, kann sie auf eine **Lion Country Safari** (www.lioncountrysafa

ri.com; 2003 Lion Country Safari Rd; Erw./Kind 28,50/21 US$; ⏱9.30–17.30 Uhr; 🚗) mitnehmen, die erste käfigfreie Safari des Landes, bei der man durch ein 200 ha großes Gelände fährt, auf dem sich 900 Tiere frei bewegen können.

Die lässigste Unterkunft der Stadt ist das **Hotel Biba** (☎561-832-0094; www.hotelbiba. com; 320 Belvedere Rd; Zi. 69–129 US$; @🛜🏊) 🅿. Seine auffällige Retro-Fassade sieht aus wie ein niedliches Motel aus den 1950ern, aber die Zimmer sind in einem modernen Boutiquestil gehalten, der perfekt nach SoBe in Miami passen würde.

Der Großteil des Geschehens spielt sich rund um **CityPlace** (www.cityplace.com; 700 S Rosemary Ave; ⏱Mo–Sa 10–22 Uhr, So 12–18 Uhr) ab, ein Freiluft-Einkaufszentrum, das aussieht wie ein europäisches Dorf mit plätschernden Springbrunnen und jeder Menge Restaurants und Unterhaltungsmöglichkeiten. In der Clematis St reihen sich außerdem mehrere gute Bars, Livemusik-Clubs und Restaurants aneinander, und darüber hinaus finden beim **Clematis by Night** (www. clematisbynight.net) jeden Donnerstag nette Konzerte unter freiem Himmel statt. Wer Hunger hat, kann einen Abstecher zur **Rocco's Tacos & Tequila Bar** (www.roccostacos. com; 224 Clematis St; Hauptgerichte 12–23 US$; ⏱So–Mi 11.30–23, Do–Sa bis 24 Uhr) machen, einem angesagten *nuevo*-mexikanischen Restaurant mit abgefahrener Einrichtung, Guacamole auf den Tischen und 175 verschiedenen Sorten Tequila – kein Wunder, dass es hier so laut zugeht!

Der **Palm Beach International Airport** (☎561-471-7420; PBI; www.pbia.org) fertigt die große Welle seiner winterlichen Zugvögel in bewundernswerter Weise ab; er liegt 2,5 Meilen (4 km) westlich von West Palm Beachs Stadtzentrum. Der **Tri-Rail-Bahnhof** (☎800-875-7245; www.tri-rail.com; 203 S Tamarind Ave) in Downtown dient auch als **Amtrak-Bahnhof** (☎561-832-6169; www.am trak.com; 209 S Tamarind Ave).

Everglades

Im Gegensatz dazu, was man vielleicht gehört hat, sind die Everglades gar kein Sumpf – oder zumindest nicht nur. Am besten lässt es sich als nasse Prärie bezeichnen: eine Graslandschaft, die zufällig die meiste Zeit des Jahres überflutet ist. Sie ist aber auch kein stehendes Gewässer. Während der Regenzeit kriecht ein breiter Fluss, der sich über den gesamten Horizont erstreckt, unendlich langsam unter dem rauschenden Sumpfgras durch die höher aufragenden Zypressen und Hartholzgewächse des Sumpfes in Richtung Ozean. Wahr ist allerdings, dass es in den Everglades vor Alligatoren nur so wimmelt – und vielleicht liegen hier auch wirklich ein paar Leichen, wie *CSI: Miami* uns glauben machen will. Die Schönheit der Everglades liegt jedoch weder in diesen Furcht einflößenden Details noch in ihrer geologischen Dramatik, sondern vielmehr im zeitlosen, langsamen Flügelschlag des Amerikanischen Graureihers, der seit dem Jura mit derselben Anmut über sein weites, überraschend sanft wirkendes Zuhause gleitet.

Dies ist auch einer der Gründe, warum es viel befriedigender ist, die Everglades zu Fuß, mit dem Fahrrad, Kanu oder Kajak (und mit einem Zelt) zu erkunden als mit einem lauten, vibrierenden Propellerboot. In dieser einzigartigen subtropischen Wildnis gibt es eine unglaubliche Vielfalt wundervoller Kreaturen zu entdecken. Über mehrere gut zugängliche Eingänge, für die sich die paar Stunden Umweg wirklich lohnen, ist auch das sanfte Herz der Everglades leicht zu erreichen.

In den Everglades herrschen zwei Jahreszeiten: die Regenzeit im Sommer und die Trockenzeit im Winter. Der Winter dauert von Dezember bis April und ist die beste Zeit für einen Besuch: Das Wetter ist angenehm mild, und es gibt haufenweise wilde Tiere zu sehen. Im Sommer – von Mai bis Oktober – ist es hier unerträglich heiß, feucht und insektenverseucht, und die Nachmittage werden häufig von Gewitterstürmen verhagelt. Sobald sich das Wasser ausbreitet, verschwinden auch die Tiere zusehends.

Everglades National Park

Auch wenn die Geschichte der Everglades bis in prähistorische Zeiten zurückreicht, der Park wurde erst 1947 gegründet. Er gilt als der am stärksten bedrohte Nationalpark der USA, aber seit der Comprehensive Everglades Restoration Plan (www.everglades plan.org) in Kraft trat, wurden einige der Schäden, die durch Entwässerung und Bebauung angerichtet wurden, bereits wieder behoben.

Der Park verfügt über drei Hauptzugänge und Bereiche: Man erreicht ihn im Süden entlang der Rte 9336, die durch Homestead und Florida City zum Ernest Coe Visitor Center und schließlich nach Flamingo führt; über den Tamiami Trail/Hwy 41 im Norden nach Shark Valley und entlang der Golfküste in der Nähe von Everglades City.

An den Haupteingängen des Parks stehen Visitor Centers zur Verfügung, in denen Karten und Campinggenehmigungen sowie Informationen der Ranger erhältlich sind. Man muss die Eintrittsgebühr (pro Auto/Fußgänger 10/5 US$; 7 Tage gültig) nur einmal für alle Zugangspunkte bezahlen.

Selbst im Winter ist es beinahe unmöglich, den Moskitos zu entgehen, aber im Sommer sind sie besonders unerbittlich: unbedingt starkes Insektenschutzmittel einpacken! Auch Alligatoren sind häufig anzutreffen. Und so offensichtlich das auch klingen mag: Man darf die Tiere wirklich niemals füttern! Erstens ist es illegal und zweitens eine zuverlässige Möglichkeit, einen Angriff zu provozieren. Auch vier giftige Schlangenarten sind in den Everglades zu Hause – zur Sicherheit macht man einen großen Bogen um sämtliche Schlangen und trägt lange, dicke Socken und hohe Schnürstiefel.

◉ Sehenswertes & Aktivitäten

Shark Valley PARK
(☑ 305-221-8776; www.nps.gov/ever/planyourvisit/svdirections.htm; 36000 SW 8th St; Auto/Radfahrer 10/5 US$; ☉ 9.15–17.15 Uhr) Shark Valley ist einer der besten Orte, um in die Everglades einzutauchen (in übertragenen Sinn jedenfalls). Bei der hervorragenden, zweistündigen **Tramtour** (☑ 305-221-8455; www.sharkvalleytramtours.com; Erw./Kind 20/12,75 US$) entlang eines 15 Meilen (24 km) langen Asphaltwegs sind im Winter viele Alligatoren zu sehen. Nebenbei erlebt man den Park komfortabel an Bord einer beschatteten, luftigen Minibahn auf normalen Rädern. Begleitend geben Ranger mit sachkundigen Kommentaren einen faszinierenden Überblick über die Everglades. Die topfebene Route eignet sich auch perfekt für Fahrräder (am Parkeingang ausleihbar; 7,50 US$/Std.). Ausreichend Wasser mitbringen!

Ernest Coe Visitor Center PARK
(☑ 305-242-7700; www.nps.gov/ever; Hwy 9336; ☉ 9–17 Uhr) Wer einen ganzen Tag in den Everglades verbringen kann, sollte bei diesem Visitor Center starten. Es zeigt ausgezeichnete Ausstellungen in Museumsqualität und hält jede Menge Infomaterial zu verschiedenen Aktivitäten bereit: Von der Straße aus hat man Zugang zu zahlreichen kurzen Wanderungen und unzähligen erstklassigen Strecken für Kanutouren.

Telefonisch kann man nach dem Zeitplan für das Programm fragen, das die Ranger anbieten, darunter auch die zweistündige „Sumpftour". An der nahen **Royal Palm Area** (☑ 305-242-7700; Hwy 9336) beginnen zwei kurze Wanderwege. Der **Anhinga Trail** bietet sich für tolle Natur- und Tierbeobachtungen an – besonders für Alligatoren im Winter – und der **Gumbo-Limbo Trail** ist die richtige Wahl für Pflanzen- und Baumliebhaber.

Flamingo Visitor Center PARK
(☑ 239-695-2945; ◷ 8–16.30 Uhr) Von Royal Palm aus führt der Hwy 9336 über 38 Meilen (61 km) quer durch den Park. Schließlich erreicht er das einsame Flamingo Visitor Center, wo es Routenkarten für Wanderer und Kanuten gibt. Am besten vorher telefonisch nach vorhandenen Einrichtungen erkundigen: Die frühere Flamingo Lodge wurde 2005 von Wirbelstürmen zerstört. Die inzwischen wiedereröffnete **Flamingo Marina** (☑ 239-695-3101; ◷ Laden Mo–Fr 7–17.30, Sa & So 6–17.30 Uhr) bietet Bootstouren durch die Wildnis und Leihkanus bzw. -kajaks für Küstentrips auf eigene Faust an.

Gulf Coast Visitor Center PARK
(☑ 239-695-3311; 815 Oyster Bar Lane, abseits Hwy 29, Everglades City; ◷ 9–16.30 Uhr) Wer mehr Zeit hat, sollte darüber nachdenken, die Nordwestecke der Everglades zu besuchen, wo die Mangroven und Wasserstraßen der **10 000 Islands** zu unglaublichen Kanu- und Kajaktouren einladen und man sich einer großartigen Bootstour anschließen kann, auf der man vielleicht sogar Delfine sieht. Das Visitor Center befindet sich neben dem Hafenbereich; hier kann man Ausrüstung leihen (13 US$/Std.) und sich eine der geführten Bootstouren aussuchen (ab 25 US$). In Everglades City gibt's auch private Touranbieter, die Campingtrips zu den 10 000 Islands organisieren.

🛏 Schlafen

Die beiden erschlossenen Campingplätze des Everglades National Park warten jeweils mit Trinkwasser, Toiletten und Grills auf. Am besten sind die reservierungsfreien Stellplätze von **Long Pine Key** (☑ 305-242-7873; Stellplatz f. Zelt/Wohnmobil 16/30 US$) gleich westlich des Royal Palm Visitor Center. Reservieren muss man die Stellplätze von **Flamingo** (☑ 877-444-6777; www.recreation.gov; Stellplatz f. Zelt/Wohnmobil 16/30 US$) mit Stromanschlüssen und Kaltwasserduschen.

Eine Genehmigung des Visitor Center ermöglicht **Wildniscamping** (Genehmigung 10 US$ zzgl. 2 US$/Pers. & Nacht) im ganzen Park – z. B. am Strand oder auf sogenannten *chickees* (überdachten Holzplattformen über dem Wasser).

ℹ Anreise & Unterwegs vor Ort

Das größte subtropische Wildnisgebiet der kontinentalen USA ist von Miami aus leicht erreichbar. Zwischen dem Atlantik (Osten) und dem Golf von Mexiko (Westen) bedecken die „Glades" die südlichsten 130 km Floridas. Der Tamiami Trail (US Hwy 41) durchquert sie von Osten nach Westen – parallel zur weiter nördlich gelegenen und weniger interessanten Alligator Alley (I-75).

Um richtig ins Innere der Everglades vordringen zu können, braucht man unbedingt ein eigenes Auto und gute Wanderstiefel. Sinn macht auch ein eigenes Kanu oder Kajak (inner- und außerhalb des Parks mietbar); eine Alternative sind geführte Paddeltouren. Fahrräder eignen sich gut für die ebenen Fahrbahnen des Everglades National Park (vor allem zwischen Ernest Coe und Flamingo Point), nützen aber abseits des Highways nichts. Zudem sind die hiesigen Seitenstreifen gefährlich schmal.

Rund um die Everglades

Von Miami kommend bietet sich das Städtchen Homestead an der Ostseite des Parks als gutes Basislager an, besonders, wenn man zu den Keys unterwegs ist.

Biscayne National Park

Südlich von Miami (und östlich von Homestead) liegt dieser Nationalpark, der nur zu 5 % aus Land besteht. Die 95 % Wasser gehören zum **Biscayne National Underwater Park** (☑ 305-230-1100; www.nps.gov/bisc), einem vielfältigen, lebendigen Ökosystem, das einen Teil des drittgrößten Korallenriffs der Welt sowie Seekühe, Delfine und Meeresschildkröten beherbergt. Im **Dante Fascell Visitor Center** (☑ 305-230-7275; www.nps.gov/bisc ; 9700 SW 328th St; ◷ 8.30–17 Uhr) gibt's allgemeine Parkinformationen. Der Park bietet außerdem einen Kanu- und Kajakverleih, Schnorchel- und Tauchausflüge und beliebte dreistündige Touren mit einem Glasbodenboot an; alles vorab reservieren!

Homestead & Florida City

Homestead und Florida City wirken recht unscheinbar, bieten aber ein paar echte

Everglades-Highlights. Nicht verpassen soll-te man z. B. **Robert Is Here** (www.robertishere. com; 19200 SW 344th St, Homestead; ☺ Nov.–Aug. 8–19 Uhr). Diese kitschige Institution im Stil des alten Florida wartet mit Livemusik, einem Streichelzoo und ungemein guten Milchshakes auf.

Im Umkreis von Homestead und Flori-da City säumen zahlreiche Kettenmotels die Krome Ave. Für einen richtig tollen Herbergsaufenthalt empfiehlt sich das **Everglades International Hostel** (☎ 800-372-3874, 305-248-1122; www.evergladeshostel.com; 20 SW 2nd Ave, Florida City; Stellplatz/B 18/28 US$, DZ 61–75 US$, Suite 125–225 US$; ⏻✳🖥🏊) mit preiswerten Zimmern und freundlicher At-mosphäre. Der Hit ist jedoch sein der Gar-ten hinten – ein Naturwunderland! Zudem veranstaltet das Hostel ein paar der besten Everglades-Touren im ganzen Umkreis. Das historische **Redland Hotel** (☎ 800-595-1904; www.hotelredland.com; 5 S Flagler Ave, Homestead; Zi. 100–140 US$; ⏻🖥) wirkt etwas persön-licher als die Kettenhotels. Homesteads zentrale Restaurant- und Einkaufsmeile erstreckt sich entlang der halbwegs schmu-cken Krome Ave.

Tamiami Trail

Ab Miami führt der Tamiami Trail (Hwy 41) schnurstracks nach Naples am Nordrand des Everglades National Park. Gleich hinter dem Eingang des Shark-Valley-Parkbereichs liegt mit dem **Miccosukee Village** (www.mic cosukee.com; MM 70 Hwy 41; Erw./Kind 10/6 US$, Kind bis 5 Jahre frei; ☺ 9–17 Uhr) ein informati-ves, unterhaltsames Freilichtmuseum zur Kultur der Mikasuki. Besucher können tra-ditionelle Wohnhäuser besichtigen, mit Pro-pellerbooten fahren (16 US$), im Geschenk-laden nach Kunsthandwerk stöbern und Vorführungen vom Alligator-Ringen bis hin zu Tänzen erleben.

Rund 20 Meilen (32 km) westlich vom Shark Valley liegt das **Oasis Visitor Center** (☎ 941-695-1201; ☺ Mo–Fr 8–16.30 Uhr; ♿) der 2950 km² großen **Big Cypress National Preserve** (☎ 239-695-4758; 33000 Tamiami Trail E; ☺ 8.30–16.30 Uhr). Gute Ausstellungen und Kurzwanderungen erwecken hier die regi-onale Ökologie zum Leben. Größere Aben-teuerlust befriedigt der **Florida National Scenic Trail** (www.nps.gov/bicy/planyourvisit/ florida-trail.htm), der über 50 km durch Big Cypress führt.

0,5 Meilen (800 m) östlich des Visi-tor Center zeigt die **Big Cypress Gallery** (☎ 941-695-2428; www.clydebutcher.com; Tamia-mi Trail; ☺ Mi–Mo 10–17 Uhr) ✐ das Werk von Clyde Butcher. Dessen große, schwarz-weiße Landschaftsfotos rücken die ungewöhnliche Schönheit der Region ins Rampenlicht.

Das Nest **Ochopee** besitzt das kleinste Postamt der ganzen USA. Ein weiterer Be-suchsgrund besteht im exzentrischen **Skunk Ape Research Headquarters** (☎ 239-695-2275; www.skunkape.info; 40904 Tamiami Trail E; ☺ 7–19 Uhr, „Zoo" bis ca. 16 Uhr), das nach dem le-gendären, aber stark riechenden Everglades-Verwandten des Bigfoot sucht – albern, aber ernst gemeint. Hier beginnen auch die **Everglades Adventure Tours** (EAT; ☎ 800-504-6554; www.evergladesadventuretours.com; geführte Touren ab 69 US$) unter sachkundiger Leitung (u. a. Sumpfwanderungen, „Safaris" und Trips mit Propellerbooten). Am besten sind die Ausflüge mit gestakten Kanus oder Barken.

Gleich östlich von Ochopee stößt man schließlich auf einen typischen „Sumpf-schuppen" im Stil der 1950er-Jahre: **Joanie's Blue Crab Cafe** (joaniesbluecrabcafe. com; Tamiami Trail; Hauptgerichte 9–17 US$; ☺ 9–17 Uhr) bewirtet Gäste unter freiliegenden Dachsparren mit Sumpfkost (z. B. frittierte Alligatorfleischbällchen) an ramponierten bunten Picknicktischen.

Everglades City

Dieses Städtchen am Parkrand ist ein guter Ausgangspunkt für das Erkunden der Re-gion **10 000 Islands**. Mit seinen großen,

DIE SANFTERE ART DES WILDNIS-TOURISMUS

Wer Floridas Natur erkunden und seinen Wildtieren begegnen möchte, sollte die folgenden Richtlinien berücksichtigen.

➡ **Propellerboote und Sumpfbuggys** Zur Erkundung von Feuchtgebieten sind Propellerboote besser geeignet als Buggys mit ihren großen Reifen, aber den geringsten Schaden richten nach wie vor nichtmotorisierte (und geräuschlose) Kanus und Kajaks an.

➡ **Wildlebende Delfine** Gerettete, in Gefangenschaft lebende Delfine sind bereits an Menschen gewöhnt. Laut Landesgesetz ist es jedoch illegal, wildlebende Delfine im Meer zu füttern, zu verfolgen oder zu berühren.

➡ **Schwimmen mit Seekühen** Seekühe stehen bundesweit auf der Liste der geschützten Tierarten, und für alle, die in ihrer Nähe schwimmen, gilt: schauen, aber nicht anfassen. Das Motto lautet „passives Beobachten".

➡ **Füttern von Wildtieren** Kurz: nein! Wenn Wildtiere sich an den Menschen gewöhnen, führt das zum Tod des Tieres, sei es durch einen Unfall oder aggressives Verhalten.

➡ **Niststätten von Meeresschildkröten** Es ist per Bundesgesetz verboten, sich nistenden Meeresschildkröten oder geschlüpften Jungtieren auf dem Weg ins Meer zu nähern. Auf Warnschilder an Stränden achten! Wer eine nistende Schildkröte sieht, hält Abstand und fotografiert nicht mit Blitz.

➡ **Korallenriff-Etikette** Niemals das Korallenriff berühren! So einfach ist das. Korallenpolypen sind lebende Organismen. Durch das Berühren oder Abbrechen einer Koralle entstehen offene Wunden, die zu Infektionen und Krankheiten führen können.

renovierten Zimmern hat das **Everglades City Motel** (☏ 800-695-8353, 239-695-4244; www.evergladescitymotel.com; 310 Collier Ave; Zi. ab 80 US$; ❇☎) ein außergewöhnlich gutes Preis-Leistungs-Verhältnis. Zudem vermittelt das freundliche Personal alle Arten von geführten Touren. Gleiches gilt für das **Ivey House Bed & Breakfast** (☏ 877-567-0679, 239-695-3299; www.iveyhouse.com; 107 Camellia St; Zi. Lodge 74–120 US$, Inn 99–209 US$; ❇☎) mit einfachen Lodge-Quartieren und schickeren Zimmern in einem Inn. Vor Ort sind zudem einige der besten Trips durch die regionale Natur bei **North American Canoe Tours** (NACT; ☏ 877-567-0679, 239-695-3299; www.evergladesadventures.com; 107 Camellia St, Ivey House Bed & Breakfast; geführte Touren 124 US$; Leihkanu 25–35 US$; ◷ Nov.–Mitte April) buchbar. Nach Pauschalangeboten mit Übernachtung und Tour fragen! Fürs Abendessen empfiehlt sich das **Seafood Depot** (102 Collier Ave; Hauptgerichte 6–20 SU$; ◷ 10.30–21 Uhr) mit super Seafood aus der Pfanne. Außerdem kann man hier prima Alligatorfleisch und Froschschenkel probieren – mit Tabasco besprenkeln und genießen!

Florida Keys

Bevor Henry Flagler 1912 seine Eisenbahnstrecke fertigstellte, die die Keys mit dem Festland verband, war diese über 200 km lange Inselkette nichts weiter als eine Reihe von Hügeln im Wasser, die nur mit dem Boot erreichbar waren (da überrascht es auch wenig, dass sich die frühe Wirtschaft der Insel auf Piratentum, Schmuggel, Schiffsraub und Fischerei gründete). Flaglers Eisenbahn wurde 1935 durch einen Wirbelsturm zerstört, aber was von ihren Brücken noch übrig war, ermöglichte 1938 die Fertigstellung des Overseas Hwy. Heute strömen die Menschen in Scharen vom Festland hierher, um sich mit einem Bad in den verführerischen, jadegrünen Wassern zu verwöhnen und die entspannte Lebensart der Inseln, die tollen Angelmöglichkeiten und die idyllischen Schnorchel- und Tauchplätz zu genießen.

Normalerweise werden die Inseln in die Upper Keys (Key Largo bis Islamorada), die Middle Keys und die Lower Keys (ab Little Duck Key) unterteilt. Sie verlaufen jedoch nicht einfach irgendwo im Nichts, sondern feiern ihr großes Finale am Ende des Highways in Key West – dem dramatischen, wunderbar ungezähmten, wilden Höhepunkt der Keys mit einem großen Herz für alles Verrückte.

Viele Adressen auf den Keys werden anhand ihrer Entfernung zu den Meilenmarkierungen (MM) angegeben, die bei MM 126 in Florida City beginnen und bis MM 0 in Key West heruntergezählt werden. Manchmal ist als Zusatz auch *oceanside* (Südseite des Highways) oder *bayside* (Nordseite) angegeben.

Im **Florida Keys & Key West Visitors Bureau** (☎ 800-352-5397; www.fla-keys.com) oder unter www.keysnews.com gibt's nähere Informationen.

Key Largo

Zahllose Motels und Touristenshops prägen die Upper Keys zwischen Key Largo und Islamorada. Vom Highway aus ist das Wasser zuerst nicht einmal zu sehen. Das ändert sich aber auf einen Schlag und im großen Stil, sobald man Islamorada erreicht.

Key Largo wird seit Langem in Filmen und Liedern romantisiert. Deshalb kriegen Erstbesucher eventuell einen Schreck: Hier gibt's keinen Bogart, keine Bacall und keine Sade mit Herzschmerz. Zudem ist Key Largo selbst nur eine nicht sonderlich beeindruckende Kleinstadtinsel mit mittelmäßiger Aussicht. Dennoch nicht verzweifeln, sondern einfach auf dem Highway bleiben: An dessen Nebenstraßen warten ein paar der legendären Inselklischees! Außerdem kann man dort zum schönsten Korallenriff der kontinentalen USA hinuntertauchen.

Gleich hinter der Seashell World gibt's Karten und Broschüren bei der **Handelskammer** (Chamber of Commerce; ☎ 305-451-1414; www.keylargo.org; MM 106 bayside; ☺ 9–18 Uhr) in einem gelben Bau – nicht zu verwechseln mit dem *anderen* gelben Visitor Center (Hausnummer 10624), das Reservierungen vornimmt und dafür Provision kassiert.

🏃 Aktivitäten

John Pennekamp Coral Reef State Park PARK
(www.pennekamppark.com; MM 102,6 oceanside; Auto/Motorrad 8/4 US$, Fußgänger od. Radfahrer 2 US$; ☺ 8 Uhr–Sonnenuntergang, Aquarium 8–17 Uhr; 🖟) Das Korallen-Wallriff des ersten amerikanischen Unterwasserparks ist das einzige des Landes und das drittgrößte der Welt. Neben allen möglichen Meeresbewohnern birgt es auch die oft fotografierte Statue *Christ of the Deep* (Christus der Tiefe). Zu den vielfältigen Erkundungsoptionen zählen z. B. zweieinhalbstündige Touren mit einem topmodernen, 20 m langen **Glasboden-Katamaran** (☎ 305-451-6300; Erw./Kind 24/17 US$; ☺ 9.15, 12.15 & 15.15 Uhr). Hinein ins Wasser geht's bei **Schnorcheltrips** (☎ 305-451-6300; Erw./Kind 30/25 US$) oder **Tauchausflügen** (☎ 305-451-6322; 2-Flaschen-

Tauchgang 55 US$), die als Halbtags-Varianten zweimal täglich starten (meist ca. 9 & 13 Uhr). Wer auf eigene Faust losziehen will, kann per Leihkanu oder -kajak (Ein-/Zweisitzer pro Std. 12/17 US$; für Details beim Park anrufen!) über ein 4,8 km langes Wasserwegnetz schippern.

African Queen BOOTSFAHRT
(☎ 305-451-8080; www.africanqueenflkeys.com; MM 100 an der Holiday Inn Marina; Kanaltour 49 US$, Tour inkl. Abendessen 89 US$) Die African Queen dampfte 1951 durch den gleichnamigen Film mit Humphrey Bogart und Katherine Hepburn. Danach war das Boot jahrelang in Key Largo festgemacht. Nach der Restaurierung durch die Eigentümer erstrahlt es nun wieder in seiner alten ... äh, Pracht. Neben Fahrten mit Abendessen sind auch Kanaltouren (10–18 Uhr alle 2 Std.) im Angebot. Am besten rechtzeitig per Telefon reservieren: Der winzige Kahn bietet nur Platz für sechs Personen!

Florida Bay Outfitters KAJAKFAHREN
(☎ 305-451-3018; www.kayakfloridakeys.com; MM 104 bayside; Leihkajak 40 US$/halber Tag) Die Keys vom Wasser aus bewundern: Kunden können Kanus bzw. Kajaks mieten und geführte Touren buchen.

Horizon Divers TAUCHEN & SCHNORCHELN
(☎ 305-453-3535; www.horizondivers.com; 100 Ocean Dr, am Meer abseits von MM 100; Schnorcheln/Tauchen 50/80 US$) Im Angebot sind Tauch- und Schnorcheltrips mit sympathischen Guides.

🛌 Schlafen

Neben Luxusresorts hat Key Largo auch viele freundlich-fröhliche Motels und Campingplätze.

John Pennekamp Coral Reef State Park CAMPING $
(☎ 800-326-3521; www.pennekamppark.com; Stellplatz f. Zelt od. Wohnmobil 36 US$; 🅿) Schlafen mit, äh, *nahe* den Fischen: Die 47 Stellplätze am Rand des Korallenriffs sind sehr beliebt und sollten daher rechtzeitig reserviert werden.

Largo Lodge HOTEL $$
(☎ 305-451-0424; www.largolodge.com; MM 102 bayside; Hütte 150–265 US$; 🅿) Inmitten von Palmen, Tropenblumen und vielen umherflatternden Vögeln vermitteln die sechs reizenden, sonnigen Hütten mit Privatstrand einen Eindruck vom guten alten Florida.

Key Largo House Boatel
HOTEL $$

(☎ 305-766-0871; www.keylargohouseboatel.com; Shoreland Dr, MM 103,5 oceanside; Hausboot klein/ mittelgroß/groß ab 75/100/150 US$) Die fünf Hausboote sind echt Schnäppchen. Da sie direkt am Hafen liegen, besteht stets Direktzugang zu festem Boden (und Alkohol). Der größte Kahn ist ungemein geräumig und nimmt sechs Personen komfortabel auf. Zwecks Wegbeschreibung anrufen!

Kona Kai Resort & Gallery
HOTEL $$$

(☎ 305-852-7200; www.konakairesort.com; MM 97,8 bayside; Zi. 199–439 US$; P ✳ ☎ ⚒) Dieses trauliche Refugium hat elf luftige Zimmer und Suiten mit voll ausgestatteten Küchen. Die Quartiere sind allesamt hell und komfortabel, wirken aber z. T. etwas altmodisch. Dafür gibt's hier einen Privatstrand und zahllose Aktivitäten.

✖ Essen & Ausgehen

Mrs. Mac's Kitchen
AMERIKANISCH $

(☎ 305-451-3722; www.mrsmacskitchen.com; MM 99,4 bayside; Gerichte morgens & mittags 8–12 US$, abends 9–22 US$; ⏰ Mo–Sa 7–21.30 Uhr) Das reizende Diner am Straßenrand ist mit verrosteten Nummernschildern verkleidet und serviert Highway-Klassiker wie Burger oder Körbe mit Bratfisch. Nur etwa 0,5 Meilen (800 m) weiter südlich steht eine Filiale auf der anderen Fahrbahnseite.

Alabama Jack's
SEAFOOD, BAR $

(http://alabamajacks.com; 58000 Card Sound Rd; Hauptgerichte 7–14 US$; ⏰ 11–19 Uhr) Rund 15 Meilen (24 km) nördlich von Key Largo steht dieses witzige Freiluftlokal an der Nebenstrecke nach Florida City. Ein bunter Mix aus echten Key-Originalen spricht hier kräftig dem Alkohol zu. Tipp: die großartigen *conch fritters* (frittierte Muschelbällchen)!

★ Key Largo Conch House
FUSION-KÜCHE $$

(☎ 305-453-4844; www.keylargocoffeehouse.com; MM 100,2 oceanside; Hauptgerichte 8–26 US$; ⏰ 8–22 Uhr) Endlich echtes Key-Gefühl: Tropenvegetation, Conch-Architektur und Gerichte mit Krebs- oder Muschelfleisch rücken das Festland schnell in weite Ferne.

Fish House
SEAFOOD $$

(☎ 305-451-4665; www.fishhouse.com; MM 102.4 oceanside; Hauptgerichte 9–24 US$; ⏰ 11.30–22 Uhr; ⚑) Der Name ist Programm: Hier gibt's Fisch, Fisch, und noch mehr Fisch, und frischer geht's nicht. Die wichtigste Entscheidung: gebraten, gekocht, geschwärzt, gegrillt oder *jerked* (mit jamaikanischer Sauce)?

Islamorada

Der Name Islamorada klingt nach einer einzigen Insel. In Wirklichkeit handelt es sich jedoch um mehrere Eilande, deren Zentrum das Upper Matecumbe Key ist. Genau hier weitet sich der Ausblick allmählich und lässt einen im Bewusstsein schwelgen, von Wasser umgeben zu sein. Mehrere leicht zugängliche Ministrände erlauben malerische Zwischenstopps. Lokalinformationen liefert die **Handelskammer** (Chamber of Commerce; ☎ 305-664-4503; www.islamoradachamber.com; MM 83,2 bayside; ⏰ Mo–Fr 9–17, Sa 9–16, So 9–15 Uhr) in einem alten roten Güterzug-Begleitwagen.

◉ Sehenswertes & Aktivitäten

Das Anglerparadies Islamorada wird als „Welthauptstadt des Sportfischens" beworben. Und in der Tat sind die meisten hiesigen Highlights auf oder unter der Meeresoberfläche zu finden.

Indian Key Historic State Park
INSEL

(☎ 305-664-2540; www.floridastateparks.org/indiankey; MM 78,5 oceanside; 2,50 US$/Pers.; ⏰ 8 Uhr–Sonnenuntergang) Ein paar Hundert Meter vor der Küste liegt diese friedvolle Insel mit den bröckelnden Ruinen einer Siedlung aus dem 19. Jh., die im Zweiten Seminolenkrieg von indigenen Amerikanern zerstört wurde. Das stimmungsvolle Areal ist nur per Kajak oder Boot (bei Robbie's Marina ausleihbar) zugänglich.

Lignumvitae Key Botanical State Park
INSEL

(☎ 305-664-2540; www.floridastateparks.org/lignumvitaekey; Zugang/geführte Tour 2,50/2 US$; ⏰ geführte Touren Fr–So 10 & 14 Uhr) In dem Inselpark am Buchtrand umgeben unberührte Tropenwälder das Matheson House von 1919. Man ist hier herrlich einsam wie ein Schiffbrüchiger – allein, bis auf Milliarden Moskitos. Robbie's Marina bietet Leihboote und geführte Touren an.

Florida Keys History of Diving Museum
MUSEUM

(☎ 305-664-9737; www.divingmuseum.org; MM 83; Erw./Kind 12/6 US$; ⏰ 10–17) Diese Sammlung von Tauchzubehör aus aller Welt, darunter auch Tauch-„Anzüge" und technische Ausrüstung aus dem 19. Jh., sollte man nicht verpassen. Das charmant-exzentrische Museum ist ein typisches Beispiel für die Skurrilität der Keys.

Windley Key Fossil Reef Geological State Site
PARK

(📞 305-664-2540; www.floridastateparks.org/wind leykey; MM 85,5 oceanside; Zugang/geführte Tour 2,50/2 US$; ⏱ Do–Mo 8–17 Uhr, geführte Touren Fr–So 10 & 14 Uhr) Versteinerte Korallen bilden die rund 2,4 m hohen Steinbruchwände, deren viele Schichten die geologische Entstehung der Region zeigen.

Anne's Beach
STRAND

(MM 73,5 oceanside) Dies ist der beste öffentliche Regionalstrand mit einem schmalen Sandstreifen und Picknicktischen im Schatten.

★ Robbie's Marina
JACHHAFEN

(📞 305-664-8070; www.robbies.com; MM 77,5 bayside; Leihkanu & -kajak 40–75 US$/halber Tag; ⏱ 9–20 Uhr) Der an der Straßenseite gelegene Jachthafen ist eine Attraktion, die alles rund um das Thema Bootfahren zu bieten hat (u. a. Partyboote, Jetskis, Leihkajaks, Öko-, Schnorchel- und Angeltrips). Außerdem beginnen hier Touren zu den regionalen Inselparks. Zumindest sollte man die gruselig großen Tarpune vom Kai aus gefüttert haben (Futtereimer/Zuschauen 3/1 US$) und den Touristenshop mit Flohmarkt nach Küstenkitsch durchstöbern.

Theater of the Sea
DELFINBEGEGNUNG

(📞 305-664-2431; www.theaterofthesea.com; MM 84,7 bayside; Erw./Kind 3–10 Jahre 30/21 US$; ⏱ 9.30–17 Uhr) Hier zeigen sich zutrauliche Delfine und Seelöwen ganz aus der Nähe. Wer möchte, kann mit den Tieren auch schwimmen bzw. auf Tuchfühlung gehen (jeweils gegen Aufpreis).

🛏 Schlafen

Long Key State Recreation Area
CAMPING $

(📞 305-664-4815, 305-326-3521; www.floridasta teparks.org/longkey; MM 67,5; Stellplatz f. Zelt od. Wohnmobil 38,50 US$) Die 60 Stellplätze dieses wunderbar schattigen Küstencampingplatzes (390 ha) sind stets heiß begehrt und sollten daher so früh wie möglich reserviert werden.

Lime Tree Bay Resort Motel
MOTEL $$

(📞 800-723-4519, 305-664-4740; www.limetree bayresort.com; MM 68,5 bayside; Zi. 135–175 US$, Suite 185–395 US$) Das Lime Tree Bay Resort Motel ist ein rund 1 ha großes Refugium am Meer, das dank zahlloser Hängematten und Gartenstühlen einen spektakulär guten Sonnenuntergangsgenuss quasi aus erster Reihe erlaubt.

Ragged Edge Resort
RESORT $$

(📞 305-852-5389; www.ragged-edge.com; 243 Treasure Harbor Rd; Apt. 69–259 US$; P ❋ ☎) Gäste des angenehm schlichten Resorts mit fröhlich-alkoholgeschwängerter Atmosphäre können direkt am Bootsanleger losschwimmen. Abseits von MM 86,5 gibt's hier zehn blitzblanke, beliebte Wohnstudios und Apartments.

Casa Morada
HOTEL $$$

(📞 888-881-3030, 305-664-0044; www.casamora da.com; 136 Madeira Rd abseits MM 82,2; Suite inkl. Frühstück 279–659 US$; P ❋ 🛜 ☎) Hier trifft ein willkommener Schuss Raffinesse à la South Beach auf den relaxten Stil der Keys. Die schicke Bar direkt am Meer ist ein Garant für der Genuss herrlicher Sonnenuntergänge.

🍴 Essen

★ Midway Cafe
CAFÉ $

(📞 305-664-2622; 80499 Overseas Hwy; Gerichte 2–11 US$; ⏱ Do–Di 7–15, So 7–14 Uhr; 🚭) In diesem Café voller Kunstwerke lassen sich Key-Abenteuer z. B. mit Koffeingetränken oder Smoothies feiern. Die hausgemachten Köstlichkeiten im überquellenden Backwarenkorb sind schon ein Besuchsgrund für sich allein. Die reizenden Inhaber rösten auch ihre Kaffeebohnen selbst.

Hog Heaven
BAR $$

(📞 305-664-9669; MM 83 oceanside; Hauptgerichte 10–18 US$; ⏱ 11–4 Uhr) Ob Sandwiches, Salate, Chicken-Wings oder Steaks: Die vielfältige Karte rockt. Bei der Happy Hour (15–19 Uhr) gibt's günstige, große Drinks – ein nüchtern bleibender Chauffeur ist wärmstens zu empfehlen!

Morada Bay
AMERIKANISCH $$$

(📞 305-664-0604; www.moradabay-restaurant.com; MM 81,6 bayside; Hauptgerichte 14–33 US$; ⏱ 11.30–22 Uhr) Wunderbar zwanglos wie in der Karibik: An den Tischen unter den Palmen am weißen Sandstrand werden Drinks mit Rum zu frischem Seafood geschlürft. Nicht die monatliche Vollmondparty verpassen!

Grassy Key

Nach Grassy Key (gehört zu den Middle Keys) kommt man im Rahmen des herrlich abwechslungsreichen Insel-Hoppings. Der größte „Sprung" zum Schluss ist die **Seven Mile Bridge**, einer der längsten Dämme des Planeten.

◉ Sehenswertes

Dolphin Research Center TIERRESERVAT
(☑ 305-289-1121; www.dolphins.org; MM 59 bayside; Erw./Senior 20/17.50 US$, Kind 4–12 Jahre/unter 4 Jahren 15 US$/frei, Schwimmprogramm 180–650 US$; ☺9–16 Uhr) Die bei Weitem beliebteste Aktivität auf Grassy Key ist Planschen mit Flippers Verwandten. Das Zentrum hebt sich von allen anderen Key-Locations mit Delfinschwimmen ab: Die Tiere können das Areal jederzeit verlassen, und im Hintergrund wird jede Menge Meeresforschung betrieben. Die Angebote für Traveller sind dennoch recht kommerziell – man kann z. B. sein T-Shirt von einem Delfin bemalen lassen oder „Trainer für einen Tag" (650 US$) spielen.

Marathon

Marathon ist die größte Stadt zwischen Key Largo und Key West und liegt etwa auf halber Strecke; sie eignet sich prima als Basislager und ist ein wichtiges Zentrum für die kommerzielle Fischerei und Hummerboote. Informationen zur Region gibt's bei der **Touristeninformation** (☑ 305-743-5417; www.floridakeysmarathon.com; MM 53,5 bayside; ☺9–17 Uhr).

◉ Sehenswertes & Aktivitäten

Crane Point Museum MUSEUM
(www.cranepoint.net; MM 50,5 bayside; Erw./Kind 12,50/8,50 US$; ☺Mo–Sa 9–17, So ab 12 Uhr; ♿) In diesem 25 ha großen Schutzgebiet kann man der Zivilisation entfliehen und sich voll und ganz auf das umfangreiche Netz aus Wanderwegen und Mangrovenwäldern, den erhöhten Holzsteg und das Haus im Bahamas-Stil des 20 Jhs. konzentrieren, das eine echte Rarität darstellt. Kindern werden die Piraten- und Wrackausstellungen gefallen, und auch der begehbare Korallenriff-Tunnel und das Vogelkrankenhaus sind überaus beliebt.

Pigeon Key National Historic District INSEL
(☑ 305-743-5999; www.pigeonkey.net; Tourstart bei MM 47 oceanside; Erw./Kind 12/9 US$, Kind unter 5 Jahren frei; ☺geführte Touren 10, 12 & 14 Uhr) Beim Bau des Overseas Hwy in den 1930er-Jahren diente dieses Inselchen auf der Marathon-Seite der Seven Mile Bridge als Arbeitercamp. Besucher können die alten Gebäude besichtigen oder einfach nur am Strand sonnenbaden und schnorcheln. Hierher geht's mit einer Fähre (im Eintritt enthalten) oder per pedes bzw. Fahrrad über die **Old Seven Mile Bridge**. Diese ist für Kraftfahrzeuge gesperrt und fungiert als „World's Longest Fishing Bridge" (längste Angelbrücke der Welt).

Sombrero Beach STRAND
(Sombrero Beach Rd, abseits von MM 50 oceanside) Wunderschöner kleiner Strand mit weißem Sand, einem Kinderspielplatz, schattigen Picknickplätzen und großen, sauberen sanitären Anlagen.

Marathon Kayak KAJAKFAHREN
(☑ 305-395-0355; www.marathonkayak.com; 3-stündige Touren 60 US$) Verlässliche Firma mit Kajak-Kursen und tollen geführten Paddeltouren.

🍴 Schlafen & Essen

Siesta Motel MOTEL $
(☑ 305-743-5671; www.siestamotel.net; MM 51 oceanside; Zi. 75–105 US$; P ❄ 🛜) Die freundliche Häusergruppe in Marathon zählt zu den günstigsten und saubersten Bleiben auf den Keys. Auch der Service ist hervorragend.

Seascape Motel & Marina MOTEL $$
(☑ 305-743-6212; www.seascapemotelandmarina.com; 1275 76th St Ocean E zw. MM 51 & 52; Zi. ab 99 US$; P ❄ 🛜 🏊) Dieses Refugium am Meer vermietet neben neun feschen, sauberen Zimmern auch ein Apartment für sechs Personen. Pool am Ufer, Bootsanleger und Grillbereich sind ebenfalls vorhanden.

★ Keys Fisheries SEAFOOD $
(www.keysfisheries.com; 3502 Gulfview Ave; Hauptgerichte 7–16 US$; ☺11–21 Uhr) Wer frisches Seafood auf der Terrasse des urigen Hafenlokals vertilgen will, muss eventuell erst mal die Möwen von seinem Picknicktisch verscheuchen. Das Reuben-Sandwich mit Hummer ist legendär.

Wooden Spoon AMERIKANISCH $
(7007 Overseas Hwy; Gerichte 2–10 US$; ☺5.30–13.30 Uhr) Das beste Frühstück der Gegend servieren reizende, sehr fachkundige Südstaatlerinnen. Auf den Tisch kommen beispielsweise lockere Brötchen, Würstchen mit leckerer Sauce oder cremige Grütze mit viel Butter.

Hurricane AMERIKANISCH $$
(☑ 305-743-2200; MM 49,5 bayside; Hauptgerichte 9–19 US$; ☺11–24 Uhr) Die beliebte Bar in Marathon kredenzt tolle, kreative Kost à la Süd-Florida – z. B. Schnapper mit Krebs-

fleisch-Füllung oder Muschel-Mini-Burger mit karibischen Gewürzen.

Island Fish Co SEAFOOD **$$**
(☑ 305-743-4191; www.islandfishco.com; MM 54 bayside; Hauptgerichte 8–22 US$; ⊙ 8–23 Uhr) Diese große, offene Tiki-Hütte punktet mit einer Seafood-Bar und vielen Fischspezialitäten. An den Tischen am Ufer kann man hier z. B. schüsselweise pikante Muschelsuppe genießen.

Lower Keys

Die Lower Keys (MM 44–0) stehen stolz für alle Facetten der Conch-Kultur. Die **Handelskammer** (Chamber of Commerce; ☑ 305-872-2411; www.lowerkeyschamber.com; MM 31 oceanside; ⊙ Mo–Fr 9–17, Sa 9–15 Uhr) befindet sich auf Big Pine Key.

Zum 212 ha großen **Bahia Honda State Park** (☑ 305-872-3210; www.bahiahondapark.com; MM 36,8; Auto/Motorrad/Radfahrer 5/4/2 US$; ⊙ 8 Uhr–Sonnenuntergang; 🐕) gehört einer von Floridas beliebtesten Stränden, der dank des warmen, flachen Wassers wohl der beste seiner Art auf den Keys ist. Hinzu kommen Naturpfade, von Rangern geleitete Aktivitäten, Wassersportgeräte zum Ausleihen und eines der schönsten Korallenriffe außerhalb von Key Largo.

Draußen vor **Looe Key** liegt ein Meeresschutzgebiet voller bunter Korallen und Tropenfische. Das **Looe Key Dive Center** (☑ 305-872-2215; www.diveflakeys.com; Schnorcheln/Tauchen 44/84 US$) auf Ramrod Key veranstaltet Tagestrips für Schnorchler und Taucher (inkl. Wracktauchen).

Wenn man von den Sandfliegen mal absieht, ist Camping im **Bahia Honda State Park** (☑ 305-872-2353; www.reserveamerica.com; MM 37, Bahia Honda Key; Stellplatz/Hütte 36/160 US$; 🅿) wirklich toll. Die Stellplätze werden durch sechs beliebte Uferhütten ergänzt (jeweils unbedingt rechtzeitig reservieren!). Für ein Erlebnis ganz anderer Art empfehlen sich die vier fabelhaften, gemütlichen Zimmer des **Deer Run Bed & Breakfast** (☑ 305-872-2015; www.deerrunfloridabb.com; 1997 Long Beach Dr, Big Pine Key, abseits von MM 33 oceanside; Zi. 235–355 US$; 🅿🏊). Diese staatlich zertifizierte Öko-Lodge mit vegetarischer Küche hat äußerst hilfsbereite Eigentümer, die für allerlei schräge Annehmlichkeiten sorgen.

Der **No Name Pub** (☑ 305-872-9115; N Watson Blvd, Big Pine Key, abseits von MM 30,5 bayside; Hauptgerichte 7–18 US$; ⊙ 11–23 Uhr) auf Big Pine Key empfängt Gäste mit Pizza, Bier und Ambiente – falls man ihn denn findet. Der abgefahrene Schlupfwinkel steht direkt vor dem Verbindungsdamm nach **No Name Key**. Gäste können einen Eindollarschein an die Wand pinnen und so die „Tapete" (geschätzter Gesamtwert ca. 60 000 US$) der Kneipe vergrößern.

Key West

Die unkonventionelle, entspannte Atmosphäre von Key West zieht schon lange Künstler, Aussteiger und Freigeister an. Wie einst ein Einheimischer sagte: „Als ob man die USA geschüttelt hätte und all die Spinner ganz nach unten gefallen wären." Ein Teil des hiesigen Unabhängigkeitssinns fußt auf der geografischen Lage: Key West ist kaum mit dem Festland verbunden und Kuba näher als dem Rest der USA. Nur eine einzige Straße führt hierher und sonst nirgendwo mehr hin. Mit anderen Worten: Hier kann man prima sein eigenes Ding drehen.

Key West hieß ursprünglich Cayo Hueso (span. für „Knocheninsel"), da die ersten Entdecker überall am Strand Skelette gefunden hatten. Seitdem blickt das Eiland auf eine lange, ereignisreiche Geschichte zurück, in der Piraten, versunkene Schätze, Schriftstellerlegenden und jede Menge Geister eine Rolle spielen.

Heute strömen Besucher hierher, um in entspannter Atmosphäre Sonne zu tanken und den einen oder anderen Drink zu genießen. Zwischendurch lauschen sie alten Geschichten, schnorcheln im kristallklaren Wasser und stellen ihre inneren Uhren auf „Inselzeit" um.

◎ Sehenswertes

Key West ist gut zu Fuß zu erkunden und sehr sehenswert: Hier warten zahlreiche historische Bauten und Stadtviertel (z. B. das farbenfrohe Bahama Village). Natürlich darf auch ein Schnappschuss vom aufdringlich angepriesenen **Southernmost Point Marker** nicht fehlen. Die große Betonboje ist aber nicht wirklich der südlichste Punkt des Landes: Dieser Titel gebührt einer Stelle, die rund 800 m weiter unten am Strand liegt und als Teil eines Marineflieger-Stützpunkts für Touristen gesperrt ist.

⭐**Mallory Square** PLATZ
Der Sonnenuntergang auf dem Mallory Sq am Ende der Duval St ist eine bizarre Attraktion erster Güte: Hier versammeln sich

all die verschiedenen Energien, Subkulturen und Eigenarten, die das Leben auf den Keys ausmachen – all die Hippies, traditionalistischen Südstaatler, Ausländer und Touristen – und treten in den Schein einer von Fackeln erhellten, verspielt-durchgeknallten (aber familientauglichen) Straßenparty. Jongleure, Feuerschlucker, tollkühne Akrobaten und Hunde auf dem Hochseil sind mit dabei – und nach Sonnenuntergang wird's erst richtig verrückt.

Duval Street STRASSE
Die Einwohner von Key West empfinden eine Art Hassliebe für die berühmteste Straße ihrer Insel. Die Duval, die Hauptschlagader von Old Town Key West, ist eine Vergnügungsmeile mit zahlreichen Bars, *Kitsch as Kitsch can* und wirklich unerhörtem Benehmen, die trotzdem noch jede Menge Spaß macht. Wenn die Nacht sich dem Ende neigt, hat man mit dem „Duval Crawl" eine der besten Kneipentouren des Landes erlebt.

Hemingway House HAUS
(☎ 305-294-1136; www.hemingwayhome.com; 907 Whitehead St; Erw./Kind 13/6 US$; ⊙ 9–17 Uhr) Ernest Hemingway lebte von 1931 bis 1940 in diesem spanischen Kolonialhaus – hier schrieb, trank und angelte er, wenn auch nicht immer in dieser Reihenfolge. Touren beginnen alle halbe Stunde, und während man den ehrenamtlichen Führern lauscht, die Seemannsgarn über Papa spinnen, sieht man dessen Arbeitszimmer, seinen ungewöhnlichen Pool und die Nachkommen seiner sechszehigen Katzen, die in der Sonne, auf den Möbeln und auch überall sonst faulenzen.

Florida Keys Eco-Discovery Center MUSEUM
(☎ 305-809-4750; http://eco-discovery.com/eco kw.html; 35 East Quay Rd; ⊙ Di–Sa 9–16 Uhr; P) GRATIS Dieses ausgezeichnete Naturzentrum vereint all die Pflanzen, Tiere und Lebensräume, die das einzigartige Ökosystem der Keys bilden, an einem Ort und präsentiert sie auf frische, zugängliche Weise. Ein toller Ort für Kinder und einen Blick aufs große Ganze!

Key West Cemetery FRIEDHOF
(Ecke Margaret & Angela St; ⊙ 7–18 Uhr;) Dieses dunkle, verlockende gotische Labyrinth liegt im Herzen der Stadt. Die Mausoleen werden von berühmten Grabinschriften aufgelockert, beispielsweise: „Ich hab dir doch gesagt, dass ich krank bin."

Key West Butterfly & Nature Conservatory TIERSCHUTZGEBIET
(☎ 305-296-2988; www.keywestbutterfly.com; 1316 Duval St; Erw./Kind 4–12 Jahre 12/8,50 US$; ⊙ 9–17 Uhr;) Auch wenn man sich eher marginal für Schmetterlinge interessiert, wird man garantiert über die schiere Menge an Tieren staunen, die hier herumflattern.

Museum of Art & History at the Custom House MUSEUM
(☎ 305-295-6616; www.kwahs.com/customhouse; 281 Front St; Erw./Kind 7/5 US$; ⊙ 9.30–16.30 Uhr) Diese interessante Sammlung erzählt eine etwas entspanntere, weniger abenteuerliche Geschichte von Key West. Sie zeigt Volks- und internationale Kunst und historische Ausstellungen im beeindruckenden ehemaligen Zollhaus.

Fort East Martello Museum & Gardens MUSEUM
(☎ 305-296-3913; www.kwahs.com/martello.htm; 3501 S Roosevelt Blvd; Erw./Kind 7/5 US$; ⊙ 9.30–16.30 Uhr) In dieser Festung sind interessante historische Artefakte und einige fabelhafte Volkskunstwerke von Maria Sanchez sowie „Müll"-Skulpturen von Stanley Papio zu sehen. Aber der berühmteste Bewohner des Martello ist „Robert the Doll" – eine echt unheimliche, angeblich von einem Geist besessene Puppe aus dem 19. Jh., die in einem Glaskasten aufbewahrt wird, damit sie kein Unheil anrichtet.

🏃 Aktivitäten

Angesichts der Insellage weit draußen im Meer zählen Aktivitäten im bzw. auf dem Wasser zu den örtlichen Highlights. Das Angebot von Bootsausflügen reicht von Angel- und Schnorcheltrips bis hin zu Tauchausflügen. Letztere führen z. B. zum 160 m langen Frachter **USS Vandenberg**, der vor der Küste versenkt wurde, um das zweitgrößte künstliche Riff der Welt zu schaffen.

Fort Zachary Taylor STRAND
(www.floridastateparks.org/forttaylor; 601 Howard England Way; Auto/Fußgänger 6/2 US$; ⊙ 8 Uhr–Sonnenuntergang) Die drei Stadtstrände von Key West sind nichts Besonderes, die meisten Leute zieht es daher nach Bahia Honda. Nichtsdestotrotz hat Fort Zachary Taylor den besten Strand der Insel: Hier warten weißer Sand, anständige Bademöglichkeiten und ufernahe Schnorchelspots. Parallel kann man prima picknicken und den Sonnenuntergang bewundern.

Dive Key West
TAUCHEN

(☎ 305-296-3823; www.divekeywest.com) Wracktaucherbedarf von der Ausrüstung bis hin zum Charterboot.

⭐ Jolly Rover
BOOTSFAHRT

(☎ 305-304-2235; www.schoonerjollyrover.com; Ecke Greene & Elizabeth St, Schooner Wharf; Bootsfahrt 45 US$) Piratenmäßiger Schoner, der tagsüber und zu Sonnenuntergang lossegelt.

Reelax Charters
KAJAKFAHREN

(☎ 305-304-1392; www.keyskayaking.com; MM 17 Sugarloaf Key Marina; Kajaktrips 240 US$) Geführte Kajaktouren ab dem benachbarten Sugarloaf Key.

Sunny Days Catamaran
SCHNORCHELN

(☎ 866-878-2223; www.sunnydayskeywest.com; 201 Elizabeth St; Erw./Kind 35/22 US$) Unser Favorit für Schnorcheltrips, Wassersport und andere nasse Abenteuer.

Clearly Unique
KAJAKFAHREN

(☎ 877-282-5327; www.clearlyuniquecharters.com) Verleiht Glasboden-Kajaks mit einzigartiger Sicht unter die Wasseroberfläche.

👉 Geführte Touren

Touren mit dem **Conch Tour Train** (☎ 305-294-5161; www.conchtourtrain.com; Erw./Senior 29/26 US$, Kind unter 13 Jahren frei; ☺9–16.30 Uhr; 👥) oder **Old Town Trolley** (☎ 305-296-6688; www.trolleytours.com/key-west; Erw./Senior 29/26 US$, Kind unter 13 Jahren frei; ☺9–16.30 Uhr; 👥) starten Mallory Sq. Ersterer karrt einen kommentiert in luftigen, offenen Miniwaggons durch die Gegend (90 Min.). Trolley-Nutzer können dagegen an zwölf Stadthaltestellen beliebig zu- und aussteigen.

Original Ghost Tours
GEISTERTOUR

(☎ 305-294-9255; www.hauntedtours.com; Erw./Kind 15/10 US$; ☺20 & 21 Uhr) Spukt es in der eigenen Unterkunft? Wahrscheinlich. Und warum sollte man sich vor der verfluchten Puppe Robert im East Martello Tower fürchten? Das wird sich schon bald zeigen.

🎆 Feste & Events

Auf Key West findet jeden Tag bei Sonnenuntergang eine Party statt, aber die Einwohner brauchen ohnehin keine Ausrede, um richtig auszuflippen.

Conch Republic Independence Celebration
KULTUR

(www.conchrepublic.com) Eine zehntägige Feier zur Unabhängigkeit der Conch Republic, die jeden April stattfindet. Man wetteifert dabei um eines der (erfundenen) öffentlichen Ämter und schaut sich ein Dragqueen-Rennen an.

Hemingway Days Festival
KULTUR

(www.hemingwaydays.net) Fest inklusive Stierrennen, Speerfisch-Turnier und Doppelgänger-Wettbewerb sowie literarischen Veranstaltungen; Ende Juli.

Fantasy Fest
KULTUR

(www.fantasyfest.net) Während dieses verrückten, zehntägigen Halloween-trifft-Karneval-Events Ende Oktober schießen die Zimmerpreise in astronomische Höhen.

🛏 Schlafen

Übernachten ist in Key West generell ziemlich teuer – besonders im Winter und ganz besonders während spezieller Events, wenn die Zimmerpreise um das Dreifache steigen können. Wer nicht vorab bucht, endet möglicherweise auch in dem langen Stau zurück aufs Festland.

In New Town finden sich mehrere Kettenmotels, aber man muss schon in Old Town absteigen, um das wahre Key West zu erleben. Bei der **Key West Innkeepers Association** (www.keywestinns.com) gibt's weitere Pensionen, und schwulenfreundlich sind eigentlich alle.

Caribbean House
PENSION $

(☎ 305-296-0999; www.caribbeanhousekw.com; 226 Petronia St; Zi. Sommer 89 US$, Winter 119–139 US$; P ❄ @) Die Zimmer im Herzen des Bahama Village sind zwar winzig, aber auch sauber, gemütlich und fröhlich. Zusammen mit Gratisfrühstück und freundlichen Inhabern bilden sie eine Besonderheit auf Key West: ein echtes Schnäppchen.

⭐ Key West Bed & Breakfast
B&B $$

(☎ 800-438-6155, 305-296-7274; www.keywestbandb.com; 415 William St; Zi. Sommer 79–155 US$, Winter 89–265 US$; ❄ 🕿) Sonnig, luftig und stark künstlerisch geprägt: Handbemalte Keramiken hier, ein funktionierender Webstuhl da... Und das dort in der Ecke könnte der Masttopp eines Schiffs gewesen sein? Zimmer für jeden Geldbeutel sind ebenfalls vorhanden.

L'Habitation
PENSION $$

(☎ 305-293-9203; www.lhabitation.com; 408 Eaton St; Zi. 119–189 US$; @ 🕿) In diesem wunderschönen klassischen Keys-Cottage heißen die freundlichen, zweisprachigen Besitzer ihre Gäste auf Englisch oder Französisch willkommen. Die hübschen Zimmer erstrahlen in hellen tropischen Farben, die Lampen sehen aus wie zeitgenössische Kunstwerke, und die Tagesdecken auf den Betten sind lustig farbenfroh.

Key Lime Inn
HOTEL $$

(☎ 800-549-4430; www.historickeywestinns.com; 725 Truman Ave; Zi. 99–229 US$; P🐾🛜❄) Diese gemütlichen Hütten stehen vor einer Hintergrundkulisse aus tropischen Hartholzbäumen. Die herrlich kühlen Zimmer im Inneren sind grüner als ein Jadebergwerk. Auch die Korbmöbel und die Mini-Flachbildschirme sorgen dafür, dass man gar nicht mehr weg will.

Mermaid & the Alligator
PENSION $$$

(☎ 305-294-1894; www.kwmermaid.com; 729 Truman Ave; Zi. Sommer 168–228 US$, Winter 258–328 US$; ❄@P🛜❄) Weit im Voraus buchen: Wegen der nur neun Zimmer übersteigt der Charme dieses Hauses seine Kapazitäten bei Weitem. Es ist randvoll mit gesammelten Schätzen von den Reisen der Besitzer und versprüht ein kosmopolitisches Flair, das gleichzeitig europäisch und Zen ist.

Curry Mansion Inn
HOTEL $$$

(☎ 305-294-5349; www.currymansion.com; 511 Caroline St; Zi. Sommer 195–285 US$, Winter 240–365 US$; P❄🛜❄) In einer Stadt voller stattlicher Häuser aus dem 19. Jh. wirkt das Curry Mansion mit seinem schmucken Mix aus amerikanischen „Adelselementen" besonders attraktiv. Highlight sind jedoch die hellen Himmelbettzimmer im Florida-Stil. Auf der Veranda warten Bougainvilleen und eine frische Brise.

Big Ruby's Guesthouse
HOTEL $$$

(☎ 305-296-2323; www.bigrubys.com; 409 Appelrouth Lane; Zi. 179–499 US$; ❄@🛜❄) Dieses Hotel richtet sich ausschließlich an eine schwule Klientel. Die Fassade verspricht den eleganten Charme einer klassischen Conch-Villa, aber die Zimmer erstrahlen in zeitgenössischer Eleganz. Das Sahnehäubchen ist der FKK-Lagunenpool, und Frühstück ist inklusive.

✖ Essen

Theoretisch darf man die Insel erst wieder verlassen, wenn man die „Conch Fritters" (frittierte Muscheln) oder den Key Lime Pie – Key-Limetten, gezuckerte Kondensmilch, Eier und Zucker auf einem knusprigen Keksboden – probiert hat.

Help Yourself Organic Foods
VEGETARISCH $

(☎ 315-296-7766; www.helpyourselfcafe.com; 829 Fleming St; Gerichte 5–12 US$; ☺ 8–18 Uhr) Das reizende, bunte Café punktet mit vielen vegetarischen, veganen und glutenfreien Gerichten. Die hippiemäßige Kost (u. a. Wraps, Salate, Smoothies) ist eine nette Alternative zu Bratfisch und Key Lime Pie.

Camille's
FUSION $$

(☎ 305-296-4811; www.camilleskeywest.com; 1202 Simonton St; Gerichte morgens & mittags 4–13 US$, abends 15–25 US$; ☺ 8–15 & 18–22 Uhr; ✍) Am besten die Duval St links liegen lassen und unter Einheimischen im zwanglosen Camille's speisen: Ortsansässige Familien schätzen das Nachbarschaftslokal wegen des leckeren und gesunden Essens. Die einfallsreiche Karte reicht von Armen Rittern mit Godiva-Likör bis hin zu schmackhaftem Hühnchensalat.

El Siboney
KUBANISCH $$

(900 Catherine St; Hauptgerichte 8–16 US$; ☺ 11–21.30 Uhr) Key West liegt nur 145 km von Kuba entfernt – näher als in diesem unglaublichen, etwas raubeinigen Eckrestaurant kann man echtem kubanischem Essen in den ganzen USA im wahrsten Sinne des Wortes nicht kommen. Nur Barzahlung!

Mo's Restaurant
KARIBISCH $$

(☎ 305-296-8955; 1116 White St; Hauptgerichte 6–17 US$; ☺ Mo–Sa 11–22 Uhr) Wem schon bei den Worten „karibische Hausmannskost" das Wasser im Munde zusammenläuft, der sollte keine Zeit mehr verschwenden: Die Gerichte sind hauptsächlich haitianisch und einfach köstlich.

BO's Fish Wagon SEAFOOD $$

(☎ 305-294-9272; 801 Caroline St; Hauptgerichte 8–22 US$; ⏱ 11–21 Uhr) Dieses Restaurant erinnert im positiven Sinn an den Schuppen eines verrückten alten Fischers. Der Bratfisch, die frittierten Muschelbällchen, das kalte Bier und nicht zuletzt die tollen Preise werden sicher auch eventuelle Zweifler überzeugen.

★ Blue Heaven AMERIKANISCH $$$

(☎ 305-296-8666; http://blueheavenkw.homestead.com; 729 Thomas St; Abendessen 8–16 & 17–22.30 Uhr, So bis 14 Uhr) Eines der skurrilsten Restaurants der Insel (und das will schon was heißen!), in dem man in einem Innenhof unter freiem Himmel inmitten einer Hühnerschar speist. Im Blue Heaven warten die amüsierten Gäste gern auf die gut zubereiteten, à la Südstaaten zubereiteten Interpretationen der klassischen Keys-Küche.

★ Café Solé FRANZÖSISCH $$$

(☎ 305-294-0230; www.cafesole.com; 1029 Southard St; Abendessen 20–34 US$, Abendessen 25–32 US$; ⏱ 17.30–22 Uhr) Muschel-Carpaccio mit Kapern? Gelbschwanzfisch-Filet und Foie gras? Ja, bitte! Dieses allseits gefeierte Restaurant ist für sein gemütliches Gartenterrassen-Ambiente und seine innovative Küche bekannt, die es seinem in Frankreich ausgebildeten Koch zu verdanken hat. Er experimentiert gekonnt mit den Zutaten, die auf der Insel gedeihen.

Ausgehen & Unterhaltung

Das Umherziehen – bzw. -schwanken – von einer Bar zur nächsten wird hier Duval Crawl (S. 533) genannt und ist in der Conch Republic ein sehr beliebter Zeitvertreib. Es gibt zahlreiche Optionen, sich einen hinter die Binde zu gießen.

★ Green Parrot BAR

(www.greenparrot.com; 601 Whitehead St; ⏱ 10–4 Uhr) Diese raubeinige Kantine gibt's schon länger als jede andere Bar auf der Insel (seit 1890). Eine fantastische Kneipe, die eine lebendige Mischung aus Einheimischen und Touristen anlockt! Die seltsame Einrichtung wurde über 100 Jahre zusammengetragen. Männer sollten hier unbedingt mal auf die Toil gehen.

Captain Tony's Saloon BAR

(www.capttonyssaloon.com; 428 Greene St) Tony's Saloon war bereits ein Eishaus, ein Leichenschauhaus und eine Stammkneipe von Hemingway und wurde um den alten Galgenbaum der Stadt erbaut. Zur kunterbunten Einrichtung gehören auch abgelegte BHs und signierte Dollarscheine.

Porch BAR

(www.theporchkw.com; 429 Caroline St; ⏱ Mo–Sa 10–2, So 12–2 Uhr) Den Studentenbars an der Duval St weicht man am besten aus, indem man ins Porch geht, wo kompetente Barkeeper handgebrautes Bier ausschenken. Das hört sich zivilisiert an und ist es für Key-West-Verhältnisse auch beinahe.

Garden of Eden BAR

(224 Duval St) In dieser FKK-Dachbar kann man es Adam und Eva gleichtun – und darf dabei sogar auf das kleine Feigenblatt verzichten.

Virgilio's JAZZ

(www.virgilioskeywest.com; 524 Duval St) Gott sei Dank für ein bisschen Abwechslung! Diese Stadt brauchte dringend eine dunkle, von Kerzen erleuchtete Martini-Bar, in der man bei gutem Jazz und Salsa entspannen kann. Eingang in der Appelrouth Lane.

La Te Da KABARETT

(www.lateda.com; 1125 Duval St) In der Außenbar plauschen Einheimische entspannt beim Bier. Drinnen im tollen Crystal Room (2. Stock) gibt's jedoch am Wochenende hochkarätige Travestieshows mit Stars aus dem ganzen Land zu sehen. In der Lounge darunter sind eher harmlose Kabarettnummern angesagt.

🛈 Praktische Informationen

Eine tolle Quelle zur Reiseplanung ist www.fla-keys.com/keywest. In der Stadt hält die **Key West Chamber of Commerce** (☎ 305-294-2587; www.keywestchamber.org; 510 Greene St; ⏱ Mo–Sa 8.30–18.30, So bis 18 Uhr) Karten und Broschüren bereit.

🛈 Anreise & Unterwegs vor Ort

Key West und die Keys erreicht man am besten per Auto. Während der Hauptsaison im Winter herrscht aber mitunter ein mörderischer Verkehr auf der wichtigsten Zufahrtsroute (US 1). Ab Downtown Miami geht's mit **Greyhound** (☎ 305-296-9072; www.greyhound.com; 3535 S Roosevelt Blvd) entlang des US Hwy 1 raus zu den Keys.

TROCKENE SCHILDKRÖTEN

Der **Dry Tortugas National Park** ([☎] 305-242-7700; www.nps.gov/drto; Erw./Kind bis 15 Jahre 5 US$/frei) liegt 113 km westlich der Keys mitten im Golf. Der am schlechtesten zugängliche US-Nationalpark ist nur per Boot oder Flieger erreichbar. Wer die Mühe auf sich nimmt, wird jedoch mit großartigen Möglichkeiten zum Schnorcheln, Tauchen, Vogelbeobachten und Sternegucken belohnt.

Nach den ihm vorgefundenen Meeresschildkröten nannte Ponce de León das Gebiet „Tortugas" (tor-*tuh*-gas). Das „dry" (trocken) kam später hinzu, um vor dem örtlichen Süßwassermangel zu warnen. Doch dies ist mehr als nur eine hübsche Inselgruppe ohne Trinkwasser: Das niemals fertiggestellte **Fort Jefferson** aus der Bürgerkriegszeit hat einen eindrucksvollen sechseckigen Mittelbau aus rotem Backstein, der auf **Garden Key** aus dem smaragdgrünen Wasser emporragt. Somit heißt's neben genug Mineralwasser auch unbedingt eine Kamera mitbringen.

Hierher kommt man u.a. mit der Schnellfähre **Yankee Freedom** ([☎] 800-634-0939, 305-294-7009; www.yankeefreedom.com; Historic Seaport), die am Nordende der Grinnell St in Key West ablegt. Der Preis beinhaltet ein Frühstück, ein Mittagspicknick, Schnorchelausrüstung und eine Führung durch das Fort. Alternativ sind Halb- oder Ganztagestrips mit Wasserflugzeugen von **Key West Seaplane** ([☎] 305-293-9300; www.keywestseaplane charters.com/; Halbtagestrip Erw./Kind 3–12 Jahre 280/224 US$) möglich. In beiden Fällen ist es ratsam, spätestens eine Woche vorher zu reservieren.

Für alle, die die Einsamkeit richtig genießen wollen, empfehlen sich die insgesamt 13 **Campingplätze** (3 US$/Pers.) auf Garden Key. Interessenten sollten rechtzeitig bei der Parkverwaltung buchen und dann unbedingt an alles Nötige denken: Nach der Abfahrt des Bootes ist man hier ganz auf sich allein gestellt.

Auf dem **Key West International Airport** (EYW; www.keywestinternationalairport.com) landen regelmäßig Flüge ab US-Großstädten (meist via Miami). **Key West Express** ([☎] 888-539-2628; www.seakeywestexpress.com; Erw./Kind hin & zurück 146/81 US$, einfache Strecke 86/58 US$) erteilt Fahrplan- und Preisinfos zu Schnellkatamaranen ab Fort Myers oder Miami (Rabatt bei Buchung im Voraus).

Fahrräder sind innerhalb von Key West das bevorzugte Verkehrsmittel und entlang der Duval St ausleihbar (10–25 US$/Tag). **City Transit** ([☎] 305-600-1455; www.kwtransit.com; Ticket 2 US$) schickt farblich markierte Busse durch die Innenstadt und hinaus zu den Lower Keys.

ATLANTIKKÜSTE

Floridas Atlantikküste steht nicht nur für Beachvolleyball, Surfen und Sonnenbaden. Sie ist ein bemerkenswert gutes Rundum-Erlebnis: Egal, ob man sich für Geschichte, Kunst oder Adrenalinkicks interessiert, hier ist für jeden etwas geboten.

Space Coast

In den 1960er-Jahren diente die Space Coast als Kulisse für die Kult-Fernsehserie *Bezau-bernde Jeannie*. Abgesehen davon ist sie im realen Leben vor allem für das Kennedy Space Center und dessen gewaltiges Besucherzentrum berühmt. Der Cocoa Beach lockt Surfer mit Floridas besten Wellen an. Touristinfos erteilt das **Florida's Space Coast Office of Tourism** ([☎] 321-433-4470; www.visitspacecoast.com; 430 Brevard Ave, Cocoa Village; ⊙ Mo–Sa 8–17 Uhr).

⊙ Sehenswertes

Kennedy Space Center Visitor Complex   MUSEUM
([☎] 321-449-4444; www.kennedyspacecenter.com; Erw./Kind/Parken 50/40/10 US$; ⊙ 9–17 Uhr) Seit dem Ende des Spaceshuttle-Programms der NASA (2011) wird dieses einstmals aktive Raumfahrtzentrum langsam vom lebendigen Museum zur historischen Stätte. Den Großteil des Tages widmet man am besten dem **Spaceshuttle Atlantis** (neue Attraktion), den IMAX-Kinos und dem **Rocket Garden**, in dem Nachbauten klassischer Raketen den Komplex überragen. Pflicht ist auch der **Shuttle Launch Simulator**, der einen Raumfährenstart realistisch simuliert – inklusive der Spitzengeschwindigkeit von 28 000 km/h, aber ohne tränenreichen Abschied. Zuallererst empfiehlt sich jedoch die Bustour zu noch betriebenen NASA-

3–2–1… START!

Dank der Ortsvorwahl ☎ 321 gilt ein Countdown sogar bei Telefonaten entlang der Space Coast – kein Zufall: Zu Ehren der Raketenstarts von Cape Canaveral erstellten Einheimische 1999 unter der Leitung von Robert Osband eine Petition für diese Zahlenfolge.

Einrichtungen (10–14.45 Uhr alle 15 Min., beliebiges Zu- und Aussteigen).

An beliebten Zusatzoptionen (rechtzeitig reservieren!) herrscht kein Mangel – je nachdem, wie intensiv das Astronauten-Erlebnis ausfallen soll. Hungrige Weltraumfreaks können sich beim **Lunch with an Astronaut** (☎ 866-737-5235; Erw./Kind 30/16 US$) stärken. Und die **Astronaut Training Experience** (Ticket 145 US$) bereitet Teilnehmer auf ihren persönlichen Start ins All vor, falls dieser irgendwann mal möglich sein sollte.

⭐ **Merritt Island National Wildlife Refuge** NATURSCHUTZGEBIET (www.fws.gov/merrittisland.com; I-95 Ausfahrt 80; ☺ Park Sonnenaufgang–Sonnenuntergang; Visitor Center Mo–Fr 8–16.30, Sa & So 9–17 Uhr, April–Okt. So geschl.) Dieses unberührte, rund 560 km² große Schutzgebiet ist einer der besten Orte für die Vogelbeobachtung im Land, besonders von Oktober bis Mai (frühmorgens und nach 16 Uhr). Hier leben außerdem mehr bedrohte und gefährdete Tierarten in den Sümpfen, Marschen und Hartholzwäldern als irgendwo sonst in den kontinentalen USA. Am besten sieht man die Tiere vom Black Point Wildlife Dr aus.

Canaveral National Seashore PARK (☎ 321-267-1110; www.nps.gov/cana; Auto/Fahrrad 5/1 US$; ☺ Sonnenaufgang–Sonnenuntergang) Zu diesen 39 unberührten, windumtosten Küstenkilometern gehört der längste unerschlossene Strandstreifen an Floridas Ostküste. Mit seiner sanften Brandung und endloser Einsamkeit ist der familienfreundliche **Apollo Beach** am Nordende eine Klasse für sich. Der **Playalinda Beach** am Südende lockt die meisten Surfer an. Der zwanglose **Klondike Beach** dazwischen steht bei Campern und Naturfreunden hoch im Kurs.

Den Westrand der Barriereinsel säumt die **Mosquito Lagoon** mit äußerst artenreichen Inseln und Mangroven. Kajaks können in Cocoa Beach ausgeliehen werden. Am Visitor Information Center starten Ponton-Boot-Trips unter der Leitung von Rangern (20 US$/Pers., meist So). Letztere begleiten auch abendliche Touren zu nistenden Meeresschildkröten (Erw./Kind 8–16 Jahre 14 US$/frei, Juni–Aug. tgl. 7–23.30 Uhr; Reservierung erforderlich).

🏃 Aktivitäten

Trotz all der sonnigen Küstenabschnitte ist nicht ganz Florida ein Surferparadies: Rund um Miami gibt's zumeist nur Flachwasser, und der Großteil der Golfküste ist für eine starke Brandung zu geschützt. Allerdings sind die 113 km Strand zwischen New Smyrna und dem Sebastian Inlet eine echte Hochburg des Wellenreitens. Der zehnfache Surfweltmeister Kelly Slater stammt aus Cocoa Beach, das bis heute das hiesige Epizentrum dieses Sports ist. Lokale Szeneinfos und Surfberichte gibt's z.B. bei **Florida Surfing** (www.floridasurfing.com) oder **Surf Guru** (www.surfguru.com).

Ron Jon's Surf Shop WASSERSPORT (☎ 321-799-8888; 4151 N Atlantic Ave; ☺ 24 Std.) Verleiht von Surfbrettern (30 US$/Tag) bis hin zu Strandfahrrädern mit dicken Reifen (15 US$/Tag) alle möglichen Geräte für Aktivitäten am bzw. auf dem Wasser.

Ron Jon Surf School SURFEN (☎ 321-868-1980; www.cocoabeachsurfingschool.com; 150 E Columbia Lane, Cocoa Beach; 50–65 US$/Std.) Cocoa Beachs beste Surfschule für alle Altersklassen und Leistungsstufen ist auch die größte des Bundesstaats. Geleitet wird sie von Craig Carroll (Ex-Profisurfer und Kelly Slaters Trainer).

Cocoa Beach Jetski Rentals BOOTSFAHRT (☎ 321-454-7661; http://cocoabeachjetskirentals.com; 1872 E 520 Causeway, Cocoa Beach; Leihgebühr Kajak/Jetski pro Std. 20/90 US$; ☺ 8.45–17 Uhr) Verleiht Boote, Kajaks, Surfbretter und natürlich Jetskis; selbst lebendige Naturköder für Angler sind im Angebot.

🛏 Schlafen

Das charmante Cocoa Beach bietet die meisten Unterkünfte, aber auch die meisten Kettenhotels. Wer es lieber etwas ruhiger und individueller mag, ist in Vero Beach genau richtig.

Fawlty Towers MOTEL $ (☎ 321-784-3870; www.fawltytowersresort.com; 100 E Cocoa Beach Causeway, Cocoa Beach; Zi. 72–92 US$; ❄@🛜🏊) Hinter der auffälligen knallrosa Fassade dieses Motels liegen relativ nüchterne Zimmer in unschlagbarer Nähe zum Strand; es gibt einen ruhigen Pool und eine Tiki-Bar.

South Beach Place
MOTEL $$

(☑772-231-5366; www.southbeachplacevero.com; 1705 S Ocean Dr, Vero Beach; Suite pro Tag 125–175 US$, pro Woche 700–1100 US$; ☎⚏) Hier erlebt man Old Florida mit Facelifting: Dieses geschmackvolle, helle Motel mit zwei Stockwerken in Vero Beach befindet sich in einer besonders ruhigen Ecke gleich gegenüber vom Strand. Die Ein-Zimmer-Suiten sind mit einer kompletten Küche ausgestattet.

Beach Place Guesthouses
APARTMENT $$$

(☑321-783-4045; www.beachplaceguesthouses.com; 1445 S Atlantic Ave, Cocoa Beach; Suite 195–395 US$; ☎) Ein himmlisch entspannter Ort mitten in der wilden Partyszene am Strand von Cocoa Beach: Diese erholsame, zweistöckige Pension liegt in einer Wohngegend und bietet geräumige Suiten mit Hängematten und eine wunderschöne Terrasse – und das alles nur ein paar Schritte von Dünen und Strand entfernt

✖ Essen

Simply Delicious
CAFÉ $

(125 N Orlando Ave, Cocoa Beach; Hauptgerichte 6–12 US$; ⊙Di–Sa 8–15, So bis 14 Uhr) Dieses kleine gelbe Haus auf dem südlichen Abschnitt des A1A kann man nicht verpassen – es ist ein typisch amerikanisches, gemütliches Café: Hier gibt's keinen Schnickschnack, nichts Trendiges, einfach nur herrliche Köstlichkeiten.

Slow and Low Barbecue
BBQ $$

(http://slowandlowbarbeque.com; 306 N Orlando Ave, Cocoa Beach; Hauptgerichte 7–15 US$; ⊙Mo–Sa 11–22 Uhr; So ab 12 Uhr) Nach einem Tag am Strand gibt's nichts Befriedigenderes als eine riesige Platte mit gegrillten Rippchen, gebratenen Okras, Rübstiel (Stiele und Blätter von Speiserüben) und gebratenen Süßkartoffeln. Happy Hour gibt's jeden Tag und von Donnerstag bis Sonntag auch Livemusik.

Fat Snook
SEAFOOD $$$

(☑321-784-1190; http://thefatsnook.com; 2464 S Atlantic Ave, Cocoa Beach; Hauptgerichte 22–36 US$; ⊙17.30–22 Uhr) Das winzige Fat Snook ist eine wahre Oase der feinen Küche, auch wenn es sich in einem eher uninspirierten Gebäude versteckt – die Einrichtung ist von minimalistischer Coolness. Ja, doch,

in Sachen Essen herrscht hier schon ein gewisser Snobismus vor, aber weil es so wahnsinnig gut schmeckt, scheint das niemanden zu stören.

Maison Martinique
FRANZÖSISCH $$$

(☑772-231-7299; Caribbean Court Hotel, 1603 S Ocean Dr, Vero Beach; Hauptgerichte 24–42 US$; ⊙Di–Sa 17–22 Uhr) Dieses Restaurant in Vero Beach serviert außergewöhnliche französische Küche mit erstklassigem Service in traulicher Umgebung. An warmen Abenden kann man neben dem kleinen Pool essen; wer es gerne etwas lässiger mag, kann auch in der Pianobar oben vorbeischauen.

ℹ An- & Weiterreise

Von Orlando über den Hwy 528, der später auf den Hwy A1A trifft, nach Osten fahren. **Greyhound** (www.greyhound.com) bietet Verbindungen von West Palm Beach und Orlando nach Titusville. **Vero Beach Shuttle** (☑772-200-7427; www.verobeachshuttle.com) unterhält einen Shuttle-Service vom Flughafen aus.

Daytona Beach

Mit der typischen Übertreibung à la Florida bewirbt sich Daytona Beach selbst als „berühmtester Strand der Welt". Doch dieser Anspruch beruht eher auf der Größe und weniger auf der Qualität der Springbreak-Partys auf dem breiten Sandstreifen. Gleichzeitig wären da noch die SpeedWeeks und die Motorradfestivals, bei denen bis zu 500 000 Biker mit ihren Maschinen in die Stadt donnern. Unumstritten ist jedoch Daytonas Titel als Geburtsort der NASCAR-Rennserie (1947 offiziell gegründet). Deren Wurzeln liegen im Jahr 1938, in dem hier das erste Beschleunigungsrennen auf dem harten Strandsand stattfand.

Das **Daytona Beach Convention & Visitors Bureau** (☑386-255-0415; www.daytonabeach.com; 126 E Orange Ave; ⊙Mo–Fr 9–17 Uhr) führt hervorragende Unterkunftsverzeichnisse. Schwule und lesbische Besucher finden Informationen unter www.gaydaytona.com.

◉ Sehenswertes & Aktivitäten

Museum of Arts & Sciences
MUSEUM

(www.moas.org; 1040 Museum Blvd; Erw./Student 13/7 US$; ⊙Di–Sa 9–17, So 11–17 Uhr) Wunderbar vielfältiger Mix von kubanischer Kunst und Coca-Cola-Devotionalien bis hin zum 4 m hohen Skelett eines Riesenfaultiers.

Ponce Inlet Lighthouse & Museum
LEUCHTTURM

(www.ponceinlet.org; 4931 S Peninsula Dr; Erw./
Kind 5/1,50 US$; ⊙ Winter 10–18 Uhr, Sommer 10–
21 Uhr) Floridas höchster Leuchtturm (203
Stufen bis ganz nach oben) steht 6 Meilen
(9,7 km) südlich von Daytona Beach.

Daytona Beach
STRAND

(5 US$/Auto) Dieser Sandstreifen diente der
Stadt einst als Rennstrecke. Auch heute
kann man noch immer auf gewissen Abschnitten fahren, muss sich aber an das
strenge Tempolimit von 10 mph (16 km/h)
halten; man kann sich auch ein Quad, ein
Strandfahrrad oder ein Liegerad ausleihen.
Wer eher für Wassersport zu haben ist, findet ebenfalls zahlreiche Verleihe.

Daytona International Speedway
RENNSTRECKE

(☏ 800-748-7467; www.daytonaintlspeedway.com;
1801 W International Speedway Blvd; Tickets ab
20 US$, Touren f. Erw. 16–23 US$, Kinder 6–12 Jahre
10–17 US$) Der Heilige Gral unter den Renn-
strecken hat ein ziemlich vielfältiges Renn-
programm. Die Ticketpreise steigen bei den
großen Rennen rapide an, allen voran das
Daytona 500 im Februar, aber wenn keine
Rennen stattfinden, kann man kostenlos
über die riesige Zuschauertribüne schlendern. Außerdem führen zwei **Tram-Touren**
über die Rennstrecke, durch die Boxengasse
und den Bereich hinter den Kulissen (wer
rechtzeitig kommt, kriegt noch Tickets).
Echte Fans können sich die **Richard Petty
Driving Experience** (☏ 800-237-3889; www.
drivepetty.com) gönnen und entweder als Bei-
fahrer über die Strecke rasen (84–135 US$)
oder sich an einem ganzen Tag zum Fahrer
schulen lassen (550–3200 US$); das Pro-
gramm gibt's online.

🛏 Schlafen

In Daytona existieren zahlreiche Unterkünfte in allen Preis- und Stilklassen. Während
spezieller Events schnellen die Preise in die
Höhe, und es kann dann nicht schaden, weit
im Voraus zu buchen.

Shores
RESORT $$

(☏ 386-767-7350; www.shoresresort.com; 2637
N Atlantic Ave; Zi. Ab 109 US$; ✳@🛜🏊) Eine
der elegantesten Optionen in Daytona: Die
gestreiften Wände dieses schicken Boutique-
resorts am Strand sind handbemalt, und ein
Spa mit Rundumservice und ein elegantes
Farbkonzept gibt's auch noch.

⭐ August Seven Inn
B&B $$

(☏ 386-248-8420; www.jpaugust.net; 1209 S
Peninsula Dr; Zi. 140–225 US$; ✳@🛜🏊) Die
freundlichen Besitzer dieses hübschen B&Bs
haben das ganze Haus mit Antiquitäten aus
der Zeit der Jahrhundertwende und stilvollen Art-déco-Akzenten eingerichtet und so
einen ruhigen Hafen abseits des in Daytona
üblichen Nascar- und Spring-Break-Rum-
mels geschaffen.

Tropical Manor
RESORT $$

(☏ 386-252-4920; www.tropicalmanor.com; 2237
S Atlantic Ave; Zi. 80–315 US$; 🅿✳🛜🏊) Das
Strandresort mit Motelzimmern, Wohnstu-
dios und Hütten steht für das gute alte Flo-
rida. Alles ist mit vielen Wandbildern und in
fröhlichen Pastelltönen dekoriert.

Sun Viking Lodge
RESORT $$

(☏ 800-815-2846; www.sunviking.com; 2411 S
Atlantic Ave; Zi. 79–259 US$; 🅿✳🛜🏊) Die
meisten Zimmer haben Kochecken, könnten jedoch mal eine Renovierung vertragen.
Daran sollte man sich aber nicht großartig
stören, vor allem Familien profitieren hier:
Mit zwei Pools, einer Wasserrutsche (18 m),
Strandzugang, Shuffleboards, zahllosen Aktivitäten und Wikinger-Dekor (!) herrschen
hier ideale Bedingungen für sie.

🍴 Essen & Ausgehen

Dancing Avocado Kitchen
MEXIKANISCH $

(110 S Beach St; Hauptgerichte 6–10 US$; ⊙ Di–Sa
8–16 Uhr; 🍴) Frische, gesunde Mexiko-Kost
(z. B. supergute Burritos und Quesadillas)
prägt die Karte des vegetarisch orientierten
Cafés. Highlight ist das Dancing Avocado
Melt nach Art des Hauses.

Pasha
NAHÖSTLICH $

(www.pashamideastcafe.com; 919 W International
Speedway Blvd; Hauptgerichte 5–14 US$; ⊙ Mo–
Sa 11–19.30 Uhr) Seit seiner Eröffnung in den
1970er-Jahren hat sich das Pasha kaum
verändert. Es kombiniert eine orientalische
Schatzhöhle voller nahöstlicher Import-
Feinkost mit authentischer Küche in einem
Café. Auf den Tisch kommen z. B. panierte
Käsepastetchen à la Armenien und Fladen-
brot nach dem Originalrezept der Großmut-
ter des Inhabers.

Aunt Catfish's on the River
SÜDSTAATENKÜCHE $$

(☏ 386-767-4768; www.auntcatfishontheriver.com;
4009 Halifax Dr, Port Orange; Hauptgerichte 8–
25 US$; ⊙ Mo–Sa 11.30–21, So 9–21 Uhr) Süd-
staaten-Seafood mit viel Butter und Wels

mit Cajun-Gewürzen machen dieses Lokal ungemein populär.

The Cellar
ITALIENISCH **$$$**

([☑] 386-258-0011; www.thecellarrestaurant.com; 220 Magnolia Ave; Hauptgerichte 19–37 US$; [☺] Di-So 17–22 Uhr) Die inzwischen angesagteste Adresse für besondere Dinner-Anlässe befindet sich in der früheren Sommervilla von Warren G. Harding (29. US-Präsident). In elegantem Ambiente gibt's hier italienische Klassiker der gehobenen Art. Reservierung ist ratsam.

♟ Ausgehen & Unterhaltung

Daytonas Unterhaltungsangebot besteht in erster Linie aus rockigen Biker-Bars (vor allem entlang der Main St) und energetischen Diskos (im Bereich des Seabreeze Blvd).

Froggy's Saloon
BAR

(www.froggyssaloon.net; 800 Main St) Im Fenster der abgewrackten Bar glänzt ein Knochenmesser. Drinnen fragt ein Schild *Ain't drinking fun?* („Macht Bechern nicht Spaß?") Und das ist todernst gemeint: Ab 7 Uhr morgens feiern hier Biker und alle anderen, die richtig auf den Putz hauen wollen. Zu sehen gibt's in dem Laden strippende Mädels, rauchgraue Bärte und mehr Leder als bei einer Afrika-Safari.

Razzles
NACHTCLUB

(www.razzlesnightclub.com; 611 Seabreeze Blvd; [☺] 20–3 Uhr) Daytonas permanent pulsierende Disko Nummer eins.

ℹ Anreise & Unterwegs vor Ort

Der **Daytona Beach International Airport** ([☑] 386-248-8030; www.flydaytonafirst.com; 700 Catalina Dr) liegt gleich östlich des Speedway, und vom **Greyhound-Busbahnhof** (www.greyhound.com; 138 S Ridgewood Ave) gibt's Verbindungen zu Zielen in ganz Florida.

Daytona liegt in der Nähe der Kreuzung zweier für Florida wichtiger Interstates: Die I-95 ist die schnellste Route nach Jacksonville (90 Meilen; 145 km) und Miami (260 Meilen; 418 km), und über die I-4 erreicht man in einer Stunde Orlando.

Busse von **Votran** (www.votran.org; Fahrt 1,25 US$) fahren durch die ganze Stadt.

St. Augustine

Das erste dies, das älteste das … St. Augustine wurde 1565 von den Spaniern gegründet, was bedeutet, dass es randvoll mit alters-bezogenen Superlativen ist. Touristen strömen in Scharen hierher, um durch die alten Straßen zu schlendern, und Pferdekutschen ziehen klappernd an den Einwohnern der Stadt vorbei, die in ihren Kostümen jenen alten Zeiten entsprungen zu sein scheinen und sich über den gesamten National Historic Landmark District verteilen – seines Zeichens die älteste dauerhaft bewohnte Siedlung der USA.

Manchmal schreit St. Augustine seinen Besuchern förmlich „Hey, guckt mal, wie uralt wir sind!" entgegen, da es wirklich stark an einen historischen Themenpark erinnert. Schließlich sind die Gebäude und Denkmäler nun einmal echt, und die schmalen Gassen mit ihren unzähligen Cafés sind wirklich charmant. Wenn man durch die Pflasterstraßen bummelt oder an jener Stelle steht, an der Juan Ponce de León 1513 landete, wird die historische Distanz mit einem Mal ganz klein, und gelegentlich jagen einem diese besonderen Momente sogar einen leichten Schauer über den Rücken.

Die größte **Touristeninformation** ([☑] 904-825-1000; www.ci.st-augustine.fl.us; 10 Castillo Dr; [☺] 8.30–17.30 Uhr) zeigt einen 45-minütigen Film zur Geschichte der Stadt.

◉ Sehenswertes & Aktivitäten

Die beiden Henry-Flagler-Gebäude der Stadt sollte man nicht verpassen.

★ Lightner Museum
MUSEUM

([☑] 904-824-2874; www.lightnermuseum.org; 75 King St; Erw./Kind 10/5 US$; [☺] 9–17 Uhr) Flaglers ehemaliges Hotel Alcazar ist heute das Zuhause dieses wunderbaren Museums, das von allem ein bisschen zeigt: von aufwendigen Möbeln aus dem Gilded Age (der Blütezeit der Wirtschaft in den USA) bis zu einer Murmelsammlung und einer Ausstellung von Zigarrenschachtel-Etiketten.

Hotel Ponce de León
HISTORISCHES GEBÄUDE

(74 King St; Führung Erw./Kind 10/1 US$; [☺] Führungen Sommer 10–15 Uhr stündl., Schulzeit 10 & 14 Uhr) Das großartige ehemalige Hotel (erb. in den 1880er-Jahren) ist heute das tollste Studentenwohnheim der Welt und gehört zum Flagler College. Am besten an einer Führung teilnehmen oder zumindest einen Gratis-Blick in die Lobby werfen!

Colonial Quarter
HISTORISCHES AREAL

(33 St George St; Erw./Kind 13/7 US$; [☺] 9–18 Uhr) Dieser Nachbau des St. Augustine der spanischen Kolonialzeit zeigt, wie Handwerker im

18. Jh. arbeiteten – live vorgeführt u. a. von Hufschmieden oder Lederverarbeitern.

Pirate & Treasure Museum MUSEUM
(www.thepiratemuseum.com; 12 S Castillo Dr; Erw./Kind 13/7 US$; ⊙ 9–20 Uhr; ▣) Eine bunte Mischung aus Themenpark und Museum: Hier wird alles verehrt, was auch nur im Entferntesten mit Piraten zu tun hat, und es gibt echte historische Schätze (und echtes Gold), animatronische Piraten und donnernde Kanonen zu sehen bzw. zu hören – und eine Schatzsuche für die Kleinen.

Castillo de San Marcos National Monument FORT
(☑ 904-829-6506; www.nps.gov/casa; 1 S Castillo Dr, St Augustine; Erw./Kind unter 16 Jahren 7 US$/frei; ⊙ 8.45–17.15 Uhr; ▣) Das unglaublich fotogene Fort ist ein weiteres stimmungsvolles Monument der Dauerhaftigkeit. Es wurde 1695 von den Spaniern vollendet und ist die älteste gemauerte Festung der USA. Park-Ranger leiten hier stündlich Besucherprogramme und feuern an den meisten Wochenenden die Kanonen ab.

Fountain of Youth HISTORISCHE STÄTTE
(www.fountainofyouthflorida.com; 11 Magnolia Ave; Erw./Kind 6–12 Jahre 12/8 US$; ⊙ 9–17 Uhr) In diesem archäologischen Park erwartet Besucher ein säuerlicher Schluck ewige Jugend. Der Legende nach soll der spanische Entdecker Juan Ponce de León hier 1513 an Land gegangen sein und den Bach für den legendären Jungbrunnen (Fountain of Youth) gehalten haben.

Anastasia State Recreation Area PARK
(☑ 904-461-2033; www.floridastateparks.org; 1340 Hwy A1A; Auto/Fahrrad 8/2 US$; ⊙ 8 Uhr–Sonnenuntergang) Vor den Touristenscharen flüchten Einheimische in diesen Park mit einem super Strand, einem Campingplatz (Stellplatz 28 US$) und einem umfangreichen Wassersportverleih.

Geführte Touren

St. Augustine City Walks STADTSPAZIERGANG
(☑ 904-540-3476; www.staugustinecitywalks.com; Stadtspaziergänge 12–49 US$) Wirklich witzige Stadtspaziergänge aller Art (von ernsthaft und albern bis hin zu gruselig).

Old Town Trolley Tours BUSTOUR
(☑ 888-910-8687; www.trolleytours.com; Erw./Kind 6–12 Jahre 23/10 US$) Kommentierte Bustouren mit beliebig häufigem Zu- und Aussteigen.

St. Augustine Sightseeing Trains TOURISTENZUG
(☑ 904-829-6545; www.redtrains.com; 170 San Marco Ave; Erw./Kind 20/9 US$) Kommentierte Touristenzugtouren mit beliebigem Zu- und Aussteigen (u. a. an Bord des gruseligen Ghost Train).

Schlafen

St. Augustine ist ein beliebtes Wochenendziel; freitags und samstags können die Zimmerpreise um bis zu 30 % steigen. Günstige Motels und Kettenhotels säumen die San Marco Ave in der Nähe der Kreuzung am US Hwy 1. Auf der Website www.staugustineinns.com sind über zwei Dutzend B&Bs verzeichnet.

Pirate Haus Inn HOSTEL $
(☑ 904-808-1999; www.piratehaus.com; 32 Treasury St; B 20 US$, Zi. 65–109 US$; ▣▣▣) Wer nicht unbedingt eine superschicke Bleibe braucht, ist bei dem familienfreundlichen, europäisch angehauchten Mix aus Hostel und Pension richtig. In unschlagbarer Lage gibt's hier z. B. ein Piraten-Pfannkuchenfrühstück.

★ At Journey's End B&B $$
(☑ 904-829-0076; www.atjourneysend.com; 89 Cedar St; Zi. 149–199 US$; ▣▣▣) Dieses tier-, kinder- und schwulenfreundliche Haus verzichtet angenehmerweise auf die altbackene Einrichtung, die viele B&Bs in St. Augustine „ziert". Es ist mit einer schicken Mischung aus alten und modernen Möbeln ausgestattet und wird von einem freundlichen Team geführt. Frühstück inklusive.

Casa de Solana B&B $$
(☑ 877-824-3555; www.casadesolana.com; 21 Aviles St; Zi. 149–279 US$; ▣▣) Gleich neben der Fußgängerzone der Aviles St liegt im ältesten Teil der Stadt dieses unglaublich charmante kleine B&B, das seinem Dekor aus dem frühen 19. Jh. durchweg treu bleibt. Die Zimmer sind ein bisschen klein, aber Preis und Lage machen die Unterkunft zu einem echten Schnäppchen.

Casa Monica HISTORISCHES HOTEL $$$
(☑ 904-827-1888; www.casamonica.com; 95 Cordova St; Zi. 179–379 US$; ▣▣▣▣) ⊘ Dieses 1888 erbaute Haus ist das Luxushotel der Stadt: Türmchen und Springbrunnen unterstreichen die spanisch-maurische Burgatmosphäre. Die Zimmer sind üppig ausgestattet und bieten gusseiserne Betten und jede erdenkliche Annehmlichkeit.

✖ Essen & Ausgehen

St. Augustine hat neben bemerkenswerten Restaurants auch viele überteuerte Touristenfallen.

⭐ Spanish Bakery
BÄCKEREI **$**

(www.thespanishbakery.com; 42½ St George St; Hauptgerichte 3,50–5,50 US$; ⊘ 9.30–15 Uhr) Durch einen Torbogen geht's hier hinein in einen Innenhof voller Tische. In der winzigen Bäckerei mit Stuckelementen werden Empanadas, Würstchen im Teigmantel und andere Klassiker aus Konquistadorentagen serviert. Nicht zögern: Alles ist schnell ausverkauft!

⭐ Floridian
MODERN-AMERIKANISCH **$$**

(☎ 904-829-0655; www.thefloridianstaug.com; 39 Cordova St; Hauptgerichte 12–20 US$; ⊘ mittags Mi–Mo 11–15, abends Mo–Do 17–21, Fr & Sa 17–22 Uhr) Das neue Restaurant, in dem frische Zutaten vom Bauernhof verarbeitet werden, strahlt die Ernsthaftigkeit des hippen „Locavore"-Fanatismus. Allerdings spielt das keine Rolle, da der Laden wirklich großartig ist. In einem extrem coolen Speiseraum kredenzen die selbst kochenden Inhaber skurrile Kreationen der modernen amerikanischen Südstaatenküche.

Collage
INTERNATIONAL **$$$**

(☎ 904-829-0055; www.collagestaug.com; 60 Hypolita St; Hauptgerichte 28–38 US$; ⊘ ab 17.30 Uhr) In diesem teureren Restaurant fühlt man sich Welten vom geschäftig-touristischen Downtown entfernt. Die Karte wird von Meeresfrüchten geprägt und für ihren subtilen Touch globaler Aromen begeistert gefeiert.

Scarlett O'Hara's
KNEIPE

(www.scarlettoharas.net; 70 Hypolita St; ⊘ 11–1 Uhr) Wer einen Schaukelstuhl ergattern kann, hat Glück: Die Veranda des Kieferholzhauses ist jeden Tag durchgängig rappelvoll. Der Laden von 1879 serviert heute Standard-Kneipenessen, wirkt aber auf Gäste so anziehend wie spiritistische Sitzungen auf Geister. Hierfür sorgen eine geschäftige Happy Hour, allabendliche Live-Unterhaltung, eine unkonventionelle Bar und hart arbeitendes Personal.

⭐ Taberna del Gallo
BAR

(35 St George St; ⊘ So–Do 12–19, Fr & Sa 12–23 Uhr) Flackernde Kerzen sind die einzigen Lichtquellen in der steinernen Schenke von 1736. Am Wochenende singt man hier Seemannslieder.

AIA Ale Works
KNEIPE

(www.a1aaleworks.com; 1 King St; ⊘ So–Do 11–23.30, Fr & Sa 11–24 Uhr) Wer braucht historisches Ambiente, wenn man handgebrautes Bier so gut schmeckt wie hier?

ℹ Anreise & Unterwegs vor Ort

Der **Greyhound-Busbahnhof** (☎ 904-829-6401; 52 San Marcos Ave) liegt nur ein paar Blocks hinter dem Visitor Center. In der Altstadt ist fast alles zu Fuß erreichbar.

Jacksonville

Sind wir schon da? Sind wir schon raus? Schwer zu sagen: Jacksonville erstreckt sich über sage und schreibe 2176 km², was es flächenmäßig zur größten Stadt der kontinentalen USA macht (einzig geschlagen von Anchorage, Alaska). Der Jacksonville Beach, vor Ort auch als „Jax Beach" bekannt, liegt 17 Meilen (27 km) östlich des Stadtzentrums: Hier findet man weißen Sand und den Großteil des Geschehens vor. Näheres gibt's unter www.visitjacksonville.com.

◉ Sehenswertes & Aktivitäten

⭐ Cummer Museum of Art & Gardens
MUSEUM

(www.cummer.org; 829 Riverside Ave; Erw./Student 10/6 US$; ⊘ Di 10–21, Mi-Sa bis 16, So 12–16 Uhr) Dieses attraktive Museum ist Jacksonvilles wichtigste Kulturstätte und zeigt eine wirklich ausgezeichnete Sammlung von amerikanischen und europäischen Bildern, asiatischer dekorativer Kunst und Antiquitäten.

Museum of Science & History
MUSEUM

(www.themosh.org; 1025 Museum Circle; Erw./Kind 10/8 US$; ⊘ Mo–Do 10–17, Fr bis 20, Sa bis 18, So 12–17 Uhr; 🚹) Kinder im Schlepptau? Dieses Museum bietet Dinosaurier, ein Planetarium und lehrreiche Ausstellungen zu Jacksonvilles Kultur- und Naturgeschichte.

Jacksonville Museum of Modern Art
MUSEUM

(www.mocajacksonville.org; 333 N Laura St; Erw./Kind 8/5 US$; ⊘ Di-Sa 11–17, Do bis 21, So 12–17 Uhr) Die Werke in diesem ultramodernen Haus gehen weit über die Malerei hinaus: Hier kann man sich zwischen zeitgenössischen Skulpturen, Drucken, Fotografien und Filmen verlaufen.

Jacksonville Landing
PROMENADE

(www.jacksonvillelanding.com; 2 Independent Dr) Zu Füßen der Innenstadt-Hochhäuser liegt diese bekannte Einkaufs- und Unterhaltungsmeile mit rund 40 zumeist touristischen Läden. Mittendrin befindet sich ein super Gastrobereich mit Freilufttischen und regelmäßiger kostenloser Live-Unterhaltung.

Anheuser-Busch Budweiser Brewery
BRAUEREI

(www.budweisertours.com; 111 Busch Dr; ⊙ Mo–Sa 10–16 Uhr) Gratisführungen mit kostenlosem Bier für Teilnehmer ab 21 Jahren.

🛏 Schlafen & Essen

Die billigsten Zimmer findet man entlang der I-95 und der I-10, wo die günstigeren Ketten versammelt sind. Die Preise für Strandunterkünfte steigen naturgemäß im Sommer oft an.

Riverdale Inn
B&B $$

(☎ 904-354-5080; www.riverdaleinn.com; 1521 Riverside Ave; Zi. 110–190, Suite 200–220 US$; ✳@🛜) Im frühen 20. Jh. war dies eines der etwa 50 Herrenhäuser an der Riverside. Nur zwei von ihnen sind erhalten geblieben, und in diesem hier sind die Gäste herzlich eingeladen, die hübschen Zimmer inklusive Frühstück zu genießen.

⭐ Clark's Fish Camp
SÜDSTAATENKÜCHE

(☎ 904-268-3474; www.clarksfishcamp.com; 12903 Hood Landing Rd; Hauptgerichte 13–22 US$; ⊙ Mo–Do 16.30–21.30, Fr 16.30–22, Sa 11.30–22, So 11.30–21.30 Uhr) Ein unvergesslicher Sumpfschuppen weit südlich von Jacksonvilles Zentrum: Inmitten von „Amerikas größter privater Tierpräparatssammlung" kommt hier die „Cracker"-Küche Süd-Floridas (u.a. Alligator, Schlange, Wels, Froschschenkel) auf den Tisch.

⭐ Aix
MEDITERRAN $$$

(☎ 904-398-1949; www.bistrox.com; 1440 San Marco Blvd; Hauptgerichte 10–28 US$; ⊙ Mo–Do 11–22, Fr bis 23, Sa 17–23, So 17–21 Uhr) Elegante kulinarische Experten genießen in diesem schönen Bistro mediterrane Fusion-Gerichte. Die Speisekarte quillt quasi über vor globalen Geschmacksexplosionen. Reservierungen empfohlen!

River City Brewing Company
SEAFOOD $$$

(☎ 904-398-2299; www.rivercitybrew.com; 835 Museum Circle; Hauptgerichte 19–32 US$; ⊙ Mo–Sa 11–16 & 17–22, So 10.30–14.30 Uhr) Der perfekte Ort für ein gemütliches heimisches Bier und edle Meeresfrüchte inklusive Blick aufs Wasser.

☆ Unterhaltung

Freebird Live
LIVEMUSIK

(☎ 904-246-2473; www.freebirdlive.com; 200 N 1st St; ⊙ an Konzertabenden 20–2 Uhr) Der Liverock-Laden am Strand ist auch das Zuhause der Band Lynyrd Skynyrd.

ℹ Anreise & Unterwegs vor Ort

Am **Jacksonville International Airport** (JAX; ☎ 904-741-4902; www.flyjax.com) nördlich der Stadt bekommt man Leihwagen. **Greyhound** (www.greyhound.com; 10 N Pearl St) bedient diverse Großstädte, während Züge der **Amtrak** (☎ 904-766-5110; www.amtrak.com; 3570 Clifford Lane) aus Richtung Norden und Süden eintreffen. Die **Jacksonville Transportation Authority** (www.jtafla.com) betreibt Stadtbusse (Fahrt 1,50 US$) sowie die kosten- und fahrerlosen Skyway-Peoplemover.

Amelia Island & Umgebung

Einheimische werden einem sofort erzählen, dass Amelia Island genauso alt ist wie das angeberische St. Augustine – nur können sie das einfach nicht beweisen. Denn leider gilt: kein Ponce de León, keine Gedenktafel. Somit müssen sich die Hiesigen damit begnügen, auf einer hübschen kleinen Insel mit moosbärtigem Südstaatencharme zu leben. Die 40 Blocks des Krabbenfischerdorfs **Fernandina Beach** bestehen aus historischen Gebäuden und romantischen B&Bs. Beim **Visitor Center** (☎ 904-277-0717; www.amelia island.com/; 102 Centre St; ⊙ 10–16 Uhr) gibt's Infos und Karten für Stadtspaziergänge.

Old Towne Carriage Co (☎ 904-277-1555; www.ameliacarriagetours.com; 30 Min. Erw./Kind 15/7 US$) bietet Fahrten mit Pferdekutschen an. Wer stattdessen lieber direkt auf einem Ross sitzt und mindestens 13 Jahre alt ist, nimmt an den Strandritten von **Kelly's Seahorse Ranch** (☎ 904-491-5166; www.kelly ranchinc.com; 1-stündige Ausritte 60 US$; ⊙ 10, 12, 14 & 16 Uhr) teil.

👁 Sehenswertes & Aktivitäten

Fort Clinch State Park
PARK

(2601 Atlantic Ave; Parkzugang Fußgänger/Auto 2/6 US$; ⊙ Park 8 Uhr–Sonnenuntergang, Fort 9–17 Uhr) Spanisches Moos wuchert in diesem State Park am Nordzipfel der Insel. Zudem warten hier Strände, Campingplätze (26 US$), Radwege und ein imposantes Fort aus der Bürgerkriegszeit. Letzteres ist Schauplatz von nachgestellten Schlachten (jeweils am 1. Sa & So des Monats).

Amelia Island Museum of History   MUSEUM
(www.ameliamuseum.org; 233 S 3rd St; Erw./Student 7/4 US$; ⊙Mo–Sa 10–16, So 13–16 Uhr) Das Museum informiert über die komplexe Geschichte der Insel, die seit der Erstbesetzung durch die Franzosen (1562) von insgesamt acht verschiedenen Nationen beherrscht wurde. Der Eintritt beinhaltet eine Führung (11 od. 14 Uhr).

Talbot Islands State Parks   PARK
(☎904-251-2320;   ⊙8 Uhr–Sonnenuntergang) Amelia Island gehört zu den Talbot Islands State Parks. Diese bestehen ansonsten aus der unberührten Küstenlinie von Little Talbot Island und dem „Friedhofsstrand" des Big Talbot Island State Park, an dem silbern glänzende Baumskelette einen spektakulären Anblick bieten. Von Amelia Island aus führt der First Coast Hwy südwärts hinunter zu beiden Parkbereichen.

🛏 Schlafen

Florida House Inn   HOTEL $$
(☎904-491-3322; www.floridahouseinn.com; 20 & 22 S 3rd St; Zi. 140–160 US$) Fernandina schlägt St. Augustine wenigstens in Sachen ältestes Hotel des Bundesstaats: Das bis heute moderne Florida House Inn punktet mit wunderschön restaurierten Zimmern, WLAN und dem Gratisgebrauch von flotten roten Motorrollern.

Hoyt House   B&B $$$
(☎800-432-2085, 904-277-4300; www.hoythouse. com; 804 Atlantic Ave; Zi. 239–359 US$; ❋🖙🖃) Das große viktorianische Haus am Innenstadtrand hat eine bezaubernde Gartenlaube, die nach Relaxen bei einem kühlen Drink schreit. Die zehn Zimmer sind jeweils individuell mit einem stilvollen Mix aus Antiquitäten und gefundenen Schätzen eingerichtet. Wer's richtig individuell mag, mietet sich zum Übernachten die Luxusjacht der Eigentümer.

★ Elizabeth Pointe Lodge   B&B $$$
(☎904-277-4851; www.elizabethpointelodge.com; 98 S Fletcher Ave; Zi. 225–335 US$, Suite 385–470 US$; ❋🖙) Der Stil dieser Lodge erinnert an ein altes Kapitänswohnhaus in Nantucket. Die direkt am Meer gelegene Lodge hat umlaufende Veranden, freundlichen Service und wunderschön gestaltete Zimmer.

★ Fairbanks House   B&B $$$
(☎904-277-0500; www.fairbankshouse.com; 227 S 7th St; Zi. 185–240 US$, Suite 265–450 US$; ❋🖙) Der mondäne Bau im Stil der viktorianischen Gotik strotzt vor Seidenteppichen, Krimskrams aus aller Welt und dicken Büchern mit Ledereinbänden. In den riesigen Zimmern herrscht Suiten-Feeling. Unser Favorit ist das Erdgeschossquartier in der umgebauten Originalküche aus den 1800er-Jahren.

🍴 Essen & Ausgehen

Café Karibo & Karibrew   FUSION-KÜCHE, KNEIPE $$
(☎904-277-5269; www.cafekaribo.com; 27 N 3rd St; Hauptgerichte 7–22 US$; ⊙Di–Sa 11–21, So 11–20, Mo 11–15 Uhr) Das weitläufige, beliebte zweistöckige Lokal an einer Seitenstraße serviert eine große, vielfältige Auswahl in unkonventionellem Ambiente. Die benachbarte Brauereikneipe Karibrew hat eine eigene Karte mit Kneipenkost aus aller Welt.

★ 29 South   SÜDSTAATENKÜCHE $$$
(☎904-277-7919; www.29southrestaurant.com; 29 S 3rd St; Hauptgerichte mittags 8–13 US$, abends 18–28 US$; ⊙mittags Mi–Sa 11.30–14.30, So 10–14 Uhr, abends tgl. 17.30–21.30 Uhr) In dem winzigen, stilvollen Gourmetbistro mit moderner Südstaatenküche werden kleine und große Gerichte serviert.

Merge   MODERN-AMERIKANISCH $$$
(☎904-277-8797; www.mergerestaurant.com; 510 S 8th St; Gerichte 19–32 US$; ⊙So–Do 17–21, Fr & Sa 17–22 Uhr) Inhaber des neuen Bistros ist der frühere Küchenchef des örtlichen Ritz-Carlton Resort. Der Laden liegt am Rand der belebten 8th St, etwas ab vom Schuss. Einheimische Feinschmecker schwärmen von den hervorragenden Seafood-Gerichten aus regionalen Zutaten. Aufgetischt werden z.B. Jakobsmuscheln auf geschmortem Rhabarber oder mit Maismehl panierte Austern in weißer Cheddar-Sahne-Sauce.

★ Palace Saloon   BAR
(www.thepalacesaloon.com; 113–117 Centre St; ⊙tgl. 12–2 Uhr) Noch ein Superlativ für Fernandina: Floridas älteste Bar mit Schwingtüren, Samtvorhängen und dem tödlichen Pirate's Punch.

WESTKÜSTE

Mit seiner Eisenbahn legte Henry Flagler den Grundstein für das heutige Gesicht von Floridas Ostküste. Den übrigen Bundesstaat ignorierte er, was sich auf die Westküste auswirkte: Dank weniger Massentourismus

FLORIDA

geht's hier ruhiger zu, und Muschelstrände, Sumpf- und Schutzgebiete bieten mehr Raum für den Naturgenuss. Die Westküste punktet u.a. mit bestem Blick auf die feuerroten Sonnenuntergänge über dem Golf von Mexiko. Hinzu kommen hier haarsträubende Achterbahnen, handgerollte Zigarren und Meerjungfrauen als Synchronsprecherinnen.

Tampa

Von außen betrachtet wirkt Floridas drittgrößte Stadt furchtbar businessmäßig, fast so, als sei dies ihre wahre Natur. Aber Tampa überrascht: Seinem Flussufer wurde neues Leben eingehaucht, und heute ist es ein strahlend grüner Streifen, der mit interessanten kulturellen Einrichtungen überzogen ist, und der historische Stadtteil Ybor City hält tagsüber die kubanische Zigarrenindustrie der Stadt aufrecht, während er sich spätabends in die Nachtszene mit den heißesten Bars und Nachtclubs an der gesamten Golfküste verwandelt. Süd-Tampa unterdessen lockt mit einer modernen Restaurantszene, die sogar Gourmets aus Orlando und Miami anzieht.

👁 Sehenswertes

Downtown Tampa

Abgesehen vom Zoo sind sämtliche Attraktionen Tampas rund um seine attraktive Grünfläche, den **Riverwalk** (www.thetampa riverwalk.com), zu finden.

⭐**Florida Aquarium** AQUARIUM
(☎ 813-273-4000; www.flaquarium.org; 701 Channelside Dr; Erw./Kind 22/17 US$; ⊙ 9.30–17 Uhr) Tampas ausgezeichnetes Aquarium gehört zu den besten des ganzen Bundesstaats. Der der Natur nachempfundene Sumpf ist wirklich clever angelegt, und man kann an Reihern und Ibissen vorbeispazieren, während sie durch die Mangrovenhaine streifen. Das bunte Programmangebot umfasst das Schwimmen mit Fischen (und sogar Haien) und eine Katamaran-Ökotour in die Tampa Bay.

⭐**Lowry Park Zoo** ZOO
(☎ 813-935-8552; www.lowryparkzoo.com; 1101 W Sligh Ave; Erw./Kind 25/20 US$; ⊙ 9.30–17 Uhr; P 👶) Tampas Zoo liegt nördlich von Downtown. Hier kommt man den Tieren ganz nahe – näher geht's nicht: Er bietet mehrere Freiflugvolieren, Kamelreiten, Giraffenfütterungen, ein Wallaby-Gehege und eine Nilpferd-„Begegnung".

Tampa Museum of Art MUSEUM
(☎ 813-274-8130; www.tampamuseum.org; 120 W Gasparilla Plaza; Erw./Kind 10/5 US$; ⊙ Mo–Do 11–19, Fr bis 20, Sa & So bis 17 Uhr) 2010 konnte das Museum sein neues, freitragendes Zuhause endlich beziehen. Die sechs Galerien bergen griechische und römische Antiquitäten, zeitgenössische Fotografien, neue Medien und großartige Wanderausstellungen.

STRÄNDE IN UND UM TAMPA BAY

Die Düneninseln der Gegend rund um Tampa Bay sind mit einigen der besten Strände in ganz Florida gesegnet, ganz egal, ob man „beste" als „wunderschön und unendlich einsam" oder als „Familienspaß und dröhnende Strandpartys" definiert. Nähere Informationen gibt's unter www.tampabaybeaches.com und www.visitstpeteclearwater.com. Hier ein paar der Highlights von Nord nach Süd:

➜ **Honeymoon & Caladesi Island** Zwei der schönsten Strände Floridas; das unberührte, selten besuchte Caladesi Island ist nur per Fähre erreichbar.

➜ **Clearwater Beach** In der Idylle des weißen Sandstrands finden wilde Spring-Break-Partys statt; riesige Resorts erfüllen sämtliche Wünsche der Besuchermassen.

➜ **St. Pete Beach** Dieser breite Strand ist das Epizentrum für Aktive jedes Alters; jede Menge Hotels, Bars und Restaurants.

➜ **Pass-a-Grille Beach** Bei Tagesausflüglern aus der Stadt am beliebtesten; extrem lang und mit zahlreichen Unterkünften (keine Resorts); in dem Bilderbuchdörfchen kann man essen gehen.

➜ **Fort Desoto Park & Beach** Der North Beach ist einer der schönsten weißen Sandstrände Floridas; ideal für Familien. Weitläufiger Park mit Fahrrad- und Kajakverleih, Angelpier und Café.

SEEKÜHE & MEERJUNGFRAUEN

Allem Anschein nach verwechselten Floridas spanische Entdecker Seekühe mit Meerjungfrauen, dabei ist es gar nicht so schwierig, sie auseinanderzuhalten. Meerjungfrauen sind die wunderschönen, langhaarigen Geschöpfe mit der hübschen Schwanzflosse im Unterwassertheater in **Weeki Wachee Springs** (☑ 352-592-5656; www.weekiwachee. com; 6131 Commercial Way, Spring Hill; Erw./Kind 6–12 Jahre 13/8 US$; ⊙ 9–17.30 Uhr). Ihre graziösen Adagios und die Show *The Little Mermaid* (3-mal tgl.) gehören zu Floridas wunderbar kitschigem Unterhaltungsprogramm (nur 45 Minuten nördlich von Tampa).

Die liebenswerten, 450 kg schweren Seekühe sind die, die in den kristallklaren Becken im **Homosassa Springs Wildlife State Park** (☑ 352-628-5343; www.floridastateparks. org/homosassasprings; 4150 S Suncoast Blvd; Erw./Kind 6–12 Jahre 13/5 US$; ⊙ 9–17.30, letzter Einlass 16 Uhr) an ihren Salatblättern knabbern; hier gibt's sogar einen Unterwasser-Aussichtspunkt (20 Minuten nördlich von Weeki Wachee).

Leider kann man mit den Meerjungfrauen nicht schwimmen, mit den Seekühen aber schon. Ein paar Meilen nördlich, in der King's Bay im **Crystal River National Wildlife Refuge** (www.fws.gov/crystalriver; 1502 SE Kings Bay Dr; ⊙ Visitor Center Mo–Fr 8–16 Uhr), hält das Visitor Center eine Liste mit fast 40 Anbietern bereit, die den Spaniern viel Herzschmerz erspart hätten, hätte es sie damals schon gegeben.

Tampa Bay History Center   MUSEUM

(☑ 813-228-0097; www.tampabayhistorycenter. org; 801 Old Water St; Erw./Kind 13/8 US$; ⊙ 10–17 Uhr) Dieses erstklassige Geschichtsmuseum erläutert die Geschichte der Seminolen-Völker und „Cracker"-Pioniere (die ersten weißen Siedler) der Region sowie die der kubanischen Gemeinde und Zigarrenindustrie Tampas. Die kartografische Sammlung begeistert.

Henry B. Plant Museum   MUSEUM

(☑ 813-254-1891; www.plantmuseum.com; 401 W Kennedy Blvd; Erw./Kinder 4–12 Jahre 10/5 US$; ⊙ Di–Sa 10–17, So ab 12 Uhr) Die silbernen Türme von Henry B. Plants Tampa Bay Hotel aus dem Jahr 1891 glänzen noch immer so majestätisch wie in alten Zeiten. Heute ist das Gebäude zwar ein Teil der University of Tampa, aber in einem Bereich wurde die luxuriös vergoldete, spätviktorianische Welt des Hotels originalgetreu nachempfunden.

Glazer Children's Museum   MUSEUM

(☑ 813-443-3861; www.glazermuseum.org; 110 W Gasparilla Plaza; Erw./Kind unter 12 Jahren 15/9,50 US$; ⊙ Mo–Fr 10–17, Sa bis 18, So 13–18 Uhr; ⊕) Man findet nirgends bessere kreative Kinderspielplätze als in diesem einfallsreichen Museum, das aussieht, als sei es in einen Farbkasten gefallen. Das Personal ist ausgesprochen hilfsbereit, und es gibt jede Menge coolen Spaß zu erleben; der Curtis Hixon Park nebenan eignet sich hervorragend für ein Picknick und hat auch einen Spielplatz.

⊙ Ybor City

Das facettenreiche, jugendliche Ybor (ausgesprochen „*ih*-bohr") City versprüht einen verwegenen heruntergekommenen Charme. Sein historischer Bezirk aus dem 19. Jh. wirkt wie das uneheliche Kind von Key West und Little Havana (Miami) – er ist ein wild-romantischer Mix aus Kopfsteinpflaster, schmiedeeisernen Balkongeländern, kugelförmigen Straßenlaternen, Einwanderergeschichte, ethnischer Küche, Zigarren und einem richtig hippen, energetischen Nachtleben.

Einen prima Überblick und Karten für Stadtspaziergänge bekommt man beim **Visitor Center** (☑ 813-241-8838; www.ybor. org; 1600 E 8th Ave; ⊙ Mo–Sa 10–17, So 12–17 Uhr), das selbst ein tolles kleines Museum ist. Die Hauptmeile entlang der 7th Ave (La Septima zw. 14th & 21st St) wird von vielen Restaurants, Bars, Läden und Zigarrengeschäften gesäumt.

Ybor City Museum State Park   MUSEUM

(☑ 813-247-6323; www.ybormuseum.org; 1818 E 9th Ave; Erw./Kind unter 5 Jahren 4 US$/frei; ⊙ 9–17 Uhr) Die **Führungen** (☑ 813-428-0854; Führung inkl. Museumseintritt 18 US$; ⊙ nach Vereinbarung) über diese Anlage werden von einem Zigarrenhersteller mit Doktortitel geleitet. Das altmodische Geschichtsmuseum, das die vergangenen Zeiten mittels wunderbarer Fotos, eines coolen Ladens und der Wohnhäuser von Zigarrendrehern vor dem Vergessen bewahrt, ist durchaus einen Besuch wert.

FLORIDA TAMPA

◉ Busch Gardens & Adventure Island

Tampas großer Themenpark namens **Busch Gardens** (☑ 813-987-5600; www.busch gardens.com; 10165 McKinley Dr; Erw./Kind 3–9 Jahre 85/77 US$, bei Onlinebuchung günstiger; ⊘ wechselnde Öffnungszeiten je nach Tag & Saison) wirkt mottomäßig nicht ganz so verbissen wie Disney World oder Universal in Orlando. Nichtsdestotrotz ist er das Richtige für Adrenalinjunkies, denn hier gibt es großartige Achterbahnen und Wasserrutschen, die sich durch einen afrikanisch gestalteten Tierpark schlängeln. Musik, Vorführungen und interaktive 4D-Filme runden das Tagesprogramm ab. Die Website informiert über die saisonal wechselnden Öffnungszeiten.

Das angrenzende **Adventure Island** (☑ 813-987-5600; www.adventureisland.com; 10001 McKinley Dr; Erw./Kind 3–9 Jahre 46/42 US$; ⊘ wechselnde Öffnungszeiten; Mitte–März–Aug. tgl., Sept. & Okt. nur Wochenende) ist ein riesiger Badepark mit zahllosen Rides und Rutschen. Kombitickets und vergünstigte Angebote sind online buchbar.

🛏 Schlafen

In der Fowler Ave und im Busch Blvd (Hwy 580) in der Nähe von Busch Gardens reiht sich ein Kettenhotel ans andere.

Gram's Place   HOSTEL $
(☑ 813-221-0596; www.grams-inn-tampa.com; 3109 N Ola Ave; B 23 US$; Zi. 25–70 US$; @ P) Das Gram's ist so charismatisch wie ein alternder Rockstar: Dieses winzige Hostel heißt seine internationalen Gäste, die Charme und Charakter perfekter Bettwäsche jederzeit vorziehen, herzlich willkommen. Der in den Boden eingelassene Whirlpool und die Jam-Sessions am Samstagabend sind einfach grandios.

Tahitian Inn   HOTEL $$
(☑ 813-877-6721; www.tahitianinn.com; 601 S Dale Mabry Hwy; Zi. 79–139 US$; Suite 149–199 US$; P ✳ @ 🛰 ✹) Der Name erinnert an ein tikimäßiges Motel. Das familiengeführte Hotel mit Rundumservice vermietet jedoch fesche Boutiquezimmer zu Mittelklassepreisen. Hinzu kommen ein netter Pool und Flughafen-Shuttles.

Don Vicente de Ybor Historic Inn   HISTORISCHES HOTEL $$
(☑ 813-241-4545; www.donvicenteinn.com; 1915 Republica de Cuba; Zi. 139–219 US$; ✳ @ 🛰) Das

Don Vicente aus dem Jahr 1895 ist schon ein wenig verwohnt und beschwört die goldenen Zeiten von Ybor City wieder herauf. Leider strahlen die Zimmer weniger Wärme und Dramatik aus als die stimmungsvollen Gemeinschaftsbereiche mit Alte-Welt-Charme. Frühstück inklusive.

🍴 Essen

Zur besten Essenszeit sollte man sich in Ybor City aufhalten, in Süd-Tampas SoHo (South Howard Ave) oder im aufstrebenden Seminole Heights.

Wright's Gourmet House   SANDWICHES $
(1200 S Dale Mabry Hwy; Sandwiches & Salate 5–9 US$; ⊘ Mo–Fr 7–18, Sa 8–16 Uhr) Weder außen noch innen sieht der Laden irgendwie besonders aus. Allerdings serviert er seit 1963 Sandwiches, die aufgrund einzigartiger Kombinationen und üppiger Dimensionen viele Fans haben.

★ Ella's Americana Folk Art Cafe   AMERIKANISCH $$
(www.ellasfolkartcafe.com; 5119 N Nebraska Ave; Hauptgerichte 11–22 US$; ⊘ Di–Do 17–23, Fr & Sa 17–24, So 11–20 Uhr) Das künstlerisch angehauchte Ella's liegt zehn Minuten außerhalb vom Zentrum in Seminole Heights. Es begeistert seine Gäste mit leckeren Aromen, unkonventioneller Folklorekunst, gelegentlicher Livemusik und dem Soul Food Sunday, bei dem Schweinerippchen und Bloody Marys serviert werden.

Datz & Datz Dough   AMERIKANISCH $$
(www.datztampa.com; 2616 S MacDill Ave; Hauptgerichte 10–19 US$; ⊘ Mo–Do 7–22, Fr 7–23, Sa 8.30–23, So 8.30–15 Uhr) Das große, brummende Lokal ist perfekt für ein zwangloses Mahl. Die Gerichte tragen humorvolle Namen wie Brie Bardot, Havana Hottie oder When Pigs Fly. Wer keinen Platz mehr bekommt, kann sich im benachbarten Datz Dough an Frühstück, Mittagessen, Backwaren und Eiscreme laben.

Refinery   FUSION $$
(www.thetamparefinery.com; 5137 N Florida Ave; Hauptgerichte 12–18 US$; ⊘ So–Do 17–22, Fr & Sa 17–23, So Brunch 11–15 Uhr; ☑) 🍴 In dem Gourmetrestaurant mit Arbeiterklassen-Ambiente isst man auch mal von angeschlagenen Tellern – keinerlei krampfhafte Ambitionen in Sicht! Für die leckeren, kreativen Gerichte aus fast ausschließlich einheimischen Zutaten wird nachhaltig gearbeitet. Eine gewisse Punk-Attitüde haben sie trotzdem.

★ **Columbia Restaurant**   SPANISCH $$$
(☎ 813-248-4961; www.columbiarestaurant.com;
2117 E 7th Ave; Hauptgerichte Mittagessen 9–15,
Abendessen 18–29 US$; ⊙ Mo–Do 11–22, Fr & Sa
bis 23, So 12–21 Uhr) In diesem überschwäng-
lichen Restaurant, das zweimal pro Abend
Flamenco-Shows veranstaltet, sollte man
auf jeden Fall vorab reservieren, wenn man
die robuste, klassisch spanische Küche und
die Mojitos und Sangria mit hoher Drehzahl
genießen möchte. Wie eine Zeitmaschine
ins altweltliche Iberien!

★ **Bern's Steak House**   STEAK $$$
(☎ 813-251-2421; www.bernssteakhouse.com; 1208
S Howard Ave; Hauptgerichte 25–60 US$; ⊙ ab 17
Uhr) Dieses legendäre, landesweit bekannte
Steakhaus ist nicht einfach nur ein Restaurant, sondern ein eigenes Event. Daheim
macht man sich schick, hier bestellt man
dann Kaviar und das im eigenen Hause
trocken abgehangene Rind (Dry Aged Beef)
und vergisst auch nicht, um eine Tour durch
den Keller und die Küchen zu bitten. Und
unter keinen Umständen das Dessert auslassen!

⚑ Ausgehen & Unterhaltung

Was das Nachtleben angeht, ist Ybor City die
Partyhochburg schlechthin, aber auch SoHo
und Seminole Heights sind absolut hip und
angesagt. Tampa Bays alternative Wochenzeitung **Creative Loafing** (www.cltampa.com)
listet alle Events und Bars auf. Ybor City ist
darüber hinaus das Zentrum des homo-, bi-
und transsexuellen Lebens in Tampa; Näheres gibt's bei **GaYBOR District Coalition**
(www.gaybor.com) und **Tampa Bay Gay** (www.
tampabaygay.com).

★ **Skipper's Smokehouse**   LIVEMUSIK
(☎ 813-971-0666; www.skipperssmokehouse.com;
910 Skipper Rd; Grundpreis 5–25 US$; ⊙ Di–Fr
11–24, Sa 12–24, So 13–24 Uhr) Das beliebte, bodenständige Skipper's scheint der Wind von
den Keys hierhergeweht zu haben. Rund
10 Meilen (16 km) nördlich der Innenstadt
gibt's hier Blues, Folk, Reggae und Alliga-
torsumpf-Rockabilly unter freiem Himmel.
Eine Wegbeschreibung findet sich auf der
Website.

**Straz Center for the
Performing Arts**   DARSTELLENDE KÜNSTE
(☎ 813-229-7827; www.strazcenter.org; 1010 MacIn-
nes Pl) Dieser riesige Komplex mit mehreren
Veranstaltungsräumen bietet das komplette
Spektrum darstellender Künste: Broadway-
shows auf Tournee, Popkonzerte, Opern,
Ballett, Theater und vieles mehr.

❶ Praktische Informationen

MEDIEN
Im Großraum gibt's zwei große Tageszeitungen:
St. Petersburg Times (www.tampabay.com)
und **Tampa Tribune** (www.tampatrib.com).

TOURISTENINFORMATION
Tampa Bay Convention & Visitors Bureau
(☎ 813-223-1111; www.visittampabay.com; 615
Channelside Dr; ⊙ Mo–Sa 10–17.30, So 11–17
Uhr) Die Touristeninformation hält gute kostenlose Karten und jede Menge Informationen
bereit. Über die Website kann man auch Hotels
buchen.

❶ Anreise & Unterwegs vor Ort

Am **Tampa International Airport** (TPA; www.
tampaairport.com) sind Leihwagenfirmen ansässig. **Greyhound** (www.greyhound.com; 610 E
Polk St) bietet zahlreiche Verbindungen an. Züge
fahren vom **Amtrak-Bahnhof** (☎ 813-221-7600;
www.amtrak.com; 601 Nebraska Ave) nach
Miami im Süden und bis Jacksonville im Norden.
Hillsborough Area Regional Transit (HART;
☎ 813-254-4278; www.gohart.org; 1211 N Marion St; Fahrpreis 2 US$) verbindet Downtown
und Ybor City mit Bussen und altmodischen
Straßenbahnen.

St. Petersburg

St. Petersburg ist Tampas künstlerischer und
jünger wirkende Schwesterstadt im Bereich
der Bucht. Der kompaktere Touristenbezirk
am hübschen Hafen lässt sich zudem besser zu Fuß erkunden. Auch dies macht St.
Pete zu einer super Wahl für Kulturfans, die
großstädtisch, aber in der Nähe der hervorragenden Strände wohnen möchten.

Stadtpläne und Infos gibt's bei der **Handelskammer** (Chamber of Commerce; ☎ 727-
821-4069; www.stpete.com; 100 2nd Ave N; ⊙ Mo–
Fr 9–17 Uhr). Bei der Besuchsplanung hilft die
Website www.visitstpeteclearwater.com.

❂ Sehenswertes

Die meiste Action konzentriert sich auf den
Central-Ave-Bereich zwischen 8th Ave und
Bayshore Dr. Letzterer säumt den Touristen-
pier am Hafen.

**St. Petersburg Museum
of Fine Arts**   MUSEUM
(☎ 727-896-2667; www.fine-arts.org; 255 Beach
Dr NE; Erw./Kind 17/10 US$; ⊙ Mo–Sa 10–17, Do

FLORIDA ST. PETERSBURG

SALVADOR DALÍ MUSEUM

St. Petersburg war der logische Standort für ein Kunstmuseum, das Salvador Dalí gewidmet ist, dem exzentrischen Spanier, der schmelzende Uhren malte, einmal einen Rolls Royce mit Blumenkohl füllte und sich einen übertrieben spitzen Schnauzbart zulegte, um wie König Philipp IV. auszusehen. Und wirklich beherbergt **The Dalí Museum** (727-823-3767; www.thedali.org; 1 Dali Blvd; Erw./Kind 6–12 Jahre 21/7 US$, Do ab 17 Uhr 10 US$; Mo–Sa 10–17.30, Do 10–20, So 12–17.30 Uhr) die größte Dalí-Sammlung außerhalb Spaniens. Doch wie kam es dazu?

1942 legten A. Reynolds Morse und seine Frau Eleanor den Grundstein für das, was einmal die größte private Dalí-Sammlung der Welt werden sollte. Als es an der Zeit war, ein dauerhaftes Zuhause dafür zu finden, stellte das Ehepaar nur eine Bedingung: Die Bilder sollten nicht voneinander getrennt werden. Lediglich drei Städte waren mit dieser Forderung einverstanden; schließlich erhielt St. Pete den Zuschlag wegen seiner Lage am Meer.

Von der Bucht aus betrachtet wirkt das theatralische Äußere des brandneuen Museumsgebäudes wie ein geodätisches Atrium, das aus einer Schuhschachtel herausquillt. *Die* schmelzenden Uhren sind hier zwar nicht zu sehen, dafür aber *ein paar* schmelzende Uhren. Ansonsten umfasst die eindrucksvolle Gemäldesammlung auch Werke wie *The Ghost of Vermeer of Delft Which Can Be Used as a Table*.

10–20, So 12–17 Uhr) Die hiesige Sammlung ist so breit gefächert, wie die des Dalí Museum in die Tiefe geht. Sie zeigt Altes aus aller Welt und verfolgt die Entwicklung der Kunst über nahezu alle Epochen.

Florida Holocaust Museum
MUSEUM

(727-820-0100; www.flholocaustmuseum.org; 55 5th St S; Erw./Kind 16/8 US$; 10–17 Uhr) Das schlicht gehaltene Holocaust-Museum zählt zu den größten der USA und porträtiert die furchtbaren Ereignisse in der Mitte des 20. Jhs. mit bewegender Direktheit.

Chihuly Collection
KUNSTGALERIE

(727-896-4527; www.chihulycollectionstpete.com; 400 Beach Dr; Erw./Kind 15/11 US$; Mo–Sa 10–17, So 12–17 Uhr) Diese Ode an die Glaskunst Dale Chihulys zeigt dessen spektakuläre Installationen in speziell gestalteten Galerien.

Schlafen

⭐Dickens House
B&B $$

(727-822-8622; www.dickenshouse.com; 335 8th Ave NE; Zi. 119–245 US$; P @) Das liebevoll restaurierte Wohnhaus im Arts-&-Crafts-Stil empfängt seine Gäste mit fünf herrlich gestalteten Zimmern. Der gesellige, schwulenfreundliche Eigentümer tischt ein leckeres Frühstück auf.

Ponce de Leon
BOUTIQUEHOTEL $$

(727-550-9300; www.poncedeleonhotel.com; 95 Central Ave; Zi. 99–119 US$; Suite 169 US$; P @) Dieses Innenstadthotel punktet mit spanischem Flair, sensationellen Wandbildern, coolem Designer-Dekor und einer netten Restaurantbar. Minuspunkt: Es hat keine eigenen Parkplätze.

Renaissance Vinoy Resort
LUXUSHOTEL $$$

(727-894-1000; www.vinoyrenaissanceresort.com; 501 5th Ave NE; Zi. 169–359 US$; P @) St. Petes mondäne Grande Dame in Korallenrosa stammt aus dem Jahr 1925 und ist inzwischen frisch renoviert. Ein Besuch lohnt sich schon allein wegen des großartigen Pools. Die Nachsaisons- und Online-Angebote suchen ihresgleichen.

🍴 Essen & Ausgehen

Abends empfehlen sich der Hafenbereich sowie die Central Ave zwischen 2nd und 3rd St. In vielen Restaurants herrscht bis zu später Stunde lebhafter Barbetrieb.

AnnaStella Cajun Bistro
CAJUN $

(727-498-8978; www.annastellacajunbistro.com; 300 Beach Dr N; Gerichte 6–16 US$; So–Do 8–22, Fr & Sa 8–23 Uhr;) Zum Hafenblick gibt's hier u.a. Frühstück und Mittagessen im Cajun-Stil. Serviert werden z.B. super Gumbo und frische Beignets (französische Donuts).

⭐Ceviche
TAPAS $$

(727-209-2299; www.ceviche.com; 10 Beach Dr; Tapas 5–13 US$, Hauptgerichte 15–23 US$; 11–22 Uhr) Elan zählt – und davon hat das Ceviche eine ganze Menge. In peppigem spanischem Ambiente tischt es aromatische, kreative und üppig bemessene Tapas auf.

Der Abend endet idealerweise im geräumigen Untergeschoss, wo Live-Flamenco im sexy Flamenco Room angesagt ist (Do & Sa).

Bella Brava   ITALIENISCH $$
(☑727-895-5515; www.bellabrava.com; 204 Beach Dr NE; Gerichte mittags 7–10 US$, abends 14–20 US$; ⊙Mo–Do 11.30–22, Fr & Sa 11.30–23, So 15–21 Uhr) Dieser Spezialist für moderne norditalienische Küche stellt seine Außentische an der hübschesten Kreuzung am Ufer auf.

Garden   MEDITERRAN $$
(☑727-896-3800; www.thegardendtsp.com; 217 Central Ave; Gerichte mittags 7–12 US$, abends 15–24 US$; ⊙So–Do 11–22, Fr & Sa 11–23 Uhr) Versteckt in einem hübschen Innenhof stehen hier mediterrane Salate und Nudelgerichte im Mittelpunkt. Am Wochenende sorgen Livejazz und DJs für Unterhaltung.

☆ Unterhaltung

★ Jannus Live   LIVEMUSIK
(☑727-565-0551; www.jannuslive.com; 16 2nd St N) Diese beliebte Freiluft-Konzertbühne befindet sich in einem gemütlichen Innenhof. Der Lärm der Bands aus heimischen Gefilden und dem ganzen Land dröhnt durch die gesamte Innenstadt.

❶ Anreise & Unterwegs vor Ort

Der **St. Petersburg-Clearwater International Airport** (www.fly2pie.com; Kreuzung Roosevelt Blvd & Hwy 686, Clearwater) wird von mehreren großen Fluglinien bedient. **Greyhound** (☑727-898-1496; www.greyhound.com; 180 Dr. Martin Luther King Jr. St N) fährt u. a. nach Tampa.

Neben Buslinien in der ganzen Stadt betreibt die **Pinellas Suncoast Transit Authority** (PSTA; www.psta.net; 340 2nd Ave N; Einzelfahrt 2 US$; ⊙Mo–Sa 5–21, So 7–17 Uhr) auch den Suncoast Beach Trolley, der die Strände zwischen Clearwater und Pass-a-Grille miteinander verbindet.

Sarasota

Ob Schriftsteller, Musiker oder Entertainer: Künstlertypen zieht es seit den 1920er-Jahren nach Sarasota. Als Vorreiter fungierte John Ringling, indem er die Stadt 1911 zum Winterquartier seines berühmten Zirkus erkor. Heute ist der Ringling Museum Complex ein regionales Highlight, und vor Ort herrscht kein Mangel an Oper, Theater und Kunst. Bei der **Arts and Cultural Alliance** (www.sarasotaarts.org) gibt's entsprechende Kulturinfos. Die **Van Wezel Performing**

Arts Hall (☑800-826-9303, 941-953-3368; www.vanwezel.org; 777 N Tamiami Trail; Tickets 25–80 US$) dient als universeller Veranstaltungsort für alle Arten von Aufführungen. Das **Asolo Repertory Theatre** (☑941-351-8000; www.asolorep.org; 5555 N Tamiami Trail; Tickets 15–50 US$; ⊙Nov.–Juli) ist ein gefeiertes Regionalensemble.

Einen weiteren wichtigen Beitrag zu Sarasotas Popularität leisten die herrlichen weißen Sandstrände. Der **Lido Beach** mit Gratisparkplätzen liegt der Stadt am nächsten. Das 5 Meilen (8 km) entfernte **Siesta Key** mit seinem Puderzuckersand zählt zu den besten und beliebtesten Strandrevieren Floridas; das dortige Siesta Village ist ein belebter, familienfreundlicher Urlaubsort.

Lust auf noch mehr Natur? Das **Mote Aquarium** (☑941-388-4441; www.mote.org; 1600 Ken Thompson Pkwy, City Island; Erw./Kind 17/14 US$; ⊙10–17 Uhr) ist ein führendes Haiforschungszentrum, in dem Besucher z. B. mit Haien, Seekühen, Meeresschildkröten und Rochen auf Tuchfühlung gehen können. Zudem veranstaltet es Bootstouren unter der Leitung von Meeresbiologen. Gleichermaßen entspannende wie faszinierende Begegnungen mit der Pflanzenwelt ermöglichen die **Marie Selby Botanical Gardens** (☑941-366-5731; www.selby.org; 811 S Palm Ave; Erw./Kind 6–11 Jahre 17/6 US$; ⊙10–17 Uhr), in denen die weltgrößte wissenschaftliche Orchideen- und Bromeliensammlung wächst. Rund eine halbe Stunde vom Stadtzentrum entfernt lädt der **Myakka River State Park** (www.myakkariver.org; 13208 State Road 72, Sarasota; Auto/Fahrrad 6/2 US$; ⊙8 Uhr–Sonnenuntergang) zu Propellerboot- und Kajaktrips zwischen zahllosen Alligatoren ein. Zudem bietet er die besten Wander- und Campingmöglichkeiten der Gegend (für Routenbeschreibungen und Tourtermine s. Website).

Beim **Visitor Information Center** (☑941-706-1253; www.sarasotafl.org; 701 N Tamiami Trail; ⊙Mo–Sa 10–17, So 11–14 Uhr; 🖥) bekommt man Infos und Karten.

🛏 Schlafen & Essen

Nicht nur Downtown Sarasota und Siesta Village verfügen über ein lebendiges Nachtleben, auch der **St. Armands Circle** auf Lido Key hat jede Menge stilvolle Läden und Restaurants zu bieten.

★ Hotel Ranola   BOUTIQUEHOTEL $$
(☑941-951-0111; www.hotelranola.com; 118 Indian Pl; Zi. 109–149, Suite 209 US$; ❇@ℙ) In den neun Zimmern hat man das Gefühl, im

DER RINGLING MUSEUM COMPLEX

Wer liebt den Zirkus nicht? Vielleicht Menschen, die sich vor Clowns fürchten. Doch selbst bei gewissen Phobien spricht nichts gegen einen Besuch des **Ringling Museum Complex** (☑ 941-359-5700; www.ringling.org; 5401 Bay Shore Rd; Erw./Kind 6–17 Jahre 25/5 US$; ☉ Fr–Mi 10–17, Do 10–20 Uhr; ♿). Die drei separaten Museen (Besuch jeweils im Eintritt enthalten) auf dem 27 ha großen Gelände sind allesamt eigenständige Attraktionen. Als sich der Eisenbahn-, Immobilien- und Zirkusbaron John Ringling hier mit seiner Frau Mabel niederließ, erbauten die beiden am Meer das Herrenhaus **Ca d'Zan** im Stil der venezianischen Gotik. Besucher können das Erdgeschoss auf eigene Faust erkunden oder im Rahmen einer Führung (sehr empfehlenswert) auch die Schlafzimmer im oberen Stock besichtigen.

Ebenfalls zum Gelände gehört das **John & Mabel Museum of Art**, ein hervorragendes Kunstmuseum mit eindrucksvoll hoher Decke, furchterregend großen Gemälden und einem nachgebauten Raum der Astor-Villa. Ultimatives Highlight vor Ort ist jedoch das einzigartige **Museum of the Circus**: Mit Kostümen, Requisiten, Plakaten, alten Zirkuswagen und einem detaillierten Miniaturmodell lässt es die Faszination der großen Manegen-Ära wieder aufleben.

Designer-Apartment in einem Brownstone-Haus abgestiegen zu sein: unkonventionell und mühelos künstlerisch, aber mit echter, funktionstüchtiger Küche. Urban, trendig und in fußläufiger Entfernung zu Downtown Sarasota.

Sunsets on the Key — APARTMENTS $$$
(☑ 941-312-9797; www.sunsetsonthekey.com; 5203 Avenida Navarre; Apt. HS 230–340 US$, NS 149–209 US$; P ❄ 🐾 📶 🏊) Die acht sehr gut gepflegten und blitzsauberen Ferienapartments im Siesta Village werden wie ein Hotel verwaltet.

★ Broken Egg — FRÜHSTÜCK $
(www.thebrokenegg.com; 140 Avenida Messina; Hauptgerichte 7–14 US$; ☉ 7.30–14.30 Uhr; ♿) Diese Frühstücksinstitution im Diner-Stil auf Siesta Key ist für ihre riesigen Pancakes und Cheddar-Pommes bekannt und allmorgendlich ein geselliger Treffpunkt.

★ Owen's Fish Camp — SÜDSTAATENKÜCHE $$
(☑ 941-951-6936; www.owensfishcamp.com; 516 Burns Lane; Hauptgerichte 9–22 US$; ☉ ab 16 Uhr) Der paradoxerweise sehr angesagte Sumpfschuppen im Stadtzentrum serviert gehobene Versionen von Südstaatengerichten à la Florida. Der Schwerpunkt liegt dabei auf Seafood.

Fort Myers

Das bodenständige, weitläufige Fort Myers steht ein wenig im Schatten der wunderschönen Strände und teureren, kulturell besser aufgestellten Städte rundum. Dank des jüngsten Faceliftings erstrahlt der Bezirk am Flussufer (entlang der 1st St zw. Broadway & Lee St) jedoch in neuem Licht und lockt mit attraktiven Ziegelhäusern, in denen eine Reihe netter Restaurants und Bars warten. Näheres gibt's unter www.fort myers.org.

Fort Myers' Aushängeschild sind die **Edison & Ford Winter Estates** (☑ 239-334-7419; www.edisonfordwinterestates.org; 2350 McGregor Blvd; Erw./Kind 20/11 US$; ☉ 9–17.30 Uhr). Der berühmte Erfinder Thomas Edison erbaute im Jahr 1885 hier ein Winterhaus inklusive Labor, und der Automobilmagnat Henry Ford wurde 1916 sein Nachbar. Das ausgezeichnete Museum widmet sich vorwiegend dem überwältigenden Einfluss von Edisons Genie, und die Wohnhäuser der beiden sind herrlich friedliche Orte, vor allem die wunderbar angelegten Gärten.

Von November bis März ist ein Besuch im **Lee County Manatee Park** (☑ 239-690-5030; www.leeparks.org; 10901 State Rd 80; Parken pro Std./Tag 2/5 US$; ☉ tgl. 8 Uhr–Sonnenuntergang) GRATIS eine der einfachsten Möglichkeiten, überwinternde Seekühe zu sehen: Dieser Abwasserkanal eines Wasserkraftwerks ist heute ein Tierschutzgebiet. Der Park ist am Hwy 89 ausgeschildert und liegt 6,5 Meilen (10,5 km) von der Innenstadt entfernt.

Wer sich einen mühelosen Einblick in die Feuchtgebiete Süd-Floridas verschaffen möchte, kann über einen 2 km langen Holzsteg durch das Schutzgebiet **Six Mile Cypress Slough Preserve** (☑ 239-533-7550; www.leeparks.org/sixmile; 7791 Penzance Blvd; Parken pro Std./Tag 1/5 US$; ☉ Sonnenaufgang–Sonnenuntergang, Naturzentrum Di–Sa 10–16, So bis 14 Uhr) GRATIS schlendern.

Fort Myers Beach

Fort Myers Beach, 15 Meilen (24 km) südlich von Fort Myers, ist ein 7 Meilen (11 km) langer Küstenstreifen feinsten Pulversands, der sich auf Estero Island erstreckt, während eine der typisch aktiven, partyhungrigen Florida-Strandstädte über ihn wacht. Familien ziehen Fort Myers Beach oft vor, da es erschwinglicher ist als die benachbarten Küstenstädte, und Studenten mögen den Ort, weil es in den Bars hier lauter und wilder zugeht. Weitere Informationen rund um Fort Myers Beach gibt's unter www.fort myersbeachchamber.org.

Die einzige Attraktion sind die Strände, und die sind wirklich klasse, aber im nahen **Lovers Key State Park** (☑239-463-4588; www.floridastateparks.org; 8700 Estero Blvd; per Auto/Fahrrad 8/2 US$; ⊗8 Uhr–Sonnenuntergang) kann man obendrein hübsche Muscheln sammeln und auf ruhigen Inseln und Kanälen (die auch von Seekühen besucht werden) wandern bzw. Kajak fahren.

Das makellose, gut geführte **Edison Beach House** (☑239-463-1530; www.edison beachhouse.com; 830 Estero Blvd; Zi. 145–415 US$; @🛜💲) liegt perfekt in unmittelbarer Nähe zum Herzen des Geschehens (dem sogenannten Times-Square-Bezirk) und ist trotzdem sehr entspannt und echt gemütlich; und komplette Küchen gibt's auch. Etwas trendigeren Charme versprüht das unkonventionelle B&B **Mango Street Inn** (☑239-233-8542; www.mangostreetinn.com; 126 Mango St; Zi. 95–150 US$; @🛜💲) in ruhigerer Strandlage. Wer sich hier eines der sechs Zimmer sichert, kommt in den Genuss des grandiosen Frühstücks eines Kochs, der sein Handwerk unter Cajuns gelernt hat.

Sanibel & Captiva Island

Diese beiden schmalen Barriereinseln sehen zusammen aus wie ein Angelhaken, an dem Fort Myers anbeißen soll. Erreichbar sind sie über einen 2 Meilen (3,2 km) langen Damm. Die Eilande sind idyllische, ruhige Refugien und von eleganter Schlichtheit geprägt. Dank sorgsamem Managements wirken ihre Küsten bemerkenswert vegetationsreich und unerschlossen. Radeln ist hier die bevorzugte Fortbewegungsart. Die Möglichkeiten zum Muschelsuchen sind legen-

där und romantische Abendmahlzeiten nur eine Reservierung entfernt. Die **Sanibel & Captiva Islands Chamber of Commerce** (☑239-472-1080; www.sanibel-captiva.org; 1159 Causeway Rd, Sanibel; ⊗9–17 Uhr; 🛜) zählt zu den hilfreichsten Touristeninformationen der Gegend und hilft auch bei der Unterkunftssuche.

Sanibel hat aber nicht nur großartige Strände: Das 25,5 km² große **J.N. „Ding" Darling National Wildlife Refuge** (☑239-472-1100; www.fws.gov/dingdarling; 1 Wildlife Drive; Auto/Radfahrer 5/1 US$; ⊗Wildlife Drive ab 7 Uhr, Fr geschl.; Visitor Center 9–17 Uhr) ist ein herrliches, artenreiches Naturschutzgebiet. Hier erwarten einen viele Meeresvögel, ein tolles Infozentrum, der 5 Meilen (8 km) lange Wildlife Drive, kommentierte Ausflüge mit einem Besucherzug und stressfreies Kajakfahren auf der Tarpon Bay. Geführte Touren und Leihboote gibt's bei **Tarpon Bay Explorers** (☑239-472-8900; www.tarponbayexplorers.com; 900 Tarpon Bay Rd, Sanibel; ⊗8–18 Uhr).

Das **Bailey-Matthews Shell Museum** (☑239-395-2233; www.shellmuseum.org; 3075 Sanibel-Captiva Rd, Sanibel; Erw./Kind 5–16 Jahre 9/5 US$; ⊗10–17 Uhr) sieht aus wie das Schmuckkästchen einer Meerjungfrau. Seine reizvollen Ausstellungen von Muschelschalen aus aller Welt erzählen ein Stück maritime Naturgeschichte. **Billy's Rentals** (☑239-472-5248; www.billysrentals.com; 1470 Periwinkle Way, Sanibel; Leihfahrrad 2 Std./Tag ab 5/15 US$; ⊗8.30–17 Uhr) verleiht Fahrräder und andere Vehikel.

Das ruhige **'Tween Waters Inn** (☑239-472-5161; www.tween-waters.com; 15951 Captiva Dr, Captiva; Zi. 175–275 US$, Suite 265–390 US$, Hütte ab 245 US$; ❄@🛜💲) auf Captiva überzeugt mit Rundumservice und diversen Quartieren, die ihr Geld wert sind (nach einem renovierten Zimmer fragen!). Zudem hat das Resort einen großen Pool, einen Wellnessbereich, Tennisplätze und einen eigenen Jachthafen, am dem Leihkajaks, geführte Touren und Bootsfahrten angeboten werden. Für ein etwas persönlicheres Erlebnis empfehlen sich die fünf Zimmer des netten **Tarpon Tale Inn** (☑239-472-0939; www.tarpontale.com; 367 Periwinkle Way, Sanibel; Zi. 80–219 US$; ❄@🛜💲), das quasi einem charmanten B&B mit Hängematten entspricht, aber kein Frühstück serviert.

Der Tag beginnt am besten im geselligen **Over Easy Cafe** (www.overeasycafesanibel.com; 630 Tarpon Bay Rd am Periwinkle Way, Sanibel; Hauptgerichte 8–14 US$; ⊗tgl. 7–15 Uhr; 🚸), wo sich jedermann an Diner-Frühstück labt. Eine lange Karte und eine fröhliche Inneneinrichtung machen das **Island Cow** (☑239-472-0606; www.sanibelislandcow.com; 2163 Periwinkle Way; Hauptgerichte 8–19 US$; ☺7–22 Uhr) zu jeder Tageszeit sehr besuchenswert. Für romantisch veranlagte Feinschmecker ist die kreative Raffinesse des entspannten **Sweet Melissa's Cafe** (☑239-472-1956; www.sweetmelissascafe.net; 1625 Periwinkle Way, Sanibel; Tapas 9–16 US$, Hauptgerichte 26–34 US$; ☺Mo–Fr 11.30–14.30, Mo–Sa ab 17 Uhr) eine gute Wahl.

Naples

Die Golfküsten-Antwort auf Palm Beach: Erwachsenes Selbstbewusstsein und einer von Floridas am wenigsten erschlossenen, ruhigsten Stadtstränden zeichnen das reiche Naples aus. Die perfekt in Schuss gehaltene Stadt ist sicherlich familienfreundlich. In erster Linie lockt sie jedoch Romantiker mit einem Faible für schöne Künste, Spitzenküche, trendige Cocktails, tolle Sonnenuntergänge und modische Einkaufsmöglichkeiten an. Infos zur Region gibt's unter www.napleschamber.org.

Das kultivierte **Naples Museum of Art** (☑239-597-1900; www.thephil.org; 5833 Pelican Bay Blvd; Erw./Kind unter 17 Jahren 10 US$/frei; ☺Di–Sa 10–16, So 12–16 Uhr) empfängt Besucher mit sehenswerter zeitgenössischer Kunst in clever gestalteten Ausstellungen. Das LEED-zertifizierte **Naples Nature Center** (☑239-262-0304; www.conservancy.org; 1450 Merrihue Dr; Erw./Kind 3–12 Jahre 13/9 US$; ☺Mo–Sa 9.30–16.30 Uhr) mit großartigen Ausstellungen zählt zu Floridas besten Naturschutzzentren und Wildtierkliniken.

Im Zentrum des Innenstadtkorridors entlang der 5th Ave wartet das historische **Inn on 5th** (☑239-403-8777; www.innonfifth.com; 699 5th Ave S; Zi. 180–500 US$; ❈@☎☒) mit elegantem, mediterran geprägtem Luxus auf. Das hübsche, helle **Lemon Tree Inn** (☑239-262-1414; www.lemontreeinn.com; 250 9th St S an der 3rd Ave S; Zi. 89–169 US$; ❈@☎☒) punktet mit prima Lage und fairen Mittelklassepreisen.

An guten Restaurants herrscht hier kein Mangel. Eine der besten Adressen für eine besondere Mahlzeit ist das reizvolle, mehrstöckige **Cafe Lurcat** (☑239-213-3357; www.cafelurcat.com; 494 5th Ave; Gerichte abends 24–39 US$; ☺17–22 Uhr, Bar tgl. bis 23 od.24 Uhr) mit seiner belebten Bar. Im recht versteckten

IM Tapas (☑239-403-8272; http://imtapas.com; 965 4th Ave N; Tapas 9–18 US$; ☺Mo–Sa ab 17.30 Uhr) serviert ein Mutter-Tochter-Gespann spanische Tapas, die Madrids würdig wären.

ZENTRAL-FLORIDA

In der Zeit vor Disney („v. D." sozusagen) wollten die meisten Florida-Touristen zweier Dinge sehen: die weißen Sandstrände und die alligatorverseuchten Everglades. Doch mit der Eröffnung des Magic Kingdom durch Walt Disney (1971) änderte sich dies gewaltig. Heute ist Orlando die Welthauptstadt der Themenparks und die Walt Disney World der größte Besuchermagnet des Bundesstaats.

Orlando

Genau wie Las Vegas ist Orlando inzwischen beinahe eine reine Fantasiewelt, ein Ort, an den man kommt, wenn man sich vorstellen möchte, man sei woanders: in Hogwarts vielleicht oder in Cinderellas Märchenschloss, in der Welt des Dr. Seuss oder auf einer Safari in Afrika. Und genau wie die Casinos in Vegas arbeiten auch Orlandos Themenparks hart daran, den Adrenalinspiegel ihrer Besucher konstant hoch zu halten, denn deren Vergnügen ist das Einzige, was hier wirklich zählt. Aber auch außerhalb der Themenparks kann Orlando mit seiner Popkultur-Unterhaltung inklusive Cartoonfiguren und -kostümen genauso aufgedreht sein.

Trotz alledem gibt's hier aber auch eine echte Stadt zu entdecken – eine Stadt mit Schatten spendenden Bäumen in natürlichen Parks, mit Kunstmuseen, Orchestern und Restaurants, in denen man nicht ständig mit Goofy abklatschen muss. Und direkt außerhalb der Stadt können Floridas Natur und Tierwelt, besonders die kristallklaren Quellen, so eindrucksvoll und bizarr sein, dass selbst Ripley es sich nicht kurioser hätte erträumen können.

◉ Sehenswertes & Aktivitäten

◉ Downtown & Loch Haven Park

Das trendige Thornton Park verfügt über mehrere gute Restaurants und Bars, während Loch Haven Park eine Ansammlung kultureller Einrichtungen beherbergt.

★ Orlando Museum of Art   MUSEUM

(☑ 407-896-4231; www.omart.org; 2416 N Mills Ave; Erw./Kind 8/5 US$; ☺ Di–Fr 10–16, Sa & So ab 12 Uhr) Das Museum zeigt amerikanische und afrikanische Kunst sowie einzigartige Wanderausstellungen.

Mennello Museum of American Art   MUSEUM

(☑ 407-246-4278; www.mennellomuseum.com; 900 E Princeton St; Erw./Kind 6–18 Jahre 5/1 US$; ☺ Di–Sa 10.30–16.30, So ab 12 Uhr) Präsentiert die bunte Volkskunst von Earl Cunningham sowie Wanderausstellungen.

Orlando Science Center   MUSEUM

(☑ 407-514-2000; www.osc.org; 777 E Princeton St; Erw./Kind 3–11 Jahre 19/13 US$; ☺ Do–Di 10–17 Uhr) Niedrigschwellige, interaktive Wissenschaft für die ganze Familie.

Harry P. Leu Gardens   PARK

(www.leugardens.org; 1920 N Forest Ave; Erw./Student 10/3 US$; ☺ 9–17 Uhr) In diesem 20 ha großen, friedlichen Zufluchtsort, 1 Meile (1,6 km) östlich von Loch Haven Park, kann man dem grellen Hochglanz entfliehen.

◉ International Drive

Der International Drive (I-Dr) ist schon beinahe ein eigener Vergnügungspark inmitten all des Ultraspaßes: Er liegt zwischen den großen Themen-, Wild- und Wasserparks und versucht, mit kleineren Attraktionen gegen die großen anzubrüllen, z. B. mit Ripley's Believe It or Not, dem auf dem Kopf stehenden WonderWorks oder einer Fallschirmsprungsimulation in einer Halle. Außerdem säumen Kettenrestaurants und -hotels diese lebendige Hauptschlagader.

★ Universal Orlando Resort   THEMENPARK

(☑ 407-363-8000; www.universalorlando.com; 1000 Universal Studios Plaza; Park/beide Parks 92/128 US$; Mehrtagesrabatte; Parken 16 US$; ☺ tgl., wechselnde Öffnungszeiten) Universal macht es Disney alles andere als leicht: Zu diesem Megakomplex gehören u. a. zwei Themenparks, zwischen denen die Unterhaltungsmeile Universal CityWalk verläuft. Hinzu kommen ein Wasserpark und drei Hotels. Während Disney World ganz auf Fröhlichkeit und Magie setzt, bringt Universal Orlando das Adrenalin mit Highspeed-Rides und unterhaltsamen Shows zum Wallen. Der erste der beiden Parks, die Universal Studios, bieten Hollywood-Studiofeeling, Simulationen und Rides, die Fern-

sehserien und Kinofilmen gewidmet sind (u. a. *Simpsons, Shrek, Twister, Die Mumie kehrt zurück*). Park Nummer zwei heißt Islands of Adventure und begeistert vor allem Achterbahnfans, hat mit Toon Lagoon und Seuss Landing aber auch viel für Kinder im Programm.

Absolutes Highlight ist jedoch die Wizarding World of Harry Potter: Orlandos heißeste Besucherattraktion seit Cinderella's Castle gehört zu den Islands of Adventure und gewinnt mit Leichtigkeit den Titel als Floridas märchenhafteste Themenpark-Erfahrung. Im Schatten der Hogwarts-Zauberschule sind Muggels (Nicht-Zauberer bzw. normale Menschen) u. a. dazu eingeladen, die Kopfsteinpflasterstraßen und unglaublich schiefen Gebäude von Hogsmeade zu erkunden, kühles Butterbier zu schlürfen oder Karten per Eulenpost zu verschicken. Ob kreischende Alraunen in Schaufenstern oder das Stöhnen der Maulenden Myrte in den Toiletten: Detailtreue und Authentizität beflügeln die Fantasie an jeder Ecke. Immer schön nach magischen Ereignissen Ausschau halten!

Die vielen verschiedenen Ticketoptionen sind online einsehbar und lassen sich mit Extras wie Express Plus (Warteschlangen-Umgehung) oder Restaurantreservierungen erweitern. Resortgäste erhalten zudem nette Sonderleistungen bzw. Rabatte auf den Parkeintritt.

SeaWorld   VERGNÜGUNGSPARK

(☑ 407-351-3600; www.seaworld.com; 7007 SeaWorld Dr; Erw./Kind 3–9 Jahre 92/84 US$; ☺ ab 9 Uhr) SeaWorld ist ein eigentümlicher Mix aus Meerestiershows und kräftigen Adrenalinkicks durch spannende Rides. Hier findet man z. B. Shamu den Orca oder die bodenlose Achterbahn Kraken. Hauptattraktionen sind jedoch die nahen Begegnungen mit Meeresbewohnern (z. B. Mantarochen, Haie, Pinguine, Weißwale) und die super Delfin-, Seelöwen- oder Schwertwal-Shows. Die Website informiert über Ermäßigungen und Pauschalangebote. Unbedingt die Showbzw. Fütterungszeiten rechtzeitig online ermitteln und den Tag sinnvoll planen!

Discovery Cove   WASSERPARK

(☑ 877-557-7404; www.discoverycove.com; 6000 Discovery Cove Way; Eintritt 169–269 US$, inkl. Schwimmen mit Delfinen 229–379 US$; ☺ 8–17.30 Uhr) Die begrenzte Besucherzahl stellt sicher, dass hier die Atmosphäre eines exklusiven Tropenresorts erhalten bleibt. Zum Gelän-

Großraum Orlando & Themenparks

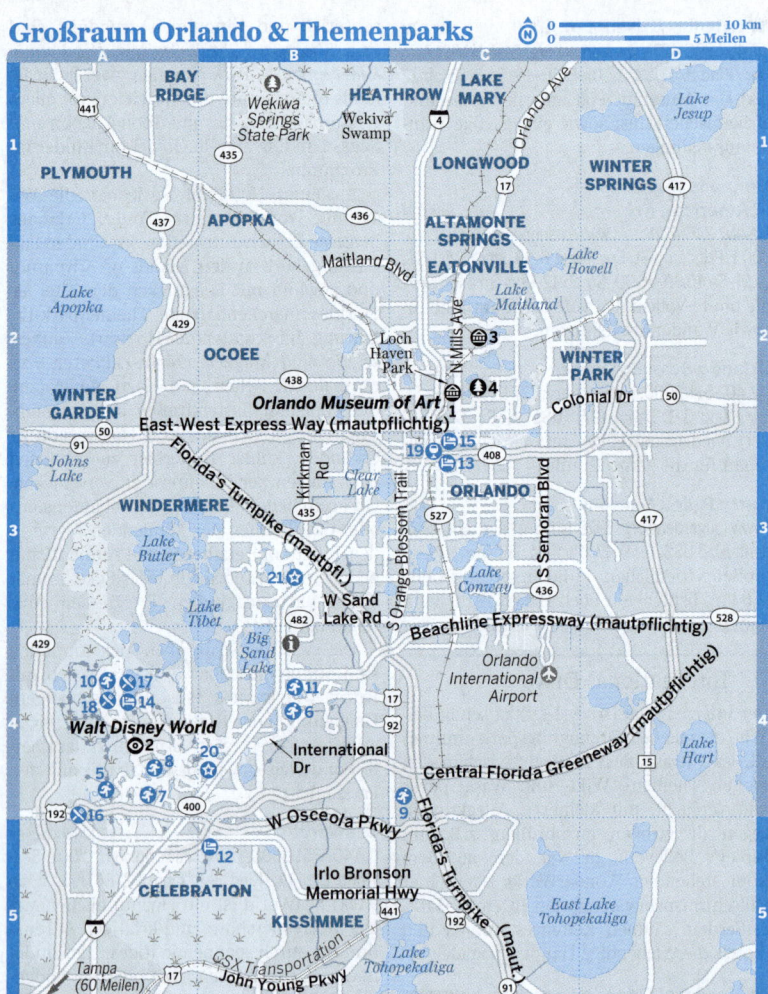

de gehören Strände, ein fischreiches Riff und eine Vogelvoliere. Statt rasanter Fahrgeschäfte und wildem Gekreisch sind hier einfach nur herrliche Erholung und – wenn man will – Schwimmen mit Delfinen angesagt. Der Preis ist saftig, beinhaltet aber ein Mittagsbuffet, Bier, Handtücher, das Parken und sogar einen Tagespass für SeaWorld.

👁 Winter Park

Winter Park liegt am Nordrand von Orlando und ist eine freundliche Collegestadt mit einigen außergewöhnlichen Museen und einer entspannten Downtown.

Charles Hosmer Morse Museum of American Art
MUSEUM

(www.morsemuseum.org; 445 N Park Ave; Erw./Kind 5 US\$/frei; ⊙ Di–Sa 9.30–16, So ab 13 Uhr) International bekannt, mit der umfassendsten Tiffany-Glas-Sammlung der Welt; atemberaubendes Herzstück ist das Innere einer Kapelle.

Scenic Boat Tour
BOOTSFAHRT

(www.scenicboattours.com; 1 E Morse Blvd; Erw./Kind 12/6 US\$; ⊙ 10–16 Uhr stündl.) Diese empfehlenswerten Bootsfahrten (1 Std.) führen durch ein 19 km langes Netz von tropischen Kanälen und Seen. Unterwegs erzählen die

Großraum Orlando & Themenparks

engagierten Guides z.B. etwas über das Rollins College oder die Villen am Ufer. Die kleinen Pontonboote fassen jeweils ca. zehn Personen.

⊙ Großraum Orlando

★ Gatorland
VERGNÜGUNGSPARK

(www.gatorland.com; 14501 S Orange Blossom Trail/ Hwy 17; Erw./Kind 25/17 US$; ⊙10–18 Uhr) In diesem kleinen, albern-kitschigen Park reist man sozusagen nach Old Florida zurück: Hier dreht sich alles um Alligatoren, egal ob beim Alligatoren-Ringen, Alligatoren-Springen, Alligatoren-Füttern (mit Hotdogs) oder anderen grandiosen, zum Kreischen schönen Sensationen.

⊟ Schlafen

Auch außerhalb von Walt Disney World stehen in Orlando zahlreiche Unterkünfte zur Verfügung. Die meisten sind rund um den I-Dr, den US 192 in Kissimmee und die I-4 zu finden. **Reserve Orlando** (www.reserve orlando.com) ist eine zentrale Buchungsagentur, und im **Universal Orlando Resort** (☑ 407-363-8000; www.universalorlando.com; Zi. & Suite ab 270 US$) gibt's auch drei empfehlenswerte Hotels.

★ EO Inn & Spa
BOUTIQUEHOTEL $$

(☑ 407-481-8485; www.eoinn.com; 227 N Eola Dr; Zi. 129–229 US$; ❄@🛜🏊) Dieses schicke, aber unaufdringliche Boutiquehotel in

Downtown blickt nahe Thornton Park auf den Lake Eola. Die Zimmer in neutralen Farben überzeugen durch schlichte Eleganz.

Courtyard at Lake Lucerne
B&B $$

(☑ 407-648-5188; www.orlandohistoricinn.com; 211 N Lucerne Circle E; Zi. 99–225 US$; P❄🛜) Der reizende historische Inn punktet mit bezaubernden Gärten, vornehmem Frühstück, geräumigen Art-déco-Suiten und schmucken Antiquitäten im ganzen Haus. Nicht zuletzt entschädigen die Gratis-Cocktails für die Lage unter zwei Highwaybrücken.

Barefoot'n in the Keys
MOTEL $$

(☑ 877-978-3314; www.barefootn.com; 2754 Florida Plaza Blvd; Suite 89–199 US$; @✉) Dieser gelbe sechsstöckige Bau beherbergt saubere, helle und geräumige Suiten. Dank Ruhe, Freundlichkeit und der Nähe zu Disney ist er eine super Alternative zu den üblichen Ketten.

✗ Essen

Im Bereich des I-Dr gibt's zahllose Kettenlokale. Gehobenere Adressen bescheren einem am 800 m langen Abschnitt der Sand Lake Rd den Spitznamen „Restaurant Row" (Restaurantmeile).

Dandelion Communitea Café
VEGETARISCH $

(http://dandelioncommunitea.com; 618 N Thornton Ave; Hauptgerichte 6–10 US$; ⊙Mo–Sa 11–22, So 11–17 Uhr; ☑🚆) 🌿 Diese Säule des nachhaltigen Regionalzutatengenusses serviert 100 % knackige, leckere, kreative Bio-Kost ohne

Fleisch. Zudem punktet sie mit viel Gemeinschaftsatmosphäre und diversen Events.

Graffiti Junktion American Burger Bar
BURGER **$**

(www.graffitijunktion.com; 900 E Washington St, Thornton Park; Hauptgerichte 6–13 US$; ⊙11–2 Uhr) In dem belebten lokalen Treffpunkt voller neonfarbener Graffitis dreht sich alles um Riesen-Burger der Sonderklasse – sie können beispielsweise mit Spiegelei, Artischockenherzen, Chilis oder Avocados verfeinert werden.

Yellow Dog Eats
BBQ **$$**

(☑ 407-296-0609; www.yellowdogeats.com; 1236 Hempel Ave, Windermere; Hauptgerichte 7–14 US$; ⊙11–21 Uhr; ☑) In einem alten Gemischtwarenladen mit Blechdach untergebracht und äußerst skurril – nicht gerade das typische Grillrestaurant. Die ausgezeichneten schwarzen Bohnen nach kubanischer Art und das „Florida Cracker" (langsam gegartes Schweinefleisch mit Gouda, Speck und gebratenen Zwiebeln) sollte man unbedingt probieren. Ziemlich weite Anfahrt; Wegbeschreibung online.

★ Ravenous Pig
AMERIKANISCH **$$$**

(☑ 407-628-2333; www.theravenouspig.com; 1234 Orange Ave, Winter Park; Hauptgerichte 13–33 US$; ⊙Di–Sa 11.30–14 & 17.30–21.30 Uhr) Der brummende Laden zählt zu den Restaurants, die in Orlando am häufigsten im Gespräch sind. Neben Designer-Cocktails kommen hier auch kreative, leckere Versionen von Garnelen-Grütze (Shrimps & Grits) und Hummer-Tacos auf die Tische. Reservierung ist ratsam.

🍷 Ausgehen & Unterhaltung

Orlando Weekly (www.orlandoweekly.com) ist die beste Quelle für Unterhaltungstipps. In Downtown ist jede Menge los; der angesagte Bar-Distrikt liegt rund um die Orange Ave zwischen Church und Jefferson St.

Auf dem **CityWalk** (www.citywalkorlando.com) der Universal Studios findet man viele Kinos, Restaurants, Clubs und große Shows.

Latitudes
BAR

(www.churchstreetbars.com; 33 W Church St; ⊙16.30–2 Uhr) Dachbar mit Insel-Feeling; unten warten zwei weitere Bars.

Wall Street Plaza
BAR

(☑ 407-849-0471; www.wallstplaza.net; 25 Wall St Plaza) Acht Themenbars mit Livemusik an einem einzigen Platz.

The Social
LIVEMUSIK

(☑ 407-246-1419; www.thesocial.org; 54 N Orange Ave) Super Livemusik.

Parliament House
RESORT, SCHWULENCLUB

(www.parliamenthouse.com; 410 N Orange Blossom Trail; ⊙10.30–3 Uhr) Legendäres Schwulenresort mit Travestieshows und sechs Bars.

ℹ Praktische Informationen

Bei Orlandos **Official Visitor Center** (☑ 407-363-5872; www.visitorlando.com; 8723 International Dr; ⊙8.30–18 Uhr) gibt's Infos zur Stadt, vergünstigte Tickets für Attraktionen und gute mehrsprachige Führer bzw. Übersichtspläne. Schwule Besucher können bei http://orlando.gaycities.com vorbeisurfen. Details zu Themenparks finden sich unter www.themeparkinsider.com.

ℹ Anreise & Unterwegs vor Ort

Vom **Orlando International Airport** (MCO; www.orlandoairports.net) geht's per Bus oder Taxi zu den Haupttouristenzielen. **Mears Transportation** (☑ 407-423-5566; www.mearstransportation.com) bietet einen Shuttle-Service an (20–30 US$/Pers.). **Greyhound** (www.greyhound.com; 555 N John Young Pkwy) bedient zahlreiche Großstädte, während Züge der **Amtrak** (www.amtrak.com; 1400 Sligh Blvd) täglich südwärts nach Miami und nordwärts nach NYC rollen.

Lynx (☑ Routeninfos 407-841-8240; www.golynx.com; Fahrt 2 US$, Tages-/Wochenkarte 4,50/16 US$, Umsteigen gratis) betreibt Orlandos Stadtbusse. Entlang des I-Dr verkehren Busse von **I-Ride Trolley** (www.iridetrolley.com; Fahrt Erw./Kind unter 12 Jahren 1,50 US$/gratis).

Selbstfahrer aufgepasst: Die I-4 ist zwar tatsächlich die Hauptverkehrsader von Norden nach Süden, verwirrenderweise aber mit „East" bzw. „West" (Osten bzw. Westen) beschildert. Gen Norden heißt's daher die I-4 East (Richtung Daytona) nehmen, nach Süden die I-4 West (Richtung Tampa). Als Hauptachsen in Ost-West-Richtung fungieren der Hwy 50 und der Hwy 528 (alias Bee Line Expwy), der zum Orlando International Airport führt.

Walt Disney World Resort

Walt Disney World (WDW; ☑ 407-939-5277; http://disneyworld.disney.go.com) erstreckt sich über 16 ha und ist das größte Themenpark-Resort der Welt. Es umfasst vier separate Themenparks, zwei Wasserparks, eine riesige Sportanlage, fünf Golfplätze, zwei Dutzend Hotels, 100 Restaurants und zwei

Shoppingmeilen mit Ausgehviertel – so klein ist die Welt dann wohl doch nicht. Manchmal fühlt sich das Ganze geradezu lächerlich überfüllt und kommerziell an, aber selbst ohne Kinder bleibt man nicht lange gegen Disneys hochansteckende Begeisterung und warmherzige Nostalgie immun. Natürlich sind die Erwartungen hoch, und auch der selbsterklärte „glücklichste Ort der Welt" kann seine Versprechen nicht immer einhalten. Trotzdem passiert es jedes Mal: Cinderella verzaubert die kleinen Prinzessinnen, der Jedi-Ritter der Familie bezwingt Darth Maul, und man selbst ist in der kitschigen Bahn durch unseren winzigen Planeten doch beinahe zu Tränen gerührt und plötzlich von all dem Zauber ganz hingerissen.

◉ Sehenswertes & Aktivitäten

Magic Kingdom THEMENPARK
Bei der Walt Disney World (WDW) denken vor allem Kinder ausschließlich an das Magic Kingdom. Hier findet man alle Disney-Klassiker – z. B. das kultige Cinderella's Castle, Rides wie den Space Mountain oder die **Main Street, USA** mit Feuerwerk und Lichterumzug am Abend. Mehr Disney-Legende geht nicht!

Vom Cinderella's Castle in der Parkmitte führen Wege zu den verschiedenen „Ländern":

In **Tomorrowland** katapultiert einen der Space Mountain durch das dunkle All. Diese Indoor-Achterbahn ist das beliebteste Fahrgeschäft des Magic Kingdom. Daher unbedingt so früh wie möglich erscheinen und bei bereits zu langer Warteschlange einen FastPass holen!

Fantasyland ist das Highlight für alle maximal achtjährigen Disney-Besucher und beheimatet Mickey, Minnie, Goofy, Donald Duck, Schneewittchen, die sieben Zwerge und viele weitere Berühmtheiten.

Adventureland ist geprägt von Piraten, Urwäldern, fliegenden Teppichen, Baumhäusern und neckischen bis albernen Darstellungen von exotischen Orten, die man aus Märchenbüchern oder der eigenen Fantasie kennt.

Am **Liberty Square** steht das sehr beliebte Haunted Mansion, ein weitläufiges Herrenhaus im Stil des 19. Jhs. **Frontierland** ist Disneys Antwort auf den Wilden Westen.

Disney Hollywood Studios THEMENPARK
Unter allen Themenparks versprühen die ehemaligen Disney-MGM Studios den wenigsten Charme. Allerdings bieten sie zwei der aufregendsten Attraktion in WDW: den unberechenbaren Fahrstuhl im **Twilight Zone Tower of Terror** und den **Rock'n'Roller Coaster** mit Aerosmith-Motto. Möchtegernsänger können ihr Glück bei der American Idol Experience versuchen (die US-Version von *DSDS*), Kinder können sich in der Jedi Training Academy einschreiben, und darüber hinaus stellen einige Shows den Menschen Walt Disney vor und zeigen, wie seine Filme gemacht sind.

Epcot THEMENPARK
Epcot ist eine Abkürzung für „Experimental Prototype Community of Tomorrow" und spiegelte Disneys Vision einer Hightech-Stadt wider, als es 1982 eröffnete. Es ist in zwei Hälften unterteilt: **Future World** mit Fahrgeschäften und vom Konzern gesponserten interaktiven Ausstellungen und **World Showcase**, das einen interessanten Einblick in die Kultur von elf Ländern bietet. Epcot ist viel entspannter und unaufgeregter als die anderen Parks und bietet mit die besten Restaurants und Einkaufsmöglichkeiten. Auch ein paar der Fahrgeschäfte

HIGHLIGHTS DES MAGIC KINGDOM

Abgesehen vom Space Mountain, dem Splash Mountain und dem Grusel-Intro im Haunted Mansion eignen sich alle folgenden Attraktionen perfekt für Kinder.

Mickey's Philharmagic Perfektes 3D-Kino.

Space Mountain Indoor-Achterbahn im Dunklen.

Pirates of the Caribbean Bootstrips durch die Piratenwelt.

Haunted Mansion Langsame Fahrt zwischen fröhlichen Gespenstern.

Dumbo the Flying Elephant Kleinkinder-Favorit.

Mad Tea Party Disneytypisches Tassenwirbeln.

It's a Small World Bootsfahrt durch die Welt (das Lied dürfte bekannt sein)

Jungle Cruise Disney-Kitsch in Reinkultur.

Splash Mountain Klassische Wasserrutsche.

TICKETS & TIPPS

Tickets

Ideal sind Tickets, deren Gültigkeit die Anzahl der eigentlich geplanten Besuchstage überschreitet. Dies senkt die Kosten pro Tag und gibt einem die Freiheit, zwischendurch mal am Pool zu relaxen oder weniger angesagte Attraktionen außerhalb der Themenparkgrenzen zu besuchen.

Neben Tagestickets für die jeweiligen Parks gibt's auch Park-Hopper-Pässe, die für alle vier Anlagen gelten. Am besten schaut man online nach Pauschalangeboten und schlägt dann im Voraus zu, um langes Warten am Eingang zu vermeiden. Zwecks Ermäßigung empfehlen sich Websites wie www.mousesavers.com oder www.undercovertourist.com.

Reisezeit

Feiertage und Ferien (vor allem im Sommer) bescheren der WDW stets die meisten Besucher. Am wenigsten los ist Anfang Dezember, im Januar und Februar sowie von Mitte September bis Ende Oktober. Das beste Wetter herrscht meist im Spätherbst. Platzregen sind im heißen, feuchten Sommer keine Seltenheit.

Am eigentlichen Besuchstag sollte man frühzeitig starten, um vor dem Hauptansturm am Mittag so viel wie möglich vom Park sehen zu können. Wenn Hitze und Besucherandrang am größten sind (ca. ab 14 od. 15 Uhr), legt man am besten eine Erholungspause im Hotel ein. Dann ein paar Stunden später zurückkehren und bis zum Schluss bleiben!

Fast Pass

Bei den populärsten Attraktionen der WDW sichert der kostenlose FastPass (separates Papierticket) den Zugang zu einem Fahrgeschäft zu einer bestimmten Zeit. So lassen sich die mörderisch langen Warteschlangen (meist) umgehen. Wer einen FastPass haben möchte, zieht einfach den Magnetstreifen seiner Eintrittskarte durch den Schlitz im Ticketautomaten des betreffenden Rides und kehrt dann zur angezeigten Zeit zurück (normalerweise max. 15 Minuten später). Wo dies überall möglich ist, verrät die Übersichtskarte zum Park.

Der Haken dabei? Es ist jeweils nur ein einziger FastPass erhältlich (abhängig vom Besucherandrang höchstens noch ein zweiter) – ganz unten auf dem Papier steht, wann man sich den nächsten holen kann. FastPasses für die beliebtesten Attraktionen sind mitunter schon mittags ausgebucht. Wer wirklich viel erleben will, sollte seine Karte daher so früh wie möglich durchziehen.

---

hier gehören zu den WDW-Highlights, z.B. Soarin' und Mission: Space. Das interaktive Turtle Talk with Crush ist das reinste Vergnügen.

Animal Kingdom THEMENPARK
Diese manchmal etwas surreale Mischung aus afrikanischer Safari, Zoo, Fahrgeschäften, kostümierten Figuren, Shows und Dinosauriern mit ihrem ganz eigenen Flair. Am besten sind die Tierbegegnungen und die Shows, und das Herzstück ist das 45 ha große **Kilimanjaro Safaris**. Im legendären **Tree of Life** findet die lustige Show „It's Tough to Be a Bug!" statt, und **Expedition Everest** und **Kali River Rapids** sorgen für den größten Nervenkitzel.

🛏 Schlafen

Sicherlich ist es reizvoll, durch Übernachten außerhalb der Parks Bares sparen zu kön-

nen. Der Mehrwert eines WDW-Resorts besteht jedoch in den angebotenen Annehmlichkeiten. Die insgesamt 24 familienfreundlichen Disney-Übernachtungsoptionen vor Ort reichen von Campingplätzen bis hin zu Luxushotels. Gäste genießen zudem tolle Extras wie verlängerte Besuchszeiten, Gratis-Shuttles, Fahrten zum Flughafen oder ermäßigte Restaurantbesuche mit Reservierung. Die detaillierte Disney-Website führt alle Unterkünfte jeweils inklusive Tarife und Zusatzleistungen auf. Zimmerqualität und Extras werden dem Preis nicht unbedingt immer gerecht: Hier bezahlt man für WDW-Komfort und nicht für Luxus à la Ritz.

Zu unseren favorisierten Luxusresorts zählt die **Wilderness Lodge** (✆ 407-824-3200; 901 Timberline Dr; Zi. ab 319 US$; 🅿 ❄ 🛜 🏊) im Yosemite-Stil: Ausbrechende Geysire, ein seeartiger Poolbereich und Kinderstockbetten verbreiten hier „rustikale Opulenz". Net-

te Wildnis für kleinere Geldbeutel bietet das
Fort Wilderness Resort & Campground
(☑ 407-824-2900; Stellplatz 54–120 US$, Hütte ab
325 US$; ✻ 🛜 ☎ 🐾) mit Zeltstellplätzen und
Hütten für sechs Personen.

Am günstigsten (abgesehen vom Camping) sind die **Disney's Value Resorts** (https://disneyworld.disney.go.com; Zi. 90–150 US$)
auf einfachem Kettenhotel-Niveau. Doch
Vorsicht: Hier herrscht Schulklassen-Alarm!

Disney's Art of Animation Resort   HOTEL
(☑ 407-938-7000; 1850 Animation Way; ✻ ☎)
Orientiert sich an Disney-Klassikern wie
König der Löwen, Cars, Findet Nemo und
Arielle, die Meerjungfrau.

Disney's All-Star Movies Resort   HOTEL
(☑ 407-939-7000; 1991 Buena Vista Dr; ✻ ☎) Kultige Charaktere aus Disney-Filmen wie *Toy
Story* und *101 Dalmatiner.*

Disney's All-Star Music Resort   HOTEL
(☑ 407-939-6000; 1801 W Buena Vista Dr; ✻ ☎)
Familiensuiten und Motelzimmer inmitten
riesiger Musikinstrumente.

Disney's All-Star Sports Resort   HOTEL
(☑ 407-939-5000; 1701 Buena Vista Dr; ✻ ☎)
Fünf dreistöckige Gebäudepaare, die thematisch nach verschiedenen Sportarten getrennt sind.

Disney's Pop Century Resort   HOTEL
(☑ 407-938-4000; 1050 Century Dr; ✻ ☎) Jeder
Bereich ist einem anderen Jahrzehnt des
späten 20. Jhs. gewidmet.

✗ Essen

Das Essen in den Themenparks reicht von
gut bis furchtbar; die interessantesten Gerichte werden in Epcots World Showcase
serviert. Am besten ist das Essen in den Restaurants, aber man sollte immer reservieren, da es sonst unmöglich sein kann, einen
Platz zu finden. Bei der **zentralen Reservierungsstelle** (☑ 407-939-3463) kann man
bis zu 180 Tage im Voraus einen Platz fürs
Abendessen reservieren.

Disney bietet drei Dinner-Shows (ein hawaiianisches Luau, ein Barbecue im Country-Stil und eine Varieté-Show) und etwa 15
unglaublich beliebte „Character Meals" an,
bei denen man mit seiner Lieblingsfigur essen kann (Details gibt's auf der Website). Am
besten bucht man sie sofort, wenn sich das
180-Tage-Fenster öffnet. Am gefragtesten ist
Cinderella's Royal Table (Erw. 43–54 US$,
Kind 28–33 US$) im Schloss des Magic Kingdom, bei dem man mit Disney-Prinzessinnen speist.

★ Sci-Fi Dine-In Theater   AMERIKANISCH $$
(Hollywood Studios; Hauptgerichte 13–30 US$;
⊙ 11–22.30 Uhr; 🍴) Gäste dinieren in Cadillacs und schauen dabei klassische Science-Fiction-Filme.

O'Hana   HAWAIIANISCH $$$
(Polynesian Resort; Erw. 36–43 US$, Kind 18–
20 US$; ⊙ 7.30–11 & 17–22 Uhr) Tolle südpazifische Deko, Mitmachspiele im polynesischen
Luau-Stil und Essen, so viel man will, für die
ganze Familie.

California Grill   AMERIKANISCH $$$
(Disney's Contemporary Resort; Hauptgerichte
32–49 US$; ⊙ 17–22 Uhr; 🍴) Begehrte Plätze
mit super Blick auf das Feuerwerk über dem
Magic Kingdom.

Boma   BUFFET $$$
(Animal Kingdom Lodge; Erw./Kind morgens
23/13 US$, abends 40/19 US$; ⊙ 7.30–11 & 16.30–
21.30 Uhr; 🍴) Restaurant mit nettem Afrika-Ambiente und überdurchschnittlich gutem
Buffet.

Victoria and Albert   AMERIKANISCH $$$
(Grand Floridian; Festpreismenüs 135 US$) Anzüge, Krawatten und Kristallkelche: Ein
waschechtes Nobellokal für romantisch veranlagte Gourmets. Kein Herumgealber, und
Kinder unter zehn Jahren werden hier auch
nicht gern gesehen.

☆ Unterhaltung

Neben den Themenpark-Events wie den Paraden und dem Feuerwerk im Magic Kingdom oder der Lichtershow im Epcot hat Disney noch zwei weitere Unterhaltungsbezirke
zu bieten: Downtown Disney und Disney's
Boardwalk. Hier locken Restaurants, Bars,
Musik, Filmen, Läden und verschiedene
Shows.

★ Cirque du Soleil La Nouba   THEATER
(☑ 407-939-7600; www.cirquedusoleil.com; Downtown Disney's West Side; Erw. 61–144 US$, Kind 3–9
Jahre 49–117 US$; ⊙ Di–Sa 18–21 Uhr) Atemberaubend akrobatisch und eine der besten
Disney-Shows.

House of Blues   LIVEMUSIK
(☑ 407-934-2583; www.houseofblues.com; 1490
E Buena Vista Dr) Mitunter spielen sogar echte Stars in dieser Filiale der US-Kette. Der
Gospel Brunch am Sonntagvormittag rockt
so richtig.

DisneyQuest SPIELHALLE
(Downtown Disney; Tagespass Erw./Kind 48/41 US$;
⏱ So–Do 11.30–22, Fr & Sa 11.30–23 Uhr) Virtual-
Reality- und Videospiele auf fünf Stock-
werken.

❶ Anreise & Unterwegs vor Ort

Die meisten Hotels in Kissimmee und Orlando
bieten Gratis-Shuttles zur Walt Disney World
an – ebenso alle Disney-Resorts, deren Personal
Gäste zudem kostenlos vom Flughafen abholt.
Selbstfahrer erreichen alle vier Parks über die
I-4 und können ihr Vehikel für 14 US$ abstellen.
Vom riesigen Parkplatz des Magic Kingdom
fahren Besucherzüge zum Eingang.

Ein komplexes Verkehrsnetz (Einspurbahnen,
Busse, Boote) verbindet die einzelnen Parks,
Resorts und Unterhaltungszonen der Walt Disney World intern miteinander. Übersichtskarten
gibt's beim eigenen Resort oder beim Guest-
Relations-Büro nahe dem gemeinsamen Haupteingang der vier Parks.

Rund um Orlando

Gleich nördlich von Orlando warten ein
paar der besten Outdoor-Abenteuer Floridas – vor allem Schwimmen, Schnorcheln
und Kajakfahren in bzw. auf kristallklaren
Naturquellen mit einer Wassertemperatur
von 22 °C. Am nächsten zur Stadt liegt der
Wekiwa Springs State Park (☎ 407-884-
2008; www.floridastateparks.org; 1800 Wekiwa
Circle, Apopka; Stellplatz/Auto 24/6 US$; ⏱ 8
Uhr–Sonnenuntergang) mit einem 21 km langen Wanderwegnetz, einem quellgespeisten
Badeloch, einem netten Campingplatz und
der wilden, malerischen Idylle des Wekiva
River. Leihkajaks gibt's bei **Nature Adventures** (☎ 407-884-4311; www.canoewekiva.com;
18 US$/2 Std.; ⏱ 8–20 Uhr).

Der **Blue Spring State Park** (www.florida
stateparks.org; 2100 W French Ave; Auto/Fahrrad
6/2 US$; ⏱ 8 Uhr–Sonnenuntergang) ist das
Überwinterungsrevier vieler Seekühe. Hier
kann man zweistündige Bootsfahrten auf
dem St. John's River unternehmen. Etwas
nördlich von Deland beginnt der **De Leon
Springs State Park** (www.floridastateparks.
org; 601 Ponce de Leon Blvd, Ponce de Leon; Auto/
Fahrrad 6/2 US$; ⏱ 8 Uhr–Sonnenuntergang) mit
einem großen Badebereich, weiterer Kajak-
fahrmöglichkeiten und geführten Touren
zu Juan Ponce de Leóns angeblichem Jungbrunnen.

Wer wirkliche Wildnis will, flüchtet in
den **Ocala National Forest** (www.fs.usda.gov/
ocala) mit 600 Seen, Dutzende Camping-

plätzen und Hunderten Wanderwegekilo-
metern. Die dortigen Möglichkeiten zum
Wandern, Radfahren, Paddeln und Zelten
zählen zu den besten des Bundesstaats (für
Beschreibungen und Visitor Centers s. Website).

FLORIDA PANHANDLE

Wenn man all die großartigen Dinge nimmt,
die den Deep South ausmachen – freundliche Menschen, gelassenes Schneckentempo,
von Eichen gesäumte Landstraßen, Unmengen frittierter Köstlichkeiten – und dann
noch Hunderte Kilometer schneeweißer
Strände, Dutzende glasklarer natürlicher
Quellen und all die frischen Austern dazu-
nimmt, die man schlürfen kann, dann hat
man ihn: den fantastischen, extrem unterschätzten Florida Panhandle.

Tallahassee

Zwischen Alleen und vor einer Kulisse aus
sanft gewellten Hügeln breitet sich Floridas ruhige, würdevolle Hauptstadt aus.
Tallahassee ist Atlanta in geografischer wie
kultureller Hinsicht näher als Miami – und
gleichzeitig weitaus südstaatenmäßiger als
das übrige Florida. Trotz der beiden großen
Universitäten (Florida State und Florida Ag-
ricultural and Mechanical University) und
des Status als Staatsregierungssitz gibt's
hier nicht viel, das Besucher länger als einen
oder zwei Tage sinnvoll beschäftigt.

Das **Visitor Center** (☎ 800-628-2866, 850-
606-2305; www.visittallahassee.com; 106 E Jefferson St; ⏱ Mo–Fr 8–17 Uhr) liefert Lokalinfos.

◎ Sehenswertes & Aktivitäten

Mission San Luis HISTORISCHE STÄTTE
(☎ 850-245-6406; www.missionsanluis.org; 2100
W Tennessee St; Erw./Kind 5/2 US$; ⏱ Di–So
10–16 Uhr) Auf dem 24 ha großen Gelände
stand im 17. Jh. eine Mission, die gemeinsam von Spaniern und indigenen Apalachee
geführt wurde. Teile davon sind eindrucksvoll rekonstruiert (vor allem das mächtige
Council House). Die guten Führungen (im
Eintritt enthalten) vermitteln einen faszinierenden Eindruck vom Missionsleben vor
300 Jahren.

Museum of Florida History MUSEUM
(www.museumoffloridahistory.com; 500 S Bro-
nough St; ⏱ Mo–Fr 9–16.30, Sa 10–16.30, So 12–

16.30 Uhr) GRATIS Hier wird die Geschichte des Bundesstaats mittels witzig-flotter Ausstellungen porträtiert. Das Themenspektrum reicht von Mastodon-Skeletten, Floridas Paläo-Indianern, spanischen Schiffswracks und dem Amerikanischen Bürgerkrieg bis hin zum *tin-can tourism* (Wohnwagentourismus).

Florida Capitol Buildings HISTORISCHE GEBÄUDE
GRATIS Alt und neu direkt nebeneinander: Das schlichtweg hässliche **Florida State Capitol** (Ecke Pensacola & Duval St; ⊙Mo–Fr 8–17 Uhr) wird ganz oben von einer Aussichtsplattform mit Blick auf die Stadt gekrönt. Sein hübscherer Vorgänger ist das benachbarte **Historic Capitol** (www.flhistoriccapitol. gov; 400 S Monroe St; ♿) GRATIS von 1902. Das **Florida Legislative Research Center and Museum** (www.flrcm.gov; Eintritt frei; ⊙Mo–Fr 9–16.30, Sa 10–16.30, So 12–16.30 Uhr) GRATIS im Inneren zeigt faszinierende Ausstellungen zu Kultur und Regierung (u. a. zur berühmtberüchtigten US-Präsidentschaftswahl des Jahres 2000).

🛏 Schlafen & Essen

Die Häuser der großen Hotelketten konzentrieren sich auf die I-10-Ausfahrten sowie auf die Monroe St zwischen der I-10 und der Innenstadt.

Hotel Duval HOTEL **$$**
(☎850-224-6000; www.hotelduval.com; 415 N Monroe St; Zi. 109–179 US$; ᴘ❋🛜🏊) Das neue Hotel mit 117 Zimmern und neomodernem Touch ist Tallahassees eleganteste Bleibe. Die Dachbar mit Lounge hat meist bis 2 Uhr geöffnet. Das schicke Ketten-Steakhaus Shula's grenzt an die Lobby.

Governor's Inn HOTEL **$$**
(☎850-681-6855; www.thegovinn.com; 209 S Adams St; Zi. 149–209 US$; ᴘ❋🛜) Das freundliche, einladende Hotel punktet mit super Innenstadtlage und einer Cocktailstunde. Von Einzelzimmern bis hin zu zweistöckigen Loft-Suiten vermietet es alle möglichen Quartiere.

Catfish Pad SEAFOOD **$**
(☎850-575-0053; www.catfishpad.com; 4229 W Pensacola St; Hauptgerichte 8–15 US$; ⊙Mo–Fr 11–15 & 17–21, Sa 11–21 Uhr) Gäste des heimeligen Seafood-Lokals speisen ganz zweifellos im US-Süden: Am besten isst man Grütze zu Wels im Maismehlmantel und spült das Ganze mit einem Glas süßen Tees hinunter. Lecker!

NICHT VERSÄUMEN

WAKULLA SPRINGS

Nur 15 Meilen (24 km) südlich von Tallahassee liegt der **Edward Ball Wakulla Springs State Park** (☎850-561-7276; www.floridastateparks.org; 465 Wakulla Park Dr; Auto/Fahrrad 6/2 US$, Bootsfahrt Erw./Kind 8/5 US$; ⊙8 Uhr–Sonnenuntergang) mit der tiefsten Süßwasserquelle des Planeten. Diese entspringt einem echten Archäologentraum: einer riesigen Unterwasserhöhle mit versteinerten Knochen (u. a. einem um 1850 entdeckten Mastodon-Skelett). Heute kann man in den eiskalten Quellen baden und sie per Glasbodenboot bewundern. Weitere Bootstrips folgen dem artenreichen Wakulla River, der einst als Filmkulisse für diverse Tarzan-Streifen und den *Schrecken vom Amazonas* diente. Übernachten im Park ermöglicht die prachtvolle **Wakulla Springs Lodge** (☎850-926-0700; www.wakullasprings-lodge.com; 465 Wakulla Park Dr; Zi. 85–125 US$) von 1937. Hinter der Fassade im spanischen Stil wacht ein ausgestopfter, 3,35 m langer Alligator namens „Old Joe" über alles.

Reangthai THAI **$$**
(reangthai.com; 2740 Capital Circle NE; Mittagsgerichte 9–12 US$, Hauptgerichte 13–20 US$; ⊙Di–Fr 11–14, Mo–Sa 17–22 Uhr) Trotz seiner Lage an einer Einkaufsmeile ist das authentische Reangthai recht elegant. Es serviert die Art von scharfen Köstlichkeiten mit Fischsauce, vor denen allzu viele US-Thairestaurants zurückschrecken.

Andrew's AMERIKANISCH **$$**
(☎850-222-3444; www.andrewsdowntown.com; 228 S Adams St; Hauptgerichte 9–36 US$; ⊙11.30–22 Uhr) Die angesagteste Innenstadtadresse, wenn es um Sehen und Gesehenwerden geht, besteht aus zwei Bereichen: Das zwanglose Grillrestaurant im Untergeschoss serviert Burger und Bier, während oben Nobleres im modern-toskanischen Stil auf den Tisch kommt.

☆ Unterhaltung

Bradfordville Blues Club LIVEMUSIK
(☎850-906-0766; www.bradfordvilleblues.com; 7152 Moses Lane abseits der Bradfordville Rd; Tickets 5–25 US$; ⊙Fr & Sa 22, z. T. auch Do 20.30 Uhr; s. Website) Diese Spelunke versteckt sich

am Ende einer unbefestigten Straße, die von Tiki-Fackeln beleuchtet wird. Unter Eichen fällt hier der Schein des Lagerfeuers auf super Bluesbands aus den ganzen USA.

ⓘ Anreise & Unterwegs vor Ort

Abseits des Hwy 263 liegt der **Tallahassee Regional Airport** (www.talgov.com/airport), etwa 5 Meilen (8 km) südwestlich vom Stadtzentrum, wo sich auch der **Greyhound-Busbahnhof** (www.greyhound.com; 112 W Tennessee St) befindet. Das Unternehmen **Star Metro** (www.talgov.com/starmetro; Fahrt 1,25 US$, unbegrenzte Fahrten Tag/Woche 3/10 US$) betreibt Lokalbusse.

APALACHICOLA & UMGEBUNG

Langsam, entspannt und perfekt erhalten: Apalachicola ist eines der unwiderstehlichsten, romantischsten Dörfer des Panhandle. Die im Schatten von Eichen gelegene Stadt schmiegt sich an den Rand einer breiten Bucht, die für ihre Austern berühmt ist. Auch dank ihrer jüngsten Welle frischer Bistros, Kunstgalerien, ausgefallener Boutiquen und historischer B&Bs stellt sie einen äußerst beliebten Zufluchtsort dar.

Nähere Informationen zur Stadt gibt's auf der Website www.apalachicolabay.org. Wer die Natur erleben möchte, begibt sich auf die unberührte **St. Vincent Island** (www.fws.gov/saintvincent) mit ihren schimmernden Dünen, Pinienwäldern und Feuchtgebieten, in denen es vor Wildtieren nur so wimmelt. Der benachbarte **St. George Island State Park** (☎850-927-2111; www.floridastateparks.org/stgeorgeisland; Fahrzeug 6 US$, Stellplatz 24 US$; ⊙8 Uhr–Sonnenuntergang) bietet 9 Meilen (15 km) traumhafter, unbebauter Strände. In der Stadt kann man Angelcharter und Bootsfahrten durch die ungezähmte Natur buchen.

Bei einer Nacht im **Coombs House Inn** (☎850-653-9199; www.coombshouseinn.com; 80 6th St; Zi. 129–169, Suite 149–269 US$; @🖃), einem eindrucksvollen viktorianischen Haus, das zu einem opulenten, luxuriösen B&B umgebaut wurde, ist Romantik garantiert. In **Papa Joe's Oyster Bar & Grill** (www.papajoesoysterbar.com; 301b Market St; Hauptgerichte 8–18 US$; ⊙Mo-Di 11–22, Do–Da 11–23 Uhr) kann man die berühmten Schalentiere der Stadt frisch geschält, gebacken oder gebraten genießen.

Panama City Beach

Es ist unmöglich, Panama City Beach für etwas anderes zu halten als für das, was es ist: eine typische, turbulente floridianische Strandstadt. Studenten beim Spring Break und Sommerurlauber strömen in Scharen an die wunderschönen weißen Sandstrände und genießen über Meilen hinweg eine Reihe Hotelhochhäuser nach der anderen darauf besteht, die Aussicht zu versauen. Näheres gibt's bei der **Touristeninformation** (☎800-722-3224, 850-233-5070; www.visitpanamacitybeach.com; 17001 Panama City Beach Parkway; ⊙8–17 Uhr).

Das Gebiet rund um Panama City Beach ist bei Wracktauchern sehr bekannt und bietet Dutzende natürlicher, historischer und künstlicher Riffe. **Dive Locker** (☎850-230-8006; www.divelocker.net; 106 Thomas Dr; ⊙Mo–Sa 8–18 Uhr) veranstaltet Tauchgänge ab 90 US$, Ausrüstung inklusive.

Der **St. Andrews State Park** (www.floridastateparks.org/standrews; Auto 8 US$) ist ein friedlicher Zufluchtsort mit Wanderwegen, Badestränden, Tieren und Pflanzen. **Shell Island** liegt direkt vor der Küste und lockt mit fantastischen Schnorchelplätzen; im Sommer fährt alle 30 Minuten ein **Shuttle** (☎850-233-0504; www.shellislandshuttle.com; Erw./Kind 17/9 US$; ⊙9–17 Uhr).

🛏 Schlafen

An den Stränden des Panhandle herrscht im Sommer der höchste Betrieb. Panama City hat viele Unterkünfte zur Auswahl; wer den feiernden Studenten aus dem Weg gehen will, achtet auf die Zauberformel *family-friendly* (familienfreundlich).

Beachbreak by the Sea   MOTEL **$**
(☎850-234-6644; www.beachbreakbythesea.com; 15405 Front Beach Rd; DZ 79–169 US$; 🅿❄🏊) Mitten im Hochhausmeer ist dieses vierstöckige Motel eine angenehme Überraschung. In zentraler Strandlage gibt's einfache Zimmer und europäisches Frühstück.

Wisteria Inn   MOTEL **$$**
(☎850-234-0557; www.wisteria-inn.com; 20404 Front Beach Rd; DZ 89–149 US$; 🅿❄🏊) Das reizende kleine Motel hat 15 Zimmer und ein fröhliches Dekor im karibischen Stil. Am Pool werden zeitweise Mimosas (Drinks mit Schampus und Orangensaft) ausgeschenkt. Um Studenten abzuschrecken, dürfen hier nur Erwachsene absteigen.

SCENIC DRIVE: EMERALD COAST

Entlang der Panhandle-Küste kann man den wichtigsten Highway (Hwy 98) zwischen Panama City Beach und Destin getrost verlassen und stattdessen auf eine der bezaubernsten Routen in ganz Florida ausweichen: den **Scenic Hwy 30A**. Dieser 18 Meilen (29 km) lange Straßenabschnitt schmiegt sich an einen Landstrich, der aufgrund seines beinahe fluoreszierenden, juwelengrünen Wassers, das an glitzernd weiße Strände mit feinstem Quarzsand brandet, auch Smaragdküste genannt wird.

Neben dem Scenic Hwy 30A warten hier auch ursprüngliche, wilde Parklandschaften wie der **Grayton Beach State Park** (www.floridastateparks.org/graytonbeach; 357 Main Park Rd; Auto 5 US$), der als einer der schönsten, am wenigsten berührten Strände Floridas gilt. Etwa 15 mehr oder weniger skurrile Gemeinden gibt es an der Küste, einige künstlerisch und unkonventionell, andere bis ins letzte Detail durchgeplante Urlaubsorte mit perfekt durchgestylter Architektur. Das interessanteste, surrealste unter ihnen ist das kleine Dörfchen **Seaside** (www.seasidefl.com), eine pastellfarbene Stadt, die in den 1980er-Jahren als Modellort des New Urbanism gefeiert wurde.

Seaside ist eine derart idealisierte Vision, dass der Ort 1998 völlig unverändert als Kulisse für den Film *Die Truman Show* diente, der von einem Mann erzählt, dessen „perfektes Leben" nichts weiter ist als eine Fernsehsendung. Variationen desselben Themas finden sich in WaterColor, Alys Beach und Rosemary Beach.

Gute Internetquellen sind www.30a.com und www.visitsouthwalton.com.

✖ Essen & Ausgehen

Pineapple Willy's   KARIBISCH $$
(www.pwillys.com; 9875 S Thomas Dr; Hauptgerichte 10–15 US$; ◷11 Uhr–open end) Wer in luftiger Umgebung am Strand speisen möchte, sollte um einen der Tische auf dem Restaurant-Pier bitten. Das Pineapple Willy's ist berühmt für seine legendären Drinks und die Spezialität des Hauses: Jack Daniels Barbecue Ribs.

Firefly   MODERN-AMERIKANISCH $$$
(☑850-249-3359; www.fireflypcb.com; 535 Richard Jackson Blvd; Hauptgerichte 23–42 US$; ◷17–22 Uhr) Dieses edle Restaurant lockt mit kreativen Meeresfrüchten und der coolen Library Lounge. Immerhin gut genug für den Präsidenten – Obama hat 2010 hier gegessen!

Tootsie's Orchid Lounge   HONKY TONK
(www.tootsies.net; 700 S Pier Park Dr; ◷10 Uhr–open end) Ihm fehlt zwar der verstaubte Charme des Nashville-Originals, aber da die Country-Livemusik nie abreißt, ist für stetes Stiefelstampfen gesorgt.

ℹ Anreise & Unterwegs vor Ort

Der **Panama City International Airport** (PFN; www.iflybeaches.com) wird von ein paar großen Airlines angeflogen. Der **Greyhound-Busbahnhof** (www.greyhound.com; 917 Harrison Ave) befindet sich in Panama City, und der recht begrenzte **Bay Town Trolley** (baytowntrolley. org; Ticket 1,50 US$) verkehrt nur an Werktagen zwischen 6 und 20 Uhr.

Pensacola & Pensacola Beach

Pensacola und die zugehörige Strandstadt heißen Besucher willkommen, die von Westen her anreisen. Seine wunderschönen, schneeweißen Strände und seine Toleranz gegenüber den Spring-Break-Gelagen sichern Pensacola dauerhafte Beliebtheit. Außerdem verfügt die Stadt über eine lebendige Militärkultur und eine Innenstadt im spanischen Stil. An der **Touristeninformation** (☑800-874-1234, 850-434-1234; www.visit pensacola.com; 1401 E Gregory St; ◷Mo–Fr 8–17, Sa 9–16, So 10–16 Uhr) gibt's Karten.

Die Region hatte in den letzten Jahren einige Wunden zu lecken: 2005 gab Hurrikan Ivan sein Bestes, um den Ort dem Erdboden gleichzumachen, und 2010 verschmutzte die durch die *Deepwater Horizon* verursachte Ölpest die Strände am Golf von Mexiko mit Teerklumpen. Heute sind jedoch alle Strände des Panhandle wieder vom Öl befreit und die Gebäude und Straßen in Pensacola repariert. Die Region freut sich darauf, neue Besucher zu begrüßen!

◉ Sehenswertes & Aktivitäten

⭐**National Museum of Naval Aviation**   MUSEUM
(☑850-452-3604; www.navalaviationmuseum. org; 1750 Radford Blvd; Eintritt frei; ◷Mo–Fr 9–17, Sa & So 10–17 Uhr; ♿) GRATIS Die Pensacola

AUF WIEDERSEHEN, MULLET!

Jeden April versammeln sich die Einheimischen entlang der Staatsgrenze zwischen Florida und Alabama auf Perdido Key, um einer altehrwürdigen Tradition nachzugehen: dem **Interstate Mullet Toss** (Interstaatlicher Meeräschen-Weitwurf). Außer um eine prima Ausrede für eine Party geht es darum, herauszufinden, wer seine (tote) Meeräsche am Weitesten nach Alabama rüberwerfen kann. Das Event wird von der **Flora-Bama Lounge, Package and Oyster Bar** (www.florabama.com; 17401 Perdido Key Dr; ⊙11–3 Uhr) veranstaltet, einer legendären Raststätte, die auch einen Besuch lohnt, wenn keine Fische fliegen.

Naval Air Station (NAS) beheimatet einerseits dieses äußerst sehenswerte Museum mit atemberaubenden Militärflugzeugen. Andererseits ist hier auch die Elite-Kunstflugstaffel **Blue Angels** (www.blueangels.navy.mil) stationiert.

Historic Pensacola Village
HISTORISCHE GEBÄUDE

(www.historicpensacola.org; Zaragoza St, zw. Tarragona & Adams St; Erw./Kind 6/3 US$; ⊙Di–Sa 10–16, Touren 11, 13 & 14.30 Uhr) Mit diesem Dorf, einer autarken Enklave historischer Häuser und Museen, ruft Pensacola: „Nimm dies, St. Augustine!" Die Eintrittskarte ist eine Woche lang gültig und schließt eine geführte Tour sowie den Besuch sämtlicher Gebäude ein.

T. T. Wentworth Museum
MUSEUM

(330 S Jefferson St; Eintritt frei; ⊙10–16 Uhr) GRATIS Zwei der Stockwerke zeigen Exponate zur Geschichte Floridas (z. B. Überreste der Luna-Expedition). Auf einem dritten gibt's Wentworths Kuriositätensammlung zu sehen (u. a. seine berühmte versteinerte Katze).

Pensacola Museum of Art
MUSEUM

(www.pensacolamuseumofart.org; 407 S Jefferson St; Erw./Student 5/3 US$; ⊙Di–Fr 10–17, Sa ab 12 Uhr) Im ehemaligen Gefängnis der Stadt (1908) ist heute ein hübsches Kunstmuseum untergebracht, das eine beeindruckende, stetig wachsende Sammlung von Werken großer Künstler des 20. und 21. Jhs. zeigt, die von Kubismus über Realismus und Pop-Art bis zu Volkskunst reicht.

Gulf Islands National Seashore
PARK

(www.nps.gov/guis; 7 Tage Fußgänger & Radfahrer/Auto 3/8 US$; ⊙Sonnenaufgang–Sonnenuntergang) Wer die wunderschönen weißen Sandstrände der Gegend genießen möchte, kann dies im leicht erreichbaren Pensacola Beach oder an der benachbarten Gulf Islands National Seashore tun, die zu einem 150 Meilen (241 km) langen Streifen mit unbebauten Stränden gehört. Am besten macht man es sich am ruhigen, familienfreundlichen Strand im **Naval Live Oaks** gemütlich, und wer zum **Fort Pickens** (☎850-934-2600; www.nps.gov/guis; Fort Pickens Rd, Pensacola; ♿) hinausfährt, kann die bröckelnen Ruinen dieser Festung aus dem 19. Jh. erkunden.

🛏 Schlafen

Noble Inn
B&B $$

(☎850-434-9544; www.noblemanor.com; 110 W Strong St; Zi. 135–145 US$, Suite 160 US$; 🅿⊖❄) Die hübscheste Quartiere der Stadt: Das „Bacall"-Zimmer wäre opulent genug für seine Namensgeberin.

New World Inn
HOTEL $$

(☎850-432-4111; www.newworldlanding.com; 600 S Palafox St; Zi. ab 109 US$; ❄@🛜) Wer einen Blick unters Dach dieser ehemaligen Kartonfabrik wirft, entdeckt überraschend hübsche Zimmer mit sensationellen Betten und echten Teppichen (ein absoluter Strandstadt-Luxus).

Paradise Inn
MOTEL $$

(☎850-932-2319; www.paradiseinn-pb.com; 21 Via de Luna Dr; Zi. 80–200 US$; ❄@🛜🏊) Dieses zartgelbe Motel gegenüber vom Strand ist dank seiner beliebten Bar und seines Grills (wer es ruhig möchte, sollte nach einem der Zimmer am anderen Ende des Parkplatzes fragen!) eine äußerst lebendige, fröhliche Unterkunft. Die Zimmer sind klein, aber sauber, mit gefliesten Böden und hell gestrichenen Wänden.

🍴 Essen & Ausgehen

⭐ Joe Patti's
FISCHGROSSHANDEL $

(www.joepattis.com; 534 South B St an der Main St; ⊙Mo–Sa 7.30–19, So 7.30–18 Uhr) Der sehr beliebte Fischgroßhändler verkauft fangfrische Flossenträger bzw. Meeresfrüchte, Sushi und fertig zubereiteten Picknickproviant.

Jerry's Drive-In
AMERIKANISCH $

(2815 E Cervantes St; Hauptgerichte 7–12 US$; ⊙Mo–Fr 10–22, Sa ab 7 Uhr) Dies ist zwar kein

Drive-In mehr, und Jerry ist auch nicht mehr der Besitzer, aber dieses Fast-Food-Restaurant ist trotzdem immer proppenvoll – wahrscheinlich, weil man wohl nirgendwo billiger essen kann. Nur Barzahlung möglich!

Dharma Blue INTERNATIONAL $$
(☑ 850-433-1275; www.dharmablue.com; 300 S Alcaniz St; Hauptgerichte 10–30 US$; ⊙ Mo-Sa 11–16 & 17–21.30 Uhr; 🐾) Viele Einheimische halten das Dharma Blue für das beste Restaurant der Gegend. Auf der vielfältigen Karte steht alles Mögliche von gebratenen grünen Tomaten bis zu köstlichem Sushi.

Peg Leg Pete's SEAFOOD $$
(☑ 850-932-4139; 1010 Fort Pickens Rd; Hauptgerichte 8–20 US$; ⊙ 11–22 Uhr; 🐾) Roh? Rockefeller? Casino? In diesem beliebten Strandlokal mit Livemusik und Piratendekor werden die Austern nach Wunsch zubereitet.

McGuire's Irish Pub PUB $$
(www.mcguiresirishpub.com; 600 E Gregory St; Hauptgerichte 11–30 US$; ⊙ 11 Uhr–open end)

Diese scheunenartige Kneipe verspricht „Prasserei, Trinkgelage und Ausschweifungen" und sorgt für alle drei. Am besten hält man sich an die Steaks und Burger! An den Tierköpfen oder den mit Dollarnoten geschmückten Wänden darf man sich nicht stören. Wer bis tief in die Nacht bleibt, kann sich schon einmal seelisch und moralisch aufs Mitsingen einstellen.

★ Seville Quarter NACHTCLUB
(www.sevillequarter.com; 130 E Government St; ⊙ 7–2.30 Uhr) Der große Komplex mit sieben separaten Restaurants, Bars und Musikclubs nimmt einen ganzen Gebäudeblock ein. Vom Frühstück bis zur letzten Runde ist hier immer irgendwo was los.

❶ Anreise & Unterwegs vor Ort

Der **Pensacola Regional Airport** (www.flypensacola.com; 2430 Airport Blvd) rund 5 Meilen (8 km) nordöstlich der Innenstadt wird von großen Fluglinien bedient. Der **Greyhound-Busbahnhof** (505 W Burgess Rd) liegt 9 Meilen (14,5 km) nördlich des Zentrums.

Die Großen Seen

Inhalt ➡

Gut essen

➡ Little Goat (S. 593)

➡ Tucker's (S. 627)

➡ The Old Fashioned (S. 653)

➡ Zingerman's Roadhouse (S. 637)

➡ Bryant-Lake Bowl (S. 665)

Schön übernachten

➡ Inn on Ferry Street (S. 633)

➡ Acme Hotel (S. 589)

➡ Brewhouse Inn & Suites (S. 650)

➡ Cleveland Hostel (S. 616)

➡ Lighthouse B & B (S. 674)

Auf zu den Großen Seen!

Man sollte sich nicht von den scheinbar endlosen Maisfeldern täuschen lassen – denn dahinter verstecken sich tolle Surfstrände und tibetische Tempel, autofreie Inseln und grün flackerndes Polarlicht. Der Mittlere Westen hat zwar den Ruf, in der langweiligen Mitte von nirgendwo zu sein, aber die Nationalparks, die fünfspurigen Straßen in den Städten und die Orte Hemingways, Dylans und Vonneguts sprechen eine andere Sprache.

Stadtcowboys fangen am besten mit Chicago und seiner Skyline an. Milwaukee steht für Bier und Harleys, während Minneapolis ein Leuchtfeuer der Jazzmusik über die Maisfelder schickt. Und Detroit? Detroit rockt!

Die Großen Seen wirken wie riesige Meere im Landesinneren. Sie punkten mit Stränden, Dünen und Badeorten. Milchfarmen und prall gefüllte Obstgärten durchziehen die Region und liefern die Zutaten für leckeren Kuchen und erstklassige Eiscreme.

Reisezeit

Chicago

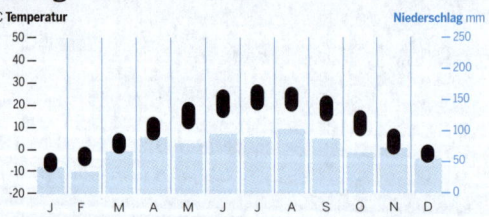

Jan. & Feb. Ski- und Schneemobilfahrer treffen sich auf den Pisten.

Juli & Aug. Endlich warm! Volle Biergärten, Highlife an den Stränden und jede Menge Feste.

Sept. & Okt. Angenehme Temperaturen, reiche Ernte und Zwischensaison-Schnäppchen.

Anreise & Unterwegs vor Ort

Chicagos O'Hare International Airport (ORD) ist der wichtigste Flughafen der Region. Auch in Detroit (DTW), Cleveland (CLE) und Minneapolis (MSP) gibt es große Flughäfen.

Am einfachsten lässt sich die Gegend mit dem Auto erkunden, besonders, wenn man die Route 66 entlangdüsen oder ein paar landschaftlich reizvolle Nebenstraße fahren möchte. Für die Mautstraßen sollte man immer ein paar Münzen und Dollarscheine dabei haben.

Greyhound (www.greyhound.com) bietet Verbindungen in viele Städte der Region an. Der Newcomer **Megabus** (www.megabus.com/us) ist eine gute Alternative, um zwischen den wichtigsten Städten an den Großen Seen zu reisen; er hat keine Busbahnhöfe (der Ein- und Ausstieg erfolgt an verschiedenen Straßenkreuzungen), und alle Fahrkarten muss man vorher online kaufen (beim Fahrer gibt es keine Tickets).

Chicago ist Knotenpunkt des Amtrak-Bahnnetzes. Züge nach San Francisco, Seattle, New York City, New Orleans und San Antonio fahren mindestens einmal täglich. Regionalzüge steuern Milwaukee (7-mal tägl.) und Detroit (3-mal tägl.) an.

Die Auto- und Passagierfähre **Lake Express** (www.lake-express.com) fährt von Milwaukee über den Lake Michigan nach Muskegon und zurück und bietet eine Abkürzung zwischen Wisconsin und Michigan.

BEVOR ES LOSGEHT

Einiges sollte man schon vor Reisebeginn wissen: Im Sommer ist es ratsam, Unterkünfte im Voraus zu buchen, besonders in Urlaubsorten wie Mackinac Island in Michigan oder North Shore in Minnesota. Das gilt auch für Städte mit vielen Festivals, etwa Milwaukee und Chicago.

Gourmets, die auf ein Abendessen in Spitzenrestaurants wie dem Alinea in Chicago oder dem Butcher & the Boar in Minneapolis Wert legen, sollten reservieren (fürs Alinea gut zwei Monate vorher im Internet schauen).

Wer mit einem schönen Campingplatz am Strand in einem der State Parks liebäugelt, sollte sich rechtzeitig um einen guten Stellplatz kümmern – meistens kann man für eine kleine Gebühr Plätze reservieren.

Insektenschutz mitbringen, besonders wenn es in die Northwoods geht. Die Kriebelmücken im Frühling und die Moskitos im Sommer können eine echte Plage sein.

Top 5: Aktivitäten

→ **Boundary Waters** (S. 675) Beim Kanufahren Wölfe und Elche beobachten

→ **Wisconsins Radwege** (S. 649) An Kühen vorbei über die Felder radeln

→ **Apostle Islands** (S. 658) Kajaktouren durch Seehöhlen

→ **New Buffalo** (S. 639) Im Harbor Country Surfen lernen

→ **Isle Royale** (S. 646) Im unberührten Hinterland wandern und zelten

NICHT VERSÄUMEN!

Nur im Mittleren Westen kann man in Käsebruch (*cheese curds*, Wisconsin), Pfannenpizza (Chicago) und Zucker-Creme-Torte (Indiana) schwelgen.

Kurzinfos

→ **Wichtigste Städte**
Chicago (2,7 Mio. Ew.), Minneapolis (393 000 Ew.), Detroit (701 000 Ew.)

→ **Zeitzonen** Eastern (IN, OH, MI), Central (IL, WI, MN)

→ **Jährlich in Wisconsin produzierter Käse**
1,13 Mio. kg (25 % des amerikanischen Käses)

Schon gewusst?

Die Großen Seen enthalten 20 % des weltweiten und 95 % des amerikanischen Süßwasservorrats.

Infos im Internet

→ **Chicago Reader** (www.chicagoreader.com) Kulturevents und Veranstaltungstermine.

→ **Great Lakes Information Network** (www.great-lakes.net) Umweltneuigkeiten.

→ **Midwest Microbrews** (www.midwestmicrobrews.com) Schaumige Fakten.

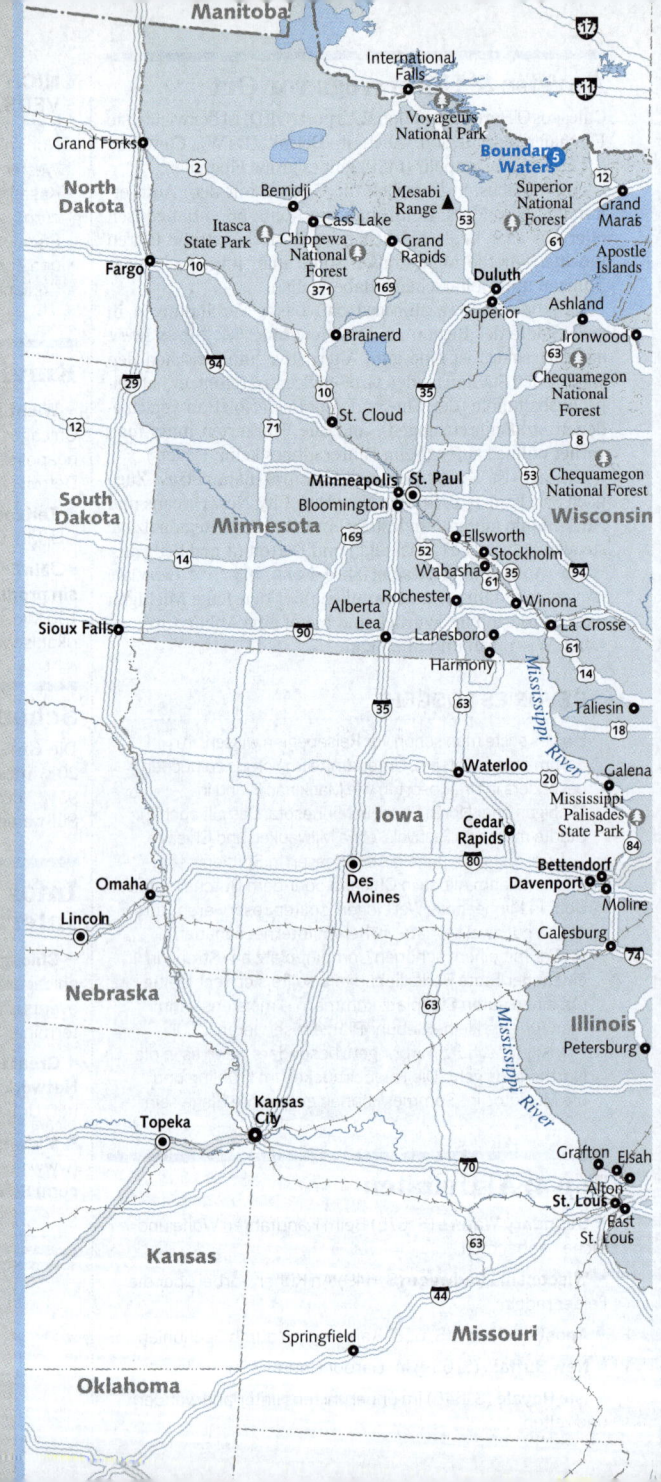

Highlights

1 In **Chicago** (S. 573) Wolkenkratzer, Museen, Festivals und Essen auf sich wirken lassen

2 Am **Western Shore** (S. 639) in Michigan am Strand liegen, Beeren essen und surfen

3 Für die klappernden Pferdekutschen im **Amish Country** (S. 613) langsamer fahren

4 An einem Freitagabend in **Milwaukee** (S. 647) Fisch grillen und Polka tanzen

5 Durch die **Boundary Waters** (S. 675) paddeln und unterm Sternenhimmel schlafen

6 Vor der Kulisse von **Detroit** (S. 629) am Fluss entlangradeln

7 Auf der **Route 66** (S. 601) im Schneckentempo durch Illinois zuckeln und superleckere Pasteten verputzen

Geschichte

Zu den ersten Bewohnern der Region gehörten die Hopewell (um 200 v. Chr.) und die Moundbuilder des Mississippi (um 700 n. Chr.). Beide hinterließen mysteriöse Erdhügel, die als Gräber ihrer Führer und vielleicht auch als Tribut für ihre Gottheiten dienten. Man kann in Cahokia, Illinois, und in Mound City im Südosten Ohios Überreste davon sehen.

Französische Voyageure (Pelzhändler) kamen im frühen 17. Jh. hier an und richteten Missionen und Forts ein. Die Briten tauchten kurz danach auf. Die Rivalität zwischen beiden führte zum Französischen und Indischen Krieg (Siebenjähriger Krieg, 1756–1763). Danach übernahmen die Briten die Kontrolle des gesamten Landes östlich des Mississippi. Nach dem Unabhängigkeitskrieg wurde das Gebiet der Großen Seen zum nordwestlichen Territorium der USA und bald darauf in Staaten aufgeteilt.

Nachdem in der Region ein beeindruckendes Netzwerk aus Kanälen und Schienen errichtet worden war, kam es zwischen den Neuankömmlingen und der indigenen Bevölkerung Amerikas zu Konflikten. Dazu gehören die Schlacht von Tippecanoe in Indiana im Jahre 1811, der blutige Black-Hawk-Krieg von 1832 in Wisconsin und Umgebung, in dessen Folge die Einheimischen gezwungen wurden, sich westlich des Mississippi anzusiedeln, und der Sioux-Aufstand von 1862 in Minnesota.

Während des späten 19. Jhs. und des frühen 20. Jhs. entstand hier die Industrie und wuchs, angeheizt durch die Ressourcen Kohle und Eisen sowie den unkomplizierten Transport über die Seen, schnell an. Die Arbeitsplätze zogen riesige Wellen von Einwanderern aus Irland, Deutschland, Skandinavien sowie Süd- und Osteuropa an. Noch Jahrzehnte nach dem Bürgerkrieg wanderte zudem eine große Zahl von Afroamerikanern aus dem Süden in die städtischen Zentren ein.

Während des Zweiten Weltkriegs und der 1950er-Jahre florierte die Region. Dann folgten 20 Jahre sozialer Unruhen und wirtschaftlicher Stagnation. Die produzierende Industrie wurde schwächer und die Städte des *rust belt* (Rostgürtels) wie Detroit und Cleveland wurden von hoher Arbeitslosigkeit heimgesucht. Es setzte das *white flight* ein – weiße Familien der Mittelschicht flohen in die Vorstädte.

Die 1980er- und 1990er-Jahre brachten eine Wiederbelebung der Städte. Die Bevölkerung der Region wuchs, vor allem durch Einwanderer aus Asien und Mexiko. Das Wachstum in den Dienstleistungs- und Hightechsektoren sorgte für eine ökonomische Balance. Aber die verarbeitende Industrie, z. B. Autoherstellung und Stahlproduktion, spielte immer noch eine große Rolle. Dies hatte zur Folge, dass die Städte an den großen Seen die Wirtschaftskrise ab 2008 zuerst und am stärksten zu spüren bekamen.

Kultur

Die US-Staaten an den Großen Seen werden zum Mittleren Westen gezählt. Die Region ist das bodenständige und gleichzeitig gefühlvolle Herz der USA. Und es ist eigentlich keine Überraschung, dass der Autor Ernest Hemingway aus einer Gegend stammte, wo man selten ein Wort einfach so vergeudet.

DIE GROSSEN SEEN IN...

... fünf Tagen

Die ersten beiden Tage braucht man für **Chicago**. Am dritten Tag fährt man in etwa eineinhalb Stunden nach Milwaukee, um dort intellektuelle und weniger intellektuelle Kultur zu genießen. Dann nimmt man die Fähre nach Michigan und verbringt den vierten Tag am Strand in **Saugatuck**. Über die **Indiana Dunes** oder **Indiana's Amish Country** geht's zurück nach Chicago.

... zehn Tagen

Nach zwei Tagen in **Chicago** verbringt man den dritten Tag in **Madison** und Umgebung, wo es recht Eigenartiges zu bewundern gibt. Am vierten und fünften Tag besucht man die **Apostle Islands**. Dann geht's für einige Tage zur Upper Peninsula, wo man **Marquette** und die **Pictured Rocks** besichtigt. Danach stehen die **Sleeping Bear Dunes** und die Weingüter rund um **Traverse City** auf dem Programm. Zurück fährt man über **Saugatuck** mit seinen Galerien, Kuchen und Stränden.

Hätte der Mittlere Westen ein Mantra, so wäre das: hart arbeiten, in die Kirche gehen und sich auf dem Pfad der Tugend halten... außer es findet gerade eine Sportveranstaltung statt. Dann ist es auch absolut in Ordnung, sich dick mit Körperfarbe zu beschmieren und sich die Haare knallrot zu färben (oder welche Farbe das Team auch immer vorschreibt). Baseball, Football, Basketball und Eishockey sind allesamt wahnsinnig beliebt. Die großen Städte haben für jede dieser Sportarten ein Profiteam.

Musik prägte schon immer die Kultur der Region. Der elektrische Blues von Muddy Waters und Chess Records wurde in Chicago geboren. Motown Records startete mit dem Soulsound in Detroit. Alternative Rock bringt beide Städte in Schwung (man denke an Wilco in Chicago, White Stripes in Detroit) und kommt genauso aus Minneapolis (Replacements, Hüsker Dü) und Dayton, Ohio (Guided By Voices, Breeders).

Die Region hat mehr Facetten zu bieten, als Außenstehende zunächst meinen könnten. Einwanderer aus Mexiko, Afrika, dem Nahen Osten und Asien haben im ganzen Mittleren Westen ihre Gemeinschaften etabliert, meist in den Städten, wo sie besonders die Restaurantszene bereichern.

KURZINFOS ILLINOIS

Spitznamen Prairie State, Land of Lincoln

Bevölkerung 12,9 Mio.

Fläche 149 960 km^2

Hauptstadt Springfield (117 000 Ew.)

Weitere Städte Chicago (2,7 Mio. Ew.)

Verkaufssteuer 6,25 %

Geburtsort von Schriftsteller Ernest Hemingway (1899–1961), Filmproduzent Walt Disney (1901–1966), Jazzmusiker Miles Davis (1926–1991), Schauspieler Bill Murray (geb. 1950)

Heimat der Maisfelder, des Startpunkts der Route 66

Politische Ausrichtung Demokraten in Chicago, Republikaner im Süden

Berühmt für Wolkenkratzer, den Corn Dog, alles was mit Abraham Lincoln zu tun hat

Offizieller Snack Popcorn

Entfernungen Chicago–Milwaukee 92 Meilen (148 km), Chicago–Springfield 200 Meilen (321 km)

DIE GROSSEN SEEN CHICAGO

ILLINOIS

Chicago mit seiner in den Himmel ragenden Architektur und Museen der Superlative, mit seinen Restaurants und Musikclubs dominiert den ganzen Staat. Aber wenn man sich etwas weiter hinaus wagt, entdeckt man Hemingways Heimatstadt der „weiten Wiesen und beschränkten Gemüter", hier und da verstreute Schreine für Abe Lincoln, den Helden der Region, und an der Route 66 reihen sich Drive-in-Kinos sowie Verkaufsbuden für Corn Dogs und Kuchen aneinander. Außerdem haben in Illinois noch ein Zypressensumpf und eine prähistorische Stätte mit Welterbestatus einen Auftritt.

ⓘ Praktische Informationen

Illinois Bureau of Tourism (www.enjoyillinois. com)

Verkehrsinformationen für Illinois (www. gettingaroundillinois.com)

Illinois State Park Information (www.dnr. illinois.gov) Der Eintritt in die State Parks ist frei. Einige Stellplätze (6–35 US$) kann man reservieren (www.reserveamerica.com; Gebühr 5 US$).

Chicago

Die Liebe zu Chicago ähnelt der „Liebe zu einer Frau mit gebrochener Nase: Man kann leicht einen hübscheren Liebling finden, aber nie einen aufrichtigeren." Der Schriftsteller Nelson Algren hätte es nicht besser sagen können in seinem Werk *Chicago: City on the Make*. Die Wolkenkratzer-Stadt hat etwas, das bezaubert. Nun ja, vielleicht nicht gerade während des sechs Monate dauernden Winters, wenn die „windige Stadt" unter eisigen Schneeböen leidet. Man sollte also besser im Mai kommen, wenn es warm ist und alle zu den Festen im Freien, den Baseballstadien, den Stränden am See und den Biergärten eilen – wow, dann ist Chicago einfach nicht zu toppen. Und das ist wörtlich gemeint, denn eines der höchsten Gebäude der Welt steht hier.

Neben beeindruckender Architektur gibt es in Chicago auch noch mexikanische, polnische, vietnamesische und andere Viertel verschiedener Kulturen, in denen man wunderbar bummeln kann. Jeden Abend

Metronetz Chicago

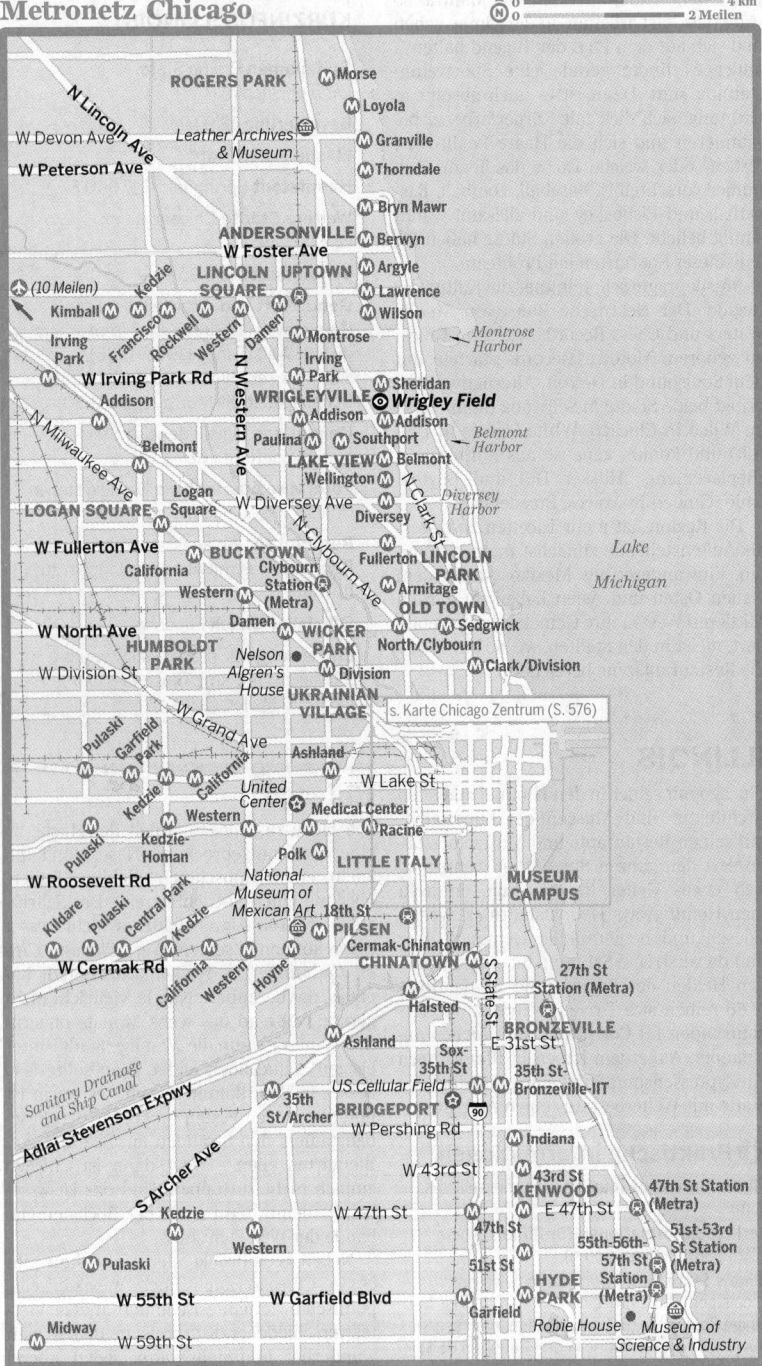

N 0 ——————— 4 km
0 ——————— 2 Meilen

ROGERS PARK
Morse
Loyola
W Devon Ave
N Lincoln Ave
Granville
Leather Archives & Museum
W Peterson Ave
Thorndale

Bryn Mawr
ANDERSONVILLE
W Foster Ave
Berwyn
LINCOLN SQUARE
UPTOWN
Argyle
(10 Meilen)
Kimball
Lawrence
Francisco
Wilson
Rockwell
Irving Park
Western
Montrose
Damen
Montrose Harbor
W Irving Park Rd
N Western Ave
Irving Park
Addison
WRIGLEYVILLE
Sheridan
Wrigley Field
Addison
Addison
N Milwaukee Ave
Belmont
Paulina
Southport
Belmont Harbor
LAKE VIEW
Belmont
Wellington
Logan
W Diversey Ave
Diversey Harbor
LOGAN SQUARE
Logan Square
Diversey
N Clark St
Lake Michigan
W Fullerton Ave
BUCKTOWN
N Clybourn Ave
California
Fullerton
LINCOLN PARK
Western
Clybourn Station (Metra)
Armitage
Damen
OLD TOWN
W North Ave
WICKER PARK
Sedgwick
HUMBOLDT PARK
Nelson Algren's House
North/Clybourn
W Division St
Division
Clark/Division
UKRAINIAN VILLAGE
s. Karte Chicago Zentrum (S. 576)
Pulaski
Garfield Park
W Grand Ave
Ashland
California
W Lake St
Kedzie
Western
United Center
Medical Center
Racine
Kedzie-Homan
Polk
LITTLE ITALY
MUSEUM CAMPUS
Pulaski
Central Park
W Roosevelt Rd
National Museum of Mexican Art
18th St
Kildare
Pulaski
Kedzie
PILSEN
Cermak-Chinatown
W Cermak Rd
California
Western
Hoyne
CHINATOWN
S State St
27th St Station (Metra)
Halsted
BRONZEVILLE
Ashland
E 31st St
Sox-35th St
35th St-Bronzeville-IIT
Sanitary Drainage and Ship Canal
35th St/Archer
US Cellular Field
BRIDGEPORT
Adlai Stevenson Expwy
W Pershing Rd
Indiana
S Archer Ave
W 43rd St
43rd St
KENWOOD
47th St Station (Metra)
Kedzie
W 47th St
E 47th St
47th St
51st-53rd St Station (Metra)
55th-56th-57th St Station (Metra)
Western
51st St
Pulaski
HYDE PARK
Midway
W 55th St
W Garfield Blvd
Garfield
Robie House
Museum of Science & Industry
W 59th St

brummen die Blues-, Jazz- und Rockclubs. Und schließlich ist Chicago auch eine Stadt der Feinschmecker – die Schlangen vor den Hotdog-Buden sind genauso lang wie die vor nordamerikanischen Top-Restaurants.

Und sorry, es muss jetzt einfach mal gesagt werden: Die Windy City mit ihren kultivierten Ungeheuerlichkeiten versetzt einen immer wieder ins Staunen.

Geschichte

Im späten 17. Jh. gaben die Potawatomi der einst sumpfigen Gegend den Namen „Checagou" – wilde Zwiebel. Ein Tag von zentraler Bedeutung für die Stadt war der 8. Oktober 1871. An diesem Tag stieß einer Legende zufolge die Kuh einer gewissen Mrs. O'Leary eine Laterne um und entfachte so den großen Brand von Chicago. Das Feuer zerstörte die ganze Innenstadt und machte 90 000 Menschen obdachlos.

„Verdammt" sagten sich die Stadtplaner, „wir hätten nicht alles aus Holz bauen sollen! Es ist so leicht entzündbar." Also setzten sie beim Wiederaufbau Stahl ein und schufen Platz für gewagte, neue Konstruktionen, wie den ersten Wolkenkratzer der Welt, der ab 1885 in den Himmel ragte. Weitere sollten folgen.

In den 1920er-Jahren beherrschte Al Capones Gang mehr oder weniger die Stadt und korrumpierte das politische System. Seitdem hat die Stadtverwaltung immer wieder ähnliche Probleme gehabt und in den letzten 40 Jahren wanderten 31 Mitglieder des Stadtrats ins Gefängnis.

⊙ Sehenswertes

Chicagos wichtigste Attraktionen liegen fast alle im Stadtzentrum oder in Zentrumsnähe. Doch auch der Besuch von weiter außerhalb gelegenen Vierteln wie Pilsen und Hyde Park kann sich lohnen. Wer die Stadt noch genauer kennenlernen möchte, sollte sich den englischsprachigen Lonely Planet Reiseführer *Chicago* besorgen.

⊙ The Loop

Stadtzentrum und Bankenviertel sind nach den Schienen der Hochbahn benannt, die die Straßen wie eine Schlinge umgeben. Hier herrscht tagsüber ordentlich Betrieb, doch abends ist nur im Millennium Park und im Theater District, in der Nähe der Kreuzung von N State Street und W Randolph Street, etwas los.

★ **Millennium Park**   PARK
(Karte S. 576; ☎ 312-742-1168; www.millennium park.org; 201 E Randolph St; ⊙ 6–23 Uhr; ♿ Ⓜ Brown, Orange, Green, Purple o. Pink Line bis Randolph) GRATIS Das Vorzeigestück der Stadt wartet mit zahlreichen kostenlosen kulturellen Highlights auf. Dazu gehören der **Pritzker Pavilion** (Karte S. 576; 201 E Randolph St), Frank Gehrys geschwungene, silberne Konzertmuschel, in der im Sommer jeden Abend

---

CHICAGO IN …

…zwei Tagen

Am ersten Tag geht man auf eine **architektonische Entdeckungstour** und bewundert die Wolkenkratzer der Stadt. Vom **John Hancock Center** aus, einem der höchsten Gebäude der Welt, kann man die Aussicht genießen und die Reflektion der Skyline in „The Bean" betrachten. Im **Millennium Park** laden die menschlichen Wasserspeier zum Planschen ein. Zur Stärkung gibt's eine Pfannenpizza im **Giordano's**.

Der zweite Tag gehört der Kultur: Man besucht das **Art Institute of Chicago** oder das **Field Museum of Natural History**. Abends geht man im **West Loop** vornehm essen oder hört im **Buddy Guy's Legends** Blues.

…vier Tagen

An den ersten beiden Tagen folgt man dem Zwei-Tages-Programm. Am dritten Tag taucht man seine Zehen am **North Avenue Beach** in den Lake Michigan und flaniert durch den grünen **Lincoln Park**. Während der Baseball-Saison kann man sich im **Wrigley Field** ein Spiel der Cubs ansehen. Abends macht man im **Second City** einen drauf.

Am vierten Tag sucht man sich ein Stadtviertel aus: In **Wicker Park** locken Vintage-Boutiquen und Rock'n'Roll, in **Pilsen** Wandbilder und Mole-Saucen, in **Uptown** Pagoden und vietnamesische Sandwichs und in **Hyde Park** Interessantes zu Obama sowie die Skulptur Nuclear Energy.

DIE GROSSEN SEEN ILLINOIS

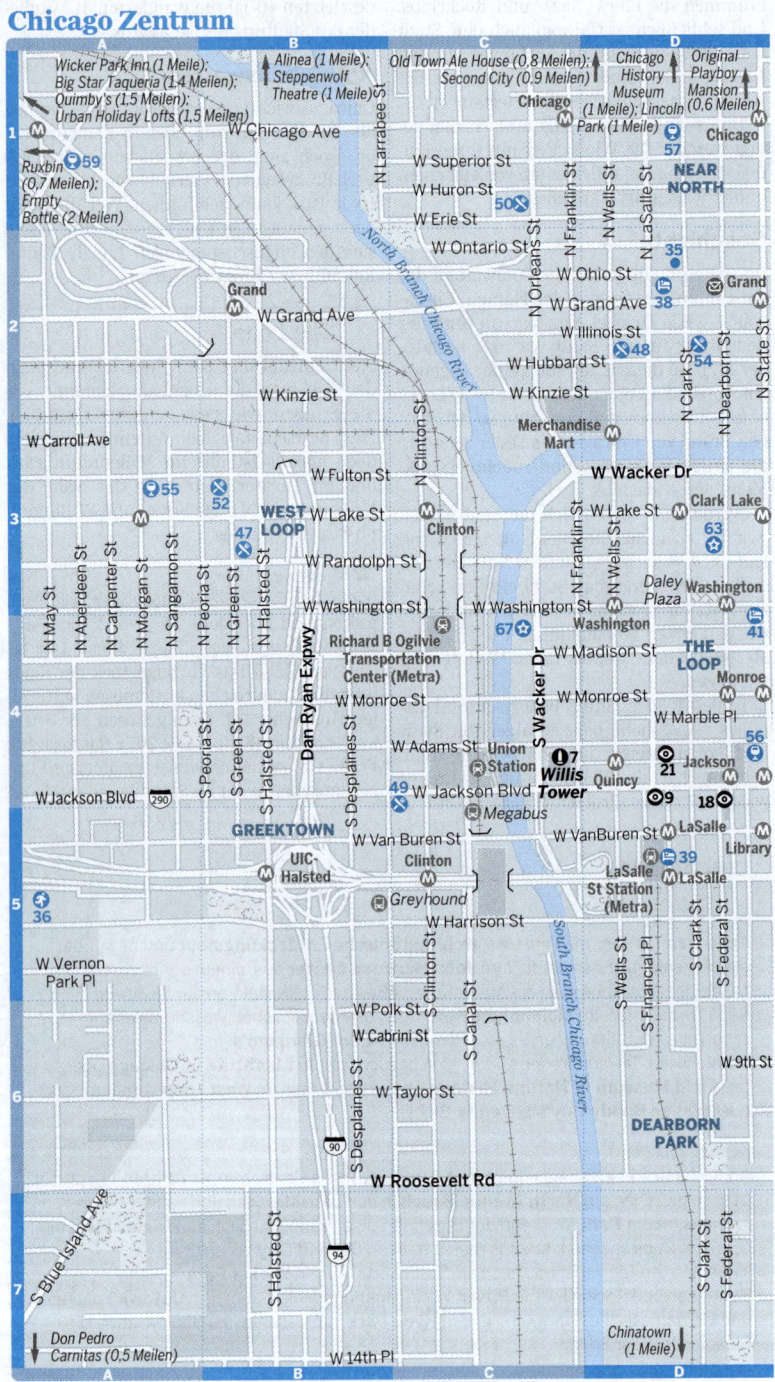

Wicker Park Inn (1 Meile);
Big Star Taqueria (1.4 Meilen);
Quimby's (1,5 Meilen);
Urban Holiday Lofts (1,5 Meilen)

Alinea (1 Meile);
Steppenwolf
Theatre (1 Meile)

Old Town Ale House (0,8 Meilen);
Second City (0,9 Meilen)

Chicago
History
Museum
(1 Meile); Lincoln
Park (1 Meile)

Original
Playboy
Mansion
(0,6 Meilen)

Chicago

W Chicago Ave

Chicago

57

Chicago

Ruxbin
(0,7 Meilen);
Empty
Bottle (2 Meilen)

59

W Superior St

NEAR
NORTH

W Huron St

W Erie St

50

W Ontario St

35

Grand

W Grand Ave

Grand

W Grand Ave

38

W Illinois St

W Hubbard St

48

54

N Clinton St

W Kinzie St

W Kinzie St

W Carroll Ave

Merchandise
Mart

W Wacker Dr

Clark Lake

55

52

WEST
LOOP

W Fulton St

W Lake St

W Lake St

47

Clinton

63

W Randolph St

W Washington St

W Washington St

Washington

67

Daley
Plaza

Washington

41

Richard B Ogilvie
Transportation
Center (Metra)

W Madison St

THE
LOOP

Monroe

W Monroe St

W Monroe St

W Marble Pl

56

W Adams St

Union
Station

S Wacker Dr

21

Jackson

7
Willis
Tower

Quincy

49

W Jackson Blvd

9

18

Megabus

GREEKTOWN

W Van Buren St

W VanBuren St

LaSalle

Library

UIC
Halsted

Clinton

39

LaSalle
St Station
(Metra)

LaSalle

36

Greyhound

W Harrison St

W Vernon
Park Pl

W Polk St

W Cabrini St

W 9th St

W Taylor St

DEARBORN
PARK

W Roosevelt Rd

Don Pedro
Carnitas (0,5 Meilen)

Chinatown
(1 Meile)

W 14th Pl

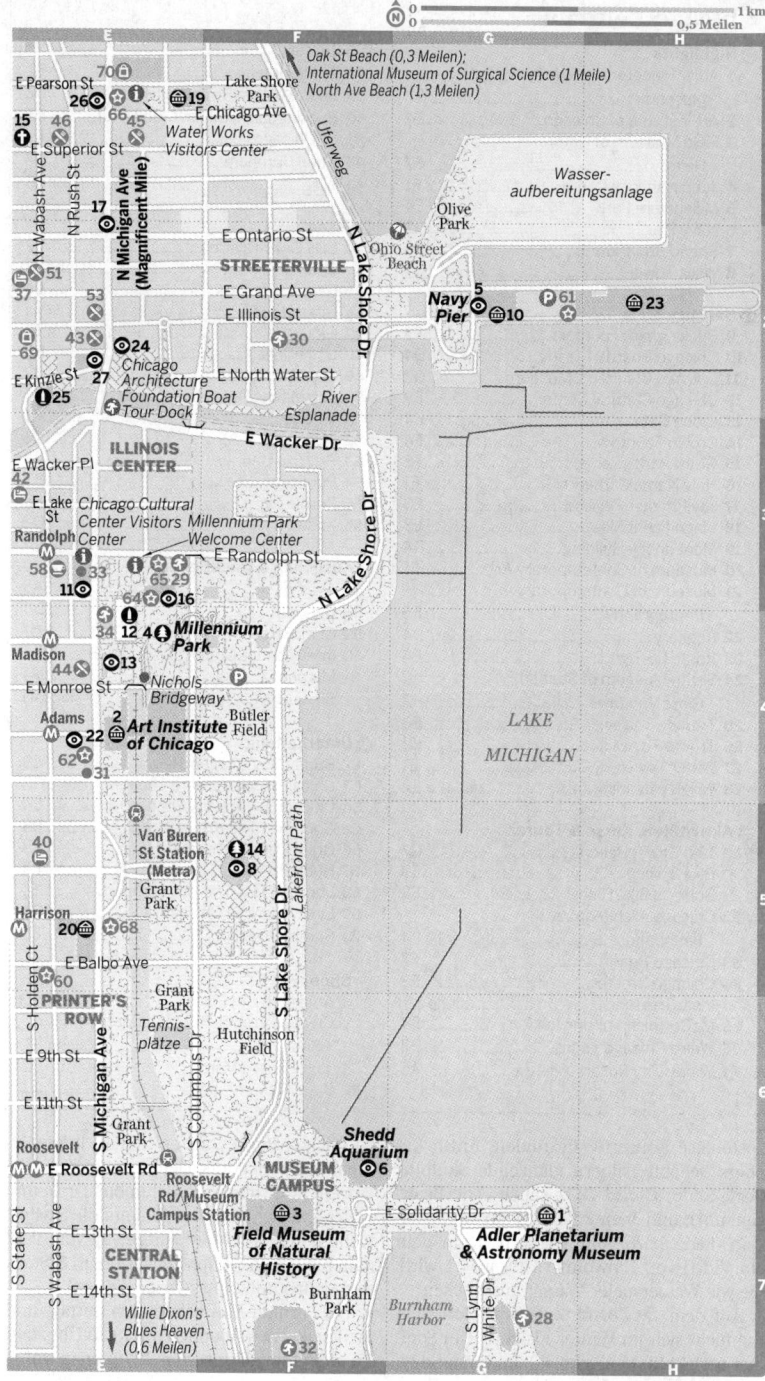

0 — 1 km
0 — 0,5 Meilen

Oak St Beach (0,3 Meilen);
International Museum of Surgical Science (1 Meile)
North Ave Beach (1,3 Meilen)

E Pearson St
70
26
66 45
19
E Chicago Ave
Lake Shore Park
15
46
E Superior St
Water Works Visitors Center
17
N Michigan Ave (Magnificent Mile)
N Wabash Ave
N Rush St

Wasseraufbereitungsanlage

E Ontario St
STREETERVILLE
E Grand Ave
E Illinois St
51
37
53
43
24
27
Chicago Architecture Foundation Boat Tour Dock
25
E Kinzie St
69
E North Water St
River Esplanade
30
N Lake Shore Dr
Uferweg
Olive Park
Ohio Street Beach
Navy Pier
5
10
61
23

E Wacker Dr

E Wacker Pl
42
ILLINOIS CENTER
E Lake St
Chicago Cultural Center Visitors Center
Randolph
58
33
11
Millennium Park Welcome Center
E Randolph St
65 29
64
16
34
12 4
Millennium Park
N Lake Shore Dr
LAKE MICHIGAN

Madison
44
13
Nichols Bridgeway
E Monroe St

Adams
2
22
Art Institute of Chicago
Butler Field
62
31

40
Van Buren St Station (Metra)
Grant Park
14
8
Lakefront Path
S Lake Shore Dr

Harrison
20
68
60
E Balbo Ave
Grant Park
PRINTER'S ROW
S Holden Ct
S Michigan Ave
Tennisplätze
E 9th St
Hutchinson Field
E 11th St
Grant Park
S Columbus Dr

Roosevelt
E Roosevelt Rd
Roosevelt Rd/Museum Campus Station
MUSEUM CAMPUS
Shedd Aquarium
6

S State St
S Wabash Ave
E 13th St
CENTRAL STATION
E 14th St
Willie Dixon's Blues Heaven (0,6 Meilen)
3
Field Museum of Natural History
E Solidarity Dr
1
Adler Planetarium & Astronomy Museum
Burnham Park
Burnham Harbor
S Lynn White Dr
28
32

E
F
G
H
1
2
3
4
5
6
7

Chicago Zentrum

kostenlose Konzerte stattfinden; Anish Kapoors beliebte, silbern glänzende Skulptur (Karte S. 576) **Cloud Gate** (auch „The Bean" genannt); und Jaume Plensas **Crown Fountain** (Karte S. 576), ein Wasserpark, in dem ein Video von Einwohnern projiziert wird, die wie Wasserspeier Wasser ausspucken.

Auf dem **McCormick Tribune Ice Rink** tummeln sich im Winter Eisläufer (im Sommer perfekt für ein Picknick). Im versteckten, friedlichen **Lurie Garden** blühen Prärieblumen. Die von Frank Gehry entworfene **BP Bridge** führt über den Columbus Drive und bietet eine herrliche Aussicht auf die Skyline, während der **Nichols Bridgeway** vom Park zum modernen Skulpturengarten im 3. Stock des Art Institute führt (freier Eintritt).

Die Pavillon-Konzerte finden mittags und an den meisten Abenden um 18.30 Uhr statt. Zu den Abendkonzerten kann man ruhig etwas Essbares und eine Flasche Wein mitbringen. Montags erklingen Indie-Rock und New Music, donnerstags Jazz und an den meisten anderen Tagen Klassik. Jeden Samstagvormittag werden auf dem Great Lawn kostenlose Kurse veranstaltet: um 8 Uhr Yoga, um 9 Uhr Pilates und um 10 Uhr Tanz. Und das Family Fun Tent bietet täglich zwischen 10 und 15 Uhr kostenlose Aktivitäten für Kinder an. Täglich um 11.30 und 13 Uhr starten am Chicago Cultural Center Visitors Center, gegenüber vom Park auf der anderen Straßenseite, kostenlose Führungen.

★ **Art Institute of Chicago**   MUSEUM
(Karte S. 576; ☑ 312-443-3600; www.artic.edu; 111 S Michigan Ave; Erw./Kind 23 US$/frei; ⊘ 10.30–17, Do bis 20 Uhr; ♿) Das zweitgrößte Kunstmuseum der USA: Die Sammlung impressionistischer und postimpressionistischer Gemälde wird nur noch von den Sammlungen Frankreichs übertroffen, und die Zahl der surrealistischen Werke ist riesig. Für den Besuch des Museums kann man eine kostenlose Audioguide-App herunterladen, die 50 Touren enthält, von den Highlights (Grant Woods *American Gothic,* Edward Hoppers *Nighthawks*) bis zu einer Tour zur Aktmalerei.

Zwei Stunden sollte man für die wichtigsten Werke des Museums mindestens einplanen; Kunstinteressierte sollten deutlich mehr Zeit mitbringen. Der Haupteingang befindet sich in der Michigan Avenue, man

kann das Museum aber auch durch den überwältigenden Modern Wing in der Monroe Street betreten. Der Skulpturengarten in de 3. Etage kostet übrigens keinen Eintritt und bietet eine herrliche Aussicht auf die Stadt. Man erreicht ihn über den Nichols Bridgeway, eine moderne Fußgängerbrücke, die zum Millennium Park führt.

★ **Willis Tower**   WOLKENKRATZER
(Karte S. 576; ☑ 312-875-9696; www.the-skydeck. com; 233 S Wacker Dr; Erw./Kind 18/12 US$; ⊘ April–Sept. 9–22 Uhr, Okt.–März 10–20 Uhr; Ⓜ Brown, Orange, Purple, Pink Line bis Quincy) Dies ist das höchste Gebäude Chicagos. Im Skydeck in der 103. Etage befinden sich Besucher auf 443 m Höhe. Erst geht's in 70 Sekunden mit dem Fahrstuhl nach oben (was manche Ohren zum Sausen bringt), dann hinaus in einen gläsernen Vorbau mit durchsichtigem Boden, auf dem man hoch über der Stadt schwebt – der Blick direkt nach unten ist nichts für schwache Nerven! Der Eingang befindet sich am Jackson Boulevard.

An Tagen, an denen viel los ist (Spitzenzeit im Sommer ist Fr–So 11–16 Uhr), kann die Wartezeit in der Schlange auch mal eine Stunde betragen. Ein paar Häppchen Geschichte: Dieses Gebäude war als Sears Tower bekannt, bis das Versicherungsunternehmen Willis Group Holdings 2009 die Namensrechte erwarb. Und bis das One World Trade Center in New York im Jahr 2013

BERÜHMTE LOOP-ARCHITEKTUR

Seit jener Zeit, als Chicago der Welt den ersten Wolkenkratzer präsentierte, lebt die Stadt in puncto Architektur und modernem Design auf großem Fuß. Im Loop kann man fantastisch umherschlendern und die ambitionierten Umsetzungen bestaunen.

Die **Chicago Architecture Foundation** (Karte S. 587) organisiert geführte Spaziergänge u. a. zu den folgenden Gebäuden:

Chicago Board of Trade (Karte S. 576; 141 W Jackson Blvd; Ⓜ Brown, Orange, Green, Purple o. Pink Line bis LaSalle) Eine Art-déco-Perle von 1930. Im Inneren tauschen manische Händler Zukunft gegen Optionen. Draußen auf der Spitze des Gebäudes kann man die riesige Statue der Ceres, der Göttin der Landwirtschaft, bewundern.

Rookery (Karte S. 576; www.gowright.org/rookery; 209 S LaSalle St; ⊘ Mo–Fr 9.30–17.30 Uhr; Ⓜ Brown, Orange, Green, Purple o. Pink Line bis Quincy) Das Rookery aus dem Jahr 1888 sieht von außen wie eine Festung aus. Aber das Innere ist dank der Instandsetzung des Innenhofs durch Frank Lloyd Wright leicht und luftig. Touren (5–10 US$) werden unter der Woche mittags angeboten. Hier pflegten Tauben zu rasten, daher der Name.

Monadnock Building (Karte S. 576; www.monadnockbuilding.com 53 W Jackson Blvd; Ⓜ Blue Line nach Jackson) Architekturpilger bekommen beim Anblick des Monadnock Building bestimmt weiche Knie, denn eigentlich handelt es sich hier um zwei Gebäude in einem. Der nördliche Bau ist mit seinem traditionellen Design aus dem Jahre 1891 der ältere. Der südliche ist die neuere Hälfte und entstand zwei Jahre später. Wer sieht den Unterschied? Das Monadnock ist seinem ursprünglichen Zweck getreu ein Bürogebäude.

CHICAGO MIT KINDERN

Chicago ist eine durch und durch kinderfreundliche Stadt. Eine prima Infoquelle ist Chicago Parent (www.chicagoparent.com). Zu den besten Adressen, um Zeit mit dem Nachwuchs zu verbringen, gehören:

Chicago Children's Museum (Karte S. 576; ☎ 312-527-1000; www.chicagochildrens museum.org; 700 E Grand Ave; Eintritt 14 US$; ⊙ So–Mi 10–18, Do–Sa 10–20 Uhr; 🚻; Ⓜ Red Line bis Grand, dann Trolley) In diesem pädagogischen Spielland auf dem Navy Pier können die Kleinen klettern, graben und planschen; danach empfiehlt sich eine Expedition zum Pier selbst, der einem Rummel gleicht und mit einem Riesenrad sowie verschiedenen Karussells aufwartet.

Chicago Children's Theatre (☎ 773-227-0180; www.chicagochildrenstheatre.org) Dies ist eines der besten Kindertheaterensembles der USA. Die Vorstellungen finden an verschiedenen Orten in der ganzen Stadt statt.

American Girl Place (Karte S. 576; www.americangirl.com; 835 N Michigan Ave; ⊙ Mo–Do 10–20, Fr & Sa 9–21, So 9–18 Uhr; 🚻; Ⓜ Red Line bis Chicago) In dem mehrstöckigen Palast, in dem die Mädchen das Sagen haben, trinken junge Damen Tee und lassen ihre Puppen neu frisieren.

Chic-A-Go-Go (S. 582) Bei der Aufnahme dieser Kabelfernsehshow, einer Art Kinderversion von *Soul Train*, geht es richtig groovig zu. Termine und Orte stehen auf der Website.

Weitere kinderfreundliche Optionen:
➡ North Ave Beach (S. 586)
➡ Field Museum of Natural History (S. 581)
➡ Shedd Aquarium (S. 581)
➡ Lincoln Park Zoo (S. 583)
➡ Art Institute of Chicago (S. 579)
➡ Museum of Science & Industry (S. 585)

seine endgültige Höhe erreichte, war es das höchste Gebäude der USA.

Für einen Drink mit Aussicht ist man im Gold Coast's John Hancock Center richtig.

Chicago Cultural Center   KULTURZENTRUM
(Karte S. 576; ☎ 312-744-6630; www.chicagocultur alcenter.org; 78 E Washington St; ⊙ Mo–Do 8–19, Fr 8–18, Sa 9–18, So 10–18 Uhr; Ⓜ Brown, Orange, Green, Purple o. Pink Line bis Randolph) GRATIS Das einen Block lange Gebäude zeigt Ausstellungen und ausländische Filme und veranstaltet Mittagskonzerte (Mo–Fr 12.15 Uhr) mit Jazz, Klassik und elektronischer Musik. Außerdem hat es die größte Tiffany-Glaskuppel der Welt, die zentrale Touristeninformation der Stadt und das Aufnahmestudio von StoryCorps (wo jeder seine Songs aufnehmen, auf CD brennen und in der Library of Congress speichern lassen kann). Und das alles kostenlos!

Grant Park   PARK
(Karte S. 576; Michigan Ave zw. 12th St & Randolph St; ⊙ 6–23 Uhr) Im Grant Park finden Mega-

Events wie das Taste of Chicago, das Blues Fest und Lollapalooza statt. Die Buckingham Fountain (Karte S. 576; Ecke Congress Pkwy & S Columbus Dr; Ⓜ Red Line to Harrison) ist die viel beachtete Hauptattraktion im Grant Park. Mit einer Kapazität von knapp 6 Mio. l ist sie einer der größten Springbrunnen weltweit. Die Wasserfontänen schießen von Mitte April bis Mitte Oktober zwischen 9 und 23 Uhr jeweils zur vollen Stunde in die Höhe, und abends wird das Ganze noch durch farbige Lichter und Musik untermalt.

Route 66 Sign   HISTORISCHE STÄTTE
(Karte S. 576; E Adams St zw. S Michigan & Wabash Aves; Ⓜ Brown, Orange, Green, Purple o. Pink Line bis Adams) Fans der Route 66 sollten sich einen Blick auf dieses Schild nicht entgehen lassen: Hier beginnt die „Mother Road", die Mutter aller Straßen! Auf der Fahrt nach Westen Richtung Wabash Avenue sieht man das Schild auf der Südseite der Adams Street.

◎ South Loop

Der South Loop, der den unteren Teil des Zentrums und den Grant Park umfasst, glänzt mit seinem Museum Campus und den funkelnden neuen Apartmenthochhäusern.

★ Field Museum of Natural History   MUSEUM
(Karte S. 576; ☑ 312-922-9410; www.fieldmuseum.org; 1400 S Lake Shore Dr; Erw./Kind 15/10 US$; ☉ 9–17 Uhr; 🚻; 🚇 146, 130) In diesem Museum findet sich einfach alles: Käfer, Mumien, Edelsteine und Bushman, der ausgestopfte Affe. Der Superstar der Sammlung ist Sue, der größte Tyrannosaurus rex, der je gefunden wurde – sie hat sogar einen eigenen Souvenirladen. Sonderausstellungen und der 3-D-Film kosten extra.

★ Shedd Aquarium   AQUARIUM
(Karte S. 576; ☑ 312-939-2438; www.sheddaquarium.org; 1200 S Lake Shore Dr; Erw./Kind 29/20 US$; ☉ Juni–Aug. 9–18 Uhr, Sept.–Mai 9–17 Uhr; 🚻; 🚇 146, 130) Zu den Attraktionen des vor Kindern nur so wimmelnden Shedd Aquarium gehören das Oceanarium, in dem Weißwale und zwei Dutzend Delfine mit weißen Flanken schwimmen, und die Haiausstellung, in der die Besucher nur 12 cm Plexiglas von den grimmig dreinschauenden Raubfischen trennen. Das 4-D-Kino, die Streichelaquarien und die Wassershow kosten jeweils ca. 5 US$ extra.

★ Adler Planetarium & Astronomy Museum   MUSEUM
(Karte S. 576; ☑ 312-922-7827; www.adlerplanetarium.org; 1300 S Lake Shore Dr; Erw./Kind 12/8 US$; ☉ Juni–Aug. 9.30–18 Uhr, Sept.–Mai 10–16 Uhr; 🚻; 🚇 146, 130) Weltraumenthusiasten kommen im Adler voll auf ihre Kosten. Es gibt ein öffentliches Teleskop, um die Sterne zu beobachten, 3-D-Vorträge über spannende Themen wie Supernovas, und die Ausstellung Planet Explorers, in der die Kids eine Rakete „starten" können. Die faszinierenden digitalen Filme kosten extra. Von der Vordertreppe des Museums bietet sich ein grandioser Blick auf die Skyline von Chicago.

Northerly Island   PARK
(1400 S Lynn White Dr; 🚇 146 o. 130) In diesem grasbewachsenen Park gibt es mehrere Wanderwege, außerdem kann man hier angeln und Vögel beobachten; und auf der Open-Air-Bühne unter freiem Himmel treten große Stars auf (man hört sie auch vom 12th Street Beach aus).

Museum of Contemporary Photography   MUSEUM
(Karte S. 576; ☑ 312-663-5554; www.mocp.org; Columbia College, 600 S Michigan Ave; ☉ Mo–Mi, Fr & Sa 10–17, Do 10–20, So 12–17 Uhr; 🚇 Red Line bis Harrison) GRATIS Die interessanten Ausstellungen dieses kleinen Museums lohnen einen kurzen Besuch.

◎ Near North

Im Loop werden Vermögen gemacht, und in Near North werden sie ausgegeben. Hier gibt's ein Riesenangebot an Geschäften, Restaurants und Unterhaltung.

★ Navy Pier   SEEUFER
(Karte S. 576; ☑ 312-595-7437; www.navypier.com; 600 E Grand Ave; ☉ So–Do 10–22, Fr & Sa 10–24 Uhr; 🚻; 🚇 Red Line bis Grand, dann Trolley) GRATIS Der 800 m lange Navy Pier ist die meistbesuchte Attraktion der Stadt. Er wartet mit einem 45 m hohen Riesenrad und anderen Fahrgeschäften (Fahrt 5–6 US$), einem IMAX-Kino, einem Biergarten und kitschigen Kettenrestaurants auf. Die Einheimischen stöhnen über seine Kommerzialisierung, doch die Lage am See mit toller Aussicht und einem frischen Lüftchen ist unschlagbar. Ein weiteres Highlight sind die Feuerwerke, die im Sommer mittwochs (21.30 Uhr) und samstags (22.15 Uhr) stattfinden.

Auf dem Pier befinden sich auch das Chicago Children's Museum und das Smith Museum of Stained Glass Windows sowie mehrere Anbieter von Bootstouren. Eine vergnügliche Fahrt mit dem Shoreline Water Taxi führt zum Museum Campus (Erw./Kind 8/5 US$).

Smith Museum of Stained Glass Windows   MUSEUM
(Karte S. 576; ☑ 312-595-5024; 600 E Grand Ave; ☉ So–Do 10–22, Fr & Sa bis 24 Uhr; 🚇 Red Line bis Grand, dann Trolley) GRATIS Über 150 wunderschöne Fenster, darunter auch ein Michael Jordan aus Buntglas, verstecken sich entlang der unteren Terrassen der Festival Hall auf dem Navy Pier.

Magnificent Mile   STRASSE
(Karte S. 576; www.themagnificentmile.com; N Michigan Ave) Die Mag Mile, die viel gepriesene, exklusive Shoppingmeile Chicagos, erstreckt sich auf der Michigan Avenue zwischen Fluss und Oak Street. Hier man beispielsweise bei Bloomingdales, Neiman's und Saks seinen Geldbeutel um einiges erleichtern.

DAS ANDERE CHICAGO

Natürlich werden die Freunde zu Hause höflich zuhören, wenn man von der Fahrt hinauf auf den Willis Tower berichtet, doch wenn man dann noch erzählt, wie man mit den Roller Babes einen draufgemacht hat und dass man eine eiserne Lunge gesehen hat, wird ihnen das Gähnen garantiert vergehen. Chicago hat neben den bekannten Sehenswürdigkeiten nämlich eine tolle Auswahl an ungewöhnlichen Attraktionen und Aktivitäten zu bieten.

International Museum of Surgical Science (☑312-642-6502; www.imss.org; 1524 N Lake Shore Dr; Erw./Kind 15/7 US$; Di Eintritt frei; ⊙ Di–Fr 10–16, Sa & So bis 17 Uhr; 🚌151) Zu den Exponaten dieses gespenstischen Museums gehören Amputiersägen, Wandbilder von Leichen und eine schöne Steinsammlung – allerdings handelt es sich um Nierensteine, Gallensteine und dergleichen. Das alte Chirurgenbesteck für akute Fälle von Hämorrhoiden ist eine gute Mahnung, mehr Ballaststoffe zu essen. Das Museum befindet sich in einer alten Villa an der Gold Coast, etwa 1,6 km nördlich der Gegend um den Water Tower.

Windy City Rollers (Karte S. 576; www.windycityrollers.com; 525 S Racine Ave; Tickets 20 US$; Ⓜ Blue Line bis Racine) Der derbe Sport des Roller Derby entstand 1935 in Chicago, und die kämpfenden Babes zeigen, wie es gespielt wird, mit blauen Flecken und allem Drum und Dran. Jeden Monat finden im UIC Pavilion, westlich des Loop, Kämpfe statt.

Leather Archives & Museum (☑773-761-9200; www.leatherarchives.org; 6418 N Greenview Ave; Eintritt 10 US$; ⊙ Do & Fr 11–19, Sa & So bis 17 Uhr; 🚌22) Das schräge Museum zeigt Fetisch- und SM-Exponate aller Art, von der Red Spanking Bench bis hin zu Infos zu den berüchtigten Fußfetischisten. Es liegt 8 Meilen (13 km) nördlich vom Loop und 1,5 Meilen (2,5 km) nördlich von Andersonville.

Chic-A-Go-Go (www.roctober.com/chicagogo) Die über Kabel ausgestrahlte Live-Tanzshow ist nicht nur etwas für Kids: Auch Erwachsene können sich mit Miss Mia und Ratso auf der Tanzfläche versuchen.

Tribune Tower   ARCHITEKTUR
(Karte S. 576; 435 N Michigan Ave; Ⓜ Red Line bis Grand) Im Vorbeischlendern lohnt sich ein genauer Blick auf den neogotischen Turm. In den unteren Wänden sind dem Taj Mahal, dem Parthenon und anderen berühmten Gebäuden nachempfundene Elemente eingearbeitet.

Trump Tower   WOLKENKRATZER
(Karte S. 576; 401 N Wabash Ave; Ⓜ Red Line bis Grand) Donalds 414 m hoher Turm ist zwar Chicagos zweithöchstes Gebäude, Architekturkritiker mokieren sich aber über sein „zahnstocherähnliches" Aussehen.

Wrigley Building   ARCHITEKTUR
(Karte S. 576; 400 N Michigan Ave; Ⓜ Red Line bis Grand) Die weiße Terrakottafassade des vom Kaugummihersteller errichteten Gebäudes strahlt so weiß wie die Zähne der Doublemint-Zwillinge.

☉ Gold Coast

Die Gold Coast ist seit über 125 Jahren die Adresse der reichsten Chicagoer.

⭐ **John Hancock Center**   ARCHITEKTUR
(☑888-875-8439; www.jhochicago.com; 875 N Michigan Ave; Erw./Kind 18/12 US$; ⊙9–23 Uhr; Ⓜ Red Line bis Chicago) Steil in die Höhe geht's im dritthöchsten Wolkenkratzer Chicagos, und die Aussicht übertrifft in vielerlei Hinsicht die vom Willis Tower. Vom Observatorium im 94. Stock können Mutige den „Skywalk" betreten, eine verglaste Veranda, auf der man den Wind spüren kann. Auf Infotafeln erfährt man etwas über die umliegenden Gebäude. Man kann die Bildung aber auch mal links liegen lassen und sich in die Signature Lounge im 96. Stock begeben; dort ist die Aussicht kostenlos, wenn man etwas zu trinken bestellt.

Museum of Contemporary Art   MUSEUM
(Karte S. 576; ☑312-280-2660; www.mcachicago. org; 220 E Chicago Ave; Erw./Kind/Student 12/7 US$; ⊙ Di 10–20, Mi–So bis 17 Uhr; Ⓜ Red Line bis Chicago) Dieses Museum kann man vielleicht als freches, rebellisches Geschwisterchen des Art Institute bezeichnen. Gezeigt werden Sammlungen minimalistischer und surrealistischer Kunst sowie Buchkunst-

sammlungen. Ständige Ausstellungen zeigen Werke von Franz Kline, René Magritte, Cindy Sherman und Andy Warhol.

Original Playboy Mansion GEBÄUDE
(1340 N State Pkwy; Ⓜ Red Line bis Clark/Division) Hugh Hefner begann hier damit, seine Ganztagspyjamas zu tragen, nachdem der Stress der Magazinherstellung und das heftige Partyfeiern ihn davon abhielten, sich umzuziehen. In dem Gebäude sind heute Eigentumswohnungen, aber nach einem Besuch kann man immer noch damit angeben: „Ich bin im Playboy Mansion gewesen." Wenn das nichts ist! In der Astor Street, einen Block weiter östlich, kann man zwischen den Blocks 1300 und 1500 noch mehr Herrenhäuser in Augenschein nehmen.

Water Tower HISTORISCHES BAUWERK
(Karte S. 576; 108 N Michigan Ave; Ⓜ Red Line bis Chicago) Der 47 m hohe Turm mit seinen Zinnen ist ein Wahrzeichen der Stadt: Er hat als einziges Bauwerk in der Innenstadt das große Feuer von 1871 überlebt.

☉ Lincoln Park & Old Town

Der Lincoln Park ist Chicagos größte Grünfläche und mit knapp 500 ha am Seeufer eine städtische Oase. „Lincoln Park" heißt auch das angrenzende Stadtviertel. Hier wie dort ist Tag und Nacht jede Menge los: Die Leute joggen, führen Hunde aus, schieben Kinderwagen durch die Gegend und fahren auf der Suche nach einem Parkplatz mit ihren Autos im Kreis herum.

Die Old Town liegt am Südwestende des Lincoln Park. Die Kreuzung der North Avenue und der Wells Street bildet das Epizentrum. Von hier an breiten sich Restaurants, Bars und die Second City aus.

Lincoln Park Zoo ZOO
(☎ 312-742-2000; www.lpzoo.org; 2200 N Cannon Dr; ⊙ Nov.–März 10–16.30 Uhr, April–Okt. 10–17 Uhr, Juni–Aug. Sa & So 10–18.30 Uhr; 🚌 151) GRATIS Der Zoo mit seinen Gorillas, Löwen, Tigern und anderen exotischen Tieren ist bei Familien äußerst beliebt. Man sollte auf keinen Fall den Regenstein African Journey, das Ape House und den Nature Boardwalk verpassen.

Lincoln Park Conservatory GÄRTEN
(☎ 312-742-7736; www.lincolnparkconservancy.org; 2391 N Stockton Dr; ⊙ 9–17 Uhr; 🚌 151) GRATIS Das prächtige Gewächshaus aus dem Jahr 1891 in der Nähe des Nordeingangs des Zoos beherbergt Palmen, Farne und Orchideen, die hier bestens gedeihen. Im Winter herrscht hier eine wunderbare Temperatur von 24 °C – ideale Ort, wenn draußen ein eisiger Wind tobt.

Chicago History Museum MUSEUM
(☎ 312-642-4600; www.chicagohistory.org; 1601 N Clark St; Erw./Kind 14 US$/frei; ⊙ Mo–Sa 9.30–16.30, So 12–17 Uhr; 🚌 22) Multimedia-Shows decken alle Meilensteine der Stadtgeschichte ab, vom Großen Feuer bis hin zur

---

DAS CHICAGO DER GANGSTER

Die Stadt möchte ihre Gangster-Vergangenheit eigentlich lieber nicht erwähnen, darum gibt es auch keine Broschüren oder Ausstellungen über die berühmt-berüchtigten Stätten. Wer die folgenden Orte besucht, benötigt also etwas Fantasie, denn kein Schild weist darauf hin, dass sie als Schauplätze von Gangster-Machenschaften dienten.

In der Nähe der **Holy Name Cathedral** (Karte S. 576; www.holynamecathedral.org; 735 N State St; ⊙ Mo–Sa 8.30–20.30, So bis 19 Uhr; Ⓜ Red Line bis Chicago) wurden zwei Morde verübt. 1924 wurde der Boss der North Side, Dion O'Banion, in seinem Blumenladen (738 N State St) niedergeschossen, nachdem er Al Capone verärgert hatte. O'Banions Nachfolger, Hymie Weiss, erging es auch nicht besser: 1926 wurde er auf dem Weg zur Kirche von Schüssen aus einem Fenster des Hauses 740 N State Street niedergestreckt.

An der **St. Valentine's Day Massacre Site** (2122 N Clark St; 🚌 22) stellten Capones Gorillas, die sich als Polizisten verkleidet hatten, sieben Mitglieder der Gang Bugs Moran an eine Garagenwand und durchsiebten sie mit Kugeln. Die Garage wurde 1967 abgerissen, heute befindet sich an ihrer Stelle ein Parkplatz.

1934 verriet die „Lady in Red" den „Staatsfeind Nr. 1", John Dillinger, im **Biograph Theater** (2433 N Lincoln Ave). Dillinger wurde in einer Gasse neben dem Theater vom FBI erschossen.

Die Flüsterkneipe im Keller der noblen Jazzbar Green Mill (S. 595) war eine der Lieblingskneipen von Capone.

EINE BLUES-WALLFAHRT

Das unauffällige Gebäude 2120 S Michigan Avenue war von 1957 bis 1967 der Sitz des bahnbrechenden, produktiven Plattenlabels von Chess Records. Hier nahmen Muddy Waters, Howlin' Wolf und Bo Diddley ihre Alben auf und waren mit ihren *Sick Licks* und dem verstärkten Sound die Wegbereiter des Rock'n'Roll. Heute heißt das Studio **Willie Dixon's Blues Heaven** (📞 312-808-1286; www.bluesheaven.com; 2120 S Michigan Ave; Führungen 5–10 US$; ⏰ Mo–Fr 11–16, Sa 12–14 Uhr; 🚇 1), benannt nach dem Bassisten, der die meisten Hits des Chess schrieb. Die Mitarbeiter führen Besucher durch die Räumlichkeiten, die ziemlich altersschwach sind: einige Originalstücke sind aber noch zu sehen. Und wenn Willies Enkel den vom vielen Gebrauch ganz abgenutzten Bass des Bluesmusikers hervorholt und Besucher ihn mal zupfen können, ist das schon ziemlich cool. Bei den kostenlosen Rockkonzerten, die im Sommer donnerstags um 18 Uhr im Garten stattfinden, geht die Post ab. Das Gebäude steht in der Nähe von Chinatown und etwa 1,5 km südlich vom Museum Campus.

Democratic Convention von 1968. (Während des Kongresses, bei dem der Präsidentschaftskandidat der Demokraten gekürt wurde, kam es zu gewalttätigen Auseinandersetzungen zwischen Antikriegsdemonstranten und der Polizei.) Auch Präsident Lincolns Sterbebett kann man sich hier anschauen und es gibt (im Kinderbereich) die Möglichkeit, ein *Chicago Hotdog* mit Garnitur zu „werden". Also Eltern, flugs die Kamera zücken.

👁 Lake View & Wrigleyville

Wer diese Stadtviertel nördlich vom Lincoln Park besucht, macht am besten einen Bummel auf der Halsted Street, der Clark Street, der Belmont Avenue und der Southport Avenue, die von vielen Restaurants, Bars und Geschäften gesäumt sind. Die einzige echte Sehenswürdigkeit ist das mit Efeu bewachsene **Wrigley Field** (www.cubs.com; 1060 W Addison St), das nach dem Kaugummi- Hersteller benannt ist und die Spielstätte der heiß geliebten, aber permanent verlierenden Chicago Cubs ist. Das Stadion bietet 90-minütige Führungen (25 US$) zum berühmten Baseballfeld an. Die Gegend rund um das Stadion wird gerade modernisiert und soll mit neuen Besuchereinrichtungen ausgestattet werden.

👁 Andersonville & Uptown

Die beiden Viertel im Norden eignen sich gut für einen kulinarisch inspirierten Bummel. Andersonville ist eine alte schwedische Enklave rund um die Clark Street, wo sich altmodische, europäisch angehauchte Geschäfte mit neuen Gourmetrestaurants, funky Boutiquen, Trödelläden und schwullesbischen Bars mischen. Hin kommt man,

indem man mit der CTA Red Line bis zur Haltestelle Berwyn fährt und dann etwa sechs Blocks nach Westen geht.

In Uptown etwas weiter im Süden herrscht eine völlig andere Szenerie. Man muss mit der Red Line bis zur Haltestelle Argyle fahren und schon ist man mitten drin in „Little Saigon" mit den kleinen Restaurants, in denen vorwiegend Pho serviert wird.

👁 Wicker Park, Bucktown & Ukrainian Village

Diese drei Viertel westlich von Lincoln Park – einst Wohnviertel für Menschen aus der Arbeiterklasse, Immigranten aus Mitteleuropa und alternative Schriftsteller – sind gerade extrem in. Modeboutiquen, hippe Plattenläden, Secondhand-Shops und Cocktaillounges sind wie Pilze aus dem Boden geschossen, besonders um die Kreuzung Milwaukee/North/Damen Avenue. Auch auf der Division Street wird gern gebummelt. Sie wurde früher „Polish Broadway" genannt, weil sie von Polka-Bars gesäumt war. Heute haben hier nette Cafés und clevere Geschäftsleute die Oberhand. Viel Sehenswertes gibt's nicht, wenn man mal vom **Nelson Algren's House** (1958 W Evergreen Ave; 🚇 Blue Line to Damen) absieht, in dem der namensgebende Autor mehrere mutige Romane über das Leben in Chicago geschrieben hat. Das Wohnhaus ist in Privatbesitz, man kann es sich nur von außen anschauen.

👁 Logan Square & Humboldt Park

Als die Künstler und hippen Typen durch überhöhte Immobilienpreise gezwungen waren, Wicker Park zu verlassen, zogen sie Richtung Westen in die Latino-Viertel Logan Square und Humboldt Park. Besucher finden hier kleine, coole Restaurants, Brauereikneipen und Musikclubs vor. Hin geht's mit der CTA Blue Line bis Logan Square oder California.

Near West Side & Pilsen

Direkt westlich des Loop liegt – nun ja – eben der **West Loop**. Mit den schicken Restaurants, Clubs und Galerien, die zwischen den Fleischverarbeitungsfabriken hervorlugen, ähnelt er dem Meatpacking District in New York City. Die W Randolph Street und der W Fulton Market sind hier die Hauptschlagadern. Ganz in der Nähe liegt, an der S Halsted Street beim W Jackson Boulevard, **Greektown**. Die Viertel etwa 2 km westlich des Loop sind am besten mit dem Taxi zu erreichen.

Im Südwesten befindet sich die Enklave **Pilsen** mit ihrem bunten Mix aus Kunstgalerien, mexikanischen Bäckereien, hippen Cafés und Wandgemälden an den Häusern. Man nimmt die CTA Pink Line bis zur 18th Street und schon ist man mittendrin.

National Museum of Mexican Art
MUSEUM

(☑312-738-1503; www.nationalmuseumofmexican art.org; 1852 W 19th St; ⊙Di–So 10–17 Uhr; Ⓜ Pink Line to 18th St) GRATIS Das Museum ist das größte lateinamerikanische Kunstmuseum der USA. Die bunte Dauerausstellung zeigt klassische Gemälde, glänzende goldene Altäre, eine an Skeletten reiche Volkskunstabteilung und farbenfrohe Perlenarbeiten.

Pilsen Mural Tours
STADTSPAZIERGANG

(☑773-342-4191; 1½-stündige Touren 125 US$/ Gruppe) Der ortsansässige Künstler Jose Guerrero leitet die sehr empfehlenswerten Touren, bei denen man mehr über die traditionelle Kunstform der Wandmalerei erfährt. Man sollte vorher anrufen.

Chinatown

Chicagos kleines, aber geschäftiges Chinatown erreicht man vom Loop aus mit der Bahn in zehn Minuten. Man fährt mit der Red Line zur Haltestelle Cermak-Chinatown, die in der Mitte der beiden ganz unterschiedlichen Teile des Viertels liegt: Chinatown Square (ein riesiges, langgestrecktes zweigeschossiges Einkaufszentrum) zieht sich an der Archer Avenue entlang Richtung Norden; Old Chinatown mit seinen traditionellen Geschäften erstreckt sich entlang der Wentworth Avenue nach Süden. In beiden Teilen locken Bäckereien, Schüsseln mit dampfenden Nudeln und Geschäfte mit allerhand exotischen Dingen.

Hyde Park & South Side

South Side ist der Oberbegriff für die vielen Stadtviertel, die südlich der 25th Street liegen, darunter auch einige der ärmsten. Die Stars der South Side sind Hyde Park und das angrenzende Kenwood. Sie rückten durch Barack Obama, der hier lebte, über Nacht ins Rampenlicht. Man erreicht sie mit den Zügen der Metra Electric Line von der Millennium Station im Zentrum oder mit Bus Nr. 6 von der State Street im Loop. Auf mehreren geführten Fahrradtouren besucht man die Highlights der Gegend.

University of Chicago
UNIVERSITÄT

(www.uchicago.edu; 5801 S Ellis Ave; 🚌6, Ⓜ Metra bis 55th-56th-57th) Ein Spaziergang auf dem Campus mit seiner prächtigen gotischen Architektur und den kostenlosen Kunstmuseen lohnt sich. Hier begann außerdem das Nuklearzeitalter: Enrico Fermi und seine Mitarbeiter vom Manhattan Project bauten einen Reaktor und führten am 2. Dezember 1942 die erste kontrollierte nukleare Kettenreaktion aus. Die **Skulptur Nuclear Energy** (S Ellis Ave zw. E 56th & E 57th Sts) von Henry Moore steht an jener Stelle, wo dies stattfand.

Museum of Science & Industry
MUSEUM

(☑773-684-1414; www.msichicago.org; 5700 S Lake Shore Dr; Erw./Kind 18/11 US$; ⊙Juli–Aug. 9.30–17.30 Uhr, Sept.–Mai kürzer; 🚼; 🚌6, Ⓜ Metra bis 55th-56th-57th) Technikfreaks dürften angesichts des größten Museums für Naturwissenschaften und Technik der westlichen Welt in Ekstase geraten. Zu den Highlights gehören ein deutsches U-Boot aus dem Zweiten Weltkrieg, das in einer unterirdischen Ausstellung zu sehen ist (der Besuch des Boots kostet 8 US$ extra), und die Ausstellung „Science Storms" mit einem künstlichen Tornado und Tsunami. Kindern werden von den Experimenten begeistert sein, die sie in mehreren Galerien durchführen können, etwa Dinge vom Balkon fallen lassen und Miniexplosionen auslösen.

Robie House
ARCHITEKTUR

(☑312-994-4000; www.gowright.org; 5757 S Woodlawn Ave; Erw./Kind 15/12 US$; ⊙Do–Mo 11–15 Uhr; 🚌6, Ⓜ Metra bis 55th-56th-57th) Keines der zahlreichen Gebäude, die Frank Lloyd Wright rund um Chicago entwarf, ist so berühmt und einflussreich wie das Robie House. Die Verwandtschaft der horizontalen Linien mit der flachen Prärielandschaft des Mittleren Westens prägte den sogenannten Prärie-Stil. Im Inneren des Hauses befinden sich 174 Buntglasfenster und -türen, die Besucher bei der einstündigen Führung sehen können (Häufigkeit der Führungen hängt von der Jahreszeit ab).

Obamas Haus
GEBÄUDE

(5046 S Greenwood Ave) Wegen der massiven Sicherheitsvorkehrungen kommt man nicht einmal in die Nähe des Hauses des Präsidenten; doch von der gegenüberliegende Straßenseite des Hyde Park Boulevard kann man über die Barrikaden einen Blick auf die rote Ziegelvilla im georgianischen Stil erhaschen.

Hyde Park Hair Salon
GEBÄUDE

(5234 S Blackstone Ave; 🚇 6, Ⓜ Metra bis 51st-53rd) Im Salon von Obamas Frisör Zariff kann man den von Panzerglaswänden umgebenen Frisierstuhl des Präsidenten sehen. Die Mitarbeiter haben nichts gegen Besucher, die hereinkommen und sich kurz umschauen.

🏃 Aktivitäten

Zu den 580 Parks der Stadt gehören öffentliche Golfplätze, Eisbahnen, Swimmingpools und weitere Einrichtungen. Die Aktivitäten sind kostenlos oder sehr billig und die nötige Ausrüstung kann man in der Regel vor Ort ausleihen. Organisiert wird das Ganze vom **Chicago Park District** (www.chicago parkdistrict.com).

Radfahren

Eine Radtour auf dem 18 Meilen (29 km) langen Weg am Seeufer ist eine großartige Möglichkeit, die Stadt zu entdecken. Die hier genannten Fahrradverleiher bieten auch zwei- bis vierstündige geführte Radtouren (35–65 US$, inkl. Fahrräder) zu Themen wie dem Seeufer, Bier und Pizza oder den Sehenswürdigkeiten der South Side (sehr empfehlenswert!) an. Wenn man online bucht, wird es günstiger. Auf der Seite der **Active Transportation Alliance** (www.activetrans.org) stehen die Termine für coole Radfahrer-Events.

Bike Chicago
RADFAHREN

(Karte S. 576; ☎ 312-729-1000; www.bikechicago. com; 239 E Randolph St; Fahrräder pro Stunde/ Tag ab 10/35 US$, geführte Tour Erw./Kind ab 39/25 US$; ⊙ Mo–Fr 6.30–20, Sa & So ab 8 Uhr; Nov.–März Sa & So geschl.; Ⓜ Brown, Orange, Green, Purple o. Pink Line bis Randolph) Dieses Unternehmen hat mehrere Standorte. Die Hauptfiliale befindet sich im Millennium Park, eine weitere gibt es am Navy Pier.

Bobby's Bike Hike
RADFAHREN

(Karte S. 576; ☎ 312-915-0995; www.bobbysbike hike.com; 465 N McClurg Ct; halber/ganzer Tag 23/32 US$; ⊙ Juni–Aug. 8–20 Uhr, Sept.–Nov. & März–Mai 8.30–19 Uhr; Ⓜ Red Line bis Grand) Die Kunden schwärmen begeistert von Bobby's, das sich am Ogden Slip bei den River East Docks befindet.

Wassersport

Viele Besucher wissen gar nicht, das Chicago eine Strandstadt ist. Das verdankt sie dem riesigen Lake Michigan. Es gibt 24 offizielle Strände, an denen im Sommer Rettungsschwimmer patrouillieren. Sie sind zum Schwimmen sehr beliebt, wenngleich das Wasser verdammt kalt ist. Ehe man hineinspringt, sollte man sich auf der Website www.cpdbeaches.com über die Wasserqualität informieren.

North Ave Beach
STRAND

(www.cpdbeaches.com; 1600 N Lake Shore Dr; 🚻; 🚌 151) Chicagos beliebtester Strand bietet viele Besuchereinrichtungen und mit seinem weichen, hellen Sand eine schon fast kalifornische Atmosphäre. Hier kann man Kajaks, Jetskis, Stand-up-Paddle-Boards und Strandliegen ausleihen, und in den Strandhäusern, in denen Partystimmung herrscht, etwas essen und trinken. Er liegt 3 km nördlich des Loop.

Oak Street Beach
STRAND

(www.cpdbeaches.com; 1000 N Lake Shore Dr; Ⓜ Red Line bis Chicago) Dicht an dicht liegen wohlgeformte Körper an diesem Strand am Rand des Zentrums.

12th Street Beach
STRAND

(Karte S. 576; www.cpdbeaches.com; 1200 S Linn White Dr; 🚌 146, 130) Vom Adler Planetarium aus führt ein Pfad zu diesem abgeschiedenen, schönen und sichelförmigen Sandstrand.

Schlittschuhlaufen

Der **McCormick Tribune Ice Rink** (Karte S. 576; www.millenniumpark.org; 55 N Michigan Ave; Schlittschuhverleih 10 US$; ⊙ Ende Nov.–Ende Feb.) im Millennium Park erwacht immer genau dann zum Leben, wenn die Temperaturen sinken.

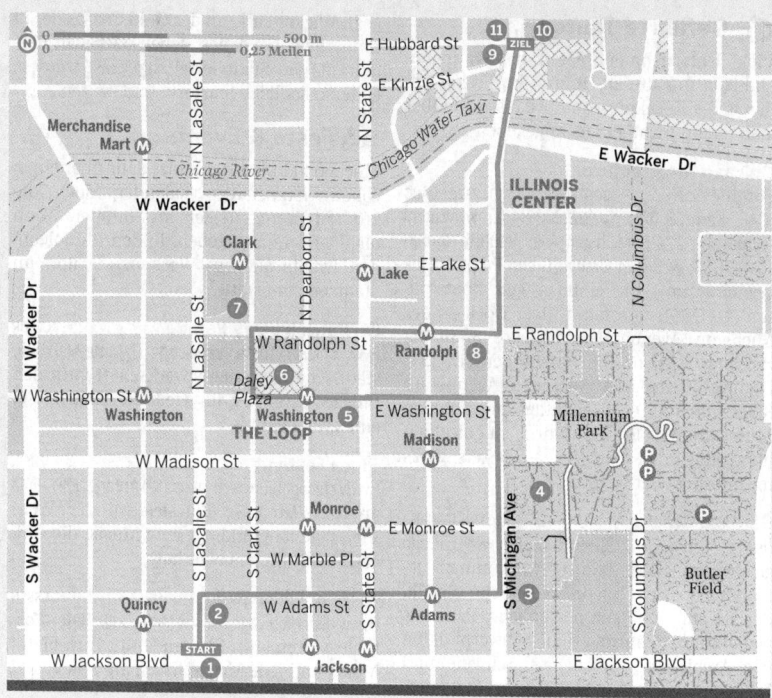

Stadtspaziergang
Loop

START CHICAGO BOARD OF TRADE
ZIEL BILLY GOAT TAVERN
LÄNGE/DAUER 5 KM/CA. 2 STD.

Diese Tour führt mitten durch den Loop zu den Highlights der Chicagoer Kunst und Architektur – und zum Zahnarzt von Al Capone.

Start ist beim **1** **Chicago Board of Trade** (S. 579), wo Typen in knallbunten Jacketts in einem coolen Art-déco-Gebäude mit Getreide und dergleichen handeln. Im nahe gelegenen **2** **Rookery** (S. 579) kann man im Atrium Frank Lloyd Wrights Talent bewundern.

Weiter geht's in die Adams Street Richtung Osten zum **3** **Art Institute** (S. 579). Die Löwenstatuen am Eingang sind sehr fotogen. Ein paar Blocks weiter nördlich liegt der avantgardistische **4** **Millennium Park** (S. 575).

Vom Park geht man auf der Washington Street Richtung Westen zum **5** **Hotel Burnham** (S. 589). Es befindet sich im Reliance Building, einem architektonischen Vorläufer der modernen Wolkenkratzer; im heutigen Zimmer 809 bohrte einst Capones Zahnarzt. Gleich westlich davon steht in der Daley Plaza

Picassos Skulptur **6** **Untitled**. Pavian, Hund oder Frau? Das darf jeder selbst entscheiden. Weiter auf der Clark Street Richtung Norden gelangt man zu Jean Dubuffets **7** **Monument with Standing Beast**, einer weiteren Skulptur, bei der man ins Grübeln kommt.

Die Randolph Street führt in östlicher Richtung durchs Theaterviertel. Im **8** **Chicago Cultural Center** (S. 580) kann man sich informieren, welche kostenlosen Ausstellungen und Konzerte auf dem Programm stehen. Dann geht's auf der Michigan Avenue weiter gen Norden und über die Brücke, vorbei am funkelnden weißen **9** **Wrigley Building** (S. 582), zum überwältigenden **10** **Tribune Tower** (S. 582).

Den Abschluss der Tour bildet ein Besuch der **11** **Billy Goat Tavern** (S. 591), einer alten Chicagoer Bar. Der Besitzer der Taverne, Billy Sianis, wollte das Wrigley Field einmal mit seiner Hausziege betreten. Doch der müffelnden Ziege wurde der Eintritt verweigert, und Sianis bedachte das Baseballteam der Cubs mit einem kräftigen Fluch – seitdem stinken die Spieler angeblich auch.

👉 Geführte Touren

Viele Unternehmen bieten bei Onlinebuchungen Rabatte an. Touren im Freien finden in der Regel nur von April bis November statt (wenn nicht anders angegeben).

Chicago Architecture
Foundation
BOOTFAHREN, STADTSPAZIERGANG

(CAF; Karte S. 576; 📞 312-922-3432; www.architecture.org; 224 S Michigan Ave; geführte Touren 10–40 US$; Ⓜ Brown, Orange, Green, Purple o. Pink Line bis Adams) Die erstklassigen Bootstouren (40 US$) starten am River Dock an der Michigan Avenue. Der beliebte Stadtspaziergang Rise of the Skyscraper (17 US$) beginnt in der 224 Michigan Avenue im Stadtzentrum. Die wochentags angebotenen Mittagstouren (10 US$) führen zu einzelnen herausragenden Bauwerken. Tickets gibt's im Internet oder bei der CAF.

Chicago Greeter
STADTSPAZIERGANG

(Karte S. 576; 📞 312-945-4231; www.chicagogreeter.com) GRATIS Besucher bekommen jemanden aus der Gegend an die Seite gestellt, der sie auf eine ganz persönliche, zwei- bis vierstündige Führung (zu Schwerpunkten wie Architektur, Geschichte, Schwule und Lesben etc.) oder in ein bestimmtes Stadtviertel mitnimmt. Man geht zu Fuß oder benutzt öffentliche Verkehrsmittel. Am besten zehn Werktage im Voraus reservieren.

InstaGreeter
STADTSPAZIERGANG

(Karte S. 576; www.chicagogreeter.com/instagreeter; 77 E Randolph St; ⊘ Fr–Sa 10–15 Uhr); Ⓜ Brown, Orange, Green, Purple o. Pink Line bis Randolph) GRATIS Bietet einstündige Touren durch den Loop ohne Anmeldung vom Besucherzentrum des Chicago Cultural Center aus.

Chicago History
Museum
RADFAHREN, STADTSPAZIERGANG

(📞 312-642-4600; www.chicagohistory.org; geführte Touren 20–55 US$) Zur großen Palette an Führungen gehören Pub Crawls, El-Trips (Hochbahn), Radtouren und Friedhofsspaziergänge. Die Startorte und -zeiten variieren.

Weird Chicago Tours
BUSTOUR

(Karte S. 576; 📞 888-446-7859; www.weirdchicago.com; 600 N Clark St; 3-std. Touren 30 US$; ⊘ Fr & Sa 19 Uhr, Sa 15 Uhr; Ⓜ Red Line bis Grand) Fährt zu Geister-, Gangster- und Rotlichtstätten. Abfahrt ist gegenüber vom Hard Rock Cafe.

Chicago Food Planet Tours
STADTSPAZIERGANG

(📞 212-209-3370; www.chicagofoodplanet.com; 3-std. Touren 47–60 US$) Geführte Spaziergänge in Wicker Park, an der Gold Coast oder in Chinatown, bei denen sieben oder acht Restaurants des Stadtviertel abgegrast werden. Unterschiedliche Startorte und -zeiten.

🎊 Feste & Events

Chicago hat zwar das ganze Jahr über einen vollen Veranstaltungskalender, doch die größten Events steigen im Sommer. Wenn nicht anders angegeben, finden die folgenden Events alle am Wochenende und im Stadtzentrum statt.

St. Patrick's Day Parade
KULTUR

(www.chicagostpatsparade.com; ⊘ Mitte Mai) Die städtische Klempnergewerkschaft färbt den Chicaco River so grün wie Klee, danach folgt eine große Parade.

Blues Festival
MUSIK

(www.chicagobluesfestival.us; ⊘ Anfang Juli) Das größte kostenlose Bluesfestival der Welt: Vier Tage lang erklingt jene Musik, die Chicago berühmt gemacht hat.

Taste of Chicago
ESSEN

(www.tasteofchicago.us; ⊘ Mitte Juli) Die kostenlose dreitägige Fete im Grant Park bietet Musik und jede Menge Essen am Spieß.

Pitchfork Music Festival
MUSIK

(www.pitchforkmusicfestival.com; Tageskarte 50 US$; ⊘ Mitte Juli) Im Union Park spielen drei Tage lang Indie-Bands.

Lollapalooza
MUSIK

(www.lollapalooza.com; Tageskarte 95 US$; ⊘ Anfang Aug.) Etwa 130 Bands auf acht Bühnen legen im Grant Park ein dreitägiges Megakonzert hin.

Jazz Festival
MUSIK

(www.chicagojazzfestival.us; ⊘ Anfang Sept.) Am Labor-Day-Wochenende treten die Großen der amerikanischen Jazzszene hier auf.

🛏 Schlafen

Übernachten in Chicago ist nicht gerade billig. Um die Reisekosten zu senken, bucht man sein Zimmer am besten über Websites wie Priceline oder Hotwire (als Location „River North" oder „Mag Mile" eingeben). Im Sommer oder wenn in der Stadt große Veranstaltungen stattfinden, ist die Auswahl an Unterkünften noch knapper – man sollte also besser im Voraus buchen, um unliebsame Überraschungen zu vermeiden. Die angegebenen Preise sind die normalen Zimmerpreise im Sommer, also zur Hauptsaison. Es kommen dann aber noch Steuern von 16,4 % hinzu.

B & B-Unterkünfte sind eine gute Alternative. Infos dazu gibt's bei der **Chicago Bed & Breakfast Association** (www.chicago -bed-breakfast.com; Zi. 125–250 US$), der 18 Häuser angeschlossen sind. Bei vielen B & Bs muss man mindestens zwei oder drei Nächte bleiben. Empfehlenswert ist es auch, sich zur Ferienzeit eine Wohnung zu mieten. Vermittler sind **Vacation Rental By Owner** (www.vrbo.com) und **AirBnB** (www.airbnb.com).

Die Hotels im Loop liegen sehr praktisch in der Nähe der Museen, Festivals und des Geschäftsviertels, doch nachts ist hier ziemlich tote Hose. Die Unterkünfte in den Vierteln Near North und Gold Coast sind beliebt, weil es von hier aus zu den Restaurants, Kneipen und Clubs, Läden und Unterhaltungslocations nicht weit ist. Die Zimmer in Lincoln Park, Lake View und Wicker Park sind interessant, weil sie oft billiger sind als diejenigen im Zentrum und nahe am pulsierenden Nachtleben liegen.

Wenn nichts anderes angegeben ist, ist WLAN kostenlos. Parkplätze kosten in Chicago ein Vermögen: pro Nacht etwa 50 US$ in der Stadt und 22 US$ etwas außerhalb.

🛏 Loop & Near North

HI-Chicago   HOSTEL $
(Karte S. 576; ☎ 312-360-0300; www.hichicago. org; 24 E Congress Pkwy; B inkl. Frühstück 30– 36 US$; P ✳ @ 🛜; M Brown, Orange, Purple o. Pink Line bis Library) Das beste Hostel Chicagos ist makellos, liegt günstig im Loop und bietet Extras wie einen besetzten Informationsschalter, von Freiwilligen geleitete kostenlose Stadtführungen und Rabattkarten für Museen und Shows. In den einfachen Schlafsälen stehen sechs bis zwölf Betten; die meisten haben ein eigenes Bad.

Buckingham Athletic
Club Hotel   BOUTIQUEHOTEL $$
(Karte S. 576; ☎ 312-663-8910; www.bac-chicago. com; 440 S LaSalle St; Zi. inkl. Frühstück 169–209 US$; P ✳ 🛜 🏊 M Brown, Orange, Purple o. Pink Line bis LaSalle) Das Hotel mit 21 Zimmern liegt im 40. Stock des Gebäudes des Chicago Stock Exchange und ist nicht leicht zu finden. Der Lohn für diejenigen, denen es gelingt: Die eleganten Zimmer sind so geräumig, dass sie anderswo als Suiten gelten würden, außerdem können Gäste kostenlos das gleichnamige Fitnesscenter mit großem Schwimmbecken besuchen.

Best Western River North   HOTEL $$
(Karte S. 576; ☎ 800-780-7234, 312-467-0800; www. rivernorthhotel.com; 125 W Ohio St; Zi. 169–249 US$; P ✳ @ 🛜 🏊 M Red Line bis Grand) Das Hotel hat gepflegte Zimmer mit Möbeln aus Ahornfurnier, kostenlose Parkplätze (!), einen Innenpool und eine Sonnenterrasse mit Ausblick – ein gutes Preis-Leistungs-Verhältnis für Near North.

⭐ Acme Hotel   BOUTIQUEHOTEL $$$
(Karte S. 576; ☎ 312-894-0800; www.acmehotel company.com; 15 E Ohio St; Zi. 179–309 US$; P ✳ @ 🛜; M Red Line bis Grand) Die urbane Bohème liebt den unkonventionellen, coolen Stil des Acme und seine (meistens) bezahlbaren Preise. In den 130 Zimmern sind industrielle Elemente mit Retrolampen, Möbeln aus der Mitte des 20. Jhs. und funkiger moderner Kunst kombiniert. Sie sind mit schicken TVs und guten Verbindungen zum Streamen von Songs und Filmen ausgestattet. Die Gemeinschaftsbereiche zieren Graffiti, Neonlicht und Lavalampen.

⭐ Hotel Burnham   BOUTIQUEHOTEL $$$
(Karte S. 576; ☎ 312-782-1111; www.burnham hotel.com; 1 W Washington St; Zi. 269–399 US$; P ✳ @ 🛜 🏊; M Blue Line bis Washington) Die Besitzer werben damit, dass das Burnham die höchste Quote an Gästen hat, die wiederkommen. Es befindet sich in einem Wahrzeichen der Stadt, dem 1890 erbauten Reliance Building (einem Vorläufer der modernen Wolkenkratzer), und seine elegante Einrichtung haut selbst Architekturexperten um. Die hellen, zartgelben Zimmer sind mit Schreibtischen und Chaiselongues aus Mahagoni eingerichtet. Jeden Abend zur Happy Hour gibt's kostenlosen Wein.

Wit   BOUTIQUEHOTEL $$$
(Karte S. 576; ☎ 312-467-0200; www.thewithotel. com; 201 N State St; Zi. 255–385 US$; P ✳ @ 🛜; M Brown, Orange, Green, Purple o. Pink Line bis State/Lake) Zimmer mit fantastischer Aussicht, eine Dachbar und ein Kino im Haus locken sowohl Hipster als auch Geschäftsleute ins designbewusste Wit aus grünem Glas. In der Lobby gibt's WLAN gratis, für Zimmerservice wird allerdings eine Gebühr erhoben.

🛏 Lake View & Wicker Park/Bucktown

⭐ Urban Holiday Lofts   HOSTEL $
(☎ 312-532-6949; www.urbanholidaylofts.com; 2014 W Wabansia Ave; B inkl. Frühstück 30–45 US$,

Zi. ab 100 US$; ❄@🛜; ⓜBlue Line bis Damen) In den gemischten Schlafsälen (4–10 Betten) und Privatzimmern in diesem Gebäude mit umgebauten Loft-Eigentumswohnungen tummeln sich internationale Gäste. Unverputzte Mauerwände, Hartholzböden und Stockbetten mit dicken Bettdecken finden sich in allen 25 Zimmern. Es liegt in der Nähe der El (Hochbahn) und mittendrin im Nachtleben von Wicker Park.

Wrigley Hostel
HOSTEL $

(☎773-598-4471; www.wrigleyhostel.com; 3512 N Sheffield Ave; B inkl. Frühstück 30 US$; P❄@🛜; ⓜRed Line bis Addison) Das erst 2013 eröffnete Hostel befindet sich in einem Backsteinhaus mit drei Wohnungen ganz in der Nähe vom Wrigley Field und seiner wilden Barszene. In den gemütlichen blaugrünen Zimmern stehen im Durchschnitt vier Betten (nicht immer Stockbetten), und einige Bäder sind mit frei stehenden Badewannen ausgestattet.

Willows Hotel
BOUTIQUEHOTEL $$

(☎773-528-8400; www.willowshotelchicago.com; 555 W Surf St; Zi. inkl. Frühstück 149–265 US$; P❄🛜; 🚌22) Die Architektur des kleinen, stilvollen Willows ist preisverdächtig. Die schicke Lobby bietet ein nobles Refugium mit dicken Polstersesseln. Die 55 Zimmer, die in Pfirsich-, Creme- und sanften Grüntönen gestaltet sind, beschwören das Frankreich des 19. Jhs. herauf. Das Willows liegt einen Block nördlich vom Geschäftszentrum um die Kreuzung der Straßen Broadway, Clark und Diversey.

Wicker Park Inn
B&B $$

(☎773-486-2743; www.wickerparkinn.com; 1329 N Wicker Park Ave; Zi. inkl. Frühstück 149–199 US$; ❄🛜; ⓜBlue Line bis Damen) Von diesem Backsteinhaus ist es nur ein Katzensprung zu den angesagten Restaurants und dem pulsierenden Nachtleben der Gegend. Die sonnigen Zimmer sind zwar nicht gerade riesig, doch sie sind mit Parkettböden, kleinen Schreibtischen und in Pastellfarben eingerichtet. Auf der anderen Straßenseite befinden sich zwei Apartments mit Küche für Selbstversorger. Das B&B liegt etwa 800 m südöstlich der El-Haltestelle.

Longman & Eagle
GASTHAUS $$

(☎773-276-7110; www.longmanandeagle.com; 2657 N Kedzie Ave; Zi. 85–200 US$; ❄🛜; ⓜBlue Line bis Logan Square) Eingecheckt wird in dem mit einem Michelin-Stern ausgezeichneten Gastropub im Erdgeschoss, danach geht es zu den sechs Zimmern eine Etage höher, welche rustikal-altmodisch eingerichtet sind. Sie sind recht hellhörig, doch wer seine Whiskey-Gutscheine an der Bar eingelöst hat, wird sich daran wohl nicht mehr stören. Von der El-Haltestelle aus geht man die Kedzie Avenue einen Block Richtung Norden.

Days Inn Lincoln Park North
HOTEL $$

(☎773-525-7010; www.daysinnchicago.net; 644 W Diversey Pkwy; Zi. inkl. Frühstück 125–185 US$; P❄@🛜; 🚌22) Dieses sehr gepflegte Hotel in Lincoln Park gehört zu einer Hotelkette und ist sowohl bei Familien als auch bei Indie-Bands auf Tournee beliebt, denn der Service ist gut und es bietet Extras wie den kostenlosen Besuch eines Fitnesscenters. Zu den Parks und Stränden am See kann man locker zu Fuß gehen, ins Zentrum dauert es mit dem Bus 15 Minuten. Das Hotel liegt direkt an der geschäftigen Kreuzung der Straßen Broadway, Clark und Diversey.

✖ Essen

Im letzten Jahrzehnt hat sich Chicago in ein Gourmetparadies verwandelt. Das Schöne ist, dass selbst die angesagtesten Restaurants für jedermann zugänglich sind: Sie sind visionär, aber traditionell, bleiben im Herzen lockere Treffs, und die Preise sind erschwinglich. Zudem gibt's in der Stadt ein großartiges Angebot an ethnischen Restaurants, besonders außerhalb des Stadtzentrums in Vierteln wie Pilsen und Uptown.

Wer sich nicht entscheiden kann, findet beim LTH Forum (www.lthforum.com) Infos.

✖ Loop & South Loop

Viele Restaurants im Loop sind auf die vielen Angestellten eingestellt, die mittags kommen.

★ Lou Mitchell's
FRÜHSTÜCK $

(Karte S. 576; www.loumitchellsrestaurant.com; 565 W Jackson Blvd; Hauptgerichte 6–11 US$; ◷Mo–Sa 5.60–15, So 7–15 Uhr; ♿; ⓜBlue Line bis Clinton) Kellnerinnen der alten Schule servieren im Lou, einem Relikt der Route 66, Eier und dicke Scheiben Arme Ritter. Vor dem Restaurant, das gleich westlich vom Loop an der Union Station liegt, bildet sich meistens eine Schlange, doch die kostenlosen Donuts und Milk Duds versüßen das Warten.

Cafecito
KUBANISCH $

(Karte S. 576; www.cafecitochicago.com; 26 E Congress Pkwy; Sandwichs 5–7 US$; ◷Mo–Fr 9–21, Sa & So 10–18 Uhr; 🛜; ⓜBrown, Orange, Purple

o. Pink Line bis Library) Das Cafecito, das zur Jugendherberge HI-Chicago gehört, ist genau das Richtige für hungrige Traveller mit kleinem Geldbeutel. Der starke Kaffee und die herzhaften Eiersandwichs sind ein gutes Frühstück.

Gage
PUB $$$

(Karte S. 576; ☐ 312-372-4243; www.thegage chicago.com; 24 S Michigan Ave; Hauptgerichte 17–36 US$; ⊙ 11–23, Fr bis 24 Uhr; Ⓜ Brown, Orange, Green, Purple o. Pink Line bis Madison) Dieser Gastropub bringt irisch beeinflusste Gerichte mit einer besonderen Note auf den Tisch, etwa Fish'n'Chips in Guiness-Bierteig oder Pommes mit Currysauce. Auch die Drinks sind klasse, darunter eine gute Whiskey-Auswahl und Biere, die bestens zum guten Essen passen.

Near North

Near North ist die kulinarische Hauptschlagader Chicagos.

Billy Goat Tavern
BURGER $

(Karte S. 576; www.billygoattavern.com; UG, 430 N Michigan Ave; Burgers 4–6 US$; ⊙ Mo–Fr 6–2, Sa & So 10–2 Uhr; Ⓜ Red Line bis Grand) Die Reporter der *Tribune* und der *Sun-Times* futtern seit Jahrzehnten im Billy Goat. Einfach einen „Cheezborger" und ein Schlitz bestellen und sich dann die mit Zeitungen voll gekleisterten Wände anschauen und das Neueste über die Chicago Cubs Curse erfahren.

Mr. Beef
SANDWICHS $

(Karte S. 576; www.mrbeefonorleans.com; 666 N Orleans St; Sandwichs 4–7 US$; ⊙ Mo–Fr 9–17, Sa 10–15.30 Uhr, Fr & Sa auch 22.30–4 Uhr; Ⓜ Brown o. Purple Line bis Chicago) Das italienische Rindfleischsandwich, eine Chicagoer Spezialität, ist so aufgebaut: langsam gekochtes, dünn geschnittenes Rindfleisch wird in Bratensauce und eine *giardiniera* (pikantes eingelegtes Gemüse) getunkt und dann auf ein Riesenbrötchen gehäuft. Die besten gibt's im Mr. Beef an einfachen langen Tischen.

Xoco
MEXIKANISCH $$

(Karte S. 576; www.rickbayless.com; 449 N Clark St; Hauptgerichte 9–13 US$; ⊙ Di–Do 8–21, Fr & Sa bis 22 Uhr; Ⓜ Red Line bis Grand) Im mexikanischen Straßenlokal des gefeierten Kochs Rick Bayless gibt's zum Frühstück warme *churros* (spiralförmige Teigkrapfen), zum Mittagessen mit viel Fleisch belegte *tortas* (Sandwichs) und abends gehaltvolle *caldos*

CHICAGOS HEILIGE DREIFALTIGKEIT DER SPEZIALITÄTEN

Chicago hat drei heiß geliebte Spezialitäten. Ganz oben auf der Liste steht die Pfannenpizza: ein dicker Boden, der 5 bis 8 cm hoch ist und mit einem Berg geschmolzenen Belags bedeckt ist. Ein klebriges Stück Pizza bildet praktisch schon eine ganze Mahlzeit. In den folgenden Restaurants kostet eine große Pizza durchschnittlich 20 US$:

Pizzeria Uno (Karte S. 576; www.unos.com; 29 E Ohio St; kleine Pizza ab 13 US$; ⊙ Mo–Fr 11–1, Sa bis 2, So bis 23 Uhr; Ⓜ Red Line bis Grand) Hier soll die Pfannenpizza im Jahre 1943 erfunden worden sein.

Gino's East (Karte S. 576; www.ginoseast.com; 162 E Superior St; kleine Pizza ab 15 US$; ⊙ Mo–Sa 11–21.30, So ab 12 Uhr; Ⓜ Red Line bis Chicago) Beim Warten auf die Pizza kann man die Wände bekritzeln.

Lou Malnati's (Karte S. 576; www.loumalnatis.com; 439 N Wells St; kleine Pizza ab 7 US$; ⊙ Mo–Do 11–23, Fr & Sa 11–24, So 12–23 Uhr; Ⓜ Brown o. Purple Line bis Merchandise Mart) Für seinen Butterteig berühmt.

Giordano's (Karte S. 576; www.giordanos.com; 730 N Rush St; kleine Pizza ab 15 US$; ⊙ So–Do 11–22.30, Fr & Sa bis 23.30 Uhr; Ⓜ Red Line bis Chicago) Perfekt gewürzte Tomatensauce.

Pizano's (www.pizanoschicago.com; 864 N State St; 25-cm-Pizzas ab 14 US$; ⊙ So–Fr 11–2 Uhr; Ⓜ Red Line bis Chicago) Oprah Winfreys Lieblingspizzeria.

Ebenso berühmt ist der Chicagoer Hotdog – ein Würstchen, das „durch den Garten gezogen wurde", d.h. mit Zwiebeln, Tomaten, Kopfsalat, Pfefferschoten und süßen Gewürzen (oder anderen Variationen, aber *niemals* Ketchup) belegt und in einem Mohnbrötchen serviert wird. Bei Hot Doug's (S. 593) sind die Hotdogs so, wie sie sein müssen.

Die Stadt ist außerdem für ihre pikanten, triefenden italienischen Rindfleischsandwichs bekannt, die es nur in Chicago gibt. Die besten gibt's bei Mr. Beef (S. 591).

FOOD TRUCKS: IMBISS AUF RÄDERN

Bis 2012 war es in Chicago verboten, auf einem Food Truck, einem LKW-Imbiss, Essen zuzubereiten. Doch heute fahren massenweise Food Trucks durch die Stadt. In der Mittagszeit steuern sie vor allem Gegenden mit vielen Büroangestellten an, etwa den Loop und Near North; gegen Abend fahren sie nach Wicker Park und Lake View. Die meisten Trucks twittern ihre Standorte, das *Chicago Magazine* (@ChicagoMag/chicago-food-trucks) veröffentlicht eine Übersicht. Unbedingt nach dem Tamale Spaceship Ausschau halten!

(Suppen). Seine gehobenen Restaurants Frontera Grill und Topolobampo befinden sich gleich nebenan, man benötigt aber eine Reservierung oder eine ganze Menge Geduld, um hineinzukommen.

Purple Pig   MEDITERRAN **$$**
(Karte S. 576; 312-464-1744; www.thepurplepigchicago.com; 500 N Michigan Ave; kleine Teller 8–16 US$; So–Do 11.30–24, Fr & Sa bis 1 Uhr; ; Red Line bis Grand) Die tolle Lage, die vielfältige Palette an Fleisch und vegetarischen Gerichten, die große Liste bezahlbarer Weine und die lange Öffnungszeit der Küche am Abend machen das Pigs zu einem Publikumshit. Eine köstliche Spezialität des Hauses ist die in Milch geschmorte Schweineschulter.

Lincoln Park & Old Town

Die Hauptstraßen Halsted, Lincoln und Clark sind von Restaurants und Bars gesäumt.

Wiener's Circle   AMERIKANISCH **$**
(773-477-7444; 2622 N Clark St; Hotdogs 3–6 US$; So–Do 10.30–4, Fr & Sa bis 5 Uhr; Brown o. Purple Line bis Diversey) Das Wiener's Circle, das für sein wüstes, unflätiges Ambiente ebenso berühmt ist wie für seine Hotdogs und Cheddar-Pommes, ist der Ort, um spätabends und eventuell gar im alkoholisiertem Zustand noch etwas zu futtern.

★**Alinea**   MODERN-AMERIKANISCH **$$$**
(312-867-0110; www.alinearestaurant.com; 1723 N Halsted St; mehrgängiges Menü 210–265 US$; Mi–So 17.30–21.30 Uhr; Red Line bis North/Clybourn) Das Alinea, das weithin als eines

der besten Restaurants Nordamerikas gilt, präsentiert 20 Gänge seiner unglaublichen Molekular-Küche. Die Gerichte, etwa Ente mit einem „Kissen aus Lavendelluft", können aus einer Zentrifuge kommen oder aber in eine Kapsel gepresst sein. Reservierungen nimmt das Alinea nicht an, stattdessen verkauft es zwei bis drei Monate im Voraus Tickets. Wer sich auf der Website anmeldet, erfährt die Einzelheiten. Im Twitter-Feed (@Alinea) gibt's eventuell Last-Minute-Plätze.

Lake View & Wrigleyville

Clark, Halsted, Belmont und Southport sind die richtigen Straßen, um auf Restaurantsuche zu gehen.

★**Crisp**   ASIATISCH **$**
(www.crisponline.com; 2940 N Broadway; Hauptgerichte 7–12 US$; 11.30–21 Uhr; Brown Line bis Wellington) In diesem freundlichen Café erklingt Musik aus der Stereoanlage und aus der Küche kommen preiswerte, köstliche koreanische Fusionsgerichte. Die „Bad Boy Buddha"-Schüssel, eine Variante von *bi bim bop* (gemischtes Gemüse mit Reis) ist eines der besten günstigen Mittagessen der Stadt!

Mia Francesca   ITALIENISCH **$$**
(773-281-3310; www.miafrancesca.com; 3311 N Clark St; Hauptgerichte 13–25 US$; Mo–Do 17–22, Fr 17–23, Sa 10–23, So 10–22 Uhr; Red, Brown o. Purple Line bis Belmont) In der lokalen Restaurantkette Mia wimmelt es nur so vor Stammgästen. Sie kommen wegen der italienischen Standardgerichte wie Linguine mit Meeresfrüchten, Spinatravioli oder Kalbsmedaillons in Pilzsauce, die alle einfach, aber gut zubereitet sind.

Andersonville & Uptown

Nach „Little Saigon" geht's mit der CTA Red Line bis Argyle. Wer Lust auf die europäischen Cafés in Andersonville hat, fährt eine Station weiter bis Berwyn.

★**Hopleaf**   EUROPÄISCH **$$**
(773-334-9851; www.hopleaf.com; 5148 N Clark St; Hauptgerichte 11–26 US$; Mo–Do 12–23, Fr & Sa bis 24, So bis 22 Uhr; Red Line bis Berwyn) Das Hopleaf, eine gemütliche Taverne im europäischen Stil, lockt mit seiner geräucherten Rinderbrust à la Montreal, Sandwichs mit Cashew-Butter und Feigenmarmelade sowie der Hausspezialität – Pommes Frites mit in Bier eingelegten Muscheln – ganze Heerscharen an. Außerdem schenkt es 200

Biersorten aus, darunter sind auch etliche belgische Biere.

Tank Noodle VIETNAMESISCH $$

(☎ 773-878-2253; www.tank-noodle.com; 4953 N Broadway; Hauptgerichte 8–14 US$; ⊗ Mo, Di & Do-Sa 8.30–22, So bis 21 Uhr; Ⓜ Red Line bis Argyle) Offiziell heißt das Restaurant Pho Xe Tàng, doch jeder nennt es Tank Noodle. Die Gäste kommen in Scharen, um sich *banh mi,* das auf knusprigen frischen Baguette-Brötchen serviert wird, und das Pho, das als das beste der Stadt gilt, schmecken zu lassen.

🍴 Wicker Park, Bucktown & Ukrainian Village

In diesen Vierteln wird fast jeden Tag irgendein neues trendbewusstes Restaurant eröffnet.

Big Star Taqueria MEXIKANISCH $

(www.bigstarchicago.com; 1531 N Damen Ave; Tacos 3–4 US$; ⊗ 11.30–2 Uhr; Ⓜ Blue Line bis Damen) Dieser Honky-Tonk-Laden ist immer rappelvoll, doch die fantastischen Tacos belohnen den, der warten kann! Schweinbauch in Tomaten-*guajillo*-(Chili-)Sauce und Lammschulter mit *queso fresco* (Frischkäse) schmecken bestens zu den Whiskeyspezialitäten. Nur Barzahlung.

★ Ruxbin MODERN-AMERIKANISCH $$$

(☎ 312-624-8509; www.ruxbinchicago.com; 851 N Ashland Ave; Hauptgerichte 25–30 US$; ⊗ Di-Sa 17.30–22, So bis 21 Uhr; Ⓜ Blue Line bis Division) 🍴 Die Leidenschaft des Bruder-Schwester-Teams, das das Ruxbin leitet, zeigt sich überall, ob in der schönen Dekoration aus Fundstücken oder im kunstvoll geschaffenen Geschmack der Gerichte wie Schweinebauchsalat mit Grapefruit oder Maisbrot und Blaukäse. Das kleine Restaurant hat nur 32 Plätze und erlaubt Gästen, ihren eigenen Wein mitzubringen (BYOB, „bring you own bottle").

🍴 Logan Square & Humboldt Park

Logan Square hat sich zu einem Mekka für innovative, schnörkellose Küche entwickelt. Rund um die Kreuzung Milwaukee, Logan und Kedzie finden sich viele Restaurants und Bars.

★ Hot Doug's AMERIKANISCH $

(☎ 773-279-9550; www.hotdougs.com; 3324 N California Ave; Hauptgerichte 3–9 US$; ⊗ Mo-Sa 10.30–16 Uhr; Ⓜ Blue Line bis California o. Bus 52) Dougs Würstchen sind die berühmtesten der Stadt, und das mit Recht. Er serviert die Hotdogs in vielen Varianten (polnisch, mit Bratwürsten, nach Chicagoer Art) und bereitet sie auf verschiedene Weise zu (auf dem Holzkohlegrill, gebraten, gedämpft). Noch Fragen? Er erklärt alles ganz genau. Außerdem bereitet er „Haute Dogs" für Feinschmecker zu, z.B. Schweinefleischwürstchen mit Blaukäse und einer Kirschsahnesauce. Weil alles so köstlich ist, gibt's hier immer eine Schlange. Nur Barzahlung.

★ Longman & Eagle AMERIKANISCH $$$

(☎ 773-276-7110; www.longmanandeagle.com; 2657 N Kedzie Ave; Hauptgerichte 17–29 US$; ⊗ 9–2 Uhr; Ⓜ Blue Line bis Logan Sq) Schwer zu sagen, ob man in dieser Taverne mit Shabby-Chic lieber etwas essen oder etwas trinken sollte. Immerhin erhielt sie einen Michelin-Stern für ihre wunderbar zubereitete Hausmannskost, etwa Französischer Toast mit Vanille-Brioche zum Frühstück, Sloppy Joes mit Wildschwein zum Mittagessen und in Ahornsirup geschmorte Schweineschenkel zum Abendessen – also gleich essen und trinken? Es gibt auch eine ganze Karte mit leckeren kleinen Portionen. Reservierungen sind nicht möglich.

🍴 Near West Side & Pilsen

Der West Loop boomt mit Restaurants von Spitzenköchen. Wer die Randolph Street und die Fulton Market Street entlangspaziert, hat die Qual der Wahl. Greektown erstreckt sich entlang der S Halsted Street (mit der Blue Line bis UIC-Halsted fahren). In der mexikanischen Enklave Pilsen gibt's rund um die W 18th Street zahlreiche Lokale.

Don Pedro Carnitas MEXIKANISCH $

(1113 W 18th St; Tacos 1,50–2 US$; ⊗ Mo-Fr 6–18, Sa 5–17, So 5–15 Uhr) In diesem einfachen Laden in Pilsen wird man von einem Mann mit Machete begrüßt. Er wartet auf den Befehl der Gäste, ein paar Stücke vom Schweinebraten abzuhacken, die er dann zusammen mit Zwiebeln und Koriander in eine frische Tortilla wickelt. Nur Barzahlung.

★ Little Goat DINER $$

(Karte S. 576; www.littlegoatchicago.com; 820 W Randolph St; Hauptgerichte 8–12 US$; ⊗ 7–2 Uhr; 📶 🍴; Ⓜ Green o. Pink Line bis Morgan) Stephanie Izard, Gewinnerin des amerikanischen Fernsehkochwettbewerbs *Top Chef* eröffnete dieses Restaurant für die hungrigen Massen gegenüber von ihrem immer ausgebuchten Restaurant „Girl and the Goat". Man nimmt auf einem altmodischen Stuhl Platz und wählt etwas von der ganztägig gültigen Frühstückskarte, oder besser noch eins der beliebten Mittagsgerichte, z. B. Sloppy Joe mit Ziegenfleisch und Kartoffelmus-Tempura oder Schweinebauch auf Schalottenpfannkuchen.

Publican AMERIKANISCH $$$
(Karte S. 576; ☎312-733-9555; www.thepublican restaurant.com; 837 W Fulton Market; Hauptgerichte 19–25 US$; ⏰Mo-Do 15.30–22.30, Fr 15.30–23.30, Sa & So 10–23.30 Uhr; Ⓜ Green o. Pink Line bis Morgan) 🍷 Das Publican sieht aus wie eine elegante Bierhalle und ist auf Austern, Schinken und edle Getränke, die allesamt von Familienfarmen und Kleinbrauereien stammen, spezialisiert.

 Ausgehen & Nachtleben

Während des langen Winters vertrauen die Chicagoer auf ihre Bars. Meist schließen sie um 2, einige sind aber auch bis 4 Uhr offen. Im Sommer locken viele Bars mit Biergärten.

Die Clubs in Near North und West Loop sind oft riesig und luxuriös (mit Kleiderordnung). In den Clubs in Wicker Park und Ukrainian Village geht es lockerer zu.

NICHT VERSÄUMEN

BIERE AUS DEM MITTLEREN WESTEN

Dank seines deutschen Erbes wartet der Mittlere Westen mit leckerem Gerstensaft auf. Ja, auch Budweiser und Miller sind hier zu Hause, doch um die geht es hier nicht. Viel interessanter sind die handwerklichen Brauereien der Region. Besucher sollten auf die Biere der folgenden Brauereien achten, die in der ganzen Gegend erhältlich sind:

➡ Bell's (Kalamazoo, MI)

➡ Capital (Madison, WI)

➡ Founder's (Grand Rapids, MI)

➡ Great Lakes (Cleveland, OH)

➡ Lakefront (Milwaukee, WI)

➡ New Holland (Holland, MI)

➡ Summit (St. Paul, MN)

➡ Surly (Minneapolis, MN)

➡ Three Floyds (Munster, IN)

➡ Two Brothers (Warrenville, IL)

🍷 The Loop & Near North

Restaurants wie das Gage, die Billy Goat Tavern und das Purple Pig (s. Essen) eignen sich auch wunderbar für einen Drink.

Signature Lounge LOUNGE
(www.signatureroom.com; 875 N Michigan Ave; Drinks 6–16 US$; ⏰ ab 11 Uhr; Ⓜ Red Line nach Chicago) Hier hat man einen Blick wie vom Hancock Observatory, aber ohne dessen Eintrittspreis zahlen zu müssen. Mit dem Fahrstuhl in den 95. Stock fahren, ein Getränk bestellen und den Blick über die Stadt genießen! Ladys aufgepasst: Auf keinen Fall den Blick aus der Damentoilette verpassen.

Berghoff BAR
(Karte S. 576; www.theberghoff.com; 17 W Adams St; ⏰Mo-Sa 11–21 Uhr; Ⓜ Blue o. Red Line bis Jackson) Das Berghoff war die erste Bar der Stadt, die nach der Prohibition wieder legale Drinks servierte; Gäste können darum bitten, die Alkoholausschanklizenz mit dem Stempel „1" sehen zu dürfen. Seitdem hat sich an der kleinen, alten hölzernen Bar wenig verändert. Das Hausbier wird in eiskalten Krügen serviert und im angrenzenden Restaurant gibt's Sauerbraten.

⭐Clark Street Ale House BAR
(Karte S. 576; www.clarkstreetalehouse.com; 742 N Clark St; ⏰ ab 16 Uhr; Ⓜ Red Line bis Chicago) Einfach das alte Werbeschild beherzigen: „Stop & Drink Liquor". Der große Magnet der Bar sind die Biere von Kleinbrauereien aus dem Mittleren Westen. Ein Probierset mit drei Bieren kostet 6 US$.

Intelligentsia Coffee CAFÉ
(Karte S. 576; www.intelligentsiacoffee.com; 53 E Randolph St; ⏰Mo-Fr 6.30–20, Sa 7–21, So 7–19 Uhr; Ⓜ Brown, Orange, Green, Purple o. Pink Line bis Randolph) Die Filialen dieser lokalen Kette rösten ihre Bohnen selbst und brauen richtig starken Kaffee. Das Personal gewann vor Kurzem die US Barista Championship.

🍷 Old Town & Wrigleyville

⭐Old Town Ale House BAR
(www.theoldtownalehouse.com; 219 W North Ave; ⏰Mo-Fr 15-4, Sa & So ab 12 Uhr; Ⓜ Brown o. Purple Line bis Sedgwick) In der unprätentiösen, beliebten Bar mischen sich die Schönen und Reichen mit ergrauten Stammgästen unter „Aktbildern" von Politikern, um ein Bierchen zu trinken. Es liegt gegenüber vom Second City auf der anderen Straßenseite.

★ Gingerman Tavern BAR

(3740 N Clark St; ⊙ Mo–Fr ab 15, Sa & So ab 12 Uhr; Ⓜ Red Line bis Addison) Mit seinem Billardtisch, der guten Bierauswahl und den gepiercten und tätowierten Gästen hebt sich das Gingerman wohltuend von den Wrigleyville-Sportsbars in der Umgebung ab.

Smart Bar CLUB

(www.smartbarchicago.com; 3730 N Clark St; ⊙ Mi–Sa 10–16 Uhr; Ⓜ Red Line bis Addison) Tanzwütige lieben den bewährten, schnörkellosen Club, der zum Rockclub Metro gehört.

🍷 Wicker Park, Bucktown & Ukrainian Village

Map Room BAR

(www.maproom.com; 1949 N Hoyne Ave; ⊙ Mo–Fr ab 6.30, Sa ab 7.30, So ab 11 Uhr; 🛜) In dieser mit Landkarten und Globen dekorierten „Traveller-Taverne" nippen künstlerisch angehauchte Typen tagsüber am Kaffee und trinken abends eine der 200 Biersorten.

Danny's BAR

(1951 W Dickens Ave; ⊙ ab 19 Uhr; Ⓜ Blue Line bis Damen) Das angenehm schummrige, leicht abgewetzte Ambiente im Danny's lädt zu einem Schwatz bei einem Glas Bier ein. Zum künstlerisch-überkommenen Flair tragen auch gelegentliche Lesungen sowie DJs bei.

Matchbox COCKTAILBAR

(Karte S. 576; 770 N Milwaukee Ave; ⊙ ab 16 Uhr; Ⓜ Blue Line bis Chicago) Ins Matchbox quetschen sich Anwälte, Künstler und Faulenzer, um Cocktails zu trinken. Es ist fast so klein wie eine Streichholzschachtel und hat nur etwa zehn Barhocker; alle anderen Gäste lehnen an der Wand. Das Matchbox liegt im einsamen Nordwesten des Zentrums.

🍷 Logan Square

Late Bar CLUB

(www.latebarchicago.com; 3534 W Belmont Ave; ⊙ Di–Sa ab 22 Uhr; Ⓜ Blue Line bis Belmont) Das abgefahrene New-Wave-Ambiente der Bar, die ein paar DJs gehört, zieht Gäste aller Couleur an. Es liegt abseits ausgetretener Pfade in einer verlassenen Ecke von Logan Square, ist aber mit der Blue Line leicht erreichbar.

🍷 West Loop

Aviary COCKTAILBAR

(Karte S. 576; www.theaviary.com; 955 W Fulton Market; ⊙ Di–Sa ab 18 Uhr; Ⓜ Green o. Pink Line

WIE MAN EINE ECHTE CHICAGOER BAR FINDET

Wir können leider nicht alle Kneipen der Stadt aufführen, wir können aber Tipps geben, wie man auf eigene Faust eine typische Kneipe mit Charakter findet. Man sollte auf folgende Erkennungszeichen achten:

➡ Ein „Old Style"-Bierschild vor der Tür

➡ Ein abgenutztes Dartbrett und/oder ein alter Billardtisch

➡ Stammkunden mit Baseballcaps der Cubs, White Sox oder Bears auf dem Kopf

➡ Bierflaschen, die in Eiskübeln serviert werden

➡ Sport im TV

bis Morgan) Das Aviary gewann den James Beard Award für die besten Cocktails der USA. Die göttlichen Drinks sind wirklich unvergleichlich! Einige werden mit Bunsenbrennern serviert, andere mit einer Schleuder, um das Eis zu brechen. Jedenfalls: Sie schmecken großartig, wie auch immer sie zustande kommen. Es ist ratsam, online zu reservieren.

☆ Unterhaltung

Im **Reader** (www.chicagoreader.com) stehen aktuelle Veranstaltungstermine.

Blues & Jazz

Der Blues und der Jazz haben in Chicago tiefe Wurzeln geschlagen.

★ Green Mill JAZZ

(www.greenmilljazz.com; 4802 N Broadway; Grundgebühr 5–15 US$; ⊙ Mo–Sa 12–4, So ab 11 Uhr; Ⓜ Red Line bis Lawrence) Das zeitlose Green Mill wurde als eine der Lieblings-Flüsterkneipen von Al Capone berühmt (die Tunnel, in denen er den Schnaps versteckte, befinden sich noch immer unter der Bar). Die geschwungenen Ledernischen machen Lust auf einen weiteren Martini. Jeden Abend treten Jazzmusiker aus der Region und aus dem ganzen Land auf; samstags findet im Green Mill der in den ganzen USA bekannte Poetry Slam statt.

★ Buddy Guy's Legends BLUES

(Karte S. 576; www.buddyguys.com; 700 S Wabash Ave; Tickets So–Do 10 US$, Fr & Sa 20 US$; ⊙ Mo &

Di ab 17, Mi–Fr ab 11, Sa & So ab 12 Uhr; M Red Line bis Harrison) Spitzenmusiker aus der Region und darüber hinaus spielen auf der Bühne der örtlichen Ikone Buddy Guy. Er selbst ist meistens bei einer Reihe von Konzerten im Juni zu hören. Von Mittwoch bis Sonntag geben Musiker aller Altersklassen zwischen 10 und 2 Uhr Akustikkonzerte.

Kingston Mines
BLUES

(www.kingstonmines.com; 2548 N Halsted St; Tickets 12–15 US$; ☺ Mo–Do 20–4, Fr & Sa ab 19, So ab 18 Uhr; M Brown o. Purple, Red Line bis Fullerton) Zwei Bühnen sorgen an sieben Abenden in der Woche dafür, dass immer etwas los ist. Das Kingston Mines ist laut, heiß, verschwitzt und überfüllt und befindet sich in Lincoln Park.

BLUES
BLUES

(www.chicagobluesbar.com; 2519 N Halsted St; Tickets 7–10 US$; ☺ ab 20 Uhr; M Brown, Purple o. Red Line bis Fullerton) In diesen bewährten Club kommt ein etwas gesetzteres Publikum, um jeden faszinierenden, elektrisierenden Moment zu genießen.

Rock & Weltmusik

★Hideout
LIVEMUSIK

(www.hideoutchicago.com; 1354 W Wabansia Ave; ☺ Di & Sa 19 Uhr–spät, Mi–Fr ab 16 Uhr, So & Mo variierende Öffnungszeiten; ☒72) Diese Zwei-Raum-Location, die hinter einer Fabrik am Rand von Bucktown versteckt liegt und Indie-Rock und alternativen Country auf die Bühne bringt, lohnt den Besuch. Die Besitzer pflegen eine alternative Underground-Atmosphäre, und so wirkt das Hideout wie Großmutters Partykeller. Jeden Abend gibt's Konzerte oder andere Events (Bingo, Lesungen etc.).

SummerDance
MUSIK

(Karte S. 576; ☎ 312-742-4007; www.chicagosum merdance.org; 601 S Michigan Ave; ☺ Do–Sa 18 Uhr, Ende Juni–Mitte Sept. auch So 16 Uhr; M Red Line bis Harrison) GRATIS Beim Spirit of Music Garden im Grant Park sorgen multikulturelle lokale Bands für Stimmung. Sie spielen Rumba, Samba und andere internationale Rhythmen, danach folgen fröhliche Tanzkurse – und alles ist kostenlos.

Empty Bottle
LIVEMUSIK

(www.emptybottle.com; 1035 N Western Ave; ☺ Mo–Do 17 Uhr–open end, Do & Fr ab 15, Sa & So ab 11 Uhr; ☒49) In diesem etwas heruntergekommenen In-Club erklingt Indie-Rock und Jazz, montags sind die Konzerte meist kostenlos (und das Pabst kostet nur 1,50 US$).

★Metro
LIVEMUSIK

(www.metrochicago.com; 3730 N Clark St; M Red Line bis Addison) Hier spielen lokale Bands auf dem Weg zum Ruhm sowie nationale Musiker, die gerne mal in einer „intimen" Atmosphäre auftreten wollen.

Whistler
LIVEMUSIK

(☎ 773-227-3530; www.whistlerchicago.com; 2421 N Milwaukee Ave; ☺ Mo–Do ab 18, Fr–So ab 17 Uhr; M Blue Line bis California) GRATIS Indiebands und Jazztrios lassen in diesem kleinen, künstlerisch angehauchten Club in Logan Square ihren Weltschmerz heraus. Der Eintritt ist immer frei.

Theater

Chicago genießt den Ruf als Theaterstadt mit Recht. Viele Produktionen schaffen es auf den Broadway. Im Theater District in der State Street und der Randolph Street finden sich mehrere große, neonbeleuchtete Theater. Karten für die meisten von ihnen gibt es bei **Broadway in Chicago** (☎ 800-775-2000; www.broadwayinchicago.com).

Steppenwolf Theatre
THEATER

(☎ 312-335-1650; www.steppenwolf.org; 1650 N Halsted St; M Red Line bis North/Clybourn) Das Theater, in dem Malkovich, Sinise und andere Hollywoodstars auftreten, liegt 3 km nördlich vom Loop in Lincoln Park.

Goodman Theatre
THEATER

(Karte S. 576; ☎ 312-443-3800; www.goodman theatre.org; 170 N Dearborn St; M Brown, Orange, Green, Purple, Pink o. Blue Line bis Clark/Lake) Das zweite herausragende Theater der Stadt ist für seine neuen und klassischen amerikanischen Stücke berühmt.

Chicago Shakespeare Theater
THEATER

(Karte S. 576; ☎ 312-595-5600; www.chicagoshakes. com; 800 E Grand Ave; M Red Line bis Grand, danach Trolley) Die Komödien und Tragödien des großen Shakespeare am Navy Pier (und im Sommer kostenlos in den Parks der Stadt).

Lookingglass Theatre Company
THEATER

(Karte S. 576; ☎ 312-337-0665; www.lookingglass theatre.org; 821 N Michigan Ave; M Red Line bis Chicago) Das Theater im alten Wasserwerk führt magische literarische Werke auf.

Neo-Futurists
THEATER

(☎ 773-275-5255; www.neofuturists.org; 5153 N Ashland Ave; M Red Line bis Berwyn) Präsentiert Originalstücke, die die Besucher zugleich nachdenklich stimmen und zum Lachen bringen.

Comedy

Impro-Comedy hat ihre Wurzeln in Chicago, und noch immer bringt die Stadt die Besten der Branche hervor.

Second City   COMEDY
(☎ 312-337-3992; www.secondcity.com; 1616 N Wells St; Ⓜ Browno. Purple Line bis Sedgwick) Hier präsentiert sich die Crème de la Crème, z. B. Bill Murray, Stephen Colbert, Tina Fey. Tipp: Wer nach der letzten Abendshow kommt, kann die Comedians kostenlos bei einer Impro-Vorstellung erleben (außer freitags).

iO Theater   COMEDY
(☎ 773-880-0199; www.ioimprov.com; 3541 N Clark St; Ⓜ Red Line bis Addison) Chicagos andere große Spielstätte für Impro-Comedy soll Ende 2014 in ein neues, größeres Quartier in 1501 N Kingsbury Street (in Lincoln Park) ziehen.

Sport

Chicago Cubs   BASEBALL
(www.cubs.com; 1060 W Addison St; Ⓜ Red Line bis Addison) Die Cubs gewannen 1908 zum letzten Mal die World Series, doch das hält die Fans nicht davon ab, zu ihren Spielen zu kommen. Das liegt zum Teil auch am stimmungsvollen, efeuumrankten Wrigley Field, das aus dem Jahr 1914 stammt. Die beliebtesten Plätze sind die lärmigen Tribünensitze. Wer kein Ticket mehr bekommt, kann das Spiel durchs „knothole", eine Öffnung von der Größe einer Garagentür in der Sheffield Avenue, kostenlos sehen.

Chicago White Sox   BASEBALL
(www.whitesox.com; 333 W 35th St; Tckets 20–70 US$; Ⓜ Red Line bis Sox-35th) Die Sox sind die South-Side-Rivalen der Cubs und spielen im moderneren „Cell", dem US Cellular Field. Die Tickets sind meistens billiger und leichter erhältlich als im Wrigley Field; montags kosten sie immer nur die Hälfte.

Chicago Bears   FOOTBALL
(Karte S. 576; www.chicagobears.com; 1410 S Museum Campus Dr; 🚍 146, 130) Die Bears, Chicagos Team in der NFL, spielen im Soldier Field,

CHICAGO FÜR SCHWULE & LESBEN

In Chicago gibt es eine große Schwulen- und Lesbenszene. Grundlegende Infos zur Chicagoer Szene stehen in der **Windy City Times** (www.windycitymediagroup.com) und im **Pink Magazine** (www.pinkmag.com).

Die **Chicago Area Gay & Lesbian Chamber of Commerce** (www.glchamber.org) hat ein touristisches Onlineverzeichnis. Chicago Greeter (S. 588) bietet maßgeschneiderte Stadtführungen.

Am dichtesten konzentrieren sich Bars und Clubs auf der N Halsted Street in Wrigleyville zwischen Belmont Avenue und Grace Street; die Gegend wird auch Boystown genannt. Die andere Gegend für schwules und lesbisches Nachtleben ist Andersonville – dort geht es entspannter und nicht so partymäßig zu. Unsere Tipps:

Big Chicks (www.bigchicks.com; 5024 N Sheridan Rd; ⊙ Mo–Fr ab 16, Sa ab 9, So ab 10 Uhr; 🛜; Ⓜ Red Line bis Argyle) Ungeachtet des Namens kommen sowohl Männer als auch Frauen ins Big Chicks, in dem am Wochenende DJs auflegen und Kunstausstellungen stattfinden. Sein benachbartes Biorestaurant **Tweet** (www.tweet.biz; 5020 N Sheridan Rd; Hauptgerichte 7–12 US$; ⊙ 9–15 Uhr; 🛜; Ⓜ Red Line bis Argyle) 🍴 platzt beim Brunch am Wochenende aus allen Nähten.

Sidetrack (www.sidetrackchicago.com; 3349 N Halsted St; ⊙ Mo–Fr ab 15, Sa & So ab 13 Uhr; Ⓜ Red, Brown o. Purple Line bis Belmont) Im riesigen Sidetrack hämmert Dancemusik, außerdem finden Shows statt – ein erstklassiger Ort, um Leute zu beobachten.

Hamburger Mary's (www.hamburgermarys.com/chicago; 5400 N Clark St; ⊙ Mo–Fr ab 11.30, Sa & So ab 10.30 Uhr; Ⓜ Red Line bis Berwyn) Cabaret, Karaoke, Burger und eine Terrasse, auf der das Bier in Strömen fließt, sorgen in dem angesagten Treff für Stimmung.

Chance's Dances (www.chancesdances.org) Organisiert schwule Tanzpartys in verschiedenen Clubs in der ganzen Stadt.

Pride Parade (http://chicagopride.gopride.com; ⊙ Ende Juni) Die Pride Parade führt durch Boystown und zieht über 800 000 Feierlustige an.

North Halsted Street Market Days (www.northalsted.com; ⊙ Anfang Aug.) Ein weiteres wildes Event in Boystown mit Straßenfest und schrägen Kostümen.

das man an seiner architektonischen Kombination aus klassischem Stil und fliegender Untertasse erkennt. Die Fans sind stets in Partystimmung und es gibt jede Menge Alkohol.

Chicago Bulls
BASKETBALL

(www.nba.com/bulls; 1901 W Madison St; 🚍 19, 20) Ist Derrick Rose der neue Michael Jordan? Wer es wissen will, sollte sich ein Spiel der Bulls im United Center, ihrem Heimstadion, anschauen. Es liegt etwa 3 km westlich vom Loop. An Spieltagen setzt die CTA Sonderbusse (Nr. 19) ein. Zu Fuß sollte man besser nicht zum Stadion gehen.

Chicago Blackhawks
EISHOCKEY

(www.chicagoblackhawks.com; 1901 W Madison St; 🚍 19, 20) Die Spiele der Gewinner des Stanley Cups der Jahre 2010 und 2013 sind immer gut besucht. Die Chicago Blackhawks teilen sich das United Center mit den Bulls.

Darstellende Künste

Grant Park Orchestra
KLASSISCHE MUSIK

(Karte S. 576; ☎ 312-742-7638; www.grantpark musicfestival.com; Pritzker Pavilion, Millennium Park; ⊙ Mitte Juni–Mitte Aug. Mi & Fr 18.30, Sa 19.30 Uhr; Ⓜ Brown, Orange, Green, Purple o. Pink Line bis Randolph) GRATIS Das beliebte Orchester gibt den ganzen Sommer lang im Millennium Park kostenlose klassische Konzerte.

Chicago Symphony Orchestra
KLASSISCHE MUSIK

(Karte S. 576; ☎ 312-294-3000; www.cso.org; 220 S Michigan Ave; Ⓜ Brown, Orange, Green, Purple o. Pink Line bis Adams) Das CSO ist eines der besten Sinfonieorchester Amerikas. Es spielt

ℹ️ VERBILLIGTE TICKETS

Die landesweit tätige Ticketagentur Goldstar (www.goldstar.com) verkauft Tickets für alle Arten von Veranstaltungen zum halben Preis, so auch für Theateraufführungen, Sportveranstaltungen und Konzerte. Am günstigsten kommt man weg, indem man sich mindestens drei Wochen im Voraus anmeldet: Goldstar gibt die Karten recht lange vor den jeweiligen Veranstaltungen heraus.

Theaterkarten für den gleichen Tag bekommt man zum halben Preis bei Hot Tix (www.hottix.org). Man kann sie online oder an einem der drei Schalter im Zentrum kaufen. Anfang der Woche ist die Auswahl am größten.

in der von Daniel Burnham entworfenen Orchestra Hall.

Lyric Opera Of Chicago
OPER

(Karte S. 576; ☎ 312-332-2244; www.lyricopera. org; 20 N Wacker Dr; Ⓜ Brown, Orange, Purple o. Pink Line bis Washington) Die renommierte Lyric Opera lässt in einem von Kronleuchtern erhellten Saal ein paar Blocks westlich vom Loop wunderbare Musik erklingen.

Hubbard Street Dance Chicago
TANZ

(Karte S. 576; ☎ 312-850-9744; www.hubbard streetdance.com; 205 E Randolph St; Ⓜ Brown, Orange, Green, Purple o. Pink Line bis Randolph) Chicagos führendes Tanzensemble tritt im Harris Theater for Music and Dance auf.

🔒 Shoppen

Die N Michigan Avenue, die Magnificent Mile („prächtige Meile"), übt eine geradezu magische Anziehungskraft auf Shoppingfans aus. Eins der großen, ausgedehnten Einkaufszentren hier ist der Water Tower Place (Karte S. 576; www.shopwatertower.com; 835 N Michigan Ave; ⊙ Mo–Sa 10–21, So 11–18 Uhr; Ⓜ Red Line bis Chicago). Ein Stückchen weiter locken die vielen Boutiquen von Wicker Park/Bucktown (Indie und Vintage), Lincoln Park (nobel), Lake View (alternativ) und Andersonville (von allem etwas).

Chicago Architecture Foundation Shop
SOUVENIRS

(Karte S. 576; www.architecture.org/shop; 224 S Michigan Ave; ⊙ 9.30–18 Uhr; Ⓜ Brown, Orange, Green, Purple o. Pink Line bis Adams) Poster mit der Skyline, Frank-Lloyd-Wright-Notizkarten, Modelle von Wolkenkratzern und anderes für Architekturfans.

Strange Cargo
BEKLEIDUNG

(www.strangecargo.com; 3448 N Clark St; ⊙ Mo–Sa 11–18.45, So bis 17.30 Uhr; Ⓜ Red Line bis Addison) Dieser Retroladen hat kitschige T-Shirts, auf die die Gesichter von Ditka, Obama und anderen Berühmtheiten aufgebügelt wurden.

Jazz Record Mart
MUSIK

(Karte S. 576; www.jazzmart.com; 27 E Illinois St; ⊙ Mo–Sa 10–20. So 12–17 Uhr; Ⓜ Red Line bis Grand) Hier gibt's Chicagoer Jazz und Blues, sowohl als CD als auch auf Vinyl gepresst.

Quimby's
BÜCHER

(www.quimbys.com; 1854 W North Ave; ⊙ Mo–Do 12–21, Fr & Sa bis 22, So bis 19 Uhr; Ⓜ Blue Line bis Damen) Paradies für Comics, Zeitschriften und Underground-Kultur in Wicker Park.

ONLINE-TICKETS & DISCOUNT-KARTEN

Für die meisten Sehenswürdigkeiten, u. a. für das Art Institute von Chicago, das Shedd Aquarium und den Willis Tower, kann man die Eintrittskarte online kaufen. Der Vorteil ist, dass man mit Sicherheit reinkommt und vor allem die Schlangen an den Ticketschaltern umgeht. Der Nachteil ist, dass man eine Servicegebühr von 1,50 bis 4 US\$ pro Ticket (manchmal auch pro Bestellung) zahlen muss und dass die Schlange vor dem Vorverkaufsschalter manchmal genauso lang ist wie die am normalen Schalter. Unsere Empfehlung: Im Sommer (vorrangig für das Shedd Aquarium) und für große Ausstellungen sollte man sich die Eintrittskarte online besorgen, ansonsten ist das nicht zwingend nötig.

In Chicago gibt's auch ein paar Ermäßigungskarten, mit denen man ebenfalls lange Schlangen umgehen kann:

→ **Go Chicago Card** (www.gochicagocard.com) Man bezahlt einen einmaligen Betrag und hat dann freien Eintritt in unbegrenzt viele Sehenswürdigkeiten; es gibt Karten für einen, zwei, drei, fünf oder sieben aufeinanderfolgende Tage.

→ **CityPass** (www.citypass.com) Mit dieser Karte kommt man an neun Tagen in fünf Top-Attraktionen der Stadt, z. B. das Shedd Aquarium und den Willis Tower. Diese Alternative ist für diejenigen interessant, die es gern etwas ruhiger angehen lassen.

❶ Praktische Informationen

GELD

Im Zentrum herrscht wahrlich kein Mangel an Geldautomaten. Besonders viele befinden sich in der Nähe der Chicago Avenue und der Michigan Avenue. Wer Geld wechseln möchte, sollte es in Terminal 5 im O'Hare International Airport oder bei den folgenden Einrichtungen im Loop versuchen:

Travelex (☑312-807-4941; www.travelex.com; 19 S LaSalle St; ☺Mo–Fr 8–18, Sa bis 13 Uhr; Ⓜ Blue Line bis Monroe)

World's Money Exchange (☑312-641-2151; www.wmeinc.com; 203 N LaSalle St; ☺Mo–Fr 8.45–16.45 Uhr; Ⓜ Brown, Orange, Green, Purple, Pink o. Blue Line bis Clark/Lake)

INFOS IM INTERNET

Chicagoist (www.chicagoist.com) Eigenwillige Seite zu Restaurants, Kunst und Events.

Gapers Block (www.gapersblock.com) Seite mit News und Events im typischen Chicagoer Stil.

Huffington Post Chicago (www.huffington post.com/chicago) Gesammelte News aus verschiedenen lokalen Quellen.

INTERNETZUGANG

In vielen Bars und Restaurants sowie im Chicago Cultural Center gibt es kostenloses WLAN.

Harold Washington Library Center (www. chipublib.org; 400 S State St; ☺Mo–Do 9–21, Fr & Sa 9–17, So 13–17 Uhr) In dem prächtigen Gebäude voller Kunstwerke gibt's überall kostenloses WLAN, und in der 3. Etage findet man auch Internet-Terminals (Tagesausweise erhält man an der Theke).

Walgreens (☑312-664-8686; 757 N Michigan Ave; ☺24 Std.; Ⓜ Red Line bis Chicago) Auf der Mag Mile.

MEDIEN

Chicago Reader (www.chicagoreader.com) Kostenlose alternative Tageszeitung mit umfangreichen Veranstaltungsterminen.

Chicago Sun-Times (www.suntimes.com) Täglich erscheinende Boulevardzeitung.

Chicago Tribune (www.chicagotribune.com) Die seriöse Tageszeitung; ihre jüngere, verschlankte Gratisversion heißt *RedEye*.

MEDIZINISCHE VERSORGUNG

Northwestern Memorial Hospital (☑312-926-5188; www.nmh.org; 251 E Erie St) Renommiertes Krankenhaus im Zentrum.

Stroger Cook County Hospital (☑312-864-1300; www.cchil.org; 1969 W Ogden Ave) Öffentliches Krankenhaus, das vor allem einkommensschwache Patienten versorgt; 4 km westlich vom Loop.

POST

Post (Karte S. 576; 540 N Dearborn St)

TOURISTENINFORMATION

Choose Chicago (www.choosechicago.com) ist die städtische Touristeninformation. Sie betreibt zwei Besucherzentren, die beide einen besetzten Infoschalter, einen CTA-Schalter mit Ticketverkauf sowie kostenloses WLAN anbieten.

Chicago Cultural Center Visitors Center (Karte S. 576; www.choosechicago.com; 77 E Randolph St; ☺Mo–Do 9–19, Fr & Sa 10–18 Uhr; ☎; Ⓜ Brown, Orange, Green, Purple o. Pink Line bis Randolph) Hier starten auch die geführten Touren von InstaGreeter und die Führungen im Millennium Park.

Water Works Visitors Center (Karte S. 576; www.choosechicago.com; 163 E Pearson St; ◷ Mo–Do 9–19, Fr & Sa 9–18, So 10–18 Uhr; ☏; Ⓜ Red Line bis Chicago) Mit einem Ticketschalter von Hot Tix.

❶ An- & Weiterreise

BUS

Greyhound (Karte S. 576; ☏ 312-408-5800; www.greyhound.com; 630 W Harrison St; Ⓜ Blue Line bis Clinton) Der Hauptbusbahnhof liegt zwei Blocks südwestlich von der nächsten CTA-Station. Die Busse fahren häufig nach Cleveland (7½ Std.), Detroit (7 Std.) und Minneapolis (9 Std.) sowie in diverse Kleinstädte in den gesamten USA.

Megabus (Karte S. 576; www.megabus.com/us; Canal St & Jackson Blvd; ☏; Ⓜ Blue Line bis Clinton) Fährt nur in größere Städte im Mittleren Westen. Auf diesen Strecken ist das Unternehmen aber oft günstiger und effizienter und bietet bessere Qualität als Greyhound. Die Bushaltestelle liegt neben der Union Station.

FLUGZEUG

Chicago Midway Airport (MDW; www.flychicago.com) Der kleinere Flughafen wird hauptsächlich von Inlandsfluggesellschaften wie Southwest benutzt. Die Flüge sind oft günstiger als die von O'Hare.

O'Hare International Airport (ORD; www.flychicago.com) Chicagos Hauptflughafen zählt zu den verkehrsreichsten der Welt. Hier befinden sich die Hauptniederlassung von United Airlines und der Knotenpunkt von American. Die meisten nichtamerikanischen Fluglinien und internationalen Flüge nutzen Terminal 5 (außer Lufthansa und Flüge aus Kanada).

ZUG

Chicagos zeitlose **Union Station** (www.chicagounionstation.com; 225 S Canal St) ist der Knotenpunkt für landesweite und regionale **Amtrak-Zugverbindungen** (☏ 800-872-7245; www.amtrak.com). Die Züge fahren u. a. nach:

Detroit (5½ Std., 3-mal tgl.)

Milwaukee (1½ Std., 7-mal tgl.)

Minneapolis/St. Paul (8 Std., 1-mal tgl.)

New York (20½ Std., 1-mal tgl.)

San Francisco (Emeryville) (53 Std., 1-mal tgl.)

St. Louis (5½ Std., 5-mal tgl.)

❶ Unterwegs vor Ort

AUTO & MOTORRAD

Eine Warnung: Parken ist in Chicago teuer, sowohl an der Straße als auch in Parkhäusern und auf Parkplätzen. Wer es nicht vermeiden kann, sollte die **Millennium Park Garage** (www.millenniumgarages.com; 5 S Columbus Dr; pro 3/24 Std. 23/30 US$) ansteuern. Zur Stoßzeit herrscht in Chicago ein geradezu irrwitziger Verkehr.

FAHRRAD

Chicago ist eine fahrradbegeisterte Stadt mit insgesamt 200 Meilen (321 km) Fahrradwegen und einem Fahrradverleihprogramm namens **Divvy** (www.divvybikes.com). Beim **Department of Transportation** (www.chicagocompletestreets.org) erhält man kostenlose Karten. Es gibt jede Menge Fahrradstellplätze, der größte ist das **McDonalds Cycle Center** (www.chicagobikestation.com; 239 E Randolph St) im Millennium Park, das sogar Duschen hat.

VOM/ZUM FLUGHAFEN

Chicago Midway Airport 11 Meilen (17,7 km) südwestlich vom Loop. Zum Flughafen fahren etwa alle zehn Minuten Züge der CTA Orange Line (3 US$), bis ins Zentrum benötigen sie 30 Minuten. Shuttlebusse kosten 27 US$, Taxis 30 bis 40 US$.

O'Hare International Airport 17 Meilen (27 km) nordwestlich vom Loop. Die CTA Blue Line (5 US$) fährt täglich rund um die Uhr. Die Züge fahren etwa alle zehn Minuten und sind in 40 Minuten im Stadtzentrum. Airport-Express-Shuttlebusse kosten 32 US$, Taxis etwa 50 US$. Je nach Verkehrslage kann die Taxifahrt so lange wie die Zugfahrt dauern.

ÖFFENTLICHE VERKEHRSMITTEL

Die **Chicago Transit Authority** (CTA; www.transitchicago.com) betreibt die Stadtbusse sowie das Hoch- und U-Bahnnetz, auch El genannt.

➜ Zwei der acht farbig gekennzeichneten Linien – die Red Line sowie die Blue Line zum Flughafen O'Hare – fahren rund um die Uhr. Die anderen Linien sind täglich von 4 Uhr bis 1 Uhr in Betrieb. Tagsüber wartet man in der Regel höchsten 15 Minuten auf eine Bahn. Kostenlose Linienpläne gibt es an jedem Bahnhof.

➜ CTA-Busse fahren vom frühen Morgen bis zum späten Abend in alle Himmelsrichtungen.

➜ Das Standardticket für alle Züge kostet 3 US$ (einzige Ausnahme sind Züge vom O'Hare, die 5 US$ kosten) und erlaubt zweimaliges Umsteigen; Busfahrten kosten 2,25 US$.

➜ Im Zug benötigt man ein Ventra Ticket, das man an den Automaten in Bahnhöfen kaufen kann. Man kann in den Bahnhöfen auch eine Ventra Card kaufen, das ist eine wiederaufladbare Ticketkarte. Sie kostet einmalig eine Gebühr von 5 US$, die erstattet wird, sobald man die Karte registriert. Damit wird jede Fahrt 50 Cent billiger.

➜ In den Bussen kann man die Ventra Card benutzen oder beim Fahrer zahlen – aber nur passend!

→ Außerdem gibt es verschiedene Pässe, die unbegrenzt viele Fahrten erlauben (Pass für 1/3 Tage 10/20 US$). Sie sind in Bahnhöfen und Drogerien erhältlich.

Metra-Pendlerzüge (www.metrarail.com; Fahrpreise 2,75–9,25 US$, Wochenendpass 7 US$) fahren auf zwölf Strecken ab vier Bahnhöfen rings um den Loop, die LaSalle Street Station, Millennium Station, Union Station und Richard B Ogilvie Transportation Center (ein paar Blocks nördlich der Union Station) in die Vororte.

PACE (www.pacebus.com) betreibt die Vorstadtbusse; die Fahrpläne sind am Stadtverkehr ausgerichtet.

TAXI

Im Loop sowie nördlich davon bis Andersonville und Richtung Nordwesten bis Wicker Park/ Bucktown gibt es zahlreiche Taxis. Der Grundpreis beträgt 3,25 US$, dazu kommen 1,80 US$ pro Meile und 1 US$ für jeden weiteren Passagier. Es wird ein Trinkgeld von ungefähr 15 % erwartet.

ROUTE 66: GET YOUR KICKS IN ILLINOIS

Amerikas „Mutter aller Straßen" beginnt in Chicago in der Adams Street, direkt westlich der Michigan Avenue. Bevor es los geht, sollte man im Lou Mitchell's (S. 590) in der Nähe der Union Station noch einmal auftanken. Schließlich sind es 300 Meilen (483 km) von hier bis zur Grenze von Missouri.

Leider wurde der größte Teil der Route 66 in Illinois durch die I-55 ersetzt, aber es sind vereinzelt noch Abschnitte der alten Straße vorhanden, die oft parallel zur Interstate verlaufen. Ausschau nach den braunen „Historic Route 66"-Schildern halten, sie halten einen auf Kurs.

Der erste Stopp ragt 60 Meilen (ca. 100 km) südlich bei Wilmington aus den Maisfeldern. Hier kann man einen fast 9 m großen Astronauten aus Glasfaser bewundern, der vor dem **Launching Pad Drive In** (810 E Baltimore St) Wache hält. Das Restaurant ist inzwischen geschlossen, aber die Statue gibt immer noch ein wunderbares Fotomotiv ab. Von der I-55 an der Joliet Road abfahren und dem Highway 53 in Richtung Süden bis in die Stadt folgen.

Nach weiteren 45 Meilen (72 km) erreicht man Pontiac und die **Route 66 Hall of Fame** (☑815-844-4566; 110 W Howard St; ⊙Mo–Fr 9–17, Sa & So 10–16 Uhr) GRATIS mit all ihrem Nippes und den alten Fotos. Dann fährt man 50 Meilen (80 km) weiter nach Shirley und zur **Funk's Grove** (☑309-874-3360; www.funksmaplesirup.com; ⊙Mo–Fr 9–17, Sa ab 10, So ab 12 Uhr), wo man auf der hübschen Ahornsirupfarm (Landschaftsschutzgebiet) aus dem 19. Jh. einen Zwischenstopp einlegt (Exit 154).

Nach weiteren 10 Meilen (16 km) erreicht man das Dörfchen Atlanta. Im **Palms Grill Cafe** (☑217-648-2233; www.thepalmsgrillcafe.com; 110 SW Arch St; Kuchen 3 US$; ⊙5–20 Uhr) lächeln einen aus einer Glasvitrine dicke Stachelbeertorten, Trauben-Sauerrahm-Torten und leckere Pies an. Auf der gegenüberliegenden Straßenseite kann man sich mit **Tall Paul**, einer himmelhohen Statue von Paul Bunyan mit einem Hotdog in der Hand, fotografieren lassen.

Springfield, die Hauptstadt des Bundesstaates, erreicht man nach 50 Meilen (80 km). Sie bietet drei Sehenswürdigkeiten: Das **Shea's Gas Station Museum** (S. 604), das **Cozy Dog Drive In** (S. 605) und das **Route 66 Drive In** (S. 604).

Ein großes Stück der alten Route 66 verläuft weiter südlich, parallel zur I-55, durch Litchfield, wo man im **Ariston Cafe** (www.ariston-cafe.com; S Old Rte 66; Hauptgerichte 7–15 US$; ⊙Di–Fr 11–21, Sa 16–22, So 11–20 Uhr) von 1924 ein paniertes Beefsteak verputzen und mit Einheimischen plaudern kann. Bevor man über die Grenze nach Missouri fährt, sollte man noch einen Umweg machen und bei Exit 3 von der I-270 abfahren. Dann folgt man dem Highway 3 (auch Lewis and Clark Boulevard genannt) nach Süden, biegt an der ersten Ampel rechts ab und fährt Richtung Westen zur **Chain of Rocks Bridge** (⊙9 Uhr–Sonnenuntergang) von 1929. Die 1,5 km lange Brücke über den Mississippi ist nur für Fußgänger und Radfahrer passierbar. Sie hat eine Krümmung von 22° (was der Grund für viele Unfälle und schließlich für ihre Sperrung für Autos war).

Mehr Infos erhält man bei der **Route 66 Association of Illinois** (www.il66assoc.org) oder beim **Illinois Route 66 Scenic Byway** (www.illinoisroute66.org). Detaillierte Streckenbeschreibungen gibt's unter www.historic66.com/illinois.

Flash Cab (☑ 773-561-1444; www.flashcab. com)

Yellow Cab (☑ 312-829-4222; www.yellowcab chicago.com)

Rund um Chicago

Oak Park

Oak Park liegt 10 Meilen (16 km) westlich des Loop und ist leicht mit einem CTA-Zug zu erreichen. Der Ort hat zwei berühmte „Söhne": den Schriftsteller Ernest Hemingway, der hier geboren wurde, und den Architekten Frank Lloyd Wright, der hier von 1889 bis 1909 lebte und arbeitete.

In jenen 20 Jahren, die Wright in Oak Park verbrachte, hat er viele Häuser entworfen. Beim **Visitor Center** (☑ 888-625-7275; www.visitoakpark.com; 1010 W Lake St; ☺ 10–17 Uhr) kann man eine Karte (4,25 US$) kaufen, auf der die architektonischen Sehenswürdigkeiten verzeichnet sind. Um auch in eines der von Wright entworfenen Häuser einen Blick werfen zu können, muss man das **Frank Lloyd Wright Home & Studio** (☑ 312-994-4000; www.gowright.org; 951 Chicago Ave; Erw./Kind/Fotografieren 15/12/5 US$; ☺ 11–16 Uhr) aufsuchen. Die Touren finden je nach Jahreszeit unterschiedlich oft statt, im Sommer alle 20 Minuten, im Winter einmal pro Stunde. Das Studio bietet auch Spaziergänge durch den Ort sowie Audio Guides an.

Obwohl Hemingway Oak Park als ein „Dorf mit weiten Wiesen und beschränkten Gemütern" bezeichnet hat, ehrt ihn die Stadt noch immer im **Ernest Hemingway Museum** (☑ 708-848-2222; www.ehfop.org; 200 N Oak Park Ave; Erw./Kind 10/8 US$; ☺ So–Fr 13–17, Sa ab 10 Uhr). Im Eintrittspreis ist auch der Besuch von **Hemingway's Birthplace** (339 N Oak Park Ave; ☺ So–Fr 13–17, Sa ab 10 Uhr) auf der gegenüberliegenden Straßenseite enthalten.

Von Chicagos Innenstadt fährt man mit der CTA Green Line bis zur Endhaltestelle Harlem, die etwa vier Blocks vom Visitor Center entfernt ist. Der Zug fährt durch ein paar trostlose Viertel und erreicht schließlich Oak Parks „weite Wiesen".

Evanstown & North Shore

Evanston liegt etwa 14 Meilen (22,5 km) nördlich des Loop und ist mit der CTA Purple Line zu erreichen. Der Ort hat einen kompakten Stadtkern mit alten Häusern.

Hier befindet sich außerdem die Northwestern University.

Jenseits von Evanston liegen am nördlichen Seeufer Chicagos Vorstädte, die Ende des 19. Jhs. bei den Wohlhabenden in Mode kamen. Eine 30-Meilen-Fahrt (48 km) auf der Sheridan Road führt durch mehrere schmucke Städtchen bis zum sehr wohlhabenden Lake Forest. Zu den Attraktionen gehören hier das **Baha'i House of Worship** (www.bahai.us/bahai-temple; 100 Linden Ave, Eintritt frei; ☺ 6–22 Uhr) GRATIS, eine strahlend weiße, architektonische Schönheit, und der **Chicago Botanic Garden** (☑ 847-835-5440; www.chicagobotanic.org; 1000 Lake Cook Rd, Glencoe; Eintritt frei; ☺ 8 Uhr–Sonnenuntergang) GRATIS mit Wanderwegen, 255 hier beheimateten Vogelarten und Kochvorführungen (an den Wochenenden) von bekannten Chefköchen. Parken kostet 20 US$.

Etwas weiter landeinwärts befindet sich das **Illinois Holocaust Museum** (☑ 847-967-4800; www.ilholocaustmuseum.org; 9603 Woods Dr, Erw./Kind 12/6 US$; ☺ Mo–Fr 10–17, Do 10–20, Sa & So 11–16 Uhr). Neben ausgezeichneten Filmen über Überlebende des Zweiten Weltkriegs zeigt das Museum nachdenklich stimmende Kunstwerke über den Völkermord in Armenien, Ruanda, Kambodscha und anderen Ländern.

Galena & Nördliches Illinois

Das Highlight dieser Region ist der hügelige Nordwesten, und die Gegend um Galena prägen Pappeln, grasende Pferde und reizvolle Nebenstraßen.

In Union, das auf dem Weg nach Galena liegt, versetzt das **Illinois Railway Museum** (☑ 815-923-4000; www.irm.org; US 20 bis Union Rd; Erw. 10–14 US$, Kind 7–10 US$; ☺ April–Okt. variierende Öffnungszeiten) mit seinen 80 ha voller Lokomotiven Eisenbahnfreaks in Ekstase.

Galena

Das kleine Galena wird zwar wegen seiner auf Touristen ausgerichteten B&Bs, der Süßwarengeschäfte und Antiquitätenläden manchmal spöttisch als Ort für „frisch Verheiratete und fast Tote" bezeichnet, doch seine Schönheit lässt sich nicht leugnen. Der Ort erstreckt sich auf bewaldeten Anhöhen in der Nähe des Mississippi und ist von hügeligem Ackerland mit Scheunen umgeben. Die Straßen säumen Backsteinvillen im neoantiken, neogotischen und Queen-Anne-Stil – Hinterlassenschaften aus der Blütezeit der Stadt, die in der Mitte des 19. Jhs. durch die hiesigen Bleiminen reich wurde. Dazu kommen coole Kajaktouren, Ausritte zu Pferd und Fahrten über kurvige Nebenstraßen – also alles, was man sich für ein paar schöne, beschauliche Tage wünscht.

◎ Sehenswertes & Aktivitäten

Ein guter Ausgangspunkt ist das **Besucherzentrum** (☑877-464-2536; www.galena.org; 101 Bouthillier St; ⊗9–17 Uhr) in einem Bahndepot aus dem Jahr 1857 im Osten der Stadt. Hier kann man sich eine Karte holen, das Auto parken (5 US$/Tag) und zu Fuß losziehen.

Die elegante alte Main Street führt durch das historische Stadtzentrum. Eine der zahlreichen Sehenswürdigkeiten ist das **Ulysses S Grant Home** (☑815-777-3310; www.granthome.com; 500 Bouthillier St; Erw./Kind 5/3 US$; ⊗April–Okt. Mi–So 9–16.45 Uhr, Nov.–März kürzere Öffnungszeiten), ein Geschenk der örtlichen Republikaner an einen siegreichen General zum Ende des Bürgerkriegs. Grant lebte hier, bis er der 18. Präsident der USA wurde.

Outdoor-Enthusiasten sollten **Fever River Outfitters** (☑815-776-9425; www.feverriveroutfitters.com; 525 S Main St; ⊗10–17 Uhr, Anfang Sept.–Ende Mai Di–Do geschl.) besuchen, wo man Kanus, Kajaks, Stand-up-Paddle-Boards, Fahrräder und Schneeschuhe ausleihen kann. Im **Shenandoah Riding Center** (☑815-777-2373; www.shenandoahridingcenter.com; 200 N Brodrecht Rd; 1 Std. Reiten 45 US$) können sie aufs Pferd steigen und an geführten Ausritten für Reiter aller Nivaus, auch Anfänger, teilnehmen. Die Ställe befinden sich 8 Meilen (13 km) außerhalb der Stadt.

Der **Stagecoach Trail**, eine 26 Meilen (42 km) lange, schmale, kurvige Straße Richtung Warren, lädt zu einer gemütlichen Autotour ein. Um zum Trail zu kommen, fährt man auf der Main Street Richtung Nordosten durchs Zentrum bis zum zweiten Stoppschild (dort befindet sich eine Markierung). Der Stagecoach Trail war tatsächlich ein Abschnitt der alten Postkutschenroute zwischen Galena und Chicago.

⊨ Schlafen & Essen

In Galena wimmelt es nur so von mit Quilten geschmückten B&Bs. Die meisten bieten Zimmer zwischen 100 und 200 US$ pro Nacht an und füllen sich am Wochenende schnell. Auf der Website der Besucherinformation stehen Kontaktdaten. Besucher

mit Präsidentenallüren können es wie Grant und Lincoln machen und in einem der schön möblierten Zimmer des **DeSoto House Hotel** (☑815-777-0090; www.desotohouse.com; 230 S Main St; Zi. 128–200 US$; ❄ 🐾) 🐾 aus dem Jahr 1855 übernachten. Das **Grant Hills Motel** (☑877-421-0924; www.granthills.com; 9372 US 20; Zi. 70–100 US$; ❄ 🐾 📶) ist eine schnörkellose Unterkunft 1,5 Meilen (2,5 km) östlich der Stadt mit Blick ins Grüne und einem Platz zum Hufeisenwerfen.

Im **111 Main** (☑815-777-8030; www.oneelevenmain.com; 111 N Main St; Hauptgerichte 17–25 US$; ⊗Mo–Do 16–21, Fr & Sa 11–22, So 11–21 Uhr) gibt's Hackbraten, Schweinefleisch mit Kartoffelpüree und andere beliebte Gerichte aus dem Mittleren Westen mit Zutaten, die von Farmen in der Gegend stammen. Das gemütliche deutsch-französische Bistro **Fritz and Frites** (☑815-777-2004; www.fritzandfrites.com; 317 N Main St; Hauptgerichte 17–22 US$; ⊗Di & Mi 16–21, Do–Sa ab 11.30 Uhr) serviert Muscheln mit Champagnersauce, aber auch zarte Schnitzel. Die **VFW Hall** (100 S Main St; ⊗ab 16 Uhr) bietet eine tolle Gelegenheit, günstiges Bier zu trinken und zusammen mit alten Kriegsveteranen fernzusehen. Nur nicht schüchtern sein: Besucher sind willkommen, wie das Schild draußen schon sagt.

Quad Cities

Südlich von Galena erstreckt sich an einem schönen Abschnitt der **Great River Road** (www.greatriverroad-illinois.org) der malerische **Mississippi Palisades State Park** (☑815-273-2731), der von Kletterern, Wanderern und Campern gleichermaßen geschätzt wird. Infomaterial gibt es am Parkeingang.

Weiter flussabwärts liegen die **Quad Cities** (www.visitquadcities.com) – Moline und Rock Island in Illinois sowie Davenport und Bettendorf am anderen Flussufer in Iowa. Es lohnt sich, hier eine Pause einzulegen. Rock Island hat eine hübsche Innenstadt (rund um die 2nd Avenue und die 18th Street) mit ein paar Cafés und einer lebhaften Kneipen- und Musikszene. Am Stadtrand befindet sich die **Black Hawk State Historic Site** (www.blackhawkpark.org; 1510 46th Ave; ⊗Sonnenaufgang–22 Uhr), ein riesiger Park mit Wanderwegen am Rock River entlang. Das dazugehörige **Hauberg Indian Museum** (☑309-788-9536; Watch Tower Lodge; ⊗Mi–So 9–12 & 13–17 Uhr) GRATIS erzählt die tragische Geschichte des Sauk-Häuptlings Black Hawk und seines Volkes.

Auf **Rock Island**, einer Insel im Mississippi, befanden sich während des Bürgerkriegs ein Waffenlager und ein Kriegsgefangenenlager. Jetzt gibt es dort das beeindruckende **Rock Island Arsenal Museum** (⊙ Di–So 12–16 Uhr) `GRATIS`, einen Bürgerkriegsfriedhof und ein Visitor Center, von dem aus man einen guten Blick auf die Schiffe hat. Der Eintritt ist frei, man sollte aber seinen Pass mitnehmen, da die Insel noch immer eine aktive Militäreinrichtung ist.

Moline ist der Stammsitz von John Deere, dem international bedeutenden Landmaschinenhersteller. Im Zentrum gibt es außerdem den **John Deere Pavilion** (www.johndeere pavilion.com; 1400 River Dr; ⊙ Mo–Fr 9–17, Sa 10–17, So 12–16 Uhr; 🅿) `GRATIS` mit einer bei Kindern sehr beliebten Ausstellung.

Springfield & Zentrales Illinois

Alle Sehenswürdigkeiten im zentralen Illinois haben mit Abraham Lincoln oder der Route 66 zu tun. Sie sind über die ganze Region verteilt, die ansonsten nur flaches Farmland ist. Arthur und Arcola östlich von Decatur sind Hochburgen der Amish.

Springfield

Die kleine Hauptstadt des Bundesstaates ist ziemlich besessen von Abraham Lincoln, der hier von 1837 bis 1861 als Anwalt tätig war. Viele der Attraktionen befinden sich in der Innenstadt, sind zu Fuß zu erreichen und kosten wenig oder nichts.

⊙ Sehenswertes & Aktivitäten

Lincoln Home & Visitor Center   HISTORISCHE STÄTTE
(☏ 217-492-4150; www.nps.gov/liho; 426 S 7th St; ⊙ 8.30–17 Uhr) `GRATIS` Zuerst muss man sich im Besucherzentrum des National Park Service eine Eintrittskarte besorgen. Lincolns Haus mit seinen zwölf Zimmern steht direkt gegenüber auf der anderen Straßenseite. Man kann durch das ganze Haus marschieren, in dem Abe und Mary Lincoln von 1844 bis zu ihrem Umzug ins Weiße Haus im Jahre 1861 lebten. Überall sind Ranger, die Hintergrundinfos geben und Fragen beantworten.

Lincoln Presidential Library & Museum   MUSEUM
(☏ 217-558-8844; www.presidentlincoln.org; 212 N 6th St; Erw./Kind 12/6 US$; ⊙ 9–17 Uhr; 🅿) Das Museum hat die umfangreichste Lincoln-

Sammlung der Welt. Zu sehen sind hier sowohl echte alte Stücke, beispielsweise sein Rasierspiegel und seine Aktenmappe, als auch abgefahrene Ausstellungsstücke wie Hologramme, die Kinder recht spannend finden.

Lincoln's Tomb   FRIEDHOF
(www.lincolntomb.org; 1441 Monument Ave; ⊙ 9–17 Uhr, Sept.–Mai So & Mo geschl.) `GRATIS` Nach Lincolns Ermordung brachte man seinen Leichnam zurück nach Springfield und bestattete ihn in einem beeindruckenden Grab auf dem Oak Ridge Cemetry, 2,5 km nördlich vom Zentrum. Am Glanz der Nase, der durch die vielen leichten Berührungen der Besucher entstanden ist, lässt sich erahnen, wie viele Menschen ihm die Ehre erweisen. Im Sommer feuern Darsteller in Infanterie-Uniform Musketen ab und senken die Fahne.

Old State Capitol   HISTORISCHE STÄTTE
(☏ 217-785-9363; Ecke 6th St & Adams St; ⊙ 9–17 Uhr, Sept.–Mai So & Mo geschl.) Geschwätzige Dozenten führen die Besucher durch das Gebäude und erzählen Lincoln-Storys – beispielsweise wie er hier im Jahre 1858 seine berühmte „House Divided"-Rede hielt. Empfohlene Spende: 4 US$.

Shea's Gas Station Museum   MUSEUM
(☏ 217-522-0475; 2075 Peoria Rd; ⊙ nach Vereinbarung) Während dieses Buch entstand, hörte der 91-jährige Besitzer dieser berühmten Sammlung von Zapfsäulen und Schildern der Route 66 schließlich auf zu arbeiten. Seine Familie versucht aber, das Museum weiterzuführen. Wer es besuchen will, sollte telefonisch einen Termin vereinbaren.

Route 66 Drive In   KINO
(☏ 217-698-0066; www.route66-drivein.com; 1700 Recreation Dr; Erw./Kind 7/4 US$; ⊙ Juni–Aug. tgl., Mitte April–Mai & Sept. Sa & So) Zeigt aktuelle Filme unterm Sternenhimmel.

🛏 Schlafen & Essen

Statehouse Inn   HOTEL $$
(☏ 217-528-5100; www.thestatehouseinn.com; 101 E Adams St; Zi. inkl. Frühstück 95–155 US$; 🅿 ❄ @ 🛜) Die Betonfassade wirkt trist, doch innen ist das Statehouse recht elegant. Die Zimmer haben bequeme Betten und große Bäder. In der Lobby befindet sich eine im Retrostil eingerichtete Bar.

Inn at 835   B&B $$
(☏ 217-523-4466; www.innat835.com; 835 S 2nd St; Zi. inkl. Frühstück 130–200 US$; 🅿 ❄ 🛜) Die

historische, kunsthandwerklich und künstlerisch gestaltete Villa hat elf Zimmer, die
mit Himmelbetten, frei stehenden Badewannen und dergleichen ausgestattet sind.

Cozy Dog Drive In AMERIKANISCH $
(www.cozydogdrivein.com; 2935 S 6th St; Hauptgerichte 2–4,50 US$; ⊙Mo–Sa 8–20 Uhr) Die
legendäre Institution der Route 66, welche
auch den Corn Dog erfunden haben soll, bietet neben dem frittierten Hauptgericht am
Stiel auch verschiedene Erinnerungsstücke
und Souvenirs an.

Norb Andy's Tabarin PUB $
(www.norbandys.com; 518 E Capitol Ave; Hauptgerichte 7–10 US$; ⊙Di–Sa ab 11 Uhr) Norbs ur-
tümliches Restaurant mit Bar befindet sich
im 1837 erbauten Hickox House im Zentrum
und ist einer der beliebtesten Treffpunkte
der Einheimischen. Es serviert Springfields
besten „horseshoe" – gebratenes Fleisch auf
getoastetem Brot mit einem Berg Pommes
und geschmolzenem Käse.

ⓘ Praktische Informationen
Springfield Convention & Visitors Bureau
(www.visitspringfieldillinois.com) Hier ist ein
praktischer Besucherführer erhältlich.

ⓘ Anreise & Unterwegs vor Ort
Vom **Amtrak-Bahnhof** (☎217-753-2013; Ecke
3rd St & Washington St) im Stadtzentrum aus
fahren täglich fünf Züge nach St. Louis (2 Std.)
und Chicago (3½ Std.).

Petersburg
Als Lincoln 1831 nach Illinois kam, arbeitete
er zunächst als Büroangestellter, Verkäufer
und Postmeister im Grenzdorf New Salem,
bevor sein Jurastudium begann und er nach
Springfield zog. In Petersburg, 20 Meilen
(32 km) nordwestlich von Springfield, liegt
die **Lincoln's New Salem State Historic
Site** (☎217-632-4000; www.lincolnsnewsalem.
com; Hwy 97; empfohlene Spende Erw./Kind
4/2 US$; ⊙9–17 Uhr, Mitte Sept.–Mitte April Mo &
Di geschl.), wo das Dorf mitsamt Gebäuden
rekonstruiert wurde. Außerdem gibt's ge-
schichtliche Ausstellungen und Vorführungen in historischen Kleidern. Das Ganze ist
recht informativ und unterhaltsam.

Südliches Illinois
8 Meilen (13 km) östlich von St. Louis,
in der Nähe von Collinsville, wartet eine

Überraschung: die **Cahokia Mounds
State Historic Site** (☎618-346-5160; www.
cahokiamounds.org; Collinsville Rd; empfohlene
Spende Erw./Kind 4/2 US$; ⊙Visitor Center 9–17
Uhr, Gelände 8 Uhr–Sonnenuntergang) steht als
Unesco-Weltkulturerbe auf einer Stufe mit
Stonehenge, der Athener Akropolis und den
ägyptischen Pyramiden. Cahokia schützt
die Reste der größten prähistorischen Stadt
Nordamerikas (20000 Ew. mit Vororten)
aus dem Jahr 1200 v.Chr. Die 65 Erdhügel,
einschließlich des Monk's Mound und des
„Woodhenge"-Sonnenkalenders, bieten keinen übermäßig spektakulären Anblick, doch
die Anlage als solche ist auf jeden Fall einen
Besuch wert. Wer von Norden auf der I-255
kommt, nimmt Exit 24, wer auf der I-55/70
von St. Louis aus kommt, nimmt Exit 6.

Nördlich von St. Louis wartet der Highway 100 zwischen **Grafton** und **Alton** mit
den vielleicht idyllischsten 15 Meilen (24 km)
der ganzen Great River Road auf. Wenn man
die windumtosten Klippen langfährt, sollte
man unbedingt einen Abstecher ins klit-
zekleine **Elsah** (www.elsah.org) machen, ein
Dörfchen mit Steinhäusern aus dem 19. Jh.,
Woods Buggy Shops und Bauernhäusern.

Eine Ausnahme vom üblichen flachen
Farmland dieses US-Staats bildet die grüne
Region im äußersten Süden, die vom hügeligen **Shawnee National Forest** (☎618-253-
7114; www.fs.usda.gov/shawnee) und von Felsformationen durchzogen ist. In der Region
gibt's zahlreiche State Parks und Erholungsgebiete, in denen man gut wandern, schwimmen, fischen und Kanu fahren kann, vor
allem rund um **Little Grassy Lake** und
Devil's Kitchen. Und wer käme auf die Idee,
dass es hier Sümpfe wie in Florida gibt, mit
kargen Zypressen und quakenden Ochsen-
fröschen? Aber im **Cypress Creek National
Wildlife Refuge** (☎618-634-2231; www.fws.
gov/midwest/cypresscreek) ist es so! **Union County** in der Nähe der Südspitze
des US-Staats hat Weingüter und Obstgär-
ten zu bieten. Auf dem 35 Meilen (56,4 km)
langen **Shawnee Hills Wine Trail** (www.
shawneewinetrail.com), der zwölf Weingüter
verbindet, kann man allerhand probieren.

INDIANA
Der Bundesstaat kommt beim Rennen Indy
500 so richtig auf Touren, ansonsten geht
es in Indiana, dem Land der Maisstoppeln,
eher gemächlich zu: Man isst Kuchen im

KURZINFOS INDIANA

Spitzname Hoosier State

Bevölkerung 6,5 Mio.

Fläche 94 327 km²

Hauptstadt Indianapolis
(835 000 Ew.)

Verkaufssteuer 7 %

Geburtsort von Schriftsteller Kurt
Vonnegut (1922–2007), Schauspieler
James Dean (1931–1955), Talkmaster
David Letterman (geb. 1947), Rocker
John Mellencamp (geb. 1951), King of
Pop Michael Jackson (1958–2009)

Heimat von Farmern, Mais

Politische Ausrichtung normalerweise
republikanisch

Berühmt für das Autorennen Indy 500,
Basketball-Fanatismus, Schweinefilet-
sandwichs

Offizieller Kuchen Sugar Cream Pie

Entfernungen Indianapolis–Chicago
185 Meilen (298 km), Indianapolis–
Bloomington 53 Meilen (85 km)

Amish Country, meditiert in den tibetischen
Tempeln in Bloomington und bewundert
die großartige Architektur im kleinen Columbus. Nur fürs Protokoll: Die Einwohner
Indianas werden seit den 1830er-Jahren
„Hoosiers" genannt. Keiner weiß genau, wo
der Spitzname eigentlich herkommt. Einer
Theorie zufolge wurden die ersten Siedler,
wenn sie an eine Tür klopften, mit der Frage „Who's here?" konfrontiert, woraus dann
bald „Hoosier" wurde. Über dieses Thema
sollte man aber am besten mit Einheimischen und bei einem traditionellen Schwei-
nefleisch-Sandwich diskutieren.

ℹ️ Praktische Informationen

Verkehrsinformationen für Indiana (☑ 800-
261-7623; www.trafficwise.in.gov)
Indiana State Park Information (☑ 800-
622-4931; www.in.gov/dnr/parklake) Der
Parkeintritt kostet pro Tag zu Fuß oder mit
dem Fahrrad 2 US$, mit einem Fahrzeug 7 bis
10 US$. Campingstellplätze, die man übrigens
auch im Internet reservieren kann, schlagen
mit 10 bis 40 US$ zu Buche (☑ 866-622-6746;
www.camp.in.gov).
Indiana Tourism (☑ 888-365-6946; www.
visitindiana.com)

Indianapolis

Das adrette Indy ist die Hauptstadt des
Bundestaates und ein wunderbarer Ort, um
sich Autorennen anzusehen oder selbst eine
Runde auf der berühmten Rennstrecke zu
drehen. Das Kunstmuseum und der White
River State Park haben ebenfalls manches
zu bieten, genauso wie die Viertel Mass Avenue und Broad Ripple, in denen man toll
essen und ausgehen kann. Fans von Kurt
Vonnegut kommen hier voll auf ihre Kosten.

👁 Sehenswertes & Aktivitäten

Zentrum des Geschehens ist der Monument
Circle. Der White River State Park mit seinen vielen Attraktionen befindet sich ca.
1 km weiter westlich.

Indianapolis Motor Speedway   MUSEUM
(☑ 317-492-6784; www.indianapolismotorspeedway.
com; 4790 W 16th St; Erw./Kind 3/5 US$; ⊙ März–
Okt. 9–17 Uhr, Nov.–Feb. 10–16 Uhr) Der Speedway,
die Heimat der Indianapolis 500, ist Indys
Top-Attraktion. Das **Hall of Fame Museum**
beherbergt 75 Rennwagen (u. a. einige Sieger-
autos) sowie eine 500 Pfund schwere Tiffany-
Trophäe und bietet eine Runde auf der Bahn
(5 US$) an. Gut, man fährt mit dem Bus und
verbrennt bei 60 km/h sicher kein Gummi –
aber Spaß macht's trotzdem.

Das große Rennen selbst findet am
letzten Sonntag im Mai (Memorial-Day-
Wochenende) vor 450 000 durchgeknallten
Fans statt. **Tickets** (☑ 800-822-4639; www.
imstix.com; 30–150 US$) sind nur schwer zu
bekommen. An Karten für die Qualifikation
und das Training kommt man da schon eher,
außerdem sind sie billiger. Die Rennstrecke
liegt ca. 6 Meilen (10 km) nordwestlich des
Stadtzentrums.

White River State Park   PARK
(http://inwhiteriver.wrsp.in.gov) In diesem weitläufigen Park am Rande des Zentrums befinden sich mehrere lohnende Sehenswürdigkeiten. Der Lehmziegelbau des **Eiteljorg
Museum of American Indians & Western
Art** (☑ 317-636-9378; www.eiteljorg.org; 500 W
Washington St; Erw./Kind 10/6 US$; ⊙ Mo–Sa
10–17, So ab 12 Uhr) zeigt Korbarbeiten, Töpfe-
rei und Masken der Indianer sowie mehrere
Gemälde von Frederic Remington und Georgia O'Keeffe. Weitere Highlights des Parks
sind das stimmungsvolle **Minor-League-
Baseballstadion**, ein **Zoo**, ein **Spazierweg
am Kanal**, **Gärten** und ein **Wissenschafts-
museum**.

Hier befindet sich auch die **NCAA Hall of Champions** (☎ 800-735-6222; www.ncaahall ofchampions.org; 700 W Washington St; Erw./Kind 5/3 US$; ☺Di–Sa 10–17, So ab 12 Uhr), die die Begeisterung des Landes für den College-Sport widerspiegelt. In interaktiven Ausstellungen können Besucher kostenlos Körbe werfen oder wie Michael Phelps auf einen Startblock steigen.

Indianapolis Museum of Art MUSEUM, GÄRTEN
(☎ 317-920-2660; www.imamuseum.org; 4000 Michigan Rd; ☺Di–Sa 11–17, So & Fr 11–21, So 12–17 Uhr) GRATIS Das Museum beherbergt eine großartige Sammlung europäischer Kunst (besonders Turner und Postimpressionisten), afrikanischer Stammeskunst und Kunst aus dem Südpazifik sowie chinesische Werke. Zum Komplex gehören auch das **Oldfields – Lilly House & Gardens** des Pharmaunternehmens Lilly; Besucher können die Villa mit 22 Räumen und die Blumengärten besichtigen. Auch der **Fairbanks Art & Nature Park,** ein 40 ha großes Waldgelände mit faszinierenden modernen Skulpturen, gehört zum Museum.

Kurt Vonnegut Memorial Library MUSEUM
(www.vonnegutlibrary.org; 340 N Senate Ave; ☺Do–Di 12–17 Uhr) GRATIS Der Schriftsteller Kurt Vonnegut ist in Indy geboren und aufgewachsen, und dieses kleine Museum erweist ihm die Ehre. Zu den Ausstellungsstücken zählen seine Pall-Mall-Zigaretten, eine Purple-Heart-Medaille und eine Kiste mit Ablehnungsschreiben von Verlegern. Im Museum befindet sich auch eine Rekonstruktion seines Arbeitszimmer mit dem Karoteppich, der roten Hahnen-Lampe und der blauen Schreibmaschine der Marke Coronamatic. Besucher dürfen sich an Vonneguts Schreibtisch setzen und ihm eine Nachricht tippen.

Rhythm! Discovery Center MUSEUM
(www.rhythmdiscoverycenter.org; 110 W Washington St; Erw./Kind 9/6 US$; ☺Mo–Sa 10–17, So ab 12 Uhr) In diesem versteckten Juwel im Stadtzentrum können Besucher Trommeln, Gongs, Xylophone und exotische Schlaginstrumente aus der ganzen Welt ausprobieren. Kinder lieben die Trommelei, Erwachsene bewundern die Instrumente berühmter Schlagzeuger und das schalldichte Studio voller Trommeln, in dem jeder seinen inneren Rockmusiker rauslassen (und aufnehmen) kann.

Monument Circle DENKMAL, MUSEUM
(1 Monument Circle) Am Monument Circle im Stadtzentrum steht das beeindruckende, 87 m hohe **Soldiers & Sailors Monument**. Wer ein bizarres (etwas beengtes) Erlebnis haben will, nimmt den Aufzug (2 US$) bis ganz nach oben. Unter dem Denkmal befindet sich das **Civil War Museum** (☺Mi–So 10.30–17.30 Uhr). Dort wird der Konflikt und Indianas Stellung bei der Abschaffung der Sklaverei feinsäuberlich dargestellt. Ein paar Blocks weiter nördlich steht das **World War Memorial** (Ecke Vermont St & Meridian St), ein klobiges, aber beeindruckendes Monument.

Sun King Brewing BRAUEREI
(www.sunkingbrewing.com; 135 N College Ave; ☺Do 16–19, Fr 12–19, Sa 13–17 Uhr) GRATIS Im unverblümten Sun-King-Lagerhaus kann man sich zu den Jungen und Hippen von Indy gesellen und Bier verkosten. Man bekommt dann sechs Proben (insgesamt etwa ein Pint) in Plastikbechern, darunter ganzjährige Biere wie Osiris Pale Ale und Saisonbiere wie ein mit Pfeffer gewürztes Amber Ale.

Indiana Medical History Museum MUSEUM
(☎ 317-635-7329; www.imhm.org; 3045 W Vermont St; Erw./Kind 7/3 US$; ☺Do–Sa 10–15 Uhr) Man stelle sich eine Irrenanstalt aus einem Horrorfilm vor – und genau so sieht dieses staatliche psychiatrische Krankenhaus aus, das mehrere Jahrhunderte alt ist. Führungen zeigen das frühere pathologische Labor, den frostigen Autopsieraum und den gespenstischen Probenraum mit Gehirnen in Gläsern. Es liegt ein paar Kilometer westlich vom White River State Park.

Bicycle Garage Indy FAHRRADVERLEIH
(www.bgindy.com; 222 E Market St; Verleih pro Std./ Tag 15/40 US$) Fahrradfahren in der City wird immer beliebter. Gleich vor dem Laden verläuft der Cultural Trail, der schließlich zum Rad- und Wanderweg Monon Trail führt. Die Preise beinhalten auch die Miete für Helm, Schloss und Karte.

✷ Feste & Events

Den ganzen Mai über feiert die Stadt mit dem **500 Festival** (www.500festival.com; Tickets ab 7 US$) das Autorennen Indy 500. Zu den Events gehören eine Parade der Rennfahrer und eine Party auf der Rennbahn.

🛏 Schlafen

Die Hotels sind in den Rennwochen im Mai, Juli und August teurer und meist ausgebucht. Zu den aufgeführten Preisen kommen noch 17 % Steuer dazu. An der I-465, der Autobahn um Indianapolis, gibt's preiswerte Motels.

Indy Hostel
HOSTEL $

(☎ 317-727-1696; www.indyhostel.us; 4903 Winthrop Ave; B/Zi. 29/58 US$; P ❄ @ 🛜) Das kleine, freundliche Hostel hat vier Schlafsäle mit vier bis sechs Betten. Einer ist Frauen vorbehalten, die anderen sind gemischt. Es gibt auch ein paar Privatzimmer. Der Monon Trail (Wander-/Radweg) führt am Hostel vorbei. Es liegt in Broad Ripple, ist also ein ganzes Stück von der Innenstadt entfernt (Anfahrt mit Bus 17).

Hilton Garden Inn
HOTEL $$

(☎ 317-955-9700; www.indianapolisdowntown.gardeninn.com; 10 E Market St; Zi. inkl. Frühstück 150–190 US$; ❄ @ 🛜 ♨) Wer in einer Hotelkette übernachten will, trifft mit dem Hilton eine gute Wahl. Es punktet mit seiner jahrhundertealten neoklassischen Architektur, den bequemen Betten, dem üppigen kostenlosen Frühstück inklusive Omeletts und der Lage im Zentrum direkt am Monument Circle. Parken kostet 25 US$.

Stone Soup
B&B $$

(☎ 866-639-9550; www.stonesoupinn.com; 1304 N Central Ave; Zi. inkl. Frühstück 85–145 US$; P ❄ 🛜) Die neun Zimmer verteilen sich in einem großen, mit Antiquitäten geschmückten Haus. Es wirkt ein bisschen morsch, hat aber viel Charme. Die günstigeren Zimmer teilen sich ein Bad.

Alexander
HOTEL $$$

(☎ 317-624-8200; www.thealexander.com; 333 S Delaware St; Zi. 160–280 US$) Im 2013 eröffneten Alexander mit 209 Zimmern steht die Kunst im Mittelpunkt. 40 Originalwerke zieren die Lobby, und das Indianapolis Museum of Art kuratiert die zeitgenössische Sammlung (Besucher können sich gern umschauen). Die modernen Zimmer sind mit dunklen Holzböden und natürlich cooler Kunst an den Wänden eingerichtet. Es liegt einen Block von der Basketballarena entfernt, und viele Gastteams übernachten hier. Parken kostet 27 US$.

ℹ️ INDIANA FOODWAYS

In welchen Restaurants gibt's Schweinefilet und Sugar Cream Pie? Wo finden Bauernmärkte und Spare-Ribs-Feste statt? Nach welchem Rezept macht man den besten Maispudding? Die **Indiana Foodways Alliance** (www.indianafoodways.com) weiß einfach alles in puncto Essen in Indianapolis.

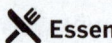
Essen

Wenn der Magen knurrt, ist die **Massachusetts Avenue** (Mass Ave; www.discovermassave.com) im Zentrum genau das Richtige. Im 7 Meilen (11 km) nördlich gelegenen Stadtteil **Broad Ripple** (www.discoverbroadripplevillage.com) gibt's Kneipen, Cafés und Lokale unterschiedlichster Art.

Mug 'N' Bun
AMERIKANISCH $

(www.mug-n-bun.com; 5211 W 10th St; Hauptgerichte 3–5 US$; ⊙ So–Do 10–21, Fr & Sa 10–22 Uhr) Die geeisten Krüge sind mit leckerem selbstgebrautem Root Beer gefüllt, und die Brötchen mit Burgern, Chilidogs und saftigem Schweinefilet belegt. Auch die gebratenen Makkaroni mit Käse sind lecker. In diesem altmodischen Drive-in in der Nähe des Speedway wird man – wie könnte es auch anders sein – gleich im Auto bedient.

City Market
MARKT $

(www.indycm.com; 222 E Market St; ⊙ Mo–Fr 9–21, Sa ab 8 Uhr; 🛜) Die alte Markthalle der Stadt aus dem Jahr 1886 füllen heute verschiedene Essensstände. Die Bar in der oberen Etage schenkt 16 regionale Biere aus. Die meisten Verkäufer schließen um 15 Uhr.

Bazbeaux
PIZZERIA $$

(www.bazbeaux.com; 329 Massachusetts Ave; Hauptgerichte 9–12 US$; ⊙ So–Do 11–22, Fr & Sa 11–23 Uhr) Das bei Einheimischen beliebte Lokal bietet eine bunte Auswahl an Pizza, beispielsweise die „Tchoupitoulas" mit Cajun-Shrimps und Innereienwurst. Auf der ungewöhnlichen Speisekarte stehen außerdem Muffaletta-Sandwich, Stromboli (gerollte Pizza) und belgisches Bier.

Shapiro's Deli
FEINKOST $$

(☎ 317-631-4041; www.shapiros.com; 808 S Meridian St; Hauptgerichte 8–15 US$; ⊙ 6–20 Uhr; 🛜) Hier kann man ein dickes Sandwich mit Corned Beef oder Pastrami, gefolgt von einem großen Stück Schokoladenkuchen oder Obstkuchen, verschlingen.

Ausgehen & Unterhaltung

Im Stadtzentrum und in der Mass Avenue gibt's gute Kneipen, ebenso in Broad Ripple.

Bars & Nachtclubs

Slippery Noodle Inn
BAR

(www.slipperynoodle.com; 372 S Meridian St; ⊙ Mo–Fr ab 11, Sa ab 12, So ab 16 Uhr) Das Noodle in der Innenstadt ist die älteste Bar des Bundesstaates und hat als Bordell, Schlachthaus, Gangsterhöhle und Underground-Station schon so einiges erlebt. Derzeit ist es einer der besten Bluesclubs des Landes. Es gibt jeden Abend Livemusik und es ist preiswert.

Rathskeller
BIERKNEIPE
(www.rathskeller.com; 401 E Michigan St; ⊙ Mo–Fr ab 14, Sa & So ab 11 Uhr) Im Sommer kann man draußen im Biergarten deutsches und lokales Bier genießen, im Winter auch drinnen in der Bierhalle. Der Rathskeller befindet sich im historischen Athenaeum-Gebäude in der Nähe der Mass Avenue.

Plump's Last Shot
BAR
(www.plumpslastshot.com; 6416 Cornell Ave; ⊙ Mo–Fr ab 15 Uhr; Sa & So ab 12 Uhr; 🐾) Bobby Plump lieferte die Grundidee für den Kultfilm *Hoosiers*. Er war der Junge, der in letzter Sekunde punktete und so in den 1950er-Jahren seiner kleinen Schule den Sieg in der Basketballmeisterschaft des Staates über eine „Großstadt"-Schule verschaffte. Die Bar ist über und über mit Erinnerungsstücken rund um den Sport geschmückt. Plump's Last Shot befindet sich in einem großen Haus in Broad Ripple. Hier kann man super Leute beobachten und auf der hundefreundlichen Terrasse ein paar kühle Drinks genießen.

Zuschauersport

Autorennen sind nicht die einzigen begehrten Events. Die NFL-Football-Mannschaft der Colts spielt unter dem riesigen einklappbaren Dach des **Lucas Oil Stadium** (📞 317-262-3389; www.colts.com; 500 S Capitol Ave). Die Pacers aus der NBA werfen ihre Körbe im **Bankers Life Fieldhouse** (📞 317-917-2500; www.pacers.com; 125 S Pennsylvania St).

🛍 Shoppen

Ein typisches Indy-Souvenir ist eine Speedway-Flagge oder ein Trikot der Colts. In der **New Day Meadery** (www.newdaymeadery.com; 1102 E Prospect St; ⊙ Di–Fr 14–21, Sa 12–21, So 12–18 Uhr) kann man sich bei Imkern eine Flasche Honigwein kaufen. Bevor man sich entscheidet, sollte man in der Probierstube Honigprodukte testen (6 Proben kosten 6 US$).

ℹ Praktische Informationen

Gay Indy (www.gayindy.org) Aktuelles für Schwule und Lesben, Veranstaltungskalender.
Indiana University Medical Center (📞 317-274-4705; 550 N University Blvd)
Indianapolis Convention & Visitors Bureau (📞 800-323-4639; www.visitindy.com) Über die Website kann man sich eine kostenlose App

ABSTECHER

GRAY BROTHERS CAFETERIA

Cafeterias haben in Indiana Tradition, doch mittlerweile sind die meisten von ihnen verschwunden – nicht aber das **Gray Brothers** (www.graybrotherscatering.com; 555 S Indiana St; Hauptgerichte 4–8 US$; ⊙ Mo–Sa 11–20.30, So ab 10 Uhr). Im Gastraum scheint die Zeit stehen geblieben zu sein. Man nimmt sich ein blaues Tablett und begutachtet das Essen, das entlang eines schier unendlichen Korridors aufgereiht ist: Brathähnchen, Hackbraten, Cheeseburger und zuckersüße Cremetorte garantieren ein üppiges Mahl. Die Cafeteria befindet sich in Mooresville, etwa 18 Meilen (29 km) südlich vom Zentrum auf dem Weg Richtung Bloomington.

über die Stadt herunterladen und sich Gutscheine ausdrucken.
Indianapolis Star (www.indystar.com) Die Tageszeitung der Stadt.
Nuvo (www.nuvo.net) wöchentliche alternative Gratis-Zeitung mit Infos über Kunst und Musik.

ℹ Anreise & Unterwegs vor Ort

Der moderne **Indianapolis International Airport** (IND; www.indianapolisairport.com; 7800 Col H Weir Cook Memorial Dr) liegt 16 Meilen (26 km) südwestlich der Stadt. Der Washington Bus (8) pendelt zwischen Airport und Innenstadt (1,75 US$, 50 Min.), der Go Green Line Airport Van ist aber schneller (10 US$, 20 Min.). Ein Taxi vom Flughafen ins Zentrum kostet ca. 35 US$.

Greyhound (📞 317-267-3076; www.greyhound.com) teilt sich mit Amtrak die **Union Station** (350 S Illinois St). Es fahren oft Busse nach Cincinnati (2 Std.) und Chicago (3½ Std.). **Megabus** (www.megabus.com/us) hält an der 200 E Washington Street und ist oft preiswerter. Mit Amtrak braucht man für die gleiche Strecke fast die doppelte Zeit und zahlt auch noch mehr.

IndyGo (www.indygo.net; Fahrkarte 1,75 US$) unterhält Stadtbusse. Bus 17 fährt nach Broad Ripple. An den Wochenenden sind die Busse nur sehr vereinzelt unterwegs.

Wer ein Taxi braucht, ruft **Yellow Cab** (📞 317-487-7777) an.

Bloomington & Zentrales Indiana

Bluegrass, architektonische Highlights, tibetische Tempel und James Dean hinterließen bzw. hinterlassen ihre Spuren in diese äcker-reichen Gegend.

Fairmount

Die kleine Stadt, die man auf dem High-way 9 in Richtung Norden erreicht, ist die Geburtsstadt von James Dean, dem Inbe-griff der Coolness. Fans des früh verstorbe-nen Schauspielers sollten sich direkt zum **Fairmount Historical Museum** (☑765-948-4555; www.jamesdeanartifacts.com; 203 E Washington St; ⏰ Mo–Sa 10–17, So 12–17 Uhr, April–Okt. So ab 12 Uhr) GRATIS begeben, in dem man die Bongotrommeln von Dean sowie andere Exponate sehen kann. Hier bekommt man auch den kostenlosen Plan, der zu jenem Farmhaus führt, in dem Jimmy aufgewach-sen ist, und zu seinem mit rotem Lippenstift bedeckten Grabstein. Im Museum werden Dean-Poster, Zippo-Feuerzeuge und andere Erinnerungstücke verkauft. Außerdem fi-nanziert es das jährliche **James Dean Fes-tival** (Ende Sept.) GRATIS. Dann strömen sage und schreibe 50 000 Fans für vier Tage voller Musik und Lustbarkeiten in die Stadt. Die ein paar Blocks entfernt liegende private **James Dean Gallery** (☑765-948-3326; www.jamesdeangallery.com; 425 N Main St; ⏰9–18 Uhr) GRATIS zeigt weitere Erinnerungstücke.

Columbus

Wenn man an die architektonisch großarti-gen Städte der USA denkt – Chicago, New York, Washington, D.C. –, kommt einem danach nicht gerade Columbus, Indiana, in den Sinn. Das wäre aber durchaus an-gebracht, denn das von Indianapolis aus 40 Meilen (65 km) an der I-65 Richtung Süden gelegene Columbus ist geradezu ein Museum für technisches Design. Seit den 1940er-Jahren haben die Stadt und die füh-renden Unternehmen einige der weltbesten Architekten, darunter Eero Saarinen, Ri-chard Meier und I.M. Pei, mit Entwürfen von öffentlichen und privaten Gebäuden be-auftragt. Im **Visitor Center** (☑812-378-2622; www.columbus.in.us; 506 5th St; ⏰ganzjährig Mo–Sa 9–17 Uhr, März–Nov. So 12–17 Uhr, Dez.–Feb. So geschl.) bekommt man eine Karte für einen Stadtrundgang (3 US$). Wer will, kann auch eine Stadtrundfahrt machen (Erw./Student/Kind 12/7/3 US$). Sie beginnt montags bis freitags um 10 Uhr, samstags um 10 und um 14 Uhr und sonntags um 14.30 Uhr. Die mehr als 70 wirklich bemerkenswerten Ge-bäude sind zwar über eine ziemlich große Fläche verteilt (man braucht also ein Auto), in der Innenstadt können jedoch rund 15 verschiedene Werke auch zu Fuß besichtigt werden.

Das ebenfalls im Zentrum gelegene **Hotel Indigo** (☑812-375-9100; www.hotelindigo.com; 400 Brown St; Zi. 135–180 US$; ✳✉☎♨) hat die in einem Kettenhotel üblichen moder-nen hellen Zimmer und dazu einen weißen wolligen Hund, der als Empfangsbeauftrag-ter fungiert (und sogar eine eigene E-Mail-Adresse hat).

Ein paar Blocks weiter kann man es sich im altehrwürdigen, mit Bleiglasfenstern ver-sehenen **Zaharakos** (www.zaharakos.com; 329 Washington St; ⏰ 11–20 Uhr), einer Kneipe von 1909, auf einem Barhocker bequem machen, mit der Bedienung plauschen und einen oder gleich mehrere Drinks genießen.

Nashville

Wer von Columbus auf dem Highway 46 Richtung Westen fährt, kommt in dieses Städtchen aus dem 19. Jh., in dem es überall Antiquitäten gibt und das sich mittlerweile in ein lebendiges Touristenzentrum verwan-delt hat. Im **Visitor Center** (☑800-753-3255; www.browncounty.com; 10 N Van Buren St; ⏰ Mo–Do 9–18, Fr & Sa 9–17 Uhr, So 10–17 Uhr; ☎) be-kommt man Karten und Online-Gutscheine.

Außer als Ort für Galerienbesichtigungen dient Nashville auch als Ausgangspunkt für den **Brown County State Park** (☑812-988-6406; Stellplätze 12–36 US$, Hütten ab 77 US$), einen 6350 ha großen Eichenwald mit Wan-derwegen, die auch Mountainbikern und Reitern die Möglichkeit geben, die grüne hügelige Landschaft zu erkunden.

Von den B&Bs der Gegend ist das zent-ral gelegene **Artists Colony Inn** (☑812-988-0600; www.artistscolonyinn.com; 105 S Van Buren St; Zi. inkl. Frühstück 112–180 US$;☎) wegen seiner schicken Zimmer zu erwähnen. Im **Speisesaal** (Hauptgerichte 8–15 US$; ⏰So–Do 7.30–20, Fr & Sa bis 21 Uhr) werden typische Ge-richte aus der Region serviert, beispielswei-se Wels oder Schweinelendchen.

Mit seinem Namensvetter in Tennessee teilt das Nashville in Indiana die Liebe zur Countrymusik. In vielen Locations treten regelmäßig Bands auf. Tanzen kann man in **Mike's Music & Dance Barn** (☑812-988-8636; www.mikesmusicbarn.com; 2277 Hwy 46; ⏰Do–Mo ab 18.30 Uhr). Das 5 km nördlich gelegene **Bill Monroe Museum** (☑812-988-6422; 5163 Rte 135 N, Erw./Kind 4 US$/frei; ⏰9–17 Uhr, Nov.–April Di–Mi geschl.) huldigt den Bluegrass-Helden.

Bloomington

Das lebhafte, liebenswerte Bloomington, 53 Meilen (85 km) südlich von Indianapolis am Highway 37 gelegen, ist der Sitz der Indiana University. Das Zentrum erstreckt sich rund um den Courthouse Square, der von Restaurants und Bars und der historischen Fassade der Fountain Square Mall gesäumt wird. Praktisch alles lässt sich zu Fuß erreichen. Das **Bloomington CVB** (www.visitbloomington.com) bietet einen Stadtführer zum Download.

Auf dem weitläufigen Campus der Universität befindet sich das von I.M. Pei entworfene **Art Museum** (✆812-855-5445; www.indiana.edu/~iuam; 1133 E 7th St; ⊙Di–Sa 10–17, So ab 12 Uhr) GRATIS, das eine hervorragende Sammlung afrikanischer Kunst sowie europäische und amerikanische Malerei zeigt.

Das farbenfrohe, mit Gebetsfahnen geschmückte **Tibetan Mongolian Buddhist Cultural Center** (✆812-336-6807; www.tmbcc.net; 3655 Snoddy Rd; ⊙Sonnenaufgang–Sonnenuntergang) GRATIS, das von einem Bruder des Dalai Lama gegründet wurde, und das **Dagom Gaden Tensung Ling Monastery** (✆812-339-0857; www.dgtlmonastery.org; 102 Clubhouse Dr; ⊙9–18 Uhr) GRATIS sind ein Beleg für die beträchtliche Zahl der Tibeter in Bloomington. Beide haben faszinierende Shops und bieten kostenlosen Unterricht und Meditationssitzungen an; die Wochenpläne stehen auf der Website.

Wer zufällig Mitte April in die Stadt kommt und sich wundert, was die 20 000 Besucher angelockt hat: Es ist das Radrennen **Little 500** (www.iusf.indiana.edu; Tickets 25 US$; ⊙Mitte April) – eines der coolsten Rennen, die es gibt. Dabei absolvieren Amateure auf Schwinn-Rädern mit nur einem Gang 200 Runden auf einem 400 m langen Kurs.

Preiswerte Unterkünfte finden sich in der N Walnut Street unweit vom Highway 46. Das **Grant Street Inn** (✆800-328-4350; www.grantstinn.com; 310 N Grant St; Zi. inkl. Frühstück 159–239 US$; @🛜) bietet 24 Zimmer in einem viktorianischen Haus und einem Anbau in der Nähe des Campus.

Für eine Stadt dieser Größe wartet Bloomington mit einer überwältigenden Vielfalt ethnischer Restaurants auf: Von burmesisch über eritreisch bis hin zu mexikanisch ist alles vertreten. Am besten schaut man sich in der Kirkwood Avenue und der E 4th Street um. **Anyetsang's Little Tibet** (✆812-331-0122; www.anyetsangs.com; 415 E 4th St; Hauptgerichte 9–13 US$; ⊙Mi–Mo 11–21.30 Uhr) serviert Spezialitäten aus seinem Heimatland im Himalaja. Die Bars in der Kirkwood Avenue in der Nähe der Universität sind auf Studenten ausgerichtet. **Nick's English Hut** (www.nicksenglishhut.com; 423 E Kirkwood Ave; ⊙ab 11 Uhr) füllt nicht nur die Gläser von Studenten und Professoren, sondern zählte auch schon Kurt Vonnegut, Dylan Thomas und Barack Obama zu seinen Gästen.

Südliches Indiana

Der Süden Indianas ist wegen seiner schönen Hügel, Höhlen und Flüsse und seiner bewegten Geschichte völlig anders als der industrialisierte, flache Norden.

Ohio River

Jener Teil des 1580 km langen Ohio River, der sich in Indiana befindet, bildet die Südgrenze des Bundesstaates. Vom winzigen Dorf Aurora in der Südostecke des Staates aus winden sich die Highways 56, 156, 62 und 66, die zusammen als **Ohio River Scenic Route** bezeichnet werden, durch eine abwechslungsreiche Landschaft.

Wer aus Richtung Osten kommt, macht am besten im kleinen **Madison** Station. In der gut erhaltenen Mustersiedlung am Fluss aus der Mitte des 19. Jh. stehen zahlreiche architektonische Schönheiten vornehm am Straßenrand. Im **Visitor Center** (✆812-265-2956; www.visitmadison.org; 601 W First St; ⊙Mo–Fr 9–17, Sa 9–16, So 11–17 Uhr) gibt's eine Broschüre mit einem Stadtrundgang, der an sehenswerten Gebäuden vorbeiführt.

Rund um Madison gibt's Motels und mehrere B&Bs. In der Main Street wechseln sich Restaurants und Antiquitätengeschäfte ab. In dem großen, waldigen **Clifty Falls State Park** (✆812-273-8885; Stellplatz Zelt & Wohnmobil 12–36 US$) am Highway 56, ein paar Kilometer westlich der Stadt, gibt's Campingmöglichkeiten, Wanderwege, Aussichtspunkte und Wasserfälle.

Im **Falls of the Ohio State Park** (✆812-280-9970; www.fallsoftheohio.org; 201 W Riverside Dr) in Clarksville gibt's komischerweise überhaupt keine Wasserfälle, sondern nur Stromschnellen, dafür aber 386 Mio. Jahre alte Gesteinsschichten mit Fossilien. Im **Interpretive Center** (Erw./Kind 5/2 US$; ⊙Mo–Sa 9–17, So ab 13 Uhr) wird alles genau erklärt. Seinen Bierdurst löschen kann man in New Albany, Heimat der **New Albanian Brewing Company** (www.newalbanian.com; 3312 Plaza Dr;

⊙ Mo–Sa 11–24 Uhr). Man kann auch über die Brücke nach Louisville, Kentucky, fahren, wo rauchiger Bourbon auf Kunden wartet.

Der landschaftlich schöne Highway 62 führt nach Westen in die Lincoln Hills und zu den Kalksteinhöhlen Südindianas. Der Besuch der **Marengo Cave** (☎ 812-365-2705; www.marengocave.com; ⊙ Juni–Aug. 9–18 Uhr, Sept.–Mai 9–17 Uhr), am Highway 66 in Richtung Norden gelegen, ist ein echtes Highlight. Angeboten werden Führungen von 40 Minuten (Erw./Kind 14/8 US$) oder 70 Minuten (16/9 US$) Dauer sowie eine Kombi-Tour (24/13 US$); vorbei geht's an Stalagmiten und anderen alten Formationen. Derselbe Veranstalter betreibt im nahe gelegenen Milltown auch **Cave Country Canoes** (www.cavecountrycanoes.com; ⊙ Mai–Okt.). Im Angebot sind dort Halbtagestouren (25 US$), Ganztagestouren (28 US$) und mehrtägige Ausflüge auf dem idyllischen Blue River. Daei nach Flussottern und den seltenen Schlammteufeln Ausschau halten!

4 Meilen (6,5 km) südlich von Dale befindet sich an der I-64 das **Lincoln Boyhood National Memorial** (☎ 812-937-4541; www.nps.gov/libo; Erw./Kind/Fam. 3 US$/frei/5 US$; ⊙ 8–17 Uhr), wo der junge Abe von seinem siebten bis zu seinem 21. Lebensjahr wohnte. Im Eintrittspreis enthalten ist auch der Besuch einer ziemlich abgelegenen, funktionstüchtigen **Pionierfarm** (⊙ Ende Mai–Aug. 8–17 Uhr).

New Harmony

Im Südwesten bildet der Wabash River die Grenze zwischen Indiana und Illinois. Gleich daneben, etwas südlich der I-64, liegt das faszinierende **New Harmony**. Weil hier zwei der ersten alternativen Kommunen zu leben versuchten, lohnt sich ein Abstecher dorthin. Zu Beginn des 19. Jhs. schuf die deutsche Sekte der Harmonisten hier eine fortschrittliche Stadt, während sie auf das Jüngste Gericht wartete. Später kaufte sie der britische Utopist Robert Owen. Wer sich dafür interessiert, der erfährt im eckigen **Atheneum Visitors Center** (☎ 812-682-4474; www.usi.edu/hnh; 401 N Arthur St; Ecke North St & Arthur St; ⊙ 9.30–17 Uhr) Genaueres und kann dort auch eine Wanderkarte mitnehmen.

Noch heute verströmt New Harmony den Geist der Kontemplation – wenn nicht gar den Hauch einer „anderen Welt". Und das kann man auch an den neueren Attraktionen des Ortes erkennen: Da findet man z. B. die tempelartige Roofless Church und das Labyrinth, einen Irrgarten, der den Lebensweg des Menschen symbolisieren soll. In der Stadt gibt es ein paar Pensionen. Campen kann man im **Harmonie State Park** (☎ 812-682-4821; Stellplatz 12–29 US$). Im **Main Cafe** (508 Main St; Hauptgerichte 4–7 US$; ⊙ Mo–Fr 5.30–13 Uhr) bekommt man ein gutes Mittagessen mit Schinken, Bohnen und Vollkornbrot. Unbedingt noch Platz für den Kokos-Sahne-Kuchen lassen!

Nördliches Indiana

Durch das nördliche Indiana führen die mautpflichtigen Interstates I-80/I-90, die immer voller LKWs sind. Auf der parallel verlaufenden US 20 geht's langsamer voran. Sie ist billiger, aber nicht wirklich schöner.

Indiana Dunes

Indiana Dunes National Lakeshore (☎ 219-395-8914; www.nps.gov/indu; Stellplätze 18 US$; ⊙ April–Okt.), an warmen Sommertagen bei Sonnenbadern aus Chicago und South Bend überaus beliebt, erstreckt sich über 21 Meilen (34 km) entlang des Ufers des Lake Michigan. Das Gebiet ist nicht nur für seine Strände, sondern auch für die große Pflanzenvielfalt berühmt: Hier wächst so ziemlich alles, von Kakteen bis hin zu Kiefern. Durch die Dünen und Wälder ziehen sich zahlreiche Wanderwege, die an einem Torfmoor, einer immer noch bewirtschafteten Farm aus den 1870er-Jahren, einer Graureiher-Kolonie und anderen Sehenswürdigkeiten vorbeiführen. Merkwürdigerweise liegt diese üppige Naturlandschaft nur einen Katzensprung entfernt von Fabriken mit qualmenden Schornsteinen, die man von verschiedenen Orten aus sieht. Im **Dorothy Buell Visitor Center** (☎ 219-926-7561; Hwy 49; ⊙ Juni–Aug. 8.30–18.30, Sept.–Mai bis 16.30 Uhr) erfahren Besucher mehr über die Strände und über das Programm der von Rangern geleiteten Wanderungen und Aktivitäten; außerdem gibt's hier Wander-, Rad- und Vogelbeobachtungskarten. Führer kann man auch im Voraus im **Porter County Convention & Visitors Bureau** (www.indianadunes.com) arrangieren. Der

Der **Indiana Dunes State Park** (☎ 219-926-1952; www.dnr.in.gov/parklake; Auto 10 US$), ein ca. 850 ha großes Küstengebiet, ist Teil von National Lakeshore. Er liegt am Ende des Highway 49 in der Nähe von Chesterton und bietet mehr Besuchereinrichtungen, ist aber auch stärker reglementiert und besser besucht (zumal Autos kostenlos hineinfahren können). Im Winter tummeln sich hier Skilangläufer, im Sommer Wanderer. Mehrere Wanderwege führen durch das Gebiet; der Trail 4 hinauf zum Mt. Tom belohnt mit einer Aussicht auf die Skyline von Chicago.

Außer einigen Snackbars am Strand gibt es im Park kaum etwas zu essen, darum legt man am besten beim **Great Lakes Cafe** (201 Mississippi St; Hauptgerichte 6–21 US$; ⊘ Mo–Fr 5–15, Sa 6–13 Uhr; 🐕), dem handfesten Restaurant der Stahlarbeiter am westlichen Rand der Dünen in Gary, eine Pause ein.

Die Dünen kann man von Chicago aus bequem mit einem Tagesausflug erreichen. Die Fahrt hierher dauert eine Stunde. Der **South Shore Metra Train** (www.nictd.com) fährt von der Millennium Station im Zentrum in etwa 1¼ Stunden zu den Bahnhöfen Dune Park und Beverly Shores (von beiden Bahnhöfen aus sind es ca. 2,5 km zum Strand). Wer gern übernachten möchte, kann hier auch **zelten** (National Lakeshore Zeltplatz 18 US$, State Park Zeltplatz & Wohnmobilstellplatz 19–36 US$).

Die Stahlstädte **Gary** und **East Chicago** in der Nähe von Illinois stellen eine der trostlosesten Stadtlandschaften weit und breit dar. Wer mit dem Zug (Amtrak oder South Shore Line) durch die Gegend fährt, erlebt die industrielle Schattenseite der Region aus nächster Nähe.

South Bend

In South Bend befindet sich die **University of Notre Dame**. In dieser Region hört man manchmal den Spruch „Football ist eine Religion" – und damit ist die Notre Dame gemeint, wo ein riesiges Monument des „Touchdown Jesus" über dem Stadion mit 80 000 Plätzen aufragt (eigentlich ist es ein Wandbild des auferstandenen Christus mit ausgebreiteten Armen, die Pose ähnelt aber erstaunlich der eines Schiedsrichters, der einen Touchdown anzeigt).

Im **Visitor Center** (www.nd.edu/visitors; 111 Eck Center) starten Führungen über den hübschen Campus mit zwei Seen, Gebäuden im gotischen Stil und dem berühmten Golden Dome (goldene Kuppel) des Hauptgebäudes. Das seltener aufgesuchte **Studebaker National Museum** (📞 574-235-9714; www.studebakermuseum.org; 201 S Chapin St; Erw./Kind 8/5 US$; ⊘ Mo–Sa 10–17, So ab 12 Uhr) lohnt den Besuch aber durchaus: Hier kann man einen wunderbaren Packard aus dem Jahr 1956 und andere schöne Oldtimer bewundern, die früher in South Bend gebaut wurden.

Amish Country

Östlich von South Bend, bei **Shipshewana** und **Middlebury**, befindet sich die drittgrößte Amish-Gemeinde der USA. Man hört dort das Getrappel von Pferden, die Karren über die Straßen ziehen, und sieht, wie Männer mit langen Bärten die gepflegten Felder von Hand pflügen. Orientierung verschaffen die Karten vom **Elkhart County CVB** (📞 800-517-9739; www.amishcountry.org). Noch besser ist es, wenn man sich einfach eine kleine Landstraße zwischen den beiden Orten aussucht und ihr folgt. Man sieht oft Familien, die auf ihren Veranden Kerzen aus Bienenwachs, Quilts und frisches Obst und Gemüse verkaufen. Die Produkte sind sicher hochwertiger als diejenigen, die man in den Touristenshops und Restaurants an der Hauptstraße bekommt. Sonntags ist hier fast alles geschlossen.

Village Inn (📞 574-825-2043; 105 S Main St; Hauptgerichte 3–7 US$; ⊘ Mo–Fr 5–20, Sa 6–14 Uhr; 🐕) in Middlebury verkauft richtig gute Pies. Frauen in pastellfarbenen Kleidern mit Häubchen fangen um 4.30 Uhr mit dem Backen der Blätterteigwaren an. Wer nach 12 Uhr kommt, sieht oft nur noch Krümel in den Auslagen.

Auburn

Fans von Oldtimern sollten – kurz vor der Grenze zu Ohio – auf der I-69 gen Süden nach Auburn fahren, wo die Cord Company in den 1920er- und 1930er-Jahren die beliebtesten Autos der USA baute. Das **Auburn Cord Duesenberg Museum** (📞 260-925-1444; www.automobilemuseum.org; 1600 S Wayne St; Erw./Kind 12,5/7,5 US$; ⊘ 10–19, Sa & So bis 17 Uhr) zeigt in herrlichen Art-déco-Räumen eine fantastische Sammlung alter Roadsters. Nebenan im **National Automotive and Truck Museum** (📞 260-925-9100; www.natmus.org; 1000 Gordon Buehrig Pl; Erw./Kind 7/4 US$; ⊘ 9–17 Uhr) kann man die altmodischen Anlagen bewundern.

OHIO

Also gut, Zeit für ein Ohio-Quiz: Was unternimmt man im Buckeye State? Man könnte erstens auf einer Farm den Amish bei der Butterherstellung zusehen, zweitens sich in einer der schnellsten Achterbahnen der Welt die Seele aus dem Leib schreien, drittens in

KURZINFOS OHIO

Spitzname Buckeye State

Bevölkerung 11,5 Mio.

Fläche 116 096 km^2

Hauptstadt Columbus
(810 000 Ew.)

Weitere Städte Cleveland
(391 000 Ew.), Cincinnati
(297 000 Ew.)

Verkaufssteuer 5,5 %

Geburtsort von Erfinder Thomas Edison (1847–1931), Schriftstellerin Toni Morrison (geb. 1931), Unternehmer Ted Turner (geb. 1938), Regisseur Steven Spielberg (geb. 1947)

Heimat von Kühen, Achterbahnen, den Flugpionieren Wright

Politische Ausrichtung Wechselwähler

Berühmt für das erste Flugzeug, das erste Profi-Baseball-Team, den Geburtsort von sieben amerikanischen Präsidenten

Rocksong des Bundesstaates Hang On Sloopy

Entfernungen Cleveland–Columbus 142 Meilen (229 km), Columbus–Cincinnati 108 Meilen (174 km)

einer Molkerei einen traumhaft cremigen Milkshake schlürfen oder viertens eine riesige, mysteriöse Schlangenskulptur untersuchen, die in die Erde gebaut wurde. Und die richtige Antwort lautet… Nummer eins bis vier! Die Einwohner hier sind verletzt, wenn man denkt, dass man in diesem Bundesstaat nur über Ohio stolpert. Man sollte Ohio eine Chance geben! Und außerdem kann man in Cincinnati ein *five-way* futtern und in Cleveland richtig abrocken.

🛈 Praktische Informationen

Ohio Division of Travel and Tourism (☎ 800-282-5393; www.discoverohio.com)
Verkehrsinformationen für Ohio (www.ohgo.org)
Ohio State Park Information (☎ 614-265-6561; http://parks.ohiodnr.gov) Der Eintritt in State Parks ist kostenlos, in einigen gibt's WLAN gratis. Zelt- und Wohnmobilstellplätze kosten zwischen 19 und 38 US$. Reservierungen sind möglich (☎ 866-644-6727; www.ohio.reserveworld.com; Gebühr 8,25 US$).

Cleveland

Geht in Cleveland nun die Post ab oder nicht? – Das ist hier die Frage. Wenn man bedenkt, dass Cleveland mal eine Industrie- und Arbeiterstadt war, hat sie wirklich hart daran gearbeitet, damit diese Frage mit ja beantwortet werden kann. Der erste Schritt war, die Sache mit dem städtischen Verfall bzw. dem brennenden Fluss unter Kontrolle zu kriegen – der Cuyahoga River war früher derart verschmutzt, dass er tatsächlich brannte. Erledigt! Im zweiten Schritt musste eine würdige Attraktion in die Stadt gebracht werden: die Rock and Roll Hall of Fame. Erledigt! Der dritte Schritt bestand darin, Essen in der Stadt zu servieren, das nicht nur aus Steaks und Kartoffeln bestand. Erledigt! Kann sich Cleveland jetzt den Schweiß von der Stirn wischen? Ja, mehr oder weniger schon. Aber einige Gegenden in der Innenstadt sind noch immer trostlos, obwohl es schon recht nette Ecken gibt.

⊙ Sehenswertes & Aktivitäten

Das Zentrum von Cleveland ist der Public Square, der vom auffälligen Terminal Tower dominiert wird. Dank des neuen Kasinos, in dem die Automaten fröhlich klingeln, herrscht hier viel Betrieb. Die meisten Sehenswürdigkeiten befinden sich im Zentrum am Flussufer oder am University Circle (der Gegend um die Case Western Reserve University, die Cleveland Clinic und einige andere Institutionen).

⊙ Downtown

Rock and Roll Hall of Fame & Museum   MUSEUM

(☎ 216-781-7625; www.rockhall.com; 1 Key Plaza; Erw./Kind 22/13; ⊙ ganzjährig 10–17.30, Mi 10–21 Uhr, Juni–Aug. Sa 10–21 Uhr) Clevelands Top-Attraktion wirkt wie ein vollgestopfter Dachboden mit erstaunlichen Fundstücken: Jimi Hendrix' Stratocaster, Keith Moons Plateauschuhe, John Lennons Sgt.-Pepper-Anzug und der Hassbrief eines Fidschianers an die Rolling Stones aus dem Jahr 1966. Multimediaausstellungen beschäftigen sich mit der Geschichte und dem sozialen Kontext der Rockmusik und der Musiker, die sie schufen.

Warum aber steht das Museum in Cleveland? Weil es die Heimatstadt von Alan Freed ist, dem Diskjockey, der den Begriff „Rock'n'Roll" in den frühen 1950er-Jahren populär machte – und weil die Stadt dafür hart gekämpft und teuer bezahlt hat. Hier herrscht oft viel Gedränge, besonders bis etwa 13 Uhr.

Great Lakes Science Center   MUSEUM
(☎216-694-2000; www.glsc.org; 601 Erieside Ave; Erw./Kind 14/12 US$; ☉10–17 Uhr; 🅿) Das Great Lakes Science Center ist eins von zehn Museen des Landes, die zur NASA gehören. Es entführt Besucher mit seinen Raketen, Mondsteinen und der Apollo-Kapsel aus dem Jahr 1973 in die Tiefen des Alls, widmet sich aber auch den Umweltproblemen der Großen Seen.

William G Mather   MUSEUM
(☎216-574-6262; www.glsc.org/mather_museum. php; 305 Mather Way; Erw./Kind 8/6 US$; ☉ Juni–Aug. Di–So 11–17 Uhr, Mai, Sept. & Okt. Fr–So 11–17 Uhr, Nov.–April geschl.) Den riesigen Frachter, der in ein Dampfschiffmuseum verwandelt wurde, kann man auf eigene Faust erkunden. Er liegt neben dem Great Lakes Science Center, das ihn unterhält.

USS Cod   MUSEUM
(☎216-566-8770; www.usscod.org; 1089 E 9th St; Erw./Kind 10/6 US$; ☉Mai–Sept. 10–17 Uhr) Das geschichtsträchtige U-Boot *USS Cod* war im Zweiten Weltkrieg im Einsatz. Während man sich Geschichten über das Leben an Bord anhört, kann man im Boot umherklettern und über Leitern die engen Räume erkunden.

The Flats   UFER
(www.flatseast.com) Die Flats, ein altes Industriegebiet am Cuyahoga River, das in ein Zentrum des Nachtlebens verwandelt wurde, blicken auf eine wechselvolle Vergangenheit zurück. Nachdem sie jahrelang vernachlässigt wurden, sind nie nun wieder im Kommen. Bauunternehmer pumpten 500 Mio. US$ in die East Bank und errichteten eine Uferpromenade, Restaurants, Bars, ein Aloft-Hotel und einen Konzertpavillon. Alle Einrichtungen wurden 2013 eröffnet.

⊙ Ohio City & Tremont

West Side Market   MARKT
(www.westsidemarket.org; Ecke W 25th St & Lorain Ave; ☉Mo & Mi 7–16, Fr & Sa 7–18 Uhr) Auf dem Markt im europäischen Stil wimmelt es von Händlern mit Obst- und Gemüsepyramiden. Hier gibt es ungarische Wurst, mexikanisches Fladenbrot und polnische Piroggen.

Christmas Story House & Museum   MUSEUM
(☎216-298-4919; www.achristmasstoryhouse.com; 3159 W 11th St; Erw./Kind 10/6 US$; ☉Do–Sa 10–17,

So ab 12 Uhr) Wer erinnert sich noch an den beliebten Film *Fröhliche Weihnachten* von 1983, in dem sich Ralphie eine Red Ryder BB Pistole wünscht? Das Originalhaus (komplett mit Beinlampe) befindet sich in Tremont. Dieser Ort ist nur etwas für echte Fans.

⊙ University Circle

Mehrere Museen und Sehenswürdigkeiten liegen relativ dicht beieinander am University Circle, 5 Meilen (8 km) östlich des Zentrums. Kein eigenes Auto? Dann kann man den Bus der HealthLine bis Adelbert nehmen.

Cleveland Museum of Art   MUSEUM
(☎216-421-7340; www.clevelandart.org; 11150 East Blvd; ☉Di–Sa 10–17, Mi & Fr bis 21 Uhr) GRATIS Das Kunstmuseum wurde gerade grandios erweitert und zeigt eine ausgezeichnete Sammlung europäischer Malerei sowie afrikanische, asiatische und amerikanische Kunst. Im 2. Stock sind die großen Stars des Impressionismus, Picasso und die Surrealisten zu sehen. Im gesamten Museen befinden sich interaktive Touchscreens, an denen Besucher auf vergnügliche Weise ihr Wissen vertiefen können. Außerdem gibt's eine recht gelungene App fürs iPad.

Cleveland Botanical Garden   GÄRTEN
(☎216-721-1600; www.cbgarden.org; 11030 East Blvd; Erw./Kind 9,50/4 US$; ☉Di–Sa 10–17, So bis 17, Mi bis 21 Uhr) In den Gärten befindet sich ein Stück Nebelwald wie in Costa Rica und ein Stück Wüstenlandschaft wie auf Madagaskar. Im Winter öffnet in der Nähe eine Eisbahn, Schlittschuhe kann man für 3 US$ leihen. Das Parken kostet 5 bis 10 US$ pro Tag; dafür hat man von hier aus Zugang zu allen Museen in der Gegend.

Museum of Contemporary Art Cleveland   MUSEUM
(MOCA; ☎Audiotour 216-453-3960; www.mocacleveland.org; 11400 Euclid Ave; Erw./Kind 8/5 US$; ☉Di–So 11–17, Do bis 21 Uhr) Das glänzende Gebäude mit vier geometrischen Etagen aus schwarzem Stahl ist sehr beeindruckend, im Inneren ist aber nicht sehr viel zu sehen. In der 2. und 4. Etage befinden sich die Ausstellungen, die sich oft auf ein oder zwei Künstler konzentrieren und häufig wechseln. Wer sich für eine Audiotour zur Architektur und den Installationen interessiert, sollte vorher anrufen.

Lakeview Cemetery   FRIEDHOF
(☎216-421-2665; www.lakeviewcemetery.com; 12316 Euclid Ave; ☉7.30–19.30 Uhr) Den Besuch

lohnt auch das kultige „Freiluftmuseum" jenseits des Circle weiter östlich. Hier ruhen Präsident Garfield und John Rockefeller sowie der Comicautor Harvey Pekar und der Verbrechensbekämpfer Eliot Ness.

🛏 Schlafen

Die angegebenen Preise beziehen sich auf den Sommer, also auf die Hauptsaison. Die Steuer von 16,25 % ist nicht enthalten. Schlichte Motels gibt's im Südwesten von Clevelands Zentrum in der Nähe des Flughafens. An der Ausfahrt W 150th der I-71 (Exit 240) befinden sich mehrere Unterkünfte für unter 100 US$.

Cleveland Hostel — HOSTEL $
(☎ 216-394-0616; www.theclevelandhostel.com; 2090 W 25th St; B/Zi. ab 25/65 US$) Dieses neue Hostel in Ohio City, nur ein paar Schritte von einer RTA-Haltestelle und dem West Side Market entfernt, ist einfach fantastisch. Es hat 15 Zimmer – sowohl Mehrbettzimmer als auch kleinere Zimmer. Alle sind frisch in sanften Farben gestrichen und mit flauschigen Bettdecken und eleganter Dekoration ausgestattet. Wenn man dann noch die Dachterrasse, den kostenlosen Parkplatz und die günstigen Leihfahrräder (15 US$) hinzunimmt, überrascht es nicht, dass es hier immer rammelvoll ist.

Holiday Inn Express — HOTEL $$
(☎ 216-443-1000; www.hiexpress.com; 629 Euclid Ave; Zi. inkl. Frühstück 130–190 US$; P❋@🛜) Dies ist eigentlich ein echtes Boutiquehotel, das die typischen Hotelkettenhäuser weit hinter sich lässt. Die großen Zimmer sind schmuck dekoriert und bieten tolle Aussicht. Es befindet sich in einem alten Bankgebäude, das günstig in der Nähe der Unterhaltungsmeile E 4th Street liegt. Parken kostet 14 US$.

Brownstone Inn — B&B $$
(☎ 216-426-1753; www.brownstoneinndowntown.com; 3649 Prospect Ave; Zi. inkl. Frühstück 89–139 US$; @🛜P❋) Das B&B in diesem viktorianischen Stadthaus hat einen ganz besonderen Charakter. Alle fünf Zimmer haben ein eigenes Bad und Bademäntel zum Wohlfühlen. Außerdem bekommt man eine Einladung zum abendlichen Aperitif. Die Unterkunft liegt zwischen Innenstadt und University Circle – ein Niemandsland, wo man zu Fuß nichts unternehmen kann.

Hilton Garden Inn — HOTEL $$
(☎ 216-658-6400; www.hiltongardeninn.com; 1100 Carnegie Ave; Zi. 110–169 US$; @🛜P❋🏊) Die Unterkunft ist zwar nicht besonders nobel, bietet aber ein gutes Preis-Leistungs-Verhältnis und bequeme Betten. Es gibt mit WLAN ausgerüstete Arbeitsplätze und Minikühlschränke. Der Baseball-Park befindet sich ganz in der Nähe. Parken kostet 16 US$.

🍴 Essen

Es gibt eine größere Restaurantauswahl als man es eigentlich in einer Rust-Belt-Stadt erwarten würde.

🍴 Downtown

Im Warehouse District, zwischen W 6th Street und W 9th Street, gibt's jede Menge angesagte Restaurants. Östlich des Zentrums und abseits der Touristenmeilen liegt die Asiatown (begrenzt von der Payne Avenue und der Clair Avenue sowie von der E 30th Street und der 40th Street). Hier findet man etliche chinesische, vietnamesische und koreanische Lokale.

Noodlecat — NUDELN $$
(www.noodlecat.com; 234 Euclid Ave; Hauptgerichte 9–13 US$; ⊙11–23 Uhr) Coole Nudeln füllen in dieser japanisch-amerikanischen Kombination die Schüsseln, von Pilz-Udon über pikante Tintenfisch-Udon bis hin zu Rinderbrust- oder Brathähnchen-Ramen. Zudem gibt's viele Sakes, Biere und glutenfreie Speisen. Im West Side Market befindet sich eine weitere, kleinere Filiale.

Lola — MODERN-AMERIKANISCH $$$
(☎ 216-621-5652; www.lolabistro.com; 2058 E 4th St; Hauptgerichte 22–31 US$; ⊙Mo–Fr 11.30–14.30, Mo–Do 17–22, Fr & Sa 17–23 Uhr) Michael Symon ist bekannt für seine Piercings, seine Fernsehauftritte im Food Channel und seine zahlreichen Auszeichnungen. Der Junge aus der Region hat Cleveland bei Feinschmeckern beliebt gemacht. Die günstigen Mittagsgerichte lohnen sich am meisten, z. B. das Muschelceviche mit Kokos und Limetten oder der Publikumshit: ein mit Ei und Käse überbackenes Bologna-Sandwich.

Pura Vida — NEUAMERIKANISCH $$$
(☎ 216-987-0100; www.puravidabybrandt.com; 170 Euclid Ave; Hauptgerichte 23–29 US$; ⊙Mo–Sa 11.30–14 & 16–22 Uhr; 🖉) Das Pura Vida serviert seine kreative Hausmannskost mit regionalen Zutaten in einem hellen, supermodernen Restaurant am Public Square. Der Forellen-Po'boy und das Entenkeulen-Confit mit Buttermilchwaffeln ernten viel Lob. Die kleinen Teller bieten die Gelegenheit, meh-

rere Gerichte zu probieren, man kann aber auch eine große Portion bestellen.

Ohio City & Tremont

In den Stadtvierteln Ohio City und Tremont, die südlich des Zentrums an der I-90 liegen, haben viele neue Restaurants aufgemacht.

West Side Market Cafe CAFÉ $
(216-579-6800; 1995 W 25th St; Hauptgerichte 6–9 US$; Mo–Sa 7–15, Fr & Sa 6–18, So 9–15 Uhr) Wer gutes Frühstück und Mittagessen sowie preiswerte Fisch- und Hühnchengerichte schätzt, ist hier genau richtig. Das Café befindet sich im West Side Market, wo es jede Menge bereits zubereitete Gerichte gibt – einfach ideal für ein Picknick oder einen Ausflug mit dem Auto.

South Side AMERIKANISCH $$
(216-937-2288; www.southsidecleveland.com; 2207 W 11 St; Hauptgerichte 14–20 US$; 11–2 Uhr;) Sportler, Handwerker und eigentlich so ziemlich jeder quetscht sich in dieses schmale Lokal in Tremont, um an der geschwungenen Granitbar etwas zu trinken oder spätabends zu essen, etwa das Zackenbarsch-Sandwich oder den Schinken-Cheddar-Burger.

Little Italy & Coventry

Die beiden Viertel eignen sich perfekt zum Auftanken, wenn man im University Circle unterwegs ist. Little Italy liegt näher dran, es befindet sich an der Mayfield Road unweit des Lake View Cemetery (nach dem Rte-322-Schild Ausschau halten). Eine andere Möglichkeit ist das lockere Coventry Village etwas weiter östlich an der Mayfield Road.

Presti's Bakery BÄCKEREI $
(www.prestisbakery.com; 12101 Mayfield Rd; Snacks 2–6 US$; Mo–Do 6–21, Fr & Sa 6–22, So 6–16 Uhr) Hier sollte man die beliebten Sandwichs, Strombolis (gerollte Pizza) und göttlichen Backwaren probieren.

Tommy's INTERNATIONAL $
(216-321-7757; www.tommyscoventry.com; 1823 Coventry Rd; Hauptgerichte 7–11 US$; So–Do 9–21, Fr 9–22, Sa 7.30–22 Uhr;) Aus der Küche kommen vorwiegend Tofu, Seitan und andere vegetarische Verdächtige. Es stehen aber auch Gerichte mit Fleisch auf der Karte.

Ausgehen

Die Action im Zentrum konzentriert sich auf den jungen, testosterongesteuerten

Warehouse District (etwa W 6th Street) und auf die Amüsierschuppen rund um die E 4th Street. Auch Tremont hat ein riesiges Angebot an schicken Bars. Die meisten Locations haben bis 2 Uhr geöffnet.

Great Lakes Brewing Company BRAUEREI
(www.greatlakesbrewing.com; 2516 Market Ave; Mo–Sa ab 11.30 Uhr) Great Lakes hat mit ihren selbstgebrauten Bieren schon viele Preise eingeheimst. Ein weiteres Schmankerl historischer Natur: Hier kam es zu einer Schießerei zwischen Eliot Ness und einigen Kriminellen. Der Barkeeper ist sicher gern bereit, einem die Einschusslöcher zu zeigen.

Market Garden Brewery BRAUEREI
(www.marketgardenbrewery.com; 1947 W 25th St; Mo–Do 16–2, Fr & Sa 11–2, So 10–15 Uhr) Seit der Eröffnung im Jahr 2011 hat diese Kleinbrauerei mit ihrem dunklen Bier für Aufsehen gesorgt – doch auch die anderen Biere vom Fass sind einfach ausgezeichnet. Drinnen kann man sie beim gedämpften Licht der Kronleuchter trinken, draußen im Biergarten an langen Biertischen. Die bekannte Brauerei produziert außerdem Whiskey und Rum in limitierten Auflagen und mixt Biercocktails.

Major Hoopples BAR
(1930 Columbus Rd; Mo–Sa ab 15 Uhr) Hinter dem Tresen dieser freundlichen, bunt gemischten Bar bietet sich der beste Blick auf die Skyline von Cleveland. Filme und Sportereignisse werden auf den Brückenpfeiler draußen hinter der Bar projiziert.

Unterhaltung

Gordon Square Arts District (www.gordonsquare.org) An der Detroit Avenue zwischen W 56th Street und W 69th Street, ein paar Kilometer westlich des Stadtzentrums, gibt's nette Theater, Livemusik-Locations und Cafés.

Livemusik
Was so alles in der Stadt los ist, steht im *Scene* (www.clevescene.com) und freitags im *Plain Dealer* (www.cleveland.com).

Happy Dog LIVEMUSIK
(www.happydogcleveland.com; 5801 Detroit Ave; Mo–Do ab 16 Uhr; Fr–So ab 11 Uhr;) Fetzige Musik, Wiener Würstchen und 50 Toppings für die Würstchen – von gourmetmäßig (mit Trüffeln) bis... ähm... weniger gourmetmäßig (mit Erdnussbutter und Marmelade). Das Happy Dog befindet sich beim Gordon Square.

Grog Shop LIVEMUSIK
(☑216-321-5588; www.grogshop.gs; 2785 Euclid Hts Blvd) Aufstrebende Rocker greifen in dem Schuppen in Coventry in die Saiten.

Beachland Ballroom LIVEMUSIK
(www.beachlandballroom.com; 15711 Waterloo Rd) In der Location östlich der Innenstadt treten angesagte junge Bands auf.

Zuschauersport
Cleveland ist eine ernst zu nehmende Sportstadt mit drei modernen Anlagen im Zentrum.

Progressive Field BASEBALL
(www.indians.com; 2401 Ontario St) Hier spielen die Indians (alias „The Tribe"). Die gute Sicht macht das Stadion zu einer tollen Location, um sich ein Spiel anzuschauen.

Quicken Loans Arena BASKETBALL
(www.nba.com/cavaliers; 1 Center Ct) Die Cavaliers spielen in der „Q" Basketball. Sie fungiert auch als Veranstaltungsort für Events.

First Energy Stadium FOOTBALL
(www.clevelandbrowns.com; 1085 W 3rd St) Heimat des NFL-Teams der Browns.

Darstellende Künste
Severance Hall KLASSISCHE MUSIK
(☑216-231-1111; www.clevelandorchestra.com; 11001 Euclid Ave) Hier spielt das gefeierte Cleveland Symphony Orchestra (Aug.–Mai). Die Severance Hall befindet sich unweit des Museen an University Circle. Im Sommer tritt das Orchester im 22 Meilen (35 km) weiter südlich gelegenen Blossom Music Center im Cuyahoga Valley National Park auf.

Playhouse Square Center THEATER
(☑216-771-4444; www.playhousesquare.org; 1501 Euclid Ave) Hier werden Theateraufführungen, Opern und Ballet präsentiert. Online kommt man an die „Smart Seats" für 10 US$.

❶ Prakische Informationen
INFOS IM INTERNET
Cool Cleveland (www.coolcleveland.com) Hippe kulturelle Veranstaltungen und Kunstevents.
Ohio City (www.ohiocity.org) Über Restaurants und Bars in den Stadtvierteln.
Tremont (www.tremontwest.org) Restaurants, Bars und Galerien.

INTERNETZUGANG
Viele öffentliche Plätze in Cleveland sind mit kostenlosem WLAN ausgerüstet, z. B. Tower City und der University Circle.

MEDIEN
Gay People's Chronicle (www.gaypeoples chronicle.com) Kostenlose Wochenzeitung mit Veranstaltungsterminen.
Plain Dealer (www.cleveland.com) Clevelands Tageszeitung.
Scene (www.clevescene.com) Eine wöchentliche Kulturzeitung.

MEDIZINISCHE VERSORGUNG
MetroHealth Medical Center (☑216-778-7800; 2500 MetroHealth Dr)

TOURISTENINFORMATION
Cleveland Convention & Visitors Bureau (www.positivelycleveland.com) Offizielle Website; der Twitter-Feed bietet täglich Sonderangebote.
Visitor Center (☑216-875-6680; 334 Euclid Ave; ⊙Mo–Fr 8.30–18.30, Sa ab 10 Uhr) Hier gibt's Stadtpläne und Hilfe bei der Unterkunftsbuchung.

❶ Anreise & Unterwegs vor Ort
Der **Cleveland Hopkins International Airport** (CLE; www.clevelandairport.com; 5300 Riverside Dr) liegt 11 Meilen (18 km) südwestlich des Stadtzentrums und ist mit dem Zug der Red Line (2,25 US$) zu erreichen. Ein Taxi in die Innenstadt kostet ca. 30 US$.

Vom Stadtzentrum aus fährt **Greyhound** (☑216-781-0520; 1465 Chester Ave) oft nach Chicago (7½ Std.) und New York City (13 Std.). **Megabus** (www.megabus.com/us) fährt ebenfalls nach Chicago und ist häufig preiswerter. Wo die Busse genau starten, erfährt man im Netz.

Amtrak (☑216-696-5115; 200 Cleveland Memorial Shoreway) fährt einmal täglich nach Chicago (7 Std.) und New York City (13 Std.).

Die **Regional Transit Authority** (RTA; www.riderta.com; Fahrkarte 2,25 US$) betreibt den Red-Line-Zug, der zum Flughafen und nach Ohio City fährt, sowie den Health-Line-Bus, der von der Innenstadt die Euclid Avenue entlang zum University Circle fährt. Die Tageskarte kostet 5 US$.

Um ein Taxi zu bekommen, sollte man **Americab** (☑216-429-1111) anrufen.

Rund um Cleveland
Canton, 60 Meilen (96 km) südlich von Cleveland, ist der Geburtsort der NFL und Heimat der **Pro Football Hall of Fame** (☑330-456-8207; www.profootballhof.com; 2121 George Halas Dr; Erw./Kind 22/16 US$; ⊙9–20 Uhr, Sept.–Mai 9–17 Uhr). Nach einer Renovierung bietet der Schrein für den Football interaktive Ausstellungen. Der footballförmige Turm des Museums ist von der I-77 aus gut zu sehen.

Westlich von Cleveland liegt das attraktive **Oberlin**, eine altmodische Collegestadt mit bemerkenswerten Bauwerken von Cass Gilbert, Frank Lloyd Wright und Robert Venturi. Noch weiter westlich befindet sich direkt südlich von der I-90 die winzige Stadt **Milan**, in der Thomas Alva Edison geboren wurde. Sein Geburtshaus wurde restauriert und ähnelt nun wieder dem Originalzustand von 1847. Es beherbergt heute ein kleines **Museum** (☑419-499-2135; www.tomedison.org; 9 Edison Dr; Erw./Kind 7/4 US$; ⏱Di–Sa 10–17 Uhr, So ab 13 Uhr, im Winter kürzere Öffnungszeiten, Jan. geschl.), das sich seinen Erfindungen, z.B. Glühlampe und Fonograf, widmet.

Noch weiter Richtung Westen an der US 20 liegt – inmitten von Ackerland – **Clyde**, das sich als die berühmteste Kleinstadt der USA bezeichnet. Berühmt wurde es, als Sherwood Anderson, ein Sohn der Stadt, im Jahr 1919 *Winesburg, Ohio* veröffentlichte. Die Einwohner von Clyde brauchten natürlich nicht lange, um herauszufinden, welcher Ort der fiktiven Stadt Pate gestanden hatte. Das **Clyde Museum** (☑419-547-7946; www.clydeheritageleague.org; 124 W Buckeye St; ⏱April–Sept. Do 13–16 Uhr & nach Vereinbarung) GRATIS in der alten Kirche zeigt Exponate zu Anderson, ein paar Häuser weiter kann man die Bibliothek besuchen.

Erie Lakeshore & Islands

Im Sommer ist dieses herrliche Erholungsgebiet eine der beliebtesten – und teuersten – Gegenden von Ohio. Die Saison dauert von Mitte Mai bis Mitte September, danach macht alles dicht. Unterkünfte sollte man unbedingt im Voraus buchen.

Sandusky war lange ein Hafen und fungiert jetzt als Ausgangspunkt zu den Erie Islands und als Welthauptstadt der Achterbahnen. Im **Visitor Center** (☑419-625-2984; www.shoresandislands.com; 4424 Milan Rd; ⏱Mo–Fr 8–19, Sa 9–18, So 9–16 Uhr) gibt's Infos über Unterkünfte und Fährverbindungen. Die Straßen in die Stadt hinein sind von allerhand Kettenhotels gesäumt.

Bass Islands

Im Jahr 1812 traf Admiral Perry in der Schlacht auf dem Eriesee in der Nähe der **South Bass Island** auf die feindliche englische Flotte. Sein Sieg sorgte dafür, dass das gesamte Land südlich der Großen Seen zu den USA kam und nicht zu Kanada. Aber

NICHT VERSÄUMEN

CEDAR POINTS RASANTE ACHTERBAHNEN

Der **Cedar Point Amusement Park** (☑419-627-2350; www.cedarpoint.com; Erw./Kind 55/30 US$; ⏱10–22 Uhr, Nov.–Mitte Mai geschl.) wird eigentlich jedes Jahr bei einer öffentlichen Wahl zum besten Vergnügungspark der Welt erkoren, denn die Besucher sind verrückt nach seinen 16 Achterbahnen, die einen Adrenalinrausch vom Feinsten verursachen. Eine der haarsträubendsten Fahrten ist die auf dem Top Thrill Dragster, einer der höchsten und schnellsten Achterbahnen der Welt. Sie klettert fast 130 m in die Höhe, ehe sie mit 190 km/h in die Tiefe schießt. Im flügelartigen GateKeeper dagegen rasen die Fahrgäste – oft kopfüber – durch Loops, Spiralen und die höchste Inversion der Welt hinab. Wer mit diesen 16 Achterbahnen nicht ausgelastet ist, findet in der Umgebung einen hübschen Strand, einen Wasserpark und etliche altmodische Attraktionen aus dem Zeitalter der Zuckerwatte. Der Park liegt ca. 6 Meilen (10 km) von Sandusky entfernt. Online sind Tickets günstiger. Parken kostet 15 US$.

an warmen Sommerwochenenden spielt Geschichte im überlaufenen Put In Bay eher die Nebenrolle. Die wichtigste Stadt der Insel mit all ihren Restaurants und Geschäften ist dann der Platz zum Feiern schlechthin. Etwas jenseits des Trubels findet man ein Weingut und Möglichkeiten zum Campen, Angeln, Kajakfahren und Schwimmen.

Eine einzigartige Attraktion ist die 107 m hohe dorische Säule, die auch als **Perry's Victory and International Peace Memorial** (www.nps.gov/pevi; Eintritt 3 US$; ⏱10–19 Uhr) bekannt ist. Man kann zur Aussichtsplattform hinaufklettern, von wo aus man das Schlachtfeld und an schönen Tagen sogar Kanada sehen kann.

Die **Chamber of Commerce** (☑419-285-2832; www.visitputinbay.com; 148 Delaware Ave; ⏱Mo–Fr 10–16, Sa & So 10–17 Uhr) hat Infos über Aktivitäten und Unterkünfte. Das **Ashley's Island House** (☑419-285-2844; www.ashleysislandhouse.com; 557 Catawba Ave; Zi. mit/ohne Bad ab 100/70 US$; ❄🎏) ist ein B & B mit 13 Zimmern. Ende des 19. Jhs. haben hier Marineoffiziere übernachtet. Der **Beer Bar-**

rel Saloon (www.beerbarrelpib.com; Delaware Ave; ⊙ 11–1 Uhr) hat jede Menge Platz – der Tresen ist 124 m lang.

Auf der Insel fahren Taxis und Tourbusse, aber Radfahren macht einfach mehr Spaß. Es gibt zwei Fährunternehmen, die regelmäßig zwischen dem Festland und den Inseln verkehren (20 Min.). **Jet Express** (☑ 800-245-1538; www.jet-express.com) schickt fast stündlich Personenfähren direkt von Port Clinton nach Put In Bay (einfache Fahrt Erw./Kind 15/2,50 US$). Sie starten auch in Sandusky (19,50/5,50 US$) und halten unterwegs auf Kelleys Island. Das Auto kann man auf den Parkplätzen an den Anlegern abstellen (10 US$/Tag). Die Autofähren von **Miller Boatline** (☑ 800-500-2421; www.miller ferry.com) legen alle 30 Minuten in Catawba ab (einfach Fahrt Erw./Kind 7/1,50 US$, Auto 15 US$). Das ist die billigste Variante. Sie fahren auch zur **Middle Bass Island** und bieten so von South Bass einen schönen Tagesausflug an, auf dem man ausgiebig Natur und Ruhe genießen kann.

Kelleys Island

Die ruhige, grüne Kelleys Island ist ein besonders bei Familien beliebter Wochenenderholungsort. Hier gibt es schöne Gebäude aus dem 19. Jh., Zeichnungen, die Indianer hinterlassen haben, einen schönen Strand und eiszeitliche Gletscherriefen, die die Landschaft zerfurchen. Auch die alten Kalksteinbrüche sind hübsch anzuschauen!

Die **Chamber of Commerce** (☑ 419-746-2360; www.kelleysislandchamber.com; Seaway Marina Bldg; ⊙ 9.30–16 Uhr) am Fähranleger informiert über Unterkünfte und Aktivitäten – besonders beliebt sind hier Wandern, Campen, Kajakfahren und Angeln. Im Village, dem kleinen Einkaufszentrum der Insel, kann man essen, trinken, shoppen und Fahrräder ausleihen. Ein Drahtesel ist perfekt, um die Insel zu erkunden.

Die Fähren von **Kelleys Island Ferry** (☑ 419-798-9763; www.kelleysislandferry.com) starten im winzigen Nest Marblehead (einfache Fahrt Erw./Kind 9,50/6 US$, Auto 15 US$). Die Überfahrt dauert etwa 20 Minuten, die Abfahrt erfolgt stündlich (im Sommer auch häufiger). **Jet Express** (☑ 800-245-1538; www.jet-express.com) legt in Sandusky ab (einfache Fahrt Erw./Kind 15/4,50 US$, keine Autos) und fährt weiter nach Put In Bay auf South Bass Island (Insel-Hopping einfache Fahrt 22/6,50 US$, keine Autos).

Pelee Island

Pelee, die größte der Erie Islands, gehört zu Kanada. Auf der traumhaft grünen, ruhigen Insel, auf der auch Wein angebaut wird, kann man wunderbar Vögel beobachten. Die Fähre von **Pelee Island Transportation** (☑ 800-661-2220; www.ontarioferries.com) fährt von Sandusky nach Pelee (einfache Fahrt Erw./Kind 13,75/6,75 US$, Auto 30 US$) und weiter zum Festland von Ontario. Infos zu Unterkünften und Reiseplanung gibt's unter www.pelee.org.

Amish Country

In den ländlichen Counties Wayne und Holmes, kaum 80 Meilen (130 km) südlich von Cleveland, ist die größte Amish-Gemeinde der USA beheimatet. Ein Besuch bei den Amish ist wie eine Reise mit der Zeitmaschine in eine vorindustrielle Zeit.

Als Nachkommen von konservativen deutsch-schweizerischen religiösen Splittergruppen, die im 18 Jh. nach Amerika auswanderten, halten sich die Amish immer noch mehr oder weniger an deren *Ordnung* (Lebensstil). Viele – wenn auch nicht alle – befolgen die Regeln, nach denen es verboten ist, Strom, Telefone und motorisierte Fahrzeuge zu benutzen. Sie tragen traditionelle Kleidung, bewirtschaften ihr Land mit Pflug und Maultieren und fahren mit Pferdekutschen zur Kirche.

Leider wird die ansonsten so friedliche Szenerie von einer Menge Reisebusse gestört. Viele Amish freuen sich aber über den Geldsegen. Das bedeutet jedoch nicht, dass man sie auch fotografieren darf – für Amish sind Fotos meist tabu. Die Straßen hier sind eng und kurvenreich, deshalb sollten Besucher vorsichtig und langsam fahren. Außerdem muss man hinter Kurven jederzeit mit einer langsam dahinzuckelnden Kutsche rechnen. Viele Geschäfte sind sonntags geschlossen.

⊙ Sehenswertes & Aktivitäten

Kidron an der Route 52 ist ein guter Ausgangspunkt. Etwas weiter südlich liegt **Berlin**, das Zentrum der Gegend mit unzähligen Krimskrams-Läden. **Millersburg** ist die größte Stadt der Region; hier gibt's fast mehr Antiquitätengeschäfte als Amish. Die US 62 verbindet die beiden „geschäftigen" Orte.

Weiter ab vom Schuss gelangt man auf der Route 557 oder der County Road 70 durch ländliche Gegenden ins winzige **Charm**, das ca. 5 Meilen (8 km) südlich von Berlin liegt.

Lehman's
KAUFHAUS

(www.lehmans.com; 4779 Kidron Rd, Kidron; ☉ Mo–Sa 8–18 Uhr) GRATIS Lehman's muss man einfach gesehen haben. Der Hauptversorger der Amish-Gemeinde verkauft in einer fast 3000 m² großen Scheune modern aussehende Geräte, die ohne Strom funktionieren – Taschenlampen zum Aufziehen, Holzöfen und Fleischwölfe mit Handkurbel.

Kidron Auction
MARKT

(www.kidronauction.com; 4885 Kidron Rd, Kidron; ☉ Do ab 10 Uhr) Wer donnerstags in der Gegend ist, sollte sich in die von Lehman's bis zum Viehstall reichende Schlange von Kutschen einreihen. Um 10 Uhr wird Heu versteigert, um 11 Uhr Kühe und um 13 Uhr Schweine. Rund um den Stall findet ein Flohmarkt statt, auf dem sich Leute tummeln, die keinen muhenden Kauf machen wollen. Ähnliche Auktionen gibt's in Sugarcreek (Mo & Fr), Farmerstown (Di) und Mt. Hope (Mi).

Heini's Cheese Chalet
KÄSEREI

(☎ 800-253-6636; www.heinis.com; 6005 Hwy 77, Berlin; kostenlose Besichtigung; ☉ Mo–Sa 8–18 Uhr) Heini's produziert mehr als 70 Käsesorten. Hier bekommt man gezeigt, wie Amish-Farmer ihre Kühe mit der Hand melken und die Milch ganz ohne Maschinen kühlen, bevor sie sie ausliefern. Danach kann man die unterschiedlichen Käsesorten probieren und das kitschige Wandgemälde bewundern, das die „Geschichte der Käseherstellung" darstellt. Wer den Käser in Aktion sehen will, muss wochentags (außer Mi) vor 11 Uhr hier sein.

Hershberger's Farm & Bakery
FARM

(☎ 330-674-6096; 5452 Hwy 557, Millersburg; ☉ Bäckerei ganzjährig Mo–Sa 8–17 Uhr, Farm Mitte April–Okt. ab 10 Uhr; ⊞) 25 verschiedene Pies, hausgemachte Eistüten und auf dem Markt frisches Obst und Gemüse! Wer will kann hier auch Tiere streicheln (umsonst) und auf Ponys reiten (3 US$).

Yoder's Amish Home
FARM

(☎ 330-893-2541; www.yodersamishhome.com; 6050 Rte 515, Walnut Creek; Besichtigung Erw./Kind 12/8 US$; ☉ Mitte April–Ende Okt. Mo–Sa 10–17 Uhr; ⊞) In der für Besucher zugänglichen Amish-Farm kann man einen Blick in die Wohnräume und die Schule mit nur einem Klassenzimmer werfen sowie mit einer Pferdekutsche durch die Gegend fahren.

ABSTECHER

MALABAR FARM

Was haben Humphrey Bogart, Lauren Bacall und Johnny Appleseed gemeinsam? Sie alle haben schon Zeit im **Malabar Farm State Park** (www.malabarfarm.org) verbracht. Hier ist eine Menge los: Es gibt Wander- und Reitwege, Angelteiche (im Besucherzentrum nach kostenlosen Angeln fragen), Führungen durch das Wohnhaus des Pulitzer-Preisträgers Louis Bromfield (in dem Humphrey Bogart und Lauren Bacall heirateten), monatlichen Barn Dance, ein **Hostel** (www.hiusa.org/lucas) im Bauernhaus und ein gutes **Restaurant** (☉ Di–So 11–20 Uhr), das regionale Zutaten verwendet. Malabar liegt 30 Meilen (48 km) westlich von Millersburg, man erreicht es über den Highway 39.

🛏 Schlafen & Essen

Hotel Millersburg
HISTORISCHES HOTEL **$$**

(☎ 330-674-1457; www.hotelmillersburg.com; 35 W Jackson St, Millersburg; Zi. 79–149 US$; ❄ 🛜) Das 1847 als Postkutschenstation erbaute Haus bietet noch immer eine Übernachtungsmöglichkeit in 26 lässigen Zimmern, die sich über dem modernen Gastraum und der Taverne befinden (eines der wenigen Lokale im Amish Country, wo man Bier bekommt).

Guggisberg Swiss Inn
HOTEL **$$**

(☎ 330-893-3600; www.guggisbergswissinn.com; 5025 Rte 557, Charm; Zi. inkl. Frühstück 110–160 US$; ❄ 🛜) Die 24 ordentlichen, hellen und kompakten Zimmer sind mit Quilts und Möbeln aus hellem Holz eingerichtet. Auf dem Gelände befinden sich auch eine Käserei und Pferdeställe.

Boyd & Wurthmann Restaurant
AMERIKANISCH **$**

(☎ 330-893-3287; www.boydandwurthmann.com; Main St, Berlin; Hauptgerichte 6–11 US$; ☉ Mo–Sa 17.30–20 Uhr) Die Riesenpfannkuchen, die Pasteten in 23 Geschmacksvarianten, die dicken Sandwichs und die Spezialitäten der Amish (wie paniertes Steak) ziehen Einheimische und Touristen gleichermaßen an. Nur Barzahlung.

ℹ Praktische Informationen

Holmes County Chamber of Commerce
(www.visitamishcountry.com)

Columbus

Ohios Hauptstadt ist wie das Blind Date, das die eigene Mutter arrangiert hat – durchschnittlich, zurückhaltend, solide und nett. Vor allem aber ist die Stadt freundlich zur Brieftasche. Das ist dem Einfluss der 55 000 Studenten der Ohio State University (OSU), der zweitgrößten Hochschule der USA, zu verdanken. In den letzten Jahren ist auch die schwul-lesbische Gemeinde hier immer größer geworden.

◉ Sehenswertes & Aktivitäten

German Village   STADTVIERTEL
(www.germanvillage.com) Das erstaunlich große, ganz aus Backstein erbaute „deutsche Dorf" liegt 800 m südlich vom Zentrum. Das restaurierte Stadtviertel aus dem 19. Jh. wartet mit Bierhallen, Kopfsteinpflasterstraßen, Parks mit vielen Kunstwerken und Häusern im italienischen und im Queen-Anne-Stil auf.

Short North   STADTVIERTEL
(www.shortnorth.org) Gleich nördlich vom Zentrum lohnt sich ein Spaziergang in Short North, einem sanierten Abschnitt der High Street mit Galerien für moderne Kunst und Jazzbars.

Wexner Center for the Arts   KUNSTZENTRUM
(☏ 614-292-3535; www.wexarts.org; Ecke 15th & N High Sts; Eintritt 8 US$; ⏱ Di & Mi 11–18, Do & Fr 11–20, Sa 12–19, So 12–16 Uhr) Das Kunstzentrum des Campus zeigt topaktuelle Kunstausstellungen, Filme und Vorstellungen.

Columbus Food Tours   GEFÜHRTE TOUR
(www.columbusfoodadventures.com; Führungen 40–80 US$) Geführte kulinarische Touren durch Stadtviertel oder zu bestimmten Schwerpunkten wie Taco-Trucks, Desserts oder Kaffee; einige finden per pedes statt, andere mit dem Van.

🛏 Schlafen & Essen

Im German Village und in Short North gibt's gute Restaurants. Im **Arena District** (www.arenadistrict.com) findet man etliche Kettenhotels der Mittelklasse sowie Brauereikneipen. Rund um die Uni und in der N High Street ab der 15th Avenue hat man eine Riesenauswahl – von mexikanisch bis hin zu äthiopisch oder Sushi.

Marriott Residence Inn   HOTEL $$
(☏ 614-222-2610; www.marriott.com; 36 E Gay St; Zi. inkl. Frühstück 129–199 US$; P ❄ @ 🛜) Tolle Lage im Zentrum und in der Nähe von allem, was für Besucher interessant ist. Alle Zimmer sind mit einer kompletten Küche ausgestattet. Das nette Frühstücksbuffet wird morgens in einem alten Tresorraum serviert. WLAN gibt's gratis, Parken kostet 20 US$.

Short North B & B   B & B $$
(☏ 614-299-5050; www.columbus-bed-breakfast.com; 50 E Lincoln St; Zi. inkl. Frühstück 129–149 US$; P ❄ 🛜) Das B & B mit den sieben gepflegten Zimmern liegt nur wenige Schritte vom gleichnamigen Viertel entfernt.

North Market   MARKT $
(www.northmarket.com; 59 Spruce St; ⏱ Mo 9–15, Di–Fr 9–19, Sa 8–17, So 12–17 Uhr) Farmer aus der Region verkaufen ihre Erzeugnisse und fertiges Essen; das Eis von Jeni ist berühmt.

Schmidt's   DEUTSCH $$
(☏ 614-444-6808; www.schmidthaus.com; 240 E Kossuth St; Hauptgerichte 8–15 US$; ⏱ So & Mo 11–21, Di–Do 11–22, Fr & Sa 11–23 Uhr) In diesem Restaurant im German Village kann man gutes deutsches Essen wie Würstchen oder Schnitzel in sich reinschaufeln. Aber unbedingt noch etwas Platz für die riesigen Windbeutel lassen! Von Mittwoch bis Samstag gibt's Blasmusik live.

Skillet   AMERIKANISCH $$
(☏ 614-443-2266; www.skilletruf.com; 410 E Whittier St; Hauptgerichte 12–16 US$; ⏱ Mi–Fr 11–14.30 & 17.30–21, Sa & So 8–14 Uhr) 🥄 Das winzige Restaurant im German Village serviert Hausmannskost mit regionalen Zutaten.

☆ Unterhaltung

Die ganze Stadt ist sportbesessen.

Ohio Stadium   FOOTBALL
(☏ 800-462-8257; www.ohiostatebuckeyes.com; 411 Woody Hayes Dr) Die Ohio State Buckeyes locken ein begeistertes Publikum in das legendäre, hufeisenförmige Ohio Stadium. Die Spiele finden normalerweise an den Samstagen im Herbst statt.

Nationwide Arena   HOCKEY
(☏ 614-246-2000; www.bluejackets.com; 200 W Nationwide Blvd) Die Columbus Blue Jackets schlagen in diesem großen Stadion in der Innenstadt den Puck.

Crew Stadium   FUSSBALL
(☏ 614-447-2739; www.thecrew.com) Das beliebte Profi-Fußballteam der Columbus Crew spielt von März bis Oktober in diesem Stadion nördlich der I-71 und 17th Avenue.

❶ Praktische Informationen

Alive (www.columbusalive.com) Kostenlose Wochenzeitung mit Veranstaltungskalender.

Columbus Convention & Visitors Bureau (☑ 866-397-2657; www.experiencecolumbus. com) **Columbus Dispatch** (www.dispatch.com) Tageszeitung.

Outlook (www.outlookmedia.com) Monatlich erscheinende Zeitschrift für Schwule und Lesben.

❶ An- & Weiterreise

Der **Port Columbus Airport** (CMH; www.flyco lumbus.com) befindet sich 10 Meilen (16 km) östlich der Stadt. Ein Taxi in die Innenstadt kostet etwa 25 US$.

Die Busse von **Greyhound** (☑ 614-221-4642; www.greyhound.com; 111 E Town St) fahren mindestens sechsmal täglich nach Cincinnati (2 Std.) und Cleveland (2½ Std.). Der oft günstigere **Megabus** (www.megabus.com/us) rollt mehrmals täglich Richtung Cincinnati und Chicago. Genauere Infos findet man auf der Website.

Athens & Südöstliches Ohio

Charakteristisch für die Südostecke Ohios sind die Waldgebiete, die sanft geschwungenen Ausläufer der Appalachen und die verstreut liegenden Farmen.

Über die lieblichen Hügel südöstlich von Columbus und rund um Lancaster kommt man nach **Hocking County**. Die wunderschöne Gegend mit ihren Bächen und Wasserfällen, Sandsteinfelsen und höhlenartigen Formationen ist zu jeder Jahreszeit einen Besuch wert. Kilometerlange Wanderwege laden im **Hocking Hills State Park** (☑ 740-385-6165; 20160 Hwy 664; Stellplatz/Hütten ab 24/130 US$) zum Wandern, Flüsse dagegen zu Kanutouren ein. Zudem hat der Park jede Menge Campingplätze und Blockhütten. Die **Old Man's Cave** ist zum Wandern besonders schön. Mit **Hocking Valley Canoe Livery** (☑ 740-385-8685; www.hockinghillscanoeing.com; 31251 Chieftain Dr; 2-stündige geführte Touren 44 US$; ☺ April–Okt) in der Nähe von Logan kann man bei Mondlicht oder Fackelschein Kanu fahren. Mit geführten Kletter- und Abseiltouren sorgt **Earth-Water-Rock: Outdoor Adventures** (☑ 740-664-5220; www.ewr outdoors.com; Halbtages-Tour 85–110 US$) für Adrenalinschübe; Anfänger sind willkommen.

Athens (www.athensohio.com) an der Kreuzung von US 50 und US 33 ist ein hervorragender Ausgangspunkt, wenn man die Region erkunden will. Es liegt zwischen bewaldeten Hügeln und beherbergt die Ohio University, deren Campus die halbe Stadt ausmacht. Studentencafés und Kneipen säumen die Courts Street, die Hauptstraße von Athens. Die nahe **Village Bakery & Cafe** (www.della-zona.com; 268 E State St; Hauptgerichte 4–8 US$; ☺ Di–Sa 7.30–20, So 9–14 Uhr) verwendet für Pizza, Suppen und Sandwichs Biogemüse und -fleisch sowie Käse vom Bauernhof.

Südlich von Columbus lag einst das Siedlungsgebiet des faszinierenden alten Volkes der Hopewell, das zwischen 200 v. Chr. und 600 n. Chr. riesige geometrische Erdformationen und Grabhügel errichtet hat. Eine sehr gute Einführung bekommt man im **Hopewell Culture National Historical Park** (☑ 740-774-1126; www.nps.gov/hocu; Hwy 104 nördlich der I-35; ☺ Juni–Aug. 8.30–18 Uhr, Sept.–Mai bis 17 Uhr) GRATIS. Er befindet sich 5 km nördlich von Chillicothe. Nachdem man im Visitor Center vorbeigeschaut hat, erkundet man die unterschiedlich geformten Zeremonienhügel in der 5 ha großen mysteriösen Totenstadt namens **Mound City**. Der **Serpent Mound** (☑ 937-587-2796; www.ohiohistory.org; 3850 Hwy 73; 7 US$/Fahrzeug; ☺ Mo–Fr 10.30–16 Uhr; Sa & So ab 9.30 Uhr, im Winter kürzer) südwestlich von Chillicothe und 6,5 km nordwestlich von Locust Grove ist vielleicht die faszinierendste Stätte von allen. Die riesige, lang gestreckte Schlange misst über 400 m und ist die größte Erdskulptur der USA.

Dayton & Yellow Springs

In Dayton gibt's zwar Sehenswürdigkeiten zum Thema Luftfahrt, aber das kleine Yellow Springs (18 Meilen/29 km nordöstlich an der US 68) hat in puncto Unterkünfte und Restaurants sehr viel mehr zu bieten.

◉ Sehenswertes & Aktivitäten

National Museum of the US Air Force   MUSEUM
(☑ 937-255-3286; www.nationalmuseum.af.mil; 1100 Spaatz St, Dayton; ☺ 9–17 Uhr) GRATIS In diesem riesengroßen Museum, das sich 6 Meilen (10 km) nordöstlich von Dayton auf der Wright-Patterson Air Force Base befindet, gibt es fast nichts, was es nicht gibt – von einem Fluggerät der Brüder Wright aus dem Jahr 1909 über einen Sopwith Camel (Doppeldeckerflugzeug aus dem Ersten Weltkrieg) bis hin zur Atombombe „Little Boy", die über Hiroshima abgeworfen wurde. In

den Hangars stehen endlose Reihen von Flugzeugen, Raketen und Luftfahrzeugen. Für den Besuch sollte man mindestens drei Stunden einplanen und sich vorher die Audiotour von der Website herunterladen.

Wright Cycle Company · HISTORISCHE STÄTTE
(☎ 937-225-7705; www.nps.gov/daav; 16 S Williams St, Dayton; ⏰ 8.30–17 Uhr) GRATIS In dem Gebäude, in dem Wilbur und Orville Fahrräder und Flugtechnik entwickelten, werden verschiedene interessante Exponate gezeigt.

Huffman Prairie Flying Field · HISTORISCHE STÄTTE
(Gate 16A off Rte 444, Dayton; ⏰ Do–Di 8–18 Uhr) GRATIS Dieser friedliche, grasbewachsene Platz sieht noch ziemlich genau so aus wie 1904, als die Brüder Wright hier ihre Flugzeuge testeten. Ein 1,6 km langer Weg, an dem Infotafeln stehen, führt um den Platz. Vom Air-Force-Museum fährt man 15 Minuten hierher.

Carillon Historical Park · HISTORISCHE STÄTTE
(☎ 937-293-2841; www.daytonhistory.org; 1000 Carillon Blvd, Dayton; Erw./Kind 8/5 US$; ⏰ Mo–Sa 9.30–17, So ab 12 Uhr) Zu den vielen Attraktionen gehören ein Doppeldecker der Brüder Wright aus dem Jahr 1905 und ein Nachbau der Werkstatt der Wrights.

🛏 Schlafen & Essen

Die folgenden Unterkünfte befinden sich im kunstaffinen, alternativ geprägten Yellow Springs.

Morgan House · B&B $$
(☎ 937-767-1761; www.arthurmorganhouse.com; 120 W Limestone St, Yellow Springs; Zi. inkl. Frühstück 105–125 US$; ✱❄🐾) Die sechs komfortablen Zimmer sind mit superweicher Bettwäsche und eigenem Bad ausgestattet. Zum Frühstück gibt's Bioprodukte und das Hauptgeschäftszentrum kann man zu Fuß erreichen.

★ Young's Jersey Dairy · AMERIKANISCH $$
(☎ 937-325-0629; www.youngsdairy.com; 6880 Springfield-Xenia Rd, Yellow Springs; 🐾) Young's ist eine Milchfarm mit zwei Restaurants: Das **Golden Jersey Inn** (Hauptgerichte 9–15 US$; ⏰ Mo–Do 11–20, Fr 11–21, Sa 8–21, So 8–20 Uhr) serviert so leckere Gerichte wie Hühnchen in Buttermilch, im **Dairy Store** (Sandwichs 3,50–6,50 US$; ⏰ So–Do 7–23, Fr & Sa bis 24 Uhr) gibt's Sandwichs, traumhaftes Eis und die besten Milchshakes Ohios. Außerdem können Besucher Minigolf spielen, sich in Baseball-Schlagkäfigen versuchen, an

einer Führung zum Thema Käseherstellung teilnehmen und beim Melken der Kühe zuschauen.

Winds Cafe · AMERIKANISCH $$$
(☎ 937-767-1144; www.windscafe.com; 215 Xenia Ave, Yellow Springs; Hauptgerichte 18–25 US$; ⏰ Di–Sa 11.30–14 & 17–22, So 10–15 Uhr) Vor mehr als 30 Jahren war das Winds noch eine Hippie-Kooperative. Inzwischen hat es sich zu einem niveauvollen Gourmetrestaurant gemausert, das saisonale Gerichte wie Crêpes mit Spargel und Feigensauce oder Rhabarber-Heilbutt serviert.

Cincinnati

Cincinnati liegt am Ufer des Ohio River. Die Stadt überrascht mit ihrer Schönheit, aber auch mit ihren Neonlichtern, den kurvigen Straßen hinauf auf den Mt. Adams und die unverhohlene Begeisterung der Einwohner für das *five-way*, eine kulinarische Spezialität. Angesichts des großen Angebots sollte man zumindest ein Baseball-Spiel anschauen, am Ufer spazieren gehen und das Bauchrednerpuppen-Museum besuchen.

👁 Sehenswertes & Aktivitäten

Montags sind viele Sehenswürdigkeiten geschlossen.

👁 Downtown

National Underground Railroad Freedom Center · MUSEUM
(☎ 513-333-7500; www.freedomcenter.org; 50 E Freedom Way; Erw./Kind 12/8 US$; ⏰ Di–So 11–17 Uhr) Cincinnati war eine wichtige Zwischenstation der Underground Railroad, eines Netzwerks, das Sklaven zur Flucht gen Norden verhalf, und damit ein Zentrum der Antisklaverei-Bewegung, die von Menschen wie Harriet Beecher Stowe angeführt wurde. Das Freedom Center erzählt ihre Geschichten. Anhand von Exponaten erfährt man, wie die Sklaven in den Norden fliehen konnten und wie moderne Sklaverei in der heutigen Zeit aussehen kann. Für die Besichtigung kann man sich eine kostenlose iPhone-App herunterladen.

Findlay Market · MARKT
(www.findlaymarket.org; 1801 Race St; ⏰ Di–Fr 9–18, Sa 8–18, So 10–16 Uhr) Der Findlay Market, der sowohl einen Innen- als auch einen Außenbereich hat, bringt Grün in die etwas verfallene Gegend am Nordrand der Innen-

stadt. Wer Obst und Gemüse, Fleisch, Käse oder Backwaren braucht, ist hier genau richtig. Die belgischen Waffeln sind himmlisch!

Rosenthal Center for Contemporary Arts
MUSEUM

(☏ 513-721-0390; www.contemporaryartscenter. org; 44 E 6th St; Erw./Kind 7,50/5,50 US$, Mo abends Eintritt frei; ☉ Mo 10–21, Mi–Fr 10–18, Sa & So 11–18 Uhr) Das Zentrum präsentiert moderne Kunst in einem avantgardistischen Gebäude, das von der irakischen Architektin Zaha Hadid entworfen wurde. Sowohl das Äußere als auch die ausgestellten Kunstwerke sind für das traditionelle Cincy geradezu revolutionär.

Fountain Square
PLATZ

(www.myfountainsquare.com; Ecke 5th & Vine Sts; ☏) Der Fountain Square ist das Herz der Stadt. Auf dem öffentlichen Platz gibt's kostenloses WLAN, im Winter eine Eisbahn, im Sommer Konzerte (Do bis Sa um 19 Uhr), einen Reds-Ticketkiosk und den guten alten Brunnen „Spirit of the Waters".

Roebling Suspension Bridge
BRÜCKE

(www.roeblingbridge.org) Die elegante Brücke von 1876 war ein Vorläufer von John Roeblings berühmter Brooklyn Bridge in New York. Es ist cool, über die Brücke zu laufen und die Autos „singen" zu hören. Sie verbindet Cincinnati mit Covington, Kentucky.

Purple People Bridge
BRÜCKE

(www.purplepeoplebridge.com) Diese Fußgängerbrücke führt vom Sawyer Point, einem nettem Park mit skurrilen Monumenten und fliegenden Schweinen, nach Newport, Kentucky.

◉ Covington & Newport

Covington und Newport in Kentucky sind quasi Vororte von Cincinnati. Sie liegen direkt gegenüber der Innenstadt auf der anderen Flussseite. Newport im Osten ist für seinen Restaurant- und Shoppingkomplex **Newport on the Levee** (www.newportonthelevee.com) bekannt. Covington liegt im Westen. In dem Viertel **MainStrasse** (www.mainstrasse.org) mit seinen Backsteinreihenhäusern aus dem 19. Jh. gibt's viele tolle Restaurants und Bars. Herrenhäuser aus der Zeit vor dem Sezessionskrieg säumen den Riverside Drive und am Ufer liegen alte Raddampfer.

Newport Aquarium
AQUARIUM

(☏ 859-491-3467; www.newportaquarium.com; 1 Aquarium Way; Erw./Kind 23/15 US$; ☉ Juni–Aug.

DAS BAUCHREDNERMUSEUM VENT HAVEN

Mein lieber Scholli! Beim ersten Blick in die Räume voller glubschäugiger Holzfiguren, die stumm in die Ferne schauen, muss man sich zusammennehmen, um nicht schreiend zur Tür zu rennen. (Wer den Film *Magic – Eine unheimliche Liebesgeschichte* gesehen hat, weiß, wozu diese Puppen fähig sind!). William Shakespeare Berger, ein Einwohner von Cincinatti, gründete das **Vent Haven Museum** (☏ 859-341-0461; www.venthavenmuseum.com; 33 W Maple Ave; Eintritt 5 US$; ☉ Mai–Sept. nach Vereinbarung), nachdem er eine Sammlung von über 700 Bauchrednerpuppen zusammengetragen hatte. Heute sitzen Jacko, der rot gekleidete Affe, Woody DeForest mit seinem Rollkragenpullover und der Rest der Mannschaft schweigend in den drei Gebäuden.

Wer aber nun glaubt, die Bauchrednerei sei ein Unterhaltungsgenre, das der Vergangenheit angehört, sollte im Juli vorbeikommen, wenn die jährliche conVENTion stattfindet und sich 400 Bauchredner mit ihren geschwätzigen Kumpels aus Holz hier versammeln. Das Museum befindet sich in Fort Mitchell, Kentucky, etwa 4 Meilen (6,5 km) südwestlich von Covington nahe der I-71/75.

9–19 Uhr, Sept.–Mai 10–18 Uhr; ☏) In Newports großem, beliebtem Aquarium kann man watschelnde Pinguine, den Rundkopf-Geigenrochen Sweet Pea und viele Fische mit rasierklingenscharfen Zähnen bewundern.

Mt. Adams

Es wirkt vielleicht etwas weit hergeholt, Mt. Adams, direkt östlich des Zentrums, mit Montmartre in Paris zu vergleichen. Die hügelige Enklave aus dem 19. Jh. mit ihren engen, gewundenen Gassen, viktorianischen Stadthäusern, Galerien, Bars und Restaurants ist aber zumindest eine angenehme Überraschung. Die meisten Besucher steigen nur auf den Hügel, um sich mal umzusehen und einen Drink zu nehmen.

Vom Zentrum aus nimmt man die E 7th Street bis zur Gilbert Avenue, geht nach Nordwesten zur Elsinore Avenue und dann den Berg rauf zu den Seen, Wegen und Kulturangeboten im Eden Park. Vom Hof der in der Nähe gelegenen **Immacula Church** (30 Guido St) hat man einem grandiosen Blick auf die Stadt.

Cincinnati Art Museum   MUSEUM

(☎ 513-721-2787; www.cincinnatiartmuseum.org; 953 Eden Park Dr; ⊙ Di–So 11–17 Uhr) GRATIS Die Sammlung deckt über 6000 Jahre ab; der Schwerpunkt liegt auf alter Kunst aus dem Nahen Osten und aus Europa. Ein Flügel ist Werken von Künstlern aus der Region gewidmet. Parken kostet 4 US$.

Krohn Conservatory   GÄRTEN

(☎ 513-421-4086; www.cincinnatiparks.com/krohn; 1501 Eden Park Dr; Erw./Kind 3/2 US$; ⊙ Di–So 10–17 Uhr) In dem Gewächshaus sprießen nicht nur ein Regenwald und diverse Wüstenpflanzen, es beherbergt auch prächtige saisonale Blumenausstellungen. Die Sonderausstellungen kosten extra.

◉ West End

Cincinnati Museum Center   MUSEUM

(☎ 513-287-7000; www.cincymuseum.org; 1301 Western Ave; Erw./Kind 12,50/8,50 US$; ⊙ Mo–Sa 10–17, So 11–18 Uhr; 🚻) Der Museumskomplex 2 Meilen (3,2 km) nordwestlich vom Zentrum befindet sich im Union Terminal von 1933, einem von Amtrak noch immer genutzten Art-déco-Juwel. Im Inneren kann man fantastische Wandbilder aus Rookwood-Fliesen bewundern. Das Museum of Natural History & Science richtet sich hauptsächlich an Kinder und hat u. a. eine Kalksteinhöhle mit echten Fledermäusen zu bieten. Ein historisches Museum, ein Kindermuseum und ein Omnimax-Kino runden das Angebot. Die Eintrittskarte ist für alles gültig. Parken kostet 6 US$.

American Sign Museum   MUSEUM

(☎ 513-541-6366; www.signmuseum.org; 1330 Monmouth Ave; Erw./Kind 15/10 US$; ⊙ Mi–Sa 10–16, So ab 12 Uhr) In diesem Museum in einer alten Fallschirmfabrik befindet sich ein überwältigender Schatz blinkender Leuchtreklamen. Wer die alten Neonschilder der Drive-Ins mit den gedrungenen Dschinns, dem Frisch's Big Boy und anderen nostalgischen Motiven betrachtet, dem gehen schier die Augen über. Führungen beginnen um 11 und 14 Uhr und besuchen auch die Werkstatt, in der Neonschilder hergestellt werden. Das Museum befindet sich im Viertel Camp Washington (in der Nähe von Northside); Autofahrer fahren bei Exit 3 von der I-75 ab.

☞ Geführte Touren

American Legacy Tours   STADTSPAZIERGANG

(www.americanlegacytours.com; 1218 Vine St; 90-minütige Stadtspaziergänge 20 US$; ⊙ Fr–So) Bietet verschiedene historische Touren. Am besten ist die Queen City Underground Tour, die zu alten Lagerkellern tief unter dem Stadtviertel Over-the-Rhine führt.

✭ Feste & Events

Bunbury Music Festival   MUSIK

(www.bunburyfestival.com; ⊙ Mitte Julie) Namhafte Indie-Bands rocken drei Tage lang am Flussufer; ein Tagespass kostet 55 US$.

Oktoberfest   ESSEN

(www.oktoberfestzinzinnati.com; ⊙ Mitte Sept.) Deutsches Bier, Würstchen und viel Trubel.

🛏 Schlafen

Mit 11,3 % ist die Hotelsteuer in Kentucky deutlich niedriger als in Cincinnati, wo man 17 % hinblättern muss. Die Steuer ist in den genannten Preisen nicht enthalten.

Am Flussufer in Kentucky gibt's einige Kettenhotels der Mittelklasse. Hier schont man zwar den Geldbeutel (niedrigere Steuer, kostenloses Parken), muss dafür aber entweder ein paar Kilometer laufen oder einige Stationen mit dem Bus fahren, wenn man ins Zentrum von Cincy will.

Das **Greater Cincinnati B&B Network** (www.cincinnatibb.com) stellt Links zu Unterkünften auf der anderen Flussseite in Kentucky auf seine Website.

Holiday Inn Express   HOTEL $$

(☎ 859-957-2320; www.hiexpress.com; 109 Landmark Dr; Zi. inkl. Frühstück 125–180 US$; P✳@🛜🏊) Eine gute Wahl unter den Hotelkettenhäusern am Ufer. Es liegt etwa 1 km östlich von Newport on the Levee.

Hotel 21c   HOTEL $$$

(☎ 513-578-6600; www.21cmuseumhotels.com/cincinnati; 609 Walnut St; Zi. 189–299 US$; P✳@🛜) Die zweite Außenstelle des beliebten Arthotels in Louisville eröffnete 2013 neben dem Center for Contemporary Arts. Die modernen Zimmer sind mit Annehmlichkeiten wie Nespresso-Maschinen, kostenlosem WLAN, flauschigen Betten und darüber hinaus mit Kunstwerken ausgestattet. Die Lobby ist eine öffentliche Galerie, daher kann jeder ungeniert die psychedelischen Videos und Aktskulpuren betrachten. Das Restaurant und die Dachbar des Hotels ziehen Scharen von Gästen an. Parken kostet 28 US$.

Residence Inn Cincinnati Downtown
HOTEL **$$$**

(☎️513-651-1234; www.marriott.com; 506 E 4th St; Zi. inkl. Frühstück 199–299 US$; P✲@🛜) Die funkelnden Zimmer sind allesamt Suiten mit kompletter Küche. Parken kostet 22 US$.

🍴 Essen

In der Vine Street, westlich der 12th Street (im Viertel Over-the-Rhine) befinden sich mehrere hippe neue Lokale. Auch am Fluss-ufer und im Viertel Northside (nördlich der Kreuzung der I-74 und der I-75, 8 km nörd-lich vom Zentrum) gibt es viele Restaurants.

⭐ Tucker's
DINER

(1637 Vine St; Hauptgerichte 4-9; ☺️Di–Sa 9–15, So 10–14 Uhr; 📋) Das Tucker's, das in einem Problemviertel liegt, kocht seit 1946 für die Leute aus dem Viertel – Schwarze, Weiße, Feinschmecker und Abgebrannte. Es ist ein typischer Diner, der Shrimp and Grits, Bis-cuits and Gravy sowie andere üppige Früh-stücksgerichte serviert, aber auch überaus innovatives vegetarisches Essen (z. B. Beet Sliders) mit regionalen Zutaten vom Markt.

Der Sohn Joe Tucker kocht, und die über 90-jährige Mama Tucker putzt noch immer das Gemüse. Besonders gut ist die *goetta*, eine mit Kräutern gewürzte Frühstücks-wurst aus Schweinefleisch und Haferflo-cken, die es nur in Cincinatti gibt.

Graeter's Ice Cream
EISCREME **$**

(www.graeters.com; 511 Walnut St; Kugeln 2,50– 5 US$; ☺️Mo–Fr 6.30–21, Sa 7–21, So 11–19 Uhr) Eisige Köstlichkeiten mit riesigen Schoko-stückchen. Es gibt Filialen in der ganzen Stadt.

Terry's Turf Club
BURGER **$$**

(☎️513-533-4222; 4618 Eastern Ave; Hauptgerich-te 10–15 US$; ☺️Mi & Do 11–23, Fr & Sa 11–24, So 11–21 Uhr) Nicht nur draußen, auch im Inne-ren dieses Bier-und-Burger-Lokals mit 15 Ti-schen funkelt die Neonreklame des Besitzers Terry Carter. Eine riesige „Aunt Jemima" bittet die Gäste herein. Drinnen leuchten so viele fluoreszierende Bier- und Donut-Schil-der, dass keine Lampen nötig sind. Terry brät göttliche Burger mit einer Burgunder-Pilz-Sauce, aber auch edlere Varianten (z. B. Burger mit Rosmarin und Knoblauch sowie mit rotem Curry und Ingwer). Es liegt 7 Mei-len (11 km) östlich vom Zentrum, man er-reicht es über den Columbia Parkway.

Honey
AMERIKANISCH **$$**

(☎️513-541-4300; www.honeynorthside.com; 4034 Hamilton Ave; Hauptgerichte 15–23 US$; ☺️Di–Do

CHILI FIVE-WAY

Keine Angst – bei diesem Erlebnis kann man seine Kleidung anbehalten, wenngleich man wahrscheinlich den Gürtel wird lockern müssen. Ein *five-way* hat in Cincinnati immer mit Chili zu tun, einer hiesigen Spezialität. Das Ganze besteht aus einer Fleischsauce (gewürzt mit Schokolade und Zimt), die über Spaghetti und Bohnen gegos-sen und dann mit Käse und Zwiebeln garniert wird. Man kann das Gericht zwar auch als *three-way* (ohne Zwie-beln und Bohnen) oder *four-way* (ohne Zwiebeln oder Bohnen) bekommen, aber man sollte sich auf das volle Programm konzentrieren – denn das Leben ist schließlich ein Abenteuer!
Skyline Chili (www.skylinechili.com; 643 Vine St; Gerichte 3,50–7,50 US$; ☺️Mo–Fr 10.30–20, Sa 11–16 Uhr) hat bei seinen Anhängern Kultstatus. Es gibt überall in der Stadt Filialen; diese hier ist im Zentrum beim Fountain Square.

17–21, Fr & Sa 17–22, So 11–14 Uhr; 📋) An den robusten Holztischen wird bei gedämpfter Beleuchtung saisonale Hausmannskost wie kreolischer Hackbraten oder Erbsen-Ravioli serviert. Der Brunch erfreut sich großer Be-liebtheit. Das i-Tüpfelchen ist vegane *goetta*.

🍸 Ausgehen

In Mt. Adams und Northside gibt's ein reges Nachtleben. In The Banks, dem Uferviertel zwischen dem Baseball- und dem Fußball-stadion, liegen mehrere angesagte Treffs.

Moerlein Lager House
BRAUEREI

(www.moerleinlagerhouse.com; 115 Joe Nuxall Way; ☺️ab 11 Uhr) In Kupferkesseln werden Haus-biere gebraut. Moerlein ist eine uralte Mar-ke aus Cincinatti, die praktisch schon einge-gangen war, bis die neue Brauerei sie wieder aufleben ließ. Von der Terrasse aus bietet sich ein wunderbarer Blick auf das Ufer und die Roebling Bridge. Vor und nach den Spielen der Reds ist hier immer viel Betrieb, denn es liegt direkt gegenüber vom Stadion.

Blind Lemon
BAR

(www.theblindlemon.com; 936 Hatch St; ☺️Mo–Fr ab 17.30, Sa & So ab 15 Uhr) Ein Durchgang führt zu dieser stimmungsvollen alten Flüs-terkneipe in Mt. Adams. Im Sommer kann man im Innenhof sitzen, im Winter wird dort immer eine Feuerstelle errichtet, und jeden Abend gibt es Livemusik.

Motr Pub
BAR

(www.motrpub.com; 1345 Main St; ☺ Mo–Fr ab 17, Sa ab 14, So ab 10 Uhr) Im düstern, mal mehr, mal weniger – derzeit wieder mehr – angesagten Viertel Over-the-Rhine am nördlichen Rand des Zentrums treffen sich die künstlerisch ambitionierten Typen im Motr auf ein Hudepohls (regionales Bier), um den Rockbands zuzuhören.

☆ Unterhaltung

Einen Veranstaltungskalender findet man in kostenlosen Zeitschriften wie *CityBeat.*

Sport

Great American Ballpark
BASEBALL

(☎ 513-765-7000; www.cincinnatireds.com; 100 Main St) Cincinnati ist die Heimat des erstklassigen Baseball-Profiteams der Reds und dank des modernen Stadions am Fluss ein toller Platz, um sich ein Spiel anzuschauen.

Paul Brown Stadium
FOOTBALL

(☎ 513-621-3550; www.bengals.com; 1 Paul Brown Stadium) Die Profi-Footballmannschaft der Bengals hat in diesem Stadion ein paar Blocks westlich des Ballpark ihre Heimat.

Darstellende Künste

Music Hall
KLASSISCHE MUSIK

(☎ 513-721-8222; www.cincinnatiarts.org; 1241 Elm St) In der akustisch einmaligen Music Hall spielen das Sinfonie- und das Poporchester. Es finden hier auch Opern- und Ballettaufführungen statt. Allerdings ist die Gegend nicht die beste – also vorsichtig sein und möglichst nah am Gebäude parken!

Aronoff Center
THEATER

(☎ 513-621-2787; www.cincinnatiarts.org; 650 Walnut St) Im modernen Aronoff treten diverse Ensembles auf.

❶ Praktische Informationen

Cincinnati Enquirer (www.cincinnati.com) Tageszeitung.

Cincinnati USA Regional Tourism Network (☎ 800-344-3445; www.cincinnatiusa.com) Im Fountain Square befindet sich ein Besucherzentrum.

CityBeat (www.citybeat.com) Kostenlose alternative Wochenzeitung mit guten Tipps zu Veranstaltungsterminen.

Rainbow Cincinnati (www.gaycincinnati.com) News und Adressen für Schwule und Lesben.

❶ Anreise & Unterwegs vor Ort

Der **Cincinnati/Northern Kentucky International Airport** (CVG; www.cvgairport.com) liegt in Kentucky, 13 Meilen (21 km) südlich. Ins Zentrum kommt man mit dem TANK-Bus (2 US$) ab Terminal 3. Ein Taxi kostet etwa 30 US$.

Die Busse von **Greyhound** (☎ 513-352-6012; www.greyhound.com; 1005 Gilbert Ave) fahren täglich nach Indianapolis (2½ Std.) und Columbus (2 Std.). Die Busse des oft preiswerteren und schnelleren Unternehmens **Megabus** (www.megabus.com/us) fahren die gleiche Strecke und überdies auch nach Chicago (6 Std.). Abfahrt im Zentrum von Cincy, Ecke 4th Street und Race Street.

Amtrak (☎ 513-651-3337; www.amtrak.com) fährt auf dem Weg nach Chicago (9½ Std.) und Washington, DC (14½ Std.) dreimal pro Woche in den **Union Terminal** (1301 Western Ave) ein. Die Züge starten mitten in der Nacht.

Metro (www.go-metro.com; Fahrkarte 1,75 US$) betreibt innerstädtische Busse und hat Anschluss an die Busse der **Transit Authority of Northern Kentucky** (TANK; www.tankbus.org; Fahrkarte 2 US$).

MICHIGAN

Mehr, mehr, mehr! Michigan ist der Bundesstaat der Superlative im Mittleren Westen. Hier gibt es mehr Strände als an der Atlantikküste. Mehr als die Hälfte des Staates ist von Wäldern bedeckt. Und in Michigan werden mehr Kirschen und Beeren in Torten geschaufelt als irgendwo sonst in den USA. Noch dazu ist Detroit die draufgängerischste Stadt im ganzen Mittleren Westen – und das ist in diesem Fall durchaus positiv zu verstehen.

Michigan hat erstklassigen Grundbesitz zu bieten und ist von vier der fünf Großen Seen (Lake Superior, Lake Michigan, Lake Huron und Lake Erie) umgeben. Inseln sprenkeln die Küste – Mackinac, Beaver und Isle Royale sind Spitzenziele für Besucher. Weitere Highlights sind die Surfstrände sowie farbige Sandsteinklippen und Sanddünen, auf denen man wandern kann.

Der Staat besteht aus zwei Hälften: Die größere von ihnen ist Lower Peninsula, die wie ein Fausthandschuh geformt ist und die kleinere, weniger bevölkerte ist Upper Peninsula, die wie ein Schlappen aussieht. Beide sind durch die atemberaubende Mackinac Bridge miteinander verbunden, die die Straits of Mackinac (sprich: *mcck-in-ao*) überspannt.

ℹ Praktische Informationen

Verkehrsinformationen für Michigan (☏ 800-381-8477; www.michigan.gov/mdot)
Michigan State Park Information (☏ 800-447-2757; www.michigan.gov/stateparks) Wer mit dem Auto in einen Park fahren will, benötigt eine Genehmigung (Tag/Jahr 9/31 US$). Stellplätze kosten 16 bis 33 US$; Reservierungen sind möglich (www.midnrreservations.com; Gebühr 8 US$). In einigen Parks gibt es WLAN.
Travel Michigan (☏ 800-644-2489; www.michigan.org)

Detroit

Jeder Amerikaner, dem man erzählt, dass man Detroit besuchen will, wird erstaunt die Augenbrauen hochziehen und fragen: „Warum?". Er wird einen warnen, dass die Stadt bankrott ist und eine extrem hohe Mordrate, 80 000 verlassene Gebäude und eine riesige Zahl von Zwangsräumungen aufweist, und erzählen, dass man hier ein Haus für 1 US$ kaufen kann: „Detroit ist ein Drecksloch. Dort wirst du ermordet."

In der Stadt herrscht zwar die apokalyptische Atmosphäre eines ausgebombten Ortes, doch gerade das befeuert auch eine urbane Energie, die es nirgendwo sonst gibt. Künstler, Unternehmer und junge Leute ziehen mit der Bereitschaft her, Dinge selbst in die Hand zu nehmen. Sie verwandeln leer stehende Grundstücke in Stadtfarmen und verlassene Gebäude in Hostels und Museen. Und außerdem können sie „in the D" klasse Gitarre spielen. Richtig klasse. Der Forschungsreisende Antoine de La Mothe Cadillac gründete Detroit im Jahre 1701. Doch das Glück kam in den 1920er-Jahren, als Henry Ford mit der Autoproduktion begann. Er hat das Auto nicht erfunden, auch wenn das mancher US-Amerikaner vielleicht meint, aber er hat die Arbeit am Montageband und die Massenproduktionstechniken perfektioniert. Das Resultat war das Model T, das erste Auto der USA, das sich die Mittelschicht leisten konnte.

Detroit wurde schnell die Welthauptstadt der Autoindustrie. General Motors (GM), Chrysler und Ford hatten und haben alle ihren Hauptsitz in der Nähe von Detroit. Die 1950er-Jahre waren die Blütezeit der Stadt, als die Einwohnerzahl die Zwei-Millionen-Grenze überschritt und Motown-Musik durch die Luft waberte. Doch 1967 wurden die Stadt und ihre Industrie von Rassenunruhen erschüttert und in den 1970er-Jahren

schließlich durch die Konkurrenz der japanischen Autokonzerne. Detroit erlebte eine Ära des Niedergangs, in dessen Folge die Stadt zwei Drittel ihrer Einwohner verlor.

Im Juli 2013 meldete die Stadt Detroit die schwerwiegendste Insolvenz der US-Geschichte an. Man darf gespannt sein, wie die Geschichte weitergeht.

⊙ Sehenswertes & Aktivitäten

Montags und dienstags sind die Sehenswürdigkeiten in der Regel geschlossen. Ach ja, das da drüben, auf der anderen Seite des Detroit River, ist tatsächlich Kanada (Windsor, Kanada, um genau zu sein).

⊙ Midtown & Cultural Center

★ **Detroit Institute of Arts** MUSEUM
(☏ 313-833-7900; www.dia.org; 5200 Woodward Ave; Erw./Kind 8/4 US$; ⊙ Di–Do 9–16, Fr 9–22, Sa & So 10–17 Uhr) Das Glanzstück der Detroiter Museumslandschaft. Das Herzstück der Sammlung bildet Diego Riveras Wandbild *Detroit Industry*, das einen ganzen Raum

KURZINFOS MICHIGAN

Spitznamen Great Lakes State, Wolverine State

Bevölkerung 9,9 Mio.

Fläche 250 504 km²

Hauptstadt Lansing (114 000 Ew.)

Weitere Stadt Detroit (701 000 Ew.)

Verkaufssteuer 6 %

Geburtsort von Unternehmer Henry Ford (1863–1947), Regisseur Francis Ford Coppola (geb. 1939), Musiker Stevie Wonder (geb. 1950), Sängerin Madonna (geb. 1958), Google-Mitbegründer Larry Page (geb. 1973)

Heimat von Autofabriken, Süßwasserstränden

Politische Ausrichtung vorwiegend demokratisch

Berühmt für Autos, Cornflakes, Sauerkirschen, Motown-Musik

Reptil des Bundesstaats Zierschildkröte

Entfernungen Detroit–Traverse City 255 Meilen (410 km), Detroit–Cleveland 168 Meilen (270 km)

Detroit

0   500 m
0   0,25 Meilen

Ferry St

Merrick Ave

Wayne State University

9
12 Kirby St

Frederick
Douglass Ave
Farnsworth
St

1
Detroit
Institute
of Arts

Megabus

Warren Ave

Warren Ave

Hancock Ave

Hancock Ave

Forest Ave

Forest Ave

Prentis
Ave

14

Museum of
Contemporary
Art Detroit
3

10

Carfield Ave

Carfield Ave

Canfield St

Canfield Ave

Willis St

21

Alexandrine St

15

MIDTOWN &
CULTURAL CENTER

Selden St

Selden St

Selden St

1

Tolan
Park

Parsens
St

Brainard St

Mack Ave

Martin Luther King Jr Blvd

Peterboro St

Erskine St

Ash St

Charlotte Ave

Elm St   5

24 Watson
St
Edmund
Pl

Wilkins St

Wilkins St

Temple St

Temple Ave

Perry St

Cass
Park

Alfred St

Alfred St

Spruce St

Ledyard St

Adelaide St

Detroit Hostel
(0,3 Meilen)

Henry St

Winder St

Winder St

Fisher Fwy

Fisher Fwy

Slows Bar BQ (0,5 Meilen)

Montcalm St

Michigan Central
(0,7 Meilen)

Plum St

17

19

22

Elizabeth St

16

Adams Ave

Beech St
Plaza Dr

Madison St

18

Beacon
St

Bagley St

Park Pl

Labrosse St

State
St

23

Broadway

Clinton St

Porter St

Macomb St

Abbott St

Abbott St

Megabus

State St

Monroe St

GREEKTOWN

Howard St

Greyhound
Bus Station

13

Lafayette Blvd

Lafayette Blvd

Navarre Ple

Green Fort St
Dot Stables
(0,5 Meilen)

8

11

Congress St

Larned St

Jefferson Ave

5

25

Eastern
Market 2

Jefferson Ave

20

Cobo
Center

Hart
Plaza

4 Transit
Windsor

6

Woodbridge St
Franklin St

Riverwalk

Atwater St

7

Detroit River

MICHIGAN (USA)

ONTARIO (KANADA)

Detroit Windsor
Tunnel (Maut)

Detroit

füllt und die Geschichte der Industriearbeiter der Stadt reflektiert. Dahinter folgen Arbeiten von Picasso, Rüstungen, moderne afroamerikanische Malerei, Marionetten und viele andere Schätze.

★ Museum of Contemporary Art Detroit   MUSEUM

(MOCAD; ☎ 313-832-6622; www.mocadetroit.org; 4454 Woodward Ave; empfohlene Spende 5 US$; ☉Mi–So 11–17, Do & Fr bis 20 Uhr) Das MOCAD befindet sich in einem verlassenen, mit Graffiti übersäten Autohaus. Heizlampen baumeln an der Decke über den sehr speziellen Ausstellungen, die alle paar Monate wechseln. Regelmäßige finden Konzerte und Literaturveranstaltungen statt. Das Café verwandelt sich mittwochs zum Mittagessen und sonntags zum Brunch in ein Restaurant.

Motown Historical Museum   MUSEUM

(☎ 313-875-2264; www.motownmuseum.org; 2648 W Grand Blvd; Erw./Kind 10/8 US$; ☉Mo–Fr 10–20 Uhr, Juli & Aug. auch Sa 10–20 Uhr, Sept.–Juni Di–Sa 10–18 Uhr) Mit einem Kredit von 800 US$ gründete Berry Gordy 1959 in dieser unscheinbaren Häuserzeile Motown Records – und legte damit den Grundstein für die Karrieren von Stars wie Stevie Wonder, Diana Ross, Marvin Gaye und Michael Jackson. Das Label zog zwar 1972 nach Los Angeles um, doch man kann noch immer das bescheidene Studio A besuchen und sich anschauen, wo die Stars ihre ersten Hits aufgenommen haben. Die Besichtigungstour dauert etwa eineinhalb Stunden, wobei man hauptsächlich alte Fotos bestaunt und den Geschichten des Führers lauscht. Das Museum befindet sich 2 Meilen (3,2 km) nordwestlich von Midtown.

Model T Automotive Heritage Complex   MUSEUM

(☎ 313-872-8759; www.tplex.org; 461 Piquette Ave; Eintritt 10 US$; ☉April–Okt. Mi–Fr 10–16, Sa 9–16, So 12–16 Uhr) Henry Ford produzierte in dieser berühmten Fabrik das erste Model T. Im Eintritt enthalten sind eine ausführliche Führung mit enthusiastischen Dozenten sowie ein Blick auf jede Menge glänzender Oldtimer, der älteste davon aus dem Jahr 1904. Das Museum liegt etwa 1 Meile (1,6 km) nordöstlich vom Detroit Institute of Arts.

⊙ Downtown & Umgebung

Im belebten Greektown (rund um die Monroe St) gibt es Restaurants, Bäckereien und ein Kasino.

★ Eastern Market   MARKT

(www.detroiteasternmarket.com; Adelaide & Russell Sts) Samstags füllen sich die großen Hallen mit Verkaufsständen für Obst und Gemüse, Käse, Gewürze und Blumen. Von Montag bis Freitag kann man in der Russel Street und der Market Street, die den Markt flankieren, durch die Spezialitätengeschäfte (die Erdnussröster hier sind klasse) bummeln, sich in den Cafés, ethnischen Restaurants und bei den gelegentlich auftauchenden Food Trucks stärken.

Renaissance Center
GEBÄUDE

(RenCen; www.gmrencen.com; 330 E Jefferson Ave) Das noble Hauptquartier von General Motors, das hoch in den Himmel ragt, bietet kostenloses WLAN und einstündige Gratis-Führungen (Mo–Fr um 12 und 14 Uhr); außerdem geht's von hier zur Uferpromenade.

Hart Plaza
PLAZA

(Ecke Jefferson & Woodward Aves) Das ist der Schauplatz für viele kostenlose Festivals und Konzerte an den Sommerwochenenden. Und wenn man schonmal dort ist, sollte man sich auch die Skulptur von Joe Luis' mächtiger Faust anschauen.

People Mover
EINSCHIENENBAHN

(www.thepeoplemover.com; fare 0,75 US$) Als Massenverkehrsmittel ist die auf einer 5 km langen Schleife fahrende Hochbahn rund um die Innenstadt ziemlich unpraktisch. Als Touristenattraktion sorgt sie aber für einen tollen Blick auf die Stadt und den Fluss.

Heidelberg Project
KUNSTINSTALLATION

(www.heidelberg.org; 3600 Heidelberg St; ☺ Sonnenaufgang–Sonnenuntergang) GRATIS Gepunktete Straßen, mit knalligen Farbklecksen verzierte Häuser, seltsame Skulpturen in den Gärten – nein, das ist kein Drogentrip, sondern eine Nachbarschafts-Kunstinstallation, die sich über einen ganzen Block hinweg erstreckt. Geistiger Vater des Projekts ist der Künstlers Tyree Guyton, der seine heruntergekommene Gegend verschönern wollte. 2013 zerstörte ein Brand große Teile des Projekts, doch Guyton hat sich geschworen, es zu erhalten und alles, was nach dem Brand geblieben ist, wieder in Kunst zu verwandeln.

Zum Heidelberg Project nimmt man die Gratiot Avenue Richtung Nordwesten bis zur Heidelberg Street; es erstreckt sich von der Ellerey Street bis zur Mt. Elliott Street.

Riverwalk & Dequindre Cut
STADTSPAZIERGANG, RADTOUR

(www.detroitriverfront.org) Dieser tolle, fast 5 km lange Weg erstreckt sich am Ufer des aufgewühlten Detroit River – von der Hart Plaza bis zur Mt. Elliott Street im Osten. Er führt vorbei an mehreren Parks, Freilufttheatern, Flussschiffen und Angelstellen und soll später einmal auf der Belle Isle mit ihren vielen Stränden enden (zurzeit muss man noch über die Jefferson Avenue gehen). In der Nähe der Orleans Street zweigt auf halber Strecke der 2,5 km lange Dequindre Cut Greenway gen Norden vom Riverwalk ab. Über ihn erreicht man den Eastern Market.

INSIDERWISSEN

DETROITS RUINEN

Mehr als 78 000 verlassene Gebäude verschandeln die Stadtlandschaft von Detroit. Unter Urban Explorers ist es beliebt geworden, nach den spektakulärsten Ruinen zu suchen. Natürlich kann man sie nicht betreten, doch sie bieten einzigartige Fotomotive. Ganz oben auf der Liste steht die Michigan Central Station (2405 W Vernor Hwy): Der einst grandiose Beaux-Arts-Kopfbahnhof zerfällt nun zu Staub – und das in Sichtweite der Hauptstraße von Corktown. Eine andere außergewöhnliche Ruine ist die Packard Auto Plant (E Grand Blvd an der Concord St). Der renommierte Architekt Albert Kahn entwarf die über 32 000 m² große Fabrik, die bei ihrer Eröffnung im Jahre 1903 ein prächtiges Bauwerk war. Heute sieht sie aus wie die Kulisse eines Zombie-Films. Es lohnt sich, sich über die aktuellen Entwicklungen zu informieren. Die Stadt würde die Gebäude gern abreißen, hat aber nicht das Geld dazu. Detroiturbex (www.detroiturbex.com) liefert Informationen zu diesen und anderen Ruinen in der Stadt.

Wheelhouse Bikes
FAHRRADVERLEIH

(☎ 313-656-2453; www.wheelhousedetroit.com; 1340 E Atwater St; 2 Std. 15 US$; ☺ Juni–Aug. Mo–Sa 10–20, So 11–17 Uhr; Sept.–Mai verkürzte Öffnungszeiten) Die Stadt lässt sich wunderbar mit dem Fahrrad erkunden. Wheelhouse verleiht robuste Drahtesel (inkl. Helm und Schloss) an der Rivard Plaza an der Riverwalk. An den Wochenenden gibt es geführte Touren (35 US$ inkl. Fahrrad) durch die Stadtviertel und zu architektonischen Highlights.

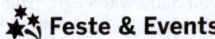 Geführte Touren

Preservation Detroit
STADTSPAZIERGANG

(☎ 313-577-7674; www.preservationdetroit.org; 2½-stündige Tour 10–15 US$; ☺ Mai–Sept. Di 17.30 & Sa 10 Uhr) Stadtspaziergänge mit dem Schwerpunkt Architektur, die an unterschiedlichen Treffpunkten beginnen.

✨ Feste & Events

North American International Auto Show
AUTOS

(www.naias.com; Tickets 13 US$; ☺ Mitte Jan.) Im Cobo Center gibt's Mitte Januar zwei Wochen lang Autos en masse zu sehen.

Movement Electronic Music Festival

MUSIK

(www.movement.us; Tageskarte 50 US$; ⊗ Ende Mai) Am Memorial-Day-Wochenende findet auf der Hart Plaza das weltweit größte Elektronic-Music-Festival statt.

🛏 Schlafen

Sofern nicht anders angegeben, kommen zu den genannten Preisen (je nach Größe und Standort der Unterkunft) noch 9 bis 15 % Steuern hinzu.

In den Vororten von Detroit gibt's erschwingliche Motels zuhauf. Wenn man am Metro Airport ist, einfach beim Verlassen des Flughafens den Schildern zur Merriman Road folgen, wo man eine große Auswahl an Unterkünften hat.

Detroit Hostel

HOSTEL $

(☎ 313-451-0333; www.hosteldetroit.com; 2700 Vermont St; B 27–30 US$, Zi. 40–60 US$; 🅿 @ 🛜) Freiwillige renovierten dieses alte Gebäude und sammelten recyceltes Material sowie Spenden und eröffneten 2011 mit zusammengewürfelten Möbeln dieses Hostel. Es gibt einen Schlafsaal mit zehn Betten, einige kleinere Mehrbettzimmer und ein paar Privatzimmer; alle Zimmer teilen sich vier Bäder und drei Küchen. Onlinebuchungen sind möglich (und müssen mindestens 24 Std. im Voraus erfolgen).

Leihfahrräder kosten 10 US$ pro Tag. Das Hostel liegt in Corktown in einer verwahrlosten Straße, doch in der Nähe von mehreren guten Bars und Restaurants.

⭐ Inn on Ferry Street

INN $$

(☎ 313-871-6000; www.innonferrystreet.com; 84 E Ferry St; Zi. inkl. Frühstück ab 159 US$; 🅿 ✳ @ 🛜) Die 40 Zimmer befinden sich in einigen viktorianischen Villen direkt am Kunstmuseum. Die günstigeren Zimmer sind klein, aber mit wunderbar weichen Betten ausgestattet; in den teureren Zimmern stehen jede Menge antiker Holzmöbel. Nette Extras sind das gesunde warme Frühstück und das Shuttle ins Stadtzentrum.

Ft Shelby Doubletree Hotel

HOTEL $$

(☎ 800-222-8733, 313-963-5600; http://doubletree1.hilton.com; 525 W Lafayette Blvd; Suite 126–189 US$; 🅿 ✳ @ 🛜) In einem historischen Beaux-Arts-Gebäude im Zentrum befindet sich dieses recht neue Hotel. Bei allen Zimmern handelt es sich um Suiten, in denen sowohl der Wohnbereich als auch das Schlafzimmer mit HDTV und kostenlo-sem WLAN ausgestattet sind. Parken kostet 23 US$, außerdem bietet das Hotel ein kostenloses Shuttle durchs Zentrum.

🍴 Essen

In zwei nahegelegenen Vororten gibt's ebenfalls viele hippe Restaurants und Bars: Nämlich im zu Fuß erreichbaren, schwulenfreundlichen Ferndale an der 9 Mile Road und der Woodward Avenue sowie in Royal Oak, direkt nördlich von Ferndale zwischen der 12 Mile Road und der 13 Mile Road.

🍴 Midtown & Cultural Center

Good Girls Go to Paris Crepes

CRÊPERIE $

(☎ 877-727-4727; www.goodgirlsgotopariscrepes.com; 15 E Kirby St; Hauptgerichte 6–9 US$; ⊗ Mo–Mi 9–16, Do 9–20, Fr & Sa 9–22, So 9–17 Uhr) Das französisch angehauchte Café mit roten Wänden serviert süße (Heath Bar und Ricotta) und herzhafte (Ziegenkäse und Feige) Crêpes.

Cass Cafe

CAFÉ $$

(☎ 313-831-1400; www.casscafe.com; 4620 Cass Ave; Hauptgerichte 8–15 US$; ⊗ Mo–Do 11–23, Fr & Sa 11–1, So 17–22 Uhr; 🛜 ✏) Das Cass ist eine alternative Kunstgalerie mit Bar und Restaurant, in dem Suppen, Sandwichs und vegetarische Köstlichkeiten wie Linsen-Walnuss-Burger aus der Küche kommen. Die Bedienung ist manchmal recht übellaunig.

🍴 Downtown

Lafayette Coney Island

AMERIKANISCH $

(☎ 313-964-8198; 118 Lafayette Blvd; Snacks 2,50–4 US$; ⊗ 8–4 Uhr) Der „Coney" – ein Hotdog mit Chili und Zwiebeln – ist eine Detroiter Spezialität. Wenn die Gier zuschlägt (und das wird sie mit Sicherheit), dann ist man im Lafayette richtig. Außerdem Coney stehen auf der minimalistischen Speisekarte noch Burger, Fritten und Bier. Nur Barzahlung.

Foran's Grand Trunk Pub

KNEIPE $$

(☎ 313-961-3043; www.grandtrunkpub.com; 612 Woodward Ave; Hauptgerichte 8–13 US$; ⊗ 11–24 Uhr) Die Kneipe mit der gewölbten Decke und dem langen, schmalen Speiseraum befindet sich in einem ehemaligen Bahnhof. Hier gibt's normales Kneipenessen (Sandwichs, Burger und Shepherd's Pie), das mit Zutaten aus der Gegend – beispielsweise e Avalon-Brot – sowie Obst und Gemüse vom Eastern Market zubereitet wird. Es gibt 18 Michigan-Biere vom Fass.

DIE GROSSEN SEEN DETROIT

✕ Corktown & Mexicantown

In Corktown, das ein Stück westlich vom Zentrum liegt, zeigt sich der Do-it-yourself-Geist der Stadt. Die Michigan Avenue säumen Hipster-Treffs, die Burger, Cocktails und Spezialkaffees anbieten. In Mexicantown an der Bagley Street, 3 Meilen (5 km) westlich vom Zentrum, gibt es einige preiswerte mexikanische Restaurants.

Green Dot Stables BURGER $
(www.greendotstables.com; 2200 W Lafayette Blvd; Hauptgerichte 2–3 US$; ⊙ Mo–Mi 11–24, Do–Sa 11–1, So 12–22 Uhr) Das Lokal liegt zwar eher ungünstig zwischen Downtown, Corktown und Mexicantown, doch das hält die jungen urbanen Lebenskünstler nicht davon ab, scharenweise herzukommen, um sich die 19 verschiedenen Gourmetburger im Miniformat (z. B. Wasabi-Mayo-Tempeh oder Erdnussbutter-Kimchi) mit Poutine als Beilage schmecken zu lassen.

★ Slows Bar BQ BARBECUE $$
(☎ 313-962-9828; www.slowsbarbq.com; 2138 Michigan Ave; Hauptgerichte 10–19 US$; ⊙ So & Mo 11–22, Di–Do 11–23, Fr & Sa 11–24 Uhr; 🕸) Hmm, hier gibt's langsam gegartes Barbecue im Stil der Südstaaten. Wer gern Fleisch isst, sollte den Kombiteller mit drei Fleischsorten (Rinderbrust, Pulled Pork und Hähnchen) bestellen. Die Optionen für Vegetarier reichen von frittierten Okraschoten bis hin zu einem Sandwich mit Hühnchenersatz. Außerdem sind 55 Qualitätsbiere vom Fass im Angebot.

🍷 Ausgehen

★ Bronx BAR
(4476 2nd Ave; ⊙ ab 12 Uhr; 🕸) Außer einem Billardtisch, schummriger Beleuchtung und mehren Jukeboxen mit kräftigem Rock und Soul hat Detroits beste Kneipe nicht viel vorzuweisen. Doch genau so mögen die Hipster, Müßiggänger und Rocker (die White Stripes hingen hier früher oft ab) ihre Kneipen. Sie mögen auch die Burger mit viel Fleisch, die bis spät in die Nacht hinein serviert werden, und die gute Auswahl an billigem Bier.

Great Lakes Coffee Bar CAFÉ
(www.greatlakescoffee.com; 3965 Woodward Ave; ⊙ Mo–Do 7–23, Fr & Sa 7–24, So 10–18 Uhr) Das Café röstet seine eigenen Bohnen und serviert ihn von Hand gebrüht. Außerdem gibt's regionale Biere, Weine, Käse und Wurst. Die hippen Möbel sind aus Holz von den zerstörten Häusern ringsum gezimmert.

☆ Unterhaltung

Livemusik

Der Eintrittspreis liegt oft zwischen 5 und 15 US$.

Magic Stick & Majestic Theater LIVEMUSIK
(www.majesticdetroit.com; 4120-4140 Woodward Ave) Im Magic Stick sind die White Stripes und die Von Bondies groß geworden. Im Majestic Theater nebenan gibt's größere Shows. Zum Komplex gehören eine Bowlingbahn, ein Billardcenter, eine Pizzeria und ein Café. Hier findet jeden Abend irgendein cooles Event statt.

PJ's Lager House LIVEMUSIK
(www.pjslagerhouse.com; 1254 Michigan Ave; ⊙ ab 11 Uhr) Fast jeden Abend treten in diesem kleinen Club in Corktown Bands oder DJs auf. Tagsüber gibt es überraschend gutes Essen mit einem Hauch von New Orleans und einer veganen Note (z. B. den Tempeh-Po'boy auf glutenfreiem Brot).

Cliff Bell's Jazz Club LIVEMUSIK
(www.cliffbells.com; 2030 Park Ave) Mit dem dunklen Holz, dem Kerzenlicht und der

VON MOTOWN ZUR ROCK CITY

Motown Records und Soul haben Detroit in den 1960er-Jahren bekannt gemacht. Der hämmernde Punkrock der Stooges und von MC5 war in den 1970er-Jahren die Antwort auf glatten Sound. 1976 erhielt Detroit durch einen Song von Kiss den Beinamen „Rock City" (zu Detroits Glück wurde der Song allerdings von der Rückseite, *Beth*, in den Schatten gestellt). In jüngster Zeit hat härterer Rock – auch als Whiplash Rock'n'Roll bekannt – die Stadt an die vordere Front der Musikszene geführt. Zu den Stars aus Detroit gehören die White Stripes, die Von Bondies und die Dirtbombs. Rap (dank Eminem) und Techno sind weitere bekannte Musikrichtungen aus Detroit. Viele Musikfreaks glauben, dass die Trostlosigkeit der Stadt für die wunderbar wütende Soundexplosion verantwortlich ist. Und wer sollte das bestreiten? Was in der Stadt alles los ist, erfährt man in den kostenlosen Broschüren *Metro Times* und *Real Detroit Weekly* sowie in Blogs wie „Motor City Rocks" (www.motorcityrocks.com).

Art-déco-Einrichtung beschwört das Bell's die Eleganz der 1930er-Jahre herauf. Jeden Abend kommt ein bunt gemischtes Publikum zu den Konzerten der hiesigen Jazzbands und den Lyriklesungen.

Darstellende Künste

Puppet ART/Detroit Puppet Theater
THEATER
(☎ 313-961-7777; www.puppetart.org; 25 E Grand River Ave; Erw./Kind 10/5 US$; ♿) In dem Theater mit 70 Plätzen präsentieren in der ehemaligen Sowjetunion ausgebildete Puppenspieler wunderschöne Shows. In einem kleinen Museum kann man Puppen aus diversen Kulturen bewundern. Die Shows finden normalerweise samstagnachmittags statt.

Detroit Opera House
OPER
(☎ 313-237-7464; www.motopera.com; 1526 Broadway Ave) Grandioses Innendesign, erstklassige Ensembles und viele bekannte afrikanische Interpreten.

Zuschauersport

Comerica Park
BASEBALL
(www.detroittigers.com; 2100 Woodward Ave; ♿) Im Comerica, einem der am besten ausgestatteten Stadien der Liga, spielen die Detroit Tigers Baseball. Der Park ist besonders kinderfreundlich, hat ein kleines Riesenrad und ein Karussell (2 US$/Fahrt).

Joe Louis Arena
HOCKEY
(www.detroitredwings.com; 600 Civic Center Dr) Die beliebten Red Wings spielen in dieser Arena Profi-Eishockey. Wer während der Play-offs eine Karte ergattert, kann hier den seltsamen Brauch sehen, dass ein Oktopus auf das Spielfeld geworfen wird.

Ford Field
FOOTBALL
(www.detroitlions.com; 2000 Brush St) In dem überdachten Stadion in der Nähe des Comerica Park kämpfen die Lions um den Sieg.

Palace of Auburn Hills
BASKETBALL
(www.nba.com/pistons; 5 Championship Dr) Der Palace beherbergt die Pistons, ein Profi-Basketballteam. Er liegt etwa 30 Meilen (48 km) nordwestlich des Stadtzentrums. Hin kommt man über die I-75 bis Exit 81.

🔒 Shoppen

Pure Detroit
SOUVENIRS
(www.puredetroit.com; 500 Griswold St; ☉Mo–Sa 10.30–17.30 Uhr) Die von Künstlern für Pure Detroit gestalteten Produkte spiegeln die Kultur der Stadt wider, die von schnellen

Autos und Rockmusik geprägt ist. Verkauft werden Handtaschen aus recycelten Sicherheitsgurten, coole Kapuzen-Shirts und Pewabic-Keramiken. Das Geschäft befindet sich im denkmalgeschützten und mit Mosaiken übersäten Guardian Building (das allein schon den Besuch lohnt).

People's Records
MUSIK
(3161 Woodward Ave; ☉Mo–Sa 10–18 Uhr) Der Laden, der einem DJ gehört, ist für Plattensammler der Vinyl-Himmel auf Erden. Das Spezialgebiet sind gebrauchte 45er-Schallplatten, wobei man zwischen mehr als 80 000 Jazz-, Soul- und R&B-Alben wählen kann.

ℹ️ Praktische Informationen

Die Gegend zwischen den Sportarenen im Norden bis zur Willis Road ist recht ausgestorben und sollte nach Einbruch der Dunkelheit gemieden werden.

INFOS IM INTERNET

DetroitYES (www.detroityes.com) Bilder und Texte offenbaren die Seele der Stadt.

Model D (www.modeldmedia.com) Das wöchentliche Onlinemagazin informiert über lokale Entwicklungen und hat einen nach Stadtteilen geordneten Restaurantführer und Veranstaltungskalender.

INTERNETZUGANG

In vielen Cafés und Bars sowie in der Lobby des Renaissance Center gibt's WLAN.

MEDIEN

Between the Lines (www.pridesource.com) Kostenlose Wochenzeitung für Schwule und Lesben.

Detroit Free Press (www.freep.com) Tageszeitung.

Detroit News (www.detnews.com) Tageszeitung.

Metro Times (www.metrotimes.com) Kostenlose, alternative Wochenzeitung mit dem besten Veranstaltungskalender.

NOTFALL & MEDIZINISCHE VERSORGUNG

Detroit Receiving Hospital (☎ 313-745-3000; 4201 St Antoine St)

TOURISTENINFORMATION

Detroit Convention & Visitors Bureau (☎ 800-338-7648; www.visitdetroit.com)

ℹ️ Anreise & Unterwegs vor Ort

Der **Detroit Metro Airport** (DTW; www.metroairport.com), ein Knotenpunkt von Delta Airlines, liegt ca. 20 Meilen (32 km) südwestlich von Detroit. Um vom Flughafen in die Stadt zu kommen, stehen nur wenige Möglichkeiten zur Verfügung. Man kann für ca. 45 US$ ein Taxi nehmen oder in den SMART-Bus 125 (2 US$) steigen, der aber eine bis anderthalb Stunden ins Zentrum braucht.

Greyhound (☎ 313-961-8005; 1001 Howard St) fährt in mehrere Städte in Michigan und darüber hinaus. **Megabus** (www.megabus.com/us) startet täglich ab/nach Chicago (5½ Std.); die Busse fahren im Zentrum (Ecke Cass Ave & Michigan Ave) und an der Wayne State University (Ecke Cass Ave & Warren Ave) los.

Amtrak (☎ 313-873-3442; 11 W Baltimore Ave) fährt dreimal täglich nach Chicago (5½ Std.). Man kann auch gen Osten aufbrechen – nach New York (16½ Std.) oder zu anderen Zielen an der Strecke –, muss aber zuerst mit dem Bus nach Toledo fahren.

Transit Windsor (☎ 519-944-4111; www.citywindsor.ca/transitwindsor) betreibt den Tunnel Bus nach Windsor, Kanada. Er kostet 4 $ (amerikanische oder kanadische Dollar). Los geht's an der Mariner's Church (Ecke Randolph St und Jefferson Ave) in der Nähe der Einfahrt in den Detroit-Windsor-Tunnel sowie an anderen Orten im Zentrum. Reisepass nicht vergessen!

Wer ein Taxi braucht, kann **Checker Cab** (☎ 313-963-7000) anrufen.

Rund um Detroit

In der unmittelbaren Umgebung von Detroit locken atemberaubende Americana sowie eine beachtliche Anzahl guter Restaurants.

Dearborn

Dearborn liegt 10 Meilen (16 km) westlich von Downtown Detroit und beherbergt einen der schönsten Museumskomplexe der USA. Das **Henry Ford Museum** (☎ 313-982-6001; www.thehenryford.org; 20900 Oakwood Blvd; Erw./Kind 5–12 Jahre 17/12,50$; ⊙ 9.30–17 Uhr) zeigt einen faszinierenden Reichtum an Gegenständen aus der US-Geschichte, etwa den Stuhl, auf dem Lincoln bei seiner Ermordung saß, die Limousine, in der Kennedy ermordet wurde, das wie ein Hot Dog aussehende Wienermobile von Oscar Mayer (die Gelegenheit zum Fotografieren nutzen!) und den Bus, in dem Rosa Parks sich weigerte, ihren Sitz abzutreten. Aber nur keine Sorge, man bekommt hier auch ganz „normale" Oldtimer zu sehen. Parken kostet 5 US$. Das angrenzende Freilichtmuseum **Greenfield Village** (Erw./Kind 25/17,50 US$; ⊙ Mitte April–Okt. täglich 9.30–17 Uhr, Nov. & Dez. Fr–So 9.30–17 Uhr) zeigt historische Gebäude, die aus dem ganzen Land hierher gebracht, wiederaufgebaut und restauriert wurden, darunter Thomas Edisons Labor aus Menlo Park und eine Flugzeugwerkstatt der Gebrüder Wright. Man kann außerdem noch eine **Rouge Factory Tour** (Erw./Kind 15/11 US$; ⊙ Mo–Sa 9.30–15 Uhr) dranhängen und dort, wo Henry Ford erstmals seine Massenproduktionstechniken perfektioniert hat, F-150 Trucks vom Band rollen sehen.

OLDTIMER IN MICHIGAN

Mehr noch als für Sanddünen, Strände und Mackinac Island Fudge steht Michigan für Autos. Dies hatte in den letzten Jahren zwar nicht gerade positive Folgen, aber dennoch hat der US-Staat seiner ruhmreichen Vergangenheit mit mehreren Automuseen Denkmäler gesetzt. Diese Sammlungen sind nur wenige Autostunden von der Motor City entfernt:

Henry Ford Museum (S. 636) Dieses Museum in Dearborn quillt förmlich über vor Oldtimern, unter denen auch das allererste Auto ist, das Henry Ford je gebaut hat. Im benachbarten Greenfield Village kann man in einem Model T von 1923 fahren.

Automotive Hall of Fame (☎ 313-240-4000; www.automotivehalloffame.org; 21400 Oakwood Blvd, Dearborn; Erw./Kind 8/4 US$; ⊙ Mi–So 9–17 Uhr) Das interaktive Museum neben dem Henry Ford Museum konzentriert sich auf die Menschen hinter berühmten Autos – wie Ferdinand Porsche und Soichiro Honda.

Gilmore Car Museum (☎ 269-671-5089; www.gilmorecarmuseum.org; 6865 Hickory Rd; Erw./Kind 12/9 US$; ⊙ Mo–Fr 9–17, Sa & So 9–18 Uhr) Der Museumskomplex nördlich von Kalamazoo am Highway 43 besteht aus 22 Scheunen, in denen 120 Oldtimer stehen, darunter 15 Rolls Royce, deren ältester ein Silver Ghost von 1910 ist.

RE Olds Transportation Museum (S. 638) (☎ 517-372-0529; www.reoldsmuseum.org; 240 Museum Dr, Lansing; Erw./Kind 5/3 US$; ⊙ ganzjährig Di–Sa 10–17 Uhr, April–Okt. So 12–17 Uhr) 20 Oldtimer stehen hier, darunter das erste Oldsmobile, das 1897 gebaut wurde.

Die Sehenswürdigkeiten gehören nicht zusammen, aber man kann für das Henry Ford Museum und Greenfield Village ein Kombiticket (Erw./Kind 35/25,50 US$) kaufen. Für den Besuch des Museumskomplexes sollte man mindestens einen Tag einplanen.

Dearborn hat den höchsten Bevölkerungsanteil arabischstämmiger Einwohner im Land, darum ist es keine Überraschung, dass hier das **Arab American National Museum** (☑ 313-582-2266; www.arabamerican museum.org; 13624 Michigan Ave; Erw./Kind 8/4 US$; ⊙ Mi–Sa 10–18, So 12–17 Uhr) steht. Es befindet sich in einem schönen Gebäude mit einer Fassade aus hellen Kacheln. Die Idee ist nobel, doch wirklich viel zu sehen gibt es hier nicht, es sei denn, man begeistert sich für das Script des Schauspielers Jamie Farr für die Fernsehserie *M*A*S*H*. Die nahe gelegene Warren Avenue säumen arabische Lokale, die ein Gefühl für die Kultur vermitteln. Das **Hamido** (www.hamido restaurant.com; 13251 W Warren Ave; Hauptgerichte 5–12 US$; ⊙ 11–24 Uhr), das am türkisen Dach zu erkennen ist, serviert Humus, Hühnchen-Schawarma und andere typisch arabische Gerichte. Die vielen brutzelnden Hähnchen verraten, wie beliebt sie sind.

Ann Arbor

Das liberale, intellektuelle Ann Arbor, etwa 40 Meilen (64 km) von Detroit entfernt, ist Sitz der University of Michigan. In der Innenstadt, die an den Campus grenzt und sich gut zu Fuß erkunden lässt, wimmelt es von Coffeeshops, Buchläden und Brauereikneipen. Sie ist auch ein Mekka für Feinschmecker – und man kann einfach alles ansteuern, wo „Zingerman's" dransteht.

⊙ Sehenswertes & Aktivitäten

University of Michigan Museum of Art
MUSEUM

(☑ 734-764-0395; www.umma.umich.edu; 525 S State St; ⊙ Di–Sa 11–17, So ab 12 Uhr) GRATIS Das kühne Kunstmuseum des Campus beeindruckt mit seinen Sammlungen asiatischer Keramik, moderner abstrakter Werke und Tiffany-Glas.

Ann Arbor Farmers Market
MARKT

(www.a2gov.org/market; 315 Detroit St; ⊙ Mai–Dez. Mi & Sa 7–15 Uhr, Jan.–April nur Sa) Angesichts der vielen Obstgärten und Farmen in der Umgebung ist es kein Wunder, dass dieser Markt bis zum Bersten mit allem Erdenklichen – von Mixed Pickles bis hin zu Sets für

die Pilzzucht – gefüllt ist. Er befindet sich im Zentrum in der Nähe von Zingerman's Deli. Sonntags findet hier ein Kunsthandwerksmarkt statt, auf dem Schmuck, Keramik und Textilien angeboten werden.

Zingerman's Bakehouse
KOCHEN

(www.bakewithzing.com; 3723 Plaza Dr) Das Bakehous, das zum großen Zingerman's-Reich gehört, offeriert beliebte „bake-cations", von zweistündigen Cookie-Kursen bis hin zu einwöchigen Backkursen.

✕ Essen & Ausgehen

Zingerman's Delicatessen
FEINKOST $$

(☑ 734-663-3354; www.zingermansdeli.com; 422 Detroit St; Sandwichs 11–17 US$; ⊙ 7–22 Uhr; ♿) Das Z's, jenes Geschäft, das die Gourmetwelle hier ausgelöst hat, türmt regionale Bioprodukte und Spezialitäten zu hohen Sandwichs auf. Es befindet sich in einem weitläufigen Komplex im Zentrum, in dem es auch ein Café und eine Bäckerei gibt.

Frita Batidos
KUBANISCH $$

(www.fritabatidos.com; 117 W Washington St; Hauptgerichte 8–13 US$; ⊙ So–Mi 11–23, Do–Sa bis 24 Uhr) Die moderne Variante von kubanischem Straßenessen ist der letzte Schrei. Hier gibt's Burger mit tropischem und fruchtigem Belag sowie mit Alkohol gemixte Milchshakes.

★ Zingerman's Roadhouse
AMERIKANISCH $$$

(☑ 734-663-3663; www.zingermansroadhouse. com; 2501 Jackson Ave; Hauptgerichte 17–27 US$; ⊙ Mo–Do 7–22, Fr 7–23, Sa 9–23, So 9–21 Uhr) Ein Wort genügt: Donut-Eisbecher. Das Dessert mit einer Bourbon-Karamel-Sauce ist einfach genial, genau wie die traditionellen amerikanischen Gerichte wie Grütze nach Art von Carolina, Schweinekoteletts auf Iowa-Art und Austern à la Massachusetts. Alle werden mit Bioerzeugnissen zubereitet. Es liegt 2 Meilen (3,2 km) westlich vom Zentrum.

Jolly Pumpkin
BRAUEREI

(www.jollypumpkin.com; 311 S Main St; ⊙ Mo–Fr ab 11, Sa & So ab 10 Uhr) Jolly ist für seine hausgebrauten Sauerbiere (Tipp: das Bam Biere probieren), die Dachterrasse, die Pizza und die Trüffel-Pommes bekannt.

☆ Unterhaltung

Wer zufällig an einem Wochenende im Herbst hier ankommt und sich fragt, aus welchem Grund 110 000 Menschen – was mehr oder weniger ziemlich genau der gesamten Bevölkerung von Ann Arbor entspricht – ins Stadion der Universität strömen, so lautet die Antwort: Football. Es ist so gut wie unmöglich, ein Ticket zu ergattern, besonders wenn gegen den Erzrivalen Ohio State gespielt wird. Man kann aber trotzdem beim **U of M Ticket Office** (☎ 734-764-0247; www.mgoblue.com/ticketoffice) sein Glück versuchen.

Blind Pig   LIVEMUSIK
(www.blindpigmusic.com; 208 S 1st St) Auf dieser legendären Bühne rockten so ziemlich alle, von John Lennon über Nirvana bis hin zu den Circle Jerks.

Ark   LIVEMUSIK
(www.a2ark.org; 316 S Main St) Im Ark werden Acoustic und Folk geboten.

❶ Praktische Informationen

In Gehweite vom Zentrum befinden sich mehrere B & Bs. Hotels liegen meist etwa 5 Meilen (8 km) außerhalb, eine ganze Menge davon konzentriert sich südlich der Stadt an der State Street.
Ann Arbor Convention & Visitors Bureau (www.visitannarbor.org) Infos zu Unterkünften.

Lansing & Zentrales Michigan

Michigans Herzstück liegt im Zentrum der Lower Peninsula. Hier wechseln sich fruchtbare Farmen und von Schnellstraßen durchzogene städtische Gebiete ab.

Lansing

Das kleine Lansing ist die Hauptstadt des Bundesstaats. Einige Meilen weiter östlich liegt East Lansing, der Sitz der Michigan State University. Beim **Greater Lansing CVB** (www.lansing.org) gibt's Infos zu beiden Städten.

Zwischen dem Zentrum von Lansing und der Universität verläuft der 8 Meilen (13 km) lange **River Trail** (www.lansingrivertrail.org). Der befestigte Weg ist bei Radfahrern und Joggern beliebt und führt zu mehreren Attraktionen, beispielsweise einem Kindermuseum, einem Zoo und einer Fischtreppe.

Das neue **Broad Museum of Art** (www.broadmuseum.msu.edu; 547 E Circle Dr; ☻Di–Do & Sa–So 10–17, Fr 12–21 Uhr) GRATIS auf dem Campus ist ein absolutes Muss. Die renommierte Architektin Zaha Hadid entwarf das recht wild aussehende Parallelogramm aus rostfreiem Stahl und Glas. Die Museums-

sammlung umfasst allerhand zwischen griechischer Keramik und Gemälden von Salvador Dali. Das **RE Olds Transportation Museum** (☎ 517-372-0529; www.reoldsmuseum.org; 240 Museum Dr; Erw./Kind 6/4 US$; ☻ganzjährig Di–Sa 10–17 Uhr, April–Okt. auch So 12–17 Uhr) wird Autofans gefallen.

Die Hotels im Zentrum von Lansing leben von Politikern und Lobbyisten und sind daher ziemlich teuer. Eine der besten Optionen ist das **Wild Goose Inn** (☎ 517-333-3334; www.wildgooseinn.com; 512 Albert St; Zi. inkl. Frühstück 139–159 US$; ☎) in East Lansing, ein B & B mit sechs Zimmern, das einen Block vom Campus der Michigan State University entfernt liegt. Alle Zimmer sind mit Kaminen und viele mit Whirlpools ausgestattet.

Das **Golden Harvest** (☎ 517-485-3663; 1625 Turner St; Hauptgerichte 7–9 US$; ☻Mo–Fr 7–14.30, Sa & So ab 8 Uhr) ist ein lauter Diner irgendwo zwischen Punk, Rock und Hippiekultur, der Bubba-Sandwichs (Armer Ritter mit Würstchen) und herzhafte Omeletts serviert; nur Barzahlung. Im Norden des Universitätscampus wimmelt es nur so vor Restaurants, Kneipen und Nachtclubs.

Grand Rapids

Grand Rapids, die zweitgrößte Stadt Michigans, ist für ihre Büromöbelindustrie und in jüngerer Zeit auch für den Bier-Tourismus bekannt. In der Region gibt es zwanzig Kleinbrauereien. Das **Grand Rapids CVB** (www.experiencegr.com) bietet Karten und Online-Infos zu Touren auf eigene Faust.

Wer nur für den Besuch einer einzigen Brauerei Zeit hat, sollte die florierende **Founders Brewing Company** (www.foundersbrewing.com; 235 Grandville Ave SW; ☻Mo–Sa 11–14, So 12–24 Uhr) auswählen. Das leicht rötliche Dirty Bastard Ale ist ein gutes Gebräu, dazu sind Delisandwichs mit viel Fleisch (oder Gemüse) im Angebot. Lust auf eine weitere Brauerei? Dann auf zur **Brewery Vivant** (www.breweryvivant.com; 925 Cherry St SE; ☻Mo–Fr ab 15, Sa ab 11, So ab 12 Uhr), die sich auf Biere nach belgischer Art spezialisiert hat. Die stimmungsvolle Brauereikneipe befindet sich in einer alten Kapelle mit Buntglasfenstern und einer Gewölbedecke und serviert an den langen Gemeinschaftstischen auch Käseplatten und Burger mit regionalen Zutaten.

Eine faszinierende Sehenswürdigkeit (auch ohne Bier!) ist das **Gerald R Ford Museum** (☎ 616-254-0400; www.fordlibrarymuseum.gov; 303 Pearl St NW; Erw./Kind 7/3 US$;

9-17 Uhr) im Stadtzentrum, das dem einzigen amerikanischen Präsidenten aus Michigan gewidmet ist. Ford wurde Präsident, nachdem Richard Nixon und sein Vizepräsident Spiro Agnew vom Amt zurücktraten. Das Museum stellt diese spannende Periode der amerikanischen Geschichte ausgezeichnet dar und zeigt z. B. die Werkzeuge, die beim Watergate-Einbruch verwendet wurden. Ford und seine Frau Betty sind auf dem Gelände des Museums beigesetzt.

Die 48 ha großen **Frederik Meijer Gardens** (☑ 616-957-1580; www.meijergardens.org; 1000 E Beltline NE; Erw./Kind 12/6 US$; ☺ Mo–Sa 9–17, Di 9–19, Fr 11–17 Uhr) warten mit wunderschöner Blütenpracht und mit Skulpturen von Auguste Rodin, Henry Moore und anderen Künstlern auf. Sie liegen 5 Meilen (8 km) östlich vom Zentrum in der Nähe der I-196. Im Zentrum gibt es auch ein gutes Kunstmuseum.

Nachts kann man es sich im **CityFlats Hotel** (☑ 866-609-2489; www.cityflatshotel.com/grandrapids; 83 Monroe Center St NW; Zi. 169–239 US$; ❇ 🛜) im Zentrum unter Bambusbettwäsche gemütlich machen; es wurde vom Leed (Leadership in Energy and Environmental Design) mit der Qualitätsstufe Gold zertifiziert.

Lake Michigan

Das Ufer des Lake Michigan wird nicht umsonst Gold Coast genannt. Michigans 500 km lange Westküste bietet endlose Strände, Dünen, Weingüter, Obstgärten und kleine Städte mit B & Bs, die im Sommer boomen und im Winter im Schnee versinken. Gut zu wissen: Alle hier genannten State Parks akzeptieren **Reservierungen für Stellplätze** (☑ 800-447-2757; www.midnr reservations.com; Gebühr 8 US$) und verlangen, sofern nicht anders angegeben, eine Genehmigung für Fahrzeuge (Tag/Jahr 9/31 US$).

Harbor Country

Das Harbor Country besteht aus einer Gruppe von acht kleinen Städten am See, gleich hinter der Grenze zu Michigan (und eignet sich perfekt für einen Tagesausflug von Chicago aus). Logisch: Hier gibt's Strände, Weingüter und Antiquitätenläden. Aber das ist nicht alles, es gibt auch noch ein paar große Überraschungen. In der **Harbor Country Chamber of Commerce** (www.harborcountry.org) sind alle wichtigen Infos erhältlich.

Also, zunächst mal: Ja, wirklich, man kann auf dem Lake Michigan surfen! Und die in einem VW-Bus herumkurvenden Leute vom **Third Coast Surf Shop** (☑ 269-932-4575; www.thirdcoastsurfshop.com; 110-C N Whittaker S Smith St; ☺ Mitte Mai–Ende Sept. 10–18 Uhr) zeigen einem, wie das geht. Neoprenanzüge, Surfbretter, Skimboards und Paddle-Boards werden gestellt (die Leihgebühr beträgt pro Tag zwischen 20 und 35 US$). Anfänger können am öffentlichen Strand von Juni bis Mitte September an eineinhalbstündigen **Kursen** (inkl. Ausrüstung 55–75 US$) teilnehmen. Der Surfshop ist in New Buffalo, der größten Stadt im Harbor Country.

Three Oaks ist die einzige Gemeinde im Harbor Country, die im Landesinneren liegt (6 Meilen, bzw. 9,6 km, landeinwärts auf der US 12). Hier trifft Green Acres auf Greenwich Village – eine coole Mischung aus Farmen und Kunst. Tagsüber sollte man sich bei der **Dewey Cannon Trading Company** (☑ 269-756-3361; www.applecidercentury.com; 3 Dewey Cannon Ave; Fahrrad 20 US$/Tag; ☺ So–Fr 9–17 Uhr) ein Fahrrad leihen und auf den wenig befahrenen Landstraßen vorbei an Obstgärten und Weingütern radeln. Abends kann man sich dann im Theater von Three Oaks eine provokante Aufführung oder einen Arthaus-Film im Kino anschauen.

Hungrig? Bei **Redamak's** (www.redamaks.com; 616 E Buffalo St; Burger 5–10 US$; ☺ März–Okt. 12–22.30 Uhr) in New Buffalo gibt's leckere in Wachspapier eingewickelte Cheeseburger, würzige Spiralpommes und kaltes Bier.

Saugatuck & Douglas

Saugatuck ist einer der beliebtesten Ferienorte an der Gold Coast. Er ist bekannt für eine große Künstlergemeinde, viele B & Bs und eine schwulenfreundliche Atmosphäre. Die Zwillingsstadt Douglas liegt etwa 2 km weiter südlich. Die beiden Städte gehen fast nahtlos ineinander über. Im **Saugatuck/Douglas CVB** (www.saugatuck.com) gibt's Karten und mehr.

> ℹ️ **WINE TRAIL**
>
> Zwischen New Buffalo und Saugatuck liegen dutzend Weingüter. Für den **Lake Michigan Shore Wine Trail** (www.lakemichiganshorewinetrail.com) gibt's eine Karte zum Download, in der die Weingüter verzeichnet sind. Sie sind auch meistens am Highway ausgeschildert.

Die beste Unternehmung in Saugatuck ist zugleich auch die preiswerteste. Man springt auf die **Saugatuck Chain Ferry** (am Ende der Mary St; einfache Fahrt 1 US$; ☺ Ende Mai–Anfang Sept. 9–21 Uhr) und lässt sich über den Kalamazoo River schippern. Auf der anderen Seite angekommen, geht man am Dock nach rechts und erreicht schon bald den **Mt. Baldhead**, eine 60 m hohe Sanddüne. Wer die Treppen hinaufschnauft, bekommt eine grandiose Aussicht geboten und kann an der anderen Seite zum wunderschönen **Oval Beach** hinuntereilen.

In der Innenstadt gibt's rund um die Water Street und die Butler Street Galerien und Läden en masse. Antiquitäten und Trödel findet man auf dem Blue Star Highway, der von Saugatuck 20 Meilen (32 km) nach Süden führt. Einen tollen Zwischenstopp bieten die Farmen an diesem Straßenabschnitt – dort kann man selbst Heidelbeeren pflücken.

In den 100 Jahre alten viktorianischen Häusern von Saugatuck verstecken sich zahlreiche niedliche B & Bs, die meist zwischen 125 und 300 US$ pro Nacht kosten. Empfehlenswert ist das **Bayside Inn** (☎ 269-857-4321; www.baysideinn.net; 618 Water St; Zi. inkl. Frühstück 150–280 US$; ☎), ein ehemaliges Bootshaus am Wasser mit zehn Zimmern, oder die retro-coole **Pines Motorlodge** (☎ 269-857-5211; www.thepinesmotorlodge.com; 56 Blue Star Hwy; Zi. inkl. Frühstück 139–199 US$; ☎) in Douglas mit allerhand Tannen.

In puncto Essen verdient **Wicks Park Bar & Grill** (☎ 269-857-2888; www.wickspark. com; 449 Water St; Hauptgerichte 11–25 US$; ☺ 11.30–21 Uhr) Erwähnung: Es liegt hübsch an der Kettenfähre und bietet Livemusik. Die Einheimischen treffen sich gern in der **Saugatuck Brewing Company** (www.saugatuck brewing.com; 2948 Blue Star Hwy; ☺ So–Do 11–23, Fr & Sa 10–23 Uhr) auf ein vor Ort gebrautes Bier. Zum Nachtisch kann man in **Crane's Pie Pantry** (☎ 269-561-2297; www.cranespiepan try.com; 6054 124th Ave; Küchenstücke 4$ ☺ Mai–Okt. Mo–Sa 9–20, So 11–20 Uhr, Nov.–April verkürzte Öffnungszeiten) ein Riesenstück Torte verdrücken oder in den umliegenden Obstgärten Äpfel und Pfirsiche pflücken. Crane's findet man in Fennville: 3 Meilen (4,8 km) auf der Blue Star Highway gen Süden fahren, dann 4 Meilen (6,4 km) auf dem Highway 89 ins Landesinnere.

Muskegon & Ludington

Die **Fähre Lake Express** (☎ 866-914-1010; www.lake-express.com; ☺ Mai–Okt.) verkehrt zwischen Muskegon und Milwaukee (einfache Fahrt Erw./Kind/Auto ab 83/26/87 US$, 2½ Std.) und bietet eine beträchtliche Abkürzung auf der Fahrt von Michigan nach Wisconsin. Die Stadt ist nicht sonderlich interessant, doch dafür ist im **Muskegon Luge & Sports Complex** (☎ 231-744-9629; www.msports.org; 442 Scenic Dr) wirklich was los: Er bietet eine tolle Rodelbahn (auch im Sommer nutzbar) sowie Langlaufloipen. Im Norden der Stadt am See liegt der **Ludington State Park** (☎ 231-843-8671; Zelt- & Wohnmobilstellplätze 16–29 US$, Hütten 45 US$), eines der größten und beliebtesten Freizeitgebiete Michigans. Hier gibt's ein erstklassiges Wegenetz, einen renovierten Leuchtturm, den man besuchen (und als ehrenamtlicher Leuchtturmwärter auch bewohnen) kann – und obendrein kilometerlange Strände.

Sleeping Bear Dunes National Lakeshore

Dieser Nationalpark beginnt nördlich von Frankfort und zieht sich bis fast nach Leland auf der Leelanau Peninsula. Im **Visitor Center** (☎ 231-326-5134; www.nps.gov/slbe; 9922 Front St; ☺ Juni–Aug. 8.30–18 Uhr, Sept.–Mai 8.30–16 Uhr) in Empire sollte man anhalten und sich Infos, Wanderkarten und Zufahrtsgenehmigungen für das Auto (Woche/Jahr 10/20 US$) besorgen.

Zu den Highlights des Parks gehören der berühmte **Dune Climb** am Highway 109, eine 61 m hohe Düne, die man zunächst hinaufklettert, nur um dann wieder runter

ABSTECHER

MANITOU ISLANDS

Wer das Abenteuer in der Wildnis sucht, fährt auf die Manitou Islands. Sie sind Teil der Sleeping Bear Dunes National Lakeshore. **Manitou Island Transit** (☎ 231-256-9061; www.manitoutransit.com) kann bei der Planung von Campingtrips auf North Manitou oder von Tagesausflügen nach South Manitou helfen. Kajakfahren und Wandern sind hier sehr beliebte Aktivitäten, besonders der 11 km lange Weg zum Valley of the Giants, einem geheimnisvollen Zedernhain auf South Manitou. **Fähren** (hin & zurück Erw./Kind 35/20 US$, 1½ Std.) starten in Leland zwischen Mai und Mitte Oktober siebenmal pro Woche.

zu rennen oder sogar zu rollen. Wer unbedingt seine Beinmuskeln quälen will, kann weiter bis zum Lake Michigan stapfen; die anstrengende Wanderung dauert pro Strecke 1½ Stunden – unbedingt Wasser mitnehmen! Der schöne, asphaltierte **Sleeping Bear Heritage Trail** (www.sleepingbeartrail. org), auf dem es vor Wanderern und Radfahrern nur so wimmelt, führt über 5 Meilen (8 km) von Glen Arbor zum Dune Climb. Im Sommer 2014 soll die Erweiterung bis Empire fertiggestellt sein. Wer weniger Zeit oder Kondition hat, befährt einfach den 7 Meilen (11 km) langen, einspurigen **Pierce Stocking Scenic Drive**, an dem viele Picknickplätze liegen und der die vielleicht beste Möglichkeit bietet, die großartige Aussicht auf den See zu genießen.

Nach dem Parkbesuch kann man ins kleine **Leland** (www.lelandmi.com) fahren, in einem Restaurant am Ufer im Stadtzentrum etwas essen und sich im stimmungsvollen Fishtown mit seinen verwitterten Buden und Geschäften umschauen. Von dort aus fahren Boote zu den Manitou Islands.

Auf der Weiterfahrt kommt man in der Nähe von Suttons Bay zu **Tandem Ciders** (www.tandemciders.com; 2055 Setterbo Rd; ⊙ Mo-Sa 12–18, So bis 17 Uhr), das im Verkostungsraum der kleinen familiengeführten Farm köstliche Apfelweine ausschenkt.

Traverse City

Michigans „Hauptstadt der Kirschen" ist die größte Stadt der nördlichen Hälfte der Lower Peninsula. Ihr Stadtgebiet breitet sich zwar ziemlich weit aus, aber es ist eine schöne Basis, von der aus man die Sleeping Bear Dunes, die Weingüter der Mission Peninsula, die Obstgärten und weitere Sehenswürdigkeiten der Region erkunden kann.

Im **Visitor Center** (☑ 231-947-1120; www. traversecity.com; 101 W Grandview Pkwy; ⊙ Mo-Sa 9–18, So 11–15 Uhr) im Zentrum gibt's Karten und eine Broschüre (auch online erhältlich; auf der Website „Things to Do" anklicken) für eine Gourmet-Tour auf eigene Faust.

Eine Autofahrt zu den Weingütern ist ein Muss! Von Traverse City aus geht's auf dem Highway 37 20 Meilen (32 km) nach Norden – bis zum Ende der mit Reben und Kirschbäumen bepflanzten Old Mission Peninsula. Dann hat man die Qual der Wahl: Das **Chateau Grand Traverse** (www.cgtwines.com; ⊙ Mo-Sa 10–19, So 10–18 Uhr) und das **Chateau Chantal** (www.chateauchantal.com; ⊙ Mo-Sa 11–20, So 11–18 Uhr) schenken wunderbaren Chardonnay und Pinot Noir aus. Die **Peninsula Cellars** (www.peninsulacellars. com; ⊙ 10–18 Uhr) in einem alten Schulhaus stellen gute Weißweine her; hier ist es nicht so überlaufen. Wer eine Flasche kauft, sollte sie am Strand vom Lighthouse Park öffnen und den Wein genießen, während die Wellen die Zehen umspielen. Die Weingüter sind ganzjährig geöffnet, haben im Winter aber verkürzte Öffnungszeiten.

Während des **Traverse City Film Festivals** (www.traversecityfilmfest.org; ⊙ Ende Juli) geht's hier zu wie in Hollywood. Dann kommt nämlich der Gründer (und gebürtige Michiganer) Michael Moore in die Stadt und zeigt sechs Tage lang Dokus, internationale Streifen und „einfach nur tolle Filme".

Rund um Traverse City säumen etliche Strände, Resorts, Motels und Wassersportanbieter die US 31. An den Wochenenden sind die Unterkünfte oft voll und deutlich teurer. Auf der Website des Visitor Center sind die verschiedenen Übernachtungsmöglichkeiten aufgelistet. Die meisten Resorts mit Blick auf die Bucht kosten pro Nacht zwischen 150 und 250 US$. Die oben genannten Weingüter Chantal und Grand Traverse fungieren auch als B&Bs. Sie gehören der gleichen Preisklasse an.

Im **Park Shore Resort** (☑ 877-349-8898; www.parkshoreresort.com; 1401 US 31 N; Zi. inkl. Frühstück ab 199 US$; ✳ 🛜 🏊) können die Gäste Jetskis ausleihen und es sich allabendlich am Lagerfeuer gemütlich machen. Die Motels auf der anderen Seite der US 31 (und nicht am Wasser) haben moderate Preise, z.B. das **Mitchell Creek Inn** (☑ 231-947-9330; www.mitchellcreek.com; 894 Munson Ave; Zi./Cottage ab 60/125 US$; 🛜) in der Nähe des Strands vom State Park.

Nach einem erlebnisreichen Tag in der Sonne kann man sich im beliebten **Folgarelli's** (☑ 231-941-7651; www.folgarellis.net; 424 W Front St; Sandwiches 7–11 US$; ⊙ Mo-Fr 9.30–18.30, Sa 9.30–17.30, So 11–16 Uhr) mit einem Sandwich stärken und dann im **7 Monks Taproom** (www.7monkstap.com; 128 S Union St; ⊙ 12–24 Uhr) belgische und heimische Biere genießen.

Charlevoix & Petoskey

In diesen beiden Städten gibt's mehrere Hemingway-Sehenswürdigkeiten. Außerdem haben Michigans Wohlhabende hier ihre Sommerresidenzen. In beiden Innenstädten gibt's Gourmet-Restaurants und edle Shops. In den Häfen liegen unzählige Jachten.

ⓘ KARTEN ZU WANDERWEGEN

Eine Wanderung durch die Wälder kann man wunderbar mit Michigan Trail Maps (www.michigantrailmaps.com), einer kostenlosen Website mit mehr als 100 Wegbeschreibungen, planen. Zunächst sucht man nach Gegend, Weglänge oder Aktivität (z. B. Vogelbeobachtung), dann lädt man sich das Gewünschte als PDF herunter und kann die ausgezeichneten Karten ausdrucken. Dies klappt zurzeit aber nur mit den Wegen auf der Lower Peninsula, die der Upper Peninsula sind noch in Arbeit.

In Petoskey kann man im schönen historischen Stafford's Perry Hotel (☎ 231-347-4000; www.staffords.com; Bay at Lewis St; Zi. 149–269 US$; ❄@🛜) übernachten. Der Petoskey State Park (☎ 231-347-2311; 2475 Hwy 119; Stellplatz Zelt & Wohnmobil 27–29 US$) mit seinem herrlichen Strand liegt in Richtung Norden am Highway 119. Man sollte nach den Petoskey-Steinen Ausschau halten; sie haben ein wabenförmiges Muster und bestehen aus alten Korallen. Von dort aus geht's weiter auf dem Highway 119, der auch als Tunnel of Trees Scenic Route bekannt ist. Die Panoramastraße schlängelt sich auf ihrem Weg zu den Straits of Mackinac gen Norden durch dichte Wälder und an steilen Klippen entlang.

Straits of Mackinac

Das Gebiet zwischen den beiden Halbinseln Michigans blickt, was Befestigungsanlagen und Süßwaren anbetrifft, auf eine lange Tradition zurück. Die autofreie Insel Mackinac Island ist *der* Touristenmagnet Michigans.

Eine der spektakulärsten Sehenswürdigkeiten hier ist die 5 Meilen (8 km) lange Mackinac Bridge (auch „Big Mac" genannt), die die Straits of Mackinac überspannt. Die Mautgebühr von 4 US$ ist jeden Cent wert: Einen solch unglaublichen Blick auf zwei der Großen Seen, zwei Halbinseln und Hunderte von Inseln gibt es kein zweites Mal!

Zur Erinnerung: Obwohl es anders geschrieben wird, spricht man *mcck-in-ao*.

Mackinaw City

Südlich der Mackinac Bridge an der I-75 liegt das Touristennest Mackinaw City. Es hat ein paar interessante Sehenswürdigkeiten zu bieten.

Direkt neben der Brücke (das Visitor Center ist unter der Brücke) befindet sich Colonial Michilimackinac (☎ 231-436-5564; www.mackinacparks.com; Erw./Kind 11/6,50 US$; ⊙ Juni–Aug. 9.30–17 Uhr, Mai & Sept.–Mitte Okt. bis 17 Uhr) mit seinen rekonstruierten Befestigungsanlagen – ein *National Historic Landmark*, das die Franzosen 1715 errichteten. Etwa 3 Meilen (5 km) südöstlich der Stadt an der US 23 liegt Historic Mill Creek (☎ 231-436-4226; www.mackinacparks.com; Erw./Kind 8/4,75 US$; ⊙ Juni–Aug. 9–17 Uhr, Mai & Sept.–Mitte Okt. bis 16 Uhr) mit einer Sägemühle aus dem 18. Jh., historischen Ausstellungsstücken und naturkundlichen Wanderwegen. Mit dem Kombiticket für beide Sehenswürdigkeiten und das Fort Mackinac wird's günstiger.

Wer kein Quartier auf Mackinac Island bekommt – was die erste Wahl sein sollte –, kann in einem der Motels an der I-75 bzw. der US 23 in Mackinaw City übernachten. Die meisten kosten über 100 US$ pro Nacht. Das Days Inn (☎ 231-436-8961; www.daysinn.com; 206 N Nicolet St; Zi. inkl. Frühstück 115–170 US$; ❄🛜🛢) ist empfehlenswert.

St. Ignace

St. Ignace, die zweitälteste Siedlung Michigans, wurde im Jahre 1671 von Père Jacques Marquette als Mission gegründet. Es liegt am Nordende der Mackinac Bridge und ist eine weitere Ausgangsbasis für Mackinac Island. Sobald man die Brückenmaut gezahlt hat, kommt man am riesigen Visitor Center (☎ 906-643-6979; I-75N; ⊙ Sommer tgl. 9–17.30 Uhr, übriges Jahr Do–Mo) vorbei, in dem es Regale voller Broschüren mit Infos über Michigan gibt.

Mackinac Island

Mackinac Island ist das touristische Juwel Michigans. Hin kommt man entweder ab Mackinaw City oder ab St. Ignace mit der Fähre. Die Lage der Insel am Übergang zwischen dem Lake Michigan und dem Lake Huron machte sie zum wertvollen Hafen für den nordamerikanischen Pelzhandel – und zu einem Ort, um den die Briten und Amerikaner mehrmals gegeneinander kämpften.

Das wichtigste Jahr in der Geschichte dieser 810 ha großen Insel war 1898 – jenes Jahr, in dem die Autos von der Insel verbannt wurden, um den Tourismus anzukurbeln. Heute werden alle Ausflüge mit Pferden oder dem Fahrrad gemacht; sogar die Polizei benutzt auf ihren Patrouillen durch die Stadt Drahtesel. Besonders an Sommerwochenenden fallen Horden von Touristen, die von den Insulanern Fudgies genannt werden, über die Insel her. Doch wenn am Abend die letzte Fähre ablegt und mit ihr auch die letzten Tagesausflügler verschwinden, offenbart sich der wahre Reiz der Insel und man driftet in eine andere, gemächlichere Welt.

Das **Visitor Center** (☑ 800-454-5227; www.mackinacisland.org; Main St; ⊙ 9–17 Uhr) am Arnold Line Ferry Dock hat Wander- und Fahrradkarten. 80 % der Insel stehen als State Park unter Schutz. Zwischen November und April hat so gut wie alles geschlossen.

◉ Sehenswertes & Aktivitäten

Die Uferstraße der Insel, der Highway 185, ist der einzige Highway Michigans, auf dem keine Autos fahren dürfen. Am besten lässt sich die unglaubliche Kulisse der 13 km langen Straße genießen, wenn man mit dem Fahrrad unterwegs ist. Dazu bringt man entweder sein eigenes Fahrrad mit oder leiht sich für 8 US$ pro Stunde eins bei einem der vielen Geschäfte.

Die beiden schönsten Sehenswürdigkeiten sind kostenlos: Der **Arch Rock**, ein riesiger Kalksteinbogen, der 45 m über dem Lake Huron thront, und **Fort Holmes**, das zweite Fort der Insel. Wer will, macht einen Ausflug zum **Grand Hotel**, das sich seiner Veranda rühmt, die fast bis nach Detroit reicht. Wenn man nicht im Grand übernachtet (min. 240 US$/Nacht & Pers.), muss man 10 US$ berappen, um die Veranda betreten zu dürfen. Am besten bewundert man sie also aus der Ferne.

Fort Mackinac   HISTORISCHE STÄTTE
(☑ 906-847-3328; www.mackinacparks.com; Erw./Kind 11/6,50 US$; ⊙ Juni–Aug. 9.30–18 Uhr, Mai & Sept.–Mitte Okt. 9.30–16.30 Uhr; ⊕) Fort Mackinac thront auf einem Kalksteinfelsen in der Nähe des Zentrums. Es wurde 1780 von den Briten errichtet und ist eines der am besten erhaltenen Forts des Landes. Kostümierte Darsteller sowie Kanonen- und Gewehrschüsse (alle 30 Min.) schinden vor allem bei den Kids mächtig Eindruck. Man sollte im Teezimmer einen Happen essen. Von den Tischen im Außenbereich hat man einen unvergleichlichen Blick auf die Innenstadt und die Straits of Mackinac.

Das Ticket für das Fort gilt auch für fünf weitere Museen der Stadt entlang der Market Street, z. B. für das Dr. Beaumont Museum (hier führte der Arzt seine berühmten Experimente am Verdauungstrakt durch) und für den Benjamin Blacksmith Shop. Das **Mackinac Art Museum** (Erw./Kind 5/3,50 US$), der Newcomer unter den hiesigen Museen, beherbergt indianische und andere Kunst.

AUF DEN SPUREN HEMINGWAYS

Mehrere Schriftsteller haben Verbindungen zu Michigans Nordwesten, aber keiner ist so berühmt wie Ernest Hemingway, der die Sommer seiner Jugend hier im Ferienhaus seiner Eltern am Walloon Lake verbrachte. Fans von Hemingway fahren oft durch die Gegend, um jene Orte zu besichtigen, die in seine Werke Eingang gefunden haben.

Die erste Station ist Horton Bay. Wenn man auf der US 31 nach Norden fährt, passiert man Charlevoix mit seinem Jachthafen und biegt dann gen Osten in die Boyne City Road ab. Weiter geht's am Lake Charlevoix bis zum **Horton Bay General Store** (☑ 231-582-7827; www.hortonbaygeneralstore.com; 05115 Boyne City Rd; ⊙ MitteMai–Mitte Okt. 8–14 Uhr). Hemingway-Fans werden das Gebäude an der hohen, falschen Fassade aus der Kurzgeschichte *Oben in Michigan* erkennen. Wer in Hemingway-Büchern schmökern will oder auf der Suche nach einem Hemingway-Souvenir ist, sollte dem **Red Fox Inn Bookstore** (05156 Boyne City Rd; ⊙ Ende Mai–Anfang Sept.) nebenan einen Besuch abstatten.

Im ebenfalls am Highway 31 gelegenen Petoskey kann man im **Little Traverse History Museum** (☑ 231-347-2620; www.petoskeymuseum.org; 100 Depot Ct; Erw./Kind 2/1 US$; ⊙ Juni–Mitte Okt. Mo–Fr 10–16, Sa 13–16 Uhr) eine Hemingway-Sammlung bewundern, u. a. ein paar seltene Erstausgaben, die der Autor für einen Freund 1947 signiert hat. Danach kann man den **City Park Grill** (☑ 231-347-0101; www.cityparkgrill.com; 432 E Lake St; ⊙ Mo–Fr 11.30–23, Sa & So 11.30–24 Uhr), Hemingways Stammlokal, besuchen.

Tour Hemingway's Michigan (www.mihemingwaytour.org) hat weitere Infos für Touren auf eigene Faust.

🛏 Schlafen

Für Sommerwochenenden sind die Unterkünfte lange im Voraus ausgebucht. Von Juli bis Mitte August ist Hauptsaison. Auf der Website des Visitor Centers gibt's eine Liste mit Unterkünften. Campen ist auf der ganzen Insel verboten.

Die meisten Hotels und B&Bs verlangen für zwei Personen 180 US$ aufwärts. Vom Zentrum aus zu Fuß erreichbare Ausnahmen sind beispielsweise:

Bogan Lane Inn   B&B $$
(☎906-847-3439; www.boganlaneinn.com; Bogan Lane; Zi. inkl. Frühstück 90–130 US) Vier Zimmer, Gemeinschaftsbad.

Cloghaun B&B   B&B $$
(☎906-847-3885; www.cloghaun.com; Market St; Zi. inkl. Frühstück 112–197 US$; ⊗ Mitte Mai–Ende Okt.; 🐾) Elf Zimmer, davon einige mit Gemeinschaftsbad.

Hart's B&B   B&B $$
(☎906-847-3854; www.hartsmackinac.com; Market St; Zi. inkl. Frühstück 150–190 US$; ⊗Mitte Mai–Ende Okt.; ❄) Acht Zimmer, alle mit Bad.

🍴 Essen & Ausgehen

Die bekanntesten Lokale auf der Insel sind Fudge-Shops. Widerstand ist zwecklos – sie benutzen Ventilatoren, um damit den verlockenden Duft auf die Huron Street zu befördern. Hamburger- und Sandwichläden gibt's in der Innenstadt en masse.

JL Beanery Coffeehouse   CAFÉ $
(☎906-847-6533; Huron St; Hauptgerichte 6–13 US$; ⊗7–19 Uhr; 🐾) In dem Café am Wasser kann man Zeitung lesen, an einem dampfenden Kaffee nippen und dabei auf den See blicken. Leckeres Frühstück, tolle Sandwichs und Suppen.

Horn's Bar   BURGER, MEXIKANISCH $$
(☎906-847-6154; www.hornsbar.com; Main St; Hauptgerichte 10–19 US$; ⊗11–2 Uhr) Horn's Saloon serviert amerikanische Burger und mexikanische Gerichte bei allabendlicher Liveunterhaltung.

Cawthorne's Village Inn   AMERIKANISCH $$$
(☎906-847-3542; www.grandhotel.com; Hoban St; Hauptgerichte 18–27 US$; ⊗11–2 Uhr) In diesem ganzjährig geöffneten Treffpunkt der Einheimischen mit Bar und Sitzbereich im Freien gibt es gegrillten Weißfisch, in der Pfanne gebratenen Barsch und anderes Getier (frisch aus dem See) sowie tolle Fleisch-

und Pastagerichte. Es wird vom Grand Hotel betrieben.

ℹ Anreise & Unterwegs vor Ort

Drei Fährgesellschaften – **Arnold Line** (☎800-542-8528; www.arnoldline.com), **Shepler's** (☎800-828-6157; www.sheplersferry.com) und **Star Line** (☎800-638-9892; www.mackinac ferry.com) – verkehren sowohl von Mackinaw City als auch von St. Ignace aus. Alle berechnen denselben Preis: Hin & zurück zahlt man pro Erw./Kind/Fahrrad 25/13/8 US$. Wer online bucht, spart ein paar Dollar. Die Fähren fahren von Mai bis Oktober mehrmals täglich; die Arnold Line ist je nach Witterungsverhältnissen auch länger in Betrieb. Die Fahrt dauert ca. 15 Minuten. Wer erst einmal auf der Insel ist, kommt per Pferdekutsche voran. Man kann sich aber auch ein Fahrrad leihen.

Upper Peninsula

Die Upper Peninsula (UP) ist eines der Highlights im Mittleren Westen. Sie ist wild und einsam, 90 % des Landes sind von Laubwäldern bedeckt. Gerade einmal 45 Meilen (72 km) Fernstraße durchqueren die Wälder, auf die sich eine Hand voll Städte verteilen. Marquette ist mit 20 000 Einwohnern die größte unter ihnen. Zwischen den Orten befinden sich endlos lange Uferstreifen am Lake Huron, Lake Michigan und Lake Superior, malerische kleine Straßen und – Pasteten. Die Rezepte für die Pot Pies mit Fleisch und Gemüse wurden vor 150 Jahren von Bergarbeitern aus Cornwall mitgebracht.

Hier oben im Norden betritt man eine andere Welt. Die Bewohner der UP, die auch „Yoopers" genannt werden, sehen sich selbst eigentlich gar nicht so recht als Michiganer – sie haben in der Vergangenheit gar schon damit gedroht, sich unabhängig zu machen.

Sault Ste. Marie & Tahquamenon Falls

Sault Ste. Marie (Sault wird „suu" ausgesprochen) wurde 1668 gegründet und ist die älteste Stadt Michigans und die drittälteste Stadt der USA. Sie ist durch ihre Schleusen bekannt, die 300 m lange Frachter die verschiedenen Wasserniveaus der Seen hoch- und runterhieven. Das **Soo Locks Park & Visitors Center** (⊗Mitte Mai–Mitte Okt. 9–21 Uhr) befindet sich in der Innenstadt in der Portage Avenue (I-75, Exit 394 und dann nach links). Dort gibt es Ausstellungen, Videovorführungen und Beobachtungsdecks, von denen aus man sehen kann, wie die Schiffe die rund 6,5 m Höhenunterschied zwischen dem Lake Superior und dem Lake Huron überwinden. Kneipen und Cafés säumen die Portage Avenue. Im **Sault CVB** (www.saultstemarie.com) sind Unmengen Infos und Broschüren erhältlich.

Die Top-Attraktion der östlichen UP liegt eine Autostunde westlich von Sault Ste. Marie und ist über die Highways 28 und 123 zu erreichen. Das Wasser der herrlichen **Tahquamenon Falls** hat eine Färbung, die an Tee erinnert. Die haben die Wasserfälle den Nadeln der flussaufwärts stehenden Hemlocktannen zu verdanken. Die Upper Falls im **Tahquamenon Falls State Park** (☑906-492-3415; 8 US$/Auto) sind 60 m breit und stürzen sich 15 m in die Tiefe. Sie begeistern so ziemlich jeden Schaulustigen, so auch Henry Wadsworth Longfellow, der sie in seinem Lied von *Hiawatha* erwähnte. Die Lower Falls sind eine Reihe von kleineren Wasserfällen, die man wunderbar in einem Ruderboot erkunden kann. In dem großen State Park gibt es tolle Camping- (Zelt & Wohnmobil 16–23 US$) und Wandermöglichkeiten – und als i-Tüpfelchen obendrauf eine Brauereikneipe unweit des Parkeingangs.

Nördlich des Parks, jenseits des kleinen Orts Paradise, befindet sich das faszinierende **Great Lakes Shipwreck Museum** (☑888-492-3747; www.shipwreckmuseum.com; 18335 N Whitefish Point Rd; Erw./Kind 13/9 US$; ☉Mai–Okt. 10–18 Uhr), in dem man Gegenstände bewundern kann, die von gesunkenen Schiffen stammen. Dutzende Schiffe – darunter auch die *Edmund Fitzgerald*, über die Gordon Lightfoot sang – sind den übervollen Schifffahrtsstraßen und dem oft stürmischen Wetter zum Opfer gefallen, was der Gegend so nette Spitznamen wie „Schiffswrackküste" und „Friedhof der Großen Seen" einbrachte. Auf dem Gelände befinden sich außerdem ein Leuchtturm, den Präsident Lincoln persönlich in Auftrag gab, und ein Vogelobservatorium, an dem 300 Spezies vorbeiziehen. Wer den nebeligen Ort für sich allein haben möchte, kann im **Whitefish Point Light Station B&B** (☑888-492-3747; Zi. 150 US$; ☉Mai–Okt.) übernachten. Hier gibt's fünf Zimmer im ehemaligen Quartier der Küstenwache.

Pictured Rocks National Lakeshore

Am wunderschönen Lake Superior liegt die **Pictured Rocks National Lakeshore** (www.

nps.gov/piro), eine Reihe schroffer Klippen und Höhlen aus rotem und gelbem Sandstein, den blaue und grüne Mineralstoffe in ein gestreiftes Farbenmeer verwandelt haben. Die Route 58 (Alger County Road) führt 52 langsame Meilen (84 km) durch den Park – von **Grand Marais** im Osten nach **Munising** im Westen. Die Hauptsehenswürdigkeiten (von Osten nach Westen) sind: **Au Sable Point Lighthouse** (zu erreichen über einen 5 km langen Rundwanderweg, der an Schiffswracks vorbeiführt), der mit Achaten übersäte **Twelvemile Beach**, die **Chapel Falls** mit zahlreichen Wanderwegen und der **Miners Castle Overlook** mit seiner guten Aussicht.

Mehrere Boote starten in Munising. **Pictured Rock Cruises** (☑906-387-2379; www.picturedrocks.com; 100 W City Park Dr; 2½-stündige geführte Touren Erw./Kind 36/10 US$) legt am Pier in der Stadt ab und schippert an der Küste entlang zum Miners Castle. **Shipwreck Tours** (☑906-387-4477; www.shipwrecktours.com; 1204 Commercial St; 2-stündige geführte Touren Erw./Kind 32/12 US$; ☉Ende Mai–Mitte Okt.) fährt in Glasbodenbooten zu gesunkenen Schonern.

Die **Grand Island** (www.grandislandmi.com) gehört zum Hiawatha National Forest und ist in null Komma nichts von Munising aus mit der **Grand Island Ferry** (☑906-387-3503; hin & zurück Erw./Kind 15/10 US$; ☉Ende Mai–Mitte Okt.) zu erreichen. Die Insel erkundet man dann am besten mit einem geliehenen Mountainbike (30 US$/Tag). Es gibt auch ein Fähre-Bus-Pauschalangebot (22 US$). Der Fähranleger befindet sich an Highway 28, ca. 4 Meilen (6 km) westlich von Munising.

In Munising gibt's eine Vielzahl von Motels – z. B. das ordentliche **Alger Falls Motel** (☑906-387-3536; www.algerfallsmotel.com; E9427 Hwy 28; Zi. 60–90 US$; 🐾❄). Im **Falling Rock Cafe & Bookstore** (☑906-387-3008; www.fallingrockcafe.com; 104 E Munising Ave; Hauptgerichte 5–9 US$; ☉So–Fr 7–22 Uhr; 🐾) bekommt man Sandwichs und Livemusik.

Empfehlenswert ist auch der Aufenthalt im winzigen Grand Marais am Ostrand des Parks. Nachdem man sich in der rustikalen **Lake Superior Brewing Company** (☑906-494-2337; N14283 Lake Ave; Hauptgerichte 7–13 US$; ☉12–23 Uhr) mit einem Weißfisch-Sandwich und einem Bier für die kommenden Unternehmungen gestärkt hat, kann man es sich im **Hilltop Cabins and Motel** (☑906-494-2331; www.hilltopcabins.net; N14176 Ellen St; Zi. & Hütte 85–175 US$; 🐾) gemütlich machen.

Marquette

Von Munising führt der Highway 28 Richtung Westen dicht am Lake Superior entlang. An diesem herrlichen Straßenabschnitt befinden sich viele Strände, Parkgelegenheiten und Rastplätze, an denen man die Landschaft genießen kann. Nach 45 Meilen (72 km) erreicht man die Kleinstadt Marquette – ein oft verschneites Freizeitmekka.

In einem Holzhaus an der Zufahrt zur Stadt befindet sich das **Visitor Center** (www.travelmarquettemichigan.com; 2201 US 41; ⊙9–17 Uhr), das Broschüren zu den hiesigen Wanderwegen und Wasserfällen hat.

Der einfache **Sugarloaf Mountain Trail** und der anstrengendere, wilde **Hogsback Mountain Trail** bieten schöne Panoramaaussichten. Zu beiden geht es über die County Road 550, gleich nördlich von Marquette. In der Stadt laden die hohen Klippen des **Presque Isle Park** dazu ein, den Sonnenuntergang zu beobachten. Das **Noquemanon Trail Network** (www.noquetrails.org) ist für Mountainbiker und Skilangläufer sehr empfehlenswert. In der Region kann man großartig Kajak fahren; die wichtigsten Infos dazu sowie zum Fliegenfischen, Eisklettern und anderen Abenteuern gibt's bei **Downwind Sports** (www.downwindsports.com; 514 N Third St; ⊙Mo–Fr 10–19, Sa 10–17, So 11–15 Uhr).

Marquette ist der perfekte Ort, um ein paar Tage zu bleiben und die zentrale Upper Peninsula, die Obere Halbinsel, zu erkunden. Traveller mit kleinem Budget können im **Value Host Motor Inn** (☎906-225-5000; www.valuehostmotorinn.com; 1101 US 41 W; Zi. inkl. Frühstück 55–70 US$; ✳☎) ein paar Kilometer westlich der Stadt absteigen. Das **Landmark**

Inn (☎906-228-2580; www.thelandmarkinn.com; 230 N Front St; Zi. 139–229 US$; ✳☎) im Stadtzentrum befindet sich in einem historischen Gebäude am Seeufer, in dem es sogar spuken soll.

Hiesige Fleisch- und vegetarische Spezialitäten kann man bei **Jean Kay's Pasties & Subs** (www.jeankayspasties.com; 1635 Presque Isle Ave; Snacks 4–7,50 US$; ⊙Mo–Fr 11–21, Sa & So bis 20 Uhr) kosten. **Thill's Fish House** (☎906-226-9851; 250 E Main St; Snacks 4–9 US$; ⊙Mo–Fr 8–17.30, Sa bis 16 Uhr), das letzte kommerzielle Fischereiunternehmen der Stadt, befindet sich in einer Wellblechhütte an der Main Street. Es bringt jeden Tag frischen Fang ein; empfehlenswert ist auch die geräucherte Weißfischwurst. In der **Blackrocks Brewery** (www.blackrocksbrewery.com; 424 N Third St; ⊙ab 16 Uhr), in einem coolen renovierten Haus im Zentrum, treffen sich die Motorradfahrer und Mountainbiker.

Isle Royale National Park

Im **Isle Royale National Park** (www.nps.gov/isro; pro Tag 4 US$; ⊙Mitte Mai–Okt.) gibt es weder Autos noch Straßen. So ist die 545 km² große Insel im Lake Superior mit Sicherheit der richtige Ort, wenn man auf der Suche nach Ruhe und Frieden ist. Hierher kommen im ganzen Jahr weniger Besucher als in den Yellowstone National Park an einem einzigen Tag. Das bedeutet, dass man die Elche und Wölfe, die durch den Wald schleichen, ganz für sich allein hat.

Durch die Insel zieht sich ein insgesamt 265 km langes Netz von Wanderwegen, die Dutzende von Campingplätzen am Superior und an den Seen im Inselinneren miteinander verbinden. Für dieses Abenteuer in der Wildnis muss man mit Zelt, Campingkocher, Schlafsäcken, Essen und einem Wasserfilter anrücken. Wenn nicht, dann ist man zwar ein Weichei, kann aber in der **Rock Harbor Lodge** (☎906-337-4993; www.isleroyaleresort.com; Zi & Cottage 237–271 US$; ⊙ Ende Mai–Anfang Sept.) übernachten.

Vom Anleger vor der **Hauptverwaltung des Parks** (800 E Lakeshore Dr) in Houghton startet die **Ranger III** (☎906-482-0984) dienstags und freitags um 9 Uhr für eine sechs Stunden lange Bootstour (hin & zurück Erw./Kind 126/46 US$) nach Rock Harbor an der Ostende der Insel. Der **Royale Air Service** (☎877-359-4753; www.royaleairservice.com) hat einen schnelleren Trip im Angebot und fliegt in nur 30 Minuten vom Houghton County Airport nach Rock Harbor (hin & zurück 299 US$). Man kann auch die 50 Meilen (80 km) auf der Keweenaw Peninsula nach Copper Harbor hinauffahren (eine wunderschöne Fahrt) und dort an Bord der **Isle Royale Queen** (☎ 906-289-4437; www.isleroyale.com) gehen. Sie startet um 8 Uhr zu ihrer dreistündigen Überfahrt (hin & zurück Erw./Kind 130/65 US$). In der Hauptsaison von Ende Juli bis Mitte August fährt sie normalerweise täglich. Wer ein Kajak oder Kanu mit auf die Fähre nehmen will, muss dafür hin & zurück 50 US$ extra zahlen und die Überfahrt lange im Voraus buchen. Auch in Grand Portage, Minnesota, kann man die Isle Royale nehmen.

Porcupine Mountains Wilderness State Park

Durch den größten State Park Michigans ziehen sich insgesamt 145 km an Wanderwegen. Der Park gehört zu den Natur-Highlights der Upper Peninsula und ist viel leichter zu erreichen als der von Isle Royale. Die sogenannten „Porkies" sind so steil, dass die zu Beginn des 19. Jhs. vorbeiziehenden Holzfäller die Region weitestgehend verschont haben. Deshalb hat der Park das größte Stück unberührten Waldes zwischen den Rocky Mountains und den Adirondacks.

Von Silver City aus fährt man auf dem Highway 107 Richtung Westen zum **Porcupine Mountains Visitors Center** (☎ 906-885-5275; www.porcupinemountains.com; 412 S Boundary Rd; ☉ Mitte Mai–Mitte Okt. 10–18 Uhr). Hier bekommt man die Zufahrtserlaubnis (Tag/Jahr 9/31 US$) und die Genehmigungen für das Hinterland (1–4 Pers. 14 US$/Nacht). Wer auf dem Highway 107 bis ganz ans Ende fährt und dann zum 100 m hohen Aussichtspunkt hochkraxelt, hat einen atemberaubenden Blick auf den **Lake of the Clouds**.

Auch im Winter ist in den Porkies was los: Es gibt eine Skipiste (mit 240 m Höhenunterschied) und 42 km Loipen; nach den Bedingungen und den Preisen erkundigt man sich am besten direkt im **Skigebiet** (☎ 906-289-4105; www.skitheporkies.com).

Der Park vermietet **rustikale Hütten** (☎ 906-885-5275; www.mi.gov/porkies; Hütte 60 US$), die ideal für ein Abenteuer in der Wildnis sind, da man erst einmal 1,5 bis 6,5 km wandern, Wasser selbst erhitzen und ein Plumpsklo benutzen muss. **Sunshine Motel & Cabins** (☎ 906-884-2187; www.ontonogon.net/sunshinemotel; 24077 Hwy 64; Zi. 60 US$, Hütten 68–120 US$; ☎☎), 3 Meilen (4,8 km) westlich von Ontonagon, ist auch eine gute Option.

WISCONSIN

Wisconsin is(s)t Käse und stolz darauf. Die Kühe des US-Staats geben Milch für knapp 1,2 Mrd. kg Cheddar, Gouda und ähnliche Köstlichkeiten – das ist ein Viertel aller Laibe, die in den USA entstehen. Auf den hiesigen Nummernschildern steht mit Würde „Dairy State" (Staat der Molkereien). Die Leute hier nennen sich sogar selbst „Käseköpfe" und betonen das noch, indem sie zu besonderen Gelegenheiten – vor allem bei den Footballspielen der Green Bay Packers – Schaumgummihüte in der Form von Käsestücken tragen.

An die Sache mit dem Käse muss man sich also gewöhnen, denn es kann ja gut sein, dass man länger bleibt. Wisconsin hat unendlich viel zu bieten: schroffe Klippen und die Leuchttürme von Door County, Kajaktouren durch die Brandungshöhlen im Apostle Islands National Lakeshore, das Cow Chip Throwing entlang der US 12 (S. 640) sowie viel Bier, Kunst und Feste in Milwaukee und Madison.

ℹ Praktische Informationen

Travel Green Wisconsin (www.travelgreenwisconsin.com) Bestätigt Unternehmen ihre Umweltfreundlichkeit. Eingestuft wird nach Abfallreduzierung, Energieeffizienz und sieben weiteren Kategorien.

Wisconsin B&B Association (www.wbba.org)

Wisconsin Department of Tourism (☎ 800-432-8747; www.travelwisconsin.com) Produziert eine Menge kostenloser Führer zu Themen wie Vogelbeobachtung, Radfahren, Golf oder Landstraßen. Eine kostenlose App gibt's auch.

Verkehrsinformationen für Wisconsin (☎ 511; www.511wi.gov)

Wisconsin Milk Marketing Board (www.eatwisconsincheese.com) In der kostenlosen Karte *A Traveler's Guide to America's Dairyland* sind alle Käsereien des Bundesstaats verzeichnet.

Wisconsin State Park Information (☎ 608-266-2181; www.wiparks.net) Für Parkbesuche benötigt man eine Fahrzeugerlaubnis (Tag/Jahr 10/35 US$). Stellplätze kosten zwischen 14 und 25 US$; **Reservierungen** (☎ 888-947-2757; www.wisconsinstateparks.reserveamerica.com; Gebühr 10 US$) sind möglich.

Milwaukee

Milwaukee ist cool, aber aus irgendeinem Grund will das keiner zugeben. Ja, der Ruf als Arbeiterstadt mit Brauereien, Bowlingbahnen und Polkahallen eilt ihr noch vor-

KURZINFOS WISCONSIN

Spitznamen Badger State, America's Dairyland

Bevölkerung 5,7 Mio.

Fläche 169 644 km²

Hauptstadt Madison (240 000 Ew.)

Weitere Stadt Milwaukee (599 000 Ew.)

Verkaufssteuer 5 %

Geburtsort von Schriftstellerin Laura Ingalls Wilder (1867–1957), Architekt Frank Lloyd Wright (1867–1959), Malerin Georgia O'Keeffe (1887–1986), Schauspieler Orson Welles (1915–85), Gitarrenbauer Les Paul (1915–2009)

Heimat der als „Cheeseheads" bekannten Packer-Fans, von Milchhöfen, Wasserparks

Politische Ausrichtung überwiegend demokratisch

Berühmt für Brauereien, traditionell hergestellten Käse, die landesweit erste Anerkennung von Schwulenrechten

Offizieller Tanz Polka

Entfernungen Milwaukee–Minneapolis 336 Meilen (541 km), Milwaukee–Madison 80 Meilen (129 km)

aus, doch Sehenswürdigkeiten wie das von Calatrava entworfene Kunstmuseum, das hammerharte Harley-Davidson Museum und die eleganten Restaurant- und Shoppingviertel haben aus der größten Stadt Wisconsins einen überraschend fetzigen Ort gemacht. Im Sommer sorgen fast jedes Wochenende Feste am See für Stimmung. Und wo sonst auf dieser Welt kann man schon rasende Würste sehen?

Geschichte

Deutsche waren in den 1840er-Jahren die ersten Siedler in Milwaukee. Viele von ihnen gründeten kleine Brauereien, doch erst ein paar Jahrzehnte später wurde der Gerstensaft durch die Einführung der Brautechnologie in großem Maßstab ein wichtiger Industriezweig der Stadt. In den 1880er-Jahren, als Schlitz, Blatz, Miller und 80 weitere Brauereien hier ihr Bier produzierten, bekam Milwaukee seine Spitznamen „Brew City" (Brauereistadt) und „Nation's Watering

Hole" (Kneipe der Nation). Heute sind nur noch Miller und ein paar Kleinbrauereien übrig geblieben.

◉ Sehenswertes & Aktivitäten

Der Lake Michigan liegt östlich der Stadt, sein Ufer ist von Parks gesäumt. Der Riverwalk führt an beiden Seiten des Milwaukee River in die Innenstadt.

Harley-Davidson Museum   MUSEUM

(☎877-436-8738; www.h-dmuseum.com; 400 W Canal St; Erw./Kind 18/10 US$; ◷Mai–Okt. Fr–Mi 9–18, Nov.–April kürzere Öffnungszeiten) Hunderte von Motorrädern, darunter die protzigen Maschinen von Elvis und Evel Knievel, zeigen die Entwicklung der Stile im Lauf der Jahrzehnte auf. Besucher können sich sogar selbst auf einige der Bikes setzen (im Erdgeschoss, hinter dem Design Lab) sowie eine Mini-Motorradfahrstunde nehmen (am Vordereingang). Selbst wer nicht Motorrad fährt, wird hier Spaß haben.

Alles begann 1903, als die Schulfreunde William Harley und Arthur Davidson aus Milwaukee ihr erstes Motorrad bauten und verkauften. Ein Jahrhundert später sind die Maschinen zum Symbol für den Stolz der amerikanischen Fabrikation geworden. Das Museum befindet sich in einem großen Industriegebäude gleich südlich vom Zentrum.

Harley-Davidson Plant   FÜHRUNG

(☎877-883-1450; www.harley-davidson.com/experience; W156 N9000 Pilgrim Rd; 30-minütige Führungen frei; ◷Mo 9–14 Uhr) Motorradfans können im Vorort Menomonee Falls jene Fabrik besuchen, in der die berühmten Maschinen gebaut werden. Neben der kostenlosen Führung am Montag finden mittwochs, donnerstags und freitags längere Touren statt, aber nur als Teil eines Komplettangebots, das man im Museum kaufen kann (32 US$ pro Person inkl. Führung, Museumseintritt und Fahrt zwischen Museum und Fabrik).

Milwaukee Art Museum   MUSEUM

(☎414-224-3200; www.mam.org; 700 N Art Museum Dr; Erw./Kind 15/12 US$; ◷Sept.–Mai Di, Mi & Fr–So 10–17, Do bis 20 Uhr) Auch wer nicht so gern ins Museum geht, wird von diesem Exemplar am See beeindruckt sein, dessen flügelartige Erweiterung von Santiago Calatrava sich jeden Tag um 10 und 12 Uhr sowie bei Museumsschluss öffnet – ein fantastischer Anblick. Innen zeigt das Museum Volkskunst, Werke von Kunstaußenseitern sowie eine Sammlung mit Gemälden von Georgia O'Keeffe.

Miller Brewing Company
BRAUEREI

(☎ 414-931-2337; www.millercoors.com; 4251 W State St; ⊗ Mo–Sa 10.30–15.30 Uhr, im Sommer bis 16.30 Uhr) Pabst und Schlitz sind längst weggezogen, aber Miller bewahrt Milwaukees Biererbe. Man sollte sich den Legionen von Bierfans anschließen, die für kostenlose Besichtigungstouren anstehen. Auch wenn das in Massen produzierte Bier vielleicht nicht jedermanns Lieblingssorte ist, beeindruckt die Fabrik doch allein durch ihre Größe. Man besichtigt das Verpackungswerk, wo pro Minute 2000 Dosen (!) abgefüllt werden, und das Lagerhaus, in dem die 500 000 Kästen auf ihren Abtransport warten. Am Ende steht dann eine großzügige Verkostung in Form von drei Proben in voller Größe. Ausweis nicht vergessen!

Lakefront Brewery
BRAUEREI

(☎ 414-372-8800; www.lakefrontbrewery.com; 1872 N Commerce St; 1-stündige Führungen 7 US$; ⊗ Mo–Do 9–16.30, Fr 9–21, Sa 11–16.30, So 12–16.30 Uhr) Die beliebte Lakefront Brewery liegt gegenüber der Brady Street auf der anderen Flussseite und bietet nachmittags Führungen an. Doch die beste Zeit für einen Besuch ist der Freitagabend, denn dann gibt's ein „fish fry": 16 verschiedene Biersorten und eine Polkaband, die für Stimmung sorgt. Die Führungen beginnen je nach Wochentag zu unterschiedlichen Zeiten, um 14 und 15 Uhr findet aber eigentlich immer eine statt.

Discovery World at Pier Wisconsin
MUSEUM

(☎ 414-765-9966; www.discoveryworld.org; 500 N Harbor Dr; Erw./Kind 17/13 US$; ⊗ Di–Fr 9–16, Sa & So 10–17 Uhr; 🚸) Das Wissenschafts- und Technikmuseum am Seeufer begeistert mit seinen Süß- und Salzwasseraquarien vor allem Kinder – man darf Haie und Störe berühren. Außerdem liegt hier im Hafen noch ein Dreimast-Schoner, den man erkunden kann (2 US$ extra). Erwachsenen werden die Gitarren und Soundanlagen des in Wisconsin geborenen Les Paul gefallen.

Lakefront Park
PARK

Der an den Lake Michigan grenzende Park eignet sich toll zum Spazierengehen, Radfahren und Inlineskaten. Hier befindet sich auch der Bradford Beach, an dem man wunderbar schwimmen und faulenzen kann.

✲ Feste & Events

Summerfest
MUSIK

(www.summerfest.com; Tageskarte 17 US$; ⊗ Ende Juni–Anfang Juli) Dieses Fest wird als das „größte Musikfest der Welt" bezeichnet. Und tatsächlich bevölkern an elf Tagen Hunderte von Rock-, Blues-, Jazz-, Country- und Alternativ-Bands die zehn Bühnen. Dann geht auf dem Festivalplatz am See die Post ab.

Weitere tolle Veranstaltungen, die an Sommerwochenenden im Zentrum stattfinden:

PrideFest
(www.pridefest.com; ⊗ Mitte Juni)

Polish Fest
(www.polishfest.org; ⊗ Ende Juni)

German Fest
(www.germanfest.com; ⊗ Ende Juli)

Irish Fest
(www.irishfest.com; ⊗ Mitte Aug.)

🛏 Schlafen

Die genannten Preise beziehen sich auf den Sommer, also die Hauptsaison, für die man im Voraus buchen sollte. Die Steuer (15,1%) ist in den angegebenen Zimmerpreisen nicht enthalten. Leute mit kleiner Reisekasse können in einem der preiswerten Kettenhotels weiter im Süden (in der Howell Avenue unweit des Flughafens) übernachten.

County Clare Irish Inn
INN $$

(☎ 414-272-5273; www.countyclare-inn.com; 1234 N Astor St; Zi. inkl. Frühstück 129–179 US$; P ❄ 🛜) Ein echtes Juwel in der Nähe des Seeufers. In den Zimmern, die mit Himmelbetten, weiß getäfelten Wänden und Whirl-

---

AUF ZWEI RÄDERN DURCH WISCONSIN

Wisconsin hat unglaublich viele stillgelegte Bahnlinien in asphaltierte Radwege verwandelt. Sie führen über Hügel, durch alte Tunnel, über Brücken und an Wiesen vorbei. Wo auch immer man im US-Staat gerade ist, eine schöne Strecke ist bestimmt nicht weit. Infos dazu gibt's im **Travel Wisconsin Bike Path Directory** (www.travelwisconsin.com/things-to-do/outdoor-fun/biking-/traffic-free-paved). Der **400 State Trail** (www.400statetrail.org) und der **Elroy-Sparta Trail** (www.elroy-sparta-trail.com) sind toll!

Räder kann man in den Orten am Beginn der Strecken leihen, Streckennutzungsgenehmigungen (Tag/Jahr 4/20 US$) sind in den Geschäften der Region und an den Kästen an den Startpunkten der Strecken erhältlich.

pools ausgestattet sind, herrscht die gemütliche Atmosphäre eines irischen Cottages. Es gibt kostenlose Parkplätze und eine Kneipe, die natürlich Guinness ausschenkt.

Aloft
HOTEL $$

(☎ 414-226-0122; www.aloftmilwaukeedowntown.com; 1230 Old World 3rd St; Zi. 129–179 US$; P ✳ ☎) Das Milwaukee-Haus dieser Kette ist im typisch kompakten, industriell wirkenden Stil gebaut. Es befindet sich landeinwärts in der Nähe der lebhaften Bars der Old World 3rd Street und der Water Street (und ist darum nicht so ruhig). Parken kostet 23 US$.

Brewhouse Inn & Suites
HOTEL $$$

(☎ 414-810-3350; www.brewhousesuites.com; 1215 N 10th St; Zi. inkl. Frühstück 189–229 US$; ✳ @ ☎) 2013 eröffnete dieses Hotel mit 90 Zimmern, das sich im toll restaurierten Komplex der alten Pabst Brewery befindet. Die großen Zimmer sind im Steampunk-Stil eingerichtet und mit einer Miniküche und kostenlosem WLAN ausgestattet. Es liegt am westlichen Ende des Zentrums, etwa 800 m von der munteren Old World 3rd Street und gut 2 km vom Festivalgelände entfernt. Parken kostet 26 US$.

Iron Horse Hotel
HOTEL $$$

(☎ 888-543-4766; www.theironhorsehotel.com; 500 W Florida St; Zi. 189–259 US$; P ✳ ☎) Das Boutiquehotel in der Nähe des Harley Museums ist auf Motorradfreaks zugeschnitten. Für Bikes gibt's überdachte Parkplätze. In den meisten der loftartigen Zimmer sind die Pfosten-Riegel-Konstruktionen und das frei liegende Mauerwerk der ehemaligen Bettenfabrik sichtbar. Parken kostet 25 US$.

 ## Essen

Gute Gegenden, um sich nach einem Restaurant umzuschauen, sind etwa die deutsch angehauchte Old World 3rd Street im Zentrum, die hippe, multikulturelle Brady Street

NICHT VERSÄUMEN

DER BRONZE FONZ

Angeblich ist der **Bronze Fonz** (Ostseite des Riverwalk) gleich südlich der Wells Street im Zentrum die meistfotografierte Sehenswürdigkeit Milwaukees. Der Fonz, alias Arthur Fonzarelli, war in den 1970er-Jahren eine Figur in der Fernsehserie *Happy Days*, die in der Stadt spielt. Mal ehrlich: Hat seine Hose eher ein „Oh je!" oder ein „Wow!" verdient?

an der Kreuzung mit der N Farwell Avenue sowie der Third Ward an der N Milwaukee Street südlich der I-94, in dem es viele Gastropubs gibt.

Milwaukee Public Market
MARKT $

(www.milwaukeepublicmarket.org; 400 N Water St; ⊙ Mo–Fr 10–20, Sa 8–19, So 10–18 Uhr; ☎) Befindet sich im Third Ward und offeriert überwiegend Käse, Schokolade, Bier, Tacos und Frozen Custard. Verzehren kann man alles oben, wo es Tische, kostenloses WLAN und Secondhandbücher für 1 US$ gibt.

Leon's
EIS $

(www.leonsfrozencustard.us; 3131 S 27th St; Snacks 1,30–4 US$; ⊙ 11–24 Uhr) Der von Neonlicht erhellte Drive-in aus den 50er-Jahren spezialisiert sich auf Frozen Custard, eine örtliche Spezialität, die Eis ähnelt, aber feiner und gehaltvoller ist. Nur Barzahlung.

★ Comet Cafe
AMERIKANISCH $$

(www.thecometcafe.com; 1947 N Farwell Ave; Hauptgerichte 8–12 US$; ⊙ Mo–Fr 10–22, Sa & So ab 9 Uhr) Studenten, junge Familien, ältere Paare und bärtige Typen mit Tätowierungen drängen sich ins angesagte Comet Cafe, um Hackbraten mit viel Sauce, Cheeseburger, veganes Gyros und Katerbrunch zu genießen. Auf einer Seite befindet sich eine Bar, die Bier ausschenkt, auf der anderen ein Diner im Retro-Stil mit Sitznischen. Unbedingt einen der riesigen Cupcakes als Dessert wählen!

Distil
AMERIKANISCH $$

(☎ 414-220-9411; www.distilmilwaukee.com; 722 N Milwaukee St; Hauptgerichte 10–20 US$; ⊙ Mo–Sa ab 17 Uhr) Im dunklen, kupferfarbenen Distil lautet die Devise „hausgemacht". Auf der Speisekarte stehen Käse, Wurstwaren und Burger – das Fleisch kommt von den Kühen des Betreibers. Dazu gibt's von Barkeepern geschüttelte Corpse Revivers und Sidecars.

♟ Ausgehen & Unterhaltung
Bars

In Milwaukee gibt es nach New Orleans, das um Haaresbreite vorn liegt, landesweit die meisten Bars pro Einwohner. Viele befinden sich rund um die N Water Street und die E State Street im Zentrum sowie im Third Ward. Bars und Kneipen sind bis 2 Uhr offen.

Best Place
BAR

(www.bestplacemilwaukee.com; 901 W Juneau Ave; ⊙ Do–Sa 12–24, So bis 18 Uhr) In dieser kleinen Taverne im früheren Hauptsitz der Pabst Brewery kann man es den Einheimischen gleichtun und Bier oder große Whiskeys trinken. Ein Kamin erwärmt den gemütlichen Raum aus dunklem Holz, und die Wände zieren Bilder, die die Geschichte von Pabst darstellen. Die Mitarbeiter veranstalten täglich Führungen (8 US$, inkl. 0,5 l Pabst/Schlitz vom Fass) durch das Gebäude.

Uber Tap Room   BAR
(www.ubertaproom.com; 1048 N Old 3rd St; ⊙ So–Mi 11–20, Do bis 22, Fr & Sa bis 23 Uhr) Es ist touristisch, liegt mitten in der Old World 3rd Street und grenzt an den Wisconsin Cheese Mart – doch es ist ein toller Ort, um Spezialitäten zu kosten, darunter 30 Biere vom Fass oder Käse aus den Molkereien des Bundesstaates. Thementeller (würziger Käse, stinkender Käse etc.) kosten 8 bis 12 US$.

Palm Tavern   BAR
(2989 S Kinnickinnic Ave; ⊙ Mo–Sa ab 17, So ab 19 Uhr) Die gemütliche, jazzige Bar im jugendlichen Stadtteil Bay View serviert eine riesige Auswahl an Bier (darunter viele belgische Sorten) und schottischen Single-Malts.

Kochanski's Concertina Beer Hall   BAR
(www.beer-hall.com; 1920 S 37th St; ⊙ Mi–Fr ab 18, Sa & So ab 13 Uhr; 🐾) Polkabands beherrschen das kitschige Kochanski's, dessen Bierauswahl von Schlitz über polnische Fassbiere bis hin zu Bieren aus Wisconsin reicht. Es liegt 5 Meilen (8 km) südwestlich vom Zentrum.

Zuschauersport

Miller Park   BASEBALL
(www.brewers.com; 1 Brewers Way) Im berühmten Miller Park spielen die Brewers Baseball. Das Stadion ist mit einem einziehbaren Dach, echtem Gras und einem „Wurstrennen" vor jedem Spiel den Besuch wert. Es befindet sich in der Nähe der S 46th Street.

Bradley Center   BASKETBALL
(www.nba.com/bucks; 1001 N 4th St) Das NBA-Team Milwaukee Bucks versenkt hier die Bälle.

❶ Praktische Informationen

Im Viertel East Side in der Nähe der University of Wisconsin-Milwaukee gibt es mehrere Cafés mit kostenlosem WLAN.

Froedtert Hospital (☎ 414-805-3000; 9200 W Wisconsin Ave)

Milwaukee Convention & Visitors Bureau (☎ 800-554-1448; www.visitmilwaukee.org) Touristeninformation.

Milwaukee Journal Sentinel (www.jsonline.com) Die Tageszeitung der Stadt.

RACING SAUSAGES – RENNWÜRSTE

Natürlich sieht man nach ein paar Bierchen im Stadion schon mal merkwürdige Dinge. Aber bildet man sich nun die kleine Gruppe riesiger Würste, die rund um den Miller Park sprintet, wirklich nur ein? Nein! Mitte des sechsten Innings laufen die berühmten „Rennenden Würste" (verkleidete Personen) auf das Feld, um die Fans einzuheizen. Wer sich mit Würstchen nicht auskennt – es sind eine Bratwurst, eine polnische und eine italienische Wurst, ein Hotdog und eine Chorizo, die hier um die Gunst des Publikums kämpfen.

On Milwaukee (www.onmilwaukee.com) Aktuelle Verkehrs- und Wetternachrichten sowie Restaurant- und Veranstaltungskritiken.

Quest (www.quest-online.com) Ein Veranstaltungsmagazin für Schwule und Lesben.

Shepherd Express (www.expressmilwaukee.com) Kostenlose alternative Wochenzeitung.

❶ Anreise & Unterwegs vor Ort

Der **General Mitchell International Airport** (MKE; www.mitchellairport.com) liegt 8 Meilen (13 km) südlich des Stadtzentrums. Hin kommt man mit dem Bus 80 (2,25 US$) oder im Taxi (30 US$).

Die **Lake Express Fähre** (☎ 866-914-1010; www.lake-express.com) fährt von der Innenstadt – das Terminal befindet sich ein paar Kilometer südlich des Stadtzentrums – nach Muskegon, Michigan. So kommt man sehr bequem an die von Stränden gesäumte Gold Coast Michigans.

Die Busse von **Greyhound** (☎ 414-272-2156; 433 W St Paul Ave) fahren regelmäßig nach Chicago (2 Std.) und Minneapolis (7 Std.). **Badger Bus** (☎ 414-276-7490; www.badgerbus.com; 635 N James Lovell St) fährt nach Madison (19 US$, 2 Std.), **Megabus** (www.megabus.com/us; 446 N 4th St) schickt Expressbusse nach Chicago (2 Std.) und Minneapolis (6 Std.) und ist oft preiswerter als Greyhound.

Amtrak (☎ 414-271-0840; www.amtrak hiawatha.com; 433 W St Paul Ave) fährt siebenmal täglich mit dem *Hiawatha*-Zug ab/nach Chicago (24 US$, 1½ Std.); einsteigen kann man in der Innenstadt (Amtrak und Greyhound teilen sich übrigens einen Bahnhof) oder aber am Flughafen.

Das **Milwaukee County Transit System** (www.ridemcts.com; Fahrkarte 2,25 US$)

AMERIKAS BOWLING-HAUPTSTADT

Wer in Milwaukee ist, wird wahrscheinlich auch mal bowlen. In der Stadt gab es mal mehr als 200 Bowlingbahnen, von denen sich noch viele in alten Kneipen verstecken. **Landmark Lanes** (www.landmarklanes.com; 2220 N Farwell Ave; 2,50–3,50 US$/Spiel; ⊙Mo–Do 17–1.30, Fr–So 12–1.30 Uhr; 🖥) hat 16 abgenutzte Bahnen im historischen Oriental Theater von 1927. Eine Spielhalle, drei Bars und billiges Bier runden das Ganze ab.

betreibt Regionalbusse. Bus 31 fährt zur Miller Brewery, Bus 90 zum Miller Park.

Wer ein Taxi braucht, wendet sich an **Yellow Cab** (☑ 414-271-1800).

Madison

Madison bekommt viel Lob zu hören – es ist eine Stadt, in der man super umherschlendern oder auf der Straße Rad fahren kann. Sie ist am vegetarier-, schwulen- und umweltfreundlichsten – und überhaupt: Sie ist die rundum freundlichste Stadt der USA. Sie versteckt sich auf einer schmalen Landenge zwischen dem Mendota Lake und dem Monona Lake und ist eine nette Mischung aus der kleinen, grünen Hauptstadt eines US-Staats und einer liberalen, gelehrten Unistadt. Seit Jahren schon gibt's hier eine beeindruckende Gourmet-/Locavorenszene.

⦿ Sehenswertes & Aktivitäten

Die State Street verläuft vom Capitol Richtung Westen zur University of Wisconsin. Die Fußgängerzone säumen Cafés, die Fair-Trade-Kaffee servieren, parkende Fahrräder und nach Weihrauch duftende Läden, in denen es Hacky Sacks und indische Röcke gibt.

Chazen Museum of Art   MUSEUM
(www.chazen.wisc.edu; 750 University Ave; ⊙Di–Fr 9–17, Do 9–21, Sa & So 11–17 Uhr) GRATIS Das Kunstmuseum der Universität ist nicht nur einfach fabelhaft, sondern seit der jüngsten Erweiterung auch riesig und um ein paar Klassen besser als ein typisches Campus-Museum. Die größten Schätze der Sammlung, die viele Genres umfasst, befinden sich in der dritten Etage und reichen von niederländischen Alten Meistern bis hin zu Porzellanvasen der Qing-Dynastie, Skulpturen von Picasso und

Pop-Art von Andy Warhol. Von September bis Mitte Mai finden sonntags kostenlose Konzerte und Kinovorführungen statt.

Monona Terrace   ARCHITEKTUR
(www.mononaterrace.com; 1 John Nolen Dr; ⊙8–17 Uhr) Frank Lloyd Wright entwarf 1938 dieses coole halbrunde Bauwerk, es wurde jedoch erst 1997 fertiggestellt. Den Grund dafür erfahren Besucher bei den einstündigen Führungen, die täglich um 13 Uhr beginnen. Das Gebäude ist ein Stadtteilzentrum, das kostenlose Yogastunden und abendliche Konzerte veranstaltet; die Termine stehen auf der Website. Vom Garten und dem Café auf dem Dach bieten sich weite Blicke über den See.

Dane County Farmers Market   MARKT
(www.dcfm.org; Capitol Sq; ⊙Ende April–Anfang Nov. Sa 6–14 Uhr) 🖉 Samstags verwandelt sich der Capitol Square in einen Lebensmittelbasar. Der Markt, einer der größten des Landes, ist für seine meisterlich hergestellten Käse- und Brotsorten berühmt. Im Winter zieht er in verschiedene andere Standorte um.

State Capitol   GEBÄUDE
(☑ 608-266-0382; ⊙Mo–Fr 8–18, Sa & So bis 16 Uhr) GRATIS Das Capitol mit seinem x-förmigen Grundriss ist das größte außerhalb von Washington, DC und bildet das Herz der Stadt. An den meisten Tagen finden einstündige Führungen statt, man kann aber auch einfach hinauf auf die Aussichtsplattform gehen und das Panorama genießen.

Museum of Contemporary Art   MUSEUM
(☑ 608-257-0158; www.mmoca.org; 227 State St; ⊙Di–Do 12–17, Fr 12–20, Sa 10–20, So 12–17 Uhr) GRATIS Es lohnt sich herauszukriegen, welche Ausstellungen in dem spitzwinkligen Glasgebäude gerade laufen. Diego Rivera? Claes Oldenburg? Die Ausstellungen wechseln etwa alle drei Monate. Das Museum ist mit dem **Overture Center for the Arts** (www.overturecenter.com; 201 State St) verbunden, das Jazz, Opern, Tanz und andere darstellende Künste auf die Bühne bringt.

Arboretum   GÄRTEN
(☑ 608-263-7888; http://uwarboretum.org; 1207 Seminole Hwy; ⊙7–22 Uhr) GRATIS Das über 500 ha große Arboretum des Campus leuchtet in herrlichem Lila.

Machinery Row   RADFAHREN
(☑ 608-442-5974; www.machineryrowbicycles.com; 601 Williamson St; Fahrradverleih 20 US$/Tag; ⊙Mo–Fr 9–21, Sa 9–19, So 10–19 Uhr) Es wäre eine Schande, die Stadt zu verlassen, ohne

die 120 Meilen (193 km) Fahrradwege in der Stadt genutzt zu haben. In diesem Laden, in dessen Nähe mehrere Radwege beginnen, bekommt man Räder und Karten.

🎇 Feste & Events

World's Largest Brat Fest

ESSEN

(www.bratfest.com; ⊙ late May) GRATIS Über 209 000 Bratwürste werden hier verputzt, dazu gibt's Rummel und Bands.

Great Taste of the Midwest Beer Festival

BIER

(www.greattaste.org; Tickets 50 US$; ⊙ Anfang Aug.) Dieses Festival, bei dem 120 Kleinbrauereien Bier ausschenken, ist schnell ausverkauft.

🛏 Schlafen

Verhältnismäßig günstige Hotels finden sich in der Nähe der I-90/I-94 (etwa 10 km außerhalb der Stadt), am Highway 12/18 sowie an der Washington Avenue.

HI Madison Hostel

HOSTEL $

(☑ 608-441-0144; www.hiusa.org/madison; 141 S Butler St; B 25–27 US$; Zi. 57–114 US$; P @ 🛜) Das bunte Backsteinhaus mit 33 Betten liegt in einer ruhigen Straße, nur einen kurzen Spaziergang vom State Capitol entfernt. Es gibt separate Schlafsäle für Männer und Frauen (die Bettwäsche ist im Preis enthalten), eine Küche und einen Aufenthaltsraum mit einigen DVDs. Parken kostet 7 US$.

★ Arbor House

B&B $$

(☑ 608-238-2981; www.arbor-house.com; 3402 Monroe St; Zi. inkl. Frühstück 135–230 US$; 🛜)

Das Arbor House war in der Mitte des 19. Jhs. eine Taverne – heute ist es ein B&B, das mit Windenergie und energiesparenden Geräten betrieben wird und vegetarisches Frühstück serviert. Es liegt etwa 3 Meilen (5 km) südwestlich vom State Capitol, ist aber gut mit öffentlichen Verkehrsmitteln zu erreichen. Außerdem verleihen die Besitzer Mountainbikes.

🍴 Essen & Ausgehen

Neben Lokalen mit Pizzas, Sandwichs und preiswertem Bier gibt es in der State Street ein Sammelsurium an Restaurants mit Gerichten aus aller Welt. Viele haben einladende Terrassen. Bei einem Spaziergang über die Williamson („Willy") Street entdeckt man Cafés, Knödelläden sowie laotische und thailändische Lokale. Die Bars sind bis 2 Uhr geöffnet. Die Zeitung **Isthmus** (www. thedailypage.com) mit Veranstaltungskalender gibt's kostenlos.

Food Trucks

INTERNATIONAL $

(Hauptgerichte 1–8 US$; 🍴) Madisons Imbiss-Flotte ist sehr beeindruckend. Die traditionelleren Trucks stehen rings ums Capitol und servieren Barbecue, Burritos, Gerichte nach Art des Südwestens und chinesisches Essen. Die Trucks, die ungewöhnlichere – etwa ostafrikanische, jamaikanische, indonesische und vegane – Speisen anbieten, versammeln sich an der State Street beim Campus.

★ The Old Fashioned

AMERIKANISCH $$

(☑ 608-310-4545; www.theoldfashioned.com; 23 N Pinckney St; Hauptgerichte 8–16 US$; ⊙ Mo &

INSIDERWISSEN

FISH FRIES & SUPPER CLUBS

In Wisconsin gibt es zwei besondere gastronomische Traditionen, denen die Besucher einmal begegnen dürften:

Fish Fry Freitag ist der heilige Tag des „fish fry". Diese Mahlzeit aus Kabeljau in Bierteig, Pommes Frites und Krautsalat kam erst vor ein paar Jahren in Mode und ermöglicht es den Einheimischen, sich zu einem preiswerten Essen zu treffen und gemeinsam den Beginn des Wochenendes zu feiern. In vielen Bars und Restaurants, darunter in der Lakefront Brewery (S. 649) in Milwaukee, ist dieser Brauch stark verbreitet.

Supper Club Diese Art altmodischer Restaurants ist im oberen Mittleren Westen weit verbreitet. Die Supper Clubs entstanden in den 1930er-Jahren, und in den meisten herrscht noch heute Retro-Atmosphäre. Typische Merkmale sind die meist aus Holz gebauten Restaurants, die Tabletts mit Radieschen und Möhren auf den Tischen, die Fleisch- und Fischgerichte und die ellenlange Cocktailkarte. Mehr Infos findet man auf der Seite www.wisconsinsupperclub.com. The Old Fashioned (S. 653) in Madison ist eine moderne Version dieser Restaurants (es ist nach dem unverzichtbaren Supper-Club-Drink auf Brandy-Basis benannt).

Di 7.30–22.30, Mi–Fr 7.30–2, Sa 9–2, So 9–2 Uhr) Mit seiner dunklen Einrichtung aus Holz beschwört The Old Fashioned einen Supper Club herauf, einen traditionellen Restauranttyp, der in diesem Bundesstaat verbreitet ist. Auf der Karte stehen lauter Spezialitäten aus Wisconsin, darunter Zander, Käsesuppe und Würstchen. Die Entscheidung für eins der 150 Flaschenbiere, die aus Wisconsin kommen, ist nicht so leicht; am besten bestellt man stattdessen ein Probierset (vier bis acht Gläschen) der 30 Fassbiere aus Wisconsin. An Wochentagen serviert das Restaurant auch Frühstück (Pfannkuchen, Eier und Schinken etc.) für 5 US$.

Graze   AMERIKANISCH $$

(☎608-251-2700; www.grazemadison.com; 1 S Pinckney St; Hauptgerichte 11–21 US$; ⏰Mo–Mi 7–22, Do–Sa 7–23, So 9.30–15 Uhr) Der coole, bioaffine Gastropub in einem Glasgebäude mit raumhohen Fenstern und Blick aufs Capitol serviert Hausmannskost wie Brathähnchen und Waffeln, Muscheln und *frites* oder Burger. Zum Frühstück gibt's frische Backwaren, und zum Mittagessen dicke Sandwichs mit in Wodkateig gebackenem Käsebruch.

Himal Chuli   ASIATISCH $$

(☎608-251-9225; 318 State St; Hauptgerichte 8–15 US$; ⏰Mo–Do 11–21, Fr & Sa 11–22, So 12–20 Uhr; 🖋) Das heitere, gemütliche Himal Chuli serviert hausgemachte nepalesische Speisen, darunter viele vegetarische Gerichte.

L'Etoile   NEU-AMERIKANISCH $$$

(☎608-251-0500; www.letoile-restaurant.com; 1 S Pinckney St; Hauptgerichte 36–44 US$; ⏰Mo–Fr ab 17.30, Sa ab 17 Uhr) 🖋 Schon vor über drei Jahrzehnten begann das L'Etoile damit, Essen frisch vom Bauernhof auf den Tisch zu

---

ABSTECHER

DIE KURIOSE US 12

An der US 12 bündeln sich ungewöhnliche Sehenswürdigkeiten, die man alle im Rahmen eines Tagesausflugs von Madison in Richtung Norden besuchen kann.

Verlässt man die Stadt gen Westen (auf der University Ave), sollte man zunächst am **National Mustard Museum** (☎800-438-6878; www.mustardmuseum.com; 7477 Hubbard Ave; ⏰10–17 Uhr) GRATIS im Vorort Middleton anhalten. Es ist der Leidenschaft eines einzigen Mannes zu verdanken, dass es in diesem Gebäude 5200 Senfsorten und verrückte, würzige Erinnerungsstücke gibt. Humor mit ironischem Unterton – vor allem wenn CMO (Chief Mustard Officer) Barry Levenson vor Ort ist und die Besucher bespaßt.

Nach etwa 20 weiteren Meilen (32 km) auf der US 12 erreicht man den Ort Prairie du Sac. Hier findet alljährlich das **Cow Chip Throw** (www.wiscowchip.com; Eintritt frei; ⏰1. Wochenende im Sept.) GRATIS statt, bei dem 800 Sportsleute getrocknete Kuhfladen so weit wie möglich zu schleudern versuchen. Der Rekord liegt bei 75,6 m!

Nach weiteren 7 Meilen (11 km) kommt **Dr. Evermor's Sculpture Park** (www. worldofevermor.com; ⏰Do–Mo 11–17 Uhr) GRATIS. Der Doktor schweißt alte Rohre, Vergaser und andere Metallstücke zu einer surrealen Welt futuristischer Vögel, Drachen und anderer bizarrer Kreaturen zusammen. Das Prunkstück ist das riesige, mit einem Ei gekrönte Forevertron, das im *Guinness-Buch der Rekorde* einmal als größte Schrottskulptur der Welt geführt wurde. Der Eingang ist schwer zu finden. In der Nähe der Badger Army Ammunition Plant weist ein kleines Schild in eine Einfahrt auf der anderen Straßenseite.

Baraboo, ca. 45 Meilen (72 km) nordwestlich von Madison, war früher das Winterquartier des Ringling Brothers Circus. Das **Circus World Museum** (☎608-356-8341; circusworld.wisconsinhistory.org; 550 Water St; Erw./Kind Sommer 18/8 US$, Winter 9/3,50 US$; ⏰Sommer 9–18 Uhr, Winter verkürzte Öffnungszeiten; 🅿) zeigt eine nostalgische Sammlung von Wagen, Plakaten und Equipment aus der Blütezeit des Zirkus. Im Sommer beinhaltet der Eintritt auch Vorführungen von Clowns, Tieren und Akrobaten.

Noch einmal 12 Meilen (knapp 20 km) weiter kommt man zum **Wisconsin Dells** (☎800-223-3557; www.wisdells.com; 🅿), einem Megacenter mit kitschiger Unterhaltung: u.a. 21 Wasserparks, Wasserskivorführungen und Superminigolfplätze. Der Park bildet einen irrwitzigen Kontrast zur natürlichen Schönheit der Gegend mit den vom Wisconsin River geschaffenen Kalksteinformationen. Diese wirkliche Sehenswürdigkeit kann man am besten auf einer Bootsfahrt oder auf einer Wanderung im Mirror Lake State Park oder im Devil's Lake State Park genießen.

bringen, und heute ist es das beste Restaurant dieser Art. Es bietet kreative Fleisch-, Fisch- und Gemüsegerichte an, die alle aus regionalen Zutaten zubereitet werden und in einem eleganten Raum serviert werden. Man sollte reservieren. Der Küchenchef leitet auch das günstigere, auf Nachhaltigkeit bedachte Graze im selben Gebäude.

Memorial Union
KNEIPE
(www.union.wisc.edu/venue-muterrace.htm; 800 Langdon St; ⊙ Mo–Fr ab 7, Sa & So ab 8 Uhr; 🛜) Das Union auf dem Campus ist *der* Treffpunkt von Madison. Auf der fröhlichen Seeterrasse gibt's Bier, kostenlose Konzerte und montagabends Filme, während die Eisdiele drinnen Eis verkauft, das mit Milch aus der Molkerei der Universität hergestellt wird.

🛍 Shoppen

Fromagination
ESSEN
(📞 608-255-2430; www.fromagination.com; 12 S Carroll St; ⊙ Mo–Fr 10–18, Sa 8–17, So 11–16 Uhr) Das beste Käsegeschäft des Bundesstaats ist auf seltene regionale Käse und Käsesorten, die in kleinen Mengen hergestellt werden, spezialisiert. In den Körben an der Kasse befinden sich kleine Stücke für 2 bis 5 US$. Es verkauft auch Sandwichs, Bier und Wein.

❶ Praktische Informationen

Madison Convention & Visitors Bureau (www.visitmadison.com)

❶ Anreise & Unterwegs vor Ort

Badger Bus (www.badgerbus.com) fährt vom Memorial Union nach Milwaukee (19 US$, 2 Std.), **Megabus** (www.megabus.com/us) nach Chicago (4 Std.) und Minneapolis (4½ Std.).

Taliesin & Südliches Wisconsin

In diesem Teil von Wisconsin gibt's einige der schönsten Landschaften, vor allem im hügeligen Südwesten. Architekturfans kommen in Taliesin, der Frank-Lloyd-Wright-Stätte schlechthin, auf ihre Kosten, aber auch in Racine, wo noch zwei seiner Arbeiten stehen. Die Molkereien in dieser Gegend produzieren ganz schön viel Käse…

Racine

Racine ist eigentlich eine uninteressante Industriestadt 30 Meilen (48 km) südlich von Milwaukee. In der Stadt stehen jedoch zwei wichtige Bauwerke von Frank Lloyd Wright. Für beide gibt es Führungen, die im Voraus gebucht werden müssen. Das erste, das **Johnson Wax Company Administration Building** (📞 262-260-2154; www.scjohnson.com/visit; 1525 Howe St; ⊙ Fr & Sa) GRATIS stammt aus dem Jahr 1939 und ist ein prächtiges Gebäude mit hohen, trichterförmigen Säulen. Drei verschiedene Führungen von einer bis zu 3½ Stunden sind möglich, die auch zu unterschiedlichen Zeiten beginnen. Das zweite Bauwerk ist das **Wingspread** (📞 262-681-3353; www.johnsonfdn.org; 33 E Four Mile Rd; ⊙ Di–Fr 9.30–14.30 Uhr) GRATIS am See, das letzte und größte der Präriehäuser Wrights. Führungen dauern 45 Minuten.

Green County

In dieser ländlichen Region gibt's die höchste Konzentration von Käsereien in den USA – **Green County Tourism** (www.greencounty.org) stellt sie einem vor. Monroe ist ein schöner Ort, um mal mit dem Schnuppern anzufangen. Dann immer der Nase nach zu **Roth Käse** (657 2nd St; ⊙ Mo–Fr 9–18, Sa & So 10–17 Uhr), einem Laden mit Fabrik, in der man von einem Beobachtungsdeck (nur unter der Woche vormittags) die Käser in Aktion erleben und in „Schnäppchenkisten" nach Käse stöbern kann. Im **Baumgartner's** (www.baumgartnercheese.com; 1023 16th Ave; Sandwiches 4–7 US$; ⊙ 8–23 Uhr), einer alten Schweizer Taverne am Marktplatz, kann man in ein Sandwich mit frischem Limburger und rohen Zwiebeln beißen. Abends schaut man sich dann im Autokino einen Film an und klettert dann im **Inn Serendipity** (📞 608-329-7056; www.innserendipity.com; 7843 County Rd P; Zi. inkl. Frühstück 110–125 US$) ins Bett. Das B & B mit zwei Zimmern wird mit Wind- und Sonnenenergie betrieben und steht auf einer 2 ha großen Biofarm in Browntown, etwa 10 Meilen (16 km) westlich von Monroe.

Mehr Infos über lokale Molkereien und Werksbesichtigungen stehen im **A Traveler's Guide to America's Dairyland** (www.eatwisconsincheese.com).

Spring Green

40 Meilen (64 km) westlich von Madison und 3 Meilen (5 km) südlich der kleinen Stadt Spring Green liegt **Taliesin**. Hier verbrachte Frank Lloyd Wright fast sein ganzes Leben und hier steht auch seine Schule für Architektur. Der Ort ist zu einem viel besuchten Pilgerziel für seine Anhänger ge-

worden. Das Haus wurde 1903, die Hillside Home School 1932 und das **Visitor Center** (📞 608-588-7900; www.taliesinpreservation.org; Hwy 23; ⊙ Mai–Okt. 9–17.30 Uhr) 1953 erbaut. Diverse geführte Touren (16–80 US$) haben unterschiedliche Teile des Komplexes zum Thema. Für die längeren Touren sollte man sich vorher anmelden. Die einstündige Hillside Tour (16 US$) gibt eine gute Einführung in Wrights Werk.

Ein paar Kilometer weiter südlich von Taliesin befindet sich das **House on the Rock** (📞 608-935-3639; www.thehouseontherock.com; 5754 Hwy 23; Erw./Kind 12,50/7,50 US$; ⊙ Mai–Aug. 9–18 Uhr, Aug–Mitte Nov. & Mitte März–May; 9–17 Uhr, Mitte Nov.–Mitte März geschl.), eine der meistbesuchten Attraktionen Wisconsins. Alex Jordan errichtete das Gebäude 1959 auf einem Felssporn (einige sagen, es zeige den Nachbarn Frank Lloyd Wright den „Stinkefinger"). Das Haus wurde unglaublich fantasievoll ausstaffiert, u.a. mit dem weltgrößten Karussell, surrenden Musikautomaten, witzigen Puppen und durchgeknallter Volkskunst. Es ist in drei Bereiche unterteilt, mit jeweils eigenen Besichtigungstouren. Besucher mit Durchhaltevermögen können das ganze Haus erkunden (4 Std.; Erw./Kind 28,50/15,50 US$).

In Spring Green gibt es ein B&B im Zentrum und sechs Motels am Highway 14 nördlich der Stadt. Das kleine **Usonian Inn** (📞 877-876-6426; www.usonianinn.com; E 5116 Hwy 14; Zi. 85–135 US$; ✳ 🐾) wurde von einem Studenten Wrights entworfen. Mehr Optionen findet man unter www.springgreen.com.

Sandwichs oder kreative Tagesangebote wie Süßkartoffeleintopf gibt's im **Spring Green General Store** (www.springgreengeneralstore.com; 137 S Albany St; Hauptgerichte 5–8 US$; ⊙ Mo–Fr 9–18, Sa 8–18, So 8–16 Uhr).

Das **American Players Theatre** (📞 608-588-2361; www.americanplayers.org) führt in einem Amphitheater am Wisconsin River klassische Stücke unter freiem Himmel auf.

Am Mississippi entlang

Der Mississippi bildet den größten Teil der Westgrenze Wisconsins. Die **Great River Road** (www.wigreatriverroad.org) verläuft parallel zum Fluss und hat einige absolut malerische Abschnitte – diese ausgeschilderte Route folgt dem Old Man River von Minnesota bis zum Golf von Mexiko.

Von Madison fährt man auf der US 18 gen Westen und trifft dann in **Prairie du Chien** auf die River Road (Highway 35). Nördlich des Orts liegt am Flussufer der Schauplatz der letzten Schlacht im blutigen Black-Hawk-Krieg. Auf Tafeln wird ein Teil der Geschichte erzählt, die mit der Schlacht von Bad Ax endete, bei der die Indianer niedergemetzelt wurden, als sie versuchten, über den Mississippi zu fliehen.

Bei Genoa führt der Highway 56 20 Meilen (32 km) landeinwärts nach **Viroqua** (www.viroquatourism.com), dem Mekka des Forellenangelns. Das nette Städtchen ist umgeben von Biofarmen und Rundscheunen. Wer Landwirte kennenlernen und deren Produkte probieren möchte, ist in der **Viroqua Food Cooperative** (www.viroquafood.coop; 609 Main St; ⊙ 7–21 Uhr) genau richtig.

Wieder Richtung Mississippi und 18 Meilen (29 km) flussaufwärts liegt **La Crosse** (www.explorelacrosse.com). Im historischen Zentrum gibt's zahlreiche Restaurants und Kneipen. Vom Grandad Bluff aus bietet sich ein wunderbarer Blick auf den Fluss. Er liegt östlich der Stadt an der Main Street (die zur Bliss Road wird); man fährt die Bliss Road hinauf und biegt dann rechts in die Grandad Bluff Road ab. Das **größte Six-Pack der Welt** (3rd St S) befindet sich ebenfalls in diesem Ort: Die „Dosen" sind eigentlich Lagertanks der City Brewery und fassen genug Bier, um eine Person 3351 Jahre lang täglich mit einem Six-Pack zu versorgen (so oder so ähnlich steht es auf dem Schild).

Door County & Östliches Wisconsin

Das felsige, mit Leuchttürmen übersäte Door County zieht im Sommer die Massen an – und im verdammt frostigen Winter kommen die durchgeknallten Footballfans nach Green Bay.

Green Bay

Green Bay (www.greenbay.com) ist eine schlichte Industriestadt, die auch als sagenumwobene „gefrorene Tundra" bekannt ist und in der die Green Bay Packers Super Bowls gewinnen. Der Verein ist der einzige in der NFL, der nicht profitorientiert und einer Gemeinde gehört. Vielleicht ist es der Besitzerstolz, der die Fans so treu macht (und sie sogar Käseecken aus Schaumgummi auf dem Kopf tragen lässt).

Es ist zwar nahezu unmöglich, ein Ticket für ein Spiel zu ergattern, aber man bekommt eine Ahnung von der Stimmung, wenn man bei einer Parkplatzparty vor dem Spiel mitfeiert. Die Unmengen Alkohol, die hier im Spiel sind, haben Green Bay den Ruf als „Alkoholikerstadt mit einem Football-problem" eingehandelt. An spielfreien Tagen lohnt sich der Besuch der **Green Bay Packer Hall of Fame** (☑ 920-569-7512; www.lambeaufield.com; Erw./Kind 10/5 US$; ☺ Mo–Sa 9–18, So 10–17 Uhr) beim Lambeau Field, die vollbepackt ist mit Memorabilia und Filmen, die einfach jeden Footballfan faszinieren.

Im **National Railroad Museum** (☑ 920-437-7623; www.nationalrrmuseum.org; 2285 S Broadway; Erw./Kind 9/6,50 US$; ☺ Mo–Sa 9–17, So 11–17 Uhr, Jan.–März Mo geschl.) stehen einige der größten Lokomotiven, die je in den riesigen Güterbahnhof von Green Bay eingefahren sind. Im Sommer werden auch Zugfahrten (2 US$) angeboten.

Das minimalistische **Bay Motel** (☑ 920-494-3441; www.baymotelgreenbay.com; 1301 S Military Ave; Zi. 52–75 US$; 🛜) ist 1 Meile (1,6 km) vom Lambeau Field entfernt. Im Gastropub **Hinterland** (☑ 920-438-8050; www.hinterlandbeer.com; 313 Dousman St; ☺ Mo–Sa ab 16 Uhr) kann man in rustikal-schicker Atmosphäre ein Bier trinken.

Door County

Man muss zugeben, dass das Door County mit seiner felsigen Küste, den malerischen Leuchttürmen, den Kirschgärten und den kleinen Dörfern aus dem 19. Jh. verdammt hübsch ist. Das County nimmt eine schmale Halbinsel ein, die beinahe 100 km weit in den Lake Michigan hineinragt. Die Halbinsel kann man auf zwei Highways umfahren. Der Highway 57 verläuft am Lake Michigan und führt durch Jacksonport und Baileys Harbor – dieser Teil gilt als die landschaftlich schönere, „ruhige Seite". Wer den Highway 42 nimmt, kommt an Green Bay vorbei und (von Süden nach Norden) durch Egg Harbor, Fish Creek, Ephraim und Sister Bay; diese Seite ist actionreicher. Es fahren keine öffentlichen Busse hierher und von November bis April hat die Hälfte der Geschäfte zu.

⦿ Sehenswertes & Aktivitäten

Das County ist mit State Parks und Naturschutzgebieten übersät. Am größten ist der **Peninsula State Park**, der an der Bucht liegt. Er hat Rad- und Wanderwege auf den Uferklippen sowie den Nicolet Beach zum Schwimmen, Kajakfahren und Segeln (Ausrüstung kann vor Ort ausgeliehen werden)

ABSTECHER

WASHINGTON ISLAND & ROCK ISLAND

Von der Spitze des Door County aus, in der Nähe von Gills Rock, fahren täglich alle halbe Stunde **Fähren** (☑ 920-847-2546; www.wisferry.com; Northport Pier) zur **Washington Island** (hin & zurück Erw./Kind/Zweirad/Auto 13/7/4/26 US$), auf der 700 Einwohner skandinavischer Abstammung leben. Außerdem gibt's dort ein paar Museen, Strände, Fahrradverleihe und ruhige Straßen zum Radfahren sowie Unterkünfte und Zeltmöglichkeiten. Ruhiger und abgelegener ist die wunderschöne **Rock Island**, ein State Park ganz ohne Motorfahrzeuge. Hier kann man wunderbar wandern, baden und zelten. Zur Insel geht's mit der **Karfi-Fähre** (www.wisferry.com), die in Jackson Harbor auf der Washington Island abfährt (hin & zurück Erw./Kind 11/5 US$).

zu bieten. Im Winter tummeln sich Skilangläufer und Schneeschuhwanderer auf den Wegen. Im abgeschiedenen **Newport State Park** am See können Besucher wandern, in der Wildnis zelten und die Einsamkeit erleben. Im **Whitefish Dunes State Park** gibt es Dünenlandschaften und einen breiten Strand (Vorsicht vor Brandungsrückströmungen!). Der angrenzende **Cave Point Park** ist für seine Seehöhlen und die guten Möglichkeiten für Kajakfahrten bekannt.

Bay Shore Outfitters   OUTDOORAKTIVITÄTEN
(☑ 920-854-9220; www.kayakdoorcounty.com; Sister Bay) Verleiht Kajaks, Stand-up-Paddle-Boards und Wintersportausrüstung. Außerdem werden geführte Touren, die in der Gegend von Sister Bay und Ephraim starten, veranstaltet.

Nor Door Sport & Cyclery   OUTDOORAKTIVITÄTEN
(☑ 920-868-2275; www.nordoorsports.com; Fish Creek) Nor Door verleiht in der Nähe des Eingangs zum Peninsula State Park Fahrräder und Schneeschuhe.

🛏 Schlafen & Essen

Die meisten Unterkünfte liegen auf dieser Seite der Bucht. Die genannten Preise gelten für Juli und August. In vielen Unterkünften wird ein Mindestaufenthalt verlangt. Die örtlichen Restaurants servieren häufig eine „fish boil", eine regionale Spezialität, die von skandinavischen Holzfällern erfunden wurde und aus Weißfisch, Kartoffeln und Zwiebeln besteht, die in einem Kessel gekocht werden. Als Dessert gibt's den berühmten Kirschkuchen des Door County.

Julie's Park Cafe and Motel
MOTEL $
(☏ 920-868-2999; www.juliesmotel.com; Fish Creek; Zi. 85–106 US$; ✽🖥) Tolle Budgetunterkunft neben dem Peninsula State Park.

Peninsula State Park
CAMPING $
(☏ 920-868-3258; Fish Creek; Zelt- & Wohnmobilstellplätze 15–17 US$) Fast 500 Stellplätze und viele nützliche Einrichtungen.

Egg Harbor Lodge
INN $$
(☏ 920-868-3115; www.eggharborlodge.com; Egg Harbor; Zi. 160–200 US$; ✽🖥⛲) Alle Zimmer haben Seeblick, Gäste können die Fahrräder kostenlos benutzen.

Village Cafe
AMERIKANISCH $
(☏ 920-868-3342; www.villagecafe-doorcounty. com; Egg Harbor; Hauptgerichte 7–10 US$; ⊙ 7–20 Uhr; 🚻) Leckere Frühstücksgerichte, die den ganzen Tag über serviert werden, sowie Sandwichs und Burger.

Wild Tomato
PIZZERIA $$
(☏ 920-868-3095; www.wildtomatopizza.com; Fish Creek; Hauptgerichte 8–15 US$; ⊙ 11–22 Uhr) Einfach in die Menge stürzen, die sich drinnen und draußen versammelt, um die Pizza aus dem Steinofen zu genießen. Zum Nachspülen gibt's allerhand Biersorten. Viele Gerichte sind glutenfrei.

❶ Praktische Informationen

Door County Visitors Bureau (☏ 800-527-3529; www.doorcounty.com) Broschüren zu Themen wie Galerien, Radfahren und Leuchttürmen.

Apostle Islands & Nördliches Wisconsin

Der Norden ist eine dünn besiedelte Region mit Wäldern und Seen. Im Sommer kommen die Besucher zum Kajakfahren und Angeln, im Winter, um Ski und Snowmobil zu fahren. Das absolute Highlight sind jedoch die windumtosten Apostle Islands.

Northwoods & Lakelands

Der **Nicolet National Forest** ist ein riesiges bewaldetes Gebiet, das sich wunderbar für

Aktivitäten im Freien eignet. Das winzige **Langlade** ist ein Zentrum des Wildwassersports. Das **Bear Paw Resort** (☏ 715-882-3502; www.bearpawoutdoors.com; Hütten 72–85 US$; ✽) verleiht Mountainbikes und Kajaks und bietet ganztägigen Kajakunterricht einschließlich einer Fahrt auf dem Fluss (99 US$/Pers.) an. Es gibt gemütliche Hütten, in denen man sich trocknen und aufwärmen kann, um danach seine Erfolge in der dazugehörigen Bar zu feiern.

In Philipps am Highway 13 Richtung Norden liegt der außergewöhnliche **Concrete Park** (www.friendsoffredsmith.org; ⊙ Sonnenaufgang–Sonnenuntergang) GRATIS des Künstlers und pensionierten Holzfällers Fred Smith

Weiter westlich, am Highway 70, bietet der **Chequamegon National Forest** außergewöhnliche Mountainbiketouren auf über 300 Meilen (480 km) Offroad-Trails. Die **Chequamegon Area Mountain Bike Association** (www.cambatrails.org) hat Fahrradkarten und Infos zu Mountainbikeverleihern. Den Höhepunkt der Saison bildet Mitte September das **Chequamegon Fat Tire Festival** (www.cheqfattire.com), auf dem 1700 Männer und Frauen mit kräftigen Waden 64 mörderische Kilometer durch die Wälder strampeln. Die Stadt **Hayward** (www.haywardareachamber.com) ist eine gute Ausgangsbasis.

Apostle Islands

Die 21 zerklüfteten Apostle Islands im Lake Superior an der Nordspitze von Wisconsin sind ein wirkliches Highlight des US-Staates. Auf die Inseln kommt man von **Bayfield** (www.bayfield.org) aus, einem belebten Urlaubsort mit auf und ab führenden Straßen,

---

SCENIC DRIVE: HIGHWAY 13

Hinter Bayfield folgt der Highway 13 einem schönen Abschnitt des Lake Superior. Er führt vorbei am Ojibwa-Ort **Red Cliff** und am Festlandteil der Apostle Islands, an dem es auch einen Strand gibt. Im winzigen **Cornucopia**, das ganz und gar wie ein Badeort wirkt, wirken die Sonnenuntergänge großartig. Die Straße verläuft weiter durch eine zeitlose Landschaft mit Wäldern und Farmen und stößt dann auf die US 2, die bei Superior in die Zivilisation zurückführt.

viktorianischen Häusern, Apfelplantagen und weit und breit keinem einzigen Fast-Food-Restaurant.

Im **Apostle Islands National Lakeshore Visitor Center** (📞 715-779-3397; www.nps.gov/apis; 410 Washington Ave; ☉ Juni–Sept. tgl. 8–16.30 Uhr, Okt.–Mai Mo–Fr) gibt's Campinggenehmigungen (10 US$/Nacht) sowie Infos zu Paddel- und Wandertouren. Auf den bewaldeten Inseln gibt es keine Infrastruktur, man kann sie nur zu Fuß erkunden.

Mehrere Veranstalter bieten saisonabhängige Bootsausflüge rund um die Inseln an, und auch Kajakfahrten sind sehr beliebt. Für eine geführte Paddeltour durch Felsbögen und Höhlen ist **Living Adventure** (📞 715-779-9503; www.livingadventure.com; Hwy 13; Halbtages-/Ganztagestour 59/99 US$; ☉ Juni–Sept.) zu empfehlen; Anfänger sind willkommen. Wer lieber einen Motor als seine Körperkraft einsetzen möchte, kann bei **Apostle Islands Cruises Service** (📞 715-779-3925; www.apostleisland.com; ☉ Mitte Mai–Mitte Okt.) vorbeischauen. Die „große Tour" legt um 10 Uhr vom Bayfield's City Dock ab und schippert auf einer dreistündigen kommentierten Tour zu Höhlen und Leuchttürmen (Erw./Kind 40/24 US$). Ein Glasbodenboot fährt um 14 Uhr raus zu den Schiffwracks.

Die bewohnte **Madeline Island** (www.madelineisland.com) eignet sich für einen schönen Tagesausflug. Man erreicht sie in 20 Minuten mit der **Fähre** (📞 715-747-2051; www.madferry.com) ab Bayfield (hin & zurück Erw./Kind/Fahrrad/Auto 13/7/7/24 US$). In dem gut zu Fuß zu erkundenden Ort La Pointe gibt es ein paar Quartiere mittlerer Preisklasse sowie Restaurants. Es werden Bustouren angeboten und man kann sich Fahrräder und Mopeds mieten – und alles befindet sich in der Nähe des Fähranlegers. Im **Big Bay State Park** (📞 715-747-6425; Stellplatz Zelt & Wohnmobil 15–17 US$, Fahrzeug 10 US$) gibt es einen Strand und gute Wanderwege.

In Bayfield selbst findet man jede Menge B & Bs und Gasthäuser. Im Sommer sollte man seine Unterkunft aber rechtzeitig reservieren. Unter www.bayfield.org sind die Optionen aufgelistet. Die meisten Zimmer im schlichten **Seagull Bay Motel** (📞 715-779-5558; www.seagullbay.com; 325 S 7th St; Zi. 75–105 US$; 🖥) haben Sonnendecks – nach denen mit Seeblick fragen. Teurer wird's im **Pinehurst Inn** (📞 877-499-7651; www.pinehurstinn.com; 83645 Hwy 13; Zi. inkl. Frühstück 139–229 US$; 🖥), einem klimaneutralen B & B mit acht Zimmern und Solaranlage.

Das umweltbewußte **Big Water Cafe** (www.bigwatercoffee.com; 117 Rittenhouse Ave; Hauptgerichte 5–10 US$; ☉ Sommer 6.30–19 Uhr, Winter 8–16 Uhr) serviert Sandwichs, Käse direkt von Bauernhöfen aus der Region und Bier aus lokalen Brauereien. Das kitschige **Maggie's** (📞 715-779-5641; www.maggies-bayfield.com; 257 Manypenny Ave; Hauptgerichte 7–16 US$; ☉ So–Do 11.30–21, Fr & Sa 11.30–22 Uhr) mit Flamingo-Thema ist genau der richtige Ort, um Seeforellen und Whitefish zu probieren. Pizza und Burger gibt's dort auch!

Die **Big Top Chautauqua** (📞 888-244-8368; www.bigtop.org) mit Musicals und Konzerten bekannter Künstler ist das wichtigste Sommerevent der Region.

MINNESOTA

Ist Minnesota wirklich das Land der 10 000 Seen, mit denen es immer wirbt? Aber sicher doch! Tatsächlich aber hat sich der Bundesstaat in seiner typisch bescheidenen Art sogar noch unter Wert verkauft – es sind nämlich 11 842 Seen. Für Traveller ist das eine tolle Nachricht: Unerschrockene Outdoor-Freaks können ihre Paddel in die Boundary Waters tauchen; dort breitet die Nacht einen Teppich aus Sternen aus und als Wiegenlied erklingt das Heulen der Wölfe. Wer die ausgetretenen Pfade noch weiter hinter sich lassen will, kann zum Voyageurs National Park fahren, in dem es mehr Wasser als Straßen gibt. Und wem das alles zu weit weg ist, der kann sich an die Zwillingsstädte Minneapolis und St. Paul halten, wo man auf Schritt und Tritt auf etwas Cooles oder Kulturelles stößt. Und wer etwas aus der mittleren Schublade sucht – beispielsweise eine gute Mischung aus Großstadt und großen Wäldern – wird vom spektakulären, mit Frachtern gefüllten Hafen von Duluth begeistert sein.

ℹ Praktische Informationen

Verkehrsinformationen für Minnesota (📞 511; www.511mn.org)
Minnesota Office of Tourism (📞 888-868-7476; www.exploreminnesota.com)
Minnesota State Park Information (📞 888-646-6367; www.dnr.state.mn.us) Wer mit einem Fahrzeug in die Parks einfahren will, benötigt dafür eine Genehmigung (Tag/Jahr 5/25 US$). Stellplätze kosten 12 bis 28 US$; **Reservierungen** (📞 866-857-2757; www.stayatmnparks.com; Gebühr 8,50 US$) sind möglich.

KURZINFOS MINNESOTA

Spitznamen North Star State, Gopher State

Bevölkerung 5,4 Mio.

Fläche 225 174 km²

Hauptstadt St. Paul (291 000 Ew.)

Weitere Stadt Minneapolis (393 000 Ew.)

Verkaufssteuer 6,88 %

Geburtsort von Schriftsteller F. Scott Fitzgerald (1896–1940), Musiker Bob Dylan (geb. 1941), den Filmemachern Joel (geb. 1954) und Ethan Coen (geb. 1957)

Heimat der Holzfällerlegende Paul Bunyan, von Spam, Amerikanischem Zander, von Hmong- und Somali-Immigranten

Politische Ausrichtung überwiegend demokratisch

Berühmt für Nettigkeit, witzigen Akzent, Schnee, 10 000 Seen

Offizieller Muffin Blaubeere

Entfernungen Minneapolis–Duluth 153 Meilen (246 km), Minneapolis–Boundary Waters 245 Meilen (394 km)

Minneapolis

Minneapolis ist nicht nur die größte Stadt der Prärie, sondern auch diejenige mit dem besten Kulturangebot. Sie verfügt über alle Schikanen des modernen Wohlstands: protzige Kunstmuseen, wüste Rockclubs, bioaffine und ethnische Restaurants sowie trendige Theater. Doch dieser Überfluss kommt ganz ohne Allüren aus: Hier werden Obdachlose in den Cafés freundlich behandelt, die Busse sind blitzsauber und die Angestellten des öffentlichen Diensts wünschen jedem einen schönen Tag – auch bei schlechtem Wetter. Das ist eben „Minnesota Nice", wie es leibt und lebt.

Geschichte

Der Holzhandel bescherte der Stadt ihren ersten Boom. Mitte des 19. Jhs. entstanden wasserbetriebene Sägemühlen entlang des Mississippi. Auch der Weizen aus der Prärie musste verarbeitet werden und so sorgten schon bald Getreidemühlen für das nächste große Geschäft. Ende des 19. Jhs. wuchs die Bevölkerungszahl dank der unzähligen Einwanderer, die vor allem aus Skandinavien und Deutschland in die Stadt kamen. Das nordische Erbe von Minneapolis ist noch heute deutlich erkennbar, wobei die Zwillingsstadt St. Paul noch auffälliger deutsch und irisch-katholisch geprägt ist.

◉ Sehenswertes & Aktivitäten

Der Mississippi verläuft nordöstlich der Innenstadt. Trotz des Namens liegt Uptown in Wirklichkeit südwestlich von Downtown mit der Hauptachse Hennepin Avenue. St. Paul, die Zwillingsstadt von Minneapolis, liegt nur 10 Meilen (16 km) östlich.

Die meisten Sehenswürdigkeiten sind montags geschlossen; viele haben donnerstags verlängerte Öffnungszeiten.

◉ Downtown & Loring Park

Nicollet Mall   STRASSE

Die Nicollet Mall ist der fußgängerfreundliche Abschnitt der Nicollet Avenue im Herzen des Zentrums. Hier reihen sich Läden, Bars und Restaurants aneinander. Sie ist vielleicht am berühmtesten dafür, dass Mary Tyler Moore (bekannt aus dem Fernsehen der 1970er-Jahre) hier in der Eröffnungssequenz ihrer Show ihren Hut in die Luft geworfen hat. Die kitschige **MTM-Statue** (7th St S & Nicollet Mall) zeigt die Dame, wie sie genau das tut. Von Mai bis November findet in der Mall jeden Donnerstag ein **Bauernmarkt** (www.mplsfarmersmarket.com; ◷6–18 Uhr) statt.

Minneapolis Sculpture Garden   GARTEN

(726 Vineland Pl; ◷6–24 Uhr) In dem 4,5 ha großen Garten neben dem Walker Art Center sind unzählige zeitgenössische Werke zu finden, beispielsweise das viel fotografierte *Spoonbridge & Cherry* von Claes Oldenburg. Das Cowles Conservatory mit seinen interessanten exotischen Treibhauspflanzen befindet sich ebenfalls auf dem Gelände. Eine hübsche Fußgängerbrücke über die I-94 verbindet den Garten mit dem reizvollen Loring Park.

★ Walker Art Center   MUSEUM

(☏ 612-375-7622; www.walkerart.org; 725 Vineland Pl; Erw./Kind 12 US$/frei, Doabends & 1. Sa im Monat Eintritt frei; ◷Di, Mi & Fr–So 11–17, Do 11–21 Uhr) Das erstklassige Walter Art Center hat eine tolle ständige Ausstellung mit Kunst und Fotografie des 20. Jhs., darunter die befinden sich auch Werke berühmter amerikanischer Maler und Pop-Art-Künstler.

Riverfront District

Der **St. Anthony Falls Heritage Trail** am Nordrand des Stadtzentrums bzw. am Ende der Portland Avenue ist ein empfehlenswerter, 3,2 km langer Weg, der neben seiner interessanten Geschichte (Hinweistafeln beachten) auch den besten Zugang zum Ufer des Mississippi bietet. Von der autofreien **Stone Arch Bridge** hat man einen tollen Blick auf die Kaskaden der **St. Anthony Falls**. In der Main Street SE am Nordufer des Flusses gibt es eine Reihe sanierter Gebäude mit Restaurants und Bars. Von hier aus geht's runter zum **Water Power Park**, wo man die schäumende Gischt auf der Haut spüren kann. Im Mill City Museum ist eine kostenlose Wegekarte erhältlich.

Auf keinen Fall sollte man sich das kobaltblaue Guthrie Theater (s. S. 667) nebenan entgehen lassen. Unbedingt auf dessen **Endless Bridge** gehen – ein im Nichts endender Fußweg mit Blick über den Fluss. Eine Theaterkarte braucht man dafür nicht, denn das Ganze ist als öffentlicher Platz gedacht. Doch der Besuch einer Vorstellung lohnt sich allemal, hat doch das Guthrie eines der besten Ensembles des Mittleren Westens. Nebenan befindet sich der **Gold Medal Park** mit seinem spiralförmigen Weg.

Mill City Museum MUSEUM
(☎ 612-341-7555; www.millcitymuseum.org; 704 2nd St S; Erw./Kind 11/6 US$; ☉ Di–Sa 10–17, So 12–17 Uhr, Juli & Aug. tgl. geöffnet) Das Gebäude, in dem sich das Museum befindet, ist tatsächlich eine ehemalige Mühle. Zu den Highlights gehören eine Fahrt in einem acht Stockwerke hohen Getreideaufzug („Flour Tower"), Betty-Crocker-Ausstellungsstücke und eine Backstube. Das Ganze ist aber nicht ganz so spannend, wenn man nicht gerade brennend an der Geschichte des Getreidemahlens interessiert ist. Der **Mill City Farmer's Market** (www.millcityfarmersmarket.org; ☉ Mitte Mai–Ende Okt. Sa 8–13 Uhr) findet in der zum Museum gehörenden Eisenbahnhalle statt. Kochvorführungen beginnen immer um 10 Uhr.

Northeast

Northeast, das wegen seiner Lage zum Fluss so heißt, ist das ehemalige osteuropäische Arbeiterviertel der Stadt. Heute leben und arbeiten hier vor allem Künstler. Diese schätzen die vielen Kneipen, in denen neben Pabst auch Biere aus Kleinbrauereien ausgeschenkt werden, aber ebenso die Boutiquen, die direkt neben den Wurstherstellern ihre Ökowaren verkaufen. Hunderte von Kunsthandwerkern und Galerien haben sich in den historischen Industriegebäuden niedergelassen. Sie laden jeden ersten Donnerstag im Monat zu einem Besuch ein – denn dann veranstaltet die **Northeast Minneapolis Arts Association** (www.nemaa.org) einen interessanten Spaziergang durch verschiedene Galerien. Die Zentren sind u.a. die 4th Street NE und die 13th Avenue NE.

MINNEAPOLIS FÜR KINDER

Viele der besten Attraktionen für Kids befinden sich in St. Paul, in der Mall of America und im Fort Snelling.

Minnesota Zoo (☎ 952-431-9500; www.mnzoo.org; 13000 Zoo Blvd; Erw./Kind 18/12 US$; ☉ Sommer 9–18 Uhr, Winter 9–16 Uhr; ⏵) Zum renommierten Zoo im vorstädtischen Apple Valley, das 20 Meilen (32 km) südlich der Stadt liegt, ist man schon ein Weilchen unterwegs. Aber hier leben über 400 Arten in naturnahen Gehegen, wobei der Schwerpunkt auf Tieren aus kälteren Klimazonen liegt. Parken kostet 7 US$.

Valleyfair (☎ 952-445-7600; www.valleyfair.com; 1 Valleyfair Dr; Erw./Kind 44/30 US$; ☉ Mitte Mai–Aug. tgl. ab 10 Uhr, Sept. & Okt. nur Sa & So, unterschiedliche Schließzeiten; ⏵) Wem die Mall of America nicht genügt, der kann zu diesem großen Vergnügungspark ins 25 Meilen (40 km) südwestlich gelegene Shakopee fahren. Der Dinosaurierpark mit animatronischen Effekten (5 US$ zusätzlich) ist ein Riesenhit. Wer die Tickets online kauft, kann viel Geld sparen. Parken kostet 12 US$.

Children's Theatre Company (☎ 612-874-0400; www.childrenstheatre.org; 2400 3rd Ave S; ⏵) Es ist kein Wunder, dass es einen Tony Award für „herausragende regionale Theater" gewonnen hat.

Minneapolis

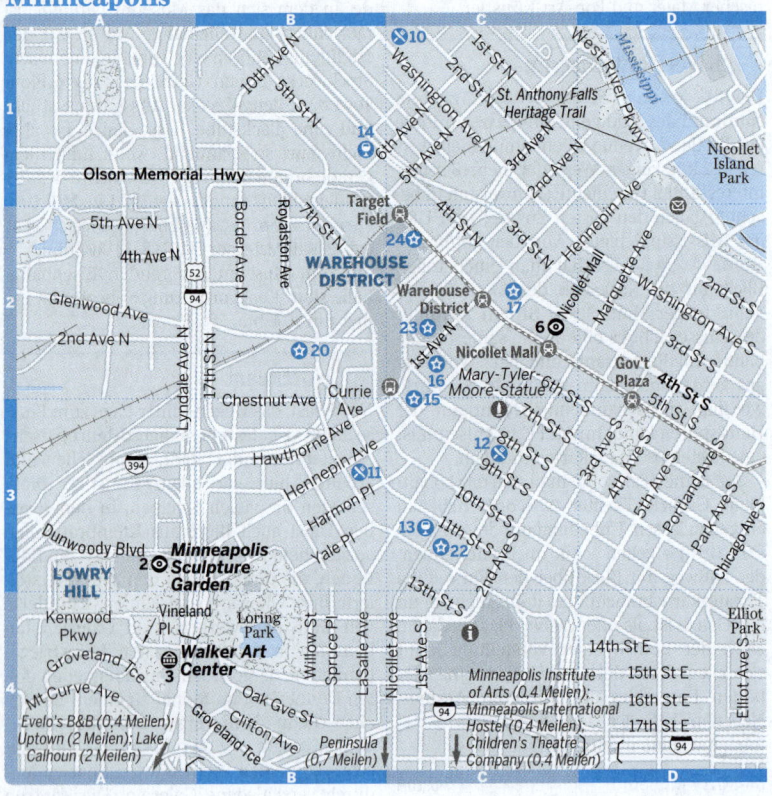

Minneapolis

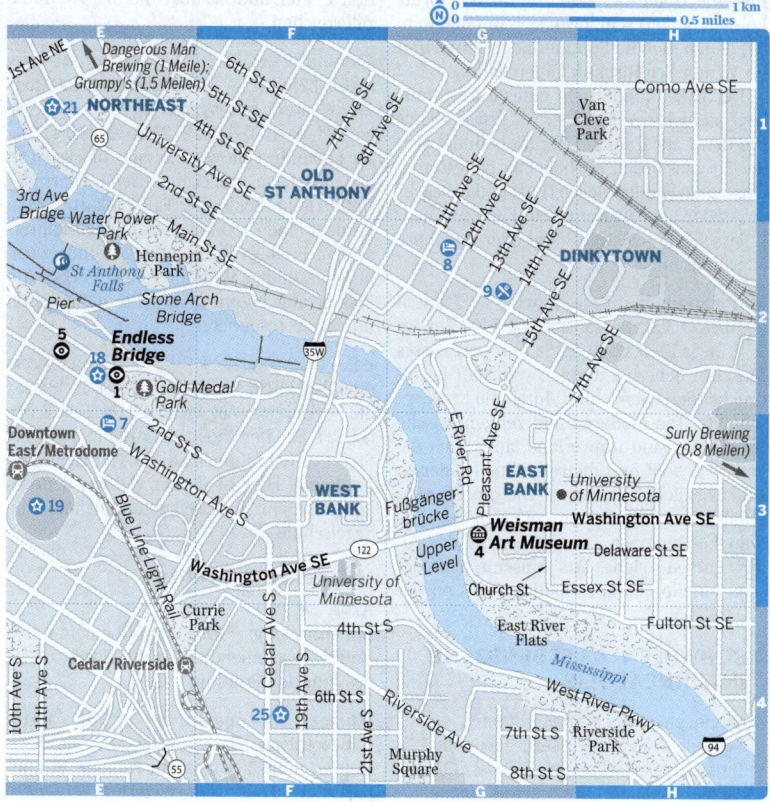

◉ University Area

Die **University of Minnesota** liegt am Fluss südöstlich des Zentrums von Minneapolis. Mit über 50 000 Studenten ist sie eine der größten Unis der USA. Der größte Teil des Campus befindet sich im Bezirk **East Bank**.

In **Dinkytown** an der 14th Avenue SE und der 4th Street SE gibt es jede Menge Studentencafés und Buchläden. Ein kleiner Teil der Uni liegt auf der **West Bank** des Mississippi, in der Nähe der Kreuzung 4th Street S und Riverside Avenue. In dieser Gegend befinden sich ein paar Restaurants, einige Studentenkneipen und das Zuhause einer große Somali-Gemeinde.

★ **Weisman Art Museum** MUSEUM
(☎ 612-625-9494; www.weisman.umn.edu; 333 E River Rd; ⊙ Di–Fr 10–17, Mi 10–20, Sa & So 11–17 Uhr) GRATIS Das Weisman befindet sich in einem ungewöhnlich geformten Gebäude, das der Architekt Frank Gehry erdachte.

Das Museum ist ein Highlight der Universität (und der Stadt). Kürzlich wurde es nach einer Erweiterung mit doppelt so viel Platz und fünf neuen, luftigen Galerien für amerikanische Kunst, Keramik und Arbeiten auf Papier wieder eröffnet.

◉ Uptown, Lyn-Lake & Whittier

Diese drei Stadtviertel befinden sich südlich der Innenstadt.

Uptown ist die Gegend um die Kreuzung von Hennepin Avenue S und Lake Street. Hier, wo Punkläden und Restaurants aufeinandertreffen, ist bis spät in die Nacht was los. **Lyn-Lake** liegt östlich von Uptown und die Atmosphäre ist hier ähnlich urban und cool. Die Lyndale Street und die Lake Street bilden das Zentrum (womit dann auch der Name erklärt wäre, oder?).

Uptown ist ein guter Ausgangspunkt für die **Chain of Lakes**: Lake Calhoun, Lake of the Isles, Lake Harriet, Cedar Lake und

Brownie Lake. Radwege (die im Winter als Loipen dienen) schlängen sich um die Seen, auf denen man im Sommer Boot fahren und im Winter Schlittschuh laufen kann.

Der Lake Calhoun mit guter Infrastuktur liegt südlich der Lake Street. Etwas weiter um den Lake Calhoun herum befindet sich der Thomas Beach, ein beliebter Badestrand. Der legere Hidden Beach (East Cedar Beach) am Cedar Lake war einst ein FKK-Ziel, heute lassen die meisten Bikini oder Badehose allerdings an.

Minneapolis Institute of Arts MUSEUM
(☎ 612-870-3131; www.artsmia.org; 2400 3rd Ave S; ⌚ Di–Sa 10–17, Do 10–21, Sa 11–17 Uhr) Dieses Museum beherbergt einen wahrhaft beeindruckenden Querschnitt durch die Kunstgeschichte. Die moderne und zeitgenössische Sammlung sind umwerfend, aber auch die Prairie School und die asiatischen Galerien sind wirkliche Highlights. Die am Eingang erhältlichen Broschüren helfen dabei, dass man bei knapper Zeit wenigstens das Allerwichtigste sieht. Das Museum befindet sich 1 Meile (1,6 km) südlich des Conven-

---

SCHWULEN- & LESBENSZENE IN MINNEAPOLIS

Minneapolis hat eine der größten Schwulen-, Lesben-, Bisexuellen- und Transsexuellenszenen (GLBT) der USA, die hier besonders umfassende Rechte hat. Die umfassende Website der **Minneapolis Convention & Visitors Association** (www.glbtminneapolis.org) informiert über Events, Nachtleben, Neuigkeiten aus der Szene und Attraktionen. Auch das kostenlose, alle zwei Wochen erscheinende Magazin *Lavender* (www.lavendermagazine.com), das es in den Cafés der Stadt gibt, ist recht informativ.

Gay Nineties (www.gay90s.com; 408 Hennepin Ave S) versorgt Nachtschwärmer mit Infos über Tanz, Essen und Dragshows für Schwule und Heteros. Das **Wilde Roast Cafe** (www.wilderoastcafe. com; 65 Main St SE) am Fluss bietet tolle Backwaren und ein viktorianisches Ambiente à la Oscar Wilde – *Lavender* zeichnete es als „bestes Café" aus.

Zum **Pride Festival** (www.tcpride. com; ⌚ Ende Juni), einem der größten in den USA, kommen rund 400 000 Feierwütige.

---

tion Center und ist über die 3rd Avenue S zu erreichen.

Calhoun Rental RADFAHREN
(☎ 612-827-8231; www.calhounbikerental.com; 1622 W Lake St; halber/ganzer Tag 25/35 US$; ⌚ April–Okt. Mo–Fr 10–19, Sa 9–20, So 10–20 Uhr) Dieser Laden in Uptown, ein paar Blocks westlich des Lake Calhoun, verleiht Fahrräder (inkl. Helm, Schloss & Fahrradkarte). Man braucht eine Kreditkarte und einen Führerschein. Freitags bis sonntags werden zwei- bis vierstündige Radtouren (39–49 US$) am Wasser angeboten; man sollte dafür schon im Voraus reservieren.

Lake Calhoun Kiosk WASSERSPORT
(☎ 612-823-5765; Anfang der Lake St; 11–18 US$/ Std.; ⌚ Ende Mai–Aug. tgl. 10–20 Uhr, Sept. & Okt. nur Sa & So) Der Kiosk am Anfang der Lake Street verleiht Kanus, Kajaks, Fahrräder und Tretboote. Hier ist immer viel los, denn es gibt auch ein Terrassenrestaurant und eine Segelschule.

✸ Feste & Events

Art-A-Whirl MUSIK
(www.nemaa.org; ⌚ Mitte Mai) Mit einem tollen Galerie-Wochenende begrüßt Northeast jedes Jahr den Frühling.

Minneapolis Aquatennial KULTUR
(www.aquatennial.com; ⌚ Mitte Juli) Die Seen werden zehn Tage lang mit Paraden, Strandpartys und Feuerwerk gefeiert.

Holidazzle KULTUR
(www.holidazzle.com; ⌚ Dec) Im ganzen Dezember gibt's Paraden, bunte Lichter und jede Menge gute Laune.

🛏 Schlafen

B&Bs haben das beste Preis-Leistungs-Verhältnis der Stadt– sie sind günstig, bieten aber trotzdemm solide Mittelklassequalität. Auf die Preise werden noch 13,4 % Steuern aufgeschlagen.

Wales House B&B $
(☎ 612-331-3931; www.waleshouse.com; 1115 5th St SE; Zi. inkl. Frühstück 80 US$, ohne Bad 70 US$; P ✳ 🖥) Dieses freundliche B&B verfügt über zehn Gästezimmer und beherbergt nicht selten Wissenschaftler der nahe gelegenen University of Minnesota. Hier kann man sich einfach mit einem Buch auf der Terrasse oder am Kamin gemütlich machen. Der Mindestaufenthalt beträgt allerdings zwei Nächte.

Evelo's B & B
B&B $

(☏ 612-374-9656; 2301 Bryant Ave S; Zi. ohne Bad inkl. Frühstück 75–95 US$; 🕿) Die drei Zimmer in einem viktorianischen Wohnhaus voller poliertem Holz knarzen zwar, aber irgendwie sind sie auch bezaubernd. Sie sind recht eng, doch dafür entschädigt die praktische Lage zwischen dem Walker Art Center und Uptown.

Minneapolis International Hostel
HOSTEL $

(☏ 612-522-5000; www.minneapolishostel.com; 2400 Stevens Ave S; B 28–34 US$, Zi. ab 60 US$; ✳@🕿) Das Hostel ist ein cooles altes Gebäude mit Antiquitäten, Holzböden und perfekter Lage neben dem Minneapolis Institute of Arts. Leider ist diese Unterkunft nicht sehr gepflegt. Die Zimmer sind sehr unterschiedlich und reichen von einem Männerschlafsaal mit 15 Betten bis hin zu Zimmern mit eigenem Bad.

Aloft
HOTEL $$

(☏ 612-455-8400; www.alofthotels.com/minneapolis; 900 Washington Ave; Zi. 139–189 US$; P✳@🕿🏊) Die kompakten Zimmer mit Industriechick ziehen vor allem jüngere Gäste an. In der clubartigen Lobby gibt's Brettspiele, eine Cocktaillounge und rund um die Uhr Snacks. Das Aloft hat einen winzigen Pool und einen ordentlichen Fitnessraum. Parken kostet 15 US$.

🍴 Essen

In Minneapolis hat sich eine vielfältige Restaurantszene herausgebildet. Sie ist für ihre vielen Restaurants bekannt, die regionale Biozutaten verwenden.

🍴 Downtown & Northeast

In der Nicollet Mall gibt's eine ganze Menge Restaurants.

Hell's Kitchen
AMERIKANISCH $$

(☏ 612-332-4700; www.hellskitcheninc.com; 80 9th St S; Hauptgerichte 10–20 US$; ⊙Mo–Fr 6.30 bis 22, Sa & So ab 7.30 Uhr; 🕿) Wer die Treppe hinunter ins teuflische Hell's steigt, wird von schwungvollen Kellnern empfangen, die ausgefallene Gerichte aus Minnesota servieren, beispielsweise Burger mit Zander, Schinken, Salat und Tomate, Bisonburger oder warme Zitronen-Ricotta-Pfannkuchen. Am Wochenende verwandelt es sich abends in einen Club, in dem DJs auflegen. Oben befinden sich eine ausgezeichnete Bäckerei und ein Café.

Butcher & the Boar
AMERIKANISCH $$$

(☏ 612-238-8887; www.butcherandtheboar.com; 1121 Hennepin Ave; Hauptgerichte 25–32 US$; ⊙17–24 Uhr; 🕿) Der in Kupfertönen gehaltene, von Kerzen erleuchtete Raum ist ein Paradies für Fleischfans. Unters Fleischmesser kommen Wildschweinschinken, Kaninchenpastete mit eingelegten Kirschen, Kalbswurst und viele andere hausgemachte Fleischgerichte. Am besten bestellt man gleich einen Probierteller. Aus den 30 Zapfhähnen fließen regionale Biere, außerdem gibt's eine lange Bourbon-Karte. Reservierung notwendig.

Bar La Grassa
ITALIENISCH $$$

(☏ 612-333-3837; www.barlagrassa.com; 800 Washington Ave N; Pasta 12–24 US$, Hauptgerichte 16–35 US$; ⊙Mo–Do 17–24, Fr & Sa bis 1, So bis 22 Uhr) Chefkoch Isaac Becker gewann 2011 den James Beard Award „Best in the Midwest" – man darf also Großes erwarten von den kleinen Tellern frischer Pasta, Bruschetta und *secondi*.

🍴 University Area

Viele preisgünstige Lokale gibt es in der Campusgegend bei der Washington Avenue und der Oak Street.

Al's Breakfast
FRÜHSTÜCK $

(☏ 612-331-9991; 413 14th Ave SE; Hauptgerichte 4–8 US$; ⊙Mo–Sa 6–13, So 9–13 Uhr) Das ultimative Minicafé: 14 Barhocker stehen an einer winzigen Theke. Immer wenn ein Kunde reinkommt, nehmen andere ihre Teller und machen Platz für den Neuankömmling. Die dicken Obstpfannkuchen sind der Renner. Nur Barzahlung.

🍴 Uptown, Lyn-Lake & Whittier

Vietnamesische, griechische, afrikanische und andere Restaurants mit internationaler Küche reihen sich an der Nicollet Avenue S zwischen der Franklin Avenue (in der Nähe des Minneapolis Institute of Arts) und der 28th Street – auch „Eat Street" genannt – aneinander. In der Lake Street in Uptown gibt's viele schicke Bars und Cafés.

⭐ Bryant-Lake Bowl
AMERIKANISCH $$

(☏ 612-825-3737; www.bryantlakebowl.com; 810 W Lake St; Hauptgerichte 9–14 US$; ⊙8–0.30 Uhr; 🕿🍴) Das BLB hat die Atmosphäre einer Bowlingbahn für Arbeiter, doch das Essen ist göttlich. Das Frühstück mit Biscuit and Gravy, die Platten mit Käsespezialitäten

TAP-ROOM-BOOM

Im Jahr 2011 verabschiedete Minnesota ein Gesetz, das es Brauereien gestattete, auf dem Gelände einen *tap room* (Schankraum) zu öffnen, und seitdem hat sich dieses Konzept explosionsartig in den Twin Cities verbreitet. Tolle Brauereien, in denen Besucher ein Bier frisch vom Produzenten trinken können:

Fulton Beer (www.fultonbeer.com; 414 6th Ave N; ⊙ Mi–Fr 15–22, Sa 12–22 Uhr) Hier sind in der Regel fantastische Pale Ales und Red Ales im Angebot. Die Gäste sitzen im Lagerhaus an langen Biertischen. Es liegt ein paar Blocks vom Baseballstadion entfernt und ist an Spieltagen gut besucht. Vor der Brauerei warten Food Trucks auf Kundschaft.

Dangerous Man Brewing (www.dangerousmanbrewing.com; 1300 2nd St NE; ⊙ Di–Do 16–22, Fr 15–24, Sa 12–24 Uhr) Schenkt starke Biere im europäischen Stil aus. Gäste dürfen ihr eigenes Essen mitbringen. Dies ist einer von vielen *tap rooms*, die sich im Viertel Northeast angesiedelt haben.

Surly Brewing (www.surlybrewing.com; Malcolm Ave & 5th St SE) Eine der größten Brauereien, und eine, die es ernst meint: Sie hat die beiden Architekten, die das Guthrie Theater entwarfen, mit dem Bau einer riesigen Brauerei und Bar im Stadtviertel Prospect Park im Südosten von Minneapolis beauftragt. 2014 soll eröffnet werden.

und das Zanderfilet im Maismehlmantel zerschmelzen geradezu auf der Zunge. Zum Nachspülen gibt es viele regionale Biere. Und im angeschlossenen Theater ist immer etwas Spannendes und Sonderbares los.

Peninsula ASIATISCH **$$**
(☎ 612-871-8282; www.peninsulamalaysiancuisine.com; 2608 Nicollet Ave S; Hauptgerichte 9–15 US$; ⊙ So–Do 11–22, Fr & Sa 11–23 Uhr; ▱) Malaysische Gerichte wie *achat* (scharfer Gemüsesalat mit Erdnussdressing), chinesisches Fondue mit rotem Curry, würzige Krabben oder Fisch im Bananenblatt verwöhnen in diesem tollen modernen Restaurant den Gaumen.

 Ausgehen

Die Bars sind bis 2 Uhr geöffnet. Die Happy Hour dauert meistens von 15 bis 18 Uhr.

Brit's Pub KNEIPE
(www.britspub.com; 1110 Nicollet Mall; ⊙ ab 11 Uhr) Eine grasgrüne Bowlingbahn auf dem Dach und eine große Auswahl an Scotch, Portwein und Bier sorgen dafür, dass die Gäste beim Bowlen plötzlich ganz neue Fähigkeiten entwickeln.

Grumpy's BAR
(www.grumpys-bar.com/nordeast; 2200 4th St NE; ⊙ Mo–Fr ab 14 Uhr, Sa & So ab 11 Uhr) Das Grumpy's ist eine für Northeast typische Kneipe mit günstigem (aber gutem) Bier und einer Terrasse im Freien. Dienstags sollte man unbedingt das *hot dish* für 1 US$ probieren.

☆ **Unterhaltung**

Mit seinen vielen Studenten und einer blühenden Kunstszene hat Minneapolis ein lebhaftes Nachtleben zu bieten. Was aktuell los ist, besprechen *Vita.MN* und *City Pages*.

Livemusik

Minneapolis rockt – und irgendwie scheint hier jeder Mitglied einer Band zu sein. Prince und Post-Punk-Bands wie Hüsker Dü und die Replacements haben hier ihre ersten Erfahrungen gesammelt.

First Avenue & 7th St Entry LIVEMUSIK
(www.first-avenue.com; 701 1st Ave N) Hier wurde der Grundstein der Musikszene von Minneapolis gelegt und noch immer ziehen Topbands ein großes Publikum an. Draußen kann man sich die Sterne all der Bands ansehen, die hier schon auf der Bühne standen.

Nye's Polonaise Room LIVEMUSIK
(www.nyespolonaise.com; 112 E Hennepin Ave) Freitags und samstags sorgt die World's Most Dangerous Polka Band für Stimmung. Ein herrlicher Spaß, der noch größer ist, wenn man einen Oldie findet, der einen durch den Raum wirbelt.

Triple Rock Social Club LIVEMUSIK
(www.triplerocksocialclub.com; 629 Cedar Ave) Ein beliebter Punk-/Alternative-Club.

Lee's Liquor Lounge LIVEMUSIK
(www.leesliquorlounge.com; 101 Glenwood Ave) Rockabilly- und alternative Country-Bands hauen hier in die Saiten.

Dakota Jazz Club LIVEMUSIK
(www.dakotacooks.com; 1010 Nicollet Mall) Das Dakota ist eine klassische Location, in der Jazzgrößen auftreten.

Theater & Darstellende Künste
Die Theaterszene der Stadt ist überaus dynamisch. Der im Neonlicht glänzende Hennepin Theater District (www.hennepintheatretrust.org) in der Hennepin Avenue zwischen 6th Street und 10th Street besteht aus mehreren historischen Spielorten, wo auch bedeutende Gastspiele zur Vorführung kommen.

Guthrie Theater THEATER
(☑ 612-377-2224; www.guthrietheater.org; 818 2nd St S) Das absolute Spitzenensemble in Minneapolis mit – vielleicht als Beweis dafür – gigantischer Bühne. Die nicht verkauften *rush tickets* werden eine halbe Stunde vor der Vorstellung für 15 bis 35 US$ an den Mann gebracht – nur Barzahlung. Wer Lust hat, sich das unkonventionelle Gebäude einmal genauer anzusehen, der findet auf der Website einen Audioguide für Touren auf eigene Faust.

Brave New Workshop Theatre THEATER
(☑ 612-332-6620; www.bravenewworkshop.com; 824 Hennepin Ave) Das etablierte Theater zeigt Operetten, Revuen und Satiren.

Orchestra Hall KLASSISCHE MUSIK
(☑ 612-371-5656; www.minnesotaorchestra.org; 1111 Nicollet Mall) Die Räumlichkeiten bieten eine sagenhafte Akustik für Konzerte des bejubelten Minnesota Symphony Orchestra.

Sport
Die Einwohner von Minnesota vergöttern ihre Teams. Achtung: Eishockey wird in St. Paul gespielt.

Target Field BASEBALL
(www.minnesotatwins.com; 3rd Ave N zw. 5th St N & 7th St N) Das neue Stadion für das Twins-Profibaseballteam ist wirklich überdurchschnittlich und legt besonders viel Wert auf Speisen und Getränke aus regionaler Produktion.

Hubert H. Humphrey Metrodome FOOTBALL
(www.vikings.com; 900 5th St S) Das Profifootballteam der Vikings spielt in dem an ein Marshmallow erinnernden Dome.

Target Center BASKETBALL
(www.nba.com/timberwolves; 600 1st Ave N) Hier spielen die Timberwolves Profibasketball.

ⓘ Praktische Informationen

City Pages (www.citypages.com) Kostenlose wöchentliche Veranstaltungszeitschrift.

Fairview/University of Minnesota Medical Center (☑ 612-273-6402; 2450 Riverside Ave)

Minneapolis Convention & Visitors Association (www.minneapolis.org) Gutscheine, Karten, Führer und Infos zu Fahrradrouten im Internet.

Minneapolis Public Library (www.hclib.org; 300 Nicollet Mall; ☉ Di & Do 10–20, Mi, Fr & Sa 10–18, So 12–17 Uhr; ☏) Moderne Bibliothek mit kostenlosem Internet und WLAN (und einem tollen Secondhand-Buchladen).

Pioneer Press (www.twincities.com) Tageszeitung von St. Pauls.

Star Tribune (www.startribune.com) Tageszeitung von Minneapolis.

Vita.mn (www.vita.mn) Die kostenlose wöchentliche Veranstaltungszeitschrift der *Star Tribune*.

ⓘ Anreise & Unterwegs vor Ort

BUS
Greyhound (☑ 612-371-3325; 950 Hawthorne Ave) fährt regelmäßig nach Milwaukee (7 Std.), Chicago (9 Std.) und Duluth (3 Std.).

Megabus (www.megabus.com/us) betreibt Expressbusse nach Milwaukee (6 Std.) und Chicago (8 Std.), die oft günstiger sind als Greyhound. Die Busse fahren sowohl vom Zentrum als auch von der Universität ab; die genauen Abfahrtsorte stehen auf der Website.

FAHRRAD
Minneapolis gehört zu den fahrradfreundlichsten Städten der USA. Das Fahrradverleihsystem **Nice Ride** (www.nicerridemn.org; ☉ April–Okt.) hat in den Twin Cities 1500 Räder in 170 SB-Kiosken. Die Nutzer zahlen online oder im Kiosk einen Mitgliedsbeitrag (6/65 US$ pro Tag/Jahr) sowie eine geringe Nutzungsgebühr pro halbe Stunde (die erste halbe Stunde ist kostenlos). Die Räder können an jedem Kiosk zurückgegeben werden. Wer aber eine Radtour machen und nicht nur einen kurzen Weg zurücklegen möchte, ist mit traditionellen Fahrradverleihern besser beraten. Auf der Seite des **Minneapolis Bicycle Program** (www.ci.minneapolis.mn.us/bicycles) findet man Fahrradverleihe und Routenkarten.

FLUGZEUG
Der **Minneapolis-St. Paul International Airport** (MSP; www.mspairport.com) liegt zwischen beiden Städten in Richtung Süden. Er ist der Heimatflughafen von Delta Airlines, die verschiedene Direktflüge von/nach Europa anbieten.

Mit der Stadtbahn Blue Line (Fahrpreis normal/Hauptverkehrszeit 1,75/2,25 US$, 25 Min.) kommt man am günstigsten nach Minneapolis.

Bus 54 (Fahrpreis normal/Hauptverkehrszeit 1,75/2,25 US$, 25 Min.) fährt nach St. Paul. Taxis kosten etwa 45 US$.

ÖFFENTLICHE VERKEHRSMITTEL

Metro Transit (www.metrotransit.org; Fahrpreis normal/Hauptverkehrszeit 1,75/2,25 US$) betreibt die Blue Line der Stadtbahn, die zwischen dem Zentrum und der Mall of America verkehrt. Die neue Green Line soll noch 2014 in Betrieb gehen und das Zentrum von Minneapolis mit dem Zentrum von St. Paul verbinden. Bis dahin fährt der Expressbus 94 (Fahrpreis normal/Hauptverkehrszeit 2,25/3 US$) zwischen den beiden Städten; Abfahrt ist an der Südseite der 6th Street N direkt westlich der Hennepin Avenue. Tageskarten (6 US$) bekommt man an jedem Bahnhof und beim Busfahrer.

TAXI

Taxis kann man telefonisch bei **Yellow Cab** (612-824-4444) bestellen.

ZUG

Amtrak nutzt das frisch restaurierte **Union Depot** (www.uniondepot.org; 214 E 4th St;) in St. Paul. Täglich fahren Züge nach Chicago (8 Std.) und Seattle (37 Std.).

St. Paul

St. Paul ist kleiner und ruhiger als seine Zwillingsstadt Minneapolis und hat sich außerdem mehr von seinem historischen Charakter bewahrt. Man kann das ehemalige Revier von Francis Scott Fitzgerald durchforsten, die Wege am mächtigen Mississippi erkunden oder eine laotische Suppe genießen.

◉ Sehenswertes & Aktivitäten

Innenstadt und Cathedral Hill bieten die meiste Action. In Cathedral Hill gibt's ganz unterschiedliche Geschäfte, traumhafte viktorianische Herrenhäuser aus dem Gilded Age und natürlich die große Kirche, der diese Gegend ihren Namen zu verdanken hat. Die Museen befinden sich im Stadtzentrum. Und hier noch ein Insider-Tipp: Es gibt auch eine Abkürzung zwischen den beiden Vierteln, und zwar einen Fußweg, der an der Westseite des Hill House beginnt und im Stadtzentrum endet.

Das neu aufgelebte Viertel **Harriet Island** befindet sich südlich der Innenstadt an der Wabasha Street. Hier kann man herrlich herumschlendern. Es gibt einen Park, einen Uferweg, Konzertbühnen und einen Fischereihafen.

F. Scott Fitzgerald
Sights & Summit Avenue   STRASSE

F. Scott Fitzgerald, der Autor von *Der Große Gatsby*, ist St. Pauls berühmtester Sohn. Er ist in der Wohnung im Pullman-Stil mit der Adresse **481 Laurel Avenue** geboren. In **599 Summit Avenue**, einem Sandsteinhaus vier Blocks weiter, lebte Fitzgerald, als *Diesseits vom Paradies* veröffentlicht wurde. Beide Häuser befinden sich in Privatbesitz. Von hier aus schlendert man weiter entlang der Summit Avenue in Richtung Kathedrale und bewundert die viktorianischen Häuser, die diese Straße säumen. Literaturfreaks sollten sich im Visitor Center die Karte *Fitzgerald Homes and Haunts* besorgen.

Landmark Center   MUSEUM
(www.landmarkcenter.org; 75 W 5th St; ⊙ Mo–Fr 8–17, Do 8–20, Sa 10–17 Uhr, So 12–17 Uhr) Das 1902 errichtete Landmark Center mit seinen Türmchen war früher das Gerichtsgebäude. Hier wurden Gangster wie Alvin „Creepy" Karpis verurteilt, und auf Schildern in den einzelnen Räumen steht, wem hier der Prozess gemacht wurde. Neben dem Visitor Center beherbergt das Gebäude auch noch mehrere kleine Museen. Im 1. Stock zeigt das **Schubert Club Museum** (651-292-3267; www.schubert.org; ⊙ So–Fr 12–16 Uhr) eine feine Sammlung alter Klaviere und Cembali – auf einigen haben schon Mozart, Beethoven und ähnliche Berühmtheiten musiziert. Ferner kann man alte Manuskripte und Briefe von berühmten Komponisten bewundern. Der Club veranstaltet von Oktober bis April donnerstags um 12 Uhr kostenlose Kammermusikkonzerte. Ein Drechselmuseum befindet sich ebenfalls in diesem Stockwerk (Eintritt frei).

Mississippi River
Visitors Center   INFORMATIONSZENTRUM
(651-293-0200; www.nps.gov/miss; ⊙ So–Do 9.30–17, Fr & Sa bis 21 Uhr) GRATIS Das Besucherzentrum des National Park Service befindet sich in einer Nische der Lobby des Wissenschaftsmuseums. Hier bekommt man Tourenkarten und kann sich informieren, welche kostenlosen Aktivitäten unter Leitung von Rangern gerade angeboten werden. Die meisten finden im Sommer mittwochs, donnerstags und samstags um 10 Uhr statt. Im Winter veranstaltet das Besucherzentrum Eisangeln und Schneeschuhwanderungen.

Science Museum of Minnesota   MUSEUM
(651-221-9444; www.smm.org; 120 W Kellogg Blvd; Erw./Kind 13/10 US$; ⊙ 9.30–21.30 Uhr, im

Winter kürzere Öffnungszeiten) Hier gibt's die üblichen interaktiven Ausstellungen für Kinder und ein Omnimax-Kino (8 US$ extra). Erwachsene dürften die quacksalberischen „fragwürdigen medizinischen Geräte" in der 4. Etage amüsant finden.

Cathedral of St. Paul KIRCHE
(www.cathedralsaintpaul.org; 239 Selby Ave; ☺ So–Fr 7–19, Sa bis 21 Uhr) Diese schöne Kathedrale, die einst nach dem Vorbild des Petersdoms erbaut wurde, thront majestätisch auf einem Hügel über der Stadt. An Wochentagen finden um 13 Uhr Führungen (2 US$) statt.

James J. Hill House HISTORISCHES GEBÄUDE
(☑ 651-297-2555; www.mnhs.org/hillhouse; 240 Summit Ave; Erw./Kind 9/6 US$; ☺ Mi–Sa 10–15.30, So ab 13 Uhr) Die prunkvolle Steinvilla des Eisenbahnmagnaten Hill ist ein Prachtstück aus dem Gilded Age mit fünf Stockwerken und sage und schreibe 22 Kaminen!

St. Paul Curling Club WINTERPORT
(www.stpaulcurlingclub.org; 470 Selby Ave; ☺ Okt.–Mai ab 11 Uhr) Wer mit den Sitten nördlicher Gefilde nicht sonderlich vertraut ist, dem sei gesagt, dass Curling ein Wintersport ist, bei dem man einen radkappengroßen Granitstein über eine Eisfläche hinweg in ein Zielfeld schlittern muss. Die netten Leute hier haben nichts dagegen, wenn man mal dabei zuschauen möchte. Und vielleicht wird man oben in der Bar sogar noch zu einem Labatt's eingeladen.

☞ Geführte Touren

Down In History Tours STADTSPAZIERGANG
(☑ 651-292-1220; www.wabashastreetcaves.com; 215 S Wabasha St; 45-minütige Touren 6 US$; ☺ Do 17, Sa & So 11 Uhr) Die Tour führt durch die unterirdischen Höhlen von St. Paul, die Gangster einst als eine Art Kneipe benutzten. Am witzigsten ist es donnerstagabends, wenn in den Höhlen eine Swingband spielt (Eintritt 7 US$).

✯ Feste & Events

St. Paul Winter Carnival KULTUR
(www.winter-carnival.com; ☺ Ende Jan) Zehntägiges Fest mit Eisskulpturen, Eislaufen und Eisfischen.

⌂ Schlafen

Eine deutlich größere Auswahl an Unterkünften gibt's in Minneapolis.

Covington Inn B&B $$
(☑ 651-292-1411; www.covingtoninn.com; 100 Harriet Island Rd; Zi. inkl. Frühstück 150–235 US$; P ✱) Das B & B von Harriet Island befindet sich auf einem Schleppschiff auf dem Mississippi und hat vier Zimmer. Beim Frühstück kann man den Schiffsverkehr auf dem Fluss beobachten.

Holiday Inn HOTEL $$
(☑ 651-225-1515; www.holiday-inn.com/stpaulmn; 175 W 7th St; Zi. 99–169 US$; P ✱ ☎ ☜) Die Zimmer sind so, wie man es bei einem Holiday Inn erwartet; zu den besonderen Annehmlichkeiten zählen die Lage direkt am RiverCentre (Kongresszentrum), ein kleiner Pool und ein Irish Pub im Hotel. Parken kostet 15 US$.

✗ Essen & Ausgehen

Ein Bummel auf der Grand Avenue zwischen Dale Street und Lexington Parkway lohnt sich, denn in dieser Gegend liegen viele Cafés, Feinkostläden und ethnische Restaurants. Einige unkonventionelle Lokalitäten gibt's auch in der Selby Avenue an der Kreuzung mit der Western Avenue N.

Mickey's Dining Car DINER $
(www.mickeysdiningcar.com; 36 W 7th St; Hauptgerichte 4–9 US$; ☺ 24 Std.) Mickey's ist ein Klassiker in der Innenstadt. Es ist jene Art von Lokal, in dem die nette Kellnerin die Kunden „Honey" nennt und zufriedene Stammgäste am Tresen an ihrem Kaffee nippen und Zeitung lesen. Die Verköstigung erscheint ebenfalls zeitlos: Es gibt Burger, Malzbier und Apfelkuchen.

Hmongtown Marketplace ASIATISCH $
(www.hmongtownmarketplace.com; 217 Como Ave; Hauptgerichte 5–8 US$; ☺ 8–20 Uhr) In den Twin Cities gibt es Amerikas größte Enklave von Hmong-Einwanderern. Im schlichten Food Court dieses Markts werden ihre vietnamesischen, laotischen und thailändischen Lieblingsgerichte serviert. Um hinzukommen das West Building suchen und dann in den hinteren Teil gehen, wo scharfer Papayasalat, Rinderrippchen, Klebreis und Nudelsuppe verkauft werden. Es bietet sich an, danach noch über den Markt zu schlendern, auf dem man beispielsweise Zahnprothesen reparieren lassen, aber auch einen Kakadu oder einen Messinggong kaufen kann.

WA Frost & Company AMERIKANISCH $$$
(☑ 651-224-5715; www.wafrost.com; 374 Selby Ave; Hauptgerichte 18–28 US$; ☺ Mo–Fr 11–15.30, Sa

& So 10.30–14, tgl. 17–22 Uhr) Die von Bäumen beschattete, efeuumrankte und mit funkelnden Lichtern geschmückte Terrasse des Frost könnte aus einem Roman von Scott Fitzgerald stammen und ist einfach der perfekte Ort, um ein gutes Glas Wein, ein kühles Bier oder einen Gin zu trinken. Für die Gerichte wie die Käsespezialitätenplatte, das nach marokkanischer Art gewürzte Brathähnchen oder die traditionelle Bohnen-Cassolette verwendet das Restaurant viele regionale Zutaten.

Happy Gnome   KNEIPE
(www.thehappygnome.com; 498 Selby Ave; ⊙ ab 11.30 Uhr; 🐾) Siebzig Kleinbiere vom Fass gibt es hier; am besten schmecken sie wohl auf der Terrasse, die von einem Kamin erwärmt wird. Das Happy Gnome liegt hinter dem Parkplatz des St. Paul Curling Club.

☆ Unterhaltung

Fitzgerald Theater   THEATER
(☑ 651-290-1221; www.fitzgeraldtheater.org; 10 E Exchange St) Hier nimmt Garrison Keillor seine bekannte Radioshow *A Prairie Home Companion* auf.

Ordway Center for Performing Arts   KLASSISCHE MUSIK
(☑ 651-224-4222; www.ordway.org; 345 Washington St) Die wunderbaren Klänge von Kammermusik und der Minnesota Opera erfüllen hier den Saal.

Xcel Energy Center   EISHOCKEY
(www.wild.com; 199 Kellogg Blvd) Das Profiteam Minnesota Wild spielt im Xcel Eishockey.

NICHT VERSÄUMEN

RIESENGARNKNÄUEL

Augen auf: In Darwin, 62 Meilen (100 km) westlich von Minneapolis an der US 12, befindet sich der **World's Largest Ball of Twine** (1st St; Eintritt frei; ⊙ 24 Std.). GRATIS Um genau zu sein, ist es das „größte Garnknäuel, das von einer Person geschaffen wurde", nämlich von Francis A. Johnson, der im Lauf von 29 Jahren dieses 7892 kg schwere Monster-Knäuel auf seiner Farm aufwickelte. Noch besser ist das **Museum** (☑ 320-693-7544; ⊙ nach Vereinbarung) daneben: Hier kann man im Souvenirgeschäft ein Garnknäuel-Starterset kaufen. Dann mal los!

🛍 Shoppen

Common Good Books   BÜCHER
(www.commongoodbooks.com; 38 S Snelling Ave; ⊙ Mo–Sa 9–19, So 10–19 Uhr) Garrison Keillor ist der Besitzer dieses hell erleuchteten Buchladens, in dem die Statuen großer Schriftsteller über die langen Regale wachen. Er liegt westlich vom Zentrum auf dem Campus des Macalester College.

ⓘ Praktische Informationen

Visitor center (☑ 651-292-3225; www.visit saintpaul.com; 75 W 5th St; ⊙ Mo–Sa 10–16, So ab 12 Uhr) Im Landmark Center; eignet sich gut als erster Stopp, um Karten und Informataionen zu diversen Stadtspaziergängen auf eigene Faust zu besorgen.

ⓘ Anreise & Unterwegs vor Ort

St. Paul gehört zum selben Verkehrsnetz wie Minneapolis. Einzelheiten stehen auf S. 667. Das Union Depot (S. 668) ist das Drehkreuz für alle Verkehrsmittel: Greyhound-Busse, Stadtbusse, die Stadtbahn Green Line und die Amtrak-Züge.

Rund um Minneapolis – St Paul

⦿ Sehenswertes

Mall of America   EINKAUFSZENTRUM, VERGNÜGUNGSPARK
(www.mallofamerica.com; bei der I-494 an der 24th Ave; ⊙ Mo–Sa 10–21.30, So 11–19 Uhr; 🅿) Die Mall of America, die im vorstädtischen Bloomington in der Nähe des Flughafens liegt, ist das größte Einkaufszentrum der USA. Eigentlich ist es einfach nur ein Einkaufszentrum mit den üblichen Geschäften, Kinos und Restaurants. Doch in der Mall gibt es auch eine Hochzeitskapelle. Und einen **Mini-Golfplatz** (☑ 952-883-8777; 3. OG; Eintritt 8 US$) mit 18 Löchern. Und einen Vergnügungspark, das **Nickelodeon Universe** (☑ 952-883-8600; www.nickelodeonuniverse.com) mit 24 Rides, darunter mehrere atemberaubende Achterbahnen. Man kann hindurchspazieren, ohne Eintritt zu bezahlen. Eine Tageskarte für die Rides (in Form eines Armbands) kostet 30 US$, eine einzelne Fahrt zwischen 3 und 6 US$. Und das ist längst noch nicht alles: Auch das größte Aquarium des Bundesstaates, das **Minnesota Sea Life** (☑ 952-883-0202; www.visitsealife.com/minnesota; Erw./Kind 24/16 US$), in dem

Kinder Haie und Stachelrochen berühren können, befindet sich in der Mall. Es gibt Kombipässe, mit denen man Geld sparen kann. Die Stadtbahn Blue Line verkehrt zwischen der Mall of America und dem Stadtzentrum von Minneapolis. Vom Flughafen aus sind es zehn Fahrminuten.

Fort Snelling HISTORISCHE STÄTTE
(☎ 612-726-1171; www.historicfortsnelling.org; Ecke Hwy 5 & Hwy 55; Erw./Kind 11/6 US$; ⊙ Juni–Aug. Di–Sa 10–17, So 12–17 Uhr, Sept. & Okt. nur Sa; 👪) Östlich des Shoppingcenters befindet sich Fort Snelling, das älteste Gebäude des Bundesstaates. Es wurde 1820 als Außenposten im abgelegenen Northwest Territory an der Grenze errichtet. Führer in Kostümen wie in der damaligen Zeit zeigen restaurierte Gebäude und stellen das Leben der Pioniere nach.

Southern Minnesota

Einige Highlights des malerischen Südostens kann man in kurzen Fahrten von den Zwillingsstädten aus erreichen. Besser ist es aber, man plant einige Tage für einen solchen Trip ein. Dann folgt man den Flüssen und hält in einigen der historischen Städte und Nationalparks.

Östlich von St. Paul, am Highway 36, befindet sich das touristische **Stillwater** (www.discoverstillwater.com) am unteren St. Croix River. Die alte Holzfällerstadt bietet dem Besucher restaurierte Gebäude aus dem 19. Jh., Bootstouren auf dem Fluss und Antiquitätenläden. Außerdem ist es eine offizielle „Booktown" (Bücherstadt). Diese Ehre wurde weltweit nur wenigen kleinen Städten zuteil, die eine außergewöhnlich große Zahl von Antiquariaten und Buchläden beherbergen. Und dazu gibt's in der Stadt auch noch jede Menge historische B&Bs.

Das größere **Red Wing** liegt an der US 61 Richtung Süden. Es ist eine ähnlich gut restaurierte, aber nicht so interessante Stadt. Und das, obwohl es seine berühmten „Red-Wing-Schuhe" (eigentlich robuste Boots) und Töpferware seit Salzglasur zu bieten hat.

Der hübscheste Teil der Region von **Mississippi Valley** beginnt südlich von hier. Um das Tal abzufahren und das Beste zu sehen, muss man zwischen Minnesota und Wisconsin auf der Great River Road hin- und herpendeln.

Von Red Wing aus überquert man auf der US 63 den Fluss. Bevor es aber am Wasser

SPAM MUSEUM

In Austin, in der Nähe der Kreuzung der I-35 und der I-90 in Southern Minnesota, steht, einsam und verlassen, das **Spam Museum** (☎ 800-588-7726; www.spam.com; 1101 N Main St; ⊙ Mo–Sa 10–17, So ab 12 Uhr; 👪) und widmet sich dem merkwürdigen konservierten Fleisch – eben dem Spam (von Spiced Ham, gewürzter Schinken). Hier erfährt man, wie die blauen Dosen ganze Armeen ernährten, hawaiianisches Grundnahrungsmittel wurden und ganze Legionen von Haiku-Dichtern inspirierten. Außerdem kann man hier mit dem Personal (auch „Spambassadors" genannt) plauschen, das Fleisch kostenlos probieren und sogar dabei helfen, das „süße Schweinewunder" in Dosen zu verpacken.

weiter gen Süden geht, sollte man einen Abstecher des Käses wegen machen. Dazu fährt man 12 Meilen (19 km) auf der US 63 in Wisconsin gen Norden, bis man auf die US 10 trifft, wo man dann rechts abbiegt und nach ein paar Kilometern die „Cheese Curd Capital" Ellsworth erreicht. In der **Ellsworth Cooperative Creamery** (☎ 715-273-4311; www.ellsworthcheesecurds.com; 232 N Wallace St; ⊙ Mo–Fr 8–18, Sa & So 9–17 Uhr) wird Käsebruch/Frischkäse für A&W und Dairy Queen produziert. Wer wirklich superfrische Erzeugnisse probieren will, sollte gegen 11 Uhr hier sein.

Wenn man wieder am Fluss auf dem Wisconsin Highway 35 ist, verläuft ein großer Teil der Straße an den Klippen rund um **Maiden Rock**, **Stockholm** und **Pepin**. Man sollte aber auch mal seiner Nase folgen und den hiesigen Bäckereien oder Cafés einen Besuch abstatten.

Weiter Richtung Süden geht's wieder über den Fluss nach **Wabasha** in Minnesota. Die Stadt hat ein historisches Zentrum und eine große Population von Weißkopfseeadlern, die sich hier im Winter versammelt. Wer mehr über diese Tiere wissen will, geht ins **National Eagle Center** (☎ 651-565-4989; www.nationaleaglecenter.org; 50 Pembroke Ave; Erw./Kind 8/5 US$; ⊙ 10–17 Uhr).

Noch weiter landeinwärts und gen Süden kommt man ins Bluff Country mit seinen Kalksteinklippen, der geologischen Hauptattraktion von Südost-Minnesota. Das schöne

Lanesboro (www.lanesboro.com) fungiert als Zentrum für Fahrradtouren auf stillgelegten Bahntrassen und für Kanufahrten. 7 Meilen (11 km) westlich befindet sich an der County Road 8 (telefonisch um eine Anfahrtsbeschreibung bitten) das **Old Barn Resort** (☎ 507-467-2512; www.barnresort.com; B/Zi./Stellplatz Zelt/Wohnmobil 25/50/30/44 US$; ☺ April-Mitte Nov.; ☒). Das idyllische Hostel ist gleichzeitig Campingplatz, Restaurant und Ausrüster. Das sehr gastfreundliche **Harmony**, das Zentrum einer Amish-Gemeinde, liegt südlich von Lanesboro.

Duluth & Northern Minnesota

In den Norden Minnesotas kommt man, „um ein bisschen zu angeln und ein paar Gläschen zu kippen", wie es ein Einwohner ziemlich treffend zusammenfasste.

Duluth

Am äußersten westlichen Ende der Großen Seen liegt Duluth (mit seinem Nachbar Superior, Wisconsin). Der Ort besitzt einen der geschäftigsten Häfen des Landes. Die atemberaubende Lage der Stadt, die in einen Steilhang hineingebaut wurde, ist ausgezeichnet dafür geeignet, den sich ständig wandelnden Lake Superior in Aktion zu erleben. Das Wasser, die Wanderwege und die herrliche Natur haben die Gegend zu einem Hotspot für Outdoorfreaks gemacht.

◉ Sehenswertes & Aktivitäten

Das Hafenviertel ist einzigartig. Am besten macht man einen Bummel auf dem Lakewalk und im Canal Park, wo sich auch die meisten Sehenswürdigkeiten befinden. Ausschau nach der Aerial Lift Bridge halten: Die hebt sich jährlich etwa 1000-mal, um Schiffe in den Hafen zu lassen.

Maritime Visitors Center   MUSEUM
(☎ 218-720-5260; www.lsmma.com; 600 Lake Ave S; ☺ Juni-Aug. 10–21 Uhr, Sept.-Mai kürzere Öffnungszeiten) GRATIS Auf den Computerbildschirmen im Inneren sieht man, wann die großen Schiffe durch den Hafen kommen werden. Das erstklassige Besucherzentrum zeigt auch Ausstellungen zur Schifffahrt auf den Großen Seen und zu Schiffswracks.

William A Irvin   MUSEUM
(☎ 218-722-7876; www.williamairvin.com; 350 Harbor Dr; Erw./Kind 10/8 US$; ☺ Juni-Aug. 9–18 Uhr, Mai, Sept. & Okt. 10–16 Uhr) Eine weitere Attraktion zum Thema Schifffahrt ist der Besuch dieses gewaltigen, 185 m langen Great-Lakes-Frachters.

Great Lakes Aquarium   AQUARIUM
(☎ 218-740-3474; www.glaquarium.org; 353 Harbor Dr; Erw./Kind 16,50/10,50 US$; ☺ 10–18 Uhr; ☒) Dies ist eines der wenigen Süßwasseraquarien des Landes. Zu den Highlights gehören die tägliche Stachelrochenfütterung um 14 Uhr und die Otterbecken.

Leif Erikson Park   PARK
(Ecke London Rd & 14th Ave E) Dieser Park ist ein nettes Plätzchen am Seeufer. Er punktet mit einem Rosengarten, einem Nachbau von Leifs Wikingerschiff und – freitagabends im Sommer – mit kostenlosem Kino unterm Sternenhimmel. Wer vom Canal Park aus dem Lakewalk (ca. 2,5 km) folgt, kann sich damit rühmen, den Superior Trail entlanggewandert zu sein, zu dem dieser Pfad gehört.

Enger Park   PARK
(Skyline Pkwy) Wer einen spektakulären Blick auf die Stadt und den Hafen genießen will, klettert auf den Felsenturm im Enger Park, der sich ein paar Kilometer südwestlich des Golfplatzes befindet.

INSIDERWISSEN

DYLAN IN DULUTH

Meistens werden Hibbing und die Iron Range mit Bob Dylan in Zusammenhang gebracht – was aber definitiv nichts daran ändert, dass er in Duluth geboren ist. In der Superior Street und der London Street gibt's braun-weiße Schilder mit der Aufschrift **Bob Dylan Way** (www.bobdylanway.com), die auf jene Orte hinweisen, die etwas mit der Songwriter-Legende zu tun haben (z. B. das Arsenal, wo er Buddy Holly live sah und beschloss, Musiker zu werden). **Dylans Geburtsort** (519 N 3rd Ave E) auf einem Hügel ein paar Blocks nordöstlich des Stadtzentrums muss man aber ohne Wegweiser ausfindig machen. Dylan lebte bis zu seinem sechsten Lebensjahr im obersten Stockwerk, danach zog die Familie nach Hibbing um. Es handelt sich um ein (nicht gekennzeichnetes) Privathaus, das man sich von der Straße aus ansehen kann.

SCENIC DRIVE: HIGHWAY 61

Der Highway 61 beschwört unzählige Bilder herauf. Der aus dieser Region stammende Bob Dylan hat ihm im Jahr 1965 mit seinem wütenden Album *Highway 61 Revisited* ein Denkmal gesetzt. Es handelt sich um den berühmten „Blues Highway", der bis New Orleans am Mississippi entlangführt. Im Norden von Minnesota, wo er dem Ufer des Lake Superior folgt, verbindet man mit der Straße rote Klippen und von Wäldern gesäumte Strände.

Das ist aber nur die halbe Geschichte – es sind also noch ein paar Erklärungen notwendig: Der Blues Highway ist eigentlich die US 61, die unmittelbar nördlich der Twin Cities beginnt. Der Highway 61 ist eine landschaftlich schöne Staatsstraße, die in Duluth beginnt. Um die Sache noch komplizierter zu machen, gibt es zwischen Duluth und Two Harbors zwei weitere Straßen mit der Nummer 61: eine vierspurige Schnellstraße und den zweispurigen „Old Highway 61" (auch North Shore Scenic Drive genannt, der als London Road in Duluth beginnt). Wie dem auch sei, den Highway 61 sollte man nicht versäumen. Hinter Two Harbors verwandelt er sich in ein landschaftlich berauschende Route, die an der kanadischen Grenze endet (bzw. dort ihre Fortsetzung findet). Weitere Infos gibt's auf der Website www.superiorbyways.com unter North Shore Scenic Drive.

Vista Fleet   BOOTSFAHRT
(☎218-722-6218; www.vistafleet.com; 323 Harbor Dr; Erw./Kind 20/10 US$; ⊙ Mitte Mai–Okt.) Eine Bootsfahrt gefällt fast jedem! Eine der besten Touren von Vista ist die zweistündige Hafenrundfahrt, die in Canal Park am Anleger neben der *William A. Irvin* startet.

Spirit Mountain   SKIFAHREN
(☎218-628-2891; www.spiritmt.com; 9500 Spirit Mountain Pl; Erw./Kind 35/28 US$ pro Tag; ⊙ im Winter ab 9 Uhr, im Sommer ab 10 Uhr) Während der Wintermonate sind hier Skifahren und Snowboarden beliebte Freizeitvergnügen; im Sommer locken eine Zipline, eine Sommerrodelbahn und ein Minigolfplatz. Der Berg liegt etwa 10 Meilen (16 km) südlich von Duluth.

🛏 Schlafen

In Duluth gibt's zahlreiche B&Bs. Im Sommer kosten die Zimmer aber mindestens 125 US$. **Duluth Historic Inns** (www.duluth bandb.com) hat Zimmerverzeichnisse. Im Sommer sind die Unterkünfte schnell ausgebucht, dann muss man sein Glück jenseits der Grenze in Superior, Wisconsin, versuchen (wo es übrigens auch billiger ist).

Fitger's Inn   HOTEL $$
(☎218-722-8826; www.fitgers.com; 600 E Superior St; Zi. inkl. Frühstück 149–239 US$; @🐾) Die 62 großen Zimmer des Fitger's Inn, von denen jedes etwas anders gestaltet ist, befinden sich in den Räumlichkeiten einer ehemaligen Brauerei. Die Unterkunft liegt am Lakewalk, und die teureren Zimmer bieten auch einen wunderbaren Ausblick aufs Wasser.

Das kostenlose Shuttle zu den örtlichen Sehenswürdigkeiten ist eine ziemlich praktische Sache.

Willard Munger Inn   INN $$
(☎800-982-2453, 218-624-4814; www.mungerinn.com; 7408 Grand Ave; Zi. inkl. Frühstück 70–136 US$; @🐾) Das Munger Inn ist in Familienbesitz und bietet eine gute Auswahl an Zimmern – von Budgetzimmern bis hin zu Suiten mit Whirlpool. Außerdem gibt's viele Extras für Outdoorfreunde, beispielsweise Wander- und Radwege direkt vor der Tür, kostenlose Leihfahrräder und -kanus sowie eine Feuerstelle. Es liegt in der Nähe des Spirit Mountain.

🍴 Essen & Ausgehen

Die meisten Restaurants und Bars verkürzen im Winter ihre Öffnungszeiten. Am Ufer in Canal Park befinden sich Restaurants aller Preisklassen.

Duluth Grill   AMERIKANISCH $$
(www.duluthgrill.com; 118 S 27th Ave W; Hauptgerichte 8–16 US$; ⊙7–21 Uhr; 🐾) Der Garten auf dem Parkplatz verrät gleich, dass dies ein umweltbewusstes Restaurant mit Hippie-Charakter sein muss. Die riesige Speisekarte ähnelt der eines Diners: Das Angebot reicht von Frühstück aus der Bratpfanne mit vielen Eiern über Polenta-Eintopf mit Curry bis hin zu Bisonfleischburgern. Im Abgebot sind auch viele vegane und glutenfreie Gerichte. Es liegt ein paar Kilometer südwestlich von Canal Park in der Nähe der Brücke, die nach Superior, Wisconsin, führt.

DeWitt-Seitz
Marketplace   ASIATISCH, AMERIKANISCH $$
(www.dewittseitz.com; 394 Lake Ave S) In diesem Gebäude in Canal Park befinden sich mehrere Restaurants, darunter das vegetarierfreundliche **Taste of Saigon** (☉So–Do 11–20.30, Fr & Sa bis 21.30 Uhr; 🖋), das Hippie-Café **Amazing Grace** (☉7–22 Uhr; 🖋) und das **Northern Waters Smokehaus** (☉Mo–Sa 10–20, So bis 18 Uhr), das nachhaltig gezüchteten Lachs und Weißfisch (bestens für ein Picknick geeignet!) serviert.

Pizza Luce   PIZZERIA $$
(☎218-727-7400; www.pizzaluce.com; 11 E Superior St; Hauptgerichte 10–20 US$; ☉So–Do 8–1.30, Fr & Sa bis 2.30 Uhr; 🖋) 🍴 Bereitet Frühstück mit regionalen Zutaten und Gourmetpizza zu. Der Inhaber hat Kontakte zur Musikszene und lädt Bands ein. Volle Alkohollizenz.

★ Thirsty Pagan   BRAUEREI
(www.thirstypaganbrewing.com; 1623 Broadway St; ☉ab 11 Uhr) Die Brauerei liegt zwar ein Stück weiter, auf der anderen Seite der Brücke in Superior, Wisconsin (eine 10-minütige Fahrt), doch die kräftigen Biere und die ausgezeichnete Pizza belohnen den Weg.

Fitger's Brewhouse   BRAUEREI
(www.fitgersbrewhouse.net; 600 E Superior St; ☉ab 11 Uhr) Im Brewhouse, das in einem Hotelkomplex liegt, gibt's Livemusik und frisch gezapftes Bier. Am besten bestellt man ein Probierset mit sieben Bieren (sieben Gläschen 8 US$).

🔒 Shoppen

Electric Fetus   MUSIK
(☎218-722-9970; www.electricfetus.com; 12 E Superior St; ☉Mo–Fr 9–21, Sa 9–20, So 11–18 Uhr) Umwerfende Auswahl an CDs, Schallplatten sowie Kunst und Kunsthandwerk aus der Region, u.a. Dylan-Songs. Gegenüber von Pizza Luce.

❶ Praktische Informationen

Duluth Visitors Center (☎800-438-5884; www.visitduluth.com; Harbor Dr; ☉Sommer 9.30–19.30 Uhr) Saisonal geöffnet Touristeninformation gegenüber vom Vista Dock.

❶ Anreise & Unterwegs vor Ort

Greyhound (☎218-722-5591; 4426 Grand Ave) fährt mehrmals täglich nach Minneapolis (3 Std.).

SUPERIOR HIKING TRAIL

Der 330 km lange **Superior Hiking Trail** (www.shta.org) verläuft entlang dem Seeufer über einen Bergrücken zwischen Duluth und der kanadischen Grenze. Dabei führt er an dramatischen Aussichtspunkten aus rotem Fels und gelegentlich an einem Elch oder Schwarzbär vorbei. Alle 8 bis 16 km gibt es einen Parkplatz mit Zugang zum Trail – einfach ideal für Tageswanderungen. Das **Superior Shuttle** (☎218-834-5511; www.superiorhikingshuttle.com; ab 15 US$; ☉Mitte Mai–Mitte Okt. Fr–So) macht das Leben noch einfacher, sammelt er doch Wanderer an 17 Haltestellen entlang der Strecke auf. Wer mehrere Tage unterwegs ist, kann unter 81 Campingplätzen und mehreren Lodges wählen. Auf der Trail-Website findet man Infos dazu. Der ganze Weg ist kostenlos, Reservierungen oder Genehmigungen sind nicht erforderlich.

North Shore

Der Highway 61 ist die Hauptverkehrsader entlang der North Shore. Er führt dicht am Lake Superior entlang und passiert auf dem Weg nach Kanada zahlreiche State Parks, Wasserfälle, Wanderwege und kleine Städtchen. An den Wochenenden, im Sommer und im Herbst herrscht hier viel Betrieb, und dann sollte man Unterkünfte unbedingt vorher reservieren.

In **Two Harbors** (www.twoharborschamber.com) gibt es ein Museum, einen Leuchtturm und ein B&B. Das Besondere daran: Die letzteren beiden sind identisch. Das **Lighthouse B&B** (☎888-832-5606; www.lighthousebb.org; Zi. inkl. Frühstück 135–155 US$) ist eine einzigartige Unterkunft, aber man braucht ein wenig Glück, um eins der vier Zimmer zu ergattern. In der Nähe verkauft **Betty's Pies** (www.bettyspies.com; 1633 Hwy 61; Sandwichs 5–9 US$; ☉7–21 Uhr, Okt.–Mai kürzer) unzählige Sorten Kuchen, beispielsweise Schokoladentorte mit fünf Schichten.

Highlights auf der Fahrt von Two Harbors Richtung Norden sind der Wasserfall Gooseberry Falls, das Split Rock Lighthouse und die Felsklippe Palisade Head. Die kleine Künstlerstadt **Grand Marais** (www.grandmarais.com), die etwa 110 Meilen (177 km) von Duluth entfernt liegt, ist eine gute Ausgangsbasis, um die Boundary Waters und ihre Umgebung zu erkunden. Infos und Genehmigungen für die Boundary Waters bekommt man bei der **Gunflint Ranger Station** (☑218-387-1750; ⊘Mai–Sept. 8–16.30 Uhr) gleich südlich der Stadt.

Do-it-yourself-Fans können in der **North House Folk School** (☑218-387-9762; www.northhouse.org; 500 Hwy 61) lernen, wie man ein Boot baut, Angelköder befestigt oder Bier braut. Das Kursangebot ist phänomenal – genau wie die zweistündige Segeltour auf dem Wikingerschiff *Hjordis* (45 US$/Pers.). Man sollte im Voraus buchen.

In Grand Marais gibt es verschiedene Unterkünfte, darunter Campingplätze, Resorts und Motels, z.B. das **Harbor Inn** (☑218-387-1191; www.harborinnhotel.com; 207 Wisconsin St; Zi. 115–135 US$; ☎) in der Stadt, und die rustikale, von Wanderwegen umgebene **Naniboujou Lodge** (☑218-387-2688; www.naniboujou.com; 20 Naniboujou Trail; Zi. 95–115 US$; ⊘Ende Mai–Ende Okt.) 14 Meilen (22 km) nordöstlich der Stadt. Das **Sven and Ole's** (☑218-387-1713; www.svenandoles.com; 9 Wisconsin St; Sandwichs 6–9 US$; ⊘11–20, Do–Sa 11–21 Uhr) ist ein typisches Sandwich- und Pizzarestaurant, und im angrenzenden Pickled Herring Pub fließt das Bier in Strömen. Das umweltfreundliche **Angry Trout Cafe** (☑218-387-1265; www.angrytroutcafe.com; 416 Hwy 61; Hauptgerichte 20–27 US$; ⊘Mai–Mitte Okt. 11–20.30 Uhr) grillt in einer umgebauten Fischerhütte Fisch frisch aus dem See.

Der Highway 61 führt weiter zum **Grand Portage National Monument** (☑218-475-0123; www.nps.gov/grpo; ⊘Mitte Mai–Mitte Okt. 9–17 Uhr) `GRATIS` an der Grenze zu Kanada, wo die Kanus früher noch um die Stromschnellen des Pigeon River herumgetragen werden mussten. Dies war das Zentrum eines entlegenen Handelsimperiums, und der 1788 errichtete, rekonstruierte Handelsposten im Dorf Ojibwe ist überaus sehenswert. Zum **Isle Royale National Park** im Lake Superior verkehren von Mai bis Oktober täglich **Fähren** (☑218-475-0024; www.isleroyaleboats.com; Tagestour Erw./Kind 58/32 US$); den Park erreicht man auch von Michigan aus.

Boundary Waters

Von Two Harbors führt der Highway 2 in die legendäre **Boundary Waters Canoe Area Wilderness** (BWCAW). In dieser ursprünglichen Region gibt es über 1000 Seen und Flüsse, in die man das Paddel tauchen kann. Ein Tagesbesuch ist zwar möglich, doch die meisten Besucher entscheiden sich dafür,

wenigstens eine Nacht hier zu zelten. Wenn man sich aufs Wasser begibt und eine Weile Kanu fährt, lässt man das Getümmel ganz schnell hinter sich. Das Campen ist eine wunderbar einsame Angelegenheit: nur man selbst, die heulenden Wölfe, der Elch, der am Zelt schnuppert und das grünliche Polarlicht am Nachthimmel. Auch Neulinge sind hier gern gesehen; alles was man benötigt, bekommt man bei den Lodges und Ausrüstungsgeschäften, sodass man einfach loslegen kann.

Zum **Campen** (☑877-550-6777; www.recreation.gov; Erw./Kind 16/8 US$, plus Reservierungsgebühr 6 US$) ist eine Übernachtungsgenehmigung erforderlich. Auch Tagesbesucher benötigen eine Genehmigung, die aber kostenlos ist; man bekommt sie an den Kiosken an den BWCAW-Eingängen und bei den Rangerstationen. Einzelheiten kann man telefonisch beim **Superior National Forest** (☑218-626-4300; www.fs.usda.gov/attmain/superior/specialplaces) erfragen; auf der Website stehen nützliche Tipps zur Planung des Aufenthalts. Am besten plant man seinen Besuch im Voraus, denn die Zahl der Genehmigungen ist begrenzt und manchmal sind alle schon vergeben.

Viele finden, dass der Zugang zum BWCAW über die nette Stadt **Ely** (www.ely.org) der beste ist. In der Stadt, die nordöstlich der Region Iron Range liegt, gibt's Unterkünfte, Restaurants und jede Menge Ausrüstungsgeschäfte. Das **International Wolf Center** (☑218-365-4695; www.wolf.org; 1369 Hwy 169; Erw./Kind 9,50/5,50 US$; ⊘Mitte Mai–Mitte Okt. tgl. 10–17 Uhr, Mitte Okt.–Mitte Mai nur Fr & Sa) bietet faszinierende Ausstellungen und organisiert Wolfbeobachtungstouren. Gegenüber vom Center liegt auf der anderen Straßenseite die **Kawishiwi Ranger Station** (☑218-365-7600; 1393 Hwy 169; ⊘Mai–Sept. 8–16.30 Uhr), die die Expertentipps zum Campen und Kanufahren in der BWCAW gibt, Tourenvorschläge macht und Genehmigungen ausstellt.

Im Winter wird es in Ely glatt – es ist eine bekannte Hundeschlittenstadt. Ausrüster wie die **Wintergreen Dogsled Lodge** (☑218-365-6022; www.dogsledding.com; 4-stündige Tour 125 US$) bieten viele Tourpakete an.

Iron Range District

Der Iron Range District in Minnesota, ein Gebiet mit spärlich bewachsenen rötlichen Hügeln – Berge wäre etwas übertrieben –, besteht aus der Mesabi Range und der Vermilion Range. Etwa ab Grand Rapids bis ins nordöstlich gelegene Ely erstrecken sie sich nördlich und südlich des Highway 169. In den 1850er-Jahren wurde hier Eisen entdeckt, und zeitweilig kamen über drei Viertel des Eisens des gesamten Landes aus dem riesigen offenen Tagebau. Überall entlang des Highway 169 können Besucher aktuell noch betriebenen Tagebau sehen und die karge Schönheit der Gegend erleben.

Eine perfekte Einführung bietet der **Hill Annex Mine State Park** (☎218-247-7215; www.dnr.state.mn.us/hill_annex; 880 Gary St; Führungen Erw./Kind 10/6 US$; ☺Fr & Sa 12.30 & 15 Uhr) in **Calumet**, der Führungen in einem Tagebau veranstaltet und im Ausstellungszentrum unterhält. Die Führungen finden nur im Sommer am Freitag und Samstag statt; an beiden Tagen gibt's um 10 Uhr außerdem eine Fossilienführung.

Ein noch größerer Tagebau erstreckt sich in **Hibbing**, wo ein absolut sehenswerter **Aussichtspunkt** (☺Mitte Mai–Mitte Spet. 9–17 Uhr) GRATIS nördlich der Stadt den Blick über die fast 5 km lange Hull-Rust Mahoning Mine freigibt. Bob Dylan lebte als Kind und Teenager in der 2425 E 7th Avenue. Die **Hibbing Public Library** (☎218-362-5959; www.hibbing.lib.mn.us; 2020 E 5th Ave; ☺Mo–Do 10–19, Fr bis 17 Uhr) zeigt eine sehr gute Dylan-Ausstellung und hat kostenlose Karten (auch online erhältlich) für einen Spaziergang zu verschiedenen Stätten, z. B. zu dem Ort, wo Bobby seine Bar-Mizwa erhielt. Bei **Zimmy's** (www.zimmys.com; 531 E Howard St; Hauptgerichte 14–20 US$; ☺11–1 Uhr) gibt es neben Drinks und Kneipenessen auch Dylan-Souvenirs. Wer übernachten möchte, sollte es im **Hibbing Park Hotel** (☎218-262-3481; www.hibbingparkhotel.com; 1402 E Howard St; Zi. 60–100 US$; ✳☎☒) versuchen.

In **Soudan** befindet sich der einzige **Untertagebau** (www.dnr.state.mn.us/soudan; 1379 Stuntz Bay Rd; Führungen Erw./Kind 12/7 US$; ☺Ende Mai–Anfang Sept. 10–16 Uhr) der Gegend – warme Kleidung ist ratsam.

Voyageurs National Park

Im 17. Jh. begannen franko-kanadische Pelzhändler, sogenannte Voyageure, die Großen Seen und die nördlichen Flüsse mit dem Kanu zu erforschen. Der **Voyageurs National Park** (www.nps.gov/voya) schützt einen Teil der Wasserstraßen, die sie benutzten und die zur Grenze zwischen den USA und Kanada wurden.

Hier oben dreht sich alles ums Wasser. Die meisten Gebiete des Parks sind nur zu Fuß oder mit dem Motorboot zu erreichen (die Gewässer sind meistens zu breit oder zu wild, um sie mit dem Kanu zu befahren, wenngleich Kajaks immer beliebter werden). Ein paar Zugangsstraßen führen zu Campingplätzen und Lodges an oder in der Nähe des Lake Superior, aber sie werden meistens von Menschen benutzt, die ihre eigenen Boote zu Wasser lassen.

Die Visitor Centers sind mit dem Auto zu erreichen und gute Startpunkte für einen Trip. 12 Meilen (19 km) östlich der International Falls am Highway 11 befindet sich das **Rainy Lake Visitor Center** (☎218-286-5258; ☺Ende Mai–Sept. tgl. 9–17 Uhr, Sept.– Ende Mai Mi–So), das Hauptbüro des Parks. Hier führen einen die Ranger zu Fuß oder mit dem Boot. Nur in der Saison geöffnet sind die Visitor Centers am **Ash River** (☎218-374-3221; ☺Juni–Sept. 9–17 Uhr) und am **Kabetogama Lake** (☎218-875-2111; ☺Ende Mai–Sept. 9–17 Uhr). In diesen Gebieten gibt's Ausrüster, Verleiher und Dienstleistungen sowie kleinere Buchten zum Kanufahren.

Ziemlich beliebt hier sind **Hausboote**. Ausrüster wie **Ebel's** (☎888-883-2357; www.ebels.com; 10326 Ash River Trail) und **Voyagaire Houseboats** (☎800-882-6287; www.voyagaire.com; 7576 Gold Coast Rd) helfen einem weiter. Ein Boot kostet 275 bis 700 US$ pro Tag Miete, je nach Bootsgröße. Auch Anfänger sind willkommen, sie werden in die Geheimnisse der Hausboote eingewiesen.

Zum Übernachten stehen nur Campingplätze oder Resorts zur Auswahl. Das **Kettle Falls Hotel** (☎218-240-1724; www.kettlefallshotel.com; Zi./Cottage inkl. Frühstück 80–180 US$; ☺Mai–Mitte Okt.) mit seinen zwölf Zimmern und Gemeinschaftsbad ist eine Ausnahme. Es liegt in der Mitte des Parks und ist nur mit dem Boot zu erreichen. Man kann mit den Besitzern vereinbaren, dass sie einen abholen (hin & zurück 45 US$/Pers.). Im **Nelson's Resort** (☎800-433-0743; www.nelsons-resort.com; 7632 Nelson Rd; Hütten ab 180 US$) in Crane Lake kann man wandern, angeln und unter dem blauen Himmel relaxen. Mit Sicherheit findet man hier eine abgelegene, raue Gegend vor. Wer aber wilde Pflanzen und Tiere in ihrer ganzen Schönheit sucht, Kanu fahren und im Wald zelten will, ist in den Boundary Waters besser dran.

Bemidji & Chippewa National Forest

Diese Gegend steht für Outdooraktivitäten und Sommerspaß. Hier gibt es eine ganze

Menge Campingplätze und Ferienhütten. Fast jeder hier ist leidenschaftlicher Angler.

Ein Highlight der Region ist der **Itasca State Park** (218-266-2100; www.dnr.state.mn.us/itasca; am Hwy 71 N; pro Fahrzeug 5 US$, Zelt- & Wohnmobilstellplätze 12–22 US$). Besucher können zwischen den winzigen Quellflüssen des mächtigen Mississippi umherspazieren, Kanus und Fahrräder ausleihen, auf markierten Wegen wandern oder zelten. Das Blockhaus des **HI Mississippi Headwaters Hostel** (218-266-3415; www.hiusa.org/parkrapids; B 24–27 US$, Zi. 80–130 US$;) befindet sich ebenfalls im Park. Im Winter variieren die Öffnungszeiten, darum sollte man vorher anrufen. Wer sich ein biss-chen mehr Luxus gönnen will, entscheidet sich einfach für die altehrwürdige **Douglas Lodge** (866-857-2757; Zi. 95–140 US$;), die vom Park betrieben wird und mit Hütten und einem guten Restaurant aufwartet.

Am westlichen Rand des Chippewa National Forest, etwa 30 Meilen (knapp 50 km) von Itasca entfernt, liegt das winzige **Bemidji**, eine alte Holzfällerstadt mit einem gut erhaltenen Zentrum und der riesigen Statue des Holzfällers Paul Bunyan und seines treuen blauen Ochsen Babe. Zu den Ausstellungsstücken im **Visitor Center** (www.visitbemidji.com; 300 Bemidji Ave N; 8–17 Uhr, Sept.–Mai Sa & So geschl.) gehört beispielsweise Pauls Zahnbürste.

Den Osten der USA verstehen

Der Osten der USA aktuell

Waffenrecht, Gesundheitswesen, gleichgeschlechtliche Ehe und die Legalisierung von Marihuana sind noch immer heiß diskutierte Themen. Die zweite Amtszeit Barack Obamas hat beiden Seiten Augenblicke der Selbstreflexion beschert, sowohl den Demokraten, die in der ersten Amtsperiode des Präsidenten durchwachsene Ergebnisse erzielten, als auch den Republikanern, die künftigen Wahlen keineswegs völlig siegessicher begegen werden. Und die zwei Parteien sind sich natürlich nach wie vor nicht einig...

Top-Bücher

Wer die Nachtigall stört (Harper Lee; 1960) Roman über Rassismus im Alabama der Depression – mit dem Pulitzerpreis ausgezeichnet.
Die Verschwörung der Idioten (John Kennedy Toole; 1980) Pulitzerprämierter Roman über einen Sonderling aus New Orleans auf Arbeitssuche.
Freiheit (Jonathan Franzen; 2010) Komplexe, dramatische Familiengeschichte im Minnesota und New York City der heutigen Zeit. Der Londoner *Guardian* betitelte das Buch schon als „Roman des Jahrhunderts".
Bleeding Edge (Thomas Pynchon; 2013) Gewagte, verworrene Geschichte, die während der Terroranschläge vom 11. September in New York spielt.

Top-Filme

Vom Winde verweht (Regie Victor Fleming; 1939) Saga über die Bürgerkriegsära in den Südstaaten.
Mr. Smith geht nach Washington (Regie Frank Capra; 1939) Jimmy Stewart bekommt einen Crashkurs in Politik und Korruption.
Die Unbestechlichen (Regie Brian De Palma; 1987) Eliot Ness jagt Al Capone im Chicago der Gangsterära.
Lincoln (Regie Steven Spielberg; 2012) Drama über Lincolns Bemühungen, die Sklaverei abzuschaffen.

Politik

Präsident Obama wurde 2012 wiedergewählt – was größtenteils einem in der amerikanischen Geschichte einzigartigen bunten Wählermix an Hautfarben und Ethnien zu verdanken war. Mehr als 90% der Afro-Amerikaner und fast 70% der Latinos gaben ihm ihre Stimme. Im Osten unterstützten ihn der Mittlere Westen, der Nordosten und Florida (der Süden allerdings nicht).

Das Unvermögen der Republikaner, Wähler aus verschiedenen ethnischen Milieus für sich zu gewinnen, hat innerhalb der Partei für eine Gewissensprüfung gesorgt. Vielleicht als Reaktion auf die Suche nach einer neuen Identität unterstützte die Partei Mitglieder von sehr unterschiedlicher Herkunft. Der junge kubanisch-amerikanische Senator aus Florida, Marco Rubio, gilt als einer dieser Aufsteiger – bei der nächsten Präsidentschaftswahl wird man vielleicht von ihm hören.

Wirtschaft & Gesundheitswesen

Auch wenn die Demokraten seinen Sieg feierten – Obama erfüllte das Weiße Haus nicht mit demselben Optimismus, der ihn das erste Mal umgab. Als Obama 2013 den Amtseid ablegte, betrug die Arbeitslosenquote etwa 8% – und lag damit genauso hoch wie während seiner Amtseinführung im Jahr 2009. Während aber das Wirtschaftswachstum im Großteil des Landes auf einer soliden Basis zu stehen scheint, sieht es in den Taschen der Oststaatler noch recht leer aus, z.B. in den industriereichen Regionen des Mittleren Westens um die Great Lakes herum (vor allem Illinois und Michigan).

Obamas ehrgeiziger Plan, die Gesundheitsreform durch den Kongress zu kriegen, wurde zur bedeutendsten Erweiterung des Gesundheitswesens seit Einführung der Gesundheitsdienste für Ältere *(Medicare)* und für Bedürftige *(Medicaid)* im Jahre 1965. Trotz der Herausforderung durch die Republikaner, die drohten, dem *Affordable Care Act* die Mittel zu entziehen (ein

Faktor für den 16-tägigen Verwaltungsstillstand im Oktober 2013), und trotz des knappen Wahlausgangs im Supreme Court (der den Act per Verfassung durch ein knappes Fünf zu Vier rettete), soll das Gesetz in Kraft treten. Ob es ein Erfolg wird oder scheitert, ist weiterhin heiß umstritten. Jedenfalls soll es Staaten wie Florida, Georgia, North Carolina, Mississippi und Louisiana, die die höchsten Raten an Unversicherten der Nation aufweisen (zwischen 15 und 20 %), genauso entlasten wie jene republikanisch geführten Staaten, die das Gesetz aktiv bekämpfen.

Gleichgeschlechtliche Ehe & Marihuana

Obwohl Obama 2012 erklärte, die gleichgeschlechtliche Ehe zu unterstützen, lehnt der Kongress sie weiterhin ab. Einige Staaten schreiten aber voran und verabschieden Gesetze dazu. 2013 hatten 16 Staaten (12 davon im Osten der USA) sowie Washington, D.C. die gleichgeschlechtliche Ehe legalisiert. Ein Durchbruch gelang im Juni 2013, als der Supreme Court befand, dass der diskriminierende *Defense of Marriage Act* – das Gesetz, das festlegt, dass die Bundesregierung durch die Staaten legalisierte gleichgeschlechtliche Ehen nicht anerkannte – verfassungswidrig war.

Beim Thema Cannabis indessen ist die vorherrschende Meinung, und das quer durch die USA, dass die Auflagen gelockert werden müssen. Etwa 20 Staaten unterstützen die Legalisierung von Marihuana für den medizinischen Gebrauch, und eine Handvoll Staaten haben Marihuana sogar entkriminalisiert, indem sie den Besitz kleinerer Mengen der Substanz als Vergehen und nicht mehr als Schwerverbrechen betrachten. Alle nordöstlichen Staaten haben entweder das eine oder das andere Gesetz eingeführt.

Waffengewalt

In den letzten Jahren ist die Anzahl der Massenschießereien alarmierend gestiegen. Unfassbar sind etwa die Vorfälle 2012 in Newtown, Connecticut, als ein schwer bewaffneter 20-Jähriger 20 kleine Kinder und sechs Erwachsene hinrichtete hat. Im folgenden Jahr tötete ein Schütze zwölf Menschen und verletzte vier bei einem Amoklauf auf dem Navy Yard in Washington, D.C. Im Schnitt werden jeden Tag 32 Amerikaner durch Waffen getötet und weitere 140 verwundet.

Trotz der Belege (wie sie auch eine 2013 veröffentlichte Studie im angesehenen *American Journal of Medicine* zeigt), dass mehr Waffen auch mehr Morde bedeuten, oder der Tatsache, dass Todesfälle durch Feuerwaffen in Ländern mit strikten Waffengesetzen selten sind, zögern die amerikanischen Gesetzgeber, auch nur moderate Waffenkontrollgesetze zu erlassen, etwa ein Verbot von Sturmgewehren, das der Kongress 2013 nicht abschließen konnte. Ein Grund: Die Waffenlobbys, wie die National Rifle Association, üben eine unglaubliche Macht aus, indem sie mehr als 16 Mio. US$ jährlich an den Staat und für nationale politische Kampagnen ausgeben.

BEVÖLKERUNG: **317 MIO.**

BRUTTOINLANDPRODUKT: **15,94 BIO. US$**

BRUTTOINLANDSPRODUKT PRO KOPF: **50700 US$**

ARBEITSLOSENQUOTE: **7,6 %**

JÄHRLICHE INFLATIONSRATE: **2,1 %**

. . . .

Gäbe es nur 100 Leute in den USA, wären …

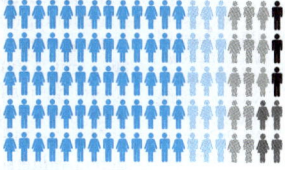

65 Weiße
15 Hispanics
13 Afroamerikaner
4 Amerikaner mit asiatischen Wurzeln
3 anderer Abstammung

. . . .

Religionen
(% der Bevölkerung)

51 — Protestantisch
24 — Römisch-katholisch
2 — Mormonen
2 — Jüdisch
21 — Andere

. . . .

Einwohner pro km²

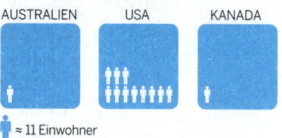

AUSTRALIEN   USA   KANADA

≈ 11 Einwohner

Geschichte

Von den Anfängen als englische Kolonie bis zum Aufstieg zur Supermacht Nr. 1 des 20. Jhs. verlief die amerikanische Geschichte alles andere als langweilig. Der Krieg gegen die Briten, der Aufbruch Richtung Westen, die Sklaverei und ihre Abschaffung, Bürgerkrieg und Wiederaufbau, die Große Depression, der Boom der Nachkriegsjahre und die neuesten Konflikte des 21. Jhs. – das alles hat die komplizierte Identität der amerikanischen Nation geformt.

Die ersten Bewohner

Ende der 1580er-Jahre, also noch vor Jamestown oder Plymouth Rock, errichtete auf Roanoke, North Carolina, eine Gruppe von 116 britischen Männern und Frauen eine Kolonie. Als ein Versorgungsschiff drei Jahre später zurückkam, waren alle Siedler verschwunden. Das Schicksal der „Verlorenen Kolonie" ist bis heute eines der größten Mysterien Amerikas.

Zu den bedeutendsten prähistorischen Kulturen Nordamerikas gehörten die Mound Builders, die von ca. 3000 v. Chr. bis 1200 n. Chr. die Flusstäler am Ohio River und am Mississippi bewohnten. Cahokia in Illinois war mit 20 000 Menschen einst die größte präkolumbische Metropole Nordamerikas. Überall im Osten der USA sind ähnliche Erdhügel zu finden, u. a. am Natchez Trace in Mississippi.

Als die Europäer zum ersten Mal amerikanischen Boden betraten, lebten unterschiedliche Gruppen von Ureinwohnern in Amerika: die Wampanoag in Neuengland, die Calusa in Südflorida und die Shawnee im Mittleren Westen. 200 Jahre später waren sie alle verschwunden. Die europäischen Entdecker hatten Krankheiten im Gepäck, gegen die die indigene Bevölkerung keine Abwehrkräfte besaß. Mehr als alle anderen Faktoren – also Krieg, Sklaverei oder Hunger – dezimierten Epidemien die Bevölkerung der Ureinwohner, und zwar um etwa 50 bis 90 %.

Die Ankunft der Europäer

1492 reiste der italienische Entdecker Christopher Kolumbus im Dienste Spaniens gen Westen. Auf der Suche nach dem Seeweg nach Ostindien fand er die Bahamas. Mit dem Traum von Gold folgten weitere spanische Entdecker: Cortés eroberte Teile des heutigen Mexiko, Pizarro nahm Peru ein und Ponce de León reiste auf der Suche nach dem Jungbrunnen durch Florida. Derweil erforschten Franzosen Kanada und den Mittleren Westen, Holländer und Engländer segelten an der Ostküste Nordamerikas entlang.

ZEITLEISTE	40 000–20 000 v. Chr.	7000 v. Chr.–100 n. Chr.	1492
	Die ersten Völker des amerikanischen Kontinents wandern über eine Landbrücke, die sich zwischen Sibirien und Alaska erstreckt, aus Zentralasien ein (der Meeresspiegel ist zu jener Zeit niedriger als heute).	Die „Archaische Periode" ist von einem nomadenhaften Lebensstil als Jäger und Sammler gekennzeichnet. Am Ende der Periode werden Mais, Bohnen und Kürbisse angebaut und Siedlungen sind etabliert.	Der italienische Forschungsreisende Christopher Kolumbus „entdeckt" Amerika. Aus der falschen Annahme heraus, er sei nach Indien gesegelt, gibt er den indigenen Völkern den Namen „Indianer".

Die erste Stadt, die von den Europäern auf nordamerikanischen Boden gegründet wurde, war St. Augustine in Florida. Sie wurde 1565 von den Spaniern gegründet und ist seitdem durchgängig besiedelt. Weiter nördlich an der Küste errichteten englische Adlige 1607 Jamestown, die erste dauerhafte englische Siedlung. Frühere Siedlungen hatten ein schlechtes Ende genommen und auch Jamestown widerfuhr beinahe das gleiche Schicksal. Die Kolonisten hatten sich einen Sumpf ausgesucht und ihre Felder zu spät bestellt, sodass viele an Krankheiten und Hunger elend dahinsiechten. Retter in der Not waren die indigenen Stämme der Region, dank deren Hilfe die Siedler den ersten Winter überlebten.

Für Jamestown und Amerika war 1619 ein Schlüsseljahr. Die Kolonie gründete das House of Burgesses, eine repräsentative Versammlung von Bürgern, die über die Gesetze in der Region entscheiden sollte. Im gleichen Jahr traf die erste Schiffsladung mit 20 Sklaven ein.

Das Folgejahr erwies sich als nicht weniger bedeutsam. Eine Schiffsladung radikal religiöser Puritaner ging dort an Land, wo später Plymouth, Massachusetts, entstehen sollte. Die Pilgerväter waren auf der Flucht vor der religiösen Verfolgung der „korrupten" Kirche von England. In der neuen Welt sahen sie die gottgegebene Möglichkeit, eine neue Gesellschaft zu erschaffen, die ein leuchtendes Vorbild an Religion und Moral werden sollte. Sie unterzeichneten den „Mayflower-Vertrag", einen der wegweisenden Texte der amerikanischen Demokratie, in dem sie sich der Einhaltung einer selbst erlassenen Ordnung unterwarfen.

Kapitalismus & Kolonialismus

In den nächsten zwei Jahrhunderten wetteiferten die europäischen Mächte um ihre Position und das Territorium in der Neuen Welt. Dabei wurden Nord- und Südamerika zum Nebenschauplatz europäischer Politik und Kriege. Nachdem es dem British Royal Navy gelungen war, den Atlantik zu beherrschen, profitierte England immer stärker von seinen Kolonien und konsumierte gierig deren Erzeugnisse – Tabak aus Virginia, Zucker und Kaffee aus der Karibik. Im 17. und 18. Jh. wurde in Amerika die Sklaverei langsam zu einer formellen Einrichtung legalisiert, um die Plantagenwirtschaft zu unterstützen. Um 1800 war jeder fünfte „Amerikaner" ein Sklave.

In der Zwischenzeit überließen es die Briten den amerikanischen Kolonisten weitgehend, sich selbst zu regieren. Treffen in den Städten und repräsentative Versammlungen wurden zur Regel. Hier diskutierten die Bürger der Region (d.h. weiße Männer mit Besitz) die Probleme der Gemeinschaft und stimmten über Gesetze und Steuern ab. Dennoch bekam das Königreich Großbritannien 1763 – gerade war der Siebenjährige Krieg zu Ende gegangen – langsam zu spüren, wie kraftraubend es ist, ein Imperium zu regieren. Seit einem Jahrhundert kämpften sie nun gegen Frankreich, über die ganze Welt verstreute Kolonien galt es zu

The New World (2005) ist ein brutaler, aber leidenschaftlicher Film von Regisseur Terrence Malick, der die tragische Geschichte der Jamestown-Siedlung erzählt und die zentrale friedensstiftende Rolle von Pocahontas, Tochter des Indianerhäuptlings Powhatan, hervorhebt.

Sehenswerte Kolonialstätten

Williamsburg, Virginia

Jamestown, Virginia

Plymouth, Massachusetts

North End, Boston

Philadelphia, Pennsylvania

Annapolis, Maryland

Charleston, South Carolina

GESCHICHTE KAPITALISMUS & KOLONIALISMUS

Mitte 16. Jh.	1607	1620	1626
Spanier gründen die ersten Kolonien auf amerikanischem Boden, darunter das heute noch existierende St. Augustine in Florida. Andere Neugründungen werden später wieder aufgegeben.	Die erste englische Kolonie in Nordamerika, die Jamestown-Siedlung im heutigen Virginia, wird auf Marschland gegründet. Die ersten Jahre sind hart und viele sterben an Krankheiten oder verhungern.	Die *Mayflower* landet mit 102 englischen Pilgern an Bord in Plymouth. Sie haben sich in die Neue Welt aufgemacht, um religiöser Verfolgung zu entkommen. Die Wampanoag retten sie vor dem Verhungern.	Niederländische Kaufleute kaufen Indianern die Insel Manhattan ab und gründen die Stadt Nieuw Amsterdam. Nach der Annexion durch die Engländer 1664 bekommt sie den Namen New York.

Erst-klassige historische Museen

Henry Ford Museum/Greenfield Village, Detroit

National Civil Rights Museum, Memphis

New Bedford Whaling Museum, Massachusetts

National Museum of the American Indian, Washington, D.C.

Im 18. Jh. boomte die Walfangindustrie in Neuengland – vor allem in der Gegend um Massachusetts. Buzzards Bay, Nantucket Island und New Bedford waren die Hauptzentren. New Bedford verfügte über eine Walfangflotte von mehr als 300 Schiffen. 10 000 Menschen hatten mit dem Walfang zu tun und erzielten einen Gewinn von über 12 Mio. US$.

verwalten und zu lenken. Es wurde Zeit, in der Bürokratie aufzuräumen und die finanziellen Lasten aufzuteilen.

Die Kolonien indes hatten so viel Selbstbewusstsein entwickelt, dass sie gegen Steuern und englische Politik protestierten. 1773 erreichte der Protest mit der Boston Tea Party einen ersten Höhepunkt. Die Briten schlugen nun mit aller Härte zu, schlossen den Hafen von Boston und erhöhten ihre militärische Präsenz. 1774 versammelten sich Vertreter aus zwölf Kolonien im Ersten Kontinentalkongress in der Independence Hall in Philadelphia, wo sie ihre Beschwerden vortrugen und sich auf den unausweichlich bevorstehenden Krieg vorbereiteten.

Revolution & Republik

Im April 1775 gerieten in Massachusetts britische Truppen in ein Geplänkel mit bewaffneten Kolonisten – der Amerikanische Unabhängigkeitskrieg hatte begonnen. George Washington, ein wohlhabender Farmer aus Virginia, wurde zum Kommandeur der amerikanischen Armee gewählt. Das Problem war nur, dass Washington Schießpulver und Geld fehlten (die Kolonisten wehrten sich sogar dann gegen Steuern, wenn sie für ihr eigenes Militär benötigt wurden); ferner stellten seine Truppen eine kunterbunte Mischung aus schlecht bewaffneten Bauern, Jägern und Kaufleuten dar, die regelmäßig desertierten und auf ihre Farmen zurückkehrten, da sie keinen Sold erhielten. Dagegen verkörperten die britischen Redcoats das mächtigste Militär der Welt. Improvisation war daher das oberste Gebot des unerfahrenen Washington – mal zog er sich weise zurück, mal griff er "unfein" aus dem Hinterhalt an. Im Winter 1777/78 wäre die amerikanische Armee bei Valley Forge in Pennsylvania beinahe verhungert.

In der Zwischenzeit versuchte der Zweite Kontinentalkongress in Worte zu fassen, wofür man eigentlich kämpfte. Im Januar 1776 veröffentlichte Thomas Paine den populären *Common Sense,* in dem er sich leidenschaftlich für die Unabhängigkeit von England einsetzte. Bald schien die Unabhängigkeit nicht nur logisch, sondern galt als edel und notwendig. Am 4. Juli 1776 wurde dann ein Schlussstrich gezogen und die Unabhängigkeitserklärung unterzeichnet, die zu großen Teilen von Thomas Jefferson verfasst worden war. In der Gründungsurkunde verkündeten die 13 Kolonien ihre Loslösung von der Monarchie und ihr Recht, als unabhängige, republikanische Staaten zu handeln.

Um aber auf dem Schlachtfeld erfolgreich zu sein, benötigte General Washington Hilfe und nicht nur patriotische Gefühle. 1778 überredete Benjamin Franklin die Franzosen – die stets bereit waren, England eins auszuwischen –, sich mit den Revolutionären zu verbünden. Sie beschafften die Truppen, das Material und die Seemacht und trugen zum Sieg bei. 1781 kapitulierten die Briten bei Yorktown in Virginia. Zwei Jahre später wurden die "Vereinigten Staaten von Amerika" mit dem Frieden

1675	1756–1763	1773	1775
Jahrzehntelang leben die Pilgerväter und die einheimischen Stämme in relativer Eintracht nebeneinander, bis 1675 ein tödlicher Konflikt ausbricht: der Indianeraufstand „King Philip's War".	Im Siebenjährigen Krieg in Nordamerika ist Frankreich England unterlegen und zieht sich aus Kanada zurück. Großbritannien kontrolliert nun einen Großteil des Territoriums östlich des Mississippis.	Boston Tea Party: Aus Protest gegen die britische Teesteuer verkleiden sich die Einwohner Bostons als Mohawks, besetzen Schiffe der East India Company und werfen deren Teeladungen über Bord.	Paul Revere reitet von Bosten nach Westen, um die Minutemen-Miliz der Kolonie vor der Ankunft der Briten zu warnen. Einen Tag später bricht der Amerikanische Unabhängigkeitskrieg aus..

von Paris offiziell anerkannt. Anfangs konnte der lose Bund der aufsässigen, zänkischen Staaten kaum „vereinigt" genannt werden. Also trafen sich die Gründerväter erneut in Philadelphia und entwarfen 1787 eine neue, verbesserte Verfassung. Die amerikanische Regierung erhielt ein stärkeres föderales Zentrum, es wurde die Gewaltenteilung festgeschrieben und – um den Einzelnen vor dem Missbrauch staatlicher Macht zu schützen – 1791 schließlich noch die *Bill of Rights* verabschiedet.

So tief greifend die Ereignisse auch waren, die Verfassung änderte nichts an den wirtschaftlichen und sozialen Verhältnissen. Reiche Landbesitzer behielten ihren Besitz, zu dem auch die Sklaven gehörten. Die Ureinwohner Amerikas wurden von der Nation und die Frauen von der Politik ausgeschlossen. Diese offensichtlichen Diskrepanzen und Ungerechtigkeiten wurden durchaus wahrgenommen. Sie waren das Resultat pragmatischer Kompromisse (z. B. um die von der Sklavenarbeit abhängigen Südstaaten zu überzeugen) und der allgemeinen Überzeugung von der Unausweichlichkeit der Situation.

Louisiana Purchase & der Zug gen Westen

Als das 19. Jh. über die junge Nation hereinbrach, war Optimismus angesagt. Die Landwirtschaft wurde industrialisiert, die Handelsbilanz der USA wuchs, genauso wie die Nation selbst: 1803 kaufte Thomas Jefferson Land von Napoleon Bonaparte. Der Louisiana Purchase bezog sich auf New Orleans und etwa 15 der heute westlich des Mississippis gelegenen Bundesstaaten.

Die Beziehungen zwischen den USA und Großbritannien blieben – trotz regen Handels – gespannt, 1812 erklärten die Vereinigten Staaten England erneut den Krieg. Der Konflikt endete nach zwei Jahren ohne einen großen Sieger. Die Briten gaben ihre Forts auf, während die Vereinigten Staaten ihren Schwur erneuerten, sich aus den *entangling alliances,* den verwickelten Bündnissen in Europa, rauszuhalten.

In den 1830er- und 1840er-Jahren schwappte eine Welle nationalistischen Eifers und von Träumereien von einer kontinentalen Expansion durchs Land. Viele Amerikaner waren der Meinung, es sei eine *manifest destiny,* eine offensichtliche Bestimmung, dass ganz Nordamerika ihnen gehören solle. Das Indian Removal Act von 1830 sollte sie ein Hindernis aus dem Weg räumen: Das Land westlich des Mississippis wurde zu „Indianerland" erklärt – in dieses sollten die amerikanischen Ureinwohner ziehen und so die fruchtbaren Täler in östlichen Bundesstaaten wie Georgia und Alabama für Siedlungen räumen. Viele Stämme – unter ihnen die Seminolen in Florida – weigerten sich, ihre Heimat freiwillig aufzugeben. Die amerikanische Regierung beschwatzte, bedrohte und bestach die Indianer; sie sollten Verträge unterzeichnen und mit der Regierung zusammenarbeiten. Wenn all das nichts brachte, wurde Waffengewalt eingesetzt.

GESCHICHTE LOUISIANA PURCHASE & DER ZUG GEN WESTEN

TECUMSEH

Über 100 Jahre lang hing der Fluch des Tecumseh über den Präsidenten, die in einem Jahr, das mit Null endete, gewählt wurden (alle 20 Jahre). Tecumseh war ein Krieger vom Volk der Shawnee, der vom späteren Präsidenten William Henry Harrison 1811 in einer Schlacht geschlagen wurde. Aus Rache verfluchte Tecumseh ihn. Harrison wurde 1840 Präsident, starb aber einen Monat später. Lincoln und Kennedy wurden während ihrer Regierungszeit ermordet.

1776	1787	1791	1803–1806
Am 4. Juli unterzeichnen die Kolonien die Unabhängigkeitserklärung. Zu den Männern, die an der Ausarbeitung des Dokuments beteiligt waren, gehören John Hancock, Benjamin Franklin und Thomas Jefferson.	Die Constitutional Convention in Philadelphia arbeitet die amerikanische Verfassung aus. Die Machtverhältnisse zwischen dem Präsidenten, dem Kongress und der Judikative sind ausgeglichen.	Die Bill of Rights wird als Zusatzartikel zur Verfassung verabschiedet. Sie umreißt Bürgerrechte wie die Rede-, Versammlungs-, Religions- und Pressefreiheit sowie das Recht, Waffen zu tragen.	Präsident Thomas Jefferson schickt Meriwether Lewis und William Clark gen Westen. Unter der Führung einer Stammesangehörigen der Schoschonen begeben sie sich auf die Reise von St. Louis, Missouri, zum Pazifik.

DER AFROAMERIKANISCHE KAMPF UM GLEICHHEIT

Es ist unmöglich, die Geschichte Amerikas zu verstehen, ohne die großen Kämpfe und mühsam errungenen Siege der Afroamerikaner in allen Bereichen zu betrachten.

Sklaverei

Zwischen 1600 und 1800 wurden ca. 600 000 Sklaven von Afrika nach Amerika gebracht. Die Überlebenden der Horrortransporte auf den vollgestopften Schiffen – die Sterblichkeitsrate betrug manchmal 50 % – wurden auf Sklavenmärkten verkauft (1638 kostete ein afrikanischer Mann 27 US$). Für die meisten Sklaven endete ihre Reise auf den Plantagen im Süden, wo die Bedingungen meist äußerst brutal waren – Auspeitschen und Brandmarken standen auf der Tagesordnung.

Alle (weißen) Menschen sind gleich geschaffen

Viele der Gründungsväter – George Washington, Thomas Jefferson und Benjamin Franklin – besaßen Sklaven, obwohl sie diese Praxis eigentlich verurteilten. Die Bewegung zur Abschaffung der Sklaverei formierte sich erst in den 1830er-Jahren, lange nach der Unabhängigkeitserklärung, in der es überschwänglich hieß, „alle Menschen sind gleich geschaffen", was letztendlich leere Versprechungen waren.

Endlich frei

Obwohl einige Revisionisten den Amerikanischen Bürgerkrieg als einen Kampf um die Rechte der Bundesstaaten beschreiben, so sind sich doch die meisten Gelehrten darüber einig, dass es im Wesentlichen um die Sklaverei ging. Nach dem Sieg der Union am An-

Beste Politische Schriften

Washington: A Life (2010), Ron Chernow

Thomas Jefferson: The Art of Power (2013), Jon Meacham

Team of Rivals: The Political Genius of Abraham Lincoln (2012), Doris Kearns Goodwin

In der Zwischenzeit beseitigte der Bau der Eisenbahn ein weiteres Hindernis und verband die Farmer im Mittleren Westen und Westen mit den Märkten an der Ostküste. Als die neuen Staaten Teil der USA wurden, zeichnete sich eine quälende Frage ab: Würden sie Sklavenstaaten oder freie Staaten sein? Die Zukunft einer ganzen Nation hing von der Antwort auf diese Frage ab.

Der Amerikanische Bürgerkrieg

Die Verfassung der USA hatte der Sklaverei kein Ende gesetzt. Sie hatte vielmehr dem Kongress die Macht gegeben, die Sklaverei in den neuen Staaten zu erlauben (oder zu verbieten). Es gab lange Diskussionen, die an Schärfe gewannen, als sich abzeichnete, dass die Sklavenfrage zum Spielball des Machtkampfs zwischen dem industrialisierten Norden und dem landwirtschaftlichen Süden geworden war.

Seit der Gründung der USA dominierten Politiker aus dem Süden in der Bundesregierung und verteidigten die Sklaverei als „natürlich und gottgegeben" (was ein Journalist 1856 in einem Leitartikel der *New York*

1812	1861–1865		1870
Der Krieg von 1812 beginnt mit Schlachten gegen die Briten und die Ureinwohner Amerikas im Gebiet der Großen Seen. Aber auch nach dem Frieden von Gent von 1815 gehen die Kämpfe an der Golfküste weiter.	Der Amerikanische Bürgerkrieg zwischen dem Norden und dem Süden bricht aus. Das Kriegsende vom 9. April 1865 wird eine Woche später von der Ermordung Präsident Lincolns überschattet.		Freie schwarze Männer erhalten das Stimmrecht; die Jim-Crow-Gesetze, die im Süden unter den Befürwortern der Rassentrennung auftauchen, diskriminieren die Schwarzen im Endeffekt aber.

NATHAN BLANEY / GETTY IMAGES ©

→ Lincoln Memorial (S. 281)

tietam verfasste Lincoln die Emanzipations-Proklamation, durch die alle Schwarzen in den besetzten Gebieten befreit wurden. Afroamerikaner unterstützten die Unionsbemühungen – bei Kriegsende dienten mehr als 180 000 in der Armee.

Jim-Crow-Gesetze

Während der Reconstruction (1865–1877) sahen Bundesgesetze den Schutz der Bürgerrechte der befreiten Schwarzen vor. Die seit Jahrhunderten bestehenden Vorurteile und die daraus resultierende Verbitterung im Süden waren Auslöser für eine Gegenreaktion. In den 1890er-Jahren entstanden die Jim-Crow-Gesetze, die ihren Namen der stereotypisierten, diskriminierenden Darstellung eines Schwarzen in den Minstrel-Shows verdanken. Damit wurden die Afroamerikaner entrechtet und die amerikanische Gesellschaft war tief gespalten.

Bürgerrechtsbewegung

Anfang der 1950er-Jahre war in den afroamerikanischen Gemeinden der Kampf um Gleichheit voll im Gange. Als sich die mutige Rosa Parks weigerte, ihren Sitzplatz für einen weißen Fahrgast zu räumen, löste dies den Montgomery-Bus-Boykott aus. Es gab Sitzblockaden in Snackbars, die Schwarze nicht betreten durften, Martin Luther King organisierte in Washington, D. C., große Demonstrationen und Protestfahrten von „Freiheitsfahrern" sollten zu einem Ende der Rassentrennung in Bussen führen. Das Engagement von Millionen hat sich gelohnt: 1964 verabschiedete Präsident Johnson das Bürgerrechtsgesetz, das der Diskriminierung und der Rassentrennung ein Ende setzen sollte.

Times als „Irrsinn" bezeichnete). Die Pro-Sklaverei-Lobby im Süden erzürnte die Sklavereigegner (Abolitionisten) im Norden. Doch auch viele Politiker aus dem Norden befürchteten, dass sich die Beendigung der Sklaverei durch einen bloßen Federstrich als fatal erweisen könnte. Sie setzten sich für eine Begrenzung der Sklaverei ein, die so langfristig im Wettbewerb mit der Industrie und der freien Arbeit dahinwelken solle, ohne dass ein gewaltsamer, von allen Seiten gefürchteter Sklavenaufstand angefacht würde. Tatsächlich versuchte der radikale Sklavengegner John Brown 1859 (erfolglos), bei Harpers Ferry einen solchen Aufstand anzuzetteln.

Es ließ sich nicht bestreiten, dass die Sklaverei ein lukratives Geschäft war. 1860 gab es über 4 Mio. Sklaven in den USA, die meisten schufteten auf Plantagen in den Südstaaten. Dort wurde mehr als 75 % der weltweit produzierten Baumwolle angebaut, was über die Hälfte des gesamten Exports der USA ausmachte. Die Wirtschaft des Südens stützte also die Wirtschaft der Nation – und dafür brauchte sie Sklaven. Die Präsidentschaftswahl 1860 sollte zu einer Abstimmung über dieses Thema wer-

GESCHICHTE DER AMERIKANISCHE BÜRGERKRIEG

1880–1920	1896	1908	1914
Millionen von Einwanderern strömen aus Europa und Asien nach Amerika und läuten das Zeitalter der Städte ein. New York, Chicago und Philadelphia entwickeln sich zu globalen Industrie- und Handelszentren.	Im Fall *Plessy vs. Ferguson* entscheidet der Oberste Gerichtshof, dass „getrennte, aber gleiche" öffentliche Einrichtungen für Schwarze und Weiße legal sind, da die Verfassung nur politische Gleichheit garantiert.	In Detroit, MI, wird das erste Model-T-Auto (auch als „Tin Lizzy", „Blechliesel", bekannt) gebaut. Der Erfinder des Fließbands, Henry Ford, verkauft bald jährlich über 1 Mio. Automobile.	Der Panamakanal verbindet nun den Atlantik mit dem Pazifik. Die USA bekamen das Recht zum Bau des Kanals, weil sie in Panama eine Revolte über dessen Unabhängigkeit von Kolumbien angezettelt hatten.

den. Es gewann ein junger Politiker aus Illinois, der sich für die Begrenzung der Sklaverei einsetzte: Abraham Lincoln.

Die Südstaaten konnten diese Begrenzung nur schwer akzeptieren. Als Präsident Lincoln sein Amt antrat, fielen elf Staaten von der Union ab und bildeten die Konföderierten Staaten von Amerika. Lincoln sah sich der größten Krise der Nation gegenübergestellt und musste zwischen Pest und Cholera wählen: Entweder er akzeptierte die Abtrennung der Südstaaten und somit die Auflösung der Union oder er führte Krieg, um die Union zu erhalten. Er entschied sich für Letzteres.

Im April 1861 griffen die Konföderierten Fort Sumter in Charleston in South Carolina an. In den nächsten vier Jahren folgte dann das grausamste Gemetzel, das die Welt bis dahin gesehen hatte. Mehr als 600 000 Soldaten – nahezu eine ganze Generation junger Männer – kamen ums Leben. Die Plantagen und Städte im Süden waren geplündert und niedergebrannt (besonders schlimm hatte es Atlanta getroffen). Das industrielle Potenzial des Nordens erwies sich als entscheidender Vorteil, dessen Sieg war jedoch nicht vorherzusehen. Er musste in zahlreichen blutigen Schlachten erst erkämpft werden.

Je länger die Kämpfe andauerten, desto mehr kam Lincoln zu der Überzeugung, dass ein Sieg ohne die vollständige Abschaffung der Sklaverei nutzlos sei. 1863 erweiterte er in seiner Emanzipations-Proklamation die Kriegsziele, zu denen nun die Befreiung aller Sklaven zählte. Im April 1865 kapitulierte der General der Konföderierten, Robert E. Lee, vor dem Unionsgeneral Ulysses S. Grant in Appomattox in Virginia. Die Union war gerettet – aber zu welchem Preis?

Weltwirtschaftskrise, New Deal & Zweiter Weltkrieg

Im Oktober 1929 begannen Investoren – beunruhigt über eine lahmende Weltwirtschaft – ihre Aktienpakete zu verkaufen. Dies löste eine Panik aus: Jeder, der Aktien besaß, versuchte, sie so schnell wie möglich loszuwerden. Der Aktienmarkt kollabierte und die amerikanische Wirtschaft stürzte ein wie ein Kartenhaus.

Verängstigte Banken riefen ihre Kredite zurück, die Menschen konnten Rechnungen nicht mehr begleichen und die Banken brachen zusammen. Millionen Menschen verloren ihre Häuser, Farmen, Geschäfte und Ersparnisse, 33 % der amerikanischen Arbeiterschaft wurde arbeitslos. Man musste für Brot anstehen, in den Städten entstanden Barackenlager und im Central Park in New York eines der größten Camps.

1932 wurde der Demokrat Franklin D. Roosevelt zum Präsidenten gewählt. Sein Versprechen, die USA mit dem „New Deal" aus der Krise zu führen, löste er mit durchschlagendem Erfolg ein. Als 1939 in Europa

Bürgerrechte im Film

Der Butler (2013), Lee Daniels

Dann war mein Leben nicht umsonst – Martin Luther King (1970), Sidney Lumet

Mississippi Burning – Die Wurzel des Hasses (1988), Alan Parker

Das Attentat (1996), Rob Reiner

Der lange Weg (1990), Richard Pearce

1917	1919	1920er-Jahre	1929
Unter Präsident Woodrow Wilson treten die USA in den Ersten Weltkrieg ein. Es werden 4,7 Mio. Soldaten mobilisiert, von denen 110 000 fallen. Insgesamt fordert der Krieg 9 Mio. Todesopfer.	Prohibition: Die Abstinenzbewegung bewirkt die 18. Verfassungsänderung. Das Verbot von Alkohol ist jedoch ein Fehlschlag und führt zur Blüte des organisierten Verbrechens. 1933 wird die Änderung aufgegeben.	Angestoßen durch die Abwanderung von Schwarzen in die Städte im Norden, regt die Harlem Renaissance eine Blütezeit der Literatur, Kunst und Musik an.	Der Krach an der New Yorker Börse als Folge von Überproduktion und Spekulationsfieber löst letztlich die Weltwirtschaftskrise aus. In der Folge verlieren Millionen von Amerikanern Job und Vermögen.

erneut ein Krieg ausbrach, war die isolationistische Stimmung in Amerika so stark wie eh und je. Doch dem unglaublich populären Präsidenten Roosevelt, der 1940 als bislang einziger Präsident für eine dritte Amtszeit gewählt wurde, war schon bald klar, dass die USA nicht einfach zuschauen konnten, wie faschistische und totalitäre Regime den Sieg davontrugen. Im Juli 1941 entsandten die USA erste Einheiten nach Europa, zunächst um den Schiffsverkehr nach England zu schützen. Roosevelt musste hierzu einen launischen Kongress zum Eingreifen überzeugen.

Am 7. Dezember 1941 startete Japan einen Überraschungsangriff auf den hawaiianischen Militärstützpunk Pearl Harbor. 2000 Amerikaner kamen ums Leben, mehrere Schlachtschiffe wurden versenkt. Der amerikanische Isolationismus verwandelte sich über Nacht in Wut und Roosevelt bekam die von ihm gewünschte Unterstützung. Am 11. Dezem-

DER NEW DEAL: DIE RETTUNG DER USA VON IHRER WIRTSCHAFTSKRISE

Während der Weltwirtschaftskrise erreichten die USA ihren bisherigen historischen Tiefpunkt: Um 1932 war fast ein Drittel aller amerikanischen Werktätigen arbeitslos. Das Bruttoinlandsprodukt fiel um 50 %, Hunderte von Banken mussten schließen und ganze Landstriche schienen in enormen Staubstürmen zu verschwinden.

1932 gewann Franklin D. Roosevelt spielend die Wahlen. Die Wähler hatten seinem Versprechen, Amerika mit dem New Deal aus der Krise zu führen, Glauben geschenkt. So begann – unter der Herrschaft eines der beliebtesten Präsidenten – die fortschrittlichste Ära in der Geschichte des Landes.

Roosevelt machte sich unverzüglich ans Werk. In den ersten 100 Tagen seiner Präsidentschaft kümmerte er sich um die Rettung des angeschlagenen Bankensystems und schuf den Einlagensicherungsfond. Die Staaten erhielten eine Direkthilfe in Höhe von 500 Mio. US$ und ein Fünftel aller Hausbesitzer blieben vor der Zwangsvollstreckung verschont. Ferner entstanden neue Arbeitsplätze. So schuf Roosevelt das Civilian Conservation Corps und gab 250 000 jungen Männern Jobs in Parks und Wäldern, in denen 2 Mrd. Bäume gepflanzt wurden. Außerdem gründete er die Works Progress Administration (WPA), über die weitere 600 000 Menschen Arbeit in den verschiedensten Projekten im ganzen Land fanden – überall entstanden neue Tunnel, Dämme, Kraftwerke, Wasserwerke, Autobahnen, Schulen und Rathäuser.

Der New Deal umfasste aber nicht nur Maßnahmen zur Verbesserung der Infrastruktur. Etwa 5000 Künstler – darunter der berühmte mexikanische Maler Diego Rivera – wurden angeheuert, um Wandgemälde und Skulpturen in öffentlichen Räumen zu schaffen, von denen viele noch heute vorhanden sind. Über 6000 Schriftsteller schrieben im ganzen Land mündliche Überlieferungen und volkstümliche Erzählungen nieder, stellten ethnografische Studien an und zeichneten die Fakten auf.

1933–1938	1941–1945	1948–1951	1954
Der New Deal von Präsident Franklin D. Roosevelt bekämpft die hohe Arbeitslosigkeit infolge der Weltwirtschaftskrise. Er begründet damit eine US-amerikanische Sozialpolitik.	Der Zweite Weltkrieg: Amerika setzt 16 Mio. Soldaten ein, von denen 400 000 fallen. Insgesamt fordert der Krieg doppelt so viele zivile wie militärische Todesopfer (50–70 Mio. aus über 50 Ländern).	Der Marshallplan lässt 12 Mrd. US$ nach Europa fließen, die die Erholung vom Zweiten Weltkrieg unterstützen sollen. Der Plan soll außerdem den Sowjet-Einfluss eindämmen und die US-Wirtschaft ankurbeln.	Der Oberste Gerichtshof befindet, dass die Rassentrennung in öffentlichen Schulen dem Gleichheitsprinzip widerspreche. Der Kampf für integrierte Schulen dient der Bürgerrechtsbewegung als Katalysator.

ber 1941 erklärten Deutschland und Italien den USA den Krieg, die sich ihrerseits dem Kampf der Alliierten gegen Hitler und die Achsenmächte anschlossen. Entschlossen und unter Einsatz ihrer nahezu gesamten industriellen Stärke traten sie in den Krieg ein.

Die Kämpfe im Pazifischen Raum und in Europa hielten die USA fast vier Jahre in Atem. In Europa versetzten die Amerikaner am 6. Juni 1944 den Deutschen mit ihrer massiven Invasion am D-Day den entscheidenden Schlag, der im Mai 1945 zur bedingungslosen Kapitulation Deutschlands führte. Japan kämpfte indes unbeirrt weiter. Daher entschloss sich im August 1945 der neu gewählte Präsident Harry Truman – angeblich aus Sorge darüber, eine amerikanische Invasion in Japan könne zu einem beispiellosen Gemetzel werden – zum Abwurf von Atombomben auf Hiroshima und Nagasaki. Die im geheimen Manhattan-Projekt der Regierung entwickelten Bomben verwüsteten die beiden Städte und töten über 200 000 Menschen. Nur Tage später kapitulierte auch Japan. Das Atomzeitalter hatte begonnen.

Die Rote Angst, Bürgerrechte & Vietnamkrieg

In den Jahrzehnten nach dem Zweiten Weltkrieg genossen die Vereinigten Staaten zwar einen noch nie dagewesenen Wohlstand, erlebten aber auch eine wenig friedliche Zeit.

Im Krieg noch Verbündete, lieferten sich die kommunistische Sowjetunion und die kapitalistischen USA bald einen Wettlauf um die Weltherrschaft. Die Supermächte trugen Stellvertreterkriege wie den Koreakrieg (1950–1953) und den Vietnamkrieg (1954–1975) aus und nur die drohende Gefahr eines mit Atomwaffen ausgetragenen Konflikts verhinderte den direkten Krieg.

Unterdessen erlebte die amerikanische Heimat, die durch den Zweiten Weltkrieg nicht unmittelbar beeinträchtigt worden war und durch ihn sogar ihre Industrie ausbauen konnte, eine Zeit des wachsenden Wohlstands. In den 1950er-Jahren verließen die Menschen in Scharen die Innenstädte und zogen in die Vororte, in denen immer mehr erschwingliche Einfamilienhäuser entstanden. Die Amerikaner fuhren mit preisgünstigen Autos und billigem Benzin über nagelneue Autobahnen. Sie genossen die Bequemlichkeiten, glotzten wie wild TV, waren viel beschäftigt und lösten einen wahren „Babyboom" aus.

Doch an dem Wohlstand hatte nur die weiße Mittelschicht Anteil. Die Afroamerikaner blieben außen vor, arm und unerwünscht. Unter Berufung auf den Abolitionisten Frederick Douglass (19. Jh.) versuchte die Southern Christian Leadership Coalition (SCLC) des afroamerikanischen Predigers Martin Luther King, der Rassentrennung ein Ende zu setzen

Die Stadt Woodstock, NY, gab dem legendären Rockfestival 1969 zwar seinen Namen, das Event aber fand im nahen Dörfchen Bethel statt. Der Milchbauer Max Yasgur stellte den Organisatoren dafür sein Luzerne-Feld zur Verfügung. Der Dreitagespass kostete im Vorverkauf 18 US$ (sonst 24 US$).

1963	1964	1965–1975
Am 22. November wird Präsident John F. Kennedy in aller Öffentlichkeit von Lee Harvey Oswald erschossen, während er in einer Wagenkolonne über die Dealey Plaza in Dallas, Texas, fährt.	Der Civil Rights Act wird verabschiedet; Diskriminierung wegen Rasse, Hautfarbe, Religion, Geschlecht oder Abstammung wird verboten. Dies gilt als eine Haupterrungenschaft von Präsident Johnson.	Die Beteiligung der USA am Vietnamkrieg spaltet die Nation: Neben 58 000 amerikanischen fordert der Krieg auch 4 Mio. vietnamesische und 1,5 Mio. laotische und kambodschanische Todesopfer.

➜ John F. Kennedy

und „Amerikas Seele zu retten" – d. h., eine Gerechtigkeit herzustellen, die nicht nach Hautfarben unterscheidet, und die Gleichberechtigung der Rassen und gleiche, faire Chancen für alle zu schaffen.

Anfang der 1950er-Jahre predigte und organisierte King – überwiegend im Süden – den gewaltlosen Widerstand in Form von Bus-Boykotten, Märschen und Sitzblockaden. Weiße Polizisten gingen oft mit Wasserwerfern und Schlagstöcken gegen die Proteste vor und die Demonstrationen eskalierten mitunter zu handfesten Ausschreitungen. Doch mit dem Civil Rights Act von 1964 setzte die afroamerikanische Bewegung eine Gesetzgebung in Gang, mit der die bis dahin gültigen rassistischen Gesetze aufgehoben wurden und der Grundstein für eine gerechtere und gleichberechtigte Gesellschaft gelegt wurde.

Derweil brachten die 1960er-Jahre weitere soziale Umbrüche: Der Rock'n'Roll löste eine Jugendrebellion aus und von Drogen berauschte Jugendliche erlebten Visionen in Technicolor. 1963 wurde Präsident John F. Kennedy in Dallas ermordet, es folgten 1968 die tödlichen Anschläge auf seinen Bruder Senator Robert Kennedy und auf Martin Luther King (in Memphis). Das Vertrauen der Amerikaner in ihre Oberhäupter und die Regierung wurde durch die Bombenanschläge und die Brutalität des Vietnamkriegs, den sie im Fernsehen verfolgten, weiter erschüttert. In der Folge kam es im ganzen Land zu Studentenprotesten.

Richard Nixon, der 1968 u. a. für sein Versprechen zum Präsidenten gewählt wurde, den Krieg zu einem „ehrenvollen Ende" zu führen, verstärkte stattdessen den Einsatz der USA und bombardierte heimlich Laos und Kambodscha. 1972 sorgte dann die Watergate-Affäre für Aufregung: Unermüdliche Journalisten belasteten „Tricky Dick" im Zusammenhang mit einem Einbruch in das Hauptquartier der Demokratischen Partei in Washington. 1974 erklärte Nixon als erster US-Präsident der Geschichte seinen Rücktritt.

In den stürmischen 1960er- und 1970er-Jahren erlebte Amerika die Sexuelle Revolution, die Frauenbewegung und weitere den Status quo in Frage stellende Ereignisse. Zu den Meilensteinen gehörten 1969 die Stonewall-Unruhen in Greenwich Village, NYC: Gäste der Schwulenkneipe – genannt Stonewall Inn – hatten sich einer Polizeirazzia widersetzt. Das Ereignis markiert den Beginn der Schwulenbewegung, die für Gleichberechtigung und das Ende der Diskriminierung von Homosexuellen eintrat. Ein paar Monate später antworteten die Hippies und das Woodstock Festival mit Rock, Love & Peace auf den Vietnamkrieg.

Reagan, Clinton & die Bushs

1980 versprach der Präsidentschaftskandidat Ronald Reagan, republikanischer Gouverneur von Kalifornien und ehemaliger Schauspieler, dafür zu sorgen, dass die Amerikaner wieder stolz auf ihr Land sein könnten.

1969	1973	1980er-Jahre	1989
Amerikanische Astronauten landen auf dem Mond und erfüllen Präsident Kennedys utopisch anmutendes Versprechen von 1961, dieses Ziel innerhalb der folgenden zehn Jahre zu erreichen.	In der Sache *Roe vs. Wade* erklärt der Oberste Gerichtshof Abtreibungen für rechtmäßig. Bis heute bleibt diese Entscheidung umstritten und spaltet die Gesellschaft.	Die Finanzinstitutionen, die unter Präsident Reagan eine Deregulierung erfahren hatten, spekulieren – und verlieren. Zurück bleibt eine Rechnung von 125 Mrd. US$, die die Regierung übernehmen muss.	Der Fall der 1961 errichteten Berliner Mauer markiert das Ende des Kalten Krieges zwischen den USA und der UdSSR. Die USA sind nun die letzte verbleibende Supermacht.

Der leutselige Reagan gewann die Wahl fast schon im Vorbeigehen. Seine Wahl verursachte einen Rechtsruck in der amerikanischen Politik. Militärausgaben und Steuersenkungen führten im Bundeshaushalt zu einem enormen Defizit, das Reagans Nachfolger George H. W. Bush das Regieren schwer machte. Trotz des Siegs im Golfkrieg, durch den Kuwait 1991 von den irakischen Besatzern befreit wurde, zog Bush bei der Präsidentschaftswahl 1992 gegenüber dem aus den Südstaaten stammenden Demokraten Bill Clinton klar den Kürzeren. Clintons Glück war, dass der Internet-Boom der 1990er-Jahre während seiner Amtszeit so richtig in Fahrt kam und eine „New Economy" zu verheißen schien. Die US-Wirtschaft beseitigte ihre Defizite, erzielte einen Überschuss und Clinton war Präsident in Zeiten des längsten amerikanischen Wirtschaftsbooms.

George W. Bush, der älteste Sohn von George H. W. Bush, gewann 2000 und 2004 die Präsidentschaftswahlen so knapp, dass man davon ausgehen konnte, dass dieses gespaltene Ergebnis eine zunehmend gespaltene Nation widerspiegelte. „Dubya" hatte sicherlich Pech, in dem Jahr (2000) Präsident zu werden, als die Hightech-Blase platzte, doch dann führte er nichtsdestotrotz Steuersenkungen ein, durch die das Staatsdefizit noch größer wurde als zuvor. Außerdem verfocht er den konservativen Rechtsruck, der sich seit Reagan aufbaute.

Am 11. September 2001 flogen islamische Terroristen entführte Passagierflugzeuge in das World Trade Center in New York und das Pentagon in Washington, D. C. Diese katastrophalen Anschläge vereinte die Amerikaner hinter ihrem Präsidenten, der Rache schwor und dem Terror den Krieg erklärte. Kurz danach griff Bush Afghanistan an, doch die Jagd auf Terroristenzellen der al-Qaida war nicht von Erfolg gekrönt. 2003 attackierte er den Irak und stürzte den amerikafeindlichen Diktator Saddam Hussein. In der Zeit danach versank der Irak in einem Bürgerkrieg. Die folgenden Skandale und Fehlschläge – Fotos von Folterungen aus dem US-Militärgefängnis in Abu Ghraib, das miese Krisenmanagement nach dem Hurrikan Katrina und die Unfähigkeit, den Irakkrieg zu beenden – erreichten Bushs Umfragewerte in der zweiten Hälfte seiner Präsidentschaft einen historischen Tiefstand.

Obama

2008 wählte Amerika, das nach Veränderung lechzte, den politischen Newcomer Barack Obama, den ersten afroamerikanischen Präsident der USA. Und der hatte zweifellos alle Hände voll zu tun. Aus ökonomischer Sicht waren das völlig neue Zeiten, die USA befand sich in der größten Finanzkrise seit der Weltwirtschaftskrise. Es begann 2007 mit dem Zusammenbruch des Immobilienmarkts in den USA und weitete sich auf den Bankensektor aus, worauf der Zusammenbruch einiger Finanzinstitute folgte.

1990er-Jahre	2001	2003	2005
Das World Wide Web gibt 1991 sein Debüt, das die Welt der Kommunikation neu definiert. Die überbewerteten Technologie-Aktien sorgen für einen gigantischen Boom (und eine gigantische Pleite).	Am 11. September entführen al-Qaida-Terroristen vier Linienflugzeuge und steuern zwei von ihnen in die New Yorker WTC-Türme und eines ins Pentagon. Fast 3000 Menschen werden getötet.	Unter Berufung auf Beweise dafür, dass der Irak Massenvernichtungswaffen besitzt, startet Präsident George W. Bush einen Präventivkrieg, der über 4000 Amerikaner das Leben kosten wird.	Am 29. August trifft der Hurrikan Katrina die Küste von Mississippi und Louisiana und überflutet New Orleans. Über 1800 Menschen kommen ums Leben, die Schäden werden auf über 220 Mrd. US$ beziffert.

Die Kriege in Afghanistan und im Irak, ein Jahrzehnt zuvor gestartet, spielten im sich ständig ändernden Nachrichtenkreislauf nur noch eine untergeordnete Rolle. 2011 stürmten Navy Seals in einer von Präsident Obama genehmigten verdeckten Operation Osama bin Ladens Versteck in Pakistan und töteten den al-Qaida-Führer. Damit war die Suche nach Amerikas größtem Staatsfeind beendet.

Dank seiner sachlichen Darstellung des Überfalls stiegen die Zustimmungsraten für Präsident Obama um 11%. Und der Präsident konnte durchaus Auftrieb gebrauchen. Die Wirtschaft lag weiterhin am Boden und das ehrgeizige 800 Mrd. US$ schwere Konjunkturpaket, das der Kongress 2009 verabschiedete, hatte nach Ansicht vieler US-Amerikaner noch nicht viele Früchte getragen. Ökonomen gehen allerdings davon aus, dass die Maßnahme die Rezession abgefedert hat, die sonst um einiges schlimmer ausgefallen wäre. Zum Ende seiner ersten Amtszeit lagen Obamas Zustimmungswerte um die 49 %.

Verlorene Arbeitsplätze, überbewertete Hypotheken und wenig Aussicht auf Besserung, Millionen Amerikaner fühlten sich auf verlorenem Posten. Das war keine Rezession, gegen die sie durch ihre Ausgaben angehen konnten, wie Obamas Amtsvorgänger angeregt hatte. Die Leute waren aufgebracht und versammelten sich zahlreich, um ihrem Ärger Luft zu machen. Das wiederum war die Geburtsstunde der Tea Party, eine Bewegung politisch konservativer Republikaner, die glaubten, dass Obama sich zu weit nach links orientierte und die staatlichen Fördergelder die Wirtschaft und damit Amerika zerstören würden. Vor allem die hohen Regierungsausgaben, staatliche Hilfsmaßnahmen (für Banken und Autoindustrie) und insbesondere Obamas Gesundheitsreform (spöttisch „Obamacare" genannt) nährten ihren Zorn.

Gesundheitsfürsorge für alle

Für die Demokraten war Obamas Gesundheitsreform, die 2010 als Gesetz in Kraft trat, aber ein wesentlicher Sieg im Bestreben, eine Gesundheitsversorgung für mehr Amerikaner zu gewährleisten, indem die Behandlungskosten gesenkt und Schlupflöcher geschlossen werden, die es Versicherungen ermöglichte, den Versicherungsschutz für Einzelpersonen abzulehnen. Und doch hagelte es Kritik von beiden Seiten. Aus der rechten Ecke tönte es: „Das ist Sozialismus!" Aus der linken: „Und was ist *public option*?" (Das ist ein staatlich unterstützter Plan, durch den der Verbraucher seiner Versicherungsgesellschaft nicht völlig ausgeliefert sein muss). Ob das neue Programm die hehren, von den Demokraten angepriesenen Ziele erreicht (neuer Versicherungsschutz für 30 Mio. nicht versicherte Amerikaner und geringere Beiträge für alle) oder verheerende Auswirkungen haben wird (Überbeanspruchung des Etats und massive Arbeitsplatzverluste), wie die Republikaner voraussagen, bleibt abzuwarten.

Einen fesselnden Einblick in die Arbeitsweise der nationalen Sicherheitsbehörden bekommt man in der mit dem Emmy Award ausgezeichnete TV-Serie *Homeland* über eine bipolare CIA-Agentin (Claire Danes), die sich ein Katz-und-Maus-Spiel mit einem Marine-Sergeant liefert, der zur al-Qaida übergelaufen sein könnte. Es ist eine der Lieblingsserien von Präsident Obama.

2008–2009	2011	2012	2013
Barack Obama wird zum ersten afroamerikanische Präsidenten der USA gewählt. Die Börse bricht aufgrund des Missmanagements amerikanischer Finanzinstitutionen zusammen. Die Krise greift auf die ganze Welt über.	Spezialeinheiten der Navy Seals töten am 2. Mai den al-Qaida-Führer Osama bin Laden in seinem Versteck in Pakistan. In der USA wird die Ermordung des Terrorchefs begeistert gefeiert.	Hurrikan Sandy verwüstet die Ostküste und wird zum zweitteuersten Wirbelsturm (65 Mrd. US$) in der US-Geschichte. Mehr als 80 Amerikaner sterben (plus 200 in anderen Ländern). Obama wird wiedergewählt.	Der frühere NSA-Mitarbeiter Edward Snowden löst einen Skandal aus, als er über ein US-Geheimdienst-Programm berichtet, das E-Mails und Telefongespräche der US-Bevölkerung und verbündeter Staaten überwacht.

Lebensart

Der Osten der USA ist eine überwältigende Mischung aus Rhythmen und Akzenten, Brokern und Farmern, Studenten und sonnenhungrigen Rentnern, Yankees und Südstaatlern.

Multikulti

Von Beginn an waren die Städte im Osten eine Art „Schmelztiegel" – sie haben die lange und stolze Tradition, Neuankömmlinge aus aller Welt freundlich willkommen zu heißen. Und so verwundert es eigentlich überhaupt nicht, dass diese Region so vielfältig ist.

Im Nordosten sind seit dem 19. Jh. irische und italienische Viertel feste Bestandteile der Städte. In Chicago machen die Latinos (vorwiegend aus Mexiko) rund ein Viertel der Bevölkerung aus. In den oberen Staaten der Region der Großen Seen liegt die größte Enklave von Einwanderern aus Somalia und des Hmong-Volkes in den USA – dies spiegelt die lange Geschichte der Eingliederung von Flüchtlingen in dieser Region wider. Die größte Minderheit in Florida sind die Kubaner. Die ersten von ihnen kamen nach Castros Revolution in den 1960er-Jahren in Miami an und bilden heute eine politisch mächtige Gemeinschaft. Auf der Flucht vor dem Krieg in ihrem Land kamen in den 1980er-Jahren auch Nicaraguaner hierher, deren Zahl mittlerweile auf 100 000 gestiegen ist. Das Stadtviertel Little Haiti trägt mit 70 000 Haitianern einiges zur bunten Mischung bei. Der Süden steht für eine ganz eigene Kultur: Über die Hälfte aller Afroamerikaner lebt hier. Und all diese Beispiele sind natürlich nur Puzzleteilchen eines komplexen Ganzen.

Der Osten kann sich, genau wie der Rest des Landes, nie wirklich entscheiden, ob der ständige Zustrom von Neuankömmlingen letztendlich seine Lebensader ist oder die Gesellschaft bis zur Belastungsgrenze strapazieren wird. „Einwanderungsreform" lautete über ein Jahrzehnt lang das Modewort in Washington. Manche finden, dass das gegenwärtige System zu nachsichtig mit den illegalen Einwanderern umgeht (von denen es im Vergleich zu 480 000 legalen Einwanderern 11 Mio. gibt) und dass die Regierung unrechtmäßig in den USA lebende Einwanderer ausweisen und ihre Arbeitgeber mit Bußgeldern bestrafen sollte. Andere Amerikaner wiederum finden die Regeln zu hart und sind der Meinung, dass Einwanderer, die schon seit Jahren im Land arbeiten, das Gesetz achten und ihren Beitrag zur Gesellschaft leisten, eine Amnestie verdient haben. Trotz mehrerer Anläufe hat es der Kongress aber bislang nicht geschafft, ein Gesetzespaket zur illegalen Einwanderung zu verabschieden. Zumindest wurden aber einige Maßnahmen durchgebracht, um das Problem zu lösen.

Die USA haben den weltweit zweitgrößten Prozentsatz an spanischsprachigen Einwohnern – nach Mexiko und noch vor Spanien. Die Latinos sind zudem die sich am schnellsten vergrößernde Minderheitengruppe der Nation. Im Osten leben viele Lateinamerikaner in Florida, Illinois, New Jersey und New York.

Religion

Schon seit die Pilgerväter Anfang des 16. Jhs. in Massachusetts eintrafen, ist die Trennung von Kirche und Staat ein grundlegender Teil des Rechtssystems im Land. Und die Religion jener Siedler – der Protestantismus – ist im Osten der USA auch heute noch die am weitesten verbreitete Glaubensrichtung.

Der Begriff „Protestantismus" deckt allerdings ein breites Feld von Bekenntnissen ab. Diese lassen sich in zwei Hauptströmungen einteilen: In den evangelikalen Protestantismus, bei dem die Baptisten den größten Anteil ausmachen, sowie in den moderaten Mainline-Protestantismus, zu dem die Lutheraner, die Methodisten und die Presbyterianer gehören. Die Zahl der Kirchgänger ist bei den Evangelikalen weitaus größer und ist in den letzten Jahren sogar noch gestiegen. Stärkste Kraft überhaupt ist die baptistische Kirche: Ihr gehören ein Drittel aller Protestanten und beinahe ein Fünftel aller erwachsenen US-Amerikaner an. Im Süden sind die Zahlen am höchsten. Im Gegensatz dazu verzeichnen die Lutheraner (die vor allem in Minnesota und Wisconsin sowie in North und South Dakota zu finden sind) und andere Mainline-Richtungen einen Rückgang der Kirchenmitglieder.

Die zweithäufigste Religion im Osten ist der Katholizismus. Neuengland ist die am stärksten katholisch geprägte Region im Land und die Mid-Atlantic-Staaten setzen die Reihe fort. Mit einem katholischen Bevölkerungsanteil von 45 % ist Massachusetts der Staat mit den meisten Glaubensanhängern dieser Konfession. Die älteste Erzdiözese der USA ist Baltimore – sie wurde 1789 gegründet. Auch die Staaten mit einem großen Latino-Anteil (wie Florida und Illinois) verzeichnen einen hohen Prozentsatz an Katholiken.

Das Judentum ist im Osten der USA weit verbreitet. Sowohl in Südflorida als auch im Großraum New York gehören etwa 12 % der Bevölkerung dem jüdischen Glauben an. Gerade New York ist ein bedeutendes Zentrum des orthodoxen Judentums und der Ort auf der Welt, an dem – nach Tel Aviv – die meisten Juden leben.

Zu den weiteren Religionsgruppen im Osten des Landes zählen auch die Amerikaner muslimischen Glaubens, die vor allem in den Großräumen New York, Chicago und Detroit vermehrt anzutreffen sind. Außerdem gibt es größere Gemeinschaften amerikanischer Hindus, die in New York und New Jersey oder in anderen großen Städten wie Chicago, Washington, D.C. und Atlanta leben.

Jede Woche lauschen 4 Mio. Amerikaner der altmodischen Rundfunksendung *A Prairie Home ompaniona* des aus dem Mittleren Westen stammenden Entertainers Garrison Keillor. Die Show mit Livemusik, Sketchen und Geschichten ist auch online auf http://prairiehome.publicradio.org zu hören.

Lifestyle

Im Allgemeinen bietet der Osten der USA einen der höchsten Lebensstandards weltweit, wobei es schockierende Unterschiede zwischen einzelnen Regionen gibt. Ganz oben im Ranking ist Maryland zu finden, mit einem durchschnittlichen Haushaltseinkommen von 71 100 US$ (laut einer Datenerhebung von 2011/12). Mississippi dagegen liegt mit 37 100 US$ am anderen Ende der Skala. Diese Beträge sind außerdem

STAATEN MIT CHARAKTER

Regionale Klischees in den USA werden nun von einer Studie, die den Titel „Die Geographie der Persönlichkeit" trägt, mittels solider Daten gestützt. Forscher haben über eine halbe Million Informationen aus den Persönlichkeitstest einzelner US-Bürger ausgewertet und nachgeforscht, wo auf der Karte sich bestimmte Charakterzüge häufen. Und das sprichwörtliche „Minnesota nice" scheint sich zu bestätigen – die „angenehmsten" Zeitgenossen leben im Mittleren Westen, in den Great Plains und im Süden: Diese Staaten haben in Sachen Freundlichkeit und gutes Miteinander am besten abgeschnitten. Und die Neurotiker unter den Staaten? Die sind vor allem im Nordosten zu finden. New York hat es dabei jedoch nicht, wie man vielleicht meinen könnte, auf den ersten Platz geschafft. Diese „Ehre" wird West Virginia zuteil. Viele der aufgeschlossenen Staaten liegen im Westen der USA. Kalifornien, Nevada, Oregon und Washington sind hinsichtlich der Offenheit für neue Ideen alle auf den vorderen Plätzen gelandet – obwohl sie immer noch Washington, D.C. und New York hinterherhinken.

nicht nur der jeweils höchste bzw. niedrigste Wert in der Region, sondern auch im ganzen Land. Das bestätigt die Annahme, dass die Haushalte im Nordosten am meisten verdienen und die im Süden am wenigsten. Die Gehälter schwanken aber auch nach ethnischer Zugehörigkeit: Afroamerikaner und Latinos verdienen weniger als Weiße und Asiaten (33 300 US$ bzw. 39 000 US$ im Vergleich zu 57 000 US$ bzw. 68 700 US$).

Beinahe 87 % aller US-Amerikaner haben einen Highschool-Abschluss und etwa 30 % machen nach vier Jahren auf dem College einen Bachelor-Abschluss. Das universitäre Leben (mit Cafés, Buchhandlungen und fortschrittlicher Denkweise) ist insbesondere im Nordosten recht ausgeprägt, wo die acht Universitäten der Ivy League sowie die „Little Ivies" (ein selbst initiierter Zusammenschluss von zwölf Elite-Colleges für Freie Künste) und die „Seven Sisters" (die höchstrangigen Frauencolleges, die noch in einer Zeit gegründet wurden, als die Ivy League nur für Männer zugänglich war) angesiedelt sind. Allein rund um Boston gibt es 50 Einrichtungen für weiterführende Bildung.

Ein Haus wird typischerweise von einem Ehepaar mit zwei Kindern bewohnt. Normalerweise arbeiten beide Elternteile, und 28 % von ihnen tun dies länger als 40 Stunden pro Woche. Scheidungen sind nichts Ungewöhnliches – 40 % der ersten Ehen gehen in die Brüche, wobei sowohl Eheschließungen als auch Scheidungen in den letzten 30 Jahren rückläufig sind. Alleinerziehende Väter oder Mütter stehen 9 % aller Haushalte vor.

Während zwar etliche US-Bürger regelmäßig ins Fitnessstudio gehen, laufen, Fahrrad fahren oder joggen, treiben gemäß den Centers for Disease Control and Prevention (CDC) aber auch ganze 50 % überhaupt keinen Sport. Gesundheitswissenschaftler vermuten, dass die fehlende Bewegung und die Vorliebe der Amerikaner für süßes und fettiges Essen Schuld an den erhöhten Zahlen von Fettleibigkeit und Diabetes sind. Die Ernährungsgewohnheiten sind im Süden am schlechtesten. Mississippi, Alabama, West Virginia, Tennessee und Louisiana führen – mit einem Drittel aller Bewohner – die Übergewichtsstatistik an.

Rund 26 % aller US-Amerikaner nutzen ihre Freizeit für ehrenamtliche Arbeit oder einen anderen guten Zweck. Führend sind hierbei nach Angaben der Corporation for National and Community Service die Menschen aus dem Mittleren Westen, gefolgt von jenen im Westen, Süden und Nordosten. Umweltbewusstes Verhalten ist inzwischen auch im Mainstream angekommen: Über 75 % der Amerikaner betreiben zu Hause Recycling und die meisten großen Supermarktketten – selbst Wal-Mart – haben inzwischen Bio-Lebensmittel im Sortiment.

Fernsehshows wie *The Biggest Loser* oder Eric Schlossers Buch und Film *Fast Food Nation* beleuchten die selbstmörderischen Esswohnheiten der Amerikaner. Der übermäßige Konsum von Fastfood, Softdrinks und Fernsehen wird inzwischen stärker problematisiert.

Die grünsten Städte

Boston, MA

Minneapolis, MN

Cambridge, MA

Chicago, IL

Sport

Was die Amerikaner – mal blau angemalt, mal mit Schaumgummi-Käseecken auf dem Kopf – wirklich vereint, ist der Sport. Im Frühjahr und Sommer findet fast jeden Tag ein Baseballspiel statt, im Herbst und Winter wird Football geschaut und während der langen Winternächte hält Basketball die US-Bevölkerung in Atem. Das sind die drei wichtigsten Sportarten, aber vor allem im Süden sind mittlerweile auch Autorennen im Kommen und sogar Fußball – vorrangig Major League Soccer (MLS) – findet immer mehr Anhänger. Außerdem hat Eishockey, das früher nur in den nördlichen Klimazonen populär war, heute im ganzen Osten des Landes eine große Fangemeinde.

Baseball

Trotz hoher Gehälter und Dopingvorwürfen, sogar gegen die allergrößten Stars, bleibt Baseball der beliebteste amerikanische Nationalsport. Er mag vielleicht nicht so viele Zuschauer auf einmal vor die Fernsehgeräte locken wie Football (und damit auch für weniger Werbeeinnahmen

LEGENDÄRE SPORTSTÄTTEN

Yankee Stadium, NYC Der sagenumwobene Baseballplatz der Bronx; geschichtsträchtig und vom Geist von Babe Ruth umweht.

Lambeau Field, Green Bay Das Stadion des NFL-Teams der Packers; aufgrund der irrsinnigen, eisigen Kälte gerne auch „the Frozen Tundra" genannt.

Fenway Park, Boston Der älteste Baseballpark des Landes (1912); Heimat des „Grünen Monsters" (wie die ziemlich große grüne Mauer am linken Spielfeldrand genannt wird).

Wrigley Field, Chicago Noch so ein altehrwürdiger Park (1914) – mit von Efeu bedeckten Mauern, einer klassischen Neon-Anzeigetafel und ringsherum Kneipen wie aus guten alten Zeiten.

Madison Square Garden, NYC Hier, im „Mekka des Basketballs", geht's nicht nur um das Dribbling der Knicks: Hier boxte sogar schon Ali und Elvis rockte die Menge.

Joe Louis Arena, Detroit Das ist die Spielstätte des knallharten Profi-Eishockeyteams der Red Wings – hier kann man auch der kuriosen Tradition des Oktopuswerfens beiwohnen.

Churchill Downs, Louisville Das Zuhause des Kentucky Derbys: edle Hüte, Minze-Juleps und die „großartigsten zwei Minuten des Sports".

Indianapolis Motor Speedway, Indianapolis Mit über 270 km/h rasen die Rennwagen beim Indy 500 an den Zuschauern vorbei, die auch partytechnisch sehr erprobt sind.

sorgen), in einer Baseballsaison finden aber auch nicht nur 16 Spiele statt (wie beim Football), sondern gleich 162.

Außerdem ist ein Baseballspiel live viel attraktiver als im Fernsehen. Für viele gibt es nichts Schöneres, als an einem sonnigen Tag mit einem Bier und einem Hot Dog in der Hand auf der offenen Tribüne des Stadions zu sitzen, sich beim Seventh-Inning-Stretch die Beine zu vertreten und mit der gesamten Menschenmenge in ein einträchtiges „Take Me Out to the Ballgame" einzustimmen. Die Play-Offs im Oktober sorgen immer noch für Aufregung und überraschende Siege. Die beliebtesten Teams sind nach wie vor die New York Yankees, die Boston Red Sox und die Chicago Cubs, selbst wenn sie einfach unterirdisch spielen (die Cubs haben seit mehr als 100 Jahren keinen Sieg in der World Series mehr vorzuweisen).

Karten sind relativ günstig – in den meisten Stadien kostet ein Sitzplatz im Schnitt 25 US$ – und für viele Spiele sind sie auch leicht zu bekommen. Für Spiele der Minor League bezahlt man sogar nur die Hälfte, und hier geht es meist noch lustiger zu, da sich die Zuschauer stark einbringen, gelegentlich Hühner oder Hunde über das Spielfeld rennen und der Ball nicht immer dort ankommt, wo er sollte. Mehr Infos dazu gibt's auf www.milb.com.

Football

Football wird extrem wichtig genommen, er ist körperbetont und obendrein ein ganz großes Geschäft. Und mit der kürzesten Saison und der geringsten Anzahl an Spielen unter den großen Sportarten kochen in jedem Match die Emotionen hoch wie in einer riesigen Schlacht. Jeder Punkt zählt und eine unglückliche Verletzung kann die Chancen eines Teams auf die Play-off-Runde für eine ganze Saison zunichte machen.

Es ist aber auch deshalb der härteste US-Sport, weil die Spiele im Herbst und Winter bei Regen, Graupel und Schnee ausgetragen werden. Einige der denkwürdigsten Spiele wurden bei Temperaturen unter dem Gefrierpunkt durchgeführt. Die Fans der Green Bay Packers sind allerdings eine Klasse für sich, was das Aushalten von schlechtem Wetter betrifft. Ihr Stadion in Wisconsin, das Lambeau Field, war Austragungsort des berüchtigten Ice Bowl, eines Meisterschaftsspiels gegen die Dallas

Sport-Websites

Baseball:
www.mlb.com

Basketball:
www.nba.com

Football:
www.nfl.com

Eishockey:
www.nhl.com

Autorennen
www.nascar.com

Fußball
www.mlssoccer.com

Cowboys im Jahr 1967, bei dem die Temperaturen bis auf -25 °C fielen – im Wind waren es gefühlte -44 °C.

Der frenetisch gefeierte Super Bowl ist das Finale der Profiliga und findet immer Ende Januar oder Anfang Februar statt. Die anderen „Bowl Games" (z. B. der Sugar Bowl in New Orleans oder der Orange Bowl in Miami) sind Spiele um die College-Meisterschaft, die rund um Neujahr ausgetragen werden.

Der Super Bowl kostet die USA 800 Mio. US$ an verlorener Produktivität, weil Angestellte anstatt zu arbeiten über das Spiel diskutieren, Wetten abschließen oder im Internet nach einem neuen Fernseher suchen.

Basketball

Die Baskeballteams mit den meisten Fans sind heute die Chicago Bulls (der Michael-Jordan-Effekt hält noch immer an), die Detroit Pistons (eine wilde Truppe, die schon mal für Randale sorgt), Miami Heat (Heimverein von Lebron James, dem meist geliebten – und meist gehassten – Spieler der League) und die New York Knicks (wo Woody Allen und andere Promis am Spielfeldrand zusehen).

Auch College-Basketball zieht Millionen von Fans an, besonders im Frühjahr, wenn die March Madness Play-offs in vollem Gange sind. Höhepunkt ist die Runde der Final Four, in der die letzten vier Teams um die Meisterschaft spielen. Außenseitererfolge und andere überraschende Wendungen begeistern die Massen ebenso wie die Profiliga. Die Spiele werden auf vielen Fernsehsendern übertragen und kurbeln natürlich auch das Geschäft mit Wetten kräftig an: Das ist die Zeit, in der die Buchmacher von Las Vegas ihre Brötchen verdienen.

Regionale Küche

In der Küche des Ostens sind unzählige Esskulturen miteinander verschmolzen und jede Region hat ihre ganz eigenen Spezialitäten. Ob Meeresfrüchte in Maine oder sanft geschmorte Rinderbrust in Mississippi, der Gaumen kommt nirgendwo zu kurz. Was alkoholische Getränke angeht, ist der Osten der USA der wohl berauschendste Teil des Landes. In jedem Winkel der Region bieten boomende Minibrauereien sehr interessante Biersorten an, wohingegen in New York und Virginia Weinliebhabern Vintages kredenzt werden und in Kentucky Bourbon ausgeschenkt wird.

Regionale Besonderheiten

NYC: Paradies für Gourmets

Es heißt, in New York City könne man sein ganzes Leben lang jeden Abend in einem anderen Restaurant essen und wäre immer noch nicht überall gewesen. Und es ist wahr, wenn man bedenkt, dass es in den fünf Bezirken mehr als 23 000 Restaurants gibt und jedes Jahr viele neue Restaurants hinzukommen. Dank der riesigen Zahl der in der Stadt lebenden Einwanderer und des Einflusses der über 50 Mio. Touristen jährlich nimmt New York auch den Titel der vielfältigsten und besten Restaurant-Stadt der USA für sich in Anspruch. In den sehr unterschiedlichen Stadtvierteln werden authentische italienische Küche und dünnkrustige Pizza serviert, hier bekommt man alle Arten von asiatischen Gerichten, französische *haute cuisine* und klassische jüdische Feinkost. Außerdem gibt's von Bagels bis hin zu aufgetürmten Pastrami-Roggenbrot-Sandwichs einfach alles. Auch exotischere Küchen finden sich hier, von äthiopisch bis skandinavisch.

NYC gilt als teuer, doch davon sollte man sich nicht abschrecken lassen: Der *Zagat* sagt, dass eine durchschnittliche Mahlzeit inklusive Drink, Steuern und Trinkgeld 48,50 US$ kostet. Das ist zwar nicht geschenkt, doch verglichen mit anderen Weltstädten kann Essengehen in New York ein Schnäppchen sein.

Neuengland: Muschelparty & Hummerspezialitäten

Neuengland beansprucht für sich, die besten Meeresfrüchte des Landes zu haben – und wer will da schon widersprechen? Der Nordatlantik bie-

Nur drei Staaten im Land haben offizielle, für den Staat typische Pies, und sie befinden sich alle im Osten: Indiana (Sugar Cream Pie), Florida (Key Lime Pie) und Vermont (Apple Pie). Maine betrachtet den Blueberry Pie als „Staatsdessert", Delaware beansprucht den Peach Pie für sich.

VEGETARISCH ESSEN

Vegetarische Restaurants gibt es in allen größeren Städten zuhauf, in den ländlichen Gebieten ist die Auswahl manchmal aber ziemlich eingeschränkt. Hier einige Lieblingslokale – mehr davon findet man auf www.happycow.net.

Angelica Kitchen (S. 101), New York City, NY

Café Zenith (S. 172), Pittsburgh, PA

Dandelion Communitea Café (S. 557), Orlando, FL

Green Elephant (S. 259), Portland, ME

Moosewood Restaurant (S. 129), Ithaca, NY

tet Venus- und Miesmuscheln, Austern und riesige Hummer sowie Maifisch, Blaubarsch und Kabeljau. Daraus kann ein wunderbarer *chowder* (Eintopf) werden, für den jedes noch so kleine Meeresfrüchtelokal sein eigenes Rezept hat, das dann bei *chowder*-Festen und Kochwettbewerben immer wieder auf dem Prüfstand steht. Eine andere Tradition ist das *clambake* (Muschelessen am Strand), bei dem Schalentiere mit in Alufolie gewickeltem Mais, Hühnchen und Würstchen unter der Erde im Feuer geröstet werden. Überall gibt es frittierte Venusmuscheln im Teigmantel und Hummerbrötchen (Hummerfleisch mit Mayonnaise im Brötchen).

Vermont stellt hervorragenden Käse her, und in Massachusetts werden Cranberries geerntet (die dort zu Thanksgiving allgegenwärtig sind). Aus den Wäldern von Neuengland kommt auch der Ahornsirup. Immer noch nicht satt? Connecticut ist bekannt für seine dünnkrustige New Haven-style Pizza (am besten belegt mit weißen Muscheln); Bostons Spezialität sind gebackene Bohnen und dunkles Brot und die Einwohner von Rhode Island gießen Kaffeesirup in die Milch und lieben die traditionellen *johnnycakes* (Maismehl-Brote).

Mittelatlantikstaaten:
Cheesesteaks, Crabcakes & Scrapple

Die Mittelatlantikstaaten teilen sich die lange Küste von New York bis hinunter nach Virginia und außerdem eine Fülle von Apfel-, Pfirsich- und Beerenfarmen. New Jersey ist für seine Tomaten berühmt, New Yorks Long Island hingegen für seine Kartoffeln. Die *blue crabs* (Blaukrabben oder auch Blaue Schwimmkrabben) der Chesapeake Bay bringen einen ins Schwärmen, genau wie die aufgetürmten Teller mit *chicken pot pie* (Hühnerfleischpastete), Nudeln und dem an Hackbraten erinnernden *scrapple* im Pennsylvania Dutch Country. In Philadelphia locken die *Philly cheesesteaks* (Käsesteaks), Brötchen mit dünnen, sautierten Rindfleischscheiben, Zwiebeln und geschmolzenem Käse. Von den Finger Lakes im Staat New York, aus dem Hudson Valley und aus Long Island kommen die passenden Weine zu diesen prächtigen Mahlzeiten.

Der Süden: Barbecue, Biscuits & Gumbo

Kein Region ist so stolz auf ihr Essen wie der Süden mit seiner langen Tradition an englischen, französischen, afrikanischen, spanischen und indianischen Einflüssen, die in die Küche Eingang gefunden haben. Eine der wichtigsten Quellen des regionalen Stolzes ist das langsam gegarte Barbecue, bei dem es vielleicht so viele Fleisch- und Saucenvariationen wie Städte im Süden gibt. Grillhähnchen und Wels sind außen knusprig und innen saftig. Als Beilagen kommen lockere heiße *biscuits* (eine Art Brötchen), Maisbrot, Süßkartoffeln, Blattkohl und vor allem *grits* (gekochte Grütze aus grob gemahlenem Mais) auf den Teller – alles mit viel Butter, versteht sich. In hohen Ehren stehen Dessertrezepte für Torten mit vielen Schichten und Pasteten aus Pekannüssen, Bananen und Zitrusfrüchten. Das Ganze wird mit süßem, gekühltem Tee (ohne Alkohol) oder einem kühlen *Mint Julep* (einem Cocktail mit Bourbon) hinuntergespült.

Louisiana ist der kulinarische Höhepunkt der Region – denn der Staat fällt mit seinen beiden wichtigsten Küchen auf: Die Cajun-Küche ist in der Bayou-Bucht beheimatet und kombiniert heimische Gewürze wie Sassafras und Chilipfeffer mit ländlicher französischer Küche. Die kreolische Küche ist städtischer geprägt und hat ihr Zentrum in New Orleans. Flotte Gerichte wie Shrimp-Remoulade, der Krabbensalat *crabmeat ravigote* und *gumbo* (Eintopf mit Hühnerfleisch, Schalentieren und/oder Würstchen und Okra) werden Hungrige begeistern.

Mittlerer Westen: Burger, Bacon & Bier

Im Mittleren Westen wird mit Leidenschaft gegessen. Die Portionen sind riesig – schließlich ist dies ein landwirtschaftliches Gebiet, wo kräftiges Essen gebraucht wird, um die Arbeit bewältigen zu können. Weit verbreitet sind hier amerikanische Klassiker wie Schmorbraten, Hackbraten, Steak und Schweinekotelett. In den Städten in der Nähe der Großen Seen stehen außerdem Amerikanischer Zander, Barsch und andere Süßwasserfische auf der Karte. Dazu gibt's in der Regel ein schönes kühles Bier. Chicago sticht kulinarisch durchaus hervor: Nirgendwo in der Region kann man besser essen als hier, ob nun in winzigen, schlichten Lokalen oder gleich daneben in den vielen Spitzenrestaurants, die zu den berühmtesten des Landes zählen. Eine andere tolle Möglichkeit, die Spezialitäten des Mittleren Westens zu probieren, sind die Jahrmärkte auf dem Land. Hier reicht das Angebot von Bratwurst über Fettgebackenes bis hin zu gegrilltem Mais am Stiel. Und das Essen in den Diners und Familienrestaurants – besonders in den Städten – ist von den verschiedenen Einflüssen der osteuropäischen, skandinavischen, lateinamerikanischen und asiatischen Einwanderer geprägt.

Esskultur

Zum Frühstück mögen die Amerikaner Eier mit Schinken, Waffeln und *hash browns* (ähnlich wie Kartoffelpuffer, besser gesagt, eine Art Schweizer Rösti) und dazu ein großes Glas Orangensaft. Vor allem anderen aber lieben sie eine dampfende Tasse Kaffee. Nach einem kleinen Snack am Vormittag haben die meisten amerikanischen Angestellten in der Pause nur Zeit für ein Sandwich, einen schnellen Burger oder einen herzhaften Salat. Gelegentlich, wenn auch selten, sieht man jemanden, der mittags ein Glas Wein oder Bier zum Essen trinkt, doch die Zeiten der „drei Martinis zum Mittagessen" sind vorbei. Abends essen die Amerikaner unter der Woche eine reichlichere Mahlzeit, angesichts der zeitlichen Belastung in Familien mit zwei Berufstätigen kann das aber auch etwas zum Mitnehmen oder ein Fertiggericht sein.

Abends wird zeitig gegessen, meist zwischen 18 und 20 Uhr. In Kleinstädten kann es schwierig sein, nach 20.30 oder 21 Uhr noch etwas zu essen zu bekommen. Dinnerpartys beginnen meistens gegen 18.30 oder 19 Uhr mit einem Cocktail, gefolgt vom Essen. Bei einer Einladung ist es höflich, möglichst innerhalb von 15 Minuten vor oder nach der angegebenen Zeit einzutreffen. Die Amerikaner sind für ihre lockeren Tischsitten bekannt, in der Regel warten sie aber, bis alle Gäste ihr Essen haben.

Kochkurse

Folgende Kochschulen bieten Kurse für enthusiastische Hobbyköche (und diese Liste deckt noch lange nicht alle ab):

Januar

Die Eisweinlese rund um die Finger Lakes, New York, und im nördlichen Michigan steht an. Daraus werden süße Dessertweine gezaubert.

März

In Vermont und Maine ist jetzt Zuckersaison – der frische Ahornsirup fließt. Im Süden locken die Langusten: In Louisiana werden zwischen März und Mai etwa 110 Mio. Pfund solcher Tiere gefangen.

Mai

Die Pfirsichernte in Georgia beginnt etwa in der Mitte des Wonnemonats und geht bis Mitte August. Richtung Norden überschwemmen die Chesapeake-Bay-Blaukrabben bis September den Markt.

Juli

Anfang des Monats dreht Michigan auf, es werden Sauerkirschen gepflückt und fruchtige Feste gefeiert – z. B. International Cherry Pit Spitting Championship in Eau Claire.

August

Jetzt geht es rund in Neuengland: Die Hummerimbisse an der Küste brummen und ein Muschelpicknick steht an, während Maines wilde Blaubeeren in Pies gebacken werden.

September & Oktober

Jetzt ist Hochsaison für Apfelpflücker in New York und Michigan (zweit- und drittgrößte Produzenten des Landes). Cider-Lokale schenken ihre Waren aus. Und in Massachusetts und Wisconsin ist Preiselbeersaison.

Chopping Block Cooking School (www.thechoppingblock.net) In Chicago kann man den meisterlichen Umgang mit dem Messer oder das Geheimnis der typischen Deep-Dish-Pizza erlernen.

International Culinary Center (www.internationalculinarycenter.com) Beherbergt das French Culinary Institute und die Italian Culinary Academy in New York City.

Kitchen Window (www.kitchenwindow.com) Bietet Marktführungen und Restauranttouren sowie Kurse zu Backen, Grillen und Weltküche in Minneapolis.

Natural Gourmet Cookery School (www.naturalgourmetschool.com) Diese Kochschule in NYC konzentriert sich auf vegetarische und gesunde „flexitarische" Küche.

Zingerman's Bakehouse (S. 637) Hier in Ann Arbor kann man Backferien machen und Brot und Kuchen selbst in den Ofen schieben.

Getränke

Bier

Nachdem deutsche Einwanderer im 19. Jh. in Milwaukee die amerikanische Bierindustrie gegründet hatten, entwickelten sie Wege, um Bier in großen Mengen herzustellen und in ganz Amerika auszuliefern. Heute kommen noch 80 % des amerikanischen Biers aus dem Mittleren Westen.

Obwohl weit verbreitet, wurden die beliebten amerikanischen Biermarken im Ausland wegen ihres niedrigen Alkoholgehalts und ihrem „Light-Geschmack" lange belächelt. Doch egal, was die Kritiker erzählen, die Verkaufszahlen zeigen, dass amerikanisches Bier beliebter ist als je zuvor. Und nach dem kometenhaften Aufstieg der Mikrobrauereien und ihres Craft Beer mussten sogar Bier-Snobs zugeben, dass sich das amerikanische Bier neu erfunden hat.

Heute gibt es mehr als 2500 Kleinbrauereien in den USA, 2009 waren es noch 1500. 2013 ging im Schnitt täglich eine neue Kleinbrauerei online. Fast in allen Regionen ist es inzwischen möglich, lokales Bier zu trinken, denn auch in Groß- und Kleinstädten, wo man es nicht erwarten würde, entstehen Kleinbrauereien. Einige Restaurants beschäftigen Bier-„Sommeliers", andere veranstalten Bier-Dinner, wo man probieren kann, wie gut das Gebräu zu verschiedenen Gerichten passt.

Wein

Etwa 20 % aller Amerikaner trinken regelmäßig Wein. Der größte Teil des heimischen Weins kommt aus den Staaten an der Westküste, vor allem aus Kalifornien. Im Osten führt New York die Weinproduktion an

---

DIE BESTEN MIKROBRAUEREIEN

Die Popularität von Mikrobrauereien ist explosionsartig gestiegen, und man wird nie in Verlegenheit geraten, ein gut gebrautes Glas Bier zu finden. Aber man muss aufpassen: Craft Beer kann stärker sein als die entsprechenden Massenprodukte. Möchte man weniger Promille, muss man ein „Session Beer" bestellen. Städte wie Grand Rapids, Michigan, und Asheville, North Carolina, wurden überraschenderweise besonders berühmt für ihren Gerstensaft. Übrigens: Vermont hat die meisten Mikrobrauereien pro Kopf zu bieten. Bei der Reise durch die Region sollte man diese hier nicht verpassen:

DC Brau (www.dcbrau.com; 3178B Bladensburg Rd) In Washington, D. C.

Three Floyds (www.3floyds.com) In Munster, IN.

Magic Hat Brewery (S. 241) In Burlington, VT.

Bell's Brewery (www.bellsbeer.com) In Kalamazoo, MI.

Fullsteam Brewery (S. 373) In Durham NC.

und steht bei der Zahl der Produzenten landesweit auf dem vierten Platz. Das interessanteste Gebiet hier ist die Region der Finger Lakes, wo jede Menge Riesling sowie guter Chardonney, Gewürztraminer und Eiswein angebaut werden. Mit 192 Weingütern ist Virginia der fünftgrößte weinproduzierende Bundesstaat, und die meisten befinden sich in den schönen Hügeln rund um Charlottesville. Besonders bemerkenswert ist der Virginia Viognier, ein exotischer Weißwein. Auch die Westküste Michigans wartet mit einer vom Wein gesegneten Landschaft auf, und seine Weinbauern sind bekannt für ihre Sortenvielfalt – vom saftigen Cabernet Franc bis hin zu Schaumweinen der Spitzenklasse. All diese idyllischen Regionen haben im Weinverkostungs- und B & B-Tourismus ganze Wirtschaftszweige entstehen lassen.

Wein ist in den USA oft nicht gerade billig, denn er gilt als Luxusprodukt. In Spirituosenläden oder Weinhandlungen bekommt man aber eine sehr ordentliche Flasche amerikanischen Weins für 10 bis 12 US$.

REGIONALE KÜCHE GETRÄNKE

Spirituosen

Aus dem Osten der USA kommen viele edle hochprozentige Getränke. Die weltweit bekannteste amerikanische Whiskeymarke ist nach wie vor Jack Daniels, und auch die älteste, ununterbrochen bestehende Brennerei der USA, die seit 1870 in Lynchburg, Tennessee, in Betrieb ist, gehört zu Jack Daniels. Bourbon, der aus Mais hergestellt wird, ist die einzige aus den USA stammende Spirituose. Aus Kentucky kommen 95 % der Weltproduktion, der größte Teil davon aus den sieben Brennereien im Zentrum des Staates. Die 225 Meilen (362 km) lange Rundtour zu den Whiskey-Destillerien ist als Bourbon Trail bekannt, und Autotouren zu den Destillerien mit Besuch und Verkostung haben sich zu einer guten Alternative zu den Touren im kalifornischen Napa Valley entwickelt.

Cocktails wurden vor dem Bürgerkrieg in New Orleans erfunden. Der erste Cocktail war der Sazerac, eine Mischung aus Roggenwhiskey oder Weinbrand, einfachem Sirup, Bitterstoffen und einem Schuss Absinth. Zu den amerikanischen Cocktails, die im späten 19. und frühen 20. Jh. in den Bars kreiert wurden, zählen auch Klassiker wie der Martini, der Manhattan und der Old-Fashioned.

Die Retro-Cocktail-Welle

In den amerikanischen Großstädten ist es richtig cool geworden, zu feiern wie 1929, nämlich mit Retro-Cocktails aus der mehr als 100 Jahre zurückliegenden Zeit des Alkoholverbots. Die gute alte Prohibition: Anstatt eine Nation von Abstinenzlern hervorzubringen, scheint sie eine Kultur gestärkt zu haben, in der das Verbotene attraktiv wurde – es war ein gutes Gefühl, böse zu sein, und sogenannte ehrenwerte Bürger trafen sich heimlich in „speakeasies", um Schnaps aus Schwarzbrennereien, „moonshine" genannt, zu trinken und zu Hot Jazz zu tanzen.

Zurück ins 21. Jh.: Es besteht zwar keine Gefahr, dass die Prohibition wieder eingeführt wird, doch in vielen Bars in der Region herrscht wieder der Geist der wilden Zwanziger und der gesetzeswidrigen Dreißiger. Die Cocktails sind von alten Rezepten auf der Basis natürlicher und hausgemachter Zutaten inspiriert und verwenden Ingredienzien wie Spirituosen aus kleinen Brennereien, geschlagenes Eiweiß, handgeschnittenes Eis und frische Früchte. Sie werden liebevoll von geschniegelten Barkeepern gemixt, die ihren Beruf als eine Mischung aus Kunst und Wissenschaft betrachten.

Die besten Cocktail-bars

Aviary, Chicago

Drink, Boston

Franklin Mortgage & Investment Co, Philadelphia

Lantern's Keep, NYC

Maison Premier, NYC

Tonique, New Orleans

Kunst & Architektur

Jazz, Blues, Country und Rock – alles Kinder des amerikanischen Ostens. Doch die Beats durchdringen die Clubs von Norden bis Süden. New York ist und bleibt das Herz der Theater- und Kunstwelt, während die Literatur ihre Stimme in der ganzen Region erhebt. Indessen streben Architekten in New York und Chicago dem Himmel entgegen.

Musik

Blues

Ein Muss für Musikfans

Sun Studio, Memphis

Rock and Roll Hall of Fame, Cleveland

Preservation Hall, New Orleans

BB King Museum, Indianola, MS

Willie Dixon hat es vielleicht am besten beschrieben: „Der Blues ist die Wurzel, alles andere sind die Früchte." Seiner Meinung nach liegt der Ursprung der amerikanischen Musik im Blues, und der wiederum entstand im Süden. Dort entwickelte sich dieses Genre aus den Arbeitsliedern oder „Schreien" der schwarzen Sklaven und dem „Frage-Antwort"-Schema ihrer religiösen Gesänge. Der Blues ist also eine Adaption afrikanischer Musik.

Um die 1920er-Jahre war der Delta-Blues das Sinnbild des Sounds. Von Memphis bis nach Mississippi sangen Musiker zu den Klängen der Slide-Gitarre leidenschaftliche, schwermütige Lieder. Fahrende Bluesmusiker und insbesondere Bluessängerinnen konnten im Süden mit ihrer Kunst Geld verdienen und wurden berühmt. Zu den Pionieren gehören Robert Johnson, W. C. Handy, Ma Rainey, Huddie Ledbetter (alias Lead Belly) und Bessie Smith, die einige für die beste Bluessängerin aller Zeiten halten.

Nach dem Zweiten Weltkrieg zogen viele Musiker gen Norden – und zwar nach Chicago, das ein Zentrum afroamerikanischer Kultur wurde. Dort erfuhr dieses Genre eine Wende, denn die elektrische Gitarre hielt Einzug. Eine neue Generation von Musikern wie Muddy Waters, Buddy Guy, B. B. King und John Lee Hooker drehten die Verstärker auf und ihre kreischenden Gitarren legten den Grundstein für den Rock'n'Roll.

Jazz

Beste Musik-Festivals

New Orleans Jazz Festival; April

Bonnaroo, Manchester, TN; Juni

Summerfest, Milwaukee; Juni/Juli

Newport Folk Festival, Rhode Island; Juli

Lollapalooza, Chicago; August

Ende des 18. Jhs. trafen sich die Sklaven auf dem Congo Square in New Orleans zum Singen und Tanzen. Deshalb gilt dieser Ort als Geburtsstätte des Jazz. Hier schauten sich die ehemaligen Sklaven von den Kreolen der Stadt – die selbst eher an europäischer Gesellschaftsmusik interessiert waren – ab, wie man Blas- und Saiteninstrumente spielt, um damit ihre eigene, afrikanisch geprägte Musik zu machen. Die gegenseitige Beeinflussung hatte eine stetige, fruchtbare Entwicklung innovativer Sounds zur Folge.

Die erste Variante davon war der Ragtime, der seinen Namen durch den „zerhackten" Stil seiner synkopischen afrikanischen Rhythmen bekam. Es folgte der Dixieland-Jazz, dessen Zentrum das berühmt-berüchtigte Rotlichtviertel Storyville in New Orleans war. 1917 wurde Storyville dicht gemacht und die Musiker zerstreuten sich in alle Winde. Der Trompetenstar Louis Armstrong zog nach Chicago und gab für die nächsten Jahrzehnte den Ton an.

Die 1920er- und 1930er-Jahre wurden als „Jazz Age" bekannt. Harlem in New York City war das Zentrum, wo Duke Ellington und Count Basie ihren Big-Band-Swing präsentierten. In den 1950er- und 1960er-Jahren interpretierten Miles Davis, John Coltrane und andere den Sound auf eine neue Art, das Ergebnis war Cool, Free und Avantgarde Jazz. NYC, New Orleans und Chicago sind bis heute die Metropolen des Jazz.

Country

Die frühen schottischen, irischen und englischen Einwanderer brachten ihre eigenen Instrumente und Volkslieder mit nach Amerika. Daraus entstand in den abgelegenen Appalachen mit der Zeit die Fidel-Banjo-Hillbilly- oder „Country"-Musik. Davon unterschied sich die „Western"-Musik im Südwesten durch Stahlgitarren und größere Bands. In den 1920er-Jahren vereinten sich diese Stile unter der Bezeichnung „Country and Western", einer Richtung, die in Nashville ihre Heimat fand, besonders als die Show *Grand Ole Opry* 1925 anfing, die Musik im Radio zu übertragen.

Den Zuhörern schwirrten Sätze wie „cry a tear in your beer" im Kopf herum und Countrymusik wurde zum Big Business. Singer-Songwriter wie Blake Shelton, Tim McGraw und Taylor Swift haben Millionen von Platten verkauft. Später ist hieraus Bluegrass, Rockabilly und Alternative-Country entstanden. Der Süden ist bis heute die stiefeltragende Hochburg dieses Genres.

Rock 'n' Roll

Die meisten sagen, der Rock 'n' Roll sei an jenem Tag im Jahr 1954 geboren worden, an dem Elvis Presley das Sun Studio von Sam Philips betrat und „That's All Right" aufnahm. Anfangs fragten sich die Radiosender, warum ein weißer Junge vom Land schwarze Musik singt und ob sie das überhaupt senden sollten. Erst 1956 gelang Presley mit „Heartbreak Hotel" der große Durchbruch und in mancher Hinsicht wirkt sich der Rock 'n' Roll noch heute auf die Musikszene Amerikas aus.

Musikalisch gesehen war Rock 'n' Roll eine Mischung aus gitarrendominiertem Blues, schwarzem Rhythm 'n' Blues (R 'n' B) und weißer Country and Western Music. Der R 'n' B entwickelte sich in den 1940er-Jahren aus Swing und Blues und war damals als „Rassenmusik" bekannt. Mit dem Rock 'n' Roll verwandelten weiße (und einige afroamerikanische) Musiker diese „Rassenmusik" in etwas, das weiße Jugendliche ohne Einschränkungen annehmen konnten – was sie auch taten.

Der Rock 'n' Roll wurde von Grateful Dead und Jefferson Airplane in psychedelische Klänge verwandelt und in die elektrischen Klagelaute von Janis Joplin, Jimi Hendrix, Bob Dylan und Patti Smith. Seitdem steht Rock für Musik und Lifestyle, hin und her gerissen zwischen Genusssucht und Ernsthaftigkeit, Kommerzialisierung und Authentizität. Das Woodstock Festival veranschaulichte 1969 die Szene – ein kleines Stückchen Land in Upstate New York wurde zur Legende.

Ende der 1970er-Jahre entstanden der Punk, angeführt von den Ramones und den Dead Kennedys, und der Arbeiter-Rock von Bruce Springsteen, der ganze Stolz von New Jersey. Und es dauerte auch nicht lange, bis wieder ein neuer Sound aufkam: Rap, das Sprachrohr der „Outlaws". Im Osten fand er in New York und in Detroit guten Nährboden. Jay Z, Eminem und Chicagos Kanye West sind derzeit führend.

Literatur

Der „Große amerikanische Roman" bestimmte mehr als 150 Jahre lang die Literatur. Edgar Allan Poe schrieb in den 1840er-Jahren gruselige Shortstories. Ihm ist auch die Erfindung von Kriminal- und Horrorgeschichten sowie von Sciencefiction zuzuschreiben. Vierzig Jahre später erfand Samuel Clemens, alias Mark Twain, die Literatur neu.

KUNST & ARCHITEKTUR LITERATUR

Klassiker des Ostens

Atlantic City, Bruce Springsteen

Georgia on My Mind, Ray Charles

No Sleep till Brooklyn, Beastie Boys

Sweet Home Alabama, Lynyrd Skynyrd

Einige berühmte Autoren aus dem Osten der USA schrieben Bücher, die zu der einen oder anderen Zeit mal verboten waren, darunter Kurt Vonnegut aus Indianapolis (*Schlachthof 5*), J. D. Salinger aus New York (*Der Fänger im Roggen*) und die in Georgia geborene Alice Walker (*Die Farbe Lila*).

Twain schrieb umgangssprachlich, liebte „große Geschichten" und warf mit Absurditäten um sich, was ihn beim Alltagsleser äußerst beliebt machte. Der Roman *Die Abenteuer des Huckleberry Finn* (1884) wurde zum Inbegriff der amerikanischen Erzählung: Geleitet von einem ersten Aufbegehren gegen seinen Vater, macht sich Huck auf die Suche nach Authentizität und Selbsterkenntnis, und die Kulisse bildet der Mississippi.

Die „Lost Generation" verhalf der amerikanischen Literatur Anfang des 20. Jhs. zu ihrer Blütezeit. Die Autoren dieser Generation siedelten nach dem Ersten Weltkrieg nach Europa über und schrieben über die wachsende Entfremdung. Der unverblümt schreibende, aus dem Mittleren Westen stammende Ernest Hemingway ist mit seinem sparsamen, stilisierten Realismus das beste Beispiel für diese Ära. F. Scott Fitzgerald aus Minnesota schilderte in seinen Romanen die innere Leere der High Society an der Ostküste. Nach seiner Rückkehr aus Europa beschrieb William Faulkner die sozialen Brüche der Gesellschaft des Südens in komplexer, sarkastischer Prosa. Während der Harlem Renaissance in New York setzten sich Afroamerikaner wie der Dichter Langston Hughes und die Romanautorin Zora Neale Hurston mit rassistischen Stereotypen auseinander.

Nach dem Zweiten Weltkrieg brachten amerikanische Schriftsteller noch stärker regionale und ethnische Unterschiede zum Ausdruck, unternahmen verschiedene stilistische Experimente und verhöhnten oft bissig die Werte der amerikanischen Mittelklasse. Die Autoren der Beat Generation der 1950er-Jahre, allen voran Jack Kerouac, Allen Ginsberg und William S. Burroughs, waren besonders schwer verdaulich.

Heute spiegelt die Literatur eine immer breiter gefächerte Palette an Meinungen wider. Toni Morrison, Amy Tan, Ana Castillo und Sherman Alexie haben Bestseller geschrieben und sich kritisch zu den Problemen der Afroamerikaner, der Amerikaner asiatischer und mexikanischer Herkunft und der amerikanischen Ureinwohner geäußert. Aufstrebende Romanschriftsteller, die man im Auge behalten sollte, sind beispielsweise Junot Díaz, Gary Shyteyngart, Nicole Krauss und Jonathan Safran Foer (die beiden letzten leben als Ehepaar in Brooklyn).

Große Romane

Menschenkind,
Toni Morrison

Der Große Gatsby,
F. Scott Fitzgerald

Schall und Wahn,
William Faulkner

Fiesta, Ernest
Hemingway

Film & Fernsehen

Das Studiosystem hat eigentlich in Manhattan seinen Ursprung, wo Thomas Edison – der Begründer der Filmindustrie – versuchte, mit seinen Patenten ein Monopol zu schaffen. Dies veranlasste viele Unabhängige, in einen Vorort von Los Angeles zu ziehen, wo sie im Fall rechtlicher Probleme schnell nach Mexiko fliehen konnten: Und so wurde Hollywood geboren.

Die meisten Filme werden zwar noch immer an der Westküste gedreht, aber auch New York kann mit zahlreichen Film- und Fernsehstudios aufwarten. ABC, CBS, NBC, CNN, MTV und HBO gehören zu New Yorks Top-Sendern und viele Zuschauer kommen eigens hierher, um David Letterman, Dr. Oz oder beliebte Talk-Shows live mitzuerleben. Zahlreiche Filmemacher und Schauspieler ziehen New York sogar der Westküste vor – Robert De Niro, Spike Lee und vor allem Woody Allen: also Augen auf beim Stadtbummel. Weitere Filmstädte sind Miami, Chicago und, wer hätte es gedacht, Wilmington in North Carolina. Hier gibt es so viele Filmstudios, dass die Stadt ihren Spitznamen „Wilmywood" wirklich verdient hat.

Als YouTube, Hulu, Netflix und Co. auf der Bildfläche der TV-Industrie erschienen, reagierte sie mit der Erfindung trendiger Seriendramen sowie billig produzierter, „drehbuchloser" Reality-Shows. Was im Jahr 2000 mit *Survivor* begann, führen die Kandidaten und „Schauspieler" von *American Idol, Duck Dynasty* und *The Voice* bis heute auf Gedeih und Verderb fort.

DAS GOLDENE ZEITALTER DES AMERIKANISCHEN FERNSEHENS

Im 21. Jh. fing das Kabelfernsehen an, sich ein Nischen-Publikum zu erschließen, und produzierte anspruchsvolle, komplexe Dramen, die die meist risikoscheue Hollywoodkost überflügelten. Das Ergebnis? Man könnte sagen, dass die 2000er die 50er- und 60er-Jahre des 20. Jhs. abgelöst und sich zum „Goldenen Zeitalter" des amerikanischen Fernsehens gemausert haben. Produktionen, die einen Blick auf den östlichen Teil der USA erlauben, sind beispielsweise:

➡ *Dexter:* Kann ein Serienmörder Moral haben? Ein Polizeibeamter aus Miami mit einem großen Geheimnis beweist, dass die Antwort vielleicht „ja" lauten könnte.

➡ *Mad Men:* Im Mittelpunkt stehen die feuchtfröhlichen Eskapaden der Werbebranche im New York City der 1960er-Jahre.

➡ *Tremé:* New Orleans ist der Schauplatz dieses Dramas über das historische afroamerikanische Stadtviertel, das die Bewohner nach Hurrikan Katrina wieder aufbauen wollen.

➡ *The Walking Dead:* Überlebende der Apokalypse kämpfen gegen Zombies in Atlanta und Nord-Georgia.

➡ *The Wire:* Politiker gegen Polizei gegen Drogendealer auf dem rauen Pflaster von Baltimore.

Theater

Eugene O'Neill verhalf dem amerikanischen Schauspiel mit seiner Trilogie *Trauer muss Elektra tragen* (1931) erstmals zu hohem Ansehen. Im Stück wird ein tragischer griechischer Mythos nach Neuengland in die Zeit nach dem Bürgerkrieg verlegt. O'Neill war der erste große amerikanische Dramatiker und ist für viele noch immer der beste.

Nach dem Zweiten Weltkrieg beherrschten zwei Dramatiker die Szene: Arthur Miller, der bekanntermaßen Marilyn Monroe heiratete und über so ziemlich alles schrieb – von der Desillusionierung eines Vertreters der Mittelklasse (*Tod eines Handlungsreisenden,* 1949) bis hin zur geistigen Haltung des Mobs in den Hexenprozessen von Salem (*Hexenjagd,* 1953), und Tennessee Williams, dessen explosive Arbeiten *Die Glasmenagerie* (1945), *Endstation Sehnsucht* (1947) und *Die Katze auf dem heißen Blechdach* (1955) sich tief in die Psyche der Menschen aus den Südstaaten eingruben.

Edward Albee verlieh den 1960er-Jahren eine gesunde Dosis Absurdität und David Mamet und Sam Shepard bereicherten die 1970er- und 80er-Jahre um einige ungehobelte, kernige Typen. Heutzutage schreibt der mit dem Pulitzer-Preis ausgezeichnete Tracy Letts Familiendramen, die oft mit denen von O'Neill verglichen werden. Und so schließt sich der Kreis.

Die Shows auf den Bühnen des Broadway haben Kultstatus. Der berühmte New Yorker Distrikt macht durch Ticketverkäufe mehr als eine Milliarde Dollar Umsatz pro Jahr, wobei die Top-Shows unglaubliche 2 Mio. US$ in der Woche einspielen. Seit Langem laufende Klassiker wie *Der König der Löwen* und *Wicked – Die Hexen von Oz* spielen weiterhin vor ausverkauften Häusern, während Musicals wie *Les Miserables* umgemodelt und mit großem Tamtam wieder aufgeführt werden. Abseits der hellen Lichter des Broadways bringen regionale Theater, etwa das Steppenwolf in Chicago, das Guthrie in Minneapolis und viele andere, neue Stücke auf die Bühne und außerdem sorgen junge Bühnenautoren dafür, dass diese Kunst lebendig bleibt.

Malerei

Nach dem Zweiten Weltkrieg entstand in den USA die erste wirklich eigene Kunstrichtung: der abstrakte Expressionismus. New Yorker Maler wie Jackson Pollock, Franz Kline, Mark Rothko und andere experimentierten mit freien, gegenstandslosen Formen. Pollock z. B. schuf Tropfbilder, indem er Farbe auf große Leinwände schüttete und spritzte.

Darauf folgte die Pop-Art. Künstler schöpften Inspiration aus Cartoons und Verpackungen. Andy Warhol war der große Meister (oder auch der Papst des Pop, wie er manchmal genannt wurde). Danach kam der Minimalismus und in den 1980er- und 1990er-Jahren war alles erlaubt – jeder Stil konnte seinen Platz in der Kunstwelt finden. New York ist und bleibt das Zentrum der Welt der Kunstschaffenden. Diese Stadt beeinflusst den Kunstgeschmack nicht nur in den USA, sondern auf dem ganzen Globus.

Architektur

Im Jahre 1885 entwarf eine Gruppe von Konstrukteuren in Chicago den ersten Wolkenkratzer. Er reichte zwar nicht bis an die Wolken, aber sein Stahlskelett bildete den Grundstein für die moderne Architektur.

Ungefähr zur gleichen Zeit verwirklichte ein anderer Architekt aus Chicago eher Horizontales. Frank Lloyd Wright schuf einen neuen Gebäudestil, verabschiedete sich von traditionellen Elementen und historischen Anspielungen und entwickelte das Konzept der organischen Architektur. Er entwarf Gebäude, die sich in die Landschaft des Mittleren Westens einfügten, d. h. Häuser mit tiefliegenden, horizontalen Linien. Wrights „Präriehäuser" wurden später sogar zu einer ganzen Architekturrichtung.

Europäische Architekten nahmen Wrights Ideen auf, und als die Vertreter des Bauhaus Nazi-Deutschland verließen, kamen ihre Ideen in abgewandelter Form in die USA zurück und wurden als Internationaler Stil, eine frühe Form der modernen Architektur, bekannt. Einer der bedeutendsten Architekten war Ludwig Mies van der Rohe. Seine kastenförmigen, aus Metall und Glas bestehenden Riesen kennzeichneten vor allem die Skyline von Chicago und New York City. Mit dem später aufkommenden Postmodernismus hielten Farbe, Art-déco- und Jugendstilelemente sowie andere historische Bezüge wieder Einzug ins Design der Hochhäuser.

Die Architekten überwinden auch heutzutage Grenzen. Ein aktuelles Beispiel für visionäre Entwürfe ist Jeanne Gangs plätschernder Aqua Tower in Chicago – das größte, von einer Frau entworfene Gebäude der Welt. Und das 541,3 m hohe One World Trade Center in New York ist seit 2013 das höchste Gebäude der USA.

Natur & Umwelt

Ob man nun Alligatoren, Wale, Manatis oder Elche sehen möchte, die Küsten, Berge, Sümpfe und Wälder im Osten der USA bieten zahlreiche Beobachtungsmöglichkeiten. In den Nationalparks bekommt man den ganzen Reichtum der Natur geboten.

Geografie

Zum Osten mit seinen gemäßigten Laubwäldern gehört auch die niedrige Bergkette der uralten Appalachen, die parallel zum Atlantik verläuft. Zwischen Gebirge und Küste liegt die bevölkerungsreichste und städtischste Region des Landes – insbesondere natürlich der Korridor zwischen Washington, D. C. und Boston, MA.

Vier der Großen Seen (Great Lakes) liegen auf der Grenze zwischen den USA und Kanada. Als Teil des Kanadischen bzw. Laurentischen Schilds bilden die insgesamt fünf Seen den größten Süßwasserspeicher der Erde (fast 20 % der weltweiten Vorräte).

Südwärts, entlang der Ostküste, wird das Klima immer feuchter und wärmer. Und schließlich erreicht man die Sümpfe Südfloridas; westlich davon schwappt der Golf von Mexiko an die Südküste der USA.

Die gewaltigen Interior Plains westlich der Appalachen erstrecken sich flach bis zu den Rocky Mountains. Die östlichen Ebenen auf früherem Meeresboden unterteilen sich grob in den nördlichen „Maisgürtel" und den südlichen „Baumwollgürtel". Sie sind Amerikas Brotkorb und speisen ihr Wasser in den mächtigen Mississippi ein. Letzterer bildet zusammen mit dem Missouri das viertlängste Flusssystem der Welt, das nur vom Nil, dem Amazonas und dem Jangtsekiang übertroffen wird.

Im Westen weichen dann die Rocky Mountains und die südwestlichen Wüsten irgendwann dem Pazifik.

Pflanzen & Bäume

Die Wildblumen im Frühling und das farbenfrohe Herbstlaub sind Neuenglands Charakteristika. Der Great Smoky Mountains National Park beheimatet alle fünf östlichen Waldformen (Rottannen, Hemlocktannen, Kiefern-Eichen-Mischwald, Northern und Cove Hardwood) mit über 100 heimischen Baumarten.

Die Everglades in Florida sind mit ihren Mooren, Sümpfen und Küstenprärien das letzte subtropische Wildnisgebiet der USA. Dieses wichtige, bedrohte Habitat vereint Süß- und Salzwasser u. a. mit Mangroven, Zypressen, Seegräsern, Tropenpflanzen, Kiefern oder Harthölzern.

Landsäugetiere

Elche

Im ganzen Norden der Region knabbern Elche an den Büschen – vor allem in Maine, New Hampshire, Vermont, Upstate New York sowie den nördlichen Wäldern zwischen Michigan, Minnesota und Wisconsin. Elche gehören zwar zur Gattung der Hirsche, sind aber weitaus größer. Der mächtige Rumpf auf dünnen „Ballerinabeinen" sorgt bei den Bullen für ein Gesamtgewicht von bis zu 544 kg. Die Elche ernähren sich von vege-

---

Schönste-Landschaften abseits der Touristenpfade

.....

Cypress Creek National Wildlife Refuge, IL: Sumpfland

.....

Ouachita National Forest, AK: Berge mit Quellwasser

.....

Cape Henlopen State Park, DE: Dünen, Sumpfgebiete

.....

Monongahela National Forest, WV: Flüsse

Geologen glauben, dass die Appalachen vor ca. 460 Mio. Jahren die höchsten Berge der Welt waren – höher noch als die heutige Himalaja.

tarischer Kost aus Blättern und Zweigen. Trotz ihrer seltsamen Gestalt sind Elche sehr flink: Sie erreichen zu Lande bis zu 56 km/h und können so schnell schwimmen wie sich ein Zweimannkanu fortbewegt.

Jeden Sommer wächst den Bullen ein imposantes Geweih, das im November wieder abgeworfen wird. Elche suchen in See- oder Flussnähe nach Nahrung, sind allgemein nicht aggressiv und posieren oftmals sogar für Fotos. Dennoch: Sie sind unberechenbar und sollten daher keinesfalls erschreckt werden. Während der Brunft (Sept.) macht die potenzielle Kampfeslust der Bullen stets einen ausreichenden Sicherheitsabstand erforderlich.

In vielen Gebieten sterben Elche in besorgniserregendem Ausmaß. Wissenschaftler glauben, dass auch der Klimawandel daran schuld ist: In New Hampshire hat ein langer Herbst mit wenig Schnee die Ausbreitung der Winterzecken begünstigt – das sind Schädlinge, die Elche befallen. In Minnesota ist es dieselbe Geschichte, nur sind hier Hirnwürmer die tödlichen Parasiten. In Maine allerdings ist die Population weiterhin gesund.

Schwarzbären

Trotz abnehmender Bestände bevölkern Schwarzbären bis heute den Großteil der Region. Dies gilt vor allem für die Adirondacks, die Great Smoky Mountains und die nördlichen Wälder des Mittleren Westens. Die Männchen können sich bis zu 2 m hoch aufrichten und bringen bis zu 250 kg auf die Waage – allerdings je nach Jahreszeit: Im Herbst wiegen sie bis zu 30 % mehr als im Frühjahr direkt nach dem Winterschlaf. Ob-

---

VERHEERENDE NATURKATASTROPHEN

Erdbeben, Buschbrände, Tornados, Hurrikans und Blizzards: Die USA haben etliche Naturkatastrophen erlebt. Hier ein paar aktuelle Beispiele, die im Bewusstsein der Nation verhaftet sind:

Hurrikan Katrina Den 29. August 2005 wird New Orleans nicht so schnell vergessen: Ein gewaltiger Hurrikan fegte über den Golf von Mexiko und traf Louisiana mit voller Wucht. Als die Deiche brachen, wurden 80 % der Stadt überflutet; 1836 Menschen kamen um. Amerikas bislang kostspieligste Naturkatastrophe (geschätzter Gesamtschaden: 100 Mrd. US$) klingt in ergreifenden Bildern der zerstörten Metropole und dem Zorn über das mangelhafte Krisenmanagement der Regierung nach.

Hurrikan Irene Am 27. und 28. August 2011 verwüstete ein Monstersturm die US-Ostküste zwischen Florida und Neuengland. Betroffen waren 15 Bundesstaaten – bis nach Pennsylvania im Landesinneren hinein. In NYC wurde evakuiert und die historische Entscheidung gefällt, den öffentlichen Nahverkehr einzustellen. Über 7,4 Mio. Haushalte waren ohne Strom, während Flüsse über die Ufer traten und mindestens 45 Menschen starben. Der Gesamtschaden wurde auf 7 Mrd. US$ geschätzt.

East Coast Earthquake Am 23. August 2011 erschütterte ein seltenes Erdbeben der Stärke 5,8 die östlichen USA. Obwohl sich das Epizentrum in Mineral (Virginia) befand, zitterte von Maine bis South Carolina der Boden spürbar. Das stärkste Erdbeben in Virginia seit 1897 verursachte zwar keine ernsthaften Schäden, beschädigte aber das Washington Monument und demolierte drei Türme der National Cathedral in Washington, D.C.

Hurrikan Sandy Am 29. Oktober 2012 traf die USA der zweitteuerste Hurrikan der amerikanischen Geschichte (nach Katrina). Sandy war der gewaltigste atlantische Hurrikan, der je aufgezeichnet wurde, mit Sturmwinden, die sich über 1000 Meilen erstreckten. Die Küste von Jersey und tiefliegende Gebiete von New York City (wie Staten Island) traf es besonders hart. In den USA starben mehr als 80 Menschen und der Schaden wird auf über 65 Mrd. US$ geschätzt.

wohl Schwarzbären gelegentlich auch Fleisch fressen, ernähren sie sich vor allem von Beeren und Pflanzen. Die äußerst anpassungsfähigen und neugierigen Tiere können in sehr kleinen Revieren überleben. Aufgrund des Waldschwunds tapsen sie heute manchmal aber auch durch naturnah gelegene Wohngebiete.

Panther

Der klägliche Rest einer Panther-Population leckt im Everglades National Park (Florida) an seiner Beute. Vor der Ankunft der Europäer pirschten schätzungsweise 1500 Großkatzen durch den Bundesstaat – doch nach Auszahlung der ersten Panther-Prämie (1832; 5 US$/Fell) wurden sie für die nächsten 130 Jahre gnadenlos gejagt. Trotz des Jagdstopps im Jahr 1958 war es für die Tiere zu spät, um aus eigener Kraft überleben zu können: Ohne Nachzuchtprogramm (gestartet 1991) wäre der Florida-Panther heute ausgestorben. Mit nur ca. 120 registrierten Exemplaren ist die Art aber noch längst nicht aus dem Schneider.

Wölfe & Kojoten

Die wenigen Wölfe des Ostens ziehen vor allem durch die Boundary Waters in Minnesota. Die kühlen Nadelwälder der Region sind ihr Hauptrevier und zudem die Heimat des **International Wolf Center** (www.wolfcenter.org) in Ely, Minnesota. Ein weiteres kleines Rudel lebt im Isle Royale National Park (Michigan). Wölfe können zwar ebenso listig und grimmig wie im Märchen sein, greifen aber nur selten Menschen an. Draußen in der Wildnis hört man sie eventuell den Mond anheulen.

Der Kojote ähnelt in seinem Aussehen dem Wolf, ist mit einem Gewicht von 7 bis 20 kg aber nur etwa halb so groß. Auch wenn er eigentlich ein Symbol des Südwestens ist, kommt er auch im Osten der USA häufig vor – sogar in den Großstädten: Vor Kurzem besuchte ein Kojote im größten Mittagstrubel einen Chicagoer Sandwich-Shop.

Hirsche

Weißwedelhirsche bevölkern die ganzen östlichen USA. Eine winzige Unterart lebt ausschließlich auf den Florida Keys: Die Key-Weißwedelhirsche sind höchstens 92 cm groß, leichter als ein zehnjähriger Junge und vor allem auf Big Pine Key zu Hause.

Reptilien

Alligatoren & Krokodile

Amerikanische Alligatoren gleiten vor allem in Florida und Louisiana durch die Sümpfe. Über diese wachen sie seit mehr als 200 Mio. Jahren – ausgestattet mit riesiger Schnauze und wachsamen Augen und so gut getarnt, dass sich die Wasseroberfläche kaum einmal kräuselt.

In Louisiana leben knapp 2 Mio. Alligatoren. Vorrangig auf die Seen, Flüsse und Golfplätze Zentral- bzw. Südfloridas verteilen sich weitere 1,5 Mio. In den Everglades lassen sich die Tiere wohl am besten beim Lauern beobachten. Alligatoren sind Spitzenprädatoren, die den Rest der Nahrungskette dominieren. Während Dürreperioden und der Trockenzeit werden ihre „Wohnteiche" (*gator holes*) zu lebenswichtigen Wasserspeichern für das Ökosystem der Feuchtgebiete. Alligatoren können ca. 30 Jahre alt, bis zu 4,3 m lang und 454 kg schwer werden. Offiziell gelten sie nicht mehr als gefährdet, stehen aber weiterhin unter speziellem Schutz, da sie dem immer noch bedrohten Amerikanischen Krokodil ähneln.

In Südflorida lebt die einzige nordamerikanische Population der Amerikanischen Krokodile (ca. 1500 Tiere). Sie bevorzugen Salzwasser und unterscheiden sich von Alligatoren durch ihr „Lächeln": Aus der vergleichsweise spitzen Krokodilschnauze stehen die Zähne deutlich hervor.

NATIONALPARKS IM OSTEN DER USA

NAME	STAAT	ATTRAKTIONEN	AKTIVITÄTEN	BESTE ZEIT
Acadia National Park	ME	466 m Cadillac Mountain, felsige Küstenlinie, Inseln	Wandern, Radfahren	Mai–Okt.
Biscayne National Park	FL	Korallenriffe, Manatis, Delfine, Meeresschildkröten	Kajakfahren, Schnorcheln, Tauchen, Touren mit Glasbodenbooten	Mitte Dez.–Mitte April
Congaree National Park	SC	Moosbewachsene Zypressen, Sümpfe, Eulen	Angeln, Kanufahren	Frühling & Herbst
Cuyahoga Valley National Park	OH	Flüsse, Wasserfälle, Kanal-Schleppwege	Wandern, Radfahren, landschaftlich reizvolle Zugfahrt	Mai–Okt.
Dry Tortugas National Park	FL	Abgelegene Inseln, Bürgerkriegsfestung, 300 Vogelarten, Meeresschildkröten	Schnorcheln, Tauchen, Vogelbeobachtung	Dez.–April
Everglades National Park	FL	Weideland, Sümpfe, Alligatoren, Panther, Manatis	Radfahren, Kanufahren, Kajakfahren, Wandern	Dez.–April
Great Smoky Mountains National Park	NC, TN	Berge, Wälder, Wildblumen, Schwarzbären, Elche	Wandern, Reiten, Angeln	Mitte April–Okt.
Hot Springs National Park	AK	Thermalwasser, historische Gebäude	Saunieren im Spa, Wandern	Sept.–Feb.
Isle Royale National Park	MI	Riesige abgelegene Insel, dichter Wald, Seen, Elche, Wölfe	Kajakfahren, Wandern, Camping	Mitte Mai–Okt.
Mammoth Cave National Park	KY	Riesige Höhlen, unterirdische Flüsse, Fledermäuse	Wandern, Höhlenerkundungen	Ganzjährig
Shenandoah National Park	VA	Blue Ridge Mountains, Wasserfälle, Rotwild, Rotluchse	Wandern, Camping	April–Okt.
Voyageurs National Park	MN	Dichter Wald, Inseln, Seen, Wölfe, Nordlicht	Bootstouren, Motorschlittenfahren	Mai–Ende Sept.

Meeresschildkröten

Innerhalb der kontinentalen USA legen die meisten Meeresschildkröten ihre Eier in Florida ab – vor allem an den südlichen Atlantikstränden und den Golfstränden, wo die drei Hauptarten jedes Jahr über 80 000 Nester graben. Der Großteil sind Unechte Karettschildkröten, gefolgt von Suppen- und Lederschildkröten; früher wurden auch Echte Karettschildkröten und Atlantik-Bastardschildkröten gesichtet. Alle fünf Spezies sind gefährdet oder vom Aussterben bedroht. Mit bis zu 3 m Länge und 907 kg Gewicht ist die Lederschildkröte am größten.

Während der Nistzeit (Mai–Okt.) legen Meeresschildkröten ca. 80 bis 120 Eier pro Nest. Nachdem die Eier etwa zwei Monate lang im Sand gebrütet haben, schlüpfen die Jungen alle zugleich und machen sich auf den Weg zum Meer. Im Gegensatz zu den Mythen um diesen Aufbruch müssen sie sich dabei aber nicht am Mond orientieren.

Zusätzlich zu den Nationalparks bietet der Osten der USA acht National Seashores (darunter Cape Cod in Massachusetts), vier National Lakeshores (darunter Sleeping Bear Dunes in Michigan) und zehn National Rivers (darunter New River Gorge in West Virginia). Der National Park Service (www.nps.gov) hat Infos dazu.

Schlangen

Zuerst die schlechte Nachricht: Mit Diamant-, Zwerg-, Canebrake- und Waldklapperschlange leben vier Klapperschlangenarten östlich des Mississippi. Die bis zu 2,1 m lange Diamantklapperschlange ist am größten und aggressivsten. Nordamerikanische Kupferköpfe, Wassermokassin- und Korallenottern sind weitere Giftschlangen-Spezies. Die genannten Arten tummeln sich vor allem an der Süd- und der mittleren Atlantikküste.

Und jetzt die gute Nachricht: Begegnungen mit Giftschlangen sind selten. Beweis gefällig? Der Great Smoky Mountain National Park mit mehr als 9,5 Mio. Besuchern pro Jahr hat in seiner über 70-jährigen Geschichte keinen einzigen tödlichen Schlangenbiss zu verzeichnen.

Meeressäuger & Fische

Die Florida Keys sind das beste Revier für Fans herrlicher Korallenriffe und bunter Tropenfische.

Wale & Delfine

Der beste Walbeobachtungsspot im Osten der USA liegt vor Massachusetts: Das Stellwagen Bank National Marine Sanctuary ist ein Sommerfutterplatz der Buckelwale. Diese wundersamen Geschöpfe sind durchschnittlich 15 m lang und 36 t schwer – eine gewaltige Masse, die sie beim spielerischen Auftauchen über die Wasseroberfläche wuchten müssen. Zudem kommen Buckelwale überraschend nahe an Boote heran und geben somit tolle Fotomotive ab. Viele der 300 letzten Atlantischen Nordkaper (die bedrohteste Walart der Welt) ziehen durch dieselben Gewässer. Beobachtungstrips per Boot starten in Boston, Plymouth, Provincetown und Gloucester (Massachusetts).

Vor Floridas Küste leben mehrere Delfinarten. Bei Weitem am stärksten vertreten sind die geselligen und intelligenten Großen Tümmler, die sich regelmäßig entlang der ganzen Halbinsel blicken lassen. Große Tümmler werden auch am häufigsten in Gefangenschaft zur Schau gestellt.

Manatis

Floridas Küste ist die Heimat der seltsamen, sanften Manatis (Rundschwanz-Seekühe), die zwischen Süßwasserflüssen und dem Meer pendeln. Diese wendigen und ausdrucksvollen Tiere (ca. 3 m lang, 450 kg schwer) sind eigentlich relativ faul: Sie verbringen den Großteil des Tages damit, sich auszuruhen und eine Menge zu fressen – 10 % ihres Körpergewichts nehmen sie täglich zu sich. Im Winter ziehen sie zu Floridas Thermalquellen und zu Ablaufkanälen von Kraftwerken. Im Sommer schwimmen sie zurück ins Meer und lassen sich dann auch in den Küstengewässern Alabamas, Georgias oder South Carolinas beobachten.

Manatis sind seit 1893 geschützt und standen 1967 auch auf der ersten Regierungsliste der bedrohten Arten. Früher wurden sie wegen ihres Fleisches – das angeblich besser als Filet Mignon schmecken soll – gejagt. Heute gehören Kollisionen mit Booten zu den Haupttodesursachen bei Manatis und machen ca. 20 % aus. Derzeit gibt es mehr als 4000 Tiere.

Vögel

Der Weißkopf-Seeadler ist seit 1782 das US-Wappentier. Nordamerikas einzigartige Adler können über 2 m Flügelspannweite erreichen. Zur Winterzeit kann man die Vögel sehr gut entlang des Mississippi in Minnesota, Wisconsin und Illinois beobachten. Im Sommer bevölkern sie Florida überall dort, wo es fischreiche Gewässer und hohe Bäume zum Fressen und Nisten gibt. Diese Adler stehen heute glücklicherweise nicht mehr auf der Liste der bedrohten Spezies: Durch eine bemerkenswerte Arterholung sind aus mageren 417 Brutpaaren (1963) inzwischen 9750 in den „unteren" 48 US-Bundesstaaten geworden. Weitere 30 000 Weißkopf-Seeadler leben in Alaska.

Nashornpelikane gehören zu den größten Vogelarten der Region und halten sich im Winter (Okt.–April) dort auf. Braunpelikane tauchen als einzige Pelikanart nach ihrer Nahrung. Sie sind ganzjährig an der Golfküste und überall in Florida anzutreffen.

Ein besonders giftiger Stamm von Rotalgen tötete 2013 mehr als 240 Manatis. Die Alge produziert Toxine, die vom Seegras absorbiert werden, das die Manatis fressen. Es ist nicht bekannt, warum die Algenpest in dem Jahr so massiv ausgefallen ist.

Gibt es ihn oder gibt es ihn nicht? *Stalking the Ghost Bird: The Elusive Ivory-Billed Woodpecker in Louisiana* (2008) von Mike Steinberg erzählt, was passierte, als Kajakfahrer behaupteten, den „ausgestorbenen" Vogel gesehen zu haben, und damit einen Riesentumult in dem sumpfigen Flussarm auslösten.

Praktische Informationen

Allgemeine Informationen

Arbeiten im Osten der USA

Saisonjobs in Badeorten, Themenparks und Skigebieten sind meistens problemlos zu haben. Leider werden diese Jobs aber schlecht bezahlt.

Wer sich als Ausländer mit einem normalen Touristenvisum in den USA aufhält, dem ist es ausdrücklich untersagt, eine bezahlte Arbeit anzunehmen. Tut man es dennoch und wird erwischt, wird man unverzüglich abgeschoben. Außerdem sind Arbeitgeber verpflichtet zu prüfen, ob ihre Angestellten eine Arbeitserlaubnis haben – andernfalls müssen sie mit Geldstrafen rechnen. Besonders Südflorida ist bekannt dafür, dass Ausländer hier illegal arbeiten, und die Vertreter der Einwanderungsbehörden kennen kein Erbarmen.

Um als Ausländer legal in den USA arbeiten zu können, muss man bereits vor der Einreise ein Arbeitsvisum beantragen. Austauschstudenten benötigen ein J1-Visum.

Für befristete Tätigkeiten oder Festanstellungen brauchen alle, die nicht studieren, die Unterstützung eines amerikanischen Arbeitgebers (der ein Visum der Kategorie H beschafft). Solche Visa sind jedoch schwer zu bekommen.

Die folgenden Organisationen helfen bei der Visabeschaffung:

American Institute for Foreign Study (☎866-906-2437; www.aifs.com)

Au Pair in America (☎800-928-7247; www.aupairin america.com)

Council on International Educational Exchange (☎800-553-4000; www.ciee.org)

InterExchange (☎212-924-0446; www.interexchange.org) Camp- und Au-pair-Programme.

Studieren in den USA (☎0900-1850-055; www.in-usa-studieren.de)

Travelworks (☎02506-8303-0; www.travelworks.de)

Botschaften & Konsulate

Neben den folgenden Botschaften in Washington, D.C. (vollständige Liste auf www.embassy.org), unterhalten die meisten Länder UN-Botschaften in New York City. Einige Länder haben auch Konsulate in größeren Städten. Die Gelben Seiten (Yellow Pages) helfen weiter.

Deutschland (☎202-298-4000; www.germany.info; 2300 M St NW, 20037 Washington, D.C.)

Kanada (☎202-682-1740; www.canadainternational.gc.ca; 501 Pennsylvania Ave NW, 20001 Washington, D.C.)

Mexiko (☎202-728-1600; embamex.sre.gob.mx/eua; 1911 Pennsylvania Ave NW)

Österreich (☎202-895-6700; www.austria.org; 3524 International Court NW, 20008 Washington, D.C.)

Schweiz (☎202-745-7900; www.swissemb.org; 2900 Cathedral Ave NW, 20008 Washington, D.C.)

Ermäßigungen

Mit diesen Ausweisen kann man bei Museen, Unterkünften und einigen Transportmitteln (u. a. Amtrak) ungefähr 10 % sparen:

American Association of Retired Persons (AARP; ☎888-687-2277; www.aarp.org; Jahresmitgliedschaft Amerikaner/Ausländer 16/28 US$) Interessengemeinschaft für Traveller ab 50 Jahren.

American Automobile Association (AAA; ☎800-874-7532; www.aaa.com) Für Mitglieder des AAA und Partnerorganisationen in Europa.

International Student Identity Card (ISIC; www.isic.org) Für Studierende jedes Alters. Es gibt auch eine Karte für Nicht-Studenten unter 26 Jahren.

Student Advantage Card (www.studentadvantage.com) Für US-amerikanische und ausländische Reisende.

Essen

Alles, was man zum Essen und Ausgehen im Osten wissen muss, steht auf S. 699.

PREISSPANNEN ESSEN

Die folgenden Preise beziehen sich auf ein Hauptgericht. Sofern nicht anders angegeben, sind weder Getränk noch Vorspeise, Nachtisch, Steuern oder Trinkgelder enthalten.

**$** unter 10 US$

**$$** 10–20 US$

**$$$** über 20 US$

Feiertage & Ferien

An den folgenden landesweiten Feiertagen sind Banken, Schulen und Behörden (auch Postämter) geschlossen. Verkehrsbetriebe, Museen und andere Service-Einrichtungen arbeiten an diesen Tagen nach dem Sonntagsplan. Feiertage, die auf ein Wochenende fallen, werden gewöhnlich am folgenden Montag nachgeholt.

Neujahr 1. Januar

Martin Luther King Jr. Day Dritter Montag im Januar

Presidents' Day Dritter Montag im Februar

Memorial Day Letzter Montag im Mai

Independence Day 4. Juli

Labor Day Erster Montag im September

Columbus Day Zweiter Montag im Oktober

Veterans' Day 11. November

Thanksgiving Vierter Donnerstag im November

Weihnachten 25. Dezember

Frauen unterwegs

➜ Ob allein oder in Gruppen reisend: Frauen bekommen im Osten der USA meist keine besonderen Probleme. Man sollte einfach denselben gesunden Menschenverstand walten lassen wie zu Hause.

➜ In Bars und Nachtclubs können Frauen ohne Begleitung viel Aufmerksamkeit auf sich ziehen, aber wenn man keine Gesellschaft möchte, respektieren die meisten Männer ein bestimmtes „No, thank you".

➜ Körperliche Angriffe sind nicht sehr wahrscheinlich. Kommt es zu einem sexuellen Übergriff, sollte man sich erst an eine Hotline für Vergewaltigungsopfer wenden und danach die Polizei anrufen. Besteht hingegen akute Gefahr, sofort ☎911 anrufen. Die **National Sexual Assault Hotline** (☎800-656-4673; www.rainn.org) steht rund um die Uhr zur Verfügung.

➜ Auf der Community-Website www.journeywoman. com können Frauen Reisetipps austauschen und es gibt Links zu Informationsquellen. Die kanadische Regierung veröffentlicht die Broschüre „Her Own Way" mit nützlichen Reisetipps; man findet sie auf http:// travel.gc.ca/travelling/ publications.

Freiwilligenarbeit

Gelegenheiten zur Freiwilligenarbeit gibt es im Osten der USA jede Menge. Sich freiwillig einzubringen, ist eine gute Sache, um Land und Leute auf eine Art und Weise kennenzulernen, wie es kaum möglich ist, wenn man die USA einfach nur durchreist.

In Großstädten gibt's jede Menge Gelegenheiten, bei spontanem Engagement für gemeinnützige Organisationen Einheimische kennenzulernen. Als Quellen empfehlen sich die Veranstaltungsverzeichnisse in alternativen Zeitschriften und die nach Sparten sortierten Gratis-Anzeigen auf der Website **Craigslist** (www.craigslist. org). Das staatliche Internetportal **Serve.gov** (www. serve.gov) sowie die privaten Plattformen **Idealist** (www. idealist.org) und **Volunteer-Match** (www.volunteermatch. org) veröffentlichen Datenbanken, die man kostenlos nach kurz- und langfristigen Freiwilligenjobs im ganzen Land durchsuchen kann.

Offizielle Freiwilligenprogramme, vor allem solche, die speziell auf ausländische Traveller abzielen, kosten meist eine Gebühr von 250 bis 1000 US$. Der genaue Betrag hängt von Dauer und Leistungsumfang ab (z. B. Unterkunft, Essen). In keinem Fall sind die Anreisekosten enthalten.

Empfehlenswerte Organisationen sind:

Green Project (☎504-945-0240; www.thegreenproject. org) Unterstützt New Orleans' grünen und nachhaltigen Aufbau in Vierteln, die diese Hilfe dringend nötig haben.

Habitat for Humanity (☎800-422-4828; www. habitat.org) Der Schwerpunkt liegt auf der Errichtung erschwinglicher Unterkünfte für Hilfsbedürftige.

Sierra Club (☎415-977-5500; www.sierraclub.org) „Freiwilligenferien", in denen die Teilnehmer an Renaturierungsarbeiten mitwirken und Wanderwege instand halten, u. a. auch in Nationalparks und Naturschutzgebieten.

Volunteers for Peace (☎802-540-3060; www.vfp. org) Mehrwöchige Freiwilligenprojekte, die Handwerk und internationalen Austausch fördern.

Wilderness Volunteers (☎928-556-0038; www. wildernessvolunteers.org) Einwöchige Einsätze, die der Pflege von Nationalparks und Outdoor-Erholungsgebieten

718

ALLGEMEINE INFORMATIONEN GEFAHREN & ÄRGERNISSE

dienen. Im Osten kann man u.a. in Minnesota, Vermont, Maine und Arkansas helfen.

World Wide Opportunities on Organic Farms, USA (☎949-715-9500; www. wwoofusa.org) Vertritt mehr als 1000 Biobauernhöfe in allen 50 Bundesstaaten, die Freiwilligenarbeit mit Kost und Logis entlohnen. Es sind kurz- und längerfristige Aufenthalte möglich.

Gefahren & Ärgernisse

Die Hurrikansaison dauert an der Atlantikküste und am Golf von Mexiko von Juni bis November, aber von Ende August bis Oktober ist die Sturmhauptsaison. Nur relativ wenige Stürme erreichen die Ostküste mit der Stärke eines Hurrikans, aber wenn sie kommen, können die Zerstörungen katastrophal sein. Reisende sollten Warnungen und Evakuierungsanordnungen ernst nehmen.

Die Tornadosaison im Landesinneren des Mittleren Westens und im Süden dauert von März bis Juli. Es ist aber unwahrscheinlich, Opfer eines Tornados zu werden.

Wenn Naturkatastrophen drohen, sollte man die Nachrichten im Radio und Fernsehen aufmerksam verfolgen. Weitere Infos zu Stürmen und wie man sich darauf vorbereiten sollte, bekommt man beim **National Weather Service** (www. nws.noaa.gov).

Geld

Die meisten Amerikaner führen keine großen Bargeldbeträge mit sich. Sie verlassen sich auf Kredit- und Bankkarten sowie auf Geldautomaten. Man sollte aber nicht nur auf Kreditkarten setzen, denn einige Automaten (vor allem an Tankstellen) akzeptieren keine ausländischen Karten. Manche kleinen Geschäfte nehmen Scheine nur bis zu einem Wert von 20 US$.

Geldautomaten

→ Bei den meisten Banken, in Einkaufszentren, Flughäfen, Lebensmittelläden und Supermärkten stehen Geldautomaten rund um die Uhr zur Verfügung.

→ Pro Transaktion wird üblicherweise eine Gebühr von 2,50 US$ oder mehr fällig, die sich eventuell noch um die Gebühren der eigenen Bank erhöht.

→ Ausländer sollten sich bei der eigenen Bank genau über die Nutzungsbedingungen ausländischer Geldautomaten informieren. Die Wechselkurse an Automaten sind selten besser oder schlechter als anderswo.

Geldwechsel

→ Fremdwährungen tauscht man am besten bei Banken um. Große Stadtfilialen bieten meist einen Devisenservice an, auf dem Land kann sich der Geldwechsel etwas schwieriger gestalten.

→ Die schlechtesten Kurse gibt's an den Wechselschaltern an Flughäfen und in Touristenzentren. Unbedingt zuerst nach anfallenden Gebühren und Zuschlägen fragen!

→ **Travelex** (☎877-414-6359; www.travelex.com) gehört zu den größeren Wechselunternehmen, **American Express** (☎800-528-4800; www.americanexpress.com) bietet mitunter aber bessere Konditionen.

Kreditkarten

Die bekannten Kreditkarten werden fast überall akzeptiert. Für das Mieten eines Autos oder Reservierungen per Telefon sind sie so gut wie immer ein Muss. Visa und MasterCard sind dabei die gängigsten. Bei Verlust oder Diebstahl einer Karte ist die entsprechende Gesellschaft sofort telefonisch zu benachrichtigen:

American Express (☎800-528-4800; www.american express.com)

MasterCard (☎800-627-8372; www.mastercard.com)

Visa (☎800-847-2911; www.visa.com)

Steuern

→ Die Verkaufssteuersätze variieren je nach Bundesstaat und Bezirk und reichen von 5 bis 9%. Die meisten angegebenen Preise enthalten keine Steuer. Sie wird beim Bezahlen addiert.

→ Hotelsteuern liegen je nach Stadt bei 10 bis über 18% (in NYC).

Trinkgeld

Trinkgelder sind ein *Muss* und sollten nur bei extrem schlechtem Service nicht gegeben werden.

Flughafen & Hotelpagen 2 US$ pro Gepäckstück, mindestens 5 US$ pro Gepäckwagen

Barkeeper 10 bis 15% des Rechnungsbetrags, mindestens 1 US$ pro Getränk

Zimmermädchen 2 bis 4 US$ pro Übernachtung, unter die dafür vorgesehene Karte legen

Restaurantbedienung 15 bis 20%, es sei denn das Trinkgeld ist bereits auf der Rechnung ausgewiesen

Taxifahrer 10 bis 15%, auf den nächsten vollen Dollarbetrag aufrunden

Parkservice Mindestens 2 US$ bei Rückgabe der Autoschlüssel

Gesundheit

Da im Osten wie in den ganzen USA die Hygienestandards sehr hoch sind, stellen Infektionskrankheiten kaum ein Problem dar. Impfungen sind nicht vorgeschrieben, und Leitungswasser kann bedenkenlos getrunken werden.

Alle benötigten Medikamente sollten in ihrer eindeutig beschrifteten Originalverpackung mitgenommen werden. Außerdem kann es nicht schaden, einen vom Hausarzt unterschriebenen und datierten Brief mitzuführen, in dem alle Angaben zum

Gesundheitszustand und zu verordneten Medikamenten (inkl. internationaler Freinamen) aufgelistet sind.

Gesundheitsrisiken

Hitzeschäden Dehydrierung gehört zu den Hauptursachen für Hitzeschäden. Anzeichen sind Erschöpfung, Kopfschmerzen, Übelkeit und schweißnasse Haut. Erkrankte Personen auf den Rücken legen, die Beine hoch lagern, kühle, nasse Kleidungsstücke auf der Haut platzieren und viel Flüssigkeit zuführen!

Unterkühlung kann vor allem in den nördlichen Regionen zu einem Problem werden. Den ganzen Körper einschließlich Kopf und Hals bedeckt halten! Anzeichen einer Hypothermie sind: Stolpern, undeutliche Aussprache, ungeschicktes Herumfingern und Reizbarkeit.

Infektions-krankheiten

Die meisten schweren Infektionskrankheiten werden durch Moskitostiche, Zecken- oder Tierbisse übertragen. Weitere Details sind in den **Centers for Disease Control** (www.cdc.gov) erhältlich.

Giardiasis Darminfektion. Kein Wasser aus Seen, Teichen, Bächen und Flüssen trinken!

Lyme-Krankheit Kommt hauptsächlich im Nordosten vor. Sie wird im späten Frühling und im Sommer von Zecken übertragen. Nach einem Aufenthalt in freier Natur sollte man sich gründlich nach Zecken absuchen.

West-Nil-Virus Übertragung durch Stechmücken im Spätsommer und Frühherbst. Der beste Schutz sind langärmlige Hemden oder Jacken, lange Hosen, Hüte und geschlossenes Schuhwerk statt Sandalen. Freiliegende Hautpartien und die Kleidung mit einem guten Insektenschutzmittel einreiben, am besten mit einem, das DEET enthält!

Krankenversicherung

Die Vereinigten Staaten bieten die vielleicht beste medizinische Versorgung weltweit. Das Problem ist nur, dass eine Behandlung extrem teuer sein kann. Deshalb ist es absolut notwendig, eine Auslandskrankenversicherung abzuschließen, wenn die eigene Krankenversicherung die medizinische Versorgung im Ausland nicht abdeckt. Weitere Infos über Versicherungen stehen auf der **Lonely Planet Website** (www.lonelyplanet.com/travel-insurance).

Es ist außerdem wichtig zu wissen, ob die eigene Versicherung die in Anspruch genommenen medizinischen Leistungen direkt bezahlt oder erst später erstattet.

Medizinische Versorgung

➡ Bei einem medizinischen Notfall sollte man am besten die Notaufnahme des nächsten Krankenhauses aufsuchen.

➡ Falls es nicht ganz so schlimm ist, kann man auch in einem nahe gelegenen Krankenhaus anrufen und sich an einen niedergelassenen Arzt verweisen lassen. Da kostet die Behandlung in der Regel weniger als in der Notaufnahme.

➡ Spezialisierte, profitorientierte Unfallstationen können zwar gute Dienste leisten, sind mitunter aber auch die teuerste Option.

➡ Apotheken sind gut sortiert. Es kann aber vorkommen, dass bestimmte Arzneimittel, die zu Hause rezeptfrei erhältlich sind, in den USA nur gegen Rezept abgegeben werden.

➡ Wenn die Versicherung die Rezepte nicht bezahlt, können diese entsetzlich teuer werden.

Internetzugang

➡ Reisende werden in den technikaffinen USA kaum Probleme mit der Internetverbindung haben. In diesem Buch kennzeichnet das Icon (@) Orte mit öffentlich zugänglichen Computern mit Internetzugang und das Icon (☎) bedeutet, dass WLAN vorhanden ist und kostenlos oder gegen eine Gebühr genutzt werden kann.

➡ In den großen Städten findet man einige Internetcafés, in kleineren Städten kann es sein, dass man in einer öffentlichen Bibliothek oder einem Copyshop online gehen muss, falls man kein Laptop oder ein anderes webtaugliches Gerät dabei hat. Die meisten Bibliotheken haben Internet-Terminals (Nutzung für begrenzte Zeit) und WLAN.

➡ WLAN gibt es fast überall. Sowohl die meisten Unterkünfte (im Zimmer, mit ordentlicher Geschwindigkeit) als auch viele Restaurants, Bars und Coffeeshops (wie Starbucks) bieten es an. Manche Städte haben sogar WLAN in Parks und auf Plätzen.

➡ Wer aus dem Ausland kommt, braucht einen Wechselstromadapter für seinen Laptop (wenn der keine duale Spannungsversorgung 110/220 V hat) und einen passenden Adapter für US-amerikanische Steckdosen. Beides erhält man in größeren Elektronikläden wie Best Buy.

➡ Eine Liste von WLAN-Hotspots findet man auf www.wififreespot.com oder http://v4.jiwire.com.

Öffnungszeiten

Die üblichen Öffnungszeiten sind folgende:

Banken Mo–Fr 8.30–16.30 Uhr (einige Banken auch Sa 9–12 Uhr)

Bars So–Do 17–24, Fr & Sa 17–2 Uhr

Nachtclubs Do–Sa 22–3 Uhr

Post Mo–Fr 9–17 Uhr

Shoppingmalls 9–21 Uhr

Geschäfte Mo –Sa 9–18, So 12–17 Uhr

Supermärkte 8–20 Uhr, manche haben auch rund um die Uhr geöffnet

Post

➡ Der **US Postal Service** (USPS; ☎ 800-275-8777; www. usps.com) ist verlässlich und günstig. 1st Class Mail innerhalb der USA kostet bis zu einem Gewicht von 28 g (1 oz) 0,46 US$ (jede weitere Unze 0,20 US$), Postkarten kosten 0,33 US$.

➡ Standardbriefe und -postkarten per Luftpost kosten 1,10 US$.

Rechtsfragen

Bußgelder für Ordnungsvergehen (z. B. im Straßenverkehr) können von ertappten Sündern nicht an Ort und Stelle gezahlt werden. Der Ordnungshüter wird alle Optionen für die Zahlung erklären. In der Regel muss man dann den Betrag innerhalb von 30 Tagen überweisen.

Wer verhaftet wird, kann die Aussage verweigern (aber Achtung: Nie vom Polizisten entfernen!) und hat Anspruch auf einen Anwalt. Das Rechtssystem sieht vor, dass man so lange als unschuldig gilt, bis die Schuld nachgewiesen ist. Allen Verhafteten ist gesetzlich ein Telefonat gestattet. Wer weder Anwalt noch Verwandte hat, sollte die eigene Botschaft oder das Konsulat anrufen. Deren Nummer wird auf Anfrage von der Polizei ermittelt.

Drogen & Alkohol

➡ In den meisten Orten ist es verboten, mit einem alkoholischen Getränk in der Hand auf der Straße herumzulaufen. New Orleans und die Beale St. in Memphis sind die berühmten Ausnahmen.

➡ Es ist überall gängige Praxis, dass man seinen Ausweis mit Lichtbild vorlegen muss, um nachzuweisen, dass man alt genug ist (d. h. mindestens 21 Jahre), um Alkohol trinken zu dürfen.

➡ In einigen Bundesstaaten, besonders im Süden, gibt es „trockene" Landkreise, in denen der Verkauf von Alkohol untersagt ist.

➡ Die Alkoholgrenze im Blut liegt in der Regel bei 0,8 Promille. Fahren unter dem Einfluss von Alkohol oder Drogen ist ein schweres Verbrechen und wird mit hohen Bußgeldern und gelegentlich sogar Gefängnis geahndet.

➡ 20 Staaten, darunter die meisten von New York bis in den Nordosten, betrachten den Besitz von kleinen Mengen Marihuana als geringfügiges Vergehen (im Allgemeinen beträgt die Strafe für den ersten Verstoß um die 100 bis 200 US$).

➡ Abgesehen von Marihuana sind Partydrogen gesetzlich verboten. Der Besitz von illegalen Betäubungsmitteln wie Kokain, Ecstasy, LSD, Heroin, Haschisch oder mehr als einer Unze Marihuana ist eine schwere Straftat und kann auch mit langen Haftstrafen geahndet werden.

PRAKTISCH & KONKRET

Maße & Gewichte

Gewichte Unze (*ounce*, Abk. oz, 28,35 gr), Pfund (*pound*, Abk. lb, 453 gr), Tonne (*ton*, Abk. t, 907,18 kg)

Flüssigkeitsmaße Unze (*ounce*, Abk. oz, 30 ml), US-Pint (*pint*, 473 ml), US-Quart (*quart*, 0,95 l), US-Gallone (*gallon*, Abk. gal, 3,79 l)

Längenmaße Fuß (*foot*, Abk. ft, 30,48 cm), Yard (*yard*, Abk. yd, 91,44 cm), Meile (*mile*, Abk. mi, 1,609 km)

Radio & Fernsehen

Radionachrichtensender National Public Radio (NPR, am unteren Ende der UKW-Skala)

Fernsehsender ABC, CBS, NBC, FOX, PBS (frei empfangbare Sender)

Wichtige Kabelkanäle CNN (Nachrichten), ESPN (Sport), HBO (Filme), Weather Channel (Wetter)

Rauchen

Seit 2011 herrscht in der Hälfte der Bundesstaaten im Osten, im District of Columbia und in vielen Gemeinden absolutes Rauchverbot in Restaurants, Bars und an Arbeitsstätten.

Video & DVD

➡ NTSC-Norm (inkompatibel mit PAL und SECAM)
➡ DVDs, Regionencode 1 (nur USA und Kanada)

Währung

US-Dollar (US$)

Zeitungen & Zeitschriften

Landesweite Zeitungen *New York Times, Wall Street Journal, USA Today*

Mainstream-Nachrichtenmagazine *Time, Newsweek, US News & World Report*

Regionale Zeitungen *Washington Post, Boston Globe, Miami Herald, Chicago Tribune*

Reisen mit Behinderung

Reisen im Osten der USA ist relativ unkompliziert.

➡ Die meisten öffentlichen Gebäude sind für Rollstuhlfahrer zugänglich und auch die Toiletten dort sind behindertengerecht ausgestattet.

➡ Alle größeren Fluglinien, Greyhound-Busse und Amtrak-Züge helfen Reisenden mit Behinderungen. Einfach bei der Reservierung (mindestens 48 Stunden im Voraus) sagen, was man braucht.

➡ Manche Autovermietungen, wie Budget und Hertz, bieten Autos mit Handsteuerung und Busse mit Rollstuhlaufzügen ohne Aufpreis an, aber man muss weit im Voraus reservieren.

➡ In den meisten Städten gibt es Taxiunternehmen mit mindestens einem behindertengerechten Bus, aber man muss vorher anrufen.

➡ Städte mit U-Bahn-Netz haben Aufzüge für hilfsbedürftige Passagiere. Washington, D.C., hat das bestgerüstete Metronetz (Aufzug in jeder Station). In New York sind Aufzüge rar.

➡ Viele Nationalparks und manche State Parks und Erholungsgebiete lassen sich auf rollstuhlgerechten, asphaltierten oder befestigten Pfaden oder Bohlenwegen erkunden.

Einige Organisationen sind auf die Unterstützung von Reisenden mit Behinderung spezialisiert:

Access-Able Travel Source (www.access-able. com) Allgemeine Reise-Website mit nützlichen Tipps und Links.

Flying Wheels Travel (📞877-451-5006, 507-451-5005; www.flyingwheelstravel. com) Reisebüro mit umfassendem Service, sehr zu empfehlen für Reisende mit Mobilitätsproblemen oder chronischen Krankheiten.

Mobility International USA (📞541-343 1284; www. miusa.org) Berät in Sachen Mobilität und hat Austauschprogramme zur Weiterbildung.

Wheelchair Getaways (📞800-642-2042; www. wheelchairgetaways.com) Vermietet landesweit behindertengerechte Busse.

Schwule & Lesben

Generell ist der Nordosten die toleranteste und der Süden die intoleranteste Region des Ostens. In den Großstädten gibt's seit Langem schwulenfreundliche Gemeinden.

Allgemeine Einstellung

Die meisten amerikanischen Großstädte haben offene GLBT-Gemeinden, mit denen man leicht in Kontakt kommt.

Das Level der allgemeinen Akzeptanz ist total unterschiedlich. Mancherorts ist Toleranz ein absolutes Fremdwort, und anderswo wird sie geübt, solange sexuelle Orientierung und Identität nicht öffentlich zur Schau gestellt werden. Bigotterie existiert in den USA leider immer noch. In ländlichen und extrem konservativen Gegenden kann es unklug sein, sich offen zu outen, denn Beschimpfungen und sogar Gewalt sind hier keine Seltenheit. Im Zweifelsfall gilt die Devise: „Don't ask, don't tell." Nach einem Beschluss des Verfassungsgerichts werden gleichgeschlechtliche Ehen seit 2013 auf Bundesebene gesetzlich anerkannt und in bis jetzt 16 Staaten (darunter viele im Nordosten) wurden sie legalisiert.

Hotspots

In Manhattan gibt es haufenweise tolle Schwulenbars und -clubs, vor allem in Hell's Kitchen, Chelsea und dem West Village. Ein paar Stunden (mit Zug oder Fähre) entfernt liegt Fire Island, das Strandmekka für Schwule auf Long

Island. Andere Städte an der Ostküste mit Schwulen- und Lesbenszene sind Boston, Philadelphia, Washington, D.C., Provincetown in Massachusetts (auf Cape Cod) und Rehoboth Beach in Delaware. Selbst Maine kann mit einem Badeort für Schwule aufwarten: Ogunquit.

Im Süden liegt das ewig heiße „Hotlanta". In Florida florieren in Miami und in der „Conch Republic" auf Key West schwule Gemeinden und auch Fort Lauderdale ist für sonnengebräunte Boys und Girls interessant. In New Orleans kommt natürlich jeder auf seine Kosten. Im Mittleren Westen fällt die Wahl auf Chicago und Minneapolis.

Infos im Internet

The Queerest Places: A Guide to Gay and Lesbian Historic Sites von Paula Martinac, voller pikanter und geschichtlicher Details, deckt das ganze Land ab. Ein Blick in ihren Blog auf queerestplaces. wordpress.com lohnt sich.

Advocate (www.advocate. com) Schwulenorientierte Website mit Neuigkeiten aus Business, Politik, Kunst, Unterhaltung und Tourismus.

Damron (www.damron.com) Gibt Schwulenreiseführer raus, leider ziemlich werbelastig und manchmal veraltet.

Gay Travel (www.gaytravel. com) Online-Führer für Dutzende von Zielen in den USA.

Gay Yellow Network (www. gayyellow.com) Gelbe Seiten mit Verzeichnis für über 30 Städte.

Out Traveler (www.out traveler.com) Nützliche Online-Stadtführer und Reiseberichte über Ziele im In- und Ausland.

Purple Roofs (www.purple roofs.com) Liste mit schwulenfreundlichen und von Schwulen betriebenen B&Bs und Hotels.

Strom

Es fließt Wechselstrom (110/120 V); für die meisten ausländischen Elektrogeräte braucht man einen Adapter.

120V/60Hz

120V/60Hz

Telefon

Auf dem US-amerikanischen Telefonmarkt konkurrieren regionale Gesellschaften, Anbieter von Ferngesprächen und diverse Mobilfunkfirmen. Insgesamt ist das Netz effektiv. Festnetz- oder Handyverbindungen sind meist günstiger als Gespräche von Hotelapparaten oder Münzfernsprechern. Dienste wie **Skype** (www.skype.com) und **Google Voice** (www.google.

com/voice) können vor allem internationale Telefonate recht billig machen. Weitere Infos zu diesem Thema gibt's auf den jeweiligen Websites.

Handys

Die meisten US-amerikanischen Handynetze sind nicht mit dem in Europa und Asien benutzten GSM-900/1800-Standard kompatibel (nur einige wenige kompatible Geräte funktionieren). G3-Telefone wie das iPhone verursachen keinerlei Probleme – aber man muss auf jeden Fall auf die Roaminggebühren achten, vor allem beim Herunterladen von Daten! Vorab sollte man sich unbedingt beim jeweiligen Provider nach den Nutzungsbedingungen erkundigen.

Es ist eventuell günstiger, sich für die USA eine Prepaid-SIM-Karte anzuschaffen (beispielsweise von AT&T) und ins eigene Handy einzusetzen. So bekommt man eine amerikanische Handynummer inklusive Mailbox. **Planet Omni** (www.planetomni.com) und **Telestial** (www.telestial.com) bieten solche Karten inklusive Leihhandys an.

Man kann sich auch ein preiswertes Prepaid-Handy ohne Vertrag mit amerikanischer Nummer und erweiterbarer Minuten-Flatrate kaufen. Virgin Mobile, T-Mobile, AT&T und andere Provider bieten Handys schon für 20 US$ an, 400 Minuten kosten ca. 40 US$. Elektronikläden wie **Best Buy** (www.bestbuy.com) verkaufen solche Handys und internationale SIM-Karten.

In ländlichen Gegenden im Osten (insbesondere in den Bergen und in Nationalparks) gibt es keinen Empfang. Man sollte sich also von einem Provider eine Karte geben lassen, in der die Funklöcher verzeichnet sind.

Münztelefone

Münztelefone sind in der stetig wachsenden Welt der Handytelefonie vom Aussterben bedroht. Ortsgespräche kosten 0,35 bis 0,50 US$ in

den ersten Minuten, längere Gespräche kosten natürlich mehr.

Telefonkarten

Prepaid-Telefonkarten sind eine gute Alternative für Budgetreisende und sind in Lebensmittelgeschäften, Supermärkten und Apotheken erhältlich. AT&T verkauft landesweit zuverlässige Telefonkarten.

Vorwahlen

➡ Alle Telefonnummern in den USA bestehen aus einer dreistelligen Regionalvorwahl und einer siebenstelligen Anschlussnummer.

➡ Für Ferngespräche wählt man ☎1 + Regionalvorwahl + Telefonnummer. Bei Ortsgesprächen reicht normalerweise die siebenstellige Anschlussnummer. Wenn man sich nicht sicher ist, ob man eine regionale Nummer hat oder es ein Ferngespräch wird (es werden ständig neue Regionalvorwahlen eingeführt, was auch Einheimische verwirrt), versucht man es einfach auf eine Art, und wenn die falsch war, weist einen normalerweise eine Computerstimme darauf hin.

➡ Die ☎1 ist auch Vorwahl für kostenlose Servicenummern (die mit 800, 888, 877, 866 beginnen). Die meisten gebührenfreien Nummern funktionieren nur in den USA.

➡ Wer aus dem Ausland in den USA anrufen will, wählt zuerst die Ländervorwahl für die USA (☎1).

➡ Um aus den USA ins Ausland anzurufen, wählt man zuerst die ☎011, dann die jeweilige Ländervorwahl, die Ortsvorwahl und schließlich die Anschlussnummer. Kanada ist die Ausnahme: Nur die 1 vorwählen, dann folgen Ortsvorwahl und Nummer.

➡ Für die Vermittlung von internationalen Gesprächen wählt man die ☎00.

➡ Die landesweite Telefonauskunft ist unter der Nummer ☎411 zu erreichen.

➔ Unter ☎1-800-555-1212 erhält man Auskunft über gebührenfreie Nummern.

Touristen-information

Auf der offiziellen Tourismus-Website der USA, www.discoveramerica.com, gibt's Links zu den Websites aller Touristeninformationen sowie haufenweise Tipps zur Routenplanung.

Die meisten Städte unterhalten irgendeine Art von Touristenbüro, das Infos über die Gegend bereithält und häufig vom Convention and Visitor Bureau (CVB) oder der Chamber of Commerce betrieben wird. Diese Organisationen erwähnen häufig nur Unternehmen, die Mitglied des CVB oder der Handelskammer sind, und das sind nicht alle Hotels und Restaurants der jeweiligen Stadt. Gute unabhängige Optionen fehlen also vielleicht.

Hier ein paar nützliche Websites:

New York State Tourism (www.iloveny.com)

Visit Florida (www.visit florida.com)

Washington, D.C. (www.washington.org)

Unterkunft

Außer in den billigsten Unterkünften und in der absoluten Nebensaison ist eine Reservierung immer ratsam. Zur Hauptsaison können Hotels in Touristenhochburgen Monate vorher ausgebucht sein.

Saison

➔ In der Hauptsaison von Mai bis September sind die Preise am höchsten.

➔ Ausnahmen sind Florida und die Skigebiete im Norden. Hier ist es im Winter am vollsten und teuersten.

Annehmlichkeiten

➔ In den meisten Unterkünften gibt's WLAN in den Zim-

mern. In Budgetquartieren und Mittelklassehotels ist dieser Service im Allgemeinen kostenlos, in Spitzenklassehotels muss man oft ein paar Dollar dafür hinblättern (meist 10–15 US$/Tag).

➔ In vielen kleineren Unterkünften, vor allem in B&Bs, darf nicht geraucht werden. In den Hotels Marriott und Westin herrscht absolutes Rauchverbot. Alle anderen Häuser haben Nichtraucherzimmer.

➔ Klimaanlagen sind fast überall Standard.

Preisnachlässe

Rabatte bei Online-Buchung gibt's manchmal auf den Websites des Hotels. Auch die folgenden üblichen Verdächtigen haben oft Schnäppchen im Angebot:

Expedia (www.expedia.de)

Hotels.com (www.hotels.com)

Hotwire (www.hotwire.com)

Priceline (www.priceline.com)

Travelocity (www.travelocity.com)

B&Bs & Pensionen

Diese Unterkünfte befinden sich in kleinen, gemütlichen Häusern mit Gemeinschaftsbädern (am günstigsten) oder aber in romantischen historischen Gebäuden und Herrenhäusern mit eigenem Bad und jeder Menge Antiquitäten (am teuersten). In den gediegeneren Häusern sind Kinder nicht immer gern gesehen. Einige B&Bs und Pensionen fordern übers Wochenende einen Mindestaufenthalt von zwei oder

drei Übernachtungen. Eine frühzeitige Reservierung ist unbedingt erforderlich. Man sollte sich vorab telefonisch die Vorschriften (bezüglich Kindern, Haustieren, Rauchen) und die Regelung zur Badbenutzung bestätigen lassen.

Vermittler von B&Bs sind:

Bed & Breakfast Inns Online (www.bbonline.com)

BedandBreakfast.com (www.bedandbreakfast.com)

BnB Finder (www.bnbfinder.com)

Select Registry (www.selectregistry.com)

Camping

In National und State Parks gibt es drei Kategorien:

➔ **Primitive Campingplätze** *(primitive)* Kostenlos bis 10 US$/Nacht, keinerlei Einrichtungen

➔ **Einfache Campingplätze** *(basic)* 10 bis 20 US$, mit Toiletten, Trinkwasser, Feuerstellen und Picknicktischen

➔ **Gehobene Campingplätze** *(developed)* 20–45 US$ und mehr, mit zahlreichen Annehmlichkeiten wie Duschen, Grillplätze, Stellplätze für Wohnmobile, Strom etc. Stellplätze in Nationalparks und auf staatlichen Plätzen sollte man unter **www.recreation.gov** (☎518-885-3639, 877-444-6777; www.recreation.gov) reservieren. Länger als 14 Tage darf man meist nicht bleiben, die Plätze können bis zu sechs Monate im Voraus gebucht werden. In einigen State Parks sind Stellplätze über

---

PREISSPANNEN UNTERKUNFT

Die angegebenen Preise beziehen sich auf ein Doppelzimmer in der Hauptsaison und enthalten keine Steuern, die jedoch mit zusätzlichen 10 bis 15% oder sogar mehr zu Buche schlagen. Beim Buchen fragt man am besten immer, ob die Steuer im Preis bereits enthalten ist.

**$** unter 100 US$

**$$** 100–200 US$

**$$$** über 200 US$

Reserve America (www.reserveamerica.com) buchbar.

Die meisten privaten Plätze sind für Wohnmobile/Wohnwagen ausgelegt. Es gibt aber immer auch einen kleinen Bereich für Zelte. Die Plätze bieten unzählige Annehmlichkeiten, u. a. Pools, Waschmaschinen, Lebensmittelläden und Bars. **Kampgrounds of America** (KOA; ☎406-248-7444; www.koa.com) ist ein landesweites Netzwerk privater Campingplätze. Die dort angebotenen Kamping Kabins haben Klimaanlagen und Küchen.

Ferienhäuser & -wohnungen

Wer ein Haus oder eine Wohnung mieten möchte, findet auf der Seite von **Airbnb** (www.airbnb.com) unendlich viele Adressen im ganzen Land. Budgetreisende können auch ein Zimmer mieten – super, um mit Einheimischen in Kontakt zu kommen, zumindest wenn man kein Problem damit hat, das Bad zu teilen.

Hostels

Hostelling International USA (HI-USA; ☎301-495-1240; www.hiusa.org; jährlicher Mitgliedsbeitrag Erw./Senior/Kind 28/18 US$/frei) betreibt mehrere Hostels im Osten der USA. Die meisten haben nach Geschlechtern getrennte Schlafsäle, einige Doppelzimmer, Gemeinschaftsbäder und -küche. Eine Übernachtung im Schlafsaal kostet zwischen 23 und 54 US$ (NYC ist am teuersten). Wer nicht Mitglied bei HI ist, muss etwas mehr für die Nacht bezahlen. Reservierungen sind möglich.

Im Osten der USA gibt es auch viele unabhängige Hostels, die nicht HI-USA angehören. Siehe hierzu auch:

Hostels.com (www.hostels.com)

Hostelworld.com (www.hostelworld.com)

Hostelz.com (www.hostelz.com)

Hotels

Die Zimmer aller Hotelkategorien sind normalerweise mit Telefon, TV, Internetzugang und Bad ausgestattet. Ein einfaches kontinentales Frühstück ist im Preis enthalten. Viele Mittelklassehotels bieten Minibar, Mikrowelle, Haartrockner und Pool, Spitzenklassehotels darüber hinaus Zimmerservice, Fitnessräume, Businesscenter, Spa, Restaurants und Bars.

In diesem Reiseführer haben wir versucht, unabhängige Hotels hervorzuheben. In einigen Städten sind aber Kettenhotels die beste und manchmal auch einzige Übernachtungsmöglichkeit. Hier einige Hotelketten:

Best Western (☎800-780-7234; www.bestwestern.com)

Comfort Inn (☎877-424-6423; www.comfortinn.com)

Hampton Inn (☎800-426-7866; www.hampton-inn.com)

Hilton (☎800-445-8667; www.hilton.com)

Holiday Inn (☎800-465-4329; www.holiday-inn.com)

Marriott (☎888-236-2427; www.marriott.com)

Super 8 (☎800-800-8000; www.super8.com)

Motels

Motels unterscheiden sich von Hotels dadurch, dass die Zimmer einen Parkplatz vor der Tür haben. Zu finden sind sie vor allem in der Nähe von Autobahnausfahrten und an Zufahrtsstraßen in die Städte. Viele Motels sind Familienbetriebe; Frühstück ist fast nie im Preis enthalten und als Annehmlichkeiten gibt's nicht mehr als ein Telefon und einen Fernseher. Auch wenn die meisten Zimmer keinen Preis für Design gewinnen würden, sind sie meist sauber und gemütlich und bieten ein gutes Preis-Leistungs-Verhältnis. Wer unsicher ist, sollte sich das Zimmer vor dem Einchecken zeigen lassen.

Resorts

Vor allem in Florida gibt's Resorts wie Sand am Meer. Geboten werden Fitness und Sport, Pools, Spas, Restaurants, Bars u. v. m. Viele haben auch einen Babysitterservice. Einige nehmen eine extra „Resort-Gebühr" – also am besten fragen, ob die im Preis enthalten ist.

Versicherung

Eine Krankheit, ein Autounfall oder ein Diebstahl kommen den Betroffenen in den USA teuer zu stehen. Deshalb sollte man sich gut absichern, bevor es losgeht. Wer sich für den Fall, dass Gegenstände aus dem Auto gestohlen werden, absichern will, sollte vor der Abreise bei seiner Haftpflichtversicherung eine zusätzliche Auslandsreiseversicherung abschließen.

Weltweit gültige Reiseversicherungen gibt's u. a. auf der **Lonely Planet** Seite www.lonelyplanet.com/travel-insurance. Versicherungsabschlüsse, Verlängerungen und das Geltendmachen von Ansprüchen sind jederzeit online möglich – selbst wenn man bereits unterwegs ist.

Visa

Die Einreisebedingungen ändern sich ständig. Aktuelle Informationen bekommt man beim **US State Department** (http:/travel.state.gov)

UNTERKÜNFTE ONLINE BUCHEN

Unter hotels.www.lonelyplanet.de/usa/ gibt's weitere Unterkunftsbewertungen und unabhängig recherchierte Infos von Lonely Planet Autoren – inklusive Empfehlungen zu den besten Adressen. Außerdem kann online gebucht werden.

oder beim amerikanischen Konsulat.

Visa Waiver Program & ESTA

Dank des amerikanischen Visa Waiver Program benötigen Bürger aus 36 Ländern – darunter Deutschland, Österreich und Schweiz – für Aufenthalte von bis zu 90 Tagen kein Visum mehr (Verlängerungen sind nicht möglich), wenn sie im Besitz eines maschinenlesbaren Reisepasses sind und eine Registrierungsbestätigung durch das **Electronic System for Travel Authorization** (ESTA; www.cbp.gov/esta) erfolgt ist. Diese Registrierung muss spätestens 72 Stunden vor der Einreise vorgenommen werden. Die Bearbeitungsgebühr beträgt 14 US$ (online zahlbar).

Kurz gesagt: Bei ESTA wird verlangt, dass vor der Einreise bestimmte Informationen (Name, Anschrift, Passdaten usw.) online registriert werden. Danach erhält man eine von drei möglichen Antworten: „Authorization Approved" (kommt normalerweise innerhalb von Minuten; diese Antwort kriegt fast jeder), „Authorization Pending" (in diesem Fall muss man nach grob 72 Stunden wieder online gehen und den Status ein weiteres Mal prüfen) oder „Travel not Authorized" (das bedeutet, dass dem Antrag nicht stattgegeben wurde und ein Visum beantragt werden muss).

Eine einmal erteilte Einreisegenehmigung ist zwei Jahre lang gültig. Achtung: Wer einen neuen Pass bekommt oder seinen Namen ändert, muss sich neu registrieren! Es wird zwar alles gespeichert und mit den Passdaten verlinkt, aber dennoch ist es eine gute Idee, einen Ausdruck der ESTA-Genehmigung im Gepäck zu haben.

Wer ein Visum benötigt, wendet sich am besten an das amerikanische Konsulat im eigenen Heimatland.

STAATLICHE REISEHINWEISE

➡ **Deutschland** (www.auswaertiges-amt.de/DE/Laenderinformationen/LaenderReiseinformationen_node.html)

➡ **Österreich** (www.bmeia.gv.at/aussenministerium/buergerservice/reiseinformation.html)

➡ **Schweiz** (www.eda.admin.ch/eda/de/home/travad.html)

➡ **USA** (www.travel.state.gov)

Abstecher nach Kanada

Es ist verlockend einfach, einen Ausflug über die Grenze nach Kanada zu machen. Bei der Wiedereinreise werden Nicht-US-Bürger allerdings der vollen Einreiseprozedur unterzogen. Beim Überschreiten der Grenze stets den Pass mitführen!

Bürger der meisten westlichen Länder brauchen kein Visum für die Einreise nach Kanada. Es ist also wirklich kein Problem, die kanadische Seite der Niagarafälle zu besuchen oder einen Abstecher nach Quebec zu machen. Wer per Bus aus Kanada in die USA einreist, könnte eingehend überprüft werden.

Zeit

Der Osten der USA erstreckt sich über zwei Zeitzonen: die Eastern Standard Time und die Central Standard Time, die eine Stunde voneinander abweichen. Die Trennungslinie führt durch Indiana, Kentucky, Tennessee und Florida. Wenn es nach Eastern Standard Time 12 Uhr mittags ist, ist es nach Central Time 11 Uhr (und nach MEZ 18 Uhr).

Im Osten wird – wie fast im ganzen Land – zwischen Sommer- und Winterzeit (DST – *Daylight Saving Time*) unterschieden. Am zweiten Sonntag im März werden die Uhren eine Stunde vorgestellt. Am ersten Novembersonntag wandern die Zeiger dann wieder eine Stunde zurück.

Und Achtung: Für US-Datumsangaben gilt die Reihenfolge Monat/Tag/Jahr. So wird z. B. der 8. Juni 2015 zu 6/8/15.

Zoll

Eine komplette Liste der amerikanischen Zollbestimmungen findet man online auf der Seite der **US Customs and Border Protection** (www.cbp.gov).

Pro Person darf man zollfrei mitnehmen:

➡ 1 l alkoholische Getränke (wenn man mindestens 21 Jahre alt ist)

➡ 100 Zigarren und 200 Zigaretten (wenn man mindestens 18 Jahre alt ist)

➡ Geschenke und Einkäufe im Wert von 200 US$ (800 US$ für rückkehrende US-Amerikaner)

➡ Wer 10 000 US$ oder mehr in Dollar oder einer ausländischen Währung mitbringen will, muss das Geld deklarieren.

Auf den Versuch, illegale Drogen ins Land zu bringen, stehen hohe Strafen. Zu den verbotenen Gegenständen gehören außerdem Drogen-Utensilien, Produkte mit gefälschten Markennamen und die meisten Waren made in Kuba, Iran, Myanmar (Burma) und Sudan. Obst, Gemüse und andere Lebensmittel müssen beim Zoll angegeben (was zeitraubende Durchsuchungen zur Folge hat) oder vor dem Ankunftsbereich in den Mülleimern entsorgt werden.

Verkehrsmittel & -wege

AN- & WEITER-REISE

Flüge, Touren und Autos kann man auf www.lonelyplanet.de/bookings buchen.

Einreise

In die USA einzureisen, ist relativ unkompliziert.

➡ Kommt man mit dem Flugzeug an, muss man gleich am ersten Flughafen, auf dem man landet, die Einreise- und Zollformalitäten erledigen, und zwar auch dann, wenn man von dort aus noch zu einem anderen Ziel weiterfliegt.

➡ Seit 2013 braucht man das Einreise-/Ausreiseformular (I-94) nicht mehr, das bis dahin für alle ausländischen Besucher Pflicht war. Stattdessen wird man nur gebeten, die Zollerklärung auszufüllen, die man normalerweise im Flugzeug bekommt. Man sollte fertig sein, bevor man zum Einreiseschalter geht. In der Rubrik „Adresse in den USA" gibt man seine erste Unterkunft an (z. B. eine Hoteladresse).

➡ Der Einwanderungsbeamte kontrolliert den Reisepass und registriert Einreisende mit dem Programm Office of Biometric Identity Management (OBIM) des US-Heimatschutz-Ministeriums. Die meisten Besucher (außer kanadische und einige mexikanische Staatsbürger) müssen für ihre Registrierung ein digitales Foto von sich machen lassen und ihre elektronischen (ohne Tinte) Fingerabdrücke abgeben. Das Ganze dauert weniger als eine Minute.

➡ Der Einwanderungsbeamte fragt vielleicht, welche Pläne man hat und ob man genug Geld hat. Es ist empfehlenswert, eine Reiseroute parat zu haben, ein Ticket für eine Weiter- oder eine Rundreise vorweisen zu können oder eine der bekannten Kreditkarten dabei zu haben.

REISEN & KLIMAWANDEL

Der Klimawandel stellt eine ernste Bedrohung für unsere Ökosysteme dar. Zu diesem Problem tragen Flugreisen immer stärker bei. Lonely Planet sieht im Reisen grundsätzlich einen Gewinn, ist sich aber der Tatsache bewusst, dass jeder seinen Teil dazu beitragen muss, die globale Erwärmung zu verringern.

Fast jede Art der motorisierten Fortbewegung erzeugt CO_2, doch Flugzeuge sind mit Abstand die schlimmsten Klimakiller – wegen der großen Entfernungen und der entsprechend großen CO_2-Mengen, aber auch, weil sie diese Treibhausgase direkt in hohen Schichten der Atmosphäre freisetzen. Die Zahlen sind erschreckend: Zwei Personen, die von Europa in die USA und wieder zurück fliegen, erhöhen den Treibhauseffekt in demselben Maße wie ein durchschnittlicher Haushalt in einem ganzen Jahr.

Die englische Website www.climatecare.org und die deutsche Internetseite www.atmosfair.de bieten CO_2-Rechner. Damit kann jeder ermitteln, wie viele Treibhausgase seine Reise produziert. Das Programm errechnet den zum Ausgleich erforderlichen Betrag, mit dem der Reisende nachhaltige Projekte zur Reduzierung der globalen Erwärmung unterstützen kann, z. B. Projekte in Indien, Honduras, Kasachstan und Uganda.

Lonely Planet unterstützt gemeinsam mit Rough Guides und anderen Partnern aus der Reisebranche das CO_2-Ausgleichs-Programm von climatecare.org. Alle Reisen von Mitarbeitern und Autoren von Lonely Planet werden ausgeglichen. Weitere Informationen gibt's auf www.lonelyplanet.com.

➜ Wer die Einreiseformalitäten hinter sich hat, holt sein Gepäck und passiert den Zoll. Wer nichts zu verzollen hat, dessen Gepäck wird höchstwahrscheinlich nicht durchsucht, sicher kann man sich dessen aber nicht sein.

➜ Informationen über Visabestimmungen für einen USA-Besuch, darunter auch über das Electronic System for Travel Authorization (ESTA), das mittlerweile bei allen Bürgern aus Ländern, die am Visa Waiver Program (VWP) teilnehmen und somit kein Visum benötigen, vor der Ankunft angewandt wird, finden sich auf S. 725.

➜ Der Pass muss nach der geplanten Ausreise aus den USA noch mindestens sechs Monate lang gültig sein.

Flugzeug

Flughäfen

Atlanta ist der betriebsamste Flughafen, gefolgt von Chicago. Die größten internationalen Flughäfen im Osten sind:

Atlanta (Hartsfield-Jackson International; ATL; www.atlanta-airport.com)

Boston (Logan International; ☑800-235-6426; www.massport.com/logan)

Chicago (O'Hare International; ORD; www.flychicago.com)

Charlotte (Charlotte/Douglas International; CLT; www.charmeck.org/departments/airport)

Miami (Miami International; MIA; www.miami-airport.com)

Minneapolis-St. Paul (Minneapolis-St Paul International; MSP; www.mspairport.com)

New York (John F Kennedy International; JFK; www.panynj.gov)

Newark (Liberty International; EWR; www.panynj.gov)

Orlando (Orlando International; MCO; www.orlandoairports.net)

Washington, D.C. (Dulles International; www.metwashairports.com/dulles)

Tickets

Unter der Woche (besonders Di & Mi) sind die Flüge meist günstiger. Beim Buchen sollte man auch immer die Reiseroute im Hinterkopf haben. Manche Angebote für Reisen innerhalb der USA gibt's nur im Ausland in Verbindung mit einem internationalen Flugticket. Manchmal gibt's Ermäßigungen, wenn man beim Kauf des Flugtickets gleich noch ein Auto mietet.

Auf dem Landweg

Auto & Motorrad

➜ Um die Grenze zwischen Kanada und den USA mit dem Auto oder Motorrad zu überqueren, benötigt man die Zulassungspapiere für das Fahrzeug, einen Haftpflichtversicherungsnachweis und den nationalen Führerschein.

➜ Gemietete Fahrzeuge können normalerweise ein- und ausgeführt werden. Um Ärger mit den Grenzbeamten zu vermeiden, sollte dies allerdings im Mietvertrag drinstehen.

➜ Wer alle nötigen Papiere beisammen hat, für den ist der Grenzübergang normalerweise schnell und einfach. Es kann aber vorkommen, dass sich die US-amerikanischen oder kanadischen Behörden für eine sehr gründliche Fahrzeugdurchsuchung entscheiden.

Bus

Greyhound (www.greyhound.com) und sein kanadisches Gegenstück **Greyhound Canada** (www.greyhound.ca) betreiben zusammen das größte Busnetz Nordamerikas. Bei Direktverbindungen zwischen US-amerikanischen und kanadischen Großstädten muss an der Grenze normalerweise das Fahrzeug gewechselt werden. Bis die Zoll- und Einreiseformalitäten erledigt sind, vergeht gut eine Stunde. Die meisten internationalen Fernbusse bieten an Bord kostenloses WLAN an.

Megabus (www.megabus.com) bietet auch internationale Routen zwischen Toronto und den Städten im Osten (z. B. New York City, Philadelphia und Washington, D. C.) an. Diese Verbindungen sind oft günstiger als die Greyhound-Angebote. Tickets können nur online gekauft werden.

Grenzübergänge

Im Osten der USA gibt es über 20 offizielle Grenzübergänge nach Kanada, und zwar von Maine, New Hampshire, Vermont, New York, Michigan und Minnesota aus. Nach Kanada einzureisen ist relativ einfach; die Wiedereinreise in die USA kann da schon eher problematisch werden, wenn man nicht alle Dokumente beisammen hat. Die **US Customs and Border Protection** (Zoll- und Grenzschutzbehörde; http://apps.cbp.gov/bwt) informiert über die aktuellen Wartezeiten an den wichtigsten Grenzübergängen. Einige Grenzposten sind rund um die Uhr geöffnet, die Mehrzahl allerdings nicht.

Außer während der Stoßzeiten (also am Wochenende und in der Ferienzeit, vor allem im Sommer) muss man kaum länger als 30 Minuten anstehen. Starker Betrieb

GREYHOUND – INTERNATIONALE VERBINDUNGEN & PREISE

STRECKE	PREIS CA. (US$)	DAUER (STD.)	HÄUFIGKEIT (AM TAG)
Boston–Montréal	80	7–9½	7
Detroit–Toronto	60	5–6	5
New York–Montréal	90	8–9	5

UNTERWEGS NACH KANADA

Aus dem Osten der USA gelangt man ganz leicht über die Grenze nach Kanada, was vor allem an den Niagarafällen nichts Außergewöhnliches ist. Hier ein paar Dinge, die man bei einem Grenzübertritt im Kopf behalten sollte:

➡ Jeder, der die Grenze passieren will – mit Ausnahme von US-Bürgern, die sich mit einem anderen zugelassenen Dokument ausweisen können – muss seinen Reisepass dabeihaben und vorzeigen.

➡ EU-Bürger und Schweizer brauchen für einen Aufenthalt von bis zu 180 Tagen kein Visum für die Einreise nach Kanada. Aktuelle Infos erhält man bei **Citizenship and Immigration Canada** (CIC; www. cic.gc.ca).

➡ Bei der Wiedereinreise in die USA müssen sich alle der gesamten Einreiseprozedur unterziehen.

➡ Für Infos darüber, was es nördlich der Grenze zu sehen und zu erleben gibt, empfiehlt sich der deutschsprachige Band *Kanada* oder der englische Band *Discover Canada* von Lonely Planet.

herrscht vor allem an folgenden Grenzübergängen:

➡ Detroit, MI–Windsor, Ontario

➡ Buffalo, NY–Niagara Falls, Ontario

➡ Calais, ME,–St. Stephen, New Brunswick

Wie an jeder Grenze ist es ratsam, alle Papiere bereitzuhalten, höflich zu sein und sich Witze oder Smalltalk mit den US-Grenzbeamten zu verkneifen.

Zug

Züge von **Amtrak** (☎800-872-7245; www.amtrak.com) und **VIA Rail Canada** (www. viarail.ca) verkehren täglich zwischen Montreal und New York (11 Std.), und zwischen Toronto und New York über die Niagarafälle (insgesamt 13 Std.). Der Zoll kontrolliert nicht beim Einsteigen in den Zug, sondern an der Grenze.

Übers Meer

Mehrere Städte an der Ostküste werden von Kreuzfahrtschiffen angelaufen, darunter New York City, Boston, New Orleans und Charleston,

SC. In den Häfen Floridas liegen die meisten Schiffe vor Anker, allen voran in Miami, gefolgt von Port Canaveral und Port Everglades (Fort Lauderdale).

Auch Frachtschiffe fahren die Häfen im Osten der USA an. Sie bieten für gewöhnlich Platz für drei bis zwölf Passagiere und sind im Gegensatz zu Kreuzfahrtschiffen weitaus weniger komfortabel. Dafür vermitteln sie einen salzgeschwängerten Eindruck vom Leben auf hoher See.

Details zu den ständig wechselnden Frachterrouten gibt's hier:

Cruise & Freighter Travel Association (☎800-872-8584; www.travltips.com)

Maris (www.freighter cruises.com)

UNTERWEGS VOR ORT

Auto & Motorrad

Für Flexibilität und Bequemlichkeit, um mobil zu sein und um die Umgebung der Städte zu erkunden, ist ein Auto oder Motorrad unerlässlich.

Automobilclubs

➡ Die **American Automobile Association** (AAA; ☎800-874-7532; www.aaa.com) hat Kooperationsabkommen mit diversen internationalen Automobilclubs (z. B. dem ADAC; Mitgliedsausweis nicht vergessen). Wer bei der AAA oder in einem der Partnerverbände Mitglied ist, kommt in den Genuss von Reiseversicherung, Straßenkarten, einem Gebrauchtwagen-Begutachtungsservice und einem ausgedehnten Netz regionaler Zweigstellen. Allerdings steht die AAA politisch gesehen auf der Seite der Fahrzeugindustrie.

➡ Eine umweltbewusstere Alternative ist der **Better World Club** (☎866-238-1137; www.betterworldclub.com), der 1% seiner Einnahmen für die Beseitigung von Umweltbelastungen spendet, seine Dienstleistungen auf Wunsch auf umweltverträglicher Basis durchführt und auch politisch mehr für Umweltfragen eintritt.

➡ Beide Organisationen bieten den riesigen Vorteil eines 24-Stunden-Pannendienstes, den Mitglieder überall in den USA in Anspruch nehmen können. Hinzu kommen Hilfe bei der Routenplanung, kostenlose Karten, Reisebürodienste, Autoversicherung und diverse Rabatte (z. B. bei Hotelzimmern, Mietwagen oder Sehenswürdigkeiten).

Benzin

Tankstellen sind überall zu finden und viele haben sogar rund um die Uhr geöffnet. In Kleinstädten öffnen sie oft aber nur von 7 bis 20 oder 21 Uhr. Eine US-Gallone (3,79 l) kostet etwa 4 US$. An vielen Tankstellen muss vor der Spritentnahme bezahlt werden, nicht hinterher.

Eigenes Auto

Wer nicht gerade vorhat, in den USA zu leben, sollte nicht einmal daran denken, das eigene Auto von zu Hause mitzunehmen.

Führerschein

Besucher dürfen bis zu zwölf Monate lang mit ihrem nationalen Führerschein legal ein Auto lenken. Sehr nützlich ist allerdings ein internationaler Führerschein (International Driving Permit; IDP), mit dem man bei Verkehrskontrollen weniger Verständigungsprobleme haben dürfte. Dies gilt vor allem, wenn der Führerschein keine englischsprachigen Erläuterungen enthält. In Deutschland und der Schweiz wird die IDP von den Straßenverkehrsbehörden (Führerscheinstelle) ausgestellt und ist drei Jahre lang gültig, in Österreich ist er bei den Automobilclubs (z.B. ÖAMTC) zu beantragen und ein Jahr gültig. Deutsche und Österreicher müssen außerdem auch den EU-Führerschein im Scheckkartenformat besitzen. Auch wer einen internationalen Führerschein hat, muss stets auch den nationalen dabeihaben.

Wer die USA mit dem Motorrad bereist, benötigt einen internationalen Führerschein, der speziell zum Motorradfahren berechtigt.

Mieten
AUTO

Um in den USA ein Auto zu mieten, ist für gewöhnlich ein Mindestalter von 25 Jahren Voraussetzung. Zudem braucht man einen gültigen Führerschein und eine gängige Kreditkarte.

➜ Einige Autoverleiher vermieten ihre Wagen gegen einen Aufpreis auch an 21- bis 24-Jährige.

➜ Für ein Mittelklassefahrzeug werden etwa 30 bis 75 US$ pro Tag fällig. Kindersitze sind gesetzlich vorgeschrieben (unbedingt schon beim Buchen mitreservieren) und kosten um die 13 US$ am Tag.

➜ Manche nationalen Unternehmen, darunter auch Avis, Budget und Hertz, verfügen auch über eine „grüne Flotte" aus Hybridautos (z.B. Toyota Prius, Honda Civic), wobei ein spritsparendes Auto in der Miete oft sehr viel teurer ist.

➜ Im Internet bei Car Rental Express (www.carrentalexpress.com) werden unabhängige Unternehmen in verschiedenen US-amerikanischen Städten bewertet und verglichen, was vor allem bei der Suche nach günstigen Angeboten für längere Mietvorhaben praktisch ist.

Die wichtigsten Autovermietungen der USA sind:

Alamo (☎877-222-9075; www.alamo.com)

Avis (☎800-230-4898; www.avis.com)

Budget (☎800-527-0700; www.budget.de)

Dollar (☎800-800-3665; www.dollar.com)

Enterprise (☎800-261-7331; www.enterprise.com)

Hertz (☎800-654-3131; www.hertz.com)

National (☎877-222-9058; www.nationalcar.com)

Rent-a-Wreck (☎877-877-0700; www.rentawreck.com)

Thrifty (☎800-847-4389; www.thrifty.com)

MOTORRAD & WOHNMOBILE

Wer davon träumt, einmal in seinem Leben mit einer Harley durch die USA zu fahren, der wird bei **EagleRider** (☎888-900-9901; www.eaglerider.com) mit Büros in allen großen Städten der USA fündig. Zudem gibt's hier auch andere Abenteuer-Fahrzeuge. Man muss allerdings wissen, dass so ein Mietmotorrad und die Versicherung dazu sehr teuer sind.

Auf Wohnmobile und Camper spezialisierte Unternehmen sind:

Adventures on Wheels (☎800-943-3579; www.wheels9.com)

Cruise America (☎800-671-8042; www.cruiseamerica.com)

Recreational Vehicle Rental Association (www.rvra.org) Mit zahlreichen Infos und Tipps rund ums Thema Wohnmobil und Hilfe bei der Suche nach Mietstationen.

Straßenzustand & Gefahren

Obwohl die Straßen in den USA allgemein ganz gut in Schuss sind, sollte man bedenken:

➜ Im Winter besteht generell Gefahr durch Eis und starke Schneefälle. Viele Straßen und Brücken sind dann eventuell vorübergehend gesperrt. Auf der Website der **Federal Highway Administration** (www.fhwa.dot.gov/trafficinfo/index.htm) finden sich Links zu Straßenbedingungen und Baustellen in allen Bundesstaaten.

➜ Im Winter und in abgelegenen Gegenden benötigt man unbedingt Allwetter- oder Winterreifen und eine entsprechende Notfallausrüstung, falls man irgendwo liegen bleibt.

➜ Wo wilde Tiere oft die Straße überqueren, werden Verkehrsteilnehmer durch Schilder gewarnt. Diese sollte man vor allem nachts sehr ernst nehmen.

Verkehrsregeln

Hier einige Grundregeln:

➜ In den USA fährt man auf der rechten Straßenseite; überholt wird links.

➜ Die Höchstgeschwindigkeit auf den meisten Interstate Highways (Autobahnen) beträgt 65 bzw. 70 mph (104 bzw. 112 km/h) in manchen Bundesstaaten im Osten sind es 75 mph (120 km/h). In Stadtgebieten gilt eine Höchstgeschwindigkeit von 55 mph (88 km/h). Hier immer auf die Schilder achten. In der Stadt selbst liegt die Grenze zwischen 15 und 45 mph (24 und 72 km/h).

➜ In allen Bundesstaaten herrscht Gurt- und Kindersitzpflicht. Einen Helm müssen Motorradfahrer nur in manchen Staaten tragen.

➜ An roten Ampeln darf rechts abgebogen werden, wenn das Fahrzeug zuvor vollständig zum Stehen kam. Ausgenommen hiervon sind Kreuzungen mit entsprechenden Verbotsschildern und New York City. Dort ist es illegal, bei Rot abzubiegen.

➡ An Kreuzungen mit vier gleichrangigen Straßen hat das Auto, das die Kreuzung zuerst erreicht, Vorfahrt. Kommen mehrere Fahrzeuge gleichzeitig an, gilt rechts vor links.

➡ Einsatzfahrzeugen (d.h. Polizei, Feuerwehr oder Krankenwagen) macht man Platz, indem man schnell, aber sicher eine Gasse bildet.

➡ In immer mehr Bundesstaaten ist es verboten, während des Fahrens mit dem Handy am Ohr zu telefonieren (oder SMS zu schreiben). Freisprecheinrichtungen oder Ähnliches sind okay; ansonsten zum Telefonieren einfach kurz anhalten.

➡ Die Promillegrenze für Fahrer liegt bei 0,8. Wer unter dem Einfluss von Alkohol und/oder Drogen ein Fahrzeug lenkt, muss mit harten Strafen rechnen.

➡ In manchen Bundesstaaten ist es verboten, „offene Alkoholbehältnisse" im Auto mitzuführen, egal ob sie leer sind oder nicht.

Versicherung

Autofahrer sind gesetzlich dazu verpflichtet, eine Versicherung zu haben. Hat man keine, muss man mit rechtlichen Konsequenzen rechnen und steht im Falle eines Unfalls ganz schnell vor dem finanziellen Ruin.

➡ Autovermietungen bieten Haftpflichtversicherungen an, die bei Unfällen Personen- und Sachschäden an Dritten abdecken.

➡ Wer einen Collision Damage Waiver (CDW) abschließt, muss der Autovermietung bei Schäden am Fahrzeug nur einen Teil des Schadens oder gar nichts bezahlen.

➡ Durch all diese zusätzlichen Versicherungskosten erhöht sich der Preis für

einen Mietwagenpreis pro Tag um 10 bis 30 US$.

➡ Manche Kreditkartenunternehmen bieten bei einer Mietdauer von maximal zwei Wochen einen Versicherungsschutz an, der Schäden am Mietwagen abdeckt. Dafür muss der komplette Mietpreis mit der Kreditkarte bezahlt werden und das CDW-Angebot der Autovermietung abgelehnt werden. Unbedingt die Bedingungen der Kreditkartenunternehmen für die USA prüfen!

Bus

Greyhound (☎800-231-2222; www.greyhound.com) ist der größte Anbieter für Langstreckenbusse und unterhält ein ausgedehntes Liniennetz in den USA sowie von/nach Kanada. Im Allgemeinen sind die Busse zuverlässig, recht sauber und komfortabel, haben Klimaanlage, leicht zurückklappbare Sitze und Toiletten an Bord. Rauchen ist verboten. Einige Busse bieten auch WLAN. Während es für kürzere Strecken einen Express-Service gibt, halten die anderen Busse alle 80 bis 160 km, um Passagiere aufzunehmen. Auf Langstrecken gibt es Essenspausen und Stopps zum Fahrerwechsel.

Weitere Busunternehmen (die meisten mit WLAN und Steckdosen an Bord):

Bolt Bus (☎877-265-8287; www.boltbus.com) Schnelle, günstige Verbindungen zwischen größeren Städten im Nordosten, darunter New York City, Boston, Philadelphia, Baltimore, Newark und Washington, D.C.

DC2NY (☎202-332-2691; www.dc2ny.com) Günstige Fahrten zwischen Hauptstadt und NYC.

Go Buses (www.gobuses.com) Fährt von Boston nach NYC.

Megabus (☎877-462-6342; www.megabus.com) Hauptkonkurrent von Bolt Bus, Verbindungen zwischen den wichtigsten Städten im Nordosten und dem Mittleren Westen, ausgehend von Knotenpunkten in NYC oder Chicago. Die Tickets sind mitunter ziemlich günstig und nur online buchbar.

Peter Pan Buslines (☎800-343-9999; www.peterpanbus.com) Fährt 54 Ziele im Nordosten an, Richtung Norden bis Concord, NH, Richtung Süden bis Washington, D.C.

Trailways (☎703-691-3052; www.trailways.com) Vor allem im Mittleren Westen und in den Mittelatlantikstaaten. Kann auf Langstrecken nicht immer mit Greyhound mithalten, die Preise für kürzere Routen sind aber teilweise günstiger.

Yo! Bus (www.yobus.com) Etwa sechs Busse am Tag zwischen Boston, New Yorks Chinatown und Philadelphia.

Preise

➡ Generell gilt: Je eher man bucht, desto weniger zahlt man.

➡ Bolt Bus, Megabus und einige der kleineren Busunternehmen verkaufen die ersten Tickets für eine Strecke für 1 US$.

➡ Wer auch mit Greyhound günstiger fahren möchte, kauft sein Ticket mindestens sieben Tage vorher (bei 14 Tagen im Voraus spart man sogar noch mehr).

GREYHOUND INLANDSVERBINDUNGEN & PREISE

STRECKE	PREIS CA. (US $)	DAUER (STD.))	HÄUFIGKEIT (AM TAG)
Boston–Philadelphia	57	7	10
Chicago–New Orleans	149	24	3
New York–Chicago	119	18–22	5
Washington, DC–Miami	155	25	5

➜ Wer mit Familie oder Freunden unterwegs ist: Bei den Mitfahrerangeboten von Greyhound fahren bis zu zwei zusätzliche Reisende für die Hälfte mit – wenn man mindestens drei Tage im Voraus bucht.

Reservierungen

Tickets für Greyhound und Bolt Bus kann man telefonisch oder online sowie an den Terminals käuflich erwerben. Megabus, Go Buses und die meisten kleineren Unternehmen verkaufen ihre Tickets nur online und im Voraus. Bei der Platzwahl heißt es normalerweise: „Wer zuerst kommt, mahlt zuerst." Greyhound empfiehlt, eine Stunde vor Abfahrt zu kommen, um sich einen Platz zu sichern.

Fahrrad

Regionale Fahrradtouren sind sehr beliebt: kurvige Nebenstraßen und malerische Küstenabschnitte bieten hervorragende Voraussetzungen dafür. In vielen Städten (darunter New York City, Chicago, Minneapolis und Boston) gibt es auch ausgeschilderte Radwege. Im gesamten Osten der USA ist es leicht, ein Fahrrad zu mieten. Zudem ist Folgendes zu beachten:

➜ Für Radfahrer gelten dieselben Verkehrsregeln wie für Kraftfahrzeugführer. Das bedeutet aber nicht, dass Letztere die Vorfahrt auch immer gewähren.

➜ In manchen Bundesstaaten und Städten besteht Helmpflicht (auch wenn es nicht gesetzlich vorgeschrieben ist). Diese gilt meist für Fahrer unter 18 Jahren. Auf der Website des **Bicycle Helmet Safety Institute** (www.bhsi.org/mandator.htm) findet man eine ausführliche, sorgfältig geführte Liste mit den Regelungen für jeden Bundesstaat.

➜ Der **Better World Club** (☎866-238-1137; www.better worldclub.com) bietet einen Pannenhilfeservice an. Die Mitgliedschaft kostet 40 US$ im Jahr, hinzu kommt eine einmalige Anmeldegebühr von 12 US$. Dafür wird man bei Pannen zweimal kostenlos aufgegabelt.

➜ Bei der **League of American Bicyclists** (www.bike league.org) gibt's allgemeine Tipps und Listen mit Fahrradclubs und Werkstätten vor Ort.

Fahrradtransport

Wer seinen eigenen Drahtesel mitbringt, sollte sich über die Preise und Beschränkungen für Sperrgepäck informieren. Fahrräder können in Flugzeugen zwar normal aufgegeben werden, müssen aber meist in Transportboxen verpackt werden und die Gebühren können sehr hoch sein (über 200 US$). In Amtrak-Zügen und Greyhound-Bussen können Fahrräder innerhalb der USA problemlos und meist viel günstiger mitgenommen werden.

Kaufen

Ein Fahrrad zu kaufen ist genauso einfach, wie es vor der Abreise wieder loszuwerden. Fachhändler haben zwar in puncto Auswahl und Service bei neuen Rädern die Nase vorn, aber Sportgeschäfte und Großhändler sind oft günstiger. Noch besser kauft man ein gebrauchtes Rad. Die besten Schnäppchen finden sich auf Flohmärkten, bei Garagenverkäufen, in Secondhandshops oder in den kostenlosen Kleinanzeigen auf der Website von **Craigslist** (www.craigslist.org).

Mieten

In den meisten touristischen Orten und Städten können Fahrräder ausgeliehen werden. Der Mietpreis beläuft sich meist auf 20 bis 30 US$ pro Tag. Der Preis beinhaltet einen Helm und ein Schloss. Die meisten Anbieter verlangen zudem eine Kreditkartenkaution von etwa 200 US$.

Flugzeug

Fliegen ist meistens teurer, als mit dem Bus, Zug oder Auto zu fahren. Wer allerdings nur wenig Zeit hat, für den ist das Flugzeug wahrscheinlich die richtige Wahl.

Fluggesellschaften im Osten der USA

Fliegen in den USA ist im Allgemeinen sehr sicher (viel sicherer, als auf den Highways des Landes unterwegs zu sein). Detailliertere Infos zu allen Fluggesellschaften finden sich auf **Airsafe.com** (www.airsafe.com).

Die wichtigsten nationalen Fluggesellschaften sind:

AirTran Airways (☎800-247-8726; www.airtran.com) Airline mit Sitz in Atlanta; bedient vorwiegend den Süden, den Mittleren Westen und den Osten der USA.

American Airlines (☎800-433-7300; www.aa.com) Landesweite Flüge.

Delta Air Lines (☎800-221-1212; www.delta.com) Landesweite Flüge.

Frontier Airlines (☎800-432-1359; www.flyfrontier.com) Airline mit Sitz in Denver; landesweite Flüge.

JetBlue Airways (☎800-538-2583; www.jetblue.com) Direktverbindungen zwischen Städten im Osten und Westen der USA, zudem Florida und New Orleans.

Southwest Airlines (☎800-435-9792; www.southwest.com) Flüge auf US-amerikanischem Festland.

Spirit Airlines (☎801-401-2200; www.spiritair.com) Airline mit Sitz in Florida; fliegt viele der US-amerikanischen Umschlagflughäfen an.

United Airlines (☎800-864-8331; www.united.com) Landesweite Flüge.

US Airways (☎800-428-4322; www.usairways.com) Landesweite Flüge.

Virgin America (☎877-359-8474; www.virginamerica.com)

Flüge zwischen den Städten der Ost- und Westküste und Las Vegas.

Es gibt auch kleinere regionale Fluggesellschaften:

Cape Air (☎866-227-3247; www.flycapeair.com) Fliegt mehrere Ziele in Neuengland an, darunter auch Martha's Vineyard und Nantucket; auch beliebt für die Florida-Verbindung zwischen Fort Myers und Key West.

Royale Air Service (☎877-359-4753; www.royaleair service.com) Flüge nach Rock Harbor im Isle Royale National Park; Abflug vom Houghton County Airport in Upper Peninsula, MI.

Flugpässe

Für Traveller, die auf ihrer Reise voraussichtlich viel fliegen werden, bietet sich der North American Airpass an. Diesen Flugpass gibt es nur für Reisende, die nicht in den USA oder anderen nordamerikanischen Ländern ihren Wohnsitz haben, und auch nur in Verbindung mit einem internationalen Flugticket. Die Bedingungen und Kostenstrukturen sind etwas kompliziert, jeder Pass berechtigt aber zu einer bestimmten Anzahl von Inlandsflügen (zwischen zwei und zehn), die meist innerhalb von 60 Tagen angetreten werden müssen. Zwei der größten Allianzen von Fluggesellschaften, die Flugpässe anbieten, sind **Star Alliance** (www.staralliance.com) und **One World** (www.oneworld.com).

Geführte Touren

Hunderte von Anbietern haben geführte USA-Touren im Programm, meist mit bestimmten Städten oder Regionen als Schwerpunkt. Empfehlenswerte Anbieter sind etwa:

Backroads (☎800-462-2848, 510-521-1555; www.backroads.com) Bietet Aktiv-, Multisport- und Outdoor-Reisen für jedes Fitnesslevel und jeden Geldbeutel.

Contiki (☎866-266-8454; www.contiki.com) Sightseeing-Busreisen für partyerprobte 18- bis 35-Jährige.

Gray Line (☎800-966-8125; www.grayline.com) Wer wenig Zeit hat, bekommt hier ein umfassendes Angebot an Standard-Sightseeingtouren durchs ganze Land.

Green Tortoise (☎800-867-8647, 415-956-7500; www.greentortoise.com) Dieser Anbieter von budgetorientierten Abenteuerreisen ist bekannt für seine Busse mit Etagenbetten. Die meisten Touren starten in San Francisco und führen durch den Westen, es gibt aber auch Angebote mit Fahrten quer durchs ganze Land.

Road Scholar (☎800-454-5768; www.roadscholar.org) Mit dieser bewährten gemeinnützigen Organisation können Reisende ab 55 Jahren lehrreiche Studienreisen in alle 50 Staaten unternehmen.

Trek America (☎800-873-5872; www.trekamerica.com) Touren in Kleingruppen für aktive, abenteuerlustige Outdoorfans.

Nahverkehr

Außer in großen Städten sind die öffentlichen Verkehrsmittel nicht unbedingt die bequemste Option für Reisende. Aber sie sind normalerweise günstig, sicher und zuverlässig. Praktischerweise erreicht man in über der Hälfte aller Bundesstaaten unter der ☎511 eine Hotline, die alle Fragen zum Nahverkehr vor Ort beantworten kann.

Bus

Die meisten Städte haben ein zuverlässiges städtisches Buslinennetz, das allerdings oft am Pendlerverkehr orientiert ist und deshalb abends und am Wochenende seinen Betrieb ziemlich stark einschränkt. Der Fahrpreis liegt meistens zwischen 1 und 3 US$ pro Strecke, und manchmal ist die Fahrt sogar kostenlos.

Fahrrad

Manche Städte sind fahrradfreundlicher als andere, aber die meisten haben zumindest einige ausgewiesene Fahrradstraßen und -wege. In öffentlichen Verkehrsmitteln darf man seinen Drahtesel gewöhnlich mit sich führen. Viele große Städte – etwa New York, Chicago, Boston und Washington, D. C. – haben Bikesharing-Programme.

Straßen- & U-Bahn

Die größten Straßen- und U-Bahnnetze finden sich in New York, Chicago, Boston, Philadelphia, Washington, D.C., und Chicago. Andere Städte verfügen meist über kleinere Netze mit ein oder zwei Linien, die vorrangig im Stadtzentrum verkehren.

Taxi

Taxis in den USA sind mit Taxametern ausgestattet. Der Startpreis liegt bei etwa 2,50 US$, für jede weitere Meile kommen 2 bis 3 US$ hinzu. Fürs Warten und die Mitnahme von Gepäck muss man einen Aufpreis bezahlen und es wird ein Trinkgeld in Höhe von 10 bis 15 % des Fahrpreises erwartet. Dort, wo viel los ist, sind Taxis überall zu finden; ansonsten kann man sich aber auch telefonisch eines bestellen.

Schiff/Fähre

Im Osten der USA gibt es mehrere zuverlässige und nebenbei auch noch landschaftlich schöne Fährverbindungen. Die meisten nehmen auch Autos mit, dafür ist aber eine rechtzeitige Reservierung notwendig. Zu den beliebtesten Betreibern im Osten gehören:

Great Lakes
Arnold Line (☎800-542-8528; www.arnoldline.com), **Shepler's** (☎800-828-6157; www.sheplersferry.com) und **Star Line** (☎800-638-9892; www.mackinacferry.com) bieten Passagierfähren nach Mackinac Island, MI. Alle drei

legen sowohl in Mackinaw City als auch in St. Ignace, MI, ab.

Lake Express (www.lake-express.com) überquert den Lake Michigan zwischen Milwaukee, WI, und Muskegon, MI.

Nordosten

Bay State Cruise Company (☎877-783-3779; www.boston-ptown.com) Fährverbindungen zwischen Boston und Provincetown.

Block Island Ferry (☎401-783-7996; www.blockislandferry.com) Fährverbindungen von Narragansett und Newport, RI, nach Block Island.

Lake Champlain Ferries (☎802-864-9804; www.ferries.com) Fährverbindungen zwischen Burlington, VT, und Port Kent, NY.

Staten Island Ferry (☎718-876-8441; www.siferry.com) Pendlerfähren zwischen Staten Island und Manhattan, NY.

Steamship Authority (☎508-477-8600; www.steamshipauthority.com) Fährverbindungen von Cape Cod, MA, nach Martha's Vineyard und Nantucket.

Süden

North Carolina Ferry System (☎800-293-3779; www.outer-banks.com/ferry) Fährverbindungen zu und zwischen den Outer Banks.

Trampen

Trampen in den USA kann gefährlich sein und ist deshalb nicht zu empfehlen. Zudem gibt es so viele schaurige Geschichten, dass auch Autofahrer davor zurückschrecken, Tramper mitzunehmen. Auf Freeways ist das Trampen außerdem verboten.

Zug

Amtrak (☎800-872-7245; www.amtrak.com) Bietet überall in den USA ein flächendeckendes Eisenbahn-

netz, darunter auch mehrere Fernverkehrsstrecken, die das ganze Land von Ost nach West durchqueren. Noch zahlreicher sind Verbindungen von Nord nach Süd. Es werden alle größeren Städte der USA und auch einige der kleineren angefahren. Manche Orte sind durch die Thruway-Busse von Amtrak ans Schienennetz angebunden.

➜ Im Vergleich zu anderen Reisemöglichkeiten sind Züge meist weder die schnellste noch die günstigste oder praktischste Alternative. Sie können eine Reise aber zu einem entspannten und malerischen Erlebnis machen, bei dem man auch leicht andere Traveller kennenlernt.

➜ Am verkehrsreichsten ist der nordöstliche Korridor, wo der Hochgeschwindigkeitszug Acela Express Boston, MA, mit Washington, D.C. (über New York City, Philadelphia und Baltimore) verbindet.

➜ Auch die Strecken zwischen NYC und den Niagarafällen, Chicago und Milwaukee, und Chicago und St. Louis sind stark frequentiert.

➜ Kostenloses WLAN gibt's in vielen Zügen, aber eben nicht in allen. Für E-Mails und Surfen im Internet reicht die WLAN-Geschwindigkeit aus. Sie ist aber nicht für das Herunterladen von Videos oder Musik geeignet.

➜ Rauchen ist in allen Zügen untersagt.

➜ Viele Großstädte wie NYC, Chicago und Miami haben

ihre eigenen Pendlerzüge. Diese sind schneller, verkehren häufiger und legen kürzere Distanzen zurück als die normalen Züge.

Preise

Für einfache Fahrten, Hin- und Rückfahrten sowie Rundreisen hat Amtrak verschiedene Angebote im Programm. Dabei gibt es die üblichen Ermäßigungen für Senioren (15 %), Studenten (um die 20 US$) und Kinder (50 %, wenn sie von einem zahlenden Erwachsenen begleitet werden). Wer Mitglied im AAA ist, bezahlt 10 % weniger. Bei den ausschließlich online erhältlichen „Weekly Specials" kann man gute Rabatte auf Strecken mit geringer Nachfrage ergattern.

Allgemein gilt: Je früher man bucht, desto günstiger fährt man. Für viele Standardermäßigungen muss man mindestens drei Tage im Voraus buchen. Wer den Hochgeschwindigkeitszug Acela Express nehmen will, sollte die betriebsamen Pendlerzeiten vermeiden und lieber am Wochenende fahren.

Amtrak Vacations (☎800-268-7252; www.amtrakvacations.com) hat Reisepakete im Angebot, die Mietwagen, Hotels, geführte Touren und diverse Attraktionen beinhalten. Mit den Air-Rail-Paketen kann man eine Strecke mit der Bahn fahren und mit dem Flugzeug zurückkehren.

Reservierungen

Reservierungen sind (zwischen elf Monaten vor

PREISBEISPIELE FÜR AMTRAK

STRECKE	EINFACHE FAHRT (US$)	DAUER (STD.)	HÄUFIGKEIT (AM TAG)
Chicago–New Orleans	127	20	1
New York–Chicago	101	19	1
Washington, DC–Miami	179	23	2
Boston–New York	100	3½–4	11–19

Reisebeginn und dem Tag der Abreise selbst) jederzeit möglich. In den meisten Zügen steht nur eine begrenzte Anzahl an Plätzen zur Verfügung und manche Strecken sind besonders gefragt, vor allem im Sommer und in der Ferienzeit. Dann empfiehlt es sich, so früh wie möglich zu reservieren. Dies erhöht auch die Chancen auf Ermäßigungen.

Zugklassen

➡ Die Coach Class bietet einfache, aber recht bequeme Liegesitze mit Kopfstützen. Auf manchen Strecken ist eine Sitzplatzreservierung möglich.

➡ Die Business Class ist vor allem auf kürzeren Strecken im Nordosten verfügbar. Die Sitze sind breiter und es sind Laptopanschlüsse vorhanden. Zudem gibt es die Option auf Sitzplatzreservierung und Ruhewägen (also keine Handys etc.).

➡ Die First Class gibt's nur in Zügen des Acela Express. Dort bekommt man zu allen anderen Annehmlichkeiten noch eine Mahlzeit an den Platz serviert.

➡ Die Sleeper Class wird bei Nachtfahrten angeboten. In den Schlafwägen gibt es einfache Schlafabteile (*roomettes genannt*), Schlafzimmer mit kleinem Bad und Schlafsuiten für vier Personen mit zwei Bädern. Die Fahrpreise der Sleeper Class enthalten auch Mahlzeiten im Speisewagen. Die dort angebotenen Gerichte sind, wenn nicht im Ticket enthalten, sehr teuer.

➡ Sofern in Pendlerzügen ein Bordservice angeboten wird, besteht dieser aus Sandwichs und einer Snackbar. Es ist empfehlenswert, in allen Zügen seine eigene Verpflegung mitzubringen.

Zugpässe

➡ Der USA Rail Pass von Amtrak gilt 15 (439 US$), 30 (669 US$) bzw. 45 (859 US$) Tage und berechtigt zum Befahren von entsprechend acht, zwölf oder 18 „Segmenten" in der Coach Class.

➡ Ein Segment ist nicht dasselbe wie eine einfache Fahrt. Wenn man auf einer Strecke mehrere Züge nutzt (z. B. bei einer Fahrt von New York nach Miami mit Umsteigen in Washington, D.C.), so verbraucht man auf dieser einfachen Strecke zwei Segmente seines Zugpasses.

➡ Reservierungen am besten telefonisch (USA ☎800-872-7245, oder von außerhalb der USA +1-215-856-7953) und so früh im Voraus wie möglich vornehmen. Jedes Reisesegment muss einzeln gebucht werden.

➡ Die reservierte(n) Fahrkarte(n) bekommt man dann unter Vorlage des Rail Pass in den Amtrak-Geschäftsstellen.

➡ Die letzte Zugstrecke muss 180 Tage nach Kauf des Zugpasses zurückgelegt worden sein.

➡ Nicht gültig sind die Zugpässe allerdings im Acela Express, in Autozügen, in Anschlussbussen von Thruway und auf den in Kooperation mit Via Rail Canada angebotenen Teilstrecken von Amtrak-Routen im Hoheitsgebiet Kanada.

Sprache

Briten, Amerikaner, Australier und Neu-seeländer, deutsche Geschäftsleute und norwegische Wissenschaftler, der indische Verwaltungsbeamte und die Hausfrau in Kapstadt – fast jeder scheint Englisch zu sprechen. Und wirklich: Englisch ist die am weitesten verbreitete Sprache der Welt (wenn's auch nur den zweiten Platz für die am meisten gesprochene Muttersprache gibt – Chinesisch ist die Nr. 1).

Und selbst die, die nie Englisch gelernt haben, kennen durch englische Musik oder Anglizismen in Technik und Werbung immer ein paar Wörter. Ein paar Brocken mehr zu lernen, um beim Smalltalk zu glänzen, ist nicht schwer. Hier sind die wichtigsten Wörter und Wendungen für die fast perfekte Konversation in fast allen Lebenslagen auf-gelistet.

Konversation & Nützliches

Hallo.	Hello.
Guten...	Good...
Tag	day
Tag (nachmittags)	afternoon
Morgen	morning
Abend	evening
Auf Wiedersehen.	Goodbye.
Bis später.	See you later.
Tschüss.	Bye.

NOCH MEHR GEFÄLLIG?

Noch besser kommt man mit dem *Sprachführer Englisch* von Lonely Planet durch die USA. Man findet den Titel unter **http://shop.lonelyplanet.de** und im Buchhandel.

Wie geht es Ihnen/dir?	How are you?
Danke, gut.	Fine. And you?
Und Ihnen/dir?	...and you?
Wie ist Ihr Name?/ Wie heißt du?	What's your name?
Mein Name ist...	My name is...
Wo kommen Sie her?/ Wo kommst du her?	Where do you come from?
Ich komme aus...	I'm from...
Wie lange bleiben Sie/ bleibst du hier?	How long do you stay here?
Ja.	Yes.
Nein.	No.
Bitte.	Please.
Danke/Vielen Dank.	Thank you (very much).
Bitte (sehr).	You're welcome.
Entschuldigen Sie,...	Excuse me,...
Entschuldigung.	Sorry.
Es tut mir leid.	I'm sorry.
Verstehen Sie (mich)?	Do you understand (me)?
Ich verstehe (nicht).	I (don't) understand.
Könnten Sie...?	Could you please...?
bitte langsamer sprechen	speak more slowly
das bitte wieder-holen	repeat that
es bitte aufschreiben	write it down

Fragewörter

Wer?	Who?
Was?	What?
Wo?	Where?
Wann?	When?

Wie?	How?
Warum?	Why?
Welcher?	Which?
Wie viel/viele?	How much/many?

Gesundheit

Wo ist der/die/das nächste ...?
Where's the nearest ...?

Apotheke	chemist
Zahnarzt	dentist
Arzt	doctor
Krankenhaus	hospital

Ich brauche einen Arzt.
I need a doctor.

Gibt es in der Nähe eine (Nacht-)Apotheke?
Is there a (night) chemist nearby?

Ich bin krank.	I'm sick.
Es tut hier weh.	It hurts here.
Ich habe mich übergeben.	I've been vomiting.
Ich habe ...	I have ...
Durchfall	diarrhoea
Fieber	fever
Kopfschmerzen	headache
(Ich glaube,)	(I think)
Ich bin schwanger.	I'm pregnant.
Ich bin allergisch ...	I'm allergic ...
gegen Antibiotika	to antibiotics
gegen Aspirin	to aspirin
gegen Penizillin	to penicillin

Mit Kindern reisen

Ich brauche ...	I need a/an ...
Gibt es ...?	Is there a/an ...?
einen Wickelraum	baby change room
einen Babysitter	babysitter
einen Kindersitz	booster seat
eine Kinderkarte	children's menu
einen Kinderstuhl	highchair
(Einweg-)Windeln	(disposable) nappies
ein Töpfchen	potty
einen Kinderwagen	stroller

Stört es Sie, wenn ich mein Baby hier stille?
Do you mind if I breastfeed here?

NOTFALL

Hilfe!
Help!

Es ist ein Notfall!
It's an emergency!

Rufen Sie die Polizei!
Call the police!

Rufen Sie einen Arzt!
Call a doctor!

Rufen Sie einen Krankenwagen!
Call an ambulance!

Lassen Sie mich in Ruhe!
Leave me alone!

Gehen Sie weg!
Go away!

Sind Kinder zugelassen?
Are children allowed?

Papierkram

Name	name
Staatsangehörigkeit	nationality
Geburtsdatum	date of birth
Geburtsort	place of birth
Geschlecht	sex/gender
(Reise-)Pass	passport
Visum	visa

Shoppen & Service

Ich suche ...
I'm looking for ...

Wo ist der/die/das (nächste) ...?
Where's the (nearest) ...?

Wo kann ich ... kaufen?
Where can I buy ...?

Ich möchte ... kaufen.
I'd like to buy ...

Wie viel (kostet das)?
How much (is this)?

Das ist zu viel/zu teuer.
That's too much/too expensive.

Können Sie mit dem Preis heruntergehen?
Can you lower the price?

Ich schaue mich nur um.
I'm just looking.

Haben Sie noch andere?
Do you have any others?

Können Sie ihn/sie/es mir zeigen?
Can I look at it?

mehr	*more*
weniger	*less*
kleiner	*smaller*
größer	*bigger*
Nehmen Sie ...?	*Do you accept ...?*
Kreditkarten	*credit cards*
Reiseschecks	*traveller's cheques*
Ich möchte ...	*I'd like to ...*
Geld umtauschen	*change money*
einen Scheck einlösen	*cash a cheque*
Reiseschecks einlösen	*change traveller's cheques*
Ich suche ...	*I'm looking for ...*
einen Arzt	*a doctor*
eine Bank	*a bank*
die ... Botschaft	*the ... embassy*
einen Geldautomaten	*an ATM*
das Krankenhaus	*the hospital*
den Markt	*the market*
ein öffentliches Telefon	*a public phone*
eine öffentliche Toilette	*a public toilet*
die Polizei	*the police*
das Postamt	*the post office*
die Touristen-information	*the tourist information*
eine Wechselstube	*an exchange office*

Wann macht er/sie/es auf/zu?
What time does it open/close?

Ich möchte eine Telefonkarte kaufen.
I want to buy a phone card.

Wo ist hier ein Internetcafé?
Where's the local Internet cafe?

Ich möchte ...	*I'd like to ...*
ins Internet	*get Internet access*
meine E-Mails checken	*check my email*

Uhrzeit & Datum

Wie spät ist es?	*What time is it?*
Es ist (ein) Uhr.	*It's (one) o'clock.*
Zwanzig nach eins	*Twenty past one*
Halb zwei	*Half past one*
Viertel vor eins	*Quarter to one*

morgens/vormittags	*am*
nachmittags/abends	*pm*
jetzt	*now*
heute	*today*
heute Abend	*tonight*
morgen	*tomorrow*
gestern	*yesterday*
Morgen	*morning*
Nachmittag	*afternoon*
Abend	*evening*
Montag	*Monday*
Dienstag	*Tuesday*
Mittwoch	*Wednesday*
Donnerstag	*Thursday*
Freitag	*Friday*
Samstag	*Saturday*
Sonntag	*Sunday*
Januar	*January*
Februar	*February*
März	*March*
April	*April*
Mai	*May*
Juni	*June*
Juli	*July*
August	*August*
September	*September*
Oktober	*October*
November	*November*
Dezember	*December*

Unterkunft

Wo ist ...?	*Where's a ...?*
eine Pension	*bed and breakfast guesthouse*
ein Campingplatz	*camping ground*
ein Hotel/Gasthof	*hotel*
ein Privatzimmer	*room in a private home*
eine Jugend-herberge	*youth hostel*

Wie ist die Adresse?
What's the address?

Ich möchte bitte ein Zimmer reservieren.
I'd like to book a room, please.

Für (drei) Nächte/Wochen.
For (three) nights/weeks.

EIN ZIMMER RESERVIEREN

(per Brief, Fax oder E-Mail)

An ...	*To ...*
Vom ...	*From ...*
Datum	*Date*

Ich möchte reservieren ...
I'd like to book ...

auf den Namen ...	*in the name of ...*
vom ... bis zum ...	*from ... to ...*

(Bett-/Zimmeroptionen s. Liste Unterkunft)

Kreditkarte	*credit card*
Nummer	*number*
gültig bis	*expiry date*

Bitte bestätigen Sie Verfügbarkeit und Preis.
Please confirm availability and price.

Haben Sie ein ...?	*Do you have a ... room?*
Einzelzimmer	*single*
Doppelzimmer	*double*
Zweibettzimmer	*twin*

Wieviel kostet es pro Nacht/Person?
How much is it per night/person?

Kann ich es sehen?
May I see it?

Kann ich ein anderes Zimmer bekommen?
Can I get another room?

Es ist gut, ich nehme es.
It's fine. I'll take it.

Ich reise jetzt ab.
I'm leaving now.

Verkehrsmittel & -Wege

Öffentliche Verkehrsmittel

Wann fährt ... ab?
What time does the ... leave?

das Boot/Schiff	*boat/ship*
die Fähre	*ferry*
der Bus	*bus*
der Zug	*train*

Wann fährt der ... Bus?
What time's the ... bus?

erste	*first*
letzte	*last*
nächste	*next*

Wo ist der nächste U-Bahnhof?
Where's the nearest metro station?

Welcher Bus fährt nach ...?
Which bus goes to ...?

U-Bahn	*metro*
(U-)Bahnhof	*(metro) station*
Straßenbahn	*tram*
Straßenbahnhaltestelle	*tram stop*
S-Bahn	*suburban (train) line*

Eine ... nach (Sydney).
A ... to (Sydney).

einfache Fahrkarte	*one-way ticket*
Rückfahrkarte	*return ticket*
Fahrkarte 1. Klasse	*1st-class ticket*
Fahrkarte 2. Klasse	*2nd-class ticket*

Der Zug wurde gestrichen.
The train is cancelled.

Der Zug hat Verspätung.
The train is delayed.

Ist dieser Platz frei?
Is this seat free?

Muss ich umsteigen?
Do I need to change trains?

Sind Sie frei?
Are you free?

Was kostet es bis ...?
How much is it to ...?

Bitte bringen Sie mich zu (dieser Adresse).
Please take me to (this address).

Private Transportmittel

Wo kann ich ein ... mieten?
Where can I hire a/an ...?

Ich möchte ein ... mieten.
I'd like to hire a/an ...

Allradfahrzeug	*4WD*
Auto	*car*
Fahrrad	*bicycle*
Fahrzeug mit Automatik	*automatic*
Fahrzeug mit Schaltung	*manual*
Motorrad	*motorbike*

VERKEHRSSCHILDER

Danger	Gefahr
No Entry	Einfahrt verboten
One-way	Einbahnstraße
Entrance	Einfahrt
Exit	Ausfahrt
Keep Clear	Ausfahrt freihalten
No Parking	Parkverbot
No Stopping	Halteverbot
Toll	Mautstelle
Cycle Path	Radweg
Detour	Umleitung
No Overtaking	Überholverbot

Wieviel kostet es pro Tag/Woche?
How much is it per day/week?

Wo ist eine Tankstelle?
Where's a petrol station?

Benzin	petrol
Diesel	diesel
Bleifreies Benzin	unleaded

Führt diese Straße nach ...?
Does this road go to ...?

Wo muss ich bezahlen?
Where do I pay?

Ich brauche einen Mechaniker.
I need a mechanic.

Das Auto hat eine Panne.
The car has broken down.

Ich habe einen Platten.
I have a flat tyre.

Das Auto/Motorrad springt nicht an.
The car/motorbike won't start.

Ich habe kein Benzin mehr.
I've run out of petrol.

Wegweiser

Können Sie mir bitte helfen?
Could you help me, please?

Ich habe mich verirrt.
I'm lost.

Wo ist (eine Bank)?
Where's (a bank)?

In welcher Richtung ist (eine öffentliche Toilette)?
Which way's (a public toilet)?

Wie kann ich da hinkommen?
How can I get there?

Wie weit ist es?
How far is it?

Können Sie es mir (auf der Karte) zeigen?
Can you show me (on the map)?

links	left
rechts	right
nahe	near
weit weg	far away
hier	here
dort	there
an der Ecke	on the corner
geradeaus	straight ahead
gegenüber ...	opposite ...
neben ...	next to ...
hinter ...	behind ...
vor ...	in front of ...

Norden	north
Süden	south
Osten	east
Westen	west

Biegen Sie ... ab.	Turn ...
links/rechts	left/right
an der nächsten Ecke	at the next corner
bei der Ampel	at the traffic lights

Zahlen

0	zero
1	one
2	two

SCHILDER

Police	Polizei
Police Station	Polizeiwache
Entrance	Eingang
Exit	Ausgang
Open	Offen
Closed	Geschlossen
No Entry	Kein Zutritt
No Smoking	Rauchen verboten
Prohibited	Verboten
Toilets	Toiletten
Men	Herren
Women	Damen

3	three	20	twenty
4	four	21	twentyone
5	five	22	twentytwo
6	six	23	twentythree
7	seven	24	twentyfour
8	eight	25	twentyfive
9	nine	30	thirty
10	ten	40	fourty
11	eleven	50	fifty
12	twelve	60	sixty
13	thirteen	70	seventy
14	fourteen	80	eigthy
15	fifteen	90	ninety
16	sixteen	100	hundred
17	seventeen	1000	thousand
18	eighteen	2000	two thousand
19	nineteen	100 000	hundred thousand

Hinter den Kulissen

WIR FREUEN UNS ÜBER EIN FEEDBACK

Post von Travellern zu bekommen, ist für uns ungemein hilfreich – Kritik und Anregungen halten uns auf dem Laufenden und helfen, unsere Bücher zu verbessern. Unser reiseerfahrenes Team liest alle Zuschriften ganz genau durch, um zu erfahren, was an unseren Reiseführern gut und was schlecht ist. Wir können solche Post zwar nicht individuell beantworten, aber jedes Feedback wird garantiert schnurstracks an die jeweiligen Autoren weitergeleitet, rechtzeitig vor der nächsten Auflage.

Wer uns schreiben will, erreicht uns über **www.lonelyplanet.de/kontakt**.

Hinweis: Da wir Beiträge möglicherweise in Lonely Planet Produkten (z. B. Reiseführer, Websites, digitale Medien) veröffentlichen, gegebenenfalls auch in gekürzter Form, bitten wir um Mitteilung, falls ein Kommentar nicht veröffentlicht oder ein Name nicht genannt werden soll. Wer Näheres über unsere Datenschutzpolitik wissen will, erfährt das unter www.lonelyplanet.com/privacy.

DANK VON LONELY PLANET

Vielen Dank den Reisenden, die uns nach der letzten Auflage des Reiseführers hilfreiche Hinweise, nützliche Ratschläge und interessante Anekdoten schickten: Jiaying Zhu, Leslie Oxley und Rex Jewell

DANK DER AUTOREN

Karla Zimmerman

Vielen Dank an Carrie Biolo, Lisa DiChiera, Lea Dooley, Jim DuFresne, Ruggero Fatica, Mark Fornek, Jonathan Hayes, April Ingle, Julie Lange, Kari Lydersen, Melissa McCarville, Betsy Riley und Neil Anderson, Susan Hayes Stephan, Andrea und Greg Thomson, Sara Zimmerman und Karen und Don Zimmerman. Am meisten danke ich Eric Markowitz, dem besten Partner fürs Leben, der bei all meinen Road Trips Nachsicht zeigt. Sorry wegen der Insektenstiche!

Amy C. Balfour

Ein großer Dank an meine Freunde und Experten in den Carolinas: Mike Stokes, Jay Bender, Dan Oden, Lori Bauswell, Jeff Otto, Paul Stephen, Josh Lucas, Barry Radcliffe, Patricia Robison, Lacy Davidson, Deborah Wright, Amy Marks, Paige Abbitt Schoenauer, Barbara Blue, Anna Schleunes, David Kimball, Noell und Jack Kim-

ball und Jennifer Pharr Davis. Hut ab vor dem BLM-Maestro Chris Rose im Südwesten für seine Tipps und sein Wissen; danke an Justin Shephard, Tracer Finn, Jim Christian, Alex Amato, Mike Roe, Catrien van Assendelft, Lewis Pipkin, Sara Benson, Dan Westermeyer und an meine Mitabenteurer Sandee McGlaun, Lisa McGlaun, Paul Hanstedt und Karen Schneider.

Gregor Clark

Mein Dank geht an die Menschen in Vermont, die mir halfen, besonders John McCright, Sarah Pope, Namik Sevlic, Saba Rizvi, Sarah Shepherd, Sue Heim und David Alles. Ein Dankeschön und alles Liebe auch an Gaen, die meine Aufregung über die Erkundung einer weiteren Seitenstraße teilte, an Meigan für Umarmungen angesichts des Abgabetermins und an Chloe, deren Begeisterung darüber, den Mt. Mansfield barfuß zu besteigen, mich immer wieder lächeln lässt.

Ned Friary

Vielen Dank all den Menschen, die ich getroffen habe, die mich mit Tipps versorgten, und natürlich auch an die hilfreichen Leute in den Fremdenverkehrsbüros. Ein spezieller Dank geht an die Ranger der Cape Cod National Seashore und an Bob Prescott von der Massachusetts Audubon Society, die ihre Einsichten mit mir teilten.

Michael Grosberg

Ein besonderer Dank geht an Carly Neidorf, meine zeitweilige Reise-, aber auch anderweitige Begleiterin; danke an meine Eltern Sheldon und Judy für ihren Rat; an Kristin Mitchell und Claire Shubik für Pittsburgh; Darrah Feldman für Milford; Rebbecca Steffan für die Adirondacks-Hilfe; Gregory Henderson in den Catskills; Julie Donovan in den Laurel Highlands; Nina Kelly im Brandywine Valley und Terri Dennison für Einblicke auf der Route 6.

Paula Hardy

Ich möchte diesen Menschen dafür danken, dass sie das Beste von Connecticut und Rhode Island mit mir geteilt haben: Anne McAndrews, Dave Fairty, Pat und Wayne Brubaker, Rick Walker, Sanjeev Seereeram, Cinta Burgos, David King, Dave Helgerson, Harry Schwartz, Elizabeth MacAlister und die Preservation Society of Newport. Dank auch an Jennye Garibaldi und Mara Vorhees. Und schließlich danke an Rob Smith für das Lachen und dafür, dass ich Baggo mit nach Hause bringen durfte.

Adam Karlin

Dank an die Lonely Planet Mannschaft: Regis St. Louis, Michael Grosberg, im Haus dem tollen Team um Suki Gear, Bruce Evans, Alison Lyall, Emily Wolman und Jennye Garibaldi. Dank an Mom und Dad, dass sie mich so aufzogen, wie sie es taten, und an Rachel Houge, meine Frau, meinen größten Fan und meine beste Freundin. Und schließlich danke Lonely Planet – du lässt mich die Welt durchwandern und darüber schreiben. Das ist zum Glück eine aufregende und lohnende Art, seinen Lebensunterhalt zu verdienen.

Mariella Krause

Dank an Suki Gear für ein erstaunliches Jahr voller Lonely Planet Qualität und an Jay Cooke, der mich dazu gebracht hat. Und danke an all die unglaublichen Menschen, die ich unterwegs traf und die mich ständig daran erinnerten, worum es beim Reisen geht.

Caroline Sieg

Danke an alle, die mir Tipps gegeben haben oder mit denen ich mich in einer der Hummerhütten, Skiresorts oder Bierkneipen so nett unterhalten habe. Ein spezielles Dankeschön an Familie Schmidt, die mich jedes Jahr wieder nach Neuengland zurückkehren lässt.

Adam Skolnick

Mein Dank geht an Stephanie Greene, Dana McMahan, Carla Carlton, Phoebe Lipkis, Kristin Schofield und Louisville Basketball in Louisville; an Jennifer Bohler und Shanna Henderson in Nashville; an Nealy Dozier, Walter Thompson, Chloe Friedman, Lydia Hardy und Chi Bui in Atlanta und an Keith, Peggy und Melissa in Natchez. Meine Liebe gilt den besten Freunden in Savannah: Alicia Magee, Anna Cypris Jaubert und (stellvertretend) Joe Bush. Danke auch an Suki Gear, Regis St. Louis und das Lonely Planet Team. Es ist eine Freude und ein Privileg, euch zu kennen und mit euch zu arbeiten!

Mara Vorhees

Mein Herz ist bei den Opfern des Anschlags beim Boston Marathon, bei den Läufern und der Stadt. Am Patriots Day ging es immer darum, Herausforderungen mit Mut zu begegnen – das gilt jetzt noch mehr als zuvor. Die Bostoner lieben ihre Stadt. Die Liebe wird siegen.

QUELLENNACHWEIS

Die Klimakartendaten stammen von Peel MC, Finlayson BL & McMahon TA (2007) *Updated World Map of the Köppen-Geiger Climate Classification*, Hydrology and Earth System Sciences, 11, 163344.
Foto auf S. 78–9, S. 278–9 von Javier Martinez Zarracina. Titelfoto: Curtis Island Lighthouse, Maine, Daniel Dempster Photography/Alamy.

ÜBER DIESES BUCH

Dies ist die 2. deutschsprachige Auflage von *USA Osten*, basierend auf der 2. englischsprachigen Auflage von *Eastern USA*, die von Karla Zimmerman koordiniert wurde. Karla recherchierte und schrieb dieses Buch mit Amy C. Balfour, Gregor Clark, Ned Friary, Michael Grosberg, Paula Hardy, Adam Karlin, Mariella Krause, Caroline Sieg, Adam Skolnick und Mara Vorhees. Die 1. Auflage wurde von Karla Zimmerman zusammen mit Glenda Bendure, Jeff Campbell, Ned Friary, Michael Grosberg, Emily Matchar and Regis St. Louis geschrieben. Dieser Reiseführer wurde vom Lonely Planet Büro Oakland in Auftrag gegeben und von den folgenden Personen produziert:

Verantwortliche Redakteurinnen Jennye Garibaldi, Katie O'Connell

Leitende Redakteure Ali Lemer, Martine Power

Leitende Kartografin Alison Lyall

Buchdesigner Virginia Moreno, Wendy Wright

Senior Editors Catherine Naghten, Karyn Noble

Associate Product Directors Sasha Baskett, Angela Tinson

Redaktionsassistenz Kate James

Kartografieassistenz Rachel Imeson

Umschlagrecherche Naomi Parker

Dank an Brendan Dempsey, Lauren Egan, Ryan Evans, Larissa Frost, Briohny Hooper, Genesys India, Jouve India, Indra Kilfoyle, Chad Parkhill, Trent Paton, Alison Ridgway, Dianne Schallmeiner, Luna Soo, John Taufa, Juan Winata

Register

Verweise auf Karten **000**
Verweise auf Fotos **000**

Kartenlegende

Sehenswertes

- Strand
- Vogelschutzgebiet
- buddhistisch
- Schloss/Palast
- christlich
- konfuzianisch
- hinduistisch
- islamisch
- jainistisch
- jüdisch
- Denkmal
- Museum/Galerie/historisches Gebäude
- Ruine
- Sento-Bad/Onsen
- schintoistisch
- sikhistisch
- taoistisch
- Weingut/Weinberg
- Zoo/Tierschutzgebiet
- andere Sehenswürdigkeit

Aktivitäten, Kurse & Touren

- bodysurfen
- tauchen
- Kanu/Kajak fahren
- Kurs/Tour
- Ski fahren
- schnorcheln
- surfen
- Schwimmbecken
- wandern
- windsurfen
- andere Aktivität

Schlafen

- Unterkunft
- Camping

Essen

- Lokal

Ausgehen & Nachtleben

- Bar/Kneipe
- Café

Unterhaltung

- Unterhaltung

Shoppen

- Shoppen

Praktisches

- Bank
- Botschaft/Konsulat
- Krankenhaus/Arzt
- Internetzugang
- Polizei
- Post
- Telefon
- Toilette
- Touristeninformation
- andere Einrichtung

Geografisches

- Strand
- Hütte/Unterstand
- Leuchtturm
- Aussichtspunkt
- Berg/Vulkan
- Oase
- Park
- Pass
- Picknickplatz
- Wasserfall

Städte

- Hauptstadt (Staat)
- Hauptstadt (Bundesland/Provinz)
- Großstadt
- Kleinstadt/Ort

Verkehrsmittel

- Flughafen
- BART-Station
- Grenzübergang
- T-Station (Boston)
- Bus
- Seilbahn/Gondelbahn
- Fahrrad
- Fähre
- Metro/Muni-Station
- Einschienenbahn
- Parkplatz
- Tankstelle
- U-Bahn/SkyTrain-Station
- Taxi
- Bahnhof/Zug
- Straßenbahn
- U-Bahnhof
- anderes Verkehrsmittel

Achtung: Nicht alle der abgebildeten Symbole werden auf den Karten im Buch verwendet

Verkehrswege

- Mautstraße
- Autobahn
- Hauptstraße
- Landstraße
- Verbindungsstraße
- sonstige Straße
- unbefestigte Straße
- Straße im Bau
- Platz/Promenade
- Treppe
- Tunnel
- Fußgänger-Überführung
- Stadtspaziergang
- Abstecher (Stadtspaziergang)
- Pfad/Wanderweg

Grenzen

- Internationale Grenze
- Bundesstaat/Provinz
- umstrittene Grenze
- Region/Vorort
- Meerespark
- Klippen
- Mauer

Gewässer

- Fluss/Bach
- periodischer Fluss
- Kanal
- Wasser
- Trocken-/Salz-/periodischer See
- Riff

Gebietsformen

- Flughafen/Startbahn
- Strand/Wüste
- Friedhof (christlich)
- Friedhof
- Gletscher
- Watt
- Park/Wald
- Sehenswürdigkeit (Gebäude)
- Sportgelände
- Sumpf/Mangrove

DIE LONELY PLANET STORY

Ein ziemlich mitgenommenes, altes Auto, ein paar Dollar in der Tasche und eine Vorliebe für Abenteuer – 1972 war das alles, was Tony und Maureen Wheeler für die Reise ihres Lebens brauchten, die sie durch Europa und Asien bis nach Australien führte. Die Tour dauerte einige Monate und am Ende saßen die beiden – erschöpft, aber voller Inspiration – an ihrem Küchentisch und schrieben ihren ersten Reiseführer *Across Asia on the Cheap*. Innerhalb einer Woche hatten sie 1500 Exemplare verkauft. Lonely Planet war geboren.

Heute hat der Verlag Büros in Melbourne, London und Oakland und mehr als 600 Mitarbeiter und Autoren. Und alle teilen Tonys Überzeugung: „Ein guter Reiseführer sollte drei Dinge tun: informieren, bilden und amüsieren." Und an diesem Grundsatz änderte sich auch nichts, als 2011 BBC Worldwide alleiniger Inhaber von Lonely Planet wurde.

DIE AUTOREN

Karla Zimmerman
Hauptautorin, Die Großen Seen Karla kennt sich als eingefleischte Mittwestlerin bestens mit Stränden, Baseballstadien, Brauhäusern und Pie-Shops der Region aus. Wenn sie nicht daheim in Chicago ein Cubs-Spiel schaut – äh, natürlich für Magazine, Websites und Bücher schreibt –, ist sie auf Entdeckungsreise. Dieses Mal spielte sie in Minnesota Curling, surfte in Michigan und trank eine eindrucksvolle Anzahl von Milchshakes in Ohio. Karla schrieb bereits für mehrere Lonely Planet Bände über die USA, Kanada, die Karibik und Europa.

Amy C. Balfour
Der Süden Amy ist schottisch-irischer Abstammung und im Süden der USA geboren. Sie erkundete das Land zu Fuß, mit dem Rad, dem Kanu und auf anderen abenteuerlichen Wegen. Sie kennt die Outer Banks, seit sie ein Kind war, und wird niemals müde, den Jockey's Ridge hinunterzurennen. Amy arbeitete an mehr als 15 Lonely Planet Bänden mit und schrieb außerdem für *Backpacker*, *Every Day with Rachael Ray*, *Redbook*, *Southern Living* und *Women's Health*.

Gregor Clark
Neuengland Gregor verliebte sich in Vermont, als er mit 16 einen Sommer lang als Freiwilliger im Naturschutz in der südwestlichen Ecke des Bundesstaats arbeitete. Seit 1997 lebt er dort und hat seine Heimat seither von oben bis unten erkundet. Gregor spricht mehrere Sprachen und hat einen Abschluss in Romanischen Sprachen. Für Lonely Planet schreibt er seit 2000 regelmäßig, sein Schwerpunkt liegt auf Europa und Lateinamerika. Er lebt mit seiner Frau, zwei Töchtern, fünf Katzen und zwei Hühnern in Middlebury, VT.

Ned Friary
Neuengland Ned verbrachte seine Collegezeit in Amherst, und wenn er seine alten Tummelplätze bereist, fühlt sich das immer an, als käme er nach Hause. Er lebt jetzt auf Cape Cod und hat die Region vom einen Ende zum anderen erkundet. Dabei fand er die besten Hummerbrötchen, hat die Sümpfe mit dem Kanu befahren und die Wander- und Radwege erforscht. Das schönste Erlebnis bei seiner Recherche für diesen Band war der Sonnenuntergang über dem Tal des Connecticut River, den er vom Gipfel im Skinner State Park aus beobachten durfte.

Michael Grosberg
New York, New Jersey & Pennsylvania Onkel und Tante besaßen ein Haus im Hinterland am Delaware River in den südlichen Catskills, was Michael zwei Jahrzehnte lang die Möglichkeit bot, die Gegend zu erkunden – zumindest wenn er nicht zu Hause im New Yorker Stadtteil Brooklyn weilte. Auch wenn er die Stadt sehr liebt, sind kleine Fluchten hin und wieder notwendig, so nutzt Michael jede Gelegenheit, kreuz und quer durch New York, New Jersey und Pennsylvania zu streifen: Skilanglauf in den Adirondacks, Campen auf einer Insel im St.-Lorenz-Strom, ein Piratenspiel in Pittsburgh oder ein klassisches Abendessen im Pine Barrens in Jersey.

Paula Hardy

Neuengland Als britische Hälfte eines amerikanisch-britischen Paares verbringt Paula viel Zeit damit, über den großen Teich zu hüpfen, hin- und hergerissen zwischen den strahlenden Lichtern Londons und Boston, wo sie nahezu jedes Wochenende auf dem Land in Neuengland verbringt. Die Recherchen für diesen Band führten sie abseits gewohnter Pfade in Connecticuts Kuhställe, Hummerbuden (lecker!) und Weinkeller – ebenso wie in die winzigen Dörfer der East Bay von Rhode Island oder auf die windigen Radwege von Block Island. Bleibende Erinnerungen sind für Paula die Niederlagen beim *baggo* (oder Cornhole) und die Mudslide-Dämmerschoppen.

Adam Karlin

Washington, D.C. & Capital Region, Der Süden Adam wurde in Washington, D.C. geboren, wuchs im ländlichen Maryland auf und lebt heute in New Orleans – einer Stadt, die er einst im Auftrag von Lonely Planet für sich entdeckte. Seine Liebe zum Reisen kommt von einer Vorliebe für Weite, die wiederum von den Marschen der Mittelatlantikstaaten hervorgerufen wurde. Dieses Bedürfnis nach Bewegung trieb ihn nach Übersee und in die ganze Welt, von den Andamanen bis an die Grenze Simbabwes, und unterwegs schrieb er an etwa 40 Lonely Planet Bänden mit.

Mariella Krause

Florida Als Fan kitschiger Touristenattraktionen, Vergnügungsparks und von Staaten mit Landzipfeln freute sich Mariella, die Highways von Florida zu entern und die speziellen Eigenarten dieses Staates zu erforschen. Mariella ist freiberufliche Autorin und lebt in der San Francisco Bay Area. Das hier ist ihr 14. Titel für Lonely Planet. Wer neugierig ist: Sie kennt den Unterschied zwischen einem Alligator und einem Krokodil!

Caroline Sieg

Neuengland Caroline Sieg ist halb Schweizerin, halb Amerikanerin. Die Beziehung der Autorin zu Neuengland begann, als sie das erste Mal in Boston lebte und anfing, wegen des leckeren Essens und windumtoster Küstenspaziergänge nach Maine hinaufzufahren. Sie freute sich sehr, für Lonely Planet in das Land der Hummer und der Blaubeerkuchen zurückzukehren.

Mehr über Caroline gibt's hier:
lonelyplanet.com/members/carolinesieg

Adam Skolnick

Der Süden Adam schreibt Beiträge über Reisen, Kultur, Gesundheit und Politik für Publikationen wie *Outside, Men's Health* und *Travel & Leisure* und ist Co-Autor von mehr als 20 Lonely Planet Führern. Während der Erkundungsreise für diesen Reiseführer ist er 9639 km gefahren und macht Kentucky ab jetzt für seine zunehmende Bourbon-Abhängigkeit verantwortlich. Mehr über seine Arbeit verrät seine Homepage www.adamskolnick. com, man findet ihn aber auch auf Twitter und Instagram (@adamskolnick).

Mara Vorhees

Neuengland Geboren und aufgewachsen ist Mara in St. Clair Shores, Michigan. Sie bereiste die Welt (wenn nicht sogar das Universum), bevor sich sich an ihrem Lebensmittelpunkt niederließ – sie lebt jetzt mit ihrem Mann, zwei Kindern und zwei Katzen in einem rosafarbenen Haus in Somerville, MA. Sie verfasste u.a. die Lonely Planet Bände *New England* und *Boston*. Online findet man ihre Abenteuer unter www.havetwinswilltravel.com.

Lonely Planet Publications,

Locked Bag 1, Footscray,
Melbourne, Victoria 3011,
Australia

Verlag der deutschen Ausgabe:
MAIRDUMONT, Marco-Polo-Str. 1, 73760 Ostfildern,
www.lonelyplanet.de, www.mairdumont.com
info@lonelyplanet.de

Chefredakteurin deutsche Ausgabe: Birgit Borowski
Übersetzung: Berna Ercan, Tobias Ewert, Laura Leibold, Britt Maaß,
Gabriela Huber Martins, Marion Matthäus, Erwin Tivig
An früheren Auflagen haben außerdem mitgewirkt: Dorothee Büttgen,
Julie Bacher, Karen Gerwig, Jürgen Kucklinski, Dr. Christian Rochow,
Andrea Schleipen, Frauke Sonnabend, Marion Gref-Timm
Redaktion: Annegret Gellweiler, Olaf Rappold, Julia Wilhelm (red.sign,
Stuttgart)
Redaktionsassistenz: Dr. Dirk Mende, Adriana Popescu, Karin Rappold,
Sylvia Scheider-Schopf
Satz: Stefan Dinter, Susanne Junker (red.sign, Stuttgart)

USA Osten

2. deutsche Auflage August 2014, übersetzt von *Eastern USA, 2nd edition*,
April 2014,
Lonely Planet Publications Pty

Deutsche Ausgabe © Lonely Planet Publications Pty, August 2014

Fotos © wie angegeben

Printed in China

MIX
Paper from
responsible sources
FSC® C021256
www.fsc.org